デイリーコンサイス
日中辞典

SANSEIDO'S DAILY CONCISE JAPANESE-CHINESE DICTIONARY

杉本達夫・牧田英二・古屋昭弘 [共編]

第2版

© Sanseido Co., Ltd. 2013

First Edition 2005
Second Edition 2013

Printed in Japan

[編者]
杉本 達夫 (早稲田大学 名誉教授)
牧田 英二 (早稲田大学 名誉教授)
古屋 昭弘 (早稲田大学文学学術院 教授)

[中文校閲]
熊 進

[編集協力]
佐々木 真理子   鈴木 三恵子
関 久美子   ㈲ 樹花舎

[システム及びデータ設計]
三省堂データ編集室   鹿島 康政 佐々木 吾郎

[見返し地図]
ジェイ・マップ

[装丁]
三省堂デザイン室

第二版　序

　前回の改訂および単行出版から8年が過ぎた．この間，旧版が多くの方々に利用され，支持され続けてきたことを，われわれは喜び，かつ，さらなる前進への力とする．

　この間の日本の社会は，沈滞の空気に包まれているようでありながら，激しい変化を遂げている．たとえば，ケータイという小さな道具ひとつをとっても，この間にどれほどの進化を遂げているか．カタカナの，あるいはローマ字の名を持つ新機種が，次つぎ現れ，機能を競っている．平屋の街がビルの街に変われば，その変貌が強烈に印象づけられるのに対して，手もとの機器の機能が1から10に，10から100に変わっても，その変化はとかく意識を通り抜けて，明確な記憶にならない．だが，こうした激変が，現代は生活の隅にまで起きている．時間の流れは激流なのである．

　変化はすべてことばとなって現れる．辞典はその変化を反映していなくてはならない．だが本辞典は新語辞典ではなく，現代のことば全体を視野に入れている．しかも，ご覧のとおりの小型であり，紙幅が乏しい．変化を念頭に置きつつも，改定の幅は制約されざるを得ない．とはいえその厳しい制約の中で，いかに多くの要素を加え，辞書の機能を高めるか，利用者の便に利するか，編者なりに工夫したつもりである．

　本辞典は当初から，約2万8千の見出し語と，2万2千を超える短い用例を含み，

①見出し語には，多くの場合，変化形や複合語をも別項目として立てた．
②語釈，用例訳のすべてにピンイン(ローマ字による発音表記)を加えて，読音検索の手間を省いた．
③IT用語をはじめ，カタカナ語を多く収録した．

前回の改訂に際しては，二色刷りにして読みやすくした．
今回の改訂に際してもまた，

①見出し語のうち，日本語として重要度が低いと思われる語を，大幅に削除した．
②かわって，社会の変化にともなって生まれ，すでに定着している新語，および，将来重要度を増すと思われる新語を，約500語追加した．
③語釈，用例とも，相当に修正の手を加えた．
④発音表記を，原則として「現代漢語詞典」第6版に準拠して修正した．
⑤付録として「世界の国や地域とその首都」「世界の地名」「世界の人名」「中国の国名・省都」を収録した．旧版にあった百科コラムは廃止し，中で必要と思われる単語は本文に移した．

　本辞典はいかにも小型で，情報量は限られているが，あくまで実用的かつ携帯至便を旨としている．教室で，車内で，旅先で，商用で，その場に応じて活用されることを切に願っている．なお，今回の改訂には，牧田英二，杉本達夫のふたりが中核になって進めた．もちろん，文責は編者全員にある．

　言うまでもないことであるが，本辞典の編纂に当たっては，いちいち名を挙げないものの，先行する幾つもの辞書に教えられ，助けられている．また，文学博士・熊進氏には，本文全体にわたって点検，修正，補充，助言など，編者の欠を補ってお支えいただいた．編集を担当されたのは，三省堂の近山昌子氏である．東京学芸大学講師・関久美子氏には，編集作業の全般にわたってご助力いただき，通訳・翻訳家の鈴木三恵子氏にもご支援いただいた．そのほか多くの方々の協力をいただいている．以上の方々に，あらためて深謝する．

2013年1月

編者一同

凡 例

I. 見出し語について
1. 見出し語は、ひらがな・カタカナの表記とし、五十音順に配列した。
2. ローマ字で表される見出し語は、まずカタカナ表記を、続けてローマ字表記を（ ）に入れて示した。

   アイオーシー (IOC) 《国際オリンピック委員会》 国际奥林匹克委员会
   Guójì Àolínpǐkè Wěiyuánhuì

II. 表記について
見出し語に対する漢字の表記を【 】で囲んで記した。サ変動詞・形容動詞など活用が考えられる語は、【-する】などとした。その場合、見出し語は、語幹のみとした。

   きかく【企画-する】规划 guīhuà
   きかい【奇怪-な】奇怪 qíguài

III. 訳語について
1. 訳語・用例訳は中国語文が日本語文に紛れてしまわないようにすべて色刷りとした。
2. 見出し語が複数の語義を持つ場合、原則として語義分類を《 》で示した。また、必要に応じて語義番号をふった。

   しこむ【仕込む】 ❶《教える》◆芸を～
   教技艺 jiāo jìyì ◆酿造品の原料を
   詰める◆味噌を～ 下酱 xià jiàng
   ❸《仕入る》采购 cǎigòu ◆食料を
   ～ 买进粮食 mǎijìn liángshi

IV. 用例について
1. 用例の始まりには◆をつけた。
2. 慣用表現・成句などの場合、その一部のみを見出し語として立て、用例としたものもある。
3. 用例中、見出し語に当たる語は～で表した。ただし、語形変化をしているときには～を使わずすべて文字で表した。

   せく【急く】《急ぐ》急 jí; 着急 zháojí
   ◆～ことはない 不必仓促 búbì cāng-
   cù ◆急いては事を仕損じる 急中易
   出错 jí zhōng yì chūcuò

V. 用例について
逐語訳を避け、できるだけ近いニュアンスの訳を記した。

VI. 発音表記について
すべての訳語・用例訳には、ピンイン（ローマ字による発音表記）で発音を表記した。

VII. 記号について
1. 簡単な補足説明は《 》や（ ）に入れて記した。
2. 省略可能な部分は（ ）に入れて記した。
3. 差し替え可能な語は［ ］に入れて記した。

   ぐあい【具合】 ❶《体調》◆胃の～が
   良い［悪い］ 胃的状态好［不好］ wèi
   de zhuàngtài hǎo[bùhǎo]

あ

ああ ❶《感嘆》啊 ā ♦～うまいねえ 啊，真好吃啊！ā, zhēn hǎochī a! ❷《驚き》～そうなの 啊呀，是这样啊！āya, shì zhèyàng a!

アーケード 有拱顶的商店街 yǒu gǒngdǐng de shāngdiànjiē

アース 地线 dìxiàn；接地 jiēdì ♦～をつける 接地 jiēdì

アーチェリー 西式射箭 xīshì shèjiàn

アーチがた【アーチ型の】 拱形 gǒngxíng ♦～の橋 罗锅桥 luóguōqiáo；拱桥 gǒngqiáo

アーチスト 艺术家 yìshùjiā；美术家 měishùjiā

アート 艺术 yìshù；美术 měishù

アーバン 城市的 chéngshì de～ライフ 城市生活 chéngshì shēnghuó

アーモンド 扁桃 biǎntáo；巴旦杏 bādànxìng

アール《面積の単位》公亩 gōngmǔ

あい【相】 相 xiāng；互相 hùxiāng ♦～对立する 相持 xiāngchí

あい【愛】 爱 ài；爱情 àiqíng

あい【藍】 ❶《植物》蓼蓝 liǎolán ❷《染料》靛蓝 diànlán；蓝靛 lándiàn ♦～染め 靛染 diànrǎn

あいあいがさ【相合傘】 男女同打一把伞 nánnǚ tóng dǎ yì bǎ sǎn

あいいれない【相容れない】 不相容 bù xiāngróng

アイエムエフ (IMF)《国際通貨基金》国际货币基金组织 Guójì Huòbì Jījīn Zǔzhī

アイエルオー (ILO)《国際労働機関》国际劳工组织 Guójì Láogōng Zǔzhī

あいえんか【愛煙家】 好吸烟的人 hào xīyān de rén；烟鬼 yānguǐ

アイオーシー (IOC)《国際オリンピック委員会》国际奥林匹克委员会 Guójì Àolínpǐkè Wěiyuánhuì

あいかぎ【合い鍵】 后配的钥匙 hòupèi de yàoshi；复制的钥匙 fùzhì de yàoshi

あいかわらず【相変わらず】 仍旧 réngjiù；照旧 zhàojiù

あいかん【哀感】 悲哀的神情 bēi'āi de shénqíng ♦～が漂う 显得悲哀 xiǎnde bēi'āi

あいかん【哀歓】 悲喜 bēixǐ；哀乐 āilè ♦～を共にする 同甘共苦 tónggān gòngkǔ

あいがん【哀願-する】 哀求 āiqiú；恳求 kěnqiú

あいがん【愛玩-する】 玩赏 wánshǎng；欣赏 xīnshǎng

あいきょう【愛敬】 ♦～のある 可爱的 kě'ài；动人 dòngrén ♦～をふりまく 撒娇 sājiāo

あいくるしい【愛くるしい】 可爱 kě'ài

あいけん【愛犬】 喜爱的狗 xǐ'ài de gǒu

あいこ【相子】 平局 píngjú

あいこ【愛顧-する】 光顾 guānggù；末永く御一賜りますよう 请照旧惠顾 qǐng zhàojiù huìgù

あいご【愛護-する】 爱护 àihù ♦动物～ 爱护动物 àihù dòngwù

あいこう【愛好-する】 爱好 àihào；喜好 xǐhào ♦登山を～ 爱好登山 àihào dēngshān

あいこく【愛国】 爱国 àiguó ♦～者 爱国人士 àiguó rénshì ♦～主義 爱国主义 àiguó zhǔyì

あいことば【合い言葉】 口令 kǒulìng；呼号 hūhào

アイコン《コンピュータ》图标 túbiāo

あいさい【愛妻】 心爱的妻子 xīn'ài de qīzi ♦～家 爱妻家 àiqījiā；模范丈夫 mófàn zhàngfu

あいさつ【挨拶】 ❶《応対の招呼》招呼 zhāohu ♦～する 打招呼 dǎ zhāohu；问候 wènhòu ❷《集会などでの致辞[致词]》致辞 zhìcí ♦来宾の～ 由来宾致辞 yóu láibīn zhìcí

アイシー (IC) 集成电路 jíchéng diànlù ♦～カード 智能卡 zhìnéngkǎ；集成电路卡 jíchéng diànlùkǎ

アイシービーエム (ICBM)《大陸間弾道ミサイル》洲际导弹 zhōujì dǎodàn

あいしゃ【愛車】 自家车 zìjiāchē；私人车 sīrénchē

アイシャドー 眼影 yǎnyǐng

あいしゅう【哀愁】 哀愁 āichóu；悲哀 bēi'āi ♦～をそそる 触发悲哀 chùfā bēi'āi；引起哀愁 yǐnqǐ āichóu

あいしょう【愛称】 爱称 àichēng；昵称 nìchēng

あいしょう【相性】 缘分 yuánfen ♦～がいい 合得来 hédelái ♦～が悪い 合不来 hébùlái

あいしょう【愛唱-する】 爱唱 àichàng ♦～歌 爱好的歌曲 àihào de gēqǔ

あいじょう【愛情】 爱情 àiqíng ♦～を注ぐ 宠爱 chǒng'ài

あいじん【愛人】 情人 qíngrén；相好 xiānghǎo

あいず【合図】 信号 xìnhào ♦～する 发出信号 fāchū xìnhào ♦目で～する 使眼光 shǐ yǎnguāng

アイスキャンデー 冰棍儿 bīng-

アイスクリーム ― あう

gùnr; 雪条 xuětiáo
アイスクリーム 冰激凌 bīngjīlíng; 雪糕 xuěgāo
アイスコーヒー 凉咖啡 liángkāfēi; 冰镇咖啡 bīngzhèn kāfēi
アイススケート 滑冰 huábīng
アイスダンス 冰上舞蹈 bīngshàng wǔdǎo
アイスボックス 便携式冰箱 biànxiéshì bīngxiāng
アイスホッケー 冰球 bīngqiú
あいする【愛する】♦ 喜爱 xǐ'ài
♦孤独を～ 爱孤独 ài gūdú
あいせきする【哀惜-する】 怜惜 liánxī ♦～の念に堪えない 沉痛哀悼 chéntòng āidào
あいせきする【愛惜-する】❶愛して大切にする 珍惜 zhēnxī ❷〖名残り惜しく思う〗♦～の情 惜别之情 xībié zhī qíng
あいせき【相席-する】 同席 tóng xí; 同坐 tóng zuò
あいそ【愛想】♦～がいい 和蔼 hé'ǎi ♦～を言う 会说话 huì shuōhuà ♦～を尽かす 嫌弃 xiánqì ♦～笑い 谄笑 chǎnxiào
あいぞう【愛憎】♦～の念 爱憎的感情 àizēng de gǎnqíng ♦～相半ばする 爱憎各半 àizēng gèbàn
あいだ【間】❶〖空間的〗♦ AとBの～ A和B之间 A hé B zhī jiān ♦～をあける 间隔 jiàngé ❷〖時間的〗♦この～ 前几天 qián jǐ tiān ♦夏休みの～も… 在暑假期间也… zài shǔjià qījiān yě... ❸〖関係〗♦～柄 关系 guānxi
あいちゃく【愛着】♦～を覚える 眷恋 juànliàn; 留恋 liúliàn
あいつ【彼奴】 他 tā; 那个东西 nàge dōngxi
あいついで【相次いで】 一个接着一个 yí ge jiēzhe yí ge; 相继 xiāngjì ♦～受賞する 连续得奖 liánxù déjiǎng
あいづち【相槌】♦～を打つ 点头同意 diǎntóu tóngyì
あいて【相手】❶〖競争者〗对手 duìshǒu; 对方 duìfāng ♦～にとって不足はない 堪称对手 kānchēng duìshǒu ♦～を甘く見る 轻敌 qīngdí ❷〖働きかけの対象〗对象 duìxiàng ♦～にしない 不理 bù lǐ ❸〖仲間〗伙伴 huǒbàn ♦～をする 陪旋 zhōuxuán ♦話し～ 说话的伴儿 shuōhuà de bànr
アイディア 主意 zhǔyi; 构思 gòusī ♦～マン 智多星 zhì duō xīng ♦グッド ～ 好主意 hǎo zhǔyi
アイディーカード（ID カード）身份证 shēnfènzhèng

あいている【空いている】❶〖場所が空〗 kōng ❷〖時間が〗有工夫 yǒu gōngfu; 空闲 kòngxián ❸〖地位・役職が〗 空位 kòng wèi
アイテム 品目 pǐnmù; 项目 xiàngmù ♦人気の～ 很受欢迎的品目 hěn shòu huānyíng de pǐnmù
アイデンティティー 自我认同 zìwǒ rèntóng
あいとう【哀悼-する】 哀悼 āidào; 悼念 dàoniàn ♦～の念を表す 谨表哀悼之意 jǐn biǎo āidào zhī yì
あいどく【愛読-する】 爱读 àidú; 喜欢读 xǐhuan dú ♦～書 爱看的书 ài kàn de shū
アイドル 偶像 ǒuxiàng
あいにく【生憎】 不巧 bùqiǎo; 偏巧 piānqiǎo ♦～彼は留守だった 偏偏他不在家 piānpiān tā bú zài jiā ♦～だったね 真不凑巧啊 zhēn bú còuqiǎo a
あいのり【相乗り】〖タクシーなど〗同乘 tóngchéng ♦タクシーに～する 合乘的士 héchéng díshì; 〖事業など〗合伙 héhuǒ
アイバンク 眼库 yǎnkù
あいはんする【相反する】 相反 xiāngfǎn ♦～評価 正相反的评价 zhèng xiāngfǎn de píngjià
アイピーエスさいぼう【iPS 細胞】 诱导性多功能干细胞 yòudǎoxìng duōgōngnéng gànxìbāo
アイピーでんわ【IP 電話】 IP 电话 IP diànhuà
あいべや【相部屋】 同屋 tóngwū
あいぼう【相棒】 伙伴 huǒbàn
アイボリー 象牙色 xiàngyásè
あいま【合間】♦～に 空儿 kōngr ♦～をぬって 抽空儿 chōu kòngr ♦仕事の～に 在工作的空隙 zài gōngzuò de kōngxì
あいまい【曖昧-な】 含糊 hánhu; 暧昧 àimèi ♦～にする〖言葉を〗含糊其词 hánhu qí cí
アイマスク 眼罩儿 yǎnzhàor
あいよう【愛用-する】 爱用 àiyòng ♦～のステッキ 爱用的手杖 àiyòng de shǒuzhàng
あいらしい【愛らしい】 妩媚 wǔmèi; 可爱 kě'ài
アイロニー ❶〖皮肉〗讽刺性的情况 fěngcìxìng de qíngkuàng ❷〖反語〗反话 fǎnhuà; 反语 fǎnyǔ
アイロン♦～をかける 熨 yùn
あう【遭う】〖事・災難に〗遭遇 zāoyù ♦ひどい目に～ 倒霉 dǎoméi
あう【会う】 见面 jiànmiàn
あう【合う】❶〖正しい〗对 duì; 准确 zhǔnquè ❷〖調和する〗合适 hé-

アウェー — アカシア　3

shì; 适合 shìhé ♦自分に合った服装 适合自己的服装 shìhé zìjǐ de fúzhuāng ❸《一致する》一致 yīzhì; 符合 fúhé ♦事実に合わない 与事实不符 yǔ shìshí bù fú
アウェー《球技》客场 kèchǎng ♦〜チーム 客队 kèduì
アウト《球技》出界 chūjiè;《野球》出局 chūjú;《比喩》失败了 shībài le; 不行了 bùxíng le
アウトドア‐の 户外 hùwài; 野外 yěwài ♦〜スポーツ 户外运动 hùwài yùndòng
アウトライン 提纲 tígāng; 概要 gàiyào
あえぐ【喘ぐ】❶《息が切れる》喘气 chuǎnqì; 喘息 chuǎnxī ❷《困難に苦しむ》挣扎 zhēngzhá
あえて【敢えて】 勉强 miǎnqiǎng ♦〜忠告する 无奈劝告你 wúnài quàngào nǐ ♦反对しない 不勉强反对 bù miǎnqiǎng fǎnduì
あえもの【和え物】 凉拌菜 liángbàncài
あえる【和える】 拌 bàn
あえん【亜鉛】 锌 xīn ♦〜版 锌版 xīnbǎn
あお【青】❶《色》蓝 lán; 蓝色 lánsè de ❷《青信号》绿灯 lǜdēng
あおあお【青々‐した】 苍翠 cāngcuì; 葱翠 cōngcuì ♦〜と茂っている 郁郁葱葱 yùyùcōngcōng
あおい【青い】 蓝 lán; 蓝色的 lánsè de
アオカビ【青黴】 青霉 qīngméi; 绿霉 lǜméi ♦〜が生える 长绿霉 zhǎng lǜméi
あおぐ【仰ぐ】❶《上方を見る》仰望 yǎngwàng; 仰视 yǎngshì ♦天を〜 仰望天空 yǎngwàng tiānkōng ❷《敬う》尊为 zūnwéi; 推为 tuīwéi ♦師と〜 尊为导师 zūnwéi dǎoshī ❸《請う》请求 qǐngqiú ♦寄付を〜 请求捐款 qǐngqiú juānkuǎn
あおぐ【扇ぐ】 扇 shān ♦扇で〜 扇扇子 shān shànzi
あおくさい【青臭い】❶《青草の匂い》有青草的味儿 yǒu qīngcǎo de wèir ❷《未熟な》幼稚 yòuzhì; 天真 tiānzhēn
あおぐろい【青黒い】 铁青 tiěqīng
あおざめる【青ざめる】 变苍白 biàn cāngbái; 失色 shīsè
あおじゃしん【青写真】 蓝图 lántú ♦まだ〜の段階だ 还处于初步设计 hái chǔyú chūbù shèjì
あおじろい【青白い】 苍白 cāngbái; 灰白 huībái ♦顔が〜 脸色苍白 liǎnsè cāngbái
あおしんごう【青信号】 绿灯 lǜdēng

♦〜がともる 亮绿灯 liàng lǜdēng
あおすじ【青筋】 青筋 qīngjīn ♦〜を立てる 气得青筋暴出 qìde qīngjīn bàochū
あおぞら【青空】 蓝天 lántiān; 碧空 bìkōng ♦〜市場 露天市场 lùtiān shìchǎng
あおた【青田】 青苗地 qīngmiáodì
あおたがい【青田買い】 提前采用在校生 tíqián cǎiyòng zàixiàoshēng
あおだけ【青竹】 翠竹 cuìzhú; 青竹 qīngzhú
あおにさい【青二才】 黄口小儿 huáng kǒu xiǎo ér
あおば【青葉】 嫩叶 nènyè; 绿叶 lǜyè
あおみどり【青緑‐色の】 草绿色 cǎolǜ-; 翠绿 cuìlǜ
あおむく【仰向く】 仰 yǎng; 仰面 yǎngmiàn
あおもの【青物】 青菜 qīngcài; 蔬菜 shūcài ♦〜市場 蔬菜市场 shūcài shìchǎng
あおる【煽る】❶《人々を》煽动 shāndòng ❷《相場を》哄抬 hōngtái
あおる【呷る】 大口地喝 dàkǒu de hē ♦酒を〜 大口地喝酒 dàkǒu de hē jiǔ
あか【垢】 污垢 wūgòu; 油泥 yóuní ♦〜がたまる 积垢 jīgòu ♦〜を落とす 洗掉污垢 xǐdiào wūgòu
あか【赤‐い】❶《色》红 hóng; 红色 hóngsè ❷《赤信号》红灯 hóngdēng
あかあか【明々‐と】 通亮 tōngliàng ♦〜と灯る 灯火通明 dēnghuǒ tōngmíng
あかあざ【赤痣】 红痣 hóngzhì; 血晕 xiěyùn
アカウンタビリティー《説明責任》对结果承担的责任 duì jiéguǒ chéngdān de zérèn
あかぎれ【皸】 皲裂 jūnliè ♦〜が切れる 皱皴 cūn
あがく【足掻く】 挣扎 zhēngzhá
あかご【赤子】 婴儿 yīng'ér ♦〜の手をひねるよう 轻而易举 qīng ér yì jǔ
あかざとう【赤砂糖】 红糖 hóngtáng
あかし【証】 证据 zhèngjù; 证明 zhèngmíng ♦身の〜を立てる 证明自己的清白 zhèngmíng zìjǐ de qīngbái
あかじ【赤字】❶《訂正》♦〜を入れる 校正 jiàozhèng ❷《欠損》赤字 chìzì; 亏空 kuīkōng ♦〜を出す 亏损 kuīsǔn; 超支 chāozhī
アカシア《植物》刺槐 cìhuái; 洋槐 yánghuái

あかしお【赤潮】 红潮 hóngcháo
あかしんごう【赤信号】 红灯 hóngdēng
あかす【明かす】 ◆夜を～ 过夜 guòyè ◆正体を～ 露出真面目 lùchū zhēnmiànmù ◆真相を～ 揭露真相 jiēlù zhēnxiàng
あかちゃん【赤ちゃん】 小宝宝 xiǎobǎobao; 小娃娃 xiǎowáwa
あかつき【暁】 黎明 límíng ◆成功の～には 成眺之后 chéngjiù zhī hòu
アカデミー 科学院 kēxuéyuàn ◆～会员 院士 yuànshì ◆～賞〖米国の映画賞〗 奥斯卡金像奖 Àosīkǎ jīnxiàngjiǎng
アカデミック-な 学究式的 xuéjiūshì de; 学术的 xuéshù de
あかてん【赤点】 不及格分数 bù jígé fēnshù
あかぬけた【垢抜けた】 秀美 xiùměi; 潇洒 xiāosǎ
あかねぐも【茜雲】 彩云 cǎiyún; 火烧云 huǒshāoyún
あかはじ【赤恥】 ◆～をかく 出洋相 chū yángxiàng; 出丑 chūchǒu
あかはた【赤旗】 红旗 hóngqí
あかはだか【赤裸】 一丝不挂 yì sī bú guà ◆～にされる 被剥得一无所有 bèi bāode yì wú suǒ yǒu
アカペラ 无伴奏合唱 wú bànzòu héchàng
あかみ【赤み】 红晕 hóngyùn; 红色 hóngsè ◆顔に～がさす 脸色微红 liǎnsè wēihóng
あかみ【赤身】 痩肉 shòuròu; 红肉 hóngròu
あがめる【崇める】 崇敬 chóngjìng; 崇拜 chóngbài
あからさま-に 露骨 lùgǔ
あかり【明かり】 ❶〖光明〗 ◆月～ 月光 yuèguāng ◆～がさす 射出一条光来 shèchū yì tiáo guāng lái ❷〖灯火〗 灯火 dēnghuǒ ◆～をともす 点灯 diǎndēng; 开灯 kāidēng
あがり【上がり】 ❶〖値上がり〗 涨价 zhǎngjià ❷〖仕上がり〗 质量 zhìliàng ◆色の～がよい 染得很好 rǎnde hěn hǎo ❸〖完了•終了〗 结束 jiéshù ◆4時で～にしよう 四点就结束吧 sì diǎn jiù jiéshù ba ❹〖収入•収益〗 收入 shōurù ◆売り～ 卖项 màixiàng ◆一日の～ 一天的收入 yì tiān de shōurù
あがりさがり【上がり下がり】 ◆物価の～ 物価的涨落 wùjià de zhǎngluò ◆階段の～ 上下楼梯 shàngxià lóutī
あがる【上がる】 ❶〖上の位置へ〗 上 shàng ◆屋上に～ 上房顶上 shàng fángdǐngshang ❷〖緊張する〗 怯场 qiěchǎng; 紧张 jǐnzhāng ❸〖等級•段階などが〗 升 shēng; 提高 tígāo ◆学校に～ 上学 shàngxué ◆〖程度•価値などが〗 上升 shàngshēng; 高涨 gāozhǎng ◆値が～ 涨价 zhǎngjià
あがる【揚がる】 〖料理で〗 炸好 zháhǎo ◆エビが揚がった 虾炸好了 xiā zháhǎo le
あかるい【明るい】 明亮 míngliàng; 亮 liàng ◆性格が～ 性格明朗 xìnggé mínglǎng ◆地理に～ 熟悉地理 shúxī dìlǐ ◆見通しが～ 前途光明 qiántú guāngmíng
あかるさ【明るさ】 亮度 liàngdù
あかるみ【明るみ】 ◆～に出す 揭露 jiēlù; 暴露 bàolù ◆～に出る 表面化 biǎomiànhuà; 公开出来 gōngkāi chūlái
あかワイン【赤ワイン】 红葡萄酒 hóngpútaojiǔ; 红酒 hóngjiǔ
あかんたい【亜寒帯】 亚寒带 yàhándài
あかんべえ ◆～する 做鬼脸 zuò guǐliǎn
あかんぼう【赤ん坊】 娃娃 wáwa; 婴儿 yīng'ér
あき【空き】 ❶〖隙間〗 空隙 kòngxì; 缝儿 fèngr ◆～を埋める 填空 tiánkòng ❷〖暇〗 空儿 kòngr; 闲空 xiánkòng; 工夫 gōngfu ❸〖欠員•未使用の物〗 缺额 quē'é; 空缺 kòngquē ◆部屋の～はありますか 有空房子吗 yǒu kòng wūzi ma?
あき【秋】 秋天 qiūtiān ◆～の長雨 秋霖 qiūlín
あきあき【飽き飽き-する】 厌烦 yànfán; 腻烦 nìfan
あきす【空き巣】 ◆～に入る 乗人不在家时行窃 chéng rén bú zàijiā shí xíngqiè
あきち【空き地】 空地 kòngdì; 白地 báidì
あきない【商い】 买卖 mǎimai; 生意 shēngyi ◆～をする 做买卖 zuò mǎimai
あきや【空き家】 空房 kòngfáng
あきらか【明らか-な】 明显 míngxiǎn; 分明 fēnmíng ◆～に 显然 xiǎnrán ◆火を見るより～である 洞若观火 dòng ruò guān huǒ
あきらめ【諦め】 ◆～がつく 想得开 xiǎngdekāi
あきらめる【諦める】 想开 xiǎngkāi; 死心 sǐxīn ◆あきらめきれない 想不开 xiǎngbukāi
あきる【飽きる】 够 gòu; 厌倦 yànjuàn ◆見～ 看够 kàngòu ◆食べ～ 吃腻 chīnì
アキレスけん【アキレス腱】 ❶〖体の

阿基里斯腱 Ājīlǐsījiàn：跟腱 gēnjiàn ❷《弱点》致命的弱点 zhìmìng de ruòdiǎn

あきれる【呆れる】 吓呆 xiàdāi；发愣 fālèng ◆呆れた話だ 真不像话 zhēn bú xiàng huà

あく【悪】 恶 è ◆〜の道に入る 下水 xiàshuǐ ◆〜に染まる 失足 shīzú

あく【開く】 开 kāi；开启 kāiqǐ ◆幕が〜 开幕 kāimù

あく【空く】 空 kòng ◆席が空いている座位空着 zuòwèi kòngzhe

あく【灰汁】 ❶《食品の》涩味 sèwèi ◆〜抜きする 去掉涩味 qùdiào sèwèi ❷《人間の》个性 gèxìng ◆〜が強すぎる 个性太强 gèxìng tài qiáng

あくい【悪意】 恶意 èyì ◆〜に満ちた 充满恶意 chōngmǎn èyì ◆〜に取る 理解为坏意思 lǐjiě wéi huàiyìsi ◆〜を抱く 怀恶意 huái èyì

あくうん【悪運】 ◆〜が尽きる 贼运已尽 zéiyùn yǐ jìn ◆〜が強い 贼运亨通 zéiyùn hēngtōng

あくえいきょう【悪影響】 坏影响 huàiyǐngxiǎng；不良影响 bùliáng yǐngxiǎng ◆青年に〜を与える 给青年以坏影响 gěi qīngnián yǐ huài yǐngxiǎng

あくぎょう【悪行】 ◆〜の限りを尽くす 干尽坏事 gànjìn huàishì

あくじ【悪事】 坏事 huàishì；劣迹 lièjì ◆〜を働く 为非作歹 wéifēi zuòdǎi ◆千里を走る 好事不出门，坏事传千里 hǎoshì bù chū mén, huàishì chuán qiānlǐ

あくしつ【悪質】 劣质 lièzhì；恶性 èxìng ◆〜ないたずら 低劣的恶作剧 dīliè de èzuòjù

あくしゅ【握手-する】 握手 wòshǒu；《仲直り》握手言和 wòshǒu yánhé

あくしゅう【悪習】 恶习 èxí；坏习惯 huàixíguàn ◆〜に染まる 染上恶习 rǎnshàng èxí

あくしゅう【悪臭】 恶臭 èchòu ◆〜ふんぷんの 臭烘烘 chòuhōnghōng

あくじゅんかん【悪循環】 恶性循环 èxìng xúnhuán ◆〜に陥る 陷入恶性循环 xiànrù èxìng xúnhuán

あくしょ【悪書】 坏书 huàishū：黄色书刊 huángsè shūkān ◆〜を追放する 清除有害书籍 qīngchú yǒuhài shūjí

あくじょ【悪女】 坏女人 huàinǚrén；毒妇 dúfù ◆〜の深情け 丑女情深 chǒunǚ qíng shēn

アクション【action】 行动 xíngdòng ◆〜ドラマ 武打剧 wǔdǎjù

あくせい【悪性-の】 恶性 èxìng ◆〜腫瘍 恶性肿瘤 èxìng zhǒngliú ◆〜の風邪 恶性感冒 èxìng gǎnmào

あくせい【悪政】 暴政 bàozhèng

あくせく【齷齪】 忙忙碌碌 mángmánglùlù ◆〜働く 辛辛苦苦地工作 xīnxīnkǔkǔ de gōngzuò

アクセサリー【accessory】 首饰 shǒushi；装饰品 zhuāngshìpǐn

アクセス【access】 ❶《電算》存取 cúnqǔ ❷《交通》路径 lùjìng；交通指南 jiāotōng zhǐnán

アクセル【accel】 加速器 jiāsùqì ◆〜を踏む 踩加速器 cǎi jiāsùqì

あくせん【悪銭】 黑钱 hēiqián；横财 héngcái ◆〜身に付かず 不义之财不久留 bú yì zhī cái bù jiǔ liú

あくせんくとう【悪戦苦闘-する】 艰苦奋斗 jiānkǔ fèndòu

アクセント【accent】 ❶《発音》重音 zhòngyīn ❷《強調点》重点 zhòngdiǎn

あくたい【悪態】 ◆〜をつく 谩骂 mànmà

あくだま【悪玉】 坏蛋 huàidàn：坏人 huàirén

アクティブ 积极 jījí；主动的 zhǔdòng de

あくてん(こう)【悪天(候)】 坏天气 huài tiānqì ◆〜をついて 冒着坏天气 màozhe huài tiānqì

あくげき【悪劣】 恶毒 èdú；恶劣 èliè ◆〜攻撃 凶恶的攻击 èdú de gōngjī

あくとう【悪党】 恶棍 ègùn；无赖 wúlài；坏蛋 huàidàn

あくなき【飽くなき】 贪得无厌的 tān dé wú yàn de；坚持不懈的 jiānchí búxiè de；坏蛋 huàidàn

あくにん【悪人】 恶人 èrén；坏人 huàirén

あくび【欠伸】 哈欠 hāqian ◆〜をする 打哈欠 dǎ hāqian；欠伸 qiànshēn ◆〜をかみ殺す 忍住哈欠 rěnzhù hāqian

あくひつ【悪筆】 难看的字 nánkàn de zì；字写得不好 zì xiěde bùhǎo ◆ひどい〜だ 字写得太难看 zì xiěde tài nánkàn

あくひょう【悪評】 ◆〜が立つ 名声不好 míngshēng bù hǎo

あくびょうどう【悪平等】 不合理的平均主义 bù hélǐ de píngjūn zhǔyì

あくへい【悪弊】 弊病 bìbìng；坏习惯 huàixíguàn ◆〜を断ち切る 戒除恶习 jièchú èxí

あくへき【悪癖】 坏毛病 huàimáobìng；坏习惯 huàixíguàn

あくま【悪魔】 恶魔 émó；魔鬼 móguǐ

あくまで【飽く迄-も】 ◆〜もがんばる 干到底 gàn dàodǐ ◆〜も支持する 彻底拥护 chèdǐ yōnghù

あくむ【悪夢】 恶梦 èmèng；噩梦 èmèng ◆〜にうなされる 梦魇 mèng-

あくめい【悪名】臭名 chòumíng; 坏名声 huàimíngshēng ◆～が高い 臭名远扬 chòumíng yuǎn yáng

あくやく【悪役】❶〈芝居の〉反派角色 fǎnpài juésè ❷〈比喩的に〉反面人物 fǎnmiàn rénwù ◆～にまわる 唱白脸儿 chàng báiliǎnr

あくゆう【悪友】坏朋友 huàipéngyǒu;〈反語〉亲密的朋友 qīnmì de péngyou

あくよう【悪用-する】滥用 lànyòng;利用…做坏事 lìyòng…zuò huàishì

あぐら【胡坐】～をかく 盘腿坐 pántuǐ zuò;〈比喩〉稳坐于…之上 wěnzuòyú…zhī shàng

あくらつ【悪辣-な】毒辣 dúlà:恶毒 èdú; 狠毒 hěndú ◆～な手段を弄する 玩弄毒计 wánnòng dújì

あくりょう【悪霊】恶鬼 èguǐ; 邪鬼 xiéguǐ ◆～を祓う 驱逐邪祟 qūzhú xiésuì

あくりょく【握力】握力 wòlì ◆～計 握力計 wòlìjì

アクリル 丙烯 bǐngxī

あくる【明くる】～日 第二天 dì èr tiān ◆～年 第二年 dì èr nián

あくれい【悪例】不好的例子 bùhǎo de lìzi; 坏例子 huàilìzi

アグレッシブ【-な】积极的 jījí de; 攻击性的 gōngjīxìng de

アクロバット 杂技 zájì ◆～飞行 特技飞行 tèjì fēixíng

あげあし【揚げ足】～をとる 挑毛病 tiāo máobìng; 找碴儿 zhāo chár

あけがた【明け方】拂晓 fúxiǎo; 一大早儿 yídàzǎor; 黎明 límíng

あげく【揚句】～の果てに 终于 zhōngyú; 最后 zuìhòu

あけくれる【明け暮れる】◆仕事に～ 埋头工作 máitóu gōngzuò

あげさげ【上げ下げ】❶ ～をする 举落 jǔluò ❷〈人を〉一褒一贬 yì bāo yì biǎn

あげしお【上げ潮】❶〈満ち潮〉涨潮 zhǎngcháo ❷〈势い〉旺盛 wàngshèng; 高涨时期 gāozhǎng shíqī ◆～に乗る 一帆风顺 yì fān fēng shùn

あけしめ【開け閉め】开关 kāiguān;一开一关 yì kāi yì guān ◆戸の～ 开门关门 kāimén guānmén

あけすけ【明け透けな】露骨 lùgǔ; 不客气 bú kèqi ◆～にものを言う 不客气地说 bú kèqi de shuō

あげぞこ【上げ底】底部垫高的 dǐbù diàngāo de

あけっぴろげ【明けっぴろげ-な】外向 wàixiàng; 坦率 tǎnshuài; 豁达

huòdá ◆～な性格 胸怀磊落 xiōnghuái lěiluò

あげつらう〈些細な事柄を〉议论 yìlùn; 抓…辩论 zhuā…biànlùn

あけてもくれても【明けても暮れても】白天黑夜 báitiān hēiyè; 时时刻刻 shíshíkèkè ◆～かねの話だ 话题时刻不离钱 huàtí shíkè bù lí qián

アゲハチョウ【揚羽蝶】凤蝶 fèngdié

あげもの【揚げ物】油炸食品 yóuzhá shípǐn ◆～をする 炸东西 zhá dōngxi

あける【空ける】◆席を～ 倒出座位 dàochū zuòwèi ◆一行～ 空开一行 kòngkāi yì háng ◆部屋を～ 腾出房间 téngchū fángjiān ◆体を空けておく 抽工夫 chōu gōngfu

あける【開ける】打开 dǎkāi; 掀起 xiānqǐ ◆戸を～ 开门 kāi mén ◆店を～ 开店 kāi diàn ◆道を～ 让路 ràng lù

あける【明ける】◆年が明けたら 过了年就… guòle nián jiù… ◆休みはまだ明けない 休假还没结束 xiūjià hái méi jiéshù ◆夜が明けた 天亮了 tiān liàng le

あげる【上げる】◆手を～ 举手 jǔshǒu ◆顔を～ 抬头 táitóu ◆值段を～ 抬价 táijià ◆花火を～ 放烟火 fàng yānhuǒ ◆例を～ 举例 jǔlì ◆犯人を～ 捕捉犯人 bǔzhuō fànrén ◆成果を～ 取得成就 qǔdé chéngjiù ◆スピードを～ 加快速度 jiākuài sùdù ◆名を～ 扬名 yángmíng

あげる【揚げる】◆〈油で〉油炸 yóuzhá; 炸 zhá ◆鶏肉を～ 油炸鸡肉 yóuzhá jīròu

あけわたす【明け渡す】让出 ràngchū; 腾出 téngchū

あご【顎】下巴 xiàba; 下巴颏儿 xiàbakēr ◆～が上がる 揭不开锅 jiēbùkāi guō ◆～を出す 累得要命 lèideyàomìng; 精疲力尽 jīng pí lì jìn

アコーディオン 手风琴 shǒufēngqín ◆～を弾く 拉手风琴 lā shǒufēngqín ◆～カーテン 折叠隔板 zhédié gébǎn

あこがれる【憧れる】憧憬 chōngjǐng; 神往 shénwǎng ◆女優に～ 梦想成为女演员 mèngxiǎng chéngwéi nǚyǎnyuán

あさ【朝】早晨 zǎoshang ◆～から晩まで 从早到晚 cóng zǎo dào wǎn

アサ【麻】大麻 dàmá ◆～糸 麻纱 máshā; ～布 麻布 mábù; ～紐 麻绳 máshéng; ～袋 麻袋 mádài

あざ【痣】痣 zhì ◆～になる 发青 fāqīng

あさい【浅い】❶《水などが》浅 qiǎn ◆～川 浅河 qiǎnhé ❷《程度が》肤浅 fūqiǎn ◆傷は～ 伤口浅 shāngkǒu qiǎn ◆経験が～ 经验不够 jīngyàn bú gòu ◆眠りが～ 睡得不熟 shuìde bù shú

あさいち【朝市】早市 zǎoshì
アサガオ【朝顔】喇叭花 lǎbahuā; 牵牛花 qiānniúhuā
あさがた【朝方】早晨 zǎochén
あさぐろい【浅黒い】浅黑 qiǎnhēi
あざける【嘲ける】嘲笑 cháoxiào; 奚落 xīluò ◆嘲り笑う 笑话 xiàohua
あさせ【浅瀬】浅滩 qiǎntān ◆～に乗り上げる 搁浅 gēqiǎn
あさぢえ【浅知恵】浅见 qiǎnjiàn
あさって【明後日】后天 hòutiān
あさとい《小利口な》小聪明 xiǎocōngmíng;《あくどい》阴险 yīnxiǎn
あさねぼう【朝寝坊】起得晚 qǐde wǎn; 睡懒觉 shuì lǎnjiào
あさはか【浅はかな】～な考え 短见 duǎnjiàn
あさばん【朝晩】早晚 zǎowǎn
あさひ【朝日】朝阳 zhāoyáng; 朝晖 zhāohuī ◆～が昇る 太阳升起来 tàiyáng shēngqǐlái
あさましい【浅ましい】卑鄙 bēibǐ; 可耻 kěchǐ
アザミ【大薊】大蓟 dàjì
あさみどり【浅緑の】嫩绿 nènlǜ; 浅绿 qiǎnlǜ
あざむく【欺く】瞒哄 mánhǒng; 欺骗 qīpiàn
あさめし【朝飯】早饭 zǎofàn
あさめしまえ【朝飯前】◆～に片づく仕事 轻而易举的事 qīng ér yì jǔ de shì ◆そんなことは～ 那好办得很呢 nà hǎobànde hěn ne
あさもや【朝霧】早晨的烟霞 zǎochén de yānxiá
あざやか【鮮やかな】❶《色・形などが》鲜明 xiānmíng; 鲜艳 xiānyàn ◆～な印象 鲜明的印象 xiānmíng de yìnxiàng ❷《見事な》漂亮 piàoliang; 出色 chūsè ◆～な技 技巧出色 jìqiǎo chūsè
あさやけ【朝焼け】早霞 zǎoxiá; 朝霞 zhāoxiá
あさゆう【朝夕】晨夕 chénxī; 早晚 zǎowǎn
アザラシ【海豹】海豹 hǎibào
あさり【浅蜊】蛤蜊 xuángéi
あさる【漁る】物色 wùsè ◆古本を～ 寻找旧书 xúnzhǎo jiùshū
あざわらう【嘲笑う】嘲笑 cháoxiào; 讪笑 shànxiào

あし【足】【脚】《人・動物の》脚 jiǎo ◆両～ 两条腿 liǎng tiáo tuǐ ◆～首 踝 huái; 脚脖子 jiǎobózi ◆～の甲 脚背 jiǎobèi ◆～の指 脚指头 jiǎozhǐtou ◆テーブルの～ 桌子腿 zhuōzi tuǐ ◆～が速い 跑得快 pǎode kuài;《食品》容易坏 róngyì huài ◆～が重い 腿脚懒 tuǐjiǎo lǎn ◆～が遠のく 疏远 shūyuǎn ◆～を奪われる 交通中断，没法走 jiāotōng zhōngduàn, méi fǎ zǒu ◆～が地に着かない 办事不踏实 bànshì bù tāshi; 心神不定 xīnshén búdìng ◆～が出る 超支 chāozhī ◆～が棒になる 腿都发直 tuǐ dōu fāzhí ◆～を引っぱる 拉后腿 lā hòutuǐ ◆～を洗う 洗手不干 xǐ shǒu bú gàn ◆～を運ぶ 前去 qiánqù; 前来 qiánlái
アシ【葦】芦苇 lúwěi; 苇子 wěizi
あじ【味】味道 wèidao; 滋味 zīwèi ◆～がいい 入味 rùwèi ◆～が薄い 口轻 kǒuqīng ◆～が濃い 口重 kǒuzhòng ◆～をつける 调味儿 tiáowèir ◆～を見る 尝尝味道 chángchang wèidao ◆～のある文章 有趣味的文章 yǒu qùwèi de wénzhāng ◆～もそっけもない 平淡无味 píngdàn wú wèi ◆～を占める 尝到甜头儿 chángdào tiántour
アジア 亚洲 Yàzhōu
あしあと【足跡】脚迹 jiǎojì; 脚印 jiǎoyìn ◆～を辿る 顺着脚印走 shùnzhe jiǎoyìn zǒu
あしおと【足音】脚步声 jiǎobùshēng
アシカ【海驢】海狮 hǎishī
あしがかり【足掛かり】《事を進める糸口》垫脚石 diànjiǎoshí; 头绪 tóuxù; 线索 xiànsuǒ
あしかせ【足枷】❶《刑具》脚镣 jiǎoliào ❷《比喩》累赘 léizhui; 绊脚石 bànjiǎoshí
あしがため【足固め・する】做好准备 zuòhǎo zhǔnbèi; 奠定基础 diàndìng jīchǔ
あしからず【悪しからず】请原谅 qǐng yuánliàng
あしげ【足蹴・にする】❶ 踢开 tīkāi ❷《比喩》冷酷地对待 lěngkù de duìdài
あじけない【味気ない】乏味 fáwèi; 没意思 méi yìsi
あしこし【足腰】◆～を鍛える 锻炼腰腿 duànliàn yāotuǐ
アジサイ【紫陽花】绣球花 xiùqiúhuā
あしざま【悪様】◆～に言う 把人说得太坏 bǎ rén shuōde tài huài
あししげく【足繁く】～通う 屡次来往 lǚcì láiwǎng

アシスタント 助理 zhùlǐ; 助手 zhùshǒu
アシスト ❶帮助 bāngzhù ❷《サッカー》助攻 zhùgōng
あした【明日】 明天 míngtiān
あしだい【足代】 车费 chēfèi; 交通费 jiāotōngfèi
あじつけ【味付けーする】 调味 tiáowèi ♦ ~が薄い 味调得淡点儿 wèi tiáode dàn diǎnr
あしてまとい【足手まとい】 ♦~になる 牵累 qiānlěi; 累赘 léizhui
あしどめ【足止めーする】 禁闭 jìnbì ♦~を食う 被禁止外出 bèi jìnzhǐ wàichū; 《交通事情》被路断交通 bèi zhēduàn jiāotōng
あしどり【足取り】 ❶《歩調》脚步 jiǎobù; 步子 bùzi ♦~が軽い 脚步轻快 jiǎobù qīngkuài ❷《移動経路》去向 qùxiàng; 踪迹 zōngjì ♦~がつかめない 行踪不定 xíngzōng bú dìng
あじな【味な】 ♦~ことを言う 说得妙 shuōde miào ♦~まねをする 做得巧妙 zuòde qiǎomiào
あしなみ【足並み】 步调 bùdiào ♦~が乱れる 步伐凌乱 bùfá língluàn ♦~を揃える 统一步伐 tǒngyī bùfá
あしならし【足慣し】 练腿脚 liàn tuǐjiǎo;《下準備》准备行动 zhǔnbèi xíngdòng
あしば【足場】 ❶《足を置く場所》 ♦~が悪い 脚下不稳 jiǎoxià bù wěn ♦~を組む 搭脚手架 dā jiǎoshǒujià ❷《基礎》~を固める 巩固立脚点 gǒnggù lìjiǎodiǎn
あしばやに【足早に】 ♦~に 走得快 zǒude kuài ♦~に立ち去る 匆匆地走开 cōngcōngde zǒukāi
あしぶみ【足踏みーする】 ❶《動作》踏步 tàbù ❷《停滞》停顿 tíngdùn; 停滞不前 tíngzhì bù qián
あじみ【味見】 品尝 pǐncháng; 尝味道 cháng wèidào
あしもと【足下】 脚下 jiǎoxià ♦~に气をつけて 脚下当心 jiǎoxià dāngxīn ♦~がふらつく 跄跄 qiàngqiàng; 蹒跚 pánshān ♦~に火がつく 大祸临头 dàhuò líntóu ♦~を見る 抓弱点 zhuā ruòdiǎn ♦~にも及ばない 望尘莫及 wàng chén mò jí
あしらう【軽く遇する】 支应 zhīyìng; 对待 duìdài ♦適当に~ 敷衍对待 fūyǎn duìdài
あじわい【味わい】 ❶《食べ物の風味》味道 wèidào; 风味 fēngwèi ❷《独特の趣》意趣 yìqù; 韵味 yùnwèi; 趣味 qùwèi ♦~深い 耐人寻味 nài rén xún wèi

あじわう【味わう】 寻味 xúnwèi; 品尝 pǐncháng ♦海の幸を~ 品尝海鲜 pǐncháng hǎixiān ♦最高の喜びを~ 体验无限的欢乐 tǐyàn wúxiàn de huānlè ♦名作を~ 欣赏文学名著 xīnshǎng wénxué míngzhù
あす【明日】 明儿 míngr; 明天 míngtiān
あずかる【与る】 参与 cānyù ♦与り知らぬこと 与自己无关 yǔ zìjǐ wúguān ♦お褒めに~ 承蒙夸奖 chéngméng kuājiǎng
あずかる【預かる】 保存 bǎocún ♦荷物を~ 保存东西 bǎocún dōngxi ♦事務所を~ 管理办事处 guǎnlǐ bànshìchù
アズキ【小豆】 红小豆 hóngxiǎodòu; 小豆 xiǎodòu
あずける【預ける】 存放 cúnfàng; 寄存 jìcún ♦银行に金を~ 把钱存在银行里 bǎ qián cúnzài yínháng lǐ ♦子供を~ 把孩子托付给人家 bǎ háizi tuōfùgěi rénjiā ♦体を~ 靠 kào
アスパラガス 芦笋 lúsǔn
アスピリン 阿司匹林 āsīpǐlín
アスファルト 柏油 bǎiyóu; 沥青 lìqīng ♦~道路 柏油路 bǎiyóulù
アスベスト 石棉 shímián
アスレチック・ジム 健身房 jiànshēnfáng
あせ【汗】 汗 hàn ♦~をかく 出汗 chūhàn ♦手に~を握る 《はらはらする》捏一把汗 niē yībǎ hàn ♦~水流して働く 挥汗劳动 huī hàn láodòng ♦~ばむ 有点儿出汗 yǒudiǎnr chūhàn ♦コップが~をかく 玻璃杯上凝着水珠 bōlibēishang níngzhe shuǐzhū
あぜ【畦】 田塍 tiánchéng; 田坎 tiánkǎn ♦~道 阡陌 qiānmò
アセアン (ASEAN) 《東南アジア諸国連合》东南亚国家联盟 Dōngnán Yà Guójiā Liánméng; 东盟 Dōngméng
アセスメント 评价 píngjià; 估定 gūdìng ♦環境~ 环境评估 huánjìng pínggū
あせも【汗疹】 痱子 fèizi ♦~ができる 长痱子 zhǎng fèizi
あせる【焦る】 焦急 jiāojí; 着急 zháojí ♦~な 别着急 bié zháojí
あせる【褪せる】 ♦色が~ 褪色 tuìshǎi; 掉色 diàoshǎi
あぜん【唖然ーとする】 傻眼 shǎyǎn; 哑口无言 yǎ kǒu wú yán
あそこ 那边 nàbian; 那儿 nàr
あそばせる【遊ばせる】 《使わないで》闲置不用 xián zhì bú yòng ♦车を

あそび【遊び】〈遊ぶこと〉游戏 yóuxì；玩耍 wánshuǎ ♦ 〜仲間 游伴 yóubàn ♦ 〜場 游戏场 yóuxìchǎng ♦ 〜の輪に入る 凑热闹 còu rènao ❷〈ばくち・色気にふけること〉〜好き 好嫖赌 hào piáodǔ ❸〈機械結合部の余裕〉〈ハンドルの〜 方向盘的间隙 fāngxiàngpán de jiànxì

あそぶ【遊ぶ】❶〈楽しく〉玩 wán；游戏 yóuxì ♦ 〜仕事せずに 游荡 yóudàng；赋闲 fùxián ❷〈色気にふける〉嫖娼 piáochāng ❸〈休職〉遊んでいる金〈生活費以外の〉闲钱 xiánqián 遊んでいる土地 休闲地 xiūxiándì

あだ【徒】徒劳 túláo ♦ 親切が〜になる 好意白費 hǎoyì báidá

あだ【仇】仇 chóu ❶〈を討つ〉报仇 bàochóu ♦ 恩を〜で返す 恩将仇报 ēn jiāng chóu bào

あたい【値】❶〈値段〉价格 jiàgé ❷〈価値〉价值 jiàzhí ❸〈数値〉值 zhí

あたい【値】-する值得 zhídé：可以 kěyǐ ♦ 見るに〜する 值得看 zhídékàn ♦ 値しない 不足 bùzú；犯不着 fànbuzháo

あたえる【与える】❶〈やる〉给 gěi；给予 jǐyǔ；以 yǐ；给与 〜 喂 wèi ❷〈割り当てる〉分配 fēnpèi；役割を〜 分派任务 fēnpài rènwù 課題を〜 出题 chūtí ❸〈もたらす〉被害を〜 带来灾难 dàilái zāinàn 不安を〜 招致不安 zhāozhì bù'ān

あたかも【恰も】宛如 wǎnrú；恰似 qiàsì

あたたかい【暖（温）かい】❶〈気温〉温暖 wēnnuǎn；暖和 nuǎnhuo 日毎に暖かくなる 一天比一天暖和 yìtiān bǐ yìtiān nuǎnhuo ❷〈物の温度〉热乎乎 rèhūhū；热和 rèhuo ♦ 飲み物 热饮 rèyǐn ❸〈思いやり〉温暖 wēnnuǎn；热情 rèqíng ♦ 温かく見守る 热心地关怀 rèxīn de guānhuái ❹〈金銭豊かな〉腰（ふところ）が〜 手头儿富裕 shǒutóur fùyù

あたたまる【暖（温）まる】❶〈火などで〉取暖 qǔnuǎn；暖和 nuǎnhuo ❷〈心が〉心里热乎乎的 xīnli rèhūhū de

あたためる【暖（温）める】温暖 wēnnuǎn；暖和 nuǎnhuo ♦ スープを〜 加热汤 jiārè tāng ♦ 部屋を〜 把屋子暖暖 bǎ wūzi nuǎnnuǎn ♦ 卵を〜 抱窝 bàowō ♦ 旧交を〜 重温旧交 chóngwēn jiùjiāo

アタック攻击 gōngjī；进攻 jìngōng

アタッシュケース手提公文包 shǒutí gōngwénbāo

あだな【渾［仇・綽］名】绰号 chuòhào；外号 wàihào ♦ 先生に〜をつける 给老师起外号 gěi lǎoshī qǐ wàihào

あだばな【徒花】谎花 huǎnghuā

あたふた-する慌慌张张 huānghuāngzhāngzhāng；仓促 cāngcù

アダプター转接器 zhuǎnjiēqì；接合器 jiēhéqì

あたま【頭】❶〈首から上〉脑袋 nǎodai；脑壳 nǎoké ♦ 〜が下がる 佩服 pèifu ♦ 〜がぼうっとする 发昏 fāhūn ❷〈物の上部〉釘の〜 钉帽儿 dīngmàor ❸〈物事の最初〉〜からやり直す 从头再做一下 cóngtóu zài zuò yíxià ❹〈脳の働き〉头脑 tóunǎo；脑筋 nǎojīn ♦ 〜がよい 聪明 cōngming；机灵 jīling ♦ 〜が古板 古板 gǔbǎn ♦ 〜が混乱した 昏头昏脑 hūn tóu hūn nǎo ♦ 〜が切れる 伶俐 línglì ♦ 〜が高い 气得发昏 qì de fāhūn ♦ 〜を使う 动脑筋 dòng nǎojīn；绞脑汁 jiǎo nǎozhī ♦ 〜を痛める 伤脑筋 shāng nǎojīn ♦ 〜を悩ませる 劳神 láoshén

あたまかず【頭数】人数 rénshù；人头 réntóu ♦ 〜をそろえる 凑数 còushù

あたまきん【頭金】定钱 dìngqián

あたまごし【頭越し-に】♦ 私の〜に話が進む 谈判越过我而进行 tánpàn yuèguò wǒ ér jìnxíng

あたまごなし【頭ごなし-に】♦ 〜に叱る 不容分说地责备 bù róng fēnshuō de chǐzé rén

あたまでっかち【頭でっかち-な】空谈理论 kōng tán lǐlùn；书呆子 shūdāizi

あたまわり【頭割り-にする】分摊 fēntān

アダム♦ 〜とイブ 亚当与夏娃 Yàdāng yǔ Xiàwá

あたらしい【新しい】新 xīn ♦ 〜服 新衣服 xīnyīfu ♦ 考えが〜 思想新鲜 sīxiǎng xīnxiān

あたり【辺り】附近 fùjìn；四周 sìzhōu ♦ この〜 这一带 zhè yídài ♦ 〜かまわず 不顾周围 bú gù zhōuwéi

あたりさわり【当たり障り】♦ 〜のない话 不痛不痒的话 bùtòng bùyǎng de huà

あたりちらす【当たり散らす】迁怒于人 qiān nù yú rén；乱发脾气 luànfā píqi

あたりどし【当たり年】大年 dànián；丰年 fēngnián

あたりまえ【当たり前】当然 dāngrán；寻常 xúncháng

あたる【当たる】中 zhòng；碰 pèng ♦ボールが頭に～ 球碰在头上 qiú pèng zài tóu shang ♦日光が～ 阳光照到 yángguāng zhàodào …♦火に～ 烤火 kǎohuǒ ♦宝くじが～ 中彩 zhòngcǎi ♦予想が～ 猜中 cāizhòng ♦占いが～ 占卜灵验 zhānguà língyàn ♦交渉に～ 承担交涉 chéngdān jiāoshè ♦商売が～ 生意兴隆 shēngyi xīnglóng ♦毒に～ 中毒 zhòngdú ♦つらく～ 苛待人 kēdài rén ♦いまの10万円に～ 相当于今天的十万日元 xiāngdāngyú jīntiān de shíwàn Rìyuán

アダルト 成人 chéngrén；成年人 chéngniánrén ♦～ビデオ 黄色录像 huángsè lùxiàng ♦～サイト 成人网站 chéngrén wǎngzhàn

あちこち 远近 yuǎnjìn；到处 dàochù ♦～にある 到处都有 dàochù dōu yǒu ♦～見回す 东张西望 dōng zhāng xī wàng ♦～を旅する 周游各地 zhōuyóu gèdì

あちら ❶（方向・場所）那里 nàli；那边 nàbiān ❷（あの方）那位 nà wèi ❸（先方）对方 duìfāng

あつあつ【熱々】热腾腾 rèténgténg ♦～の仲 甜蜜的关系 tiánmì de guānxi

あつい【厚い】♦～セーター 厚毛衣 hòumáoyī ♦雲 浓云 nóngyún ♦友情に～ 友情深厚 yǒuqíng shēnhòu ♦信仰心が～ 信仰坚定 xìnyǎng jiāndìng

あつい【暑い】热 rè ♦蒸し～ 闷热 mēnrè

あつい【熱い】❶（高温の）热 rè ♦～茶 热茶 rèchá ❷（やけどするほど高温の）烫 tàng ❸（情熱が激しい）热情 rèqíng ♦～配慮 热忱的关怀 rèchén de guānhuái ♦（男女の間柄が）亲热 qīnrè ♦お～2人 他们俩关系很亲热 tāmen liǎ guānxi hěn qīnrè

あっか【悪化-する】恶化 èhuà；加剧 jiājù ♦経済が～する 经济恶化 jīngjì èhuà

あつかい【扱い】❶（待遇・応対）对待 duìdài ♦客の～ 接待客人 jiēdài kèrén ♦こども～する 当做小孩儿对待 dàngzuò xiǎoháir duìdài ❷（操作）使用 shǐyòng；操纵 cāozòng ❸（業務）处理 chǔlǐ；承担 chéngdān

あつかう【扱う】❶（操作）使用 shǐyòng；操纵 cāozòng ♦機械を～ 操纵机器 cāozòng jīqì ❷（処理）担当 dāndāng 处理 chǔlǐ ♦人事課で～ 由人事处处理 yóu rénshìchù chǔlǐ（応対）对待 duìdài ❹（商品を）经销 jīngxiāo

あつかましい【厚かましい】脸皮厚 liǎnpí hòu；厚颜 hòuyán

あつがみ【厚紙】厚纸 hòuzhǐ；纸板 zhǐbǎn

あつがり【暑がり】怕热 pà rè

あっかん【圧巻】精彩 jīngcǎi ♦このシーンは～だ（映画では）这个镜头很精彩 zhège jìngtóu hěn jīngcǎi

あつかん【熱燗ー】热酒 rèjiǔ

あつぎ【厚着ーする】多穿 duō chuān

あつくるしい【暑苦しい】暑热 shǔrè；热死 rèsǐ

あっけ【呆気】♦～にとられる 傻眼 shǎyǎn；惊愕 jīng'è；目瞪口呆 mù dèng kǒu dāi

あっけない【呆気ない】太简单 tài jiǎndān；不过瘾 bú guòyǐn ♦～結末 没尽兴的结尾 méi jìnxìng de jiéwěi

あつさ【厚さ】厚薄 hòubó；厚度 hòudù ♦～2センチ 二厘米厚 èr límǐ hòu

あっさり ❶（味・色・形が）素淡 sùdàn；淡雅 dànyǎ；清淡 qīngdàn ❷（態度・性格が）爽快 shuǎngkuai；干脆 gāncuì；淡泊 dànbó ♦～と引きさがる 干脆退出 gāncuì tuìchū

あっしゅく【圧縮ーする】❶（気体を）压缩 yāsuō ♦（文章など）缩短 suōduǎn

あっしょう【圧勝ーする】大胜 dàshèng；大捷 dàjié

あっせい【圧制ーする】压制 yāzhì；专制 zhuānzhì

あっせん【斡旋ーする】介绍 jièshào；斡旋 wòxuán ♦就職を～する 介绍工作 jièshào gōngzuò

あっというま【あっと言う間に】一刹那 yíchànà；一眨眼 yì zhǎyǎn

あっといわせる【あっと言わせる】使人吃惊 shǐ rén chījīng

あっとう【圧倒ーする】凌驾 língjià；压倒 yādǎo

アットホームーな 象在家那样舒适 xiàng zài jiā nàyàng shūshì

あっぱく【圧迫ーする】♦胸部を～する 压迫胸部 yāpò xiōngbù ♦～を覚える 感到压迫 gǎndào yāpò

アップ 提高 tígāo；向上 xiàngshàng ♦～加薪 加薪 jiāxīn；提高工资 tígāo gōngzī

アップダウン 起伏 qǐfú；沉浮 chénfú

アップルパイ 苹果酥 píngguǒsū

アップロード 上载 shàngzài；上传 shàngchuán

あつまり【集まり】♦人の～が悪い 人来得少 rén láide shǎo ♦～に出る 参加集会 cānjiā jíhuì

あとめ ー アブノーマル

ぁ)【跡目】 家产 jiāchǎn; 继承 chéngrén ♦~を継ぐ 继承 jìchéng ♦~争いで 为继承家业争持
ちぢもどり【後戻りする】 返回 fǎnhuí
開倒车 kāi dàochē ♦弦を~に 前在弦上 jiàn zài xián shàng

トラクション 叫座节目 jiàozuò jiémù
ト・ランダム 信手 xìnshǒu; 随便 suíbiàn ♦~に選ぶ 随机选择 suíjī xuǎnzé
アトリエ 画室 huàshì
アドリブ 即兴表演 jíxìng biǎoyǎn
アドレス 住址 zhùzhǐ ♦メール-电子邮件地址 diànzǐ yóujiàn dìzhǐ
あな【穴】 ❶〈表面のくぼみ〉 坑 kēng; 窟隆 kūlong ♦〈あったから入りたい〉 羞得无地自容 xiūde wú dì zì róng ♦~をあける 打眼 dǎyǎn ❷〈欠点〉 缺点 quēdiǎn; 漏洞 lòudòng ❸〈損失〉 亏空 kuīkōng ♦~を埋める 填补亏空 tiánbǔ kuīkōng
アナーキズム 安那其主义 ānnàqí zhǔyì; 无政府主义 wúzhèngfǔ zhǔyì
アナウンサー 广播员 guǎngbōyuán
アナウンス-する 告知 gàozhī
あながち【強ち】 不一定 bù yídìng; 未必 wèibì ♦~見当違いとは言えない 不一定完全错误 bù yídìng wánquán cuòwù
アナクロニズム 时代错误 shídài cuòwù; 弄错时代 nòngcuò shídài
アナゴ【穴子】 康吉鳗 kāngjímán
あなた 你 nǐ ♦~たち 你们 nǐmen ♦~まかせ 事事依靠别人 shìshì yīkào biéren
あなどる【侮る】 小看 xiǎokàn; 轻视 qīngshì
アナリスト 分析师 fēnxīshī
アナログ-の 模拟 mónǐ ♦~コンピュータ 模拟计算机 mónǐ jìsuànjī ♦~電話 模拟电话 mónǐ diànhuà
あに【兄】 哥哥 gēge ♦~弟子 师兄 shīxiōng
アニメーション 动画片 dònghuàpiàn; 卡通 kǎtōng
あによめ【兄嫁】 嫂子 sǎozi; 嫂嫂 sǎosao
あね【姉】 姐姐 jiějie
あねったい【亜熱帯】 亚热带 yàrèdài
あねむこ【姉婿】 姐夫 jiěfu; 姐丈 jiězhàng
あの 那 nà ♦~頃 当年 dāngnián; 那时候 nà shíhou

あのよ【あの世】 黄泉 huángquán; 阴下 quánxià; 阴间 yīnjiān
アパート 公寓 gōngyù
アバウト 不细心 bú xìxīn; 疏忽大意 shūhū dàyì
あばく【暴く】 ♦〈暴露する〉 暴露 bàolù; 揭发 jiēfā; 揭破 jiēpò ♦〈土を掘って〉 挖 wā ♦墓を~ 掘墓 juémù
あばた 麻子 mázi ♦~面 麻脸 máliǎn ♦~もえくぼ 情人眼里出西施 qíngrén yǎnli chū Xīshī
あばらぼね【肋骨】 肋骨 lèigǔ
あばれまわる【暴れ回る】 尽情活动 jìnqíng huódòng
あばれる【暴れる】 ❶ 乱暴に振る舞う〉 乱闹 luànnào ❷〈酔って〉 喝醉乱闹 hēzuì luànnào ❸〈活躍する〉 活跃 huóyuè
アパレル 服装 fúzhuāng; 衣服 yī-fu ♦~メーカー 服装公司 fúzhuāng gōngsī
アバンギャルド 先锋派 xiānfēngpài; 前卫派 qiánwèipài
アバンチュール 恋爱冒险 liàn'ài màoxiǎn
アピール-する ♦〈呼びかける〉 号召 hàozhào; 呼吁 hūyù ♦〈人の心を引きつける〉 吸引 xīyǐn; 打动 dǎdòng
あびせる【浴びせる】 ♦冷水を~ 泼冷水 pō lěngshuǐ ♦質問を~ 接二连三地提问 jiē èr lián sān de tíwèn ♦罵声を~ 大声責骂 dàshēng zémà
アヒル【家鴨】 鸭 yā; 鸭子 yāzi ♦~の卵 鸭蛋 yādàn
あびる【浴びる】 ♦シャワーを~ 洗淋浴 xǐ línyù ♦風呂を~ 洗澡 xǐzǎo ♦非難を~ 遭受责难 zāoshòu zénàn
アブ【虻】 牛虻 niúméng; 虻 méng ♦~蜂取らず 鸡飞蛋打 jī fēi dàn dǎ
あぶくぜに【泡銭】 不义之财 bú yì zhī cái
アフターケア ❶〈病後の手当〉 病后调养 bìnghòu tiáoyǎng ❷〈事後処理〉 售后服务 shòuhòu fúwù
アフターサービス 售后服务 shòuhòu fúwù; 免费维修 miǎnfèi wéixiū
あぶない【危ない】 危险 wēixiǎn ♦~会社が~ 公司面临危局 gōngsī miànlín wēijú ♦~話には乗れない 那靠不住, 不能轻易合作 nà kàobuzhù, bù néng qīngyì hézuò
あぶなげない【危なげない】 牢靠 láokào; 可以放心 kěyǐ fàngxīn
アブノーマル-な 反常的 fǎncháng de; 变态的 biàntài de

あつまる ― あとまわし

あつまる【集まる】❶〈人が〉集合 jíhé；聚集 jùjí ❷〈物·金が〉汇集 huìjí；汇合 huìhé ❸〈集中する〉集中 jízhōng

あつみ【厚み】厚度 hòudù ♦たっぷり〜がある 极厚 jí hòu

あつめる【集める】❶〈物·金を〉收集 shōují；搜集 sōují ♦資金を〜 筹集资金 chóují zījīn ❷〈人を〉招集 zhāojí；招致 zhāozhì ♦人心や努力を〜 集中 jízhōng ♦世の注目を〜 举世瞩目 jǔshì zhǔmù

あつらえむき【誂え向きの】恰好 qiàhǎo；正合适 zhèng héshì

あつらえる【誂える】定做 dìngzuò

あつりょく【圧力】压力 yālì ♦〜鍋 高压锅 gāoyāguō ♦〜をかける 施加压力 shījiā yālì

あつれき【軋轢】倾轧 qīngyà；不和 bùhé

あて【当て】❶〈目的·目標〉♦〜もなく歩く 信步而逛 xìnbù ér guàng ❷〈希望·期待〉♦〜にする 依靠 yīkào；指望 zhǐwàng ♦〜が外れる 希望落空 xīwàng luòkōng ❸〈ならない〉靠不住 kàobuzhù

あてこすり【当てこすり】风凉话 fēngliánghuà ♦〜を言う 指桑骂槐 zhǐ sāng mà huái

あてこする【当てこする】讽刺 fěngcì；影射 yǐngshè

あてこむ【当て込む】盼望 pànwàng ♦人出を〜 指望来个人山人海 zhǐwang lái ge rén shān rén hǎi

あてさき【宛て先】收件人的姓名地址 shōujiàn rén de xìngmíng dìzhǐ

あてじ【当て字】别字 biézì；白字 báizì

あてずっぽう【当てずっぽうに】胡猜 húcāi

あてつける【当てつける】❶〈皮肉·非難〉隠射 yǐnshè；讽刺 fěngcì ❷〈男女の仲を〉显示亲密的关系 xiǎnshì qīnmì de guānxi

あてな【宛て名】收件人姓名 shōujiànrén xìngmíng

あてはまる【当て嵌まる】适合 shìhé；合乎 héhú

あてはめる【当てはめる】套用 tàoyòng；适用 shìyòng

あでやか【艶やかな】娇艳 jiāoyàn；艳丽 yànlì

あてる【当てる】❶〈光を〉照射 zhàoshè ♦日に〜 晒 shài ♦風に〜 让风吹 ràng fēng chuī ❷焦点を〜 对焦 duì jiāodiǎn ❸正解を〜 猜对 cāiduì ❹継ぎを〜 打补丁 dǎ bǔdīng ❺〈割当〉用作旅费 yòng zuò lǚfèi ❻的に〜 射中靶子 shèzhòng bǎzi ♦くじに〜 中彩 zhòngcǎi

あてレコ【当てレコ】配音 pèiyīn

あと【跡】♦〈血に残る形〉痕迹 hénjì；形迹 xíngjì ♦火を焚いた過火的迹象 shēngguo huǒ xiàng ♦〈行方〉行踪 xíngzōng ♦〜をつける 跟踪 gēnzōng ❸〈遺跡〉遗迹 yíjī

あと【後】❶ 后边 hòubian；后面 hòumian；后头 hòutou ♦〜がない 能再退 bù néng zài tuì ♦〜に続く 跟在后面 gēnzài hòumian ♦〜の祭り 生米煮成熟饭 shēngmǐ zhǔchéng shúfàn ♦〜を継ぐ〈任務を〉接任 jiērèn；〈家を〉继承 jìchéng ♦〜は私が引受ける 以后的事由我承担 yǐhòu de shì yóu wǒ chéngdān ♦3年〜 三年以后 sān nián yǐhòu ♦〜3日で 再过三天 zài guò sān tiān

あとあし【後足】后肢 hòuzhī ♦〜で砂を掛ける 走时给人添麻烦 zǒu shí gěi rén tiān máfan

あとあじ【後味】余味 yúwèi；回味 huíwèi ♦〜の悪い 余味不愉快 yúwèi bù yúkuài

あとおし【後押し】♦〜する 撑腰 chēngyāo；支援 zhīyuán

あとがき【後書き】后记 hòujì

あとかた【跡形】♦〜もなく消える 荡然无存 dàngrán wú cún；无影无踪 wú yǐng wú zōng

あとかたづけ【後片付け-する】收拾 shōushi；善后 shànhòu

あとがま【後釜】♦〜にすわる 继任 jìrèn；接班 jiēbān

あとくされ【後腐れ】♦〜のないようにする 避免留下麻烦 bìmiǎn liúxià máfan

あどけない 天真 tiānzhēn

あとさき【後先】❶順序が〜になる 次序颠倒 cìxù diāndǎo ❷〜を考えない 不顾前后 búgù qiánhòu

あとまつ【後始末-する】扫尾 sǎowěi；擦屁股 cā pìgu；清理 qīnglǐ

あとち【跡地】旧址 jiùzhǐ

あとつぎ【後継ぎ】❶〈後継者〉接班人 jiēbānrén；后任 hòurèn ❷〈跡取り〉后嗣 hòusì；继承人 jìchéngrén

あとばらい【後払い】后付款 hòufùkuǎn；赊购 shēgòu

アドバイザー 进言者 jìnyánzhě；顾问 gùwèn

アドバイス 建议 jiànyì；劝告 quàngào

アトピー〈皮膚炎〉特应性皮肤炎 tèyìngxìng pífūyán

あとまわし【後回し-にする】推迟 tuīchí；延缓 yánhuǎn

あぶら【油/脂】 油 yóu ♦〜をさす 加油 jiāyóu; 注油 zhùyóu ♦〜を売る《比喩》泡 pào ♦〜が乗る《比喩》起動儿 qǐjìnr; 圆熟 yuánshú ♦火に〜を注ぐ 火上加油 huǒshàng jiā yóu

あぶらあげ【油揚げ】 油炸豆腐 yóuzhá dòufu

あぶらあせ【脂汗】 虚汗 xūhàn ♦〜が出る 出虚汗 chū xūhàn

あぶらえ【油絵】 油画 yóuhuà

あぶらがみ【油紙】 油纸 yóuzhǐ

あぶらっこい【脂/油っこい】 腻 nì; 油腻 yóunì

アブラナ【油菜】 油菜 yóucài

あぶらみ【脂身】 肥肉 féiròu

あぶらよごれ【油汚れ】 油泥 yóuní

アフリカ 非洲 Fēizhōu

アプリケーションソフト 应用软件 yìngyòng ruǎnjiàn

あぶる【炙る】 烤 kǎo

アフレコ 配音 pèiyīn

あふれる【溢れる】 ♦ 泛滥 fànlàn; 溢出 yìchū ♦精气・生气勃勃 shēngqì bóbó ♦喜びがことばに〜 喜悦溢于言表 xǐyuè yìyú yánbiǎo

あぶれる ♦仕事に〜 找不到工作 zhǎobudào gōngzuò; 失业 shīyè

アプローチ-する 接近 jiējìn; 探讨 tàntǎo

あべこべ-に 相反 xiāngfǎn ♦〜にする 颠倒过来 diāndǎoguòlai

アヘン【阿片】 鸦片 yāpiàn; 大烟 dàyān ♦〜中毒者 大烟鬼 dàyānguǐ

アポ(イントメント) ♦〜を取る 约定 yuēdìng; 预约 yùyuē

アボカド 油梨 yóulí

アポストロフィ 隔音符号 géyīn fúhào

あま【尼】 尼姑 nígū

あまあし【雨脚】 雨脚 yǔjiǎo; 雨势 yǔshì ♦〜が速い 雨来得快 yǔ láide kuài

あまい【甘い】 甜 tián; 甜蜜 tiánmì ♦〜言葉 花言巧语 huā yán qiǎo yǔ; 甜言蜜语 tián yán mì yǔ ♦〜汁を吸う 占便宜 zhàn piányi ♦考えが〜 不善于保护自己 bú shànyú bǎohù zìjǐ ♦見方が〜 看得太天真 kànde tài tiānzhēn

あまえる【甘える】 撒娇 sājiāo

アマガエル【雨蛙】 雨蛙 yǔwā

あまがさ【雨傘】 雨伞 yǔsǎn

あまぐ【雨具】 雨具 yǔjù

あまくだり【天下り-する】 高官下凡 gāoguān xiàfán

あまぐつ【雨靴】 雨鞋 yǔxié

あまぐり【甘栗】 糖炒栗子 tángchǎo lìzi

あまざらし【雨曝し】 ♦〜にする 曝露 在雨里 pùlùzài yǔlǐ

あます【余す】 剩下 shèngxià; 留下 liúxià ♦〜ところなく 一无所剩地 yì wú suǒ shèng de

あまだれ【雨だれ】 檐溜 yánliù; 雨滴 yǔdī ♦〜石をうがつ 滴水穿石 dī shuǐ chuān shí

アマチュア 业余 yèyú; 外行 wàiháng ♦〜画家 业余画家 yèyú huàjiā

あまったるい【甘ったるい】 ❶《味が》太甜 tài tián ❷《声・態度などが》甜蜜 tiánmì ♦〜声 甜蜜的声音 tiánmì de shēngyīn

あまったれる【甘ったれる】 撒娇 sājiāo

あまつぶ【雨粒】 雨点 yǔdiǎn

あまどい【雨樋】 檐沟 yángōu; 檐槽 yáncáo

あまとう【甘党-の】 爱吃甜的 ài chī tián de

あまねく【遍く】 普遍 pǔbiàn

あまのがわ【天の川】 天河 tiānhé; 银河 yínhé

あまのじゃく【天邪鬼】 脾气别扭的人 píqi biènìu de rén

あまみ【甘味】 甜头 tiántou; 甜味儿 tiánwèir

あまみず【雨水】 雨水 yǔshuǐ

あまもり【雨漏り-する】 房子漏雨 fángzi lòu yǔ

あまやかす【甘やかす】 娇惯 jiāoguàn; 娇生惯养 jiāo shēng guàn yǎng

あまやどり【雨宿り-する】 避雨 bìyǔ

あまり【余り】 ❶《余剰》余剩 yúshèng ♦〜が出る 有余 yǒuyú ❷《それほど》〜…ではない 不那么 bú nàme; 不怎么 bù zěnme ♦〜安くない 不那么便宜 bú nàme piányi

あまりに 太; 过于 guòyú

あまる【余る】 剩 shèng; 余剩 yúshèng ♦千円余った 剩了一千块钱 shèngle yìqiān kuài qián ♦目に〜 看不下去 kànbuxiàqu ♦手に〜 太困难 tài kùnnan ♦身に〜 过分 guòfèn

あまんじる【甘んじる】 满足于 mǎnzúyú; 甘于 gānyú ♦最下位に〜 忍于末尾 rěnyú mòwěi

あみ【網】 网子 wǎngzi; 网罗 wǎngluó ♦〜にかかる 落网 luòwǎng ♦法の〜をくぐる 逃过法网 táoguò fǎwǎng

あみど【網戸】 纱窗 shāchuāng

アミノさん【アミノ酸】 氨基酸 ānjīsuān

あみぼう【編み棒】 织针 zhīzhēn

あみめ【網目】 网眼 wǎngyǎn
あみもと【網元】 船主 chuánzhǔ
あみもの【編み物】 毛线活儿 máoxiànhuór
あむ【編む】 编 biān; 编织 biānzhī ◆網を～ 织网 zhī wǎng
あめ【飴】 糖 táng; 糖块儿 tángkuàir ◆～をしゃぶらせる 给点儿甜头 gěi diǎnr tiántou
あめ【雨】 雨 yǔ ◆～が降る 下雨 xiàyǔ ◆～で地固まる 不打不成交 bù dǎ bù chéng jiāo
あめあがり【雨上がり】 雨后 yǔhòu; 雨过天晴 yǔ guo tiān qíng
アメーバ 阿米巴 āmǐbā; 变形虫 biànxíngchóng ◆赤痢 阿米巴痢疾 āmǐbā lìjí
アメニティー 舒适 shūshì; 环境的舒适性 huánjìng de shūshìxìng
アメリカ 美洲 Měizhōu ◆合衆国 美国 Měiguó ◆～コーヒー 美式咖啡 Měishì kāfēi
アメリカナイズ 美式化 Měishìhuà; 美国化 Měiguóhuà
あや【文[綾]】 花样 huāyàng ◆事件の～ 案件情节 ànjiàn qíngjié ◆言葉の～ 措辞 cuòcí
あやうい【危うい】 危险 wēixiǎn
あやうく【危うく】 差点儿 chàdiǎnr; 险些 xiǎnxiē ◆～命を失うところだった 差点儿没有丧命 chàdiǎnr méiyǒu sàngmìng
あやしい【怪しい】 ❶〈不思議・不審な〉奇怪 qíguài; 怪异 guàiyì ◆挙动が～ 行动可疑 xíngdòng kěyí ❷〈おぼつかない〉靠不住 kàobuzhù ◆雲行きが～〈状況〉前景不妙 qiánjǐng búmiào ❸〈恋愛関係〉◆あの2人は～ 他们俩人关系暧昧 tāmen liǎ rén guānxi àimèi
あやしむ【怪しむ】 犯疑 fànyí; 怀疑 huáiyí
あやす 哄 hǒng; 逗 dòu
あやつりにんぎょう【操り人形】 傀儡 kuǐlěi; 提线木偶 tíxiàn mù'ǒu
あやつる【操る】 操纵 cāozòng; 摆布 bǎibu ◆人形を～ 要木偶 shuǎ mù'ǒu ◆世論を～ 操纵舆论 cāozòng yúlùn ◆5か国語を～ 会说五种外语 huì shuō wǔ zhǒng wàiyǔ
あやとり【綾取り】 翻花鼓 fān huāgǔ; 翻绳儿 fān shéngr ◆～をして遊ぶ 翻着花鼓玩儿 fānzhe huāgǔ wánr
あやぶむ【危ぶむ】 担心 dānxīn; 怕 pà ◆成功を～ 担心能否有成就 dānxīn néngfǒu yǒu chéngjiù
あやふや~な 含糊 hánhu; 不可靠 bù kěkào
あやまち【過ち】 错误 cuòwù; 过失

guòshī; 纰缪 pīmiù ◆～を犯す 犯错误 fàn cuòwù ◆～を改める 改过 gǎiguò
あやまって【誤って】 不注意 bú zhùyì; 不留神 bù liúshén
あやまり【誤り】 错误 cuòwù; 谬误 miùwù ◆～を正す 矫正 jiǎozhèng; 纠正错误 jiūzhèng cuòwù ◆～を認める 认错 rèncuò
あやまる【誤る】 错 cuò; 弄错 nòngcuò ◆书き～ 写错 xiěcuò
あやまる【謝る】 赔不是 péi búshì; 谢罪 xièzuì; 道歉 dàoqiàn
あゆ【鮎】 香鱼 xiāngyú〔中国語の"鲇"を"なまず"の意〕
あゆみ【歩み】 步子 bùzi; 脚步 jiǎobù ◆～を止める 止步 zhǐbù ◆歴史の～ 历史的步伐 lìshǐ de bùfá ◆改革の～ 改革的进程 gǎigé de jìnchéng
あゆみよる【歩み寄る】 ❶〈妥協〉互让 hùràng ❷〈近寄る〉走近 zǒujìn; 进前 jìnqián
アラーム ❶〈警報〉警报器 jǐngbàoqì ❷〈目ざまし〉闹钟 nàozhōng
あらあらしい【荒々しい】 粗暴 cūbào; 暴烈 bàoliè
あらい【荒い】 ◆息が～ 呼吸急促 hūxī jícù ◆波が～ 波涛汹涌 bōtāo xiōngyǒng ◆气性が～ 脾气大 píqi dà ◆金遣いが～ 乱花钱 luàn huā qián
あらい【粗い】 毛糙 máocao; 粗糙 cūcāo ◆目が～ 眼儿大 yǎnr dà
あらいおとす【洗い落とす】 洗掉 xǐdiào; 洗涤 xǐdí
アライグマ【洗熊】 浣熊 huànxióng
あらいざらい【洗いざらい】 全部 quándōu ◆～话す 尽情倾吐 jìnqíng qīngtǔ
あらいざらし【洗い晒しの】 ◆～のジーパン 洗褪颜色的牛仔裤 xǐtuì yánsè de niúzǎikù
あらいもの【洗い物】 要洗的东西 yàoxǐ de dōngxi ◆～がたまる 积下该洗的东西 jīxià gāi xǐ de dōngxi
あらう【洗う】 ❶〈汚れを落とす〉洗 xǐ ◆身体を～ 洗澡 xǐzǎo ◆足を～〈比喩〉弃暗投明 qì àn tóu míng ❷〈調べる〉调查 diàochá; 查明 chámíng ◆身元を～ 调查出身经历 diàochá chūshēn jīnglì ◆心を～われる 感到清爽 gǎndào qīngshuǎng
あらうみ【荒海】 波涛滚滚的大海 bōtāo gǔngǔn de dàhǎi ◆～に乗り出す 驶进波涛汹涌的大海 shǐjìn bōtāo xiōngyǒng de dàhǎi
あらかじめ【予め】 预先 yùxiān; 事先 zàixiān ◆～お知らせ下さい 请事

あらかせぎ － ありがち　15

前説一下 qǐng shuō yīxiàshuō yíxià
あらかせぎ【荒稼ぎ-する】 大发横财 dà fā hèngcái
あらかた【粗方】 大体上 dàtǐshang ◆～片付いた 基本上整理好了 jīběnshang zhěnglǐhǎo le
あらくれもの【荒くれ者】 鲁莽汉 lǔmǎnghàn
あらけずり【荒削り-な】 ❶《作品などが》粗糙 cūcāo；未经修改 wèi jīng xiūgǎi ❷《性格》豪放 háofàng；粗豪 cūháo
あらさがし【粗捜し-する】 找毛病 zhǎo máobìng；挑错儿 tiāo cuòr
あらし【嵐】 风暴 fēngbào；狂飙 kuángbiāo
あらす【荒らす】 ❶《駄目にする》弄坏 nònghuài ◆作物を～ 毁坏庄稼 huǐhuài zhuāngjia ❷《放置して》～畑を～ 使田地荒芜 shǐ tiándì huāngwú ❸《盗み取る》留守宅を～ 溜门 liūmén 绳張りを～ 侵犯地盘 qīnfàn dìpán
あらすじ【粗筋】 梗概 gěnggài；概要 gàiyào
あらそい【争い】 争斗 zhēngdòu；纠纷 jiūfēn ◆～のもと 争端 zhēngduān ◆～が絶えない 经常纠纷 jīngcháng jiūfēn
あらそう【争う】 争 zhēng；斗争 dòuzhēng；较量 jiàoliàng ◆先を～ 争先 zhēngxiān；抢先 qiǎngxiān ◆一刻を～ 刻不容缓 kè bù róng huǎn ◆年は争えない 岁月不饶人啊 suìyuè bù ráo rén a
あらた【新た】 新 xīn；重新 chóngxīn ◆～に取りいれる 新采用 xīn cǎiyòng ◆～な計画 新的计划 xīn de jìhuà
あらたまる【改まる】 改变 gǎibiàn ◆年が～ 岁序更新 suìxù gēngxīn ◆改まった顔つき 严肃的表情 yánsù de biǎoqíng
あらためて【改めて】 重新 chóngxīn；再次 zàicì ◆～申しこむ 再次申请 zàicì shēnqǐng
あらためる【改める】 改正 gǎizhèng；纠正 jiūzhèng ◆日を～改天 gǎitiān ◆悪習を～ 改善坏习惯 gǎishàn huàixíguàn ◆切符を～ 验票 yànpiào
あらっぽい【荒っぽい】 粗暴 cūbào；粗鲁 cūlǔ ◆運転が～ 车开得很粗暴 chē kāide hěn cūbào
あらなみ【荒波】 狂澜 kuánglán；风浪 fēnglàng ◆浮世の～ 人世间的磨炼 rénshìjiān de móliàn
あらぬ【～方を見る】 朝向别的方向 cháoxiàng bié de fāngxiàng ◆～うわさ 谣传 yáochuán ◆～疑い 莫须有的怀疑 mòxūyǒu de huáiyí
アラビア《アラブ》阿拉伯 Ālābó ◆～数字 阿拉伯数字 Ālābó shùzì
あらまし 梗概 gěnggài；大略 dàlüè ◆～こんなところだな 大致是这样呢 dàzhì shì zhèyàng ne
あらゆる 所有 suǒyǒu；一切 yíqiè ◆～角度から 从各种角度 cóng gèzhǒng jiǎodù ◆～方策 千方百计 qiān fāng bǎi jì
あらりょうじ【荒療治】《処置·改革》大刀阔斧的改革 dà dāo kuò fǔ de gǎigé
あらわ【露わ-な】 显然 xiǎnrán；露骨 lùgǔ
あらわす【現す】 呈现 chéngxiàn；显出 xiǎnchū ◆正体を～ 现原形 xiàn yuánxíng ◆頭角を～ 崭露头角 zhǎnlù tóujiǎo ◆馬脚を～ 露马脚 lòu mǎjiǎo
あらわす【著す】 著 zhù；撰写 zhuànxiě
あらわす【表す】 表示 biǎoshì；抒发 shūfā ◆言葉に～ 用言语表达 yòng yányǔ biǎodá ◆名は体を～ 名若其人 míng ruò qí rén
あらわれる【現れる】 ❶《表面化する》显现 xiǎnxiàn ◆兆しが～ 显出征兆 xiǎnchū zhēngzhào ❷《発覚する》败露 bàilù ◆悪事が～ 败露罪行 bàilù zuìxíng ❸《出現する》出现 chūxiàn ◆効果が～ 见效 jiànxiào
アリ【蟻】 蚂蚁 mǎyǐ ◆～の巣 蚁穴 yǐxué ◆白～ 白蚁 báiyǐ
アリア 咏叹调 yǒngtàndiào
ありあまる【有り余る】 用之不尽 yòng zhī bú jìn；过剩 guòshèng ◆～人材 充裕的人材 chōngyù de réncái
ありありと【有り有り-と】 清清楚楚地 qīngqīngchǔchǔ de
ありあわせ【有り合せ-の】 现成 xiànchéng ◆～の食事 便饭 biànfàn；现成饭 xiànchéngfàn
ありうる【有り得る】 可能有 kěnéng yǒu；会有 huì yǒu
ありか【有り処】 所在 suǒzài；下落 xiàluò
ありがたい【有り難い】 可感谢的 kě gǎnxiè de；难得的 nándé de；可贵的 kěguì de ◆～ご忠告 难得的劝告 nándé de quàngào ◆有り難く頂戴する 欣然接受 xīnrán jiēshòu
ありがたがる【有り難がる】 希罕 xīhan；珍视 zhēnshì
ありがためいわく【有り難迷惑】 帮倒忙 bāng dàománg；好意反而添麻烦 hǎoyì fǎn'ér tiān máfan
ありがち【有り勝ち-な】 常有的 cháng yǒu de；常见的 chángjiàn

ありがとう — あわい

ありがとう【有り難う】谢谢 xièxie; 多谢 duōxiè

ありがね【有り金】手头的钱 shǒutóu de qián ◆ ~をはたいて 把钱花光 bǎ qián huāguāng

ありきたり【在り来り-の】一般 yìbān; 常有 chángyǒu; 老一套 lǎoyītào

ありさま【有様】样子 yàngzi; 景象 jǐngxiàng

ありつく【飯に~】吃得上饭 chīdeshàng fàn ◆仕事に~ 找到工作 zhǎodào gōngzuò

ありったけ【有りっ丈-の】一切 yíqiè; 所有 suǒyǒu

ありのまま【有りの侭-の】如实 rúshí; 据实 jùshí ◆~に語る 照实说 zhàoshí shuō

アリバイ 不在现场的证据 bú zài xiànchǎng de zhèngjù

ありふれた 常见 chángjiàn; 平凡 píngfán ◆~話 老生常谈 lǎoshēng cháng tán; 常有的事 chángyǒu de shì

ありゅうさんガス【亜硫酸ガス】二氧化硫 èryǎnghuàliú

ありよう【有様】实情 shíqíng; 现状 xiànzhuàng

ある【或る】某 mǒu ◆~日 一天 yì tiān ◆~人 某人 mǒurén; 有人 yǒurén

ある【在る】在 zài; 在于 zàiyú ◆問題はここに~ 问题就在这儿 wèntí jiù zài zhèr

ある【有る】有 yǒu; 具有 jùyǒu ◆用事が~ 有事 yǒu shì ◆見た事が~ 看过 kànguo ◆高さが 3m ~ 有三米高 yǒu sān mǐ gāo

あるいは【或いは】或者 huòzhě

アルカリ 碱 jiǎn ◆~土壤 碱性 jiǎndì; 碱土 jiǎntǔ ◆~性の 碱性 jiǎnxìng ◆~電池 碱性电池 jiǎnxìng diànchí

あるきまわる【歩き回る】徘徊 páihuái

あるく【歩く】走 zǒu; 行走 xíngzǒu ◆世界を~ 周游世界 zhōuyóu shìjiè

アルコール ❶《化合物》酒精 jiǔjīng ❷《酒》酒 jiǔ ◆~中毒 中毒 zhōngdú ◆~に弱い 不会喝酒 bú huì hējiǔ

あるじ【主】主人 zhǔrén; 东道 dōngdào

アルツハイマーびょう【アルツハイマー病】阿尔茨海默病 ā'ěrcíhǎimòbìng

アルト 女低音 nǚdīyīn

アルバイト 打工 dǎgōng ◆~学生 工读学生 gōngdú xuésheng

アルバム ❶《写真の》照相簿 zhàoxiàngbù; 影集 yǐngjí; 纪念册 jìniàncè ❷《CD·レコード盤の》歌曲选唱片 gēqǔxuǎn chàngpiàn

アルファベット 罗马字母 Luómǎzìmǔ

あるまじき 不应该的 bù yīnggāi de ◆~議員に~行为 议员不应该有的行为 yìyuán bù yīnggāi yǒu de xíngwéi

アルミ(ニウム) 铝 lǚ ◆~製品 铝制品 lǚzhìpǐn

アルミホイル 铝箔 lǚbó

あれ 那 nà; 那个 nàge; 那些 nèixie

あれくるう【荒れ狂う】凶暴 xiōngbào; 狂暴 kuángbào

あれこれ ◆~眺める 看来看去 kànlái kànqù ◆~考える 想来想去 xiǎnglái xiǎngqù ◆~迷う 三心二意 sān xīn èr yì

あれち【荒れ地】荒地 huāngdì; 荒野 huāngyě

あれの【荒れ野】荒野 huāngyě

あれはてる【荒れ果てる】❶《家屋などが》破败 pòbài ❷《土地が》荒废 huāngfèi

あれほうだい【荒れ放題-の】荒芜 huāngwú; 任其荒废 rèn qí huāngfèi

あれもよう【荒れ模様-の】❶《天候》要起风暴 yào qǐ fēngbào ❷《機嫌》要闹脾气 yào nào píqi

あれる【荒れる】◆畑が~ 地很荒芜 dì hěn huāngwú ◆生活が~ 生活胡乱 shēnghuó húluàn ◆会議が~ 会议闹分歧 huìyì nào fēnqí ◆肌が~ 皮肤变粗 pífū biàn cū ◆海が~ 海上风浪大 hǎishàng fēnglàng dà

アレルギー 过敏症 guòmǐnzhèng ◆~反应 变态反应 biàntài fǎnyìng ◆~性鼻炎 过敏性鼻炎 guòmǐnxìng bíyán

アレルゲン 过敏原 guòmǐnyuán

アレンジ-する 布置 bùzhì; 安排 ānpái; 《音楽など》改编 gǎibiān

アロエ 芦荟 lúhuì

アロハシャツ 夏威夷衫 Xiàwēiyí shān

アロマテラピー【芳香療法】芳香疗法 fāngxiāng liáofǎ

あわ【泡】泡沫 pàomò; 泡儿 pàor ◆~と消える 成为泡影 chéngwéi pàoyǐng ◆~を食う《比喻》惊慌 jīnghuāng

アワ【粟】谷子 gǔzi; 小米 xiǎomǐ ◆~粒のような 微乎其微 wēi hū qí wēi

あわい【淡い】浅淡 qiǎndàn; 轻ალ

あわせ ― あんせい　17

qīngdàn：浅 qiǎn ♦~期待 一线希望 yí xiàn xīwàng ♦~初恋 淡薄的初恋 dànbó de chūliàn
あわせ[袷] 夹 jiá；夹衣 jiáyī ♦~の上着《中国風の》夹袄 jiá'ǎo
あわせて[合わせて] 一共 yígòng；合计 héjì
あわせて[併せて] 同时 tóngshí；并 bìng
あわせる[合わせる] ♦焦点を~对准焦点 duìzhǔn jiāodiǎn ♦力を~同心协力 tóng xīn xié lì ♦顔を~见面 jiànmiàn ♦~顔がない 没脸见人 méi liǎn jiàn rén ♦話を~迎合 yínghé ♦手を~合十 héshí ♦答を~核对答案 héduì dá'àn
あわただしい[慌ただしい] 慌张 huāngzhāng；匆忙 cōngmáng
あわだつ[泡立つ] 起沫儿 qǐmòr；起泡儿 qǐpàor
あわてふためく[慌てふためく] 张皇失措 zhāng huáng shī cuò
あわてもの[慌て者] 冒失鬼 màoshīguǐ
あわてる[慌てる] 慌张 huāngzhāng；着慌 zháohuāng
アワビ[鮑] 鲍鱼 bàoyú
あわや 差点儿没… chàdiǎnr méi … ♦~のおだぶつ 差点儿没有死 chàdiǎnr méiyǒu sǐ
あわよくば 如能乘机 rú néng chéngjī；如有可能 rú yǒu kěnéng
あわれ[哀れ-な] 可怜 kělián ♦~な話 悲痛的故事 bēitòng de gùshì ♦~なやつ 可怜虫 kěliánchóng ♦~な暮らし 凄惨的生活 qīcǎn de shēnghuó
あわれみ[哀[憐]れみ] ♦~を寄せる 怜悯 liánmǐn
あわれむ[哀[憐]れむ] ♦~べき 可怜的 kělián de
あん[餡] 馅儿 xiànr ♦~入りマントウ 夹馅儿馒头 jiāxiànr mántou
あん[案] 方案 fāng'àn ♦~を作る 拟订计划 nǐdìng jìhuà ♦~に違わず 正如预料 zhèng rú yùliào
あん[暗-に] 暗험暗示 àn'àn ♦~に仄(ほの)めかす 婉转暗示 wǎnzhuǎn ànshì
あんい[安易-な] 轻易 qīngyì；容易 róngyì ♦~に考える 看得简单 kànde jiǎndān
あんうん[暗雲] 乌云 wūyún；黑云 hēiyún ♦~がたれこめる 形势不稳 xíngshì bù wěn
あんか[安価-な] 廉价 liánjià
アンカー ❶《リレーの》接力赛的最后跑者[泳者] jiēlìsài de zuìhòu pǎozhě[yǒngzhě] ❷《報道番組の》主持人 zhǔchírén

あんがい[案外-な] 出乎意料 chūhū yìliào ♦~楽だった 意外比容易 yìwài de róngyì
あんきょ[安居-たる] 安逸 ānyì ♦~としていられない 不能这样安闲 bù néng zhèyàng ānxián
あんき[暗記-する] 记住 jìzhù；背 bèi
あんきょ[暗渠] 阴沟 yīngōu；暗沟 ànggōu
アングル 角度 jiǎodù
アンケート 民意测验 mínyì cèyàn ♦~をとる 用调查表测验民意 yòng diàochábiǎo cèyàn mínyì ♦~調查 问卷调查 wènjuàn diàochá ♦~に記入する 填写问卷 tiánxiě wènjuàn
あんけん[案件] ❶《議案》议案 yì'àn ❷《調査すべき事件》案件 ànjiàn ♦~に裁決を下す 断案 duàn'àn
あんこ[餡子] 豆馅儿 dòuxiànr
あんごう[暗号] 暗号 ànhào；密码 mìmǎ ♦~を解読する 破译密码 pòyì mìmǎ
アンコール-する 要求重演 yāoqiú chóngyǎn
あんこく[暗黑] 黑暗 hēi'àn ♦~街 黑社会 hēishèhuì
あんさつ[暗殺-する] 暗害 ànhài；暗杀 ànshā
あんざん[暗算-する] 心算 xīnsuàn [中国語の"暗算 ànsuàn"は「卑劣なワナを仕掛ける」「閻討ちを企む」こと]
あんざん[安産] 顺产 shùnchǎn
アンサンブル ❶《音楽》合奏 hézòu ❷《衣服》套装 tàozhuāng
あんじ[暗示-する] 暗示 ànshì ♦~にかかる 上暗示的钩 shàng ànshì de gōu
あんしつ[暗室] 暗室 ànshì
あんじゅう[安住-する] 安于 ānyú ♦~の地 安居之地 ānjū zhī dì；安乐的地方 ānlè de dìfang
あんしょう[暗礁] 暗礁 ànjiāo；《比喻》障碍 zhàng'ài ♦~に乗り上げる《船が》触礁 chùjiāo；《比喻》搁浅 gēqiǎn
あんしょう[暗唱-する] 背诵 bèisòng
あんしょうばんごう[暗証番号] 密码 mìmǎ
あんじる[案じる] 挂念 guàniàn；担心 dānxīn
あんしん[安心-する] 放心 fàngxīn ♦母を~させる 让母亲放心 ràng mǔqīn fàngxīn
アンズ[杏] 杏 xìng ♦~色的 杏黄 xìnghuáng
あんせい[安静] 安静 ānjìng ♦~が

必要だ 需要安静 xūyào ānjìng／絶対〜 绝对安静 juéduì ānjìng

あんぜん【安全-な】安全 ānquán ◆〜剃刀 保险刀 bǎoxiǎndāo ◆〜ベルト 安全带 ānquándài ◆〜器 闸盒儿 zháhér ◆〜ピン 别针 biézhēn

アンダーシャツ 汗衫 hànshān

アンダーライン 着重线 zhuózhòngxiàn ◆〜を引く 在…下面划线 zài ... xiàmiàn huàxiàn

あんたい【安泰-な】安宁 ānníng

あんたん【暗澹-たる】暗淡 àndàn

あんち【安置-する】安置 ānzhì；安放 ānfàng

アンチ 反 fǎn；反对 fǎnduì ◆〜エイジング 抗衰老 kàng shuāilǎo ◆〜テーゼ 反题 fǎntí

あんちゅうもさく【暗中模索-する】暗中摸索 ànzhōng mōsuǒ

あんちょく【安直-な】〈作りが〉简陋 jiǎnlòu；〈行為が〉轻易 qīngyì

あんちょこ 知识要点 zhīshi yàodiǎn；备考重点 bèikǎo zhòngdiǎn

あんてい【安定-する】安定 āndìng；稳定 wěndìng ◆株価が〜しない 股价不稳定 gǔjià bù wěndìng

アンティーク 古董 gǔdǒng

アンテナ 天线 tiānxiàn ◆パラボラ〜 抛物面天线 pāowùmiàn tiānxiàn

あんど【安堵-する】放心 fàngxīn

あんな 那样的 nàyàng de ◆〜男 那么个男人 nàme ge nánrén

あんない【案内-する】向导 xiàngdǎo；引导 yǐndǎo；前导 qiándǎo ◆〜所 问事处 wènshìchù；问讯处 wènxùnchù ◆〜状〈通知〉通知 tōngzhī；《请帖》请帖 qǐngtiě ◆〜図 示意图 shìyìtú

あんなに 那样地 nàyàng de；那么 nàme

あんにん【杏仁】杏仁 xìngrén ◆〜豆腐 杏仁豆腐 xìngrén dòufu

あんのじょう【案の定】果然 guǒrán；不出所料 bùchū suǒliào

あんのん【安穏-な】安闲 ānxián；平安 píng'ān ◆〜に暮らす 过安稳日子 guò ānwěn rìzi

アンパイア 裁判员 cáipànyuán

アンバランス-な 不平衡 bù pínghéng；不均衡 bù jūnhéng

あんパン【餡パン】豆沙面包 dòushā miànbāo

あんぴ【安否】平安与否 píng'ān yǔ fǒu ◆〜を気遣う 担心...的平安与否 dānxīn ... de píng'ān yǔ fǒu ◆〜を尋ねる 问安 wèn'ān

アンプ 放大器 fàngdàqì；增音器 zēngyīnqì

アンフェア 不公平 bù gōngpíng；不正当 bú zhèngdàng

あんぶん【案分・按分】按比例分配 àn bǐlì fēnpèi

アンペア 安培 ānpéi ◆〜计 电流表 diànliúbiǎo

あんま【按摩-する】按摩 ànmó；推拿 tuīná

あんまり-な 够劲儿 gòujìnr；过分 guòfèn ◆そりゃ〜だ 那太过分了 nà tài guòfèn le

あんまん【餡饅】豆沙包 dòushābāo

あんみん【安眠-する】安眠 ānmián

あんもく【暗黙-の】◆〜の了解 默契 mòqì

アンモニア 阿摩尼亚 āmóníyà；氨 ān ◆〜水 氨水 ānshuǐ

あんやく【暗躍-する】暗中活动 ànzhōng huódòng

あんらく【安楽-な】安乐 ānlè ◆〜に暮らす 安逸过活 ānyì guòhuó ◆〜椅子 安乐椅 ānlèyǐ ◆〜死 安乐死 ānlèsǐ

アンラッキー 不幸 búxìng；倒霉 dǎoméi

い

い【意】 ◆～にかなう 中意 zhòngyì ◆～に介さない 不在乎 búzàihu ◆～のままにする 任意摆布 rènyì bǎibu ◆～を決する 决意 juéyì ◆～を強くする 增强信心 zēngqiáng xìnxīn

い【胃】 胃 wèi ◆～が痛い 胃痛 wèitòng ◆～がもたれる 存食 cúnshí ◆～をこわす 伤胃 shāng wèi

いあつ【威圧-する】 压制 yāzhì ◆～感 压力 yālì；气魄 qìpò ◆～的な 威压的 wēiyā de

いあわせる【居合わせる】 在场 zàichǎng ◆現場に～ 在现场 zài xiànchǎng

いあん【慰安】 慰劳 wèiláo；慰问 wèiwèn ◆～旅行 慰劳旅行 wèiláo lǚxíng

いい【好（良·善）い】 好 hǎo；良好 liánghǎo ◆～人 好人 hǎorén ◆～ところへ来た 来得好 láide hǎo

いいあう【言い合う】 争吵 zhēngchǎo；吵架 chǎojià

いいあてる【言い当てる】 猜中 cāizhòng：说对 shuōduì

いいあやまる【言い誤る】 说错 shuōcuò

いいあらそう【言い争う】 吵架 chǎojià；口角 kǒujué；争吵 zhēngchǎo

いいあらわす【言い表す】 表达 biǎodá；说明 shuōmíng ◆ことばでは表せない 语言表达不出来 yǔyán biǎodábuchūlái

いい 不 bù；不是 búshì；没有 méiyǒu

いいえてみょう【言い得て妙】 说得妙 shuōde miào

イーエムエス（EMS） 国際エクスプレスメール 特快专递 tè kuài zhuān dì；快递 kuàidì；速递 sùdì

いいおとす【言い落とす】 忘记说 wàngjì shuō；漏说 lòushuō

いいかえす【言い返す】 顶嘴 dǐngzuǐ ◆負けずに～ 不认输回嘴 bú rènshū huízuǐ

いいかえる【言い替える】 换句话说 huàn jù huà shuō

いいかお【好い顔】 好脸 hǎo liǎn ◆業界では～だ 在同业界吃得开 zài tóngyèjiè chīdekāi ◆～ばかりはしていられない 不能总给好脸看 bù néng zǒng gěi hǎoliǎn kàn

いいがかり【言い掛かり】 ◆～をつける 找碴儿 zhǎochár

いいかげん【好い加減】 ◆～な 马虎 mǎhu；粗率 cūshuài ◆～な人 马大哈 mǎdàhā ◆～にやる 草率从事 cǎoshuài cóngshì

いいかた【言い方】 说法 shuōfǎ ◆丁寧な～ 礼貌的说法 lǐmào de shuōfǎ

いいかねる【言い兼ねる】 不敢说 bùgǎn shuō ◆君が正しいとは～ 很难说你做得对 hěn nán shuō nǐ zuòde duì

いいき【好い気-な】 ◆～なものだ 太天真 tài tiānzhēn ◆～になっている 得意忘形 dé yì wàng xíng

いいきかせる【言い聞かせる】 嘱咐 zhǔfù：劝告 quàngào ◆自分に～ 对自己说 duì zìjǐ shuō

いいきる【言い切る】 断言 duànyán ◆きっぱりと～ 断然地说 duànrán de shuō

いいぐさ【言い草】 ◆なんて～だ 说得太不像话 shuōde tài búxiàng huà

いいくるめる【言い包める】 哄骗 hǒngpiàn；糊弄 hùnong ◆うまく言いくるめられる 被花言巧语蒙骗 bèi huā yán qiǎo yǔ mēngpiàn

いいこ【好い子】 ◆～ぶる 假装好孩子 jiǎzhuāng hǎoháizi

いいこめる【言い込める】 驳倒 bódǎo

イーシー（EC） 欧洲共同体 Ōuzhōu Gòngtóngtǐ

いージー-な 简便 jiǎnbiàn；轻易 qīngyì ◆～オーダー 按模式订作 àn móshì dìngzuò

いいしぶる【言い渋る】 犹豫不说 yóuyù bù shuō；不敢明说 bù gǎn míngshuō

いいしれぬ【言い知れぬ】 难以表达 nányǐ biǎodá ◆～寂しさを覚える 感到无法形容的寂寞 gǎndào wúfǎ xíngróng de jìmò

いいすぎ【言い過ぎ】 说得过火 shuōde guòhuǒ ◆～だ 说得过分 shuōde guòfèn

イースト 酵母 jiàomǔ ◆～菌 酵母菌 jiàomǔjūn

イーゼル 画架 huàjià

いいそびれる【言いそびれる】 未能说出 wèi néng shuōchū

いいだくだく【唯々諾々】 惟命是听 wéi mìng shì tīng ◆～として従う 绝对听从 juéduì tīngcóng

いいだす【言い出す】 说出 shuōchū；开口 kāikou ◆自分から～ 自己开口 zìjǐ kāikou

いいたてる【言い立てる】 强调 qiángdiào；声称 shēngchēng

イーチケット（E チケット） 电子机票 diànzǐ jīpiào

いいつくろう【言い繕う】 巧辩 qiǎobiàn；掩饰 yǎnshì

いいつけ【言い付け】 吩咐 fēnfù ◆～

いいつける【言い付ける】❶《命令》吩咐 fēnfù；彼に仕事を~ 吩咐他做事 fēnfù tā zuòshì ❷《告げ口》告状 gàozhuàng ♦ 先生に~ 向老师告发 xiàng lǎoshī gàofā

いいつたえ【言い伝え】传说 chuánshuō

いいとし【いい年】♦~をして 岁数那么大还… suìsu nàme dà hái...

いいなおす【言い直す】改口 gǎikǒu；重说 chóngshuō

いいなずけ【許婚】对象 duìxiàng；〈女〉未婚妻 wèihūnqī；〈男〉未婚夫 wèihūnfū

いいならわし【言い習わし】老习惯 lǎoxíguàn

いいなり【言いなり-になる】百依百顺 bǎi yī bǎi shùn；任人摆布 rèn rén bǎibù

いいにくい【言い難い】难说 nánshuō ♦~ことを言わねばならぬ 不能不说不好说的话 bùnéngbù shuō bùhǎo shuō de huà

いいぬける【言い抜ける】搪塞过去 tángsèguòqù

いいね【言い値】要价 yàojià

いいのがれ【言い逃れ-する】支吾 zhīwu；推脱 tuītuō

いいのこす【言い残す】❶《伝言》留言 liúyán ♦言い残したことはありませんか 你有没有遗说的话 yǒu méiyǒu lòushuō de huà ❷《死後に》遗嘱 yízhǔ

いいはる【言い張る】硬说 yìngshuō；坚持 jiānchí

いいふくめる【言い含める】嘱咐 zhǔfu

いいふらす【言い触らす】扬言 yángyán；张扬 zhāngyáng ♦ あることないことを~ 真的假的什么都散布 zhēn de jiǎ de shénme dōu sànbù

いいふるされた【言い古された】♦~こと 陈旧的话 chénjiù de huà

いいぶん【言い分】主张 zhǔzhāng；意见 yìjiàn ♦~を聞く 倾听主张 qīngtīng zhǔzhāng

イーブン 平局 píngjú

いいまかす【言い負かす】驳倒 bódǎo

いいまちがえる【言い間違える】说错 shuōcuò

いいまわし【言い回し】说法 shuōfǎ；《文章中の》修辞 xiūcí

イーメール（E メール） 电子邮件 diànzǐ yóujiàn；伊妹儿 yīmèir

イーユー（EU）《ヨーロッパ連合》欧洲联盟 Ōuzhōu Liánméng

いいよう【言い様】说法 shuōfǎ；措词 cuòcí ♦何とも~がない 简直没法儿说 jiǎnzhí méifǎr shuō ♦ものには~がある 说话也要有分寸嘛 shuōhuà yě yào yǒu fēncun ma

いいよる【言い寄る】追求 zhuīqiú；求爱 qiú'ài

いいわけ【言い訳】♦~をする 分辩 fēnbiàn；辩解 biànjiě

いいわたす【言い渡す】宣告 xuāngào；宣判 xuānpàn ♦無罪を~ 宣告无罪 xuāngào wúzuì

いいん【医院】医院 yīyuàn

いいん【委員】委员 wěiyuán ♦~会 委员会 wěiyuánhuì ♦~长 委员长 wěiyuánzhǎng

いう【言う】说 shuō ♦~に堪えない 说不得 shuōbude ♦~までもなく 不用说 búyòng shuō ♦口に出して~ 说出来 shuōchūlái ♦名を…と~ 名叫… míngjiào...

いえ【家】房子 fángzi ♦~を建てる 盖房子 gài fángzi ♦…の~に生まれる 生于…家庭 shēngyú ... jiātíng ♦~を畳む 收拾家当 shōushi jiādàng ♦~を継ぐ 继承家业 jìchéng jiāyè

いえ【遺影】遗像 yíxiàng

いえがら【家柄】出身 chūshēn；门第 méndì；门户 ménhù

いえき【胃液】胃液 wèiyè

いえじ【家路】归途 guītú ♦~につく 回家 huíjiā

イエス【キリスト】耶稣 Yēsū；耶稣基督 Yēsū Jīdū

イエス ♦~は 是 shì；对 duì

イエスマン 应声虫 yìngshēngchóng

いえで【家出-する】离家出走 líjiā chūzǒu ♦~人 出奔的人 chūbēn de rén

いえなみ【家並】排成的房子 páichéng de fángzi ♦~が続く 房屋栉比 fángwū zhǐbǐ

いえやしき【家屋敷】房地产 fángdìchǎn

イエローカード 黄牌 huángpái

いえん【以遠】以远 yǐyuǎn

いえん【胃炎】胃炎 wèiyán ♦急性~ 急性胃炎 jíxìng wèiyán

いおう【硫黄】硫磺 liúhuáng

いおとす【射落とす】射下来 shèxiàlái；击落 jīluò

イオン 离子 lízǐ ♦~化 电离 diànlí ♦~交换樹脂 离子交换树脂 lízǐ jiāohuàn shùzhī

いか【以下】❶以下 yǐxià：下面 xiàmiàn ♦~の通りである 如下 rúxià ❷二才~ 二十岁以下 èrshí suì yǐxià

いか【医科】医科 yīkē ♦~大学

科大学 yīkē dàxué
イカ【烏賊】墨鱼 mòyú; 乌贼 wūzéi; 鱿鱼 yóuyú
いがい【以外】以外 yǐwài; 除了…以外 chúle…yǐwài
いがい【意外-】❶ 意外 yìwài; 出乎意料 chū hū yì liào ◆～に思う 纳罕 nàhān ◆～にむずかしい 意外地困难 yìwài de kùnnan
いかいよう【胃潰瘍】胃溃疡 wèikuìyáng
いかが【如何-ですか】怎么样 zěnmeyàng; 如何 rúhé
いかがわしい 可疑 kěyí; 不正经 bú zhèngjīng
いかく【威嚇-する】〈武力で〉威慑 wēishè; 威胁 wēixié ◆～射撃 威慑射击 wēishè shèjī
いがく【医学】医学 yīxué ◆～部 医学院 yīxuéyuàn
いかくちょう【胃拡張】胃扩张 wèikuòzhāng
いかさま 欺骗 qīpiàn ◆～師 骗子 piànzi ◆～をやる 欺骗 qīpiàn
いかす【生(活)かす】活用 huóyòng; 利用 lìyòng ◆特技を～ 发挥特长 fāhuī zhuāncháng
いかすい【胃下垂】胃下垂 wèixiàchuí
いかだ【筏】筏子 fázi; 木筏 mùfá; 木排 mùpái ◆～を流す 放木排 fàng mùpái
いがた【鋳型】模型 móxíng; 模子 múzi
いかなる【如何なる】怎样的 zěnyàng de; 何等 héděng; 任何 rènhé ◆～人も 任何人都 rènhé rén dōu
いかに【如何に】如何 rúhé; 怎样 zěnyàng ◆～人事な人か 是怎样重要的人 shì zěnyàng zhòngyào de rén
いかにも【如何にも】诚然 chéngrán; 的确 díquè
いがみあう【いがみ合う】反目 fǎnmù; 争吵 zhēngchǎo
いかめしい【厳めしい】庄严 zhuāngyán; 严厉 yánlì; 严肃 yánsù
いかものぐい【いか物食い】怪食癖 guàishípǐ; 爱吃奇特的食物 ài chī qítè de shíwù
いがらっぽい 呛 qiàng ◆喉が～ 喉咙 qiànghóulong
いかり【怒り】火气 huǒqì; 愤怒 fènnù ◆～をぶちまける 泄愤 xièfèn ◆～を鎮める 息怒 xīnù; 消气 xiāoqì ◆～がこみ上げる 燃起怒火 ránqǐ nùhuǒ
いかり【錨】锚 máo ◆～を上げる 起锚 qǐmáo; 启航 qǐháng ◆～を下ろ

す 下锚 xiàmáo; 抛锚 pāomáo
いかりくるう【怒り狂う】暴跳如雷 bàotiào rú léi; 狂怒 kuángnù
いかる【怒る】愤怒 fènnù; 发怒 fānù; 生气 shēngqì
いかん【遺憾】遗憾 yíhàn ◆～に思う 感到遗憾 gǎndào yíhàn ◆～なく実力を発揮する 充分发挥能力 chōngfèn fāhuī nénglì
いがん【胃癌】胃癌 wèi'ái
いかんせん【如何せん】无奈 wúnài; 无可奈何 wú kě nài hé
いき【生き】❶〈鮮度〉◆～がいい 新鲜 xīnxiān ❷〈校正で〉保留 bǎoliú
いき【意気】志气 zhìqì; 意气 yìqì ◆～高らかな 昂扬 ángyáng ◆～の上がらない 委靡 wěimí; 低沉 dīchén ◆～盛んな 慷慨 kāngkǎi; 气昂昂 qì'áng'áng ◆～に感ずる 感意气 gǎn yìqì
いき【遺棄-する】遗弃 yíqì
いき【粋-な】知趣 zhīqù; 风流 fēngliú
いき【域】范围 fànwéi ◆推測の～を出ない 只是推测而已 zhǐshì tuīcè éryǐ ◆名人の～ 名手的水平 míngshǒu de shuǐpíng
いき【息】呼吸 hūxī; 气息 qìxī ◆～が詰まる 憋气 biēqì ◆～が合う 合得来 hédélái ◆～が合わない 格格不入 gé gé bù rù ◆～が切れる 喘不过气来 chuǎnbuguò qì lái ◆～が絶える 断气 duànqì ◆～をひそめる 屏气 bǐngqì ◆ひと～つく 歇一会儿 xiē yíhuìr ◆～の長い 持之以恒 chí zhī yǐ héng ◆～が続かない 坚持不下去 jiānchíbuxiàqù
いぎ【異議】异议 yìyì; 相反的意见 xiāngfǎn de yìjiàn ◆～を申し立てる 提出异议 tíchū yìyì
いぎ【意義】意义 yìyì ◆～がある 有意义 yǒu yìyì
いきあたりばったり【行き当たりばったり】听其自然 tīng qí zìrán; 无计划 wú jìhuà
いきいき【生き生き】生动 shēngdòng; 活泼 huópo; 精神 jīngshen
いきうつし【生き写し】一模一样 yì mú yí yàng; 惟妙惟肖 wéi miào wéi xiào
いきうめ【生き埋め】活埋 huómái
いきおい【勢い】声势 shēngshì; 势头 shìtou ◆～がいい ією举十足 jìntóu shízú ◆～に乗って 乘势 chéngshì ◆～そうなる 势必这样 shìbì zhèyàng
いきおいづく【勢いづく】来劲儿 láijìnr
いきがい【生き甲斐】生存的意义

いきかえる ― いくにち

shēngcún de yìyì♦～を感じる 感到活得有意义 gǎndào huóde yǒu yìyì

いきかえる【生き返る】 复活 fùhuó；回生 huíshēng♦生き返らせる 回春 huíchūn♦ようやく会社が生き返った 公司立刻恢复起来了 gōngsī cái huīfùqǐlái le

いきぎれ【息切れ-する】 气喘 qìchuǎn；接不上气 jiēbushàng qì

いきぐるしい【息苦しい】 憋气 biēqì；沉闷 chénmèn

いきごむ【意気込む】 振作 zhènzuò；干劲十足 gànjìn shízú

いきさつ【経緯】 本末 běnmò；原委 yuánwěi；经过 jīngguò

いきじびき【生き字引き】 活字典 huózìdiǎn

いきしょうちん【意気消沈-する】 沮丧 jǔsàng；颓丧 tuísàng；心灰意懒 xīn huī yì lǎn

いきせききって【息急き切って】 气喘吁吁地 qìchuǎn xūxū de

いきた【生きた】 活的 huó de♦～化石 活生生的实例 huóshēngshēng de shílì；有价值的标本 yǒu jiàzhí de biāoběn

いきち【生き血】 血 xiě♦～を吸う 吸吮膏血 xīshǔn gāoxuè

いきとうごう【意気投合-する】 意气相投 yìqì xiāngtóu；情投意合 qíngtóu yìhé

いきどおり【憤り】 愤怒 fènnù♦～を感じる 感到愤怒 gǎndào fènnù

いきどおる【憤る】 发怒 fānù；愤怒 fènnù

いきとどく【行き届く】 ⇨ゆきとどく

いきどまり【行き止まり】 ⇨ゆきどまり

いきながらえる【生き長らえる】 长生 chángshēng

いきなり 忽地 hūdì；突然 tūrán

いきぬき【息抜き】 休息 xiūxi；缓气 huǎnqì

いきのこる【生き残る】 残存 cáncún；幸存 xìngcún

いきのね【息の根】♦～を止める 断送生命 duànsòng shēngmìng

いきのびる【生き延びる】 死里逃生 sǐlǐ táoshēng

いきはじ【生き恥】♦～をさらす 活着受辱 huózhe shòurǔ；丢人现眼 diūrén xiànyǎn

いきまく【息巻く】 气势汹汹地说 qìshì xiōngxiōng de shuō

いきもの【生き物】 生物 shēngwù♦ことばは～だ 语言是活着的 yǔyán shì huózhe de

いきょ【依拠-する】 依据 yījù；根据 gēnjù

いきょう【異郷】 他乡 tāxiāng；异乡 yìxiāng♦～に暮らす 客居外地 kèjū wàidì

いきょう【異教】 异教 yìjiào♦～徒 异教徒 yìjiàotú

いぎょう【偉業】 伟业 wěiyè；丕绩 pījī♦～を達成する 完成伟业 wánchéng wěiyè

いぎょうしゅ【異業種】 异类行业 yìlèi hángyè

いきようよう【意気揚々】 得意洋洋 déyì yángyáng；趾高气扬 zhǐ gāo qì yáng

いきる【生きる】 活 huó；处身 chǔshēn♦持ち味が生きている 特色鲜明 tèsè xiānmíng；ことばが生きている 语言生动 yǔyán shēngdòng

いく【行く】 ❶〈ある場所へ〉去 qù；走 zǒu♦あっちへ行け！ 滚开 gǔnkāi♦道を～ 走路 zǒulù♦会社へ～ 上班 shàngbān ❷〈進行する〉进行 jìnxíng♦うまく行かない 进展不顺利 jìnzhǎn de bú shùnlì ❸〈その他〉年が～ 年老 niánlǎo♦嫁に～ 出嫁 chūjià

いくえ【幾重】 重重 chóngchóng♦～にも重なる 重叠 chóngdié；密密层层 mìmìcéngcéng

いくえい【育英】 培养人才 péiyǎng réncái♦～基金 教育基金 jiàoyù jījīn

いくさ【戦】 战争 zhànzhēng；～を始める 发动战争 fādòng zhànzhēng；动刀兵 dòng dāobīng♦～に負け～をした 打了败仗 dǎ le bàizhàng

イグサ【藺草】 灯心草 dēngxīncǎo

いくじ【育児】 养育幼儿 yǎngyù yòu'ér♦～休暇 育儿假 yù'ér jià

いくじなし【意気地なし】 懦夫 nuòfū；软骨头 ruǎngǔtou；没出息的 méi chūxi de

いくせい【育成-する】 培育 péiyù；抚育 fǔyù

いくた【幾多-の】 好多 hǎoduō；无数的 wúshù de

いくつ【幾つ】 多少 duōshao；几 jǐ♦～歳 几岁了 jǐ suì le？

いくつか【幾つか-の】 一些 yìxiē；几个 jǐ ge♦～の方法がある 有一些办法 yǒu yìxiē bànfǎ

いくど【幾度-も】 屡次 lǚcì；许多次 xǔduō cì♦～となく 屡次三番 lǚcì sānfān

いくどうおん【異口同音】 异口同声 yì kǒu tóng shēng

いくにち【幾日】 几天 jǐ tiān♦～もたない 只能坚持几天 zhǐ néng jiānchí jǐ tiān♦～も降り続いた 下了好几天 xiàle hǎo jǐ tiān

いくにんも【幾人も】好几个人 hǎojǐ ge rén

いくねんも【幾年も】好几年 hǎo jǐ nián ◆~続く干魃 连年旱灾 lián-nián hànzāi

いくばく【幾許-か】几何 jǐhé；一点儿 yìdiǎnr ◆~もない 没有多少 méiyǒu duōshǎo

いくぶん【幾分】多少 duōshǎo；一点儿 yìdiǎnr ◆~体の調子がいい 身体好一点儿 shēntǐ hǎo yìdiǎnr

いくもうざい【育毛剤】生发剂 shēngfàjì

いくら【幾ら】◆~ですか《值段》多少钱 duōshao qián ◆~もない 无几 wújí ◆かねなら~でもある 有的是钱 yǒu de shì qián ◆~なんでもかまうりだ 无论怎么，也太过分了 wúlùn zěnme, yě tài guòfèn le

イクラ 鲑鱼子 guīyúzǐ

いくらか【幾らか】 稍微 shāowēi；有些 yǒuxiē ◆~ましだ 稍微好一点儿 shāowēi hǎo yìdiǎnr

いけ【池】池塘 chítáng；池子 chízi

いけい【畏敬】敬畏 jìngwèi

いけいれん【胃痙攣】胃痉挛 wèi-jìngluán

いけがき【生け垣】绿篱 lǜlí；树障子 shùzhàngzi；树墙 shùqiáng

いけすかない 讨厌 tǎoyàn

いけどり【生け捕り】◆~にする 活擒 huóqín；生擒 shēngqín

いけない ❶《だめ》不行 bùxíng ❷《行かない》不能去 bùnéng qù；去不成 qùbuchéng

いけにえ【生け贄】牺牲 xīshēng

いけばな【生け花】插花 chāhuā

いける【行ける】◆《行くことができる》能去 néng qù ◆歩いて~距离 可以走着去的距离 kěyǐ zǒuzhe qù de jùlí ◆《满足できる》なかなか~ 不错 búcuò ◆~味だ 好吃 hǎochī

いけん【意見】意见 yìjiàn；主意 zhǔyi ◆~を言う 提出意见 tíchū yìjiàn ◆~がくいちがう 意见不一致 yìjiàn bù yízhì ◆~がぶつかる 意见相反 yìjiàn xiāngfǎn ◆~を求める 问询 wènxún；询问 xúnwèn ◆~を交わす 商榷 shāngquè

いげん【威厳】威严 wēiyán；尊严 zūnyán ◆~を示す 施展威风 shīzhǎn wēifēng

いご【以後】以后 yǐhòu

いご【囲碁】围棋 wéiqí

いこう【以降】以后 yǐhòu

いこう【威光】威势 wēishì；威风 wēifēng ◆親の~ 父母的威严 fù-mǔ de wēiyán

いこう【意向】意图 yìtú；意向 yì-xiàng ◆~を打诊する 试探意图 shì-tàn yìtú

いこう【移行-する】过渡 guòdù ◆~段阶 过渡阶段 guòdù jiēduàn

いこう【遗稿】遗稿 yígǎo ◆~を整理する 整理遗稿 zhěnglǐ yígǎo

いこう【憩う】休息 xiūxi

イコール ❶《等号》等号 děnghào ❷《等しい》等于 děngyú；相等 xiāng-děng

いこく【異国】外国 wàiguó ◆~情绪 异国情调 yìguó qíngdiào

いごこち【居心地】◆会社は~がいい 公司里心情舒畅 gōngsīli xīnqíng shūchàng

いこじ【意固地】顽固 wángù ◆~になる 固执起来 gùzhíqǐlai

いこつ【遺骨】骨灰 gǔhuī

いこん【遺恨】遗恨 yíhèn

いざ ◆~というとき 一旦有事 yídàn yǒu shì ◆こどもなら~知らず 要是小孩儿倒也罢了 yàoshi xiǎoháir dào yě bàle

いさい【委细】端详 duānxiáng；详情 xiángqíng ◆~かまわずに 不管怎样 bùguǎn zěnyàng ◆~面谈 详情改日面谈 xiángqíng gǎirì miàn-tán

いさい【異彩】◆~を放つ 大放异彩 dà fàng yìcǎi

いさかい【諍い】是非 shìfēi；口角 kǒujué ◆~を起こす 惹起是非 rěqǐ shìfēi

いざかや【居酒屋】小酒馆 xiǎojiǔ-guǎn

いさぎよい【潔い】干脆 gāncuì；爽快 shuǎngkuai ◆潔く胃を脱ぐ 干脆认输 gāncuì rènshū

いさく【遗作】遗作 yízuò

いざこざ 口舌 kǒushé；小争执 xiǎozhēngzhí ◆~を起こす 惹起是非 rěqǐ shìfēi ◆~に卷き込まれる 卷入纠纷 juǎnrù jiūfēn

いささか【些か】稍微 shāowēi；有点 yǒudiǎn

いさましい【勇ましい】雄壮 xióng-zhuàng；英勇 yīngyǒng

いさめる【諫める】劝告 quàngào；谏争 jiànzhēng；劝谏 quànjiàn

いさりび【漁り火】渔火 yúhuǒ

いさん【胃酸】胃酸 wèisuān ◆~过多症 胃酸过多症 wèisuān guò-duōzhèng

いさん【遺産】遗产 yíchǎn ◆~を相续する 继承遗产 jìchéng yíchǎn ◆文化~ 文化遗产 wénhuà yíchǎn

いし【意志】意志 yìzhì ◆~堅固な 刚毅 gāngyì ◆~が弱い 意志软弱 yìzhì ruǎnruò

いし【意思】心意 xīnyì ◆~表示 表达意见 biǎodá yìjiàn ◆~の疎通を

いし — いずれ

はかる 沟通想法 gōutōng xiǎngfǎ
いし【遺志】遗愿 yíyuàn
いし【石】石头 shítou ♦~にかじりついても 无论怎么艰苦 wúlùn zěnme jiānkǔ
いし【医師】医生 yīshēng
いじ【意地】♦~になる 固执 gùzhí ♦~が悪い 心地不良 xīndì bù liáng ♦~きたない 嘴馋 zuǐ chán ♦~っ張りな 执拗 zhíniù ♦~を張っては 执意 zhíyì ♦~でも 怎么也 zěnme yě ♦~を見せる 显示志气 xiǎnshì zhìqì
いじ【維持-する】维持 wéichí ♦現状~ 维持现状 wéichí xiànzhuàng
いじ【遺児】遗孤 yígū
いしあたま【石頭】死脑筋 sǐnǎojīn; 一个心眼儿 yíge xīnyǎnr
いしうす【石臼】石磨 shímó
いしがき【石垣】石墙 shíqiáng
いしき【意識】意识 yìshí ♦~が遠く 昏迷 hūnmí; 昏晕 hūnyūn ♦~を失う 昏迷过去 hūnguòqù ♦~を取り戻す 清醒 qīngxǐng: 苏醒过来 sūxǐngguòlai ♦~する 意识到 yìshídào ♦~的に (…の)有意识 yǒu yìshí; 故意 gùyì
いしく【石工】石匠 shíjiang: 石工 shígōng
いしだたみ【石畳】♦~の道 石板路 shíbǎnlù
いしだん【石段】石阶 shíjiē
いしつ【異質】异质 yìzhí
いしつぶつ【遺失物】失物 shīwù; 遗失物 yíshīwù ♦~取扱所 失物招领处 shīwù zhāolǐngchù ♦~届を出す 报失 bàoshī
いしばし【石橋】石桥 shíqiáo ♦~を叩いて渡る 小心谨慎 xiǎoxīn jǐnshèn
いじめる【苛める】欺负 qīfu; 折磨 zhémó ♦いじめられる 受气 shòuqì
いしゃ【医者】医生 yīshēng ♦大夫 dàifu ♦~にかかる 就医 jiùyī ♦~を呼ぶ 请医生来 qǐng yīshēng lái
いしゃ【慰謝[藉]】♦~料 赔偿费 péichángfèi; 赔款 péikuǎn
いしゅ【異種】~の 不同种类 bù tóng zhǒnglèi; 异种 yìzhǒng
いしゅ【意趣】仇恨 chóuhèn ♦~返し 报仇 bàochóu
いしゅう【異臭】异味 yìwèi; 怪味 guàiwèi ♦~を放つ 发臭味儿 fā chòuwèir
いじゅう【移住-する】迁移 qiānyí; 移居 yíjū
いしゅく【萎縮-する】萎缩 wěisuō
いしょ【遺書】遗嘱 yízhǔ
いしょう【意匠】图案 tú'àn; 设计 shèjì ♦~登録 图案专利注册

tú'àn shèjì zhuānlì zhùcè
いしょう【衣裳】服装 fúzhuāng ♦貸し~ 租赁服装 zūdài fúzhuāng ♦花嫁~ 新娘礼服 xīnniáng lǐfú
いじょう【以上】以上 yǐshàng ♦二十歳~の男子 二十岁以上的男子 èrshí suì yǐshàng de nánzǐ ♦~の通りである 如上 rúshàng ♦予想~の 超出预计的 chāochū yùjì de
いじょう【異常-な】异常 yìcháng ♦反常 fǎncháng ♦~な状態 病态 bìngtài ♦~気象 反常天气 fǎncháng tiānqì
いじょう【委譲-する】转让 zhuǎnràng ♦権限を~する 转让权限 zhuǎnràng quánxiàn
いじょう【異状】异常状态 yìcháng zhuàngtài ♦~なし 没问题 méi wèntí
いしょく【移植-する】❶[医学で] 移植 yízhí ♦~手術 移植手术 yízhí shǒushù ❷[植物を] 移植 yízhí; 引种 yǐnzhǒng
いしょく【衣食】衣食 yīshí ♦~足りた生活 温饱的生活 wēnbǎo de shēnghuó
いしょく【異色】~の 有特色的 yǒu tèsè de; 有特殊个性的 yǒu tèshū gèxìng de
いしょくじゅう【衣食住】衣食住行 yī shí zhù xíng
いじらしい 令人同情的 lìng rén tóngqíng de
いじる【弄る】摆弄 bǎinòng; 弄 nòng ♦お下げを~ 玩弄发辫儿 wánnòng fābiànr ♦カメラを~ 摆弄照相机 bǎinòng zhàoxiàngjī
いじわた【石綿】石棉 shímián
いじわる【意地悪-する】刁难 diāonan; 为难 wéinán ♦~される 穿小鞋 chuān xiǎoxié
いしん【威信】威信 wēixìn; 声威 shēngwēi ♦~を失う 威信扫地 wēixìn sǎodì ♦~にかかわる 影响威信 yǐngxiǎng wēixìn
いじん【偉人】伟人 wěirén ♦~伝 伟人传记 wěirén zhuànjì
いしんでんしん【以心伝心】心领神会 xīn lǐng shén huì
いす【椅子】椅子 yǐzi ♦~にかける 坐在椅子上 zuòzài yǐzishang ♦首相の~ [地位] 首相的地位 shǒuxiàng de dìwèi
いずみ【泉】泉水 quánshuǐ
イズム 主义 zhǔyì
イスラムきょう【イスラム教】清真教 Qīngzhēnjiào; 伊斯兰教 Yīsīlánjiào; 回教 Huíjiào ♦~徒 穆斯林 mùsīlín
いずれ【何れ】《どちらも》♦~劣らぬ

いずれにしても — いたばさみ　25

不相上下 bù xiāng shàngxià；《そのうちに》◆〜買おう 改天买吧 gǎitiān mǎi ba

いずれにしても【何れにしても】反正 fǎnzhèng；不管怎样 bùguǎn zěnyàng

いずれは【何れは】早晩 zǎowǎn

いずれも【何れも】◆〜素晴らしい 哪个都顶好 nǎge dōu dǐng hǎo

いすわる【居座る】坐着不走 zuòzhe bù zǒu ◆寒气団が〜 冷气団静止不动 lěngqìtuán jìngzhǐ bú dòng ◆権力の座に〜 连续掌权 liánxù zhǎngquán

いせい【威勢】朝气 zhāoqì；精神 jīngshen ◆〜がいい 充满活力 chōngmǎn huólì

いせい【異性】异性 yìxìng

イセエビ【伊勢海老】龙虾 lóngxiā

いせき【移籍】调职 diàozhí；《戸籍》迁移户口 qiānyí hùkǒu

いせき【遺跡】遗迹 yíjì ◆〜の発掘 发掘遗迹 fājué yíjì

いせつ【異説】不同的学说 bù tóng de xuéshuō ◆〜を唱える 提倡不同观点 tíchàng bù tóng guāndiǎn

いせん【緯線】纬线 wěixiàn

いぜん【以前】〜と同じ 与以前一样 yǔ yǐqián yíyàng；从前 cóngqián ◆〜とは違う 跟过去不一样 gēn guòqù bù yíyàng ◆常識〜の問題 缺乏常识的问题 quēfá chángshí de wèntí

いぜん【依然-として】仍然 réngrán；还 hái；还是 háishi ◆〜として行方不明だ 还是下落不明 háishi xiàluò bùmíng ◆旧態〜 一切旧贯 yíqiè jiù guàn

いそいそ-と 欢欢喜喜地 huānhuānxǐxǐ de

いそいで【急いで】赶紧 gǎnjǐn；快 kuài ◆〜帰る 急着回家 jízhe huíjiā

いそう【移送-する】搬移 bānyí；输送 shūsòng

いそうろう【居候】食客 shíkè ◆〜する 吃闲饭 chī xiánfàn

いそがしい【忙しい】忙 máng；忙碌 mánglù ◆仕事が〜 工作忙 gōngzuò máng ◆まったく〜男だ 真是个忙人 zhēn shì ge mángrén

いそぎ【急ぎ-の】急忙 jímáng ◆〜の用事 急事 jíshì ◆〜足 急步走 jíbù zǒu

いそぐ【急ぐ】赶 gǎn ◆道を〜 赶路 gǎnlù ◆結論を〜 急于得出结论 jíyú déchū jiélùn ◆〜ことはない 不必着急 búbì zháojí

いぞく【遺族】遗属 yíshǔ

いそしむ【勤しむ】勤奋 qínfèn；勤谨 qínjǐn ◆勉学に〜 刻苦地学习 kèkǔ de xuéxí

いぞん【依存-する】依靠 yīkào；依赖 yīlài；依存 yīcún ◆〜心 依赖心 yīlàixīn

いぞん【異存】意见 yìjiàn；不满 bùmǎn ◆〜はない 没有异议 méiyǒu yìyì

いた【板】板 bǎn；木板 mùbǎn ◆〜につく 恰如其分 qià rú qí fēn

いたい【遺体】遗体 yítǐ；遗骸 yíhái

いたい【痛い】疼 téng；疼痛 téngtòng ◆〜ところを突く 攻其弱点 gōng qí ruòdiǎn ◆耳の〜話 不爱听的话 bú ài tīng de huà ◆〜目にあう 遭到沉重打击 zāodào chénzhòng dǎjī

いだい【偉大-な】伟大 wěidà ◆〜な功績 伟绩 wěijì ◆〜な行为 壮举 zhuàngjǔ ◆〜な志 壮志 zhuàngzhì

いたいじ【異体字】异体字 yìtǐzì

いたいけ【いたいけ-な】〜な子 可怜 kělián；〜な表情 痛惜 tòngxī

いたいたしい【痛々しい】悲惨 bēicǎn；可怜 kělián

いたく【委託-する】委托 wěituō；付托 fùtuō ◆〜を受ける 受托 shòutuō

いだく【抱く】怀抱 huáibào；心怀 xīnhuái ◆大志を〜 胸怀大志 xiōnghuái dàzhì

いたけだか【居丈高-な】盛气凌人 shèng qì líng rén

いたしかゆし【痛し痒し-の】左右为难 zuǒyòu wéinán

いたずら【悪戯-する】调皮 tiáopí；淘气 táoqì

いたずらっこ【悪戯っ子】顽童 wántóng；淘气鬼 táoqìguǐ

いたずらに【徒に】白白 báibái ◆〜時が過ぎる 白浪费时间 bái làngfèi shíjiān

いただきもの【頂き物】人家给的礼物 rénjia gěi de lǐwù

いただく【戴/頂く】❶《もらう》领受 lǐngshòu ◆ごほうびを〜 接受奖赏 jiēshòu jiǎngshǎng ❷《食べる》吃 chī ◆朝食を〜 吃早饭 chī zǎofàn ❸《頭にのせる》罩顶 zhào dǐng ◆雪を頂いた山 白雪罩顶的山 báixuě zhào dǐng de shān

いたたまれない【居た堪れない】◆恥ずかしくて〜 羞得无地自容 xiū de wú dì zì róng

イタチ【鼬】黄鼬 huángyòu；黄鼠狼 huángshǔláng

いたって【至って】格外 géwài；极其 jíqí ◆〜元気だ 格外健康 géwài jiànkāng

いたで【痛手】损害 sǔnhài；打击 dǎjī ◆〜を蒙る 受到严重损害 shòudào yánzhòng sǔnhài

いたばさみ【板挟み-になる】受夹板气 shòu jiābǎnqì

いたまえ [板前] 厨师 chúshī; 大师傅 dàshīfu

いたましい [痛ましい] 悲惨 bēicǎn ♦～事故 惨祸 cǎnhuò ♦～情景 惨状 cǎnzhuàng

いたみ [痛み] 疼痛 téngtòng ♦～を止める 止痛 zhǐtòng ♦～を抑える 镇痛 zhèntòng ♦～止めの薬 止痛药 zhǐtòngyào ♦他人の～が分かる 能明白别人的痛苦 néng míngbai biérén de tòngkǔ

いたむ [痛む] 疼痛 téngtòng; 作痛 zuòtòng ♦傷が～ 创伤疼痛 chuāngshāng téngtòng ♦心 [胃] が～ 伤心 shāngxīn ♦懐が～ 要费一笔钱 yào fèi yì bǐ qián

いたむ [傷む] 坏 huài; 腐败 fǔbài ♦傷んだリンゴ 烂苹果 làn píngguǒ ♦屋根が～ 房顶损坏 fángdǐng sǔnhuài

いたむ [悼む] 哀悼 āidào

いためる [痛める・傷める] 损伤 sǔnshāng; 受伤 shòushāng ♦肩を～ 损伤肩膀儿 sǔnshāng jiānbǎngr ♦心を～ 伤心 shāngxīn ♦頭を～ 伤脑筋 shāng nǎojīn

いためる [炒める] 炒 chǎo; 煎 jiān

いたらない [至らない] 未成熟 wèi chéngshú; 不周到 bù zhōudào

イタリック 欧文斜体字 Ōuwén xiétǐzì

いたる [至る] 到 dào; 至 zhì ♦今に～ 至今 zhìjīn ♦中止のやむなきに～ 不得已中止 bùdéyǐ zhōngzhǐ ♦事ここに～ 事已至此 shì yǐ zhìcǐ

いたるところ [至る所] 到处 dàochù; 处处 chùchù

いたれりつくせり [至れり尽せり] 十分周到 shífēn zhōudào; 无微不至 wú wēi bú zhì

いたわる [労わる] 照顾 zhàogù; 慰劳 wèiláo ♦妻を～ 慰藉妻子 wèijiè qīzi

いたん [異端] 异端 yìduān ♦左道旁门 zuǒ dào páng mén ♦～の説 异端邪说 yìduān xiéshuō ♦～者 异端者 yìduānzhě

いち [位置] 位置 wèizhi; 地点 dìdiǎn ♦…に～する 位于 wèiyú; 坐落在 zuòluòzài

いち [一] ♦一 yī ♦～二を争う 数一数二 shù yī shù èr ♦～か八か 孤注一掷 gū zhù yí zhì ♦～も二も無く 毫无犹豫 háowú yóuyù

いち [市] 市场 shìchǎng; 集市 jíshì ♦～が立つ 开设市场 kāishè shìchǎng

いちいち [一々] 一一 yīyī; 逐一 zhúyī ♦～質問に答える 一个一个地回答问题 yí ge yí ge de huídá wèntí

いちいん [一因] 原因之一 yuányīn zhī yī; 一个原因 yí ge yuányīn

いちいん [一員] 一员 yìyuán ♦一把手 yìbǎshǒu ♦～となる 成为一员 chéngwéi yìyuán

いちえん [一円] 一带 yídài ♦東京～ 东京一带 Dōngjīng yídài

いちおう [一応] 基本上 jīběnshang ♦～の調査 初步调查 chūbù diàochá ♦～話しておく 姑且告诉一下 gūqiě gàosu yíxià

いちがい [一概に] ♦～には言えない 不能一概而论 bù néng yígài ér lùn

いちがつ [一月] 一月 yīyuè

いちから [一から] 从头 cóngtóu; 重新 chóngxīn ♦～出直す 重起炉灶 chóngqǐ lúzào ♦～十まで 从头到尾 cóng tóu dào wěi

いちがん [一丸] ♦～となる 团结 tuánjié

いちがんレフ [一眼レフ] 单镜头反光式照相机 dānjìngtóu fǎnguāngshì zhàoxiàngjī

いちぎてき [一義的-な] 最重要的 zuì zhòngyào de; 根本的 gēnběn de; 〈意味は唯一〉一义 yíyì

いちぐん [一群] 一群 yìqún; 一把子 yìbǎzi

いちげい [一芸] ♦～に秀でる 擅长 shàncháng ♦一技 yì jì

いちげき [一撃-する] 一击 yìjī

いちげんか [一元化-する] 一元化 yìyuánhuà

イチゴ [苺] 草莓 cǎoméi ♦ジャム 草莓酱 cǎoméijiàng

いちころ ♦一下子打倒 yíxiàzi dǎdǎo ♦～でやられた 一下子被打倒了 yíxiàzi bèi dǎdǎo le

いちごん [一言] 一句话 yí jù huà ♦～半句 只言片语 zhī yán piàn yǔ

いちごん [一音] ♦～も無く 无可辩驳 wú kě biànbó

いちざ [一座] 剧团 jùtuán

いちじ [一事] ♦が万事 从一件事可以推断一切 cóng yí jiàn shì kěyǐ tuīcè yíqiè

いちじ [一時] 暂时 zànshí; 临时 línshí ♦～の感情で事に当たる 感情用事 gǎnqíng yòng shì ♦～停止する 暂且陛止 zànqiě tíngzhǐ

いちじいっく [一字一句] 一字一句 yí zì yí jù; 逐字逐句 zhú zì zhú jù

イチジク [無花果] 无花果 wúhuāguǒ

いちじのしのぎ [一時凌ぎ] 权宜 quányí ♦～をする 搪塞 tángsè

いちじつせんしゅう [一日千秋] ♦一日三秋 yí rì sān qiū

いちじに [一時に] 一下子 yíxiàzi

一下子蜂拥而来 yíxiàzi ng ér lái
いち【一助】♦～となる 有助
いちじょ【著しい】 显著 xiǎnzhù；明显 míngxiǎn
いちず【一途】 一味 yíwèi；专一 zhuānyī ♦～に思いつめる 一心一意地想 yìxīn yíyì de xiǎng
いちぞく【一族】 家族 jiāzú；同族 tóngzú ♦～の人 族人 zúrén
いちぞん【一存】 个人意见 gèrén yìjiàn
いちだい【一代】 一生 yìshēng ♦～で財を成す 一世发财 yíshì fācái
いちたいいち【一対一の】 一对一 yī duì yī
いちだいじ【一大事】 大事 dàshì
いちだん【一団】 一群 yìqún；一伙 yìhuǒ ♦～になる 成群 chéngqún
いちだん【一段と】 更加 gèngjiā；越发 yuèfā ♦～と難しい 越发困难 yuèfā kùnnan
いちだんらく【一段落-する】 告一段落 gào yí duànluò
いちづける【位置づける】 给予评价 jǐyǔ píngjià；评定 píngdìng
いちど【一度】 一回 yì huí；一次 yí cì ♦～に 一下子 yíxiàzi
いちどう【一同】 大家 dàjiā ♦会员全体会员 quántǐ huìyuán
いちどう【一堂】 ♦～に会する 会齐一堂 huìqí yìtáng
いちどく【一読-する】 ♦～の価値がある 值得一读 zhíde yìdú
いちなん【一難】 ♦～去ってまた一難 一波未平，又起一波 yì bō wèi píng, yòu qǐ yì bō
いちに【一二】 ♦～を争う 数一数二 shǔ yī shǔ èr
いちにち【一日】 一天 yì tiān ♦～中整天 zhěngtiān；一天到晚 yì tiān dào wǎn ♦～も早く 早日 zǎorì
いちにん【一任-する】 完全委托 wánquán wěituō
いちにんまえ【一人前】 ❶〈一人分〉一份儿 yí fènr ♦料理一份儿饭菜 yí fènr fàncài ❷〈成年〉♦～の男成年男子 chéngnián nánzǐ
いちねん【一年】 一年 yì nián ♦～中 一年到头 yì nián dào tóu；整年 zhěngnián
いちねん【一念】 ♦～発起する 决心做大事 juéxīn zuò dàshì
いちば【市场】 市场 shìchǎng；集市 jíshì ♦魚～ 鱼市 yúshì ♦青菜～ 菜市 càishì
いちはやく【逸早く】 迅速 xùnsù；赶快 gǎnkuài

いちばん【一番】 顶 dǐng；最 zuì ♦～よい 最好 zuì hǎo ♦～上の兄 大哥 dàgē ♦～電車 头班电车 tóubān diànchē ♦～乗り 到得最早 dàodéi zuì zǎo
いちびょうそくさい【一病息災】 有小病的倒长寿 yǒu xiǎobìng de dào chángshòu
いちぶ【一部】 部分 bùfen ♦～の観客 部分观众 bùfen guānzhòng ♦～始终 从头到尾 cóng tóu dào wěi；一五一十 yī wǔ yī shí
いちぶぶん【一部分】 一部分 yíbùfen；一端 yìduān
いちべつ【一瞥-する】 一瞥 yìpiē；看一眼 kàn yìyǎn
いちまいいわ【一枚岩】 磐石 pánshí ♦～の結束 坚如磐石的团结 jiān rú pánshí de tuánjié
いちまつ【一抹】 ♦～の不安 一丝不安 yìsī bù'ān
いちみ【一味】 一伙 yìhuǒ ♦悪の一伙坏人 yìhuǒ huàirén
いちめい【一命】 ♦～を救う 挽救生命 wǎnjiù shēngmìng
いちめん【一面の】 ❶〈一带〉一片 yípiàn ♦～の雪野原 一片雪地 yípiàn xuědì ♦～に漂う〈香りなどが〉飘溢 piāoyì ❷〈侧面〉一面 yímiàn；方面 fāngmiàn ♦エゴイストの～がある 有利己主义的一面 yǒu lìjǐ zhǔyì de yīmiàn ❸〈新聞の〉头版 tóubǎn ♦～記事 头版新闻 tóubǎn xīnwén
いちめんしき【一面識】 ♦～もない 没见过面 méi jiànguo miàn
いちもうさく【一毛作】 单季作 dānjì zuò
いちもうだじん【一網打尽】 一网打尽 yì wǎng dǎ jìn
いちもく【一目】 ♦～を置く 瞧得起 qiáodeqǐ；甘拜下风 gān bài xiàfēng
いちもくさん【一目散】 ♦～に逃げる 一溜烟地逃跑 yíliùyān de táopǎo
いちもくりょうぜん【一目瞭然】 显见 xiǎnjiàn；一目了然 yí mù liǎorán
いちもん【一門】 一位老师的门徒 yí wèi lǎoshī de méntú；一家 yìjiā
いちもんいっとう【一問一答】 一问一答 yì wèn yì dá
いちもんなし【一文無し】 手无分文 shǒu wú fēn wén
いちや【一夜】 一夜 yí yè ♦～漬け〈にわか勉強〉临阵磨枪 lín zhèn mó qiāng
いちやく【一躍】 一下子 yíxiàzi ♦～有名になる 一举成名 yìjǔ chéngmíng

いちゃつく ─ いっさく

いちゃつく 调情 tiáoqíng
いちゅう【意中-の】◆～の人 意中人 yìzhōngrén
いちょう【胃腸】肠胃 chángwèi ◆～病 肠胃病 chángwèibìng
イチョウ【公孫樹】公孙树 gōngsūnshù; 银杏 yínxìng
いちよく【一翼】◆～をになう 承担一部分任务 chéngdān yíbùfen rènwu
いちらんせい【一卵性】◆～双生児 单卵双胞胎 dānluǎn shuāngbāotāi
いちらんひょう【一覧表】一览表 yìlǎnbiǎo
いちり【一理】◆～ある 有一番道理 yǒu yì fān dàoli
いちりつ【一律】一概 yígài; 一律 yílǜ
いちりづか【一里塚】里程碑 lǐchéngbēi
いちりゅう【一流-の】第一流 dì yī liú ◆～大学 名牌大学 míngpái dàxué ◆～品 上等货 shàngděnghuò; 高档货品 gāodǎngpǐn
いちりょうじつ【一両日】◆～中に 一两天之内 yìliǎng tiān zhī nèi
いちりん【一輪】❶〔車〕一轮 yìlún ◆～車 独轮车 dúlúnchē ❷〔花〕一朵 yì duǒ ◆～差し 小花瓶 xiǎohuāpíng
いちる【一縷】一线 yíxiàn ◆～の望み 一线希望 yíxiàn xīwàng
いちれい【一礼-する】鞠一躬 jū yì gōng
いちれつ【一列】一排 yì pái; 一行 yì háng ◆～に並ぶ 排成一行 páichéng yì háng
いちれん【一連-の】一连串 yìliánchuàn; 一系列 yíxìliè
いちれんたくしょう【一蓮托生】生死与共 shēngsǐ yǔ gòng
いつ【何時】什么时候 shénme shíhou; 几时 jǐshí
いつう【胃痛】胃痛 wèitòng
いっか【一家】一家 yì jiā ◆～を成す 自成一家 zì chéng yì jiā; 成家 chéngjiā ◆～全員 全家 quánjiā
いつか【何時か】◆～ある日 将来有一天 jiānglái yǒu yì tiān ◆～また会おう 改日再会吧 gǎirì zài huì ba
いっかい【一介】一介 yí ge; 一介 yíjiè ◆～の庶民 匹夫 pǐfū
いっかく【一角】一角 yì jiǎo; 一个角落 yí ge jiǎoluò ◆氷山の一角 冰山的一角 bīngshān de yì jiǎo
いっかくせんきん【一獲千金】一攫千金 yì jué qiān jīn
いっかだんらん【一家団欒-する】团圆 tuányuán ◆～の食事 团圆饭 tuányuánfàn
いっかつ【一括-する】总括 zǒngkuò ◆～して 一并 yíbìng ◆～処理 成批处理 chéngpī chǔlǐ ◆～払い 一次付清 yí cì fùqīng
いっかつ【一喝-する】大喝一声 dà hè yì shēng
いっかん【一環】一环 yìhuán ◆教育の一つの環節 jiàoyù de yí ge huánjié
いっかん【一貫-する】一贯 yíguàn; 贯串 guànchuàn ◆終始～して 始终一贯 shǐzhōng yíguàn ◆～性 一贯性 yíguànxìng
いっかん【一巻】一卷 yì juàn ◆～の終わり 完蛋 wándàn; 万事休矣 wàn shì xiū yǐ
いっき【一気-に】一股劲儿 yìgǔjìnr ◆～に飲む 一口气 yì kǒu qì ◆～呵成 一气呵成 yíqì hē chéng ◆～に飲み干す 一饮而尽 yì yǐn ér jìn
いっき【一揆】起义 qǐyì
いっきいちゆう【一喜一憂-する】一喜一忧 yì xǐ yì yōu
いっきゅう【一級-の】上等 shàngděng ◆～品 上等货 shàngděnghuò; 一等品 yīděngpǐn
いっきょ【一挙-に】一举 yìjǔ ◆～に名を成す 一举成名 yìjǔ chéngmíng ◆～一動 一举一动 yì jǔ yí dòng ◆～両得 一箭双雕 yí jiàn shuāng diāo; 一举两得 yì jǔ liǎng dé
いっきょしゅいっとうそく【一挙手一投足】一举一动 yì jǔ yí dòng
いつく【居着く】定居 dìngjū; 落户 luòhù
いつくしむ【慈しむ】爱抚 àifǔ; 慈爱 cí'ài; 疼爱 téng'ài
いっけん【一見】看一眼 kàn yì yǎn ◆～して分かる 一看就懂 yí kàn jiù dǒng ◆～の価値がある 值得一看 zhídé yí kàn
いっこう【一行】一行 yìxíng
いっこう【一向-に】一点儿也不 yìdiǎnr yě... ◆～に〔埒(らち)があかない〕迟迟解决不了 chíchí jiějuébùliǎo
いっこく【一刻】一刻 yíkè ◆～の予もない 一刻也不能耽误 yíkè yě bù néng dānwu ◆～を争う 分秒必争 fēn miǎo bì zhēng; 争分夺秒 zhēng fēn duó miǎo
いっさい【一切】❶〔すべて〕统统 tǒngtǒng; 一切 yíqiè ❷〔全然〕一眼中にない 根本不考虑 gēnběn bù kǎolǜ
いっさいがっさい【一切合切】所有的 suǒyǒu de; 一切 yíqiè
いっさく【一策】窘余的一 qióng jí yì cè; 最后的手段 zuìhòu de shǒuduàn

いっさくねん【一昨年】 前年 qiánnián

いっさくばん【一昨晩】 前天晚上 qiántiān wǎnshàng

いっさつ【一札】 保証書 bǎozhèngshū ◆～入れる 提交保証書 tíjiāo bǎozhèngshū

いっさんかたんそ【一酸化炭素】 一氧化碳 yīyǎnghuàtàn ◆～中毒 一氧化碳中毒 yīyǎnghuàtàn zhòngdú

いっさんに【一散に】 ◆～逃げた 一溜烟地跑了 yíliùyān de pǎo le

いっし【一矢】 ◆～を報いる 反驳 fǎnbó; 反击 fǎnjī

いっし【一糸】 ◆～もまとわない 一丝不挂 yì sī bú guà ◆～乱れず 秩序井然 zhìxù jǐngrán

いっしき【一式】 一套 yí tào

いっしゅ【一種】 一种 yìzhǒng ◆～独特の 某种独特的 mǒuzhǒng dútè de

いっしゅう【一周-する】 绕一圈 rào yì quān

いっしゅう【一蹴-する】 轻取 qīngqǔ ◆敵を～ 轻取敌手 qīngqǔ díshǒu

いっしゅうかん【一週間】 一个星期 yí ge xīngqī

いっしゅうねん【一周年】 一周年 yì zhōunián

いっしゅん【一瞬】 一瞬 yíshùn; 转眼 zhuǎnyǎn; 刹那 chànà

いっしょ【一緒】 共同 gòngtóng; 一块儿 yíkuàir ◆一起 yìqǐ ◆～に行く 一起去 yìqǐ qù ◆～に行動する 并肩行动 bìngjiān xíngdòng ◆～くたにする 混同 hùntóng

いっしょう【一笑】 ◆～に付す 付之一笑 fù zhī yí xiào; 一笑置之 yí xiào zhī zhī

いっしょう【一生】 一生 yìshēng; 一辈子 yíbèizi ◆～忘れない 终生不忘 zhōngshēng bú wàng ◆～の伴侶 终身伴侣 zhōngshēn bànlǚ

いっしょく【一色】 清一色 qīngyísè ◆白一色の壁全部 全部涂成白色的墙壁 quánbù túchéng báisè de qiángbì

いっしょくそくはつ【一触即発】 一触即发 yī chù jí fā

いっしょけんめい【一所懸命-に】 拼命 pīnmìng

いっしん【一審】 ◆～法廷 初审法庭 chūshěn fǎtíng

いっしん【一心】 一个人眼儿 yí ge xīnyǎnr ◆～に聴く 专心谛听 zhuānxīn dìtīng

いっしん【一新-する】 刷新 shuāxīn ◆気分を～する 转变心情 zhuǎnbiàn xīnqíng ◆面目を～する 面目一新 miànmù yìxīn

いっしん【一身】 ◆～に引受ける 由自身承担 yóu zìshēn chéngdān ◆～上の都合 个人的情由 gèrén de qíngyóu ◆注目を～に集める 引人注目 yǐn rén zhùmù

いっしんいったい【一進一退】 一进一退 yí jìn yí tuì

いっしんきょう【一神教】 一神教 yìshénjiào

いっしんどうたい【一心同体】 同心同德 tóng xīn tóng dé; 一心一德 yì xīn yí dé

いっしんふらん【一心不乱-に】 专心致志 zhuān xīn zhì zhì; 聚精会神 jù jīng huì shén

いっすい【一睡】 ◆～もせずに 一觉也没睡 yí jiào yě méi shuì ◆～もできない 一点儿也不能睡觉 yìdiǎnr yě bù néng shuìjiào

いっする【逸する】 失掉 shīdiào ◆好機を～ 失掉好机会 shīdiào hǎo jīhuì ◆常軌を～ 超出常轨 chāochū chángguǐ

いっすん【一寸】 一寸 yí cùn ◆～先は闇 前途莫测 qián tú mò cè ◆～の光陰は一寸の金 一寸光阴一寸金 yí cùn guāngyīn yí cùn jīn

いっせい【一斉-に】 一同 yìtóng ◆～にわめく 齐声大喊 qíshēng dà hǎn

いっせき【一席】 ◆～設ける 宴请 yànqǐng ◆～ぶつ 讲一席话 jiǎng yì xí huà

いっせき【一石】 ◆～を投じる 引起反响 yǐnqǐ fǎnxiǎng ◆～二鳥 一箭双雕 yí jiàn shuāng diāo

いっせつ【一説】 ◆～には 据另一个看法 jù lìng yí ge kànfǎ

いっせん【一戦】 ◆～を交える 打一仗 dǎ yīzhàng ◆世紀の～ 百年一次的好比赛 bǎinián yí cì de hǎo bǐsài

いっせん【一線】 ◆～を画する 划清界线 huàqīng jièxiàn ◆～を退く 退出第一线 tuìchū dìyīxiàn

いっそ 干脆 gāncuì; 索性 suǒxìng ◆～死にたい 倒不如死 dào bùrú sǐ

いっそう【一層】 越发 yuèfā; 更加 gèngjiā

いっそう【一掃-する】 清除 qīngchú; 扫除 sǎochú

いっそくとび【一足飛び-に】 飞跃地 fēiyuè de; 一跃 yíyuè

いつぞや【何時ぞや】 上次 shàngcì; 什么时候儿 shénmoshíhour

いったい【一体】 到底 dàodǐ ◆～どういうことだ 到底是怎么回事儿 dàodǐ shì zěnme huí shìr

いったい【一带】 一带 yídài；一溜儿 yíliùr ◆~この辺 这一带 zhè yídài
いつだつ【逸脱-する】 偏离 piānlí ◆~行为 越轨行为 yuèguǐ xíngwéi
いったん【一旦】 ◆~決めたら 一旦决定 yídàn juédìng ◆~無かったことにしよう 暂且取消一下吧 zànqiě qǔxiāo yíxià ba
いったん【一端】 一头 yìtóu；一端 yìduān ◆~に触れる 涉及到一部分 shèjídào yíbùfen
いっち【一致-する】 一致 yízhì；协力する 和衷共济 hé zhōng gòng jì；协同一致 xiétóng yízhì ◆全員～で 大家一致 dàjiā yízhì
いっちゃく【一着】 ❶ ~の服 一件衣服 yí jiàn yīfu ❷〈一等〉~になる 得第一名 dé dìyī míng
いっちゅうや【一昼夜】 一整天 yì zhěngtiān；一昼夜 yí zhòuyè
いっちょういっせき【一朝一夕】 ◆~には身につかない 非一朝一夕所能学到 fēi yì zhāo yì xī suǒ néng xuédào
いっちょういったん【一長一短】 ◆~ 长一短 yì cháng yì duǎn
いっちょうら【一帳羅-の】 唯一件好衣服 wéiyī jiàn hǎo yīfu
いっちょくせん【直線】 笔直 bǐzhí；照直 zhàozhí
いっつい【一対-の】 对~的
いって【一手-に】 単独 dāndú；一手 yìshǒu ◆~に握る 把持 bǎchí ◆~に握る 垄断 lǒngduàn ◆~に販売する 包销 bāoxiāo
いってい【一定】 一定 yídìng；固定 gùdìng ◆~の速度 固定的速度 gùdìng de sùdù
いってき【一滴】 一滴 yì dī
いってつ【一徹】 顽固 wánggù
いつでも【何時でも】 老是 lǎoshì ◆ああだ 老是那样呢 lǎoshì nàyàng ne；随时 suíshí ◆~買える 随时可以买 suíshí kěyǐ mǎi
いってん【一点】 一点 yì diǎn ◆~の光もない 漆黒一团 qīhēi yì tuán ◆~の過誤もない 没有丝毫的错误 méiyǒu sīháo de cuòwù
いってん【一転-する】 一转 yì zhuǎn；一变 yí biàn ◆心機~ 心机一转 xīnjī yì zhuǎn
いっとう【一等】 头等 tóuděng ◆~客室 头等客舱 tóuděng kècāng ◆~車 头等车厢 tóuděng chēxiāng ◆～賞 头等奖 tóuděng jiǎng
いつなんどき【いつ何時】 ◆~であろうと 无论什么时候 wúlùn shénme shíhou
いつのひか【何時の日か】 有朝一日 yǒu zhāo yí rì；将来会有一天 jiānglái huì yǒu yì tiān

いつのまにか【何時の間にか】 不知不觉 bù zhī bù jué；不知什么时候 bù zhī shénme shíhour
いっぱ【一派】 一派 yípài
いっぱい【一杯】〈分量〉◆コップの水 一杯水 yì bēi shuǐ；〈満ちる〉充盈 chōngyíng ◆~に入れる 装满 zhuāngmǎn；〈酒〉~機嫌 有醉意 yǒu zuìyì；〈その他〉~食わされる 受騙 shòupiàn
いっぱい【一败】 ◆~地にまみれる 一败涂地 yí bài tú dì
いっぱん【一般】 一般 yìbān；普通 pǔtōng ◆~化する 一般化 yìbānhuà ◆~に言って 一般地说 yìbān de shuō ◆~人 普通人 pǔtōngrén ◆~大衆 老百姓 lǎobǎixìng；群众 qúnzhòng
いっぴきおおかみ【一匹狼】 ◆文壇の~ 文坛里单枪匹马的独行侠 wéntán lǐ dān qiāng pǐ mǎ de dúxíngxiá
いっぴつ【一筆】 ◆~入れる 补充写上做证据 bǔchōng xiěshàng zuò zhèngjù
いっぴょう【一票】 一张选票 yì zhāng xuǎnpiào ◆わたしの~が生きた 我的一票有用了 wǒ de yí piào yǒuyòng le
いっぴん【逸品】 杰作 jiézuò；絶品 juépǐn
いっぴんりょうり【一品料理】 随意点的菜 suíyì diǎn de cài
いっぷうかわった【一風変わった】 出奇 chūqí；独特 dútè
いっぷく【一服-する】 休息一会儿 xiūxi yíhuìr；打尖 dǎjiān ◆~盛る 毒杀 dúshā；放毒 fàng dú
いっぷたさい【一夫多妻】 一夫多妻 yī fū duō qī
いっぺん【一片】 一片 yí piàn ◆~の紙切れ 一张纸 yì zhāng zhǐ
いっぺん【一遍】 一回 yì huí；一遍 yí biàn ◆とおり~の説明 敷衍的解释 fūyǎn de jiěshì
いっぺん【一変-する】 急变 jíbiàn
いっぺんに 一下子 yíxiàzi ◆目が覚めた 一下子完全醒了 yíxiàzi wánquán xǐng le
いっぽ【一歩】 ◆~も歩けない 寸步难行 cùnbù nán xíng ◆~一步 逐步 zhúbù ◆~進んで 进而 jìn'ér；进一步 jìn yíbù ◆~もひかない 毫不妥协 háobù tuǒxié ◆~譲って 退~ 讓一步 ràng yí bù
いっぽう【一方】〈方面〉その~は 同时 tóngshí；另一方面 lìng yí fāngmiàn ◆~から言えば 从一面看 cóng yí miàn kàn ◆~の肩を持

つ 偏袒 piāntǎn；左袒 zuǒtǎn；《方向》悪くなる～だ 越来越坏 yuè lái yuè huài

いっぽう【一報-する】 通知一下 tōngzhī yíxià

いっぽうつうこう【一方通行】 ◆～路 单行线 dānxíngxiàn；单行道 dānxíngdào

いっぽうてき【一方的】 片面 piànmiàn ◆～な言い分 片面之词 piànmiàn zhī cí

いっぽん【一本】 ◆～取られる 输一分 shū yīfēn

いっぽんぎ【一本気】 直性 zhíxìng；直肠子 zhíchángzi ◆～の人 直性子 zhíxìngzi

いっぽんだち【一本立ち-する】 成家 chéngjiā；独立 dúlì

いっぽんちょうし【一本調子】 单调 dāndiào

いっぽんばし【一本橋】 独木桥 dúmùqiáo

いつまで【何時まで】 ◆～待てばいいんだ 要等到什么时候儿呢 yào děngdào shénme shíhour ne

いつまでも【何時までも】 永远 yǒngyuǎn ◆～新しい 终古常新 zhōnggǔ chángxīn ◆～続く 绵延不断 miányán búduàn

いつも【何時も】 ❶《常に》总是 zǒngshì；经常 jīngcháng ◆～のことだ 每次都是这样 měicì dōu shì zhèyàng ❷《平生》 ◆～と違う 跟平时不一样 gēn píngshí bù yíyàng

いつもどおり【何時も通り】 照常 zhàocháng；照例 zhàolì

いつわ【逸話】 逸事 yìshì；逸闻 yìwén

いつわり【偽り】 虚假 xūjiǎ；虚伪 xūwěi；谎言 huǎngyán ◆～のないところ 说实话 shuō shíhuà ◆～の姿 假面孔 jiǎmiànkǒng

いつわる【偽る】 欺骗 qīpiàn；冒充 màochōng

イディオム 成语 chéngyǔ；习语 xíyǔ

イデオロギー 意识形态 yìshí xíngtài

いてざ【射手座】 人马座 rénmǎzuò

いでたち【出で立ち】 衣着穿戴 yīzhuó chuāndài ◆風変わりな～ 打扮得古怪 dǎbande gǔguài

いてつく【凍てつく】 冰冷 bīnglěng；冻结 dòngjié

いてもたっても【居ても立っても】 ◆～いられない 坐立不安 zuò lì bù ān

いでゆ【出湯】 温泉 wēnquán

いてん【移転-する】 搬 bān；迁移 qiānyí

いでん【遺伝-する】 遗传 yíchuán

いでんし【遺伝子】 基因 jīyīn ◆～工学 基因工程学 jīyīn gōngchéngxué

いと【糸】 线 xiàn ◆～の切れた風 断线的风筝 duànxiàn de fēngzheng ◆背後で～を引く 在幕后操纵 zài mùhòu cāozòng

いと【意図-する】 意图 yìtú；意向 yìxiàng ◆～の的に［に］ 存心 cúnxīn ◆～が分からない 意向不明 yìxiàng bù míng

いど【井戸】 水井 shuǐjǐng ◆～水 井水 jǐngshuǐ ◆～を掘る 凿井 záojǐng；打井 dǎjǐng；掘井 juéjǐng

いど【緯度】 纬度 wěidù

いとう【厭う】 厌恶 yànwù ◆労を厌わない 不厌其烦 bú yàn qí fán

いどう【移動-する】 转移 zhuǎnyí；移动 yídòng ◆～図书馆 流动图书馆 liúdòng túshūguǎn ◆人口～ 人口迁徙 rénkǒu qiānxǐ

いどう【異動-する】 调任 diàorèn；更动 gēngdòng ◆人事～ 人事调动 rénshì diàodòng

いどう【異同】 区别 qūbié；异同 yìtóng；差异 chāyì

いとおしむ【愛惜しむ】 怜爱 lián'ài

いとぐち【糸口】 线索 xiànsuǒ；头绪 tóuxù ◆～を見出す 找到线索 zhǎodào xiànsuǒ

いとこ【従兄弟・従姉妹】 ❶《母方の》 表哥 biǎogē；表弟 biǎodì；表姐 biǎojiě；表妹 biǎomèi ❷《父方の》 堂兄 tángxiōng；堂弟 tángdì；堂姐 tángjiě；堂妹 tángmèi

いどころ【居所】 住地 zhùdì ◆～が知れない 不知住处 bù zhī zhùchù ◆虫の～が悪い 心情不好 xīnqíng bù hǎo

いとしい【愛しい】 可爱 kě'ài；疼爱 téng'ài

いとしご【愛し子】 宝贝儿 bǎobeir

いとなみ【営み】 营生 yíngshēng；办事 bànshì ◆日々の～ 日常生活 rìcháng shēnghuó

いとなむ【営む】 经营 jīngyíng；办 bàn ◆魚屋を～ 经营鱼店 jīngyíng yúdiàn ◆社会生活を～ 过社会生活 guò shèhuì shēnghuó

いとま【暇】 ◆～を告げる 告别 gàobié；告辞 gàocí

いどむ【挑む】 挑战 tiǎozhàn ◆冬山に～ 向冬季的荒山挑战 xiàng dōngjì de huāngshān tiǎozhàn ◆記録に～ 力求突破记录 lìqiú tūpò jìlù

いとめ【糸目】 ◆金に～をつけない 不吝惜钱财 bú lìnxī qiáncái

いとめる【射止める】 ◆ハートを～ 赢得喜爱 yíngdé xǐ'ài ◆一発で～

枪打死 yì qiāng dǎsǐ
いな【否】不 bù；否 fǒu
いない【以内】之内 zhī nèi；以内 yǐnèi ◆1時間～以内 yī xiǎoshí yǐnèi
いなおる【居直る】突然翻脸 tūrán fānliǎn；态度骤变 tàidu zhòubiàn
いなか【田舎】❶《都会ではない》乡村 xiāngcūn；乡下 xiāngxia ◆～で暮らす 在乡村里生活 zài xiāngcūn lǐ shēnghuó ◆～臭い 土气 tǔqì ◆～者 乡巴佬儿 xiāngbālǎor；乡下佬 xiāngxiàlǎo ❷《故郷》家乡 jiāxiāng；老家 lǎojiā；故乡 gùxiāng ◆～へ帰る 回老家 huí lǎojiā
イナゴ【蝗】蝗虫 huángchóng；蚂蚱 màzha
いなさく【稲作】种稻子 zhòng dàozi ◆～地带 种稻地带 zhòng dào dìdài
いなす ◆軽く～ 轻易躲闪 qīngyì duǒshǎn；轻易驳回 qīngyì bóhuí
いなずま【稲妻】闪电 shǎndiàn；电光 diànguāng
いなだ【稲田】稻田 dàotián
いななく【嘶く】嘶鸣 sīmíng；（马）叫 (mǎ) jiào
いなびかり【稲光】闪电 shǎndiàn；闪光 shǎnguāng
いなほ【稲穂】稻穗 dàosuì
いなや【否や】❶《不承知》◆～は言わせない 不许有不同意 bù xǔ yǒu bù tóngyì ❷《…するなり》一聞くや～ 驱け出していった 一听就跑出去了 yì tīng jiù pǎochūqù le
イニシアチブ 主动权 zhǔdòngquán ◆～をとる 取得主动权 qǔdé zhǔdòngquán
いにしえ【古】古代 gǔdài
イニシャル 开头字母 kāitóu zìmǔ
いにゅう【移入-する】引进 yǐnjìn；迁入 qiānrù ◆感情～ 感情移入 gǎnqíng yírù
いにん【委任-する】委派 wěipài；委任 wěirèn
いぬ【戌】《年》戌 xū
イヌ【犬】狗 gǒu ◆～の遠吠え 背地里呈威风 bèidìli chéng wēifēng ◆～も食わない 没人理睬 méi rén lǐcǎi
いぬかき【犬搔き】狗刨式游泳 gǒupáoshì yóuyǒng
いぬごや【犬小屋】狗窝 gǒuwō
いぬじに【犬死に-する】白死 báisǐ
イネ【稲】稻 dào；稻子 dàozi ◆～を刈る 割稻子 gē dàozi
いねむり【居眠り-する】打盹儿 dǎdǔnr；打瞌睡 dǎ kēshuì
いのこる【居残る】留下 liúxià
イノシシ【猪】野猪 yězhū

イノセント 天真 tiānzhēn；单纯 dānchún
いのち【命】命 mìng；生命 shēngmìng ◆～を取りとめる 保住生命 bǎozhù shēngmìng ◆～にかかわる 关系到生命 guānxì dào shēngmìng ◆～の恩人 救命恩人 jiùmìng ēnrén；再生父母 zàishēng fùmǔ ◆～を落とす 丧命 sàngmìng ◆～を削る 费尽心血 fèijìn xīnxuè ◆～を救う 救生 jiùshēng
いのちがけ【命懸け】◆～の仕事 冒死的工作 màosǐ de gōngzuò ◆～で走る 拼命地跑 pīnmìng de pǎo
いのちからがら【命からがら】◆～逃げる 好容易才逃命 hǎoróngyì cái táomìng
いのちごい【命乞い-をする】乞求饶命 qǐqiú ráomìng
いのちしらず【命知らず-の】不要命 bú yàomìng
いのちとり【命取り】◆～となる 造成致命伤 zàochéng zhìmìngshāng
いのちびろい【命拾い-する】死里逃生 sǐlǐ táoshēng
いのなかのかわず【井の中の蛙】井底之蛙 jǐng dǐ zhī wā
イノベーション 技术革新 jìshù géxīn
いのり【祈り】祈祷 qídǎo；祷告 dǎogào ◆～を捧げる 祈祷 qídǎo
いのる【祈る】祈祷 qídǎo；祝愿 zhùyuàn ◆成功をお祈りします 祝你成功 zhù nǐ chénggōng
いはい【位牌】灵位 língwèi；牌位 páiwèi
イバラ【茨】荆棘 jīngjí ◆～の道 困苦的道路 kùnkǔ de dàolù
いばる【威張る】摆架子 bǎi jiàzi；自高自大 zì gāo zì dà
いはん【違反-する】违反 wéifǎn；违犯 wéifàn ◆交通～ 违犯交通规则 wéifàn jiāotōng guīzé
いびき【鼾】呼噜 hūlu；鼾声 hānshēng ◆～をかく 打呼噜 dǎ hūlu
いひょう【意表】◆～に出る 出乎意料 chūhū yìliào ◆～を衝(つ)く 出其不意 chū qí bù yì
いびる 穿小鞋 chuān xiǎoxié；欺侮 qīwǔ ◆嫁を～ 给媳妇穿小鞋 gěi xífù chuān xiǎoxié
いひん【遺品】遗物 yíwù
いふ【畏怖】畏惧 wèijù ◆～の念を抱く 感到畏惧 gǎndào wèijù
いふう【威風】威严 wēiyán ◆～堂々たる 威风凛凛 wēifēng lǐnlín
いぶかしげ【訝しげ-な】◆～な表情 怀疑的神情 huáiyí de shénqíng
いぶかる【訝る】怀疑 huáiyí；纳闷

儿 nàmenr

いぶき【息吹】气息 qìxī ◆春の～ 春天的气息 chūntiān de qìxī

いふく【衣服】衣服 yīfu; 衣裳 yīshang

いぶくろ【胃袋】胃 wèi

いぶす【燻す】熏 xūn

いぶつ【異物】异物 yìwù

いぶつ【遺物】遗物 yíwù

イブニングドレス 妇女用夜礼服 fùnǚ yòng yèlǐfú

いぶんし【異分子】异己分子 yìjǐ fènzǐ

いへん【異変】异常状态 yìcháng zhuàngtài; 非常情况 fēicháng qíngkuàng

イベント 文体活动 wéntǐ huódòng; 纪念活动 jìniàn huódòng

いぼ【疣】疙瘩 gēda; 赘疣 zhuìyóu

いほう【違法】不法 bùfǎ; 非法 fēifǎ ◆～コピー 盗版 dàobǎn

いほうじん【異邦人】外国人 wàiguórén; 老外 lǎowài

いま【今】现在 xiànzài; 如今 rújīn ◆～のところ 目下 mùxià ◆～にみて いろ 等着瞧吧 děngzhe qiáo ba

いま【居間】起居室 qǐjūshì

いましい【忌々しい】该死 gāisǐ; 可恶 kěwù; 讨厌 tǎoyàn

いまごろ【今頃】现在这会儿 xiànzài zhèhuìr ◆～言っても遅い 现在提起已是马后炮 xiànzài tíqǐ yǐ shì mǎhòupào ◆去年の～は 去年的这个时候 qùnián de zhège shíhou

いまさら【今更】事到如今 shì dào rújīn

いましがた【今し方】方才 fāngcái; 刚才 gāngcái

イマジネーション 想象力 xiǎngxiànglì; 创造力 chuàngzàolì

いましめる【戒める】教训 jiàoxun; 鉴戒 jiànjiè ◆～を守る 遵守嘱咐 zūnshǒu zhǔfù

いましめる【戒める】规劝 guīquàn; 训诫 xùnjiè

いますぐ【今すぐ】现在就 xiànzài jiù; 马上 mǎshàng

いまどき【今時】如今 rújīn

いまなお【今なお】现在还留着 xiànzài hái liúzhe ◆～残る 现在还留着 xiànzài hái liúzhe ◆～知らない 现在还不知道 xiànzài hái bù zhīdào

いまにも【今にも】眼看 yǎnkàn ◆～崩れそうな崖 眼看就要塌落的悬崖 yǎnkàn jiù yào tāluò de xuányá

いまひとつ【今一つ】～物足りない 还差一点儿 hái chà yìdiǎnr

いままで【今迄】至今 zhìjīn; 到现在 dào xiànzài ◆～どおりに 照原样 zhào yuányàng

いまわしい【忌わしい】◆～思い出令人厌恶的回忆 lìng rén yànwù de huíyì

いみ【意味】意思 yìsi; 含义 hányì ◆～する 意味 yìwèi ◆無～ 毫无意义 háowú yìyì ◆～論 词义学 cíyìxué; 语义学 yǔyìxué

いみきらう【忌み嫌う】嫌恶 xiánwù; 厌恶 yànwù

いみことば【忌み言葉】忌讳字眼 jìhuì zìyǎn

いみしん【意味深い】话里有话 huàli yǒu huà ◆～な笑脸 可能有鬼的笑脸 kěnéng yǒuguǐ de xiàoliǎn

いみしんちょう【意味深長-な】话里有话 huàli yǒu huà

イミテーション 仿制品 fǎngzhìpǐn; 假货 jiǎhuò

いみょう【異名】外号 wàihào ◆～を取る 外号叫… wàihào jiào...

いみん【移民】移民 yímín

いむしつ【医務室】医务室 yīwùshì

イメージ 形象 xíngxiàng ◆～アップ 改善印象 gǎishàn yìnxiàng ◆～ダウン 形象败坏 xíngxiàng bàihuài

いも【芋】薯 shǔ ◆じゃが～ 马铃薯 mǎlíngshǔ ◆～掘り 挖红薯 wā hóngshǔ ◆～を洗うような 拥挤不堪 yōngjǐ bùkān

いもうと【妹】妹妹 mèimei; 妹子 mèizi

いもの【鋳物】铸件 zhùjiàn

いもん【慰問】慰问 wèiwèn

いや【嫌-な】讨厌 tǎoyàn ◆～な臭い 臭味儿 chòuwèir

いやいや ◆～をする 摇头 yáotóu ◆～出勤する 勉勉强强地上班 miǎnmiǎnqiǎngqiǎng de shàngbān

いやおうなし【否応なし-に】硬 yìng; 不容分辨 bù róng fēnbiàn

いやがらせ【嫌がらせ】◆～をする 给人穿小鞋 gěi rén chuān xiǎoxié; 刁难 diāonán ◆～を言う 贫嘴薄舌 pín zuǐ bó shé

いやがる【嫌がる】不愿意 bú yuànyì; 嫌恶 xiánwù

いやく【医薬】医药 yīyào ◆～品 医药品 yīyàopǐn

いやく【意訳-する】意译 yìyì

いやく【違約-する】违约 wéiyuē; 背约 bèiyuē ◆～金 违约罚金 wéiyuē fájīn

いやけ【嫌気】◆～がさす 厌烦 yànfán; 腻烦 nìfán

いやしい【卑しい】卑贱 bēijiàn ◆口が～ 嘴馋 zuǐchán

いやす【癒す】治疗 zhìliáo ◆喉の渇きを～ 解渴 jiěkě ◆傷を～ 治疗创伤 zhìliáo chuāngshāng

いやに【嫌に】 太 tài; 真 zhēn ◆～大きな 太大 tài dà ◆～寒い 太够冷了 tài gòu lěng le
いやはや 哎呀 āiyā
イヤホーン 耳机 ěrjī; 译意风 yìyìfēng
いやみ【嫌味】 刺儿话 cìrhuà ◆～を言う 挖苦 wākǔ ◆～な 讨厌 tǎoyàn; 臭 chòu
いやらしい【嫌らしい】 讨厌 tǎoyàn ◆～やつ 讨厌的家伙 tǎoyàn de jiāhuo ◆～目つき 讨厌的眼神 tǎoyàn de yǎnshén
イヤリング 耳环 ěrhuán
いよいよ ～暑くなってきた 越来越热了 yuè lái yuè rè le ◆～本番に入る 终于开始正式表演了 zhōngyú kāishǐ zhèngshì biǎoyǎn le
いよう【威容】 威容 wēiróng ◆～を誇る 夸耀威容 kuāyào wēiróng
いよう【異様な】 异样 yìyàng
いよく【意欲】 热情 rèqíng; 意志 yìzhì ◆～十分 干劲儿十足 gànjinr shízú ◆～が湧く 激发热情 jīfā rèqíng
いらい【以来】 以来 yǐlái
いらい【依頼-する】 委托 wěituō ◆～される 受托 shòutuō ◆～心 依赖心 yīlàixīn
いらいら-する 心急 xīnjí; 心烦 xīnfán
イラスト 插画 chāhuà; 插图 chātú
イラストレーター 插图画家 chātú huàjiā
いらだたしい【苛立たしい】 恼人 nǎorén; 急人 jírén
いらだつ【苛立つ】 着急 zháojí; 焦急 jiāojí; 急躁 jízào
いらっしゃい 〔あいさつ〕 你来了 nǐ lái le; 〔買物客に〕◆～ませ 欢迎光临 huānyíng guānglín
いりえ【入り江】 海湾 hǎiwān
いりぐち【入り口】 入口 rùkǒu; 进口 jìnkǒu
いりくむ【入り組む】 错综 cuòzōng; 复杂 fùzá
いりひ【入日】 夕阳 xīyáng; 落日 luòrì
いりまじる【入り混じる】 混杂 hùnzá; 搀杂 chānzá
いりみだれる【入り乱れる】 纷纷 fēnfēn; 乱纷纷 luànfēnfēn
いりむこ【入り婿】 赘婿 zhuìxù ◆～になる 入赘 rùzhuì
いりゅう【慰留-する】 挽留 wǎnliú
いりゅうひん【遺留品】 遗忘物品 yíwàng wùpǐn; 〔死者の〕 遗物 yíwù
いりょう【衣料】 衣服 yīfu; 衣料 yīliào
いりょう【医療】 医疗 yīliáo ◆～センター 医疗站 yīliáozhàn ◆～従事者 医务人员 yīwù rényuán ◆～器具 医疗器械 yīliáo qìxiè
イリョク【威力】 威力 wēilì; 威势 wēishì ◆～を発揮する 发挥威力 fāhuī wēilì
いる【居る】 有 yǒu; 在 zài ◆家に犬がいる 家里有狗 jiāli yǒu gǒu ◆かれは家にいる 他在家 tā zài jiā
いる【要る】 要 yào; 需要 xūyào ◆金が～ 要钱 yào qián ◆遠慮はいらない 不用客气 búyòng kèqi
いる【煎る】 炒 chǎo; 煎 jiān
いる【射る】 射 shè ◆弓を～ 射箭 shèjiàn
いるい【衣類】 衣服 yīfu
イルカ 海豚 hǎitún
いるす【居留守】 ◆～をつかう 假装不在家 jiǎzhuāng bú zài jiā
イルミネーション 灯彩 dēngcǎi
いれあげる【入れ揚げる】 ◆女に～ 为女人落产 wèi nǚrén dàngchǎn
いれい【慰霊】 凭吊 píngdiào ◆～祭 追悼会 zhuīdàohuì
いれい【異例-の】 ◆～の採用 破格录用 pògé lùyòng
いれかえる【入れ替える】 换 huàn; 互换 hùhuàn
いれかわる【入れ替わる】 更替 gēngtì; 交替 jiāotì ◆入れ替わり立ちかわり 络绎不绝 luòyì bù jué
いれずみ【入墨・刺青】 文身 wénshēn; 刺青 cìqīng
いれぢえ【入れ知恵-する】 灌输 guànshū; 教唆 jiàosuō
いれちがい【入れ違いに】 错过 cuòguò; 交错 jiāocuò
いればん【入れ歯】 假牙 jiǎyá; 义齿 yìchǐ
いれもの【入れ物】 盛器 chéngqi; 容器 róngqì
いれる【入れる】 搁 gē; 装 zhuāng; 放进 fàngjìn ◆コーヒーにミルクを～ 把牛奶倒进咖啡里 bǎ niúnǎi dàojìn kāfēili ◆砂糖を～ 搁糖 gē táng ◆冷藏庫に～ 把啤酒放在冰箱里 bǎ píjiǔ fàngzài bīngxiāngli ◆お茶を～ 倒茶 dàochá ◆電に～ 记住 jìzhù ◆力を～ 使动儿 shǐjìnr ◆手を～ 〔直す〕 修改 xiūgǎi
いろ【色】 彩色 cǎisè; 颜色 yánsè; 色彩 sècǎi ◆～があせる 退色 tuìshāi ◆～がさめる 走色 zǒushǎi ◆～が落ちる 掉色 diàoshǎi ◆～を塗る 上色 shàngsè ◆～をなす 变色 biànsè; 作色 zuòsè ◆～を失う 失色 shīsè
いろあい【色合い】 色调 sèdiào
いろあざやか【色鮮やか】 鲜美 xiānměi
いろいろ【色々-な】 各种各样 gè

いろう【遺漏】 缺漏 quēlòu；遺漏 yílòu ◆～が多い 挂一漏万 guà yí lòu wàn

いろう【慰労-する】 慰労会 wèiláo一会 慰労会 wèiláohuì

いろえんぴつ【色鉛筆】 彩色鉛筆 cǎisè qiānbǐ

いろおとこ【色男】 美男子 měinánzǐ

いろけ【色気】 ❶《性的な》女人味儿 nǚrénwèir；妩媚 wǔmèi ◆～たっぷりの娇媚 jiāomèi ◆～づく 发情 fāqíng；情窦初开 qíngdòu chū kāi ❷《関心を見せる》有心 yǒuxīn ◆～を示す 表示有心 biǎoshì yǒuxīn

いろこい【色恋】 恋愛 liàn'ài；艶情 yànqíng ◆～沙汰 男女関係 nánnǚ guānxi

いろじかけ【色仕掛け】 美人計 měirénjì；利用女色 lìyòng nǚsè

いろじろ【色白】 ◆～の顔 雪白的脸 xuěbái de liǎn

いろずり【色刷り】 彩色 cǎiyìn

いろづく【色付く】 发红[黄] fāhóng [huáng]◆柿の実が～ 柿子熟了 shìzi shú le ◆木々の葉が～ 树叶呈现红[黄]色 shùyè chéngxiàn hóng[huáng]sè

いろっぽい【色っぽい】 有魅力 yǒu mèilì；妩媚 wǔmèi

いろつや【色艶】 色泽 sèzé ◆～がいい《皮膚》皮肤滋润 pífū zīrùn

いろどり【彩り】 彩色 cǎisè：文采 wéncǎi ◆～をそえる 増添色彩 zēngtiān sècǎi

いろとりどり【色とりどり】 花花綠綠 huāhuālǜlǜ；五颜六色 wǔ yán liù sè

いろどる【彩る】 点缀 diǎnzhuì；装飾 zhuāngshì

いろめ【色目】 ◆～をつかう 眉目传情 méimù chuánqíng；送秋波 sòng qiūbō

いろめがね【色眼鏡】 《めがね》有色眼镜 yǒusè yǎnjìng；《偏見》◆～で見る 持有偏見 chíyǒu piānjiàn

いろめく【色めく】 ❶《活気づく》活跃起来 huóyuèqǐlai ❷《なまめかしくなる》変得妩媚 biàndé wǔmèi

いろもの【布地など】 彩色的料子 cǎisè de liàozi

いろよい【色よい】 ◆～返事を待つ 期望令人满意的答复 qīwàng lìng rén mǎnyì de dáfù

いろわけ【色分け-する】 用彩色区别 yòng cǎisè qūbié ◆敵と味方を～する 划分敌我 huáfēn díwǒ

いろん【異論】 异议 yìyì ◆～はない 没有异议 méiyǒu yìyì ◆～を唱える 提出异议 tíchū yìyì

いわ【岩】 岩石 yánshí

いわい【祝い】 祝賀 zhùhè ◆～の言葉 賀詞 hècí ◆～の品 賀礼 hèlǐ ◆～を述べる 道喜 dàoxǐ ◆～金 礼金 lǐjīn ◆～事 喜庆 xǐqìng；喜事 xǐshì

いわう【祝う】 庆祝 qìngzhù；祝贺 zhùhè ◆卒業を～ 祝贺毕业 zhùhè bìyè ◆誕生日を～ 过生日 guò shēngrì

いわかん【違和感】 不协调的感觉 bù xiétiáo de gǎnjué ◆～がある 气氛不协调 qìfēn bù xiétiáo

いわく【曰く】 来历 láilì ◆～付きの人物 履历上很有问题的人物 lǚlì shàng hěn yǒu wèntí de rénwù

イワシ【鰯】 沙丁鱼 shādīngyú

いわしぐも【鰯雲】 卷积云 juǎnjīyún

いわずかたらず【言わず語らず】 不言不语 bù yán bù yǔ；默黙无言 mòmò wúyán

いわば【言わば】 说起来 shuōqǐlai

いわば【岩場】 岩石裸露的地方 yánshí luǒlù de dìfang

いわゆる【所謂】 所謂 suǒwèi

いわれ【謂れ】 由来 yóulái ◆～なく無縁無故 wú yuán wú gù

いん【韻】 韻 yùn ◆～を踏む 押韻 yāyùn

いん【印】 图章 túzhāng ◆～を押す 盖图章 gài túzhāng；盖印 gài yìn

いん【陰】 ◆～にこもる 闷在心里 mēn zài xīnli ◆～イオン 阴离子 yīnlízǐ

いんうつ【陰鬱】 阴沉 yīnchén；阴森 yīnsēn ◆～な気分 心情阴郁 xīnqíng yīnyù

いんえい【陰影】 阴影 yīnyǐng ◆～に富む 含蓄 hánxù；寓意深刻 yùyì shēnkè

いんか【引火-する】 引火 yǐnhuǒ

いんが【因果】 因果 yīnguǒ ◆～応報 因果报应 yīnguǒ bàoyìng ◆～関係 因果关系 yīnguǒ guānxi ◆～を含める 使人断念 shǐ rén duànniàn

いんがし【印画紙】 印相纸 yìnxiàngzhǐ；照相纸 zhàoxiàngzhǐ

いんかん【印鑑】 图章 túzhāng ◆～を押す 盖图章 gài túzhāng

いんき【陰気-な】 阴暗 yīn'àn；忧郁 yōuyù

いんきょ【隠居-する】 养老 yǎnglǎo；隠退 yǐntuì ◆ご～さん 老人家 lǎorénjiā《中国語の"隠居"是政治的あるいは思想的理由から「隠棲する」

いんきょく【陰極】阴极 yīnjí；负电极 fùdiànjí
いんぎん【慇懃】必恭必敬 bì gōng bì jìng ◆～無礼 貌似恭谦，心实轻蔑 mào sì gōngwéi, xīn shí qīngmiè
インク 墨水 mòshuǐ；油墨 yóumò ◆～ジェットプリンタ 喷墨打印机 pēnmò dǎyìnjī
いんけい【陰茎】阴茎 yīnjīng
いんけん【陰険-な】阴险 yīnxiǎn；险恶 xiǎn'è ◆～な手口 歪门邪道 wāi mén xié dào
インコ 鹦哥 yīngge；鹦鹉 yīngwǔ
いんご【隠語】行话 hánghuà；隐语 yǐnyǔ
インサイダー 内部人 nèibùrén；知情人 zhīqíngrén ◆～取引 内幕交易 nèimù jiāoyì
いんさつ【印刷-する】印刷 yìnshuā ◆～機 印刷机 yìnshuājī ◆～工場 印刷厂 yìnshuāchǎng ◆～物 印刷品 yìnshuāpǐn
いんさん【陰惨-な】凄惨 qīcǎn
いんし【印紙】◆収入～ 印花税票 yìnhuā shuìpiào；印花 yìnhuā
いんし【因子】因子 yīnzǐ
いんじ【印字】印字 yìnzì
インジゴ 靛蓝 diànlán；靛青 diànqīng
いんしゅ【飲酒-する】喝酒 hējiǔ ◆～運転 酒后开车 jiǔ hòu kāichē
いんしゅう【因襲】因袭 yīnxí ◆～にとらわれる 拘泥于旧习 jūní yú jiùxí
インシュリン 胰岛素 yídǎosù
いんしょう【印章】图章 túzhāng；印章 yìnzhāng ◆～を彫る 篆刻 zhuànkè
いんしょう【印象】感想 gǎnxiǎng；印象 yìnxiàng ◆～を受ける 受到印象 shòudào yìnxiàng ◆～がよい[悪い] 印象好[不好] yìnxiàng hǎo[bù hǎo] ◆～に残る 留下印象 liúxià yìnxiàng ◆第一～ 开头的印象 kāitóu de yìnxiàng
いんしょく【飲食】饮食 yǐnshí ◆～物 饮食物 yǐnshíwù
いんすう【因数】因数 yīnshù；因子 yīnzǐ ◆～分解 因数分解 yīnshù fēnjiě
いんずう【員数】◆～を合わせる 凑数 còushù；充数 chōngshù
インスタント 速成 sùchéng ◆～カメラ 快速成像相机 kuàisù chéngxiàng xiàngjī ◆～コーヒー 速溶咖啡 sùróng kāfēi ◆～食品 方便食品 fāngbiàn shípǐn ◆～ラーメン 方便面 fāngbiànmiàn
インストール 安装 ānzhuāng
インストラクター 教练 jiàoliàn；指导员 zhǐdǎoyuán
インスピレーション 灵感 línggǎn
いんせい【陰性】◆～反应 阴性反应 yīnxìng fǎnyìng
いんぜい【印税】版税 bǎnshuì
いんせき【姻戚】亲家 qìngjia ◆～関係になる 结亲 jiéqīn
いんせき【隕石】陨石 yǔnshí
いんせき【引責-する】引咎 yǐnjiù ◆～辞任 引咎辞职 yǐnjiù cízhí
いんそつ【引率-する】带领 dàilǐng；引导 yǐndǎo ◆～者 领队 lǐngduì
インターチェンジ 高速公路出入口 gāosù gōnglù chūrùkǒu；立体交叉 lìtǐ jiāochādào
インターナショナル ❶【国際】国际 guójì **❷**【歌】国际歌 Guójìgē
インターネット 互联网 hùliánwǎng；因特网 yīntèwǎng ◆～アドレス 网址 wǎngzhǐ ◆～カフェ 网吧 wǎngbā ◆～ショッピング 网上购物 wǎngshàng gòuwù ◆～ユーザー 网民 wǎngmín
インターフェース 界面 jièmiàn；接口 jiēkǒu
インターフェロン 干扰素 gānrǎosù
インターフォン 内线专用电话 nèixiàn zhuānyòng diànhuà
インターン 实习生 shíxíshēng
いんたい【引退-する】离休 líxiū；退休 tuìxiū
インタビュー 采访 cǎifǎng
インタビュアー 采访记者 cǎifǎng jìzhě
インタラクティブ 互动 hùdòng；交互式 jiāohùshì
インチ 英寸 yīngcùn
いんちき 欺骗 qīpiàn；鬼把戏 guǐbǎxì ◆～をする 做鬼 zuòguǐ；作弊 zuòbì
いんちょう【院長】院长 yuànzhǎng
インデックス 索引 suǒyǐn
インテリ 知识分子 zhīshí fènzǐ；知识阶层 zhīshí jiēcéng
インテリア 室内装饰 shìnèi zhuāngshì；陈设 chénshè ◆～デザイナー 室内设计师 shìnèi shèjìshī
インテルサット【国際電気通信衛星機構】国际电信卫星组织 Guójì Diànxìn Wèixīng Zǔzhī
いんでんき【陰電気】阴电 yīndiàn
インテンシブ 集中的 jízhōng de；加强的 jiāqiáng de
インドア 室内 shìnèi；屋内 wūnèi ◆～スポーツ 室内运动 shìnèi yùndòng

いんどう【引導】 ◆~を渡す 下最后的通知 xià zuìhòu de tōngzhī
いんとく【隠匿-する】 隐藏 yǐncáng; 藏匿 cángnì
イントネーション 语调 yǔdiào
イントロ(ダクション) 前奏 qiánzòu; 导奏 dǎozòu
いんない【院内】 医院内部 yīyuàn nèibù ◆~感染 院内传染 yuànnèi chuánrǎn
いんにく【印肉】 印泥 yìnní; 印色 yìnsè
いんにように【陰に陽に】 明里暗里 mínglǐ ànlǐ
いんねん【因縁】 因缘 yīnyuán ◆~をつける 找茬儿 zhǎochár; 抓茬儿 zhuāchár
いんのう【陰嚢】 阴囊 yīnnáng
インパクト 冲击 chōngjī; 影响 yǐngxiǎng
いんぶ【陰部】 阴部 yīnbù; 下身 xiàshēn
インフォーマル 非正式的 fēizhèngshì de
インフォームドコンセント 《手術などでの患者の同意》说明和同意 shuōmíng hé tóngyì
インプット 输入 shūrù
インフラ (=インフラストラクチャー) 基础设施 jīchǔ shèshī
インフルエンザ 流行性感冒 liúxíngxìng gǎnmào ◆~にかかる 患流感 huàn liúgǎn
インフレ 通货膨胀 tōnghuò péngzhàng
いんぶん【韻文】 韵文 yùnwén
いんぺい【隠蔽-する】 隐蔽 yǐnbì; 掩盖 yǎngài
インボイス 《伝票》发票 fāpiào; 《送り状》发货单 fāhuòdān
いんぼう【陰謀】 阴谋 yīnmóu; 密谋 mìmóu ◆~を企てる 阴谋策划 yīnmóu cèhuà
インポテンツ 阳痿 yángwěi
いんめつ【隠滅-する】 湮灭 yānmiè ◆証拠~ 销毁证据 xiāohuǐ zhèngjù
いんもう【陰毛】 阴毛 yīnmáo
いんゆ【隠喩】 隐喻 yǐnyù
いんよう【引用-する】 引用 yǐnyòng ◆~例 引例 yǐnlì ◆~句 引文 yǐnwén
いんよう【陰陽】 阴阳 yīnyáng ◆~五行 阴阳五行 yīnyáng wǔxíng
いんよう【飲用-の】 饮用 yǐnyòng ◆~水 饮用水 yǐnyòngshuǐ
いんらん【淫乱-な】 淫乱 yínluàn
いんりつ【韻律】 韵律 yùnlǜ
いんりょう【飲料】 饮料 yǐnliào ◆~水 饮用水 yǐnyòngshuǐ ◆炭酸~

汽水 qìshuǐ
いんりょく【引力】 引力 yǐnlì ◆万有~ 万有引力 wànyǒu yǐnlì
いんれき【陰暦】 农历 nónglì; 阴历 yīnlì

う

う【卯】《年》兔 tù

ウ【鵜】 鸬鹚 lúcí; 鱼鹰 yúyīng ♦ ～の真似をする鴉 东施效颦 dōngshī xiào pín

ウィークエンド 周末 zhōumò
ウィークデー 平日 píngrì
ウィークポイント 弱点 ruòdiǎn
ウィークリー 周报 zhōubào; 周刊 zhōukān
ういういしい【初々しい】 天真 tiānzhēn; 稚朴 zhìpǔ
ウイグル 维吾尔 Wéiwú'ěr ♦ ～族 维吾尔族 Wéiwú'ěrzú
ういざん【初産】 头生 tóushēng; 初生 chūshēng
ういじん【初陣】 初次上阵 chūcì shàng zhèn ♦ ～を飾る 旗开得胜 qí kāi dé shèng
ウイスキー 威士忌 wēishìjì
ウイット 机智 jīzhì; 妙语 miàoyǔ ♦ ～に富む 风趣 fēngqù
ういてんぺん【有為転変】 变幻无常 biàn huàn wú cháng
ういまご【初孫】 长孙 zhǎngsūn
ウイルス 病毒 bìngdú ♦ ～性肝炎 病毒性肝炎 bìngdúxìng gānyán ♦ コンピュータ～ 电脑病毒 diànnǎo bìngdú
ウインカー 方向指示灯 fāngxiàng zhǐshìdēng
ウインク-する 使眼色 shǐ yǎnsè; 送秋波 sòng qiūbō
ウインタースポーツ 冬季运动 dōngjì yùndòng
ウインチ 绞车 jiǎochē; 卷扬机 juǎnyángjī
ウインドウ 《コンピュータ》 窗口 chuāngkǒu
ウインドウズ 《商標》 视窗 Shìchuāng
ウインドーショッピング 浏览商店 liúlǎn shāngdiàn chúchuāng
ウインドサーフィン 帆板 fānbǎn
ウインドブレーカー 防风外衣 fángfēng wàiyī
ウール 呢绒 níróng; 羊毛 yángmáo ♦ ～の毛衣 羊毛衣 yángmáoyī ♦ ～地 毛料 máoliào
ウーロンちゃ【ウーロン茶】 乌龙茶 wūlóngchá
うえ【上】 ❶《位置》上边 shàngbian; 上面 shàngmian ♦ ～の身世 身世 shēnshì ♦ 木の～ 树上 shù shang ❷《年齢》大 dà ♦ 三歳～だ 大三岁 dà sān suì ❸《能力・品質など》高 gāo; 好 hǎo ♦ きみより彼の方が技術が～だ 他的技术比你高 tā de jìshù bǐ nǐ gāo ❹《…の後》♦ 検討しての～で答えよう 研究后再答复吧 yánjiū hòu zài dáfù ba

うえ【飢え】 饥饿 jī'è ♦ ～に苦しむ 苦于饥饿 kǔ yú jī'è; 忍受北风 hē xīběifēng ♦ ～をしのぐ 充饥 chōngjī
ウエーター 男服务员 nán fúwùyuán
ウエート 重量 zhòngliàng; 体重 tǐzhòng ♦ ～を増やす［落とす］ 增重［减肥］ zēngzhòng [jiǎnféi] ♦ こちらの方に～がかかる 重点放在这一方面 zhòngdiǎn fàngzài zhè yí fāngmiàn ♦ リフティング 举重 jǔzhòng
ウエートレス 女服务员 nǚfúwùyuán
ウエーブ 《頭髪》拳曲 quánqū ♦ ～をかける 烫发 tàngfà
うえかえる【植え替える】 移植 yízhí
うえき【植木】 庭院的树 tíngyuàn de shù; 盆栽的花木 pénzāi de huāmù ♦ ～鉢 花盆 huāpén ♦ ～屋 树匠 shùjiàng
うえこみ【植え込み】 花草丛 huācǎocóng; 灌木丛 guànmùcóng
うえじに【飢え死に-する】 饿死 èsǐ
ウエスタン 西部音乐 xībù yīnyuè; 西部影片 xībù yǐngpiàn
ウエスト 腰 yāo; 腰身 yāoshēn ♦ ～のサイズ 腰围 yāowéi
うえつける【植え付ける】 移植 yízhí; 苗を～ 栽苗 zāimiáo ♦ 心に～ 留下强烈印象 liúxià qiángliè yìnxiàng
ウエット-な ♦ ～な性格 多情善感的性格 duōqíng shàngǎn de xìnggé
ウエットスーツ 简易潜水服 jiǎnyì qiánshuǐfú
ウエディング 婚礼 hūnlǐ ♦ ～ケーキ 结婚蛋糕 jiéhūn dàngāo ♦ ～ドレス 结婚礼服 jiéhūn lǐfú
ウエハース 薄饼干 báobǐnggān
ウェブサイト 网站 wǎngzhàn ♦ ～を開設する 开办网站 kāibàn wǎngzhàn
うえる【飢える】 饥饿 jī'è
うえる【植える】 栽种 zāizhòng; 种植 zhòngzhí ♦ 木を～ 种树 zhòng shù
うおうさおう【右往左往-する】 东跑西窜 dōng pǎo xī cuàn
ウオーキング 散步 sànbù; 步行 bùxíng ♦ ～ディクショナリー 活字典 huózìdiǎn
ウォーター 水 shuǐ ♦ ミネラル～ 矿泉水 kuàngquánshuǐ ♦ ～フロント 海边地带 hǎibiān dìdài

ウォーミングアップ 准备活动 zhǔnbèi huódòng; 热身 rèshēn
ウォールがい[ウォール街] 华尔街 Huá'ěrjiē
うおざ[魚座] 双鱼座 shuāngyúzuò
ウォッカ 伏特加 fútèjiā
ウォッチャー ◆チャイナ～ 中国问题专家 Zhōngguó wèntí zhuānjiā
うおのめ[魚の目] 鸡眼 jīyǎn ◆～ができる 长鸡眼 zhǎng jīyǎn
うか[羽化-する] 羽化 yǔhuà
うかい[迂回-する] 迂回 yūhuí; 绕行 ràoxíng ◆～戦術 迂回战术 yūhuí zhànshù ◆～路 迂回的旁道 yūhuí de pángdào
うかい[鵜飼い] ◆〈人〉养鸬鹚的人 yǎng lúcí de rén; 〈動作〉用鸬鹚打鱼 yòng lúcí dǎyú
うがい[嗽-する] 漱口 shùkǒu ◆～薬 含漱剂 hánshùjì
うか うか ◆～としていられない 不能再稀里糊涂了 bù néng zài xī li hú tú le
うかがい[伺い] ◆～を立てる 请示 qǐngshì ◆ご機嫌～ 问安 wèn'ān ◆進退～ 请示去留的报告 qǐngshì qùliú de bàogào
うかがう[伺う] ❶〈訪ねる〉拜访 bàifǎng ❷〈尋ねる〉◆ちょっと伺いますが 请打听一下 qǐng dǎting yíxià ❸〈聞いている〉◆お噂はかねがね伺っております 久仰大名 jiǔyǎng dàmíng
うかがう[窺う] ◆〈様子を〉窥伺 kuīsì ◆顔色を～ 窥视脸色 kuīshì liǎnsè ◆機会を～ 等待时机 děngdài shíjī ◆反省の色が窺える 可以看出怎样反省 kěyǐ kànchū zěnyàng fǎnxǐng
うかす[浮かす] ◆腰を～ 要站起来 yào zhànqǐlai ◆金を～ 匀出钱来 yúnchū qián lái
うかつ[迂闊-な] 疏忽 shūhu; 大意 dàyi
うがつ[穿つ] 穿 chuān; 钻 zuān ◆水の滴が岩を～ 水滴石穿 shuǐ dī shí chuān; 滴水穿石 dī shuǐ chuān shí ◆うがった見方 中肯的看法 zhòngkěn de kànfǎ
うかぬかお[浮かぬ顔] ◆～をする 愁眉苦脸 chóu méi kǔ liǎn; 面带愁容 miàn dài chóu róng
うかばれない[浮かばれない]〈死者〉不能安心超度 (sǐzhě) bù néng ānxīn chāodù
うかびあがる[浮かび上がる] ◆水面に～ 浮出水面 fúchū shuǐmiàn ◆犯人像が～ 浮现出犯人形象 fúxiànchū fànrén xíngxiàng
うかぶ[浮かぶ] 〈水に〉漂 piāo; 漂浮 piāofú ❷〈空に〉气球が～ 气球在飘荡 qìqiú zài piāodàng ❸〈心などに〉◆名案が～ 计上心来 jì shàng xīn lái ◆まぶたに～ 浮现在眼前 fúxiàn zài yǎnqián ❹〈顔に〉◆笑みが～ 含笑 hánxiào; 露出笑脸 lùchū xiàoliǎn
うかべる[浮かべる]〈水に〉◆舟を～ 泛舟 fànzhōu; 〈顔や心に〉◆涙を～ 含泪 hánlèi ◆思い～ 想起 xiǎngqǐ
うかる[受かる] 考上 kǎoshàng ◆試験に～ 考试及格 kǎoshì jígé ◆大学に～ 考上大学 kǎoshàng dàxué
うかれる[浮かれる] 摇头摆尾 yáo tóu bǎi wěi; 兴高采烈 xìng gāo cǎi liè
うき[浮き] 鱼漂儿 yúpiāor; 浮子 fúzi
うき[雨季] 雨季 yǔjì
うきあがる[浮き上がる] ❶ 水面などに〉浮出 fúchū; 浮上 fúshàng ❷〈他の人から〉大众から～ 脱离群众 tuōlí qúnzhòng
うきあしだつ[浮き足立つ] ◆惊惶失措 jīnghuáng shīcuò; 动摇起来 dòngyáoqǐlai
うきうき[浮き浮き-する] 喜不自禁 xǐ bù zì jīn; 喜气洋洋 xǐqì yángyáng
うきくさ[浮き草] 紫萍 zǐpíng; 浮萍 fúpíng
うきぐも[浮き雲] 浮云 fúyún
うきしずみ[浮き沈み-する] 浮沉 fúchén; 荣枯 róngkū ◆～の激しい人生 浮沉不定的人生 fúchén búdìng de rénshēng
うきでる[浮き出る] 露出 lùchū; 浮现出 fúxiànchū ◆模様が～ 花纹显露出来 huāwén xiǎnlùchūlái
うきな[浮き名] ◆～を流す 艳闻传遍满城风雨 yànwén chuándé mǎnchéng fēngyǔ
うきはし[浮き橋] 浮桥 fúqiáo
うきぶくろ[浮き袋] ❶〈泳ぐときの〉救生圏 jiùshēngquān ❷〈魚の〉鱼鳔 yúbiào
うきぼり[浮き彫り]〈レリーフ〉浮雕 fúdiāo ◆問題点を～にする 使争论点突出 shǐ zhēnglùndiǎn tūchū
うきみ[憂き身] ◆～をやつす 废寝忘食 fèi qǐn wàng shí
うきめ[憂き目] 惨痛的经验 cǎntòng de jīngyàn ◆落第の～を见る 吃蹲班的苦头 chī dūnbān de kǔtóu
うきよ[浮世] 俗世 súshì ◆～離した考え 不通世俗的想法 bù tōng shìsú de xiǎngfǎ
うきよえ[浮世絵] 浮世绘〈江户时代流行的风俗画〉fúshìhuì〈Jiāng-

うく【浮く】 ❶〈浮かぶ〉浮 fú ♦水にごみが浮いている 水上漂着垃圾 shuǐshàng piāozhe lājī ♦〜悬空 xuánkōng ❷〈緩む〉歯の〜ような お世辞 令人肉麻的恭維话 lìng rén ròumá de gōngwéihuà ❸〈余りが出る〉♦費用が〜 费用有剩余 fèiyong yǒu shèngyú ♦〈他の人から〉周りから〜 脱离他人 tuōlí tārén
ウグイス【鶯】 黄莺 huángyīng
ウクレレ 尤克里里琴 yóukèlǐlǐqín
うけ【受け】 ♦〜がいい 受欢迎 shòu huānyíng ♦女性客に〜が悪い 女顾客的反应不好 nǚgùkè de fǎnyìng bù hǎo
うけあう【請け合う】 ❶〈引き受ける〉承担 chéngdān ❷〈保証する〉担保 dānbǎo ♦請け合えない 不能保证 bùnéng bǎozhèng
うけいれる【受け入れる】 接受 jiēshòu; 容纳 róngnà ♦難民を〜 接纳难民 jiēnà nànmín ♦要求を〜 接受要求 jiēshòu yāoqiú
うけうり【受け売り-する】 现买现卖 xiàn mǎi xiàn mài; 鹦鹉学舌 yīngwǔ xuéshé
うけおい【請け負い】 ♦〜契約 承包合同 chéngbāo hétong ♦〜製造する 承制 chéngzhì
うけおう【請け負う】 包办 bāobàn; 承办 chéngbàn ♦工事を〜 包工 bāo gōng
うけこたえ【受け答え-する】 应答 yìngdá; 应对 yìngduì
うけざら【受け皿】〈比喩〉承接者 chéngjiēzhě; 接纳的地方 jiēnà de dìfang ♦リストラ社員の〜 接纳下岗人员的地方 jiēnà xiàgǎng rényuán de dìfang
うけたまわる【承る】 ❶〈聞く〉恭听 gōngtīng ❷〈承知する〉接受 jiēshòu
うけつぐ【受け継ぐ】 继承 jìchéng; 承继 chéngjì ♦伝统を〜 继承传统 jìchéng chuántǒng
うけつけ【受け付け】 收发室 shōufāshì; 接待站 jiēdàizhàn; 传达室 chuándáshì ♦事務〈機関の〉传达室 chuándáshì ♦〜係 传达员 chuándáyuán; 接待员 jiēdàiyuán ♦〜時間 受理时间 shòulǐ shíjiān
うけつける【受け付ける】 接受 jiēshòu; 受理 shòulǐ ♦先着順に〜 按先后顺序受理 àn xiānhòu shùnxù shòulǐ ♦食事も受け付けない 饭也吃不进去 fàn yě chībujìnqu
うけとめる【受け止める】 接住 jiēzhù ♦ボールを〜 接球 jiē qiú ♦相手の気持ちを〜 理解对方的心情 lǐjiě duìfāng de xīnqíng
うけとり【受取】 收条 shōutiáo; 收据 shōujù; 发票 fāpiào ♦〜を出す 开收条 kāi shōutiáo
うけとる【受け取る】 ❶〈手元に〉手紙を〜 收信 shōuxìn ♦返事を〜 接到回信 jiēdào huíxìn ♦給料を〜 工资 lǐng gōngzī ❷〈理解する〉皮肉に〜 理解为讽刺 lǐjiěwéi fěngcì
うけながす【受け流す】 ♦一听而过 yì tīng ér guò
うけみ【受け身】 ❶〈受動的〉被动 bèidòng; 消极 xiāojí ♦〜になる 陷于被动 xiànyú bèidòng ❷〈文法〉被动态 bèidòngtài ♦〜の文 被动句 bèidòngjù
うけもち【受け持ち】 主管 zhǔguǎn ♦〜の先生 班主任 bānzhǔrèn
うけもつ【受け持つ】 担任 dānrèn ♦2年生を〜 担任二年级 dānrèn èr niánjí ♦作業の一部を〜 负责部分工作 fùzé bùfen gōngzuò
うける【受ける】 ❶〈もてなし〉受到款待 shòudào kuǎndài ♦被害を〜 遭受灾害 zāoshòu zāihài ♦テストを〜 应试 yìngshì ♦電话を〜 接电话 jiē diànhuà ♦ボールを〜 接球 jiē qiú ♦賞を〜 受赏 shòushǎng; 获奖 huòjiǎng ♦大衆に〜 博得群众的好评 bódé qúnzhòng de hǎopíng; 受群众欢迎 shòu qúnzhòng huānyíng
うけわたし【受け渡し-する】 交接 jiāojiē; 交割 jiāogē
うげん【右舷】 右舷 yòuxián
うご【雨後】 ♦〜の竹の子 雨后春笋 yǔ hòu chūn sǔn
うごうのしゅう【烏合の衆】 乌合之众 wūhé zhī zhòng
うごかす【動かす】 ❶〈作動させる〉发动 fādòng ♦機械を〜 开动机器 kāidòng jīqì ❷〈移動する如搬动〉搬动 bāndòng; 挪动 nuódòng ♦家具を〜 移动家具 yídòng jiājù ❸〈感動〉感动 gǎndòng ♦人の心を〜 打动人心 dǎdòng rénxīn ❹〈異動〉调动 diàodòng ♦スタッフを〜 更动人员 gēngdòng rényuán ❺〈運用する〉大金を〜 运用巨款 yùnyòng dàkuǎn
うごかない【動かない】 铁定 tiědìng ♦動かぬ証拠 确证 quèzhèng; 铁证 tiězhèng ♦体が〜 身体不灵 shēntǐ bùlíng
うごき【動き】 动作 dòngzuò; 动向 dòngxiàng ♦〜がとれない 进退维谷 jìn tuì wéi gǔ; 窘迫 jiǒngpò ♦景気の〜 市况的动向 shìkuàng de dòngxiàng ♦〜が速い 灵活 líng-

うごく ― うすくらがり　41

huó ◆～のにぶい 呆滞 dāizhì ◆～を封じる 牵制 qiānzhì
うごく【動く】行动 xíngdòng；活动 huódòng ◆機械が～ 机器开动 jīqì kāidòng ◆体が～ 身体活动 shēntǐ huódòng ◆心が～ 动心 dòngxīn ◆警察が～ 公安开始搜查 gōng'ān kāishǐ sōuchá
うごめく【蠢く】蠕动 rúdòng
うさ【憂さ】愁闷 chóumèn ◆～を晴らす 出气 chūqì；解闷 jiěmèn；散闷 sànmèn
ウサギ【兔】兔 tù；兔子 tùzi
うざったい 令人厌烦 lìng rén yànfán；讨厌 tǎoyàn
うさんくさい【胡散臭い】可疑 kěyí；暧昧 àimèi
うし【丑】〈年〉丑 chǒu ◆～年生まれ 属牛 shǔ niú
ウシ【牛】牛 niú ◆～小屋 牛棚 niúpéng ◆～の歩み〈比喩〉行动迟缓 xíngdòng chíhuǎn
うじ【氏】氏族 shìzú ◆～より育ち 英雄不怕出身低 yīngxióng bú pà chūshēn dī
ウジ【蛆】〈ウジムシ〉蛆 qū ◆～がわく 生蛆 shēng qū
うしお【潮】潮水 cháoshuǐ
うじこ【氏子】一个神庙的信徒 yí ge shénmiào de xìntú
うしなう【失う】丢 diū；丧失 sàngshī；失掉 shīdiào；动心 dòngxīn ◆タイミングを～ 错过机会 cuòguò jīhuì ◆…たるを失わない 不失为 bùshīwéi... ◆両親を～ 丧失父母 sàngshī fùmǔ ◆信用を～ 失掉信任 shīdiào xìnrèn ◆気を～ 昏过去 hūnguòqù
うじゃうじゃ 乱爬乱钻 luàn pá luàn zuān
うしろ【後ろ】后面 hòumian；后边 hòubian ◆～に回る 绕到背后去 ràodào bèihòu qù ◆～から 朝后 cháohòu ◆～の座席 靠后的座位 kàohòu de zuòwèi
うしろあし【後ろ足】〈動物の〉后腿 hòutuǐ
うしろがみ【後ろ髪】◆～を引かれる 恋恋不舍 liànliàn bù shě
うしろぐらい【後ろ暗い】亏心 kuīxīn；鬼祟 guǐsuì ◆～こと 暗事 ànshì
うしろすがた【後ろ姿】背影 bèiyǐng；后影 hòuyǐng
うしろだて【後ろ盾】后盾 hòudùn；靠山 kàoshān；腰杆子 yāogǎnzi ◆～になる 撑腰 chēngyāo
うしろで【後ろ手】◆～を組む 背着手 bèizhe shǒu
うしろまえ【後ろ前】前后颠倒 qián-

hòu diāndǎo ◆～に着る 前后反穿 qiánhòu fǎnchuān
うしろむき【後ろ向き】◆～に坐る 背着身子坐 bèizhe shēnzi zuò ◆～の考え 倒退的想法 dàotuì de xiǎngfǎ
うしろめたい【後ろめたい】心虚 xīnxū；亏心 kuīxīn ◆～事柄 阴私 yīnsī；亏心事 kuīxīnshì
うしろゆび【後ろ指】◆～を差される 被人在背后指责 bèi rén zài bèihòu zhǐzé；被人指脊梁 bèi rén zhǐ jíliang
うす【臼】臼 jiù；磨 mò ◆～でつく 捣 dǎo ◆～でひく 磨 mò ◆～をひく 推磨 tuī mò
うず【渦】涡流 wōliú；旋涡 xuánwō ◆～を巻く 打漩儿 dǎxuánr；旋绕 xuánrào ◆熱狂の～ 狂热的旋涡 kuángrè de xuánwō
うすあかり【薄明かり】微光 wēiguāng；微亮 wēiliàng
うすあじ【薄味】味淡 wèi dàn
うすい【薄い】❶〈印象・興味が〉淡薄 dànbó ❷〈気体の密度が〉稀薄 xībó ❸〈厚みが〉薄 báo ❹〈色が〉浅淡 qiǎndàn ◆～黄色 嫩黄 nènhuáng ❺〈人情が〉薄 báo ❻〈味や濃度が〉淡 dàn：淡薄 dànbó
うすいた【薄板】薄板 báobǎn
うすうす【薄々】稍稍 shāoshāo ◆～気付いている 稍微察觉一点 shāowēi chájuè yìdiǎn
うずうず-する 憋不住 biēbuzhù
うすがみ【薄紙】薄纸 báozhǐ ◆～をはぐように〈病気が〉よくなる 病势日见起色 bìngshì rìjiàn qǐsè
うすぎ【薄着-る】穿得少 chuānde shǎo
うすぎたない【薄汚い】脏 zāng ◆～壁 脏乎乎的墙 zānghūhū de qiáng ◆～やり方 脏脏的做法 āngzāng de zuòfǎ
うすぎぬ【薄絹】绸子 chóuzi ◆～のとばり 罗帷 luówéi ◆～の扇 罗扇 luóshàn
うすきみわるい【薄気味悪い】◆～声 阴森森的声音 yīnsēnsēn de shēngyīn
うすぎり【薄切り】切り方 qiēpiàn ◆～の牛肉 切成薄片的牛肉 qiēchéng báopiàn de niúròu
うずく【疼く】疼 téng ◆歯が～ 牙疼 yá téng ◆心が～ 心疼 xīn téng
うずくまる【蹲る】蹲 dūn
うずぐも【雲】薄云 báoyún
うすぐもり【薄曇り】微阴 wēiyīn
うすぐらい【うす暗い】灰暗 huī'àn；阴暗 yīn'àn
うすくらがり【薄暗がり】暗淡的地方

うすくれない【薄紅】 浅红色 qiǎnhóngsè

うすげしょう【薄化粧-する】 淡妆 dànzhuāng ◆山が雪で～している 山上披薄雪 shānshàng pī báoxuě

うすごおり【薄氷】 薄冰 báobīng

うすじお【薄塩】 稍带咸味 shāo dài xiánwèi

うずしお【渦潮】 漩流 xuánliú

うすずみ【薄墨】 ◆～色 淡墨色 dànmòsè

ウスターソース 英国辣酱油 Yīngguó làjiàngyóu

うずたかく【堆く】 ◆～積む 堆得很高 duīde hěn gāo

うすちゃ【薄茶】 淡茶 dànchá ◆～色 淡褐色 dànhèsè

うすっぺら【薄っぺら-な】 浮浅 fúqiǎn; 浅薄 qiǎnbó; 浅陋 qiǎnlòu ◆～な人間 轻薄的人 qīngbó de rén

うすで【薄手-の】 较薄 jiào báo

うすば【薄刃】 薄刃的刀 báo rèn de dāo

うすび【薄日】 ◆～が差す 照射微弱的阳光 zhàoshè wēiruò de yángguāng

うすべに【薄紅-色の】 淡红色 dànhóngsè

うすぼんやりした 心の動きが 呆头呆脑 dāi tóu dāi nǎo

うずまき【渦巻き】 涡流 wōliú; 漩 xuán ◆～模様 涡形 wōxíng

うずまく【渦巻く】 卷成漩涡 juǎnchéng xuánwō ◆水流が～ 水打漩儿 shuǐ dǎxuánr

うずまる【埋まる】 ◆土砂で～ 被土 埋上 bèi tǔ máishàng ◆人で～ 挤满人群 jǐmǎn rénqún

うすみどり【薄緑-色の】 浅绿 qiǎnlǜ; 嫩绿 nènlǜ

うすめ【薄目】 ◆～をあける 半睁眼睛 bàn zhēng yǎnjing ◆～のコーヒー 味淡些的咖啡 wèi dàn xiē de kāfēi

うすめる【薄める】 冲淡 chōngdàn; 弄淡 nòngdàn

うずめる【埋める】 埋没 máimò ◆この会社に骨を～覚悟で 准备在这个公司里干一辈子 zhǔnbèi zài zhège gōngsīlǐ gàn yíbèizǐ

うずもれる【埋もれる】 ◆埋もれた人材 被埋没的人材 bèi máimò de réncái ◆砂に～ 被沙埋上 bèi shā máishàng

ウズラ【鶉】 鹌鹑 ānchun ◆～の卵 鹌鹑蛋 ānchundàn

うすらぐ【薄らぐ】 变淡薄 biàn dànbó; 减轻 jiǎnqīng ◆痛みが～ 疼痛减轻 téngtòng jiǎnqīng ◆寒さが～

寒意渐退 hányì jiàn tuì

うすれる【薄れる】 渐薄 jiàn báo; 变淡 biàndàn ◆関心が～ 不大感兴趣了 bú dà gǎn xìngqù le ◆記憶が ～ 记忆模糊了 jìyì móhu le

うすわらい【薄笑い】 冷笑 lěngxiào ◆～を浮かべる 露出嘲讽的冷笑 lùchū cháofěng de lěngxiào

うせつ【右折-する】 向右拐 xiàng yòu guǎi

うせる【失せる】 消失 xiāoshī ◆気力が～ 失去精神 shīqù jīngshen ◆やる気が～ 没有干劲儿了 méiyǒu gànjìnr le

うそ【嘘】 谎话 huǎnghuà; 谎言 huǎngyán ◆～をつく 撒谎 sāhuǎng; 说谎 shuōhuǎng ◆八百を並べる 谎话连篇 huǎnghuà liánpiān ◆～のような 难以相信 nányǐ xiāngxìn

うそうむぞう【有象無象-の】 不三不四的东西 bù sān bù sì de dōngxi

うそつき【嘘つき】 爱说谎的 ài shuōhuǎng de; 撒谎 sāhuǎng

うそぶく【嘯く】 若无其事地说 ruò wú qí shì de shuō

うた【歌】 歌曲 gēqǔ; 歌子 gēzi ◆～をうたう 唱歌 chànggē ◆～を口ずさむ 哼歌子 hēng gēzi ◆うまい 歌唱得很好 gē chàngde hěn hǎo

うたい【謡】 能乐的唱词 néngyuè de chàngcí

うたい【歌い手】 歌手 gēshǒu; 歌唱家 gēchàngjiā

うたいもんく【謳い文句】 吸引人的词句 xīyǐn rén de cíjù

うたう【歌う】 唱 chàng; 歌咏 gēyǒng ◆小鳥が～ 小鸟歌唱 xiǎoniǎo gēchàng

うたう【謳う】 ◆契約書に謳われている 合同有明文规定 hétong yǒu míngwén guīdìng

うたがい【疑い】 嫌疑 xiányí; 疑心 yíxīn ◆～もなく 无疑 wúyí; 分明 fēnmíng ◆～を抱く 怀疑 huáiyí ◆～深い 多疑 duōyí

うたがう【疑う】 怀疑 huáiyí; 疑惑 yíhuò; 猜疑 cāiyí ◆目を～ 不能相信的眼睛 bù néng xiāngxìn zìjǐ de yǎnjing

うたかた【泡沫】 泡沫 pàomò ◆～と消える 过眼云烟 guò yǎn yúnyān ◆～の夢 春梦 chūnmèng

うたがわしい【疑わしい】 可疑 kěyí ◆～点 可疑之点 kěyí zhī diǎn; 靠不住的地方 kàobuzhù de dìfang

うたげ【宴】 宴会 yànhuì ◆～に招く 宴请 yànqǐng

うたたね【転た寝-する】 打盹儿 dǎ-

dūnr: 假寐 jiǎmèi

うだつ【梲】zhuō ◆~が上がらない 翻不了身 fānbùliǎo zhēn; 得不到重用 débùdào zhòngyòng

うだる【茹る】煮熟 zhǔshú ◆~ような暑さ 闷热得要死 mēnrède yàosǐ

うたれる【打(撃)たれる】被打 bèi dǎ; 被攻击 bèi gōngjī ◆被打一拳 bèi dǎ yì quán ◆銃で~ 被枪击 bèi qiāngjī ◆彼のことばに深く~ 被他的话深深感动了 bèi tā de huà shēnshēn gǎndòng le

うち【内】《内部》内部 nèibù;《の中》之间 zhī jiān; ~に秘める 藏在心里 cángzài xīnli ◆~なる敵 潜藏在内部的敌人 qiáncáng zài nèibù de dírén ◆~の会社 我们公司 wǒmen gōngsī ◆数日の~に 两三天之内 liǎng sān tiān zhī nèi

うちあう【打(撃)ち合う】互打 hùdǎ; 对打 duìdǎ

うちあげ【打上げ】❶《空高く上げる》发射 fāshè ◆花火 焰火 yànhuǒ ❷《興行などを終える》结束 jiéshù

うちあけばなし【打ち明け話】心腹话 xīnfùhuà; 知心话 zhīxīnhuà

うちあける【打ち明ける】吐露 tǔlù; 坦率地说 tǎnshuài de shuōchū

うちあげる【打ち上げる】《上空に》人工衛星を~ 发射人造卫星 fāshè rénzào wèixīng ◆花火を~ 放焰火 fàng yànhuǒ ◆興業を~ 公演を~ 结束演出 jiéshù yǎnchū

うちあわせる【打ち合わせる】❶《協議》接洽 jiēqià; 相商 xiāngshāng ◆今後の予定を~ 商量此后的计划 shāngliang cǐhòu de jìhuà ❷《物と物とを》両手を~ 拍手 pāishǒu

うちいわい【内祝】内部的庆祝 nèibù de qìngzhù

うちうち【内々】家里 jiālǐ; 内部 nèibù ◆~に済ませる 内部处理 nèibù chǔlǐ

うちおとす【撃ち落とす】击落 jīluò

うちおろす【打ちおろす】从上往下打 cóng shàng wǎng xià dǎ

うちかえす【打ち返す】打回去 dǎhuíqù

うちかつ【打ち勝つ】克服 kèfú; 战胜 zhànshèng ◆困難に~ 克服困难 kèfú kùnnan

うちがわ【内側】里面 lǐmian; 里头 lǐtou ◆~の人間 内部人 nèibùrén

うちき【内気-な】内向 nèixiàng; 腼腆 miǎntiǎn

うちきり【打ち切り】停止 tíngzhǐ; 截止 jiézhǐ ◆調査は~になった 调查中止了 diàochá zhōngzhǐ le

うちきる【打ち切る】停止 tíngzhǐ;

中止 zhōngzhǐ; 以…为止 yǐ...wéizhǐ ◆放送を~ 停止广播 tíngzhǐ guǎngbō

うちきん【内金】定金 dìngjīn

うちくだく【打ち砕く】击碎 jīsuì; 摧毁 cuīhuǐ; 粉碎 fěnsuì ◆野望を~ 粉碎野心 fěnsuì yěxīn

うちけす【打ち消す】否认 fǒurèn; 否定 fǒudìng ◆事实を~ 否认事实 fǒurèn shìshí

うちゲバ【内ゲバ】内部的暴力抗争 nèibù de bàolì kàngzhēng

うちこむ【打ち込む】❶《精神を》埋头 máitóu; 上劲 shàngjìn ◆仕事に~ 专心工作 zhuānxīn gōngzuò ❷《物を》地面に杭を~ 把桩子打进地里 bǎ zhuāngzi dǎjìn dìlǐ

うちころす【撃ち殺す】打死 dǎsǐ

うちころす【撃ち殺す】枪杀 qiāngshā

うちこわす【打ち壊す】打坏 dǎhuài; 砸坏 záhuài

うちしずむ【打ち沈む】消沉 xiāochén

うちじゅう【家中】❶《家屋全体》~を探し回る 家里到处寻找 jiālǐ dàochù xúnzhǎo ❷《家族全員》~で大喜びする 一家人都很高兴 yìjiārén dōu hěn gāoxìng

うちそこなう【打ち損なう】没打中 méi dǎzhòng

うちそと【内外】内外 nèiwài; 里外 lǐwài

うちたおす【打ち倒す】打倒 dǎdào ◆相手を~ 打倒对手 dǎdǎo duìshǒu

うちたてる【打ち立てる】确立 quèlì; 树立 shùlì ◆新記録を~ 创造记录 chuàngzào jìlù

うちつける【打ち付ける】钉 dìng ◆釘を~ 钉钉子 dìng dīngzi

うちつづく【打ち続く】连续不断 liánxù búduàn ◆不幸 连续的不幸 liánxù de búxìng

うちうち【内内】对自家人的态度 duì zìjiārén de tàidu ◆~のいい 对自家人和善 duì zìjiārén héshàn

うちでし【内弟子】住在师傅家里的徒弟 zhùzài shīfu jiālǐ de túdì

うちでのこづち【打出の小槌】万宝槌 wànbǎochuí

うちとける【打ち解ける】融洽 róngqià; 开怀 kāihuái ◆打ち解けて話す 亲切交谈 qīnqiè jiāotán ◆打ち解けない 拘束 jūshù; 矜持 jīnchí

うちどめ【打ち止め】结束 jiéshù

うちにわ【内庭】院子 yuànzi

うちぬく【打ち抜く】穴を~ 穿孔 chuānkǒng ◆弾が~ 子弹打穿 zǐdàn dǎchuān

うちのめす【打ちのめす】 打倒 dǎdǎo; 打垮 dǎkuǎ ♦打ちのめされる 被打得落花流水 bèi dǎde luòhuā liúshuǐ ♦子供の死に打ちのめされる 给孩子的死打垮 gěi háizi de sǐ dǎkuǎ

うちのり【内法】 内侧的尺寸 nèicè de chǐcùn

うちひしがれる【打ち拉がれる】 ♦悲しみに～ 伤心难过 shāngxīn nánguò

うちべんけい【内弁慶】 窝里横 wōlihèng

うちポケット【内ポケット】 里兜 lǐdōu

うちまかす【打ち負かす】 打败 dǎbài; 击败 jībài

うちまく【内幕】 内情 nèiqíng; 内幕 nèimù ♦～をばらす 揭露内情 jiēlù nèiqíng

うちまた【内股】 ♦～で歩く 脚尖朝内走 jiǎojiān cháo nèi zǒu

うちみ【打ち身】 撞伤 zhuàngshāng

うちみず【打ち水-する】 洒水 sǎshuǐ

うちやぶる【打ち破る】 打破 dǎpò; 打败 dǎbài ♦強敵を～ 打败劲敌 dǎbài jìngdí

うちゅう【宇宙】 太空 tàikōng; 宇宙 yǔzhòu ♦～人 外星人 wàixīngrén ♦～ステーション 航天站 hángtiānzhàn; 星际站 xīngjìzhàn ♦～船 星际飞船 xīngjì fēichuán ♦宇宙飞船 yǔzhòu fēichuán ♦～飞行 宇宙航行 yǔzhòu hángxíng ♦航天 hángtiān; 宇宙飞行 yǔzhòu fēixíng ♦～飛行士 航天员 hángtiānyuán; 宇航员 yǔhángyuán ♦～ロケット 宇宙火箭 yǔzhòu huǒjiàn

うちょうてん【有頂天】 得意忘形 déyì wàng xíng

うちよせる【打ち寄せる】 冲来 chōnglái ♦波が～ 波浪滚滚而来 bōlàng gǔngǔn ér lái

うちわ【団扇】 团扇 tuánshàn ♦～であおぐ 扇团扇 shān tuánshàn

うちわ【内輪】 ❶〈内部〉 ♦～の話 自家人的话 zìjiārén de huà ♦～同室操戈 tóng shì cāo gē; 窝里斗 wōlǐ dòu ♦～に見積もる 估计得低一点儿 gūjide dī yìdiǎnr

うちわけ【内訳】 细目 xìmù ♦～書 明细表 míngxìbiǎo

うつ【打つ】 打 dǎ; 拍 pāi ♦電報を～ 打电报 dǎ diànbào ♦太鼓を～ 擂鼓 léi gǔ; 敲鼓 qiāo gǔ; 打鼓 dǎ gǔ ♦注射を～ 打针 dǎ zhēn ♦一芝居を～ 耍花招 shuǎ huāzhāo ♦手を～ 采取措施 cǎiqǔ cuòshī ♦心

を～ 打动人心 dǎdòng rénxīn

うつ【撃つ】 打 dǎ; 射击 shèjī ♦銃を～ 打枪 dǎ qiāng

うつ【討つ】 ♦かたきを～ 报仇 bàochóu

うつ【鬱々-とする】 郁郁闷闷 yùyùmènmèn; 闷闷不乐 mènmèn búlè

うっかり-する 失神 shīshén; 疏忽 shūhū; 不慎 búshèn ♦～間違える 走神弄错 zǒushén nòngcuò

うつくしい【美しい】 好看 hǎokàn; 漂亮 piàoliang; 美丽 měilì ♦～歌声 歌声很好听 gēshēng hěn hǎotīng ♦～女性 佳人 jiārén

うつくしさ【美しさ】 美丽 měilì ♦～を競う 媲美 pìměi

うっくつ【鬱屈-する】 抑郁 yìyù ♦～がたまる 郁结 yùjié

うっけつ【鬱血-する】 淤血 yūxuè; 郁血 yùxuè

うつし【写し】 抄件 chāojiàn; 副本 fùběn ♦～をとる 抄副本 chāo fùběn

うつす【移す】 ❶〈移転〉 搬 bān; 转移 zhuǎnyí ♦本拠地を～ 转移据点 zhuǎnyí jùdiǎn ♦実行に～ 付诸实施 fùzhū shíshī ❷〈伝染〉 病气を～ 传染疾病 chuánrǎn jíbìng

うつす【映す】 映 yìng ♦鏡に映して見る 照镜子看 zhào jìngzi kàn

うつす【写す】 ❶〈書き写す〉 抄 chāo ♦ノートを～ 抄笔记 chāo bǐjì ❷〈写真を～ 拍照 pāizhào; 照相 zhàoxiàng

うっすらと 稍微 shāowēi; 薄薄地 báobáo de

うっせき【鬱積-する】 郁积 yùjī

うっそう【鬱蒼】 郁郁葱葱 yùyùcōngcōng

うったえ【訴え】 诉讼 sùsòng ♦～を起こす 起诉 qǐsù

うったえる【訴える】 ❶ 不服を申し立てる 申诉 shēnsù ❷〈裁判に〉 打官司 dǎ guānsi ♦诉えられる 吃官司 chī guānsi ❸〈感情・主張を〉 苦衷を～ 叫苦 jiàokǔ ♦無実を～ 鸣冤 míng yuān 叫屈 jiào qū ♦平和を～ 呼吁和平 hūyù hépíng ❹〈頼る〉 暴力に～ 诉诸武力 sùzhū wǔlì

うっちゃる【捨てる】 甩手 shuǎishǒu; 弃置 qìzhì ♦仕事を～ 抛弃职务 pāoqì zhíwù ❷〈相撲技的に〉 ♦土壇場で～ 在最后关头转败为胜 zài zuìhòu guāntóu zhuǎn bài wéi shèng

うつ【現】 ♦～を抜かす 迷恋 míliàn; 入迷 rùmí

うつて【打つ手】 ♦～を考える 打主意 dǎ zhǔyi ♦～がない 没有任何办

うってかわる ― うなだれる　45

法 méiyǒu rènhé bànfǎ
うってかわる【打って変わる】変得截然不同 biàndé jiérán bù tóng
うってつけ【打ってつけの】理想 lǐxiǎng：合适 héshì ◆～の人 恰好的材料 qiàhǎo de cáiliào
うってでる【打って出る】出击 chūjī ◆選挙に～ 参加竞选 cānjiā jìngxuǎn
うっとうしい【鬱陶しい】郁闷 yùmèn；阴郁 yīnyù
うっとり 陶醉 táozuì；心醉 xīnzuì
うつびょう【鬱病】抑郁症 yìyùzhèng
うつぶせ【俯せ】脸朝下趴着 liǎn cháo xià pāzhe ◆～になる 俯卧 fǔwò
うっぷん【鬱憤】闷气 mènqì ◆～を晴らす 发泄郁愤 fāxiè yùfèn
うつむく【俯く】俯首 fǔshǒu；低头 dītóu ◆うつむき加减に 稍微低头 shāowēi dītóu
うつらうつら -する 昏昏欲睡 hūnhūn yù shuì；似睡非睡 shì shuì fēi shuì
うつりが【移り香】薫上的香味儿 xūnshàng de xiāngwèir
うつりかわり【移り変わり】变迁 biànqiān ◆四季の～ 四季的变化 sìjì de biànhuà
うつりかわる【移り変わる】变迁 biànqiān；变化 biànhuà
うつりぎ【移り気-な】喜新厌旧 xǐ xīn yàn jiù；见异思迁 jiàn yì sī qiān
うつる【移る】❶《伝染する》传染 chuánrǎn；感染 gǎnrǎn ❷《移动する》迁移 qiānyí；转移 zhuǎnyí ❸《時間が経過する》推移 tuīyí；经过 jīngguò
うつる【映る】映 yìng ◆水面に～ 映在水面上 yìngzài shuǐmiànshang
うつる【写る】拍 pāi；照 zhào ◆写真に～ 拍到照片上 pāidào zhàopiànshang ◆よく写っている 照得很好 zhàode hěn hǎo
うつろ【空・虚】-な 空洞 kōngdòng；空虚 kōngxū ◆～の目 呆滞的目光 dāizhì de mùguāng
うつわ【器】❶《容器》器皿 qìmǐn；容器 róngqì ◆～に入れる 放在器皿里 fàngzài qìmǐn li ❷《人間》量 qìliàng；才干 cáigàn ◆社长の～ではない 不是社长的料 bú shì shèzhǎng de liào ◆あいつはいかにも～が大きい 他器量真大 tā qìliàng zhēn dà
うで【腕】❶《腕》胳膊 gēbo；胳膊 gēbo ❷《技能》本领 běnlǐng；技能 jìnéng ◆～が鳴る 技痒 jìyǎng ◆～のいい職人 能工巧匠 néng gōng qiǎo jiàng ◆～を振るう 发挥能力 fāhuī nénglì ◆～が立つ 技能高超 jìnéng gāochāo ◆～を磨く 增强本领 zēngqiáng běnlǐng
うできき【腕利き】-の 能手 néngshǒu；干将 gànjiàng
うでぐみ【腕組み -する】抱着胳膊 bàozhe gēbo
うでくらべ【腕比べ-する】比本领 bǐ běnlǐng；比赛技能 bǐsài jìnéng
うでずく【腕ずく】-で 诉诸武力 sùzhū wǔlì
うでずもう【腕相撲-をする】掰腕子 bāi wànzi；扳腕子 bān wànzi
うでたてふせ【腕立て伏せ】俯卧撑 fǔwòchēng
うでだめし【腕試し-をする】试试本事 shìshi běnshì
うでっぷし【腕っ節】◆～の強い 有腕力 yǒu wànlì
うでどけい【腕時計】手表 shǒubiǎo
うてばひびく【打てば響く】◆～応答 爽快的应答 shuǎngkuài de yìngdá
うでまえ【腕前】本事 běnshì；技能 jìnéng；艺技 shǒuyì ◆～を披露する 露一手 lù yīshǒu
うでまくり【腕捲り-する】卷袖子 juǎn xiùzi
うてん【雨天】雨天 yǔtiān ◆～順延 遇雨顺延 yù yǔ shùnyán ◆～決行 风雨无阻 fēngyǔ wúzǔ
ウド【独活】《植物》土当归 tǔdāngguī ◆～の大木 大草包 dà cǎobāo
うとい【疎い】生疏 shēngshū ◆世事に～ 不懂世情 bù dǒng shìqíng
うとうと する 打盹儿 dǎdǔnr；似睡非睡 sì shuì fēi shuì
うどん 乌冬面 wūdōngmiàn；切面 qiēmiàn ◆～を打つ 擀面条 gǎn miàntiáo
うとんじる【疎んじる】疏远 shūyuǎn；冷待 lěngdài
うながす【促す】催 cuī；催促 cuīcù ◆発展を～ 促进发展 cùjìn fāzhǎn ◆注意を～ 提醒 tíxǐng
ウナギ【鰻】鳗鲡 mánlí；鳗鱼 mányú
うなぎのぼり【鰻上り】直线上升 zhíxiàn shàngshēng ◆物価は～に上がっている 物价飞涨 wùjià fēizhǎng
うなされる【魘される】魇 yǎn ◆夢に～ 梦魇 mèngyǎn
うなじ【項】脖颈儿 bógěngr
うなずく【頷く】点头 diǎntóu；首肯 shǒukěn ◆頷けない《納得できない》不能同意 bù néng tóngyì；不可理解 bùkě lǐjiě
うなだれる【項垂れる】垂头 chuí-

うなばら ― うみなり

tóu; 低头 dītóu

うなばら【海原】大海 dàhǎi

うなる【唸る】❶ 痛くて唸り続ける 疼得不停地呻吟 téngde bùtíng de shēnyín ❷ 風が~ 风呜呜响 fēng wūwū xiǎng ❸ (感心して)思わずうなってしまった 不禁叫好了 bùjīn jiàohǎo le

ウニ【海胆·雲丹】海胆 hǎidǎn

うぬぼれ【自己惚れ】骄傲 jiāo'ào; 自大 zìdà ♦ ~の強い 自高自大 zì gāo zì dà

うぬぼれる【自己惚れる】翘尾巴 qiào wěiba; 自高自大 zì gāo zì dà

うね【畝·畦】垄 lǒng

うねる ❶ (波が)波浪激荡 bōlàng jīdàng ❷ (道が)道路蜿蜒 dàolù wānyán

うのう【右脳】右半脑 yòubànnǎo

うのみ【鵜呑み-にする】囫囵吞枣 húlún tūn zǎo ♦ ひとの話を~にする 盲信别人说的话 mángxìn biéren shuō de huà

うのめたかのめ【鵜の目鷹の目-で】瞪眼寻视 dèng yǎn xún shì

うは【右派】右派 yòupài

うば【乳母】奶妈 nǎimā

うばいあう【奪い合う】争夺 zhēngduó

うばいかえす【奪い返す】夺回 duóhuí ♦ 失った領土を~ 克复失地 kèfù shīdì

うばいとる【奪い取る】抢夺 qiǎngduó; 掠夺 lüèduó

うばう【奪う】夺 duó ♦ 自由を~ 剥夺自由 bōduó zìyóu ♦ 心を~ 迷人 mírén

うばぐるま【乳母車】婴儿车 yīng'érchē

うぶ【初】纯真 chúnzhēn; 天真 tiānzhēn

うぶぎ【産着】襁褓 qiǎngbǎo

うぶげ【産毛】❶(赤ちゃんの)胎毛 tāimáo; 胎发 tāifà ❷(顔などの)寒毛 hánmáo; 毫毛 háomáo

うぶごえ【産声】婴儿第一声 yīng'ér dìyī shēng ♦ ~を上げる 诞生 dànshēng; 新生 xīnshēng

うぶゆ【産湯】新生婴儿第一次洗澡 xīnshēng yīng'ér dìyī cì xǐzǎo

うま【午】（年々）午 wǔ ♦ ~年生まれ 属马 shǔ mǎ

ウマ【馬】马 mǎ ♦ ~から降りる 下马 xiàmǎ ♦ ~に乗る 骑马 qímǎ ♦ ~を走らせる 跑马 pǎomǎ; 走马 zǒumǎ ♦ ~が合う 合得来 hédelái ♦ ~の耳に念仏 马耳东风 mǎ'ěr dōngfēng

うまい【旨い·上手い·巧い】❶(味)好吃 hǎochī ❷(利益)~汁を吸う

揩油 kāiyóu; 占便宜 zhàn piányi ❸(都合)~具合に 偏巧 piānqiǎo; 恰巧 qiàqiǎo ❹(腕)~字がうまい 字写得很好 zì xiěde hěn hǎo

うまく【上手く】(じょうずに) ♦ ~言えない 说不好 shuōbuhǎo ♦ ~いく 进行顺利 jìnxíng shùnlì ♦ ~いかない 进行得不妙 jìnxíngde búmiào

うまごや【馬小屋】马厩 mǎjiù

うまづら【馬面-の】驴脸 lǘliǎn

うまみ【旨み】❶(味)美味 měiwèi ♦ ~調味料 味精 wèijīng ❷(利益)油水 yóushuǐ; 甜头 tiántou

うまる【埋まる】埋上 máishàng ♦ 雪に~ 被雪埋上 bèi xuě máishàng

うまれ【生まれ】出生 chūshēng ♦ 東京~ 东京出生 Dōngjīng chūshēng ♦ ~故郷 故乡 gùxiāng; 家乡 jiāxiāng

うまれおちる【生まれ落ちる】生下来 shēngxiàlái; 出生 chūshēng

うまれかわり【生まれ変わり】化身 huàshēn; 后身 hòushēn

うまれかわる【生まれ変わる】❶投胎 tóutāi; 转生 zhuǎnshēng ♦ 真人間に~ 重新做人 chóngxīn zuòrén

うまれたて【生まれたて-の】刚出生 gāng chūshēng

うまれつき【生まれつき-の】生来 shēnglái; 天性 tiānxìng; 天性 tiānxìng

うまれながら【生まれながら-の】天生 tiānshēng; 生来 shēnglái ♦ ~の歌手 天生的歌唱家 tiānshēng de gēchàngjiā

うまれる【生まれる】生 shēng; 出生 chūshēng; 出世 chūshì ♦ 子どもが~ 生孩子 shēng háizi

うみ【海】海 hǎi ♦ ~に出る 下海 xiàhǎi; 出海 chūhǎi

うみ【膿】脓 nóng

うみ【生み】♦ ~の親 亲生 qīnshēng; ~の親 亲生的父母 qīnshēng de fùmǔ;（創造）♦ ~の苦しみ 创业的艰难 chuàngyè de jiānnán

うみかぜ【海風】海风 hǎifēng

うみせんやません【海千山千-の】老油子 lǎoyóuzi

うみだす【生み出す】产生 chǎnshēng; 创造 chuàngzào ♦ 傑作を~ 创作出好作品 chuàngzuòchū hǎo zuòpǐn

うみつける【生み付ける】♦ 木の葉に卵を~ 把卵产在树叶上 bǎ luǎn chǎnzài shùyèshang

うみどり【海鳥】海鸟 hǎiniǎo

うみなり【海鳴り】海吼 hǎihǒu; 大

うみのさち【海の幸】海鲜 hǎixiān ◆～山の幸 山珍海味 shānzhēn hǎiwèi
うみべ【海边】海边 hǎibiān；海滨 hǎibīn
うむ【倦む】厌倦 yànjuàn ◆倦まず撓(たゆ)まず 孜孜不倦 zīzī bújuàn；坚持不懈 jiānchí búxiè
うむ【生む】产生 chǎnshēng；滋生 zīshēng ◆活力を～ 产生活力 chǎnshēng huólì ◆こどもを～ 生孩子 shēng háizi ◆タマゴを～ 下蛋 xià dàn
うむ【脓む】化脓 huànóng ◆伤口が～伤口化脓 shāngkǒu huànóng
うむ【有无】有无 yǒuwú ◆～を言わせない 不由分说 bù yóu fēnshuō
ウメ【梅】梅 méi ◆～の実 梅子 méizi ◆～の花 梅花 méihuā
うめあわせる【埋め合わせる】弥补 míbǔ；补偿 bǔcháng
うめきごえ【呻き声】呻吟 shēnyín
うめく【呻く】呻吟 shēnyín
うめくさ【埋め草】补白 bǔbái
うめしゅ【梅酒】青梅酒 qīngméijiǔ
うめたて【埋め立て】填海造地 tiánhǎi zàodì
うめたてる【埋め立てる】填拓 tiántuò
うめぼし【梅干し】咸梅干儿 xiánméigānr
うめる【埋める】❶〔穴や場所〕埋 mái；填 tián ◆地中に～ 埋入地下 máirù dìxià ◆場内を～ 人が挤满人 jīmǎn rén ❷〔補う〕弥补 míbǔ ◆赤字を～ 弥补亏空 míbǔ kuīkong
うもう【羽毛】羽毛 yǔmáo ◆～布团 羽毛被 yǔmáobèi
うもれる【埋もれる】埋没 máimò ◆落ち葉に～ 埋在落叶中 máizài luòyè zhōng ◆埋もれた人材 被埋没的人材 bèi máimò de réncái
うやうやしい【恭しい】恭敬 gōngjìng；必恭必敬 bì gōng bì jìng；虔敬 qiánjìng
うやまう【敬う】景仰 jǐngyǎng；尊敬 zūnjìng
うやむや【有耶無耶-にする】不了了之 bù liǎo liǎo zhī；敷衍了事 fūyǎn liǎo shì
うようよ-する 成群 chéngqún ◆人が～している 挤满了人 jīmǎn le rén
うよきょくせつ【紆余曲折】周折 zhōuzhé；迂曲 yūqū ◆～を経て 经过一番周折 jīngguò yìfān zhōuzhé
うよく【右翼】〈思想など〉右翼 yòuyì；右派 yòupài ◆～団体 右翼团体 yòuyì tuántǐ；〈野球〉◆～手 右场手 yòuchǎngshǒu

うら【裏】便笺の～ 信笺的背面 xìnjiān de bèimiàn ◆コートの～ 大衣的里子 dàyī de lǐzi ◆学校の～ 学校的后面 xuéxiào de hòumiàn ◆～で糸を引く 背后操纵 bèihòu cāozòng ◆～がある 里面有文章 lǐmiàn yǒu wénzhāng ◆～の事情 背景 bèijǐng；内情 nèiqíng ◆～をかく 将计就计 jiāng jì jiù jì
うらうち【裏打ち-する】〈補強として〉衬里 chènlǐ ◆経験に～された技術 以经验打底儿的技术 yǐ jīngyàn dǎdǐr de jìshù
うらおもて【裏表】里外 lǐwài；表里 biǎolǐ ◆～のある人 两面三刀的人 liǎng miàn sān dāo de rén
うらがえす【裏返す】翻 fān
うらがき【裏書き】〈文書〉背书 bèishū ◆～人 背书人 bèishūrén；〈証明〉◆～する 证实 zhèngshí
うらかた【裏方】后台工作人员 hòutái gōngzuò rényuán
うらがね【裏金】暗地交付的钱 àndì jiāofù de qián；小金库 xiǎojīnkù；黑色收入 hēisè shōurù
うらがわ【裏側】背面 bèimiàn；反面 fǎnmiàn ◆世の中の～ 社会的背面 shèhuì de bèimiàn
うらぎり【裏切り】叛逆 pànnì ◆～者 叛徒 pàntú
うらぎる【裏切る】背叛 bèipàn ◆期待を～ 辜负期望 gūfù qīwàng ◆仲间を～ 出卖朋友 chūmài péngyǒu ◆予想を～ 出乎意料 chūhū yìliào
うらぐち【裏口】后门 hòumén ◆～入学 走后门入学 zǒu hòumén rùxué
うらこうさく【裏工作-する】幕后活动 mùhòu huódòng
うらごえ【裏声】假嗓子 jiǎsǎngzi
うらさく【裏作】复种 fùzhòng
うらじ【裏地】做衣里的料子 zuò yīlǐ de liàozi
うらちょうぼ【裏帳簿】后账 hòuzhàng
うらづけ【裏付け】证据 zhèngjù；保证 bǎozhèng
うらづける【裏付ける】证实 zhèngshí；证明 zhèngmíng
うらて【裏手】背后 bèihòu；后面 hòumiàn
うらどおり【裏通り】后街 hòujiē
うらとりひき【裏取り引き-する】幕后交易 mùhòu jiāoyì；暗地交涉 àndì jiāoshè
うらない【占い】占卜 zhānbǔ ◆～师 算命先生 suànmìng xiānsheng
うらなう【占う】算卦 suànguà；占

ウラニウム — うる

卜 zhānbǔ ♦ 運勢を〜 算命 suànmìng
ウラニウム【铀】铀 yóu
うらにわ【裏庭】后院 hòuyuàn
うらばなし【裏話】内情 nèiqíng
うらはら【裏腹-の】相反 xiāngfǎn ♦口とは〜に 心口不一 xīn kǒu bù yī
うらばんぐみ【裏番組】竞争节目 jìngzhēng jiémù
うらびょうし【裏表紙】封底 fēngdǐ
うらぶれる【凋零】diāolíng；潦倒 liáodǎo
うらぼんえ【盂蘭盆会】盂兰盆会 yúlánpénhuì
うらまち【裏町】后街 hòujiē
うらみ【恨み[怨み]】仇恨 chóuhèn；怨恨 yuànhèn ♦〜を買う 得罪人 dézuì rén ♦〜を持つ 怀恨 huáihèn ♦〜を晴らす 解恨 jiěhèn；雪恨 xuěhèn ♦〜骨髓に徹す 恨之入骨 hèn zhī rù gǔ
うらみごと【恨み[怨み]言】怨言 yuànyán ♦〜を言う 抱怨 bàoyuàn
うらみち【裏道】抄道 chāodào；后街 hòujiē
うらむ【恨[怨]む】埋怨 mányuàn；怨恨 yuànhèn ♦人に恨まれる 招人怨 zhāo rén yuàn；得罪人 dézuì rén
うらめ【裏目】♦〜に出る 适得其反 shì dé qí fǎn
うらめしい【恨[怨]めしい】可恨 kěhèn
うらもん【裏門】后门 hòumén
うらやましい【羨ましい】羡慕 xiànmù
うらやむ【羨む】眼红 yǎnhóng；羡慕 xiànmù
うららかな【麗らかな】风和日丽 fēng hé rì lì；晴和 qínghé ♦〜春の日 艳阳天 yànyángtiān
うらわかい【うら若い】年轻 niánqīng ♦〜女性 年轻女性 niánqīngnǚxìng
ウラン【铀】铀 yóu
うり【瓜】瓜 guā ♦〜二つ 长得一模一样 zhǎngde yì mú yí yàng
うり【売り】♦〜に出す 出卖 chūmài；出售 chūshòu
うりあげ【売り上げ】销售额 xiāoshòu'é ♦〜が伸びる 销售额增加 xiāoshòu'é zēngjiā
うりあるく【売り歩く】串街叫卖 chuàn jiē jiàomài
うりいえ【売家】出售的房子 chūshòu de fángzi
うりおしみ【売り惜しみ-する】舍不得卖 shěbude mài
うりかい【売り買い】买卖 mǎimai

うりかけきん【売り掛け金】赊款 shēkuǎn
うりきれる【売り切れる】售完 shòuwán；卖完 màiwán；脱销 tuōxiāo；卖光 màiguāng
うりこ【売り子】店员 diànyuán；售货员 shòuhuòyuán
うりごえ【売り声】叫卖声 jiàomàishēng；货声 huòshēng
うりことば【売り言葉】挑衅性的话 tiǎoxìnxìng de huà ♦〜に買い言葉 来言去语 lái yán qù yǔ
うりこむ【売り込む】推销 tuīxiāo
うりだし【売り出し】开始出售 kāishǐ chūshòu ♦大〜 大甩卖 dà shuǎimài ♦〜中のアイドル 正在走红的偶像 zhèngzài zǒuhóng de ǒuxiàng
うりだす【売り出す】发售 fāshòu；出售 chūshòu
うりつくす【売り尽くす】卖完 màiwán；卖光 màiguāng
うりつける【売り付ける】强行推销 qiángxíng tuīxiāo ♦高値で〜 高价硬卖 gāojià yìng mài
うりて【売り手】卖主 màizhǔ；卖方 màifāng ♦〜市场 卖方市场 màifāng shìchǎng
うりとばす【売り飛ばす】低廉卖掉 dīlián màidiào ♦盗品を〜 卖赃物 mài zāngwù
うりぬし【売り主】卖主 màizhǔ
うりね【売り値】卖价 màijià ♦〜をつける 要价 yàojià ♦〜を決める 定价 dìngjià
うりば【売り場】出售处 chūshòuchù ♦入場券〜 售票处 shòupiàochù
うりはらう【売り払う】卖掉 màidiào；变卖 biànmài
うりもの【売り物】货 huò；商品 shāngpǐn ♦〜にならない 不值钱不值钱 bùzhíqián ♦正义を〜にする 以正义为幌子 yǐ zhèngyì wéi huǎngzi
うりょう【雨量】雨量 yǔliàng；计雨量计 yǔliàngjì
うりわたす【売り渡す】交售 jiāoshòu ♦不動産を〜 把灵魂卖给魔鬼 bǎ línghún mài gěi móguǐ
うる【得る】得到 dédào ♦〜ものがあ

る 有所得 yǒu suǒ dé
うる【売る】 卖 mài；售 shòu；销售 xiāoshòu ◆商品を～ 销售商品 xiāoshòu shāngpǐn；顔を～ 扬名 yángmíng ◆けんかを～ 找茬儿吵架 zhǎochár chǎojià ◆味方を～ 出卖自己人 chūmài zìjǐrén
うるう【閏】 ◆～月 闰月 rùnyuè；～年 闰年 rùnnián ◆～日（2月29日）闰日 rùnrì
うるおい【潤い】 ◆～がある 润泽 rùnzé；滋润 zīrùn ◆～のない 干枯 gānkū；干巴 gānba
うるおう【潤う】 润 rùn；肌が～ 皮肤润 pífū rùn；ふところが～ 富裕起来 fùyùqǐlai
うるおす【潤す】 润泽 rùnzé；滋润 zīrùn ◆喉を～ 润嗓子 rùn sǎngzi
うるさい（音が）吵闹 chǎonào；嘈杂 cáozá；（扱うに）食べ物の好みが～ 讲究吃食 jiǎngjiu chīshí；(不快）ハエが～ 苍蝇令人讨厌 cāngying lìng rén tǎoyàn ◆手続きが～ 手续太麻烦 shǒuxù tài máfan ◆女房が～ 老婆爱发牢骚 lǎopo ài fā láosao
うるさがた【うるさ型-の】 爱挑剔的人 ài tiāotì de rén
ウルシ【漆】 ◆～の木 漆树 qīshù ◆～を塗り 涂漆 tú qī
うるちまい【粳米】 粳米 jīngmǐ
うるわしい【麗しい】 美丽 měilì；锦绣 jǐnxiù ◆見目～ 好看 hǎokàn ◆ご機嫌～ 心情好 xīnqíng hǎo
うれい【憂[愁]い】 忧愁 yōuchóu ◆～に沈んだ 愁眉苦脸 chóu méi kǔ liǎn ◆～を帯びた 面带愁容 miàn dài chóuróng
うれえる【愁[憂]える】 忧虑 yōulǜ；忧伤 yōushāng
うれしい【嬉しい】 高兴 gāoxìng；快乐 kuàilè；欢喜 huānxǐ ◆～便り 喜讯 xǐxùn
うれしそう【嬉しそう】 ◆～な表情 面有喜色 miàn yǒu xǐsè；很高兴的样子 hěn gāoxìng de yàngzi
うれしなき【嬉し泣き-する】 高兴得哭起来 gāoxìng de kūqǐlai
うれしなみだ【嬉し涙】 喜悦的眼泪 xǐyuè de yǎnlèi ◆～を流す 高兴得流泪 gāoxìng de liúlèi
うれっこ【売れっ子】 红角儿 hóngjuér ◆红人 hóngrén
うれのこり【売れ残り】 滞货 zhìhuò；冷货 lěnghuò
うれのこる【売れ残る】 卖剩下 mài shèngxià
うれゆき【売れ行き】 销路 xiāolù ◆～がいい 畅销 chàngxiāo；销路好 xiāolù hǎo；热销 rèxiāo ◆～が悪い

滞销 zhìxiāo ◆飛ぶような～ 销路快 xiāolù kuài
うれる【熟れる】 成熟 chéngshú
うれる【売れる】 畅销 chàngxiāo；能卖 néng mài
うろうろ-する 徘徊 páihuái；转来转去 zhuǎnlái zhuǎnqù
うろおぼえ【うろ覚え-の】 模糊的记忆 móhu de jìyì
うろこ【鱗】 鳞 lín ◆目から～ 恍然大悟 huǎngrán dà wù
うろたえる 发慌 fāhuāng；仓皇 cānghuáng
うろつく 徘徊 páihuái；闲逛 xiánguàng
うわがき【上書き】（封書など）收信人的地址姓名 shōuxìnrén de dìzhǐ xìngmíng ◆～する 写信封 xiě xìnfēng；（コンピュータ）覆盖保存 fùgài bǎocún
うわき【浮気-する】 搞婚外恋 gǎo hūnwàiliàn；感情不专一 gǎnqíng bù zhuānyī ◆～者 风流荡子 fēngliú dàngzǐ
うわぎ【上着】 上衣 shàngyī；外衣 wàiyī ◆～をはおる 披上外衣 pīshàng wàiyī
うわぐすり【釉薬】 釉子 yòuzi ◆～をかける 上釉子 shàng yòuzi
うわごと【うわ言】 胡话 húhuà ◆～を言う 说梦话 shuō mènghuà
うわさ【噂】 风声 fēngshēng；小道儿消息 xiǎodàor xiāoxi；传闻 chuánwén ◆～する 谈论 tánlùn ◆～が立つ 风传 fēngchuán；谣传 yáochuán ◆風の～に聞く 风闻 fēngwén ◆～をすれば影 说曹操，曹操就到 shuō Cáo Cāo，Cáo Cāo jiù dào
うわすべり【上滑り】 ◆～の議論 肤浅的议论 fūqiǎn de yìlùn
うわずみ【上澄み】 上面澄清的部分 shàngmiàn chéngqīng de bùfen
うわずる【上擦る】（声が）声音突变 shēngyīn tūbiàn
うわぜい【上背】 ◆～がある 个子高 gèzi gāo ◆～はせいぜい 150だ 身材只有一米五高 shēncái zhǐ yǒu yī mǐ wǔ gāo
うわついた【浮ついた】 轻薄 qīngbó；轻佻 qīngtiāo ◆～考え 轻浮的想法 qīngfú de xiǎngfǎ
うわつく【浮つく】 轻浮 qīngfú；浮躁 fúzào
うわちょうし【上っ調子】 轻浮 qīngfú；油腔滑调 yóu qiāng huá diào
うわっつら【上っ面】 表面 biǎomiàn；皮相 píxiàng ◆～をなでる 浅尝 qiáncháng ◆～の理解 肤浅的

うわっぱり ― うんわるく

理解 fūqiǎn de lǐjiě
うわっぱり【上っ張り】 外罩 wàizhào; 罩衣 zhàoyī
うわて【上手】 ◆彼より~を行く 比他高一等 bǐ tā gāo yī děng
うわぬり【上塗り】 涂上最后一层 túshàng zuìhòu yì céng ◆恥の~ 耻上加耻 chǐ shàng jiā chǐ
うわのせ【上乗せ】 外加 wàijiā; 追加 zhuījiā
うわのそら【上の空】 心不在焉 xīn bú zài yān
うわばき【上履き】 室内鞋 shìnèixié
ウワバミ【蟒蛇】 ❶〈ヘビ〉蟒蛇 mǎngshé ❷〈大酒飲み〉海量 hǎiliàng
うわべ【上辺】 外表 wàibiǎo; 外观 wàiguān ◆~だけの言葉 门面话 ménmiànhuà ◆~を繕う 摆门面 bǎi ménmiàn; 撑场面 chēng chǎngmiàn ◆~だけで人をはかる 只看外表评价人 zhǐ kàn wàibiǎo píngjià rén
うわまえ【上前】 ◆~をはねる 克扣 kèkòu; 揩油 kāiyóu
うわまぶた【上瞼】 上眼皮 shàngyǎnpí; 眼泡 yǎnpāo
うわまわる【上回る】 ◆予想を~ 超出意料 chāochū yìliào ◆60を~ 六十挂零 liùshí guàlíng
うわむく【上向く】 ◆景気が~ 市面好转 shìmiàn hǎozhuǎn
うわめづかい【上目遣い】 ◆~に見る 眼珠朝上看 yǎnzhū cháo shàng kàn
うわやく【上役】 上级 shàngjí; 上司 shàngsī
うん【運】 运气 yùnqì; 造化 zàohuà ◆~がつく 走运 zǒuyùn ◆~がよい 幸运 xìngyùn ◆~が向いてくる 转运 zhuǎnyùn ◆~気でない 倒霉 dǎoméi ◆~気に見舞される 背运 bèiyùn ◆~が悪い 运气不好 yùnqì bù hǎo ◆~を天に任せる 听天由命 tīng tiān yóu mìng ◆~の尽き 运数已尽 yùnshù yǐ jìn
うん《返事》啊 à; 嗯 ǹg ◆~、いいよ 嗯，行了 ǹg, xíng le ◆~と言う答应 dāyìng ◆~ともすんとも言わない 一声不响 yì shēng bù xiǎng
うんえい【運営-する】 管理 guǎnlǐ; 经纪 jīngjì; 经营 jīngyíng
うんが【運河】 运河 yùnhé
うんきゅう【運休-する】 停运 tíngyùn;〈船·飛行機〉停航 tíngháng
うんこう【運行-する】 运行 yùnxíng; 运转 yùnzhuàn ◆~時刻〈交通機関の〉运行时刻 yùnxíng shíkè ◆天体の~ 星体的运转 xīngtǐ de yùnzhuǎn

うんざりする 腻 nì; 讨厌 tǎoyàn
うんさんむしょう【雲散霧消-する】 云消雾散 yún xiāo wù sàn
うんせい【運勢】 运气 yùnqì; 命运 mìngyùn ◆~を占う 算命 suànmìng
うんそう【運送-する】 运送 yùnsòng ◆~会社 货运公司 huòyùn gōngsī ◆~業 运输业 yùnshūyè
うんちく【蘊蓄】 ◆~を傾ける 拿出渊博的知识 náchū yuānbó de zhīshi
うんちん【運賃】 运费 yùnfèi ◆~表 运费表 yùnfèibiǎo ◆~前払い 预付运费 yùfù yùnfèi
うんでい【雲泥】 ◆~の差がある 天渊之别 tiānyuān zhī bié ◆云泥之别 yúnní zhī bié
うんてん【運転-する】 驾驶 jiàshǐ; 开动 kāidòng ◆自動車を~する 开车 kāichē; 行车 xíngchē ◆~手 驾驶员 jiàshǐyuán; 司机 sījī ◆~免許証 车照 chēzhào ◆~資金 周转资金 zhōuzhuǎn zījīn
うんと ◆~いる 有很多 yǒu hěn duō ◆~食べろ 好好儿吃吧 hǎohāor chī ba ◆~速い 快得多 kuài de duō
うんどう【運動-する】 运动 yùndòng ◆~会 运动会 yùndònghuì ◆~場 操场 cāochǎng; 运动场 yùndòngchǎng ◆~靴 球鞋 qiúxié ◆選挙~ 竞选运动 jìngxuǎn yùndòng
うんぬん【云々】 什么的 shénme de ◆血圧~ 血压什么的 xuèyā shénme de ◆昨日の負けを~する 议论昨天的失败 yìlùn zuótiān de shībài
うんぱん【運搬-する】 运输 yùnshū; 载运 zàiyùn; 搬运 bānyùn ◆~費 运费 yùnfèi
うんめい【運命】 命运 mìngyùn; 天命 tiānmìng ◆~を共にする 同月共济 tóng zhōu gòng jì ◆~のいたずら 命运的玩弄 mìngyùn de wánnòng ◆~の出会い 命运性的相逢 mìngyùnxìng de xiāngféng
うんゆ【運輸】 运输 yùnshū
うんよう【運用】 运用 yùnyòng
うんよく【運良く】 侥幸 jiǎoxìng; 幸而 xìng'ér ◆~免れる 幸免 xìngmiǎn
うんわるく【運悪く】 不巧 bùqiǎo; 不凑巧 bú còuqiǎo

え

え【絵】 绘画 huìhuà ♦～を描く 画画儿 huà huàr ♦～に描いた饼 画饼充饥 huà bǐng chōng jī；纸上谈兵 zhǐ shàng tán bīng

え【柄】 柄 bǐng；把儿 bàr；把手 bǎshou ♦ひしゃくの～ 勺子把 sháozibà

エアガン 气枪 qìqiāng

エアコン 空调 kōngtiáo

エアコンプレッサー 空气压缩机 kōngqì yāsuōjī

エアターミナル 机场大楼 jīchǎng dàlóu

エアバス 大型客机 dàxíng kèjī；空中客车 kōngzhōng kèchē

エアバッグ 安全气囊 ānquán qìnáng

エアポート 机场 jīchǎng

エアポケット 空中陷阱 kōngzhōng xiànjǐng

エアメール 航空信件 hángkōng xìnjiàn

エアライン 飞机航线 fēijī hángxiàn

エアロビクス 健美操 jiànměicāo

えいい【鋭意】 锐意 ruìyì；专心 zhuānxīn

えいえん【永遠】 永远 yǒngyuǎn；恒久 héngjiǔ ♦～不灭である 永垂不朽 yǒng chuí bù xiǔ

えいが【映画】 电影 diànyǐng；影片 yǐngpiàn ♦～館 电影院 diànyǐngyuàn；影院 yǐngyuàn ♦～スター 电影明星 diànyǐng míngxīng；影星 yǐngxīng ♦～劇 故事片 gùshìpiàn

えいかく【鋭角】 锐角 ruìjiǎo

えいかん【栄冠】 荣誉 róngyù ♦優勝の～に輝く 荣获冠军 rónghuò guànjūn

えいき【鋭気】 锐气 ruìqì

えいご【英気】 英气 yīngqì ♦～を養う 养精蓄锐 yǎng jīng xù ruì

えいきゅう【永久】 万年 wànnián；永久 yǒngjiǔ ♦～不変 一成不变 yì chéng bú biàn ♦～歯 恒齿 héngchǐ ♦～磁石 磁钢 cígāng ♦～磁 永磁 yǒngcí

えいきょう【影響】 ～を及ぼす 影响 yǐngxiǎng；波及 bōjí；牵涉 qiānshè ♦～を与える 给以影响 gěi yǐ yǐngxiǎng ♦～を受ける 受影响 shòu yǐngxiǎng

えいぎょう【営業-する】 营业 yíngyè ♦～カウンター 栏柜 lánguì ♦～を停止する 停业 tíngyè ♦～を始める《事業体が》开业 kāiyè ♦～時間 营业时间 yíngyè shíjiān

えいご【英語】 英文 Yīngwén；英语 Yīngyǔ

えいこう【曳航-する】 拖曳 tuōyè；拖航 tuōháng ♦～船 拖轮 tuōlún

えいこう【栄光】 光荣 guāngróng；光耀 guāngyào

えいこせいすい【栄枯盛衰】 荣枯盛衰 róng kū shèng shuāi

えいさい【英才】 英才 yīngcái ♦～教育 英才教育 yīngcái jiàoyù

えいじ【嬰児】 婴儿 yīng'ér；婴孩 yīnghái

えいしゃ【映写-する】 放映 fàngyìng ♦～機 放映机 fàngyìngjī

えいじゅう【永住-する】 落户 luòhù；定居 dìngjū ♦～権 永住权 yǒngzhùquán

エイジング 老龄化 lǎolínghuà

エイズ 艾滋病 àizībìng ♦～ウイルス 艾滋病毒 àizībìngdú

えいせい【衛星】 卫星 wèixīng ♦人工～ 人造卫星 rénzào wèixīng ♦～中継 卫星转播 wèixīng zhuǎnbō ♦～通信 通信卫星 tōngxìn wèixīng ♦～気象～ 气象卫星 qìxiàng wèixīng ♦～都市 卫星城 wèixīngchéng

えいせい【衛生】 卫生 wèishēng ♦公衆～ 公共卫生 gōnggòng wèishēng ♦不～ 不卫生 búwèishēng

えいぞう【映像】 图像 túxiàng；影像 yǐngxiàng

えいぞく【永続-する】 持久 chíjiǔ

えいだん【英断】 英明决断 yīngmíng juéduàn ♦～を下す 果断作出决断 guǒduàn zuòchū juéduàn

えいち【英知】 睿智 ruìzhì ♦～を結集する 集中才智 jízhōng cáizhì

えいてん【栄転-する】 荣升 róngshēng

えいびん【鋭敏-な】 敏锐 mǐnruì；尖锐 jiānruì；灵敏 língmǐn

えいぶん【英文】 英文 Yīngwén ♦～学 英国文学 Yīngguó wénxué

えいへい【衛兵】 卫兵 wèibīng；哨兵 shàobīng

えいべつ【永別-する】 永诀 yǒngjué；永别 yǒngbié

えいみん【永眠-する】 长眠 chángmián；长逝 chángshì；永眠 yǒngmián

えいやく【英訳-する】 译成英文 yìchéng Yīngwén ♦和文～ 日译英 Rì yì Yīng

えいゆう【英雄】 英雄 yīngxióng；英杰 yīngjié

えいよ【栄誉】 荣誉 róngyù

えいよう【栄養】営養 yíngyǎng ◆～をつける 滋养 zīyǎng; 滋补 zībǔ ◆～価が高い[低い] 营养价值高[低] yíngyǎng jiàzhí gāo[dī] ◆～失調 营养失调 yíngyǎng shītiáo ◆～剤 补药 bǔyào

えいり【営利】营利 yínglì ◆～事業 营利事业 yínglì shìyè ◆～誘拐する 绑票 bǎngpiào

えいり【鋭利ーな】〔刃物が〕锋利 fēnglì; 锐利 ruìlì; 〔頭が〕敏锐 mǐnruì

エイリアン 外星人 wàixīngrén

えいりん【営林】林场 línchǎng ◆～署 林业局 línyèjú

エーカー 英亩 yīngmǔ

エーがたかんえん【A型肝炎】甲型肝炎 jiǎxíng gānyán

エージェント 代理商 dàilǐshāng; 代理人 dàilǐrén

エーテル 以太 yǐtài; 乙醚 yǐmí

エープリルフール 愚人节 Yúrénjié

エール 助威声 zhùwēishēng ◆～を送る 呐喊助威 nàhǎn zhùwēi ◆～の交換 互相助威 hùxiāng zhùwēi

えがお【笑顔】笑脸 xiàoliǎn; 笑容 xiàoróng ◆～で対応する 笑脸相迎 xiàoliǎn xiāngyíng ◆～をつくる 笑 脸 duīxiào

えかき【絵かき】〔画家〕画家 huàjiā

えがく【描く】描绘 miáohuì ◆絵を～ 画画儿 huà huàr ◆設計を～ 绘图 huìtú ◆夢を～ 幻想 huànxiǎng; 梦想 mèngxiǎng

えがたい【得難い】宝贵 bǎoguì; 难得 nándé ◆～忠言 金玉良言 jīnyù liángyán ◆～人材 难得的人才 nándé de réncái

えき【易】易 yì; 占卦 zhānguà ◆～をみる 算卦 suànguà

えき【益】好处 hǎochù; 益处 yìchù ◆何の～があろう 有什么好处呢 yǒu shénme hǎochù ne

えき【駅】车站 chēzhàn; 火车站 huǒchēzhàn ◆東京～ 东京站 Dōngjīngzhàn

えきいん【駅員】站务员 zhànwùyuán

えきか【液化ーする】液化 yèhuà ◆ガス液化气 yèhuàqì

えきがく【疫学】流行病学 liúxíngbìngxué

エキサイト 激昂 jī'áng; 兴奋 xīngfèn ◆エキサイティングな 令人兴奋的 lìng rén xīngfèn de

エキシビジョン 表演赛 biǎoyǎnsài

えきしゃ【易者】算命先生 suànmìng xiānsheng

えきしょう【液晶】液晶 yèjīng ◆～画像 液晶图像 yèjīng xiànxiàng ◆～テレビ 液晶电视 yèjīng diànshì

えきじょう【液状】液态 yètài; 液态物体 yètài wùtǐ ◆～化现象 液化现象 yèhuà xiànxiàng

エキス 提取物 tíqǔwù; 精华 jīnghuá ◆ニンニクの～ 大蒜提取物 dàsuàn tíqǔwù

エキストラ 临时演员 línshí yǎnyuán

エキスパート 专家 zhuānjiā

エキスポ（EXPO）〔万国博览会〕万国博览会 wànguó bólǎnhuì; 世博会 shìbóhuì

エキゾチックーな 异国情调的 yìguó qíngdiào de; 外国风味的 wàiguó fēngwèi de

えきたい【液体】液体 yètǐ ◆～燃料 液体燃料 yètǐ ránliào ◆～酸素 液态氧 yètàiyǎng

えきちゅう【益虫】益虫 yìchóng

えきちょう【益鳥】益鸟 yìniǎo

えきちょう【駅長】站长 zhànzhǎng

えきでん【駅伝】〔競走〕长距离接力赛 chángjùlí jiēlìsài

えきびょう【疫病】疫病 yìbìng

えきビル【駅ビル】车站大楼 chēzhàn dàlóu

えきべん【駅弁】车站上卖的盒饭 chēzhànshang mài de héfàn

えきむ【役務】劳役 láoyì

エクステンション〔大学の〕公开讲座 gōngkāi jiǎngzuò; 〔ヘアー〕接发 jiēfà

えくぼ【靨】酒窝 jiǔwō; 笑窝 xiàowō ◆片～ 单酒窝 dānjiǔwō

えぐる【抉る】剜 wān; 挖 wā ◆刃物で～ 用刀剜 yòng dāo wān ◆心を～ 挖出肺腑似的 wāchū fèifǔ shì de ◆核心を～ 追究核心意义 zhuījiū héxīn

エゴ 自我 zìwǒ ◆～イスト 利己主义者 lìjǐ zhǔyìzhě ◆～イズム 利己主义 lìjǐ zhǔyì

エコー 回声 huíshēng; 回波 huíbō

えごころ【絵心】◆～がある 有绘画才能 yǒu huìhuà cáinéng; 能欣赏绘画 néng xīnshǎng huìhuà

えこじ【依怙地】◆～になる 固执 gùzhí

エコシステム 生态系统 shēngtài xìtǒng

エコツアー 生态旅游 shēngtài lǚyóu

エコノミー 经济 jīngjì ◆～クラス 经济舱 jīngjìcāng

エコノミスト 经济学家 jīngjìxuéjiā

えこひいき【依估最ーする】厚此薄彼 hòu cǐ bó bǐ; 偏爱 piān'ài; 偏向 piānxiàng

エコロジー 生态学 shēngtàixué

えさ【餌】 饲料 sìliào；饵料 ěrliào ◆～をやる 喂 wèi ◆かねを～にして 用钱做诱饵 yòng qián zuò yòu'ěr
えし【壊死】《医》坏死 huàisǐ
えじき【餌食】饵食 ěrshí ◆猛獣の～になる 成为猛兽的饵食 chéngwéi měngshòu de ěrshí ◆悪人の～になる 做坏人的牺牲品 zuò huàirén de xīshēngpǐn
えしゃく【会釈】-する 点头打招呼 diǎntóu dǎ zhāohu
エスエフ（SF）科幻小说 kēhuàn xiǎoshuō
エスオーエス（SOS）求救信号 qiújiù xìnhào；海难信号 hǎinàn xìnhào ◆～を発する 发出求救信号 fāchū qiújiù xìnhào
エスカレーター 滚梯 gǔntī；自动扶梯 zìdòng fútī ◆昇り［降り］の～ 上升［下降］的自动扶梯 shàngshēng[xiàjiàng] de zìdòng fútī
エスカレート 逐步升级 zhúbù shēngjí
エスサイズ（S サイズ）小号 xiǎohào；小型 xiǎoxíng
エステ《エステティック》全身美容院 quánshēn měiróngyuàn
エスニック 民族的 mínzú de ◆～料理 民族菜肴 mínzú càiyáo
エスプリ 机智 jīzhì；富有才智的精神活动 fùyǒu cáizhì de jīngshén huódòng
エスプレッソ 意大利浓咖啡 Yìdàlì nóngkāfēi
エスペラント 世界语 shìjièyǔ
えせ- 【似非-】假冒 jiǎmào；冒牌 màopái ◆～紳士 伪君子 wěijūnzǐ
えそらごと【絵空事】虚构的事情 xūgòu de shìqíng；空谈 kōngtán
えだ【枝】枝条 zhītiáo；枝子 zhīzi ◆～分かれ 分支 fēnzhī
えたい【得体】◆～の知れない 人不人，鬼不鬼 rén bù rén, guǐ bù guǐ；来路不明的 láilù bù míng de
えだは【枝葉】枝叶 zhīyè ◆～を付ける 添枝加叶 tiān zhī jiā yè ◆～にこだわる 拘泥于细枝末节 jūnìyú xìzhī mòjié
えだまめ【枝豆】毛豆 máodòu
エチケット 礼仪 lǐyí；礼貌 lǐmào；规矩 guīju
エチルアルコール 乙醇 yǐchún
えつ【悦】◆～に入る 得意 déyì；喜悦 xǐyuè
えっ《聞き返して》啊 á
えっきょう【越境】-する 越境 yuèjìngjiè
エックスせん【X 線】X 射线 X shèxiàn ◆～写真 爱克斯射线片 àikèsī shèxiàn piàn ◆～治療 X 光治疗 X-guāng zhìliáo
えづけ【餌付け】-する 喂养 wèiyǎng；喂食 wèishí
えっけん【謁見】-する 谒见 yèjiàn
えっけんこうい【越権行為】越权行为 yuèquán xíngwéi
エッセイ 散文 sǎnwén；随笔 suíbǐ ◆～集 随笔集 suíbǐjí
エッセイスト 随笔［散文］作家 suíbǐ[sǎnwén] zuòjiā
エッセンス 精华 jīnghuá；精英 jīngyīng ◆バニラ～ 香草精 xiāngcǎojīng
エッチな 好色的 hàosè de；淫猥的 yínwèi de
エッチング 蚀刻 shíkè
えっとう【越冬】-する 越冬 yuèdōng；过冬 guòdōng
えつどく【閲読】-する 阅读 yuèdú
えつねん【越年】-する 过年 guònián；越年 yuènián
えっぺい【閲兵】-する 检阅 jiǎnyuè；阅兵 yuèbīng ◆～式 阅兵典礼 yuèbīng diǎnlǐ
えつらん【閲覧】-する 阅览 yuèlǎn ◆～室 阅览室 yuèlǎnshì
えて【得手】拿手 náshǒu；擅长 shàncháng ◆～に帆を上げる 一帆风顺 yī fān fēng shùn ◆勝手~ 任性 rènxìng；只顾自己 zhǐ gù zìjǐ
えてして 往往 wǎngwǎng；动不动 dòngbudòng ◆あの子は～無茶を言う 他总是胡来 tā zǒngshì húlái
エデン ◆～の園 伊甸园 Yīdiànyuán；乐园 lèyuán
えと【干支】干支 gānzhī；地支 dìzhī；生肖 shēngxiào；属相 shǔxiang
えとく【会得】-する 领会 lǐnghuì；掌握 zhǎngwò
エトセトラ 等等 děngděng
エナメル 珐琅 fàláng；搪瓷 tángcí ◆～質 珐琅质 fàlángzhì ◆～の靴 漆皮鞋 qīpíxié
えにっき【絵日記】绘图日记 huìtú rìjì
エネルギー 能 néng；能量 néngliàng ◆～危機 能源危机 néngyuán wēijī ◆～源 能源 néngyuán ◆熱～ 热能 rènéng ◆～を使い果たす 耗尽精力 hàojìn jīnglì
エネルギッシュ 充满精力 chōngmǎn jīnglì
えのぐ【絵の具】颜料 yánliào；水彩 shuǐcǎi ◆～を塗る 上颜色 shàng yánsè
エノコログサ【狗尾草】狗尾草 gǒuwěicǎo
えはがき【絵葉書】图画明信片 túhuà míngxìnpiàn ◆～を出す 寄美

術明信片 jì měishù míngxìnpiàn

エビ[海老][蝦] 虾 xiā；虾子 xiāzi ♦〜のむき身 虾仁 xiārén ♦〜で鯛を釣る 用小虾钓大鱼 yòng xiǎoxiā diào dàyú

エピキュリアン 享乐主义者 xiǎnglè zhǔyìzhě

えびすがお[恵比寿顔] 满脸笑容 mǎnliǎn xiàoróng

エピソード 逸话 yìhuà；逸闻 yìwén；插话 chāhuà

エリア 区域 qūyù；地区 dìqū

えびょうぶ[絵屏風] 画屏 huàpíng

えりあし[襟足] 脖颈儿的发际 bógěngr de fàjì

エピローグ 尾声 wěishēng

エフエム (FM) ♦〜放送 调频广播 tiáopín guǎngbō

エリート 精英 jīngyīng；杰出人物 jiéchū rénwù ♦〜意识 拔尖意识 bájiān yìshí

エフオービー (FOB) 〈贸易で〉离岸价格 líʼàn jiàgé

えりくび[襟首] 脖颈儿 bógěngr

えぶで[絵筆] 画笔 huàbǐ；水笔 shuǐbǐ

えりごのみ[選り好み－する] 挑挑拣拣 tiāotiāojiǎnjiǎn

エフティーエー (FTA) 自由贸易协定 zìyóu màoyì xiédìng

えりぬき[選り抜き－の] 精选 jīngxuǎn；选拔出来的 xuǎnbáchūlái de

エプロン ❶[前掛け] 围裙 wéiqún **❷**[飛行場の] 停机坪 tíngjīpíng

エポック 新纪元 xīnjìyuán ♦〜メーキング 划时代的 huàshídài de

えりまき[襟巻き] 围巾 wéijīn

えりわける[選り分ける] 挑选 tiāoxuǎn；拣出 jiǎnchū

エボナイト 硬橡胶 yìngxiàngjiāo

エボラ〈出血熱〉埃波拉出血热 Āibōlā chūxuèrè

える[得る] 得到 dédào；取得 qǔdé ♦知己を— 得到知己 dédào zhījǐ ♦名声を— 获得名声 huòdé míngshēng ♦資格を— 取得资格 qǔdé zīgé

えほん[絵本] 小人儿书 xiǎorénrshū；图画书 túhuàshū；绘本 huìběn

エルイーディー (LED) 发光二极体 fāguāng èrjítǐ

えもじ[絵文字] 图画文字 túhuà wénzì

エルエルきょうしつ (LL教室)〈視聴覚教室〉语言实验室 yǔyán shíyànshì；语言电化教室 yǔyán diànhuà jiàoshì

えもの[獲物] 猎物 lièwù

エムアールアイ (MRI) 磁共振成像 cígòngzhèn chéngxiàng

エムアンドエー (M&A) 购并 gòubìng

エルエルサイズ (LLサイズ) LL型号 LL xínghào；特大号 tèdàhào

エムサイズ (Mサイズ) 中号 zhōnghào；中型 zhōngxíng

エルサイズ (Lサイズ) L型号 L xínghào；大号 dàhào

エメラルド 绿宝石 lǜbǎoshí ♦〜色 碧绿 bìlǜ

エルニーニョ ♦〜现象 厄尔尼诺现象 èʼěrnínuò xiànxiàng

えもいわれぬ[得も言われぬ] 妙不可言 miào bùkě yán；〈好得〉无法形容 〈hǎode〉wú fǎ xíngróng

エルピーガス (LPガス) 液化石油气 yèhuà shíyóuqì

エラー 错误 cuòwù；失误 shīwù ♦〜メッセージ 错误信息 cuòwù xìnxī

エレキギター 电吉他 diànjítā

エレクトロン 电子琴 diànzǐqín

エレクトロニクス 电子学 diànzǐxué

えらい[偉い] ❶〈ぐれた〉了不起 liǎobuqǐ；伟大 wěidà ❷〈ひどい〉〜ことになった 不得了了 bùdéliǎo le ❸〈ひどく〉えらくいい天気 非常好的天气 fēicháng hǎo de tiānqì

エレベーター 电梯 diàntī；升降机 shēngjiàngjī

エロ 黄色 huángsè；性爱 xìngʼài ♦〜小说 色情小说 sèqíng xiǎoshuō

えらそう[偉そう－な] 看起来了不起 kànqǐlai liǎobuqǐ ♦〜にする 摆架子

えん[円] ❶〈丸い〉圈子 quānzi；〈円形〉圆圈 yuánquān ♦〜の中心 圆心 yuánxīn ❷〈通貨単位〉日元 Rìyuán ♦〜を高 日元增值 Rìyuán zēngzhí ♦〜安 日元贬值 Rìyuán biǎnzhí

えらぶ[選ぶ] 选择 xuǎnzé；挑选 tiāoxuǎn；拣选 jiǎnxuǎn ♦好きな本を〜 挑选喜欢的书 tiāoxuǎn xǐhuan de shū ♦手段を選ばない 不择手段 bù zé shǒuduàn

えん[宴] ♦〜を催す 举行宴会 jǔxíng yànhuì

えん【縁】 缘 yuán; 缘分 yuánfèn ◆~がある 有缘 yǒuyuán ◆~がない 无缘 wúyuán ◆~を切る 断绝关系 duànjué guānxi

えんいん【遠因】 远因 yuǎnyīn

えんえい【遠泳】 长距离游泳 chángjùlí yóuyǒng

えんえき【演繹-する】 演绎 yǎnyì

えんえん【延々】 ~と続ける 接连不断 jiēlián búduàn; 没完没了 méi wán méi liǎo

えんかい【宴会】 宴会 yànhuì ◆~に行く 赴宴 fùyàn ◆~に招待する 宴请 yànqǐng ◆~料理 肴馔 yáozhuàn

えんかい【沿海】 沿海 yánhǎi ◆~地方 海疆 hǎijiāng ◆~都市 沿海城市 yánhǎi chéngshì

えんがい【塩害】 盐害 yánhài

えんかく【沿革】 沿革 yángé

えんかく【遠隔】 远隔 yuǎngé ◆~の地 遥远的地方 yáoyuǎn de dìfang ◆~操作する 遥控 yáokòng

えんかつ【円滑-】 顺利 shùnlì ◆~な运营 顺利经营 shùnlì jīngyíng

えんかナトリウム【塩化ナトリウム】 氯化钠 lǜhuànà; 食盐 shíyán

えんかん【鉛管】 铅管 qiānguǎn

えんがん【沿岸】 沿岸 yán'àn ◆~漁業 沿岸漁业 yán'àn yúyè ◆~警備 沿岸警备 yán'àn jǐngbèi ◆~防備 海防 hǎifáng

えんき【延期-する】 缓期 huǎnqī; 推延 tuīyán; 延期 yánqī ◆五日間~する 延期五天 yánqī wǔ tiān

えんぎ【演技】 表演 biǎoyǎn ◆~派 演得好的人 yǎnde hǎo de rén ◆名~ 杰出的演技 jiéchū de yǎnjì

えんぎ【縁起】 ◆~がよい 吉祥 jíxiáng ◆~が悪い 不祥 bùxiáng ◆~をかつぐ 迷信兆头 míxìn zhàotou; 好取吉利 hào qǔ jílì

えんきょく【婉曲-】 婉转 wǎnzhuǎn ◆~に断る 婉言谢绝 wǎnyán xièjué

えんきょり【遠距離】 远程 yuǎnchéng ◆~通勤 长距离上下班 chángjùlí shàngxiàbān ◆~通話 长途电话 chángtú diànhuà

えんきん【遠近】 远近 yuǎnjìn; 遐迩 xiá'ěr ◆~感 远近感 yuǎnjìngǎn ◆~法 远近法 yuǎnjìnfǎ

えんぐみ【縁組み】 婚事 hūnshì; 结亲 jiéqīn ◆~をする 做亲 zuòqīn

えんぐん【援軍】 救兵 jiùbīng; 援军 yuánjūn

えんけい【円形-の】 圆形 yuánxíng ◆~脱毛症 圆形脱发症 yuánxíng tuōfàzhèng

えんけい【遠景】 远景 yuǎnjǐng

えんげい【園芸】 园艺 yuányì ◆~家 花儿匠 huārjiàng; 园艺家 yuányìjiā ◆~農家 花农 huānóng ◆~植物 园艺植物 yuányì zhíwù

えんげい【演芸】 曲艺 qǔyì; 文艺表演 wényì biǎoyǎn ◆~场 曲艺剧场 qǔyì jùchǎng

エンゲージリング 订婚戒指 dìnghūn jièzhi

えんげき【演劇】 戏剧 xìjù ◆~界 剧坛 jùtán; 戏剧界 xìjùjiè

エンゲルけいすう【エンゲル係数】 恩格尔系数 Ēngé'ěr xìshù

えんこ【縁故】 关系 guānxi; 亲戚故旧 qīnqi gùjiù ◆~採用 靠关系用人 kào guānxi yòng rén

えんご【援護-する】 援救 yuánjiù

えんご【掩護-する】 掩护 yǎnhù ◆~射撃 掩护射击 yǎnhù shèjī

えんこん【怨恨】 怨恨 yuànhèn

えんざい【冤罪】 冤罪 yuānzuì ◆~を負う 含冤 hányuān ◆~を雪(そそ)ぐ 洗冤 xǐyuān ◆~事件 冤案 yuān'àn

えんさん【塩酸】 盐酸 yánsuān

えんざん【演算-する】 演算 yǎnsuàn

えんし【遠視】 远视 yuǎnshì

えんじ【臙脂】 《色》胭脂色 yānzhīsè

えんじ【園児】 幼儿园的儿童 yòu'éryuán de értóng

エンジェル 安琪儿 ānqí'ér; 天使 tiānshǐ

エンジニア 工程师 gōngchéngshī

エンジニアリング 工程学 gōngchéngxué; 工程技术 gōngchéng jìshù

えんじゃ【縁者】 ◆親類~ 亲戚本家 qīnqi běnjiā

エンジュ【槐】 槐树 huáishù

えんしゅう【円周】 圆周 yuánzhōu ◆~率 圆周率 yuánzhōulǜ

えんしゅう【演習-をする】 ❶《訓練》演习 yǎnxí ◆予行~ 预先演习 yùxiān yǎnxí ❷《ゼミ》讨论课 tǎolùnkè

えんじゅく【円熟】 成熟 chéngshú; 圆熟 yuánshú ◆~の域 圆熟的境地 yuánshú de jìngdì

えんしゅつ【演出-する】 导演 dǎoyǎn ◆~家 导演 dǎoyǎn; 舞台监督 wǔtái jiāndū

えんしょ【炎暑】 炎暑 yánshǔ; 酷暑 kùshǔ

えんじょ【援助-する】 扶助 fúzhù; 援助 yuánzhù; 支援 zhīyuán ◆技術~ 技术援助 jìshù yuánzhù

エンジョイ 享受 xiǎngshòu; 享乐

xiǎnglè
えんしょう【延焼-する】 火势蔓延 huǒshì mànyán ◆~を防ぐ 防止火势蔓延 fángzhǐ huǒshì mànyán
えんしょう【炎症】 炎症 yánzhèng ◆~を起こす 发炎 fāyán
えんじょう【炎上-する】 失火 shīhuǒ; 起大火 qǐ dàhuǒ
えんじる【演じる】 演 yǎn; ふけ役を~ 扮演老人 bànyǎn lǎorén
えんじん【円陣】 ～を組む 站成圆圈 zhànchéng yuánquān
えんじん【煙塵】 烟尘 yānchén
エンジン 发动机 fādòngjī; 引擎 yǐnqíng ◆~オイル 机油 jīyóu ◆~をかける[切る] 点着[熄灭]发动机 diǎnzháo[xīmiè] fādòngjī
えんしんぶんりき【遠心分離機】 离心机 líxīnjī
えんしんりょく【遠心力】 离心力 líxīnlì
えんすい【円錐】 圆锥 yuánzhuī ◆~形 锥形 zhuīxíng
えんすい【塩水】 盐水 yánshuǐ ◆湖 盐湖 yánhú
エンスト 引擎故障 yǐnqíng gùzhàng
えんせい【厭世】 厌世 yànshì ◆~観 厌世观 yànshìguān ◆~家 厌世者 yànshìzhě
えんせい【遠征-する】 长征 chángzhēng; 远征 yuǎnzhēng ◆海外~ 海外远征 hǎiwài yuǎnzhēng
えんせき【宴席】 酒席 jiǔxí; 筵席 yánxí ◆~につらなる 参加宴会 cānjiā yànhuì
えんぜつ【演説-する】 讲话 jiǎnghuà; 演讲 yǎnjiǎng ◆選挙~ 选举演说 xuǎnjǔ yǎnshuō
えんせん【沿線】 沿线 yánxiàn
えんそ【塩素】 氯 lǜ
えんそう【演奏-する】 演奏 yǎnzòu ◆~会 演奏会 yǎnzòuhuì
えんそく【遠足】 郊游 jiāoyóu
エンターテインメント 娱乐 yúlè; 乐趣 lèqù
えんたい【延滞-する】 拖欠 tuōqiàn; 拖延 tuōyán ◆~料金 误期费 wùqīfèi
えんだい【演台】 讲台 jiǎngtái
えんだい【演題】 讲演题目 jiǎngyǎn tímù
えんだい【遠大】 远大 yuǎndà ◆~な計画 宏伟的计划 hóngwěi de jìhuà; 雄图大略 xióngtú dàlüè ◆~な志 远志 yuǎnzhì
えんだか【円高】 日元升值 Rìyuán shēngzhí
えんたく【円卓】 圆桌 yuánzhuō ◆~会議 圆桌会议 yuánzhuō huìyì

えんだん【演壇】 讲台 jiǎngtái
えんだん【縁談】 婚事 hūnshì; 亲事 qīnshì ◆~を決める 定亲 dìngqīn; 订婚 dìnghūn ◆~がまとまった 亲事说成了 qīnshì shuōchéng le
えんちゃく【延着-する】 误点 wùdiǎn; 迟到 chídào
えんちゅう【円柱】 圆柱 yuánzhù
えんちょう【延長】 ◆~会期を~する 延长会期 yáncháng huìqī; 展期 zhǎnqī
えんてん【炎天】 烈日 lièrì ◆~下 烈日下 lièrìxia
えんでん【塩田】 盐田 yántián
えんとう【円筒】 ◆~形 圆筒形 yuántǒngxíng
えんどう【沿道】 沿途 yántú; 沿路 yánlù
エンドウ【豌豆】 豌豆 wāndòu
えんとつ【煙突】 烟囱 yāncōng; 烟筒 yāntong
エントリー 报名 bàomíng; 登记 dēngjì ◆~ナンバー 报名序号 bàomíng xùhào
えんにち【縁日】 庙会 miàohuì; 有庙会的日子 yǒu miàohuì de rìzi
えんねつ【炎熱】 炎热 yánrè ◆~の季節 炎夏盛暑 yánxià shèngshǔ ◆~の候 炎暑之时 yánshǔ zhī shí
えんのした【縁の下】 地板下面 dìbǎn xiàmiàn ◆~の力持ち 无名英雄，默默奉献 wúmíng yīngxióng, mòmò fèngxiàn
エンバク【燕麦】 燕麦 yànmài
えんばん【円盤】 铁饼 tiěbǐng ◆空飛ぶ~ 飞碟 fēidié ◆~投げ 投铁饼 tóu tiěbǐng
えんぴつ【鉛筆】 铅笔 qiānbǐ ◆~の芯 铅笔芯 qiānbǐxīn ◆~削り 铅笔刀 qiānbǐdāor
えんぶきょく【円舞曲】 圆舞曲 yuánwǔqǔ
えんぶん【塩分】 盐分 yánfèn ◆~を控える 控制盐分 kòngzhì yánfèn
えんぼう【遠望-する】 眺望 tiàowàng; 远眺 yuǎntiào
えんぽう【遠方】 远方 yuǎnfāng
えんま【閻魔】 阎罗 Yánluó; 阎王 Yánwang
えんまく【煙幕】 烟幕 yānmù ◆~を張る 放烟幕 fàng yānmù; 布下烟幕 bùxià yānmù
えんまん【円満-な】 圆满 yuánmǎn ◆~解決 圆满解决 yuánmǎn jiějué ◆~な家庭 家庭圆满 jiātíng yuánmǎn
えんむすび【縁結び】 结亲 jiéqīn ◆~の神 红娘 hóngniáng; 月下老人 yuèxià lǎorén
えんめい【延命】 ◆~治療 延长寿

命的治疗 yáncháng shòumìng de zhìliáo
えんもく【演目】节目 jiémù
えんやす【円安】日元贬值 Rìyuán biǎnzhí
えんゆうかい【園遊会】游园会 yóuyuánhuì
えんよう【援用-する】援用 yuányòng
えんよう【遠洋】远洋 yuǎnyáng ♦ ～漁業 远洋渔业 yuǎnyáng yúyè ♦ ～航海 远航 yuǎnháng
えんらい【遠来】♦ ～の客 远客 yuǎnkè
えんらい【遠雷】远处的雷鸣 yuǎnchù de léimíng; 远雷 yuǎnléi
えんりょ【遠慮-する】辞让 círàng; 客气 kèqi ♦ ～深い 客气 kèqi ♦ 不～ 不客气 bú kèqi
えんろ【遠路】远道 yuǎndào; 远路 yuǎnlù ♦ ～はるばる 万里迢迢 wànlǐ tiáotiáo; 不远万里 bù yuǎn wànlǐ

お

お【尾】尾巴 wěiba ♦ 犬が～を振る 狗摇尾巴 gǒu yáo wěiba ♦ ～を引く 留下影响 liúxià yǐngxiǎng
オアシス 绿洲 lǜzhōu
おあずけ【お預け】暂缓实行 zànhuǎn shíxíng ♦ ～を食う 被搁置 bèi gēzhì
おい【老い】年老 nián lǎo; 年迈 nián mài ♦ ～がしのび寄る 不知不觉地衰老 bù zhī bù jué de shuāilǎo
おい【甥】侄儿 zhí'r; 外甥 wàisheng
おいあげる【追い上げる】赶上 gǎnshàng; 追上 zhuīshàng
おいうち【追討ち】♦ ～をかける 追击 zhuījī; 连加打击 liánjiā dǎjī
おいえげい【お家芸】家传绝艺 jiāchuán juéyì
おいえそうどう【お家騒動】内部纠纷 nèibù jiūfēn
おいおい (泣声) 呜呜 wūwū ♦ ～泣く 号啕大哭 háotáo dàkū
おいおい (呼びかけ) ♦ ～，待てよ 喂，等一等吧 wèi, děngyiděng ba
おいおい【追い追い】(やがて) 一来二去 yì lái èr qù; 渐渐 jiànjiàn
おいかえす【追い返す】赶回去 gǎnhuíqu; 逐回 zhúhuí
おいかける【追いかける】赶 gǎn; 追赶 zhuīgǎn
おいかぜ【追い風】顺风 shùnfēng ♦ ～に乗って 乘着顺风 chéngzhe shùnfēng
おいこし【追い越し】赶过 gǎnguò; 超过 chāoguò ♦ ～禁止 禁止超车 jìnzhǐ chāochē
おいこす【追い越す】赶过 gǎnguò; 超过 chāoguò ♦ 前の走者を～ 赶过跑在前面的人 gǎnguò pǎozài qiánmiàn de rén ♦ 兄の身長を～ 超过哥哥的身高 chāoguò gēge de shēngāo
おいこみ【追い込み】最后紧要关头 zuìhòu jǐnyào guāntóu ♦ ～をかける 来个最后冲刺 lái ge zuìhòu chōngcì; 作最后努力 zuò zuìhòu nǔlì
おいこむ【老い込む】衰老起来 shuāilǎoqǐlai
おいこむ【追い込む】逼入 bīrù ♦ 窮地に～ 逼入困境 bīrù kùnjìng ♦ 鳥をかごに～ 把鸟逼进笼子 bǎ niǎo bījìn lóngzi
おいさき【老い先】余年 yúnián; 残年 cánnián ♦ ～短い 风烛残年

fēng zhú cán nián
おいさらばえる【老いさらばえる】老态龙钟 lǎotài lóngzhōng

おいしい【美味しい】〈食べ物〉好吃 hàochī; 香 xiāng; 鲜美 xiānměi; 〈飲み物〉好喝 hǎohē; 〈比喩〉有甜头 yǒu tiántou ◆～話 甜言蜜语 tiányán mìyǔ

おいしげる【生い茂る】繁茂 fánmào; 丛生 cóngshēng

おいすがる【追い縋る】追缠不已 zhuīchán bùyǐ

オイスターソース 蚝油 háoyóu

おいだす【追い出す】赶跑 gǎnpǎo; 驱走 qūzǒu

おいたち【生い立ち】身世 shēnshì; 成长过程 chéngzhǎng guòchéng ◆～の記 我的童年时代 wǒ de tóngnián shídài

おいたてる【追い立てる】赶 gǎn ◆家畜を～ 驱赶家畜 qūgǎn jiāchù ◆仕事に追い立てられる 被工作赶得要命 bèi gōngzuò gǎnde yàomìng

おいちらす【追い散らす】冲散 chōngsàn; 驱散 qūsàn

おいつく【追い付く】追上 zhuīshàng; 赶上 gǎnshàng ◆前の車に～ 追上前面的车 zhuīshàng qiánmiàn de chē ◆人気に実力が～ 本领赶上名气 běnlǐng gǎnshàng míngqi ◆追い付けない 赶不上 gǎnbushàng

おいつめる【追い詰める】追得走投无路 zhuīde zǒutóu wúlù; 追逼 zhuībī

おいで【お出で】◆こちらへ～ください 请到这边来 qǐng dào zhèbiān lái ◆どちらへ～に？ 您去哪儿 nín qù nǎr

おいてきぼり【置いてきぼり】◆～をくう 被甩下 bèi shuǎi le; 被抛弃 bèi pāoqì

おいはぎ【追い剥ぎ】拦路强盗 lánlù qiángdào ◆～に遭う 路遇强盗 lù yù qiángdào

おいはらう【追い払う】赶 gǎn; 赶跑 gǎnpǎo; 赶走 gǎnzǒu; 撵 niǎn

おいぼれ【老い耄れ】老朽 lǎoxiǔ; 老东西 lǎo dōngxi ◆～た 老掉牙 lǎodiàoyá

おいぼれる【老いぼれる】老迈 lǎomài; 老朽 lǎoxiǔ

おいまわす【追い回す】追赶 zhuīgǎn ◆犬が猫を～ 狗追猫 gǒu zhuī māo ◆仕事に追い回される 被工作驱使 bèi gōngzuò qūshǐ

おいめ【負い目】负疚 fùjiù; 欠债 qiànzhài ◆彼に～がある 欠他情 qiàn tā qíng

おいもとめる【追い求める】追求 zhuīqiú

おいやる【追いやる】◆片隅に～ 赶到一个角落里 gǎndào yí ge jiǎoluòlǐ ◆辞任に～ 逼到卸任 bīdào xièrèn

おいらく【老いらく】◆～の恋 老年风流 lǎonián fēngliú

おいる【老いる】老 lǎo; 衰老 shuāilǎo; 上年纪 shàng niánjì

オイル 油 yóu ◆～ショック 石油冲击 shíyóu chōngjī ◆～ポンプ 油泵 yóubèng ◆～フェンス 围油栏 wéiyóulán ◆～シェール 油页岩 yóuyèyán

おいわい【お祝い】祝贺 zhùhè; 庆祝 qìngzhù ◆～を言う 道贺 dàohè

おう【追う】◆前の車を～ 追前面的车 zhuī qiánche ◆流行を～ 赶时髦 gǎn shímáo ◆家畜を～ 赶牲口 gǎn shēngkou ◆足取りを～ 追踪 zhuīzōng ◆回を～ごとに 一次比一次 yí cì bǐ yí cì

おう【負う】背负 bēifù ◆責任を～ 负责任 fù zérèn ◆傷を～ 负伤 fùshāng ◆先人に～ところが大きい 多亏前人 duō kuī qiánrén

おうい【王位】王位 wángwèi ◆～につく 登上王位 dēngshàng wángwèi ◆～を継承する 继承王位 jìchéng wángwèi

おういつ【横溢-する】洋溢 yángyì

おういん【押韻-する】押韵 yāyùn

おうえん【応援-する】助威 zhùwēi; 声援 shēngyuán ◆～団 加油队 jiāyóuduì; 拉拉队 lālāduì ◆～歌 助威歌 zhùwēigē ◆～にかけつける 前往支援 qiánwǎng zhīyuán

おうおう【往々-に】往往 wǎngwǎng

おうか【謳歌-する】讴歌 ōugē; 歌颂 gēsòng ◆青春を～する 讴歌青春 ōugē qīngchūn

おうかくまく【横隔膜】横隔膜 héngémó

おうかん【王冠】王冠 wángguàn; ビールの～ 啤酒瓶瓶盖儿 píjiǔpíng pínggàir

おうぎ【奥義】秘诀 mìjué; 堂奥 táng'ào ◆～を極める 究其奥秘 jiū qí àomì

おうぎ【扇】扇子 shànzi; 折扇 zhéshàn ◆～で扇ぐ 扇扇子 shān shànzi

おうきゅう【応急-の】应急 yìngjí ◆～処置を取る 采取应急措施 cǎiqǔ yìngjí cuòshī ◆～手当て 急救处置 jíjiù chǔzhì

おうきゅう【王宮】皇宫 huánggōng; 王宫 wánggōng

おうけん【王権】王权 wángquán

おうこう【王侯】王公 wánggōng; 王侯 wánghóu ◆~貴族 王公贵族 wánggōng guìzú
おうこう【横行-する】横行 héngxíng; 汚職が~する 渎职横行 dúzhí héngxíng
おうこく【王国】王国 wángguó
おうごん【黄金の】黄金 huángjīn ◆~時代 黄金时代 huángjīn shídài ◆~分割 黄金分割 huángjīn fēngē
おうざ【王座】宝座 bǎozuò; 王位 wángwèi ◆~につく 登上王位 dēngshàng wángwèi;〈スポーツ〉~につく 获得冠军 huòdé guànjūn
おうし【雄牛】公牛 gōngniú; 牡牛 mǔniú
おうじ【往事】往事 wǎngshì
おうじ【往時】往日 wǎngrì; 昔日 xīrì ◆~をしのぶ 缅怀往昔 miǎnhuái wǎngxī
おうじ【王子】王子 wángzǐ
おうじ【皇子】皇子 huángzǐ
おうしざ【牡牛座】金牛座 jīnniúzuò
おうしつ【王室】王室 wángshì; 宗室 zōngshì
おうじゃ【王者】大王 dàwáng
おうしゅう【応酬-する】批判に~する 回敬批评 huíjìng pīpíng ◆パンチの~ 互相拳打 hùxiāng quán dǎ
おうしゅう【押収-する】没收 mòshōu; 查抄 cháchāo ◆~品 没收品 mòshōupǐn
おうしゅう【欧州】欧洲 Ōuzhōu
おうじょ【王女】公主 gōngzhǔ
おうじょう【往生-する】去世 qùshì; 一命呜呼 yí mìng wūhū ◆大~ 寿终正寝 shòu zhōng zhèng qǐn ◆~際(ぎわ)が悪い 不轻易死心 bù qīngyì sǐxīn; 借金で~する 钱包丢了, 一筹莫展 qiánbāo diū le, yì chóu mò zhǎn
おうしょくじんしゅ【黄色人種】黄种人 Huángzhǒngrén
おうじる【応じる】应承 yìngchéng ◆質問に~ 回答提问 huídá tíwèn ◆必要に応じて 按照需要 ànzhào xūyào ◆時代の要求に~ 顺应时代的要求 shùnyìng shídài de yāoqiú
おうしん【往診】出诊 chūzhěn; 巡诊 xúnzhěn
おうせ【逢瀬】相会 xiānghuì; 密会 mìhuì ◆~を重ねる 不断幽会 búduàn yōuhuì
おうせい【旺盛-な】◆~な気力 朝气勃勃 zhāoqì bóbó ◆食欲~ 食欲旺盛 shíyù wàngshèng
おうせつ【応接-する】接待 jiēdài ◆~室 会客室 huìkèshì; 接待室 jiēdàishì ◆~に暇がない 应接不暇 yìngjiē bùxiá
おうせん【応戦-する】应战 yìngzhàn; 迎击 yíngjī
おうだ【殴打-する】殴打 ōudǎ
おうたい【応対-する】应酬 yìngchou; 应对 yìngduì
おうたい【横隊】横队 héngduì
おうだく【応諾-する】应诺 yìngnuò; 答应 dāying
おうだん【横断-する】横过 héngguò; 横渡 héngdù ◆~歩道 人行横道 rénxíng héngdào ◆~幕 横幅 héngfú ◆大陆~旅行 横贯大陆的旅行 héngguàn dàlù de lǚxíng
おうだん【黄疸】黄疸 huángdǎn
おうちゃく【横着-な】〈ずるい〉刁滑 diāohuá ◆~者 滑头 huátóu
おうちょう【王朝】朝代 cháodài; 王朝 wángcháo
おうて【王手】将军 jiāngjūn ◆~をかける 将军 jiāngjūn
おうてん【横転-する】翻滚 fāngǔn
おうと【嘔吐-する】呕吐 ǒutù; 吐 tù
おうど【黄土】黄土 huángtǔ ◆~色 土黄 tǔhuáng
おうとう【応答-する】应答 yìngdá; 回答 huídá ◆~がない 没有应答 méiyǒu yìngdá
おうどう【王道】王道 wángdào ◆勉学に~なし 学习无捷径 xuéxí wú jiéjìng
おうとつ【凹凸】凹凸 āotū ◆~が激しい 凹凸不平 āotū bù píng
おうねん【往年】往年 wǎngnián; 昔年 xīnián ◆~の大歌手 往昔的名歌手 wǎngxī de mínggēshǒu
おうはんいんさつ【凹版印刷】凹版印刷 āobǎn yìnshuā
おうひ【王妃】王后 wánghòu
おうふう【欧風-の】欧洲风味 Ōuzhōu fēngwèi; 西式 xīshì
おうふく【往復-する】来回 láihuí; 往返 wǎngfǎn ◆~切符 来回票 láihuípiào; 往返票 wǎngfǎnpiào ◆~書簡 来往书信 láiwǎng shūxìn ◆~はがき 往返明信片 wǎngfǎn míngxìnpiàn
おうぶん【応分-の】◆~の寄附をする 量力捐款 liànglì juānkuǎn
おうぶん【欧文】西文 xīwén; 欧文 Ōuwén
おうへい【横柄-な】傲慢 àomàn; 高傲 gāo'ào ◆~な口をきく 说话傲慢 shuōhuà àomàn
おうべい【欧米】欧美 ŌuMěi
おうぼ【応募-する】应募 yìngmù; 应召 yìngzhào
おうぼう【横暴-な】蛮横 mán-

オウム － おおがねもち

héng：专横 zhuānhèng ◆～を極める 专横跋扈 zhuānhèng báhù

オウム【鸚鵡】鹦哥 yīnggē；鹦鹉 yīngwǔ ◆～返し 鹦鹉学舌 yīngwǔ xuéshé

おうめんきょう【凹面鏡】凹面镜 āomiànjìng

おうよう【鷹揚-な】大方 dàfang；慷慨 kāngkǎi ◆～なうなずく 大方地点头 dàfang de diǎntóu

おうよう【応用-する】应用 yìngyòng；利用 lìyòng

おうらい【往来】❶【道路】大街 dàjiē；马路 mǎlù ◆車の～が激しい 汽车川流不息 qìchē chuān liú bù xī ◆～する 来往 láiwǎng

おうりょう【横領-する】盗用 dàoyòng；贪污 tānwū；侵占 qīnzhàn ◆～罪 侵占罪 qīnzhàn zuì

おうレンズ【凹レンズ】凹透镜 āotòujìng

おえつ【嗚咽-する】呜咽 wūyè

おえらがた【お偉方】显要人物 xiǎnyào rénwù；头面人物 tóumiàn rénwù

おえる【終える】完成 wánchéng；结束 jiéshù ◆発表を～结束发言 jiéshù fāyán ◆役割を～完成任务 wánchéng rènwù

おおあじ【大味-の】（味）味道平常 wèidao píngcháng；（仕事）不够细致 bù gòu xìzhì

おおあたり【大当たり】（売行き）大成功 dàchénggōng；（くじ）中头彩 zhòng tóucǎi

おおあな【大穴】（競馬など）◆～を当てる 压中大冷门儿 yāzhòng dà lěngménr；（欠損）帳簿に～があく 账上出现大亏空 zhàngshang chūxiàn dà kuīkong

おおあめ【大雨】大雨 dàyǔ ◆～注意報 大雨警报 dàyǔ jǐngbào

おおあらし【大嵐】大风暴 dàfēngbào

おおあれ【大荒れ】大风波 dàfēngbō；大闹 dà nào ◆会議は～に荒れた 会议非常大闹特闹了 huìyì kāi de dà nào tè nào le

おおあわて【大慌て】仓皇失措 cānghuáng shīcuò

おおい【多い】很多 hěn duō；许多 xǔduō ◆間違いが～错误很多 cuòwù hěn duō ◆先月より5人～先月多五个人 bǐ shàngyuè duō wǔ ge rén

おおい【覆い】盖子 gàizi；罩 zhàozi ◆～をする 盖上罩子 gàishang zhàozi

おおいかくす【覆い隠す】掩盖 yǎn-

gài；遮掩 zhēyǎn；遮蔽 zhēbì ◆真相を～掩盖真相 yǎngài zhēnxiàng ◆肌を～遮盖皮肤 zhēgài pífū

おおいかぶさる【覆いかぶさる】压在…上 yāzài...shang；盖在…上 gàizài...shang

おおいかぶせる【覆い被せる】遮盖 zhēgài；蒙上 méngshàng

おおいそぎ【大急ぎ-で】连忙 liánmáng；匆匆忙忙 cōngcōng mángmáng；急忙 jímáng

おおいに【大いに】大 dà；颇 pō；非常 fēicháng ◆～議論する 高谈阔论 gāo tán kuò lùn ◆～楽しむ 大为欣赏 dà wéi xīnshǎng ◆～飲み食いする 大吃大喝 dà chī dà hē

おおいばり【大威張り-の】非常傲慢 fēicháng àomàn；自夸自傲 zì kuā zì ào

おおいり【大入り】客满 kèmǎn ◆～袋 庆祝客满的红包儿 qìngzhù kèmǎn de hóngbāor ◆～満員 满座 mǎnzuò

おおう【覆う】掩盖 yǎngài；テーブルを布で～用布罩在桌子上 yòng bù pūzài zhuōzi-shang ◆目を～ような 目不忍睹的 mù bù rěn dǔ de

おおうけ【大受け-する】大受欢迎 dà shòu huānyíng

おおうつし【大写し】（画面）特写镜头 tèxiě jìngtóu

おおうなばら【大海原】汪洋大海 wāngyáng dàhǎi

おおうりだし【大売り出し】大甩卖 dàshuǎimài

オーエル（OL）女职员 nǚzhíyuán；女办事员 nǚbànshìyuán

おおおとこ【大男】大汉 dàhàn

おおがかり【大掛かり-な】大规模 dàguīmó

おおかぜ【大風】大风 dàfēng

おおかた【大方-の】❶（多数者）八成 bāchéng；大半 dàbàn ◆～の予想を物語る 出乎大家的预想 chūhū dàjiā de yùliào ❷（だいたい）～そんなことだろう 大概是这样吧 dàgài shì zhèyàng ba ◆～は片づいた 差不多办好了 chàbuduō bàn-hǎo le

おおがた【大型-の】大型 dàxíng；重型 zhòngxíng ◆～トラック 载重大型汽车 zàizhòng kǎchē ◆～機械 大型机械 zhòngxíng jīxiè ◆～輸送機 大型运输机 dàxíng yùnshūjī ◆～プロジェクト 大规模计划 dàguīmó jìhuà

オーガニック【有机的】yǒujī

おおがねもち【大金持ち】富翁 fùwēng；大财主 dàcáizhǔ

オオカミ【狼】狼 láng
おおがら【大柄-の】❶〈身体〉大块头 dàkuàitóu; 身量大 shēnliàng dà ❷〈衣類〉大花样 dàhuāyàng
おおかれすくなかれ【多かれ少なかれ】或多或少 huòduō huòshǎo
おおきい【大きい】大 dà ♦～家大房子 dàfángzi ♦音洪大的声音 hóngdà de shēngyīn ♦年が～ 年岁大 niánsuì dà ♦人間が～ 器量大 qìliàng dà
おおきさ【大きさ】大小 dàxiǎo; 尺寸 chǐcùn
おおきな【大きな】大 dà; 硕大 shuòdà ♦～成果 硕果 shuòguǒ ♦～度量 洪量 hóngliàng ♦～変化 巨变 jùbiàn ♦～夢 宏愿 hóngyuàn ♦～顔をする 摆大架子 bǎi dà jiàzi ♦～お世話 多管闲事 duōguǎn xiánshì
おおぎょう【大仰-な】夸大 kuādà
おおく【多くの】大多 ♦～を語らない 没有多说 méiyǒu duō shuō ♦～は輸入品 多半是进口货 duōbàn shì jìnkǒuhuò ♦～の困難 许多困难 xǔduō kùnnan
オークション 拍卖 pāimài ♦～価格 拍卖价 pāimàijià
おおぐち【大口】♦～の荷物 大批货物 dàpī huòwù ♦～の寄付 大宗捐款 dàzōng juānkuǎn ♦～を叩く 吹牛 chuīniú
おおくまざ【大熊座】大熊座 dàxióngzuò
オーケー 同意 tóngyì ♦～をもらう 得到同意 dédào tóngyì
おおげさ【大袈裟-な】浮夸 fúkuā ♦～な話をする 言过其实 yán guò qí shí ♦～にほめる 夸大称赞 kuādà chēngzàn
オーケストラ 管弦乐 guǎnxiányuè
おおごえ【大声】大声 dàshēng ♦～で言い争う 争吵 zhēngchǎo ♦～で叫ぶ 高喊 gāohǎn; 嚷 rāng; 叫喊 jiàohǎn
おおごしょ【大御所】权威 quánwēi; 泰斗 tàidǒu
おおごと【大事】大事 dàshì ♦～になる 成为重大事件 chéngwéi zhòngdà shìjiàn
おおざけ【大酒】♦～を飲む 喝大酒 hē dàjiǔ ♦～飲み 海量 hǎiliàng; 洪量 hóngliàng
おおざっぱ【大雑把-な】❶〈不注意〉粗心 cūxīn; 粗疏 cūshū ❷〈ざっと〉大略 dàlüè; 粗略 cūlüè
おおさわぎ【大騒ぎ-する】大闹 dànào; 天翻地覆 tiān fān dì fù
おおしお【大潮】大潮 dàcháo
おおしかけ【大仕掛け-の】大规模

おおすじ【大筋】梗概 gěnggài ♦～を決める 打通 dǎtōng ♦～で合意する 意见基本一致 yìjiàn jīběn yízhì
おおせ【仰せ】指示 zhǐshì ♦～に従う 从命 cóngmìng; 遵从指示 zūncóng zhǐshì ♦～のとおりです 您说的是 nín shuō de shì
おおぜい【大勢】♦～やって来た 来了许多人 láile xǔduō rén ♦～の子ども 很多孩子 hěn duō háizi
おおそうじ【大掃除】大扫除 dàsǎochú; 大清扫 dàqīngsǎo
オーソドックス 〜なやり方 正统的作风 zhèngtǒng de zuòfēng
おおぞら【大空】苍天 cāngtiān; 天空 tiānkōng
オーソリティー 权威 quánwēi
オーダー ❶〈順序〉次序 cìxù; 顺序 shùnxù ❷〈注文〉订货 dìnghuò ♦ラスト～ 最后的点菜 zuìhòu de diǎncài ♦靴を～する 订购鞋 dìnggòu xié ♦～メード 定做的货 dìngzuò de huò
おおだい【大台】大关 dàguān ♦一億の～に乗る 达到一亿日元的大关 dádào yí yì Rìyuán de dàguān
おおだてもの【大立て者】台柱 táizhù; 巨头 jùtóu
おおだな【大店】大字号 dàzìhào
おおっぴら【大っぴら-な】大明大摆 dà míng dà bǎi; 公开 gōngkāi; 明目张胆 míng mù zhāng dǎn ♦～にはできない話 不能公开说的话 bùnéng gōngkāi shuō de huà
おおづめ【大詰め】最后阶段 zuìhòu jiēduàn ♦～を迎える 接近尾声 jiējìn wěishēng
おおて【大手-の】♦～の企業 大企业 dàqǐyè
おおで【大手】♦～を振って 大摇大摆 dà yáo dà bǎi; 肆无忌惮 sì wú jìdàn
オーディーエー（ODA） 〈政府開発援助〉政府开发援助 zhèngfǔ kāifā yuánzhù
オーディオ 〈機器〉音响装置 yīnxiǎng zhuāngzhì
オーディション 试听 shìtīng; 试演 shìyǎn ♦～を受ける 接受试演审查 jiēshòu shìyǎn shěnchá
オーデコロン 化妆水 huàzhuāngshuǐ; 蔷薇水 qiángwēishuǐ
おおどうぐ【大道具】〈舞台装置〉布景 bùjǐng
おおどおり【大通り】大街 dàjiē; 马路 mǎlù
オートバイ 摩托车 mótuōchē
オードブル 拼盘 pīnpán; 前菜 qiáncài

オートマチック 自動 zìdòng ◆車自動変速的车 zìdòng biànsù de chē ◆コントロール 自動控制 zìdòng kòngzhì

オートメーション 自動化 zìdònghuà；自動装置 zìdòng zhuāngzhì

オートレース 赛车 sàichē；摩托车比赛 mótuōchē bǐsài

オートロック 自动门锁 zìdòng ménsuǒ

オーナー 所有者 suǒyǒuzhě；拥有者 yōngyǒuzhě

おおなた【大鉈】◆～を振るう〈比喩〉大刀阔斧 dàdāo kuòfǔ

おおなみ【大波】巨浪 jùlàng；波涛 bōtāo

オーバー ❶〈超える〉超过 chāoguò ◆予算を～する 超过预算 chāoguò yùsuàn ◆タイム 超时 chāoshí ◆～ワーク 过劳 guòláo ❷〈おおげさ〉～なしぐさ 夸张的动作 kuāzhāng de dòngzuò ❸〈衣服〉◆～オール工装裤 gōngzhuāngkù ◆～コート 外套 wàitào

オーバーホール 大修检查 dàxiū jiǎnchá

オーバーラップ 叠印 diéyìn；重影 chóngyǐng

おおはば【大幅–な】大幅度 dàfúdù ◆～な修正 大幅度修改 dàfúdù xiūgǎi ◆～値下げ 大减价 dà jiǎnjià

おおはりきり【大張り切り】干劲十足 gànjìn shízú

オービー（OB）❶〈男子卒業生〉校友 xiàoyǒu；毕业生 bìyèshēng ◆～会 校友会 xiàoyǒuhuì ❷〈ゴルフ〉～をたたく 打入禁区 dǎrù jìnqū

おおひろま【大広間】大厅 dàtīng

おおぶね【大船】◆～に乗った気分非常放心 fēicháng fàngxīn；稳如泰山 wěn rú Tàishān

おおぶろしき【大風呂敷】◆～を広げる 说大话 shuō dàhuà；海口夸 kuā dàhǎikǒu

オーブン 烤炉 kǎolú；烤箱 kǎoxiāng ◆～トースター 面包烤箱 miànbāo kǎoxiāng ◆ガス～煤气烤箱 méiqì kǎoxiāng

オープン 开放 kāifàng ◆～な性格 性格开朗 xìnggé kāilǎng ◆本日～本日开张 běnrì kāizhāng ◆～戦〈野球などの〉公开赛 gōngkāisài

オープンカー 敞篷车 chǎngpéngchē

おおべや【大部屋】大房间 dàfángjiān；〈俳〉普通演员 pǔtōng yǎnyuán

オーボエ 双簧管 shuānghuángguǎn

おおぼら【大法螺】大话 dàhuà；海口 hǎikǒu ◆～を吹く 大吹大擂 dà chuī dà léi

おおまか【大まか–な】粗略 cūlüè；不详细 bù xiángxì ◆～な考え 大谱儿 dàpǔr ◆～な見積もり 概算 gàisuàn ◆～にまとめる 概括 gàikuò

おおまた【大股】◆～で歩く 大步走 mài dàbù zǒu；阔步 kuòbù

おおまちがい【大間違い】大错特错 dàcuò tècuò ◆～をする 铸成大错 zhùchéng dàcuò

おおみえ【大見得】◆～を切る 夸下海口 kuàxià hǎikǒu

おおみず【大水】洪水 hóngshuǐ ◆～が出る 发大水 fā dàshuǐ

おおみそか【大晦日】除夕 chúxī ◆～の夜 除夜 chúyè；年夜 niányè

おおむかし【大昔】远古 yuǎngǔ

オオムギ【大麦】大麦 dàmài

おおむこう【大向う】◆～を唸らせる 博得满场的喝彩 bódé mǎnchǎng de hècǎi

おおめ【大目】◆～にみる 宽容 kuānróng；涵容 hánróng；宽恕 kuānshù

おおもうけ【大儲け–する】发大财 fā dàcái；赚一大笔钱 zhuàn yídàbǐ qián

おおもじ【大文字】大字 dàzì；大写字母 dàxiě zìmǔ

おおもと【大本】本源 běnyuán；基本 jīběn

おおもの【大物】大人物 dàrénwù ◆～を釣る 钓着个大鱼 diàozháo ge dàyú

おおもり【大盛り】盛满 chéngmǎn ◆～のご飯 盛得很满的饭 chéngde hěn mǎn de fàn

おおやけ【公–の】公共 gōnggòng；公家 gōngjiā ◆～にする 公开 gōngkāi ◆～の席 公开的地方 gōngkāi de dìfang；桌面上 zhuōmiànshang

おおやすうり【大安売り】大甩卖 dà shuǎimài；大减价 dà jiǎnjià

おおゆき【大雪】大雪 dàxuě

おおよそ【大凡】大抵 dàdǐ；大概 dàgài ◆～の 大致 dàyuē

おおよろこび【大喜び–する】欢天喜地 huān tiān xǐ dì；非常高兴 fēicháng gāoxìng

おおらか 落落大方 luòluòdàfāng

オーラルメソッド 口头教学法 kǒutóu jiàoxuéfǎ

オール〈ボートの〉桨 jiǎng

オールド 老的 lǎo de

オールナイト 通宵 tōngxiāo ◆～营

業 通宵营业 tōngxiāo yíngyè
オールバック 大背头 dàbèitóu
オールラウンド 全能 quánnéng
オーロラ 极光 jíguāng
おおわらい【大笑い-する】捧腹大笑 pěng fù dà xiào；笑掉大牙 xiàodiào dàyá
おおわらわ【大童】拼命 pīnmìng；紧张 jǐnzhāng；大忙 dàmáng
おか【丘】【岡】岗子 gǎngzi；山冈 shāngāng；小山 xiǎoshān
おか【陸】陆地 lùdì ◆～に上がった河童(かっぱ) 虎离深山被犬欺 hǔ lí shēnshān bèi quǎn qī
おかあさん【お母さん】妈妈 māma
おかえし【お返し-する】回礼 huílǐ；答谢 dáxiè ◆～に招待する 回请 huíqǐng
おがくず【鋸屑】锯末 jùmò
おかげ【お陰】亏 kuī；亏得 kuīde ◆～さまで 托您的福 tuō nín de fú ◆～を蒙る 多亏 duōkuī；借光 jièguāng
おかしい【可笑しい】《滑稽な》好笑 hǎoxiào；可笑 kěxiào ◆おもしろ～ 滑稽可笑 huájī kěxiào ◆《へんだ》～腹の調子が～ 肚子有点儿不舒服 dùzi yǒudiǎnr bù shūfu ◆《怪しい》～その話に可疑 zhè huà kěyí
おかしな【可笑しな】奇怪的 qíguài de ◆～話 奇怪的话 qíguài de huà
おかす【侵す】侵犯 qīnfàn ◆国境を～ 侵犯国境 qīnfàn guójìng ◆知的所有権を～ 侵犯知识产权 qīnfàn zhīshi chǎnquán
おかす【犯す】犯 fàn ◆誤りを～ 犯错误 fàn cuòwù ◆法を～ 犯法 fànfǎ
おかす【冒す】冒 mào ◆危険を～ 冒风险 mào fēngxiǎn
おかず 菜 cài；副食 fùshí；小菜 xiǎocài ◆晩ご飯の～ 晚饭的菜 wǎnfàn de cài
おかっぱ 女孩的短发 nǚháide duǎnfà；刘海儿 liúhǎir
おかどちがい【お門違い】弄错对象 nòngcuò duìxiàng；走错门儿 zǒucuò ménr
おかぶ【お株】◆…の～を奪う 赶上…的专长 gǎnshàng ... de zhuāncháng
オカボ【陸稲】旱稻 hàndào；陆稻 lùdào
おかぼれ【岡惚れ-する】恋慕别人的情人 liànmù biéren de qíngrén；单相思 dānxiāngsī
おかま【お釜】男色 nánsè；男子同性恋爱者 nánzǐ tóngxìng liàn'àizhě
おかみ【女将】女老板 nǚlǎobǎn ◆

旅館の～ 饭店老板娘 lǚguǎn lǎobǎnniáng
おがむ【拝む】拜 bài ◆手を合わせて～ 合掌叩拜 hézhǎng kòubài ◆一目～ 拜见一眼 bàijiàn yì yǎn
おめわはちもく【岡目八目】旁观者清 páng guān zhě qīng
おから 豆腐渣 dòufuzhā；豆渣 dòuzhā
オカルト 神怪 shénguài；超自然 chāozìrán ◆～映画 神怪影片 shénguài yǐngpiàn
おがわ【小川】沟 gōu；小溪 xiǎoxī；小河 xiǎohé
おかわり【お代わり-する】再来一份 zài lái yífèn
おかん【悪寒】发冷 fālěng ◆～がする 打寒颤 dǎ hánzhàn
おかんむり【お冠】闹情绪 nào qíngxù；不高兴 bù gāoxìng
おき【沖】海上 hǎishàng ◆～に出る 出海 chūhǎi ◆～で釣り 海上钓鱼 hǎishàng diàoyú
おきあがりこぼし【起き上がり小法師】扳不倒儿 bānbudǎor；不倒翁 bùdǎowēng
おきあがる【起き上がる】爬起来 páqilai；起来 qǐlai
おきかえる【置き換える】调换 diàohuàn；替换 tìhuàn
おきざり【置き去り】◆～にする 弃置 qìzhì；遗弃 yíqì；扔下 rēngxià
オキシダント 氧化剂 yǎnghuàjì
オキシドール 双氧水 shuāngyǎngshuǐ
おきて【掟】成规 chéngguī ◆～を破る 打破成规 dǎpò chéngguī；违背规矩 wéibèi guījǔ
おきてがみ【置き手紙】留信 liúxìn；留言条 liúyántiáo ◆～をする 留封信 liú fēng xìn
おきどけい【置き時計】台钟 táizhōng；座钟 zuòzhōng
おきなう【補う】弥补 míbǔ；补充 bǔchōng
おきにいり【お気に入り-の】宠儿 chǒng'ér；喜爱的 xǐ'ài de
おきぬけ【起き抜け】刚起来 gāng qǐlái ◆～にジョギングする 一起来就跑步 yì qǐlái jiù pǎobù
おきびき【置き引き-する】掉包偷窃 diàobāo tōuqiè ◆～に遭う 遇上掉包 yùshàng diàobāo
おきまり【お決まり-の】照例的 zhàolì de；老一套 lǎo yítào
おきみやげ【置き土産】临别赠物 línbié zèngwù
おきもの【置き物】陈设品 chénshèpǐn；摆设 bǎishè

おきる【起きる】♦朝～ 早上起床 zǎoshang qǐchuáng ♦赤ん坊が～ 娃娃醒来 wáwa xǐnglái ♦むっくり～ 忽地坐起来 hūdì zuòqǐlai ♦事件が～ 发生事件 fāshēng shìjiàn ♦拍手が～ 响起掌声 xiǎngqǐ zhǎngshēng

おきわすれる【置き忘れる】 落～忘记 là~wàngjì；遗失 yíshī；忘 wàng

おく【奥】 里边 lǐbiān；内部 nèibù ♦～の深い〈学問・計画が〉測深 cèshēn ♦～の部屋 里屋 lǐwū

おく【億】 万万 wànwàn；亿 yì

おく【置く】 放下 fàngxià；搁 gē ♦荷物を～ 放行李 fàng xínglǐ ♦見張りを～ 设岗哨 shè gǎngshào ♦距離を～ 隔开距离 gékāi jùlí ♦一日～ 看得起 kàndeqǐ ♦一拍～ 隔一拍 gé yī pāi

おくがい【屋外】 屋外 wūwài；露天 lùtiān ♦～プール 露天水池 lùtiān shuǐchí

おくさま【奥様】 夫人 fūrén；夫人 fūren

おくさん【奥さん】 夫人 fūrén；太太 tàitai

おくじょう【屋上】 屋顶 wūdǐng ♦～屋を架す 叠床架屋 dié chuáng jià wū；屋上架屋 wū shàng jià wū

おくする【臆する】 畏缩 wèisuō ♦～ことなく 毫不畏惧 háobù wèijù

おくそく【臆測・憶測】 猜想 cāixiǎng；臆测 yìcè

オクターブ 一音阶 yī yīnjiē；八度 bā yīndù ♦一～下げる 降低一音阶 jiàngdī yī yīnjiē

おくち【奥地】 内地 nèidì

おくづけ【奥付】 底页 dǐyè；版权页 bǎnquányè

おくて【晩稲】 晚稻 wǎndào

おくて【晩手・晩生】 晚熟 wǎnshú；成熟得晚 chéngshúde wǎn

おくない【屋内】 室内 shìnèi ♦～プール 室内游泳池 shìnèi yóuyǒngchí

おくになまり【お国訛り】 乡音 xiāngyīn；家乡话 jiāxiānghuà

おくのて【奥の手】 王牌 wángpái ♦～を出す 打出王牌 dǎchū wángpái

おくば【奥歯】 大牙 dàyá；臼齿 jiùchǐ ♦～に物の挟まったような言い方をする 吞吞吐吐的说 tūntūntǔtǔ de shuō；含糊其词 hánhú qí cí

おくび【噯気】 饱嗝儿 bǎogér ♦～が出る 打嗝儿 dǎgér ♦～にも出さない 只字不提 zhī zì bù tí

おくびょう【臆病-な】 胆怯 dǎnqiè；怯懦 qiènuò ♦～風に吹かれる 胆怯起来 dǎnqièqǐlai ♦～者 胆小鬼 dǎnxiǎoguǐ

おくぶかい【奥深い】 深邃 shēnsuì；深 shēn ♦山里 深山村落 shēn-

shān cūnluò ♦～考え 深刻的思想 shēnkè de sīxiǎng

おくまん【億万】 亿万 yìwàn ♦～長者 亿万富翁 yìwàn fùwēng

おくめん【臆面】 ♦～もなく 恬不知耻 tián bù zhī chǐ；厚着脸皮 hòuzhe liǎnpí

おくやみ【お悔やみ】 吊唁 diàoyàn ♦～を言う 表示哀悼 biǎoshì āidào；慰唁 wèiyàn

おくゆかしい【奥床しい】 文雅 wényǎ；幽雅 yōuyǎ

おくゆき【奥行】 纵深 zòngshēn ♦～のある議論 有深度的讨论 yǒu shēndù de tǎolùn

オクラ 秋葵 qiūkuí

おくらいり【お蔵入り】 封存 fēngcún

おくらせる【遅らせる】 推迟 tuīchí；拖延 tuōyán

おくりかえす【送り返す】 送回 sònghuí；退回 tuìhuí；〈人を〉遣送 qiǎnsòng

おくりこむ【送り込む】 送 sòng；派 pài ♦空気を～ 送空气 sòng kōngqì ♦代表団を～ 派代表队 pài dàibiǎoduì ♦役員を～ 派遣董事 pàiqiǎn dǒngshì

おくりさき【送り先】 交货地 jiāohuòdì；邮寄地址 yóujì dìzhǐ

おくりじょう【送り状】 发货票 fāhuòpiào；送货单 sònghuòdān

おくりだす【送り出す】 发出 fāchū；输出 shūchū ♦卒業生を～ 输出毕业生 shūchū bìyèshēng ♦荷物を～ 发出行李 fāchū xínglǐ

おくりとどける【送り届ける】 传送 chuánsòng；送到 sòngdào

おくりむかえ【送り迎え-する】 接送 jiēsòng

おくりもの【贈り物】 礼物 lǐwù；赠礼 zènglǐ ♦～をする 馈赠 kuìzèng；送礼 sònglǐ

おくる【送る】 〈人や物を〉送 sòng ♦小包を～ 寄包裹 jì bāoguǒ ♦過ごす 过 guò ♦健康な生活を～ 过健康的生活 guò jiànkāng de shēnghuó

おくる【贈る】 送 sòng；赠送 zèngsòng ♦お歳暮を～ 送年终礼品 sòng niánzhōng lǐpǐn

おくれ【後れ】 ♦5分～ 晚五分钟 wǎn wǔ fēnzhōng ♦～を取る 落后 luòhòu

おくればせ【遅れ馳せ】 较晚 jiàowǎn；事后 shìhòu ♦～ながら 虽然已晚 suīrán yǐ wǎn

おくれる【遅れる】 晚 wǎn；耽误 dānwu；落后 luòhòu ♦待ち合わせに～ 约会迟到 yuēhuì chídào ♦3時間～ 误三小时 wù sān xiǎoshí

♦時代に~ 落后于时代 luòhòuyú shídài
おけ【桶】 桶 tǒng；木桶 mùtǒng
おこがましい【烏滸がましい】 不知分寸 bù zhī fēncun；没有自知之明 méiyǒu zì zhī zhī míng
おこす【起こす】 ❶〔立たせる〕扶起 fúqǐ ♦倒れた植木鉢を~ 把倒下的花盆立起来 bǎ dǎoxià de huāpén lìqǐlai ❷〔目覚めさせる〕叫醒 jiàoxǐng ♦早く~ 早早唤起早起 zǎozǎo huànqǐ ❸〔生じさせる〕事故を~ 引起事故 yǐnqǐ shìgù ♦貧血を~ 造成贫血 zàochéng pínxuè ♦やる気を~ 引起兴头 yǐnqǐ xìngtou ❹〔始める〕发动 fādòng；发起 fāqǐ ♦運動を~ 掀起运动 xiānqǐ yùndòng ♦訴訟を~ 提起诉讼 tíqǐ sùsòng ❺〔畑の土を~ 翻起田里的土 fānqǐ tiánlǐ de tǔ
おこす【興こす】 兴办 xīngbàn ♦国を~ 振兴国家 zhènxīng guójiā ♦会社を~ 创办公司 chuàngbàn gōngsī
おごそか【厳かな-】 庄严 zhuāngyán；肃然 sùrán
おこたる【怠る】 懈怠 xièdài；疏忽 shūhu ♦注意を~ 疏忽大意 shūhu dàyi
おこない【行い】 品行 pǐnxíng；行为 xíngwéi ♦~を改める 改过 gǎiguò ♦日ごろの~ 日常举止 rìcháng jǔzhǐ
おこなう【行う】 搞 gǎo；做 zuò
おこらせる【怒らせる】 触怒 chùnù；惹恼 rěnǎo ♦あいつを~と面倒け 他是不好惹的 tā shì bù hǎo rě de
おこり【起こり】 缘起 yuánqǐ；原因 yuányīn ♦事の~ 事情的起因 shìqing de qǐyīn
おごり【奢り】 ❶〔ぜいたく〕奢华 shēhuá；〔自分のかねで〕今日は私の~だ 今天我请客 jīntiān wǒ qǐngkè
おごりたかぶる【驕り高ぶる】 骄傲自大 jiāo'ào zìdà
おこりっぽい【怒りっぽい】 暴躁 bàozào；好发脾气 hào fā píqi
おこる【起こる】 发生 fāshēng ♦問題が~ 发生问题 fāshēng wèntí ♦竜巻が~ 掀起大旋风 xiānqǐ dàxuànfēng ♦ブームが~ 掀起热潮 xiānqǐ rècháo
おこる【興る】 兴起 xīngqǐ
おこる【怒る】 生气 shēngqì；发火 fāhuǒ ♦怒られる 受到申斥 shòudào shēnchì
おごる【奢る】 ❶〔ごちそうする〕请客 qǐngkè；做东 zuòdōng ♦みんなに食事を~ 请大家吃饭 qǐng dàjiā chīfàn ❷〔ぜいたく〕口が~ 讲究吃 jiǎngjiu chī

おさえつける【押さえ付ける】 压迫 yāpò；压制 yāzhì ♦反対意見を~ 压制反对意见 yāzhì fǎnduì yìjiàn
おさえる【押さえる】 ❶〔力を加えて按ぶ〕按 àn；压 yā ♦ケータイで新聞を~ 拿手机压报纸 ná shǒujī yā bàozhǐ ❷〔重要点を〕抓 zhuā ♦勘どころを~ 抓住要点 zhuāzhù yàodiǎn ❸〔確保する〕扣 kòu；掌握 zhǎngwò ♦差押物件を~ 扣押证物 kòuyā zhèngwù
おさえる【抑える】 抑制 yìzhì；按捺 ànnà ♦涙を~ 止住泪水 zhǐzhù lèishuǐ ♦はやる心を~ 抑制性急情绪 yìzhì xìngjí qíngxù
おさがり【御下がり】 长辈给的旧衣物 zhǎngbèi gěi de jiù yīwù ♦姉の~ 姐姐穿旧的衣物 jiějie chuānjiù de yīwù
おさきに【お先に】 先 … xiān… ♦~失礼 对不起，先走了 duìbuqǐ, xiān zǒu le
おさきぼう【お先棒】 ~を担ぐ 充当马前卒 chōngdāng mǎqiánzú
おさげ【お下げ】 辫子 biànzi；小辫儿 xiǎobiànr
おさない【幼い】 幼小 yòuxiǎo ♦~頃 小时候 xiǎoshíhou ♦発想が~ 想法幼稚 xiǎngfǎ yòuzhì
おさなご【幼児】 幼儿 yòu'ér
おさなごころ【幼心】 童心 tóngxīn
おさななじみ【幼馴染み】 青梅竹马之交 qīngméi zhúmǎ zhī jiāo；从小的相识 cóng xiǎo de xiāngshí
おざなり【御座成りな-】 敷衍 fūyǎn；马虎 mǎhu
おさまらない【納{収}-まらない】 ♦~がつかない 无法收拾 wúfǎ shōushí ♦が悪い 不稳定 bù wěndìng
おさまる【治まる】 平息 píngxī ♦風が~ 风息 fēng xī ♦まるく~ 圆满解决 yuánmǎn jiějué
おさまる【収納まる】 容纳 róngnà ♦元の鞘(さや)に~ 恢复原来的关系 huīfù yuánlái de guānxi
おさまる【修まる】 端正 duānzhèng ♦素行が~ 品行改好 pǐnxíng gǎihǎo
おさめる【納める】 缴纳 jiǎonà ♦月謝を~ 交学费 jiāo xuéfèi ♦製品を~ 供应产品 gōngyìng chǎnpǐn
おさめる【治める】 治理 zhìlǐ ♦国を~ 治国 zhìguó
おさめる【収める】 收 shōu ♦成功を~ 取得成功 qǔdé chénggōng ♦勝利を~ 获得胜利 huòdé shènglì ♦どうぞお収めください 请笑纳 qǐng xiàonà
おさらい【お浚い-する】 温习 wēnxí；

复习 fùxí
おさん【お産-する】分娩 fēnmiǎn
おし【押】有［没有］魄力 yǒu[méiyǒu] pòlì ♦～の一手 坚持到底 jiānchí dàodǐ
おじ【叔[伯]父】❶〈父の弟〉叔父 shūfù ❷〈父の兄〉大伯 dàbó ❸〈母の兄弟〉舅父 jiùfù ❹〈母の姉妹の夫〉姨父 yífù ❺〈父の姉妹の夫〉姑父 gūfù
おしあう【押し合う】拥挤 yōngjǐ ♦押し合い圧(へ)し合い 乱挤 luànjǐ
おしい【惜しい】可惜 kěxī ♦時間が～ 时间宝贵 shíjiān bǎoguì ♦ところで負けた 差点儿就赢了 chàdiǎnr jiù yíng le ♦名残り～ 依依惜别 yīyī xībié
おじいさん【お祖父[爺]さん】❶〈祖父〉爷爷 yéye；〈母方〉老爷 lǎoye ❷〈老人〉老大爷 lǎodàye；老头儿 lǎotóur；爷爷 yéye
おしいる【押し入る】闯进 chuǎngjìn；勉强进去 miǎnqiáng jìnqù
おしいれ【押入れ】壁橱 bìchú
おしうり【押し売り】叫门推销 jiàomén tuīxiāo；强行推销 qiángxíng tuīxiāo
おしえ【教え】教训 jiàoxun ♦～を乞う 领教 lǐngjiào；请教 qǐngjiào
おしえご【教え子】门生 ménshēng；学生 xuésheng
おしえる【教える】教 jiāo；教导 jiàodǎo ♦英語を～ 教英语 jiāo Yīngyǔ ♦時刻を～ 告诉时刻 gàosu shíkè
おしかける【押し掛ける】♦どっと～ 蜂拥而至 fēngyōng ér zhì
おしがる【惜しがる】心疼 xīnténg；吝惜 lìnxī
おじぎ【お辞儀-する】鞠躬 jūgōng；行礼 xínglǐ
おしきる【押し切る】坚持到底 jiānchí dàodǐ ♦反対意見を～ 不顾反对意见坚持到底 bùgù fǎnduì yìjiàn jiānchí dàodǐ
おしげ【惜し気】♦～もなく 慷慨大方地 kāngkǎi dàfang de
おじけづく【怖じ気づく】胆怯起来 dǎnqièqǐlai
おじける【怖じける】发怵 fāchù；缩手缩脚 suōshǒu suōjiǎo；害怕 hàipà
おしこめる【押し込める】塞进 sāijìn；装入 zhuāngrù；〈監禁〉禁闭 jìnbì；关进 guānjìn
おしころす【押し殺す】♦声を～ 憋住不出声 biēzhù bù chūshēng
おしすすめる【推し進める】推动 tuīdòng；推行 tuīxíng ♦計画を～ 推动计划 tuīdòng jìhuà
おしたおす【押し倒す】推倒 tuīdǎo
おしだす【押し出す】推出 tuīchū；挤出 jǐchū ♦前面に～ 挤到前面去 jǐdào qiánmian qù
おしだまる【押し黙る】缄默 jiānmò；不声不响 bù shēng bù xiǎng
おしつける【押しつける】强加 qiángjiā ♦壁に～ 按在墙上 àn zài qiángshang ♦無理難題を～ 把无理要求强加于人 bǎ wúlǐ yāoqiú qiángjiā yú rén
おしっこ 尿 niào；撒尿 sāniào
おしつぶす【押し潰す】压坏 yāhuài
おしつまる【押し詰まる】逼近 bījìn ♦暮れも～ 年关迫在眉睫 niánguān pòyú méijié
おしとおす【押し通す】坚持 jiānchí ♦意見を～ 把意见坚持到底 bǎ yìjiàn jiānchí dàodǐ
オシドリ【鴛鴦】鸳鸯 yuānyang ♦～夫婦 恩爱夫妻 ēn'ài fūqī
おしながす【押し流す】冲走 chōngzǒu
おしのける【押し退ける】排挤 páijǐ；推开 tuīkāi
おしのび【お忍び-で】微行 wēixíng；微服出行 wēifú chūxíng
おしば【押し葉】夹在书里的干叶 jiāzài shūlǐ de gānyè
おしはかる【推し量る】推测 tuīcè；揣摩 chuǎimó
おしばな【押し花】夹在书里的干花 jiāzài shūlǐ de gānhuā
おしひろめる【押し広める】推广 tuīguǎng；普及 pǔjí
おしピン【押しピン】图钉 túdīng
おしべ【雄蕊】雄蕊 xióngruǐ
おしボタン【押しボタン】按钮 ànniǔ
おしぼり【お絞り】手巾把儿 shǒujīnbǎr
おしむ【惜しむ】惋惜 wǎnxī；吝惜 lìnxī ♦命を～ 惜命 xīmìng ♦別れを～ 惜别 xībié ♦金を～ 吝惜钱 lìnxī qián
おしめ【襁褓】尿布 niàobù
おしもおされもせぬ【押しも押されもせぬ】牢不可破 láo bù kě pò ♦～巨匠 名符其实的大师 míng fú qí shí de dàshī
おしもどす【押し戻す】推回 tuīhuí
おしもんどう【押し問答-する】争吵 zhēngchǎo
おじや 菜粥 càizhōu；杂烩粥 záhuìzhōu
おしゃぶり 婴儿奶嘴 yīng'ér nǎizuǐ ♦～をくわえる 含着奶嘴 hánzhe nǎizuǐ
おしゃべり【お喋り-する】闲聊 xián-

おしゃま -な ◆~な子 早熟少女 zǎoshú shàonǚ
おしゃれ【お洒落-する】 打扮 dǎbàn；くしゃれた》酷 kù
おしょう【和尚】 僧徒 sēngtú；和尚 héshang；法师 fǎshī
おじょうさん【お嬢さん】 小姐 xiǎojiě；千金 qiānjīn
おしょく【汚職-する】 贪赃 tānzāng；贪污 tānwū ◆~事件 贪污案件 tānwū ànjiàn
おじょく【汚辱】 污辱 wūrǔ ◆~にまみれる 蒙受污辱 méngshòu wūrǔ
おしよせる【押し寄せる】 涌过来 yǒngguòlai ◆津波が~ 海啸涌过来 hǎixiào yǒngláile ◆人波が~ 人潮如涌 rén cháo rú yǒng
おしろい【白粉】 白粉 báifěn；香粉 xiāngfěn ◆~を塗る 搽粉 chá fěn
オシロイバナ【白粉花】 紫茉莉 zǐmòlì；草茉莉 cǎomòlì
おす【押す】 推 tuī ◆ドアを~ 推门 tuīmén ◆ベルを~ 按电铃 àn diànlíng ◆印鑑を~ 盖章 gàizhāng ◆念を~ 叮嘱 dīngzhǔ；确认 quèrèn ◆病気を押してでかける 冒病出门 màobìng chūmén
おす【推す】 推举 tuījǔ ◆リーダーに~ 推举为领导 tuījǔ wéi lǐngdǎo ◆推して知るべし 可想而知 kě xiǎng ér zhī
おす【雄】 公 gōng；雄性 xióngxìng ◆~ライオン 雄狮 xióngshī ◆~馬 公马 gōngmǎ
おすい【汚水】 脏水 zāngshuǐ；污水 wūshuǐ
おずおず 怯生生 qièshēngshēng；战战兢兢 zhànzhànjīngjīng
おすそわけ【お裾分け-する】 分赠 fēnzèng
オセアニア 大洋洲 Dàyángzhōu
おせじ【お世辞】 奉承话 fèngchenghuà；恭维话 gōngwéihuà ◆~を言う 说奉维话 shuō gōngwéihuà；戴高帽子 dài gāomàozi
おせっかい【お節介】 ◆~を焼く 多管闲事 duōguǎn xiánshì ◆はやめろ 别管闲事 bié guǎn xiánshì
おせん【汚染-する】 污染 wūrǎn ◆~される 漫染 jìnrǎn ◆环境~ 环境污染 huánjìng wūrǎn
おそい【遅い】 ❶〔速度などが〕慢 màn ◆走るのが~ 跑得慢 pǎode màn ◆テンポが~ 速度慢 sùdù màn ❷〔時刻が〕晚 wǎn ◆開店が~ 开店开得晚 kāidiàn kāide wǎn ◆

う~ 天不早了 tiān bù zǎo le
おそう【襲う】 袭击 xíjī ◆洪水が~ 洪水袭来 hóngshuǐ xílái ◆强盗に襲われる 被强盗袭击 bèi qiángdào xíjī ◆眠気が~ 睡意袭来 shuìyì xílái
おそかれはやかれ【遅かれ早かれ】 早晚 zǎowǎn；迟早 chízǎo
おそざき【遅咲き-の】 迟开 chíkāi ◆~の桜 晚开的樱花 wǎnkāi de yīnghuā
おそなえ【お供え】 供品 gòngpǐn
おそばん【遅番】 晚班 wǎnbān
おそまきながら【遅まきながら】 虽然已过时机 suīrán yǐ guò shíjī
おぞましい【悍ましい】 可怕 kěpà；令人厌恶 lìng rén yànwù
おそらく【恐らく】 大约 dàyuē；恐怕 kǒngpà
おそるおそる【恐る恐る】 战战兢兢 zhànzhànjīngjīng；提心吊胆 tíxīn diàodǎn
おそるべき【恐[畏]るべき】 可怕的 kěpà de ◆パワー 惊人的力量 jīngrén de lìliang ◆後生畏るべし 后生可畏 hòushēng kě wèi
おそれ【恐れ】 畏惧 wèijù ◆~知らずの 大无畏 dàwúwèi ◆…の~がある 有…的危险 yǒu…de wēixiǎn
おそれいる【恐れ入る】 不敢当 bù gǎndāng ◆恐れ入りますが 真对不起 zhēn duìbuqǐ；劳驾 láojià
おそれおおい【恐れ多い】 诚惶诚恐 chéng huáng chéng kǒng
おそれおののく【恐れ戦く】 魂不守舍 hún bù shǒu shè；心惊肉跳 xīn jīng ròu tiào
おそれる【恐れる】 害怕 hàipà；怕 pà；畏惧 wèijù ◆失敗を~ 惧怕失败 jùpà shībài
おそろしい【恐ろしい】 可怕 kěpà ◆~话 吓人的话 xiàrén de huà ◆~ことになった 情况变得可怕了 qíngkuàng biànde kěpà le ◆末～ 前景可怕 qiánjǐng kěpà
おそわる【教わる】 跟…学 gēn…xué ◆彼に英语を~ 跟他学英语 gēn tā xué Yīngyǔ
オゾン 臭氧 chòuyǎng ◆~层 臭氧层 chòuyǎngcéng ◆~ホール 臭氧洞 chòuyǎngdòng
おたかい【お高い】 ◆お高くとまる 高高在上 gāo gāo zài shàng；高傲自大 gāo'ào zìdà
おたがい【お互い】 互相 hùxiāng；彼此 bǐcǐ ◆~様ですよ 彼此彼此 bǐcǐ bǐcǐ
おたく【お宅】 ❶〔相手の家〕府上 fǔshàng；尊府 zūnfǔ ◆~へお届けします 送到您家 sòngdào nín jiā ◆

《呼称として》◆〜はどうお考えですか 您尊意如何 nín zūnyì rúhé ❸《マニアックな人》宅男 zháinán; 宅女 zháinǚ ◆アニメ〜 动画迷 dònghuàmí

おたけび【雄叫び】 吼声 hǒushēng ◆〜を上げる 发出吼声 fāchū hǒushēng

おだて【煽て】 捧场 pěngchǎng ◆〜に乗る 上甜言的当 shàng tiányán de dàng

おだてる【煽てる】 戴高帽子 dài gāomàozi; 捧 pěng

おだぶつ【お陀仏】 死 sǐ ◆〜になる 完蛋 wándàn; 垮台 kuǎtái

オタマジャクシ 蝌蚪 kēdǒu

おためごかし【お為ごかし】 假惺惺 jiǎxīngxīng; 假仁假义 jiǎ rén jiǎ yì

おだやか【穏やか-な】 安稳 ānwěn; 和气 héqi ◆〜な天気 温和的天气 wēnhé de tiānqì ◆〜な性格 性情稳静 xìngqíng wěnjìng ◆〜な口调 语调柔和 yǔdiào róuhé

おだわらひょうじょう【小田原評定】 议而不决的漫长会议 yì ér bù jué de mànchǎng huìyì

おち【落ち】 ❶《手抜かり》遗漏 yílòu ◆帳簿に〜がある 账簿中有漏洞 zhàngbùzhōng yǒu lòudòng ❷《さえない結末》笑われるのが〜だ 结果只会为人嗤笑 jiéguǒ zhǐhuì wéi rén chīxiào

おちあう【落ち合う】 相会 xiānghuì; 碰头 pèngtóu

おちいる【陥る】 陷于 xiànyú; 陷入 xiànrù ◆窮地に〜 陷入困境 xiànrù kùnjìng ◆不況に〜 陷入萧条 xiànrù xiāotiáo

おちおく【落ち置く】 ◆〜酒も飲めない 不能安稳喝酒 bùnéng ānwěn hē jiǔ

おちこぼれ【落ち零れ】 漏出来的 lòuchūlái de ◆《比喩》后进 hòujìn; 学习跟不上的学生 xuéxí gēnbushàng de xuéshēng

おちこむ【落ち込む】 愁郁 chóuyù; 低沉 dīchén ◆気分が〜 心情沮丧 xīnqíng jǔsàng ◆景気が〜 景气下沉 jǐngqì xiàchén

おちつかない【落ち着かない】 不定 búdìng; 不安 bù'ān

おちつき【落ち着き】 ◆〜がある 沉着 chénzhuó; 稳重 wěnzhòng ◆〜がない 心浮气躁 xīn fú qì zào

おちつく【落ち着く】 ❶《心が》镇静 zhènjìng; 从容 cóngróng; 安宁 ānníng ◆気分が〜 心情镇定 xīnqíng zhèndìng ◆落ち着いた行动 沉着的行动 chénzhuó de xíngdòng ❷《事態が》稳定 wěndìng;

平静 píngjìng ◆騒ぎが〜 骚乱平定 sāoluàn píngdìng ❸《定住する》安顿 āndùn ◆仕事が〜 工作安顿下来 gōngzuò āndùnxiàlái ◆田舎に〜 定居乡下 dìngjūzài xiāngxia ◆結論に達する 着落 zhuóluò ◆いつもの線に〜 还是归结到以往的结论 háishi guījié dào yǐwǎng de jiélùn; 归于原来的看法 guīyú yuánlái de kànfa ❺《浮いていない》素静 sùjìng ◆落ち着いた色合い 淡雅的颜色 dànyǎ de yánsè

おちど【落ち度】 错儿 cuòr; 过错 guòcuò ◆〜がある 有过错 yǒu guòcuò ◆〜のない 没有过失 méiyǒu guòshī

おちば【落ち葉】 落叶 luòyè

おちぶれる【落ちぶれる】 沧落 lúnluò; 落魄 luòpò

おちめ【落ち目】 ◆〜になる 颓势 tuíshì; 下坡路 xiàpōlù

おちゃ【お茶】 茶 chá ◆〜を入れる 泡茶 pào chá; 沏茶 qī chá ◆〜を飲む 喝茶 hē chá ◆〜を習う 学茶道 xué chádào ◆〜を濁す 搪塞过去 tángsèguòqu

おちゃのこさいさい【お茶の子さいさい】 轻而易举 qīng ér yì jǔ

おちょうしもの【お調子者】 轻浮的人 qīngfú de rén

おちょくる 开玩笑 kāi wánxiào

おちょぼぐち【おちょぼ口】 樱桃嘴 yīngtáozuǐ

おちる【落ちる】 落 luò; 下落 xiàluò; 掉落 diàoluò ◆溝に〜 跌入沟里 diērù gōulǐ ◆ものが棚から〜 东西从搁板上掉下来 dōngxī cóng gēbǎnshang diàoxiàlái ◆人気が〜 声望下降 shēngwàng xiàjiàng ◆成績が〜 成绩降低 chéngjì jiàngdī ◆色が〜 掉色 diàoshǎi ◆入試に〜 考不上入学考试 kǎobushàng rùxué kǎoshì ◆罠に〜 上圈套 shàng quāntào; 落入陷阱 luòrù xiànjǐng ◆恋に〜 陷入情网 xiànrù qíngwǎng

おつ【乙-な】 ◆〜な味 别有风味 bié yǒu fēngwèi ◆〜に気取る 装模作样 zhuāng mú zuò yàng

おっくう【億劫-な】 懒得 lǎnde ◆街に出るのが〜 我懒得往街上走 wǒ lǎnde shàngjiē; 感觉麻烦 gǎnjué máfan

おつげ【お告げ】 启示 qǐshì; 天启 tiānqǐ ◆神の〜 神的启示 shén de qǐshì

おっしゃる【仰る】 说 shuō ◆〜とおり 如您所说 rú nín suǒ shuō ◆何を〜 您说什么 nín shuō shénme

おっちょこちょい 轻浮的人 qīngfú

おって【追って】 随后 suíhòu; 以后 yǐhòu ♦詳細は~ご連絡します 详细情况以后再联系 xiángxì qíngkuàng yǐhòu zài liánxì

おっと【夫】 男人 nánren; 丈夫 zhàngfu; 先生 xiānsheng

オットセイ【膃肭臍】 海狗 hǎigǒu; 腽肭兽 wànàshòu

おっとり 大方 dàfang; 从容 cóngróng ♦~かまえる 从容不迫 cóngróng bú pò

おっぱい 奶 nǎi ♦~を飲む 吃奶 chīnǎi

おつり【お釣り】 找头 zhǎotou; 找钱 zhǎoqián ♦~をください 请找钱 qǐng zhǎo qián ♦10円の~です 找你一块钱 zhǎo nǐ shí kuài qián

おてあげ【お手上げ】 束手无策 shùshǒu wúcè; 没办法 méi bànfǎ

おでき 疙瘩 gēda; 脓包 nóngbāo

おでこ 额头 étóu ♦~が広い 额头宽 étóu kuān

おてつだい【お手伝い】 ♦~さん 阿姨 āyí; 女佣 nǚyōng ♦~しましょう 我来帮帮忙吧 wǒ lái bāngbang máng ba

おてのもの【お手の物】 拿手 náshǒu

おてもり【お手盛り】 为自己打算 wèi zìjǐ dǎsuan; 公事私办 gōngshì sī bàn

おてやわらか【お手柔らか-に】 ♦~に願います 请手下留情 qǐng shǒuxià liúqíng

おてん【汚点】 污点 wūdiǎn ♦~を残す 留下污点 liúxià wūdiǎn

おてんきや【お天気屋】 喜怒无常的人 xǐnù wúcháng de rén

おてんば【お転婆】 淘气的姑娘 táoqì de gūniang

おと【音】 声音 shēngyīn; 声响 shēngxiǎng ♦足~ 脚步声 jiǎobùshēng ♦~の高低 音高 yīngāo ♦~の大小 音强 yīnqiáng ♦~を遮断する 隔音 géyīn ♦~を立てる 作响 zuòxiǎng ♦~に聞く 闻名 wénmíng

おとうさん【お父さん】 爸 bà; 爸爸 bàba; 爹 diē

おとうと【弟】 弟弟 dìdi ♦~弟子 师弟 shīdì

おどおど-する 怯生生 qièshēngshēng; 战战兢兢 zhànzhànjīngjīng

おどかす【脅かす】 ❶《びっくりさせて~》 吓 xià; 吓唬 xiàhu ♦突然現れて~ 突然出现吓人一跳 tūrán chūxiàn xià rén yítiào ❷《恐れさせる》威逼 wēibī; 威吓 wēihè ♦刃物をちらつかせて~ 挥着刀子威胁 huīzhe dāozi wēixié

おとぎばなし【お伽噺】 童话 tónghuà; 民间故事 mínjiān gùshi

おどける 逗乐儿 dòulèr; 谐谑 xiéxuè ♦おどけ顔 鬼脸 guǐliǎn

おとこ【男】 男子汉 nánzǐhàn; 男人 nánrén ♦~を上げる[下げる] 露脸 [丢脸] lòuliǎn[diūliǎn] ♦~が立つ 体面 zuòliàn ♦~を作る 有情夫 yǒu qíngfū

おとこぎ【男気】 义气 yìqi; 大丈夫气概 dàzhàngfū qìgài

おとこぎらい【男嫌い】 讨厌男人的女人 tǎoyàn nánrén de nǚrén

おとこごころ【男心】 男人的心 nánrén de xīn; 男子气概 nánzǐ qìgài

おとこざかり【男盛り】 壮年 zhuàngnián

おとこじょたい【男所帯】 没有女人的家庭 méiyǒu nǚrén de jiātíng

おとこのこ【男の子】 男孩儿 nánháir

おとこぶり【男振り】 ♦~のよい 仪表堂堂 yíbiǎo tángtáng

おとこまえ【男前】 美男子 měinánzǐ

おとこまさり【男勝り-の】 巾帼丈夫 jīnguó zhàngfū; 不让须眉的(女子) bú ràng xūméi de (nǚzǐ)

おとこもの【男物】 男用物品 nányòng wùpǐn

おとこやく【男役】 男角 nánjué

おとごぜめ【男責め】 鳏夫 guānfū

おとこらしい【男らしい】 有男子气概 yǒu nánzǐ qìgài ♦男 男子汉 nánzǐhàn; 须眉男子 xūméi nánzǐ

おとこらしさ【男らしさ】 丈夫气 zhàngfūqì

おとさた【音沙汰】 消息 xiāoxi; 音信 yīnxìn ♦~がない 杳无音信 yǎowú yīnxìn

おとしあな【落し穴】 陷阱 xiànjǐng ♦~を掘る 设陷阱 shè xiànjǐng ♦~のある話 有圈套的话 yǒu quāntào de huà

おとしいれる【陥れる】 谋害 móuhài; 陷害 xiànhài

おとしご【落し子】 后果 hòuguǒ ♦产物 chǎnwù ♦冷戦の~ 冷战的恶果 lěngzhàn de èguǒ

おとしだま【お年玉】 压岁钱 yāsuìqián

おとしめる【貶める】 贬低 biǎndī

おとしもの【落し物】 遗失物品 yíshī wùpǐn; 失物 shīwù ♦~が返ってきた 失落的东西回来了 shīluò de dōngxi huílái le

おとす【落す】 ❶《落下させる》掉 diào; 摔 shuāi ♦バトンを~ 掉接力棒 diào jiēlìbàng ❷《なくす》命を~ 丢性命 diū xìngmìng ♦财布

おどす【脅す】 威胁 wēixié; 威吓 wēihè

おとずれ【訪れ】 访问 fǎngwèn; 来访 láifǎng ◆春の～ 春天来临 chūntiān láilín

おとずれる【訪れる】 访问 fǎngwèn; 找 zhǎo ◆親戚を～ 探亲 tànqīn ◆チャンスが～ 机会来临 jīhuì láilín

おととい【一昨日】 前天 qiántiān; 前日 qiánrì

おととし【一昨年】 前年 qiánnián

おとな【大人】 成人 chéngrén; 大人 dàrén ◆～になる 成人 chéngrén ◆～げない 孩子气 háizǐqì; 没大人气概 méi dàrén qìgài ◆～びる 像大人样 xiàng dàrén yàng

おとなしい【大人しい】 老实 lǎoshi; 温顺 wēnshùn ◆～犬 驯顺的狗 xùnshùn de gǒu ◆おとなしくしなさい 老实点吧 lǎoshi diǎn ba

おとめざ【乙女座】 室女座 shìnǚzuò

おとも【お供】 陪同 péitóng; 随员 suíyuán ◆～を奉陪 fèngpéi; 做伴 zuòbàn

おとり【囮】 钓饵 diào'ěr; 诱子 yóu-zi ◆～捜査 利用诱饵的搜查 lìyòng yòu'ěr de sōuchá

おどり【踊り】 舞蹈 wǔdǎo; 跳舞 tiàowǔ

おどりあがる【躍り上がる】 跳起来 tiàoqǐlai

おどりかかる【躍りかかる】 猛扑上去 měng pūshàngqu

おどりこむ【躍り込む】 闯进 chuǎngjìn

おどりでる【躍り出る】 跳出 tiàochū; 跳到 tiàodào ◆トップに～ 跃到顶点 yuèdào dǐngdiǎn

おどりば【踊り場】〔階段の〕 楼梯平台 lóutī píngtái

おとる【劣る】 差 chà ◆品質が～ 质量差 zhìliàng chà ◆…に劣らない 不亚于 búyàyú

おどる【踊る】 舞蹈 wǔdǎo; 舞蹈 wǔdǎo ◆心が～ 心 xīn tiào ◆文字が～ 字迹龙飞凤舞 zìjì lóng fēi fèng wǔ

おとろえ【衰え】 衰老 shuāilǎo; 衰弱 shuāiruò

おとろえる【衰える】 衰弱 shuāiruò;

衰微 shuāiwēi ◆足腰が～ 腿腰衰退 yāotuī shuāituī ◆人気が～ 声望下降 shēngwàng xiàjiàng

おどろかす【驚かす】 惊动 jīngdòng; 吓 xià ◆世間を～ 轰动社会 hōngdòng shèhuì

おどろき【驚き】 惊骇 jīnghài; 惊讶 jīngyà ◆～を隠せない 隐瞒不了惊异 yǐncángbùliǎo jīngyì

おどろく【驚く】 吃惊 chī jīng; 惊讶 jīngyà; 吓人 xiàrén

おどろくべき【驚くべき】 惊人的 jīngrén de ◆～な成果 惊人的成就 jīngrén de chéngjiù

おないどし【同い年】 同岁 tóngsuì

おなか【お腹】 肚子 dùzi ◆～が痛い 肚子疼 dùzi téng ◆～が減る 肚子饿 dùzi è

オナガザル【尾長猿】 长尾猴 chángwěihóu

おながれ【お流れ-になる】 中止 zhōngzhǐ; 告吹 gàochuī

おなさけ【お情け】 情谊 qíngyì; 怜悯 liánmǐn ◆～にすがる 靠情面 kào qíngmiàn

おなじ【同じ】 一样 yíyàng; 同一 tóngyī ◆～穴の貉 一丘之貉 yì qiū zhī hé

おなら 屁 pì ◆～をする 放屁 fàngpì

おに【鬼】 鬼 guǐ ◆鬼心を～にする 硬着心肠 yìngzhe xīncháng ◆学問の～ 埋头做学问的人 máitóu zuò xuéwèn de rén ◆～に金棒 如虎添翼 rú hǔ tiān yì ◆～の居ぬ間の洗濯 阎王不在，小鬼翻天 yánwáng búzài, xiǎoguǐ fāntiān ◆～の首を取ったように 如获至宝 rú huò zhì bǎo ◆～の目にも涙 顽石也会点头 wánshí yě huì diǎntóu

おにぎり【お握り】 饭团 fàntuán

おにごっこ【鬼ごっこ】 捉迷藏 zhuōmícáng ◆～をする 玩捉迷藏 wán zhuōmícáng

おにもつ【お荷物-になる】 包袱 bāofu; 无用人员 wúyòng rényuán

おね【尾根】 山脊 shānjǐ; 山梁 shānliáng ◆～伝い 沿着山脊 yánzhe shānjǐ

おねがい【お願い-する】 求 qiú; 请求 qǐngqiú ◆どうか～します 求求您 qiúqiu nín

おの【斧】 斧头 fǔtou; 斧子 fǔzi

おのおの【各々】 各 gè; 各自 gèzì

おのずから【自ずから】 自 zì; 自然 zìrán ◆～知れよう 自然会明白 zìrán huì míngbai

おののく【戦く】 战抖 zhàndǒu; 发抖 fādǒu ◆恐れ～ 恐惧发抖 kǒngjù fādǒu

おのぼりさん【お上りさん】 乡下佬

xiāngxiàlǎo

オノマトペ 象声词 xiàngshēngcí; 拟声词 nǐshēngcí

おのれ【己れ】 自己 zìjǐ ◆～を知る 有自知之明 yǒu zìzhī zhī míng

おばあさん【お婆さん】 ❶《年寄り》老婆儿 lǎopór; 老大娘 lǎodàniáng; 老太婆 lǎotàipó ❷《父方の祖母》奶奶 nǎinai ❸《母方の祖母》姥姥 lǎolao

オパール 蛋白石 dànbáishí

おばけ【お化け】 妖怪 yāoguài; 鬼怪 guǐguài ◆～が出る 闹鬼 nàoguǐ ◆～屋敷 闹鬼的大宅子 nàoguǐ de dàzháizi

おはこ【十八番】 拿手戏 náshǒuxì; 专长的技艺 zhuāncháng de jìyì

おばさん【小母(叔母・伯母)さん】 ❶《父の姉》伯母 bómǔ; 姑母 gūmǔ ❷《父の妹》姑母 gūmǔ; 婶婶 shěnshen ❸《母の姉・妹》姨母 yímǔ; 舅母 jiùmǔ ❹《年配の女性》阿姨 āyí; 大婶 dàshěn; 大娘 dàniáng

おはち【お鉢】 ◆やっと～が回ってきた 好容易轮到我了 hǎoróngyì lún dào wǒ le

おはよう【お早う】 早安 zǎo'ān ◆～ございます 早安 zǎo'ān; 您早 nín zǎo; 早上好 zǎoshang hǎo

おはらいばこ【お払い箱】 开除 kāichú; 解雇 jiěgù; 炒鱿鱼 chǎo yóuyú

おび【帯】 带子 dàizi ◆～を締める 系上带子 jìshàng dàizi ◆～を解く 解开带子 jiěkāi dàizi

おびえる【脅(怯)える】 害怕 hàipà; 畏惧 wèijù

おびきだす【誘き出す】 引诱出来 yǐnyòuchūlái

おびきよせる【誘き寄せる】 引诱过来 yǐnyòuguòlái

おびただしい【夥しい】 浩瀚 hàohàn; 累累 lěilěi ◆～数の传单满天飞 chéng qiān shàng wàn; 不胜枚举 bú shèng méi jǔ

おひつじざ【牡羊座】 白羊座 báiyángzuò

おひとよし【お人好し】 老好人 lǎohǎorén; 老实人 lǎoshirén

オピニオン 意见 yìjiàn; 主张 zhǔzhāng ◆～リーダー 舆论领袖 yúlùn lǐngxiù

おびふう【帯封】 封带 fēngdài

おびやかす【脅かす】 威胁 wēixié; 威吓 wēihè

おひゃくど【お百度】 ◆～を踏む 百般央求 bǎibān yāngqiú

おひらき【お開き】《会などを》 ◆～にする 散会 sànhuì; 结束 jiéshù

おびる【帯びる】 带 dài ◆任务を～

承担任务 chéngdān rènwu ◆现实味を～ 带有现实味 dàiyǒu xiànshíwèi ◆酒气を～ 带酒气 dài jiǔqì

おひれ【尾鳍】 ◆～を付ける 添枝加叶 tiān zhī jiā yè

おひろめ【お披露目】《-をする》 披露 pīlù; 宣布 xuānbù

オファー《商取引》 报价 bàojià; 发价 fājià

オフィシャル 正式的 zhèngshì de; 公认的 gōngrèn de

オフィス 办公室 bàngōngshì ◆～街 公司街 gōngsījiē

オブザーバー 观察员 guāncháyuán; 旁听人 pángtīngrén

おぶさる【負ぶさる】《背中に》 背 bēi; 驮 tuó; 依靠 yīkào; 靠人帮助 kào rén bāngzhù

オプション 选择 xuǎnzé; 选择权 xuǎnzéquán; 选项 xuǎnxiàng

オフセット《印刷の》 胶版印刷 jiāobǎn yìnshuā; 胶印 jiāoyìn

おぶつ【汚物】《ごみ》 垃圾 lājī; 《排泄物》屎尿 shǐniào

オブラート 糯米纸 nuòmǐzhǐ ◆ことばを～に包む 闪烁其词 shǎnshuò qí cí

オフリミット 禁止进入 jìnzhǐ jìnrù

おふる【お古】 旧衣物 jiù yīwù; 别人用过的旧东西 biérén yòngguo de jiù dōngxi

オフレコ 非正式发言 fēizhèngshì fāyán; 不得发表的 bù dé fābiǎo de

おべっか ◆～を使い 哈巴狗 hābagǒu ◆～を使う 阿谀奉承 āyú fèngchéng; 拍马屁 pāi mǎpì

オペック(OPEC)《石油输出国機構》石油输出国组织 Shíyóu Shūchūguó Zǔzhī

オペラ 歌剧 gējù ◆～グラス 小望远镜 xiǎo wàngyuǎnjìng

オペレーター 话务员 huàwùyuán; 操纵员 cāozòngyuán

オペレッタ 喜剧性歌剧 xǐjùxìng gējù

おべんちゃら 奉承 fèngcheng ◆～を言う 说奉承话 shuō fèngchenghuà

おぼえ【覚え】 记忆 jìyì; 经验 jīngyàn ◆～がいい 记性好 jìxing hǎo ◆身に～がない 没有那样的经验 méiyǒu nàyàng de jīngyàn ◆腕に～がある 自信有本领 zìxìn yǒu běnlǐng ◆～がめでたい 受器重 shòu qìzhòng

おぼえがき【覚え書き】 备忘录 bèiwànglù; 笔记 bǐjì ◆～を送る 照会 zhàohuì

おぼえている【覚えている】 记得 jì-

おぼえる 【覚える】 ❶〈記憶〉记住 jìzhù; 记忆 jìyì ❷〈感觉〉感动をを～受到感动 shòudào gǎndòng ♦寒さを～感到冷 gǎndào lěng

おぼつかない【覚束ない】 靠不住 kàobuzhù ♦足取り～ 脚步不稳 jiǎobù bùwěn ♦成功は～ 成功的把握不大 chénggōng de bǎwò bú dà

おぼっちゃん【お坊ちゃん】 公子哥儿 gōngzǐgēr

おぼれる【溺れる】〈水に〉溺水 nìshuǐ; 〈ふける〉耽溺 dānnì; 沉湎 chénmiǎn ♦海で～ 在海里溺水 zài hǎili nìshuǐ ♦酒に～ 沉湎于酒 chénmiǎnyú jiǔ

おぼろ【朧】 朦胧 ménglóng; 模糊 móhu ♦朧月夜 月色朦胧的夜晚 yuèsè ménglóng de yèwǎn

おぼろげ【朧げ-な】 模糊 móhu; 恍惚 huǎnghū ♦～に見える 隐现 yǐnxiàn ♦～ながら 模模糊糊的 mómóhūhū de

おまいり【お参り】 参拜 cānbài; 拜败 bài

おまえ【お前】 你 nǐ

おまけ【お負け】〈品物〉附带的赠品 fùdài de zèngpǐn; 〈値段〉减价 jiǎnjià ♦～に〈その上に〉而且 érqiě

おまつり【お祭り】 节日庆祝; 祭日 jìrì ♦騒ぎ 狂欢 kuánghuān

おまもり【お守り】 护身符 hùshēnfú

おまる 便盆 biànpén; 马桶 mǎtǒng

おまわりさん【お巡りさん】 巡警 xúnjǐng; 警察 jǐngchá

おみくじ【お御籤】 神签 shénqiān ♦～を引く 求签 qiúqiān

おみそれ【お見それ-する】 没认出来 méi rènchūlai ♦～いたしました 我有眼不识泰山了 wǒ yǒu yǎn bùshí Tàishān le

おむつ【御襁褓】 尿布 niàobù

オムレツ 菜肉蛋卷 càiròu dànjuǎn; 洋式煎蛋卷 yángshì jiāndànjuǎn

おめい【汚名】 臭名 chòumíng ♦～を返上する 洗刷臭名 xǐshuā chòumíng

おめおめ 恬不知耻 tián bù zhī chǐ ♦～とは引き下がれない 不能乖乖地下台 bù néng guāiguāi de xià tái

おめかし-する 妆饰 zhuāngshì; 打扮 dǎban

おめずおくせず【怯めず臆せず】 毫不畏惧地 háobú wèijù de

おめだま【お目玉】 申斥 shēnchì ♦先生から～を食う 挨老师的责备 ái lǎoshī de zébèi

おめでた【御目出度】 喜事 xǐshì ❶〈結婚〉结婚 jiéhūn ❷〈妊娠〉妊娠 rènshēn ♦彼女は～だ 她有了 tā yǒu le; 她有喜了 tā yǒu xǐ le

おめでとう【御目出度う】 恭喜 gōngxǐ ♦新年～ 新年好 xīnnián hǎo ♦入学～ 恭喜入学 gōngxǐ rùxué ♦誕生日～ 生日快乐 shēngrì kuàilè ♦结婚～ 恭喜结婚 gōngxǐ jiéhūn

おめにかかる【お目に掛かる】 拜会 bàihuì; 拜见 bàijiàn

おめみえ【お目見え-する】 初次见面 chūcì jiànmiàn ♦初～ 首次亮相 shǒucì liàngxiàng

おもい【思い】 想头 xiǎngtou; 思绪 sīxù ♦～にふける 默想 mòxiǎng ♦～の丈を述べる 倾诉衷肠 qīngsù zhōngcháng ♦～を焦がす 感到焦急 gǎndào jiāojí ♦～を遂げる 遂愿 suìyuàn; 满足心愿 mǎnzú xīnyuàn ♦～を巡らす 想来想去 xiǎnglái xiǎngqu

おもい【重い】 沉重 chénzhòng; 体重が～ 身子重 shēnzi zhòng ♦荷物 沉重的行李 chénzhòng de xíngli ♦責任が～ 责任重大 zérèn zhòngdà ♦～病気 重病 zhòngbìng ♦気が～ 心情沉重 xīnqíng chénzhòng ♦腰が～ 懒得动 lǎnde dòng ♦口が～ 不爱说话 bú ài shuōhuà

おもいあがる【思い上がる】 骄傲 jiāo'ào; 自高自大 zì gāo zì dà; 妄自尊大 wàng zì zūn dà

おもいあたる【思い当たる】 想到 xiǎngdào; 猜到 cāidào

おもいあまる【思い余る】 不知如何是好 bùzhī rúhé shì hǎo

おもいうかべる【思い浮かべる】 想起 xiǎngqǐ; 想像 xiǎngxiàng

おもいおこす【思い起こす】 回想 huíxiǎng; 想起 xiǎngqǐ

おもいおもいに【思い思いに】 各随己愿 gè suí jǐ yuàn

おもいかえす【思い返す】〈回顧〉回想 huíxiǎng; 〈再考〉重新考虑 chóngxīn kǎolǜ

おもいがけず【思いがけず】 不料 búliào; 想不到 xiǎngbudào; 料不到 liàobudào

おもいがけない【思いがけない】 出乎意料 chūhū yìliào; 出人意料 chū rén yìliào

おもいきって【思い切って】 毅然 yìrán; 大胆 dàdǎn ♦～反论する 反驳 hěnxīn fǎnbó

おもいきり【思い切り】 敞开儿 chǎngkāir; 尽情 jìnqíng ♦～のよい 果决 guǒjué ♦～泳ぐ 痛快游泳 tòngkuai yóuyǒng

おもいきる【思い切る】 断念 duànniàn; 想开 xiǎngkāi

おもいこみ【思い込み】 認定 rèndìng; 确信 quèxìn ♦～が激しい 固执己见 gùzhí jǐjiàn

おもいこむ【思い込む】 坚信 jiānxìn; 认定 rèndìng

おもいしる【思い知る】 深深认识到 shēnshēn rènshidào; 领会到 lǐnghuìdào

おもいすごし【思い過ごし】 过虑 guòlǜ

おもいだす【思い出す】 想起 xiǎngqǐ; 回忆 huíyì

おもいたつ【思い立つ】 起念头 qǐniàntóu ♦思い立ったが吉日 哪天想做哪天就是吉日 nǎ tiān xiǎng zuò nǎ tiān jiùshì jírì

おもいちがい【思い違い(=をする)】 想错 xiǎngcuò; 误会 wùhuì

おもいつき【思い付き】 主意 zhǔyi ♦～の発言 临时想到的发言 línshí xiǎngdào de fāyán

おもいつく【思い付く】 想出来 xiǎngchūlai; 想到 xiǎngdào

おもいつめる【思い詰める】 想不开 xiǎngbukāi; 想得太远 xiǎngde tài yuǎn

おもいで【思い出】 回忆 huíyì ♦～にひたる 怀旧 huáijiù ♦～を语る 话旧 huàjiù

おもいどおり【思い通り】 如意 rúyì; 如愿 rúyuàn ♦～になる[ならい] 称心 chènxīn[不如意] ♦～の結果 满意的结果 mǎnyì de jiéguǒ

おもいとどまる【思い止まる】 打消念头 dǎxiāo niàntou

おもいなおす【思い直す】 转念 zhuǎnniàn; 重新考虑 chóngxīn kǎolǜ

おもいなやむ【思い悩む】 烦恼 fánnǎo; 苦恼 kǔnǎo

おもいのこす【思い残す】 遗憾 yíhàn ♦～ことはない 死而无憾了 sǐ ér wú hàn le; 没有任何牵挂 méiyǒu rènhé qiānguà

おもいのほか【思いの外】 出乎意料 chūhū yìliào; 意外 yìwài

おもいのまま【思いのまま】 随心所欲 suí xīn suǒ yù ♦～にふるまう 想怎么做就怎么做 xiǎng zěnme zuò jiù zěnme zuò

おもいまどう【思い惑う】 犹豫不决 yóuyù bùjué

おもいめぐらす【思い巡らす】 反复考虑 fǎnfù kǎolǜ

おもいもよらない【思いも寄らない】 万没想到 wàn méi xiǎngdào

おもいやられる【思い遣られる】 ♦先が～ 前途不堪设想 qiántú bù kān shèxiǎng

おもいやり【思い遣り】 关怀 guānhuái; 体贴 tǐtiē ♦～深い 关切 guānqiè; 热心 rèxīn

おもいやる【思い遣る】 关怀 guānhuái; 同情 tóngqíng

おもいわずらう【思い煩う】 忧虑 yōulǜ

おもう【思う】 认为 rènwéi; 想 xiǎng; 以为 yǐwéi; 觉得 juéde

おもうぞんぶん【思う存分】 纵情 zòngqíng; 尽量 jǐnliàng ♦～を腕を挥(ふる)う 大显身手 dà xiǎn shēnshǒu

おもうつぼ【思う壺】 ♦それこそ相手の～だ 那正是他们所期望的 nà zhèngshì tāmen suǒ qīwàng de

おもうまま【思うまま】 尽情 jìnqíng; 任意 rènyì

おもおもしい【重々しい】 严肃 yánsù; 庄重 zhuāngzhòng

おもかげ【面影】 风貌 fēngmào; 幼い顷の～が残っている 儿时的模样犹存 érshí de múyàng yóu cún

おもかじ【面舵】 右转舵 yòu zhuǎnduò ♦～いっぱい 右满舵 yòu mǎnduò

おもくるしい【重苦しい】 沉闷 chénmèn; 沉重 chénzhòng ♦～零囲気 沉闷的气氛 chénmèn de qìfēn

おもさ【重さ】 分量 fēnliàng; 重量 zhòngliàng ♦～を量る 称重量 chēng zhòngliàng

おもざし【面差し】 脸庞 liǎnpáng; 面貌 miànmào ♦～が母親に似ている 模样像母亲 múyàng xiàng mǔqīn

おもし【重し】 镇石 zhènshí ♦～をする 用重物压住 yòng zhòngwù yāzhù

おもしろい【面白い】 有意思 yǒu yìsi; 有趣 yǒuqù ♦～映画 有趣的电影 yǒuqù de diànyǐng ♦白くない 没趣 méiqù; 没劲儿 méijìnr

おもしろさ【面白さ】 趣味 qùwèi; 乐趣 lèqù

おもしろはんぶん【面白半分(=に)】 半取乐地 bàn qǔlè de; 半玩耍地 bàn wánshuǎ de

おもしろみ【面白味】 趣味 qùwèi; 情趣 qíngqù ♦～がない 乏味 fáwèi; 无聊 wúliáo

おもたい【重たい】 重 zhòng; 沉重 chénzhòng

おもだった【主立った】 主要 zhǔyào ♦～月刊誌 主要的月刊 zhǔyào de yuèkān

おもちゃ【玩具】 玩具 wánjù; 玩意儿 wányìr ♦～にする 摆弄 bǎinòng; 玩弄 wánnòng

おもて【表】 ❶〈外〉 外面 wàimiàn;

おもてがわ ― おやもと

外头 wàitou ◆~を歩く 出去外头散步 chūqù wàitou sànbù ❷《表面》面儿 miànr；正面 zhèngmiàn

おもてがわ【表側】 正面 zhèngmiàn

おもてぐち【表口】 前门 qiánmén

おもてざた【表沙汰】 ◆~になる 公开化 gōngkāihuà；表面化 biǎomiànhuà

おもてだつ【表立つ】 公开 gōngkāi ◆表立った動き 公开的行动 gōngkāi de xíngdòng

おもてどおり【表通り】 大街 dàjiē

おもてむき【表向き】 表面 biǎomiàn ◆~は繁昌しているが… 表面上好象兴隆… biǎomiànshang hǎoxiàng xīnglóng ... ◆~は病気ということだが… 公开说是有病… gōngkāi shuō shì yǒubìng ...

おもてもん【表門】 大门 dàmén；前门 qiánmén

おもな【主な】 主要 zhǔyào

おもながい【面長】 长脸 chángliǎn

おもに【主に】 主要 zhǔyào

おもに【重荷】 担子 dànzi；重担 zhòngdàn ◆~を背负う 负重 fùzhòng ◆~に感じる 感觉沉重 gǎnjué chénzhòng

おもねる【阿る】 阿谀 ēyú；趋奉 qūfèng

おもはゆい【面映い】 不好意思 bùhǎoyìsi；难为情 nánwéiqíng

おもみ【重み】 分量 fènliàng；斤两 jīnliǎng ◆~のある意見 有分量的见解 yǒu fènliàng de jiànjiě

おももち【面持ち】 神色 shénsè；脸色 liǎnsè ◆不安な~ 不安的神色 bù'ān de shénsè

おもむき【趣】 风趣 fēngqù；风味 fēngwèi ◆~のある 雅致 yǎzhì

おもむく【赴く】 前往 qiánwǎng

おもむろに【徐ろに】 慢慢地 mànmàn de ◆~に話し出す 慢慢地出口 mànmàn de shuōchu kǒu

おもや【母屋】 上房 shàngfáng；正房 zhèngfáng

おもゆ【重湯】 米汤 mǐtāng

おもり【錘[重り]】《秤の》秤砣 chèngtuó；《釣りの》坠子 zhuìzi

おもり【御守り】 ❶《こどもの》看孩子 kān háizi ❷《比喻的》照顾 zhàogù；对待 duìdài ◆~社长 照顾总经理 zhàogù zǒngjīnglǐ

おもわく【思惑】 意图 yìtú；用意 yòngyì ◆~通りに 如愿以偿 rúyuànyǐcháng；如愿 rúyuàn ◆~がはずれる 事与愿违 shì yǔ yuàn wéi

おもわしくない【思わしくない】 不理想 bùlǐxiǎng；不如意 bùrúyì

おもわず【思わず】 不由得 bùyóude；禁不住 jīnbuzhù ◆~口から出る 脱口而出 tuō kǒu ér chū ◆~声を出す 失声 shīshēng

おもわせぶり【思わせ振り-な】 做作 zuòzuo；造作 zàozuo

おもいがけず【思いがけず】→ おもいがけない

おもいがけない【思いがけない】 意外 yìwài；出乎意料 chūhū yìliào

おもわぬ【思わぬ】 意外 yìwài；意想不到 yìxiǎng bú dào

おもわれる【思われる】 ❶《人に》被认为 bèi rènwéi ◆彼女からは友人だと思われている 被她认做朋友 bèi tā rènzuò péngyou ❷《…のように见える》~自叙と～ 看来是自以为 kànlai shì zìshà

おもんじる【重んじる】 尊重 zūnzhòng；注重 zhùzhòng

おや【親】 父母 fùmǔ；双亲 shuāngqīn ◆亲会社 母公司 mǔgōngsī ◆~の腿をかじる 靠父母吃饭 kào fùmǔ chīfàn ◆~の欲目 父母偏爱 fùmǔ piān'ài

おやかた【親方】《店の》老板 lǎobǎn；《職人などの》师傅 shīfu

おやくしょ【お役所】 机关 jīguān ◆~仕事 官僚作风 guānliáo zuòfēng

おやこ【親子】 父母和子女 fùmǔ hé zǐnǚ ◆~電话 分装电话 fēnzhuāng diànhuà

おやこうこう【親孝行】 孝顺 xiàoshùn

おやごころ【親心】 父母心 fùmǔxīn；《比喻》父母般的关怀 fùmǔ bān de guānhuái

おやじ【親父】 ❶《父親》父亲 fùqīn ❷《男の店主》老板 lǎobǎn

おやしお【親潮】 亲潮 Qīncháo

おやしらず【親知らず】《歯》智齿 zhìchǐ

おやすみ【お休み-なさい】《就寝のあいさつ》晚安 wǎn'ān

おやだま【親玉】 头目 tóumù；头子 tóuzi

おやつ【お八つ】 点心 diǎnxin；零食 língshí ◆三時の~ 三点钟的零食 sān diǎnzhōng de língshí

おやばか【親馬鹿】 一味疼爱孩子的糊涂父母 yīwèi téng'ài háizi de hútu fùmǔ

おやふこう【親不孝】 不孝 búxiào ◆~息子 逆子 nìzǐ

おやぶん【親分】 头目 tóumù；主子 zhǔzi

おやま【女形】 旦角 dànjué

おやもと【親元】 父母家 fùmǔjiā ◆~で暮らす 在父母家生活 zài fùmǔjiā shēnghuó ◆~を离れる 离开父母家 líkāi fùmǔjiā

おやゆずり【親譲り-の】父母遗传 fùmǔ yíchuán ♦けんかっ早いのは～だ 爱吵架是父母传下来的坏习惯 ài chǎojià shì fùmǔ chuánxiàlái de

おやゆび【親指】大拇指 dàmǔzhǐ; 拇指 mǔzhǐ

およぎ【泳ぎ】游泳 yóuyǒng ♦～がうまい 很会游泳 hěn huì yóuyǒng ♦水性好 shuǐxìng hǎo

およぐ【泳ぐ】游泳 yóuyǒng; 泅水 qiúshuǐ ♦泳げる 会游水 huì yóushuǐ

およそ【凡そ】❶(一般に) ♦～人間たるもの 凡是做人的 fánshì zuò rén de ❷(ほぼ) 大概 dàgài: 大约 dàyuē ♦～100 年 大约一百年 dàyuē yìbǎi nián ❸(まったく) ♦～意味がない 根本没有意义 gēnběn méiyǒu yìyì

およばずながら【及ばず乍ら】虽然力量微薄 suīrán lìliang wēibó

およばない【及ばない】❶必要がない 用不着 yòngbuzháo ❷(かなわない) 不及 bùjí; 比不上 bǐbushàng ♦足元にも～ 根本不如 gēnběn bùrú

および【及び】以及 yǐjí

およびごし【及び腰】(姿勢) 欠身哈腰 qiànshēn hāyāo;《消極的》胆怯 dǎnqiè; 对待 duìdài

およぶ【及ぶ】涉及 shèjí; 达到 dádào ♦長さ100mに～ 长达一百米 chángdá yìbǎi mǐ ♦講話は2時間に及んだ 讲话达两小时之久 jiǎnghuà dá liǎng xiǎoshí zhī jiǔ ♦被害が多方面に～ 损害涉及很多方面 sǔnhài shèjí hěn duō fāngmiàn ♦仕事に影響が～ 影响工作 yǐngxiǎng gōngzuò

およぼす【及ぼす】使…受到 shǐ…shòudào ♦影響を～ 影响 yǐngxiǎng ♦被害を～ 带来损失 dàilái sǔnshī

オランウータン 猩猩 xīngxing

おり【折】时候 shíhou ♦～を見て良い機会を見つける 有机会见机以 yǒu jīhuì jiànjī yǐ ♦お越しの～ 您来的时候 nín lái de shíhou

おりあい【折り合い】(中 相互关系) xiānghù guānxì;《妥協》♦～がつく[つかない] 和解[不能和解] héjiě [bù néng héjiě]

おりあう【折り合う】迁就 qiānjiù; 互让让步 hùràng ràngbù

おりあしく【折悪しく】偏偏 piānpiān; 偏巧 piānqiǎo

おりいって【折り入って】♦～ご相談があるのですが 有事要特地和您商量 yǒu shì yào tèdì hé nín shāngliang

オリーブ 油橄榄 yóugǎnlǎn; 橄榄 gǎnlǎn ♦～油 橄榄油 gǎnlǎnyóu

オリエンタリズム 东方学 dōngfāngxué; 东方趣味 dōngfāng qùwèi

オリエンテーション 入学教育 rùxué jiàoyù; 新人教育 xīnrén jiàoyù

オリエンテーリング 越野识途比赛 yuèyě shítú bǐsài

オリエント 东方 dōngfāng

おりおり【折々】随时 suíshí ♦四季～の草花 四季应时的花草 sìjì yìngshí de huācǎo

オリオン《星座》猎户座 lièhùzuò

おりかえし【折り返し】折回 zhéhuí ♦～点 折回点 zhéhuídiǎn ♦～電話する 立即回电话 lìjí huí diànhuà

おりかえす【折り返す】折回 zhéhuí; 返回 fǎnhuí ♦途中で～ 半路上返回 bànlùshang fǎnhuí

おりかさなる【折り重なる】叠摞起来 diéluòqǐlai ♦～倒れる 一个一个地倒下 yíge yíge de dǎoxià

おりがみ【折り紙】折纸 zhézhǐ ♦～を折る 折纸 zhézhǐ ♦～付き 素有定评 sù yǒu dìngpíng

おりから【折から】正在那时 zhèng zài nà shí

おりこむ【織り込む】织入 zhīrù ♦話題に～ 插在话题里 chāzài huàtílǐ ♦～文集に～ 编进文集里 biānjìn wénjílǐ

オリジナル 原物 yuánwù; 原创 yuánchuàng ♦～テープ 原版带 yuánbǎndài

おりしも【折しも】正当那时 zhèngdāng nà shí

おりたたみがさ【折り畳み傘】折叠伞 zhédiésǎn

おりたたむ【折り畳む】叠 dié; 折叠 zhédié

おりづめ【折り詰め】盒装 hézhuāng; 盒装的饭菜 hézhuāng de fàncài

おりなす【織り成す】

おりまげる【折り曲げる】折弯 zhéwān

おりまぜる【織り交ぜる】穿插 chuānchā ♦話に後日談を～ 故事中穿插一些日后谈 gùshizhōng chuānchā yìxiē rìhòután

おりめ【折り目】褶子 zhězi ♦～正しい 规矩 guīju

おりもの【織物】布匹 bùpǐ; 织物 zhīwù ♦絹～ 丝绸 sīchóu

おりよく【折よく】碰巧 pèngqiǎo; 好在 hǎozài

おりる【下[降]りる】下 xià ♦車から～ 下车 xiàchē ♦山を～ 下山 xiàshān ♦主役を～ 退出主角 tuìchū

zhǔjué 許可が~ 许可下来 xǔkě xiàlái／霜が~ 下霜 xiàshuāng

オリンピック 奥林匹克运动会 Àolínpǐkè Yùndònghuì；奥运会 Àoyùnhuì ◆~村 奥运村 Àoyùn cūn ◆国際~委員会 国际奥委会 Guójì Àowěihuì

おる【織る】织布

おる【折る】打断 dǎduàn；折 zhé ◆枝を~ 折树枝 zhé shùzhī ◆骨を~ 辛苦 xīnkǔ；（人のために）尽力 jìnlì ◆話の腰を~ 打断话头儿 dǎduàn huàtóur

オルガン 风琴 fēngqín

オルゴール 八音盒 bāyīnhé

おれ【俺】咱 zán；我 wǒ

おれい【お礼】~を言う 道谢 dàoxiè；致谢 zhìxiè ◆~を贈る 送礼 sònglǐ

おれきれき【お歴々】显要人物 xiǎnyào rénwù

おれる【折れる】折 zhé；折断 duàn ◆肋骨が折れた 肋骨折了 lèigǔ zhé le ◆左に~ 往左拐 wǎng zuǒ guǎi ◆ずいぶんと骨が~ 非常费力气 fēicháng fèi lìqi ◆自分から~（妥協する）主动让步 zhǔdòng ràngbù

オレンジ 橙子 chéngzi ◆~色の 橙黄 chénghuáng；橘黄 júhuáng

おろおろ-する 张皇失措 zhānghuáng shīcuò

おろか【愚か-な】傻 shǎ；愚蠢 yúchǔn；呆笨 dāibèn ◆~者 草包 cǎobāo；蠢货 chǔnhuò

おろかしい【愚かしい】糊涂 hútu；愚蠢 yúchǔn

おろしうり【卸売り-する】批发 pīfā；批卖 pīmài ◆~価格 批发价格 pīfā jiàgé

おろしたて【下ろし立て】刚开始用的 gāng kāishǐ yòng de ◆~を着る 穿上刚做好的新衣服 chuānshàng gāng zuòhǎo de xīnyīfu

おろしね【卸値】批发价 pīfājià

おろす【卸す】批发 pīfā；批卖 pīmài

おろす【下（降）ろす】◆カバンを~ 放下书包 fàngxià shūbāo ◆肩の荷を~ 卸下重担 xièxià zhòngdàn ◆腰を~ 坐下 zuòxià ◆貯金を~ 提取存款 tíqǔ cúnkuǎn ◆魚を~ 切开鱼 qiēkāi yú ◆大根を~ 擦萝卜丝 cā luóbosī ◆根を~ 扎根 zhāgēn ◆髪を~ 削发 xuēfà

おろそか【疎か】忽然 shūhu；草率 cǎoshuài ◆~にしてはいけない 不能忽视 bù néng hūshì ◆勉強を~に 放松学习 fàngsōng xuéxí

おわらい【お笑い】笑料 xiàoliào；

噱头 xuétou ◆~芸人 滑稽演员 huájī yǎnyuán

おわらいぐさ【お笑い草】笑柄 xiàobǐng；笑料 xiàoliào

おわらせる【終わらせる】结束 jiéshù；收场 shōuchǎng

おわり【終わり】结局 jiéjú；末尾 mòwěi ◆~にする 结束 jiéshù；结束收拾 shōushù ◆~を告げる 告终 gàozhōng；终结 zhōngjié ◆旅の~ 途的终点 lǚtú de zhōngdiǎn

おわる【終わる】结束 jiéshù；完毕 wánbì ◆仕事が~ 工作结束 gōngzuò jiéshù ◆成功地~ 成功地完成 chénggōng de wánchéng ◆食べ~ 吃完 chīwán ◆敗北に~ 以失败告终 yǐ shībài gàozhōng

おん【恩】恩情 ēnqíng ◆~に着る 领情 lǐngqíng ◆~に着せる 要人感恩 yào rén gǎn'ēn ◆~を仇（あだ）で返す 吃里爬外 chī lǐ pá wài；恩将仇报 ēn jiāng chóu bào ◆~を売る 送人情 sòng rénqíng

おんいき【音域】音域 yīnyù

おんいん【音韻】音韵 yīnyùn ◆~学 声韵学 shēngyùnxué；音韵学 yīnyùnxué

オンエア 正在广播 zhèngzài guǎngbō

おんかい【音階】音阶 yīnjiē

おんがえし【恩返し-する】报恩 bào ēn

おんがく【音楽】音乐 yīnyuè ◆~理论 乐理 yuèlǐ ◆~家 音乐家 yīnyuèjiā ◆~会 音乐会 yīnyuèhuì

おんかん【音感】音感 yīngǎn ◆~がいい 音感很强 yīngǎn hěn qiáng ◆~教育 音感教育 yīngǎn jiàoyù

おんぎ【恩義】恩义 ēnyì ◆~に背く 忘恩负义 wàng ēn fù yì ◆~を受ける 受恩情 shòu ēnqíng

おんきょう【音響】音响 yīnxiǎng ◆~効果 音响效果 yīnxiǎng xiàoguǒ

おんけい【恩恵】恩惠 ēnhuì；雨露 yǔlù ◆~を蒙る 受惠 shòuhuì

おんけん【穏健-な】稳健 wěnjiàn ◆~派 稳健派 wěnjiànpài

おんこう【温厚-な】温厚 wēnhòu；敦厚 dūnhòu

おんこちしん【温故知新】温故知新 wēn gù zhī xīn

オンザロック 加冰块的威士忌 jiā bīngkuài de wēishìjì

おんし【恩師】恩师 ēnshī

おんしつ【温室】温室 wēnshì；暖房 nuǎnfáng ◆~栽培 温室培育 wēnshì péiyù ◆~効果 温室效应 wēnshì xiàoyìng

おんしっぷ【温湿布】热敷 rèfū
おんしゃ【恩赦】恩赦 ēnshè
おんじゅん【温順-な】温顺 wēnshùn
おんしょう【恩賞】奖赏 jiǎngshǎng ◆～にあずかる 受到赏赐 shòudao shǎngcì
おんしょう【温床】温床 wēnchuáng ◆悪の～ 邪恶的温床 xié'è de wēnchuáng
おんじょう【恩情】恩情 ēnqíng
おんじょう【温情】温情 wēnqíng
おんしょく【音色】音色 yīnsè; 音质 yīnzhì
おんしらず【恩知らず】忘恩负义之徒 wàng'ēn fùyì zhī tú
おんしん【音信】消息 xiāoxi; 音信 yīnxìn ◆～不通 杳无音信 yǎo wú yīnxìn
おんじん【恩人】恩人 ēnrén ◆命の～ 救命恩人 jiùmìng ēnrén
おんすい【温水】温水 wēnshuǐ; 暖水 nuǎnshuǐ ◆～プール 温水游泳池 wēnshuǐ yóuyǒngchí
おんせい【音声】语音 yǔyīn ◆～学 语音学 yǔyīnxué ◆～記号 音标 yīnbiāo ◆～言語 口头语 kǒutóuyǔ
おんせつ【音節】音节 yīnjié; 音缀 yīnzhuì
おんせん【温泉】温泉 wēnquán
おんそ【音素】音素 yīnsù; 音位 yīnwèi
おんそく【音速】声速 shēngsù; 音速 yīnsù ◆超～旅客機 超音速客机 chāoyīnsù kèjī
おんぞん【温存-する】保存 bǎocún
おんたい【温帯】温带 wēndài ◆～低気圧 温带低气压 dīqìyā
おんだん【温暖】温暖 wēnnuǎn; 温和 wēnhé ◆～な気候 温暖的气候 wēnnuǎn de qìhòu
おんち【音痴】左嗓子 zuǒsǎngzi; 五音不全 wǔyīn bùquán ◆方向～ 不善于辨别方向 bú shànyú biànbié fāngxiàng
おんちゅう【御中】公启 gōngqǐ ◆常任理事会～ 常任理事会公启 chángrèn dǒngshìhuì gōngqǐ
おんちょう【恩寵】恩宠 ēnchǒng; 恩泽 ēnzé ◆～を受ける 得到恩宠 dédào ēnchǒng
おんちょう【音調】音调 yīndiào
おんてい【音程】音程 yīnchéng ◆～が狂う 走调儿 zǒudiàor
オンデマンド 联网实时 liánwǎng shíshí
おんてん【恩典】恩典 ēndiǎn
おんど【温度】温度 wēndù ◆～が高い[低い] 温度高[低] wēndù gāo [dī]

おんど【音頭】◆～をとる 领头 lǐngtóu; 倡导 chàngdǎo ◆乾杯の～をとる 带头祝酒 dàitóu zhùjiǔ
おんとう【穏当-な】稳妥 wěntuǒ; 妥当 tuǒdang ◆～でない 不妥当 bù tuǒdang
おんどく【音読-する】读 dú; 念 niàn
おんどけい【温度計】寒暑表 hánshǔbiǎo; 温度计 wēndùjì
おんどさ【温度差】温差 wēnchā
おんどり【雄鶏】公鸡 gōngjī
おんな【女】女人 nǚrén; 女性 nǚxìng; 女的 nǚ de
おんながた【女形】花旦 huādàn
おんなぎらい【女嫌い】讨厌女人的男人 tǎoyàn nǚrén de nánrén
おんなごころ【女心】女人心 nǚrénxīn
おんなざかり【女盛り】女子最美好的时期 nǚzǐ zuì měihǎo de shíqí
おんなしゅじん【女主人】女主人 nǚzhǔrén
おんなずき【女好き】喜欢女人 xǐhuan nǚrén; 好女色 hào nǚsè
おんなたらし【女たらし】色鬼 sèguǐ; 色狼 sèláng
おんなっけ【女っ気】有女人在场的气氛 yǒu nǚrén zàichǎng de qìfēn
おんなのこ【女の子】❶〈子供〉女孩儿 nǚháir; 妞妞 niūniu ❷〈若い女〉姑娘 gūniang
おんなもの【女物】妇女用品 fùnǚ yòngpǐn
おんのじ【御の字】难得 nándé; 够好 gòuhǎo ◆引分けなら～だ 打成平局就好极了 dǎchéng píngjú jiù hǎojí le
おんぱ【音波】声波 shēngbō; 音波 yīnbō
オンパレード 全班出演 quánbān chūyǎn
おんぴょうもじ【音標文字】音标 yīnbiāo ◆万国～ 国际音标 guójì yīnbiāo
おんびん【穏便】温和 wēnhé; 稳妥 wěntuǒ ◆～に取り計らう 温和处理 wēnhé chǔlǐ
おんぶ-する ❶〈背負う〉背 bēi; 背负 bēifù ◆子供を～する 背小孩儿 bēi xiǎoháir ❷〈頼る〉依靠 yīkào ◆人に～する 依赖别人 yīlài biérén ◆～にだっこ 万事求人 wànshì qiú rén
おんぷ【音符】音符 yīnfú
おんぷ【音譜】乐谱 yuèpǔ
オンブズマン 行政监查员 xíngzhèng jiǎncháyuán
おんぼろ【-な】褴褛 lánlǚ; 破烂 pòlàn ◆～長屋 破旧的长房公寓 pòjiù

おんやく【音訳】音译 yīnyì
オンライン　在线 zàixiàn；联机 liánjī ♦～ショッピング 网上购物 wǎngshàng gòuwù ♦～ユーザー 网民 wǎngmín ♦～データベース 联机数据库 liánjī shùjùkù ♦～システム 联机系统 liánjī xìtǒng ♦～コミュニケーション 联机通讯 liánjī tōngxùn de chángfáng gōngyù

おんりつ【音律】音律 yīnlǜ；音调 yīndiào
おんりょう【怨霊】冤魂 yuānhún
おんりょう【音量】响度 xiǎngdù；音量 yīnliàng ♦～を上げる［下げる］提高［降低］音量 tígāo[jiàngdī] yīnliàng
おんわ【温和-な】温和 wēnhé；平和 pínghé

か

か【可】《成績》及格 jígé
かか【課】❶《教科書の》课 kè ❷《役所・会社の》科 kē ▶庶務~ 总务科 zǒngwùkē
か【蚊】蚊子 wénzi ◆~に食われる 被蚊子咬 bèi wénzi yǎo
が【我】自己 zìjǐ ◆~を張る 执意 zhíyì；拗 niù
ガ【蛾】蛾子 ézi
カーオーディオ 汽车音响 qìchē yīnxiǎng
ガーゼ 纱布 shābù
カーソル 《コンピュータの》光标 guāngbiāo
カーディガン 对襟毛衣 duìjīn máoyī
ガーデニング 家庭园艺 jiātíng yuányì
カーテン 窗帘 chuānglián；帘子 liánzi；幔帐 mànzhàng ◆~を開ける 拉开窗帘 lākāi chuānglián
カート 手推车 shǒutuīchē
カード 卡片 kǎpiàn ◆クレジット~ 信用卡 xìnyòngkǎ ◆クリスマス~ 圣诞卡 shèngdànkǎ ◆好~《野球などの》好编组 hǎo biānzǔ
ガードマン 警卫 jǐngwèi；保安 bǎo'ān
カートリッジ 墨水笔芯 mòshuǐ bǐxīn;《プリンターの》墨盒 mòhé；硒鼓 xīgǔ
カーナビ 车载导航仪 chēzài dǎohángyí
カーニバル 狂欢节 kuánghuānjié
カーネーション 香石竹 xiāngshízhú；康乃馨 kāngnǎixīn
ガーネット 石榴石 shíliúshí
カーブ 曲线 qūxiàn；弯子 wānzi ◆左に~をきる 左转弯 zuǒzhuǎnwān ◆~を投げる《野球で》投曲线球 tóu qūxiànqiú ◆右に~した道 向右拐的道路 xiàng yòu guǎi de dàolù
カーフェリー 汽车渡轮 qìchē dùlún
カーペット 地毯 dìtǎn
カーボンし【カーボン紙】复写纸 fùxiězhǐ
カーボンブラック 碳黑 tànhēi
ガーリック 大蒜 dàsuàn
カーリング 《スポーツ》冰壶 bīnghú
カール 鬈 quán ◆~した髪 卷曲的头发 juǎnqū de tóufa
かい【下位】下级 xiàjí；低位 dīwèi
かい【会】会 huì；会议 huìyì ◆研究~ 研究会 yánjiūhuì
かい【回】回 huí；次 cì；遍 biàn；届 jiè ◆3~繰り返す 重复三次 chóngfù sān cì
かい【階】层 céng；楼 lóu ◆二~の部屋 二楼的房间 èr lóu de fángjiān
かい【貝】贝 bèi
かい【甲斐】效果 xiàoguǒ ◆~がある［ない］ [不]值得 [bù]zhídé
かい【櫂】桨 jiǎng
がい【害】害 hài；害处 hàichù；危害 wēihài ◆~を受ける 受害 shòuhài ◆~する《感情を》伤害 shānghài
-がい【-甲斐】效果 xiàoguǒ；意义 yìyì ◆やり~がある 很有干头 hěn yǒu gàntou ◆教え~がない 等于白教 děngyú báijiāo
がいあく【害悪】毒害 dúhài；危害 wēihài
かいあさる【買い漁る】搜购 sōugòu；到处收购 dàochù shōugòu
かいいき【海域】海域 hǎiyù；水域 shuǐyù
かいいぬ【飼い犬】家犬 jiāquǎn
かいいん【会員】会员 huìyuán
がいいんぶ【外陰部】阴门 yīnmén
かいうん【海運】海运 hǎiyùn；水运 shuǐyùn ◆~業 海运业 hǎiyùnyè
かいえん【開演】开场 kāichǎng；开演 kāiyǎn ◆~のベル 开场铃 kāichǎnglíng
かいおうせい【海王星】海王星 hǎiwángxīng
かいおき【買い置き】购备 gòubèi ◆~する 储购 chǔgòu
かいか【階下】楼下 lóuxià
かいが【絵画】绘画 huìhuà ◆~展 画展 huàzhǎn
がいか【外貨】外币 wàibì；外汇 wàihuì ◆~預金 外币存款 wàibì cúnkuǎn
かいかい【開会】开会 kāihuì ◆~の辞 开幕词 kāimùcí ◆~式 开幕式 kāimùshì
かいがい【海外】海外 hǎiwài ◆~旅行 海外旅行 hǎiwài lǚxíng ◆~進出 进入国外市场 jìnrù guówài shìchǎng
がいかい【外界】外界 wàijiè ◆~との接触を断つ 断绝与外界接触 duànjué yǔ wàijiè jiēchù
かいがいしい 利落 lìluo；麻利 máli
かいかく【改革-する】改革 gǎigé；维新 wéixīn
がいかく【外角】外角 wàijiǎo ❶《数学》内角と~ 内角和外角 nèijiǎo hé wàijiǎo ❷《野球》~低めの直球 外角低球 wàijiǎo dīqiú

かいかしき【開架式】 開架式 kāijiàshì
かいかつ【快活-な】 快活 kuàihuo
がいかつ【概括-する】 概括 gàikuò; 总括 zǒngkuò
かいかぶる【買い被る】 估计过高 gūjì guò gāo
かいがら【貝殻】 贝壳 bèiké ♦～細工 贝雕 bèidiāo
かいかん【会館】 会馆 huìguǎn; 会堂 huìtáng
かいかん【快感】 快感 kuàigǎn ♦～をおぼえる 感到愉快 gǎndào yúkuài
かいがん【海岸】 海岸 hǎi'àn ♦～線 海岸线 hǎi'ànxiàn
がいかん【外観】 外表 wàibiǎo; 外观 wàiguān
がいかん【概観-する】 概观 gàiguān; 概况 gàikuàng; 一览 yīlǎn
かいき【怪奇】 离奇 líqí; 古怪 gǔguài ♦～現象 怪异现象 guàiyì xiànxiàng
かいぎ【会議】 会议 huìyì ♦～場 会场 huìchǎng
かいぎ【懐疑】 怀疑 huáiyí ♦～的な意見 怀疑的意见 huáiyí de yìjiàn
かいきしょく【皆既食】 全食 quánshí ♦皆既月食 月全食 yuèquánshí ♦皆既日食 日全食 rìquánshí
かいきゅう【階級】 阶级 jiējí ♦～争 阶级斗争 jiējí dòuzhēng ♦～制 等级制 děngjízhì
かいきゅう【懐旧】 怀旧 huáijiù ♦～の情 怀旧之情 huáijiù zhī qíng
かいきょ【快挙】 壮举 zhuàngjǔ ♦史上初の— 历史上第一次的壮举 lìshǐshang dìyī cì de zhuàngjǔ
かいきょう【回教】 回教 Huíjiào; 伊斯兰教 Yīsīlánjiào; 清真教 Qīngzhēnjiào ♦～寺 礼拜寺 lǐbàisì; 清真寺 qīngzhēnsì
かいきょう【海峡】 海峡 hǎixiá
かいぎょう【改行-する】 提行 tíháng; 另起一行 lìng qǐ yì háng
かいぎょう【開業-する】 开办 kāibàn; 挂牌 guàpái ♦～开业 kāiyè; 开张 kāizhāng ♦～医 开业医生 kāiyè yīshēng
がいきょう【概況】 概况 gàikuàng; 轮廓 lúnkuò ♦天気— 天气概况 tiānqì gàikuàng
かいきん【皆勤-する】 全勤 quánqín
がいきん【外勤】 外勤 wàiqín
かいきんシャツ【開襟シャツ】 翻领衬衫 fānlǐng chènshān
かいぐん【海軍】 海军 hǎijūn
かいけい【会計】 会计 kuàijì ♦～課 会计课 kuàijìkè ♦～係 会计 kuàijì; 账房 zhàngfáng ♦～監査 会计监察 kuàijì jiānchá ♦～士 (公認) 会计师 kuàijìshī ♦～年度 会计年度 kuàijì niándù
かいけつ【解決-する】 解决 jiějué; 开交 kāijiāo; 了结 liǎojié ♦～の手掛かり 门径 ménjìng
かいけん【会見-する】 会见 huìjiàn; 接见 jiējiàn ♦～記者 接见记者 jiējiàn jìzhě
かいげん【戒厳】 戒严 jièyán ♦～令をしく 下戒严令 xià jièyánlìng
がいけん【外見】 外观 wàiguān; 外貌 wàimào; 外表 wàibiǎo ♦～がいい (悪い) 外观好 [不好] wàiguān hǎo [bùhǎo]
かいこ【解雇-する】 解雇 jiěgù; 工 cígōng; 解聘 jiěpìn
かいこ【回顧-する】 回顾 huígù; 忆 huíyì ♦～録 回忆录 huíyìlù
カイコ【蚕】 蚕 cán; 家蚕 jiācán; 桑蚕 sāngcán
かいご【介護-する】 照护 zhàohù; 护理 hùlǐ
かいこう【海溝】 海沟 hǎigōu
かいこう【開校-する】 建校 jiànxiào ♦～記念日 建校纪念日 jiànxiào jìniànrì
かいこう【邂逅-する】 邂逅 xièhòu
かいごう【会合-する】 集会 jíhuì; 聚会 jùhuì ♦～を開く 召开聚会 zhàokāi jùhuì
がいこう【外交】 外交 wàijiāo ♦～官 外交官 wàijiāoguān ♦～特権 外交特权 wàijiāo tèquán ♦～辞令 外交辞令 wàijiāo cílìng ♦～チャンネル 外交途径 wàijiāo tújìng ♦～員 跑外的 pǎowài de; 外勤 wàiqín
かいこういちばん【開口一番】 一开口说 yì kāikǒu shuō
がいこうてき【外向的】 外向型 wàixiàngxíng
かいこく【戒告】 警告 jǐnggào ♦～処分 警告处分 jǐnggào chǔfèn
がいこく【外国】 外国 wàiguó ♦～語 外文 wàiwén; 外语 wàiyǔ ♦～人 外国人 wàiguórén ♦～為替 外汇 wàihuì
がいこつ【骸骨】 尸骨 shīgǔ
かいこん【悔恨】 悔恨 huǐhèn ♦～の念にかられる 悔恨得难过 huǐhènde nánguò
かいこん【開墾-する】 开垦 kāikěn
かいさい【開催-する】 举办 jǔbàn; 行 jǔxíng; 召开 zhàokāi
かいざい【介在-する】 夹在里面 jiāzài lǐmiàn
がいさい【外債】 外债 wàizhài
かいさく【改作-する】 改编 gǎibiān

改写 gǎixiě
かいさつ【改札-する】 剪票 jiǎnpiào ◆~口 剪票处 jiǎnpiàochù
かいさん【解散-する】 ❶〔団体行動など〕解散 jiěsàn ◆現地に~ 当地解散 dāngdì jiěsàn ❷〔法人など〕解散 jiěsàn; 裁撤 cáichè ◆部署を~する 解散部门 jiěsàn bùmén
かいざん【改竄-する】 改窜 gǎicuàn; 篡改 cuàngǎi
がいさん【概算-する】 概算 gàisuàn
かいさんぶつ【海産物】 海产 hǎichǎn; 水产品 shuǐchǎnpǐn
かいし【開始-する】 开始 kāishǐ; 着手 zhuóshǒu
がいし【外資】 外资 wàizī ◆~企业 外资企业 wàizī qǐyè
がいじ【外耳】 外耳 wài'ěr ◆~炎 外耳炎 wài'ěryán
がいして【概して】 大致 dàzhì; 总的来说 zǒngde lái shuō
かいしめる【買い占める】 全部收购 quánbù shōugòu
かいしゃ【会社】 公司 gōngsī ◆~员 公司职员 gōngsī zhíyuán
かいしゃ【回車】 外国汽车 wàiguó qìchē
かいしゃく【解釈-する】 解释 jiěshì; 理解 lǐjiě
かいしゅう【回収-する】 收回 shōuhuí; 回收 huíshōu
かいしゅう【改宗-する】 改变宗教信仰 gǎibiàn zōngjiào xìnyǎng
かいしゅう【改修-する】 维修 wéixiū; 改建 gǎijiàn ◆~工事 改建工程 gǎijiàn gōngchéng
かいじゅう【怪獣】 怪兽 guàishòu
かいじゅう【懐柔-する】 怀柔 huáiróu ◆~政策 怀柔政策 huáiróu zhèngcè
がいじゅうないごう【外柔内剛】 皮软骨头硬 pí ruǎn gǔtou yìng
がいしゅつ【外出-する】 出门 chūmén; 出去 chūqù ◆ただいま~中です 现在外出 xiànzài wàichū
かいしゅん【改悛-する】 悔改 huǐgǎi ◆~の情 悔改之意 huǐgǎi zhī yì
かいしょ【楷書】 楷书 kǎishū
かいじょ【介助-する】 起居辅助 qǐjū fǔzhù
かいじょ【解除-する】 解除 jiěchú; 撤消 chèxiāo ◆规制を~する 撤销限制 chèxiāo xiànzhì
かいしょう【解消-する】 消除 xiāochú; 取消 qǔxiāo ◆婚约を~する 解除婚约 jiěchú hūnyuē ◆不安を~する 打消不安 dǎxiāo bù'ān
かいしょう【甲斐性】 要强心 yàoqiángxīn ◆~がある[ない] 有[没有]志气 yǒu[méiyǒu] zhìqì

かいじょう【会場】 会场 huìchǎng
かいじょう【海上】 海上 hǎishàng ◆~交通 海上交通 hǎishàng jiāotōng ◆~输送 海上运输 hǎishàng yùnshū
かいじょう【開場】 开场 kāichǎng
かいじょう【階上】 楼上 lóushàng
がいしょう【外傷】 创伤 chuāngshāng ◆~を负う 负伤 fùshāng
がいしょう【外相】 外交部长 wàijiāobùzhǎng
かいしょく【会食-する】 会餐 huìcān; 聚餐 jùcān
かいしょく【解職-する】 解职 jiězhí
がいしょく【外食-する】 在外就餐 zàiwài jiùcān ◆外餐 wàicān ◆~产业 餐饮业 cānyǐnyè
かいしん【会心】 得意 déyì ◆~の笑み 会心之笑 huìxīn zhīxiào ◆~作 得意之作 déyì zhīzuò
かいしん【回診-する】 查病房 chá bìngfáng
かいしん【改心-する】 改悔 gǎihuǐ; 改过自新 gǎiguò zìxīn
かいず【海図】 海图 hǎitú
かいすい【海水】 海水 hǎishuǐ
かいすいよく【海水浴】 海水浴 hǎishuǐyù ◆~场 海滨浴场 hǎibīn yùchǎng
かいすう【回数】 次数 cìshù ◆~を数える 数次数 shǔ cìshù ◆~券 本票 běnpiào
がいすう【概数】 概数 gàishù
かいする【解する】 理解 lǐjiě; 懂 dǒng ◆ユーモアを~ 懂得幽默 dǒngde yōumò
がいする【害する】 害 hài; 伤害 shānghài ◆气分を~ 有损情绪 yǒusǔn qíngxù; 得罪 dézuì
かいせい【快晴】 晴朗 qínglǎng
かいせい【改正-する】 修改 xiūgǎi; 改正 gǎizhèng ◆時刻表の~ 修改时刻表 xiūgǎi shíkèbiǎo
かいせき【解析-する】 剖析 pōuxī ◆~幾何学 解析几何 jiěxī jǐhé
かいせつ【解説-する】 说明 shuōmíng; 讲解 jiǎngjiě ◆~者 讲解员 jiǎngjiěyuán ◆~书 说明书 shuōmíngshū
かいせつ【開設-する】 开设 kāishè; 办 bàn; 设立 shèlì ◆銀行口座を~する 开设银行帐户 kāishè yínháng zhànghù
がいせつ【概説】 概说 gàishuō; 要说 yàolüè
かいせん【改選-する】 改选 gǎixuǎn
かいせん【開戦-する】 开战 kāizhàn
かいせん【疥癬】 疥 jiè; 疥疮 jièchuāng

かいせん【回線】 电路 diànlù; 回路 huílù ♦～がつながる 线路接通 xiànlù jiētōng
かいぜん【改善-する】 改善 gǎishàn; 改进 gǎijìn; 改良 gǎiliáng ♦～策 改进方法 gǎijìn fāngfǎ ♦～の余地がある 有改善的余地 yǒu gǎishàn de yúdì
がいせん【凱旋-する】 凯旋 kǎixuán; 奏捷归来 zòujié guīlái
がいせん【外線】《電話の》外线 wàixiàn
がいぜんせい【蓋然性】 盖然性 gàiránxìng
かいそ【開祖】 鼻祖 bízǔ; 开山祖师 kāishān zǔshī
かいそう【回想-する】 回想 huíxiǎng; 回忆 huíyì; 追想 zhuīxiǎng; 追忆 zhuīyì ♦～にふける 陷入回忆 xiànrù huíyì ♦～録 回忆录 huíyìlù
かいそう【改装-する】 改装 gǎizhuāng; 整修 zhěngxiū
かいそう【海草】 海藻 hǎizǎo; 海菜 hǎicài
かいそう【回送】 ❶《転送》转寄 zhuǎnjì; 转送 zhuǎnsòng ❷《電車など》开空车 kāi kōngchē 回车库 huí chēkù ♦～車 空车 kōngchē
かいそう【階層】 阶层 jiēcéng
かいぞう【改造-する】 改造 gǎizào ♦組織を～する 改造组织 gǎizào zǔzhī
かいぞえ【介添え-する】 陪护 péihù
かいそく【会則】 会章 huìzhāng ♦～に従う 遵守会规 zūnshǒu huìguī
かいそく【快速】 快速 kuàisù; 高速 gāosù ♦～艇 汽艇 qìtǐng; 快艇 kuàitǐng
かいぞく【海賊】 海盗 hǎidào ♦～版 海盗版 hǎidàobǎn; 盗版 dàobǎn
かいたい【解体-する】《建物·機械などの》拆 chāi; 拆除 chāichú; 拆卸 chāixiè ♦大楼を～工事 大楼拆毁工程 dàlóu chāihuǐ gōngchéng ❷《組織などの》♦財閥を～する 解散财阀 jiěsàn cáifá
かいだい【改題-する】 改换标题 gǎihuàn biāotí
かいたく【開拓-する】 开拓 kāituò; 拓荒 tuòhuāng ♦～者 拓荒者 tuòhuāngzhě ♦市場を～する 开辟市场 kāipì shìchǎng
かいだく【快諾-する】 慨允 kǎiyǔn
かいたす【買い足す】 添置 tiānzhì
かいだす【掻い出す】 淘出 táochū
かいだめ【買い叩く】 杀价 shājià
かいだめ【買いだめ-する】 国积 túnjī
がいため【外為】《外国為替》外汇
wàihuì
かいだん【会談-する】 会谈 huìtán ♦～要録 会谈纪要 huìtán jìyào ♦首脳～ 首脳会谈 shǒunǎo huìtán
かいだん【怪談】 鬼怪故事 guǐguài gùshì
かいだん【階段】 ❶《建物の中の》楼梯 lóutī ❷《門前などの》台阶 táijiē ♦～を上がる 上台阶 shàng táijiē
ガイダンス 学习指导 xuéxí zhǐdǎo
かいちく【改築-する】 改建 gǎijiàn
かいちゅう【回虫】 蛔虫 huíchóng
かいちゅう【海中】 海里 hǎilǐ; 海中 hǎizhōng ♦～公園 海中公园 hǎizhōng gōngyuán
かいちゅう【懐中】 ♦～电灯 电筒 diàntǒng ♦～電灯 手电筒 shǒudiàntǒng ♦～時計 怀表 huáibiǎo
かいちゅう【害虫】 害虫 hàichóng ♦～を駆除する 驱除害虫 qūchú hàichóng
がいちゅう【外注】 向外部订货 xiàng wàibù dìnghuò; 外包 wàibāo
かいちょう【会長】 会长 huìzhǎng
かいちょう【快調-な】 顺当 shùndang; 顺利 shùnlì
がいちょう【害鳥】 害鸟 hàiniǎo
かいつう【開通-する】 通车 tōngchē; 开通 kāitōng ♦高速道路の～ 开通高速公路 kāitōng gāosù gōnglù ♦電話回线の～ 开通电话线 kāitōng diànhuàxiàn
かいつける【買い付ける】 采购 cǎigòu; 收购 shōugòu
かいつまむ【掻い摘む】 摘 zhāi ♦かいつまんで話す 扼要地讲 èyào de jiǎng
かいて【買い手】 买主 mǎizhǔ ♦～が付く 有买主 yǒu mǎizhǔ
かいてい【改定-する】 修改 xiūgǎi
かいてい【改訂-する】 改订 gǎidìng; 修订 xiūdìng ♦～版 修订版 xiūdìngbǎn
かいてい【海底】 海底 hǎidǐ ♦～ケーブル 海底电缆 hǎidǐ diànlǎn ♦～トンネル 海底隧道 hǎidǐ suìdào ♦～油田 海底油田 hǎidǐ yóutián
かいてい【開廷-する】 开庭 kāitíng
かいてき【快適-な】 舒适 shūshì; 舒坦 shūtǎn; 舒服 shūfu; 快意 kuàiyì ♦～な乗り心地 乘坐舒服 chéngzuò shūfu
がいてき【外敵】 外敌 wàidí
かいてん【回転-する】 转 zhuàn; 运转 yùnzhuǎn; 转动 zhuàndòng ♦～《資金などを》周转 zhōuzhuǎn ♦～運動 旋转运动 xuánzhuǎn yùndòng ♦～競技《スキー》 转弯比赛 zhuǎnwān bǐsài ♦

~数 转速 zhuǎnsù ♦～ドア 旋转门 xuánzhuǎnmén ♦～椅子 转椅 zhuànyǐ ♦～木馬 旋转木马 xuánzhuǎn mùmǎ ♦～頭の～が 脑子转得快 nǎozi zhuànde kuài ♦客の～が良い店 顾客周转循环快 gùkè zhōuzhuǎn xúnhuán kuài

かいてん【開店-する】开店 kāidiàn ♦新規～開设 kāishè；开张 kāizhāng ♦～は午前9時だ 上午九点开门 shàngwǔ jiǔ diǎn kāimén

がいでん【外電】外电 wàidiàn

ガイド 向导 xiàngdǎo；导游 dǎoyóu ♦観光～ 观光导游 guānguāng dǎoyóu ♦～ブック 旅行指南 lǚxíng zhǐnán

かいとう【解凍-する】化冻 huàdòng；《コンピュータ》解压 jiěyā

かいとう【解答-する】答卷 dájuàn；答案 dá'àn ♦～用紙 答卷 dájuàn

かいとう【回答-する】回答 huídá；回复 huífù；答复 dáfù ♦問い合わせに～する 回答询问 huídá xúnwèn

カイドウ【海棠】海棠 hǎitáng

がいとう【街灯】街灯 jiēdēng；路灯 lùdēng

がいとう【街頭】街头 jiētóu ♦～演説 街头演讲 jiētóu yǎnjiǎng

がいとう【該当-する】符合 fúhé ♦～者 合适的人选 héshì de rénxuǎn

がいとう【外灯】门灯 méndēng；屋外の电灯 wūwài de diàndēng

かいどく【買い得】买得合算 mǎide hésuàn；经济实惠 jīngjì shíhuì

かいどく【解読-する】破译 pòyì

がいどく【害毒】毒 dú；毒害 dúhài ♦世の中に～を流す 流毒于社会 liúdúyú shèhuì

ガイドライン 指导方针 zhǐdǎo fāngzhēn

かいとる【買い取る】购买 gòumǎi；买下 mǎixià

かいならす【飼い馴らす】驯服 xùnfú；驯化 xùnhuà；驯养 xùnyǎng

かいなん【海難】海难 hǎinàn；海事 hǎishì ♦～事故 海难事故 hǎinàn shìgù

かいにゅう【介入-する】介入 jièrù；干预 gānyù ♦武力～ 武装干涉 wǔzhuāng gānshè

かいにん【解任-する】撤职 chèzhí；解聘 jiěpìn；解任 jiěrèn；解职 jiězhí

かいぬし【飼い主】饲养者 sìyǎngzhě

かいぬし【買い主】买主 mǎizhǔ

かいね【買い値】买价 mǎijià

がいねん【概念】概念 gàiniàn ♦～図 概念图 gàiniàntú

がいはく【外泊】在外过夜 zài wài guòyè

かいばしら【貝柱】《乾物の》干贝 gānbèi

かいはつ【開発】开发 kāifā；研制 yánzhì ♦新製品を～する 开发新产品 kāifā xīnchǎnpǐn ♦宅地～ 开发住宅用地 kāifā zhùzhái yòngdì

かいばつ【海抜】海拔 hǎibá ♦～300メートル 海拔三百米 hǎibá sānbǎi mǐ

がいはんぼし【外反母趾】外翻拇趾 wàifān mǔzhǐ

かいひ【会費】会费 huìfèi

かいひ【回避-する】回避 huíbì；推脱 tuītuō ♦責任を～する 推脱责任 tuītuō zérèn

かいびゃく【開闢】开天辟地 kāitiān pì dì ♦～以来の珍事 有史以来的新奇事 yǒushǐ yǐlái de xīnqíshì

かいひょう【開票-する】开票 kāipiào

かいひん【海浜】海滨 hǎibīn

がいぶ【外部】外部 wàibù；外界 wàijiè ♦～の人 外人 wàirén；局外人 júwàirén ♦～に情報が漏れる 向外界泄露 xiàng wàijiè xièlòu ♦建物の～ 建筑的外面 jiànzhù de wàimiàn

かいふう【開封-する】启封 qǐfēng；打开信件 dǎkāi xìnjiàn ♦～していない 原封 yuánfēng

かいふく【回復-する】恢复 huīfù；回复 huífù；平复 píngfù；复原 fùyuán ♦景気～ 景气恢复 jǐngqì huīfù；景气回暖 jǐngqì huínuǎn ♦健康を～する 恢复健康 huīfù jiànkāng ♦国家領土を～する 光复 guāngfù ♦国交を～する 恢复邦交 huīfù bāngjiāo ♦天候が～する 天气变好 tiānqì biànhǎo

かいぶつ【怪物】怪物 guàiwù

かいぶん【外聞】声誉 shēngyù ♦～が悪い 不体面 bù tǐmiàn

かいぶんしょ【怪文書】黑信 hēixìn

かいへい【開閉】开关 kāiguān

かいへん【改変-する】更改 gēnggǎi；改变 gǎibiàn

かいへん【改編-する】改编 gǎibiān ♦組織を～する 改编组织 gǎibiān zǔzhī

かいほう【介抱-する】看护 kānhù；照料 zhàoliào

かいほう【会報】会刊 huìkān

かいほう【解放-する】解放 jiěfàng ♦～区 解放区 jiěfàngqū ♦～感 解脱感 jiětuōgǎn

かいほう【快方】见好 jiànhǎo ♦～に向かう 好转 hǎozhuǎn

かいほう【開放-する】開放 kāifàng ◆校庭を～する 对外开放校园 duìwài kāifàng xiàoyuán ◆～的な性格 开朗的性格 kāilǎng de xìnggé
かいほう【解剖-する】解剖 jiěpōu ◆～学 解剖学 jiěpōuxué
かいまく【開幕-する】开幕 kāimù; 开场 kāichǎng ◆～式 开幕典礼 kāimù diǎnlǐ
かいまみる【垣間見る】窥视 kuīshì
かいみょう【戒名】戒名 jièmíng; 法名 fǎmíng
かいむ【皆無】完全没有 wánquán méiyǒu
がいむしょう【外務省】外务省 wàiwùshěng;〈中国の〉外交部 wàijiāobù
かいめい【解明-する】查明 chámíng; 查考 chákǎo; 搞清楚 gǎoqīngchu
かいめい【改名-する】改名 gǎimíng
かいめつ【壊滅-する】溃灭 kuìmiè; 覆灭 fùmiè ◆～させる 毁灭 huǐmiè; 击溃 jīkuì
かいめん【海綿】海绵 hǎimián
かいめん【海面】海面 hǎimiàn ◆～下 海面下 hǎimiànxia
がいめん【外面】外面 wàimiàn; 外部 wàibù; 外貌 wàimào ◆～的な 外见的 wàiguānde; 表面上 biǎomiànshang
かいもく【皆目】完全 wánquán ◆～見当がつかない 全然不明 quánrán bùmíng
かいもの【買い物】买东西 mǎi dōngxi ◆～客 顾客 gùkè ◆得な～をした 买得真便宜 mǎide zhēn piányi
がいや【外野】外场 wàichǎng ❶〈野球の〉～手 外野手 wàiyěshǒu ❷〈部外者〉～は口出しをするな 局外人别插嘴 júwàirén bié chāzuǐ
かいやく【解約-する】解约 jiěyuē ◆保险を～する 解除保险合同 jiěchú bǎoxiǎn hétong
かいゆ【快癒-する】痊愈 quányù
かいゆう【回遊-する】洄游 huíyóu ◆～魚 回游鱼 huíyóuyú
がいゆう【外遊-する】外游 wàiyóu; 出国旅行 chūguó lǚxíng
かいよう【海洋】大洋 dàyáng; 海洋 hǎiyáng ◆～生物 海洋生物 hǎiyáng shēngwù
かいよう【潰瘍】溃疡 kuìyáng
がいよう【外洋】远洋 yuǎnyáng; 外海 wàihǎi
がいよう【外用-する】外敷 wàifū ◆～薬 外用药 wàiyòngyào
がいよう【概要】大旨 dàzhǐ; 概略 gàilüè; 概要 gàiyào; 纲要 gāngyào

がいらい【外来-の】外来 wàilái ◆～診察 门诊 ménzhěn ◆～诊察時間 门诊時间 ménzhěn shíjiān ◆診療部 门诊部 ménzhěnbù ◆～語 外来语 wàiláiyǔ
かいらく【快楽】享乐 xiǎnglè; 快乐 kuàilè ◆～にふける 沉溺于快乐 chénnìyú kuàilè
かいらん【回覧-する】传阅 chuányuè
かいり【海里】海里 hǎilǐ
かいり【乖離】背离 bèilí; 乖离 guāilí
かいりつ【戒律】戒律 jièlǜ ◆～を遵守する 遵守戒律 zūnshǒu jièlǜ
がいりゃく【概略】大略 dàlüè; 概略 gàilüè; 要略 yàolüè ◆～図 草图 cǎotú
かいりゅう【海流】潮流 cháoliú; 海流 hǎiliú; 洋流 yángliú
かいりょう【改良-する】改良 gǎiliáng ◆品種～ 品种改良 pǐnzhǒng gǎiliáng ◆～の余地がある 有改进的余地 yǒu gǎijìn de yúdì
かいろ【回路】线路 xiànlù; 回路 huílù ◆電子～ 电路 diànlù
かいろ【懐炉】怀炉 huáilú
かいろ【海路】海路 hǎilù; 航道 hángdào
カイロ ～プラクティック 按摩关节治疗法 ànmó guānjié zhìliáofǎ
がいろん【概論】概论 gàilùn
かいわ【会話-する】会话 huìhuà; 谈话 tánhuà ◆～を交わす 交谈 jiāotán ◆～がはずむ 谈得起劲 tánde qǐjìn ◆～に加わる 加入谈话 jiārù tánhuà
かいわい【界隈】附近 fùjìn; 一带 yídài ◆この～ 这附近一带 zhè fùjìn
かう【飼う】养育 yǎngyù; 饲养 sìyǎng ◆ペットを～ 养宠物 yǎng chǒngwù
かう【買う】❶〈購入する〉买 mǎi; 购买 gòumǎi ◆切符を～ 买票 mǎipiào ❷〈身に受ける〉ひんしゅくを～ 招人嫌弃 zhāo rén xiánqì ◆恨みを～ 招人怨恨 zhāo rén yuànhèn ❸〈引き受ける〉まとめ役を買って出る 主动担任总筹者 zhǔdòng dānrèn zǒngchóuzhě ❹〈評価する〉彼女の几帐面さを～ 赏识她的认真 shǎngshí tā de rènzhēn
カウボーイ 牛仔 niúzǎi
ガウン 长袍 chángpáo
カウンセラー 生活顾问 shēnghuó gùwèn; 谈心人 tánxīnrén
カウンセリング 辅导 fǔdǎo; 劝告 quàngào ◆～を受ける 接受咨询 jiēshòu zīxún
カウンター 柜 guì ❶〈商店の〉柜台

guitái：收款处 shōukuǎnchù ❷《図書館などの》出纳台 chūnàtái ❸《計数器》计数器 jìshùqì
カウント-する《数える》计数 jìshù ♦～をとる《ボクシングなどの審判が》记分 jìfēn ♦ノー～ 不 bù jìfēn
カウントダウン-する 倒计时 dàojìshí
かえしん【替え芯】《シャープペンなどの》备用笔芯 bèiyòng bǐxīn
かえす【返す】❶《借りたものを戻す》还 huán；退 tuì：发还 fāhuán ♦借金を～ 赔还 péihuán ♦図書館に本を～ 把书还回图书馆 bǎ shū huánhuí túshūguǎn ♦借りを～ 偿还人情 chánghuán rénqíng ❷《表裏などを逆にする》手のひらを～ 翻掌 fānzhǎng ❸《応対・あいさつなどを～》回礼 huílǐ ♦お言葉を～ようですが 与您意见不同 yǔ nín yìjiàn bù tóng ❹《繰り返す》読み～《本などを》再三阅读 zàisān yuèdú ♦聞き～ 重复询问 chóngfù xúnwèn
かえす【孵す】♦卵を～ 孵卵 fūluǎn
かえだま【替え玉】替身 tìshēn ♦～になる 顶替 dǐngtì ♦～を使う《試験に》打枪 dǎqiāng
かえって【却って】反倒 fǎndào ♦～迷惑をかける 反而增添麻烦 fǎn'ér zēngtiān máfan
カエデ【楓】槭树 qìshù；枫树 fēngshù
かえば【替え刃】刮脸刀片 guāliǎn dāopiàn
かえり【帰り】回家 huíjiā ♦～道 返程 fǎnchéng：归程 guīchéng
かえりみる【省みる】♦我が身を～ 自省 zìxǐng
かえりみる【顧みる】回顾 huígù ♦家庭を～ 顾家 gùjiā ♦顧みない 不顾 bùgù
カエル【蛙】青蛙 qīngwā：田鸡 tiánjī
かえる【換】【替】える 换 huàn：倒 dǎo；《位置や用途を》调动 diàodòng ♦話題を～ 转换话题 zhuǎnhuàn huàtí ♦円を元に～ 把日元兑换成人民币 bǎ Rìyuán duìhuànchéng rénmínbì ♦電池を～ 换电池 huàn diànchí
かえる【帰[返]る】回来 huílái：回去 huíqù：归回 guīhuí ♦家に～ 回家 huíjiā ♦故郷に～ 回故乡 huí gùxiāng ♦野生に～ 回回野生 fǎnhuí yěshēng
かえる【代える】替代 tìdài ♦選手を～ 替换选手 tìhuàn xuǎnshǒu ♦健康には代えられない 健康不可替代 jiànkāng bùkě tìdài
かえる【変える】变 biàn；改 gǎi：变 更 biàngēng；改变 gǎibiàn；转换 zhuǎnhuàn ♦行く先を～ 改变目的地 gǎibiàn mùdìdì ♦意见を～ 改变意见 gǎibiàn yìjiàn
かえる【孵る】孵 fū；孵化 fūhuà ♦卵が～ 孵卵化 luǎn fūhuà
かお【顔】脸 liǎn；脸孔 liǎnkǒng：脸面 liǎnmiàn；面孔 miànkǒng ♦～を洗う 洗脸 xǐliǎn ♦～から血の気が失せる 面无人色 miàn wú rén sè：脸色刷白 liǎnsè shuàbái ♦～に出す《感情を》挂相 guàxiàng ♦～を合わせる 见面 jiànmiàn：碰头 pèngtóu ♦～を真っ赤にする《羞恥や怒りで》面红耳赤 miàn hóng ěr chì ♦～を赤らめる《恥ずかしくて》红脸 hóngliǎn ♦～をつぶす 抹黑 mǒhēi ♦～が利く 有头有脸 yǒu tóu yǒu liǎn ♦～を貸す 替人出面 tì rén chūmiàn ♦合わせる～がない 没脸见人 méiliǎn jiànrén
かおいろ【顔色】脸色 liǎnsè；气色 qìsè：神采 shéncǎi ♦～が良い［悪い］气色好[不好] qìsè hǎo[bùhǎo] ♦～をうかがう 看脸色 kàn liǎnsè
かおかたち【顔形】模样 múyàng
かおく【家屋】房产 fángchǎn；房屋 fángwū：房子 fángzi ♦木造の～ 木头房子 mùtou fángzi
カオス 混沌 hùndùn
かおだち【顔立ち】五官 wǔguān：长相 zhǎngxiàng：脸庞 liǎnpáng；相貌 xiàngmào ♦上品な～ 眉清目秀 méi qīng mù xiù ♦～が整っている 五官端正 wǔguān duānzhèng
かおつき【顔付き】面孔 miànkǒng：面貌 miànmào；面容 miànróng：嘴脸 zuǐliǎn ♦不安そうな～ 表情不安 biǎoqíng bù'ān
かおなじみ【顔馴染み】熟人 shúrén ♦《参加者》人员 rényuán
かおぶれ【顔触れ】成员 chéngyuán；《参加者》人员 rényuán
かおまけ【顔負け】相形见绌 xiāngxíng jiànchù ♦大人～の演技だ 大人也比不上的演技 dàrén dōu bǐbushàng de yǎnjì
かおみしり【顔見知り】相识 xiāngshí；熟人 shúrén ♦～の客 熟客 shúkè
かおむけ【顔向け】见面 jiànmiàn ♦～できる 对得起 duìdeqǐ ♦～できない 对不起 duìbuqǐ；见不得 jiànbude
かおやく【顔役】头面人物 tóumiàn rénwù
かおり【薫[香]り】香味 xiāngwèi；香气 xiāngqì：芬芳 fēnfāng；气味 qìwèi ♦～が漂う 飘香 piāoxiāng ♦～のよい 芬芳 fēnfāng ♦～高い 香

馥馥 xiāngfùfù
がか【画家】 画家 huàjiā；画师 huàshī
かかあでんか【かかあ天下】 老婆当家 lǎopo dāngjiā
かがい【課外】 课外 kèwài ◆～课余 kèyú ◆～活动 课外活动 kèwài huódòng ◆～授业 课外补课 kèwài bǔkè
がかい【瓦解-する】 崩溃 bēngkuì；垮台 kuǎtái；瓦解 wǎjiě
かがいしゃ【加害者】 加害者 jiāhàizhě
かかえる【抱える】 抱 bào；挎 kuà；搂 lōu ◆荷物を～ 抱着行李 bàozhe xíngli ◆仕事を～ 担负工作 dānfù gōngzuò ◆頭を～〈心配事で〉抱头担心 bàotóu dānxīn ◆病気を～ 抱病 bàobìng ◆秘書を～ 雇佣秘书 gùmìshū
カカオ 可可树 kěkěshù；可可豆 kěkědòu
かかく【価格】 价格 jiàgé；价钱 jiàqian ◆～が上がる［下がる］ 价格上涨［下跌］ jiàgé shàngzhǎng[xiàdiē] ◆～を設定する 定价 dìngjià ◆～を表示する 标价 biāojià ◆標準～ 标准价格 biāozhǔn jiàgé
かがく【化学】 化学 huàxué ◆～工業 化工 huàgōng；化学工业 huàxué gōngyè ◆～工場 化工厂 huàgōngchǎng ◆～記号 化学符号 huàxué fúhào ◆～式 化学式 huàxuéshì ◆～繊維 化纤 huàxiān；化学纤维 huàxué xiānwéi ◆～調味料 味精 wèijīng ◆～反応 化学反应 huàxué fǎnyìng ◆～肥料 化肥 huàféi；化学肥料 huàxué féiliào ◆～兵器 毒剂 dújì；化学武器 huàxué wǔqì ◆～変化 化学变化 huàxué biànhuà
かがく【科学】 科学 kēxué ◆～技術 科技 kējì；科学技术 kēxué jìshù ◆～的な 科学的 kēxué de ◆非～的 非科学的 fēi kēxué de
かかげる【掲げる】 悬挂 xuánguà；张挂 zhāngguà ◆看板を～ 悬挂招牌 xuánguà zhāopai ◆目標を～ 高举目标 gāojǔ mùbiāo
かかさず【欠かさず】 从不缺少 cóng bù quēshǎo ◆毎日～ 每天必定 měitiān bìdìng
かかし【案山子】 稻草人 dàocǎorén
かかせない【欠かせない】 短不了 duǎnbuliǎo；少不得 shǎobudé；少不了 shǎobuliǎo
かかと【踵】 跟 gēn；脚跟 jiǎogēn ◆～の高い靴 高跟的鞋 gāogēn de xié
かがみ【鑑】 典范 diǎnfàn ◆～とす

る 借鉴 jièjiàn
かがみ【鏡】 镜子 jìngzi ◆～を見る 看镜子 kàn jìngzi ◆～に映す 照镜子 zhào jìngzi
かがむ【屈む】 哈腰 hāyāo
かがめる【屈める】 ◆腰を～ 弯腰 wānyāo
かがやかしい【輝かしい】 灿烂 cànlàn；光明 guāngmíng；辉煌 huīhuáng ◆～成果 伟绩 wěijì ◆～前途 锦绣前程 jǐnxiù qiánchéng
かがやかせる【輝かせる】 光耀 guāngyào ◆目を～ 两眼发光 liǎngyǎn fāguāng
かがやき【輝き】 光辉 guānghuī；光耀 guāngyào；光泽 guāngzé ◆～を失う 生色 shēngsè ◆～を失う 减色 jiǎnsè
かがやく【輝く】 ❶〈光る〉闪耀 shǎnyào；闪亮 shǎnliàng ◆太陽が～ 太阳闪耀 tàiyang shǎnyào ◆～明亮 míngliàng；玲珑 línglóng ❷〈名誉を授かる〉◆一等賞に～ 荣获一等奖 rónghuò yīděngjiǎng
かかり【係】〈機構の〉股 gǔ；〈担当主管人〉主管人 zhǔguǎnrén ◆～長 股长 gǔzhǎng ◆案内～ 领路员 lǐnglùyuán
かかりいん【係員】 工作人员 gōngzuò rényuán
かかりきり【掛かり切り】 ◆～になる 专管一事 zhuānguǎn yíshì
かかりつけ【掛かり付け-の】 经常就诊 jīngcháng jiùzhěn ◆～の医者 经常就诊的医生 jīngcháng jiùzhěn de yīshēng
かがりび【篝火】 篝火 gōuhuǒ
かかる【掛かる】 花费 huāfèi ◆心に～ 挂 guà ◆お金が～ 费钱 fèiqián ◆時間が～ 费时间 fèi shíjiān ◆手間が～ 费工夫 fèi gōngfu；费事 fèishì
かかる【罹る】 患 huàn；〈得(病)dé(bìng)〉◆病気に～ 患病 huànbìng
かがる【縢る】 织补 zhībǔ；襻 fèn ◆ズボンのすそを～ 缝补裤脚 féngbǔ kùjiǎo
かかわらず【拘らず】 不管 bùguǎn；不论 búlùn；任凭 rènpíng ◆悪天候にも～ 尽管天气恶劣 jǐnguǎn tiānqì èliè
かかわり【関わり】 干系 gānxi；相干 xiānggān ◆～を持つ 牵涉 qiānshè ◆～がない 无干 wúgān；不相干 bù xiānggān
かかわる【関わる】 关系 guānxi；涉及 shèjí；沾手 zhānshǒu；有关 yǒuguān ◆関わり合う 牵扯 qiānchě ◆関わらない 无关 wúguān

信用に～ 有关信用 yǒuguān xìnyòng
かかん【果敢-な】 果敢 guǒgǎn ♦～に…する 敢于 gǎnyú
かき【下記】 以下 yǐxià; 如下 rúxià ♦～のとおり 如下 rúxià
かき【夏期・季】 夏季 xiàjì ♦～キャンプ 夏令营 xiàlìngyíng
かき【火気】 烟火 yānhuǒ ♦～厳禁 严禁烟火 yánjìn yānhuǒ
かき【柿】 柿子树 shìzishù ♦～の木 柿树 shìzishù ♦ほしがき 柿饼 shìbǐng
カキ【牡蠣】 牡蛎 mǔlì
かぎ【鍵】 钥匙 yàoshi; 《キーポイント》关键 guānjiàn; 锁钥 suǒyuè ♦～を掛ける[開ける] 上[开]锁 shàng[kāi] suǒ ♦問題解決の～ 窍门 qiàomén
かぎ【鉤】 钩 gōu; 钩子 gōuzi
がき【餓鬼】 毛孩子 máoháizi; 小鬼 xiǎoguǐ
かきあつめる【掻き集める】 ❶《金を》凑 còu ❷《手や道具で》扒 pá; 搂 lōu
かぎあな【鍵穴】 钥匙孔 yàoshikōng
かきあらわす【書き表す】 写 出 来 xiěchūlai; 表现 biǎoxiàn; 表达 biǎodá
かきいれどき【書き入れ時】 旺季 wàngjì; 旺月 wàngyuè
かきいれる【書き入れる】 填写 tiánxiě
かきうつす【書き写す】 抄录 chāolù; 抄写 chāoxiě; 誊录 ténglù; 誊写 téngxiě
かきおき【書き置き-する】 ❶《メモ》留言 liúyán ❷《遺書》遗书 yíshū
かきかえる【書き換える】 更改 gēnggǎi;《改竄する》窜改 cuàngǎi
かきかた【書き方】 写法 xiěfǎ; 书法 shūfǎ
かききえす【掻き消す】 抹掉 mǒdiào; 擦掉 cādiào
かきごおり【欠き氷】 刨冰 bàobīng
かきことば【書き言葉】 书面语 shūmiànyǔ
かきこむ【書き込む】 写 上 xiěshàng; 填入 tiánrù
かきしるす【書き記す】 记录 jìlù
がきだいしょう【餓鬼大将】 孩子头 háizitóu; 孩子王 háiziwáng
かきたてる【掻き立てる】 焕发 huànfā; 挑 逗 tiǎodòu ♦不安を～ 招致不安 zhāozhì bù'ān
かきたばこ【嗅ぎ煙草】 鼻烟 bíyān
かきつける【嗅ぎ付ける】 闻见 wénjiàn; 嗅到 xiùdào ♦獲物の匂いを～ 嗅到猎物的气味 xiùdào lièwù de qìwèi ♦秘密を～ 觉察秘密 juéchá mìmì
カキツバタ【杜若】 燕子花 yànzihuā
かきて【書き手】 笔者 bǐzhě
かきとめ【書留】 挂号 guàhào ♦～郵便 挂号信 guàhàoxìn
かきとめる【書き留める】 记下 jìxià
かきとり【書き取り】 听写 tīngxiě
かきなおす【書き直す】 改写 gǎixiě ♦正しく～ 重新正确改写 chóngxīn zhèngquè gǎixiě
かきなぐる【書きなぐる】 涂写 túxiě; 潦草地写 liǎocǎo de xiě ♦絵を～ 胡乱涂画 húluàn túhuà
かきにくい【書きにくい】 难写 nánxiě
かきね【垣根】 篱笆 líba; 围墙 wéiqiáng
かきのこす【書き残す】《書きかけのまま》没写完 méi xiěwán;《書いて残す》写下来 xiěxiàlai
かぎばな【鉤鼻】 钩鼻子 gōubízi
かぎばり【鉤針】 钩针 gōuzhēn
かきまぜる【掻き混ぜる】 拌 bàn; 搅和 chānhuo; 和 huò; 搅 jiǎo; 搅拌 jiǎobàn ♦コーヒーを～ 搅拌咖啡 jiǎobàn kāfēi
かきまわす【掻き回す】 搅 jiǎo; 搅拌 jiǎobàn ♦引き出しの中を～ 乱翻抽屉 luànfān chōuti
かきみだす【掻き乱す】 打乱 dǎluàn; 搅乱 jiǎoluàn; 扰乱 rǎoluàn ♦髪を～ 挠乱头发 náoluàn tóufa ♦心をかき乱される 心绪杂乱 xīnxù záluàn
かきむしる【掻き毟る】 挠 náo; 揪 jiū ♦頭を～ 挠头 náotóu
かきゅう【下級】 下级 xiàjí ♦～生 下班生 xiàbānshēng; 低年级学生 dīniánjí xuésheng
かきゅう【火急】 火急 huǒjí; 紧急 jǐnjí ♦～の用件 紧急事情 jǐnjí shìqing
かきょ【科挙】 科举 kējǔ
かきょう【佳境】 佳境 jiājìng ♦～に入る《話などが》渐入佳境 jiànrù jiājìng
かきょう【華僑】 华侨 huáqiáo
かぎょう【家業】 家传行业 jiāchuán hángyè ♦～を継ぐ 继承父业 jìchéng fùyè
かぎょう【稼業】 行业 hángyè
かきよせる【掻き寄せる】 扒 pá
かぎらない【限らない】 不 一 定 bùyídìng;来 客 wèibì ♦明日も暗いとは～ 明天未必晴 míngtiān wèibì qíng
かぎり【限り】 限度 xiàndù ♦～がある 有限 yǒuxiàn ♦～ない 无量 wúliàng; 无限 wúxiàn ♦(…しない)～は 除非 chúfēi ♦力の～ 竭尽全力

かぎる【限る】有 xiàn; 限制 xiànzhì ◆十八才以上に～ xiàn shíbā suì yǐshàng ◆夏はビールに～ xiàtiān hē píjiǔ zuìhǎo ◆夏天喝啤酒最好 xiàtiān hē píjiǔ zuìhǎo
かきわける【掻き分ける】扒开 bākāi ◆人波を～ 扒开人群 bākāi rénqún
かきん【家禽】家禽 jiāqín
かく【掻く】搔 sāo; 抓 zhuā; 挠 náo ◆頭を～ 挠头 náotóu ◆背中を～ 挠背 náobèi ◆水を～ 划水 huá shuǐ
かく【画】画 huà; 笔画 bǐhuà
かく【各】各 gè; 每 měi ◆～家家 家家户户 jiājiāhùhù ◆～個に 各个 gègè
かく【文法上の】格 gé ❷〔ランク〕地位 dìwèi; 水平 shuǐpíng; 档次 dàngcì ◆～が上[下]の規格 高[低] guīgé gāo[dī]
かく【核】❶〔核兵器〕核武器 héwǔqì ◆～軍縮 核裁军 hécáijūn ◆～実験 核试验 héshìyàn ◆～分裂 裂变 lièbiàn ◆～燃料 核燃料 héránliào ◆～ミサイル 核导弹 hédǎodàn ◆～融合 聚变 jùbiàn ❷〔中心〕～になる 成为核心 chéngwéi héxīn
かく【角】角 jiǎo; 方形 fāngxíng
かく【欠く】亏 kuī; 缺欠 quēqiàn; 缺少 quēshǎo ◆礼儀を～ 缺乏礼仪 quēfá lǐyí ◆茶碗を～ 弄坏茶碗 nònghuài cháwǎn
かく【書描く】〔文字・文章を〕写 xiě; 写作 xiězuò ◆〔絵を〕画 huà
かぐ【家具】家具 jiājù
かぐ【嗅ぐ】闻 wén; 嗅 xiù ◆香水の匂いを～ 闻香水味 wén xiāngshuǐ wèi
がく【学】学问 xuéwèn ◆～がある 有学问 yǒu xuéwèn; 赅博 gāibó
がく【額】❶〔量〕数码 shùmǎ; 数目 shùmù ◆予算～ 预算额 yùsuàn é ❷〔額縁〕絵を～に入れる 将画装入画框 jiāng huà zhuāngrù huàkuàng
がく【萼】花萼 huā'è
かくあげ【格上げ-する】升格 shēnggé; 升级 shēngjí
かくい【各位】各位 gèwèi
がくい【学位】学位 xuéwèi ◆～論文 学位论文 xuéwèi lùnwén
かくいつ【画一】～化する 公式化 gōngshìhuà ◆～的な 划一不二 huà yī bú èr
がくいん【学院】学院 xuéyuàn ◆～長 院长 yuànzhǎng
かくう【架空-の】虚构 xūgòu ◆～の事 子虚 zǐxū ◆～の人物 虚构人物 xūgòu rénwù

かくえきていしゃ【各駅停車】慢车 mànchē
がくえん【学園】学园 xuéyuán
かくかい【各界】各界 gèjiè; 各行各业 gèháng gèyè ◆～の名士 各界人士 gèjiè rénshì
かくかぞく【核家族】核心家庭 héxīn jiātíng; 小家庭 xiǎojiātíng
かくかり【角刈り】平头 píngtóu
がくかい【閣議】内阁会议 nèigé huìyì
がくぎょう【学業】功课 gōngkè; 课业 kèyè ◆～を中断する 失学 shīxué ◆～に専念する 专心于学业 zhuānxīnyú xuéyè
かくげつ【隔月】隔月 géyuè ◆～刊 双月刊 shuāngyuèkān
かくげん【格言】格言 géyán
かくご【覚悟】决心 juéxīn; 思想准备 sīxiǎng zhǔnbèi ◆～のうえで 有思想准备 yǒu sīxiǎng zhǔnbèi ◆～を決める 下定决心 xiàdìng juéxīn
かくさ【格差】差别 chābié ◆～が大きい[小さい]差距大[小] chājù dà[xiǎo]
かくざい【角材】方木料 fāngmùliào
がくさい【学際】跨学科 kuàxuékē ◆～的な研究 跨学科的研究 kuàxuékē de yánjiū
かくさく【画策-する】策划 cèhuà
かくさげ【格下げ-する】降格 jiànggé
かくざとう【角砂糖】方糖 fāngtáng; 方块糖 fāngkuàitáng
かくさん【拡散-する】扩散 kuòsàn
かくじ【各自】各自 gèzì
がくし【学士】学士 xuéshì ◆～院 科学院 kēxuéyuàn
がくし【学資】学费 xuéfèi
かくしき【格式】排场 páichǎng; 家规 jiāguī
がくしき【学識】才学 cáixué; 学识 xuéshí; 学问 xuéwèn ◆～が豊かな 博识 bóshí
かくしごと【隠し事】秘密 mìmì; 隐秘 yǐnmì
かくした【格下】地位低 dìwèi dī; 级别低 jíbié dī ◆～のチームに負けた 输给级别低的队 shūgěi jíbié dī de duì
かくしたて【隠し立て-する】掩藏 yǎncáng; 隐瞒 yǐnmán
かくしつ【確執-する】争执 zhēngzhí
かくしつ【角質】角质 jiǎozhì ◆～化する 角质化 jiǎozhìhuà ◆～層 角质层 jiǎozhìcéng
かくじつ【確実-な】肯定 kěndìng; 实打实 shídǎshí

かくじつ【隔日】隔日 gérì ◆〜勤務 隔日工作 gérì gōngzuò

かくしどり【隠し撮り】偷偷拍照 tōutōu pāizhào；隐蔽拍摄 yǐnbì pāishè

がくしゃ【学者】学者 xuézhě

かくしゃく【矍鑠】矍铄 juéshuò；硬朗 yìnglang ◆〜とした老人 硬朗的老人 yìnglang de lǎorén

かくしゅ【各種】各色 gèsè；各种各样 gè zhǒng gè yàng ◆〜の各式各样的 gè shì gè yàng de；各种各样的 gè zhǒng gè yàng de

かくしゅう【隔週】隔周 gézhōu；每隔一周 měi gé yì zhōu ◆〜刊 隔周报刊 gézhōu bàokān

かくじゅう【拡充-する】扩充 kuòchōng ◆施設を〜する 扩建设施 kuòjiàn shèshī

がくしゅう【学習-する】学习 xuéxí ◆〜机 写字台 xiězìtái

がくじゅつ【学術】学术 xuéshù ◆〜講演する 讲学 jiǎngxué ◆〜用語 学术用语 xuéshù yòngyǔ

かくしょう【確証】确据 quèjù；确证 quèzhèng；真凭实据 zhēn píng shí jù ◆〜を得る 取得确凿证据 qǔdé quèzáo zhèngjù

がくしょう【楽章】乐章 yuèzhāng

かくしん【核心】核心 héxīn；焦点 jiāodiǎn ◆事件の〜に迫る 逼近事件的核心 bījìn shìjiàn de héxīn

かくしん【確信-する】坚信 jiānxìn；确信 quèxìn ◆〜を持って 有信心 yǒu xìnxīn

かくしん【革新-する】革新 géxīn

かくじん【各人】各人 gèrén；各自 gèzì

かくす【隠す】《人目から》藏 cáng；藏匿 cángnì；《真実から》瞒 mán；隐秘 yǐnmì ◆真相を〜 隐瞒真相 yǐnmán zhēnxiàng；遮羞 zhē xiū ◆宝物を〜 隐藏宝物 yǐncáng bǎowù

かくせい【覚醒-する】觉醒 juéxǐng；醒过来 xǐngguòlai

かくせい【隔世】隔世 géshì ◆〜の感 隔世之感 géshì zhī gǎn

がくせい【学生】学生 xuésheng；学员 xuéyuán ◆〜寮 学生宿舍 xuésheng sùshè ◆〜運動 学潮 xuécháo

かくせいき【拡声器】扬声器 yángshēngqì；扩音机 kuòyīnjī

がくせき【学籍】学籍 xuéjí ◆〜簿 学生名册 xuésheng míngcè

かくぜつ【隔絶】隔绝 géjué

がくせつ【学説】学说 xuéshuō

がくぜん【愕然】愕然 èrán ◆〜とす 愕然失色 èrán shīsè

かくだい【拡大-する】放大 fàngdà；扩大 kuòdà；扩展 kuòzhǎn ◆〜鏡 放大镜 fàngdàjìng ◆表示倍率を〜 扩大显示倍率 kuòdà xiǎnshì bèilǜ

かくだん【格段】显著 xiǎnzhù；悬殊 xuánshū ◆〜に優れる 优异 yōuyì ◆〜の差がある 有显著差距 yǒu xiǎnzhù chājù

かくだんとう【核弾頭】核弹头 hédàntóu

かくち【各地】各地 gèdì ◆全国〜 全国各地 quánguó gèdì

かくちょう【拡張-する】扩展 kuòzhǎn；扩张 kuòzhāng；扩建 kuòjiàn ◆〜工事 扩建工程 kuòjiàn gōngchéng ◆〜する 扩建道路 kuòjiàn dàolù

かくちょう【格調】格调 gédiào ◆〜が高い 格调高 gédiào gāo

がくちょう【学長】校长 xiàozhǎng

かくづけ【格付け-する】评定等级 píngdìng děngjí

かくてい【確定-する】确定 quèdìng

カクテル 鸡尾酒 jīwěijiǔ

かくど【角度】角度 jiǎodù ◆〜を計測 测量角度 cèliáng jiǎodù ◆さまざまな〜から考える 从各种角度考虑 cóng gèzhǒng jiǎodù kǎolǜ

かくとう【格闘-する】格斗 gédòu；搏斗 bódòu

がくどう【学童】小学生 xiǎoxuésheng

かくとく【獲得-する】获得 huòdé；获取 huòqǔ；取得 qǔdé ◆議席を〜する 获得议席 huòdé yìxí

かくにん【確認-する】确认 quèrèn ◆未〜 未证实 wèi zhèngshí ◆安全を〜する 确认安全 quèrèn ānquán

かくねん【隔年】隔年 génián

がくねん【学年】年级 niánjí；学年 xuénián ◆〜末試験 dà kǎo: 学年考试 xuénián kǎoshì ◆高[低]〜 高[低]年级 gāo[dī] niánjí

かくのうこ【格納庫】飞机库 fēijīkù

がくは【学派】学派 xuépài

がくばつ【学閥】学阀 xuéfá

かばる【角張る】有棱角 yǒu léngjiao；《態度》生硬 shēngyìng

かくはん【撹拌-する】拌 bàn；搅 jiǎo；搅拌 jiǎobàn

がくひ【学費】学费 xuéfèi ◆〜を払う 支付学费 zhīfù xuéfèi

がくふ【岳父】岳父 yuèfù

がくふ【楽譜】乐谱 yuèpǔ

がくぶ【学部】系 xì；学院 xuéyuàn ◆文〜 文学院 wénxuéyuàn ◆〜生 本科生 běnkēshēng

がくぶち【額縁】镜框儿 jìngkuàngr ◆〜に入れる《絵・写真などを》装框 zhuāngkuàng

かくべつ【格別】 特別 tèbié；格外 géwài ◆～の味 特殊味道 tèshū wèidào ◆今日の寒さは～だ 今天格外冷 jīntiān géwài lěng

かくほ【確保-する】 确保 quèbǎo ◆座席を～する 确保座位 quèbǎo zuòwèi ◆人材を～する 确保人才 quèbǎo réncái

かくまう【匿う】 掩护 yǎnhù

かくまく【角膜】 角膜 jiǎomó

かくめい【革命】 革命 gémìng ◆～を起こす 掀起革命 xiānqǐ gémìng；闹革命 nào gémìng

がくめい【学名】 学名 xuémíng

がくめん【額面】 票额 piào'é；票面 piàomiàn

がくもん【学問】 学问 xuéwen ◆～をする 求学 qiúxué；读书 dúshū ◆～がある 有学问 yǒu xuéwen

かくやく【確約-する】 约定 yuēdìng；诺言 nuòyán

かくやす【格安】 廉价 liánjià；价格优惠 jiàgé yōuhuì

がくゆう【学友】 同学 tóngxué

がくようひん【学用品】 文具 wénjù；学习用品 xuéxí yòngpǐn

かくらん【攪乱-する】 扰乱 rǎoluàn；骚扰 sāorǎo

かくり【隔離-する】 隔离 gélí

かくりつ【確率】 概率 gàilǜ ◆～が高い[低い] 可能性高[低] kěnéngxìng gāo[dī]

かくりつ【確立-する】 确立 quèlì

がくりょう【閣僚】 阁员 géyuán

がくりょく【学力】 学力 xuélì ◆～が向上する[低下する] 学力提高[降低] xuélì tígāo[jiàngdī]

がくれい【学齢】 学龄 xuélíng ◆～に達した児童 学龄儿童 xuélíng értóng；适龄儿童 shìlíng értóng

がくれき【学歴】 学历 xuélì ◆～社会 看重学历的社会 kànzhòng xuélì de shèhuì

かくれる【隠れる】 藏 cáng；暗藏 àncáng；潜藏 qiáncáng；潜伏 qiánfú；隐没 yǐnmò ◆太陽が雲に～ 太阳躲进云里 tàiyang duǒjìn yúnlǐ ◆隠れた名品 不为人知的名作 bù wéi rén zhī de míngzuò

かくれんぼう【隠れん坊】 捉迷藏 zhuō mícáng；藏猫儿 cángmāor ◆～をする 玩捉迷藏 wán zhuōmícáng

かぐわしい【香しい】 芬芳 fēnfāng；香 xiāng ◆～花 香花 xiānghuā

がくわり【学割】 学生打折价格 xuésheng dǎzhé jiàgé

かけ【掛け】 赊账 shēzhàng ◆～で買う 赊 shē；赊购 shēgòu

かけ【賭け】 赌 dǔ ◆～に勝つ[負ける] 赌赢[输] dǔ yíng[shū] ◆～をする 打赌 dǎdǔ

かげ【陰】 暗地 àndì；背地 bèidì ◆～で悪さをする 背后捣鬼 bèihòu dǎoguǐ ◆木～ 树荫 shùyīn

かげ【影】 影儿 yǐngr；阴影 yīnyǐng；影子 yǐngzi ◆～も形もない 无影无踪 wú yǐng wú zōng ◆～をひそめる 隐藏起来 yǐncángqǐlai

がけ【崖】 崖 yá；峭壁 qiàobì ◆～っ渕に立たされる 处境艰难 chǔjìng jiānnán

かけあい【掛け合い】 对口 duìkǒu ◆～漫才 对口相声 duìkǒu xiàngsheng

かけあし【駆け足】 跑步 pǎobù ◆～で帰る 跑步回去 pǎobù huíqu

かけあわせる【掛け合わせる】 杂交 zájiāo ◆数を～ 相乘 xiāngchéng ◆品種を～ 杂交品种 zájiāo pǐnzhǒng

かけい【家系】 世系 shìxì

かけい【家計】 家计 jiājì ◆～簿 家庭开支帐目 jiātíng kāizhī zhàngmù

かげえ【影絵】 皮影戏 píyǐngxì；影戏 yǐngxì

かけおち【駆け落ち-する】 私奔 sībēn

かけがえのない【掛け替えの無い】 独一无二 dú yī wú èr；无法替代 wúfǎ tìdài

かげき【歌劇】 歌剧 gējù

かげき【過激-な】 过激 guòjī；(意見が)偏激 piānjī

かけきん【掛け金】 分期交款 fēnqī jiāokuǎn

かげぐち【陰口】 闲话 xiánhuà ◆～をきく 指点 zhǐdiǎn；背后说坏话 bèihòu shuō huàihuà

かけごえ【掛け声】 吆喝 yāohe；喝彩 hècǎi

かけごと【賭け事】 赌博 dǔbó ◆～をする 打赌 dǎdǔ

かけことば【掛け言葉】 双关语 shuāngguānyǔ

かけこむ【駆け込む】 跑进 pǎojìn ◆警察に～ 跑去找警察 pǎoqù zhǎo jǐngchá

かけざん【掛け算】 乘法 chéngfǎ

かけじく【掛け軸】 挂轴 guàzhóu ❶〈縦長の〉立轴 lìzhóu ❷〈絵の〉画轴 huàzhóu

かけすて【掛け捨て】 缴纳费不退还 jiāonàfèi bú tuìhuán

かけずりまわる【駆けずり回る】 ❶〈走り回る〉奔走 bēnzǒu；奔跑 bēnpǎo ◆公園を～ 在公园里奔跑 zài gōngyuánli bēnpǎo ❷〈奔走する〉奔跑 bēnpǎo；奔走 bēnzǒu ◆資金

かけだし【駆け出し】 新手 xīnshǒu♦～の社員 新职员 xīnzhíyuán

かけつ【可決-する】 通过 tōngguò♦法案を～する 通过法律草案 tōngguò fǎlǜ cǎo'àn

かけつける【駆け付ける】 奔赴 bēnfù; 赶 gǎn♦現場に～ 赶赴现场 gǎnfù xiànchǎng

かけっこ【駆けっこ-する】 赛跑 sàipǎo

かけどけい【掛け時計】 挂钟 guàzhōng; 壁钟 bìzhōng

かけね【掛け値】 谎价 huǎngjià♦～をする 要谎 yàohuǎng♦～なしの 不折不扣 bù zhé bú kòu; 实打实 shídǎshí

かけはし【架け橋】 桥梁 qiáoliáng♦友好的な～となる 成为友好的桥梁 chéngwéi yǒuhǎo de qiáoliáng

かけはなれる【懸け離れる】 相隔 xiānggé; 悬殊 xuánshū

かけひき【駆け引き-する】 讨价还价 tǎojià huánjià; 耍花招 shuǎ huāzhāo

かけひなた【陰日向】 口是心非 kǒu shì xīn fēi♦～のない 表里如一 biǎolǐ rúyī

かけぶとん【掛け布団】 被子 bèizi; 被褥 bèiwǎo

かげぼうし【影法師】 人影 rényǐng

かげぼし【陰干し-する】 阴干 yīngān; 晾 liàng

かけまわる【駆け回る】 奔走 bēnzǒu; 奔跑 bēnpǎo

かけもち【掛け持ち-する】 兼职 jiānzhí♦二校の教授を～する 兼任两校的授课 jiānrèn liǎngxiào de shòukè

かけよる【駆け寄る】 跑上去 pǎoshàngqù

かけら【欠けら】 碴儿 chár♦土器の～ 碎土器皿 suìtǔqìmǐn♦良心の～もない 毫无良心 háowú liángxīn

かげり【陰り】 阴沉 yīnchén; 云翳 yúnyì♦日の～ 太阳的阴暗 tàiyang de yīnyì♦人気の～ 声望逐渐败落 shēngwàng zhújiàn bàiluò

かける【架ける】 搭 dā♦橋を～ 架桥 jiàqiáo♦はしごを～ 搭梯子 dā tīzi

かける【掛ける】 挂 guà; 悬挂 xuánguà♦地図を～ 挂地图 guà dìtú♦上着をハンガーに～ 上衣挂在衣架上 shàngyī guàzài yījiàshang

かける【駆ける】 奔走 bēnzǒu; 跑 pǎo

かける【欠ける】 ❶〔一部が〕缺 quē♦歯が～ 缺牙 quēyá ❷〔不足する〕缺少 quēshǎo; 欠缺 qiànquē; 不够 búgòu; 短少 duǎnshǎo♦常識に～ 缺乏常识 quēfá chángshí ❸〔月などが〕月の満ち欠け 月亮的圆缺 yuèliang de yuánquē

かける【賭ける】 打赌 dǎdǔ

かげる【陰る】 阴 yīn; 阴沉 yīnchén; 阴暗下来 yīn'ànxiàlai

かげろう【陽炎】 热气 rèqì

カゲロウ【蜉蝣】 《虫》蜉蝣 fúyóu

かげん【下弦】 下弦 xiàxián♦～の月 下弦月 xiàxiányuè

かげん【下限】 下限 xiàxiàn

かげん【加減】 ❶〔量·程度〕♦味～をみる 尝尝味道 chángchang wèidao♦火～をみる 看火候 kàn huǒhou ❷〔健康〕♦お～はいかがですか 您身体怎样 nín shēntǐ zěnyàng

かこ【過去】 过去 guòqù; 既往 jìwǎng; 已往 yǐwǎng♦～をふり返る 回溯过去 huísù guòqù

かご【籠】 笼 lóng; 篮子 lánzi; 箩 lóuzi

かこい【囲い】 围墙 wéiqiáng; 篱笆 líba; 栅栏 zhàlan; 寨子 zhàizi

かこう【囲う】 围 wéi; 圈 quān♦ロープで～ 用绳子围起来 yòng shéngzi wéiqǐlai

かこう【下降-する】 下降 xiàjiàng; 低落 dīluò; 跌落 diēluò; 降低 jiàngdī♦支持率が～する 支持率下降 zhīchílǜ xiàjiàng♦飞行機が～する 飞机下降 fēijī xiàjiàng

かこう【加工-する】 加工 jiāgōng♦～品 加工品 jiāgōngpǐn

かこう【河口】 河口 hékǒu

かごう【化合-する】 化合 huàhé♦～物 化合物 huàhéwù

かこうがん【花崗岩】 花岗岩 huāgāngyán

かこく【過酷-な】 残酷 cánkù♦～な労働条件 苛刻的劳动条件 kēkè de láodòng tiáojiàn

かこつける【託ける】 假借 jiǎjiè; 假托 jiǎtuō; 借故 jiègù♦仕事に～借口工作 jièkǒu gōngzuò

かこむ【囲む】 圈 quān; 围 wéi♦恩師を～ 围在恩师身旁 wéizài ēnshī shēnpáng♦ストーブを～ 围着炉子坐 wéizhe lúzi zuò

かこん【禍根】 祸根 huògēn♦～を残す 留下祸根 liúxià huògēn

かさ【笠】 斗笠 dǒulì; 斗篷 dǒupeng♦電灯の～ 灯伞 dēngsǎn♦～に着る 仗势 zhàngshì; 倚仗 yǐzhàng

かさ【傘】 伞 sǎn♦～をさす 打伞 dǎsǎn

かさ【暈】 日晕 rìyùn; 月晕 yuèyùn

かさい【火災】火灾 huǒzāi ◆～が発生する 发生火灾 fāshēng huǒzāi ◆～保険 火灾险 huǒxiǎn ◆～報知器 火灾报警器 huǒzāi bàojǐngqì

かざい【家財】家具 jiājù; 家什 jiāshi

かさかさ 干巴 gānba; 干枯 gānkū ◆茂みが～と鳴る 草木沙沙作响 cǎomù shāshā zuòxiǎng ◆皮膚が～する 皮膚干燥 pífū gānzào

かさく【佳作】佳作 jiāzuò

かざぐるま【風車】风车 fēngchē

かざしも【風下】下风 xiàfēng

がさつ 粗鲁 cūlǔ; 粗野 cūyě; 莽撞 mǎngzhuàng ◆～な男 莽汉 mǎnghàn

かさつく 皮肤干燥 pífū gānzào

かさなる【重なる】重叠 chóngdié ◆重なり合う 层层叠叠 céngcéngdiédié ◆祭日が日曜日と～ 节日适逢星期天 jiérì shíféng xīngqītiān

かさねぎ【重ね着-する】 重叠穿 chóngdié chuān

かさねて【重ねて】重复 chóngfù ◆～言明する 重申 chóngshēn

かさねる【重ねる】重叠 chóngdié; 码 mǎ; 摞 luò ◆新聞紙を～ 摞报纸 luò bàozhǐ ◆失败を～ 反复失败 fǎnfù shībài

かさぶた【瘡蓋】痂 jiā

かざみどり【風見鶏】风标鸡 fēngbiāojī; 风派人物 fēngpài rénwù ◆～を決めこむ 见风使舵 jiàn fēng shǐ duò

かざむき【風向き】风向 fēngxiàng; 风色 fēngsè; 风头 fēngtou ◆～が变わる 形势变了 xíngshì biàn le ◆～が悪い（なりゆきなど）情况不利 qíngkuàng búlì

かざり【飾り】装饰（品）zhuāngshì (pǐn)

かざりけ【飾り気】爱修饰 ài xiūshì; 装门面 zhuāng ménmian ◆～がない 朴质 pǔzhì; 质朴 zhìpǔ

かざりつけ【飾り付け】（室内の）摆设 bǎishè;（店などの）装潢 zhuānghuáng

かざる【飾る】装饰 zhuāngshì; 润色 rùnsè; 修饰 xiūshì ◆纸面を～ 充满版面 chōngmǎn bǎnmiàn ◆有终の美を～ 善始善终 shàn shǐ shàn zhōng

かさん【加算】计算在内 jìsuàn zàinèi; 加在一起算 jiāzài yìqǐ suàn

かざん【火山】火山 huǒshān

かし【菓子】糕点 gāodiǎn; 点心 diǎnxīn; 糖果 tángguǒ

かし【下肢】下肢 xiàzhī

かし【歌詞】歌词 gēcí

かし【華氏（温标）】Huáshì (wēnbiāo) ◆水は～32度で凍る 水在华氏32度结冰 shuǐ zài Huáshì sānshí'èr dù jiébīng

かし【仮死】假死 jiǎsǐ

かし【河岸】◆①川岸 hé'àn; 河边 hébiān ◆②鱼河岸 鱼市 yúshì; 鮮鱼市場 xiānyú shìchǎng ◆（場所）地方 dìfang ◆～を变えて飲む 换个地方喝 huàn ge dìfang hē

かじ【家事】家务 jiāwù

かじ【火事】火警 huǒjǐng ◆～になる 着火 zháohuǒ; 起火 qǐhuǒ; 走水 zǒushuǐ ◆～を出す 失火 shīhuǒ ◆～を消す 救火 jiùhuǒ ◆山～ 山火 shānhuǒ

かじ【舵】舵 duò ◆～を取る 掌舵 zhǎngduò

がし【餓死-する】饿死 èsǐ

かしいしょう【貸し衣装】出租服装 chūzū fúzhuāng

カシオペアざ【カシオペア座】仙后座 xiānhòuzuò

かしかた【貸し方】貸方 dàifāng; 付方 fùfāng

かじかむ【悴む】冻僵 dòngjiāng ◆指先が～ 手指冻僵 shǒuzhǐ dòngjiāng

かしかん【下士官】军士 jūnshì

カジキ【旗魚】旗鱼 qíyú

かしきり【貸し切り】包 bāo ◆劇場の～ 专场 zhuānchǎng ◆～車 专车 zhuānchē

かしきん【貸し金】貸款 dàikuǎn

かしげる【傾げる】歪 wāi ◆首を～ 歪脑袋 wāi nǎodai

かしこい【賢い】聪明 cōngming; 伶俐 línglì; 乖 guāi ◆～子ども 聪明孩子 cōngming háizi

かしこうせん【可視光線】可见光 kějiànguāng

かしこまる【畏まる】恭敬 gōngjìng

かしだおれ【貸し倒れ】倒账 dǎozhàng; 呆账 dāizhàng ◆～になる 变成呆账 biànchéng dāizhàng

かしだす【貸し出す】租借 zūjiè; 借出 jièchū

かしつ【過失】过失 guòshī; 过错 guòcuò; 罪过 zuìguò ◆～致死 过失杀人 guòshī shārén

かじつ【果実】果实 guǒshí; 果子 guǒzi ◆～がなる 结果 jiēguǒ ◆～酒 果子酒 guǒzijiǔ

かじつ【日期】日前 rìqián

がしつ【画質】图像质量 túxiàng zhìliàng

かしつけ【貸し付け】貸款 dàikuǎn ◆～金 貸款 dàikuǎn

かじとり【舵取り】舵手 duòshǒu；掌舵 zhǎngduò
かしぬし【貸し主】债主 zhàizhǔ
カジノ 赌场 dǔchǎng
かじば【火事場】火场 huǒchǎng ◆～泥棒を働く 趁火打劫 chèn huǒ dǎ jié；乘人之危 chéng rén zhī wēi
かしほん【貸本】租书 zūshū
カシミヤ 开司米 kāisīmǐ；羊绒 yángróng
かしや【貸家】出租的房屋 chūzū de fángwū
かしゃ【貨車】货车 huòchē
かしゃく【呵責】谴责 qiǎnzé；责备 zébèi ◆良心の～ 良心的谴责 liángxīn de qiǎnzé
かしゅ【歌手】歌唱家 gēchàngjiā；歌手 gēshǒu
かじゅ【果樹】果树 guǒshù；果木 guǒmù ◆～園 果木园 guǒmùyuán；果园 guǒyuán
カジュアル 随便的 suíbiàn de ◆～ウェア 休闲服 xiūxiánfú
かじゅう【果汁】果汁 guǒzhī ◆～をしぼる 挤果汁 jǐ guǒzhī
かじゅう【荷重】负荷 fùhè；载荷 zàihè ◆～点（てこの）重点 zhòngdiǎn ◆～に耐える 忍受重担 rěnshòu zhòngdān
カシューナッツ 腰果 yāoguǒ
ガジュマル 榕树 róngshù
かしょ【箇所】地方 dìfang；处处 chùchù ◆二～ 两个地方 liǎng ge dìfang ◆壊れそうな～（建物などの）要损坏的地方 yào sǔnhuài de dìfang
かしょう【過小-に】过小 guòxiǎo ◆～評価する 过小评价 guòxiǎo píngjià
かじょう【過剰-な】过剩的 guòshèng de
かじょう【箇条】条款 tiáokuǎn ◆～書にする 逐条列举 zhú tiáo lièjǔ
がじょう【賀状】贺年片 hèniánpiàn ◆～を出す 寄贺年片 jì hèniánpiàn
かしら【頭】❶《部門·集団の長》头头儿 tóutour；头目 tóumù ◆兄弟の～ 老大 lǎodà ❷《親方》职人の～ 工匠师傅 gōngjiàng shīfu ❸《首領·ボス》头子 tóuzi
かしらもじ【頭文字】大写字母 dàxiě zìmǔ
かじる【齧る】啃 kěn；咬 yǎo ◆リンゴを～ 啃苹果 kěn píngguǒ
カシワ【柏】槲树 húshù；青冈 qīnggāng
かしん【過信-する】过于相信 guòyú xiāngxìn ◆おのれを～する 不自量力 bú zìliànglì
がしんしょうたん【臥薪嘗胆】卧薪尝胆 wò xīn cháng dǎn

かす【粕·糟·滓】糟粕 zāopò；渣渣 zhāzha ◆酒～ 酒糟 jiǔzāo ◆残り～ 剩下的渣滓 shèngxià de zhāzi
かす【貸す】借给 jiègěi；出租 chūzū；租赁 zūlìn ◆小銭を～ 借零钱 jiè língqián ◆知恵を～ 出主意 chū zhǔyi ◆手を～ 帮忙 bāng máng
かす(る)【課す(る)】课 kè ◆重税を～ 课以重税 kè yǐ zhòngshuì ◆ノルマを～ 规定工作定额 guīdìng gōngzuò dìng'é
かず【数】数码 shùmǎ；数目 shùmù ◆～の内に入らない 数不着 shǔbuzháo ◆～に入れる 算 suàn ◆～をそろえる 凑数 còu shù
ガス 煤气 méiqì；瓦斯 wǎsī ◆～管 煤气管道 méiqì guǎndào；汽灯 qìdēng ◆～バーナー 煤气灯 méiqìdēng ◆～コンロ 煤气灶 méiqìzào
かすか【微か-な】微微 wēiwēi；淡漠 dànmò；细微 xìwēi ◆音·においˑ光などの 微幽 yōuwēi；幽幽 yōuyōu；低微 dīwēi ◆～な明かり 微光 wēiguāng ◆～な希望 一线希望 yíxiàn xīwàng
かずかず【数々】各种 gèzhǒng；许多 xǔduō ◆～の栄誉 各种荣誉 gèzhǒng róngyù
カスタネット 响板 xiǎngbǎn
カステラ 蛋糕 dàngāo
かすみ【霞】烟霞 yānxiá ◆～がかかった彩霞 cǎi chūxiá
かすむ【霞む】◆目が～ 发花 fāhuā ◆霞んで見える《遠くなどが》模糊 móhu ◆糊看到 móhukàndào ◆存在が～《目立たなくなる》渐渐淡漠 jiànjiàn dànmò
かすめとる【掠め取る】刮 guā；盗劫 dàojié
かすめる【掠める】《盗む》抢 qiǎng；掠 lüè；《かする》轻擦 qīngcā
かすりきず【掠り傷】擦伤 cāshāng ◆～を負う 被擦伤 bèi cāshāng
かする【擦る】擦 cā
かすれる 沙哑 shāyǎ ◆文字などが掠れている 模糊 móhu ◆声が～ 嘶哑 sīyǎ
かぜ【風邪】感冒 gǎnmào ◆～をひく 伤风 shāngfēng；着凉 zháoliáng；感冒 gǎnmào
かぜ【風】风 fēng ◆～が吹く 刮风 guāfēng ◆～を通す 放风 fàngfēng；通风 tōngfēng；透风 tòufēng ◆～に逆らう 顶风 dǐngfēng ◆～をはらむ《帆などが》兜风 dōufēng ◆～を受ける《凧が》迎风 yíngfēng
かぜあたり【風当たり】风势 fēngshì ◆～が強い 招风 zhāofēng
かせい【加勢-する】援助 yuánzhù
かせい【火勢】火势 huǒshì ◆～が强

かせい【火勢】 火势强[弱] huǒshì qiáng [ruò]
かせい【火星】 火星 huǒxīng ♦～探査ロケット 火星探测器 huǒxīng tàncèqì
かぜい【課税】-する 课税 kèshuì
かせいソーダ【苛性ソーダ】 烧碱 shāojiǎn
かせいふ【家政婦】 保姆 bǎomǔ
かせき【化石】 化石 huàshí
かせぐ【稼ぐ】 赚 zhuàn；挣 zhèng ♦お金を～ 赚钱 zhuàn qián ♦時間を～ 争取时间 zhēngqǔ shíjiān ♦点数を～ 得分 défēn
かせつ【仮設】-する 临时安设 línshí ànshè ♦～の橋 便桥 biànqiáo ♦～道路 便道 biàndào ♦～住宅 临时住宅 línshí zhùzhái
かせつ【仮説】 假设 jiǎshè；假说 jiǎshuō ♦～をたてる 提出假说 tíchū jiǎshuō
カセット 磁带盒 cídàihé ♦～テープ 盒式录音带 héshì lùyīndài
かぜとおし【風通し】 通风 tōngfēng ♦～が悪い 窝风 wōfēng
かせん【化繊】 化纤 huàxiān
かせん【河川】 河川 héchuān；河流 héliú；〈総称〉水流 shuǐliú ♦～敷 河滩地 hémāntàn；河滩 hétān
がぜん【俄然】 忽然 hūrán；突然 tūrán ♦～元気になる 突然精神起来 tūrán jīngshénqǐlái
がせんし【画仙紙】 宣纸 xuānzhǐ；〈上質の〉玉版宣 yùbǎnxuān
がそ【画素】 像素 xiàngsù
かそう【下層】 下层 xiàcéng
かそう【仮装】-する 假想 jiǎxiǎng ♦～敵 假想敌 jiǎxiǎngdí
かそう【仮装】-する 化装 huàzhuāng；假扮 jiǎbàn
かそう【火葬】-する 火葬 huǒzàng；火化 huǒhuà ♦～場 火葬场 huǒzàngchǎng
がぞう【画像】 画图 huàtú；人像 rénxiàng；图像 túxiàng；影像 yǐngxiàng ♦テレビの～ 电视的图像 diànshì de túxiàng
かぞえうた【数え歌】 数数歌 shǔshùgē
かぞえきれない【数えきれない】 无数 wúshù；指不胜屈 zhǐ bú shèng qū ♦～ほど 数不胜数 shǔ bú shèng shǔ
かぞえどし【数え年】 虚岁 xūsuì
かぞえる【数える】 算 suàn；数 shǔ；算计 suànjì ♦点数を～ 算分 suàn fēn；〈同種の物の一つとして〉列为 lièwéi
かそく【加速】-する 加快 jiākuài；加速 jiāsù ♦～度 加速度 jiāsùdù

かぞく【家族】 家属 jiāshǔ；家族 jiāzú；亲人 qīnrén
かそち【過疎地】 人烟稀少地带 rényān xīshǎo dìdài
ガソリン 汽油 qìyóu ♦～スタンド 加油站 jiāyóuzhàn
かた【渇】 河湖 xiéhú
かた【型】[形] 模具 mújù；模子 múzi；样式 yàngshì；样子 yàngzi ♦～にはまった 千篇一律 qiān piān yí lǜ ♦～に流し込む 浇灌 jiāoguàn
かた【肩】 肩膀 jiānbǎng；肩头 jiāntóu；膀子 bǎngzi ♦～の荷をおろす 卸肩 xièjiān ♦～を持つ 偏袒 piāntǎn ♦～を並べる 并驾齐驱 bìng jià qí qū
かた【片】 ♦～を付ける 了却 liǎoquè；扫尾 sǎowěi；清算 qīngsuàn
かたい【堅い・固い】 坚硬 jiānyìng；硬棒 yìngbang；板板 bǎnbǎn；紧绷绷 jǐnbēngbēng ♦～岩 坚硬的岩石 jiānyìng de yánshí ♦～蓋が～ 盖紧 gàijǐn ♦～意志 毅力 yìlì ♦口が～ 守口如瓶 shǒu kǒu rú píng ♦～く閉ざす 封闭 fēngbì ♦～鉛筆 硬铅笔 yìngqiānbǐ ♦表情を硬くする 绷脸 běngliǎn
かだい【課題】 课题 kètí ♦～を出す 提出课题 tíchū kètí
かだい【過大】 过高 guògāo
かたいじ【片意地】 顽固 wángù ♦～を張る 固执 gùzhí；犟 jiàng
かたいなか【片田舎】 乡僻 xiāngpì
かたいれ【肩入れ】-する 援助 yuánzhù；偏袒 piāntǎn
かたうで【片腕】 帮手 bāngshou；股肱 gǔgōng；膀臂 bǎngbì ♦頼りになる～ 得力助手 délì zhùshǒu
がたおち【がた落ち】-する 暴跌 bàodiē
かたおもい【片思い】 单相思 dānxiāngsī
かたがき【肩書き】 职称 zhíchēng；头衔 tóuxián
かたかけ【肩掛け】 披肩 pījiān
かばん 挎包 kuàbāo
かたがみ【型紙】 纸型 zhǐxíng；纸样儿 zhǐyàngr
かたがわ【片側】 一边 yìbiān
かたがわり【代代わり】-する 顶替 dǐngtì
かたき【仇】[敌] 对头 duìtóu；冤家 yuānjiā；仇人 chóurén ♦～となる 结仇 jiéchóu ♦～を讨つ 报仇 bàochóu
かたぎ【気質】 气质 qìzhì；度量 qìdù ♦職人～ 手艺人脾气 shǒuyìrén píqi ♦昔～ 古板 gǔbǎn
かたぎ【堅気】-の 正经 zhèngjing
かたくずれ【型崩れ】-する 走样儿

かたくそうさく ー かちき　　95

zōyangr
かたくそうさく【家宅捜索-する】抄家 chāojiā
かたくな【頑な】古板 gǔbǎn; 固执 gùzhí; 生硬 shēngyìng; 顽固 wángù ♦～な態度 死板的态度 wángù de tàidu ♦～になる 变僵硬 biàn jiāngyìng
かたくりこ【片栗粉】淀粉 diànfěn; 团粉 tuánfěn; 芡粉 qiànfěn ♦水溶き～ 水溶淀粉 shuǐróng diànfěn
かたくるしい【堅苦しい】拘谨 jūjǐn; 拘束 jūshù; 局促 júcù
かたぐるま【肩車】骑脖子 qíbózi
かたこと【片言】片言 piànyán; 只言片语 zhī yán piàn yǔ ♦～でしゃべる 只言片语地说 zhī yán piàn yǔ de shuō ♦～も聞き漏らさない 一句话也不漏听 yíjùhuà yě bú lòutīng
かたさ【硬さ】硬度 yìngdù
かたさき【肩先】肩头 jiāntóu
かたすみ【片隅】旮旯儿 gālár ♦公園の～ 公园角落 gōngyuán jiǎoluò
かたち【形】形状 xíngzhuàng; 样子 yàngzi; 姿态 zītài ♦～が変わる 变形 biànxíng ♦～が崩れる 走样 zǒuyàng
かたちづくる【形作る】形成 xíngchéng; 成型 chéngxíng
かたづく【片付く】收拾好 shōushihǎo; 整理好 zhěnglǐhǎo ♦部屋が～ 房间收拾整齐 fángjiān shōushi zhěngqí
かたづける【片付ける】收拾 shōushi; 整理 zhěnglǐ; 清理 qīnglǐ ♦食器を～ 收拾餐具 shōushi cānjù ♦仕事を～ 完成工作 wánchéng gōngzuò
カタツムリ【蝸牛】蜗牛 wōniú
かたて【片手】一只手 yì zhī shǒu ♦～に持つ 用一只手拿 yòng yì zhī shǒu ná
かたとき【片時】片刻 piànkè ♦～も休まず 无日无夜 wú rì wú yè
かたどる【象る】仿造 fǎngzào
かたな【刀】刀 dāo ♦～の鞘 刀鞘 dāoqiào ♦～の切っ先 刀锋 dāofēng
かたは【片刃】单刃 dānrèn ♦～の剃刀 (かみそり) 单刃剃刀 dānrèn tìxūdāo
かたパッド【肩パッド】垫肩 diànjiān
かたほう【片方】半边 bànbiān; 一面 yímiàn
かたまり【塊】坨子 tuózi; 块 kuài ♦好奇心の～ 极端好奇 jíduān hàoqí
かたまる【固まる】凝固 nínggù; 凝结 níngjié ♦セメントが～ 水泥凝结 shuǐní níngjié ♦考えが～ 考虑成熟

かたみ【形見】遗物 yíwù
かたみち【片道】单程 dānchéng ♦～切符 单程票 dānchéngpiào
かたむき【傾き】倾斜 qīngxié
かたむく【傾く】侧歪 cèwāi; 倾斜 qīngxié; 歪 wāi; 斜楞 xiéleng ♦床が～ 地板倾斜 dìbǎn qīngxié ♦「太陽が」西斜 xīxié ♦会社が～「経営が」公司衰落 gōngsī shuāiluò
かたむける【傾ける】歪 wāi ♦心を～ 专心一意 zhuānxīn yíyì; 倾注 qīngzhù ♦耳を～ 倾听 qīngtīng ♦杯を～ 举杯 jǔbēi
かためる【固める】加固 jiāgù ❶《土台を》奠定 diàndìng; 稳固 wěngù ❷《決意を》坚定 jiāndìng
かためん【片面】一面 yímiàn
かたやぶり【型破り-の】破格 pògé
かたよる【偏る】偏 piān; 片面 piànmiàn ♦偏った考え 偏见 piānjiàn
かたらう【語らう】谈心 tánxīn
かたり【騙り】欺骗 qīpiàn ♦～にあう 遇到诈骗 yùdào zhàpiàn
かたりぐさ【語り草】话柄 huàbǐng; 话把儿 huàbàr
かたりて【語り手】《ナレーター》解说人 jiěshuōrén
かたる【語る】讲 jiǎng; 讲述 jiǎngshù; 叙说 xùshuō ♦語り合う 交谈 jiāotán; 叙谈 xùtán ♦心境を～ 叙述心境 xùshù xīnjìng
かたる【騙る】骗 piàn; 冒充 màochōng
カタルシス 感情净化 gǎnqíng jìnghuà
カタログ 目录 mùlù; 商品目录 shāngpǐn mùlù
かたわら【傍ら】旁边 pángbiān; 一边 yìbiān
かたん【加担-する】参与 cānyù
かだん【花壇】花坛 huātán; 花池子 huāchízi; 花圃 huāpǔ
かち【価値】价值 jiàzhí ♦～が等しい 等价 děngjià ♦～観 价值观念 jiàzhí guānniàn ♦～がある 有价值 yǒu jiàzhí ♦～が高い[低い] 价值高[低] jiàzhí gāo[dī] ♦～判断 价值判断 jiàzhí pànduàn
かち【勝ち】胜 shèng; 胜利 shènglì
かちあう【かち合う】碰 pèng; 赶 gǎn
かちかち《かたい》咯吱 gēzhī; 硬邦邦 yìngbāngbāng ♦～になる 变硬 biànyìng ♦～のパン 硬梆梆的面包 yìngbāngbāng de miànbāo
かちき【勝ち気-な】要强 yàoqiáng; 好胜 hàoshèng ♦～な性格 好强性

かちく ― がっしょう

格 hàoqiáng xìngge
かちく【家畜】家畜 jiāchù；牲口 shēngkou；牲畜 shēngchù
かちとる【勝ち取る】贏得 yíngdé；争取 zhēngqǔ；博得 bódé
かちぬき【勝ち抜き】淘汰賽 táotàisài ♦～戦 淘汰賽 táotàisài
かちまけ【勝ち負け】胜负 shèngfù；输赢 shūyíng ♦～にこだわらない 不拘胜负 bùjū shèngfù
かちめ【勝ち目】取胜的希望 qǔshèng de xīwàng ♦～がある[ない][没]有获胜希望 [méi]yǒu huòshèng xīwàng
がちゃん 喀嚓 kāchā；啪啦 pālā；哐啷 kuānglāng ♦皿が～と割れる 盘子喀嚓摔碎了 pánzi kāchā shuāisuì le
かちゅう【渦中】旋涡中 xuánwōzhōng ♦～の人物 漩涡中的人物 xuánwō zhōng de rénwù
かちゅう【火中】火中 huǒzhōng ♦～の栗を拾う 火中取栗 huǒ zhōng qǔ lì
かちょう【家長】家长 jiāzhǎng；户主 hùzhǔ
かちょう【課長】科长 kēzhǎng
ガチョウ【鵞鳥】鹅 é
かちょうふうげつ【花鳥風月】风花雪月 fēng huā xuě yuè
かつ【活】～を入れる 打气 dǎqì；鼓動儿 gǔjìnr
かつ【且】且 qiě；并且 bìngqiě ♦飲み～食う 边吃边喝 biān chī biān hē
かつ【勝つ】贏 yíng；胜 shèng；告捷 gàojié：取胜 qǔshèng ♦試合に～ 比赛中获胜 bǐsài zhōng huòshèng ♦誘惑に～ 抵御住诱惑 dǐyùzhù yòuhuò
かつあい【割愛-する】割爱 gē'ài
カツオ【鰹】鲣鱼 jiānyú
かっか【閣下】阁下 géxià
かっか-する 愤慨 fènkǎi；怒气冲冲 nùqì chōngchōng；发热 fārè ♦～と熱い 火辣辣 huǒlàlà
がっか【学科】科目 kēmù；专业 zhuānyè
がっかい【学会】学会 xuéhuì；学术研讨会 xuéshù yántǎohuì
がつがつ 贪婪 tānlán ♦～食べる 狼吞虎咽 láng tūn hǔ yàn ♦～している 食べ方が 下作 xiàzuo
がっかり-する 灰心 huīxīn；丧气 sàngqì；泄气 xièqì；心寒 xīn hán
かっき【活気】活气 huóqì；生气 shēngqì ♦～あふれる 朝气蓬勃 zhāo qì péng bó；欣欣向荣 xīn xīn xiàng róng ♦～不振 不振 bùzhèn；蔫 niān；不景气 bù jǐngqì ♦～を与える 活跃

huóyuè ♦～付ける 搞活 gǎohuó
がっき【学期】学期 xuéqī ♦～が始まる 开学 kāixué；始业 shǐyè ♦～末試験 大考 dàkǎo
がっき【楽器】乐器 yuèqì
かっきてき【画期的-な】划时代 huà shídài
がっきゅう【学究】笃学 dǔxué ♦～の徒 学究 xuéjiū
がっきゅう【学級】班 bān；班级 bānjí
かっきょ【割拠-する】割据 gējù；群雄～する 群雄割据 qún xióng gē jù
がっきょく【楽曲】乐曲 yuèqǔ；曲子 qǔzi
かっきり 整整 zhěngzhěng；正好 zhènghǎo ♦正午～に 正好中午 zhènghǎo zhōngwǔ
かつぐ【担ぐ】扛 káng；担 dān；背 bēi；《からかう》捉弄 zhuōnòng
かっくう【滑空-する】滑翔 huáxiáng
がっくり ♦～落ち込む 垂头丧气 chuí tóu sàng qì ♦～する 灰心 huīxīn；心寒 xīn hán
かっけ【脚気】脚气症 jiǎoqìzhèng
かっけつ【喀血】咯血 kǎxiě
かっこ【括弧】括号 kuòhào
かっこ【各個】各个 gègè
かっこ【確固-たる】坚定 jiāndìng；坚强 jiānqiáng
かっこう【格好】样子 yàngzi；姿势 zīshì ♦背～ 身材 shēncái ♦～をつける 摆架子 bǎi jiàzi ♦～がいい 潇洒 xiāosǎ ♦～が悪い 不成样子 bù chéng yàngzi；不体面 bù tǐmiàn
カッコウ【郭公】布谷 bùgǔ；杜鹃 dùjuān
がっこう【学校】学校 xuéxiào ♦～で教える 教书 jiāoshū ♦～で勉強する 念书 niànshū；读书 dúshū ♦～に行く 上学 shàngxué；求学 qiúxué
かっさい【喝采-する】喝彩 hècǎi；叫绝 jiàojué
がっさく【合作-する】合作 hézuò
がっさん【合算-する】合计 héjì；共计 gòngjì
かつじ【活字】活字 huózì；铅字 qiānzì ♦～を組む 排字 páizì
かっしゃ【滑車】滑轮 huálún；滑车 huáchē
がっしゅく【合宿-する】集训 jíxùn
かつじょう【割譲-する】割让 gēràng
がっしょう【合唱-する】合唱 héchàng ♦～団 合唱队 héchàngduì
がっしょう【合掌-する】合十 héshí

かっしょく ー かどう　97

かっしょく【褐色-の】茶色 chásè; 褐色 hèsè ◆~の肌 褐色皮肤 hèsè pífū

がっしり 粗壮 cūzhuàng ◆~した大男 彪形大汉 biāoxíng dàhàn

かっすいき【渇水期】枯水期 kūshuǐqī

かっせい【活性】活性 huóxìng ◆~炭 活性炭 huóxìngtàn ◆~化をはかる 谋求搞活 móuqiú gǎohuó

かっせん【合戦】会战 huìzhàn

かっそう【滑走】滑行 huáxíng ◆~路 跑道 pǎodào

がっそう【合奏】合奏 hézòu

カッター 裁纸刀 cáizhǐdāo

かったつ【闊達】豁达 huòdá ◆~自由 自由豁达 zìyóu huòdá

かつだんそう【活断層】活动断层 huódòng duàncéng

がっち【合致-する】符合 fúhé; 吻合 wěnhé; 一致 yízhì ◆~しない 不符合 bù fúhé

ガッツ 气力 qìlì; 魄力 pòlì ◆~のある勇气 yǒu yìqì

かって【曾・嘗】当初 dāngchū; 曾 céng; 曾经 céngjīng

かって【勝手-な】❶《わがまま》随意 suíyì; 任意 rènyì; 擅自 shànzì ◆~な言い草 肆意的借口 sìyì de jièkǒu ◆~気ままな 放肆 fàngsì ❷《ようす》~が違う 情况不同 qíngkuàng bùtóng ❸《台所》厨房 chúfáng ◆~口 便门 biànménn

かっと-なる 冲动 chōngdòng; 动火 dònghuǒ; 发怒 fānù; 冒火 màohuǒ; 恼火 nǎohuǒ

カット《切る》割 gē ◆髪を~する 剪发 jiǎnfà ◆ボーナスを~する 削去奖金 xiāoqù jiǎngjīn ◆《卓球で》~する 削 xiāo

かっとう【葛藤】纠纷 jiūfēn; 纠葛 jiūgé

かつどう【活動】活动 huódòng ◆~家 积极分子 jījí fènzi; 活动家 huódòngjiā ◆~的な 活跃 huóyuè

カットグラス 雕花玻璃 diāohuā bōli

かっぱ【喝破-する】道破 shuōpò

かっぱ【合羽】《レインコート》雨衣 yǔyī ◆~を着る 披斗篷 pī dǒupeng

かっぱつ【活発-な】活跃 huóyuè; 跑跑跳跳 pǎopàotiàotiào ◆~な子供 活泼的孩子 huópo de háizi

かっぱらい【搔っ払い】小偷儿 xiǎotōur

かっぱん【活版】铅印 qiānyìn ◆~印刷 活版印刷 huóbǎn yìnshuā

カップ 奖杯 jiǎngbēi

カップリング 耦合 ǒuhé

カップル 情侣 qínglǚ; 伴侣 bànlǚ

がっぺい【合併-する】合并 hébìng ◆~症 并发病 bìngfābìng; 合并症 hébìngzhèng ◆会社の~公司合并 gōngsī hébìng

かっぽ【闊歩-する】阔步 kuòbù

かつぼう【渇望-する】渴望 kěwàng; 盼望 pànwàng

がっぽん【合訂本】合订本 hédìngběn

かつやく【活躍-する】活跃 huóyuè; 起积极作用 qǐ jījí zuòyòng

かつよう【活用-する】利用 lìyòng; 活用 huóyòng

かつら【鬘】头套 tóutào ◆~をつける 戴假发 dài jiǎfà

カツラ【桂】《植物》莲香树 liánxiāngshù

かつりょく【活力】活力 huólì; 精力 jīnglì ◆~あふれる 旺盛 wàngshèng; 生机勃勃 shēngjī bóbó; 兴旺 xīngwàng

カツレツ 炸牛[鸡，猪]排 zhániú[jī, zhū]pái

かつろ【活路】出路 chūlù; 生路 shēnglù; 活路 huólù ◆~を見出す 找到活路 zhǎodào huólù

かて【糧】食粮 shíliáng; 口粮 kǒuliáng ◆生活の~にする 借以维持生活 jièyǐ wéichí shēnghuó

かてい【仮定-する】假设 jiǎshè; 假说 jiǎshuō; 假定 jiǎdìng

かてい【家庭】家 jiā; 家庭 jiātíng ◆~用の家用 jiāyòng ◆~教师 家教 jiājiào

かてい【課程】课程 kèchéng

かてい【過程】过程 guòchéng; 进程 jìnchéng; 经过 jīngguò ◆流通の~ 流通的过程 liútōng de guòchéng ◆調査の~ 调查的过程 diàochá de guòchéng

カテーテル《医学》导管 dǎoguǎn

カテキン 儿茶素 érchásù

カテゴリー 范畴 fànchóu

かでん【家電】《製品》家电产品 jiādiàn chǎnpǐn

がでんいんすい【我田引水-する】只顾自己 zhǐgù zìjǐ

かと【過渡】过渡 guòdù ◆~期 过渡时期 guòdù shíqí

かど【過度-の】过于 guòyú

かど【角】《物》棱角 léngjiǎo ◆~を曲がる 拐角 guǎiwān, 转弯 zhuǎnwān ◆机の~ 桌角 zhuōjiǎo ◆~が立つ 带刺 dàicì

かとう【下等-な】下等 xiàděng ◆~動物 低级动物 dījí dòngwù

かとう【過当】过火 guòhuǒ ◆~競争 过分的竞争 guòfèn de jìngzhēng

かどう【稼働-する】开动 kāidòng ◆

〜率 开工率 kāigōnglǜ
かどぐち【門口】门口儿 ménkǒur
カドミウム 镉 gé
かとりせんこう【蚊取り線香】 蚊香 wénxiāng
カトリックきょう【カトリック教】 天主教 Tiānzhǔjiào
カトレア 卡特兰 kǎtèlán
かどわかす 拐 guǎi; 拐骗 guǎipiàn
かなあみ【金網】 铁丝网 tiěsīwǎng
かない【家内】❶《家庭》家里 jiālǐ; 家庭 jiātíng ◆〜安全 家中平安 jiāzhōng píng'ān ❷《妻》妻子 qīzi
かなう【適う】 合乎 héhū; 适合 shìhé ◆条件が適えば 如果条件满足 rúguǒ tiáojiàn mǎnzú
かなう【叶う】 实现 shíxiàn ◆望みが〜 如愿以偿 rúyuàn yǐ cháng
かなえ【鼎】 鼎 dǐng ◆〜の脚 鼎足 dǐngzú ◆〜の軽重を問う 问鼎之轻重 wèn dǐng zhī qīngzhòng
かなぐ【金具】 金属零件 jīnshǔ língjiàn
かなしい【悲しい】 悲哀 bēi'āi; 难过 nánguò; 心酸 xīnsuān; 悲酸 bēisuān
かなしみ【悲しみ】 悲哀 bēi'āi; 伤心 shāngxīn; 悲伤 bēishāng
かなしむ【悲しむ】 感伤 gǎnshāng; 伤感 shānggǎn; 伤心 shāngxīn
かなづち【金槌】 锤子 chuízi; 榔头 lángtou ◆私は〜だ 《泳げない》 旱鸭子 hànyāzi
かなでる【奏でる】 奏乐 zòuyuè 《管楽器を》 吹 chuī
かなめ【要】 关节 guānjié ◆〜となる 关键 guānjiàn
かなもの【金物】 五金 wǔjīn ◆〜屋 五金商店 wǔjīn shāngdiàn
かならず【必ず】 一定 yídìng; 必定 bìdìng; 准保 zhǔnbǎo
かならずしも【必ずしも】 不一定 bù yídìng; 未必 wèibì ◆〜正しいとは言えない 未必正确 wèibì zhèngquè
かなり 挺 tǐng; 相当 xiāngdāng ◆〜長い間 好半天 hǎobàntiān ◆〜多い［少ない］ 相当多［少］xiāngdāng duō[shǎo]
カナリヤ 金丝雀 jīnsīquè
かなわない【適わない】 不及 bùjí; 跟不上 gēnbushàng; 比不上 bǐbushàng
カニ【蟹】 螃蟹 pángxiè ◆〜味噌 蟹黄 xièhuáng;《海の》海蟹 hǎixiè ◆〜座 巨蟹座 jùxièzuò
かにく【果肉】 果肉 guǒròu
かにゅう【加入-する】 参加 cānjiā; 加入 jiārù ◆〜者 用户 yònghù

カヌー 独木舟 dúmùzhōu; 皮划艇 píhuátǐng
かね【金銭】 金钱 jīnqián; 货币 huòbì ◆〜がある 有钱 yǒu qián ◆〜に換える《売って》换钱 huàn qián ◆〜を支払う 付钱 fù qián ◆〜を借りる 欠款 qiànkuǎn ◆〜を集める 凑钱 còu qián ◆〜を出し合う 凑份子 còu fènzi ◆〜を貸す 贷款 dàikuǎn
かね【鐘】 钟 zhōng ◆〜をつく 敲钟 qiāo zhōng
かねじゃく【曲尺】 角尺 jiǎochǐ; 矩尺 jǔchǐ; 曲尺 qūchǐ
かねつ【加熱-する】 加热 jiārè; 烧烧 shāo
かねつ【過熱-する】 过热 guòrè; 过火 guòhuǒ
かねづかい【金遣い】 花钱 huāqián ◆〜が荒い 大手大脚 dà shǒu dà jiǎo; 挥霍 huīhuò
かねづまり【金詰まり】 钱紧 qián jǐn; 银根紧 yíngēn jǐn
かねて【予て】 以前 yǐqián; 早先 zǎoxiān ◆〜からの疑問 很早就持有的疑问 hěn zǎo jiù chíyǒu de yíwèn
かねめ【金目】 价值 jiàzhí ◆〜の物 值钱的东西 zhíqián de dōngxi
かねもうけ【金儲け-する】 赚钱 zhuànqián
かねもち【金持ち】 财主 cáizhu ◆〜である 有钱 yǒu qián ◆〜になる 发财 fācái
かねる【兼ねる】 兼 jiān ◆役員を〜兼任董事 jiānrèn dǒngshì
かねん【可燃】 〜性の 可燃性 kěránxìng ◆〜物 可燃物 kěránwù
かのう【化膿-する】 化脓 huànóng; 溃烂 kuìlàn
かのう【可能-な】 可能 kěnéng ◆〜性 可能性 kěnéngxìng
かのじょ【彼女】 她 tā ◆〜たち 她们 tāmen ◆友達の〜《交際相手》朋友的女朋友 péngyou de nǚ péngyou
カバ【河馬】《動》 河马 hémǎ
カバ【樺】《植物》 桦 huà
カバー《おおう・かぶせる》挡 dǎng; 套子 tàozi; 罩子 zhàozi ❷《補う》〜する 弥补 míbǔ
かばう【庇う】 ❶《人を》护 hù; 袒护 tǎnhù ◆身内を〜 袒护亲属 tǎnhù qīnshǔ ◆《痛いところを》ひざを〜 保护膝盖 bǎohù xīgài ❷《悪事·悪人を》打掩护 dǎ yǎnhù; 包庇 bāobì
かはん【河畔】 河畔 hépàn
かばん【鞄】 书包 shūbāo; 皮包 píbāo; 提包 tíbāo ◆〜に入れる 放进皮包 fàngjìn píbāo ◆旅行〜 旅行

がばん — がまん　99

かばん【画板】 画板 huàbǎn; 图板 túbǎn 包 lǚxíngbāo

かはんしん【下半身】 下身 xiàshēn

かはんすう【過半数】 过半数 guòbànshù ♦～を占める 占过半数 zhàn guòbànshù

かび【黴】 霉 méi ♦～が生える 发霉 fāméi

かび【華美-な】 华美 huáměi; 华丽 huálì

がびょう【画鋲】 图钉 túdīng

かびる【黴る】 发霉 fāméi

かびん【花瓶】 花瓶 huāpíng

かびん【過敏-な】 过敏 guòmǐn ♦神経～ 神经过敏 shénjīng guòmǐn

かふ【寡婦】 寡妇 guǎfù

かぶ【下部】 下级 xiàjí; 下面 xiàmiàn; 下头 xiàtou ♦～構造 经济基础 jīngjì jīchǔ ♦～組織 基层组织 jīcéng zǔzhī

かぶ【株】〈切り株〉木の～ 墩子 dūnzi;〈株式〉～を配当 股息 gǔxī ♦～券 股票 gǔpiào;〈得意技〉彼の～を奪う 学会他人的专长 xuéhuì tārén de zhuāncháng

カブ【蕪】〈植物〉芜菁 wújīng

かぶあげ【家風】 门风 ménfēng ♦～に合わない 不符合门风 bù fúhé ménfēng

がふう【画風】 画风 huàfēng

カフェ 咖啡馆 kāfēiguǎn ♦～バー 咖啡吧 kāfēibā

カフェイン 咖啡碱 kāfēijiǎn; 咖啡因 kāfēiyīn

カフェテリア 自助食堂 zìzhù shítáng

かぶか【株価】 股价 gǔjià ♦～が上がる 股票价格上涨 gǔpiào jiàgé shàngzhǎng

かぶさる【被さる】 覆盖 fùgài

かぶしき【株式】 股 gǔ; 股份 gǔfèn ♦～会社 股份有限公司 gǔfèn yǒuxiàn gōngsī ♦～市场 股市 gǔshì

カフスボタン 袖扣儿 xiùkòur

かぶせる【被せる】 盖上; 覆盖 fùgài; 扣 kòu; 罩 zhào ♦袋を～ 蒙上袋子 méngshang dàizi ♦土を～ 用土盖shang yòng tǔ gàishang ♦罪を～ 代人承担罪责 dàirén chéngdān zuìzé

カプセル〈薬の〉胶囊 jiāonáng

かふそく【過不足】 不多不少 bù duō bù shǎo ♦～のない 得当 dédàng

かぶちょうせい【家父長制】 家长制 jiāzhǎngzhì

かぶと【兜】 盔 kuī ♦～を脱ぐ 认输 rènshū

カブトガニ【兜蟹】 水鳖子 shuǐbiēzi; 鲎 hòu

カブトムシ【甲虫】 甲虫 jiǎchóng

かぶぬし【株主】 股东 gǔdōng ♦～総会 股东大会 gǔdōng dàhuì

かぶりつく 狼吞虎咽 láng tūn hǔ yàn

かぶる【被る】〈損害など〉蒙受 méngshòu ♦帽子を～ 戴帽子 dài màozi ♦砂ほこりを～ 砂石扑面 shāshí pūmiàn ♦猫を～ 假装 jiǎzhuāng ♦罪を～ 替人担罪 tìrén dānzuì

かぶれる ❶〈皮膚が〉发炎 fāyán ❷〈夢中になる〉着迷 zháomí

かふん【花粉】 花粉 huāfěn ♦～症 过敏性花粉症 guòmǐnxìng huāfěnzhèng

かぶん【過分】 过分 guòfèn ♦～なお言葉 过奖 guòjiǎng

かべ【壁】 墙 qiáng; 墙壁 qiángbì ♦～纸 墙纸 qiángzhǐ ♦～にぶつかる 碰壁 pèngbì; 碰钉子 pèng dīngzi ♦～に耳あり 窗外有耳 chuāng wài yǒu ěr; 隔墙有耳 gé qiáng yǒu ěr

かへい【貨幣】 货币 huòbì; 金钱 jīnqián; 钱币 qiánbì ♦～価值 币值 bìzhí ♦～制度 币制 bìzhì

かべかけ【壁掛け】 壁毯 bìtǎn; 挂毯 guàtǎn

かべしんぶん【壁新聞】 壁报 bìbào; 墙报 qiángbào; 大字报 dàzìbào

かべん【花弁】 花瓣 huābàn

かほう【家宝】 传家宝 chuánjiābǎo

かほごほご【過保護-な】 娇惯 jiāoguàn ♦～に育てる 娇生惯养 jiāo shēng guàn yǎng

かぼそい〈か細い〉低微 dīwēi; 细弱 xìruò ♦～声 微弱的声音 wēiruò de shēngyīn

カボチャ【南瓜】 南瓜 nánguā

かま【釜 ; 窯】 ❶〈鍋などの〉锅 guō ❷〈瀬戸物などを焼く〉窑 yáo

かま【鎌】 镰刀 liándāo ♦～をかける 套问 tàowèn; 诈 zhà

ガマ【蒲】〈植物〉香蒲 xiāngpú

かまう【構う】 管 guǎn; 理 lǐ; 睬 cǎi; 理会 lǐhuì ♦構わないで 别张罗 biézhāngluo;〈どうぞお構いなく 请不要张罗 qǐng búyào zhāngluo ♦どちらでも構わない 哪样都行 nǎyàng dōu xíng

ガマガエル【蝦蟇蛙】 癞蛤蟆 làiháma; 蟾蜍 chánchú

カマキリ【螳螂】 螳螂 tángláng

かまける只顾 zhǐgù ♦仕事に～ 只忙于工作 zhǐ mángyú gōngzuò

かまど【竈】 炉灶 lúzào; 炉子 lúzi; 灶 zào

がまん【我慢-する】 忍受 rěnshòu;

かみ【紙】紙 zhǐ; 纸张 zhǐzhāng
かみ【神】神 shén; 上帝 shàngdì; 老天 lǎotiān; 老天爷 lǎotiānyé ◆～のみぞ知る 天晓得 tiān xiǎode ◆～も仏もない 老天爷不睁眼 lǎotiānyé bù zhēng yǎn
かみ【髪】发 fà ◆～をとかす 梳头 shūtóu ◆～を切る 理发 lǐfà ◆～型 发型 fàxíng
かみあう【噛み合う】 啮合 nièhé; 咬 yǎo ◆考えが～ 相投 xiāngtóu
かみがかり【神懸り】 ◆～になる 下神 xià shén
がみがみ【叱る】 严厉批评 yánlì pīpíng
カミキリムシ【髪切り虫】 天牛 tiānniú
かみきる【噛み切る】 咬断 yǎoduàn
かみきれ【紙切れ】 纸片 zhǐpiàn
かみくず【紙屑】 废纸 fèizhǐ ◆～かご 纸篓儿 zhǐlǒur; 字纸篓儿 zìzhǐlǒur
かみくだく【噛み砕く】 嚼碎 jiáosuì ◆噛み砕いて説明する 详细说明 xiángxì shuōmíng
かみころす【噛み殺す】 咬死 yǎosǐ ◆欠伸 (あくび) を～ 憋住哈欠 biēzhù hāqiàn
かみざ【上座】 上手 shàngshǒu; 上座 shàngzuò ◆～に座るお客 座上客 zuòshàngkè
かみしめる【噛みしめる】 (歯で) 咬住 yǎozhù; 咬紧 yǎojǐn; (味わう) 玩味 wánwèi; 咀嚼 jǔjué ◆唇を～ 紧咬嘴唇 jǐnyǎo zuǐchún ◆孤独を～ 体味孤独 tǐwèi gūdú
かみそり【剃刀】 刮脸刀 guāliǎndāo; 剃刀 tìdāo ◆～の刃 刀片 dāopiàn
かみだな【神棚】 神龛 shénkān
かみつ【過密】 稠密 chóumì ◆～スケジュール 过密的日程表 guòmì de rìchéngbiǎo
かみつく【噛み付く】 咬 yǎo ◆犬が～ 狗咬 gǒu yǎo ◆判定に～ 反驳判定 fǎnbó pàndìng
かみづつみ【紙包み】 纸包 zhǐbāo
かみテープ【紙テープ】 纸带 zhǐdài
かみナプキン【紙ナプキン】 餐巾纸 cānjīnzhǐ
かみなり【雷】 雷 léi; 雷公 léigōng ◆～が鳴る 打雷 dǎléi; 响雷 xiǎngléi ◆～を落とす 大发雷霆 dà fā léi tíng
かみのけ【髪の毛】 头发 tóufa
かみはんき【上半期】 上半年 shàng

bànnián
かみひとえ【紙一重】 ◆～の差で 只差一点点儿 zhǐ chà yìdiǎndiǎnr
かみぶくろ【紙袋】 纸袋子 zhǐdàizi; 纸口袋儿 zhǐkǒudàir
かみやすり【紙やすり】 砂纸 shāzhǐ ◆～をかける 用砂纸磨 yòng shāzhǐ mó
かみわざ【神業】 绝技 juéjì; 奇迹般的技术 qíjì bān de jìshù
かみん【仮眠−する】 假寐 jiǎmèi
かむ【鼻を】 擤鼻涕 xǐng bítì
かむ【咬む|噛む】 咬 yǎo; 叮 dīng; 嚼 jiáo; 蜇 zhē ◆よく噛んで食べる 细嚼慢咽 xì jiáo màn yàn ◆スズメバチに噛まれた 被马蜂蜇了 bèi mǎfēng zhē le ◆蚊に噛まれる 被蚊子叮 bèi wénzi dīng
ガム 口香糖 kǒuxiāngtáng
ガムテープ 胶布 jiāobù
カムバック 重返 chóngfǎn; 东山再起 dōngshān zài qǐ
カムフラージュ−する 伪装 wěizhuāng; 隐瞒法 zhǎngyǎnfǎ
かめ【瓶】 罐子 guànzi; 坛 tán; 缸 gāng ◆～水～ 水罐 shuǐguàn
カメ【亀】 乌龟 wūguī; 王八 wángba ◆～の甲 龟甲 guījiǎ
かめい【仮名】 化名 huàmíng
かめい【加盟−する】 加盟 jiāméng
がめつい 惟利是图 wéi lì shì tú
カメラ 相机 xiàngjī; 照相机 zhàoxiàngjī ◆～マン 摄影师 shèyǐngshī ◆デジタル～ 数字相机 shùzì xiàngjī
カメレオン 变色龙 biànsèlóng
かめん【仮面】 假面具 jiǎmiànjù; 面具 miànjù; 画皮 huàpí ◆～をかぶる 戴上面具 dàishang miànjù
がめん【画面】 画面 huàmiàn; 荧光屏 yíngguāngpíng
カモ【鴨】 野鸭 yěyā
かもい【鴨居】 门楣 ménméi
かもく【寡黙な】 寡言 guǎyán; 沉默 chénmò
かもく【課|科目】 学科 xuékē; 科目 kēmù
カモシカ 羚羊 língyáng
かもしれない 可能 kěnéng; 说不定 shuōbudìng; 也许 yěxǔ
かもつ【貨物】 货物 huòwù ◆～運送 货运 huòyùn ◆～輸送機 货机 huòjī ◆～室 (飞行机の) 货舱 huòcāng ◆～船 货船 huòchuán; 货轮 huòlún ◆～列車 货车 huòchē
カモメ【鴎】 海鸥 hǎi'ōu
かや【蚊帳】 蚊帐 wénzhàng
カヤ【茅】 (植物) 茅草 máocǎo
がやがや 哇啦 wālā ◆～騒がしい 哗然 huárán; 乱哄哄 luànhōng-

かやく ー からてがた　　101

hōng
かやく【火薬】火药 huǒyào
かやぶき【茅葺き】草顶房屋 cǎodǐng fángwū
かゆ【粥】粥 zhōu; 稀饭 xīfàn ♦あわ～ 小米粥 xiǎomǐzhōu ♦お～を炊く 烧粥 shāo zhōu
かゆい【痒い】痒 yǎng; 痒痒 yǎngyang
かよう【通う】来往 láiwǎng ♦学校へ～ 上学 shàngxué ♦心が～ 心意相通 xīnyì xiāngtōng ♦血が～ 有人情味 yǒu rénqíngwèi
かようきょく【歌謡曲】流行歌曲 liúxíng gēqǔ
かようし【画用紙】图画纸 túhuàzhǐ
かようび【火曜日】星期二 xīngqī'èr; 礼拜二 lǐbài'èr
かよわい[か弱い] 纤弱 xiānruò; 柔弱 róuruò
ーから ❶【起点】从 cóng; 打 dǎ; 自 zì; 自从 zìcóng ♦明天开始 cóng míngtiān kāishǐ ♦東京～来た人 从东京来的人 cóng Dōngjīng lái de rén ❷【以後】♦家に戻って～電話する 回家后打电话 huíjiā hòu dǎ diànhuà ♦【もとにする】♦古紙～作られたトイレットペーパー 旧纸制的手纸 jiùzhǐ zhì de shǒuzhǐ
から【殻】壳 ké ♦クルミの～ 核桃壳儿 hétaokér ♦～に閉じこもる 性格孤僻 xìnggé gūpì ♦～を破る 打破陈规 dǎpò chénguī ♦もぬけの～ 空空如也 kōngkōng rú yě
から【空】空 kōng ♦～の引き出し 空抽屉 kōng chōuti ♦ジョッキを～にする 喝干 hēgān
がら【柄】❶【模様】花样 huāyàng ♦～と色 花色 huāsè ♦花の～ 花纹 huāwén ❷【体格】个儿 gèr; 身材 shēncái ❸【人柄】人品 rénpǐn; 品行 pǐnxíng ♦～が悪い 人品不好 rénpǐn bùhǎo ❹【状態】♦場所～をわきまえる 注意场合 zhùyì chǎnghé
カラー ❶【襟の】领子 lǐngzi ❷【色】颜色 yánsè; 色彩 sècǎi ♦～印刷 彩印 cǎiyìn ♦～テレビ 彩电 cǎidiàn ❸【特色】♦我が校の～ 我校的特色 wǒ xiào de tèsè
からあげ【空揚げ】干炸 gānzhá
からい【辛い】❶【味が】辣 là ♦塩～ 咸 xián ❷【きびしい】♦採点が～ 给分严 gěifēn yán
からいばり【空威張り-する】虚张声势 xū zhāng shēngshì
カラオケ 卡拉 OK kǎlā OK
からかう 逗 dòu; 调笑 tiáoxiào; 逗弄 dòunòng; 开玩笑 kāi wán-

xiào; 取闹 qǔnào; 耍笑 shuǎxiào; 挑逗 tiǎodòu; 作弄 zuònòng ♦猫を～ 戏弄猫 xìnòng māo ♦女性を～ 调戏 tiáoxì ♦人のことを～な 不要拿人家取笑 búyào ná rénjia qǔxiào
からから-の ❶【空気】干燥 gānzào ❷【川や池の水が】干涸 gānhé ♦〔ひからびている〕干巴巴 gānbābā
がらがら ❶【音】哗哗 huāhuā; 哗啦 huālā ❷【がら空き】空荡荡 kōngdàngdàng
ガラガラヘビ 响尾蛇 xiǎngwěishé
からくさもよう【唐草模様-の】蔓草花纹 màncǎo huāwén
がらくた【瓦落多】废物 fèiwù; 废料 fèiliào
からくも【辛くも】差点儿 chàdiǎnr; 险些 xiǎnxiē ♦～逃げきる 好容易才逃脱 hǎoróngyì cái táotuō
からくり 鬼把戏 guǐbǎxì; 机关 jīguān ♦～人形 活动偶人 huódòng ǒurén
からげる【絡げる】撩 liāo ♦裾を～ 撩裤脚 liāo kùjiǎo
からげんき【空元気】强打精神 qiáng dǎ jīngshen
からさわぎ-する【空騒ぎ-する】大惊小怪 dà jīng xiǎo guài
からし【辛子】芥末 jièmo
カラシナ【芥子菜】芥菜 jiècài
カラス【烏】乌鸦 wūyā
からす【嗄らす】♦声を～ 哑 yā; 沙哑 shāyǎ
ガラス【硝子】玻璃 bōli ♦～のコップ 玻璃杯 bōlibēi
カラスガイ【烏貝】蚌 bàng
からすみ【唐墨】乌鱼子 wūyúzǐ
カラスムギ【烏麦】燕麦 yànmài
からせき【空咳】干咳 gānké
からだ【体】身体 shēntǐ; 身上 shēnshang; 身躯 shēnqū ♦～が丈夫だ 身强力壮 shēn qiáng lì zhuàng ♦～が弱い 身体弱 shēntǐ ruò ♦～によい〔悪い〕有益〔有害〕于身体 yǒuyì (yǒuhài) yú shēntǐ
カラタチ【枳殻】【植物】枸橘 gōujú; 枳 zhǐ
からだつき【体つき】体格 tǐgé; 身躯 shēnqū; 腰板儿 yāobǎnr
カラット 克拉 kèlā
からっぽ【空っぽ-の】空 kōng; 空虚 kōngxū ♦燃料タンクが～だ 油箱空了 yóuxiāng kōng le
からて【空手】【武道の】拳术 quánshù; 〔手ぶらで〕空手 kōngshǒu
からてがた【空手形】空头支票 kōngtóu zhīpiào ♦【空約束で】～を切る 空口说白话 kōngkǒu shuō báihuà

からねんぶつ 【空念仏】 空话 kōnghuà; 空谈 kōngtán

からぶり 【空振り-する】 扑空 pūkōng

カラマツ 【落葉松】 落叶松 luòyèsōng

からまる 【絡まる】 缠 chán; 盘绕 pánrào ◆ひもが～ 绳缠在一起 shéng chánzài yīqǐ

からまわり 【空回り-する】 ❶〔物が〕空转 kōngzhuàn ❷〔物事が〕空忙 kōngmáng ◆議論が～ 的白议论一番 bái yìlùn yīfān

-がらみ 【-絡み】 ❶〔概数〕左右 zuǒyòu; 上下 shàngxià ◆40～の男 四十岁左右的人 sìshí suì zuǒyòu de rén ❷〔関連:無代で〕…有关 yǒuguān ◆商売～の旅 有关买卖的旅行 yǒuguān mǎimài de lǚxíng

からみつく 【絡み付く】 绕上 ràoshàng; 缠上 chánshàng; 攀缠 pānchán ◆ツタが～ 爬山虎缠绕盘桓虎 páshānhǔ chánrào

からむ 【絡む】 ❶〔人に〕捣蛋 dǎodàn; 蘑菇 mógu; 纠缠 jiūchán ◆金が絡んだ話 牵涉钱的事情 qiānshè qián de shìqíng ❷〔ひもなどが〕缠 chán; 绊 bàn

からりと 明朗 míngláng; 开朗 kāilǎng ◆～晴れた 晴朗 qínglǎng ◆～揚がった天ぷら 炸酥的炸鱼虾 zhá-sū de zháyúxiā ◆～した性格 开朗的性格 kāilǎng de xìnggé

がらりと 突然 tūrán ◆～態度が変わる 态度忽然改变 tàidu hūrán gǎibiàn

がらんどう 空洞 kōngdòng; 空旷 kōngkuàng

がらんとした 空荡荡 kōngdàngdàng ◆～が店内 空荡荡的店内 kōngdàngdàng de diànnèi

かり 【仮-の】 临时 línshí

かり 【借り】 债 zhài; 借款 jièkuǎn ◆～がある〔金銭の〕该 gāi ◆～を作る 借债 jièzhài ◆～を清算する 清偿借款 qīngcháng jièkuǎn ◆～主 债户 zhàihù

かり 【狩り】 打猎 dǎliè

カリ 【雁】 雁 yàn; 大雁 dàyàn; 鸿雁 hóngyàn

かりいれ 【刈り入れ】 割 gē; 收割 shōugē ◆～を始める 开镰 kāilián

かりいれきん 【借入金】 借款 jièkuǎn

カリウム 钾 jiǎ

かりかた 【借方】 收方 shōufāng; 借方 jièfāng

がりがり ◆～に痩(せ)せた 骨瘦如柴 gǔ shòu rú chái; 皮包骨 pí bāo gǔ ◆氷を～嚼む 咯吱吱嚼冰 gēzhīzhī jiáo bīng

がりがりもうじゃ 【我利我利亡者】 贪得无厌 tān dé wú yàn

カリキュラム 课程 kèchéng; 教学计划 jiàoxué jìhuà

かりきる 【借り切る】 包租 bāozū

かりけいやく 【仮契約】 暂行合同 zànxíng hétong

かりしゅつしょ 【仮出所-する】 假释 jiǎshì

カリスマ 超凡魅力 chāofán mèilì ◆～性のある 有超凡魅力 yǒu chāofán mèilì

かりずまい 【仮住まい-する】 寄寓 jìyù; 寓居 yùjū

かりたてる 【駆り立てる】 驱使 qūshǐ; 吆喝 yāohe; 〔ある行動に〕策动 cèdòng

かりちょういん 【仮調印】 草签 cǎoqiān

かりて 【借り手】 借方 jièfāng; 借户 jièhù; 租户 zūhù ◆～を探す 寻找租户 xúnzhǎo zūhù

かりとる 【刈り取る】 收割 shōugē

かりに 【仮に】 假设 jiǎshè; 即使 jíshǐ

かりぬい 【仮縫い-する】 试样子 shì yàngzi

カリフラワー 菜花 càihuā; 花椰菜 huāyēcài

かりゅう 【顆粒】 颗粒 kēlì ◆～状の 颗粒状的 kēlìzhuàng de

かりゅう 【下流】 下游 xiàyóu; 下流 xiàliú

がりゅう 【我流】 自学的 zìxué de

がりょうてんせい 【画竜点睛】 ◆～を欠く 画龙不点睛 huà lóng bù diǎn jīng

かりょく 【火力】 火力 huǒlì; 火势 huǒshì ◆～が強い 火力强 huǒlì qiáng ◆～発电 火力发电 huǒlì fādiàn ◆～发电 火力发电 huǒlì fādiàn ◆～発电所 热电厂 rèdiànchǎng

かりる 【借りる】 借 jiè; 租 zū ◆小钱を～ 借零钱 jiè língqián ◆知恵を～ 请教 qǐngjiào ◆ノートを～ 借笔记 jiè bǐjì

かる 【刈る】 割 gē; 剪 jiǎn ◆雑草を～ 割草 gēcǎo ◆髪を～ 剪发 jiǎnfà

かるい 【軽い】 ❶〔重量が〕轻 qīng ◆荷物は～ 行李轻 xíngli qīng ❷〔程度が〕轻微 qīngwēi ◆～やけど 轻度烧伤 qīngdù shāoshāng ◆軽く食べる 点饥 diǎnjī ❸〔軽率〕口が～ 嘴不严 zuǐ bùyán ◆軽く松 qīngsōng ◆合格は～ 很容易考上 hěn róngyì kǎoshàng

かるいし 【軽石】 浮石 fúshí

かるがる 【軽々と】 轻快地 qīngkuàidi;

かるがるしい【軽々しい】 軽浮 qīngfú: 軽率 qīngshuài: 軽易 qīngyì ♦〜発言 軽率的发言 qīngshuài de fāyán 軽々しく信じる 轻信 qīngxìn

かるくち【軽口】 ♦〜をたたく 戏谑 xìxuè

カルシウム 钙 gài

カルスト 岩溶 yánróng

かるた【歌留多】 纸牌 zhǐpái

カルチャー 文化 wénhuà; 教养 jiàoyǎng ♦〜ショック 文化冲击 wénhuà chōngjī

カルテ 病历 bìnglì

カルテット 四重唱 sìchóngchàng; 四重奏 sìchóngzòu

カルテル 卡特尔 kǎtè'ěr ♦〜協定 卡特尔协定 kǎtè'ěr xiédìng

かるはずみ【軽はずみ-な】 轻率 qīngshuài; 轻佻 qīngtiāo

かるわざ【軽業】 杂技 zájì; 把戏 bǎxì ♦〜師 杂技演员 zájì yǎnyuán

かれ【彼】 他 tā ♦〜氏（交際相手）男朋友 nánpéngyou

かれい【華麗-な】 富丽 fùlì; 华丽 huálì; 绚丽 xuànlì

カレイ【鰈】 鲽 dié

カレー 咖喱 gālí ♦〜粉 咖喱粉 gālífěn ♦〜ライス 咖喱饭 gālífàn

ガレージ 车库 chēkù

かれえだ【枯れ枝】 干枯的树枝 gānkū de shùzhī

かれき【枯れ木】 枯木 kūmù

がれき【瓦礫】 瓦砾 wǎlì ♦〜の山と化する 变成一片废墟 biànchéng yípiàn fèixū

かれくさ【枯れ草】 枯草 kūcǎo; 干草 gāncǎo

かれた【涸れた】 干涸 gānhé ♦〜川 干枯的河 gānkū de hé

かれは【枯れ葉】 枯叶 kūyè ♦〜が舞う 落叶飞舞 luòyè fēiwǔ

かれら【彼等】 他们 tāmen

かれる【枯れる】 枯 kū; 凋谢 diāoxiè; 萎缩 wěisuō; 萎谢 wěixiè ♦木が〜 树木枯萎 shùmù kūwěi

かれる【嗄れる】 沙哑 shāyǎ

かれる【涸れる】 干涸 gānhé ♦井戸が〜 井枯了 jǐng kū le

かれん【可憐-な】 可怜 kělián; 可爱 kě'ài

カレンダー 日历 rìlì; 月历 yuèlì

かろう【過労】 过劳 guòláo; 过度疲劳 guòdù píláo ♦〜で倒れる 因过度疲劳而倒下 yīn guòdù píláo ér dǎoxià ♦〜死 过劳死 guòláosǐ

がろう【画廊】 画廊 huàláng

かろうじて【辛うじて】 好不容易 hǎo bù róngyì; 差点儿 chàdiǎnr

かろやか【軽やか-な】 轻盈 qīngyíng; 轻飘飘 qīngpiāopiāo ♦〜な足取り 轻盈的步伐 qīngyíng de bùfá

カロリー 卡 kǎ: 卡路里 kǎlùlǐ ♦キロ〜 大卡 dàkǎ

ガロン 加仑 jiālún

かろんじる【軽んじる】 小看 xiǎokàn; 菲薄 fěibó; 轻慢 qīngmàn

かわ【川】 河 hé; 江 jiāng; 河流 héliú: 河川 héchuān

かわ【皮／革】 皮革 pígé ♦〜の札入れ 皮夹子 píjiāzi ♦〜ベルト 皮带 pídài ♦〜鞄 皮包 píbāo ♦〜の手袋 皮手套 píshǒutào ♦〜製品 皮革制品 pígé zhìpǐn

かわ[がわ]【側】 方面 fāngmiàn; 边 biān; 立场 lìchǎng ♦右[左]〜 右[左]侧 yòu[zuǒ]cè ♦向こう〜 对面 duìmiàn

かわいい【可愛い】 可爱 kě'ài

かわいがる【可愛がる】 疼 téng; 疼爱 téng'ài; 爱怜 àilián; 宠爱 chǒng'ài

かわいそう【可哀相-な】 可怜 kělián

カワウ【川鵜】 鸬鹚 lúcí; 鱼鹰 yúyīng; 墨鸦 mòyā

カワウソ【川獺】 水獭 shuǐtǎ

かわかす【乾かす】 晒干 shàigān;（火で）烤干 kǎogān

かわかみ【川上】 上游 shàngyóu

かわき【渇き】 渇 kě ♦〜をいやす 解渇 jiěkě

かわぎし【川岸】 河岸 hé'àn; 河边 hébiān

かわく【乾く】 干 gān

かわぐつ【革靴】 皮鞋 píxié

かわざんよう【皮算用】 如意算盘 rúyì suànpán ♦捕らぬ狸の〜 打如意算盘 dǎ rúyì suànpán

かわしも【川下】 下游 xiàyóu

かわす【交す】 交 jiāo ♦挨拶を〜 互相打招呼 hùxiāng dǎ zhāohu

かわすじ【川筋】 河道 hédào

かわせ【為替】 汇票 huìpiào ♦〜で送金する 汇兑 huìduì ♦〜手形 汇票 huìpiào ♦〜レート 汇率 huìlǜ: 汇价 huìjià; 外汇牌价 wàihuì páijià; 外汇汇率 wàihuì huìlǜ

カワセミ【翠鳥】 翠鸟 cuìniǎo; 鱼狗 yúgǒu

かわぞい【川沿い】 河沿 héyán ♦〜の道 沿河的道路 yánhé de dàolù

かわった【変わった】 古怪 gǔguài ♦〜人 怪人 guàirén

かわどこ【川床】 河槽 hécáo; 河床

かわら【瓦】 瓦 wǎ ◆～ぶきの家 瓦房 wǎfáng
かわら【河川原】 河滩 hétān
かわり【代わり】 代替 dàitì ◆～に出席する 代为出席 dàiwèi chūxí ◆ビールのお～を頼む 再来一杯啤酒 zài lái yì bēi píjiǔ
かわり【変わり】 变化 biànhuà；异常 yìcháng ◆～ない 没有变化 méiyǒu biànhuà
かわりばんこ【代わり番こに】 轮流 lúnliú；轮换 lúnhuàn
かわりめ【変わり目】 转折点 zhuǎnzhédiǎn ◆季節の～ 季节交替时期 jìjié jiāotì shíqí
かわりもの【変わり者】 怪物 guàiwu；奇人 qírén
かわる【替わる】 顶 dǐng；顶替 dǐngtì；换 huàn；替 tì ◆席を～ 换座位 huàn zuòwèi
かわる【変わる】 变 biàn；转变 zhuǎnbiàn；转折 zhuǎnzhé ◆天気が～ 天气变了 tiānqì biàn le ◆試合の流れが～ 比赛的局势变了 bǐsài de júshì biàn le
かわるがわる【代わる代わる】 轮番 lúnfān；轮换 lúnhuàn；轮流 lúnliú
かん【勘】 直感 zhígǎn；灵感 línggǎn ◆～がいい [悪い] 直觉灵敏 [迟钝] zhíjué língmǐn [chídùn] ◆～を働かせる 动用灵感 dòngyòng línggǎn
かん【巻】 卷 juàn ◆上下二～の本 分为上下两卷的书 fēnwéi shàngxià liǎng juàn de shū
かん【缶】 罐 guàn；罐子 guànzi
かん【燗】 ◆～をつける 烫酒 tàngjiǔ ◆温酒 wēn jiǔ；炖酒 dùn jiǔ
かん【癇】 肝火 gānhuǒ ◆～に障る 触怒 chùnù
がん【癌】 癌 ái ◆（比喩）症结 zhēngjié
がん【願】 ◆～をかける 发愿 fā yuàn；许愿 xǔ yuàn
ガン【雁】 大雁 dàyàn；雁 yàn
かんい【簡易-】 简易 jiǎnyì
かんいり【缶入り-の】 听装 tīngzhuāng
かんえつ【観閲】 检阅 jiǎnyuè ◆～式 检阅式 jiǎnyuèshì
かんえん【肝炎】 肝炎 gānyán ◆B 型～ 乙肝 yǐ gān ◆C 型～ 丙肝 bǐng gān
がんえん【岩塩】 岩盐 yányán
かんおけ【棺桶】 棺材 guāncai；寿材 shòucái
かんか【感化-する】 感化 gǎnhuà ◆～される 沾染 zhānrǎn；受影响 shòu yǐngxiǎng

がんか【眼科】 眼科 yǎnkē ◆～医 眼科医生 yǎnkē yīshēng
かんかい【官海】 官场 guānchǎng；宦海 huànhǎi
かんがい【干害】 旱灾 hànzāi
かんがい【感慨】 感慨 gǎnkǎi ◆～を込めて 慨然 kǎirán ◆～深い 深有感慨 shēnyǒu gǎnkǎi
かんがい【灌漑-する】 灌溉 guàngài；浇灌 jiāoguàn ◆～用水路 沟渠 gōuqú
かんがえ【考え】 想法 xiǎngfa；念头 niàntou；思想 sīxiǎng ◆～を決める 拿主意 ná zhǔyi ◆～を変える 转念 zhuǎnniàn；改变主意 gǎibiàn zhǔyi ◆いい～がある 有个好主意 yǒu ge hǎo zhǔyi
かんがえかた【考え方】 想法 xiǎngfa；看法 kànfa；意见 yìjiàn；见解 jiànjiě
かんがえごと【考え事】 心事 xīnshì
かんがえこむ【考え込む】 沉思 chénsī
かんがえちがい【考え違い】 误解 wùjiě；错想 xiǎngcuò
かんがえつく【考え付く】 想到 xiǎngdào；想出 xiǎngchū
かんがえなおす【考え直す】 重新考虑 chóngxīn kǎolǜ
かんがえる【考える】 想 xiǎng；思量 sīliang；考虑 kǎolǜ；着想 zhuóxiǎng ◆～までもない 不假思索 bùjiǎ sīsuǒ ◆しばらく考えさせてください 请让我考虑一下 qǐng ràng wǒ kǎolǜ yíxià
かんかく【感覚】 感觉 gǎnjué；知觉 zhījué ◆～器官 感官 gǎnguān ◆～が新しい [古い] 见解新颖 [陈旧] jiànjiě zhǎnxīn [chénjiù] ◆～を磨く 磨练感觉 móliàn gǎnjué ◆～がまひする 感觉麻痹 gǎnjué mábì
かんかく【間隔】 间隔 jiàngé；距离 jùlí ◆～をあける 留出距离 liúchū jiànjué ◆～を広げる [狭める] 扩大 [缩小] 距离 kuòdà [suōxiǎo] jùlí
かんかつ【管轄-する】 管辖 guǎnxiá：主管 zhǔguǎn ◆～地区 辖区 xiáqū
かんがっき【管楽器】 管乐器 guǎnyuèqì
かんがみる【鑑みる】 鉴于 jiànyú
カンガルー （大）袋鼠 (dà) dàishǔ
かんかん ❶〈怒る〉气冲冲 qìchōngchōng；脸红 yǎnhóng；怒气冲天 nù qì chōng tiān ❷〈音〉丁当 dīngdāng
かんがん【汗顔】 汗颜 hànyán；愧汗 kuìhàn ◆～の至り 惭愧之至 cánkuì zhī zhì
かんがん【宦官】 宦官 huànguān

かんき【乾期[季]】 旱季 hànjì；干季 gānjì
かんき【寒気】 寒气 hánqì ◆～团 冷气团 lěngqìtuán
かんき【喚起-する】 唤起 huànqǐ：引起 yǐnqǐ ◆注意を～する 提醒注意 tíqǐ zhùyì；提醒 tíxǐng
かんき【換気-する】 通风 tōngfēng；通气 tōngqì ◆～孔 通风孔 tōngfēngkǒng ◆～扇 通风扇 tōngfēngshàn；排风扇 páifēngshàn ◆～窓 通风窗 tōngfēngchuāng
かんき【歓喜-する】 欣喜 xīnxǐ
かんきつるい【柑橘類】 柑橘 gānjú
かんきゃく【観客】 观众 guānzhòng
かんきゅう【緩急】 缓急 huǎnjí ◆～自在 缓急自在 huǎnjí zìzài
がんきゅう【眼球】 眼球 yǎnqiú；眼珠子 yǎnzhūzi
かんきょう【環境】 环境 huánjìng ◆～汚染 环境污染 huánjìng wūrǎn ◆～保護 环保 huánbǎo；环境保护 huánjìng bǎohù ◆～問題 环境问题 huánjìng wèntí
がんきょう【頑強-な】 顽强 wánqiáng
かんきょうホルモン【環境ホルモン】 环境激素 huánjìng jīsù
かんきょうリスク【環境リスク】 环境风险 huánjìng fēngxiǎn
かんきり【缶切り】 罐头刀 guàntóudāo
かんきん【換金-する】 换钱 huànqián；变卖 biànmài
かんきん【監禁-する】 监禁 jiānjìn；幽囚 yōuqiú
がんきん【元金】 本钱 běnqián
かんぐる【勘ぐる】 瞎猜 xiācāi
かんけい【関係】 关系 guānxi；关联 guānlián；联系 liánxì ◆～を結ぶ 拉关系 lā guānxi；联结 liánjié ◆～を絶つ 断绝联系 duànjué liánxì；断缘 duànyuán ◆～のない 不相干 bù xiānggān
かんげい【歓迎-する】 欢迎 huānyíng
かんけいしゃ【関係者】 当事人 dāngshìrén；有关人员 yǒuguān rényuán
かんげき【感激-する】 感激 gǎnjī；感动 gǎndòng；激动 jīdòng
かんげき【観劇-する】 看戏 kànxì
かんげき【間隙】 间隙 jiànxì
かんけつ【完結-する】 完结 wánjié；完了 wánliǎo
かんけつ【簡潔-な】 简短 jiǎnduǎn；

简洁 jiǎnjié；简练 jiǎnliàn；简要 jiǎnyào ◆～に話す 简洁地说 jiǎnjié de shuō
かんけつせん【間歇泉】 间歇泉 jiànxiēquán
かんげん【換言-する】 ◆～すれば 换句话说 huàn jù huà shuō
かんげん【甘言】 甜言蜜语 tián yán mì yǔ ◆～で人を惑わす 灌迷汤 guàn mítāng
かんげん【還元-する】 还原 huányuán ◆利益を社員に～する 将利益还原给职员 jiāng lìyì huányuángěi zhíyuán
がんけん【頑健-な】 健壮 jiànzhuàng；顽健 wánjiàn
かんげんがく【管弦楽】 管弦乐 guǎnxiányuè
かんご【漢語】 ❶〈中国起源の〉汉字语汇 Hànzì yǔhuì ❷〈漢族の言語〉汉语 Hànyǔ
かんご【看護-する】 看护 kānhù；护理 hùlǐ；照护 zhàohù ◆～師[婦] 护士 hùshi
がんこ【頑固-な】 顽固 wángù；固执 gùzhí；死心眼儿 sǐxīnyǎnr；死硬 sǐyìng；拗 niù ◆～さ 牛劲 niújìn ◆～な 一个心眼儿 yí ge xīnyǎnr；死顽固 sǐwángù
かんこう【刊行-する】 刊行 kānxíng
かんこう【感光-する】 感光 gǎnguāng；曝光 bàoguāng
かんこう【観光-する】 观光 guānguāng；游览 yóulǎn ◆～案内図 导游图 dǎoyóutú ◆～客 游客 yóukè ◆～事業 旅游事业 lǚyóu shìyè ◆～団 观光团 guānguāngtuán；旅游团 lǚyóutuán
がんこう【眼光】 目光 mùguāng ◆～の鋭い 目光炯炯 mùguāng jiǒngjiǒng
かんこうし【感光紙】 感光纸 gǎnguāngzhǐ；印相纸 yìnxiàngzhǐ
かんこうちょう【官公庁】 政府机关 zhèngfǔ jīguān
かんこうへん【肝硬変】 肝硬变 gānyìngbiàn
かんこく【勧告-する】 相劝 xiāngquàn；劝告 quàngào
かんごく【監獄】 监狱 jiānyù
かんこんそうさい【冠婚葬祭】 红白喜事 hóng bái xǐshì
かんさ【監査-する】 监查 jiānchá ◆会計～ 会计监查 kuàijì jiānchá
かんさい【完済-する】 清还 qīnghuán；清偿 qīngcháng
がんさく【贋作】 赝品 yànpǐn；赝本 yànběn
かんざし【簪】 簪子 zānzi
かんさつ【観察-する】 观察 guān-

chá：打量 dǎliang；察看 chákàn；观看 guānkàn
かんさつ【監察-する】監察 jiānchá ♦~医 医区 fǎyī
かんさん【換算-する】換算 huànsuàn；折合 zhéhé；折算 zhésuàn ♦~率 折算率 zhésuànlǜ
かんさん【閑散】闲散 xiánsàn ♦~とした 冷落 lěngluò；冷清清 lěngqīngqīng
かんし【監視-する】监视 jiānshì；看管 kānguǎn ♦~塔 岗楼 gǎnglóu
かんじ【幹事】干事 gànshi ♦~をつとめる 担任干事 dānrèn gànshi
かんじ【感じ】感觉 gǎnjué；感受 gǎnshòu ♦~がよくない 印象不好 yìnxiàng bù hǎo
かんじ【漢字】汉字 Hànzì
かんしき【鑑識】鉴别 jiànbié；鉴定 jiàndìng
がんじつ【元日】元旦 yuándàn
かんじとる【感じ取る】感受 gǎnshòu；感到 gǎndào
かんしゃ【感謝-する】感谢 gǎnxiè；感激 gǎnjī ♦~の気持ちを表す 谢意 xièyì ♦~の言葉を述べる 致谢词 zhìxiècí ♦~状 感谢信 gǎnxièxìn ♦心からの~ 衷心感谢 zhōngxīn gǎnxiè
かんじゃ【患者】病人 bìngrén；患者 huànzhě
かんしゃく【癇癪】肝火 gānhuǒ；火气 huǒqì；脾气 píqì ♦~をおこす 发脾气 fā píqi
かんしゅ【看守】看守 kānshǒu
かんじゅ【甘受-する】甘受 gānshòu；忍受 rěnshòu
かんしゅう【慣習】风习 fēngxí；古い~ 旧习 jiùxí；社会の~ 社会习俗 shèhuì xísú
かんしゅう【観衆】观众 guānzhòng
かんじゅせい【感受性】感受性 gǎnshòuxìng ♦~が強い 感受性强 gǎnshòuxìng qiáng
がんしょ【願書】申请书 shēnqǐngshū ♦~を提出する 提交申请书 tíjiāo shēnqǐngshū
かんしょう【干渉-する】干涉 gānshè
かんしょう【環礁】环礁 huánjiāo
かんしょう【観賞-する】观赏 guānshǎng ♦~用植物 观赏植物 guānshǎng zhíwù
かんしょう【鑑賞】鉴赏 jiànshǎng；欣赏 xīnshǎng；赏鉴 shǎngjiàn ♦映画~ 电影欣赏 diànyǐng xīnshǎng ♦音楽~ 音乐欣赏 yīnyuè xīnshǎng
かんじょう【勘定】账 zhàng ♦~をする 结账 jiézhàng；算账 suànzhàng ♦~を支払う 付账 fùzhàng

♦~を締める 清账 qīngzhàng ♦~書き 账单 zhàngdān
かんじょう【感情】感情 gǎnqíng；情感 qínggǎn ♦~がたかぶる 激动 jīdòng ♦~を害する 伤害感情 shānghài gǎnqíng；惹 rě ♦~的になる 变得非常激动 biànde fēicháng jīdòng
かんじょう【環形】环形 huánxíng
がんじょう【頑丈-な】牢靠 láokào；结实 jiēshi；硬实 yìngshi ♦~な体 顽健 wánjiàn；粗壮 cūzhuàng ♦~な建物 牢固的建筑物 láogù de jiànzhùwù
かんしょうてき【感傷的】感伤 gǎnshāng；伤感 shānggǎn；多愁善感 duō chóu shàn gǎn
かんしょく【官職】官职 guānzhí；职分 zhífèn ♦~名 官名 guānmíng；官衔 guānxián
かんしょく【感触】感触 gǎnchù ♦いい~を得る 感觉很好 gǎnjué hěn hǎo ♦ざらざらした~ 质感粗糙 zhígǎn cūcāo
かんしょく【間食-する】零食 língshí
かんしょく【閑職】闲职 xiánzhí ♦~にある 坐冷板凳 zuò lěngbǎndèng
かんしょく【顔色】脸色 liǎnsè ♦~を失う 失色 shīsè
かんじる【感じる】感到 gǎndào；感觉 gǎnjué；觉得 juéde ♦暑さを感到热 gǎndào rè ♦疲れを~ 感到疲劳 gǎndào píláo
かんしん【感心-する】佩服 pèifú；钦佩 qīnpèi ♦~な 令人钦佩 lìng rén qīnpèi
かんしん【関心】关心 guānxīn；关趣 xìngqù ♦~を持つ 关心 guānxīn；关注 guānzhù；关怀 guānhuái ♦~のない 不感兴趣 bù gǎn xìngqù
かんじん【肝腎】紧要 jǐnyào；关键 guānjiàn
かんすい【冠水】涝 lào；淹没 yānmò ♦高速道路が~した 高速公路淹在水里 gāosù gōnglù yānzài shuǐlǐ
かんすい【鹹水】咸水 xiánshuǐ
かんする【関する】关于 guānyú；有关 yǒuguān
かんせい【乾性-の】干性 gānxìng
かんせい【喚声】♦~を上げる 喊声 hǎnshēng；呐喊 nàhǎn
かんせい【完成-する】完成 wánchéng；完工 wángōng ♦~品 成品 chéngpǐn
かんせい【感性】感性 gǎnxìng ♦~の豊かな 感性丰富 gǎnxìng fēngfù
かんせい【慣性】惯性 guànxìng ♦~の法则 惯性定律 guànxìng dìnglǜ

guànxìng dìnglǜ
かんせい【歓声】欢声 huānshēng ♦～が上がる 欢声大起 huānshēng dàqǐ
かんせい【管制-する】管制 guǎnzhì；控制 kòngzhì ♦～塔〈空港の〉塔台 tǎtái
かんせい【閑静-な】清静 qīngjìng ♦～な住宅街 幽静的住宅区 yōujìng de zhùzháiqū
かんぜい【関税】关税 guānshuì ♦～障壁 关税壁垒 guānshuì bìlěi
がんせき【岩石】岩石 yánshí
かんせつ【間接】间接 jiànjiē ♦～税 间接税 jiànjiēshuì ♦～選挙 间接选举 jiànjiē xuǎnjǔ ♦～的な 间接性的 jiànjiēxìng de
かんせつ【関節】关节 guānjié
かんせん【幹線】干线 gànxiàn ♦～道路 干线公路 gànxiàn gōnglù
かんせん【感染-する】沾染 zhānrǎn；感染 gǎnrǎn；侵袭 qīnrǎn ♦～経路 感染途径 gǎnrǎn tújìng
かんせん【汗腺】汗腺 hànxiàn
かんせん【観戦-する】看比赛 kàn bǐsài
かんぜん【完全-な】完全 wánquán；完整 wánzhěng；彻头彻尾 chè tóu chè wěi ♦～主義 求全思想 qiúquán sīxiǎng ♦～無欠だ 天衣无缝 tiān yī wú fèng；十全十美 shí quán shí měi；无瑕 wúxiá；完美 wánměi
かんぜん【敢然-と】坚决 jiānjué；毅然 yìrán ♦～と立ち向かう 毅然面对 yìrán miànduì
かんぜん【勧善】♦～懲悪 惩恶扬善 chéng è yáng shàn
かんそ【簡素-な】简朴 jiǎnpǔ；朴素 pǔsù ♦～化する 简化 jiǎnhuà；精简 jīngjiǎn
がんそ【元祖】开山祖师 kāishān zǔshī；始祖 shǐzǔ；祖师 zǔshī
かんそう【乾燥-する】干燥 gānzào；干旱 gānhàn；干巴巴 gānbābā ♦～機 干燥机 gānzàojī ♦空气が～している 空气干燥 kōngqì gānzào
かんそう【感想】感想 gǎnxiǎng；感受 gǎnshòu ♦～を述べる 谈感想 tán gǎnxiǎng
かんそう【歓送-する】欢送 huānsòng ♦～会 欢送会 huānsònghuì
かんぞう【肝臓】肝 gān；肝脏 gānzàng ♦～癌 肝癌 gān'ái
かんそく【観測-する】观测 guāncè ♦～所 观象台 guānxiàngtái ♦～船 科研考察船 kēyán kǎocháchuán
かんぞく【漢族】汉人 Hànrén；汉族 Hànzú
かんたい【寒帯】寒带 hándài

かんたい【歓待-する】款待 kuǎndài
かんたい【艦隊】舰队 jiànduì
かんだい【寛大-な】宽宏；宽大 kuāndà；宽容 kuānróng ♦～に扱う 宽待 kuāndài
がんたい【眼帯】遮眼带 zhēyǎndài ♦～をする 戴眼罩 dài yǎnzhào
かんたいじ【簡体字】简化汉字 jiǎnhuà Hànzì；简体字 jiǎntǐzì
かんだかい【甲高い】尖 jiān；尖锐 jiānruì ♦～声 高声 gāoshēng
かんたく【干拓】排水开垦 páishuǐ kāikěn
かんたん【感嘆-する】感叹 gǎntàn；赞叹 zàntàn
かんたん【簡単-な】简单 jiǎndān；容易 róngyì；轻易 qīngyì ♦～な食事 简单的饭菜 jiǎndān de fàncài
かんだん【寒暖】寒暖 hánnuǎn ♦～の差が大きい 温差大 wēnchā dà
かんだん【歓談-する】畅谈 chàngtán
かんだん【間断】间断 jiànduàn ♦～のない騒音 不间断的噪音 bú jiànduàn de zàoyīn
がんたん【元旦】元旦 yuándàn
かんだんけい【寒暖計】寒暑表 hánshǔbiǎo
かんたんし【感嘆詞】叹词 tàncí
かんたんふ【感嘆符】〈記号「！」〉感叹号 gǎntànhào；惊叹号 jīngtànhào
かんたんぶん【感嘆文】感叹句 gǎntànjù
かんち【感知-する】觉察 juéchá
かんちがい【勘違い-する】误会 wùhuì；记错 jìcuò
かんちく【含蓄】含义 hányì ♦～のある 含蓄 hánxù
かんちゅう【寒中】严冬 yándōng ♦～水泳 冬泳 dōngyǒng
がんちゅう【眼中】眼里 yǎnli；目中 mùzhōng ♦～にない 不放在眼里 bú fàngzài yǎnli
かんちょう【官庁】官厅 guāntīng；政府机关 zhèngfǔ jīguān
かんちょう【干潮】低潮 dīcháo；退潮 tuìcháo
かんちょう【浣腸】灌肠 guàncháng
かんつう【貫通-する】贯穿 guànchuān ♦トンネルが～する 隧道打通 suìdào dǎtōng
かんづく【感付く】觉察 juéchá；感觉 gǎnjué
かんづめ【缶詰め】罐头 guàntou ♦牛肉の～ 牛肉罐头 niúròu guàntou
かんてい【鑑定】鉴定 jiàndìng ♦～書 鉴定书 jiàndìngshū ♦～人 鉴定人 jiàndìngrén

がんてい【眼底】眼底 yǎndǐ ◆～出血 眼底出血 yǎndǐ chūxuè
かんてつ【貫徹-する】贯彻 guànchè ◆初志を～する 坚持初衷 jiānchí chūzhōng
カンテラ 风灯 fēngdēng；马灯 mǎdēng；桅灯 wéidēng ◆～を灯す 点马灯 diǎn mǎdēng
かんてん【寒天】琼脂 qióngzhī；洋菜 yángcài
かんてん【観点】观点 guāndiǎn；角度 jiǎodù；眼光 yǎnguāng
かんでん【感電-する】触电 chùdiàn
かんでんち【乾電池】电池 diànchí
かんど【感度】灵敏度 língmǐndù ◆～がいい［悪い］灵敏度好［差］língmǐndù hǎo[chà]
かんとう【巻頭】卷头 juàntóu
かんとう【敢闘-する】勇敢奋斗 yǒnggǎn fèndòu ◆～賞 敢斗奖 gǎndòujiǎng
かんどう【感動-する】感动 gǎndòng；感激 gǎnjī；触动 chùdòng ◆～の涙 热泪 rèlèi ◆～的な 动人 dòngrén；可歌可泣 kě gē kě qì ◆～させる 打动 dǎdòng
かんとく【監督-する】导演 dǎoyǎn；监督 jiāndū；指导 zhǐdǎo；领队 lǐngduì ◆～者 监督 jiāndū；管理人 guǎnlǐrén 映画～ 电影导演 diànyǐng dǎoyǎn ◆スポーツの～ 教练 jiàoliàn ◆試験～ 监考 jiānkǎo
かんな【鉋】刨子 bàozi ◆～屑 刨花 bàohuā ◆～をかける 用刨子刨 yòng bàozi bào
カンナ【植物】美人蕉 měirénjiāo
かんなんしんく【艱難辛苦】艰辛 jiānxīn
カンニング 考试作弊 kǎoshì zuòbì
かんぬき【閂】闩 shuān ◆閂に～をかける 闩上门 shuānshang mén
かんねん【観念】观念 guānniàn；意念 yìniàn ◆～する 断念 duànniàn ◆～の意見 唯心的意见 wéixīn de yìjiàn ◆固定～ 成见 chéngjiàn ◆～論 唯心论 wéixīnlùn；唯心主义 wéixīnzhǔyì
がんねん【元年】元年 yuánnián
かんのうてき【官能的】官能的 guānnéng de；肉感的 ròugǎn de
かんのん【観音】观世音 guānshìyīn
かんぱ【寒波】寒潮 háncháo；寒流 hánliú
カンパ-する 捐款 juānkuǎn；捐助 juānzhù
かんぱい【乾杯-する】干杯 gānbēi ◆～の辞 祝酒辞 zhùjiǔcí
かんぱい【完敗-する】大败 dàbài

かんばしい【芳しい】芬芳 fēnfāng；馥郁 fùyù ◆～花 香花 xiānghuā ◆成績が芳しくない 成绩不佳 chéngjì bùjiā
かんばつ【干魃】干旱 gānhàn；旱灾 hànzāi ◆～対策 抗旱措施 kànghàn cuòshī
かんばりや【頑張りや】好强 hàoqiáng；要好 yàohǎo
がんばる【頑張る】加劲 jiājìn；加油 jiāyóu
かんばん【看板】牌 pái；牌子 páizi；招牌 zhāopái；幌子 huǎngzi ◆～を揚げる 挂牌 guàpái
かんぱん【甲板】甲板 jiǎbǎn
がんばん【岩盤】岩盘 yánpán
かんび【完備-する】齐备 qíbèi；完备 wánbèi ◆冷暖房～ 冷暖设备完善 lěngnuǎn shèbèi wánshàn
かんび【甘美な】甘美 gānměi；甜美 tiánměi
かんぴ【官費】官费 guānfèi
かんびょう【看病-する】看护 kānhù
がんびょう【眼病】眼疾 yǎnjí
かんぶ【幹部】干部 gànbù
かんぶ【患部】患处 huànchù
かんぷ【還付-する】退还 tuìhuán ◆～金 发还金 fāhuánjīn
かんぷう【寒風】寒风 hánfēng；冷风 lěngfēng
かんぷく【感服-する】佩服 pèifú；钦佩 qīnpèi；叹服 tànfú
かんぶつ【乾物】干货 gānhuò ◆～屋 干货店 gānhuòdiàn
カンフル 樟脑液 zhāngnǎoyè；〈比喻〉强心剂 qiángxīnjì ◆～を打つ 打强心针 dǎ qiángxīnzhēn
かんぺき【完璧な】十足 shízú；完善 wánshàn；尽善尽美 jìn shàn jìn měi ◆～を求める 求全责备 qiú quán zé bèi
がんぺき【岩壁】峭壁 qiàobì；悬崖 xuányá
かんべつ【鑑別-する】鉴别 jiànbié；鉴定 jiàndìng
かんべん【勘弁-する】饶 ráo；饶恕 ráoshù；宽恕 kuānshù ◆ご～を願います 请您宽恕 qǐng nín kuānshù ◆～できない 不可宽恕 bùkě kuānshù
かんべん【簡便な】简便 jiǎnbiàn
かんぽう【官報】公报 gōngbào；政府公报 zhèngfǔ gōngbào
かんぽう【漢方】～医 中医 zhōngyī ◆～薬 中药 zhōngyào ◆～薬店 药铺 yàopù
がんぼう【願望】愿望 yuànwàng；希望 xīwàng；意愿 yìyuàn
かんぼく【灌木】灌木 guànmù
かんぼつ【陥没-する】塌方 tāfāng；

塌陷 tāxiàn；下沉 xiàchén；下陷 xiàxiàn；陷落 xiànluò
ガンマせん【ガンマ線】 丙种射线 bǐngzhǒng shèxiàn
ガンマナイフ〈医療〉伽马刀 gāmǎdāo
かんまん【緩慢-な】 迟缓 chíhuǎn；迟滞 chízhì；缓慢 huǎnmàn ♦~な動作 缓慢的动作 huǎnmàn de dòngzuò
かんみ【甘味】 甜味 tiánwèi；甜食 tiánshí
かんみんぞく【漢民族】 汉族 Hànzú
かんめい【感銘-する】 感动 gǎndòng；铭感 mínggǎn
かんめい【簡明】 简明 jiǎnmíng ♦~直截 直截了当 zhíjié liǎodàng
がんめい【頑迷】 顽固 wángù；执拗 zhíniù ♦~派 死硬派 sǐyìngpài
がんめん【顔面】 脸 liǎn；脸面 liǎnmiàn ♦~が蒼白になる 脸色苍白 liǎnsè cāngbái
がんもく【眼目】 要点 yàodiǎn；着重点 zhuózhòngdiǎn
かんもん【喚問-する】 传讯 chuánxùn ♦~証人 传讯证人 chuánxùn zhèngrén
かんもん【関門】 关口 guānkǒu；门户 ménhù ♦~を通り過ぎる 过关 guòguān
かんやく【簡約】 简略 jiǎnlüè；简要 jiǎnyào
かんゆう【勧誘-する】 劝诱 quànyòu
がんゆう【含有-する】 包含 bāohán；含有 hányǒu ♦~量 含量 hánliàng
かんよ【関与-する】 干预 gānyù；过问 guòwèn ♦事件に~する 参与事件 cānyù shìjiàn
かんよう【寛容-な】 宽恕 kuānshù；宽容 kuānróng
かんよう【慣用-の】 惯用 guànyòng ♦~句 成语 chéngyǔ ♦~語 惯用语 guànyòngyǔ
かんよう【観葉】 ♦~植物 赏叶植物 shǎngyè zhíwù
がんらい【元来】 本来 běnlái；原来 yuánlái；原本 yuánběn
かんらく【陥落-する】 沉陷 chénxiàn；沦陷 lúnxiàn；失守 shīshǒu；陷落 xiànluò ♦城が~ 城池陷落 chéngchí xiànluò
かんらくがい【歓楽街】 闹市 nàoshì
かんらん【観覧-する】 参观 cānguān；观看 guānkàn ♦~席 看台 kàntái；观众席 guānzhòngxí ♦~車 观光车 guānguāngchē
かんり【官吏】 官吏 guānlì

かんり【管理-する】 管理 guǎnlǐ；掌管 zhǎngguǎn ♦~責任者 主管 zhǔguǎn ♦~体制 管理体制 guǎnlǐ tǐzhì
がんり【元利】 本息 běnxī；本利 běnlì
がんりき【眼力】 眼力 yǎnlì；鉴别力 jiànbiélì ♦~がある 有眼力 yǒu yǎnlì
かんりゃく【簡略-な】 简略 jiǎnlüè；简要 jiǎnyào ♦~化する 简化 jiǎnhuà
かんりゅう【寒流】 寒流 hánliú
かんりょう【完了-する】 完毕 wánbì；结束 jiéshù ♦準備~ 准备完毕 zhǔnbèi wánbì
かんりょう【官僚】 官僚 guānliáo ♦~主義 官僚主义 guānliáo zhǔyì
がんりょう【顔料】 颜料 yánliào
かんれい【寒冷】 寒冷 hánlěng ♦~前線 冷锋 lěngfēng ♦~地区 寒冷地区 hánlěng dìqū
かんれい【慣例】 成例 chénglì；惯例 guànlì ♦~に従って 照例 zhàolì ♦~に背く 违例 wéilì
かんれき【還暦】 花甲 huājiǎ ♦~を越す 年逾花甲 nián yú huājiǎ
かんれん【関連-する】 关联 guānlián；牵连 qiānlián；相关 xiāngguān；联系 liánxì ♦~性がある 有关联 yǒu guānlián
かんろく【貫禄】 威严 wēiyán；气派 qìpài ♦~がある 有威严 yǒu wēiyán
かんわ【緩和-する】 缓和 huǎnhé ♦制限を~する 放宽限制 fàngkuān xiànzhì

き

き【木】 树 shù;〈材木〉木头 mùtou ◆~の根 树根 shùgēn

き【気】 ❶〈心·精神〉精神 jīngshén ◆~が狂う 疯 fēng ◆~の小さい 胆怯 dǎnqiè;〈心眼儿小〉 xīnyǎnr xiǎo ◆~を失う 不省人事 bù xǐng rén shì; 昏 hūn; 晕 yūn ◆~がつく〈意识认到〉苏醒 sūxǐng ◆~が短い 毛躁 máozao; 性急 xìngjí ❷〈感情·気持ち〉◆~に入る 称心 chènxīn; 中意 zhòngyì ◆~に病む 发愁 fāchóu; 焦虑 jiāolǜ ◆~がふさぐ 心浮 xīnfú; 心神不定 xīnshén bú dìng ◆~とがめる 内疚 nèijiù; 亏心 kuīxīn; 欢愁 ◆~のない 有气无力 yǒu qì wú lì ◆~の合う 投缘 tóuyuán ◆~が晴れる 畅快 chàngkuài ◆~がする 觉得 juéde; 感觉 gǎnjué ◆~がせく 着急 zháojí; 焦急 jiāojí ◆~が合う 合得来 hédelái ◆~が滅入る 凉 liáng; 沉闷 chénmèn ◆~のおけない 没有隔阂的 méiyǒu géhé de; 平易近人 píng yì jìn rén ◆~にかかる 担心 dānxīn; 挂念 guàniàn ◆~が緩む 松气 sōngqì; 大意 dàyì ◆~が動転する 惊慌失措 jīng huāng shī cuò; 失魂落魄 shī hún luò pò ❸〈心の働き〉◆~の介意 jièyì; 在乎 zàihu ◆~にしない 无所谓 wúsuǒwèi;不在乎 búzàihu ◆~にとめる留心 liú xīn; 经心 jīngxīn ◆~が抜ける〈意欲〉走神儿 zǒu shénr; 泄气 xièqì ◆~を回す 多心 duōxīn; ~をつける 小心 xiǎoxīn; 留神 liúshén ◆~を遣う 操心 cāo xīn; 费心 fèixīn ◆~を鎮める 定神 dìng shén ◆~を配る 照顾 zhàogù; 注意 zhùyì ◆~を抜く 放松 fàngsōng; 松懈 sōngxiè ◆~を紛らす 排遣 páiqiǎn ◆~がつく 发觉 fājué; 发现 fāxiàn ◆~が変わる 改变主意 gǎibiàn zhǔyì ◆〈特有の味い〉◆~が抜けた〈ビールの〉走味儿 zǒu wèir

き【奇】 奇异 qíyì;珍奇 zhēnqí ◆~を衒う 卖弄奇特 màinong qítè;标新立异 biāo xīn lì yì

き【期】 时期 shíqī ◆~成長期 chéngzhǎngqī

き【機】 ◆~に乗じる 乗机 chéngjī ◆~をうかがう 伺机 sìjī ◆~をのがさず 抓住时机 zhuāzhù shíjī

ギア 齿轮 chǐlún; 排挡 páidǎng ◆~を入れる 挂挡 guà dǎng

きあい【気合】 气势 qìshì ◆~を入れる 带劲儿 dàijìnr; 鼓劲儿 gǔ jìnr

きあつ【気圧】 气压 qìyā ◆~計 气压低 qìyādī ◆~が低い[高い] 气压低[高] qìyā dī[gāo]

きあん【起案】 起草 qǐcǎo; 草拟 cǎonǐ

ぎあん【議案】 议案 yì'àn

きい【奇異】 奇异 qíyì; 离奇 líqí ◆~に感じる 感觉奇异 gǎnjué qíyì

キー ❶〈パソコン·鍵盤楽器などの〉鍵 jiàn ◆~の鍵匙 yàoshi ◆~ホルダー 钥匙圈 yàoshiquānr; 钥匙链儿 yàoshiliànr

キーステーション〈放送〉主台 zhǔtái

キイチゴ【木苺】 树莓 shùméi

きっぽん【生一本-な】◆~な性質 血性 xuèxìng

きいと【生糸】 生丝 shēngsī; 蚕丝 cánsī

キーパー〈ゴールキーパー〉守门员 shǒuményuán

キーパーソン 关键人物 guānjiàn rénwù

キーポイント 要点 yàodiǎn; 关键 guānjiàn

キーボード〈コンピュータ·鍵盤楽器などの〉键盘 jiànpán

きいろ【黄色-の】 黄色 huángsè

キーワード 关键词 guānjiàncí

きいん【起因】-する 起因 qǐyīn

ぎいん【議員】 议员 yìyuán

キウイフルーツ 猕猴桃 míhóutáo

きうん【気運】 形势 xíngshì ◆~が高まる 形势高涨 xíngshì gāozhǎng

きうん【機運】 时机 shíjī ◆~に乗じる 应运 yìngyùn

きえ【帰依】-する 皈依 guīyī

きえい【気鋭】 锐气 ruìqì; 精神焕发 jīngshén huànfā ◆~の新人 新锐 xīnruì

きえうせる【消え失せる】 消失 xiāoshī; 消亡 xiāowáng; 泯没 mǐnmò

きえさる【消え去る】 消失 xiāoshī; 消逝 xiāoshì

きえいる【消え入る】 消失 xiāoshī; 消逝 xiāoshì

きえる【消える】 ❶〈なくなる〉消失 xiāoshī ◆姿が~ 踪影消失 zōngyǐng xiāoshī ◆上にあった不安が消失了 wèidào xiāoshī le ◆不安が~ 不安解消了 bù'ān jiěxiāo le ❷〈火や明かりが〉灭 miè; 熄 xī; 熄灭 xīmiè

きえん【奇縁】 奇缘 qíyuán

きえん【気炎】 气焰 qìyàn ◆~を上げる 气焰嚣张 qìyàn xiāozhāng

ぎえんきん【義捐[援]金】 捐款 juānkuǎn

きおう【気負う】 抖擞精神 dǒusǒu jīngshén; 振奋 zhènfèn

きおく【記憶】-する 记忆 jìyì ◆~

ある[ない] [不]记得 [bú] jìde ◆～が定かでない 记得不很清楚 jìde bù hěn qīngchu ◆～に新しい 记忆犹新 jìyì yóu xīn ◆～を失う 失去记忆 shīqù jìyì ◆～喪失 丧失记忆 sàngshī jìyì ◆〈コンピュータの〉～装置 存储器 cúnchǔqì

きおくりょく【記憶力】 记忆力 jìyìlì ◆～がいい [悪い] 记忆力强 [弱] jìyìlì qiáng [ruò]

きおくれ【気後れ-する】 畏缩 wèisuō; 怯场 qièchǎng

キオスク 〈JR 站内的〉小卖店 〈JR zhànnèi de〉xiǎomàidiàn

きおち【気落ち-する】 泄气 xièqì; 颓靡 tuímí; 沮丧 jǔsàng; 气馁 qìněi

きおん【気温】 气温 qìwēn ◆～が下がる 气温下降 qìwēn xiàjiàng ◆～が上がる 气温上升 qìwēn shàngshēng ◆～が低い [高い] 气温低 [高] qìwēn dī [gāo]

ぎおん【擬音】 拟音 nǐyīn ◆～効果 拟声效果 nǐshēng xiàoguǒ

きか【帰化-する】 入籍 rùjí; 归化 guīhuà ◆～植物 归化植物 guīhuà zhíwù

きか【気化-する】《液体から気体》汽化 qìhuà;《固体から気体》气化 qìhuà

きが【飢餓】 饥饿 jī'è ◆～に苦しむ 苦于饥饿 kǔyú jī'è

きかい【器械】 器械 qìxiè ◆～体操 器械操 qìxiècāo

きかい【奇怪-な】 奇怪 qíguài; 古怪 gǔguài; 怪诞 guàidàn

きかい【機会】 机会 jīhuì ◆～を探す 寻机 xúnjī; 寻找机会 xúnzhǎo jīhuì ◆～がある [ない] 有 [没有] 机会 yǒu [méiyǒu] jīhuì

きかい【機械】 机器 jīqì; 机械 jīxiè ◆～工学 机械工程学 jīxiè gōngchéngxué ◆～化する 机械化 jīxièhuà

きがい【危害】 危害 wēihài ◆～を加える 加害 jiāhài

きがい【気概】 气概 qìgài; 风骨 fēnggǔ; 骨气 gǔqì; 魄力 pòlì ◆～に欠ける 缺乏气气 quēfá gǔqì

ぎかい【議会】 议会 yìhuì; 院院 yìyuàn ◆～政治 议会政治 yìhuì zhèngzhì

きがえる【着替える】 换衣服 huàn yīfu

きかがく【幾何学】 几何 jǐhé; 几何学 jǐhéxué ◆～模様 几何图案 jǐhé tú'àn

きがかり【気掛かり-な】 挂念 guàniàn; 挂碍 guà'ài; 惦念 diànniàn

きがきく【気が利く】 ❶《しゃれた》别致 biézhì ◆气の利いた 俏 qiào ❷

《察しがよい》机灵 jīlíng; 识趣 shíqù

きかく【企画-する】 规划 guīhuà; 企划 qǐhuà ◆～を進める 筹划 chóuhuà

きかく【規格】 格式 géshi; 规格 guīgé ◆～化 标准化 biāozhǔnhuà ◆～に合う 合规格 hé guīgé ◆～外れの品 等外品 děngwàipǐn; 次品 次品 zhèngjǐnghuò; 正品 zhèngpǐn

きがく【器楽】 器乐 qìyuè ◆～合奏 器乐合奏 qìyuè hézòu

きかざる【着飾る】 打扮 dǎban; 装扮 zhuāngbàn; 妆饰 zhuāngshì

きかせる【聞かせる】 ❶《しむする》给…听 gěi...tīng ◆《聞き入らせる》中听 zhōngtīng; 动听 dòngtīng ◆人くって言って～ 嘱咐 zhǔfù

きがね【気兼ね-する】 客气 kèqi; 拘束 jūshù ◆～しない 不客气 bú kèqi; 硬气 yìngqi

ギガバイト《コンピュータの》千兆字节 qiānzhào zìjié; 吉咖 jígā

きがまえ【気構え】 精神准备 jīngshén zhǔnbèi

きがる【気軽-な】 轻松愉快 qīngsōng yúkuài; 爽快 shuǎngkuai; 随便 suíbiàn

きかん【器官】 器官 qìguān ◆消化～ 消化器官 xiāohuà qìguān

きかん【基幹】 骨干 gǔgàn; 基干 jīgàn ◆～産業 基础工业 jīchǔ gōngyè

きかん【期間】 期间 qīqiān ◆～が満了する 期满 qīmǎn

きかん【機関】 ❶《機械などの》机器 jīqì ◆内燃～ 内燃机 nèiránjī ❷《組織などの》机关 jīguān; 机器 qì; 行政 xíngzhèng ◆～紙 机关报 jīguānbào; 机关刊物 jīguān kānwù

きかん【帰還-する】 归回 guīhuí; 返回 fǎnhuí

きかん【気管】 气管 qìguān

きがん【祈願-する】 祈祷 qídǎo ◆合格～ 祈祷合格 qídǎo hégé

ぎがん【義眼】 假眼 jiǎyǎn

きかんし【気管支】 支气管 zhīqìguān ◆～炎 气管炎 qìguǎnyán

きかんし【季刊誌】 季刊 jìkān

きかんしゃ【機関車】 车头 chētóu; 火车头 huǒchētóu; 机车 jīchē ◆電気～ 电气机车头 diànqì jīchētóu

きかんじゅう【機関銃】 机关枪 jīguānqiāng; 机枪 jīqiāng

きき【危機】 危机 wēijī ◆～が迫る 危在旦夕 wēi zài dàn xī ◆～に瀕した 危急 wēijí ◆～を脱する 出险 chūxiǎn; 虎口脱险

ききき — **きぐ**

hǔkǒu tuōxiǎn ◆~管理 风险管理 fēngxiǎn guǎnlǐ ◆~一髪 千钧一发 qiānjūn yīfà
きき【機器】器械 qìxiè ◆OA～ 办公室器具 bàngōngshì qìjù ◆医療～ 医疗机器 yīliáo jīqì
ききあきる【聞き飽きる】听腻 tīngnì; 听厌 tīngyàn
ききいる【聞き入る】倾听 qīngtīng
ききいれる【聞き入れる】听从 tīngcóng; 答应 dāyìng ◆頼みを～ 答应请求 dāyìng qǐngqiú
ききおぼえ【聞き覚え】◆~のある 耳熟 ěrshú
ききかえす【訊き返す】重问 chóngwèn; 反问 fǎnwèn
ききかじる【聞きかじる】一知半解 yì zhī bàn jiě ◆聞きかじった知識 道听途说的知识 dàotīng túshuō de zhīshi
ききぐるしい【聞き苦しい】刺耳 cì'ěr; 难听 nántīng
ききこみ【聞き込み】查访 cháfǎng ◆~搜査 探听线索 tàntīng xiànsuǒ
ききこむ【聞き込む】探听 tàntīng
ききざけ【利き酒-をする】品酒 pǐnjiǔ
ききそこなう【聞き損なう】①【聞き違い】听错 tīngcuò ②【聞き漏らす】没听到 méi tīngdào ③【聞き漏らす】听漏 tīnglòu
ききだす【聞き出す】①【聞き始める】开始听 kāishǐ tīng ②【言わせる】打听出 dǎtīngchū; 探询 tànxún; 探听 tàntīng
ききちがえる【聞き違える】听错 tīngcuò
ききつける【聞き付ける】听到 tīngdào ◆物音を～ 听到声响 tīngdào shēngxiǎng ◆評判を～ 打听评价 dǎtīng píngjià
ききづらい【聞きづらい】《不明瞭で》难听 nántīng;《質問しにくい》不好问 bùhǎo wèn
ききて【聞き手】听话人 tīnghuàrén; 听众 tīngzhòng
ききて【利き手】好使的手 hǎoshǐ de shǒu
ききとがめる【聞き咎める】责问 zéwèn
ききとどける【聞き届ける】批准 pīzhǔn; 答应 dāyìng
ききとり【聞き取り-をする】听写 tīngxiě
ききとる【聞き取る】听懂 tīngdǒng; 听清楚 tīngqīngchu
ききなおす【聞き直す】再听一遍 zài tīng yībiàn
ききながす【聞き流す】听而不闻 tīng ér bù wén; 当耳边风 dàng ěr biān fēng
ききなれる【聞き慣れる】耳熟 ěrshú

ききにくい【聞き難い】①【聞き苦しい】难听 nántīng ②《たずねにくい》不好意思问 bùhǎoyìsi wèn
ききほれる【聞き惚れる】听得入神 tīngde rùshén
ききみみ【聞き耳】◆~を立てる 侧耳 cè'ěr
ききめ【効き目】效力 xiàolì; 效验 xiàoyàn ◆~がある 灵验 língyàn ◆~がない 不灵 bù líng
ききもらす【聞き漏らす】听漏了 tīnglòule; 没听到 méi tīngdào
ききゃく【棄却-する】《請求を》驳回 bóhuí;《控訴が》～される 驳回控诉 bóhuí kòngsù
ききゅう【危急】危急 wēijí ◆~存亡 危亡 wēiwáng
ききゅう【気球】气球 qìqiú ◆熱～ 热气球 rèqìqiú
ききょ【起居】起居 qǐjū
ききょう【帰郷-する】回老家 huí lǎojiā; 回乡 huíxiāng
キキョウ【桔梗】桔梗 jiégěng
きぎょう【企業】企业 qǐyè
きぎょう【起業】自创企业 zìchuàng qǐyè ◆~家（自創）企业家 (zìchuàng) qǐyèjiā
ぎきょう【義侠】义侠 yìxiá ◆~心 义气 yìqi
ぎきょうだい【義兄弟】把兄弟 bǎxiōngdì; 盟兄弟 méngxiōngdì ◆~となる 拜把子 bài bǎzi
ぎきょく【戯曲】剧本 jùběn ◆~を上演する 上演戏曲 shàngyǎn xìqǔ
ききわける【聞き分ける】①~がよい 懂事 dǒngshì; 听话儿 tīnghuàr; 乖乖 guāiguāi ◆~が悪い 不懂事 bù dǒngshì ②《区別する》听出来 tīngchūlai
ききん【基金】基金 jījīn
ききん【飢饉】灾荒 zāihuāng; 饥荒 jīhuang; 饥馑 jījǐn ◆~の年 荒年 huāngnián ◆~に見舞われる 闹饥荒 nào jīhuang
ききんぞく【貴金属】贵金属 guìjīnshǔ
きく【効く】见效 jiànxiào; 奏效 zòuxiào
きく【利く】有效 yǒuxiào ◆顔が～ 有影响 yǒu yǐngxiǎng ◆がんばりが～ 能坚持 néng jiānchí
きく【聴く】听 tīng; 收听 shōutīng ◆~に堪えない 刺耳 cì'ěr; 不堪入耳 bùkān rù'ěr ◆話を～ 听说话 tīng shuōhuà ◆音楽を～ 听音乐 tīng yīnyuè ◆道を～ 问路 wènlù
キク【菊】菊花 júhuā
きぐ【危惧-する】顾虑 gùlǜ

きぐ — きざし 113

きぐ【器具】 仪器 yíqì; 装置 zhuāngzhì; 器具 qìjù

きぐう【奇遇】 奇遇 qíyù

きくばり【気配り-する】 照料 zhàoliào; 周到 zhōudào

きぐらい【気位】 气派 qìpài; 架子 jiàzi ♦～が高い 派头大 pàitou dà

キクラゲ【木耳】 木耳 mù'ěr; 黑木耳 hēimù'ěr

きぐろう【気苦労-する】 操心 cāoxīn; 劳神 láoshén ♦～が絶えない 操心事不断 cāoxīnshì búduàn

けいい【奇形-の】 畸形 jīxíng

きけい【奇計】 巧计 qiǎojì

きけい【詭計】 诡计 guǐjì

ぎけい【義兄】 ❶〔姉の夫〕姐夫 jiěfu ❷〔妻の兄〕内兄 nèixiōng ❸〔夫の兄〕大伯子 dàbǎizi

きげき【喜劇】 喜剧 xǐjù; 谐剧 xiéjù; 笑剧 xiàojù ♦～映画 滑稽片 huájīpiàn ♦～俳優 喜剧演员 xǐjù yǎnyuán ♦～的 喜剧般的 xǐjù bān de

きけつ【帰結-する】 归结 guījié

ぎけつ【議決-する】 议决 yìjué

きけん【危険-な】 危险 wēixiǎn; 险恶 xiǎn'è; 风险 fēngxiǎn ♦～を冒す 冒险 màoxiǎn ♦～を脱する 脱险 tuōxiǎn

きけん【棄権-する】 弃权 qìquán ♦表决を～する 放弃表决权 fàngqì biǎojuéquán

きげん【期限】 期限 qīxiàn; 限期 xiànqī ♦～有効 有效期限 yǒuxiào qīxiàn ♦～が来る 到期 dàoqī ♦～を延ばす 宽限 kuānxiàn; 延长期限 yáncháng qīxiàn ♦～を過ぎる 过期 guòqī

きげん【機嫌】 情绪 qíngxù ♦～がいい[悪い]情绪好[不好]qíngxù hǎo[bùhǎo] ♦～を伺う 问候 wènhòu ♦～を取る 讨好 tǎohǎo; 哄 hōng ♦～を損なう 冲犯 chōngfàn; 冲撞 chōngzhuàng; 得罪 dézuì

きげん【紀元】 纪元 jìyuán ♦～前 公元前 gōngyuánqián

きげん【起源】 起源 qǐyuán

きこう【寄稿-する】 投稿 tóugǎo

きこう【機構】 机构 jīgòu

きこう【気候】 气候 qìhòu; 天气 tiānqì ♦～のよい[悪い]天气好[坏]tiānqì hǎo[huài] ♦～が不順 气候很反常 qìhòu hěn fǎncháng

きこう【気功】 气功 qìgōng

きこう【気孔】 气孔 qìkǒng; 气门 qìmén

きこう【起工-する】 兴工 xīnggōng; 开工 kāigōng

きこう【起稿-する】 起稿 qǐgǎo

きごう【揮毫-する】 挥毫 huīháo

きごう【記号】 记号 jìhào; 符号 fúhào; 号子 hàozi

ぎこう【技巧】 技巧 jìqiǎo; 手法 shǒufǎ ♦～派 技巧派 jìqiǎopài

きこえ【聞こえ】 ❶〔聞こえ〕～がよい 音质好 yīnzhì hǎo ❷〔評判〕名声 míngshēng ♦～がよい 名声很好 míngshēng hěn hǎo

きこえる【聞こえる】 听见 tīngjiàn; 听得见 tīng dejiàn

きこく【帰国-する】 回国 huíguó; 归国 guīguó ♦～子女 归国子女 guīguó zǐnǚ

ぎごく【疑獄】 贪污疑案 tānwū yí'àn ♦～に連座する 受疑案的牵连 shòu yí'àn de qiānlián

きごこち【着心地】 穿衣服的感觉 chuān yīfu de gǎnjué ♦～のよい[悪い]穿着很舒服[不舒服]chuānzhe hěn shūfu[bù shūfu]

きごころ【気心】 ～の知れた友人 契友 qìyǒu; 知心朋友 zhīxīn péngyou ♦～が知れない 摸不透脾气 mōbutòu píqi

ぎこちない 呆板 dāibǎn ❶〔文章・話が〕生硬 shēngyìng; 生涩 shēngsè ♦～あいさつ 生硬的问候 shēngyìng de wènhòu ❷〔動作が〕笨拙 bènzhuō; 不灵巧 bù língqiǎo ♦～手つき 动作笨拙 dòngzuò bènzhuō

きこつ【気骨】 骨气 gǔqì; 骨头 gǔtou; 气节 qìjié ♦～がある 有骨气 yǒu gǔqì ♦～がないやつ 软骨头 ruǎngǔtou

きこり【樵夫】 樵夫 qiáofū; 伐木工 fámùgōng

きこん【既婚-の】 已婚 yǐhūn

きざ【気障-な】 装模作样 zhuāngmú zuò yàng

きさい【奇才】 奇才 qícái

きさい【記載-する】 记载 jìzǎi; 载 zǎi ♦名前を～する 记载姓名 jìzǎi xìngmíng

きざい【器材】 器材 qìcái

きざい【機材】 器材 qìcái ♦撮影～ 摄影器材 shèyǐng qìcái

ぎざぎざの 锯齿形 jùchǐxíng

きさく【奇策】 奇计 qíjì ♦～を弄する 使用奇计 shǐyòng qíjì

きさく【気さくな】 平易近人 píng yì jìn rén; 和蔼可亲 hé ǎi kě qīn

ぎさく【偽作】 赝本 yànběn; 仿造品 fǎngzàopǐn

きざし【兆し】 兆头 zhàotou; 苗头 miáotou; 预兆 yùzhào; 征候 zhēnghòu ♦～が現れる 出现征候 chūxiàn zhēnghòu ♦変化の～ 变化的预兆 biànhuà de yùzhào

きざむ【刻む】❶《ものを》刻 kè; 切碎 qiēsuì ◆玉ねぎを～ 切碎洋葱 qiēsuì yángcōng ❷《記憶する》銘に～ 铭刻在心 míngkèzài xīn ❸《時間》時計が時を～ 钟表嘀嗒嘀嗒地走 zhōngbiǎo dīdīdādā de zǒu

きさん【起算 -する】起算 qǐsuàn; 算起 suànqǐ

きし【岸】岸 àn

きし【棋士】棋手 qíshǒu

きじ【記事】新闻 xīnwén; 消息 xiāoxi; 报道 bàodào ◆新闻 报纸的记事 bàozhǐ de bàodào

きじ【生地】《布地》衣料 yīliào; 布帛 bùbó

キジ【雉】山鸡 shānjī; 野鸡 yějī; 雉 zhì ◆バト 山斑鸠 shānbānjiū

ぎし【技師】工程师 gōngchéngshī; 技师 jìshī

ぎし【義姉】❶《夫の姉》大姑子 dàgūzi ❷《妻の姉》大姨子 dàyízi ❸《兄の妻》嫂子 sǎozi

ぎし【義肢】义肢 yìzhī; 假肢 jiǎzhī

ぎし【義歯】义齿 yìchǐ; 假牙 jiǎyá

ぎじ【擬餌】～鉤(ばり)《ルアー》假饵钩 jiǎ'ěrgōu

ぎじ【議事】议事 yìshì ◆～日程 议程 yìchéng ◆～録 会议记录 huìyì jìlù ◆～堂 议事会堂 yìshì huìtáng

ぎじ-【疑似-】疑似 yísì ◆コレラ 疑似霍乱 yísì huòluàn

きしかいせい【起死回生】起死回生 qǐ sǐ huí shēng ◆～の妙手 锦囊妙计 jǐn náng miào jì

ぎしき【儀式】典礼 diǎnlǐ; 仪式 yíshì

きしつ【気質】气质 qìzhí; 性子 xìngzi; 脾气 píqi

きじつ【期日】日期 rìqī; 日子 rìzi ◆～通りに 按时 ànshí ◆～が過ぎる 过期 guòqī ◆～に遅れる 误期 wùqī

きしべ【岸辺】岸边 ànbiān

きしむ【軋む】咯吱咯吱地响 gēzhī gēzhī de xiǎng ◆戸が～ 门咯吱咯吱地响，不好开 mén gēzhīgēzhī de xiǎng, bùhǎo kāi

きしゃ【汽車】火车 huǒchē ◆夜～夜行火车 yèxíng huǒchē

きしゃ【記者】记者 jìzhě ◆～会见 记者招待会 jìzhě zhāodàihuì

きゅう【旗手】旗手 qíshǒu ◆改革运动の～ 改革运动的旗手 gǎigé yùndòng de qíshǒu

きじゅ【喜寿】七十七岁诞辰 qīshíqī suì dànchén

ぎしゅ【義手】义手 yìshǒu; 假手 jiǎshǒu

きしゅう【奇襲 -する】突袭 tūxí; 奇袭 qíxí

きじゅうき【起重机】吊车 diàochē; 起重机 qǐzhòngjī

きしゅく【寄宿 -する】寄宿 jìsù; 住宿 zhùsù ◆～舍 宿舍 sùshè ◆～生 寄宿生 jìsùshēng

きじゅつ【奇術】魔术 móshù; 戏法儿 xìfǎr ◆～师 魔术师 móshùshī

きじゅつ【記述 -する】记叙 jìxù; 抒写 shūxiě ◆～言語 叙述语言 xùshù yǔyán

ぎじゅつ【技术】技术 jìshù ◆革新技术 革新技术 jìshù géxīn ◆协力 技术合作 jìshù hézuò ◆～者 技术员 jìshùyuán ◆～的 技术性的 jìshùxìng de

きじゅん【基準】标准 biāozhǔn; 规格 guīgé; 准则 zhǔnzé ◆～を上回る 超标 chāobiāo ◆～标准值 biāozhǔnzhí ◆～を満たす 达到标准 dádào biāozhǔn

きじゅん【帰順 -する】归顺 guīshùn; 投诚 tóuchéng

きはん【規範】规范 guīfàn; 准绳 zhǔnshéng ◆行动— 行为规范 xíngwéi guīfàn

きしょう【气象】气象 qìxiàng ◆～台 气象台 qìxiàngtái ◆～卫星 气象卫星 qìxiàng wèixīng ◆～観測 气象观测 qìxiàng guāncè

きしょう【気性】脾气 píqi; 气性 qìxìng; 性气 xìngqì; 性情 xìngqíng; 性子 xìngzi ◆～が激しい 烈性 lièxìng

きしょう【稀少】稀少 xīshǎo; 希罕 xīhan ◆～価値 稀少价值 xīshǎo jiàzhí

きしょう【徽章／記章】徽章 huīzhāng; 证章 zhèngzhāng

きしょう【起床 -する】起床 qǐchuáng ◆～時刻 起床时间 qǐchuáng shíjiān

きじょう【机上】～の空谈 纸上谈兵 zhǐ shàng tán bīng

きょう【強】刚强 gāngqiáng

ぎしょう【偽証 -する】伪证 wěizhèng

ぎじょう【儀仗】仪仗 yízhàng ◆～隊 仪仗队 yízhàngduì

ぎじょう【議場】会场 huìchǎng

きしょくまんめん【喜色満面】満面喜色 mǎnmiàn xǐsè; 眉飞色舞 méi fēi sè wǔ

キシリトール 木糖醇 mùtángchún

きしる【軋る】嘎吱嘎吱作响 gāzhīgāzhī zuòxiǎng

きしん【寄進 -する】施舍 shīshě; 捐

献 juānxiàn
ぎしん【疑心】 ♦～暗鬼になる 疑神疑鬼 yí shén yí guǐ
ぎじんほう【擬人法】 拟人法 nǐrénfǎ
キス【鱚】 鱚 xǐ; 沙钻鱼 shāzuànyú
キスーする 接吻 jiē wěn; 亲嘴 qīn zuǐ
きず【傷】 ❶〈体の〉伤 shāng; 创伤 chuāngshāng ❷〈器物などの〉疤 bā ❸〈欠陥〉毛病 máobìng; 疵点 cīdiǎn ❹〈心の〉心理创伤 xīnlǐ chuāngshāng ♦～だらけの 千疮百孔 qiān chuāng bǎi kǒng
きずあと【傷跡】 疤痕 bāhén; 伤痕 shānghén ♦心に～が残る 心中有伤痕 xīnzhōng yǒu shānghén
きすう【基数】 底数 dǐshù; 基数 jīshù
きすう【奇数】 奇数 jīshù; 单数 dānshù
きすぎる ❶〈体つきが〉♦～にやせている 枯瘦 kūshòu ❷〈人間関係が〉生硬 shēngyìng; 不融洽 bù róngqià
きずく【築く】 筑 zhù; 建筑 jiànzhù; 修建 xiūjiàn; 修筑 xiūzhù ♦地盤を～ 打地基 dǎ dìjī ♦信頼関係を～ 建立信赖关系 jiànlì xìnlài guānxi
きぐすり【傷薬】 创伤药 chuāngshāngyào
きずぐち【傷口】 创口 chuāngkǒu; 口子 kǒuzi; 伤口 shāngkǒu ♦～がふさがる 愈合 yùhé
きずつく【傷つく】 受伤 shòu shāng; 负伤 fù shāng; 受伤害 shòu shānghài
きずつける【傷つける】 伤 shāng; 伤害 shānghài; 损伤 sǔnshāng ♦体を～ 伤身体 shāng shēntǐ ♦自尊心を～ 伤害自尊心 shānghài zìzūnxīn
きずな【絆】 纽带 niǔdài; 情义 qíngyì ♦家族の～ 亲情 qīnqíng
きずもの【傷[疵]物】 疵品 cīpǐn; 残品 cánpǐn
きする【期する】 ❶〈期待〉期望 qīwàng ♦再会を～ 期望再会 qīwàng zàihuì ❷〈決心〉下决心 xià juéxīn
きせい【寄生】 寄生 jìshēng ♦～虫 寄生虫 jìshēngchóng
きせい【既成】 ♦～事実 既成的事实 jìchéng de shìshí
きせい【既製】-の 现成 xiànchéng ♦～服 成衣 chéngyī
きせい【帰省】-する 归省 guīxǐng; 探亲 tàn qīn
きせい【気勢】 声势 shēngshì ♦～があがる 气势汹汹 qìshì xiōngxiōng
きせい【規制】-する 管制 guǎnzhì; 限制 xiànzhì ♦交通～ 交通管制 jiāotōng guǎnzhì
ぎせい【犠牲】 牺牲 xīshēng ♦～になる 牺牲自己 xīshēng zìjǐ ♦～者 被害人 bèihàirén
ぎせいご【擬声語】 象声词 xiàngshēngcí
きせき【奇跡】 奇迹 qíjī ♦～が起こる 发生奇迹 fāshēng qíjī ♦～的な 奇迹般的 qíjī bān de
きせき【軌跡】 轨迹 guǐjī
きせき【議席】 席位 xíwèi
きせずして【期せずして】 ♦～一致する 不约而同 bù yuē ér tóng ♦～出会う 不期而遇 bù qī ér yù
きせつ【季節】 节令 jiélìng; 时节 shíjié; 时令 shílìng ♦～風 季风 jìfēng ♦～労働者 短工 duǎngōng; 季节工 jìjiégōng ♦～はずれ 不合时令 bùhé shílìng
きぜつ【気絶】-する 昏过去 hūnguòqu; 昏厥 hūnjué
きせる【煙管】 旱烟袋 hànyāndài; 烟袋 yāndài
きせる【着せる】 使穿上 shǐ chuānshang ♦服を～ 给…穿衣服 gěi…chuān yīfu ♦毛布を～ 盖上毛毯 gàishang máotǎn ♦罪などを～ 转嫁 zhuǎnjià
きぜわしい【気忙しい】 忙乱 mángluàn; 匆忙 cōngmáng
きせん【機先】 先机 xiānjī ♦～を制する 先发制人 xiān fā zhì rén
きせん【汽船】 轮船 lúnchuán
きぜん【毅然】 ♦～とした 傲然 àorán; 毅然 yìrán
ぎぜん【偽善】 伪善 wěishàn ♦～者 伪君子 wěijūnzǐ; 伪善者 wěishànzhě ♦～的 伪善的 wěishàn de
きそ【基礎】 基础 jīchǔ; 根底 gēndǐ; 根基 gēnjī ♦～を固める 打底子 dǎ dǐzi ♦～科目 基础课 jīchǔkè ♦～教育 启蒙教育 qǐméng jiàoyù ♦～資料 原始资料 yuánshǐ zīliào ♦～工事 基础施工 jīchǔ shīgōng
きそ【起訴】-する 起诉 qǐsù; 公诉 gōngsù
きそいあう【競い合う】 竞争 jìngzhēng
きそう【起草】-する 起草 qǐcǎo; 草拟 cǎonǐ
きそう【競う】 比赛 bǐsài; 比试 bǐshi; 较量 jiàoliàng ♦腕を～ 比试 bǐshi
きそう【寄贈】-する 赠送 zèngsòng; 捐赠 juānzèng ♦～図書 捐赠图书 juānzèng túshū
ぎぞう【偽造】-する 假造 jiǎzào; 伪造 wěizào ♦～紙幣 伪钞 wěichāo

♦～品 赝品 yànpǐn ♦～旅券 伪造护照 wěizào hùzhào
きそうてんがい【奇想天外－な】 异想天开 yì xiǎng tiān kāi
きそく【規則】 规则 guīzé；规章 guīzhāng；规程 guīchéng ♦～を破る 犯规 fànguī ♦～を守る 遵守规章 zūnshǒu guīzhāng ♦～正しい生活 有规律的生活 yǒu guīlǜ de shēnghuó
きぞく【帰属－する】 归属 guīshǔ；归于 guīyú ♦～意識 归属意识 guīshǔ yìshí
きぞく【貴族】 贵族 guìzú
ぎそく【義足】 假腿 jiǎtuǐ；义肢 yìzhī
きそん【毀損－する】 毁损 huǐsǔn；毁坏 huǐhuài
きそん【既存－の】 现有 xiànyǒu；原有 yuányǒu
きた【北】 北 běi；北边 běibiān ♦～向きの部屋 朝北的房间 cháo běi de fángjiān
ギター 吉他 jítā ♦～を弾く 弹吉他 tán jítā ♦エレキ～ 电吉他 diànjítā
きたい【期待－する】 期待 qīdài；期望 qīwàng；指望 zhǐwàng ♦～に沿う 不辜负期望 bù gūfù qīwàng ♦～はずれ 期待落空 qīdài luòkōng
きたい【機体】 机体 jītǐ
きたい【気体】 气体 qìtǐ ♦～燃料 气体燃料 qìtǐ ránliào
ぎたい【擬態】 拟态 nǐtài ♦～語 拟态词 nǐtàicí
ぎだい【議題】 议题 yítí
きたえる【鍛える】 锻炼 duànliàn；锤炼 chuíliàn ♦体を～ 锻炼身体 duànliàn shēntǐ
きたはんきゅう【北半球】 北半球 běibànqiú
きたい【北風】 北风 běifēng；朔风 shuòfēng
きたがわ【北側】 北边 běibiān
きたく【帰宅－する】 回家 huíjiā
きだて【気立ての－よい】 心眼儿好 xīnyǎnr hǎo
きたない【汚い】 ❶ 《不潔》 脏 zāng；肮脏 āngzāng；不干净 bù gānjìng ♦～服 衣服脏 yīfu āngzāng ❷ 《見苦しい》 字 字迹潦草 zìjì liáocǎo ❸ 《偏理のい》 卑污 bēiwū ♦～言葉 脏话 zānghuà；下流的话 xiàliú de huà ♦～手を使う 耍无赖 shuǎ wúlài
きたはんきゅう【北半球】 北半球 běibànqiú
きだん【奇談】 奇谈 qítán
きだん【気団】 气团 qìtuán ♦寒～ 冷气团 lěngqìtuán
きち【危地】 险境 xiǎnjìng；险地 xiǎndì；虎口 hǔkǒu ♦～を脱する 脱险 tuōxiǎn
きち【基地】 基地 jīdì ♦観測～ 观测基地 guāncè jīdì
きち【機知】 机智 jīzhì；俏皮 qiàopi ♦～に富んだ言葉 俏皮话 qiàopihuà
きち【吉】 吉兆 jízhào；吉祥 jíxiáng
きちじつ【吉日】 吉期 jíqí ♦～を選ぶ 择吉 zéjí
きちゅう【忌中】 居丧 jūsàng
きちょう【基調】 主调 jīdiào；主调 zhǔdiào
きちょう【機長】 机长 jīzhǎng
きちょう【記帳－する】 记帐 jìzhàng；入账 rùzhàng
きちょう【貴重－な】 贵重 guìzhòng；金贵 jīnguì；珍贵 zhēnguì；宝贵 bǎoguì ♦～な意見 宝贵意见 bǎoguì yìjiàn ♦～な人材 宝贵人材 bǎoguì réncái ♦～品 贵重物品 guìzhòng wùpǐn
ぎちょう【議長】 主席 zhǔxí；议长 yìzhǎng
きちょうめん【几帳面－な】 一丝不苟 yì sī bù gǒu；规规矩矩 guīguījǔjǔ
きちんと ❶《整う》 整齐 zhěngqí；端正 duānzhèng；规矩 guīju ♦～片づける 拾掇得整整齐齐的 shíduode zhěngzhěngqíqí de ♦～した服 整洁的衣着 zhěngjié de yīzhuó ❷《正しく》 ♦期限を～守る 遵守期限 zūnshǒu qīxiàn
きつい ❶《厳しい》 严厉 yánlì；烈性 lièxìng ❷《衣服などが》 紧 jǐn；瘦 shòu ❸《酒が》 厉害 lìhài；霸道 bàdao ♦～酒 烈性酒 lièxìngjiǔ ❹《日差しが》 毒 dú ❺《縛り方が》 紧绷绷 jǐnbēngbēng ❻《性格が》 要强 yàoqiáng ❼《作業·仕事などが》 工作费力 gōngzuò fèilì
きつえん【喫煙－する】 抽烟 chōuyān；吸烟 xīyān ♦～席 吸烟席 xīyānxí
きつおん【吃音】 结巴 jiēba；口吃 kǒuchī
きづかう【気遣う】 关切 guānqiè；关心 guānxīn；体贴 tǐtiē
きっかけ【切っ掛け】 机会 jīhuì；开端 kāiduān ♦～になる 触发 chùfā
きっかり 整 zhěng ♦5時～に始まった 五点整整开始了 wǔ diǎn zhěng jiù kāishǐ le
きづかれ【気疲れ－する】 精神疲劳 jīngshén píláo
きっきょう【吉凶】 吉凶 jíxiōng
きづく【気付く】 发觉 fājué；察觉 chájué；注意到 zhùyìdào ♦気付かない 没有察觉 méiyǒu chájué
キックオフ 开球 kāiqiú
ぎっくりごし【ぎっくり腰】 闪腰 shǎn-

きつけ ― きねん　117

yāo; 扭伤腰 niǔshāng yāo
きつけ【着付け】 穿衣的技巧 chuānyī de jìqiǎo;〈他人への〉给人穿衣 gěi rén chuān yī
きづけ【気付･気付け】 《邮便》转交 zhuǎnjiāo ◆編集部～请编辑部代转 qǐng biānjíbù dàizhuǎn
きっさき【切っ先】 锋芒 fēngmáng; 尖端 jiānduān
きっさてん【喫茶店】 咖啡馆 kāfēiguǎn
ぎっしり ◆～詰める 装得满满登登 zhuāngde mǎnmǎndēngdēng ◆場内は客で～だ 会场内满是客人 huìchǎng nèi mǎnshì kèrén
きっすい【生粋-の】 地道 dìdao; 纯粹 chúncuì
きっちり 整整 zhěngzhěng ◆本を～と並べる 书本排列整齐 shūběn páiliè zhěngqí ◆3 点～ 三点整 sān diǎn zhěng
キッチン 厨房 chúfáng
キツツキ【啄木鳥】 啄木鸟 zhuómùniǎo
きって【切手】 邮票 yóupiào ◆～を収集する 集邮 jíyóu ◆～を貼る 贴邮票 tiē yóupiào
きっと 必定 bìdìng; 肯定 kěndìng; 一定 yídìng; 准保 zhǔnbǎo
キツネ【狐】 狐狸 húli
きっぱり 决然 juérán; 断然 duànrán; 果断 guǒduàn ◆～と言い切る 一口咬定 yìkǒu yǎodìng ◆～と手を切る 一刀两断 yì dāo liǎng duàn
きっぷ【切符】 ❶〈乗物の〉车票 chēpiào ◆～を払い戻す 退票 tuìpiào ❷〈会場などの〉コンサートの～ 音乐会入场券 yīnyuèhuì rùchǎngquàn
きっぽう【吉報】 喜讯 xǐxùn ◆～をもたらす 报喜 bàoxǐ ◆～を待つ 等候喜讯 děnghòu xǐxùn
きつもん【詰問-する】 责问 zéwèn; 质问 zhìwèn
きつりつ【屹立-する】 峭立 qiàolì; 屹立 yìlì
きてい【既定】 既定 jìdìng ◆～の方針 既定方针 jìdìng fāngzhēn
きてい【規定】 规程 guīchéng; 规定 guīdìng; 规章 guīzhāng; 守则 shǒuzé; 章程 zhāngchéng ◆～種目《体操などの》 规定项目 guīdìng xiàngmù
きてい【規程-する】 规程 guīchéng ◆職務～ 职务规章 zhíwù guīzhāng
ぎてい【義弟】 ❶〈妹の夫〉妹夫 mèifu ❷〈夫の弟〉小叔子 xiǎoshūzi ❸〈妻の弟〉小舅子 xiǎojiùzi
ぎていしょ【議定書】 议定书 yìdìngshū
きてき【汽笛】 汽笛 qìdí ◆～を鳴らす 鸣汽笛 míng qìdí
きてん【基点】 基点 jīdiǎn
きてん【機転】 机智 jīzhì; 心眼儿 xīnyǎnr ◆～がきく 心眼儿快 xīnyǎnr kuài; 灵机 língjī
きてん【起点】 出发点 chūfādiǎn; 起点 qǐdiǎn
きと【帰途】 返程 fǎnchéng; 归途 guītú ◆～につく 启程返回 qǐchéng fǎnhuí
きどあいらく【喜怒哀楽】 喜怒哀乐 xǐ nù āi lè
きとう【祈祷-する】 祈祷 qídǎo; 祷告 dǎogào ◆～師 神巫 shénwū
きどう【起動-する】 启动 qǐdòng ◆コンピュータを～する 启动计算机 qǐdòng jìsuànjī ◆～力 起动力 qǐdònglì
きどう【軌道】 轨道 guǐdào; 路轨 lùguǐ ◆～に乗る 走上轨道 zǒushàng guǐdào; 上路 shànglù ◆～を外れる 出轨 chūguǐ ◆～を修正する 修正轨道 xiūzhèng guǐdào
きとく【危篤】 病危 bìngwēi ◆～に陥る 垂危 chuíwēi; 临危 línwēi
きとくけん【既得権】 既得权利 jìdé quánlì
きどる【気取る】 拿架子 ná jiàzi; 摆架子 bǎi jiàzi ◆芸術家を～ 以艺术家自居 yǐ yìshùjiā zìjū
きない【機内】 飞机内 fēijī nèi ◆～放送 机内广播 jīnèi guǎngbō ◆～食 机上便餐 jīshàng biàncān
きながに【気長-に】 耐心 nàixīn ◆～に待つ 耐心等待 nàixīn děngdài
きなくさい【きな臭い】 ❶〈においが〉有焦糊味儿 yǒu jiāohúwèir ❷〈状況が〉有火药味儿 yǒu huǒyàowèir
きなこ【黄な粉】 黄豆面 huángdòumiàn
きなん【危難】 危难 wēinàn ◆～に陥る 落难 luònàn ◆～を救う 救难 jiùnàn
きにいる【気に入る】 入眼 rùyǎn; 看中 kànzhòng
きにゅう【記入-する】 填 tián; 填写 tiánxiě
きぬ【絹】 丝绸 sīchóu ◆～糸 丝线 sīxiàn ◆～織物 绸缎 chóuduàn ◆～制品 sīchóupǐn
きぬけ【気抜け-する】 气馁 qìněi; 沮丧 jǔsàng ◆気が抜けたビール 走了气的啤酒 zǒule qì de píjiǔ
きね【杵】 杵 chǔ
ギネスブック 吉尼斯大全 Jínísī dàquán; 金氏世界记录 Jīnshì shìjiè jìlù
きねん【祈念-する】 祈求 qíqiú

きねん【記念-する】 纪念 jìniàn; 留念 liúniàn ♦～切手 纪念邮票 jìniàn yóupiào ♦～撮影 留影 liúyǐng ♦～碑 纪念碑 jìniànbēi ♦～日 纪念日 jìniànrì; 节日 jiérì ♦～品 jìniànpǐn

ぎねん【疑念】 疑心 yíxīn; 疑団 yítuán; 疑云 yíyún ♦～を抱く 抱有疑念 bàoyǒu yíniàn

きのう【昨日】 昨天 zuótiān; 昨日 zuórì

きのう【機能】 功能 gōngnéng; 性能 xìngnéng ♦～させる 发挥技能 fāhuī jìnéng ♦～障害 功能障碍 gōngnéng zhàng'ài ♦～的 实用性 的 shíyòngxìng de ♦～新 新功能 xīn gōngnéng

きのう【帰納-する】 归纳 guīnà ♦～法 归纳法 guīnàfǎ

ぎのう【技能】 技能 jìnéng; 能耐 néngnài; 本领 běnlǐng ♦すぐれた～ 优秀的技能 yōuxiù de jìnéng

きのこ【茸】 蘑菇 mógu ♦～雲 蘑菇云 móguyún

きのどく【気の毒-な】 可怜 kělián; 哀怜 āilián; 惋惜 wǎnxī

きのない【気の無い】 有气无力 yǒu qì wú lì ♦～素振り 爱答不理 ài dā bù lǐ

きのぼり【木登り-する】 爬树 pá shù

きのみ【木の実】 树木的果实 shùmù de guǒshí

きのみきのまま【着の身着の儘】 一无所有 yì wú suǒ yǒu

きのめ【木の芽】 树芽 shùyá ♦山椒の～ 花椒的嫩叶 huājiāo de nènyè

きば【牙】 獠牙 liáoyá; 尖牙 jiānyá ♦犬の～ 犬牙 quǎnyá

きはく【希薄[稀薄]-な】 淡薄 dànbó; 稀薄 xībó ♦～な空气 稀薄的空气 xībó de kōngqì ♦～な人間関係 淡薄的人际关系 dànbó de rénjì guānxi

きはく【気迫】 气势 qìshì; 气魄 qìpò ♦～のこもった 泼辣 pōlà

きばくざい【起爆剤】 起爆药 qǐbàoyào; (比喻的に) 反击的起爆剤 fǎnjī de qǐbàojì

きばこ【木箱】 木箱 mùxiāng

きはつ【揮発-性の】 挥发性 huīfāxìng ♦～油 挥发油 huīfāyóu

きばつ【奇抜-な】 新奇 xīnqí; 奇特 qítè

きばむ【黄ばむ】 发黄 fāhuáng; 变黄 biànhuáng

きばらし【気晴らし-をする】 散心 sàn xīn; 消遣 xiāoqiǎn

きばる【気張る】 ❶〈努力する〉奋发 fènfā; 努力 nǔlì ❷〈金銭を〉大方 dàfang; 慷慨 kāngkǎi ♦カンパする 慷慨捐款 kāngkǎi juānkuǎn

きはん【規範】 规范 guīfàn ♦～化する 规范化 guīfànhuà

きばん【基盤】 基础 jīchǔ ♦～を作る 打底子 dǎ dǐzi

きひ【忌避-する】 忌讳 jìhuì; 回避 huíbì

きびか【忌暇-する】 丧假 sāngjià

きびきび-と 麻利 máli; 利落 lìluo; 爽利 shuǎnglì; 干脆 gāncuì ♦～と働く 工作泼辣 gōngzuò pōlà

きびしい【厳しい】 ❶〈厳格な〉严格 yángé; 严厉 yánlì; 严紧 yánjǐn; 严峻 yánjùn ♦～言葉 严词 yáncí ♦～審査 严格的审查 yángé de shěnchá ♦きびしく叱る 谴责 qiǎnzé; 严厉申斥 yánlì shēnchì ❷〈はなはだしい〉♦～暑さ 酷热 kùrè ❸〈むずかしい〉♦～状況 严峻的状况 yánjùn de zhuàngkuàng

きびす【踵】 ♦～を接する 接踵 jiēzhǒng ♦～を返す 返回 fǎnhuí

きひん【気品】 ♦～のある 典雅 diǎnyǎ; 文雅 wényǎ

きひん【貴賓】 贵宾 guìbīn; 嘉宾 jiābīn ♦～席 贵宾席 guìbīnxí

きびん【機敏-な】 机敏 jīmǐn; 敏捷 mǐnjié; 手快 shǒukuài ♦～な目 疾眼快 shǒu jí yǎn kuài ♦～な動作 敏捷的动作 mǐnjié de dòngzuò

きふ【寄附-する】 捐赠 juānzèng ♦～金を～する 捐款 juānkuǎn ♦～を募る 募捐 mùjuān

きふ【棋譜】 棋谱 qípǔ

ぎふ【義父】 ❶〈夫の父〉公公 gōnggong ❷〈妻の父〉岳父 yuèfù; 岳丈 yuèzhàng

ギブアップ 放弃 fàngqì

ギブアンドテイク 互相让步 hùxiāng ràngbù; 平等互换 píngděng hùhuàn

きふう【気風】 风尚 fēngshàng; 风气 fēngqì; 习尚 xíshàng

きふく【起伏-する】 起伏 qǐfú ♦～の激しい 崎岖 qíqū

ギプス 石膏绷带 shígāo bēngdài

きぶつ【器物】 器物 qìwù; 器皿 qìmǐn; 器具 qìjù

ギフト 礼品 lǐpǐn; 礼物 lǐwù; 赠品 zèngpǐn ♦～カード 礼品卡片 lǐpǐn kǎpiàn

きふるし【着古-の】 穿旧 chuānjiù

きぶん【気分】 气氛 qìfēn; 情绪 qíngxù; 心境 xīnjìng; 心情 xīnqíng ♦～がいい 舒服 shūfu; 舒坦 shūtan ♦～がすぐれない 不快 búkuài; 身体不舒服 shēntǐ bù shūfu ♦～ふさぎ 憋 biē ♦～がほぐれる

る 弛緩 chíhuǎn ◆～が悪い 不得劲 bù déjìn ◆～を害する 伤感情 shāng gǎnqíng

ぎふん【義憤】义愤 yìfèn
きへい【騎兵】骑兵 qíbīng
きべん【詭弁】诡辩 guǐbiàn ◆～を弄する 玩弄诡辩 wánnòng guǐbiàn
きぼ【規模】规模 guīmó ◆～が大きい[小さい] 规模大[小] guīmó dà [xiǎo] ◆ 世界的の～ 世界规模的 shìjiè guīmó de
ぎぼ【義母】义母 yìmǔ ❶〈夫の母〉婆婆 pópo ❷〈妻の母〉岳母 yuèmǔ; 丈母 zhàngmǔ
きほう【気泡】气泡 qìpào
きぼう【希望-する】希望 xīwàng; 想望 xiǎngwàng; 期望 qīwàng ◆～の観測 主主观愿望的观测 chí zhǔguān yuànwàng de guāncè ◆～を持つ 抱有希望 bàoyǒu xīwàng ◆～がわく 涌现希望 yǒngxiàn xīwàng
きぼり【木彫り】木雕 mùdiāo ◆～の人形 木偶 mù'ǒu
きほん【基本】基本 jīběn ◆～給 基本工资 jīběn gōngzī ◆～的に 基本上 jīběnshàng
ぎまい【義妹】❶〈夫の妹〉小姑子 xiǎogūzi ❷〈妻の妹〉小姨子 xiǎoyízi
きまえ【気前】◆～がいい 大方 dàfang; 手松 shǒu sōng; 慷慨 kāngkǎi ◆～のよさ 雅量 yǎliàng ◆～よく 慷慨 kāngkǎi
きまぐれ【気紛れ】任性 rènxìng ◆～な天気 多变的天气 duōbiàn de tiānqì ◆～な市場 变化莫测的市场 biànhuà mòcè de shìchǎng
きまじめ【生真面目-な】非常认真 fēicháng rènzhēn ◆一本正经 yī běn zhèng jīng
きまずい【気まずい】尴尬 gāngà; 发窘 fājiǒng ◆～雰囲気 不愉快的气氛 bù yúkuài de qìfēn
きまつ【期末】期末 qīmò ◆～試験 期末考 qīkǎo
きまって【決まって】经常 jīngcháng; 总是 zǒngshì ◆～この道を通る 总是走这条路 zǒngshì zǒu zhè tiáo lù
きまま【気侭-な】随便 suíbiàn; 放荡 fàngdàng; 放肆 fàngsì; 任性 rènxìng ◆任意 rènyì; 随心所欲 suí xīn suǒ yù
きまり【決まり】定规 dìngguī; 规矩 guīju; 章法 zhāngfǎ ◆～に背く 犯规 fànguī ◆～が悪い 难为情 nánwéiqíng; 忸怩 niǔní; 惭愧 cánkuì; 羞涩 xiūsè ◆～ごと 常规 chángguī

きまりきった【決まりきった】老一套 lǎoyītào
きまりもんく【決まり文句】口头语 kǒutóuyǔ; 口头禅 kǒutóuchán; 老调 lǎodiào
きまる【決まる】❶〈定まる〉定 dìng; 决定 juédìng ◆方針が～ 方针已定 fāngzhēn yǐ dìng ❷〈整う うまく〉◆服装が決まっている 服装整齐 fúzhuāng zhěngqí ◆技が～ 技术成功 jìshù chénggōng
ぎまん【欺瞞】欺瞒 qīmán; 欺骗 qīpiàn ◆～行為をする 弄虚作假 nòng xū zuò jiǎ
きみ【黄身】蛋黄 dànhuáng; 鸡蛋黄 jīdànhuáng
きみ【気味】情绪 qíngxù ◆～の悪い 令人发毛 lìng rén fāmáo; 令人不快 lìng rén bù kuài
きみ【君】你 nǐ ◆～たち 你们 nǐmen
-ぎみ【-気味】有点儿 yǒudiǎnr ◆風邪～なんだ 有点儿感冒 yǒudiǎnr gǎnmào ne
きみつ【機密】绝密 juémì; 机密 jīmì; 机要 jīyào ◆～書類 密件 mìjiàn ◆～文書 保密文件 bǎomì wénjiàn; 机要文件 jīyào wénjiàn ◆～を守る 保守机密 bǎoshǒu jīmì
きみどり【黄緑】黄绿色 huánglǜsè
きみゃく【気脈】◆～を通じる 串气 chuànqì; 勾通 gōutōng; 串通一气 chuàntōng yīqì
きみょう【奇妙-な】奇怪 qíguài; 奇妙 qímiào; 奇异 qíyì; 希奇 xīqí ◆～奇烈な 希奇古怪 xī qí gǔ guài
ぎむ【義務】义务 yìwù ◆～教育 义务教育 yìwù jiàoyù ◆～を負う 承担义务 chéngdān yìwù ◆～を果たす 履行义务 lǚxíng yìwù
きむずかしい【気難しい】不随和 bù suíhé; 脾气拗 píqi niù
キムチ 朝鲜泡菜 Cháoxiǎn pàocài; 韩国泡菜 Hánguó pàocài
きめ【肌理】❶〈肌の肌理〉肌理 jīlǐ ❷〈行き届いた〉◆～細かい 细心 xìxīn; 心细 xīnxì ◆～の粗い 粗糙 cūcāo
きめい【記名-する】记名 jìmíng; 签名 qiānmíng
ぎめい【偽名】化名 huàmíng ◆～を使う 使用化名 shǐyòng huàmíng
きめこむ【決め込む】断定 duàndìng; 自己认为为 zìjǐ yǐwéi ◆だんまりを～ 缄然沉默 bǎochí chénmò
きめつける【決め付ける】不容分说地申斥 bùróng fēnshuō de shēnchì
きめる【決める】定 dìng; 决定 juédìng; 规定 guīdìng ◆行く先を～ 决定去处 juédìng qùchù
きも【肝】肝 gān; 肝脏 gānzàng;

(心的)胆子 dǎnzi ◆~をつぶす 魂散魄飞 hún sàn pò fēi; 魂不附体 hún bù fù tǐ; 丧胆 sàngdǎn; ~に銘じる 刻骨铭心 kègǔ míngxīn; 镂骨铭心 lòu gǔ míng xīn ◆~をすえる 壮胆 zhuàngdǎn ◆~を冷やす 吓出一身冷汗 xiàchū yìshēn lěnghàn
きもち【気持】心绪 xīnxù; 心怀 xīnhuái; 心情 xīnqíng; 心意 xīnyì ◆~がいい 舒适 shūshì; 爽快 shuǎngkuai; 心情舒畅 xīnqíng shūchàng ◆~が悪い 不舒畅 bù shūchàng; 难受 nánshòu ◆~が落ち着く 平心静气 píng xīn jìng qì ◆ほんの~です 一点儿小意思 yìdiǎnr xiǎoyìsi
きもったま【肝っ玉】胆 dǎn; 胆子 dǎnzi ◆~の大きい 胆子大 dǎnzi dà; 有胆量 yǒu dǎnliàng ◆~の小さい 胆量小 dǎnliàng xiǎo
きもの【着物】衣服 yīfu; ‹日本の› 和服 héfú
きもん【鬼門】忌讳的方向 jìhuì de fāngxiàng; ‹苦手› 棘手 jíshǒu
ぎもん【疑問】疑问 yíwèn ◆~が氷解する 冰释 bīngshì ◆~をただす 质疑 zhìyí ◆~点 疑点 yídiǎn; ~符 问号 wènhào ◆~文 疑问句 yíwènjù ◆~を持つ 持有疑问 chíyǒu yíwèn
きやく【規約】规约 guīyuē; 章程 zhāngchéng; ~を破る 违犯章程 wéifàn zhāngchéng
きゃく【客】客人 kèrén; 宾客 bīnkè; ‹商店の› 顾客 gùkè ◆‹劇場に›~が入る 上座儿 shàng zuòr ◆~をもてなす 接待客人 jiēdài kèrén 招かれざる~ 不速之客 bú sù zhī kè
ぎゃく【逆】相反 xiāngfǎn ◆~に反过来 fǎnguòlai ◆~に回す 倒转 dàozhuǎn ◆~に進む 倒 qiǎng ◆向きが~だ 方向相反 fāngxiàng xiāngfǎn
ギャグ ◆~を入れる 噱头 xuétóu ◆~を飛ばす 打诨 dǎhùn ◆~漫画 逗笑漫画 dòuxiào mànhuà
きゃくいん【脚韻】韵脚 yùnjiǎo
きゃくいん【客員】◆~教授 客座教授 kèzuò jiàoshòu
ぎゃくかいてん【逆回転-する】逆转 nìzhuǎn
ぎゃくこうか【逆効果】相反 效果 xiāngfǎn xiàoguǒ ◆~になる 适得其反 shì dé qí fǎn
ぎゃくさつ【虐殺-する】残杀 cánshā; 虐杀 nüèshā
ぎゃくざや【逆鞘】逆差 nìchà
ぎゃくさん【逆算-する】倒数 dào-shù; 倒算 dàosuàn
ぎゃくしつ【客室】客厅 kètīng ◆~係 客房服务员 kèfáng fúwùyuán
きゃくしゃ【客車】客车 kèchē
ぎゃくしゅう【逆襲-する】反扑 fǎn-pū; 反攻 fǎngōng
ぎゃくじょう【逆上-する】大发雷霆 dà fā léi tíng; 大为恼火 dàwéi nǎohuǒ
きゃくしょく【脚色-する】编剧 biānjù; ~家 ‹演劇などの› 编剧 biānjù; 事实を~する 夸大事实 kuādà shìshí
きゃくせき【客席】客座 kèzuò
ぎゃくせつ【逆説】反话 fǎnhuà ◆~の 反论性的 fǎnlùnxìng de
きゃくせん【客船】客船 kèchuán; 客轮 kèlún
ぎゃくたい【虐待-する】残虐 cánnüè; 凌虐 língnüè; 虐待 nüèdài 动物~ 虐待动物 nüèdài dòngwù
きゃくちゅう【脚注】脚注 jiǎozhù
ぎゃくてん【逆転-する】反转 fǎnzhuǎn; 扭转 niǔzhuǎn ◆形勢が~する 形势逆转 xíngshì nìzhuǎn
きゃくひき【客引き-する】兜揽 dōulǎn; 招徕 zhāolái; 招引顾客 zhāoyǐn gùkè
ぎゃくふう【逆風】顶风 dǐngfēng; 逆风 nìfēng
きゃくほん【脚本】脚本 jiǎoběn; 剧本 jùběn ◆~家 剧作家 jùzuòjiā
きゃくま【客間】客厅 kètīng
ぎゃくもどり【逆戻り-する】回归 huíguī; 开倒车 kāi dàochē
ぎゃくしゅつ【逆出-する】再出口 zàichūkǒu
ぎゃくゆにゅう【逆輸入-する】再进口 zàijìnkǒu
きゃくよせ【客寄せ-する】揽客 lǎnkè
ぎゃくりゅう【逆流-する】逆流 nìliú ◆川が~する 河水逆流 héshuǐ nìliú ◆全身の血が~する 全身血液逆流 quánshēn xuèyè nìliú
ぎゃくりょく【脚力】腿脚 tuǐjiǎo ◆~がある[ない] 有[没有]脚力 yǒu [méiyǒu] jiǎolì
ギャザー 褶子 zhězi
きゃしゃ【華奢-な】苗条 miáotiao; 纤巧 xiānqiǎo
きやすい【気安い】不客气 bù kèqi; 轻易 qīngyì ◆气安く赖める 能轻易托付 néng qīngyì tuōfù
きゃたつ【脚立】
キャスター ◆~付きの鞄 带小轮的包 dài xiǎolún de bāo ◆ニュース~ 新闻主持人 xīnwén zhǔchírén; 新闻主播 xīnwén zhǔbō

キャスト 演员表 yǎnyuánbiǎo
きやすめ【気休め】 安慰 ānwèi ♦~を言う 说开心丸儿 shuō kāixīnwánr
ぎゃたつ【脚立】 梯凳 tīdèng
キャタピラ 链轨 liànguǐ; 履带 lǚdài
きゃっか【却下-する】 驳回 bóhuí
きゃっかん【客観】 客观 kèguān ♦~主義 客观主义 kèguān zhǔyì ♦~的に見る 客观地观察 kèguān de guānchá
ぎゃっきょう【逆境】 苦境 kǔjìng; 逆境 nìjìng
きゃっこう【脚光】 脚灯 jiǎodēng ♦~をあびる 引人注目 yǐn rén zhùmù; 走红 zǒuhóng
ぎゃっこう【逆光】 逆光 nìguāng
ぎゃっこう【逆行-する】 逆行 nìxíng; 呛 qiāng ♦時代に~する 倒行逆施 dào xíng nì shī
キャッシュ 现金 xiànjīn; 现款 xiànkuǎn ♦~で支払う 现金支付 xiànjīn zhīfù ♦~カード 提款卡 tíkuǎnkǎ
キャッチ-する 抓住 zhuāzhù; 捕拿 bǔná ♦ボールを~する 接球 jiē qiú ♦情報を~する 获取信息 huòqǔ xìnxī ♦電波を~する 捕获电波 bǔhuò diànbō ♦~フレーズ 广告妙语 guǎnggào miàoyǔ
キャッツアイ 猫睛石 māojīngshí
キャップ 帽 mào; 套子 tàozi ♦ボールペンの~ 笔帽 bǐmào
ギャップ 差距 chājù ♦~が大きい 悬殊 xuánshū ♦~を越える 克服差距 kèfú chājù
キャディー 球童 qiútóng
キャバレー 夜总会 yèzǒnghuì
キャビア 鱼子酱 yúzǐjiàng
キャビネ 《写真の》~版 六寸照片 liù cùn zhàopiàn
キャビネット 柜 guì;《ラジオ・テレビの》外壳 wàikè
キャビン 房舱 fángcāng; 客舱 kècāng
キャビンアテンダント 空中服务员 kōngzhōng fúwùyuán
キャプション 图片说明 túpiàn shuōmíng; 字幕 zìmù
キャプテン 《船の》船长 chuánzhǎng ❷《チームの》队长 duìzhǎng
キャブレター 气化器 qìhuàqì
キャベツ 卷心菜 juǎnxīncài; 圆白菜 yuánbáicài
きゃら【伽羅】《香》沉香 chénxiāng
ギャラ 演出费 yǎnchūfèi ♦~を支払う 支付演出费 zhīfù yǎnchūfèi
キャラクター 性格 xìnggé;《漫画の》登场人物 dēngchǎng rénwù

キャラメル 奶糖 nǎitáng
ギャラリー ❶《画廊》画廊 huàláng ❷《ゴルフなどの見物人》~を引き連れる 吸引很多观客 xīyǐn hěn duō guānkè
ギャランティー 保证 bǎozhèng; 担保 dānbǎo; 演出费 yǎnchūfèi
キャリア 《経験・有資格》资格 zīgé; 履历 lǚlì; 年资 niánzī ♦豊富な~がある 经历丰富 jīnglì fēngfù ♦~ウーマン 从事专门职业的妇女 cóngshì zhuānmén zhíyè de fùnǚ
キャリア ❶《荷物など》货架子 huòjiàzi ❷《保菌者》带菌者 dàijūnzhě ♦ウイルス~ 病毒携带者 bìngdú xiédàizhě
ギャング 黑社会 hēishèhuì; 盗窃集团 dàoqiè jítuán; 盗匪 dàofěi
キャンセル-する 解约 jiěyuē;作废 zuòfèi; 退出 tuìchū ♦~料 解约费 jiěyuēfèi
キャンディー 糖 táng; 糖果 tángguǒ
キャンバス 画布 huàbù ♦~地の 帆布底的 fānbùdǐ de ♦~に描く 画在画布上 huàzài huàbùshang
キャンパス 校园 xiàoyuán ♦広々とした~ 广阔的校园 guǎngkuò de xiàoyuán
キャンピングカー 野营用的车辆 yěyíngyòng de chēliàng
キャンプ 帐篷 zhàngpéng ♦~する 野营 yěyíng ♦~場 野营地 yěyíngdì ♦~をはる《スポーツ選手が》野营训练 yěyíng xùnliàn ♦米軍~ 美军基地 měijūn jīdì
ギャンブル 赌博 dǔbó ♦~狂 赌鬼 dǔguǐ
キャンペーン 运动 yùndòng; 宣传活动 xuānchuán huódòng ♦~をはる 开展运动 kāizhǎn yùndòng
きゆう【杞憂】 杞忧 qǐyōu
きゅう【急】 急迫 jípò ♦~を告げる 告急 gàojí ♦~を要する 吃紧 chījǐn; 急迫 jípò ♦~に 忽然 hū'ér; 忽然 hūrán; 骤然 zhòurán ♦~カーブ 急弯 jíwān ♦~な坂 陡坡 dǒupō
きゅう【灸】 灸 jiǔ ♦お~を据える 灸治 jiǔzhì
きゅう【球】 球 qiú ♦球形 球形 qiúxíng
きゅう【級】 ❶《等級》级 jí; 等级 děngjí ❷《学級》班级 bānjí
キュー 《ビリヤード》台球杆 táiqiúgǎn
きゅうあい【求愛-する】 追求 zhuīqiú; 求爱 qiú'ài
きゅういん【吸引-する】 抽 chōu ♦~力 吸力 xīlì

ぎゅういんばしょく【牛飲馬食-する】大吃大喝 dàchī dàhē
ぎゅうえん【休演-する】停演 tíngyǎn
きゅうえん【救援-する】救济 jiùjì; 救援 jiùyuán; 赈济 zhènjì ♦~に驰けつける 驰援 chíyuán ♦~を求める 求援 qiúyuán ♦~隊 救兵 jiùbīng
きゅうか【休暇】假 jià ♦~をとる 请假 qǐng jià ♦~願[届] 假条 jiàtiáo ♦~期间 假期 jiàqī ♦有給~ 有薪休假 yǒuxīn xiūjià
きゅうかい【休会-する】休会 xiūhuì
きゅうかく【嗅覚】嗅觉 xiùjué ♦~神経 嗅神经 xiùshénjīng
きゅうがく【休学-する】休学 xiūxué
きゅうかむら【休暇村】度假村 dùjiàcūn
きゅうかん【休刊-する】休刊 xiūkān
きゅうかん【急患】急诊病人 jízhěn bìngrén
キュウカンチョウ【九官鳥】八哥 bāgē
きゅうぎ【球技】球赛 qiúsài ♦~場 球场 qiúchǎng
きゅうきゅう【救急】急救 jíjiù ♦~センター 急救站 jíjiùzhàn ♦~車 救护车 jiùhùchē ♦~袋 急救包 jíjiùbāo
ぎゅうぎゅう ♦~押しこむ 满满地装 mǎnmǎn de zhuāng ♦~の 塞得满满的 sāide mǎnmǎn de; 拥挤的 yōngjǐ de
きゅうぎゅうのいちもう【九牛の一毛】九牛一毛 jiǔ niú yì máo
きゅうきょ【旧居】故居 gùjū; 旧居 jiùjū
きゅうぎょう【休業-する】停业 tíngyè; 歇工 xiēgōng; 休业 xiūyè ♦臨時~ 临时停业 línshí tíngyè
きゅうきょく【究極-の】终极 zhōngjí ♦~の目的 终极目的 zhōngjí mùdì
きゅうくつ【窮屈-な】❶《衣服が》小 shòuxiǎo; 紧 jǐn; 瘦 shòu ❷《雰囲気が》局促 júcù
きゅうけい【休憩-する】休息 xiūxi; 歇 xiē ♦~時間 休息时间 xiūxi shíjiān
きゅうげき【急激-な】剧变 jùbiàn ♦~な変化 剧变 jùbiàn
きゅうけつき【吸血鬼】吸血鬼 xīxuèguǐ
きゅうご【救護-する】救护 jiùhù ♦~所 救护所 jiùhùsuǒ
きゅうこう【休校-する】停课 tíngkè ♦臨時~ 临时停课 línshí tíngkè
きゅうこう【休耕】休闲 xiūxián ♦~地 休闲地 xiūxiándì ♦~田 休耕地 xiūgēngdì

きゅうこう【休講-する】停课 tíngkè
きゅうこう【急行】♦~列車 快车 kuàichē ♦現場へ~する 急趋现场 jíqū xiànchǎng
きゅうこう【旧交】♦~を温める 重温旧情 chóngwēn jiùqíng
きゅうこうばい【急勾配-の】陡 dǒu
きゅうこく【急告】紧急通知 jǐnjí tōngzhī
きゅうこく【救国】救国 jiùguó ♦~運動 救亡运动 jiùwáng yùndòng
きゅうこん【求婚-する】求婚 qiúhūn; 求亲 qiúqīn ♦~を承諾する 许婚 xǔhūn
きゅうこん【球根】球根 qiúgēn
きゅうさい【救済-する】救济 jiùjì; 赈济 zhènjì; 补救 bǔjiù ♦難民を~する 救济难民 jiùjì nànmín ♦被灾地を~する 振济灾区 zhènjì zāiqū
きゅうし【臼歯】大牙 dàyá; 臼齿 jiùchǐ
きゅうし【休止-する】休止 xiūzhǐ; 停顿 tíngdùn
きゅうし【急死-する】突然死亡 tūrán sǐwáng; 猝死 cùsǐ; 暴卒 bàozú
きゅうし【旧址】旧址 jiùzhǐ
きゅうし【九死-に】♦~に一生を得る 虎口余生 hǔ kǒu yú shēng; 九死一生 jiǔ sǐ yī shēng
きゅうじ【給仕】茶房 cháfáng; 服务员 fúwùyuán ♦~係 招待员 zhāodàiyuán ♦お~をする 伺候 cìhou
きゅうしき【旧式-の】老式 lǎoshì; 旧式 jiùshì
きゅうじつ【休日】休息日 xiūxīrì; 假日 jiàrì ♦~を過ごす 度假 dùjià
きゅうしふ【休止符】休止符 xiūzhǐfú
きゅうしゅう【吸収-する】吸取 xīqǔ; 吸收 xīshōu; 水分を~する 吸收水分 xīshōu shuǐfèn ♦知識を~する 吸取知识 xīqǔ zhīshí ♦衝撃を~する 缓冲冲击 huǎnchōng chōngjī
きゅうしゅつ【救出-する】挽救 wǎnjiù; 救出来 jiùchūlai
きゅうしょ【急所】点子 diǎnzi; 要害 yàohài; 关键 guānjiàn ♦~を突く《言葉が》中肯 zhòngkěn; 抓住要点 zhuāzhù yàodiǎn
きゅうじょ【救助-する】搭救 dājiù; 救助 jiùzhù ♦~を求める 求救 qiújiù ♦~隊 救助队 jiùzhùduì
きゅうじょう【球場】《野球の》棒球场 bàngqiúchǎng
きゅうじょう【窮状】窘境 jiǒngjìng ♦~を脱する 摆脱困境 bǎituō kùn-

きゅうしょうがつ【旧正月】 春节 Chūnjié: 大年 dànián
きゅうじょうしょう【急上昇-する】
❶〈高度を〉陡直上升 dǒuzhí shàngshēng ◆水位 的~ 暴涨 bàozhǎng ❷〈評価などの〉急剧提高 jíjù tígāo; 陡然直上 dǒurán zhíshàng
きゅうしょく【休職-する】 离职 lízhí, 停职 tíngzhí
きゅうしょく【求職】 求职 qiúzhí ◆~活動をする 找工作 zhǎo gōngzuò
きゅうしょく【給食】 供给伙食 gōngjǐ huǒshí
ぎゅうじる【牛耳る】 称霸 chēngbà; 把持 bǎchí
きゅうしん【休診-する】 停诊 tíngzhěn
きゅうしん【急進】 急进 jíjìn ◆~派 急进派 jíjìnpài
きゅうしん【求心】 ◆~力 向心力 xiàngxīnlì
きゅうじん【求人】 招聘人员 zhāopìn rényuán; 招人 zhāorén ◆~广告 招工广告 zhāogōng guǎnggào ◆~欄 招工专栏 zhāogōng zhuānlán
きゅうす【急須】 茶壶 cháhú
きゅうすい【給水-する】 给水 jǐshuǐ ◆~車 供水车 gōngshuǐchē ◆~塔 水塔 shuǐtǎ
きゅうする【窮する】 陷入困境 xiànrù kùnjìng ◆生活に~ 苦于生活 kǔyú shēnghuó ◆返答に~ 无言以对 wú yán yǐ duì ◆窮すれば通ず 穷极生智 qióng jí zhì shēng
きゅうせい【急性-の】 急性 jíxìng ◆~胃炎 急性胃炎 jíxìng wèiyán
きゅうせい【急逝-する】 溘逝 kèshì; 猝死 cùsǐ
きゅうせい【旧姓】 原姓 yuánxìng; 娘家姓 niángjiāxìng
きゅうせいしゅ【救世主】 救世主 jiùshìzhǔ
きゅうせき【旧跡】 旧址 jiùzhǐ; 古迹 gǔjì ◆名所~ 名胜古迹 míngshèng gǔjì
きゅうせん【休戦 する】 停火 tínghuǒ; 休战 xiūzhàn ◆~協定 停火协议 tínghuǒ xiéyì
きゅうせんぽう【急先鋒】 急先锋 jíxiānfēng
きゅうそ【窮鼠】 ◆~猫を噛む 穷鼠啮猫 qióng shǔ niè māo; 狗急跳墙 gǒu jí tiào qiáng
きゅうぞう【急増-する】 猛增 měngzēng
きゅうぞう【急造-の】 赶制 gǎnzhì;

赶造 gǎnzào
きゅうそく【休息-する】 歇息 xiēxi; 休息 xiūxi
きゅうそく【急速-に】 急剧 jíjù; 迅速 jísù; 迅急 xùnjí
きゅうたい【球体】 球体 qiútǐ
きゅうだい【及第-する】 合格 hégé; 及格 jígé: 考上 kǎoshàng ◆~点 及格分数 jígé fēnshù
きゅうたいいぜん【旧態依然】 ◆~とした 依然如故 yīrán rú gù
きゅうだん【糾弾-する】 谴责 qiǎnzé; 抨击 pēngjī; 申讨 shēntǎo; 声讨 shēngtǎo; 问罪 wènzuì
きゅうち【窮地】 窘况 jiǒngkuàng; 死地 sǐdì ◆~に立つ 处于困境 chǔyú kùnjìng
きゅうち【旧知-の】 故旧 gùjiù ◆~の間柄 老交情 lǎo jiāoqíng
きゅうちゃく【吸着-する】 吸附 xīfù
きゅうてい【休廷-する】 休庭 xiūtíng
きゅうてい【宮廷】 宫廷 gōngtíng
きゅうてき【仇敵】 仇人 chóurén; 死对头 sǐduìtou
きゅうでん【宮殿】 宫殿 gōngdiàn; 皇宫 huánggōng
きゅうてんちょっか【急転直下】 急转直下 jí zhuǎn zhí xià
きゅうとう【急騰-する】 暴涨 bàozhǎng ◆株価の~ 股价暴涨 gǔjià bàozhǎng
きゅうとう【給湯】 供给热水 gōngjǐ rèshuǐ ◆~設備 热水供给设备 rèshuǐ gōngjǐ shèbèi
きゅうなん【救難】 救难 jiùnàn; 救险 jiùxiǎn ◆~信号 救难信号 jiùnàn xìnhào
ぎゅうにく【牛肉】 牛肉 niúròu
きゅうにゅう【吸入】 吸入 xīrù ◆~器 蒸气吸入器 zhēngqì xīrùqì ◆酸素~ 吸入氧气 xīrù yǎngqì
ぎゅうにゅう【牛乳】 牛奶 niúnǎi ◆~配達 送牛奶 sòng niúnǎi
きゅうねん【去年】 去年 qùnián
きゅうば【急場】 紧急情况 jǐnjí qíngkuàng ◆~をしのぐ 度过难关 dùguò nánguān
きゅうはく【急迫-する】 急迫 jípò; 紧迫 jǐnpò ◆事態は~している 事态紧迫 shìtài jǐnpò
きゅうはく【窮迫-する】 窘迫 jiǒngpò; 贫困 pínkùn
きゅうばん【吸盤】 吸盘 xīpán
キュービズム 立体派 lìtǐpài
キュー ピッチ【急ピッチ】 迅速 xùnsù; 速度快 sùdù kuài ◆~で進む 进展得很快 jìnzhǎnde hěn kuài
キューピッド 丘比特 Qiūbǐtè; 爱神 àishén

きゅうびょう【急病】暴病 bàobìng；～になる 得急病 dé jíbìng

きゅうふ【給付－する】支付 zhīfù；発放 fāfàng；～金 发放款项 fāfàng kuǎnxiàng

きゅうぶん【旧聞】旧闻 jiùwén

きゅうへん【急変－する】陡变 dǒubiàn；骤变 zhòubiàn；～の病情骤变 bìngqíng zhòubiàn；病状が～ 病状骤变 bìngzhuàng zhòubiàn

きゅうほう【急報】紧急通知 jǐnjí tōngzhī

きゅうぼう【窮乏】贫穷 pínqióng

きゅうみん【休眠－する】休眠 xiūmián

きゅうめい【救命】救命 jiùmìng；～ブイ 救生圈 jiùshēngquān；～ボート 救生艇 jiùshēngtǐng；～用具 救生用具 jiùshēng yòngjù；～胴衣 救生衣 jiùshēngyī

きゅうめい【究明－する】查明 chámíng；查清 cháqīng；检查 jiǎnchá；原因を～する 查清原因 cháqīng yuányīn；真相を～する 查明真相 chámíng zhēnxiàng

きゅうめい【糾明－する】追究 zhuījiū；追查 zhuīchá；責任を～する 查明责任 chámíng zérèn

きゅうゆ【給油－する】加油 jiāyóu；～ポンプ 油泵 yóubèng

きゅうゆう【級友】同班同学 tóngbān tóngxué

きゅうゆう【旧友】旧交 jiùjiāo；老朋友 lǎopéngyou

きゅうよ【窮余】～の一策 穷极之策 qióngjí zhī cè

きゅうよ【給与】工资 gōngzī

きゅうよう【休養－する】休养 xiūyǎng

きゅうよう【急用】急事 jíshì；～ができた 有急事 yǒu jíshì

きゅうらい【旧来】以往 yǐwǎng；～のパターン 窠臼 kējiù；老様式 lǎogéshì；～の枠 老框框 lǎokuāngkuang

きゅうらく【急落－する】猛跌 měngdiē；暴跌 bàodiē

キュウリ【胡瓜】黄瓜 huángguā

きゅうりゅう【急流】奔流 bēnliú；激流 jīliú；急流 jíliú

きゅうりょう【丘陵】丘陵 qiūlíng；冈陵 gānglíng

きゅうりょう【給料】工资 gōngzī；工薪 gōngxīn；薪水 xīnshuǐ；～日 发工资日 fāgōngzī rì；～を受け取る 领工资 lǐng gōngzī

きゅうれき【旧暦】旧历 jiùlì；农历 nónglì；阴历 yīnlì

ぎゅっと 紧紧 jǐnjǐn；～つかむ 紧握 jǐnwò；～しばる 紧拧 jǐnníng

きよ【寄与－する】贡献 gòngxiàn

きょ【虚】空虚 kōngxū；～をつく 攻其不备 gōng qí bú bèi

きょう【器用－な】灵巧 língqiǎo；轻巧 qīngqiǎo；手巧 shǒuqiǎo；～な手先 巧手 qiǎoshǒu

きょう【紀要】学报 xuébào

きょう【起用－する】起用 qǐyòng；若手を～する 起用年轻人 qǐyòng niánqīngrén

きょう【経】佛经 fójīng；～を読む 念经 niànjīng

きょう【今日】今天 jīntiān；今儿 jīnr；今日 jīnrì

きょう【凶】凶 xiōng

きょう【興】兴头 xìngtou；～に乗る 起劲 qǐjìn；乗兴 chéngxìng；～を殺ぐ 败兴 bàixìng；扫兴 sǎoxìng；～を添える 助兴 zhùxìng

－きょう【－狂】迷 mí；映画～ 影迷 yǐngmí

ぎょう【行】háng；(読書や書写で)～を飛ばす 跳行 tiàoháng；下から5行目 倒数第五行 dàoshù dìwǔ háng

きょうあく【凶悪－な】凶狠 xiōnghěn；凶横 xiōnghèng；凶恶 xiōng'è；～の顔付きが 狰狞 zhēngníng；鹰鼻鹞眼 yīng bí yào yǎn；～犯 凶犯 xiōngfàn；～～犯罪 滔天罪恶 tāotiān zuì'è

きょうい【胸囲】胸围 xiōngwéi

きょうい【脅威】威胁 wēixié

きょうい【驚異】惊人 jīngrén；惊异 jīngyì；～的な 惊人的 jīngrén de；～自然の～ 自然的神奇 zìrán de shénqí

きょういく【教育】教育 jiàoyù；～学 教学 jiàoxué；～者 教育家 jiàoyùjiā；～制度 教育制度 jiàoyù zhìdù；～学制 学制 xuézhì

きょういん【教員】教师 jiàoshī；教员 jiàoyuán；～～室 教研室 jiàoyánshì；～免许 教师执照 jiàoshī zhízhào

きょうえい【競泳－する】游泳比赛 yóuyǒng bǐsài

きょうえん【共演－する】配角 pèijué；合演 héyǎn

きょうえん【饗宴】×iǎngyàn

きょうえん【招宴－する】設宴招待 shèyàn zhāodài

きょうか【強化－する】加强 jiāqiáng；加業 jiāyè；加强学习 jiāqiáng xuéxí；强化 qiánghuà；～～ガラス 钢化玻璃 gānghuà bōli

きょうか【教科】科目 kēmù；～书 学科 ×uékē

きょうかい【協会】协会 xiéhuì

...会 yōuhǎo xiéhuì
...境界】境界 jìngjiè ◆~
... jièxiàn ◆~線上の边缘
きょうかい【教会】教堂 jiàotáng ◆
... jiàohuì
...ょうかい【業界】行业 hángyè ◆
...业界同业界 tóngyèjiè ◆~纸 同业界报
... tóngyèjiè bàozhǐ ◆~用语 同业
界用语 tóngyèjiè yòngyǔ
きょうがく【共学】同校 tóngxiào ◆
男女~ 男女同校 nánnǚ tóngxiào
きょうがく【教学】教程 jiàochéng
きょうがく【驚愕】惊愕 jīng'è；
大吃一惊 dà chī yì jīng
きょうかしょ【教科書】教科书 jiào-kēshū；课本 kèběn
きょうかたびら【経帷子】 寿 衣 shòuyī
きょうかつ【恐喝-する】恐吓 kǒng-hè；威胁 wēixié
きょうかん【共感-する】同感 tóng-gǎn；共鸣 gòngmíng
きょうき【侠気】侠气 xiáqì ◆~に富む(人) 豪侠 háoxiá
きょうき【凶器】凶器 xiōngqì
きょうき【狂喜-する】狂喜 kuángxǐ
きょうき【狂気】癫狂 diānkuáng ◆~じみた 猖狂 chāngkuáng
きょうき【驚喜-する】惊喜 jīngxǐ ◆~乱舞する 欣喜若狂 xīn xǐ ruò kuáng
きょうぎ【狭義】狭义 xiáyì ◆~の解釈 狭义解释 xiáyì jiěshì
きょうぎ【競技】体育竞赛 tǐyù bǐsài ◆~会 运动会 yùndònghuì ◆~場 运动场 yùndòngchǎng ◆~者 参赛者 cānsàizhě
きょうぎ【協議-する】协议 xiéyì；商议 shāngyì；协商 xiéshāng；谈判 tánpàn；磋商 cuōshāng
きょうぎ【教義】教义 jiàoyì；〈宗教上の〉教条 jiàotiáo
ぎょうぎ【行儀】举止 jǔzhǐ；礼貌 lǐmào ◆~がよい[悪い] [没]有礼貌 [méi]yǒu lǐmào ◆他人への 见外 jiànwài
きょうきゃく【橋脚】桥墩 qiáodūn
きょうきゅう【供給-する】供 给 gōngjǐ；供应 gōngyìng；提供 tígōng
きょうぎゅうびょう【狂牛病】疯牛病 fēngniúbìng
ぎょうぎょうしい【仰々しい】冠冕堂皇 guān miǎn táng huáng；耸人听闻 sǒng rén tīng wén
きょうきん【胸襟】胸襟 xiōngjīn ◆~を開く 推心置腹 tuī xīn zhì fù
きょうぐう【境遇】境地 jìngdì；境域 jìngyù；境遇 jìngyù；身世 shēn-

shì；〈多く不幸な〉遭遇 zāoyù ◆不幸な~にある 遭遇不幸 zāoyù bú-xìng
きょうくん【教訓】教训 jiàoxun ◆~とする 作为教训 zuòwéi jiàoxun ◆~を得る 得到教训 dédào jiàoxun
きょうげき【京劇】京剧 jīngjù
ぎょうけつ【凝結-する】凝结 níng-jié
きょうけん【強健-な】刚健 gāng-jiàn；壮健 zhuàngjiàn
きょうけん【強権】强权 qiángquán ◆~を発動する 行使强权 xíngshǐ qiángquán
きょうけん【狂犬】疯狗 fēnggǒu ◆~病 狂犬病 kuángquǎnbìng
きょうげん【狂言】❶《能狂言》狂言 kuángyán ❷《偽りの》骗局 piànjú ◆~自殺 伪装自杀 wěizhuāng zì-shā
きょうこ【強固-な】巩固 gǒnggù；坚强 jiānqiáng ◆意志が~な 意志坚强 yìzhì jiānqiáng
ぎょうこ【凝固-する】凝固 nínggù ◆~剤 凝固剂 nínggùjì ◆~点 凝固点 nínggùdiǎn
きょうこう【凶行】行凶 xíngxiōng
きょうこう【強硬】硬 yìng；强硬 qiángyìng ◆~手段 强硬手段 qiángyìng shǒuduàn
きょうこう【強行-する】强行 qiáng-xíng
きょうこう【恐慌】恐慌 kǒnghuāng ◆~をきたす 引起恐慌 yǐnqǐ kǒng-huāng ◆金融~ 金融恐慌 jīnróng kǒnghuāng
きょうこう【教皇】教皇 jiàohuáng
きょうごう【競合-する】竞 争 jìng-zhēng ◆二社が~する 两个公司竞争 liǎng ge gōngsī jìngzhēng
きょうごう【強豪】强手 qiángshǒu
きょうこうぐん【強行軍】〈比喩〉赶路 gǎnlù；赶办 gǎnbàn ◆~の日程 日程太紧张 rìchéng tài jǐnzhāng
きょうこく【峡谷】峡谷 xiágǔ
きょうこく【強国】强国 qiángguó
きょうこつ【胸骨】胸骨 xiōnggǔ
きょうさ【教唆-する】教唆 jiàosuō
きょうさい【恐妻】慎内 jùnèi ◆~家 怕老婆的 pà lǎopo de；妻管严 qī-guǎnyán
きょうざい【教材】教材 jiàocái
きょうさく【凶作】歉收 qiànshōu；饥荒 jīhuang；灾荒 zāihuāng ◆~大荒 dàhuāng ◆~の年 大荒年 dàhuāngnián
きょうざめ【興醒め-する】扫兴 sǎo-xìng
きょうさん【協賛-する】赞助 zàn-zhù

きょうさんしゅぎ【共産主義】共产主义 gòngchǎn zhǔyì
きょうさんとう【共産党】共产党 gòngchǎndǎng
きょうし【教師】教师 jiàoshī；教员 jiàoyuán
きょうじ【凶事】凶事 xiōngshì
きょうじ【教示-する】指教 zhǐjiào ◆～を仰ぐ 请教 qǐngjiào：见教 jiànjiào
ぎょうし【凝視】凝视 níngshì
ぎょうじ【行事】活动 huódòng；仪式 yíshì
きょうしつ【教室】教室 jiàoshì；课堂 kètáng
きょうしゃ【強者】强手 qiángshǒu；硬手 yìngshǒu
ぎょうしゃ【業者】行业 hángyè；同业者 tóngyèzhě
ぎょうじゃ【行者】行者 xíngzhě
きょうしゅ【凶手】凶手 xiōngshǒu
きょうじゅ【享受-する】享受 xiǎngshòu；消受 xiāoshòu ◆自由を～する 享受自由 xiǎngshòu zìyóu
きょうじゅ【教授】〈大学の〉教授 jiàoshòu
ぎょうしゅ【業種】行业 hángyè ◆サービス～ 服务行业 fúwù hángyè
きょうしゅう【強襲-する】强攻 qiánggōng；猛攻 měnggōng
きょうしゅう【郷愁】乡愁 xiāngchóu；乡思 xiāngsī
ぎょうしゅう【凝集-する】凝聚 níngjù；凝集 níngjí
きょうしゅうじょ【教習所】〈自動車の〉汽车教练所 qìchē jiàoliànsuǒ
きょうしゅく【恐縮-する】过意不去 guòyìbuqù；惶恐 huángkǒng
ぎょうしゅく【凝縮-する】凝结 níngjié
きょうじゅつ【供述-する】供词 gòngcí；口供 kǒugòng；供认 gòngrèn ◆～を覆す 翻供 fāngòng
ぎょうしょ【行書】行书 xíngshū
きょうしょう【教条】教条 jiàotiáo ◆～主义 教条主义 jiàotiáo zhǔyì
ぎょうしょう【行商】行商 xíngshāng ◆～人 小贩 xiǎofàn；行贩 hángfàn
ぎょうじょう【行状】行为 xíngwéi；品行 pǐnxíng
きょうしょく【教職】教师的职务 jiàoshī de zhíwù ◆～に就く 任教 rènjiào；当教员 dāng jiàoyuán ◆～員 教职员 jiàozhíyuán
きょうじる【興じる】取乐 qǔlè；玩 wán
きょうしん【共振】共振 gòngzhèn；谐振 xiézhèn
きょうしん【強震】强震 qiángzhèn

きょうしん【狂信-する】狂热 kuángrè xìnfèng
きょうじん【凶刃】◆～に倒れる 丧 xiōngsī
きょうじん【強靱-な】坚韧 jiānrèn
きょうじん【狂人】疯子 fēngzi；狂人 kuángrén
きょうしんざい【強心剤】强心剂 qiángxīnjì
きょうしんしょう【狭心症】心绞痛 xīnjiǎotòng
きょうする【供する】供 gōng ◆茶菓を～ 供上茶点 gōngshàng chádiǎn ◆食用に～ 供食用 gōng shíyòng
きょうせい【共生-する】共生 gòngshēng；相处 xiāngchǔ
きょうせい【強制-する】强制 qiángzhì；勒令 lèlìng ◆～的な 强制性的 qiángzhìxìng de ◆～立ち退き 强行拆迁 qiángxíng chāiqiān
きょうせい【矯正-する】矫正 jiǎozhèng ◆歯列～ 矫正牙齿 jiǎozhèng yáchǐ
ぎょうせい【行政】行政 xíngzhèng ◆～改革 行政改革 xíngzhèng gǎigé ◆～機関 行政机关 xíngzhèng jīguān ◆～機構 行政机构 xíngzhèng jīgòu ◆～区 行政区 xíngzhèngqū
ぎょうせき【業績】成就 chéngjiù；业绩 yèjì ◆～をあげる 取得成绩 qǔdé chéngjì
きょうそ【教祖】教祖 jiàozǔ；教主 jiàozhǔ
きょうそう【競争-する】比赛 bǐsài；竞赛 jìngsài ◆～率が高い[低い] 竞争率高[低] jìngzhēnglǜ gāo[dī]
きょうそう【強壮-な】强壮 qiángzhuàng ◆～剤 强壮剂 qiángzhuàngjì；补药 bǔyào ◆滋养～ 滋养强壮 zīyǎng qiángzhuàng
きょうぞう【胸像】头像 tóuxiàng；胸像 xiōngxiàng
きょうそうきょく【協奏曲】〈コンチェルト〉协奏曲 xiézòuqǔ
きょうそうきょく【狂想曲】〈カプリチオ〉狂想曲 kuángxiǎngqǔ
きょうぞん【共存-する】共存 gòngcún；并存 bìngcún；共处 gòngchǔ ◆自然との～ 与自然共处 yǔ zìrán gòngchǔ ◆共栄 共存共荣 gòngcún gòngróng
きょうだい【兄弟】兄弟 xiōngdì ◆～分 哥们儿 gēmenr；把兄弟 bǎxiōngdì ◆～付き合いする 称兄道弟 chēng xiōng dào dì
きょうだい【強大-な】强大 qiángdà；强盛 qiángshèng；壮大 zhuàngdà

きょうだい【鏡台】镜台 jìngtái; 梳妆台 shūzhuāngtái
きょうたん【驚嘆】-する 惊叹 jīngtàn ◆〜すべき 惊奇 jīngqí
きょうだん【教団】宗教团体 zōngjiào tuántǐ ◆カルト、狂热崇拝者教団 kuángrè chóngbàizhě jiàotuán
きょうだん【教壇】讲台 jiǎngtái ◆〜に立つ 当老师 dāng lǎoshī
きょうち【境地】境界 jìngjiè ◆無我の〜 无我之境 wúwǒ zhī jìng
キョウチクトウ【夾竹桃】夹竹桃 jiāzhútáo
きょうちゅう【胸中】心胸 xīnxiōng; 心绪 xīnxù; 衷肠 zhōngcháng ◆複雑な〜 复杂的心绪 fùzá de xīnxù ◆〜を明かす 诉说衷肠 sùshuō zhōngcháng
きょうちょ【共著】共著 gòngzhù
きょうちょう【凶兆】凶兆 xiōngzhào
きょうちょう【協調】-する 协调 xiétiáo ◆〜性 协调性 xiétiáoxìng
きょうちょう【強調】-する 强调 qiángdiào
きょうつう【共通】-する 共同 gòngtóng; 共通 gòngtōng ◆〜性 共性 gòngxìng ◆〜点 共同点 gòngtóngdiǎn ◆〜語 普通话 pǔtōnghuà
きょうてい【競艇】赛艇 sàitǐng
きょうてい【協定】-する 协定 xiédìng; 协议 xiéyì ◆〜を結ぶ 缔结协定 dìjié xiédìng
きょうてき【強敵】劲敌 jìngdí; 强敌 qiángdí
きょうてん【経典】经典 jīngdiǎn
ぎょうてん【仰天】-する 大吃一惊 dà chī yì jīng; 惊讶 jīngyà
ぎょうてんどうち【驚天動地】惊天动地 jīng tiān dòng dì
きょうと【教徒】教徒 jiàotú
きょうど【強度】强度 qiángdù; 烈度 lièdù ◆〜を測る 测定强度 cèdìng qiángdù ◆〜の乱视 深度散光 shēndù sǎnguāng
きょうど【郷土】乡土 xiāngtǔ ◆〜意識 乡土观念 xiāngtǔ guānniàn ◆〜料理 家乡菜 jiāxiāngcài ◆〜芸能 乡土艺术 xiāngtǔ yìshù
きょうとう【共闘】-する 共同斗争 gòngtóng dòuzhēng
きょうとう【教頭】副校长 fùxiàozhǎng
きょうどう【共同】共同 gòngtóng ◆〜コミュニケ 联合公报 liánhé gōngbào ◆〜作業 协作 xiézuò ◆〜経営 合营 héyíng
きょうどう【協同】-する 协同 xié-

tóng ◆〜組合 合作社 hézuòshè
きょうどうせいめい【共同声明】联合声明 liánhé shēngmíng ◆〜を発表する 发表联合声明 fābiǎo liánhé shēngmíng
きょうどうぼち【共同墓地】公墓 gōngmù
きょうねん【享年】享年 xiǎngnián; 终年 zhōngnián
きょうねん【凶年】歉年 qiànnián; 荒年 huāngnián
きょうばい【競売】拍卖 pāimài ◆〜にかける 交付拍卖 jiāofù pāimài
きょうはく【脅迫】-する 胁迫 xiépò; 恐吓 kǒnghè; 威逼 wēibī ◆〜状 恐吓信 kǒnghèxìn ◆〜罪 恐吓罪 kǒnghèzuì
きょうはく【強迫】追逼 zhuībī ◆〜観念 强迫观念 qiángpò guānniàn
きょうはん【共犯】共犯 gòngfàn; 帮凶 bāngxiōng
きょうふ【恐怖】恐怖 kǒngbù ◆〜に震える 不寒而栗 bù hán ér lì; 胆战心惊 dǎn zhàn xīn jīng ◆〜に脅えた 惊恐 jīngkǒng ◆〜心 恐怖心理 kǒngbù xīnlǐ
きょうぶ【胸部】胸部 xiōngbù; 胸脯 xiōngpú
きょうふう【強風】强风 qiángfēng; 大风 dàfēng; 疾风 jífēng ◆〜警报 大风警报 dàfēng jǐngbào
きょうへん【共編】合编 hébiān
きょうべん【教鞭】◆〜を執る 任教 rènjiào; 执教 zhíjiào
きょうほ【競歩】竞走 jìngzǒu
きょうほう【凶報】凶信 xiōngxìn; 噩耗 èhào
きょうぼう【共謀】-する 同谋 tóngmóu ◆〜者 同谋 tóngmóu
きょうぼう【凶暴】-な 暴烈 bàoliè; 暴虐 bàonüè; 狂暴 kuángbào ◆〜性 暴虐 bàonüè ◆〜な性格 暴虐的性格 bàonüè de xìnggé
きょうまん【驕慢】-な 骄慢 jiāomàn; 骄傲 jiāo'ào
きょうみ【興味】兴趣 xìngqù; 兴味 xìngwèi; 意趣 yìqù ◆〜津々 津津有味 jīn jīn yǒu wèi ◆〜がある 有趣 yǒuqù ◆〜がない 没有兴趣 méiyǒu xìngqù ◆〜がわく 带动 dàidòng; 动心 dòngxīn ◆〜を失う 扫兴 sǎoxìng ◆〜深い 入味 rùwèi; 动听 dòngtīng ◆〜本位 以消遣为目的 yǐ xiāoqiǎn wéi mùdì
きょうむ【教務】教务 jiàowù
ぎょうむ【業務】业务 yèwù ◆〜を引き継ぐ 交接班 jiāojiēbān ◆〜を行う 办公 bàngōng ◆〜研修 业务进修 yèwù jìnxiū ◆日常〜 日常业务 rìcháng yèwù ◆〜命令 业务命

令 yèwù mìngling

きょうめい【共鳴-する】❶〈人·意見などに〉共鳴 tónggǎn; 同情 tóngqíng ❷〈物体が〉共鸣 gòngmíng; 共振 gòngzhèn

きょうやく【協約】协议 xiéyì; 协议 xiéyuē; 签订协议 qiāndìng xiéyì; 缔结协议 dìjié xiéyì

きょうゆう【享有-する】享有 xiǎngyǒu ♦権利を〜する 享有权力 xiǎngyǒu quánlì

きょうゆう【共有】公有 gōngyǒu; 〜する 共有 gòngyǒu; 共同所有 gòngtóng suǒyǒu ♦〜財産 共同财产 gòngtóng cáichǎn

きょうよ【供与-する】供给 gōngjǐ; 发放 fāfàng

きょうよう【強要-する】强逼 qiǎngbī; 强迫 qiǎngpò

きょうよう【教養】教养 jiàoyǎng; 修养 xiūyǎng ♦〜のある 有文化 yǒu wénhuà; 有教养 yǒu jiàoyǎng ♦〜を身に付ける 学习掌握修养 xuéxí zhǎngwò xiūyǎng

きょうらく【享楽-する】享乐 xiǎnglè

きょうらん【狂乱-する】癫狂 diānkuáng ♦物価暴涨的物价 bàozhǎng de wùjià

きょうり【郷里】家乡 jiāxiāng; 乡里 xiānglǐ; 故乡 gùxiāng; 老家 lǎojiā ♦〜に帰る 回故乡 huí gùxiāng

きょうりゅう【恐竜】恐龙 kǒnglóng

きょうりょう【橋梁】桥梁 qiáoliáng

きょうりょう【狭量-な】狭隘 xiá'ài; 小心眼儿 xiǎoxīnyǎnr ♦〜な人 器量小的人 qìliàng xiǎo de rén

きょうりょく【協力-する】协作 xiézuò; 合作 hézuò; 协力 xiélì; 携手协作 xiéshǒu ♦〜を惜しまない 不吝相助 búlìn xiāngzhù

きょうりょく【強力-な】强劲 qiángjìng; 有力 yǒulì ♦〜なエンジン 强有力的发动机 qiángyǒulì de fādòngjī

きょうれつ【強烈-な】强烈 qiángliè ♦〜な印象 深刻印象 shēnkè yìnxiàng

ぎょうれつ【行列-する】队伍 duìwu; 行列 hángliè ♦〜に割り込む 加塞儿 jiāsāir ♦〜に加わる 加入队列 jiārù duìliè

きょうわ【共和】共和 gònghé ♦〜国共和国 gònghéguó ♦〜制 共和制 gònghézhì

きょえい【虚栄】虚荣 xūróng ♦〜心 虚荣心 xūróngxīn

ギョーザ【餃子】饺子 jiǎozi ♦〜のあん 饺子馅儿 jiǎozixiànr ♦焼き〜 锅贴儿 guōtiēr ♦水〜 水饺 shuǐjiǎo ♦〜を作る 包饺子 bāo jiǎozi

きょか【許可-する】许可 xǔkě; 允许 yǔnxǔ; 准许 zhǔnxǔ ♦〜を获准 huòzhǔn; 得到准许 dédào zhǔnxǔ ♦〜証 许可证 xǔkězhèng; 执照 zhízhào ♦〜が下りる 执照批下来 zhízhào pīxiàlái

ぎょかいるい【魚介類】鳞介类 línjièlèi

きょがく【巨額】巨额 jù'é ♦〜の融资 巨额贷款 jù'é dàikuǎn

ぎょかく【漁獲】捕捞 bǔlāo ♦〜高 捕鱼量 bǔyúliàng

きょかん【巨漢】彪形大汉 biāoxíng dàhàn

ぎょがんレンズ【魚眼レンズ】鱼眼透视镜 yúyǎn tòushìjìng

きょぎ【虚偽-の】虚伪 xūwěi ♦〜の申告をする 虚报 xūbào ♦〜の報告をする 谎报 huǎngbào

ぎょぎょう【漁業】渔业 yúyè ♦遠洋〜 远洋渔业 yuǎnyáng yúyè

きょく【曲】曲 qǔ ♦美しい〜美丽的乐曲 měilì de yuèqǔ

きょく【玉】玉石 yùshí ♦細工 玉器 yùqì

きょく【極右】极右 jíyòu

きょくがいしゃ【局外者】局外人 júwàirén

きょくげい【曲芸】杂技 zájì; 把戏 bǎxì

きょくげん【極限】极限 jíxiàn ♦〜状態 极限状态 jíxiàn zhuàngtài

きょくさ【極左】极左 jízuǒ

きょくさい【玉砕-する】玉碎 yùsuì

きょくせき【玉石】〜混交 鱼龙混杂 yú lóng hùn zá

きょくせつ【曲折】曲折 qūzhé ♦〜をたどる 经历曲折 jīnglì qūzhé

きょくせん【曲線】曲线 qūxiàn ♦〜美 曲线美 qūxiànměi ♦〜を描く 描画曲线 miáohuà qūxiàn

きょくたん【極端-な】极端 jíduān; 过激 guòjī; 偏激 piānjī ♦〜に走る 走极端 zǒu jíduān ♦两〜 两个极端 liǎng ge jíduān

きょくち【極地】极地 jídì

きょくち【極致】极致 jízhì ♦美の〜极美 jíměi

きょくち【局地】〜的な 局部地区 júbù dìqū

きょくちょう【局長】局长 júzhǎng

きょくど【極度-の】顶点 dǐngdiǎn

きょくど【極度-の】极点 jídiǎn; 极度 jídù ♦〜の疲労 疲惫不堪 píbèi bùkān

きょくとう【極東】远东 Yuǎndōng

きょくばだん【曲馬団】马戏团 mǎxìtuán

きょくぶ【局部】局部 júbù

きょくめん【局面】局面 júmiàn；局势 júshì ◆～を一変させる 扭转乾坤 niǔzhuǎn qiánkūn ◆～を打開する 打开局面 dǎkāi júmiàn

きょくもく【曲目】曲目 qǔmù；乐曲节目 yuèqǔ jiémù

きょくりょく【極力】极力 jílì ◆～控える 极力控制 jílì kòngzhì

きょくろん【極論】极端的议论 jíduān de yìlùn

ぎょぐん【魚群】鱼群 yúqún ◆～探知機 鱼群探测器 yúqún tàncèqì

きょこう【挙行-する】举行 jǔxíng

ぎょこう【漁港】渔港 yúgǎng

きょし【虚詞】虚词 xūcí

きょしき【挙式-する】举行婚礼 jǔxíng hūnlǐ ◆～の日取り 婚礼的日期 hūnlǐ de rìqī

きょじつ【虚実】虚实 xūshí；真假 zhēnjiǎ

きょじゃく【虚弱】纤弱 xiānruò；虚弱 xūruò ◆～体質の 虚弱体质 xūruò tǐzhì

きょしゅ【挙手-する】举手 jǔshǒu

きょじゅう【居住-する】居住 jūzhù；住居 zhùjū ◆～場所 住所 zhùsuǒ ◆～者 居住者 jūzhùzhě

きょしょう【巨匠】大家 dàjiā：大师 dàshī；巨匠 jùjiàng

ぎょじょう【漁場】渔场 yúchǎng

きょしょく【虚飾】虚饰 xūshì ◆～に満ちた 浮华 fúhuá

きょしん【虚心】虚心 xūxīn ◆～坦懐 虚怀若谷 xū huái ruò gǔ

ぎょする【御する】《馬車などを》赶 gǎn；《人を》支使 zhīshǐ

きょせい【去勢-する】去势 qùshì；阉割 yāngē；骟 shàn

きょせい【去声】去声 qùshēng

きょせい【巨星】《大人物》巨星 jùxīng ◆～墜(お)つ 巨星陨落 jùxīng yǔnluò

きょせい【虚勢】虚张声势 xū zhāng shēng shì；装腔作势 zhuāng qiāng zuò shì

きょぜつ【拒絶-する】拒绝 jùjué

ぎょせん【漁船】渔船 yúchuán；渔轮 yúlún

きょぞう【虚像】虚像 xūxiàng

ぎょそん【漁村】渔村 yúcūn

きょだい【巨大-な】浩大 hàodà；宏大 hóngdà；巨大 jùdà ◆～企業 巨大企业 jùdà qǐyè

ぎょたく【魚拓】鱼的拓片 yú de tàpiàn

きょだつ【虚脱】虚脱 xūtuō ◆～感 虚脱状态 xūtuō zhuàngtài

きょっかい【曲解】曲解 qūjiě

きょっけい【極刑】极刑 jíxíng

ぎょっとする 吓一跳 xià yítiào

きょてん【拠点】据点 jùdiǎn ◆～を確保する 确保据点 quèbǎo jùdiǎn

きょとう【巨頭】大王 dàwáng；巨头 jùtóu ◆～会談 巨头会谈 jùtóu huìtán

きょどう【挙動】举动 jǔdòng；形迹 xíngjì ◆～不審の人物 形迹可疑的人 xíngjì kěyí de rén

きょとん-とする 发愣 fālèng；发呆 fādāi

ぎょにく【魚肉】鱼肉 yúròu

きょねん【去年】去年 qùnián；头年 tóunián

きょひ【拒否-する】否认 fǒurèn；拒绝 jùjué；抗拒 kàngjù ◆～権 否决权 fǒujuéquán ◆要求を～する 拒绝要求 jùjué yāoqiú

ぎょふ【漁夫】渔夫 yúfū ◆～の利 渔人之利 yúrén zhī lì

きょほう【虚報】谣传 yáochuán；虚报 xūbào

きょほうへん【毀誉褒貶】毀誉褒贬 huǐyù bāobiǎn

きょまん【巨万】巨万 jùwàn ◆～の富 巨万之富 jùwàn zhī fù

ぎょみん【漁民】渔民 yúmín

きょむ【虚無】虚无 xūwú ◆～感 无感 xūwúgǎn ◆～主義 虚无主义 xūwú zhǔyì

きよめる【清める】洗净 xǐjìng；净化 jìnghuà ◆身を～ 洗净身体 xǐjìng shēntǐ

ぎょもう【魚網】鱼网 yúwǎng

きょよう【許容-する】容许 róngxǔ ◆～範囲 容许的范围 róngxǔ de fànwéi

ぎょらい【魚雷】鱼雷 yúléi ◆～艇 鱼雷艇 yúléitǐng

きよらか【清らかな】清白 qīngbái；澄清 chéngqīng；清彻 qīngchè

きょり【距離】距离 jùlí；远近 yuǎnjìn ◆～を置く 保持距离 bǎochí jùlí ◆～を測る 测量距离 cèliáng jùlí

きょりゅう【居留-する】居留 jūliú ◆～権 居留权 jūliúquán ◆～民 外侨 wàiqiáo ◆～地 居留地 jūliúdì

きょれい【虚礼】虚礼 xūlǐ；虚文 xūwén ◆～を廃止する 废除虚礼 fèichú xūlǐ

きょろきょろ-する 东张西望 dōng zhāng xī wàng

きよわ【気弱-な】怯懦 qiènuò；懦弱 nuòruò；胆小 dǎnxiǎo

きらい【機雷】水雷 shuǐléi

きらい【嫌い-な】讨厌 tǎoyàn；厌恶 yànwù ◆人参が～だ 不喜欢胡萝卜 bù xǐhuan húluóbo ◆大～最讨厌 zuì tǎoyàn

きらう【嫌う】讨厌 tǎoyàn；厌恶 yànwù；不喜欢 bù xǐhuan

きらきら 灿烂 cànlàn；闪烁 shǎnshuò；闪亮 shǎnliàng；煌煌 huánghuáng ◆～と輝く 闪闪发光 shǎnshǎn fāguāng ◆〈目が輝く〉 shǎnshǎn fāguāng jiǒngjiǒng

ぎらぎら【煌〈】 闪耀 shǎnyào ◆目をさせる 眼睛闪闪发光 yǎnjing shǎnshǎn fāguāng ◆～と輝く太陽 闪耀的太阳 shǎnyào de tàiyáng

きらく【気楽-な】 安闲 ānxián；安逸 ānyì；轻松 qīngsōng；轻闲 qīngxián ◆～になる 松快 sōngkuai

きらす【切らす】 用尽 yòngjìn ◆在库を～ 卖光库存 màiguāng kùcún ◆しびれを～ 急不可待 jí bù kě dài ◆息を～ 喘 chuǎn

きらびやか-な 华丽 huálì；五光十色 wǔ guāng shí sè；绚烂 xuànlàn；〈建造物〉金碧辉煌 jīn bì huī huáng

きらめく【煌く】 闪烁 shǎnshuò；闪耀 shǎnyào ◆星座が～ 星座闪耀 xīngzuò shǎnyào

きり【錐】 锥子 zhuīzi；钻 zuàn ◆～で穴を開ける 用锥子钻孔 yòng zhuīzi zuān kǒng

きり【切り】 段落 duànluò ◆～がない 没完没了 méi wán méi liǎo ◆～をつける 告一段落 gào yíduànluò；结束 jiéshù

きり【霧】 雾 wù；雾气 wùqì ◆～がかかる 下雾 xià wù

キリ【桐】 桐树 tóngshù；泡桐 pāotóng ◆アオギリ 梧桐 wútóng

ぎり【義理】 人情 rénqíng；人事 rénshì ◆～を欠く 欠情 qiànqíng ◆～堅い 义气 yìqì

きりあげる【切り上げる】 ❶〈数を〉进位 jìnwèi ❷〈仕事などを〉结束 jiéshù

きりおとす【切り落とす】 砍掉 kǎndiào

きりかえす【切り返す】 回击 huíjī；还击 huánjī ◆鋭い口調で～ 厉声回击 lìshēng huíjī

きりかえる【切り替える】 变换 biànhuàn；改换 gǎihuàn ◆気持ちを改变心情 gǎibiàn xīnqíng ◆電気のスイッチを～ 转换电源开关 zhuǎnhuàn diànyuán kāiguān

きりかぶ【切り株】〈樹木の〉树墩 shùdūn ◆〈作物の〉茬 chá

きりきざむ【切り刻む】 剁 duò ◆ハクサイを～ 剁白菜 duò báicài

きりきず【切り傷】 刀伤 dāoshāng ◆～をつける 拉 lá；划 huá

ぎりぎり 没有余地 méiyǒu yúdì ◆～の 最大限度に zuìdà xiàndù de ◆～間に合う 勉强赶上 miǎnqiǎng gǎnshàng ◆～歯をかむ 咬牙 yǎoyá

キリギリス 蝈蝈儿 guōguor；螽斯 zhōngsī

きりくずす【切り崩す】 ❶〈がけを〉削平 xiāopíng ❷〈組織を〉瓦解 wǎjiě ◆敵の守りを～ 击溃 jīkuì

きりくち【切り口】〈刃物の跡〉切面 qiēmiàn ❷〈袋などの〉开封口 kāifēngkǒu

きりこむ【切り込む】 砍去 kǎnqù；杀进 shājìn

きりさく【切り裂く】 切开 qiēkāi；撕开 sīkāi ◆闇を～声 打破黑暗的声音 dǎpò hēi'àn de shēngyīn

きりさげる【切り下げる】〈貨幣価値を〉贬值 biǎnzhí

きりさめ【霧雨】 毛毛雨 máomaoyǔ；牛毛细雨 niúmáo xìyǔ；细雨 xìyǔ；烟雨 yānyǔ

きりすてる【切り捨てる】 ❶〈端数を〉舍去 shěqù ◆小数点以下を～ 舍去小数点以下 shěqù xiǎoshùdiǎn yǐxià ◆少数意見を～ 不顾少数意见 bùgù shǎoshù yìjiàn ❷〈刃物で〉割掉 gēdiào；切去 qiēqù

キリストきょう【キリスト教】 基督教 Jīdūjiào

きりそろえる【切り揃える】 修剪 xiūjiǎn；剪齐 jiǎnqí ◆髪を～ 剪齐头发 jiǎnqí tóufa

きりたおす【切り倒す】〈樹木を〉砍伐 kǎnfá；砍倒 kǎndǎo

きりだす【切り出す】〈頼み事を〉开口 kāikǒu；开言 kāiyán；启齿 qǐchǐ ◆〈木材などを〉采伐 cǎifá

きりたつ【切り立つ】 壁立 bìlì；峭拔 qiàobá；陡峭 dǒuqiào ◆切り立った崖 悬崖峭壁 xuányá qiàobì

きりつ【規律】 风纪 fēngjì；纪律 jìlǜ ◆～正しい 有规律 yǒu guīlǜ ◆～を守る 遵守纪律 zūnshǒu jìlǜ

きりつ【起立-する】 起立 qǐlì

きりつめる【切り詰める】〈節約する〉节省 jiéshěng；节约 jiéyuē ◆食費を～ 节约饭费 jiéyuē fànfèi

きりとりせん【切り取り線】 骑缝 qífèng；切开线 qiēkāixiàn

きりとる【切り取る】 剪下 jiǎnxià；切下 qiēxià

きりぬき【切り抜き】 ◆新聞の～ 剪报 jiǎnbào

きりぬく【切り抜く】 剪下 jiǎnxià

きりぬける【切り抜ける】 逃脱 táotuō；摆脱 bǎituō ◆ピンチを～ 摆脱危机 bǎituō wēijī

きりはなす【切り離す】 分隔 fēngé；分离 fēnlí；隔断 géduàn ◆電车を～ 分开电车 fēnkāi diànchē ◆切り離して考えるべきだ 应该分开考虑 yīnggāi fēnkāi kǎolǜ

きりひらく【切り開く】❶《山などを》开山 kāishān; 劈山 pīshān; 开辟 kāipì ❷《事態を》打开 dǎkāi

きりふき【霧吹き】喷雾器 pènwùqì

きりふだ【切り札】王牌 wángpái; 最后一招 zuìhòu yì zhāo ◆～を握る 握有王牌 wòyǒu wángpái

きりまわす【切り回す】《家庭などを》管理 guǎnlǐ; 料理 liàolǐ; 处理 chǔlǐ ◆家事を～ 料理家务 liàolǐ jiāwù

きりみ【切り身】◆魚の～ 鱼块 yúkuài

きりもり【切り盛り-する】料理 liàolǐ; 操持 cāochí; 管事 guǎnshì ◆家計を～ 处理家庭收支 chǔlǐ jiātíng shōuzhī

きりゃく【機略】权略 quánlüè ◆～に富む 足智多谋 zú zhì duō móu; 机智灵活 jīzhì línghuó

きりゅう【気流】气流 qìliú ◆上昇～に乗る 赶上上升气流 gǎnshàng shàngshēng qìliú

きりょう【器量】❶《対処能力》度量 dùliàng; 气量 qìliàng ◆～に乏しい 缺乏才能 quēfá cáinéng ❷《顔つき》容貌 róngmào; 姿色 zīsè ◆～のいい 俏皮 qiàopí; 漂亮 piàoliang

ぎりょう【技量】本事 běnshi; 本领 běnlǐng; 两下子 liǎngxiàzi; 手艺 shǒuyì

きりょく【気力】魄力 pòlì; 气力 qìlì; 锐气 ruìqì ◆～が充実している 气昂昂 qì'ángáng; 精力充沛 jīnglì chōngpèi

キリン 长颈鹿 chángjǐnglù

きる【切る】割く sē; 切 qiē; 斩 zhǎn ◆爪を～ 剪指甲 jiǎn zhǐjia ◆木を～ 伐木 fámù ◆野菜を～ 切菜 qiēcài ◆縁を～ 断绝关系 duànjué guānxì ◆スイッチを～ 关 guān ◆電源を～ 切断电源 qiēduàn diànyuán ◆電話を～ 挂 guà ◆トランプを～ 洗牌 xǐpái ◆しらを～ 佯作不知 yángzuò bùzhī ◆先頭を～ 抢在前头 qiǎngzài qiántou

きる【着る】穿 chuān ◆服を～ 穿衣服 chuān yīfu ◆恩に～ 感恩 gǎn'ēn ◆罪を～ 替人承担罪过 tì rén chéngdān zuìguo

キルティング 衲 nàng; 绗缝的棉衣 hángféng de miányī

ギルド 基尔特 jī'ěrtè; 行会 hánghuì

きれあじ【切れ味】《刃物》锋利度 fēnglìdù ◆包丁の～を試す 看看菜刀快不快 kànkan càidāo kuài bu kuài

きれい【綺麗-な】❶《美しい》好看 hǎokàn; 漂亮 piàoliang; 美丽 měilì ◆～な花 美丽的花 měilì de huā ◆～な人 漂亮的人 piàoliang de rén ◆～な色 漂亮的颜色 piàoliang de yánsè ❷《汚れがない》干净 gānjìng; 清洁 qīngjié ◆～な水 干净的水 gānjìng de shuǐ ❸《残りがない》一干二净 yì gān èr jìng; さっぱり 干干净净 gāngānjìngjìng ◆～に忘れる 忘光 wàngguāng

きれいごと【綺麗事】◆～を言う 说漂亮的话 shuō piàoliang de huà; 说好听的话 shuō hǎotīng de huà

きれいずき【綺麗好き】洁癖 jiépí; 爱干净 ài gānjìng

きれつ【亀裂】龟裂 jūnliè ◆～が入る 出现裂缝 chūxiàn lièfèng; 产生隔阂 chǎnshēng géhé

きれめ【切れ目】◆文の～ 段落 duànluò ◆雲の～ 缝隙 fèngxì

きれる【切れる】❶《期限が》过期 guòqī ❷《刃物が》快 kuài ◆よく～はさみ 锋利的剪刀 fēnglì de jiǎndāo ◆ロープが～ 绳子断了 shéngzi duàn le ◆縁が～ 关系断绝 guānxì duànjué ◆頭が～ 能干 nénggàn; 机灵 jīling

きろ【岐路】岐路 qílù; 岔道 chàdào ◆～に立つ 站在岐路上 zhànzài qílùshang

きろ【帰路】回程 huíchéng; 归途 guītú ◆～につく 踏上归途 tàshàng guītú

キロカロリー 大卡 dàkǎ

きろく【記録-する】记录 jìlù; 记载 jìzǎi ◆～に残す 留下记录 liúxià jìlù; 存案 cún'àn ◆～映画 记录片儿 jìlùpiànr

キログラム 公斤 gōngjīn

キロバイト 千字节 qiānzìjié

キロヘルツ 千赫 qiānhè

キロメートル 公里 gōnglǐ

キロワット 千瓦 qiānwǎ

ぎろん【議論-する】议论 yìlùn; 争论 zhēnglùn; 谈论 tánlùn ◆～をくりひろげる 开展今场辩论 kāizhǎn yì cháng biànlùn ◆～百出 议论纷纷 yìlùn fēnfēn

ぎわく【疑惑】疑惑 yíhuò; 嫌疑 xiányí; 疑团 yítuán ◆～を解く 消除疑惑 xiāochú yíhuò ◆～を抱く 抱有怀疑 bàoyǒu huáiyí

きわだつ【際立つ】突出 tūchū; 显著 xiǎnzhù; 明显 míngxiǎn ◆際立たせる 烘托 hōngtuō; 突出 tūchū ◆際だった活躍 突出的贡献 tūchū de gòngxiàn

きわどい【際どい】险些 xiǎnxiē; 差一点儿 chà yìdiǎnr ◆～所だった 危

险万分 wēixiǎn wànfēn
きわまりない【極まりない】 无穷 wúqióng; 极其 jíqí♦不偷快 ~ 极不偷快 jí bù yúkuài♦理不尽 ~ 极不讲理 jí bù jiǎnglǐ
きわまる【極まる】 极端 jíduān; 达到极限 dádào jíxiàn♦感 ~ 万感交集 wàngǎn jiāojí
きわめて【極めて】 极其 jíqí; 非常 fēicháng; 万分 wànfēn♦~希ない jíqí hǎnjiàn♦~重要 jíqí zhòngyào
きわめる【極める】 推究 tuījiū; 达到极限 dádào jíxiàn♦奥義を~ 钻研深奥意义 zuānyán shēn'ào yìyì♦困難を~ 极其困难 jíqí kùnnan♦多忙を~ 极为繁忙 jíwéi fánmáng
きわめる【窮[究]める】 真理を~ 探究真理 tànjiū zhēnlǐ
きをつかう【気を遣う】 操神 cāo shén; 劳神 láo shén; 费神 fèi shén
きをつける【気を付ける】 小心 xiǎoxīn; 当心 dāngxīn; 留神 liú shén; 留意 liú yì♦健康に~ 注意健康 zhùyì jiànkāng♦気を付け! 立正! lìzhèng
きん【禁】 禁止 jìnzhǐ♦~を犯す 犯禁 fàn jìn; 破戒 pò jiè; 违禁 wéijìn
きん【菌】 菌 jūn; 细菌 xìjūn
きん【金】 黄金 huángjīn; 金子 jīnzi♦~の延べ棒 标金 biāojīn; 金条 jīntiáo♦~市場 黄金市場 huángjīn shìchǎng♦~貨幣 钱币 qiánbì♦~メダル 金牌 jīnpái
ぎん【銀】 银 yín; 银子 yínzi
きんいつ【均一~な】 均一 jūnyī; 均匀 jūnyún♦~料金 统一价格 tǒngyī jiàgé
きんいろ【金色】 金黄色 jīnhuángsè♦~に輝く 黄澄澄 huángdēngdēng; 金灿灿 jīncàncàn
ぎんいろ【銀色】 银色 yínsè
きんえい【吟詠】 吟咏 yínyǒng; 吟味 yínwèi♦~する 吟咏 yínyǒng
きんえん【禁煙】 禁止吸烟 jìnzhǐ xīyān; 戒烟 jièyān♦~席 禁烟席 jìnyānxí
きんか【金貨】 金币 jīnbì
ぎんか【銀貨】 银币 yínbì; 银洋 yínyáng
ぎんが【銀河】 银河 yínhé; 天河 tiānhé; 银汉 yínhàn♦~系 银河系 yínhéxì
きんかい【近海】 近海 jìnhǎi♦~漁業 近海渔业 jìnhǎi yúyè
きんかい【金塊】 金块 jīnkuài
きんかぎょくじょう【金科玉条】 金科玉律 jīn kē yù lǜ
きんがく【金額】 金额 jīn'é; 款额 kuǎn'é♦合計~ 合计金额 héjì jīn'é
きんがしんねん【謹賀新年】 恭贺新禧 gōnghè xīnxǐ
きんかん【近刊】 即将出版 jíjiāng chūbǎn
キンカン【金柑】 金橘 jīnjú
きんがん【近眼】 近视 jìnshì♦~のめがね 近视眼镜 jìnshì yǎnjìng
きんかんがっき【金管楽器】 铜管乐器 tóngguǎn yuèqì
きんかんしょく【金環食】 环食 huánshí
きんき【禁忌】 忌讳 jìhuì; 禁忌 jìnjì
きんきじゃくやく【欣喜雀躍~する】 欢欣鼓舞 huānxīn gǔwǔ; 手舞足蹈 shǒu wǔ zú dǎo
ギンギツネ【銀狐】 银狐 yínhú
きんきゅう【緊急】 紧急 jǐnjí; 火速 huǒsù♦~を要する 迫在眉睫 pò zài méi jié♦~事態 紧急事态 jǐnjí shìtài♦~脱出装置 应急脱离装置 yìngjí tuōlí zhuāngzhì♦~警報 紧急警报 jǐnjí jǐngbào
キンギョ【金魚】 金鱼 jīnyú♦~鉢 鱼缸 yúgāng
きんきょう【近況】 近况 jìnkuàng♦~報告 近况报告 jìnkuàng bàogào
きんきょり【近距離】 近距离 jìnjùlí; 短途 duǎntú♦~輸送 短途运输 duǎntú yùnshū
きんきん【近々】 最近 zuìjìn; 不久 bùjiǔ
きんぎん【金銀】 金银 jīnyín♦~財宝 金银财宝 jīnyín cáibǎo
きんぎんごえ【きん声】 尖嗓子 jiānsǎngzi
きんく【禁句】 忌讳的言词 jìhuì de yáncí
キング 大王 dàwáng;（トランプの）王牌 wángpái♦~サイズ 特大 tèdà
きんけい【近景】 近景 jìnjǐng; 前景 qiánjǐng
きんげん【謹厳】 拘谨 jūjǐn; 严谨 yánjǐn♦~実直 谨严耿直 jǐnyán gěngzhí
きんげん【金言】 警句 jǐngjù; 箴言 zhēnyán
きんこ【禁錮】 禁闭 jìnbì♦~刑 禁闭 jìnbì
きんこ【金庫】 保险箱 bǎoxiǎnxiāng; 耐火~ 防火保险箱 fánghuǒ bǎoxiǎnxiāng
きんこう【均衡】 均衡 jūnhéng; 平衡 pínghéng♦~を保つ 保持均衡 bǎochí jūnhéng♦~を失う 失去均衡 shīqù jūnhéng
きんこう【近郊】 近郊 jìnjiāo; 四郊 sìjiāo♦~農業 城郊农业 chéngjiāo nóngyè

きんこう【金鉱】金矿 jīnkuàng
ぎんこう【銀行】银行 yínháng ◆～に口座を開く 开户头 kāi hùtóu ◆～員 银行员 yínhángyuán ◆～通帳 银行存折 yínháng cúnzhé
きんこつ【筋骨】筋骨 jīngǔ ◆～隆々の肌肉发达 jīròu fādá；虎背熊腰 hǔ bèi xióng yāo
きんこんしき【金婚式】金婚庆 jīnhūnqìng
ぎんこんしき【銀婚式】银婚庆 yínhūnqìng
きんさ【僅差】微差 wēichā ◆～で勝つ 险胜 xiǎnshèng
きんさく【金策-する】筹款 chóukuǎn ◆～に奔走する 奔走筹款 bēnzǒu chóukuǎn
きんし【禁止-する】禁止 jìnzhǐ；不许 bùxǔ ◆～駐車 禁止停车 jìnzhǐ tíngchē ◆立入～ 闲人免进 xiánrén miǎnjìn
きんし【近視】近视 jìnshì ◆～眼の 短视 duǎnshì
きんじ【近似-する】近似 jìnsì ◆～値 近似值 jìnsìzhí
きんしつ【均質】均一 jūnyī；均质 jūnzhì
きんじつ【近日】改日 gǎirì；改天 gǎitiān；近期 jìnqī ◆～中(に)近日 jìnrì ◆～公開 近日公开 jìnrì gōngkāi
きんじとう【金字塔】金字塔 jīnzìtǎ ◆～を打ち立てる 树立丰功伟业 shùlì fēnggōng wěiyè
きんしゅ【禁酒-する】忌酒 jìjiǔ；戒酒 jièjiǔ
きんしゅく【緊縮】◆～財政 紧缩财政 jǐnsuō cáizhèng
きんじょ【近所】附近 fùjìn；街坊 jiēfang；近邻 jìnlín ◆～付き合い 近邻的交往 jìnlín de jiāowǎng ◆～迷惑 影响邻人 yǐngxiǎng línrén
きんしょう【僅少】些许 xiēxǔ ◆～差 微差 wēichā
きんじょう【錦上】【锦上】◆～花を添える 锦上添花 jǐn shàng tiān huā
きんじょう【金城】◆～鉄壁 铜墙铁壁 tóng qiáng tiě bì
きんじる【禁じる】不准 bùzhǔn；禁止 jìnzhǐ
ぎんじる【吟じる】吟咏 yínyǒng
きんしん【謹慎-する】小心谨慎 xiǎoxīn jǐnshèn ◆～処分 禁闭处分 jìnbì chǔfèn ◆自宅～ 在家禁闭 zàijiā jìnbì
きんしん【近親】近亲 jìnqīn ◆～者 近亲 jìnqīn ◆～相姦 近亲通奸 jìnqīn tōngjiān
きんせい【均整】◆～のとれた 匀称 yúnchen；匀整 yúnzhěng；端正 duānzhèng

きんせい【禁制-する】查禁 chájìn ◆～品 禁物 jìnwù；禁制品 jìnzhìpǐn
きんせい【近世】近世 jìnshì
きんせい【金星】金星 jīnxīng；晨星 chénxīng；太白星 tàibáixīng
ぎんせかい【銀世界】银白世界 yínbái shìjiè
きんせつ【近接】比邻 bǐlín；邻近 línjìn
きんせん【琴線】◆心の～に触れる 动人心弦 dòng rén xīnxián
きんせん【金銭】金钱 jīnqián；款子 kuǎnzi；钱财 qiáncái；银票 yínkuàn ◆～感覚 金钱观 jīnqiánguān
きんそく【禁足】禁止外出 jìnzhǐ wàichū
きんぞく【勤続】连续工作 liánxù gōngzuò ◆～年数 工龄 gōnglíng
きんぞく【金属】金属 jīnshǔ；五金 wǔjīn ◆～疲労 金属疲劳 jīnshǔ píláo ◆～製品 五金制品 wǔjīn zhìpǐn
きんだい【近代】近代 jìndài ◆～化 现代化 xiàndàihuà；维新 wéixīn
きんちょう【緊張-する】紧张 jǐnzhāng ◆～がゆるむ 弛缓 chíhuǎn ◆～をほぐす 轻松 qīngsōng ◆～を欠く 懈怠 xièdài
きんてい【謹呈-する】敬赠 jìngzèng
きんとう【均等】均等 jūnděng；平均 píngjūn；匀匀 yún yún ◆～になる 拉平 lāpíng ◆～に配分する 均分 jūnfēn ◆～に負担する 均摊 jūntān ◆～に分配する 平分 píngfēn ◆～割り均摊 jūntān
ギンナン【銀杏】银杏 yínxìng；白果 báiguǒ
きんにく【筋肉】肌肉 jīròu；筋肉 jīnròu ◆～注射 肌注 jīzhù ◆～疲労 肌肉疲劳 jīròu píláo
きんねん【近年】近年 jìnnián ◆～来 近年来 jìnniánlái
きんば【金歯】金牙 jīnyá
きんぱく【緊迫-する】吃紧 chījǐn；紧迫 jǐnpò；紧张 jǐnzhāng ◆～した状態 燃眉之急 rán méi zhī jí
きんぱく【金箔】金箔 jīnbó ◆～をつける 贴金 tiējīn
きんぱつ【金発】金发 jīnfà
ぎんぱつ【銀髪】银发 yínfà；白头发 báitóufà
きんぴか【金ぴか-の】金煌煌 jīnhuánghuáng
きんぶち【金縁-の】金边 jīnbiān ◆～めがね 金框眼镜 jīnkuàng yǎnjìng
ぎんぶち【銀縁-の】银框 yínkuàng；银边 yínbiān

きんぷん【金粉】金粉 jīnfěn
ぎんぷん【銀粉】銀粉 yínfěn
きんべん【勤勉-な】勤奋 qínfèn; 勤劳 qínláo; 勤勉 qínmiǎn
きんぺん【近辺】邻近 línjìn; 溜达 liūdá ◆この～ 这溜儿 zhè liùr
ぎんまく【銀幕】银幕 yínmù ◆～のスター 电影明星 diànyǐng míngxīng
ぎんみ【吟味】品味 pǐnwèi; 斟酌 zhēnzhuó; 精心挑选 jīngxīn tiāoxuǎn
きんみつ【緊密-な】紧密 jǐnmì; 密切 mìqiè ◆～な関係を保つ 保持密切关系 bǎochí mìqiè guānxi
きんむ【勤務-する】勤务 qínwù; 工作 gōngzuò ◆～を交替する 倒班 dǎobān; 交班 jiāobān; 接班 jiēbān; 换班 huànbān ◆一日 値勤日 zhíqínrì ◆評定する 考绩 kǎojì; 考勤 kǎoqín ◆地 工作地点 gōngzuò dìdiǎn
きんめっき【金鍍金-する】镀金 dùjīn
キンモクセイ【金木犀】金木樨 jīnmùxī; 桂花花 jīngúihuā
きんもつ【禁物】切忌 qièjì; 严禁 yánjìn ◆油断～ 切忌麻痹 qièjì mábì
きんゆ【禁輸】禁运 jìnyùn
きんゆう【金融】金融 jīnróng ◆市場 金融市场 jīnróng shìchǎng ◆～資本 金融资本 jīnróng zīběn ◆機関 金融机关 jīnróng jīguān ◆業 金融业 jīnróngyè
きんようび【金曜日】星期五 xīngqīwǔ; 礼拜五 lǐbàiwǔ
きんよく【禁欲】禁欲 jìnyù ◆～的禁欲的 jìnyù de
きんらい【近来】近来 jìnlái; 最近 zuìjìn ◆～まれな 近来罕见的 jìnlái hǎnjiàn de
きんり【金利】利率 lìlǜ ◆～がつく 附带利息 fùdài lìxī ◆高[低]～ 高[低]利率 gāo[dī]lìlǜ
きんりょう【禁漁】禁渔 jìnyú ◆～区 禁渔区 jìnyúqū
きんりょう【禁猟】禁止打猎 jìnzhǐ dǎliè ◆～区 禁猎区 jìnlièqū
きんろう【勤労】劳动 láodòng ◆～者 劳动者 láodòngzhě

く

く【句】词语 cíyǔ; 短语 duǎnyǔ
く【苦】苦 kǔ ◆～あれば楽あり 苦尽甘来 kǔ jìn gān lái ◆借金を～にする 因债苦恼 yīn zhài kǔnǎo
ぐ【具】〔料理の〕菜码儿 càimǎr; 面码儿 miànmǎr ◆鍋物の～ 配料 pèiliào; 〔手段〕手段 shǒuduàn ◆政争の～ 政治斗争的手段 zhèngzhì dòuzhēng de shǒuduàn
ぐあい【具合】❶〔体調〕胃の～が良い[悪い] 胃的状态好[不好] wèi de zhuàngtài hǎo[bùhǎo] ❷〔都合〕不都合な～が悪い 下周不方便 xiàzhōu bù fāngbiàn ❸〔状況〕状况 zhuàngkuàng ◆～のよい 得勁 déjìn ◆進み～ 进展状况 jìnzhǎn zhuàngkuàng
くい【杭】木桩 mùzhuāng ◆～を打つ 打桩 dǎzhuāng; 钉桩子 dìng zhuāngzi
くい【悔い】悔恨 huǐhèn; 后悔 hòuhuǐ ◆～が残る 遗恨 yíhèn ◆～のない 不后悔 bú hòuhuǐ
くいあらためる【悔い改める】改悔 gǎihuǐ; 悔改 huǐgǎi
くいいじ【食い意地】◆～の張った 贪嘴 tānzuǐ
くいしばる【食いしばる】◆歯を～ 咬紧牙关 yǎojǐn yáguān
くいき【区域】地段 dìduàn; 区域 qūyù; 范围 fànwéi
くいけ【食い気】胃口 wèikǒu
くいさがる【食い下がる】不肯罢休 bùkěn bàxiū
くいしんぼう【食いしん坊】馋鬼 chánguǐ; 贪嘴 tānzuǐ
クイズ 智力测验 zhìlì cèyàn ◆～番組 智力竞赛节目 zhìlì jìngsài jiémù ◆～を出題する 出智力题 chū zhìlìtí ◆～に答える 答智力题 dá zhìlìtí
くいちがい【食い違い】出入 chūrù; 分歧 fēnqí
くいちがう【食い違う】不一致 bù yīzhì; 不符 bùfú; 脱节 tuōjié ◆証言が～ 这言不吻合 zhèngyán bù wěnhé
くいつく【食い付く】咬住 yǎozhù; 上钩 shànggōu ◆魚が餌に～ 鱼咬钩 yú yǎogōu
くいつなぐ【食いつなぐ】维持生活 wéichí shēnghuó; 糊口 húkǒu
くいつぶす【食い潰す】吃光 chīguāng ◆財産を～ 吃光财产 chīguāng cáichǎn
くいつめる【食い詰める】不能糊口

くいどうらく ー くがく　135

くいどうらく【食い道楽】 讲究吃 jiǎngjiu chī；美食家 měishíjiā
くいとめる【食い止める】 制止 zhìzhǐ；阻止 zǔzhǐ ◆火事をぼやで～ 控制火势不使变大 kòngzhì huǒshì bù shǐ biàndà
くいもの【食い物】 食物 shíwù ◆～にする 利用 lìyòng
くいる【悔いる】 后悔 hòuhuǐ；悔恨 huǐhèn
クインテット 五重唱 wǔchóngchàng；五重奏 wǔchóngzòu
くう【空】 空 kōng
くう【食う】 ❶ 食べる 吃 chī ❷ 虫が咬 yǎo；叮 dīng ❸ 《消費する》费 fèi ◆時間を～ 费时间 fèi shíjiān ❹ 《被る》小言を～ 遭言备 zāo zébèi ❺ 《侵す》主役を～ 抢占主角 qiǎngzhàn zhǔjué ❻ 《生活する》～に事欠く 断炊 duànchuī；难以糊口 nányǐ húkǒu
グー 《じゃんけん》石头 shítou ◆～を出す 出石头 chū shítou
くうかん【空間】 空间 kōngjiān
くうき【空気】 空气 kōngqì；气氛 qìfēn ◆～を入れる 《タイヤなどに》 打气 dǎqì ◆きれいな～ 清洁的空气 qīngjié de kōngqì ◆緊張した～ 紧张的气氛 jǐnzhāng de qìfēn ◆～が読めない 看不出现场的气氛 kànbuchū xiànchǎng de qìfēn ◆～入れ 打气筒 dǎqìtǒng ◆～銃 鸟枪 niǎoqiāng；气枪 qìqiāng
くうきよごれ【空気汚-な】 空虚 kōngxū；空泛 kōngfàn ◆～な生活 空虚的生活 kōngxū de shēnghuó
ぐうぐう 《いびき》 呼噜呼噜 hūlūhūlū；《腹がなる》 咕噜咕噜 gūlūgūlū
グーグル 谷歌 Gǔgē
くうぐん【空軍】 空军 kōngjūn ◆～基地 空军基地 kōngjūn jīdì
くうこう【空港】 飞机场 fēijīchǎng；机场 jīchǎng ◆国際～ 国际机场 guójì jīchǎng
くうしゅう【空襲】 空袭 kōngxí
くうしょ【空所】 空地方 kòng dìfang ◆～を埋める 《テストなどで》填空 tiánkòng
ぐうすう【偶数】 偶数 ǒushù；双数 shuāngshù ◆～番号 双号 shuānghào
ぐうする【遇する】 看待 kàndài；对待 duìdài
くうせき【空席】 空座位 kòng zuòwèi ◆～が目立つ 空位子很多 kòng wèizi hěn duō；《ポストの空き》空缺 kòngquē；缺位 quēwèi
くうぜん【空前-の】 空前 kōngqián；无前 wúqián ◆～絶後 空前绝后

kōng qián jué hòu
ぐうぜん【偶然】 偶然 ǒurán；碰巧 pèngqiǎo ◆～に一致する 巧合 qiǎohé；暗合 ànhé ◆～に出くわす 不期而遇 bù qī ér yù；碰见 pèngjiàn ◆～性 偶然性 ǒuránxìng
くうそう【空想-する】 幻想 huànxiǎng；空想 kōngxiǎng ◆～にふける 一味空想 yíwèi kōngxiǎng
ぐうぞう【偶像】 偶像 ǒuxiàng
くうちゅう【空中】 半空 bànkōng；空中 kōngzhōng ◆～に舞い上がる 腾空而起 téng kōng ér qǐ ◆～分解 空中解体 kōngzhōng jiětǐ
クーデター 苦迭打 kǔdiédǎ；政变 zhèngbiàn
くうてん【空転-する】 空转 kōngzhuàn ◆議論が～する 议论没有进展 yìlùn méiyǒu jìnzhǎn
くうどう【空洞】 空洞 kōngdòng
くうはく【空白】 空白 kòngbái
くうばく【空爆-する】 轰炸 hōngzhà
くうはつ【空発-する】 偶发 ǒufā ◆～事件 偶发事件 ǒufā shìjiàn ◆～の偶発性的 ǒufāxìng de
くうひ【空費】 浪费 làngfèi；白费 báifèi
くうふく【空腹】 空腹 kōngfù；肚子饿 dùzi è
くうぼ【空母】 航空母舰 hángkōng mǔjiàn
くうゆ【空輸-する】 空运 kōngyùn
クーラー 冷气机 lěngqìjī ◆～を入れる 开冷气 kāi lěngqì
くうらん【空欄】 空格儿 kònggér ◆～を埋める 填写空栏 tiánxiě kònglán
クールビズ 清凉夏装 qīngliáng xiàzhuāng
くうろ【空路】 航空路线 hángkōng lùxiàn ◆～東京へ向かう 乘飞机去东京 chéng fēijī qù Dōngjīng
くうろん【空論】 空论 kōnglùn；空谈 kōngtán；清谈 qīngtán ◆机上の～ 纸上谈兵 zhǐshàng tánbīng
ぐうわ【寓話】 寓言 yùyán
くえき【苦役】 苦役 kǔyì；苦工 kǔgōng ◆～を課す 课以苦役 kè yǐ kǔyì
クエンさん【クエン酸】 柠檬酸 níngméngsuān
クォータリー 季刊 jìkān
クォーツ【時計】 石英表 shíyīngbiǎo；水晶钟 shuǐjīngzhōng
くかく【区画-する】 区划 qūhuà；划分 huàfēn ◆～整理 区划调整 qūhuà tiáozhěng
くがく【苦学-する】 勤工俭学 qín

gōng jiǎn xué

くかん【区間】区间 qūjiān; 区段 qūduàn

くき【茎】茎 jīng; 秆 gǎn

くぎ【釘】钉 dīng; 钉子 dīngzi ◆~を打つ 钉钉子 dìng dīngzi ◆~を抜く 拔钉子 bá dīngzi ◆《比喩的に》~を刺す 叮嘱 dīngzhǔ

きょう【苦境】惨境 cǎnjìng; 窘况 jiǒngkuàng ◆~に陥る 陷入困境 xiànrù kùnjìng

くぎり【区切り】段落 duànluò; 界限 jièxiàn ◆ひと~をつける《仕事などに》告一段落 gào yíduànluò

くぎる【区切る】分界 fēnjiè; 界划 jièhuà

くく【九九】九九歌 jiǔjiǔgē

くぐりど【潜り戸】便门 biànmén

くぐりぬける【潜り抜ける】穿过去 chuānguòqù ◆難関を～ 渡过难关 dùguò nánguān

くくる【括る】扎 zā; 绑 bǎng ◆ひもで～ 用绳子捆 yòng shéngzi kǔn ◆括弧（かっこ）で～ 用括号括 yòng kuòhào kuò ◆首を～ 上吊 shàngdiào

くぐる【潜る】❶《身をかがめて》钻 zuān ◆門を～ 钻过门 zuānguò mén ❷《もぐる》潜 qián

くげん【苦言】忠言 zhōngyán

くさ【草】草 cǎo ◆~を抜く 薅草 hāocǎo; 拔草 bá cǎo

くさい【臭い】❶《臭う》臭 chòu; 难闻 nánwén ◆ゴミが～ 垃圾发臭 lājī fāchòu ❷《怪しい》他～ 他可疑 tā kěyí ❸《感じがする》男～ 男人味儿 nánrén wèir ◆嘘～話 假像谎话 jiǎxiàng huǎnghuà

くさかり【草刈り】割草 gēcǎo ◆~機 割草机 gēcǎojī

くさき【草木】草木 cǎomù

くさくさ-する 烦闷 fánmèn; 闷 mèn; 心里闷得慌 xīnli mèndehuāng

くさす【腐す】贬 biǎn

くさとり【草取り】-をする 除草 chúcǎo

くさのね【草の根】草根 cǎogēn; 民间 mínjiān ◆~運動 草根运动 cǎogēn yùndòng

くさばな【草花】花卉 huāhuì

くさび【楔】楔子 xiēzi ◆~形文字 楔形文字 xiēxíng wénzì ◆~を打ち込む 楔 xiē

くさみ【臭味】臭味儿 chòuwèir ◆~をとる《肉や魚の》去臭味 qù wèiwèi; 去腥 qùxīng

くさむら【叢】草丛 cǎocóng; 草莽 cǎomǎng

くさり【鎖】链 liàn; 链子 liànzi; 锁链 suǒliàn

くさる【腐る】❶《腐敗する》腐烂 fǔlàn; 烂 làn ◆《木材などが》腐朽 fǔxiǔ ◆腐った魚 腐烂的鱼 fǔlàn de yú ❷《だめになる》腐败 fǔbài ◆腐り込む 消沉 xiāochén; 沮丧 jǔsàng ◆試験に落ちて～ 考试不及格而消沉 kǎoshì bù jígé ér xiāochén

くされえん【腐れ縁】冤家 yuānjia; 孽缘 nièyuán

くさわけ【草分け】创业 chuàngyè; 先驱者 xiānqūzhě

くしい【駆使】驱使 qūshǐ; 操纵 cāozòng

くし【串】扦子 qiānzi ◆~に刺す 插在竹签上 chāzài zhúqiānshang ◆~焼き 烤肉串 kǎoròuchuàn

くし【櫛】梳子 shūzi

くじ【籤】签 qiān ◆~を引く 抽签 chōuqiān; 抓阄儿 zhuājiūr ◆~に当たる 中签 zhòngqiān

くじく【挫く】❶《捻挫》扭 niǔ ◆足を～ 扭脚 niǔjiǎo ◆《勢いを》挫败 cuòbài ◆鋭気を～ 挫锐气 cuò ruìqì

クジャク【孔雀】孔雀 kǒngquè

くしゃみ【嚔】喷嚏 pēntì; 嚏喷 tìpen ◆~をする 打喷嚏 dǎ pēntì

くじゅう【苦汁】-をなめる 吃苦头 chī kǔtou

くじゅう【苦渋】苦恼 kǔnǎo; 苦涩 kǔsè ◆~の面もちな 苦涩的表情 kǔsè de biǎoqíng

くじょ【駆除-する】驱除 qūchú; 祛除 qūchú

くしょう【苦笑】苦笑 kǔxiào

くじょう【苦情】牢骚 láosāo ◆~を言う 抱怨 bàoyuàn ◆《クレーム》要求 yāoqiú

ぐしょう【具象】具象 jùxiàng

クジラ【鯨】鲸 jīng; 鲸鱼 jīngyú

くしん【苦心-する】苦心 kǔxīn; 操心 cāoxīn; 费心思 fèi xīnsi ◆～惨憺（さんたん）する 煞费苦心 shà fèi kǔxīn

くず【屑】❶《残りかす》渣儿 zhār; 渣子 zhāzi; 破烂 pòlàn ❷《役に立たないもの》败类 bàilèi; 糠粃 kāngbǐ ◆~紙 纸屑 zhǐxiè ◆人間の～ 废物 fèiwù ◆～入れ 垃圾箱 lājīxiāng ◆～鉄 碎铁 suìtiě; 废铁 fèitiě

くず【葛】葛 gé ◆~粉 葛粉 géfěn

クズ【愚図-な】迟钝 chídùn; 迟缓 chíhuǎn ◆~な人 慢性子 mànxìngzi

ぐずぐず-する 迟缓 chíhuǎn; 踌躇 chóuchú ◆磨磨蹭蹭 mómócèngcèng

くすぐったい ❶《体が》痒 yǎng; 痒

くすぐる ― くちかず 137

痒 yǎngyang ♦ 首筋が～ 脖颈后痒 bógěng yǎngyang ❷《照れくさい》不好意思 bù hǎoyìsi ♦ 誉められて～ 被夸得不好意思 bèi kuādé bù hǎoyìsi

くすぐる【擽る】 胳肢 gézhi ♦ わき腹を～ 胳肢窝 gézhi yèwō

くずす【崩す】 ❶《壊す》使崩溃 shǐ bēngkuì; 拆毁 chāihuǐ ♦ 積み木を～ 弄散积木 nòngsǎn jīmù ♦ 体調を～ 搞垮身体 gǎokuǎ shēntǐ ♦ 字を崩して書く 潦草写字 liáocǎo xiě zì ❷《小銭に》破 pò; 换零钱 huàn língqián

くすねる《公金などを》揩油 kāiyóu

クスノキ【楠】 樟树 zhāngshù; 香樟 xiāngzhāng; 楠木 nánmù

くすぶる【燻る】 ❶ 干冒烟 gān màoyān ♦ 燃えさしが～ 烧剩的东西还在冒烟 shāoshèng de dōngxi hái zài màoyān ♦ 自分の部屋でくすぶっている 闷在自己房间 mēnzài zìjǐ fángjiān

くすむ 不显眼 bù xiǎnyǎn; 《色など》灰暗 huī'àn ♦ くすんでいる男 黙々無聞の人 mò mò wú wén de rén

くすり【薬】 药 yào ♦ ～屋 药店 yàodiàn; 药房 yàofáng; 药铺 yàopù ♦ ～を飲む 吃药 chīyào ♦ ～を塗る 涂药 túyào;《ためになる》♦ いい～になる 成为良药 chéngwéi liángyào

くすりゆび【薬指】 无名指 wúmíngzhǐ

ぐずる 磨蹭 móceng; 蘑菇 mógu

くずれる【崩れる】 垮 kuǎ; 崩塌 bēngtā; 倒塌 dǎotā ♦ 崖が～ 悬崖坍塌 xuányá tāntā ♦ 天気が～ 天气变坏 tiānqì biànhuài ♦ アリバイが～ 不在场的证明不成立 búzàichǎng de zhèngmíng bù chénglì ♦ 形が～ 走样 zǒuyàng

くすんだ 灰溜溜的 huīliūliū de ♦ ～色 暗淡颜色 àndàn yánsè

くせ【癖】 习气 xíqì; 习惯 xíguàn; 毛病 máobìng ♦ ～になる 上瘾 shàngyǐn; 成习惯 chéng xíguàn ♦ なまけ～がつく 懒惰成性 lǎnduò chéngxìng ♦ ～をつける 给头发打卷 gěi tóufa dǎjuǎn ♦ ～のある人物 有脾气的人物 yǒu píqi de rénwù

くせん【苦戦】 苦战 kǔzhàn; 激烈的战斗 jīliè de zhàndòu

くそ【糞】 粪 fèn; 屎 shǐ; 大便 dàbiàn ♦ 耳～ 耳屎 ěrshǐ; 耳垢 ěrgòu ♦ ～食らえ 见鬼去 jiàn guǐ qù; 狗屁 gǒupì

くだ【管】 ❶《細長い物》管子 guǎnzi ❷《くどく言う》♦ 酒に酔って～を巻く 喝醉了说车轱辘话 hēzuìle shuō chēgūlu huà

ぐたい【具体】 具体 jùtǐ; 实际 shíjì ♦ ～的に言う 具体地说 jùtǐ de shuō

くだく【砕く】 打碎 dǎsuì ♦ 氷を～ 弄碎冰 nòngsuì bīng ♦ 夢を～ 打破梦想 dǎpò mèngxiǎng ♦ 心を～ 费心思 fèi xīnsī; 伤脑筋 shāng nǎojīn

くたくた 疲惫 píbèi ♦ ～に疲れる 累得精疲力竭 lèide jīng pí lì jié

くたくだしい 烦琐 fánsuǒ; 罗唆 luōsuo

くだける【砕ける】 碎 suì ♦ 粉々に～ 破碎 pòsuì

ください【下さい】 ❶《物品を》请给 qǐng gěi ♦ わたしに～な 请给我吧 qǐng gěi wǒ ba ❷《依頼や命令》请 qǐng ♦ 急いで～ 请快点儿吧 qǐng kuài diǎnr ba

くだす【下す】 ❶《命令など》下 xià ♦ 命令を～ 下达命令 xiàdá mìnglìng ♦ 判決を～ 判决 pànjué ❷《腹を》泻 xiè; 拉肚子 lā dùzi ❸《降す》打败 dǎbài ♦ ライバルを～ 击败竞争对手 jībài jìngzhēng duìshǒu

くたびれる 疲乏 pífá; 疲劳 píláo; 筋疲力尽 jīn pí lì jìn ♦ くたびれた靴 穿旧的鞋 chuānjiù de xié; 走样的鞋 zǒuyàng de xié

くだもの【果物】 果子 guǒzi; 水果 shuǐguǒ

くだらない 没趣儿 méiqùr; 毫无意义 háowú yìyì; 无聊 wúliáo ♦ ～争い 无谓的纠纷 wúwèi de jiūfēn

くだり【下り】 下行 xiàxíng ♦ ～列车 下行列车 xiàxíng lièchē

くだりざか【下り坂】 下坡路 xiàpōlù ♦ 天気は～だ 天气变坏了 tiānqì biànhuài le ♦ 人気が～になる 人气走下坡路 rénqì zǒu xiàpōlù

くだる【下・降る】 下 xià; 下降 xiàjiàng ♦ 腹が～ 拉肚子 lā dùzi ♦ 山を～ 下山 xiàshān ♦ 判决が～ 宣判 xuānpàn

くち【口】 口 zuǐ; 口 kǒu ♦ 瓶の～ 瓶口 píngkǒu ♦ ～がうまい 嘴甜 zuǐ guāi; 嘴甜 zuǐ tián ♦ ～から出まかせに言う 顺口 shùnkǒu ♦ ～が尖い 嘴尖 zuǐ jiān ♦ ～が軽い 学舌 xuéshé; ～が速い 嘴快 zuǐ kuài ♦ ～が堅い 嘴紧 zuǐ jǐn; 嘴稳 zuǐ wěn; 嘴严 zuǐ yán ♦ ～に合う 可口 kěkǒu; 适口 shìkǒu ♦ ～に合わない 吃不来 chībulái

くち【愚痴】 怨言 yuànyán ♦ ～をこぼす 埋怨 mányuàn

くちうるさい【口うるさい】 爱挑剔 ài tiāoti

くちかず【口数】 言语 yányǔ ♦ ～が多い 饶舌 ráoshé; 贫嘴 pínzuǐ ♦

の少ない 寡言 guǎyán
くちきき【口利き】調解 tiáojiě; 斡旋 wòxuán ◆～してもらう 托人情 tuō rénqíng
くちぎたない【口汚い】◆口汚なく話し说下流话 shuō xiàliúhuà ◆口汚くののしる 破口大骂 pò kǒu dà mà
くちく【駆逐-する】駆逐 qūzhú ◆～艦 驱逐舰 qūzhújiàn
くちぐせ【口癖】口头语 kǒutóuyǔ; 口头禅 kǒutóuchán
くちぐち【口々-に】◆～にほめそやす 交口称誉 jiāo kǒu chēng yù ◆～に言う 异口同声地说 yì kǒu tóng shēng de shuō
くちげんか【口喧嘩-する】吵嘴 chǎozuǐ; 拌嘴 bànzuǐ; 争吵 zhēngchǎo
くちごたえ【口答え-する】顶嘴 dǐngzuǐ; 还嘴 huánzuǐ
くちこみ【口コミ】小道消息 xiǎodào xiāoxi; 口头传闻 kǒutóu chuánwén
くちごもる【口籠る】◆吞吞吐吐地说 tūntūntǔtǔ de shuō
くちさき【口先】口头 kǒutóu; 嘴头 zuǐtóu ◆～だけの约束 空头支票 kōngtóu zhīpiào
くちずさむ【口ずさむ】哼 hēng; 哼哼唧唧地唱 ◆歌を～ 哼歌 hēnggē
くちだし【口出し-する】插嘴 chāzuǐ; 干预 gānyù; 多嘴 duōzuǐ
くちづけ【口付け】◆接吻 jiēwěn; 亲嘴 qīnzuǐ
くちどめ【口止め-する】堵嘴 dǔzuǐ; 封嘴 fēngzuǐ
クチナシ【山梔子】栀子 zhīzi
くちばし【嘴】◆鸟嘴 niǎozuǐ; 喙 huì ◆～を入れる 插嘴 chāzuǐ ◆～の黄色い 黄口小儿 huáng kǒu xiǎo ér
くちばしる【口走る】走嘴 zǒuzuǐ ◆本当のことを～ 泄露真情 xièlòu zhēnqíng
くちび【口火】导火线 dǎohuǒxiàn ◆～を切る 起头 qǐtóu
くちひげ【口髭】髭须 zīxū
くちびる【唇】嘴唇 zuǐchún
くちぶえ【口笛】口哨儿 kǒushàor ◆～を吹く 吹口哨儿 chuī kǒushàor
くちぶり【口振り】口气 kǒuqì; 口吻 kǒuwěn; 语气 yǔqì
くちべた【口下手】嘴笨 zuǐ bèn; 笨口拙舌 bèn kǒu zhuō shé
くちべに【口紅】口红 kǒuhóng; 唇膏 chúngāo
くちもと【口元】嘴角 zuǐjiǎo
くちやくそく【口約束-する】口头约定 kǒutóu yuēdìng
くちょう【口調】口吻 kǒuwěn; 语气 yǔqì; 语调 yǔdiào

くちる【朽ちる】腐朽 fǔxiǔ
くつ【靴】❶〈短靴〉鞋 xié ❷〈長靴〉靴 xuē ◆～墨【クリーム】鞋油 xiéyóu ◆～底 鞋底子 xiédǐzi ◆～紐 鞋带 xiédài ◆～べら 鞋拔子 xiébázi ◆～屋 鞋店 xiédiàn ◆～をはく 穿鞋 chuān xié ◆～を脱ぐ 脱鞋 tuō xié
くつう【苦痛】痛苦 tòngkǔ; 苦痛 kǔtòng ◆～を感じる 感到痛苦 gǎndào tòngkǔ ◆～を诉える 诉说痛苦 sùshuō tòngkǔ
くつがえす【覆す】打翻 dǎfān; 推翻 tuīfān; 推倒 tuīdǎo
くつがえる【覆る】翻 fān; 翻覆 fānfù
クッキー 小甜饼干 xiǎotiánbǐnggān
くっきょう【屈強】壮实 zhuàngshi; 强壮 qiángzhuàng
ぐつぐつ◆～煮る 慢慢地炖 mànmàn de dùn
くっさく【掘削-する】挖掘 wājué ◆～機 掘土机 juétǔjī
くつした【靴下】袜子 wàzi ◆～をはく 穿袜子 chuān wàzi ◆～を脱ぐ 脱袜子 tuō wàzi
くつじょく【屈辱】屈辱 qūrǔ ◆～的な 屈辱的 qūrǔ de
クッション ❶〈背当て〉靠垫 kàodiàn; 垫子 diànzi ❷〈緩衝物〉缓冲物 huǎnchōngwù
ぐっすり◆～眠る 睡得香甜 shuìde xiāngtián; 沉睡 chénshuì; 酣睡 hānshuì
くっせつ【屈折-する】折射 zhéshè ◆光の～ 光的折射 guāng de zhéshè ◆～した气持ち 扭曲的感情 niǔqū de gǎnqíng
ぐったり-する 疲软 pírúan; 筋疲力尽 jīn pí lì jìn
くっつく 粘 zhān; 附着 fùzhuó; 贴 tiē ◆彼にくっついて行く 跟他去 gēn tā qù
くっぷく【屈伏-する】低头 dītóu; 降服 xiángfú; 屈服 qūfú ◆～させる 折服 zhéfú
くつろぐ【寛ぐ】舒畅 shūchàng; 松快 sōngkuài; 无拘无束 wú jū wú shù ◆寛いだ服装 便服 biànfú
クツワムシ【轡虫】纺织娘 fǎngzhīniáng
くてん【句点】句号 jùhào
くどい◆～繁叨 xùdao; 罗嗦 luōsuo; 絮烦 xùfan ◆味が～ 浓 nóng
くとう【苦闘-する】苦战 kǔzhàn
くとうてん【句読点】标点符号 biāodiǎn fúhào ◆～を付ける 加标点 jiā biāodiǎn

くどく【口説く】 劝说 quànshuō; 说服 shuōfú; 《女》を求爱 qiú'ài; 泡女人 pào nǚrén

くどくど ♦ ——しゃべる 叨叨 dāodao; 叨唠 dāolao; 罗唆 luōsuo ♦ ~と言い訳する 絮絮叨叨地找借口 xùxùdāodāo de zhǎo jièkǒu

ぐどん【愚鈍-な】 呆头呆脑 dāi tóu dāi nǎo; 愚笨 yúbèn

くなん【苦難】 苦难 kǔnàn; 苦头 kǔtóu; 磨难 mónàn ♦ ~を共にする 风雨同舟 fēng yǔ tóng zhōu

くに【国】 国 guó; 国家 guójiā ♦ 我が——我国 wǒguó ♦ ~に帰る《故郷に》回乡 huíxiāng

ぐにゃぐにゃ ♦ 針金を~に曲げる 把铁丝弯来拧去 bǎ tiěsī wānlái níngqù ♦ した手ざわり 摸摸软绵绵的 mōzhe ruǎnmiánmián de

クヌギ【櫟】 栎 lì; 麻栎 málì; 柞树 zuòshù

くねくね 蜿蜒 wānyán ♦ ——曲がる 拐弯抹角 guǎi wān mò jiǎo ♦ ~した道 弯弯曲曲的路 wānwānqūqū de lù

くのう【苦悩】 苦恼 kǔnǎo; 苦闷 kǔmèn

くばる【配る】 分 fēn; 分发 fēnfā; 分散 fēnsàn ♦ 郵便を~ 送信 sòngxìn ♦ 気を~ 顾全 gùquán ♦ 目を~ 留神 liúshén

くび【首】 脖子 bózi; 颈 jǐng; 颈项 jǐngxiàng ♦ ——にする 开除 kāichú; 炒鱿鱼 chǎo yóuyú ♦ ——をひねる 纳闷儿 nàmènr

くびかざり【首飾り】 项链 xiàngliàn; 项圈 xiàngquān

くびきり【首切り】 斩首 zhǎnshǒu ♦ ~人 刽子手 guìzishǒu; 《解雇》解雇 jiěgù; 开除 kāichú

くびすじ【首筋】 脖颈儿 bógěngr

くびつり【首吊り】 上吊 shàngdiào ♦ ——自殺する 自缢 zìyì

くふう【工夫-する】 设法 shèfǎ; 研究 yánjiū

くぶくりん【九分九厘】 百儿八十 bǎi'er bāshí ♦ ——大丈夫 九成九没事 jiǔchéngjiǔ méishì

くぶどおり【九分通り】 十拿九稳 shí ná jiǔ wěn ♦ ——できあがっている 基本上完成 jīběnshàng wánchéng

くぶん【区分-する】 区分 qūfēn; 划分 huàfēn ♦ ~が明確である 划清 huàqīng

くべつ【区別-する】 分别 fēnbié; 区别 qūbié ♦ ~する 区分 qūfēn ♦ ——がつかない 分不清 fēnbùqīng

くぼち【窪地】 洼 wā; 洼地 wādì

くぼみ【窪み】 洼 wā

くぼむ【窪む】 洼 wā; 凹陷 āoxiàn ♦

洼陷 wāxiàn ♦ 窪んだ土地 洼地 wādì ♦ 目が~ 眼睛深陷 yǎnjing shēnxiàn

クマ【熊】 熊 xióng

くまで【熊手】 耙子 pázi

くもどり【隈取り】 脸谱 liǎnpǔ

クマンバチ【熊ん蜂】 熊蜂 xióngfēng

くみ【組】 ❶《対でセット》套 tào; 副 fù ❷《グループやクラス》组 zǔ; 班 bān; 伙 huǒ ♦ ——で休む 一块儿 yī kuàir

くみあい【組合】 ♦ 労働~ 工会 gōnghuì ♦ 生活協同~ 合作社 hézuòshè

くみあわせる【組み合わせる】 配合 pèihé; 搭配 dāpèi; 组合 zǔhé ♦ 洋服と帽子を~ 搭配西服和帽子 dāpèi xīfú hé màozi

くみいれる【組み入れる】 列入 lièrù; 编入 biānrù; 纳入 nàrù ♦ 予定に~ 列入预定 lièrù yùdìng

くみきょく【組曲】 套曲 tàoqǔ; 组曲 zǔqǔ

くみこむ【組み込む】 纳入 nàrù; 编入 biānrù ♦ 組織に~ 编入组织 biānrù zǔzhī

くみする【与する・組する】 参与 cānyù; 支持 zhīchí ♦ きみたちに~気はない 我无意跟你们合作 wǒ wúyì gēn nǐmen hézuò

くみたて【組み立て】 组织 zǔzhī ~; 部品 部件 bùjiàn ♦ ~式の棚 拆卸式架子 chāixièshì jiàzi

くみたてる【組み立てる】 安装 ānzhuāng; 构成 gòuchéng ♦ 話の筋を~ 构想故事的结构 gòuxiǎng gùshi de jiégòu ♦ 機械を~ 装配机器 zhuāngpèi jīqì

くみとる【汲み取る】 淘 táo; 吸取 xīqǔ; 汲取 jíqǔ ♦ 誠意を~ 领会诚意 lǐnghuì chéngyì

くみはん【組み版】 拼版 pīnbǎn; 排板 páibǎn

くむ【汲む】 ❶《ひしゃくで》舀 yǎo ❷《水を》打 dǎ ❸《気持ちを》体谅 tǐliàng

くむ【組む】 ❶《人と~》合作 hézuò; 合伙 héhuǒ ❷《物と物を》搭 dā ❸《予定を》安排 ānpái; 编 biān

くめん【工面-する】 筹措 chóucuò; 资金を~する 筹资 chóuzī

くも【雲】 云彩 yúncai

クモ【蜘蛛】 蜘蛛 zhīzhū ♦ ——の糸 蜘蛛丝 zhīzhūsī ♦ ~の巣 蜘蛛网 zhīzhūwǎng; 蛛网 zhūwǎng

くもゆき【雲行き】 《比喩》风势 fēng-

くもり 【曇り】 阴天 yīntiān: 多云 duōyún ◆~空 阴天 yīntiān ◆~ガラス 毛玻璃 máobōli
くもる 【曇る】 ❶空が~ 阴 yīn ❷眼鏡が~ 眼镜模糊 yǎnjìng móhu ❸表情が~ 表情沉重 biǎoqíng chénzhòng
くやしい 【悔しい】 气人 qìrén; 可恨 kěhèn; 委屈 wěiqū
くやしがる 【悔しがる】 (感到)气愤 (gǎndào) qìfèn; 抱屈 bàoqū
くやみ 【悔やみ】 慰问 wèiwèn; 哀悼 āidào ◆~を言う 慰问 wèiwèn; 哀悼 āidào
くやむ 【悔やむ】 悔恨 huǐhèn; 懊悔 àohuǐ; 追悔 zhuīhuǐ
くよう 【供養-する】 供养 gòngyǎng; 祭奠 jìdiàn
くよくよ-する 烦闷 fánmèn; 想不开 xiǎngbukāi
くら 【鞍】 马鞍子 mǎ'ānzi ◆~にまたがる 跨上马鞍 kuàshang mǎ'ān
くら 【倉】 仓库 cāngkù; 仓房 cāngfáng
くらい 【位】 ❶(ほぼ) 左右 zuǒyòu; 里外 lǐwài; 上下 shàngxià ❷(地位) 地位 dìwèi; 职位 zhíwèi ◆会長の~につく 就任会长 jiùrèn huìzhǎng
くらい 【暗い】 暗淡 àndàn; 黑暗 hēi'àn; 阴郁 yīnyù ◆性格 性格阴郁 xìnggé yīnyù ◆見通しが~ 前途黑暗 qiántú hēi'àn
グライダー 滑翔机 huáxiángjī
クライマックス 高潮 gāocháo; 顶点 dǐngdiǎn
グラインダー 磨床 móchuáng; 砂轮 shālún
クラウドコンピューティング 云计算 yúnjìsuàn
グラウンド 操场 cāochǎng; 运动场 yùndòngchǎng
くらがり 【暗がり】 暗处 ànchù
くらく 【苦楽】 甘苦 gānkǔ ◆~を共にする 同甘共苦 tóng gān gòng kǔ
クラクション 汽车喇叭 qìchē lǎba ◆~を鳴らす 按喇叭 àn lǎba
くらくら 【眩】 头晕 tóuyūn
ぐらぐら 《煮え立つさま》 咕嘟 gūdū ◆~沸き立つ 滚开 gǔnkāi
クラゲ 【水母】 水母 shuǐmǔ; 《食品》 海蜇 hǎizhé
くらし 【暮らし】 生活 shēnghuó; 日子 rìzi; 时光 shíguāng ◆~を立てる 过活 guòhuó ◆过活 guòhuó
グラジオラス 唐菖蒲 tángchāngpú
クラシック 古典 gǔdiǎn ◆~音楽 古典音乐 gǔdiǎn yīnyuè ◆~カー 古典汽车 gǔdiǎn qìchē
くらしむき 【暮らし向き】 家境 jiājìng; 家计 jiājì; 生活 shēnghuó ◆楽な~ 富裕的生活 fùyù de shēnghuó
くらす 【暮らす】 过日子 guò rìzi; 生活 shēnghuó
クラス ❶《学校の》班级 bānjí ◆~担任 班主任 bānzhǔrèn ◆~メイト 同班 tóngbān; 同班同学 tóngbān tóngxué ❷《等級》大臣への使節 部长级的使节 bùzhǎngjí de shǐjié
グラス 玻璃杯 bōlibēi
クラスターばくだん 【クラスター爆弾】集束炸弹 jíshù zhàdàn
グラスファイバー 玻璃丝 bōlisī; 玻璃纤维 bōli xiānwéi
グラタン 奶汁烤菜 nǎizhī kǎocài
クラッカー 《食べ物》饼干 bǐnggān; 咸饼干 xiánbǐnggān ❷《火薬を使ったおもちゃ》花炮 huāpào
ぐらつく 活动 huódòng; 摇晃 yáohuàng; 《態度や方針が》游移 yóuyí; 动摇 dòngyáo
クラッチ 离合器 líhéqì
グラビア ◆~印刷 凹版 āobǎn ◆~写真 凹版照相 āobǎn zhàoxiàng ◆~ページ 画页 huàyè
クラブ ❶《サークル》俱乐部 jùlèbù ❷《ゴルフの》高尔夫球棒 gāo'ěrfū qiúbàng ❸《トランプ》梅花 méihuā ❹《学校の部活動》学生社团 xuéshēng shètuán ◆~活動 社团活动 shètuán huódòng
グラフ 图表 túbiǎo ◆折れ線~ 曲线图表 qūxiàn túbiǎo ◆~誌 画报 huàbào
くらべる 【比べる】 比较 bǐjiào; 相比 xiāngbǐ; 打比 dǎbǐ
くらむ 【眩む】 眼花 yǎnhuā ◆高所で目が~ 晕高儿 yùngāor ◆金に目が~ 财迷心窍 cái mí xīn qiào
グラム 克 kè
くらやみ 【暗闇】 黑暗 hēi'àn; 漆黑 qīhēi; 暗处 ànchù
クラリネット 单簧管 dānhuángguǎn
クランク 曲柄 qūbǐng; 《映画》◆~イン 开拍 kāipāi; 开始摄影 kāishǐ shèyǐng
グランプリ 最高奖 zuìgāojiǎng; 大奖 dàjiǎng
クリ 【栗】 栗子 lìzi
クリア-する 过关 guòguān
くりあがる 【繰り上がる】 提前 tíqián; 提上来 tíshànglai ◆発売日が繰り上がった 发售日期提前了 fāshòu rìqī tíqián le ◆繰り上がって当選する 提上来当选 tíshànglai dāngxuǎn

くりあげる — グレード　141

くりあげる【繰り上げる】提前 tíqián; 提早 tízǎo ♦予定を～ 将预定提前 jiāng yùdìng tíqián ♦繰り上げで合格する 提前合格 tíqián hégé

クリーナー ❶《電気掃除機》除尘器 chúchénqì; 吸尘器 xīchénqì; 小型の～ 小型吸尘器 xiǎoxíng xīchénqì ❷《道具や薬剤》ガラス～ 玻璃刷 bōlishuā

クリーニング 洗衣 xǐyī; 洗涤 xǐdí ♦～屋 洗衣店 xǐyīdiàn

クリーム ❶《食品》奶油 nǎiyóu ♦～シチュー 奶油菜汤 nǎiyóu càitāng ♦～ソーダ 冰激凌汽水 bīngjīlíng qìshuǐ ♦色 米色 mǐsè ❷《薬品・化粧品など》雪花膏 xuěhuāgāo ♦シェービング～ 剃须膏 tìxūgāo ♦ハンド～を塗る 涂擦手油 tú cāshǒuyóu

くりいれる【繰り入れる】加入 jiārù; 转入 zhuǎnrù

くりいろ【栗色の】栗色 lìsè; 深棕色 shēnzōngsè

グリーンピース 青豌豆 qīngwāndòu

グリーンベルト 绿化地带 lǜhuà dìdài

くりかえし【繰り返し】反复 fǎnfù

くりかえす【繰り返す】重复 chóngfù; 重演 chóngyǎn

くりげ【栗毛】栗色毛 lìsèmáo; 枣红 zǎohóng

くりこし【繰り越し】转入 zhuǎnrù ♦～金 滚存金 gǔncúnjīn

くりこす【繰り越す】转入 zhuǎnrù; 滚入 gǔnrù

くりさげる【繰り下げる】推延 tuīyán; 推迟 tuīchí ♦予定を～ 推迟预定 tuīchí yùdìng

クリスタル 水晶 shuǐjīng; 晶体 jīngtǐ

クリスチャン 基督教徒 Jīdūjiàotú

クリスマス 圣诞 Shèngdàn; 圣诞节 Shèngdànjié ♦～カード 圣诞卡 Shèngdànkǎ ♦～ツリー 圣诞树 Shèngdànshù ♦～プレゼント 圣诞礼物 Shèngdàn lǐwù

グリセリン 甘油 gānyóu

クリック《コンピュータの》单击 dānjī; 点击 diǎnjī ♦ダブル～ 双击 shuāngjī

クリップ 夹 jiā; 夹子 jiāzi ♦書類を～ではさむ 用夹子夹文件 yòng jiāzi jiā wénjiàn ♦髪を～で留める 发夹 jiā tóufa

クリニック 诊所 zhěnsuǒ

グリニッジ ♦～時間 格林尼治时间 Gélínnízhì shíjiān

くりぬく【刳り貫く】剜 wān

くりのべる【繰り延べる】推迟 tuīchí; 延期 yánqí

くりひろげる【繰り広げる】开展 kāizhǎn; 展开 zhǎnkāi ♦熱戦を～ 展开激战 zhǎnkāi jīzhàn

くる【繰る】翻 fān;《糸を》纺 fǎng ♦本のページを～ 翻书页 fān shūyè

くる【来る】来 lái

ぐる ♦～になる 同伙 tónghuǒ; 串通 chuàntōng; 勾结 gōujié

くるう【狂う】❶《気が》发疯 fāfēng ❷《正常な状態から外れる》失常 shīcháng ♦時計が～ 表不准 biǎo bùzhǔn ♦予定が～ 预定打乱 yùdìng dǎluàn ♦賭け事に～ 着迷赌博 zháomí dǔbó

クルーザー 巡逻快艇 xúnluó kuàitǐng

グループ 小组 xiǎozǔ; 群体 qúntǐ ♦～を作る 聚伙 jùhuǒ ♦～分けする 分围 fēnzǔ

くるくる ♦～変わる 反复无常 fǎnfù wúcháng ♦～回る 打转 dǎzhuàn

ぐるぐる ♦～巻きつける 缠绕 chánrào; 卷 juǎn ♦～回る 打圈子 dǎ quānzi; 盘旋 pánxuán; 旋绕 xuánrào

くるしい【苦しい】痛苦 tòngkǔ ～立場 困境 kùnjìng ♦息が～ 呼吸困难 hūxī kùnnan ♦家計が～ 家庭收支紧张 jiātíng shōuzhī jǐnzhāng

くるしみ【苦しみ】痛苦 tòngkǔ; 苦楚 kǔchǔ; 苦头 kǔtóu ♦～に耐える 吃苦耐劳 chīkǔ nàiláo

くるしむ【苦しむ】痛苦 tòngkǔ; 苦恼 kǔnǎo ♦歯痛で～ 苦于牙疼 kǔyú yáténg ♦評価に～ 难以评价 nányǐ píngjià

くるしめる【苦しめる】折磨 zhémó; 折腾 zhēténg ♦苦しめられる 受屈 shòuzuì

くるぶし【踝】脚踝 jiǎohuái

くるま【車】车子 chēzi ♦～に乗る 乘车 chéng chē ♦～を運転する 开车 kāi chē ♦～に酔う 晕车 yùnchē

くるまいす【車椅子】轮椅 lúnyǐ

クルマエビ【車海老】对虾 duìxiā

クルミ【胡桃】核桃 hétao; 胡桃 hútao ♦～の実 桃仁 táorén

くるむ【包む】兜 dōu; 裹 guǒ

グルメ 美食家 měishíjiā

くれ【暮れ】❶《日の傍晩》傍晩 bàngwǎn; 黄昏 huánghūn ❷《年の》年底 niándǐ

グレー 灰色 huīsè

グレード 档 dàng; 品级 pǐnjí; 层次 céngcì ♦～の高い[低い] 档次高[低] dàngcì gāo[dī] ♦～アップする 升级换代 shēngjí huàndài

グレープフルーツ 葡萄柚 pútaoyòu
クレーム 索賠 suǒpéi ◆~をつける 申訴不満 shēnsù bùmǎn
クレーン 吊车 diàochē；起重机 qǐzhòngjī ◆~车 起重机汽车 qǐzhòngjī qìchē
くれぐれも【呉呉も】千万 qiānwàn：切切 qièqiè
クレジット 信贷 xìndài ◆~カード 信用卡 xìnyòngkǎ
ぐれつ【愚劣-な】荒唐 huāngtáng：愚蠢 yúchǔn
くれない【紅】鲜红 xiānhóng
クレヨン 蜡笔 làbǐ
くれる【暮れる】◆日が 天黑 tiānhēi；日暮 rìmù ◆年が~ 年关到了 niánguān dào le ◆悲しみに~ 沉浸于悲伤中 chénjìnyú bēishāngzhōng ◆途方に~ 不知如何才是好 bùzhī rúhé shì hǎo
くれる 给 gěi ◆1 枚くれよ 给我一张吧 gěi wǒ yì zhāng ba ◆かねを貸して~ 把钱借给我 bǎ qián jiè gěi wǒ ◆母さんがくれた手紙 妈妈来的信 māma lái de xìn
ぐれる 变坏 biànhuài：走上邪路 zǒushàng xiélù ◆~わけないよ 怎么会学坏呢 zěnme huì xuéhuài ne
クレンジングクリーム 洁肤霜 jiéfūshuāng；卸妆霜 xièzhuāngshuāng
くろい【黒い】黑 hēi ◆~ひとみ 黑眼珠 hēiyǎnzhū ◆肌が~《日焼けで》皮肤黑 pífū hēi ◆腹が~ 阴险 yīnxiǎn
くろう【苦労-する】辛劳 xīnláo；苦 chīkǔ；受累 shòulèi ◆~の多い 艰辛 jiānxīn；艰苦 jiānkǔ ◆~をいとわない 不辞劳苦 bùcí láokǔ ◆ 親には~をかける 让你操心 ràng nǐ cāoxīn ◆~を共にする 共患苦 gòng jiānkǔ ◆ご~さん 辛苦了 xīnkǔ le
ぐろう【愚弄-する】作弄 zuònòng；愚弄 yúnòng；戏侮 xìwǔ
くろうと【玄人】内行 nèiháng；行家 hángjia；在行 zàiháng
クローズアップ 近景 jìnjǐng；特写 tèxiě
クローバー 三叶苜蓿 sānyè mùxu
グローバル 全球的 quánqiú de ◆~スタンダード 国际标准 guójì biāozhǔn
グローブ 《野球などの》皮手套 píshǒutào
クロール 爬泳 páyǒng；自由泳 zìyóuyǒng
クローン 无性繁殖系 wúxìng fánzhíxì：克隆 kèlóng（英: clone）
くろくも【黒雲】乌云 wūyún

くろぐろ【黒々とした】乌黑 wūhēi
くろこげ【黒焦げの】焦糊糊 jiāohūhū
くろざとう【黒砂糖】红糖 hóngtáng
くろじ【黒字の】盈余 yíngyú ◆貿易黒字 外贸顺差 wàimào shùnchà
くろじ【黒地】黑地 hēidì
グロス《12ダース》罗 luó
クロスカントリー 越野赛跑 yuèyě sàipǎo ◆~スキー 越野滑雪 yuèyě huáxuě
くろずんだ【黒ずんだ】发黑 fāhēi
クロダイ【黒鯛】黑鯛 hēidiāo；黒加吉鱼 hēijiājíyú
クロッカス 番红花 fānhónghuā；西红花 xīhónghuā
グロテスク-な 怪模怪样 guài mú guài yàng；怪里怪气 guàilǐ guàiqì
くろびかり【黒光り】黑油油 hēiyóuyóu；乌亮 wūliàng；黑油油 wūyóuyóu
くろまく【黒幕】后台 hòutái；牵线人 qiānxiànrén ◆政界の~ 政界的幕后人 zhèngjiè de mùhòurén
クロム 铬 gè ◆~鋼 铬钢 gègāng ◆~めっき 镀铬 dùgè
くろめ【黒目】黑眼珠 hēiyǎnzhū
くろやま【黒山】黑压压 hēiyāyā ◆~の人だかり 人山人海 rén shān rén hǎi
クロレラ 小球藻 xiǎoqiúzǎo
クロロホルム 哥罗仿 gēluófǎng；氯仿 lǜfǎng
くわ【鍬】锄头 chútou ◆~で耕す 用锄头耕地 yòng chútou gēngdì
クワ【桑】桑树 sāngshù ◆~の実 桑葚 sāngshèn
クワイ【慈姑】慈姑 cígu
くわえて【加えて】加之 jiāzhī；而且 érqiě ◆~雨まで降りだした 而且还下起雨来了 érqiě hái xiàqǐ yǔ láile
くわえる【加える】❶《足す》加 jiā；加入 jiārù；加上 jiāshàng ◆鍋に水を~ 往锅里加水 wǎng guōli jiā shuǐ ◆砂糖を少々~ 加入少量白糖 jiārù shǎoliàng báitáng ❷《説明などを》加ji yǔjiāyǐ；给予 jǐyǔ ◆説明の~ 加以说明 jiāyǐ shuōmíng ◆修改を~ 给予修改 jǐyǔ xiūgǎi ❸《圧力などを》施加 shījiā；给予 jǐyǔ ◆圧力を~ 施加压力 shījiā yālì ◆集団に~ 让…加入 ràng…jiārù；叫…参加 jiào…cānjiā ◆彼も仲間に加えて 让他也入伙吧 ràng tā yě rùhuǒ ba
くわえる【啣〔銜〕える】叼 diāo；衔 xián ◆たばこを~ 叼着烟 diāozhe yān ◆指をくわえて見ているしかない 只好垂涎地看着 zhǐhǎo chuíxián de kànzhe

くわしい【詳しい】❶《詳細だ》细 xì；详细 xiángxì ◆～解説 详细讲解 xiángxì jiǎngjiě ❷《精通する》熟知 shúzhī；精通 jīngtōng ◆彼は状況に～ 他熟悉情况 tā shúxī qíngkuàng

くわずぎらい【食わず嫌い】 还没吃就感到讨厌 hái méi chī jiù gǎndào tǎoyàn；有成见 yǒu chéngjiàn

くわだてる【企てる】 计划 jìhuà；企图 qìtú；策划 cèhuà

くわわる【加わる】 参加 cānjiā；加入 jiārù；插脚 chājiǎo ◆～入伙 rùhuǒ ◆スピードが～ 增加速度 zēngjiā sùdù

ぐん【群】 群 qún ◆～を抜く 拔尖儿 bájiānr；超群 chāoqún

ぐん【軍】 军队 jūnduì

ぐんい【軍医】 军医 jūnyī

ぐんか【軍歌】 军歌 jūngē；战歌 zhàngē

ぐんかん【軍艦】 军舰 jūnjiàn

ぐんき【軍規】 军纪 jūnjì

くんこう【勲功】 功勋 gōngxūn

ぐんこくしゅぎ【軍国主義】 军国主义 jūnguó zhǔyì

くんし【君子】 君子 jūnzǐ

くんじ【訓示-する】 训示 xùnshì

ぐんじ【軍事】 军事 jūnshì ◆～援助 军援 jūnyuán ◆～機密 军机 jūnjī ◆～情勢 军情 jūnqíng ◆～費 军费 jūnfèi

くんしゅ【君主】 君主 jūnzhǔ；帝王 dìwáng

ぐんじゅ【軍需】 军需 jūnxū ◆～工場 军需工厂 jūnxū gōngchǎng；兵工厂 bīnggōngchǎng ◆～産業 军工产业 jūngōng chǎnyè

ぐんしゅう【群衆［集］】 群众 qúnzhòng ◆～心理 群众心理 qúnzhòng xīnlǐ

ぐんしゅく【軍縮-する】 裁军 cáijūn

くんしょう【勲章】 勋章 xūnzhāng；奖章 jiǎngzhāng ◆～を授ける 授勋 shòuxūn

ぐんじん【軍人】 军人 jūnrén

くんせい【燻製-にする】 熏 xūn；熏制 xūnzhì

ぐんせい【群生-する】 丛生 cóngshēng ◆～地 簇生地 cùshēngdì

ぐんぞう【群像】 群像 qúnxiàng

ぐんたい【軍隊】 军队 jūnduì ◆～に入る 参军 cānjūn；入伍 rùwǔ

ぐんだん【軍団】 军团 jūntuán

くんとう【薫陶】 熏陶 xūntáo ◆～を受ける 受熏陶 shòu xūntáo

ぐんとう【群島】 群岛 qúndǎo

ぐんぱい【軍配】 指挥扇 zhǐhuīshàn；军扇 jūnshàn ◆妻側に～を上げる 判定妻方有理 pàndìng qīfāng yǒulǐ

ぐんばつ【軍閥】 军阀 jūnfá

ぐんび【軍備】 军备 jūnbèi；武备 wǔbèi；战备 zhànbèi ◆～を拡充する 扩军 kuòjūn ◆～を縮小する 裁军 cáijūn

ぐんぷく【軍服】 军服 jūnfú；军装 jūnzhuāng

ぐんぽう【軍法】 军法 jūnfǎ ◆～会議 军法审判 jūnfǎ shěnpàn

ぐんゆうかっきょ【群雄割拠】 群雄割据 qúnxióng gējù

ぐんよう【軍用】 军用 jūnyòng ◆～車 军车 jūnchē

ぐんらく【群落】 群生 qúnshēng；群落 qúnluò ◆植物の～ 植物群落 zhíwù qúnluò

くんりん【君臨-する】 君临 jūnlín；统治 tǒngzhì ◆王座に～《ボクシングなどの》称霸 chēngbà

くんれん【訓練-する】 训练 xùnliàn ◆避難～ 避难训练 bìnàn xùnliàn

くんわ【訓話-をする】 训示 xùnshì；训话 xùnhuà

け

け【卦】卦 guà ♦ ～を見る 占卦 zhānguà
け【毛】毛 máo ♦ ～が生える 长毛 zhǎng máo ♦ ～を刈る 剪毛 jiǎn máo ♦ ～足の長い 毛长 máo cháng；〈頭髪〉头发 tóufa ♦ ～が抜ける 掉头发 diào tóufa
ケア 护理 hùlǐ；照顾 zhàogù
けあな【毛穴】汗孔 hànkǒng；毛孔 máokǒng
ケアレスミス 粗心大意引起的错误 cūxīn dàyì yǐnqǐ de cuòwù
けい【刑】～に服す 服刑 fúxíng；～を言い渡す 判刑 pànxíng
けい【系】系 xì；系统 xìtǒng
けい【罫】格 gé；线 xiàn
けい【計】❶〈計画〉计划 jìhuà ♦ ～を案じる 想出一计 xiǎngchū yījì ❷〈合計〉合计 héjì；总计 zǒngjì
げい【芸】技艺 jìyì ♦ ～がない 太没意思 tài méi yìsi ♦ ～を披露する 表演技能 biǎoyǎn jìnéng
ゲイ 男同性恋者 nán tóngxìngliànzhě
けいあい【敬愛-する】敬爱 jìng'ài；倾慕 qīngmù
けいい【敬意】敬意 jìngyì ♦ ～を表する 致敬 zhìjìng；表示敬意 biǎoshì jìngyì
けいい【経緯】❶〈經度と緯度〉经纬度 jīngwěidù ❷〈いきさつ〉过程 guòchéng；原委 yuánwěi
けいえい【経営-する】经营 jīngyíng；经纪 jīngjì ♦ ～者 经理 jīnglǐ
けいえん【敬遠-する】❶〈さける〉敬而远之 jìng ér yuǎn zhī ♦ 先輩を～する 对学长敬而远之 duì xuézhǎng jìng ér yuǎn zhī ❷〈野球〉～する 故意扔四个坏球 gùyì rēng sì ge huàiqiú
けいおんがく【軽音楽】轻音乐 qīngyīnyuè
けいか【経過】❶〈事柄の〉经过 jīngguò；过程 guòchéng ♦ ～をみる 观察经过 guānchá jīngguò ❷〈時間の〉过去 guòqù；经过 jīngguò
けいが【慶賀】喜庆 xǐqìng；庆贺 qìnghè
けいかい【警戒-する】戒备 jièbèi；警惕 jǐngtì；警戒 jǐngjiè ♦ ～警報を発令する 发出警报 fāchū jǐngbào
けいかい【軽快な】轻快 qīngkuài；轻捷 qīngjié ♦ ～な足どり 轻快的脚步 qīngkuài de jiǎobù ♦ ～な音楽 轻松的音乐 qīngsōng de yīnyuè

けいかく【計画-する】方案 fāng'àn；计划 jìhuà；筹划 chóuhuà ♦ ～経済 计划经济 jìhuà jīngjì ♦ ～倒れ 计划落空 jìhuà luòkōng ♦ ～的[に]有计划的[地] yǒujìhuà de [de]
けいかん【警官】警察 jǐngchá；巡警 xúnjǐng
けいき【刑期】刑期 xíngqī ♦ ～を終える 服完刑 fú wán xíng
けいき【契機】契机 qìjī
けいき【景気】景气 jǐngqì；景况 jǐngkuàng；市面 shìmiàn ♦ ～の良い 景气 jǐngqì ♦ ～が悪い 萧条 xiāotiáo；不景气 bù jǐngqì ♦ ～指数 景气指数 jǐngqì zhǐshù
けいき【計器】仪表 yíbiǎo；仪器 yíqì
けいく【警句】警句 jǐngjù；妙语 miàoyǔ
けいぐ【敬具】此致 cǐzhì；谨启 jǐnqǐ
けいけい【炯炯】～たる眼光 炯炯目光 jiǒngjiǒng mùguāng
げいげき【迎撃-する】迎击 yíngjī
けいけん【敬虔】虔敬 qiánjìng；虔诚 qiánchéng
けいけん【経験-する】经验 jīngyàn；经历 jīnglì；体验 tǐyàn ♦ ～豊かな 经验丰富 jīngyàn fēngfù ♦ ～者 有经验的人 yǒu jīngyàn de rén；过来人 guòláirén ♦ ～を積む 积累经验 jīlěi jīngyàn ♦ ～不足 缺乏经验 quēfá jīngyàn ♦ ～主义 经验主义 jīngyàn zhǔyì
けいげん【軽減-する】减轻 jiǎnqīng；轻减 qīngjiǎn
けいこ【稽古-する】排练 páiliàn；训练 xùnliàn
けいご【敬語】敬辞 jìngcí；敬语 jìngyǔ
けいご【警護-する】保卫 bǎowèi；警卫 jǐngwèi
けいこう【傾向】倾向 qīngxiàng；趋势 qūshì
けいこう【携行-する】随带 suídài；携带 xiédài
けいこう【蛍光】荧光 yíngguāng ♦ ～灯 荧光灯 yíngguāngdēng；日光灯 rìguāngdēng ♦ ～塗料 荧光涂料 yíngguāng túliào
げいごう【迎合-する】迎合 yínghé；趋附 qūfù；讨好 tǎohǎo
けいこうぎょう【軽工業】轻工业 qīnggōngyè
けいこく【渓谷】溪谷 xīgǔ

けいこく【警告-する】警告 jǐnggào; 警戒 jǐngjiè
けいさい【掲載-する】刊登 kāndēng; 刊載 kānzǎi 刊載される 登載消息 dēngzǎi xiāoxi
けいざい【経済】经济 jīngjì ◆～学 经济学 jīngjìxué ◆～恐慌 经济危机 jīngjì wēijī ◆～構造 经济结构 jīngjì jiégòu ◆～市况 商情 shāngqíng ◆～制裁 经济制裁 jīngjì zhìcái ◆～のだ 能节省 néng jiéshěng ◆～特区 经济特区 jīngjì tèqū
けいさぎょう【軽作業】轻活 qīnghuó
けいさつ【警察】警察 jǐngchá; 公安 gōng'ān ◆～犬 警犬 jǐngquǎn ◆～署 公安局 gōng'ānjú; 派出所 pàichūsuǒ ◆～官 警察官 jǐngcháguān
けいさん【計算-する】❶【数学】计算 jìsuàn; 算 suàn ◆～機 计算机 jìsuànjī ❷【腹の中で】盘算 pánsuan ◆～高い 专为自己打算的 zhuān wèi zìjǐ dǎsuàn de
けいし【軽視-する】忽视 hūshì; 看不起 kànbuqǐ; 小看 xiǎokàn
けいじ【刑事】❶【刑事巡查】刑警 xíngjǐng ❷【民事に対する】刑事 xíngshì ◆～事件 刑事案件 xíngshì ànjiàn
けいじ【啓示】启示 qǐshì ◆神の～を受ける 受到神启 shòudào shénqǐ
けいじ【慶事】喜庆 xǐqìng; 喜事 xǐshì
けいじ【揭示-する】揭示 jiēshì; 板 告示栏 bùgàolán; 揭示牌 jiēshìpái
けいしき【形式】形式 xíngshì; 样式 yàngshì ◆～を整える 整理形式 zhěnglǐ xíngshì ◆～的な 形式上的 xíngshìshàng de
けいじじょう【形式上】◆～学 形而上学 xíng'érshàngxué; 玄学 xuánxué
けいじどうしゃ【軽自動車】小型汽车 xiǎoxíng qìchē
けいしゃ【傾斜】倾斜 qīngxié ◆～地 斜坡 xiépō ◆～度 倾斜度 qīngxiédù
けいじゅつ【芸術】艺术 yìshù ◆～家 艺术家 yìshùjiā ◆～品 艺术品 yìshùpǐn ◆～的な 艺术性的 yìshùxìng de
げいしゅん【迎春】迎春 yíngchūn
けいしょ【経書】经典 jīngdiǎn; 经书 jīngshū
けいしょう【形象】形象 xíngxiàng
けいしょう【敬称】敬称 jìngchēng; 尊称 zūnchēng ◆～を略す 敬称从略 jìngchēng cónglüè
けいしょう【景勝】◆～地 景区 jǐng-

qū; 胜地 shèngdì; 风景区 fēngjǐngqū
けいしょう【継承-する】继承 jìchéng ◆～する 承袭 chéngxí; 承受 chéngshòu ◆～者《学术·技能の》传人 chuánrén ◆王位～ 王位继承 wángwèi jìchéng
けいしょう【警鐘】《注意·警告》◆～を鸣らす 敲警钟 qiāo jǐngzhōng
けいしょう【軽傷】轻伤 qīngshāng
けいしょう【軽症】轻症 qīngzhèng
けいじょう【形状】形状 xíngzhuàng; 状貌 zhuàngmào; 体形 tǐxíng ◆～記憶合金 形状记忆合金 xíngzhuàng jìyì héjīn
けいじょう【計上-する】计算在内 jìsuàn zàinèi; 列入 lièrù
けいじょうひ【経常費】经常费 jīngchángfèi
けいしょく【軽食】点心 diǎnxin; 小吃 xiǎochī; 快餐 kuàicān
けいしん【軽震】轻震 qīngzhèn
けいず【系図】家谱 jiāpǔ; 谱系 pǔxì
けいすう【係数】系数 xìshù
けいせい【形勢】势头 shìtou; 形势 xíngshì; 风头 fēngtou ◆～を见る 观察形势 guānchá xíngshì ◆有利な～ 有利形势 yǒulì xíngshì
けいせい【形成-する】形成 xíngchéng; 生成 shēngchéng ◆人格～ 人格形成 réngé xíngchéng ◆～外科 整形外科 zhěngxíng wàikē
けいせい【軽声】轻声 qīngshēng
けいせき【形跡】形迹 xíngjì ◆～がある[ない]有[没有]形迹 yǒu[méiyǒu] xíngjì
けいせん【経線】经线 jīngxiàn
けいせん【罫線】线 xiàn ◆～を引く 划线 huàxiàn
けいそ【珪素】硅 guī ◆～鋼 硅钢 guīgāng
けいそう【軽装】轻装 qīngzhuāng ◆～で外出する 轻装出门 qīngzhuāng chūmén
けいぞう【惠贈-する】惠赠 huìzèng
けいそく【計測-する】测 cè; 计量 jìliàng; 量度 liángdù
けいぞく【継続-する】持续 chíxù; 继续 jìxù; 延续 yánxù
けいそつ【軽率】草率 cǎoshuài; 冒失 màoshi; 轻易 qīngyì ◆～な発言 轻率的发言 qīngshuài de fāyán ◆～に結論を下す 贸然下结论 màorán xià jiélùn
けいたい【形態】形态 xíngtài ◆政治～ 政治形态 zhèngzhì xíngtài
けいたい【携帯-する】携带 xiédài ◆～用の 便携的 biànxié de ◆～電话 手机 shǒujī

けいだい【境内】神庙的院落 shénmiào de yuànluò
けいちつ【惊蛰】惊蛰 jīngzhé
けいちゅう【傾注-する】倾注 qīngzhù；贯注 guànzhù
けいちょう【傾聴-する】倾听 qīngtīng ◆~に値する 值得一听 zhíde yì tīng
けいちょう【慶弔】庆唁 qìngyàn；红白喜事 hóngbái xǐshì
けいちょうふはく【軽佻浮薄】轻佻 qīngtiāo；轻浮 qīngfú
けいつい【頸椎】颈椎 jǐngzhuī
けいてき【警笛】警笛 jǐngdí ◆~を鳴らす 鸣警笛 míng jǐngdí
けいと【毛糸】毛线 máoxiàn；绒线 róngxiàn ◆~の帽子 绒线帽子 róngxiàn màozi
けいど【経度】经度 jīngdù
けいど【軽度の-】轻度 qīngdù；轻微的 qīngwēi de
けいとう【系統】系统 xìtǒng ◆~立てる 建立系统 jiànlì xìtǒng ◆電気~の故障 电路系统的故障 diànlù xìtǒng de gùzhàng
けいとう【傾倒-する】倾倒 qīngdǎo；倾心 qīngxīn
ケイトウ【鶏頭】〈植物〉鸡冠花 jīguānhuā
げいとう【芸当】把戏 bǎxì
けいどうみゃく【頸動脈】颈动脉 jǐngdòngmài
げいにん【芸人】艺人 yìrén
げいのう【芸能】演艺 yǎnyì ◆~界 演艺界 yǎnyìjiè；演艺界人士 yǎnyìjiè rénshì；艺人 yìrén ◆古典~ 古典艺术 gǔdiǎn yìshù
けいば【競馬】跑马 pǎomǎ；赛马 sàimǎ ◆~場 赛马场 sàimǎchǎng
けいばい【競売-する】拍卖 pāimài
けいはく【軽薄-な】轻薄 qīngbó；轻佻 qīngtiāo ◆~きわまる 轻狂 qīngkuáng
けいはつ【啓発-する】启发 qǐfā；开导 kāidǎo；启迪 qǐdí ◆~を受ける 得到启发 dédào qǐfā
けいばつ【刑罰】刑罚 xíngfá ◆~を受ける 受刑 shòuxíng
けいはんざい【軽犯罪】轻微的罪行 qīngwēi de zuìxíng
けいひ【経費】费用 fèiyòng；花消 huāxiāo；经费 jīngfèi ◆~がかさむ 经费增多 jīngfèi zēngduō ◆必要な~ 必要经费 bìyào jīngfèi
けいび【警備-する】警备 jǐngbèi；警戒 jǐngjiè ◆~を固める 严防严防 yánfáng ◆~員 警卫 jǐngwèi
けいび【軽微な】轻微 qīngwēi
けいひん【景品】奖品 jiǎngpǐn；赠品 zèngpǐn

げいひんかん【迎賓館】迎宾馆 yíngbīnguǎn；国宾馆 guóbīnguǎn
けいふ【系譜】家谱 jiāpǔ；传统 chuántǒng
けいふ【継父】继父 jìfù
けいふう【芸風】艺术风格 yìshù fēnggé
けいふく【敬服-する】敬佩 jìngpèi；佩服 pèifú；钦佩 qīnpèi
けいべつ【軽蔑-する】轻蔑 qīngmiè；唾弃 tuòqì；看不起 kànbuqǐ
けいべん【軽便-な】轻便 qīngbiàn
けいぼ【継母】后母 hòumǔ；继母 jìmǔ
けいぼ【敬慕-する】仰慕 yǎngmù；崇拜 chóngbài；敬仰 jìngyǎng
けいほう【刑法】刑法 xíngfǎ
けいほう【警報】警报 jǐngbào ◆~ベル 警铃 jǐnglíng ◆~を出す 发出警报 fāchū jǐngbào
けいみょう【軽妙-な】轻松 qīngsōng；潇洒 xiāosǎ
けいむしょ【刑務所】监狱 jiānyù；大牢 dàláo；监牢 jiānláo ◆~に入る 下狱 xiàyù；蹲监狱 dūn jiānyù
げいめい【芸名】艺名 yìmíng
けいもう【啓蒙-する】启蒙 qǐméng
けいやく【契約-する】合同 hétong ◆~書 合同书 hétongshū ◆~期限 约期 yuēqí
けいゆ【経由-する】经由 jīngyóu；取道 qǔdào
けいゆ【軽油】轻油 qīngyóu
けいよう【形容-する】形容 xíngróng ◆~しがたい 难以形容 nányǐ xíngróng
けいよう【掲揚-する】升起 shēngqǐ ◆国旗を~する 升起国旗 shēngqǐ guóqí
けいようし【形容詞】形容词 xíngróngcí
けいらく【経絡】经络 jīngluò
けいらん【鶏卵】鸡蛋 jīdàn；鸡子儿 jīzǐr
けいり【経理】财务 cáiwù；会计 cáikuài ◆~係 财会人员 cáikuài rényuán ◆~をあずかる 担任会计 dānrèn kuàijì
けいりゃく【計略】计谋 jìmóu；计策 jìcè ◆~にかける 陷害 xiànhài
けいりゅう【係留-する】系留 jìliú；拴住 shuānzhù
けいりゅう【渓流】溪流 xīliú
けいりょう【計量-する】量 liáng；称量 chēngliáng ◆~カップ 量杯 liángbēi；量筒 liángtǒng ◆~スプーン 计量匙 jìliángchí
けいりん【競輪】自行车竞赛 zìxíngchē jìngsài
けいるい【係累】家累 jiālěi

けいれい【敬礼-する】敬礼 jìnglǐ; 施礼 shīlǐ; 行礼 xínglǐ
けいれき【経歴】经历 jīnglì; 履历 lǚlì
げいれき【芸歴】艺龄 yìlíng
けいれつ【系列】系列 xìliè; 系统 xìtǒng ♦~会社 同一系统的公司 tóngyī xìtǒng de gōngsī
けいれん【痙攣-する】抽搐 chōuchù; 抽筋 chōujīn; 痉挛 jìngluán ♦指が~する 手指抽筋 shǒuzhǐ chōujīn
けいろ【経路】去路 qùlù; 路径 lùjìng ♦感染~ 感染途径 gǎnrǎn tújìng
けいろ【毛色】♦~の変わった 独具一格 dú jù yī gé; 与众不同 yǔ zhòng bù tóng
ケーキ 蛋糕 dàngāo ♦~を焼く 烤蛋糕 kǎo dàngāo ♦バースデー~ 生日蛋糕 shēngrì dàngāo
ケース ❶【入れ物】箱 xiāng; 盒 hé; 柜 guì ♦~に入れる 装入箱里 zhuāngrù xiānglǐ ❷【事例】场合 chǎnghé; 情况 qíngkuàng
ケースバイケース 按具体情况处理 àn jùtǐ qíngkuàng chǔlǐ
ゲート 门 mén; 闸 zhá ♦~をくぐる 钻门 zuān mén ♦~ボール 门球 ménqiú
ケープ 斗篷 dǒupeng; 披肩 pījiān
ケーブル 电缆 diànlǎn; 缆 lǎn; 铁索 tiěsuǒ ♦~カー 电缆车 diànlǎnchē; 缆车 lǎnchē ♦~テレビ 有线电视 yǒuxiàn diànshì
ゲーム ❶【試合】比赛 bǐsài ♦シーソー~ 拉锯战 lājùzhàn ❷【遊び】游戏 yóuxì ♦テレビ~ 电子游戏 diànzǐ yóuxì ♦~ソフト 游戏软件 yóuxì ruǎnjiàn
けおとす【蹴落とす】踢下去 tīxiàqu; 踢开 tīkāi ♦ライバルを~ 排挤对手 páijǐ duìshǒu
けおりもの【毛織物】毛料 máoliào; 毛织品 máozhīpǐn
けが【怪我】创伤 chuāngshāng; 疮痍 chuāngyí ♦~をする 受伤 shòushāng
げか【外科】外科 wàikē ♦~医 外科医生 wàikē yīshēng ♦~手術 外科手术 wàikē shǒushù
げかい【下界】下界 xiàjiè; 尘世 chénshì
けがす【汚す】污辱 wūrǔ; 玷辱 diànrǔ; 玷污 diànwū
けがらわしい【汚らわしい】污秽 wūhuì; 肮脏 āngzāng ♦~行為 秽行 huìxíng
けがれ【汚れ】污秽 wūhuì; 污点 wūdiǎn; 污浊 wūzhuó ♦~のない 干净 gānjìng; 洁白 jiébái
けがれる【汚れる】肮脏 āngzāng; 弄脏 nòngzāng; 玷污 diànwū
けがわ【毛皮】皮毛 pímáo; 皮子 pízi ♦~製品 皮货 píhuò
げき【劇】戏剧 xìjù ♦~を鑑賞する 欣赏戏剧 xīnshǎng xìjù ♦~映画 故事片 gùshìpiàn
げき【檄】檄文 xíwén ♦~を飛ばす 传檄 chuánxí
げきか【劇化-する】戏剧化 xìjùhuà ♦小説を~する 把小说改编成戏剧 bǎ xiǎoshuō gǎibiānchéng xìjù
げきか【激化-する】激化 jīhuà ♦紛争が~する 争端激化 zhēngduān jīhuà
げきが【劇画】连环漫画 liánhuán mànhuà; 故事画 gùshìhuà
げきげん【激減-する】锐减 ruìjiǎn
げきこう【激昂-する】激昂 jī'áng
げきじょう【劇場】剧场 jùchǎng; 戏院 xìyuàn
げきじょう【激情】激情 jīqíng; 冲动 chōngdòng ♦~にかられて 由于一时冲动 yóuyú yīshí chōngdòng
げきしん【激震】激震 jīzhèn
げきする【激する】激动 jīdòng; 冲动 chōngdòng ♦言葉が~ 言辞激烈 yáncí jīliè
げきせん【激戦】激战 jīzhàn; 硬仗 yìngzhàng
げきぞう【激増-する】激增 jīzēng; 猛增 měngzēng
げきたい【撃退-する】击败 jībài
げきつい【撃墜-する】击落 jīluò
げきつう【劇痛】剧痛 jùtòng
げきてき【劇的】戏剧性的 xìjùxìng de
げきど【激怒-する】大发雷霆 dà fā léi tíng; 动怒 dòngnù; 震怒 zhènnù
げきどう【激動-する】激动 jīdòng ♦~する情勢 动荡不安的局势 dòngdàng bù'ān de júshì
げきとつ【激突-する】冲击 chōngjī; 猛撞 měngzhuàng ♦壁に~する 猛撞上墙 měngzhuàngshàng qiáng ♦強豪同士が~する 硬手激烈冲突 yìngshǒu jīliè chōngtū
げきは【撃破-する】击毁 jīhuǐ; 打败 dǎbài
げきひょう【劇評】剧评 jùpíng
げきぶん【檄文】檄文 xíwén
げきへん【激変-する】剧变 jùbiàn; 巨变 jùbiàn
げきやく【劇薬】剧药 jùyào
げきらい【嫌忌い-する】嫌恶 xiánwù; 厌恶 yànwù
げきりゅう【激流】奔流 bēnliú; 激

流 jīliú

げきれい【激励-する】 鼓励 gǔlì; 激励 jīlì; 勉励 miǎnlì

げきれつ【激烈-な】 激烈 jīliè; 猛烈 měngliè

げきろん【激論】 激烈辩论 jīliè biànlùn ◆～を戦わせる 进行激烈的争论 jìnxíng jīliè de zhēnglùn

けげん【怪訝-な】 诧异 chàyì; 惊讶 jīngyà; 奇怪 qíguài ◆～な顔 诧异的表情 chàyì de biǎoqíng

げこ【下戸】 不会饮酒的人 bú huì hējiǔ de rén

げこう【下校-する】 下学 xiàxué; 放学 fàngxué ◆～時刻 放学时间 fàngxué shíjiān

けさ【袈裟】 百衲衣 bǎinàyī; 袈裟 jiāshā

けさ【今朝】 今天早上 jīntiān zǎoshang

げざい【下剤】 泻药 xièyào

げざん【下山】 下山 xiàshān

ケシ【芥子】 罂粟 yīngsù

げし【夏至】 夏至 xiàzhì

けいいん【消印】 邮戳 yóuchuō

けしかける 调唆 tiáosuō; 挑唆 tiāosuō ◆犬を～ 唆使狗咬人 suōshǐ gǒu yǎo rén ◆仲間を～ 挑唆同事 tiāosuō tóngshì

けしからん 该死 gāisǐ; 岂有此理 qǐ yǒu cǐ lǐ ◆実に～ 真不像话 zhēn bùxiànghuà

けしき【景色】 风光 fēngguāng; 风景 fēngjǐng; 景色 jǐngsè ◆～のいい 景致好 jǐngzhì hǎo

ゲジゲジ 蚰蜒 yóuyán

けしゴム【消しゴム】 橡皮 xiàngpí

けしとめる【消し止める】 扑灭 pūmiè ◆火事を～ 扑灭火灾 pūmiè huǒzāi ◆悪い噂を～ 防止谣言传播 fángzhǐ yáoyán chuánbō

けじめ 分寸 fēncun; 界限 jièxiàn ◆～をつける 分清界限 fēnqīng jièxiàn

げしゃ【下車-する】 下车 xiàchē ◆途中～ 中途下车 zhōngtú xiàchē

げしゅく【下宿-する】 寄宿 jìsù

げじゅん【下旬】 下旬 xiàxún

けしょう【化粧-する】 化妆 huàzhuāng; 梳妆 shūzhuāng; 装扮 zhuāngbàn ◆～品 化妆品 huàzhuāngpǐn ◆～室 化妆室 huàzhuāngshì

けしん【化身】 化身 huàshēn ◆美の～ 美的化身 měi de huàshēn

けす【消す】 抹 mǒ; 熄 xī; 熄灭 xīmiè ◆明かりを～ 熄灯 xīdēng ◆火を～ 灭火 mièhuǒ ◆テレビを～ 关电视 guān diànshì ◆字を～ 《消しゴムなどで》擦掉字 cādiào zì ◆姿を～

躲藏起来 duǒcángqǐlai

げす【下衆】 粗俗 cūsú ◆～な言葉 粗话 cūhuà ◆～根性 贱脾气 jiànpíqì

げすい【下水】 污水 wūshuǐ ◆～道 xiàshuǐdào

ゲスト 嘉宾 jiābīn; 客人 kèrén; 《～出演を》客串演员 kèchuàn yǎnyuán

ゲストハウス 招待所 zhāodàisuǒ; 《公的機関の》宾馆 bīnguǎn

けずりとる【削り取る】 刮削 guāxiāo

けずる【削る】 ❶《刃物で》削 xiāo ◆かんなで～ 刨 bào ◆木を～ 刨木头 bào mùtou ❸《削減する》削减 xuējiǎn; 削减预算 xuējiǎn yùsuàn ◆人員を～ 减少人员 cáijiǎn rényuán ❹《削除する》删除 shānchú; 删掉 shāndiào ◆前書きを削ろう 删除前言吧 shānchú qiányán ba

げせん【下船-する】 下船 xià chuán

げせん【下賤-な】 轻贱 qīngjiàn; 下贱 xiàjiàn

けた【桁】 ❶《建物の》檩 lǐn; 桁 héng ❷《数の》位 wèi ◆5～五位数 wǔ wèishù ◆～はずれ 绝门 juémén ◆～が違う 相差悬殊 xiāngchà xuánshū

げた【下駄】 木屐 mùjī; 《比喩的に》◆～を預ける 全权委托别人去做 quánquán wěituō biérén qù zuò

げだい【外題】 剧目 jùmù

けだかい【気高い】 高大 gāodà; 高贵 gāoguì; 高尚 gāoshàng

けたたましい 喧嚣 xuānxiāo; 尖厉 jiānlì

げだつ【解脱-する】 解脱 jiětuō

けだもの【獣】 走兽 zǒushòu

けだるい 不得劲 bùdéjìn; 发酸 fāsuān; 懒洋洋 lǎnyángyáng

けち《金钱に》◆～な 吝啬 lìnsè; 小气 xiǎoqi ❷《卑しい》下贱 xiàjiàn; 卑鄙 bēibǐ ❸《いちゃもん》◆～をつける 挑毛病 tiāo máobìng

けちくさい【けち臭い】 吝啬 lìnsè

けちけち-する 吝惜 lìnxī; 抠搜 kōusou ◆～しない 大方 dàfang

ケチャップ 番茄酱 fānqiéjiàng

けちらす【蹴散らす】 踢散 tīsàn ◆雪を～ 踢飞雪 tīfēi xuě ◆敵を～ 打散敌人 dǎsàn dírén

けちる 吝惜 lìnxī

けちんぼう【けちん坊】 吝啬鬼 lìnsèguǐ

けつ【決】 决议 juéyì ◆～をとる 决表决 biǎojué

けつあつ【血圧】 血压 xuèyā ◆～が高い[低い] 血压高[低] xuèyā gāo

[dī]◆~を測る 量血压 liáng xuè-yā
けい【決意-する】 决心 juéxīn; 决意 juéyì; 决计 juéjì
けいいん【欠員】 空额 kòng'é; 空缺 kòngquē; 缺额 quē'é ◆~が生じる 出现缺额 chūxiàn quē'é
けつえき【血液】 血液 xuèyè ◆~銀行 血库 xuèkù ◆~型 血型 xuèxíng ◆~検査 验血 yànxuè
けつえん【血縁】 血缘 xuèyuán ◆~関係 亲缘 qīnyuán
けっか【結果】 结果 jiéguǒ ◆~的に 从结果看 cóng jiéguǒ kàn
けっかい【決壊-する】 溃决 kuìjué; 决口 juékǒu ◆堤防が~する 决堤 juédī
けっかく【結核】 结核 jiéhé; (中国医学の)痨病 láobìng
けっかん【欠陥】 缺点 quēdiǎn; 漏洞 lòudòng; 缺陷 quēxiàn ◆~を生じる 出毛病 chū máobìng ◆~品 次品 cìpǐn; 残品 cánpǐn
けっかん【血管】 血管 xuèguǎn
げっかん【月刊】 月刊 yuèkān ◆~誌 月刊杂志 yuèkān zázhì
げっかん【月間】 月度 yuèdù ◆~計画 月度计划 yuèdù jìhuà
けっき【決起-する】 奋起 fènqǐ ◆集会 誓师大会 shìshī dàhuì
けっき【血気】 血气 xuèqì; 肝胆 gāndǎn ◆~盛んな 血气方刚 xuèqì fānggāng
けつぎ【決議-する】 决议 juéyì
げっきゅう【月給】 月薪 yuèxīn ◆~日 发薪日 fāxīnrì
けっきょく【結局】 毕竟 bìjìng; 到底 dàodǐ; 归根结底 guīgēn jiédǐ ◆~誰も来なかった 结果谁都没来 jiéguǒ shéi dōu méi lái
けっきん【欠勤】 缺勤 quēqín ◆無断~ 擅自缺勤 shànzì quēqín
げっきん【月琴】 (楽器)月琴 yuèqín
げっけい【月経】 月经 yuèjīng ◆~が始まる 来潮 láicháo
ゲッケイジュ【月桂樹】 月桂树 yuèguìshù
けっこう【結構】 ❶ ⟨よい⟩ 不错 búcuò; 很好 hěn hǎo ◆~な味でした 真好吃 zhēn hǎochī ◆それで~です 这样就行 zhèyàng jiù xíng ❷ ⟨かなり⟩ 还 hái; 相当 xiāngdāng ◆~いける 够意思 gòu yìsi; 好极了 hǎo jíle ◆~な 不坏 bú huài; 可以 kěyǐ ❸ ⟨いらない⟩ ◆~な 不要了 búyào le ◆不用取りません 够了 gòu le
けっこう【欠航-する】 停班 tíngbān; 停航 tíngháng
けっこう【血行】 ◆~がよい 血液循环良好 xuèyè xúnhuán liánghǎo

けっこう【結合-する】 结合 jiéhé; 耦合 ǒuhé; 复合 fùhé
げっこう【月光】 月光 yuèguāng
けっこん【結婚】 结婚 jiéhūn; 结亲 jiéqīn; 成婚 chénghūn; (男子が)成家 chéngjiā; (女子が)出嫁 chūjià ◆~式 婚礼 hūnlǐ ◆~紹介所 婚姻介绍所 hūnyīn jièshàosuǒ ◆~年齢 (法定の)婚龄 hūnlíng ◆披露宴 喜筵 xǐyán
けっこん【血痕】 血迹 xuèjì; 血印 xuèyìn; 血痕 xuèhén
けっさい【決裁】 裁决 cáijué
けっさい【決済】 结算 jiésuàn; 结账 jiézhàng
けっさく【傑作】 杰作 jiézuò; 精品 jīngpǐn ◆~集 集锦 jíjǐn ◆最高~最高杰作 zuìgāo jiézuò ◆~の話は 真滑稽 zhēn huájī
けっさん【決算-する】 决算 juésuàn; 结算 jiésuàn; 结账 jiézhàng ◆~報告をする 报账 bàozhàng
げっさん【月産】 月产 yuèchǎn
けっし【決死】 决死 juésǐ ◆~の覚悟で 奋不顾身 fèn bú gù shēn ◆~隊 敢死队 gǎnsǐduì
けつじつ【結実-する】 结果 jiēguǒ
けっして【決して】 决不 jué bù; 万万 wànwàn; 绝对 juéduì ◆~あきらめない 决不死心 juébù sīxīn
けっしゃ【結社】 结社 jiéshè
げっしゃ【月謝】 每月的学费 měiyuè de xuéfèi ◆~を納める 交纳学费 jiāonà xuéfèi
けっしゅ【血腫】 血肿 xuèzhǒng
けっしゅう【結集-する】 集中 jízhōng; 总力を~する 集中全力 jízhōng quánlì
げっしゅう【月収】 每月收入 měiyuè shōurù
けっしゅつ【傑出-する】 出众 chūzhòng; 卓越 zhuóyuè ◆~した人物 出类拔萃 chū lèi bá cuì; 杰出的人物 jiéchū de rénwù
けつじょ【欠如-する】 缺乏 quēfá
けっしょう【決勝】 ◆~戦 决赛 juésài ◆~に進出する 进入决赛 jìnrù juésài
けっしょう【結晶-する】 结晶 jiéjīng ◆~体 晶体 jīngtǐ
けっしょう【血漿】 血浆 xuèjiāng
けっしょうばん【血小板】 血小板 xuèxiǎobǎn
けっしょく【血色】 脸色 liǎnsè; 血色 xuèsè ◆~がいい 血色好 xuèsè hǎo
げっしょく【月食】 月食 yuèshí
けっしん【決心-する】 决心 juéxīn; 决计 juéjì; 决意 juéyì ◆~する 下

けっする【決する】 決定 juédìng ◆意を～ 決意 juéyì
けっせい【結成-する】 成立 chénglì; 结成 jiéchéng
けっせい【血清】 血清 xuèqīng ◆～肝炎 血清肝炎 xuèqīng gānyán
けっせき【欠席-する】 缺席 quēxí ◆～[欠勤]届 假条 jiàtiáo
けっせき【結石】 结石 jiéshí ◆腎～ 肾结石 shèn jiéshí
けっせん【決戦】 决战 juézhàn; 死战 sǐzhàn
けっせん【血栓】 血栓 xuèshuān
けつぜん【決然-と】 决然 juérán
けっそう【血相】 ◆～を変える 勃然变脸色 bórán biàn liǎnsè
けっそく【結束-する】 团结 tuánjié ◆～が固い 团结紧密 tuánjié jǐnmì
けつぞく【血族】 亲属 qīnshǔ; 血亲 xuèqīn
げっそり 消瘦 xiāoshòu ◆～とやつれる 骤然消瘦 zhòurán xiāoshòu
けっそん【欠損】 赤字 chìzì; 亏损 kuīsǔn ◆～を出す 亏 kuī; 亏本 kuīběn; 赔钱 péiqián
けったく【結託-する】 串通一气 chuàntōng yíqì; 勾结 gōujié; 勾通 gōutōng
けつだん【決断-する】 决断 juéduàn ◆～の早い 果决 guǒjué ◆～力がある 果敢 guǒgǎn
けっちゃく【決着-する】 ◆～をつける 解决 jiějué; 收尾 shōuwěi
けっちん【血沈】 血沉 xuèchén
けってい【決定-する】 决定 juédìng; 决断 juéduàn ◆～的 决定性 juédìngxìng; 紧要 jǐnyào ◆～の瞬間 关键时刻 guānjiàn shíkè
けってん【欠点】 毛病 máobìng; 缺点 quēdiǎn; 短处 duǎnchù ◆～をあばく 揭短儿 jiēduǎnr
けっとう【決闘-する】 决斗 juédòu ◆～を申し込む 要求决斗 yāoqiú juédòu
けっとう【結党-する】 结党 jiédǎng
けっとう【血糖】 血糖 xuètáng ◆～過多症 血糖过多症 xuètáng guòduōzhèng
けっとう【血統】 血统 xuètǒng ◆～書 血统保证书 xuètǒng bǎozhèngshū
けつにょう【血尿】 血尿 xuèniào ◆～が出る 尿血 niàoxiě
けっぱく【潔白-な】 清白 qīngbái ◆身の～を証明する 证明一身清白 zhèngmíng yīshēn qīngbái
けつびょう【結氷-する】 上冻 shàngdòng; 结冰 jiébīng
げっぷ 嗝 gé ◆～が出る 打嗝儿 dǎgér

げっぷ【月賦】 按月付款 àn yuè fùkuǎn ◆～で購入する 按月付款购买 àn yuè fùkuǎn gòumǎi
けつぶつ【傑物】 雄杰 xióngjié; 杰出人物 jiéchū rénwù
げっぺい【月餅】 月饼 yuèbǐng
けっぺき【潔癖-な】 洁癖 jiépǐ; 清高 qīnggāo; 廉洁 liánjié
けつべつ【決(訣)別-する】 决别 juébié; 告别 gàobié
けつべん【血便】 血便 xuèbiàn ◆～が出る 便血 biànxiě
けつぼう【欠乏-する】 短缺 duǎnquē; 缺乏 quēfá; 缺少 quēshǎo
げっぽう【月報】 月报 yuèbào
けつまくえん【結膜炎】 结膜炎 jiémóyán
けつまつ【結末】 归结 guījié; 结局 jiéjú; 收场 shōuchǎng ◆～をつけ了结 liǎojié; 结束 jiéshù
げつまつ【月末】 月底 yuèdǐ; 月末 yuèmò
けつゆうびょう【血友病】 血友病 xuèyǒubìng
げつようび【月曜日】 礼拜一 lǐbàiyī; 星期一 xīngqīyī
けつらく【欠落-する】 欠缺 qiànquē; 缺陷 quēxiàn
げつれい【月例】 每月惯例 měiyuè guànlì ◆～報告 月报 yuèbào
げつれい【月齢】 月龄 yuèlíng
けつれつ【決裂-する】 决裂 juéliè; 破裂 pòliè ◆交渉が～する 谈判破裂 tánpàn pòliè
けつろ【血路】 血路 xuèlù; 活路 huólù ◆～を開く 杀出一条血路 shāchū yī tiáo xuèlù
けつろん【結論】 定论 dìnglùn; 断语 duànyǔ; 结论 jiélùn ◆～を下す 断定 duàndìng; 下结论 xià jiélùn
げどく【解毒-する】 解毒 jiědú ◆～剤 解毒药 jiědúyào
けとばす【蹴飛ばす】 踢开 tīkāi ◆要求を～ 拒绝要求 jùjué yāoqiú
けなす【貶す】 贬低 biǎndī
けなみ【毛並み】 ❶《動物的》毛色 máosè ◆猫が～を整える 猫顺体毛 māo tiǎn tǐmáo ❷《血統など》出身 chūshēn; 门第 méndì ◆～のよい人 出身好的人 chūshēn hǎo de rén
けぬき【毛抜き】 镊子 nièzi
けねつ【解熱】 ◆～剤 解热剂 jiěrèjì; 退烧药 tuìshāoyào
けねん【懸念-する】 挂念 guàniàn; 惦念 diànniàn; 担忧 dānyōu
ゲノム 基因组 jīyīnzǔ
けはい【気配】 动静 dòngjing ◆降りそうな～がする 有下雨的迹象 yǒu xiàyǔ de jìxiàng ◆秋の～ 秋天的

けばけばしい 【花哨】huāshao; 花里胡哨 huālǐ húshào
けばひょう【下馬評】 闲谈议论 xiántán yìlùn ◆~が高い 名声好 míngshēng hǎo
けばり【毛針】毛钩 máogōu
けびょう【仮病】假病 jiǎbìng ◆~をつかう 装病 zhuāng bìng
けひん【下品-な】下流 xiàliú; 下作 xiàzuo ◆~な言葉 下流话 xiàliúhuà; 脏字 zāngzì
けぶる【煙る】小雨や霧が 细蒙蒙 xìméngméng
けむし【毛虫】毛虫 máochóng; 毛毛虫 máomaochóng
けむたい【煙い】❶〈煙が〉烟气呛人 yānqì qiàngrén ❷〈うっとうしい〉~校长 令人发憷的校长 lìng rén fāchù de xiàozhǎng
けむり【煙】烟 yān; 烟雾 yānwù
けむる【煙る】冒烟 màoyān ◆雨に~街 烟雨迷蒙的大街 yānyǔ mímí de dàjiē
けもの【獣】走兽 zǒushòu ◆~道 山中野兽走的路 shānzhōng yěshòu zǒu de lù
げや【下野-する】下台 xiàtái; 下野 xiàyě
ケヤキ【欅】光叶榉 guāngyèjǔ
ゲラ〈印刷の〉铅字盘 qiānzìpán ◆~刷り 打样纸 dǎyàngzhǐ; 校样 jiàoyàng
げらく【下落-する】〈価格が〉跌价 diējià ◆~する 下跌 xiàdiē
けり ◆~をつける 解决 jiějué; 算账 suànzhàng ◆~がつく 完成 wánchéng; 结束 jiéshù
げり【下痢-をする】泻 xiè; 闹肚子 nào dùzi; 泻肚 xièdù ◆~止めの薬 止泻药 zhǐxièyào
ゲリラ 游击 yóujī ◆~戦を戦う 打游击战 dǎ yóujīzhàn
ける【蹴る】踢 tī; 踹 chuài ◆ボールを~ 踢球 tī qiú ◆要请を~ 拒绝要求 jùjué yāoqiú
けれつ【下劣-な】卑劣 bēiliè; 缺德 quēdé; ~下流 xiàliú
けれども 虽然…可是[但是] suīrán…kěshì[dànshì] ◆無名だ~実力は高い 虽然无名可是很有能力 suīrán wúmíng kěshì hěn yǒu nénglì
ゲレンデ 滑雪场 huáxuěchǎng
ケロイド 瘢痕 bānhén
けろりと 满不在乎 mǎn bú zàihu; 漠不关心 mò bù guānxīn ◆(病気の)~治る 一下子痊愈 yīxiàzi quányù
けわしい【険しい】〈道が〉险阻 xiǎn-

zǔ; 陡峭 dǒuqiào ◆~峰 险峰 xiǎnfēng; 〈情勢が〉险恶 xiǎn'è ◆~顔つき 横眉怒目 héng méi nù mù
けん【件】事 shì; 事情 shìqing
けん【券】票 piào; 券 quàn
けん【剣】剑 jiàn
けん【圏】圈 quān ◆大气~ 大气圈 dàqìquān ◆~内にある 在范围内 zài fànwéi nèi
けん【県】县 xiàn
けん【険】险恶 xiǎn'è ◆言葉に~がある 措辞严厉 cuòcí yánlì ◆顔に~がある 神色严厉 shénsè yánlì
けん【鍵】键 jiàn
けん【軒】〈単位〉所 suǒ; 栋 dòng ◆一~の家 一所房子 yì suǒ fángzi
けん【験】征兆 zhēngzhào ◆~のよい 吉利 jílì
けん【鉉】舷 xián; 船舷 chuánxián
げん【言】言 yán ◆~を左右にする 支吾其词 zhīwú qí cí
けんあく【険悪-な】险恶 xiǎn'è ◆~な雰囲気 险恶的气氛 xiǎn'è de qìfēn
けんあん【懸案】悬案 xuán'àn ◆~事項 未决事項 wèijué shìxiàng
げんあん【原案】原案 yuán'àn
けんい【権威】权威 quánwēi; 泰斗 tàidǒu ◆~のある 有权势的 yǒu wēishì de ◆医学の~ 医学权威 yīxué quánwēi
けんいん【検印】检验章 jiǎnyànzhāng; 检印 jiǎnyìn
けんいん【牽引-する】牵引 qiānyǐn; 拖带 tuōdài ◆~車 牵引车 qiānyǐnchē
げんいん【原因】原因 yuányīn; 起因 qǐyīn ◆~と結果 前因后果 qiányīn hòuguǒ; 因果 yīnguǒ ◆~を突き止める 查明原因 chámíng yuányīn
げんえい【幻影】幻景 huànjǐng; 幻象 huànxiàng
けんえき【検疫-する】检疫 jiǎnyì ◆~所 检疫站 jiǎnyìzhàn
げんえき【原液】原液 yuányè
げんえき【現役-の】現役 xiànyì ◆~選手 现役选手 xiànyì xuǎnshǒu ◆~を退く 引退 yǐntuì; 退役 tuìyì
けんえつ【検閲-する】检查 jiǎnchá; 审查 shěnchá
けんえん【嫌煙】嫌烟 xiányān; 嫌恶吸烟 xiánwù xīyān
けんえんのなか【犬猿の仲】水火不相容 shuǐ huǒ bù xiāngróng
けんお【嫌悪-する】嫌恶 xiánwù ◆ひどく~する 深恶痛绝 shēn wù tòng jué
けんおん【検温-する】量体温 liáng

tǐwēn
けんか【喧嘩-する】打架 dǎjià; 争斗 zhēngdòu; 吵架 chǎojià ◆~を仕掛ける 寻衅 xúnxìn; 挑衅 tiǎoxìn
げんか【原価】原价 yuánjià; 成本 chéngběn ◆~計算 成本核算 chéngběn hésuàn
げんが【原画】原画 yuánhuà
けんかい【見解】见解 jiànjiě; 看法 kànfǎ ◆~の相違 见解不同 jiànjiě bùtóng
げんかい【限界】极限 jíxiàn; 界限 jièxiàn; 限度 xiàndù ◆~に達する 达到极限 dádào jíxiàn ◆~を超え 超越界限 chāoyuè jièxiàn
げんがい【言外】言外 yánwài ◆~の意味 潜台词 qiántáicí; 弦外之音 xián wài zhī yīn
けんがく【見学-する】参观 cānguān
げんかく【厳格-な】严格 yángé; 严酷 yánkù; 严谨 yánjǐn
げんかく【幻覚】幻觉 huànjué
げんがく【弦楽】弦乐 xiányuè ◆~器 弦乐器 xiányuèqì ◆~四重奏 弦乐四重奏 xiányuè sìchóngzòu
げんがく【減額-する】减额 jiǎn'é ◆予算を~する 削减预算 xuējiǎn yùsuàn
けんがん【検眼-する】检眼 jiǎnyǎn; 验光 yànguāng
げんかん【厳寒】严寒 yánhán
げんかん【玄関】门口 ménkǒu ◆正面·大门 dàmén
けんぎ【嫌疑】嫌疑 xiányí ◆~が掛かる 涉嫌 shèxián; 受嫌疑 shòu xiányí
けんぎ【建議-する】建议 jiànyì; 提议 tíyì
げんき【元気】精神 jīngshen ◆~いっぱい 神气 shénqi; 精神饱满 jīngshen bǎomǎn ◆~がない 精神不振 jīngshen búzhèn; 没有精神 méiyǒu jīngshen ◆~づける 打气 dǎqì; 鼓励 gǔlì ◆~を奋い起こす 振作精神 zhènzuò jīngshen
げんぎ【原义】原义 yuányì
けんきゃく【健脚】健步 jiànbù
けんきゅう【研究-する】研究 yánjiū; 钻研 zuānyán; 考究 kǎojiu ◆~者 研究家 yánjiūjiā ◆~室 研究室 yánjiūshì ◆~热心な 热心研究的 rèxīn yánjiū de
げんきゅう【原級】◆~に留まる 蹲班 dūnbān; 留级 liújí
げんきゅう【減給-する】减薪 jiǎnxīn
げんきゅう【言及-する】提到 tídào; 谈到 tándào; 涉及 shèjí

けんぎゅうせい【牽牛星】牛郎星 niúlángxīng; 牵牛星 qiānniúxīng
けんきょ【謙虚】谦虚 qiānxū ◆~に受けとめる 谦虚地听取人家的意见 qiānxū de tīngqǔ rénjia de yìjian
けんきょ【検挙-する】拘捕 jūbǔ
けんぎょう【兼業-する】兼营 jiānyíng ◆~農家 兼业农户 jiānyè nónghù
げんきょう【元凶】祸首 huòshǒu; 首恶 shǒu'è; 元凶 yuánxiōng
げんきょう【現況】现况 xiànkuàng; 现状 xiànzhuàng
けんきん【献金-する】捐款 juānkuǎn ◆教育事業に~する 为教育事业捐款 wèi jiàoyù shìyè juānkuǎn
げんきん【厳禁】严禁 yánjìn ◆火气~ 严禁烟火 yánjìn yānhuǒ
げんきん【現金】现金 xiànjīn; 现款 xiànkuǎn; 现钱 xiànqián ◆~で払う 用现金支付 yòng xiànjīn zhīfù ◆~な人 势利眼 shìliyǎn
げんけい【原型】原型 yuánxíng
げんけい【原形】原形 yuánxíng; 原貌 yuánmào ◆~をとどめない 不留旧貌 bù liú jiùmào
げんけい【減刑-する】减刑 jiǎnxíng
けんげき【剣劇】武戏 wǔxì
けんけつ【献血-する】献血 xiànxuè
けんげん【権限】权柄 quánbǐng; 权力 quánlì; 权限 quánxiàn ◆~を越える 越权 yuèquán ◆~を与えられる 受权 shòuquán ◆~を与える 授权 shòuquán
けんけんごうごう【喧々囂々】议论汹汹 yìlùn xiōngxiōng; 吵吵闹闹 chāochāonàonào
けんご【堅固-な】坚固 jiāngù; 坚牢 jiānláo; 强固 qiánggù ◆~な守り 深沟高垒 shēn gōu gāo lěi
げんご【原語】原文 yuánwén
げんご【言語】语言 yǔyán ◆~学 语言学 yǔyánxué ◆~に絶する 难以言表 nányǐ yánbiǎo; 无法形容 wúfǎ xíngróng ◆~プログラム 程序语言 chéngxù yǔyán ◆C~ 〔プログラム言語の〕C 语言 C yǔyán
けんこう【健康】健康 jiànkāng ◆~に気をつけてね 多多保重 duōduō bǎozhòng ◆~によい 有益于健康 yǒuyìyú jiànkāng ◆~管理 保健 bǎojiàn ◆~保険 健康保险 jiànkāng bǎoxiǎn
けんこう【軒昂】轩昂 xuān'áng ◆意气~ 气宇轩昂 qìyǔ xuān'áng
げんこう【原稿】稿子 gǎozi; 原稿 yuángǎo ◆~用紙 稿纸 gǎozhǐ ◆~を書く 撰稿 zhuàngǎo; 写稿 xiě gǎozi ◆~料 稿费 gǎofèi

げんこう【現行】現行 xiànxíng ◆~の制度 现行制度 xiànxíng zhìdù ◆~犯 现行犯 xiànxíngfàn

げんこう【言行】言行 yánxíng ◆~一致 言行一致 yánxíng yízhì

げんごう【元号】年号 niánhào

けんこうこつ【肩甲骨】肩胛骨 jiānjiǎgǔ; 胛骨 jiǎgǔ

けんこく【建国】建国 jiànguó ◆~記念日 国庆节 guóqìngjié; 国庆节 guóqìngjié

げんこく【原告】原告 yuángào

げんこつ【拳骨】拳头 quántóu ◆~でなぐる 用拳头打 yòng quántóu dǎ

けんさ【検査-する】检查 jiǎnchá; 查验 cháyàn ◆検验 jiǎnyàn ◆身体~ 身体检查 shēntǐ jiǎnchá ◆品質~ 品质检验 pǐnzhí jiǎnyàn

けんざい【健在-な】健在 jiànzài ◆両親とも~ 父母都健在 fùmǔ dōu jiànzài

げんざい【原罪】原罪 yuánzuì

げんざい【現在】现在 xiànzài; 如今 rújīn; 目前 mùqián ◆~地 现地所在地 xiànzài suǒzàidì

けんざいか【顕在化-する】表面化 biǎomiànhuà

げんざいりょう【原材料】原材料 yuáncáiliào

けんさく【検索-する】查 chá; 检索 jiǎnsuǒ ◆~エンジン 搜索引擎 sōusuǒ yǐnqíng

げんさく【原作】原著 yuánzhù; 原作 yuánzuò ◆~者 原作者 yuánzuòzhě

けんさつ【検札-する】查票 chápiào

けんさつかん【検察官】公诉人 gōngsùrén; 检察官 jiǎncháguān

けんさん【研鑽-する】研究 yánjiū; 钻研 zuānyán ◆~を積む 刻苦钻研 kèkǔ zuānyán

けんさん【検算-する】验算 yànsuàn

げんさん【減産-する】减产 jiǎnchǎn

げんさんち【原産地】原产地 yuánchǎndì

けんし【検死-する】验尸 yànshī

けんし【犬歯】犬齿 quǎnchǐ

けんじ【堅持】坚持 jiānchí

けんじ【検事】检察官 jiǎncháguān

けんじ【顕示-する】显示 xiǎnshì; 明示 míngshì; 表现 biǎoxiàn

げんし【原始】原始 yuánshǐ ◆~人 原始人 yuánshǐrén ◆~的 原始的 yuánshǐ de

げんし【原子】原子 yuánzǐ ◆~核 原子核 yuánzǐhé ◆~爆弹 原子弹 yuánzǐdàn ◆~炉 核反应堆 héfǎnyìngduī ◆~番号 原子序数 yuánzǐ xùshù

けんしき【見識】见识 jiànshi; 目光 mùguāng ◆~が高い 见地很高 jiàndì hěn gāo; 很有见地 hěn yǒu jiàndì ◆~がない 见识短 jiànshi duǎn ◆~のある人 明眼人 míngyǎnrén; 有见识的人 yǒu jiànshi de rén

けんじつ【堅実-な】塌实 tāshi; 坚实 jiānshí; 脚踏实地 jiǎo tà shí dì ◆~な考え方 稳重的观点 wěnzhòng de guāndiǎn

げんじつ【現実】现实 xiànshí ◆~性のない 虚浮 xūfú ◆~的な 实际 shíjì; 现实的 xiànshí de

けんじゃ【賢者】贤智 xiánzhé; 贤人 xiánrén

げんしゅ【元首】元首 yuánshǒu

げんしゅ【厳守-する】严守 yánshǒu; 严格遵守 yángé zūnshǒu ◆時間~ 严守时间 yánshǒu shíjiān

けんしゅう【研修-する】研修 yánxiū; 进修 jìnxiū ◆新人~ 新人培训 xīnrén péixùn ◆~所 进修所 jìnxiūsuǒ

けんじゅう【拳銃】手枪 shǒuqiāng

げんしゅう【減収】减收 jiǎnshōu

げんじゅう【厳重】严厉 yánlì; 严格 yángé; 严紧 yánjǐn ◆~な戸締まり 紧锁门户 jǐnsuǒ ménhù ◆~注意 严厉警告 yánzhěng jǐnggào

げんじゅうしょ【現住所】现住址 xiànzhùzhǐ

げんしゅく【厳粛-な】庄严 zhuāngyán; 肃穆 sùmù; 严肃 yánsù

けんしゅつ【検出】检验出 jiǎnyànchū; 查出 cháchū

けんじゅつ【剣術】剑术 jiànshù

げんしょ【原書】原著 yuánzhù; 原版 yuánbǎn; 原本 yuánběn

けんしょう【憲章】宪章 xiànzhāng; 章程 zhāngchéng

けんしょう【懸賞】悬赏 xuánshǎng ◆~に応募する 应征悬赏 yìngzhēng xuánshǎng ◆~に当選する 入选得赏 rùxuǎn déshǎng

けんしょう【検証-する】检查 jiǎnyàn; 验证 yànzhèng; 证验 zhèngyàn

けんしょう【肩章】肩章 jiānzhāng

けんじょう【献上-する】奉献 fèngxiàn; 献 xiàn ◆~品 贡品 gòngpǐn

けんじょう【謙譲】谦让 qiānràng ◆~語 谦辞 qiāncí

げんしょう【減少-する】减少 jiǎnshǎo ◆出生率の~する 出生率下降 chūshēnglǜ xiàjiàng

げんしょう【現象】现象 xiànxiàng ◆~学 现象学 xiànxiàngxué ◆自

げんじょう ― けんちく

然~ 自然現象 zìrán xiànxiàng

げんじょう【原状】 原状 yuánzhuàng ◆~に復す 还原 huányuán ◆~に戻る 回复原状 huífù yuánzhuàng

げんじょう【現状】 现状 xiànzhuàng ◆~を維持する 维持现状 wéichí xiànzhuàng ◆~に不満だ 对现状不满 duì xiànzhuàng bùmǎn

けんしょうえん【腱鞘炎】 腱鞘炎 jiànqiàoyán

けんしょく【兼職-する】 兼职 jiānzhí

けんしょく【現職】 现任 xiànrèn

げんしょく【原色】 原色 yuánsè; 正色 zhèngsè ◆三~ 三原色 sānyuánsè

げんしょく【減食-する】 节食 jiéshí

げんしりょく【原子力】 原子能 yuánzǐnéng ◆~潜水艦 核潜艇 héqiántǐng ◆~発電所 核电站 hédiànzhàn

げんしりん【原始林】 原始森林 yuánshǐ sēnlín

げんじる【減じる】 刨除 páochú;（引き算）减 jiǎn ◆支出を~ 削减开支 xuējiǎn kāizhī

けんしん【検診-する】 诊察 zhěnchá; 检查疾病 jiǎnchá jíbìng

けんしん【検針-する】 查表 chá biǎo ◆ガスの~ 检查煤气用量 jiǎnchá méiqì yòngliàng

けんしん【献身-する】 献身 xiànshēn; 舍身 shěshēn ◆教育事業に~する 献身于教育事业 xiànshēnyú jiàoyù shìyè

けんじん【賢人】 贤达 xiándá; 贤人 xiánrén

げんじん【原人】 原人 yuánrén; 猿人 yuánrén

げんすい【元帥】 元帅 yuánshuài

けんずる【献ずる】 敬奉 jìngfèng; 敬献 jìngxiàn

げんせ【現世】 现世 xiànshì; 尘世 chénshì; 人间 rénjiān

けんせい【権勢】 权势 quánshì; 威权 wēiquán; 威武 wēiwǔ ◆~を頼む 仗势 zhàngshì

けんせい【牽制-する】 牵掣 qiānchè; 牵制 qiānzhì;（野球）走者を~する 牵制跑垒员 qiānzhì pǎolěiyuán ◆~球 牵制球 qiānzhìqiú

げんせい【厳正-な】 严明 yánmíng; 严正 yánzhèng

げんぜい【減税-する】 减税 jiǎnshuì

けんせつ【謹言-する】 谨啖 jǐnxiào

げんせき【原籍】 原籍 yuánjí; 祖籍 zǔjí; 籍贯 jíguàn

けんせつ【建設-する】 建立 jiànlì; 建设 jiànshè; 修建 xiūjiàn ◆プラン 建设蓝图 jiànshè lántú ◆~用地 地皮 dìpí

けんせつてき【建設的-な】 积极 jījí ◆~な意見 建设性意见 jiànshèxìng yìjiàn

けんぜん【健全-な】 健康 jiànkāng; 健 jiànquán ◆~な経営 健全的经营 jiànquán de jīngyíng

けんせん【厳選-する】 严格挑选 yángé tiāoxuǎn

げんせん【源泉】 源泉 yuánquán ◆~課税 预付税 yùfùshuì

げんそ【元素】 元素 yuánsù ◆~记号 元素符号 yuánsù fúhào

けんそう【喧騒】 喧闹 xuānnào; 喧嚣 xuānxiāo ◆都会の~ 都市的喧嚣 dūshì de xuānxiāo

けんぞう【建造-する】 建造 jiànzào ◆~物 建筑 jiànzhù; 建筑物 jiànzhùwù

げんそう【幻想】 幻觉 huànjué; 幻想 huànxiǎng ◆~を抱く 抱有幻想 bàoyǒu huànxiǎng ◆~的な光景 梦幻般的情景 mènghuàn bān de qíngjǐng

げんぞう【現像-する】 冲洗 chōngxǐ; 显影 xiǎnyǐng ◆~液 显影剂 xiǎnyǐngjì ◆写真を~ 冲洗照片 chōngxǐ zhàopiàn

げんそく【原則】 原则 yuánzé ◆~的に 原则上 yuánzéshàng

げんそく【減速-する】 减速 jiǎnsù

げんぞく【還俗-する】 还俗 huánsú

けんそん【謙遜-する】 自谦 zìqiān; 谦虚 qiānxū

げんそん【現存-する】 留存 liúcún; 现存 xiàncún

けんたい【倦怠】 厌倦 yànjuàn; 倦怠 juàndài ◆~を感じる 感到厌倦 gǎndào yànjuàn ◆~期 倦怠期 juàndàiqī

げんたい【減退-する】 减退 jiǎntuì; 消退 xiāotuì ◆食欲~ 食欲减退 shíyù jiǎntuì

げんだい【現代】 现代 xiàndài ◆~文学 当代文学 dāngdài wénxué

けんたんか【健啖家】 贪吃的 tānchī de; 大肚子 dàdùzi

けんち【見地】 见解 jiànjiě; 观点 guāndiǎn ◆広い~に立つ 从大局出发 cóng dàjú chūfā

げんち【現地】 当地 dāngdì; 现场 xiànchǎng ◆~集合 当地集合 dāngdì jíhé

げんち【言質】 ◆~をとる 取得诺言 qǔdé nuòyán

けんちく【建築】 建筑 jiànzhù ◆~学 建筑学 jiànzhùxué ◆~材料 建材 jiàncái ◆~资材 建筑资料

jiànzhù zīliào ♦~家 建筑家 jiànzhùjiā ♦~物 建筑物 jiànzhùwù

けんちょ【顕著-な】 显著 xiǎnzhù

げんちょ【原著】 原著 yuánzhù

けんてい【検定-する】 审定 shěndìng; 检定 jiǎndìng ♦~試験 鉴定考试 jiàndìng kǎoshì; 测验 cèyàn

げんてい【限定-する】 限制 xiànzhì; 局限 júxiàn; 限定 xiàndìng ♦夏季～ 只限夏季 zhǐxiàn xiàjì ♦品质数商品 限량商品 xiànshù shāngpǐn

げんてん【原典】 原著 yuánzhù; 原书 yuánshū ♦~にあたる 对照原著 duìzhào yuánzhù

げんてん【原点】 起源 qǐyuán; 出发点 chūfādiǎn ♦~に立ち返る 回到出发点 huídào chūfādiǎn

けんてん【減点-する】 扣分 kòufēn; 创玩儿 páofēnr

げんど【限度】 界限 jièxiàn; 限度 xiàndù ♦~を越える 过头 guòtóu ♦~枠 限额 xiàn'é

けんとう【健闘-する】 奋斗 fèndòu

けんとう【検討-する】 研究 yánjiū; 研讨 yántǎo

けんとう【見当】 估计 gūjì; 揣测 chuǎicè; 估量 gūliàng ♦~がつかない 无法估计 wúfǎ gūjì ♦~外れの発言 离题甚远的发言 lítí shènyuǎn de fāyán

けんどう【剣道】 剑道 jiàndào; 刀木 dāoshù ♦~の達人 剑道高手 jiàndào gāoshǒu

げんとう【厳冬】 寒冬 hándōng; 隆冬 lóngdōng; 严冬 yándōng

げんどう【言動】 言行 yánxíng ♦~に注意する 检点言行 jiǎndiǎn yánxíng

げんどうき【発動機】 发动机 fādòngjī

げんどうりょく【原動力】 动力 dònglì; 原动力 yuándònglì

けんない【圏内】 圏内 quānnèi ♦合格～にいる 在合格范围内 zài hégé fànwéinèi

げんなり【-する】 厌烦 yànfán; 腻烦 nìfán; 气馁 qìněi

げんに【現に】 实际 shíjì; 现实 xiànshí; 面前 yǎnqián ♦~見たんだ 确实看见了 quèshí kànjiàn le

けんにょう【検尿-する】 验尿 yànniào

けんにん【兼任-する】 兼任 jiānrèn; 兼职 jiānzhí

けんのう【献納-する】 捐赠 juānzèng; 敬献 jìngxiàn

げんば【現場】 现场 xiànchǎng ♦~に居合わせる 在场 zàichǎng ♦~監督 监工 jiāngōng ♦~事故 事故现场 shìgù xiànchǎng

けんばいき【券売機】 售票机 shòupiàojī

げんばく【原爆】 原子弹 yuánzǐdàn

げんばつ【厳罰】 严罚 yánfá ♦~に処する 严惩 yánchéng

げんぱつ【原発】《発電》核电 hédiàn; 《発電所》核电站 hédiànzhàn

けんばん【鍵盤】 键盘 jiànpán ♦~楽器 键盘乐器 jiànpán yuèqì

けんび【兼備-する】 兼备 jiānbèi

けんびきょう【顕微鏡】 显微镜 xiǎnwēijìng

けんぴん【検品】 检查商品 jiǎnchá shāngpǐn; 检品 jiǎnpǐn

げんぴん【現品】 实物 shíwù ♦~限り 只限现货 zhǐxiàn xiànhuò

けんぶつ【見物-する】 参观 cānguān; 游览 yóulǎn ♦高みの～を決め込む 袖手旁观 xiùshǒu pángguān ♦~人 观客 guānkè ♦~席 观看席 guānkànxí

げんぶつ【現物】 实物 shíwù; 现货 xiànhuò ♦~支給の工资 实物工资 shíwù gōngzī

けんぶん【見分】 见识 jiànshí; 见闻 jiànwén; 耳目 ěrmù ♦~を広める 开眼 kāiyǎn; 长见识 zhǎng jiànshi

げんぶん【原文】 原文 yuánwén ♦~のまま 原文原封不动 yuánwén fēng bù dòng

げんぶんいっち【言文一致】 言文一致 yánwén yízhì

けんべん【検便】 验便 yànbiàn

げんぽ【原簿】 原本 yuánběn; 底册 dǐcè; 清册 qīngcè

けんぽう【憲法】 宪法 xiànfǎ ♦~を制定する 制定宪法 zhìdìng xiànfǎ ♦~草案 宪法草案 xiànfǎ cǎo'àn

けんぽう【拳法】 拳术 quánshù; 拳脚 quánjiǎo ♦~家 拳术家 quánshùjiā

げんぽう【減俸-する】 減薪 jiǎnxīn ♦~処分 減薪处分 jiǎnxīn chǔfèn

けんぽうしょう【健忘症】 健忘症 jiànwàngzhèng

げんぽん【原本】 原本 yuánběn

げんぽん【原本】 正本 zhèngběn ♦契约书～ 合同正本 hétong zhèngběn

けんま【研磨-する】 研磨 yánmó ♦~剂 研磨剂 yánmójì

げんまい【玄米】 糙米 cāomǐ

けんまく【剣幕】 气焰嚣张 qìyàn xiāozhāng ♦すごい～で迫る 咄咄逼人 duōduō bī rén

げんみつ【厳密-な】 严密 yánmì; 周密 zhōumì

けんむ【兼務-する】 兼任 jiānrèn;

兼职 jiānzhí
けんめい【懸命】拼命 pīnmìng; 狠命 hěnmìng ◆ 〜に努力する 竭尽全力 jiéjìn quánlì ◆ 〜に働く 拼命工作 pīnmìng gōngzuò
けんめい【賢明】贤明 xiánmíng; 明智 míngzhì
げんめい【厳命】-する 严命 yánmìng; 严令 yánlìng
げんめい【言明】-する 申明 shēnmíng; 声言 shēngyán
げんめつ【幻滅】幻灭 huànmiè
げんめん【減免】-する 减免 jiǎnmiǎn
けんもほろろ 极其冷淡 jíqí lěngdàn; 冷冰冰 lěngbīngbīng ◆ 〜に断わる 断然拒绝 duànrán jùjué
けんもん【検問】查问 cháwèn ◆ 〜所 关卡 guānqiǎ; 卡子 qiǎzi
げんや【原野】原野 yuányě
けんやく【倹約】-する 俭省 jiǎnshěng
げんゆ【原油】原油 yuányóu
げんゆう【現有】现存的 xiàncún de ◆ 〜勢力 现有的力量 xiànyǒu de lìliang
けんよう【兼用】-する 两用 liǎngyòng; 兼用 jiānyòng
けんらん【絢爛】-たる 灿烂的 cànlànde; 绚烂耀眼 xuànlàn yàoyǎn
けんり【権利】权利 quánlì ◆ 〜証明書 权利证明书 quánlì zhèngmíngshū ◆ 〜を主張する 主张权利 zhǔzhāng quánlì
げんり【原理】道理 dàoli; 原理 yuánlǐ
げんりゅう【源流】源流 yuánliú
げんりょう【原料】原料 yuánliào; 材料 cáiliào
げんりょう【減量】-する 减量 jiǎnliàng; 减轻体重 jiǎnqīng tǐzhòng
けんりょく【権力】权力 quánlì ◆ 〜を握る 当权 dāngquán ◆ 〜者 掌权者 zhǎngquánzhě
けんろう【堅牢】-な 牢固 láogù; 坚固 jiāngù
げんろん【言論】言论 yánlùn ◆ 〜の自由 言论自由 yánlùn zìyóu ◆ 〜の弾圧 压制言论 yāzhì yánlùn
げんわく【眩惑】迷惑 míhuò; 眩惑 xuànhuò

こ

こ【個】◆ 〜人 自我 zìwǒ
こ【個】❶〈単位〉个 ge ❷〈個人〉个人 gèrén; 自我 zìwǒ
こ【弧】弧 hú ◆ 〜を描く 形成抛物线 xíngchéng pāowùxiàn
こ【子】❶〈自分の〉孩子 háizi; 子女 zǐnǚ ❷〈幼児〉小孩儿 xiǎoháir ❸〈動物の〉患子 zǎizi
こ【故】已故 yǐgù
こ【五】五 wǔ
ご【碁】围棋 wéiqí ◆ 〜を打つ 下围棋 xià wéiqí ◆ 〜石 棋子儿 qízǐr; 棋盘 qípán
ご【語】语句 yǔjù; 话 huà ◆ 1 万〜 一万词汇 yíwàn cíhuì
コア 核 hé
コアラ 考拉 kǎolā; 树袋熊 shùdàixióng
こい【故意-に】成心 chéngxīn; 故意 gùyì; 有心 yǒuxīn ◆ 〜ではない 不是有意的 búshì yǒuyì de
こい【濃い】❶〈色や味〉浓 nóng; 酽 yàn; 深 shēn ◆ 〜お茶 酽茶 yànchá; 浓茶 nóngchá ❷〈密度〉稠 chóu ◆ お粥が〜 粥很稠 zhōu hěn chóu ◆ 眉毛が〜 浓眉 nóngméi ◆ 可能性が〜 可能性很大 kěnéngxìng hěn dà
こい【恋】恋爱 liàn'ài ◆ 〜をする 谈恋爱 tán liàn'ài ◆ 〜のワナに落ちる 陷入情网 xiànrù qíngwǎng ◆ 〜に破れる 失恋 shīliàn ◆ 〜煩い 相思病 xiāngsībìng
コイ【鯉】鲤鱼 lǐyú
ごい【語彙】词汇 cíhuì; 语汇 yǔhuì ◆ 〜が豊富だ 词汇很丰富 cíhuì hěn fēngfù
こいがたき【恋敵】情敌 qíngdí
こいき【小意気-な】标致 biāozhì; 俏皮 qiàopí; 酷 kù (英: cool)
こいごころ【恋心】恋慕之情 liànmù zhī qíng
こいし【小石】石头子儿 shítouzǐr
こいしい【恋しい】怀念 huáiniàn; 想念 xiǎngniàn; 爱慕 àimù
こいしたう【恋い慕う】爱恋 àiliàn; 思慕 sīmù
こいつ 这个家伙 zhège jiāhuo
こいぬ【子犬】小狗 xiǎogǒu
こいねがう【請い願う】盼望 pànwàng; 渴望 kěwàng
こいびと【恋人】对象 duìxiàng; 朋友 péngyou; 恋人 liànrén
コイル 线圈 xiànquān
コイン 硬币 yìngbì ◆ 〜投入口 币投入口 yìngbì tóurùkǒu ◆ 〜ランドリー 投币式洗衣机 tóubìshì xǐyī-

こう ー こうか

jī ◆~ロッカー 投币式存放柜 tóubìshì cúnfàngguì
こう【功】〈手柄〉功 gōng: 功劳 gōngláo ◆~成り名を遂ぐ 功成名就 gōng chéng míng jiù
こう【効】效验 xiàoyàn ◆~なし 无效 wúxiào ◆~を奏する 奏效 zòuxiào
こう【甲】〈こうら〉甲壳 jiǎqiào ◆亀の~ 亀甲 guījiǎ ◆手の~ 手背 shǒubèi
こう【項】❶〈ことがら〉事项 shìxiàng ❷〈箇条〉项目 xiàngmù ❸〈数学で〉项 xiàng ◆次~ 下一项 xià yí xiàng
こう【香】〈香を焚く〉烧香 shāo xiāng: 焚香 fén xiāng
こう【請う】请 qǐng: 请求 qǐngqiú: 乞求 qǐqiú ◆教えを~ 请教 qǐngjiào: 求教 qiújiào ◆許しを~ 请求宽恕 qǐngqiú kuānshù
ごう【業】〈仏教で〉孽 niè: 业障 yèzhàng ◆~を煮やす 急得发脾气 jí de fā píqì
ごう【号】号 hào: 别号 biéhào
こうあつ【高圧】高压 gāoyā ◆~線 高压线 gāoyāxiàn ◆~電力 高压电 gāoyādiàn ◆~注意 小心高压电 xiǎoxīn gāoyādiàn
こうあん【公安】公安 gōng'ān
こうあん【考案-する】设计 shèjì: 想出 xiǎngchū
こうい【厚意】厚意 hòuyì: 盛意 shèngyì ◆ご~を有り難く頂戴する 领情 lǐngqíng
こうい【好意】好意 hǎoyì: 善意 shànyì: 盛情 shèngqíng ◆~の善意 shànyì ◆~を持つ 产生好感 chǎnshēng hǎogǎn: 爱上 àishang
こうい【皇位】皇位 huángwèi ◆~を継承する 继承皇位 jìchéng huángwèi
こうい【行為】行为 xíngwéi: 举动 jǔdòng: 作为 zuòwéi
ごうい【合意-する】同意 tóngyì: 协议 xiéyì: 成议 chéngyì
こういう 这样的 zhèyàng de: 这种 zhèzhǒng
こういしつ【更衣室】更衣室 gēngyīshì
こういしょう【後遺症】后遗症 hòuyízhèng
こういってん【紅一点】唯一的女性 wéiyī de nǚxìng: 万绿丛中一点红 wàn lǜ cóng zhōng yì diǎn hóng
こういん【光陰】光阴 guāngyīn: 时光 shíguāng ◆~矢のごとし 光阴似箭 guāng yīn sì jiàn
こういん【拘引-する】拘捕 jūbǔ
ごういん【強引-な】强行 qiáng-

xíng: 硬 yìng
ごうう【豪雨】暴雨 bàoyǔ
こううりょう【降雨量】雨量 yǔliàng
こううん【幸/好運】幸运 xìngyùn: 侥幸 jiǎoxìng: 运气 yùnqì ◆~に恵まれる 走运 zǒuyùn
こううんき【耕運機】耕耘机 gēngyúnjī
こうえい【光栄-な】光荣 guāngróng: 荣耀 róngyào: 光耀 guāngyào ◆身に余る~ 无上荣幸 wúshàng róngxìng
こうえい【公営】公营 gōngyíng ◆~企業 公营企业 gōngyíng qǐyè ◆~住宅 公共住宅 gōnggòng zhùzhái
こうえき【交易】交易 jiāoyì: 贸易 màoyì
こうえき【公益】公益 gōngyì ◆~財産 公产 gōngchǎn: 公共财产 gōnggòng cáichǎn
こうえつ【校閲-する】校阅 jiàoyuè: 审阅 shěnyuè
こうえん【後援-する】支援 zhīyuán: 后援 hòuyuán ◆~会 后援会 hòuyuánhuì
こうえん【公園】公园 gōngyuán ◆児童~ 儿童公园 értóng gōngyuán ◆国立~ 国立公园 guólì gōngyuán
こうえん【公演-する】公演 gōngyǎn ◆~回数 场次 chǎngcì ◆海外~ 国外公演 guówài gōngyǎn
こうえん【講演-する】演讲 yǎnjiǎng: 讲演 jiǎngyǎn ◆~会 讲演会 jiǎngyǎnhuì: 报告会 bàogàohuì
こうえん【高遠-な】远大 yuǎndà: 高大 gāodà
こうおつ【甲乙】◆~つけがたい 伯仲 bózhòng: 不相上下 bù xiāng shàng xià
こうおん【恒温】恒温 héngwēn ◆~動物 恒温动物 héngwēn dòngwù
こうおん【高温】高温 gāowēn ◆~殺菌 用高温杀菌 yòng gāowēn shājūn ◆~多湿 高温多湿 gāowēn duōshī
こうおん【高音】高音 gāoyīn
ごうおん【轟音】轰鸣 hōngmíng
こうか【効果】成效 chéngxiào: 效果 xiàoguǒ ◆~がある 有效 yǒuxiào ◆~が現れる 见效 jiànxiào: 奏效 zòuxiào ◆~が大きい 灵验 língyàn ◆~のない 无效 wúxiào ◆~的 有效 yǒuxiào
こうか【工科】工科 gōngkē ◆~大学 工科大学 gōngkē dàxué
こうか【校歌】校歌 xiàogē

こうか【硬化-する】 硬化 yìnghuà ◆態度が~する 态度强硬起来 tàidu qiángyìngqǐlai；态度僵化 tàidu jiānghuà

こうか【硬貨】 硬币 yìngbì；铸币 zhùbì

こうか【降下-する】 下降 xiàjiàng；下落 xiàluò ◆急~ 俯冲 fǔchōng

こうか【高価】 高价 gāojià；重价 zhòngjià；昂贵 ángguì

こうか【高架】〖鉄道〗高架铁道 gāojià tiědào ◆~橋 高架桥 gāojiàqiáo

ごうか【豪華-な】 豪华 háohuá

こうかい【後悔-する】 后悔 hòuhuǐ；追悔 zhuīhuǐ；懊悔 àohuǐ ◆~先に立たず 后悔不及 hòuhuǐ bù jí

こうかい【公海】 公海 gōnghǎi；国际水域 guójì shuǐyù

こうかい【公開-する】 公开 gōngkāi；开放 kāifàng ◆~状 公开信 gōngkāixìn ◆~討論 公开讨论 gōngkāi tǎolùn ◆未~ 还没有公开 hái méiyǒu gōngkāi ◆非~ 非公开 fēi gōngkāi ◆近日~ 近日开始公开 jìnrì kāishǐ gōngkāi

こうかい【航海-する】 航海 hánghǎi；航行 hángxíng ◆~日誌 航海日志 hánghǎi rìzhì

こうがい【公害】 公害 gōnghài

こうがい【口外-する】 泄露 xièlou；泄漏 xièlòu

こうがい【口蓋】 口盖 kǒugài；上颚 shàng'è

こうがい【梗概】 概要 gàiyào；梗概 gěnggài

こうがい【郊外】 郊外 jiāowài；郊区 jiāoqū；近郊 jìnjiāo

ごうかい【豪快-な】 粗豪 cūháo；豪爽 háoshuǎng

ごうがい【号外】 号外 hàowài

こうかいどう【公会堂】 公会堂 gōnghuìtáng；礼堂 lǐtáng

こうかがく【光化学】 ◆~スモッグ 光化学烟雾 guānghuàxué yānwù

こうかきょう【高架橋】 高架桥 gāojiàqiáo；旱桥 hànqiáo

こうかく【口角】 嘴角 zuǐjiǎo；口角 kǒujiǎo ◆~炎 口角炎 kǒujiǎoyán ◆~泡を飛ばす 口沫横飞地辩论 kǒu mò héng fēi de biànlùn

こうかく【広角】 ◆~レンズ 广角镜头 guǎngjiǎo jìngtóu

こうかく【降格-する】 降格 jiànggé

こうがく【光学】 光学 guāngxué ◆~機器 光学器械 guāngxué qìxiè ◆~ガラス 光学玻璃 guāngxué bōli ◆~顕微鏡 光学显微镜 guāngxué xiǎnwēijìng

こうがく【工学】 工程学 gōngchéngxué ◆~部 工程学院 gōng-chéng xuéyuàn

こうがく【高額の】 高额 gāo'é ◆~の給料 高薪 gāoxīn ◆~の紙幣 大额钞票 dà'é chāopiào

ごうかく【合格-する】 合格 hégé；及格 jígé；考上 kǎoshàng ◆~者及び不合格者 及格者和不及格者 jígézhě hé bùjígé zhě ◆不~ 不及格 bùjígé；落榜 luòbǎng ◆~通知 录取通知书 lùqǔ tōngzhīshū ◆~発表する 出榜 chūbǎng；发榜 fābǎng

こうがくしん【向学心】 求学心 qiúxuéxīn；求知精神 qiúzhī jīngshén ◆~に燃える 热心求学 rèxīn qiúxué

こうかくどうぶつ【甲殻動物】 甲壳动物 jiǎqiào dòngwù

こうがくねん【高学年】 高年级 gāoniánjí

こうかつ【狡猾-な】 刁滑 diāohuá；狡滑 jiǎohuá ◆~な人間 滑头 huátóu；老奸巨猾 lǎojiān jùhuá

こうかん【交歓-する】 联欢 liánhuān ◆~会 联欢会 liánhuānhuì

こうかん【交換-する】 交换 jiāohuàn；互换 hùhuàn；换 huàn ◆~条件 交换条件 jiāohuàn tiáojiàn ◆~情報 ~する 交换信息 jiāohuàn xìnxī ◆席を~する 对调座位 duìdiào zuòwèi

こうかん【好感】 好感 hǎogǎn ◆~を持つ 产生好感 chǎnshēng hǎogǎn

こうかん【好漢】 好汉 hǎohàn

こうかん【鋼管】 钢管 gāngguǎn

こうかん【高官】 高官 gāoguān；高级干部 gāojí gànbù

こうがん【厚顔】 厚脸皮 hòu liǎnpí ◆~無恥 厚颜无耻 hòu yán wú chǐ

こうがん【睾丸】 睾丸 gāowán

ごうかん【強姦-する】 强奸 qiángjiān；奸污 jiānwū

こうがんざい【抗癌剤】 抗癌药 kàng'áiyào

こうかんしんけい【交感神経】 交感神经 jiāogǎn shénjīng

こうき【後期】 后期 hòuqī；后半期 hòubànqī

こうき【後記】 后记 hòujì ◆編集~ 编后记 biānhòujì

こうき【好機】 机遇 jīyù；好机会 hǎo jīhuì；良机 liángjī ◆~をつかむ 争取好机会 zhēngqǔ hǎo jīhuì ◆~を逃す 失去好机会 shīqù hǎo jīhuì

こうき【工期】 工期 gōngqī；施工期 shīgōngqī

こうき【広軌】 宽轨 kuānguǐ ◆~鉄道 宽轨铁路 kuānguǐ tiělù

こうき【校旗】 校旗 xiàoqí

こうき【校紀】 校风 xiàofēng ◆~を乱す 败坏校内风纪 bàihuài xiàonèi fēngjì

こうき【綱紀】 纲纪 gāngjì ◆粛正 整顿纲纪 zhěngdùn gāngjì

こうき 香气 xiāngqì

こうき【高貴-な】 崇高 chónggāo; 高贵 gāoguì; 尊贵 zūnguì

こうぎ【広義】 广义 guǎngyì ◆~の解釈 广义的解释 guǎngyì de jiěshì

こうぎ【抗議-する】 抗议 kàngyì ◆集会 抗议集会 kàngyì jíhuì ◆~を申しこむ 提出抗议 tíchū kàngyì

こうぎ【講義-する】 讲学 jiǎngxué; 讲课 jiǎngkè; 讲解 jiǎngjiě ◆~を受ける 听讲 tīngjiǎng ◆~を始める 开讲 kāijiǎng; 开课 kāikè

ごうぎ【合議】 合议 héyì; 协商 xiéshāng ◆~制（裁判）合议制 héyìzhì

こうきあつ【高気圧】 高气压 gāoqìyā

こうきしん【好奇心】 好奇心 hàoqíxīn ◆~が強い 好奇心强 hàoqíxīn qiáng

こうきゅう【恒久】 永恒 yǒnghéng ◆~的 永久性 yǒngjiǔxìng

こうきゅう【高級-な】 高档 gāodàng; 上好 shànghǎo; 高级 gāojí ◆~品 高档商品 gāodàng shāngpǐn; 上品 shàngpǐn ◆~ブランド 高档名牌 gāodàng míngpái ◆~言語（プログラミング言語の）高级语言 gāojí yǔyán

こうきゅう【高給】 高工资 gāogōngzī; 高薪 gāoxīn

ごうきゅう【号泣-する】 号啕 háotáo; 大声哭 dàshēng kū

こうきゅうび【公休日】 公 休 日 gōngxiūrì

こうきょ【皇居】 皇宫 huánggōng; 王宫 wánggōng

こうきょう【公共】 公家 gōngjia; 公共 gōnggòng ◆~心 公共道德心 gōnggòng dàodéxīn ◆~性 公共性 gōnggòngxìng ◆~施設 公共设施 gōnggòng shèshī ◆~料金 公用事业费 gōngyòng shìyèfèi

こうきょう【好況】 景气 jǐngqì; 繁荣 fánróng

こうぎょう【興行-する】 上演 shàngyǎn; 演出 yǎnchū

こうぎょう【工業】 工业 gōngyè

こうぎょう【鉱業】 矿业 kuàngyè

こうきょうがく【交響楽】 交响乐 jiāoxiǎngyuè

こうきょうし【交響詩】 交响诗 jiāoxiǎngshī

こうきん【公金】 公 款 gōngkuǎn ◆~を横領する 贪污公款 tānwū gōngkuǎn

こうきん【抗菌-の】 抗菌 kàngjūn ◆~加工 抗菌加工 kàngjūn jiāgōng ◆~処理 抗菌处理 kàngjūn chǔlǐ

こうきん【拘禁-する】 监禁 jiānjìn; 拘留 jūliú

ごうきん【合金】 合金 héjīn

こうく【工区】 工段 gōngduàn

こうぐ【工具】 工具 gōngjù

こうくう【航空】 航空 hángkōng ◆~貨物 空运货物 kōngyùn huòwù ◆~工学 航空工程 hángkōng gōngchéng ◆~事故 航空事故 hángkōng shìgù ◆~便 航空邮件 hángkōng yóujiàn; 航空信 hángkōngxìn ◆~母艦 航空母舰 hángkōng mǔjiàn ◆~写真 航空摄影 hángkōng shèyǐng

こうぐう【厚遇-する】 优待 yōudài; 厚待 hòudài

こうぐん【行軍-する】 《軍隊の》行军 xíngjūn ◆強~ 强行军 qiángxíngjūn

こうけい【光景】 光景 guāngjǐng; 场面 chǎngmiàn; 景象 jǐngxiàng ◆悲惨な~ 悲惨的情景 bēicǎn de qíngjǐng

こうけい【口径】 口径 kǒujìng

こうげい【工芸】 工艺 gōngyì; 手工艺 shǒugōngyì ◆~品 工艺品 gōngyìpǐn

ごうけい【合計】 统共 tǒnggòng; 合计 héjì; 总计 zǒngjì ◆~点 积分 jīfēn ◆~金額 总额 zǒng'é ◆~で 一共 yígòng

こうけいき【好景気】 好景气 hǎo jǐngqì

こうけいしゃ【後継者】 继承人 jìchéngrén; 接班人 jiēbānrén ◆~を育てる 培养接班人 péiyǎng jiēbānrén

こうげき【攻撃-する】 攻击 gōngjī; 打击 dǎjī ◆~をしかける 出击 chūjī; 冲击 chōngjī ◆~的 攻击性 gōngjīxìng ◆総~ 总攻 zǒnggōng

こうけつ【高潔】 高尚 gāoshàng; 清高 qīnggāo ◆~な人 正人君子 zhèngrén jūnzǐ

ごうけつ【豪傑】 豪侠 háoxiá; 豪杰 háojié

こうけつあつ【高血圧】 高血压 gāoxuèyā

こうけっか【好結果】 好结果 hǎo jiéguǒ

こうけん【後見-する】 ❶《後ろ盾》辅助 fǔzhù; 辅佐 fǔzuǒ ❷《法律で》监护 jiānhù ◆~人 保护人 bǎohù-

rén
こうけん【貢献-する】贡献 gòngxiàn；功劳 gōngláo；出力 chūlì
こうけん【高見】高见 gāojiàn；雅教 yǎjiào
こうげん【巧言】花言巧语 huā yán qiǎo yǔ ◆ ～令色 巧言令色 qiǎo yán lìng sè
こうげん【公言-する】声言 shēngyán；声称 shēngchēng
こうげん【抗原】抗原 kàngyuán ◆ ～抗体反応 抗原抗体反应 kàngyuán kàngtǐ fǎnyìng
こうげん【高原】高原 gāoyuán
こうけん【剛健】刚健 gāngjiàn
こうけん【合憲】合乎宪法 héhū xiànfǎ
こうげんびょう【膠原病】胶原病 jiāoyuánbìng
こうこ【後顧】◆～の憂い 后顾之忧 hòu gù zhī yōu
こうご【交互-に】交互 jiāohù；交替 jiāotì；轮流 lúnliú
こうご【口語】口语 kǒuyǔ ◆ ～诗 白话诗 báihuàshī ◆ ～体 口语体 kǒuyǔtǐ
こうご【豪語-する】豪语 háoyǔ；豪言壮语 háo yán zhuàng yǔ
こうこう【口腔】口腔 kǒuqiāng ◆ ～衛生 口腔卫生 kǒuqiāng wèishēng
こうこう【孝行-する】孝敬 xiàojìng；孝顺 xiàoshùn ◆ ～息子 孝子 xiàozǐ ◆ ～親 孝顺父母 xiàoshùn fùmǔ
こうこう【航行-する】航行 hángxíng
こうこう【高校】高中 gāozhōng；高级中学 gāojí zhōngxué ◆ ～生 高中生 gāozhōngshēng
こうこう【煌々-と】辉煌 huīhuáng；亮堂堂 liàngtángtáng ◆ ～と輝く 灿烂 cànlàn；耀眼 yàoyǎn
こうごう【皇后】皇后 huánghòu；王后 wánghòu
こうごう【神々しい】庄严 zhuāngyán；神圣 shénshèng
こうごうせい【光合成】光合作用 guānghé zuòyòng
こうこがく【考古学】考古学 kǎogǔxué
こうこく【公告】公告 gōnggào；布告 bùgào
こうこく【広告-する】广告 guǎnggào ◆ ～を出す 登广告 dēng guǎnggào ◆ ～欄 广告栏 guǎnggàolán ◆ 新聞～ 报纸广告 bàozhǐ guǎnggào ◆ ～代理店 广告商 guǎnggàoshāng ◆ ～主 广告主 guǎnggàozhǔ ◆ ～媒介 广告媒介 guǎnggào méijiè

こうこく【抗告-する】上诉 shàngsù
こうこつ【恍惚】恍惚 huānghu
こうこつもじ【甲骨文字】甲骨文 jiǎgǔwén
こうさ【交差-する】相交 xiāngjiāo；交叉 jiāochā ◆ 立体～橋 立交桥 lìjiāoqiáo
こうさ【查查-する】测验 cèyàn；考查 kǎochá；审查 shěnchá ◆ 人物～ 人品审查 rénpǐn shěnchá ◆ 期末～ 期末考试 qīmò kǎoshì
こうさ【黄砂】(大陸からの) 黄沙 huángshā；黄尘 huángchén
こうざ【口座】账户 zhànghù；户头 hùtóu ◆ 銀行預金～ 银行存款户头 yínháng cúnkuǎn hùtóu ◆ ～を開く 开户头 kāi hùtóu
こうざ【講座】讲座 jiǎngzuò
こうさい【交際-する】交际 jiāojì；交往 jiāowǎng ◆ ～費 应酬费 yìngchoufèi
こうさい【公債】公债 gōngzhài
こうざい【功罪】功过 gōngguò；功罪 gōngzuì ◆ ～相半ばする 功罪兼半 gōng zuì jiān bàn
こうざい【鋼材】钢材 gāngcái
こうさく【交錯-する】交错 jiāocuò ◆ ～する 交相辉映 jiāo xiāng huī yìng ◆ 期待と不安が～する 希望和不安交织在心中 xīwàng hé bù'ān jiāozhī zài xīnzhōng
こうさく【工作-する】❶(ものを作る) 制作 zhìzuò；手工 shǒugōng；劳作 láozuò ◆ ～機械 床子 chuángzi；工作母机 gōngzuò mǔjī；机床 jīchuáng ◆ 小学校の～ 图画手工课 túhuà shǒugōng kè ❷(手を打つ) 裏～ 暗中活动 ànzhōng huódòng；秘密活动 mìmì huódòng
こうさく【耕作-する】耕种 gēngzhòng；耕作 gēngzuò ◆ ～地 耕地 gēngdì
こうさつ【絞殺-する】绞杀 jiǎoshā
こうさつ【考察-する】考察 kǎochá
こうさてん【交差点】十字路口 shízìlùkǒu；交叉路口 jiāochālùkǒu
こうさん【公算】可能性 kěnéngxìng
こうさん【降参-する】投降 tóuxiáng；投诚 tóuchéng；认输 rènshū
こうざん【鉱山】矿 kuàng；矿山 kuàngshān ◆ ～労働者 矿工 kuànggōng
こうざん【高山】高山 gāoshān ◆ ～病 高山病 gāoshānbìng ◆ ～植物 高山植物 gāoshān zhíwù

こうし【孔子】孔子 Kǒngzǐ
こうし【格子】❶〈格子形〉格子 gézi; 方格 fānggé ❷〈窓の〉棂 líng ♦~戸 格子门 gézimén =縞 方格 fānggé /鉄~〈こうし〉铁栅栏 tiězhàlan
こうし【公使】公使 gōngshǐ ♦~館 公使馆 gōngshǐguǎn
こうし【公私】公私 gōngsī ♦~混同 公私不分 gōngsī bù fēn
こうし【行使】行使 xíngshǐ ♦~権利の~ 行使权利 xíngshǐ quánlì
こうし【講師】讲师 jiǎngshī
こうし【子牛】犊子 dúzi; 牛犊 niúdú ♦~の肉 牛犊的肉 niúdú de ròu
こうじ【麹】曲 qū ♦~菌 曲霉 qūméi
こうじ【公示-する】揭示 jiēshì; 公布 gōngbù ♦~公告 gōnggào
こうじ【好事】♦~魔多し 好事多磨 hǎoshì duō mó ♦~門を出でず, 悪事千里を走る 好事不出门, 坏事传千里 hǎoshì bù chū mén, huàishì chuán qiānlǐ
こうじ【工事】工程 gōngchéng ♦~をする 施工 shīgōng /内装~ 装修 zhuāngxiū /~現場 工地 gōngdì
こうじ【小路】小胡同 xiǎohútòng; 小巷 xiǎoxiàng ♦袋~ 死胡同 sǐhútòng
ごうし【合資】合资 hézī ♦~会社 合资公司 hézī gōngsī ♦~企業 合资企业 hézī qǐyè
こうしき【公式】❶〈数学〉公式 gōngshì ♦~化する 公式化 gōngshìhuà ❷〈公に〉正式 zhèngshì ♦~訪問 正式访问 zhèngshì fǎngwèn
こうしせい【高姿勢】强硬态度 qiángyìng tàidu
こうしつ【皇室】皇家 huángjiā
こうしつ【硬質】硬质 yìngzhì
こうじつ【口実】借口 jièkǒu; 口实 kǒushí ♦~をみつける 找借口 zhǎo jièkǒu; 托词 tuōcí ♦~にする 假托 jiǎtuō; 借口 jièkǒu
こうしゃ【後者】后者 hòuzhě
こうしゃ【校舎】校舍 xiàoshè
ごうしゃ【豪奢-な】豪华 háohuá; 奢侈 shēchǐ
こうしゃほう【高射砲】高射炮 gāoshèpào
こうしゅ【攻守】攻守 gōng shǒu ♦~所を変える 转守为攻 zhuǎn shǒu wéi gōng; 转攻为守 zhuǎn gōng wéi shǒu
こうしゅう【公衆】公众 gōngzhòng; 公共 gōnggòng ♦~の面で 当众 dāngzhòng ♦~衛生 公共卫生 gōnggòng wèishēng ♦~

電話 公用电话 gōngyòng diànhuà ♦~道德 公德 gōngdé; 公共道德 gōnggòng dàodé ♦~便所 公厕 gōngcè
こうしゅう【口臭】口臭 kǒuchòu ♦~を予防する 预防口臭 yùfáng kǒuchòu
こうしゅう【講習-する】讲习 jiǎngxí ♦~会 讲习会 jiǎngxíhuì
こうしゅうは【高周波】高频 gāopín
こうしゅけい【絞首刑】绞刑 jiǎoxíng
こうじゅつ【後述-する】后述 hòushù
こうじゅつ【口述-する】口述 kǒushù ♦~筆記させる 口授 kǒushòu; 口述笔记 kǒushù bǐjì
こうしょ【高所】高地 gāodì ♦~恐怖症 高处恐怖症 gāochù kǒngbùzhèng
こうじょ【控除-する】扣除 kòuchú ♦基礎~ 固定扣除 gùdìng kòuchú /扶養~ 扶养扣除 fúyǎng kòuchú
こうじょ【公序】♦~良俗を乱す 伤风败俗 shāng fēng bài sú
こうしょう【交渉-する】❶〈かけあう〉交涉 jiāoshè; 谈判 tánpàn ♦~がまとまる 谈判达成协议 tánpàn dáchéng xiéyì ❷〈関係を持つ〉♦~を持つ 有关系 yǒu guānxi; 有来往 yǒu láiwǎng
こうしょう【公傷】公伤 gōngshāng ♦~とは認められない 不能算作公伤 bùnéng suànzuò gōngshāng
こうしょう【公称】号称 hàochēng
こうしょう【校章】校徽 xiàohuī
こうしょう【考証】考证 kǎozhèng ♦~学 考据学 kǎojùxué /時代~ 时代考证 shídài kǎozhèng
こうしょう【口承】♦~文学 口头文学 kǒutóu wénxué
こうしょう【鉱床】矿 kuàng; 矿床 kuàngchuáng
こうしょう【高尚-な】高尚 gāoshàng; 高雅 gāoyǎ ♦~趣味が~ 爱好很高尚 àihào hěn gāoshàng
こうしょう【公証】公证 gōngzhèng ♦~役場 公证处 gōngzhèngchù
こうじょう【交情】交情 jiāoqing
こうじょう【厚情】厚谊 hòuyì; 美意 měiyì; 盛情 shèngqíng
こうじょう【向上-する】提高 tígāo; 进步 jìnbù; 向上 xiàngshàng ♦~心 上进心 shàngjìnxīn
こうじょう【工場】工厂 gōngchǎng; 〈手工业の〉作坊 zuōfang ♦~長 厂长 chǎngzhǎng
こうじょう【口上】〈芝居〉开场白

kāichǎngbái
こうじょう【恒常】恒久 héngjiǔ ◆～性 永久性 yǒngjiǔxìng ◆～的 永恒 yǒnghéng

ごうじょう【豪商】巨商 jùshāng

ごうじょう【強情】牛劲 niújìn ◆～な 顽固 wángù；倔强 juéjiàng ◆～な性格 牛脾气 niúpíqì

こうじょうせん【甲状腺】甲状腺 jiǎzhuàngxiàn ◆～ホルモン 甲状腺激素 jiǎzhuàngxiàn jīsù

こうしょく【好色-な】好色 hàosè

こうじる【講じる】❶《講義する》讲 jiǎng；讲授 jiǎngshòu ❷《策を》讲求 jiǎngqiú；采取 cǎiqǔ ◆対策を～ 采取对策 cǎiqǔ duìcè

こうじる【高[昂]じる】加剧 jiājù；加重 jiāzhòng ◆趣味が高じて本業になる 爱好发展成本行 àihào fāzhǎnchéng běnháng

こうしん【後進】后进 hòujìn ◆～に道を譲る 为后来人让位 wèi hòuláirén ràngwèi

こうしん【交信-する】通讯联系 tōngxùn liánxì

こうしん【更新-する】更新 gēngxīn；刷新 shuāxīn ◆契約を～する 更新合同 gēngxīn hétong

こうしん【行進-する】进行 jìnxíng；行进 xíngjìn；游行 yóuxíng ◆～曲 进行曲 jìnxíngqǔ

こうしん【後塵】后尘 hòuchén ◆～を拝する 步人后尘 bù rén hòu chén；甘拜下风 gān bài xià fēng

こうじん【幸運】为 wéihé；不胜荣幸 búshèng róngxìng

こうじんぶつ【好人物】好人 hǎorén

こうしんりょう【香辛料】香辣调味料 xiānglà tiáowèiliào；作料 zuòliao[zuóliao]

こうず【構図】构图 gòutú；布景 bùjǐng；布局 bùjú ◆～を決める 安排结构 ānpái jiégòu；决定布局 juédìng bùjú ◆事件の～ 事件的概况 shìjiàn de gàikuàng

こうすい【硬水】硬水 yìngshuǐ

こうすい【香水】香水 xiāngshuǐ

こうずい【洪水】洪水 hóngshuǐ；大水 dàshuǐ ◆～警報 洪水警报 hóngshuǐ jǐngbào

こうすいりょう【降水量】降水量 jiàngshuǐliàng；降雨量 jiàngyǔliàng

こうせい【後世】后代 hòudài；后世 hòushì ◆～に名を残す 万古流芳 wàn gǔ liú fāng；永垂不朽 yǒng chuí bù xiǔ

こうせい【後生】◆～恐るべし 后生可畏 hòushēng kě wèi

こうせい【公正-な】公平 gōngpíng；公道 gōngdao；公正 gōngzhèng ◆～な意见 持平之论 chípíng zhī lùn ◆～な処置 公正的措施 gōngzhèng de cuòshī ◆～中立の 不偏不倚 bù piān bù yǐ

こうせい【厚生】卫生福利 wèishēng fúlì；保健 bǎojiàn ◆～施設 福利设施 fúlì shèshī；保健设施 bǎojiàn shèshī ◆～年金 养老金 yǎnglǎojīn ◆福利～ 福利保健 fúlì bǎojiàn

こうせい【恒星】恒星 héngxīng

こうせい【攻勢】攻势 gōngshì ◆～をかける 进攻 jìngōng

こうせい【更生-する】自新 zìxīn

こうせい【校正-する】校对 jiàoduì；校正 jiàozhèng ◆～刷り 校样 jiàoyàng

こうせい【構成】结构 jiégòu；构成 gòuchéng ◆～する 构成 gòuchéng；组成 zǔchéng ◆～要素 成分 chéngfèn ◆家族～ 家庭成员结构 jiātíng chéngyuán jiégòu

こうせい【合成-の】合成 héchéng ◆～洗剤 合成洗涤剂 héchéng xǐdíjì ◆～繊维 合成纤维 héchéng xiānwéi；人造纤维 rénzào xiānwéi ◆～樹脂 合成树脂 héchéng shùzhī ◆～語 复合词 fùhécí ◆～写真 蒙太奇照片 méngtàiqí zhàopiàn；剪辑照片 jiǎnjí zhàopiàn

こうせい【豪勢-な】阔气 kuòqì；豪华 háohuá

こうせいぶっしつ【抗生物質】抗生素 kàngshēngsù

こうせき【功績】功绩 gōngjì；功劳 gōngláo ◆～をあげる 建功 jiàngōng；立功 lìgōng

こうせき【航跡】航迹 hángjì

こうせき【鉱石】矿 kuàng；矿石 kuàngshí

こうせつ【降雪】下雪 xià xuě ◆～量 降雪量 jiàngxuěliàng

こうせつ【高説】高见 gāojiàn；高论 gāolùn

こうせん【交戦-する】交火 jiāohuǒ；交战 jiāozhàn

こうせん【光線】光线 guāngxiàn；亮光 liàngguāng

こうせん【公選】公选 gōngxuǎn；民选 mínxuǎn

こうせん【抗戦-する】抗战 kàngzhàn

こうせん【鉱泉】矿泉 kuàngquán

こうぜん【公然-と】公然 gōngrán ◆～の秘密 公开的秘密 gōngkāi de mìmì

こうぜん【昂然-と】昂然 ángrán ◆～と立ち向かう 昂扬面对 ángyáng

miàndùi
ごうぜん【傲然-と】傲慢 àomàn; 高傲 gāo'ào ♦~と構える 摆架子 bǎi jiàzi; 自高自大 zì gāo zì dà
こうせんてき【好戦的-な】好战 hàozhàn
こうそ【公訴-する】公诉 gōngsù
こうそ【控訴-する】上诉 shàngsù ♦~を棄却する 驳回上诉 bóhuí shàngsù
こうそ【酵素】酵素 jiàosù; 酶 méi ♦~消化 消化酶 xiāohuàméi
こうそう【広壮-な】宏大 hóngdà; 宏伟 hóngwěi ♦~な屋敷 宏伟的住宅 hóngwěi de zhùzhái
こうそう【抗争-する】斗争 dòuzhēng ♦内部~ 内讧 nèihòng; 内部纠纷 nèibù jiūfēn
こうそう【構想】❶【計画などの】构思 gòusī; 设想 shèxiǎng ♦~する 构思 gòusī; 构想 gòuxiǎng ❷【文章などの】文思 wénsī; 布局 bùjú ♦~する 构思 gòusī
こうそう【高僧】高僧 gāosēng
こうそう【高層】【高い建物】高层 gāocéng ♦~住宅 高层公寓 gāocéng gōngyù ♦~建築 高层建筑 gāocéng jiànzhù ♦~ビル 高层大楼 gāocéng dàlóu; 摩天大楼 mótiān dàlóu
こうぞう【構造】构造 gòuzào; 结构 jiégòu ♦~文の 句子结构 jùzi jiégòu
ごうそう【豪壮-な】雄伟 xióngwěi; 豪华 háohuá ♦~な料亭 富丽堂皇 fù lì táng huáng
こうそく【拘束-する】拘留 jūliú; 管束 guǎnshù; 约束 yuēshù ♦~時間 坐班时间 zuòbān shíjiān ♦身柄を~する 拘留 jūliú
こうそく【校則】校规 xiàoguī
こうそく【梗塞】梗塞 gěngsè ♦心筋~ 心肌梗塞 xīnjīgěngsè
こうそく【高速-の】高速 gāosù; 快速 kuàisù ♦~の増殖炉 快中子增殖反应堆 kuàizhōngzǐ zēngzhí fǎnyìngduī ♦~道路 高速公路 gāosù gōnglù
こうぞく【皇族】王室 wángshì; 皇族 huángzú
ごうぞく【豪族】豪门 háomén
こうそくど【光速度】光速 guāngsù
こうそくど【高速度】高速 gāosù ♦~撮影 高速摄影 gāosù shèyǐng
こうたい【後退-する】倒退 dàotuì; 后退 hòutuì ♦成績が~する 学习成绩退步了 xuéxí chéngjì tuìbù le
こうたい【交替・交代-する】交替 jiāotì; 交接 jiāojiē ♦~制で勤務する 换班 huànbān; 倒班 dǎobān ♦~交替で 轮流 lúnliú; 轮换 lúnhuàn ♦~で休む 轮休 lúnxiū
こうたい【抗体】抗体 kàngtǐ
こうたい【後代】后代 hòudài; 后世 hòushì
こうだい【広大-な】广大 guǎngdà; 浩瀚 hàohàn ♦~な原野 旷野 kuàngyě ♦~無辺の 苍茫 cāngmáng; 广漠 guǎngmò
こうだい【高大-な】高大 gāodà ♦~な理想 远大的理想 yuǎndà de lǐxiǎng ♦~な尚の理想 高尚的理想 gāoshàng de lǐxiǎng
こうたいごう【皇太后】太后 tàihòu; 皇太后 huángtàihòu
こうたいし【皇太子】皇太子 huángtàizǐ ♦~妃 皇太子妃 huángtàizǐfēi
こうたくある【光沢】光泽 guāngzé ♦~のある 有光泽 yǒu guāngzé
こうだつ【強奪-する】抢劫 qiǎngjié; 劫夺 jiéduó ♦現金を~する 抢劫现款 qiǎngjié xiànkuǎn
こうだん【講談】评书 píngshū ♦~を語る 说书 shuōshū
ごうたん【豪胆-な】豪迈 háomài
こうだんし【好男子】好汉 hàohàn; 美男子 měinánzǐ
こうち【拘置-する】监禁 jiānjìn; 拘禁 jūjìn ♦~所 拘留所 jūliúsuǒ
こうち【耕地】耕地 gēngdì; 农田 nóngtián; 熟地 shúdì ♦~面積 耕地面积 gēngdì miànjī
こうち【高地】高地 gāodì ♦~トレーニング 高地训练 gāodì xùnliàn
こうちく【構築-する】构筑 gòuzhù; 修筑 xiūzhù ♦连络網を~する 构筑联络网 gòuzhù liánluòwǎng ♦データベースを~する 组建数据库 zǔjiàn shùjùkù
こうちゃ【紅茶】红茶 hóngchá
こうちゃく【膠着-する】胶着 jiāozhuó; 僵持 jiāngchí ♦~状態 僵局 jiāngjú; 胶着状态 jiāozhuó zhuàngtài
こうちょう【好調-な】顺当 shùndang; 顺利 shùnlì
こうちょう【校長】校长 xiàozhǎng
こうちょう【紅潮】红脸 hóngliǎn ♦ほほを~させる 脸涨得通红 liǎn zhàngde tōnghóng
こうちょう【高潮】❶【潮の】满潮 mǎncháo ❷【勢い】高潮 gāocháo
こうちょく【硬直-する】僵硬 jiāngyìng; 僵直 jiāngzhí ♦関節が~する 关节僵硬 guānjié jiāngyìng ♦精神の~はいけない 精神不该僵化 jīngshén bùgāi jiānghuà
ごうちょく【剛直-な】刚强 gāngqiáng; 刚直 gāngzhí

こうちん【工賃】 工钱 gōngqián
こうつう【交通】 交通 jiāotōng ◆～システム 交通体系 jiāotōng tǐxì ◆～機関 交通机关 jiāotōng jīguān ◆～規制 交通管制 jiāotōng guǎnzhì ◆～事故 车祸 chēhuò ◆～手段 交通工具 jiāotōng gōngjù ◆渋滞 交通堵塞 jiāotōng dǔsè ◆標識 路标 lùbiāo ◆～法規 交通法规 jiāotōng fǎguī ◆～量 交通流量 jiāotōng liúliàng
こうつごう【好都合-な】 凑巧 còuqiǎo; 方便 fāngbiàn; 有利于 yǒulìyú
こうてい【公邸】 公馆 gōngguǎn; 官邸 guāndǐ
こうてい【工程】 工序 gōngxù; 进度 jìndù ◆作業～ 工作的程序 gōngzuò de chéngxù ◆～管理 工序管理 gōngxù guǎnlǐ
こうてい【校庭】《キャンパス》校园 xiàoyuán;《運動場》操场 cāochǎng
こうてい【校訂-する】 校订 jiàodìng
こうてい【皇帝】 皇帝 huángdì; 天子 tiānzǐ ◆～陛下 皇上 huángshang
こうてい【肯定-する】 承认 chéngrèn; 肯定 kěndìng; 赞同 zàntóng ◆～的な 肯定 kěndìng
こうてい【航程】 航程 hángchéng
こうてい【行程】 路程 lùchéng; 路途 lùtú; 行程 xíngchéng
こうてい【高低】 高低 gāodī; 上下 shàngxià ◆～差 高低差别 gāodī chābié ◆～差の大きいコース 高低起伏很大的路线 gāodī qǐfú hěn dà de lùxiàn
こうてい【高弟】 高足 gāozú
こうてい【拘泥-する】 拘泥 jūní; 拘执 jūzhí; 执泥 zhíní
こうていえき【口蹄疫】 口蹄疫 kǒutíyì
こうてき【公的】 公家的 gōngjia de; 公的 gōngdì de ◆～の公共の 公共的 gōnggòng de ◆～資金 国家资金 guójiā zījīn
こうてき【好適-の】 适宜 shìyí; 适合 shìhé; 正好 zhènghǎo
こうてきしゅ【好敵手】 好对手 hǎo duìshǒu ◆～に出会う 棋逢对手 qí féng duìshǒu
こうてつ【更迭-する】 更迭 gēngdié
こうてつ【鋼鉄】 钢铁 gāngtiě
こうてん【公転-する】 公转 gōngzhuǎn ◆地球の～ 地球的公转 dìqiú de gōngzhuǎn
こうてん【好天】 好天气 hǎo tiānqì ◆～に恵まれる 天公作美 tiāngōng zuòměi; 幸好天气很好 xìnghǎo tiānqì hěn hǎo
こうてん【好転-する】 好转 hǎozhuǎn ◆病状が～する 病情好转 bìngqíng hǎozhuǎn ◆～の兆し 好转的苗头 hǎozhuǎn de miáotou
こうてん【香典】 奠仪 diànyí ◆～返し 对奠仪的回礼 duì diànyí de huílǐ
こうてんてき【後天的】 后天性的 hòutiānxìng de
こうど【光度】 光度 guāngdù
こうど【硬度】 硬度 yìngdù
こうど【高度】 高度 gāodù ❶《海面からの高さ》～を保つ 保持高度 bǎochí gāodù ❷《技術などの》～なテクニック 高度的技术 gāodù de jìshù
こうとう【口頭】 口头 kǒutóu ◆～試問(にする) 口试 kǒushì ◆～で伝える 口传 kǒuchuán
こうとう【喉頭】 喉头 hóutóu ◆～癌 喉癌 hóu'ái
こうとう【高等-な】 高等 gāoděng; 高级 gāojí ◆～専門学校 高专 gāozhuān ◆～動物 高等动物 gāoděng dòngwù
こうとう【高騰-する】 升涨 shēngzhǎng; 飞涨 fēizhǎng; 腾贵 téngguì ◆物価が～する 物价高涨 wùjià gāozhǎng
こうどう【黄道】 黄道 huángdào
こうどう【公道】 ❶《正しい道理》公道 gōngdào ◆天下の～ 天下的正道 tiānxià de zhèngdào ❷《公共の道路》公路 gōnglù
こうどう【坑道】 地道 dìdào; 坑道 kēngdào; 矿坑 kuàngkēng
こうどう【行動-する】 行动 xíngdòng; 行为 xíngwéi; 举动 jǔdòng ◆～力のある 有积极性 yǒu jījíxìng ◆～半径 行动范围 xíngdòng fànwéi
こうどう【講堂】 礼堂 lǐtáng
こうとう【強盗】 强盗 qiángdào ◆～を働く 抢劫 qiǎngjié ◆ピストル～ 持枪强盗 chíqiāng qiángdào
こうどう【合同】 ❶《いっしょに》联合 liánhé; 共同 gòngtóng ◆～練習 联合练习 liánhé liànxí ◆～で行う 联合举行 liánhé jǔxíng; 协办 xiébàn ❷《幾何の》～な三角形 全等三角形 quánděng sānjiǎoxíng
こうとう【高等学校】 高中 gāozhōng; 高级中学 gāojí zhōngxué
こうとうぶ【後頭部】 脑勺 nǎosháo; 后脑勺子 hòunǎo sháozi
こうとうむけい【荒唐無稽-な】 荒诞不经 huāngdàn bù jīng; 荒唐 huāngtáng; 荒谬 huāngmiù

こうとく【公徳】◆～心 公徳心 gōngdéxīn

こうどく【購読-する】订阅 dìngyuè ◆ ～定期 定期订阅 dìngqī dìngyuè ◆ ～料 订费 dìngfèi

こうない【坑内】坑内 kēngnèi ◆ ～火災 矿井火灾 kuàngjǐng huǒzāi

こうない【校内】校内 xiàonèi

こうない【構内】境内 jìngnèi; 院内 yuànnèi ◆ 立ち入り禁止 禁止入内 jìnzhǐ rùnèi

こうない【港内】港口里 gǎngkǒuli

こうないえん【口内炎】口腔炎 kǒuqiāngyán

こうにち【抗日-の】抗日 kàng Rì ◆ ～戦争 抗日战争 kàng Rì Zhànzhēng

こうにゅう【購入-する】购买 gòumǎi; 置办 zhìbàn; 购置 gòuzhì ◆ 一括～ 统一购买 tǒngyī gòumǎi

こうにん【後任】后任 hòurèn ◆ ～となる 接任 jiērèn; 继任 jìrèn

こうにん【公認-する】公认 gōngrèn ◆ ～候補 公认候选人 gōngrèn hòuxuǎnrén

こうねつ【高熱】高热 gāorè; 高烧 gāoshāo ◆ ～がでる 发高烧 fā gāoshāo

こうねつひ【光熱費】煤电费 méidiànfèi

こうねん【後年】❶《将来》将来 jiānglái; 后期 hòuqī ❷《晩年》晚年 wǎnnián

こうねん【光年】光年 guāngnián

こうねんき【更年期】更年期 gēngniánqī ◆ ～障害 更年期障碍 gēngniánqī zhàng'ài

こうのう【効能】成效 chéngxiào; 功能 gōngnéng; 效能 xiàonéng ◆ ～が現れる 见效 jiànxiào ◆ ～書き 药效说明书 yàoxiào shuōmíngshū

コウノトリ【鸛】白鹳 báiguàn

こうは【硬派】❶《妥協しない人》强硬派 qiángyìngpài ❷《無骨な人》嫌恶软弱的人 xiánwù ruǎnruò de rén

こうば【工場】厂 chǎng; 工厂 gōngchǎng; 作坊 zuōfang

こうはい【後輩】后辈 hòubèi; 后进 hòujìn; 小辈 xiǎobèi

こうはい【交配-する】交配 jiāopèi; 配种 pèizhǒng; 杂交 zájiāo ◆ ～種 杂交种 zájiāozhǒng

こうはい【荒廃-する】荒芜 huāngwú; 杂乱 záluàn ◆ ～した家屋 残垣断壁 cán yuán duàn bì

こうばい【勾配】坡度 pōdù; 倾斜度 qīngxiédù ◆ 急［緩やか］な～ 陡坡［慢坡］dǒupō[mànpō]

こうばい【購買-する】购买 gòumǎi ◆ ～層 购买阶层 gòumǎi jiēcéng ◆ ～力 购买力 gòumǎilì

こうはく【紅白-の】红白 hóngbái ◆ ～試合 分为红白两队的比赛 fēnwéi hóngbái liǎng duì de bǐsài

こうばく【広漠-たる】广漠 guǎngmò; 辽阔 liáokuò; 茫茫的 mángmáng de ◆ ～たる原野 无边无际的原野 wú biān wú jì de yuányě

こうはん【後半】后一半 hòu yíbàn; 后半 hòubàn

こうはん【公判】公审 gōngshěn ◆ ～を開く 开庭公审 kāitíng gōngshěn

こうはん【広範-な】广大 guǎngdà ◆ ～な知識 渊博的知识 yuānbó de zhīshi

こうばん【交番】《警察の》派出所 pàichūsuǒ; 治安岗亭 zhì'ān gǎngtíng

ごうはん【合板】三合板 sānhébǎn; 胶合板 jiāohébǎn

こうはんい【広範囲】广泛 guǎngfàn ◆ ～被害におよんでいた 损失范围很广 sǔnshī fànwéi hěn guǎng

こうひ【公費】公费 gōngfèi

こうひ【工費】工程费 gōngchéngfèi

こうび【交尾-する】交尾 jiāowěi; 配对 pèiduì

こうひょう【公表-する】发表 fābiǎo; 公开发表 gōngkāi fābiǎo; 公布 gōngbù ◆ ～に踏み切る 下决心公布 xià juéxīn gōngbù

こうひょう【好評】好评 hǎopíng; 称赞 chēngzàn ◆ ～を博する 博得好评 bódé hǎopíng

こうひょう【講評-する】讲评 jiǎngpíng

こうひんしつ【高品質-の】上好 shànghǎo; 优质 yōuzhì

こうふ【交付-する】发给 fāgěi; 交付 jiāofù;《資金を》拨款 bōkuǎn ◆ ～金 补助金 bǔzhùjīn

こうふ【公布-する】颁布 bānbù; 公布 gōngbù

こうふ【坑夫】采煤工人 cǎiméi gōngrén; 矿工 kuànggōng

こうふう【校風】校风 xiàofēng

こうふく【幸福-な】幸福 xìngfú

こうふく【降伏-する】降服 xiángfú; 投降 tóuxiáng

こうぶつ【好物】爱吃的东西 ài chī de dōngxi ◆ 大～ 特别喜欢吃的东西 tèbié xǐhuan chī de dōngxi

こうぶつ【鉱物】矿物 kuàngwù

こうふん【興奮-する】兴奋 xīng-

こうぶん — **こうよう**

fèn; 激动 jīdòng; 冲动 chōngdòng
こうぶん【構文】句法 jùfǎ; 句子结构 jùzi jiégòu
こうぶんし【高分子】◆~化合物 高分子化合物 gāofēnzǐ huàhéwù
こうぶんしょ【公文書】公文 gōngwén; 文书 wénshū ◆~を偽造する 伪造公文 wěizào gōngwén
こうへい【公平-な】公平 gōngpíng; 公道 gōngdao; 公允 gōngyǔn ◆不~ 不公平 bùgōngpíng
こうへん【後編】后编 hòubiān; 下集 xiàjí
こうべん【抗弁-する】抗辩 kàngbiàn
ごうべん【合弁】合办 hébàn ◆~企業 合营企业 héyíng qǐyè
こうほ【候補】候补 hòubǔ ◆~者 候补人 hòubǔrén
こうぼ【公募-する】公开招聘 gōngkāi zhāopìn; 招募 zhāomù; 征集 zhēngjí
こうぼ【酵母】酵母 jiàomǔ
こうほう【後方】后方 hòufāng; 后面 hòumian; 后头 hòutou ◆~基地 后勤基地 hòuqín jīdì ◆~勤務 后勤 hòuqín
こうほう【工法】施工方法 shīgōng fāngfǎ
こうほう【広報】宣传 xuānchuán; 公关活动 gōngguān huódòng
こうほう【公報】公报 gōngbào
こうほう【公法】公法 gōngfǎ
こうぼう【興亡】兴亡 xīngwáng
こうぼう【光芒】光芒 guāngmáng
こうぼう【弘法】◆~も筆の誤り 聪明一世, 糊涂一时 cōngmíng yí shì, hútu yì shí
こうぼう【攻防】攻守 gōngshǒu; 攻防 gōngfáng ◆~戦 攻防战 gōngfángzhàn
ごうほう【合法-な】合法 héfǎ ◆~的手段 合法手段 héfǎ shǒuduàn ◆非~ 非法 fēifǎ
ごうほう【豪放】豪放 háofàng; 豪爽 háoshuǎng
こうぼく【公僕】公仆 gōngpú
こうま【子馬】马驹子 mǎjūzi
こうまい【高邁-な】崇高 chónggāo ◆~な精神 高尚的精神 gāoshàng de jīngshén
こうまん【高慢-な】高傲 gāo'ào; 傲气 àoqi; 高傲自大 gāo'ào zì dà
ごうまん【傲慢-な】傲慢 àomàn; 自恃 zìshì; 高傲 gāo'ào
こうみゃく【鉱脈】矿脉 kuàngmài
こうみょう【光明】光明 guāngmíng; 希望 xīwàng ◆~を見出す 看到光明 kàndào guāngmíng

こうみょう【功名】功名 gōngmíng ◆~心 功心 yèxīn; 功名欲 gōngmíngyù
こうみょう【巧妙】巧妙 qiǎomiào; 高妙 gāomiào ◆~なやり方 妙诀 miàojué ◆~な策 妙计 miàojì; 巧计 qiǎojì
こうみん【公民】公民 gōngmín ◆~権 公民权 gōngmínquán
こうむ【公務】公事 gōngshì; 公务 gōngwù ◆~員 公务员 gōngwùyuán ◆公~執行妨害 妨碍执行公务罪 fáng'ài zhíxíng gōngwù zuì
こうむる【被る】受到 shòudào ◆恩恵を~ 受到恩惠 shòudào ēnhuì; 得到好处 dédào hǎochù ◆被害を~ 遭受 zāoshòu; 受害 shòuhài ◆ごめん~ 失陪 shīpéi
こうめい【光明】光明 guāngmíng; 〈政治が〉清明 qīngmíng ◆~正大 光明正大 guāngmíng zhèng dà
こうめい【高名-な】❶〈有名〉著名 zhùmíng ❷〈ご尊名〉大名 dàmíng; 令名 lìngmíng
ごうもう【剛毛】硬毛 yìngmáo
こうもく【項目】项目 xiàngmù; 条款 tiáokuǎn ◆~別に 按项目 àn xiàngmù
コウモリ【蝙蝠】蝙蝠 biānfú
こうもん【校門】校门 xiàomén
こうもん【肛門】肛门 gāngmén
こうもん【拷問】拷问 kǎowèn; 拷打 kǎodǎ
こうや【荒野】荒野 huāngyě; 荒原 huāngyuán
こうやく【公約-する】诺言 nuòyán; 约定 yuēdìng; 誓约 shìyuē ◆選挙~ 竞选时的诺言 jìngxuǎn shí de nuòyán
こうやく【膏薬】膏药 gāoyao; 药膏 yàogāo ◆~を貼る 贴膏药 tiē gāoyao
こうやくすう【公約数】公约数 gōngyuēshù
こうやどうふ【高野豆腐】冻豆腐 dòngdòufu
こうゆう【公有】公有 gōngyǒu ◆~地 公有地 gōngyǒudì
こうゆう【校友】校友 xiàoyǒu ◆~会 校友会 xiàoyǒuhuì
こうゆう【交友】交友 jiāoyǒu; 交际 jiāojì ◆~範囲 交际范围 jiāojì fànwéi
こうゆう【交遊】交游 jiāoyóu; 交际 jiāojì
こうよう【公用】公事 gōngshì; 公用 gōngyòng ◆~車 公用车 gōngyòngchē
こうよう【効用】功用 gōngyòng;

こうよう【効用】 効用 xiàoyòng

こうよう【孝養】 孝順 xiàoshùn ♦ ～を尽くす 尽孝 jìn xiào

こうよう【紅葉】-する 红叶 hóngyè

こうよう【高揚】 昂扬 ángyáng; 高昂 gāo'áng ♦ 士気が～する 士气高涨 shìqì gāozhǎng

こうようじゅ【広葉樹】 阔叶树 kuòyèshù

ごうよく【強欲】 贪婪 tānlán; 贪心 tānxīn

こうら【甲羅】 甲壳 jiǎqiào; 盖子 gàizi

こうらく【行楽】 游览 yóulǎn ♦ ～客 游客 yóukè ♦ ～シーズン 游览的旺季 yóulǎn de wàngjì; 最佳游览季节 zuìjiā yóulǎn jìjié ♦ ～地 游览地 yóulǎndì; 景点 jǐngdiǎn

こうり【功利】 功利 gōnglì ♦ ～主义 功利主义 gōnglì zhǔyì

こうり【高利】 重利 zhònglì; 高利 gāolì ♦ ～貸しをする 放高利贷 fàng gāolìdài

こうり【小売り】-する 零卖 língmài; 零售 língshòu ♦ ～価格 零售价 língshòujià ♦ ～店 零售店 língshòudiàn ♦ ～販売门市部 fànshòu ménshìbù

ごうり【合理】 合理 hélǐ ♦ ～化する 合理化 hélǐhuà ♦ ～的 合理 hélǐ ♦ 不～な規則 不合理的规章 bù hélǐ de guīzhāng

こうりつ【公立】-の 公立 gōnglì

こうりつ【効率】 效率 xiàolǜ ♦ ～の悪い 低效率 dī xiàolǜ

こうりつ【高率】-の 高比率 gāo bǐlǜ; 高率 gāolǜ

こうりゃく【攻略】-する 攻克 gōngkè ♦ 敵の陣地を～する 攻克敌方阵地 gōngkè dífāng zhèndì

こうりゅう【興隆】-する 兴起 xīngqǐ; 兴隆 xīnglóng

こうりゅう【交流】 ❶〈交わる〉交流 jiāoliú ♦ 文化～ 文化交流 wénhuà jiāoliú ❷〈電流の一つ〉～発電機 交流发电机 jiāoliú fādiànjī

こうりゅう【拘留】-する 拘留 jūliú; 扣留 kòuliú

こうりゅう【合流】-する ❶〈川の〉合流 héliú; 汇合 huìhé ♦ ～地点 汇合点 huìhédiǎn ❷〈人の〉会合 huìhé ♦ 現地で～する 在现场会合 zài xiànchǎng huìhé

こうりょ【考慮】-する 考虑 kǎolǜ; 衡量 héngliáng; 斟酌 zhēnzhuó ♦ ～に値する 值得考虑 zhíde kǎolǜ

こうりょう【校了】-する 校毕 jiàobì; 已可付印 yǐ kě fùyìn

こうりょう【綱領】 纲领 gānglǐng

こうりょう【荒涼】-とした 荒凉 huāngliáng; 荒无人烟 huāng wú rén yān

こうりょう【香料】 香料 xiāngliào

こうりょう【黄梁】 ♦ ～一炊(いっすい)の夢 黄粱一梦 huáng liáng yí mèng

こうりょく【効力】 效力 xiàolì; 效能 xiàonéng ♦ ～が発生する 生效 shēng xiào ♦ ～のない 无效 wúxiào ♦ ～を失う 失效 shī xiào

こうりん【光臨】 光临 guānglín; 惠临 huìlín

こうれい【恒例】-の 惯例 guànlì ♦ ～行事 定例的活动 dìnglì de huódòng

こうれい【高齢】 高龄 gāolíng; 年迈 niánmài; 老龄 lǎolíng ♦ ～者 老年人 lǎoniánrén; 耆老 qílǎo ♦ ～化社会 老龄化社会 lǎolínghuà shèhuì

ごうれい【号令】 号令 hàolìng; 口令 kǒulìng ♦ ～をかける 发令 fālìng

こうれつ【後列】 后排 hòupái

こうろ【航路】 航道 hángdào; 航路 hánglù ♦ 外国～ 国际航线 guójì hángxiàn

こうろ【行路】 途程 túchéng; 行程 xíngchéng

こうろ【香炉】 香炉 xiānglú

こうろう【功労】 功绩 gōngjì; 功劳 gōngláo ♦ ～者 功臣 gōngchén

こうろん【公論】 公论 gōnglùn

こうろん【口論】-する 吵架 chǎojià; 吵嘴 chǎozuǐ; 口角 kǒujué

こうわ【講和】 讲和 jiǎnghé; 媾和 gòuhé ♦ ～会議 和会 héhuì; 和谈 hétán ♦ ～条約 和约 héyuē

こうわ【講話】 讲话 jiǎnghuà; 报告 bàogào

こうわん【港湾】 港湾 gǎngwān ♦ ～都市 港湾城市 gǎngwān chéngshì

ごうわん【剛腕】 铁腕 tiěwàn ♦ ～政治家 铁腕政治家 tiěwàn zhèngzhìjiā ♦ ～投手 腕力过人的投手 wànlì guòrén de tóushǒu

こえ【声】 ❶〈話や歌の〉声音 shēngyīn; 嗓子 sǎngzi ♦ 歌がよく響く歌声高亢 gēshēng gāokàng ♦ ～を詰まらせる 哽 gěng ♦ ～を出す 吭 kēng; 吱声 zīshēng ♦ きびしい～ 厉声 lìshēng ♦ ～を立てない 不做声 bú zuò shēng ♦ ～をひそめて話す 悄悄说话 qiāoqiāo de shuōhuà ❷〈意見 意見〉意见 yìjiàn ♦ 大衆の～ 群众的意见 qúnzhòng de yìjiàn

ごえい【護衛】-する 警卫 jǐngwèi; 守护 shǒuhù

こえがわり【声変り】-する 变声 biànshēng; 嗓音变低 sǎngyīn biàndī; 声带变化 shēngdài biànhuà

こえだ【小枝】枝条 zhītiáo; 枝杈 zhīchà

こえる【超える】❶《通過する》越过 yuèguò ◆国境を～ 越过边境 yuèguò biānjìng ◆川を～ 过河 guòhé ❷《上まわる》超过 chāoguò; 超越 chāoyuè ◆限界を～ 超过界限 chāoguò jièxiàn ◆想像を～ 超出想像 chāochū xiǎngxiàng ◆目標を～ 超越目标 chāoyuè mùbiāo ◆師匠を～ 胜过师傅 shèngguò shīfu

こえる【肥える】❶《人が》胖 pàng ❷《動物が》肥 féi ❸《土地が》肥沃 féiwò ❹《感覚が》有鉴赏力 yǒu jiànshǎnglì ◆目が～ 眼力高 yǎnlì gāo ◆中年美眼光 yōu shěnměi yǎnguāng ◆耳が～ 耳朵灵 ěrduo líng ◆口が～ 口味高 kǒuwèi gāo; 讲究吃 jiǎngjiù chī

こおう【呼応─】相应 xiāngyìng; 呼应 hūyìng

ゴーカート 游戏汽车 yóuxì qìchē; 玩用汽车 wányòng qìchē

コークス 焦炭 jiāotàn; 煤焦 méijiāo

ゴーグル 风镜 fēngjìng; 护目镜 hùmùjìng

ゴーサイン 前进的信号 qiánjìn de xìnhào ◆～を出す 开绿灯 kāi lǜdēng

コージェネレーション 电热供应系统 diànrè gōngyìng xìtǒng

ゴージャス 华丽 huálì; 豪华 háohuá

コース ❶《道筋》路线 lùxiàn ◆散歩の～ 散步的路线 sànbù de lùxiàn ❷《出世・発達の途径》发达的途径 fādá de tújìng ◆出人头地之路 chū rén tóu dì zhī lù ❸《競技の》赛跑道 ◆第一跑［泳］道 dìyī pǎo[yǒng]dào ◆マラソンの～ 马拉松的路线 mǎlāsōng de lùxiàn ❹《料理の》◆フル～ 全席 quánxí; 整桌菜 zhěngzhuōcài ❺《学科の》◆入門～ 入门课程 rùmén kèchéng; 初学课程 chūxué kèchéng

コースター 《ジェットコースター》过山车 guòshānchē; 轨道滑坡车 guǐdào huápōchē ❷《コップの下敷き》杯托 bēituō; 杯垫 bēidiàn

ゴースト 《テレビ受像機の》重像 chóngxiàng; 双重图像 shuāngchóng túxiàng ◆《幽霊》鬼 guǐ ◆～タウン 鬼城 guǐchéng

ゴーストライター 代笔人 dàibǐrén

コーチ 教练 jiàoliàn ◆野球の～ 棒球教练 bàngqiú jiàoliàn

コーディネーター 协调人 xiétiáorén; 配合人 pèihérén

コート ❶《衣服》大衣 dàyī; 外套 wàitào; 外衣 wàiyī ◆ダスター～ 风衣 fēngyī ◆レイン～ 雨衣 yǔyī ❷《競技場》球场 qiúchǎng ◆テニス～ 网球场 wǎngqiúchǎng

コード ❶《規定》准则 zhǔnzé; 规定 guīdìng ❷《分類の》◆ナンバー～ 编码 biānmǎ; 电码 diànmǎ ◆番号代码 dàimǎ ◆暗号の～ 密码 mìmǎ ◆ネーム～ 代号 dàihào

コード【線】软线 ruǎnxiàn; 电线 diànxiàn ◆電源～ 电源导线 diànyuán dǎoxiàn ◆レス電話 无绳电话 wúshéng diànhuà

こおどり【小躍り─】雀跃 quèyuè ◆～して喜ぶ 欣喜雀跃 xīn xǐ què yuè

コーナー ❶《かど・すみ》角落 jiǎoluò; 街角 jiējiǎo ❷《曲がり角》弯道 wāndào ◆最終～にさしかかる 临近最后的弯道 línjìn zuìhòu de wāndào ❸《一画》专柜 zhuānguì ◆化妆品～ 化妆品柜台 huàzhuāngpǐn guìtái ◆投稿～ 《誌面などの》读者来信栏 dúzhě láixìnlán ❹《野球の》◆～を突く投球 投角球 tóu jiǎoqiú

コーナーキック 角球 jiǎoqiú

コーパス 语料库 yǔliàokù

コーヒー 咖啡 kāfēi ◆～豆を挽く 磨咖啡豆 mò kāfēidòu ◆～メーカー 煮咖啡器 zhǔkāfēiqì ◆ポット～ 咖啡壶 kāfēihú ◆～をいれる 冲咖啡 chōng kāfēi

コーラ 可乐 kělè; 《商標》◆コカ～ 可口可乐 Kěkǒu kělè ◆ペプシ～ 百事可乐 Bǎishì kělè

コーラス 合唱 héchàng ◆グループ～ 合唱队 héchàngduì

コーラン 古兰经 Gǔlánjīng

こおり【氷】冰 bīng; 凌 líng ◆～で冷やす 冰镇 bīngzhèn ◆～水 冰镇凉水 bīngzhèn liángshuǐ ◆～砂糖 冰糖 bīngtáng

こおる【凍る】冻 dòng; 冻结 dòngjié; 结冰 jiébīng ◆道路が凍っている 路面结冰 lùmiàn jiézhe bīng

ゴール ❶《決勝線》终点 zhōngdiǎn ◆～インする 到达终点 dàodá zhōngdiǎn ❷《サッカー・ホッケーなどの球門》◆キーパー～员 shǒuményuán ◆～ライン 终点线 zhōngdiǎnxiàn ◆～する 射中球门 shèzhòng qiúmén; 踢进球门 tījìn qiúmén ❸《目的》目标 mùbiāo ◆～インする 达到目的 dádào mùdì

コールサイン 呼号 hūhào; 叫号 jiàohào
コールタール 煤焦油 méijiāoyóu
コールテン 灯心绒 dēngxīnróng; 条绒 tiáoróng
ゴールデンウイーク 黄金周 huángjīnzhōu
ゴールデンタイム 《テレビの》黄金时段 huángjīn shíduàn
ゴールドカード 金卡 jīnkǎ
コールドクリーム 冷霜 lěngshuāng
コオロギ【蟋蟀】 蟋蟀 xīshuài; 蛐蛐儿 qūqur
コーン【とうもろこし】 玉米 yùmǐ ◆～スープ 玉米汤 yùmǐtāng ◆～フレークス 玉米片 yùmǐpiàn
コーン 《アイスクリームの》圆锥形蛋卷 yuánzhuīxíng dànjuǎn
こがい【戸外-の】 屋外 wūwài; 户外 hùwài
こがい【子飼い-の】 从小培养的 cóng xiǎo péiyǎng de
ごかい【誤解-する】 误会 wùhuì; 误解 wùjiě ◆～される 受到误解 shòudào wùjiě ◆～を招く 招致误会 zhāozhì wùhuì
こがいしゃ【子会社】 子公司 zǐgōngsī
コカイン 可卡因 kěkǎyīn; 古柯碱 gǔkējiǎn
ごかく【互角】 势均力敌 shì jūn lì dí; 不相上下 bù xiāng shàng xià ◆～の勝負 平分秋色 píng fēn qiū sè
ごがく【語学】 外语 wàiyǔ; 外语学习 wàiyǔ xuéxí ◆～力 外语能力 wàiyǔ nénglì
ごかくけい【五角形】 五边形 wǔbiānxíng
こかげ【木陰】 树凉儿 shùliángr; 树荫 shùyīn
こがす【焦がす】 ❶《物を》烤糊 kǎohú ❷《胸を》烦恼 fánnǎo; 焦虑 jiāolǜ
こがた【小型-の】 小型 xiǎoxíng ◆袖珍 xiùzhēn; 迷你 mínǐ ◆～化 小型化 xiǎoxínghuà
こがたな【小刀】 小刀 xiǎodāo; 刀子 dāozi
こかつ【枯渇-する】 枯竭 kūjié
ごがつ【五月】 五月 wǔyuè
コガネムシ【黄金虫】 金龟子 jīnguīzi
こがら【小柄-な】 ❶《体格が》矮个儿 ǎigèr; 身材矮小 shēncái duǎnxiǎo ◆ちょっと～だ 个子矮了一点儿 gèzi ǎi le yìdiǎnr ❷《模様が》小花纹 xiǎohuāwén
こがらし【凩,木枯し】 寒风 hánfēng; 冷风 lěngfēng ◆～が吹く 刮寒风 guā hánfēng
こがれる【焦がれる】 渴望 kěwàng ◆恋～ 热恋 rèliàn
こかん【股間】 胯下 kuàxià; 胯裆 kuàdāng ◆～を蹴られる 胯部被踢 kuàbù bèi tī
こがん【湖岸】 湖滨 húbīn; 湖边 húbiān
ごかん【五官】 五官 wǔguān
ごかん【五感】 五感 wǔgǎn
ごかん【互換-する】 互换 hùhuàn ◆～性 互换性 hùhuànxìng
ごかん【語幹】 语干 yǔgàn; 词干 cígàn
ごかん【語感】 ❶《語のニュアンス》语感 yǔgǎn ❷《言葉に対する感覚》语感 yǔgǎn; 对语言的感觉 duì yǔyán de gǎnjué ◆～が鋭い 语感敏锐 yǔgǎn mǐnruì
こがん【護岸】 护岸 hù'àn ◆～林 护岸林 hù'ànlín
こかんせつ【股関節】 股关节 gǔguānjié
こき【古希】 古稀 gǔxī
ごき【語気】 语调 yǔdiào; 语气 yǔqì; 口气 kǒuqì ◆～を強める 加重语气 jiāzhòng yǔqì ◆～が荒い 语气粗野 yǔqì cūyě
ごき【誤記】 笔误 bǐwù; 写错 xiěcuò
ごぎ【語義】 词义 cíyì
こきおろす 贬斥 biǎnchì; 贬低 biǎndī ◆～さんざん～ 贬得一钱不值 biǎnde yì qián bù zhí
こきげん【ご機嫌-な】 高兴 gāoxìng ◆～伺い 请安 qǐng'ān; 问候 wènhòu ◆～を取る 讨好儿 tǎohǎor; 巴结 bājie ◆～ななめ 闹情绪 nào qíngxù; 心情不佳 xīnqíng bù jiā
こきざみ【小刻み】 细碎 xìsuì ◆～に震える 微微地颤抖 wēiwēi de chàndǒu
こきじょし【語気助詞】 语气助词 yǔqì zhùcí
こきつかう【扱き使う】 驱使 qūshǐ; 使唤 shǐhuàn
こぎつける【漕ぎ着ける】 达到 dádào; 达成 dáchéng ◆完成に～ 好容易才完成 hǎoróngyi cái wánchéng
こぎって【小切手】 支票 zhīpiào; 票据 piàojù ◆～を切る 开支票 kāi zhīpiào
ゴキブリ 蟑螂 zhāngláng; 蜚蠊 fěilián
こきみよい【小気味よい】 痛快 tòngkuài
こきゃく【顧客】 顾客 gùkè; 主顾 zhǔgù
こきゅう【呼吸-する】 ❶《息》呼吸

hūxī ◆～が早い 呼吸緊促 hūxī jǐncù ◆～器官 呼吸器官 hūxī qìguān ❷〔調子〕步調 bùdiào ◆～を合わせる 配合 pèihé
こきゅう〔胡弓〕胡琴 húqín；二胡 èrhú
こきょう〔故郷〕故乡 gùxiāng；老家 lǎojiā；家乡 jiāxiāng ◆～に錦を飾る 衣锦还乡 yī jǐn huán xiāng ◆～に戻る 回家乡 huí lǎojiā
ごぎれい〔小綺麗-な〕整洁 zhěngjié；干净利落 gānjìng lìluo
こく〔酷-な〕苛刻 kēkè ◆～な処分 だ 处置很严厉 chǔzhì hěn yánlì
こぐ〔漕ぐ〕划 huá ◆ボートを～ 划船 huáchuán ◆自転車を～ 蹬自行车 dēng zìxíngchē ◆ブランコを～ 打秋千 dǎ qiūqiān
ごく〔極〕极 jí；极其 jíqí ◆～わずかの微小 wēixiǎo；极少 jíshǎo
ごく〔語句〕词句 cíjù；词语 cíyǔ；语词 yǔcí
ごくあく〔極悪-な〕极其狠毒 jíqí hěndú ◆～犯罪 滔天大罪 tāo tiān dà zuì ◆～非道 罪大恶极 zuì dà è jí；穷凶极恶 qióng xiōng jí è
こくい〔極意〕绝招 juézhāo；秘法 mìfǎ
こくいっこく〔刻一刻-と〕一秒一秒地 yī miǎo yī miǎo de；每时每刻 měishí měikè；时时刻刻 shíshíkèkè
こくうん〔黒雲〕阴云 yīnyún
こくえい〔国営〕国营 guóyíng；官办 guānbàn ◆～事業 国营事业 guóyíng shìyè
こくおう〔国王〕国王 guówáng
こくがい〔国外〕海外 hǎiwài；国外 guówài ◆～追放になる 被驱逐出境 bèi qūzhú chūjìng
こくげん〔刻限〕约定的时刻 yuēdìng de shíkè；限期 xiànqī
こくご〔国語〕❶〔母国語〕母语 mǔyǔ ❷〔教科としての〕国语 guóyǔ；国文 guówén；语文 yǔwén
こくさい〔国債〕国库券 guókùquàn；国债 guózhài ◆～を発行する 发行公债 fāxíng gōngzhài
こくさい〔国際〕国际 guójì ◆～的な 国际性的 guójìxìng de ◆～児童デー（6月1日）六一儿童节 Liù Yī Értóngjié ◆～児童节 国际儿童节 Guójì Értóngjié ◆～情势 国际形势 guójì júshì ◆～世论 国际舆论 guójì yúlùn ◆～婦人デー（3月8日）三八妇女节 Sān Bā Fùnǚjié ◆～連合 联合国 Liánhéguó ◆～結婚 国际结婚 guójì jiéhūn ◆～郵便 国际邮件 guójì yóujiàn
ごくさいしき〔極彩色-の〕光彩夺目 guāng cǎi duó mù；五颜六色 wǔ yán liù sè；五彩缤纷 wǔ cǎi bīn fēn
こくさく〔国策〕国策 guócè
こくさん〔国産-の〕国产 guóchǎn ◆～車 国产汽车 guóchǎn qìchē
こくし〔酷使-する〕驱使 qūshǐ；残酷使用 cánkù shǐyòng
こくじ〔告示-する〕告示 gàoshì；通告 tōnggào
こくじ〔国事〕国务 guówù：国事 guóshì ◆～に奔走する 为国事奔波 wèi guóshì bēnbō
こくじ〔酷似〕活像 huóxiàng；酷似 kùsì；酷肖 kùxiào
こくしょ〔酷暑〕酷暑 kùshǔ；盛暑 shèngshǔ；炎暑 yánshǔ ◆～の時期になる 入伏 rùfú
こくじょう〔国情〕国情 guóqíng
ごくじょう〔極上-の〕极好 jíhǎo；上好 shànghǎo ◆～品 极品 jípǐn
こくじょく〔国辱〕国耻 guóchǐ
こくじん〔黒人〕黑人 hēirén ◆～歌 黑人圣歌 hēirén shènggē
こくすい〔国粋〕国粋 guócuì ◆～主義 国粋主義 guócuì zhǔyì
こくそ〔国旗〕国旗 guóqí
こくせい〔国勢〕国势 guóshì；国情 guóqíng ◆～調査 人口普查 rénkǒu pǔchá
こくせい〔国政〕国政 guózhèng；国家政治 guójiā zhèngzhì ◆～に参加する 参与国政 cānyù guózhèng
こくぜい〔国税〕国税 guóshuì
こくせき〔国籍〕国籍 guójí ◆～を取得する 取得国籍 qǔdé guójí ◆～不明の 不明国籍 bùmíng guójí
こくそ〔告訴-する〕起诉 qǐsù；打官司 dǎ guānsī；控告 kònggào ◆～を取り下げる 撤回诉讼 chèhuí sùsòng
こくそう〔国葬〕国葬 guózàng
こくそう〔穀倉〕谷仓 gǔcāng ◆～地帯 谷仓地区 gǔcāng dìqū；产粮区 chǎnliángqū
コクゾウムシ〔穀象虫〕象鼻虫 xiàngbíchóng
こくぞく〔国賊〕国贼 guózéi
コクタン〔黒檀〕黑檀 hēitán；乌木 wūmù
こくち〔告知-する〕通知 tōngzhī；告知 gàozhī；启事 qǐshì
こくち〔小口-の〕❶〔少量〕少量 shǎoliàng ◆～の預金 少额存款 shǎo'é cúnkuǎn ❷〔切り口〕◆～切りにする 切菜なにする；横切り切开 héngqiē；切细 qiēxì ❸〔書物の〕切口 qiēkǒu
ごくつぶし〔穀潰し〕饭桶 fàntǒng
こくてい〔国定-の〕国家制定 guó-

こくてん — こげる 171

jiā zhìdìng ◆~公園 国定公園 guódìng gōngyuán
こくてん【黒点】《太陽の》太阳黑子 tàiyáng hēizǐ
こくど【国土】国土 guótǔ ◆~開発 开发国土 kāifā guótǔ
こくない【国内】海内 hǎinèi; 国内 guónèi ◆~の情勢 国内形势 guónèi xíngshi
こくねつ【酷熱-の】酷热 kùrè
こくはく【告白-する】交代 jiāodài; 坦白 tǎnbái ◆愛を~する 吐露爱情 tǔlù àiqíng ◆真相を~する 坦白真相 tǎnbái zhēnxiàng
こくはつ【告発-する】告发 gàofā; 检举 jiǎnjǔ; 揭发 jiēfā ◆内部~ 揭发内幕 jiēfā nèimù; 局内人揭露内情 júnèirén jiēlù nèiqíng
こくばん【黒板】黑板 hēibǎn ◆~ふき 板擦儿 bǎncār
こくひ【国費】公费 gōngfèi; 国家经费 guójiā jīngfèi ◆を投じる 使用公费 tóuyù gōngfèi ◆~留学生 公费留学生 gōngfèi liúxuéshēng
ごくひ【極秘-の】绝密 juémì ◆~文書 绝密文件 juémì wénjiàn
こくひょう【黒白】黑白 hēibái; 是非 shìfēi ◆~を明らかにする 辨明是非 biànmíng shìfēi
こくひょう【酷評】严厉批评 yánlì pīpíng ◆~される 受到严厉批评 shòudào yánlì pīpíng
こくひん【国賓】国宾 guóbīn
こくふく【克服-する】克服 kèfú
こくべつしき【告別式】告别仪式 gàobié yíshì; 遗体告别式 yítǐ gàobiéshì
こくほう【国宝】国宝 guóbǎo; 国家保护重点文物 guójiā bǎohù zhòngdiǎn wénwù ◆~級の 跟国宝匹敌 gēn guóbǎo pǐdí ◆人間~ 人材国宝 réncái guóbǎo
こくほう【国法】国法 guófǎ
こくぼう【国防】国防 guófáng; 武备 wǔbèi ◆~省 国防部 guófángbù
こぐま【小熊座】小熊座 xiǎoxióngzuò
こくみん【国民】国民 guómín ◆~所得 国民收入 guómín shōurù ◆~総生産 国民生产总值 guómín shēngchǎn zǒngzhí
こくむ【国務】国务 guówù ◆~長官 《アメリカの》国务卿 guówùqīng
こくめい【克明-な】细致 xìzhì; 精细周密 jīngxì zhōumì ◆~な記録 详细的记录 xiángxì de jìlù
こくめい【国名】国号 guóhào; 国名 guómíng
こくもつ【穀物】谷物 gǔwù ◆~倉庫 粮仓 liángcāng ◆~がよく育つ 庄家长得很好 zhuāngjiā zhǎngde hěn hǎo
こくゆう【国有-の】国有 guóyǒu; 公有 gōngyǒu ◆~化する 国有化 guóyǒuhuà
こくようせき【黒曜石】黑曜石 hēiyàoshí
ごくらく【極楽】极乐世界 jílè shìjiè
ゴクラクチョウ【極楽鳥】极乐鸟 jílèniǎo
こくりつ【国立-の】国立 guólì ◆~大学 国立大学 guólì dàxué
こくりょく【国力】国力 guólì
こくるい【穀類】谷物 gǔwù; 五谷 wǔgǔ
こくれん【国連】联合国 Liánhéguó ◆~決議 联合国决议 Liánhéguó juéyì ◆~憲章 联合国宪章 Liánhéguó xiànzhāng ◆~本部 联合国总部 Liánhéguó zǒngbù ◆~軍 联合国军队 Liánhéguó jūnduì ◆~事務総長 联合国秘书长 Liánhéguó mìshūzhǎng ◆~総会 联合国大会 Liánhéguó dàhuì ◆~の常任理事国 联合国常任理事国 Liánhéguó chángrèn lǐshìguó
ごくろうさま【ご苦労さま】劳驾 láojià; 辛苦了 xīnkǔ le
こぐん【孤軍】孤军 gūjūn ◆~奮闘する 孤军奋战 gūjūn fènzhàn
こけ【苔】苔藓 táixiǎn; 青苔 qīngtái ◆~植物 苔藓植物 táixiǎn zhíwù ◆~むした 生苔 shēng tái
こたい【固形-の】固体 gùtǐ ◆~の固体的东西 gùtǐ de dōngxi ◆~燃料 固体燃料 gùtǐ ránliào
こたい【語形】词形 cíxíng ◆~変化 词形变化 cíxíng biànhuà
こけおどし【虚仮脅し】空架子 kōngjiàzi; 装腔作势 zhuāngqiāng zuòshì ◆あんなのはただの~だ 那只不过是摆花架子 nà zhǐ búguò shì bǎi huājiàzi
こげくさい【焦げ臭い】煳味儿 húwèir
こげちゃ【焦茶色】浓茶色 nóngchásè; 深棕色 shēnzōngsè
こけつ【虎穴】虎穴 hǔxué ◆~に入らずんば虎子を得ず 不入虎穴, 焉得虎子 bú rù hǔxué, yān dé hǔzǐ
こげつく【焦げ付く】❶《なべに》烤煳 kǎohú ◆煮物が鍋に~ 煮的菜烧煳沾在锅上 zhǔ de cài shāohú zhān zài guōshang ❷《貸し金が》收不回来 shōubuhuílai ◆貸した金が~ 贷款变成呆账 dàikuǎn biànchéng dāizhàng
こげる【焦げる】煳 hú; 焦 jiāo ◆おこげ 锅巴 guōbā ◆魚が~ 鱼烤焦

こけん ― こころづよい

了 yú kǎojiāo le
こけん【沽券】 品格 pǐngé; 体面 tǐmiàn ♦～にかかわる 有伤尊严 yǒushāng zūnyán; 有失体面 yǒushī tǐmiàn
ごげん【語源】 语源 yǔyuán
ここ 这儿 zhèr; 这里 zhèlǐ
ここ【個々-の】 个别 gèbié; 各别 gèbié ♦～の意见 各个意见 gègè yìjiàn
ここ【古語】 古语 gǔyǔ ♦～辞典 古语词典 gǔyǔ cídiǎn
ごご【午後】 下午 xiàwǔ; 午后 wǔhòu
ココア 可可 kěkě
ここう【孤高-の】 孤傲 gū'ào; 孤高 gūgāo
ここう【糊口】 ♦～をしのぐ 糊口 húkǒu
ここう【虎口】 虎口 hǔkǒu ♦～を脱する 虎口脱生 hǔ kǒu tuō shēng
こごえ【小声】 小声 xiǎoshēng; 轻声 qīngshēng ♦～で话す 小声说话 xiǎoshēng shuōhuà; 叽咕 jīgu
こごえる【凍える】 冻僵 dòngjiāng ♦～ような寒さだ 冷得要冻僵了 lěng de yào dòngjiāng le ♦指先が～ 指尖冻僵 zhǐjiān dòngjiāng
ここく【故国】 故国 gùguó; 祖国 zǔguó
ごこく【五穀】 五谷 wǔgǔ ♦～豊穣 五谷丰收 wǔgǔ fēngshōu; 五谷丰登 wǔgǔ fēngdēng
ここち【心地】 心情 xīnqíng; 感觉 gǎnjué ♦着のみ着のままの服 合身的衣服 héshēn de yīfu; 穿得很舒服的衣服 chuānde hěn shūfu de yīfu
ここちよい【心地よい】 舒服 shūfu; 舒适 shūshì; 畅快 chàngkuài
こごと【小言】 申斥 shēnchì; 责备 zébèi ♦～を言う 发牢骚 fā láosao ♦～を食う 挨批评 ái pīpíng
ココナッツ 椰子果 yēzǐguǒ
こころ【心】 心 xīn; 心灵 xīnlíng; 心肠 xīncháng ♦～のこもった 热诚 rèchéng; 热情 rèqíng ♦～が广い 开阔 kāikuò; 虚怀若谷 xū huái ruò gǔ ♦～が动く 动心 dòngxīn ♦～ここにあらず 心不在焉 xīn bú zài yān ♦～と心が通い合う 心心相印 xīn xīn xiāng yìn ♦～に刻む 铭记 míngxīn ♦～に誓う 失志 shīzhì; 暗自发誓 ànzì fāshì ♦～の底から 由衷 yóuzhōng; 全心全意 quán xīn quán yì ♦～を鬼にする 狠心 hěnxīn; 忍心 rěnxīn ♦～から 衷心 zhōngxīn; 由衷 yóuzhōng
こころあたたまる【心暖[温]まる】 暖人心肠 nuǎn rén xīncháng
こころあたり【心当たり】 印象 yìn-

xiàng; 线索 xiànsuǒ ♦～がある 有印象 yǒu yìnxiàng ♦～がない 没听说过 méi tīngshuōguo; 摸不着头绪 mōbuzháo tóuxù
こころいき【心意気】 气魄 qìpò; 气概 qìgài
こころえ【心得】 ❶ (知識) 素养 sùyǎng; 经验 jīngyàn ♦茶の湯の～ 茶道的知识 chádào de zhīshí ❷ (規則) 须知 xūzhī; 常识 chángshí ♦社会人としての～ 社会常识 shèhuì chángshí; 社会成员的须知 shèhuì chéngyuán de xūzhī
こころえちがい【心得違い】 ❶ (思い違い) 误会 wùhuì; 想错 xiǎngcuò ❷ (間違った考えや行為) 错误 cuòwù; 不合情理又合 bù hé qínglǐ
こころえる【心得る】 领会 lǐnghuì; 理解 lǐjiě; 懂得 dǒngde ♦事情を～ 掌握情况 zhǎngwò qíngkuàng ♦委细心得ました 一切都知道了 yíqiè dōu zhīdao le
こころおきなく【心置きなく】 (気兼ねなく) 毫不客气 háo bú kèqi; 坦率 tǎnshuài; 不顾虑地 bú gùlǜ de ♦ (心配なく) 无优无虑 wú yōu wú lǜ
こころおぼえ【心覚え】 ❶ (記憶) 记忆 jìyì ❷ (メモ) 条子 tiáozi; 备忘录 bèiwànglù
こころがけ【心掛け】 用心 yòngxīn; 留心 liúxīn ♦～がよい 用心很好 yòngxīn hěn hǎo ♦～が悪い 作风不好 zuòfēng bùhǎo
こころがける【心掛ける】 留心 liúxīn; 留意 liúyì; 铭记在心 míngjì zài xīn
こころがまえ【心構え】 决心 juéxīn; 思想准备 sīxiǎng zhǔnbèi
こころがわり【心変わり-する】 变心 biànxīn
こころくばり【心配り-する】 关怀 guānhuái; 关心 guānxīn
こころぐるしい【心苦しい】 难过 nánguò; 难为情 nánwéiqíng
こころざし【志】 心胸 xīnxiōng; 志向 zhìxiàng ♦～を遂げる 实现志向 shíxiàn zhìxiàng ♦～を立てる 立志 lìzhì
こころざす【志す】 立志 lìzhì; 志愿 zhìyuàn
こころづかい【心遣い】 关怀 guānhuái; 费心 fèixīn
こころづくし【心尽くし-の】 费尽心思 fèijìn xīnsi; 苦心 kǔxīn
こころづけ【心付け】 小费 xiǎofèi; 茶钱 cháqián
こころづもり【心積もり】 念头 niàntou; 打算 dǎsuan
こころづよい【心強い】 胆壮 dǎnzhuàng; 有倚仗 yǒu yǐzhàng

こころない[心ない] 不体貼 bù tǐtiē; 无情 wúqíng ◆～冗談 轻率的玩笑 qīngshuài de wánxiào
こころにくい[心憎い] 令人钦佩的 lìng rén qīnpèi de; 了不起 liǎobuqǐ
こころね[心根] 心肠 xīncháng; 心地 xīndì; 内心 nèixīn ◆やさしい～ 柔和的脾气 róuhé de píqi ◆卑しい～ 心地卑劣 xīndì bēiliè
こころのこり[心残り] ❶〈残念だ〉 遗恨 yíhèn; 遗憾 yíhàn ❷〈未練がある〉留恋 liúliàn; 恋恋不舍 liànliàn bù shě
こころばかり[心ばかり-の] ◆～のしるし 小意思 xiǎoyìsi
こころひそかに[心密かに] 暗自 ànzì ◆～誓う 暗自发誓 ànzì fāshì
こころぼそい[心細い] 心中不安 xīnzhōng bù'ān; 胆怯 dǎnqiè; 心虚 xīnxū
こころまち[心待ち-にする] 盼望 pànwàng ◆春が来るのを～にしている 盼望春天的到来 pànwàng chūntiān de dàolái
こころみる[試みる] 尝试 chángshì; 试行 shìxíng ◆新しいやり方を～ 试行新的办法 shìxíng xīn de bànfǎ
こころもち[心持ち] ❶〈気持ち〉心情 xīnqíng ❷〈やや·すこし〉稍微 shāowēi: 稍稍 shāoshāo ◆～短めに切ってください 请稍微剪短一点儿 qǐng shāowēi jiǎnduǎn yìdiǎnr
こころもとない[心許ない] 靠不住 kàobuzhù; 不牢靠 bù láokào
こころやすい[心安い] 亲密 qīnmì ◆～友人 亲密的朋友 qīnmì de péngyou
こころやすらか[心安らかな] 安心 ānxīn; 宁静 níngjìng ◆～に老後を送りたい 想悠然自得地养老 xiǎng yōurán zìdé de yǎnglǎo
こころゆくまで[心行く迄] 尽情 jìnqíng; 纵情 zòngqíng ◆～味わう 尽情品尝 jìnqíng pǐncháng
こころよい[快い] 快意 kuàiyì; 愉快 yúkuài ◆～眠り 睡得很甜 shuìde hěn tián
こころよく[快く] 慨然 kǎirán; 高兴地 gāoxìng de ◆～引き受ける 欣然允诺 xīnrán yǔnnuò
こん[古今] 古今 gǔjīn ◆～を通じて 亘古至今 gènggǔ zhìjīn ◆～東西 古今中外 gǔ jīn zhōng wài
ごこん[語根] 词根 cígēn
ごごんし[五言詩] 五言诗 wǔyánshī
こさ[濃さ] 浓淡 nóngdàn

ごさ[誤差] 偏差 piānchà; 误差 wùchā ◆～が少ない 误差很小 wùchā hěn xiǎo
ござ[茣蓙] 草席 cǎoxí; 席子 xízi ◆～を敷く 铺席子 pū xízi
ございご[後妻] 继配 jìpèi; 后妻 hòuqī ◆～をもらう 续弦 xù xián
こざいく[小細工] 手脚 shǒujiǎo; 小动作 xiǎodòngzuò; 小花招 xiǎo huāzhāo ◆～を弄する 耍花招 shuǎ huāzhāo
こざかしい[小賢しい] 小聪明 xiǎocōngming
こざかな[小魚] 小鱼 xiǎoyú
こざっぱりした 干净利落 gānjìng lìluò ◆～身なりで扮得很整洁 dǎbande hěn zhěngjié; 穿得干净利落 chuānde gānjìng lìluo
こさめ[小雨] 小雨 xiǎoyǔ
こざら[小皿] 碟 dié; 碟子 diézi ◆～に取り分ける 分菜到碟上 fēn cáidào diéshang
こさん[古参-の] 老资格 lǎozīgé ◆～兵 老兵 lǎobīng
ごさん[誤算] 失策 shīcè; 算错 suàncuò; 估计错误 gūjì cuòwù
こし[腰] 腰 yāo ◆～のすわった 安心 ānxīn; 稳当 wěndang ◆～をかがめる 哈腰 hāyāo; 弯腰 wānyāo; 欠身 qiànshēn ◆～を伸ばす 伸腰 shēnyāo ◆～が重い[軽い] 懒[勤] lǎn[qín]
こじ[孤児] 孤儿 gū'ér ◆～院 孤儿院 gū'éryuàn
こじ[固辞-する] 坚决推辞 jiānjué tuīcí
こじ[故事] 典故 diǎngù
こじ[誇示-する] 显示 xiǎnshì; 炫耀 xuànyào; 夸耀 kuāyào
ごじ[誤字] 笔误 bǐwù; 错字 cuòzì
こじあける[こじ開ける] 撬开 qiàokāi
こしあん[漉し餡] 豆沙 dòushā
こじか[子鹿] 小鹿 xiǎolù
こしかけ[腰掛け] 凳子 dèngzi ◆～仕事 暂时工作 zànshí gōngzuò; 临时的工作 línshí de gōngzuò
こしかける[腰掛ける] 坐下 zuòxià
こじき[乞食] 乞丐 qǐgài; 讨饭的 tǎofàn de; 花子 huāzi
ごしき[五色-の] 五彩 wǔcǎi; 五色 wǔsè
こしごし ◆～こする 使劲儿搓 shǐjìnr cuō
こしたんたん[虎視眈々] 虎视眈眈 hǔ shì dān dān
こしつ[個室] 单间 dānjiān; 单人房间 dānrén fángjiān;〈料理店などの〉雅座 yǎzuò
こしつ[固執-する] 固执 gùzhí; 执

ごじつ [後日] 改天 gǎitiān; 日后 rìhòu ◆〜談 日后谈 rìhòután; 日后的事情 rìhòu de shìqing

ゴシック ❶《書体》〜体 黑体字 hēitǐzì; 粗体字 cūtǐzì ❷《様式》〜建築 哥特式建筑 Gētèshì jiànzhù

こじつける 穿凿 chuānzáo; 牵强附会 qiānqiǎng fù huì

ゴシップ 闲谈 xiántán; 街谈巷议 jiē tán xiàng yì ◆〜記事 花边新闻 huābiān xīnwén; 花絮 huāxù

ごじっぽひゃっぽ [五十歩百歩] 半斤八两 bàn jīn bā liǎng; 五十步笑百步 wǔshí bù xiào bǎi bù

こしぬけ [腰抜け] 胆怯 dǎnqiè; 软骨头 ruǎngǔtou; 窝囊废 wōnangfèi

こしぼね [腰骨] 腰骨 yāogǔ; 腰椎骨 yāozhuīgǔ ◆〜が強い 很有毅力 hěn yǒu yìlì

こしゅ [固守]-する 固守 gùshǒu

こしゅ [戸主] 户主 hùzhǔ; 家长 jiāzhǎng

こしゅう [固執]-する 固执 gùzhí; 执泥 zhíní

こじゅうと [小姑] ❶《夫の姉妹》大姑子 dàgūzi; 小姑儿 xiǎogūr; 小姑子 xiǎogūzi ❷《妻の姉妹》大姨子 dàyízi; 小姨子 xiǎoyízi ❸《夫の兄弟》大伯子 dàbǎizi; 小叔子 xiǎoshūzi ❹《妻の兄弟》大舅子 dàjiùzi; 小舅子 xiǎojiùzi

ごじゅん [語順] 词序 cíxù; 语序 yǔxù

こしょ [古書] 旧书 jiùshū ◆〜店 旧书铺 jiùshūpù

ごじょ [互助] 互助 hùzhù ◆〜会 互助组 hùzhùzǔ

こしょう [呼称] 称呼 chēnghu; 称谓 chēngwèi

こしょう [故障]-する 毛病 máobìng; 故障 gùzhàng; 失灵 shīlíng ◆〜中 现在发生故障 xiànzài fāshēng gùzhàng ◆ひざを〜する 膝盖出毛病 xīgài chū máobìng

こしょう [湖沼] 湖泽 húzé; 湖沼 húzhǎo

コショウ [胡椒] 胡椒 hújiāo ◆〜の粉 胡椒粉 hújiāofěn ◆〜をかける 撒胡椒粉 sǎ hújiāo

こしょうがつ [小正月] 元宵节 Yuánxiāojié; 灯节 Dēngjié

ごしょく [誤植] 排错字 páicuòzì

こしょくそうぜん [古色蒼然]-とした 古色古香 gǔ sè gǔ xiāng

こしらえる [拵える] 做 zuò; 造 zào ◆洋服を〜 做西服 zuò xīfú ◆料理

を〜 做菜 zuòcài ◆話を〜 无中生有 wú zhōng shēng yǒu

こじらせる [拗らせる] ❶《病気などが》恶化 èhuà; 加剧 jiājù ◆風邪を〜 感冒加重 gǎnmào jiāzhòng ❷《物事を》复杂化 fùzáhuà; 更加麻烦 gèngjiā máfan

こじる [抉る] 撬 qiào ◆ドアをこじ開ける 把门撬开 bǎ mén qiàokāi

こじれる [拗れる] ❶《病気》◆風邪が〜 感冒恶化 gǎnmào èhuà ❷《物事が》拧 nǐng; 别扭 bièniu ◆話が〜 情况更糟了 qíngkuàng gèng zāo le

こじん [個人] 个人 gèrén; 个体 gètǐ ◆〜経営 个人经营 gèrén jīngyíng ◆〜事業主 个体户 gètǐhù ◆〜的見解ですが 这是我个人的看法 zhè shì wǒ gèrén de kànfa

こじん [故人] 死者 sǐzhě

ごしん [誤審] 误判 wùpàn

ごしん [誤診]-する 误诊 wùzhěn

ごしんじゅつ [護身術] 护身术 hùshēnshù

こす [越す] 超过 chāoguò; 越过 yuèguò; 逾越 yúyuè ◆川を〜 过河 guòhé ◆峠を〜 越过山峰 yuèguò shānfēng ◆病情渡过危险期 bìngqíng dùguò wēixiǎnqī ◆三十度を〜気温 气温超出三十度 qìwēn chāochū sānshí dù ◆冬を〜 越冬 yuèdōng ◆《転居》搬 bān ◆新しい家に〜 搬到新的房子 bāndào xīn de fángzi

こす [濾す|漉す] 滤 lǜ; 滤出 lǜchū; 过滤 guòlǜ

こすい [湖水] 湖水 húshuǐ; 湖 hú

こすう [戸数] 户数 hùshù

こずえ [梢] 树梢 shùshāo; 梢头 shāotóu

コスチューム 装束 zhuāngshù; 服装 fúzhuāng

コスト 成本 chéngběn; 工本 gōngběn ◆〜が高くつく 成本增高 chéngběn zēnggāo ◆〜ダウン 降低成本 jiàngdī chéngběn ◆〜パフォーマンス 性价比 xìngjiàbǐ; 成本实效 chéngběn shíxiào

コスモス 《植物名》大波斯菊 dàbōsījú ❷《宇宙》宇宙 yǔzhòu

こすりつける [擦り付ける] 磨蹭 móceng ◆背中を壁に〜 在墙上蹭背 zài qiángshang cèng bèi

こする [擦る] 擦 cā; 蹭 cèng; 搓 cuō

こせい [個性] 个性 gèxìng ◆〜的な 有个性 yǒu gèxìng ◆自己独特 zìjǐ dútè

こせいこっき [五星紅旗] 《中国の国旗》五星红旗 Wǔxīng Hóngqí

こせいだい [古生代] 古生代 gǔ-

shēngdài
こせき【戸籍】戸口 hùkǒu ◆～を調査する 査戸口 chá hùkǒu
こぜに【小銭】零钱 língqián ◆～入れ 硬币用钱包 yìngbì yòng qiánbāo
こぜりあい【小競り合い】❶〖戦い〗战斗 zhàndòu；小冲突 xiǎo chōngtū ❷〖もめごと〗小纠纷 xiǎo jiūfēn
こせん【古銭】古钱 gǔqián
ごぜん【午前】上午 shàngwǔ；午前 wǔqián ◆～中ずっと 一上午 yīshàngwǔ
ごそう【護送-する】解押 jiè yā；解送 jiěsòng；护送 hùsòng ◆～車 护送车 hùsòngchē
ごぞう【五臓】五脏 wǔzàng ◆～六腑にしみわたる 铭感五中 mínggǎn wǔzhōng
こそく【姑息】权宜 quányí；敷衍 fūyan ◆～な手段 权宜之计 quányí zhī jì
ごぞく【語族】语系 yǔxì
こそこそ-する 鬼祟 guǐsuì；鬼鬼祟祟 guǐguǐsuìsuì；偷偷摸摸 tōutōumōmō ◆～悪口を言う 偷偷地说坏话 tōutōu de shuō huàihuà
こそだて【子育て】 养育孩子 yǎngyù háizi
こぞって【挙って】全体 quántǐ；全都 quándōu；一致 yízhì
こそどろ【こそ泥】小偷 xiǎotōu
こたい【個体】个体 gètǐ
こたい【固体】固体 gùtǐ
こだい【古代】古代 gǔdài
こだい【誇大-な】 夸大 kuādà；夸张 kuāzhāng ◆～宣伝 夸大的宣传 kuādà de xuānchuán ◆～妄想 夸大妄想 kuādà wàngxiǎng
ごたい【五体】 五体 wǔtǐ；全身 quánshēn ◆～満足 五体完整 wǔtǐ wánzhěng；全身健康 quánshēn jiànkāng
こたえ【答え】 回答 huídá；答案 'àn ◆～を出す 解答 jiědá
こたえる【応える】❶〖恩義に〗报答 bàodá ❷〖応じる〗响应 xiǎngyìng；反应 fǎnyìng ❸〖身にしみる〗身が痛い chègǔ ◆暑さが～ 暑气影响身体 shúqì yǐngxiǎng shēntǐ；热得受不了 rède shòubuliǎo
こたえる【答える】〖問いに〗回答 huídá；对答 duìdá ◆質問に～ 答复提问 dáfú tíwèn
ごたごた 乱子 luànzi；纷乱 fēnluàn ◆～が絶えない 不断发生纠纷 búduàn fāshēng jiūfēn ◆～に巻き込まれる 卷入纠纷 juǎnrù jiūfēn
こだし【小出し】◆～にする 一点一点地拿出来 yīdiǎn yīdiǎn de náchū-

lai ◆～に使う〈金を〉零花 línghuā；零用 língyòng
こだち【木立】林子 línzi；树丛 shùcóng；小树林 xiǎoshùlín
こたつ【炬燵】被炉 bèilú ◆～布団 被炉的被子 bèilú de bèizi
こだま【木霊-する】回声 huíshēng；回响 huíxiǎng ◆～が返る 响起回声 xiǎngqǐ huíshēng
ごたまぜ【ごた混ぜ】 杂拌儿 zábànr；杂烩 záhuì ◆～の杂乱 záluàn ◆～にする 混杂 hùnzá
こだわる【拘る】拘泥 jūnì；固执 gùzhi ◆形式に～ 讲究形式 jiǎngjiu xíngshì
こちこち ❶〖頭が〗顽固 wángù；生硬 shēngyìng ❷〖乾いて〗干巴 gānba；硬 yìng ❸〖緊張して〗僵 jiāng；僵硬 jiāngyìng ◆～になる 怯场 qiè chǎng ❹〖凍って〗硬邦邦 yìngbāngbāng
ごちそう【ご馳走】 丰盛的菜 fēngshèng de cài；肴馔 yáozhuàn；盛情款待 shèngqíng kuǎndài ◆～様〈ご馳走になった時に〉吃好了 chīhǎo le；吃饱了 chībǎo le；承您款待了 chéng nín kuǎndài le ◆～様〈仲の良さを冷やかす〉瞧你高兴的 qiáo nǐ gāoxìng de ◆～になる 承蒙招待 chéngméng zhāodài
ごちゃごちゃ 凌乱 língluàn；乱七八糟 luàn qī bā zāo ◆～した町並み 杂乱的街道 záluàn de jiēdào ◆～にする［なる］弄得乱七八糟 nòngde luàn qī bā zāo
ごちゃまぜ【ごちゃ混ぜ】错杂 cuòzá ◆～にする 搀杂 chānzá
こちょう【誇張-する】 夸张 kuāzhāng；浮夸 fúkuā ◆～する 夸大 kuādà
こちょう【語調】语调 yǔdiào；声调 shēngdiào；腔调 qiāngdiào
こちら ❶〖こっちの方〗这边 zhèbiān；这里 zhèli ◆～へどうぞ 请到这边来 qǐng dào zhèbiān lái ❷〖自分〗◆～から連絡します 我来联系一下 wǒ lái liánxì yīxià ❸〖この人〗◆～は田中さんです 这位是田中先生 zhèwèi shì Tiánzhōng xiānsheng
こつ 秘诀 mìjué；妙法 miàojué；窍门 qiàomén ◆～をつかむ 学会窍门 xuéhuì qiàomén
こっか【国家】国家 guójiā
こっか【国歌】国歌 guógē
こっか【国花】国花 guóhuā
こっかい【国会】国会 guóhuì
こづかい【小遣い】零花钱 línghuāqián；零用钱 língyòngqián
こっかく【骨格】骨骼 gǔgé ◆～標本 骨骼标本 gǔgé biāoběn ◆建物の～が完成した 建筑的构架已经建

こっかん ― ごてごて

成了 jiànzhù de gòujià yǐjīng jiànchéng le
こっかん【酷寒】严寒 yánhán ◆～の地 冰天雪地 bīng tiān xuě dì
ごっかん【極寒】严寒 yánhán
こっき【克己】克己 kèjǐ ◆～心 克己精神 kèjǐ jīngshén
こっき【国旗】国旗 guóqí ◆～を揚揚 悬挂国旗 xuánguà guóqí
こっきょう【国境】国境 guójìng；边境 biānjìng；边界 biānjiè ◆～を越える 越境 yuèjìng ◆～を侵犯する 侵犯国境 qīnfàn guójìng ◆～紛争 边界争端 biānjiè zhēngduān
こっく【刻苦－する】刻苦 kèkǔ ◆～勉励 刻苦勤奋 kèkǔ qínfèn；吃苦耐劳 chīkǔ nàiláo
こづく【小突く】❶《つつく》捅 tǒng；戳 chuō ◆ひじで～ 用胳膊肘儿轻碰 yòng gēbozhǒur qīngpèng ❷《いじめる》欺负 qīfu；折磨 zhémó
コック【料理人】厨师 chúshī；大师傅 dàshīfu
コック【栓】开关 kāiguān；水门 shuǐmén
コックピット 驾驶室 jiàshǐshì；座舱 zuòcāng
こっくり ◆～とうなずく 点头 diǎntóu ◆～こっくりする《居眠りして》打盹儿 dǎdǔnr
こっけい【滑稽－な】好笑 hǎoxiào；滑稽 huájī ◆～な話 可笑的事 kěxiào de shì
こっけいせつ【国慶節】《10月1日》国庆节 Guóqìngjié
こっけん【国権】统治权 tǒngzhìquán；国家权力 guójiā quánlì ◆～を発動する 行使国家权力 xíngshǐ guójiā quánlì
こっこ【国庫】国库 guókù ◆～に入れる 收归国库 shōuguī guókù
こっこう【国交】邦交 bāngjiāo；国交 guójiāo ◆～を結ぶ 缔交 dìjiāo ◆～を絶つ 断绝邦交 duànjué bāngjiāo ◆～の回复 恢复邦交 huīfù bāngjiāo ◆～の正常化 邦交正常化 bāngjiāo zhèngchánghuà
こつこつ 埋头苦干 máitóu kǔgàn ◆～貯める 埋头积蓄 máitóu jīxù ◆～努力する 孜孜不倦 zī zī bú juàn
こつし【骨子】大要 dàyào；要旨 yàozhǐ
こつずい【骨髄】骨髓 gǔsuǐ ◆～移植 骨髓移植 gǔsuǐ yízhí ◆恨みは～に徹する 恨之入骨 hèn zhī rù gǔ
こっせつ【骨折】骨折 gǔzhé ◆複雑～ 粉碎性骨折 fěnsuìxìng gǔzhé
こつぜん【忽然－と】忽然 hūrán ◆～と現れる 忽然出现 hūrán chūxiàn

こつそしょうしょう【骨粗鬆症】骨质疏松症 gǔzhì shūsōngzhèng
こっそり 偷偷 tōutōu；暗暗 àn'àn；悄悄 qiāoqiāo
ごっそり 全部 quánbù；精光 jīngguāng ◆～を盗まれる 被偷得一干二净 bèi tōude yì gān èr jìng
こったがえす【ごった返す】杂乱无章 záluàn wú zhāng；拥挤不堪 yōngjǐ bùkān
こったに【ごった煮】大杂烩 dàzáhuì
ごっちゃ ◆～にする[なる] 混同 hùntóng；混杂 hùnzá
こつつぼ【骨壺】骨灰盒 gǔhuīhé；骨灰罐 gǔhuīguàn
こづつみ【小包】《郵便》包裹 bāoguǒ ◆～を送る 寄包裹 jì bāoguǒ
こってり ❶《味が》浓 nóng；油腻 yóunì ◆～した味 味道浓 wèidao nóng ❷《ひどく》～としぼられる 受到非常严厉的申斥 shòudào fēicháng yánlì de shēnchì
こっとう【骨董】古董 gǔdǒng；古玩 gǔwán；骨董 gǔdǒng ◆～屋 古玩商店 gǔwán shāngdiàn
コットン 棉花 miánhua；棉布 miánbù ◆～パンツ 棉布裤子 miánbù kùzi
こつにく【骨肉】骨肉 gǔròu；骨血 gǔxuè ◆～の争い残酷な骨肉争い 遗産をめぐって争う 为了遗产骨肉相争 wèile yíchǎn gǔròu xiāngzhēng
こつねんれい【骨年齢】骨齢 gǔlíng
こつばん【骨盤】骨盆 gǔpén
こっぴどく 厉害 lìhai；狠狠 hěnhěn ◆～叱る 臭骂 chòumà ◆～殴る 毒打 dúdǎ
こつぶ【小粒－の】小粒 xiǎolì
コップ 杯子 bēizi；玻璃杯 bōlibēi
こつまく【骨膜】骨膜 gǔmó ◆～炎 骨膜炎 gǔmóyán
こて【鏝】❶《左官用具》抹子 mǒzi ❷《アイロン》熨斗 yùndǒu ❸《はんだ》焊烙铁 hànlàotiě ❹《整髪用アイロン》烫发钳 tàngfàqián
ごて【後手】《囲碁·将棋の》后手 hòushǒu ◆～に回る 陷于被动 xiànyú bèidòng；晚了一步 wǎnle yíbù
こてい【固定－する】固定 gùdìng ◆～客 常客 chángkè ◆～観念 成规 chéngguī；固定观念 gùdìng guānniàn ◆～资产 固定资产 gùdìng zīchǎn
こてき【鼓笛】鼓和笛子 gǔ hé dízi ◆～隊 管乐队 guǎnyuèduì
ごてごて ◆～飾り付ける 装饰得太过分 zhuāngshìde tài guòfèn ◆顔～を塗りたくる 浓妆艳抹 nóng zhuāng yàn mǒ

こてさき【小手先】◆～がきく 很有小技巧 hěn yǒu xiǎo jìqiǎo ◆～のごまかし 耍小手腕 shuǎ xiǎoshǒuwàn

コデマリ【小手毬】麻叶绣线菊 máyè xiùxiànjú

こてん【個展】个人展览会 gèrén zhǎnlǎnhuì ◆～を開く 举办个人画展 jǔbàn gèrén huàzhǎn

こてん【古典】古典 gǔdiǎn ◆～文学 古典文学 gǔdiǎn wénxué ◆～としての価値がある 作为古典具有价值 zuòwéi gǔdiǎn jùyǒu jiàzhí

こてんこてん 彻底 chèdǐ ◆～にやられた 被打得体无完肤 bèi dǎde tǐ wú wán fū

こてんぱん 臭 chòu; 落花流水 luò huā liú shuǐ ◆～に負けた 惨败 cǎnbài; 彻底失败了 chèdǐ shībài le

こと【事】事情 shìqíng ◆よくない～ 勾当 gòudàng ◆なにごと 什么事 shénme shì ◆大した～はない 不够事 bú àishì ◆日本に行った～がある 去过日本 qùguo Rìběn ◆～と次第によっては 看情况 kàn qíngkuàng

こと【琴】筝 zhēng ◆古琴 gǔqín

こと【古都】故都 gùdū; 旧都 jiùdū; 古都 gǔdū

ごと【毎-に】每 měi ◆一時間～に 每一个小时 měi yí ge xiǎoshí ◆二週間～に 每隔两周 měi gé liǎng zhōu

ことう【孤島】孤島 gūdǎo ◆陆地の～ 陆地上的孤島 lùdìshang de gūdǎo; 偏僻的陆地 piānpì de lùdì

こどう【鼓動-する】跳动 tiàodòng ◆心臓の～ 心脏的搏动 xīnzàng de bódòng ◆新時代の～ 新时代的脉搏 xīnshídài de màibó

ごとう【語頭】词头 cítóu

こどうぐ【小道具】《演劇など》小道具 xiǎodàojù

ことかく【事欠く】缺乏 quēfá ◆言うに～ 说得无理 shuōde wúlǐ

ことがら【事柄】事情 shìqíng

こどく【孤独-な】孤独 gūdú; 孤寡 gūguǎ; 伶仃 língdīng

ことこまか【事細か-に】详尽 xiángjìn; 仔细 zǐxì; 详细 xiángxì

ことさら【殊更】❶《わざと》故意 gùyì ❷《とくに》特意 tèyì

ことし【今年】今年 jīnnián

ことたりる【事足りる】够用 gòuyòng; 足够 zúgòu

ことづけ【言付け】口信 kǒuxìn ◆～を頼む 托带口信 tuō dài kǒuxìn

ことづける【言付ける】《物を》转

交 zhuānjiāo;《伝言を》捎带口信 shāodài kǒuxìn

ことづて【言伝】❶《伝言》口信 kǒuxìn; 转达 zhuǎndá ❷《伝え聞くこと》传闻 chuánwén

ことなかれ【事勿れ】不同な原則 主義 xiāojí zhǔyì; 多一事不如少一事 duō yí shì bùrú shǎo yí shì

ことなる【異なる】不同 bù tóng; 不一样 bù yíyàng; 两样 liǎngyàng

ことに【殊に】特別 tèbié; 格外 géwài; 尤其 yóuqí

ことにする【異にする】不同 bù tóng ◆見解を～ 有不同看法 yǒu bù tóng kànfǎ

ことのほか【殊の外】《思いのほか》意外 yìwài;《格別》格外 géwài; 极端地 jíduān de

ことば【言葉】话 huà; 话语 huàyǔ; 言语 yányǔ ◆甘い～ 甜言蜜语 tiányán mìyǔ ◆～が過ぎる 说得有点儿过火 shuōde yǒudiǎnr guòhuǒ ◆～を選ぶ 注意措辞 zhùyì cuòcí ◆～を濁す 支吾 zhīwú; 支吾其词 zhīwú qí cí ◆～にならない 说不出话来 shuōbuchū huà lai ◆～が足りない 言词不够 yáncí búgòu; 说得太少 shuōde tài shǎo

ことばじり【言葉尻】◆～をとらえる 抠字眼儿 kōu zìyǎnr

ことばづかい【言葉遣い】措辞 cuòcí; 说法 shuōfǎ ◆～がよい[悪い] 措辞文雅[粗野] cuòcí wényǎ [cūyě]

こども【子供】孩子 háizi; 小孩儿 xiǎoháir; 儿童 értóng; 儿女 érnǚ ◆～の時から 从小 cóngxiǎo ◆～が生まれる 生孩子 shēng háizi ◆～用の 儿童用 értóng shìyòng ◆～だまし 哄孩子 hǒng háizi; 低劣的手段 dīliè de shǒuduàn

こどもっぽい【子供っぽい】孩子气 háiziqì

こともなげに【事も無げに】若无其事地 ruò wú qí shì de

ことよせる【事寄せる】假借 jiǎjiè; 假托 jiǎtuō

ことり【小鳥】小鸟 xiǎoniǎo

ことわざ【諺】俗话 súhuà; 俗语 súyǔ; 谚语 yànyǔ

ことわり【断り】❶《辞退》谢绝 xièjué ❷《拒絶》拒绝 jùjué; 禁止 jìnzhǐ ❸《予告》预告 yùgào ◆《謝罪》道歉 dàoqiàn ◆～なしに 径自 jìngzì ◆～を入れる 通知 tōngzhī

ことわり【理】道理 dàolǐ; 理由 lǐyóu

ことわる【断る】回绝 huíjué; 推辞 tuīcí; 推却 tuīquè ◆申し出を～ 谢绝提议 xièjué tíyì ◆《事前に》预先通

知 yùxiān tōngzhī
こな【粉】粉 fěn; 粉末 fěnmò
こなぐすり【粉薬】散剂 sǎnjì; 药粉 yàofěn; 药面 yàomiàn
こなごな【粉々】◆～にする 粉碎 fěnsuì; 破碎 pòsuì; 稀烂 xīlàn
こなせっけん【粉石鹸】洗衣粉 xǐyīfěn
こなみじん【粉微塵】粉碎 fěnsuì
こなミルク【粉ミルク】奶粉 nǎifěn
こなゆき【粉雪】粉末雪 fěnmòxuě; 细雪 xìxuě
こなれる❶〈消化される〉消化 xiāohuà ❷〈たくみになる〉熟练 shúliàn; 娴熟 xiánshú; 老练 lǎoliàn◆こなれた文章 洗练的文章 xīliàn de wénzhāng
コニャック【科涅克白兰地 kēnièkè báilándì
ごにん【誤認-する】看错 kàncuò; 错认 cuòrèn; 误认 wùrèn
こにんずう【小人数】人数小 rénshù xiǎo; 少数人 shǎoshùrén
こめかあめ【小糠雨】毛毛雨 máomaoyǔ; 细雨 xìyǔ; 烟雨 yānyǔ
コネ〈コネクション〉关系 guānxi; 后门 hòumén; 门路 ménlu◆～をつける 拉关系 lā guānxi
こねこ【子猫】小猫儿 xiǎomāor
こねる【捏ねる】和 huó; 揉 róu◆粘土を～ 搋粘土 chuāi niántǔ◆屁理屈を～ 强词夺理 qiǎngcí duó lǐ◆だだを～ 磨 mó; 撒娇 sājiāo
ごねる 捣麻烦 dǎo máfan; 撒赖 sālài; 耍无赖 shuǎ wúlài
この 这 zhè; 这个 zhège; zhèige
このあいだ【この間】前不久 qián bùjiǔ; 前几天 qián jǐ tiān; 前些日子 qián xiē rìzi
このうえ【この上】更 gèng; 再 zài; 此外 cǐwài
このうえない【この上ない】莫大 mòdà; 无比 wúbǐ; 无上 wúshàng ◆～喜び 无比高兴 wúbǐ gāoxìng
このかた【この方】❶〈以来〉以来 yǐlái; 以后 yǐhòu◆10年～北京には行ったことがない 十年以来没去过北京 shí nián yǐlái méi qùguo Běijīng ❷〈この人〉这位 zhè wèi◆～は斎藤さんです 这位是斎藤先生 zhè wèi shì Zhāitèng xiānsheng
このごろ【この頃】最近 zuìjìn; 近来 jìnlái; 这些日子 zhèxiē rìzi
このさい【この際】这时 zhè shí; 这个机会 zhège jīhuì◆～言っておこう 趁此机会说 chèn cǐ jīhuì ràng wǒ lái shuō
このさき【この先】❶〈時間的に〉今后 jīnhòu; 将来 jiānglái ❷〈空間的に〉前面 qiánmiàn◆～に银行がある 前

边有银行 qiánbiān yǒu yínháng
このたび【この度】这次 zhècì; 这回 zhèhuí
このつぎ【この次】下次 xiàcì; 下回 xiàhuí
のとき【この時】这时 zhè shí; 这会儿 zhèhuìr; 此刻 cǐkè
このへん【この辺】❶〈場所〉这一带 zhè yīdài; 这附近 zhè fùjìn ◆～で見かけた 在这附近看见了 zài zhè fùjìn kànjiàn le ❷〈時間〉～でお開きにします 就到此结束 jiù dào cǐ jiéshù
のまえ【この前】上次 shàngcì; 最近 zuìjìn
このましい【好ましい】令人喜欢的 lìng rén xǐhuan de◆～成果 令人满意的成绩 lìng rén mǎnyì de chéngjì◆好ましからぬ人 不受欢迎的人 bú shòu huānyíng de rén
のまま【この儘】就这样 jiù zhèyàng
のみ【好み】爱好 àihào; 嗜好 shìhào;〈食べ物の〉口味 kǒuwèi; 胃口 wèikǒu◆私の～だ 合我的口味 hé wǒ de kǒuwèi
このみ【木の実】果实 guǒshí
このむ【好む】喜欢 xǐhuan; 喜爱 xǐ'ài◆～と好まざるとに関らず 不管愿意不愿意 bùguǎn yuànyì bú yuànyì
このよ【この世】人世 rénshì; 现世 xiànshì; 人间 rénjiān
のようだ【に】这么 zhème; 这样 zhèyàng
こばか【小馬鹿-にする】嘲弄 cháonòng; 鄙视 bǐshì
こはく【琥珀】琥珀 hǔpò◆～色 琥珀色 hǔpòsè
ごはさん【ご破算-にする】拉倒 lādǎo; 吹 chuī; 作废 zuòfèi
こばしり【小走り】小跑 xiǎopǎo
こばな【小鼻】鼻翼 bíyì
こばなし【小話】小故事 xiǎogùshi; 笑话 xiàohua
こばむ【拒む】拒绝 jùjué; 阻止 zǔzhǐ
コバルト 钴 gǔ◆～照射疗法 钴射疗法 gǔshè liáofǎ◆～ブルー 深蓝色 shēnlánsè
こはるびより【小春日和】小阳春 xiǎoyángchūn
こはん【湖畔】湖滨 húbīn; 湖畔 húpàn
ごはん【ご飯】❶〈米の〉饭 fàn; 米饭 mǐfàn◆～茶わん 饭碗 fànwǎn ❷〈食事〉饭 fàn◆～だ！开饭了 kāifàn le
ごばん【碁盤】棋盘 qípán◆～の目围棋盘格子 wéiqípán gézi

こび【媚び】 媚 mèi ♦～を売る 卖好 màihǎo；卖俏 màiqiào
ごび【語尾】 词尾 cíwěi；语尾 yǔwěi ♦～がはっきりしない 词尾不清楚 cíwěi bù qīngchu
コピー ❶【複写】复印件 fùyìnjiàn；复制品 fùzhìpǐn ♦～機 复印机 fùyìnjī ♦～する 复印 fùyìn ♦～用紙 复印纸 fùyìnzhǐ ♦《映画の複写》拷贝 kǎobèi ❷ 正片 zhèngpiàn ❸《複製·模造》♦～する《データファイルなどを》复制 fùzhì ♦违法～ 盗版 dàobǎn；违法复制 wéifǎ fùzhì ❹《印刷された広告文》广告文字 guǎnggào wénzì；《広告の》广告原稿 guǎnggào yuángǎo；广告词 guǎnggào cí ♦～ライター 广告文字撰稿员 guǎnggào wénzì zhuàngǎoyuán ♦～ライト 版权 bǎnquán
こびへつらう【媚び諂う】 阿谀 ēyú；点头哈腰 diǎntóu hāyāo；谄媚 chǎnmèi
こびりつく 巴 bā；粘 zhān；粘住 zhānzhù ♦靴に泥が～ 泥粘到鞋上 ní zhāndào xiéshang ♦言葉が耳に～ 话语牢牢留在耳边 huàyǔ láoláo liúzài ěrbiān
こびる【媚びる】 阿谀 ēyú；谄媚 chǎnmèi；巴结 bājie
こぶ【瘤】 包 bāo；瘤子 liúzi ♦頭に～を作る 头上起了个包 tóushang qǐ le ge bāo
こふう【古風】 古式 gǔshì；旧式 jiùshì
こぶこぶ【五分五分】 不分上下 bù fēn shàngxià ♦～の戦いをする 打了个平手儿 dǎ le ge píngshǒur
ごぶさた【御無沙汰-する】 久違 jiǔwéi；好久没见 hǎojiǔ méi jiàn
こぶし【拳】 拳头 quántou ♦～を握る 握拳 wòquán
コブラ 眼镜蛇 yǎnjìngshé
こふん【古墳】 古墓 gǔmù；古坟 gǔfén
ごへい【語弊】 语病 yǔbìng ♦～がある 说法不妥 shuōfǎ bù tuǒ
こべつ【個別-に】 分别 fēnbié；分头 fēntóu
こべつ【戸別】 按户 ànhù ♦～訪問 按户访问 ànhù fǎngwèn
ごほう【語法】 ❶《文法》语法 yǔfǎ ❷《言葉づかい》措辞 cuòcí
ごほう【誤報】 讹传 échuán；误报 wùbào
ゴボウ【牛蒡】 牛蒡 niúbàng ♦～抜きにする 一口气拔出来 yìkǒuqì báchūlai；顺藤摸瓜 shùn téng mō guā；《駅伝など》接二连三地赶过 jiē

er lián sān de gǎnguò
こぼす【零す】 洒 sǎ；撒 sǎ ♦涙を～ 落泪 luò lèi ♦コーヒーを～ 洒咖啡 sǎ kāfēi ♦ぐちを～ 发牢骚 fā láosao
こぼね【小骨】 小骨 xiǎogǔ ♦魚の～ 鱼刺 yúcì
こぼれる【零れる】 ❶《もれ落ちる》洒掉 sǎdiào；溢出 yìchū ♦涙が～ 流泪 liúlèi ♦グラスの水が～ 玻璃杯里的水洒出来 bōlibēili de shuǐ sāchūlai ❷《満ち満ちている》洋溢 yángyì ♦《ちらりと現れる》一见微笑 yíhuǎng lòuchū ♦笑みが～ 露出笑容 lòuchū xiàoróng
こぼんのう【子煩悩】 疼爱孩子 téng'ài háizi
こま【独楽】 陀螺 tuóluó ♦～を回す 转陀螺 zhuǎn tuóluó
こま【駒】 小马 xiǎomǎ；马驹子 mǎjūzi ♦将棋の～ 棋子儿 qízǐr
こま【齣】 场面 chǎngmiàn；景色 jǐngsè ♦4～まんが 四连漫画 sì lián mànhuà ♦日常生活の一～ 日常生活之中的一个情景 rìcháng shēnghuó zhī zhōng de yí ge qíngjǐng；《映画の》一个镜头 yí ge jìngtóu；一个场面 yí ge chǎngmiàn
ゴマ【胡麻】 芝麻 zhīma ♦～油 香油 xiāngyóu；麻油 máyóu ♦～を擂る 拍马屁 pāi mǎpì；溜须拍马 liū xū pāi mǎ
コマーシャル 广告 guǎnggào ♦～ソング 广告歌 guǎnggàogē
こまい【古米】 陈大米 chéndàmǐ
こまいぬ【狛犬】 石狮子 shíshīzi
こまかい【細かい】 ❶《小さい·細い》细小 xìxiǎo；纤小 xiānxiǎo；细密 xìmì ❷《詳しい》细詳 xiángxì；过细 guòxì ❸《金銭等》吝啬 lìnsè
ごまかし【誤魔化し】 把戏 bǎxì；花招 huāzhāo
ごまかす【誤魔化す】 瞒 mán；蒙混 ménghùn；蒙骗 méngpiàn ♦笑って～ 笑着敷衍过去 xiàozhe fūyǎnguòqu
こまぎれ【細切れ】《肉の》肉丝 ròusī；肉末 ròumò；碎片 suìpiàn ♦～の豚肉 猪肉片 zhūròupiàn
こまく【鼓膜】 耳膜 ěrmó ♦～が破れる 鼓膜破裂 gǔmó pòliè
こまごま【細細】 琐细 suǒxì；零七八碎 língqībāsuì；零碎 língsuì
こまぬく【拱く】 ♦手をこまぬいて見ている 袖手旁观 xiù shǒu páng guān
こまめに 勤勤恳恳 qínqínkěnkěn；勤快 qínkuài ♦～と連絡する 常常联系 chángcháng liánxì
こまやか【細やかな】 ♦～な愛情 深厚的爱情 shēnhòu de àiqíng
こまらせる【困らせる】 刁难 diāo-

こまりきる ― ごやく

nàn; 为难 wéinán
こまりきる【困りきる】窘迫 jiǒngpò; 狼狈 lángbèi ♦困り切った顔 满脸困惑 mǎn liǎn kùnhuò
こまる【困る】感到困难 gǎndào kùnnan; 为难 wéinán; 难受 nánshòu
コマンド ❶《指示》命令 mìnglìng; 指令 zhǐlìng ❷《特殊部隊》突击部队 tūjī bùduì
こみ【込み】包括在内 bāokuò zàinèi; 总共 zǒnggòng ♦税~包括税款在内 bāokuò shuìkuǎn zàinèi
ごみ【塵】尘土 chéntǔ; 秽土 huìtǔ; 垃圾 lājī ♦~を捨てる 倒垃圾 dào lājī ♦~をあさる 拾荒 shíhuāng ♦~箱 垃圾箱 lājīxiāng
こみあう【込み合う】挤 jǐ; 拥挤 yōngjǐ
こみあげる【込み上げる】涌上来 yǒngshànglai ♦うれしさが~ 充满喜悦 chōngmǎn xǐyuè; 喜悦不住 xǐyuè bùzhù ♦吐き気が~ 恶心 èxīn; 作呕 zuò'ǒu ♦涙が~ 涌出泪水 yǒngchū lèishuǐ; 热泪盈眶 rèlèi yíng kuàng
こみいる【込み入る】绕脖子 rào bózi; 错综 cuòzōng ♦込み入った事情 复杂的情况 fùzá de qíngkuàng
ごみごみ ~した 杂乱无章 záluàn wú zhāng
こみち【小路・小道】小路 xiǎolù; 小道 xiǎodào;《街中の》小巷 xiǎoxiàng
コミッション 佣金 yòngjīn
こみみ【小耳】♦~にはさむ 偶然听到 ǒurán tīngdào
コミュニケ 公报 gōngbào ♦共同~ 联合公报 liánhé gōngbào
コミュニケーション 通信 tōngxìn; 交流 jiāoliú; 沟通 gōutōng ♦~を図る 争取沟通 zhēngqǔ gōutōng
コミュニスト 共产主义者 gòngchǎn zhǔyìzhě
コミュニズム 共产主义 gòngchǎn zhǔyì
コミュニティ 共同体 gòngtóngtǐ; 社区 shèqū
こむ【込|混】む 拥挤 yōngjǐ ♦ひどく~ 挤得要死 jǐde yàosǐ;《接尾辞的に》~ 混进 hùnjìn ♦信じ~ 完全相信 wánquán xiāngxìn ♦教え~ 灌输 guànshū
ゴム 胶皮 jiāopí; 橡胶 xiàngjiāo ♦~消し ~ 橡皮 xiàngpí ♦~長靴 胶靴 jiāoxuē ♦~粘土 橡皮泥 xiàngpíní ♦~ひも 皮筋儿 píjīnr; 松紧带儿 sōngjǐndàir ♦~ボート 橡皮船 xiàngpíchuán ♦~ボール 皮球 píqiú

こむぎ【小麦】小麦 xiǎomài ♦~粉 白面 báimiàn; 面面 miàn; 面粉 miànfěn
こむすめ【小娘】丫头 yātou; 小姑娘 xiǎogūniang
こむらがえり【腓返り】腿肚子抽筋 tuǐdùzi chōujīn
こめ【米】大米 dàmǐ; 稻米 dàomǐ ♦~をとぐ 淘米 táo mǐ
こめかみ【顳】额角 éjiǎo; 太阳穴 tàiyángxué; 颞颥 nièrú
こめつぶ【米粒】大米粒 dàmǐlì ♦~のように小さい 像米粒那样小 xiàng mǐlì nàyàng xiǎo
コメディアン 喜剧演员 xǐjù yǎnyuán; 滑稽演员 huájī yǎnyuán; 丑角 chǒujué
コメディー 喜剧 xǐjù; 滑稽戏 huájīxì ♦~映画 喜剧片 xǐjùpiàn; 喜剧电影 xǐjù diànyǐng
こめぬか【米糠】米糠 mǐkāng
こめ【米】粮店 liángdiàn
ごめん【御免~だ】《拒否》不愿意 bú yuànyì; 讨厌 tǎoyàn ♦お役を~を言い渡された 被免职了 bèi miǎnzhíle;《謝罪》对不起 duìbuqǐ; 请原谅 qǐng yuánliàng
コメント 评语 píngyǔ; 注释 zhùshì ♦ノー~ 无可奉告 wú kě fènggào
ごもくチャーハン【五目チャーハン】什锦炒饭 shíjǐn chǎofàn
ごもくならべ【五目並べ】五子棋 wǔzǐqí
こもじ【小文字】小写 xiǎoxiě
もっとも【御尤も-です】有道理 yǒu dàolǐ ♦お腹立ちは~です 您生气也有道理 nín shēngqì yě yǒu dàolǐ
こもの【小物】❶《小さな道具》小东西 xiǎo dōngxi ♦~入れ 盒 hé; 小袋 xiǎodài ❷《小人物》小人物 xiǎo rénwù ❸《獲物などが》~ばかり釣れる 钓上来的鱼都是小的 diào-shànglai de yú dōu shì xiǎo de
こもり【子守】照看孩子（的人）zhàokàn háizi (de rén)
こもりうた【子守唄】催眠曲 cuīmiánqǔ; 摇篮曲 yáolánqǔ
こもる【籠もる】《家などに》潜伏 qiánfú ♦家に~ 闭门不出 bìmén bù chū;《心の》心のこもった 热情洋溢 rèqíng yángyì;《煙が》充满 chōngmǎn
こもん【顾问】顾问 gùwèn
こや【小屋】❶《小さい建物》棚子 péngzi; 窝棚 wōpéng ❷《家畜を入れる》圈 juàn; 畜舍 chùshè ❸《興行用の》帐子 péngzi
ごやく【誤訳】错译 cuòyì; 误译 wùyì

こやし【肥やし】 肥料 féiliào
こやま【小山】 岗子 gǎngzi；山冈 shāngāng；堆 duī
こよみ【小止み】 暂停 zàntíng ◆雨が～になる 雨暂时下不了 yǔ zànshí bú xià le
こゆう【固有-の】 原有 yuányǒu；固有 gùyǒu；特有 tèyǒu
こゆうめいし【固有名詞】 专有名词 zhuānyǒu míngcí；专名 zhuānmíng
こゆき【小雪】 小雪 xiǎoxuě ◆～がちらつく 下小雪 xià xiǎoxuě
こゆび【小指】 小指 xiǎozhǐ；小拇指 xiǎomǔzhǐ
こよう【雇用-する】 雇佣 gùyōng；录用 lùyòng ◆～主 雇主 gùzhǔ ◆～保险 失业保险 shīyè bǎoxiǎn；雇佣保险 gùyōng bǎoxiǎn
ごよう【誤用】 误用 wùyòng
こよみ【暦】 历书 lìshū；《日めくり》日历 rìlì
コラーゲン 胶原蛋白 jiāoyuán dànbái
こらい【古来】 古来 gǔlái
ごらいこう【御来光】 日出 rìchū
こらえる【堪える】 忍耐 rěnnài；忍受 rěnshòu ◆こらえられない 忍不住 rěnbuzhù
ごらく【娯楽】 娱乐 yúlè；游艺 yóuyì
こらしめる【懲らしめる】 教训 jiàoxun；惩治 chéngzhì
こらす【凝らす】 ◆工夫を～ 费尽心思 fèijìn xīnsī；动脑筋 dòng nǎojīn ◆目を～ 目不转睛 mù bù zhuǎn jīng；凝视 níngshì
コラム 专栏 zhuānlán ◆～ニスト 专栏作家 zhuānlán zuòjiā
こりこう【小利口-な】 小聪明 xiǎocōngming
こりつ【孤立-する】 孤立 gūlì ◆～無援 孤立无援 gūlì wú yuán
ごりむちゅう【五里霧中】 五里雾中 wǔ lǐ wù zhōng；迷离恍惚 mílí huǎnghū
ごりやく【御利益】 灵验 língyàn
こりょ【顧慮-する】 顾虑 gùlǜ；考虑 kǎolǜ
ゴリラ 大猩猩 dàxīngxing
こりる【懲りる】 前车后鉴 qiánchē bì hòu；吃够苦头 chīgòu kǔtou
こる【凝る】 ❶《物事に》讲究 jiǎngjiu；着迷 zháomí ❷《肩が》发酸 fāsuān；酸痛 suāntòng
コルク 软木 ruǎnmù；栓皮 shuānpí ◆～栓 软木塞 ruǎnmùsāi
コルセット 束腹带 shùfùdài；整形矫正服 zhěngxíng jiǎozhèngfú

コルネット 短号 duǎnhào
ゴルフ 高尔夫球 gāo'ěrfūqiú ◆～クラブ 高尔夫球棒 gāo'ěrfūqiúbàng ◆～場 高尔夫球场 gāo'ěrfūqiúchǎng
これ 这 zhè；这个 zhège；这种 zhèizhǒng
これから 今后 jīnhòu ◆～出かけるところだ 现在就要出去 xiànzài jiù yào chūqù
コレクション 收集 shōují；收藏品 shōucángpǐn
コレクター 收藏家 shōucángjiā
コレクトコール 对方付款电话 duìfāng fùkuǎn diànhuà
コレステロール 胆固醇 dǎngùchún
これっぽっち 这么点儿 zhèmediǎnr
これほど【これ程】 这么 zhème；这样 zhèyàng ◆～不思议な话 这么奇怪的话 zhème qíguài de huà ◆～頼んでもだめか 我这样恳求还不行吗 wǒ zhèyàng kěnqiú hái bùxíng ma
これまで 从来 cónglái；以往 yǐwǎng；一向 yíxiàng ◆本物のパンダは～见たことがなかった 从来没看过真的熊猫 cónglái méi kànguo zhēn de xióngmāo ◆～の粗筋 到现在的概略 dào xiànzài de gàilüè ◆今日の勉強は～にしよう 今天学到这儿 jīntiān xuédào zhèr
これみよがし【これ見よがしに】 大模大样 dà mú dà yàng；得意洋洋 dé yì yáng yáng
これら 这些 zhèxiē
コレラ 霍乱 huòluàn ◆～ワクチン 霍乱菌苗 huòluàn jūnmiáo
ころ【頃】 时分 shífēn；时节 shíjié；前后 qiánhòu
ごろ【語呂】 ◆～が良い 很顺口 hěn shùnkǒu
ころあい【頃合い】 《时间的に》恰好的时机 qiàhǎo de shíjī ◆～を見はからって 看时机 kàn shíjī
コロイド 胶体 jiāotǐ；胶态 jiāotài
ころがす【転がす】 滚 gǔn；滚动 gǔndòng；《商品を》倒手 dǎoshǒu ◆サイコロを～ 掷色子 zhì shǎizi ◆土地を～《転売する》倒卖地产 dǎomài dìchǎn
ころがる【転がる】 滚 gǔn；滚动 gǔndòng；转 zhuàn ◆ボールが～ 球滚动 qiú gǔndòng；《倒れる》倒下 dǎoxià ◆ベッドに～ 躺在床上 tǎngzài chuángshang ◆コップが床に転がっている 玻璃杯倒在地板上 bōlibēi dǎozài dìbǎnshang
ごろく【語録】 语录 yǔlù
ころげまわる【転げ回る】 翻滚 fān-

ころころ【骨碌】gūlu◆～転がす 咕噜咕噜地滚动 gūlūgūlū de gǔndòng；叽里咕噜地滚动 jīlīgūlū de gǔndòng◆～笑う 格格地笑 gēgē de xiào◆～と太る 胖乎乎 pànghūhū◆考えが～と変わる 常常改变想法 chángcháng gǎibiàn xiǎngfǎ

ごろごろ ❶《腹の鳴る音》叽里咕噜 jīlīgūlū ❷《雷の》隆隆 lónglóng ❸《転がる様》咕噜咕噜 gūlūgūlū

ころし【殺し】杀 shā；杀人 shārén

ころしもんく【殺し文句】迷魂汤 míhúntāng；甜言蜜语 tiányán mìyǔ

ころしや【殺し屋】刺客 cìkè；凶手 xiōngshǒu

ころす【殺す】杀 shā；诛戮 zhūlù；《家畜を》宰 zǎi

ごろつき 流氓 liúmáng；痞子 pǐzi；恶棍 ègùn

コロナ 日冕 rìmiǎn

ころね【ごろ寝-する】躺下 tǎngxià；和衣睡觉 hé yī shuìjiào

ころぶ【転ぶ】摔 shuāi；摔交 shuāijiāo◆すべって～滑倒 huádǎo◆どっちに転んでも 不管结果如何 bùguǎn jiéguǒ rúhé◆転ばぬ先の杖 未雨绸缪 wèi yǔ chóu móu

ころも【衣】衣 yī；《天ぷらの》天麩罗的面衣 tiānfūluó de miànyī；《僧の》法衣 fǎyī

コロン《句読点の「:」》冒号 màohào

こわい【怖い】可怕 kěpà◆～もの無し 什么都不怕 shénme dōu bú pà

こわいろ【声色】口技 kǒujì◆～を使う 演口技 yǎn kǒujì

こわき【小脇】腋下 yèxià；害怕 hàipà

こわごわ【怖々】怯生生 qièshēngshēng；提心吊胆 tí xīn diào dǎn◆犬を～なでる 战战兢兢地抚摸狗 zhànzhànjīngjīng de fǔmō gǒu

こわす【壊す】毁坏 huǐhuài；打破 dǎpò◆建物を～拆除建筑物 chāichú jiànzhùwù◆おもちゃを～把玩具弄坏 bǎ wánjù nònghuài◆腹を～闹肚子 nào dùzi◆腹を～話を～一笔勾销 yì bǐ gōu xiāo；归于泡影 guīyú pàoyǐng

こわね【声音】口音 kǒuyin；声调 shēngdiào

こわばる【強張る】❶《身体》僵硬 jiāngyìng ❷《顔》僵 jiāng；生硬 shēngyìng；板起面孔 bǎnqǐ miànkǒng

ごわり【五割】百分之五十 bǎi fēn zhī wǔshí；五成 wǔ chéng◆～引き 对折 duìzhé

こわれる【壊れる】坏 huài；破 pò；残破 cánpò◆時計が～《故障する》表出毛病 biǎo chū máobìng◆計画が～计划归于泡影 jìhuà guīyú pàoyǐng；～告吹 gàochuī

こん【根】❶《数学·化学で》根 gēn ❷《根気》耐性 nàixìng◆～が尽きる 用尽精力 yòngjìn jīnglì；精疲力竭 jīng pí lì jié◆～をつめる 专心致志 zhuān xīn zhì zhì；聚精会神 jù jīng huì shén

こん【紺】《色》深蓝色 shēnlánsè；藏青色 zàngqīngsè

こんい【懇意】亲昵 qīnnì◆～にしている友人 亲密的朋友 qīnmì de péngyou

こんいん【婚姻】婚姻 hūnyīn◆～届 结婚登记 jiéhūn dēngjì

こんか【婚家】婆家 pójia；岳家 yuèjiā

こんかい【今回】这次 zhècì；这回 zhèhuí

こんがらがる 扭结 niǔjié；绕 rào；紊乱 wěnluàn◆話が～事情纠缠不清 shìqing jiūchánbùqīng◆頭が～脑子里一团乱麻 nǎozili yì tuán luànmá

こんがん【懇願-する】央求 yāngqiú；恳求 kěnqiú

こんき【今期】本期 běnqī；本届 běnjiè

こんき【根気】耐性 nàixìng◆～よく 坚持不懈 jiānchí búxiè◆～がある 具有耐性 jùyǒu nàixìng◆～がない 缺少耐性 quēshǎo nàixìng◆～のいる仕事 需要耐性的工作 xūyào nàixìng de gōngzuò

こんきゅう【困窮-する】穷困 qióngkùn；贫穷 pínqióng◆住宅に～没有住宅的人 méiyǒu zhùzhái de rén◆生活に～生活穷困 shēnghuó qióngkùn

こんきょ【根拠】依据 yījù；根据 gēnjù◆～のない 没有根据 méiyǒu gēnjù；虚妄 xūwàng◆～もなしに 凭空 píngkōng；瞎 xiā

こんきょち【根拠地】根据地 gēnjùdì

こんく【困苦】困苦 kùnkǔ

ゴング 铜锣 tóngluó；《ボクシングの》钟声 zhōngshēng

コンクール 竞演会 jìngyǎnhuì；比赛会 bǐsàihuì

コンクリート 混凝土 hùnníngtǔ◆～ミキサー車 水泥搅拌车 shuǐní jiǎobànchē

ごんげ【権化】化身 huàshēn◆悪の～邪恶的化身 xié'è de huàshēn

こんげつ【今月】这个月 zhège yuè；本月 běnyuè

こんけつじ【混血児】混血儿 hùn-

xuè'ér
こんげん【根源】根源 gēnyuán；根本 gēnběn ◆~的な問題 根本的问题 gēnběn de wèntí ◆諸悪の一切禍事の根源 yíqiè huàishì de gēnyuán
こんご【今後】今后 jīnhòu；以后 yǐhòu ◆~ともよろしく 今后请多多关照 jīnhòu qǐng duōduō guānzhào
こんごう【混合-する】混合 hùnhé；搀和 chānhuo ◆~ワクチン 混合菌苗 hùnhé jūnmiáo ◆~肥料 复合肥料 fùhé féiliào
コンコース 中央广场 zhōngyāng guǎngchǎng；中央大厅 zhōngyāng dàtīng
ごんごどうだん【言語道断-な】言语道断 yán yǔ dào duàn；岂有此理 qǐ yǒu cǐ lǐ
こんこん【懇々-と】恳切 kěnqiè ◆~と言って聞かせる 谆谆告诫 zhūnzhūn gàojiè；反复劝说 fǎnfù quànshuō
こんこん【滾々-と】◆~と水が湧き出る 滚滚地涌出水 gǔngǔn de yǒngchū shuǐ
こんこん【昏々-と】◆~と眠り続ける 沉沉大睡 chénchén dà shuì
コンサート 演奏会 yǎnzòuhuì；音乐会 yīnyuèhuì
こんざつ【混雑-する】拥挤 yōngjǐ；杂乱 záluàn；杂沓 zátà
コンサルタント 顾问 gùwèn；咨询 zīxún
こんじき【金色-の】金色 jīnsè；金黄色 jīnhuángsè
こんしゅう【今週】这个星期 zhège xīngqī；本周 běnzhōu；本星期 běnxīngqī
こんじょう【根性】❶《精神力》骨气 gǔqì ◆~がある 有毅力 yǒu yìlì；~がない 没有骨头 méiyǒu gǔtou；缺乏耐性 quēfá nàixìng ❷《气质·性》性情 xìngqíng ◆~が悪い 脾气不好 píqi bùhǎo ◆役人~ 官气 guānqì；官架子 guānjiàzi
こんしんかい【懇親会】联欢会 liánhuānhuì；联谊会 liányìhuì
こんすい【昏睡】昏睡 hūnshuì ◆~状態 昏迷状态 hūnmí zhuàngtài
コンスタント 不变 búbiàn；稳定 wěndìng ◆~に売れている 销路很稳定 xiāolù hěn wěndìng
こんせい【混成】混合 hùnhé；混合 hùnhé ◆~チーム 混合队 hùnhéduì
こんせい【混声】◆~合唱 混声合唱 hùnshēng héchàng
こんせき【痕跡】痕迹 hénjì；踪迹 zōngjì ◆~を残す 留下踪迹 liúxià zōngjì
こんぜつ【根絶-する】杜绝 dùjué；铲除 chǎnchú；根绝 gēnjué ◆麻药を~する 彻底消灭吸毒 chèdǐ xiāomiè xīdú
こんせつていねい【懇切丁寧-に】恳切 kěnqiè
コンセプト 概念 gàiniàn；构思 gòusī
こんせん【混戦-する】混战 hùnzhàn ◆~から抜け出す 从混战状态中领先 cóng hùnzhàn zhuàngtàizhōng lǐngxiān
こんせん【混線】混乱 hùnluàn ◆電話が~する 电话串线 diànhuà chuànxiàn
こんぜんいったい【渾然一体】浑然一体 húnrán yītǐ
コンセンサス 一致意见 yīzhì yìjiàn；共识 gòngshí ◆住民の~ 居民的共识 jūmín de gòngshí
コンセント 插座 chāzuò；插口 chākǒu
コンソメスープ 清汤 qīngtāng
こんだく【混濁-する】浑浊 húnzhuó；混浊 hùnzhuó ◆意識~ 意识模糊 yìshí móhu
コンダクター 乐队指挥 yuèduì zhǐhuī；指挥 zhǐhuī
コンタクト ❶《レンズ》隐形眼镜 yǐnxíng yǎnjìng ◆ハード~ 硬式眼镜 yìngshì yǎnjìng ◆ソフト~ 软式眼镜 ruǎnshì yǎnjìng ❷《接触》联系 liánxì；接触 jiēchù
こんだて【献立】菜谱 càipǔ；食谱 shípǔ
こんたん【魂胆】企图 qìtú；念头 niàntou ◆よからぬ~がある 有什么坏企图 yǒu shénme huàiqǐtú
こんだん【懇談-する】畅谈 chàngtán ◆~会 恳谈会 kěntánhuì
こんち【根治-する】根治 gēnzhì；除根 chúgēn；断根 duàngēn
コンチェルト 协奏曲 xiézòuqǔ
こんちゅう【昆虫】昆虫 kūnchóng ◆~採集 采集昆虫 cǎijí kūnchóng
コンテ 炭铅笔 tànqiānbǐ；素描笔 sùmiáobǐ ◆絵~ 分镜头脚本 fēn jìngtóu jiǎoběn
こんてい【根底】根本 gēnběn；基础 jīchǔ
コンディション 条件 tiáojiàn；状况 zhuàngkuàng
コンテスト 比赛 bǐsài；竞赛 jìngsài；比赛会 bǐsàihuì
コンテナー 集装箱 jízhuāngxiāng；货箱 huòxiāng ◆~输送 集装箱运输 jízhuāngxiāng yùnshū
コンデンサー 电容器 diànróngqì

コンデンスミルク 炼乳 liànrǔ；浓缩牛奶 nóngsuō niúnǎi
コンテンツ 内容 nèiróng
コント 小品 xiǎopǐn
こんど【今度】〈このたび〉这次 zhècì；〈次回〉下一次 xià yí cì
こんとう【昏倒】-する 晕倒 yūndǎo
こんどう【混同】-する 混同 hùntóng；混在一起 hùnzài yìqǐ
コンドーム 避孕套 bìyùntào
ゴンドラ〈ベネチアの船〉凤尾船 fèngwěichuán ❷〈気球・ロープウェイなどの〉吊篮 diàolán；空中吊车 kōngzhōng diàochē；缆车 lǎnchē
コントラスト 对照 duìzhào ♦〈~が強い[弱い]〉对比鲜明[不鲜明] duìbǐ xiānmíng [bù xiānmíng]
コントラバス 低音提琴 dīyīn tíqín
コンドル 兀鹫 wùjiù；神鹰 shényīng
コントロール 抑制 yìzhì；管理 guǎnlǐ；控制 kòngzhì ♦〈食欲を~する〉抑止食欲 yìzhǐ shíyù ♦〈野球〉~がよい[悪い]〉具有[没有]制球力 jùyǒu [méiyǒu] zhìqiúlì
こんとん【混沌】 混沌 hùndùn ♦〈~とした〉混沌不清 hùndùn bù qīng
こんな 这样 zhèyàng；这么 zhème ♦〈早くから~〉这么早就... zhème zǎo jiù...
こんなん【困難】-な 困难 kùnnan；难处 nánchu；艰难 jiānnán ♦〈~に遭遇する〉碰壁 pèngbì；遇到困难 yùdào kùnnan
こんにち【今日】 今天 jīntiān ♦〈こんにちは〉你好 nǐ hǎo；您好 nín hǎo
こんにゃく【蒟蒻】 蒟蒻 jǔruò ♦〈~芋〉魔芋 móyù
こんにゅう【混入】-する 掺和 chānhuo；掺杂 chānzá
コンパ 联欢会 liánhuānhuì
コンバイン 康拜因 kāngbàiyīn；联合机 liánhéjī；联合收割机 liánhé shōugējī
コンパクト ❶〈小型の〉小型 xiǎoxíng；袖珍的 xiùzhēn de ♦〈~にまとまっている〉编得小巧精致 biān de xiǎoqiǎo jīngzhì ❷〈化粧〉带镜小粉盒 dàijìng xiǎofěnhé
コンパス ❶〈文具〉两脚规 liǎngjiǎoguī；圆规 yuánguī ❷〈羅針盤〉指南针 zhǐnánzhēn；罗盘 luópán ❸〈足〉腿 tuǐ ♦〈~が长い〉腿长 tuǐ cháng；步幅宽 bùfú kuān
こんばん【今晚】 今晚 jīnwǎn；今天晚上 jīntiān wǎnshang；〈あいさつ〉♦〈~は你好ですか〉你好 nǐ hǎo；晚上好 wǎnshang hǎo
コンビ 搭当 dādang；搭配 dāpèi；一对儿 yíduìr ♦〈~を組む会〉配角 pèi-

jué；结成对儿 jiéchéng duìr ♦〈名~好搭当 hǎo dādang
コンビーフ 咸牛肉罐头 xiánniúròu guàntou
コンビナート 联合企业 liánhé qǐyè
コンビニ〈コンビニエンスストア〉便利店 biànlìdiàn
コンビネーション 配合 pèihe；〈衣服〉联衣裤 liányīkù
コンピュータ 电脑 diànnǎo；电子计算机 diànzǐ jìsuànjī ♦〈ウイルス〉电脑病毒 diànnǎo bìngdú ♦〈グラフィックス〉电脑图像 diànnǎo túxiàng
こんぶ【昆布】 海带 hǎidài
コンプレックス 自卑感 zìbēigǎn
コンプレッサー 压缩机 yāsuōjī；压气机 yāqìjī
コンペ 比赛会 bǐsàihuì ♦〈ゴルフ〉高尔夫球比赛会 gāo'ěrfūqiú bǐsàihuì
こんぺき【紺碧】-の 碧蓝 bìlán
コンベヤー 输送机 shūsòngjī ♦〈ベルト~〉传送带 chuánsòngdài
こんぼう【混紡】～织物 混纺织物 hùnfǎng zhīwù ♦〈~生地〉混纺 hùnfǎng
こんぼう【棍棒】 棍子 gùnzi；棍棒 gùnbàng
こんぽう【梱包】-する 捆扎 kǔnzá；打包 dǎbāo；包装 bāozhuāng
コンポーネント 部件 bùjiàn；成分 chéngfēn ♦〈ステレオ〉音响组合 yīnxiǎng zǔhé ♦〈ミニ~〉迷你组合音响 mínǐ zǔhé yīnxiǎng
こんぽん【根本】 根本 gēnběn；基本 jīběn ♦〈~的な〉根本的 gēnběn
コンマ〈句読点の「,」〉逗号 dòuhào
こんめい【混迷】-する 混乱 hùnluàn；七上八糟 luànqībāzāo ♦〈~を深める〉混乱加剧了 hùnluàn jiājù le
こんもり ❶〈茂る〉密密 mìmì ♦〈~とした森林〉茂密的森林 màomì de sēnlín ❷〈盛り上がる〉圆鼓鼓 yuángǔgǔ；隆起 lóngqǐ
こんや【今夜】 今晚 jīnwǎn
こんやく【婚約】-する 婚约 hūnyuē；订婚 dìnghūn；〈女性が〉许配 xǔpèi；许嫁 xǔjià；〈男性が〉订婚 dìnghūn ♦〈~を解消する〉退婚 tuìhūn；退亲 tuìqīn；悔婚 huǐhūn ♦〈~者〉〈女性〉未婚妻 wèihūnqī；〈男性〉未婚夫 wèihūnfū ♦〈~指环〉订婚戒指 dìnghūn jièzhǐ
こんらん【混乱】-する 混乱 hùnluàn；纷乱 fēnluàn ♦〈~させる〉打乱 dǎluàn；搅乱 jiǎoluàn；搅乱 jiǎoluàn ♦〈~に陥る〉陷入混乱 xiànrù hùnluàn；乱成一锅粥 luàn-

こんりゅう ― こんわく 185

chéng yì guō zhōu ♦〜状態 一锅粥 yì guō zhōu ♦大〜 特別混乱 tèbié hùnluàn
こんりゅう【建立-する】 修建 xiūjiàn; 兴修 xīngxiū
こんりんざい【金輪際】 绝对 juéduì; 断然 duànrán ♦もう〜行かない 再也不去 zài yě bú qù
こんれい【婚礼】 婚礼 hūnlǐ; 喜事 xǐshì
こんろ【焜炉】 火炉 huǒlú; 炉子 lúzi ♦ガス〜 煤气炉 méiqìlú ♦電気〜 电炉 diànlú
こんわく【困惑-する】 困惑 kùnhuò; 迷惘 míwǎng; 受窘 shòujiǒng ♦〜しきった表情 满脸窘相 mǎnliǎn jiǒngxiàng; 不知所措的样子 bù zhī suǒ cuò de yàngzi

さ

さ【差】 ❶〈へだたり・違い〉差异 chāyì; 差别 chābié; 差距 chājù ◆両者の意味に大きな～はない 双方意见没有什么太大的差别 shuāngfāng yìjiān méiyǒu shénme dà de chābié ❷〈数の差〉差额 chā'é ❸〈数学の差数〉差数 chāshù ◆～を求める 求差 qiú chā

ざ【座】 ❶〈席〉座位 zuòwèi ◆～につく 就座 jiùzuò ◆〈集会の場〉～が白ける 冷场 lěngchǎng ❸〈地位〉地位 dìwèi ◆妻の～ 妻子的身分 qīzi de shēnfen ◆チャンピオンの～につく 登上冠军的宝座 dēngshàng guànjūn de bǎozuò

さあ ◆～, 出かけよう 喂，走吧 wèi, zǒu ba ◆～, お入りください 请，请屋里坐 qǐng, qǐng wūli zuò ◆～, 大変だ。不得了了 à, bùdéliǎo ◆～, 見てごらん 来，看一下 lái, kàn yíxia

サーカス 马戏 mǎxì; 杂技 zájì ◆～団 马戏团 mǎxìtuán

サークル ❶〈同好会〉小组 xiǎozǔ; 班 bān ◆～活动 小组活动 xiǎozǔ huódòng ❷〈大学のクラブ活动〉学生社团 xuéshēng shètuán ◆～活动 社团活动 shètuán huódòng

ざあざあ 哗哗 huāhuā; 哗啦哗啦 huālā huālā ◆～雨が降る 雨哗啦哗啦地下 yǔ huālāhuālā de xià

ザーサイ 榨菜 zhàcài

サーチライト 探照灯 tànzhàodēng

サーバー〈コンピュータ〉服务器 fúwùqì

サービス 服务 fúwù;〈物品の〉附帶赠送 fùdài zèngsòng ◆アフター～ 保修 bǎoxiū ◆セルフ～ 自助 zìzhù

サービスエース 发球得分 fāqiú défēn ◆～を决める 来个发球得分 lái ge fāqiú défēn

サーブ-する 发球 fāqiú

サーファー 冲浪运动员 chōnglàng yùndòngyuán

サーフィン 冲浪运动 chōnglàng yùndòng ◆サーフボード 冲浪板 chōnglàngbǎn

サーベル 佩刀 pèidāo; 马刀 mǎdāo

サーモスタット 恒温器 héngwēnqì

サーモン 鲑鱼 guīyú; 大马哈鱼 dàmǎhǎyú ◆ピンク～ 淡红色 dànhóngsè ◆スモーク～ 熏鲑鱼 xūn guīyú

サーロイン 牛腰肉 niúyāoròu

さい【差異】【違】 差异 chāyì; 差别 chābié; 区别 qūbié ◆～の甚だしい 悬殊 xuánshū ◆たいした～は無い 没什么大区别 méi shénme dà qūbié

さい【才】〈才能〉才能 cáinéng;〈仕事の能力〉才干 cáigàn

さい【歳】〈年齢〉岁 suì ◆今年7～になる 今年七岁了 jīnnián qī suì le

さい【際に】 时候 shíhou ◆入学の～に 入学之际 rùxué zhī jì

さい【賽】 色子 shǎizi ◆～を振る 挪色子 zhì shǎizi ◆～は投げられた 大局已定, 只能实行 dàjú yǐ dìng, zhǐ néng shíxíng

さい【再】 再 zài; 重新 chóngxīn ◆～认識 重新认识 chóngxīn rènshi ◆～就職 再就职 zài jiùzhí

サイ【犀】 犀牛 xīniú

ざい【財】〈財産〉财宝 cáibǎo ◆～を成す 发财 fācái

ざい【材】 ❶〈原料〉原料 yuánliào; 材料 cáiliào ❷〈有能な人〉人材 réncái ◆有用の～を求める 寻求有用人才 xúnqiú yǒuyòng réncái

さいあい【最愛の】 最亲爱的 zuì qīn'ài de ◆～の妻 最爱的妻子 zuì ài de qīzi

さいあく【最悪-の】 最糟糕 zuì zāogāo; 最坏 zuì huài ◆～の事態 最坏的地步 zuì huài de dìbù

ざいあく【罪悪】 罪恶 zuì'è; 罪庈 zuìlì ◆～感 罪恶感 zuì'è gǎn

ざいい【在位-する】 在位 zàiwèi ◆～期间 在位期间 zàiwèi qījiān

さいえん【才媛】 才女 cáinǚ

さいえん【菜園】 菜圃 càipǔ; 菜畦 càiqí; 菜园 càiyuán

さいえん【再演-する】 再次上演 zàicì shàngyǎn; 重演 chóngyǎn

サイエンス 科学 kēxué

さいおうがうま【塞翁が馬】〈人間万事〉塞翁失马 sàiwēng shī mǎ

さいがい【災害】 灾难 zāinàn; 灾祸 zāihuò ◆～に遭う 遭遇灾祸 zāoyù zāihuò

さいか【裁可】 批准 pīzhǔn ◆～を仰ぐ 请求批准 qǐngqiú pīzhǔn

ざいか【過過】 罪过 zuìguo; 罪庈 zuìlì

ざいか【財貨】 财货 cáihuò; 钱财 qiáncái; 财物 cáiwù

ざいか【罪科】 罪恶 zuì'è; 罪过 zuìguo ◆～を問う 问罪 wènzuì

さいかい【再会-する】 再会 zàihuì; 重逢 chóngféng ◆～を约束する 约定重逢 yuēdìng chóngféng

さいかい【再開-する】 重新开始 chóngxīn kāishǐ; 重启 chóngqǐ ◆討論を～する 重开討論 chóngkāi tǎolùn

さいがい【災害】災害 zāihài ♦自然～ 自然灾害 zìrán zāihài ♦～保険 灾害保险 zāihài bǎoxiǎn ♦～を蒙る 遭受灾害 zāoshòu zāihài; 受灾 shòuzāi

ざいかい【財界】经济界 jīngjìjiè ♦～の大物 经济界大人物 jīngjìjiè dà rénwù

ざいがい【在外】在国外 zài guówài; 海外 hǎiwài ♦～同胞 海外同胞 hǎiwài tóngbāo

さいかいもくよく【斎戒沐浴-する】 斋戒沐浴 zhāijiè mùyù

さいかく【才覚】才智 cáizhì; 机智 jīzhì; 机灵 jīlíng ♦～がある 有机智 yǒu jīzhì

ざいがく【在学-する】在校 zàixiào ♦～生 在校生 zàixiàoshēng

さいかくにん【再確認-する】再次确认 zàicì quèrèn; 再确认 zài quèrèn ♦予約を～する 再确认一下预约 zài quèrèn yíxià yùyuē

サイカチ 皂荚 zàojiá

さいかん【再刊-する】复刊 fùkān; 再发行 zài fāxíng

さいき【才気】才华 cáihuá; 才气 cáiqì ♦～あふれる 才华横溢 cáihuá héngyì ♦～走る 恃才好胜 shì cái hào shèng

さいき【再起-する】再起 zàiqǐ; 恢复原状 huīfù yuánzhuàng ♦～不能 不能再起 bùnéng zàiqǐ

さいぎ【猜疑】猜忌 cāijì; 猜疑 cāiyí ♦～心の強い 疑心太重 yíxīn tài zhòng

さいきょ【再挙】重整旗鼓 chóng zhěng qí gǔ ♦～を図る 企图卷土重来 qǐtú juǎn tǔ chóng lái

さいきょういく【再教育-する】再教育 zài jiàoyù ♦～を受ける 接受再教育 jiēshòu zài jiàoyù

さいきん【最近】近来 jìnlái; 最近 zuìjìn ♦～の出来事 最近发生的事 zuìjìn fāshēng de shì ♦～まで 直到最近 zhídào zuìjìn

さいきん【細菌】细菌 xìjūn ♦～を培養する 培养细菌 péiyǎng xìjūn ♦～兵器 细菌武器 xìjūn wǔqì

ざいきん【在勤-する】在职 zàizhí; 任职 rènzhí

さいぎんみ【再吟味-する】再斟酌 zài zhēnzhuó; 重新研究 chóngxīn yánjiū ♦～の必要がある 有再斟酌的必要 yǒu zài zhēnzhuó de bìyào

さいく【細工-する】❶〈工芸〉工艺 gōngyì ♦～物 手工艺品 shǒugōngyìpǐn ❷〈詭計〉耍花招 shuǎ huāzhāo ♦陰で～する 暗中捣鬼 ànzhōng dǎoguǐ

さいくつ【採掘-する】开采 kāicǎi; 采掘 cǎijué

サイクリング 自行车旅行 zìxíngchē lǚxíng ♦～に出かける 骑自行车去旅行 qí zìxíngchē qù lǚxíng

サイクル〈周期〉周期 zhōuqī ♦地震の発生には一定の～がある 发生地震有一定的周期 fāshēng dìzhèn yǒu yídìng de zhōuqī

さいぐんび【再軍備】重整军备 chóngzhěng jūnbèi ♦～に反対する 反对重搞武装 fǎnduì chónggǎo wǔzhuāng

ざいけ【在家】在家 zài jiā ♦～の人 在家人 zàijiā rén

さいけいこく【最恵国】最惠国 zuìhuìguó ♦～待遇 最惠国待遇 zuìhuìguó dàiyù

さいけいれい【最敬礼-する】鞠躬 jūgōng ♦彼女の努力に～する 非常敬佩她的努力 fēicháng jìngpèi tā de nǔlì

さいけつ【採決-する】表决 biǎojué

さいけつ【採血-する】采血 cǎixuè

さいけつ【裁決-する】裁决 cáijué ♦～を仰ぐ 请示裁决 qǐngshì cáijué

さいげつ【歳月】时间 shíjiān; 岁月 suìyuè ♦5年の～が流れた 过去了五年时间 guòqule wǔnián shíjiān ♦～を要する 需要花大 xūyào huādà 时间 ♦～人を待たず 岁月不待人 suìyuè bú dài rén

さいけん【債券】债券 zhàiquàn

さいけん【債権】债权 zhàiquán ♦～者 债主 zhàizhǔ ♦～を譲渡する 转让债权 zhuǎnràng zhàiquán

さいけん【再建-する】❶〈建造〉重建 chóngjiàn; 改建 gǎijiàn ♦劇場を～する 重建剧场 chóngjiàn jùchǎng ❷〈組織〉改组 gǎizǔ ♦会社を～する 改组公司 gǎizǔ gōngsī ♦財政を～する 重建财政 chóngjiàn cáizhèng

さいげん【再現-する】再现 zàixiàn; 重现 chóngxiàn ♦当時の様子を～する 再现当时的情况 zàixiàn dāngshí de qíngkuàng

さいげん【際限】边际 biānjì; 止境 zhǐjìng ♦～なく続く 无限延续 wúxiàn yánxù

ざいげん【財源】财源 cáiyuán ♦～が乏しい 财源贫乏 cáiyuán pínfá ♦～を確保する 确保财源 quèbǎo cáiyuán

さいけんさ【再検査-する】复查 fùchá ♦血液の～ 血液复查 xuèyè fùchá

さいけんとう【再検討-する】重新研

さいご ― さいじょう

究 chóngxīn yánjiū ♦～を要求する 要求重新审查 yāoqiú chóngxīn shěnchá
さいご [最後] 最后 zuìhòu；最终 zuìzhōng；末了 mòliǎo ♦～の審判《キリスト教の》末日审判 mòrì shěnpàn ♦～まで 到底 dàodǐ ♦～までやり通す 干到底 gàn dàodǐ
さいご [最期] 临终 línzhōng ♦～をみとる 送终 sòngzhōng
ざいこ [在庫] 库存 kùcún ♦～品 货 存货 cúnhuò；库存货 kùcúnhuò ♦～整理をする 盘库 pánkù ♦～量 库存量 kùcúnliàng ♦～が切れる 库存已尽 kùcún yǐ jìn
さいこう [最高] 最高 zuìgāo；至高无上 zhì gāo wú shàng；至上 zhìshàng ♦～のもの 天字第一号 tiānzì dì yī hào ♦～の気分だ 心情极佳 xīnqíng jí jiā ♦～に忙しい 忙得要命 mángde yàomìng ♦今日の芝居は～だった 今天的戏好极了 jīntiān de xì hǎo jí le
さいこう [再興-する] 复兴 fùxīng ♦国家の～ 国家复兴 guójiā fùxīng
さいこう [再校-する] 再校 zàijiào
さいこう [再考-する] 再次考虑 zàicì kǎolù；重新考虑 chóngxīn kǎolù
さいこう [採光-する] 采光 cǎiguāng
ざいこう [在校] 在校 zàixiào ♦～生 在校生 zàixiàoshēng
ざいごう [罪業] 孽障 nièzhàng；罪孽 zuìniè
さいこうちょう [最高潮] 最高潮 zuìgāocháo；顶点 dǐngdiǎn
さいこうふ [再交付-する] 重新发给 chóngxīn fāgěi
さいこうほう [最高峰] 最高峰 zuìgāofēng；顶峰 dǐngfēng ♦アルプスの～ 阿尔卑斯山的顶峰 Ā'ěrbēisīshān de dǐngfēng
さいごつうちょう [最後通牒] 最后通牒 zuìhòu tōngdié
さいころ [骰(賽)子] 色子 shǎizi；骰子 tóuzi ♦～を振る 掷色子 zhì shǎizi
サイコロジー 心理学 xīnlǐxué
さいこん [再婚-する] 再婚 zàihūn；《女性的》再嫁 zàijià；改嫁 gǎijià
さいさき [幸先] ♦～がいい 预兆吉利 yùzhào jílì；开端良好 kāiduān liánghǎo
さいさん [再三] 一再 yízài；再三 zàisān ♦～再四 再三再四 zài sān zài sì ♦～の懇願 屡次三番的央求 lǚcì sānfān de yāngqiú
さいさん [採算] ♦～がとれる 上算 shàngsuàn ♦～が合う 合算 hésuàn

ざいさん [財産] 财产 cáichǎn；财富 cáifù；财物 cáiwù ♦～家 财主 cáizhu
さいし [妻子] 妻子 qīzi；家眷 jiājuàn；家小 jiāxiǎo ♦～を養う 养家糊口 yǎngjiā húkǒu ♦～を有する男人
さいし [才子] 才子 cáizǐ ♦～佳人 才子佳人 cáizǐ jiārén ♦～に倒れ 聪明反被聪明误 cōngmíng fǎn bèi cōngmíng wù
さいし [祭祀] 祭祀 jìsì
さいじ [細事] 琐事 suǒshì；小事 xiǎoshì ♦～にこだわらない 不拘泥于琐事物 bù jūnníyú suǒshì
さいしあい [再試合-する] 再次比赛 zàicì bǐsài
さいしき [彩色] 彩色 cǎisè ♦～を施す 上色 shàngshǎi；着色 zhuóshè
さいしけん [再試験-する] 重新考试 chóngxīn kǎoshì
さいじつ [祭日] 节日 jiérì
ざいしつ [質地] 质地 zhìdì
さいしゅ [採取-する] 提取 tíqǔ；采集 cǎijí ♦指纹を～する 提取指纹 tíqǔ zhǐwén
さいしゅ [祭主] 主祭人 zhǔjìrén
さいしゅう [最后] 最后 zuìhòu；最终 zuìzhōng ♦～段階 尾期 wěiqī ♦～判断を下す 下最后决定 xià zuìhòu juédìng ♦～決定をする 定案 dìng'àn；定局 dìngjú ♦～に間に合う《交通機関で》赶上末班车 gǎnshàng mòbānchē
さいしゅう [採集-する] 采集 cǎijí ♦昆虫～ 采集昆虫 cǎijí kūnchóng
ざいじゅう [在住-する] 居住 jūzhù ♦ニューヨーク～の日本人 侨居在纽约的日本人 qiáojū zài Niǔyuē de Rìběnrén
さいしゅつ [歳出] 岁出 suìchū
さいしゅっぱつ [再出発-する] 重新开始 chóngxīn kāishǐ
さいしょ [最初の] 首先 shǒuxiān；最初 zuìchū；开头 kāitóu ♦～からうまくゆく 从一开始就顺利 cóng yì kāishǐ jiù shùnlì ♦～が肝腎である 开头最重要 kāitóu zuì zhòngyào
さいじょ [才女] 才女 cáinǚ
さいしょう [最小の] 最小 zuìxiǎo ♦～限度 最小限度 zuìxiǎo xiàndù ♦～公倍数 最小公倍数 zuìxiǎo gōngbèishù
さいしょう [宰相] 宰相 zǎixiàng
さいじょう [最上の] 最上 zuìshàng；最优 zuìyōu ♦～の品 最佳 zuìjiāpǐn ♦～階 最顶层 zuìdǐngcéng
さいじょう [斎場] ❶《祭場》斋坛

zhāitán ❷《葬儀場》殡仪场 bìnyíchǎng
ざいじょう【罪状】 罪状 zuìzhuàng；罪案 zuì'àn ♦～を認定 罪状承认与否 zuìzhuàng chéngrèn yǔ fǒu ♦～を認定する 否认罪状 fǒurèn zuìzhuàng
さいじょうきゅう【最上級の】 最上级 zuì shàngjí；最高级 zuì gāojí；第一流 dìyīliú ♦～の贊辞 最高的赞辞 zuìgāo de zàncí ♦～生 最高班级的学生 zuìgāo bānjí de xuésheng
さいしょうげん【最小限の】 最小限度 zuìxiǎo xiàndù；最低程度 zuìdī chéngdù；最小额 zuìxiǎo'é ♦損害を～に抑える 将损失控制在最低程度 jiāng sǔnshī kòngzhì zài zuìdī chéngdù ♦～必要な 起码需要的 qǐmǎ xūyào de
さいしょく【彩色-する】 上色 shàngshāi ♦～画 彩画 cǎihuà
さいしょく【菜食-する】 素食 sùshí；菜食 càishí ♦～主義 素食主义 sùshí zhǔyì
ざいしょく【在職-する】 在职 zàizhí ♦～年数 工龄 gōnglíng
さいしょくけんび【才色兼備-の】 才貌双全 cáimào shuāngquán
さいしょり【再処理】 重新处理 chóngxīn chǔlǐ ♦ごみの～ 垃圾再处理 lājī zàichǔlǐ
さいしん【再審-する】 再审 zàishěn；复审 fùshěn；重审 chóngshěn ♦～を請求する 请求重审 qǐngqiú chóngshěn
さいしん【細心-の】 细心 xìxīn；严密 yánmì ♦～の注意を払う 严密注意 yánmì zhùyì
さいしん【最新】 最新 zuìxīn ♦～式の 最新式 zuìxīnshì ♦～号《雑誌の》 最近一期 zuìjìn yì qī ♦～流行 时新 shíxīn；时兴 shímào ♦～流行の服 时装 shízhuāng
さいじん【才人】 才子 cáizǐ
サイズ 尺寸 chǐcùn；大小 dàxiǎo；《靴や帽子の》尺码 chǐmǎ ♦手のひら～の 巴掌大小的书 bāzhǎng dàxiǎo de shū ♦～が合わない 尺码不合适 chǐmǎ bù héshì
ざいす【座椅子】 无腿靠椅 wútuǐ kàoyǐ
さいすん【採寸-する】 量尺寸 liáng chǐcun
さいせい【再生-する】 ❶《蘇生》复活 fùhuó ♦汚れた川を～する 把污浊的河流治好 bǎ wūzhuó de héliú zhìhǎo ❷《音声·画像を》重放 chóngfàng ♦ビデオを～する 放录像 fàng lùxiàng ❸《廃品の》再生 zài-

shēng；更生 gēngshēng ♦～纸 再生纸 zàishēngzhǐ ❹《更生》新生 xīnshēng ♦～の道を歩む 踏上新生之路 tàshàng xīnshēng zhī lù
さいせい【再製-する】 重制 chóngzhì；重做 chóngzuò：改制 gǎizhì
ざいせい【財政】 财政 cáizhèng ♦～が豊かである 财政充裕 cáizhèng chōngyù ♦～が困難である 财政困难 cáizhèng kùnnan ♦～を建て直す 改革财政 gǎigé cáizhèng ♦地方～ 地方财政 dìfāng cáizhèng ♦赤字～ 赤字财政 chìzì cáizhèng
ざいせい【在世】 在世 zàishì
さいせいいっち【祭政一致】 祭事和政治一致 jìshì hé zhèngzhì yízhì；神权政治 shénquán zhèngzhì
さいせいかのうしげん【再生可能資源】 可再生资源 kě zàishēng zīyuán
さいせいき【最盛期】 最盛期 zuìshèngqī；鼎盛期 dǐngshèngqī；旺季 wàngjì ♦文化の～を迎える 迎来文化的最盛期 yínglái wénhuà de zuìshèngqī ♦リンゴの～ 苹果上市的旺季 píngguǒ shàngshì de wàngjì
さいせいさん【再生産-する】 再生产 zàishēngchǎn
さいせき【採石-する】 采石 cǎishí ♦～場 采石场 cǎishíchǎng
ざいせき【在籍-する】 在册 zàicè ♦文学部に～する 学籍在文学院 xuéjí zài wénxuéyuàn
さいせん【再選-する】 重选 chóngxuǎn；再次当选 zàicì dāngxuǎn
さいせん【賽銭】 香钱 xiāngqián ♦～をあげる 献香钱 xiàn xiāngqián ♦～箱 香资箱 xiāngzīxiāng
さいぜん【最善-の】 最好 zuìhǎo；最佳 zuìjiā ♦～の策 上上策 shàngshàngcè ♦～を尽くす 竭尽全力 jiéjìn quánlì
さいぜんせん【最前線】 最前线 zuìqiánxiàn；第一线 dìyīxiàn
さいそく【催促-する】 催 cuī；催促 cuīcù ♦返事を～する 催促回音 cuīcù huíyīn ♦矢の～ 催得很紧 cuīde hěn jǐn ♦彼に金を返すように～する 催他还钱 cuī tā huán qián
さいそく【細則】 细则 xìzé
サイダー 汽水 qìshuǐ
さいたい【妻帯】 有妻子 yǒu qīzi ♦～者 有妇之夫 yǒu fù zhī fū
さいだい【最大-の】 最大 zuìdà ♦～の危機 最大的危机 zuìdà de wēijī ♦～公約数 最大公约数 zuìdà gōngyuēshù
さいだい【細大】 ♦～もらさず 一五一十 yī wǔ yī shí

さいだいげん【最大限-の】 最大限度 zuìdà xiàndù ♦~の努力 最大的努力 zuìdà de nǔlì

ざいたく【在宅-する】 在家 zàijiā ♦~勤務 在家工作 zàijiā gōngzuò ♦~看護 在家护理 zàijiā hùlǐ ♦奥様は御~ですか 您夫人在家吗 nín fūrén zàijiā ma

さいたん【最短-の】 最短 zuìduǎn ♦~距離 最近距离 zuìjìn jùlí ♦~コースをとる 走最短的路线 zǒu zuì duǎn de lùxiàn；抄近儿 chāojìnr

さいたん【採炭-する】 采煤 cǎiméi ♦~量 采煤量 cǎiméiliàng

さいだん【祭壇】 祭坛 jìtán

さいだん【裁断-する】 ❶切断 qiēduàn；剪裁 jiǎncái ❷《制》裁决 cáijué；裁剪 cáijiǎn ♦最後の~を下す 做出最后裁决 zuòchū zuìhòu cáijué ♦~を仰ぐ 提请裁决 tíqǐng cáijué

ざいだん【財団】 财团 cáituán；基金会 jījīnhuì ♦~法人 财团法人 cáituán fǎrén

さいち【才知】 才智 cáizhì ♦~に長ける 多才多智 duō cái duō zhì

さいちゅう【最中に】 正在…时 zhèngzài…shí ♦会議の~に 正在开会的时候 zhèngzài kāihuì de shíhou

ざいちゅう【在中】 在内 zàinèi ♦見本~ 样品在内 yàngpǐn zàinèi

さいちゅうもん【再注文-する】 重新订购 chóngxīn dìnggòu

さいちょうさ【再調査-する】 重新调查 chóngxīn diàochá；复查 fùchá ♦事件を~する 复查案件 fùchá ànjiàn

さいてい【裁定-する】 裁定 cáidìng；裁决 cáijué ♦~を下す 作出裁决 zuòchū cáijué ♦~を待つ 等待裁决 děngdài cáijué ♦~に従う 服从裁决 fúcóng cáijué

さいてい【再訂-する】 重新修订 chóngxīn xiūdìng ♦~版 重新修订版 chóngxīn xiūdìngbǎn

さいてい【最低-の】 最差 zuìchà ♦~気温 最低气温 zuìdī qìwēn ♦~賃金 最低工资 zuìdī gōngzī ♦~条件 最低条件 zuìdī tiáojiàn ♦~な男 最差的家伙 zuì chà de jiāhuo；下贱东西 xiàjiàn dōngxi

さいていげん【最低限-の】 最低限度 zuìdī xiàndù；起码 qǐmǎ ♦~の常識すらない 连最起码的常识都没有 lián zuì qǐmǎ de chángshí dōu méiyǒu ♦1週間かかる 起码要一周时间 qǐmǎ yào yì zhōu shíjiān

さいてき【最適-の】 最合适 zuì héshì；最适宜 zuì shìyí ♦~の人物 最适当的人物 zuì shìdàng de rénwù ♦~である 小学生に~だ 这本书最适合小学生读 zhèběn shū zuì shìhé xiǎoxuéshēng dú

ざいテク【財テク】 赚钱手段 zhuànqián shǒuduàn

さいてん【採点-する】 判分 pànfēn；评分 píngfēn ♦~が甘い 评分宽 píngfēn kuān

さいてん【祭典】 典礼 diǎnlǐ；祭礼 jìlǐ；庆祝活动 qìngzhù huódòng ♦スポーツの~ 体育的盛会 tǐyù de shènghuì ♦~を行う 举行典礼 jǔxíng diǎnlǐ

サイト 网点 wǎngdiǎn；网站 wǎngzhàn

さいど【再度】 再次 zàicì；再度 zàidù；重新 chóngxīn ♦~要求する 再次要求 zàicì yāoqiú ♦話し合いが~決裂した 谈judgment 再度破裂 tánpàn zàidù pòliè

サイド ❶《側面》侧面 cèmiàn；旁边 pángbiān ❷《立場》方面 fāngmiàn ♦住民~ 居民方面 jūmín fāngmiàn

さいとうぎ【再討議-する】 复议 fùyì；重新讨论 chóngxīn tǎolùn

さいどく【再読-する】 重读 chóngdú；再读一遍 zài dú yíbiàn

サイドテーブル 茶几 chájī

サイドビジネス 副业 fùyè

サイドミラー 反光镜 fǎnguāngjìng

さいなむ【苛む】 折磨 zhémó ♦~にさいなまれる 焦虑不堪 jiāolǜ bùkān

さいなん【災難】 灾难 zāinàn；灾祸 zāihuò ♦~に遭う 遇难 yùnàn；遭殃 zāoyāng ♦~を免れる 幸免灾祸 xìngmiǎn zāihuò

ざいにち【在日-の】 在日本 zài Rìběn の ♦~華僑 旅日华侨 lǚ Rì huáqiáo

さいにゅう【歳入】 岁入 suìrù

さいにん【再任-する】 连任 liánrèn；重任 chóngrèn ♦議長に~する 连任议长 liánrèn yìzhǎng ♦~は妨げない 可以连任 kěyǐ liánrèn

ざいにん【罪人】 罪犯 zuìfàn；罪人 zuìrén

ざいにん【在任-する】 在任 zàirèn；任职 rènzhí ♦~期間 在任期间 zàirèn qījiān

さいにんしき【再認識-する】 重新认识 chóngxīn rènshi

さいねん【再燃-する】 复燃 fùrán；复发 fùfā ♦ブームの~ 热潮的再现

さいねんちょう【最年長-の】年纪最大 niánjì zuì dà

さいねんど【最年度-の】rècháo de zàixiàn

さいのう【才能】才能 cáinéng；才华 cái huá：才干 cáigàn ◆～あふれる才华横溢 cáihuá héngyì ◆～を発揮する 发挥才能 fāhuī cáinéng ◆～を伸ばす 增长才干 zēngzhǎng cáigàn

さいのめ【賽の目】色子点儿 shǎizi diǎnr；《食材の切り方》色子块儿 shǎizi kuàir；丁儿 dīngr ◆～に切る 切成丁儿 qiēchéng dīngr

サイバーナイフ《医療》射波刀 shèbōdāo

さいはい【采配】指挥 zhǐhuī；做主 zuòzhǔ ◆見事な～ 出色的指挥 chūsè de zhǐhuī

さいばい【栽培】栽培 zāipéi；栽种 zāizhòng ◆温室～ 温室栽培 wēnshì zāipéi ◆人工～ 人工培植 réngōng péizhí

さいばし【菜箸】长筷子 chángkuàizi；公筷 gōngkuài

さいはしる【走る】锋芒外露 fēngmáng wàilù；聪明过人 cōngmíng guò rén

さいはつ【再発-する】复发 fùfā；再一次发生 zài yí cì fāshēng ◆～を防止する 防止复发 fángzhǐ fùfā

さいばつ【財閥】财阀 cáifá ◆～解体 解散财阀 jiěsàn cáifá

さいはん【再版】再版 zàibǎn；重版 chóngbǎn；重印 chóngyìn

さいはん【再犯】重犯 chóngfàn ◆～率 重犯率 chóngfànlǜ

さいばん【裁判-する】审判 shěnpàn；审理 shěnlǐ ◆～沙汰 打官司 dǎ guānsi ◆～法 诉讼法 sùsòngfǎ ◆～員 审判员 shěnpànyuán ◆～所 法院 fǎyuàn ◆～長 审判长 shěnpànzhǎng；庭长 tíngzhǎng

さいひ【採否】采纳与否 cǎinà yǔ fǒu ◆～を決定する 决定采纳与否 juédìng cǎinà yǔfǒu

さいひ【歳費】❶《年間費用》一年的费用 yì nián de fèiyòng ❷《国会議員の》年薪 niánxīn

さいひょうか【再評価-する】重新评价 chóngxīn píngjià ◆過去の実績を～する 重新评价过去的成绩 chóngxīn píngjià guòqù de chéngjì

さいひょうせん【砕氷船】破冰船 pòbīngchuán

さいふ【財布】钱包 qiánbāo ◆～を握る 管钱 guǎn qián ◆～をはたく 一文不留 yì wén bù liú

さいぶ【細部】细节 xìjié；细部 xìbù

サイフォン虹吸管 hóngxīguǎn

ざいぶつ【財物】財货 cáihuò；财物 cáiwù ◆～を蓄える 积蓄财物 jīxù cáiwù

さいぶん【細分-する】细分 xìfēn

さいへんしゅう【再編集-する】重编纂 chóngzǔ；重编 chóngbiān

さいほう【裁縫】裁缝 cáiféng；缝纫 féngrèn ◆～道具 裁缝工具 cáiféng gōngjù

さいぼう【細胞】细胞 xìbāo ◆～核 细胞核 xìbāohé ◆～分裂 细胞分裂 xìbāo fēnliè ◆～膜 细胞膜 xìbāomó ◆この単一～この単一の優爪 nǐ zhèige shǎguā

ざいほう【財宝】财宝 cáibǎo

さいほうじょうど【西方浄土】西天 xītiān

さいほうそう【再放送-する】重播 chóngbō

サイボーグ人造人 rénzàorén

さいまつ【歳末】年末 niánmò；年底 niándǐ；年终 niánzhōng ◆～大売出し 年末大甩卖 niánmò dà shuǎimài

さいみつ【細密-な】密实 mìshí ◆～画 工笔画 gōngbǐhuà

さいみん【催眠】催眠 cuīmián ◆～状態 催眠状态 cuīmián zhuàngtài ◆～剤 安眠药 ānmiányào ◆～術 催眠术 cuīmiánshù

さいむ【債務】债务 zhàiwù ◆～を負う 负债 fùzhài ◆～者 债户 zhàihù ◆～を履行する 还债 huánzhài ◆～を償還する 清偿债务 qīngcháng zhàiwù

ざいむ【財務】财务 cáiwù ◆～管理 财务管理 cáiwù guǎnlǐ ◆～をつかさどる 掌管财务 zhǎngguǎn cáiwù ◆第一四半期の～報告 首季财务报告 shǒujì cáiwù bàogào

ざいめい【罪名】罪名 zuìmíng

さいもく【細目】细目 xìmù；细节 xìjié ◆～を決める 规定细节 guīdìng xìjié

ざいもく【材木】木材 mùcái ◆～置き場 堆木场 duīmùchǎng

ざいや【在野】❶《在野の》在野 zàiyě ◆～の人材 在野人才 zàiyě réncái

さいやく【災厄】灾祸 zāihuò；灾难 zāinàn；劫难 jiénàn ◆《が降りかかる》劫难临头 jiénàn líntóu

さいゆうしゅう【最優秀-の】最优 zuìyōu ◆～作 佳作 jiāzuò ◆～選手 最佳选手 zuìjiā xuǎnshǒu ◆～映画 最佳影片 zuìjiā yǐngpiàn

さいよう【採用-する】❶《採りあげる》采用 cǎiyòng；采纳 cǎinà；采取 cǎiqǔ ◆意見を～する 采纳意见 cǎinà yìjiàn ❷《雇いいれる》录取 lùqǔ；

録用 lùyòng ♦～試験 録取考試 lùqǔ kǎoshì ♦～通知 録取通知书 lùqǔ tōngzhīshū ♦現地～ 现场录用 xiànchǎng lùyòng

さいらい【再来】❶《再び来る》再来 zàilái；再次到来 zàicì dàolái ❷《生まれかわり》复生 fùshēng；再世 zàishì ♦モーツァルトの～といわれる 被誉为莫扎特再世 bèi yùwéi Mòzhātè zàishì

ざいらい【在来-の】原有 yuányǒu；固有 gùyǒu ♦～の方法 以往的方法 yǐwǎng de fāngfǎ；土法 tǔfǎ

ざいりゅう【在留-する】侨居 qiáojū ♦中国に～する 侨居中国 qiáojū Zhōngguó

さいりよう【再利用-する】再次利用 zàicì lìyòng

さいりょう【最良-の】最佳 zuìjiā；最好 zuìhǎo ♦～のパートナー 最佳伙伴 zuìjiā huǒbàn ♦生涯～の日 一生中最美好的一天 yīshēng zhōng zuì měihǎo de yì tiān

さいりょう【裁量】酌情处理 zhuóqíng chǔlǐ；定夺 dìngduó ♦この件は君の～に任せる 此事由你定夺 cǐ shì yóu nǐ dìngduó

ざいりょう【材料】材料 cáiliào；原料 yuánliào ♦実験の～ 实验用的材料 shíyàn yòng de cáiliào

ざいりょく【財力】财力 cáilì

ザイル 绳索 shéngsuǒ

さいるい【催涙】♦～ガス 催泪瓦斯 cuīlèi wǎsī ♦～弾 催泪弹 cuīlèidàn

さいれい【祭礼】祭礼 jìlǐ；祭祀仪式 jìsì yíshì

サイレン 警笛 jǐngdí；汽笛 qìdí ♦～を鳴らす 拉响警笛 lāxiǎng jǐngdí

サイレント ♦～ムービー 无声电影 wúshēng diànyǐng ♦～マジョリティ 沉默的大众 chénmò de dàzhòng

サイロ 筒仓 tǒngcāng

さいろく【採録-する】❶《記録》采录 cǎilù；选录 xuǎnlù ♦要旨を～する 选录要点 xuǎnlù yàodiǎn ❷《録音》录音 lùyīn ♦野鳥の鳴き声を～する 把野鸟的鸣叫录下来 bǎ yěniǎo de míngjiào lùxiàlái

さいわい【幸い】♦《幸い-な》幸运 xìngyùn；万幸 wànxìng ♦不幸中の～ 不幸中之幸运 búxìng zhōng zhī xìngyùn ♦お役に立てれば～です 要是对您有用的话，就万幸了 yàoshi duì nín yǒuyòng de huà, jiù wànxìng le ❷《運良く》好在 hǎozài；幸而 xìng'ér；幸そ xìngkuī ♦～取りとめた 幸好抢救出来了 xìnghǎo qiǎngjiùchūlái le

サイン ❶《署名》签名 qiānmíng；签字 qiānzì；签署 qiānshǔ ♦～して下さい 请签个名 qǐng qiān ge míng ❷《合図》信号 xìnhào；暗号 ànhào ♦～を送る 打暗号 dǎ ànhào ❸《数学の》正弦 zhèngxián

サウスポー 左手投手 zuǒshǒu tóushǒu；左撇子 zuǒpiězi

サウナ 蒸气浴 zhēngqìyù；桑那浴 sāngnàyù

サウンドトラック 声带 shēngdài

さえ ❶《極端な例》连 lián；甚至 shènzhì ♦私で～できる 连我都会 lián wǒ dōu huì；《唯一の条件》只要 zhǐyào ♦金～あれば行ける 只要有钱就能去 zhǐyào yǒu qián jiù néng qù

さえ【冴え】敏锐 mǐnruì；高超 gāochāo；英明 yīngmíng ♦采配の～ 指挥英明 zhǐhuī yīngmíng

さえき【差益】差额利益 chā'é lìyì

さえぎる【遮る】❶《日光などを》挡 dǎng；遮 zhē；遮蔽 zhēbì ♦日射しを～ 挡阳光 dǎng yángguāng ❷《妨げる》阻止 zǔzhǐ；拦阻 lánzǔ ♦行く手を～ 挡路 dǎnglù；拦住去路 lánzhù qùlù ❸《話を～ 打岔 dǎchà；打断别人的说话 dǎduàn biéren de shuōhuà

さえずる【囀る】《鳥が》叫 jiào

さえる【冴える】❶《勘が》直觉敏锐 zhíjué mǐnruì ♦技が～ 手艺高超 shǒuyì gāochāo ❷《気分が》情绪不佳 qíngxù bùjiā ♦目が冴えて眠れない 兴奋得睡不着 xīngfèn de shuìbuzháo ♦冴えない男 寒酸的家伙 hánsuān de jiāhuo ♦冴えた夜 清冷的夜晚 qīnglěng de yèwǎn

さお【竿】【棹】竿子 gānzi ♦物干し～ 晒衣竿 shàiyīgān ♦《船で》～をさす 撑船篙 chēng chuángāo

さおさす【棹さす】撑船 chēng chuán ♦《比喩的に》♦時流に～ 顺应潮流 shùnyìng cháoliú

さか【坂】斜坡 xiépō；坡道 pōdào ♦～を登る 上坡 shàngpō ♦～を下りる 下坡 xiàpō ♦《比喩的に》五十の～にさしかかる《年齢》将要五十岁大关 jiāngyào guò wǔshí suì dàguān

さかあがり【逆上がり】卷身上上 juǎn shēn shàng ♦～する 卷身上单杠 juǎn shēn shàng dānggāng

さかい【境】界限 jièxiàn；境界 jìngjiè ♦～を接する 交界 jiāojiè；接境 jiējìng；接壤 jiērǎng ♦生死の～にある 处于生死线上 chǔyú shēngsǐxiàn shàng ♦～目 分界线 fēnjièxiàn

さかうらみ【逆恨み】反招怨恨 fǎn zhāo yuànhèn ♦忠告したら～と

れた 好心相劝反遭怨恨 hǎoxīn xiāngquàn fǎn zāo yuànhèn
さかえる【栄える】繁荣 fánróng; 兴隆 xīnglóng; 兴盛 xīngshèng
さがく【差額】差额 chā'é ◆~を支払う 支付差额 zhīfù chā'é ◆~ベット 征收差额的病床 zhēngshōu chā'é de bìngchuáng
さかご【逆子】逆产 nìchǎn ◆~で生まれる 臀位出生 túnwèi chūshēng
さかさ【逆さ】倒放 dàofàng; 颠倒 diāndǎo; 相反 xiāngfǎn ◆~に置く 倒置 dàozhì ◆~睫(まつげ) 倒睫 dàojié
さかさま【逆様】颠倒 diāndǎo
さがしもの【捜し物】◆~をする 寻找失物 xúnzhǎo shīwù
さがす【捜(探)す】找 zhǎo; 寻找 xúnzhǎo ◆~し回る 四处寻找 sìchù xúnzhǎo ◆捜し求める 寻求 xúnqiú ◆仕事を~ 找工作 zhǎo gōngzuò ◆犯人を~ 搜查 sōuchá
さかずき【杯】酒杯 jiǔbēi ◆別れの~ 送行酒 sòngxíngjiǔ
さかぞり【逆剃り-する】倒剃 dàotì
さかだち【逆立ち-する】倒立 dàolì
さかだてる【逆立てる】倒立 dàolì; 倒竖 dàoshù ◆怒りで髪を~ 怒发冲冠 nù fà chōng guān
さかだる【酒樽】酒桶 jiǔtǒng
さかて【逆手】① (手の使い方) ◆~に持つ 倒握 dǎowò ② (反撃) 相手の批判を~にとる 把对方的批评为己所用 bǎ duìfāng de pīpíng wéi jǐ suǒ yòng
さかな【魚】鱼 yú ◆~の卵（食用の）鱼子 yúzǐ ◆川～ 河鱼 héyú
さかな【肴】酒肴 jiǔyáo; 酒菜 jiǔcài; 下酒 xiàjiǔ ◆人を~にする 以人为话题取乐 yǐ rén wéi huàtí qǔlè
さかなで【逆撫で-する】触怒 chùnù ◆国民感情を~する 伤害国民感情 shānghài guómín gǎnqíng
さかねじ【逆捩じ】◆~を食わせる 加以反击 jiāyǐ fǎnjī; 倒打一耙 dàodǎ yìpá
さかのぼる【溯る】◆川を～ 逆流而上 nì liú ér shàng ◆原点に～ 追本溯源 zhuī běn sù yuán ◆5世纪に～ 追溯到五世纪 zhuīsù dào wǔ shìjì
さかば【酒場】酒吧 jiǔbā
さかまく【逆巻く】(波が) 翻滚 fāngǔn; 汹涌 xiōngyǒng; 翻腾 fānténg
さかみち【坂道】坡道 pōdào; 坡路 pōlù ◆~を登る[下る] 走上[走下]坡路 zǒushàng[zǒuxià] pōlù ◆~を転がり落ちる 从坡路上滚下来 cóng pōlùshang gǔnxiàlai

さかもり【酒盛り】酒宴 jiǔyàn
さかや【酒屋】酒店 jiǔdiàn ◆造り~ 酿酒场 niàngjiǔchǎng
さかゆめ【逆夢】与现实相反的梦 yǔ xiànshí xiāngfǎn de mèng
さからう【逆らう】◆風に～ 顶风 dǐngfēng ◆運命に～ 与命运抗争 yǔ mìngyùn kàngzhēng ◆親に～ 顶撞父母 dǐngzhuàng fùmǔ
さかり【盛り】◆夏の～ 盛夏 shèngxià ◆桜の～ 樱花盛开 yīnghuā shèngkāi ◆人生の～ 人生的盛年 rénshēng de shèngnián ◆~がつく 发情 fāqíng
さかりば【盛り場】闹市 nàoshì; 红灯区 hóngdēngqū
さがる【下がる】① (位置・状態が) 下降 xiàjiàng; 低 jiàngdī ◆水位が～ 水位下降 shuǐwèi xiàjiàng ◆物価が～ 物价下跌 wùjià xiàdiē ◆气温が～ 气温下降 qìwēn xiàjiàng ◆气温降低 qìwēn jiàngdī ◆成绩が～ 成绩下降 chéngjì xiàjiàng ② (ぶら下がる) 垂 chuí; 垂悬 chuíxuán ◆氷柱が～ 垂着冰溜子 chuízhe bīngliūzi ③ (後退する) 后退 hòutuì ◆白線の内側に～ 退到白线内侧 tuìdào báixiàn nèicè ◆一歩下がって考える 退一步想 tuì yí bù xiǎng
さかん【左官】泥水匠 níshuǐjiàng; 泥瓦匠 níwǎjiàng
さかん【盛ん-な】① (勢いがある) 旺盛 wàngshèng ◆食欲が～だ 食欲旺盛 shíyù wàngshèng ◆血気~である 血气方刚 xuèqì fāng gāng ② (元気な) 健壮 jiànzhuàng; 强壮 qiángzhuàng ◆老いてますます～だ 老当益壮 lǎo dāng yì zhuàng ③ (繁盛) 繁荣 fánróng; 兴隆 xīnglóng; 兴旺 xīngwàng ◆サッカーが～になる 足球运动兴旺起来 zúqiú yùndòng xīngwàng qǐlai ④ (熱心に) 热烈 rèliè; 积极 jījí; 洋洋 yángyáng ◆~に拍手する 热烈鼓掌 rèliè gǔzhǎng
さがん【砂岩】砂岩 shāyán
さがん【左岸】左岸 zuǒ'àn
さき【先】① (物の先端) 尖端 jiānduān; 尖儿 jiānr; 头儿 tóur ◆ペン~ 钢笔尖 gāngbǐ jiānr ② (空間的に) 前头 qiántou; 前面 qiánmiàn ◆2軒~に住んでいる 住在两栋房前 zhùzài liǎng dòng fáng qián ◆目と鼻の~ 眼前 yǎnqián; 近在咫尺 jìn zài zhǐ chǐ ③ (時间的に) 头里 tóulǐ; 今后 jīnhòu ◆~まっくら 前途渺茫 qiántú miǎománg ④ (順序の) ◆~を争う 抢先 qiǎngxiān; 争先 zhēngxiān; 争先

さぎ［詐欺］欺骗 qīpiàn；诈骗 zhàpiàn ◆~に遭う 受骗 shòupiàn ◆~を働く 行骗 xíngpiàn ◆師~ 骗子手 piànzishǒu；骗子 piànzi

サギ［鷺］鹭鸶 lùsī ◆アオ~ 苍鹭 cānglù

さきおくり［先送りーにする］ 延迟 yánchí；推迟 tuīchí

さきおととい［一昨々日］大前天 dàqiántiān

さきおととし［一昨々年］大前年 dàqiánnián

さきがけ［先駆け］先驱 xiānqū；前驱 qiánqū ◆流行の~ 时尚的先驱 shíshàng de xiānqū ◆春の~ 春天的前兆 chūntiān de qiánzhào

さきがける［先駆ける］当先 dāngxiān；率先 shuàixiān

さきごろ［先頃］前些天 qiánxiētiān；不久以前 bùjiǔ yǐqián

さきざき［先々］❶〈行く末〉将来 jiānglái ◆~のことを考える 考虑将来 kǎolǜ jiānglái ❷〈行く場所すべて〉所到各处 suǒ dào gè chù

さきだつ［先立つ］❶〈先になる〉领先 lǐngxiān；带头 dàitóu；率先 shuàixiān ◆先立って寄付する 带头捐献 dàitóu juānxiàn ❷〈先に死ぬ〉先死 xiān sǐ ◆妻に先立たれる 妻子先死 qīzi xiān sǐ ◆親に~不孝 不孝死在父母之前 bú xiào sǐ zài fùmǔ zhī qián ❸〈優先する〉首要 shǒuyào ◆~物は金だ 万事钱当先 wànshì qián dāngxiān

さきっぽ［先っぽ］尖儿 jiānr

さきどり［先取りーする］抢收 xiānshōu ◆時代を~する 抢在时代前面 qiǎng zài shídài qiánmiàn

さきのばし［先延ばしーにする］ 延缓 yánhuǎn；推迟 tuīchí ◆仕事を~にする 延缓工作 yánhuǎn gōngzuò

さきばしる［先走る］抢先 qiǎngxiān ◆あまり~と 别太出风头 bié tài chū fēngtou

さきばらい［先払いーする］预付 yùfù；先行 xiān fù

さきぶれ［先触れ］先声 xiānshēng；前兆 qiánzhào；预告 yùgào ◆台風の~台风的前兆 táifēng de qiánzhào

さきぼう［先棒］◆お~を担ぐ 当爪牙 dāng zhǎoyá；充当先卒 chōngdāng xiānzú

さきぼそり［先細りーする］〈衰える〉每况愈下 měi kuàng yù xià；日益衰

恐后 zhēng xiān kǒng hòu ❺〈地点〉行き→去处 qùchù ◆勤め~ 工作单位 gōngzuò dānwèi

さきほど［先程］刚才 gāngcái；方才 fāngcái ◆~大雨の下一場暴雨 gāngcái xiàle yì cháng bàoyǔ ◆~からお待ちです 已等了一会儿了 yǐ děngle yíhuìr le

さきまわり［先回りーする］❶〈目的地に〉先去 xiān qù ◆~して待つ 先去等着 xiān qù děngzhe ❷〈抢先 qiǎngxiān ◆人の話を~する 抢话说 qiǎng huà shuō

さきみだれる［咲き乱れる］ 盛开 shèngkāi

さきもの［先物］期货 qīhuò ◆~値段 期货价格 qīhuò jiàgé ◆~取引 期货交易 qīhuò jiāoyì

さききゅう［砂丘］沙丘 shāqiū

さきゆき［先行き］前途 qiántú；将来 jiānglái ◆~が不安だ 前途令人不安 qiántú lìng rén bù'ān

さぎょう［作業ーをする］工作 gōngzuò ◆~場 车间 chējiān；作坊 zuòfang ◆~台 工作台 gōngzuòtái；平台 píngtái ◆~服 工作服 gōngzuòfú ◆流れ~ 流水作业 liúshuǐ zuòyè

ざきょう［座興］◆ 余兴 yúxìng；〈比喩的に〉玩笑 wánxiào

さきん［砂金］沙金 shājīn ◆~を採る 淘金 táojīn

さきんずる［先んずる］抢先 qiǎngxiān ◆人を制する人 先发制人 xiān fā zhì rén

さく［策］策略 cèlüè；计谋 jìmóu ◆~を採る 采取对策 cǎiqǔ duìcè ◆~を練る 拟定计划 nǐdìng jìhuà

さく［柵］栅栏 zhàlán；围栏 wéilán

さく［裂く］〈物を〉切开 qiēkāi；割开 gēkāi；撕开 sīkāi ◆布を2枚に~ 把布撕成两块 bǎ bù sīchéng liǎng kuài ❷〈仲を〉离间 líjiàn ◆夫婦の仲を~ 挑拨离间夫妻关系 tiǎobō líjiàn fūqī guānxì

さく［割く］〈時間を〉腾出 téngchū ◆時間を~ 抽工夫 chōu gōngfu

さく［咲く］开 kāi；开花 kāihuā ◆茶の花が咲いた 茶花开了 cháhuā kāi le

さく［作］〈作品を〉著作 zhùzuò；作品 zuòpǐn ◆会心の~ 得意之作 déyì zhī zuò；〈作柄〉稲の~が良い 稲子收成很好 dàozi shōuchéng hěn hǎo

さくい［作為］作为 zuòwéi；造作 zàozuo ◆~的な 不自然的 bú zìrán de；做作 zuòzuo ◆~のありすぎる 造作的痕迹很明显 zàozuo de hénjì hěn míngxiǎn

さくいん［索引］索引 suǒyǐn；引得 yǐndé ◆~を引く 查索引 chá suǒ-

さくがら【作柄】 年成 niánchéng; 年景 niánjǐng; 收成 shōuchéng ◆平年並の～ 和往年一样的收成 hé wǎngnián yíyàng de shōuchéng
さくがんき【削岩機】 凿岩机 záoyánjī
さくげん【削減-する】 减削 jiǎnxuē; 紧缩 jǐnsuō; 削减 xuējiǎn ◆経費を～する 减削经费 jiǎnxuē jīngfèi
さくご【錯誤】 错误 cuòwù ◆時代～ 不合时代 bùhé shídài ◆試行～ 反复试验 fǎnfù shìyàn
さくさく ◆～する 脆 cuì; 酥脆 sūcuì;〈擬音〉沙沙 shāshā
ざくざく〈擬音〉沙沙 shāshā ◆砂地を～と踏み歩く 脚踩沙地沙沙响 jiǎo cǎi shādì shāshā xiǎng
さくさん【酢酸】 醋酸 cùsuān
さくし【作詞-する】 作词 zuòcí
さくし【策士】 谋士 móushì ◆～策に溺れる 聪明反被聪明误 cōngmíng fǎn bèi cōngmíng wù
さくじつ【昨日】 昨日 zuórì; 昨天 zuótiān
さくしゃ【作者】 作者 zuòzhě
さくしゅ【搾取-する】 剥削 bōxuē; 榨取 zhàqǔ; 盘剥 pánbō ◆中間～ 中间剥削 zhōngjiān bōxuē
さくじょ【削除-する】 删掉 shāndiào; 删除 shānchú
さくず【作図-する】 绘制 huìzhì; 制图 zhìtú
さくせい【作成-する】〈文書・計画などを〉编制 biānzhì; 拟定 nǐdìng;〈製作〉制作 zhìzuò; 制造 zhìzào ◆法案を～する 拟定法案 nǐdìng fǎ'àn
サクセスストーリー 成功的故事 chénggōng de gùshi
さくせん【作戦】 战略 zhànlüè ◆～計画を立てる 拟定作战计划 nǐdìng zuòzhàn jìhuà ◆～を変更する 变更战术 biàngēng zhànshù
さくそう【錯綜-する】 错综 cuòzōng; 交错 jiāocuò; 交织 jiāozhī ◆情報が～する 情报错综 qíngbào cuòzōng
さくづけ【作付け】 播种 bōzhòng; 种植 zhòngzhí ◆～面積 播种面积 bōzhòng miànjī
さくてい【策定-する】 制定 zhìdìng ◆計画を～する 制定计划 zhìdìng jìhuà
さくどう【策動-する】 策动 cèdòng; 策划 cèhuà ◆～に乗る 中了阴谋 zhòngle yīnmóu ◆～家 阴谋家 yīnmóujiā
さくにゅう【搾乳-する】 挤奶 jǐnǎi; ～機 挤奶机 jǐnǎijī

さくねん【昨年】 去年 qùnián
さくばん【昨晩】 昨晚 zuówǎn; 昨天晚上 zuótiān wǎnshang
さくひん【作品】 作品 zuòpǐn ◆芸術～ 艺术作品 yìshù zuòpǐn
さくふう【作風】 格调 gédiào; 作风 zuòfēng; 风格 fēnggé ◆独自の～ 独特风格 dútè fēnggé
さくぶん【作文-する】 作文 zuòwén ◆～の授業 写作课 xiězuòkè
さくぼう【策謀】 策谋 cèmóu; 计策 jìcè ◆～を巡らす 策划计划 cèhuà jìhuà
さくもつ【作物】 作物 zuòwù; 庄稼 zhuāngjia; 农作物 nóngzuòwù ◆～を栽培する 栽培作物 zāipéi zuòwù
さくや【昨夜】 昨晚 zuówǎn; 昨夜 zuóyè
サクラ【桜】 ❶〈花の〉櫻花 yīnghuā ❷〈客を装った〉托儿 tuōr
サクラソウ【桜草】 樱草 yīngcǎo
さくらん【錯乱-する】 错乱 cuòluàn ◆～状態 错乱状态 cuòluàn zhuàngtài ◆精神～ 精神错乱 jīngshén cuòluàn
さくらんぼ【桜桃・桜ん坊】 樱桃 yīngtáo
さぐり【探り】 ◆～を入れる 试探 shìtan; 探口气 tàn kǒuqì; 探听 tàntīng
さぐりだす【探り出す】 查出 cháchū; 探出 tànchū
さくりゃく【策略】 策略 cèlüè; 计策 jìcè; 计谋 jìmóu ◆～を巡らす 玩弄策略 wánnòng cèlüè ◆～を用いる 用计 yòngjì
さぐる【探る】 ❶〈見えないものを〉摸 mō; 摸索 mōsuǒ ◆ポケットを～ 摸兜儿 mō dōur ❷〈調べる〉试探 shìtan; 侦察 zhēnchá ◆敵情を～ 侦察敌情 zhēnchá díqíng ◆原因を～ 查明原因 chámíng yuányīn ◆様子を～ 探听情况 tàntīng qíngkuàng ◆糸口を～ 摸出头绪 mōchū tóuxù ❸〈探訪する〉探访 tànfǎng; 探访 tànsuǒ ◆秘境を～ 探索秘境 tànsuǒ mìjìng
さくれい【作例】 范例 fànlì ◆～を示す 示范 shìfàn
さくれつ【炸裂-する】 爆炸 bàozhà; 爆裂 bàoliè ◆爆弾が～する 炸弹爆炸 zhàdàn bàozhà
ザクロ【柘榴】 石榴 shíliu ◆～石 石榴石 shíliushí
さけ【酒】 酒 jiǔ ◆～におぼれる 纵酒 zòng jiǔ ◆～に酔う 喝醉 hēzuì ◆～の肴 下酒菜 xiàjiǔcài; 小菜 xiǎocài ◆～をたしなむ 嗜酒 shì jiǔ ◆～を飲む 喝酒 hē jiǔ ◆～を温める 筛 shāi; 烫酒 tàng jiǔ

サケ【鮭】鮭魚 guīyú；大麻哈魚 dàmáhāyú
さけかす【酒粕】酒糟 jiǔzāo
さけがたい【避け難い】難免 nánmiǎn；免不了 miǎnbuliǎo ♦武力衝突は～ 難免武裝沖突 nánmiǎn wǔzhuāng chōngtū
さげすむ【蔑む】蔑視 mièshì；輕蔑 qīngmiè；鄙薄 bǐbó ♦～ような目つき 卑夷的目光 bǐyí de mùguāng
さけのみ【酒飲み】酒鬼 jiǔguǐ；酒徒 jiǔtú
さけび【叫び】呼声 hūshēng；叫声 jiàoshēng ♦魂の～ 靈魂的呼喚 línghún de hūhuàn
さけぶ【叫ぶ】① 《大声で》喊 hǎn；叫喊 jiàohǎn；叫喚 jiàohuan ② 《主張する》呼喊 hūhǎn；呼吁 hūyù
さけめ【裂け目】裂口 lièkǒu；裂縫 lièfèng
さける【避ける】避 bì；避開 bìkāi；躲避 duǒbì ♦人目を～ 躲人眼目 duǒ rén yǎnmù ♦混雜を～ 避開擁擠 bìkāi yōngjǐ ♦コメントを～ 暫不評論 zàn bù pínglùn ♦自動車を～ 躲開汽車 duǒkāi qìchē
さける【裂ける】裂開 lièkāi；裂開 lièkāi；破裂 pòliè ♦シャツが裂けて衬衫破了 chènshān pò le ♦口が裂けても言えない 死也不說 sǐ yě bù shuō
さげる【下げる】① 《位置や程度を》降低 jiàngdī；降下 jiàngxià ♦頭を～ 低头 dītóu ♦温度を～ 降低温度 jiàngdī wēndù ♦テレビのボリュームを～ 把電視音量調小 bǎ diànshì yīnliàng tiáo xiǎo ② 《値段・価値を》賣価を～ 降低售價 jiàngdī shòujià ♦格付けを～ 降級 jiàngjí ♦男を～ 丟臉 diūliǎn ③ 《つるす》掛 guà；吊 diào ♦看板を～ 挂招牌 guà zhāopai ♦《後方へ動かす》后撤 hòuchè ♦部隊を～ 撤退部隊 chètuì bùduì ♦膳を～ 撤下碗筷 chèxià wǎnkuài
さげる【提げる】拎 līn；提 tí ♦かばんを～ 拎提包 līn tíbāo
さげん【左舷】左舷 zuǒxián ♦～前方 左舷前方 zuǒxián qiánfāng
ざこ【雑魚】小雜魚 xiǎozáyú；《比喻的に》小人物 xiǎorénwù
さこく【鎖國】鎖國 suǒguó ♦～令 海禁 hǎijìn ♦～政策 鎖國政策 suǒguó zhèngcè
さこつ【鎖骨】鎖骨 suǒgǔ
ざこつ【座骨】坐骨 zuògǔ ♦～神経 坐骨神経 zuògǔ shénjīng
ササ【笹】細竹 xìzhú；矮竹 ǎizhú
ささい【些細-な】細小 xìxiǎo；細碎 xìsuì；輕微 qīngwēi ♦～な問題 微不足道的問題 wēibùzúdào de wèntí ♦～な損失 輕微的損失 qīngwēi de sǔnshī
ささえ【支え】支架 zhījià；支柱 zhīzhù；支子 zhīzi ♦心の～を失う 失去精神支柱 shīqù jīngshén zhīzhù
サザエ【栄螺】蠑螺 róngluó
ささえる【支える】① 《物を》撑 chēng；支 zhī；托 tuō ♦柱で～ 用柱子支住 yòng zhùzi zhīzhù ② 《維持する》支撑 zhīchēng；支持 zhīchí；撐扶 chēngfú ♦支えきれない 維持不了 wéichíbuliǎo ♦一家を～ 養家 yǎngjiā
ささくれる 起毛 qǐ máo ♦指が～ 手指起肉刺 shǒuzhǐ qǐ ròucì
ささげ【大角豆】豇豆 jiāngdòu
ささげる【捧げる】① 《高く上げる》擎 qíng；捧 pěng ♦兩手を～ 擧起雙手 jǔqǐ shuāngshǒu ② 《神仏や目上に差し上げる》獻 xiàn；供 gòng ♦祈りを～ 敬祝 jìngzhù ③ 《与える》獻出 xiànchū；奉獻 fèngxiàn ♦一生を本づくりに～ 為出版事業奉獻一生 wèi chūbǎn shìyè fèngxiàn yīshēng
ささつ【査察-する】檢查 jiǎnchá；核~ 核查【核武器檢查】héchá[héwǔqì jiǎnchá]
さざなみ【漣波[漣]】漣漪 liányī；微波 wēibō；波紋 bōwén ♦～が立つ 微波蕩漾 wēibō dàngyàng
さざめく 喧鬧 xuānnào ♦笑い～ 说说笑笑 shuōshuōxiàoxiào
ささめゆき【細雪】微雪 wēixuě
ささやか-な 細小 xìxiǎo；微小 wēixiǎo ♦～な贈り物 薄禮 bólǐ
ささやき【囁き】耳语 ěryǔ ♦～声 耳語声 ěryǔ shēng ♦悪魔の～ 惡魔的私語 èmó de sīyǔ
ささやく【囁く】低語 dīyǔ；耳語 ěryǔ；私語 sīyǔ ♦恋を～ 談恋愛 tán liàn'ài
ささる【刺さる】刺入 cìrù；扎 zhā ♦矢が～ 箭头刺入 jiàntóu cìrù ♦言葉が胸に～ 話語刺心 huàyǔ cì xīn ♦手にトゲが刺った 手上扎了一根刺儿 shǒushang zhále yì gēn cì
サザンカ【山茶花】茶梅 chámái
さじ【些[瑣]事】瑣事 suǒshì ♦～にこだわる 拘泥于瑣事 jūnìyú suǒshì
さじ【匙】匙子 chízi；小勺 xiǎosháo ♦～を投げる 放弃 fàngqì；无可救藥 wú kě jiù yào
ざし【坐視-する】坐視 zuòshì ♦～す

るに忍びない 不忍处视 bùrěn zuòshì
さしあげる【差し上げる】❶〈高く上げる〉举 jǔ；擎 qíng ♦ 高々と～ 高高地举起 gāogāo de jǔqǐ ❷〈与える〉赠送 zèngsòng；给 gěi；敬奉 jìngfèng ♦ お礼を～ 送礼 sònglǐ
さしあたり【差し当たり】 暂且 zànqiě；权且 quánqiě
さしいれ【差し入れ-する】 送慰劳品 sòng wèiláopǐn
さしえ【挿絵】 插画 chāhuà；插图 chātú ♦ ～を入れる 加上插图 jiāshàng chātú ♦ ～画家 插图画家 chātú huàjiā
さしおく【差し置く】 撇开 piēkāi；抛开 pāokāi；搁置 gēzhì ♦ 余谈は差し置いて 撇开闲话 piēkāi xiánhuà ♦ 先輩を差し置いて 忽视前辈 hūshì qiánbèi
さしおさえ【差し押さえ】 扣押 kòuyā；扣押财产 kòuyā cáichǎn ♦ ～命令 扣押命令 kòuyā mìnglìng
さしおさえる【差し押さえる】 扣 kòu；扣押 kòuyā；查封 cháfēng ♦ 財産を～ 查封财产 cháfēng cáichǎn
さしかえる【差し替える】 更换 gēnghuàn；取代 qǔdài ♦ 記事を～ 更换消息 gēnghuàn xiāoxi
さしかかる【差し掛かる】 临近 línjìn；接近 jiējìn ♦ 坂道に～ 临近坡道 línjìn pōdào ♦ 山場に～ 接近顶点 jiējìn dǐngdiǎn
さしかける【差し掛ける】 从上遮盖 cóng shàng zhēgài ♦ 客に傘を～ 给宾客打伞 gěi bīnkè dǎsǎn
さしがね【差し金】〈かね尺〉角尺 jiǎochǐ；〈指図〉教唆 jiàosuō；引诱 yǐnyòu ♦ また君の～だろう 又是你的唆使吧 yòu shì nǐ de suōshǐ ba
さしき【挿し木】 插条 chātiáo ♦ ～する 扦插 qiānchā；插枝 chāzhī
さじき【桟敷】 看台 kàntái ♦ 天井～ 顶层楼座 dǐngcéng lóuzuò
ざしき【座敷】 日式房间 Rìshì fángjiān ♦ ～に通す 让进客厅 ràng jìn kètīng
さしきず【刺し傷】 刺伤 cìshāng
さしこ【刺し子】 衲的厚布片 nà de hòubùpiàn
さしこみ【差し込み】❶〈コンセント〉插座 chāzuò ❷〈プラグ〉插头 chātóu；插销 chāxiāo ♦ ～口 插座 chākǒu；插座 chāzuò ❸〈痛み〉绞痛 jiǎotòng；剧痛 jùtòng ♦ ～が起きた 感到一阵绞痛 gǎndào yízhèn jiǎotòng
さしこむ【差し込む】❶〈挿入〉插入 chārù ♦ 鍵を～ 插进钥匙 chājìn yàoshi ❷〈光が〉射入 shèrù ♦ 朝日が～ 朝阳射进来 zhāoyáng shèjìnlái ❸〈胃腸が激しく〉绞痛 jiǎotòng
さしさわり【差し障り】 妨碍 fáng'ài；阻碍 zǔ'ài；障碍 zhàng'ài ♦ ～がない 没有妨碍 méiyǒu fáng'ài ♦ ～が生じる 出现障碍 chūxiàn zhàng'ài
さししめす【指し示す】 指出 zhǐchū；指点 zhǐdiǎn；指明 zhǐmíng
さしず【指図-する】 指示 zhǐshì；指挥 zhǐhuī；吩咐 fēnfù ♦ ～を求める 请示 qǐngshì ♦ ～を受ける 接受指示 jiēshòu zhǐshì ♦ あごで～する 颐指气使 yí zhǐ qì shǐ
さしずめ【差し詰め】❶〈結局〉总之 zǒngzhī ❷〈いまのところ〉目前 mùqián；眼下 yǎnxià ♦ ～金には困らない 眼下钱不紧张 yǎnxià qián bù jǐnzhāng
さしせまる【差し迫る】 逼近 bījìn；緊迫している jǐnpò ♦ 〆切りが差し迫っている 截止期迫近了 jiézhǐqī pòjìn le
さしだしにん【差出人】 发信人 fāxìnrén
さしだす【差し出す】❶〈前方へ伸出〉伸出 shēnchū ♦ 手を～ 伸出手 shēnchū shǒu ❷〈提供〉献出 xiànchū ♦ 命を～ 献身 xiànshēn ❸〈提出〉提出 tíchū ♦ 書類を～ 提出文件 tíchū wénjiàn ❹〈発送〉寄出 jìchū；发出 fāchū ♦ 案内状を～ 发出请帖 fāchū qǐngtiě
さしちがえる【刺し違える】 对刺 duìcì ♦ 彼と一覚悟だ 要跟他拼 yào gēn tā pīn
さしつかえ【差し支え】 妨碍 fáng'ài ♦ ～ない 没有妨碍 méiyǒu fáng'ài；没关系 méi guānxi；不妨 bùfáng ♦ ～なければよいが お話し願えますか 若是无妨，请说出来好吗 ruòshì wúfáng, qǐng shuōchūlái hǎo ma ♦ 日常生活には～ない 对日常生活无妨碍 duì rìcháng shēnghuó wú fáng'ài
さしつかえる【差し支える】 妨碍 fáng'ài ♦ 仕事に～ 妨碍工作 fáng'ài gōngzuò
さして【指し手】❶〈将棋〉棋步 qíbù ❷〈人〉棋手 qíshǒu
さして…ではない 没么么 méi náme；不怎么 bù zěnme ♦ ～困らない 并不那么难办 bìng bú nàme nánbàn
さしでがましい【差し出がましい】 多管闲事 duō guǎn xiánshì；越分 yuèfèn
さしでぐち【差し出口】 ♦ ～をたたく 多嘴 duōzuǐ
さしとめる【差し止める】 禁止 jìnzhǐ；不许 bùxǔ ♦ 発売を～ 禁止销售 jìnzhǐ xiāoshòu

さしのべる【差し伸べる】伸出 shēnchū ◆手を～ 伸出手 shēnchū shǒu ◆救いの手を～ 伸出救助之手 shēnchū jiùzhī zhī shǒu
さしば【差し歯】装接的假牙 zhuāngjiē de jiǎyá
さしはさむ【差し挟む】夹 jiā ◆口を～ 插嘴 chāzuǐ ◆疑いを～余地がない 不容怀疑 bùróng huáiyí
さしひかえる【差し控える】❶〈そばに伺候する〉等候 děnghòu ❷〈控え目にする〉暂停 zàntíng; 节制 jiézhì; 控制 kòngzhì ◆飲酒を～ 节制喝酒 jiézhì hējiǔ ❸〈遠慮する〉避免 bìmiǎn ◆コメントを～ 免作评价 miǎn zuò píngjià
さしひき【差し引き】扣除 kòuchú ◆～勘定 差额结算 chā'é jiésuàn ◆ゼロになる 扣除抵消 kòuchú dǐxiāo
さしひく【差し引く】扣 kòu; 扣除 kòuchú ◆給与から保険料を～ 从工资中扣除保险费 cóng gōngzī zhōng kòuchú bǎoxiǎnfèi
さしまわす【差し回す】派遣 pàiqiǎn; 发派 fāpài ◆迎えの車を～ 派车迎接 pài chē yíngjiē
さしみ【刺身】生鱼片 shēngyúpiàn ◆平目の～ 比目鱼生鱼片 bǐmùyú shēngyúpiàn
さしむかい【差し向かい】对坐 duìzuò ◆～で飲む 对酌 duìzhuó
さしむける【差し向ける】派遣 pàiqiǎn; 发派 fāpài ◆救助を～ 发出救援 fāchū jiùyuán
さしもどす【差し戻す】发还 fāhuán; 退交 tuìjiāo
さしもの【指し物】装饰物 zhuāngshìwù ◆～師 家具木匠 jiājù mùjiang
さしゅ【詐取】-する 骗取 piàn; 诈取 zhàqǔ
さしょう【些少-の】少许 shǎoxǔ ◆～ですがお受け取りを 东西不多, 请收下 dōngxi bù duō, qǐng shōuxià
さしょう【査証】签证 qiānzhèng
さしょう【詐称-する】虚报 xūbào; 谎报 huǎngbào ◆年齢～ 虚报年龄 xūbào niánlíng ◆経歴～ 谎报经历 huǎngbào jīnglì
ざしょう【座礁-する】触礁 chùjiāo
さじょうのろうかく【砂上の楼閣】空中楼阁 kōngzhōng lóugé
さしわたし【差し渡し】直径 zhíjìng
さじん【砂塵】灰沙 huīshā; 沙尘 shāchén
さしんぼう【左心房】左心房 zuǒxīnfáng
さす【砂州】沙滩 shātān; 沙洲 shāzhōu

さす【刺す】❶〈蚊やハエなどが〉叮 dīng ❷〈毒虫が〉蜇 zhē ❸〈刃物で〉扎 zhā; 攮 nǎng ❹〈刺激が〉刺 cì ◆舌を～ 扎舌头 zhā shétou ◆～ような像 针刺似的 xiàng zhēncì shìde ◆鼻を～臭い 刺鼻的臭味儿 cìbí de chòuwèir ❺心を～ 胸を～言葉 刺心的话 cìxīn de huà
さす【指す】❶〈示す〉指 zhǐ; 指示 zhǐshì ◆時計の針が3時を指している 时针指着三点 shízhēn zhǐzhe sāndiǎn ❷誰のことを指しているんですか 指的是谁 zhǐ de shì shéi ❸〈目指す〉指向 zhǐxiàng; 向 xiàng ◆南を指して旅立つ 向南出发 xiàng nán chūfā ❹〈警告〉警察に～ 向警察告密 xiàng jǐngchá gàomì
さす【注す】❶〈注ぐ〉◆目薬を～上眼药 shàng yǎnyào ◆油を～上油 shàng yóu ❷〈色をつける〉紅を～ 抹口红 mǒ kǒuhóng ❸〈眠気が生じる〉眠気が～ 产生睡意 chǎnshēng shuìyì; 发困 fākùn ◆魔が～中魔 zhòngmó; 鬼迷心窍 guǐ mí xīn qiào ❹〈帯びる〉頬に赤みが～脸上发红 liǎnshàng fāhóng ❺高くかざす〉打 dǎ ◆傘を～ 打伞 dǎsǎn ❻〈満ちる〉潮が～ 潮水上涨 cháoshuǐ shàngzhǎng
さす【射す】照射 zhàoshè; 射 shè ◆日が～ 日光照射 rìguāng zhàoshè
さす【挿す】插 chā ◆花瓶に花を～ 把花插进花瓶里 bǎ huā chājìn huāpínglǐ
さすが【流石-に】❶〈そういうものの〉到底 dàodǐ ◆～に嫌とは言えなかった 到底没说出不来 dàodǐ méi shuōchūbulái ◆に彼も怒り出した 就连他都发怒了 jiù lián tā dōu fānù le ❷〈いかにもやはり〉还是 háishi; 不愧 búkuì ◆～ベテランだけ不愧を老手慣れ 不愧为老手 búkuì wéi lǎoshǒu ❸〈さしもの～とはいえ〉さすがの名弁護士も～言上げられ 就连著名律师都毫无办法 jiù lián zhùmíng lǜshī dōu háowú bànfǎ
さずかる【授かる】被授予 bèi shòuyǔ ◆子宝を～ 天赐贵子 tiān cì guìzǐ
さずける【授ける】❶〈与える〉授予 shòuyǔ; 赏赐 shǎngcì ◆学位を～ 授予学位 shòuyǔ xuéwèi ◆勋章を～ 授予勋章 shòuyǔ xūnzhāng ❷〈伝授〉传授 chuánshòu ◆極意を～ 传授秘诀 chuánshòu mìjué ◆知恵を～ 出主意 chū zhǔyì
サスペンス 悬念 xuánniàn; 使人紧张的 shǐ rén jǐnzhāng de ◆～映

画 惊险影片 jīngxiǎn yǐngpiàn
サスペンダー 背带 bēidài；吊裤带 diàokùdài
さすらう【流離う】 流荡 liúdàng；流浪 liúlàng；漂泊 piāobó
さする【摩擦る】 抚摩 fǔmó；揉 róu；摩 mó ◆背中を～摩擦后背 mósuō hòubèi
ざせき【座席】 位子 wèizi；座位 zuòwèi；席位 xíwèi；(船や飛行機の)舱位 cāngwèi ◆～に入坐 rù zuò ◆～の順序 席次 xícì ◆～を譲る 让座位 ràng zuòwèi ◆～を予約する 订坐儿 dìng zuòr
させつ【左折-する】 左转 zuǒzhuǎn；往左拐 wǎng zuǒ guǎi ◆次の角を～して下さい 在下一个拐角左拐 zài xià yí ge guǎijiǎo wǎng zuǒ guǎi ◆～禁止 禁止向左转弯 jìnzhǐ xiàng zuǒ zhuǎnwān
させる 叫 jiào；使 shǐ；让 ràng ◆子供に勉強～ 让孩子学习 ràng háizi xuéxí ◆読書～ 让读书 ràng dúshū ◆おまえの勝手にはさせない 不能由着你 bù néng yóuzhe nǐ
させん【左遷-する】 降职 jiàngzhí；贬职 biǎnzhí；贬级 biǎnzhí
ざぜん【座禅】 ◆～を組む 坐禅 zuòchán；打坐 dǎzuò
さぞ【嘸】 想必 xiǎngbì；一定 yídìng；可能 kěnéng ◆～お疲れでしょう 想必累了吧 xiǎngbì lèi le ba
さそい【誘い】 (勧誘)劝诱 quànyòu；引诱 yǐnyòu；(招待)邀请 yāoqǐng ◆～を断る 拒绝邀请 jùjué yāoqǐng ◆～に来る 应邀 yìngyāo ◆～を受ける 接到邀请 jiēdào yāoqǐng
さそいこむ【誘い込む】 引诱 yǐnyòu ◆悪の道へ～ 引向邪道 yǐnxiàng xiédào
さそう【誘う】 ❶(連れ出す)约 yuē ◆人をドライブに～ 约人去兜风 yuē rén qù dōufēng ❷(引き起こす)招引 zhāoyǐn；引起 yǐnqǐ ◆涙を～ 人泪下 cuī rén lèi xià ◆春風に誘われる 被春风引动 bèi chūnfēng yǐndòng ❸(誘惑)诱惑 yòuhuò ◆悪の道に～ 引入邪路 yǐnrù xiélù
ざぞう【座像】 坐像 zuòxiàng
サソリ【蠍】 蝎子 xiēzi ◆～座 天蝎座 tiānxiēzuò
さた【沙汰】 ◆追って～する 日后通知 rìhòu tōngzhī ◆正気の～ではない 简直不是正常行为 jiǎnzhí búshì zhèngcháng xíngwéi ◆地獄の～も金次第 有钱能使鬼推磨 yǒu qián néng shǐ guǐ tuīmò
さだまる【定まる】 ❶(決定)定居 dìngjū；决定 juédìng ◆方針が～ 方针已定 fāngzhēn yǐ dìng ❷(安定)稳定 wěndìng；定 dìng ◆天下が～ 天下安定 tiānxià āndìng
さだめ【定め】 ❶(規則)规定 guīdìng ❷(運命)命运 mìngyùn；定数 dìngshù
さだめし【定めし】 想必 xiǎngbì；一定 yídìng
さだめる【定める】 ❶(制定)制定 zhìdìng ◆法律を～ 制定法律 zhìdìng fǎlǜ ❷(安定させる) 固定 gùdìng ◆ねらいを～ 瞄准 miáozhǔn ◆住居を～ 定居 dìngjū
ざだんかい【座談会】 座谈 zuòtán；～会 座谈会 zuòtánhuì
さち【幸】 ❶(幸せ)幸福 xìngfú；幸运 xìngyùn ◆～あれと祈る 祝你幸运 zhù nǐ xìngyùn ❷(食べ物)美味食品 měiwèi shípǐn ◆山の～海の～ 山珍海味 shānzhēn hǎiwèi
ざちょう【座長】 主席 zhǔxí；(劇団の)领班人 lǐngbānrén；团长 tuánzhǎng
さつ【札】 钞票 chāopiào；票子 piàozi ◆～入れ 皮夹子 píjiāzi ◆～びらを切る 挥金如土 huī jīn rú tǔ
さつ【冊】 ❶ 册 cè ◆1～の本 一本书 yì běn shū
ざつ【雑-な】 粗糙 cūcāo；粗陋 cūlòu ◆～な造り 粗制滥造 cū zhì làn zào ◆仕事が～だ 办事太粗心 bànshì tài cūxīn
さつい【殺意】 杀机 shājī ◆～を抱く 胸怀杀机 xiōnghuái shājī ◆存心害人 cúnxīn hàirén
さつえい【撮影-する】 拍摄 pāishè；摄影 shèyǐng；照相 zhàoxiàng ◆～技師 摄影师 shèyǐngshī ◆～所 电影制片厂 diànyǐng zhìpiànchǎng ◆～記念～ 照纪念相 zhào jìniànxiàng
ざつえき【雑役】 杂务 záwù；勤杂 qínzá ◆～夫 勤杂工 qínzágōng
ざつおん【雑音】 杂音 záyīn；噪声 zàoshēng；噪音 zàoyīn
さっか【作家】 作家 zuòjiā ◆陶芸～ 陶艺家 táoyìjiā ◆映像～ 影像作家 yǐngxiàng zuòjiā
ざっか【雑貨】 杂货 záhuò ◆～屋 杂货铺 záhuòpù
サッカー 足球 zúqiú ◆～ブーム 足球热 zúqiúrè
さつがい【殺害-する】 杀害 shāhài ◆～される 受害 shòuhài；遇害 yùhài；遭难 zāonàn
さっかく【錯覚】 错觉 cuòjué ◆目の

~看错 kàncuò ♦~を起こす 产生错觉 chǎnshēng cuòjué ♦自分が偉いと~する 自以为了不起 zìyǐ wéi liǎobuqǐ

ざつがく【雑学】杂学 záxué

さっかしょう【擦過傷】蹭伤 cèngshāng

ざっかん【雑感】杂感 zágǎn

さっかく【才覚】①刚才 gāngcái; 方才 fāngcái

さっき【殺気】杀气 shāqì ♦~を帯びた 带着杀气 dàizhe shāqì; 杀气腾腾 shāqì téngténg ♦~立った態度 凶气 xiōngqì; 凶狠的气势 xiōnghěn de qìshì

ざっき【雑記】杂记 zájì ♦~帳 记事本 jìshìběn

さっきゅう【早急-に】火速 huǒsù; 火急 huǒjí; 紧急 jǐnjí ♦~に連絡する 火速联络 huǒsù liánluò ♦~の対応 火速对应 huǒsù duìyìng

ざっきょ【雑居-する】杂居 zájū ♦~ビル 杂居大楼 zájū dàlóu

さっきょく【作曲-する】作曲 zuòqǔ; 配曲 pèiqǔ ♦譜写 pǔxiě ♦~家 作曲家 zuòqǔjiā

さっきん【殺菌-する】杀菌 shājūn; 灭菌 mièjūn ♦低温~ 低温消毒 dīwēn xiāodú

サック ❶〈入れものの〉套子 tàozi ♦指~ 手指套 shǒuzhǐtào ❷〈コンドーム〉避孕套 bìyùntào

ザック 背包 bèibāo; 登山包 dēngshānbāo

サックス 萨克斯管 sàkèsīguǎn

ざっくばらんな 坦率 tǎnshuài; 心直口快 xīn zhí kǒu kuài ♦~に言う 坦率地说 tǎnshuài de shuō

さっこく【雑穀】杂粮 záliáng; 粗粮 cūliáng

さっこん【昨今】最近 zuìjìn; 近来 jìnlái ♦~の若者文化 最近的青年文化 zuìjìn de qīngnián wénhuà

さっさと 赶快地 gǎnkuài de; 迅速地 xùnsù de ♦~片付ける 赶快收拾 gǎnkuài shōushi ♦~失せろ 快给我滚 kuài gěi wǒ gǔn

さっし【冊子】册子 cèzi; 本子 běnzi ♦小~ 小本 xiǎoběnzi

さっし【察し】觉察 juéchá ♦~がつく 察觉到 chájuédào ♦~が良い 善于推测 shànyú tuīcè

サッシ 框格 kuànggé ♦アルミ~ 铝制窗框 lǚzhì chuāngkuāng

ざっし【雑誌】杂志 zázhì; 刊物 kānwù ♦月刊~ 月刊杂志 yuèkān zázhì ♦~社 杂志社 zázhìshè

ざつじ【雑事】琐事 suǒshì

ざっしゅ【雑交種】杂交种 zájiāozhǒng; 杂种 zázhǒng

ざっしゅうにゅう【雑収入】杂项收入 záxiàng shōurù

さっしょう【殺傷-する】残害 cánhài; 杀伤 shāshāng

ざっしょく【雑食-の】杂食 záshí ♦~動物 杂食动物 záshí dòngwù

さっしん【刷新-する】革新 géxīn; 刷新 shuāxīn ♦人事の~ 人事更新 rénshì gēngxīn

さつじん【殺人】杀人 shārén ♦~を犯す 犯杀人罪 fàn shārénzuì ♦~事件 命案 mìng'àn; 血案 xuè'àn

さっする【察する】推测 tuīcè; 推想 tuīxiǎng; 觉察 juéchá

ざっせん【雑然-と】丛杂 cóngzá; 杂乱无章 záluàn wú zhāng; 乱七八糟 luànqībāzāo ♦~とした部屋 乱七八糟的房间 luànqībāzāo de fángjiān

さっそう【颯爽-と】飒爽 sàshuǎng ♦~と歩く 飒爽前进 sàshuǎng xíngjìn ♦~としている 够帅的 gòu shuài de

ざっそう【雑草】杂草 zácǎo

さっそく【早速】立即 lìjí; 立刻 lìkè; 马上 mǎshàng ♦~返事をする 立即回音 lìjí huíyīn

ざった【雑多-な】丛杂 cóngzá; 繁多 fánduō; 猥杂 wěizá ♦种々~な 种类杂多 zhǒnglèi záduō

ざつだん【雑談-する】闲话 xiánhuà; 闲谈 xiántán; 聊天儿 liáotiānr ♦~はやっても本題にもどろう 闲话少说, 书归正传 xiánhuà shǎo shuō, shū guī zhèng zhuàn

さっち【察知-する】察觉 chájué; 觉察 juéchá

さっちゅうざい【殺虫剤】杀虫剂 shāchóngjì; 杀虫药 shāchóngyào

さっと ❶〈突然〉突然 tūrán; 忽然 hūrán ♦雨が降ってきた 一阵雨忽然下起来了 yízhèn yǔ hūrán xiàqilai le ❷〈すばやく〉一下子 yíxiàzi; 飞快 fēikuài ♦~と逃げた 一溜烟逃跑了 yīliùyān táopǎo le ♦~身をかわす 闪身 shǎnshēn

さっと 粗略地 cūlüè de; 大致地 dàzhì ♦~計算する 约计 yuējì; 大概计算 dàgài jìsuàn ♦~ 写帐をする 约略估算 yuēlüè gūsuàn ♦~目を通す 浏览 liúlǎn; 粗略过目 cūlüè guòmù

さっとう【殺到-する】涌来 yǒnglái; 蜂拥而来 fēngyōng ér lái; 纷纷而来 fēnfēn ér lái ♦注文が~する 订购纷纷而来 dìnggòu fēnfēn ér lái ♦ファンが~する 追星族涌来 zhuīxīngzú yǒnglái

ざっとう【雑踏】混乱拥挤 hùnluàn yōngjǐ ♦~にまぎれる 混入杂乱的人群 hùnrù záluàn de rénqún ♦都

会の～ 都市的混乱拥挤 dūshì de hùnluàn yōngjǐ

ざつねん【雑念】杂念 zániàn ◆～を振り払う 屏除杂念 bǐngchú zániàn

ざっぱく【雑駁-な】散漫的 sǎnmàn de; 无系统的 wú xìtǒng de ◆～な知识 杂乱的知识 záluàn de zhīshi

さつばつ【殺伐-たる】杀气腾腾 shāqì téngténg ◆～とした風景 荒凉的景象 huāngliáng de jǐngxiàng

さっぱり ❶〔すっきり〕利落 lìluo; 整洁 zhěngjié ◆爽快 shuǎngkuai ◆シャワーを浴びて～した 洗个淋浴感觉爽爽快快 xǐ ge línyù gǎnjué hěn shuǎngkuai ◆～した人柄 爽快的性格 shuǎngkuai de xìnggé ❷〔あっさり〕清淡 qīngdàn ◆～した味 清淡的味道 qīngdànde wèidao ❸〔まったく〕全然 quánrán; 完全 wánquán ◆～わからない 完全不懂 wánquán bù dǒng

ざっぴ【雑費】杂费 záfèi

ざっぴん【雑品】杂物 záwù

さっぷうけい【殺風景】❶〔景色〕杀景 shā fēngjǐng; 冷冷清清 lěnglěngqīngqīng; 平淡无奇 píng dàn wú qí ◆～な部屋 冷冷清清的房间 lěnglěngqīngqīng de fángjiān

ざつぶん【雑文】小文章 xiǎo wénzhāng

サツマイモ【薩摩芋】白薯 báishǔ; 甘薯 gānshǔ; 地瓜 dìguā

ざつむ【雑務】杂务 záwù

ざつよう【雑用】杂事 záshì; 零活儿 línghuór ◆～に追われる 忙于杂务 mángyú záwù

さつりく【殺戮-する】杀戮 shālù; 屠杀 túshā

さて 却说 quèshuō; 那么 nàme ◆～, 困ったな 哎呀, 这可怎么办呢 aīyā, zhè kě zěnme bàn ne ◆～出かけるとするか 那么走吧 nàme zǒu ba

さてい【査定-する】审定 shěndìng; 核实 héshí

サディスト 性虐待狂者 xìngnüèdàikuángzhě

サディズム 性虐待狂 xìngnüèdàikuáng

さておき【扨置き】暂且不提 zànqiě bù tí ◆何は～ 首先 shǒuxiān

さてさて 哎呀呀 āiyāyā ◆～, 困ったことになった 哎呀呀, 麻烦71事 āiyāyā, máfan le

さてつ【砂鉄】铁砂 tiěshā

さてつ【蹉跌】挫折 cuòzhé; 失败 shībài ◆～をきたす 招致挫折 zhāozhì cuòzhé

サテライト 卫星 wèixīng ◆～スタジオ 卫星转播站 wèixīng zhuǎn-

bōzhàn

サテン〔布地〕缎子 duànzi

さと【里】❶〔人里〕村庄 cūnzhuāng ❷〔実家・ふるさと〕娘家 niángjia; 老家 lǎojiā ◆～心がつく 想家 xiǎngjiā; 思乡 sīxiāng ◆～に帰る 还乡 huánxiāng

サトイモ【里芋】芋头 yùtou; 芋艿 yùnǎi

さとう【砂糖】糖 táng; 砂糖 shātáng; 沙糖 shātáng ◆～漬け 蜜饯 mìjiàn

さどう【作動-する】发动 fādòng; 运转 yùnzhuǎn; 开动 kāidòng

さどう【茶道】茶道 chádào

サトウキビ【砂糖黍】甘蔗 gānzhe

サトウダイコン【砂糖大根】甜菜 tiáncài

さとおや【里親】养父母 yǎngfùmǔ

さとがえり【里帰り-する】回娘家 huí niángjia

さとかた【里方】娘家 niángjia

さとご【里子】◆～に出す 寄养 jìyǎng

さとす【諭す】教导 jiàodǎo; 告诫 gàojiè; 晓喻 xiǎoyù ◆無作法を～ 对无礼行为施行教育 duì wúlǐ xíngwéi shīxíng jiàoyù

さとり【悟り】悟性 wùxìng; 理解 lǐjiě; 醒悟 xǐngwù ◆～を開く 大彻大悟 dà chè dà wù; 悟道 wùdào

さとる【悟る】领会 lǐnghuì; 省悟 xǐngwù; 觉察 juéchá ◆先方の意を～ 领会对方意图 lǐnghuì duìfāng yìtú;〔仏教で〕开悟 kāiwù

サドル 鞍座 ānzuò; 座子 zuòzi

さなえ【早苗】稻秧 dàoyāng; 幼苗 yòumiáo

さながら【宛ら】宛然 wǎnrán; 俨然 yǎnrán; 仿佛 fǎngfú ◆实战～ 宛如实战一样 wǎnrú shízhàn yīyàng ◆～絵のよう 如画一般 rú huà yībān

さなぎ【蛹】蛹 yǒng

サナトリウム 疗养院 liáoyǎngyuàn

さは【左派】左派 zuǒpài

サバ【鯖】鲐鱼 táiyú; 鲐鱼 táiyú

さはい【差配-する】经管 jīngguǎn

さばき【裁き】审判 shěnpàn ◆～を受ける 受审 shòushěn

さばく【沙漠】沙漠 shāmò ◆ゴビ～ 戈壁沙漠 gēbì shāmò

さばく【裁く】审判 shěnpàn; 裁判 cáipàn

さばく【捌く】❶〔整理・処理〕处理 chǔlǐ ◆在庫品を～ 处理库存 chǔlǐ kùcún ◆混乱を～ 治理混乱 zhìlǐ hùnluàn ❷〔手で扱いこなす〕◆手綱を～ 操纵缰绳 cāozòng jiāng-

shéng ❸【料理で】~魚を~ 把鱼切成片 bǎ yú qiēchéng piàn
さばけた【捌けた】 开通 kāitōng; 通情达理 tōng qíng dá lǐ
さばける【捌ける】 ❶〈はける〉销光 xiāoguāng; 畅销 chàngxiāo ♦〈乱れが直る〉整理好 zhěnglǐ hǎo ♦ 渋滞が~ 堵车已畅通 dǔchē yǐ chàngtōng
さばさば 痛快 tòngkuài ♦ 気持ちが~ する 轻松愉快 qīngsōng yúkuài ♦ ~した性格 爽快的性格 shuǎngkuai de xìngge
さはんじ【茶飯事】 家常便饭 jiācháng biànfàn ♦ 日常~ 日常小事 rìcháng xiǎoshì; 平常事 píngchángshì
さび【錆】 锈 xiù ♦ ~る 长锈 zhǎng xiù; 生锈 shēngxiù ♦ 身から出た~ 咎由自取 jiù yóu zì qǔ
さび【寂】 古雅 gǔyǎ; 古色古香 gǔ sè gǔ xiāng ♦ ~のある声 苍老的声音 cānglǎo de shēngyīn
さびしい【寂しい】 ♦ ~山道 僻静的山路 pìjìng de shānlù ♦ ~暮らし 寂寞的生活 jìmò de shēnghuó ♦ 懐が~ 手头紧 shǒutóu jǐn
さびつく【錆び付く】 锈住 xiùzhù; 锈块 xiùkuài ♦ 頭が錆びついてしまって 脑子太慢了 nǎozi tài màn le
ざひょう【座標】 坐标 zuòbiāo ♦ ~軸 坐标轴 zuòbiāozhóu
さびれる【寂れる】 荒凉 huāngliáng; 冷落 lěngluò ♦ 萧条 xiāotiáo ♦ 寂れた商店街 冷清清的商店街 lěngqīngqīng de shāngdiànjiē
サファイア 蓝宝石 lánbǎoshí
サファリ 狩猎远征旅行 shòuliè yuǎnzhēng lǚxíng
ざぶざぶ 哗啦哗啦 huālāhuālā ♦ ~洗う 哗哗地浇洗 huāhuā de xǐ
サブタイトル 副题 fùtí
ざぶとん【座布団】 坐垫 zuòdiàn
サフラン 藏红花 zànghónghuā
サブリミナル 潜意识的 qiányìshí de ♦ ~効果 潜移默化效果 qiányí mòhuà xiàoguǒ
ざぶん ♦ ~飛び込む 扑通一下跳进去 pūtōng yíxià tiàojìnqu
さべつ【差別-する】 差别 chābié; 歧视 qíshì ♦ ~を受ける 受歧视 shòu qíshì ♦ 人種~ 种族歧视 zhǒngzú qíshì
さほう【作法】 礼节 lǐjié; 规矩 guījǔ
さぼう【砂防】 ♦ ~林 防沙林 fángshālín
サポーター ❶〈身体につける〉护膝 hùxī; 护腿 hùwàn; 护腿 hùtuǐ ❷〈支持者〉支持者 zhīchízhě; 拥护者 yōnghùzhě

サポート 支持 zhīchí; 扶持 fúchí
サボタージュ 罢工 bàgōng; 怠工 dàigōng
サボテン 仙人掌 xiānrénzhǎng
サボる 偷懒 tōulǎn; 旷工 kuànggōng; 开小差 kāi xiǎochāi ♦ 授業を~ 旷课 kuàngkè
さま【様】 ❶〈ようす〉样子 yàngzi; 情況 qíngkuàng ♦ ~になっている 像样 xiàngyàng ♦ ~にならない 不成样子 bù chéng yàngzi; 不像样 bú xiàng yàngr; 不伦不类 bù lún bú lèi
❷〈敬称〉♦ 山田~ 山田先生 Shāntián xiānsheng ♦ お世話~ 承蒙关照 chéngméng guānzhào
ざま 丑态 chǒutài ♦ ~を見ろ 活该 huógāi ♦ 何だその~は 瞧你这样子 qiáo nǐ zhè yàngzi
サマータイム 夏季时间 xiàjì shíjiān; 夏令时间 xiàlìng shíjiān
さまざま【様々-な】 各种各样 gèzhǒng gè yàng; 形形色色 xíngxíngsèsè; 种种 zhǒngzhǒng
さます【冷ます】 凉 liàng; 弄凉 nòngliáng ♦ 冷ましてから飲む 凉一凉再喝 liàngyiliàng zài hē
さます【覚ます】 ♦ 唤醒 huànxǐng ♦ 目を~ 醒来 xǐnglái ♦ 彼の迷いを覚ませ 让他醒悟过来 ràng tā xǐngwùguòlái
さまたげ【妨げ】 障碍 zhàng'ài; 阻碍 zǔ'ài ♦ 仕事の~になる 妨碍工作 fáng'ài gōngzuò
さまたげる【妨げる】 妨碍 fáng'ài; 障碍 zhàng'ài; 阻碍 zǔ'ài
さまつ【瑣末-な】 琐碎 suǒsuì; 细小 xìxiǎo; 微末 wēimò
さまよう【さ迷う】 彷徨 pánghuáng; 徘徊 páihuái; 飘荡 piāodàng
サマリー 提要 tíyào; 摘要 zhāiyào
さみだれ【五月雨】 梅雨 méiyǔ ♦ ~式にやる 零敲碎打 líng qiāo suì dǎ
サミット 峰会 fēnghuì
さむい【寒い】 ❶〈低温〉冷 lěng; 寒冷 hánlěng ♦ とても~朝 很冷的早晨 hěn lěng de zǎochén ♦ ~風 風冷的风 hánlěng de fēng ♦ ~懐 お~福祉行政 贫弱的福利行政 pínruò de fúlì xíngzhèng ♦ 懐が~ 手头缺钱 shǒutóu quē qián ❸〈恐怖〉♦ 背筋が~ 脊梁发寒 jǐliang fāhán
さむがる【寒がる】 怕冷 pàlěng
さむけ【寒気】 ♦ ~がする 浑身发冷 húnshēn fālěng
さむさ【寒さ】 寒气 hánqì ♦ ~が厳しい 严寒 yánhán ♦ ~に強い 耐寒 nàihán ♦ ~に震える 冻得发抖 dòngde fādǒu

さむぞら【寒空】寒天 hántiān ◆この～に 天这么冷 tiān zhème lěng
さむらい【侍】武士 wǔshì
サメ【鮫】鲨鱼 shāyú
さめざめと ◆～泣く 清然泪下 shān rán lèi xià
さめる【冷める】凉 liáng; 变凉 biànliáng ◆スープを～ 汤凉了 tāng liáng le ◆興が～ 败兴 bàixìng; 扫兴 sǎoxìng ◆興奮冷めやらず 余兴未尽 yúxìng wèijìn
さめる【褪める】褪 tuì ◆色が～ 褪色 tuìshǎi; 掉色 diàoshǎi
さめる【覚醒める】❶【眠りから】醒 xǐng; 睡醒 shuìxǐng ◆目の～ような 鲜艳夺目 xiānyàn duómù ❷【迷いから】醒悟 xǐngwù; 觉醒 juéxǐng ❸【酔いから】醒 xǐng
さも 仿佛 fǎngfú; 好像 hǎoxiàng ◆～満足そうに 似乎很满意地 sìhū hěn mǎnyì de ◆～ありなん 果然是这样 guǒrán shì zhèyàng
さもしい 低三下四 dī sān xià sì; 下贱 xiàjiàn; 小气 xiǎoqì ◆～根性 劣根性 liègēnxìng
さもないと 否则 fǒuzé; 不然 bùrán ◆急げ、～遅刻する 快点儿、不然就迟到了 kuài diǎnr, bùrán jiù chídào le
さもん【査問-する】 查问 cháwèn ◆～委員会 调查委员会 diàochá wěiyuánhuì
さや【鞘】鞘 qiào; 刀鞘 dāoqiào ◆元の～に収まる 破镜重圆 pò jìng chóng yuán
さや【莢】豆荚 dòujiá
さやあて【鞘当て】◆恋の～ 争风吃醋 zhēngfēng chīcù
サヤインゲン【莢隠元】豆角儿 dòujiǎor
サヤエンドウ【莢豌豆】豌豆角儿 wāndòujiǎor
ざやく【座薬】坐药 zuòyào; 栓剤 shuānjì ◆～を入れる 插进坐药 chājìn zuòyào
さゆ【白湯】白开水 báikāishuǐ
さゆう【左右】左右 zuǒyòu ◆～を見回す 环顾左右 huángù zuǒyòu ◆～に言をにする 左右其词 zuǒyòu qí cí ◆運命を～する 左右命运 zuǒyòu mìngyùn
ざゆう【座右】◆～の銘 座右铭 zuòyòumíng
さよう【作用-する】作用 zuòyòng; 影响 yǐngxiǎng ◆相互～ 相互作用 xiānghù zuòyòng
さようなら 再见 zàijiàn; 再会 zàihuì ◆～を言う 告辞 gàocí; 辞别 cíbié
さよく【左翼】左派 zuǒpài; 左倾 zuǒqīng;【飛行機の】左翼 zuǒyì
サヨリ【細魚】针鱼 zhēnyú
さら 新しい ◆まっ～のタオル 新的毛巾 xīn de máojīn
さら【皿】盘子 pánzi; 碟子 diézi;【膝の膝盖骨 xīgàigǔ
ざら ◆～にある 常见 chángjiàn; 俯拾即是 fǔ shí jí shì; 司空见惯 sī kōng jiàn guàn
さらいげつ【再来月】下下月 xiàxià-yuè
さらいしゅう【再来週】下下周 xiàxiàzhōu
さらいねん【再来年】后年 hòunián
さらう【浚う】疏浚 shūjùn; 疏通 shūtōng ◆溝を～ 疏浚沟渠 shūjùn gōuqú
さらう【攫う】抢走 qiǎngzǒu; 夺取 duóqǔ; ◆～を绑架 bǎngjià ◆子供を～ 拐走孩子 guǎizǒu háizi ◆人気を～ 博得喝彩 bódé hècǎi
サラきん【サラ金】(面向工资生活者的)高利贷 (miànxiàng gōngzī shēnghuózhě de) gāolìdài
さらけだす【曝け出す】暴露 bàolù; 抖搂 dǒulou ◆手の内を～ 亮底 liàngdǐ
サラサ【更紗】印花布 yìnhuābù
さらさら【木の葉や風の音】沙沙 shāshā; 飒飒 sàsà ;【土などが】～した 稀松 xīsōng
ざらざら-する 唰啦唰啦 shuālā-shuālā; 粗糙 cūcāo ◆～した声 粗声粗气 cūshēng cūqì
さらし【晒し】〈布〉漂白布 piǎobáibù ◆きりりと～を巻く 用漂白布绳紧肚子 yòng piǎobáibù chánjǐn dùzi
さらしもの【晒[曝]し者】被示众的罪人 bèi shìzhòng de zuìrén; ～になる 被众人嘲笑 bèi zhòngrén cháoxiào
さらす【曝[晒]す】❶【日光に】晒 shài; 曝晒 pùshài ◆日に～ 晒日光 shài rìguāng ❷【水に】漂 piāo; 漂白 piǎobái ◆水に～ 在水中漂白 zài shuǐzhōng piǎobái ❸【人目に】醜態を～ 丢丑 diūchǒu ◆肌を～ 赤膊 chìlú ❹【危険などに】身を危険に～ 置身于险境 zhìshēnyú xiǎnjìng
サラソウジュ【沙羅双樹】娑罗双树 suōluó shuāngshù
サラダ 色拉 sèlā; 沙拉 shālā; 生菜 shēngcài ◆～オイル 色拉油 sèlāyóu; 生菜油 shēngcàiyóu
さらち【更地】空地 kòngdì ◆～にする 腾出地皮 téngchū dìpí
ざらつく 粗糙 cūcāo ◆舌が～ 舌面粗糙 shémiàn cūcāo

さらに【更に】更 gèng;更加 gèngjiā;进一步 jìnyíbù ◆～努力する 更加努力 gèngjiā nǔlì ◆～調査する 进一步调査 jìnyíbù diàochá ◆～悪いことには 更糟的是 gèng zāo de shì

サラブレッド 英国产良种马 Yīngguóchǎn liángzhǒngmǎ

サラミ〈ソーセージ〉腊肠 làxiāngcháng;色拉米香肠 sèlāmǐ xiāngcháng

ざらめ【粗目】◆～糖 粗粒砂糖 cūlì shātáng ◆～雪 粗粒雪 cūlì xuě

さらり 光滑 guānghuá ◆～とした髪 光滑的头发 guānghuá de tóufa ◆～と忘れる 忘得精光 wàngde jīngguāng

サラリー 工资 gōngzī ◆～をもらう 领工资 lǐng gōngzī ◆～マン 工资生活者 gōngzī shēnghuózhě

ザリガニ 小龙虾 xiǎolóngxiā

さりげない【去り気ない】若无其事 ruò wú qí shì ◆さりげなく話を持ち出す 若无其事地开口提起 ruò wú qí shì de kāikǒu tíqǐ

さる【去る】❶《場所から》走 zǒu;离开 líkāi;离去 líqù ◆中国を～ 离开中国 líkāi Zhōngguó ◆去り难い 恋恋不舍 liàn liàn bù shě;舍不得离开 shěbude líkāi ◆この世を～ 去世 qùshì ❷《時間的に》过去 guòqù;过世 guòshì ❸《へだてる》距离 jùlí ◆今を～こと7年前 距离现在七年前 jùlí xiànzài qī nián qián ◆～2月 刚过去的二月 gāng guòqu de èryuè

サル【猿】猴子 hóuzi ◆～も木から落ちる 智者千虑必有一失 zhìzhě qiānlǜ bì yǒu yì shī

ざる【笊】笊篱 zhàoli;笸箩 pǒluo

さるぐつわ【猿轡】堵嘴物 dǔzuǐwù

さるしばい【猿芝居】猴戏 hóuxì ◆《下手なくらみ》丑剧 chǒujù;拙劣把戏 zhuōliè bàxì

サルスベリ【百日红】百日红 bǎirìhóng;紫薇 zǐwēi

さるぢえ【猿知恵】小聪明 xiǎocōngming

サルビア 洋苏 yángsū

サルベージ 救捞 jiùlāo;海上救难 hǎishàng jiùnán ◆～船 海上救助船 hǎishàng jiùzhùchuán

さるまね【猿真似】瞎模仿 xiā mófǎng;东施效颦 Dōngshī xiào pín

さるまわし【猿回し】猴戏 hóuxì;耍猴儿 shuǎ hóur

サルモネラきん【サルモネラ菌】沙门菌 shāménjūn

ざれうた【戯れ歌】打油诗 dǎyóushī

されき【砂礫】沙砾 shālì

される 挨 ái;被 bèi;受 shòu ◆～任人摆布 rèn rén bǎibu ◆鹿に～ 被人欺负 bèi rén qīfu ◆批判～ 被批判 bèi pīpàn;挨批评 ái pīpíng

サロン 沙龙 shālóng

さわ【沢】沼泽 zhǎozé

さわかい【茶話会】茶话会 cháhuàhuì

さわがしい【騒がしい】❶《やかましい》吵闹 chǎonào;喧哗 xuānhuá;嘈杂 cáozá ❷《情勢不安》世の中が～ 世间动荡 shìjiān dòngdàng

さわがせる【騒がせる】骚扰 sāorǎo;轰动 hōngdòng;喧扰 xuānrǎo ◆お騒がせしました 打扰您了 dǎrǎo nín le ◆世間を～ 轰动社会 hōngdòng shèhuì

さわぎ【騒ぎ】骚动 sāodòng;闹事 nàoshì;动乱 dòngluàn ◆賃上げ～ 工资骚动 gōngzī sāodòng

さわぎたてる【騒ぎたてる】吵闹 chǎonào;闹哄 nàohong;吵嚷 chǎorǎng ◆～ことはない 不要大惊小怪 búyào dàjīng xiǎoguài

さわぐ【騒ぐ】❶《声や音が》吵 chǎo;闹 nào;吵闹 chǎonào ◆子供が～ 孩子吵闹 háizi chǎonào ❷《不满を訴える》骚动 sāodòng;闹事 nàoshì ❸《驚き・不安で》◆血が～ 热血沸腾 rèxuè fèiténg ◆胸が～ 心里不安 xīnli bù'ān

ざわざわ ❶《大勢の人が》嘈杂 cáozá;闹哄哄 nàohōnghōng ❷《木の葉などが》飒飒 sàsà ◆～音をたてる 飒飒作响 sàsà zuòxiǎng

ざわつく 嘈杂 cáozá ◆心が～ 忐忑不安 tǎntè bù'ān

ざわめき 嘈杂声 cáozáshēng ◆～が遠くへ 嘈杂声渐渐远去 cáozáshēng jiànjiàn yuǎnqù

ざわめく 嘈杂 cáozá ◆会場が～ 会场嘈杂 huìchǎng cáozá

さわやか【爽やか】❶《空気,環境が》清爽 qīngshuǎng ◆～な風 清风 qīngfēng ❷《色や香りが》清淡 qīngdàn ◆～な香り 清淡香气 qīngdàn xiāngqì ❸《性格が》明快 míngkuài;爽快 shuǎngkuài

サワラ【鯖】鲛鱼 bàyú;马鲛鱼 mǎjiāoyú

サワラ【椹】《植物》花柏 huābǎi

さわり【障り】故障 gùzhàng;障碍 zhàng'ài;妨碍 fáng'ài ◆仕事に～がある 影响工作 yǐngxiǎng gōngzuò

さわり【触り】❶《触れる》触 chù ❷《肝心な部分》最精彩的部分 zuì jīngcǎi de bùfen

さわる【触る】 ❶〔接触〕触 chù；摸手 mōshǒu；碰 pèng ◆展示品に触らないでください 展出物品，请勿动手 zhǎnwù wùpǐn, qǐng wù dòngshǒu ❷〔感情を害する〕触犯 chùfàn／神経に～ 伤害感情 shānghài gǎnqíng ◆触人肝火 chù rén gānhuǒ ❸〔かかわる〕◆寄ると～とその噂でもちきりだ 一凑在一起就谈论那件事 yí còuzài yìqǐ jiù tánlùn nà jiàn shì◆触らぬ神にたたりなし 多一事不如少一事 duō yí shì bùrú shǎo yí shì

さわる【障る】 妨碍 fáng'ài ◆体に～ 伤身体 shāng shēntǐ；影响健康 yǐngxiǎng jiànkāng ◆しゃくに～ 令人生气 lìng rén shēngqì

さん【酸】 酸 suān
さん【三】 三 sān
さん【桟】 楞子 léngzi ◆窗の～ 窗楞子 chuānglíngzi
さん【産】 出产 chūchǎn ◆台湾～の 台湾产的 Táiwānchǎn de
さん〔敬称-男性に〕先生 xiānsheng／周～ 周先生 Zhōu xiānsheng；〔女性に〕女士 nǚshì；小姐 xiǎojiě
さんい【賛意】 赞成 zànchéng；赞同 zàntóng ◆～を表する 表示赞成 biǎoshì zànchéng
さんいつ【散逸-する】 散失 sànshī ◆～を防ぐ 防止散失 fángzhǐ sànshī
さんいん【産院】 产院 chǎnyuàn
さんか【参加-する】 参加 cānjiā；参与 cānyù；加入 jiārù ◆～国 成员国 chéngyuánguó
さんか【産科】 产科 chǎnkē
さんか【賛歌】 赞歌 zàngē
さんか【酸化-する】 氧化 yǎnghuà ◆～防止剂 阻氧化剂 zǔyǎnghuàjì ◆～物 氧化物 yǎnghuàwù
さんか【傘下の】 属下 shǔxià；附属 fùshǔ；手下 shǒuxià
さんか【惨禍】 惨祸 cǎnhuò；浩劫 hàojié
さんが【山河】 江山 jiāngshān；山河 shānhé
さんかい【参会-する】 与会 yùhuì；出席 chūxí
さんかい【散会-する】 散会 sànhuì
さんかい【山海】 ◆～の珍味 山珍海味 shānzhēn hǎiwèi
ざんがい【残骸】 残骸 cánhái
さんかく【三角】 三角 sānjiǎo ◆～にする 吊起眼角 diàoqǐ yǎnjiǎo
さんかく【参画-する】 参与 cānyù
さんがく【山岳】 山岳 shānyuè
ざんがく【残額】 余额 yú'é
さんかくかんけい【三角関係】 三角恋爱 sānjiǎo liàn'ài
さんかくす【三角洲】 三角洲 sān-

jiǎozhōu
さんかん【参観-する】 参观 cānguān；观看 guānkàn ◆授业～ 观摩教学 guānmó jiàoxué
さんかんぶ【山間部】 山区 shānqū；山地 shāndì
ざんき【慚愧】 ◆～に堪えない 不胜惭愧 búshèng cánkuì
さんきゃく【三脚】 三脚架 sānjiǎojià
ざんぎゃく【残虐-な】 残虐 cánnüè；凶残 xiōngcán；残忍 cánrěn ◆～な行為 凶残的行为 xiōngcán de xíngwéi
さんきゅう【産休】 产假 chǎnjià ◆～をとる 请产假 qǐng chǎnjià
さんきょう【山峡】 山峡 shānxiá
さんぎょう【産業】 产业 chǎnyè ◆革命 产业革命 chǎnyè gémìng ◆～廃棄物 工业废弃物 gōngyè fèiqìwù
ざんぎょう【残業-する】 加班 jiābān ◆～手当 加班费 jiābānfèi ◆サービス～ 无偿加班 wúcháng jiābān
ざんきん【残金】 余额 yú'é；余款 yúkuǎn
サングラス 墨镜 mòjìng；太阳镜 tàiyángjìng
ざんげ【懺悔-する】 忏悔 chànhuǐ
さんけい【参詣-する】 参拜 cānbài；朝拜 cháobài ◆～客 香客 xiāngkè
さんけい【山系】 山系 shānxì ◆ヒマラヤ～ 喜马拉雅山系 Xǐmǎlāyǎ shānxì
さんげき【惨劇】 惨案 cǎn'àn；悲剧 bēijù ◆～を繰り返す 不断制造惨案 búduàn zhìzào cǎn'àn
さんけつ【酸欠-する】 缺氧 quēyǎng
ざんげつ【残月】 残月 cányuè
さんけん【散見-する】 散见 sànjiàn ◆～する 零散地见到 língsǎn de jiàndào
さんげん【三弦】〔楽器〕三弦 sānxián
ざんげん【讒言】 谗言 chányán；谮言 zènyán；诽谤 fěibàng
さんげんしょく【三原色】 三种原色 sānzhǒng yuánsè
さんけんぶんりつ【三権分立】 三权分立 sānquán fēnlì
さんご【珊瑚】 珊瑚 shānhú ◆～礁 珊瑚礁 shānhújiāo
さんご【産後】 产后 chǎnhòu ◆～の肥立ち 产后的恢复 chǎnhòu de huīfù
さんこう【参考-にする】 参考 cānkǎo；参照 cānzhào ◆～资料 参考资料 cānkǎo zīliào ◆～图书 参考书 cānkǎoshū
ざんごう【塹壕】 堑壕 qiànháo；壕沟 háogōu；战壕 zhànháo

ざんこく【残酷-な】残酷 cánkù; 残忍 cánrěn

サンゴジュ【珊瑚樹】珊瑚树 shānhúshù

さんさい【山菜】野菜 yěcài

さんぴ【散財-する】浪费 làngfèi ◆～をかける 让…破费 ràng...pòfèi

さんざい【散在-する】散在 sànzài; 分布 fēnbù

さんさく【散策-する】散步 sànbù

サンザシ【山査子】山楂 shānzhā; 山里红 shānlǐhóng; 红果儿 hóngguǒr

ざんさつ【惨殺-する】惨杀 cǎnshā

さんさろ【三叉路】三叉路 sānchàlù; 三岔路口 sānchà lùkǒu

さんさん【燦々】灿烂 cànlàn ◆太陽が～と輝く 阳光灿烂 yángguāng cànlàn

さんざん【散々-に】◆～な目にあう 倒了大霉 dǎole dàméi ◆～迷惑をかける 添了很多麻烦 tiānle hěn duō máfan

さんさんくど【三三九度】结婚的交杯酒仪式 jiéhūn de jiāobēijiǔ yíshì

さんさんごご【三々五々-に】三三两两 sānsānliǎngliǎng; 三五成群 sān wǔ chéng qún

さんじ【賛辞】颂词 sòngcí; 赞词 zàncí

さんじ【参事】参事 cānshì

さんじ【惨事】惨案 cǎn'àn; 惨祸 cǎnhuò

さんじ【産児】◆～制限 节制生育 jiézhì shēngyù; ～ 计划生育 jìhuà shēngyù

ざんし【惨死-する】惨死 cǎnsǐ

ざんじ【暫時】暂且 zànqiě; 暂时 zànshí; 一时 yìshí

さんじかん【参事官】参赞 cānzàn

サンシキスミレ【三色菫】三色堇 sānsèjǐn; 蝴蝶花 húdiéhuā

さんじげん【三次元の】三维 sānwéi; 三元 sānyuán; 立体(的) lìtǐ(de)

さんしすいめい【山紫水明】山清水秀 shān qīng shuǐ xiù; 山明水秀 shān míng shuǐ xiù

さんしつ【産室】产室 chǎnshì; 分娩室 fēnmiǎnshì

さんしゃかいだん【三者会談】三方会谈 sānfāng huìtán

ざんしゅ【斬首-する】斩首 zhǎnshǒu; 杀头 shātóu

さんしゅつ【産出-する】《資源》出产 chūchǎn ◆～額 产值 chǎnzhí ◆石油～国 产油国 chǎnyóuguó

さんしゅつ【算出-する】核计 héjì; 核算 hésuàn; 计算 jìsuàn ◆見積もりを～する 估算 gūsuàn

さんしゅのじんぎ【三種の神器】《比喩的に》三大件 sāndàjiàn

サンシュユ【山茱萸】茱萸 zhūyú

さんじょ【賛助-する】赞助 zànzhù ◆～会員 赞助会员 zànzhù huìyuán

ざんしょ【残暑】秋老虎 qiūlǎohǔ ◆～見舞い 残暑慰问 cánshǔ wèiwèn

さんしょう【参照-する】参看 cānkàn; 参阅 cānyuè; 参见 cānjiàn

サンショウ【山椒】花椒 huājiāo

さんじょう【惨状】惨状 cǎnzhuàng; 悲惨状况 bēicǎn zhuàngkuàng

さんじょう【三乗】立方 lìfāng ◆10の～ 十的立方 shí de lìfāng

さんしょく【蚕食】◆～する 蚕食 cánshí ◆領土を～する 蚕食领土 cánshí lǐngtǔ

さんしょく【三色-の】三色 sānsè ◆～旗 三色旗 sānsèqí

ざんしょう【残照】夕照 xīzhào; 残照 cánzhào

サンショウウオ【山椒魚】鲵鱼 níyú; 娃娃鱼 wáwayú

さんじょく【産褥】产褥 chǎnrù; 产床 chǎnchuáng ◆～期 产褥期 chǎnrùqī ◆～につく 坐月子 zuò yuèzi

ざんしん【斬新-な】崭新 zhǎnxīn; 新颖 xīnyǐng

さんすい【山水】山水 shānshuǐ; ～画 山水画 shānshuǐhuà

さんすい【散水-する】洒水 sǎshuǐ; 喷水 pēnshuǐ ◆～车 洒水车 sǎshuǐchē

さんすう【算数】算术 suànshù

さんすくみ【三竦み-になる】三者互相牵制 sānzhě hùxiāng qiānzhì

サンスクリット梵语 Fànyǔ

さんずのかわ【三途の川】冥河 mínghé ◆～を渡る 渡冥河 dù mínghé

さんする【産する】❶《採れる》出产 chūchǎn ◆麦を～产 小麦 chǎn xiǎomài ❷《出産》生 shēng ◆女儿を～生 女儿 shēng nǚ'ér

さんせい【賛成-する】同意 tóngyì; 赞成 zànchéng; 赞同 zàntóng ◆～多数 多数赞成 duōshù zànchéng

さんせい【酸性】酸性 suānxìng; ～雨 酸雨 suānyǔ

さんせい【参政-する】参政 cānzhèng ◆～権 参政权 cānzhèngquán

さんせき【山積-する】堆积如山 duījī rú shān ◆問題～ 问题成堆 wèntí chéngduī

ざんせつ【残雪】残雪 cánxuě
さんせん【参戦】-する 参战 cānzhàn
さんぜん【燦然】-と 灿烂 cànlàn ◆～と輝く 光辉灿烂 guānghuī cànlàn
さんぜん【産前】产前 chǎnqián
さんそ【酸素】氧 yǎng ◆～ボンベ 氧气瓶 yǎngqìpíng ◆～化合物 氧化物 yǎnghuàwù
さんそう【山荘】山庄 shānzhuāng；山里的别墅 shānlǐ de biéshù
ざんぞう【残像】视觉残留 shìjué cánliú；余象 yúxiàng
さんぞく【山賊】劫匪 jiéfěi；土匪 tǔfěi
さんそん【山村】山村 shāncūn；山庄 shānzhuāng
ざんそん【残存】-する 残存 cáncún；残留 cánliú
ざんだか【残高】余额 yú'é◆预金～ 存款余额 cúnkuǎn yú'é ◆～照会 余额查询 yú'é cháxún
サンタクロース 圣诞老人 Shèngdàn lǎorén
さんだつ【簒奪】-する 篡夺 cuànduó
サンダル 凉鞋 liángxié
さんたん【賛嘆】-する 称叹 chēngtàn；赞叹 zàntàn
さんたん【惨憺】-たる 惨淡 cǎndàn；悲惨 bēicǎn ◆苦心～ 苦心惨淡 kǔxīn cǎndàn
さんだん【段取-する 张罗 zhāngluo；筹措 chóucuò ◆やりくり～ 东拼西凑 dōng pīn xī còu 旅费を～する 张罗学费 zhāngluo xuéfèi ◆资金を～する 筹集资金 chóují zījīn
さんだんとび【三段跳び】三级跳远 sānjí tiàoyuǎn
さんだんろんぽう【三段論法】三段论法 sānduàn lùnfǎ
さんち【産地】产地 chǎndì
さんち【山地】山地 shāndì；山区 shānqū
さんちょう【山頂】山颠 shāndiān；山峰 shānfēng；山顶 shāndǐng
さんてい【算定】-する 估计 gūjì；估算 gūsuàn；计量 jìliàng
ざんてい【暫定】-の 暂定 zàndìng ◆～条例 暂行条例 zànxíng tiáolì ◆～予算 暂定预算 zànxíng yùsuàn
サンデー〈アイスクリームの〉圣代 shèngdài；什锦冰淇淋 shíjǐn bīngjílíng
さんど【三度】三次 sān cì ◆～の食事 三顿饭 sān dùn fàn
サンドイッチ 三明治 sānmíngzhì；三文治 sānwénzhì
さんとう【三等】三等 sānděng ◆～赏 三等奖 sānděngjiǎng

さんどう【栈道】栈道 zhàndào
さんどう【賛同】-する 赞同 zàntóng ◆大方の～を得る 得到大家的赞同 dédào dàjiā de zàntóng
さんどう【参道】参拜用的道路 cānbài yòng de dàolù
さんどう【山道】山道 shāndào；山路 shānlù
ざんとう【残党】余党 yúdǎng
さんとうぶん【三等分】-する 三等分 sānděngfēn
サンドバッグ 沙袋 shādài
サンドペーパー 沙纸 shāzhǐ
さんにゅう【算入】-する 算入 suànrù；计算到……上 jìsuàndào ... shàng
さんにん【三人】◆～寄れば文殊の知恵 三个臭皮匠赛过诸葛亮 sān gè chòu píjiang sàiguò Zhūgé Liàng
ざんにん【残忍-な】残暴 cánbào；残酷 cánkù；残忍 cánrěn
さんにんしょう【三人称】第三人称 dìsān rénchēng
ざんねん【残念-な】遗憾 yíhàn；可惜 kěxí；惋惜 wǎnxí ◆～ですが 很遗憾的是 hěn yíhàn de shì
さんば【産婆】接生婆 jiēshēngpó
サンバ 桑巴舞 sāngbāwǔ
さんぱい【参拝】-する 参拜 cānbài；礼拜 lǐbài ◆～客 香客 xiāngkè
ざんぱい【惨敗】-する 惨败 cǎnbài；一败涂地 yí bài tú dì
さんぱいきゅうはい【三拝九拝】-する 三拜九叩 sān bài jiǔ kòu
さんばがらす【三羽烏】最杰出的三人 zuì jiéchū de sān rén；三杰 sānjié
さんばし【桟橋】码头 mǎtou；船埠 chuánbù
さんぱつ【散発】-的な ◆～する 零星地发生 língxīng de fāshēng
さんぱつ【散髪】-する 理发 lǐfà
ざんぱつがみ【ざんぱら髪】披头散发 pītóu sànfà
ざんぱん【残飯】剩饭 shèngfàn
さんはんきかん【三半規管】半规管 bànguīguǎn
さんび【賛美】-する 歌颂 gēsòng；赞美 zànměi ◆～歌 赞美歌 zànměigē
さんぴ【賛否】赞成和反对 zànchéng hé fǎnduì ◆～両论 赞成和反对两种意见 zànchéng hé fǎnduì liǎngzhǒng yìjiàn
さんびょうし【三拍子】❶〈音楽〉三拍子 sān pāizi ❷〈条件〉具备一切条件 jùbèi yíqiè tiáojiàn jùbèi
ざんぴん【残品】剩货 shènghuò
さんぷ【散布】-する 撒 sǎ；散布 sànbù ◆農薬～ 喷洒农药 pēnsǎ

nóngyào
さんぷ【産婦】产妇 chǎnfù
ざんぶ【残部】剩余部分 shèngyú bùfen；〈売れ残り〉→僅少 存货无几 cúnhuò wújǐ
さんぷく【山腹】山坡 shānpō；山腰 shānyāo
さんぶさく【三部作】分成三部的作品 fēnchéng sānbù de zuòpǐn；三部曲 sānbùqǔ
さんふじんか【産婦人科】妇产科 fùchǎnkē
さんぶつ【産物】产物 chǎnwù ♦偶然的～ 偶然的产物 ǒurán de chǎnwù ♦努力的～ 努力的结果 nǔlì de jiéguǒ
サンプリング 采样 cǎiyàng；取样 qǔyàng ♦調査～ 抽样调查 chōuyàng diàochá
サンプル 货样 huòyàng；样本 yàngběn；样品 yàngpǐn ♦～を採る 采样 cǎiyàng
さんぶん【散文】散文 sǎnwén ♦～詩 散文诗 sǎnwénshī
さんぽ【散歩-する】散步 sànbù；溜达 liūda；随便走走 suíbiàn zǒuzou ♦～がてら 散步时顺便 sànbù shí shùnbiàn
さんぼう【参謀】参谋 cānmóu；智囊 zhìnáng
サンマ【秋刀魚】秋刀鱼 qiūdāoyú
さんまい【三昧】埋头读书 máitóu dúshū ♦贅沢～ 穷奢极欲 qióng shē jí yù
さんまい【三枚】〈魚〉♦～に下ろす 切成三片 qiēchéng sān piàn
さんまいめ【三枚目】丑角 chǒujué：小丑 xiǎochǒu ♦～を演じる 出洋相 chū yángxiàng
さんまん【散漫-な】散漫 sǎnmàn；松散 sōngsǎn ♦注意力～ 注意力不集中 zhùyìlì bù jízhōng
さんみ【酸味】酸味 suānwèi ♦～のある 酸的 suān de；酸不唧儿 suānbujīr
さんみいったい【三位一体】三位一体 sān wèi yì tǐ
さんみゃく【山脈】山脉 shānmài
ざんむせいり【残務整理-する】办理善后工作 bànlǐ shànhòu gōngzuò；结束剩下事务 jiéshù shèngxià shìwù
さんめんきじ【三面記事】社会新闻 shèhuì xīnwén
さんめんきょう【三面鏡】三面镜 sānmiànjìng
さんもん【三文】♦～の値打ちもない 一文不值 yì wén bù zhí ♦～小説 低级小说 dījí xiǎoshuō ♦～文士 三流作家 sānliú zuòjiā

さんもん【山門】山门 shānmén：寺院大门 sìyuàn dàmén
さんや【山野】山野 shānyě
さんやく【三役】三个重要职位 sān ge zhòngyào zhíwèi；党～ 党内三要职 dǎngnèi sān yàozhí
さんよ【参与-する】参与 cānyù ♦国政に～する 参与国政 cānyù guózhèng
ざんよ【残余】残余 cányú ♦～額 残余额 cányú'é：剩余 shèngyú
さんようすうじ【算用数字】阿拉伯数字 Ālābó shùzì
さんらん【産卵-する】产卵 chǎnluǎn ♦～期 产卵期 chǎnluǎnqī
さんらん【散乱-する】散乱 sǎnluàn
さんらん【燦爛-たる】灿烂 cànlàn ♦～と輝く 光辉灿烂 guānghuī cànlàn
さんりゅう【三流-の】三流 sānliú：低级 dījí
ざんりゅう【残留-する】残留 cánliú；残存 cáncún；留下 liúxià ♦～現象 残留孤儿 cánliú gū'ér ♦農薬が～する 残存农药 cáncún nóngyào
さんりん【山林】山林 shānlín；林区 línqū；地带 林区 línqū
さんりんしゃ【三輪車】三轮车 sānlúnchē ♦三輪運搬車 平板三轮车 píngbǎn sānlúnchē
サンルーム 日光室 rìguāngshì
さんれつ【参列-する】列席 lièxí；出席 chūxí
さんろく【山麓】山脚 shānjiǎo；山麓 shānlù

し

し【師】 师 shī: 老师 lǎoshī ◆～と仰ぐ 拜师 bàishī ◆～について学ぶ 投师 tóushī

し【死】 死 sǐ: 死亡 sǐwáng ◆～に瀕する 濒死 bīnsǐ ◆～に臨む 临死 línsǐ ◆～を招く 致死 zhìsǐ ◆～を賭して戦う 拼死搏斗 pīnsǐ bódòu; 血战 xuèzhàn

し【詞】 词 cí ◆～を作る 赋词 fùcí

し【詩】 诗 shī: 诗篇 shīpiān ◆～を作る 赋诗 fùshī: 作诗 zuò shī ◆～的な 富有诗意 fùyǒu shīyì

し【史】 历史 lìshǐ ◆～をひもとく 翻阅历史 fānyuè lìshǐ

し【四】 四 sì

し【市】 市 shì: 城市 chéngshì ◆上海～ 上海市 Shànghǎishì

じ【字】 字 zì: 文字 wénzì ◆～を書く 写字 xiě zì

じ【痔】 痔 zhì; 痔疮 zhìchuāng

じ【時】 ◆午後3～ 午后三时 wǔhòu sān shí; 下午三点 xiàwǔ sān diǎn ◆ラッシュ～ 交通高峰时 jiāotōng gāofēng shí

じ【次】 ◆世代 下一代 xià yīdài ◆第2～ 第二次 dì èr cì

じ【辞】 ◆開会の～ 开幕词 kāimùcí

じ【地】 ◆〈大地〉 ◆～ならし 平整土地 píngzhěng tǔdì ◆雨降って～固まる 不打不成交 bù dǎ bù chéngjiāo ◆〈素肌〉 皮肤 pífū ◆～の白い 皮肤白 pífū bái ◆〈布地〉 质地 zhìdì ◆～の厚い 质地厚 zhìdì hòu ◆白地に青い模様の布 白地蓝花的布 báidì lán huā de bù ◆〈本性〉 天生 tiānshēng; 本性 běnxìng ◆～が出る 露出本性 lòuchū běnxìng ◆〈土地·地域〉 当地 dāngdì ◆～の者 本地人 běndìrén

しあい【試合】 比赛 bǐsài; 竞赛 jìngsài ◆～に出場する 参加比赛 cānjiā bǐsài ◆～を組む 摆擂台 bǎi lèitái

じあい【慈愛】 慈爱 cí'ài ◆～に満ちた 充满慈爱的 chōngmǎn cí'ài de

じあい【自愛-する】 保重 bǎozhòng; 珍重 zhēnzhòng ◆酷暑の折ご～下さい 时值盛夏, 请多保重 shí zhí shèngxià, qǐng duō bǎozhòng

しあがり【仕上がり】 完成的情况 wánchéng de qíngkuàng ◆～は明日です 明天完成 míngtiān wánchéng ◆～が悪い 做得不好 zuòde bù hǎo

しあがる【仕上がる】 做完 zuòwán; 完成 wánchéng ◆作品が～ 作品完成 zuòpǐn wánchéng

しあげ【仕上げ】 完成 wánchéng; 最后加工 zuìhòu jiāgōng ◆～に念を入れる 精心加工 jīngxīn jiāgōng

じあげ【地上げ-する】 强行收买土地 qiángxíng shōumǎi tǔdì

しあげる【仕上げる】 完成 wánchéng; 做完 zuòwán

しあさって【明々後日】 大后天 dàhòutiān

しあつ【指圧】 ◆～療法 指压疗法 zhǐyā liáofǎ

しあわせ【幸せ-な】 幸福 xìngfú; 幸运 xìngyùn ◆～な家庭 幸福的家庭 xìngfú de jiātíng ◆～に暮らす 生活得很幸福 shēnghuóde hěn xìngfú ◆～者 幸运者 xìngyùnzhě

しあん【思案-する】 思考 sīkǎo; 考虑 kǎolǜ; 寻思 xúnsi ◆～に暮れる 一筹莫展 yì chóu mò zhǎn

しあん【私案】 个人设想 gèrén shèxiǎng

しあん【試案】 试行方案 shìxíng fāng'àn

シアン 氰 qíng ◆～化合物 氰化合物 qíng huàhéwù

しい【思惟-する】 思维 sīwéi; 思惟 sīwéi

しい【四囲】 四围 sìwéi; 周围 zhōuwéi ◆～の情勢 周围的情势 zhōuwéi de qíngshì

しい【示威】 示威 shìwēi ◆～運動 示威运动 shìwēi yùndòng

じい【自慰】 ❶〈自ら慰める〉 自慰 zìwèi ❷〈オナニー〉 手淫 shǒuyín

じい【辞意】 辞职之意 cízhí zhī yì ◆～を表明する 表明辞职之意 biǎomíng cízhí zhī yì

シーイーオー (CEO) 《最高経営責任者》 首席执行官 shǒuxí zhíxíngguān

シーエム (CM) 广告 guǎnggào

しいか【詩歌】 诗歌 shīgē

シーがたかんえん【C型肝炎】 丙肝 bǐnggān

しいく【飼育-する】 养 yǎng; 喂 wèi; 饲养 sìyǎng; 饲育 sìyù

じいさん【爺さん】 老头儿 lǎotóur

シーシー (CC) 《立方センチメートル》 立方厘米 lìfāng límǐ

じいしき【自意識】 自我意识 zìwǒ yìshí ◆～過剰 自我意识过强 zìwǒ yìshí guò qiáng

シージャック 劫夺船只 jiéduó chuánzhī

シースルー 透明服装 tòumíng fúzhuāng

シーズン 季节 jìjié ◆淡季 dànjì

シーソー 压板 yābǎn; 跷跷板

qiāoqiāobǎn ♦~ゲーム 拉锯战 lājùzhàn
シイタケ[椎茸] 香菇 xiānggū; 香蕈 xiāngxùn; 冬菇 dōnggū
しいたげる[虐げる] 虐待 nüèdài; 摧残 cuīcán; 欺凌 qīlíng
シーツ 被单 bèidān; 床单 chuángdān; 褥单 rùdān
しいて[強いて] 勉强 miǎnqiǎng; 硬 yìng ♦~…させる 强迫做 qiǎngpò zuò
シーティー(CT) ♦~スキャン 电脑断层扫描 diànnǎo duàncéng sǎomiáo
シーディー(CD) 光盘 guāngpán ♦~プレーヤー 光盘播放机 guāngpán bōfàngjī ♦~ロム (CD-ROM) 只读光盘 zhǐ dú guāngpán
しいてき[恣意的な] 恣意 zìyì; 任意 rènyì
シート[座席] 座席 zuòxí ♦~ベルト 安全带 ānquándài
シード ♦~選手 种子 zhǒngzi; 种子选手 zhǒngzi xuǎnshǒu ♦~チーム 种子队 zhǒngziduì
ジーパン(Gパン) 牛仔裤 niúzǎikù
ジーピーエス(GPS) 全球定位系统 quánqiú dìngwèi xìtǒng
ジープ 吉普车 jípǔchē; 越野车 yuèyěchē
シーフード 海鲜 hǎixiān; 鱼鲜 yúxiān
シーベルト〘放射線量単位〙 希沃特 xīwòtè; 西弗 xīfú
ジーメン(Gメン) 特务警察 tèwù jǐngchá
シーラカンス 空棘鱼 kōngjíyú
しいる[強いる] 逼 bī; 强迫 qiǎngpò ♦自白を~ 强令坦白 qiǎnglìng tǎnbái ♦同意を~ 逼迫同意 bīpò tóngyì
シール 封缄 fēngjiān; 贴纸 tiēzhǐ
シールド 屏蔽 píngbì
シーレーン 航路 hánglù
しいれる[仕入れる] ❶〘商品・原料〙采购 cǎigòu; 购买 gòumǎi; 购进 gòujìn ♦カナダから木材を~ 从加拿大购进木材 cóng Jiānádà gòujìn mùcái ❷〘知識など〙获得 huòdé; 得到 qúdé ♦情報を~ 获得信息 huòdé xìnxī
じいろ[地色] 底色 dǐsè; 本色 běnshǎi
しいん[子音] 辅音 fǔyīn; 子音 zǐyīn
シーン 镜头 jìngtóu; 场景 chǎngjǐng; 场面 chǎngmiàn ♦ラスト~ 最后场面 zuìhòu chǎngmiàn
しいん[死因] 死因 sǐyīn; 致死原因

zhìsǐ yuányīn ♦~を明らかにする 查明死因 chámíng sǐyīn
じいん[寺院] 寺院 sìyuàn; 寺庙 sìmiào
ジーンズ 牛仔裤 niúzǎikù
じう[慈雨] 喜雨 xǐyǔ ♦干天(かんてん)の~ 久旱逢甘雨 jiǔhàn féng gānyǔ
しうち[仕打ち] 行为 xíngwéi; 对待 duìdài ♦ひどい~ 恶劣的行为 èliè de xíngwéi
しうんてん[試運転-する] 试车 shìchē
シェア 市场占有率 shìchǎng zhànyǒulǜ ♦2割の~を占める 市场占有率为百分之二十 shìchǎng zhànyǒulǜ wéi bǎi fēn zhī èrshí
しえい[私営] 私营 sīyíng ♦~企业 私营企业 sīyíng qǐyè
しえい[市営] 市营 shìyíng ♦~バス 市营公共汽车 shìyíng gōnggòng qìchē
じえい[自衛-する] 自卫 zìwèi ♦~権 自卫权 zìwèiquán
じえい[自営-する] 个体经营 gètǐ jīngyíng ♦~业 个体户 gètǐhù
シェーカー〘カクテルの〙调酒器 tiáojiǔqì
シェービングクリーム 剃须膏 tìxūgāo
しえき[使役-する] 劳役 láoyì; 役使 yìshǐ ♦~動詞 使役动词 shǐyì dòngcí
しえき[私益] 个人利益 gèrén lìyì
ジェスチャー ❶〘身振り〙手势 shǒushì ❷〘見せかけ〙姿态 zītài
ジェットき[ジェット機] 喷气式飞机 pēnqìshì fēijī
ジェットコースター 轨道飞车 guǐdào fēichē
シェパード 牧羊犬 mùyángquǎn
シェフ 厨师长 chúshīzhǎng
シェリー〘酒〙雪利酒 xuělìjiǔ
しえん[支援-する] 支援 zhīyuán ♦~を请う 求援 qiúyuán
しえん[私怨] 私怨 sīyuàn ♦~をはらす 报私怨 bào sīyuàn
しえん[紫煙] 香烟烟雾 xiāngyān yānwù ♦~を繰り出す 喷云吐雾 pēn yún tǔ wù
ジェンダー 社会性别 shèhuì xìngbié
しお[塩] 盐 yán ♦~を少し入れる 搁点儿盐 gē diǎnr yán ♦~をつまみ入れる 放一撮盐 fàng yì cuō yán
しお[潮] 海潮 hǎicháo ♦~が引く 退潮 tuìcháo; 落潮 luòcháo ♦~

しおあじ ― じかく 211

が満ちる 涨潮 zhǎng cháo ◆～の満ち干 海潮 hǎicháo; 潮汐 cháoxī
しおあじ【塩味】 咸味 xiánwèi ◆～がきいている 咸津津 xiánjīnjīn
しおかげん【塩加減】 咸淡 xiándàn ◆～をみる 尝尝咸淡 chángchang xiándàn
しおかぜ【潮風】 海风 hǎifēng
しおからい【塩辛い】 咸 xián
しおき【仕置き】 惩罚 chéngfá ◆～を受ける 受到惩罚 shòudào chéngfá
しおくり【仕送り-する】 汇寄生活费 huìjì shēnghuófèi
しおけ【塩気】 盐分 yánfèn; 咸味 xiánwèi ◆～が足りない 咸味不够 xiánwèi bùgòu
しおさい【潮騒】 海潮声 hǎicháo shēng
しおざけ【塩鮭】 咸鲑鱼 xiánguīyú
しおしお-と 无精打采 wú jīng dǎ cǎi ◆～と引き下がる 无精打采地退出 wú jīng dǎ cǎi de tuìchū
しおづけ【塩漬け】 腌 yān
しおどき【潮時】 潮水涨落时 cháoshuǐ zhǎngluò shí;《好機》时机 shíjī ◆～を待つ 等待时机 děngdài shíjī
しおみず【塩水】 盐水 yánshuǐ; 潮水 cháoshuǐ
しおやき【塩焼き】 加盐烤 jiā yán kǎo
しおらしい 温顺 wēnshùn ◆～事を言う 说温顺话 shuō wēnshùnhuà ◆しおらしく振る舞う 举止温顺 jǔzhǐ wēnshùn
しおり【枝折り〔栞〕】 书签儿 shūqiānr;《案内書》指南 zhǐnán
しおれる【萎れる】 ❶《草木が》蔫 niān; 萎蔫 wěiniān; 枯萎 kūwěi ◆花が～ 花蔫了 huā niān le ❷《気落ち》沮丧 jǔsàng; 颓靡 tuímǐ; 委靡 wěimǐ ◆叱られてうち～ 挨训后委靡不振 áixùn hòu wěimǐ bùzhèn
シオン【紫苑】 紫菀 zǐwǎn
じおん【字音】 读音 dúyīn
しか【歯科】 牙科 yákē ◆～医 牙科医生 yákē yīshēng; 牙医 yáyī
しか【市価】 市价 shìjià; 市场价格 shìchǎng jiàgé
シカ【鹿】 鹿儿 lùr ◆～の角 鹿角儿 lùjiǎor
-**しか** 只 zhǐ; 只有 zhǐyǒu ◆最後は 3 人～残らなかった 最后只剩下三个人 zuìhòu zhǐ shèngxià sān ge rén ◆昨日は 2 時間～寝ていない 昨晚只睡了两小时 zuówǎn zhǐ shuì le liǎng xiǎoshí
しが【歯牙】 ◆～にもかけない 不值一提 bùzhí yì tí
じか【時価】 时价 shíjià ◆～三百元

の皿 时价三百元的盘子 shíjià sānbǎi yuán de pánzi
じか【直-に】 直接 zhíjiē; 径直 jìngzhí ◆肌に～に着る 贴身穿 tiēshēn chuān ◆～に談判する 直接交涉 zhíjiē jiāoshè; 直接谈判 zhíjiē tánpàn
じが【自我】 自我 zìwǒ ◆～に目覚める 意识到自我 yìshídào zìwǒ
しかい【四海】 ❶《四方の海》大海 dàhǎi; 海面 hǎimiàn ◆～波静か 风平浪静 fēng píng làng jìng ❷《天下・世界》天下 tiānxià; 四海 sìhǎi ◆～兄弟 (けいてい) 四海之内皆兄弟 sìhǎi zhī nèi jiē xiōngdì
しかい【視界】 眼界 yǎnjiè; 视野 shìyě ◆～に入る 进入视野 jìnrù shìyě ◆～を広げる 开阔视野 kāikuò shìyě ◆～が広い 眼界开阔 yǎnjiè kāikuò
しかい【司会-する】 主持会议 zhǔchí huìyì ◆～者《儀式の》司仪 sīyí;《舞台の》报幕员 bàomùyuán;《テレビなどの》主持人 zhǔchírén
しがい【市街】 市街 shìjiē ◆～地 城区 chéngqū ◆～戦 巷战 xiàngzhàn
しがい【死骸】 尸体 shītǐ; 死尸 sǐshī
しがい【市外】 市外 shìwài ◆～通话 长途电话 chángtú diànhuà
じかい【磁界】 磁场 cíchǎng
じかい【次回】 下次 xiàcì
じかい【自戒】 自戒 zìjiè; 自己约束 zìjǐ yuēshù zìjǐ
しがいせん【紫外線】 紫外线 zǐwàixiàn
しかえし【仕返し-する】 报复 bàofù; 回报 huíbào; 回手 huíshǒu
しかく【刺客】 刺客 cìkè ◆～を放つ 派出刺客 pàichū cìkè
しかく【四角】 四角形 sìjiǎoxíng; 四方形 sìfāngxíng ◆～顔 四方脸孔 sìfāngliǎnkǒng ◆～い字 方块字 fāngkuàizì ◆～四面な 规规矩矩的 guīguījǔjǔ de ◆～ばった 郑重其事的 zhèng zhòng qí shì de
しかく【死角】 死角 sǐjiǎo ◆～に入る 进入死角 jìnrù sǐjiǎo
しかく【視覚】 视觉 shìjué
しかく【資格】 资格 zīgé; 身份 shēnfèn ◆～を備える 够格 gòugé ◆～を取る 取得资格 qǔdé zīgé ◆～を失う 失去资格 shīqù zīgé
しがく【史学】 史学 shǐxué
しがく【私学】 私立学校 sīlì xuéxiào
じかく【字画】 笔划 bǐhuà
じかく【自覚-する】 觉悟 juéwù; 自觉 zìjué; 认识到 rènshidào ◆～を持つ 有自觉 yǒu zìjué ◆～が足りな

い 覚悟不够 juéwù bùgòu ◆~を高める 提高觉悟 tígāo juéwù ◆~症状 自觉症状 zìjué zhèngzhuàng

しかけ【仕掛け】❶【働きかけ】行动 xíngdòng ◆敵の~を待つ 等着敌人开始行动 děngzhe dírén kāishǐ xíngdòng ❷【からくり】装置 zhuāngzhì

しかける【仕掛ける】❶【動作を始める】作業を仕掛けた途端 工作刚开始就… gōngzuò gāng kāishǐ jiù… ❷【戦争などを】挑动 tiǎodòng; 掀动 xiāndòng ◆攻撃を~ 发起攻击 fāqǐ gōngjī ◆【装置を】◆爆弾を~ 安设炸弹 ānshè zhàdàn

しかし 但是 dànshì; 可是 kěshì; 然而 rán'ér

じかじさん【自画自賛-する】自吹自擂 zì chuī zì léi; 自卖自夸 zì mài zì kuā

じかせい【自家製-の】自制 zìzhì ◆~のジャム 自制的果酱 zìzhì de guǒjiàng

じかせん【耳下腺】耳下腺 ěrxiàxiàn ◆~炎 耳下腺炎 ěrxiàxiànyán

じがぞう【自画像】自画像 zìhuàxiàng

しかた【仕方】方法 fāngfǎ ◆料理の~ 烹调法 pēngtiáofǎ ◆~がない 没办法 méi bànfǎ; 没法子 méi fǎzi; 无奈 wúnài ◆謝るしか~がない 只好赔罪 zhǐhǎo péizuì ◆恨まれても~がない 遭到怨恨也没办法 zāodào yuànhèn yě méi bànfǎ ◆待っていても~がない 等也白等 děng yě bái děng ◆かわいくて~がない 可爱得不得了 kě'ài de bùdéliǎo ◆腹が立って~がない 气得不得了 qìde bùdéliǎo

じかため【地固め-する】夯地 hāngdì; 打地基 dǎ dìjī

じかちゅうどく【自家中毒】自体中毒 zìtǐ zhòngdú

しかつ【死活】死活 sǐhuó ◆~にかかわる 生死攸关 shēng sǐ yōu guān

しがつ【四月】四月 sìyuè

じかつ【自活-する】自食其力 zì shí qí lì

しかつめらしい【鹿爪らしい】一本正经 yì běn zhèng jīng ◆~顔をする 道貌岸然 dào mào àn rán

しかと【確と】❶【はっきりと】明确 míngquè; 确实 quèshí; 的确 díquè ◆~相違ない 的确是那样 díquè shì nàyàng ❷【しっかりと】紧 jǐn; 好好儿 hǎohāor

じかとうちゃく【自家撞着】自相矛盾 zìxiāngmáodùn

しかない 微不足道 wēi bù zú dào; 渺小 miǎoxiǎo

じがね【地金】原料金属 yuánliào jīnshǔ ◆~が出る (比喻的に) 露马脚 lòu mǎjiǎo

しかねない【為兼ねない】很可能做到 hěn kěnéng zuòdào

じかはつでんそうち【自家発電装置】自家发电设备 zìjiā fādiàn shèbèi

しかばね【屍】死尸 sǐshī ◆生ける~ 行尸走肉 xíng shī zǒu ròu

じかび【直火】~で焼く 直接烘烤 zhíjiē hōngkǎo

しがみつく 紧紧抱住 jǐnjǐn bàozhù ◆過去の栄光に~ 不愿过去的荣誉 zhī xiǎng guòqù de róngyù

しかめっつら【しかめっ面】愁眉苦脸 chóu méi kǔ liǎn

しかめる【顰める】皱眉 zhòu méi ◆顔を~ 皱眉头 zhòu méitóu

しかも【然も】(その上) 而且 érqiě; 同时 tóngshí ◆彼は二枚目で、~女性に優しい 他长得好看, 而且对女性也殷勤 tā zhǎngde hǎokàn, érqiě duì nǚxìng yě yīnqín

じかよう【自家用】自用 zìyòng; 家用 jiāyòng ◆~車 自用小汽车 zìyòng xiǎoqìchē

しかる【叱る】责备 zébèi; 批评 pīpíng; 叱责 chìzé; 申叱 shēnchì

しかるに【然るに】然而 rán'ér, 反省の色が見えない 然而, 看不出反省的样子 rán'ér, kànbuchū fǎnxīng de yàngzi

しかるべき【然るべき】❶【ふさわしい】适当的 shìdàng de; 相当的 xiāngdāng de; 应有的 yīngyǒu de ◆~人 适当的人物 shìdàng de rénwù ◆~理由なしに 没有适当理由 méiyǒu shìdàng lǐyóu ❷【当然な】◆処罰されて~ 受处分也没什么可说的 shòu chǔfēn yě méi shénme kě shuō de

しかるべく【然るべく】适当地 shìdàng de; 酌情 zhuóqíng ◆ご配慮のほどを 请酌情处理 qǐng zhuóqíng chǔlǐ

しかん【士官】军官 jūnguān ◆~学校 军官学校 jūnguān xuéxiào ◆~候補生 候补军官 hòubǔ jūnguān

しかん【史観】史观 shǐguān ◆唯物~ 唯物史观 wéiwù shǐguān

しかん【弛緩-する】松弛 sōngchí ◆規律が~ 纪律松弛 jìlǜ sōngchí

しがん【志願-する】志愿 zhìyuàn; 应征 yìngzhēng ◆~者 报名者 bàomíngzhě

じかん【時間】时间 shíjiān; 时刻 shíkè ◆~がない 没时间 méi shíjiān ◆~が掛かる 费时间 fèi shíjiān ◆~が迫っている 时间紧迫 shíjiān

じんぱく ♦~に遅れる 误点 wùdiǎn; 过时 guòshí ♦~をかける 用工夫 yòng gōngfu ♦~を見つける 挤时间 jǐ shíjiān; 抽时间 chōu shíjiān ♦2～両小時 liǎng xiǎoshí

じかん【次官】 次官 cìguān ♦外務~ 外务省次官 wàiwùshěng cìguān; 外交部副部长 wàijiāobù fùbùzhǎng

じかんきゅう【時間給】 计时工资 jìshí gōngzī

じかんわり【時間割り】 课程表 kèchéngbiǎo

しき【四季】 四季 sìjì ♦~折々の 四季应时的 sìjì yìngshí de

しき【士気】 士气 shìqì ♦~が上がる 士气高昂 shìqì gāo'áng ♦~がみなぎる 充满干劲 chōngmǎn gànjìn | 指揮-する| 指揮 zhǐhuī

しき【死期】 死期 sǐqī ♦~が近づく 死期临近 sǐqī línjìn ♦~を早める 加速死亡 jiāsù sǐwáng

しき【私記】 私人记录 sīrén jìlù

しき【式】❶《儀式》仪式 yíshì; 典礼 diǎnlǐ ◆《結婚》 举行婚礼 jǔxíng hūnlǐ ♦入学~ 入学典礼 rùxué diǎnlǐ ❷《数などの》式子 shìzi ♦公~ 公式 gōngshì ♦分子~ 分子式 fēnzishì ♦方程~ 方程式 fāngchéngshì ❸《方式》方式 fāngshì ♦日本~ 日本式 Rìběnshì ♦洋~ 西式 xīshì

シギ【鴫】 鹬 yù

じき【時期】 时期 shíqī ♦~尚早 为时尚早 wéi shí shàng zǎo

じき【時機】 机会 jīhuì; 时机 shíjī ♦~をうかがう 窥伺时机 kuīsì shíjī ♦~を待つ 等待时机 děngdài shíjī ♦~を逃がす 错过时机 cuòguò shíjī ♦~到来 时机已到 shíjī yǐ dào; 时机成熟 shíjī chéngshú

じき【磁気】 瓷器 cíqì

じき【磁気】 磁性 cíxìng ♦~あらし 磁暴 cíbào ♦~テープ 磁带 cídài

じき【次期-の】 下届 xiàjiè ♦~首相 下届首相 xiàjiè shǒuxiàng

じき【直-に】 立即 lìjí; 马上 mǎshàng ♦~に戻る 马上就回来 mǎshàng jiù huílái ♦~に夏だ 很快就夏天了 hěn kuài jiù xiàtiān le

じぎ【時宜】 时宜 shíyí ♦~にかなう 适合时宜 shìhé shíyí ♦~を得た 适时 shìshí

じぎ【児戯】 儿戏 érxì ♦~に等しい 等于儿戏 děngyú érxì

じぎ【字義】 字义 zìyì ♦~通りに解釈する 按字面意思解释 àn zìmiàn yìsi jiěshì

しきい【敷居】 门槛 ménkǎn ♦~が高い《比喩》不敢登门 bù gǎn dēngmén

しきいし【敷石】 铺路石 pūlùshí

じきカード【磁気カード】 磁卡 cíkǎ

しきかん【敷金】 鞋垫皮 xiédiànr

しききん【敷金】 押金 yājīn ♦~を入れる 交押金 jiāo yājīn

しきけん【識見】 见识 jiànshí; 见解 jiànjiě ♦~のある 有见识 yǒu jiànshí

しきさい【色彩】❶《いろどり》彩色 cǎisè; 色彩 sècǎi; 颜色 yánsè ♦~の美しい絵 颜色鲜艳的画 yánsè xiānyàn de huà ❷《傾向》倾向 qīngxiàng; 色彩 sècǎi ♦政治の~ 政治色彩 zhèngzhì sècǎi

しきし【色紙】 方形纸笺 fāngxíng zhǐjiān

しきじ【式辞】 祝词 zhùcí ♦~を述べる 致词 zhìcí

じきじき【直々-に】 亲自 qīnzì; 直接 zhíjiē ♦~に訴える 直接上告 zhíjiē shàngggào

しきしゃ【識者】 有识之士 yǒu shí zhī shì

しきしゃ【指揮者】 指挥 zhǐhuī

しきじょう【色情】 色情 sèqíng ♦~狂 色鬼 sèguǐ

しきじょう【式場】 礼堂 lǐtáng

しきそ【色素】 色素 sèsù ♦~沈着 色素沉着 sèsù chénzhuó

じきそ【直訴-する】 直接上告 zhíjiē shàngsù

しきたり【仕来たり】 惯例 guànlì; 常规 chángguī ♦~を破る 打破惯例 dǎpò guànlì ♦~に従う 仿照惯例 fǎngzhào guànlì

ジギタリス《植物》洋地黄 yángdìhuáng; 毛地黄 máodìhuáng

しきち【敷地】 地基 dìjī; 用地 yòngdì ♦~面積 地基面积 dìjī miànjī ♦~内 用地之内 yòngdì zhī nèi

しきちょう【色調】 色调 sèdiào ♦~が淡い 色调淡 sèdiào dàn

しきつめる【敷き詰める】 铺满 pūmǎn

じきでし【直弟子】 嫡传弟子 díchuán dìzi

しきてん【式典】 典礼 diǎnlǐ ♦記念~ 纪念典礼 jìniàn diǎnlǐ

じきでん【直伝-する】 直接传授 zhíjiē chuánshòu

じきひつ【直筆】 亲笔 qīnbǐ ♦~の書簡 亲笔书简 qīnbǐ shūjiǎn

しきふ【敷布】 褥单 rùdān; 床单 chuángdān

しきふく【式服】 礼服 lǐfú

しきぶとん【敷布団】 褥子 rùzi

しきべつ【識別-する】 辨别 biànbié; 分辨 fēnbiàn; 识别 shíbié ♦~がつかない 无法辨别 wúfǎ biànbié

しきもう【色盲】色盲 sèmáng
しきもの【敷物】垫子 diànzi; 铺垫 pūdiàn
しきゅう【子宫】子宫 zǐgōng ◆~ガン 子宫癌 zǐgōng'ái ◆~外妊娠 宫外孕 gōngwàiyùn
しきゅう【支給-する】发 fā; 支付 zhīfù ◆現物~ 实物支付 shíwù zhīfù ◆~される 领取 lǐngqǔ ◆~される 发工资 fā gōngzī
しきゅう【至急】紧急 jǐnjí; 赶快 gǎnkuài; 从速 cóngsù ◆~ご連絡ください 请从速联系 qǐng cóngsù liánxì ◆大~完成する 火速完成 huǒsù wánchéng
じきゅう【時給】小时工资 xiǎoshí gōngzī
じきゅう【自給-する】自给 zìjǐ ◆~自足 自给自足 zìjǐ zìzú
じきゅう【持久】持久 chíjiǔ ◆~戦 持久战 chíjiǔzhàn ◆~力 耐力 nàilì
しきょ【死去-する】去世 qùshì; 死去 sǐqù
じきょ【辞去-する】告辞 gàocí; 告别 gàobié
しきょう【市況】市面 shìmiàn; 市场情况 shìchǎng qíngkuàng; 行情 hángqíng ◆株式~ 股市行情 gǔshì hángqíng
しきょう【司教】主教 zhǔjiào
しぎょう【始業】开始工作 kāishǐ gōngzuò; ◆~時間 上班时间 shàngbān shíjiān ◆~式 开学典礼 kāixué diǎnlǐ
じきょう【自供-する】口供 kǒugòng; 招供 zhāogòng; 自供 zìgòng ◆~を翻す 翻供 fāngòng ◆~書 自供状 zìgòngzhuàng
じぎょう【事業】事业 shìyè ◆慈善~ 慈善事业 císhàn shìyè ◆~を興す 起业 qǐyè; 开创事业 kāichuàng shìyè; 创业 chuàngyè
しきょうひん【試供品】试用品 shìyòngpǐn
しきよく【色欲】色欲 sèyù ◆~を抑える 抑制色欲 yìzhì sèyù
しきょく【支局】分局 fēnjú; 分支机构 fēnzhī jīgòu
じきょく【時局】时局 shíjú ◆重大な~ 重大的时局 zhòngdà de shíjú ◆~が悪化する 时局恶化 shíjú èhuà
じきょく【磁極】磁极 cíjí ◆~のN極 北极 běijí ◆~のS極 南极 nánjí
しきり【仕切り】间隔 jiāngé; 隔壁 gébǎn ◆~線 界限 jièxiàn
しきりに【頻りに】连连 liánlián; 频繁 pínfán; 屡次 lǚcì; 接连不断 jiēlián búduàn ◆~に謝る 连连道歉

liánlián dàoqiàn ◆~にうなずく 频频点头 pínpín diǎntóu
しきる【仕切る】❶《区切る》隔 gé ◆~カーテン 隔帘 gélián ◆部屋を二間に~ 把帘子隔成两间 bǎ liánzi géchéng liǎng jiān ❷《取りしきる》掌管 zhǎngguǎn ◆~は主宰 zhǔzǎi; 主持 zhǔchí; 当头 dāngtóu ◆宴会を~ 主持宴会 zhǔchí yànhuì ◆家事を~ 承担家务 chéngdān jiāwù
しきん【資金】资金 zījīn ◆~を集める 筹集资金 chóují zījīn ◆~源 资金来源 zījīn láiyuán ◆~不足 资金不足 zījīn bùzú ◆~力 财力 cáilì ◆~繰りがつかない 资金周转不开 zījīn zhōuzhuǎnbùkāi
しぎん【詩吟】吟诗 yínshī
しけんせき【試金石】试金石 shìjīnshí
しく【詩句】诗句 shījù
しく【敷く】❶《延べ広げる》铺 pū; 垫 diàn ◆布団を~ 铺床 pūchuáng; 铺被褥 pū bèirù ❷《抑えつける》亭主を尻に~ 欺压丈夫 qīyā zhàngfu ❸《配置する》布置 bùzhì ◆鉄道を~ 铺设铁路 pūshè tiělù ◆背水の陣を~ 布下背水阵 bùxià bèishuǐzhèn ❹《広く及ぼす》发布 fābù ◆法律を~ 发布法律 fābù fǎlǜ
じく【字句】字句 zìjù ◆~訂正 订正 dìngzhèng zìjù
じく【軸】❶《軸》轴 zhóu ◆車~ 车轴 chēzhóu ◆~受け 轴承 zhóuchéng ❷《柄》杆儿 gǎnr ◆マッチの~ 火柴杆 huǒcháigǎn ◆ペン~ 钢笔杆儿 gāngbǐgǎnr ❸《掛け軸》挂轴 guàzhóu ❹《物事の》捜査の~ 搜査核心 sōuchá héxīn
じく【時空】时空 shíkōng ◆~を越える 超越时空 chāoyuè shíkōng
しぐさ【仕種】举止 jǔzhǐ; 动作 dòngzuò; 身段 shēnduàn
ジグザグの 曲里拐弯 qūliguǎiwān; 之字形 zhīzìxíng; 锯齿形 jùchǐxíng ◆~模様 之字形的图案 zhīzìxíng de tú'àn
じくじ【忸怩-たる】愧疚 kuìjiù ◆内心~たるものがある 内心有愧 nèixīn yǒukuì
しくしく 抽抽搭搭 chōuchōudādā ◆~泣く 抽泣 chōuqì
しけ【湿気】潮湿 cháoshī ◆傷が化膿して~ 伤口化脓湿漉漉的 shāngkǒu huànóng shīlùlù de
しくじり 失败 shībài; 失误 shīwù ◆~は許されない 不允许失败 bù yǔnxǔ shībài
しくじる 失败 shībài; 砸锅 záguō; 栽跟头 zāi gēntou

しくつ — しこう 215

しくつ【試掘-する】 试钻 shìzuān; 勘探 kāntàn
シグナル ❶《信号機》红绿灯 hónglǜdēng; 信号机 xìnhàojī ❷《合図》信号 xìnhào ◆~を送る 发信号 fā xìnhào
しくはっく【四苦八苦-する】 千辛万苦 qiān xīn wàn kǔ; 辛苦苦苦 xīn xīn kǔ kǔ
しくみ【仕組み】 结构 jiégòu; 构造 gòuzào
しくむ【仕組む】 谋划 móuhuà; 计划 jìhuà; 策划 cèhuà
シクラメン 仙客来 xiānkèlái
しぐれ【時雨】《初冬の》阵雨 zhènyǔ
しけ【時化】 海上风暴 hǎishàng fēngbào
しけい【死刑】 死刑 sǐxíng ◆~に处する 处死刑 chǔ sǐxíng ◆~囚 死刑囚 sǐxíngqiú
しけい【私刑】 私刑 sīxíng
しげい【至芸】 绝技 juéjì; 绝艺 juéyì; 绝招 juézhāo
じけい【次兄】 二哥 èrgē
しげき【刺激-する】 刺激 cìjī ◆~物 刺激物 cìjīwù ◆~臭 刺激气味 cìjī qìwèi ◆人を~する 刺激别人 cìjī biéren ◆好奇心を~する 激起好奇心 jīqǐ hàoqíxīn
しげき【史劇】 历史剧 lìshǐjù
しげき【詩劇】 诗剧 shījù
しげしげ【繁々-と】 ❶《たびたび》频繁 pínfán ◆~通う 频繁往来 pínfán wǎnglái ❷《じっと》仔细 zǐxì ◆~と見る 端详 duānxiang; 仔细地看 zǐxì de kàn
しけつ【止血-する】 止血 zhǐxuè ◆~剂 止血药 zhǐxuèyào
じけつ【自決-する】 ❶《自殺》自杀 zìshā ❷《自ら決める》自决 zìjué ◆民族~ 民族自决 mínzú zìjué
しげみ【茂み】 草丛 cǎocóng
しける【湿気る】 发潮 fācháo; 受潮 shòucháo
しける【時化る】 ❶《海が荒れる》海上刮风暴 hǎishàng guā fēngbào ❷《不景気な》萧条 xiāotiáo ◆~した面（つら）郁闷的样子 yùmèn de yàngzi
しげる【茂る】 繁茂 fánmào; 茂盛 màoshèng
しけん【私見】 个人意见 gèrén yìjiàn; 己见 jǐjiàn
しけん【試験-する】 ❶《人の能力を》考试 kǎoshì; 测验 cèyàn ◆面接~ 面试 miànshì ◆口頭~ 口试 kǒushì ◆筆記~ 笔试 bǐshì ◆~に受かる 通过考试 tōngguò kǎoshì; 考上 kǎoshàng ◆~に落ちる 没考上 méi kǎoshàng; 落榜 luòbǎng ◆名落孙山 míng luò Sūn Shān ◆~を免除する 免试 miǎnshì ◆~场 考场 kǎochǎng ◆~問題 考题 kǎotí; 试題 shìtí ❷《物の性能を》试验 shìyàn; 检验 jiǎnyàn; 化验 huàyàn ◆品質を~する 检验质量 jiǎnyàn zhìliàng
しけん【私権】 私权 sīquán
しげん【至言】 至理名言 zhì lǐ míng yán
しげん【資源】 资源 zīyuán ◆地下~ 地下资源 dìxià zīyuán ◆~に富む 资源丰富 zīyuán fēngfù ◆~ゴミ 资源垃圾 zīyuán lājī ◆~開発 资源开发 zīyuán kāifā ◆天然~ 天然资源 tiānrán zīyuán ◆人的~ 人力资源 rénlì zīyuán
じけん【事件】 事件 shìjiàn; 案件 ànjiàn ◆~が起きる 发生案件 fāshēng ànjiàn ◆~を捜查する 侦查事件 zhēnchá shìjiàn ◆殺人~ 杀人案 shārén'àn
じげん【次言】 ❶《授業の》课时 kèshí; 学时 xuéshí ◆第一~目 第一节课 dìyī jié kè ❷《時間を決めた限期》限期 xiànqī ◆~ストライキ 限期罢工 xiànqī bàgōng ◆~爆弾 定时炸弹 dìngshí zhàdàn ◆~立法 限制立法 xiànzhì lìfǎ
じげん【次元】 次元 cìyuán ◆四~の世界 四维世界 sìwéi shìjiè
しけんかん【試験管】 试管 shìguǎn ◆~ベイビー 试管婴儿 shìguǎn yīng'ér
しご【死後】 死后 sǐhòu; 身后 shēnhòu ◆~硬直 死后僵直 sǐhòu jiāngzhí
しご【死語】 ❶《単語》废词 fèicí; 死词 sǐcí ❷《言語》死语 sǐyǔ
しご【私語】 私语 sīyǔ ◆教室では~を禁じる 教室里不准私语 jiàoshìlǐ bùzhǔn sīyǔ
じこ【自己】 自我 zìwǒ; 自己 zìjǐ
じこ【事故】 事故 shìgù; 意外 yìwài ◆~が起きる 发生事故 fāshēng shìgù ◆~に遭う 遇到意外 yùdào yìwài ◆~現場 事故现场 shìgù xiànchǎng ◆~死 事故死亡 shìgù sǐwáng ◆~を防ぐ 防止事故 fángzhǐ shìgù ◆交通~ 交通事故 jiāotōng shìgù; 交通肇事 jiāotōng zhàoshì; 车祸 chēhuò
じご【事後】 事后 shìhòu ◆~承諾 事后承认 shìhòu chéngrèn ◆~处理 善后处理 shànhòu chǔlǐ
じこあんじ【自己暗示】 自我暗示 zìwǒ ànshì ◆~にかかる 陷入自我暗示 xiànrù zìwǒ ànshì
しこう【志向】 志向 zhìxiàng; 意向 yìxiàng ◆プラス~ 进取精神 jìnqǔ jīngshén

しこう【思考-する】 思考 sīkǎo; 思维 sīwéi

しこう【施行-する】 施行 shīxíng; 实施 shíshī ◆法律を～ 实施法律 shíshī fǎlǜ

しこう【歯垢】 牙垢 yágòu ◆～をとる 除去牙垢 chúqú yágòu

しこう【嗜好】 嗜好 shìhào; 爱好 àihào; 口味 kǒuwèi; 趣味 qùwèi ◆～が変わる 口味改变 kǒuwèi gǎibiàn ◆～に合わない 不合口味 bùhé kǒuwèi ◆～品 嗜好品 shìhàopǐn

しこう【私行】 私生活 sīshēnghuó ◆～を暴く 暴露私生活 bàolù sīshēnghuó

じこう【事項】 事项 shìxiàng; 项目 xiàngmù

じこう【時効】 时效 shíxiào ◆～期间 时效期间 shíxiào qījiān

じこう【時候】 时令 shíling ◆～の挨拶 时令问候 shíling wènhòu

じごう【次号】 下一期 xiàyíqī

しこうさくご【試行錯誤】 ◆～を重ねる 反复试验 fǎnfù shìyàn

じごうじとく【自業自得】 自作自受 zì zuò zì shòu; 咎由自取 jiù yóu zì qǔ; 自食其果 zì shí qí guǒ

じごえ【地声】 天生的嗓子 tiānshēng de sǎngzi ◆～が大きい 嗓门大 sǎngmén dà

しごく【扱く】 ❶《細長いものを》捋 luō; 撸 lū ◆枝についている葉を扱き落とす 把树枝上的叶子捋下来 bǎ shùzhī shang de yèzi lǔxiàlái ❷《訓練する》严格训练 yángé xùnliàn

しごく【至極】 极为 jíwéi ◆～もっともだ 对极了 duìjíle ◆残念～ 遗憾万分 yíhàn wànfēn

じこく【時刻】 时刻 shíkè; 钟点 zhōngdiǎn; 时候 shíhòu ◆～を知らせる 报时 bàoshí ◆～表 时刻表 shíkèbiǎo

じこく【自国】 本国 běnguó ◆～语 本国语 běnguóyǔ

じごく【地獄】 地狱 dìyù ◆～耳 顺风耳 shùnfēng'ěr; 耳朵尖 ěrduo jiān ◆～の沙汰も金次第 有钱能使鬼推磨 yǒu qián néng shǐ guǐ tuī mò

じこけんじ【自己顕示】 自我表现 zìwǒ biǎoxiàn

じこしょうかい【自己紹介-する】 自我介绍 zìwǒ jièshào

じごしょうだく【事後承諾-する】 追认 zhuīrèn; 事后同意 shìhòu tóngyì

しごせん【子午線】 经线 jīngxiàn; 子午线 zǐwǔxiàn

じこせんでん【自己宣伝-する】 自我宣传 zìwǒ xuānchuán; 自吹自擂 zì chuī zì léi

しごたま 很多 hěn duō ◆～储ける 赚了很多钱 zhuànle hěn duō qián

しごと【仕事】 工作 gōngzuò; 活儿 huór; 职业 zhíyè ◆～をする 工作 gōngzuò; 做工 zuò gōng; 劳动 láodòng ◆野良～ 庄稼活儿 zhuāngjiahuór ◆～がひける 下工 xià gōng; 下班 xià bān ◆～につく 就业 jiù yè ◆～に行く 出工 chū gōng; 上班 shàng bān ◆～をはる 旷工 kuàng gōng ◆～をやめる 辞职 cízhí ◆～を休む 缺勤 quēqín; 歇工 xiē gōng; 请假 qǐng jià ◆～を終える 收工 shōu gōng; 下班 xià bān ◆～を捜す 找工作 zhǎo gōngzuò

じことうすい【自己陶酔-する】 自我陶醉 zìwǒ táozuì

しごとば【仕事場】《工場》车间 chējiān;《手工業》作坊 zuòfang;《工事》工地 gōngdì;《作場》工作岗位 gōngzuò gǎngwèi

じこひはん【自己批判】 自我批评 zìwǒ pīpíng; 检讨 jiǎntǎo

じこほうこく【事後報告-する】 补报 bǔbào; 事后报告 shìhòu bàogào

じこほんい【自己本位-の】 自私自利 zì sī zì lì

じこまんぞく【自己満足-する】 自我满足 zìwǒ mǎnzú

しこみ【仕込み】 ❶《仕込むこと》准备 zhǔnbèi ◆料理の～ 准备饭菜 zhǔnbèi fàncài ❷《身につけたこと》イギリス～のユーモア 在英国养成的幽默 zài Yīngguó yǎngchéng de yōumò

しこむ【仕込む】 ❶《教える》教える; 教技艺 jiāo jìyì ❷《醸造の原料を詰める》◆味噌を～ 下酱 xià jiàng ❸《仕入れる》采购 cǎigòu ◆食料を～ 买进粮食 mǎijìn liángshí

しこり【痼】 ❶《筋肉の》疙瘩 gēda ◆～ができる 长疙瘩 zhǎng gēda ❷《気分》隔阂 géhé; 隔膜 gémó ◆心に～が残る 产生隔阂 chǎnshēng géhé

しこん【歯根】 牙根 yágēn

しこん【斯魂】 暗示 ànshì; 启发 qǐfā ◆～に富んだ 充满启发的 chōngmǎn qǐfā de

じさ【時差】 时差 shíchā ◆～ぼけ 时差不适应 shíchā bú shìyìng; 时差反应 shíchā fǎnyìng ◆～出勤 错开时间上班 cuòkāi shíjiān shàngbān

しさい【子細】 ❶《詳細》仔细 zǐxì; 详细 xiángxì ◆～に语る 详细述说 xiángxì shùshuō ❷《詳しい事情》缘故 yuángù; 缘由 yuányóu; 原委 yuánwěi; 根底 gēndǐ ◆～を述べる 详述原委 xiángshù yuánwěi

❸《差し支え》妨碍 fáng'ài ♦特に~はない 没有特别妨碍 méiyǒu tèbié fáng'ài

しさい【司祭】神甫 shénfu; 司铎 sīduó

しさい【詩才】诗才 shīcái

しざい【資材】资材 zīcái; 材料 cáiliào

しざい【私財】个人财产 gèrén cáichǎn; 私产 sīchǎn ♦~を投じて学校を創設する 投入个人财产创办学校 tóurù gèrén cáichǎn chuàngbàn xuéxiào

じざい【自在-の】自如 zìrú; 自由自在 zì yóu zì zài ♦~に操る 操纵自如 cāozòng zìrú

しさく【思索-する】思索 sīsuǒ; 沉思 chénsī

しさく【試作-する】试制 shìzhì ♦~品 试制品 shìzhìpǐn

しさく【施策】措施 cuòshī ♦~を講じる 采取措施 cǎiqǔ cuòshī

しさく【作詩-する】作诗 zuòshī ♦自作自編自演 zì biān zì yǎn

じざけ【地酒】土产酒 tǔchǎnjiǔ

しさつ【刺殺-する】刺杀 cìshā

しさつ【視察-する】考察 kǎochá; 视察 shìchá ♦~団 考察团 kǎochátuán

じさつ【自殺-する】自杀 zìshā ♦~を図る 企图自杀 qìtú zìshā ♦~未遂 自杀未遂 zìshā wèisuì ♦~行为 找死 zhǎosǐ

しさん【四散-する】四散 sìsàn; 四飞五散 sì fēi wǔ sàn

しさん【資産】财产 cáichǎn; 资产 zīchǎn ♦固定~ 固定资产 gùdìng zīchǎn

しさん【試算-する】估算 gūsuàn ♦経費を~する 估算经费 gūsuàn jīngfèi

しざん【死産-する】死产 sǐchǎn

じさん【持参-する】自备 zìbèi ♦弁当に~ 盒饭自备 héfàn zìbèi

じさん【自賛-する】自夸 zìkuā

しし【史詩】史诗 shǐshī

しし【四肢】四肢 sìzhī; 肢体 zhītǐ

シシ【獅子】狮子 shīzi ♦~身中の虫 害群之马 hài qún zhī mǎ ♦~座 狮子座 shīzizuò

じじ【師事-する】拜师 bàishī

しじ【指示-する】指示 zhǐshì; 命令 mìnglìng ♦~に従う 按照指示 ànzhào zhǐshì ♦~を仰ぐ 请求指示 qǐngqiú zhǐshì

しじ【支持-する】拥护 yōnghù; 支持 zhīchí ♦~を得る 得到拥护 dédào yōnghù ♦~者 拥护者 yōnghùzhě

しじ【私事】私事 sīshì ♦~にわたる 涉及私事 shèjí sīshì

じじ【時事】时事 shíshì ♦~問題 时事问题 shíshì wèntí

じじこっこく【時々刻々】时时刻刻 shíshíkèkè

ししそんそん【子々孫々】子子孙孙 zǐzǐsūnsūn; 世世代代 shìshìdàidài

しじだいし【指示代詞】指示代词 zhǐshì dàicí

ししつ【資質】资质 zīzhì; 天资 tiānzī

じじつ【史実】史实 shǐshí

じじつ【自失-する】茫然~する 茫然自失 máng rán zì shī

じじつ【事実】事实 shìshí ♦~に照らして 对照事实 duìzhào shìshí ♦~に基づいて 据实 jùshí ♦~に反する 失实 shīshí ♦~を曲げる 歪曲事实 wāiqū shìshí ♦~上 事实上 shìshíshàng

じじつ【時日】日期 rìqī; 时日 shírí ♦~は追って知らせます 日期随后通知 rìqī suíhòu tōngzhī ♦~を要する 需要时日 xūyào shírí

ししばな【獅子鼻】塌鼻子 tābízi

ししまい【獅子舞】狮子舞 shīziwǔ

シジミ【蜆】蚬 xiǎn

ししゃ【使者】使者 shǐzhě ♦~を送る 派遣使者 pàiqiǎn shǐzhě

ししゃ【試写-する】预映 yùyìng ♦~会 试映会 shìyìnghuì

ししゃ【支社】分公司 fēngōngsī ♦~を置く 设立分公司 shèlì fēngōngsī

ししゃ【死者】死者 sǐzhě; 死人 sǐrén ♦~に鞭打つ 鞭尸 biānshī

じしゃ【自社】本公司 běn gōngsī

ししゃく【子爵】子爵 zǐjué

じしゃく【磁石】磁石 císhí; 吸铁石 xītiěshí ♦方位~ 指南针 zhǐnánzhēn

じじゃく【自若】自若 zìruò ♦~たる態度 神态自若 shéntài zìruò ♦泰然~ 泰然自若 tài rán zì ruò

ししゃごにゅう【四捨五入-する】四舍五入 sì shě wǔ rù

シシャモ【柳葉魚】柳叶鱼 liǔyèyú

ししゅ【死守-する】死守 sǐshǒu; 困守 kùnshǒu

ししゅ【詩趣】诗意 shīyì; 诗趣 shīqù ♦~に富む 充满诗意 chōngmǎn shīyì

じしゅ【自首-する】投案 tóu'àn; 自首 zìshǒu

じしゅ【自主】自主 zìzhǔ; 主动 zhǔdòng ♦~独立 独立自主 dúlì zìzhǔ ♦~権 自主权 zìzhǔquán ♦~性 主动性 zhǔdòngxìng ♦~規制 主动限制 zhǔdòng xiànzhì ♦~的に 主

动地 zhǔdòng de
ししゅう【刺繡-する】刺绣 cìxiù ♦～糸 绣花线 xiùhuāxiàn ♦～針 刺绣针 cìxiùzhēn
ししゅう【詩集】诗集 shījí
しじゅう【始終】❶《始めから終わりまで》始终 shǐzhōng；自始至终 zì shǐ zhì zhōng ♦从头到尾 cóng tóu dào wěi；一五一十 yī wǔ yī shí ❷《いつも》经常 jīngcháng；时常 shícháng；老是 lǎoshì；总是 zǒngshì ♦他是一電車の中に傘を忘れる 他经常把雨伞忘在电车里 tā jīngcháng bǎ yǔsǎn wàng zài diànchē lǐ ♦彼は一遅れて来る 他老迟到 tā lǎo chídào ♦～テレビを见ている 老看电视 lǎo kàn diànshì
じしゅう【自修-する】自学 zìxué；自修 zìxiū
じしゅう【自習-する】自习 zìxí；自习 zìxí ♦～室 自习室 zìxíshì ♦～時間 自习时间 zìxí shíjiān
じじゅう【侍従】侍从 shìcóng
じじゅう【自重】自重 zìzhòng ♦～1トンの 自重一吨的 zìzhòng yì dūn de
シジュウカラ【四十雀】大山雀 dàshānquè
しじゅうそう【四重奏】四重奏 sìchóngzòu ♦弦楽－ 弦乐四重奏 xiányuè sìchóngzòu
ししゅうびょう【歯周病】牙周病 yázhōubìng
ししゅく【私淑-する】私淑 sīshū；衷心景仰 zhōngxīn jǐngyǎng
ししゅく【私塾】私塾 sīshū
じしゅく【自粛-する】自我克制 zìwǒ kèzhì；自我约束 zìwǒ yuēshù
ししゅつ【支出-する】支出 zhīchū；开支 kāizhī ♦～を超過にする 超过这些支出 ♦～を抑える 减缩支出 jiǎnsuō zhīchū
ししゅんき【思春期】青春期 qīngchūnqī
ししょ【史書】史书 shǐshū
ししょ【司書】图书管理员 túshū guǎnlǐyuán
ししょ【支所】分公司 fēngōngsī；办事处 bànshìchù
ししょ【私書】私人信件 sīrén xìnjiàn
じしょ【子女】儿女 érnǚ；子女 zǐnǚ ♦帰国～ 归国子女 guīguó zǐnǚ
じしょ【字書】字典 zìdiǎn；字书 zìshū
じしょ【辞書】词典 cídiǎn ♦～を引く 查词典 chá cídiǎn
じしょ【地所】地产 dìchǎn；地皮 dìpí
じしょ【自署】自己签名 zìjǐ qiānmíng
じじょ【次女】次女 cìnǚ；二女儿 èr nǚ'ér
じじょ【自助】自力更生 zìlì gēngshēng
ししょう【師匠】师傅 shīfu；宗师 zōngshī
ししょう【死傷-する】伤亡 shāngwáng；死伤 sǐshāng ♦～者 死伤者 sǐshāngzhě
ししょう【故障】故障 gùzhàng；障碍 zhàng'ài ♦～をきたす 造成故障 zàochéng gùzhàng ♦～がない 没有妨碍 méiyǒu fáng'ài
ししょう【市場】市场 shìchǎng ♦～価格 市价 shìjià
ししょう【私情】私情 sīqíng ♦～にとらわれる 徇私 xùnsī ♦～を挟む 挟私 xiésī
しじょう【至上-の】至上 zhìshàng ♦～命令 最高命令 zuìgāo mìnglìng
しじょう【詩情】诗意 shīyì；诗情 shīqíng ♦～豊かな 充满诗意 chōngmǎn shīyì；富有诗情 fùyǒu shīqíng
しじょう【史上】历史上 lìshǐshang ♦～例を見ない 史无前例 shǐ wú qiánlì
しじょう【紙上】《新聞の》报刊上 bàokānshang；版面 bǎnmiàn
しじょう【試乗-する】试乘 shìchéng
しじょう【誌上】杂志上 zázhìshang
じしょう【自称】自称 zìchēng
じじょう【事情】情况 qíngkuàng；情形 qíngxing ♦内部～ 内情 nèiqíng ♦～に明るい 了解内情 liǎojiě nèiqíng ♦～を聴取 听取情况 tīngqǔ qíngkuàng ♦～を打ち明ける 说明缘故 shuōmíng yuángù
じじょう【自乗-する】《数学》自乘 zìchéng ♦～数 自乘数 zìchéngshù ♦《比喩》苦痛が～される 痛苦百倍增加 tòngkǔ bǎibèi zēngjiā
しじょうかかく【市場価格】市价 shìjià
じじょうさよう【自浄作用】自净作用 zìjìng zuòyòng
じじょしょうせつ【自叙小説】自叙体小说 zìxùtǐ xiǎoshuō
ししょく【試食-する】品尝 pǐncháng
じしょく【辞職】辞职 cízhí ♦～願い 辞呈 cíchéng；辞职书 cízhíshū
じじょでん【自叙伝】自传 zìzhuàn
しじょばこ【私書箱】邮政专用信箱 yóuzhèng zhuānyòng xìnxiāng
ししん【指針】指南 zhǐnán；指针 zhǐzhēn ♦行動の～ 行动的指针

ししん【私信】 私信 sīxìn；私人信件 sīrén xìnjiàn
ししん【私心】 私心 sīxīn ◆~のない 无私 wúsī ◆いささかの~もない 没存一丝私心 méi cún yìsī sīxīn
じじん【私人】 私人 sīrén；个人 gèrén
じじん【詩人】 诗人 shīrén
じしん【磁針】 磁针 cízhēn
じしん【自信】 信心 xìnxīn；自信心 zìxìnxīn ◆~がある 有自信 yǒu zìxìn；有把握 yǒu bǎwò ◆~がない 没自信 méiyǒu zìxìn；没有把握 méiyǒu bǎwò ◆~を取り戻す 恢复自信 huīfù zìxìn ◆~をなくす 丧失信心 sàngshī xìnxīn ◆過剰に~である 过分自信 guòyú zìxìn ◆満々である 信心十足 xìnxīn shízú；满怀自信 mǎnhuái zìxìn
じしん【自身】 本身 běnshēn；自己 zìjǐ；自身 zìshēn ◆私~ 我自己 wǒ zìjǐ
じしん【地震】 地震 dìzhèn ◆~計 地震仪 dìzhènyí ◆~災害救援活动 抗震救灾 kàngzhèn jiùzāi ◆~対策 抗震対策 kàngzhèn duìcè ◆~波 地震波 dìzhènbō ◆~予知 地震预测 dìzhèn yùcè ◆~活動期 地震活跃期 dìzhèn huóyuèqī ◆~が起きる 发生地震 fāshēng dìzhèn
じすい【自炊-する】 自己做饭 zìjǐ zuòfàn
しすう【指数】 指数 zhǐshù ◆知能~ 智商 zhìshāng ◆物価~ 物价指数 wùjià zhǐshù
しすう【紙数】 页数 yèshù；篇幅 piānfu ◆~に限りがある 篇幅有限 piānfu yǒuxiàn
しずか【静かな】 安静 ānjìng；平静 píngjìng ◆~な海 宁静的海面 níngjìng de hǎimiàn ◆~な人柄 文静的性格 wénjìng de xìnggé ◆~にしなさい 安静点儿 ānjìng diǎnr
しすぎる【し過ぎる】 过度 guòdù ◆心配~ 过度担心 guòdù dānxīn ◆食べ過ぎる 吃得过多 chīde guòduō
しずく【雫】 水滴 shuǐdī
しずしず【静静と】 静悄地 jìngqiāode；悄悄 qiāoqiāode
システム 体系 tǐxì；体制 tǐzhì；系统 xìtǒng
じすべり【地滑り-する】 滑坡 huápō；坍方 tānfāng；山崩 shānbēng
しずまる【静まる】 ◆会場が~ 会场安静下来 huìchǎng ānjìngxiàlái ◆反乱が~ 叛乱平息 pànluàn píngxī ◆痛みが~ 疼痛缓解 téngtòng huǎnjiě ◆気が~ 心情平

静下来 xīnqíng píngjìngxiàlái ◆暴风雨が~ 狂风平静下来 kuángfēng píngjìngxiàlái
しずむ【沈む】 沉 chén；沉没 chénmò；下沉 xiàchén ◆船が~ 船沉没 chuán chénmò ◆日が~ 日落 rìluò ◆下山 xiàshān ◆沈んだ顔 低沉的面容 dīchén de miànróng ◆村が水に沈んだ 村庄被水淹没了 cūnzhuāng bèi shuǐ yānmòle
しずめる【沈める】 ◆船を~ 让船沉入水中 ràng chuán chénrù shuǐzhōng
しずめる【静鎮める】 镇定 zhèndìng；平定 píngdìng；平息 píngxī ◆鸣りを~ 悄然无声 qiǎorán wúshēng ◆怒りを~ 息怒 xīnù ◆痛みを~ 止痛 zhǐtòng；减轻痛苦 jiǎnqīng tòngkǔ
じする【持する】 ❶〈維持〉持 chí；保持 bǎochí ◆身を高く~ 持身高洁 chíshēn gāojié ◆満を~ 引满以待 yǐn mǎn yǐ dài ❷〈固く守る〉遵守 zūnshǒu ◆教えを~ 遵守教训 zūnshǒu jiàoxun ◆戒を~
じする【辞する】 〈帰る〉告辞 gàocí；〈辞職〉辞去 cíqù ◆死をも辞さない 宁死不辞 nìng sǐ bù cí
しせい【四声】 四声 sìshēng
しせい【姿勢】 ❶〈格好〉姿势 zīshì ◆~がいい 姿势端正 zīshì duānzhèng ◆~を正す 挺直身体 tǐngzhí shēntǐ ❷〈態度〉态度 tàidu；姿态 zītài ◆前向きの~ 积极的态度 jījí de tàidu
しせい【市井】 市井 shìjǐng
しせい【市制】 市制 shìzhì ◆~をしく 实行市制 shíxíng shìzhì
しせい【市政】 市政 shìzhèng
しせい【施政】 施政 shīzhèng ◆~方针 施政方针 shīzhèng fāngzhēn
しせい【私製-の】 私人制造 sīrén zhìzào；自制 zìzhì
じせい【時勢】 时势 shíshì；形势 xíngshì ◆~にうとい 不识时务 bù shí shíwù
じせい【時世】 时世 shíshì；时代 shídài ◆ご~ 一世道 shìdao
じせい【磁性】 磁性 cíxìng
じせい【自省】 自省 zìxǐng
じせい【自制】 自制 zìzhì；克制自己 kèzhì zìjǐ ◆~心 自制能力 zìzhì nénglì ◆~心を失う 失去自制力 shīqù zìzhìlì
じせい【時制】 〈テンス〉时态 shítài
じせい【自生-する】 野生 yěshēng
じせい【辞世】 辞世 císhì ◆~の句 临终诗句 línzhōng shījù；绝命诗 juémìngshī
しせいかつ【私生活】 私生活 sī-

しせき【史跡】 史迹 shǐjì; 古迹 gǔjì
しせき【歯石】 牙石 yáshí; 牙垢 yágòu ◆ ～を取り除く 去掉牙石 qùdiào yáshí
じせき【事績】 事迹 shìjì
じせき【次席】 次席 cìxí ◆ ～検事 次席検察官 cìxí jiǎncháguān
じせき【自責】 自责 zìzé; 内心自咎 nèixīn zìjiù
じだい【次世代】 下一代 xiàyídài; 新一代 xīnyídài ◆ ～コンピュータ 下一代电脑 xiàyídài diànnǎo
しせつ【使節】 使节 shǐjié ◆ ～団 使节团 shǐjiétuán
しせつ【施設】 设备 shèbèi; 设施 shèshī
しせつ【私設-の】 私立 sīlì; 私人设立 sīrén shèlì ◆ ～秘書 私人秘书 sīrén mìshū
じせつ【時節】 ❶{时候} 时节 shíjié; 时令 shílìng ◆ 柄 鉴于时势 jiànyú shíshì ◆ ～ではずれの 不合时令的 bùhé shílìng de ❷{機会} 时机 shíjī; 机会 jīhuì ◆ ～到来 时机成熟 shíjī chéngshú ◆ ～を待つ 等待时机 děngdài shíjī ❸{時勢} 时势 shíshì; 时代 shídài
じせつ【自説】 己见 jǐjiàn ◆ ～に固執する 固执己见 gùzhí jǐjiàn
しせん 支线 zhīxiàn
しせん【視線】 视线 shìxiàn; 眼光 yǎnguāng ◆ ～をそらす 转移视线 zhuǎnyí shìxiàn ◆ ～を避ける 避开视线 bìkāi shìxiàn
しせん【死線】 生死关头 shēngsǐ guāntóu; 死亡线 sǐwángxiàn
しぜん【自然】 自然 zìrán; 自然界 zìránjiè; 大自然 dàzìrán ◆ ～現象 自然现象 zìrán xiànxiàng ◆ ～淘汰 自然淘汰 zìrán táotài ◆ ～災害 自然灾害 zìrán zāihài ◆ 病気が～に治る 自然痊愈 zìrán quányù ◆ ～な動作 自然的动作 zìrán de dòngzuò
じせん【自薦-する】 自荐 zìjiàn
じせん【自選】 自选 zìxuǎn
じぜん【事前に】 事前 shìqián; 事先 shìxiān ◆ ～に通告する 预先通知 yùxiān tōngzhī
じぜん【慈善】 慈善 císhàn ◆ ～事業 慈善事业 císhàn shìyè
じぜん【次善の】 ～の策 中策 zhōngcè; 次善之策 cìshàn zhī cè
しそ【始祖】 始祖 shǐzǔ; 鼻祖 bízǔ
シソ【紫蘇】 紫苏 zǐsū
しそう【志操】 操守 cāoshǒu; 节操 jiécāo ◆ ～堅固 坚守坚定 cāoshǒu jiāndìng
しそう【思想】 思想 sīxiǎng ◆ ～家 思想家 sīxiǎngjiā
しそう【詞藻】 辞藻 cízǎo
しそう【死相】 死相 sǐxiàng
しそう【詩想】 诗的构思 shī de gòusī ◆ ～がわく 诗的构思涌出 shī de gòusī yǒngchū
しぞう【死蔵-する】 藏着不用 cángzhe bùyòng
じぞう【地蔵】 地藏菩萨 dìzàng púsà
しそく【子息】 儿子 érzi ◆ 御～ 令郎 lìngláng; 公子 gōngzǐ
しぞく【氏族】 氏族 shìzú ◆ ～制度 氏族制度 shìzú zhìdù
じそく【時速】 时速 shísù ◆ ～制限 时速限制 shísù xiànzhì ◆ ～200キロ 时速二百公里 shísù èrbǎi gōnglǐ
じぞく【持続-する】 持续 chíxù; 延续 yánxù; 继续 jìxù ◆ ～力 耐力 nàilì ◆ ～可能な発展[開発] 可持续发展 kě chíxù fāzhǎn
しそこなう【仕損なう】 弄错 nòngcuò; 搞糟 gǎozāo; 失误 shīwù ◆ 計算を～ 算错了 suàncuò le
しそん【子孫】 儿孙 érsūn; 后代 hòudài; 后裔 hòuyì ◆ ～が絶える 断根 duàngēn; 绝后 juéhòu ◆ ～が繁栄する 子孙旺盛 zǐsūn wàngshèng
じそんしん【自尊心】 自尊心 zìzūnxīn ◆ 彼の～を傷つけた 伤了他的自尊心 shāngle tā de zìzūnxīn
した【下】 底下 dǐxià; 下边 xiàbiān ◆ 下面 xiàmiàn ◆ ～の者 部下 bùxià; 下级 xiàjí ◆ 二つ～の妹 小两岁的妹妹 xiǎo liǎng suì de mèimei
した【舌】 舌头 shétou ◆ ～がこわばる 結舌 jiéshé ◆ ～がもつれる 舌头不灵活 shétou bù línghuó ◆ ～の乾かぬうちに 言犹在耳 yán yóu zài ěr ◆ ～を出す 伸出舌头 shēnchū shétou ◆ ～を巻く 赞叹不已 zàntàn bù yǐ
シダ【羊歯】 羊齿 yángchǐ
じた【自他】 自己和他人 zìjǐ hé tārén ◆ ～共に認める 众所公认 zhòngsuǒ gōngrèn
じだ【耳朵】 耳朵 ěrduo ◆ ～に残る 言犹在耳 yán yóu zài ěr ◆ ～に触れる 听到 tīngdào
したあご【下顎】 下颚 xià'è; 下巴 xiàba; 下颌 xiàhé
したい【姿態】 仪态 yítài; 姿态 zītài
したい【死体】 尸首 shīshou; 尸体 shītǐ ◆ ～遺棄 尸体遗弃 shītǐ yíqì
したい【肢体】 肢体 zhītǐ
したい【欲する】 要 yào; 愿意 yuànyì ◆ 留学～ 想留学 xiǎng liúxué

しだい【次第】 ❶《順序》次序 cìxù; 程序 chéngxù ❷《式》仪式的程序 yíshì de chéngxù ❸《前の動作後直ちに》就 jiù; 立即 lìjí ♦着きー到后立即 dào hòu lìjí ❹《なりゆきに任せる》看 kàn ♦お天気ー 要看天气如何 yào kàn tiānqì rúhé ♦うまくいくかどうかはあなたーだ 成功不成功就看你的 chénggōng jiù kàn nǐ de le

じたい【事態】 事态 shìtài; 形势 xíngshì ♦ーが悪化する 事态恶化 shìtài èhuà ♦ーの成り行きを見守る 关注事态的发展变化 guānzhù shìtài de fāzhǎn biànhuà

じたい【字体】 字体 zìtǐ

じたい【自体】 自身 zìshēn ♦考え方ー 想法本身 xiǎngfa běnshēn

じたい【辞退】 推辞 tuīcí; 谢绝 xièjué ♦招待をーする 谢绝招待 xièjué zhāodài

じだい【時代】 时代 shídài ♦ーに遅れる 过时 guòshí ♦ー遅れ 迂腐 yūfǔ; 陈旧 chénjiù ♦ーの寵児(ちょうじ) 时代的宠儿 shídài de chǒng'ér ♦ーを画する 划时代 huàshídài ♦ー劇 历史剧 lìshǐjù ♦ー錯誤 弄错时代 nòngcuò shídài ♦ーと時代に合わず shídài bù hé ♦ー背景 时代背景 shídài bèijǐng ♦ーがかった 古色古香 gǔ sè gǔ xiāng

じだい【地代】 地租 dìzū ♦ーを払う 交地租 jiāo dìzū

じだい【次代】 下一代 xiàyīdài

じだいしゅぎ【事大主義】 事大主义 shìdà zhǔyì

しだいに【次第に】 渐渐 jiànjiàn; 慢慢 mànmàn; 逐渐 zhújiàn

したう【慕う】 ❶《恋し思う》爱慕 àimù; 思慕 sīmù; 想念 xiǎngniàn ♦故郷を— 思念故乡 sīniàn gùxiāng ♦母を— 思念母亲 xiǎngniàn mǔqīn ❷《敬服して》敬仰 jìngyǎng; 景仰 jǐngyǎng; 倾慕 qīngmù

したうけ【下請け】 转包 zhuǎnbāo

したうち【舌打ちーする】 咂嘴 zāzuǐ

したえ【下絵】 画稿 huàgǎo ♦ーを描く 画画稿 huà huàgǎo

したがう【従う】 ❶《随行する》随 suí; 跟随 gēnsuí ♦観光ガイドにー 跟着旅游向导 gēnzhe lǚyóu xiàngdǎo ❷《服従する》服从 fúcóng; 听从 tīngcóng; 顺从 shùncóng ♦指示にー 服从指示 fúcóng zhǐshì ♦忠告にー 听从忠告 tīngcóng zhōnggào ❸《沿って進む》顺 shùn; 沿 yán ♦道に従って進む 顺着道路 shùnzhe dàolù ♦川曲がる 顺着河弯 shùnzhe hé guǎiwān ♦川の流れに沿って 顺着河水流向 shùnzhe héshuǐ liúxiàng ❹《規則・習慣のま

まに》依照 yīzhào; 遵循 zūnxún; 遵照 zūnzhào ♦法律にー 依照法律 yīzhào fǎlǜ ♦慣例にー 遵循惯例 zūnxún guànlì ❺《順応する》年取るに従って 随着年龄增长 suízhe niánlíng zēngzhǎng ♦時の経つに従って 随着时间的推移 suízhe shíjiān de tuīyí

したがえる【従える】 ❶《引き連れる》率领 shuàilǐng ♦部下をー 率领部下 shuàilǐng bùxià ❷《服従させる》征服 zhēngfú ♦天下をー 征服天下 zhēngfú tiānxià

したがき【下書き】 草稿 cǎogǎo; 底稿 dǐgǎo

したがって【従って】 所以 suǒyǐ; 从而 cóng'ér; 因此 yīncǐ; 因而 yīn'ér

したぎ【下着】 内衣 nèiyī

したく【支度ーする】 预备 yùbèi ♦食事のーをする 准备吃饭 zhǔnbèi chīfàn ♦旅ーが整う 准备好行装 zhǔnbèihǎo xíngzhuāng

したく【私宅】 私人住宅 sīrén zhùzhái

じたく【自宅】 自宅 zìzhái ♦ー療養 在家疗养 zài jiā liáoyǎng

したくちびる【下唇】 下嘴唇 xiàzuǐchún

したごころ【下心】 鬼胎 guǐtāi; 用心 yòngxīn ♦ーがある 别有用心 bié yǒu yòngxīn

したごしらえ【下拵え】 预备 yùbèi; 事先准备 shìxiān zhǔnbèi

したさき【舌先】 舌尖 shéjiān ♦ーで言いくるめる 巧言哄骗 qiǎoyán hōngpiàn ♦ー三寸 三寸不烂之舌 sān cùn bù làn zhī shé

したじ【下地】 ❶《基礎》基础 jīchǔ; 底子 dǐzi ♦民主主義のーを作る 奠定民主基础 diàndìng mínzhǔ jīchǔ ❷《素質》素质 sùzhì

したじ【仕出し】 外送饭菜 wàisòng fàncài

したしい【親しい】 亲密 qīnmì; 亲近 qīnjìn ♦ー友人 亲密的朋友 qīnmì de péngyou ♦親しき仲にも礼儀あり 亲密也要有个分寸 qīnmì yě yào yǒu ge fēncun

したじき【下敷き】 ❶《文房具》垫板 diànbǎn ❷《手本》样本 yàngběn; 蓝本 lánběn ❸《事故》ーになる 被压在他下 bèi yā zài dǐxia

したしみ【親しみ】 亲切 qīnqiè; 亲热 qīnrè ♦ーを覚える 感觉亲近 gǎnjuè qīnjìn

したしむ【親しむ】 亲近 qīnjìn; 喜好 xǐhào ♦自然にー 接触大自然 jiēchù dàzìrán

したじゅんび【下準備ーする】 预先准

備 yùxiān zhǔnbèi
したしらべ【下調べ-する】 预先调查 yùxiān diàochá
したたか【強かな】（ひどい）厉害 lìhai；（手ごわい）不好惹的 bù hǎo rě de
したためる【認める】（書き記す）书写 shūxiě ◆手纸を～ 修书 xiūshū
したたらず【舌足らず-な】 咬舌儿 yǎoshér ◆～な文章 辞不达意的文章 cí bù dá yì de wénzhāng
したたる【滴る】滴答 dīdá ◆汗が～ 滴汗 dī hàn ◆緑が～ 青翠欲滴 qīngcuì yù dī
したつづみ【舌鼓】◆～を打つ 咂嘴 zā zuǐ
したっぱ【下っ端】地位低 dìwèi dī ◆～の役人 下级官吏 xiàjí guānlì
したづみ【下積み】◆～居于人下的生活 guò jūyú rénxià de shēnghuó
したて【下手】下风 xiàfēng；谦逊 qiānxùn ◆～に出る 采取谦逊态度 cǎiqǔ qiānxùn tàidu
したて【仕立て】（服の）缝纫 féngrèn ◆～がよい 衣服做得好 yīfu zuòde hǎo ◆～直す 翻新 fānxīn ◆～屋 裁缝；成衣铺 cáiféng；chéngyīpù
したてる【仕立てる】❶〈服を〉制做 zhìzuò ◆缝制 féngzhì ❷〈教え込む〉培养 péiyǎng ❸〈用意する〉准备 zhǔnbèi ◆特别列车を～ 准备专车 zhǔnbèi zhuānchē
したどり【下取り-する】贴换 tiēhuàn ◆折价换取 zhéjià huànqǔ
したなめずり【舌舐り-する】舔嘴唇 tiǎn zuǐchún
したぬり【下塗り-する】涂底子 tú dǐzi
じたばた-する 慌张 huāngzhāng；手忙脚乱 shǒu máng jiǎo luàn ◆今さら～するな 现在不要再慌张了 xiànzài búyào zài huāngzhāng le
したばたらき【下働き】❶〈人の下で働く〉在人之下工作 zài rén zhī xià gōngzuò ❷〈雑用〉勤杂人员 qínzá rényuán；跑腿儿 pǎotuǐr
したはら【下腹】 小肚子 xiǎodùzi；小腹 xiǎofù
したび【下火-になる】❶〈火事が〉减弱 jiǎnruò ◆火事が～になる 火势减弱 huǒshì jiǎnruò ❷〈流行などが〉衰退 shuāiluò ◆不时兴 bù shíxīng
シタビラメ【舌平目】牛舌鱼 niúshéyú；舌鳎 shétǎ
したまち【下町】老城区 lǎochéngqū
したまぶた【下瞼】下眼皮 xiàyǎnpí
したまわる【下回る】低于 dīyú ◆昨年の水準を～ 低于去年水准 dīyú qùnián shuǐzhǔn
したみ【下見-する】预先检查 yùxiān jiǎnchá
したむき【下向き】❶〈下方に向くこと〉朝下 cháo xià；向下 xiàng xià ◆～に置く 朝下放 cháo xià fàng ❷〈衰え始め〉衰落 shuāiluò；衰退 shuāituì
したよみ【下読み-する】 预读 yùdú
じだらく【自堕落-な】 堕落 duòluò；懒散 lǎnsàn
したりがお【したり顔】 得意的面孔 déyì de miànkǒng ◆～に话す 得意洋洋地说话 déyì yángyáng de shuōhuà
シダレヤナギ【枝垂れ柳】 垂柳 chuíliǔ
シタン【紫檀】紫檀 zǐtán；红木 hóngmù
しだん【師団】师 shī ◆～长 师长 shīzhǎng
しだん【詩壇】诗坛 shītán
じたん【時短】缩短工作时间 suōduǎn gōngzuò shíjiān
じだん【示談】说和 shuōhe；和解 héjiě；调停 tiáotíng
じだんだ【地団太】◆～を踏む 顿足 dùnzú；跺脚 duòjiǎo
しち【質】◆～に入れる 当当 dàngdàng；典押 diǎnyā ◆～草 当头 dàngtou ◆～屋 当铺 dàngpù
しち【死地】 死地 sǐdì；险境 xiǎnjìng ◆～に追いやる 把人置于死地 bǎ rén zhì yú sǐdì ◆～を脱する 脱离险境 tuōlí xiǎnjìng
じち【自治】自治 zìzhì ◆～权 自治权 zìzhìquán ◆地方～ 地方自治 dìfāng zìzhì
しちかいき【七回忌】七周年忌辰 qī zhōunián jìchén
しちがつ【七月】七月 qīyuè
しちごん【七言】 七言诗 qīyánshī ◆～絶句 七绝 qījué ◆～律诗 七律 qīlǜ
しちてんばっとう【七転八倒-する】◆～の苦しみ 疼痛乱滚 téngténg luàngǔn
シチメンチョウ【七面鳥】吐绶鸡 tǔshòujī；火鸡 huǒjī
しちゃく【試着-する】试穿 shìchuān ◆～室 试衣室 shìyìshì
しちゅう【支柱】支架 zhījià；支柱 zhīzhù ◆一家の～を失う 失去顶梁柱 shīqù dǐngliángzhù
しちゅう【市中】 市内 shìnèi
シチュー 炖 dùn ◆ビーフ～ 炖牛肉 dùn niúròu
しちょう【市长】市长 shìzhǎng
しちょう【思潮】思潮 sīcháo ◆文艺

~ 文艺思潮 wényì sīcháo
しちょう【視聴-する】视听 shìtīng ♦ 一覚教育 电教 diànjiào; 电化教育 diànhuà jiàoyù ♦ 一者 观众 guānzhòng; 收看者 shōukànzhě ♦ 一率 收看率 shōukànlǜ
しちょう【市庁】市政厅 shìzhèngtīng; 市政府 shìzhèngfǔ ♦ 一舍 市政大楼 shìzhèng dàlóu
しちょう【試聴-する】试听 shìtīng ♦ 一室 试听室 shìtīngshì
じちょう【自重-する】自重 zìzhòng; 自爱 zì'ài
じちょう【自嘲-する】自嘲 zìcháo
しちょく【司直】司法当局 sīfǎ dāngjú; 审判员 shěnpànyuán; 检察员 jiǎncháyuán ♦ 一の手にゆだねる 委托给司法当局 wěituō gěi sīfǎ dāngjú
しちりん【七輪】炭炉 tànlú
じちんさい【地鎮祭】奠基仪式 diànjī yíshì
しつ【質】质量 zhìliàng ♦ 一が良い 质量好 zhìliàng hǎo ♦ 一が悪い 质量差 zhìliàng chà ♦ 一をよくする 提高质量 tígāo zhìliàng
しつ【人を制して】嘘 xū
じつ【実】❶《真実》真实 zhēnshí; 実际 shíjì ♦ 一を言うと 说真的 shuō zhēnde; 老实说 lǎoshi shuō ♦ 一の娘 亲女儿 qīnnǚ'ér ❷《実体》实质 shízhì ♦ 一を伴わない 华而不实 huá ér bù shí ♦ 一名を捨てて一を取る 舍名求实 shě míng qiú shí ♦ 有名無一 有名无实 yǒu míng wú shí ❸《まごころ》真诚 zhēnchéng ♦ 一のある 真诚 zhēnchéng ♦ 一を尽くす 竭尽忠诚 jiéjìn zhōngchéng; 全心全意 quán xīn quán yì
しつい【失意-の】失意 shīyì; 落泊 luòbó; 不得志 bù dézhì ♦ 一の一生 坎坷一生 kǎnkě yīshēng
じつい【実意】❶《本心》本心 běnxīn; 一を正す 究问本意 jiūwèn běnyì ❷《まごころ》真诚 zhēnchéng; 忠诚 zhōngchéng ♦ 一を示す 显示出诚意 xiǎnshìchū chéngyì
じついん【実印】正式印章 zhèngshì yìnzhāng
しつう【歯痛】牙疼 yáténg
しつうはったつ【四通八達】四通八达 sì tōng bā dá
じつえき【実益】实益 shíyì; 实惠 shíhuì
じつえん【実演】实地表演 shídì biǎoyǎn
しっか【失火】失火 shīhuǒ
じっか【実家】娘家 niángjia

しつがい【室外-の】室外 shìwài
しっかく【失格-する】失去资格 shīqù zīgé; 丧失资格 sàngshī zīgé
しっかり【確り-した】❶《安定した》坚实 jiānshí; 牢固 láogù ♦ 经济基础が一している 经济基础坚实的 jīngjì jīchǔ jiānshí de ♦ 一した土台 坚固的地基 jiāngù de dìjī ♦ 立场が一している 立场坚定 lìchǎng jiāndìng ❷《頭脳·肉体のよく機能した》壮健 zhuàngjiàn; 结实 jiēshi ♦ 足腰が一している 腰腿健壮 yāotuǐ jiànzhuàng ♦ 一憶えている 记得清楚 jìde qīngchu ❸《性質·考え方が》稳健 wěnjiàn ♦ 一した人 能干可靠的人 nénggàn kěkào de rén ♦ 一した考え 稳健的想法 wěnjiàn de xiǎngfǎ ❹《真実·真剣に》好好儿 hǎohāor ♦ 一押さえる 用力按 yònglì àn ❺《市況》坚挺 jiāntǐng

しっかん【疾患】疾病 jíbìng ♦ 心一 心脏病 xīnzàngbìng
じっかん【十干】天干 tiāngān ♦ 十二支 天干地支 tiāngān dìzhī
じっかん【実感-する】切实感受 qièshí gǎnshòu; 实感 shígǎn
しっき【漆器】漆器 qīqì
しつぎ【質疑】质疑 zhìyí ♦ 一応答 质疑答辩 zhìyí dábiàn
じつぎ【実技】实用技术 shíyòng jìshù; 一试験 技术考试 jìshù kǎoshì
しっきゃく【失脚-する】垮台 kuǎtái; 下台 xiàtái; 倒台 dǎotái; 落马 luòmǎ
しつぎょう【失業-する】失业 shīyè ♦ 一者 失业者 shīyèzhě ♦ 一率 失业率 shīyèlǜ
じっきょう【実況】实况 shíkuàng ♦ 一检分 实地调查 shídì diàochá ♦ 一中継 实况转播 shíkuàng zhuǎnbō
じつぎょう【実業】实业 shíyè ♦ 一家 实业家 shíyèjiā
しっく【疾駆-する】飞驰 fēichí; 驰驱 chíqū; 奔驰 bēnchí
シック-な 潇洒 xiāosǎ; 风雅 fēngyǎ
しっくり 合适 héshì; 符合 fúhé; 融洽 róngqià ♦ あの二人は一しない 他们俩合不来 tāmen liǎ hébùlái ♦ 一こない 不对劲儿 bú duìjìnr
じっくり 仔细地 zǐxì de; 慢慢地 mànmān de; 好好儿 hǎohāor; 踏踏实实 tātāshíshí ♦ 今日は君と一语ろうと思う 今天我想和你好好儿谈谈 jīntiān wǒ xiǎng hé nǐ hǎohāor tántán
しつけ【躾】教养 jiàoyǎng; 家教 jiājiào; 管教 guǎnjiào

しっけ[湿気] 潮气 cháoqì；湿气 shīqì ◆～を帯びる 受潮 shòucháo ◆～を防ぐ 防潮 fángcháo

しっけい[失敬-な] 不恭 bùgōng；失礼 shīlǐ ◆～事を言う 出言不逊 chūyán búxùn ◆～する 告辞 gàocí；失陪 shīpéi；〈盗む〉偷拿 tōuná

じっけい[実刑] 实刑 shíxíng

じっけい[実兄] 胞兄 bāoxiōng；亲哥哥 qīn gēge

しっけた[湿気た] 含湿气的 hán shīqì de；潮湿 cháoshī；受潮 shòucháo

しつける[躾ける] 管教 guǎnjiào；教育 jiàoyù ◆子供を～ 教育孩子 jiàoyù háizi

しつける[仕付ける] ❶〈やり慣れる〉做惯 zuòguàn ◆しつけた仕事 干惯的工作 gànguànle de gōngzuò ❷〈縫い物にしつけをする〉绷 bēng ◆着物の袖を～ 把袖子绷上 bǎ xiùzi bēngshàng

しつげん[失言-する] 失口 shīkǒu；失言 shīyán ◆～を取り消す 收回失言 shōuhuí shīyán

しつげん[湿原] 湿原野 shī yuányě

じつけん[実権] 实权 shíquán ◆～を握る 掌握实权 zhǎngwò shíquán ◆～派 当权派 dāngquánpài；实权派 shíquánpài

じっけん[実験-する] 试验 shìyàn；实验 shíyàn ◆～室 实验室 shíyànshì

じつげん[実現-する] 实现 shíxiàn ◆～不可能な 无法实现 wúfǎ shíxiàn

しっこい ❶〈性格·態度が〉缠人 chánrén；执拗 zhíniù ◆性格が～ 脾气很执拗 píqi hěn zhíniù ◆しつこく質問する 问个不住 wèn ge búzhù ❷〈味が〉腻 nì；油腻 yóunì

しっこう[執行-する] 执行 zhíxíng ◆～部 执行部 zhíxíngbù ◆死刑を～する 执行死刑 zhíxíng sǐxíng

しっこう[失効-する] 失效 shīxiào

じっこう[実効] 实效 shíxiào ◆～性 实效性 shíxiàoxìng

じっこう[実行-する] 施行 shīxíng；实行 shíxíng ◆約束を～する 履行自己的诺言 lǚxíng zìjǐ de nuòyán ◆～可能な方法 切实可行的办法 qièshí kěxíng de bànfǎ

しっこうゆうよ[執行猶予] 缓期执行 huǎnqī zhíxíng；缓刑 huǎnxíng

しっこく[漆黒] 乌黑 wūhēi；漆黑 qīhēi

しつごしょう[失語症] 失语症 shīyǔzhèng

じっこん[昵懇-の] 亲昵 qīnnì；亲密 qīnmì

じっさい[実際-に] 实际 shíjì；实在 shízài ◆切实 qièshí ◆问题 实际问题 shíjì wèntí ◆～には 实际上 shíjìshang

じつざい[実在-する] 客观存在 kèguān cúnzài ◆～性 实在性 shízàixìng

しっさく[失策] 失策 shīcè；失算 shīsuàn ◆失误 shīwù

じっし[実施-する] 实施 shíshī；实行 shíxíng ◆政策を～する 实施政策 shíshī zhèngcè

じっし[実子] 亲生子女 qīnshēng zǐnǚ

じっし[十指] ◆～に余る 不止十个 bùzhǐ shí ge ◆～の指す所 众人所指 zhòngrén suǒ zhǐ

じっしつ[実質] 实质 shízhì ◆～の伴わない 名存实亡 míng cún shí wáng ◆～的には 实质上 shízhìshàng

じっしゃ[実写-する] 写实 xiěshí；拍照实况 pāizhào shíkuàng ◆～映画 记录片 jìlùpiàn

じっしゃかい[実社会] 现实社会 xiànshí shèhuì

じっしゅう[実習-する] 实习 shíxí ◆～生 实习生 shíxíshēng ◆教育～ 教学实习 jiàoxué shíxí

じっしゅきょうぎ[十種競技] 十项全能比赛 shí xiàng quánnéng bǐsài

しつじゅん[湿潤-な] 湿润 shīrùn；潮湿 cháoshī ◆～な気候 潮湿的气候 cháoshī de qìhòu

しっしょう[失笑-する] 失笑 shīxiào ◆～が漏れる 不禁失笑 bùjìn shīxiào ◆～を買う 引人发笑 yǐn rén fāxiào

じっしょう[実証-する] 证实 zhèngshí ◆～済み 得到证实 dédào zhèngshí ◆～主义 实证主义 shízhèng zhǔyì

じつじょう[実情] 实情 shíqíng；真情 zhēnqíng ◆～に合わない 不符合真情 bù fúhé zhēnqíng ◆～を诉える 陈诉实情 chénsù shíqíng ◆～を踏まえる 根据实情 gēnjù shíqíng

しつしょく[失職-する] 失业 shīyè；失去职位 shīqù zhíwèi

しっしん[失神-する] 昏迷 hūnmí；昏过去 hūn guòqu

しっしん[湿疹] 湿疹 shīzhěn ◆～ができる 出湿疹 chū shīzhěn

じっしんほう[十進法] 十进制 shíjìnzhì

じっすう[実数] 实际数量 shíjì shùliàng

しっする[失する] ❶〈失う〉◆机会を～ 失去机会 shīqù jīhuì ◆面目を

しっせい ー じっぴ　225

丢面子 diū miànzi ◆礼を~ 失礼 shīlǐ ❷《度が過ぎる》宽大に~ 过于宽大 guòyú kuāndà

しっせい【叱正】 指正 zhǐzhèng；御~を赐る 敬请指正 jìngqǐng zhǐzhèng

しっせい【失政】 失政 shīzhèng；恶政 èzhèng

しっせい【湿性-の】 湿性 shīxìng ◆~皮膚炎 湿性皮炎 shīxìng píyán

じせいかつ【実生活】 实际生活 shíjì shēnghuó；现实生活 xiànshí shēnghuó ◆~に役立つ 对现实生活有用 duì xiànshí shēnghuó yǒuyòng

しっせき【叱責-する】 申斥 shēnchì；训斥 xùnchì ◆~を受ける 受到斥责 shòudào chìzé

じせき【実績】 实绩 shíjì；实际成绩 shíjì chéngjì ◆~をあげる 取得成绩 qǔdé chéngjì

じっせん【実戦】 实战 shízhàn ◆~経験 实战经验 shízhàn jīngyàn

じっせん【実践-する】 实践 shíjiàn ◆理論と~ 理论和实践 lǐlùn hé shíjiàn

しっそ【質素-な】 俭朴 jiǎnpǔ；朴素 pǔsù ◆~な服装 朴素的服装 pǔsù de fúzhuāng ◆~な食事 粗茶淡饭 cū chá dàn fàn

しっそう【失踪】 失踪 shīzōng
しっそう【疾走-する】 奔跑 bēnpǎo；飞奔 fēibēn；飞驰 fēichí

じっそう【実相】 真相 zhēnxiàng；真实情况 zhēnshí qíngkuàng ◆社会の~ 社会真相 shèhuì zhēnxiàng

じつぞう【実像】 实像 shíxiàng
しっそく【失速-する】 失速 shīsù
じっそく【実測-する】 实际测量 shíjì cèliáng ◆~図 实测图 shícètú

しった【叱咤-する】 叱咤 chìzhà ◆~激励 大声激励 dàshēng jīlì

しったい【失態】 失态 shītài ◆~を演じる 出丑 chūchǒu；出洋相 chū yángxiàng

しったかぶり【知ったか振り-する】 不懂装懂 bù dǒng zhuāng dǒng；假装知道 jiǎzhuāng zhīdào

じつだん【実弾】 实弹 shídàn ◆~演習 实弹演习 shídàn yǎnxí

しっち【失地】 失地 shīdì ◆~を回复する 收复失地 shōufù shīdì

しっち【湿地】 湿地 shīdì
じっち【実地】 实地 shídì；现场 xiànchǎng ◆~調査 现场调查 xiànchǎng diàochá ◆~訓練 实地训练 shídì xùnliàn ◆~検証 实地查证 shídì cházhèng

じっちゅうはっく【十中八九】 十有八九 shí yǒu bā jiǔ；百儿八十 bǎi'er bāshí

じっちょく【実直-な】 憨厚 hānhòu；正直 zhèngzhí；耿直 gěngzhí

しっつい【失墜-する】 丧失 sàngshī；失掉 shīdiào ◆信用を~する 丧失信用 sàngshī xìnyòng

しつづき【地続き-の】 接壤 jiērǎng
しってい【質的-な】 ◆~向上 质量提高 zhìliàng tígāo

しっと【嫉妬-する】 吃醋 chīcù；嫉妒 jídù；妒忌 dùjì ◆~心 嫉妒心 jídùxīn ◆~に燃える 妒火中烧 dùhuǒ zhōngshāo ◆~深い 爱吃醋 ài chīcù

しつど【湿度】 湿度 shīdù ◆~が高い 湿度高 shīdù gāo ◆~が低い 湿度低 shīdù dī ◆~计 湿度计 shīdùjì

じっと 一动不动 yí dòng bú dòng ◆彼は～座っている 他一动不动地坐在那儿 tā yí dòng bú dòng de zuòzài nàr ◆~见つめる 目不转睛地看 mù bù zhuǎn jīng de kàn ◆忙しくて~してる暇がない 忙得站不住脚 mángde zhànbuzhù jiǎo

しっとう【執刀-する】 执刀 zhídāo ◆~医 主刀医生 zhǔdāo yīshēng

じつどう【実働】 实际劳动 shíjì láodòng ◆~時間 实际工作时间 shíjì gōngzuò shíjiān

しっとり-した ❶《湿り気の行き渡った》潮呼呼 cháohūhū；湿润 shīrùn ❷《味わいのある》安祥 ānxiáng；有情趣 yǒu qíngqù

しつない【室内】 室内 shìnèi ◆~アンテナ 室内天线 shìnèi tiānxiàn

しつないがく【室内楽】 室内乐 shìnèiyuè

じつに【実に】 实在 shízài；委实 wěishí；真是 zhēnshì

しつねん【失念-する】 忘 wàng；忘掉 wàngdiào

じつは【実は】 说实在的 shuō shízài de；老实说 lǎoshí shuō

しっぱい【失敗】 失败 shībài ◆~は成功のもと 失败乃成功之母 shībài nǎi chénggōng zhī mǔ

じっぱひとからげ【十把一からげ】 不分青红皂白 bù fēn qīng hóng zào bái

しっぴ【失費】 开销 kāixiāo；开支 kāizhī ◆~がかさむ 开销增多 kāixiāo zēngduō

じっぴ【実費】 实际费用 shíjì fèi-

しっぴつ【執筆-する】执笔 zhíbǐ；撰稿 zhuàngǎo；写稿 xiěgǎo；执笔写作 zhíbǐ xiězuò ◆～を依頼する 约稿 yuēgǎo；委托执笔 wěituō zhíbǐ ◆～者 撰稿人 zhuàngǎorén ◆～料 稿酬 gǎochóu

しっぷ【湿布-する】湿敷 shīfū ◆温～ 热敷法 rèfūfǎ ◆～をする 做湿敷 zuò shīfū

じっぷ【実父】亲生父亲 qīnshēng fùqīn

しっぷう【疾風】疾风 jífēng

じつぶつ【実物】实物 shíwù ◆～大 与实物一样大 yǔ shíwù yíyàng dà

しっぺい【疾病】疾病 jíbìng

しっぺがえし【しっぺ返し】立刻还击 lìkè huánjī；回敬 huíjìng

しっぽ【尻尾】尾巴 wěiba ◆～を振る 摇尾巴 yáo wěiba；《比喻的に》◆～を表わす 奉承 fèngcheng ◆～を出す 露出马脚 lòuchū mǎjiǎo ◆～を掴む 抓住小辫 zhuāzhù xiǎobiàn ◆～を巻いて逃げる 夹起尾巴逃走 jiāqǐ wěiba táozǒu

じつぼ【実母】亲生母亲 qīnshēng mǔqīn

しつぼう【失望-する】失望 shīwàng ◆～感 失望感 shīwànggǎn

しっぽうやき【七宝焼き】景泰蓝 jǐngtàilán

しつむ【執務-する】办公 bàngōng ◆～時間 办公时间 bàngōng shíjiān

じつむ【実務】实际业务 shíjì yèwù ◆～家 实干家 shígànjiā

しつめい【失明-する】失明 shīmíng；瞎 xiā

しつもん【質問-する】提问 tíwèn；问事 wènshì；质疑 zhìyí ◆～に答える 回答问题 huídá wèntí ◆～を受け流す 避而不答 bì ér bù dá

しつよう【執拗-に】再三再四 zài sān zài sì；顽强 wánqiáng ◆～に食い下がる 纠缠不放 jiūchán bú fàng

じつよう【実用】实用 shíyòng ◆～品 实用品 shíyòngpǐn

じづら【字面】字面 zìmiàn

しつらえる【設える】摆布 bǎibu；布置 bùzhì；陈设 chénshè

じつり【実利】功利 gōnglì；实惠 shíhuì ◆なんの～もない 没有什么实惠 méiyǒu shénme shíhuì

しつりょう【質量】❶《物質の分量》质量 zhìliàng ❷《質と量》质和量 zhì hé liàng ◆～ともに保証する 保质保量 bǎo zhì bǎo liàng

じつりょく【実力】❶《腕力》实力 shílì ◆～がある 实力雄厚 shílì xiónghòu ◆～を発揮する 发挥实力 fāhuī shílì ❷《武力》武力 wǔlì ◆～に訴える 诉诸武力 sù zhū wǔlì；动武 dòngwǔ

しつれい【失礼-な】❶《無礼》失礼 shīlǐ；不礼貌 bù lǐmào；无礼 wúlǐ ◆～なことをいう 说话无礼 shuōhuà wúlǐ ◆～な態度をとる 态度不礼貌 tàidu bù lǐmào ◆～ですが 对不起 duìbuqǐ ❷《辞去》◆お先に～します 我先走了 wǒ xiān zǒu le；失陪了 shīpéi le

じつれい【実例】实例 shílì ◆～を挙げる 举实例 jǔ shílì

しつれん【失恋-する】失恋 shīliàn

じつろく【実録】实录 shílù ◆～物 纪实小说 jìshí xiǎoshuō

じつわ【実話】实话 shíhuà；真人真事 zhēn rén zhēn shì

して【仕手】❶《やる人》做事者 zuòshìzhě ◆世話の～ 帮忙者 bāngmángzhě ❷《相场师》大户 dàhù

してい【師弟】师生 shīshēng；师徒 shītú ◆～関係 师徒关系 shītú guānxi

してい【子弟】子弟 zǐdì

してい【指定-する】指定 zhǐdìng ◆～の時間 指定时间 zhǐdìng shíjiān ◆～の場所 指定地点 zhǐdìng dìdiǎn ◆～席 指定席 zhǐdìngxí；对号座位 duìhào zuòwèi

してい【私邸】私宅 sīzhái

しでかす【仕出かす】闯出 chuǎngchū；干出 gànchū；惹出 rěchū

してき【指摘-する】指出 zhǐchū；指摘 zhǐzhāi ◆間違いを～する 指出错误 zhǐchū cuòwù

してき【私的-な】私人的 sīrén de ◆～な発言 个人的发言 gèrén de fāyán

してき【詩的-な】富有诗意的 fùyǒu shīyì de

してき【自適】自在 zìzài ◆悠々～の生活 悠闲自在的生活 yōuxián zìzài de shēnghuó

してつ【私鉄】私营铁路 sīyíng tiělù；民营铁路 mínyíng tiělù

してん【支店】分店 fēndiàn；分号 fēnhào；分行 fēnháng

してん【支点】支点 zhīdiǎn

してん【視点】观点 guāndiǎn；角度 jiǎodù ◆～を変える 改变视点 gǎibiàn shìdiǎn ◆相手の～に立つ 站在对方的立场上 zhàn zài duìfāng de lìchǎng shàng

じてん【字典】字典 zìdiǎn

じてん【辞典】词典 cídiǎn；辞书 císhū

じてん【時点】时刻 shíkè；时间 shíjiān ◆現～では 此刻 cǐkè；现在

じてん ― **しにがお**　227

xiànzài: 目前 mùqián
じてん【自転-する】自转 zìzhuàn
じてん【次点】《選挙などで》落选者中得票最多 luòxuǎnzhě dé piào zuì duō
じでん【自伝】自传 zìzhuàn ◆～的小说 自传体小说 zìzhuàntǐ xiǎoshuō
じてんしゃ【自転車】自行车 zìxíngchē; 脚踏车 jiǎotàchē; 单车 dānchē ◆～に乗る 骑自行车 qí zìxíngchē
してんのう【四天王】四大天王 sìdà tiānwáng; 四大金刚 sìdà jīngāng
しと【使徒】使徒 shǐtú ◆平和の～ 和平使者 hépíng shǐzhě
しと【使途】用途 yòngtú; 开销情况 kāixiāo qíngkuàng ◆～不明会 用途不明的钱 yòngtú bùmíng de qián
しとう【死闘-する】死斗 sǐdòu; 殊死搏斗 shūsǐ bódòu
しどう【始動-する】开动 kāidòng; 启动 qǐdòng
しどう【指導-する】指导 zhǐdǎo; 教导 jiàodǎo; 领导 lǐngdǎo ◆～を受ける 接受指导 jiēshòu zhǐdǎo ◆～员 辅导员 fǔdǎoyuán; 指导员 zhǐdǎoyuán ◆～者 领导 lǐngdǎo; 领袖 lǐngxiù
しどう【私道】私有道路 sīyǒu dàolù
じどう【児童】儿童 értóng; 孩童 háitóng ◆～文学 儿童文学 értóng wénxué
じどう【自動-の】自动 zìdòng ◆～ドア 自动门 zìdòngmén ◆～贩卖机 无人售货机 wúrén shòuhuòjī ◆～制御 自动控制 zìdòng kòngzhì; 自它系统 zìkōng xìtǒng ◆～化する 自动化 zìdònghuà
じどうし【自動詞】不及物动词 bùjíwù dòngcí; 自动词 zìdòngcí
じどうしゃ【自動車】汽车 qìchē ◆～を運転する 开汽车 kāi qìchē ◆～事故 车祸 chēhuò
しどけない 邋遢 lāta; 懒散 lǎnsǎn; 不整齐 bù zhěngqí ◆～格好 衣冠不整 yīguān bù zhěng
しとげる【仕遂げる】完成 wánchéng; 做完 zuòwán
しとしと ◆～と雨が降りだした 淅淅沥沥下起雨来了 xīxīlìlì xiàqǐ yǔ lái le
じとじとーする 湿漉漉 shīlùlù ◆～するシーツ 湿漉漉的床单 shīlùlù de chuángdān
しとめる【仕留める】打死 dǎsǐ; 射死 shèsǐ ◆熊を銃で～ 用枪打死一只熊 yòng qiāng dǎsǐ yì zhī xióng

しとやか【淑やか-な】文雅 wényǎ; 娴雅 xiányǎ; 文静 wénjìng
しどろもどろ 语无伦次 yǔ wú lúncì; 吞吞吐吐 tūntūntǔtǔ ◆～に答える 矛盾百出地回答 máodùn bǎichū de huídá; 吞吞吐吐地回答 tūntūntǔtǔ de huídá
しな【品】物品 wùpǐn; 商品 shāngpǐn; 货 huò ◆～不足 缺货 quēhuò ◆～がいい 质量好 zhìliàng hǎo
しない【市内】市内 shìnèi ◆～観光 市内观光 shìnèi guānguāng
しない【竹刀】竹剑 zhújiàn
しなう【撓う】弯曲 wānqū; 柔软 róuruǎn
しなうす【品薄】缺货 quēhuò
しながき【品書き】货单 huòdān; 菜单 càidān
しなかず【品数】货品 pǐnzhǒng; 货色 huòsè ◆～が多い 品种繁多 pǐnzhǒng fánduō
しなぎれ【品切れ】缺货 quēhuò; 脱销 tuōxiāo; 卖光 màiguāng
しなさだめ【品定め-する】品评 pǐnpíng; 评价 píngjià
しなびる【萎びる】枯萎 kūwěi; 蔫 niān; 干瘪 gānbiě ◆野菜が～ 蔬菜枯萎 shūcài kūwěi ◆萎びた手 干瘪的手 gānbiě de shǒu
しなもの【品物】物件 wùjiàn; 物品 wùpǐn ◆～を揃える 备齐物品 bèiqí wùpǐn; 品种齐全 pǐnzhǒng qíquán
シナモン 肉桂 ròuguì
しなやか-な ❶《弾力があってよくしなう》柔韧 róurèn; 柔软 róuruǎn ◆～な足腰 柔韧的腰腿 róurèn de yāotuǐ ❷《姿态が上品な》轻盈 qīngyíng; 婷婷 tíngtíng; 雅致 yǎzhì ◆～な身のこなし 娴婀多姿的体态 ēnuó duōzī de tǐtài
しならし【地均し-する】平地 píngdì; 整地 zhěngdì
じなり【地鸣】地声 dìshēng
シナリオ 脚本 jiǎoběn; 剧本 jùběn ◆～ライター 剧本作者 jùběn zuòzhě; ～を書く 编剧 biānjù ◆映画の～ 电影剧本 diànyǐng jùběn
しなをつくる【科を作る】卖俏 màiqiào; 作媚态 zuò mèitài
しなん【指南-する】指导 zhǐdǎo ◆～役 教导 jiàodǎo
しなん【至難-の】极难 jínán ◆～の業《わざ》 非常困难 fēicháng kùnnan
じなん【次男】次子 cìzǐ; 二儿子 èrérzi
シニア 年长者 niánzhǎngzhě; 高年级 gāoniánjí
しにがお【死に顔】遗容 yíróng

しにがね【死に金】死钱 sǐqián

しにがみ【死神】催命鬼 cuīmìngguǐ;阎王神 sāngménshén

シニカル~な 冷嘲 lěngcháo;爱挖苦人的 ài wākǔ rén de ◆~を表現 冷嘲的表现手法 lěngcháo de biǎoxiàn shǒufǎ ◆~な笑い 讥笑 jīxiào

しにぎわ【死に際】临死 línsǐ ◆~に言い残す 临终遗言 línzhōng yíyán

しにくい【~難い】不好做 bù hǎo zuò;难做 nán zuò ◆集中~难以集中 nányú jízhōng

ジニけいすう【ジニ係数】基尼系数 jīní xìshù

しにしょうぞく【死に装束】裝裹 zhuāngguǒ;寿衣 shòuyī

しにせ【老舗】老字号 lǎozìhao

しにぞくない【死に損ない】该死 gāisǐ;老不死 lǎo bù sǐ ◆~ものが该死的东西 gāisǐ de dōngxi

しにたえる【死に絶える】绝灭 juémiè;绝种 juézhǒng;死光 sǐguāng

しにはじ【死に恥】◆~をさらす 死后遗羞 sǐhòu yíxiū

しにばしょ【死に場所】死的地方 sǐ de dìfang ◆~を得る 死得其所 sǐ dé qí suǒ

しにみず【死に水】◆~をとる 送终 sòngzhōng

しにものぐるい【死に物狂い~で】拼命 pīnmìng;拼死 pīnsǐ;拼死拼活 pīnsǐ pīnhuó

しにょう【屎尿】粪便 fènbiàn ◆~処理 收拾粪便 shōushi fènbiàn

しにわかれる【死に別れる】死别 sǐbié

しにん【死人】死人 sǐrén ◆~に口なし 死人无法对证 sǐrén wúfǎ duìzhèng

じにん【自任-する】❶ 仕事として当たる:...为自己任 yǐ...wéi jǐrèn ◆相談員をもって~する 以咨询顾问为己任 yǐ zīxún gùwèn wéi jǐrèn ❷ 自負する 自命 zìmìng;自任 zìrèn ◆名士と~する 自命为名士 zìmìng wéi míngshì

じにん【自認-する】自己承认 zìjǐ chéngrèn ◆過失を~する 自己认错 zìjǐ rèncuò

じにん【辞任-する】辞职 cízhí

しぬ【死ぬ】❶ 死亡 sǐwáng;去世 qùshì ◆~か生きるかの 生死存亡 shēngsǐ cúnwáng ◆~ほど…が要命 yàomìng ◆~ほど疲れた 累得要命 lèide yàomìng ❷ 活気がなくなる ◆目が死んでいる 双目无神 shuāngmù wú shén ❸ 活用されない 不起作用 bù qǐ zuòyòng

じぬし【地主】地主 dìzhǔ

じねつ【地熱】地热 dìrè ◆~発電 地热发电 dìrè fādiàn

しのぎ【凌ぎ】◆一時~ 暂时应付 zànshí yìngfu;退屈~ 解闷 jiěmèn ◆寒さ~ 御寒 yùhán

しのぎ【鎬】◆~を削る 激烈交锋 jīliè jiāofēng

しのぐ【凌ぐ】❶【耐える】忍受 rěnshòu ◆ピンチを~ 忍受逆境 rěnshòu nìjìng ◆飢えを~ 忍受饥饿 rěnshòu jī'è ◆今年の夏は暑くて凌ぎにくい 今年夏天热得难受 jīnnián xiàtiān rède nánshòu ❷【凌駕する】超过 chāoguò;凌驾 língjià ◆前作を~ 超过以往的作品 chāoguò yǐqián de zuòpǐn

しのばせる【忍ばせる】❶【隠し持つ】暗藏 àncáng ◆ピストルを~ 暗藏手枪 àncáng shǒuqiāng ❷【目立たないように行う】◆足音を~ 蹑手蹑脚 niè shǒu niè jiǎo

しのびあい【忍び会い】幽会 yōuhuì

しのびあし【忍び足-で】蹑手蹑脚 niè shǒu niè jiǎo

しのびがたい【忍び難い】难以忍受 nányǐ rěnshòu;难堪 nánkān

しのびこむ【忍び込む】潜入 qiánrù;偷偷地进入 tōutōu de jìnrù

しのびなき【忍び泣き】偷偷哭泣 tōutōu kūqì;呜咽 wūyè

しのびよる【忍び寄る】悄悄地靠近 qiāoqiāo de kàojìn ◆老いが~ 不觉老之将至 bùjué lǎo zhī jiāng zhì ◆秋の気配が 不觉间秋色渐浓 bùjuéjiān qiūsè jiàn nóng

しのびわらい【忍び笑い】偷笑 tōuxiào;窃笑 qièxiào

しのぶ【偲ぶ】回忆 huíyì;怀念 huáiniàn;缅怀 miǎnhuái ◆往時を~ 追忆往事 zhuīyì wǎngshì

しのぶ【忍ぶ】❶【我慢する】忍受 rěnshòu;忍耐 rěnnài ◆恥を~ 忍辱含羞 rěnrǔ hánxiū ◆飢えを~ 忍受饥饿 rěnshòu jī'è ❷【人目を避ける】◆世を~ 避人耳目 bì rén ěrmù

しば【柴】柴 chái ◆~刈り 砍柴 kǎn chái

じば【磁場】磁场 cíchǎng

しはい【支配-する】统治 tǒngzhì;支配 zhīpèi ◆~者 统治者 tǒngzhìzhě

しばい【芝居】戏 xì;戏剧 xìjù ◆~を見る 看戏 kàn xì ◆~がはねる 散戏 sàn xì ◆小屋 戏场 xìchǎng;戏院 xìyuàn ◆~好き 戏迷 xìmí;◆(比喻的に)◆~を打つ 耍花招 shuǎ huāzhāo;演戏 yǎnxì

じはく【自白-する】坦白 tǎnbái;供

认 gòngrèn：招供 zhāogòng ◆~を強要する 逼供 bīgòng

じばく【自爆-する】 自己爆炸 zìjǐ bàozhà ◆~装置 自爆装置 zìbào zhuāngzhì

しばし【暫し】 暂时 zànshí；片刻 piànkè；少时 shǎoshí

しばしば【屡々】 屡次 lǚcì；再三 zàisān；常常 chángcháng

じはだ【地肌】 ❶《土地の表面》地面 dìmiàn；地表 dìbiǎo ❷《皮膚》皮肤 pífū

しはつ【始発】 头班车 tóubānchē ◆~駅 起点站 qǐdiǎnzhàn

じはつてき【自発的-な】 主动 zhǔdòng；自动 zìdòng；自发 zìfā；自发性 zìfāxìng ◆~行動 自发性的行动 zìfāxìng de xíngdòng

しばふ【芝生】 草地 cǎodì；草坪 cǎopíng

じばら【自腹】 ◆~を切る 自己掏腰包 zìjǐ tāo yāobāo

しはらい【支払い】 支付 zhīfù；开支 kāizhī；付款 fùkuǎn ◆~手形 付款票据 fùkuǎn piàojù ◆~ 证 支付凭单 zhīfù píngdān

しはらう【支払う】 付 fù；支付 zhīfù；付款 fùkuǎn；开支 kāizhī

しばらく【暫く】 一会儿 yíhuìr；不久 bùjiǔ；暂且 zànqiě；一时 yīshí；久违 jiǔwéi：好久不见 hǎojiǔ bú jiàn ◆~振りに 时隔很久 shí gé hěn jiǔ：好久没… hǎojiǔ méi…

しばる【縛る】 ❶《ひもや縄で》扎 zā；绑 bǎng；捆 kǔn；拴 shuān ◆後ろ手に～ 倒背双手捆绑 dàobèi shuāngshǒu kǔnbǎng ❷《制限する》约束 yuēshù ◆時間に縛られる 受时间制约 shòu shíjiān zhìyuē

しはん【師範】 师傅 shīfu；宗师 zōngshī ◆~学校 师范学校 shīfàn xuéxiào

しはん【市販-する】 在市场上出售 zài shìchǎngshang chūshòu

じばん【地盤】 地盘 dìpán；地基 dìjī

しはんせいき【四半世紀】 四分之一世纪 sì fēn zhī yī shìjì

しひ【私費-で】 自费 zìfèi ◆~留学 自费留学 zìfèi liúxué

じひ【慈悲】 慈悲 cíbēi；慈善 císhàn

じひ【自費-で】 自费 zìfèi ◆~出版 自费出版 zìfèi chūbǎn

じびいんこうか【耳鼻咽喉科】 耳鼻喉科 ěrbíhóukē

じびき【字引】 字典 zìdiǎn ◆生き～ 活字典 huózìdiǎn

じびきあみ【地引き網】 拖网 tuōwǎng

じひつ【自筆-の】 手笔 shǒubǐ ◆~の手紙 亲笔信 qīnbǐxìn ◆~原稿 手稿 shǒugǎo

じひびき【地響き】 地面作响声 dìmiàn zuò xiǎngshēng；大地轰鸣 dàdì hōngmíng

しひょう【指標】 指标 zhǐbiāo；目标 mùbiāo；标志 biāozhì

しひょう【師表】 师表 shībiǎo ◆～と仰ぐ 尊为师表 zūnwéi shībiǎo

じひょう【辞表】 辞呈 cíchéng；辞职书 cízhíshū ◆~を出す 递交辞呈 dìjiāo cíchéng

じひょう【時評】 时事评论 shíshì pínglùn

じびょう【持病】 老病 lǎobìng；病根 bìnggēn；旧病 jiùbìng；痼疾 gùjí ◆~が出る 犯老病 fàn lǎobìng

シビリアンコントロール 文官控制 wénguān kòngzhì

しびれ【痺れ】 麻木 mámù ◆~を切らす 等腻了 děngnì le

しびれる【痺れる】 ❶《麻痺する》麻木 mámù；发麻 fāmá；发木 fāmù ❷《陶酔する》陶醉 táozuì ◆~ような陶酔 陶醉于爵士乐 táozuìyú juéshìyuè

しビン【溲瓶】 尿盆 niàopén；尿瓶 niàopíng

しぶ【支部】 支部 zhībù；分支机构 fēnzhī jīgòu

しぶ【四部】 ◆~合奏 四部合奏 sìbù hézòu ◆~合唱 四部合唱 sìbù héchàng

しぶ【渋】 涩味 sèwèi ◆柿 涩 shìsè

じふ【自負-する】 自负 zìfù；自命 zìmìng

じふ【慈父】 慈父 cífù

しぶい【渋い】 ❶《味が》涩 sè ❷《落ち着いた趣の》古雅 gǔyǎ；雅致 yǎzhì ◆~色 颜色雅致 yánsè yǎzhì ❸《けちな》小气 xiǎoqi；吝啬 lìnsè ❹《不満げ》快快不乐 yàngyàng bú lè

しぶおんぷ【四分音符】 四分音符 sìfēn yīnfú

しぶかわ【渋皮】 内皮 nèipí

しぶき【飛沫】 飞沫 fēimò ◆~を上げる 溅起飞沫 jiànqǐ fēimò ◆~が掛かる 溅上飞沫 jiànshàng fēimò ◆水～ 水花 shuǐhuā；浪花 lànghuā

しふく【私服】 便衣 biànyī ◆~刑事 便衣警察 biànyī jǐngchá

しふく【私腹】 ◆~を肥やす 中饱私囊 zhōngbǎo sīnáng

しふく【雌伏-する】 雌伏 cífú ◆~十年 雌伏十年 cífú shínián

しぶしぶ【渋々】 勉强 miǎnqiǎng ◆~承知する 勉强同意 miǎnqiǎng

しぶつ ― しぼる

tóngyì
しぶつ【私物】私有物 sīyǒuwù
じぶつ【事物】事物 shìwù
ジフテリア 白喉 báihóu
シフト 改变 gǎibiàn；替换 tìhuàn ◆～レバー 换挡装置 huàndǎng zhuāngzhì
しぶとい 顽固 wánggù；倔强 juéjiàng
しぶみ【渋み】涩味 sèwèi
しぶる【渋る】❶《滞る》不畅 ◆筆が～ 笔不畅 bǐ bú chàng ❷《ためらう》不肯 bùkěn；不情愿 bù qíngyuàn ◆返事を～ 迟迟不回答 chíchí bù huídá ◆出し～ 舍不得拿出来 shěbude náchūlai
しふん【私憤】私愤 sīfèn ◆～を抱く 怀有私愤 huái yǒu sīfèn
じぶん【叙文】具文 jùwén；空文 kōngwén ◆～と化する 成为具文 chéngwéi jùwén
しぶん【詩文】诗文 shīwén
じぶん【自分】❶《自己》自己 zìjǐ；自个儿 zìgèr；自身 zìshēn ◆～のことは～でやる 自己的事自己做 zìjǐ de shì zìjǐ zuò ◆～で撒(ま)いた種 咎由自取 jiù yóu zì qǔ
じぶん【時分】时候 shíhou；时刻 shíkè ◆～どき 吃饭时候 chīfàn shíhou
じぶんかって【自分勝手－な】自私自利 zìsī zìlì；任意 rènyì
しぶんしょ【私文書】私人文件 sīrén wénjiàn
しへい【紙幣】纸币 zhǐbì；钞票 chāopiào
じへいしょう【自閉症】自闭症 zìbìzhèng；孤独症 gūdúzhèng
じべた【地べた】地下 dìxia；地面 dìmiàn
しべつ【死別－する】永别 yǒngbié；永诀 yǒngjué；别别 sǐbié
しへん【四辺】四边 sìbiān ◆～形 四边形 sìbiānxíng
しへん【紙片】纸片 zhǐpiàn
しへん【詩篇】诗篇 shīpiān
しべん【思弁】思辨 sībiàn
じへん【事变】事变 shìbiàn ◆～が起こる 发生事变 fāshēng shìbiàn ◆満州～ 九一八事变 Jiǔ-yībā shìbiàn
じべん【自弁－する】自己负担 zìjǐ fùdān ◆交通費は～でお願いします 请自己负担交通费 qǐng zìjǐ fùdān jiāotōngfèi
しぼ【思慕－する】思慕 sīmù；恋慕 liànmù
しほう【司法】司法 sīfǎ ◆～機関 司法机关 sīfǎ jīguān ◆～権 司法权 sīfǎquán

しほう【四方】四方 sìfāng；四周 sìzhōu ◆～八方 四面八方 sìmiàn bāfāng ◆5メートル～ 五米见方 wǔ mǐ jiànfāng
しほう【至宝】至宝 zhìbǎo
しほう【私法】私法 sīfǎ
しぼう【志望－する】志愿 zhìyuàn；志向 zhìxiàng
しぼう【死亡－する】死亡 sǐwáng；死去 sǐqù ◆～者 死者 sǐzhě ◆通知～ 讣告 fùgào ◆～通知 讣闻 fùwén
しぼう【脂肪】脂肪 zhīfáng
しほう【時報】❶《標準時刻を知らせる》报时 bàoshí ◆正午の～ 正午的报时 zhèngwǔ de bàoshí ❷《時事を知らせる雑誌》时报 shíbào ◆経済～ 经济时报 jīngjì shíbào
じぼうじき【自暴自棄】自暴自弃 zì bào zì qì
しほうだい【仕放題－をする】随心所欲 suí xīn suǒ yù
しぼむ【萎む】❶《植物が》萎蔫 wěiniān；萎谢 wěixiè ◆花が～ 花儿萎谢了 huār wěixiè le ❷《膨らんでいた物が縮む》瘪 biě ◆風船が～ 气球瘪了 qìqiú biě le ❸《期待が弱いを失う》夢が～ 梦想成为泡影 mèngxiǎng chéngwéi pàoyǐng ◆気持ちが～ 心情沮丧 xīnqíng jǔsàng
しぼり【絞り】❶《絞り染め》绞缬 jiǎoxié ❷《カメラの》光圈 guāngquān ◆～を開放する 打开光圈 dǎkāi guāngquān
しぼりかす【搾り滓】渣 zhā
しぼりだす【搾り出す】❶《絞って出す》挤出 jǐchū ◆歯磨きをチューブから～ 挤出牙膏 jǐchū yágāo ❷《比喩的に・努力して》声を～ 努力挤出声音来 nǔlì jǐchū shēngyīn lái ◆アイデアを～ 好不容易想出主意 hǎobù róngyì xiǎngchū zhǔyi ◆打開策を～ 极力想出解决办法 jílì xiǎngchū jiějué bànfǎ
しぼりとる【搾り取る】榨取 zhàqǔ；挤 jǐ ◆税金を～ 榨取税金 zhàqǔ shuìjīn
しぼる【搾る】❶《水分を出す》榨 zhà；挤 jǐ ◆油を～ 榨油 zhà yóu ◆乳を～ 挤奶 jǐ nǎi ❷《無理に出させる》知恵を～ 绞尽脑汁 jiǎojìn nǎozhī ◆税を～ 强征税收 qiángzhēng shuìshōu ❸《強く責める》父に搾られる 被父亲严加责备 bèi fùqīn yánjiā zébèi
しぼる【絞る】❶《ねじって》拧 níng ◆雑巾を～ 拧抹布 níng mābù ❷《カメラの》《レンズを～》缩小光圈 suōxiǎo guāngquān ❸《ラジオなどの》《ボリュームを～》降低音量 jiàngdī yīnliàng ❹《範囲を限定する》的を

〜 对准目标 duìzhǔn mùbiāo

しほん【資本】资本 zīběn ◆〜家 资本家 zīběnjiā ◆〜金 本金 běnjīn; 本钱 běnqián; 股本 gǔběn ◆〜主義 资本主义 zīběn zhǔyì

しま【編】条纹 tiáowén

しま【島】岛 dǎo; 海岛 hǎidǎo; 岛屿 dǎoyǔ;《なわばり》势力范围 shìlì fànwéi

しまい【姉妹】姐妹 jiěmèi; 姊妹 zǐmèi ◆〜都市 姊妹城市 zǐmèi chéngshì; 友好城市 yǒuhǎo chéngshì

しまい【仕舞い】❶《終了》〜にする 结束 jiéshù ◆店〜 闭店 bìdiàn; 停业 tíngyè ❷《最後》最后 zuìhòu ◆〜には泣き出した 最后哭了出来 zuìhòu kū le chūlai

しまう【仕舞う】❶《片付ける》收拾 shōushi; 整理 zhěnglǐ; 放进 fàngjìn ◆ポケットに〜 放进口袋里 fàngjìn kǒudàilǐ ◆物置に〜 装进库房 zhuāngjìn kùfáng ◆思い出を心に〜 把回忆藏在心里 bǎ huíyì cángzài xīnlǐ ❷《終了》结束 jiéshù ◆店を〜 收摊儿 shōutānr

シマウマ【編馬】斑马 bānmǎ

じまえ【自前-で】自己出钱 zìjǐ chū qián

じまく【字幕】字幕 zìmù

しまぐに【島国】岛国 dǎoguó

しまつ【始末】《処理》〜する 处理 chǔlǐ; 收拾 shōushi ◆〜に負えない 不好处理 bùhǎo chǔlǐ ◆書 悔过书 huǐguòshū;《検約》节省 jiǎnshěng ◆〜屋 节俭的人 jiéjiǎn de rén

しまった 糟了 zāo le; 糟糕 zāogāo ◆〜, 財布を忘れた 糟了, 钱包忘了 zāo le, qiánbāo wàng le

シマヘビ【編蛇】菜花蛇 càihuāshé

しまり【締まり】❶《緩みのないこと》紧 jǐn; 紧凑 jǐncòu ◆〜がない 散漫 sǎnmàn; 松弛 sōngchí ❷《出費を抑えること》节省 jiéshěng; 节约 jiéyuē ◆〜屋 节俭的人 jiéjiǎn de rén ❸《戸締り》关门 guānmén; 锁门 suǒmén ◆戸の〜をきちんとする 把门锁上 bǎ mén suǒshàng

しまる【閉まる】关 guān; 关闭 guānbì ◆ドアが〜 门关上 mén guānshàng ◆店が〜 店铺关门 diànpù guānmén

しまる【締まる】❶《緩みがなくなる》紧闭 jǐnbì ◆蓋が〜 盖子紧闭 gàizi jǐnbì ❷《引き締まる》紧绷绷 jǐnbēngbēng ◆締まった筋肉 紧绷绷的肌肉 jǐnbēngbēng de jīròu ❸《緊張する》◆気持ちが〜 精神紧张 jīngshén jǐnzhāng

じまん【自慢-する】吹 chuī; 自夸 zìkuā; 自吹自擂 zìchuī zìléi ◆〜話 自鸣得意的话 zì míng dé yì de huà

しみ【染み】❶《汚れ》污点 wūdiǎn ◆〜を抜く 除掉污垢 chúdiào wūgòu ❷《汚点》玷污 diànwū ◆経歴に〜がつく 玷污经历 diànwū jīnglì ❸《顔などの》斑点 bāndiǎn

シミ【紙魚】《虫》蛀虫 zhùchóng; 衣鱼 yīyú; 书蠹 shūdù

じみ【地味-な】❶《形・模様・色などが》素淡 sùdàn; 老气 lǎoqì ◆〜な服装 老气的服装 lǎoqì de fúzhuāng ❷《考え・態度が》朴素 pǔsù; 朴实 pǔshí ◆〜に暮らす 生活朴素 shēnghuó pǔsù

じみ【滋味】滋味 zīwèi ◆〜に富む 富有滋味 fùyǒu zīwèi

しみこむ【染み込む】渗入 shènrù; 渗透 shèntòu; 浸透 jìntòu ◆雨水が土に〜 雨水浸透了泥土 yǔshuǐ shèntòule nítǔ

しみじみ【染み染み】痛切 tòngqiè; 深切 shēnqiè ◆〜と语る 深有感触地说 shēn yǒu gǎnchù de shuō

しみず【清水】泉水 quánshuǐ; 清泉 qīngquán ◆〜が湧き出る 泉水喷涌 quánshuǐ pēnyǒng

じみち【地道-な】踏实 tāshi ◆〜な努力 踏踏实实的努力 tātāshíshí de nǔlì

しみったれ 吝啬 lìnsè; 悭吝 qiānlìn; 小气 xiǎoqì ◆しみったれた格好 寒酸的样子 hánsuān de yàngzi

しみとおる【染み通る】渗入 shènrù; 浸透 jìntòu ◆骨の髄まで〜 深入骨髓 shēnrù gǔsuǐ

しみゃく【支脉】支脉 zhīmài

シミュレーション 模拟 mónǐ; 仿真 fǎngzhēn

しみる【染〈沁〉みる】❶《刺激が》杀 shā; 刺 cì ◆目に〜 刺眼睛 cì yǎnjing; 杀眼睛 shā yǎnjing ❷《液体が浸み込む》渗 shèn ◆インクが〜 墨水洇纸 mòshuǐ yīn zhǐ ❸《心に感じる》◆骨身に〜 深切感受 shēnqiè gǎnshòu

しみん【市民】市民 shìmín ◆〜运动 市民运动 shìmín yùndòng

じむ【事务】事务 shìwù ◆〜を執る 办事 bànshì; 办公 bàngōng ◆〜室 办公室 bàngōngshì ◆〜所 办事处 bànshìchù ◆〜的に 事务性地 shìwùxìng de

しむける【仕向ける】促使 cùshǐ; 主使 zhǔshǐ

しめい【使命】任务 rènwu; 使命 shǐmìng ◆〜を果たす 完成使命 wánchéng shǐmìng

しめい【指名-する】 点名 diǎnmíng; 指名 zhǐmíng
じめい【自明-の】 不言而喻 bù yán ér yù ◆～の理 自明之理 zìmíng zhī lǐ
しめいてはい【指名手配-する】 通缉 tōngjī
しめきり【締め切り】 截止 jiézhǐ ◆～日 截止日期 jiézhǐ rìqī ◆～が迫る 截止期快到 jiézhǐqī jiāi jìn ◆～に間に合う 截止期前来得及 jiézhǐqī qián láidejí
しめきる【締め切る】 ❶〖閉ざす〗紧闭 jǐnbì; 关紧 guānjǐn ❷〖打ち切る〗截止 jiézhǐ ❸〖原稿受付を〗截稿 jiégǎo
しめくくる【締め括る】 结束 jiéshù; 总结 zǒngjié
しめころす【締め殺す】 勒死 lēisǐ; 扼杀 èshā
しめし【示し】 示范 shìfàn ◆～がつかない 不能做表率 bùnéng zuò biǎoshuài
しめしあわせる【示し合わせる】 合谋 hémóu; 事先串通 shìxiān chuàntōng
じめじめ-した ❶〖湿気を帯びた〗湿漉漉 shīlùlù; 潮湿 cháoshī ◆～天气 潮湿的天气 cháoshī de tiānqì ❷〖陰気な・活気のない〗沉闷 chénmèn ◆～した性格 忧郁的性格 yōuyù de xìnggé
しめす【示す】 ❶〖実際に出して見せる〗出示 chūshì ◆例を～ 示例 shìlì ◆手本を～ 示范 shìfàn ◆証明书を出示证件 chūshì zhèngjiàn ◆地图で～ 用地图表示 yòng dìtú biǎoshì ◆誠意を～ 表现出诚意 biǎoxiànchū chéngyì ❷〖方向を～ 指示方向 zhǐshì fāngxiàng
しめす【湿す】 弄湿 nòngshī ◆のどを～ 润喉咙 rùn hóulóng
しめだし【締め出し】 排挤 páijǐ ◆～を食う 遭到排挤 zāodào páijǐ
しめだす【締め出す】 排挤 páijǐ ◆家を締め出される 被关在门外 bèi guān zài ménwài ◆外国製品を～ 抵制洋货 dǐzhì yánghuò
しめつ【死滅-する】 绝灭 juémiè
じめつ【自滅-する】 自取灭亡 zì qǔ miè wáng
しめつける【締め付ける】 ❶〖強く締める〗拧紧螺丝 níngjǐn luósī ❷〖圧迫する〗严加管束 yánjiā guǎnshù
しめっぽい【湿っぽい】 ❶〖湿気が多い〗～空气 潮湿的空气 cháoshī de kōngqì ❷〖陰気くさい〗忧郁 yōuyù ◆～气分 阴郁的气氛 yīnyù de qìfēn ◆～気分 情绪

的心情 yōuyù de xīnqíng
しめて【締めて】 合计 héjì; 共计 gòngjì ◆～一共 yīgòng ◆～20万円の売り上げ 合计二十万日元的销售额 héjì èrshí wàn Rìyuán de xiāoshòué
しめなわ【注連縄】 稻草绳 dàocǎoshéng
しめやか-に 肃静 sùjìng; 肃穆 sùmù
しめりけ【湿り気】 湿气 shīqì
しめる【湿る】 ❶〖水分を含んだ〗湿 shī; 潮湿 cháoshī; 受潮 shòucháo ◆湿った空气 潮湿的空气 cháoshī de kōngqì ❷〖雰囲気がしむ〗气分が～ 情绪低落 qíngxù dīluò
しめる【占める】 ❶〖占有する〗占 zhàn ◆席を～ 占座位 zhàn zuòwèi ◆勝利を～ 得胜 déshèng ❷〖地位を～ 占 zhàn ◆大多数を～ 占大多数 zhàn dàduōshù ◆首位を～ 居首位 jū shǒuwèi
しめる【締める】 ❶〖きつく締める〗勒 lēi; 系 jì ◆ベルトを～ 勒紧腰带 lēijǐn kùdài ◆シートベルトをお締め下さい 请系好安全带 qǐng jìhǎo ānquándài ◆ねじを～ 拧螺丝钉 níng luósīdīng ❷〖決算する〗结算 jiésuàn ◆合計～ 合计 héjì ◆売り上げを～ 计算销售额 héjì xiāoshòué ❸〖ひきしめる〗紧张 jǐnzhāng; 振作 zhènzuò ◆気を～ 振奋精神 zhènfèn jīngshén ❹〖節約する〗节约 jiéyuē; 节省 jiéshěng; 缩减 suōjiǎn ◆家計を～ 缩减家计支出 suōjiǎn jiājì zhīchū ❺〖料理で〗◆サバを酢で～ 用醋腌鲭鱼 yòng cù yān tàiyú
しめる【閉める】 关闭 guānbì; 关上 guānshàng ◆窓を～ 关上窗户 guānshàng chuānghu
しめる【絞める】 ❶〖きつく縛る〗◆首を～ 拍脖子 qiā bózi; 勒脖子 lēi bózi ❷〖殺す〗鶏を～ 勒死家鸡 lēisǐ jiājī; 宰鸡 zǎi jī
しめん【四面】 四面 sìmiàn ◆～楚歌 四面楚歌 sìmiàn Chǔ gē ◆～体 四面体 sìmiàntǐ
しめん【紙面】 版面 bǎnmiàn; 篇幅 piānfu ◆～を割く 匀出篇幅 yúnchū piānfu
じめん【地面】 地面 dìmiàn; 地下 dìxia
しも【下】 ❶〖川の下流〗下游 xiàyóu ◆～へ下る 顺流而下 shùn liú ér xià ❷〖体の腰から下の部分〗下半身 xiàbànshēn ◆～の世話をする 伺候病人大小便 cìhou bìngrén dàxiǎobiàn ❸〖下位の座席〗末席 mòxí; 下座 xiàzuò ◆～に控える 在末席待

命 zài mòxī dàimìng ❹《地位·身分の低い人》下级 xiàjí; 部下 bùxià
しも【霜】 霜 shuāng ◆~を取る 除霜 chú shuāng
じもく【耳目】 耳目 ěrmù ◆~を驚かす 耸动视听 sǒngdòng shìtīng; 耸人听闻 sǒng rén tīng wén ◆~となって働く 充当耳目 chōngdāng ěrmù ◆~を惹く 引人注目 yǐn rén zhùmù
しもごえ【下肥】 粪肥 fènféi
しもざ【下座】 下座 xiàzuò; 末席 mòxí
しもて【下手】 ❶《下座の方》下边 xiàbian; 下座 xiàzuò ❷《舞台の》舞台下边 wǔtái xiàbian
じもと【地元】 本地 běndì; 当地 dāngdì
しもとり【霜取り】 除霜 chúshuāng ◆~装置 除霜装置 chúshuāng zhuāngzhì ◆冷藏库の~ 冰箱除霜 bīngxiāng chúshuāng
しもばしら【霜柱】 霜柱 shuāngzhù ◆~が立つ 结成霜柱 jiéchéng shuāngzhù
しもはんき【下半期】 下半年 xiàbànnián
しもぶくれ【下膨れ-の】 大下巴 dàxiàba; 两腮宽 liǎngsāi kuān
しもふり【霜降り-の】 ❶《霜がおりること》降霜 jiàngshuāng ❷《織物の》两色纱混纺的布 liǎngsèshā hùnfǎng de bù ❸《牛肉の》夹有脂肪 jiā yǒu zhīfáng
しもべ【僕】 奴仆 núpú; 仆人 púrén
しもやけ【霜焼け】 冻疮 dòngchuāng; 冻伤 dòngshāng
しもよけ【霜除け】 防霜网 fángshuāng ◆~ファン 防霜扇 fángshuāngshàn
しもん【指紋】 指纹 zhǐwén; 指印 zhǐyìn ◆~をとる 取指纹 qǔ zhǐwén ◆~を残す 留下指纹 liúxià zhǐwén
しもん【諮問-する】 咨询 zīxún ◆~机関 咨询机关 zīxún jīguān
じもん【試問】 考试 kǎoshì ◆口头~ 口试 kǒushì
じもん【自問-する】 自问 zìwèn ◆~自答 自问自答 zìwèn zìdá
しや【視野】 ❶《视界》视野 shìyě ◆~に入る 进入视野 jìnrù shìyě ❷《思考·判断の範囲》眼界 yǎnjiè ◆~が狭い 眼界狭小 yǎnjiè xiáxiǎo ◆~を広める 打开眼界 dǎkāi yǎnjiè
しゃ【紗】 纱 shā
じゃ【蛇】 蛇 shé ◆~の道は蛇（へび）奸雄识奸雄 jiānxióng shí jiānxióng

ジャー 热水瓶 rèshuǐpíng; 保温瓶 bǎowēnpíng
じゃあく【邪悪-な】 邪恶 xié'è
ジャージ 《布地》针织筒形布 zhēnzhī tǒngxíngbù ◆《運動着》针织运动衫 zhēnzhī yùndòngshān
ジャーナリスト 记者 jìzhě; 新闻工作者 xīnwén gōngzuòzhě
ジャーナリズム 新闻出版业 xīnwén chūbǎnyè; 新闻报道界 xīnwén bàodàojiè
シャープ ❶《音楽の》高半音符 gāo bànyīnfú ❷《鋭い》尖锐 jiānruì; 锋利 fēnglì
シャープペンシル 活心铅笔 huóxīn qiānbǐ; 自动铅笔 zìdòng qiānbǐ ◆~の芯 铅条 qiāntiáo
シャーベット 果子露冰激凌 guǒzilù bīngjīlíng
シャーマニズム 萨满教 Sàmǎnjiào; 巫术 wūshù
しゃい【謝意】 谢意 xièyì ◆~を表す 致谢 zhìxiè; 深表谢意 shēn biǎo xièyì
ジャイロスコープ 回转仪 huízhuǎnyí
しゃいん【社員】 公司职员 gōngsī zhíyuán
しゃおく【社屋】 公司办公楼 gōngsī bàngōnglóu
しゃおんかい【謝恩会】 谢恩会 xiè'ēnhuì
しゃか【釈迦】 释迦 Shìjiā; 佛爷 fóye ◆~に説法 班门弄斧 Bān mén nòng fǔ
しゃかい【社会】 社会 shèhuì ◆~的地位 社会地位 shèhuì dìwèi ◆~学 社会学 shèhuìxué ◆~主義 社会主义 shèhuì zhǔyì ◆~性 社会性 shèhuìxìng ◆~問題 社会问题 shèhuì wèntí ◆~保障 社会保障 shèhuì bǎozhàng ◆~人 社会人 shèhuìrén ◆~に出る 走上社会 zǒushàng shèhuì
ジャガイモ【ジャガ芋】 土豆儿 tǔdòur; 马铃薯 mǎlíngshǔ; 洋芋 yángyù
しゃがむ 蹲 dūn ◆地面に~ 蹲在地上 dūnzài dìshang
しゃがれごえ【嗄れ声】 沙哑声 shāyǎ shēng
しゃがれる【嗄れる】 沙哑 shāyǎ; 嘶哑 sīyǎ
しゃかん【舎監】 舍监 shèjiān
しゃかんきょり【車間距離】 行车距离 xíngchē jùlí
じゃき【邪気】 ❶《病気などを起こす悪い気》邪气 xiéqì ◆~を払う 祈祷驱邪 qídǎo qūxié ❷《悪意》恶意 èyì; 坏心眼儿 huài xīnyǎnr

じゃきょう【邪教】邪教 xiéjiào
しゃく【試薬】试剂 shìjì; 试药 shìyào
しゃく【酌】◆~をする 斟酒 zhēnjiǔ
しゃく【癪】◆~な奴 讨厌的家伙 tǎoyàn de jiāhuo ◆~にさわる 令人发怒 lìng rén fānù; 气人 qì rén ◆~の種 生气的原因 shēngqì de yuányīn
じゃくアルカリせい【弱アルカリ性-の】弱碱 ruòjiǎn
しゃくい【爵位】爵位 juéwèi
じゃくさん【弱酸】弱酸 ruòsuān ◆~性の 弱酸性的 ruòsuānxìng de
しゃくし【杓子】勺子 sháozi ◆~定规な 墨守成规 mòshǒu chéngguī
じゃくし【弱視】弱视 ruòshì
じゃくしゃ【弱者】弱者 ruòzhě
しゃくしゃく【綽々-と】绰绰有余 chuò chuò yǒu yú◆余裕~ 从容不迫 cóng róng bú pò
しゃくしょ【市役所】市政府 shìzhèngfǔ
じゃくしょう【弱小-な】弱小 ruòxiǎo ◆~国家 弱小国家 ruòxiǎo guójiā
じゃくしん【弱震】弱震 ruòzhèn
しゃくぜん【釈然-と】释然 shìrán ◆~としない 不甚了然 bú shèn liǎorán
しゃくち【借地】租用的土地 zūyòng de tǔdì ◆~料 地租 dìzū ◆~権 租地权 zūdìquán
じゃぐち【蛇口】水龙头 shuǐlóngtou ◆~をひねる 拧水龙头 nǐng shuǐlóngtou
じゃくてん【弱点】弱点 ruòdiǎn; 缺点 quēdiǎn; 把柄 bǎbǐng ◆~を克服する 克服弱点 kèfú ruòdiǎn ◆~をつかむ 抓辫子 zhuā biànzi ◆~をつく 抓住弱点 zhuāzhù ruòdiǎn ◆~を隐す 掩盖缺点 yǎngài quēdiǎn
しゃくど【尺度】❶〈長さ〉长度 chángdù ◆~を計る 量长度 liáng chángdù; 量尺寸 liáng chǐcùn ❷《評价·判断の基準》尺度 chǐdù; 标准 biāozhǔn ◆人を評价する~ 评价人物的尺度 píngjià rénwù de chǐdù
しゃくどういろ【赤铜色-の】紫铜色 zǐtóngsè
シャクトリムシ【尺取り虫】尺蠖 chǐhuò
シャクナゲ【石楠花】杜鹃花 dùjuānhuā
じゃくにく【弱肉】◆~強食 弱肉强食 ruò ròu qiáng shí
しゃくねつ【灼熱-の】灼热 zhuórè ◆~の太阳 火热的太阳 huǒrè de tàiyáng ◆~の恋 热恋 rèliàn

じゃくはい【若輩】青少年 qīngshàonián; 年轻人 niánqīngrén
しゃくはち【尺八】尺八 chǐbā
しゃくほう【釈放-する】释放 shìfàng ◆~される 获释 huòshì; 假释 jiǎshì
しゃくめい【释明-する】辨明 biànmíng; 申辩 shēnbiàn
しゃくや【借家】租房 zūfáng ◆~人 房客 fángkè; 租户 zūhù
シャクヤク【芍药】芍药 sháoyào
しゃくよう【借用】借用 jièyòng ◆~证书 借据 jièjù ◆~语 借用语 jièyòngcí
しゃくりあげる【しゃくり上げる】抽泣 chōuqì; 抽噎 chōuyè
しゃくりょう【酌量-する】酌量 zhuóliang; 斟酌 zhēnzhuó ◆情状~ 酌情 zhuóqíng
しゃげき【射击-する】射击 shèjī ◆~の名手 神枪手 shénqiāngshǒu ◆~競技 射击比赛 shèjī bǐsài
ジャケット❶〈上着〉茄克 jiākè; 短上衣 duǎnshàngyī ❷《CD・レコードの》唱片套 chàngpiàntào
しゃけん【车检】汽车检查 qìchē jiǎnchá ◆~证 车检证 chējiǎnzhèng
じゃけん【邪怪-な】无情 wúqíng ◆~にする 冷酷对待 lěngkù duìdài
しゃこ【车库】车库 chēkù
シャコ【蝦蛄】虾蛄 xiāgū
しゃこう【社交】社交 shèjiāo ◆~界 社交界 shèjiāojiè ◆~上手《じょうず》な 善于社交 shànyú jiāojì ◆~辞令 社交辞令 shèjiāo cíling ◆~ダンス 交际舞 jiāojìwǔ
しゃこう【遮光-する】遮光 zhēguāng
じゃこう【麝香】麝香 shèxiāng
しゃさい【社债】公司债券 gōngsī zhàiquàn
しゃざい【谢罪-する】谢罪 xièzuì; 赔罪 péizuì; 道歉 dàoqiàn ◆~を求める 要求谢罪 yāoqiú xièzuì
しゃさつ【射杀-する】枪杀 qiāngshā; 击毙 jībì
しゃし【斜视】斜视 xiéshì; 斜眼 xiéyǎn
しゃし【奢侈-な】奢侈 shēchǐ ◆~に流れる 流于奢侈 liúyú shēchǐ
しゃじ【谢辞】谢词 xiècí ◆~を述べる 致谢词 zhì xiècí
しゃじく【车轴】车轴 chēzhóu; 轮轴 lúnzhóu; 轴心 zhóuxīn
しゃじつしゅぎ【写实主义】写实主义 xiěshízhǔyì
しゃしゅ【射手】枪手 qiāngshǒu; 射手 shèshǒu
しゃしゅ【社主】业主 yèzhǔ

しゃしょう【車掌】 乗务员 chéngwùyuán；售票员 shòupiàoyuán
しゃしん【写植】 照相排版 zhàoxiàng páibǎn
しゃしん【写真】 照片 zhàopiàn；相片 xiàngpiàn ◆～を撮る 拍摄 pāishè；拍照 pāizhào；摄影 shèyǐng；照相 zhàoxiàng ◆～映りがよい 上相 shàngxiàng ◆～家 摄影家 shèyǐngjiā ◆～集 影集 yǐngjí
じゃしん【邪神】 凶神 xiōngshén
じゃしん【邪心】 邪念 xiéniàn；邪心 xiéxīn
ジャズ 爵士乐 juéshìyuè ◆～バンド 爵士乐队 juéshìyuèduì
ジャスト 正好 zhènghǎo；整 zhěng ◆7時～ 七点整 qī diǎn zhěng
ジャスミン 茉莉 mòlì；茉莉花 mòlihuā ◆～茶 茉莉花茶 mòlihuāchá
しゃする【謝する】 ❶《感謝》致谢 zhìxiè；感谢 gǎnxiè；道谢 dàoxiè ◆厚意を～ 感谢厚意 gǎnxiè hòuyì ❷《謝罪》道歉 dàoqiàn ◆無沙汰を～ 久疏问候，歉甚 jiǔ shū wènhòu, qiànshèn ❸《断る》拒绝 jùjué ◆申し出を～ 拒绝要求 jùjué yāoqiú
しゃせい【写生-する】 写生 xiěshēng
しゃせい【射精-する】 射精 shèjīng
しゃせつ【社説】 社论 shèlùn
しゃせつ【謝絶-する】 谢绝 xièjué ◆面会～ 谢绝会面 xièjué huìmiàn
しゃせん【斜線】 斜线 xiéxiàn ◆～を引く 画斜线 huà xiéxiàn
しゃせん【車線】 行车线 xíngchēxiàn ◆～変更する 改变行车线 gǎibiàn xíngchēxiàn ◆～追い越し～ 超车线 chāochēxiàn
しゃそう【社葬】 公司葬 gōngsīzàng
しゃたい【車体】 车身 chēshēn
しゃたく【社宅】 公司的职工宿舍 gōngsī de zhígōng sùshè
しゃだつ【洒脱-な】 洒脱 sǎtuō；潇洒 xiāosǎ ◆軽妙～ 轻俏潇洒 qīngqiào xiāosǎ
しゃだん【遮断-する】 截断 jiéduàn；隔绝 géjué；隔断 géduàn ◆～機 截断机 jiéduànjī
しゃだんほうじん【社団法人】 社团法人 shètuán fǎrén
シャチ【鯱】 逆戟鲸 nìjǐjīng
しゃちゅう【社中】 ❶《会社の中》公司内 gōngsī nèi；社内 shè nèi ❷《同門・仲間》同事 tóngshì；同伙 tónghuǒ；伙伴 huǒbàn

しゃちゅう【車中-で】 车上 chē shàng
しゃちょう【社長】 总经理 zǒngjīnglǐ ◆～室 总经理室 zǒngjīnglǐshì ◆副～ 副总经理 fùzǒngjīnglǐ
シャツ 衬衫 chènshān；衬衣 chènyī ◆ランニング～ 背心 bèixīn
ジャッカル《動物》豺狗 cháigǒu
しゃっかん【借款】 借款 jièkuǎn；贷款 dàikuǎn ◆～を供与する 提供贷款 tígōng dàikuǎn ◆～協定 贷款协定 dàikuǎn xiédìng ◆円～ 日元贷款 Rìyuán dàikuǎn
じゃっかん【弱冠】 弱冠 ruòguàn ◆～18歳 年仅十八岁 nián jǐn shíbā suì
じゃっかん【若干-の】 若干 ruògān ◆値が～高い 有些贵 yǒu xiē guì ◆～の間違いがある 有些错误 yǒu xiē cuòwù
じゃっき【惹起-する】 惹 rě；引起 yǐnqǐ ◆混乱を～する 引起混乱 yǐnqǐ hùnluàn ◆面倒を～する 惹麻烦 rě máfan
ジャッキ 千斤顶 qiānjīndǐng ◆油压～ 液压千斤顶 yèyā qiānjīndǐng
しゃっきん【借金-する】 借钱 jièqián；负债 fùzhài；借款 jièkuǎn ◆有借债 yǒu jièzhài；欠款 qiànkuǎn ◆～がある 有负债 yǒu fùzhài ◆～を完済する 清欠 qīngqiàn ◆～を踏み倒す 赖账 làizhàng ◆～を返す 还债 huánzhài
しゃっくり 嗝 gé ◆～が出る 打嗝儿 dǎ gér；呃逆 ènì
ジャッジ《審判》裁判员 cáipànyuán；《判定》判决 pànjué ◆～を下す 裁判 cáipàn
シャッター ❶《カメラの》快门 kuàimén ◆～を押す 按快门儿 àn kuàimén ❷《よろい戸》百叶窗 bǎiyèchuāng ◆～を下ろす 拉下百叶窗 lāxià bǎiyèchuāng
しゃっちょこばる【鯱張る】 拘谨 jūjǐn
シャットアウト 关在门外 guānzài ménwài；不让进入 bú ràng jìnrù ◆報道陣を～する 不让记者进入 bú ràng jìzhě jìnrù；《野球》不让对方得分 bú ràng duìfāng défēn ◆～を食らう得ないの0（零）で負ける 不到一分而输 débùdào yì fēn ér shū
シャットダウン 关机 guānjī
シャッポ 帽子 màozi ◆～を脱ぐ 认输 rènshū；甘拜下风 gān bài xià fēng
しゃてい【射程】 射程 shèchéng ◆～距離 射程距离 shèchéng jùlí
しゃてき【射的】 打靶 dǎbǎ
しゃでん【社殿】 神殿 shéndiàn

しゃどう【車道】车道 chēdào
じゃどう【邪道】邪道 xiédào; 邪路 xiélù; 斜路 xiélù; 歪门邪道 wāi mén xié dào
シャドーキャビネット 影子内阁 yǐngzi nèigé
シャトル ❶《バドミントンの》羽毛球 yǔmáoqiú ❷《織機の杯》梭子 suōzi ♦スペース～ 太空穿梭机 tàikōng chuānsuōjī
しゃない【車内】-で 车内 chēnèi ♦～販売 车上贩卖 chēshàng fànmài
しゃない【社内】-の 公司内 gōngsī nèi ♦～報 公司报 gōngsībào
しゃなりしゃなり -と歩く 装模作样地走 zhuāng mú zuò yàng de zǒu
しゃにくさい【謝肉祭】 狂欢节 kuánghuānjié
しゃにむに【遮二無二】 胡乱 húluàn; 不顾一切地 búgù yíqiè de ♦～突進する 横冲直撞 héng chōng zhí zhuàng
じゃねん【邪念】 妄念 wàngniàn; 邪念 xiéniàn ♦～を抱く 怀有邪念 huáiyǒu xiéniàn ♦～を振り払う 抛弃邪念 pāoqì xiéniàn
しゃば【娑婆】 ❶《現世》尘世 chénshì ❷《一般社会》狱外世界 yùwài shìjiè
じゃばら【蛇腹】 蛇纹管 shéwénguǎn
しゃぶしゃぶ【料理】涮锅子 shuàn guōzi; 火锅 huǒguō
じゃぶじゃぶ 哗啦哗啦 huālāhuālā ♦～洗濯する 哗啦哗啦地洗 huālāhuālā de xǐ
しゃふつ【煮沸】-する 煮沸 zhǔfèi ♦～消毒 煮沸消毒 zhǔfèi xiāodú
シャフト 车轴 chēzhóu; 旋转轴 xuánzhuǎnzhóu
しゃぶる 嘬 suō; 唼 zā ♦指を～ 嘬手指 suō shǒuzhǐ
しゃへい【遮蔽】-する 遮蔽 zhēbì; 掩蔽 yǎnbì
しゃべる【喋る】 说 shuō; 讲 jiǎng ♦お喋り(な)人 话匣子 huàxiázi; 爱说话的人 ài shuōhuà de rén; 多嘴多舌的人 duōzuǐ duōshé de rén; 小广播 xiǎoguǎngbō ♦秘密を～ 说出秘密 shuōchū mìmì; 泄漏秘密 xièlòu mìmì
シャベル 铲子 chǎnzi; 铁锹 tiěqiāo; 铁锨 tiěxiān
しゃほん【写本】 抄本 chāoběn; 写本 xiěběn
シャボン 肥皂 féizào; 香皂 xiāngzào ♦～玉 肥皂泡儿 féizàopàor
じゃま【邪魔】-する ❶《障害》干扰

ganrao; 妨碍 fáng'ài; 阻碍 zǔ'ài ♦仕事の～をする 妨碍工作 fáng'ài gōngzuò ♦交通を～する 阻碍交通 zǔ'ài jiāotōng ♦勉強中だから、～をしないように 他正在做功课，别去干扰他 tā zhèngzài zuò gōngkè, bié qù gānrǎo tā ❷《訪問》打搅 dǎjiǎo ♦お～しました 打搅您了 dǎjiǎo nín le; 打扰您了 dǎrǎo nín le ♦明日お～します 明天拜访你 míngtiān bàifǎng nǐ
ジャム 果酱 guǒjiàng ♦イチゴ～ 草莓酱 cǎoméijiàng
シャムネコ【シャム猫】 暹罗猫 xiānluómāo
しゃめん【赦免】-する 赦免 shèmiǎn
しゃめん【斜面】 斜坡 xiépō; 斜面 xiémiàn ♦山の～ 山坡 shānpō
シャモ【軍鶏】 斗鸡 dòujī
しゃもじ【杓文字】 饭勺 fànsháo
しゃよう【斜陽】 斜阳 xiéyáng; 夕阳 xīyáng ♦《比喩的に》～産業 凋敝产业 diāobì chǎnyè
しゃよう【社用】-で 公司业务 gōngsī yèwù
じゃらじゃら 哗啷哗啷 huālānghuālāng ♦小銭が～いう 硬币哗啷哗啷响 yìngbì huālānghuālāng xiǎng
じゃり【砂利】 碎石 suìshí ♦～道 砾石路 lìshílù
しゃりょう【車両】 车辆 chēliàng ♦～税 车捐 chējuān ♦～通行禁止 禁止车辆通行 jìnzhǐ chēliàng tōngxíng
しゃりん【車輪】 车轮 chēlún; 车轱辘 chēgūlu
しゃれ【洒落】 ❶《ジョーク》俏皮话 qiàopihuà; 诙谐话 huīxiéhuà ♦～ことば 双关语 shuāngguānyǔ ♦～が通じない 不懂幽默 bù dǒng yōumò ♦～を飛ばす 说俏皮话 shuō qiàopihuà ❷《身なり凝る》爱打扮 ài dǎbàn ♦お～をする 打扮 dǎbàn
しゃれい【謝礼】 报酬 bàochou; 谢礼 xièlǐ ♦～金 酬金 chóujīn; 谢金 xièjīn
しゃれこうべ【曝れ髑髏】 骷髅 kūlóu
しゃれた【洒落た】《洗練された》别致 biézhì; 雅致 yǎzhì ♦《生意気な》～ことを言う 说话别太狂妄 shuōhuà bié tài kuángwàng
しゃれる【洒落る】 ❶《身なりを飾る》 打扮得漂亮 dǎbande piàoliang ❷《ジョークを言う》说俏皮话 shuō qiàopihuà
じゃれる 嬉耍 xīshuǎ; 撒欢儿 sāhuānr; 嬉戏 xīxì

シャワー 淋浴 línyù ◆～を浴びる 洗淋浴 xǐ línyù ◆～室 淋浴室 línyùshì

ジャンク 中国式帆船 Zhōngguóshì fānchuán

ジャングル 原始森林 yuánshǐ sēnlín; 密林 mìlín ◆～ジム 攀登架 pāndēngjià

じゃんけん【じゃん拳-する】 划拳 huáquán; 石头·剪子·布 shítou·jiǎnzi·bù; 猜snake石 cāicāicāi

シャンソン〈フランスの〉民歌 míngē; 大众歌曲 dàzhòng gēqǔ

シャンデリア 枝形吊灯 zhīxíng diàodēng

しゃんと ❶〈姿势が〉端正 duānzhèng; 挺直 tǐngzhí ◆背筋を～する 挺直身板 tǐngzhí shēnbǎn ❷〈考えや态度がしっかりしている〉坚定 jiāndìng; 端正 duānzhèng

ジャンパー 夹克 jiākè ◆～スカート 背心裙 bèixīnqún

シャンパン 香槟酒 xiāngbīnjiǔ

ジャンプ-する 跳跃 tiàoyuè ◆～台 跳台 tiàotái

シャンプー 香波 xiāngbō; 洗发水 xǐfàshuǐ

ジャンボ-な 巨大 jùdà ◆～サイズ 特大号 tèdàhào ◆～ジェット机 巨型喷气式客机 jùxíng pēnqìshì kèjī

ジャンル 种类 zhǒnglèi; 体裁 tǐcái

しゅ【主】❶〈中心·中心となる目的·主たる目的〉主要的目的 zhǔyào de mùdì ◆～として 主要地 zhǔyào de; 基本上 jīběnshang ❷〈キリスト教の〉主 zhǔ; 基督 Jīdū; 天主 tiānzhǔ

しゅ【朱】～色の 朱红 zhūhóng ◆～を入れる 加红笔批改 jiā hóngbǐ pīzhǎi ◆～に交われば赤くなる 近朱者赤，近墨者黑 jìn zhū zhě chì, jìn mò zhě hēi

しゅ【种】❶〈生物学上の〉物种 wùzhǒng; 种 zhǒng ◆～が灭びる 绝种 juézhǒng ❷〈种类〉种类 zhǒnglèi ◆この～の事件 这种事件 zhè zhǒng shìjiàn

しゅい【首位】第一名 dìyī míng; 首位 shǒuwèi; 首届一指 shǒu qū yī zhǐ ◆～を占める 居首 jūshǒu

しゅい【趣旨】宗旨 zōngzhǐ ◆～书 宗旨书 zōngzhǐshū

しゅいん【手淫】手淫 shǒuyín

しゅいん【主因】主要原因 zhǔyào yuányīn

しゅう【私有】-する 私有 sīyǒu ◆～财产 私有财产 sīyǒu cáichǎn

しゅう【雌雄】〈オスとメス〉雌雄 cíxióng ◆～同体 雌雄同体 cíxióng tóngtǐ;〈胜败〉～を决する 决一雌雄 jué yī cíxióng

しゅう【周】星期 xīngqī; 礼拜 lǐbài; 周 zhōu ◆每～ 每星期 měi xīngqī; 每周 měi zhōu ◆～末 周末 zhōumò

しゅう【众】◆～に抜きん出る 出众 chūzhòng ◆若い～ 年轻的人们 niánqīng de rénmen

じゆう【自由-な】❶ 自由 zìyóu ◆～市场 农贸市场 nóngmào shìchǎng; 自由市场 zìyóu shìchǎng ◆～型 自由泳 zìyóuyǒng ◆～业 自由职业者 zìyóu zhíyèzhě ◆～自在な 自由自在 zìyóu zìzài ◆どうぞ御～に 请随便 qǐng suíbiàn ◆～を胜ち取る 争取自由 zhēngqǔ zìyóu

じゆう【事由】事由 shìyóu

じゅう【铳】枪 qiāng ◆～を撃つ 开枪 kāiqiāng

しゅうあく【丑悪-な】丑陋 chǒulòu; 丑恶 chǒu'è ◆～な行为 丑恶的行为 chǒu'è de xíngwéi

じゅうあつ【重圧】重压 zhòngyā; 压力 yālì ◆精神的に～に耐えられない 承受不了心理上的重圧 chéngshòubuliǎo xīnlǐshang de zhòngyā

しゅうい【周囲】❶〈もののまわり〉四周 sìzhōu; 周围 zhōuwéi ❷〈环境〉环境 huánjìng

じゅうい【兽医】兽医 shòuyī

しゅういつ【秀逸-な】优秀 yōuxiù; 卓越 zhuóyuè; 出众 chūzhòng

しゅうえき【収益】收益 shōuyì ◆～が减る 减少收益 jiǎnshǎo shōuyì ◆～を得る 得到收益 dédào shōuyì

しゅうえき【终殁】绝命 juémìng; 临终 línzhōng ◆～の地 绝命之处 juémìng zhī chù

しゅうえん【终演】演完 yǎnwán; 落幕 luòmù ◆～予定时刻 预定的演宦时刻 yùdìng de yǎnwán shíkè

じゅうおう【纵横-の】纵横 zònghéng ◆～无尽 无穷无尽 wúqióng wújìn; 无尽的 wújìn de; 无数 wúshù

しゅうか【集荷】聚集物产 jùjí wùchǎn;〈集まった物〉聚集的物产 jùjí de wùchǎn ◆～がはかどる 物产顺利聚集起来 wùchǎn shùnlì jùjíqǐlai

しゅうかい【集会-する】集会 jíhuì ◆～の自由 集会的自由 jíhuì de zìyóu ◆～抗议 抗议集会 kàngyì jíhuì

シュウカイドウ【秋海棠】秋海棠 qiūhǎitáng

しゅうかく【収穫-する】❶〈农作物の〉收 shōu; 收获 shōuhuò; 收割 shōugē ◆麦を～する 收麦子 shōu màizi ◆～高 收获量 shōuhuòliàng ❷〈成果〉收获 shōuhuò; 收

益 shōuyì ♦旅の～ 旅行的收获 lǚxíng de shōuhuò
しゅうがく【就学-する】 就学 jiùxué ♦～年齢 学龄 xuélíng
しゅうがく【修学-する】 学习 xuéxí; 修学 xiūxué
しゅうかん【収監-する】 收监 shōujiān; 关押 guānyā; 监禁 jiānjìn ♦～状 监禁令 jiānjìnlíng
しゅうかん【習慣】 习惯 xíguàn ♦早寝早起きの～ 早睡早起的习惯 zǎo shuì zǎo qǐ de xíguàn ♦ よい～ を身につける 养成良好的习惯 yǎngchéng liánghǎo de xíguàn ♦ 悪い～がつく 养成坏习惯 yǎngchéng huài xíguàn
しゅうかん【週刊の】 周报 zhōubào; 周刊 zhōukān ♦～誌 周刊 zhōukān
しゅうかん【週間】 一个星期 yí ge xīngqī ♦読書～ 读书周 dúshūzhōu ♦四～ 四个星期 sì ge xīngqī
じゅうかん【縦貫-する】 纵贯 zòngguàn ♦～道路 纵贯公路 zòngguàn gōnglù
じゅうがん【銃眼】 枪眼 qiāngyǎn
しゅうき【周期】 周期 zhōuqī ♦～的な 周期性的 zhōuqīxìng de
しゅうき【秋季】 秋季 qiūjì
しゅうき【周忌】 周年忌辰 zhōunián jìchén ♦一周忌 一周年忌辰 yì zhōunián jìchén
しゅうき【臭気】 臭气 chòuqì; 臭味 chòuwèi ♦～を放つ 有臭味 yǒu chòuwèi
しゅうぎ【祝儀】 庆祝仪式 qìngzhù yíshì; 红事 hóngshì;（金品）赠品 zèngpǐn; 赏钱 shǎngqián; 红包 hóngbāo
しゅうぎ【衆議】 众人商议 zhòngrén shāngyì
じゅうき【重機】 大型机器 dàxíng jīqì
じゅうきかんじゅう【重機関銃】 重机关枪 zhòng jīguānqiāng
しゅうきゅう【週休】 ♦～2日制 周休两日制 zhōuxiū liǎngrìzhì; 双休日 shuāngxiūrì
しゅうきゅう【週給】 周薪 zhōuxīn
じゅうきょ【住居】 住宅 zhùzhái
しゅうきょう【宗教】 宗教 zōngjiào ♦～を信じる 信教 xìnjiào ♦～家 宗教家 zōngjiàojiā
しゅうぎょう【就業-する】 就业 jiùyè ♦～規則 上班规则 shàngbān guīzé ♦～時間 上班时间 shàngbān shíjiān
しゅうぎょう【修業-する】 修业 xiūyè ♦～年限 修业年限 xiūyè niánxiàn

しゅうぎょう【終業】（学校の）♦～式 结业式 jiéyèshì
じゅうぎょういん【従業員】 工作人员 gōngzuò rényuán; 职工 zhígōng
しゅうきょく【終局】 终局 zhōngjú; 结局 jiéjú
しゅうきん【集金-する】 收款 shōukuǎn; 收钱 shōu qián
じゅうきんぞく【重金属】 重金属 zhòngjīnshǔ
しゅうぐ【衆愚】 一群愚人 yìqún yúrén ♦～政治 群愚政治 qúnyú zhèngzhì
シュークリーム 奶油泡芙 nǎiyóu pàofú
じゅうぐん【従軍-する】 从军 cóngjūn ♦～記者 随军记者 suíjūn jìzhě
しゅうけい【集計-する】 合计 héjì; 总计 zǒngjì
じゅうけい【重刑】 重刑 zhòngxíng ♦～に処す 处以重刑 chǔyǐ zhòngxíng
しゅうげき【襲撃-する】 袭击 xíjī
しゅうけつ【終結-する】 告终 gàozhōng; 完结 wánjié; 终结 zhōngjié
しゅうけつ【集結-する】 集结 jíjié ♦軍隊を～ 集中部队 jízhōng bùduì ♦兵力を～ 集结兵力 jíjié bīnglì
じゅうけつ【充血-する】 充血 chōngxuè
しゅうげん【祝言】 喜事 xǐshì; 婚礼 hūnlǐ ♦～を挙げる 举行婚礼 jǔxíng hūnlǐ
じゅうけん【銃剣】 刺刀 cìdāo
しゅうこう【修好】 ♦～条约 友好条约 yǒuhǎo tiáoyuē
しゅうこう【就航】 开航 kāiháng
しゅうこう【周航-する】 乘船周游 chéngchuán zhōuyóu
しゅうごう【集合-する】 集合 jíhé ♦～時間 集合时间 jíhé shíjiān
じゅうこう【重厚な】 稳重 wěnzhòng; 庄重 zhuāngzhòng
じゅうこう【銃口】 枪口 qiāngkǒu
じゅうこうぎょう【重工業】 重工业 zhònggōngyè
じゅうごや【十五夜】 中秋夜 zhōngqiūyè
じゅうこん【重婚-する】 重婚 chónghūn
ジューサー 榨汁器 zhàzhīqì
しゅうさい【秀才】 秀才 xiùcái; 高才生 gāocáishēng; 尖子 jiānzi
じゅうざい【重罪】 重罪 zhòngzuì
しゅうさく【秀作】 杰作 jiézuò; 优秀作品 yōuxiù zuòpǐn; 名作 míngzuò

しゅうさく【習作-する】習作 xízuò
じゅうさつ【銃殺-する】枪毙 qiāngbì; 枪决 qiāngjué
しゅうさん【集散-する】集散 jísàn ◆~地 集散地 jísàndì ◆離合~ 聚散离合 jùsàn líhé
しゅうし【収支】收支 shōuzhī ◆~決算 收支结算 shōuzhī jiésuàn
しゅうし【修士】硕士 shuòshì ◆~課程 硕士课程 shuòshì kèchéng ◆~号 硕士学位 shuòshì xuéwèi
しゅうし【終始】自始至终 zì shǐ zhì zhōng: 始终 shǐzhōng ◆~変わらない 始终不渝 shǐzhōng bù yú
しゅうし【宗旨】❶〈宗教の〉教义 jiàoyì ❷〈自分の考え〉主张 zhǔzhāng; 主义 zhǔyì
しゅうし【終止】终止 zhōngzhǐ ◆~符を打つ 打上句号 dǎshàng jùhào; 结束 jiéshù
しゅうじ【修辞】修辞 xiūcí ◆~学 修辞学 xiūcíxué
しゅうじ【習字】习字 xízì
じゅうし【重視-する】重视 zhòngshì: 注重 zhùzhòng; 看重 kànzhòng
じゅうじ【従事-する】从事 cóngshì ◆労働に~する 从事劳动 cóngshì láodòng
じゅうじ【十字】十字 shízì ◆~を切る 划十字 huá shízì ◆~架 十字架 shízìjià
しゅうじつ【終日】整天 zhěngtiān; 终日 zhōngrì
じゅうじつ【充実-した】充实 chōngshí ◆~感 充实感 chōngshígǎn ◆内容を~させる 充实内容 chōngshí nèiróng ◆気力~ 精神旺盛 jīngshén wàngshèng
ジュウシマツ【十姉妹】白腰文鸟 báiyāo wénniǎo
しゅうしゅう【収集-する】收集 shōují; 搜集 sōují ◆切手~ 集邮 jíyóu
しゅうしゅう【収拾-する】收拾 shōushi ◆~がつかない 不可收拾 bùkě shōushi
しゅうしゅく【収縮-する】收缩 shōusuō
しゅうじゅく【習熟-する】熟习 shúxí; 熟悉 shúxī ◆外国語に~する 熟习外语 shúxí wàiyǔ
じゅうじゅん【従順-な】驯服 xùnfú; 从顺 cóngshùn
じゅうしょ【住所】地址 dìzhǐ; 住址 zhùzhǐ; 住所 zhùsuǒ
しゅうしょう【愁傷】◆ご~さまで 真令人悲伤 zhēn lìng rén bēishāng; 表示衷心的哀悼 biǎoshì zhōngxīn de āidào

じゅうしょう【重傷】重伤 zhòngshāng ◆~を負う 负重伤 fù zhòngshāng
じゅうしょう【重唱-する】重唱 chóngchàng
じゅうしょう【重症-の】重病 zhòngbìng
しゅうしょく【就職-する】就业 jiùyè; 参加工作 cānjiā gōngzuò
しゅうしょく【修飾-する】修饰 xiūshì ◆~語 修饰语 xiūshìyǔ
しゅうしょく【秋色】◆~が深まる 秋色渐浓 qiūsè jiàn nóng
じゅうしょく【住職】住持 zhùchí; 方丈 fāngzhang
じゅうじろ【十字路】十字街头 shízì jiētóu; 十字路口 shízì lùkǒu
しゅうしん【就寝-する】就寝 jiùqǐn
しゅうしん【執心-する】迷恋 míliàn; 贪恋 tānliàn
しゅうしん【終身】终身 zhōngshēn; 一生 yīshēng ◆~刑 无期徒刑 wúqí túxíng
しゅうじん【囚人】犯人 fànrén; 囚犯 qiúfàn; 囚徒 qiútú
じゅうしん【重心】重心 zhòngxīn ◆~を失う 失去平衡 shīqù pínghéng
じゅうしん【銃身】枪杆 qiānggǎn
じゅうしん【重臣】重臣 zhòngchén; 元老 yuánlǎo
しゅうじんかんし【衆人環視】◆~の中 众目睽睽之下 zhòngmù kuíkuí zhīxià
ジュース 果汁 guǒzhī ◆トマト~ 西红柿汁 xīhóngshìzhī ◆オレンジ~ 橙汁 chéngzhī; 橘子水 júzishuǐ
しゅうせい【修正-する】修改 xiūgǎi; 修正 xiūzhèng ◆憲法を~する 修正宪法 xiūzhèng xiànfǎ ◆作文に~を加える 修改作文 xiūgǎi zuòwén
しゅうせい【修整-する】修整 xiūzhěng
しゅうせい【終生】终生 zhōngshēng; 毕生 bìshēng ◆~忘れない 终生难忘 zhōngshēng nánwàng
しゅうせい【習性】❶〈癖〉习癖 xípǐ ❷〈動物の〉习性 xíxìng
しゅうせい【集成-する】集成 jíchéng; 汇集 huìjí
じゅうせい【銃声】枪声 qiāngshēng
じゅうぜい【重税】重税 zhòngshuì
じゅうせき【自由席】〈劇場の〉散座儿 sǎnzuòr
しゅうせき【集積-する】集聚 jíjù ◆~回路 集成电路 jíchéng diànlù
じゅうせき【重責】重任 zhòngrèn ◆

しゅうせん — しゅうとめ

~を担う 身負重任 shēn fù zhòngrèn

しゅうせん【周旋-する】 斡旋 wòxuán

しゅうせん【終戦】 战争结束 zhànzhēng jiéshù

しゅうぜん【修繕-する】 修理 xiūlǐ; 修缮 xiūshàn; 修补 xiūbǔ

じゅうぜん【十全-の】 十全 shíquán; 完善 wánshàn; 齐全 qíquán

じゅうぜん【従前】 从前 cóngqián ♦ ~通りに 一如既往 yì rú jì wǎng

しゅうそう【臭気】 溴 xiù

じゅうそう【重奏】 重奏 chóngzòu ♦ 弦楽四~ 弦乐四重奏 xiányuè sìchóngzòu

じゅうそう【重曹】 小苏打 xiǎosūdá

しゅうそく【収束-する】 了结 liǎojié; 完结 wánjié

しゅうそく【終息】 结束 jiéshù; 平息 píngxī ♦ 戦争が~した 战争结束了 zhànzhēng jiéshù le

しゅうぞく【習俗】 习俗 xísú

じゅうぞく【従属-する】 隶属 lìshǔ; 从属 cóngshǔ

しゅうたい【醜態】 丑态 chǒutài ♦ ~をさらす 出洋相 chū yángxiàng; 丢丑 diūchǒu

じゅうたい【渋滞-する】 交通~ 交通堵塞 jiāotōng dǔsè; 交通阻塞 jiāotōng zǔsè

じゅうたい【縦隊】 纵队 zòngduì ♦ 2列~ 两列纵队 liǎngliè zòngduì

じゅうたい【重体】 病危 bìngwēi; 病笃 bìngdǔ

じゅうだい【重大-な】 重大 zhòngdà; 严重 yánzhòng; 重要 zhòngyào ♦ ~な時機 紧要关头 jǐnyào guāntóu ♦ ~事件 重大事件 zhòngdà shìjiàn

しゅうたいせい【集大成-する】 集大成 jí dàchéng

じゅうたく【住宅】 住房 zhùfáng; 住宅 zhùzhái ♦ ~地区 住宅区 zhùzháiqū ♦ ~ローン 房贷 fángdài

しゅうだん【集団】 集体 jítǐ; 集团 jítuán ♦ ~検診 集体体检 jítǐ tǐjiǎn ♦ ~生活 集体生活 jítǐ shēnghuó ♦ 反革命~ 反革命集团 fǎngémìng jítuán

じゅうたん【絨毯】 地毯 dìtǎn

じゅうだん【縦断-する】 纵贯 zòngguàn ♦ ~面 纵断面 zòngduànmiàn

じゅうだん【銃弾】 枪弹 qiāngdàn; 子弹 zǐdàn

しゅうち【周知】 众所周知 zhòng suǒ zhōu zhī ♦ ~の事実 众所周知的事实 zhòng suǒ zhōu zhī de shìshí

しゅうち【羞恥】 羞耻 xiūchǐ; 怕羞 pàxiū ♦ ~心 羞耻心 xiūchǐ xīn ♦ ~心のない 不知羞耻 bùzhī xiūchǐ

しゅうち【衆知】 ♦ ~を集める 集思广益 jí sī guǎng yì

しゅうちく【修築-する】 修筑 xiūzhù; 修建 xiūjiàn

しゅうちゃく【執着-する】 执著 zhízhuó ♦ ~心 执着之念 zhízhuó zhī niàn

しゅうちゃくえき【終着駅】 终点站 zhōngdiǎnzhàn

しゅうちゅう【集中-する】 集中 jízhōng; 聚集 jùjí ♦ ~豪雨 集中性暴雨 jízhōngxìng bàoyǔ ♦ 攻撃 集中攻击 jízhōng gōngjī ♦ ~力 集中力 jízhōnglì ♦ 工業が沿海地区に~している 工业集中在沿海地区 gōngyè jízhōng zài yánhǎi dìqū

じゅうちん【重鎮】 重要人物 zhòngyào rénwù; 泰斗 tàidǒu

しゅうてい【修訂-する】 修订 xiūdìng ♦ ~版 修订本 xiūdìngběn

しゅうてん【終点】 终点 zhōngdiǎn

じゅうてん【重点】 重点 zhòngdiǎn ♦ ~を押さえる 把握重点 bǎwò zhòngdiǎn

じゅうてん【充填-する】 填充 tiánchōng

じゅうでん【充電-する】 充电 chōngdiàn ♦ ~器 充电器 chōngdiànqì; (此喻的)♦ ~期間をとる 休整 xiūzhěng

しゅうでん(しゃ)【終電(車)】 末班车 mòbānchē

しゅうと【舅】 公公 gōnggong; 岳父 yuèfù

シュート-する (バスケット) 投篮 tóulán; (サッカー) 射门 shèmén; (野球) 自然曲线球 zìrán qūxiànqiú

じゅうど【重度-の】 ♦ ~の障害 严重残疾 yánzhòng cánjí

しゅうとう【周到-な】 周到 zhōudào; 周全 zhōuquán

じゅうとう【充当-する】 充当 chōngdāng

じゅうどう【柔道】 柔道 róudào ♦ ~家 柔道家 róudàojiā ♦ ~着 柔道服 róudàofú

しゅうどういん【修道院】 修道院 xiūdàoyuàn

しゅうとく【習得-する】 学好 xuéhǎo; 学会 xuéhuì; 掌握 zhǎngwò ♦ 技術を~する 掌握技术 zhǎngwò jìshù

しゅうとく【拾得-する】 拾取 shíqǔ ♦ ~物 拾物 shíwù

しゅうとめ【姑】 婆婆 pópo; 岳母 yuèmǔ

じゅうなん【柔軟-な】❶《体が》柔软 róuruǎn ◆~体操 柔软体操 róuruǎn tǐcāo ❷《考えが》~な態度 灵活的态度 línghuó de tàidu ◆~性を失う 僵化 jiānghuà

じゅうにし【十二支】十二支 shí'èrzhī; 地支 dìzhī

じゅうにしちょう【十二指腸】十二指肠 shí'èrzhǐcháng

じゅうにぶん【十二分-の】充分 chōngfèn; 十二分 shí'èrfēn

しゅうにゅう【収入】收入 shōurù; 进项 jìnxiang ◆~印紙 印花税票 yìnhuā shuìpiào ◆臨時~ 临时收入 línshí shōurù ◆外快 wàikuài

しゅうにん【就任-する】就职 jiùzhí; 就任 jiùrèn

じゅうにん【住人】住户 zhùhù; 居民 jūmín

じゅうにんといろ【十人十色】十个人十个样 shí ge rén shí ge yàng; 十个指头不一般齐 shí ge zhǐtou bú yìbān qí

じゅうにんなみ【十人並み】普通 pǔtōng; 一般 yìbān; 平均水平 píngjūn shuǐpíng

しゅうねん【周年】周年 zhōunián ◆5~ 五周年 wǔ zhōunián

しゅうねん【執念】执著之念 zhízhuó zhī niàn ◆~深い 执著的 zhízhuó de; 固执 gùzhí; 执拗 zhíniù

しゅうのう【収納-する】收纳 shōunà; 收进 shōujìn

しゅうは【周波】周波 zhōubō ◆~数 频率 pínlǜ

しゅうは【秋波】◆~を送る 送秋波 sòng qiūbō

しゅうは【宗派】宗派 zōngpài

じゅうばこ【重箱】（装菜的）套盒 (zhuāng cài de) tàohé ◆~の隅をつつくような 斤斤计较 jīn jīn jìjiào; 挑剔 tiāoti

しゅうバス【終バス】末班车 mòbānchē

じゅうはちばん【十八番】拿手 náshǒu

じゅうはん【従犯】从犯 cóngfàn

じゅうはん【再版】再版 zàibǎn; 重版 chóngbǎn; 重印 chóngyìn

しゅうばんせん【終盤戦】收尾阶段 shōuwěi jiēduàn

しゅうび【愁眉】◆~を開く 展开愁眉 zhǎnkāi chóuméi

じゅうびょう【重病】重病 zhòngbìng

しゅうふく【修復-する】修复 xiūfù

しゅうぶん【秋分】秋分 qiūfēn

しゅうぶん【醜聞】丑闻 chǒuwén ◆~が立つ 丑闻传开 chǒuwén chuánkāi

じゅうぶん【十分-な】充足 chōngzú; 充分 chōngfèn; 十分 shífēn ◆お酒も食事も～いただきました 我已经酒足饭饱了 wǒ yǐjing jiǔ zú fàn bǎo le

しゅうへき【習癖】恶习 èxí

しゅうへん【周辺】周围 zhōuwéi; 四围 sìwéi ◆~の情勢 周围的局势 zhōuwéi de júshì

じゅうほう【銃砲】枪炮 qiāngpào; 枪支 qiāngzhī

シューマイ【焼売】烧麦 shāomài

しゅうまく【終幕】❶《芝居の最后一幕 zuìhòu yí mù; 闭幕 bìmù ❷《事件の》结局 jiéjú

しゅうまつ【週末】周末 zhōumò

じゅうまん【充満-する】充满 chōngmǎn ◆室内に煙が～ 屋里充满烟雾 wūli chōngmǎn yānwù

じゅうみん【住民】居民 jūmín ◆~税 居民税 jūmínshuì ◆~投票 居民投票 jūmín tóupiào

しゅうめい【襲名-する】继承师名 jìchéng shīmíng ◆披露 宣布继承师名的活动 xuānbù jìchéng shīmíng de huódòng

しゅうもく【衆目】众目 zhòngmù ◆~の一致するところ 大家一致的看法 dàjiā yízhì de kànfǎ

じゅうもんじ【十文字】十字形 shízìxíng ◆~に交叉的 jiāochā de

しゅうや【終夜】整夜 zhěngyè ◆~営業 通宵营业 tōngxiāo yíngyè

しゅうやく【集約-する】汇集 huìjí; 总括 zǒngkuò

じゅうやく【重役】《会社の》董事 dǒngshì

じゅうゆ【重油】重油 zhòngyóu

しゅうゆう【周遊-する】周游 zhōuyóu ◆~券 周游券 zhōuyóuquàn

しゅうよう【収容-する】容纳 róngnà; 收容 shōuróng ◆~所 集中营 jízhōngyíng; 收容所 shōuróngsuǒ

しゅうよう【修養-する】修养 xiūyǎng; 涵养 hányǎng

じゅうよう【重要-な】要紧 yàojǐn; 重要 zhòngyào ◆~人物 重要人物 zhòngyào rénwù ◆~視 重视 zhòngshì

しゅうらい【襲来-する】袭来 xílái

じゅうらい【従来】从来 cónglái; 历来 lìlái ◆~通り 一如既往 yì rú jì wǎng

しゅうらく【集落】村落 cūnluò

しゅうり【修理-する】修理 xiūlǐ ◆~工場 修理厂 xiūlǐchǎng

しゅうりょう【終了-する】结束 jiéshù; 终了 zhōngliǎo ◆試合が～した 比赛结束了 bǐsài jiéshù le ◆成

しゅうりょう【修了-する】 修业 xiūyè ◆-证书 结业证书 jiéyè zhèngshū

じゅうりょう【重量】 重量 zhòngliàng; 分量 fènliàng

じゅうりょうあげ【重量挙げ】 举重 jǔzhòng

じゅうりょく【重力】 重力 zhònglì

じゅうりん【蹂躪-する】 蹂躏 róulìn; 践踏 jiàntà ◆人権を～ 践踏人权 jiàntà rénquán

シュールレアリズム 超现实主义 chāoxiànshí zhǔyì

しゅうれい【秀麗-な】 秀丽 xiùlì ◆眉目～な 眉清目秀 méi qīng mù xiù

しゅうれっしゃ【終列車】 末班车 mòbānchē

しゅうれん【修練-する】 ◆～を積む 经常锻炼 jīngcháng duànliàn

しゅうれん【収斂-する】 收缩 shōusuō; 收敛 shōuliàn

じゅうろうどう【重労働】 重体力劳动 zhòng tǐlì láodòng; 重活 zhònghuó

しゅうろく【収録-する】 ❶《資料などを》收录 shōulù; 辑录 jílù; 刊登 kāndēng ❷《録音・録画》录音 lùyīn; 录像 lùxiàng

しゅうわい【収賄-する】 受贿 shòuhuì

しゅえい【守衛】 门卫 ménwèi; 门房 ménfáng; 看门人 kānménrén

じゅえき【樹液】 树液 shùyè

じゅえきしゃ【受益者】 受益者 shòuyìzhě

しゅえん【主演-する】 主演 zhǔyǎn ◆～女優 女主角 nǚzhǔjué ◆～男優 男主角 nánzhǔjué

しゅえん【酒宴】 酒宴 jiǔyàn

じゅかい【樹海】 树海 shùhǎi; 林海 línhǎi

しゅかく【主客】 ◆～転倒する 反客为主 fǎn kè wéi zhǔ; 喧宾夺主 xuān bīn duó zhǔ

じゅがく【儒学】 儒学 rúxué

しゅかん【主観】 主观 zhǔguān ◆～的な 主观性的 zhǔguānxìng de ◆～的に結論を下す 主观地下结论 zhǔguān de xià jiélùn

しゅがん【主眼】 主要着眼点 zhǔyào zhuóyǎndiǎn

しゅき【手記】 手记 shǒujì

しゅき【酒気】 ◆～を帯びる 带酒气 dài jiǔqì

しゅぎ【主義】 主义 zhǔyì ◆マルクス～ 马克思主义 Mǎkèsī zhǔyì

じゅきゅう【需給】 供求 gōngqiú ◆～のバランス 供求平衡 gōngqiú pínghéng ◆～関係 供求关系 gōngqiú guānxi

しゅぎょう【修行-する】 《宗教上の》修道 xiūdào; 修炼 xiūliàn; 练武 liànwǔ

じゅきょう【儒教】 儒教 Rújiào

じゅぎょう【授業-をする】 讲课 jiǎngkè; 上课 shàngkè; 授课 shòukè ◆～に出る 上课 shàngkè ◆～が終わる 下课 xiàkè ◆～をさぼる 逃学 táoxué ◆～料 学费 xuéfèi

しゅぎょく【珠玉の】 珠宝 zhūbǎo ◆《比喩的に》珠玑 zhūjī ◆～の短編 杰出的短篇 jiéchū de duǎnpiān

じゅく【塾】 私塾 sīshú ◆～の先生 塾师 shúshī

しゅくい【祝意】 ◆～を表す 表示祝贺 biǎoshì zhùhè

しゅくえい【宿営-する】 宿营 sùyíng

しゅくえん【宿怨】 宿怨 sùyuàn; 世仇 shìchóu ◆～を晴らす 报旧仇 bào jiùchóu

しゅくえん【祝宴】 喜宴 xǐyàn

しゅくが【祝賀】 庆祝 qìngzhù; 祝贺 zhùhè ◆～行事 庆祝活动 qìngzhù huódòng

しゅくがん【宿願】 宿愿 sùyuàn

しゅくげん【縮減-する】 缩减 suōjiǎn ◆～支出を～する 缩减开支 suōjiǎn kāizhī

じゅくご【熟語】 复合词 fùhécí; 成语 chéngyǔ; 惯用语 guànyòngyǔ

しゅくさいじつ【祝祭日】 节日 jiérì; 节假日 jiéjiàrì

しゅくさつ【縮刷-する】 缩印 suōyìn

しゅくじ【祝辞】 ◆～を述べる 致祝词 zhì zhùcí

じゅくし【熟視-する】 审视 shěnshì; 凝视 níngshì; 注视 zhùshì

しゅくじつ【祝日】 节日 jiérì

しゅくしゃ【宿舎】 宿舍 sùshè

しゅくしゃく【縮尺】 缩尺 suōchǐ; 比例尺 bǐlìchǐ

しゅくじょ【淑女】 淑女 shūnǚ; 女士 nǚshì

しゅくしょう【縮小-する】 缩小 suōxiǎo; 紧缩 jǐnsuō ◆～印刷（コピー）する 缩印 suōyìn ◆軍備～ 裁军 cáijūn

しゅくず【縮図】 缩图 suōtú; 缩小图 suōxiǎotú; ◆《比喻的に》◆人生の～ 人生的缩影 rénshēng de suōyǐng

じゅくす【熟す】 熟 shú; 成熟 chéngshú ◆機が～ 时机成熟 shíjī chéngshú ◆作物が～ 庄稼成熟

zhuāngjia chéngshú
じゅくすい【熟睡-する】 酣睡 hān-shuì; 熟睡 shúshuì; 沉睡 chén-shuì
じゅくせい【粛正-する】 整顿 zhěng-dùn; 整肃 zhěngsù
じゅくせい【粛清-する】 肃清 sù-qīng; 清除 qīngchú
じゅくせい【熟成-する】 成熟 chéng-shú
しゅくだい【宿題】 (家庭)作业 (jiā-tíng) zuòyè; 课外作业 kèwài zuò-yè ◆～をする 做作业 zuò zuòyè
じゅくたつ【熟達-する】 熟练 shú-liàn ◆スペイン語に～する 熟习西班牙语 shúxí Xībānyáyǔ
じゅくち【熟知-する】 熟悉 shúxī; 熟知 shúzhī ◆内情を～している 熟悉内情 shúxī nèiqíng
しゅくちょく【宿直】 值宿 zhísù; 值夜班 zhí yèbān
しゅくてき【宿敵】 夙仇 sùchóu ◆～を打倒する 打倒宿敌 dǎdǎo sùdí
しゅくてん【祝典】 庆典 qìngdiǎn
しゅくでん【祝電】 贺电 hèdiàn
じゅくどく【熟読-する】 精读 jīngdú
しゅくば【宿場】 驿站 yìzhàn
しゅくはい【祝杯】 祝酒 zhùjiǔ ◆～を上げる 祝酒 zhù jiǔ
しゅくはく【宿泊-する】 住宿 zhùsù; 投宿 tóusù; 下榻 xiàtà
しゅくふく【祝福-する】 祝福 zhùfú
しゅくべん【宿便】 宿便 sùbiàn
しゅくほう【祝砲】 礼炮 lǐpào ◆～を撃つ 放礼炮 fàng lǐpào
しゅくめいてき【宿命的】 命中注定 mìng zhōng zhùdìng
じゅくりょ【熟慮-する】 熟虑 shúlǜ; 深思 shēnsī; 仔细思考 zǐxì sīkǎo
じゅくれん【熟練-する】 熟练 shú-liàn; 娴熟 xiánshú ◆～工 技工 jì-gōng; 熟练工人 shúliàn gōngrén
しゅくん【殊勲】 功勋 gōngxūn ◆～をたてる 建奇功 jiàn qígōng
しゅくん【主君】 主君 zhǔjūn; 主公 zhǔgōng
しゅげい【手芸】 手工艺 shǒugōng-yì
じゅけいしゃ【受刑者】 服刑者 fú-xíngzhě; 囚徒 qiútú
しゅけん【主権】 主权 zhǔquán ◆～国家 主权国家 zhǔquán guójiā
じゅけん【受験-する】 投考 tóukǎo; 应考 yìngkǎo; 应试 yìngshì; 参加考试 cānjiā kǎoshì ◆～資格 应试资格 yìngshì zīgé ◆～生 考生 kǎo-shēng; 投考生 tóukǎoshēng
しゅご【主語】 主语 zhǔyǔ
しゅご【守護-する】 守护 shǒuhù
しゅこう【酒肴】 酒肴 jiǔyáo

しゅこう【趣向】 ◆～を凝らす 精心构思 jīngxīn gòusī; 别具匠心 bié jù jiàng xīn
しゅこう【酒豪】 海量 hǎiliàng
じゅこう【受講-する】 听讲 tīng-jiǎng; 听课 tīng kè
しゅこうぎょう【手工業】 手工业 shǒugōngyè
しゅこうげい【手工芸】 工艺 gōng-yì; 手工艺 shǒugōngyì
ジュゴン【儒艮】◆【動物】儒艮 rúgèn
しゅさ【主査】 ◆博士論文の～ 博士论文的主审 bóshì lùnwén de zhǔ-shěn
しゅさい【主催-する】 主办 zhǔbàn; 主持 zhǔchí ◆～国 东道国 dōng-dàoguó
しゅさい【主宰-する】 主持 zhǔchí
しゅざい【取材-する】 采访 cǎifǎng; 探访 tànfǎng; 取材 qǔcái ◆～記者 采访记者 cǎifǎng jìzhě
しゅざん【珠算】 珠算 zhūsuàn
しゅさんち【主産地】 主要产地 zhǔ-yào chǎndì
しゅし【主旨】 主旨 zhǔzhǐ; 旨趣 zhǐqù
しゅし【種子】 种子 zhǒngzi ◆～植物 种子植物 zhǒngzi zhíwù
しゅし【趣旨】 旨趣 zhǐqù; 宗旨 zōngzhǐ
しゅし【樹脂】 树脂 shùzhī ◆合成～ 合成树脂 héchéng shùzhī
しゅじい【主治医】 主治医生 zhǔzhì yīshēng
しゅじく【主軸】 主轴 zhǔzhóu; 《比喻的に》 ◆～となる選手 主力选手 zhǔlì xuǎnshǒu
しゅしゃ【取捨-する】 ◆～選択する 选择取舍 xuǎnzé qǔshě
しゅじゅ【種々-の】 种种 zhǒng-zhǒng; 各种 gèzhǒng; 形形色色 xíngxíngsèsè
じゅじゅ【授受】 授受 shòushòu
しゅじゅう【主従】 ◆～関係 主从关系 zhǔcóng guānxì
しゅじゅつ【手術-する】 手术 shǒu-shù; 开刀 kāidāo ◆～室 手术室 shǒushùshì ◆～する 做手术 zuò shǒushù ◆胸部の～ 做胸部手术 zuò xiōngbù shǒushù
じゅじゅつ【呪術】 念咒 niànzhòu; 妖术 yāoshù
しゅしょう【主将】 队长 duìzhǎng
しゅしょう【首相】 首相 shǒuxiàng; 总理 zǒnglǐ
しゅしょう【殊勝-な】 值得敬佩 zhí-de jìngpèi; 可嘉 kějiā ◆～な動機 值得称赞的动机 zhíde chēngzàn de dòngjī
しゅじょう【衆生】 众生 zhòng-shēng

じゅしょう【受賞-する】 获奖 huòjiǎng
じゅしょう【授賞-する】 发奖 fājiǎng; 授奖 shòujiǎng
しゅしょく【主食】 主食 zhǔshí
しゅしん【主審】 主裁判 zhǔcáipàn; 裁判长 cáipànzhǎng
しゅじん【主人】 ❶〈客に対して〉主人 zhǔrén; 东家 dōngjiā ❷〈夫〉丈夫 zhàngfu; 先生 xiānsheng
じゅしん【受信-する】〈放送を〉接收 jiēshōu; 收听 shōutīng ♦〜機 接收机 jiēshōujī
しゅじんこう【主人公】 主人翁 zhǔrénwēng; 主人公 zhǔréngōng
しゅす【繻子】 缎子 duànzi
じゅず【数珠】 念珠 niànzhū; 数珠 shùzhū
しゅせい【守勢】 ～に立つ 处于守势 chǔyú shǒushì
しゅぜい【酒税】 酒税 jiǔshuì
じゅせい【受精-する】 受精 shòujīng ♦〜卵 受精卵 shòujīngluǎn
じゅせい【授精】 授精 shòujīng ♦人工〜 人工授精 réngōng shòujīng
しゅせき【主席】 主席 zhǔxí
しゅせき【首席】 首席 shǒuxí; 第一名 dìyī míng ♦〜代表 首席代表 shǒuxí dàibiǎo
しゅせんど【守銭奴】 守财奴 shǒucáinú
しゅせんろん【主戦論】 主战论 zhǔzhànlùn
じゅそ【呪詛-する】 诅咒 zǔzhòu
じゅぞう【受像-する】 显像 xiǎnxiàng ♦〜機 电视(接收)机 diànshì (jiēshōu)jī
しゅぞく【種族】 种族 zhǒngzú
しゅたい【主体】 主体 zhǔtǐ ♦〜性 主体性 zhǔtǐxìng; 自主性 zìzhǔxìng
しゅだい【主題】 主题 zhǔtí ♦〜歌 主题歌 zhǔtígē
じゅたい【受胎-する】 受胎 shòutāi
じゅたく【受託-する】 承包 chéngbāo; 受人委托 shòurén wěituō
じゅだく【承諾-する】 承诺 chéngnuò; 接受 jiēshòu
しゅだん【手段】 手段 shǒuduàn; 办法 bànfǎ ♦卑劣な〜 卑劣的手段 běiliè de shǒuduàn ♦〜を選ばない 不择手段 bù zé shǒuduàn ♦交通〜 交通工具 jiāotōng gōngjù
しゅちゅう【手中】 手中 shǒuzhōng ♦〜に収める 落在手中 luò zài shǒuzhōng
じゅちゅう【受注-する】 接受订货 jiēshòu dìnghuò
しゅちょう【主張-する】 主张 zhǔzhāng ♦〜を貫く 贯彻主张 guànchè zhǔzhāng ♦〜を曲げる 改变主张 gǎibiàn zhǔzhāng ♦皆の〜を聞き入れる 采纳大家的主张 cǎinà dàjiā de zhǔzhāng
しゅちょう【首長】 地方政府的领导 dìfāngzhèngfǔ de lǐngdǎo
しゅちょう【主調】 基调 jīdiào
じゅつ【術】❶〈魔法〉～をかける 施用魔术 shīyòng móshù ❷〈方法〉♦出世〜 成功之术 chénggōng zhī shù ♦保身の〜 保身之策 bǎoshēn zhī cè
しゅつえん【出演-する】 出演 chūyǎn; 出场 chūchǎng ♦〜者 演员 yǎnyuán; 表演者 biǎoyǎnzhě
しゅっか【出火-する】 起火 qǐ huǒ; 失火 shī huǒ ♦〜の原因 起火原因 qǐhuǒ yuányīn
しゅっか【出荷-する】 发货 fāhuò ♦〜月日 出厂日期 chūchǎng rìqī
じゅっかい【述懐-する】 追述 zhuīshù; 追叙 zhuīxù; 谈心 tánxīn
しゅっかん【出棺-する】 出殡 chūbìn; 出丧 chūsāng
しゅつがん【出願-する】 报名 bàomíng; 〈受験の〉报考 bàokǎo ♦〜手続き 报考手续 bàokǎo shǒuxù
しゅっきん【出勤-する】 出勤 chūqín; 上班 shàngbān
しゅっけ【出家-する】 出家 chūjiā; 落发 luòfà
しゅつげき【出撃-する】 出击 chūjī ♦〜命令 出击令 chūjīlìng
しゅっけつ【出血-する】 出血 chūxuè; 〈比喩的に〉♦〜大サービス 〈小売店の〉牺牲血本大减价 xīshēng xuèběn dàjiǎnjià; 大拍卖 dàpāimài; 亏本出售 kuīběn chūshòu
しゅっけつ【出欠】 出缺席 chūquēxí ♦〜をとる 点名 diǎnmíng
しゅつげん【出現-する】 出现 chūxiàn
じゅつご【述語】 谓语 wèiyǔ
しゅっこう【出向-する】 外调 wàidiào ♦〜社員 临时派出的职员 línshí diàochū de zhíyuán
しゅっこう【出航-する】 出航 chūháng; 开航 kāiháng; 起航 qǐháng; 起锚 qǐmáo
じゅっこう【熟考-する】 沉思 chénsī; 熟思 shúsī; 仔细考虑 zǐxì kǎolǜ
しゅっこく【出国-する】 出境 chūjìng; 出国 chūguó ♦〜手続き 出境手续 chūjìng shǒuxù
しゅつごく【出獄-する】 出狱 chūyù
じゅっさく【術策】 计谋 jìmóu; 权术 quánshù ♦〜にはまる 中计 zhòngjì
しゅっさつ【出札】 售票 shòupiào

しゅっさん ― しゅどう 245

piào ◆~係 售票员 shòupiàoyuán ◆~口 售票处 shòupiàochù

しゅっさん【出産-する】 生产 shēngchǎn; 分娩 fēnmiǎn ◆~休暇 产假 chǎnjià ◆~予定日 预产期 yùchǎnqī

しゅっし【出資-する】 出资 chūzī ◆~金 股金 gǔjīn ◆~者 出资者 chūzīzhě ◆共同~ 合资 hézī

しゅっしゃ【出社-する】 到公司上班 dào gōngsī shàngbān

しゅっしょ【出処】 《出典》出处 chūchù; 出典 chūdiǎn ◆~を確認する 确认出处 quèrèn chūchù

しゅっしょ【出所】 出狱 chūyù ◆仮~ 假释 jiǎshì

しゅっしょう【出生】 出生 chūshēng; 诞生 dànshēng ◆~率 出生率 chūshēnglǜ

しゅつじょう【出場-する】 上场 shàngchǎng; 出场 chūchǎng; 出赛 chūsài ◆~資格 出场资格 chūchǎng zīgé ◆~者 出场者 chūchǎngzhě

しゅっしょく【出色-の】 出色 chūsè ◆~の出来栄え 出色的成绩 chūsè de chéngjì

しゅっしょしんたい【出処進退】 进退 jìntuì; 去留 qùliú ◆~を決めかねる 进退两难 jìntuì liǎngnán

しゅっしん【出身】 出身 chūshēn ◆~校 母校 mǔxiào ◆~地 地出生地 chūshēngdì ◆どちらの御~ですか 您是哪里人 nín shì nǎli rén

しゅつじん【出陣】 上阵 shàngzhèn ◆~式 出征仪式 chūzhēng yíshì

しゅっせ【出世】 成功 chénggōng; 成名 chéngmíng ◆~の近道 终南捷径 Zhōngnán jiéjìng ◆~作 成名之作 chéngmíng zhī zuò

しゅっせい【出征-する】 出征 chūzhēng; 从征 cóngzhēng

しゅっせき【出席-する】 出席 chūxí ◆~をとる 点名 diǎnmíng ◆~者 出席者 chūxízhě ◆~簿 出席簿 chūxíbù

しゅっちょう【術中】 ◆~に陥る 陷入圈套 xiànrù quāntào

しゅっちょう【出張-する】 出差 chūchāi ◆~させる 差遣 chāiqiǎn ◆~使 差使 chāishǐ ◆~所 办事处 bànshìchù ◆~旅費 差旅费 chāilǚfèi; 车马费 chēmǎfèi ◆海外~ 海外出差 hǎiwài chūchāi

しゅってい【出廷】 出庭 chūtíng ◆~を命じる 指令出庭 zhǐlìng chūtíng

しゅってん【出典】 出处 chūchù; 出典 chūdiǎn ◆~を明らかにする 查明出典 cháming chūdiǎn ◆~を調べる 调查出处 diàochá chūchù

しゅってん【展出-する】 展出 zhǎnchū ◆~作品 展出作品 zhǎnchū zuòpǐn

しゅつど【出土-する】 出土 chūtǔ ◆~品 出土文物 chūtǔ wénwù

しゅっとう【出頭-する】 到某机关去 dào mǒu jīguān qù; 出面 chūmiàn ◆~を命じる 传唤 chuánhuàn

しゅつどう【出動-する】 出动 chūdòng ◆~を要請する 请求出动 (军警等) qǐngqiú chūdòng (jūnjǐng děng)

しゅつば【出馬-する】 参加竞选 cānjiā jìngxuǎn; 选举にする 参加竞选 cānjiā jìngxuǎn ◆~宣言 出马宣言 chūmǎ xuānyán

しゅっぱつ【出発-する】 出发 chūfā; 动身 dòngshēn; 启程 qǐchéng ◆~を延期する 延期出发 yánqī chūfā ◆~時刻 出发时刻 chūfā shíkè ◆~点 出发点 chūfādiǎn; 起点 qǐdiǎn

しゅっぱん【出帆-する】 扬帆 yángfān; 开船 kāichuán

しゅっぱん【出版-する】 出版 chūbǎn; 发行 fāxíng ◆作品问世 zuòpǐn wènshì ◆~社 出版社 chūbǎnshè

しゅっぴ【出費】 开销 kāixiāo; 花费 huāfei ◆~がかさむ 花费增多 huāfei zēngduō ◆~を抑える 节约开支 jiéyuē kāizhī

しゅっぴん【出品-する】 展出作品 zhǎnchū zuòpǐn

しゅっぺい【出兵-する】 出兵 chūbīng; 出师 chūshī

しゅつぼつ【出没-する】 出没 chūmò ◆痴漢が~する 不时出现好色鬼 bùshí chūxiàn hàosèguǐ

しゅっぽん【出奔-する】 出奔 chūbēn; 逃跑 táopǎo

しゅつりょう【出漁-する】 出海捕鱼 chūhǎi bǔyú

しゅつりょく【出力】 ❶《機械の動力》输出 shūchū ◆~を上げる 增加输出 zēngjiā shūchū ❷《コンピュータなどの》◆データを~する 输出数据 shūchū shùjù

しゅと【首都】 首都 shǒudū; 京城 jīngchéng ◆~圏 首都圏 shǒudūquān

しゅとう【種痘】 种痘 zhòngdòu

しゅどう【主動】 主动 zhǔdòng ◆~的な役割 主导作用 zhǔdǎo zuòyòng

しゅどう【手動-の】 手工 shǒugōng; 手动的 shǒudòng de ◆~に

切り換える 换成手动式 huànchéng shǒudòngshì

しゅどうけん [主導権] 主导权 zhǔdǎoquán ♦～を握る 掌握主导权 zhǎngwò zhǔdǎoquán

しゅどうしゃ [主導者] 领导 lǐngdǎo; 领导者 lǐngdǎozhě

じゅどうたい [受動態] 被动式 bèidòngshì ♦～の文 被动句 bèidòngjù

じゅどうてき [受動的-な] 被动 bèidòng

しゅとく [取得-する] 取得 qǔdé; 获得 huòdé

じゅなん [受難] 受难 shòunàn

しゅにく [朱肉] 朱色印泥 zhūsè yìnní

じゅにゅう [授乳-する] 哺乳 bǔrǔ ♦～期 哺乳期 bǔrǔqī

しゅにん [主任] 主任 zhǔrèn ♦～弁護士 主任律师 zhǔrèn lǜshī

しゅぬり [朱塗り-の] 朱漆 zhūqī ♦～の椀 朱漆碗 zhūqīwǎn

しゅのう [首脳] 首长 shǒuzhǎng; 首脑 shǒunǎo ♦～会談 首脑会谈 shǒunǎo huìtán ♦～阵 领导班子 lǐngdǎo bānzi

じゅのう [収納-する] 收纳 shōunà; 收下 shōuxià

シュノーケル 通气管 tōngqìguǎn

じゅばく [呪縛-する] 迷住 mízhù; 用符咒缚住 yòng fúzhòu zhènzhù ♦～にかかる 被迷住 bèi mízhù; 被咒语镇住 bèi zhòuyǔ zhènzhù ♦～を解く 解开咒语 jiěkāi zhòuyǔ

しゅはん [主犯] 祸首 huòshǒu; 主犯 zhǔfàn

しゅび [守備] 守备 shǒubèi; 防备 fángbèi ♦～に着く 防守 fángshǒu ♦～を固める 加强守备 jiāqiáng shǒubèi

しゅび [首尾] ♦[物事の始めから終わりまで] 首尾 shǒuwěi ♦～一贯する 首尾一贯 shǒuwěi yīguàn ♦[経过·結果] 结果 jiéguǒ; 经过 jīngguò ♦～は上々 结果很好 jiéguǒ hěn hǎo ♦～よく順利地 shùnlì de

じゅひ [樹皮] 树皮 shùpí ♦～を剥ぐ 剥树皮 bāo shùpí

しゅひつ [主筆] 主笔 zhǔbǐ ♦～を務める 担任主笔 dānrèn zhǔbǐ

しゅひつ [朱筆] 朱笔 zhūbǐ ♦～を加える 朱批 zhūpī ♦～による書き入れ 加以朱批 zhūpī

じゅひょう [樹氷] 树挂 shùguà; 雾凇 wùsōng

しゅひん [主賓] 主宾 zhǔbīn; 主客 zhǔkè

しゅふ [主婦] 主妇 zhǔfù ♦家庭の～ 家庭主妇 jiātíng zhǔfù

しゅふ [首府] 首府 shǒufǔ

シュプレヒコール 齐呼口号 qíhū kǒuhào

しゅぶん [主文] 主文 zhǔwén

じゅふん [受粉-する] 受粉 shòufěn ♦自花～ 自花受粉 zìhuā shòufěn

じゅふん [授粉-する] 授粉 shòufěn ♦人工～ 人工授粉 réngōng shòufēn

しゅべつ [種別-する] 类别 lèibié ♦～に分ける 分类 fēnlèi

しゅほう [主峰] 主峰 zhǔfēng ♦アルプス山脉の～ 阿尔卑斯山的主峰 Ā'ěrbēisīshān de zhǔfēng

しゅほう [手法] 手法 shǒufǎ ♦様々な～を試みる 尝试各种手法 chángshì gèzhǒng shǒufǎ

しゅほう [主砲] ❶ [軍艦の] 主炮 zhǔpào ♦～が火を吹く 主炮开火 zhǔpào kāihuǒ ❷ [球技で] チームの～ 球队的主力击球手 qiúduì de zhǔlì jīqiúshǒu

しゅぼうしゃ [首谋者] 主谋人 zhǔmóurén

しゅみ [趣味] 爱好 àihào; 兴趣 xìngqù ♦～は钓り 我的爱好是钓鱼 wǒ de àihào shì diàoyú ♦～のよいネクタイ 趣味高雅的领带 qùwèi gāoyǎ de lǐngdài ♦～のない 不雅致 bù yǎzhì

じゅみょう [寿命] 寿命 shòumìng; 寿数 shòushu ♦～が延びる 寿命延长 shòumìng yáncháng ♦平均～ 平均寿命 píngjūn shòumìng ♦乾电池の～ 干电池的耐用期间 gāndiànchí de nàiyòng qījiān

しゅもく [種目] 项目 xiàngmù ♦競技～ 竞技项目 jìngjì xiàngmù

じゅもく [樹木] 树木 shùmù

じゅもん [呪文] 咒文 zhòuwén; 咒语 zhòuyǔ ♦～を唱える 念念有词 niàn niàn yǒu cí; 念咒 niànzhòu

しゅやく [主役] 主角 zhǔjué ♦～を演じる 演主角 yǎn zhǔjué ♦事件の～ 事件的主角 shìjiàn de zhǔjué ♦映画の～ 影片的主角 yǐngpiàn de zhǔjué

じゅよ [授与-する] 授予 shòuyǔ ♦～式 授予仪式 shòuyǔ yíshì

しゅよう [主要] 主要 zhǔyào ♦～な内容 主要内容 zhǔyào nèiróng ♦～都市 主要城市 zhǔyào chéngshì

しゅよう [腫瘍] 肿瘤 zhǒngliú ♦～ができる 长肿瘤 zhǎng zhǒngliú ♦悪性～ 恶性肿瘤 èxìng zhǒngliú ♦脳～ 脑瘤 nǎoliú

じゅよう [受容-する] 接受 jiēshòu ♦異文化の～ 接受异域文化 jiēshòu

じゅよう【需要】需求 xūqiú; 需要 xūyào ◆～が増大する 需求増大 xūqiú zēngdà ◆～と供給 供給 gōngqiú

しゅよく【主翼】主翼 zhǔyì

しゅらば【修羅場】武打场面 wǔdǎ chǎngmiàn; 大混乱 dàhùnluàn ◆～と化す 变成战场 biànchéng zhànchǎng ◆～をくぐり抜ける 逃出战场 táochū zhànchǎng ◆経过残酷的斗争场面 jīngguò cánkù de dòuzhēng chǎngmiàn

シュラフ 睡袋 shuìdài

ジュラルミン 硬铝 yìnglǚ

しゅらん【酒乱】酒疯 jiǔfēng ◆～の気がある 有爱酒疯的气味 yǒu shuǎ jiǔfēng de qìwèi

じゅり【受理ーする】受理 shòulǐ ◆告発を～する 受理告发 shòulǐ gàofā ◆～を拒む 拒绝受理 jùjué shòulǐ

じゅりつ【樹立ーする】建立 jiànlì ◆国交を～する 建立邦交 jiànlì bāngjiāo ◆世界记录を～する 创世界记录 chuàng shìjiè jìlù

しゅりゅう【主流】干流 gànliú; 主流 zhǔliú ◆～に注ぐ 流入主流 liúrù zhǔliú ◆中国文学の～ 中国文学的主流 Zhōngguó wénxué de zhǔliú ◆反ー派 反主流派 fǎnzhǔliúpài ◆～を外れる 靠边儿站 kàobiānr zhàn

しゅりゅうだん【手榴弾】手榴弾 shǒuliúdàn

しゅりょう【狩猟ーする】狩猎 shòuliè ◆～民族 狩猎民族 shòuliè mínzú

しゅりょう【酒量】酒量 jiǔliàng ◆～が多い 酒量大 jiǔliàng dà

しゅりょう【首領】首领 shǒulǐng; 头目 tóumù ◆盗賊団の～ 盗贼的头目 dàozéi de tóumù

じゅりょう【受領ーする】接收 jiēshōu; 收领 shōulǐng ◆～証 发票 fāpiào; 收据 shōujù

しゅりょく【主力】主力 zhǔlì ◆～メンバー 主力成员 zhǔlì chéngyuán ◆～が出動した 主力出动了 zhǔlì chūdòng le

じゅりん【樹林】树林 shùlín; 树丛 shùcóng

しゅるい【種類】品种 pǐnzhǒng; 种类 zhǒnglèi ◆～が多い［少ない］ 种类多［少］ zhǒnglèi duō [shǎo] ◆同じ～の 同类 tónglèi ◆～の違う 种类不同的 zhǒnglèi bùtóng de

じゅれい【樹齢】树龄 shùlíng ◆～三百年 树龄三百岁 shùlíng sānbǎi suì

シュレッダー 碎纸机 suìzhǐjī ◆～にかける 放进碎纸机里切碎 fàngjìn suìzhǐjī lǐ qiēsuì

しゅれん【手練】灵巧 língqiǎo; 熟练 shúliàn ◆～の早業 神速的奇技 shénsù de qíjì

シュロ【棕櫚】棕榈 zōnglǘ; 棕树 zōngshù ◆～の繊維 棕毛 zōngmáo ◆～縄 棕绳 zōngshéng

しゅわ【手話】手语 shǒuyǔ; 哑语 yǎyǔ ◆～で話す 用手语谈话 yòng shǒuyǔ tánhuà ◆～を習う 学哑语 xué yǎyǔ

じゅわき【受話器】耳机 ěrjī; 受话器 shòuhuàqì; 听筒 tīngtǒng ◆～を置く 挂断电话 guàduàn diànhuà ◆～をとる 拿起听筒 náqǐ tīngtǒng

しゅわん【手腕】本领 běnlǐng; 才干 cáigàn; 手腕 shǒuwàn ◆～を発揮する 发挥本领 fāhuī běnlǐng

しゅん【旬】～の魚 旺季的鲜鱼 wàngjì de xiānyú

じゅん【順】次序 cìxù; 顺序 shùnxù ◆～に並べる 依次排列 yī cì páiliè ◆～が逆になる 次序颠倒 cìxù diāndǎo ◆～を追って 依次加以 yīcì de ◆～不同 没有次序 méiyǒu cìxù

じゅん【純ーな】纯粹 chúncuì; 纯真 chúnzhēn ◆～な心 纯洁的心 chúnjié de xīn

じゅんあい【純愛】纯洁的爱 chúnjié de ài ◆～を貫く 将纯爱进行到底 jiāng chún'ài jìnxíng dàodǐ

じゅんい【順位】名次 míngcì; 顺序 shùnxù; 次序 cìxù ◆～をつける 决定位次 juédìng wèicì ◆優先～ 优先次序 yōuxiān cìxù

しゅんえい【俊英】英才 yīngcái; 英俊 yīngjùn ◆～が揃う 精英荟萃 jīngyīng huìcuì

じゅんえき【純益】纯利 chúnlì; 净利 jìnglì ◆～をあげる 获得纯利 huòdé chúnlì ◆～率 纯利率 chúnlìlǜ

じゅんえん【順延ーする】顺延 shùnyán; 依次推迟 yīcì tuīchí ◆雨天～ 雨天顺延 yǔtiān shùnyán

じゅんおくり【順送り】◆～にする 依序传递 yīxù chuándì

しゅんが【春画】春宫画 chūngōnghuà

じゅんか【純(醇)化ーする】醇化 chúnhuà; 纯化 chúnhuà ◆環境の～ 环境的醇化 huánjìng de chúnhuà ◆精神を～する 醇化精神 chúnhuà jīngshén

じゅんかい【巡回ーする】巡回 xúnhuí ◆～パトロールをする 巡哨 xúnshào; 巡逻 xúnluó ◆～公演をする 巡演 xúnyǎn

しゅんかしゅうとう【春夏秋冬】春

夏秋冬 chūn xià qiū dōng ◆~を通じて 一年到头 yīnián dào tóu
じゅんかつゆ【潤滑油】潤滑油 rùnhuáyóu ◆組織の~ 组织的润滑油 zǔzhī de rùnhuáyóu
しゅんかん【瞬間】瞬间 shùnjiān; 转眼之间 zhuǎnyǎn zhījiān ◆~的な 瞬间的 shùnjiān de ◆~的決定的な~ 决定性的一瞬间 juédìngxìng de yīshùnjiān
じゅんかん【循環-する】循环 xúnhuán; 周而复始 zhōu ér fù shǐ ◆血液~ 血液循环 xuèyè xúnhuán ◆悪~ 恶性循环 èxìng xúnhuán ◆~器 循环器官 xúnhuán qìguān
じゅんかん【旬刊】旬刊 xúnkān
しゅんき【春季-の】春季 chūnjì; 春天 chūntiān
シュンギク【春菊】蓬蒿 pénghāo; 茼蒿 tónghāo
じゅんきょ【準拠-する】按照 ànzhào; 根据 gēnjù ◆教科書に~する 依据教科书 yījù jiàokēshū
じゅんきょう【順境】顺境 shùnjìng ◆~に育つ 在顺境中长大 zài shùnjìng zhōng zhǎngdà
じゅんきょうじゅ【准教授】副教授 fùjiàoshòu
じゅんぎょう【巡業-する】巡回演出 xúnhuí yǎnchū ◆地方~ 到各地巡回演出 dào gèdì xúnhuí yǎnchū
じゅんきん【純金-の】纯金 chúnjīn; 赤金 chìjīn ◆~のネックレス 纯金的项链 chúnjīn de xiàngliàn
じゅんぎん【純銀-の】纯银 chúnyín
じゅんぐり【順繰り-に】依次 yīcì; 轮流 lúnliú
じゅんけつ【純潔-な】纯洁 chúnjié ◆~を守る 保持纯洁 bǎochí chúnjié
じゅんけつ【純血】纯血统 chún xuètǒng; 纯种 chúnzhǒng ◆~種の 纯种的 chúnzhǒng de
じゅんけっしょう【準決勝】半决赛 bànjuésài
しゅんこう【竣工-する】告竣 gàojùn; 落成 luòchéng; 完工 wángōng ◆~式 落成仪式 luòchéng yíshì
じゅんこう【巡航-する】巡航 xúnháng; 游弋 yóuyì ◆~ミサイル 巡航导弹 xúnháng dǎodàn
じゅんこう【巡行-する】巡行 xúnxíng
じゅんこくさん【純国産-の】国产 chún guóchǎn ◆~のロケット 国产火箭 chún guóchǎn huǒjiàn
じゅんさ【巡査】巡警 xúnjǐng
しゅんさい【俊才】英才 yīngcái; 俊才 jùncái

ジュンサイ【蓴菜】莼菜 chúncài
しゅんじ【瞬時】寸刻 cùnkè; 一霎时 yíshàshí ◆~に行う 一下做好 yíxià zuòhǎo ◆~に瓦解する 顷刻瓦解 qǐngkè wǎjiě ◆~のうちに 转瞬间 zhuǎnshùnjiān ◆~の出来事 转瞬发生的事 zhuǎnyǎn fāshēng de shì
じゅんし【殉死-する】殉死 xùnsǐ
じゅんし【巡視-する】巡视 xúnshì; 巡逻 xúnluó ◆~船 巡逻船 xúnluó chuán
じゅんじ【順次-に】次第 cìdì; 依次 yīcì
じゅんしゅ【遵守-する】遵守 zūnshǒu; 遵循 zūnxún
しゅんじゅう【春秋】❶〈春と秋〉春秋 chūnqiū ❷〈年月〉岁月 suìyuè ◆~を経る 几经星霜 jǐ jīng xīngshuāng ❸〈将来〉~に富む 前途有为 qiántú yǒuwéi
しゅんじゅん【逡巡-する】踌躇 chóuchú; 犹豫 yóuyù
じゅんじゅん【諄々-と】谆谆 zhūnzhūn ◆~と説く 谆谆训诫 zhūnzhūn xùnjiè
じゅんじょ【順序】顺序 shùnxù; 次序 cìxù ◆~が狂う 次序混乱 cìxù hùnluàn ◆~よく 按着顺序 ànzhe shùnxù ◆~通り 依次 yīcì ◆~立てて 编次 biāncì
じゅんじょう【純情-な】纯真 chúnzhēn ◆可憐 天真可爱 tiānzhēn kě'ài
しゅんしょく【春色】春光 chūnguāng ◆~が濃くなる 春色渐浓 chūnsè jiàn nóng
じゅんしょく【殉職-する】殉职 xùnzhí
じゅんじる【殉じる】◆国家に~ 殉国 xùnguó ◆上司に~ 跟着上司一起辞职 gēnzhe shàngsi yìqǐ cízhí
じゅんじる【準じる】按照 ànzhào; 照例 zhàolì ◆前例に~ 照例 zhàolì
じゅんしん【純真-な】纯真 chúnzhēn; 纯洁 chúnjié ◆~な人 纯真的人 chúnzhēn de rén ◆~な瞳 天真的眼睛 tiānzhēn de yǎnjing
じゅんすい【純粋-な】纯粹 chúncuì; 地道 dìdao ◆~の京都人 地道的京都人 dìdao de Jīngdūrén
じゅんせい【純正-な】纯正 chúnzhèng ◆~食品 纯正食品 chúnzhèng shípǐn
シュンセツ【春節】春节 Chūnjié; 大年 dànián
しゅんせつ【浚渫-する】疏浚 shūjùn ◆~工事 疏浚工程 shūjùn gōngchéng ◆~船 浚泥船 jùnníchuán

じゅんぜん【純然-たる】 彻底的 chèdǐ de; 完全的 wánquán de ◆~たる規則違反 明显地违反规则 míngxiǎn de wéifǎn guīzé

しゅんそく【駿足】 ● 腿快的人 tuǐ kuài de rén; 跑得快的人 pǎode kuài de rén

じゅんたく【潤沢-な】 丰富 fēngfù; 充裕 chōngyù ◆~な資金 雄厚的资金 xiónghòu de zījīn

じゅんちょう【順調】 顺利 shùnlì; 顺当 shùndàng; 良好 liánghǎo ◆~に行く 顺利进展 shùnlì jìnzhǎn

しゅんと-なる 沮丧 jǔsàng; 默不作声 mò bù zuò shēng

じゅんど【純度】 纯度 chúndù ◆~の高い 高纯度的 gāo chúndù de

しゅんとう【春闘】 工会的春季斗争 gōnghuì de chūnjì dòuzhēng

じゅんとう【順当-な】 理应 lǐyīng ◆~に勝つ 理所当然地胜利 lǐ suǒ dāng rán de shènglì

じゅんなん【殉難】 殉难 xùnnàn ◆~者 殉难者 xùnnànzhě

じゅんのう【順応-する】 顺应 shùnyìng ◆~が早い 适应快 shìyìng kuài ◆~させる 驯化 xùnhuà ◆~性 适应性 shìyìngxìng ◆環境に~する 适应环境 shìyìng huánjìng

じゅんぱく【純白-の】 粹白 cuìbái ◆~に輝く 纯白耀眼 chúnbái yàoyǎn

しゅんぱつりょく【瞬発力】 爆发力 bàofālì ◆一瞬间的弹力 yíshùnjiān de tánlì ◆~がある 有爆发力 yǒu bàofālì

じゅんばん【順番-に】 轮班 lúnbān; 顺序 shùnxù ◆~が来る 轮到 lúndào ◆~に見る 轮流查看 lúnliú kàn ◆~を乱す 打乱次序 dǎluàn cìxù

じゅんび【準備-する】 准备 zhǔnbèi; 筹备 chóubèi; 预备 yùbèi ◆~運動 准备运动 zhǔnbèi yùndòng ◆金(かね)を~する 筹款 chóukuǎn ◆雨具を~する 预备雨具 yùbèi yǔjù ◆心の~ 精神准备 jīngshén zhǔnbèi ◆食事の~ができた 饭预备好了 fàn yùbèihǎo le

しゅんぷう【春風】 ~駘蕩 春风荡荡 chūnfēng dàidàng ◆~満帆 一帆风顺 yì fān fēng shùn

しゅんぶん【春分】 春分 chūnfēn ◆~の日 春分之日 chūnfēn zhī rì

じゅんぶんがく【純文学】 纯文学 chún wénxué

じゅんぼく【純朴-な】 淳朴 chúnpǔ; 憨厚 hānhòu ◆~な青年 淳厚的青年 chúnhòu de qīngnián

じゅんめ【駿馬】 骏马 jùnmǎ; 骐骥 qíjì

じゅんもう【純毛】 纯毛 chúnmáo ◆~のセーター 纯毛的毛衣 chúnmáo de máoyī

じゅんゆうしょう【準優勝】 亚军 yàjūn

じゅんよう【準用-する】 适用 shìyòng

じゅんようかん【巡洋艦】 巡洋舰 xúnyángjiàn

しゅんらい【春雷】 春雷 chūnléi

シュンラン【純毛】 春兰 chūnlán

じゅんり【純粋】 纯粹 chúncuì

じゅんりょう【純良-な】 优质 yōuzhì; 纯正 chúnzhèng ◆バター 纯质黄油 chúnzhì huángyóu

じゅんれい【巡礼-する】 巡礼 xúnlǐ ◆メッカに~する 去麦加朝圣 qù Màijiā cháoshèng

じゅんれき【巡歴-する】 游历 yóulì ◆諸国~の旅 周游各地的旅行 zhōuyóu gèdì de lǚxíng

しゅんれつ【峻烈-な】 严峻 yánjùn ◆~な批判 严厉批评 yánlì pīpíng

じゅんれつ【順列】 排列 páiliè

じゅんろ【順路】 路线 lùxiàn

しょ【書】 ❶《書道·書法》~を習う 学习书法 xuéxí shūfǎ ❷《筆跡》芭蕉の~ 芭蕉手迹 Bājiāo shǒujì ❸《書物》~を読む 读万卷书 dú wàn juǎn shū

しょあく【諸悪】 万恶 wàn'è ◆~の根源 万恶之根源 wàn'è zhī gēnyuán

じょい【女医】 女医生 nǚ yīshēng; 女大夫 nǚ dàifu

しょいこ【背負子】 背子 bēizi

しょいこむ【背負い込む】 担负 dānfù; 承担 chéngdān ◆借金を~ 承担负债 chéngdān fùzhài ◆面倒な仕事を~ 承担麻烦的工作 chéngdān máfan de gōngzuò

ジョイントベンチャー 合资企业 hézī qǐyè

しよう【仕様】 做法 zuòfǎ ◆~がない 没办法 méi bànfǎ ◆特別~の 特别做法的 tèbié zuòfǎ de ◆~書 规格说明书 guīgé shuōmíngshū; 设计书 shèjìshū

しよう【使用-する】 使用 shǐyòng; 用 yòng ◆~上の注意 使用上的注意 shǐyòng shàng de zhùyì ◆~説明書 使用说明 shǐyòng shuōmíng ◆~人 佣人 yōngrén; 用人 yòngrén

しよう【私用-の】 私用 sīyòng ◆~に使う 挪用 nuóyòng

しよう【試用-する】試用 shìyòng ◆~期間 試用期 shìyòngqī
しよう【賞】奨 jiǎng ◆~を受ける 受奨 shòu jiǎng ◆~を与える 奨賞 jiǎngshǎng; 授奖 shòu jiǎng
しょう【笙】〘楽器〙笙 shēng ◆~を吹く〘演奏する〙吹笙 chuīshēng
しょう【将】将 jiàng ◆~を射んと欲すれば先ず馬を射よ 要射将先射马 yào shè jiàng xiān shè mǎ
しょう【小】小 xiǎo ◆~人物 小人物 xiǎo rénwù ◆大は~を兼ねる 大兼小用 dà jiān xiǎo yòng ◆~の月 小月 xiǎoyuè
しょう【省】❶〘官庁〙省 shěng ◆法務~ 法务省 fǎwùshěng ❷〘中国の行政区〙~ 广东~ 广东省 Guǎngdōngshěng
しょう【章】章 zhāng ◆~に分ける 分成几章 fēnchéng jǐ zhāng ◆第2~ 第二章 dì'èr zhāng
しょう【衝】~に当たる 肩负重任 jiānfù zhòngrèn; 承担任务 chéngdān rènwù
じょう【滋養】养分 yǎngfèn; 滋养 zīyǎng ◆~をとる 补养 bǔyǎng ◆~強壮剤 补药 bǔyào
じょう【情】情意 qíngyì ◆~に流されない 心硬 xīn yìng ◆~にもろい 软心肠的 ruǎnxīncháng de ◆~の深い 深情 shēnqíng
じょう【錠】❶〘金具の〙锁 suǒ ◆~を下ろす 上锁 shàngsuǒ ❷〘薬の〙1回3~服用 一次服三片 yí cì fú sān piàn
じょうあい【情愛】情爱 qíng'ài ◆~の深い 深情厚爱 shēnqíng hòu'ài
じょうあく【掌握-する】掌握 zhǎngwò ◆執掌 zhízhǎng ◆状況を~する 掌握动态 zhǎngwò dòngtài
しょうい【少尉】少尉 shàowèi
じょうい【譲位-する】让位 ràngwèi; 逊位 xùnwèi; 禅让 shànràng
じょうい【上位】上位 shàngwèi ◆~を占める 占上位 zhàn shàngwèi
しょういだん【焼夷弾】燒夷弹 shāoyídàn; 燃烧弹 ránshāodàn
しょういん【勝因】制胜原因 zhìshèng yuányīn
じょういん【乗員】乘务员 chéngwùyuán; 机组人员 jīzǔ rényuán
しょううちゅう【小宇宙】小宇宙 xiǎo yǔzhòu
じょうえい【上映-する】上映 shàngyìng; 放映 fàngyìng ◆同時に~ 同时上映 tóngshí shàngyìng
しょうエネ【省エネ】〘省エネルギー〙节能 jiénéng ◆~対策 节能对策 jiénéng duìcè

しょうえん【招宴】招待宴会 zhāodài yànhuì ◆~にあずかる 承蒙宴请 chéngméng yànqǐng
しょうえん【硝煙】硝烟 xiāoyān ◆~反応 硝烟反应 xiāoyān fǎnyìng
じょうえん【上演-する】上演 shàngyǎn; 表演 biǎoyǎn ◆~演目 演出节目 yǎnchū jiémù ◆~を中止する 辍演 chuòyǎn; 停止演出 tíngzhǐ yǎnchū ◆~回数 场次 chǎngcì
じょうおん【常温】常温 chángwēn
しょうおんき【消音器】消音器 xiāoyīnqì
しょうか【商家】铺户 pùhù; 商人家庭 shāngrén jiātíng
しょうか【昇華】升华 shēnghuá ◆ドライアイスが~する 干冰升华 gānbīng shēnghuá
しょうか【消化-する】消化 xiāohuà ◆~のよい 好消化 hǎo xiāohuà ◆~の悪い 不好消化 bùhǎo xiāohuà ◆~を助ける 克食 kèshí ◆~酵素 消化酶 xiāohuàméi ◆~作用 消化作用 xiāohuà zuòyòng ◆~不良 消化不良 xiāohuà bùliáng ◆学んだ知識を~する 消化所学的知识 xiāohuà suǒ xué de zhīshi
しょうか【消火-する】救火 jiùhuǒ ◆~器 灭火器 mièhuǒqì ◆~栓 消火栓 xiāohuǒshuān
しょうか【商科】商科 shāngkē
ショウガ【生姜】姜 jiāng
じょうか【浄化-する】净化 jìnghuà ◆~槽 净化槽 jìnghuàcáo ◆魂の~ 灵魂的净化 línghún de jìnghuà
しょうかい【照会-する】询问 xúnwèn; 查询 cháxún; 问询 wènxún
しょうかい【紹介-する】介绍 jièshào ◆~状 介绍信 jièshàoxìn ◆自己~ 自我介绍 zìwǒ jièshào
しょうかい【哨戒-する】巡哨 xúnshào; 巡逻 xúnluó ◆~機 巡哨机 xúnshàojī
しょうかい【商会】商会 shānghuì
しょうかい【詳解-する】详解 xiángjiě ◆文法の~ 详解语法 xiángjiě yǔfǎ
しょうがい【障害】障碍 zhàng'ài ◆~阻碍 zǔ'ài ◆言語~ 语言障碍 yǔyán zhàng'ài ◆~物 绊脚石 bànjiǎoshí; 拦路虎 lánlùhǔ ◆~物走 跨栏赛跑 kuàlán sàipǎo; 障碍赛跑 zhàng'ài sàipǎo
しょうがい【生涯】生平 shēngpíng; 生涯 shēngyá; 毕生 bìshēng ◆~に…を捧げる 把一生献给… bǎ yìshēng xiàngěi... ◆~恵まれない 终生不运 zhōngshēng bú wàng ◆幸せな~ 幸福的一生 xìngfú de yìshēng

しょうがい【傷害】伤害 shānghài ◆〜罪 伤害罪 shānghàizuì ◆〜保険 伤害保险 shānghài bǎoxiǎn

しょうがい【渉外】涉外 shèwài; 公关 gōngguān ◆〜担当 主管公关 zhǔguǎn gōngguān

じょうがい【場外-で】场外 chǎngwài

しょうかく【昇格-する】升格 shēnggé; 晋级 jìnjí; 提升 tíshēng

しょうがく【小額-の】小额 xiǎo'é ◆〜紙幣 小额纸币 xiǎo'é zhǐbì

しょうかく【城郭】城郭 chéngguō

しょうがくきん【奨学金】奖学金 jiǎngxuéjīn; 助学金 zhùxuéjīn

しょうがくせい【奨学生】奖学生 jiǎngxuéshēng

しょうがくせい【小学生】小学生 xiǎoxuéshēng

しょうがくぶ【商学部】商学院 shāngxuéyuàn

しょうがつ【正月】正月 zhēngyuè; 新年 xīnnián

しょうがっこう【小学校】小学 xiǎoxué ◆〜に上がる 上小学 shàng xiǎoxué

しょうかん【償還-する】偿还 chánghuán; 赔还 péihuán

しょうかん【召喚-する】传唤 chuánhuàn ◆〜状 传票 chuánpiào

しょうかん【小寒】小寒 xiǎohán

しょうかん【召還-する】召回 zhàohuí

じょうかん【情感】情感 qínggǎn ◆〜をこめて 充满感情地 chōngmǎn gǎnqíng de

しょうき【正気】头脑清醒 tóunǎo qīngxing; 神志正常 shénzhì zhèngcháng; 理智 lǐzhì ◆〜を失う 昏了头 fāhūn; 丧心病狂 sàng xīn bìng kuáng ◆〜を取り戻す 清醒过来 qīngxǐngguòlai ◆〜の沙汰ではない 简直像发疯了 jiǎnzhí xiàng fāfēng le

しょうぎ【将棋】棋 qí; 象棋 xiàngqí ◆〜の駒 棋子 qízǐ ◆〜の手 着数 zhāoshù ◆〜の名手 象棋高手 xiàngqí gāoshǒu ◆〜を指す 下棋 xià qí ◆〜盤 棋盘 qípán ◆〜倒し 一个压一个地倒下 yí ge yā yí ge de dǎoxià

じょうき【上記-の】上述 shàngshù ◆〜の通り 如上所述 rú shàng suǒ shù

じょうき【常軌】常轨 chángguǐ ◆〜を逸した 荒诞 huāngdàn ◆〜を逸する 出轨 chūguǐ; 越轨 yuèguǐ

じょうき【蒸気】蒸气 zhēngqì ◆〜を立てる 发出蒸气 fāchū zhēngqì ◆〜機関車 蒸气机车 zhēngqì jīchē ◆〜船 汽船 qìchuán ◆〜タービン 汽轮机 qìlúnjī

じょうき【上気-する】脸发红 liǎn fā hóng; 面红耳赤 miàn hóng ěr chì

じょうぎ【定規】尺 chǐ ◆〜三角〜 三角尺 sānjiǎochǐ

じょうきげん【上機嫌-の】兴高采烈 xìng gāo cǎi liè; 情绪很好 qíngxù hěn hǎo

しょうきぼ【小規模-な】小规模 xiǎoguīmó

しょうきゃく【焼却-する】焚毁 fénhuǐ; 烧掉 shāodiào ◆〜炉 焚烧炉 fénshāo lú

しょうきゃく【償却-する】偿还 chánghuán ◆減価〜 折旧 zhéjiù

じょうきゃく【上客】上宾 shàngbīn; 好主顾 hǎo zhǔgù

じょうきゃく【乗客】乘客 chéngkè ◆〜名簿 乘客名单 chéngkè míngdān

じょうきゃく【常客】常客 chángkè; 老主顾 lǎozhǔgù

しょうきゅう【昇級-する】升级 shēngjí; 提级 tíjí ◆〜試験 晋级考试 jìnjí kǎoshì

しょうきゅう【昇給】增加工资 zēngjiā gōngzī; 提薪 tíxīn ◆定期〜 定期加薪 dìngqī jiāxīn

じょうきゅう【上級】上面 shàngmiàn; ◆〜上 上级 shàngjí ◆〜裁判所 上级法院 shàngjí fǎyuàn

しょうきゅうし【小休止-する】小休息 xiǎo xiūxi; 休息一会儿 xiūxi yíhuìr

じょうきゅうせい【上級生】高年级学生 gāoniánjí xuésheng; 年级高的同学 niánjí gāo de tóngxué

しょうきょ【消去-する】消去 xiāoqù; 消除 xiāochú ◆〜法で 用消去法 yòng xiāoqùfǎ

しょうぎょう【商業】商业 shāngyè ◆〜手形 商业票据 shāngyè piàojù

じょうきょう【上京-する】进京 jìnjīng

じょうきょう【状[情]況】状况 zhuàngkuàng; 情况 qíngkuàng; 情形 qíngxing ◆〜証拠 情况证据 qíngkuàng zhèngjù ◆〜判断を誤る 看错情况 kàncuò qíngkuàng

しょうきょく【小曲】小曲 xiǎoqǔ; 短曲 duǎnqǔ

しょうきょくてき【消極的-な】消极 xiāojí

しょうきん【賞金】赏金 shǎngjīn; 奖金 jiǎngjīn ◆〜をかける 悬赏 xuánshǎng ◆〜をもらう 获得奖金 huòdé jiǎngjīn

じょうきん【常勤-の】专职 zhuān-

じょうくう — しょうさい

zhí: 专任 zhuānrèn ◆~講師 专职讲师 zhuānzhí jiǎngshī
じょうくう【上空-に】 上空 shàngkōng
じょうげ【上下】 ◆~の別なく 不分上下 bù fēn shàngxià ◆ 地位の～ 地位的高低 dìwèi de gāodī ◆エレベーターが～する 电梯の～上下 diàntī yí shàng yí xià ◆～2 巻上下两卷 shàngxià liǎng juàn ◆物価が～する 物价の～上下波动 wùjià shàngxià bōdòng ◆~方向の 纵向 zòngxiàng ◆气温の～气温的波动 qìwēn de bōdòng
しょうけい【小計-する】 小计 xiǎojì
じょうけい【情景】 光景 guāngjǐng; 景象 jǐngxiàng ◆～が目に浮かぶ当时的场景浮现在眼前 dāngshí de chǎngjǐng fúxiàn zài yǎnqián
しょうけいもじ【象形文字】 象形文字 xiàngxíng wénzì
しょうげき【衝撃】 打击 dǎjī; 冲击 chōngjī ◆～を受ける 受打击 shòu dǎjī
しょうけん【証券】 证券 zhèngquàn ◆～市场 股市 gǔshì ◆～取引所 证券交易所 zhèngquàn jiāoyìsuǒ ◆～会社 券商 quànshāng ◆有価～ 有价证券 yǒujià zhèngquàn
しょうげん【証言-する】 证言 zhèngyán; 作证 zuòzhèng ◆目撃～ 见证 jiànzhèng
じょうけん【条件】 条件 tiáojiàn ◆～付きで 有条件 yǒu tiáojiàn ◆～を提示する 提出条件 tíchū tiáojiàn ◆～をのむ 接受条件 jiēshòu tiáojiàn ◆～反射 条件反射 tiáojiàn fǎnshè ◆必要～ 必要条件 bìyào tiáojiàn ◆～が備わった 条件具备了 tiáojiàn jùbèi le
じょうげん【上弦】 上弦 shàngxián ◆～の月 上弦月 shàngxiányuè
じょうげん【上限】 上限 shàngxiàn; 最大限度 zuì dà xiàndù ◆～を設ける 制定上限 zhìdìng shàngxiàn
しょうこ【証拠】 证据 zhèngjù; 佐证 zuǒzhèng ◆～立てる 举出证据 jǔchū zhèngjù ◆～に基づいて 根据证据 gēnjù zhèngjù ◆～を隐灭する 毁灭证据 huǐmiè zhèngjù ◆～を固める 巩固证据 gǒnggù zhèngjù ◆～品 凭据 píngjù; 证物 zhèngwù ◆論より～ 事实胜于雄辩 shìshí shèngyú xióngbiàn
しょうご【正午】 正午 zhèngwǔ; 中午 zhōngwǔ
じょうご【漏斗】 漏斗 lòudǒu; 漏子 lòuzi
じょうご【上戸】 爱喝酒的人 ài hē jiǔ de rén ◆泣き～ 酒后好哭的人 jiǔhòu hào kū de rén ◆笑い～ 笑的人 ài xiào de rén
じょうご【冗語】 累赘的词句 léizhuì de cíjù; 赘言 zhuìyán ◆～を省く 删去多余的字 shānqù duōyú de zì
しょうこう【将校】 军官 jūnguān; 武官 wǔguān
しょうこう【昇降-する】 升降 shēngjiàng ◆～口 升降口 shēngjiàngkǒu
しょうこう【焼香-する】 焚香 fénxiāng; 烧香 shāoxiāng
しょうこう【小康】 ❶《病気の》小康 xiǎokāng; 暂时平稳 zànshí píngwěn ◆～を保つ 保持小康状态 bǎochí xiǎokāng zhuàngtài ❷《争などの》～状态 暂时的平稳状态 zànshí de píngjìng zhuàngtài
しょうごう【商号】 字号 zìhao; 商号 shānghào ◆～を登记 字号登记 zìhao dēngjì
しょうごう【照合-する】 查对 cháduì; 核对 héduì
しょうごう【称号】 称号 chēnghào ◆～を与える 授予称号 shòuyǔ chēnghào
じょうごう【条項】 条款 tiáokuǎn
じょうこう【乗降-する】 上下车【船】 shàngxià chē【chuán】 ◆～口 乘客 shàngxià chéngkè ◆～口 出入口 chūrùkǒu
じょうこう【情交】 交情 jiāoqíng ◆～を結ぶ 结交 jiéjiāo
しょうこうぎょう【商工業】 工商业 gōngshāngyè
しょうこうしゅ【紹興酒】 绍兴酒 shàoxīngjiǔ; 绍酒 shàojiǔ; 老酒 lǎojiǔ
しょうこうねつ【猩紅熱】 猩红热 xīnghóngrè
しょうこく【小国】 小国 xiǎoguó
じょうこく【上告-する】 上告 shànggào; 上诉 shàngsù
しょうことなしに 无可奈何 wú kě nài hé; 不得已 bùdéyǐ
しょうこりもなく【性懲りもなく】 不接受教训, 还【又】… bù jiēshòu jiàoxun, hái【yòu】…
じょうこん【商魂】 经商的气魄 jīngshāng de qìpò ◆～たくましい 富有经商气魄 fùyǒu jīngshāng qìpò
しょうさ【少佐】 少校 shàoxiào
しょうさ【小差】 微小的差别 wēixiǎo de chābié ◆～で败れた 差点儿就取胜了 chà diǎnr jiù déshèng le
しょうさい【詳細】 详细 xiángxì; 仔细 zǐxì ◆～に述べる 详细叙述 xiángxì xùshù
しょうさい【商才】 商业才干 shāng-

ye cáigàn ♦～に長けている 擅长经商 shàncháng jīngshāng
じょうざい【錠剤】药片 yàopiàn
じょうざい【浄財】捐款 juānkuǎn ♦～を募る 募捐 mùjuān
じょうさく【上策】上策 shàngcè：上计 shàngjì
しょうさっし【小冊子】小册子 xiǎocèzi
しょうさん【硝酸】硝酸 xiāosuān ♦～銀 硝酸银 xiāosuānyín
しょうさん【賞賛】赞扬 zànyáng：称赞 chēngzàn ♦～に値する 值得称赞 zhídé chēngzàn ♦～の言葉 赞语 zànyǔ ♦～を浴びる 饱受赞誉 bǎoshòu zànyù
しょうさん【勝算】得胜的把握 déshèng de bǎwò ♦～がある 有获胜的把握 yǒu huòshèng de bǎwò
しょうし【焼死-する】烧死 shāosǐ
しょうし【笑止】可笑 kěxiào ♦～千万 可笑万分 kěxiào wànfēn
しょうじ【小事】小事 xiǎoshì ♦～にこだわる 拘泥于小事 jūnìyú xiǎoshì
しょうじ【障子】纸拉窗 zhǐlāchuāng ♦～紙 拉窗纸 lāchuāngzhǐ
じょうし【上司】上级 shàngjí：上司 shàngsi ♦直属の～ 顶头上司 dǐngtóu shàngsi
じょうし【情死】情死 qíngsǐ
じょうし【上梓】出版 chūbǎn
じょうじ【情事】风流韵事 fēngliú yùnshì：偷情 tōuqíng ♦～を重ねる 反复偷情 fǎnfù tōuqíng
じょうじ【常時】平时 píngshí：经常 jīngcháng
しょうじき【正直-な】坦率 tǎnshuài：老实 lǎoshi ♦～な老人 老实人 lǎoshirén ♦～言って 老实说 lǎoshi shuō
じょうしき【常識】常识 chángshí：常情 chángqíng ♦～的な 常识性的 chángshíxìng de ♦～のある 有常识 yǒu chángshí ♦～外れ 不合常规 bù hé chángguī：违背常情 wéibèi chángqíng
しょうしつ【消失-する】消失 xiāoshī ♦権利の～ 权利消失 quánlì xiāoshī
しょうしつ【焼失-する】烧毁 shāohuǐ：烧掉 shāodiào ♦～を免れる 免遭烧毁 miǎn zāo shāohuǐ
じょうしつ【上質-の】优质 yōuzhì ♦～紙 优质纸 yōuzhìzhǐ
じょうじつ【情実】情面 qíngmiàn：人情 rénqíng：情分 qíngfèn ♦～にとらわれる 碍于情面 àiyú qíngmiàn ♦～にとらわれない 不讲情面

bùjiǎng qíngmiàn
しょうしみん【小市民】小市民 xiǎoshìmín
しょうしゃ【商社】商行 shāngháng：贸易公司 màoyì gōngsī
しょうしゃ【照射-する】照射 zhàoshè ♦レントゲン～ 爱克斯光照射 àikèsīguāng zhàoshè
しょうしゃ【瀟洒-な】潇洒 xiāosǎ
じょうしゃ【乗車-する】乘车 chéngchē ♦～口 乘车口 chéngchēkǒu ♦～券 车票 chēpiào ♦～賃 车费 chēfèi
しょうじゃ【生者】♦～必滅 生者必灭 shēngzhě bì miè
じょうしゃきょひ【乗車拒否】《タクシー》拒载 jùzài
じょうじゅ【成就-する】成就 chéngjiù；实现 shíxiàn ♦大願～ 夙愿实现 sùyuàn shíxiàn
しょうしゅう【召集-する】召集 zhàojí；征集 zhēngjí ♦～令状 召集令 zhàojílìng
しょうしゅう【招集-する】招集 zhàojí ♦～会議をーする 招集会议 zhāojí huìyì
しょうじゅう【小銃】步枪 bùqiāng ♦自動～ 自动步枪 zìdòng bùqiāng ♦～で打つ 用步枪射击 yòng bùqiāng shèjī
じょうしゅう【常習】瘾 yǐn ♦～する 上瘾 shàngyǐn ♦～犯 惯犯 guànfàn ♦遅刻の～ 经常迟到 jīngcháng chídào ♦麻薬～者 瘾君子 yǐn jūnzǐ：吸毒者 xīdúzhě
しょうじゅつ【詳述-する】详述 xiángshù：阐述 chǎnshù
じょうじゅつ【上述-の】上述 shàngshù ♦～のごとく 如上所述 rú shàng suǒ shù
じょうしゅび【首尾】顺利完成 shùnlì wánchéng：结果圆满 jiéguǒ yuánmǎn ♦万事～ 万事大吉 wànshì dàjí
しょうじゅん【照準】♦～を合わせる 瞄准 miáozhǔn
じょうじゅん【上旬】上旬 shàngxún ♦8月～ 八月上旬 bāyuè shàngxún
しょうしょ【小暑】小暑 xiǎoshǔ
しょうしょ【証書】证书 zhèngshū：字据 zìjù ♦借用～ 借据 jièjù ♦卒業～ 毕业证书 bìyè zhèngshū：文凭 wénpíng
しょうじょ【少女】少女 shàonǚ：小姑娘 xiǎogūniang
しょうしょう【少将】少将 shàojiàng
しょうしょう【少々】有点儿 yǒudiǎnr：少许 shǎoxǔ ♦～お待ちを 请稍微等一会儿 qǐng shāowēi

しょうじょう[症状] 病情 bìngqíng; 症状 zhèngzhuàng ◆~が現れる 出现症状 chūxiàn zhèngzhuàng ◆~が悪化する 病情恶化 bìngqíng èhuà ◆自覚~ 自觉症状 zìjué zhèngzhuàng

しょうじょう[賞状] 奖状 jiǎngzhuàng

じょうしょう[上昇]-する 上升 shàngshēng ◆~気流 上升气流 shàngshēng qìliú ◆物価が~ 物价上涨 wùjià shàngzhǎng

じょうじょう[情状] 案情 ànqíng; 情况 qíngkuàng ◆~酌量 酌情 zhuóqíng

じょうじょう[上々] 非常好 fēicháng hǎo ◆気分が~ 情绪高涨 qíngxù gāozhǎng

じょうじょう[上場]-する 《(株)式の》 上市 shàngshì ◆~会社 上市公司 shàngshì gōngsī

しょうしょく[少食] 饭量小 fànliàng xiǎo

じょうしょく[常食]-する 常食 chángshí; 家常的饭食 jiācháng de fànshí

しょうじる[生じる] 产生 chǎnshēng; 发生 fāshēng ◆疑惑を~ 产生疑惑 chǎnshēng yíhuò ◆多くの困難が~ 产生不少困难 chǎnshēng bùshǎo kùnnán

じょうじる[乗じる] 乘 chéng; 趁 chèn ◆夜陰に乗じて 趁夜色 chèn yèsè

しょうしん[小心]-の 胆小 dǎnxiǎo ◆~者 胆小鬼 dǎnxiǎoguǐ

しょうしん[傷心]-する 伤心 shāngxīn

しょうしん[昇進]-する 晋级 jìnjí; 晋升 jìnshēng ◆~が早い 晋升快 jìnshēng kuài

しょうじん[小人] 小人 xiǎorén

しょうじん[精進]-する ❶《仏教の》斋戒 zhāijiè; 修行 xiūxíng ◆~料理 素菜 sùcài; 素餐 sùcān ❷《懸命な努力》 专心致志 zhuān xīn zhì zhì

じょうしん[上申]-する 呈报 chéngbào; 申报 shēnbào ◆~書 呈文 chéngwén ◆局長に~する 呈报局长 chéngbào júzhǎng

じょうじん[常人] 常人 chángrén; 普通人 pǔtōngrén

しょうしんしょうめい[正真正銘]-の 不折不扣 bù zhé bù kòu; 千真万确 qiānzhēn wànquè; 真正 zhēnzhèng

じょうず[上手]-な 善于 shànyú ◆聞き~ 善听 shàn tīng ◆話し~ 会

说 huì shuō ◆買い~ 很会买东西 hěn huì mǎi dōngxi ◆やりくり~ 善于安排生活的 shànyú ānpái shēnghuó de ◆~に 巧妙地 qiǎomiào de ◆~の手から水が漏る 智者千虑必有一失 zhìzhě qiānlǜ bì yǒu yī shī

しょうすい[憔悴]-する 憔悴 qiáocuì; 枯槁 kūgǎo ◆しきった憔悴 yānyān; 极端憔悴 jíduān qiáocuì

じょうすい[上水] 上水 shàngshuǐ; 自来水 zìláishuǐ ◆~道 上水道 shàngshuǐdào

じょうすい[浄水] 净水 jìngshuǐ ◆~場 净水场 jìngshuǐchǎng ◆~装置 净水装置 jìngshuǐ zhuāngzhì ◆~池 净水池 jìngshuǐchí

しょうすう[小数] 小数 xiǎoshù ◆尾数 wěishù ◆~点 小数点 xiǎoshùdiǎn

しょうすう[少数]-の 少数 shǎoshù ◆~意見 少数意见 shǎoshù yìjiàn ◆~派 少数派 shǎoshùpài ◆~民族 少数民族 shǎoshù mínzú

しょうする[称する] ❶《名乗る》 叫做 jiàozuò; 名字叫 míngzi jiào ◆蒋と一男 自称为蒋的男人 zì chēngwéi Jiǎng de nánrén ❷《口実に》 ~と称して 称病 chēngbìng; 借口有病 jièkǒu yǒu bìng ◆友人と称して 假称是朋友 jiǎchēng shì péngyou

しょうする[賞する] 《ほめる》 称赞 chēngzàn; 表扬 biǎoyáng ◆《めでる》 赏 shǎng; 欣赏 xīnshǎng

じょうせい[招請]-する 邀请 yāoqǐng ◆~に応ずる 应邀 yìngyāo ◆~状 邀请书 yāoqǐngshū

じょうせい[上声] 上声 shàngshēng; 上声 shǎngshēng

じょうせい[情勢] 情况 qíngkuàng; 形势 xíngshì; 局势 júshì ◆~に明るい 了解形势 liǎojiě xíngshì ◆国際~ 国际形势 guójì xíngshì ◆~分析 形势分析 xíngshì fēnxī

じょうせい[上製]-の 精制 jīngzhì ◆~本 精装书 jīngzhuāngshū

じょうせい[醸成]-する 酿造 niàngzào; 酿成 niàngchéng ◆酒の~ 酿酒 niàngjiǔ ◆社会不安を~する 造成社会不安 zàochéng shèhuì bù'ān

じょうせき[上席] ❶《上座》 上座 shàngzuò ◆~につく 就上座 jiù shàngzuò ❷《上級の》 ~判事 首席法官 shǒuxí fǎguān ◆~の席次 ◆~を占める 占上位 zhàn shàngwèi

じょうせき[定石] 基本定式 jīběn dìngshì; 常规 chángguī ◆~通り

に 按照常规 ànzhào chángguī ♦~を踏む 循规蹈矩 xún guī dǎo jǔ

しょうせつ【小節】 小节 xiǎojié ♦第 2~ 第二小节 dì'èr xiǎojié ❷〈さいな事〉~にこだわる 拘泥于小节 jūnìyú xiǎojié

しょうせつ【小説】 小说 xiǎoshuō ♦~家 小说家 xiǎoshuōjiā ♦SF~ 科幻小说 kēhuàn xiǎoshuō

しょうせつ【章節】 章节 zhāngjié ♦~に区切る 区分章节 qūfēn zhāngjié

しょうせつ【詳説-する】 详细说明 xiángxì shuōmíng

じょうせつ【常設-の】 常设 chángshè ♦~展示物 常设展品 chángshè zhǎnpǐn

じょうぜつ【饒舌-な】 饶舌 ráoshé ♦~家 饶舌家 ráoshéjiā

しょうせっかい【消石灰】 消石灰 xiāoshíhuī

しょうせん【商船】 商船 shāngchuán ♦~大学 商船大学 shāngchuán dàxué

しょうせん【商戦】 市场竞争 shìchǎng jìngzhēng; 商业上的竞争 shāngyè shàng de jìngzhēng

しょうぜん【悄然-と】 悄然 qiǎorán ♦~たる顔つき 沮丧的神情 jǔsàng de shénqíng ♦~と立ち去る 怏怏而去 yàngyàng ér qù

じょうせん【乗船-する】 乘船 chéngchuán; 上船 shàng chuán

しょうそ【勝訴-する】 胜诉 shèngsù
しょうそ【上訴-する】 上诉 shàngsù
しょうそう【少壮-の】 少壮 shàozhuàng ♦~企业家 少壮派企业家 shàozhuàngpài qǐyèjiā

しょうそう【尚早】 尚早 shàng zǎo ♦時期~である 为时尚早 wéi shí shàng zǎo

しょうそう【焦燥-する】 焦躁 jiāozào ♦~感 焦躁感 jiāozàogǎn

しょうぞう【肖像】 肖像 xiàoxiàng ♦~画 画像 huàxiàng ♦~画家 画家 huàjiā; 画像家 huàjiàjiā ♦~权 肖像权 xiàoxiàngquán

じょうそう【上層-の】 上层 shàngcéng ♦会社の一部 公司的上层领导 gōngsī de shàngcéng lǐngdǎo

じょうそう【情操】 情操 qíngcāo ♦~教育 美育 měiyù; 培养情操 péiyǎng qíngcāo

じょうぞう【醸造-する】 酿造 niàngzào ♦~酒 酿造的酒 niàngzào de jiǔ

しょうそく【消息】 信息 xìnxī; 音信 yīnxìn ♦~を知らせる 传信 chuánxìn ♦~通である 灵通消息 língtōng xiāoxi ♦~不明である 杳无音信

yǎo wú yīnxìn

しょうぞく【装束】 装束 zhuāngshù; 服装 fúzhuāng ♦黒~ 黑色装束 hēisè zhuāngshù

しょうたい【小隊】 排 pái ♦~長 排长 páizhǎng

しょうたい【招待-する】 邀请 yāoqǐng; 请客 qǐngkè ♦~に応じる 应邀 yìngyāo ♦~客 来宾 láibīn ♦~状 请帖 qǐngtiě; 请柬 qǐngjiǎn

しょうたい【正体】 ❶〈本当の姿〉真面目 zhēnmiànmù ♦~を现す 原形毕露 yuánxíng bì lù; 现形 xiànxíng ♦~中的真相不明的 zhēnxiàng bù míng de ❷〈正気〉~を失う 神志不清 shénzhì bù qīng

じょうたい【常態】 常态 chángtài ♦~を回复する 恢复正常 huīfù zhèngcháng

じょうたい【状態】 状态 zhuàngtài; 情形 qíngxing ♦健康~ 健康状况 jiànkāng zhuàngkuàng ♦危险な~ 危险的情况 wēixiǎn de qíngkuàng

じょうたい【上体】 上身 shàngshēn ♦~を起こす 坐起身来 zuòqǐ shēn lái

じょうだい【上代-の】 上古 shànggǔ

しょうだく【承諾-する】 答应 dāying; 应允 yīngyǔn; 允诺 yǔnnuò ♦~を得る 得到同意 dédào tóngyì ♦事後~ 事后应允 shìhòu yīngyǔn

しょうたつ【上達-する】 长进 zhǎngjìn; 进步 jìnbù ♦~が早い 进步很快 jìnbù hěn kuài ♦技が~する 技术有长进 jìshù yǒu zhǎngjìn

しょうたん【賞嘆-する】 赞叹 zàntàn
しょうだん【商談】 商谈 shāngtán ♦~する 洽谈 qiàtán ♦~がまとまる 成交 chéngjiāo

じょうたん【上端】 上端 shàngduān
じょうだん【冗談】 玩话 wánhuà; 笑说 xiàotán ♦~はやめろ 别胡闹 bié hú nào ♦~で言う 开玩笑 kāi wánxiào; 说笑 shuōxiào ♦~を言う 打哈哈 dǎ hāha; 开玩笑 kāi wánxiào

じょうだん【上段】 ❶〈高い段〉上层 shàngcéng ♦本棚の~ 书架的上层 shūjià de shàngcéng ❷〈上座〉~に勧める 请坐上座 qǐng zuò shàngzuò ❸〈武道・囲碁などの〉~者 高位者 gāo duànwèi zhě

しょうち【承知-する】 答应 dāying; 允诺 yǔnnuò; 同意 tóngyì ♦ごのとおり 如您所知 rú nín suǒ zhī ♦偽物と~の上で買う 明知是假的而敢买 míngzhī shì jiǎ de ér gǎn mǎi

しょうち【招致-する】 招致 zhāozhì; 聘请 pìnqǐng

じょうち【常置-する】 常设 cháng-shè
じょうちゃん【嬢ちゃん】 小姑娘 xiǎogūniang；小妹妹 xiǎomèimei
しょうちゅう【掌中】 手心 shǒuxīn ♦～に収める 掌握 zhǎngwò；落在手里 luòzài shǒulǐ ♦～の玉 掌上明珠 zhǎngshàng míngzhū
しょうちゅう【焼酎】 烧酒 shāojiǔ；白酒 báijiǔ
じょうちゅう【常駐-する】 常驻 chángzhù
じょうちょ【情緒】 情调 qíngdiào ♦～的 有情趣 yǒu qíngqù ♦不安定な情绪不稳定 qíngxù bù wěndìng ♦～豊かな 充满情趣 chōngmǎn qíngqù ♦異国～ 异国情趣 yìguó qíngqù
しょうちょう【小腸】 小肠 xiǎocháng
しょうちょう【象徴-する】 象征 xiàngzhēng ♦～的な 象征性的 xiàngzhēngxìng de
じょうちょう【冗長-な】 累赘 léizhui；冗长 róngcháng ♦～な文章 冗长的文章 rǒngcháng de wénzhāng
じょうちょう【情調】 情调 qíngdiào ♦～のこもった 充满情调的 chōngmǎn qíngdiào de ♦異国～ 异国情调 yìguó qíngdiào
じょうてい【上程-する】 向议会提出 xiàng yìhuì tíchū
じょうでき【上出来-の】 结果成功 jiéguǒ chénggōng；做得好 zuòde hǎo
しょうてん【焦点】 焦点 jiāodiǎn ♦～が合わない 焦点未对准 jiāodiǎn wèi duìzhǔn ♦～距離 焦距 jiāojù ♦話题の～ 话题的中心 huàtí de zhōngxīn ♦議論の～ 争论的核心 zhēnglùn de héxīn
しょうてん【商店】 商店 shāngdiàn；店铺 diànpù ♦～が倒产する 商店倒闭 shāngdiàn dǎobì ♦～街 商店街 shāngdiànjiē
しょうてん【昇天-する】 归天 guītiān；升天 shēngtiān
しょうでん【小伝】 小传 xiǎozhuàn
じょうてんき【上天気】 好天气 hǎo tiānqì ♦～になる 天气变好 tiānqì biànhǎo
しょうど【焦土】 焦土 jiāotǔ ♦～と化す 化成焦土 huàchéng jiāotǔ
しょうど【照度】 照度 zhàodù ♦～計 照度计 zhàodùjì
じょうと【譲渡-する】 移交 yíjiāo；转让 zhuǎnràng ♦～证书 转让证书 zhuǎnràng zhèngshū
じょうど【浄土】 净土 jìngtǔ ♦～信仰 净土信仰 jìngtǔ xìnyǎng
しょうとう【消灯-する】 熄灯 xīdēng ♦～時間 熄灯时间 xīdēng shíjiān
しょうどう【衝動】 冲动 chōngdòng ♦～的な发言 冲动性的发言 chōngdòngxìng de fāyán ♦～にかられる 出于冲动 chūyú chōngdòng ♦～買いをする 瞎买东西 xiā mǎi dōngxi
じょうとう【上等-な】 高级 gāojí；上等 shàngděng ♦～品 上品 shàngpǐn
じょうとう【常套-の】 老一套 lǎoyítào；常用 chángyòng ♦～句 套话 tàohuà；口头禅 kǒutóuchán
じょうどう【常道】 ♦取引の～ 交易的常规 jiāoyì de chángguī ♦～を踏み外す 越出常规 yuèchū chángguī
じょうとうしき【上棟式】 上梁仪式 shàngliáng yíshì
しょうどく【消毒-する】 消毒 xiāodú ♦～液 消毒液 xiāodúyè ♦～济みの 消毒过的 xiāodúguo de ♦日光～ 日光消毒 rìguāng xiāodú
しょうとつ【衝突-する】 冲撞 chōngzhuàng；磕碰 kēpèng；冲突 chōngtū ♦～を和らげる 缓冲 huǎnchōng ♦～を避ける 避免冲突 bìmiǎn chōngtū ♦～事故 撞车事故 zhuàngchē shìgù
じょうない【場内】 场内广播 chǎngnèi ♦～アナウンス 场内广播 chǎngnèi guǎngbō ♦～整理を行う 整理场内秩序 zhěnglǐ chǎngnèi zhìxù
しょうに【小児】 ♦～科 儿科 érkē；小儿科 xiǎo'ér kē ♦～麻痹 小儿麻痹 xiǎo'ér mábì
しょうにゅうせき【鐘乳石】 钟乳石 zhōngrǔshí
しょうにゅうどう【鐘乳洞】 钟乳岩洞 zhōngrǔ yándòng
しょうにん【商人】 商人 shāngrén
しょうにん【承認-する】 批准 pīzhǔn；承认 chéngrèn ♦～を得る 得到承认 dédào chéngrèn
しょうにん【証人】 见证人 jiànzhèngrén；证人 zhèngrén ♦～唤問 传唤证人 chuánhuàn zhèngrén ♦～台に立つ 站在证人席上 zhànzài zhèngrénxíshang
じょうにん【常任】 常任 chángrèn ♦～委員 常委 chángwěi ♦～理事国 常任理事国 chángrèn lǐshìguó
しょうね【性根】 本性 běnxìng；根性 gēnxìng ♦～が腐っている 本性恶劣 běnxìng èliè ♦～を入れかえる 洗心革面 xǐ xīn gé miàn
じょうねつ【情熱】 热情 rèqíng；

激情 jīqíng ♦～的 充满热情 chōngmǎn rèqíng ♦～を傾ける 倾注热情 qīngzhù rèqíng
しょうねん【少年】少年 shàonián ♦～院 工读学校 gōngdú xuéxiào; 教养院 jiàoyǎngyuàn
じょうねん【情念】感情 gǎnqíng ♦～がわく 感情涌上来 gǎnqíng yǒngshànglai
しょうねんば【正念场】关键时刻 guānjiàn shíkè ♦～を迎える 面临紧要关头 miànlín jǐnyào guāntóu
しょうのう【小脑】小脑 xiǎonǎo
しょうのう【笑纳一する】 胜色 shèngfù; 雌雄 cíxióng ♦～を决する 决胜负 jué shèngfù
しょうのう【上纳一する】上缴 shàngjiǎo ♦～金 上缴金 shàngjiǎojīn
しょうのつき【小の月】小月 xiǎoyuè
じょうば【乘马】骑马 qímǎ ♦～ズボン 马裤 mǎkù ♦～靴 马靴 mǎxuē
しょうはい【胜败】胜负 shèngfù; 胜败 shèngbài; 雌雄 cíxióng ♦～を决する 决胜败 jué shèngbài
しょうばい【商売一する】买卖 mǎimai; 生意 shēngyi; 经商 jīngshāng ♦～の元手 本钱 běnqián; 资本 zīběn ♦～替えする 改行 gǎiháng; 跳行 tiàoháng ♦～敌(がたき) 竞争对手 jìngzhēng duìshǒu
しょうばい【赏罚】奖惩 jiǎngchéng; 赏罚 shǎngfá ♦～なし 无赏罚 wú shǎngfá
じょうはつ【蒸发一する】❶〈水分が〉蒸发 zhēngfā ❷〈行方不明〉失踪 shīzōng
しょうばん【相伴一する】陪人一起吃[喝] péi rén yìqǐ chī[hē] ♦お～にあずかる 沾光 zhānguāng
じょうはんしん【上半身】上身 shàngshēn ♦～を裸にした 赤膊赤背 chìbó-chìbèi; 赤膊 chìbó
しょうひ【消费一する】消耗 xiāohào; 消费 xiāofèi ♦～税 消费税 xiāofèishuì ♦～财 消费品 xiāofèipǐn ♦～が扩大する 消费扩大 xiāofèi kuòdà
しょうび【焦眉の】♦～の急 当务之急 dāng wù zhī jí; 燃眉之急 rán méi zhī jí ♦～の问题 亟待解决的问题 jídài jiějué de wèntí
しょうひ【赏美一する】赏识 shǎngshí ♦～に值する 值得赏识 zhíde shǎngshí
じょうび【常备一する】常备 chángbèi ♦～药 常备药 chángbèiyào
しょうひょう【商标】商标 shāngbiāo; 牌号 páihào ♦～を盗用する 冒牌 màopái ♦登录～ 注册商标 zhùcè shāngbiāo
しょうひん【商品】商品 shāngpǐn;
货物 huòwù ♦～券 商品券 shāngpǐnquàn ♦～注文する 订货 dìnghuò
しょうひん【小品】小品 xiǎopǐn; 小作品 xiǎo zuòpǐn
しょうひん【赏品】奖品 jiǎngpǐn
じょうひん【上品一な】文雅 wényǎ; 优雅 yōuyǎ; 斯文 sīwen ♦～な物腰 风度优雅 fēngdù yōuyǎ
しょうふ【娼妇】娼妇 chāngfù; 妓女 jìnǚ
しょうぶ【胜负一する】争胜负 zhēng shèngfù ♦～がつく 分胜负 fēn shèngfù ♦～に出る 去决战 qù juézhàn
ショウブ【菖蒲】菖蒲 chāngpú
じょうふ【情夫】情夫 qíngfū
じょうふ【情妇】情妇 qíngfù
じょうぶ【上部の】上面 shàngmiàn; 上层 shàngcéng ♦～构造 上层建筑 shàngcéng jiànzhù
じょうぶ【丈夫一な】坚固 jiāngù; 壮健 zhuàngjiàn; 结实 jiēshí; 耐用 nàiyòng ♦～に育つ 发育健壮 fāyù jiànzhuàng
しょうふく【承服一する】服从 fúcóng; 听从 tīngcóng ♦～できない 不能服从 bùnéng fúcóng
しょうふだ【正札】牌价 páijià
じょうぶつ【成仏一する】〈死んで仏になる〉成佛 chéngfó
しょうぶん【性分】性情 xìngqíng; 性格 xìnggé ♦～に合わない 不合禀性 bùhé bǐngxìng
じょうぶん【条文】条文 tiáowén
しょうへい【招聘一する】招聘 zhāopìn; 聘请 pìnqǐng ♦～に应じる 应聘 yìngpìn
しょうへき【障壁】壁垒 bìlěi ♦～を取り除く 消除隔阂 xiāochú géhé ♦非関税～ 非关税壁垒 fēiguānshuì bìlěi
じょうへき【城壁】城墙 chéngqiáng ♦～を巡らす 围上城墙 wéishàng chéngqiáng
しょうべん【小便一する】尿 niào; 小便 xiǎobiàn; 小解 xiǎojiě; 撒尿 sāniào
じょうほ【让步一する】让步 ràngbù; 退让 tuìràng
しょうほう【商法】❶〈商売の仕方〉经商方法 jīngshāng fāngfǎ ♦悪徳～ 恶劣的经商方法 èliè de jīngshāng fāngfǎ ❷〈商法〉商法 shāngfǎ ♦～に违反する 违犯商法 wéifàn shāngfǎ
しょうほう【详报】详细报道 xiángxì bàodào
しょうぼう【消防】消防 xiāofáng ♦～车 救火车 jiùhuǒchē; 消防车 xiāofángchē ♦～署 消防局 xiāo-

じょうほう 【情報】 情报 qíngbào; 信息 xìnxī ◆ ～が漏れる 消息走风 xiāoxi zǒufēng ◆ ～システム 信息系统 xìnxī xìtǒng ◆ ～を知らせる 通风报信 tōngfēng bàoxìn ◆ ～を漏らす 泄露消息 xièlòu xiāoxi ◆ ～処理 信息处理 xìnxī chǔlǐ

じょうほん 【抄本】 抄本 chāoběn ◆戸籍～ 户口复印件 hùkǒu fùyìnjiàn

じょうまえ 【錠前】 锁 suǒ ◆ ～をおろす 上锁 shàngsuǒ

しょうまっせつ 【枝葉末節】 细枝末节 xì zhī mò jié; 枝节 zhījié; 末节 mòjié

じょうまん 【冗漫-な】 烦冗 fánrǒng; 冗长 rǒngcháng ◆ ～な文章 烦冗的文章 fánrǒng de wénzhāng

しょうみ 【正味】 净 jìng ◆ ～の重量 净重 jìngzhòng ◆ ～の値段 净价 jìngjià ◆ ～の話 实质性的话 shízhíxìng de huà

しょうみ 【賞味】 欣赏滋味 xīnshǎng zīwèi ◆ ～期限 品味期限 pǐnwèi qīxiàn; 保质期 bǎozhìqī

じょうみ 【情味】 情趣 qíngqù ◆ ～豊かな 富有情趣的 fùyǒu qíngqù de

じょうみゃく 【静脈】 静脉 jìngmài ◆ ～注射 静脉注射 jìngmài zhùshè

じょうむ 【常務】 ◆ ～取締役 常务董事 chángwù dǒngshì

じょうむいん 【乗務員】 乘务员 chéngwùyuán

しょうめい 【照明-する】 照明 zhàomíng; 灯光 dēngguāng ◆ ～器具 照明器具 zhàomíng qìjù ◆ ～係 《舞台効果などの》 灯光员 dēngguāngyuán

しょうめい 【証明-する】 证明 zhèngmíng ◆ ～書 证件 zhèngjiàn; 证明书 zhèngmíngshū

しょうめつ 【消滅-する】 消灭 xiāomiè; 绝灭 juémiè ◆ ～させる 毁灭 huǐmiè ◆ 自然～する 自然灭绝 zìrán mièjué

しょうめん 【正面-の】 对面 duìmiàn; 正面 zhèngmiàn ◆ ～を向く 面向前方 miàn xiàng qiánfāng ◆ ～玄関 正门 zhèngmén ◆ ～衝突 正面冲突 zhèngmiàn chōngtū ◆ ～図 正视图 zhèngshìtú

しょうもう 【消耗-する】 消耗 xiāohào; 耗损 hàosǔn ◆ ～が激しい 耗损严重 hàosǔn yánzhòng ◆ ～戦 消耗战 xiāohàozhàn ◆ ～品 消耗品 xiāohàopǐn

しょうもの 【上物-の】 好货 hǎohuò; 高级品 gāojípǐn ◆ ～の紹興酒 上等绍兴酒 shàngděng shàoxīngjiǔ

しょうもん 【証文】 借据 jièjù; 字据 zìjù ◆ ～を入れる 立字据 lì zìjù

じょうもん 【城門】 城门 chéngmén

しょうやく 【生薬】 生药 shēngyào; 中草药 zhōngcǎoyào

しょうやく 【抄訳】 摘译 zhāiyì

じょうやく 【条約】 约定 tiáoyuē; 公约 gōngyuē ◆ ～を結ぶ 签署条约 qiānshǔ tiáoyuē ◆ ～を破る 撕毁条约 sīhuǐ tiáoyuē ◆ ～の改正 修改条约 xiūgǎi tiáoyuē

じょうやとう 【常夜灯】 长明灯 chángmíngdēng

しょうゆ 【醤油】 酱油 jiàngyóu

しょうよ 【賞与】 红利 hónglì; 奖金 jiǎngjīn

じょうよ 【剰余】 余剩 yúshèng ◆ ～残高 结余 jiéyú

じょうよ 【譲与-する】 出让 chūràng; 转让 zhuǎnràng

しょうよう 【従容-として】 从容 cóngróng

しょうよう 【商用】 商务 shāngwù ◆ ～語 商业用语 shāngyè yòngyǔ

じょうよう 【常用】 常用 chángyòng ◆ ～語 常用词语 chángyòng cíyǔ

じょうようしゃ 【乗用車】 轿车 jiàochē; 小车 xiǎochē

じょうよく 【情欲】 情欲 qíngyù

しょうらい 【将来】 将来 jiānglái; 前程 qiánchéng ◆ ～に備える 为未来做准备 wèi wèilái zuò zhǔnbèi ◆ ～の展望 展望前程 zhǎnwàng qiánchéng ◆ ～性がある 很有前途 hěn yǒu qiántú

しょうり 【勝利-する】 胜利 shènglì ◆ ～を収める 取胜 qǔshèng ◆ ～を祝う 祝捷 zhùjié ◆ ～をかちとる 争取胜利 zhēngqǔ shènglì ◆ ～者 胜利者 shènglìzhě

じょうり 【情理】 情理 qínglǐ ◆ ～をねる 合情合理 hé qíng hé lǐ ◆ ～を尽くす 尽情尽理 jìn qíng jìn lǐ

じょうり 【条理】 道理 dàolǐ; 条理 tiáolǐ ◆ ～にかなう 合乎道理 héhū dàolǐ ◆ ～に反する 不讲理 bù jiǎnglǐ

じょうりく 【上陸-する】 登陆 dēnglù ◆ 台風が～する 台风登陆 táifēng dēnglù

しょうりつ 【勝率】 比赛获胜率 bǐsài huòshènglǜ

しょうりゃく 【省略-する】 略去 lüèqù; 省略 shěnglüè ◆ ～記号 省略号 shěnglüèhào

じょうりゅう 【上流-の】 ❶ 《川の》 上流 shàngliú; 上游 shàngyóu

じょうりゅう ― じょきょく　259

へ航行する 溯流上行 sùliú shàngxíng ❷《社会的地位が》♦―階級 上流阶级 shàngliú jiējí ♦―社会 上层社会 shàngcéng shèhuì

じょうりゅう【蒸留】 蒸馏 zhēngliú ♦―酒 蒸馏酒 zhēngliújiǔ ♦―水 蒸馏水 zhēngliúshuǐ

しょうりょ【焦慮-する】 焦急 jiāojí; 焦灼 jiāozhuó

しょうりょう【少量-の】 少量 shǎoliàng; 少许 shǎoxǔ ♦―の塩 少量的盐 shǎoliàng de yán

しょうりょう【渉猟】 搜寻 sōuxún; 涉猎 shèliè

しょうりょう【精霊】 精灵 jīnglíng

じょうりょく【常緑-の】 常绿 chánglǜ ♦―樹 常绿树 chánglǜshù

しょうりょくか【省力化-する】 省力 shěnglì

しょうりんじ【少林寺】 ♦―拳法 少林拳 shàolínquán

じょうるり【浄瑠璃】 净琉璃 jìngliúli

しょうれい【奨励-する】 奖励 jiǎnglì; 鼓励 gǔlì ♦―金 奖金 jiǎngjīn

しょうれい【症例】 病例 bìnglì

じょうれい【条令】 条令 tiáolìng; 条例 tiáolì ♦―違反 违反条令 wéifǎn tiáolìng

じょうれん【常[定]連】 常客 chángkè

じょうろ【如雨露】 喷壶 pēnhú

しょうろう【鐘楼】 钟楼 zhōnglóu

しょうろく【抄録-する】 摘录 zhāilù; 抄录 chāolù

しょうろん【詳論】 详细议论 xiángxì yìlùn ♦―を展開する 展开详细议论 zhǎnkāi xiángxì yìlùn

しょうわ【唱和-する】 唱和 chànghè ♦御―下さい 请唱和 qǐng chànghè

しょうわくせい【小惑星】 小行星 xiǎoxíngxīng

しょうわるい【性悪-な】 心眼儿坏 xīnyǎnr huài; 居心不良 jūxīn bùliáng

しょえん【初演-する】 首次演出 shǒucì yǎnchū ♦本邦―の 国内首演 guónèi shǒuyǎn

じょえん【助演-する】 配演 pèiyǎn ♦―俳優 配角 pèijué

ショー 展览 zhǎnlǎn; 表演 biǎoyǎn ♦―ビジネス 演艺事业 yǎnyì shìyè ♦モーター― 汽车展览会 qìchē zhǎnlǎnhuì ♦ウインドウ― 橱窗 chúchuāng

じょおう【女王】 女王 nǚwáng ♦蜂― 母蜂 mǔfēng; 雌蜂 cífēng

ジョーカー《トランプ》大王 dàwáng; 大鬼 dàguǐ

ジョーク 笑话 xiàohuà

ショーケース 陈列柜 chénlièguì; 橱窗 chúchuāng

ジョーゼット《布地》乔其纱 qiáoqíshā

ショーツ 三角裤 sānjiǎokù

ショート-する《髪型》短发 duǎnfà;《コンピュータ》快捷方式 kuàijié fāngshì

ショートカット《髪型》短发 duǎnfà;《コンピュータ》快捷方式 kuàijié fāngshì

ショートケーキ 花蛋糕 huādàngāo

ショービニズム 大民族主义 dàmínzú zhǔyì; 沙文主义 Shāwén zhǔyì

ショール 披肩 pījiān

ショールーム 样品间 yàngpǐnjiān; 商品陈列室 shāngpǐn chénlièshì

しょか【書家】 书法家 shūfǎjiā

しょか【書架】 书架 shūjià

しょか【初夏】 初夏 chūxià

しょが【書画】 书画 shūhuà; 字画 zìhuà

しょかい【初回】 初次 chūcì; 第一次 dìyī cì

じょがい【除外-する】 除外 chúwài

しょかつ【所轄-する】 所辖 suǒxiá; 管辖 guǎnxiá ♦―署 所辖的派出所 suǒxiá de pàichūsuǒ

しょかん【書簡】 书信 shūxìn; 信札 xìnzhá ♦―を送る 致函 zhìhán

しょかん【所感】 所感 suǒgǎn

しょかん【所管-する】 管辖 guǎnxiá; 主管 zhǔguǎn

じょかんとく【助監督】 副导演 fùdǎoyǎn

しょき【初期-の】 初期 chūqī ♦―データを―化する 数据初始化 shùjù chūshǐhuà ♦―微動 初期微震 chūqī wēizhèn

しょき【書記】 书记 shūjì ♦―官 书记官 shūjìguān

しょき【所期】 所期 suǒqī ♦―の目的を達する 达到预期目的 dádào yùqī mùdì

しょきあたり【暑気中り-する】 中暑 zhòngshǔ; 受暑 shòushǔ ♦―を防ぐ 避暑 bìshǔ

しょきばらい【暑気払い-をする】 去暑 qùshǔ; 祛暑 qūshǔ

しょきゅう【初級-の】 初级 chūjí ♦―クラス 初级班 chūjíbān

じょきょ【除去-する】 除掉 chúdiào; 除去 chúqù

じょきょうじゅ【助教授】 副教授 fùjiàoshòu

しょぎょうむじょう【諸行無常】 诸行无常 zhūxíng wúcháng

じょきょく【序曲】 前奏曲 qiánzòuqǔ; 序曲 xùqǔ; 引子 yǐnzi ♦战争の―战争的序曲 zhànzhēng de

xùqǔ
ジョギング-する 跑步 pǎobù；健身跑 jiànshēnpǎo；慢跑 mànpǎo
しょく【私欲】 私欲 sīyù ◆～に走る 追求私利 zhuīqiú sīlì
しょく【職】 职业 zhíyè；工作 gōngzuò ◆～に就く 任职 rènzhí ◆～を辞する 辞职 cízhí；卸任 xièrèn ◆～を求める 找工作 zhǎogōngzuò；谋事 móushì ◆～を去る 离职 lízhí；卷铺盖 juǎn pūgai ◆手に～をつける 学会手艺 xuéhuì shǒuyì
しょく【食】 饮食 yǐnshí ◆～が進む 食欲旺盛 shíyù wàngshèng ◆～が進まない 没有胃口 méiyǒu wèikǒu ◆～が細い 吃得少 chīde shǎo
しょくあたり【食中り】 食物中毒 shíwù zhòngdú ◆～を起こす 引起食物中毒 yǐnqǐ shíwù zhòngdú
しょくいん【職員】 职员 zhíyuán
しょくぐう【処遇】-する 待遇 dàiyù ◆～を誤る 错待 cuòdài
しょくえん【食塩】 食盐 shíyán ◆～水 盐水 yánshuǐ
しょくぎょう【職業】 工作 gōngzuò；行业 hángyè；职业 zhíyè ◆～を変える 跳行 tiàoháng；改行 gǎiháng ◆～病 职业病 zhíyèbìng
しょくご【食後-に】 食后 shíhòu ◆～のデザート 餐后点心 cānhòu diǎnxin
しょくざい【贖罪-する】 赎罪 shúzuì ◆～金 赎罪金 shúzuìjīn
しょくさん【殖産】 增加生产 zēngjiā shēngchǎn ◆～に努める 努力增产 nǔlì zēngchǎn ◆興業 增产兴业 zēngchǎn xīngyè
しょくし【食指】 食指 shízhǐ ◆～が動く 起色心 qǐ tānxīn；感到兴趣 gǎndào xìngqù
しょくじ【食事】 饭 fàn；饭菜 fàncài ◆～をする 吃饭 chī fàn；〈敬語〉用膳 yòng shàn ◆～を共にする 共餐 gòngcān
しょくしゅ【職種】 职别 zhíbié ◆～にこだわらない 不论职别 bùlùn zhíbié ◆～を選ぶ 选职别 xuǎn zhíbié
しょくしゅ【触手】 触手 chùshǒu ◆～を伸ばす 伸手拉拢 shēnshǒu lālǒng
しょくじゅ【植樹】-する 植树 zhíshù；种树 zhòngshù ◆記念～ 纪念植树 jìniàn zhíshù
しょくじょ【織女】 织女 zhīnǚ ◆～星 织女星 zhīnǚxīng
しょくしょう【食傷】-する 〈飽きる〉吃腻 chīnì ◆～気味である 有些腻了 yǒuxiē nì le
しょくじりょうほう【食餌療法】 食物疗法 shíwù liáofǎ

しょくしん【触診-する】 触诊 chùzhěn
しょくせい【職制】 ❶〈制度〉职务的编制 zhíwù de biānzhì ◆～を改める 改编制 gǎi biānzhì ❷〈管理職〉基层干部 jīcéng gànbù
しょくせいかつ【食生活】 饮食生活 yǐnshí shēnghuó ◆～を改善する 改善饮食生活 gǎishàn yǐnshí shēnghuó
しょくせき【職責】 职分 zhífèn；职责 zhízé ◆～を全うする 尽职 jìnzhí
しょくぜんしゅ【食前酒】 饭前酒 fànqiánjiǔ
しょくだい【燭台】 灯台 dēngtái；烛台 zhútái
しょくたく【食卓】 餐桌 cānzhuō；饭桌 fànzhuō ◆～を囲む 围着饭桌 wéizhe fànzhuō ◆～にのぼる 上餐桌 shàng cānzhuō
しょくたく【嘱託-する】 委托 wěituō；非专职的工作人员 fēi zhuānzhí de gōngzuò rényuán
しょくちゅう【食虫】 ◆～植物 食虫植物 shíchóng zhíwù
しょくちゅうどく【食中毒】 食物中毒 shíwù zhòngdú ◆～を起こす 引起食物中毒 yǐnqǐ shíwù zhòngdú
しょくつう【食通】 美食家 měishíjiā
しょくどう【食堂】 食堂 shítáng；餐厅 cāntīng；饭厅 fàntīng ◆～車 餐车 cānchē
しょくどう【食道】 食道 shídào；食管 shíguǎn ◆～癌〈がん〉 食道癌 shídào'ái
しょくにく【食肉】 食肉 shíròu
しょくにん【職人】 工匠 gōngjiàng；匠人 jiàngrén ◆～気質 工匠人气质 jiàngrén qìzhí ◆～仕事 匠人的活计 jiàngrén de huójì
しょくのう【職能】 职能 zhínéng；业务能力 yèwù nénglì ◆～給 职务工资 zhíwù gōngzī
しょくば【職場】 工作单位 gōngzuò dānwèi；岗位 gǎngwèi；职守 zhíshǒu ◆～結婚 同事恋爱结婚 tóngshì liàn'ài jiéhūn
しょくばい【触媒】 催化剂 cuīhuàjì
しょくはつ【触発-する】 触动 chùdòng；触发 chùfā ◆～される 受刺激 shòu cìjī
しょくパン【食パン】 主食面包 zhǔshí miànbāo
しょくひ【食費】 伙食费 huǒshífèi ◆～を切り詰める 节约伙食费 jiéyuē huǒshífèi
しょくひん【食品】 食品 shípǐn ◆～添加物 食品添加剂 shípǐn tiānjiājì ◆冷凍～ 冷冻食品 lěngdòng shípǐn

しょくぶつ【植物】 植物 zhíwù ◆~油 素油 sùyóu; 植物油 zhíwùyóu ◆~園 植物園 zhíwùyuán ◆~学 植物学 zhíwùxué

しょくぶん【職分】 职分 zhífèn; 职务 zhíwù ◆~についている 在职 zàizhí ◆~を果たす 尽职 jìnzhí ◆~を怠慢 玩忽职守 wánhū zhíshǒu

しょくぼう【嘱望-する】 嘱望 zhǔwàng; 期望 qīwàng ◆将来を~された前途有望 qiánt yǒuwàng

しょくみん【植民-する】 殖民 zhímín ◆~地 殖民地 zhímíndì ◆~地政策 殖民地政策 zhímíndì zhèngcè

しょくもう【植毛-する】 植毛 zhímáo

しょくもく【嘱目-する】 瞩目 zhǔmù; 注目 zhùmù ◆万人が~する 万人期待 wànrén qīdài

しょくもつ【食物】 食物 shíwù ◆~繊維 食物纤维 shíwù xiānwéi ◆~連鎖 食物链 shíwùliàn

しょくよう【食用-の】 食用 shíyòng ◆~油 食油 shíyóu ◆~蛙 牛蛙 niúwā

しょくよく【食欲】 食欲 shíyù ◆~口 胃口 wèikǒu ◆~がある 食欲旺盛 shíyù wàngshèng ◆~がない 没有胃口 méiyǒu wèikǒu ◆~が出る 开胃 kāiwèi ◆~をそそる 引起食欲 yǐnqǐ shíyù ◆~不振 食欲不振 shíyù bùzhèn

しょくりょう【食料】 食物 shíwù ◆~品 食品 shípǐn ◆~品店 副食商店 fùshí shāngdiàn; 食品店 shípǐndiàn

しょくりょう【食糧】 粮食 liángshi ◆~援助 粮食援助 liángshi yuánzhù ◆~難 粮食短缺 liángshi duǎnquē

しょくりん【植林-する】 植树造林 zhíshù zàolín

しょくれき【職歴】 资历 zīlì; 职业经历 zhíyè jīnglì

しょくん【諸君】 诸位 zhūwèi

じょくん【叙勲-する】 叙勋 xùxūn; 授勋 shòuxūn

しょけい【処刑-する】 处决 chǔjué; 处刑 chùxíng ◆~場 刑场 xíngchǎng

じょけい【女系】 母系 mǔxì ◆~家族 母系家族 mǔxì jiāzú

しょげる【悄気る】 沮丧 jǔsàng; 自馁 zìněi; 颓丧 tuísàng

しょけん【所見】 意见 yìjiàn ◆~を述べる 阐述看法 chǎnshù kànfǎ

じょげん【助言-する】 建议 jiànyì; 劝 quàn; 出主意 chū zhǔyi ◆~を求める 求教 qiújiào; 征求意见 zhēngqiú yìjiàn

じょげん【序言】 前言 qiányán; 序言 xùyán

しょこ【書庫】 书库 shūkù

しょこう【曙光】 曙光 shǔguāng; 晨曦 chénxī ◆~が射す 曙光照射 shǔguāng zhàoshè ◆回復の~ 恢复的曙光 huīfù de shǔguāng

じょこう【徐行-する】 徐行 xúxíng ◆~運転 徐行试车 xúxíng shìchē

しょこく【諸国】 各国 gèguó ◆近隣~ 周边国家 zhōubiān guójiā

しょこん【初婚】 初婚 chūhūn

しょさ【所作】 举止 jǔzhǐ; 动作 dòngzuò

しょさい【書斎】 书房 shūfáng; 书斋 shūzhāi

しょさい【所載】 登载 dēngzǎi ◆特別号~の記事 号外所刊报道 hàowài suǒ kān bàodào

しょざい【所在】 所在 suǒzài ◆~地 所在地 suǒzàidì ◆責任の~ 责任所在 zérèn suǒzài ◆~がわからなくなった 下落不明了 xiàluò bùmíng le

しょざいない【所在ない】 无事可作 wú shì kě zuò

じょさい【如才ない】 办事圆滑 bànshì yuánhuá

しょさん【所産】 成果 chéngguǒ; 结果 jiéguǒ ◆産業革命の~ 产业革命的成果 chǎnyè gémìng de chéngguǒ

じょさんし【助産師】 接生员 jiēshēngyuán; 助产士 zhùchǎnshì

しょし【初志】 初志 chūzhì ◆~を翻す 改变初衷 gǎibiàn chūzhī ◆~貫徹する 贯彻初志 guànchè chūzhōng

しょし【書誌】 书志 shūzhì ◆~学 书志学 shūzhìxué; 图书学 túshūxué

しょじ【所持-する】 带有 dàiyǒu; 携帯 xiédài ◆~品 携帯物品 xiédài wùpǐn

じょし【助詞】 助词 zhùcí

じょし【女子】 女子 nǚzǐ ◆~学生 女生 nǚshēng ◆~大学 女子大学 nǚzǐ dàxué ◆~バレー 女排 nǚpái ◆~サッカー 女足 nǚzú

じょし【叙事】 叙事 xùshì ◆~詩 叙事诗 xùshìshī

じょし【女児】 女儿 nǚ'ér

しょしき【書式】 格式 géshì ◆~にのっとる 依照格式 yīzhào géshì

じょしつ【除湿-する】 除湿 chú shī; 使干燥 shǐ gānzào

じょしゅ【助手】 助理 zhùlǐ; 助手 zhùshǒu ◆大学の~ 大学的助教 dàxué de zhùjiào

しょしゅう【初秋】 初秋 chūqiū; 早秋 zǎoqiū

じょじゅつ【叙述-する】叙述 xùshù
しょじゅん【初旬】初旬 chūxún ◆5月～五月初旬 wǔyuè chūxún
しょじょ【処女】处女 chǔnǚ ◆～作 处女作 chǔnǚzuò ◆～航海 初航 chūháng
じょじょ【徐々-に】逐渐 zhújiàn ◆～に増える 渐增 jiànzēng ◆～に減る 渐减 jiànjiǎn; 渐渐减少 jiànjiàn jiǎnshǎo
しょじょう【書状】信件 xìnjiàn
じょじょう【抒情】抒情 shūqíng ◆～的な 抒情的 shūqíngde ◆～詩 抒情诗 shūqíngshī
しょしん【初心】初志 chūzhì ◆～を貫く 坚持初志 jiānchí chūzhì ◆～忘るべからず 勿忘初心 wù wàng chūzhīxīn ◆～者 初学者 chūxuézhě
しょしん【初診】初诊 chūzhěn ◆～料 初诊费 chūzhěnfèi
しょしん【初審】初审 chūshěn; 第一审 dìyīshěn
しょしん【所信】信念 xìnniàn ◆～を貫く 贯彻信念 guànchè xìnniàn ◆～を表明 表明政治见解 biǎomíng zhèngzhì jiànjiě
じょすうし【助数詞】量词 liàngcí
しょずり【初刷り】首次印刷 shǒucì yìnshuā; 第一次印刷 dìyī cì yìnshuā
しょする【処する】处理 chǔlǐ; 应付 yìngfu ◆難局に～ 对付困难局面 duìfu kùnnan júmiàn ◆事を～処理事情 chǔlǐ shìqíng ◆厳罰に～ 严加惩处 yán jiā chéngchǔ
じょする【叙する】❶〈爵位・勲等などを授与〉授予 shòuyǔ ◆勲二等に～授予二等勲章 shòuyǔ èrděng xūnzhāng ❷〈文章・詩歌に表す〉叙述 xùshù ◆複雑な心境を～表达复杂的心境 biǎodá fùzá de xīnjìng
じょせい【助成】补助 bǔzhù ◆～金 补助金 bǔzhùjīn
じょせい【女性】女性 nǚxìng; 女子 nǚzǐ; 妇女 fùnǚ ◆～ホルモン 女性激素 nǚxìng jīsù
じょせいコーラス【女声コーラス】女声合唱 nǚshēng héchàng
しょせいじゅつ【処世術】处世之道 chǔshì zhī dào
じょせいと【女生徒】女生 nǚshēng
しょせき【書籍】图书 túshū; 书籍 shūjí
じょせき【除籍-する】开除 kāichú
しょせつ【諸説】各种意见 gèzhǒng yìjiàn; 众说 zhòngshuō ◆～が飞び交う 众说纷纭 zhòng shuō fēn yún
じょせつ【序説】绪论 xùlùn; 序论 xùlùn

じょせつ【除雪-する】除雪 chúxuě ◆～車 除雪车 chúxuěchē
しょせん【所詮】究竟 jiūjìng; 到底 dàodǐ
しょせん【初戦】初战 chūzhàn ◆～を勝利で飾る 初战告捷 chūzhàn gàojié
しょそう【諸相】各种形象 gèzhǒng xíngxiàng; 各种情况 gèzhǒng qíngkuàng
しょぞう【所蔵-する】收藏 shōucáng; 所蔵品 suǒcáng ◆～品 收藏品 shōucángpǐn
じょそう【女装-する】女装 nǚzhuāng; 男が～する 男扮女装 nán bàn nǚzhuāng
じょそうざい【除草剤】除草剂 chúcǎojì
じょそう【助走-する】助跑 zhùpǎo ◆～路 助跑道 zhùpǎodào
しょぞく【所属-する】归属 guīshǔ; 所属 suǒshǔ ◆無～ 无党派的 wúdǎngpài de
しょさん【所産】打算 dǎsuan; 想法 xiǎngfǎ ◆一層の努力をです 打算进一步努力 dǎsuan jìnyíbù nǔlì
しょたい【所帯】住户 zhùhù ◆～を持つ 成家 chéngjiā ◆～持ち 已成家的 yǐ chéngjiā de ◆大～ 大家庭 dàjiātíng
しょたい【書体】字体 zìtǐ
しょだい【初代-の】第一代 dìyī dài; 第一任 dìyī rèn
じょたい【除隊-する】退伍 tuìwǔ
しょたいめん【初対面】初次见面 chūcì jiànmiàn
しょっか【書架】书架 shūjià
しょち【処置-する】处置 chǔzhì; 措施 cuòshī ◆適切に～する 适当处理 shìdàng chǔlǐ ◆応急～ 应急处置 yìngjí chǔzhì
しょちょう【初潮】初次月经 chūcì yuèjīng
じょちょう【助長-する】助长 zhùzhǎng; 促进 cùjìn
しょっかく【触覚】触觉 chùjué ◆～器官 触觉器官 chùjué qìguān
しょっかく【触角】触角 chùjiǎo; 触须 chùxū
しょっかん【食間-に】◆～に服用のこと 该在两顿饭中间服用 gāi zài liǎng dùn fàn zhōngjiān fúyòng
しょっき【食器】餐具 cānjù ◆～棚 橱柜 chúguì; 碗柜 wǎnguì
ジョッキ〈ビールの～〉大啤酒杯 dà píjiǔbēi; 扎啤 zhāpí
ジョッキー〈競馬騎手〉骑手 qíshǒu
ショッキング-な 骇人听闻 hài rén tīngwén; 令人震惊 lìng rén zhènjīng

ショック ― しょめん　263

jīng ◆～な出来事 骇人听闻的事件 hài rén tīngwén de shìjiàn
ショック【休克】 xiūkè ◆～を与える 冲击 chōngjī;震动 zhèndòng ◆～療法 休克疗法 xiūkè liáofǎ
しょけん【職権】 职权 zhíquán ◆～濫用 滥用职权 lànyòng zhíquán
しょけん【食券】 餐券 cānquàn;饭票 fànpiào
しょっちゅう 不时 bùshí;经常 jīngcháng;时不时 shíbùshí ◆～喧嘩(けんか)している 经常吵架吵闹 jīngcháng chǎojià chǎonào
ショット ❶〈画像で〉镜头 jìngtóu ❷〈ゴルフ・テニスなどで〉击球 jīqiú ナイス～ 好球 hǎoqiú
しょっぱい【塩っぱい】 咸 xián
ショッピング-する【-】 购物 gòuwù;买东西 mǎi dōngxi ◆～センター 购物中心 gòuwù zhōngxīn ◆～モール 购物街 gòuwùjiē
しょて【初手】 开头 kāitóu
しょてい【所定-の】 指定 zhǐdìng;规定 guīdìng ◆～の時間 规定的时间 guīdìng de shíjiān ◆～の場所 在指定的场所 zài zhǐdìng de chǎngsuǒ
じょてい【女帝】 女皇 nǚhuáng;女王 nǚwáng
しょてん【書店】 书店 shūdiàn
しょとう【初等-の】 初级 chūjí ◆～教育 初等教育 chūděng jiàoyù
しょとう【初冬】 初冬 chūdōng
しょとう【初頭】 初期 chūqī ◆今世紀～に 在本世纪初期 zài běnshìjì chūqī
しょとう【諸島】 诸岛 zhūdǎo ◆西南～ 西南诸岛 xīnán zhūdǎo
しょどう【書道】 书法 shūfǎ ◆～家 书法家 shūfǎjiā
じょどうし【助動詞】 助动词 zhùdòngcí
しょとく【所得】 收入 shōurù ◆～税 所得税 suǒdéshuì
じょなん【女難】 女祸 nǚhuò
しょにち【初日】 第一天 dìyī tiān
しょにんきゅう【初任給】 初次任职的工资 chūcì rènzhí de gōngzī
しょねん【初年】 第一年 dìyī nián ◆～度 第一年度 dìyī niándù
しょのくち【序の口】 刚刚开始 gānggāng kāishǐ
しょばつ【処罰-する】 处分 chǔfēn;惩处 chéngchǔ ◆～を受ける 受处分 shòu chǔfēn
しょはん【初版】 初版 chūbǎn;第一版 dìyī bǎn ◆～本 初版本 chūbǎnběn
しょはん【初犯】 初犯 chūfàn

しょはん【諸般-の】 各种 gèzhǒng;～事情により 根据诸多情况 gēnjù zhūduō qíngkuàng
じょばん【序盤】 初期阶段 chūqī jiēduàn ◆～戦 序战 xùzhàn
しょひょう【書評】 书评 shūpíng ◆～欄 书评专栏 shūpíng zhuānlán
しょぶん【処分-する】 ❶〈罰する〉处分 chǔfēn;处罚 chǔfá ◆～を受ける 受罚 shòufá ◆懲戒～ 惩戒处分 chéngjiè chǔfēn ❷〈始末する〉处理 chǔlǐ;卖掉 màidiào ◆家を～する 卖房子 mài fángzi
じょぶん【序文】 前言 qiányán;序言 xùyán
しょほ【初歩-の】 初级 chūjí ◆～的な 初级的 chūjí de ◆～を学ぶ 入门 rùmén
しょほう【処方-する】 配方 pèifāng;处方 chǔfāng ◆～箋(せん) 处方笺 chǔfāngjiān ◆～箋を書く 开药方 kāi yàofāng
しょほう【諸方-に】 各处 gèchù
しょぼくれた 委靡 wěimǐ;无精打采 wú jīng dǎ cǎi
しょぼしょぼ ❶〈雨が〉淅淅沥沥 xīxīlìlì ◆雨が～と降り続く 雨淅淅沥沥下个不停 yǔ xīxīlìlì de xià ge bùtíng ❷〈目が〉〈眠くて〉目が～する 困得眼睛睁不开 kùnde yǎnjīng zhēngbukāi;眼睛模糊 yǎnjīng móhu ◆〈わびしいさま〉～とした後姿 无精打采的背影 wú jīng dǎ cǎi de bèiyǐng
じょまく【序幕】 序幕 xùmù
じょまく【除幕-する】 揭幕 jiēmù ◆～式 揭幕式 jiēmùshì
しょみん【庶民】 老百姓 lǎobǎixìng;群众 qúnzhòng;庶民 shùmín ◆～的な 平易近人 píng yì jìn rén
しょむ【庶務】 庶务 shùwù;总务 zǒngwù ◆～係 庶务人员 shùwù rényuán
しょめい【署名-する】 签名 qiānmíng;签署 qiānshǔ ◆～を集める 征集签字 zhēngjí qiānzì ◆～運動 签名运动 qiānmíng yùndòng ◆～捺印 签名盖章 qiānmíng gàizhāng
しょめい【書名】 书名 shūmíng ◆～索引 书名索引 shūmíng suǒyǐn
じょめい【助命-する】 饶命 ráomìng ◆～を嘆願する 请求免死 qǐngqiú miǎnsǐ
じょめい【除名-する】 除名 chúmíng;开除 kāichú ◆～処分 开除处分 kāichú chǔfēn
しょめん【書面】 书面 shūmiàn ◆～による回答 书面回答 shūmiàn huí-

dá ◆～審查 书面审查 shūmiàn shěnchá

しょもく【書目】书目 shūmù

しょもつ【書物】书 shū；书本 shūběn

しょや【初夜】初夜 chūyè；第一夜 dìyī yè

じょや【除夜】除夕 chúxī；大年夜 dàniányè ◆～の鐘 除夕钟声 chúxī zhōngshēng

じょやく【助役】助理 zhùlǐ；副市长 fù shìzhǎng；副镇长 fù zhènzhǎng

しょゆう【所有 -する】有 yǒu ◆～格 所有格 suǒyǒugé ◆～権 产权 chǎnquán；所有权 suǒyǒuquán ◆～者 物主 wùzhǔ ◆～者 所有者 suǒyǒuzhě ◆～物 所有物 suǒyǒuwù

じょゆう【女優】女演员 nǚyǎnyuán

しょよう【所用】事情 shìqing；事务 shìwù ◆～で出かける 因事外出 yīn shì wàichū

しょり【処理 -する】处理 chǔlǐ；对付 duìfu；办理 bànlǐ ◆～能力 办事能力 bànshì nénglì ◆事後～ 事后处理 shìhòu chǔlǐ ◆熱～する 热处理 rèchǔlǐ

じょりゅう【女流 -の】◆～作家 女作家 nǚzuòjiā

じょりょく【助力 -する】帮助 bāngzhù；协助 xiézhù ◆～を惜しまない 全力协助 quánlì xiézhù ◆～を求める 求助 qiúzhù

しょるい【書類】文件 wénjiàn；公文 gōngwén ◆～鞄 (かばん) 公文包 gōngwénbāo；公事包 gōngshìbāo ◆～審査 书面材料审查 shūmiàn cáiliào shěnchá ◆重要～ 重要文件 zhòngyào wénjiàn

ショルダーバッグ 挎包 kuàbāo

じょれつ【序列】名次 míngcì；序列 xùliè ◆～をつける 排序 páixù ◆年功・資历序列 zīlì xùliè

しょろう【初老】刚入年 gāngrù lǎonián ◆～の紳士 半老的绅士 bànlǎo de shēnshì

じょろん【序論】绪论 xùlùn

しょんぼり -する 无精打采 wú jīng dǎ cǎi；怅然 chàngrán；惆怅 chóuchàng

じらい【地雷】地雷 dìléi

しらうお【白魚】银鱼 yínyú ◆～のような手 十指纤纤 shízhǐ xiānxiān

しらが【白髪】白发 báifà ◆～まじりの斑白 bānbái ◆～頭 白头发 bái tóufa

シラカバ【白樺】白桦 báihuà

しらき【白木】本色木料 běnsè mùliào ◆～造り 本色木料制的 běnsè de

mùliào zào de

しらける【白ける】《興がさめる》败兴 bàixìng；扫兴 sǎoxìng ◆座が～ 冷场 lěngchǎng

しらこ【白子】《魚の精巣》鱼白 yúbái

シラサギ【白鷺】白鷺 báilù；鷺鷥 lùsī

しらじらしい【白々しい】❶《見えすいた》明显的 míngxiǎn de ◆～辞令 明显的恭维 míngxiǎn de gōngwei ◆～うそ 明显的谎言 míngxiǎn de huǎngyán ❷《興ざめな》～空气が流れる 气氛令人扫兴 qìfēn lìng rén sǎoxìng

じらす【焦らす】使焦急 shǐ jiāojí；使人干着急 shǐ rén gān zháojí

しらずしらず【知らず知らず】不知不觉 bùzhī bùjué；无意识 wúyìshí ◆～恋に落ちていた 不知不觉落入情网 bùzhī bùjué luòrù qíngwǎng

しらせ【知らせ】通知 tōngzhī；消息 xiāoxi ◆～を待つ 等待消息 děngdài xiāoxi

しらせる【知らせる】告诉 gàosu；告知 gàozhī；通知 tōngzhī

しらたき【白滝】《食品の》魔芋粉丝 móyù fěnsī

しらたまこ【白玉粉】糯米粉 nuòmǐfěn

しらない【知らない】不知道 bù zhīdao ◆～人 陌生人 mòshēngrén

しらなみ【白浪】白浪 báilàng

しらばくれる 装糊涂 zhuāng hútu；装蒜 zhuāngsuàn

シラバス 教学大纲 jiàoxué dàgāng

しらはのや【白羽の矢】◆～が立つ 中 xuǎnzhòng

しらふ【素面 -で】没喝醉 méi hēzuì

シラブル 音节 yīnjié

しらべ【調べ】❶《詩歌・音楽の調子》妙(たえ)なる～ 美妙的旋律 měimiào de xuánlǜ ❷《調べること》调查 diàochá ◆～がつく 调查清楚 diàochá qīngchu

しらべなおす【調べ直す】重新调查 chóngxīn diàochá

しらべもの【調べ物】调查 diàochá ◆～をする 进行调查 jìnxíng diàochá

しらべる【調べる】查 chá；调查 diàochá；检查 jiǎnchá ◆住所を～ 查找住处 cházhǎo zhùchù ◆エンジンを～ 检查发动机 jiǎnchá fādòngjī ◆文書を～ 查阅文件 cháyuè wénjiàn ◆容疑者を～ 盘问嫌疑犯 pánwèn xiányífàn

シラミ【虱】虱子 shīzi ◆～つぶしに調べる 一一调查 yīyī diàochá

しらむ【白む】变白 biànbái ◆東の空

しらをきる ― しりょう　265

が＝ 东方发白 dōngfāng fābái
しらをきる【白を切る】 佯装不知 yángzhuāng bù zhī
しらんかお【知らん顔＝をする】 漠不关心 mò bù guānxīn; 不管不理 bù guǎn bù lǐ ◆人の苦しみに～をする 对别人的痛苦漠不关心 duì biéren de tòngkǔ mò bù guānxīn
しらんぷり【知らんぷり】 故作不知 gù zuò bù zhī; 佯装不知 yángzhuāng bù zhī
しり【私利】 私利 sīlì ◆～をむさぼる 贪图私利 tāntú sīlì ◆～私欲 私利自利 zì sī zì lì
しり【尻】 ❶《でん部》屁股 pìgu ❷《物事の最後部》言葉～话尾 huàwěi ◆～から数える 倒数 dàoshǔ ❸《容器・果物の底》德利の～酒壶底 jiǔhúdǐ ❹《後方・背後》成績が～についている 跟着人家屁股走 gēnzhe rénjia pìgu zǒu ❺《比喩》◆～が重い 屁股沉 pìgu chén ◆～が軽い 轻佻 qīngtiāo ◆～に火のついた 火烧眉毛 huǒ shāo méimao ◆～を叩く 督促 dūcù
じり【事理】 事理 shìlǐ ◆～明白 道理清楚 dàoli qīngchu
しりあい【知り合い】 相识 xiāngshí ◆～になる 结识 jiéshí
しりあう【知り合う】 结识 jiéshí; 认识 rènshi
しりあがり【尻上がり＝に】 后面高 hòumiàn gāo ◆～に調子が良くなる 越到后面进行得越好 yuè dào hòumiàn jìnxíng de yuè hǎo ◆成績が～に良くなる 成绩越来越好 chéngjì yuè lái yuè hǎo
シリアルナンバー 序列号 xùlièhào
シリーズ 系列 xìliè ◆～小说 系列小说 xìliè xiǎoshuō
シリウス 天狼星 tiānlángxīng
しりうま【尻馬】 ◆～に乗る 盲从 mángcóng; 雷同 léitóng
しりおし【尻押し＝する】 《後援》作后盾 zuò hòudùn ◆労働組合の～で 有工会的后盾 yǒu gōnghuì de hòudùn
じりき【自力】 ◆～で脱出する 自力 zìlì ◆～で脱出する 自力挣脱 zìlì zhèngtuō ◆～更生 自力更生 zìlì gēngshēng
しりきれとんぼ【尻切れ蜻蛉】 半途而废 bàntú ér fèi ◆話が～になる 话说了半截就断 huà shuōle bànjié jiù duàn
しりごみ【尻込み＝する】 踌躇 chóuchú; 犹豫不快 yóuyù bú kuài; 退缩 tuìsuō; 后退 hòutuì
シリコン 硅 guī
じりじり ◆～と迫る 步步逼近 bùbù bījìn ◆日差しが～と照りつける 太

阳火辣辣地照着 tàiyang huǒlàlà de zhàozhe ◆～苛立つ 焦虑不堪 jiāolǜ bùkān
しりすぼみ【尻すぼみ＝になる】《勢いが衰える》龙头蛇尾 lóng tóu shé wěi
しりぞく【退く】 退 tuì; 退出 tuìchū ◆現役を～ 退役 tuìyì; 退休 tuìxiū
しりぞける【退[却]ける】 ◆無能な人間を～ 撤消无能的人员 chèxiāo wúnéng de rényuán ◆敵を～ 击退敌人 jītuì dírén ◆彼の提言を～ 拒绝他的建议 jùjué tā de jiànyì ◆控訴を～ 驳回上诉 bóhuí shàngsù
しりつ【私立＝の】 私立 sīlì ◆～学校 私立学校 sīlì xuéxiào
しりつ【市立＝の】 市立 shìlì ◆～図书馆 市立图书馆 shìlì túshūguǎn ◆～病院 市立医院 shìlì yīyuàn
じりつ【自立＝する】 自觉 zìjué; 自立 zìlì ◆～心 自立思想 zìlì sīxiǎng
じりつ【自律＝の】 自律 zìlǜ ◆～神経 自律神经 zìlǜ shénjīng ◆～失调症 自律神经失调症 zìlǜ shénjīng shītiáozhèng
しりつくす【知り尽くす】 洞悉 dòngxī; 洞晓 dòngxiǎo; 透彻地知道 tòuchè de zhīdao
しりとり【尻取り】 接尾令 jiēwěilìng
しりぬく【知り抜く】 洞悉 dòngxī
しりぬぐい【尻ぬぐい＝する】 擦屁股 cā pìgu
じりひん【じり貧】 ◆～になる 越来越坏 yuè lái yuè huài ◆～になる 每况愈下 měi kuàng yù xià
しりめ【尻目】 ◆あわてる仲間を～に 不顾慌里慌张的伙伴 búgù huāngliohuāngzhāng de huǒbàn ◆～にかける 无视不理 wúshì bù lǐ
しりめつれつ【支離滅裂＝な】 支离破碎 zhī lí pò suì; 颠三倒四 diān sān dǎo sì
しりもち【尻餅】 屁股蹲儿 pìgudùnr ◆～をつく 摔个屁股蹲儿 shuāi ge pìgudùnr
しりゅう【支流】 支流 zhīliú
じりゅう【時流】 时代潮流 shídài cháoliú ◆～に乘る 顺潮流 shùn cháoliú ◆～外れた仕事 冷门工作 lěngmén gōngzuò
しりょ【思慮】 思虑 sīlǜ ◆～の浅い 鄙薄思虑の足りない 轻率的 qīngshuài de ◆～深い 深谋远虑 shēn móu yuǎn lǜ ◆～分別のある 慎重思虑 shènzhòng sīlǜ
しりょう【資料】 材料 cáiliào; 资料 zīliào
しりょう【飼料】 饲料 sìliào; 养料 yǎngliào ◆配合～ 配合饲料 pèihé sìliào
しりょう【史料】 史料 shǐliào

しりょう【死霊】 鬼魂 guǐhún ♦～に取り憑かれる 被鬼魂迷住 bèi guǐhún mízhù
しりょく【死力】 ♦～を尽くす 拼死 pīnsǐ
しりょく【視力】 视力 shìlì; 眼力 yǎnlì ♦～を失う 失明 shīmíng ♦~検査 视力检查 shìlì jiǎnchá
しりょく【資力】 财力 cáilì
じりょく【磁力】 磁力 cílì ♦~計 磁力计 cílìjì ♦~線 磁力线 cílìxiàn
シリンダー 汽缸 qìgāng
しる【汁】 ❶《液体》汁 zhī; 汁液 zhīyè ♦レモン～ 柠檬汁 níngméngzhī ♦《料理》味噌～ 酱汤 jiàngtāng ❷《利益》甘い～を吸う 揩油 kāiyóu; 占便宜 zhàn piányi
しる【知る】 知道 zhīdao ♦善悪を懂得善恶 dǒngde shàn'è ♦苦労を～ 体会辛苦 tǐhuì xīnkǔ ♦酒の味を～ 品尝酒味 pǐncháng jiǔwèi ♦よく知っている人 很熟悉的人 hěn shúxī de rén ♦知らない字 不认识的字 bù rènshí de zì ♦おれの知った事か 我管不着 wǒ guǎnbuzháo
シルエット 身影 shēnyǐng; 轮廓 lúnkuò
シルク 绢 juàn ♦～ハット 大礼帽 dàlǐmào ♦～ロード 丝绸之路 sīchóu zhī lù
しるこ【汁粉】 年糕小豆汤 niángāo xiǎodòu tāng
しるし【印鑑・標】 记号 jìhao ♦～をつける 作记号 zuò jìhao ♦ほんのお～です 是我小小的意思 shì wǒ xiǎoxiǎo de yìsi
しるす【記す】 ❶《書きとめる》记下 jìxià ♦氏名を～ 写下姓名 xiěxià xìngmíng ❷《記憶にとどめる》♦感激を心に～ 把感激记在心中 bǎ gǎnjī jì zài xīnzhōng
ジルバ 吉特巴舞 jítèbāwǔ
シルバー 银 yín; 银色 yínsè ♦～グレイ 银灰色 yínhuīsè
しれい【指令】する 指令 zhǐlìng; 命令 mìnglìng
しれい【司令】 司令 sīlìng ♦~官 司令官 sīlìngguān ♦~部 司令部 sīlìngbù
じれい【事例】 事例 shìlì ♦~研究 事例研究 shìlì yánjiū
じれい【辞令】 ❶《任免文書》任免命令 rènmiǎn mìnglìng ♦～が出る 发布任免令 fābù rènmiǎnlìng ❷《形式的な挨拶》外交～ 外交辞令 wàijiāo cílìng; 客套话 kètàohuà
しれつ【熾烈な】 激烈 jīliè ♦～を極める 炽烈已极 chìliè yǐ jí
しれつきょうせい【歯列矯正】 齿列矫正 chǐliè jiǎozhèng
じれったい【焦れったい】 让人焦急

ràng rén jiāojí; 令人着急 lìng rén zháojí
じれる【焦れる】 陷入焦急 xiànrù jiāojí
しれん【試練】 考验 kǎoyàn ♦～に耐える 经得起考验 jīngdeqǐ kǎoyàn ♦～を受ける 接受考验 jiēshòu kǎoyàn
ジレンマ 进退两难 jìntuì liǎngnán; 陷入困难 xiànrù kùnnán; 左右为难 zuǒyòu wéinán
しろ【白】 ❶ 白 bái ♦～旗 白旗 báiqí ❷《無罪》清白 qīngbái ♦彼は～だ 他无罪 tā wúzuì
しろ【城】 城 chéng ♦～を築く 筑城 zhùchéng ♦～跡 城址 chéngzhǐ ♦自分の～を持つ 拥有自己的天地 yōngyǒu zìjǐ de tiāndì
シロアリ【白蟻】 白蚁 báiyǐ
しろい【白い】 白 bái; 白色 báisè
じろう【痔瘻】 瘘管 lòuguǎn; 肛瘘 gānglòu
しろうと【素人】 外行 wàiháng; 门外汉 ménwàihàn ♦～芸 业余技艺 yèyú jìyì ♦～離れした 不像外行 bú xiàng wàiháng ♦～目に 在外行人眼中 zài wàihángrén yǎnzhōng
シロキクラゲ【白木耳】 白木耳 báimù'ěr; 银耳 yín'ěr
しろくじちゅう【四六時中】 无时无刻 wú shí wú kè
シロクマ【白熊】 白熊 báixióng
しろくろ【白黒】 ❶《モノクロ》黑白 hēibái ♦～映画 黑白电影 hēibái diànyǐng ❷《物事の是非・善悪》♦～をつける 分清是非 fēnqīng shìfēi ❸《比喩》♦～目を～させる 翻白眼 fān báiyǎn
しろざけ【白酒】 白甜酒 báitiánjiǔ
しろざとう【白砂糖】 白糖 báitáng
しろじ【白地に】 白 bái; 白色 báisè
じろじろ ♦～見る 打量 dǎliang; 盯着看 dīngzhe kàn; 凝视 níngshì
しろタク【白タク】 黑车 hēichē; 野鸡车 yějīchē
シロップ 糖浆 tángjiāng ♦ガム～ 糖浆炼乳 tángjiāng liànrǔ
しろぬり【白塗り】の 涂白 túbái
しろバイ【白バイ】 警察用白色摩托车 jǐngchá yòng báisè mótuōchē
シロフォン 木琴 mùqín
しろみ【白身】 ❶《卵の》蛋白 dànbái; 蛋清 dànqīng ❷《肉の》肥肉 féiròu
しろめ【白目】 白眼珠 báiyǎnzhū ♦～をむく 翻白眼 fān báiyǎn ♦～で

しろもの ― じんかく 267

見る 藐視此人 miǎoshì rén
しろもの【代物】东西 dōngxi ♦たいした〜ではない 不是什么好东西 bú shì shénme hǎo dōngxi ♦なかなかの〜だ 了不起的家伙 liǎobuqǐ de jiāhuo
じろり-と ♦〜と睨む 瞪一眼 dèng yì yǎn
じろん【持論】一贯的主张 yíguàn de zhǔzhāng ♦〜を展開する 强调一贯的主张 qiángdiào yíguàn de zhǔzhāng
しわ【皺】皱纹 zhòuwén；褶子 zhězi；褶皱 zhězhòu ♦〜になる 皱 zhòu ♦眉間に〜を寄せる 皱眉头 zhòu méitóu
しわがれる【嗄れる】嘶哑 sīyǎ ♦嗄れ声 沙哑的声音 shāyǎ de shēngyīn
しわくちゃ【皺くちゃ-な】皱巴巴 zhòubābā
しわけ【仕分け-する】分类 fēnlèi；分项国税 fēnxiàng
しわざ【仕業】行为 xíngwéi；勾当 gòudàng ♦やつの〜に違いない 肯定是那家伙搞的鬼 kěndìng shì nà jiāhuo dǎo de guǐ
じわじわ-と 逐步地 zhúbù de ♦〜と追い詰める 步步紧逼 bùbù jǐnbī
しわす【師走】腊月 làyuè
しわよせ【皺寄せ-する】转移坏影响 zhuǎnyí huài yǐngxiǎng ♦人に〜を転嫁別人 zhuǎnjià gěi biérén ♦〜が及ぶ 不良影响扩散开来 bùliáng yǐngxiǎng kuòsàn kāilái
じわり【地割り】土地的区划 tǔdì de qūhuà
じわれ【地裂れ】地裂 dìliè ♦〜ができる 出现地裂 chūxiàn dìliè
しん【真-の】（本当・本物）真正 zhēnzhèng ♦〜の勇気 真的勇气 zhēn de yǒngqì ♦〜に迫る 绘声绘色 huì shēng huì sè；活灵活现 huó líng huó xiàn
しん【芯】芯 xīn ♦鉛筆の〜 铅笔芯 qiānbǐxīn ♦ご飯に〜がある 饭夹生了 fàn jiāshēng le
ジン 杜松子酒 dùsōngzǐjiǔ；金酒 jīnjiǔ ♦〜トニック 金汤力 jīntānglì ♦〜フィズ 金菲士 jīnfēishì
しんあい【親愛-な】亲爱 qīn'ài ♦〜なる友 挚友 zhìyǒu ♦〜の情 亲爱之情 qīn'ài zhī qíng
じんあい【仁愛】仁爱 rén'ài
じんあい【塵・ほこり】尘埃 chén'āi；尘土 chéntǔ ♦〜にまみれる 满身尘埃 mǎnshēn chén'āi
しんあん【新案】新设计 xīn shèjì ♦〜特許 新设计专利 xīn shèjì

zhuānlì
しんい【真意】真意 zhēnyì ♦〜を探る 探听真意 tàntīng zhēnyì ♦〜を汲み取る 体察本意 tǐchá běnyì
じんい【人為】人为 rénwéi；人工 réngōng ♦〜的な 人为的 rénwéi de ♦〜災害 人祸 rénhuò
しんいり【新入り】新来的 xīnlái de
しんいん【心因】心因性 xīnyīnxìng ♦〜反応 心因反应 xīnyīn fǎnyìng
じんいん【人員】人员 rényuán ♦〜削減する 裁员 cáiyuán ♦〜配備 编制 biānzhì ♦〜整理 精简人员 jīngjiǎn rényuán
じんう【腎盂】肾盂 shènyú ♦〜炎 肾盂炎 shènyúyán
しんえい【新鋭】有力的新手 yǒulì de xīnshǒu ♦サッカー界の〜 足球界的新秀 zúqiújiè de xīnxiù
じんえい【陣営】阵营 zhènyíng ♦保守〜 保守阵营 bǎoshǒu zhènyíng
しんえん【深遠-な】奥妙 àomiào；高深 gāoshēn ♦〜な思想 高深的思想 gāoshēn de sīxiǎng
じんえん【腎炎】肾炎 shènyán
しんか【真価】真正价值 zhēnzhèng jiàzhí ♦〜が問われる 真价被判定 zhēnjià bèi pàndìng ♦〜を認める 赏识真价 shǎngshí zhēnjià
しんか【進化-する】进化 jìnhuà；演化 yǎnhuà ♦〜論 进化论 jìnhuàlùn
じんか【人家】人家 rénjiā；人烟 rényān
しんかい【深海】深海 shēnhǎi ♦〜魚 深海鱼类 shēnhǎi yúlèi
しんがい【侵害-する】侵害 qīnhài；侵犯 qīnfàn ♦人权〜 侵犯人权 qīnfàn rénquán
しんがい【心外-な】遗憾 yíhàn
しんがい【震駭-する】震骇 zhènhài；震惊 zhènjīng ♦世界を〜させる 震惊世界 zhènjīng shìjiè
じんかい【塵芥】尘芥 chénjiè；垃圾 lājī
しんかいち【新開地】新开辟的地方 xīn kāipì de dìfang
しんがお【新顔】新手 xīnshǒu；新人 xīnrén ♦新来的人 xīn lái de rén
しんがく【進学-する】升学 shēngxué ♦〜率 升学率 shēngxuélǜ
しんがく【神学】神学 shénxué
じんかく【人格】品性 pǐnxìng；人格 réngé ♦〜を無視する 无视人格 wúshì réngé ♦〜を形成 人格形成 réngé xíngchéng ♦〜者 人格高尚

しんかくか【神格化-する】 神化 shénhuà

しんかた【新型-の】 新型 xīnxíng ◆~車両 新型车辆 xīnxíng chēliàng

しんがっき【新学期】 新学期 xīnxuéqī

しんがら【新柄-の】 新花样 xīn huāyàng

しんかん【信管】 信管 xìnguǎn; 引线 yǐnxiàn ◆~を外す 摘下信管 zhāixià xìnguǎn

しんかん【新刊-の】 新刊 xīnkān ◆~書新书 xīnshū ◆~書評 书评 shūpíng ◆~書評介 新书评介 xīnshū píngjiè

しんかん【震撼-する】 震撼 zhènhàn ◆全国を~させる 震撼全国 zhènhàn quánguó

しんかん【新館】 新馆 xīnguǎn

しんかん【深（森）閑-とした】 寂静 jìjìng ◆~とした山林 寂静的山林 jìjìng de shānlín

しんがん【心眼】 慧眼 huìyǎn ◆~で見る 睁开慧眼看 zhēngkāi huìyǎn kàn

しんかんせん【新幹線】 新干线 xīngànxiàn

しんき【新奇-の】 新奇 xīnqí; 新颖 xīnyǐng

しんき【新規の】 新 xīn ◆~まき直しを図る 打算从头做起 dǎsuàn cóngtóu zuòqǐ ◆~に始める 重新开始 chóngxīn kāishǐ

しんぎ【信義】 信义 xìnyì ◆~を守る 守信义 shǒu xìnyì ◆~を踏みにじる 背信弃义 bèi xìn qì yì

しんぎ【審議】 审议 shěnyì; 咨议 zīyì ◆~会 审议会 shěnyìhuì

しんぎ【真偽】 真伪 zhēnwěi ◆~をただす 查究真伪 chájiū zhēnwěi ◆~を確かめる 弄清真伪 nòngqīng zhēnwěi

じんぎ【仁義】 仁义 rényì; 情义 qíngyì ◆~を重んじる 重仁义 zhòng rényì ◆~にもとる 不讲义气 bù jiǎng yìqi

しんきいってん【心機一転-する】 心情一变 xīnqíng yí biàn

しんきくさい【辛気臭い】 烦躁 fánzào; 使人厌烦 shǐ rén yànfán

しんきげん【新紀元】 新纪元 xīn jìyuán ◆~を画する 划时代 huà shídài

しんきじく【新機軸】 新方案 xīn fāng'àn; 新规划 xīn guīhuà ◆~を生み出す 别开生面 bié kāi shēng miàn

しんきのうていし【心機能停止】 心功能停止 xīn gōngnéng tíngzhǐ

しんきゅう【進級-する】 升班 shēngbān; 升级 shēngjí ◆~試験 升级考试 shēngjí kǎoshì

しんきゅう【針（鍼）灸】 针灸 zhēnjiǔ ◆~術師 针灸大夫 zhēnjiǔ dàifu ◆~のつぼ 穴位 xuéwèi

しんきゅう【新旧-の】 新旧 xīnjiù ◆~交替 新旧交替 xīnjiù jiāotì

しんきょ【新居】 新居 xīnjū ◆~を構える 住定新居 zhùdìng xīnjū

しんきょう【心境】 心境 xīnjìng; 心地 xīndì ◆~の変化 心情变化 xīnqíng biànhuà

しんきょう【進境】 进步的程度 jìnbù de chéngdù ◆~著しい 进步显著 jìnbù xiǎnzhù ◆~を示す 有进步 yǒu jìnbù

しんきょうち【新境地】 ◆~を開く 打开新局面 dǎkāi xīn júmiàn

しんきょく【新曲】 新曲 xīnqǔ

しんきょくめん【新局面】 新局面 xīn júmiàn ◆~を迎える 迎接新局面 yíngjiē xīn júmiàn

しんきろう【蜃気楼】 海市蜃楼 hǎi shì shèn lóu; 景象 jǐngxiàng

しんきろく【新記録】 新记录 xīn jìlù ◆~を打ち立てる 创造新记录 chuàngzào xīn jìlù

しんぎん【呻吟】 呻吟 shēnyín

しんきんかん【親近感】 亲近感 qīnjìngǎn ◆~を抱く 怀有亲近感 huáiyǒu qīnjìngǎn

しんきんこうそく【心筋梗塞】 心肌梗死 xīnjī gěngsǐ

しんく【真紅-の】 深红 shēnhóng; 鲜红 xiānhóng

しんぐ【寝具】 寝具 qǐnjù

しんくう【真空-の】 真空 zhēnkōng ◆~管 电子管 diànzǐguǎn; 真空管 zhēnkōngguǎn ◆~パック 真空包装 zhēnkōng bāozhuāng

ジンクス 倒霉事 dǎoméishì; 不吉祥的事物 bù jíxiáng de shìwù ◆~を破る 破除倒霉事 pòchú dǎoméishì

シンクタンク 智囊团 zhìnángtuán

シングル ◆~ベッド 单人床 dānrénchuáng ◆~ライフ 单身生活 dānshēn shēnghuó ◆~ルーム 单人房间 dānrén fángjiān

シングルス 单打 dāndǎ

シンクロナイズドスイミング 花样游泳 huāyàng yóuyǒng

しんぐん【進軍】 进军 jìnjūn ◆~ラッパ 进军号 jìnjūnhào

しんけい【神経】 神经 shénjīng ◆~を使う 费神 fèishén ◆~過敏 神经过敏 shénjīng guòmǐn ◆~外科 神经外科 shénjīng wàikē ◆~衰弱 神经衰弱 shénjīng shuāiruò ◆~組織 神经组织 shénjīng zǔzhī ◆

しんげき【進撃】-する 进攻 jìngōng ♦~快~ 顺利进攻 shùnlì jìngōng

しんけつ【心血】 心血 xīnxuè ♦~を注ぐ 呕心沥血 ǒu xīn lì xuè; 耗尽心血 hàojìn xīnxuè

しんげつ【新月】 朔月 shuòyuè; 新月 xīnyuè

しんけん【真剣-な】 认真 rènzhēn; 严肃 yánsù ♦~に 认真地 rènzhēn de

しんけん【親権】 父母对孩子的权力和义务 fùmǔ duì háizi de quánlì hé yìwù ♦~者 家长 jiāzhǎng

しんげん【進言】-する 建议 jiànyì; 提意见 tí yìjiàn

しんげん【震源】 震源 zhènyuán

しんげん【箴言】 箴言 zhēnyán ♦~集 箴言集 zhēnyánjí

じんけん【人権】 人权 rénquán ♦~侵害 侵犯人权 qīnfàn rénquán ♦~擁護 拥护人权 yōnghù rénquán ♦基本的~ 基本人权 jīběn rénquán

じんけんひ【人件費】 人事费 rénshìfèi; 工价 gōngjià ♦~を削減する 削减人事费 shānjiǎn rénshìfèi

しんご【新語】 新词 xīncí; 新语 xīnyǔ

じんご【人後】 ♦~に落ちない 不落于人后 bú luòyú rénhòu

しんこう【信仰】 信仰 xìnyǎng; 崇奉 chóngfèng ♦仏教を~する 信奉佛教 xìnfèng fójiào

しんこう【侵攻】-する 侵犯 qīnfàn; 进攻 jìngōng

しんこう【振興】-する 振兴 zhènxīng ♦スポーツを~する 振兴体育运动 zhènxīng tǐyù yùndòng

しんこう【新興】-の 新兴 xīnxīng ♦~産業 新兴产业 xīnxīng chǎnyè ♦~住宅地 新兴住宅区 xīnxīng zhùzháiqū ♦~勢力 新兴势力 xīnxīng shìlì ♦~国 新兴国家 xīnxīng guójiā

しんこう【深更】 半夜 bànyè ♦~に及ぶ 直到半夜 zhí dào bànyè

しんこう【進攻】-する 进攻 jìngōng

しんこう【進行】-する 进行 jìnxíng; 病気が~する 病情发展 bìngqíng fāzhǎn ♦物語の~が速い 故事进展得很快 gùshi jìnzhǎnde hěn kuài ♦~係 司仪 sīyí ♦~性の 进行性的 jìnxíngxìng de ♦~方向 前进方向 qiánjìn fāngxiàng

しんこう【親交】 深交 shēnjiāo ♦~を深める 加深交情 jiāshēn jiāoqíng ♦~を結ぶ 结交朋友 jiéjiāo péngyou

しんごう【信号】 信号 xìnhào ♦~機 红绿灯 hónglǜdēng; 信号灯 xìnhàodēng ♦~無視 闯红灯 chuǎng hóngdēng ♦~が青になる 信号变绿 xìnhào biànlǜ ♦~を送る 送信号 sòng xìnhào

じんこう【人口】 人口 rénkǒu ♦~密度 人口密度 rénkǒu mìdù ♦~調査 人口普查 rénkǒu pǔchá

じんこう【人工-の】 人工 réngōng; 人造 rénzào ♦~衛星 人造卫星 rénzào wèixīng ♦~呼吸 人工呼吸 réngōng hūxī ♦~授精 人工授精 réngōng shòujīng ♦~臓器 人工器官 réngōng qìguān

しんこん【新婚-の】 新婚 xīnhūn ♦~夫婦 新婚夫妇 xīnhūn fūfù ♦~旅行 蜜月旅行 mìyuè lǚxíng

しんさ【審査】-する 审查 shěnchá; 审核 shěnhé ♦~員 审查员 shěncháyuán ♦~資格 资格审查 zīgé shěnchá

しんさい【震災】 震灾 zhènzāi

じんさい【人災】 人祸 rénhuò

じんざい【人材】 人才 réncái ♦~を育成する 培养人才 péiyǎng réncái

しんさく【新作】 新作品 xīn zuòpǐn ♦~映画 新产影片 xīnchǎn yǐngpiān

しんさつ【診察】-する 诊察 zhěnchá; 看病 kànbìng: 诊视 zhěnshì ♦~してもらう 看病 kànbìng ♦~時間 门诊时间 ménzhěn shíjiān ♦~室 诊室 zhěnshì

しんさん【辛酸】 辛酸 xīnsuān; 酸楚 suānchǔ ♦~を舐(な)める 饱经风霜 bǎo jīng fēngshuāng

しんざん【新参】 新来 xīnlái ♦~者 新手 xīnshǒu

しんし【真摯-な】 认真 rènzhēn; 真挚 zhēnzhì ♦~な態度 真挚的态度 zhēnzhì de tàidu

しんし【紳士】 绅士 shēnshì ♦~的 ~的 绅士风度的 shēnshì fēngdù de ♦~協定 君子协定 jūnzǐ xiédìng ♦~服 西服 xīfú; 西装 xīzhuāng ♦~服売り場 男式服装柜台 nánshì fúzhuāng guìtái

じんじ【人事】 ♦~を尽くす 尽人事

jìn rénshí ♦～異動 人事调动 rénshì diàodòng ♦～課 人事处 rénshìchù
しんしき【新式-の】 新式 xīnshì: 新方式 xīn fāngshì ♦～のテレビ 新式电视机 xīnshì diànshìjī
シンジケート 辛迪加 xīndíjiā: 企业联合组织 qǐyè liánhé zǔzhī ♦～を組む 结成辛迪加 jiéchéng xīndíjiā
しんじだい【新時代】 新时代 xīn shídài ♦～に突入する 跨入新时代 kuàrù xīn shídài
しんしつ【寝室】 卧房 wòfáng; 卧室 wòshì
しんしつ【心室】 〈心脏的〉心室 xīnshì
しんじつ【真実】 真实 zhēnshí: 味のない 无真意 wú zhēnyì
じんじふせい【人事不省】 不省人事 bù xǐng rénshì; 假死 jiǎsǐ ♦～に陷る 陷入不省人事的状态 xiànrù bù xǐng rénshì de zhuàngtài
しんじゃ【信者】 教徒 jiàotú: 信徒 xìntú
じんじゃ【神社】 神社 shénshè
ジンジャーエール 姜汁清凉饮料 jiāngzhī qīngliáng yǐnliào
しんしゃく【斟酌-する】 酌情 zhuóqíng; 酌量 zhuóliàng ♦双方の言い分を～する 斟酌双方的意见 zhēnzhuó shuāngfāng de yìjiàn ♦ 点に～を加える 评分时照顾一下 píngfēn shí zhàogù yíxià ♦～のない批評 不客气的批评 bú kèqi de pīpíng
しんしゅ【進取】 进取 jìnqǔ ♦～の気性 进取的精神 jìnqǔ de jīngshén
しんしゅ【新種-の】 新品种 xīn pǐnzhǒng ♦～のウイルス 新型病毒 xīnxíng bìngdú
しんしゅ【新酒】 新酒 xīnjiǔ
しんじゅ【真珠】 珍珠 zhēnzhū: 珠子 zhūzi ♦～貝 珍珠贝 zhēnzhūbèi
じんしゅ【人種】 人种 rénzhǒng; 种族 zhǒngzú ♦～差別 种族歧视 zhǒngzú qíshì ♦～偏見 种族偏见 zhǒngzú piānjiàn
しんじゅう【心中-する】 情死 qíngsǐ ♦一家～ 全家自杀 quánjiā zìshā
しんしゅく【伸缩-する】 伸缩 shēnsuō ♦～性 伸缩性 shēnsuōxìng ♦～自在な 伸缩自由的 shēnsuō zìyóu de
しんしゅつ【進出-する】 进入 jìnrù ♦海外に～ 进入国外 jìnrù guówài
しんしゅつ【滲出-する】 渗出 shènchū ♦～液 渗出液 shènchūyè
じんじゅつ【仁術】 仁术 rénshù

しんしゅつきぼつ【神出鬼没-の】 神出鬼没 shén chū guǐ mò
しんしゅん【新春】 新春 xīnchūn; 新年 xīnnián ♦～を迎える 迎接新春 yíngjiē xīnchūn
しんしょ【新書】 新书 xīnshū ♦～判 新开本 xīnkāiběn
しんしょ【親書】 亲笔信 qīnbǐxìn
しんしょう【心証】 心证 xīnzhèng ♦～を良くする 给人以好印象 gěi rén yǐ hǎo yìnxiàng
しんしょう【心象】 印象 yìnxiàng ♦～風景 心中出现的风景 xīnzhōng chūxiàn de fēngjǐng
しんしょう【辛勝-する】 险胜 xiǎnshèng ♦1対0で～した 以一比零险胜 yǐ yī bǐ líng xiǎnshèng
しんしょう【信賞】 ♦～必罰 信赏必罚 xìn shǎng bì fá
しんしょう【針小】 ♦～棒大に言う 言过其实 yán guò qí shí
しんじょう【信条】 信条 xìntiáo: 信念 xìnniàn ♦～を守る 坚守信条 jiānshǒu xìntiáo
しんじょう【心情】 心情 xīnqíng; 心意 xīnyì ♦～的に 感情上 gǎnqíngshàng ♦～を察する 体察心情 tǐchá xīnqíng
しんじょう【真情】 真情 zhēnqíng; 衷情 zhōngqíng ♦～を吐露する 吐露真情 tǔlù zhēnqíng
しんじょう【身上】 ❶〈身の上〉身世 shēnshì; 个人经历 gèrén jīnglì ♦～書 身世调查书 shēnshì diàocháshū ❷〈とりえ〉长处 chángchù ♦ぐちを言わないのが～だ 不发牢骚就是他的长处 bù fā láosāo jiùshì tā de chángchù
じんじょう【尋常-の】 普通 pǔtōng ♦～でない 不寻常 bù xúncháng; 非常 fēicháng
しんしょく【侵食-する】 侵害 qīnhài; 侵蚀 qīnshí ♦～作用 侵蚀作用 qīnshí zuòyòng
しんしょく【寝食】 寝食 qǐnshí ♦～を忘れる 废寝忘食 fèi qǐn wàng shí ♦～を共にする 同吃同住 tóng chī tóng zhù
しんしょく【神職】 神职 shénzhí
しんじる【信じる】 ❶〈本当だと思う〉信 xìn; 相信 xiāngxìn ♦霊の存在を～ 相信灵魂的存在 xiāngxìn línghún de cúnzài ❷〈信用・信頼する〉信赖 xìnlài ♦師を～ 信赖老师说的话 xìnlài lǎoshī shuō de huà ❸〈信仰する〉信仰 xìnyǎng; 信奉 xìnfèng ♦仏教を～ 信佛教 xìn Fójiào

しんしん【心身】身心 shēnxīn：体魄 tǐpò ◆〜ともに健康である 身心俱健 shēnxīn jù jiàn

しんしん【新進の】新登台 xīn dēngtái；新生的 xīnshēng de；新露头角的 xīn lù tóujiǎo de ◆〜の音楽家 新涌现出的音乐家 xīn yǒngxiànchū de yīnyuèjiā

しんしん【津々】◆興味〜で 津津有味 jīnjīn yǒu wèi

しんしん【深々】◆夜が〜と更ける 夜深人静 yè shēn rén jìng ◆寒さが〜と身にこたえる 寒气刺骨 hánqì cì gǔ

しんじん【新人】新人 xīnrén；新手 xīnshǒu ◆〜を入れる 招纳新手 zhāonà xīnshǒu ◆〜を発掘する 发掘新人 fājué xīnrén

しんじん【信心-する】信 xìn；信仰 xìnyǎng ◆〜深い 虔诚信仰 qiánchéng xìnyǎng

じんしん【人心】民心 mínxīn；人心 rénxīn ◆〜を得る 得人心 dé rénxīn ◆〜を惑わす 蛊惑人心 gǔhuò rénxīn

じんしんじこ【人身事故】人身事故 rénshēn shìgù

しんしんそうしつ【心神喪失】精神失常 jīngshén shīcháng

しんすい【心酔-する】醉心于 zuìxīnyú；钦佩 qīnpèi

しんすい【浸水-する】浸水 jìnshuǐ；床上～ 地板泡在水里 dìbǎn pàozài shuǐlǐ 地下街に〜する 水淹地下商场 shuǐ yān dìxià shāngchǎng

しんすい【進水-する】下水 xiàshuǐ ◆〜式 下水典礼 xiàshuǐ diǎnlǐ

しんずい【真髄】精华 jīnghuá ◆〜を究める 达到精髓 dádào jīngsuǐ

しんせい【新星】新星 xīnxīng ◆〜を発見する 发现新星 fāxiàn xīnxīng ◆歌謡界の〜 歌谣界的新星 gēyáojiè de xīnxīng

しんせい【申請-する】申请 shēnqǐng ◆〜書 申请书 shēnqǐngshū

しんせい【神聖】神圣 shénshèng

しんせい【新制】新制度 xīn zhìdù ◆〜に切り替わる 转入新制度 zhuǎnrù xīn zhìdù

しんせい【真性-の】天性 tiānxìng；真性 zhēnxìng ◆〜コレラ 真性霍乱 zhēnxìng huòluàn

しんせい【真正-な】真正 zhēnzhèng ◆〜な継承人 真正继承人 zhēnzhèng jìchéngrén

じんせい【人生】人生 rénshēng ◆〜観 人生观 rénshēngguān ◆〜経験 人生经验 rénshēng jīngyàn

しんせいじ【新生児】产儿 chǎn'ér；新生婴儿 xīnshēng yīng'ér

しんせいだい【新生代】新生代 xīn shēngdài

しんせいめん【新生面】新领域 xīn lǐngyù ◆〜を開く 别开生面 bié kāi shēng miàn

しんせかい【新世界】新世界 xīn shìjiè；新大陸 xīn dàlù

しんせき【真跡】真迹 zhēnjì ◆魯迅（ろじん）の〜 鲁迅的真迹 Lǔ Xùn de zhēnjì

しんせき【親戚】亲戚 qīnqi

しんせきみとう【人跡未踏の】人迹未至 rénjì wèi zhì ◆〜の地 人迹未至的地方 rénjì wèi zhì de dìfang

しんせつ【親切-な】好意 hǎoyì；厚意 hòuyì；热情 rèqíng ◆〜があだになる 帮倒忙 bāng dàománg ◆〜にする 恳切相待 kěnqiè xiāngdài ◆〜心 好心好意 hǎoxīn hǎoyì

しんせつ【新設-する】新设 xīnshè ◆〜大学 新设的大学 xīnshè de dàxué

しんせつ【新説】新学说 xīn xuéshuō ◆〜を立てる 创立新学说 chuànglì xīn xuéshuō

しんせん【新鮮】新鲜 xīnxiān；清鲜 qīngxiān ◆〜な魚介類 新鲜的鱼虾 xīnxiān de yúxiā ◆〜な発想 崭新的想法 zhǎnxīn de xiǎngfa

しんぜん【親善】亲善 qīnshàn ◆〜試合 友谊赛 yǒuyìsài ◆〜大使 友好使节 yǒuhǎo shǐjié

じんせん【人選】人选 rénxuǎn ◆〜を誤る 选错人 xuǎncuò rén

しんぜんび【真善美】真善美 zhēnshànměi

しんそう【深窓】深闺 shēnguī ◆〜の令嬢 深闺小姐 shēnguī xiǎojiě

しんそう【真相】实情 shíqíng；真相 zhēnxiàng ◆〜が明らかになる 真相大白 zhēnxiàng dà bái ◆〜を究明する 查明真相 chámíng zhēnxiàng

しんそう【新装】重新装修 chóngxīn zhuāngxiū

しんぞう【心臓】❶《器官》心脏 xīnzàng ◆〜移植 心脏移植 xīnzàng yízhí ◆〜肥大 心脏肥大 xīnzàng féidà ◆〜病 心脏病 xīnzàngbìng ◆〜発作 心脏病发作 xīnzàngbìng fāzuò ❷《中心》〜部 心脏 xīnzàng：中心地区 zhōngxīn dìqū ❸《比喩》〜が強い 脸皮厚 liǎnpí hòu

しんぞう【新造-の】新造 xīnzào ◆〜船 新造船只 xīnzào chuánzhī

じんぞう【人造-の】人造 rénzào ◆〜湖 人造湖 rénzàohú ◆人工湖 réngōnghú

じんぞう【腎臓】肾脏 shènzàng ◆

~病 腎病 shènbìng
しんぞく【親族】親属 qīnshǔ
じんそく【迅速】迅速 xùnsù♦~な対応 迅速対応 xùnsù duìyìng
しんそこ【心底】衷心 zhōngxīn♦~からům渇求 zhōngxīn kěqiú♦~惚れる 打心眼儿喜欢 dǎ xīnyǎnr xǐhuan
しんそつ【新卒-の】新毕业 xīn bìyè♦~者《大学からの》新毕业生 xīn bìyèshēng
しんたい【身体】身体 shēntǐ；躯体 qūtǐ♦~頑健な 身强体壮 shēn qiáng tǐ zhuàng♦~障碍人 残障人 cánjírén♦~検査 体格检查 tǐgé jiǎnchá；《持ち物の》搜身检查 sōushēn jiǎnchá
しんたい【進退-する】去留 qùliú♦~窮まる 进退维谷 jìn tuì wéi gǔ；左右为难 zuǒyòu wéinán
しんだい【寝台】 ❶《ベッド》床 chuáng；卧床 wòchuáng ❷《乗り物の》卧铺 wòpù♦~車 卧车 wòchē♦~席 卧位 pùwèi♦~料金 卧车费 wòchēfèi
しんだい【身代】家产 jiāchǎn；家业 jiāyè♦~を築く 积攒家业 jīzǎn jiāyè♦~をつぶす 败家 bàijiā；荡尽家产 dàngjìn jiāchǎn
じんたい【人体】人体 réntǐ♦~実験 人体实验 réntǐ shíyàn
じんたい【靭帯】韧带 rèndài♦~損傷 韧带损伤 rèndài sǔnshāng
じんだい【甚大-な】非常大 fēicháng dà♦~な被害 极大的受害 jídà de shòuhài
しんたいそう【新体操】《競技種目》艺术体操 yìshù tǐcāo
しんたく【信託-する】信托 xìntuō♦~銀行 信托银行 xìntuō yínháng♦~証書 信托证书 xìntuō zhèngshū
しんたく【神託】神谕 shényù♦~が下る 神谕下达 shényù xiàdá
じんだて【陣立て】布阵 bùzhèn♦~を整える 摆好阵势 bǎihǎo zhènshì
しんたん【心胆】♦~を寒からしめる 使胆战心惊 shǐ dǎn zhàn xīn jīng
しんだん【診断-する】诊断 zhěnduàn♦~書 诊断书 zhěnduànshū
じんち【陣地】阵地 zhèndì
じんち【人知】人智 rénzhì♦~の及ぶところでない 非人智所能及 fēi rénzhì suǒ néng jí
しんちく【新築-する】新建 xīnjiàn；新盖 xīngài♦~を祝い贺新房建成的仪式 zhùhè xīnfáng jiànchéng de yíshì
じんちくむがい【人畜無害-の】人畜无害 rénchù wúhài

しんちゃ【新茶】新茶 xīnchá
しんちゃく【新着-の】新到 xīndào♦~ビデオソフト 新到的影像软件 xīndào de yǐngxiàng ruǎnjiàn
しんちゅう【心中】内心 nèixīn；心事 xīnshì；心地 xīndì♦~を語る 谈心 tánxīn♦~を察する 体察内心 tǐchá nèixīn
しんちゅう【真鍮-の】黄铜 huángtóng
しんちゅう【進駐-する】进驻 jìnzhù♦~軍 驻军 zhùjūn
じんちゅう【陣中】战阵之中 zhànzhèn zhī zhōng♦~見舞い 慰劳前线战士 wèiláo qiánxiàn zhànshì
しんちょ【新著】新著 xīnzhù
しんちょう【慎重-な】谨慎 jǐnshèn♦~を期する 希望慎重对待 xīwàng shènzhòng duìdài♦~さを欠く 失慎 shīshèn
しんちょう【身長】身长 shēncháng；身高 shēngāo♦~が高い[低い] 个子高[矮] gèzi gāo[ǎi]♦~が伸びる 个子长高 gèzi zhǎnggāo♦身長1メートル70 身高一米七 shēngāo yì mǐ qī
しんちょう【伸張-する】扩展 kuòzhǎn
しんちょう【新調-する】新制 xīnzhì♦背広を~ 新做一套西服 xīnzuò yí tào xīfú
しんちょう【深長】深长 shēncháng♦意味~な 意味深长 yìwèi shēncháng
ジンチョウゲ【沈丁花】瑞香 ruìxiāng
しんちょく【進捗-する】进展 jìnzhǎn♦~状況 进展情况 jìnzhǎn qíngkuàng
しんちんたいしゃ【新陳代謝】新陈代谢 xīn chén dài xiè
しんつう【心痛-する】担心 dānxīn；担忧 dānyōu♦~のあまり 由于过度忧虑 yóuyú guòdù yōulǜ♦~の表情 愁容 chóuróng
じんつう【陣痛】阵痛 zhèntòng♦~が始まる 开始阵痛 kāishǐ zhèntòng
じんつうりき【神通力】神通力 shéntōnglì
しんてい【心底】内心 nèixīn；真心 zhēnxīn♦~を見抜く 看透内心 kàntòu nèixīn
しんてい【進呈-する】奉送 fèngsòng♦粗品~ 敬赠菲仪 jìngzèng fěiyí
しんてき【心的-な】精神上的 jīngshénshang de♦~変化 精神上的变化 jīngshénshang de biànhuà♦~外傷後ストレス障害（PTSD）

じんてき【人的-な】♦～資源 人力资源 rénlì zīyuán
しんてん【進展-する】进展 jìnzhǎn
しんでん【親展】亲启 qīnqǐ
しんでん【神殿】神殿 shéndiàn
しんでんず【心電図】心电图 xīndiàntú ♦～をとる 照心电图 zhào xīndiàntú
しんてんち【新天地】新天地 xīn tiāndì ♦～を求める 寻求新天地 xúnqiú xīn tiāndì
しんと【信徒】信徒 xìntú
しんと ♦～静まる 肃静 sùjìng；鸦雀无声 yā què wú shēng
しんど【進度】进度 jìndù ♦～が遅い 进度慢 jìndù màn
しんど【震度】深度 zhèndù
しんど【深度】深度 shēndù
じんと ♦目がしらが～なる 鼻子发酸 bízi fāsuān ♦胸に～くる 感人肺腑 gǎn rén fèifǔ ♦つま先が～しびれる 脚尖发麻 jiǎojiān fāmá
しんとう【浸透-する】浸透 jìntòu；渗透 shèntòu ♦～圧 渗透压 shèntòuyā ♦人々の意識に～する 渗透到人们的意识里 shèntòudào rénmen de yìshili
しんとう【新党】新党 xīndǎng ♦～を旗揚げする 结成新党 jiéchéng xīndǎng
しんとう【神道】神道 shéndào
しんとう【親等】亲等 qīnděng
しんどう【振動-する】振荡 zhèndàng；振动 zhèndòng
しんどう【神童】神童 shéntóng
しんどう【震動-する】震动 zhèndòng ♦～させる 撼动 hàndòng
じんどう【陣頭】前线 qiánxiàn；第一线 dìyīxiàn ♦～に立つ 站在第一线 zhàn zài dìyīxiàn ♦～指揮 前线指挥 qiánxiàn zhǐhuī
じんどう【人道】人道 réndào ♦～主義 人道主义 réndào zhǔyì ♦～上 人道上 réndàoshang ♦～に反する 违反人道 wéifǎn réndào ♦～に符合する人道的措置 符合人道的措施 fúhé réndào de cuòshī
じんとうぜい【人頭税】人头税 réntóushuì
じんとく【人徳】品德 pǐndé
じんどる【陣取る】（場所を）占地盘 zhàn dìpán ♦舞台正面に～ 坐在舞台正面 zuò zài wǔtái zhèngmiàn
シンナー 稀释剂 xīshìjì；信纳水 xìnnàshuǐ ♦～中毒 信纳水中毒 xìnnàshuǐ zhòngdú
しんにゅう【侵入-する】侵入 qīnrù；入侵 rùqīn ♦不法～ 非法入侵 fēifǎ rùqīn

しんにゅう【進入-する】进入 jìnrù ♦～禁止 禁止进入 jìnzhǐ jìnrù
しんにゅうせい【新入生】新生 xīnshēng
しんにん【信任-する】信任 xìnrèn ♦～を得る 得到信任 dédào xìnrèn ♦～が厚い 深受信任 shēnshòu xìnrèn ♦～投票 信任投票 xìnrèn tóupiào
しんにん【新任-の】新任 xīnrèn ♦～教師 新任教师 xīnrèn jiàoshī
しんねあがく【新価格】新价格 xīn jiàgé
しんねん【信念】信念 xìnniàn；信心 xìnxīn ♦～を貫く 贯彻信念 guànchè xìnniàn ♦～が固い 信心坚定 xìnxīn jiāndìng
しんねん【新年】新年 xīnnián ♦～を祝う 祝贺新年 zhùhè xīnnián
しんのう【親王】亲王 qīnwáng
しんぱ【新派】新流派 xīn liúpài ♦～を起こす 创立新流派 chuànglì xīn liúpài
シンパ 支援者 zhīyuánzhě；同路人 tónglùrén ♦～を募る 征求支援者 zhēngqiú zhīyuánzhě
しんぱい【心配-する】担心 dānxīn；惦记 diànjì；挂虑 guàlǜ；怕 pà；悬念 xuánniàn ♦～でならない 忧心忡忡 yōu xīn chōng chōng ♦～事 心病 xīnbìng；心事 xīnshì
じんばい【塵埃】尘埃 chénfēi
しんぱいきのう【心肺機能】心肺功能 xīnfèi gōngnéng
しんぱん【神罰】天谴 tiānqiǎn ♦～が下る 天谴降临 tiānqiǎn jiànglín
シンバル 钹 bó
しんぱん【侵犯-する】进犯 jìnfàn；侵犯 qīnfàn ♦領空～ 领空侵犯 lǐngkōng qīnfàn
しんぱん【審判-する】裁判 cáipàn ♦～員 裁判员 cáipànyuán
しんぱん【新版】新版 xīnbǎn
しんび【審美】审美 shěnměi ♦～眼 审美观 shěnměiguān
しんぴ【神秘】奥秘 àomì；神秘 shénmì ♦～を探る 探究奥秘 tànjiū àomì ♦～的 神秘的 shénmì de
しんぴつ【真筆】真迹 zhēnjì
しんぴつ【親筆】亲笔 qīnbǐ
しんぴょうせい【信憑性】可靠性 kěkàoxìng ♦～が薄い 不够可靠 búgòu kěkào
しんぴん【新品-の】新货 xīnhuò ♦～同様 和新品一样 hé xīnpǐn yíyàng
じんぴん【人品】人品 rénpǐn ♦～卑しからぬ 品貌不俗 pǐnmào bùsú
しんぷ【新婦】新妇 xīnfù；新娘 xīnniáng
しんぷ【神甫】神甫 shénfu

シンフォニー 交响乐 jiāoxiǎngyuè

しんぷく【信服-する】 信服 xìnfú; 服气 fúqì ◆～される 为人信服 wéirén xìnfú

しんぷく【心服-する】 倾佩 qīngpèi; 心服 xīnfú

しんぷく【振幅】 振幅 zhènfú ◆～が大きい 振幅大 zhènfú dà

しんぷく【震幅】 震幅 zhènfú

しんふぜん【心不全】 心力衰竭 xīnlì shuāijié

じんふぜん【腎不全】 肾功能衰竭 shèn gōngnéng shuāijié

しんぶつ【神仏】 神佛 shénfó ◆～に祈る 祈祷神佛 qídǎo shénfó

じんぶつ【人物】 人物 rénwù ◆～画 人物画 rénwùhuà ◆～像 人物形像 rénwù xíngxiàng ◆～を保証する 保证正人 bǎozhèng rénpǐn ◆あいつは～だ 他可是个人才 tā kě shì ge réncái

しんぶん【新聞】 报 bào; 报纸 bàozhǐ ◆～に載る 上报 shàngbào; 登在报上 dēngzài bàoshang ◆～記事 报纸消息 bàozhǐ xiāoxi ◆～記者 新闻记者 xīnwén jìzhě ◆～社 报社 bàoshè

じんぶん【人文】 人文 rénwén ◆～科学 人文科学 rénwén kēxué

しんぺい【新兵】 新兵 xīnbīng

ジンベイザメ【甚平鮫】 鲸鲨 jīngshā

しんぺん【身辺】 身边 shēnbiān ◆～が騒がしい 身边不宁静 shēnbiān bù níngjìng ◆～警護 贴身护卫 tiēshēn hùwèi ◆～整理 处理身边的事情 chǔlǐ shēnbiān de shìqing

しんぽ【進歩-する】 进步 jìnbù; 向上 xiàngshàng

しんぼう【信望】 信誉 xìnyù ◆～の厚い 信誉高 xìnyù gāo

しんぼう【心房】 心房 xīnfáng

しんぼう【心棒】 轴 zhóu

しんぼう【辛抱-する】 忍耐 rěnnài; 忍受 rěnshòu ◆～強い 耐心 nàixīn

しんぽう【信奉-する】 信奉 xìnfèng; 信仰 xìnyǎng ◆～者 信仰者 xìnyǎngzhě

じんぼう【人望】 名望 míngwàng; 人望 rénwàng; 声望 shēngwàng ◆～が厚い 很有威望 hěn yǒu wēiwàng ◆～を失う 失去人望 shīqù rénwàng

しんぼうえんりょ【深謀遠慮】 深谋远虑 shēn móu yuǎn lǜ

しんぼく【親睦】 和睦 hémù ◆～を図る 谋求和睦 móuqiú hémù ◆～会 联谊会 liányìhuì

シンポジウム 学术讨论会 xuéshù tǎolùnhuì; 专题讨论会 zhuāntí tǎolùnhuì; 座谈会 zuòtánhuì

シンボル 象征 xiàngzhēng

しんまい【新米】 〈米〉新大米 xīn dàmǐ; 〈人〉嫩手 nènshǒu; 生手 shēngshǒu

しんましん【蕁麻疹】 荨麻疹 xúnmázhěn ◆～が出る 出荨麻疹 chū xúnmázhěn

しんみ【新味】 新颖 xīnyǐng ◆～に欠ける 缺乏新颖 quēfá xīnyǐng ◆～を出す 创新 chuàngxīn

しんみ【親身】 亲骨肉 qīngǔròu ◆～になって 像亲属似的 xiàng qīnshǔ shìde; 诚恳 chéngkěn

しんみつ【親密-な】 亲密 qīnmì; 贴心 tiēxīn ◆～な間柄 亲密的关系 qīnmì de guānxi

じんみゃく【人脈】 人际关系 rénjì guānxi; 人脉 rénmài ◆～を広げる 扩大人际关系 kuòdà rénjì guānxi

しんみょう【神妙-な】 〈感心な〉令人钦佩 lìng rén qīnpèi ◆～な志向 值得钦佩的志向 zhíde qīnpèi de zhìxiàng;〈おとなしい〉老老实实 lǎolǎoshíshí

しんみり-する 沉静 chénjìng; 消沉 xiāochén ◆～語る 静静地讲 jìngjìng de jiǎng

じんみん【人民】 人民 rénmín ◆～の一人 人民中的一员 rénmín zhōng de yīyuán ◆～公社 人民公社 rénmín gōngshè ◆～大会堂 人民大会堂 Rénmín Dàhuìtáng ◆～日報 人民日报 Rénmín Rìbào ◆～服 中山装 zhōngshānzhuāng

しんめ【新芽】 新芽 xīnyá; 嫩芽 nènyá ◆～が出る 发芽 fāyá

しんめい【神明】 神 shén ◆天地に誓う 向天地神明发誓 xiàng tiāndì shénmíng fāshì

しんめい【身命】 身家性命 shēnjiā xìngmìng ◆～を賭す 赌身家性命 dǔ shēnjiā xìngmìng

じんめい【人名】 人名 rénmíng ◆～辞典 人名辞典 rénmíng cídiǎn

じんめい【人命】 人命 rénmìng ◆～を救う 营救人命 yíngjiù rénmìng

しんめんもく【真面目】 真面目 zhēnmiànmù ◆～を発揮する 发挥真正本事 fāhuī zhēnzhèng běnshì

しんもつ【進物】 赠礼 zènglǐ; 赠品 zèngpǐn; 礼品 lǐpǐn

しんもん【審問-する】 审问 shěnwèn; 提审 tíshěn

じんもん【尋問-する】 盘问 pánwèn; 讯问 xùnwèn ◆不審～ 盘问可疑人 pánwèn kěyírén

しんや【深夜-に】 深更半夜 shēn gēng bàn yè; 深夜 shēnyè ◆～营业 深夜营业 shēnyè yíngyè

しんやく【新薬】 新药 xīnyào ◆~を開発する 开发新药 kāifā xīnyào
しんやくせいしょ【新約聖書】 新约圣书 xīnyuē shèngshū
しんゆう【親友】 好朋友 hǎo péngyou; 挚友 zhìyǒu; 知己朋友 zhījǐ péngyou ◆~になる 成为至交 chéngwéi zhìjiāo ◆無二の~ 唯一的挚友 wéiyī de zhìyǒu
しんよう【信用-する】 信用 xìnyòng; 信任 xìnrèn ◆~できる 信不过 xìnbuguò ◆~できる 靠得住 kàodezhù ◆~に傷がつく 危害信誉 wēihài xìnyù ◆~を重んじる 讲信用 jiǎng xìnyòng ◆~を失う 失信 shīxìn ◆~貸付 信用贷款 xìnyòng dàikuǎn ◆~取引 信用交易 xìnyòng jiāoyì
じんよう【陣容】 阵容 zhènróng; 人马 rénmǎ ◆~を整える 整顿阵容 zhěngdùn zhènróng
しんようじゅ【針葉樹】 针叶树 zhēnyèshù ◆~林 针叶树林 zhēnyè shùlín
しんらい【信頼-する】 信赖 xìnlài ◆~して任せる 信托 xìntuō ◆~できない 靠不住 kàobuzhù ◆~できる 可靠 kěkào ◆~に応える 不辜负信赖 bù gūfù xìnlài ◆~を裏切る 失信 shīxìn
しんらつ【辛辣-な】 嘴尖 zuǐ jiān; 辛辣 xīnlà; 尖刻 jiānkè ◆~な风刺 辛辣的讽刺 xīnlà de fěngcì
しんらばんしょう【森羅万象】 森罗万象 sēnluó wànxiàng
しんり【審理-する】 审理 shěnlǐ
しんり【心理】 心理 xīnlǐ ◆~学 心理学 xīnlǐxué ◆~的な 心理上的 xīnlǐshang de ◆~群集 群集心理 qúnjí xīnlǐ
しんり【真理】 真理 zhēnlǐ; 真谛 zhēndì ◆~の探究 探究真理 tànjiū zhēnlǐ
じんりき【人力】 人工 réngōng; 人力 rénlì ◆~車 洋车 yángchē; 黄包车 huángbāochē
しんりゃく【侵略-する】 侵略 qīnlüè ◆~者 侵略者 qīnlüèzhě
しんりょう【診療-する】 诊疗 zhěnliáo; 诊治 zhěnzhì; 诊察治疗 zhěnchá zhìliáo ◆~中 治疗中 zhìliáo zhōng ◆~所 诊疗所 zhěnliáosuǒ; 诊所 zhěnsuǒ
しんりょく【新緑-の】 新绿 xīnlǜ ◆~の季節 新绿季节 xīnlǜ jìjié
じんりょく【尽力-する】 尽力 jìnlì; 效劳 xiàoláo
しんりん【森林】 森林 sēnlín ◆~地帯 林区 línqū ◆~破壊 森林破坏 sēnlín pòhuài ◆~浴をする 洗森林浴 xǐ sēnlínyù
じんりん【人倫】 人伦 rénlún ◆~にそむく 违背人伦 wéibèi rénlún
しんるい【親戚】 亲属 qīnshǔ ◆~縁者 亲戚 qīnqi
じんるい【人類】 人类 rénlèi ◆~の滅亡 人类的灭亡 rénlèi de mièwáng ◆~学 人类学 rénlèixué
しんれい【心霊】 心灵 xīnlíng; 灵魂 línghún ◆~現象 心灵现象 xīnlíng xiànxiàng ◆~写真 心灵照相 xīnlíng zhàoxiàng
しんれき【新暦】 新历 xīnlì
しんろ【進路】 前进的道路 qiánjìn de dàolù; 路径 lùjìng; 前途 qiántú; 去路 qùlù ◆~を阻む 阻挡去路 zǔdǎng qùlù ◆~を切り開く 开辟进路 kāipì jìnlù
しんろ【針路】 航向 hángxiàng; 路线 lùxiàn ◆~を誤る 偏离航路 piānlí hánglù ◆~を変える 改变航路 gǎibiàn hánglù ◆人生の~ 人生方向 rénshēng fāngxiàng
しんろう【新郎】 新郎 xīnláng ◆~新婦 新郎新娘 xīnláng xīnniáng
しんろう【心労】 操劳 cāoláo ◆~が重なる 费心劳神 fèixīn láoshén
しんわ【神話】 神话 shénhuà ◆~学 神话学 shénhuàxué ◆ギリシャ~ 希腊神话 Xīlà shénhuà

す

す【州[洲]】沙滩 shātān; 沙洲 shāzhōu

す【巣】❶《動物の》窝 wō; 窝巢 wōcháo ♦～にこもる 蹲窝 dūn wō ♦～を作る 筑巣 zhùcháo ❷《同類の たまり場》巣穴 cháoxué ❸《悪人の》贼窝 zéiwō ♦悪党の～ 恶棍的巢穴 ègùn de cháoxué

す【酢】醋 cù

ず【図】❶《物の形状を描いたもの》图 tú; 图表 túbiǎo; 图画 túhuà ❷《光景》情景 qíngjǐng; 情况 qíngkuàng; 光景 guāngjǐng ♦見られた～ではない 不堪入目的情景 bùkān rùmù de qíngjǐng ❸《企み 心意》♦～に当たる 正中下怀 zhèng zhòng xià huái ♦～に乗る 得意忘形 déyì wàngxíng

ず【頭】头 tóu ♦～が高い 傲慢无礼 àomàn wúlǐ; 高傲 gāo'ào

すあし【素足】赤脚 chìjiǎo; 光脚 guāngjiǎo

ずあん【図案】图案 tú'àn

すい【酸い】酸 suān ♦～も甘いも嚙(か)み分ける 通达人情世故 tōngdá rénqíng shìgù; 饱经风霜 bǎojīng fēngshuāng

すい【粋】❶《精華》精华 jīnghuá ♦～を集める 聚其精华 jù qí jīnghuá ❷《思いやり》♦～を利かす 体贴人情 tǐtiē rénqíng

ずい【髄】骨髓 gǔsuǐ ♦骨の～までしみる 深入骨髓 shēnrù gǔsuǐ

すいあげる【吸い上げる】❶《水などを吸い上る》吸上来 xīshànglai; 用泵抽水 yòng bèng chōu shuǐ ❷《搾取する》剥削 bōxuē; 榨取 zhàqǔ

すいあつ【水圧】水压 shuǐyā; 液压 yèyā ♦～がかかる 有液压作用 yǒu yèyā zuòyòng

すいい【推移 -する】推移 tuīyí

すいい【水位】水位 shuǐwèi ♦～が上がる《河川の》水位上涨 shuǐwèi shàngzhǎng

すいいき【水域】水域 shuǐyù ♦危険～ 危险水域 wēixiǎn shuǐyù

ずいいち【随一-の】第一 dìyī; 首屈一指 shǒu qū yī zhǐ; 居首 jūshǒu ♦当代～の 当代第一 dāngdài dìyī

スイートピー 香豌豆 xiāngwāndòu

スイートポテト《菓子》白薯点心 báishǔ diǎnxin

スイートルーム 套房 tàofáng; 套间 tàojiān

ずいいん【随員】随从 suícóng; 随员 suíyuán

すいうん【水運】水运 shuǐyùn ♦～の便がよい 水运方便 shuǐyùn fāngbiàn

すいうん【衰運】颓运 tuíyùn ♦～を脱する 摆脱颓运 bǎituō tuíyùn

すいえい【水泳】游泳 yóuyǒng ♦～選手 游泳选手 yóuyǒng xuǎnshǒu ♦～着 游泳衣 yóuyǒngyī ♦～パンツ 游泳裤 yóuyǒngkù ♦～帽 游泳帽 yóuyǒngmào

すいおん【水温】水温 shuǐwēn ♦～計 水温计 shuǐwēnjì

すいか【水火】♦～も辞せず 赴汤蹈火 在所不辞 fù tāng dǎo huǒ zài suǒ bù cí

スイカ【西瓜】西瓜 xīguā

すいがい【水害】水灾 shuǐzāi; 洪灾 hóngzāi; 水患 shuǐhuàn ♦～が起こる 闹水灾 nào shuǐzāi ♦～対策 防洪对策 fánghóng duìcè

スイカズラ【忍冬】《植物》忍冬 rěndōng

すいがら【吸殻】《タバコの》烟头 yāntóu; 烟屁股 yānpìgu ♦～入れ 烟灰缸 yānhuīgāng

すいがん【酔眼】♦～朦朧たる 醉眼朦胧 zuìyǎn ménglóng

ずいき【随喜-する】喜悦感激 xǐyuè gǎnjī ♦～の涙を流す 感激涕零 gǎnjī tìlíng

すいきゅう【水球】水球 shuǐqiú

スイギュウ【水牛】水牛 shuǐniú

すいきょ【推挙-する】荐举 jiànjǔ; 推举 tuījǔ

すいきょう【酔狂[粋-な]】异想天开 yì xiǎng tiān kāi

スイギョーザ【水餃子】水饺 shuǐjiǎo

すいぎん【水銀】汞 gǒng; 水银 shuǐyín ♦～電池 汞电池 gǒngdiànchí ♦～灯 汞灯 gǒngdēng; 水银灯 shuǐyíndēng

すいけい【推計-する】推算 tuīsuàn ♦～学 归纳统计学 guīnà tǒngjìxué

すいけい【水系】水系 shuǐxì ♦長江～ 长江水系 Chángjiāng shuǐxì

すいげん【水源】水源 shuǐyuán; 泉源 quányuán; 源头 yuántóu ♦～地 发源地 fāyuándì

すいこう【推敲-する】推敲 tuīqiāo ♦～を重ねる 反复推敲 fǎnfù tuīqiāo

すいこう【遂行-する】执行到底 zhíxíng dàodǐ; 完成 wánchéng

すいこう【水耕】-の　水田栽培 shuǐtián zāipéi

すいこう【水郷】　水乡 shuǐxiāng；泽国 zéguó

ずいこう【随行】-する　随从 suícóng；随同 suítóng；随行 suíxíng ◆～員 随员 suíyuán

すいこむ【吸い込む】❶〈液体・気体を〉抽 chōu；吸进 xījìn ◆深々と息を～ 深深地吸了一口气 shēnshēn de xīle yì kǒu qì ❷〈人や物を〉淹没 yānmò；卷入 juǎnrù ◆眠りに吸い込まれる 被带入梦乡 bèi dàirù mèngxiāng

すいさい【水彩】　水彩 shuǐcǎi ◆～画 水彩画 shuǐcǎihuà

すいさし【吸いさし】　烟头 yāntóu；烟蒂 yāndì

すいさつ【推察】-する　推测 tuīcè；推想 tuīxiǎng；猜想 cāixiǎng ◆原因を～する 推测原因 tuīcè yuányīn

すいさん【水産】　水产 shuǐchǎn；渔产 yúchǎn ◆～業 水产业 shuǐchǎnyè ◆～資源 水产资源 shuǐchǎn zīyuán ◆～物 水产物 shuǐchǎnwù

すいさんか【水酸化】　氢氧化 qīngyǎnghuà ◆～物 氢氧化物 qīngyǎnghuàwù ◆～カルシウム 氢氧化钙 qīngyǎnghuàgài ◆～ナトリウム 氢氧化钠 qīngyǎnghuànà

すいし【水死】-する　溺死 nìsǐ；淹死 yānsǐ ◆～体 溺死的尸体 nìsǐ de shītǐ

すいじ【炊事】-する　炊事 chuīshì；做饭 zuòfàn；起火 qǐhuǒ ◆～係 炊事员 chuīshìyuán ◆～道具 厨具 chújù

ずいじ【随時】　随时 suíshí；时常 shícháng ◆入学 随时入学 suíshí rùxué ◆～お申し出ください 请随时提出来 qǐng suíshí tíchūlai ◆～説明する 随时说明 suíshí shuōmíng

すいしつ【水質】　水质 shuǐzhì ◆～汚染 水质污染 shuǐzhì wūrǎn ◆～検査 水质检查 shuǐzhì jiǎnchá

すいしゃ【水車】　水车 shuǐchē ◆～小屋 水磨房 shuǐmòfáng

すいじゃく【衰弱】-する　衰弱 shuāiruò；萎靡 wěiruò ◆神经～ 神经衰弱 shénjīng shuāiruò

すいしゅ【水腫】　水肿 shuǐzhǒng ◆肺～ 肺水肿 fèishuǐzhǒng

すいじゅん【水準】❶〈事物の一定の標準〉水平 shuǐpíng；水准 shuǐzhǔn ◆～を上回る 高于水准 gāoyú shuǐzhǔn ◆文化～ 文化水准 wénhuà shuǐzhǔn ◆生活～を向上させる 提高生活水平 tígāo shēnghuó shuǐpíng ◆～に達する 达到水平 dádào shuǐpíng ❷〈水準器〉◆～器 水准器 shuǐzhǔnqì

ずいしょ【随所-に】　随处 suíchù；到处 dàochù ◆～に見られる 到处都有 dàochù dōu yǒu

すいしょう【推奨】-する　推荐 tuījiàn；推重 tuīzhòng

すいしょう【水晶】　水晶 shuǐjīng ◆～時計 石英钟 shíyīngzhōng ◆～体〈目の〉晶状体 jīngzhuàngtǐ

すいじょう【水上】-の　水上 shuǐshàng ◆～運輸 航运 hángyùn ◆～警察 水上警察 shuǐshàng jǐngchá ◆～生活者 船户 chuánhù ◆～スキー 水橇滑水 shuǐqiāo huáshuǐ

ずいしょう【瑞祥】　祥瑞 xiángruì ◆～が現れる 出现吉兆 chūxiàn jízhào

すいじょうき【水蒸気】　水蒸气 shuǐzhēngqì；蒸汽 zhēngqì

すいしん【推進】-する　推进 tuījìn；推动 tuīdòng ◆～力 推进力 tuījìnlì ◆仕事を～する 推进工作 tuījìn gōngzuò

すいしん【水深】　水深 shuǐshēn

すいすい-と　轻快地 qīngkuài de；轻易地 qīngyì de；顺利地 shùnlì de ◆～と解決する 顺利地解决 shùnlì de jiějué

すいせい【水勢】　水势 shuǐshì

すいせい【水性】-の　水性 shuǐxìng ◆～インク 水墨 shuǐmò ◆～ガス 水煤气 shuǐméiqì ◆～塗料 水性涂料 shuǐxìng túliào

すいせい【水星】　水星 shuǐxīng

すいせい【彗星】　彗星 huìxīng；扫帚星 sàozhouxīng

すいせい【水生〔棲〕-の】　水生 shuǐshēng ◆～動物 水族 shuǐzú

すいせん【推薦】-する　推荐 tuījiàn；荐举 jiànjǔ；引荐 yǐnjiàn ◆～状 推荐信 tuījiànxìn

スイセン【水仙】　水仙 shuǐxiān

すいせんトイレ【水洗トイレ】　水洗式厕所 shuǐxǐshì cèsuǒ；冲水厕所 chōngshuǐ cèsuǒ；冲水马桶 chōngshuǐ mǎtǒng

すいそ【水素】　氢 qīng ◆～ガス 氢气 qīngqì ◆～爆弾 氢弹 qīngdàn

すいそう【水槽】　水槽 shuǐcáo

すいそう【水葬】-する　水葬 shuǐzàng；海葬 hǎizàng

すいそう【吹奏】-する　吹奏 chuīzòu ◆～楽 吹奏乐 chuīzòuyuè

すいぞう【膵臓】　胰腺 yíxiàng

ずいそう【随想】　随想 suíxiǎng ◆～録 随想录 suíxiǎnglù

すいそく【推測】-する　推测 tuīcè；猜想 cāixiǎng；推想 tuīxiǎng ◆～

すいぞくかん [水族館] 水族館 shuǐzúguǎn

すいたい [衰退]-する 衰退 shuāituì; 衰颓 shuāituí; 衰替 shuāitì

すいたい [推戴]-する 拥戴 yōngdài

すいたい [酔態] 醉态 zuìtài ◆ ~とんだ~を演じる 酒后出尽洋相 jiǔhòu chūjìn yángxiàng

すいちゅう [水中の] 水中 shuǐzhōng ◆ ~カメラ 水中摄影机 shuǐzhōng shèyǐngjī ◆ ~生物 水族 shuǐzú ◆ ~眼鏡 潜水护目镜 qiánshuǐ hùmùjìng; 水中护目镜 shuǐzhōng hùmùjìng ◆ ~翼船 水翼船 shuǐyìchuán

すいちょく [垂直-な] 垂直 chuízhí; 铅直 qiānzhí ◆ ~線 垂线 chuíxiàn

すいつく [吸い付く] 吸着 xīzhuó

スイッチ [電気の]电门 diànmén; 开关 kāiguān; 电钮 diànniǔ; [大型の]电闸 diànzhá ◆ ~を入れる 开电门 kāi diànmén; 接开关 àn kāiguān ◆ ラジオの~を入れる 开收音机 kāi shōuyīnjī ◆ ~を切る 把开关关上 bǎ kāiguān guānshàng

すいてい [推定-する] 推定 tuīdìng; 估量 gūliang; 测度 cèduó ◆ ~は容易でない 估量得不容易 gūliangde bù róngyì ◆ ~根据無理 无罪推定 wúzuì tuīdìng

すいてい [水底] 水底 shuǐdǐ

すいてき [水滴] 水滴 shuǐdī; 水珠儿 shuǐzhūr

すいでん [水田] 水田 shuǐtián; 水稻田 shuǐdàotián ◆ ~地帯 水田地区 shuǐtián dìqū

すいとう [出納-する] 出纳 chūnà ◆ ~係 出纳员 chūnàyuán ◆ ~簿 出纳簿 chūnàbù

すいとう [水稲] 水稻 shuǐdào

すいとう [水筒] 水壶 shuǐhú

すいどう [水道] 自来水 zìláishuǐ ◆ ~を引く 安装自来水 ānzhuāng zìláishuǐ ◆ ~の蛇口 水龙头 shuǐlóngtóu ◆ ~メーター 水表 shuǐbiǎo

すいとる [吸い取る] ❶ [吸収する]吸取 xīqǔ; 吸收 xīshōu ◆ 養分を~ 吸取养分 xīqǔ yǎngfēn ◆ 新しい知識を~ 吸收新知识 xīshōu xīn zhīshi ◆ 水を~ 吃水 chīshuǐ ❷ [利益を取り上げる]剥削 bōxuē; 榨取 zhàqǔ ◆ もうけを~ 榨取利润 zhàqǔ lìrùn

すいとん [水団] 疙瘩汤 gēdatāng

すいなん [水難] 水灾 shuǐzāi ◆ ~に遭う 水上遇难 shuǐshàng yùnàn

すいばく [水爆] 氢弹 qīngdàn

ずいはん [随伴]-する ❶ [供として]跟随 gēnsuí; 陪伴 péibàn ❷ [伴って起こう]随同 suítóng; 随着 suízhe ◆ ~現象 相关现象 xiāngguān xiànxiàng

すいはんき [炊飯器] 电饭锅 diànfànguō; 电饭煲 diànfànbāo

すいび [衰微]-する 衰落 shuāiluò; 衰微 shuāiwēi

ずいひつ [随筆] 漫笔 mànbǐ; 随笔 suíbǐ; 散文 sǎnwén

すいふ [水夫] 船夫 chuánfū; 海员 hǎiyuán; 水手 shuǐshǒu

すいぶん [水分] 水分 shuǐfèn ◆ ~が多い 水分多 shuǐfèn duō ◆ ~をとる 吸收水分 xīshōu shuǐfèn

ずいぶん [随分-と] 相当 xiāngdāng; 十分 shífēn; 很 hěn ◆ ~たくさんある 有很多 yǒu hěn duō ◆ 冬は~寒い 冬天非常冷 dōngtiān fēicháng lěng ◆ ~な言いぶり 太过分的说法 tài guòfèn de shuōfǎ

すいへい [水兵] 水兵 shuǐbīng

すいへい [水平-な] 水平 shuǐpíng ◆ ~線 水平线 shuǐpíngxiàn ◆ ~面 水准 shuǐzhǔn

すいほう [水泡] 水泡 shuǐpào ◆ ~に帰する 化为泡影 huàwéi pàoyǐng

すいぼう [衰亡]-する 衰亡 shuāiwáng

すいぼう [水防] 防汛 fángxùn ◆ ~訓練 防汛训练 fángxùn xùnliàn

すいぼくが [水墨画] 水墨画 shuǐmòhuà

すいぼつ [水没]-する 沉没 chénmò; 淹没 yānmò ◆ 洪水で~した 洪水淹没田地 hóngshuǐ yānmò tiándì

すいま [睡魔] 睡魔 shuìmó ◆ ~に襲われる 睡魔缠身 shuìmó chánshēn

スイミットウ [水蜜桃] 水蜜桃 shuǐmìtáo

すいみゃく [水脈] 水脉 shuǐmài; 潜流 qiánliú

すいみん [睡眠] 睡眠 shuìmián ◆ ~不足 睡眠不足 shuìmián bùzú ◆ ~薬 催眠药 cuīmiányào

すいめん [水面] 水面 shuǐmiàn

すいもの [吸い物] 汤 tāng; 清汤 qīngtāng

すいもん [水門] 水闸 shuǐzhá; 闸门 zhámén

すいよう [水溶] 水溶 shuǐróng ◆ ~液 水溶液 shuǐróngyè

すいようび [水曜日] 星期三 xīngqīsān

すいり [推理]-する 推理 tuīlǐ ◆ 小

すいり — すえ

説 侦探小说 zhēntàn xiǎoshuō ♦ 正しい～ 正确的推理 zhèngquè de tuīlǐ

すいり【水利】 ❶《水運の便》水运 shuǐyùn ♦～がよい 水运便利 shuǐyùn fāngbiàn ❷《水の利用》水利 shuǐlì ♦～権 用水权 yòngshuǐquán

すいりく【水陸】 水陆 shuǐlù ♦～両用 水陆两用 shuǐlù liǎngyòng

すいろ【水路】 水路 shuǐlù

すいりゅう【推量-する】 推测 tuīcè；猜测 cāicè；估计 gūjì；当て～ 瞎猜 xiācāi ♦～がはずれた 估计错了 gūjì cuò le ♦～の根拠 推测的依据 tuīcè de yījù

すいりょう【水量】 水量 shuǐliàng ♦～計 水量计 shuǐliàngjì

すいりょく【水力-の】 水力 shuǐlì ♦～発電所 水电站 shuǐdiànzhàn；水力发电站 shuǐlì fādiànzhàn

すいれいしき【水冷式-の】 水冷式 shuǐlěngshì ♦～エンジン 水冷式发动机 shuǐlěngshì fādòngjī

スイレン【睡蓮】 睡莲 shuìlián

すいろ【水路】 ❶《送水路》水道 shuǐdào；水渠 shuǐqú；河渠 héqú ❷《航路》水路 shuǐlù；航路 hánglù

すいろん【推論-する】 推论 tuīlùn ♦～に過ぎない 不过是推论而已 búguò shì tuīlùn éryǐ

スイング《ジャズの形式》爵士摇摆乐 juéshì yáobǎiyuè

すう【吸う】 ❶《気体や液体などを》吸 xī；吮 shǔn；吮吸 shǔnxī ♦世間の空気を～ 经验社会生活 jīngyàn shèhuì shēnghuó ❷《タバコを》抽 chōu ♦タバコを～ 抽烟 chōuyān；吸烟 xīyān ❸《吸収する》吸收 xīshōu ♦水分を～ 吸收水分 xīshōu shuǐfēn

すう【数】 ❶《数量》数 shù；数目 shùmù；《数量》数量 shùliàng ❷《いくつか》几 jǐ；数 shù ♦～年 几年 jǐ nián ♦～ページ 几页 jǐ yè

すうがく【数学】 数学 shùxué；算学 suànxué

すうき【数奇-な】 ♦～な運命 坎坷的命运 kǎnkě de mìngyùn

すうけい【崇敬-する】 崇敬 chóngjìng

すうこう【崇高-な】 崇高 chónggāo

すうし【数詞】 数词 shùcí

すうじ【数字】 数字 shùzì；数码 shùmǎ ♦～に強い 擅长计算 shàncháng jìsuàn ♦アラビア～ 阿拉伯数字 Ālābó shùzì

すうしき【数式】 数式 shùshì

すうじくこく【枢軸国】 轴心国 zhóuxīnguó

すうじつ【数日】 几天 jǐ tiān；数日 shùrì ♦～前 前几天 qián jǐ tiān

ずうずうしい【図々しい】 脸皮厚 liǎnpí hòu ♦～しないで 不要脸 búyàoliǎn；厚颜无耻 hòuyán wúchǐ

すうせい【趨勢】 倾向 qīngxiàng；趋向 qūxiàng；趋势 qūshì ♦～を見極める 看清趋势 kànqīng qūshì ♦現在の～ 现在的趋势 xiànzài de qūshì

ずうたい【図体】 个儿 gèr；个头儿 gètóur ♦～大きい～ 大个头儿 dà gètóur

すうち【数値】 数值 shùzhí

スーツ 西服套装 xīfú tàozhuāng ♦～ケース 手提箱 shǒutíxiāng；提箱 tíxiāng

すうっと ♦～すり抜ける 顺利地挤过去 shùnlì de jǐguòqu ♦涙が～流れる 一行眼泪唰地流下来 yì háng yǎnlèi shuā de liúxiàlái ♦胸が～ 心里感到痛快 xīnlǐ gǎndào tòngkuài

スーパーインポーズ 叠印字幕 diéyìn zìmù

スーパーコンピュータ 超级计算机 chāojí jìsuànjī

スーパーマーケット 超级商场 chāojí shāngchǎng；自选商场 zìxuǎn shāngchǎng；超市 chāoshì

スーパーマン 超人 chāorén

すうはい【崇拝-する】 崇拜 chóngbài；推崇 tuīchóng ♦～者 崇拜者 chóngbàizhě ♦個人～ 个人崇拜 gèrén chóngbài ♦英雄を～する 崇拜英雄 chóngbài yīngxióng

すうばい【数倍-の】 几倍 jǐ bèi

スープ 汤 tāng

ズームレンズ 变焦镜头 biànjiāo jìngtóu

すうり【数理】 ❶《数理》数理 shùlǐ ♦～哲学 数理逻辑 shùlǐ luójí ❷《計算》♦～に明るい 擅长计算 shàncháng jìsuàn

すうりょう【数量】 数量 shùliàng

すうれつ【数列】 数列 shùliè

すえ【末】 ❶《末端》头 tóu；末端 mòduān ♦枝の～ 枝梢 zhīshāo ❷《あとから生まれた》♦～っ子《男》老儿子 lǎo'érzi ❸《ある期間の終わり》月～ 月末 yuèmò；月底 yuèdǐ ❹《物事の結果》结局 jiéjú；结果 jiéguǒ ♦苦心の～ 苦心の～ 苦心之后 kǔxīn zhī hòu ❺《将来》将来 jiānglái；前途 qiántú ♦～が思いやられる 前途可想而知 qiántú kě xiǎng ér zhī ♦～長く 永久 yǒngjiǔ

スエード ― すき

♦～頼もしい 前途有为 qiántú yǒuwéi; 前途无量 qiántú wúliàng ❻《道德・秩序の乱れた時代》末世 mòshì ♦世も～だ 这是什么世道 zhè shì shénme shìdào

スエード の 反毛皮革 fǎnmáo pígé; 起毛皮革 qǐmáo pígé ♦～の靴 反毛皮鞋 fǎnmáo píxié

すえおき【据え置き-の】 搁置 gēzhì; 存放 cúnfáng ♦～にする 维持不变 wéichí búbiàn ♦～期间 存放期间 cúnfáng qījiān

すえおく【据え置く】 维持不变 wéichí búbiàn

すえぜん【据え膳】 ♦～を食う 吃现成饭 chī xiànchéngfàn ♦上げ膳～ 坐享其成 zuò xiǎng qí chéng

すえつけ【据え付け-の】 安装 ānzhuāng; 固定 gùdìng ♦～の本棚 固定式书架 gùdìngshì shūjià

すえつける【据え付ける】 安设 ānshè; 装置 zhuāngzhì

すえひろがり【末広がり】 扇形展开 shànxíng zhǎnkāi; 走向兴旺 zǒuxiàng xīngwàng

すえる【据える】 ❶《物を動かないよう に置く》安放 ānfàng; 摆设 bǎishè ❷《落ち着ける》性根を ― 使性情稳定下来 shǐ xìngqíng wěndìng xiàlai; 沉下心来 chénxià xīn lái ❸《人を地位・任務に就かせる》校長に ― 安排当校长 ānpái dāng xiàozhǎng

ずが【図画】 图画 túhuà ♦～工作 图画手工 túhuà shǒugōng

スカート 裙子 qúnzi

スカーフ 领巾 lǐngjīn; 头巾 tóujīn; 围巾 wéijīn

ずかい【図解-する】 图解 tújiě

ずがいこつ【頭蓋骨】 颅骨 lúgǔ; 头盖骨 tóugàigǔ; 头骨 tóugǔ

スカイダイビング 跳伞 tiàosǎn

スカイブルー の 蔚蓝 wèilán

スカウト-する 物色 wùsè; 《その役目の人》物色人 wùsèrén

すがお【素顔】 没化妆的脸 méi huàzhuāng de liǎn; 素颜 sùyán; 《ありのままの姿》本来面目 běnlái miànmù

すかさず【透かさず】 立刻 lìkè; 即刻 jíkè

すかし【透かし】 《紙幣などの》水印 shuǐyìn; 水纹 shuǐwén

すかす【透かす】 ❶《空間を作る》空 kòng ♦枝を ― 打枝 dǎzhī ♦腹を ― 空着肚子 kòngzhe dùzi ❷《物を通して見る》透过 tòuguò

すかす【賺す】 ❶《機嫌を取る》脅したりすかしたりする 连吓带哄 lián xià dài hǒng ❷《だます》哄骗

哄骗 hǒngpiàn

ずかずか-と 没礼貌地 méi lǐmào de ♦～と上がりこむ 冒冒失失地闯了进来 màomàoshīshī de chuǎngle jìnlái

すがすがしい【清々しい】 清爽 qīngshuǎng; 清新 qīngxīn ♦いまは～気持ちです 如今感到神清气爽 rújīn gǎndào shén qīng qì shuǎng ♦朝風が ― 晨风清爽 chénfēng qīngshuǎng

すがた【姿】 姿态 zītài; 形象 xíngxiàng; 《状貌》状貌 zhuàngmào ♦～をくらます 匿影藏形 nì yǐng cáng xíng; 匿迹 nìjì ♦～を现す 出现 chūxiàn; 露面 lòumiàn ♦～がとても美しい 姿态挺漂亮 zītài tǐng piàoliang ♦～が似ている 形态相似 xíngtài xiāngsì

すがたみ【姿見】 穿衣镜 chuānyījìng

スカッシュ ❶《飲み物》鲜果汁 xiānguǒzhī ❷《スポーツ》墙网球 qiángwǎngqiú

すかっと-する 《歯切れよい》～した 爽 口 shuǎngkǒu; 《気分が》痛快 tòngkuài ♦～晴れ上がる 天晴气朗令人舒畅 tiān qíng qì lǎng lìng rén shūchàng ❸《言動の》利落 lìluo

すがりつく【縋り付く】 缠住不放 chánzhù bù fàng; 抱住 bàozhù

すがる【縋る】 ❶《つかまる》缠住 chánzhù ♦杖に縋って歩く 拄着拐杖走路 zhǔzhe guǎizhàng zǒulù ❷《頼りにする》依靠 yīkào ♦～ような目で 露出哀求的目光 lùchū āiqiú de mùguāng

ずかん【図鑑】 图鉴 tújiàn; 图谱 túpǔ ♦昆虫 ― 昆虫图鉴 kūnchóng tújiàn

スカンク 臭鼬鼠 chòuyòushǔ

すかんぴん の 赤贫 chìpín; 一无所有 yī wú suǒ yǒu

すき【鋤】 犁 lí ♦～で耕す 用犁犁地 yòng lí lí dì

すき【隙】 ❶《物のすきま》缝 fèng; 隙 xì ♦戸の ― 门缝 ménfèng ❷《ひま》空 kòng; 闲暇 xiánxiá; 余暇 yúxiá ♦仕事の ― 工作余暇 gōngzuò yúxiá ❸《油断》空子 kòngzi ♦～がある 有疏忽 yǒu shūhu ♦～のない 无懈可击 wú xiè kě jī ♦～を衝(つ)く 乘隙 chéngxì; 乘间 chéngjiān

すき【好き-な】 《心がひかれる》喜欢 xǐhuan; 爱好 àihào ♦猫が～だ 喜欢猫 xǐhuan māo ♦中華料理が～だ 爱吃中国菜 ài chī zhōngguócài ❷《油断》空子 kòngzi ♦物好きな ― 者 好事者 hàoshìzhě

❸《思うままに》♦～にする 任意 rènyì; 随便 suíbiàn
スギ【杉】杉树 shānshù; 杉木 shāmù
スキー-をする 滑雪 huáxuě ♦～板 滑雪板 huáxuěbǎn ♦～シューズ 滑雪鞋 huáxuěxié ♦～場 滑雪场 huáxuěchǎng
スキーヤー 滑雪者 huáxuězhě
すききらい【好き嫌い】好恶 hàowù ♦～が激しい 挑剔大 tiāoti dà
すぎさる【過ぎ去る】❶《通り過ぎる》走过去 zǒuguòqu; 通过 tōngguò ❷《時》过去 guòqu
すきずき【好き好き-である】各有所好 gè yǒu suǒ hào
ずきずき【ずきずき-する】♦～痛む 阵阵发痛 zhènzhèn fā tòng
スキップ-する 两腿交替跳跃着走 liǎngtuǐ jiāotì tiàozhe zǒu
すきとおる【透き通る】❶《中が向こう側が見える》透明 tòumíng ♦《皮膚などが》～ように白い 白净 báijìng ❷《声に》清亮 qīngliàng
すぎない【-に過ぎない】不过 búguò; 无非 wúfēi; 罢了 bàle ♦言いわけに～ 只不过是辩解 zhǐ búguò shì biànjiě
すきばら【空き腹】空腹 kōngfù
すきほうだい【好き放題-する】为所欲为 wéi suǒ yù wéi ♦～に 任意 rènyì de
すきま【透き隙間】缝 fèng; 空隙 kòngxì; 间隙 jiànxì ♦風が戸の～から吹き込んでくる 风从门缝吹进来 fēng cóng ménfèng chuījìnlái
すきまかぜ【透き間風】贼风 zéifēng ♦～が入る 刮贼风 guā zéifēng
スキムミルク 脱脂牛奶 tuōzhī niúnǎi
すきやき【鋤焼き】日式牛肉火锅 Rìshì niúròu huǒguō
スキャナ 扫描器 sǎomiáoqì
スキャンダル 丑闻 chǒuwén
スキューバダイビング 水肺潜水 shuǐfèi qiánshuǐ
すぎる【過ぎる】❶《場所》过 guò; 经过 jīngguò; 通过 tōngguò ♦台風は～ 台风过去了 táifēng guòqu le ♦天津を～と、まもなく北京に着く 过了天津，就到北京了 guòle Tiānjīn, jiù dào Běijīng le ❷《時間》过去 guòqu ♦约束の時間を過ぎたが、彼はまだ来ない 过了约定的时间还不来 guòle yuēdìng de shíjiān hái bù lái ❸《程度》过度 guòdù; 过分 guòfèn ♦わがまま～ 过于任性 guòyú rènxìng ♦言い～ 说得太过分 shuōde tài guòfèn ♦小さ～ 太小 tài xiǎo ♦過ぎたるは

及ばざるがごとし 过犹不及 guò yóu bù jí
スキン【肌】❶ケア 护肤 hùfū ❷《皮革》バック 鹿皮 lùpí ❸《コンドーム》避孕套 bìyùntào
スキンダイビング 潜水运动 qiánshuǐ yùndòng
すく【梳く】梳 shū ♦髪を～ 梳头 shū tóu
すく【鋤く】犁田 lítián ♦畑を～ 犁地 lí dì
すく【空く】❶《まばらになる》少 shǎo; 稀疏 xīshū ♦車内はとても空いている 车厢里空得很 chēxiānglǐ kòngde hěn ❷《空腹になる》空 kòng; 饿 è ♦腹が～ 肚子饿了 dùzi è le ❸《ひまになる》有空 yǒu kòng ♦手が～ 空闲 kòngxián ♦手が空いているなら手伝ってくれ 你有空，快来帮帮忙 nǐ yǒu kòng, kuài lái bāngbang máng ❹《心が晴れる》痛快 tòngkuài ♦胸の～思いだ 心里很痛快 xīnli hěn tòngkuài
すく【好く】喜欢 xǐhuan ♦人に好かれる 招人喜欢 zhāo rén xǐhuan ♦いけ好かない奴 讨厌的家伙 tǎoyàn de jiāhuo
すく【漉く】抄 chāo ♦紙を～ 抄纸 chāo zhǐ
すく【透く】❶《隙間ができる》有缝隙 yǒu fèngxì ♦襖の～間から告雇有缝隙 chījiān yǒu fèngxì ❷《透けて見える》透过 tòuguò ♦川底が透いている 可透过水看到河底 kě tòuguò shuǐ kàndào hédǐ
すぐ【直ぐ】❶《ただちに》马上 mǎshàng; 立刻 lìkè; 《間もなく》随后 suíhòu; 快…了 kuài...le ♦もう～着くよ 快要到了 kuài yào dào le ❷《距離的に》♦～そこにある 很近 hěn jìn; 就在那儿，就在眼前 jiù zài nàr, jiù zài yǎnqián ❸《容易に》容易 róngyì ♦～分かる 容易明白 róngyì míngbai ♦～怒る 爱生气 ài shēngqì
すくい【救い】救 jiù; 救援 jiùyuán; 救助 jiùzhù ♦～の手を差し伸べる 伸出救助之手 shēnchū jiùzhù zhī shǒu ♦～を求める 求救 qiújiù ♦せめてもの～ 一点儿安慰 zǒngsuàn shì yìdiǎnr ānwèi
すくいぬし【救い主】救星 jiùxīng
すくう【救う】救 jiù; 挽救 wǎnjiù; 拯救 zhěngjiù ♦命を～ 救了一条命 jiùle yì tiáo mìng ♦急場を～ 救急 jiùjí ♦被災者を～ 解救灾民 jiějiù zāimín
すくう【掬う】捞 lāo; 舀 yǎo ♦魚を～ 捞鱼 lāo yú ♦粥を～ 舀 yǎo 粥 zhōu
すくう【巣食う】❶《鳥などが》筑巢 zhùcháo; 搭窝 dā wō ❷《悪人が》

盘踞 pánjù

スクーター 小型摩托 xiǎoxíng mótuō；踏板式摩托车 tàbǎnshì mótuōchē

スクープ 抢先刊登的特快消息 qiǎngxiān kāndēng de tèkuài xiāoxi

スクーリング 面授 miànshòu

すぐさま【直ぐさま】赶紧 gǎnjǐn；立即 lìjí；马上 mǎshàng

すくすく-と ♦～と成长する 苗壮成长 zhuózhuàng chéngzhǎng

すくない【少ない】少 shǎo

すくなからず【少なからず】不少 bùshǎo；很多 hěn duō

すくなくとも【少なくとも】至少 zhìshǎo；起码 qǐmǎ

すくむ【竦む】畏缩 wèisuō；退缩 tuìsuō

すくめる【竦める】♦肩を～ 耸肩膀 sǒng jiānbǎng ♦首を～ 缩脖子 suō bózi

スクラップ 废品 fèipǐn

スクラム❶〈隊列〉♦～を組んで 挽臂成横队 wǎnbì chéng héngduì ❷〈ラグビー〉并列抢球 bìngliè qiǎngqiú

スクランブル❶〈緊急発進〉紧急迎击 jǐnjí yíngjī ❷〈卵焼き〉♦～エッグ 炒鸡蛋 chǎo jīdàn

スクリーン〈映画の〉银幕 yínmù

スクリプト 剧本 jùběn

スクリュー 螺旋桨 luóxuánjiǎng

すぐれる【優れる】❶〈他に勝る〉优越 yōuyuè ♦優れた人材 优秀的人才 yōuxiù de réncái ❷〈よい状態〉优良 yōuliáng ♦健康がすぐれない 健康欠佳 jiànkāng qiànjiā

すくわれる【救われる】得救 déjiù ♦彼の一言でわたしは救われた 他那一句话解救了我 tā nà yíjùhuà jiějiù le wǒ

ずけい【図形】图形 túxíng

スケート-をする 滑冰 huábīng；靴 冰鞋 bīngxié ♦～リンク 滑冰场 huábīngchǎng

スケートボード 滑板 huábǎn

スケープゴート 替死鬼 tìsǐguǐ；替罪羊 tìzuìyáng

スケール〈ものさし〉尺子 chǐzi；尺度 chǐdù ♦〈規模〉规模 guīmó ♦～が大きい 规模宏大 guīmó hóngdà ♦〈量の〉♦～が大きい 器量很大 qìliàng hěn dà

スケジュール 日程 rìchéng ♦～を組む 编制日程 biānzhì rìchéng；安排日程 ānpái rìchéng ♦～にのぼる 提上日程 tíshàng rìchéng ♦～がきつしている 日程安排得很紧 rìchéng ānpáide hěn jǐn

どおりに 按照预定计划 ànzhào yùdìng jìhuà

ずけずけ-と 不讲情面地 bù jiǎng qíngmiàn ♦～言う 直言不讳 zhíyán bú huì；毫无保留地说 háowú bǎoliú de shuō

スケソウダラ【助宗鱈】明太鱼 míngtàiyú

すけだち【助太刀-する】拔刀相助 bá dāo xiāng zhù；助一臂之力 zhù yí bì zhī lì ♦～の人 帮手 bāngshou

スケッチ-する 速写 sùxiě ♦～ブック 速写本 sùxiěběn

すけっと【助っ人】帮手 bāngshou

すげない【素気無い】冷淡 lěngdàn；冷漠 lěngmò ♦～返事 冷冰冰的答复 lěngbīngbīng de dáfù

すけべい【助平】色鬼 sèguǐ；好色 hàosè

すける【透ける】透过 tòuguò；透明 tòumíng

すける【挿げる】安上 ānshàng；插入 chārù

スコア 得分 défēn ♦～をつける 记分 jìfēn ♦～ボード 记分板 jìfēnbǎn

すごい【凄い】❶〈恐ろしい〉可怕 kěpà ♦～目つきで 用恶狠狠的眼光 yòng èhěnhěn de yǎnguāng ❷〈光景 despis怕人 qíngjǐng pàrén ❷〈大層な〉非常 fēicháng；厉害 lìhai ♦寒い暑い 非常冷 非常热 fēicháng rè；热得要命 rède yàomìng ♦映画館は凄く込んでいる 电影院里非常拥挤 diànyǐngyuànli fēicháng yōngjǐ ❸〈すばらしい〉了不起 liǎobuqǐ；好得很 hǎode hěn

ずこう【図工】图画与手工 túhuà yǔ shǒugōng ♦～の授業 图画手工课 túhuà shǒugōngkè

スコール 热带风暴雨 rèdài jífēng bàoyǔ

すこし【少】稍微 shāowēi；略微 lüèwēi；〈量的に〉一点儿 yìdiǎnr ♦～の間 一会儿 yíhuìr ♦一刻 yíkè ♦～ずつ 逐渐 zhújiàn ♦～も恐れない 一点儿也不怕 yìdiǎnr yě bú pà ♦お待ちください 请稍微等一下 qǐng shāowēi děng yíxià

すごす【過ごす】❶〈時間を〉过 guò；度过 dùguò；消磨 xiāomó ♦日を～ 过日子 guò rìzi ♦楽しい夜を～ 度过愉快的夜晚 dùguò yúkuài de yèwǎn ❷〈量と程度を〉过度 guòdù；过量 guòliàng ♦ちょっと飲み過ごした 喝得有点儿过量了 hēde yǒudiǎnr guòliàng le

すごすご-と 沮丧地 jǔsàng de；无精打彩 wú jīng dǎ cǎi ♦引き下がる 无精打彩地退下 wú jīng dǎ cǎi

スコッチ《ウィスキー》苏格兰威士忌 sūgélán wēishìjì

スコップ 铲子 chǎnzi; 铁锹 tiěqiāo; 铁锨 tiěxiān

すこぶる〔頗る〕颇为 pōwéi

すごみ〔凄味〕可怕 kěpà; 狰狞 zhēngníng ♦ ～をきかす 吓唬人 xiàhu rén

すごむ〔凄む〕威吓 wēihè; 吓唬 xiàhu

すこやか〔健やか-な〕♦～に育つ 健康成长 jiànkāng chéngzhǎng; 茁壮成长 zhuózhuàng chéngzhǎng

すごろく〔双六〕升官图 shēngguāntú; 双六 shuānglù

すさまじい〔凄まじい〕❶〔恐ろしい〕可怕 kěpà; 惊人 jīngrén ♦～剣幕で 气势汹汹地 qìshì xiōngxiōng de ♦狂風が～ 狂风可怕 kuángfēng kěpà ❷〔激しい〕猛 měng; 猛烈 měngliè ♦～土石流 猛烈的泥石流 měngliè de níshíliú

すさむ〔荒む〕〈生活・精神が〉堕落 duòluò ♦頹废 tuífèi ♦すさんだ生活を送る 过颓废的生活 guò tuífèi de shēnghuó

ずさん〔杜撰-な〕粗糙 cūcāo; 粗心 cūxīn ♦管理が～だ 管理不善 guǎnlǐ búshàn

すし〔鮨〕寿司 shòusī

すじ〔筋〕❶〔筋肉の〕筋 jīn ♦～がつる 抽筋 chōujīn ♦～を違える 扭伤筋 niǔjīn ❷〔道理〕道理 dàolǐ; 条理 tiáolǐ ♦～が通る 有道有理 yǒu dào yǒu lǐ ♦～が通らない 背理悖理 bèilǐ; 不合理 bùhélǐ ❸〔あらすじ〕梗概 gěnggài; 情节 qíngjié ♦確かな～ 可靠消息来源 kěkào xiāoxi láiyuán ❹〔素質〕素质 sùzhì ♦芸の～ 艺术素质 yìshù sùzhì ❺〔単位;線状の〕♦ひと～の道 一条路 yì tiáo lù ♦ひと～の光 一道光 yí dào guāng

ずし〔厨子〕佛龛 fókān

ずし〔図示-する〕图解 tújiě

すじあい〔筋合い〕理由 lǐyóu; 道理 dàolǐ ♦とやかく言われる～はない 没理由被说三道四 méi lǐyóu bèi shuō sān dào sì

すじがき〔筋書き〕❶〔あらすじ〕情节 qíngjié; 梗概 gěnggài ❷〔仕組んだ展開〕设计 shèjì; 计划 jìhuà ♦～通りに運ぶ 按计划进展 àn jìhuà jìnzhǎn

すじがねいり〔筋金入り-の〕过硬 guòyìng ♦经过千锤百炼 jīngguò qiān chuí bǎi liàn

ずしき〔図式〕图解 tújiě ♦～化する 图解化 tújiěhuà

すじこ〔筋子〕咸鲑鱼子 xián guīyúzǐ

すじちがい〔筋違い-の〕〈見当違い〉不对头 bú duìtóu; 不合理 bùhélǐ

すじみち〔筋道〕❶〔道理〕条理 tiáolǐ; 义理 yìlǐ ♦～の通った 合理的 hélǐ de ❷〔順序〕伦次 lúncì; 程序 chéngxù ♦～を踏んで 按照程序 ànzhào chéngxù

すじむかい〔筋向かい-に〕斜对面 xiéduìmiàn

すじめ〔筋目〕❶〔折り目〕衣服的折痕 yīfu de zhéhén ❷〔論理〕条理 tiáolǐ; 道理 dàolǐ

すじょう〔素性〕来路 láilù; 来历 láilì ♦～の知れない 来路不明 láilù bùmíng

ずじょう〔頭上〕头上 tóushàng ♦～注意 注意头上 zhùyì tóushàng

すす〔煤〕煤烟子 méiyānzi; 烟子 yānzi

すず〔鈴〕铃 líng; 铃铛 língdang

すず〔錫〕锡 xī

ススキ 芒草 mángcǎo

スズキ〔鱸〕鲈鱼 lúyú

すすぐ〔灌;漱;雪〕〈 ❶〔水で洗う〕冲洗 chōngxǐ; 涮洗 shuànxǐ ❷〔口を〕漱口 shùkǒu ❸〔恥;不名誉を〕洗 xǐ; 洗雪 xǐxuě ♦汚名を～ 洗去污名 xǐqù wūmíng

すすける〔煤ける〕烟熏 yānxūn

すずしい〔涼しい〕❶〔涼快〕凉快 liángkuai; 凉爽 liángshuǎng ♦陽気がだんだんと涼しくなってきた 天气渐渐凉爽起来了 tiānqì jiànjiàn liángshuǎngqǐlaile ❷〔目・音が〕♦目元が～ 眼睛亮晶晶的 yǎnjing liàngjīngjīng de ❸〔平然とした〕♦～顔 满不在乎的样子 mǎn bú zàihu de yàngzi

すずなり〔鈴生り-になる〕〔果実が〕结满枝 jiē mǎnzhī ♦リンゴが～だ 苹果果实累累 píngguǒ guǒshí lěilěi

すすはらい〔煤払い〕大扫除 dàsǎochú

すすみぐあい〔進み具合〕步骤 bùzhòu; 进度 jìndù; 进展 jìnzhǎn

すすみでる〔進み出る〕走上前去 zǒushàng qián qù; 上前 shàngqián

すすむ〔進む〕❶〔前方へ〕进 jìn; 前进 qiánjìn; 行进 xíngjìn ❷〔物事がはかどる〕进展 jìnzhǎn ♦研究が～ 研究顺利进展 yánjiū shùnlì jìnzhǎn ❸〔進歩・上達する〕进步 jìnbù; 发展 fāzhǎn ♦科学が～ 科学发展 kēxué fāzhǎn ❹〔段階が上がる〕升 shēng ♦大学に～ 升大学 shēng dàxué ❺〔盛んになる〕増进 zēngjìn ♦食が～ 食欲旺盛 shíyù wàngshèng ❻〖積極的になる〗主动 zhǔdòng；自愿 zìyuàn ♦〖気が進まない 不愿意 bù yuànyì；不高兴 bù gāoxìng ♦〖進んで勉強する 主动学习 zhǔdòng xuéxí ❼〖先行する 快 kuài ♦〖時計が— 表快 biǎo kuài ❽〖悪化する 恶化 èhuà；加重 jiāzhòng ♦〖インフレが— 通货膨胀加剧 tōnghuò péngzhàng jiājù

すずむ〖涼む〗乘凉 chéngliáng；纳凉 nàliáng♦ 过过风儿 guòguo fēngr

スズムシ〖鈴虫〗金钟儿 jīnzhōngr

スズメ〖雀〗麻雀 máquè

スズメバチ〖雀蜂〗马蜂 mǎfēng；胡蜂 húfēng

すすめる〖勧める〗劝 quàn；劝诱 quànyòu；劝说 quànshuō ♦〖退職を— 劝人退休 quàn rén tuìxiū ♦〖サイクルを— 鼓励废物利用 gǔlì fèiwù lìyòng

すすめる〖進める〗❶〖前へ行かせる 使前行 shǐ qiánxíng ♦〖車を— 前进 qiánjìn ♦〖一歩進めて 进一步 jìnyíbù ❷〖物事を進行させる 推进 tuījìn；进行 jìnxíng ♦〖話を— 继续说下去 jìxù shuōxiàqu ♦〖会議を— 进行会议 jìnxíng huìyì ♦〖時計を— 拨快十分钟 bōkuài shí fēnzhōng

すずやか〖涼やか〗清凉 qīngliáng；凉爽 liángshuǎng

スズラン〖鈴蘭〗铃兰 línglán

すずり〖硯〗砚台 yàntái

すすりなく〖啜り泣く〗抽泣 chōuqì；啜泣 chuòqì

すする〖啜る〗啜 chuò；呷 xiā ♦〖茶を— 呷一口茶 xiā yì kǒu chá；浅（はな）を— 抽鼻涕 chōu bítì

すそ〖裾〗❶〖衣服の 下摆 xiàbǎi；裤脚 kùjiǎo ❷〖山の 山麓 shānlù；山脚 shānjiǎo ❸〖物の端 末端 mòduān

すその〖裾野〗山麓的斜坡地 shānlù de xiépōdì

スター〖花形〗明星 míngxīng

スタート-する〖—する〗起跑 qǐpǎo；起点 qǐdiǎn ♦〖—ライン 起跑线 qǐpǎoxiàn ❷〖始める 开始 kāishǐ；起动 qǐdòng ♦〖出发 chūfā

スタイリスト❶〖おしゃれ〗讲究穿戴的人 jiǎngjiu chuāndài de rén ❷〖職業〗设计师 shèjìshī；美容师 měiróngshī

スタイル❶〖格好〗姿态 zītài；身材 shēncái；体型 tǐxíng ♦〖—がいい 身材好 shēncái hǎo；身条好 shēntiáo hǎo ❷〖形式・様式 方式 fāngshì ♦〖ライフ— 生活方式 shēnghuó fāngshì ❸〖デザイン 式样 shìyàng ♦〖ヘア— 发型 fàxíng ❹〖文体など 风格 fēnggé；文体 wéntǐ ❺〖演奏 演奏风格 yǎnzòu fēnggé

スタクジョン〖集〗群鸣 qúnmíng；群集 qúnjí

スタグフレーション 滞胀 zhìzhàng

スタジアム 球场 qiúchǎng；体育场 tǐyùchǎng

スタジオ ❶〖練習所の 练习室 liànxíshì ❷〖撮影用の 制片厂 zhìpiànchǎng；摄影棚 shèyǐngpéng ❸〖放送用の 演播室 yǎnbōshì；播音室 bōyīnshì ❹〖録音用の 录音室 lùyīnshì

すたすた 快步 kuàibù；匆忙 cōngmáng；以轻快的步子 yǐ qīngkuài de bùzi ♦〖—行ってしまう 疾步走了 jíbù zǒu le

ずたずた-に 粉碎 fěnsuì ♦〖心が—に引き裂かれる 心都被撕裂了 xīn dōu bèi sīliè le

すだつ〖巣立つ〗❶〖ひなが 出窝 chūwō ❷〖独立する 自立成人 zìlì chéngrén

スタッフ 全体员工 quántǐ yuángōng；职员 zhíyuán

スタミナ 耐力 nàilì；持久力 chíjiǔlì ♦〖—をつける 增加耐力 zēngjiā nàilì ♦〖—切れだ 耐力没了 nàilì méi le

すだれ〖簾〗帘子 liánzi

すたれる〖廃れる〗❶〖行われなくなる 废除 fèichú；废弃 fèiqì ♦〖過時 guòshí；被废弃了 bèi fèiqì le ♦〖敬遠抛弃不用了 jìngyuǎn pāoqì bú yòng le ❷〖衰える 衰落 shuāiluò；凋零 diāolíng ♦〖道徳が— 道德败坏 dàodé bàihuài

スタンダード-な 标准 biāozhǔn；规范 guīfàn

スタンド ❶〖外野 外场看台 wàichǎng kàntái ❷〖—バー 柜台式酒吧 guìtáishì jiǔbā ❸〖ブック— 书架 shūjià ❹〖電気— 台灯 táidēng ❺〖ガソリン— 加油站 jiāyóuzhàn ♦〖自転车の— 支架 zhījià

スタントマン 替身演员 tìshēn yǎnyuán

スタンプ ❶〖印影 图章 túzhāng；戳子 chuōzi ♦〖—台 印台 yìntái ❷〖郵便の 邮戳 yóuchuō

スチーム 蒸汽 zhēngqì ♦〖—暖房 暖气 nuǎnqì

スチール〖鋼〗钢 gāng

スチールしゃしん 〖スチール写真〗〖映画の〗剧照 jùzhào

ずつう〖頭痛〗头痛 tóutòng ♦〖—する 头疼 tóuténg ♦〖—の種 烦恼的原因 fánnǎo de yuányīn

すっからかん 精光 jīngguāng；空

すっかり 全部 quánbù；完全 wánquán ◆食糧が～なくなる 粮food罄尽 liángshí qìngjìn ◆～満足である 心满意足 xīn mǎn yì zú

すっきり ❶《気分が爽快な》爽快 shuǎngkuai；痛快 tòngkuài ◆気分が～する 爽快 shuǎngkuai ❷《余計なもののない》简洁 jiǎnjié；整洁 zhěngjié ◆～した文章 明白flexi索的文章 míngbái lìsuǒ de wénzhāng

すっく-と 猛然 měngrán；霍地 huòdì ◆～と立ちあがる 猛然站起来 měngrán zhànqǐlái

ズック-の 帆布 fānbù ◆～靴 帆布鞋 fānbùxié

ずっしり ◆～重い 沉甸甸 chéndiāndiān

すったもんだ-する 吵架 chǎojià；争吵 zhēngchǎo ◆～の末 一场纠纷之后 yì chǎng jiūfēn zhīhòu

すってんてん 一文不名 yì wén bù míng；一无所有 yì wú suǒ yǒu

すっと ❶《動きが》迅速 xùnsù；轻快 qīngkuài ◆～近づいて来て 轻快走近来 qīngkuài zǒujìnlái ❷《気分が》痛快 tòngkuài ◆胸が～する 心中畅快 xīnzhōng chàngkuài

ずっと ❶《はるかに》…得多 ...de duō ◆～多い 多得多 duōdeduō ❷《途切れずに》一直 yìzhí；从来 cónglái；总是 zǒngshì ◆～待っている 一直在等着 yìzhí zài děngzhe

すっぱい《酸っぱい》酸 suān；酸溜溜 suānliūliū ◆酸っぱくなる 发酸 fāsuān

すっぱだか《素っ裸の》赤裸裸 chìluǒluǒ ◆一丝不挂 yì sī bù guà ◆～になる 脱光 tuōguāng

すっぱぬく《素っ破抜く》揭发 jiēchuān；暴露 bàolù

すっぱり ❶《鮮やかに切るさま》唰地 shuā de yì dāo ❷《思い切りよく》干脆 gāncuì ◆～辞める 干脆辞职 gāncuì cízhí

すっぽかす 撂下 liàoxià ◆约束を～ 失约 shīyuē

すっぽり ◆～覆う 笼罩 lǒngzhào

スッポン《鼈》鳖 biē；甲鱼 jiǎyú

すで《素手》◆～で戦う 徒手作战 túshǒu zuòzhàn ◆～で帰ってくる 空手而归 kōng shǒu ér guī

すていし《捨て石》《堤防・工事などの》投入水底的石头 tóurù shuǐdǐ de shítou ◆弃子 qìzǐ

ステーキ 牛排 niúpái

ステージ 舞台 wǔtái；戏台 xìtái

ステーション 车站 chēzhàn ◆サービス～ 服务站 fúwùzhàn ◆キー～ 关键电台 guānjiàn diàntái

ステータス 地位 dìwèi；身份 shēnfen

ステートメント 声明 shēngmíng

すておく《捨て置く》置之不理 zhì zhī bù lǐ

すてき《素敵-な》极好 jí hǎo；妙 miào；帅 shuài

すてご《捨て子》弃儿 qì'ér；弃婴 qìyīng

すてぜりふ《捨て台詞》◆～を吐く 临走时说出恐吓的话 línzǒu shí shuōchū kǒnghè de huà

ステッカー 张贴的宣传物 zhāngtiē de xuānchuánwù；标签 biāoqiān

ステッキ 拐杖 guǎizhàng；手杖 shǒuzhàng

ステップ ❶《ダンスの》舞步 wǔbù ◆～を踏む 迈舞步 mài wǔbù ❷《車両などの》踏板 tàbǎn ❸《段階》阶梯 jiētī ◆成功への～ 成功的阶梯 chénggōng de jiētī ❹《草原》草原 cǎoyuán

すててこ 短衬裤 duǎnchènkù

すでに《既に》已经 yǐjīng；业已 yèyǐ

すてね《捨値-で》◆～で売る 贱价大甩卖 jiànjià dà shuǎimài

すてばち《捨て鉢-の》破罐破摔 pòguàn pòshuāi；自暴自弃 zì bào zì qì

すてみ《捨て身-の》拼命 pīnmìng；豁出命 huōchū mìng ◆～の反撃に出る 豁出命来反击 huōchū mìng lái fǎnjī

すてる《棄[捨]てる》扔 rēng；抛弃 pāoqì；放弃 fàngqì ◆ごみを～ 扔垃圾 rēng lājī ◆祖国を～ 背弃祖国 bèiqì zǔguó ◆命を～ 舍命 shěmìng ◆吸い殻を～ 丢烟头 diū yāntou

ステレオ 立体声 lìtǐshēng ◆～放送 立体声广播 lìtǐshēng guǎngbō

ステレオタイプ 旧框框 jiùkuàngkuàng；常规 chángguī

ステロイドざい《ステロイド剤》类固醇剂 lèigùchúnjì

ステンドグラス 彩色玻璃 cǎisè bōli；彩画玻璃 cǎihuà bōli

ステンレス 不锈钢 búxiùgāng

ストイック-な 禁欲 jìnyù ◆～な生き方 禁欲的生活方式 jìnyù de shēnghuó fāngshì

すどおし《素通し-の》透明 tòumíng；《レンズの》平光 píngguāng

ストーブ 火炉 huǒlú；炉子 lúzi ◆石油～ 煤油炉 méiyóulú

すどおり【素通り-する】 ❶ 〈立ち寄らないで通り過ぎる〉过门不入 guò mén bú rù ❷ 〈話の中で触れないで〉要点を～して話す 避而不谈要点 bì ér bù tán yàodiǎn

ストーリー 剧情 jùqíng; 情节 qíngjié

ストール 披肩 pījiān

ストッキング 长筒袜 chángtǒngwà; 连裤袜 liánkùwà

ストック-する 存货 cúnhuò; 〈在庫品〉存货 cúnhuò; 库存 kùcún

ストップ-する 停止 tíngzhǐ

ストップやす〈ストップ安〉跌停板 diētíngbǎn

ストライキ-をする ❶〈労働者の〉罢工 bàgōng ❷〈学生の〉罢课 bàkè

ストライク〈野球〉好球 hǎoqiú

ストライプの 条纹 tiáowén

ストレート 直 zhí; 笔直 bǐzhí; ～ボクシング 直拳 zhíquán♦～にぶつかる 正面相撞 zhèngmiàn xiāngzhuàng ♦～な発言 坦率的发言 tǎnshuài de fāyán ♦～で 不对水喝 bú duìshuǐ hē ♦～でウイスキーの～ 不加水的威士忌 bù jiā shuǐ de wēishìjì

ストレス〈精神的緊張〉重压 zhòngyā; 精神压力 jīngshén yālì; 疲劳疲困 píláo ♦～を解消する 消除精神疲劳 xiāochú jīngshén píláo

ストレッチ〈体操〉伸展操 shēnzhǎncāo

ストレプトマイシン 链霉素 liànméisù

ストロー 麦秆吸管 màigǎn xīguǎn; 麦管 màiguǎn

ストローク〈水泳・ボート〉划 huá; 一划 yìhuá ♦〈テニス・卓球の一打ち〉抽球 chōuqiú

ストロボ 闪光灯 shǎnguāngdēng ♦～禁止 禁止使用闪光灯 jìnzhǐ shǐyòng shǎnguāngdēng

すとん ❶〈軽いものが落ちる擬音〉扑腾 pūtēng ♦～と落ちる 啪嗒一声落在地上 pādā yì shēng luòzài dìshang ❷〈数値が急に減少するさま〉一下子〈店頭〉一落 yíluò ♦営業額の成績が～と落ちる 营业额急剧下跌 yíngyè'é jùjù xiàdiē

すな【砂】 沙子 shāzi ♦～遊び 玩儿沙子 wánr shāzi ♦～煙 沙尘 shāchén ♦～地 沙土 shātǔ

すなあらし【砂嵐】沙暴 shābào

すなお【素直】 ❶〈心がねじまがっていない〉听话 tīnghuà; 天真 tiānzhēn; 老实 lǎoshi ♦～に従う 顺从 shùncóng ♦〈曲がってない〉～な文字 工整的字形 gōngzhěng de wénzì ♦～な髪の毛 顺溜的头发 shùnliu de tóufa

スナック ❶〈店〉酒吧 jiǔbā; 小吃店 xiǎochīdiàn ❷〈軽い菓子〉小吃 xiǎochī

スナップ ❶〈写真〉快相 kuàixiàng; 快照 kuàizhào ♦～写真を撮る 拍快相 pāi kuàixiàng ❷〈スポーツ〉手腕力 shǒuwànlì ♦～をきかす 用手腕快速投球 yòng shǒuwàn kuàisù tóuqiú ❸〈留め金具〉～ボックス 扣儿 ènkòur; 子母扣儿 zǐmǔkòur

すなば【砂場】 沙地 shādì

すなはま【砂浜】海滩 hǎitān; 沙滩 shātān

すなぶろ【砂風呂】沙浴 shāyù

すなやま【砂山】沙丘 shāqiū

すなわち【即ち】 ❶〈言いかえると〉即 jí; 也就是 yě jiùshì ♦中国の首都、～北京 中国的首都，即北京 Zhōngguó de shǒudū, jí Běijīng ❷〈そうすれば〉則… zé…♦信ずれば～救われる 相信就会得救 xiāngxìn jiù huì déjiù

スニーカー 球鞋 qiúxié; 旅游鞋 lǚyóuxié

ずぬけて【図抜けて】 出众 chūzhòng; 特别 tèbié

すねに〈～に傷をもつ〉心存内疚 xīn cún nèijiù

すねかじり【脛嚙り】 靠父母养活 kào fùmǔ yǎnghuo

すねもの【拗ね者】 性情乖僻的人 xìngqíng guāipì de rén

すねる【拗ねる】 执拗起来 zhíniùqǐlai; 闹别扭 nào bièniu

ずのう【頭脳】〈頭の働き・知力〉头脑 tóunǎo; 脑筋 nǎojīn ♦～労働 脑力劳动 nǎolì láodòng ♦～明晰 头脑清晰 tóunǎo qīngxī ♦〈優れた頭脳の持ち主〉～の流出 人才外流 réncái wàiliú ♦頭脳集団 智囊团 zhìnángtuán

スノータイヤ 防滑轮 fánghuálún

スノーボード〈スポーツ〉滑板滑雪 huá bǎn huáxuě

すのこ【簀子】 木算子 mùbizi; 泄水板 xièshuǐbǎn

すのもの【酢の物】醋拌凉菜 cùbàn liángcài

スパーク-する〈放電〉飞火星 fēi huǒxīng; 发火花 fā huǒhuā

スパート〈スポーツ〉加油冲刺 chōngcì ♦ラスト～ 最后冲刺 zuìhòu chōngcì

スパイ-する 间谍 jiàndié; 密探 mìtàn; 特务 tèwu ♦～衛星 间谍卫星 jiàndié wèixīng; 侦察卫星 zhēnchá wèixīng

スパイク ❶〈靴底の釘〉鞋底钉 xié-

スパイス — すべて　287

ディディン ◆～シューズ 钉鞋 dīngxié ❷〈バレーボール〉◆～する 扣球 kòuqiú
スパイス 调料 tiáoliào
スパゲッティ 意大利面条 Yìdàlì miàntiáo
すばこ【巣箱】 鸟巢箱 niǎocháoxiāng
すばしこい 敏捷 mǐnjié; 灵活 línghuó; 灵敏 língmǐn
すぱすぱ ❶〈タバコを吸うさま〉◆～タバコをふかす 大口吸烟 dàkǒu xīyān ❷〈物を切るさま〉◆～大根を切る 咔咔地切萝卜 kākā de qiē luóbo ❸〈物事をさっさと行うさま〉◆問題を～片づける 大刀阔斧地处理问题 dà dāo kuò fǔ de chǔlǐ wèntí
ずばずば ◆～質問する 针针见血地提问 zhēn zhēn jiàn xiě de tíwèn
すはだ【素肌】 未化妆的 wèi huàzhuāng de; 肌肤 jīfū
スパナ 扳手 bānshou ◆モンキー～ 活动扳手 huódòng bānshou
ずばぬける【ずば抜ける】 超凡 chāofán; 超群 chāoqún; 无与伦比 wú yǔ lún bǐ
スパムメール 垃圾邮件 lājī yóujiàn
すばやい【素早い】 ❶〈行動が〉麻利 máli; 轻捷 qīngjié ◆素早く 赶快 gǎnkuài ◆素早く避ける 赶快躲闪 gǎnkuài duǒshǎn ❷〈頭の回転が〉敏捷 mǐnjié; 机敏 jīmǐn ◆判断が素早い 机敏的判断 jīmǐn de pànduàn
すばらしい【素晴らしい】 精彩 jīngcǎi; 绝妙 juémiào; 美好 měihǎo
ずばり ◆針针见血 zhēn zhēn jiàn xiě; 直截了当 zhíjié liǎodàng ◆～当てる 一语说中 yì yǔ shuōzhòng
すばる【昴】〈星〉 昴宿星团 Mǎosùxīngtuán
スパルタ 斯巴达 Sībādá ◆～教育 斯巴达式教育 Sībādáshì jiàoyù
スパン〈時間の幅〉跨度 kuàdù ◆ライフ～ 寿命 shòumìng
ずはん【図版】 图版 túbǎn
スピーカー 扬声器 yángshēngqì; 扩音器 kuòyīnqì; 喇叭 lǎba
スピーチ 讲话 jiǎnghuà; 演讲 yǎnjiǎng ◆テーブル～ 即席讲话 jíxí jiǎnghuà
スピード 速度 sùdù ◆～を上げる 加快速度 jiākuài sùdù ◆～をおとす 减低速度 jiǎndī sùdù ◆～メーター 速度表 sùdùbiǎo ◆～写真 快摄快影 kuàisù kuàishè
スピードスケート 速度滑冰 sùdù huábīng
ずひょう【図表】 图表 túbiǎo
ずぶ-◆完全 wánquán ◆～の素人

一窍不通的外行 yí qiào bù tōng de wàiháng
スフィンクス 狮身人面像 shīshēn rénmiànxiàng
スプーン 匙子 chízi; 小勺儿 xiǎosháor
すぶた【酢豚】 古老肉 gǔlǎoròu; 糖醋里脊肉 tángcù lǐjiròu
ずぶとい【図太い】 厚脸皮 hòuliǎnpí
ずぶぬれ【ずぶ濡れ】 湿透 shītòu; 浑身湿透 húnshēn shītòu; 落汤鸡 luòtāngjī
すぶり【素振り】〈ラケットなどの〉空抡 kōnglūn
スプリング ❶〈ばね〉弹簧 tánhuáng ❷〈春〉春天 chūntiān ◆～コート 风衣 fēngyī
スプリンクラー 喷灌器 pēnguànqì; 洒水设备 sǎshuǐ shèbèi; 自动洒水灭火器 zìdòng sǎshuǐ mièhuǒqì
スプリンター〈スポーツ選手〉短跑运动员 duǎnpǎo yùndòngyuán
スプレー 喷雾器 pēnwùqì; 喷子 pēnzi
すべ【術】 办法 bànfǎ; 方法 fāngfǎ ◆なす～がない 没门儿 méiménr; 束手无策 shù shǒu wú cè
スペア-の〈予備〉备用 bèiyòng ◆～タイヤ 备用轮胎 bèiyòng lúntāi ❷〈ボウリング〉◆～をとる 补中 bǔzhòng
スペアリブ 排骨 páigǔ
スペース ❶〈空間〉场地 chǎngdì; 空间 kōngjiān ◆テーブルを置く～ 摆放桌子的空间 bǎifàng zhuōzi de kōngjiān ❷〈印刷物の紙面〉空 kòng; 篇幅 piānfú ◆～を割く 留出空来 liúchū kōng lái ❸〈宇宙空間〉太空 tàikōng ◆～シャトル 太空梭机 tàikōng chuānsuōjī
スペード 黑桃 hēitáo
すべからく【須く】必须 bìxū; 应当 yīngdāng ◆人は～働くべし 人皆必须劳动 rén jiē bìxū láodòng
すべき ◆～だ 应该 yīnggāi ◆…でない～である 不应当 bù yīngdāng ◆不可 bùkě: 不宜 bùyí
スペクタクル 壮观 zhuàngguān ◆～映画 大场面的影片 dà chǎngmiàn de yǐngpiàn
スペクトル 光谱 guāngpǔ
すべすべ-の 光滑 guānghuá; 光溜溜的 guāngliūliū; 滑腻 huánì
スペック(spec) 规格 guīgé
すべて【全[総·凡]て】都 dōu; 全都 quándōu; 一切 yíqiè ◆見るもの～が美しい 所见一切都美丽 suǒ jiàn yíqiè dōu měilì ◆金が～ではない 金

すべらす【滑らす】滑 huá◆口を~说走了嘴 shuōzǒu le zuǐ

すべりおちる【滑り落ちる】滑落 huáluò

すべりおりる【滑り降りる】滑下 huáxià

すべりこむ【滑り込む】滑进去 huájìnqu◆面接に~ 赶上面试 gǎnshàng miànshì

すべりだい【滑り台】滑梯 huátī

すべりだし【滑り出し】开端 kāiduān;开头 kāitóu◆~は順調だ 开头顺利 kāitóu shùnlì

すべりどめ【滑り止め】❶〈滑るのを防ぐ物〉防滑品 fánghuápǐn ❷〈受験に〉◆~に他の学校も受ける 怕考不上多报别的学校垫底 pà kǎobushàng duō bào biéde xuéxiào diàndǐ

スペリング 拼法 pīnfǎ

すべる【滑る】❶〈滑らかに移動する〉滑行 huáxíng◆スキーで~ 滑雪 huáxuě ❷〈表面がつるつるなさま〉滑 huá◆足が~ 脚打滑 jiǎo dǎhuá ❸〈余計なことを言う〉◆口が~ 走嘴 zǒuzuǐ;失言 shīyán;说漏嘴 shuōlòu ❹〈試験に失敗する〉◆~ 没考上 méi kǎoshàng

スポイト 玻璃吸管 bōli xīguǎn

スポークスマン 发言人 dàiyánrén;发言人 fāyánrén

スポーツ-する 体育运动 tǐyù yùndòng◆ジム 健身房 jiànshēnfáng◆~選手 运动员 yùndòngyuán◆~マンシップ 体育道德 tǐyù dàodé

ずぼし【図星】要害 yàohài◆~だ 正中要害 zhèng zhòng yàohài

スポット ❶〈場所〉地点 dìdiǎn;场所 chǎngsuǒ◆人气スポット 现在受欢迎的地方 xiànzài shòu huānyíng de dìfang ❷〈観光〉旅游景点 lǚyóu jǐngdiǎn ❸〈テレビ・ラジオ番组に挟む〉插播 chābō◆~広告 插播广告 chābō guǎnggào◆~ニュース 插播新闻 chābō xīnwén ❹〈注目〉焦点 jiāodiǎn◆市长に~を当てる 把重点集中在市长身上 bǎ jiāodiǎn jízhōng zài shìzhǎng shēnshàng

スポットライト 聚光灯 jùguāngdēng◆~を浴びる 大受瞩目 dà shòu zhǔmù

すぼめる【窄める】收 shōu;缩小 suōxiǎo◆傘を~ 收伞 shōu sǎn◆口を~ 抿嘴 mǐnzuǐ

ずぼら-な 懒散 lǎnsàn;吊儿郎当 diào'er lángdāng

ズボン 裤子 kùzi◆~をはく 穿裤子 chuān kùzi◆~下 衬裤 chènkù◆~吊り 背带 bēidài◆半~ 短裤 duǎnkù

ズボンサー 赞助商 zànzhùshāng;广告主 guǎnggàozhǔ

スポンジ 海绵 hǎimián

スマート-な ❶〈姿形が〉苗条 miáotiao◆彼女はとても~だ 她很苗条 tā hěn miáotiao◆~に着こなす 穿着潇洒 chuānzhuó xiāosǎ ❷〈行动が〉酒脱 sǎtuō;漂亮 piàoliang◆~に答える 酒脱地回答 sǎtuō de huídá

スマートグリッド 智能电网 zhìnéng diànwǎng

スマートフォン 智能手机 zhìnéng shǒujī

スマートメディア 智能媒体 zhìnéng méitǐ

すまい【住まい】❶〈暮らし〉住 zhù;居住 jūzhù◆一人ずまい 一个人住 yí ge rén zhù◆独身生活 dúshēn shēnghuó ❷〈住居〉住房 zhùfáng;寓所 yùsuǒ;住处 zhùchù◆お~はどちらですか 您住在哪儿 nín zhù zài nǎr

すましじる【澄まし汁】清汤 qīngtāng

すましや【澄まし屋】装模作样的人 zhuāng mú zuò yàng de rén

すます【済ます】❶〈なし終える〉作完 zuòwán◆仕事を~ 做完工作 zuòwán gōngzuò ❷〈間に合わせる〉将就 jiāngjiù;应付 yìngfu◆昼饭抜きで~ 不吃午饭将就过去 bù chī wǔfàn jiāngjiu guòqu

すます【澄ます】❶〈にごりをなくす〉水を~ 把水澄清 bǎ shuǐ dèngqīng ❷〈意識を集中する〉◆耳を~ 侧耳倾听 cè'ěr qīngtīng ❸〈気取る〉◆~っと~ 装模作样 zhuāng mú zuò yàng ❹〈平然としている〉◆澄ました様子 满不在乎 mǎn bú zài hu

スマッシュ-する 扣杀 kòushā;扣球 kòuqiú

すみ 角落 jiǎoluò◆~に置けない 不可轻视 bùkě qīngshì◆重箱の~をつつく 吹毛求疵 chuī máo qiú cī

すみ【炭】炭 tàn;木炭 mùtàn

すみ【墨】墨 mò◆~絵 水墨画 shuǐmòhuà

すみ【住処】居处 zhùchù

すみきる【澄みきる】清澈 qīngchè;澄彻 chéngchè;澄清 chéngqīng

すみごこち【住み心地】居住的感觉 jūzhù de gǎnjué◆~が好い〔悪い〕住着舒服〔不舒服〕zhùzhe shūfu

すみこみ【住み込み-で】 住在雇主家 zhù zài gùzhǔ jiā ◆~の使用人 住在雇主家的佣人 zhù zài gùzhǔ jiā de yòngrén
すみずみ【隅々】 到处 dàochù；各个角落 gège jiǎoluò
すみつく【住み着く】 定居 dìngjū
すみなれる【住み慣れる】 住惯 zhùguàn
すみび【炭火】 炭火 tànhuǒ
すみません【済みません】 对不起 duìbuqǐ；抱歉 bàoqiàn
すみやか【速やか-に】 迅速 xùnsù；从速 cóngsù
すみやき【炭焼き】 ❶《木炭を作る》烧炭 shāotàn ❷《炭火で焼く》用炭火烤 yòng tànhuǒ kǎo
スミレ【菫】 紫菜 jǐncài ◆~色 菫色 jǐnsè：紫罗兰 zǐluólán
すみわたる【澄み渡る】 清彻 qīngchè ◆空が~ 晴空万里 qíngkōng wànlǐ
すむ【住む】 居住 jūzhù；住 zhù
すむ【済む】 完 wán；结束 jiéshù；引延しが~ 搬迁家 bānwān jiā ◆すり傷で~ 幸而只擦破皮 xìng'ér zhǐ cāpò pí ◆電話一本で~ 打个电话就够了 dǎ ge diànhuà jiù gòu le ◆気が~ 满意 mǎnyì
すむ【澄む】 澄清 chéngqīng ◆澄んだ声 清脆的声音 qīngcuì de shēngyīn ◆心が~ 心情宁静 xīnqíng níngjìng
スムーズ-な 圆滑 yuánhuá ◆~に進行している 顺利进行 shùnlì jìnxíng
ずめん【図面】 图样 túyàng；图纸 túzhǐ ◆~を描く 制图 zhìtú；绘图 huìtú
すもう【相撲】 相扑 xiàngpū；摔跤 shuāijiāo
スモッグ 烟雾 yānwù ◆光化学~ 光化学烟雾 guānghuàxué yānwù
スモモ【李】 李子 lǐzi
すやき【素焼き-の】 《器》瓦罐 wǎguàn ◆~の器 素陶器 sùtáoqì
すやすや 香甜 xiāngtián；安稳 ānwěn ◆~眠る 香甜地睡 xiāngtián de shuì
スライス-する 切片 qiēpiàn ◆~ハム 火腿肉片 huǒtuǐ ròupiàn
スライド-する ❶《滑ること》滑动 huádòng ◆物価~制 按物价浮动的工资制度 àn wùjià fúdòng de gōngzī zhìdù ❷《幻灯》幻灯 huàndēng ◆~を映す 演幻灯 yǎn huàndēng
ずらす ❶《位置を》挪 nuó ◆视点を~ 挪动视点 nuódòng shìdiǎn ❷《日时を》错开 cuòkāi ◆一か月~ 错

開一か月 cuòkāi yí ge yuè
すらすら 流利 liúlì；顺利 shùnlì ◆~答える 流利地回答 liúlì de huídá ◆~ことが運ぶ 顺利进行 shùnlì jìnxíng
スラックス 女西装裤 nǚ xīzhuāngkù；女裤 nǚkù
すらっとした 苗条 miáotiao；亭亭玉立 tíngtíng yùlì
スラム 贫民窟 pínmínkū
すらり-と ❶《刀を抜くさま》嗖地一下 sōu de yíxià ❷《スマートな》~と伸びた脚 修长伸展的腿 xiūcháng shēnzhǎn de tuǐ
ずらり 一大排 yí dà pái
スラング 俚语 lǐyǔ；行话 hánghuà
スランプ 《心の》一时不振 yìshí bú zhèn
すり【掏摸】 扒手 páshǒu；小偷 xiǎotōu ◆~にご注意を 谨防扒手 jǐnfáng páshǒu
すりあがる【刷り上がる】 印完 yìnwán ◆印出来 yìnchūlai
すりガラス【擦り硝子】 磨沙玻璃 móshā bōli；毛玻璃 máobōli
すりきず【擦り傷】 擦伤 cāshāng
すりきれる【擦り切れる】 磨破 mópò
すりこぎ【擂り粉木】 研磨棒 yánmóbàng；擂槌 léichuí
すりこむ【刷り込む】 《薬などを》擦上 cāshàng ◆軟膏を~ 抹软膏 mǒ ruǎngāo
すりこむ【刷り込む】 印上 yìnshàng
スリッパ 拖鞋 tuōxié
スリップ ❶《滑ること》~する 滑 huá ◆~事故 滑车事故 huáchē shìgù ❷《婦人下着》衬裙 chènqún
すりつぶす【擂り潰す】 研磨 yánmó；磨碎 mósuì
すりばち【擂り鉢】 研钵 yánbō；擂钵 léibō
すりへらす【擦［磨］り減らす】 磨损 mósǔn ◆神経を~ 劳神 láoshén；耗费心血 hàofèi xīnxuè
すりへる【擦［磨］り減る】 ❶《こすって少なくなる》磨损 mósǔn ◆タイヤが~ 轮胎磨损 lúntāi mósǔn ❷《使いすぎてなくなる》耗损 hàosǔn ◆神経が~ 心神耗尽 xīnshén hàojìn ❸《少しずつ減る》消耗 xiāohào ◆財产が~ 财产渐渐费掉 cáichǎn jiànjiàn fèidiào
すりむく【擦り剝く】 擦破 cāpò

すりもの【刷り物】印刷品 yìnshuāpǐn

すりよる【擦り寄る】挪近 nuójìn; 贴近 tiējìn; 凑近 còujìn

スリラー 惊险 jīngxiǎn◆～映画 惊险影片 jīngxiǎn yǐngpiàn◆～小説 惊险小说 jīngxiǎn xiǎoshuō

スリル 惊险 jīngxiǎn◆～満点 极其惊险 jíqí jīngxiǎn

する【掏】扒 pá; 扒窃 páqiè; 掏腰包 tāo yāobāo◆财布を掏られる 钱包被窃 qiánbāo bèi qiè

する【為る】做 zuò; 干 gàn; 办 bàn◆テニスを～ 打网球 dǎ wǎngqiú◆あくびを～ 打哈欠 dǎ hāqian◆音が～ 有声音 yǒu shēngyīn◆寒気が～ 发冷 fālěng◆ネクタイを～ 系领带 jì lǐngdài

する【擦る;摺る】❶〈こする〉磨 mó; 研 yán◆マッチを～ 划火柴 huá huǒchái◆墨を～ 研墨 yán mò ❷〈賭けなどで〉输 shū◆有り金を～ 把手头的钱全输光了 bǎ shǒutóu de qián quán shūguāng le

する【刷[摺]る】印刷 yìnshuā◆版画を～ 印版画 yìn bǎnhuà

ずる【狡】狡猾 jiǎohuá; 滑头 huátóu◆～をする 耍滑 shuǎhuá◆休み 偷懒 tōulǎn

ずるい【狡い】狡猾 jiǎohuá; 油滑 yóuhuá◆～手を使う 耍滑头 shuǎ huátóu◆ずるく立ち回る 投机取巧 tóujī qǔqiǎo

ずるがしこい【狡賢い】奸诈 jiānzhà; 油头滑脑 yóu tóu huá nǎo◆～な 老狐狸 lǎo húli

ずるける【怠ける】偷懒 tōulǎn

するする ◆～登る 轻快地攀登 qīngkuài de pāndēng

ずるずる ❶〈液体を吸う擬音〉◆スープを～する 咝溜咝溜地喝汤 chīliūchīliū de hē tāng ❷〈物を引きずるさま〉拖着移动 tuōzhe yídòng◆～引きずる 拖拉着下摆 tuōlāzhe xiàbǎi ❸〈物事の決まりをつけないさま〉◆～と返事を延ばす 拖拖拉拉不回音 tuōtuōlālā bù huíyīn

すると〈そうすると〉于是 yúshì◆扉が開いた 于是门就开了 yúshì mén jiù kāi le ❷〈それなら〉那么 nàme; 这么一来 zhème yì lái◆～知らなかったのは私だけか 那么，只有我不知道了 nàme, zhǐyǒu wǒ bù zhīdào le

するどい【鋭い】❶〈刃物などが〉快 kuài; 锋利 fēnglì◆ナイフ 锋利的小刀 fēnglì de xiǎodāo ❷〈視覚·頭脳が〉敏锐 mǐnruì◆～洞察力 敏锐的洞察力 mǐnruì de dòngchálì 勘が～ 直觉敏锐 zhíjué mǐnruì ❸〈勢いの〉厉害 lìhai◆～パンチ 狠狠的一拳 hěnhěn de yì quán ❹〈厳しい〉尖锐 jiānruì◆～批判 尖锐的批评 jiānruì de pīpíng◆目つきが～ 目光刺人 mùguāng cìrén

-するほかない【する他ない】只好 zhǐhǎo; 不能不 bù néng bù◆これでは同意 这样就只能答应了 zhèyàng jiù zhǐ néng dāying le

するめ【鯣】鱿鱼干 yóuyúgān

するり-と 滑溜溜地 huáliūliū de

ずれ ❶〈位置の〉偏差 piānchā; 差异 chāyì ❷〈時間の〉不合 bùhé; 错开 cuòkāi ❸〈考え·気持ちの〉隔阂 gémó; 距离 jùlí

スレート 石板 shíbǎn

ずれこむ【ずれ込む】推迟到 tuīchídào; 延长到 yáncháng dào◆来年にずれ込みそうだ 看来要延到明年 kànlái yào yándào míngnián

すれちがいざまに【擦れ違いざまに】◆～に擦身而过 cā shēn ér guò◆水面に～飞 贴着水面飞 tiēzhe shuǐmiàn fēi◆定刻～に到着した 差一点儿没赶到 chà yìdiǎnr méi gǎndào

すれちがう【擦れ違う】❶〈近くを通り過ぎる〉错过 cuòguò; 擦肩而过 cā jiān ér guò ❷〈列車が〉火车错车 huǒchē cuòchē ❸〈論点がかみ合わない〉不一致 bù yízhì◆意见が～ 意见不吻合 yìjiàn bù wěnhé

すれっからし【擦れっ枯らし】油子 yóuzi; 滑头 huátóu

-すれば 如果 rúguǒ; 只要 zhǐyào◆明日に～どうなの 延到明天天好不好 yándào míngtiān hǎobuhǎo◆電話～すむ事が 打一下电话就行了 dǎ yíxià diànhuà jiù xíng le◆私と～不満だらけだ 在我说来，怎么能满意呢 zài wǒ shuōlái, zěnme néng mǎnyì ne

すれる【擦れる】❶〈こすれて減る·痛む〉摩擦 mócā; 磨破 mópò◆～ので 脚下跟磨破 jiǎohòugēn mópò◆袖口が～ 袖口磨破 xiùkǒu mópò ❷〈純粋さを失う〉滑 huá; 油滑 yóuhuá◆世间にもまれて～ 久经世故而变油滑了 jiǔjīng shìgù ér biàn yóuhuá le

ずれる ❶〈滑り動く〉错位 cuòwèi◆背骨が～ 背骨错位 bèigǔ cuòwèi ❷〈基準からはずれる〉偏离 piānlí; 偏 piān◆予定が～ 预定落空 yùdìng luòkōng◆時代感覚が～ 偏离时代的感觉 piānlí shídài◆論点が～ 论点不对题 lùndiǎn bú duìtí

スロー 缓慢 huǎnmàn◆～モーション 慢镜头 màn jìngtóu

スローガン 口号 kǒuhào; 呼号 hūhào; 标语 biāoyǔ ♦～を掲げる 高举标语 gāojǔ biāoyǔ ♦～を叫ぶ 高喊口号 gāohǎn kǒuhào

スロープ 斜坡 xiépō

スローフード 慢餐 màncān

スローモー-な 慢腾腾 mànténgténg

ずろく【図録】图谱 túpǔ

スロットマシーン 老虎机 lǎohǔjī

スロットル 油门 yóumén

スワップ ❶〈情報交換〉信息交换 xìnxī jiāohuàn ❷〈スワップ取引〉互惠信贷 hùhuì xìndài ❸〈夫婦交換〉夫妻交换 fūqī jiāohuàn

すわり【座り】♦～のよい 安稳 ānwěn; 稳定 wěndìng

すわりこみ【座り込み-をする】静坐示威 jìngzuò shìwēi

すわりこむ【座り込む】坐下不动 zuòxià bú dòng;〈抗議などで〉静坐示威 jìngzuò shìwēi

すわる【座る】坐 zuò ♦ソファーに～ 坐在沙发上 zuò zài shāfāshang

すわる【据わる】❶〈しっかりと定まる〉♦赤ん坊の首が～ 婴儿的脖子能挺起来 yīng'ér de bózi néng tǐngqǐlai ❷〈動じなくなる〉♦性根が～ 本性沉着 běnxìng chénzhuó ❸〈動きが止まる〉♦酔いで目が～ 醉得眼睛发直 zuìde yǎnjing fāzhí

すんか【寸暇】片刻 piànkè ♦～を惜しむ 珍惜寸暇 zhēnxī cùnxiá

ずんぐり ♦～した体型 胖墩墩的体型 pàngdūndūn de tǐxíng

すんげき【寸劇】短剧 duǎnjù

すんこく【寸刻】寸刻 cùnkè ♦～を争う 刻不容缓 kè bù róng huǎn

すんじ【寸時-も】片刻 piànkè; 寸暇 cùnxiá ♦～も忘れてはならない 一刻也不能忘 yíkè yě bùnéng wàng

ずんずん ♦～仕事を進める 迅速开展工作 xùnsù kāizhǎn gōngzuò

すんぜん【寸前】眼看就要 yǎnkàn jiùyào; 即将 jíjiāng ♦倒産～である 眼看就要破产 yǎnkàn jiùyào pòchǎn ♦爆発～に 即将爆发时 jíjiāng bàofā shí ♦ゴール～で抜かれる 眼看到终点时被人超过 yǎnkàn dào zhōngdiǎn shí bèi rén chāoguò

すんだん【寸断-する】寸断 cùnduàn

すんてつ【寸鉄】♦身に～を帯びず 身无寸铁 shēn wú cùntiě ♦～人を刺す 一针见血 yì zhēn jiàn xiě

すんでのところ【すんでの所-で】差一点儿 chà yìdiǎnr; 几乎 jīhū ♦～で助かった 差一点儿没得救 chà yìdiǎnr méi déjiù

ずんどう【寸胴-な】上下一样粗 shàngxià yíyàng cū

すんなり ❶〈しなやかで細い〉♦手足が～とした 苗条 miáotiao; 细长 xìcháng ❷〈滞りなく進行するさま〉♦～認める 马上承认 mǎshàng chéngrèn ♦交渉は～運んだ 交涉进行得顺利 jiāoshè jìnxíngde shùnlì

すんびょう【寸秒】♦～を争う 争分夺秒 zhēng fēn duó miǎo

すんぴょう【寸評】短评 duǎnpíng

すんぶん【寸分】一丝一毫 yì sī yì háo ♦～違わない 分毫不差 fēnháo bú chà

すんぽう【寸法】❶〈物の長さ〉尺寸 chǐcùn; 尺码 chǐmǎ ♦～を測る量 尺码 liáng chǐmǎ ❷〈もくろみ・計画〉企图 qǐtú; 打算 dǎsuan ♦横取りする～だ 打算抢夺 dǎsuan qiǎngduó

せ

せ【瀬】 ❶ 〈川などの〉浅灘 qiāntān ◆~を渡る 过浅滩 guò qiāntān ◆〈境地・立場〉立つ~がない 无地自容 wú dì zì róng

せ【背】 ❶〈背中〉后背 hòubèi ◆~を向ける 不理睬 bù lǐcǎi ◆~に腹は変えられぬ 为大利只好牺牲小利 wèi dàlì zhǐhǎo xīshēng xiǎolì ❷〈物の後ろ側〉背 bèi ◆いすの~ 椅子背 yǐzibèi ◆本の~ 书脊 shūjǐ ❸〈盛り上がって連なっている部分〉山の~ 山脊 shānjǐ ◆〈身長〉～が高い 个子高 gèzi gāo ◆～が低い 个子矮 gèzi ǎi

せい【所為】 原因 yuányīn; 缘故 yuángù ◆雪の~だ 原因在于下雪 yuányīn zàiyú xiàxuě ◆父の~にする 归咎于父亲 guījiùyú fùqīn

せい【姓】 姓 xìng; 姓氏 xìngshì

せい【性】 ❶〈本性〉本性 běnxìng ◆人間の～は善である 人之初, 性本善 rén zhī chū, xìng běn shàn ❷〈雄・雌の区別〉性 xìng ◆～差别 性别歧视 xìngbié qíshì ❸〈セックス〉性 xìng ◆～欲 性欲 xìngyù

せい【正】 ❶〈正しいこと〉正道 zhèngdào; 正确 zhèngquè ◆よく邪を討す 正义常压倒邪恶 zhèngyì cháng yādǎo xié'è ❷〈主たること〉正的 zhèng de ◆～副委員長 正副委员长 zhèngfù wěiyuánzhǎng ❸〈プラスの数・正数〉正数 zhèngshù

せい【精】 〈精力・元気〉精力 jīnglì ◆～を出す 勉励 miǎnlì ◆～をつける 补养 bǔyǎng ◆～も根も尽き果てる 精疲力尽 jīng pí lì jìn ❷〈物に宿る魂〉精灵 jīnglíng; 灵魂 línghún ◆木の～ 树精 shùjīng

せい【聖・なる】 神聖 shénshèng ◆～なる土地 神圣的土地 shénshèng de tǔdì

ぜい【税】 税金 shuìjīn ◆～率 税率 shuìlǜ ◆～を納める 纳税 nàshuì ◆～込み 税款在内 shuìkuǎn zàinèi

ぜい【贅】 ◆～を尽す 极尽奢华 jíjìn shēhuá

せいあつ【制圧-する】 压服 yāfú; 制伏 zhìfú

せいあん【成案】 成案 chéng'àn

せいい【誠意】 诚意 chéngyì; 真诚 zhēnchéng ◆～を尽くす 竭诚 jiéchéng ◆～に欠ける 缺乏诚意 quēfá chéngyì

せいいき【聖域】 ❶〈宗教における〉圣地 shèngdì ◆宗教上の~を侵す 侵犯圣地 qīnfàn shèngdì ◆〈不可侵の領域・事柄〉禁区 jìnqū; 圣地 shèngdì ◆～に踏み込んだ論争 介入禁区的争论 jièrù jìnqū de zhēnglùn

せいいき【声域】 声域 shēngyù ◆～が広い 声域宽 shēngyù kuān

せいいち【誠心】 诚心 chéngzhēn

せいいっぱい【精一杯】 竭尽全力 jié jìn quánlì; 尽量 jǐnliáng

せいいん【成員】 成员 chéngyuán

せいいん【成因】 成因 chéngyīn

セイウチ【海象】 海象 hǎixiàng

せいうん【星雲】 星云 xīngyún ◆～群 星云群 xīngyúnqún

せいうん【青雲】 ◆～の志 鸿鹄之志 hónghú zhī zhì

せいえい【精鋭】 精锐 jīngruì ◆～を率いる 率领精锐 shuàilǐng jīngruì ◆～部隊 精锐部队 jīngruì bùduì

せいえき【精液】 精液 jīngyè

せいえん【声援-する】 声援 shēngyuán; 助威 zhùwēi ◆～を送る 加油助威 jiāyóu zhùwēi

せいえん【製塩】 制盐 zhìyán

せいえん【清音】 清音 qīngyīn

せいおん【静穏-な】 稳静 wěnjìng

せいか【成果】 成果 chéngguǒ; 成就 chéngjiù; 收获 shōuhuò ◆輝かしい～ 辉煌的成果 huīhuáng de chéngguǒ ◆～を収める 取得成就 qǔdé chéngjiù

せいか【実価】 实价 shíjià ◆～販売 实价出售 shíjià chūshòu

せいか【正課】 正规课程 zhèngguī kèchéng ◆～に取り入れる 纳入正规课程 nàrù zhèngguī kèchéng

せいか【正貨】 正币 zhèngbì; 金银币 jīnyínbì ◆～準備 硬币储备 yìngbì chǔbèi

せいか【生家】 出生之家 chūshēng zhī jiā ◆～を訪ねる 走娘家 zǒu niángjia

せいか【生花】 鲜花 xiānhuā ◆～を飾る 摆上鲜花 bǎishàng xiānhuā

せいか【盛夏】 盛暑 shèngshǔ; 盛夏 shèngxià

せいか【精華】 精英 jīngyīng; 精华 jīnghuá ◆青磁の～ 青瓷的精华 qīngcí de jīnghuá

せいか【聖歌】 圣歌 shènggē ◆～隊 唱诗班 chàngshībān

せいか【聖火】 圣火 shènghuǒ ◆～ランナー 圣火接力队员 shènghuǒ jiēlì duìyuán ◆～リレー 圣火接力 shènghuǒ jiēlì

せいか【声価】 声价 shēngjià; 名声 míngshēng; 信誉 xìnyù ◆～を上げ

せいか 抬高声价 táigāo shēngjià ◆～が定まる 声价确定 shēngjià quèdìng
せいか【製菓】 糕点制作 gāodiǎn zhìzuò ◆～業 糕点业 gāodiǎnyè
せいか【青果】 蔬菜和水果 shūcài hé shuǐguǒ ◆～市場 蔬菜水果市场 shūcài shuǐguǒ shìchǎng
せいかい【政界】 政界 zhèngjiè ◆～に入る 进入政界 jìnrù zhèngjiè ◆～を退く 退出政界 tuìchū zhèngjiè
せいかい【正解-する】《結果として良かったこと》① 正确解答 zhèngquè jiědá ◆全問～ 所有问题都答对 suǒyǒu wèntí dōu dáduì ② 对 duì ◆タクシーに乗って～だった 坐出租车坐对了 zuò chūzūchē zuòduì le
せいかい【盛会】 盛会 shènghuì ◆～のうちに終わった 隆重结束 lóngzhòng jiéshù
せいかいけん【制海権】 制海权 zhìhǎiquán
せいかがく【生化学-の】 生物化学 shēngwù huàxué
せいかく【性格】 脾气 píqi；性格 xìnggé；性情 xìngqíng ◆～が悪い 性格不好 xìnggé bùhǎo ◆～の不一致 性格不合 xìnggé bùhé ◆～のよい 脾气好 píqi hǎo ◆俳優の個性 演员 gèxìng yǎnyuán
せいかく【正確-な】 确切 quèqiè；正确 zhèngquè；准确 zhǔnquè ◆～を期する 期望准确 qīwàng zhǔnquè
せいかく【精確-な】 精确 jīngquè ◆～さ 精确度 jīngquèdù ◆～さで知られる 以精确闻名 yǐ jīngquè wénmíng
せいがく【声楽】 声乐 shēngyuè ◆～家 声乐家 shēngyuèjiā
ぜいがく【税額】 税额 shuì'é
せいかつ【生活】 过日子 guò rìzi；生活 shēnghuó；过活 guòhuó ◆一家の～がかかった 关系到一家的生活 guānxìdào yìjiā de shēnghuó ◆～が苦しい 生活穷困 shēnghuó qióngkùn ◆～が良い 日子难过 rìzi nánguò ◆～が豊かである 生活富裕 shēnghuó fùyù ◆～の手段 生活手段 shēnghuó shǒuduàn ◆～環境 生活环境 shēnghuó huánjìng ◆～水準 生活水平 shēnghuó shuǐpíng ◆～費 生活费 shēnghuófèi ◆～音 生活杂音 shēnghuó záyīn
せいかつ【生還-する】 生还 shēnghuán ◆～者 生还者 shēnghuánzhě
せいかん【精悍-な】 精悍 jīnghàn ◆～な顔つき 精悍的面孔 jīnghàn de miànkǒng
せいかん【静観-する】 静观 jìngguān；冷静地观察 lěngjìng de guānchá ◆事態を～する 静观事态 jìngguān shìtài
せいがん【誓願-する】 誓愿 shìyuàn
せいがん【請願-する】 请愿 qǐngyuàn ◆～書 请愿书 qǐngyuànshū
ぜいかん【税関】 海关 hǎiguān ◆～に申告する 报关 bàoguān ◆～を通る 通过海关 tōngguò hǎiguān
せいき【世紀】 世纪 shìjì ◆21 - 二十一世纪 èrshíyī shìjì ◆我々の～ 我们这个时代 wǒmen zhège shídài ◆～の祭典 百年大典 bǎi nián dàdiǎn
せいき【性器】 性器 xìngqì；生殖器 shēngzhíqì
せいき【正規-の】 正规 zhèngguī；正常 zhèngcháng ◆～のルート 正规途径 zhèngguī tújìng ◆～の手続き 正常手续 zhèngcháng shǒuxù
せいき【生気】 朝气 zhāoqì；生机 shēngjī；生气 shēngqì ◆～のない 死气沉沉 sǐqì chénchén；呆滞 dāizhì ◆～盛んな 充满朝气 chōngmǎn zhāoqì；朝气蓬勃 zhāo qì péngbó ◆～を取り戻す 恢复生机 huīfù shēngjī
せいき【精気】 元气 yuánqì ◆万物の～ 万物之元气 wànwù zhī yuánqì
せいぎ【正義】 公道 gōngdào；正义 zhèngyì ◆～感の強い 正义感强 zhèngyìgǎn qiáng ◆～漢 血性汉子 xuèxìng hànzi
せいきまつ【世紀末】 ❶《十九世纪末》～とは文学 十九世纪末文学 shíjiǔ shìjì mò wénxué ❷《世纪の末期》世纪末 shìjìmò
せいきゅう【性急-な】 急躁 jízào；性急 xìngjí ◆～すぎる 操之过急 cāo zhī guò jí
せいきゅう【請求-する】 请求 qǐngqiú ◆～書 账单 zhàngdān
せいきょ【逝去-する】 逝世 shìshì；去世 qùshì；与世长辞 yǔ shì cháng cí
せいぎょ【制御-する】 制导 zhìdǎo；驾御 jiàyù；控制 kòngzhì ◆～装置 控制装置 kòngzhì zhuāngzhì ◆～不能 不能驾御 bù néng jiàyù ◆自己を～する 克制自己 kèzhì zìjǐ
せいきょう【政教】 政教 zhèngjiào ◆～分離 政教分离 zhèngjiào fēnlí
せいきょう【盛況】 盛况 shèngkuàng ◆～を呈する 呈现盛况 chéngxiàn shèngkuàng
せいぎょう【正業】 正当职业 zhèngdàng zhíyè
せいぎょう【生業】 生业 shēngyè；职业 zhíyè ◆絵かきを～とする 以画画儿为职业 yǐ huà huàr wéi zhíyè

せいきょういく ― せいさく

せいきょういく【性教育】 性教育 xìng jiàoyù

せいきょく【政局】 政局 zhèngjú ♦~が安定している 政局安定 zhèngjú āndìng ♦~が行き詰まる 政局僵滞 zhèngjú jiāngzhì

せいきょく【正極】 阳极 yángjí

せいきん【精勤-する】 辛勤工作 xīnqín gōngzuò ♦~手当 全勤津贴 quánqín jīntiē

ぜいきん【税金】 税 shuì; 税款 shuìkuǎn ♦~がかかる 上税 shàngshuì ♦~を取る 课税 kèshuì ♦~を申告する 报税 bàoshuì ♦~を納める 纳税 nàshuì

せいく【成句】 成语 chéngyǔ; 谚语 yànyǔ

せいくうけん【制空権】 制空权 zhìkōngquán

せいくらべ【背比べ-する】 比高矮 bǐ gāo'ǎi; 比个子 bǐ gèzi ♦どんぐりの~ 半斤八两 bàn jīn bā liǎng

せいけい【整形-する】 整形 zhěngxíng ♦~外科 整形外科 zhěngxíng wàikē ♦~手術 整形手术 zhěngxíng shǒushù

せいけい【生計】 生计 shēngjì ♦~を立てる 谋生 móushēng; 营生 yíngshēng

せいけい【西経】 西经 xījīng ♦~25度 西经二十五度 xījīng èrshíwǔ dù

せいけつ【清潔-な】 ❶〈衛生的〉干净 gānjìng; 清净 jiéjìng; 清洁 qīngjié ♦~にする 弄干净 nòng gānjìng ♦~を保つ 保持清洁 bǎochí qīngjié ❷〈人柄·行いが清らか〉廉洁 liánjié ♦~な政治 廉洁政治 liánjié zhèngzhì

せいけん【政権】 政权 zhèngquán ♦~が交代する 政权更替 zhèngquán gēngtì ♦~の座につく 掌握政权 zhǎngwò zhèngquán; 掌权 zhǎngquán ♦~を握る 当政 dāngzhèng; 执政 zhízhèng

せいけん【政見】 政见 zhèngjiàn

せいげん【制限-する】 限制 xiànzhì ♦~時間 限制时间 xiànzhì shíjiān ♦~速度 限制速度 xiànzhì sùdù ♦産児~ 节制生育 jiézhì shēngyù ♦無~に 无限制地 wúxiànzhì de

ぜいげん【税源】 税源 shuìyuán

ぜいげん【贅言-する】 赘言 zhuìyán; 赘述 zhuìshù ♦~を要しない 毋庸赘言 wú yōng zhuì yán

せいご【成語】 典故 diǎngù; 成语 chéngyǔ

せいご【正誤】 ❶〈正と誤〉正误 zhèngwù ♦~を見極める 弄清正误 nòngqīng zhèngwù ❷〈訂正〉表 勘误表 kānwùbiǎo

せいご【生後】 生后 shēnghòu ♦~3か月 出生后三个月 chūshēng hòu sān ge yuè

せいこう【性交-する】 性交 xìngjiāo; 交媾 jiāogòu

せいこう【性向】 性格 xìnggé ♦温和な~ 温和的性格 wēnhé de xìnggé

せいこう【性行】 品行 pǐnxíng ♦~不良 品行不端 pǐnxíng bùduān

せいこう【成功-する】 ❶〈目的を達成する〉成功 chénggōng; 胜利 shènglì ♦~まちがいなし 一定成功 yídìng chénggōng ❷〈富·地位を得る〉发迹 fājì ♦~者 成功者 chénggōngzhě

せいこう【政綱】 政纲 zhènggāng

せいこう【生硬-な】 死板 sǐbǎn ♦~な文章 生硬的文章 shēngyìng de wénzhāng

せいこう【精巧-な】 精巧 jīngqiǎo; 工致 gōngzhì; 细巧 xìqiǎo

せいこう【製鋼】 炼钢 liàngāng ♦~所 炼钢厂 liàngāngchǎng

せいこうい【性行為】 性行为 xìngxíngwéi

せいこううどく【晴耕雨読】 晴耕雨读 qíng gēng yǔ dú

せいこうほう【正攻法】 正面攻击法 zhèngmiàn gōngjīfǎ

せいこく【正鵠】 ♦~を射る[得る] 击中要害 jīzhòng yàohài; 攻其不备 gōng qí yào bèi

せいこん【精根】 精力 jīnglì ♦~を尽くす 尽心竭力 jìn xīn jié lì; 倾注心血 qīngzhù xīnxuè ♦~込めて 拼命 pīnmìng ♦~尽き果てる 精疲力尽 jīng pí lì jìn

せいざ【星座】 星座 xīngzuò; 星宿 xīngxiù ♦~表 星座图 xīngzuòtú

せいざ【正座-する】 端坐 duānzuò; 正襟危坐 zhèng jīn wēi zuò

せいさい【制裁-する】 制裁 zhìcái ♦~を受ける 受到制裁 shòudào zhìcái

せいさい【正妻】 嫡妻 díqī; 正房 zhèngfáng

せいさい【生彩】 生气 shēngqì; 精彩 jīngcǎi ♦~に富む 有声有色 yǒu shēng yǒu sè ♦~を欠く 减色 jiǎnsè; 缺乏生气 quēfá shēngqì

せいざい【製剤】 制剂 zhìjì ♦~会社 制药公司 zhìyào gōngsī ♦血液~ 血液制剂 xuèyè zhìjì

せいざい【製材-する】 制材 zhìcái ♦~所 木材加工厂 mùcái jiāgōngchǎng; 制材厂 zhìcáichǎng

せいさく【政策】 政策 zhèngcè ♦~を決める 拟订政策 nǐdìng zhèngcè ♦~を実施する 落实政策 luòshí

せいさく【制作-する】 制作 zhìzuò ◆娯楽映画を～する 拍制娱乐影片 pāizhì yúlè yīngpiān
せいさく【製作-する】 制造 zhìzào ◆～所 制造所 zhìzàosuǒ；制造厂 zhìzàochǎng
せいさつよだつ【生殺与奪】 生杀予夺 shēng shā yǔ duó ◆～の権を握る 掌握生杀大权 zhǎngwò shēngshā dàquán
せいさつ【性別】 性别歧视 xìngbié qíshì
せいさん【凄惨-な】 凄惨 qīcǎn ◆～な事件 惨案 cǎn'àn
せいさん【成算】 把握 bǎwò；成算 chéngsuàn ◆～がある 胸中有数 xiōng zhōng yǒu shù；胸有成竹 xiōng yǒu chéngzhú ◆～がない 没把握 méi bǎwò
せいさん【正餐】 正餐 zhèngcān
せいさん【清算-する】 ❶〈貸し借りを〉結算 jiésuàn；清算 qīngsuàn ◆借金を～する 还清借款 huánqīng jièkuǎn ❷〈関係・事柄を〉了结 liǎojié；清算 qīngsuàn ◆三角関係を～する 了结三角关系 liǎojié sānjiǎo guānxi
せいさん【生産-する】 生产 shēngchǎn ◆出产 chūchǎn ◆～を停止する 停产 tíngchǎn ◆過剰生产 guòshèng ◆高产量 shēngchǎn guòshèng ◆高产量 chǎnliàng ◆～手段 生产手段 shēngchǎn shǒuduàn ◆～能力 生产能力 shēngchǎn nénglì ◆～物 产品 chǎnpǐn；出品 chūpǐn ◆～性的 shēngchǎnxìng de ◆注文～ 定做 dìngzuò ◆～ライン 生产线 shēngchǎnxiàn
せいさん【精算】 細算 xìsuàn ◆～所 补票处 bǔpiàochù
せいせい【聖餐】 圣餐 shèngcān
せいさん【青酸】 氰酸 qíngsuān ◆～カリ 氰酸钾 qíngsuānjiǎ
せいし【制止-する】 制止 zhìzhǐ ◆～しきれない 制止不住 zhìzhǐbùzhù ◆～を振り切る 不听劝阻 bù tīng quànzǔ
せいし【正史】 正史 zhèngshǐ
せいし【正視-する】 正视 zhèngshì ◆～えない 不敢正视 bùgǎn zhèngshì
せいし【生死】 生死 shēngsǐ；死活 sǐhuó ◆～に関わる 性命攸关 xìngmìng yōu guān ◆～を分ける時 生死关头 shēngsǐ guāntóu ◆～の境をさまよう 徘徊在生死线上 páihuái zài shēngsǐxiànshang ◆～を共にする 生死与共 shēngsǐ yǔ gòng
せいし【精子】 精子 jīngzǐ

せいし【製糸】 纺纱 fǎngshā ◆～業 纺纱业 fǎngshāyè
せいし【製紙】 造纸 zàozhǐ ◆～工场 造纸厂 zàozhǐchǎng
せいし【誓詞】 宣誓书 xuānshìshū
せいじ【政事】 政治 jìngzhì ◆～衛星 同步卫星 tóngbù wèixīng
せいじ【政治】 政治 zhèngzhì ◆～家 政治家 zhèngzhìjiā ◆～学 政治学 zhèngzhìxué ◆～機構 政治机构 zhèngzhì jīgòu ◆～結社 政治结社 zhèngzhì jiéshè ◆～権力 政权 zhèngquán ◆～性 政治性 zhèngzhìxìng ◆～生命 政治生命 zhèngzhì shēngmìng ◆～的 政治方面的 zhèngzhì fāngmiàn de ◆～犯 政治犯 zhèngzhìfàn
せいじ【青磁】 青瓷 qīngcí
せいしき【正式-な】 正式 zhèngshì ◆～な手続き 正式手续 zhèngshì shǒuxù ◆～に正式地 zhèngshì de
せいしつ【性質】 ❶〈性格〉性格 xìnggé；秉性 bǐngxìng ❷〈事物の特徴〉性质 xìngzhì；特性 tèxìng ◆問題の～にもよる 要看问题的性质怎样 yào kàn wèntí de xìngzhì zěnyàng
せいじつ【誠実-な】 老实 lǎoshi；诚实 chéngshí；厚道 hòudao ◆～でない 不诚实 bù chéngshí ◆～に诚心地 chéngxīn de
せいじゃ【正邪】 正邪 zhèngxié
せいじゃ【聖者】 圣人 shèngrén ◆～伝 圣人传 shèngrénzhuàn
せいしゃいん【正社員】 正式职员 zhèngshì zhíyuán
せいじゃく【静寂】 幽静 yōujìng；寂静 jìjìng ◆～を破る 打破寂静 dǎpò jìjìng
せいじゃく【脆弱-な】 脆弱 cuìruò ◆～な神経 脆弱的神经 cuìruò de shénjīng ◆～な地盘 地基松软 dìjī sōngruǎn
せいしゅ【清酒】 清酒 qīngjiǔ
せいしゅう【税収】 税收 shuìshōu
せいしゅく【静粛-な】 静穆 jìngmù ◆御～に 请肃静 qǐng sùjìng
せいじゅく【成熟-する】 ❶〈果実・穀物が〉成熟 chéngshú ❷〈人の心や体が〉～した肉体 发育成熟的身体 fāyù chéngshú de shēntǐ ❸〈実行に適した時期になる〉機運が～する 时机成熟 shíjī chéngshú
せいしゅん【青春】 青春 qīngchūn ◆～は二度とない 青春不再来 qīngchūn bú zài lái；青春一去不复返 qīngchūn yí qù bú fù fǎn ◆～を謳歌する 充分享受青春年华 chōngfèn xiǎngshòu qīngchūn niánhuá

せいじゅん【清純-な】 純真 chúnzhēn；纯洁 chúnjié ♦～な乙女 纯真的少女 chúnzhēn de shàonǚ ♦～派の作風 真派的 chúnzhēnpài de

せいしょ【清書-する】 誊写 téngxiě；誊清 téngqīng；抄写 chāoxiě ♦～した原稿 清稿 qīnggǎo

せいしょ【聖書】 圣经 shèngjīng；圣书 shèngshū ♦新[旧]约～ 新[旧]约圣经 xīn[jiù]yuē Shèngjīng

せいしょう【斉唱-する】 ❶〈同じ文句を〉万歳～ 齐呼万岁 qíhū wànsuì ❷〈同じ旋律を〉国歌～ 齐唱国歌 qíchàng guógē

せいじょう【政情】 政局 zhèngjú ♦～に通じている 通晓政界情况 tōngxiǎo zhèngjiè qíngkuàng ♦不安 政局不安 zhèngjú bù'ān

せいじょう【正常-な】 正常 zhèngcháng；健康 jiànkāng ♦～に戻る 恢复正常 huīfù zhèngcháng ♦～化 正常化 zhèngchánghuà

せいじょう【清浄-な】 清洁 qīngjié ♦～にする 使...清洁 jǐnghuà ♦～に保つ 保持清洁 bǎochí qīngjié ♦空气～器 空气清洁器 kōngqì qīngjiéqì

せいしょうねん【青少年】 青少年 qīngshàonián

せいしょく【生殖-する】 生殖 shēngzhí ♦～器 生殖器 shēngzhíqì ♦～细胞 生殖细胞 shēngzhí xìbāo ♦～腺 性腺 xìngxiàn

せいしょく【生色】 生气 shēngqì ♦～を失う 面无人色 miàn wú rén sè ♦～を取り戻す 恢复生气 huīfù shēngqì

せいしょく【聖職】 神职 shénzhí；神圣的职业 shénshèng de zhíyè

せいじほう【正音法】 正字法 zhèngzìfǎ

せいしん【清新-な】 清新 qīngxīn ♦～な气运 清新的气象 qīngxīn de qìxiàng

せいしん【精神】 精神 jīngshén；神思 shénsī；心灵 xīnlíng ♦～を集中する 凝神 níngshén；心神专注 xīnshén zhuānzhù ♦～を欠く 精神不集中 jīngshén bù jízhōng ♦～衛生 精神卫生 jīngshén wèishēng ♦～科医 精神病医生 jīngshénbìng yīshēng ♦～錯乱 神经错乱 shénjīng cuòluàn；状态 精神状态 jīngshén zhuàngtài；心神 xīnshén ♦～の糧 精神食粮 jīngshén shíliáng ♦～の重荷 精神包袱 jīngshén bāofu ♦～分析 精神分析 jīngshén fēnxī ♦～分裂症 神经分裂症 shénjīng fēnlièzhèng ♦～力 魄力 pòlì

せいじん【成人-する】 成人 chéngrén；大人 dàrén；成年人 chéngniánrén ♦～映画 成人影片 chéngrén yǐngpiàn ♦～向きの 面向成人的 miànxiàng chéngrén de

せいじん【聖人】 圣人 shèngrén

せいしんせいい【誠心誠意】 诚心诚意 chéng xīn chéng yì；实心实意 shí xīn shí yì；真心实意 zhēn xīn shí yì

せいず【製図-する】 绘图 huìtú；制图 zhìtú

せいすい【盛衰】 兴衰 xīngshuāi

せいずい【精髄】 精髓 jīngsuǐ ♦～を究める 探究精髓 tànjiū jīngsuǐ

せいすう【整数】 整数 zhěngshù

せいする【制する】 控制 kòngzhì；制止 zhìzhǐ；抑制 yìzhì ♦机先を～ 先发制人 xiān fā zhì rén ♦暴动を～ 制止暴动 zhìzhǐ bàodòng ♦はやる気持ちを～ 抑制急躁情绪 yìzhì jízào qíngxù ♦天下を～ 掌握霸权 zhǎngwò bàquán ♦多数を～ 控制多数 kòngzhì duōshù

せいせい【清々-する】 清爽 qīngshuǎng；舒畅 shūchàng

せいせい【生成-する】 产生 chǎnshēng ♦药品を～する 制成新药 zhìchéng xīnyào ♦～文法 生成语法 shēngchéng yǔfǎ

せいせい【精製】 ❶〈念を入れて作る〉精心制造 jīngxīn zhìzào ❷〈纯良なものに仕上げる〉精炼 jīngliàn；炼制 liànzhì ♦石油を～する 炼制石油 liànzhì shíyóu

せいせい【精々】 ❶〈できるだけ〉尽量 jǐnliàng ♦～努力することです 应该尽量努力 yīnggāi jǐnliàng nǔlì ❷〈たかだか〉大不了 dàbùliǎo；至多 zhìduō ♦長くて～十日だろう 最长也超不过十天吧 zuì cháng yě chāobuguò shí tiān ba

せいぜい【税制】 税制 shuìzhì ♦～改革 税制改革 shuìzhì gǎigé

せいぜい【喉が～という】 喉咙呼哧呼哧地响 hóulóng hūchīhūchī de xiǎng

せいせいかつ【性生活】 性生活 xìngshēnghuó

せいせいどうどう【正々堂々-と】 堂堂正正 tángtángzhèngzhèng ♦～と戦おう 光明正大地比赛吧 guāngmíng zhèng dà de bǐsài ba

せいせき【成績】 成绩 chéngjì；成就 chéngjiù ♦～が悪い 成绩不好 chéngjì bùhǎo ♦良い～を挙げる 取得好成绩 qǔdé hǎo chéngjì ♦～表 成绩表 chéngjìbiǎo ♦营业～ 营业成绩 yíngyè chéngjì

せいせっかい【生石灰】 生石灰

せいせん ー せいてき　297

shēngshíhuī
せいせん【生鮮-な】 新鮮 xīnxiān ♦～食料品 鲜货 xiānhuò
せいせん【精選-する】 精选 jīngxuǎn
せいせん【聖戦】 圣战 shèngzhàn
せいぜん【整然-とした】 井井有条 jǐngjǐng yǒu tiáo; 有条不紊 yǒu tiáo bù wěn; 整齐 zhěngqí ♦～と并ぶ 整齐排列 zhěngqí páiliè ♦理路～有条有理 yǒu tiáo yǒu lǐ
せいぜん【生前】 生前 shēngqián ♦～をしのぶ 缅怀生前 miǎnhuái shēngqián
せいそ【清楚-な】 素净 sùjìng; 清秀 qīngxiù ♦～な身なり 素净的打扮 sùjìng de dǎbàn
せいそう【政争】 政治斗争 zhèngzhì dòuzhēng ♦～に巻きこまれる 卷入政治斗争 juǎnrù zhèngzhì dòuzhēng
せいそう【星霜】 岁月 suìyuè; 幾～を重ねる 饱经沧桑 bǎo jīng cāng sāng
せいそう【正装-する】 正装 zhèngzhuāng ♦～で身着正装 shēn zhuó zhèngzhuāng ♦～で年月日 生产年月日 shēngchǎn niányuèrì ♦～元 制造商 zhìzàoshāng
せいそう【清掃-する】 清扫 qīngsǎo; 打扫 dǎsǎo
せいそう【盛装-する】 盛装 shèngzhuāng ♦～して身着盛装 shēn zhuó shèngzhuāng
せいぞう【製造-する】 制造 zhìzào ♦～業 制造业 zhìzàoyè ♦～工程 工序 gōngxù ♦～年月日 生产年月日 shēngchǎn niányuèrì ♦～元 制造商 zhìzàoshāng
せいそうけん【成層圏】 平流层 píngliúcéng
せいそく【生息-する】 生栖 shēngqī ♦～地 生栖地 shēngqīdì
せいぞろい【勢揃い-する】 聚齐 jùqí; 聚集 jùjí
せいぞん【生存-する】 生存 shēngcún; 生息 shēngxī ♦～競争 生存竞争 shēngcún jìngzhēng ♦～者《事故災害の》幸存者 xìngcúnzhě ♦～率 存活率 cúnhuólǜ
せいたい【生体】 活体 huótǐ ♦～解剖 活体解剖 huótǐ jiěpōu ♦～実験 生物实验 shēngwù shíyàn ♦～反応 生物反应 shēngwù fǎnyìng
せいたい【生態】 生态 shēngtài ♦～学 生态学 shēngtàixué ♦～系 生态系 shēngtàixì
せいたい【声帯】 声带 shēngdài ♦～を痛める 损伤声带 sǔnshāng shēngdài ♦～模写 口技 kǒujì
せいたい【静態-の】 静态 jìngtài ♦～統計 静态统计 jìngtài tǒngjì

せいだい【盛大-な】 盛大 shèngdà; 隆重 lóngzhòng
せいたいじ【正体字】 正体字 zhèngtǐzì
せいだく【清濁】 清浊 qīngzhuó; 好坏 hǎohuài ♦～をあわせ吞む 清浊并吞 qīngzhuó bìngtūn
ぜいたく【贅沢-な】 豪华 háohuá; 阔气 kuòqi; 奢侈 shēchǐ ♦～三昧の 穷奢极侈 qióng shē jí chǐ ♦～品 奢侈品 shēchǐpǐn
せいたん【生誕-する】 诞生 dànshēng ♦～300年を記念する 纪念诞生三百周年 jìniàn dànshēng sānbǎi zhōunián
せいだん【星団】 星团 xīngtuán
せいち【整地-する】 平整土地 píngzhěng tǔdì; 整地 zhěngdì
せいち【生地】 出生地 chūshēngdì
せいち【精緻-な】 精致 jīngzhì
せいち【聖地】 圣地 shèngdì ♦～に詣《もうで》る 朝圣 cháoshèng
せいちく【笙竹】 笙签 shīqiān
せいちゃ【製茶-する】 制茶 zhì chá
せいちゅう【制肘-する】 牵制 qiānzhì ♦～を加える 加以牵制 jiāyǐ qiānzhì ♦何かと～を受ける 受到各种干扰 shòudào gèzhǒng gānrǎo
せいちゅう【成虫】 成虫 chéngchóng
せいちょう【成長-する】 ❶《人·動植物が》成长 chéngzhǎng; 生长 shēngzhǎng ♦～を遂げる 长大成人 zhǎngdà chéngrén ♦～ホルモン 生长激素 shēngzhǎng jīsù ❷《規模が大きくなる》发展 fāzhǎn ♦～産業 发展中产业 fāzhǎn zhōng chǎnyè ♦～株《比喩的に》大有前途 dàyǒu qiántú zhě
せいちょう【声調】 ❶《声の調子》声调 shēngdiào ❷《四声の高低·昇降》声调 shēngdiào; 四声 sìshēng
せいつう【精通-する】 精通 jīngtōng; 通晓 tōngxiǎo; 精于 jīngyú
せいてい【制定-する】 拟定 nǐdìng; 制定 zhìdìng ♦～法 制定的法 zhìdìng de fǎ
せいてき【性的-な】 性 xìng de ♦～倒錯 性反常行为 xìng fǎncháng xíngwéi ♦～不能 性功能障碍 xìnggōngnéng zhàng'ài ♦～魅力 性感魅力 xìnggǎn mèilì
せいてき【政敵】 政敌 zhèngdí ♦～を倒す 打倒政敌 dǎdǎo zhèngdí
せいてき【静的-な】 静态的 jìngtài de ♦～な美 静态美 jìngtàiměi

せいてつ【製鉄】炼铁 liàntiě ◆～所 钢铁厂 gāngtiěchǎng
せいてん【晴天】晴天 qíngtiān ◆～に恵まれる 遇到晴朗天气 yùdào qínglǎng tiānqì
せいでん【正殿】正殿 zhèngdiàn
せいてんかん【性転換-する】変性 biànxìng ◆～手術 变性手术 biànxìng shǒushù
せいでんき【静電気】静电 jìngdiàn
せいてんのへきれき【青天の霹靂】青天霹雳 qīng tiān pī lì
せいと【征途】征途 zhēngtú ◆～に就く 踏上征途 tàshàng zhēngtú
せいと【生徒】学生 xuésheng ◆全校～ 全校学生 quánxiào xuésheng
せいど【制度】制度 zhìdù ◆～化する 制度化 zhìdùhuà ◆家族～ 家族制度 jiāzú zhìdù ◆货币～ 币制 bìzhì
せいど【精度】精度 jīngdù；精密度 jīngmìdù ◆～の高い 精度高 jīngdù gāo
せいとう【政党】政党 zhèngdǎng；党派 dǎngpài ◆～政治 政党政治 zhèngdǎng zhèngzhì
せいとう【正当-な】正当 zhèngdàng；正经 zhèngjing ◆～化する 正当化 zhèngdànghuà ◆～な根拠 正当的依据 zhèngdàng de yījù ◆～防衛 正当防卫 zhèngdàng fángwèi；自卫 zìwèi
せいとう【正統-の】正宗 zhèngzōng ◆～派 正统派 zhèngtǒngpài
せいとう【精糖】白糖 báitáng
せいとう【製糖】制糖 zhìtáng ◆～工場 糖厂 tángchǎng
せいどう【正道】正道 zhèngdào；正路 zhènglù ◆～を歩む 走正路 zǒu zhènglù
せいどう【聖堂】教室 jiàoshì；〈儒教の〉孔庙 Kǒngmiào
せいどう【青銅-の】青铜 qīngtóng ◆～器 青铜器 qīngtóngqì
せいぎょき【制動機】制动器 zhìdòngqì
せいとく【生得-の】天生 tiānshēng ◆～の才 天生之才 tiānshēng zhī cái
せいどく【精読-する】精读 jīngdú
せいとん【整頓-する】整顿 zhěngdùn；整理 zhěnglǐ；收拾 shōushi
せいなん【西南】西南 xīnán
ぜいにく【贅肉】肥肉 féiròu ◆～がつく 发胖 fāpàng；长膘 zhǎngbiāo
せいねん【成年】成年 chéngnián
せいねん【青年】青年 qīngnián ◆～時代 青年时代 qīngnián shídài

◆～実業家 青年实业家 qīngnián shíyèjiā
せいねんがっぴ【生年月日】出生年月日 chūshēng niányuèrì
せいのう【性能】性能 xìngnéng ◆～のよい 性能好 xìngnéng hǎo ◆～の悪い 性能差 xìngnéng chà ◆～を高める 提高性能 tígāo xìngnéng
せいは【制覇-する】❶《権力を握る》称霸 chēngbà ❷《競技で優勝する》得冠军 dé guànjūn
せいばい【成敗-する】处罚 chǔfá；惩罚 chéngfá ◆喧嘩両～ 各打五十大板 gè dǎ wǔshí dàbǎn
せいはつ【整髪-する】理发 lǐfà ◆～料 理发费 lǐfàfèi
せいばつ【征伐】主犯 zhǔfàn ◆共同～ 同案主犯 tóng'àn zhǔfàn
せいはん【製版-する】〈印刷〉制版 zhìbǎn；拼板 pīnbǎn
せいはんざい【性犯罪】性犯罪 xìng fànzuì
せいはんたい【正反対-の】正相反 zhèng xiāngfǎn ◆予想と～の結果 与预想完全相反的结果 yǔ yùcè wánquán xiāngfǎn de jiéguǒ
せいひ【成否】成功与否 chénggōng yǔfǒu ◆～の鍵を握る 掌握着成功的钥匙 zhǎngwòzhe chénggōng de yàoshi ◆～は問わない 不管成功与否 bùguǎn chénggōng yǔfǒu
せいび【整備】维修 wéixiū；保养 bǎoyǎng ◆車両～ 车辆修配 chēliàng xiūpèi
せいび【精美-な】精美 jīngměi
せいひょう【製氷-する】制冰 zhìbīng ◆～皿 制冰容器 zhìbīng róngqì
せいびょう【性病】性病 xìngbìng；花柳病 huāliǔbìng
せいひれい【正比例-する】正比 zhèngbǐ；正比例 zhèng bǐlì
せいひん【清貧】清寒 qīnghán ◆～にきんずる 甘于清贫 gānyú qīngpín ◆～な生を送る 过清贫生活 guò qīngpín shēnghuó
せいひん【製品】产品 chǎnpǐn；成品 chéngpǐn；制品 zhìpǐn ◆新～ 新产品 xīn chǎnpǐn
せいふ【政府】政府 zhèngfǔ ◆～高官 政府高官 zhèngfǔ gāoguān ◆～筋 政府方面 zhèngfǔ fāngmiàn ◆～当局 政府当局 zhèngfǔ dāngjú
せいふ【正負】正负 zhèngfù
せいぶ【西部】❶《地域の西》西部地区 xībù dìqū ❷《アメリカの西の地方》

せいふく ◆~開拓史 西部开拓史 xībù kāituòshǐ ◆~劇 西部片 xībùpiàn

せいふく【制服】 制服 zhìfú ◆~姿 制服装束 zhìfú zhuāngshù

せいふく【征服-する】 征服 zhēngfú; 制伏 zhìfú

せいふく【正副-の】 正副 zhèngfù ◆~議長 正副议长 zhèngfù yìzhǎng

せいぶつ【生物】 生物 shēngwù ◆~学 生物学 shēngwùxué ◆~工学 生物工学 shēngwù gōngchéngxué ◆~兵器 生物武器 shēngwù wǔqì

せいぶつ【静物】 静物 jìngwù ◆~画 静物画 jìngwùhuà

せいふん【製粉-する】 磨粉 mófěn ◆~所 面粉厂 miànfěnchǎng

せいぶん【成文】 成文 chéngwén ◆~化する 成文化 chéngwénhuà ◆~法 成文法 chéngwénfǎ

せいぶん【正文】 正文 zhèngwén

せいぶん【成分】 成分 chéngfèn

せいへき【性癖】 癖性 pǐxìng

せいべつ【性別】 性别 xìngbié

せいべつ【生別】 生别 shēngbié

せいへん【政変】 政变 zhèngbiàn ◆~が起こる 变天 biàntiān; 发生政变 fāshēng zhèngbiàn

せいぼ【生母】 生母 shēngmǔ

せいぼ【聖母】 圣母 shèngmǔ ◆（中国語の）声母 shēngmǔ

せいぼ【歳暮】 年礼 niánlǐ ◆~に何を贈ろうか 年礼送什么好呢 niánlǐ sòng shénme hǎo ne

せいほう【製法】 制法 zhìfǎ

せいほう【西方-の】 西方 xīfāng

せいぼう【制帽】 制帽 zhìmào

せいぼう【声望】 声望 shēngwàng ◆~の高い 声望高 shēngwàng gāo ◆~を得る 获得声望 huòdé shēngwàng

ぜいほう【税法】 税法 shuìfǎ ◆~改正 修改税法 xiūgǎi shuìfǎ

せいほうけい【正方形】 正方形 zhèngfāngxíng

せいほく【西北-の】 西北 xīběi

せいぼつねん【生没年】 生卒年 shēngzúnián

せいホルモン【性ホルモン】 性激素 xìngjīsù

せいほん【正本】 ❶ ~（膳本の一種）正本 zhèngběn ❷~（転写・副本の原本）原本 yuánběn

せいほん【製本-する】 装订 zhuāngdìng

せいまい【精米-する】 碾米 niǎnmǐ ◆~機 碾米机 niǎnmǐjī ◆~所 碾米厂 niǎnmǐchǎng

せいみつ【精密-な】 精密 jīngmì; 细致 xìzhì; 致密 zhìmì ◆~機械 精密仪器 jīngmì yíqì ◆~検査 精密检查 jīngmì jiǎnchá

せいみょう【精妙-な】 精巧 jīngqiǎo; 灵巧 língqiǎo

せいむ【政務】 政事 zhèngshì; 政务 zhèngwù ◆~を執る 执政 zhízhèng

せいむ【税務】 税务 shuìwù ◆~署 税务局 shuìwùjú

せいめい【姓名】 姓名 xìngmíng; 名字 míngzi ◆~判断 根据姓名推断人的命运 gēnjù xìngmíng tuīduàn rén de mìngyùn

せいめい【生命】 生命 shēngmìng; 性命 xìngmìng ◆~維持装置 生命维持装置 shēngmìng wéichí zhuāngzhì ◆~力 活力 huólì; 元气 yuánqì

せいめい【声明-する】 声明 shēngmíng; 公报 gōngbào ◆~書 声明书 shēngmíngshū ◆共同～ 联合声明 liánhé shēngmíng

せいめいせつ【清明節】 清明 qīngmíng

せいめいほけん【生命保険】 生命保险 shēngmìng bǎoxiǎn; 人寿保险 rénshòu bǎoxiǎn; 寿险 shòuxiǎn ◆~会社 人寿保险公司 rénshòu bǎoxiǎn gōngsī

せいもん【正門】 前门 qiánmén; 正门 zhèngmén

せいもん【声紋】 声纹 shēngwén

せいもん【声門】 声门 shēngmén

せいもん【誓文】 誓文 shìwén

せいや【聖夜】 圣诞节前夜 Shèngdànjié qiányè

せいやく【制約-する】 制约 zhìyuē; 限制 xiànzhì ◆~がやたら多い 限制太多 xiànzhì tài duō

せいやく【製薬】 制药 zhìyào ◆~会社 制药公司 zhìyào gōngsī ◆~工場 药厂 yàochǎng

せいやく【誓約-する】 誓约 shìyuē ◆~書 誓约书 shìyuēshū

せいゆ【製油-する】 炼油 liànyóu

せいゆう【声優】 配音演员 pèiyīn yǎnyuán

せいよう【西洋-の】 西洋 Xīyáng; 西方 Xīfāng; 洋 yáng ◆~医学 西医 Xīyī ◆~音楽 西乐 xīyuè ◆~史 西洋史 Xīyángshǐ ◆~人 洋人 yángrén ◆~料理 西餐 xīcān ◆~文明 西方文明 Xīfāng wénmíng

せいよう【静養-する】 静养 jìngyǎng; 休养 xiūyǎng

せいよく【性欲】 情欲 qíngyù; 性欲 xìngyù ◆~が減退する 性欲减退 xìngyù jiǎntuì

せいらい【生来-の】 生来 shēnglái; 有生以来 yǒushēng yǐlái ♦ 〜の臆病者だ 〜の胆小 shēnglái dǎnxiǎo ♦ 〜風邪を引いた事がない 生来没得过感冒 shēnglái méi déguò gǎnmào

せいり【整理-する】 ❶《乱れを直す》整 zhěng; 整理 zhěnglǐ; 收拾 shōushí ♦ 原稿を〜する 整理原稿 zhěnglǐ cǎoyuán ❷《無駄を省く》精減 jīngjiǎn ♦ 人員を〜する 裁員 cáiyuán

せいり【生理】 ❶《生命の現象・機能》生理 shēnglǐ ♦ 〜学 生理学 shēnglǐxué ♦ 〜食塩水 生理食盐水 shēnglǐ shíyánshuǐ ❷《月経》月経 yuèjīng ♦ 〜休暇 经期假 jīngqí jiàjià ♦ 〜痛 痛経 tòngjīng

ぜいりし【税理士】 税理士 shuìlǐshì

せいりつ【成立-する】 成立 chénglì;《議決を経て》通過 tōngguò ♦ 委員会が〜する 委員会成立 wěiyuánhuì chénglì ♦ 予算が〜する 预算通过 yùsuàn tōngguò

せいりゃく【政略】 ♦ 〜結婚 策略性婚姻 cèlüèxìng hūnyīn; 政治联姻 zhèngzhì liányīn

せいりゅう【整流】 整流 zhěngliú ♦ 〜器 整流器 zhěngliúqì

せいりょう【清涼-な】 清凉 qīngliáng ♦ 〜感 清凉感 qīngliáng gǎn ♦ 〜飲料水 清凉饮料 qīngliáng yǐnliào

せいりょう【声量】 音量 yīnliàng ♦ 〜豊かな 声音宏亮 shēngyīn hóngliàng

せいりょうざい【清涼剤】 清凉剂 qīngliángjì ♦ 一服の〜となる出来事 令人振奋的事件 lìng rén zhènfèn de shìjiàn

せいりょく【勢力】 势力 shìlì; 力量 lìliang ♦ 〜が衰える 势力衰落 shìlì shuāiluò ♦ 〜を伸ばす 扩大势力 kuòdà shìlì ♦ 〜範囲 地盘 dìpán; 势力范围 shìlì fànwéi

せいりょく【精力】 精力 jīnglì ♦ 〜的な 精力充沛 jīnglì chōngpèi ♦ 絶倫 精力绝伦 jīnglì juélún ♦ 〜を注ぐ 下工夫 xià gōngfu ♦ 〜剤 增精剂 zēngjīngjì

せいれい【政令】 政令 zhènglìng

せいれい【精励-する】 奋勉 fènmiǎn; 勤奋 qínfèn

せいれい【精霊】 ❶《万物に宿る霊》精灵 jīnglíng ❷《死者の霊魂》精灵 jīnglíng; 灵魂 línghún

せいれい【聖霊】 圣灵 shènglíng

せいれき【西暦】 公历 gōnglì

せいれつ【整列-する】 站队 zhànduì; 排队 páiduì

せいれん【清廉-な】 清廉 qīnglián; 廉洁 liánjié ♦ 〜潔白 清廉 qīnglián

せいれん【精錬-する】 ❶《繊維など》提纯 tíchún; 提炼 tíliàn ❷《よく訓練する》精心训练 jīngxīn xùnliàn ♦ 〜された軍隊 训练有素的军队 xùnliàn yǒusù de jūnduì

せいろう【蒸籠】 笼屉 lóngtì; 蒸笼 zhēnglóng

せいろう【晴朗-な】 清朗 qīnglǎng ♦ 天気〜 天气清朗 tiānqì qīnglǎng

せいろん【政論】 政论 zhènglùn

せいろん【正論】 正论 zhènglùn; 正确的言论 zhèngquè de yánlùn

セーター 毛衣 máoyī

セーフガード 保护措施 bǎohù cuòshī

セーラーふく【セーラー服】 水兵服 shuǐbīngfú

セール 出售 chūshòu ♦ バーゲン〜 大贱卖 dàjiànmài; 大减价 dàjiǎnjià

セールスポイント 商品亮点 shāngpǐn liàngdiǎn; 卖点 màidiǎn ♦ 自分の〜 自己的优势 zìjǐ de yōushì ♦ あなたの〜は？ 你有怎样的优点呢 nǐ yǒu zěnyàng de yōudiǎn ne

セールスマン 推销员 tuīxiāoyuán

せおいなげ【背負い投げ】 背起摔倒 bèiqǐ shuāidǎo

せおう【背負う】 ❶《背中に》背 bēi; 背负 bèifù ❷《負担・責任を》承担 chéngdān ♦ 借金を〜負债 fùzhài ♦ 厄介事を〜 承担麻烦事 chéngdān máfan shì

せかい【世界】 世界 shìjiè; 天地 tiāndì; 全球 quánqiú ♦ 〜一周旅行 环球旅行 huánqiú lǚxíng ♦ 〜各地 四海 sìhǎi; 世界各地 shìjiè gèdì ♦ 〜平和 世界和平 shìjiè hépíng ♦ 〜観 世界观 shìjièguān ♦ 医学の〜 医学界 yīxuéjiè ♦ 芸能の〜 演艺界 yǎnyìjiè; 影视界 yǐngshìjiè ♦ グリム童話の〜 格林的童话世界 Gélín de tónghuà shìjiè

せかいいち【世界一-の】 世界第一 shìjiè dìyī ♦ 〜大きな 世界最大的 shìjiè zuì dà de ♦ 〜有名な 世界最有名的 shìjiè zuì yǒumíng de

せかす【急かす】 催促 cuīcù; 催 cuī

せかせか 草草 cǎocǎo; 急忙 jímáng; 匆匆 cōngcōng

せかっこう【背格好】 身量 shēnliang; 身材 shēncái ♦ 〜がそっくりな 身材相似 shēncái xiāngsì

ぜがひでも【是が非でも】 无论如何 wúlùn rúhé; 务必 wùbì

せがむ 央求 yāngqiú; 缠磨 chánmo

せがれ【倅】儿子 érzi

せき【堰】水闸 shuǐzhá；船闸 chuánzhá；堤堰 dīyàn ♦～を切ったように 如同潮水决堤一般 rútóng cháoshuǐ juédī yībān

せき【咳=をする】咳嗽 késou ♦～が止まらない 咳嗽不止 késou bùzhǐ ♦～止め 止咳药 zhǐkéyào

せき【関】关口 guānkǒu

せき【席】❶《座る場所》座位 zuòwèi；坐位 zuòwèi ♦～に着く 入席 rùxí；就席 jiùxí ♦～の暖まる暇がない 席不暇暖 xí bù xiá nuǎn ♦～を立つ 离开坐位 líkāi zuòwèi；退席 tuìxí ♦～を譲る 让座位 ràng zuòwèi ❷《地位·身分》重役的— 董事之职 dǒngshì zhī zhí ❸《集まりの場所》話し合いの～を設ける 设交流的场所 shè jiāoliú de chǎngsuǒ

せき【積】《数式の》积 jī

せき【籍】户籍 hùjí；户口 hùkǒu ♦～を入れる 上户口 shàng hùkǒu ♦～を置く 在籍 zàijí

せきえい【石英】石英 shíyīng

せきがいせん【赤外線】红外线 hóngwàixiàn；热线 rèxiàn ♦～写真 红外线照片 hóngwàixiàn zhàopiàn ♦～遠～ 远红外线 yuǎn hóngwàixiàn

せきがく【碩学-の】硕学 shuòxué ♦～の誉れ高い 博学望高 bóxué wànggāo

せきこむ【咳き込む】严重咳嗽 yánzhòng késou；咳个不停 ké ge bùtíng

せきこむ【急き込む】着急 zháojí；焦急 jiāojí

せきさい【積載-する】载重 zàizhòng ♦～能力 载重能力 zàizhòng nénglì ♦～量 载重量 zàizhòngliàng

せきざい【石材】石料 shíliào

せきさん【積算-する】❶《累計する》累计 lěijì；累算 lěisuàn ♦～温度 累计温度 lěijì wēndù ❷《見積もり計算する》估算 gūsuàn

せきじ【席次】❶《席順》席次 xícì；座次 zuòcì ♦会議の～を决定 决定会议座次 juédìng huìyì zuòcì ❷《成績·地位の順位》名次 míngcì ♦～が上がる 名次上升 míngcì shàngshēng ♦～を争う 力争取得好名次 lìzhēng qǔdé hǎo míngcì

せきじつ【昔日】昔日 xīrì；往昔 wǎngxī ♦～の面影を残す 留下昔日的风貌 liúxià xīrì de fēngmào

せきじゅうじ【赤十字】红十字 hóngshízì ♦～社 红十字会 hóngshízìhuì

せきじゅん【席順】座次 zuòcì

せきじゅん【石筍】石笋 shísǔn

せきしょ【関所】关口 guānkǒu；关卡 guānqiǎ

せきじょう【席上】《会合などの場》会上 huìshàng

せきしょく【赤色-の】红色 hóngsè ♦～灯《パトカーなどの》红灯 hóngdēng ♦～政権 红色政权 hóngsè zhèngquán

せきずい【脊髄】脊髄 jǐsuǐ ♦～炎 脊髓炎 jǐsuǐyán

セキセイインコ【背黄青鸚哥】背黄绿鹦鹉 bèihuánglǜ yīngwǔ

せきせつ【積雪】积雪 jīxuě ♦～量 积雪量 jīxuěliàng

せきぞう【石像】石像 shíxiàng

せきぞう【石造-の】石造 shízào

せきたてる【急き立てる】催 cuī；催促 cuīcù

せきたん【石炭】煤 méi；煤炭 méitàn ♦～を掘る 采煤 cǎiméi ♦～ガス 煤气 méiqì

セキチク【石竹】石竹 shízhú

せきちゅう【脊柱】脊梁骨 jǐlianggǔ；脊柱 jǐzhù

せきつい【脊椎】脊椎 jǐzhuī

せきとう【石塔】❶《石の塔》石塔 shítǎ ❷《墓碑》墓碑 mùbēi

せきどう【赤道】赤道 chìdào ♦～直下 赤道上 chìdàoshang ♦～を超える 越过赤道 yuèguò chìdào

せきとめる【塞き止める】❶《流れを》拦住 lánzhù ♦人の流れを～ 阻挡人潮 zǔdǎng réncháo ♦川の水を～ 截流 jiéliú ❷《広がりを》控制 kòngzhì ♦うわさの蔓延(まんえん)を～ 阻止谣言扩散 zǔzhǐ yáoyán kuòsàn

せきにん【責任】责任 zérèn ♦～をとる 引咎 yǐnjiù ♦～を持つ 负责任 fùzé ♦～を逃れる 卸责 xièzé ♦～を負う 负责 fùzé ♦～感 责任感 zérèngǎn ♦～感の強い 责任感很强 zérèngǎn hěn qiáng ♦～者 负责人 fùzérén；主任 zhǔrèn ♦誰ひとり～を取らない 谁都不承担责任 shéi dōu bù chéngdān zérèn

せきねん【積年】积年 jīnián ♦～の恨みを晴らす 雪除多年的仇恨 xuěchú duōnián de chóuhèn

せきのやま【関の山】充其量 chōngqíliàng；最大限度 zuìdà xiàndù ♦30 点が～だ 至多五十点が～だ 至多至多 30 分 zhìduō zhīnéng dé sānshí fēn

せきはい【惜敗-する】败得可惜 bàide kěxī

せきばく【寂寞-たる】凄凉 qīliáng；寂寞 jìmò

せきばらい【咳払い=をする】干咳 gānké；假咳嗽 jiǎkésou

せきはん【赤飯】 红豆饭 hóngdòu-fàn
せきひ【石碑】 ❶《石造りの碑》石碑 shíbēi ❷《墓石》墓碑 mùbēi
せきひん【赤貧】 〜洗うが如し 赤贫如洗 chìpín rú xǐ; 一贫如洗 yì pín rú xǐ
せきぶん【積分-する】 积分 jīfēn 〜方程式 积分方程 jīfēn fāngchéng
せきぼく【石墨】 石墨 shímò
せきむ【責務】 本分 běnfèn; 责任 zérèn 〜を全うする 完成任务 wánchéng rènwu; 尽本分 jìn běnfèn
せきめん【赤面-する】 脸红 liǎnhóng; 害羞 hàixiū 〜恐怖症 红脸恐怖症 hóngliǎn kǒngbùzhèng
せきゆ【石油】 石油 shíyóu; 煤油 méiyóu 〜王 石油大王 shíyóu dàwáng 〜化学 石油化学 shíyóu huàxué 〜危機 石油危机 shíyóu wēijī 〜ストーブ 煤油炉 méiyóulú
セキュリティー 防犯 fángfàn; 防护 fánghù 〜システム 防犯系统 fángfàn xìtǒng 〜チェック 安检 ānjiǎn
せきらら【赤裸々】 赤裸裸的 chìluǒluǒ de 〜な表現 赤裸裸的表现 chìluǒluǒ de biǎoxiàn 〜に告白する 毫不隐瞒地坦白 háobù yǐnmán de tǎnbái
せきらんうん【積乱雲】 积雨云 jīyǔyún
せきり【赤痢】 赤痢 chìlì; 痢疾 lìji
せきりょう【寂寥-たる】 寂寞 jìmò 〜感 寂寥感 jìliáogǎn
せきりょう【席料】 场租费 chǎngzūfèi; 占几钱 zuòrqian
せきりょく【責了】 责任校对完毕 zérèn jiàoduì wánbì
せく【急く】《急ぐ》急 jí; 着急 zháojí 〜ことは急がば回れ 不必仓促 búbì cāngcù 急いては事を仕損じる 急中易出错 jí zhōng yì chūcuò
セクシーーな 肉感 ròugǎn; 性感 xìnggǎn 〜なドレス性感 性感的女装 xìnggǎn de nǚzhuāng
セクション【区画】 部分 bùfen; 区域 qūyù ❷《部署》部门 bùmén
セクト 派系 pàixi; 支派 zhīpài; 宗派 zōngpài 〜主義 宗派主义 zōngpài zhǔyì
セクハラ 性骚扰 xìng sāorǎo
せけん【世間】 《世の中》世间 shìjiān; 世面 shìmiàn 〜の人 世人 shìrén 〜並みの一般的 yìbān de 〜の注目を引く 引人注目 yǐn rén zhùmù 〜を知る 见世面 jiàn shìmiàn 〜知らず 不懂世故 bù dǒng shìgù ❷《交際範囲》〜が広い 交际范围广 jiāojì fànwéi guǎng 〜が狭い 交际面窄 jiāojìmiàn zhǎi
せけんてい【世間体】 面子 miànzi; 体面 tǐmian 〜を気にする 讲面子 jiǎng miànzi
せけんばなし【世間話】 〜をする 聊天儿 liáotiānr; 谈天 tántiān; 闲聊 xiánliáo
せけんし【世故】 世故 shìgù 〜に暗い 不懂世故 bù dǒng shìgù 〜に長けた 通晓世故 tōngxiǎo shìgù
せけんき 小气 xiǎoqi
せこう【施工-する】 施工 shīgōng 〜業者 施工者 shīgōngzhě
せざるをえない【せざるを得ない】 不得不 bùdé bù; 不能不 bù néng bù 〜行かざるをえない 不得不去 bùdé bú qù 〜認めざるを得ない 只好承认 zhǐhǎo chéngrèn
せじ【世辞】 坐世 chénshì; 世面 shìmiàn 〜に疎い 阅历浅 yuèlì qiǎn
せじ【世辞】 奉承 fèngcheng; 恭维 gōngwei 〜を言う 说奉承话 shuō fèngchenghuà 〜が上手い 善于吹捧 shànyú chuīpěng
セシウム 铯 sè
せしめる 抢夺 qiǎngduó
せしゅ【施主】 ❶《寺に施す人》施主 shīzhǔ ❷《葬式の当主》治丧者 zhìsāngzhě ❸《建築主》施工主 shīgōngzhǔ
せしゅう【世襲-する】 世袭 shìxí 〜制 世袭制 shìxízhì
せじつう【世間】 世态 shìtài 〜に通じている 通晓世路人情 tōngxiǎo shìlù rénqíng
せじん【世人】 世人 shìrén 〜の注目を集める 引起世人瞩目 yǐnqǐ shìrén zhǔmù
せすじ【背筋】 脊梁 jǐliang 〜が寒くなる 不寒而栗 bù hán ér lì 〜を伸ばす 挺直身腰 tǐngzhí shēnyāo
ぜせい【是正-する】 改正 gǎizhèng; 修正 xiūzhèng
せせこましい 狭窄 xiázhǎi ❶《家がせせましく立ち並んでいる》家家户户的房子挨得紧紧的 jiājiāhùhù de fángzi āide jǐnjǐn de ❷《心が狭い》心胸狭窄 xīnxiōng xiázhǎi 〜考え 狭量的想法 xiáliàng de xiǎngfǎ
せせらぎ 浅溪 qiǎnxī
せせらわらう【せせら笑う】 嘲笑 cháoxiào; 嘲讽 cháofěng; 嗤笑 chīxiào
せそう【世相】 世态 shìtài 〜を反映する 反映世态 fǎnyìng shìtài

せぞく【世俗】世俗 shìsú ◆~にこびる 阿谀世俗 ēyú shìsú ◆~的な 庸俗 yōngsú ◆~に従う 随风俗 suí fēngsú

せたい【世帯】家庭 jiātíng ◆~主 户主 hùzhǔ;家长 jiāzhǎng ◆~当たり5kgの米を食べる 每家消费五公斤的大米 měi jiā xiāofèi wǔ gōngjīn de dàmǐ

せだい【世代】❶《人の一代》辈贝 i;代 dài ◆孙と~ 孙子辈 sūnzibèi ❷《ある年齢》一代人 yídàirén ◆若い~ 年轻一代 niánqīng yídài ◆~間のずれ 代沟 dàigōu ◆~交代する 世代交替 shìdài jiāotì;换班 huànbān

せたけ【背丈】❶《身長》身高 shēngāo;个子 gèzi;身长 shēncháng ❷《服の寸法》身长 shēncháng

せち【世知】处世才能 chǔshì cáinéng ◆~に長けた 善于处世 shànyú chǔshì

せちがらい【世知辛い】❶《抜け目ない》斤斤计较 jīnjīn jìjiào ◆奴ら斤斤计较的家伙 jīnjīn jìjiào de jiāhuo ❷《暮らしにくい》不好过 bù hǎoguò ◆~世の中 艰难的世道 jiānnán de shìdào

せつ【節】❶《節操》节操 jiécāo;贞操 zhēncāo ◆~を守る 守节 shǒujié ◆~を曲げる 屈节 qūjié ❷《時間的な区切り·折》时候 shíhou ◆その~はお世話になりました 那个时候给您添了不少麻烦 nàge shíhou gěi nín tiānle bù shǎo máfan ❸《文章などの区分》段 duàn 物语の一~ 一段故事 yí duàn gùshi

せつ【説】学说 xuéshuō;主张 zhǔzhāng ◆新たな~を唱える 提倡新学说 tíchàng xīn xuéshuō

せつえい【設営】安营 ānyíng;建立野营 jiànlì yěyíng

せつえん【節煙-する】节烟 jiéyān

ぜつえん【絶縁-する】❶《縁を切る》断绝关系 duànjué guānxi ◆~状 决交书 juéjiāoshū ❷《物理的伝導を断つ》绝缘 juéyuán ◆~体 非导体 fēidǎotǐ;绝缘体 juéyuántǐ

ぜっか【絶佳-たる】绝佳的 juéjiā de ◆眺望~ 眺望极佳 tiàowàng jíjiā

ぜっか【舌禍】◆~を招く 招致舌祸 zhāozhì shéhuò;失言惹祸 shīyán rěhuò

せっかい【石灰】石灰 shíhuī ◆~岩 石灰岩 shíhuīyán ◆~質 石灰质 shíhuīzhì ◆~石 石灰石 shíhuīshí

せっかい【切開-する】切开 qiēkāi ◆~手术 切开手术 qiēkāi shǒushù

せつがい【雪害】雪害 xuěhài

ぜっかい【絶海】◆~の孤島 远海上的孤岛 yuǎnhǎishang de gūdǎo

せっかく【折角】❶《心を砕いて》◆~のお招きですが有违您的感情邀请 yǒu wéi nín de shèngqíng yāoqǐng ◆~のご忠告も無駄にならぬ 苦心忠告归于泡影 kǔxīn zhōnggào guīyú pàoyǐng ❷《めったにない》◆~の好機を逃す 错过难得的机会 cuòguò nándé de jīhuì ❸《努力が報われず残念な》◆~来たのに 好不容易来的 hǎobù róngyì lái de

せっかちーな【性急】性急 xìngjí;急性子 jíxìngzi;性急 xìngjí

せっかん【折檻】责备 zébèi;打骂 dǎmà

せつがん【切願-する】恳请 kěnqǐng;恳求 kěnqiú

ぜつがん【舌癌】舌癌 shé'ái

せつがんレンズ【接眼レンズ】目镜 mùjìng

せっき【石器】石器 shíqì ◆~時代 石器时代 shíqì shídài

せっき【節気】节气 jiéqì

せっきゃく【接客】接待客人 jiēdài kèrén ◆~業 服务业 fúwùyè

せっきょう【説教-する】❶《神仏の教えを》说教 shuōjiào;归戒 guījiè;劝戒 quànjiè ❷《物の道理を》教训 jiàoxun;说教 shuōjiào

ぜっきょう【絶叫-する】拼命喊叫 pīnmìng hǎnjiào

せっきょく【積極-的な】积极 jījí;主动 zhǔdòng ◆~的に発言する 积极发言 jījí fāyán ◆~性が足りない 缺乏积极性 quēfá jījíxìng

せっきん【接近-する】接近 jiējìn;迫近 pòjìn;靠近 kàojìn ◆実力が~する 实力接近 shílì jiējìn ◆衛星が火星に~している 卫星靠近火星了 wèixīng kàojìn huǒxīng le

せっく【節句】传统节日 chuántǒng jiérì

ぜっく【絶句】❶《漢詩の》绝句 juéjù ❷《言葉が出ない》说不出话来 shuōbuchū huà lai

セックス-する【性交】性交 xìngjiāo

せっけい【設計-する】设计 shèjì ◆~士 设计师 shèjìshī ◆~図 设计图 shèjìtú ◆~図を書く 画设计图 huà shèjìtú;打样 dǎyàng

せっけい【雪渓】雪谷 xuěgǔ

ぜっけい【絶景】奇景 qíjǐng;绝景 juéjǐng

せっけっきゅう【赤血球】红血球 hóngxuèqiú

せっけん【席巻-する】席卷 xíjuǎn

せっけん【石鹸】肥皂 féizào；胰子 yízi◆~粉 洗衣粉 xǐyīfěn◆~水 肥皂水 féizàoshuǐ◆化粧~ 香皂 xiāngzào

せっけん【接見-する】❶《上位の人が接見》接见 jiējiàn ❷《弁護士などが》会见 huìjiàn◆~室 会见室 huìjiànshì

せつげん【節減-する】节减 jiéjiǎn；节约 jiéyuē◆节省 jiéshěng◆経費を~する 节省经费 jiéshěng jīngfèi

せつげん【雪原】雪原 xuěyuán

ゼッケン 号码布 hàomǎbù

せっこう【斥候】侦察 zhēnchá◆~を放つ 派侦察兵 pài zhēnchábīng

せっこう【石膏】石膏 shígāo◆~細工（美術工芸品）石膏 gōngyìpǐn◆~ボード 石膏板 shígāobǎn

せつごう【接合-する】接合 jiēhé；接口 jiēkǒu；接头 jiētóu◆~部 接头儿 jiētóur

ぜっこう【絶交-する】绝交 juéjiāo

ぜっこう【絶好-の】绝好 juéhǎo；极好 jíhǎo；绝妙 juémiào◆~の機会 绝好的机会 juéhǎo de jīhuì◆~調 绝好状态 juéhǎo zhuàngtài

せっこつ【接骨-する】接骨 jiēgǔ◆~医 接骨医生 jiēgǔ yīshēng

ぜっさん【絶讃-する】非常称赞 fēicháng chēngzàn；赞不绝口 zàn bù jué kǒu；叫绝 jiàojué◆~を博する 博得赞赏 bódé zànshǎng

せし【摂氏】Shèshì◆~四十度 摄氏四十度 Shèshì sìshí dù◆~温度計 摄氏温度計 Shèshì wēndùjì

せつじつ【切実-な】迫切 pòqiè；切切 qièqiè◆~な願い 迫切愿望 pòqiè yuànwàng◆~な問題 切身問題 qièshēn wèntí

せつじゃ【拙者】在下 zàixià

せっしゃ【接写-する】近拍 jìnpāi

せっしやくわん【切歯扼腕-する】咬牙切齿 yǎo yá qiè chǐ

せっしゅ【接種-する】接种 jiēzhòng◆予防~ 预防接种 yùfáng jiēzhòng

せっしゅ【摂取-する】摄取 shèqǔ

せっしゅ【窃取-する】窃取 qièqǔ

せっしゅ【節酒-する】节酒 jiéjiǔ

せっしゅう【接収-する】接收 jiēshōu；收缴 shōujiǎo

せつじょ【切除-する】割除 gēchú；切除 qiēchú

せっしょう【殺生-する】❶《生き物を殺す》杀生 shāshēng◆無益の殺生 wúyì de shāshēng ❷《むごさを言う》不留情 bù liúqíng；残酷 cánkù◆~な事を言うな 别说很寡的话 bié shuō hěndú de huà

せっしょう【折衝-する】交涉 jiāo-

shè；谈判 tánpàn；磋商 cuō-shāng◆~を重ねる 反复交涉 fǎnfù jiāoshè◆外交~ 外交交涉 wàijiāo jiāoshè

ぜっしょう【絶勝-の】绝佳 juéjiā◆~の地 胜地 shèngdì

ぜっしょう【絶唱】古今の~ 古今绝唱 gǔjīn juéchàng

せつじょうしゃ【雪上車】雪地车 xuědìchē

せっしょく【接触-する】❶《近づいて触れる》接触 jiēchù◆車の~事故（不厳重的）撞车事故 (bù yánzhòng de) zhuàngchē shìgù；接触事故 jiēchù shìgù ❷《他と交渉を持つ》联络 liánluò◆~を持つ 来往 láiwǎng；交往 jiāowǎng◆~を断つ 断绝来往 duànjué láiwǎng

せっしょく【節食-する】节食 jiéshí

せつじょく【雪辱-する】雪耻 xuěchǐ；洗刷耻辱 xǐshuā chǐrǔ◆~戦 雪耻战 xuěchǐzhàn

ぜっしょく【絶食-する】绝食 juéshí◆~療法 绝食疗法 juéshí liáofǎ

せつすい【節水-する】节水 jiéshuǐ

せっする【接する】接到 jiēdào；靠近 kàojìn◆公園に接した家 靠近公园的房子 kàojìn gōngyuán de fángzi◆客に~ 接待客人 jiēdài kèrén◆肩が~ 肩膀相碰 jiānbǎng xiāngpèng◆朗報に~ 接到喜报 jiēdào xǐbào◆中国語に~ 接触汉语 jiēchù hànyǔ

ぜっする【絶する】言語に~ 无法形容 wúfǎ xíngróng；不可名状 bùkě míngzhuàng◆想像を~ 无法想像 wúfǎ xiǎngxiàng

せっせい【摂生-する】养生 yǎngshēng◆不~ 不注意健康 bú zhùyì jiànkāng

せっせい【節制-する】节制 jiézhì

ぜっせい【絶世】绝世 juéshì◆~の美女 绝代佳人 juédài jiārén

せつせつ【切々-な】痛切 tòngqiè◆~と訴える 痛切诉说 tòngqiè sùshuō

せっせと 辛勤 xīnqín；孜孜不倦 zīzī bújuàn；一个劲儿 yígejìnr◆~働く 拼命工作 pīnmìng gōngzuò

せっせん【接戦-する】激烈交锋 jīliè jiāofēng；难分胜负 nán fēn shèngfù◆~を展開する 打得难解难分 dǎde nán jiě nán fēn

ぜっせん【舌戦】舌战 shézhàn◆~を繰り広げる 展开舌战 zhǎnkāi shézhàn

せっそう【節操】节操 jiécāo◆~がない 没有节操 méiyǒu jiécāo◆~を貫く 守节 shǒujié◆~をなくす

せっそく【拙速-に】求快不求好 qiú kuài bù qiú hǎo
せっそく【接続-する】❶〈つなぐ〉接上 jiēshàng；连接 liánjiē ❷〈交通機関の〉衔接 xiánjiē ◆～が悪い 衔接不好 xiánjiē bùhǎo
せつぞくし【接続詞】连词 liáncí
せっそくどうぶつ【節足動物】节肢动物 jiézhī dòngwù
セッター ❶〈犬〉塞特猎狗 sàitè liègǒu ❷〈バレーボール〉二传手 èrchuánshǒu
せったい【接待-する】招待 zhāodài；张罗 zhāngluo ◆～費 招待费 zhāodàifèi
ぜったい【絶対】❶〈比較・対立するもののない〉绝对 juéduì ◆～的 绝对的 juéduì de ◆～主義 绝对主义 juéduì zhǔyì ◆～多数 绝对多数 juéduì duōshù ❷〈決して〉绝 jué；断然 duànrán ◆～だめだ 绝对不行 juéduì bùxíng ◆～許さない 绝不允许 jué bù yǔnxǔ ❸〈どうしても〉一定要胜 yídìng yào shèng
ぜったい【舌苔】舌苔 shétái
ぜったい【絶大-な】极大 jídà
ぜったいおんかん【絶対音感】绝对音感 juéduì yīnggǎn
ぜったいぜつめい【絶体絶命-の】走投无路 zǒu tóu wú lù；山穷水尽 shān qióng shuǐ jìn
せったく【拙宅】敝宅 bìzhái；舍下 shèxià；寒舍 hánshè
せつだん【切断-する】❶切断 qiēduàn；截断 jiéduàn；切割 qiēgē ◆～面 剖面 pōumiàn
せっち【接地】〈アース〉接地 jiēdì
せっち【設置-する】❶〈機械類を〉安装 ānzhuāng；设立 shèlì ◆～する 设置 shèzhì；建立 jiànlì
せっちゃく【接着-する】黏着 niánzhuó；黏结 niánjié ◆～剤 胶黏剂 jiāozhānjì；黏合剂 niánhéjì
せっちゅう【折衷-する】折中 zhézhōng；折衷 zhézhōng ◆～案 折中方案 zhézhōng fāng'àn
ぜっちょう【絶頂】〈山の頂上〉顶峰 dǐngfēng ◆山の～に立つ 站在顶峰 zhàn zài dǐngfēng ❷〈物事の最高点〉顶点 dǐngdiǎn；极点 jídiǎn ◆得意の～にある 得意到顶点 déyì dào dǐngdiǎn ◆人気の～ 红得发紫 hóngde fāzǐ
せってい【設定-する】拟定 nǐdìng；制定 zhìdìng ◆状況～ 状况假设 zhuàngkuàng jiǎshè ◆抵当権を～する 确定抵押权 quèdìng dǐyāquán

セッティング 准备 zhǔnbèi；安排 ānpái ◆デートの場を～する 安排约会的机会 ānpái yuēhuì de jīhuì
せってん【接点】❶〈幾何〉切点 qiēdiǎn ❷〈物事の触れ合う点〉接触点 jiēchùdiǎn；共同点 gòngtóngdiǎn ◆～を求める 寻求相同点 xúnqiú xiāngtóngdiǎn
せつでん【節電-する】节电 jiédiàn
セット ❶〈一揃い〉一套 yí tào ◆コーヒー～ 咖啡套具 kāfēi tàojù ❷〈スポーツ試合の区切り〉一局 yì jú ❸〈映画・テレビなどの装置〉舞台装置 wǔtái zhuāngzhì；布景 bùjǐng；一套装置 yí tào zhuāngzhì ❹〈機械などを設置すること〉◆～する 安装 ānzhuāng
せつど【節度】节制 jiézhì ◆～のある有节制 yǒu jiézhì ◆～を失う 失去节制 shīqù jiézhì ◆～をもって飲む 喝酒不过量 hē jiǔ bú guò liàng
せっとう【窃盗-する】偷盗 tōudào；偷窃 tōuqiè ◆～事件 窃案 qiè'àn；盗窃案 dàoqiè'àn ◆～常習者 惯窃 guànqiè ◆～犯 盗窃犯 dàoqièfàn
せっとうじ【接頭辞】词头 cítóu；前缀 qiánzhuì
せっとく【説得-する】说服 shuōfú；劝说 quànshuō ◆～できない 说服不了 shuōfúbùliǎo ◆～力のある 有说服力的 yǒu shuōfúlì de
せつな【刹那】瞬刻 chànà；瞬间 shùnjiān ◆～主義 一时快乐主义 yìshí kuàilè zhǔyì
せつない【切ない】难受 nánshòu；难过 nánguò ◆～恋の物语 苦恋的故事 kǔliàn de gùshi
せっぱく【切迫-する】紧迫 jǐnpò；紧促 jǐncù ◆期日が～する 期限紧迫 qīxiàn jǐnpò ◆〈緊張:追い詰められた状態になる〉急迫 jípò；吃紧 chījǐn ◆事態が～する 事态紧迫 shìtài chījǐn ❸〈呼吸・脈が速くなる〉急促 jícù；短促 duǎncù
せっぱつまる【切羽詰まる】走投无路 zǒu tóu wú lù；迫不得已 pò bù dé yǐ；万不得已 wàn bù dé yǐ
せっぱん【折半】平分 píngfēn；折半 zhébàn；对半 duìbàn
ぜっぱん【絶版】绝版 juébǎn ◆この辞书が～になる 这部词典将绝版 zhè běn cídiǎn jiāng juébǎn
せつび【設備】配备 pèibèi；设备 shèbèi ◆～の整った 设备完善的 shèbèi wánshàn de ◆～投资 设备投资 shèbèi tóuzī
せつびじ【接尾辞】词尾 cíwěi；后缀 hòuzhuì
ぜっぴつ【絶筆】绝笔 juébǐ
ぜっぴん【絶品】杰作 jiézuò；佳作

せっぷく【切腹-する】 剖腹自杀 pōufù zìshā jiāzuò
せっぷん【接吻-する】 接吻 jiēwěn
ぜっぺき【絶壁】 陡壁 dǒubì; 绝壁 juébì ◆断崖～ 悬崖峭壁 xuányá qiàobì
せっぺん【雪片】 雪花 xuěhuā; 雪片 xuěpiàn
せつぼう【切望-する】 渴望 kěwàng; 切盼 qièpàn; 梦寐以求 mèngmèi yǐ qiú
せっぽう【説法-する】 ❶《仏法を説く》说法 shuōfǎ; 讲经 jiǎngjīng ◆釈迦（しゃか）に～ 班门弄斧 Bān mén nòng fǔ ❷《意見する》规劝 guīquàn ◆おやじに～される 被父亲规劝了 bèi fùqin guīquàn le
ぜつぼう【絶望-する】 绝望 juéwàng ◆～感 绝望感 juéwànggǎn ◆～視する 认为无望 rènwéi wúwàng ◆～的な 绝望的 juéwàng de
ぜつぼう【舌鋒】 ～鋭く 谈锋犀利 tánfēng xīlì; 唇枪舌剑 chún qiāng shé jiàn
ぜつみょう【絶妙-な】 绝妙 juémiào; 入神 rùshén ◆～の技 绝招 juézhāo ◆～のタイミング 绝妙的时机 juémiào de shíjī
ぜつむ【絶無】 毫无 háowú; 绝对没有 juéduì méiyǒu; ～に等しい 几乎为零 jīhū wéi líng
せつめい【説明-する】 说明 shuōmíng; 解释 jiěshì; 介绍 jièshào ◆～が足りない 解释不充分 jiěshì bù chōngfèn ◆～がつく 能有说明 néng yǒu shuōmíng ◆～書 说明书 shuōmíngshū
ぜつめい【絶命-する】 绝命 juémìng; 死亡 sǐwáng
ぜつめつ【滅絶-する】 ❶《生物が》灭绝 mièjué; 绝灭 juémiè; 绝种 juézhǒng ◆～寸前 濒于灭绝 bīnyú mièjué ❷《良くない物事を》杜绝 dùjué ◆犯罪を～ 杜绝犯罪 dùjué fànzuì
せつもん【設問-する】 提出问题 tíchū wèntí; 出题 chūtí ◆～に答える 回答问题 huídá wèntí
せつやく【節約-する】 节省 jiéshěng; 节约 jiéyuē
せつゆ【説諭-する】 教诲 jiàohuì; 训戒 xùnjiè; 劝告 quàngào
せつり【摂理】 ～《神の》～ 天意 tiānyì; 神的意志 shén de yìzhì ◆自然の～ 自然的规律 zìrán de guīlǜ
せつりつ【設立-する】 成立 chénglì; 创办 chuàngbàn; 设立 shèlì ◆～総会 成立大会 chénglì dàhuì
ぜつりん【絶倫-の】 绝伦 juélún ◆武勇～ 武勇绝伦 wǔyǒng juélún
せつれつ【拙劣-な】 拙劣 zhuōliè ◆～極まりない 拙劣无比 zhuōliè wúbǐ
せつわ【説話】 故事 gùshì ◆民間～ 民间故事 mínjiān gùshì
せとぎわ【瀬戸際】 紧要关头 jǐnyào guāntóu ◆滅亡の～にある 濒于灭亡 bīnyú mièwáng
せともの【瀬戸物】 陶瓷 táocí
せなか【背中】 ❶《動物の》背 bèi; 脊背 jǐbèi; 脊梁 jǐliang ❷《体の後ろ側》背面 bèimiàn; 背后 bèihòu ◆親父の～を見て育つ 看着父亲的背影长大 kànzhe fùqin de bèiyǐng zhǎngdà
ぜにん【是認-する】 承认 chéngrèn; 同意 tóngyì
せぬき【背抜きの】 ◆～の背广 背部不挂里儿的西装 bèibù bú guà lǐr de xīzhuāng
ゼネコン 综合建筑公司 zōnghé jiànzhù gōngsī
ゼネスト 总罢工 zǒngbàgōng
せのび【背のびする】 伸腰 shēnyāo; 跷起脚 qiāoqǐ jiǎo ◆～して見物する 跷起脚看 qiāoqǐ jiǎo kàn ❷《実力以上にふるまう》逞能 chěngnéng ◆～して大人ぶる 硬逞能装大人 yìng chěngnéng zhuāng dàrén
せばまる【狭まる】 变窄 biànzhǎi
せばめる【狭める】 缩小 suōxiǎo; 缩短 suōduǎn
セパレーツ ❶《婦人服》上下分开的套装 shàngxià fēnkāi de tàozhuāng ❷《組み合わせ式の道具類》组合式器具 zǔhéshì qìjù
せばんごう【背番号】 后背号码 hòubèi hàomǎ
せひ【施肥-する】 施肥 shīféi
ぜひ【是非】 ❶《何としても》一定要读一读 yídìng yào dú yídú ❷《何とぞ》务必 wùbì ◆～出席してください 请务必出席 qǐng wùbì chūxí ❸《是と非》是非 shìfēi; 曲直 qūzhí ◆～を問う 问清是非 wènqīng shìfēi ❹《善し悪しを判断・批評すること》～する 判断好坏 pànduàn hǎohuài
ぜひょう【世評】 舆论 yúlùn; 公共舆论 gōnggòng yúlùn
せびる【強請る】 死乞白赖地要 sǐ qǐ bái lài de yào; 强求 qiǎngqiú; 硬要求 yìng yāoqiú ◆小遣いを～ 央求零用钱 yāngqiú língyòngqián
せびれ【背鰭】 脊鳍 jǐqí

せびろ【背広】西服 xīfú；(男式)西装 (nánshi) xīzhuāng

せびふみ【瀬踏み・する】试探 shìtàn ♦ ライバルの出方を～ 试探对手的态度 shìtàn duìshǒu de tàidu

せぼね【背骨】脊梁骨 jǐliánggǔ；脊柱 jǐzhù

せまい【狭い】窄 zhǎi；狭小 xiáxiǎo；窄小 zhǎixiǎo ♦ 一部屋 窄小的房间 zhǎixiǎode fángjiān ♦ 道が～ 道窄 dào zhǎi ♦ 入り口が～ 入口狭窄 rùkǒu xiázhǎi ♦ 交際が～ 交际面窄 jiāojìmiàn zhǎi ♦～知識 浅薄的知识 qiǎnbó de zhīshi ♦ 視野が～ 视野狭窄 shìyě xiázhǎi ♦ 了見が～ 想法偏狭 xiǎngfa piānxiá

せまくるしい【狭苦しい】窄得难受 zhǎide nánshòu

せまる【迫る】❶《近づく》逼近 bījìn；迫近 pòjìn ♦ 敵軍が～ 敌人迫近 的土地 kàojìn shān de tǔdì ♦ 締め 切りが～ 截止期迫近 jiézhǐqī pòjìn ♦ 死期が～ 死期将至 sǐqī jiāng zhì ♦ 核心に～ 逼近核心 bījìn héxīn ❷《強いる》逼 bī；必要に迫られる 为需要所迫 wéi xūyào suǒ pò ♦ 返済を～ 逼债 bīzhài ♦ 復縁を～ 逼迫复婚 bīpò fùhūn

セミ【蟬】蝉 chán；知了 zhīliǎo

セミコロン 分号 fēnhào

ゼミナール 研究班 yánjiūbān；课堂讨论 kètáng tǎolùn；讨论课 tǎolùnkè

セミプロ 半职业性的 bànzhíyèxìng de

せめ【責め】❶《責めること》责备 zébèi ♦～を受ける 受责备 shòu zébèi ♦《責任・義務》责任 zérèn；义务 yìwù ♦～を負う 负责任 fù zérèn ♦～を果たす 尽职责 jìn zhízé

せめあぐむ【攻め倦む】难以攻破 nányí gōngpò

せめいる【攻め入る】攻入 gōngrù；入侵 rùqīn

せめおとす【攻め落とす】攻陷 gōngxiàn；攻破 gōngpò

せめさいなむ【責め苛む】苛责 kēzé；百般折磨 bǎibān zhémó ♦ 良心に責め苛まれる 受到良心的谴责 shòudào liángxīn de qiǎnzé

せめたてる【責め立てる】严加指责 yánjiā zhǐzé；严厉催促 yánlì cuīcù ♦ 借金取りに責め立てられた 被讨债鬼催账 bèi tǎozhàiguǐ cuīzhàng

せめて《少なくとも》至少 zhìshǎo ♦ ～もう一度会いたい 希望至少再见 一面 xīwàng zhìshǎo zài jiàn yī miàn ♦～もの慰めだ 总算是个安慰 zǒngsuàn shì ge ānwèi

せめて【攻め手】攻方 gōngfāng

せめほろぼす【攻め滅ぼす】攻破 gōngpò；消灭 xiāomiè

せめる【攻める】进攻 jìngōng；攻打 gōngdǎ

せめる【責める】❶《非難する》责备 zébèi；责怪 zéguài；谴责 qiǎnzé ♦ かれの不注意を～ 责怪他的疏忽 zéguài tā de shūhu ♦ 自らを～ 折磨自己 zhémó zìjǐ ❷《催促する》催促 cuīcù ♦ 妻に責められる 被妻子催促 bèi qīzi cuīcù ❸《痛めつける》鞭打 …；用鞭子拷打 yòng biānzi kǎodǎ

セメント 水泥 shuǐní；洋灰 yánghuī；水门汀 shuǐméntīng

せもじ【背文字】书脊文字 shūjǐ wénzì

せもたれ【背もたれ】靠背 kàobèi

ゼラチン 明胶 míngjiāo

ゼラニウム 天竺葵 tiānzhúkuí

セラミック(ス) 陶瓷器的 táocíqì de

せり【競り】❶《競りあい》竞争 jìngzhēng ♦ 最後の～に勝つ 在最后的竞争中取胜 zài zuìhòu de jìngzhēng zhōng qǔshèng ❷《競り売り》拍卖 pāimài ♦～にかける 拍卖 pāimài ♦～市 拍卖行 pāimàiháng

セリ【芹】水芹 shuǐqín

ゼリー 果子冻 guǒzidòng ♦～状の 胶状的 jiāozhuàng de

せりおとす【競り落とす】拍卖中标 pāimài zhòngbiāo

せりだし【迫り出し】《舞台の》推出装置 tuīchū zhuāngzhì

せりだす【迫り出す】❶《突き出る》突出 tūchū ♦ 腹が～ 脯肚子 tiān dùzi

せりふ【台詞】❶《劇の》台词 táicí；说白 shuōbái ♦～を言う 念白 niànbái ❷《言いぐさ・決まり文句》 その～は聞き飽きた 那种说词听够了 nà zhǒng shuōcí tīnggòu le

せる【競る】❶《競う》竞争 jìngzhēng ❷《競売で》争着出高价 zhēngzhe chū gāojià；喊价 hǎnjià

セルフサービス 顾客自选 gùkè zìxuǎn ♦～の食事 自助餐 zìzhùcān

セルフタイマー 自拍装置 zìpāi zhuāngzhì

セルロイド 赛璐珞 sàilùluò

セレナーデ 小夜曲 xiǎoyèqǔ

セレモニー 仪式 yíshì；典礼 diǎnlǐ

ゼロ【零】❶《数字》零 líng ❷《何もない》事》无 wú

ゼロックス《商標》复印机 fùyìnjī

セロテープ 玻璃纸胶带 bōlizhǐ jiāodài；透明胶纸 tòumíng jiāozhǐ

セロファン 玻璃纸 bōlizhǐ；赛璐玢

セロリ 芹菜 qíncài
せろん【世論】舆论 yúlùn ♦～調査 民意测验 mínyì cèyàn
せわ【世話】❶《面倒をみる》看护 kānhù；照顾 zhàogù；关照 guānzhào ♦～になる 受惠 shòuhuì；受到照顾 shòudào zhàogù ♦～を焼く 操劳 cāoláo ♦大きなお~ 多管闲事 duō guǎn xiánshì ❷《取り持つ》职をーする 介绍职业 jièshào zhíyè ❸《手数》～がかかる 费心 fèixīn ♦～が焼ける 费事 fèishì；麻烦 máfan
せわしい【忙しい】忙 máng；匆忙 cōngmáng ♦往来～ 往来急匆匆 wǎnglái jícōngcōng
せわしない【忙しない】忙碌 mánglù
せわにょうぼう【世話女房】能干的妻子 nénggàn de qīzi
せわにん【世話人】干事 gànshi；斡旋人 wòxuánrén
せわやく【世話役】斡旋人 wòxuánrén；干事 gànshi
せん【先】❶《他に先んずること》～を越す 占先 zhànxiān ♦～を取る 领先 lǐngxiān；抢先 qiǎngxiān ❷《以前》～に会った人 以前遇到的人 yǐqián yùdào de rén ♦～から知っている 早就知道 zǎojiù zhīdào ❸《もとの家》～の家 从前的房子 cóngqián de fángzi
せん【撰】著 zhù；写作 xiězuò
せん【栓】❶《詰める物》塞 sāi；盖儿 gàir ♦瓶の～ 瓶盖子 píngsàizi ♦耳に～をする 把耳朵塞上 bǎ ěrduo sāishàng ❷《ひねる栓》开关 kāiguān ♦水道の～ 龙头 lóngtóu
せん【線】❶《すじ》～を引く 划线 huà xiàn ❷《物の輪郭》体の～ 身体的轮廓 shēntǐ de lúnkuò ❸《交通機関の道筋》～新～《鉄道の》新线 xīnxiàn ❹《方針》折れ线 zhéxiàn；新线 xīnxiàn ❺《方針》折れ线 zhéxiàn；方向 fāngxiàng ♦その～で交渉する 按此方针交涉 àn cǐ fāngzhēn jiāoshè ❺《物事の境目》界限 jièxiàn ♦～を越えてはならない 不可逾越的界限 bùkě yúyuè de jièxiàn ❻《人の印象》～の細い人 气度小的人 qìdù xiǎo de rén ♦～の太い人 气量宽宏的人 qìliàng kuānhóng de rén
せん【選】选 xuǎn ♦～にもれる 落选 luòxuǎn
ぜん【善】善 shàn ♦～は急げ 好事要快做 hǎoshì yào kuài zuò
ぜん【禅】禅 chán
ぜん【膳】❶《料理》桌上饭菜 zhuōshàng fàncài ❷《台》饭桌 fànzhuō ❸《箸の数》箸一～ 一双筷子 yì shuāng kuàizi
ぜん【前】♦～首相 前首相 qián shǒuxiàng ♦～半生 前半生 qián bànshēng
ぜん【全】♦～世界 全世界 quán shìjiè ♦～責任 全部责任 quánbù zérèn ♦～人格 整个人格 zhěnggè réngé
ぜんあく【善悪】善恶 shàn'è ♦～の見境がない 是非不分 shìfēi bù fēn
せんい【戦意】斗志 dòuzhì ♦～を丧失する 丧失斗志 sàngshī dòuzhì
せんい【繊維】纤维 xiānwéi ♦～质 纤维质 xiānwéizhì ♦～製品 纤维制品 xiānwéi zhìpǐn ♦食物～ 食物纤维 shíwù xiānwéi
せんい【船医】船上医生 chuánshàng yīshēng
ぜんい【善意】善良心肠 shànliáng xīncháng；好意 hǎoyì；善意 shànyì ♦～の人 善良的人 shànliáng de rén ♦～からしたこと 出于善意而做的事情 chūyú shànyì ér zuò de shìqíng ♦～に解釈する 往好的方面解释 wǎng hǎo de fāngmiàn jiěshì
せんいき【戦域】战区 zhànqū
せんいちやものがたり【千一夜物語】一千零一夜故事 yìqiān líng yī yè gùshì；天方夜谭 tiān fāng yè tán
せんいつ【専一】～する 专一 zhuānyī ♦～に励む 专心致志 zhuān xīn zhì zhì
せんいん【船員】船工 chuángōng；船员 chuányuán；《洋船の》海员 hǎiyuán
ぜんいん【全員】全体人员 quántǐ rényuán
せんえい【先鋭】尖锐 jiānruì ♦《思想などが》～化する 尖锐化 jiānruìhuà
ぜんえい【前衛】❶《軍隊の》先锋 xiānfēng ♦《球技の》前锋 qiánfēng ❷《思想·芸術面での》～劇 前卫戏剧 qiánwèipài xìjù
せんえき【戦役】战役 zhànyì
せんえつ【僭越】冒昧 màomèi；僭越 jiànyuè ♦～ですが 恕我冒昧 shù wǒ màomèi
せんおう【専横】专横 zhuānhèng
せんか【戦果】战果 zhànguǒ；战绩 zhànjì
せんか【戦火】战火 zhànhuǒ ♦～を交える 交战 jiāozhàn
せんか【戦禍】战祸 zhànhuò；战灾 zhànzāi ♦～に巻き込まれる 卷入战祸 juǎnrù zhànhuò
せんか【選科】选修课程 xuǎnxiū kèchéng
せんか【選歌】选和歌 xuǎn hégē

せんが【線画】线条画 xiàntiáohuà
ぜんか【前科】前科 qiánkē ♦～がある 有前科 yǒu qiánkē ♦～者 有前科者 yǒuqiánkēzhě
ぜんか【全科】全部学科 quánbù xuékē；所有科目 suǒyǒu kēmù
せんかい【旋回-する】❶《円を描くように回る》回旋 huíxuán；旋转 xuánzhuǎn ❷《航空機・船舶が進路を変える》盘旋 pánxuán；转弯 zhuǎnwān
せんがい【選外】落选 luòxuǎn ♦～佳作 未入选的佳作 wèi rùxuǎn de jiāzuò
ぜんかい【前回-の】上次 shàngcì
ぜんかい【全壊-する】全毁 quánhuǐ ♦《地震で家屋が～した》房屋全部倒塌 fángwū quánbù dǎotā
ぜんかい【全快】痊愈 quányù ♦～祝い 祝贺痊愈 zhùhè quányù
ぜんかいいっち【全会一致-で】与会者全体一致 yùhuìzhě quántǐ yízhì
せんがく【浅学-の】浅学 qiǎnxué ♦～非才の 才疏学浅 cái shū xué qiǎn
ぜんがく【全学】大学全体 dàxué quántǐ ♦～ストライキ 全校罢课 quánxiào bàkè
ぜんがく【全額】全额 quán'é ♦～返済する 偿清 chángqīng
せんかくしゃ【先覚者】先知 xiānzhī；先觉 xiānjué
せんかん【戦艦】战舰 zhànjiàn；战船 zhànchuán
せんがん【洗顔-する】洗脸 xǐliǎn ♦～石鹸 香皂 xiāngzào
ぜんかん【全巻】全卷 quánjuàn
せんかんすいいき【専管水域】专属水域 zhuānshǔ shuǐyù
せんき【戦機】战机 zhànjī ♦～が熟す 战机成熟 zhànjī chéngshú
せんき【戦記】战事记录 zhànshì jìlù
せんき【疝気】疝气 shànqì ♦～を病む 得疝气病 dé shànqìbìng ♦他人の～を気に病む 替别人瞎操心 tì biérén xiā cāoxīn
せんぎ【詮議-する】❶《評議する》评议 píngyì ❷《罪人を》审讯 shěnxùn
ぜんき【前期-の】前期 qiánqī
ぜんき【前記】上述 shàngshù
せんきゃく【先客】♦～がある 有先到的客人 yǒu xiāndào de kèrén
せんきゃく【船客】船客 chuánkè ♦～名簿 船客名单 chuánkè míngdān
せんきゃくばんらい【千客万来】顾客纷至沓来 gùkè fēn zhì tà lái

せんきょ【占拠-する】占据 zhànjù；占有 zhànyǒu ♦不法～ 非法占有 fēifǎ zhànyǒu
せんきょ【選挙-する】选举 xuǎnjǔ ♦～区 选区 xuǎnqū ♦～権 选举权 xuǎnjǔquán ♦～民 选民 xuǎnmín
せんぎょ【鲜鱼】鲜鱼 xiānyú
せんきょう【戦況】战况 zhànkuàng ♦～を見守る 守望战况 shǒuwàng zhànkuàng
せんぎょう【専業-の】专业 zhuānyè；专职 zhuānzhí ♦～でない 业余 yèyú ♦～主婦 家庭妇女 jiātíng fùnǚ ♦～農家 纯农业户 chúnnóngyèhù
せんきょうし【宣教師】传教士 chuánjiàoshī
せんきょく【戦局】战局 zhànjú
せんぎり【千切り】♦～にする 切成细丝 qiēchéng xìsī
せんきん【千金】千金 qiānjīn ♦～に代え難い 千金难买 qiānjīn nán mǎi ♦～を費やす 花重金 huāzhòngjīn
せんく【先駆-する】先驱 xiānqū ♦～者 先驱者 xiānqūzhě ♦～的な事業 创举 chuàngjǔ
せんぐ【船具】船具 chuánjù
せんくう【前駆-する】前驱 qiánqū
せんぐう【遷宮-する】迁宫 qiāngōng
せんぐち【先口】先预约 xiān yùyuē ♦～がある 有先约 yǒu xiānyuē
ぜんぐん【全軍】全军 quánjūn
せんけい【扇形の】扇形 shànxíng
ぜんけい【前景】前景 qiánjǐng
ぜんけい【全景】全景 quánjǐng
ぜんけい【前掲】上述 shàngshù ♦上列 shàngliè ♦～の図に見るとおり 如上面图表所示 rú shàngmiàn túbiǎo suǒ shì
せんけつ【先決-する】先决 xiānjué ♦～条件 先决条件 xiānjué tiáojiàn ♦～問題 先决问题 xiānjué wèntí
せんけつ【鲜血】鲜血 xiānxuè
せんげつ【先月】上月 shàngyuè
せんけん【先見】♦～の明がある 有先见之明 yǒu xiān jiàn zhī míng
ぜんけん【浅見】浅见 qiǎnjiàn
せんげん【宣言する】宣言 xuānyán；宣布 xuānbù；宣告 xuāngào ♦独立～ 独立宣言 dúlì xuānyán
ぜんけん【全権】全权 quánquán ♦～を委任する 委任全权 wěirèn quánquán ♦～を握る 掌握全权 zhǎngwò quánquán ♦～大使 全权大使 quánquán dàshǐ

ぜんげん【前言-する】前言 qiányán ◆〜を取り消す 收回前言 shōuhuí qiányán

ぜんげん【漸減-する】渐减 jiànjiǎn

せんご【戦後】〈第 2 次大戦後〉二战后 èrzhàn hòu ◆〜派 战后派 zhànhòupài

ぜんご【前後】❶《位置として》前后 qiánhòu ◆〜を左右 前后左右 qiánhòu zuǒyòu ❷《時間・順序的に》先后 xiānhòu ◆〜のつながりがない 说话颠三倒四 shuōhuà diān sān dào sì 《話が逆になる》〜が話が違う 说话次序颠倒 shuōhuà cìxù diāndǎo ❸《間を置かないで続く》父と一して兄も死んだ 父兄相继死去 fùxiōng xiāngjì sǐqù ❹《おおよそ・ぐらい》〜100 人 一百人左右 yì bǎi rén zuǒyòu ◆夜 8 時〜に 夜晚八点前后 yèwǎn bā diǎn qiánhòu

せんこう【先攻-する】先攻 xiāngōng

せんこう【先行-する】❶《先立って行く》先行 xiānxíng ◆集団 先行集団 xiānxíng jítuán ❷《他の事柄より先に進む》実力よりも人気が一 実力赶不上名气 shílì gǎnbushàng míngqì ❸《他に先立って行う》〜会議一にしてパーティーがある 会前有联欢 huìqián yǒu liánhuān ❹《相手より先に得点する》我がチームが 3 点〜している 我队先得三分 wǒ duì xiān dé sān fēn

せんこう【専攻-する】専攻 zhuāngōng; 专业 zhuānyè ◆科目 専攻科目 zhuāngōng kēmù ◆歴史を〜する 专攻历史 zhuāngōng lìshǐ

せんこう【戦功】战功 zhàngōng ◆〜をたてる 立战功 lì zhàngōng

せんこう【潜航-する】❶《ひそかに航行する》秘密航行 mìmì hángxíng ◆夜陰に乗じて〜する 趁夜秘密航行 chènyè mìmì hángxíng ❷《水中を航行する》潜水航行 qiánshuǐ hángxíng ◆海中深く〜する 深海潜航 shēnhǎi qiánháng

せんこう【潜行-する】❶《水中に潜行する》潜行 qiánxíng ❷《隠密裡に秘密行動》秘密行动 mìmì xíngdòng ◆敵国に〜する 潜入敌国 qiánrù díguó ❸《取り締まりを逃れて》潜伏 qiánfú ◆地下に〜する 地下活动 dìxià huódòng

せんこう【穿孔-する】穿孔 chuānkǒng ◆〜機 穿孔机 chuānkǒngjī

せんこう【線香】线香 xiànxiāng ◆〜をたむける 烧香 shāoxiāng; 焚香 fénxiāng

せんこう【選考-する】选拔 xuǎnbá; 评选 píngxuǎn ◆〜基準 选拔标准 xuǎnbá biāozhǔn ◆〜書類 书面选拔 shūmiàn xuǎnbá

せんこう【閃光】闪光 shǎnguāng

ぜんこう【前項】〈前の項目〉前项 qiánxiàng; 前列条款 qiánliè tiáokuǎn ❷《数字の》前项 qiánxiàng

ぜんこう【善行】善行 shànxíng ◆〜を積む 行善积德 xíng shàn jī dé ◆〜を施す 行善 xíngshàn

ぜんこう【全校】全校 quánxiào ◆〜生徒 全校学生 quánxiào xuésheng

せんこく【先刻】❶《方才 fāngcái ◆〜から待っている 等了一会儿了 děngle yíhuìr le ❷《すでに；已経 yǐjīng; 早已 zǎoyǐ ◆〜御承知だ 早就知道 zǎo jiù zhīdao

せんこく【宣告-する】❶《告げ知らせる》宣告 xuāngào ◆自己破産を〜する 宣告自我破产 xuāngào zìwǒ pòchǎn ❷《判決を言い渡す》宣判 xuānpàn ◆有罪を〜する 判刑有罪 yōuzuì

ぜんこく【全国】〜各地 全国各地 quánguó gèdì; 五湖四海 wǔ hú sì hǎi

ぜんごさく【善後策】善后对策 shànhòu duìcè ◆〜を講じる 考虑善后对策 kǎolǜ shànhòu duìcè

センサー 传感器 chuángǎnqì

せんさい【前妻】前妻 qiánqī

せんさい【戦災】战祸 zhànhuò ◆〜孤児 战争孤儿 zhànzhēng gū'ér

せんさい【繊細-な】❶《形が細く小さい》纤细 xiānxì ◆〜な指 纤细的手指 xiānxì de shǒuzhǐ ❷《感情が細やかな》细腻 xìnì; 敏感 mǐngǎn ◆〜な神経 细腻的感觉 xìnì de gǎnjué

せんざい【洗剤】洗衣粉 xǐyīfěn; 洗涤剂 xǐdíjì

せんざい【潜在-する】潜在 qiánzài ◆〜意識 潜意识 qiányìshí; 潜在意识 qiánzài yìshí; 下意识 xiàyìshí ◆〜能力 潜在能力 qiánzài nénglì

ぜんさい【前菜】凉菜 liángcài; 冷盘 lěngpán; 小吃 xiǎochī

ぜんさい【善哉】〈汁粉〉加年糕片的小豆汤 jiā niángāopiàn de xiǎodòuzhōu

せんざいいちぐう【千載一遇】千载一时 qiān zǎi yì shí ◆〜のチャンス 千载难逢的机遇 qiān zǎi nán féng de jīyù

せんさく【詮索-する】探索 tànsuǒ; 追究 zhuījiū ◆あれこれ〜する 这个那个不问个不休 zhège nàge bù wèn gè bù xiū

せんさばんべつ【千差万別-な】千差万别 qiān chā wàn bié

センザンコウ[穿山甲] 穿山甲 chuānshānjiǎ

せんし[先史] 史前 shǐqián ◆～学 史前学 shǐqiánxué ◆～時代 史前时代 shǐqián shídài

せんし[戦士] 战士 zhànshì; 勇士 yǒngshì ◆企業～ 产业战士 chǎnyè zhànshì ◆無名～ 无名战士 wúmíng zhànshì

せんし[戦死-する] 阵亡 zhènwáng; 战死 zhànsǐ

せんじ[戦時] 战时 zhànshí ◆～体制 战时体制 zhànshí tǐzhì

ぜんし[前肢] 《四足動物の》前肢 qiánzhī

ぜんし[全市] ❶《市全体》全市 quánshì ❷《すべての市》所有城市 suǒyǒu chéngshì

ぜんし[全紙] ❶《紙面全体》整版 zhěngbǎn ❷《すべての新聞》一切报纸 yíqiè bàozhǐ

ぜんじ[善事] ❶《よい事》好事 hǎoshì ❷《めでたい事》喜事 xǐshì

ぜんじ[漸次] 渐渐 jiànjiàn; 逐渐 zhújiàn

せんじぐすり[煎じ薬] 汤剂 tāngjì; 汤药 tāngyào

せんじつ[先日] 日前 rìqián; 前几天 qián jǐ tiān; 前些日子 qián xiē rìzi ◆～はお邪魔さま 上次实在打扰你了 shàngcì shízài dǎrǎo nǐ le

ぜんじつ[前日] 头天 tóutiān; 前一天 qián yì tiān

せんじつめる[煎じ詰める] ❶《茶・薬を》熬透 áotòu ❷《考え・意見を》归根结底 guī gēn jié dǐ; 总而言之 zǒng ér yán zhī

ぜんじどう[全自動-の] 全自动 quánzìdòng ◆～洗濯機 全自动洗衣机 quánzìdòng xǐyījī

せんしゃ[戦車] 坦克 tǎnkè ◆～部隊 坦克部队 tǎnkè bùduì

せんしゃ[洗車-する] 洗车 xǐchē

せんしゃ[選者] 评选人 píngxuǎnrén; 评审人

ぜんしゃ[前者] 前者 qiánzhě

ぜんしゃ[前車] ◆～の轍(てつ)を踏む 蹈袭覆辙 dǎoxí fùzhé; 重蹈覆辙 chóng dǎo fùzhé

せんしゅ[船主] 船主 chuánzhǔ

せんしゅ[船首] 船头 chuántóu

せんしゅ[選手] 选手 xuǎnshǒu ◆～団 选手团 xuǎnshǒutuán ◆～宣誓 选手宣誓 xuǎnshǒu xuānshì ◆～権大会 冠军赛 guànjūnsài; 锦标赛 jǐnbiāosài

せんしゅう[先週] 上星期 shàngxīngqī ◆上礼拜 shànglǐbài; 上周 shàngzhōu

せんしゅう[千秋] 千秋 qiānqiū ◆一日～の思いで待つ 一日千秋地等 yí rì qiān qiū de děng

せんしゅう[専修] 专修 zhuānxiū ◆～科 专修科目 zhuānxiū kēmù ◆～学校 专科学校 zhuānkē xuéxiào

せんしゅう[選集] 选集 xuǎnjí

せんじゅう[先住-の] 原住 yuánzhù ◆～民族 原住民族 yuánzhù mínzú

せんじゅう[専従] 专职 zhuānzhí

ぜんしゅう[全集] 全集 quánjí

ぜんしゅう[禅宗] 禅宗 chánzōng

せんしゅうらく[千秋楽] 演出最后一天 yǎnchū zuìhòu yì tiān

せんしゅつ[選出-する] 提选 tíxuǎn; 推选 tuīxuǎn; 选举 xuǎnjǔ

せんじゅつ[戦術] 战术 zhànshù ◆～家 战术家 zhànshùjiā ◆～核兵器 战术核武器 zhànshù héwǔqì

ぜんじゅつ[前述-する] 前述 qiánshù ◆～のとおり 如前所述 rú qián suǒ shù

ぜんしょ[善処-する] 妥善处理 tuǒshàn chǔlǐ

ぜんしょ[全書] 全书 quánshū ◆百科～ 百科全书 bǎikē quánshū ◆六法～ 六法全书 liùfǎ quánshū

せんしょう[先勝-する] ❶《先に勝つ》先胜 xiānshèng ❷《暦法》先胜吉日 xiānshèng jírì

せんじょう[戦場] 战场 zhànchǎng ◆～に赴く 上战场 shàng zhànchǎng; 从征 cóngzhēng

せんじょう[洗浄-する] 冲洗 chōngxǐ; 清洗 qīngxǐ; 洗涤 xǐdí ◆～剂 洗涤剂 xǐdíjì

ぜんしょう[前章] 前一章 qián yì zhāng

ぜんしょう[全勝-する] 全胜 quánshèng ◆～優勝 以全胜夺冠 yǐ quánshèng duóguàn

ぜんしょう[全焼-する] 烧光 shāoguāng

ぜんじょう[全条] 前条 qiántiáo

ぜんじょう[禅譲-する] 禅让 chánràng; 让位 ràngwèi

ぜんしょうせん[前哨戦] 前哨战 qiánshàozhàn

せんじょうてき[扇情的-な] 引起情欲的 qíngyù de; 耸人听闻 sǒng rén tīng wén ◆～な写真 妖娆的照片 yāoráo de zhàopiàn

せんしょく[染織] 染织 rǎnzhī

せんしょく[染色] 染色 rǎnsè

せんしょくたい[染色体] 染色体 rǎnsètǐ ◆～異常 染色体异常 rǎnsètǐ yìcháng

せんじる ― ぜんぜん

せんじる【煎じる】煎 jiān;熬 áo
せんしん【先進-的な】进步 jìnbù;先进 xiānjìn
せんしん【専心-する】专注 zhuānzhù ◆一意～ 专心致志 zhuān xīn zhì zhì
せんじん【先人】前人 qiánrén ◆～の英知 前人的智慧 qiánrén de zhìhuì
せんじん【先陣】前阵 qiánzhèn;先锋 xiānfēng ◆先驱 xiānqū ◆～を切る 打头阵 dǎ tóuzhèn ◆～を争う 争当先锋 zhēng dāng xiānfēng
せんじん【千尋】◆～の谷に突き落とす 推入千寻深谷 tuīrù qiānxún shēngǔ
ぜんしん【全身】浑身 húnshēn;一身 yìshēn;满身 mǎnshēn ◆～不随 全身瘫痪 quánshēn tānhuàn ◆～麻酔 全麻 quánmá ◆～全霊 全心全意 quán xīn quán yì
せんしんこく【先進国】发达国家 fādá guójiā ◆～首脳会議 发达国家首脑会议 fādá guójiā shǒunǎo huìyì
ぜんじんみとう【前人未到-の】前无古人 qián wú gǔrén;前人未到 qiánrén wèi dào
せんす【扇子】扇子 shànzi;折扇 zhéshàn
センス 眼光 yǎnguāng;感觉 gǎnjué ◆～がある 有眼光 yǒu yǎnguāng ◆～がいい 有审美能力 yǒu shěnměi nénglì
せんすい【泉水】泉水 quánshuǐ
せんすい【潜水-する】潜水 qiánshuǐ ◆～病 潜水病 qiánshuǐbìng ◆～夫 潜水员 qiánshuǐyuán ◆～服 潜水服 qiánshuǐfú
せんすいかん【潜水艦】潜水艇 qiánshuǐtǐng;潜艇 qiántǐng
せんする【宣する】宣布 xuānbù
ぜんせ【前世】前世 qiánshì
せんせい【先制-する】先发制人 xiān fā zhì rén ◆～攻撃 主动攻击 zhǔdòng gōngjī
せんせい【先生】老师 lǎoshī
せんせい【宣誓-する】发誓 fāshì;起誓 qǐshì ◆～書 誓书 shìshū;宣誓书 xuānshìshū
ぜんせい【善政】善政 shànzhèng ◆～を施す 施行善政 shīxíng shànzhèng
ぜんせい【全盛-の】全盛 quánshèng ◆～期 全盛期 quánshèngqī
せんせいくんしゅ【専制君主】专制君主 zhuānzhì jūnzhǔ ◆～制 专制 zhuānzhì
せんせいじゅつ【占星術】占星术 zhānxīngshù
せんせいりょく【潜在力】潜在势力 qiánzài shìlì
センセーショナル-な 轰动性的 hōngdòngxìng de
センセーション 大轰动 dà hōngdòng ◆～を巻き起こす 引起大轰动 yǐnqǐ dà hōngdòng
ぜんせかい【全世界】全世界 quánshìjiè;举世 jǔshì;全球 quánqiú
せんせき【戦績】战绩 zhànjì ◆輝かしい～ 辉煌战绩 huīhuáng zhànjì
せんせき【戦跡】战迹 zhànjì
せんせき【船籍】船籍 chuánjí
ぜんせつ【前節】❶（音楽·文章などの）前一节 qián yì jié ❷《日数·期間》前半期 qián bànqī
ぜんせつ【前説】❶《以前に唱えた説》以前的学说 yǐqián de xuéshuō ❷《前人の説》前人的学说 qiánrén de xuéshuō
せんせん【宣戦-する】宣战 xuānzhàn ◆～を布告する 宣战 xuānzhàn
せんせん【戦線】战线 zhànxiàn;阵线 zhènxiàn ◆～を離脱する 脱离战场 tuōlí zhànchǎng ◆《社会運動的な》统一～を張る 建立统一战线 jiànlì tǒngyī zhànxiàn
せんぜん【戦前-の】❶《第2次世界大戦前》战争以前 zhànzhēng yǐqián;二战以前 Èrzhàn yǐqián ◆～派 战前派 zhànqiánpài ❷《試合·勝負の始まる前》赛前 sàiqián ◆～の予想では 根据赛前预想 gēnjù sàiqián yùxiǎng
ぜんせん【前線】❶《戦場》前敌 qiándí;前方 qiánfāng;前线 qiánxiàn ❷《仕事·運動の》前线 qiánxiàn ◆セールスの～销售前线 xiāoshòu qiánxiàn ❸《気象の》锋面 fēngmiàn ◆寒冷～ 冷锋 lěngfēng ◆温暖～ 暖锋 nuǎnfēng ◆梅雨～ 梅雨锋面 méiyǔ fēngmiàn
ぜんせん【善戦-する】善战 shànzhàn;力战 lìzhàn
ぜんせん【全線】❶《路線の全体》全线 quánxiàn ◆～不通 全线不通 quánxiàn bùtōng ❷《戦線の全体》各条战线 gè tiáo zhànxiàn ◆～にわたって 遍及各条战线 biànjí gè tiáo zhànxiàn
ぜんぜん【全然】全然 quánrán;根

せんせんきょうきょう【戦々恐々たる】战战兢兢 zhàn zhàn jīng jīng; 心惊胆战 xīn jīng dǎn zhàn

せんせんげつ【先々月】上上个月 shàngshàng ge yuè

せんぞ【先祖】祖上 zǔshàng; 祖先 zǔxiān ◆〜代々 祖祖辈辈 zǔzǔbèibèi ◆〜伝来の 祖传 zǔchuán

せんそう【戦争】❶〈武力による闘争〉战争 zhànzhēng; 〜をする 作战 zuòzhàn; 打仗 dǎzhàng ◆に敗れる 战败 zhànbài ◆〜映画 战争片 zhànzhēngpiàn ◆〜孤児 战争孤儿 zhànzhēng gū'ér ❷〈激しい競争〉竞争 jìngzhēng ◆貿易〜 贸易竞争 màoyì jìngzhēng ◆受験〜 考试竞争 kǎoshì jìngzhēng

せんそう【船倉[艙]】船舱 chuáncāng; 货舱 huòcāng

せんそう【船窓】船窗 chuánchuāng

せんそう【前奏】❶〈楽曲の〉前奏 qiánzòu ◆〜曲 前奏曲 qiánzòuqǔ ❷〈前ぶれ〉前兆 qiánzhào ◆破局の悲惨結局的前兆 bēicǎn jiéjú de qiánzhào

ぜんそう【禅僧】禅僧 chánsēng

せんそく【船側】船舷 chuánxián

せんぞく【専属】专属 zhuānshǔ ◆〜契約 专属契约 zhuānshǔ qìyuē

ぜんそく【喘息】气喘 qìchuǎn; 哮喘 xiàochuǎn ◆〜患者 哮喘患者 xiàochuǎn huànzhě ◆〜発作 哮喘发作 xiàochuǎn fāzuò

ぜんそくりょく【全速力】で〕全速 quánsù ◆〜で走る 飞奔 fēibēn ◆〜で進む 全速前进 quánsù qiánjìn

ぜんそん【全損】全部损失 quánbù sǔnshī

センター〈中心〉中心 zhōngxīn; 中央 zhōngyāng ◆ショッピング〜 购物中心 gòuwù zhōngxīn ◆文化〜 文化中心 wénhuà zhōngxīn

センターハーフ〈サッカー・ホッケーの〉中卫 zhōngwèi

センターライン❶〈競技場の〉中线 zhōngxiàn ❷〈道路の〉隔离线 gélíxiàn

せんたい【戦隊】战队 zhàndùi ◆〜を組む 组成战斗队 zǔchéng zhàndòuduì

せんたい【船体】船身 chuánshēn; 船体 chuántǐ

せんたい【船隊】船队 chuánduì

せんだい【先代】〈当主の前の代〉前任 qiánrèn: 上一代 shàng yídài ◆〜の理事長 前任董事长 qiánrèn dǒngshìzhǎng

ぜんたい【全体】❶〈物・事柄の全部〉全体 quántǐ; 整体 zhěngtǐ; 总体 zǒngtǐ ◆〜の 通盘 tōngpán; 总的 zǒngde ◆〜的に言えば 就整体来说 jiù zhěngtǐ lái shuō ◆〜像が見えない 整体形象不明确 zhěngtǐ xíngxiàng bù míngquè ❷〈もともと〉原本 yuánběn ◆〜私には無理なのだ 原本我是办不到的 yuánběn wǒ shì bànbudào de ❸〈いったい〉究竟 jiūjìng ◆〜どういうことなんだ 究竟是怎么回事 jiūjìng shì zěnme huí shì

ぜんたい【全隊】❶〈その隊全体〉全队 quánduì ❷〈すべての隊〉全部部队 quánbù bùduì

ぜんだいみもん【前代未聞の】前所未闻 qián suǒ wèi wén; 前所未有 qián suǒ wèi yǒu

せんたく【洗濯 -する】洗衣服 xǐ yīfu ◆〜板 搓板 cuōbǎn ◆〜ばさみ 晾衣服夹子 liàng yīfu jiāzi ◆〜がきく 可洗的 kěxǐ de; 耐洗的 nàixǐ de

せんたく【選択 -する】选择 xuǎnzé; 抉择 juézé ◆〜を誤る 选错 xuǎncuò ◆〜科目 选修科 xuǎnxiūkē ◆〜肢 选择项目 xuǎnzé xiàngmù

せんたくき【洗濯機】洗衣机 xǐyījī

せんだつ【先達】〈学問・技芸の〉先行者 xiānxíngzhě: 前辈 qiánbèi ◆〜に学ぶ 向前辈学习 xiàng qiánbèi xuéxí ◆〈案内者〉向导 xiàngdǎo ◆山登りの〜 登山的向导 dēngshān de xiàngdǎo

せんだって【先達て】前几天 qián jǐ tiān; 上次 shàngcì

せんだて【膳立て -する】〈準備〉准备 zhǔnbèi

ぜんだま【善玉】好人 hǎorén

せんたん【先端】❶〈物の先の部分〉顶端 dǐngduān ❷〈時代・流行の先頭〉流行の〜を行く 领导新潮流 lǐngdǎo xīn cháoliú; 开创新风尚 kāichuàng xīn fēngshàng ◆〜技術 尖端技术 jiānduān jìshù

せんだん【戦端】战端 zhànduān ◆〜を開く 开火 kāihuǒ; 打响 dǎxiǎng

せんだん【専断 -する】专断 zhuānduàn; 武断 wǔduàn; 专横独断 zhuānhèng dúduàn

センダン【栴檀】旃檀 zhāntán ◆〜は双葉より芳し 伟人自幼就出众 wěirén zì yòu jiù chūzhòng

せんち【戦地】战地 zhàndì ◆〜に赴く 上战场 shàng zhànchǎng

ぜんち【全治 -する】痊愈 quányù ◆

~2週間 痊愈需两周 quányù xū liǎng zhōu
ぜんちし【前置詞】介词 jiècí
ぜんちぜんのう【全知全能-の】全知全能 quán zhī quán néng
センチメートル 公分 gōngfēn; 厘米 límǐ
センチメンタル 感伤 gǎnshāng; 多愁善感 duō chóu shàn gǎn
せんちゃ【煎茶】烹茶 pēngchá; 煎茶 jiānchá
せんちゃく【先着-する】先到 xiāndào ◆~順に 按先后顺序 àn xiānhòu shùnxù
せんちょう【船長】❶《船の長》船长 chuánzhǎng ❷《船の長さ》船长 chuánzhǎng
ぜんちょう【前兆】前兆 qiánzhào; 先兆 xiānzhào; 预兆 yùzhào
ぜんちょう【全長】全长 quáncháng
ぜんつう【全通-する】全线通车 quánxiàn tōngchē
せんて【先手】先手 xiānshǒu ◆~を打つ 先下手 xiān xiàshǒu ◆~必勝 先下手为强 xiān xià shǒu wéi qiáng
せんてい【選定-する】选定 xuǎndìng
せんてい【剪定-する】修剪 xiūjiǎn; 修整 xiūzhěng ◆木を~する 修剪树木 xiūjiǎn shùmù
ぜんてい【前庭】前院 qiányuàn
ぜんてい【前提】前提 qiántí
せんてつ【先哲】先贤 xiānxián
せんてつ【銑鉄】生铁 shēngtiě; 铣铁 xiǎntiě
せんてつ【前轍】◆~を踏むな 重蹈覆辙 chóngdǎo fùzhé
ぜんでら【禅寺】禅宗寺院 chánzōng sìyuàn
せんでん【宣伝-する】❶《広く伝える》宣传 xuānchuán ◆~広告 宣传广告 xuānchuán guǎnggào ❷《大げさに言う》吹嘘 chuīxū ◆自分の手柄を~する 吹嘘自己的功劳 chuīxū zìjǐ de gōngláo
ぜんてんこうがた【全天候型-の】全天候 quántiānhòu ◆~コート 全天候型运动场 quántiānhòuxíng yùndòngchǎng
センテンス【句子】句子 jùzi
せんてんせい【先天性】先天性 xiāntiānxìng ◆~疾患 先天性疾病 xiāntiānxìng jíbìng
せんてんてき【先天的-な】先天 xiāntiān ◆~先天异常 先天异常 xiāntiān yìcháng
ぜんど【前途】迁都 qiāndū
せんと【先途】《大事な分かれ目》ここを~と戦う 以此为聚要关头拼死奋

战 yǐ cǐ wéi jǐnyào guāntóu pīnsǐ fènzhàn
せんど【鮮度】鲜度 xiāndù ◆~が落ちる 鲜度下降 xiāndù xiàjiàng ◆~のよい魚 新鲜的鱼 xīnxiān de yú
ぜんと【前途】前程 qiánchéng; 前途 qiántú ◆~多難 前途多难 qiántú duōnán ◆~洋々 鹏程万里 péng chéng wàn lǐ
ぜんど【全土】全国 quánguó
ぜんとう【前列】前列 qiánliè; 排头 páitóu ◆~に立つ 站在最前列 zhànzài zuì qiánliè; 一马当先 yì mǎ dāng xiān ◆~を行く 先行 xiānxíng ◆~を切る 领先 lǐngxiān
せんとう【尖塔】尖塔 jiāntǎ
せんとう【戦闘-する】战斗 zhàndòu ◆~機 歼击机 jiānjījī; 战机 zhànjī ◆~機隊員 ◆~力 战斗力 zhàndòulì
せんとう【銭湯】澡堂 zǎotáng; 浴池 yùchí
せんどう【先導-する】开路 kāilù; 带路 dàilù ◆~者 先导 xiāndǎo; 领路人 lǐnglùrén
せんどう【煽動-する】煽动 shāndòng; 煽风点火 shānfēng diǎnhuǒ; 鼓动 gǔdòng ◆~者 煽动者 shāndòngzhě
せんどう【船頭】船夫 chuánfū; 舟子 zhōuzǐ
ぜんどう【善導-する】教人学好 jiāo rén xuéhǎo
ぜんどう【蠕動-する】蠕动 rúdòng ◆~運動 蠕动运动 rúdòng yùndòng
セントバーナード 圣伯纳犬 Shèng Bónàquǎn
セントラルヒーティング 集中供暖 jízhōng gōngnuǎn
ぜんなんぜんにょ【善男善女】善男信女 shàn nán xìn nǚ
ぜんにちスト【全日スト】全天罢工 quántiān bàgōng
ぜんにちせい【全日制】全日制 quánrìzhì
センニチコウ【千日紅】千日红 qiānrìhóng
せんにゅう【潜入-する】潜入 qiánrù; 秘密进入 mìmì jìnrù
せんにゅうかん【先入観】成见 chéngjiàn; 私见 sījiàn ◆~を持つ 有成见 yǒu chéngjiàn
せんにょ【仙女】仙姑 xiāngū
せんにん【仙人】神仙 shénxiān; 仙人 xiānrén
せんにん【先任-の】前任 qiánrèn
せんにん【専任-の】专任 zhuānrèn; 专职 zhuānzhí ◆~教員 专任

教員 zhuānrèn jiàoyuán
せんにん【選任-する】选任 xuǎnrèn
ぜんにん【前任-の】前任 qiánrèn；上任 shàngrèn ♦〜者 前任 qiánrèn
ぜんにん【善人】善人 shànrén；好人 hǎorén ♦〜面(づら)した 伪善 wěishàn；装好人 zhuāng hǎorén
せんぬき【栓抜き】起子 qǐzi
せんねん【先年】前些年 qián xiē nián
せんねん【専念-する】专心 zhuānxīn；一心一意 yì xīn yí yì ♦実験に〜する 专心进行实验 zhuānxīn jìnxíng shíyàn
ぜんねん【前年-の】前一年 qián yì nián；头年 tóunián
せんのう【洗脳-する】洗脑 xǐnǎo ♦〜される 被洗脑 bèi xǐnǎo
ぜんのう【前納-する】预付 yùfù
ぜんのう【全納-する】缴齐 jiǎoqí
ぜんのう【全能-の】全能 quánnéng；万能 wànnéng
ぜんば【前場】〖取引場〗前市 qiánshì
せんばい【専売-する】专卖 zhuānmài ♦〜品 专卖商品 zhuānmài shāngpǐn ♦〜特許 专卖执照 zhuānmài zhízhào
せんぱい【先輩】学长 xuézhǎng；先辈 xiānbèi；〈学校の〉高年级同学 gāo niánjí tóngxué；〈職場の〉先参加工作的同事 xiān cānjiā gōngzuò de tóngshì ♦大〜 老前辈 lǎo qiánbèi
ぜんぱい【全廃-する】全部废除 quánbù fèichú
ぜんぱい【全敗-する】全败 quánbài；全输 quánshū
せんばく【浅薄】鄙陋 bǐlòu；浅泛 fūfàn；浅薄 qiǎnbó ♦〜な思想 肤浅的思想 fūqiǎn de sīxiǎng
せんぱく【船舶】船只 chuánzhī；船舶 chuánbó ♦〜会社 船舶公司 chuánbó gōngsī ♦〜事故 海事 hǎishì
せんぱつ【選抜-する】选拔 xuǎnbá
せんぱつ【先発-する】先动身 xiān dòngshēn ♦〜隊を務める 打前站 dǎ qiánzhàn
せんぱつ【洗髪-する】洗发 xǐfa
せんばん【千万】♦無礼 非常无礼 fēicháng wúlǐ；迷惑〜 极大麻烦 jídà máfan ♦笑止〜 极其可笑 jíqí kěxiào
せんばん【旋盤】车床 chēchuáng；旋床 xuánchuáng ♦〜工 车工 chēgōng ♦〜工場 车床工厂 chēchuángchǎng
せんぱん【先般】前些天 qián xiē

tiān；上次 shàngcì ♦〜申し上げたように 像前些日子跟您谈的那样 xiàng qián xiē rìzi gēn nín tán de nàyàng ♦〜の件 上次那件事 shàngcì nà jiàn shì
せんぱん【戦犯】战犯 zhànfàn ♦A級〜 甲级战犯 jiǎ jí zhànfàn
ぜんはん【前半-の】前半 qiánbàn ♦〜戦 前半场 qiánbànchǎng
ぜんぱん【全般-に】全盘 quánpán；整体 zhěngtǐ；普遍 pǔbiàn ♦〜的に考える 通盘考虑 tōngpán kǎolǜ
せんび【戦備】战备 zhànbèi ♦〜を整える 做好战备 zuòhǎo zhànbèi
せんび【船尾】船艄 chuánshāo
せんぴ【戦費】战费 zhànfèi
せんぴ【前非】♦〜を悔いる 痛悔前非 tònghuǐ qiánfēi
せんびき【線引き】划界 huàjiè；划分 huàfēn
せんびょうし【戦病死-する】作战期间病死 zuòzhàn qījiān bìngsǐ
せんびょうしつ【腺病質-の】虚弱质 xūruòzhì
せんびん【先便】前信 qiánxìn
せんびん【前便】前信 qiánxìn
せんぶ【宣撫】宣抚 xuānfǔ
せんぷ【先夫】前夫 qiánfū
ぜんぶ【全部】全部 quánbù；统一共 yígòng；共 gòng；一共 yígòng；总共 zǒnggòng；总共 zǒnggòng ♦〜でいくらなの 总共得多少钱 zǒnggòng děi duōshao qián ♦〜の時間 所有的时间 suǒyǒu de shíjiān
ぜんぷ【前夫】前夫 qiánfū ♦〜の 以前的 yǐqián de；丈夫 zhàngfu
せんぷう【旋風】旋风 xuànfēng；怪气 guàiqì ♦〜を巻き起こす 刮起旋风 xuànfēng
せんぷうき【扇風機】电风扇 diànfēngshàn；电扇 diànshàn
せんぷく【潜伏】潜伏 qiánfú；隐伏 yǐnfú；潜藏 qiáncáng ♦山中に〜する 在山中潜伏 zài shānzhōng qiánfú ♦（病原菌の）潜伏期 qiánfúqī
せんぷく【船腹】船体 chuántǐ
ぜんぷく【全幅-の】最大限度 zuìdà xiàndù ♦〜の信頼を寄せる 完全信赖 wánquán xìnlài
ぜんぶん【前文】❶〈前記の文〉前文 qiánwén ❷〈法令条文の前に〉前文 qiánwén；前言 qiányán
ぜんぶん【全文】全文 quánwén
せんべい【煎餅】酥脆薄片饼干 cuì báopiàn bǐnggān；脆饼 cuìbǐng
せんぺい【尖兵】尖兵 jiānbīng；

316　せんべつ — せんよう

喩的に）先駆 xiānqū

せんべつ【選別-する】 筛选 shāixuǎn ◆人材を～ 挑选人才 tiāoxuǎn réncái

せんべつ【餞別】 临别礼物 línbié wù ◆～をおくる 临别送礼 línbié sònglǐ

せんべん【先鞭】 先着手 xiānzhuóshǒu；占先 zhànxiān ◆～をつける 先着手 xiānzhuóshǒu；占先 zhànxiān

ぜんぺん【前編】 前编 qiánbiān ◆～集 上集 shàngjí

ぜんぺん【全篇】 全篇 quánpiān

せんぺんいちりつ【千篇一律-の】 千篇一律 qiān piān yí lǜ

せんぺんばんか【千変万化】 千变万化 qiān biàn wàn huà

せんぼう【羨望-する】 羡慕 xiànmù ◆～のまなざし 羡慕的眼光 xiànmù de yǎnguāng ◆～の的になる 成为人们羡慕的对象 chéngwéi rénmen xiànmù de duìxiàng ◆～と嫉妬 羡慕与忌妒 xiànmù yǔ jídù

せんぽう【先方-の】〔相手方〕 对方 duìfāng

せんぽう【先鋒】 先锋 xiānfēng ◆革新派の～ 革新派的先锋 géxīnpài de xiānfēng ◆急～ 急先锋 jíxiānfēng

せんぽう【戦法】 战术 zhànshù

ぜんぼう【全貌】 全貌 quánmào ◆整个面貌 zhěnggè miànmào ◆事件の～が明らかになる 弄清事件的全貌 nòngqīngchu shìjiàn de quánmào ◆～を暴く 暴露全貌 bàolù quánmào

ぜんぽう【前方-の】 前边 qiánbiān；前面 qiánmiàn ◆～不注意による事故 没注意前方造成的事故 méi zhùyì qiánfāng zàochéng de shìgù

ぜんほういがいこう【全方位外交】 全方位外交 quánfāngwèi wàijiāo

せんぼうきょう【潜望鏡】 潜望镜 qiánwàngjìng

せんぼつ【戦没-する】 战死 zhànsǐ ◆～者 阵亡者 zhènwángzhě

ぜんまい【発条】 发条 fātiáo ◆～仕掛けの 装有发条装置的 zhuāngyǒu fātiáo zhuāngzhì de ◆～を巻く 上发条 shàng fātiáo

ゼンマイ【薇】 紫萁 zǐqí

せんまいどおし【千枚通し】 锥子 zhuīzi

せんむ【専務-の】 专务 zhuānwù ◆～取締役 专务董事 zhuānwù dǒngshì

せんめい【鲜明-な】 鲜明 xiānmíng

せんめつ【殲滅-する】 歼灭 jiānmiè；清剿 qīngjiǎo ◆～戦 全歼 quánjiān

ぜんめつ【全滅-する】 覆没 fùmò；覆灭 fùmiè；溃灭 kuìmiè ◆～させる 全歼 quánjiān

ぜんめん【前面-の】 前方 qiánfāng；前面 qiánmiàn

ぜんめん【全面】 ❶〔新聞のページ〕整版 zhěngbǎn ◆～広告 整版广告 zhěngbǎn guǎnggào ❷〔全ての面〕全面 quánmiàn；通盘 tōngpán；普遍 pǔbiàn ◆～戦争 全面战争 quánmiàn zhànzhēng ◆～的に 全面地 quánmiàn de

せんめんき【洗面器】 脸盆 liǎnpén；洗脸盆 xǐliǎnpén

せんめんじょ【洗面所】 洗手间 xǐshǒujiān；盥洗室 guànxǐshì；厕所 cèsuǒ

せんもう【繊毛】 纤毛 xiānmáo ◆～运动 纤毛运动 xiānmáo yùndòng

せんもん【専門】 专业 zhuānyè；专门 zhuānmén ◆～学校 专科学校 zhuānkē xuéxiào；职业技术学院 zhíyè jìshù xuéyuàn ◆～の 专业性的 zhuānyèxìng de ◆～医 专科医生 zhuānkē yīshēng；专门医生 zhuānmén yīshēng ◆～家 专家 zhuānjiā ◆～知识 专业知识 zhuānyè zhīshí；专长 zhuāncháng ◆～用语 术语 shùyǔ；专业用语 zhuānyè yòngyǔ

ぜんもん【前門】 ～の虎、後門の狼 前门拒虎、后门进狼 qiánmén jù hǔ, hòumén jìn láng

せんや【先夜】 前些天夜晚 qián xiē tiān yèwǎn

ぜんや【前夜】 ❶〔昨晩〕昨夜 zuóyè ❷〔前の晩〕前夕 qiánxī ◆革命～ 革命前夜 gémìng qiányè

せんやく【先約】〔前からの約束〕前约 qiányuē；以前的诺言 yǐqián de nuòyán ◆～を果たす 履行前约 lǚxíng qiányuē ◆〔その申し出以前に交わした別の約束〕此前的其他约会 cǐqián de qítā yuēhuì ◆～がある 另有前约 lìng yǒu qiányuē

ぜんやく【全訳-する】 全译 quányì

せんゆう【占有-する】 占 zhàn；占有 zhànyǒu ◆～率 占有率 zhànyǒulǜ

せんゆう【専有-する】 专有 zhuānyǒu ◆～面積 专有面积 zhuānyǒu miànjī

せんゆう【戦友】 战友 zhànyǒu

せんよう【宣揚-する】 宣扬 xuānyáng

せんよう【専用-する】 专用 zhuānyòng ◆～电话 专用电话 zhuānyòng diànhuà ◆自動車～道路 汽车专用道路 qìchē zhuānyòng dàolù

ぜんよう【善用-する】妥善利用 tuǒshàn lìyòng

ぜんよう【全貌】全貌 quánmào

ぜんら【全裸-の】全裸 quánluǒ

せんらん【戦乱】兵乱 bīngluàn; 战乱 zhànluàn

せんり【千里】◆～の道も一歩から 千里之行始于足下 qiān lǐ zhī xíng shǐyú zúxià ◆悪事～を走る 恶事传千里 èshì chuán qiān lǐ ◆一望～ 一望千里 yí wàng qiān lǐ

せんりがん【千里眼】千里眼 qiānlǐyǎn

せんりつ【戦慄-する】战抖 zhàndǒu; 战栗 zhànlì ◆～が走る 战栗 zhànlì

せんりつ【旋律】旋律 xuánlǜ

ぜんりつせん【前立腺】前列腺 qiánlièxiàn ◆～肥大症 前列腺肥大症 qiánlièxiàn féidàzhèng

せんりひん【戦利品】战利品 zhànlìpǐn

せんりゃく【戦略】战略 zhànlüè ◆～を立てる 制定战略 zhìdìng zhànlüè ◆～家 战略家 zhànlüèjiā ◆販売～ 销售战略 xiāoshòu zhànlüè

ぜんりゃく【前略】〈文書・手紙〉前略 qiánlüè

せんりょ【千慮】◆～の一失 千虑一失 qiān lǜ yì shī ◆～の一得 千虑一得 qiān lǜ yì dé

せんりょ【浅慮-な】粗心 cūxīn; 浅见 qiǎnjiàn; 短见 duǎnjiàn

せんりょう【占領-する】❶〈一定の場所を独占する〉霸占 bàzhàn; 占 zhàn ◆2人分の座席を～している 占两人的座位 zhàn liǎng rén de zuòwèi ❷〈他国の領土を支配する〉占领 zhànlǐng ◆～される 沦陷 lúnxiàn ◆～軍 占领军 zhànlǐngjūn

せんりょう【染料】染料 rǎnliào; 颜色 yánshai ◆～で作物 染作物 rǎnliào zuòwù

ぜんりょう【善良-な】善良 shànliáng ◆～な人 善人 shànrén

ぜんりょう【全量】全部重量 quánbù zhòngliàng; 全部容量 quánbù róngliàng

せんりょうやくしゃ【千両役者】大师 dàshī; 名角 míngjué; 明星 míngxīng ◆サッカー界の～ 足球界明星 zúqiújiè míngxīng

せんりょく【戦力】兵力 bīnglì; 军事力量 jūnshì lìliàng; 战斗力 zhàndòulì ◆チームの重要な～ 队里的能干手 duìlǐ de nénggānshǒu ◆あの選手は～にならない 那个选手上不了场 nàge xuǎnshǒu shàngbuliǎo chǎng ◆～外を通知する 通知选手不再续约 tōngzhī xuǎnshǒu bú zài xùyuē

ぜんりょく【全力-で】全力 quánlì; 竭力 jiélì ◆～をあげる 竭尽全力 jiéjìn quánlì ◆～を尽くす 全力以赴 quánlì yǐ fù

ぜんりん【前輪】前轮 qiánlún

ぜんりん【善隣】睦邻 mùlín ◆～外交 睦邻外交 mùlín wàijiāo

せんれい【先例】惯例 guànlì; 先例 xiānlì; 榜样 bǎngyàng ◆～となる 成为榜样 chéngwéi bǎngyàng ◆～に従う 随惯例 suí guànlì

せんれい【洗礼】❶〈キリスト教〉洗礼 xǐlǐ ◆～を受ける 接受洗礼 jiēshòu xǐlǐ ❷〈試練〉考验 kǎoyàn ◆猛特訓の～を受ける 经受艰苦训练的洗礼 jīngshòu jiānkǔ xùnliàn de xǐlǐ

せんれい【前例】旧例 jiùlì; 前例 qiánlì; 先例 xiānlì ◆～にならう 援引旧例 yuányǐn jiùlì ◆史上～のない 史无前例 shǐ wú qiánlì ◆～を作る 开先例 kāi xiānlì

ぜんれき【前歴】经历 jīnglì; 前历 qiánlì ◆～がある 有前历 yǒu qiánlì ◆～を隠す 隐瞒经历 yǐnmán jīnglì

せんれつ【戦列】战斗部队 zhàndòu bùduì; 斗争行列 dòuzhēng hángliè ◆～に加わる 加入斗争行列 jiārù dòuzhēng hángliè ◆～を離れる 脱离斗争行列 tuōlí dòuzhēng hángliè

ぜんれつ【前列】前列 qiánlì; 前排 qiánpái

せんれん【洗練-された】洗练 xǐliàn; 高雅 gāoyǎ; 脱俗 tuōsú

せんろ【線路】铁路 tiělù; 轨道 guǐdào

そ

ソ〈音階の〉大音階第五音 dàyīnjiē dìwǔ yīn；梭 suō

そあく【粗悪-な】差 chà；粗悪 cū'è；低劣 dīliè ◆~品 次品 cìpǐn；次货 cìhuò

そいそしょく【粗衣粗食】布衣蔬食 bù yī shū shí

そいね【添い寝-する】陪着睡 péizhe shuì

そいん【素因】原因 yuányīn

そいん【訴因】起诉理由 qǐsù lǐyóu

そう 那样 nàyàng；那么 nàme；这样 zhèyàng；这么 zhème ◆~です 是那样 shì nàyàng ◆~簡単ではない 不那么简单 bú nàme jiǎndān

そう【沿う】沿着 yánzhe；遵循 zūnxún；川に沿って散歩する 沿着河边散步 yánzhe hébiān sànbù ◆基本計画に沿って 依照基本计划 yīzhào jīběn jìhuà

そう【添う】❶〈付き従う〉紧跟 jǐn gēn；跟随 gēnsuí；随 suí ◆影の形に~ように 形影不离 xíng yǐng bù lí ◆母のそばに~ 陪母亲 péi mǔqīn ❷〈合致する〉满足 mǎnzú；符合 fúhé ◆期待に~ 满足期望 mǎnzú qīwàng ◆ご希望に~ように努力しましょう 设法满足你的要求 shèfǎ mǎnzú nǐ de yāoqiú ❸〈連れ添う〉结婚 jiéhūn ◆いつになっても~ことができない 老结不了婚 lǎo jiébuliǎo hūn

そう【僧】僧 sēng；和尚 héshang

そう【層】层次 céngcì ◆~をなす 成层 chéngcéng

そう【筝】古筝 gǔzhēng

ぞう【像】像 xiàng ◆具体~ 具体形象 jùtǐ xíngxiàng

ゾウ【象】大象 dàxiàng

そうあたりせん【総当たり戦】循环赛 xúnhuánsài；联赛 liánsài

そうあん【創案】发明 fāmíng；独创 dúchuàng

そうあん【草案】草案 cǎo'àn ◆~を作る 草拟 cǎonǐ

そうい【差異】差异 chāyì；差别 chābié ◆~ない 没错 méicuò

そうい【創意】创见 chuàngjiàn ◆~工夫する 苦心创造 kǔxīn chuàngzào

そうい【総意】大家的心愿 dàjiā de xīnyuàn；全体的意见 quántǐ de yìjiàn ◆国民の~ 全体人民的意见 quántǐ rénmín de yìjiàn

そういう 那样的 nàyàng de；这样的 zhèyàng de ◆~ことは 是这么

回事 shì zhème huí shì

そういれば【総入れ歯】全口假牙 quán kǒu jiǎyá

そういん【僧院】寺院 sìyuàn

そういん【総員】全体人员 quántǐ rényuán ◆~ 30 名 全体三十人 quántǐ sānshí rén

ぞういん【増員-する】增员 zēngyuán

そううつびょう【躁鬱病】躁郁症 zàoyùzhèng

ぞうえい【造営-する】营建 yíngjiàn；兴造 xīngzào

ぞうえいざい【造影剤】造影剂 zàoyǐngjì

ぞうえん【造園】营造庭园 yíngzào tíngyuán

ぞうえん【増援-する】增援 zēngyuán

ぞうお【憎悪-する】仇恨 chóuhèn；憎恶 zēngwù；憎恨 zēnghèn

そうおう【相応-の】相称 xiāngchèn ◆身分不~の 与身份不相符的 yǔ shēnfen bù xiāngfú de

そうおん【騒音】噪声 zàoshēng；噪音 zàoyīn ◆~公害 噪音公害 zàoyīn gōnghài ◆~防止条例 噪音防止条例 zàoyīn fángzhì tiáolì

そうが【爪牙】爪牙 zhǎoyá；毒手 dúshǒu ◆~にかかる 遭到毒手 zāodào dúshǒu

ぞうか【増加-する】增长 zēngzhǎng；增加 zēngjiā ◆~の一途をたどる 有增无减 yǒu zēng wú jiǎn

ぞうか【造花】人造花 rénzàohuā；假花 jiǎhuā

そうかい【壮快-な】痛快 tòngkuài ◆~な気分 心情痛快 xīnqíng tòngkuài

そうかい【爽快-な】清爽 qīngshuǎng；爽快 shuǎngkuai ◆气分~ 精神爽快 jīngshén shuǎngkuai

そうかい【掃海-する】扫雷 sǎoléi ◆~艇 扫雷艇 sǎoléitǐng

そうかい【総会】大会 dàhuì；全会 quánhuì ◆株主~ 股东大会 gǔdōng dàhuì

そうかい【滄海】◆~の一栗 沧海一粟 cāng hǎi yí sù

そうがい【窓外】窗外 chuāngwài ◆~の景色 窗外的景色 chuāngwài de jǐngsè

そうがい【霜害】霜灾 shuāngzāi；霜害 shuānghài

そうがかり【総掛かり】全员出动 quányuán chūdòng；全体动手 quántǐ dòngshǒu

そうがく【総額】总额 zǒng'é；总数 zǒngshù

ぞうがく【増額-する】增额 zēng'é

そうかつ【総括-する】 总结 zǒngjié; 总括 zǒngkuò ◆～質問 综合质疑 zōnghé zhìyí ◆～責任者 总负责人 zǒng fùzérén

そうかつ【総轄-する】 总辖 zǒngxiá

そうかくのいぬ【喪家の狗】 丧家之犬 sàngjiā zhī quǎn

そうかわ【総革-の】 ◆～のソファー 全革沙发 quángé shāfā

そうかん【創刊-する】 创刊 chuàngkān ◆～号 创刊号 chuàngkānhào

そうかん【壮観-な】 壮观 zhuàngguān

そうかん【相関】 相关 xiāngguān ◆～関係 相互关系 xiānghù guānxi; 连带关系 liándài guānxi

そうかん【総監】 总监 zǒngjiān ◆警視～ 警视总监 jǐngshì zǒngjiān

そうかん【送還-する】 遣返 qiǎnfǎn; 遣送 qiǎnsòng ◆強制～ 强制遣返 qiángzhì qiǎnfǎn

ぞうかん【増刊-する】 增刊 zēngkān

ぞうがん【象眼-する】 镶嵌 xiāngqiàn

そうがんきょう【双眼鏡】 千里眼 qiānlǐyǎn; 双筒望远镜 shuāngtǒng wàngyuǎnjìng

そうき【想起-する】 想起 xiǎngqǐ; 回忆 huíyì

そうき【早期】 早期 zǎoqī; 早日 zǎorì ◆病気を～発見する 早期发现疾病 zǎoqī fāxiàn jíbìng

そうぎ【争議】 工潮 gōngcháo; 风潮 fēngcháo

そうぎ【葬儀】 丧事 sāngshì; 葬礼 zànglǐ ◆～に参列する 参加葬礼 cānjiā zànglǐ ◆～を行う 发丧 fāsāng; 治丧 zhìsāng ◆～館 殡仪馆 bìnyíguǎn

ぞうき【雑木】 杂树 záshù ◆～林 杂木林 zámùlín

ぞうき【臓器】 脏腑 zàngfǔ; 脏器 zàngqì ◆～移植 脏器移植 zàngqì yízhí

そうきゅう【早急-に】 火速 huǒsù; 急速 jísù; 尽快 jìnkuài

そうきゅう【蒼穹】 苍穹 cāngqióng; 穹苍 qióngcāng

そうきゅう【送球-する】 传球 chuánqiú; 扔球 rēngqiú; 送球 sòngqiú

そうきょく【壮挙】 壮举 zhuàngjǔ

ソウギョ【草魚】 草鱼 cǎoyú

そうぎょう【創業-する】 创办 chuàngbàn; 创业 chuàngyè ◆～者 创业者 chuàngyèzhě

そうぎょう【操業-する】 开工 kāigōng ◆～を開始する 投入生产 tóurù shēngchǎn ◆～を停止する 停工 tínggōng

ぞうきょう【増強-する】 增强 zēng qiáng; 加强 jiāqiáng ◆輸送力を～する 加强运输力量 jiāqiáng yùnshū lìliang

そうきょく【箏曲】 筝曲 zhēngqǔ

そうきょくせん【双曲線】 双曲线 shuāngqūxiàn

そうきん【送金-する】 寄钱 jì qián; 汇款 huìkuǎn ◆～手数料 汇费 huìfèi ◆ATMから～する 通过自动柜员机汇款 tōngguò zìdòng guìyuánjī huìkuǎn

ぞうきん【雑巾】 抹布 mābù; 揩布 zhǎnbù ◆～でふく 用抹布擦 yòng mābù cā ◆～をしぼる 拧抹布 níng mābù

そうぐう【遭遇-する】 遭 zāo; 遭到 zāodào; 遭遇 zāoyù ◆敵に～する 遇到敌人 yùdào dírén ◆事故に～する 遭遇事故 zāoyù shìgù

そうくずれ【総崩れ-になる】 溃败 kuìbài; 崩溃 bēngkuì; 全部瓦解 quánbù wǎjiě

そうくつ【巣窟】 巢穴 cháoxué; 贼窝 zéiwō

そうけ【宗家】 正宗 zhèngzōng

ぞうげ【象牙】 象牙 xiàngyá ◆～の塔 象牙之塔 xiàngyá zhī tǎ ◆～の印 牙章 yázhāng ◆～細工 牙雕 yádiāo ◆～質〈歯の〉 牙质 yázhì ◆～製の牙形質 yázhì

そうけい【早計】 草率 cǎoshuài ◆～にすぎる 过急 guòjí

そうけい【総計-する】 总计 zǒngjì ◆～額 总额 zǒng'é

そうげい【送迎-する】 迎送 yíngsòng; 接送 jiēsòng ◆空港～サービス 机场接送服务 jīchǎng jiēsòng fúwù

ぞうけい【造形-する】 造型 zàoxíng ◆～美術 造型艺术 zàoxíng yìshù

ぞうけい【造詣】 造诣 zàoyì; 造就 zàojiù ◆～が深い 造诣很深 zàoyì hěn shēn ◆～を深める 深造 shēnzào

そうけだつ【総毛立つ】 毛骨悚然 máogǔ sǒngrán

ぞうけつ【増結-する】 加挂 jiāguà ◆車両を～する 加挂车厢 jiāguà chēxiāng

ぞうけつ【増血】 增血 zēngxuè ◆～剤 增血剂 zēngxuèjì

そうけん【創見】 创见 chuàngjiàn ◆～に満ちた 富于创见 fùyú chuàngjiàn

そうけん【双肩】 双肩 shuāngjiān ◆きみの～にかかっている 搭在你的双肩上 dāzài nǐ de shuāngjiānshang

そうけん【壮健-な】 健壮 jiànzhuàng

そうけん【送検-する】 送交检察院

そうげん〖草原〗 草原 cǎoyuán
ぞうげん〖増減〗-する 消长 xiāozhǎng;增减 zēngjiǎn
そうこ〖倉庫〗 仓库 cāngkù; 库房 kùfáng ◆～に貯蔵してある 仓库藏 cāngcáng; 库藏 kùcáng
そうご〖相互の〗 互相 hùxiāng; 相互 xiānghù ◆～作用 相互作用 xiānghù zuòyòng ◆～理解 相互理解 hùxiāng lǐjiě
ぞうご〖造語〗 构词 gòucí; 创造新词 chuàngzào xīncí ◆～成分 造词成分 zàocí chéngfèn
そうこう〖奏功〗-する 成功 chénggōng; 见效 jiànxiào
そうこう〖操行〗 操行 cāoxíng; 品行 pǐnxíng
そうこう〖草稿〗 草稿 cǎogǎo; 底稿 dǐgǎo ◆～を作る 打草稿 dǎ gǎo; 拟稿 nǐ gǎo
そうこう〖走行〗-する 行驶 xíngshǐ ◆～速度 行驶速度 xíngshǐ sùdù ◆～距離 行驶距离 xíngshǐ jùlí
そうこう〖霜降〗 霜降 shuāngjiàng
そうこう〖相好〗 表情 biǎoqíng; 脸色 liǎnsè ◆～を崩す 喜笑颜开 xǐ xiào yán kāi; 满面笑容 mǎnmiàn xiàoróng
そうごう〖総合〗-する 综合 zōnghé ◆～的 综合性的 zōnghéxìng de ◆～大学 综合大学 zōnghé dàxué
そうこうかい〖壮行会〗 欢送会 huānsònghuì
そうこうげき〖総攻撃〗-する 总攻 zǒnggōng ◆みんなの～をくらう 受到大家的一致责难 shòudào dàjiā de yízhì zénàn
そうこうしゃ〖装甲車〗 铁甲车 tiějiǎchē; 装甲车 zhuāngjiǎchē
そうこく〖相剋-する〗 相克 xiāngkè; 抵触 dǐchù
そうこん〖早婚〗 早婚 zǎohūn
そうごん〖荘厳-な〗 庄严 zhuāngyán
そうさ〖捜査〗-する 搜查 sōuchá; 侦查 zhēnchá
そうさ〖操作〗-する ❶〖機械などを〗操纵 cāozòng; 操作 cāozuò ◆遠隔～ 遥控 yáokòng ◆コンピューターを～する 操作电脑 cāozuò diànnǎo ❷〖資金などを〗控制 kòngzhì ◆株価を～する 控制股价 kòngzhì gǔjià ◆帳簿を～する 窜改账簿 cuàngǎi zhàngbù
そうさい〖相殺-する〗 抵消 dǐxiāo; 对消 duìxiāo; 相抵 xiāngdǐ
そうさい〖総裁〗 总裁 zǒngcái

そうざい〖惣菜〗 家常菜 jiācháng-cài
そうさく〖創作〗-する 创作 chuàngzuò ◆～活动 创作活动 chuàngzuò huódòng
そうさく〖捜索〗-する 搜索 sōusuǒ ◆家宅～する 抄家 chāojiā
ぞうさく〖造作〗-する ❶〖建てる〗修建 xiūjiàn ❷〖建具·装飾〗装修 zhuāngxiū ❸〖顔の〗容貌 róngmào; 五官 wǔguān
ぞういん〖増刷-する〗 增印 zēngyìn; 加印 jiāyìn
ぞうさない〖造作ない〗 容易 róngyì; 简单 jiǎndān; 一点儿也不费事 yìdiǎnr yě bú fèishì
そうざらい〖総浚い〗 总复习 zǒngfùxí
そうざん〖早産-する〗 早产 zǎochǎn
ぞうさん〖増産-する〗 增产 zēngchǎn
そうし〖創始〗-する 创始 chuàngshǐ; 首创 shǒuchuàng ◆～者 创办人 chuàngbànrén
そうし〖壮士〗 壮士 zhuàngshì
そうじ〖掃除〗-する 打扫 dǎsǎo; 扫除 sǎochú
そうじ〖相似-の〗 相似 xiāngsì ◆～形 相似形 xiāngsìxíng
ぞうし〖増資〗-する 增加资本 zēngjiā zīběn
そうしき〖総指揮〗 总指挥 zǒng zhǐhuī
そうしき〖葬式〗 葬礼 zànglǐ ◆～を出す 举行葬礼 jǔxíng zànglǐ; 办白事 bàn báishì
そうじき〖掃除機〗 吸尘器 xīchénqì
そうししゅつ〖総支出〗 总支出 zǒng zhīchū
そうじしょく〖総辞職〗 总辞职 zǒng cízhí; 全体辞职 quántǐ cízhí
そうしそうあい〖相思相愛〗 相思相爱 xiāngsī xiāng'ài
そうしつ〖喪失〗-する 丧失 sàngshī ◆自信～ 丧失自信 sàngshī zìxìn ◆～感 失落感 shīluògǎn
そうじて〖総じて〗 总之 zǒngzhī; 一般地说来 yìbān de shuōlái; 概括地说 gàikuò de shuō
そうしはいにん〖総支配人〗 总经理 zǒngjīnglǐ
そうしゃ〖壮者〗 壮年人 zhuàngniánrén
そうしゃ〖掃射-する〗 扫射 sǎoshè ◆機銃～ 机枪扫射 jīqiāng sǎoshè
そうしゃ〖操車〗 调车 diàochē ◆～场 调车站 diàochēzhàn
そうしゃ〖走者〗 ❶〖陸上競技の〗赛跑运动员 sàipǎo yùndòngyuán ◆〖リレーの〗接力赛运动员 jiēlìsài yùndòng-

そうしゅ yuán;《野球の》跑垒员 pǎolěiyuán
そうしゅ【漕手】划船者 huáchuánzhě; 划手 huáshǒu
ぞうしゅ【造酒】酿酒 niàngjiǔ
そうじゅう【操縦-する】操纵 cāozòng; 操作 cāozuò;《駕駛》驾驶 jiàshǐ ♦～桿 驾驶杆 jiàshǐgǎn
そうしゅう【増収-する】增收 zēngshōu
そうしゅうにゅう【総収入】总收入 zǒng shōurù
そうじゅうりょう【総重量】毛重 máozhòng
ぞうしゅうわい【贈収賄】行贿受贿 xínghuì shòuhuì
そうじゅく【早熟-な】早熟 zǎoshú
そうじゅん【早春】早春 zǎochūn
そうしょ【叢書】丛书 cóngshū
そうしょ【草書】草书 cǎoshū; 草体 cǎotǐ
ぞうしょ【蔵書】藏书 cángshū ♦～家 藏书家 cángshūjiā
そうしょう【宗匠】宗匠 zōngjiàng; 老师 lǎoshī
そうしょう【相称】对称 duìchèn
そうしょう【総称-する】泛称 fànchēng; 总称 zǒngchēng; 统称 tǒngchēng
そうじょう【相乗】相乘 xiāngchéng ♦～効果 相乘效应 xiāngchéng xiàoyìng
そうじょう【僧正】僧正 sēngzhèng
そうしょく【僧職】僧职 sēngzhí
そうしょく【草食-の】草食 cǎoshí ♦～動物 草食动物 cǎoshí dòngwù
そうしょく【装飾-する】装饰 zhuāngshì; 修饰 xiūshì ♦～品 装饰品 zhuāngshìpǐn
ぞうしょく【増殖-する】增殖 zēngzhí; 增生 zēngshēng
そうしれいかん【総司令官】总司令 zǒngsīlìng
そうしん【喪心-する】失神 shīshén; 神志不清 shénzhì bù qīng
そうしん【送信-する】发送 fāsòng ♦～機 发报机 fābàojī ♦～データを～する 发送数据 fāsòng shùjù
そうしん【増進-する】增进 zēngjìn ♦食欲が～する 食欲增进 shíyù zēngjìn ♦健康～ 增进健康 zēngjìn jiànkāng
そうしんぐ【装身具】装饰品 zhuāngshìpǐn; 首饰 shǒushì
そうすい【総帥】统帅 tǒngshuài; 总司令 zǒngsīlìng
そうすい【雑炊】菜粥 càizhōu; 杂烩粥 záhuìzhōu
ぞうすい【増水-する】涨水 zhǎngshuǐ
そうすう【総数】总数 zǒngshù

そうする【奏する】♦功を～ 奏效 zòuxiào ♦楽を～ 奏乐 zòuyuè
そうせい【創世】创世 chuàngshì ♦～記 创世记 chuàngshìjì
そうせい【叢生-する】丛生 cóngshēng
そうせい【早世-する】早死 zǎosǐ; 夭折 yāozhé
そうせい【総勢】总人数 zǒng rénshù ♦～50人が並ぶ 一共五十人排队 yígòng wǔshí rén páiduì
ぞうせい【造成-する】♦～地 平整好的土地 píngzhěnghǎo de tǔdì ♦宅地～ 平整住宅用地 píngzhěng zhùzháiyòngdì
ぞうぜい【増税】增加税额 zēngjiā shuì'é; 增税 zēngshuì
そうせいじ【双生児】孪生子 luánshēngzǐ; 双胞胎 shuāngbāotāi
そうせつ【創設-する】创建 chuàngjiàn; 创办 chuàngbàn
そうぜつ【壮絶-な】壮烈 zhuàngliè ♦～な最期を遂げる 壮烈牺牲 zhuàngliè xīshēng
ぞうせつ【増設-する】增设 zēngshè ♦メモリを～する 《コンピュータの》增设内存 zēngshè nèicún
そうぜん【騒然】骚乱 sāoluàn; 喧嚣 xuānxiāo; 喧闹 xuānnào
ぞうせん【造船】造船 zàochuán ♦～所 造船厂 zàochuánchǎng; 船坞 chuánwù
そうせんきょ【総選挙】大选 dàxuǎn
そうそう【早々】❶《急いで》急忙 jímáng; 赶紧 gǎnjǐn ♦～に立ち去る 急忙走开 jímáng zǒukāi ❷《…したばかり》刚刚 gānggāng ♦新年～ 新年伊始 xīnnián yīshǐ; 刚过新年 gāng guò xīnnián
そうそう【葬送-する】送丧 sòngsāng; 送葬 sòngzàng ♦～曲 哀乐 āiyuè
そうぞう【創造-する】创造 chuàngzào; 首创 shǒuchuàng ♦～的な 创造性的 chuàngzàoxìng de ♦～力 创造力 chuàngzàolì ♦～主 造物主 zàowùzhǔ;《キリスト教》造物主 zàowùzhǔ
そうぞう【想像-する】想像 xiǎngxiàng; 假想 jiǎxiǎng; 设想 shèxiǎng ♦～がつく 想得到 xiǎngdedào ♦～力 想像力 xiǎngxiànglì ♦～をたくましくする 大胆想像 dàdǎn xiǎngxiàng; 胡思乱想 hú sī luàn xiǎng
そうぞうしい【騒々しい】闹哄哄 nàohōnghōng; 闹嚷嚷 nàorāngrāng; 喧闹 xuānnào
そうそうたる【錚々たる】杰出 jié-

そうそく【則】総章 zǒngzhāng; 总则 zǒngzé

そうぞく【相続】继承 jìchéng ◆遺産～ 继承遗产 jìchéng yíchǎn ◆～権 继承权 jìchéngquán ◆～人 继承人 jìchéngrén

そうそふ【曾祖父】曾祖父 zēngzǔfù; 老爷爷 lǎoyéye

そうそぼ【曾祖母】曾祖母 zēngzǔmǔ; 老奶奶 lǎonǎinai

そうそん【曾孫】曾孙 zēngsūn

そうだ【操舵】掌舵 zhǎngduò ◆～室 掌舵室 zhǎngduòshì

そうたい【早退-する】早退 zǎotuì

そうたい【総体】整体 zhěngtǐ; 总体 zǒngtǐ ◆～的に言えば 总的来说 zǒngdelái shuō

そうだい【壮大-な】宏伟 hóngwěi; 雄伟 xióngwěi ◆～な計画 雄图 xióngtú; 宏伟的计划 hóngwěi de jìhuà

そうだい【総代】总代表 zǒng dàibiǎo

ぞうだい【増大-する】增大 zēngdà; 膨胀 péngzhàng

そうたいてき【相対的】相对 xiāngduì

そうだち【総立ち】全体起立 quántǐ qǐlì ◆満場～で拍手した 全场起立鼓掌了 quánchǎng zhànqǐlai gǔzhǎng le

そうだつ【争奪】争夺 zhēngduó ◆市場を～する 争夺市场 zhēngduó shìchǎng

そうたん【操短】（操業短縮）缩短工时 suōduǎn gōngshí

そうだん【相談-する】商量 shāngliang; 商议 shāngyì; 协商 xiéshāng ◆友人に～する 跟朋友商量 gēn péngyou shāngliang ◆～がまとまる 达成协议 dáchéng xiéyì ◆～に乗る 参谋 cānmóu ◆きみに～がある 有事要跟你商量 yǒu shì yào gēn nǐ shāngliang

そうち【装置】装置 zhuāngzhì; 设备 shèbèi ◆安全～ 安全装置 ānquán zhuāngzhì ◆舞台～ 舞台装置 wǔtái zhuāngzhì

ぞうちく【増築-する】扩建 kuòjiàn; 增建 zēngjiàn

そうちゃく【装着-する】安装 ānzhuāng; 装载 zhuāngzài

そうちょう【早朝】清晨 qīngchén; 凌晨 língchén

そうちょう【荘重-な】庄重 zhuāngzhòng; 庄严 zhuāngyán

そうちょう【総長】总长 zǒngzhǎng;（大学の）校长 xiàozhǎng

ぞうちょう【増長-する】❶（はなはだしくなる）滋长 zīzhǎng; 越来越厉害 yuè lái yuè lìhai ◆不信感が～する 滋长不信任 zīzhǎng bú xìnrèn ❷（つけあがる）自大 zìdà; 傲慢 àomàn ◆彼は相当～している 他挺傲慢的 tā tǐng àomàn de

そうで【総出】全员出动 quányuán chūdòng ◆家族～で 全家出动 quánjiā chūdòng

そうてい【想定-する】假定 jiǎdìng

そうてい【装丁-する】装订 zhuāngdìng; 装帧 zhuāngzhēn

ぞうてい【贈呈-する】赠送 zèngsòng

そうてん【争点】争论焦点 zhēnglùn jiāodiǎn

そうてん【装塡-する】装 zhuāng; 装填 zhuāngtián

そうでん【相伝-の】相传 xiāngchuán ◆一子～の 一子相传 yīzǐ xiāngchuán; 单传 dānchuán

そうでん【送電-する】输电 shūdiàn ◆～線 输电线 shūdiànxiàn

そうとう【掃討-する】扫荡 sǎodàng

そうとう【相当】❶（あてはまる）相当 xiāngdāng ◆おはように～する中国語 与はよう相当的汉语 yǔ ohayou xiāngdāng de Hànyǔ ◆年収に～する値段 相当于一年收入的价钱 xiāngdāngyú yì nián shōurù de jiàqian ❷（見合う）相称 xiāngchèn; 相应 xiāngyìng; 适合事实 shìhé ◆労力に～する報酬 与劳动相称的报酬 yǔ láodòng xiāngchèn de bàochou ❸（かなり）相当 xiāngdāng; 颇 pō ◆彼のテニスの腕は～なものだ 他打网球打得相当好 tā dǎ wǎngqiú dǎde xiāngdāng hǎo ◆～な出費 可观的开支 kěguān de kāizhī ◆～な暑さ 相当热 xiāngdāng rè

そうとう【総統】总统 zǒngtǒng

そうどう【騒動】闹事 nàoshì; 扰动 rǎodòng; 骚动 sāodòng ◆お家～ 内部纠纷 nèibù jiūfēn

ぞうとう【贈答-する】赠答 zèngdá ◆～品 赠品 zèngpǐn

そうどういん【総動員-する】总动员 zǒngdòngyuán

そうとく【総督】总督 zǒngdū

そうなめ【総嘗め-にする】◆各賞を～にする 拿下全部奖项 náxià quánbù jiǎngxiàng

そうなん【遭難-する】遇难 yùnàn; 遇险 yùxiǎn; 遭难 zāonàn ◆～現場 遇难现场 yùnàn xiànchǎng ◆～信号 遇险信号 yùxiǎn xìnhào

ぞうに【雑煮】年糕汤 niángāo-

そうにゅう【挿入】-する 挿入 chārù; 穿插 chuānchā ◆~歌 插曲 chāqǔ
そうねん【壮年】壮年 zhuàngnián
そうねん【想念】想念 xiǎngniàn; 念头 niàntou; 想法 xiǎngfa
そうは【掻破】-する 刮除 guāchú
そうは【走破】-する 跑完 pǎowán; 跑遍 pǎobiàn
そうば【相場】❶〈市価・時価〉市价 shìjià; 行情 hángqíng ◆~が上がる 行情上涨 hángqíng shàngzhǎng ◆~が下がる 行情下跌 hángqíng xiàdiē; 疲软 píruǎn ◆外国為替~ 外汇行情 wàihuì hángqíng ❷〈投機取引〉投机倒把 tóujī dǎobǎ ◆~を張る 买空卖空 mǎi kōng mài kōng ❸〈社会通念〉一般的认识 yìbān de rènshi ◆それが世間の~だろう 这就是世上一般的想法吧 zhè jiùshì shìshang yìbān de xiǎngfǎ ba
ぞうはい【増配】増加分配额 zēngjiā fēnpèi'é
そうはく【蒼白-な】煞白 shàbái; 苍白 cāngbái ◆顔色~ 脸色苍白 liǎnsè cāngbái
そうはせん【争覇戦】锦标赛 jǐnbiāosài
そうはつ【双発-の】双引擎 shuāng yǐnqíng
ぞうはつ【増発】-する ❶加开 jiākāi ❷列车を~ 加开列车 zēngkāi lièchē
そうばなしき【総花式-に】利益均沾 lìyì jūn zhān
そうばん【早晩】迟早 chízǎo
ぞうはん【造反】-する 造反 zàofǎn
そうび【壮美-な】壮丽 zhuànglì
そうび【装備】-する 配备 pèibèi; 装备 zhuāngbèi
そうひょう【総評】总评 zǒngpíng
そうびょう【宗廟】宗庙 zōngmiào
そうびょう【躁病】狂躁症 zàokuángzhèng
ぞうびん【増便】増加班次 zēngjiā bāncì ◆加开 jiākāi
そうふ【総譜】总谱 zǒngpǔ
そうふ【送付】-する 寄送 jìsòng; 发送 fāsòng
ぞうふ【臓腑】脏腑 zàngfǔ
そうふう【送風】送风 sòngfēng; 吹风 chuīfēng ◆~機 鼓风机 gǔfēngjī; 送风机 sòngfēngjī
ぞうふく【増幅】-する 放大 fàngdà
ぞうぶつしゅ【造物主】造化 zàohuà; 造物主 zàowùzhǔ
ぞうへい【増兵】-する 増兵 zēngbīng

ぞうへい【造幣】造币 zàobì ◆~局 造币局 zàobìjú
そうへき【双璧】双璧 shuāngbì
そうべつ【送別】送别 sòngbié; 送行 sòngxíng ◆~会 欢送会 huānsònghuì
ぞうほ【増補】-する 増补 zēngbǔ ◆~改訂する 増订 zēngdìng ◆~版 増补本 zēngbǔběn
そうほう【双方】双方 shuāngfāng; 彼此 bǐcǐ ◆~の言い分を聞く 听取双方的意见 tīngqǔ shuāngfāng de yìjiàn
そうほう【走法】跑法 pǎofǎ
そうぼう【僧房】禅房 chánfáng; 僧房 sēngfáng
そうぼう【相貌】相貌 xiàngmào; 容貌 róngmào; 面貌 miànmào
そうぼう【草木】草木 cǎobèn
そうほん【送本-する】发送书籍 fāsòng shūjí
そうほんざん【総本山】本宗 běnzōng; 正宗 zhèngzōng
そうほんてん【総本店】总店 zǒngdiàn
そうまくり【総まくり】概观 gàiguān; 彻底揭露 chèdǐ jiēlù
そうまとう【走馬灯】走马灯 zǒumǎdēng
そうみ【総身】全身 quánshēn ◆~に知恵が回らぬ 头脑空虚 tóunǎo kōngxū
そうむ【総務】总务 zǒngwù ◆~部 总务处 zǒngwùchù
そうめい【聡明-な】聡明 cōngming; 贤明 xiánmíng
そうめつ【掃滅】-する 扫灭 sǎomiè
そうめん【素麺】挂面 guàmiàn
そうもくじ【総目次】总目次 zǒngmù
そうもくろく【総目録】总目 zǒngmù
ぞうもつ【臓物】下水 xiàshui
そうもとじめ【総元締め】总管 zǒngguǎn
ぞうよ【贈与-する】赠与 zèngyǔ ◆~税 赠与税 zèngyǔshuì
そうらん【総覧】【綜覧】-する 综观 zōngguān; 汇编 huìbiān
そうらん【騒乱】骚乱 sāoluàn; 暴乱 bàoluàn; 动乱 dòngluàn ◆~が起こる 发生动乱 fāshēng dòngluàn ◆~状態 骚乱状态 sāoluàn zhuàngtài
そうり【総理】总理 zǒnglǐ ◆~大臣 总理大臣 zǒnglǐ dàchén
ぞうり【草履】草鞋 cǎoxié; 人字拖鞋 rénzìtuōxié ◆ゴム~ 分趾橡胶拖鞋 fēnzhǐ xiàngjiāo tuōxié
そうりつ【創立】-する 创建 chuàngjiàn; 创始 chuàngshǐ; 开创 kāi-

chuàng ♦ ~者 创始人 chuàngshǐrén；奠基人 diànjīrén
そうりょ【僧侶】僧侣 sēnglǚ；和尚 héshang
そうりょう【総量】总量 zǒngliàng
そうりょう【総領】老大 lǎodà
そうりょう【送料】运费 yùnfèi；邮费 yóufèi ♦ ~込み 送货在内 yùnfèi zàinèi ♦ ~無料 送货免费 sònghuò miǎnfèi
そうりょうじ【総領事】总领事 zǒnglǐngshì
そうりょく【総力】全力 quánlì ♦ ~をあげて 竭尽全力 jiéjìn quánlì ♦ ~戦 总体战 zǒngtǐzhàn
ぞうりん【造林 -する】造林 zàolín
ソウル〈魂〉灵魂 línghún ♦ ~ミュージック 灵乐 língyuè
そうるい【走塁】跑垒 pǎolěi
そうれい【壮麗 -な】壮丽 zhuànglì；富丽 fùlì
そうれつ【壮烈 -な】壮烈 zhuàngliè
そうれつ【葬列】送葬行列 sòngzàng hángliè
そうろ【走路】跑道 pǎodào
そうろん【早漏】早泄 zǎoxiè
そうろん【総論】总论 zǒnglùn
そうわ【挿話】插话 chāhuà；插曲 chāqǔ
そうわ【総和】总和 zǒnghé；汇总 zǒnghuì
つうわ【通话】通话 tōnghuà
ぞうわい【贈賄】行贿 xínghuì
そえがき【添え書き -する】追加字句 zhuījiā zìjù；附言 fùyán；附记 fùjì
そえぎ【添え木】支棍儿 zhīgùnr；〈骨折の〉夹板 jiābǎn ♦ ~を当てる 打上夹板 dǎshang jiābǎn
そえもの【添え物】陪衬 péichèn；配搭儿 pèidar
そえる【添える】添 tiān；附加 fùjiā；增添 zēngtiān；手紙に写真を 2 枚 ~ 信中附上两张照片 xīn shàng liǎng zhāng zhàopiàn ♦ 彩りを~ 添彩 tiāncǎi；锦上花を~ 锦上添花 jǐn shàng tiān huā
そえん【疎遠】疏远 shūyuǎn；生疏 shēngshū
ソース ❶〈食品〉调味汁 tiáowèizhī；沙司 shāsī ♦ ウスター~ 辣酱油 làjiàngyóu ❷〈出所〉来源 láiyuán ♦ ニュース~ 消息来源 xiāoxi láiyuán ❸〈プログラムの〉~コード 源代码 yuán dàimǎ
ソーセージ 香肠 xiāngcháng；腊肠 làcháng
ソーダ〈化学〉碱 jiǎn；苏打 sūdá〈ソーダ水〉〈清凉饮料水〉汽水 qìshuǐ
ソーラー 太阳能 tàiyángnéng ♦ ~カー 太阳能车 tàiyángnéngchē
そかい【疎開 -する】疏散 shūsàn ♦ 集団~ 集体迁移 jítǐ qiānyí
そかい【租界】租界 zūjiè
そがい【疎外 -する】疏远 shūyuǎn；排挤 páijǐ；〈人間疎外〉异化 yìhuà ♦ 自己~ 自我异化 zìwǒ yìhuà
そがい【阻害 -する】阻碍 zǔ'ài；妨碍 fáng'ài
そかく【組閣 -する】组阁 zǔgé
そぎおとす【削ぎ落とす】削掉 xiāodiào ♦ 削掉 guādiào；削掉 xiāodiào ♦ 魚のうろこを~ 刮掉鱼鳞 guādiào yúlín ♦ 無駄を~ 消除浪费 xiāochú làngfèi
そぎとる【削ぎ取る】剔 tī ♦ 骨についた肉を~ 剔骨头 tī gútou
そきゅう【遡及 -する】追溯 zhuīsù
そぐ【削[殺]ぐ】削 xiāo；剔 tī；削减 xuējiǎn ♦ 樹皮を~ 削树皮 xiāo shùpí ♦ 勢いを~ 削弱势力 xuēruò shìlì ♦ 興味を~ 扫兴 sǎoxìng
ぞく【俗 -な】通俗 tōngsú；世俗 shìsú ♦ ~な人 俗气的人 yǒngsú de rén ♦ ~に言う 俗话说 súhuà shuō
ぞく【属】属 shǔ
ぞく【賊】贼 zéi
ぞく【族】族 zú
ぞくあく【俗悪 -な】卑俗 bǐsú；恶劣 èliè；粗俗 cūsú
そくい【即位 -する】即位 jíwèi
そくいん【惻隠】~の情 恻隐之心 cèyǐn zhī xīn
そくうけ【即受け -する】适合大众口味 shìhé dàzhòng kǒuwèi
ぞくえい【続映 -する】继续放映 jìxù fàngyìng
ぞくえん【続演 -する】继续演出 jìxù yǎnchū
そくおう【即応 -する】适应 shìyìng；顺应 shùnyìng
ぞくぐん【賊軍】叛军 pànjūn
ぞくじょう【俗情】俗情 súqíng
ぞくご【俗語】俚语 lǐyǔ；俗话 súhuà
そくざ【即座に】立地 lìdì；立刻 lìkè；当场 dāngchǎng
そくさい【息災】无恙 wúyàng ♦ 無病~ 无病无灾 wú bìng wú zāi
そくし【即死 -する】当场死亡 dāngchǎng sǐwáng
そくじ【即時に】即刻 jíkè；立刻 lìkè
ぞくじ【俗事】尘事 chénshì；琐事 suǒshì ♦ ~に追われる 忙于琐事 mángyú suǒshì
ぞくじ【俗字】俗字 súzì
そくじつ【即日】当天 dàngtiān ♦ ~開票 当天开箱点票 dàngtiān kāixiāng diǎnpiào

ぞくしゅう【俗習】俗习 súxí

ぞくしゅう【俗臭】俗气 súqi ◆～を帯びた話 俗气的话 súqi de huà

ぞくしゅつ【続出-する】接连出现 jiēlián chūxiàn ◆放火の被害が～する 纵火案接连不断 zònghuǒ'àn jiēlián búduàn

ぞくしょう【俗称-する】俗称 súchēng

そくしん【促進-する】促成 cùchéng；促进 cùjìn；推动 tuīdòng ◆雇用を～する 改善就业状况 gǎishàn jiùyè zhuàngkuàng

ぞくじん【俗人】庸人 yōngrén；庸俗的人 yōngsú de rén

ぞくす【属す】在 zài；属于 shǔyú ◆シソ科に～ 属于紫苏科 shǔyú zǐsūkē

そくする【即する】符合 fúhé ◆現実に即した考え 符合现实的考虑 fúhé xiànshí de kǎolǜ

ぞくせ【俗世】尘世 chénshì；浊世 zhuóshì

そくせい【速成-の】速成 sùchéng ◆～教育 速成教育 sùchéng jiàoyù

ぞくせい【仄声】仄声 zèshēng

ぞくせい【属性】属性 shǔxìng

そくせいさいばい【促成栽培】促成 cùchéng ◆～用ハウス 促成温室 cùchéng wēnshì

ぞくせかい【俗世界】尘世 chénshì；俗世 súshì

そくせき【即席-の】即席 jíxí；即兴 jíxìng ◆～麺（めん）方便面 fāngbiànmiàn

そくせき【足跡】❶〈あしあと〉脚印 jiǎoyìn；足迹 zújì ◆～をたどる 追寻脚印 zhuīxún jiǎoyìn ◆～を残す 留下足迹 liúxià zújì ❷〈業績〉业绩 yèjì；成就 chéngjiù；成绩 chéngjì ◆大きな～を残す 留下伟大的业绩 liúxià wěidà de yèjì

ぞくせけん【俗世間】尘世 chénshì；俗世 súshì

ぞくせつ【俗説】一般说法 yìbān shuōfǎ；民间传说 mínjiān chuánshuō

そくせんそっけつ【速戦即決】速战速决 sù zhàn sù jué

ぞくぞく【続々-と】接二连三 jiē èr lián sān；陆续 lùxù

ぞくぞくする❶〈風邪の熱などで〉打寒战 dǎ hánzhàn ◆寒くて全身が～ 冷得全身发抖 lěngde quánshēn fādǒu ❷〈楽しみで〉心情激动 xīnqíng jīdòng；令人万分激动 lìng rén wànfēn jīdòng

そくたつ【速達】快信 kuàixìn

そくだん【即断】当机立断 dāng jī lì duàn；当场决定 dāngchǎng jué-

dìng ◆～即決 速断速决 sùduàn sùjué

そくだん【速断-する】❶〈すみやかな判断〉马上判断 mǎshàng pànduàn ❷〈早まった判断〉仓促判定 cāngcù pàndìng

ぞくちょう【族長】族长 zúzhǎng

ぞくっぽい【俗っぽい】俗气 súqi；庸俗 yōngsú

そくてい【測定-する】测定 cèdìng；测量 cèliáng ◆血圧を～する 量血压 liáng xuèyā ◆速度を～する 测定速度 cèdìng sùdù

そくど【速度】速度 sùdù ◆～計 速度计 sùdùjì ◆～を上げる 加快速度 jiākuài sùdù ◆～を落とす 减慢速度 jiǎnmàn sùdù

そくとう【即答-する】立即回答 lìjí huídá；当场回答 dāngchǎng huídá

そくどく【速読-する】速读 sùdú

ぞくねん【俗念】俗念 súniàn ◆～を捨てる 抛弃俗念 pāoqì súniàn

そくばい【即売-する】当场出售 dāngchǎng chūshòu ◆～会 展销会 zhǎnxiāohuì

そくばく【束縛-する】束缚 shùfù；拘束 jūshù ◆仕事に～される 被工作所束缚 bèi gōngzuò suǒ shùfù

ぞくはつ【続発-する】连续发生 liánxù fāshēng

そくひつ【速筆】写得快 xiěde kuài

ぞくぶつ【俗物】庸人 yōngrén

そくぶつてき【即物的-な】❶〈事実に即した 实事求是的 shí shì qiú shì de；切合实际的 qièhé shíjì de；❷〈利害にとらわれた〉注重功利的 zhùzhòng gōnglì de

ぞくぶん【風聞-する】传闻 chuánwén；风闻 fēngwén

ぞくへん【続編】续编 xùbiān

そくほう【速報】快报 kuàibào ◆ニュース～ 新闻快报 xīnwén kuàibào

そくほう【続報-する】补报 bǔbào

ぞくみょう【俗名】名姓 míngxìng

そくむき【俗向きの-の】通俗性 tōngsúxìng

そくめん【側面】侧面 cèmiàn；一面 yīmiàn ◆～図 侧视图 cèshìtú ◆～から援助する 从旁支援 cóng páng zhīyuán

そくりょう【測量-する】测量 cèliáng；丈量 zhàngliáng ◆～士 测量员 cèliángyuán

そくりょく【速力】速度 sùdù ◆～を増す 加速度 jiākuài sùdù ◆～をゆるめる 减慢速度 jiǎnmàn sùdù ◆全～ 全速 quánsù

ぞくろん【俗論】庸俗论调 yōngsú

そぐわない 不相称 bù xiāngchèn ◆実情に~ 不符合实际 bù fúhé shíjì
そけいぶ【鼠蹊部】鼠蹊部 shǔxībù
そげき【狙撃-する】狙击 jūjī ◆兵~ 狙击手 jūjīshǒu
ソケット 插口 chākǒu；插座 chāzuò
そこ 那边 nàbiān；那儿 nàr；那里 nàli；◆~のこと 这边 zhèbiān；这儿 zhèr；这里 zhèli
そこ【底】底子 dǐzi ◆~が抜ける 掉底儿 diàodǐr ◆海の~ 海底 hǎidǐ ◆~が浅い 底子浅 dǐzi qiǎn ◆~が割れる 露馅儿 lòuxiànr
そご【齟齬】龃龉 jǔyǔ ◆~をきたす 发生龃龉 fāshēng jǔyǔ
そい【底意】本意 běnyì；心意 běnxīn ◆~をはかりかねる 摸不清本意 mōbuqīng běnyì
そこいじ【底意地】◆~が悪い 心眼儿坏 xīnyǎnr huài；居心不良 jūxīn bùliáng
そこう【素行】品行 pǐnxíng ◆~不良 品行不良 pǐnxíng bùliáng
そこう【遡行-する】逆流而上 nì liú ér shàng
そこく【祖国】祖国 zǔguó
そこぢから【底力】潜在力 qiánlì；毅力 yìlì ◆~を見せる 显出潜力 xiǎnchū qiánlì
そこつ【粗忽-な】粗心 cūxīn；疏忽 shūhu ◆~者 冒失鬼 màoshiguǐ
そこで【其所で】于是 yúshì；因此 yīncǐ；所以 suǒyǐ
そこなう【損なう】❶〈壊す〉损 sǔn；损害 sǔnhài；破坏 pòhuài ◆健康を~ 损害健康 sǔnhài jiànkāng ◆名誉を~ 败坏名声 bàihuài míngshēng ❷〈接尾辞的に〉弄错 nòngcuò；失败 shībài ◆書き~ 写错 xiěcuò ◆言い~ 说错 shuōcuò
そこなし【底無しの~】没有底 méiyǒu dǐ；无限度 wú xiàndù ◆~沼 没有底的沼泽 méiyǒu dǐ de zhǎozé ◆~の大酒飲み 海量 hǎiliàng
そこに【底荷】压舱货 yācānghuò
そこぬけ【底抜けの~】没尽头 méi jìntóu；没止境 méi zhǐjìng ◆~に明るい 特别开朗 tèbié kāilǎng ◆~のバカ 大傻瓜 dàshǎguā
そこね【底値】最低价 zuìdījià
そこねる【損ねる】❶〈害する〉损害 sǔnhài ◆健康を~ 损害健康 sǔnhài jiànkāng ◆機嫌を~ 得罪人 dézuì rén ❷〈接尾辞的に〉失败 shībài ◆食べ~ 没吃上 méi chīshàng
そこひ【底翳】〈眼病の〉内障 nèizhàng

そこびえ【底冷え-する】寒冷刺骨 hánlěng cìgǔ
そこびかり【底光り-する】暗中发光 ànzhōng fāguāng；从中发亮 cóngzhōng fāliàng
そこびきあみ【底引き網】拖网 tuōwǎng
そこら ❶〈その辺〉那一带 nà yídài；那里 nàli ❷〈それぐらい〉大约 dàyuē；左右 zuǒyòu ◆30分か~で着く 大约半个小时就到 dàyuē bàn ge xiǎoshí jiù dào
そさい【蔬菜】青菜 qīngcài；蔬菜 shūcài
そざい【素材】素材 sùcái；原材料 yuáncáiliào ◆料理の~ 做菜的材料 zuòcài de cáiliào
そざつ【粗雑-な】粗糙 cūcāo
そさん【粗餐】粗餐 cūcān
そし【阻止-する】阻拦 zǔlán；阻止 zǔzhǐ ◆力ずくで~する 用力阻拦 yònglì zǔlán
そじ【素地】地质 dìzhì；底子 dǐzi
そしき【組織-する】❶〈人の集まり〉机构 jīgòu；组织 zǔzhī；组成 zǔchéng ◆社会~ 社会机构 shèhuì jīgòu ❷〈細胞の集まり〉◆筋肉~ 肌肉组织 jīròu zǔzhī ◆神経~ 神经组织 shénjīng zǔzhī
そしつ【素質】素质 sùzhì；天分 tiānfèn；天资 tiānzī ◆~に恵まれる 富有才能 fùyǒu cáinéng
そして 于是 yúshì；然后 ránhòu；并且 bìngqiě
そしな【粗品】薄礼 bólǐ
そしゃく【租借-する】租借 zūjiè
そしゃく【咀嚼-する】咀嚼 jǔjué
そしょう【訴訟】官司 guānsi；诉讼 sùsòng ◆~を起こす 起诉 qǐsù；打官司 dǎ guānsi；告状 gàozhuàng ◆~に勝つ 胜诉 shèngsù ◆~に负ける 败诉 bàisù ◆~を取り下げる〈原告が〉撤诉 chèsù
そじょう【訴状】诉状 sùzhuàng；状子 zhuàngzi
そしょく【粗食-する】粗食 cūshí；粗茶淡饭 cūchá dànfàn
そしらぬ【素知らぬ】◆~ふりをする 假装不知道 jiǎzhuāng bù zhīdào；佯作不知 yáng zuò bù zhī
そしり【謗り】诽谤 fěibàng；指责 zhǐzé；非难 fēinàn ◆世间の~を受ける 受到舆论的指责 shòudào yúlùn de zhǐzé
そしる【謗る】诽谤 fěibàng；讥诮 jīqiào；责难 zénàn ◆人をそしってばかりいる 不要光诽谤别人 búyào guāng fěibàng biérén
そすい【疎水】水道 shuǐdào；水渠 shuǐqú

そせい【粗製-の】◆～乱造する 粗制滥造 cū zhì làn zào

そせい【組成】构成 gòuchéng；组成 zǔchéng◆分子の～ 分子构成 fēnzǐ gòuchéng

そせい【蘇生-する】苏醒 sūxǐng；回生 huíshēng；复苏 fùsū

そぜい【租税】税 shuì；租税 zūshuì

そせき【礎石】基石 jīshí；柱脚石 zhùjiǎoshí

そせん【祖先】祖先 zǔxiān；祖宗 zǔzōng；远祖 yuǎnzǔ

そそ【楚々】楚楚 chǔchǔ◆～として かわいい 楚楚可怜 chǔchǔ kělián

そそう【阻喪-する】沮丧 jǔsàng◆意気～ 意志消沉 yìzhì xiāochén

そそう【粗相-する】❶〈失敗〉差错 chācuò；疏忽 shūhu ❷〈おもらし〉失禁 shījìn

そぞう【塑像】塑像 sùxiàng；造像 zàoxiàng

そそぎこむ【注ぎ込む】流入 liúrù；灌注 guànzhù；注入 zhùrù◆水を～ 灌水 guàn shuǐ◆全力を～ 全力以赴 quánlì yǐ fù

そそぐ【雪ぐ】洗雪 xǐxuě；洗刷 xǐshuā◆汚名を～ 洗雪污名 xǐxuě wūmíng

そそぐ【注ぐ】倒 dào；注入 zhùrù；流入 liúrù；〈心を傾注〉倾注 qīngzhù◆コップに水を～ 把水倒入杯里 bǎ shuǐ dàorù bēilǐ◆川が海に～ 河水流入海里 héshuǐ liúrù hǎilǐ◆火に油を～ 火上浇油 huǒ shàng jiāo yóu◆全力を～ 全力以赴 quánlì yǐ fù

そそくさと 草率地 cǎoshuài de；匆匆忙忙 cōngcōngmángmáng◆～引きあげる 急忙离开 jímáng líkāi

そそっかしい 冒失 màoshi；毛手毛脚 máo shǒu máo jiǎo；毛躁 máozào◆～人 冒失鬼 màoshiguǐ◆～くせ 鲁莽的脾气 lǔmǎng de píqi

そそのかす【唆す】唆使 suōshǐ；怂恿 sǒngyǒng；挑拨 tiǎobō◆子供に万引きするよう～ 怂恿孩子扒窃 sǒngyǒng háizi páqiè

そそりたつ【そそり立つ】耸立 sǒnglì；屹立 yìlì；拔地而起 bádì ér qǐ

そそる 激起 jīqǐ；引起 yǐnqǐ◆興味を～ 引起兴趣 yǐnqǐ xìngqù◆食欲を～ 引动食欲 yǐndòng shíyù

そぞろあるく【漫ろ歩く】逍遥 xiāoyáo；漫步 mànbù

そだい【粗大-な】粗大 cūdà◆～ごみ 大件垃圾 dàjiàn lājī

そだち【育ち】❶〈生育〉发育 fāyù；成长 chéngzhǎng◆東京生まれの、東京～だ 我是生在东京，长在东京的 wǒ shì shēngzài Dōngjīng, zhǎngzài Dōngjīng de◆～がよい〈植物の〉长势良好 zhǎngshì liánghǎo ❷〈しつけ〉教育 jiàoyù；教养 jiàoyǎng◆～がよい 有教养 yǒu jiàoyǎng

そだつ【育つ】生长 shēngzhǎng；成长 chéngzhǎng；长大 zhǎngdà

そだてのおや【育ての親】养父母 yǎngfùmǔ

そだてる【育てる】培养 péiyǎng；培育 péiyù；抚育 fǔyù◆後継者を～ 培养接班人 péiyǎng jiēbānrén◆弟子を～ 造就弟子 zàojiù dìzǐ◆花を～ 养花 yǎng huā

そち【措置】措施 cuòshī◆～を講じる 采取措施 cǎiqǔ cuòshī

そちら 那边 nàbian；你 nǐ◆～のお考えはどうなの 你怎么想呢 nǐ zěnme xiǎng ne◆～から今年はもう年賀状を受け取りましたか 你那边已经下雪了吗 nǐ nàbian yǐjīng xiàxuě le ma

そつ 过失 guòshī；失误 shīwù◆～がない 无懈可击 wú xiè kě jī

そつう【疎通-する】疏通 shūtōng◆意思の～をはかる 沟通意见 gōutōng yìjiàn

ぞっか【俗化-する】庸俗化 yōngsúhuà

ぞっかい【俗界】尘世 chénshì

ぞっかん【続刊-する】续刊 xùkān◆継続発行 jìxù fāxíng

そっき【速記-する】速记 sùjì

そっきゅう【速球】快球 kuàiqiú

そっきょう【即興-する】即兴 jíxìng◆～曲 即兴曲 jíxìngqǔ

そつぎょう【卒業-する】毕业 bìyè◆～式 毕业典礼 bìyè diǎnlǐ◆～試験 毕业考试 bìyè kǎoshì◆～証書 毕业证书 bìyè zhèngshū；文凭 wénpíng◆～生 毕业生 bìyèshēng◆大学～ 大学毕业 dàxué bìyè

そっきん【側近】左右 zuǒyòu；亲信 qīnxìn

そっきん【即金】现金 xiànjīn◆～で払う 当场付款 dāngchǎng fùkuǎn

ソックス 短袜 duǎnwà

そっくり ❶〈似ていること〉活像 huóxiàng；逼真 bīzhēn；一模一样 yì mú yí yàng ❷〈そのまま、もとのまま〉原封不动 yuán fēng bú dòng◆会社を～引きつぐ 原封不动地继承公司 yuán fēng bú dòng de jìchéng gōngsī

そっくりかえる【反っくり返る】翘 qiào；挺胸凸肚 tǐng xiōng tū dù

ぞっけ【俗気】俗气 súqì

そっけつ【即決-する】立即裁决 lìjí cáijué；当场决定 dāngchǎng juédìng

そっけつ【即決 -する】速决 sùjué

そっけない【素気ない】冷淡 lěngdàn; 漠不关心 mò bù guānxīn ♦ 態度 冷淡的态度 lěngdàn de tàidu

そっこう【側溝】路旁排水沟 lùpáng páishuǐgōu

そっこう【即効】立刻生效 lìkè shēngxiào

そっこう【速効】速效 sùxiào ♦〜性がある 有速效性 yǒu sùxiàoxìng ♦〜肥料 速效肥料 sùxiào féiliào

そっこう【速攻】快速进攻 kuàisù jìngōng

そっこう【続行-する】继续进行 jìxù jìnxíng ♦試合を〜 继续进行比赛 jìxù jìnxíng bǐsài

そっこうじょ【測候所】气象站 qìxiàngzhàn

そっこく【即刻】即时 jíshí; 立刻 lìkè: 立即 lìjí

そっこん【――ほれこむ】从心眼儿里喜欢 cóng xīnyǎnrli xǐhuan

そっちのけ【そっち除け】❶ほうっておく 丢开不管 diūkāi bù guǎn; 扔在一边 rēng zài yībiān ♦子供で、マージャンに熱中している 把孩子扔在那里不管，只顾自己打麻将 bǎ háizi rēngzài nàli bù guǎn, zhǐ gù zìjǐ dǎ májiàng ❷〈負けず〉本職も〜の立派な栄え 做得比内行都好 zuòde bǐ nèiháng dōu hǎo

そっちゅう【卒中】中风 zhòngfēng; 卒中 cùzhòng ♦脳〜 脑中风 nǎo zhòngfēng

そっちょく【率直-な】坦率 tǎnshuài; 直率 zhíshuài; 直爽 zhíshuǎng ♦〜に言う 坦率地说 tǎnshuài de shuō

そっと〈軽く〉轻轻地 qīngqīng de; 〈こっそりと〉偷偷地 tōutōu de

ぞっと〜する 毛骨悚然 máo gǔ sǒng rán; 不寒而栗 bù hán ér lì

そっとう【卒倒-する】突然昏倒 tūrán hūndǎo; 晕倒 yūndǎo

そっぽ【外方】旁边 pángbiān ♦〜を向く 不理睬 bù lǐcǎi

そで【袖】❶《衣服の》袖子 xiùzi ♦一口 袖口 xiùkǒu ♦丈 袖长 xiùcháng ♦半〜 短袖 duǎnxiù ❷《無視する》〜にする 甩 shuǎi; 不理睬 bù lǐcǎi

ソテー 煎肉 jiānròu ♦ポーク〜 煎猪肉 jiān zhūròu

ソテツ【蘇鉄】苏铁 sūtiě; 铁树 tiěshù

そでのした【袖の下】贿赂 huìlù ♦〜を使う 行贿 xínghuì

そと【外】外边 wàibian; 外头 wàitou; 外面 wàimiàn ♦感情を〜に 感情外露 gǎnqíng wàilù ♦〜の空気，室外の空气 shìwài kōngqì ♦〜で人と会う 在外头会客 zài wàitou huìkè

そとうみ【外海】外海 wàihǎi

そとがわ【外側】外边 wàibian; 外侧 wàicè

そとづら【外面】外表 wàibiǎo; 表面 biǎomiàn ♦〜がいい 对待外人 好 duì wàirén hǎo

そとのり【外法】《内のりに対して》外侧尺码 wàicè chǐmǎ

そとば【卒塔婆】塔形木牌 tǎxíng mùpái

そとぼり【外濠】护城河 hùchénghé

そとまわり【外回りーする】《仕事の》跑外 pǎowài; 跑外勤 pǎo wàiqín

ソナー 声纳 shēngnà

そなえ【備え】防备 fángbèi ♦〜あれば憂いなし 有备无患 yǒu bèi wú huàn

そなえつける【備え付ける】设置 shèzhì; 装置 zhuāngzhì; 安置 ānzhì ♦家具を備えつけた部屋 带家具房间 dài jiājù de fángjiān

そなえもの【供物】供品 gōngpǐn

そなえる【供える】上供 shànggòng ♦花を〜 献花 xiànhuā

そなえる【備える】❶《準備する》预备 yùbèi ♦試験に〜 准备考试 zhǔnbèi kǎoshì ♦災害に〜 为了防灾在〜 预备 yùfáng zāihài ♦予備の燃料を〜 准备备用燃料 zhǔnbèi bèiyòng ránliào ❷具備する 具备 jùbèi ♦音楽の才能を〜 具备音乐才能 jùbèi yīnyuè cáinéng

ソナタ 奏鸣曲 zòumíngqǔ

そなわる【備わる】具备 jùbèi; 具有 jùyǒu; 设有 shèyǒu ♦品位が〜 有风度 yǒu fēngdù

そねむ【嫉む】嫉妒 jídù; 忌妒 jìdu の 那 nà; 那个 nàge; 这个 zhège ♦〜のこと 这个 zhège《すぐ近くの》

その【園】花园 huāyuán

そのうえ【その上】并且 bìngqiě; 而且 érqiě; 加之 jiāzhī

そのうち【その内-に】不久 bùjiǔ

そのかわり【その代わり】但另一方面 dàn lìng yì fāngmiàn

そのくせ 尽管…可是 jǐnguǎn…kěshì; 却 què

そのくらい【その位】这么 zhème; 那么 nàme ♦〜あれば十分だ 这么多就够了 zhème duō jiù gòu le ♦〜は我慢できる 这点事还是能忍耐的 zhè diǎn shì háishi néng rěnnài de ♦〜の事に 为了那么点儿事 wèile nàme diǎnr shì

そのご【その後】此后 cǐhòu; 然后

そのころ ー そぼく

ránhòu; 以后 yǐhòu
そのころ【その頃】 那个时候 nàge shíhou; 当时 dāngshí
そのじつ【その実】 其实 qíshí; 实际上 shíjìshang
そのすじ【その節】 ❶《その方面》有关方面 yǒuguān fāngmiàn ❷《当局》主管机关 zhǔguǎn jīguān; 当局 dāngjú; 警察 jǐngchá ◆～からのお達し 主管机关的通知 zhǔguǎn jīguān de tōngzhī
そのせつ【その節】 那时 nàshí; 那次 nàcì ◆～はお世话になりました 那时蒙您关照了 nàshí méng nín guānzhào le
そのた【その他】 其他 qítā; 其余 qíyú; 另外 lìngwài
そのため【その為】 因此 yīncǐ
そのつもり【その積り】 ◆～ですよ 是那样想的啊 shì nàyàng xiǎng de a ◆～でいてください 希望你心里明白 xīwàng nǐ xīnlǐ míngbai
そので【その手】 那一手 nà yì shǒu ◆～は食わないぞ 我可不上那个当 wǒ kě bù shàng nàge dàng
そのとおり【その通り】 就是 jiùshì ◆全く～だ 你说得完全对 nǐ shuōde wánquán duì
そのとき【その時】 那时 nàshí ◆～になったら 到时候 dào shíhou ◆ちょうど～ 正在那个时候 zhèngzài nàge shíhou;《过去の》当时 dāngshí
そのば【その場】 当场 dāngchǎng; 就地 jiùdì ◆事件の時、私は～にいた 事件发生时, 我在场 shìjiàn fāshēng shí, wǒ zàichǎng ◆～限りの应付一时的 yìngfu yìshí de ◆～しのぎ 权宜之计 quán yí zhī jì
そのひぐらし【その日暮らし】 勉强糊口 miǎnqiǎng húkǒu; 得过且过 dé guò qiě guò
そのひと【その人】 那个人 nàge rén; 他 tā; 她 tā
そのへん【その辺】 ❶《場所》那边 nàbiān ◆～に交番がある 那附近有个警察亭 nà fùjìn yǒu ge jǐngchátíng ❷《程度》今日は～でおましにしましょう 今天就到此结束吧 jīntiān jiù dào cǐ jiéshù ba ❸《事情》◆～はわからない 那方面我不明白 nà fāngmiàn wǒ bù míngbai
そのほか【その外】 此外 cǐwài; 另外 lìngwài
そのまま【その儘】 就那样 jiù nàyàng; 原封不动 yuán fēng bú dòng ◆～になっている 放着不管 fàngzhe bù guǎn ◆何も言わず～立ち去った 一言不发就走了 yì yán bù fā jiù zǒu le
そのみち【その道】 那方面 nà fāng-

miàn ◆～の人 内行 nèiháng; 专家 zhuānjiā
そのもの【その物】 本身 běnshēn ◆真剣～ 颇为认真 pōwéi rènzhēn ◆機械～に故障はない 机械本身没有毛病 jīxiè běnshēn méiyǒu máobìng
そのような 那样的 nàyàng de
そば【傍側】 旁边 pángbiān; 身边 shēnbiān; 附近 fùjìn ◆～に仕える 伺候 sìhou ◆～に寄る 挨近 āijīn; 靠近 kàojìn
ソバ【蕎麦】《植物》荞麦 qiáomài;《メン類》荞麦面条 qiáomài miàntiáo
そばかす【雀斑】 雀斑 quèbān
そばだつ【聳つ】 耸立 sǒnglì
そばだてる【欹てる】 ◆耳を～ 侧耳细听 cè ěr xì tīng
そばづえ【側杖を食う】 牵连 qiānlián; 连累 liánlèi; 城门失火, 殃及池鱼 chéngmén shīhuǒ, yāng jí chíyú
そびえる【聳える】 耸立 sǒnglì; 屹立 yìlì
そびやかす【聳やかす】 耸动 sǒngdòng ◆肩を～ 耸肩 sǒngjiān
そびょう【祖廟】 宗祠 zōngcí; 祠堂 cítáng
そびょう【素描】 素描 sùmiáo
そふ【祖父】 ❶《父方の》祖父 zǔfù ❷《母方の》外祖父 wàizǔfù
ソファ 沙发 shāfā
ソフト ～な 软 ruǎn; 柔软 róuruǎn ◆～クリーム 软冰糕 ruǎnbīnggāo ◆～ドリンク 软饮料 ruǎnyǐnliào ◆～フォーカス 软焦点 ruǎnjiāodiǎn ◆～ボール 垒球 lěiqiú ◆～ランディング 软着陆 ruǎnzhuólù
ソフトウエア《コンピュータの》软件 ruǎnjiàn; 程序设备 chéngxù shèbèi
そふぼ【祖父母】 祖父母 zǔfùmǔ
ソプラノ 女高音 nǚgāoyīn
そぶり【素振】 态度 tàidu; 举止 jǔzhǐ; 神态 shéntài ◆知らない～件作不知 yángzuò bùzhī
そぼ【祖母】 ❶《父方の》祖母 zǔmǔ ❷《母方の》外祖母 wàizǔmǔ
そほう【粗放-な】 粗放 cūfàng; 粗率 cūshuài
そぼう【粗暴-な】 粗暴 cūbào; 粗鲁 cūlǔ ◆～な性格 性情粗暴 xìngqíng cūbào
そほうか【素封家】 世代相传的财主 shìdài xiāngchuán de cáizhu; 大富户 dàfùhù
そぼく【素朴-な】 朴素 pǔsù; 淳朴 chúnpǔ; 朴实 pǔshí ◆～な人柄 为人朴素 wéirén pǔsù

そぼふる ― それぞれ

そぼふる【そぼ降る】 渐渐沥沥地下雨 xīxīlìlì de xià yǔ

そまつ【粗末-な】 ❶【品質・作りが】粗糙 cūcāo；粗劣 cūliè ◆～な食事 粗茶淡饭 cū chá dàn fàn ◆～な住まい 简陋的住房 jiǎnlòu de zhùfáng ❷〈おろそかに扱う〉粗率 cūshuài；菲薄 fěibó：简慢 jiǎnmàn；(礼を)～にする 糟蹋 zāotà ◆お客様に対して～のないよう 别简慢了客人 bié jiǎnmàn le kèrén

そまる【染まる】 ❶〈色に〉染上 rǎnshàng ❷〈悪習などに〉沾染 zhānrǎn

そむく【背く】 違背 wéibèi；違抗 wéikàng；違反 wéifǎn ◆親に～ 背叛父母 bèipàn fùmǔ ◆期待を～ 辜负期望 gūfù qīwàng

そむける【背ける】 背过去 bèiguòqu ◆思わず目を～ 不由得背过脸去 bùyóude bèiguò liǎn qu

そめこ【染め粉】 粉末染料 fěnmò rǎnliào

そめもの【染め物】 印染织物 yìnrǎn zhīwù ◆～屋 染坊 rǎnfáng

そめる【染める】 染 rǎn ◆髪を～ 染发 rǎnfà ◆布を～ 染布 rǎn bù ◆手を～ 插手 chā shǒu

そもそも 原来 yuánlái；本来 běnlái

そや【粗野-な】 粗野 cūyě：粗鲁 cūlǔ ◆～な言葉 粗话 cūhuà

そよう【素養】 素养 sùyǎng：修养 xiūyǎng

そよかぜ【微風】 微风 wēifēng；和风 héfēng

そよぐ【戦ぐ】 微微摇动 wēiwēi yáodòng ◆風に～ 在风中飘舞 zài fēngzhōng piāowǔ

そよそよ〈風が〉习习 xíxí ◆涼風が～吹く 凉风习习 liángfēng xíxí

そよふく【そよ吹く】 凉风轻拂 wēifēng qīngfú

そら【空】 天 tiān；天空 tiānkōng ◆うわの～ 心不在焉 xīn bú zài yān

そらおそろしい【空恐ろしい】 非常可怕 fēicháng kěpà

そらす【逸らす】 岔开 chàkāi ◆話を～ 岔开话题 chàkāi huàtí ◆目を～ 避开目光 bìkāi mùguāng

そらす【反らす】〈体を〉向后仰 xiàng hòu yǎng ◆胸を～ 挺起胸膛 tǐngqǐ xiōngpú

そらぞらしい【空々しい】 假惺惺的 jiǎxīngxīng de；虚情假意 xū qíng jiǎ yì

そらで【空で】 凭记忆 píng jìyì ◆～言う 背诵 bèisòng

そらとぼける【空惚ける】 装糊涂 zhuāng hútu；假装不知道 jiǎzhuāng bù zhīdao

そらなみだ【空涙】 假眼泪 jiǎ yǎnlèi ◆～を流す 假装流泪 jiǎzhuāng liúlèi

そらに【空似】 偶然相似 ǒurán xiāngsì

ソラマメ【空豆】 蚕豆 cándòu；罗汉豆 luóhàndòu

そらみみ【空耳】 幻听 huàntīng

そらもよう【空模様】 天色 tiānsè ◆～が怪しい 天色不好 tiānsè bù hǎo

そり【反り】 翘曲 qiáoqū ◆屋根の～ 房顶的弯度 fángdǐng de wāndù ◆～が合わない 脾气不合 píqi bùhé

そり【橇】 雪橇 xuěqiāo；爬犁 páli

そりかえる【反り返る】 翘 qiáo；翘曲 qiáoqū

ソリスト 独奏者 dúzòuzhě；独唱者 dúchàngzhě

そりゃく【粗略-な】 疏忽 shūhu；草率 cǎoshuài ◆～に扱う 轻慢 qīngmàn

そりゅうし【素粒子】 基本粒子 jīběn lìzǐ；元粒子 yuánlìzǐ

そる【剃る】 剃 tì；刮 guā ◆顔を～ 刮脸 guāliǎn ◆ひげを～ 刮胡子 guā húzi ◆剃刀の剃り味 剃刀的锐度 tìdāo de ruìdù

そる【反る】 翘 qiáo；翘曲 qiáoqū

ゾル 溶胶 róngjiāo

それ 那 nà；那个 nàge；这 zhè；这个 zhège ◆～はなんですか 那是什么 nà shì shénme ◆～は困ります 这可麻烦了 zhè kě máfan le

それいがい【それ以外】 其他 qítā；其余 qíyú；另外 lìngwài ◆～のものはありますか 有没有别的 yǒu méiyǒu biéde

それいらい【それ以来】 此后 cǐhòu；从那以后 cóng nà yǐhòu

それから ❶〈その次に〉然后 ránhòu；之后 zhīhòu ◆塩と砂糖と～酢を入れる 放盐和糖之后再放醋 fàng yán hé táng zhīhòu zài fàng cù ❷〈その後で〉后来 hòulái ◆～が大変だったんだよ 后来可就严重了啊 hòulái kě jiù yánzhòng le a ❸〈加えて〉还有 hái yǒu

それこそ 才 cái；那才是 nà cái shì ◆～大変なことになる 这下子才麻烦起来 zhèxiàzi cái máfanqǐlai

それしき 那么点儿 nàme diǎnr ◆～のことで 没什么了不起 méi shénme liǎobuqǐ

それじたい【それ自体】 事情本身 shìqing běnshēn

それぞれ 分别 fēnbié；各个 gègè ◆～に1つずつ配る 各给一份 gè gěi yí fèn ◆人～だ 人各不相同 rén

それだけ 〈(たった)那些〉那些 nàxiē; 唯有那个 wéi yǒu nàge ♦～でなく 不仅如此 bù jǐn rúcǐ ♦今あるのはーだ 现有的就这些了 xiàn yǒu de jiù zhèxiē le

それっきり ♦～彼に会っていない 以后再也没见到他 yǐhòu zài yě méi jiàndào tā ♦～計画はーになっている 计划到此为止 jìhuà dào cǐ wéizhǐ

それっぽっち 那么点儿 nàme diǎnr

それで 于是 yúshì

それでこそ 那才称得上 nà cái chēngdeshàng ♦～男だ 那才称得上男子汉 nà cái chēngdeshàng nánzǐhàn

それでは ❶〈それならば〉那么 nàme ♦～困る 那可不好办了 nà kě bù hǎobàn le ♦～無理です 那可就不容易了 nà kě jiù bù róngyì le ❷〈では〉失礼します 那我走了 那就告辞了; 那么, 我走了 nà jiù gàocí le; nàme, wǒ zǒu le

それでも 尽管如此, …也 jǐnguǎn rúcǐ, …yě ♦～私は行く 尽管如此, 我也去 jǐnguǎn rúcǐ, wǒ yě qù

それどころか 岂止非但 qǐ zhǐ fēi dàn

それとなく 委婉地 wěiwǎn de; 婉转地 wǎnzhuǎn de; 暗地里 àndìli ♦～尋ねる 套问 tàowèn

それとも 还是 háishi

それなのに 尽管那样 jǐnguǎn nàyàng; 可是 kěshì

それなら 那么 nàme; 如果那样 rúguǒ nàyàng ♦～行かない 那样的话我不去 nàyàng de huà wǒ bú qù

それなり ♦～の理由がある 有相应的理由 yǒu xiāngyìng de lǐyóu

それに 〈付け加えて〉而且 érqiě; 再说 zàishuō; 还有 hái yǒu

それほど【其程】那么 nàme; 那样 nàyàng ♦～おいしくない 没那么好吃 méi nàme hǎochī

それゆえ【其故】因此 yīncǐ

それら 它们 tāmen; 那些 nàxiē

それる【逸れる】偏离 piānlí ♦話が～ 话走题了 huà zǒutí le ♦弾が～ 没打中 méi dǎzhòng ♦道を～ 走岔路 zǒu chàlù

ソロ 独奏 dúzòu; 独唱 dúchàng

そろい【揃い】成套 chéngtào; 成组 chéngzǔ ♦ひとーの 一套 yí tào ♦三つーの背広 三件套西服 sānjiàntào xīfú

そろう【揃う】齐全 qíquán; 整齐 zhěngqí ♦メンバーが～ 全体到齐

quántǐ dàoqí ♦大きさが～ 大小整齐 dàxiǎo zhěngqí ♦足並みが～ 步调一致 bùdiào yízhì

そろえる【揃える】备齐 bèiqí; 摆齐 bǎiqí ♦大きさを～ 使大小一致 shǐ dàxiǎo yízhì ♦口を～ 异口同声 yì kǒu tóng shēng ♦声を揃えて歓呼する 齐声欢呼 qíshēng huānhū

そろそろ【歩く】慢慢走 mànmàn zǒu ♦～失礼します 我该走了 wǒ gāi zǒu le ♦～時間だ 就要到时间了 jiù yào dào shíjiān le ♦～出かけようか 咱们就走吧 zánmen jiù zǒu ba

ぞろぞろ 一个跟一个 yí ge gēn yí ge; 络绎不绝 luò yì bù jué

そろばん【算盤】算盘 suànpan ♦～をはじく 打算盘 dǎ suànpan ♦～が合わない 不合算 bù hésuàn

そわそわする 心神不定 xīnshén búdìng; 坐立不安 zuò lì bù ān

そん【損】损失 sǔnshī ♦～をする 吃亏 chīkuī; 亏损 kuīsǔn

そんえき【損益】损益 sǔnyì; 盈亏 yíngkuī

そんかい【損壊-する】毁坏 huǐhuài; 破损 pòsǔn

そんがい【損害】损害 sǔnhài; 损失 sǔnshī ♦～を被る 受害 shòuhài ♦～賠償を求める 要求赔偿损失 yāoqiú péicháng sǔnshī

そんきん【損金】赔的钱 péi de qián; 亏损金额 kuīsǔn jīn'é

そんけい【尊敬-する】尊敬 zūnjìng; 敬佩 jìngpèi ♦～に値する 值得尊敬 zhídé zūnjìng ♦～の念 敬意 jìngyì

そんげん【尊厳】尊严 zūnyán ♦～を損う 伤害尊严 shānghài zūnyán ♦～死 安乐死 ānlèsǐ

そんざい【存在-する】存在 cúnzài ♦多くの問題が～する 存在不少问题 cúnzài bùshǎo wèntí ♦～感のある人物 总是引人注目的人 zǒngshì yǐn rén zhùmù de rén

ぞんざい 粗鲁 cūlǔ; 毛糙 máocao; 粗糙 cūcāo ♦～に扱う 粗暴地对待 cūbào de duìdài

そんしつ【損失】损失 sǔnshī ♦～を被る 蒙受损失 méngshòu sǔnshī ♦～をもたらす 带来损失 dàilái sǔnshī

そんしょう【尊称】尊称 zūnchēng

そんしょう【損傷-する】损伤 sǔnshāng; 损坏 sǔnhuài

そんしょく【遜色】逊色 xùnsè ♦～がない 毫无逊色 háowú xùnsè

そんぞく【存続-する】继续存在 jìxù cúnzài; 维持 wéichí

そんぞく【尊属】长辈亲属 zhǎngbèi qīnshǔ

そんだい【尊大-な】 自大 zìdà; 自高自大 zì gāo zì dà ◆~に構える 摆大架子 bǎi dàjiàzi

そんちょう【尊重-する】 尊重 zūnzhòng; 重视 zhòngshì ◆相手の意見を~する 尊重对方的意见 zūnzhòng duìfāng de yìjiàn

そんちょう【村長】 村长 cūnzhǎng

そんとく【損得】 得失 déshī; 盈亏 yíngkuī ◆~にこだわる 计较 jìjiào; 打算盘 dǎ suànpan ◆~勘定が合う 划算 huásuàn

そんな 那样的 nàyàng de; 那种 nàzhǒng ◆~馬鹿な 岂有此理 qǐ yǒu cǐ lǐ ◆~事実はない 没有这么一回事 méiyǒu zhème yì huí shì

そんなに 那么 nàme; 这么 zhème ◆~たくさん食べられるの 能吃这么多吗 néng chī zhème duō ma ◆~速く話さないで 别说那么快 bié shuō nàme kuài

ぞんぶん【存分-に】 尽情地 jìnqíng de; 放手 fàngshǒu

そんみん【村民】 村民 cūnmín

そんめい【尊名】 尊名 zūnmíng; 大名 dàmíng

ぞんめい【存命-する】 在世 zàishì; 健在 jiànzài

そんぼう【存亡】 存亡 cúnwáng

そんもう【損耗-する】 伤耗 shānghao; 损耗 sǔnhào

そんりつ【存立-する】 存在 cúnzài; 存立 cúnlì

そんりょう【損料】 租金 zūjīn ◆~を支払う 付租金 fù zūjīn

た

た【田】 水田 shuǐtián; 水地 shuǐdì
た【他】 其他 qítā; 别的 biéde ♦～を凌ぐ 超过其他所有的 chāoguò qítā suǒyǒu de
ダークグリーン 苍翠 cāngcuì; 墨绿 mòlǜ
ダークブルー 藏青 zàngqīng; 深蓝 shēnlán
ダークホース 《比喻的》黑马 hēimǎ; 预想不到的劲敌 yùxiǎngbudào de jìngdí
ターゲット 目标 mùbiāo; 指标 zhǐbiāo
ダース 打 dá
ダーティー 肮脏 āngzāng; 卑鄙 bēibǐ
タートルネック 高领 gāolǐng; 直筒领 zhítǒnglǐng
ターニングポイント 转折点 zhuǎnzhédiǎn
タービン 涡轮 wōlún; 叶轮机 yèlúnjī
ターミナル 终点站 zhōngdiǎnzhàn ♦～ビル 候机楼 hòujīlóu
ターミナルケア 临终关怀 línzhōng guānhuái
タール 焦油 jiāoyóu; 柏油 bǎiyóu
ターン 回转 huízhuǎn ♦～する 转身 zhuǎnshēn
ターンテーブル 转台 zhuàntái
たい【対】 ♦5対3で勝つ 以五比三赢 yǐ wǔ bǐ sān yíng
たい【他意】 他意 tāyì ♦～のない 无他意 wú tāyì
タイ【鯛】 鲷鱼 diāoyú; 大头鱼 dàtóuyú; 加吉鱼 jiājíyú ♦クロ～ 黑鲷 hēidiāo
タイ ♦～にもちこむ 坚持到平局 jiānchídào píngjú ♦～記録 平记录 píngjìlù
だい【台】 案子 ànzi; 台ады
だい【代】 ♦祖父の～ 祖父那一代 zǔfù nà yí dài ♦～が替わる 换代 huàndài
だい【題】 题 tí; 题目 tímù ♦「ふるさと」と題する詩 以《故乡》为题的诗 yǐ 《gùxiāng》 wéi tí de shī
たいあたり【体当たり-する】 冲撞 chōngzhuàng; 扑 pū ♦演劇に～する 一心扑在戏剧上 yìxīn pūzài xìjùshang
タイアップ 合作 hézuò; 协作 xiézuò
たいあん【対案】 不同方案 bùtóng fāng'àn
だいあん【代案】 代替方案 dàitì fāng'àn
たいい【大尉】 上尉 shàngwèi
たいい【大意】 大意 dàyì; 大旨 dàzhǐ
たいいく【体育】 体育 tǐyù ♦～館 体育馆 tǐyùguǎn
だいいち【第一】 第一 dìyī ♦～の头号 tóuhào; 头等 tóuděng ♦～に 首先 shǒuxiān
だいいちいんしょう【第一印象】 第一印象 dìyī yìnxiàng; 最初印象 zuìchū yìnxiàng
だいいちにんしゃ【第一人者】 权威 quánwēi; 泰斗 tàidǒu
だいいっき【第一期-の】 首届 shǒujiè
だいいっしん【第一審】 初审 chūshěn; 第一审 dìyīshěn
だいいっせん【第一線-の】 第一线 dìyīxiàn; 最前列 zuìqiánliè ♦～で活躍する 在第一线工作 zài dìyīxiàn gōngzuò
だいいっぽ【第一步】 ♦～を踏み出す 迈出第一步 màichū dìyī bù
たいいん【退院】 ♦～する 出院 chūyuàn
たいいんれき【太陰暦】 农历 nónglì; 阴历 yīnlì
たいえき【体液】 体液 tǐyè
たいえき【退役-する】 退伍 tuìwǔ; 退役 tuìyì
ダイエット-する 减肥 jiǎnféi
たいおう【対応-する】 对应 duìyìng ♦事態に～する 应付局面 yìngfù júmiàn
だいおうじょう【大往生】 ♦～を遂げる 安然死去 ānrán sǐqù
ダイオード 二级管 èrjíguǎn
ダイオキシン 二噁英 èr'èyīng
たいおんけい【体温計】 体温 tǐwēn ♦～計 体温表 tǐwēnbiǎo ♦～を計る 试表 shìbiǎo
たいか【耐火-の】 耐火的 nàihuǒ de ♦～金庫 保险柜 bǎoxiǎnguì ♦～建築 耐火建筑 nàihuǒ jiànzhù
たいか【滞貨】 滞货 zhìhuò; 滞销商品 zhìxiāo shāngpǐn
たいか【退化-する】 退化 tuìhuà
たいか【大家】 大家 dàjiā; 大师 dàshī
たいか【大火】 大火灾 dàhuǒzāi
たいか【大過】 严重错误 yánzhòng cuòwù ♦～なく 没有大错 méiyǒu dàcuò
たいが【大河】 大河 dàhé ♦～ドラマ 大型电视连续剧 dàxíng diànshì liánxùjù

だいか【代価】代价 dàijià ◆~を払う 付出代价 fùchū dàijià
たいかい【大会】大会 dàhuì
たいかい【大海】大海 dàhǎi
たいかい【退会-する】退会 tuìhuì
たいがい【対外】对外 duìwài ◆~政策 对外政策 duìwài zhèngcè ◆~貿易 对外贸易 duìwài màoyì
たいがい【大概】❶〈あらまし〉大概 dàgài; 大体上 dàtǐshang ❷〈適度〉适度 shìdù ◆無駄遣いもたいがいにしておけ 浪费也不要太过分了 làngfèi yě búyào tài guòfèn le
たいがいじゅせい【体外受精】体外受精 tǐwài shòujīng
たいかく【体格】筋骨 jīngǔ; 体格 tǐgé ◆~が良い 体格好 tǐgé hǎo ◆~の悪い 体格差 tǐgé chà
たいがく【退学】退学 tuìxué ◆~処分にする 开除 kāichú ◆病気のために中途~する 因病辍学 yīn bìng chuòxué
だいがく【大学】大学 dàxué ◆~入試 高考 gāokǎo ◆~生 大学生 dàxuéshēng
だいがくいん【大学院】研究生院 yánjiūshēngyuàn ◆~生 研究生 yánjiūshēng
たいかくせん【対角線】对角线 duìjiǎoxiàn
だいかぞく【大家族】大户 dàhù; 大家庭 dà jiātíng
だいがわり【代替り-する】换人 huànrén; 换代 huàndài
たいかん【体感】体感 tǐgǎn ◆~温度 体感温度 tǐgǎn wēndù
たいかん【耐寒-の】耐寒 nàihán ◆~実験 抗寒试验 kànghán shìyàn
たいかん【退官】退休 tuìxiū; 辞去官职 cíqù guānzhí
たいがん【彼岸】彼岸 bǐ'àn; 对岸 duì'àn ◆~の火事视する 隔岸观火 gé àn guān huǒ
たいがん【大願】~成就する 实现大愿 shíxiàn dàyuàn
たいかん【大寒】大寒 dàhán
たいき【大器】大器 dàqì ◆~晩成 大器晩成 dà qì wǎn chéng
たいき【大気】大气 dàqì ◆~汚染 空气污染 kōngqì wūrǎn ◆~圏外 太空 tàikōng
たいき【待機-する】待命 dàimìng
たいぎ【大義】大义 dàyì ◆~名分 大义名分 dàyì míngfēn
だいぎ【代議】代议 dàiyì ◆~制度 代议制 dàiyìzhì ◆~員 议员 yìyuán ◆~士 众议院议员 zhòngyìyuàn yìyuán
だいきぎょう【大企業】大企业 dà qǐyè

だいきぼ【大規模-な】规模宏大 guīmó hóngdà; 浩大 hàodà ◆~な災害 浩劫 hàojié ◆大灾难 dàzāinàn
たいきゃく【退却-する】撤退 chètuì ◆~する 退却 tuìquè
たいきゅう【耐久】耐久 nàijiǔ ◆~性を持つ 具有耐久性 jùyǒu nàijiǔxìng ◆~力 耐久力 nàijiǔlì
たいきゅう【代休】补假 bǔjià ◆~を取る 告补假 gào bǔjià
たいきょ【退去-する】离开 líkāi; 退出 tuìchū ◆国外～ 驱逐出境 qūzhú chūjìng
たいぎょ【大魚】～を逸する 失去好机会 shīqù hǎo jīhuì
たいきょう【胎教】胎教 tāijiào
たいぎょう【大業】大业 dàyè
だいきょうこう【大恐慌】经济大恐慌 jīngjì dàkǒnghuāng
たいきょく【大局】大局 dàjú; 全局 quánjú ◆~をわきまえる 认识大局 rènshi dàjú
たいきょく【対局-する】对局 duìjú; 下棋 xiàqí
たいきょくけん【太極拳】太极拳 tàijíquán
たいきん【大金】巨款 jùkuǎn ◆~を儲ける 赚大钱 zhuàn dàqián
だいきん【代金】价款 jiàkuǎn; 货款 huòkuǎn
たいぐ【大具】木匠 mùjiang ◆~道具 木工工具 mùgōng gōngjù
たいくう【滞空】空中航行 kōngzhōng hángxíng ◆~時間 续航时间 xùháng shíjiān
たいぐう【待遇-する】待遇 dàiyù ◆~がいい 待遇好 dàiyù hǎo ◆~が悪い 待遇差 dàiyù chà ◆~を改善する 改善待遇 gǎishàn dàiyù
たいくつ【退屈-な】无聊 wúliáo ◆~だ 闷得慌 mèn de huāng ◆~しのぎをする 消遣 xiāoqiǎn
たいけ【大家】大户 dàhù; 财主 cáizhu
たいけい【体形[形]】身形 shēnxíng; 体型 tǐxíng ◆~を保つ 保持体型 bǎochí tǐxíng ◆~が崩れる 体型走样儿 tǐxíng zǒuyàngr
たいけい【体系】体系 tǐxì; 系统 xìtǒng
たいけい【大計】大计 dàjì ◆百年の~ 百年大计 bǎi nián dàjì
だいけい【台形】梯形 tīxíng
たいけつ【対決-する】较量 jiàoliàng; 交锋 jiāofēng
たいけん【体験-する】经历 jīnglì; 体验 tǐyàn
たいげんそうご【大言壮語-する】豪言壮语 háo yán zhuàng yǔ; 夸海

口 kuā hǎikǒu

たいこ【太古】 太古 tàigǔ ◆~の時代 远古时代 yuǎngǔ shídài

たいこ【太鼓】 大鼓 dàgǔ ◆~を打つ 打鼓 dǎgǔ

たいこう【対抗-する】 对抗 duìkàng ◆~试合 对抗赛 duìkàng sài

たいこう【大綱】 大纲 dàgāng; 纲要 gāngyào

だいこう【代行-する】 代办 dàibàn; 代理 dàilǐ

だいこう【代講-する】 代课 dàikè

たいこうしゃ【対向車】 对开车 duìkāichē

たいこうぼう【太公望】 钓鱼人 diàoyúrén; 钓鱼迷 diàoyúmí

たいこく【大国】 大国 dàguó

だいこくばしら【大黒柱】 ❶〔建築·人に〕顶梁柱 dǐngliángzhù; 支柱 zhīzhù ❷〔人〕中流砥柱 zhōngliú Dǐzhù; 主心骨 zhǔxīngǔ ◆~となる 挑大梁 tiāo dàliáng

たいこばら【太鼓腹】 肥大的肚子 féidà de dùzi

たいこばん【太鼓判】 ◆~を押す 打保票 dǎ bǎopiào

だいごみ【醍醐味】 妙趣 miàoqù

だいこん【大根】 萝卜 luóbo ◆~おろし 萝卜泥 luóboní ◆~の千切り 萝卜丝 luóbosī

だいこんやくしゃ【大根役者】 拙劣的演员 zhuōliè de yǎnyuán

たいさ【大佐】 上校 shàngxiào

たいさ【大差】 显著的差别 xiǎnzhù de chābié ◆~がない 没有多大差距 méiyǒu duō dà chājù ◆~をつけて勝つ 遥遥领先获胜 yáoyáo lǐngxiān huòshèng

たいざ【対座-する】 对坐 duìzuò

だいざ【台座】 底座 dǐzuò; 座子 zuòzi

たいざい【滞在-する】 住宿 zhùsù; 逗留 dòuliú ◆~许可 居留许可 jūliú xǔkě ◆3 日間~の予定で 预计逗留三天 yùjì dòuliú sān tiān

だいざい【題材】 ◆~を犯す 犯大罪 fàn dàzuì

たいさく【題材】 题材 tícái

たいさく【対策】 对策 duìcè ◆~を練る 研究对策 yánjiū duìcè ◆~を講じる 采取对策 cǎiqǔ duìcè

たいさく【大作】 大作 dàzuò

たいさん【退散-する】〔逃げる〕逃散 táosàn;〔辞去〕回去 huíqù; 走开 zǒukāi

たいざん【大山】 大山 dàshān ◆~鳴動して鼠一匹 雷声大,雨点小 léishēng dà, yǔdiǎn xiǎo

だいさんの【第三の】 第三 dìsān ◆~セクター 官民合办的地区事业 guānmín hébàn de dìqū shìyè

だいさんじさんぎょう【第三次産業】 第三产业 dìsān chǎnyè

だいさんしゃ【第三者】 第三者 dìsānzhě; 局外人 júwàirén

タイサンボク【泰山木】 荷花玉兰 héhuā yùlán; 广玉兰 guǎngyùlán

たいし【大使】 大使 dàshǐ ◆~館 大使馆 dàshǐguǎn; 使馆 shǐguǎn

たいし【大志】 大志 dàzhì; 壮志 zhuàngzhì ◆~を抱く 胸怀大志 xiōng huái dàzhì; 壮志凌云 zhuàngzhì língyún

たいじ【対峙-する】 对峙 duìzhì; 相持 xiāngchí

たいじ【胎児】 胎儿 tāi'ér

たいじ【退治-する】 打退 dǎtuì; 消灭 xiāomiè; 扑灭 pūmiè

たいし【台紙】 衬纸 chènzhǐ

だいじ【大事-な】 要紧 yàojǐn; 重要 zhòngyào ◆~にする 珍重 zhēnzhòng ◆~を取って 为谨慎起见 wèi jǐnshèn qǐjiàn

だいじ【題辞】 题词 tící

ダイジェスト 摘要 zhāiyào; 文摘 wénzhāi ◆~版 删节本 shānjiéběn

だいしきゅう【大至急】 火速 huǒsù; 十万火急 shí wàn huǒ jí

だいしぜん【大自然】 大自然 dàzìrán

たいした【大した】 ◆~ものだ 真了不起 zhēn liǎobuqǐ; 难能可贵 nánnéng kěguì ◆~ことはない 没有什么大不了的 méiyǒu shénme dàbuliǎo de

たいしつ【体質】 体质 tǐzhì

だいしっこう【代執行】 代执行 dàizhíxíng

たいして【対して】〔…に〕对 duì; 对于 duìyú

たいして【大して】 并不那么… bìng bú nàme... ◆~高くない 不怎么贵 bù zěnme guì

たいしぼう【体脂肪】 体内脂肪 tǐnèi zhīfáng

たいしゃ【大赦】 大赦 dàshè

たいしゃ【代謝】 代谢 dàixiè

たいしゃ【退社-する】 ❶〔会社を辞める〕辞职 cízhí; 退职 tuìzhí ❷〔会社から帰る〕下班 xiàbān

だいじゃ【大蛇】 蟒蛇 mǎngshé

だいしゃ【貸借】 借贷 jièdài ◆~関係 借贷关系 jièdài guānxì ◆~対照表 资产负债表 zīchǎn fùzhàibiǎo ◆~料 租金 zūjīn

だいしゃりん【大車輪】 ❶〔鉄棒の〕大回环 dàhuíhuán ❷〔一所懸命〕拼命 pīnmìng ◆~で書き上げる 拼

たいしゅう【大衆】群众 qúnzhòng ♦～向けの 面向大众的 miànxiàng dàzhòng de ♦～化 大众化 dàzhònghuà ♦～文学 大众文学 dàzhòng wénxué
たいしゅう【体臭】身体气味 shēntǐ qìwèi；体臭 tǐxiù
たいじゅう【体重】体重 tǐzhòng ♦～を計る 量体重 liáng tǐzhòng ♦～計 人体秤 réntǐ chèng
たいしゅつ【退出】退出 tuìchū
たいしゅつ【帯出】带出 dàichū ♦～禁～ 禁止带出 jìnzhǐ dàichū
たいしょ【対処-する】应付 yìngfu；对付 duìfu；处理 chǔlǐ ♦～しきれない 应付不了 yìngfubùliǎo；左右を纽 左支右绌 zuǒ zhī yòu chù
たいしょ【大暑】大暑 dàshǔ
たいしょ【大所】大处 dàchù ♦～高所から見て 从大处着眼 cóng dàchù zhuóyǎn
たいしょう【対照-する】对照 duìzhào；对比 duìbǐ
たいしょう【対称】对称 duìchèn ♦左右～の 左右对称的 zuǒyòu duìchèn de
たいしょう【対象】对象 duìxiàng ♦老人～の商品 以老人为对象的商品 yǐ lǎorén wéi duìxiàng de shāngpǐn
たいしょう【隊商】骆驼队 luòtuoduì；商队 shāngduì
たいしょう【大将】❶《軍隊の》上将 shàngjiàng ❷《あるじ》老板 lǎobǎn ❸《かしら》头目 tóumù；一把手 yībǎshǒu
たいしょう【対症】♦～療法 对症疗法 duìzhèng liáofǎ
たいじょう【退場-する】退席 tuìxí；退场 tuìchǎng
だいしょう【代償】代价 dàijià ♦～として 作为代价 zuòwéi dàijià ♦～を支払う 赔偿 péicháng；付出代价 fùchū dàijià
だいしょう【大小】大小 dàxiǎo ♦様々の 大小不一 dàxiǎo bùyī
だいじょうぶ【大丈夫】不要紧 bú yàojǐn；没关系 méi guānxi ♦あの男で～か 他靠得住吗 tā kàodezhù ma
たいじょうほうしん【帯状疱疹】带状疱疹 dàizhuàng pàozhěn
だいじょうみゃく【大静脈】大静脉 dàjìngmài
たいしょく【退職】退休 tuìxiū；退职 tuìzhí
たいしょくかん【大食漢】大肚汉 dàdùhàn；饭量大的人 fànliàng dà de rén

たいしん【耐震-の】抗震 kàngzhèn ♦～構造 抗震结构 kàngzhèn jiégòu
たいじん【退陣-する】《権力の座から》下台 xiàtái；下野 xiàyě
たいじん【対人】♦～関係 人际关系 rénjì guānxi ♦～恐怖症 惧人症 jùrénzhèng；怕人 pà rén
だいじん【大臣】大臣 dàchén
だいじん【大尽】富豪 fùháo；大财主 dàcáizhǔ ♦～風を吹かす 摆阔气 bǎi kuòqi
だいじんぶつ【大人物】大人物 dàrénwù
だいず【大豆】大豆 dàdòu；黄豆 huángdòu ♦～油 豆油 dòuyóu
たいすい【耐水】♦～の 防水 fángshuǐ；耐水 nàishuǐ
だいすう【代数】代数 dàishù；代数学 dàishùxué
だいすき【大好き-な】最喜欢 zuì xǐhuan；酷爱 kù'ài
たいする【対する】对 duì；对于 duìyú ♦平和に～挑戦だ 是对于和平的挑战 shì duìyú hépíng de tiǎozhàn ♦質問に～答 对问题的回答 duì wèntí de huídá
だいする【題する】题为… tíwéi…；以…为题 yǐ…wéi tí
たいせい【体制】体制 tǐzhì
たいせい【態勢】态势 tàishì；阵脚 zhènjiǎo ♦～を整える 做好准备 zuòhǎo zhǔnbèi
たいせい【体勢】体态 tǐtài；姿势 zīshì ♦～を立て直す 重摆姿势 chóng bǎi zīshì
たいせい【胎生】胎生 tāishēng
たいせい【頽勢】颓势 tuíshì；衰势 shuāishì ♦～を挽回する 扭转颓势 niǔzhuǎn tuíshì
たいせい【大勢】大局 dàjú；大势 dàshì ♦～に従う 顺从大势 shùncóng dàshì；随大溜 suí dàliù
たいせい【大成】大成 dàchéng ♦俳優として～するだろう 将要成为名演员 jiāngyào chéngwéi míngyǎnyuán
たいせいよう【大西洋】大西洋 Dàxīyáng
たいせき【体積】体积 tǐjī
たいせき【堆積-する】沉积 chénjī；堆积 duījī
たいせき【退席-する】退席 tuìxí；退场 tuìchǎng
たいせつ【大切-な】重要 zhòngyào；宝贵 bǎoguì ♦～にする 要惜 àixī；珍爱 zhēn'ài
たいせん【対戦-する】对战 duìzhàn；《試合で》比赛 bǐsài ♦～相手 对头 duìtou；对手 duìshǒu

たいせん【大戦】 大战 dàzhàn ♦第二次世界～ 二战 Èrzhàn
たいぜんじじゃく【泰然自若】 泰然自若 tàirán zìruò
だいぜんてい【大前提】 大前提 dàqiántí
たいそう【体操】 体操 tǐcāo ♦～演技 体操表演 tǐcāo biǎoyǎn ♦新～ 艺术体操 yìshù tǐcāo
たいそう【大層】 非常 fēicháng；很 hěn
だいそれた【大それた】 非分 fēifèn；狂妄 kuángwàng
たいだ【怠惰-な】 懒惰 lǎnduò；懒散 lǎndài ♦～な生活 懒惰的生活 lǎnduò de shēnghuó
だいたい【大体-の】 ❶〈おおよそ〉大体 dàtǐ；大致 dàzhì ♦～の内容 概略 gàilüè ♦～分かった 差不多明白了 chàbuduō míngbai le ♦～500ページ 大约五百页 dàyuē wǔbǎi yè ❷〈そもそも〉到底 dàodǐ：本来 běnlái ♦～おまえが悪いんだ 本来是你不对呀 běnlái shì nǐ búduì ya
だいたい【代替-する】 代替 dàitì ♦～物 代替物 dàitìwù ♦～品 代用品 dàiyòngpǐn ♦～輸送 代办运输 dàibàn yùnshū
だいだい【代々-の】 世世代代 shìshìdàidài ♦～伝わる 世传 shìchuán
ダイダイ【橙】 橙子 chéngzi；香橙 xiāngchéng
だいだいてき【大々的-に】 大规模 dàguīmó ♦～に宣伝する 大力宣传 dàlì xuānchuán
だいたいぶ【大腿部】 大腿 dàtuǐ
だいたすう【大多数】 大多数 dàduōshù ♦住民の～は支持した 大多数居民都赞同 dàduōshù jūmín dōu zàntóng
たいだん【対談-する】 对谈 duìtán；对话 duìhuà
だいたん【大胆-な】 大胆 dàdǎn；勇敢 yǒnggǎn ♦～になる 放胆 fàngdǎn
だいだんえん【大団円】 大团圆 dàtuányuán ♦～を迎える 迎来大团圆 yínglái dàtuányuán
たいち【台地】 台地 táidì
だいち【大地】 大地 dàdì
たいちゅう【対中】 对华 duì huá ♦～関係 对华关系 duì huá guānxi ♦～貿易 对华贸易 duì huá màoyì
たいちょ【大著】 巨著 jùzhù；大作 dàzuò
たいちょう【体調】 健康状态 jiànkāng zhuàngtài ♦～がよい 身体状态好 shēntǐ zhuàngtài hǎo ♦～が悪い 身体不快 shēntǐ búkuài ♦～を崩す 身体状态变坏 shēntǐ zhuàngtài biànhuài
たいちょう【隊長】 领队 lǐngduì；队长 duìzhǎng
たいちょう【退潮】 退潮 tuìcháo ♦～期に入る 跨进衰退期 kuàjìn shuāituìqī
たいちょう【体長】 身长 shēncháng
だいちょう【台帳】 清册 qīngcè；底帐 dǐzhàng
だいちょう【大腸】 大肠 dàcháng
タイツ 连裤袜 liánkùwà；紧身衣裤 jǐnshēn yīkù
たいてい【大抵】 大都 dàdōu；多半 duōbàn；差不多 chàbuduō
たいてい【退廷-する】 退庭 tuìtíng
だいていたく【大邸宅】 公馆 gōngguǎn；大宅院 dàzháiyuàn
たいてき【大敵】 大敌 dàdí ♦油断～ 切勿粗心大意 qièwù cūxīn dàyì
たいと【泰斗】 泰斗 tàidǒu；权威 quánwēi
たいど【態度】 态度 tàidu；风度 fēngdù ♦～を表明する 表态 biǎotài ♦～が大きい 傲慢 àomàn ♦～が悪い 态度不好 tàidu bùhǎo
たいとう【対等-な】 对等 duìděng；平等 píngděng ♦～に扱う 等量齐观 děng liàng qí guān
たいとう【台頭-する】 抬头 táitóu；得势 déshì；兴起 xīngqǐ
たいどう【胎動】 胎动 tāidòng
だいどう【大道】 大街 dàjiē；大道 dàdào ♦～芸 街头表演 jiētóu biǎoyǎn
だいどうしょうい【大同小異】 大同小异 dà tóng xiǎo yì
だいどうみゃく【大動脈】 ❶〈血管〉主动脉 zhǔdòngmài；大动脉 dàdòngmài ❷〈交通の〉大动脉 dàdòngmài
だいとうりょう【大統領】 总统 zǒngtǒng
だいとかい【大都会】 大城市 dàchéngshì；通都大邑 tōng dū dà yì
たいとく【体得-する】 体会 tǐhuì；领会 lǐnghuì
だいどく【代読-する】 代读 dàidú
だいどころ【台所】 厨房 chúfáng ♦～用品 炊具 chuījù；厨具 chújù ♦～をあずかる 持家理财 chíjiā lǐcái
だいとし【大都市】 大城市 dàchéngshì；都市 dūshì
タイトスカート 紧身裙 jǐnshēnqún
タイトル ❶〈書名・表題〉标题 biāotí；题目 tímù ❷〈選手権〉锦标 jǐnbiāo；冠军 guànjūn ♦～を防卫する 卫冕 wèimiǎn
たいない【対内】 ♦～的 对内 duìnèi
たいない【体内】 体内 tǐnèi ♦～時計

体内表 tǐnèibiǎo
たいない【胎内】 胎内 tāinèi
だいなし【台無し】 落空 luòkōng; 完蛋 wándàn ◆ ～にする 糟蹋 zāotà; 断送掉 duànsòngdiào ◆ 5年の辛苦が～で 五年的努力落空了 wǔ nián de nǔlì luòkōng le
ダイナマイト 炸药 zhàyào
ダイナミック 动力的 dònglìde; 有生气的 yǒu shēngqì de
ダイナモ 发电机 fādiànjī
だいにじ【第二次】 第二次 dì'èr cì ◆～世界大戦 第二次世界大战 Dì Èr Cì Shìjiè Dàzhàn; 二战 Èrzhàn
たいにち【対日】 对日 duì Rì ◆～感情 对日感情 duì Rì gǎnqíng ◆～貿易 对日贸易 duì Rì màoyì
たいにん【大任】 重任 zhòngrèn ◆～を果たす 完成重任 wánchéng zhòngrèn
だいにん【代人】 代理人 dàilǐrén ◆～を立てる 派代理人 pài dàilǐrén
ダイニング ◆～キッチン 餐室厨房 cānshì chúfáng ◆～ルーム 饭厅 fàntīng; 餐室 cānshì
たいねつ【耐熱-】 耐热 nàirè
たいのう【滞納-する】 拖欠 tuōqiàn; 滞纳 zhìnà
だいのう【大脳】 大脑 dànǎo ◆～皮質 大脑皮层 dànǎo pícéng
だいのじ【大の字】 ◆～になる 躺着伸开手脚 tǎngzhe shēnkāi shǒujiǎo
だいのつき【大の月】 大月 dàyuè
たいは【大破-する】 严重毁坏 yánzhòng huǐhuài
ダイバー 潜水员 qiánshuǐyuán
たいはい【退廃-する】 颓废 tuífèi; 颓败 tuíbài
たいはい【大敗-する】 大败 dàbài ◆キューバに～する 大败于古巴队 dàbài yú Gǔbāduì
だいはかり【台秤】 台秤 táichèng
たいばつ【体罰】 体罚 tǐfá ◆生徒に～を加える 给学生施加体罚 gěi xuésheng shījiā tǐfá
たいはん【大半】 多半 duōbàn; 一大半 yídàbàn
たいひ【堆肥】 堆肥 duīféi ◆～を作る 积肥 jīféi
たいひ【対比-する】 对比 duìbǐ; 对照 duìzhào ◆ふたつの社会を～する 对比两种社会 duìbǐ liǎngzhǒng shèhuì
たいひ【退避-する】 退避 tuìbì; 躲避 duǒbì
タイピスト 打字员 dǎzìyuán
だいひつ【代筆-する】 代笔 dàibǐ; 代写 dàixiě
たいびょう【大病】 重病 zhòngbìng; 大病 dàbìng
だいひょう【代表-する】 代表 dàibiǎo ◆～的な 有代表性的 yǒu dàibiǎoxìng de
ダイビング 潜水 qiánshuǐ
タイプ【大部-の】 大头 dàbùtóu
タイプ〈種類・様式〉 类型 lèixíng; 样式 yàngshì〈級長〉班长类型 bānzhǎng lèixíng
たいふ【大分】 很 hěn; 相当 xiāngdāng ◆～元気になった 病好多了 bìng hǎo duō le ◆～上達した 很有进步 hěn yǒu jìnbù
たいふう【台風】 台风 táifēng ◆～の目 台风眼 táifēngyǎn
だいふくもち【大福餅】 豆沙糕 dòushāgāo
だいふごう【大富豪】 巨富 jùfù
だいぶつ【大仏】 大佛 dàfó
だいぶぶん【大部分】 大部分 dàbùfen; 大多数 dàduōshù; 多半 duōbàn
タイプライター 打字机 dǎzìjī
たいへいよう【太平洋】 太平洋 Tàipíngyáng
たいべつ【大別-する】 大致分为～ dàzhì fēnwéi… ◆三つに～できる 大致可以分为三类 dàzhì kěyǐ fēnwéi sān lèi
たいへん【大変-な】 不得了 bùdeliǎo; 还 hái liǎode ◆～不得了了 bùdéliǎo le ◆～嬉しい 非常高兴 fēicháng gāoxìng ◆～な学者ができた学者 liǎobuqǐ de xuézhě
だいべん【代弁-する】 代言 dàiyán ◆～者 代言人 dàiyánrén
だいべん【大便】 大便 dàbiàn ◆～をする 出恭 chūgōng; 拉屎 lāshǐ
たいほ【逮捕-する】 逮捕 dàibǔ; 拿获 náhuò ◆～状 拘票 jūpiào
たいほう【大砲】 大炮 dàpào; 炮 pào ◆～を撃つ 放炮 fàng pào; 开炮 kāi pào
たいぼう【待望-する】 期待 qīdài; 期望 qīwàng ◆～久しい停戦 盼望已久的停战 pànwàng yǐ jiǔ de tíngzhàn
たいぼう【耐乏】 忍受艰苦 rěnshòu jiānkǔ ◆～生活をする 过艰苦朴素的生活 guò jiānkǔ pǔsù de shēnghuó
だいほん【台本】 剧本 jùběn
たいま【大麻】 大麻 dàmá
タイマー 定时器 dìngshíqì
たいまつ【松明】 火把 huǒbǎ; 火炬 huǒjù; 松明 sōngmíng
たいまん【怠慢】 怠慢 dàimàn; 玩忽 wánhū
タイミング 时机 shíjī; 适时 shìshí

♦~のよい 凑巧 còuqiǎo: 可巧 kěqiǎo ♦人生は~だ 人生重在时机 rénshēng zhòng zài shíjī
タイム【时间】 时间 shíjiān; 时代 shídài ♦~テーブル 时间表 shíjiānbiǎo; 列车时刻表 lièchē shíkèbiǎo ♦~カード 记时卡 jìshíkǎ
タイムアウト 暂停 zàntíng
タイムスリップ 时间变幻 shíjiān biànhuàn
タイムマシン 航时机 hángshíjī
タイムラグ 时间间隔 shíjiān jiàngé: 时滞 shízhì
タイムリー 及时 jíshí; 适时 shìshí
タイムリミット 限期 xiànqī; 期限 qīxiàn
たいめい【待命-する】 待命 dàimìng
だいめい【題名】 题名 tímíng; 标题 biāotí
だいめいし【代名詞】 代名词 dàimíngcí
たいめん【体面】 面子 miànzi; 体面 tǐmiàn; 体面 tǐmian ♦~を重んじる 讲究面子 jiǎngjiu miànzi: 要脸 yàoliǎn ♦~にかかわる 关系到面子 guānxidào miànzi
たいめん【対面-する】 见面 jiànmiàn; 会面 huìmiàn
たいもう【大望】 大志 dàzhì ♦~を抱く 胸怀大志 xiōnghuái dàzhì
だいもく【題目】 ①【表題】 题目 tímù; 标题 biāotí
タイヤ 轮胎 lúntāi; 车胎 chētāi
ダイヤ ①【ダイヤモンド】 钻石 zuànshí; 金刚石 jīngāngshí ♦~婚式 钻石婚 zuànshíhūn ♦~の指輪 钻戒 zuànjiè ②【列車などの】 列车运行图 lièchē yùnxíngtú ♦~が乱れる 行车时间紊乱 xíngchē shíjiān wěnluàn ③【トランプの】 方块儿 fāngkuàir
たいやく【大役】 重大使命 zhòngdà shǐmìng ♦~を果たす 完成重大任务 wánchéng zhòngdà rènwù
たいやく【対訳】 对译 duìyì
たいやく【大厄】 ♦【重大な災難】 大难 dànàn; 大祸 dàhuò ②【厄年】 大厄之年 dà'è zhī nián; 厄运年龄 èyùn niánlíng
だいやく【代役】 替角 tìjué ♦~をつとめる 代演 dàiyǎn
たいよ【貸与-する】 出借 chūjiè: 借贷 jièdài
たいよう【太陽】 太阳 tàiyang ♦~エネルギー 太阳能 tàiyángnéng ♦~系 太阳系 tàiyángxì ♦~電池 太阳电池 tàiyáng diànchí; 太阳能电池 tàiyángnéng diànchí ♦~暦 阳历 yánglì ♦~の光 阳光 yángguāng ♦~に当る 晒太阳 shài tàiyang
たいよう【大洋】 大洋 dàyáng
たいよう【大要】 概要 gàiyào; 大要 dàyào
だいよう【代用-する】 代用 dàiyòng; 代替 dàitì ♦~品 代用品 dàiyòngpǐn
たいようねんすう【耐用年数】 使用年限 shǐyòng niánxiàn
たいら【平ら-な】 平 píng; 《地勢が》平坦 píngtǎn ♦地面を~にする 把地面修平 bǎ dìmiàn xiūpíng
たいらげる【平らげる】 ① 【平定する】 平定 píngdìng; 征服 zhēngfú ② 《全部食べる》 吃光 chīguāng; 吃掉 chīdiào
だいり【代理】 代理 dàilǐ; 代办 dàibàn ♦~人 代理人 dàilǐrén
たいりく【大陸】 大陆 dàlù ♦~間弾道弹 洲际导弹 zhōujì dǎodàn ♦~性気候 大陆性气候 dàlùxìng qìhòu ♦~棚 大陆架 dàlùjià
だいりせき【大理石】 大理石 dàlǐshí
たいりつ【対立-する】 对立 duìlì ♦~意見が~ 意见相反 yìjiàn xiāngfǎn ♦利害の~ 利害冲突 lìhài chōngtū
たいりゃく【大略】 概要 gàiyào; 概略 gàilüè ♦~を述べる 阐述梗概 chǎnshù gěnggài
たいりゅう【対流】 《熱などの》对流 duìliú
たいりゅう【滞留-する】 ①《滞る》停滞 tíngzhì ②《滞在》停留 tíngliú; 逗留 dòuliú
たいりょう【大量-の】 大量 dàliàng; 大批 dàpī ♦~輸入 大批进口 dàpī jìnkǒu
たいりょう【大漁】 鱼获丰收 yúhuò fēngshōu
たいりょく【体力】 力气 lìqi; 体力 tǐlì ♦~がない 没有体力 méiyǒu tǐlì
たいりん【大輪-の】 大朵 dàduǒ ♦~の朝顔 大朵喇叭花 dàduǒ lǎbahuā
タイル 瓷砖 cízhuān ♦化粧~ 釉面砖 yòumiànzhuān
ダイレクトメール 邮寄广告 yóujì guǎnggào
たいれつ【隊列】 队伍 duìwu; 行列 hángliè ♦~を組む 排队 pái duì ♦~を離れる 离队 lí duì
たいろ【退路】 后路 hòulù; 退路 tuìlù ♦~を絶つ 截断退路 jiéduàn tuìlù
たいわ【対話-する】 对话 duìhuà; 对白 duìbái
たうえ【田植え-をする】 插秧 chā yāng
ダウしき[ダウ式] 道琼斯式 Dào-

qióngsīshì ♦～平均株価 道琼斯股票指数 Dàoqióngsī gǔpiào zhǐshù
ダウン ❶〔羽毛の〕鸭绒 yāróng ♦～ジャケット 鸭绒上衣 yāróng shàngyī ❷〔下がる〕降落 jiàngluò; 下降 xiàjiàng ♦コスト～する 降低成本 jiàngdī chéngběn ❸〔倒れる〕倒 dǎo; 病倒 bìngdǎo ♦風邪で～する 因感冒卧床 yīn gǎnmào wòchuáng
ダウンしょうこうぐん〔ダウン症候群〕唐氏综合症 Tángshì zōnghézhèng
ダウンロード 下载 xiàzǎi
たえうる〔耐え得る〕❶〔がまん〕禁得住 jīndezhù; 能忍受 néng rěnshòu ❷〔能力など〕支持得住 zhīchídezhù; 经得住 jīngdezhù
たえがたい〔耐え難い〕❶〔がまん〕忍不住 rěnbuzhù; 难堪 nánkān ❷〔能力など〕支持不住 zhīchíbuzhù; 经不住 jīngbuzhù
だえき〔唾液〕口水 kǒushuǐ; 唾液 tuòyè
たえしのぶ〔耐え忍ぶ〕忍耐 rěnnài; 忍受 rěnshòu
たえず〔絶えず〕经常 jīngcháng; 不断 búduàn ♦～努力する 不断努力 búduàn nǔlì
たえだえ〔絶え絶え-に〕息も～に 气息奄奄 qì xī yǎn yǎn
たえない〔-に耐えない〕不胜 búshèng; 不堪 bùkān ♦憂慮に～不胜忧虑 búshèng yōulǜ
たえなる〔妙なる〕美妙 měimiào ♦～なる調べ 美妙的乐曲 měimiào de yuèqǔ
たえま〔絶え間〕间隙 jiànxì ♦～ない 连续不断 liánxù búduàn ♦～なく 没完没了地 méi wán méi liǎo de
たえる〔耐える〕忍受 rěnshòu; 忍耐 rěnnài ♦苦痛に～る 忍痛 rěntòng ♦耐えられる 吃得消 chīdexiāo ♦耐えられない 经不起 jīngbuqǐ; 吃不消 chībuxiāo ♦暑くて耐えられない 热得受不了 rè de shòubuliǎo
たえる〔絶える〕断绝 duànjué; 灭绝 mièjué ♦息が～咽气 yànqì
だえん〔楕円〕椭圆 tuǒyuán; 长圆 chángyuán ♦～形の 长圆形的 chángyuánxíng de
たおす〔倒す〕♦王朝を～打倒王朝 dǎdǎo wángcháo ♦酒瓶を～打翻酒瓶 dǎfān jiǔpíng ♦押し～ 推倒 tuīdǎo
たおやかな〔嫋やかな〕袅娜 niǎonuó; 优美 yōuměi
タオル 毛巾 máojīn ♦～ケット 毛巾被 máojīnbèi

たおれる〔倒れる〕❶〔立っているのが～〕倒 dǎo; 垮 kuǎ ♦家が～子圯塌 fángzi dǎotā ❷〔病に病倒 bìngdǎo ♦過労で～累垮 lèikuǎ ❸〔政府などが〕垮台 kuǎtái; 崩溃 bēngkuì ♦政府が～ 政府垮台 zhèngfǔ kuǎtái ♦企業が倒闭 dǎobì
タカ〔鷹〕鹰 yīng ♦～派とハト派 鹰派和鸽派 yīngpài hé gēpài
たが〔箍〕箍 gū ♦～が外れる 箍掉 gū diào; 〔比喩〕～がゆるむ 松懈 sōngxiè;〔年のせいで〕年老昏庸 nián lǎo hūnyōng
たかい〔高い〕高 gāo ♦背が～ 个子高 gèzi gāo ♦値段が～贵 guì; 高价 gāojià ♦理想が～理想高尚 lǐxiǎng gāoshàng
たかい〔他界-する〕去世 qùshì
たがい〔互い-に〕互相 hùxiāng; 彼此 bǐcǐ
だかい〔打開-する〕打开 dǎkāi
たがいちがい〔互い違い-に〕交互 jiāohù; 交错 jiāocuò
たがえる〔違える〕违反 wéifǎn; 违背 wéibèi ♦約束を～ 违约 wéiyuē
たかが〔高が〕仅仅 jǐnjǐn; 至多 zhìduō; 只不过 zhǐbuguò ♦～留年じゃないか 只不过是留级呀 zhǐbuguò shì liújí ya
たかく〔高く〕～聳（そび）える 高耸 gāosǒng ♦～買う〔人物を〕看得起 kàndeqǐ; 推重 tuīzhòng
たかく〔多角〕～の 多方面的 duōfāngmiàn ♦～経営 多种经营 duōzhǒng jīngyíng
たがく〔多額-の〕巨额 jù'é ♦～の借金 巨额借款 jù'é jièkuǎn
たかくけい〔多角形〕多边形 duōbiānxíng; 多角形 duōjiǎoxíng
たかさ〔高さ〕高度 gāodù; 高低 gāodī ♦8メートル 高八米 gāo bā mǐ
たかしお〔高潮〕大潮 dàcháo; 风暴潮 fēngbàocháo
たかだい〔高台〕高地 gāodì; 高岗 gāogāng
たかだか〔高々〕❶〔非常に高く〕高高地 gāogāo de ♦鼻～得意洋洋 déyì yángyáng ❷〔せいぜい〕至多 zhìduō ♦頂点 dǐngduō ♦～500円だ 顶多也不过五百块呢 dǐngduō yě bùguò wǔbǎi kuài ne
だかつ〔蛇蝎〕蛇蝎 shéxiē ♦～のごとく〔嫌う〕厌恶如蛇蝎 yànwù rú shéxiē
だがっき〔打楽器〕打击乐器 dǎjī yuèqì; 击乐器 jīyuèqì
たかとび〔高飛び-する〕〔逃亡する〕逃奔 táobēn; 逃跑 táopǎo

たかとび【高跳び】《競技》◆走り～ 跳高 tiàogāo ◆棒～ 撑竿跳高 chēnggān tiàogāo

たかとびこみ【高飛び込み】 跳水 tiàoshuǐ

たかなみ【高波】 大浪 dàlàng

たかなる【高鳴る】（心）跳动(xīn) tiàodòng ◆喜びに胸が～ 高兴得心直跳动 gāoxìngde xīn zhí tiàodòng

たかね【高値】 高价 gāojià ◆～を呼ぶ 引起高价 yǐnqǐ gāojià

たかねのはな【高嶺の花】 可望而不可即的花 kě wàng ér bù kě jí de huā; 高不可攀的 gāo bù kě pān de

たかのぞみ【高望み-する】 奢望 shēwàng; 好高骛远 hào gāo wù yuǎn

たかびしゃ【高飛車】 ◆～に出る 施高压 shī gāoyā

たかぶる【高ぶる】❶《興奮する》兴奋 xīngfèn ❷《偉ぶる》高傲 gāo'ào; おごり高ぶった 骄傲沽名 jiāo'ào gūmíng

たかまる【高まる】 高涨 gāozhǎng; 提高 tígāo ◆世の関心が～ 人们越发关注 rénmen yuèfā guānzhù ◆緊張が～ 紧张空气加剧 jǐnzhāng kōngqì jiājù

たかみ【高み】 ◆～の見物 袖手旁观 xiù shǒu pángguān; 坐山观虎斗 zuò shān guān hǔ dòu

たかめる【高める】 提高 tígāo ◆教養を～ 提高教养 tígāo jiàoyǎng ◆生活水準を～ 提高生活水平 tígāo shēnghuó shuǐpíng ◆生産量を～ 提高产量 tígāo chǎnliàng

たがやす【耕す】 耕 gēng; 耕地 gēngdì

たから【宝】 宝贝 bǎobèi; 珍宝 zhēnbǎo ◆～の持ち腐れ 空藏美玉 kōng cáng měiyù

だから 因此 yīncǐ; 所以 suǒyǐ ◆～言っただろう 我不是说了吗 wǒ bú shì shuō le ma

たからか【高らかに】 高声 gāoshēng; 宏亮 hóngliàng ◆～に歌う 引吭高歌 yǐnháng gāogē

たからくじ【宝籤】 彩票 cǎipiào ◆～が当る 中彩 zhòng cǎi

たかる【集る】 ❶《群がる》◆ハエが～ 落满苍蝇 luòmǎn cāngyíng ❷《おごらせる》食事を～ 蹭饭吃 cèng fàn chī ❸《脅し取る》不良に～られた 被小流氓勒索了 bèi xiǎoliúmáng lèsuǒ le

-たがる 爱 ài; 要 yào; 想 xiǎng ◆目立ち～ 爱出风头 ài chū fēngtóu ◆～帰り 很想回家 hěn xiǎng huí jiā

たかわらい【高笑い-する】 哄笑 hōngxiào

だかん【多感-な】 多愁善感 duō chóu shàn gǎn

だかん【兌換-する】 兑换 duìhuàn ◆～紙幣 兑换纸币 duìhuàn zhǐbì

たき【多岐】 ◆～にわたる 繁杂 fánzá; 多方面 duōfāngmiàn ◆～亡羊（ぼうよう）の 岐路亡羊 qílù wángyáng

たき【滝】 瀑布 pùbù ◆～に打たれる 被瀑布冲洗 bèi pùbù chōngxǐ

たぎ【多義】 多义 duōyì ◆～語 多义词 duōyìcí

だき【唾棄-する】 唾弃 tuòqì

だきあう【抱き合う】 拥抱 yōngbào; 相拥 xiāngbào

だきあわせ【抱き合わせ】 搭配 dāpèi ◆～売り 搭配出售 dāpèi chūshòu

だきおこす【抱き起こす】 抱起来 bàoqǐlai; 扶起 fúqǐ

だきかかえる【抱き抱える】 怀抱 huáibào; 搂抱 lǒubào

たきぎ【薪】 柴 chái; 柴火 cháihuo

だきこむ【抱き込む】 拉拢 lālǒng; 笼络 lǒngluò

タキシード 晚礼服 wǎnlǐfú

だきしめる【抱き締める】 搂 lǒu; 抱紧 bàojǐn

だきつく【抱きつく】 紧抱 jǐnbào; 搂住 lǒuzhù

たきつける【焚き付ける】《そそのかす》煽动 shāndòng; 唆使 suōshǐ

だきとめる【抱き止める】 抱住 bàozhù

たきび【焚き火】 火堆 huǒduī; 篝火 gōuhuǒ ◆～をする 烧篝火 shāo gōuhuǒ

だきょう【妥協-する】 妥协 tuǒxié; 让步 ràngbù ◆～案 妥协方案 tuǒxié fāng'àn

だきよせる【抱き寄せる】 抱过来［去］bàoguòlai[qu]

たぎる【滾る】 滚 gǔn; 沸腾 fèiténg ◆血が～ 热血沸腾 rèxuè fèiténg ◆～ような 澎湃 péngpài

たく【炊く】 煮 zhǔ ◆飯を～ 做饭 zuò fàn

だく【抱く】 抱 bào

たぐい【-の類】 之类 zhī lèi ◆～まれな 稀有的 xīyǒu de

たくえつ【卓越-した】 卓越 zhuóyuè; 超群 chāoqún

たくおん【濁音】 浊音 zhuóyīn

たくさん【沢山】 好多 hěn duō; 好多 hǎoduōshì; 许多 xǔduō ◆～ある 有的是 yǒudeshì; 不乏 bùfá ◆もう～だ 够了 gòu le

たくしあげる【たくし上げる】 卷起

juǎnqǐ♦袖を～ **挽起袖子来** wǎnqǐ xiùzi lái

タクシー 出租汽车 chūzū qìchē; 的士 dīshi♦～に乗る **坐出租车** zuò chūzūchē; 打的 dǎ dī

たくじしょ【託児所】 托儿所 tuō'érsuǒ

たくじょう【卓上】〈卓上の〉 桌上 zhuōshàng♦～カレンダー 台历 táilì

たくする【託する】 委托 wěituō; 寄托 jìtuō; 寄予 jìyù♦夢を～ 寄予理想 jìyù lǐxiǎng

たくぜつ【卓絶-する】 卓绝 zhuójué♦～した技 绝技 juéjì

たくそう【託送-する】 托运 tuōyùn

たくち【宅地】 宅基地 zháijīdì; 地皮 dìpí♦～を造成する 平整盖房用地 píngzhěng gàifáng yòngdì

タクト 指挥棒 zhǐhuībàng♦～を振る 指挥 zhǐhuī

ダクト 通风管 tōngfēngguǎn

たくはい【宅配-する】 送货上门 sòng huò shàng mén♦～便 宅急送 zháijísòng

たくばつ【卓抜-する】 卓越 zhuóyuè; 杰出 jiéchū

だくひ【諾否】 应允与否 yīngyǔn yǔ fǒu; 是否同意 shìfǒu tóngyì

タグボート 拖船 tuōchuán; 拖轮 tuōlún

たくほん【拓本】 拓片 tàpiàn; 碑帖 bēitiě♦～をとる 〈碑拓などを〉 拓 tà

たくましい【逞しい】〈～身体〉 强壮的身体 qiángzhuàng de shēntǐ♦～な生命力 頑強的生命力 wánqiáng de shēngmìnglì♦商魂～ 经商精神可佩服 jīngshāng jīngshén kě pèifú

たくみ【巧み-な】 巧妙 qiǎomiào; 熟练 shúliàn♦言葉～な 花言巧语 huā yán qiǎo yǔ♦～に 巧妙地 qiǎomiàode♦～な技 技艺 jìyì

たくらむ【企む】 策划 cèhuà; 阴谋 yīnmóu; 鬼计 guǐjì

たくらむ【企む】 企图 qǐtú; 策划 cèhuà; 图谋 túmóu

だくりゅう【濁流】 浊流 zhuóliú♦～にのまれる 被浊流吞没 bèi zhuóliú tūnmò

たぐる【手繰る】 拉 lā; 倒 dào♦糸を～ 倒线 dàoxiàn♦記憶を～ 追究记忆 zhuījiū jìyì

たくわえ【蓄え】 ①〈貯金〉存款 cúnkuǎn; 积蓄 jīxù♦～が底をつく 积蓄无几 jīxù wújǐ **②**〈備蓄〉 储存 chǔcún; 贮存 zhùcún

たくわえる【蓄える】 积攒 jīzǎn; 储存 chǔcún♦金をこつこつ～ 积攒钱 jīzǎn qián♦体力を～ 储备力气 chǔbèi lìqì

たけ【竹】 竹子 zhúzi♦～を割ったような 爽直的 shuǎngzhí de; 心直口快 xīn zhí kǒu kuài♦～細工 竹制品 zhúzhìpǐn♦～竿 竹竿 zhúgān; 竿子 gānzi♦～林 竹林 zhúlín

たけ【丈】〈長度〉尺寸 chǐcun♦～身高 shēngāo♦～が伸びる 长高 zhǎnggāo♦〈ズボン・スカート〉～をつめる 缩短裤子[裙子]的长度 suōduǎn kùzi[qúnzi] de chángdù

たげい【多芸-な】 多才 duōcái♦～多芸的 多才多艺 duōcái duō yì

だげき【打撃】 正面 zhèng hān♦酒豪正酣 jiǔyàn zhèng hān♦春～ 春眠未觉 chūnyán àngrán

たけなわ【酣】 正酣 zhèng hān♦酒豪正酣 jiǔyàn zhèng hān♦春～ 春眠未觉 chūnyán àngrán

たけのこ【筍】〈竹の子〉 竹笋 zhúsǔn;〈孟宗竹の〉毛笋 máosǔn♦雨後の～ 雨后春笋 yǔ hòu chūnsǔn

たげん【多元】 多元 duōyuán♦～化 多元化 duōyuánhuà♦～放送 多元广播 duōyuán guǎngbō♦～論争 多元论 duōyuánlùn

たこ【凧】 风筝 fēngzheng♦～を上げる 放风筝 fàng fēngzheng

たこ【胼胝】 趼子 jiǎnzi; 老趼 lǎojiǎn♦～ができる 生趼子 shēng jiǎnzi

タコ 章鱼 zhāngyú♦～壶 捕章鱼的陶罐 bǔ zhāngyú de táoguàn

たこう【多幸】 多福 duōfú♦ご～を祝你幸福 zhù nǐ xìngfú

だこう【蛇行-する】〈川などが〉 蛇行 shéxíng; 蜿蜒 wānyán

たこく【他国】 外国 wàiguó; 异域 yìyù

たこくせき【多国籍】♦～企業 多国公司 duōguó gōngsī; 跨国公司 kuàguó gōngsī

タコグラフ 自记速度计 zìjì sùdùjì

タコメーター 转速表 zhuànsùbiǎo

たごん【他言する】 外传 wàichuán; 泄露 xièlòu♦～無用 切勿外传 qièwù wàichuán

たさい【多才-な】 多才 duōcái♦～な人 多面手 duōmiànshǒu

たさい【多彩-な】 丰富多彩 fēngfù duōcǎi

たさい【租率】 土气 tǔqì♦～男 粗俗的男人 cūsú de nánrén

ださく【駄作】 拙劣的作品 zhuōliè

たさつ【他殺】他杀 tāshā；被害 bèishā
たさん【多産-の】多产 duōchǎn
ださん【打算】盘算 pánsuan ♦ ~的 的 患得患失 huàn dé huàn shī；打小算盘的 dǎ xiǎo suànpan de
たざんのいし【他山の石】教训 jiàoxun ♦ ~とする 当作他山之石 dàngzuò tāshān zhī shí
たし【~し】♦腹の~にならない 无补于饥饿 wú bǔyú jī'è ♦家計の~にする 以补贴生计 yǐ bǔzhī shēngjì ♦何の~にもならない 没什么用 méi shénme yòng
たじ【多事の~】事情多 shìqing duō ♦ ~多難 多事多难 duō shì duō nàn ♦ ~の秋 多事之秋 duōshì zhī qiū [中国語"多事"は口語では"余计なことをする"の意]
だし【出汁】❶《料理の》调味儿的汤汁 tiáowèir de tāngzhī ❷《口実》借口 jièkǒu ♦先生を~に使う 利用老师 lìyòng lǎoshī
だし【山車】彩车 cǎichē
だしいれ【出し入れ】《物》拿进拿出 nájìn náchū；放入取出 fàngrù qǔchū；《預金》存取 cúnqǔ ♦今月はかねの~がやたらに多い 这个月存取款太频繁 zhège yuè cúnkuǎn qǔkuǎn tài pínfán
だしおしみ【出し惜しみ】♦ ~をする 吝惜 lìnxī；舍不得拿出 shěbude náchū
たしか【確かな】❶《本当の》确实 quèshí；真确 zhēnquè ♦ ~にお渡ししました 的确交给您了 díquè jiāogěi nín le ❷《信用できる》可靠 kěkào；信得过 xìndeguò ♦ ~な根拠 确据 quèjù ♦ ~な情报 可靠的消息 kěkào de xiāoxi ❸《推察》大概 dàgài ♦ ~ここに置いたはずだが… 大概记得放在这儿 dàgài jìde fàngzài zhèr
たしかめる【確かめる】査明 chámíng；弄清 nòngqīng
たしさいさい【多士済々】人才济济 réncái jǐjǐ
たしざん【足し算】加法 jiāfǎ
だししぶる【出し渋る】舍不得交 shěbude jiāo；不愿拿出 bú yuàn náchū
たじたじ【~となる】畏缩不前 wèisuō bù qián；支支吾吾 zhīzhīwúwú
たじつ【他日】改天 gǎitiān；他日 tārì
だしっぱなし【出しっ放し-にする】机の上に财布が~だ 桌子上放着钱袋儿不管 zhuōzishang fàngzhe

qiándàir bù guǎn ♦水道の水を~にする 把水龙头开着不管 bǎ shuǐlóngtóu kāizhe bù guǎn
たしなみ【嗜み】修养 xiūyǎng；教养 jiàoyǎng ♦美術の~ 美术修养 měishù xiūyǎng
たしなむ【嗜む】❶《好む》爱好 àihào；嗜好 shìhào ❷《習得する》学会 xuéhuì；精通 jīngtōng
たしなめる【窘める】责备 zébèi；规劝 guīquàn
だしぬく【出し抜く】抢先 qiǎngxiān；先下手 xiān xiàshǒu
だしぬけ【出し抜けに】冷不防 lěngbùfáng；猛不防 měngbufáng；突然间 tūránjiān
だしもの【出し物】表演节目 biǎoyǎn jiémù
だじゃれ【駄洒落】俏皮话 qiàopihuà；拙劣的笑话 zhuōliè de xiàohua
だしゅ【舵手】掌舵 zhǎngduò；舵手 duòshǒu
たじゅう【多重】♦ ~放送 多重广播 duōchóng guǎngbō ♦ ~债务 多重债务 duōchóng zhàiwù
たしゅたよう【多種多様の】多种多样 duōzhǒng duōyàng；各式各样 gèshì gèyàng
たしょう【多少】❶《多い少ない》多少 duōshǎo ♦ ~にかかわらず 不管多少 bùguǎn duōshǎo ❷《ちょっと》 ~の 稍微的 shāowēi de ♦ ~は知っている 多少知道一些 duōshǎo zhīdao yīxiē
たしょく【多色-の】五彩 wǔcǎi ♦ ~刷り 套版 tàobǎn
たじろぐ 退缩 tuìsuō；裹足不前 guǒ zú bù qián
だしん【打診】~する 试探 shìtàn
たしんきょう【多神教】多神教 duōshénjiào
たす【足す】❶《加える》加 jiā ♦ 2 ~ 3 二加三 èr jiā sān ❷《補う》添上 tiānshang ♦水を注ぐ~ 加水 jiā shuǐ ❸《済ませる》用を足しに出かける 出去办点儿事 chūqù bàn diǎnr shì ♦用を~《用便する》去厕所 qù cèsuǒ
だす【出す】♦手紙を~ 寄信 jì xìn ♦金を~ 出钱 chū qián ♦口を~ 插嘴 chā zuǐ ♦元気を~ 振作精神 zhènzuò jīngshén ♦勇气を~ 鼓起勇气 gǔqǐ yǒngqì ♦愿书を~ 提交申请书 tíjiāo shēnqǐngshū ♦雑誌を~ 办刊物 bàn kānwù ♦店を~ 开店 kāi diàn
たすう【多数】♦ ~の 好些 hǎoxiē；多数 duōshù ♦ ~を占める 居多 jūduō；占多数 zhàn duōshù

たすうけつ【多数決】 多数表决 duōshù biǎojué ◆～で決める 以多数表决决定 yǐ duōshù biǎojué juédìng

たすかる【助かる】 ❶〈危険から〉获救 huòjiù；得救 déjiù ❷〈負担から〉手間が省けて～ 省事了 shěngshì le

たすけ【助け】 帮助 bāngzhù；救援 jiùyuán ◆～を呼ぶ 求救 qiújiù ◆～を借りる 借助 jièzhù

たすけあい【助け合い】 互相帮助 hùxiāng bāngzhù；互助 hùzhù ◆～運動 互助运动 hùzhù yùndòng

たすけだす【助け出す】 救出 jiùchū

たすけぶね【助け舟】 ◆～を出す 解围 jiěwéi；帮忙 bāngmáng

たすける【助ける】 帮助 bāngzhù；救助 jiù jiù ◆けが人を～ 抢救伤员 qiǎngjiù shāngyuán ◆命を～ 救命 jiùmìng ◆消化を～ 助消化 zhù xiāohuà ◆暮らしを～ 补助生活 bǔzhù shēnghuó

たずさえる【携える】 携带 xiédài ◆手みやげを～ 携带伴手礼 xiédài bànshǒulǐ ◆手を～ 携手合作 xiéshǒu hézuò

たずさわる【携わる】 参与 cānyù；从事 cóngshì

ダスターコート 风衣 fēngyī

ダストシュート 垃圾井筒 lājī jǐngtǒng

たずねびと【尋ね人】 下落不明的人 xiàluò bùmíng de rén；失踪人 shīzōngrén

たずねる【尋ねる】 问 wèn；询问 xúnwèn ◆消息を～ 探问消息 tànwèn xiāoxi ◆道を～ 问路 wèn lù ◆電話番号を～ 问电话号码 chá wèn diànhuà hàomǎ

たずねる【訪ねる】 访问 fǎngwèn ◆父母両親を～ 省视父母 xǐngshì fùmǔ ◆誰かがあなたを訪ねてきました 有人找你 yǒu rén zhǎo nǐ

たぜい【多勢】 人数众多 rénshù zhòngduō ◆～を頼んで 靠着人数 kàozhe rénshù duō ◆に無势不敌众 guǎ bù dí zhòng

だせい【惰性-の】 惰性 duòxìng；习惯 xíguàn

たそがれ【黄昏】 黄昏 huánghūn ◆～迫る 垂暮 chuímù ◆～時 傍晚 bàngwǎn ◆人生の～ 桑榆暮景 sāng yú mù jǐng

だそく【蛇足-の】 蛇足 shézú；画蛇添足 huà shé tiān zú

ただ【唯/只】 ❶〈無料〉～にする 免费 miǎnfèi ◆～であげる 白给 báigěi ◆〈それだけの価値〉 唯 wéi；净 jìng；只 zhǐ ◆～だけの事だった 只不过如此 zhǐbuguò rúcǐ ◆〈並の〉普通 pǔtōng；平凡 píngfán ◆～の人 普通人 pǔtōngrén

だだ【駄々】 ◆～をこねる 撒泼 sāpō；任性撒人 rènxìng mó rén

ただい【多大-な】 巨大 jùdà ◆～な貢献 丰功伟绩 fēng gōng wěi jì

だたい【堕胎-する】 堕胎 duòtāi；打胎 dǎtāi

ただいま【只今】 ❶〈すぐに〉马上 mǎshàng；现在就 xiànzài jiù；❷〈今〉现在 xiànzài

たたえる【称える】 赞扬 zànyáng；称赞 chēngzàn

たたかい【戦/闘い】 ❶〈戦争〉战争 zhànzhēng ❷〈戦闘〉战斗 zhàndòu ◆～をやめる 收兵 shōubīng ❸〈闘争〉斗争 dòuzhēng ◆反～ 反斗争 fǎn hé dòuzhēng ❹〈競争/試合〉比赛 bǐsài；竞赛 jìngsài

たたかう【戦う】 战斗 zhàndòu；作战 zuò zhàn ◆～比赛 bǐsài

たたき【三和土】 水泥地 shuǐnídì；三和土地 sānhétǔdì

たたきうり【叩き売り】 拍卖 pāimài；减价出卖 jiǎnjià chūmài

たたきおこす【叩き起こす】 叫醒 jiàoxing

たたきおとす【叩き落とす】 打掉 dǎdiào ◆蝿を～ 打掉苍蝇 dǎdiào cāngying ◆ライバルを～ 打倒对手 dǎdǎo duìshǒu

たたきこむ【叩き込む】 〈頭に〉灌输 guànshū

たたきこわす【叩き壊す】 捣毁 dǎohuǐ；砸坏 záhuài

たたきだい【叩き台】 〈比喩〉讨论的原案 tǎolùn de yuán'àn

たたきつける【叩き付ける】 摔 shuāi ◆壁に～ 摔到墙上 shuāidào qiángshàng

たたきなおす【叩き直す】 纠正 jiūzhèng；矫正 jiǎozhèng ◆性根を～ 矫正坏脾气 jiǎozhèng huài píqi

たたく【叩く】 ❶〈打つ〉～戸を～ 敲门 qiāo mén ◆肩を（ぽんと）～ 拍拍肩膀 pāi jiānbǎng ◆手を～ 拍手 鼓掌 gǔzhǎng ❷〈言う〉軽口を～ 说俏皮话 shuō qiàopíhuà ◆大口を～ 吹牛 chuīniú ❸〈非難〉マスコミにたたかれる 受到报道的批评 shòudào bàodào de pīpíng

ただこと【徒事】 ◆～ではない 非同小可 tóng xiǎo kě

ただざけ【只酒】 ◆～を飲む 吃请 chīqǐng

ただし【但し】 但 dàn；但是 dànshì ◆～付きの 附带条件的 fùdài tiáojiàn de

ただしい【正しい】 对 duì；正确 zhèngquè ◆～意味 正确的意义

ただす【正す】纠正 jiūzhèng; 改正 gǎizhèng ♦偏向を～ 纠正偏差 jiūzhèng piānchā ♦姿勢を～ 端正姿势 duānzhèng zīshì

ただす【糾す】调查 diàochá; 查明 chámíng; 追究 zhuījiū

ただずまい【佇い】样子 yàngzi; 状态 zhuàngtài ♦昔に変わらぬ～ 与过去一样的景色 yǔ guòqù yīyàng de jǐngsè

たたずむ【佇む】伫立 zhùlì

ただちに【直ちに】立刻 lìkè; 马上 mǎshàng ♦～出かける 马上出发 mǎshàng chūfā

ただならぬ【徒ならぬ】非一般 fēi yībān ♦～表情 不寻常的神情 bù xúncháng de shénqíng

たたみ【畳】榻榻米 tàtàmǐ ♦～の上の水練 纸上谈兵 zhǐ shàng tán bīng ♦～の上で死ぬ 寿终正寝 shòu zhōng zhèng qǐn

たたみかける【畳み掛ける】连续不断 liánxù búduàn ♦たたみかけて質問する 连续不断地质问 liánxù búduàn de zhìwèn

たたむ【畳む】❶〔折り～〕折 zhé; 叠 dié; 折叠 zhédié ♦服を～ 折叠衣服 zhédié yīfu ♦ふとんを～ 叠被 dié bèi ❷〔店などは〕关闭 guānbì ♦店を～ 关闭铺子 guānbì pùzi

ただめし【只飯】白食 báishí; 白饭 báifàn ♦～を食う 吃白饭 chī báifàn

ただもの【徒者】♦～でない 不是凡人 bùshì fánrén; 不寻常的人 bù xúncháng de rén

ただよう【漂う】❶〔気体や香りが〕飘散 piāosàn ❷〔水面や空中で〕漂荡 piāodàng; 浮动 fúdòng ♦水に～ 漂浮 piāofú; 漂移 piāoyí

たたり【祟り】祸祟 huòsuì ♦～に見舞われる 中祸 zhòng huò xié; 遭到报应 zāodào bàoyìng

たたる【祟る】作怪 zuòguài; 作祟 zuòsuì ♦…が原因で〕起因于 qǐyīnyú ♦無理が～ 过于劳累而病倒 guòyú láolèi ér bìngdǎo

ただれる【爛れる】烂 làn; 糜烂 mílàn

たち【質】品质 pǐnzhì; 体质 tǐzhì ♦～の悪い 恶劣的 èliè de; 劣性 lièxìng ♦～の悪い風邪 恶性的感冒 èxìng de gǎnmào

たちあい【立ち会い】♦～人 见证人 jiànzhèngrén

たちあう【立ち会う】在场 zàichǎng; 参加 cānjiā

たちあがる【立ち上がる】站 起来 zhànqǐlái; 起立 qǐlì ♦災害の痛手から～ 从灾害的打击重新振作起来 cóng zāihài de dǎjī chóngxīn zhènzuòqǐlái ♦反対運動に～ 开始反对运动 kāishǐ fǎnduì yùndòng

たちいたる【立ち至る】弄到 nòngdào ♦最悪の事態に～ 到了最坏的地步 dào le zuìhuài de dìbù

たちいふるまい【立ち居振る舞い】举止 jǔzhǐ; 举动 jǔdòng

たちいりきんし【立ち入り禁止】禁止入内 jìnzhǐ rùnèi ♦～区域 禁地 jìndì; 禁区 jìnqū

たちいる【立ち入る】❶〔中へ入る〕进入 jìnrù ❷〔干渉する〕介入 jièrù; 干涉 gānshè

たちうち【太刀打ち】♦～できない 敌不过 díbuguò; 不能相比 bù néng xiāng bǐ

たちおうじょう【立往生‐する】进退维谷 jìn tuì wéi gǔ; 呆立着不知所措 dāilìzhe bù zhī suǒ cuò

たちおくれる【立ち遅れる】错过时机 cuòguò shíjī ♦立ち遅れている 落后 luòhòu; 处于下游 chǔyú xiàyóu

たちかえる【立ち返る】返回 fǎnhuí ♦原点に～ 返回起点 fǎnhuí qǐdiǎn

たちき【立ち木】树木 shùmù

たちぎえ【立ち消え】♦～になる 中断 zhōngduàn; 半途而废 bàntú ér fèi

たちぎき【立ち聞き‐する】偷听 tōutīng

たちきる【断ち切る】♦麻縄を～ 割断麻绳 gēduàn máshéng ♦関係を～ 断绝关系 duànjué guānxi

たちぐい【立ち食い】♦～する 站着吃 zhànzhe chī

たちこめる【立ち込める】弥漫 mímàn; 笼罩 lǒngzhào

たちさる【立ち去る】离开 líkāi; 走开 zǒukāi ♦立ち去らせる 打发 dǎfa

たちすくむ【立ち竦む】惊呆 jīngdāi; 呆立不动 dāilì bùdòng

たちどおし【立ち通し】始终站着 shǐzhōng zhànzhe ♦終点まで～だった 一直站到终点 yìzhí zhàndào zhōngdiǎn

たちどころ【立ち所に】立刻 lìkè

たちどまる【立ち止まる】止步 zhǐbù; 站住 zhànzhù

たちなおる ― ダッシュ

たちなおる【立ち直る】恢復 huīfù ◆ショックから～ 从打击中恢复过来 cóng dǎjī zhōng huīfùguòlái

たちならぶ【立ち並ぶ】《人が》排列 páiliè; 排队 páiduì;《建物が》栉比 zhìbǐ

たちのく【立ち退く】搬出 bānchū; 离开 líkāi ◆立ち退き料 搬迁补偿费 bānqiān bǔchángfèi

たちば【立場】立场 lìchǎng; 处境 chǔjìng ◆～がない 没面子 méi miànzi ◆苦しい～ 苦境 kǔjìng ◆～を明らかにする 表明立场 biǎomíng lìchǎng

たちはだかる【立ちはだかる】挡住 dǎngzhù; 阻挡 zǔdǎng

たちばなし【立ち話-をする】站着聊天儿 zhànzhe liáotiānr

たちばん【立ち番】站岗 zhàngǎng; 放哨 fàngshào

たちふさがる【立ち塞がる】挡住 dǎngzhù; 拦阻 lánzǔ

たちまち【忽ち】立刻 lìkè; 马上 mǎshàng ◆売り切れは～ 马上就卖光了 mǎshàng jiù màiguāng le ◆～のうちに広まった 一下子就传开了 yīxiàzi jiù chuánkāi le

たちまわり【立ち回り】《劇などの》武打 wǔdǎ ◆～〈けんか〉を演じる 动手打架 dòngshǒu dǎjià

たちまわる【立ち回る】❶《工作する》うまく～ 钻营 zuānyíng ❷《立ち寄る》中途到 zhōngtú dào ◆立ち回り先 流窜的地方 liúcuàn de dìfang

たちみ【立ち見】站着看 zhànzhe kàn ◆～席の切符 站票 zhànpiào

たちむかう【立ち向かう】对抗 duìkàng; 面对 miànduì ◆難局に～ 面对难局 miànduì nánjú

たちもどる【立ち戻る】重返 chóngfǎn; 返回 fǎnhuí ◆原点に～ 回到出发点 huídào chūfādiǎn

ダチョウ【駝鳥】鸵鸟 tuóniǎo

たちよる【立ち寄る】顺路到 shùnlù dào

だちん【駄賃】小费 xiǎofèi; 赏钱 shǎngqián ◆行きがけの～ 搂草打兔子 lōu cǎo dǎ tùzi

たつ【裁つ】裁剪 cáijiǎn

たつ【断:絶つ】◆酒を～ 戒酒 jièjiǔ ◆関係を～ 断绝关系 duànjué guānxi ◆消息を～ 杳无音讯 yǎo wú yīnxùn ◆退路を～ 截断退路 jiéduàn tuìlù

たつ【辰】《十二支》辰 chén ◆～の刻《午前7時～9時頃》辰时 chénshí ◆～年生まれ 属龙 shǔ lóng

たつ【立つ】《起立》站 zhàn; 立 zhànlì ◆立って質問する 站起来提问 zhànqǐlai tíwèn ❷《成立》维持 wéichí; 保全 bǎoquán ◆暮らしが立たない 不能维持生活 bù néng wéichí shēnghuó ❸《すぐれる》会 huì; 擅长 shàncháng ◆弁が～ 会说话 huì shuōhuà ❹《その他》◆役に～ 有用 yǒuyòng ◆風が～ 起风 qǐ fēng ◆筋道が立たない 条理不清 tiáolǐ bùqīng ◆腹が～ 生气 shēngqì ◆席を～ 退席 tuìxí

たつ【発つ】走 zǒu; 出发 chūfā; 离开 líkāi ◆あす上海を～ 明天离开上海 míngtiān líkāi Shànghǎi ◆9時東京へ～ 九点出发去东京 jiǔdiǎn chūfā qù Dōngjīng

たつ【建つ】盖 gài; 建 jiàn ◆駅前にビルが建った 车站前盖了大楼 chēzhàn qián gàile dàlóu

たつ【経つ】过 guò; 经过 jīngguò ◆時が～ 时光流逝 shíguāng liúshì

だっかい【奪回-する】夺回 duóhuí; 收复 shōufù ◆《被占领地を》克复 kèfù

だっかい【脱会-する】退会 tuìhuì

たっかん【達観-する】达观 dáguān; 看透 kàntòu

だっかん【奪還-する】夺回 duóhuí; 克复 kèfù

だっきゃく【脱却-する】摆脱 bǎituō

たっきゅう【卓球】乒乓球 pīngpāngqiú ◆～台 乒乓球台 pīngpāngqiútái

だっきゅう【脱臼-する】脱位 tuōwèi; 脱臼 tuōjiù

タックス・フリー・ショップ 免税商店 miǎnshuì shāngdiàn

ダックスフント 短腿猎狗 duǎntuǐ liègǒu

タックル 擒抱 qínbào

たっけん【卓見】卓见 zhuójiàn

だっこ【抱っこ-する】抱 bào

だっこう【脱稿-する】脱稿 tuōgǎo; 完稿 wángǎo

だっこく【脱穀-する】脱粒 tuōlì ◆～機 脱粒机 tuōlìjī

だつごく【脱獄-する】越狱 yuèyù

たっし【達し】指示 zhǐshì; 命令 mìnglìng

だつじ【脱字】漏字 lòuzì; 掉字 diàozì

だっしめん【脱脂綿】脱脂棉 tuōzhīmián; 药棉 yàomián

たっしゃ【達者-な】❶《からだ》健康 jiànkāng; 结实 jiēshi ❷《技》熟练 shúliàn; 会 huì ◆口が～だ 很会说话 hěn huì shuōhuà

だっしゅ【奪取-する】夺取 duóqǔ

ダッシュ ❶《走る》全力奔跑 quánlì bēnpǎo; 猛冲 měngchōng ❷《記号「―」》破折号 pòzhéhào

だっしゅう【脱臭-する】 除臭 chúchòu ◆-剤 除臭剤 chúchòujì

だっしゅつ【脱出-する】 脱出 tuōchū ◆-シュート〔旅客機の〕软梯 ruǎntī

だっしょく【脱色-する】 脱色 tuōsè

たつじん【達人】 妙手 miàoshǒu; 高手 gāoshǒu

だっすい【脱水-する】 脱水 tuōshuǐ; 去水 qùshuǐ ◆-症状 脱水症状 tuōshuǐ zhèngzhuàng

たっする【達する】 ❶〈達成〉达到 dádào; 完成 wánchéng ◆水準に~ 够得上水平 gòudeshàng shuǐpíng ◆合意に~ 达成协议 dáchéng xiéyì ◆目的を~ 达到目的 dádào mùdì ❷〈ある場所に〉到达 dàodá ◆目的地に~ 到达目的地 dàodá mùdìdì

だっする【脱する】 逃出 táochū; 脱离 tuōlí ◆危険を~ 脱离危险 tuōlí wēixiǎn

たつせ【立つ瀬】 立场 lìchǎng ◆-がない 无立足之地 wú lì zú zhī dì; 失掉面子 shīdiào miànzi

たっせい【達成-する】 成就 chéngjiù; 完成 wánchéng ◆目標を~する 达到目标 dádào mùbiāo

だつぜい【脱税-する】 漏税 lòushuì; 偷税 tōushuì

だっせん【脱線-する】 脱轨 tuōguǐ ◆汽车が~した 火车脱轨了 huǒchē tuōguǐ le ◆话が~した 说话跑题了 shuōhuà pǎotí le

だっそう【脱走-する】 逃跑 táopǎo ◆監獄から~する 越狱逃跑 yuèyù táopǎo ◆軍隊から~する 开小差 kāi xiǎochāi ◆-兵 逃兵 táobīng

たった 才 cái; 仅仅 jǐnjǐn ◆~一人で 仅仅一个人 jǐnjǐn yí ge rén ◆~今出かけた 刚刚出去了 gānggāng chūqù le

だったい【脱退-する】 退出 tuìchū; 退会 tuìhuì

タッチ 接触 jiēchù ◆~の差で間に合わなかった 差点儿就赶上了 chàdiǎnr jiù gǎnshàng le ◆ソフト~ 柔软的感受 róuruǎn de gǎnjué ◆重々しい~の絵 笔触深沉的绘画 bǐchù shēnchén de huìhuà ◆プランに~する 干预计划 gānyù jìhuà

タッチパネル 触摸屏 chùmōpíng

だっと【脱兎】 ◆~のように逃げる 跑如脱兔 pǎo rú tuō tù

たっとい【尊い・貴い】 珍贵 zhēnguì; 可贵 kěguì; 尊贵 zūnguì

だっとう【脱党-する】 脱党 tuōdǎng; 退党 tuìdǎng

たっとぶ【尊ぶ】 尊重 zūnzhòng

たづな【手綱】 缰绳 jiāngshéng ◆~をゆるめる 放松缰绳 fàngsōng jiāngshéng

タツノオトシゴ【竜の落し子】 海马 hǎimǎ

タッパーウエア 塑料保鲜容器 sùliào bǎoxiān róngqì

だっぴ【脱皮-する】 蜕化 tuìhuà; 蜕皮 tuìpí

たっぴつ【達筆-な】 写字写得好 xiě zì xiěde hǎo

タップダンス 踢踏舞 tītàwǔ

たっぷり ◆~ある 有的是 yǒudeshì ◆自信~ 满怀信心 mǎnhuái xìnxīn ◆~餌を やる 喂足饲料 wèizú sìliào ◆未練~だ 依依不舍 yī yī bù shě

だつぼう【脱帽-する】 脱帽 tuōmào; 摘下帽子 zhāixia màozi; 〈比喻〉钦佩 qīnpèi; 服输 fúshū

たつまき【竜巻】 龙卷风 lóngjuǎnfēng

だつもう【脱毛-する】 脱毛 tuōmáo; 拔毛 bámáo ◆-剤 脱毛剤 tuōmáojì

だつらく【脱落-する】 ❶〈集団から〉掉队 diàoduì; 落伍 luòwǔ ◆-した人 掉队的人 diàoduì de rén ❷〈必要な部分から〉脱漏 tuōlòu; 脱落 tuōluò

たて【殺陣】 武打 wǔdǎ; 武工 wǔgōng ◆-師 武打教练 wǔdǎ jiàoliàn

たて【縦】 纵 zòng ◆~方向の 纵向 zòngxiàng

たて【盾】 盾 dùn; 挡箭牌 dǎngjiànpái ◆後ろ~になる 做后盾 zuò hòudùn

だて【伊達-に】 为虚荣 wèi xūróng

たていた【立板】 ◆~に水（のように話す）口若悬河 kǒu ruò xuán hé

たていと【縦糸】 经线 jīngxiàn

たてうり【建て売り】 ◆~住宅 商品房 shāngpǐnfáng

たてかえる【建て替える】〈建物を〉重修 chóngxiū; 重建 chóngjiàn

たてかえる【立て替える】〈金を〉垫 diàn; 垫付 diànfù

たてがき【縦書】 竖写 shùxiě

たてかける【立て掛ける】 靠 kào ◆壁にはしごを~ 把梯子靠在墙上 bǎ tīzi kàozài qiángshang

たてぐ【建具】 日式门扇的总称 Rìshì ménshàn de zǒngchēng ◆~師 制作门扇的木工 zhìzuò ménshàn de mùgōng

たてごと【竖琴】 竖琴 shùqín

たてこむ【立て込む】 ❶〈人が〉拥挤 yōngjǐ ❷〈事が〉繁忙 fánmáng

たてじく【縦軸】〈座標の〉竖轴 shùzhóu

たてじま【縦縞】 竖条纹 shùtiáo-

たてつく【盾突く】 顶撞 dǐngzhuàng；反抗 fǎnkàng
たてつけ【立て付け】 门窗的开关情况 ménchuāng de kāiguān qíngkuàng ◆～が良い 开关良好 kāiguān liánghǎo ◆～が悪い 开关不严 kāiguān bùyán
たてつづけ【立て続け-に】 连续 liánxù；接连 jiēlián
たてなおす【建て直す】 ❶〈組織などを〉会社を～ 重建企业 chóngjiàn qǐyè ◆計画を～ 重新定计划 chóngdìng jìhuà ❷〈建物を〉 重建 chóngjiàn；改建 gǎijiàn
たてぶえ【縦笛】 竖笛 shùdí
たてふだ【立て札】 告示牌 gàoshìpái；布告牌 bùgàopái
たてまえ【建前】 表面上的方针 biǎomiànshang de fāngzhēn；原则 yuánzé ◆本音と～ 嘴上说的和心里想的 zuǐshang shuō de hé xīnli xiǎng de
たてまし【建て増し-する】 扩建 kuòjiàn；增建 zēngjiàn
たてまつる【奉る】 献上 xiànshàng；〈祭り上げる〉捧为 pěngwéi ◆高齢者は会長に奉るに限る 老年人最好捧为会长吧 lǎoniánrén zuìhǎo pěngwéi huìzhǎng ba
たてもの【建物】 房屋 fángwū；建筑物 jiànzhùwù
たてやくしゃ【立て役者】 中心人物 zhōngxīn rénwù
たてる【建てる】 建造 jiànzào；盖 gài；〈簡単な建物を〉搭建 dājiàn ◆家を～ 盖房子 gài fángzi
たてる【立てる】〈棒などを〉竖立 shùlì；立 lì ◆アンテナを～ 竖起天线 shùqǐ tiānxiàn ◆音を～ 发出声音 fāchū shēngyīn ◆顔を～ 给面子 gěi miànzi
たてわり【縦割り】 纵向分割 zòngxiàng fēngē ◆～社会 纵向社会 zòngxiàng shèhuì
だでん【打電-する】 打电报 dǎ diànbào；致电 zhìdiàn
だとう【妥当-な】 恰当 qiàdàng；妥当 tuǒdàng ◆～を欠く 欠妥 qiàntuǒ；离格儿 lígér
だとう【打倒-する】 打倒 dǎdǎo
たどうし【他動詞】 及物动词 jíwù dòngcí
たとえ【例え】 比方 bǐfang；比喻 bǐyù ◆～話 譬喻故事 pìyù gùshi
たとえ …ても 即使…也 jíshǐ…yě；就是…也 jiùshì…yě
たとえば【例えば】 比如 bǐrú；例如 lìrú ◆～お前に 比如你啊 bǐrú nǐ a

たとえる【例える】 比方 bǐfang；比喻 bǐyù ◆たとえようもない 无法比喻 wúfǎ bǐyù
たどたどしい〈歩みが〉蹒跚 pánshān；〈言葉が〉结结巴巴 jiējiebābā
たどる【辿る】 ◆野中の小道を～ 走在田间的小路上 zǒuzài tiánjiān de xiǎolùshang ◆思い出を～ 追寻回忆 zhuīxún huíyì
たなあげ【棚上げ-する】 搁置 gēzhì；暂不处理 zàn bù chǔlǐ
たなおろし【棚卸し】 ❶〈在庫を〉盘库 pánkù；盘货 pánhuò ❷〈悪口〉——批评 yīyī pīpíng
たなこ【店子】 房客 fángkè
たなざらえ【棚浚え】 清仓甩卖 qīngcāng shuǎimài
たなざらし【店晒し-の】 ◆～にする 作为陈货 zuòwéi chénhuò ◆～の品 滞销商品 zhìxiāo shāngpǐn
たなだ【棚田】 梯田 tītián
たなびく【棚引く】〈烟雾〉拖长（yānwù）tuōcháng；缭绕 liáorào
たなぼた【棚牡丹】 倘来之物 tǎnglái zhī wù；福从天降 fú cóng tiān jiàng
たなん【多難-な】 多难 duōnàn
たに【谷】 谷地 gǔdì；山谷 shāngǔ
ダニ【壁蝨】 蜱 pí；壁虱 bìshī；〈社会の〉地痞 dìpǐ
たにがわ【谷川】 山涧 shānjiàn；溪流 xīliú
タニシ【田螺】 田螺 tiánluó
たにぞこ【谷底】 谷底 gǔdǐ
たにん【他人】 别人 biéren；他人 tārén ◆赤の～ 毫无亲属关系的人 háowú qīnshǔ guānxi de rén ◆～の空似 ський相貌酷似 ǒuxiàng xiàngmào kùsì ◆～の飯を食う 外出干活 wàichū gànhuó
たにんぎょうぎ【他人行儀-な】 见外 jiànwài；客气 kèqi
タヌキ【狸】 貉子 háozi；貉 hé ◆親爺 老狐狸 lǎohúli
たぬきねいり【狸寝入り-する】 假装睡觉 jiǎzhuāng shuìjiào
たね【種】 种子 zhǒngzi ◆～をまく 播种 bōzhǒng；下子儿 xià zǐr ◆～を採取する 采种 cǎi zhǒng ◆～を明かす 揭露老底 jiēlù lǎodǐ
たね【胤】〈男方的〉种 (nánfāng de) zhǒng ◆～を宿す 怀…的孩子 huái…de háizi
たねうま【種馬】 种马 zhǒngmǎ
たねぎれ【種切れ-になる】 用尽材料 yòngjìn cáiliào

たねつけ【種付け-する】 配种 pèizhǒng

たねほん【種本】 蓝本 lánběn

たねまき【種蒔き】 播种 bōzhǒng

たねん【多年-の】 多年 duōnián

たねんせい【多年生-の】 多年生 duōniánshēng

たのしい【楽しい】 好玩儿 hǎowánr; 愉快 yúkuài; 快乐 kuàilè

たのしませる【楽しませる】 使人快乐 shǐ rén kuàilè

たのしみ【楽しみ】 乐趣 lèqù; 欢乐 huānlè ◆老後の～ 老年的乐趣 lǎonián de lèqù

たのしむ【楽しむ】 享乐 xiǎnglè; 欣赏 xīnshǎng ◆緊張感を～ 享受紧张的感觉 xiǎngshòu jǐnzhāng de gǎnjué

たのみこむ【頼み込む】 恳求 kěnqiú; 央求 yāngqiú

たのむ【頼む】 ❶ 《依頼》请求 qǐngqiú; 要 yào ◆～よ 求求你啦 qiúqiu nǐ la ❷《委託》委托 wěituō; 托付 tuōfù ◆配送を～ 请送货 qǐng sònghuò ❸《依存》依靠 yīkào; 靠 kào

たのもしい【頼もしい】 可靠 kěkào ◆末～ 前途有望 qiántú yǒu wàng

たば【束】 捆 kǔn; 束 shù

だは【打破-する】 打破 dǎpò; 破除 pòchú

タバコ【煙草】 烟 yān ◆～を吸う 抽烟 chōu yān ◆～をやめる 戒烟 jièyān ◆巻き～ 香烟 xiāngyān ◆パイプ～ 烟丝 yānsī

たはた【田畑】 田地 tiándì ◆～を耕す 耕地 gēngdì

たばねる【束ねる】 ❶《くくる》捆 kǔn; 捆扎 kǔnzā ❷《統率》统率 tǒngshuài; 管理 guǎnlí

たび【旅】 旅行 lǚxíng; 旅游 lǚyóu ◆～は道連れ 出门靠朋友 chūmén kào péngyou

だび【茶毘】 ◆～に付す 火化 huǒhuà; 火葬 huǒzàng

たびかさなる【度重なる】 反复 fǎnfù; 多次 duōcì

たびげいにん【旅芸人】 江湖艺人 jiānghú yìrén

たびこうぎょう【旅興行-をする】 巡回演出 xúnhuí yǎnchū

たびさき【旅先-で】 旅途中 lǚtúzhōng

たびじ【旅路】 旅途 lǚtú ◆死出の～ 去黄泉 qù huángquán

たびじたく【旅支度-をする】 准备行装 zhǔnbèi xíngzhuāng

たびしょうにん【旅商人】 客商 kèshāng; 行商 xíngshāng

たびだつ【旅立つ】 动身 dòngshēn; 上路 shànglù; 启程 qǐchéng

たびたび【度々】 再三 zàisān; 屡次 lǚcì ◆～起きる《事が》迭起 diéqǐ; 屡屡发生 lǚlǚ fāshēng

たびに【の度に】 每当 měidāng; 每逢 měiféng ◆試験の～ 每次考试都 měicì kǎoshì dōu

たびびと【旅人】 过客 guòkè; 旅客 lǚkè

たびまわり【旅回り-の】 ◆～の一座 巡回演出的剧团 xúnhuí yǎnchū de jùtuán

ダビング【録音を】复制 fùzhì

タフ-な 结实 jiēshi; 坚强 jiānqiáng ◆～な男 硬汉子 yìnghànzi

タブー 禁忌 jìnjì; 禁区 jìnqū ◆～とする 忌讳 jìhuì ◆～を犯す《社会的犯禁区》犯禁区 fàn jìnqū

だぶだぶ《衣服などが》肥大 féidà

だぶつく《あり余る》过剩 guòshèng

だふや【だふ屋】 黄牛 huángniú; 票贩子 piàofànzi

たぶらかす【誑かす】 诓骗 kuāngpiàn; 欺骗 qīpiàn

ダブリュー・ダブリュー・ダブリュー（www）万维网 Wànwéiwǎng

ダブリューティーオー（WTO）世界贸易组织 Shìjiè Màoyì Zǔzhī

ダブる 重 chóng; 重复 chóngfù

ダブル 双 shuāng ◆～ベッド 双人床 shuāngrénchuáng ◆～クリック 双击 shuāngjī ◆～ス 双打 shuāngdǎ

タブレットたんまつ【タブレット端末】平板电脑 píngbǎn diànnǎo

タブロイド 小报 xiǎobào

たぶん【多分】 想来 xiǎnglái; 大概 dàgài; 可能 kěnéng

たぶん【他聞】 ◆～をはばかる 怕别人听见 pà biérén tīngjiàn

たべあきる【食べ飽きる】 吃腻 chīnì; 倒胃口 dǎo wèikou

たべかた【食べ方】 ❶《作法》吃法 chīfǎ ❷《調理法》烹调法 pēngtiáofǎ

たべごろ【食べ頃】 正好吃 zhènghǎochī; 正可口 zhèng kěkǒu

たべさせる【食べさせる】《幼児に》喂 wèi; 《扶養する》赡养 shànyǎng

たべずぎらい【食べず嫌い】 不尝而厌 bù cháng ér yàn; 怀有偏见 huáiyǒu piānjiàn

たべすぎる【食べ過ぎる】 吃过量 chīguòliàng; 吃得过多 chīde guòduō

タペストリー 壁毯 bìtǎn

たべのこす【食べ残す】 吃剩 chīshèng

たべほうだい【食べ放題】 随便吃 suíbiàn chī; 想吃多少就吃多少

xiǎng chī duōshǎo jiù chī duō-shǎo
たべもの【食べ物】食物 shíwù
たべる【食べる】吃 chī ♦ 食べてみる 尝 cháng ♦ 口に合わず食べられない 吃不来 chībùlái ♦ 食べきれない 吃不了 chībuliǎo
たべん【多弁-な】爱说话 ài shuō-huà；话多 huà duō
だほ【拿捕-する】捕获 bǔhuò
たほう【他方-では】另一方面 lìng yī fāngmiàn
たぼう【多忙-な】繁忙 fánmáng；忙碌 mánglù ♦ 本日はご～のところを 今天您在百忙之中 jīntiān nín zài bǎimáng zhī zhōng
たほうめん【多方面-の】多方面 duōfāngmiàn
だぼく【打撲傷】挫伤 cuòshāng；碰伤 pèngshāng
たま【玉［珠］】♦ ～に瑕（きず）美中不足 měi zhōng bù zú；白璧微瑕 bái bì wēi xiá ♦ ガラス～ 玻璃球 bōliqiú
たま【弾】子弹 zǐdàn
たまげる【魂消る】吃惊 chījīng；吓坏 xiàhuài
たまご【卵】蛋 dàn；卵 luǎn ♦ 鶏の～ 鸡蛋 jīdàn ♦ ～の黄身 蛋黄 dànhuáng ♦ ～の白身 蛋白 dànbái ♦ ～の殻 蛋壳儿 dànkér ♦ ～を孵（かえ）す 孵蛋 fū dàn ♦ 産卵 chǎnluǎn；下蛋 xià dàn ♦ ゆで～ 煮鸡蛋 zhǔ jīdàn
たましい【魂】灵魂 línghún；魂魄 húnpò ♦ 研究に～を打ちこむ 埋头研究 máitóu yánjiū
だましうち【騙し討ち】暗算 ànsuàn；陷害 xiànhài
だましとる【騙し取る】骗取 piànqǔ；诈骗 zhàpiàn
だます【騙す】骗 piàn；欺骗 qīpiàn ♦ 言葉巧みに～ 诱骗 yòupiàn ♦ 騙される 上当 shàngdàng；受骗 shòupiàn ♦ 騙されやすい 容易受骗 róngyì shòupiàn
たまたま【偶々】偶尔 ǒu'ěr；偶然 ǒurán
たまに【偶に】偶尔 ǒu'ěr；有时 yǒushí
タマネギ【玉葱】洋葱 yángcōng
たまのこし【玉の輿】♦ ～に乗る（女人）因结婚攀上高门（女人）yīn jiéhūn pānshàng gāomén
たまもの【賜物】♦ よい報い 结果 jiéguǒ
たまらない【堪らない】够受的 gòushòu de；受不了 shòubuliǎo ♦ 暑くて～ 热得不得了 rède bùdéliǎo
たまりかねて【堪り兼ねて】忍不住 rěnbuzhù ♦ ～口出しする 忍不住插嘴 rěnbuzhù chāzuǐ
だまりこむ【黙り込む】陷入沉默 xiànrù chénmò；一言不发 yì yán bù fā
たまりば【溜り場】伙伴们的聚会场 huǒbànmen de jùhuìchǎng
たまる【積る】积存 jīcún ♦ ほこりが～ 积满着灰尘 jīmǎnzhe huīchén ♦ 仕事が～ 工作积压 gōngzuò jīyā
たまる【貯まる】♦ お金が～ 积攒钱 jīzǎn qián
だまる【黙る】沉默 chénmò；住口 zhùkǒu ♦ 黙まれ 住嘴 zhùzuǐ
だまる【黙る】♦ お教えを～ 承蒙指教 chéngméng zhǐjiào
ダミー《会社》代理公司 dàilǐ gōngsī
だみん【惰眠】♦ ～を貪（むさぼ）る 贪图懒惰觉 tān shuǐ lǎnjiào
ダム 水坝 shuǐbà；水库 shuǐkù
たむし【田虫】顽癣 wánxuǎn
たむろ【屯-する】聚集 jùjí；集合 jíhé
ため【為】为 wèi；为了 wèile ♦ ～のために ♦ ～を思う为～着想 wèi...zhuóxiǎng ♦ 雪の～に 因为下雪 yīnwèi xià xuě
だめ【駄目】♦ ～にする 弄坏 nònghuài ♦ ～よ 不行 bùxíng ♦ 言っちゃ～! 别说了 别说了 bié shuō le ♦ 俺って～な奴だなあ 我真不中用啊 wǒ zhēn bù zhōngyòng a
ためいき【溜息】唉声叹气 āishēng tànqì；叹气 tànqì ♦ ～をつく 叹一口气 tàn yì kǒu qì
ダメージ 损害 sǔnhài；打击 dǎjī ♦ ～を与える 给与严重打击 jǐyǔ yánzhòng dǎjī
ためこむ【溜め込む】积蓄 jīxù；存下 cúnxià
ためし【試し-に】试着 shìzhe ♦ ～にやってみる 试试看 shìshi kàn
ためしがない【例しがない】从来没有～过 cónglái méiyǒu...guo；没有～的例子 méiyǒu...de lìzi
ためす【試す】试 shì；试验 shìyàn ♦ 試される 受到考验 shòudào kǎoyàn
ためつすがめつ【矯めつ眇めつ】仔细端详 zǐxì duānxiáng
ためらう【躊躇う】犹豫 yóuyù；迟疑 chíyí
ためる【貯める】蓄积 xùjī；攒 zǎn ♦ お金を～ 攒钱 zǎnqián
ためる【溜める】积存 jīcún ♦ 家賃を～ 拖欠房租 tuōqiàn fángzū
ためん【多面】多面 duōmiàn ♦ ～的な 多方面的 duōfāngmiàn de

ためんたい【多面体】多面体 duōmiàntǐ

たもくてき【多目的-の】◆~ホール 综合性会堂 zōnghéxìng huìtáng

たもつ【保つ】保持 bǎochí；维持 wéichí ◆原形を~ 保留原形 bǎoliú yuánxíng ◆保てない 保不住 bǎobuzhù

たもと【袂】（日装的）袖子 (Rìzhuāng de)xiùzi ◆~を分かつ 分手 fēnshǒu；绝交 juéjiāo

たやす【絶やす】消灭 xiāomiè；断绝 duànjué ◆連絡を~ 别断了联系 biéduànle liánxì

たやすい【容易い】容易 róngyì；轻而易举 qīng ér yì jǔ

たゆまず【弛まず】◆~努力する 再接再厉 zài jiē zài lì；不懈地努力 búxiè de nǔlì

たゆみない【弛みない】勤奋 qínfèn；不松懈 bù sōngxiè

たよう【多様-な】多种多样 duōzhǒng duōyàng ◆~性 多样性 duōyàngxìng

たより【便り】消息 xiāoxi；音信 yīnxìn ◆母の~ 母亲的信 mǔqīn de xìn

たより【頼り】◆~になる 靠得住 kàodezhù；可靠 kěkào

たよりない【頼りない】不可靠 bù kěkào；没把握 méi bǎwò

たよる【頼る】借助 jièzhù；依靠 yīkào ◆人に~ 投靠 tóukào

たらい【盥】洗衣盆 xǐyīpén；盆子 pénzi

たらいまわし【盥回し】轮流 转交 lúnliú zhuǎnjiāo

ダライラマ（称号）达赖喇嘛 Dálài lǎma

だらく【堕落-する】堕落 duòluò ◆~させる 腐蚀 fǔshí

だらけた 松懈 sōngxiè；懒散 lǎnsǎn

たらこ【鱈子】《タラの卵》鳕鱼子 xuěyúzǐ；《塩漬けの》咸鳕鱼子 xián xuěyúzǐ

たらしこむ【誑し込む】诱奸 yòujiān；勾引 gōuyǐn

だらしない【だらし無い】浪荡 làngdàng；懈怠 xièdài ◆~服装 衣冠不整 yīguān bù zhěng ◆~生活 生活散漫 shēnghuó sǎnmàn

たらす【垂らす】◆《物が》垂 chuí；《液体が》滴 dī ◆よだれを~ 垂涎 chuíxián ◆前髪を~ 垂着前发 chuízhe qiánfà ◆ばを~ 垂着鼻涕 liú bítì

たらず【足らず】不足 bùzú；不够 búgòu ◆半年~でもう 还不到半年就 hái bú dào bànnián jiù

たらたら ◆不平~ 满腹牢骚 mǎnfù láosao

だらだら ◆~流れる《血·汗が》滴滴答答地流 dīdīdādā de liú ◆話が~続く 拖拖拉拉地讲 tuōtuōlālā de jiǎng ◆~坂 慢坡 mànpō

タラップ 舷梯 xiántī

たらふく【～食う】吃饱 chībǎo

ダリア 大丽花 dàlìhuā

たりきほんがん【他力本願】全靠别人 quán kào biéren；坐享其成 zuò xiǎng qíchéng

たりない【足りない】《不十分》不足 bùzú；不够 búgòu；《価値に》不值得 bù zhíde；不足以 bù zúyǐ ◆信ずるに~ 不值得相信 bù zhíde xiāngxìn

たりょう【多量-の】大量 dàliàng ◆~出血 大量出血 dàliàng chūxuè

たりる【足りる】够 gòu；足够 zúgòu

たる【足る】◆~を知る 知足 zhīzú ◆読むに~ 值得看 zhíde kàn

たる【樽】木桶 mùtǒng

だるい【怠い】懒倦 lǎnjuàn；酸软 suānruǎn ◆体中が~ 浑身发酸 húnshēn fāsuān

たるむ【弛む】❶《物が》松弛 sōngchí ❷《精神的に》松懈 sōngxiè

だれ【誰】谁 shéi；shuí ◆~が書いたんだ 是谁写的 shì shéi xiě de ◆~もが知っている 谁都知道 shéi dōu zhīdào

だれかれ【誰彼】◆~なく 无论是谁 wúlùn shì shéi

たれこめる【垂れこめる】《雲が》笼罩 lǒngzhào ◆密布 mìbù

たれさがる【垂れ下がる】下垂 xiàchuí；耷拉 dāla

たれながす【垂れ流す】肆意排出 sìyì páichū

たれまく【垂れ幕】帷幕 wéimù

たれる【垂れる】下垂 xiàchuí

だれる 松弛 sōngchí；《退屈する》厌倦 yànjuàn

タレント 演员 yǎnyuán；电视上的有名人 diànshìshang de yǒumíngrén

たわいもない 无聊 wúliáo；微不足道 wēi bù zú dào ◆~話 不足取的话 bùzú qǔ de huà

たわごと【戯言】胡话 húhuà；废话 fèihuà ◆~を言う 胡言乱语 hú yán luàn yǔ

たわむ【撓む】弯曲 wānqū

たわむれる【戯れる】玩 wán；玩耍 wánshuǎ

たわめる【撓める】弄弯 nòngwān

たわわ【撓わに】弯弯的 wānwān de ◆~に実る 枝上果实很沉重 zhīshang guǒshí hěn chénzhòng

たん【痰】痰 tán

たん【端】♦～を発する 开始 kāishǐ; 发起 fāqǐ ♦～を開く 开端 kāiduān
たん【暖】♦～を取る 取暖 qǔ nuǎn
だん【段】♦三～〈囲碁や柔道の〉三段 sān duàn ♦二～ベッド 双层床 shuāngcéngchuáng ♦四～の本棚 四格儿的书架 sì gér de shūjià
だん【断】♦～を下す 做出决断 zuòchū juéduàn; 做出决定 zuòchū juédìng
だん【壇】台 tái ♦～に上がる 登上讲台 dēngshàng jiǎngtái
だんあつ【弾圧-する】 压迫 yāpò; 镇压 zhènyā
たんい【単位】❶〈基準としての〉单位 dānwèi ♦～は 1 万円 以一万日元为单位 yǐ yíwàn Rìyuán wéi dānwèi ❷〈成績の〉学分 xuéfēn
たんいつ【単一-の】 单一 dānyī
たんおんせつ【単音節】 单音节 dānyīnjié ♦～語 单音节词 dānyīnjiécí
たんか【単価】 单价 dānjià
たんか【担架】 担架 dānjià
たんか【炭化-する】 碳化 tànhuà 〈植物が石炭になる〉炭化 tànhuà
たんか【啖呵】 连珠炮式的痛斥 liánzhūpàoshì de tòngchì ♦～を切る 痛快地骂 tòngkuài de mà
たんか【短歌】〈日本伝統〉短歌 (Rìběn chuántǒng) duǎngē; 和歌 hégē
タンカー【tanker】 油船 yóuchuán; 油轮 yóulún
だんかい【団塊】 ♦～の世代 大量出生的一代 dàliàng chūshēng de yídài
だんかい【段階】 阶段 jiēduàn; 过程 guòchéng ♦～をおって 按着次序 ànzhe cìxù
だんがい【弾劾-する】 弹劾 tánhé
だんがい【断崖】 悬崖 xuányá; 绝壁 juébì 悬崖绝壁 xuányá juébì ♦～に馬を止める 悬崖勒马 xuányá lè mǎ
たんかだいがく【単科大学】 学院 xuéyuàn
たんがん【嘆願-する】 恳求 kěnqiú; 乞求 qǐqiú ♦～書 请愿书 qǐngyuànshū
だんがん【弾丸】 子弹 zǐdàn; 枪弹 qiāngdàn
たんき【短気】 性急 xìngjí; 火性 huǒxìng ♦～な人 急性子人 jíxìngzi rén ♦～は損気 急性子吃亏 jíxìngzi chīkuī
たんき【短期-の】 短期 duǎnqī ♦～大学 短期大学 duǎnqī dàxué ♦～予報 近期预报 jìnqī yùbào
だんき【暖気】 ♦～団 暖气团 nuǎnqìtuán

たんきゅう【探求-する】 探求 tànqiú; 探索 tànsuǒ
たんきょり【短距離】 短距离 duǎnjùlí ♦～走 短跑 duǎnpǎo
タンク【tank】〈ガス〉煤气贮罐 méiqìzhùguàn〈石油〉油库 yóukù〈ポリ〉塑料罐 sùliàoguàn;〈戦車〉坦克 tǎnkè
タングステン 钨 wū ♦～鋼 钨钢 wūgāng
タンクローリー 槽车 cáochē; 罐车 guànchē
だんけつ【団結-する】 团结 tuánjié
たんけん【探検-する】 探险 tànxiǎn
たんけん【短剣】 短剑 duǎnjiàn
たんげん【単元】 单元 dānyuán
だんげん【断言-する】 断言 duànyán; 断定 duàndìng
たんご【単語】 单词 dāncí; 词 cí
タンゴ 探戈 tàngē ♦～を踊る 跳探戈舞 tiào tàngē wǔ
だんこ【断固-たる】 断然 duànrán; 坚决 jiānjué ♦～言いきる 一口咬定 yīkǒu yǎodìng ♦～拒絶する 断然拒绝 duànrán jùjué
だんご【団子】 团子 tuánzi ❶〈肉や魚の〉丸子 wánzi ♦肉～ 肉丸子 ròuwánzi ❷〈もち米粉の〉江米团 jiāngmǐtuán
たんこう【探鉱-する】 勘探 kāntàn
たんこう【炭坑】 煤矿 méikuàng
だんこう【絶交】 绝交 juéjiāo
だんこう【団交】 劳资集体谈判 láozī jítǐ tánpàn
だんこう【断行-する】 坚决实行 jiānjué shíxíng
だんごう【談合-する】 会商 huìshāng; 商洽 shāngqià ♦～入札 事先商议好的投标 shìxiān shāngyìhǎo de tóubiāo
たんこうしょく【淡黄色-の】 淡黄色 dànhuángsè; 鹅黄色 éhuáng
たんこうしょく【淡紅色-の】 淡红色 dànhóngsè
たんこうぼん【単行本】 单行本 dānxíngběn
たんごのせっく【端午の節句】〈陰暦 5 月 5 日〉端午节 Duānwǔ Jié
だんこん【弾痕】 弹痕 dànhén
たんさ【探査-する】 探查 tànchá; 探测 tàncè
ダンサー 舞蹈演员 wǔdǎo yǎnyuán; 舞蹈家 wǔdǎojiā;〈ダンスホールの〉舞女 wǔnǚ
だんざい【断罪-する】 断罪 duànzuì; 判罪 pànzuì
たんさいぼう【単細胞】 单细胞 dānxìbāo ♦～の人 头脑简单的人 tóunǎo jiǎndān de rén
たんさく【探索-する】 探索 tànsuǒ;

たんざく【短冊】（长方形的）诗笺（chángfāngxíng de）shījiān；〔比喻〕长方形块儿 chángfāngxíng kuàir

たんさん【炭酸】碳酸 tànsuān ◆～飲料 汽水儿 qìshuǐr ◆～ガス 二氧化碳 èryǎnghuàtàn

たんし【端子】端子 duānzǐ

だんし【男子】男子 nánzǐ ◆～学生 男生 nánshēng

だんし【男児】男子汉 nánzǐhàn

だんじき【断食-する】绝食 juéshí；断食 duànshí

だんじこむ【談じ込む】去抗议 qù kàngyì；去谈判 qù tánpàn

たんじつげつ【短日月-に】短期间 duǎnqījiān

だんじて【断じて】断然 duànrán；决 jué ◆～許さない 决不容许 jué bù róngxǔ

たんしゃ【単車】摩托车 mótuōchē〔中国語'单车'は「単独で運行する車両」や「自転車」の意〕

たんじゅう【胆汁】胆汁 dǎnzhī

たんしゅく【短縮-する】缩短 suōduǎn

たんじゅん【単純-な】单纯 dānchún；简单 jiǎndān ◆～化する 简化 jiǎnhuà ◆～な见方 粗浅的看法 cūqiǎn de kànfa

たんしょ【短所】短处 duǎnchù；缺点 quēdiǎn

たんしょ【端緒】端绪 duānxù；头绪 tóuxù ◆～を開く 开头 kāi tóu ◆～を掴む 抓住线索 zhuāzhù xiànsuǒ

だんじょ【男女】男女 nánnǚ ◆～平等 男女平等 nánnǚ píngděng

たんじょう【誕生-する】出生 chūshēng；诞生 dànshēng ◆～石 生日宝石 shēngrì bǎoshí ◆～日 生日 shēngrì ◆もうすぐ新しい研究所が～する 将要成立新研究所 jiāngyào chénglì xīn yánjiūsuǒ

だんじょう【談じょう】说笑 shuōxiào；谈笑 tánxiào

たんしょく【単色-の】单色 dānsè

だんしょく【暖色】暖色 nuǎnsè ◆～系统 暖色调 nuǎnsèdiào

だんじる【断じる】断定 duàndìng ◆罪无しと～ 判为无罪 pànwéi wúzuì

だんじる【談じる】谈 tán；〔かけ合う〕谈判 tánpàn

たんしん【単身-で】单身 dānshēn；只身 zhīshēn ◆～赴任 单身赴任 dānshēn fùrèn

たんしん【短針】时针 shízhēn；短针 duǎnzhēn

たんす【箪笥】衣柜 yīguì；衣橱 yīchú

ダンス 舞蹈 wǔdǎo ◆～をする 跳舞 tiàowǔ ◆～音楽 舞曲 wǔqǔ ◆～パーティー 舞会 wǔhuì ◆～ホール 舞厅 wǔtīng；（営業用の）舞场 wǔchǎng

たんすい【淡水】淡水 dànshuǐ ◆～魚 淡水鱼 dànshuǐyú ◆～湖 淡水湖 dànshuǐhú

だんすい【断水】停水 tíngshuǐ；断水 duànshuǐ

たんすいかぶつ【炭水化物】碳水化合物 tànshuǐ huàhéwù

たんすう【単数】单数 dānshù

たんせい【丹誠[精]-する】苦功 kǔgōng；努力 nǔlì ◆～こめて 精心努力 jīngxīn nǔlì

たんせい【端正-な】端正 duānzhèng ◆～な顔立ち 面貌端正 miànmào duānzhèng

たんせい【嘆声】赞叹 zàntàn；叹息 tànxī ◆～をもらす 慨叹 kǎitàn

だんせい【弾性】弹性 tánxìng

だんせい【男性】男人 nánrén；男性 nánxìng

だんせい【男声】男声 nánshēng ◆～合唱 男声合唱 nánshēng héchàng

たんせき【胆石】胆石 dǎnshí ◆～症 胆石病 dǎnshíbìng

だんぜつ【断絶-する】断绝 duànjué ◆世代间の～ 代沟 dàigōu

たんせん【単線】单轨 dānguǐ；单线 dānxiàn ◆～鉄道 单线铁路 dānxiàn tiělù

だんぜん【断然】❶〔かけはなれた〕显然 xiǎnrán ◆～速い 绝对快 juéduì kuài ❷〔きっぱり〕坚决 jiānjué

たんそ【炭素】碳 tàn ◆二酸化～ 二氧化碳 èryǎnghuàtàn

たんぞう【鍛造-する】锻造 duànzào

だんそう【断層】断层 duàncéng

だんそう【男装-する】男装 nánzhuāng；扮男人 bàn nánrén

たんそく【嘆息-する】叹息 tànxī；叹气 tànqì

たんそく【探測-する】探测 tàncè

だんぞく【断続】断续 duànxù ◆～的な 断断续续的 duànduànxùxù de；间歇性的 jiànxiēxìng de

だんそんじょひ【男尊女卑】重男轻女 zhòng nán qīng nǚ

たんだい【短大】短期大学 duǎnqī dàxué

だんたい【団体】集体 jítǐ；团体 tuántǐ ◆～行动 集体行动 jítǐ xíngdòng ◆～旅行 集体旅行 jítǐ lǚxíng

たんたん【淡々-と】淡泊 dànbó ◆

～と語る 淡淡地谈 dàndàn de tán
だんだん[段々-に] 渐渐 jiànjiàn；逐渐 zhújiàn ♦～むずかしくなる 渐渐地难起来 jiànjiàn de nánqǐlai
だんだんばたけ[段々畑] 梯田 tītián
たんち[探知-する] 探知 tànzhī
だんち[団地] 小区 xiǎoqū; 住宅区 zhùzháiqū
だんちがい[段違い] 悬殊 xuánshū; 天差地远 tiān chā dì yuǎn ♦～平行棒 高低杠 gāodījàng
たんちょう[単調-な] 单调 dāndiào; 平板 píngbǎn
だんちょう[短調] 小调 xiǎodiào
だんちょう[団長] 团长 tuánzhǎng〔中国語の「団長」は通常「連隊長」をいう〕
だんちょう[断腸-する] ～の思い 万分悲痛 wànfēn bēitòng
タンチョウヅル[丹頂鶴] 丹顶鹤 dāndǐnghè
たんてい[探偵-する] 侦探 zhēntàn ♦～小説 侦探小说 zhēntàn xiǎoshuō; 推理小说 tuīlǐ xiǎoshuō
だんてい[断定-する] 断定 duàndìng
ダンディー 潇洒讲究的男人 xiāosǎ jiǎngjiu de nánrén
たんてき[端的] ～に言う 坦率地说 tǎnshuài de shuō; 直截了当地说 zhíjié liǎodàng de shuō ♦～に現れる 明显地表现出来 míngxiǎn de biǎoxiànchūlai
たんとう[担当-する] 充任 chōngrèn; 担任 dānrèn ♦～者 负责人 fùzérén
たんとう[短刀] 匕首 bǐshǒu
だんとう[弾頭] 弹头 dàntóu ♦核～ 核弹头 hédàntóu
だんとう[暖冬] 暖冬 nuǎndōng
たんとうちょくにゅう[単刀直入] 直截了当 zhíjié liǎodàng ♦～に話す 开门见山 kāi mén jiàn shān
たんどく[単独-の] 单独 dāndú; 单身 dānshēn ♦～行動を起こす 采取单独行动 cǎiqǔ dāndú xíngdòng ♦～犯 匹马单枪 pǐ mǎ dān qiāng
たんどく[耽読-する] 埋头读 máitóu dú ♦歴史小説を～する 溺于读历史小说 nìyú dú lìshǐ xiǎoshuō
だんとつ[断トツ] 突出独占 tūchū dúzhàn
だんどり[段取り] 程序 chéngxù; 计划 jìhuà ♦～をつける 安排 ānpái
だんな[旦那] 主人 zhǔrén; 主子 zhǔzi ♦～さま 大爷 dàye; 老爷 lǎoye ♦若～ 少爷 shàoye; 〔夫〕丈夫 zhàngfu; 先生 xiānsheng ♦～がうるさいのよ 我老公爱管我呢 wǒ lǎogōng ài guǎn wǒ ne
たんなる[単なる] 仅仅 jǐnjǐn ♦～夢

だ 只不过是个梦 zhǐbuguò shì ge mèng
たんに[単に] ♦～私ばかりではない 不仅是我 bùjǐn shì wǒ ♦～力を試しただけだ 只不过是看看能力罢了 zhǐbuguò shì kànkan nénglì bàle
たんにん[担任-する] 担任 dānrèn ♦～している 现任 xiànrèn ♦学級～ 班主任 bānzhǔrèn
タンニン 丹宁 dānníng ♦～酸 单宁酸 dānníngsuān
だんねつ[断熱-する] 隔热 gérè; 绝热 juérè ♦～材 保温材料 bǎowēn cáiliào; 绝热材料 juérè cáiliào
たんねん[丹念-な] ♦～に調べる 细心 xìxīn cházhǎo ♦～に育てる 精心饲养 jīngxīn sìyǎng
だんねん[断念-する] 死心 sǐxīn; 罢休 bàxiū
たんのう[堪能-する] 过瘾 guòyǐn; 满足 mǎnzú
たんのう[胆嚢] 胆囊 dǎnnáng
たんのう[堪能-な] 长于 chángyú; 擅长 shàncháng ♦語学に～ 善于外语 shànyú wàiyǔ
たんぱ[短波] 短波 duǎnbō ♦～放送 短波广播 duǎnbō guǎngbō
たんぱく[淡泊-な] 〔感情の〕淡薄 dànbó ♦～な性質 为人淡泊 wéirén dànbó; 〔味が〕清淡 qīngdàn
たんぱく[蛋白] 蛋白质 dànbáizhì
タンバリン 手鼓 shǒugǔ
たんパン[短パン] 短裤 duǎnkù
だんぱん[談判-する] 谈判 tánpàn; 商谈 shāngtán ♦直(じか)～ 促膝谈判 cùxī tánpàn
たんびてき[耽美的-な] 耽美的-な] 唯美 wéiměi
たんぴょう[短評] 短评 duǎnpíng
ダンピング ～する 倾销 qīngxiāo ♦反～関税 反倾销税 fǎn qīngxiāoshuì
ダンプカー 翻斗车 fāndǒuchē
たんぶん[短文] 短文 duǎnwén
たんぺいきゅう[短兵急-な] 突兵急-な] 突然 tūrán; 冷不防 lěngbùfáng ♦～に問いかける 突然责问 tūrán zéwèn
ダンベル 哑铃 yǎlíng
たんぺん[短編] ♦～小説 短篇小说 duǎnpiān xiǎoshuō
だんぺんてき[断片的-な] 片断的 piànduàn de; 部分的 bùfen de
たんぼ[田圃] 水地 shuǐdì; 水田 shuǐtián ♦～道 田间小路 tiánjiān xiǎolù
たんぽ[担保] 抵押 dǐyā ♦家を～に入れる 拿房产做抵押 ná fángchǎn zuò dǐyā
たんぽう[探訪-する] 采访 cǎifǎng;

探访 tànfǎng
だんぼう【暖房-する】暖气 nuǎnqì；供暖 gōngnuǎn ♦~器具 取暖器 qǔnuǎnqì ♦~設備 暖气设备 nuǎnqì shèbèi
ダンボール【段ボール】瓦楞纸板 wǎléngzhǐ ♦~箱 纸板箱 zhǐbǎnxiāng
タンポポ【蒲公英】蒲公英 púgōngyīng
たんまつ【端末】终端 zhōngduān ♦~ユーザー 终端用户 zhōngduān yònghù
だんまつま【断末魔】♦~のあがき 垂死挣扎 chuísǐ zhēngzhá ♦~の苦しみ 临死的痛苦 línsǐ de tòngkǔ
だんまり【黙り】沉默 chénmò ♦~をきめこむ 缄默不言 jiānmò bù yán
たんめい【短命-な】短命 duǎnmìng；夭折 yāozhé
タンメン【湯麺】汤面 tāngmiàn
だんめん【断面】断面 duànmiàn；切面 qiēmiàn ♦~図 剖示图 pōushìtú
たんもの【反物】布匹 bùpǐ
だんやく【弾薬】弹药 dànyào ♦~庫 弹药库 dànyàokù
だんゆう【男優】男演员 nányǎnyuán
だんらく【段落】段落 duànluò ♦ひと~する 告一段落 gào yí duànluò
たんらくてき【短絡的】♦~な考え 简单的想法 jiǎndān de xiǎngfǎ
だんらん【団欒-する】团圆 tuányuán ♦一家の喜び 一家团聚的喜乐 yìjiā tuánjù de xǐlè
たんり【単利】单利 dānlì
だんりゅう【暖流】暖流 nuǎnliú
たんりょ【短慮】短见 duǎnjiàn；浅虑 qiǎnlǜ；气魄 qìpò
たんりょく【胆力】胆量 dǎnliàng；气魄 qìpò
だんりょく【弹力】弹力 tánlì；弹性 tánxìng ♦~がある 有弹性 yǒu tánxìng ♦~性 弹性 tánxìng ♦かれは発想に～性がない 他的想法缺乏灵活性 tā de xiǎngfǎ quēfá línghuóxìng
たんれい【端麗-な】端丽 duānlì
たんれん【鍛錬-する】锻炼 duànliàn
だんろ【暖炉】壁炉 bìlú
だんわ【談話-する】谈话 tánhuà；叙谈 xùtán

ち

ち【血】血 xiě ♦~が出る 流血 liúxiě ♦~を吐く 吐血 tù xiě ♦~が騒ぐ 气不稳 xuèqì bù wěn ♦~だらけの 血糊糊 xiěhūhū ♦~が通う 有人情味 yǒu rénqíng wèir ♦~を分けた兄弟 骨肉兄弟 gǔròu xiōngdì ♦~も涙もない 冷酷无情 lěngkù wúqíng
ち【地】地 dì ♦~に足のついた 脚踏实地 jiǎo tà shídì ♦~に落ちる 扫地 sǎodì ♦~の利 地利 dìlì
ち【知】知 zhī；理智 lǐzhì ♦~を磨く 陶冶知性 táoyě zhīxìng
チアガール 啦啦队姑娘 lālāduì gūniang
ちあん【治安】治安 zhì'ān ♦~がいい 治安好 zhì'ān hǎo ♦~が悪い 治安差 zhì'ān chà ♦~を維持する 维持治安 wéichí zhì'ān ♦~を乱す 扰乱治安 rǎoluàn zhì'ān
ちい【地位】地位 dìwèi；位置 wèizhi ♦理事長の～に就く 任董事长的职位 rèn dǒngshìzhǎng de zhíwèi ♦~も名誉も失う 身败名裂 shēnbài míngliè
ちいき【地域】地区 dìqū；地域 dìyù ♦~社会 地区社会 dìqū shèhuì
ちいく【知育】智育 zhìyù
チーク【材】柚木 yóumù
ちいさい【小さい】小 xiǎo ♦この靴はすこし～ 这双鞋有点儿小 zhè shuāng xié yǒudiǎnr xiǎo ♦体が～ 个子矮 gèzi ǎi ♦~家 小房子 xiǎo fángzi ♦~時候 小时候 xiǎo shíhou ♦気が～ 胆子小 dǎnzi xiǎo ♦人间が～ 气量小 qìliàng xiǎo ♦~ことにこだわる 拘泥于小事 jūnìyú xiǎoshì
チーズ 干酪 gānlào
チーター 猎豹 lièbào
チーフ 主任 zhǔrèn
チーム【队】队 duì ♦~がある メート 队友 duìyǒu ♦~カラー 队风 duìfēng
チームワーク【配合】配合 pèihé；配合がとれている 配合得很好 pèihe de hěn hǎo
ちえ【知恵】才智 cáizhì；智慧 zhìhuì ♦~を絞る 出谋划策 chū móu huà cè；绞脑汁 jiǎo nǎozhī ♦~を貸す 参谋 cānmóu
チエアマン 主席 zhǔxí
チェーン 锁链 suǒliàn；链条 liàntiáo ♦~店 连锁商店 liánsuǒ shāngdiàn
チェーンソー 链锯 liànjù
チェス 国际象棋 guójì xiàngqí

チェック ❶〔点検する〕核实 héshí；检点 jiǎndiǎn ♦文書を〜する 审阅文件 shěnyuè wénjiàn ♦荷物を〜する 检点行李 jiǎndiǎn xíngli ❷〔格子じま〕方格纹 fānggéwén ❸〔小切手〕支票 zhīpiào ♦トラベラーズ〜 旅行支票 lǚxíng zhīpiào

チェックアウト-する 结账退宿 jiézhàng tuìsù

チェックイン-する 订房登记 dìngfáng dēngjì

チェックポイント ❶〔関門〕检查站 jiǎncházhàn ❷〔注意点〕应该注意的要点 yīnggāi zhùyì de yàodiǎn

チェックリスト 核对清单 héduì qīngdān

チェリスト 大提琴家 dàtíqínjiā

チェロ 大提琴 dàtíqín

ちえん〔遅延-する〕 拖延 tuōyán；晚点 wǎndiǎn ♦3時間〜する 晚点三个小时 wǎndiǎn sān ge xiǎoshí

ちか〔地下〕 地下 dìxià ♦〜街 矿藏 kuàngcáng ♦〜室 地下室 dìxiàshì ♦〜水 地下水 dìxiàshuǐ；潜流 qiánliú ♦〜道 地道 dìdào

ちか〔地価〕 地价 dìjià

ちかい〔誓い〕 誓言 shìyán ♦〜の言葉 誓词 shìcí ♦〜を立てる 发誓 fāshì ♦〜を守る 遵守誓言 zūnshǒu shìyán

ちかい〔近い〕 近 jìn；接近 jiējìn ♦10時〜 快十点了 kuài shí diǎn le ♦〜うちにまた会いましょう 改天再见 gǎitiān zàijiàn ♦ここから〜 离这儿很近 lí zhèr hěn jìn ♦〜親戚 近亲 jìnqīn

ちかい〔地階〕 地下室 dìxiàshì

ちがい〔違い〕 差异 chāyì；不同 bùtóng ♦〜のある 不等的 bùděng de；不同的 bùtóng de ♦〜がない 没有差别 méiyǒu chābié

ちがいない〔-に違いない〕 该 gāi；一定 yídìng

ちがいほうけん〔治外法権〕 治外法权 zhìwài fǎquán

ちがう〔誓う〕 发誓 fāshì；起誓 qǐshì ♦神かけて〜 赌咒 dǔzhòu

ちがう〔異なる〕❶ 不同 bùtóng；差异 chāyì ♦AとBとは〜 A和B不一样 A hé B bù yíyàng ❷〔まちがっている〕错误 cuòwù；不对 búduì ♦答えが〜 回答错了 huídácuò le

ちかく〔近く〕 ♦〜のバス停 附近的汽车站 fùjìn de qìchēzhàn ♦駅はすぐ〜だ 火车站就在附近 huǒchēzhàn jiù zài fùjìn ♦昼〜に 快要正午的时候 kuàiyào zhèngwǔ de shíhou ♦100人〜 将近一百人 jiāngjìn yìbǎi rén ♦発売を〜 近日出售 jìnrì chūshòu ♦〜帰国する 即将回国 jíjiāng huíguó

ちかく〔知覚-する〕 知觉 zhījué ♦〜神経 知觉神经 zhījué shénjīng

ちかく〔地殻〕 地壳 dìqiào ♦〜変动 地壳变动 dìqiào biàndòng

ちがく〔地学〕 地学 dìxué

ちかごろ〔近頃〕 最近 zuìjìn；近来 jìnlái ♦〜の若いもん 现在的年轻人 xiànzài de niánqīngrén

ちかし〔目が〜〕 刺眼 cìyǎn

ちかぢか〔近々〕 日内 rìnèi；过几天 guò jǐtiān

ちかづき〔近づき〕 ♦〜になる 结识 jiéshí

ちかづく〔近づく〕 靠近 kàojìn；接近 jiējìn ♦夏が〜 快要夏天了 kuàiyào xiàtiān le ♦駅に〜 靠近车站 kàojìn chēzhàn ♦終わりに〜 接近末尾 jiējìn mòwěi ♦彼には近づかないほうがいい 不要跟他来往 búyào gēn tā láiwǎng ♦人がっきやすい 平易近人 píng yì jìn rén

ちかてつ〔地下鉄〕 地铁 dìtiě

ちかみち〔近道〕 便道 biàndào；近路 jìnlù ♦〜する 抄道 chāodào；抄近儿 chāojìnr ♦〈比喻〉捷径 jiéjìng

ちかよる〔近寄る〕 接近 jiējìn；靠近 kàojìn ♦近寄って見る 走过去看 zǒuguòqu kàn

ちから〔力〕 气力 qìlì；劲头 jìntóu；力量 liliàng ♦〜のある 有力量 yǒu lìliàng ♦〜が入らない〈手足に〉瘫软 tānruǎn ♦〜を合わせる 携手 xiéshǒu；协作 xiézuò ♦〜を出す 出力 chūlì ♦〜を尽くす 致力 zhìlì ♦〜を入れる 使劲 shǐ jìn ♦〜を抜く 松懈 sōngxiè ♦〜を貸す 帮助 bāngzhù ♦〜を落とす 灰心 huīxīn ♦〜尽きる 精疲力尽 jīng pí lì jìn ♦〜を発揮する 发挥力量 fāhuī lìliàng

ちからいっぱい〔力一杯〕 竭尽全力 jiéjìn quánlì

ちからこぶ〔力瘤〕 肌肉疙瘩 jīròu gēda ♦〜を入れる 花大力气 huā dà lìqì

ちからしごと〔力仕事〕 笨活儿 bènhuór；力气活 lìqihuó ♦〜をする 干活 gàn huó ♦〜で食う 卖力气糊口 mài lìqi húkǒu

ちからじまん〔力自慢-する〕 夸耀力量 kuāyào lìliang

ちからずく〔力ずく-の〕 靠暴力 kào bàolì ♦〜で実行する 强行 qiángxíng ♦〜で奪う 强夺 qiángduó

ちからぞえ〔力添え-する〕 帮助 bāngzhù；援助 yuánzhù

ちからづける〔力付ける〕 鼓励 gǔlì；打气 dǎ qì

ちからづよい〔力強い〕 强有力

qiángyǒulì ♦～応援 强有力的支援 qiángyǒulì de zhīyuán ♦～文章 雄文 xióngwén

ちからまかせ［力任せに-］ 用全力 yòng quánlì; 使劲儿 shǐ jìnr

ちからもち［力持ち］ 有力气的人 yǒu lìqi de ♦縁の下の～ 无名英雄 wúmíng yīngxióng

ちかん［痴漢］ 色狼 sèláng; 色鬼 sèguǐ

ちき［知己］ 知己 zhījǐ; 知音 zhīyīn; 知心朋友 zhīxīn péngyou

ちきゅう［地球］ 地球 dìqiú ♦～儀 地球仪 dìqiúyí

ちぎょ［稚魚］ 鱼花 yúhuā; 鱼苗 yúmiáo

ちぎり［契り］ 誓约 shìyuē; 盟约 méngyuē ♦夫婦の～を結ぶ 结为夫妇 jiéwéi fūfù

ちぎる［千切る］ 扯 chě; 撕扯 sīchě ♦紙を細かく～ 把纸撕碎 bǎ zhǐ sīsuì

ちぎれぐも［千切れ雲］ 片云 piànyún; 断云 duànyún

ちぎれる［千切れる］ 被撕开 bèi sīkāi ♦ボタンが～ 钮扣扯断 niǔkòu chěduàn

チキンカツ 炸鸡排 zhá jīpái

チキンライス 鸡肉炒饭 jīròu chǎofàn

ちく［地区］ 地区 dìqū; 区域 qūyù ♦文教～ 文教区 wénjiàoqū

ちくいち［逐一］ 逐个 zhúgè; 逐一 zhúyī ♦～報告する 逐一报告 zhúyī bàogào

ちぐう［知遇］ 知遇 zhīyù ♦～を受ける 得到重用 dédào zhòngyòng ♦～にこたえる 报答知遇 bàodá zhīyù

ちくごやく［逐語訳］ 直译 zhíyì

ちくざい［蓄財-する］ 攒钱 zǎnqián

ちくさん［畜産］ 畜产 xùchǎn ♦～業 畜牧业 xùmùyè

ちくじ［逐次］ 逐次 zhúcì; 依次 yīcì

ちくしょう［畜生］（罵語）♦あん～め が 那个混账东西 nèige hùnzhàng dōngxi ♦ええい～ 他妈的 tāmāde

ちくせき［蓄積-する］ 积蓄 jīxù; 积累 jīlěi ♦疲労が～ 积劳成疾 jīláochéngjí

ちくちく ♦～痛む 象针扎似地疼 xiàng zhēn zhā shìde téng

ちくでん［蓄電-する］ 蓄电 xùdiàn

ちくでんち［蓄電池］ 蓄电池 xùdiànchí

ちくのうしょう［蓄膿症］ 蓄脓症 xùnóngzhèng

ちぐはぐ 不协调 bù xiétiáo ♦左右が～だ 左右不成对 zuǒyòu bù chéngduì

ちくばのとも［竹馬の友］ 总角之交

zǒngjiāo zhī jiāo; 竹马之交 zhúmǎ zhī jiāo

ちくび［乳首］ ❶〈人・動物の〉奶头 nǎitóu; 乳头 rǔtóu ❷〈哺乳瓶の〉奶头 nǎitóu; 奶嘴 nǎizuǐ

ちくほう［地区報］ 打小报告 dǎ xiǎobàogào; 告密 gàomì

ちけい［地形］ 地势 dìshì; 地形 dìxíng ♦～図 地形图 dìxíngtú

チケット 票 piào; 入场～ 门票 ménpiào; 入场券 rùchǎngquàn

ちこく［遅刻-する］ 迟到 chídào; 来晚 láiwǎn

ちさんちしょう［地産地消］ 当地生产当地消费 dāngdì shēngchǎn dāngdì xiāofèi

ちし［地誌］ 地志 dìzhì

ちし［致死］ 致死 zhìsǐ ♦傷害～ 伤害致死 shānghài zhìsǐ

ちじ［知事］ 知事 zhīshì

ちしき［知識］ 知识 zhīshi ♦～を求める 求学 qiúxué; 求知 qiúzhī ♦～人 知识分子 zhīshi fènzǐ ♦～欲 求知欲 qiúzhīyù

ちじき［地磁気］ 地磁 dìcí

ちじく［地軸］ 地轴 dìzhóu

ちしつ［熟悉-する］ 详悉 xiángxī; 熟知 shúzhī

ちしつ［地質］ 地质 dìzhì

ちじょう［地上］ 地面 dìmiàn; 地上 dìshang ♦～8階 地上八层 dìshang bā céng ♦～権 地上权 dìshangquán

ちじょう［痴情］ 痴情 chīqíng

ちじょうい［知情意］ 智情意 zhìqíngyì

ちじょく［恥辱］ 耻辱 chǐrǔ; 屈辱 qūrǔ ♦このうえない～ 奇耻大辱 qí chǐ dà rǔ ♦～を受ける 蒙受耻辱 méngshòu chǐrǔ

ちじん［知人］ 相识 xiāngshí; 熟人 shúrén

ちず［地図］ 地图 dìtú ♦駅までの～ 去车站的向导图 qù chēzhàn de xiàngdǎotú

ちすい［治水-する］ 治水 zhìshuǐ; 河防 héfáng ♦～工事 治水工程 zhìshuǐ gōngchéng

ちすじ［血筋］ 血统 xuètǒng ♦～を引く 继承血统 jìchéng xuètǒng ♦～の良い 良种 liángzhǒng

ちせい［知性］ 理智 lǐzhì; 才智 cáizhì ♦～のある 有才智 yǒu cáizhì ♦～のない 缺少理智 quēshǎo lǐzhì

ちせい［地勢］ 地势 dìshì; 地形 dìxíng ♦～が険しい 地势险要 dìshì xiǎnyào

ちせいがく［地政学］ 地理政治学 dìlǐ zhèngzhìxué; 地缘政治学 dìyuán zhèngzhìxué

ちせつ[稚拙-な] 拙劣 zhuōliè; 幼稚 yòuzhì
ちそう[地層] 地层 dìcéng
ちぞめ[血染め-の] 沾染着鲜血的 zhānrǎnzhe xiě de
ちたい[地帯] 地带 dìdài ◆ 山岳～山区 shānqū
ちたい[遅滞] 拖延 tuōyán; 迟延 chíyán ◆～なく支払う 按期交付 ànqī jiāofù
チタニウム[チタン] 钛 tài
ちだらけ[血だらけ-の] 血糊糊 xiěhūhū
ちち[父] 父亲 fùqīn
ちち[乳] 奶 nǎi; 乳汁 rǔzhī ◆ 牛奶 牛 niúniúnǎi
ちち[遅々] ◆～として 迟迟 chíchí
ちぢ[千々-に] ◆～に砕ける 粉碎 fěnsuì; 破碎 pòsuì ◆～に乱れる 心乱如麻 xīn luàn rú má
ちちおや[父親] 父亲 fùqīn
ちちかた[父方] 父系 fùxì ◆～の亲族 父系亲属 fùxì qīnshǔ
ちちくさい[乳臭い] 《比喻》幼稚 yòuzhì
ちぢこまる[縮こまる] 蜷缩 quánsuō; 缩成一团 suōchéng yì tuán
ちちしぼり[乳搾り] 挤牛奶 jǐ niúnǎi
ちぢまる[縮まる] 收缩 shōusuō; 缩小 suōxiǎo ◆ 差が～差距缩短 chājù suōduǎn
ちぢみあがる[縮み上がる] 《寒さ・驚きで》瑟缩 sèsuō; 畏缩 wèisuō
ちぢむ[縮む] 抽缩 chōusuō; 萎缩 wěisuō ◆ 水にぬれて～《衣类が》缩水 suōshuǐ
ちぢめる[縮める] 缩小 suōxiǎo ◆ 距離を～缩短距离 suōduǎn jùlí ◆ 身を～龟缩 guīsuō
ちちゅう[地中] 地里 dìli; 地下 dìxia ◆～深く 地层深处 dìcéng shēnchù
ちちゅうかい[地中海] 地中海 Dìzhōnghǎi
ちぢれげ[縮れ毛] 卷发 juǎnfà
ちぢれる[縮れる] 起皱 qǐzhòu; 卷曲 juǎnqū
ちつ[腟] 阴道 yīndào
ちっきょ[蟄居] 蛰伏 zhéfú; 蛰居 zhéjū
ちつじょ[秩序] 规律 guīlǜ; 秩序 zhìxù ◆～のある 有秩序 yǒu zhìxù ◆～立った 井井有条 jǐngjǐng yǒu tiáo ◆～を乱す 扰乱秩序 rǎoluàn zhìxù
ちっそ[窒素] 氮 dàn ◆～肥料 氮肥 dànféi ◆～酸化物 氮氧化物 dànyǎnghuàwù

ちっそく[窒息-する] 窒息 zhìxī
ちっとも[些とも] ◆～恐くない 一点儿也不怕 yīdiǎnr yě bú pà
チップ 小费 xiǎofèi; 酒钱 jiǔqián ◆～を渡す 给小费 gěi xiǎofèi
ちっぽけな 小小的 xiǎoxiǎo de; 芝麻大的 zhīma dà de
ちてき[知的-な] 智慧的 zhìhuì de; 理智的 lǐzhì de ◆～所有权 知识产权 zhīshi chǎnquán
ちてきしょうがい[知的障害] 智障 zhìzhàng
ちてん[地点] 地点 dìdiǎn
ちどうせつ[地動説] 地动说 dìdòngshuō
ちどりあし[千鳥足-の] 蹒跚 pánshān; 踉跄 liàngqiàng
ちなまぐさい[血生臭い] 血腥 xuèxīng ◆～事件 血腥事件 xuèxīng shìjiàn
ちなみに[因に] 顺便说一下 shùnbiàn shuō yíxià
ちなむ[因む] 起因于 qǐyīnyú; 来缘于 láiyuányú ◆ 椰里の山の名に因んで名づけた 因故乡山名命名 yīn gùxiāng shānmíng mìngmíng ◆ 学校の创立记念日に因む行事 有校庆的活动 yǒu guān xiàoqìng de huódòng
ちねつ[地熱] 地热 dìrè ◆～発电 地热发电 dìrè fādiàn
ちのう[知能] 智力 zhìlì; 智能 zhìnéng ◆～指数 智商 zhìshāng ◆～犯 智能犯 zhìnéngfàn
ちはい[遅配] 误期 wùqí ◆ 给料の～发薪误期 fā xīn wùqí ◆ 邮便物の～邮件误时晚送 yóujiàn wùshí wǎnsòng
ちばしる[血走る] ◆ 目が～眼睛发红 yǎnjīng fāhóng
ちばなれ[乳離れ-する] 断奶 duànnǎi; 《比喻》自立 zìlì
チビ ❶《背が低い》矮子 ǎizi; 小个子 xiǎo gèzi ❷《こども》小家伙 xiǎojiāhuo; 小鬼 xiǎoguǐ
ちびちび ◆～飲む 一点一点地喝 yìdiǎnyìdiǎn de hē
ちひょう[地表] 地表 dìbiǎo; 地皮 dìpí
ちぶ[恥部] 阴暗面 yīn'ànmiàn ◆ 社会の～社会的黑暗面 shèhuì de hēi'ànmiàn
ちぶさ[乳房] 奶 nǎi; 乳房 rǔfáng
チフス 伤寒 shānghán
ちへい[地平] ◆～の果て 天际 tiānjì ◆～线 地平线 dìpíngxiàn
チベット 西藏 Xīzàng ◆～语 藏文 Zàngwén; 藏语 Zàngyǔ ◆～族 藏族 Zàngzú
ちほ[地歩] 地位 dìwèi ◆～を占める

占用位置 zhànyòng wèizhi
ちほう【地方】❶《地域》地域 dìyù；地方 dìfang ◆ 東北～ 东北地区 dōngběi dìqū ❷《中央に対して》地方 dìfang ◆～なまり 方音 fāngyīn；地方口音 dìfang kǒuyīn ◆～色 风味 fēngwèi；地方色彩 dìfang sècǎi
ちほう【知謀】智谋 zhìmóu ◆～に富んだ 足智多谋 zú zhì duō móu
ちほうしょう【痴呆症】痴呆症 chīdāizhèng
ちまき【粽】粽子 zòngzi
ちまた【巷】◆～の声 群众的意见 qúnzhòng de yìjiàn ◆～をさまよう 在街头徘徊 zài jiētóu páihuái
ちまつり【血祭り】◆～にあげる 当做牺牲品 dàngzuò xīshēngpǐn
ちまなこ【血眼-になる】热中 rèzhōng ◆～になって捜す 拼命地找 pīnmìng de zhǎo
ちまみれ【血塗れ-の】血糊糊 xiěhūhū
ちまめ【血豆】血泡 xuèpào ◆～ができる 磨出血泡 mó chū xuèpào
ちまよう【血迷う】丧心病狂 sàngxīn bìng kuáng ◆きさま、血迷ったか！你发疯了吗 nǐ fāfēng le ma
ちみ【地味】◆～の痩せた 瘠薄 jíbó ◆～の豊かな 肥沃 féiwò
ちみちをあげる【血道を上げる】入迷 rùmí；热中 rèzhōng
ちみつ【緻密-な】◆～な計算 仔细的计算 zǐxì de jìsuàn ◆～な計画 周密的计划 zhōumì de jìhuà ◆～な図面 精细的设计图 jīngxì de shèjìtú
ちみどろ【血みどろ】◆～の戦い 血淋淋的战斗 xiělínlín de zhàndòu
ちみもうりょう【魑魅魍魎】魑魅魍魉 chīmèi wǎngliǎng
ちめい【地名】地名 dìmíng
ちめいしょう【致命傷】致命伤 zhìmìngshāng
ちめいじん【知名人】名人 míngrén；知名人士 zhīmíng rénshì
ちめいてき【致命的-な】致命的 zhìmìng de ◆～な打撃を与える 给以致命的打击 gěiyǐ zhìmìng de dǎjī
ちめいど【知名度】知名度 zhīmíngdù ◆～が高い 负有盛名 fùyǒu shèngmíng ◆～が低い 不知名 bù zhīmíng；默默无闻 mò mò wú wén
ちゃ【茶】清茶 qīngchá；茶水 cháshuǐ ◆～の葉《加工済みの》茶叶 cháyè ◆～を入れる 泡茶 pào chá ◆～を飲む 喝茶 hē chá
チャージ《料金》费用 fèiyong；《充電する》充电 chōngdiàn；《カードなどに入金する》充值 chōngzhí
チャーター 包租 bāozū ◆～便を飛ばす 包机运输 bāojī yùnshū
チャート 图表 túbiǎo；图 tú
チャーハン【炒飯】炒饭 chǎofàn
チャーミングな 富有魅力的 fùyǒu mèilì de；迷人的 mírén de
チャイナタウン 唐人街 tángrénjiē
チャイナドレス 旗袍儿 qípáorr
チャイム 组钟 zǔzhōng；《ドアの》门铃 ménlíng
チャイルドシート 幼儿座位 yòu'ér zuòwèi
ちゃいろ【茶色-の】褐色的 hèsè de；茶色 chásè
ちゃうけ【茶請け】茶食 cháshí；茶点 chádiǎn
ちゃかい【茶会】茶道会 chádàohuì
ちゃがし【茶菓子】茶食 cháshí；茶点 chádiǎn ◆～を出す 供茶食 gōng cháshí
ちゃかす【茶化す】调笑 tiáoxiào；开玩笑 kāi wánxiào
ちゃかっしょく【茶褐色-の】茶褐色 cháhèsè
ちゃがら【茶殻】茶叶渣 cháyèzhā
ちゃき【茶器】茶具 chájù
ちゃきちゃきの 纯粹 chúncuì；地道 dìdao ◆～江戸っ子 地地道道的东京人 dìdìdàodào de Dōngjīng rén
ちゃくがん【着眼-する】着眼 zhuóyǎn ◆～点 着眼点 zhuóyǎndiǎn
ちゃくがん【着岸-する】拢岸 lǒng'àn；到岸 dào'àn
ちゃくじつ【着実-な】踏实 tāshi；稳步 wěnbù ◆～に仕事をこなす 办得很踏实 bàn de hěn tāshi
ちゃくしゅ【着手-する】动手 dòngshǒu；着手 zhuóshǒu；开始 kāishǐ
ちゃくしょく【着色-する】上色 shàngshǎi；着色 zhuósè ◆～料 食用色素 shíyòng sèsù
ちゃくしん【着信】来电 láidiàn；来信 láixìn ◆《ケイタイの》～音 手机的来电铃声 shǒujī de láidiàn língshēng
ちゃくすい【着水-する】降到水面 jiàngdào shuǐmiàn；落到水上 luòdào shuǐshàng
ちゃくせき【着席-する】落座 luòzuò；就座 jiùzuò
ちゃくそう【着想】设想 shèxiǎng；主意 zhǔyi ◆～がすばらしい 设想很不错 shèxiǎng hěn búcuò
ちゃくちゃく【着々-と】顺利地 shùnlì de ◆工事は～と進んでいる 工程顺利进行着 gōngchéng shùnlì jìnxíngzhe
ちゃくに【着荷】到货 dàohuò

ちゃくにん【着任-する】到职 dào zhí；上任 shàngrèn
ちゃくばらい【着払い】❶〈送料〉收方付运费 shōufāng fù yùnfèi ❷〈品物代〉到货付款 dào huò fùkuǎn
ちゃくふく【着服-する】侵吞 qīntūn；吞没 tūnmò；私吞 sītūn
ちゃくもく【着目-する】着眼 zhuóyǎn；注意 zhùyì
ちゃくよう【着用-する】穿 chuān
ちゃくりく【着陆-する】降落 jiàngluò；着陆 zhuólù
チャコールグレー 黑灰色 hēihuīsè
ちゃこし【茶漉し】滤茶网 lùchá wǎng
ちゃさじ【茶匙】茶匙 cháchí
ちゃしつ【茶室】茶室 cháshì
ちゃだい【茶代】茶钱 cháqián；小费 xiǎofèi
ちゃたく【茶托】茶托儿 chátuōr
ちゃだんす【茶箪笥】橱柜 chúguì
ちゃちゃ 粗糙 cūcāo ◆～をドラマを無聊の戯 wúliáo de xì
ちゃちゃ【茶々】◆～を入れる 插嘴捣乱 chāzuǐ dǎoluàn
ちゃっか【着火-する】点火 diǎnhuǒ；着火 zháohuǒ
ちゃっかり ◆～している 滑头儿；觉得不爱失 jiá dé bú ài shī
チャック 拉链 lāliàn；拉锁 lāsuǒ ◆～をしめる 拉上拉链 lāshàng lāliàn
ちゃづけ【茶漬け】茶泡饭 chápàofàn
ちゃっこう【着工-する】动工 dònggōng；开工 kāigōng
ちゃづつ【茶筒】茶叶筒 cháyètǒng
チャット 闲谈 xiántán；聊天 liáotiān ◆～を楽しむ 在网上聊天儿尽兴 zài wǎngshang liáotiānr jìnxìng
ちゃつみ【茶摘み】采茶 cǎi chá
ちゃどうぐ【茶道具】茶具 chájù
ちゃのま【茶の間】起居间 qǐjūjiān
ちゃばたけ【茶畑】茶园 cháyuán
ちゃばん【茶番】闹剧 nàojù；丑剧 chǒujù ◆とんだ～だ 真是演了个丑剧了 zhēn shì yǎnle ge chǒujù le
ちゃびん【茶瓶】茶壶 cháhú
ちゃぶだい【卓袱台】短腿饭桌 duǎntuǐ fànzhuō
チャペル 小教堂 xiǎo jiàotáng
ちゃほやする ◆〈子供をあまやかす〉娇惯 jiāo guàn；宠愛 chǒng'ài ❷〈おだてる〉吹捧 chuīpěng；拍马屁 pāi mǎpì
ちゃめ【茶目】 ◆～っ気 诙谐劲儿 huīxiéjìnr
ちゃや【茶屋】❶【茶店】茶亭 cháting；茶馆 cháguǎn ❷【お茶屋】茶

叶铺 cháyèpù；茶庄 cházhuāng ❸〈遊興・飲食の場〉～ 遊び 嫖 piáo；嫖客 yóuyú
ちゃらんぽらん-な 吊儿郎当 diào'erlángdāng；马马虎虎 mǎmǎhūhū
チャリティー ◆～ショー 义演 yìyǎn ◆～音楽会 慈善音乐会 císhàn yīnyuèhuì
チャルメラ 唢呐 suǒnà
チャレンジ ◆～する 挑战 tiǎozhàn
ちゃわん【茶碗】❶〈お茶の〉茶碗 cháwǎn ❷〈飯の〉饭碗 fànwǎn
チャンス 好机会 hǎo jīhuì；机遇 jīyù；可乘之机 kě chéng zhī jī
ちゃんと ◆～かたづけてある 整理得整整齐齐 zhěnglǐde zhěngzhěngqíqí ◆～した会社 可靠的公司 kěkào de gōngsī ◆～取っておく 好好地保存 hǎohāo de bǎocún ◆見たのかい 确实看到了吗 quèshí kàndào le ma ◆～分かった 全懂了 quán dǒng le ◆ほら、～あるだろう 你看，这就有啊 nǐ kàn, zhè jiù yǒu a
チャンネル〈テレビの〉频道 píndào
チャンバラ 武打 wǔdǎ ◆～映画 武戏片 wǔxìpiān
チャンピオン 冠军 guànjūn
ちゃんぽん ◆～で飲む 乱喝几种酒 luàn hē jǐ zhǒng jiǔ
ちゆ【治癒-する】治愈 zhìyù；治好 zhìhǎo
ちゅう【宙】空中 kōngzhōng ◆～に浮く 悬空 xuánkōng；浮在空中 fú zài kōngzhōng ◆計画が～に浮く 计划中途搁浅 jìhuà zhōngtú gēqiǎn
ちゅう【注】附注 fùzhù；注解 zhùjiě
ちゅうい【注意-する】❶〈用心〉留神 liúshén；注意 zhùyì ◆～を引く 引人注意 yǐn rén zhùyì ◆～を促す 促使警告 jǐnggào ◆～を怠る 轻忽 qīnghū；疏忽 shūhu ◆～を払う 关注 guānzhù ◆留心 liúxīn ◆～事项 事項 shìxiàng ◆～深い 细心 xìxīn ◆〈忠告〉提醒 tíxǐng；忠告 zhōnggào
ちゅういほう【注意報】警讯 jǐngxùn；警报 jǐngbào ◆大雨～ 大雨警报 dàyǔ jǐngbào
チューインガム 口香糖 kǒuxiāngtáng
ちゅうおう【中央】◆～集権 中央集权 zhōngyāng jíquán ◆～と地方 中央和地方 zhōngyāng hé dìfāng ◆ホールの～ 大厅当中 dàtīng dāngzhōng
ちゅうおうアジア【中央アジア】中亚 Zhōng Yà

ちゅうか【中華】中华 Zhōnghuá
ちゅうかい【仲介-する】从中介绍 cóngzhōng jièshào ◆～の労をとる 穿针引线 chuānzhēn yǐn xiàn ◆～人 中人 zhōngrén ◆～手数料 中介费 zhōngjièfèi
ちゅうかい【注解】诠注 quánzhù；注释 zhùshì ◆～を加える 加以注解 jiāyǐ zhùjiě
ちゅうがい【虫害】虫害 chónghài；虫灾 chóngzāi ◆～を受ける 遭受虫害 zāoshòu chónghài
ちゅうがえり【宙返り-する】翻跟头 fān gēntou
ちゅうかがい【中華街】唐人街 tángrénjiē
ちゅうかく【中核】骨干 gǔgàn；核心 héxīn
ちゅうがくせい【中学生】初中生 chūzhōngshēng
ちゅうがっこう【中学校】初级中学 chūjí zhōngxué；初中 chūzhōng
ちゅうがた【中型】中型 zhōngxíng
ちゅうかまんじゅう【中華饅頭】包子 bāozi
ちゅうかりょうり【中華料理】中国菜 Zhōngguócài；中餐 zhōngcān
ちゅうかん【中間-の】中间 zhōngjiān ◆～搾取 中间剥削 zhōngjiān bōxuē ◆～報告 中间报告 zhōngjiān bàogào
ちゅうき【中期】中期 zhōngqī；中叶 zhōngyè ◆～計画 中期计划 zhōngqī jìhuà ◆平安～ 平安中叶 Píng'ān zhōngyè
ちゅうき【注記】注解 zhùjiě；附注 fùzhù
ちゅうぎ【忠義】忠义 zhōngyì ◆～を尽くす 尽忠 jìnzhōng ◆～面（づら）をする 装作尽忠的样子 zhuāngzuò jìnzhōng de yàngzi
ちゅうきゅう【中級-の】中级 zhōngjí ◆～品 中路货 zhōnglùhuò
ちゅうきょり【中距離】◆～競走 中距离赛跑 zhōngjùlí sàipǎo
ちゅうきんとう【中近東】中近东 Zhōngjìndōng
ちゅうくう【中空-の】（中がから）空心 kōngxīn；中空 zhōngkōng
ちゅうくらい【中位-の】中等 zhōngděng；中常 zhōngcháng ◆～の大きさのがほしい 要不大不小的 yào bú dà bù xiǎo de
ちゅうけい【中継】中继 zhōngjì ◆～局 中继站 zhōngjìzhàn ◆～放送する 转播 zhuǎnbō ◆～貿易 转口贸易 zhuǎnkǒu màoyì ◆～輸送する 转运 zhuǎnyùn

ちゅうけん【中堅-の】中坚 zhōngjiān ◆～作家 骨干作家 gǔgàn zuòjiā
ちゅうこ【中古-の】半旧 bànjiù ◆～車 二手车 èrshǒuchē
ちゅうこうねん【中高年】中老年 zhōnglǎonián
ちゅうこく【忠告-する】劝告 quàngào；忠告 zhōnggào
ちゅうごく【中国】中国 Zhōngguó ◆～医学 中医 zhōngyī ◆～語 汉语 Hànyǔ ◆～人 中国人 Zhōngguórén ◆～料理 中国菜 Zhōngguócài
ちゅうごくふう【中国風-の】中式 Zhōngshì；中国风格 Zhōngguó fēnggé
ちゅうごし【中腰-で】半蹲 bàndūn
ちゅうさ【中佐】中校 zhōngxiào
ちゅうざ【中座-する】中途退席 zhōngtú tuìxí
ちゅうさい【仲裁-する】调解 tiáojiě；调停 tiáotíng；（法律上の）仲裁 zhòngcái ◆～人 中人 zhōngrén；和事老 héshìlǎo ◆けんかを～する 劝架 quànjià
ちゅうざい【駐在-する】驻在 zhùzài ◆新潟～を命じられる 被派驻新潟 bèi pàizhù Xīnxì ◆～員 驻在员 zhùzàiyuán ◆～所（小小的）派出所（xiǎoxiǎo de）pàichūsuǒ
ちゅうさんかいきゅう【中産階級】中产阶级 zhōngchǎn jiējí；小资产阶级 xiǎozīchǎn jiējí
ちゅうし【中止-する】中止 zhōngzhǐ；停止 tíngzhǐ
ちゅうし【注視-する】盯 dīng；注视 zhùshì
ちゅうじえん【中耳炎】中耳炎 zhōng'ěryán
ちゅうじく【中軸】基干 jīgàn；核心 héxīn
ちゅうじつ【忠実-な】忠 zhōng；忠实 zhōngshí ◆原文に～である 忠于原文 zhōngyú yuánwén
ちゅうしゃ【注射-する】打针 dǎzhēn；注射 zhùshè ◆～器 注射器 zhùshèqì ◆～針 针头 zhēntóu
ちゅうしゃ【駐車-する】停车 tíngchē ◆～場 停车处 tíngchēchù ◆～禁止 禁止停车 jìnzhǐ tíngchē ◆違法～ 违规停车 wéiguī tíngchē
ちゅうしゃく【注釈】注释 zhùshì；注脚 zhùjiǎo ◆～を加える 注解 zhùjiě
ちゅうしゅう【中秋】◆～の名月 中秋明月 Zhōngqiū míngyuè ◆～節 中秋 Zhōngqiū；团圆节 Tuányuán Jié
ちゅうしゅつ【抽出-する】抽 chōu；提 tí ◆提取 tíqǔ ◆無作為～する 随机抽样 suíjī chōuyàng

ちゅうじゅん【中旬-に】中旬 zhōngxún

ちゅうしょう【中傷-する】诽谤 fěibàng；中伤 zhòngshāng

ちゅうしょう【抽象】抽象 chōuxiàng ◆~概念 抽象概念 chōuxiàng gàiniàn ◆~画 抽象画 chōuxiànghuà

ちゅうしょう【中小】◆~企業 中小企业 zhōngxiǎo qǐyè

ちゅうじょう【中将】中将 zhōngjiàng

ちゅうしょく【昼食】午饭 wǔfàn ◆~会 午餐会 wǔcānhuì

ちゅうしん【中心】中心 zhōngxīn ◆~人物《事件などの》主角 zhǔjué ◆~角 圆心角 yuánxīnjiǎo ◆~気圧 中心气压 zhōngxīn qìyā ◆~地 中心地 zhōngxīndì ◆~子供の一人の家庭 以孩子为中心的家庭 yǐ háizi wéi zhōngxīn de jiātíng

ちゅうしん【衷心】衷心 zhōngxīn ◆~より 由衷 yóuzhōng ◆~より感謝を申し上げる 衷心表示感谢 zhōngxīn biǎoshì gǎnxiè

ちゅうすい【注水-する】注水 zhùshuǐ；灌水 guànshuǐ

ちゅうすい【虫垂】阑尾 lánwěi ◆~炎 阑尾炎 lánwěiyán；盲肠炎 mángchángyán

ちゅうすう【中枢】中枢 zhōngshū；主脑 zhǔnǎo ◆~神経 中枢神经 zhōngshū shénjīng ◆~部 本部 běnbù

ちゅうせい【忠誠】忠诚 zhōngchéng ◆~を尽くす 尽忠 jìnzhōng

ちゅうせい【中性-の】中性 zhōngxìng ◆~洗剤 中性洗涤剂 zhōngxìng xǐdíjì

ちゅうせい【中世-の】中世 zhōngshì

ちゅうせい【中正-な】公正 gōngzhèng ◆~を欠く意見 不公正的意见 bù gōngzhèng de yìjiàn

ちゅうぜい【中背-の】中等身材 zhōngděng shēncái；不高不矮 bù gāo bù ǎi

ちゅうせいし【中性子】中子 zhōngzǐ ◆~爆弾 中子弹 zhōngzǐdàn

ちゅうせき【沖積】冲积 chōngjī ◆~平野 堆积平原 duījī píngyuán ◆~土 冲积土 chōngjītǔ

ちゅうせき【柱石】柱石 zhùshí；台柱 táizhù ◆国家の~ 国家栋梁 guójiā dòngliáng

ちゅうせつ【忠節】忠节 zhōngjié；忠诚 zhōngchéng ◆~を尽くす 尽忠 jìnzhōng

ちゅうぜつ【中絶-する】❶《物事を》中断 zhōngduàn ◆~する 半途而废 bàntú ér fèi《妊娠を》人工流产 réngōng liúchǎn；打胎 dǎtāi

ちゅうせん【抽選-する】抽签 chōuqiān ◆~に当たる 中签 zhòng qiān

ちゅうぞう【鋳造-する】铸造 zhùzào ◆~貨幣 铸币 zhùbì ◆~品 铸件 zhùjiàn

チューター 辅导教师 fǔdǎo jiàoshī；导师 dǎoshī

ちゅうたい【中隊】连 lián；连队 liánduì ◆~長 连长 liánzhǎng

ちゅうたい【紐帯】纽带 niǔdài

ちゅうたい【中退-する】中途退学 zhōngtú tuìxué；辍学 chuòxué ◆学費が払えず~した 不能交学费，只好辍学 bù néng jiāo xuéfèi, zhǐhǎo chuòxué

ちゅうだん【中断-する】间断 jiànduàn；中断 zhōngduàn ◆~させる《話などを》打断 dǎduàn

ちゅうづり【宙釣り】悬空 xuánkōng

ちゅうと【中途-で】半途 bàntú；中途 zhōngtú ◆~の 半路 bànlù ◆~退学する 中途退学 zhōngtú tuìxué

ちゅうとう【中等-の】中等 zhōngděng ◆~教育 中等教育 zhōngděng jiàoyù

ちゅうとう【中東】中东 Zhōngdōng

ちゅうどう【中道】中庸之道 zhōngyōng zhī dào ◆~を行く 走中间路线 zǒu zhōngjiān lùxiàn

ちゅうどく【中毒】ガス~ 煤气中毒 méiqì zhòngdú ◆麻薬~ 吸毒上瘾 xīdú shàngyǐn ◆ニコチン~ 烟瘾 yānyǐn

ちゅうとはんぱ【中途半端-な】不彻底 bú chèdǐ；有始无终 yǒu shǐ wú zhōng

チュートリアル ❶ 电脑教科书 diànnǎo jiàokēshū ❷ 个人辅导 gèrén fǔdǎo

ちゅうとん【駐屯-する】驻扎 zhùzhā；驻屯 zhùtún ◆~地 营地 yíngdì

チューナー 调谐器 tiáoxiéqì

ちゅうなんべい【中南米】拉丁美洲 Lādīng Měizhōu

ちゅうにくちゅうぜい【中肉中背-の】中等身材 zhōngděng shēncái

ちゅうにち【中日】◆彼岸の~ 春分(秋分) chūnfēn (qiūfēn)

ちゅうにゅう【注入-する】注入 zhùrù ◆新しい理論を~する 灌输新理论 guànshū xīn lǐlùn

チューニング ◆~する 调谐 tiáoxié；调台 tiáotái

ちゅうねん【中年】中年 zhōngnián ♦～の人 中年人 zhōngniánrén
ちゅうは【中波】中波 zhōngbō
チューバ 大号 dàhào
ちゅうばんせん【中盤戦】中盤之战 zhōngpán zhī zhàn ♦～に入る 进入中盘 jìnrù zhōngpán
ちゅうび【中火】中火 zhōnghuǒ
ちゅうぶ【中部-の】中部 zhōngbù
チューブ ❶《タイヤの》内胎 nèitāi ❷《管》软管 ruǎnguǎn ♦～入り 筒装 tǒngzhuāng ♦～レス・タイヤ 无内胎轮胎 wúnèitāi lúntāi
ちゅうぶう【中風】中风 zhòngfēng ♦卒中 cùzhòng ♦～患者 瘫子 tānzi
ちゅうふく【中腹】山腰 shānyāo
ちゅうぶらりん【宙ぶらりん-の】悬空 xuánkōng；《中途半端》不上不下 bú shàng bú xià ♦計画は～のままだ 计划处于停滞状态 jìhuà chǔyú tíngzhì zhuàngtài
ちゅうへん【中編】中篇 zhōngpiān ♦～小説 中篇小说 zhōngpiān xiǎoshuō
ちゅうぼう【厨房】厨房 chúfáng
ちゅうみつ【稠密】稠密 chóumì；密集 mìjí ♦人口～である 人口稠密 rénkǒu chóumì
ちゅうもく【注目-する】注视 zhùshì；注目 zhùmù ♦～を集める 引人注目 yǐn rén zhùmù；众目睽睽 zhòng mù kuíkuí
ちゅうもん【注文】❶《あつらえる》订 dìng ♦～仕立てのスーツ 订做的西服 dìngzuò de xīfú ♦～書 定单 dìngdān ❷《料理を》点 diǎn ♦料理を～する 点菜 diǎn cài ❸《条件・希望》～をつける 要求 yāoqiú
ちゅうや【昼夜】日夜 rìyè；昼夜 zhòuyè ♦～兼行で 夜以继日 yè yǐ jì rì
ちゅうゆ【注油-する】注油 zhùyóu；上油 shàngyóu
ちゅうよう【中庸】中庸 zhōngyōng ♦～の德 中庸之德 zhōngyōng zhī dé
ちゅうりつ【中立-の】中立 zhōnglì ♦～を守る 保持中立 bǎochí zhōnglì
チューリップ 郁金香 yùjīnxiāng
ちゅうりゃく【中略】中略 zhōnglüè
ちゅうりゅう【中流-の】《川の》中游 zhōngyóu；《生活》小康 xiǎokāng；中等 zhōngděng
ちゅうりゅう【駐留】驻留 zhùliú ♦～军 驻军 zhùjūn
ちゅうりんじょう【駐輪場】自行车的停车处 zìxíngchē de tíngchēchù；存车处 cúnchēchù

ちゅうわ【中和-する】中和 zhōnghé ♦～剂 中和剂 zhōnghéjì
ちょ【著】著 zhù：著作 zhùzuò
ちょいちょい 时常 shícháng；经常 jīngcháng ♦～見かける 经常见到 jīngcháng jiàndào
ちょう【腸】肠 cháng；肠管 chángguǎn ♦～子 肠子 chángzi
ちょう【兆】兆 zhào
チョウ【蝶】蝴蝶 húdié ♦～よ花よと嬌生慣養 jiāo shēng guàn yǎng
ちょうあい【寵愛】寵愛 chǒng'ài
ちょうい【弔意】♦～を表する 表示哀悼 biǎoshì āidào
ちょうい【潮位】潮位 cháowèi ♦～が上がる 潮位上涨 cháowèi shàngzhǎng
ちょうい【弔慰-する】吊唁 diàoyàn ♦～金 抚恤金 fǔxùjīn
ちょういん【調印-する】签字 qiānzì；签约 qiānyuē
ちょうえき【懲役】徒刑 túxíng ♦～3年に処せられる 被判三年徒刑 bèi pàn sān nián túxíng
ちょうえつ【超越】超越 chāoyuè；超脱 chāotuō ♦～的な超级 chāojí ♦勝敗を～する 超脱胜负 chāotuō shèngfù
ちょうえん【腸炎】肠炎 chángyán
ちょうおんそく【超音速】超音速 chāoyīnsù ♦～旅客機 超音速客机 chāoyīnsù kèjī
ちょうおんぱ【超音波】超声波 chāoshēngbō
ちょうか【超過-する】超过 chāoguò；涨 zhàng ♦～達成する《目標を》超額完成 chāo'é wánchéng ♦～勤務 加班 jiābān ♦～支出 ～だ 超支 chāozhī
ちょうかい【懲戒-する】惩戒 chéngjiè ♦～免職 惩戒免职 chéngjiè miǎnzhí
ちょうかく【聴覚】听觉 tīngjué ♦～障害 听觉障碍 tīngjué zhàng'ài ♦～神経 听觉神经 tīngjué shénjīng
ちょうカタル【腸カタル】肠炎 chángyán
ちょうかん【長官】长官 zhǎngguān ♦官房～ 官房长官 guānfáng zhǎngguān
ちょうかん【鳥瞰-する】鸟瞰 niǎokàn ♦～図 鸟瞰图 niǎokàntú
ちょうかん【朝刊】日报 rìbào
ちょうき【長期-の】长期 chángqī ♦～戦 持久战 chíjiǔzhàn ♦～計画 长期规划 chángqī guīhuà
ちょうき【弔旗】半旗 bànqí：吊旗 diàoqí ♦～を揭げる 下半旗 xià bànqí

ちょうぎかい【町議会】 鎮議会 zhènyìhuì

ちょうきょう【調教】-する (動物を)調教 tiáojiào

ちょうきょり【長距離】 长途 chángtú ◆～競走 长跑 chángpǎo ◆～電話 长途电话 chángtú diànhuà ◆飛行 远程飞行 yuǎnchéng fēixíng ◆～輸送 远程运输 yuǎnchéng yùnshū

ちょうきん【彫金】-する 镂金 lòujīn；雕金 diāojīn

ちょうきんあて【超勤手当】 加班费 jiābānfèi

ちょうけい【長兄】 长兄 zhǎngxiōng；大哥 dàgē

ちょうけし【帳消し】 ◆～にする 抵消 dǐxiāo；销账 xiāozhàng

ちょうげん【調弦】-する 定弦 dìngxián；定音 dìngyīn

ちょうこう【兆[徴]候】 迹象 jìxiàng；征候 zhēnghòu ◆～がある 有征候 yǒu zhēnghòu

ちょうこう【聴講】-する 旁听 pángtīng ◆～生 旁听生 pángtīngshēng

ちょうごう【調合】-する (薬を)调剂 tiáojì；配药 pèiyào；(カクテルなどを)调制 tiáozhì；(色を)调配 tiáopèi；配合 pèihé

ちょうごうきん【超合金】 超合金 chāohéjīn

ちょうこうぜつ【長広舌】 长篇大论 chángpiān dàlùn ◆～を振るう 滔滔不绝谈高论 tāotāo bùjué tán gāolùn

ちょうこうそう【超高層】 ◆～ビル 超高大厦 chāogāo dàshà

ちょうこうそくど【超高速度】 超高速 chāogāosù ◆～カメラ 超高速相机 chāogāosù xiàngjī

ちょうこく【彫刻】-する 雕刻 diāokè；琢 zhuó ◆～刀 雕刻刀 diāokèdāo；刻刀 kèdāo

ちょうさ【調査】-する 调查 diàochá

ちょうざい【調剤】-する 调剂 tiáojì；配药 pèiyào

チョウザメ【蝶鮫】 鲟鱼 xúnyú

ちょうさんぼし【朝三暮四】 朝三暮四 zhāo sān mù sì

ちょうし【調子】 ❶ (状態・具合) 状态 zhuàngtài；劲头 jìntóu ◆～のいいやつ 只会耍嘴的 zhǐ huì shuǎ zuǐ de ◆～が悪い 状态不好 zhuàngtài bù hǎo ◆～が出る 来劲儿 lái jìnr ◆～に乗る 得意忘形 déyì wàngxíng ◆(人の話に)～を合わせる 帮腔 bāngqiāng ❷ (音調) 音调 yīndiào ◆(楽器の)～を合わせる 定音调 dìng yīndiào ◆(歌の)～が外れる 跑调儿

páodiàor；走调儿 zǒudiàor

ちょうじょ【長姐】 大姐 dàjiě

ちょうし【長老】 老大 lǎodà

ちょうし【銚子】 酒壶 jiǔhú

ちょうじ【寵児】 宠儿 chǒng'ér；骄子 jiāozǐ ◆時代の～ 时代的宠儿 shídài de chǒng'ér

ちょうじ【弔辞】 悼词 dàocí ◆～を述べる 致悼辞 zhì dàocí

ちょうじかん【長時間】 许久 xǔjiǔ；经久 jīngjiǔ ◆～にわたる交渉 经过长时间的谈判 jīngguò chángshíjiān de tánpàn

ちょうしぜん【超自然】 超自然 chāozìrán

ちょうしゃ【庁舎】 机关大楼 jīguān dàlóu

ちょうしゅ【聴取】-する 听取 tīngqǔ ◆事情～ 听取情况 tīngqǔ qíngkuàng

ちょうじゅ【長寿】 长寿 chángshòu；高寿 gāoshòu ◆～を祝う 庆祝长寿 qìngzhù chángshòu

ちょうしゅう【徴収】-する 征收 zhēngshōu

ちょうしゅう【聴衆】 听众 tīngzhòng

ちょうしゅう【徴集】-する 征集 zhēngjí；征募 zhēngmù ◆～されて 被征募 bèi zhēngmù

ちょうしょ【長所】 长处 chángchù；优点 yōudiǎn

ちょうしょ【調書】 案情的记录 ànqíng de jìlù；调查书 diàocháshū

ちょうじょ【長女】 长女 zhǎngnǚ

ちょうしょう【嘲笑】-する 嘲笑 cháoxiào；耻笑 chǐxiào

ちょうじょう【頂上】 (山の)山顶 shāndǐng；顶峰 dǐngfēng ◆～にアタックする 向顶峰进攻 xiàng dǐngfēng jìngōng

ちょうしょく【朝食】 早餐 zǎocān；早饭 zǎofàn

ちょうじり【帳尻】 账尾 zhàngwěi；账目 zhàngmù ◆～を合わせる 弄到没有亏损 nòng dào méiyǒu kuīsǔn；使结果没问题 shǐ jiéguǒ méi wèntí

ちょうじる【長じる】 长于 chángyú；擅长 shàncháng

ちょうしん【聴診】-する 听诊 tīngzhěn ◆～器 听诊筒 tīngzhěntǒng；听诊器 tīngzhěnqì

ちょうしん【長身】 ◆～の 个子高 gèzi gāo

ちょうしん【長針】 长针 chángzhēn

ちょうじん【超人】 超人 chāorén ◆～的記録 超人的记录 chāorén de jìlù

ちょうする【徴する】 ◆意見を～ 征

ちょうせい【調整-する】 調整 tiáozhěng

ちょうぜい【徴税-する】 收税 shōushuì；征税 zhēngshuì

ちょうせつ【調節-する】 调节 tiáojié

ちょうせん【挑戦-する】 挑战 tiǎozhàn ♦～を受ける 应战 yìngzhàn ♦～的な目 挑战的眼光 tiǎozhàn de yǎnguāng

ちょうぜん【超然-する】 超然 chāorán；毫不在乎 háobú zàihu

チョウセンニンジン【朝鮮人参】 高丽参 Gāolíshēn；人参 rénshēn

ちょうそ【彫塑】 雕塑 diāosù

ちょうそう【鳥葬】 鸟葬 niǎozàng；天葬 tiānzàng

ちょうぞう【彫像】 雕像 diāoxiàng

ちょうそく【長足】 长足 chángzú ♦～の進歩をとげる 取得长足的进步 qǔdé chángzú de jìnbù

ちょうぞくてき【超俗的-な】 超俗 chāosú；脱俗 tuōsú

ちょうそん【町村】 村镇 cūnzhèn

ちょうだ【長蛇】 长蛇 chángshé ♦～の列をなして排成长蛇阵 páichéng chángshézhèn ♦～を逸する 坐失良机 zuò shī liángjī

ちょうだい【頂戴-する】 领受 lǐngshòu；蒙赠 méngzèng

ちょうたいこく【超大国】 超级大国 chāojí dàguó

ちょうたつ【調達-する】 采购 cǎigòu；筹集 chóují ♦資金を～する 筹资 chóuzī

ちょうたん【長短】 长短 chángduǎn ♦～相補う 取长补短 qǔ cháng bǔ duǎn

ちょうたんそく【長嘆息-する】 长叹 chángtàn

ちょうたんぱ【超短波】 超短波 chāoduǎnbō；米波 mǐbō

ちょうチフス【腸チフス】 伤寒 shānghán

ちょうちょう【長調】 大调 dàdiào

チョウチョウ【蝶々】 蝴蝶 húdié

ちょうちん【提灯】 灯笼 dēnglong ♦～持ちをさせる 拍马屁 pāi mǎpì；给××吹喇叭抬轿子 gěi ×× chuī lǎba tái jiàozi

ちょうつがい【蝶番】 合叶 héyè

ちょうづめ【腸詰め】 腊肠 làcháng；肠儿 chángr

ちょうてい【朝廷】 朝廷 cháotíng；皇朝 huángcháo

ちょうてい【調停-する】 调处 tiáochǔ；调解 tiáojiě；调停 tiáotíng

ちょうてん【頂点】 顶点 dǐngdiǎn；极点 jídiǎn ♦～に達する 达到极点 dádào jídiǎn

ちょうでん【弔電】 唁电 yàndiàn ♦～を打つ 电唁 diànyàn

ちょうでんどう【超伝導】 超导 chāodǎo ♦～体 超导体 chāodǎotǐ

ちょうど【丁度】 正 zhèng；刚 gāng ♦～よいところへ来た 来得正好 láide zhènghǎo ♦～よい具合に 正巧 zhèngqiǎo ♦～出かけるところへ 刚要出去 gāng yào chūqù

ちょうとうは【超党派】 超党派 chāodǎngpài

ちょうとっか【超特価】 超廉价 chāoliánjià

ちょうとっきゅう【超特急】 超级特快 chāojí tèkuài ♦～で仕上げる 加急完成 jiājí wánchéng

ちょうどひん【調度品】 家具 jiājù；日用器具 rìyòng qìjù；陈设 chénshè

ちょうない【町内】 街道 jiēdào ♦～の人々 街道居民 jiēdào jūmín ♦～の若い衆 街道里的小伙子 jiēdàoli de xiǎohuǒzi

ちょうなん【長男】 长子 zhǎngzǐ；大儿子 dà érzi

ちょうのうりょく【超能力】 超能 chāonéng；特异功能 tèyì gōngnéng

ちょうは【長波】 长波 chángbō

ちょうぼ【帳簿】 账房 zhàngfáng

ちょうはつ【徴発-する】 征发 zhēngfā；征用 zhēngyòng

ちょうはつ【挑発-する】 挑拨 tiǎobō；挑衅 tiǎoxìn

ちょうはつ【長髪-の】 长发 chángfà ♦～にする 留长发 liú chángfà

ちょうばつ【懲罰】 惩罚 chéngfá ♦～をくらう 受到惩罚 shòudào chéngfá

ちょうふく【重複-する】 重复 chóngfù

ちょうへい【徴兵-する】 征兵 zhēngbīng ♦～忌避 逃避兵役 táobì bīngyì ♦～制をしく 施行征兵制 shīxíng zhēngbīngzhì

ちょうへん【長編-の】 长篇 chángpiān ♦～小説 长篇小说 chángpiān xiǎoshuō

ちょうぼ【帳簿】 账本 zhàngběn；账簿 zhàngbù ♦～に記入する 上账 shàngzhàng ♦二重～ 黑账 hēizhàng

ちょうほう【諜報】 谍报 diébào ♦～員 谍报员 diébàoyuán ♦～活动 谍报活动 diébào huódòng

ちょうほう【重宝-な】 方便 fāngbiàn；适用 shìyòng ♦～する 爱用 àiyòng ♦～がる 器重 qìzhòng ♦口は～なものだ 嘴可以随便说 zuǐ kěyǐ suíbiàn shuō

ちょうぼう【眺望】 眺望 tiàowàng ♦ ～がよい〔眺望的〕风景美丽 (tiàowàng de) fēngjǐng měilì
ちょうほうけい【長方形】 长方形 chángfāngxíng; 矩形 jǔxíng
ちょうほんにん【張本人】 主谋 zhǔmóu; 罪魁祸首 zuìkuí huòshǒu
ちょうまんいん【超満員】 ♦ (车里) 挤得要死 (chēli) jǐde yàosǐ; 拥挤不堪 yōngjǐ bùkān ♦ スタンドは～だ 看台全无立锥之地 kàntái quán wú lì zhuī zhī dì
ちょうみ【調味-する】 调味 tiáowèi ♦ ～料 调味料 tiáoliào; 作料 zuòliao
ちょうむすび【蝶結び】 蝴蝶结 húdiéjié ♦ ～にする 打蝴蝶结 dǎ húdiéjié
ちょうめい【長命】 高寿 gāoshòu; 长寿 chángshòu
ちょうもん【弔問-する】 吊丧 diàosāng; 吊唁 diàoyàn ♦ ～客 吊客 diàokè
ちょうもんかい【聴聞会】 听证会 tīngzhènghuì
ちょうやく【跳躍-する】 跳跃 tiàoyuè; 纵步 zòngbù ♦ ～運動 跳跃运动 tiàoyuè yùndòng
ちょうよう【長幼】 ♦ ～の序 长幼之序 zhǎngyòu zhī xù
ちょうよう【徴用-する】 征调 zhēngdiào; 征用 zhēngyòng
ちょうようせつ【重陽節】 重阳 Chóngyáng; 重九 Chóngjiǔ
ちょうらく【凋落-する】 凋落 diāoluò; 衰落 shuāiluò
ちょうり【調理-する】 烹饪 pēngrèn; 烹调 pēngtiáo ♦ ～場 庖厨 páochú ♦ ～台 案板 ànbǎn ♦ ～師 厨师 chúshī
ちょうりつ【調律-する】 定弦 dìngxián ♦ ～師 调律师 tiáolǜshī
ちょうりつ【町立-の】 镇立 zhènlì; 镇办 zhèn bàn
ちょうりゅう【潮流】 潮流 cháoliú ♦ ～に逆らう 逆流而行 nìliú ér xíng
ちょうりょく【張力】 ♦ 表面～ 表面张力 biǎomiàn zhānglì
ちょうりょく【聴力】 听力 tīnglì
ちょうるい【鳥類】 鸟类 niǎolèi; 飞禽 fēiqín
ちょうれい【朝礼】 早会 zǎohuì
ちょうれいぼかい【朝令暮改】 朝令夕改 zhāo lìng xī gǎi
ちょうろう【長老】 长老 zhǎnglǎo
ちょうわ【調和-する】 ♦ ～のとれた 和谐 héxié; 谐和 xiéhé; 协调 xiétiáo
チョーク 粉笔 fěnbǐ
ちょき〔じゃんけん〕 剪子 jiǎnzi
ちょきん【貯金-する】 储蓄 chǔxù; 存款 cúnkuǎn ♦ ～箱 扑满 pūmǎn ♦ ～通帳 存折 cúnzhé ♦ ～を引き出す 取款 qǔkuǎn ♦ ～口座を作る 立账户口 lì zhànghù
ちょくえい【直営-の】 直接经营 zhíjiē jīngyíng
ちょくげき【直撃-の】 直接打击 zhíjiē dǎjī ♦ ～を受ける 直接命中 zhíjiē mìngzhòng
ちょくげん【直言-する】 直言 zhíyán; 诤言 zhèngyán ♦ ～居士 直言之士 zhíyán zhī shì
ちょくご【直後-に】 刚…就… gāng …jiù… ♦ ～に発作がきて 紧接着来了发作 jǐn jiēzhe láile fāzuò
ちょくし【直視-する】 ♦ 事態を～する 正视情况 zhèngshì qíngkuàng
ちょくしゃ【直射-する】 直射 zhíshè ♦ ～日光 直晒的阳光 zhízhào de yángguāng
ちょくじょう【直情】 ♦ ～径行 言行 yánxíng tǎnshuài; 性情直爽 xìngqíng zhíshuǎng
ちょくせつ【直接-の】 直接 zhíjiē
ちょくせつ【直截-な】 简捷 jiǎnjié; 直截 zhíjié ♦ ～簡明な 简捷明了 jiǎnjié míngliǎo
ちょくせん【直線】 直线 zhíxiàn ♦ ～距離 直线距离 zhíxiàn jùlí ♦ ～コース 直道 zhídào
ちょくぜん【直前-に】 ♦ 会議～ 即将开会之前 jíjiāng kāihuì zhīqián ♦ 出勤～ 正要上班的时候 zhèng yào shàngbān de shíhou
ちょくそう【直送-する】 ♦ 産地から～する 从产地直接运送 cóng chǎndì zhíjiē yùnsòng
ちょくぞく【直属-の】 直属 zhíshǔ ♦ 市長に～する 直属市长 zhíshǔ shìzhǎng
ちょくちょく 时常 shícháng; 经常 jīngcháng
ちょくつう【直通-する】 ♦ ～電話 直通电话 zhítōng diànhuà ♦ 校長室～でかかる 直通校长室 zhítōng xiàozhǎngshì ♦ ～列車 直达列车 zhídá lièchē ♦ 成都まで～で行く 直达成都 zhídá Chéngdū
ちょくばい【直売-する】 直接销售 zhíjiē xiāoshòu
ちょくはん【直販】 直销 zhíxiāo ♦ ～店 直销店 zhíxiāodiàn
ちょくほうたい【直方体】 长方体 chángfāngtǐ
ちょくめん【直面-する】 面对 miànduì; 面临 miànlín
ちょくやく【直訳-する】 直译 zhíyì
ちょくゆ【直喩】 直喻法 zhíyùfǎ
ちょくゆにゅう【直輸入-する】 进口 zhíjiē jìnkǒu

ちょくりつ【直立-する】 立正 lìzhèng; 直立 zhílì ◆~不動の姿勢で 站着一动不动 zhànzhe yí dòng bú dòng
ちょくりゅう【直流-の】 直流 zhíliú ◆~電気 直流電 zhíliúdiàn
ちょくれつ【直列-に】 串联 chuànlián ◆~につなぐ 串联 chuànlián
ちょこ【猪口】 酒杯 jiǔbēi; 酒盅 jiǔzhōng
ちょこまか 匆匆忙忙 cōngcōngmángmáng
チョコレート 巧克力 qiǎokèlì; 巧克力糖 qiǎokèlìtáng
ちょさく【著作-する】 著作 zhùzuò; 著述 zhùshù ◆~権 版权 bǎnquán; 著作权 zhùzuòquán
ちょしゃ【著者】 著者 zhùzhě; 作者 zuòzhě
ちょじゅつ【著述-する】 著述 zhùshù; 写作 xiězuò ◆~業 专业作家 zhuānyèjiā
ちょしょ【著書】 著书 zhùshū; 著作 zhùzuò
ちょすい【貯水】 蓄水 xùshuǐ ◆~タンク 水箱 shuǐxiāng ◆~池 水库 shuǐkù; 蓄水池 xùshuǐchí
ちょぞう【貯蔵-する】 保藏 bǎocáng; 储藏 chǔcáng; 贮存 zhùcún ◆~室 仓库 cāngkù; 库房 kùfáng
ちょちく【貯蓄-する】 储蓄 chǔxù; 存款 cúnkuǎn
ちょっかい ◆~を出す〈干渉する〉管闲事 guǎn xiánshì/〈女性に〉~を出す 戏弄妇女 xìnòng fùnǚ; 跟女人动手动脚 gēn nǚrén dòngshǒu dòngjiǎo
ちょっかく【直角】 直角 zhíjiǎo
ちょっかつ【直轄-の】 直辖 zhíxiá
ちょっかん【直感】 直觉 zhíjué; 直感 zhígǎn ◆~的な 直观 zhíguān ◆~に頼る 依靠直觉 yīkào zhíjué
ちょっけい【直径】 直径 zhíjìng
ちょっけい【直系-の】 直系 zhíxì; 嫡系 díxì ◆~子孫 直系子孙 zhíxì zǐsūn
ちょっこう【直行-する】 ◆~している 直接联系 zhíjiē liánxì/生活に~する問題 直接关系到生活的问题 zhíjiē guānxìdào shēnghuó de wèntí
ちょっこう【直行-する】 直达 zhídá ◆~バス[列車] 直达车 zhídáchē ◆~便〈飛行機の〉直达班机 zhídá bānjī ◆現場に~する 直奔现场 zhíbēn xiànchǎng
ちょっと【一寸】 ❶〈暫時〉一会儿 yíhuìr; 暂且 zànqiě ◆~休もう 休息一会儿吧 xiūxi yíhuìr ba ❷〈少々〉一点儿 yìdiǎnr; 稍微 shāowēi ◆~

寒いね 有点儿冷啊 yǒudiǎnr lěng a ❸〈かなり〉相当 xiāngdāng; 很 hěn ◆~まずいよ 這可不行 zhè kě bùxíng ❹〈呼びかけ〉喂 wèi ◆~、見てごらん 喂，你来看看 wèi, nǐ lái kànkan
ちょとつ【猪突】 ◆~猛進 盲目冒进 mángmù màojìn
ちょめい【著名-な】 著名 zhùmíng; 有名 yǒumíng ◆~人 知名人士 zhīmíng rénshì; 公众人物 gōngzhòng rénwù
ちょろまかす 偷钱 tōu qián; 蒙骗 méngpiàn ◆金を~ 骗取钱财 piànqǔ qiáncái
ちょんぼ 意外失策 yìwài shīcè
ちょんまげ【丁髷】 ◆~に結う 梳发髻 shū fàjì
ちらかす【散らかす】 弄乱 nòngluàn
ちらかる【散らかる】 零乱 língluàn; 乱七八糟 luànqībāzāo
ちらし【散らし】 广告 guǎnggào; 传单 chuándān
ちらす【散らす】 散开 sànkāi; 散布 sànbù
ちらちら 隐隐约约 yǐnyǐnyuēyuē
ちらつく ◆〈光が〉~ 闪烁 shǎnshuò ◆雪が~ 雪花飘飘 xuěhuā piāopiāo
ちらっと ◆~見る 一瞥 yípiē
ちらばる【散らばる】 散乱 sǎnluàn; 零散 língsàn ◆各地に散らばっている 分散在各地 fēnsànzài gèdì
ちらほら 星星点点 xīngxīng diǎndiǎn; 稀稀拉拉 xīxīlālā
ちり【塵】 尘土 chéntǔ; 灰尘 huīchén ◆~も積もれば山となる 积少成多 jī shǎo chéng duō; 集腋成裘 jí yè chéng qiú
ちり【地理】 地理 dìlǐ
ちりがみ【塵紙】 手纸 shǒuzhǐ; 卫生纸 wèishēngzhǐ
ちりぢり【散り散り-の】 七零八落 qīlíngbāluò; 四散 sìsàn
ちりとり【塵取り】 簸箕 bòji; 垃圾撮子 lājī cuōzi
ちりばめる【鏤める】 镶嵌 xiāngqiàn
ちりめん【縮緬】 绉绸 zhòuchóu
ちりょう【治療-する】 医治 yīzhì; 治疗 zhìliáo ◆~を受ける 就诊 jiùzhěn ◆~法 疗法 liáofǎ
ちりょく【知力】 智力 zhìlì
ちりれんげ【散蓮華】 调羹 tiáogēng; 羹匙 gēngchí; 汤匙 tāngchí
ちりんちりん【鈴などの】 丁零丁零 dīnglíngdīnglíng
ちる【散る】 散 sàn; 分散 fēnsàn ◆花が～ 花谢 huā xiè ◆気が～ 精神不集中 jīngshén bù jízhōng
チルド 冷藏 lěngcáng ◆~輸送 冷

藏运输 lěngcáng yùnshū
ちわげんか【痴話喧嘩】 吃醋吵架 chīcù chǎojià
ちん【賃】♦家~ 房租 fángzū ♦運~ 运费 yùnfèi ♦工~ 工钱 gōngqián
ちんあげ【賃上げ-する】 加薪 jiāxīn ♦~要求 要求加薪 yāoqiú jiāxīn
ちんあつ【鎮圧-する】 镇压 zhènyā；平息 píngxī
ちんうつ【沈鬱-な】 忧郁 yōuyù；沉抑 chényì
ちんか【沈下-する】 下沉 xiàchén；沉降 chénjiàng ♦地盤~ 地面下沉 dìmiàn xiàchén
ちんか【鎮火-する】 灭火 miè huǒ；火灾熄灭 huǒzāi xīmiè
ちんがし【賃貸し-する】 出租 chūzū；出赁 chūlìn
ちんがり【賃借り-する】 租借 zūjiè；租赁 zūlìn；赁 lìn
ちんき【珍奇-な】 珍奇 zhēnqí
ちんきゃく【珍客】 稀客 xīkè
ちんぎん【賃金】 工钱 gōngqian；工资 gōngzī；薪水 xīnshuǐ ♦~を上げる 加薪 jiāxīn ♦~を減らす 减薪 jiǎnxīn ♦~格差 工资差距 gōngzī chājù ♦~が安い 薪水低 xīnshuǐ dī
ちんこん【鎮魂】 安魂 ānhún ♦~歌 安魂曲 ānhúnqǔ
ちんじ【珍事】 稀奇事 xīqíshì
ちんしごと【賃仕事】 计件工作 jìjiàn gōngzuò
ちんしもっこう【沈思黙考】 沉思默想 chénsī mòxiǎng
ちんしゃ【陳謝-する】 道歉 dàoqiàn；赔不是 péi búshi
ちんじゅつ【陳述-する】 陈述 chénshù ♦~書 陈述书 chénshùshū；申诉书 shēnsùshū
ちんじょう【陳情-する】 请愿 qǐngyuàn ♦役所に~する 向机关请愿 xiàng jīguān qǐngyuàn
ちんせい【鎮静-する】 平静 píngjìng ♦~剤 定心丸 dìngxīnwán；镇静剂 zhènjìngjì
ちんせつ【珍説】 奇谈 qítán
ちんたい【沈滞-した】 呆滞 dāizhì；沉闷 chénmèn；死气沉沉 sìqì chénchén ♦~を打破する 打破沉闷气氛 dǎpò chénmèn qìfēn
ちんたい【賃貸-する】 出租 chūzū ♦~料 租金 zūjīn；租钱 zūqian
ちんたいしゃく【賃貸借】 租赁 zūlìn ♦~契約 租约 zūyuē
ちんたら 慢慢吞吞 mànmàntūntūn
ちんちゃく【沈着-な】 沉着 chénzhuó
ちんちょう【珍重-する】 珍视 zhēn-

shì；珍重 zhēnzhòng
ちんつう【沈痛】 悲痛 bēitòng；沉痛 chéntòng ♦~な面持ち 沉痛的表情 chéntòng de biǎoqíng
ちんでん【沈澱-する】 沉淀 chéndiàn ♦~物 沉淀物 chéndiànwù
ちんにゅう【闖入-する】 闯入 chuǎngrù；闯进 chuǎngjìn
チンパンジー 黑猩猩 hēixīngxing
ちんぴら 小流氓 xiǎoliúmáng
ちんぴん【珍品】 珍品 zhēnpǐn
ちんぷ【陳腐-な】 陈腐 chénfǔ；陈旧 chénjiù ♦~な言葉 陈词滥调 chén cí làn diào
ちんぷんかんぷん 莫名其妙 mò míng qí miào；无法理解 wúfǎ lǐjiě
ちんぼつ【沈没-する】 沉没 chénmò；下沉 xiàchén ♦~船 沉船 chénchuán
ちんみ【珍味】 ♦山海の~ 山珍海味 shānzhēn hǎiwèi
ちんもく【沈黙-する】 沉默 chénmò；沉寂 chénjì ♦~を破る 打破沉默 dǎpò chénmò
ちんれつ【陳列-する】 陈列 chénliè；铺陈 pūchén ♦~棚 陈列架 chénlièjià；陈列橱 chénlièchú

つ

ツアー 旅行 lǚxíng；旅游 lǚyóu ◆～コンダクター 旅游向导 lǚyóu xiàngdǎo

つい[対] ◆～になる 成对 chéngduì

つい 不由得 bùyóude；无意中 wúyìzhōng ◆～しゃべってしまった 无意中说出来了 wúyìzhōng shuōchūlai le ◆～さっき 刚才 gāngcái

ツイード 苏格兰呢 sūgélánní；粗呢 cūní

ついえる[潰える] 崩溃 bēngkuì

ついおく[追憶-する] 追忆 zhuīyì；回忆 huíyì

ついか[追加-する] 追加 zhuījiā；添补 tiānbǔ ◆～予算 追加预算 zhuījiā yùsuàn

ついかんばん[椎間板] ◆～ヘルニア 椎间盘突出症 zhuījiānpán tūchūzhèng

ついき[追記] 补记 bǔjì

ついきゅう[追及-する] 追查 zhuīchá；追究 zhuījiū ◆責任を～する 追究责任 zhuījiū zérèn

ついきゅう[追求-する] 追求 zhuīqiú

ついきゅう[追究-する] 追究 zhuījiū；探索 tànsuǒ ◆真相を～する 追究真相 zhuījiū zhēnxiàng

ついく[対句] 对句 duìjù；对偶句 duì'ǒujù

ついげき[追撃-する] 追击 zhuījī

ついしけん[追試験] 补考 bǔkǎo ◆～を受ける 参加补考 cānjiā bǔkǎo

ついじゅう[追従-する] 追随 zhuīsuí；效法 xiàofǎ

ついじゅう[追従] 讨好 tǎohǎo；奉承 fèngchéng

ついしん[追伸]《書簡の「P.S.」》又及 yòují；再者 zàizhě

ついずい[追随-する] 追随 zhuīsuí；亦步亦趋 yì bù yì qū ◆～を許さない 不可效仿 bùkě xiàofǎng

ついせき[追跡-する] 跟踪 gēnzōng；尾追 wěizhuī ◆～調査 跟踪研究 gēnzōng yánjiū

ついぜん[追善-する] ◆～供養 为死者作佛事 wèi sǐzhě zuò fóshì

ついそ[追訴-する] 追诉 zhuīsù；追加诉讼 zhuījiā sùsòng

ついそう[追想-する] 回忆 huíyì；追想 zhuīxiǎng

ついたて[衝立] 屏风 píngfēng

ついちょう[追徴-する] 补征 bǔzhēng；追征 zhuīzhēng

ついに 不由得 bùyóude；不由自主 bù yóu zì zhǔ ◆～涙がこぼれた 不由得流泪了 bùyóude liúlèi le

ツイッター 推特 tuītè

ついて《…について》对于 duìyú；就 jiù；关于 guānyú

ついで[序に] 就便 jiùbiàn；顺便 shùnbiàn ◆～の時 得便时 débiàn shí

ついで[次いで] 随后 suíhòu；接着 jiēzhe ◆～かれが歌った 接着他唱了 jiēzhe tā chàng le

ついている[運] 运气好 yùnqi hǎo；走运 zǒuyùn ◆～いない 倒霉 dǎoméi；晦气 huìqì

ついてゆけない[付いて行けない] 赶不上 gǎnbushàng；跟不上 gēnbushàng

ついてゆける[付いて行ける] 赶得上 gǎndeshàng；跟得上 gēndeshàng

ついとう[追悼-する] 追悼 zhuīdào ◆～の辞 悼词 dàocí

ついとつ[追突-する] 从后面撞上 cóng hòumian zhuàngshàng

ついに[遂に] 终于 zhōngyú；到底 dàodǐ

ついにん[追認-する] 追认 zhuīrèn；事后承认 shìhòu chéngrèn

ついばむ[啄む] 啄 zhuó

ついひ[追肥] 追肥 zhuīféi

ついぼ[追慕-する] 缅怀 miǎnhuái；怀念 huáiniàn

ついほう[追放-する] 驱逐 qūzhú；放逐 fàngzhú；流放 liúfàng

ついやす[費やす]《時間・金銭を》花费 huāfèi；花费 huāfèi ◆言葉を～ 费口舌 fèi kǒushé

ついらく[墜落-する] 坠落 zhuìluò ◆～死 摔死 shuāisǐ

ツイン 双人房间 shuāngrén fángjiān

つう[通] 内行 nèiháng；行家 hángjia ◆アメリカ～ 美国通 Měiguótōng

つういん[痛飲-する] 痛饮 tòngyǐn；酣饮 hānyǐn

つういん[通院-する] 门诊治疗 ménzhěn zhìliáo

つううん[通運] ◆～会社 运输公司 yùnshū gōngsī

つうか[通貨] 通货 tōnghuò ◆～交换レート 货币兑换率 huòbì duìhuànlǜ

つうか[通過-する] 通过 tōngguò；经过 jīngguò

つうかい[痛快-な] 痛快 tòngkuài；大快人心 dàkuài rénxīn

つうがく[通学-する] 上学 shàngxué ◆～生 走读生 zǒudúshēng

つうかん[痛感-する] 痛感 tòng-

gǎn; 深感 shēngǎn
つうかん【通関-する】♦～手续き 过关手续 guòguān shǒuxù
つうき【通気】 通风 tōngfēng; 通气 tōngqì ♦～孔 通风口 tōngfēngkǒu; 通气口 tōngqìkǒu
つうぎょう【通暁】-する】 精通 jīngtōng; 洞晓 dòngxiǎo
つうきん【通勤-する】 上班 shàngbān ♦～ラッシュ 上下班高峰时间 shàngxiàbān gāofēng shíjiān
つうげき【痛撃】 痛打 tòngdǎ; 痛击 tòngjī ♦～を蒙る 受到严重打击 shòudào yánzhòng dǎjī
つうこう【通行-する】 通行 tōngxíng; 往来 wǎnglái ♦～禁止 禁止通行 jìnzhǐ tōngxíng ♦～証 通行证 tōngxíngzhèng ♦～人 行人 xíngrén
つうこう【通航-する】 通航 tōngháng
つうこく【通告-する】 通告 tōnggào; 通知 tōngzhī
つうこん【痛恨】 痛心 tòngxīn ♦～に堪えない 悔恨不已 huǐhèn bùyǐ ♦～の極み 遗憾之至 yíhàn zhī zhì
つうさん【通算-する】 总计 zǒngjì
つうしょう【通商-する】 贸易 màoyì ♦～条约 通商条约 tōngshāng tiáoyuē
つうしょう【通称】 俗称 súchēng
つうじょう【通常-の】 一般; 通常 tōngcháng
つうじる【通じる】 （つながる）通 tōng ♦電话が～ 通电话 tōng diànhuà ♦(道が)市内に通じている 通到市内 tōngdào shìnèi;（分る）日本語に通じている 精通日语 jīngtōng Rìyǔ ♦気脈を～ 串通一气 chuàntōng yíqì ♦心が～ 心心相通 xīnxīn xiāngtōng ♦話が通じない 说不通 shuōbutōng; 不理解 bù lǐjiě; 通して ｜…を通じて 通过 tōngguò
つうしん【通信-する】 通讯 tōngxùn ♦～衛星 通讯卫星 tōngxùn wèixīng ♦～教育 函授 hánshòu ♦～社 通讯社 tōngxùnshè ♦～販売 函售 hánshòu ♦～販売で買う 邮购 yóugòu; 函购 hángòu
つうしんぼ【通信簿】 成绩册 chéngjìcè
つうせい【通性】 通性 tōngxìng; 共性 gòngxìng
つうせつ【通説】 一般的说法 yībān de shuōfǎ
つうせつ【痛切-に】 痛切 tòngqiè ♦～に感じる 深深感到 shēnshēn gǎndào

つうそく【通則】 一般的规则 yībān de guīzé
つうぞく【通俗-な】 通俗 tōngsú ♦～文学 通俗文学 tōngsú wénxué
つうたつ【通達-する】 通告 tōnggào; 通知 tōngzhī
つうち【通知-する】 通知 tōngzhī
つうちひょう【通知表】 成绩单 chéngjìdān
つうちょう【通帳】 ♦貯金～ 存折 cúnzhé
つうちょう【通牒】 通牒 tōngdié ♦最後～ 最后通牒 zuìhòu tōngdié
つうといえばかあ【つうと言えばかあ】心连心 xīn lián xīn; 彼此心照 bǐcǐ xīn zhào
つうどく【通読-する】 通读 tōngdú
ツートンカラー 双色调 shuāngsèdiào
つうねん【通念】 共同的想法 gòngtóng de xiǎngfa; 一般化 yībān de xiǎngfa
つうば【痛罵-する】 痛骂 tòngmà ♦～を負う 患痛风 huàn tòngfēng
つうふう【通風】 通风 tōngfēng
つうほう【通報-する】 通报 tōngbào;（警察に）报警 bàojǐng
つうぼう【痛棒】 ♦～を食らう 被痛斥 bèi tòngchì
つうやく【通訳-する】 翻译 fānyì; 口译 kǒuyì ♦同時～ 同声传译 tóngshēng chuányì
つうよう【通用-する】 通用 tōngyòng ♦～しない 行不通 xíngbutōng ♦～口 便门 biànmén; 側门 cèmén ♦～門 旁门 pángmén; 便门 biànmén
つうよう【痛痒】 痛痒 tòngyǎng ♦～を感じない 无关痛痒 wúguān tòngyǎng
つうらん【通覧-する】 综览 zōnglǎn; 总览 zǒngguān
ツーリスト 旅客 lǚkè
ツール 工具 gōngjù; 器具 qìjù
つうれい【通例】 惯例 guànlì; 常规 chángguī
つうれつ【痛烈-な】 严厉 yánlì; 激烈 jīliè; 猛烈 měngliè
つうろ【通路】 过道 guòdào; 通路 tōnglù
つうわ【通話】 通话 tōnghuà ♦～料 通话费 tōnghuàfèi
つえ【杖】 手杖 shǒuzhàng; 拐杖 guǎizhàng ♦～を突く 拄拐杖 zhǔ guǎizhàng
つか【塚】 土堆 tǔduī; 坟墓 fénmù
つかい【使い】 ♦～を出す 打发人去 dǎfā rén qù; 派使者 pài shǐzhě
つがい【番】 雌雄 cíxióng; 一对 yí

つかいかた【使い方】用法 yòngfǎ
つかいきる【使い切る】用完 yòngwán
つかいこなす【使いこなす】运用自如 yùnyòng zìrú
つかいこむ【使い込む】❶《着服する》挪用 nuóyòng；盗用 dàoyòng ❷《使い慣れる》用惯 yòngguàn
つかいすて【使い捨て-の】一次性 yícìxìng
つかいだて【使い立て】◆～する 派人去 pài rén qù ◆お～してすみません 麻烦您跑一趟，对不起 máfan nín pǎo yítàng, duìbuqǐ
つかいで【使い出】◆～がある 耐用 nàiyòng ◆～がない 不经用 bù jīngyòng
つかいなれる【使い慣れる】用惯 yòngguàn
つかいのこす【使い残す】用剩 yòngshèng
つかいばしり【使い走り】跑腿儿 pǎotuǐr
つかいはたす【使い果たす】用尽 yòngjìn ◆金を～ 把钱花光 bǎ qián huāguāng ◆資源を～ 耗尽资源 hàojìn zīyuán
つかいみち【使い道】用处 yòngchù ◆～のある 有用 yǒuyòng ◆～のない 无用 wúyòng；没有用处 méiyǒu yòngchù
つかいもの【使いもの】◆～にならない 不中用 bù zhōngyòng；没有用 méiyǒu yòng
つかいわける【使い分ける】分别使用 fēnbié shǐyòng
つかう【使う】用 yòng；使用 shǐyòng ◆頭を～ 动脑筋 dòng nǎojīn
つかう【遣[使]う】◆お金を～ 花钱 huā qián ◆気を～ 费心 fèixīn；操心 cāoxīn
つかえる【支える】《道が》堵塞 dǔsè；拥塞 yōngsè ◆喉に～ 卡在嗓子里 kǎzài sǎngzili
つかえる【仕える】服侍 fúshì；伺候 cihou；服务 fúwù
つかさどる【司る】掌管 zhǎngguǎn；执掌 zhízhǎng
つかずはなれず【付かず離れず-の】不即不离 bù jí bù lí；若即若离 ruò jí ruò lí
つかぬこと【付かぬ事】◆～をお尋ねしますが 冒昧地问一下 màomèi de wèn yíxià
つかのま【束の間-の】一瞬间 yíshùnjiān；转眼之间 zhuǎnyǎn zhī jiān
つかまえる【捕まえる】捉 zhuō；捕获 bǔhuò；捕捉 bǔzhuō；抓住 zhuāzhù ◆タクシーを～ 找辆出租汽车 zhǎo liàng chūzū qìchē ◆犯人を～ 捉拿犯人 zhuōná fànrén
つかまる【捕まる】《捕らえられる》被逮住 bèi zhuāzhù；被捕 bèibǔ；《しっかり掴む》抓住 zhuāzhù
つかみあい【掴み合い-をする】扭打 niǔdǎ ◆～の喧嘩 互相揪扯 hùxiāng jiūchě
つかみかかる【掴み掛かる】前来揪住 qiánlái jiūzhù
つかみだす【掴み出す】抓出 zhuāchū
つかみどころ【掴み所】◆～のない 难以捉摸 nányǐ zhuōmō；不得要领 bù dé yàolǐng
つかむ【掴む】抓 zhuā；揪 jiū ◆チャンスを～ 抓住机会 zhuāzhù jīhuì
つかる【浸る】泡 pào；泡入 pàorù ◆風呂に～ 泡在浴缸里 pàozài yùgānglǐ
つかれ【疲れ】疲劳 píláo ◆～が出る 感到疲倦 gǎndào píjuàn ◆～の色 倦容 juànróng
つかれきる【疲れ切る】精疲力竭 jīng pí lì jié
つかれはてる【疲れ果てる】筋疲力尽 jīn pí lì jìn
つかれる【疲れる】累 lèi；疲劳 píláo；疲惫 píjuàn
つかわす【遣わす】派遣 pàiqiǎn
つき【付】《幸運》运气 yùnqì；红运 hóngyùn ◆～が回る 走运 zǒuyùn ◆～がない 背运 bèiyùn
つき【月】❶《空の》月亮 yuèliang ◆～の光 月光 yuèguāng ◆三日月 三日月儿 yuèyár ◆～とすっぽんの差 天壤之別 tiān rǎng zhī bié ❷《こよみの》月份 yuèfèn ◆三〈み〉～ 三个月 sān ge yuè ◆初め 月初 yuèchū；月头儿 yuètóur ◆なかば 月中 yuèzhōng ◆～末 月底 yuèdǐ ◆極め按月 àn yuè
つぎ【継ぎ】补丁 bǔdīng ◆～を当てる 打补丁 dǎ bǔdīng
つぎ【次-の】下一个 xià yíge；其次 qícì ◆～の試合 下次比赛 xiàcì bǐsài
つきあい【付き合い】交往 jiāowǎng；应酬 yìngchou ◆長年の～ 多年的交往 duōnián de jiāowǎng；相交有素 xiāngjiāo yǒu sù ◆彼と～がある 跟他来往 gēn tā láiwǎng ◆～で飲む 陪着喝酒 péizhe hē jiǔ
つきあう【付き合う】打交道 dǎ jiāodào；交往 jiāowǎng；来往 láiwǎng；陪同 péitóng ◆コーヒーに～ 陪着去咖啡馆 péizhe qù kāfēiguǎn
つきあげ【突き上げ】◆下からの～ 下级的压力 xiàjí de yālì

つきあたり【突き当り】 尽头 jìntóu;
~を左に曲がりなさい 走到尽头儿
往左拐 zǒudào jìntóur wǎng zuǒ
guǎi
つきあたる【突き当たる】 撞 v
zhuàng;困難に~ 碰到困難
pèngdào kùnnan
つきあわせる【突き合わせる】 查对
cháduì;核对 hé duì ♦顔を~面对
面 miàn duì miàn
つきおとす【突き落とす】 推下去 tuī
xiàqu
つきかえす【突き返す】 退回 tuìhuí;
拒绝 jùjué
つぎき【接ぎ木】-する 接枝 jiēzhī;
嫁接 jiàjiē
つききり【付き切り】-で ~で看病す
る 整天不离地护理 zhěngtiān bù
lí de hùlí
つきごと【月毎に】 每月 měiyuè
つぎこむ【注ぎ込む】 注入 zhùrù;傾
注 qīngzhù ♦〈金や 競馬に〉 花在
赛马上 huāzài sàimǎshang
つきさす【突き刺す】 扎入 zhārù;刺
进 cìjìn;捅进 tǒngjìn
つきしたがう【付き従う】 伴随 bàn
suí;跟随 gēnsuí
つきすすむ【突き進む】 冲进 chōng
jìn;迈进 màijìn
つきそう【付き添う】 伺候 cìhou;照
看 zhàokàn;护理 hùlǐ
つきそう【付き添う】 服侍 fúshì;陪
伴 péibàn
つきだす【突き出す】 ♦腹を~ 挺出
肚子来 tǐngchū dùzi lái ♦窓から頭
を~ 从窗口探头 cóng chuāngkǒu
tàntóu ♦犯人を~ 扭送 niǔsòng
つぎたす【継ぎ足す】 补上 bǔ
shàng;添上 tiānshàng
つきたてる【突き立てる】 竖起 shù
qǐ;插上 chāshàng ♦親指を~ 竖
起大拇指 shùqǐ dàmǔzhǐ
つきづき【月々】 每个月 měi ge yuè
つぎつぎ【次々と】 接二连三 jiē èr
lián sān;接连不断 jiēlián búduàn
つきづける【突き付ける】 摆在眼前
bǎizài yǎnqián;亮出 liàngchū
つきつめる【突き詰める】 ♦突き詰めて考える 冥思苦想
míng sī kǔ xiǎng
つきでる【突き出る】 突出 tūchū
つきとばす【突き飛ばす】 撞倒
zhuàngdǎo;推倒 tuīdǎo
つきとめる【突き止める】 查明 chá
míng;追究 zhuījiū
つきなみ【月並み】 平庸 píng
yōng;平淡无奇 píngdàn wúqí
つきぬける【突き抜ける】 ♦壁を~ 穿
透墙壁 chuāntòu qiángbì ♦公園を~
穿过公园 chuānguò gōngyuán

ツキノワグマ【月輪熊】 狗熊 gǒu
xióng;黑狗熊 hēixióng
つぎはぎ【継ぎ接ぎ】 缝补 féngbǔ;
补丁 bǔdīng ♦〈寄せ集めの〉 东拼西
凑 dōng pīn xī còu
つきはなす【突き放す】 推开 tuīkāi;
甩掉 shuǎidiào
つきばらい【月払い】 分月付款 fēn
yuè fùkuǎn
つきひ【月日】 时光 shíguāng;岁月
suìyuè
つきびと【付き人】 〈芸能人などの〉
侍人 fúshìrén;跟班 gēnbān
つきまとう【付き纏う】 缠住 chán
zhù;纠缠 jiūchán ♦人が しつこく
~ 纠缠不休 jiūchán bùxiū
つきまち【月待ち】 赏月 shǎngyuè
ツキミソウ【月見草】 〈マツヨイグサ〉
待宵草 dàixiāocǎo
つぎめ【継ぎ目】 接缝 jiēfèng
つきやとい【月雇一の】 月工 yuè
gōng
つきやぶる【突き破る】 扎破 zhāpò;
戳穿 chuōchuān
つきやま【築山】 假山 jiǎshān
つきゆび【突き指-する】 戳伤手指
chuōshāng shǒuzhǐ
つきよ【月夜】 月夜 yuèyè
つきる【尽きる】 尽 jìn;完 wán;结
束 jiéshù ♦力が~ 筋疲力尽 jīn pí
lì jìn
つきわり【月割り】 每月平均 měiyuè
píngjūn
つく【付く】 附着 fùzhuó;粘上
zhānshàng ♦泥が~ 沾上泥 zhān
shàng ní ♦おまけが~ 附送赠品 fù
sòng zèngpǐn ♦護衛が~ 有警卫员
跟随 yǒu jǐngwèiyuán gēnsuí ♦知
恵が~ 长智慧 zhǎng zhìhuì ♦傷が
~ 留下伤痕 liúxià shānghén ♦片
が~ 得到解决 dédào jiějué ♦気が
~ 注意到 zhùyìdào
つく【就く】 ~就任 jiùrèn ♦床
に~ 就寝 jiùqǐn
つく【着く】 到 dào ♦家に~ 到家
dào jiā ♦手紙が着いた 信寄到了
xìn jìdào le
つく【突く】 捅 tǒng;扎 zhā;戳
chuō ♦鐘を~ 敲钟 qiāo zhōng ♦
杖を~ 拄拐杖 zhǔ guǎizhàng ♦两
手を~两手支地 liǎngshǒu zhīdì ♦
鼻を~ 扑鼻 pūbí ♦弱点を~ 攻击
弱点 gōngjī ruòdiǎn
つく【搗く】 ♦モチを~ 捣糍粑 dǎ
cíbā
つく【吐く】 ♦ため息を~ 叹一口气
tàn yì kǒu qì ♦嘘を~ 说谎 shuō
huǎng
つく【憑く】 魔物が~ 魔鬼附体
móguǐ fùtǐ

つぐ【注ぐ】 注入 zhùrù ♦酒を～ 斟酒 zhēn jiǔ ♦茶を～ 倒茶 dào chá
つぐ【次ぐ】 ♦東京に～大都会 仅次于东京的大城市 jǐn cìyú Dōngjīng de dà chéngshì
つぐ【継ぐ】 继承 jìchéng
つぐ【接ぐ】 接 jiē ♦骨を～ 接骨 jiēgǔ ♦ことばを～ 继续说 jìxù shuō
つくえ【机】 书桌 shūzhuō; 桌子 zhuōzi; 写字台 xiězìtái
ツクシ[土筆] 笔头草 bǐtóucǎo
つくす【尽くす】 尽 jìn ♦全力を～ 竭尽全力 jiéjìn quánlì ♦社会に～ 为社会效力 wèi shèhuì xiàolì ♦言い尽くせない 说不尽 shuōbujìn ♦烧き～ 烧光 shāoguāng ♦なにもかも知りつくしている 什么事情都知道 shénme shìqing dōu zhīdao
つくづく【熟】 ♦眺める 仔细看 zǐxì kàn ♦～思う 深切地觉得 shēnqiè de juéde
ツクツクボウシ【寒蝉】 寒蝉 hánchán
つぐなう【償う】 赔偿 péicháng; 赎罪 shú zuì ♦损害を～ 赔偿损失 péicháng sǔnshī
つぐむ【噤む】 口を～ 缄口 jiānkǒu; 闭口不言 bì kǒu bù yán
つくり【作[造]り】 结构 jiégòu ♦頑丈な～ 构造坚固 gòuzào jiāngù
つくり【旁】〈漢字の〉偏旁 piānpáng
つくりあげる【作り上げる】 造成 zàochéng; 做成 zuòchéng
つくりかえる【作り替える】 重做 chóngzuò; 改造 gǎizào
つくりかた【作り方】 做法 zuòfǎ; 作法 zuòfǎ
つくりごえ【作り声】 假嗓子 jiǎsǎngzi
つくりごと【作り事】 虚构 xūgòu; 捏造 niēzào
つくりつけ【作り付け-の】 固定 gùdìng
つくりなおす【作り直す】 重做 chóngzuò; 重新修改 chóngxīn xiūgǎi
つくりばなし【作り話】 假话 jiǎhuà; 编造的话 biānzào de huà
つくりもの【作り物】 仿制品 fǎngzhìpǐn
つくりわらい【作り笑いーする】 假笑 jiǎxiào; 强笑 qiǎngxiào
つくる【作る】 做 zuò; 作 zuò; 制作 zhìzuò ♦料理を～ 做菜 zuò cài ♦会社を～ 创办公司 chuàngbàn gōngsī ♦法律を～ 制定法律 zhìdìng fǎlǜ ♦バラを～ 栽培蔷薇 zāipéi qiángwēi ♦ひまを～ 抽空 chōu kòng
つくる【造る】 造 zào; 建 jiàn ♦船を～ 造船 zào chuán

つくろう【繕う】 缝补 féngbǔ; 修补 xiūbǔ ♦その場を～ 敷衍一时 fūyǎn yìshí
つけ【付け】 赊账 shēzhàng ♦～で买う 赊购 shēgòu
ツゲ【黄楊】 黄杨 huángyáng
つけあがる【付け上がる】 放肆起来 fàngsìqǐlai
つけあわせる【付け合わせる】 搭配 dāpèi; 配上 pèishàng
つけいる【付け入る】 乘机 chéngjī ♦～隙がない 无隙可乘 wú xì kě chéng
つけかえる【付け換える】 更换 gēnghuàn
つけぐすり【付け薬】 外用药 wàiyòngyào; 涂敷药 túfūyào
つげぐち【告げ口】 告密 gàomì; 打小报告 dǎ xiǎobàogào
つけくわえる【付け加える】 附加 fùjiā; 补充 bǔchōng
つけこむ【付け込む】 乘机 chéngjī
つけたし【付け足し-の】 附加 fù ♦～する 附加 fùjiā
つけどころ【付け所】 ♦目の～ 着眼处 zhuóyǎn chù
つけとどけ【付け届けーをする】 送人情 sòng rénqíng
つけね【付け値】 买价 mǎijià
つけね【付け根】 根儿 gēnr ♦腕の～ 胳膊根儿 gēbogēnr
つけねらう【付け狙う】 伺机 sìjī; 跟踪 gēnzōng
つけまつげ【付け睫毛】 假睫毛 jiǎjiémáo
つけめ【付け目】 可乘之机 kě chéng zhī jī
つけもの【漬物】 咸菜 xiáncài; 酱菜 jiàngcài; 泡菜 pàocài
つけやきば【付け焼刃】 临阵磨枪 lín zhèn mó qiāng
つける【付[着]ける】 安上 ānshàng; 贴上 tiēshàng ♦药を～上药 shàng yào ♦下着を～ 穿内衣 chuān nèiyī ♦付录を～ 加上附录 jiāshàng fùlù ♦護衞を～ 配备警卫 pèizhe jǐngwèi ♦值段を～ 定出价钱 dìngchū jiàqian ♦日記を～ 记日记 jì rìjì ♦岸に～ 靠岸 kào àn
つける【点ける】 ♦火を～ 点火 diǎn huǒ ♦電气を～ 开灯 kāi dēng
つける【漬ける】 ❶〈液体に〉淹 yān; 泡 pào ❷〈漬物を〉腌 yān
つげる【告げる】 告诉 gàosu
つごう【都合】♦仕事の～で 因工作关系 yīn gōngzuò guānxi ♦かれの～次第で 看他的情况怎样 kàn tā de qíngkuàng zěnyàng ♦～がよい 方便 fāngbiàn ♦～が悪い 不方

便 bù fāngbiàn ♦～のよいことに 刚好 gānghǎo ♦～をつける 安排时间 ānpái shíjiān ♦～300人 总共三百人 zǒnggòng sānbǎi rén
つじ【辻】❶《十字路》十字路口 shízì lùkǒu ❷《道の짰》路旁 lùpáng；街头 jiētóu
つじつま【辻褄】条理 tiáolǐ ♦～の合わない 不合道理 bùhé dàolǐ；前后矛盾 qiánhòu máodùn
ツタ【蔦】爬山虎 páshānhǔ；常春藤 chángchūnténg
つたう【伝う】顺 shùn；沿 yán ♦ロープを伝って下りる 顺着绳索下来 shùnzhe shéngsuǒ xiàlái
つたえきく【伝え聞く】传闻 chuánwén；听说 tīngshuō
つたえる【伝える】传 chuán；传达 chuándá ♦熱を～ 导热 dǎorè ♦ニュースを～ 传播新闻 chuánbō xīnwén ♦彼に～ 转告他 zhuǎngào tā ♦子孫に～ 流传给后代 liúchuán gěi hòudài
つたない【拙い】笨拙 bènzhuō；拙劣 zhuōliè
つたわる【伝わる】传 chuán ♦うわさが～ 谣传 yáochuán；流言在传播 liúyán zài chuánbō ♦代々～ 代代相传 dàidài xiāngchuán ♦宗教が～ 宗教传播 zōngjiào chuánbō
つち【土】土 tǔ；土壤 tǔrǎng
つち【培】培养 péiyǎng
つちくれ【土塊】土块 tǔkuài
つちけいろ【土気色─の】《顏色など》蜡黄 làhuáng
つちけむり【土煙】飞尘 fēichén
つちふまず【土踏まず】脚心 jiǎoxīn
つちぼこり【土埃】灰沙 huīshā；尘土 huītǔ
つつ【筒】管子 guǎnzi；筒 tǒng ♦茶～ 茶叶筒 cháyètǒng
つつうらうら【津々浦々に】山南海北 shān nán hǎi běi；五湖四海 wǔ hú sì hǎi
つっかいぼう【突っ支い棒】支棍 zhīgùn；支柱 zhīzhù
つっかかる【突っ掛かる】顶撞 dǐngzhuàng
つつがなく【恙なく】安然无事 ānrán wúshì；无恙 wúyàng
つづき【続き】继续 jìxù；衔接 xiánjiē
つづきがら【続柄】亲属关系 qīnshǔ guānxi
つづきばんごう【続き番号】连续号码 liánxù hàomǎ
つづきもの【続き物】❶《テレビドラマの》连续剧 liánxùjù ❷《小説》连载小说 liánzài xiǎoshuō
つっきる【突っ切る】穿过 chuān-guò；横过 héngguò
つつく【突付く】捅 tǒng；捅咕 tǒnggu
つづく【続く】继续 jìxù；持续 chíxù ♦雨の日が～ 接连阴雨天 jiēliányīnyǔ tiān
つづけざまに【続けざまに】接连不断 jiēlián búduàn；连续 liánxù
つづける【続ける】继续 jìxù；持续 chíxù ♦～続けて言う 接着说 jiēzhe shuō
つっけんどん【突っ慳貪】冷漠 lěngmò；不和蔼 bù hé'ǎi
つっこむ【突っ込む】♦《入れる》插进 chājìn ♦ポケットに～ 塞进口袋里 sāijìn kǒudàili ♦《突入》闯进 chuǎngjìn；冲入 chōngrù；突入 tūrù ♦もっと突っ込んだ話し合いをする 更加深入地交谈 gèngjiā shēnrù de jiāotán
ツツジ【躑躅】杜鹃 dùjuān；映山红 yìngshānhóng
つつしみ【慎み】谨慎 jǐnshèn ♦～深い 很有礼貌 hěn yǒu lǐmào
つつしむ【慎(謹)む】谨慎 jǐnshèn ♦謹んでおわび致します 谨表歉意 jǐn biǎo qiànyì ♦酒を～ 节制饮酒 jiézhì yǐnjiǔ
つつぬけ【筒抜け】泄露 xièlòu
つっぱしる【突っ走る】猛跑 měngpǎo
つっぱねる【突っ撥ねる】拒绝 jùjué；顶回去 dǐnghuíqù
つっぱる【突っ張る】《自己主張》坚持己见 jiānchí jǐjiàn；《筋肉》发紧 ♦筋が～ 抽筋 chōujīn
つつましい【慎ましい】俭朴 jiǎnpǔ；恭谨 gōngjǐn
つつみ【堤】堤 dī；坝 bà
つつみ【包み】包裹 bāoguǒ ♦～を开く 打包 dǎbāo
つつみ【鼓】手鼓 shǒugǔ
つつみかくす【包み隠す】藏 掖 cángyè；遮掩 zhēyǎn
つつみがみ【包み紙】包装纸 bāozhuāngzhǐ
つつむ【包む】包 bāo；裹 guǒ
つつもたせ【美人局】美人计 měirénjì
つづり【綴り】拼写 pīnxiě ♦～を间违える 拼错 pīncuò
つづる【綴る】♦書類を～ 装订文件 zhuāngdìng wénjiàn ♦文章に～ 写成文章 xiěchéng wénzhāng
つて【伝手】♦～を頼る 拉关系 lā guānxi ♦～を求めて 找门路 zhǎo ménlù
つど【都度】♦その～ 每次 měicì；时时 shíshí
つどい【集い】集会 jíhuì
つどに【夙に】早已 zǎoyǐ

つとまる【勤まる】胜任 shèngrèn
つとめ【勤め】工作 gōngzuò; 职务 zhíwù
つとめぐち【勤め口】工作 gōngzuò ♦～を捜す 找工作 zhǎo gōngzuò ♦～が見つかる 找到工作 zhǎodào gōngzuò
つとめさき【勤め先】工作单位 gōngzuò dānwèi
つとめにん【勤め人】上班族 shàngbānzú
つとめる【勤める】工作 gōngzuò; 任职 rènzhí; 做事 zuòshì
つとめる【努める】努力 nǔlì; 尽力 jìnlì
つとめる【務める】担任 dānrèn; 充当 chōngdāng
つな【綱】粗绳 cūshéng; 绳子 shéngzi; 绳索 shéngsuǒ ♦命の～ 命根 mìnggēn
ツナ〈魚のマグロ〉金枪鱼 jīnqiāngyú
つながり【繋がり】关联 guānlián; 关系 guānxi
つながる【繋がる】联结 liánjié; 连接 liánjiē ♦電話が～ 电话接通 diànhuà jiētōng
つなぎ【繋ぎ】♦～目 接头儿 jiētóur; 接缝 jiēféng
つなぎあわせる【繋ぎ合わせる】接合 jiēhé; 接上 jiēshàng
つなぐ【繋ぐ】拴 shuān; 系 jì; 联结 liánjié; 连接 liánjiē ♦馬を～ 拴马 shuān mǎ ♦顔を～ 保持联系 bǎochí liánxì ♦手を～ 拉手 lā shǒu ♦抱一线希望 bào yī xiàn xīwàng ♦船を～ 把船系住 bǎ chuán xìzhù
つなひき【綱引き】拔河 báhé
つなみ【津波】海啸 hǎixiào
つなわたり【綱渡り】♦～をする 走钢丝 zǒu gāngsī; 走绳 zǒu shéng ♦そんな～はやめたほうがいい 不要那样冒险 búyào nàyàng màoxiǎn
つねづね【常々】平常 píngcháng; 平时 píngshí
つねに【常に】经常 jīngcháng; 时刻 shíkè; 老是 lǎo shì; 总是 zǒng shì
つねる【抓る】拧 níng; 掐 qiā
つの【角】犄角 jījiǎo ♦～を突き合わせる 顶牛儿 dǐng niúr ♦～を矯めて牛を殺す 矫角杀牛 jiǎo jiǎo shā niú
つのぶえ【角笛】牛角号 niújiǎohào
つのる【募る】❶〈募集する〉招募 zhāomù ❷〈強まる〉越来越强烈 yuè lái yuè qiángliè
つば【唾】唾沫 tuòmo; 口水 kǒushuǐ
ツバキ【椿】山茶 shānchá; 山茶花 shāncháhuā
つばさ【翼】〈飛行機の〉机翼 jīyì; 〈鳥などの〉翅膀 chìbǎng ♦～を広げる 展翅 zhǎnchì
ツバメ【燕】燕子 yànzi ♦～の巣〈料理の〉燕窝 yànwō
つぶ【粒】粒子 lìzi ♦～揃いの 一个赛一个 yí ge sài yí ge
つぶさに【具に】详细 xiángxì
つぶし【潰し】♦～が効く 多面手 duōmiànshǒu
つぶす【潰す】压坏 yāhuài; 挤碎 jǐsuì ♦鶏を～ 宰鸡 zǎi jī ♦顔を～ 丢脸 diū liǎn ♦時間を～ 消磨时光 xiāomó shíguāng
つぶつぶ【粒々】很多颗粒 hěn duō kēlì; 疙瘩瘩 gēgedādā
つぶて【礫】飞石 fēishí
つぶやき【呟き】嘟哝 dūnong
つぶやく【呟く】咕哝 gūnong; 小声说 xiǎoshēng shuō
つぶより【粒選り】-の 精选 jīngxuǎn
つぶら【円らな】圆溜溜 yuánliūliū ♦～瞳〈ひとみ〉圆圆的眼珠 yuányuán de yǎnzhū
つぶる【瞑る】♦目を～ 闭眼 bì yǎn ♦〈比喩的に〉假装不知道 jiǎzhuāng bù zhīdào
つぶれる【潰れる】压坏 yāhuài ♦家が～ 房子倒塌 fángzi dǎotā ♦会社が～ 公司破产 gōngsī pòchǎn
つべこべ♦～を言う 说三道四 shuō sān dào sì
ツベルクリン 结核菌素 jiéhé jūnsù ♦～検査 结核试验 jiéhé shìyàn
つぼ【壺】壶 hú; 罐子 guànzi; 〈はり・きゅうの〉穴位 xuéwèi; 穴道 xuédào ♦～を押さえる 抓住要点 zhuāzhù yàodiǎn
つぼみ【蕾】花骨朵 huāgūduo; 花蕾 huālěi; 花苞 huābāo
つぼめる【窄める】缩窄 suōzhǎi; 合上 héshàng ♦口を～ 抿嘴 mǐn zuǐ
つま【妻】妻子 qīzi; 老婆 lǎopo; 爱人 àirén
つまさき【爪先】脚尖 jiǎojiān ♦～で立つ 踮起脚尖 diǎnqǐ jiǎojiān ♦～で歩く 踮着脚走 qiāozhe jiǎo zǒu
つまされる♦身に～ 引起身世的悲伤 yǐnqǐ shēnshì de bēishāng
つましい【倹しい】节俭 jiéjiǎn; 俭朴 jiǎnpǔ ♦生活が～ 生活俭朴 shēnghuó jiǎnpǔ
つまずく【躓く】绊 bàn; 跌跤 diējiāo; 〈比喩〉试验で～ 因考试受挫 yīn kǎoshì shòucuò
つまはじき【爪弾き】♦～にする 排斥 páichì; 嫌弃 xiánqì
つまびらか【詳らかに-】详细 xiángxì; 一清二楚 yì qīng èr chǔ ♦～でない 不详 bùxiáng

つまみ【摘み】❶《器具の》纽 niǔ; 把儿 bàr; 电钮 diànniǔ ❷《酒の》下酒菜 xiàjiǔcài; 酒肴 jiǔyáo
つまみぐい【摘み食いーする】 偷吃 tōuchī; 偷嘴 tōuzuǐ
つまみだす【摘み出す】 揪出 jiūchū
つまむ【摘む】 撮 cuō; 拈 niān; 拍 qiā
つまようじ【爪楊枝】 牙签儿 yáqiānr
つまらない【詰まらない】 无聊 wúliáo; 没趣 méiqù ♦ ~事 微不足道的事 wēi bù zú dào de shì; 鸡毛蒜皮的事 jīmáo suànpí de shì
つまり 就是说 jiùshi shuō; 总而言之 zǒng ér yán zhī
つまる【詰まる】《ふさがる》塞满 sāimǎn; 堵塞 dǔsè; 淤寒 yūsè ♦下水が~ 下水道被堵住 xiàshuǐdào bèi dǔzhù ♦息が~ 喘不过气来 chuǎnbuguò qì lai;《短縮》差が~ 缩小差别 suōxiǎo chābié
つまるところ【詰まる所】 究竟 jiūjìng; 归根结底 guī gēn jié dǐ
つみ【罪】 罪 zuì; 罪行 zuìxíng; 罪过 zuìguò; 罪孽 zuìniè ♦~のない 无辜 wúgū ♦~を償う 赎罪 shúzuì ♦~を犯す 犯罪 fànzuì
つみあげる【積み上げる】 积累 jīlěi; 摞起 luòqi; 堆集 duījí
つみいれる【積み入れる】 装入 zhuāngrù; 装进 zhuāngjìn
つみおろし【積み降ろし】 装卸 zhuāngxiè
つみかさね【積み重ね】 堆积 duījī; 摞 luò; 积累 jīlěi
つみかさねる【積み重ねる】 垒积 lěijī; 摞 luò; 积累 jīlěi
つみき【積み木】 积木 jīmù
つみこむ【積み込む】 装载 zhuāngzài; 装进 zhuāngjìn
つみだし【積み出しーする】 装运 zhuāngyùn ♦~港 装运口岸 zhuāngyùn kǒu'àn
つみたてきん【積立金】《会社の》公积金 gōngjījīn
つみたてる【積み立てる】 积存 jīcún; 积攒 jīzǎn
つみつくり【罪作りーな】 造孽 zàoniè; 缺德 quēdé
つみとる【摘み取る】 采摘 cǎizhāi
つみに【積荷】 载货 zàihuò
つみぶかい【罪深い】 罪孽深重 zuìniè shēnzhòng
つみほろぼし【罪滅ぼしーをする】 赎罪 shúzuì; 自赎 zìshú
つむ【摘む】 摘 zhāi;《花や果実を》采摘 cǎizhāi
つむ【積む】 堆积 duījī; 装载 zhuāngzài
つむぐ【紡ぐ】 纺 fǎng

つむじ【旋毛】 旋毛 xuánmáo ♦ ~曲がりの 乖僻 guāipì; 乖戻 guāilì
つむじかぜ【旋風】 旋风 xuànfēng
つめ【爪】 指甲 zhījiǎ; zhījia ♦ ~を切る 剪指甲 jiǎn zhījia ♦ ~を伸ばす 留指甲 liú zhījia
つめ【詰め】♦~が甘い 功亏一篑 gōng kuī yí kuì
つめあと【爪跡】《災害の》伤痕 shānghén; 痕迹 hénjī
つめあわせ【詰め合せ】 混装 hùnzhuāng
つめえり【詰め襟】 立领 lìlǐng
つめかける【詰め掛ける】 挤上来 jǐshànglai; 蜂拥而至 fēng yōng ér zhì
つめきり【爪切り】 指甲刀 zhījiǎdāo
つめこむ【詰め込む】 塞 sāi ♦ かばんに~ 装进皮包 zhuāngjìn píbāo
つめしょうぎ【詰将棋】 残棋谱 cánqípǔ
つめたい【冷たい】 冷 lěng; 凉 liáng;《態度が》冷淡 lěngdàn ♦ 風が~ 冷飕飕 lěngsōusōu ♦ 氷のように~ 冰凉 bīngliáng; ~ビール 冷啤酒 lěng píjiǔ ♦ ~飲み物 冷饮 lěngyǐn ♦ ~人 冷淡的人 lěngdàn de rén ♦ ~水 冷水 lěngshuǐ ♦ ~戦争 冷战 lěngzhàn
つめたくなる【冷たくなる】 ❶《変化》变凉 biànliáng ❷《態度が》变冷淡 biàn lěngdàn ❸《死》死亡 sǐwáng
つめばら【詰め腹】♦~を切らせる 强迫辞职 qiǎngpò cízhí
つめもの【詰め物】 充填物 chōngtiánwù; 填料 tiánliào
つめよる【詰め寄る】 逼近 bījìn; 逼问 bīwèn
つめる【詰める】 填 tián; 塞 sāi; 装 zhuāng;《職場に》守候 shǒuhòu; 值班 zhíbān
つもり【積もり】 打算 dǎsuan ♦ どうする~は这是什么意思呀 nǐ zhè shì shénme yòngyì ya
つもる【積もる】 积累 jīlěi; 累积 lěijī ♦ 雪が~ 积雪 jīxuě
つや【通夜】 守灵 shǒulíng; 守夜 shǒuyè
つや【艶】 光泽 guāngzé ♦ ~を出す 抛光 pāoguāng
つやけし【艶消しーする】 消光 xiāoguāng
つやだし【艶出しーする】 抛光 pāoguāng;《皮や布に》研光
つやっぽい【艶っぽい】 嫣然 yānrán; 妖艳 yāoyàn
つやつや【艶々ーした】 ♦ ~した顔 润的脸 guānrùn de liǎn
つややか【艶やか】 光润 guāngrùn ♦ ~な声 悦耳的声音 yuè'ěr de

shēngyīn ♦～な肌 肤色光润 fūsè guānrùn
つゆ【梅雨】 黄梅雨 huángméiyǔ; 梅雨 méiyǔ; 黄梅天 huángméitiān ♦～に入る 入梅 rùméi ♦～が明ける 出梅 chūméi
つゆ【露】 露水 lùshui
つよい【強い】 ❶《一般に》强 qiáng; 强烈 qiángliè ❷《丈夫》♦～体 身强体壮 shēn qiáng tǐ zhuàng ❸《力や技能が》♦力气大 lìqi dà; 技术好 jìshù hǎo ♦～力 猛劲儿 měngjìnr ♦風が～ 风刮得大 fēng guā de dà ♦卓球が～ 乒乓球打得好 pīngpāngqiú dǎ de hǎo ❹《性格・意志が》♦气が～ 强硬 qiángyìng; 厉害 lìhai; 好胜 hàoshèng
つよがり【強がり】 逞强 chěngqiáng ♦～を言う 说逞强的话 shuō chěngqiáng de huà
つよがる【強がる】 逞强 chěngqiáng
つよき【強気】 强硬 qiángyìng
つよごし【強腰】 强硬的态度 qiángyìng de tàidu
つよさ【強さ】 劲头 jìntóu; 强度 qiángdù
つよび【強火】 《調理時の》武火 wǔhuǒ; 大火 dàhuǒ
つよみ【強み】 优点 yōudiǎn
つよめる【強める】 加强 jiāqiáng; 增强 zēngqiáng
つら【面】 脸面 liǎnmiàn
つらあて【面当て】♦指桑骂槐 zhǐsāng mà huái ♦おれへの～ 跟我赌气 gēn wǒ dǔqì
つらい【辛い】 难过 nánguò; 难受 nánshòu ♦～の運命 苦命 kǔmìng ♦～思いをする 吃苦头 chī kǔtou ♦～役目 苦差 kǔchāi ♦つらくあたる 苛待 kēdài ♦体が～ 难受 nánshòu
つらがまえ【面構え】 长相 zhǎngxiàng; 面孔 miànkǒng
つらさ【辛さ】 苦处 kǔchù
つらなる【連なる】 连接 liánjiē; 相连 xiānglián
つらぬく【貫く】 贯通 guàntōng; 穿透 chuāntòu ♦初志を～ 贯彻初衷 guànchè chūzhōng
つらねる【連ねる】 连接 liánjiē; 排列成行 páiliè chéngháng ♦名を～ 连名 liánmíng
つらのかわ【面の皮】 脸皮 liǎnpí ♦～が厚い 脸皮厚 liǎnpí hòu
つらよごし【面汚し】♦親の～だ 给父母丢脸 gěi fùmǔ diūliǎn
つらら【氷柱】 冰锥 bīngzhuī; 冰柱 bīngzhù ♦～が下がる 挂冰溜 guà bīngliū
つり【釣】 ❶《魚釣り》钓鱼 diàoyú ❷《おつり》找头 zhǎotou ♦～を出す

找钱 zhǎoqián
つりあい【釣り合い】 平衡 pínghéng; 均衡 jūnhéng ♦～のとれた 相称的 xiāngchèn de
つりあう【釣り合う】 相抵 xiāngdǐ; 相称 xiāngchèn; 相配 xiāngpèi
つりあがる【吊り上がる】♦目が～ 竖起眉梢儿 shùqǐ méishāor
つりいと【釣り糸】 钓丝 diàosī
つりがね【釣り鐘】 大钟 dàzhōng; 吊钟 diàozhōng
ツリガネソウ【釣鐘草】 风铃草 fēnglíngcǎo
つりかわ【吊り革】 吊环 diàohuán
つりぐ【釣り具】 鱼具 yújù
つりざお【釣竿】 钓竿 diàogān
つりさげる【吊り下げる】 悬挂 xuánguà; 吊 diào
つりせん【釣り銭】 找头 zhǎotou
つりどうぐ【釣り道具】 钓具 diàojù; 鱼具 yújù
つりとだな【吊り戸棚】 吊橱 diàochú
つりば【釣り場】 钓鱼场 diàoyúchǎng
つりばし【吊り橋】 吊桥 diàoqiáo; 悬索桥 xuánsuǒqiáo
つりばしご【吊り梯子】 绳梯 shéngtī; 吊梯 diàotī
つりばり【釣り針】 钓钩 diàogōu ♦～にかかる 上钩 shànggōu
つりびと【釣り人】 钓鱼的人 diàoyú de rén
つりぶね【釣り船】 钓鱼船 diàoyúchuán
つりぼり【釣り堀】 钓鱼池 diàoyúchí
つりわ【吊り輪】《体操》吊环 diàohuán
つる【蔓】《植物の》蔓儿 wànr ♦～性植物 藤本植物 téngběn zhíwù
つる【弦】《弓の》弓弦 gōngxián
つる【吊る】 吊 diào; 挂 guà ♦首を～ 上吊 shàngdiào
つる【釣る】 钓 diào ♦景品で～ 用赠品引诱 yòng zèngpǐn yǐnyòu
つる【攣る】 抽筋 chōujīn ♦足が～ 腿抽筋 tuǐ chōujīn
ツル【鶴】 仙鹤 xiānhè ♦～の一声 一言堂 yìyántáng
つるぎ【剣】 宝剑 bǎojiàn
ツルクサ【蔓草】 蔓草 màncǎo
つるしあげる【吊るし上げる】 集体批斗 jítǐ pīdòu; 围攻 wéigōng
つるす【吊るす】 吊 diào; 挂 guà; 悬挂 xuánguà
つるつる-の 光溜溜 guāngliūliū; 滑溜 huáliu
つるはし【鶴嘴】 镐 gǎo; 镐头 gǎotou; 鹤嘴镐 hèzuǐgāo
つるべ【釣瓶】 吊桶 diàotǒng

つれ【連れ】伴侶 bànlǚ; 伙伴 huǒbàn ◆～となる 搭伴 dā bàn
つれあい【連れ合い】配偶 pèi'ǒu; 老伴 lǎobàn
つれかえる【連れ帰る】领回 lǐnghuí; 带回 dàihuí
つれこむ【連れ込む】带进 dàijìn
つれさる【連れ去る】带走 dàizǒu
つれそう【連れ添う】结为夫妻 jiéwéi fūqī; 婚配 hūnpèi
つれだつ【連れ立つ】伴同 bàntóng; 搭伴 dā bàn; 结伴 jié bàn
つれていく【連れて行く】带走 dàizǒu
つれてくる【連れて来る】带来 dàilái
つれない 冷淡 lěngdàn; 薄情 bóqíng
つれもどす【連れ戻す】领回 lǐnghuí; 带回 dàihuí
つれる【連れる】带领 dàilǐng ◆连れ出す 领出 lǐngchū
つわもの【兵】干将 gànjiàng; 勇士 yǒngshì
つわり【悪阻】妊娠反应 rènshēn fǎnyìng; 喜病 xǐbìng; 孕吐 yùntù ◆～になる 害喜 hàixǐ
つんざく【劈く】◆耳を～ばかりの震 耳欲聋 zhèn ěr yù lóng
つんと ◆～すます 摆架子 bǎi jiàzi; 〈臭気で〉◆～鼻に～くる 刺鼻 cìbí
つんどく【積読】藏书不读 cángshū bù dú
ツンドラ 冻土带 dòngtǔdài
つんのめる 向前摔倒 xiàng qián shuāidǎo

て

て【手】手 shǒu ❶〈身体の一部〉 ◆～を伸ばす 举手 jǔ shǒu ◆～を洗う 洗手 xǐ shǒu ◆～をたたく 鼓掌 gǔzhǎng; 拍手 pāi shǒu ◆～を伸ばす 伸手 shēn shǒu ◆～をつなぐ 拉手 lā shǒu ◆子供の～を引く 牵孩子的手 qiān háizi de shǒu ◆～を振る 挥手 huī shǒu ◆～に汗を握る 心配や緊張で 捏一把汗 niē yì bǎ hàn ❷〈所有〉◆～に入れる 得到 dédào; 获取 huòqǔ ❸〈人手·世話〉◆～が離れる 脱身 tuō shēn ◆～を貸す 搀扶 chānfú; 协助 xiézhù ❹〈つながり〉◆～を切る 断绝关系 duànjué guānxi ◆～を組む 勾搭 gōuda ◆～を引く〈足を洗う〉洗手不干 xǐshǒu bùgàn ◆～を結ぶ 联合 liánhé ❺〈力量·処置〉◆～に余る 力不能及 lì bù néng jí ◆～に負えない 辣手 làshǒu; 管束不住 guǎnshùbuzhù ◆～の施しようがない〈病気が〉不可救药 bù kě jiù yào ◆～の焼ける 为难 wéinán ◆～も足も出ない 一筹莫展 yì chóu mò zhǎn ◆～を焼く 烫手 tàngshǒu; 扎手 zhāshǒu ❻〈行為·作業〉◆～を下す 亲手做 qīnshǒu zuò; 行凶 xíngxiōng ◆～を加える 加工 jiā gōng ◆～を出す 动手 dòng shǒu ◆～を付ける 下手 xià shǒu; 动手 dòng shǒu ◆～を止める 住手 zhù shǒu ◆～を抜く 偷工减料 tōu gōng jiǎn liào ◆～を休める〈仕事の〉歇手 xiē shǒu ◆～を緩める 放松 fàngsōng ◆～を滑らせる〈うっかり〉失手 shī shǒu ◆～を拱く〈こまぬく〉束手 shù shǒu; 袖手旁观 xiù shǒu páng guān

であい【出会い】相逢 xiāngféng; 相遇 xiāngyù
であいがしら【出会い頭-に】迎头 yíngtóu; 劈头 pītóu
であう【出会う】碰见 pèngjiàn; 遇见 yùjiàn;〈よくない事に〉遭遇 zāoyù; 遭受 zāoshòu
てあか【手垢】◆～のついた表現 陈词滥调 chén cí làn diào
てあし【手足】手脚 shǒujiǎo;〈部下〉帮手 bāngshou
てあたりしだい【手当たり次第-に】顺手摸着什么就什么 shùnshǒu mōzháo shénme jiù shénme
てあつい【手厚い】〈待遇が〉优厚 yōuhòu;〈心にもった〉热情 rèqíng ◆～看護 精心护理 jīngxīn hùlǐ
てあて【手当(て)】❶〈本給以外の〉津

貼 jīntiē；補貼 bǔtiē ◆～を支給する 发补贴 fā bǔtiē ❷《けがなどの》◆～をする 治疗 zhìliáo
てあみ【手編み-の】 手织 shǒuzhī
てあら【手荒-な】 粗暴 cūbào ◆～なまねをする 动凶 dòngxiōng
てあらい【手洗い】 厕所 cèsuǒ；洗手间 xǐshǒujiān
であるく【出歩く】 外出走动 wàichū zǒudòng
てあわせ【手合わせ】 较量 jiàoliàng；比赛 bǐsài
てい【体】 样子 yàngzi；体面 tǐmiàn ◆ほうほうの～ 狼狈不堪的样子 lángbèi bùkān de yàngzi
ていあん【提案-する】 提案 tí'àn；建议 jiànyì；提议 tíyì
ディーエヌエー (DNA) 脱氧核糖核酸 tuōyǎng hétáng hésuān
ティーエヌティー (TNT) 《火薬》色炸药 huángsè zhàyào
ティーカップ 茶杯 chábēi
ティーケーオー (TKO) 技术性击倒 jìshùxìng jīdǎo
ティーじがた【T字形-の】 丁字形 dīngzìxíng ◆～定規 丁字尺 dīngzìchǐ
ティーシャツ【T シャツ】 T 恤衫 T xùshān
ティーじろ【T字路】 丁字街 dīngzìjiē
ティースプーン 茶匙 cháchí
ディーゼル ◆～機関車 内燃机车 nèirán jīchē ◆～エンジン 柴油机 cháiyóujī
ティーチイン 集团讨论会 jítuán tǎolùnhuì
ティーパーティー 茶会 cháhuì
ティーバッグ 袋茶 dàichá
ディーピーイー (DPE) 冲洗，印相，放大 chōngxǐ, yìnxiàng, fàngdà
ティーピーオー (TPO) 时间，地点，场合的三个条件 shíjiān, dìdiǎn, chǎnghé de sān ge tiáojiàn
ディーブイディー (DVD) 光盘 guāngpán；光碟 guāngdié
ティーポット 茶壶 cháhú
ディーラー《取扱店》经销商 jīngxiāoshāng；《小売店》零售店 língshòudiàn
ていいん【定員】 名额 míng'é；定员 dìngyuán ◆～に達する 满额 mǎn'é ◆～を超過する 超员 chāoyuán
ティーンエージャー 十几岁的青少年 shíjǐ suì de qīngshàonián
ていえん【庭園】 庭园 tíngyuán ◆《花や木のある》花园 huāyuán
ていおう【帝王】 帝王 dìwáng ◆～切開 剖腹产 pōufùchǎn
ていおん【低音】 低音 dīyīn
ていおん【低温】 低温 dīwēn
ていか【低下-する】 降低 jiàngdī；下降 xiàjiàng
ていか【定価】 定价 dìngjià
ていかかく【低価格】 廉价 liánjià
ていがく【停学】 停学 tíngxué ◆～処分 停学处分 tíngxué chǔfèn
ていがく【定額】 定额 dìng'é
ていがくねん【低学年】 低年级 dīniánjí
ていかん【定款】 章程 zhāngchéng
ていき【定期-の】 定期 dìngqī ◆～刊行物 定期刊物 dìngqī kānwù ◆～券 月票 yuèpiào ◆～試験 期考 qīkǎo ◆～便《空の》班机 bānjī；《海の》班轮 bānlún ◆～預金 定期储蓄 dìngqī chǔxù；定期存款 dìngqī cúnkuǎn
ていき【提起-する】 《意見を》提起 tíqǐ；提出 tíchū
ていぎ【定義-する】 定义 dìngyì
ていぎ【提議-する】 提议 tíyì；建议 jiànyì
ていきあつ【低気圧】 低气压 dīqìyā
ていきゅう【低級-な】 低级 dījí；劣等 lièděng
ていきゅうび【定休日】 (定期)休息日 (dìngqī) xiūxīrì
ていきょう【提供-する】 提供 tígōng；供给 gōngjǐ
ていきんり【低金利】 低利息 dī lìxī
テイクアウト 外卖 wàimài
ていくう【低空】 ◆～飛行 低空飞行 dīkōng fēixíng
ていけい【定形-の】 定形 dìngxíng ◆～郵便物 定形邮件 dìngxíng yóujiàn
ていけい【定型-の】 定型 dìngxíng ◆～詩 格律诗 gélǜshī
ていけい【提携-する】 合作 hézuò
ていけつ【締結-する】 缔结 dìjié；签订 qiāndìng
ていけつあつ【低血圧】 低血压 dīxuèyā
ていけん【定見】 主见 zhǔjiàn；定见 dìngjiàn ◆～がない 没有主见 méiyǒu zhǔjiàn
ていこう【抵抗-する】 反抗 fǎnkàng；抵抗 dǐkàng ◆～力 阻力 zǔlì ◆電气～ 电阻 diànzǔ ◆～を感じる 有反感 yǒu fǎngǎn；不能接受 bù néng jiēshòu
ていこく【定刻に】 准时 zhǔnshí
ていこく【帝国】 帝国 dìguó ◆～主义 帝国主义 dìguó zhǔyì
ていさい【体裁】 外表 wàibiǎo；外观 wàiguān ◆～が悪い 不体面 bù tǐmiàn ◆～を繕う 装潢门面 zhuānghuáng ménmiàn

ていさつ【偵察】-する 侦察 zhēnchá ◆～機 侦察机 zhēnchájī
ていし【停止】-する 停止 tíngzhǐ
ていじ【提示】-する 出示 chūshì
ていじ【定時】 正点 zhèngdiǎn；准时 zhǔnshí
ていじげん【低次元】 低水平 dīshuǐpíng
ていしせい【低姿勢】 谦逊 qiānxùn；低姿态 dīzītài
ていしゃ【停車】-する 停车 tíngchē
ていしゅ【亭主】 丈夫 zhàngfu
ていじゅう【定住】-する 定居 dìngjū；落户 luòhù
ていしゅうにゅう【定収入】 固定收入 gùdìng shōurù
ていしゅうは【低周波】 低频 dīpín
ていしゅつ【提出】-する 提交 tíjiāo；提出 tíchū
ていしょう【提唱】-する 提倡 tíchàng
ていしょく【定食】 份儿饭 fènrfàn；套餐 tàocān
ていしょく【定職】 固定的职业 gùdìng de zhíyè
でいすい【泥酔】-する 酩酊大醉 mǐngdǐng dàzuì
ていすう【定数】 定数 dìngshù；定额 dìng'é；《数学の》常数 chángshù
ディスカウント 减价 jiǎnjià；廉价 liánjià ◆～ショップ 廉价商店 liánjià shāngdiàn
ディスカッション 讨论 tǎolùn
ディスク 磁盘 cípán ◆コンパクト～(CD) 激光唱盘 jīguāng chàngpán ◆ジョッキー (DJ) 音乐节目主持人 yīnyuè jiémù zhǔchírén
ディスクロージャー 公司经营公开 gōngsī jīngyíng gōngkāi
ディスコ 迪斯科 dísīkē
ディスプレイ 《電算機》显示器 xiǎnshìqì；《商店》陈列 chénliè；展示 zhǎnshì
ていする【呈する】 《ある様相を》呈现 chéngxiàn
ていせい【訂正】-する 改正 gǎizhèng；订正 dìngzhèng；修改 xiūgǎi
ていせつ【定説】 定论 dìnglùn；定说 dìngshuō
ていせん【停戦】 停战 tíngzhàn ◆～協議 停战协议 tíngzhàn xiéyì
ていそ【提訴】-する 起诉 qǐsù
ていぞく【低俗-な】 庸俗 yōngsú；下流 xiàliú
ていたい【手痛い】 严厉 yánlì；严重 yánzhòng ◆～打撃 沉重的打击 chénzhòng de dǎjī
ていたい【停滞】-する 停滞 tíngzhì；滞留 zhìliú
ていたく【邸宅】 宅第 zháidì；公馆 gōngguǎn
でいたん【泥炭】 泥煤 níméi；泥炭 nítàn
ていち【低地】 洼地 wādì ◆～の 低洼 dīwā
ていちゃく【定着】-する 扎根 zhāgēn；定居 dìngjū ◆～液 《写真の》定影液 dìngyǐngyè
ていちょう【低調】-な 死气沉沉 sǐqì chénchén；低沉 dīchén；《景気》萧条 xiāotiáo
ていちょう【丁重-な】 郑重其事 zhèng zhòng qí shì；诚挚 chéngzhì
ティッシュペーパー 卫生纸 wèishēngzhǐ；薄绵纸 báomiánzhǐ
ていっぱい【手一杯】 没有空闲 méiyǒu kòngxián；忙得不可开交 máng de bùkě kāijiāo
ディテール 细节 xìjié
ていてつ【蹄鉄】 马掌 mǎzhǎng；马蹄铁 mǎtítiě
ていてん【定点】 定点 dìngdiǎn ◆～観測 定点观测 dìngdiǎn guāncè
ていでん【停電】 停电 tíngdiàn
ていど【程度】 程度 chéngdù；水平 shuǐpíng
ていとう【抵当】 抵押 dǐyā ◆～権 抵押权 dǐyāquán
ディナー 正餐 zhèngcān
ていねい【丁寧-な】 《礼儀》彬彬有礼 bīnbīn yǒu lǐ；《入念》细致周到 xìzhì zhōudào
ていねん【定年】 退休年龄 tuìxiū niánlíng ◆～退職 退休 tuìxiū
ていはく【停泊】-する 停泊 tíngbó
ていひょう【定評】 公认 gōngrèn；定论 dìnglùn ◆～がある 有口皆碑 yǒu kǒu jiē bēi
ディフェンス 防守 fángshǒu
ディベート 辩论会 biànlùnhuì
ていへん【底辺】 底边 dǐbiān ◆社会の～ 社会的底层 shèhuì de dǐcéng
ていぼう【堤防】 堤岸 dī'àn；堤防 dīfáng；堤坝 dībà
ていぼく【低木】 灌木 guànmù
ていほん【定本】 权威文本 quánwēi wénběn；定本 dìngběn
ていほん【底本】 底本 dǐběn；蓝本 lánběn
ていめい【低迷】-する 呆滞 dāizhì；沉沦 chénlún
ていめん【底面】 底面 dǐmiàn；底部 dǐbù
ていよく【体よく】 委婉地 wěiwǎn de ◆～断る 婉言谢绝 wǎnyán xièjué
ていらく【低落】-する 下跌 xiàdiē；

ていり【定理】定理 dìnglǐ
でいり【出入り】出入 chūrù ◆～口 出入门 chūrùmén ◆～の業者 常来常往的商人 cháng lái cháng wǎng de shāngrén
ていりつ【低率】低率 dīlǜ
ていりつ【鼎立-する】鼎立 dǐnglì
ていりゅうじょ【停留所】汽车站 qìchēzhàn
ていりょう【定量】定量 dìngliàng ◆～分析 定量分析 dìngliàng fēnxī
ていれ【手入れ-する】保养 bǎoyǎng；修整 xiūzhěng；〈捜査〉搜捕 sōubǔ
ていれい【定例-の】定例 dìnglì ◆～会 例会 lìhuì
ディレクター 导演 dǎoyǎn
ディレッタント 业余爱好者 yèyú àihàozhě
ていれん【低廉-な】低廉 dīlián
てうす【手薄-な】缺少 quēshǎo
デーゲーム 日间比赛 rìjiān bǐsài
テーゼ 命题 mìngtí
データ 资料 zīliào；论据 lùnjù；〈コンピュータの〉数据 shùjù ◆～ベース 数据库 shùjùkù
デート 约会 yuēhuì；幽会 yōuhuì
テープ 带子 dàizi ◆～レコーダー 录音机 lùyīnjī ◆カセット～ 盒式磁带 héshì cídài ◆ビデオ～ 录像带 lùxiàngdài
テープカット〈開幕式などで〉剪彩 jiǎncǎi
テーブル 桌子 zhuōzi ◆～クロス 桌布 zhuōbù；台布 táibù ◆～スピーチ 席间致词 xíjiān zhìcí
テーマ 题目 tímù；主题 zhǔtí ◆～ソング 主题歌 zhǔtígē
テールランプ 尾灯 wěidēng
ておくれ【手遅れ】耽误 dānwu；为时已晚 wéi shí yǐ wǎn
ておしぐるま【手押し車】手车 shǒuchē；手推车 shǒutuīchē
ておち【手落ち】疏失 shūshī；漏洞 lòudòng；遗漏 yílòu
ており【手織り-の】手织 shǒuzhī ◆～の綿布 粗布 cūbù；土布 tǔbù
てかがみ【手鏡】手镜 shǒujìng
てがかり【手掛かり】线索 xiànsuǒ；头绪 tóuxù ◆～を掴む 找到线索 zhǎodào xiànsuǒ
てがき【手書き】手写 shǒuxiě ◆～の手紙 手书 shǒushū
でがけ【出掛け】临走时 línzǒu shí；刚要出门 gāng yào chūmén
てがける【手掛ける】亲自动手 qīnzì dòngshǒu
でかける【出掛ける】出门 chūmén；外出 wàichū

てかげん【手加減-する】◆～を加える 予以酌情 yǔyǐ zhuóqíng ◆～しない 毫不留情 háobù liúqíng
でかせぎ【出稼ぎ】外出作工 wàichū zuògōng
てがた【手形】票据 piàojù ◆约束～ 期票 qīpiào 为替～ 汇票 huìpiào ◆～を割る 贴现 tiēxiàn
てがたい【相手の～】对方的态度 duìfāng de tàidu
てがたい【手堅い】踏实［实］tāshi
てかてか 光溜溜 guāngliūliū；油汪汪 yóuwāngwāng
でかでかと ◆～書く 大书特书 dàshū tèshū
てがみ【手紙】信 xìn；书信 shūxìn ◆～を書く 写信 xiě xìn ◆～を寄こす 来信 lái xìn
てがら【手柄】功劳 gōngláo；功绩 gōngjì ◆～を立てる 立功 lì gōng
でがらし【出涸らし】◆～の茶 乏茶 fáchá
てがる【手軽-な】简便 jiǎnbiàn；轻便 qīngbiàn
てき【敵】敌人 dírén；仇敌 chóudí ◆～国 敌国 díguó ◆～の回し者 内奸 nèijiān ◆～は本能寺にあり 醉翁之意不在酒 zuìwēng zhī yì bú zài jiǔ
でき【出来】〈品質〉质量 zhìliàng；〈農作物の〉收成 shōucheng；〈学校の〉成绩 chéngjì ◆～が悪い〈人間の〉不肖 búxiào；不成器 bù chéngqì
できあい【出来合い】现成 xiànchéng
できあい【溺愛-する】溺爱 nì'ài
てきい【敵意】敌意 díyì；敌对情绪 díduì qíngxù ◆～を抱く 心怀敌意 xīnhuái díyì
てきおう【適応-する】适应 shìyìng
てきがいしん【敵愾心】敌忾 díkài ◆～を燃やす 同仇敌忾 tóng chóu díkài
てきかく【適格】够格 gòugé
てきかく【的確-な】准确 zhǔnquè；确切 quèqiè
てきぎ【適宜】◆～解散してよい 可以随意解散 kěyǐ suíyì jiěsàn
てきごう【適合-する】适应 shìyìng；符合 fúhé
できごころ【出来心-で】一时冲动 yìshí chōngdòng
できごと【出来事】事 shì；事件 shìjiàn ◆思わぬ～ 变故 biàngù ◆ちょっとした～ 小风波 xiǎofēngbō
てきざいてきしょ【適材適所】适在适所 shì zài shì suǒ；量材委用 liàng cái wěiyòng
てきし【敵視-する】敌视 díshì；仇视

chóushì
できし【溺死-する】淹死 yānsǐ；溺死 nìsǐ
てきしゅつ【摘出-する】割除 gēchú；摘除 zhāichú；切除 qiēchú ◆～手術 摘除手术 zhāichú shǒushù
てきじょう【敵情】敌情 díqíng
てきじん【敵陣】敌阵 dízhèn
てきず【手傷】～を負う 负伤 fùshāng；受伤 shòushāng
テキスト课本 kèběn；讲义 jiǎngyì
てきする【適する】适合 shìhé；适应 shìyìng ◆…に適している 适于…shìyú…
てきせい【適正-な】适当 shìdàng ◆～価格 合理价格 hélǐ jiàgé
てきせい【適性】适应性 shìyìngxìng；适应能力 shìyìng nénglì
てきせつ【適切-な】适当 shìdàng；恰当 qiàdàng；确切 quèqiè
できそこない【出来損い】废品 fèipǐn；(人) 废物 fèiwù
てきたい【敵対-する】敌对 díduì；作对 zuòduì
てきだか【出来高】(収穫高) 收获量 shōuhuòliàng；产量 chǎnliàng；(取引の) 成交额 chéngjiāo'é ◆～払い 计件工资 jìjiàn gōngzī
できたて【出来立て-の】刚做好 gāng zuòhǎo
てきち【敵地】敌地 dídì；敌区 díqū
てきちゅう【的中-する】❶ (予想が) 猜中 cāizhòng ❷ (的に) 射中 shèzhòng
てきど【適度-な】适度 shìdù；适当 shìdàng
てきとう【適当-な】适当 shìdàng；恰当 qiàdàng ◆～にあしらう 敷衍 fūyǎn；应付 yìngfu ◆～に済ませる 敷衍了事 fū yǎn liǎo shì
てきにん【適任-の】称职 chènzhí；适合 shìhé ◆～者 胜任者 shèngrènzhě
できばえ【出来栄え】做出的结果 zuòchū de jiéguǒ
てきぱき麻利 máli；利落 lìluo；喊哩喀喳 qīlikāchā
てきはつ【摘発-する】揭发 jiēfā；检举 jiǎnjǔ
てきひ【適否】适当与否 shìdàng yǔfǒu
てきびしい【手厳しい】严厉 yánlì
てきほう【適法-の】合法 héfǎ
てきみかた【敵味方】敌我 díwǒ
てきめん【覿面-に】立刻 lìkè ◆効果～立见成效 lì jiàn chéngxiào
できもの【出来物】肿瘤 zhǒngliú；脓包 nóngbāo；疙瘩 gēda
てきやく【適役】胜任 shèngrèn
てきやく【適訳】恰当的翻译 qiàdàng de fānyì
てきよう【摘要】提要 tíyào；摘要 zhāiyào
てきよう【適用-する】适用 shìyòng；应用 yìngyòng
てきりょう【適量】适量 shìliàng
できる【出来る】❶ (可能·能力) 会 huì；能 néng；办得到 bàndedào ◆フランス語が～会法语 huì Fǎyǔ ◆～だけ 尽可能 jǐn kěnéng；尽量 jǐnliàng ◆ここでは野球ができない 那儿不能打棒球 zhèr bù néng dǎ bàngqiú ◆あそこならタバコを吸うことが～ 那儿可以抽烟 nàr kěyǐ chōuyān ❷ (でき上がる) ◆明日中に～ 明天就做好 míngtiān jiù zuòhǎo ◆ビルが～ 建成大楼 jiànchéng dàlóu ❸ (生まれる) ◆子供ができた 有孩子了 yǒu háizi le
てきれいきん【手切れ金】分手费 fēnshǒufèi
てきれいき【適齢期】婚龄 hūnlíng
てぎわ【手際】技巧 jìqiǎo；手腕 shǒuwàn ◆～がよい 办得漂亮 bàn de piàoliang
でく【木偶】木偶 mù'ǒu ◆～の坊 废物 fèiwù；笨蛋 bèndàn
てぐす【天蚕系】天蚕丝 tiāncánsī
てぐすねひく摩拳擦掌 mó quán cā zhǎng
てくせ【手癖】～が悪い 有盗癖 yǒu dàopǐ；爱偷东西 ài tōu dōngxi
てくだ【手管】手眼 shǒuyǎn；手腕 shǒuwàn
てぐち【手口】手段 shǒuduàn；手法 shǒufǎ
でぐち【出口】出口 chūkǒu；出路 chūlù
テクニカル ❶ (技術的) 技术上 jìshùshang ❷ (学術上) 学术上 xuéshùshang
テクニシャン技巧熟练的人 jìqiǎo shúliàn de rén
テクニック技巧 jìqiǎo；技艺 jìyì
テクノロジー工艺学 gōngyìxué；工业技术 gōngyè jìshù
てくび【手首】手腕子 shǒuwànzi；腕子 wànzi
でくわす【出くわす】碰见 pèngjiàn；遇见 yùjiàn
てこ【梃子】杠杆 gànggǎn；撬杠 qiàogàng ◆～の支点 杠杆支点 gànggǎn zhīdiǎn
てこいれ【梃入れ-する】打气 dǎqì；搞活 gǎohuó
てごころ【手心】◆～を加える 酌情处理 zhuóqíng chǔlǐ
てこずる【梃子摺る】棘手 jíshǒu；难对付 nán duìfu

てごたえ【手応え】 ❶〈手に受ける感じ〉打中的手感 dǎzhòng de shǒugǎn ❷〈相手の反応〉反应 fǎnyìng
でこぼこ【凸凹】 凹凸不平 āotū bùpíng；坑坑坎坎 kēngkēngkǎnkǎn
デコレーション 装饰 zhuāngshì；～ケーキ 花蛋糕 huādàngāo
てごろ【手頃-な】 合适 héshì
てごわい【手強い】 不易打败 bú yì dǎbài ◆～敵 劲敌 jìngdí
デザート 餐后点心 cānhòu diǎnxīn
てざいく【手細工】 手工艺 shǒugōngyì
デザイナー 设计家 shèjìjiā；服装设计师 fúzhuāng shèjìshī
デザイン 式样 shìyàng；图案 tú'àn ◆～する 设计 shèjì
でさかり【出盛り】 旺季 wàngjì
てさき【手先】 ❶〈手の先〉指尖儿 zhǐjiānr ◆～が器用だ 手巧 shǒuqiǎo ❷〈手下〉走狗 zǒugǒu；腿子 tuǐzi
てさき【出先】 去处 qùchù
てさぐり【手探り-する】 摸 mō；摸索 mōsuǒ；mōsuo
てさげ【手提げ】〈かばん〉 手提包 shǒutíbāo；提包 tíbāo
てざわり【手触り】 手感 shǒugǎn ◆～がやわらかい 手感细嫩 shǒugǎn xìnèn
でし【弟子】 徒弟 túdì；学生 xuésheng ◆～を育てる 带徒弟 dài túdì ◆～入りする 拜师 bàishī
てしお【手塩】 ◆～にかける 亲手抚养 qīnshǒu fǔyǎng
てしごと【手仕事】 手艺活儿 shǒuyìhuór；活计 huójì；手工 shǒugōng
てした【手下】〈悪党の〉 喽罗 lóuluo
デジタル 数字 shùzì ◆～カメラ 数码相机 shùmǎ xiàngjī ◆～放送 数字广播 shùzì guǎngbō
てじな【手品】 魔术 móshù；戏法 xìfǎ ◆～をする 变戏法 biàn xìfǎ ◆～師 魔术师 móshùshī
てじゃく【手酌】 自酌 zìzhuó ◆～で飲む 自斟自饮 zì zhēn zì yǐn
てじゅん【手順】 程序 chéngxù；顺序 shùnxù；步骤 bùzhòu ◆～を踏む 按程序 àn chéngxù
てじょう【手錠】 手铐 shǒukào ◆～をかける 戴手铐 dài shǒukào
てすう【手数】 ◆～が掛かる 费事 fèishì ◆～を掛ける 麻烦 máfan ◆～料 佣金 yòngjīn；手续费 shǒuxùfèi
てずから【手ずから】 亲手 qīnshǒu

てすき【手漉き-の】 手工抄制 shǒugōng chāozhì ◆～の紙 手抄纸 shǒuchāozhǐ
てすき【手隙】 有空 yǒu kòng
すぎる【出過ぎる】 ❶〈水などが〉流出过多 liúchū guò duō ❷〈でしゃばる〉多管闲事 duō guǎn xiánshì
デスク ❶〈机〉写字台 xiězìtái；办公桌 bàngōngzhuō ❷〈編集責任者〉编辑部主任 biānjíbù zhǔrèn ◆～ワーク 伏案工作 fú'àn gōngzuò
デスクトップ・コンピュータ 桌面电脑 zhuōmiàn diànnǎo
テスト-する 〈性能〉试验 shìyàn；测试 cèshì；测验 cèyàn；〈学力·技能〉考试 kǎoshì ◆～に合格する 考试及格 kǎoshì jígé
てすり【手摺り】 栏杆 lángān；扶手 fúshǒu
てせい【手製-の】 手制 shǒuzhì
てぜま【手狭】 狭窄 xiázhǎi；狭小 xiáxiǎo
てそう【手相】 手相 shǒuxiàng
でそろう【出揃う】 出齐 chūqí；来齐 láiqí
てだし【手出し-する】〈しかける〉动手 dòngshǒu；〈介入する〉插手 chāshǒu；干涉 gānshè
だし【出し】 开头 kāitóu
てだすけ【手助け-する】 扶助 fúzhù；帮助 bāngzhù
てだて【手立て】 方法 fāngfǎ；办法 bànfǎ
でたとこしょうぶ【出たとこ勝負】 ◆～でいく 听其自然 tīng qí zì rán；投石问路 tóu shí wèn lù
てだま【手玉】 ◆～にとる 玩弄 wánnòng；随意摆布 suíyì bǎibù
でたらめ 荒唐 huāngtáng ◆～を言う 胡说 húshuō；胡说八道 húshuō bādào
てぢか【手近-な】 手边 shǒubiān；切近 qiējìn
ちがい【手違い】 差错 chācuò ◆～が生じる 出岔子 chū chàzi
ちょう【手帳】 笔记本 bǐjìběn
てつ【轍】 ◆前車の～を踏む 重蹈覆辙 chóng dǎo fù zhé
てつ【鉄】 铁 tiě ◆～の規律 铁的纪律 tiě de jìlǜ
てっ【撤-する】 撤回 chèhuí；撤销 chèxiāo
てつがく【哲学】 哲学 zhéxué ◆～者 哲学家 zhéxuéjiā
てつかず【手付かず-の】 还没沾手 hái méi zhānshǒu
づかみ【手掴み-で】 ◆～にする 拿手抓 ná shǒu zhuā
てっき【鉄器】 铁器 tiěqì ◆～時代 铁器时代 tiěqì shídài

デッキ【船の】甲板 jiǎbǎn
デッキチェア 帆布躺椅 fānbù tǎngyǐ
てっきょ【撤去-する】拆除 chāichú; 撤去 chèqù
てっきょう【鉄橋】铁桥 tiěqiáo
てっきん【鉄筋】钢骨 gānggǔ; 钢筋 gāngjīn ♦〜コンクリート 钢筋混凝土 gāngjīn hùnníngtǔ; 钢筋水泥 gāngjīn shuǐní
てくず【鉄屑】废铁 fèitiě
てづくり【手作り】の 亲手做 qīnshǒu zuò; 手工做 shǒugōng zuò
てつけ【手付け】定钱 dìngqián ♦〜を打つ 付订金 fù dìngjīn
てっけん【鉄拳】铁拳 tiěquán
てっこう【鉄鉱】铁矿 tiěkuàng
てっこう【鋼】钢骨 gānggǔ ♦〜業 钢铁业 gāngtiěyè
てっこうし【鉄格子】《窗の》铁窗 tiěchuāng
てっこつ【鉄骨】钢骨 gānggǔ
てつざい【鉄材】钢材 gāngcái
てっさく【鉄柵】铁栅 tiězhà
てつさび【鉄錆び】铁锈 tiěxiù ♦〜色の 铁锈色 tiěxiùsè
デッサン-する 素描 sùmiáo
てっしゅう【撤収-する】撤收 chèshōu; 撤去 chèqù
てつじょうもう【鉄条網】铁丝网 tiěsīwǎng
てつじん【哲人】哲人 zhérén
てっする【徹する】彻底 chèdǐ ♦夜を〜 彻夜 chèyè ♦骨身に〜 彻骨 chègǔ
てっせん【鉄線】铁丝 tiěsī ♦有刺〜 蒺藜丝 jílìsī
てっそく【鉄則】铁的法则 tiě de fǎzé
てったい【撤退-する】撤退 chètuì
てつだい【手伝い】♦〜の人 帮手 bāngshou ♦お〜さん 女用人 nǚyòngrén; 阿姨 āyí
てつだう【手伝う】帮忙 bāngmáng; 帮助 bāngzhù
でっちあげ【でっち上げ-の】莫须有 mòxūyǒu; 捏造 niēzào
でっちあげる【でっち上げる】捏造 niēzào; 编造 biānzào
てっちゅう【鉄柱】铁柱子 tiězhùzi
てっつい【鉄槌】♦〜を下す 严厉处分 yánlì chǔfen
てつづき【手続き】手续 shǒuxù
てってい【徹底-する】彻底 chèdǐ; 通彻 tōngchè ♦命令を〜させる 普遍传达命令 pǔbiàn chuándá mìnglìng
てっていてき【徹底的-な】彻底 chèdǐ
てっとう【鉄塔】铁塔 tiětǎ

てつどう【鉄道】铁道 tiědào; 铁路 tiělù ♦〜員 铁路员工 tiělù yuángōng
てっとうてつび【徹頭徹尾】彻头彻尾 chè tóu chè wěi
デッドヒート 激烈争斗 jīliè zhēngdòu
てっとりばやい【手っ取り早い】直截了当 zhíjié liǎodàng; 迅速 xùnsù
デッドロック ♦〜に乗上げる 陷于僵局 xiànyú jiāngjú; 搁浅 gēqiǎn
てっぱ【出歯】龅牙 bāoyá
てっぱい【撤廃-する】取消 qǔxiāo; 撤销 chèxiāo
でっぱる【出っ張る】突出 tūchū
てっぱん【鉄板】铁板 tiěbǎn ♦〜焼き 铁板烙肉 tiěbǎn làoròu
てつぶん【鉄分】铁分 tiěfèn; 铁质 tiězhì
てっぷん【鉄粉】铁粉末 tiěfěnmò
てっぺい【撤兵-する】撤兵 chèbīng
てっぺき【鉄壁】铁壁 tiěbì ♦〜の守り 固若金汤 gù ruò jīntāng
てっぺん【天辺】顶端 dǐngduān; 顶点 dǐngdiǎn
てつぼう【鉄棒】铁棒 tiěbàng; 《体操》单杠 dāngàng
てっぽう【鉄砲】枪 qiāng; 步枪 bùqiāng
てっぽうみず【鉄砲水】暴洪 bàohóng; 山洪 shānhóng
てづまり【手詰まり-の】无计可施 wú jì kě shī ♦〜の局面 僵局 jiāngjú
てづめかわ【鉄面皮】脸皮厚 liǎnpí hòu; 死皮赖脸 sǐ pí lài liǎn
てつや【徹夜-する】彻夜 chèyè; 通宵 tōngxiāo; 熬夜 áoyè
てつり【哲理】哲理 zhélǐ
てづる【手蔓】门路 ménlu ♦〜を頼る 托人情 tuō rénqíng
てとわん【鉄腕】铁腕 tiěwàn; 铁臂 tiěbì ♦〜アトム 铁臂阿童木 tiěbì Ātóngmù
でどころ【出所】来源 láiyuán; 出处 chūchù
てどり【手取り】纯收入 chúnshōurù; 实收金额 shíshōu jīn'é
とりあしとり【手取り足取り】把把手 shǒu bǎ shǒu
テナー 男高音 nángāoyīn ♦〜サックス 次中音萨克斯管 cì zhōngyīn sàkèsīguǎn
てなおし【手直し-する】修改 xiūgǎi
でなおす【出直す】 ❶《再び行く》再来 zàilái ❷《やりなおす》重新开始 chóngxīn kāishǐ
テナガザル【手長猿】长臂猿 chángbìyuán
てなげだん【手投げ弾】手榴弹 shǒuliúdàn

てなずける【手懐ける】 怀柔 huáiróu; 使顺从 shǐ shùncóng; 驯服 xùnfú
てなみ【手並み】 本事 běnshi; 本领 běnlǐng
てなれた【手慣れた】 用惯 yòngguàn; 熟练 shúliàn
テナント 租房人 zūfángrén
テニス 网球 wǎngqiú ♦—のラケット 网球拍 wǎngqiúpāi
デニム 牛仔布 niúzǎibù; 丹宁布 dānníngbù
てにもつ【手荷物】 随身行李 suíshēn xíngli ♦—預り 行李寄存处 xíngli jìcúnchù
てぬい【手縫い-の】 用手缝 yòng shǒu féng
てぬかり【手抜かり】 漏洞 lòudòng; 缺漏 quēlòu; 疏忽 shūhu
てぬき【手抜き】 偷工 tōugōng
てぬぐい【手拭い】 手巾 shǒujīn
てぬるい【手緩い】 过于宽大 guòyú kuāndà
てのうち【手の内】 ♦—を見すかす 看透内心 kàntòu nèixīn ♦—を見せる 摊牌 tānpái
テノール 男高音 nángāoyīn
てのこう【手の甲】 手背 shǒubèi
てのひら【掌】 手掌 shǒuzhǎng
デノミ(ネーション) 缩小货币面值单位 suōxiǎo huòbì miànzhí dānwèi
でば【出刃】 〈庖丁〉厚刃尖菜刀 hòurèn jiān càidāo
デパート 百货商店 bǎihuò shāngdiàn; 百货大楼 bǎihuò dàlóu
てはい【手配-する】 安排 ānpái; 筹备 chóubèi ♦指名~ 指名通缉 zhǐmíng tōngjī
ではいり【出入り-する】 出入 chūrù; 进出 jìnchū
はじめ【手始め-の】 开始 kāishǐ; 初次 chūcì ♦—に 首先 shǒuxiān
てはず【手筈】 序 chéngxù; 计划 jìhuà ♦—を整える 做好安排 zuòhǎo ānpái
てばた【手旗】 小旗 xiǎoqí ♦—信号 旗语 qíyǔ
ではな【出端】 ♦—をくじく 挫其锐气 cuò qí ruìqì
てばなし【手放し】 ♦—で喜ぶ 尽情欢乐 jìnqíng huānlè
てばなす【手放す】 放弃 fàngqì; 割舍 gēshě; 转让 zhuǎnràng
てばやい【手早い】 麻利 máli; 迅速 xùnsù
てばらう【手払う】 全都出去 quándōu chūqù
でばん【出番】 〈舞台の〉出场的次序 chūchǎng de cìxù
てびき【手引き】 〈案内〉入门 rùmén; 指南 zhǐnán ♦—をする 当向导 dāng xiàngdǎo
デビットカード 借记卡 jièjìkǎ
てひどい【手酷い】 严重 yánzhòng; 严厉 yánlì
デビュー 初次登台 chūcì dēngtái; 初露头角 chū lù tóujiǎo
びょうし【手拍子】 ♦—をとる 打拍子 dǎ pāizi
てびろい【手広い】 广泛 guǎngfàn
でぶ 胖子 pàngzi
デフォルメ 变形 biànxíng
てふき【手拭き】 手巾 shǒujīn
てぶくろ【手袋】 手套 shǒutào
でぶしょう【出無精】 腿懒 tuǐlǎn; 不爱出门 bú ài chūmén
てぶら【手ぶら-で】 空着手 kōngzhe shǒu
デフレ 通货紧缩 tōnghuò jǐnsuō
—のしごと 无报酬的劳动 wú bàochou de láodòng; 义务劳动 yìwù láodòng
デポジット 押金 yājīn ♦—制 瓶·罐押金制 píng, guàn yājīnzhì
ほどき【手ほどき—する】 启蒙 qǐméng; 辅导 fǔdǎo
てほん【手本】 榜样 bǎngyàng; 模范 mófàn;〈習字や絵の〉字帖 zìtiè; 画帖 huàtiè; 范本 fànběn ♦—を示す 示范 shìfàn
てま【手間】 工夫 gōngfu; 劳力 láolì ♦—が掛かる 费事 fèishì; 费时间 fèi shíjiān ♦—が掛からない 省事 shěngshì
デマ 谣言 yáoyán; 流言飞语 liúyán fēiyǔ ♦—を飛ばす 造谣 zàoyáo
てまえ【手前】 ❶〈自分の目の前〉跟前 gēnqián; 身边 shēnbiān ❷〈こちら〉这边 zhèbiān ♦終点の一つ— 终点前一站 zhōngdiǎn qián yí zhàn
でまえ【出前】 送饭菜 sòng fàncài
てまえみそ【手前味噌】 自吹自擂 zì chuī zì léi
でまかせ【出任せ】 ♦—にしゃべる 信口开河 xìn kǒu kāi hé
てまちん【手間賃】 工钱 gōngqián
てまど【出窓】 凸窗 tūchuāng
てまどる【手間取る】 费时间 fèi shíjiān
てまね【手真似】 手势 shǒushì ♦—をする 比画 bǐhua
てまねき【手招き—する】 招手 zhāoshǒu
てまわし【手回し】 ♦—のよい 安排周到 ānpái zhōudào
てまわり【手回り】 身边 shēnbiān ♦

~品 随身携带的物品 suíshēn xiédài de wùpǐn
でまわる【出回る】 上市 shàngshì
てみじか【手短か】 简短 jiǎnduǎn ♦~に言えば 简单说来 jiǎndān shuōlái
でみせ【出店】 分店 fēndiàn；《露店》摊子 tānzi
てみやげ【手土産】 简单礼品 jiǎndān lǐpǐn；小礼物 xiǎolǐwù
てむかう【手向かう】 反抗 fǎnkàng；还手 huánshǒu
でむかえる【出迎える】 迎接 yíngjiē
でむく【出向く】 前往 qiánwǎng
デメキン【出目金】 龙睛鱼 lóngjīngyú
でも 不过 búguò；但是 dànshì
デモ 游行 yóuxíng ♦~行進する 示威游行 shìwēi yóuxíng ♦~隊 游行队伍 yóuxíng duìwǔ
デモクラシー 民主 mínzhǔ；民主主义 mínzhǔ zhǔyì
てもち【手持ち-の】 手头有的 shǒutóu yǒu de
てもちぶさた【手持無沙汰】 闲得无聊 xiánde wúliáo
てもと【手元】 手头 shǒutóu ♦~が狂う 失手 shīshǒu ♦~不如意な 手头紧 shǒutóu jǐn；拮据 jiéjū
デモンストレーション 公开表演 gōngkāi biǎoyǎn；示范 shìfàn
デュエット 二重唱 èrchóngchàng
てら【寺】 寺院 sìyuàn；佛寺 fósì；寺庙 sìmiào
てらう【衒う】 夸耀 kuāyào ♦奇を~ 标新立异 biāo xīn lì yì
てらしあわせる【照らし合わせる】 核对 héduì；对照 duìzhào
てらす【照らす】 照 zhào；照耀 zhàoyào；照亮 zhàoliàng
テラス 凉台 liángtái；阳台 yángtái
デラックス 豪华 háohuá
てりかえし【照り返し】 反射 fǎnshè；反照 fǎnzhào
デリケート 微妙 wēimiào；纤细 xiānxì；敏感 mǐngǎn
てりはえる【照り映える】 映射 yìngshè；映照 yìngzhào；辉映 huīyìng
デリバティブ 金融衍生商品 jīnróng yǎnshēng shāngpǐn
てりやき【照り焼き】 沾酱油和料酒烤 zhān jiàngyóu hé liàojiǔ kǎo ♦~チキン 照烧鸡肉 zhàoshāo jīròu
てりょうり【手料理】 亲手做的菜 qīnshǒu zuò de cài
てる【照る】 照 zhào；照耀 zhàoyào ♦照りつける 暴晒 bàoshài
でる【出る】 出 chū ♦家を~ 离开家 líkāi jiā ♦会議に~ 出席会议 chū-

xí huìyì ♦高校を~ 高中毕业 gāozhōng bìyè ♦涙が~ 流出眼泪 liúchū yǎnlèi ♦熱が~ 发烧 fā shāo ♦部屋から~ 走出房间 zǒuchū fángjiān ♦~杭は打たれる 树大招风 shù dà zhāo fēng
デルタ 三角洲 sānjiǎozhōu
てれかくし【照れ隠し-する】 遮羞 zhēxiū
てれくさい【照れ臭い】 不好意思 bùhǎoyìsi；难为情 nánwéiqíng
テレパシー 心灵感应 xīnlíng gǎnyìng；思想感应 sīxiǎng gǎnyìng
テレビ 电视 diànshì；电视机 diànshìjī ♦~局 电视台 diànshìtái ♦~ゲーム機 电视游戏机 diànshì yóuxìjī ♦~ドラマ 电视剧 diànshìjù
テレビンゆ【テレビン油】 松节油 sōngjiéyóu
てれる【照れる】 害羞 hàixiū；腼腆 miǎntiǎn；难为情 nánwéiqíng
テロ 恐怖行动 kǒngbù xíngdòng；恐怖主义 kǒngbù zhǔyì
テロリスト 恐怖分子 kǒngbù fènzǐ
てわけ【手分け-する】 分头 fēntóu；分工 fēngōng
てわたす【手渡す】 亲手交给 qīnshǒu jiāogěi；递交 dìjiāo ♦請願書を~ 递交请愿书 dìjiāo qǐngyuànshū
てん【点】 点 diǎn；《テストなどの》分数 fēnshù ♦80~とる 得八十分 dé bāshí fēn
てん【天】 天 tiān；天空 tiānkōng ♦~に唾を吐く 害人反害己 hài rén fǎn hài jǐ；自食其果 zì shí qí guǒ
テン 貂 diāo
でんあつ【電圧】 电压 diànyā ♦~計 伏特计 fútèjì
てんい【転移】 转移 zhuǎnyí ♦ガンが~する 癌扩散 ái kuòsàn
てんいむほう【天衣無縫-の】 天衣无缝 tiān yī wú fèng；完美无缺 wánměi wúquē
てんいん【店員】 店员 diànyuán；营业员 yíngyèyuán
でんえん【田園】 田园 tiányuán；田间 tiánjiān
てんか【天下】 天下 tiānxià
てんか【添加-する】 添加 tiānjiā ♦~物 添加物 tiānjiāwù
てんか【転化-する】 转化 zhuǎnhuà；转变 zhuǎnbiàn
てんか【転嫁-する】 推委 tuīwěi；转嫁 zhuǎnjià ♦責任を~する 推卸责任 tuīxiè zérèn
てんか【点火-する】 点火 diǎnhuǒ；点燃 diǎnrán
てんか【伝家】 ~の宝刀 最后的绝招 zuìhòu de juézhāo

でんか【電化】 电气化 diànqìhuà; 电化 diànhuà

てんかい【転回-する】 回转 huízhuǎn; 转变 zhuǎnbiàn

てんかい【展開-する】 开展 kāizhǎn; 展开 zhǎnkāi; 展现 zhǎnxiàn

でんかい【電解】 电解 diànjiě

てんがいこどく【天涯孤独-の】 天涯孤身 tiānyá gūshēn; 举目无亲 jǔmù wú qīn

てんかん【転換-する】 转变 zhuǎnbiàn; 转换 zhuǎnhuàn ◆～点 转折点 zhuǎnzhédiǎn

てんがん【点眼】 点眼药 diǎn yǎnyào ◆～薬 眼药水

てんき【転記-する】 过账 guòzhàng

てんき【天気】 天气 tiānqì ◆～が変わる 变天 biàn tiān ◆～がよい 天气好 tiānqì hǎo ◆～が悪い 天气不好 tiānqì bùhǎo ◆～図 天气图 tiānqìtú ◆～予報 天气预报 tiānqì yùbào

てんき【転機】 转机 zhuǎnjī; 转折点 zhuǎnzhédiǎn

てんぎ【転義】 转义 zhuǎnyì; 引申义 yǐnshēnyì

でんき【伝記】 传 zhuàn; 传记 zhuànjì

でんき【電気】 电 diàn; 电气 diànqì ◆～を点ける 开电灯 kāi diàndēng

でんきウナギ【電気鰻】 电鳗 diànmán

でんきかいろ【電気回路】 电路 diànlù

でんききかんしゃ【電気機関車】 电力机车 diànlì jīchē

でんききぐ【電気器具】 电器 diànqì

でんきこう【電気工】 电工 diàngōng

でんきこうがく【電気工学】 电工学 diàngōngxué

でんきコンロ【電気コンロ】 电灶 diànzào; 电炉 diànlú

でんきすいはんき【電気炊飯器】 电饭锅 diànfànguō

でんきスタンド【電気スタンド】 台灯 táidēng; 桌灯 zhuōdēng

でんきストーブ【電気ストーブ】 电炉 diànlú

でんきせんたくき【電気洗濯機】 洗衣机 xǐyījī

でんきそうじき【電気掃除機】 吸尘器 xīchénqì

でんきつうしん【電気通信】 电讯 diànxùn ◆～ケーブル 电缆 diànlǎn

でんきどけい【電気時計】 电钟 diànzhōng

でんきドリル【電気ドリル】 电钻 diànzuàn

でんきぶんかい【電気分解-する】 电解 diànjiě

でんきめっき【電気鍍金-する】 电镀 diàndù

てんきゅう【天球】 天球 tiānqiú

でんきゅう【電球】 灯泡 dēngpào

てんきょ【典拠】 典据 diǎnjù; 文献根据 wénxiàn gēnjù

てんきょ【転居-する】 搬家 bānjiā; 迁居 qiānjū

てんぎょう【転業-する】 改行 gǎiháng; 转业 zhuǎnyè

でんきようせつ【電気溶接-する】 电焊 diànhàn

でんきょく【電極】 电极 diànjí

てんきん【転勤-する】 调动工作 diàodòng gōngzuò

てんくう【天空】 天空 tiānkōng

テングサ【天草】 石花菜 shíhuācài

でんぐりがえし【でんぐり返し】 前滚翻 qiángǔnfān; 翻跟头 fān gēntou

てんけい【典型】 典型 diǎnxíng ◆～的な 典型的 diǎnxíng de

でんげき【電撃】 电击 diànjī ◆～戦 闪电战 shǎndiànzhàn ◆～結婚 闪电式结婚 shǎndiànshì jiéhūn

てんけん【点検-する】 检查 jiǎnchá; 检点 jiǎndiǎn ◆自己～ 自我检查 zìwǒ jiǎnchá

でんげん【電源】 电源 diànyuán ◆～を入れる 打开电源 dǎkāi diànyuán ◆～を切る 切断电源 qiēduàn diànyuán

てんこ【点呼-をとる】 点名 diǎnmíng

てんこう【天候】 天气 tiānqì ◆～不順 天时不正 tiānshí bú zhèng; 天气反常 tiānqì fǎncháng

てんこう【転向-する】 转变方向 zhuǎnbiàn fāngxiàng;〈政治的に〉转向 zhuǎnxiàng

てんこう【転校-する】 转学 zhuǎnxué; 转校 zhuǎnxiào

でんこう【電光】 电光 diànguāng ◆～ニュース 电光快报 diànguāng kuàibào ◆～石火 电光石火 diànguāng shíhuǒ; 风驰电掣 fēng chí diàn chè

てんこく【篆刻-する】 篆刻 zhuànkè; 刻印章 kè yìnzhāng

てんごく【天国】 天国 tiānguó; 天堂 tiāntáng;〈楽園〉乐园 lèyuán

でんごん【伝言】 口信儿 kǒuxìnr ◆～する 转告 zhuǎngào; 传话 chuánhuà;〈書面で〉留言 liúyán ◆～板 留言板 liúyánbǎn

てんさい【天才】 天才 tiāncái

てんさい【天災】 天灾 tiānzāi; 自然灾害 zìrán zāihài

てんさい【転載-する】 转载 zhuǎnzǎi; 转登 zhuǎndēng

テンサイ【甜菜】糖萝卜 tángluóbo；甜菜 tiáncài
てんさい【点在-する】散布 sànbù；散落 sànluò
てんさく【添削-する】删改 shāngǎi；批改 pīgǎi；修改 xiūgǎi
でんさんき【電算機】电脑 diànnǎo
てんし【天使】天使 tiānshǐ；安琪儿 ānqí'ér
てんじ【展示-する】展示 zhǎnshì；展出 zhǎnchū；展览 zhǎnlǎn◆~会 展览会 zhǎnlǎnhuì◆~即売展 展销 zhǎnxiāo◆~品 展品 zhǎnpǐn
てんじ【点字】盲字 mángzì；盲点字 mángdiǎnzì◆~の文章 盲文 mángwén
でんし【電子】电子 diànzǐ◆~オルガン 电子琴 diànzǐqín◆~計算機 电子计算机 diànzǐ jìsuànjī；电脑 diànnǎo◆~メール 电子邮件 diànzǐ yóujiàn◆~レンジ 微波炉 wēibōlú◆~書籍〔ブック〕电子书籍 diànzǐ shūjí◆~マネー 电子货币 diànzǐ huòbì
でんじしゃく【電磁石】电磁铁 diàncítiě
でんじは【電磁波】电波 diànbō；电磁波 diàncíbō
でんしマネー【電子マネー】电子货币 diànzǐ huòbì
てんしゃ【転写-する】誊写 téngxiě；《書道》临摹 línmó
でんしゃ【電車】电车 diànchē
てんしゅ【店主】老板 lǎobǎn
てんじゅ【天寿】天年 tiānnián◆~を全うする 寿终正寝 shòu zhōng zhèng qǐn；尽享天年 jǐn xiǎng tiānnián
でんじゅ【伝授】传授 chuánshòu
てんしゅつ【転出-する】❶〔転任〕调职 diàozhí；调动 diàodòng ❷〔転住〕迁出 qiānchū；迁移 qiānyí
てんしょ【篆書】篆书 zhuànshū；篆字 zhuànzì
てんじょう【天井】顶棚 dǐngpéng；天棚 tiānpéng◆~板 天花板 tiānhuābǎn
てんじょう【天上】天上 tiānshàng◆~界 上界 shàngjiè
でんしょう【伝承-する】口传 kǒuchuán；口耳相传 kǒu'ěr xiāngchuán
てんじょういん【添乗員】旅游陪同 lǚyóu péitóng
てんしょく【天職】天职 tiānzhí
てんしょく【転職-する】转业 zhuǎnyè；改行 gǎiháng
でんしょばと【伝書鳩】信鸽 xìngē
テンション 紧张 jǐnzhāng◆~が高まる 情绪高涨 qíngxù gāozhǎng

てんしん【転身-する】改变职业 gǎibiàn zhíyè
でんしん【電信】电信 diànxìn◆~符号 电码 diànmǎ◆~柱 电线杆 diànxiàngān
てんしんらんまん【天真爛漫-な】天真烂漫 tiānzhēn lànmàn
てんすう【点数】❶《評点の 分数 fēnshù◆~を稼ぐ 溜须拍马 liū xū pāi mǎ ❷《試合の》得分 défēn
てんずる【転ずる】转变 zhuǎnbiàn；改变 gǎibiàn
てんせい【天性-の】天赋 tiānfù；天性 tiānxìng◆~の勘 天赋的直感 tiānfù de zhígǎn
てんせい【転生-する】托生 tuōshēng；转生 zhuǎnshēng
てんせき【典籍】典籍 diǎnjí
てんせつ【伝説】传说 chuánshuō
てんせん【点線】虚线 xūxiàn
てんせん【転戦-する】转战 zhuǎnzhàn
でんせん【伝染-する】传染 chuánrǎn◆~病 传染病 chuánrǎnbìng
でんせん【電線】电线 diànxiàn；电缆 diànlǎn
てんそう【転送-する】转送 zhuǎnsòng；《荷物を》转运 zhuǎnyùn◆~電話 传送电话 chuánsòng diànhuà
てんそく【纏足-する】裹脚 guǒjiǎo；缠足 chánzú
てんぞく【転属-する】调动 diàodòng
てんたい【天体】天体 tiāntǐ；星球 xīngqiú◆~望遠鏡 天体望远镜 tiāntǐ wàngyuǎnjìng
でんたく【電卓】袖珍计算器 xiùzhēn jìsuànqì
でんたつ【伝達-する】传达 chuándá；转达 zhuǎndá
てんち【転地-する】转地 zhuǎndì◆~療法 转地疗法 zhuǎndì liáofǎ
てんち【天地】天地 tiāndì；天壤 tiānrǎng；乾坤 qiánkūn◆~無用 请勿倒置 qǐng wù dàozhì
でんち【電池】电池 diànchí
でんちゅう【電柱】电线杆 diànxiàngān
てんちょう【店長】店长 diànzhǎng
てんてき【天敵】天敌 tiāndí
てんてき【点滴】滴滴 diāndī◆~を打点滴 dǎ diǎndī；输液 shūyè
てんてこまい【てんてこ舞い-する】手忙脚乱 shǒu máng jiǎo luàn
てんてつき【転轍機】《鉄道の》道岔 dàochà
てんでに 各自 gèzì
てんてん【点々-と】点点 diǎndiǎn

てんてん【転々-とする】 辗转 zhǎnzhuǎn; 滚动 gǔndòng
でんでんだいこ【でんでん太鼓】 拨浪鼓 bōlanggǔ
デンデンムシ【蜗牛】 蜗牛 wōniú
テント 帐篷 zhàngpeng; 营帐 yíngzhàng ♦～を張る 搭帐篷 dā zhàngpeng
てんとう【点灯-する】 点灯 diǎndēng; 开灯 kāidēng
てんとう【店頭】 门市 ménshì; 铺面 pùmiàn ♦～販売 门面交易 ménmiàn jiāoyì
てんとう【転倒-する】 颠倒 diāndǎo ♦気が～する 丢魂落魄 diū hún luò pò
でんとう【伝統】 传统 chuántǒng
でんとう【電灯】 电灯 diàndēng ♦～の笠 灯罩 dēngzhào
でんどう【殿堂】 殿堂 diàntáng
でんどう【伝導-する】《熱·電気を》传导 chuándǎo
でんどう【電動-の】 电动 diàndòng ♦～鋸(のこぎり) 电锯 diànjù
でんどうし【伝道師】 传教士 chuánjiàoshì
てんどうせつ【天動説】 地心说 dìxīnshuō; 天动说 tiāndòngshuō
テントウムシ【天道虫】 瓢虫 piáochóng; 花大姐 huādàjiě
てんどん【天丼】 炸虾盖饭 zháxiāgàifàn
てんにゅう【転入-する】 ❶《他校に》转学 zhuǎnxué ❷《他の土地に》迁入 qiānrù
てんにょ【天女】 天女 tiānnǚ; 飞天 fēitiān
てんにん【転任-する】 调职 diàozhí; 调任 diàorèn
でんねつき【電熱器】 电炉 diànlú
てんねん【天然-の】 天然 tiānrán ♦～ガス 天然气 tiānránqì ♦～資源 自然资源 zìrán zīyuán
てんのう【天皇】 天皇 tiānhuáng
てんのうせい【天王星】 天王星 tiānwángxīng
でんぱ【伝播-する】 传播 chuánbō; 传布 chuánbù
でんぱ【電波】 电波 diànbō ♦～障害 电波干扰 diànbō gānrǎo
てんばい【転売-する】 转卖 zhuǎnmài; 倒卖 dǎomài
でんぱた【田畑】 田地 tiándì
てんばつ【天罰】 天罚 tiānfá; 报应 bàoyìng ♦～を受ける 天诛地灭 tiān zhū dì miè
てんび【天日】 阳光 yángguāng
てんぴ【天火】 烤炉 kǎolú
てんびき【天引き-する】 预先扣除 yùxiān kòuchú

てんびょう【点描】 点画 diǎnhuà; 素描 sùmiáo
でんぴょう【伝票】 传票 chuánpiào; 收支传票 shōuzhī chuánpiào ♦～を切る 开发票 kāi fāpiào
てんびん【天秤】 天平 tiānpíng ♦～棒 扁担 biǎndan ♦～座 天秤座 tiānchèngzuò
てんぷ【添付-する】 添上 tiānshàng; 附上 fùshàng
てんぷ【天賦】 ♦～の才 天赋 tiānfù; 天才 tiāncái
でんぶ【臀部】 臀部 túnbù
てんぷ【転覆-する】 翻倒 fāndǎo
テンプラ【天麩羅】 天妇罗 tiānfùluó; 油炸菜 yóuzhácài
てんぶん【天分】 ♦～に富む 天资 tiānzī ♦～を豊かな 富有天资 fùyǒu tiānzī
でんぶん【伝聞】 传闻 chuánwén
でんぶん【電文】 电文 diànwén
でんぷん【澱粉】 淀粉 diànfěn
てんぺんちぃ【天変地異】 天地变异 tiāndì biànyì
てんぽ【店舗】 店铺 diànpù
テンポ 速度 sùdù; 拍子 pāizi
てんぼう【展望】 瞭望 liàowàng; 眺望 tiàowàng; 展望 zhǎnwàng ♦～台 瞭望台 liàowàngtái
でんぽう【電報】 电报 diànbào ♦～を打つ 打电报 dǎ diànbào
てんまく【天幕】 帐篷 zhàngpeng;《大きめの》张幕 zhāngmù
てんまつ【顛末】 始末 shǐmò; 原委 yuánwěi; 经过 jīngguò
てんまど【天窓】 天窗 tiānchuāng
てんめい【天命】 天命 tiānmìng; 命运 mìngyùn; 寿数 shòushu ♦～に任せる 听天由命 tīng tiān yóu mìng ♦～を知る 知命 zhīmìng
てんめつ【点滅-する】 一亮一灭 yí liàng yí miè; 闪烁 shǎnshuò
てんもん【天文】 天文 tiānwén ♦～学 天文学 tiānwénxué
でんや【田野】 田野 tiányě
てんやく【点訳-する】 译成盲文 yìchéng mángwén
てんやわんや 人仰马翻 rén yǎng mǎ fān; 天翻地覆 tiān fān dì fù
てんよう【転用-する】 挪用 nuóyòng; 移用 yíyòng
でんらい【伝来】 传来 chuánlái; 祖传 zǔchuán ♦～の家宝 传家宝 chuánjiābǎo
てんらく【転落-する】《転がり落ちる》滚下 gǔnxià; 摔落 shuāiluò ♦～事故 坠落事故 zhuìluò shìgù;《落ちぶれる》沉沦 chénlún ♦～の一途 直走沦落之路 zhí zǒu lúnluò zhī lù
てんらん【展覧-する】 展览 zhǎnlǎn

♦～会 展覧会 zhǎnlǎnhuì
でんりゅう【電流】 电流 diànliú ♦～計 电流表 diànliúbiǎo; 安培计 ānpéijì
でんりょく【電力】 电力 diànlì ♦消費～ 耗电量 hàodiànliàng
でんわ【電話】 电话 diànhuà ♦～機 电话机 diànhuàjī ♦～交換手 话务员 huàwùyuán ♦～番号 电话号码 diànhuà hàomǎ ♦～をかける 打电话 dǎ diànhuà ♦～に出る 接电话 jiē diànhuà ♦～ボックス 电话亭 diànhuàtíng

と

と 跟 gēn; 和 hé ♦君～僕 你和我 nǐ hé wǒ ♦彼～比べる 跟他比 gēn tā bǐ
と【戸】 门 mén ♦～を開ける 开门 kāi mén ♦～のすき間 门缝儿 ménfèngr
ど【度】 程度 chéngdù ♦～が過ぎる 过分 guòfèn; 过度 guòdù;《めがねの》度数 dùshù
ド《音階の》多 duō
ドア 门 mén ♦～ノッカー 门环 ménhuán
どあい【度合い】 程度 chéngdù
とあみ【投網】 撒网 sāwǎng
とある 某 mǒu; 一个 yí ge
とい【樋】 导水管 dǎoshuǐguǎn; 水溜 shuǐliù; 檐沟 yángōu
とい【問】 问题 wèntí ♦～を発する 发问 fāwèn; 提问 tíwèn
といあわせ【問い合わせ】 询问 xúnwèn
といあわせる【問い合わせる】 询查 xúnchá; 打听 dǎtīng
といかえす【問い返す】 反问 fǎnwèn
といき【吐息】 叹气 tànqì
といし【砥石】 磨刀石 módāoshí
いただす【問い質す】 叮问 dīngwèn; 究问 jiūwèn; 追问 zhuīwèn
といつめる【問い詰める】 责问 zéwèn; 追问 zhuīwèn; 盘问 pánwèn
トイレ 厕所 cèsuǒ; 洗手间 xǐshǒujiān; 卫生间 wèishēngjiān ♦～に行く 上厕所 shàng cèsuǒ
とう【党】 党 dǎng
とう【塔】 塔 tǎ; 宝塔 bǎotǎ
とう【当】 正当 zhèngdàng ♦～を得た 适当 shìdàng; 得体 détǐ;《この》♦～社 本社 běnshè
とう【問う】 问 wèn; 打听 dǎtīng; 询问 xúnwèn
トウ【籐】 ♦～椅子 藤椅 téngyǐ
どう【銅】 铜 tóng
どう【胴】 躯干 qūgàn
どうあげ【胴上げ-する】 (把某人)扔到半空中 (bǎ mǒurén)rēngdào bànkōng zhōng
とうあつせん【等圧線】 等压线 děngyāxiàn
とうあん【答案】 答卷 dájuàn; 卷子 juànzi ♦～用紙 试卷 shìjuàn
とうい【当意】 ♦～即妙 临机应变 línjī yìng biàn
どうい【同意-する】 同意 tóngyì
どうぎご【同義語】 同义词 tóngyìcí
どういたしまして 不谢 bú xiè; 哪

里哪里 nǎli nǎli；不敢当 bù gǎndāng
とういつ【統一-する】 统一 tǒngyī
どういつ【同一-の】 同一 tóngyī；相同 xiāngtóng
どういつしかん【同一視-する】 等量齐观 děng liàng qí guān；一视同仁 yí shì tóng rén
とういん【党員】 党员 dǎngyuán
とういん【頭韻】 头韵法 tóuyùnfǎ
どういん【動員-する】 动员 dòngyuán
とうえい【投影-する】 投影 tóuyǐng ◆～図 投影图 tóuyǐngtú
とうおう【東欧】 东欧 Dōng Ōu
どうおん【同音】 同音 tóngyīn ◆～異義語 同音异义词 tóngyīn yìyìcí
とうか【灯火】 灯 dēng；灯火 dēnghuǒ；灯光 dēngguāng
とうか【投下-する】 投下 tóuxià
とうか【等価】 等价 děngjià ◆～物 等价物 děngjiàwù
どうか【同化-する】 同化 tónghuà ◆～作用 同化作用 tónghuà zuòyòng
どうか【銅貨】 铜币 tóngbì；铜子儿 tóngzǐr
どうか ◆～よろしくお願いします 请多关照 qǐng duō guānzhào ◆～している 不正常な行為 bú zhèngcháng
どうが【動画】〈アニメーション〉动画片 dònghuàpiàn
とうかい【倒壊-する】 倒塌 dǎotā
とうかく【頭角】 头角 tóujiǎo ◆～を現す 显露头角 xiǎnlù tóujiǎo
どうかく【同格-の】 同格 tónggé
どうかせん【導火線】 导火线 dǎohuǒxiàn；引线 yǐnxiàn
とうかつ【統括-する】 总括 zǒngkuò
とうかつ【統轄-する】 统辖 tǒngxiá
トウガラシ【唐辛子】 辣椒 làjiāo；辣子 làzi
とうかん【投函-する】 投寄 tóujì；投进邮筒 tóujìn yóutǒng
とうかん【等閑】 ◆～視する 等闲视之 děngxián shì zhī；忽视 hūshì
トウガン【冬瓜】 冬瓜 dōngguā
どうかん【同感】 同感 tónggǎn ◆全く～だ 完全同意 wánquán tóngyì
どうがん【童顔】 童颜 tóngyán；娃娃相 wáwaxiàng
とうき【登記】 登记 dēngjì；注册 zhùcè
とうき【冬季-の】 冬季 dōngjì
とうき【投機】 投机 tóujī ◆～的の売買をする 投机交易 tóujī jiāoyì
とうき【陶器】 陶器 táoqì
とうき【冬期】 冬季 dōngjì ◆～休暇 寒假 hánjià
とうき【投棄-する】 抛弃 pāoqì
とうき【騰貴-する】 涨价 zhǎngjià
とうぎ【討議-する】 讨论 tǎolùn；商讨 shāngtǎo
どうき【動機】 动机 dòngjī
どうき【同期-の】 同期 tóngqī ◆～生〈学校の〉同期同学 tóngqī tóngxué
どうぎ【動議】 动议 dòngyì
どうぎ【道義】 道义 dàoyì
どうぎご【同義語】 同义词 tóngyìcí；同意词 tóngyìcí
とうきゅう【等級】 等级 děngjí；等次 děngcì
とうきゅう【投球】 投球 tóuqiú
とうきゅう【闘牛】 斗牛 dòuniú
どうきゅう【同級】 同班 tóngbān ◆～生 同班同学 tóngbān tóngxué
とうぎょ【統御-する】 驾驭 jiàyù；统治 tǒngzhì
どうきょ【同居-する】 同居 tóngjū
どうきょう【同郷】 同乡 tóngxiāng ◆～人 乡亲 xiāngqīn；老乡 lǎoxiāng
どうきょう【道教】 道教 Dàojiào
どうぎょう【同業-の】 同行 tóngháng；同业 tóngyè
とうきょく【当局】 当局 dāngjú
とうきょり【等距離】 等距离 děngjùlí
どうぐ【道具】 工具 gōngjù；用具 yòngjù ◆～箱 工具箱 gōngjùxiāng
どうくつ【洞窟】 洞穴 dòngxué
とうげ【峠】 山口 shānkǒu
どうけ【道化】 滑稽 huájī ◆～役 丑角 chǒujué；小丑 xiǎochǒu
とうけい【東経】 东经 dōngjīng
とうけい【統計】 统计 tǒngjì ◆～をとる 统计 tǒngjì
とうげい【陶芸】 陶瓷工艺 táocí gōngyì
どうけい【同系】 同一系统 tóngyī xìtǒng
どうけい【同形-の】 同形 tóngxíng
どうけい【同型-の】 同型 tóngxíng；同一类型 tóngyī lèixíng
とうけつ【凍結-する】 冻结 dòngjié；上冻 shàngdòng；〈資産を〉冻结 dòngjié
どうけつ【洞穴】 洞穴 dòngxué
どうけん【同権】 平权 píngquán ◆男女～ 男女平权 nánnǚ píngquán
とうげんきょう【桃源郷】 世外桃源 shìwài Táoyuán
とうこう【登校-する】 上学 shàngxué
とうこう【投稿-する】 投稿 tóugǎo
とうこう【投降-する】 投降 tóuxiáng

とうごう［統合-する］ 合并 hébìng
とうごう［等号］（記号「=」）等号 děnghào
どうこう［動向］ 动向 dòngxiàng；风向 fēngxiàng
どうこう［同好-の］ 同好 tónghào；~会 同好会 tónghàohuì；~仲間 同好者 tónghàozhě
どうこう［同行-する］ 同行 tóngxíng
どうこう［瞳孔］ 瞳人 tóngrén；瞳孔 tóngkǒng；~が開く 瞳孔扩大 tóngkǒng kuòdà
どうこういきょく［同工異曲］ 同工异曲 tóng gōng yì qǔ；异曲同工 yì qǔ tóng gōng
とうこうせん［等高線］ 等高线 děnggāoxiàn
とうごく［投獄-する］ 下狱 xiàyù
どうこく［慟哭-する］ 恸哭 tòngkū
どうこん［闘魂］ 斗志 dòuzhì
とうざ［当座］❶《その場》当场 dāngchǎng ❷《しばらくの間》暂时 zànshí ❸《銀行の》活期 huóqī ◆~預金 活期存款 huóqī cúnkuǎn
どうさ［動作］ 动作 dòngzuò ◆~が速い 动作敏捷 dòngzuò mǐnjié；手脚灵活 shǒujiǎo línghuó
とうさい［搭載-する］ 装载 zhuāngzài
とうざい［東西］ 东西 dōngxi
どうざい［同罪］ 同罪 tóngzuì
とうさく［盗作-する］ 抄袭 chāoxí；剽窃 piāoqiè
とうさつ［倒錯-する］ 颠倒 diāndǎo
どうさつ［洞察-する］ 洞察 dòngchá
とうさん［倒産-する］ 倒闭 dǎobì；破产 pòchǎn
どうさん［動産］ 动产 dòngchǎn
どうざん［銅山］ 铜矿山 tóngkuàngshān
とうし［投資-する］ 投资 tóuzī
とうし［透視-する］ 透视 tòushì
とうし［闘士］ 战士 zhànshì
とうし［闘志］ 斗志 dòuzhì；~满满の 斗志昂扬 dòuzhì ángyáng
とうし［凍死-する］ 冻死 dòngsǐ
とうじ［冬至］ 冬至 dōngzhì
とうじ［当時］ 当年 dāngnián；当时 dāngshí
とうじ［答辞］ 答词 dácí
とうじ［湯治］ 温泉疗养 wēnquán liáoyǎng
どうし［動詞］ 动词 dòngcí
どうし［同志］ 同志 tóngzhì
どうし［道士］ 道士 dàoshì
どうじ［同時-に］ 同时 tóngshí；一齐 yìqí ◆~通訳 同声传译 tóngshēng chuányì
とうじき［陶磁器］ 陶瓷 táocí

とうじしゃ［当事者］ 当事人 dāngshìrén
どうじだい［同時代］ 同时代 tóngshídài
とうじつ［当日］ 当日 dàngrì；当天 dàngtiān
どうしつ［同室］ 同屋 tóngwū
どうしつ［同質-の］ 同一性质 tóngyī xìngzhì
どうじつ［同日］ 当天 dàngtiān；同一天 tóng yì tiān
どうして 为什么 wèi shénme；怎么 zěnme
どうしても 无论如何 wúlùn rúhé；~食べない 怎么也不吃 zěnme yě bù chī
とうしゅ［投手］ 投手 tóushǒu
とうしゅ［党首］ 党的首领 dǎng de shǒulǐng；党首 dǎngshǒu
どうしゅ［同種-の］ 同种 tóngzhǒng
とうしゅう［踏襲-する］ 沿袭 yánxí；沿用 yányòng
トウシューズ 《バレエの》芭蕾舞鞋 bālěiwǔxié
とうしゅく［投宿-する］ 投宿 tóusù；住旅馆 zhù lǚguǎn
どうしゅく［同宿-する］ 同住一个旅馆 tóngzhù yí ge lǚguǎn
とうしょ［当初］ 当初 dāngchū；最初 zuìchū
とうしょ［投書］ 投稿 tóugǎo
とうしょう［凍傷］ ~にかかる 冻伤 dòngshāng
とうじょう［登場-する］ 登台 dēngtái；登场 dēngchǎng
とうじょう［搭乗-する］ 搭乘 dāchéng；~券 机票 jīpiào
どうじょう［同上］ 同上 tóngshàng
どうじょう［同情-する］ 同情 tóngqíng；哀怜 āilián
どうじょう［同乗-する］ 同乘 tóngchéng；同坐 tóngzuò
どうじょう［道場］ 练功场 liàngōngchǎng
とうじる［投じる］ 投 tóu；〈自分自身を〉身を投ずる 投身 tóushēn；〈投入する〉資金を~ 投资 tóuzī；〈入れる〉票を~ 投票 tóupiào
どうじる［動じる］ 动摇 dòngyáo
とうしん［答申］ 答复 dáfù
どうしん［童心］ 童心 tóngxīn；~に返る 返回童心 fǎnhuí tóngxīn
どうじん［同人］ 志同道合的人 zhì tóng dào hé de rén；同仁 tóngrén；~誌 同人杂志 tóngrén zázhì
どうしん［同心円］ 同心圆 tóngxīnyuán
とうしんだい［等身大-の］ 和身长相等 hé shēncháng xiāngděng；〈比喩〉适合自己本身的 shìhé zìjǐ běn-

とうすい【統帥】 统帅 tǒngshuài ◆～権 兵权 bīngquán

とうすい【陶酔】 沉醉 chénzuì; 陶醉 táozuì

どうせ 反正 fǎnzhèng

とうせい【統制】-する 统制 tǒngzhì; 管制 guǎnzhì ◆～経済 统制经济 tǒngzhì jīngjì

どうせい【同姓】 同姓 tóngxìng

どうせい【同性】 同性 tóngxìng ◆～愛 同性恋 tóngxìngliàn

どうせい【同棲】-する 同居 tóngjū; 姘居 pīnjū

どうせい【動静】 动态 dòngtài

どうせき【透析】 渗析 shènxī ◆人工～ 人工透析 réngōng tòuxī

どうせき【同席】-する 同席 tóngxí

どうせだい【同世代-の】 同辈 tóngbèi

とうせん【当選】-する 当选 dāngxuǎn; 中选 zhōngxuǎn ◆～番号 中奖号码 zhòngjiǎng hàomǎ

とうぜん【当然】 ◆～…すべきだ 应当 yīngdāng; 应该 yīnggāi

とうぜん【陶然-と】 陶然 táorán

どうせん【導線】 导线 dǎoxiàn

どうせん【銅線】 铜丝 tóngsī

どうぜん【-も同然】 等于 děngyú; 一样 yíyàng ◆死んだも～だ 跟死去了一样 gēn sǐqùle yíyàng

どうぞ 请 qǐng

とうそう【闘争】-する 斗争 dòuzhēng

とうそう【逃走】-する 逃跑 táopǎo; 逃走 táozǒu

どうそう【同窓】-の 同窗 tóngchuāng ◆～会 同学会 tóngxuéhuì

どうぞう【銅像】 铜像 tóngxiàng

とうぞく【盗賊】 盗贼 dàozéi

どうぞく【同族】 同宗 tóngzōng ◆～会社 同族公司 tóngzú gōngsī

とうそつ【統率-する】 统率 tǒngshuài

とうた【淘汰】-する 淘汰 táotài ◆自然～ 自然淘汰 zìrán táotài

とうだい【灯台】 灯塔 dēngtǎ

とうだい【当代】 当代 dāngdài

どうたい【胴体】 躯体 qūtǐ; 躯干 qūgàn

とうたつ【到達】-する 到达 dàodá

とうち【当地】 当地 dāngdì; 本地 běndì

とうち【統治】-する 统治 tǒngzhì

とうちほう【倒置法】 倒置法 dàozhìfǎ

とうちゃく【到着】-する 到达 dàodá; 抵达 dǐdá

とうちゅう【道中】 旅途 lǚtú

とうちょう【盗聴】-する 窃听 qiètīng ◆～機 窃听器 qiètīngqì

とうちょう【登頂】-する 登上山顶 dēngshàng shāndǐng

どうちょう【同調】-する 赞同 zàntóng

とうちょく【当直】-する 值班 zhíbān;〈軍隊·警察などの〉值勤 zhíqín

とうつう【疼痛】 疼痛 téngtòng

どうであれ 不管怎样 bùguǎn zěnyàng; 无论如何 wúlùn rúhé

とういい【到底】 怎么也 zěnme yě ◆～無理だ 根本不可能 gēnběn bù kěnéng

どうてい【童貞】 童贞 tóngzhēn

どうてい【道程】 路程 lùchéng

とうてき【投擲】-する 投掷 tóuzhì

とうてつ【透徹】-した 透彻 tòuchè; 透辟 tòupì

どうでもよい 无所谓 wúsuǒwèi

とうてん【当店】 本店 běndiàn

とうてん【同点】 平分 píngfēn ◆～決勝 平局决赛 píngjú juésài

どうてん【動転-する】 ◆気が～する 惊慌失措 jīnghuāng shīcuò

とうとい【尊い】 尊贵 zūnguì

とうとう【等々】 等等 děngděng

とうとう【到頭】〈ついに〉到底 dàodǐ; 终于 zhōngyú

とうとう【滔々-と】 ◆～と述べる 滔滔不绝 tāo tāo bù jué

どうとう【同等-の】 同等 tóngděng

どうどう【堂々】 ◆～とした 堂堂正正 tángtáng-zhèngzhèng

どうどうめぐり【堂々巡り】 来回兜圈子 láihuí dōu quānzi

どうとく【道徳】 道德 dàodé

とうとつ【唐突-に】 突然 tūrán

とうとぶ【貴ぶ·尊ぶ】 尊重 zūnzhòng; 尊崇 zūnchóng ◆人命を～ 尊重人命 zūnzhòng rénmìng ◆地道な仕事を～ 崇尚勤恳地工作 chóngshàng qínkěn de gōngzuò

とうどり【頭取】〈銀行〉行长 (yínháng) hángzhǎng

どうなが【胴長-の】 躯干长 qūgàn cháng

とうなん【東南-の】 东南 dōngnán

とうなん【盗難】 失盗 shīdào; 被盗 bèi dào ◆～事件 窃案 qiè'àn

とうなんアジア【東南アジア】 东南亚 Dōngnán Yà

どうにいる【堂に入る】 要 dào jiā; 造诣很深 zàoyì hěn shēn

どうにか 好歹 hǎodǎi; 总算 zǒngsuàn ◆～帰り着いた 总算回来了 zǒngsuàn huílai le

とうにゅう【投入】-する 投入 tóurù; 倾注 qīngzhù

とうにゅう【豆乳】 豆浆 dòujiāng

どうにゅう【導入-する】引进 yǐnjìn

とうにょうびょう【糖尿病】糖尿病 tángniàobìng

とうにん【当人】本人 běnrén

とうは【踏破-する】走过 zǒuguò；走遍 zǒubiàn

とうはつ【頭髪】头发 tóufa

とうはん【登攀-する】登攀 dēngpān

とうばん【当番】值班 zhíbān

どうはん【同伴-する】同伴 tóngbàn；偕同 xiétóng ♦〜者 伴侣 bànlǚ

とうひ【当否】当否 dàngfǒu；是否合适 shìfǒu héshì

とうひ【逃避-する】逃避 táobì ♦现实から〜する 逃避现实 táobì xiànshí

とうひょう【投票-する】投票 tóupiào ♦〜用紙 选票 xuǎnpiào

とうびょう【投錨-する】抛锚 pāomáo

とうびょう【闘病】和疾病作斗争 hé jíbìng zuò dòuzhēng

どうびょう【同病】♦〜相哀れむ 同病相怜 tóng bìng xiāng lián

とうひん【盗品】赃物 zāngwù

とうふ【豆腐】豆腐 dòufu

とうぶ【頭部】头部 tóubù

とうぶ【東部】东部 dōngbù

とうふう【同封-する】附在信内 fù zài xìnnèi

どうぶつ【動物】动物 dòngwù ♦〜園 动物园 dòngwùyuán

とうぶん【等分-する】平分 píngfēn；等分 děngfēn；均分 jūnfēn

とうぶん【糖分】糖分 tángfèn

とうぶん【当分】暂时 zànshí

とうへき【盗癖】盗癖 dàopǐ

とうべん【答弁-する】答辩 dábiàn；回答 huídá

とうほう【東方】东方 dōngfāng

とうほう【当方】我方 wǒfāng

どうほう【同胞】同胞 tóngbāo

とうぼう【逃亡-する】〈国外へ〉逃亡 táowáng；〈犯罪者が〉潜逃 qiántáo ♦〜犯 逃犯 táofàn

とうほく【東北】东北 dōngběi

とうほん【謄本】副本 fùběn

とうほんせいそう【東奔西走-する】东奔西走 dōng bēn xī zǒu

どうまわり【胴回り】腰的周围 yāo de zhōuwéi；腰身 yāoshēn

とうみつ【糖蜜】糖蜜 tángmì

どうみゃく【動脈】动脉 dòngmài ♦〜硬化 动脉硬化 dòngmài yìnghuà

とうみん【冬眠-する】冬眠 dōngmián

とうみん【島民】岛上居民 dǎoshàng jūmín

とうめい【透明-な】透明 tòumíng

どうめい【同盟】联盟 liánméng；同盟 tóngméng

とうめん【当面-の】当前 dāngqián；眼前 yǎnqián

どうも 不知为什么 bùzhí wèi shénme ♦〜間违っているらしい 好象不对 hǎoxiàng búduì ♦〜气分がよくない 总觉得身体不舒服 zǒng juéde shēntǐ bù shūfu ♦〜うまく言えない 总也说不好 zǒng yě shuōbuhǎo ♦〜すみません 实在对不起 shízài duìbuqǐ

どうもう【獰猛-な】凶猛 xiōngměng

とうもく【頭目】头子 tóuzi；头目 tóumù

トウモロコシ 玉米 yùmǐ；玉蜀黍 yùshǔshǔ ♦〜の粉 玉米面 yùmǐmiàn

とうやく【投薬-する】下药 xiàyào

とうやら〈…のようだ・…らしい〉好像 hǎoxiàng；看来 kànlái ♦〜雨になるらしい 好象要下雨了 hǎoxiàng yào xià yǔ le

とうゆ【灯油】灯油 dēngyóu

とうよ【投与-する】给药 gěi yào

とうよう【登用-する】任用 rènyòng；提拔 tíbá

とうよう【盗用-する】盗用 dàoyòng；窃用 qièyòng

とうよう【東洋】东方 Dōngfāng ♦〜学 东方学 Dōngfāngxué〔中国语"东洋"は「日本」を意味する〕

どうよう【動揺-する】动摇 dòngyáo；不安 bù'ān

どうよう【同様-の】同样 tóngyàng ♦わたしも〜です 我也一样 wǒ yě yíyàng

どうよう【童謡】儿歌 érgē；童谣 tóngyáo

とうらい【到来-する】到来 dàolái

どうらく【道楽】嗜好 shìhào ♦〜息子 花花公子 huāhuā gōngzǐ

どうらん【動乱】动乱 dòngluàn

どうり【道理】道理 dàolǐ ♦〜にかなう 有理 yǒulǐ；合情合理 hé qíng hé lǐ

とうりつ【倒立-する】倒立 dàolì

どうりで【道理で】怪不得 guàibude；难怪 nánguài

とうりゅう【逗留-する】停留 tíngliú；逗留 dòuliú

とうりゅうもん【登竜門】登龙门 dēnglóngmén

とうりょう【棟梁】木匠师傅 mùjiang shīfu

とうりょう【等量-の】等量 děng-

どうりょう ― とかく　395

liàng
どうりょう【同僚】同事 tóngshì
どうりょく【動力】动力 dònglì; 原动力 yuándònglì
とうるい【同類】同类 tónglèi ◆～相哀れむ 兔死狐悲 tù sǐ hú bēi
とうれい【答礼-する】回礼 huílǐ; 訪問する 回访 huífǎng
どうれつ【同列】同排 tóngpái ◆～に論じる 相提并论 xiāng tí bìng lùn
どうろ【道路】路 lù; 道路 dàolù ◆～標識 路标 lùbiāo
どうろう【灯籠】灯笼 dēnglong
とうろく【登録-する】登记 dēngjì; 注册 zhùcè ◆～商標 注册商标 zhùcè shāngbiāo
とうろん【討論-する】讨论 tǎolùn; 研讨 yántǎo ◆～会 讨论会 tǎolùnhuì
どうわ【童話】童话 tónghuà
とうわく【当惑-する】困惑 kùnhuò; 为难 wéinán
とおあさ【遠浅】浅海滩 qiǎnhǎitān
とおい【遠い】远 yuǎn ◆耳が～ 耳朵背 ěrduo bèi
とおえん【遠縁】远房 yuǎnfáng; 远亲 yuǎnqīn
とおからず【遠からず】不久 bùjiǔ ◆～実現する指日可待 zhǐ rì kě dài
とおく【遠く】远方 yuǎnfāng
とおざかる【遠ざかる】走远 zǒuyuǎn; 疏远 shūyuǎn
とおざける【遠ざける】支走 zhīzǒu; 躲开 duǒkāi; 疏远 shūyuǎn
とおし【通し】连贯 liánguàn ◆～切符 通票 tōngpiào ◆～番号 连续号码 liánxù hàomǎ
とおす【通す】贯通 guàntōng; 通过 tōngguò; 透过 tòuguò ◆針に糸を～ 纫针 rènzhēn ◆〈客に〉部屋に～ 让到屋里 ràng dào wūli ◆テレビを通して… 通过电视 tōngguò diànshì
トースター 烤面包器 kǎomiànbāoqì
トースト 烤面包 kǎomiànbāo
とおせんぼ【通せんぼ-する】阻拦 zǔlán; 挡路 dǎngzhù
トータル 总计 zǒngjì
トーチカ 堡垒 bǎolěi; 地堡 dìbǎo; 碉堡 diāobǎo
とおで【遠出-する】出远门 chū yuǎnmén
ドーナツ 炸面圈 zhámiànquān; 面包圈 miànbāoquān
トーナメント 淘汰赛 táotàisài
とおのく【遠退く】离远 líyuǎn; 疏远 shūyuǎn
とおのり【遠乗り-する】乘车远行

chéngchē yuǎnxíng
ドーピング 使用兴奋剂 shǐyòng xīngfènjì
とおぼえ【遠吠え】嚎叫 háojiào ◆負け犬の～ 虚张声势 xū zhāng shēng shì
とおまき【遠巻き-にする】远远围住 yuǎnyuǎn wéizhù
とおまわし【遠回し】委婉 wěiwǎn; 绕弯子 rào wānzi ◆～な言葉 婉辞 wǎncí; 婉言 wǎnyán ◆～に言う 拐弯抹角地说 guǎi wān mò jiǎo de shuō
とおまわり【遠回り-する】绕道 ràodào; 绕远儿 ràoyuǎnr; 〈仕事や勉強で〉走弯路 zǒu wānlù
ドーム 圆顶 yuándǐng
とおめ【遠目】◆～が利く 看得远 kàndeyuǎn ◆～には 远处看 yuǎnchù kàn
ドーラン 油彩 yóucǎi
とおり【通り】❶〈道〉街道 jiēdào; 马路 mǎlù ❷〈聞こえ〉◆～のいい声 响亮的声音 xiǎngliàng de shēngyīn
とおり【-の通り】照 zhào; 依照 yīzhào ◆指示の～ 按照指示 ànzhào zhǐshì
とおりあめ【通り雨】小阵雨 xiǎozhènyǔ
とおりいっぺん【通り一遍-の】应酬性的 yìngchoùxìng de ◆～のつきあい 泛泛之交 fànfàn zhī jiāo
とおりかかる【通り掛る】路过 lùguò
とおりこす【通り越す】走过 zǒuguò
とおりすがり【通りすがり】路过 lùguò ◆～の人 萍水相逢的人 píng shuǐ xiāng féng de rén
とおりすぎる【通り過ぎる】过去 guòqu; 经过 jīngguò
とおりそうば【通り相場】〈値段〉一般市价 yībān shìjià; 〈評価〉公认 gōngrèn
とおりま【通り魔】过路煞神 guòlù shàshén
とおりみち【通り道】通路 tōnglù
とおる【通る】❶〈通行する〉走过 zǒuguò ◆通り抜ける 穿过 chuānguò ❷〈声が〉声音嘹亮 shēngyīn liáoliàng
トーン ❶〈色〉色调 sèdiào ❷〈音〉声调 shēngdiào; 音调 yīndiào
とかい【都会】城市 chéngshì; 都市 dūshì
どがいし【度外視-する】置之度外 zhì zhī dù wài
とかく【兎角】动不动 dòngbudòng; 往往 wǎngwǎng ◆～熱がでる 动不动就发烧 dòngbudòng jiù fā shāo

トカゲ【蜥蜴】 四脚蛇 sìjiǎoshé; 蜥蜴 xīyì

とかす【梳かす】 梳 shū；髪を～ 梳头发 shū tóufa

とかす【溶かす】 ❶《金属を》熔化 rónghuà ❷《塩などを水に》溶化 rónghuà ❸《氷･雪などを》融化 rónghuà

とがった【尖った】 尖 jiān；尖锐 jiānruì ♦～声 尖锐的声音 jiānruì de shēngyīn

とがめる【咎める】 责备 zébèi；责难 zénàn ♦咎められない 怨不得 yuànbude

とがらす【尖らす】 削尖 xiāojiān；磨尖 mójiān ♦口を～ 嘟嘴 dūzuǐ

どかん【土管】 缸管 gāngguǎn；陶管 táoguǎn

とき【時】 时间 shíjiān；时候 shíhou；时节 shíjié ♦本を読む～ 看书的时候 kàn shū de shíhou ♦～は金なり 一寸光阴一寸金 yí cùn guāngyīn yí cùn jīn；一刻千金 yí kè qiān jīn

トキ【朱鷺】 朱鹮 zhūhuán

どき【怒気】 肝火 gānhuǒ ♦～を含む 含怒 hánnù

どき【土器】 瓦器 wǎqì

ときあかす【説き明かす】 解明 jiěmíng；究明 jiūmíng

ときおり【時折】 偶尔 ǒu'ěr；有时 yǒushí；间或 jiànhuò

とぎすまされた【研ぎ澄まされた】 ❶《刃物などが》磨快 mókuài ❷《感覚が》敏锐 mǐnruì

ときたま【時偶】 偶尔 ǒu'ěr

どぎつい 《色が》非常强烈 fēicháng qiángliè；刺眼 cìyǎn

どきっと-する 吓一跳 xià yí tiào

ときどき【時々】 有时 yǒushí

どきどき ♦胸が～ 心里扑通扑通直跳 xīnli pūtōngpūtōng zhí tiào；心怦怦跳动 xīn pēngpēng tiào

ときには【時には】 一时 yìshí；有时 yǒushí；时而 shí'ér

ときふせる【説き伏せる】 折服 zhéfú；说服 shuōfú

ときほぐす【解きほぐす】 ❶《糸を》解开线团 jiěkāi xiàntuán ❷《緊張を》缓和紧张 huǎnhé jǐnzhāng；放松 fàngsōng ♦心を～ 打开心锁 dǎkāi xīnsuǒ

どぎまぎ-する 慌慌张张 huānghuāngzhāngzhāng

ときめかす 心情激动 xīnqíng jīdòng

ときめく【時めく】 逢时得势 féngshí déshì；显赫 xiǎnhè ♦今を～アイドル 当今走红的偶像 dāngjīn zǒuhóng de ǒuxiàng

ときめく 心跳 xīntiào；兴奋 xīngfèn ♦期待に胸が～ 充满期待,心里怦怦直跳 chōngmǎn qīdài, xīnli pēngpēng zhítiào

どぎも【度肝】 ♦～を抜く 使人大吃一惊 shǐ rén dà chī yì jīng

ドキュメンタリー 记录片 jìlùpiàn

ドキュメント 《コンピュータ》文档 wéndàng

どきょう【度胸】 胆量 dǎnliàng ♦～がある 胆子大 dǎnzi dà

どきょう【読経】 念经 niànjīng

ときょうそう【徒競走】 赛跑 sàipǎo

とぎれとぎれ【途切れ途切れ-の】 断断续续 duànduànxùxù；哩哩啦啦 līlīlālā

とぎれる【途切れる】 间断 jiànduàn ♦話が～ 说话中断 shuōhuà zhōngduàn ♦連絡が～ 失掉联系 shīdiào liánxì

とく【得】 利益 lìyì；好处 hǎochù ♦～をする 占便宜 zhàn piányi

とく【徳】 品德 pǐndé ♦～のある人 德高的人 dégāo de rén

とく【解く】 ❶《包みなどを》打开 dǎkāi ❷《問題を》解答 jiědá ♦誤解を～ 消除误会 xiāochú wùhuì

とく【溶く】 溶化 rónghuà ♦絵の具を～ 化开颜料 huàkāi yánliào ♦卵を～ 搅开鸡蛋 jiǎokāi jīdàn

とく【説く】 说明 shuōmíng

とぐ【研ぐ】 磨快 mókuài；钢 gàng ♦米を～ 淘米 táomǐ

どく【毒】 毒 dú ♦～にあたる 中毒 zhòngdú ♦～を仰ぐ 服毒 fúdú ♦～を消す 解毒 jiědú ♦～を盛る 放毒 fàngdú ♦～を食わば皿まで 一不做二不休 yì bù zuò èr bù xiū

どく【退く】 躲开 duǒkāi

とい【得意-な】 《得手》拿手 náshǒu；～とする 长于 chángyú；精于 jīngyú；～技 长技 chángjì；自负 zìfù ♦～な顔つき 自鸣得意 zì míng déyì；得意扬扬 déyì yángyáng；《顧客》♦～先 老主顾 lǎozhǔgù

どくえんかい【独演会】 独演会 dúyǎnhuì

とくがく【篤学】 好学 hàoxué ♦～の士 笃学之士 dǔxué zhī shì

どくがく【独学-する】 自学 zìxué

どくガス【毒ガス】 毒气 dúqì

とくぎ【特技】 专长 zhuāncháng；特长 tècháng ♦～を生かす 发挥特长 fāhuī tècháng

どくさい【独裁-する】 独裁 dúcái；

とくさく【得策】 上策 shàngcè
とくさつ【特撮】 特技 tèjì ◆～シーン 特技镜头 tèjì jìngtóu
どくさつ【毒殺-する】 毒杀 dúshā
とくさん【特産-の】 ◆～物 特产 tèchǎn; 土产 tǔchǎn
とくし【特使】 特使 tèshǐ; 专差 zhuānchāi
とくし【篤志】 仁慈心肠 réncí xīncháng ◆～家 慈善家 císhànjiā
どくじ【独自-の】 独特 dútè; 单独 dāndú
とくしつ【得失】 得失 déshī
とくしつ【特質】 特点 tèdiǎn
とくしゃ【特赦】 特赦 tèshè
どくしゃ【読者】 读者 dúzhě
どくしゃく【独酌-する】 自酌自饮 zì zhuó zì yǐn
とくしゅ【特殊-な】 特殊 tèshū ◆～な事例 特例 tèlì
とくしゅう【特集】 专集 zhuānjí ◆～号 专号 zhuānhào; 特刊 tèkān
どくしゅう【独習-する】 自学 zìxué; 自修 zìxiū
どくしょ【読書】 看书 kànshū; 读书 dúshū
とくしょう【特賞】 特奖 tèjiǎng
どくしょう【独唱-する】 独唱 dúchàng
とくしょく【特色】 特点 tèdiǎn; 特色 tèsè
どくしん【独身】 独身 dúshēn ◆～男性 单身汉 dānshēnhàn; 光棍儿 guānggùnr
どくする【毒する】 毒害 dúhài; 流毒 liúdú
とくせい【特性】 特点 tèdiǎn; 特性 tèxìng
とくせい【特製-の】 特制 tèzhì
どくせい【毒性】 毒性 dúxìng
とくせつ【特設-する】 特设 tèshè ◆～会場 特设会场 tèshè huìchǎng
どくぜつ【毒舌】 ◆～をふるう 说刻薄话 shuō kèbó huà
とくせん【特選】 特别选出 tèbié xuǎnchū; 特选 tèxuǎn
どくせん【独占-する】 独占 dúzhàn; 垄断 lǒngduàn ◆～資本 垄断资本 lǒngduàn zīběn
どくぜんてき【独善的-な】 自以为是 zì yǐ wéi shì
どくそ【毒素】 毒素 dúsù
どくそう【毒草】 毒草 dúcǎo
どくそう【毒奏-する】 独奏 dúzòu
どくそう【独創】 ◆～的な 独创 dúchuàng; 独到 dúdào ◆～性 独创性 dúchuàngxìng
どくそう【独走-する】 《大きくリード 一个人遥遥领先 yí ge rén yáoyáo lǐngxiān; 《勝手な行動》单独行动 dāndú xíngdòng
とくそく【督促-する】 督促 dūcù; 催促 cuīcù
ドクター 【博士】 博士 bóshì ◆～コース 博士课程 bóshì kèchéng ❷《医師》医生 yīshēng ◆～ストップ 医生叫停 yīshēng jiào tíng
とくだい【特大-の】 特大号 tèdàhào
とくだね【特種】 特讯 tèxùn
どくだん【独断】 独断 dúduàn; 专断 zhuānduàn ◆～専行 独断专行 dúduàn zhuānxíng
どくだんじょう【独壇場】 拿手好戏 náshǒu hǎoxì
とぐち【戸口】 门口 ménkǒu
とくちゅう【特注-の】 特别订货 tèbié dìnghuò
とくちょう【特徴】 特点 tèdiǎn; 特征 tèzhēng
とくちょう【特長】 特长 tècháng
どくづく【毒づく】 恶骂 èmà; 咒骂 zhòumà
とくてい【特定-の】 特定 tèdìng; 一定 yídìng ◆～する 确定 quèdìng
とくてん【得点】 得分 défēn; 分数 fēnshù ◆～する 得分 dé fēn
とくてん【特典】 优惠 yōuhuì
とくとう【特等】 特等 tèděng
どくとく【独特-な】 独特 dútè; 独到 dúdào
どくどくしい【毒々しい】 恶毒 èdú; 《色が》刺眼 cìyǎn
とくに【特に】 特别 tèbié; 分外 fènwài; 特意 tèyì
どくは【読破-する】 读破 dúpò; 通读 tōngdú
とくばい【特売】 大贱卖 dà jiànmài
とくはいん【特派員】 特派员 tèpàiyuán
どくはく【独白-する】 独白 dúbái
とくひつ【特筆-する】 ◆～大書する 大书特书 dàshū tèshū
とくひょう【得票】 得票 dépiào
どくぶつ【毒物】 毒物 dúwù
とくべつ【特別-な】 特别 tèbié; 特殊 tèshū ◆～機 专机 zhuānjī
とくほう【特報】 特别报道 tèbié bàodào
ドグマ 教条 jiàotiáo
どくみ【毒味-する】 饭前试毒 fànqián shìdú
とくむ【特務】 特务 tèwu ◆～機関 特务机关 tèwù jīguān
どくむし【毒虫】 毒虫 dúchóng
とくめい【匿名-の】 匿名 nìmíng ◆～の手紙 匿名信 nìmíngxìn
とくやく【特約】 特约 tèyuē
どくやく【毒薬】 毒药 dúyào

とくゆう【特有-な】 特有 tèyǒu
どくりつ【独立-する】 独立 dúlì ♦～採算 独立核算 dúlì hésuàn
どくりょく【独力-で】 独力 dúlì; 自力 zìlì
とくれい【特例】 特例 tèlì
とくれい【督励-する】 策励 cèlì
とぐろ 盘绕 pánrào ♦～を巻く 卷成一团 juǎnchéng yì tuán
どくろ【髑髏】 髑髏 dúlóu
とげ【棘】 刺 cì ♦言葉に～を持つ 话里带刺儿 huàli dài cìr
とけあう【解け合う】 交融 jiāoróng; 融合 rónghé
とけい【時計】 钟表 zhōngbiǎo ♦～店 钟表店 zhōngbiǎodiàn ♦腕～ 手表 shǒubiǎo ♦懐中～ 怀表 huáibiǎo ♦目覚まし～ 闹钟 nàozhōng ♦掛け～ 挂钟 guàzhōng
とけこむ【溶け込む】 ❶《液体に》融化 rónghuà ❷《雰囲気・仲間に》融洽 róngqià
どげざ【土下座-する】 跪在地上 guìzài dìshàng; 跪拜 guìbài
とけつ【吐血-する】 呕血 ǒuxuè; 吐血 tùxiě
とげとげしい【刺々しい】《言葉が》带刺儿 dài cìr
とける【解ける】 ♦ひもが解けた 带儿松了 dàir sōng le ♦～禁令 解除 jiěchú ♦誤解が～ 误会消除 wùhuì xiāochú
とける【溶ける】 熔化 rónghuà; 溶化 rónghuà
とげる【遂げる】 完成 wánchéng; 达到 dádào
どける【退ける】 挪开 nuókāi
とこ【床】 床铺 chuángpù ♦～に就く 就寝 jiùqǐn
どこ【何処】 哪儿 nǎr; 哪里 nǎli; 什么地方 shénme dìfang
どごう【怒号-する】 叱咤 chìzhà
とこしえ【永久-に】 永远 yǒngyuǎn; 永恒 yǒnghéng
とこずれ【床擦れ】 褥疮 rùchuāng
とことん ～頑張る 坚持到底 jiānchí dàodǐ
とこなつ【常夏】 常夏 chángxià
とこや【床屋】 理发店 lǐfàdiàn
ところ【所】 地方 dìfang; 地点 dìdiǎn ♦破损的部分 pòsǔn de bùfen
ところが 可是 kěshì; 倒 dào
ところで 却说 quèshuō
ところどころ【所々】 这儿那儿 zhèrnàr; 有些地方 yǒuxiē dìfang
とさか【鶏冠】 鸡冠 jīguān
どさくさ 忙乱 mángluàn ♦～にまぎれて 趁着忙乱 chènzhe mángluàn
とざす【閉ざす】 ♦門を～ 锁门 suǒ

mén ♦口を～ 缄口 jiānkǒu
とざん【登山-する】 登山 dēngshān ♦～家 登山运动员 dēngshān yùndòngyuán
とし【都市】 城市 chéngshì
とし【歳】 年纪 niánjì ♦～が若い 年轻 niánqīng ♦～を取る 上岁数 shàng suìshu
とし【年-ごとに】 逐年 zhúnián ♦～の初め 年初 niánchū ♦～の瀬 年底 niándǐ ♦～末 年关 niánguān ♦～を越す 过年 guò nián
どじ 失败 shībài ♦～を踏む 出错 chūcuò
としうえ【年上-の】 年长 niánzhǎng
としおいた【年老いた】 苍老 cānglǎo ♦～女性 上了年纪的女性 shàngle niánjì de nǚxìng
としごろ【年頃】 ♦～もない 与年龄不相称 yǔ niánlíng bù xiāngchèn
としご【年子】 差一岁的兄弟姐妹 chà yī suì de xiōngdì jiěmèi
としこし【年越し】 过年 guònián
とじこめる【閉じ込める】 ♦中に～ 关在里面 guānzài lǐmiàn
とじこもる【閉じこもる】 ♦家に～ 闷在家里 mēnzài jiāli
としした【年下】 年岁小 niánsuì xiǎo
としつき【年月】 岁月 suìyuè
としどし【年々】 尽管 jǐnguǎn; 不客气 bú kèqi
としなみ【年波】 ♦寄る～には勝てない 年岁不饶人 niánsuì bù ráo rén
どしゃ【土砂】 泥沙 níshā ♦～崩れ 山崩 shānbēng; 塌方 tāfāng
どしゃぶり【土砂降り-の】 倾盆大雨 qīngpén dàyǔ; 瓢泼大雨 piáopō dàyǔ
としゅ【徒手-で】 徒手 túshǒu ♦～空拳《くうけん》赤手空拳 chì shǒu kōng quán
としょ【図書】 图书 túshū ♦～館 图书馆 túshūguǎn
どじょう【土壌】 泥土 nítǔ; 土壤 tǔrǎng
ドジョウ【泥鰌】 泥鳅 níqiu
としより【年寄り】 老人 lǎorén; 老人 lǎorén
とじる【閉じる】 关闭 guānbì
とじる【綴じる】 订 dìng
としん【都心】 市中心 shì zhōngxīn
どすう【度数】 《計量器などの》度数 dùshu
どせい【土星】 土星 tǔxīng
どせき【土石】 ♦～流 泥石流 níshíliú
とぜつ【途絶-する】 杜绝 dùjué; 中断 zhōngduàn

とそう【塗装-する】 涂抹 túmǒ；涂漆 túqī ◆~用スプレー 喷漆器 pēnqīqì
どそう【土葬】 土葬 tǔzàng
どそく【土足-で】 不脱鞋 bù tuō xié
どだい【土台】 ❶《建筑物的》地基 dìjī；根基 gēnjī ❷《物事的》基础 jīchǔ
とだえる【途絶える】 中断 zhōngduàn
とだな【戸棚】 橱儿 chúr；柜子 guìzi
どたばた【土壇場】 乱跳乱闹 luàn tiào luàn nào ◆~喜剧 闹剧 nàojù
トタン 白铁皮 báitiěpí；镀锌铁 dùxīntiě ◆~屋根 铁皮屋面 tiěpí wūmiàn
とたん【途端-に】 刚 gāng；一…就 yī…jiù ◆聞いたーに笑い出した 一听就笑起来了 yī tīng jiù xiàoqǐlai le
どたんば【土壇場】 绝境 juéjìng；最后关头 zuìhòu guāntóu
とち【土地】 土地 tǔdì；地产 dìchǎn：地皮 dìpí ◆~の人 本地人 běndìrén ◆所有権 地权 dìquán
とちゅう【途中】 中途 zhōngtú ◆~でやめる 半途而废 bàn tú ér fèi
どちら ❶《選択》哪个 nǎge ❷《どこ》哪里 nǎli ❸《だれ》哪位 nǎwèi
とちる 搞错 gǎocuò
とっか【特訓】 特价销售
どっかい【読解】 阅读理解 yuèdú hé lǐjiě
とっかんこうじ【突貫工事】 突击施工 tūjī shīgōng
とっき【突起】 突起 tūqǐ
とっき【特記-する】 特别记载 tèbié jìzǎi
とっきゅう【特急】 特别快车 tèbié kuàichē
とっきゅう【特級】 特级 tèjí
とっきょ【特許】 专利 zhuānlì ◆~権 专利权 zhuānlìquán
どっきり 吓一跳 xià yí tiào；吃惊 chī jīng
ドッキング 相接 xiāngjiē；对接 duìjiē
とつぐ【嫁ぐ】 出嫁 chūjià；嫁人 jiàrén ◆嫁ぎ先 婆家 pójia
ドック《船の》船坞 chuánwù
とくに【疾っくに】 早已 zǎoyǐ
とっくみあい【取っ組み合い】 ◆~のけんか 扭打 niǔdǎ
とっくり【徳利】 酒壶 jiǔhú
とっくん【特訓-する】 特别训练 tèbié xùnliàn
とつげき【突撃-する】 突击 tūjī；冲锋 chōngfēng
とっけん【特権】 特权 tèquán ◆~階級 特权阶级 tèquán jiējí
とっこうやく【特効薬】 特效药 tèxiàoyào
とっさ【咄嗟-に】 瞬间 shùnjiān ◆~の機転 灵机一动 língjī yí dòng
ドッジボール 躲避球 duǒbìqiú
とっしゅつ【突出-する】 突出 tūchū
とつじょ【突如】 突然 tūrán
どっしり《重みのある》沉重 chénzhòng；沉甸甸 chéndiāndiān；《態度が》庄重 zhuāngzhòng
とっしん【突進-する】 猛冲 měngchōng；闯撞 chuǎngzhuàng
とつぜん【突然-に】 忽然 hūrán；突然 tūrán
とったん【突端】 突出的一端 tūchū de yìduān
どっち 哪个 nǎge ◆~つかずの 模棱两可 móléng liǎngkě
どっちみち【何方道】 不管怎么样 bùguǎn zěnmeyàng；反正 fǎnzhèng
とっちめる 整治 zhěngzhì；训斥 xùnchì
とっつき【取っ付き】 ◆~にくい 不容易接近 bù róngyì jiējìn
とって【取っ手】《器物的》把子 bàzi；耳子 ěrzi；《ドアなどの》拉手 lāshǒu
とって 《…にとって》就 jiù ◆私に~対夹来说 duì wǒ lái shuō
とってかわる【取って代わる】 接替 jiētì；取而代之 qǔ ér dài zhī
とってつける【取って付ける】 不自然 bú zìrán ◆取ってつけたような話 假惺惺的话 jiǎxīngxīng de huà
どっと ◆~なだれ込む 蜂拥而入 fēngyōng ér rù ◆~乗ってくる 一拥而上 yì yōng ér shàng
とつとつと【訥々と】 讷讷 nènè ◆~語る 说得很不流利 shuōde hěn bù liúlì
とっとと ◆~失せろ 滚蛋 gǔndàn
とつにゅう【突入-する】 冲入 chōngrù；闯进 chuǎngjìn
とっぱ【突破-する】 冲破 chōngpò；突破 tūpò ◆~口 突破口 tūpòkǒu
とっぱつ【突発-する】 突发 tūfā；勃发 bófā
とっぱん【凸版】 凸版 tūbǎn ◆~印刷 凸版印刷 tūbǎn yìnshuā
とっぴ【突飛】 离奇 líqí ◆~な服装 奇装异服 qízhuāng yìfú
とっぴょうし【突拍子】 ◆~もない 异常 yìcháng；奇特 qítè
トップ 第一名 dìyīmíng；《組織の》一把手 yībǎshǒu ◆~に立つ 居于首位 jūyú shǒuwèi ◆~ギヤ 高速档 gāosùdàng
とっぷう【突風】 疾风 jífēng
とつべん【訥弁】 嘴笨 zuǐbèn

とつめんきょう【凸面鏡】 凸面镜 tūmiànjìng
とつレンズ【凸レンズ】 凸透镜 tūtòujìng
どて【土手】 堤防 dīfáng；堤坝 dībà
とてい【徒弟】 徒弟 túdì
とても 很 hěn；挺 tǐng
ととう【徒党】 党徒 dǎngtú ♦～を組む 拉帮结伙 lā bāng jié huǒ
どとう【怒涛】の 怒涛 nùtāo；惊涛骇浪 jīng tāo hài làng
とどく【届く】 ♦手が～ 手够得着 shǒu gòudezháo ♦手紙が～ 收到信件 shōudào xìnjiàn
とどける【届ける】 送 sòng；送交 sòngjiāo ♦警察に～ 报告警察 bàogào jǐngchá
とどこおる【滞る】《進行が》迟误 chíwù：拖延 tuōyán；《支払いが》拖欠 tuōqiàn
ととのう【整(調)う】 整齐 zhěngqí ♦食事の用意が～ 饭准备好了 fàn zhǔnbèihǎo le
ととのえる【整(調)える】 整理 zhěnglǐ；收拾 shōushí；准备 zhǔnbèi ♦身だしなみを～ 整理衣着 zhěnglǐ yīzhuó
とどまる【留まる】 停留 tíngliú；待 dāi ♦一千万円に留まらない 不止一千万日元 bù zhǐ yīqiānwàn Rìyuán
とどめ【止め】 最后一招 zuìhòu yìzhāo
とどめる【止(留)める】 留下 liúxià；保留 bǎoliú
とどろかせる【轟かせる】 ♦名を天下に～ 名震天下 míng zhèn tiānxià
とどろく【轟く】 轰鸣 hōngmíng；轰响 hōngxiǎng
ドナー《医学》捐献者 juānxiànzhě；提供者 tígōngzhě
となえる【唱える】 提倡 tíchàng ♦念仏を～ 念佛 niànfó
トナカイ【馴鹿】 驯鹿 xùnlù
どなた 哪位 nǎwèi
どなべ【土鍋】 沙锅 shāguō
となり【隣り】 ～の 近所 邻居 línjū；左邻右舍 zuǒ lín yòu shè ♦～の部屋 隔壁房间 gébì fángjiān ♦～の席 旁边的坐位 pángbiān de zuòwèi
となりあう【隣り合う】 邻近 línjìn；相邻 xiānglín；紧接 jǐnjiē
どなりつける【怒鳴りつける】 大声训斥 dàshēng xùnchì
どなる【怒鳴る】 大声喊叫 dàshēng hǎnjiào
とにかく《兎に角》 总之 zǒngzhī；反正 fǎnzhèng
どの【何の】 哪e 些 nǎ；哪个 nǎge
どのう【土囊】 沙袋 shādài
どのへん【どの辺に】 哪边 nǎbiān
どのみち【何の道】 反正 fǎnzhèng
どのよう【どの様-な】 怎么样 zěnmeyàng ♦～に 怎么 zěnme
トパーズ 黄玉 huángyù
-とはいえ【-とは言え】 虽说 suīshuō ♦夏～ 虽然是夏天 suīrán shì xiàtiān
とばく【賭博】 赌博 dǔbó
とばす【飛ばす】《空中に》♦風船を～ 放气球 fàng qìqiú；《省略》♦途中を～ 跳过 tiàoguò；《左遷》♦人を(远くへ)～ 调动 diàodòng
とばっちり 连累 liánlei；牵连 qiānlián
どはつ【怒髪】 ♦～天を衝く 怒发冲冠 nù fà chōng guān
とばり【帳】 帐子 zhàngzi ♦夜の～が下りる 夜幕降临 yèmù jiànglín
トビ【鳶】 ❶《鳥》老鹰 lǎoyīng；鸢 yuān ❷《とび職》架子工 jiàzigōng
とびあがる【跳び上がる】 跳起 tiàoqǐ ♦跳び上がって喜ぶ 惊喜 jīngxǐ；高兴得跳起来 gāoxìngde tiàoqǐlai
とびあがる【飛び上がる】 飞起 fēiqǐ；跳起来 tiàoqǐlai
とびいし【飛石】 踏脚石 tājiǎoshí
とびいた【飛板】 跳板 tiàobǎn
とびいり【飛入り-する】 临时参加 línshí cānjiā
とびいろ【鳶色-の】 棕色 zōngsè
トビウオ【飛魚】 飞鱼 fēiyú
とびかかる【飛び掛かる】 扑过去 pūguòqu
とびきゅう【飛び級-する】 跳级 tiàojí
とびこみ【飛び込み】 跳水 tiàoshuǐ ♦～台 跳台 tiàotái
とびたつ【飛び立つ】《飛行機が》起飞 qǐfēi
とびち【飛び地】《行政区画上の》飞地 fēidì
とびちる【飛び散る】 迸 bèng；溅jiàn ♦火花が～ 火星儿乱迸 huǒxīngr luàn bèng
とびつく【飛び付く】 扑过去 pūguòqu
トピック 话题 huàtí；简讯 jiǎnxùn
とびぬけた【飛び抜けた】 卓越 zhuóyuè；杰出 jiéchū
とびばこ【跳び箱】 跳箱 tiàoxiāng
とびひ【飛火-する】 延烧 yánshāo；《事件などが広がる》波及 bōjí；殃及 yāngjí
とびまわる【飛び回る】 到处跑 dàochù pǎo；蹿跳 cuāntiào ♦各地を～ 东奔西走 dōng bēn xī zǒu
とびら【扉】 ❶《ドアなど》门扇 ménshàn；门扉 ménfēi ❷《書物の》扉页 fēiyè
とぶ【跳ぶ】 跳 tiào；蹿 cuān ♦ペー

とぶ － トラクター **401**

ジが～ 跳ояё tiàoyuè
とぶ【飛ぶ】 飞 fēi ♦～ように売れる 不胫而走 bú jìng ér zǒu ♦パリに～ 飞往巴黎 fēiwǎng Bālí
どぶ【溝】 污水沟 wūshuǐgōu; 阳沟 yángōu
とほ【徒歩】 徒步 túbù ♦～で行く 步行 bùxíng
とほうにくれる【途方に暮れる】 日暮途穷 rì mù tú qióng; 走投无路 zǒu tóu wú lù
とほうもない【途方もない】 出奇 chūqí; 异想天开 yì xiǎng tiān kāi
どぼく【土木】 土木 tǔmù ♦～工事 土木工程 tǔmù gōngchéng
とぼける【惚ける】 装糊涂 zhuāng hútu; 装腔作势 zhuāngqiāngzuòshì; 装傻 zhuāngshǎ
とぼしい【乏しい】 贫乏 pínfá ♦経験が～ 缺乏经验 quēfá jīngyàn
どま【土間】 土地房间 tǔdì fángjiān
トマト 西红柿 xīhóngshì; 番茄 fānqié ♦～ケチャップ 番茄酱 fānqiéjiàng ♦～ジュース 番茄汁 fānqiézhī
とまどう【戸惑う】 困惑 kùnhuò; 不知所错 bùzhī suǒ cuò
とまりきゃく【泊り客】 住客 zhùkè
とまる【止[留]まる】 停 tíng; 停止 tíngzhǐ ♦腕時計が～ 手表停 shǒubiǎo tíng ♦電車が～ 电车停 diànchē tíng ♦心臓が～ 心脏停止 xīnzàng tíngzhǐ ♦笑いが止まらない 笑个不停 xiào ge bù tíng ♦虫などが肩に～ 落在肩上 luòzài jiānshàng
とまる【泊まる】 住宿 zhùsù; 歇宿 xiēsù
とみ【富】 财富 cáifù
ドミノ 多米诺骨牌 duōmǐnuò gǔpái ♦～現象 骨牌效应 gǔpái xiàoyīng
とむ【富む】 富裕 fùyù; 有 fùyǒu ♦変化に～ 富于变化 fùyú biànhuà
とむらう【弔う】 祭奠 jìdiàn
ドメインめい【ドメイン名】 域名 yùmíng
とめどなく【止めどなく】 没完没了 méi wán méi liǎo ♦～話す 滔滔不绝 tāotāo bùjué
とめる【止[留]める】 停 tíng ♦ある場所に車を～ 停车 tíngchē ♦ブレーキを踏んで車を～ 刹车 shāchē ♦息を～ 屏住呼吸 bǐngzhù hūxī ♦安全ピンで～ 用别针别住 yòng biézhēn biézhù
とめる【泊める】 留 liú ♦客を～ 留客人住宿 liú kèrén zhùsù
とも【伴～する】 陪伴 péibàn
とも【艫】 船尾 chuánwěi
ともあれ 不管怎样 bùguǎn zěn-

yàng; 总之 zǒngzhī
ともかく【兎も角】 好歹 hǎodǎi; 无论如何 wúlùn rúhé ♦色は～ 颜色且且不论～ yánsè gūqiě búlùn ...
ともかせぎ【共稼ぎ-する】 双职工 shuāngzhígōng
ともぐい【共食い-する】 同类相残 tónglèi xiāng cán
ともしび【灯】 灯火 dēnghuǒ
ともす【灯す】 点灯 diǎndēng
ともだおれ【共倒れ-になる】 两败俱伤 liǎng bài jù shāng
ともだち【友達】 朋友 péngyou ♦甲斐(がい)がある 够朋友 gòu péngyou
ともづな【纜】 缆 lǎn ♦～を解く 解缆 jiělǎn
ともども【共々】 相与 xiāngyǔ; 一道 yídào
ともなう【伴う】 伴随 bànsuí
ともに【共に】 一起 yìqǐ ♦苦楽を～する 同甘共苦 tóng gān gòng kǔ
ともばたらき【共働き-する】 夫妇都工作 fūfù dōu gōngzuò ♦～の夫婦 双职工 shuāngzhígōng
ともる【点る】 〈明かりが〉点灯 diǎndēng
どもる【吃る】 口吃 kǒuchī; 结巴 jiēbā
とやかく ♦～言う 说三道四 shuō sān dào sì
どようび【土曜日】 星期六 xīngqīliù
どよめく 哄起来 hōngqǐlai; 鼎沸 dǐngfèi
トラ【虎】 老虎 lǎohǔ ♦～の威を借る狐 狐假虎威 hú jiǎ hǔ wēi
どら【銅鑼】 锣 luó
トライ ❶ 〈ラグビー〉持球触地得分 chíqiú chùdì défēn ❷ 〈試みる〉试试看 shìshìkàn
ドライ-な 〈性格などが〉冷淡 lěngdàn; 淡漠 dànmò
ドライアイス 干冰 gānbīng
トライアスロン 铁人三项比赛 tiěrén sānxiàng bǐsài
トライアングル 〈楽器〉三角铃 sānjiǎolíng
ドライクリーニング 干洗 gānxǐ
ドライバー ❶ 〈工具〉改锥 gǎizhuī; 螺丝刀 luósīdāo ❷ 〈運転手〉汽车司机 qìchē sījī
ドライブ-する 兜风 dōufēng
ドライフラワー 干花 gānhuā
ドライヤー 吹风机 chuīfēngjī
とらえる【捕える】 抓住 zhuāzhù; 捉住 zhuōzhù ♦人の心を～ 抓住人心 zhuāzhù rénxīn
トラクター 拖拉机 tuōlājī; 铁牛 tiěniú

どらごえ【銅鑼声-の】 大嗓门 dà sǎngmén
トラック ❶《車の》货车 huòchē; 卡车 kǎchē ❷《フィールドに対する》跑道 pǎodào ◆～競技 jìngsài
とらのこ【虎の子】《大切な物》珍爱的物品 zhēn'ài de wùpǐn
トラブル 纠纷 jiūfēn ◆～を起こす 引起纠纷 yǐnqǐ jiūfēn; 闹乱子 nào luànzi
トラベラーズチェック 旅行支票 lǚxíng zhīpiào
ドラマ ◆テレビ～ 电视剧 diànshìjù ◆筋書きのない～ 没有剧本的戏 méiyǒu jùběn de xì
ドラマー 鼓手 gǔshǒu
ドラム 大鼓 dàgǔ ◆～をたたく 打鼓 dǎ gǔ
どらむすこ【どら息子】 败家子 bàijiāzǐ
とらわれる【捕われる】《意識の》拘泥 jūní; 拘执 jūzhí
トランク《旅行用》手提箱 shǒutíxiāng; 提箱 tíxiāng;《自動車の》行李箱 xínglǐxiāng
トランクス 短裤 duǎnkù
トランシーバー 步谈机 bùtánjī; 步行机 bùxíngjī
トランジスター 半导体 bàndǎotǐ; 晶体管 jīngtǐguǎn
トランス 变压器 biànyāqì
トランプ 扑克牌 pūkèpái
トランペット 小号 xiǎohào
トランポリン 蹦床 bèngchuáng
とり【鳥】 鸟 niǎo
とりあう【取り合う】 争夺 zhēngduó;《相手にする》理睬 lǐcǎi
とりあえず【取り敢えず】 姑且 gūqiě; 暂时 zànshí
とりあげる【取り上げる】 ❶《手に取る》拿起来 náqǐlái ❷《提案などを採用する》采纳 cǎinà; 接受 jiēshòu ❸《問題とする》ニュースで～ 报道 bàodào ❹《奪う》夺取 duóqǔ; 没收 mòshōu
とりあつかう【取り扱う】 办理 bànlǐ; 处理 chǔlǐ; 对待 duìdài
とりあわせ【取り合わせ】 搭配 dāpèi; 配合 pèihé
といる【取り入る】 迎合 yínghé; 讨好 tǎohǎo
とりいれる【取り入れる】 吸收 xīshōu;《作物を》收获庄稼 shōuhuò zhuāngjia
とりえ【取り柄[得]】 优点 yōudiǎn; 长处 chángchù
トリオ《器楽の》三重奏 sānchóngzòu;《人》三人组 sānrénzǔ
とりおさえる【取り押さえる】 抓住 zhuāzhù

とりかえし【取り返し】 ◆～がつかない 无法挽回 wúfǎ wǎnhuí
とりかえす【取り返す】 取回 qǔhuí; 夺回 duóhuí
とりかえる【取り替える】 换 huàn; 交换 jiāohuàn;《買った物を》退换 tuìhuàn
とりかかる【取り掛かる】 开始 kāishǐ; 着手 zhuóshǒu
とりかご【鳥籠】 鸟笼 niǎolóng
とりかこむ【取り囲む】 包围 bāowéi
とりかわす【取り交わす】 交换 jiāohuàn ◆約束を～ 互相约定 hùxiāng yuēdìng
とりきめ【取り決め】 商定 shāngdìng; 规约 guīyuē
とりくむ【取り組む】 从事 cóngshì; 致力于 zhìlìyú
とりけす【取り消す】 取消 qǔxiāo; 撤消 chèxiāo
とりこ【虜】《夢中》～になる 入迷 rùmí; 为…着迷 wéi…zháomí
とりこしぐろう【取り越し苦労】 杞人忧天 qǐ rén yōu tiān
とりこむ【取り込み】 ◆～中 百忙之中 bǎi máng zhī zhōng
とりこむ【取り込む】《屋外から》拿进来 nájìnlai; 收回 shōuhuí
とりごや【鳥小屋】《ニワトリの》鸡舍 jīshè
とりこわす【取り壊す】 拆除 chāichú; 平毁 pínghuǐ
とりさげる【取り下げる】 撤回 chèhuí; 撤消 chèxiāo
とりざた【取り沙汰】 传闻 chuánwén; 传说 chuánshuō
とりざら【取り皿】 小碟儿 xiǎodiér
とりさる【取り去る】 取掉 qǔdiào
とりしきる【取り仕切る】 料理 liàolǐ; 主持 zhǔchí
とりしまりやく【取締役】 董事 dǒngshì
とりしまる【取り締まる】 取缔 qǔdì; 管制 guǎnzhì
とりしらべる【取り調べる】 审问 shěnwèn
とりたてる【取り立てる】 ❶《金銭を》催款 cuīkuǎn ❷《登用する》提拔 tíbá
とりちがえる【取り違える】 弄错 nòngcuò
とりつぎ【取り次ぎ】 代购 dàigòu ◆～販売である経貨 jīngshòu
とりつく【取り付く】 着手 zhuóshǒu ◆～島もない 待理不理 dài lǐ bù lǐ; 孤体 fūtǐ
トリック 诡计 guǐjì
とりつぐ【取り次ぐ】 转达 zhuǎndá; 传达 chuándá
とりつくろう【取り繕う】 弥缝 mí-

とりつけさわぎ【取り付け騒ぎ】挤兑 jǐduì

とりつける【取り付ける】《物を》安装 ānzhuāng;《部品を》装配 zhuāngpèi;《約束・契約など》取得 qǔdé ◆同意を~ 取得同意 qǔdé tóngyì

とりで【砦】堡垒 bǎolěi

とりとめない【取り留め】◆~のない 不着边际 bù zhuó biānjì

とりどり【取り取り】各式各样 gè shì gè yàng

とりなす【取り成す】说和 shuōhe; 调和 tiáohé: 讲情 jiǎngqíng

とりにく【鳥肉】鸡肉 jīròu

とりのこす【取り残す】◆取り残される 落后 luòhòu

とりのぞく【取り除く】排除 páichú; 除掉 chúdiào

とりはからう【取り計らう】斡旋 wòxuán; 处理 chǔlǐ

とりばし【取り箸】公筷 gōngkuài

とりはずす【取り外す】拆下 chāixià; 拆卸 chāixiè

とりはだ【鳥肌】◆~が立つ 起鸡皮疙瘩 qǐ jīpí gēda

とりひき【取り引き-する】交易 jiāoyì ◆~の 交易所 jiāoyìsuǒ

トリプル【取り引き】三重 sānchóng

ドリブル ❶《サッカー・バスケットボールなど》运球 yùnqiú ❷《バレーボール・バドミントンなど》连击 liánjī

とりまき【取り巻き】帮闲 bāngxián; 狗腿子 gǒutuǐzi

とりまく【取り巻く】围绕 wéirào

とりまとめる【取り纏める】调整 tiáozhěng

とりみだす【取り乱す】发慌 fāhuāng; 慌乱 huāngluàn

トリミング《写真》修剪底片 xiūjiǎn dǐpiàn;《ふち飾り》用丝带镶边 yòng tāodài xiāngbiān;《犬などの毛を刈ること》修剪（猫狗的）毛 xiūjiǎn (māogǒu de) máo

とりもつ【取り持つ】《仲を》牵线 qiānxiàn; 撮合 cuōhe

とりもどす【取り戻す】恢复 huīfù; 收复 shōufù; 收回 shōuhuí ◆メンツを~ 挽回面子 wǎnhuí miànzi

とりやめる【取りやめる】取消 qǔxiāo; 作罢 zuòbà

とりょう【塗料】涂料 túliào; 颜料 yánliào

どりょう【度量】度量 dùliàng; 胸怀 xiōnghuái ◆~が小さい 心胸狭窄 xīnxiōng xiázhǎi

どりょうこう【度量衡】度量衡 dùliànghéng

どりょく【努力-する】奋斗 fèndòu; 努力 nǔlì

とりよせる【取り寄せる】《商品を》订购 dìnggòu

ドリル ❶《工具》钻 zuàn ❷《練習》习题 xítí

とりわけ【取り分け】尤其 yóuqí; 特别 tèbié

とる【採る】拿 ná ◆魚を~ 捕鱼 bǔ yú ◆きのこを~ 采蘑菇 cǎi mógu ◆場所を~ 占地方 zhàn dìfang ◆~に足らない 微不足道 wēi bù zú dào ◆帽子を~ 摘下帽子 zhāixià màozi

トルコ《国名》土耳其 Tǔěrqí ◆~石 绿松石 lǜsōngshí

どれ【何】哪个 nǎge

トレー 托盘 tuōpán

トレーシングペーパー 复写纸 fùxiězhǐ

トレース-する 描图 miáotú

トレードマーク 商标 shāngbiāo

トレーナー《衣服》运动衣 yùndòngyī ❷《人》教练 jiàoliàn

トレーニング 锻炼 duànliàn; 训练 xùnliàn

トレーラー 拖车 tuōchē

どれくらい【何れくらい】❶《量》多少 duōshao ❷《程度》多么 duōme

ドレス 女礼服 nǚlǐfú

とれだか【取れ高】产量 chǎnliàng

ドレッサー《化粧台》梳妆台 shūzhuāngtái

ドレッシング 调料汁 tiáoliàozhī; 调味汁 tiáowèizhī

トレンド 趋势 qūshì; 潮流 cháoliú; 时尚 shíshàng

とろ【吐喙つゆき】吐露 tǔlù

どろ【泥】泥丘 ní; 烂泥 lànní

どろい【呆い】呆傻 dāishǎ; 迟钝 chídùn

とろう【徒労-の】◆~に終わる 归于徒劳 guīyú túláo

トロール 拖网 tuōwǎng ◆~漁船 拖网渔船 tuōwǎng yúchuán

どろくさい【泥臭い】《田舎くさい》土气 tǔqì

とろける【蕩ける】溶化 rónghuà

どろじあい【泥仕合-をする】互相揭短 hùxiāng jiēduǎn

トロッコ 斗车 dǒuchē

ドロップ ❶《菓子》水果糖 shuǐguǒtáng ❷《落ちる》~アウトする 落伍 luòwǔ; 落后 luòhòu

どろどろの 稀烂 xīlàn

どろなわ【泥縄】临阵磨枪 lín zhèn mó qiāng; 临渴掘井 lín kě jué jǐng

どろぬま【泥沼】泥坑 níkēng; 泥塘 nítáng;《比喩的に》◆~にはまる 陷入泥坑 xiànrù níkēng

とろび【とろ火】文火 wénhuǒ; 细火 xìhuǒ ◆~で煮る 炖 dùn; 煨 wēi

トロフィー 奖杯 jiǎngbēi

どろぼう【泥棒】 小偷儿 xiǎotōur
とろみ ◆～をつける 用水淀粉勾芡 yòng shuǐdiànfěn gōuqiàn
どろみず【泥水】 泥浆 níjiāng
どろり-とした 粘稠 niánchóu
トロリーバス 无轨电车 wúguǐ diànchē；电车 diànchē
トロンボーン 长号 chánghào
トン〔重量単位の〕吨 dūn
とんかち 锤子 chuízi
とんかつ【豚カツ】 炸猪排 zházhūpái
どんかん【鈍感-な】 反应迟钝 fǎnyìng chídùn；不敏感 bù mǐngǎn
どんき【鈍器】 钝器 dùnqì
ドングリ【団栗】 橡实 xiàngshí ◆～の背比べ 不相上下 bù xiāng shàng xià；半斤八两 bàn jīn bā liǎng
どんこう【鈍行】〔列車などの〕慢车 mànchē
どんぞこ【どん底】 最底层 zuìdǐcéng
どんちょう【緞帳】 舞台幕 wǔtáimù
どんつう【鈍痛】 隐隐作痛 yǐnyǐn zuòtòng
とんでもない〔非常識な〕岂有此理 qǐ yǒu cǐ lǐ；毫无道理 háowú dàolǐ；〔謙遜に〕哪儿的话 nǎr de huà
どんてん【曇天】 阴天 yīntiān
どんでんがえし【どんでん返し】 急转直下 jí zhuǎn zhí xià
どんどん 顺利 shùnlì；一个接一个 yí ge jiē yí ge
とんとんびょうし【とんとん拍子-に】一帆风顺 yì fān fēng shùn ◆～に出世する 平步青云 píngbù qīng yún
どんな 什么样的 shénmeyàng de；怎么样的 zěnmeyàng de ◆～ところ 什么地方 shénme dìfang
トンネル 隧道 suìdào；地道 dìdào
とんび【鳶】 老鹰 lǎoyīng
とんぷく【頓服】 一次服下的药 yí cì fúxià de yào
どんぶり【丼】 大碗 dàwǎn；海碗 hǎiwǎn ◆～勘定 糊涂账 hútuzhàng ◆～物 盖浇饭 gàijiāofàn
どんぶりばち【丼鉢】 海碗 hǎiwǎn
トンボ【蜻蛉】 蜻蜓 qīngtíng
とんぼがえり【蜻蛉返り】 ❶〔宙返り〕筋斗 jīndǒu ◆～を打つ 翻跟头 fān gēntou ❷〔すぐ帰る〕～九州から～する 到九州马上就回来 dào Jiǔzhōu mǎshàng jiù huílai
とんや【問屋】 批发店 pīfādiàn
どんよく【貪欲-な】 贪婪 tānlán；贪心 tānxīn
どんより-した〔空が〕阴沉沉 yīnchénchén

な

な【名】名字 míngzi ◆~に値する 称得起 chēngdeqǐ ◆~に恥じない 名副其実 míng fù qí shí ◆~を上げる 扬名 yángmíng；成名 chéngmíng ◆~ばかりの 有名无实 yǒu míng wú shí ◆~づける 起名儿 qǐmíngr ◆~を[称する] 称为 chēngwéi；叫做 jiào ◆~を世界に馳せる 驰名世界 chímíng shìjiè

な【菜】青菜 qīngcài；蔬菜 shūcài

ない【無い】没 méi；没有 méiyǒu；无 wú ◆~よりはまし 聊胜于无 liáo shèng yú wú

ないい【内意】心里话 xīnlǐhuà；个人意图 gèrén yìtú ◆会长の~を受けて 受会长的意旨 shòu huìzhǐ de shòuyì

ナイーブ-な 天真 tiānzhēn

ないえん【内縁】事実婚 shìshìhūn；姘居 pīnjū ◆~の妻 事実婚の妻子 shìshìhūn de qīzi ◆関係 事実婚の関係 shìshìhūn de guānxi

ないか【内科】内科 nèikē ◆~医 内科医生 nèikē yīshēng

-ないか〈君が言ったんじゃ~ 不是你说过的吗 bú shì nǐ shuōguo de ma ◆おまえ怖いんじゃ~ 你是不是害怕 nǐ shì bu shì hàipà ◆一緒に行か~ 一块儿去好不好 yíkuàir qù hǎo bu hǎo

ないかい【内海】内海 nèihǎi

ないがい【内外-の】❶〈内と外〉内外 nèiwài；里外 lǐwài ◆国の~ 国内外 guónèiwài ❷〈左右〉左右 zuǒyòu；上下 shàngxià ◆1か月~ 一个月左右 yí ge yuè zuǒyòu

ないかく【内閣】内阁 nèigé ◆~官房 内阁官房 nèigé guānfáng

ないがしろ【蔑ろ】◆~にする 小看 xiǎokàn；轻视 qīngshì；忽视 hūshì

ないき【内規】内部規章 nèibù guīzhāng

ないきん【内勤-の】内勤 nèiqín ◆~者 内勤 nèiqín

ないけい【内径】内径 nèijìng

ないこう【内向-する】内向 nèixiàng ◆~の人 性格内向的人 xìnggé nèixiàng de rén

ないざいてき【内在的】内在 nèizài ◆~要因 内在的原因 nèizài yīnsù

ないし【乃至】或 huò；或者 huòzhě；乃至 nǎizhì

ないじ【内耳】内耳 nèi'ěr

ないじ【内示-する】非正式指示 fēi-zhèngshì zhǐshì

ないしきょう【内視鏡】内窥镜 nèi-kuījìng

ないじゅ【内需】国内需求 guónèi xūqiú ◆~拡大 扩大国内需求 kuòdà guónèi xūqiú

ないしゅっけつ【内出血-する】内出血 nèichūxuè

ないしょ【内緒-の】秘密 mìmì；私下 sīxià ◆~にする 保密 bǎomì ◆~事 隐私 yǐnsī ◆~話 私话 sīhuà；私房话 sīfánghuà ◆~話をする 交头接耳 jiāo tóu jiē ěr

ないじょ【内助】底子 dǐzi；内幕 nèimù；内情 nèiqíng ◆~に通じる 接头 jiētóu ◆~を探る 摸底 mōdǐ

ないしょく【内職】副业 fùyè

ないしん【内心】内心 nèixīn ◆~を打ち明ける 吐露心声 tǔlù xīnshēng

ないせい【内政】内政 nèizhèng ◆~干渉する 干涉内政 gānshè nèizhèng

ないせん【内戦】内战 nèizhàn

ないせん【内線】〈電話の〉内线 nèixiàn；分机 fēnjī

ないそう【内装】内部装饰 nèibù zhuāngshì；装潢 zhuānghuáng

ないぞう【内臓】内脏 nèizàng；脏腑 zàngfǔ

ないぞう-する【内蔵】含 hán；内装 nèizhuāng ◆~式の 内部装有 nèibù zhuāngyǒu

ナイター 夜间比赛 yèjiān bǐsài

ないだく【内諾-する】私下答应 sīxià dāying；非正式同意 fēi zhèngshì tóngyì

ないち【内地】内地 nèidì

ないつう【内通-する】私通 sītōng；里通 lǐtōng

ないてい【内定-する】〈人事〉内定 nèidìng

ないてい【内偵-する】秘密侦查 mìmì zhēnchá；暗中调查 ànzhōng diàochá

ないてき【内的-な】内在 nèizài ◆~要因 内因 nèiyīn

ナイト〈騎士〉骑士 qíshì

ナイト〈夜〉夜间 yèjiān ◆~クラブ 夜总会 yèzǒnghuì

ナイトキャップ ❶〈帽子〉睡帽 shuìmào ❷〈酒〉临睡前喝的酒 línshuìqián hē de jiǔ

ないない【内々-の】私下 sīxià

ないねんきかん【内燃機関】内燃机 nèiránjī

ナイフ 刀子 dāozi；小刀儿 xiǎodāor；〈食卓の〉餐刀 cāndāo

ないぶ【内部】内部 nèibù；内中 nèizhōng ◆~事情 内情 nèiqíng；

内幕 nèimù
ないふく【内服-する】 内服 nèifú; 口服 kǒufú ◆～薬 内服药 nèifúyào
ないふん【内紛】 内乱 nèiluàn; 内讧 nèihòng
ないぶん【内聞】 ◆～にする 保密 bǎomì
ないぶんぴつ【内分泌】 内分泌 nèifēnmì
ないほう【内包-する】 内涵 nèihán
ないほう【内報】 内部通报 nèibù tōngbào; 暗中通知 ànzhōng tōngzhī
ないみつ【内密】 秘密 mìmì ◆～に 悄悄 qiāoqiāo ◆～を要する 需要保密 xūyào bǎomì
ないめん【内面】 里边 lǐbian; 内部 nèibù; ‹心の› 内心 nèixīn
ないものねだり【無いものねだり】 ◆～をする 硬要没有的东西 yìng yào méiyǒu de dōngxi; 要求得不到的东西 yāoqiú débùdào de dōngxi
ないや【内野】 内场 nèichǎng
ないゆうがいかん【内憂外患】 内忧外患 nèi yōu wài huàn
ないよう【内容】 内容 nèiróng ◆～がない 空泛 kōngfàn; 空虚 kōngxū ◆～に乏しい 空疏 kōngshū ◆～が豊かの 内容丰富 nèiróng fēngfù
ないらん【内乱】 内乱 nèiluàn; 内讧 nèihòng
ないらん【内覧】 内部观览 nèibù guānlǎn; 预展 yùzhǎn
ないりく【内陸-の】 内地 nèidì; 内陆 nèilù
ナイロン 锦纶 jǐnlún ◆～の靴下 尼龙丝袜 nílóngsīwà
なうて【名うて】 有名 yǒumíng; 著名 zhùmíng
なえ【苗】 秧子 yāngzi ◆～床 苗床 miáochuáng ◆～を育てる 育苗 yù miáo
なえぎ【苗木】 树苗 shùmiáo; 苗木 miáomù ◆～を植える 植苗 zhí miáo
なえる【萎える】 萎 wěi; 萎谢 wěixiè; 萎缩 wěisuō ◆足が～ 腿发软 tuǐ fāruǎn
なお【尚】 还 hái; 更 gèng; 尚 shàng ◆～も 还是 háishi; 仍然 réngrán
なおさら【尚更】 更加 gèngjiā; 越发 yuèfā
なおざり【等閑】 ◆～にする 忽略 hūlüè; 马虎 mǎhu
なおし【直し】 修改 xiūgǎi; 修正 xiūzhèng
なおす【直す】 ‹修繕する› 整 zhěng; 修理好 xiūlǐ-; ‹修正する› 修改 xiūgǎi;

誤りを～ 改正错误 gǎizhèng cuòwù
なおす【治す】 治 zhì; 医治 yīzhì
なおる【直る】 改过来 gǎiguòlai; 修理好 xiūlǐhǎo
なおる【治る】 治好 zhìhǎo; 痊愈 quányù
なおれ【名折れ】 丢脸 diūliǎn; 玷污名声 diànwū míngshēng
なか【中】 里面 lǐmiàn; 中间 zhōngjiān
なか【仲】 关系 guānxi; 交情 jiāoqing ◆～がよい 要好 yàohǎo; 亲密 qīnmì ◆～を和平相处 hépíng xiāngchǔ ◆～が悪い 不对头 bù duìtóu; 不和 bùhé ◆～を引き裂く 挑拨离间 tiǎobō líjiàn
ながあめ【長雨】 霖雨 línyǔ; 淫雨 yínyǔ
ながい【長い】 长 cháng; 长远 chángyuǎn ◆～時間 好半天 hǎobàntiān ◆～川 长河 chánghé ◆～間 好久 hǎojiǔ; 许久 xǔjiǔ ◆～年月をかけて 长年累月 cháng nián lěi yuè ◆～年月を経る 日久天长 rì jiǔ tiān cháng ◆～目で見る 从长远的观点来看 cóng chángyuǎn de guāndiǎn lái kàn
ながい【長居-する】 久坐 jiǔzuò
ながいき【長生きの】 长寿 chángshòu ◆～する 延年益寿 yán nián yì shòu; 长生不老 chángshēng bù lǎo
ながいす【長椅子】 长凳 chángdèng; 长沙发 chángshāfā
なかがい【仲買い】 介绍买卖 jièshào mǎimài; 交易介绍 jiāoyì jièshào ◆～人 经纪人 jīngjìrén
ながぐつ【長靴】 雨靴 yǔxuē; 靴子 xuēzi
なかごろ【中頃】 中间 zhōngjiān; 中旬 zhōngxún ◆明治の～ 明治时代的中叶 Míngzhì shídài de zhōngyè
ながさ【長さ】 长度 chángdù; 长短 chángduǎn ◆～を測る 量长度 liáng chángdù
ながし【流し】 ‹台所の› 水池子 shuǐchízi
なかじき【中敷き】 ‹靴の› 鞋垫 xiédiàn
ながしこむ【流し込む】 灌 guàn; 灌注 guànzhù
ながしめ【流し目】 ◆～をおくる 送秋波 sòng qiūbō; 眉来眼去 méi lái yǎn qù
なかす【中洲】 洲 zhōu; 沙洲 shāzhōu
ながす【流す】 流 liú; 放 fàng; ‹勢いよく› 冲走 chōngzǒu ◆水を～ 冲水

chōngshuǐ ♦汗を～〈汗をかく〉流汗 liúhàn ♦汗を～〈シャワー〉冲澡去汗 chōngzǎo qù hàn ♦うわさを～ 散布流言 sànbù liúyán；流传谣言 liúchuán yáoyán ♦ファックスを～ 发传真 fā chuánzhēn

なかせる【泣かせる】 ❶〈泣くようにさせる〉弄哭 nònghū ❷〈感動させる〉动人 dòngrén；令人感激 lìng rén gǎnjī

ながそで【長袖】长袖 chángxiù

なかたがい【仲違い-する】反目 fǎnmù；闹别扭 nào bièniu ♦～させる 离间 líjiàn

なかだち【仲立ち-する】牵线 qiānxiàn；居间 jūjiān；调解 tiáojiě

ながたび【長旅】长途旅行 chángtú lǚxíng

なかだるみ【中弛み】中途泄气 zhōngtú xièqì；中间松弛 zhōngjiān sōngchí

ながだんぎ【長談義】冗长的讲话 rǒngcháng de jiǎnghuà；长篇大论 cháng piān dà lùn ♦～をする 罗罗唆唆地讲个没完 luōluōsuōsuō de jiǎng ge méi wán

なかつぎ【中継ぎ-する】接上 jiēshàng；接替 jiētì；中继 zhōngjì

ながったらしい【長ったらしい】冗长 rǒngcháng

なかつづき【仲続き-する】持久 chíjiǔ ♦～しない 不能持续下去 bù néng chíxùxiàqu

なかでも【中でも】就中 jiùzhōng；尤其 yóuqí

なかなおり【仲直り-する】和好 héhǎo；和解 héjiě

なかなか【中々】相当 xiāngdāng；颇 pō；非常 fēicháng ♦～面白い 够味儿 gòuwèir ♦～のものだ 相当不错 xiāngdāng búcuò；可以 kěyǐ ♦～手ごわい 很难对付 hěn nán duìfu ♦～出来上らない 不能轻易完成 bù néng qīngyì wánchéng

ながながと【長々】冗长 rǒngcháng ♦～としゃべる 喋喋不休 diédié bù xiū ♦山道は～と続く 山路曼延 shānlù mànyán

なかにわ【中庭】庭院 tíngyuàn；院子 yuànzi

ながねん【長年-の】多年 duōnián ♦～の恨み 宿怨 sùyuàn

なかば【半ば】一半 yíbàn；半分 bànfēn ♦～中途 zhōngtú ♦～する 参半 cānbàn ♦月の～ 中旬 zhōngxún

なかばなし【長話】♦～をする 长谈 chángtán

ながびく【長引く】长期的 chángqī de；拖延 tuōyán；拖长 tuōcháng ♦会議が～ 会议延长 huìyì yáncháng

なかほど【中程】〈位置〉中间 zhōngjiān；〈程度〉中等 zhōngděng

なかま【仲間】同伴 tóngbàn；伙伴 huǒbàn ♦～になる 结伙 jiéhuǒ；入伙 rùhuǒ

なかみ【中味】内容 nèiróng ♦～のない話 空话 kōnghuà

ながめ【眺め】景色 jǐngsè；风景 fēngjǐng ♦～のよい 风景好 fēngjǐng hǎo；景致迷人 jǐngzhì mírén

ながめ【長目-の】长一点儿 cháng yìdiǎnr

ながめる【眺める】眺望 tiàowàng；望 wàng；瞭望 liàowàng

ながもち【長持ち-する】经久耐用 jīngjiǔ nàiyòng；耐久 nàijiǔ

なかやすみ【中休み】中间休息 zhōngjiān xiūxi

なかゆび【中指】中拇指 zhōngmǔzhǐ；中指 zhōngzhǐ

なかよし【仲良し】要好 yàohǎo；相好 xiānghǎo；好朋友 hǎopéngyǒu

ながらく【長らく】好久 hǎojiǔ；长时间 cháng shíjiān ♦～お待たせしました 让你久等了 ràng nǐ jiǔděng le

ながれ【流れ】流动 liúdòng；流水 liúshuǐ；〈趨勢〉趋势 qūshì ♦～にただよう 飘荡 piāodàng ♦～に沿う 顺水 shùnshuǐ ♦～に逆らって上る 逆流而上 nì liú ér shàng ♦時代の～ 时代趋势 shídài qūshì

ながれぐも【流れ雲】浮云 fúyún

ながれこむ【流れ込む】流入 liúrù；倾注 qīngzhù

ながれさぎょう【流れ作業】流水作业 liúshuǐ zuòyè

ながれだま【流れ弾】流弹 liúdàn

ながれでる【流れ出る】流出 liúchū

ながれぼし【流れ星】流星 liúxīng

ながれもの【流れ者】流浪者 liúlàngzhě；漂泊者 piāobózhě

ながれる【流れる】流 liú；〈通〉流畅 tōngchàng ♦水が～ 走水 zǒushuǐ ♦〈文章が〉ような 通畅 tōngchàng ♦会が～ 流会 liúhuì ♦血が～ 流血 liúxuè ♦月日が～ 岁月流逝 suìyuè liúshì

ながわずらい【長患い】久病 jiǔbìng

なかんずく【就中】尤其 yóuqí

なき【亡き】♦～の祖父 先祖 xiānzǔ ♦～友 故友 gùyǒu；亡友 wángyǒu

なき【泣き】♦～を入れる 乞怜 qǐlián；哀求 āiqiú ♦～を見る 寃气 wōqì；受罪 shòuzuì

なぎ【凪】风平浪静 fēng píng làng jìng；海浪平息 hǎilàng píngxī

なきあかす【泣き明かす】哭一夜 kū yíyè ♦まる一晩泣き明かした 整

哭了一夜 zhěngzhěng kūle yíyè
なきおとす【泣き落とす】哭诉 kūsù
なきがら【亡骸】遗骸 yíhái；尸首 shǐshou
なきくずれる【泣き崩れる】哀号 āiháo；号啕大哭 háotáo dàkū
なきごえ【泣き声】哭声 kūshēng
なきごえ【鳴き声】叫声 jiàoshēng；鸣鸣 míngmíng；啼声 tíshēng
なきごと【泣き言】牢骚话 láosāohuà ◆～を言う 叫苦 jiàokǔ；哭诉 kūsù；发牢骚 fā láosāo
なぎさ【渚】滨 bīn；汀 tīng；岸边 ànbiān
なきさけぶ【泣き叫ぶ】哭喊 kūhǎn；哭号 kūháo
なきじゃくる【泣きじゃくる】哭哭啼啼 kūkūtítí；抽泣 chōuqì
なきじょうご【泣き上戸】酒醉后爱哭 jiǔzuìhòu ài kū
なぎたおす【薙ぎ倒す】割倒 gēdǎo；砍倒 kǎndǎo ◆敵を～ 横扫敌人 héngsǎo dírén
なきっつら【泣き面】哭脸 kūliǎn ◆～に蜂（はち）雪上加霜 xuě shàng jiā shuāng
なきどころ【泣き所】弱点 ruòdiǎn；痛处 tòngchù；紧箍咒 jǐngūzhòu
なきねいり【泣き寝入り-する】忍气吞声 rěn qì tūn shēng
なきはらす【泣き腫らす】◆目を～ 哭肿眼泡儿 kūzhǒng yǎnpāor
なきべそ【泣きべそ】◆～をかく 咧嘴子 kū bízi
なきまね【泣き真似】◆～をする 假哭 jiǎkū；装哭 zhuāng kū
なきむし【泣き虫】爱哭的人 ài kū de rén
なきわかれ【泣き別れ】哭着分手 kūzhe fēnshǒu
なきわめく【泣き喚く】号哭 háokū；号啕 háotáo；鬼哭狼嚎 guǐ kū láng háo
なきわらい【泣き笑い】又哭又笑 yòu kū yòu xiào；悲喜交集 bēi xǐ jiāo jí
なく【泣く】哭 kū；哭泣 kūqì
なく【鳴く】叫 jiào；鸣 míng ◆こおろぎが～ 蟋蟀鸣叫 xīshuài míngjiào ◆オンドリが～ 公鸡喔喔叫 gōngjī wōwō tíjiào
なぐ【凪ぐ】风平浪静 fēng píng làng jìng
なぐさみ【慰み】消遣 xiāoqiǎn ◆～とする 作乐 zuòlè；解闷 jiěmèn
なぐさめ【慰め】安慰 ānwèi；宽慰 kuānwèi ◆～の言葉 宽心话 kuānxīnhuà；宽心丸儿 kuānxīnwánr
なぐさめる【慰める】安慰 ānwèi；抚慰 fǔwèi

なくす【無くす】丢 diū；丢掉 diàodiào；丢失 diūshī
なくてはならない【無くてはならない】少不得 shǎobudé；短不了 duǎnbuliǎo；不可缺少 bùkě quēshǎo
なくなる【無くなる】❶ 没了 méile；不见 bú jiàn ❷【紛失】丢 diū；丢失 diūshī ◆切符が～ 车票丢失 chēpiào diūshī
なくなる【亡くなる】死去 sǐqù；去世 qùshì；◆老人家が～ 故去 gùqù
なぐりあう【殴り合う】打架 dǎjià；争斗 zhēngdòu；厮打 sīdǎ
なぐりかかる【殴り掛かる】扑上去打 pūshàngqù dǎ
なぐりがき【殴り書き】〈文字〉潦草的字 liáocǎo de zì ◆～する 潦草地写 liáocǎo de xiě
なぐる【殴る】揍 zòu；打 dǎ；殴打 ōudǎ ◆殴られる 挨揍 āizòu
なげいれる【投げ入れる】投放 tóufàng
なげうり【投げ売り-する】抛售 pāoshòu；拍卖 pāimài；甩卖 shuǎimài
なげかえす【投げ返す】扔回去 rēnghuíqù
なげかける【投げ掛ける】扔过去 rēngguòqù；投到 tóudào ◆疑问を～ 提出疑问 tíchū yíwèn
なげかわしい【嘆かわしい】让人痛心 ràng rén tòngxīn；可叹 kětàn；令人遗憾 lìng rén yíhàn
なげきかなしむ【嘆き悲しむ】哀叹 āitàn；悲叹 bēitàn
なげキッス【投げキッス】飞吻 fēiwěn
なげく【嘆く】叹息 tànxī；忧愁 yōuchóu；悲伤 bēishāng
なげこむ【投げ込む】抛进 pāojìn；扔进 rēngjìn
なげすてる【投げ捨てる】丢弃 diūqì；扔掉 rēngdiào
なげだす【投げ出す】❶【放り出す】扔 rēng；抛出 pāochū ◆もの を～ 扔东西 rēng dōngxi ❷〈途中で〉撂开 liàokāi；扔下 rēngxià
なげつける【投げつける】摔 shuāi；扔去 rēngqù
なげとばす【投げ飛ばす】摔倒 shuāidǎo；甩出去 shuǎichūqù
なけなし-の 仅有 jǐn yǒu ◆～の金 仅有的一点点钱 jǐn yǒu de yìdiǎndiǎn qián
なげやり【投げ遣り-な】马虎 mǎhu；不负责任 bú fù zérèn
なげる【投げる】❶〈物を〉扔 rēng；抛 pāo；甩 shuǎi ❷〈捨てる・あきらめる〉放弃 fàngqì；丢弃 diūqì；撂 liàoxià
-なければならない 应该 yīng

なこうど ― ナツメ **409**

gāi; 需要 xūyào; 得 děi ◆どうしても行か～ 总得去 zǒngděi qù ◆君には言っておか～ 应告事先告诉你 yīnggāi shìxiān gàosu nǐ ◆ここはじっと我慢し～ 现在必须忍耐下去 xiànzài bìxū rěnnàixiàqu
なこうど【仲人】 媒人 méiren; 月下老人 yuèxià lǎorén ◆～をする 做媒 zuòméi
なごむ【和む】 心理平静 xīnlǐ píngjìng; 和睦 hémù
なごやか【和やか-な】 和气 héqì; 温柔 wēnróu; 和睦 hémù
なごり【名残り】 ❶《余波》痕迹 hénjì; 残余 cányú ◆昔の～の历史的痕迹 lìshǐ de hénjì ❷《心残り》依恋 yīliàn ◆～尽きない 恋恋不舍 liànliàn bù shě ◆～を惜しむ 贪恋眷恋; 惜别 xībié
なさけ【情け】 恩情 ēnqíng; 善心 shànxīn ◆～知らずの 不懂人情 bù dǒng rénqíng; 寡情 guǎqíng ◆～深い 慈悲 cíbēi ◆～容赦なく 毫不留情 háobù liúqíng; 狠狠 hěnhěn
なさけない【情けない】 可怜 kělián; 悲惨 bēicǎn; 可耻 kěchǐ ◆ああ、なあ 嗐, 真不像样啊 hài, zhēn bú xiàngyàng a
なざす【名指す】 指名 zhǐmíng
ナシ【梨】 梨 lí ◆洋～ 鸭儿梨 yālí
なしとげる【成し遂げる】 达成 dáchéng; 完成 wánchéng
なじみ【馴染】 熟悉 shúxī ◆～客 熟客 shúkè ◆～がない 陌生 mòshēng ◆眼生 yǎnshēng
なじむ【馴染む】 适应 shìyìng; 熟习 shúxí
ナショナリズム 国家主义 guójiā zhǔyì; 民族主义 mínzú zhǔyì
ナショナル ◆～チーム 国家队 guójiāduì ◆～ブランド 全国闻名商标 quánguó wénmíng shāngbiāo
なじる【詰る】 责备 zébèi ◆若者を～ 责问年轻人 zéwèn niánqīngrén
なす【為す】 做 zuò ◆～術(すべ)のない 毫无办法 háowú bànfǎ; 不知所措 bù zhī suǒ cuò
ナス【茄子】 茄子 qiézi
なすがまま【為すがまゝ-に】 任其自流 rèn qí zìliú ◆彼の～になる 任他摆布 rèn tā bǎibu
ナズナ【薺】 荠菜 jìcài
なすりあい【擦り合い】 互相推托 hùxiāng tuītuō
なすりつける【擦り付ける】 ❶《こすりつける》涂上 túshàng; 擦上 cāshàng ❷《責任や罪を》转嫁 zhuǎnjià; 推诿 tuīwěi
なぜ【何故】 为什么 wèi shénme;

何故 hégù; 怎么 zěnme ◆～同意しないのか 何不同意 hébù tóngyì
なぞ【謎】 谜 mí; 谜语 míyǔ ◆宇宙の～ 宇宙的秘密 yǔzhòu de mìmì ◆～解きをする 猜谜 cāi mí ◆～を掛ける 打哑谜 dǎ yǎmí ◆～の答え 谜底 mídǐ
なぞなぞ【謎々】 谜 mí; 谜语 míyǔ ◆～を解く 猜谜 cāi mí; 破谜 pò mí
なぞらえる【準える】 比拟 bǐnǐ; 相比 xiāngbǐ; 比作 bǐzuò
なぞる 描 miáo; 描摹 miáomó
なた【鉈】 砍刀 kǎndāo; 劈刀 pīdāo; 柴刀 cháidāo
なだかい【名高い】 闻名 wénmíng; 有名 yǒumíng; 著名 zhùmíng
ナタネ【菜種】 菜子 càizǐ ◆～油 菜油 càiyóu
なだめる【宥める】 劝解 quànjiě; 劝慰 quànwèi ◆怒りを～ 平息怒气 píngxī nùqì ◆子供を～ 哄孩子 hǒng háizi
なだらか-な 平缓 pínghuǎn
なだれ【雪崩】 雪崩 xuěbēng
なだれこむ【雪崩込む】 蜂拥而入 fēngyōng ér rù
なつ【夏】 夏天 xiàtiān
なついん【捺印-する】 盖章 gàizhāng
なつかしい【懐かしい】 想念 xiǎngniàn; 怀念 huáiniàn
なつかしむ【懐かしむ】 想念 xiǎngniàn; 思念 sīniàn ◆祖国を～ 想祖国 xiǎng zǔguó
なつく【懐く】 接近 jiējìn; 亲近 qīnjìn
なづけおや【名付け親】 起名儿的人 qǐmíngr de rén
なづける【名付ける】 起名儿 qǐmíng; 命名 mìng míng
なつじかん【夏時間】 夏令时 xiàlìngshí
ナッツ 坚果 jiānguǒ
ナット 螺母 luómǔ; 螺丝母 luósī-mǔ
なっとく【納得-する】 信服 xìnfú; 理解 lǐjiě; 领会 lǐnghuì
なつどり【夏鳥】 夏候鸟 xiàhòuniǎo
なっぱ【菜っ葉】 青菜 qīngcài; 菜叶 càiyè
なつばて【夏ばて-する】 苦夏 kǔxià
なつふく【夏服】 夏衣 xiàyī; 夏装 xiàzhuāng
ナップザック 简便背包 jiǎnbiàn bēibāo
なつまつり【夏祭り】 夏季庙会 xiàjì miàohuì
ナツミカン【夏蜜柑】 酸橙 suānchéng
ナツメ【棗】 枣 zǎo ◆～の木 枣树

ナツメヤシ ― なべ

zǎoshù◆~の実 枣儿 zǎor; 枣子 zǎozi◆~餡(あん) 枣泥儿 zǎonír
ナツメヤシ【棗椰子】椰枣 yēzǎo
ナツメロ【懐メロ】《懐かしのメロディー》旧流行歌曲 jiù liúxíng gēqǔ
なつやすみ【夏休み】暑假 shǔjià◆~期間 暑期 shǔqī
なつやせ【夏痩-する】苦夏 kǔxià
なでおろす【撫で下ろす】◆胸を~ 放心 fàngxīn; 舒了一口气 shū yìkǒu qì
なでがた【撫で肩の】溜肩膀儿 liūjiānbǎngr
ナデシコ【撫子】紅腰麦 hóngyāomài
なでつける【撫で付ける】◆髪を~ 抿头发 mǐn tóufa
なでる【撫でる】抚摸 fǔmō;《そよ風などが》吹拂 chuīfú
など【等】《列挙した後で》等 děng; 等等 děngděng; 什么的 shénme de◆~でも 像我这样的人也 xiàng wǒ zhèyàng de rén yě
ナトリウム 钠 nà
なな【七】七 qī◆~番目 第七 dìqī
ななえ【七重-の】七层 qī céng
ナナカマド【七竈】花楸树 huāqiūshù
ななくさ【七草】七种花草 qī zhǒng huācǎo◆~粥 七草粥 qīcǎozhōu
ななころびやおき【七転び八起き】百折不挠 bǎi zhé bù náo
ななし【名無し-の】无名 wúmíng
ななひかり【七光り】◆親の~ 托父母余荫 tuō fùmǔ yúyìn
ななめ【斜め-の】斜 xié; 倾斜 qīngxié◆~になる【なる】斜楞 xiéleng◆~に見る 侧目而视 cèmùérshì◆冷眼に見る lěngyǎn kàn◆ご機嫌~ 心情不佳 xīnqíng bù jiā◆~後ろ 斜后边儿 xiéhòubiānr
なに【何】什么 shénme◆~がなんでも 无论如何 wúlùn rúhé◆~を干げる 干什么 gàn shénme
なにか【何か】什么 shénme◆~につけ 总是 zǒngshì◆~と世話になる 老是受到照顾 lǎoshì shòudào zhàogù
なにがし【何某】《人》某 mǒu;《数量》一些 yìxiē◆~かのかね 一些钱 yìxiē qián
なにかといえば【何かと言えば】动不动 dòngbúdòng
なにくわぬかお【何食わぬ顔】◆~をする 若无其事的样子 ruò wú qí shì de yàngzi
なにげない【何気ない】无意 wúyì; 无心 wúxīn◆~いたずら 无心的恶作剧 wúxīn de èzuòjù
なにごと【何事】什么事情 shénme

shìqíng; 哪门子 nǎ ménzi◆~もなく 平和な 风平浪静 fēng píng làng jìng◆知らないかは~だ 你不知道是怎么回事 nǐ bù zhīdao shì zěnme huí shì
なにしろ【何しろ】不管怎样 bùguǎn zěnyàng; 总之 zǒngzhī◆~金(かね)がないんだ 到底没有钱呢 dàodǐ méiyǒu qián ne
なにぶん【何分】《理由を強調》无奈 wúnài; 毕竟 bìjìng
なにも【何も】什么也… shénme yě …◆~ない 什么也没有 shénme yě méiyǒu◆一无所有 yì wú suǒ yǒu◆~知らない 什么都不知道 shénme dōu bù zhīdào◆一无所知 yì wú suǒ zhī
なにもかも【何も彼も】一切 yíqiè; 全部 quánbù; 什么都… shénme dōu …◆~俺が悪い 都是我不对 dōu shì wǒ bú duì
なにもの【何者】什么人 shénme rén
なにゆえ【何故-に】为何 wèihé; 何故 hégù
なにより【何より】最好 zuìhǎo; 再好不过 zài hǎo búguò◆~大切なもの 命根子 mìnggēnzi
ナノテクノロジー 纳米技术 nàmǐ jìshù
ナノハナ【菜の花】油菜花 yóucàihuā; 菜花 càihuā
ナノメートル 纳米 nàmǐ
なのり【名乗り】◆~出る 自报姓名 zìbào xìngmíng;《犯人が 自首 zìshǒu◆~をあげる 自己报名 zìjǐ bàomíng;《選挙に》参加竞选 cānjiā jìngxuǎn
なのる【名乗る】自报姓名 zìbào xìngmíng◆自分を~ 自称是记者 zìchēng shì jìzhě
なばかり【名ばかりの】有名无实 yǒu míng wú shí; 名不副实 míng bú fù shí
なびく【靡く】《風に》飘动 piāodòng; 飘舞 piāowǔ; 飘摇 piāoyáo;《比喩的に》屈从 qūcóng◆金に~ 向钱低头 xiàng qián dītóu
ナビゲーター 领航员 lǐnghángyuán
ナプキン ❶《食事用の》餐巾 cānjīn ❷《生理用の》卫生巾 wèishēngjīn
ナフサ 石脑油 shínǎoyóu
なふだ【名札】姓名牌 xìngmíngpái
ナフタリン 萘 nài
なぶりごろし【嬲り殺し】◆~にする 折磨死 zhémósǐ
なぶる【嬲る】嘲弄 cháonòng; 玩弄 wánnòng; 戏弄 xìnòng
なべ【鍋】锅子 guōzi◆~料理 火锅

なま【生-の】 生的 shēng de ◆~のまま食べる 生吃 shēngchī
なまあたたかい【生暖かい】 微暖 wēinuǎn
なまいき【生意気-な】 自大 zìdà; 傲慢 àomàn; 神气 shénqi
なまえ【名前】 名字 míngzi; 姓名 xìngmíng ◆~のない 无名 wúmíng ◆~をつける 起名 qǐ míng
なまえんそう【生演奏】 现场演奏 xiànchǎng yǎnzòu
なまかじり【生嚙り-の】 一知半解 yì zhī bàn jiě; 二把刀 èrbǎdāo
なまがわき【生乾き-の】 半干 bàn gān
なまき【生木】 活树 huóshù; 未干的木柴 wèi gān de mùchái ◆~を裂く 砍断连理枝 kǎnduàn liánlǐzhī
なまきず【生傷】 新伤 xīnshāng ◆~が絶えない 新伤不断 xīnshāng búduàn
なまくさい【生臭い】 腥气 xīngqi; 腥臭 xīngwèi
なまくら【鈍】《刃物などの切れ味が鈍い》钝 dùn ◆~な人 窝囊废 wōnangfèi
なまクリーム【生クリーム】 鲜奶油 xiānnǎiyóu
なまくせ【怠け癖】 懒癖 lǎnpǐ; 懒病 lǎnbìng ◆~がつく 懒惰成性 lǎnduò chéngxìng
なまごころ【怠け心】 惰性 duòxìng
なまけもの【怠け者】 懒汉 lǎnhàn; 懒骨头 lǎngǔtou; 懒虫 lǎnchóng
なまける【怠ける】 偷懒 tōulǎn; 懈怠 xièdài; 懒惰 lǎnduò ◆怠けずに頑張る 坚持不懈 jiānchí búxiè
ナマコ【海鼠】 海参 hǎishēn
なまざかな【生魚】 生鱼 shēngyú
なまじ【憖】 不彻底 bù chèdǐ; 半心半意 bànxīn bànyì ◆~の力量を超えている 超过了没多大能耐的内行 chāoguòle méi duōdà néngnài de nèiháng ◆～言わなきゃいいのに 还不如不说 hái bùrú bù shuō
なまじろい【生白い】 苍白 shābái
ナマズ【鯰】 鮎鱼 niányú
なまたまご【生卵】 生鸡蛋 shēngjīdàn
なまちゅうけい【生中継】 现场直播 xiànchǎng zhíbō
なまづめ【生爪】 指甲 zhǐjia ◆~をはがす 剥掉指甲 bōdiào zhǐjia
なまなましい【生々しい】 活生生 huóshēngshēng
なまにえ【生煮え-の】 夹生 jiāshēng; 半熟 bànshú ◆~の飯 夹生饭 jiāshēngfàn

なまぬるい【生温い】 温和 wēnhuo; 微温 wēiwēn; 《処置に》 不严厉 bù yánlì ◆処分が~ 处分太不严厉 chǔfēn tài bù yánlì
なまはんか【生半可-な】 不彻底 bù chèdǐ; 一知半解 yì zhī bàn jiě
なまビール【生ビール】 鲜啤酒 xiānpíjiǔ; 扎啤 zhāpí
なまびょうほう【生兵法】 ◆~は大怪我のもと 一知半解大吃亏 yì zhī bàn jiě dà chī kuī
なまへんじ【生返事】 ◆~をする 含糊其辞地回答 hánhu qí cí de huídá
なまほうそう【生放送】 直播 zhíbō
なまみず【生水】 生水 shēngshuǐ
なまめかしい【艶めかしい】 妩媚 wǔmèi; 妖艳 yāoyàn
なまもの【生物】 鲜食品 xiān shípǐn
なまやけ【生焼け-の】 没烤熟 méi kǎoshú
なまやさい【生野菜】 生蔬菜 shēng shūcài
なまやさしい【生易しい】《否定文で》简单 jiǎndān; 轻而易举 qīng ér yì jǔ
なまり【訛り】 口音 kǒuyin; 土音 tǔyīn; 《お国-》 乡音 xiāngyīn
なまり【鉛】 铅 qiān
なまワクチン【生ワクチン】 活疫苗 huóyìmiáo
なみ【波】 ❶《波浪》 波浪 bōlàng ◆大~ 波涛 bōtāo ❷《起伏》 起伏 qǐfú ◆チームは~に乗っている 队正在浪头上 duì zhèngzài làngtoushang
なみ【並-の】 普通 pǔtōng; 一般 yìbān ◆~の人間 普通人 pǔtōngrén
なみあし【並足-で】 普通步伐 pǔtōng bùfá
なみうちぎわ【波打ち際】 岸边 ànbiān; 汀线 tīngxiàn
なみうつ【波打つ】 波动 bōdòng; 荡漾 dàngyàng; 激荡 jīdàng
なみがしら【波頭】 浪头 làngtou
なみかぜ【波風】 风波 fēnglàng; 《もめごと》 风波 fēngbō ◆~を立てる 起风波 qǐ fēngbō
なみき【並木】 行道树 xíngdàoshù; 街道树 jiēdàoshù ◆~道 林荫道 línyīndào
なみしぶき【波飛沫】 浪花 lànghuā
なみせいほん【並製本】 平装 píngzhuāng
なみだ【涙】 泪水 lèishuǐ; 眼泪 yǎnlèi ◆~の滴（しずく）泪珠 lèizhū ◆~を流す 流泪 liú lèi; 掉眼泪 diào yǎnlèi ◆~をのむ 忍气吞声 rěn qì tūn shēng
なみたいてい【並大抵-の】 一般 yì-

なみだぐむ ― なりたつ

bān ◆～のことではない 不是一般的 búshì yībān de
なみだぐむ【涙ぐむ】 含泪 hánlèi
なみだごえ【涙声で】 哭腔 kūqiāng ◆～で 带着哭腔 dàizhe kūqiāng
なみだつ【波立つ】 起波浪 qǐ bōlàng
なみだながら【涙ながら】 ◆～に訴える 哭诉 kūsù；泣诉 qìsù；声泪俱下 shēng lèi jù xià
なみだもろい【涙脆い】 爱流泪人 ài liúlèi
なみなみならぬ【並々ならぬ】 非凡 fēifán；不寻常 bù xúncháng
なみのる【波乗り】 冲浪 chōnglàng
なみはずれた【並外れた】 超常 chāocháng；与众不同 yǔ zhòng bù tóng；非凡的 fēifán de ◆～力量 三头六臂 sān tóu liù bì
なみよけ【波除け】 防波 fángbō
ナメクジ【蛞蝓】 蛞蝓 kuòyú；鼻涕虫 bítìchóng
なめしがわ【鞣し革】 鞣皮子 róu pízi
なめす【鞣す】 鞣 róu
なめらか【滑らか】 光滑 guānghuá；光溜 guāngliu；《文章や会話が》流利 liúlì ◆～でない 生涩 shēngsè ◆～に滑る 灵活地滑动 línghuó de huádòng
なめる【嘗む,舐める】 舔 tiǎn ◆指を～ 舔指头 tiǎn zhǐtou ◆苦しみを～ 吃苦 chīkǔ ◆なめるな《あなどるな》別小看 bié xiǎokàn
なや【納屋】 堆房 duīfang
なやましい【悩ましい】 恼人 nǎorén；《つらい》难过 nánguò
なやます【悩ます】 揪心 zāoxīn；头を～伤脑筋 shāng nǎojīn
なやみ【悩み】 烦恼 fánnǎo；苦恼 kǔnǎo；痛痒 tòngyǎng ◆～事 心病 xīnbìng；心事 xīnshì
なやむ【悩む】 烦恼 fánnǎo；苦恼 kǔnǎo
なよなよ 柔软 róuruǎn；纤弱 xiānruò
―なら 如果 rúguǒ；…的话 de huà ◆いや―いやと言えば 如果不愿意，就说不吧 rúguǒ bù yuànyì, jiù shuō bù ba ◆君がやるのだ―你来干的话 nǐ lái gàn de huà 《経済のことに―任せください 経济问题问我吧 jīngjì de shì jiù wèn wǒ ba
ならい【習い】 习惯 xíguàn；习气 xíqì ◆～性《せい》となる 习与性成 xí yǔ xìng chéng ◆世の―世上的常态 shìshàng de chángtài
ならう【倣う】 仿照 fǎngzhào
ならう【習う】 练习 liànxí；学习 xuéxí

ならく【奈落】 地狱 dìyù；《舞台の》底层 dǐcéng ◆～の底 绝望的深渊 juéwàng de shēnyuān
ならす【均す】 弄平 nòngpíng
ならす【馴らす】 驯养 xùnyǎng；服 xùnfú
ならす【鳴らす】 鸣 míng ◆不平を～ 鸣不平 míng bùpíng
ならずもの【ならず者】 流氓 liúmáng；恶棍 wúlài；歹徒 dǎitú
ならび【並び】 排列 páiliè
ならびに【並びに】 和 hé；以及 yǐjí
ならぶ【並ぶ】 ❶《列に》排 pái；排队 páiduì；并排 bìngpái 《匹敵する》相比 xiāngbǐ；比得上 bǐdeshàng ◆～者のない 独一无二 dú yī wú èr
ならべたてる【並べ立てる】 列举 lièjǔ ◆～でたらめを～ 胡说八道 hú shuō bā dào
ならべる【並べる】 排列 páiliè；摆 bǎi；《一律に》平列 píngliè ◆椅子を～ 摆椅子 bǎi yǐzi ◆御託を～ 絮絮叨叨地说废话 xùxùdāodāo de shuō fèihuà ◆肩を～《並んで立つ》比肩而立 bǐjiān ér lì；《対等の立場で》势均力敌 shì jūn lì dí
ならわし【習わし】 习惯 xíguàn；习俗 xísú；惯例 guànlì
ならんで【並んで】 并排 bìngpái；◆～歩く 并行 bìngxíng ◆～立つ 比肩而立 bǐjiān ér lì
なり【鳴り】 ◆～をひそめる 静悄悄 jìngqiāoqiāo；消声匿迹 xiāo shēng nì jì
なり【形】 ❶《体つき》身材 shēncái ◆～が大きい 身量大 shēnliàng dà ◆～ばかり大きい 只长个傻大个儿 zhǐ zhǎng ge shǎ dàgèr ❷《身なり》装束 zhuāngshù ◆ひどい～ 破烂的服装 pòlàn de fúzhuāng ◆きれいな～ 打扮得真漂亮 dǎbande zhēn piàoliang
なりあがり【成り上がり】 暴发户 bàofāhù
なりあがる【成り上がる】 一步登天 yí bù dēng tiān；发迹 fājì
なりかわる【成り代わる】 代表 dàibiǎo；代替 dàitì
なりきん【成金】 暴发户 bàofāhù
なりすます【成り済ます】 假装 jiǎzhuāng；假托 jiǎtuō ◆善人に～ 假装好人 jiǎzhuāng hǎorén ◆社长に～ 装成总经理 zhuāngchéng zǒngjīnglǐ
なりそこなう【成り損なう】 没有成为 méiyǒu chéngwéi
なりたち【成り立ち】 《構成》构成 gòuchéng；《経過》过程 guòchéng
なりたつ【成り立つ】 成立 chénglì

なりひびく【鳴り響く】响彻 xiǎngchè ◆拍手が～ 掌声雷鸣 zhǎngshēng léimíng ◆名声が～ 举世闻名 jǔshì wénmíng
なりふり【形振り】◆～構わず 不顾体面 bú gù tǐmiàn; 不顾外表 bú gù wàibiǎo
なりものいり【鳴り物入り】◆～で 敲锣打鼓 qiāo luó dǎ gǔ ◆～の企画 轰动一时的计划 hōngdòng yìshí de jìhuà
なりゆき【成り行き】演变 yǎnbiàn; 趋势 qūshì; 动向 dòngxiàng ◆～に任せる 听其自然 tīng qí zìrán
なりわい【生業】生业 shēngyè; 生计 shēngjì
なる【成る】变为 biànwéi; 成为 chéngwéi ◆なせば～ 有志者事竟成 yǒu zhì zhě shì jìng chéng
なる【鳴る】响 xiǎng; 鸣 míng
ナルシズム 自我陶醉 zìwǒ táozuì
なるべく【成る可く】尽量 jǐnliàng; 尽可能 jǐn kěnéng
なるほど【成る程く】怪不得 guàibude; 的确 díquè; 果然 guǒrán
なれ【慣】习惯 xíguàn
なれあう【馴れ合う】合谋 hémóu; 串通 chuàntōng
ナレーション 解说词 jiěshuōcí
ナレーター 解说员 jiěshuōyuán
なれそめ【馴れ初め】开始认识 kāishǐ rènshí; 爱上 àishàng
なれなれしい【馴れ馴れしい】狎昵 xiánì; 过分亲昵 guòfèn qīnnì
なれのはて【成れの果て】下场 xiàchǎng; 末路 mòlù
なれる【慣れる】惯 guàn; 习惯 xíguàn ◆書き～ 写惯 xiěguàn ◆食べ慣れない 吃不惯 chībuguàn ◆見慣れた風景 看惯的景色 kànguàn de jǐngsè ◆見慣れない人 陌生人 mòshēngrén
なわ【縄】绳子 shéngzi
なわしろ【苗代】秧田 yāngtián
なわとび【縄跳び-する】跳绳 tiàoshéng
なわばしご【縄梯子】软梯 ruǎntī; 绳梯 shéngtī
なわばり【縄張】势力范围 shìlì fànwéi; 地盘 dìpán
なん【難】困难 kùnnan; 灾难 zāinàn; 《欠点》～がある 有毛病 yǒu máobìng
なんい【南緯】南纬 nánwěi
なんいど【難易度】难度 nándù ◆～の高い 难度很大 nándù hěn dà de
なんか【南下-する】南下 nánxià
なんかい【難解-な】难懂 nándǒng; 深奥 shēn'ào;《文章などが》艰涩 jiānsè

なんかい【何回】几次 jǐ cì; 多少次 duōshao cì ◆～も 好几次 hǎo jǐ cì
なんかん【難関】隘路 àilù; 难关 nánguān ◆～を突破する 突破难关 tūpò nánguān
なんぎ【難儀】困难 kùnnan ◆～する 受罪 shòuzuì; 吃苦 chī kǔ
なんきつ【難詰-する】斥责 chìzé; 责难 zénàn
なんきょく【南極】南极 nánjí ◆～圏 南极圈 nánjíquān
なんきょく【難局】困难的局面 kùnnan de júmiàn; 困境 kùnjìng
なんきん【軟禁-する】软禁 ruǎnjìn; 幽禁 yōujìn
ナンキンマメ【南京豆】花生 huāshēng
ナンキンムシ【南京虫】臭虫 chòuchong
なんくせ【難癖】◆～をつける 刁难 diāonàn; 放刁 fàngdiāo; 吹毛求疵 chuī máo qiú cī
なんこう【軟膏】药膏 yàogāo; 软膏 ruǎngāo
なんこう【難航-する】❶《船が》航行困难 hángxíng kùnnan ❷《物事が》难以进展 nányǐ jìnzhǎn; 举步维艰 jǔ bù wéi jiān
なんこうふらく【難攻不落】难以攻陷 nányǐ gōngxiàn
なんごく【南国】南方 nánfāng; 南国 nánguó
なんこつ【軟骨】软骨 ruǎngǔ
なんさん【難産】难产 nánchǎn
なんじゃく【軟弱-な】软弱 ruǎnruò; 虚弱 xūruò; 不坚强 bù jiānqiáng
なんしょ【難所】难关 nánguān; 险峻难行的地方 xiǎnjùn nánxíng de dìfang
なんしょく【難色】难色 nánsè ◆～を示す 面有难色 miàn yǒu nánsè; 表示不赞同 biǎoshì bú zàntóng
なんすい【軟水】软水 ruǎnshuǐ
なんせい【南西】西南 xīnán
ナンセンス 蠢话 chǔnhuà; 废话 fèihuà; 荒谬 huāngmiù
なんだい【難題】难题 nántí ◆～を吹っ掛ける 故意刁难 gùyì diāonàn
なんたんどうぶつ【軟体動物】软体动物 ruǎntǐ dòngwù
なんだか【何だか】总觉得 zǒng juéde ◆～分からないけれど 不知为什么 bùzhī wèi shénme
なんだかんだ【何だかんだ】这个那个 zhège nàge; 这样那样 zhèyàng nàyàng ◆親父が～とうるさんだ 爸爸事事来插嘴 bàba shìshì lái chāzuǐ

なんちゃくりく【軟着陸】 软着陆 ruǎnzhuólù
なんちょう【難聴】 耳背 ěrbèi; 重听 zhòngtīng
なんでも【何でも】 无论什么 wúlùn shénme; 什么都 shénme dōu ♦ ～ある 应有尽有 yīng yǒu jìn yǒu ♦ ～できる 万能 wànnéng ♦ ～ない 没什么 méi shénme ♦ 食べたいものは～食べなさい 想吃什么吃什么 xiǎng chī shénme chī shénme
なんでもや【何でも屋】 多面手 duōmiànshǒu; 万金油 wànjīnyóu
なんてん【難点】 ❶《欠点》缺点 quēdiǎn; 毛病 máobìng ❷《困難な点》难点 nándiǎn
ナンテン【南天】 天竹 tiānzhú; 南天竹 nántiānzhú
なんと【何と】 多么 duōme; 竟然 jìngrán ♦ 君は～バカなんだ 你多傻啊! nǐ duō shǎ a
なんど【何度】 几次 jǐ cì; 多少次 duōshao cì; 几遍 jǐ biàn
なんといっても【何と言っても】 不管怎么说 bùguǎn zěnme shuō; 到底 dàodǐ; 毕竟 bìjìng
なんとう【南東-の】 东南 dōngnán
なんとか【何とか】 ❶《～片づいた》好歹得到解决了 hǎodǎi dédào jiějué le ♦ ～する 设法 shèfǎ; 想法 xiǎngfǎ
なんとなく【何となく】 总觉得 zǒngjuéde; 不由得 bùyóude ♦ ～体が疲れる 总觉得身子有点儿累 zǒngjuéde shēnzi yǒudiǎnr lèi
なんとも【何とも】 ❶《まことに》真的 zhēnde; 实在 shízài ❷《どうより～言えない》没有什么可说 méiyǒu shénme kě shuō; 说不出来 shuōbuchūlai
なんども【何度も】 再三 zàisān; 好几次 hǎo jǐ cì ♦ ～何度も 屡次三番 lǚ cì sān fān ♦ ～繰り返す 翻来覆去 fān lái fù qù
なんともない【何とも無い】 没问题 méi wèntí; 没什么 méi shénme
なんなく【難無く】 很容易地 hěn róngyì de; 不费劲儿 bú fèijìnr ♦ ～クリアーする 轻易过关 qīngyì guòguān
なんなら【何なら】 可能的话 kěnéng de huà; 如果必要 rúguǒ bìyào ♦ ～私が行こうか 必要的话, 我去吧 bìyào de huà, wǒ qù ba
なんにち【何日】 几天 jǐ tiān; 多少天 duōshao tiān; 《どの日》几号 jǐ hào
なんねん【何年】 几年 jǐ nián; 多少年 duōshao nián
なんの【何の】 什么 shénme ♦ ～助けにもならない《事の解決には》无济于事 wú jì yú shì ♦ ～理由もなく 无缘无故 wú yuán wú gù ♦ ～為に 为什么 wèi shénme
なんぱ【軟派】 温和派 wēnhépài ♦ ～する 泡妞 pàoniū; 勾引女人 gōuyǐn nǚrén
なんぱ【難破-する】 船只失事 chuánzhī shīshì
ナンバー 号码 hàomǎ; 数目 shùmù; 车牌 chēpái
ナンバーワン 头号 tóuhào; 第一 dìyī; 第一把手 dìyī bǎ shǒu; 一把手 yībǎshǒu
ナンバリング 号码机 hàomǎjī
なんびょう【難病】 顽症 wánzhèng; 难治之病 nán zhì zhī bìng
なんぶ【南部】 南部 nánbù
なんぶつ【難物】 难对付的人 nán duìfu de rén
なんべい【南米】 南美洲 Nán Měizhōu
なんべん【軟便】 软便 ruǎnbiàn
なんぽう【南方】 南方 nánfāng ♦ ～の特産品 南货 nánhuò ♦ ～風の 南式 nánshì ♦ ～風の味 南味 nánwèi
なんぼく【南北-の】 南北 nánběi ♦ ～方向の 纵向 zòngxiàng
なんみん【難民】 难民 nánmín
なんもん【難問】 难题 nántí
なんよう【南洋】 南洋 nányáng
なんようび【何曜日】 星期几 xīngqī jǐ
なんら【何ら】 任何 rènhé; 丝毫 sīháo ♦ ～関心がない 没有任何兴趣 méiyǒu rènhé xìngqù

に

に【荷】货物 huòwù; 行李 xíngli ◆～を積みすぎる 过载 guòzài ◆～が重い 责任が 负担太重 fùdan tài zhòng

に【二】二 èr: 两个 liǎng ge

にあう【似合う】配合 pèihé; 合适 héshì; 相配 xiāngpèi

にあげ【荷揚げ-する】起岸 qǐ'àn; 卸货 xièhuò

ニアミス（飞机）异常接近 (fēijī) yìcháng jiējìn; 幸免相撞 xìngmiǎn xiāngzhuàng

にいさん【兄さん】哥哥 gēge; 大哥 dàgē

ニーズ 需求 xūqiú; 要求 yāoqiú ◆～に応える 满足要求 mǎnzú yāoqiú

にうけ【荷受け】收货 shōuhuò ◆～人 收货人 shōuhuòrén

にえきらない【煮え切らない】〈態度が〉不果断 bù guǒduàn; 犹豫不定 yóuyù bú dìng

にえたぎる【煮え滾る】滚开 gǔnkāi

にえゆ【煮え湯】滚水 gǔnshuǐ; 滚开的热水 gǔnkāi de rèshuǐ

にえる【煮える】煮熟 zhǔshú ◆よく～ 烂熟 lànshú

におい【匂い-臭い】气味 儿 qìwèir; 气味 qìwèi ◆～が強烈な 冲 chòng ◆～を嗅ぐ 嗅 xiù; 闻 wén ◆～を感じる 闻见 wénjiàn ❷〈いやな〉臭味 儿 chòuwèir ◆変な～がする 有股怪味儿 yǒu gǔ guàiwèir

におう【匂う-臭う】❶〈よいにおい〉发香 fā xiāng; 有香味 儿 yǒu xiāngwèir ❷〈くさい〉发臭 fā chòu; 有臭味 儿 yǒu chòuwèir ❸〈怪しい〉可疑 kěyí; 奇怪 qíguài

におう【仁王】金刚力士 jīngāng lìshì

におわす【匂わす】〈ほのめかす〉暗示 ànshì; 透露 tòulù

にかい【二階】二楼 èr lóu ◆～建て 二层楼 èrcénglóu

にがい【苦い】苦 kǔ ◆苦くて渋い 苦涩 kǔsè; 〈不快な〉痛苦的 tòngkǔ de ◆～経験 痛苦的经验 tòngkǔ de jīngyàn ◆～顔をする 满脸不快 mǎnliǎn bú kuài

ニガウリ【苦瓜】苦瓜 kǔguā

にがお【似顔】肖像 xiàoxiàng; 绘画像 huìxiàng ◆头像速写 tóuxiàng sùxiě

にかこくご【二か国語】◆～放送 两种语言广播 liǎngzhǒng yǔyán guǎngbō: 双语广播 shuāngyǔ guǎngbō

にがさ【苦さ】苦劲儿 kǔjìnr; 苦头 儿 kǔtóur

にがす【逃がす】❶〈放す〉放跑掉 fàng pǎodiào ❷〈取り逃がす〉错过 cuòguò; 没抓住 méizhuāzhù

にがつ【二月】二月 èryuè

にがて【苦手】不擅长 bú shàncháng; 棘手 jíshǒu ◆～な人 难对付的人 nán duìfu de rén

にがにがしい【苦々しい】非常不痛快 fēicháng bú tòngkuài; 令人讨厌 lìng rén tǎoyàn

にがみ【苦味】苦味 儿 kǔwèir

にがむし【苦虫】◆～をかみつぶしたような顔 极不痛快的脸色 jí bú tòngkuài de liǎnsè

にかよった【似通った】相仿 xiāngfǎng; 相似 xiāngsì

にがり【苦汁】卤水 lǔshuǐ; 盐卤 yánlǔ

にかわ【膠】胶 jiāo; 骨胶 gǔjiāo ◆～でつける 用胶粘上 yòng jiāo zhān shàng

にがわらい【苦笑い-する】苦笑 kǔxiào

にきさく【二期作】◆～の稲 双季稻 shuāngjìdào

にぎ【二義的-な】次要 cìyào; 非本质的 fēi běnzhì de

にきび【面皰】痤疮 cuóchuāng; 粉刺 fěncì ◆～ができる 长粉刺 zhǎng fěncì

にぎやかな【賑やかな-】热闹 rènao;〈市街地が〉繁华 fánhuá

にきゅうひん【二級品】二级品 èrjípǐn; 次品 cìpǐn; 次货 cìhuò

にぎり【握り】〈取っ手〉把 手 bǎshou; 把 儿 bàr;〈すし〉攥寿司 zuàn shòusī

にぎりこぶし【握り拳】拳头 quántou

にぎりしめる【握り締める】握紧 wòjǐn

にぎりつぶす【握り潰す】❶攥坏 zuànhuài; 捏碎 niēsuì ❷〈うやむやにする〉搁置 gēzhì

にぎりめし【握り飯】饭团 fàntuán

にぎる【握る】握 wò; 攥 zuàn; 抓 zhuā ◆手を～ 握手 wò shǒu ◆弱み を～ 抓住弱点 zhuāzhù ruòdiǎn

にぎわい【賑わい】热闹 rènao; 兴旺 xīngwàng; 繁华 fánhuá

にぎわう【賑わう】热闹 rènao; 兴旺 xīngwàng; 繁荣 fánróng

にぎわす【賑わす】使热闹 shǐ rènao

にく【肉】肉 ròu ◆下腹に～がつく 小肚子长肉 xiǎodùzi zhǎng ròu

にくい【憎い】可恶 kěwù; 可恨 kěhèn

-にくい 不好 bù hǎo; 很难 hěn nán ◆答え一事がら 很难回答的事 hěn nán huídá de shì ◆切り出し— 不开口 bù hǎo kāikǒu

にくがん【肉眼】 肉眼 ròuyǎn

にくしみ【憎しみ】 怨恨 yuànhèn; 嫌怨 xiányuàn; 憎恨 zēnghèn

にくしゅ【肉腫】 肉瘤 ròuliú

にくじゅう【肉汁】 肉汁 ròuzhī

にくしょく【肉食-する】 肉食 ròushí ◆—動物 肉食动物 ròushí dòngwù

にくしん【肉親】 骨肉 gǔròu; 亲人 qīnrén

にくせい【肉声】 直接的人声 zhíjiē de rénshēng; 说话声 shuōhuàshēng

にくたい【肉体】 肉体 ròutǐ ◆—労働 体力劳动 tǐlì láodòng

にくだんご【肉団子】 肉丸子 ròuwánzi ◆—スープ 汆丸子 cuān wánzi

にくだんせん【肉弾戦】 肉搏战 ròubózhàn

にくづき【肉付き】 ◆—のよい 充盈 chōngyíng;《家畜など》肥壮 féizhuàng

にくづけ【肉付け-する】 充实 chōngshí; 润色 rùnsè

にくくしい【憎々しい】 令人非常讨厌 lìng rén fēicháng tǎoyàn

にくくしげ【憎々しげに】 狠狠 hěnhěn

にくはく【肉薄-する】 逼近 bījìn

にくばなれ【肉離れ】 ◆—を起こす 引起肌肉断裂 yǐnqǐ jīròu duànliè

にくひつ【肉筆-の】 亲笔 qīnbǐ ◆—の书画 墨迹 mòjì

にくまれっこ【憎まれっ子】 过街老鼠 guò jiē lǎoshǔ ◆—世にはばかる 好人早过世, 歹人磨世界 hǎorén zǎo guòshì, dǎirén mó shìjiè

にくまん【肉まん】《肉饅頭》 肉包子 ròubāozi

にくむ【憎む】 恨 hèn; 怨恨 yuànhèn ◆—べき 可恶 kěwù

にくや【肉屋】 肉铺 ròupù

にくよく【肉欲】 肉欲 ròuyù

にくらしい【憎らしい】 可恨 kěhèn; 可恶 kěwù

にぐるま【荷車】 架子车 jiàzichē; 排子车 páizichē; 大板车 dàbǎnchē

ニクロムせん【ニクロム線】 镍铬电热丝 nièqè diànrèsī

にぐん【二軍】 预备队员 yùbèi duìyuán

にげ【逃げ】 逃跑 táopǎo; 逃避 táobì ◆—の一手を 只想跑 zhǐ xiǎng pǎo

にげあし【逃げ足】 ◆—が速い 逃得快 táode kuài

にげうせる【逃げ失せる】 跑掉 pǎodiào

にげおくれる【逃げ遅れる】 逃晚了 táo wǎn le

にげかえる【逃げ帰る】 逃回来 táohuílai

にげかくれ【逃げ隠れ-する】 逃匿 táonì; 逃藏 táobì

にげこうじょう【逃げ口上】 遁词 dùncí ◆—を言う 说推托话 shuō tuītuōhuà

にげごし【逃げ腰】 ◆—になる 想要逃跑 xiǎngyào táobì

にげこむ【逃げ込む】 逃进 táojìn

にげそこなう【逃げ損なう】 逃不了 táo bù liǎo

にげだす【逃げ出す】 逃走 táozǒu; 逃出 táochū

にげのびる【逃げ延びる】 逃脱 táotuō

にげば【逃げ場】 退路 tuìlù ◆—を失う 无处可逃 wú chù kě táo

にげまわる【逃げ回る】 逃窜 táocuàn

にげみち【逃げ道】 退路 tuìlù; 逃路 táolù;《苦境からの》台阶儿 táijiēr ◆—を作ってやる 给一个台阶儿下 gěi yí ge táijiēr xià

にげる【逃げる】 逃跑 táopǎo; 逃走 táozǒu ◆さっさと— 逃之夭夭 táo zhī yāoyāo

にげんろん【二元論】 二元论 èryuánlùn

にこうたいせい【二交替制】 两班倒 liǎngbāndǎo

にこっかん【二国間-の】 两国之间 liǎngguó zhī jiān ◆—貿易 双边贸易 shuāngbiān màoyì ◆—の会談 两国会谈 liǎngguó huìtán

にこごり【煮凝り】 冻 dòng;《魚の》鱼冻 yúdòng

にごす【濁す】《水などを》弄浑 nònghún;《言葉を》含糊其辞 hánhú qí cí ◆お茶を— 敷衍了事 fūyǎn liǎoshì

ニコチン 尼古丁 nígǔdīng ◆—中毒 烟瘾 yānyǐn

にごった【濁った】 浑浊 húnzhuó; 混浊 hùnzhuó

にこにこ-する 笑眯眯 xiàomīmī; 笑嘻嘻 xiàoxīxī

にこむ【煮込む】 炖 dùn; 煨 wēi ◆もつの煮込み 炖杂碎 dùn zásuì

にこやか 笑容满面 xiàoróng mǎnmiàn; 春风满面 chūnfēng mǎnmiàn

にごる【濁る】 混浊 hùnzhuó; 污浊 wūzhuó

にざかな【煮魚】 炖鱼 dùnyú

にさん【二三-の】 两三个 liǎngsānge

にさんか【二酸化】二氧化 èryǎnghuà ◆~炭素 二氧化碳 èryǎnghuàtàn ◆~硫黄 二氧化硫 èryǎnghuàliú
にし【西】西 xī；西边 xībian ◆~に傾く《太陽が》偏西 piānxī ◆~側 西边 xībian ◆~ヨーロッパ 西欧 Xī Ōu
にじ【虹】彩虹 cǎihóng；虹 jiàng；虹 hóng
にしき【錦】锦缎 jǐnduàn
ニシキゴイ【錦鯉】花鲤 huālǐ
ニシキヘビ【錦蛇】蟒蛇 mǎngshé
にじてき【二次的-な】次要 cìyào
にしはんきゅう【西半球】西半球 xībànqiú
にしび【西日】夕阳 xīyáng ◆~が照りつける 西晒 xīshài
ニジマス【虹鱒】虹鳟 hóngzūn
にじむ【滲む】渗 shèn；《墨やインクが》洇 yīn ◆血の~ 呕心沥血的努力 ǒuxīn lìxuè de nǔlì
にしゃたくいつ【二者択一-の】二者选一 èrzhě xuǎn yī
にじゅう【二重-の】双重 shuāngchóng ◆~人格 双重人格 shuāngchóng réngé ◆~帳簿 花账 huāzhàng；黑账 hēizhàng
にじゅうしせっき【二十四節気】二十四节气 èrshísì jiéqì
にじゅうよじかん【二十四時間】二十四小时 èrshísì xiǎoshí
にじょう【二乗】平方 píngfāng
にしょくばん【二色刷】二色版 èrsèbǎn
にじりよる【躙り寄る】膝行靠近 xīxíng kàojìn
ニシン【鰊】鲱 fēi
にしんほう【二進法】二进制 èrjìnzhì
ニス 清漆 qīngqī
にせ【偽-の】假 jiǎ ◆~ブランド品 冒牌儿 màopáir
ニセアカシア 洋槐 yánghuái
にせい【二世-の】第二代 dì'èr dài
にせがね【贋札】赝币 yànbì
にせさつ【贋札】假造钞票 jiǎzào chāopiào；伪钞 wěichāo
にせもの【贋物】冒牌货 màopáihuò；~を作る 伪造 wěizào
にせる【似せる】模仿 mófǎng
にそう【尼僧】尼姑 nígū
にそくさんもん【二束三文-の】一文不值半文 yīwén bù zhí bànwén ◆~で売りにはす 廉价拍卖 liánjià pāimài
にだい【荷台】《トラックなどの》装货台 zhuānghuòtái；车箱 chēxiāng；

《自転車の》货架子 huòjiàzi
にたき【煮炊き-する】做饭 zuòfàn；炊事 chuīshì
にたつ【煮立つ】煮开 zhǔkāi
にたにた ◆~笑う 嬉皮笑脸 xī pí xiào liǎn
にたりよったり【似たり寄ったり】半斤八两 bàn jīn bā liǎng
だんベッド【二段ベッド】双层床 shuāngcéngchuáng
にちげん【日限】期限 qīxiàn ◆~が切れる 到期 dào qī ◆~を定める 限期 xiàn qī
にちじ【日時】◆面接の~ 面试的日期和时间 miànshì de rìqī hé shíjiān
にちじょう【日常】平生 píngshēng ◆~の 日常 rìcháng ◆~の食事 家常便饭 jiācháng biànfàn ◆~生活 寝食 qǐnshí；日常生活 rìcháng shēnghuó ◆~的に使う 习用 xíyòng
にちぼつ【日没】日落 rìluò；日没 rìmò
にちや【日夜】日夜 rìyè；昼夜 zhòuyè ◆~努力する 整天努力 zhěngtiān nǔlì
にちよう【日用-の】日用 rìyòng ◆~品 日用品 rìyòngpǐn；小百货 xiǎobǎihuò
にちようび【日曜日】星期日 xīngqīrì；星期天 xīngqītiān；礼拜天 lǐbàitiān
にっか【日課】日课 rìkè；每天的活动 měitiān de huódòng
つかわしい【似つかわしい】相称 xiāngchèn；合适 héshì
にっかん【日刊】日刊 rìkān ◆~新聞 日报 rìbào
にっき【日記】日记 rìjì ◆~帳 日记本儿 rìjìběnr
にっきゅう【日給】日薪 rìxīn
にっきん【日勤-の】日班 rìbān；《3交替制の》白班儿 báibānr
ニックネーム 爱称 àichēng；外号 wàihào
にづくり【荷造り-する】包装 bāozhuāng；打包 dǎbāo
にっけい【日系の】日侨 Rìqiáo ◆~米人 日裔美国人 Rìyì Měiguórén
ニッケイ【肉桂】肉桂 ròuguì ◆~の皮 桂皮 guìpí
につける【煮付ける】炖 dùn ◆魚の煮付け 煮鱼 zhǔ yú
ニッケル 镍 niè
にっこう【日光】日光 rìguāng；阳光 yángguāng
にっこうよく【日光浴】日光浴 rìguāngyù ◆~をする 晒太阳 shài tàiyang

にっこり — にほんりょうり

にっこり 笑眯眯 xiàomīmī ◆~笑う 破颜一笑 pòyán yí xiào; 莞尔而笑 wǎn'ěr ér xiào

にっさん【日産】日产 rìchǎn

にっし【日誌】日记 rìjì; 日志 rìzhì

にっしゃびょう【日射病】中暑 zhòngshǔ

にっしょう【日照】日照 rìzhào ◆~権 日照权 rìzhàoquán ◆~時間 日照时间 rìzhào shíjiān

にっしょく【日食】日食 rìshí ◆~が起こる 亏蚀 kuīshí; 皆既~ 日全食 rìquánshí

にっしんげっぽ【日進月歩の】日新月异 rì xīn yuè yì

にっすう【日数】日数 rìshù; 天数 tiānshù

にっちもさっちも【二進も三進も】◆~いかない 毫无办法 háowú bànfǎ; 进退两难 jìntuì liǎng nán

にっちゅう【日中の】白天 báitiān; 日间 rìjiān

にっちょく【日直】值班 zhíbān ◆~をする 值日 zhírì

にってい【日程】日程 rìchéng ◆~表 日程表 rìchéngbiǎo

ニット 编织品 biānzhīpǐn ◆~ウエア 毛织品 máozhīpǐn ◆~製品 针织品 zhēnzhīpǐn

にっとう【日当】日薪 rìxīn; 日工资 rìgōngzī

にっぽう【日報】日报 rìbào

につまる【煮詰まる】炖干 dùngān; 〈解決が〉接近解决 jiējìn jiějué; 进入最后阶段 jìnrù zuìhòu jiēduàn

につめる【煮詰める】熬 áo

にている【似ている】仿佛 fǎngfú; 像 xiàng; 相似 xiāngsì

にてひなる【似て非なる】似是而非 sì shì ér fēi

にと【二兎】◆~を追う者一兎をも得ず 追二兔者不得一兔 zhuī èr tù zhě bù dé yī tù

にとう【二等の】二等 èrděng ◆ 航海士 二副 èrfù

にとうぶん【二等分-する】平分 píngfēn

にとうへん【二等辺】◆~三角形 等腰三角形 děngyāo sānjiǎoxíng

にどと【二度と】◆~行くもんか 再也不去 zài yě bú qù ◆~返らぬ 一去不复返 yí qù bù fù fǎn ◆~ない好機 不会再来的好机会 bú huì zài lái de hǎo jīhuì

ニトロ 硝基 xiāojī ◆~グリセリン 硝化甘油 xiāohuà gānyóu

になう【担う】❶〈担ぐ〉挑 tiāo ❷〈引き受ける〉负担 fùdān ◆みんなの期待を~ 背负大家的期待 bēifù dàjiā de qīdài ◆次世代を肩负下一代 jiānfù xià yídài

にぬし【荷主】货主 huòzhǔ

にのあし【二の足】◆~を踏む 犹豫不决 yóuyù bù jué

にのうで【二の腕】上膊 shàngbó

にのく【二の句】◆~がつげない 无言以对 wú yán yī duì

にのつぎ【二の次の】〈重要度が〉其次 qícì; 次要 cìyào

にばい【二倍の】两倍 liǎng bèi ◆~に加倍 jiābèi ◆~に増える 成倍 chéngbèi ◆~大きい 大一倍 dà yí bèi

にばんせんじ【二番煎じ】换汤不换药 huàn tāng bú huàn yào; 炒冷饭 chǎo lěngfàn; 翻版 fānbǎn

にばんめ【二番目】第二 dì'èr; 〈順序が〉其次 qícì ◆びりから~ 倒数第二名 dàoshǔ dì'èr míng

にびょうし【二拍子の】二拍子 èr pāizi

ニヒリズム 虚无主义 xūwú zhǔyì

ニヒル 虚无 xūwú

にぶい【鈍い】呆 dāi; 钝 dùn; 迟钝 chídùn ◆感覚が~ 感觉迟钝 gǎnjué chídùn ◆動作が~ 动作迟钝 dòngzuò chídùn ◆反応が~ 反应慢 fǎnyìng màn ◆頭が~ 头脑不灵活 tóunǎo bù línghuó ◆音が~ 音 低沉的声音 dīchén de shēngyīn

にぶおんぷ【二分音符】二分音符 èrfēn yīnfú

にふだ【荷札】货签 huòqiān; 标签 biāoqiān

にぶる【鈍る】变钝 biàndùn ◆腕が~ 手艺生疏了 shǒuyì shēngshū le ◆切れ味が~ 钝 dùn ◆出足が~ 来的人不多 lái de rén bù duō ◆决心が~ 决心动摇 juéxīn dòngyáo

にぶん【二分-する】分成两份 fēnchéng liǎngfèn ◆~の一 二分之一 èr fēn zhī yī ◆業界を~する 平分业界 píngfēn yèjiè

にべ【鰾膠】◆~も無い 非常冷淡 fēicháng lěngdàn

にほん【日本】日本 Rìběn ◆~円 日元 Rìyuán ◆~語 日文 Rìwén; 日语 Rìyǔ ◆~人 日本人 Rìběnrén

ニホンジカ【日本鹿】梅花鹿 méihuālù

にほんだて【二本立て】一场放映两部影片 yīchǎng fàngyìng liǎngbù yǐngpiàn

にほんのうえん【日本脳炎】流行性乙型脑炎 liúxíngxìng yǐxíng nǎoyán

にほんりょうり【日本料理】日本菜 Rìběncài; 日餐 rìcān ◆~の作り方 日本菜の調法 Rìběncài pēngtiáofǎ

にまいじた【二枚舌】◆～を使う 两面三刀 liǎng miàn sān dāo
にまいめ【二枚目】❶《劇の》小生 xiǎoshēng ❷《ハンサム》英俊 yīngjùn；美男子 měinánzǐ
にまめ【煮豆】煮豆 zhǔdòu；煮熟的豆 zhǔshú de dòu
にめんせい【二面性】两面性 liǎngmiànxìng
にもうさく【二毛作】一年种两茬 yì nián zhòng liǎng chá
-にもかかわらず 虽然…可是 suīrán...kěshì；尽管…可是 jǐnguǎn...kěshì◆病人である～ 尽管自己是病人,他都 jǐnguǎn zìjǐ shì bìngrén, tā dōu
にもつ【荷物】❶《荷》行李 xínglǐ；货物 huòwù◆一時預り所 存放处 cúnfàngchù；手提行李寄存处 shǒutí xínglǐ jìcúnchù ❷《負担》累赘 léizhuì；包袱 bāofu◆みんなのお～ 大家的累赘 dàjiā de lèizhuì
にもの【煮物】煮菜 zhǔcài
ニャー《猫の鳴声》喵 miāo
にやける 女气 nǚqì；女里女气 nǚlinǚqì
にやっかい【荷厄介】累赘 léizhuì
にやにや ～する 嗤笑 chīxiào；奸笑 jiānxiào
ニュアンス 细微差别 xìwēi chābié；语气 yǔqì
にゅういん【入院-する】住院 zhùyuàn
にゅうえき【乳液】乳液 rǔyè
にゅうえん【入園-する】入园 rùyuán◆～無料 免费入园 miǎnfèi rùyuán
にゅうか【乳化-する】乳化 rǔhuà◆～剂 乳化剂 rǔhuàjì
にゅうか【入荷-する】进货 jìnhuò
にゅうかい【入会】入会 rùhuì
にゅうかく【入閣-する】参加内阁 cānjiā nèigé
にゅうがく【入学】入学 rùxué◆～試験 入学考试 rùxué kǎoshì
にゅうがん【乳癌】乳腺癌 rǔxiàn'ái
にゅうぎゅう【乳牛】奶牛 nǎiniú；乳牛 rǔniú
にゅうきょ【入居-する】迁入 qiānrù；搬进 bānjìn
にゅうきん【入金】进款 jìnkuǎn
にゅうこう【入港-する】进口 jìnkǒu；进港 jìngǎng◆～税 港口税 gǎngkǒushuì
にゅうこく【入国-する】入境 rùjìng◆～ビザ 入境签证 rùjìng qiānzhèng◆記録カード 入境登记卡 rùjìng dēngjìkǎ
にゅうごく【入獄-する】入狱 rùyù；

坐监狱 zuò jiānyù
にゅうこん【入魂】心神贯注 xīn shén guàn zhù；专心致志 zhuānxīn zhì zhì
にゅうさつ【入札-する】投标 tóubiāo◆～を開票する 开标 kāi biāo◆～を募る 招标 zhāo biāo◆競争～ 公开投标 gōngkāi tóubiāo
にゅうさん【乳酸】乳酸 rǔsuān◆～飲料 乳酸饮料 rǔsuān yǐnliào◆～菌 乳酸细菌 rǔsuān xìjūn
にゅうし【乳歯】奶牙 nǎiyá；乳齿 rǔchǐ
にゅうじ【乳児】乳儿 rǔ'ér
にゅうしゃ【入社-する】进公司 jìn gōngsī
にゅうじゃく【柔弱-な】柔弱 róuruò；软弱 ruǎnruò
にゅうしゅ【入手-する】得到 dédào；拿到 nádào
にゅうしょ【入所-する】入所 rùsuǒ；《刑務所に》入狱 rùyù
にゅうしょう【入賞-する】获奖 huòjiǎng
にゅうじょう【入場-する】入场 rùchǎng◆～券 入场券 rùchǎngquàn；《博物館・公園などの》门票 ménpiào；《駅の》站台票 zhàntáipiào◆～無料 免费入场 miǎnfèi rùchǎng◆～料 票价 piàojià
にゅうしょく【入植-する】移居到未开垦的土地 yíjūdào wèi kāikěn de tǔdì
にゅうしん【入神-の】入神 rùshén◆～の技の冴え 鬼斧神工 guǐ fǔ shén gōng
ニュース 消息 xiāoxi；新闻 xīnwén◆～映画 新闻片 xīnwénpiàn◆～ソース 新闻来源 xīnwén láiyuán◆～キャスター 新闻主持人 xīnwén zhǔchírén
にゅうせいひん【乳製品】乳制品 rǔzhìpǐn
にゅうせき【入籍-する】入籍 rùjí
にゅうせん【乳腺】乳腺 rǔxiàn◆～炎 奶疮 nǎichuāng
にゅうせん【入選-する】入选 rùxuǎn；中选 zhōngxuǎn
にゅうたい【入隊-する】入伍 rùwǔ
ニュータウン 新市区 xīn shìqū；新村 xīncūn
にゅうだん【入団-する】入团 rùtuán
にゅうでん【入電】来电 láidiàn
にゅうとう【入党-する】入党 rùdǎng
ニュートラル ❶《ギア》空挡 kōngdǎng ❷《中立》中立 zhōnglì
ニュートリノ 中微子 zhōngwēizǐ
にゅうねん【入念-な】细心 xìxīn；精心 jīngxīn◆仕事が～だ 工作很

にゅうばい[入梅] 入梅 rùméi
にゅうはくしょく[乳白色-の] 乳白色 rǔbáisè
ニューフェース 新星 xīnxīng; 新人 xīnrén
ニューメディア 新媒体 xīn méitǐ
にゅうもん[入門-する] 入门 rùmén ♦~解説 浅说 qiǎnshuō
にゅうようじ[乳幼児] 乳幼儿 rǔyòu'ér
にゅうよく[入浴-する] 洗澡 xǐzǎo; 沐浴 mùyù
にゅうりょく[入力-する] 输入 shūrù ♦データを~する 输入数据 shūrù shùjù
ニューロン 神经元 shénjīngyuán
にゅうわ[柔和-な] 柔和 róuhé; 温柔 wēnróu
によう[尿] 尿 niào; 小便 xiǎobiàn
によい[尿意] 尿意 niàoyì ♦~を催す 有尿意 yǒu niàoyì
にょうさん[尿酸] 尿酸 niàosuān
にょうそ[尿素] 尿素 niàosù
にょうどう[尿道] 尿道 niàodào
にょうどくしょう[尿毒症] 尿毒症 niàodúzhèng
にょうぼう[女房] 老婆 lǎopo; 女人 nǚrén
にょきにょき 接连耸起 jiēlián sǒngqǐ
にょじつ[如実-に] 如实 rúshí
にょにんきんぜい[女人禁制] 女人禁入 nǚrén jìnrù
にょらい[如来] 如来 rúlái
にょろにょろ 〈ヘビなどが〉蜿蜒 wānyán
ニラ[韮] 韭菜 jiǔcài
にらみ[睨み] 瞪眼 dèngyǎn;〈厳重に監督する〉示威 shìwēi ♦~をきかせる 施加压力 shījiā yālì
にらみあい[睨み合い] 互相瞪眼 hùxiāng dèngyǎn
にらみつける[睨み付ける] 瞪眼 dèngyǎn
にらむ[睨む] ❶〈相手を〉瞪 dèng ❷〈目をつける〉注意 zhùyì; 盯 dīng ♦先生にらまれる 被老师注意 bèi lǎoshī zhùyì ❸〈目星をつける〉估计 gūjì ♦にらんだとおり 正如预料的那样 zhèngrú yùliào de nàyàng
にらめっこ[睨めっこ-する] 凝视赌笑 níngshì dǔxiào
にらんせい[二卵性-の] 双卵 shuāngluǎn ♦~双生児 双卵双胎儿 shuāngluǎn shuāngtāi'ér
にりつはいはん[二律背反] 二律背反 èrlǜ bèifǎn
にりゅう[二流-の] 二流 èrliú; 次等 cìděng ♦~品 次货 cìhuò

にる[煮る] 煮 zhǔ; 焖 mèn; 熬 áo
にる[似る] 像 xiàng ♦よく似た 近似 jìnsì; 相似 xiāngsì
ニレ[楡] 榆树 yúshù
にわ[庭] 庭院 tíngyuàn; 院子 yuànzi ♦~いじり 侍弄庭园 shìnòng tíngyuán
にわいし[庭石] 点景石 diǎnjǐngshí
にわか[俄か-に] 突然 tūrán; 忽然 hūrán; 猛然 měngrán
にわかあめ[俄雨] 阵雨 zhènyǔ; 骤雨 zhòuyǔ ♦~に遭う 被阵雨淋了 bèi zhènyǔ lín le
にわかじこみ[俄仕込み-の] 临阵磨枪 lín zhèn mó qiāng
にわかなりきん[俄成金] 暴发户 bàofāhù
にわし[庭師] 园丁 yuándīng
ニワトコ[接骨木] 接骨木 jiēgǔmù
ニワトリ[鶏] 鸡 jī ♦~の卵 鸡蛋 jīdàn
にん[任] 任务 rènwu ♦~に堪える 胜任 shèngrèn ♦~に就く 充任 chōngrèn; 就任 jiùrèn
にんい[任意-の] 任意 rènyì
にんか[認可-する] 认可 rènkě; 批准 pīzhǔn ♦~される 获准 huòzhǔn ♦~を決める 裁可 cáikě
にんかん[任官-する] 任官 rèngun
にんき[人気] 名气 míngqi; 人缘 rényuánr; 人望 rénwàng ♦~がある 受欢迎 shòu huānyíng ♦~が出る 红起来 hóngqǐlái ♦~取りをする 哗众取宠 huá zhòng qǔ chǒng ♦~商品 俏货 qiàohuò; 热货 rèhuò ♦~俳優 红角 hóngjué
にんき[任期] 任期 rènqī ♦~が満了となる 任期届满 rènqī jièmǎn
にんぎょ[人魚] 美人鱼 měirényú
にんきょう[任侠] 侠义 xiáyì
にんぎょう[人形] 偶人 ǒurén; 玩偶 wán'ǒu; 娃娃 wáwa ♦~芝居 傀儡戏 kuǐlěixì; 木偶戏 mù'ǒuxì ♦西洋~ 洋娃娃 yángwáwa
にんげん[人間] 人 rén ♦~関係 人际关系 rénjì guānxi ♦~工学 人类工程学 rénlèi gōngchéngxué ♦~万事塞翁(さいおう)が馬 塞翁失马 sàiwēng shī mǎ (「人間」を「世の中」の意)
にんげんみ[人間味] 人情味 rénqíngwèi ♦~のあふれる 洋溢着人情味儿 yángyìzhe rénqíngwèir
にんさんぷ[妊産婦] 孕妇和产妇 yùnfù hé chǎnfù
にんしき[認識] 认识 rènshi ♦~不足だ 认识不够 rènshi bùgòu ♦~を新たにする 重新认识到 chóngxīn rènshidào
にんじゅう[忍従-する] 忍受 rěn-

shòu: 逆来顺受 nì lái shùn shòu
にんしょう【人称】人称 rénchēng ♦ ～代名詞 人称代词 rénchēng dàicí
にんしょう【認証-する】认证 rènzhèng
にんじょう【人情】人情 rénqíng ♦ ～に背く 不近人情 bú jìn rénqíng
にんじょう【刃傷】用刀伤人 yòng dāo shāng rén
にんしん【妊娠-する】怀孕 huáiyùn; 妊娠 rènshēn
ニンジン【人参】胡萝卜 húluóbo; 《薬用の》人参 rénshēn ♦～酒 人参酒 rénshēnjiǔ
にんずう【人数】人数 rénshù; 人头 réntóu ♦～をたのむる 靠着人多 kàozhe rén duō
にんそう【人相】相貌 xiàngmào ♦～が変わる《けがなどで》破相 pò xiàng ♦～を見る 看相 kàn xiàng; 相面 xiàng miàn ♦～見 看相的 kànxiàng de; 相面先生 xiàngmiàn xiānsheng
にんたい【忍耐-する】忍耐 rěnnài ♦ ～強い 很有耐心 hěn yǒu nàixīn
にんち【任地】任地 rèndì ♦～に赴く 赴任 fùrèn
にんち【認知-する】认知 rènzhī; 《法的に》承认 chéngrèn; 认领 rènlǐng ♦ 実子であると～する 承认非婚生的子女 chéngrèn fēihūn shēng de zǐnǚ
にんてい【認定-する】认定 rèndìng
ニンニク【大蒜】大蒜 dàsuàn; 蒜 suàn ♦～の芽 蒜苗 suànmiáo
にんぴにん【人非人】狼心狗肺的人 láng xīn gǒu fèi de rén; 人面兽心 rénmiàn shòuxīn
にんぷ【妊婦】妊妇 rènfù; 孕妇 yùnfù
にんむ【任務】任务 rènwu ♦～に就く 就任 jiùrèn ♦～を与える 交待任务 jiāodài rènwu
にんめい【任命-する】任命 rènmìng; 委派 wěipài ♦ あなたを理事に～します 任命你为董事 rènmìng nǐ wéi dǒngshì
にんよう【任用-する】录用 lùyòng; 任用 rènyòng

ぬ

ぬいあわせる【縫い合わせる】❶《傷を》缝合 fénghé ❷《布地を》连缝 fénglián
ぬいぐるみ【縫いぐるみ】布制玩偶 bùzhì wán'ǒu
ぬいつける【縫い付ける】缝上 féngshàng; 钉上 dīngshàng
ぬいとり【縫い取り】刺绣 cìxiù
ぬいなおす【縫い直す】重缝 chóngféng
ぬいばり【縫い針】针 zhēn
ぬいめ【縫い目】针脚 zhēnjiao
ぬいもの【縫い物】～をする 缝纫 féngrèn
ぬう【縫う】缝 féng ♦服を～ 缝衣服 féng yīfu ♦傷口を七針縫った 伤口缝了七针 shāngkǒu féngle qī zhēn
ヌード 裸体 luǒtǐ
ヌードル 面条 miàntiáo; 鸡蛋挂面 jīdàn guàmiàn
ぬか【糠】糠 kāng; 米糠 mǐkāng
ぬかあめ【糠雨】毛毛雨 máomaoyǔ; 蒙蒙细雨 méngméng xìyǔ
ぬかす【抜かす】遗漏 yílòu; 脱漏 tuōlòu ♦3行～ 跳过三行 tiàoguò sān háng ♦腰を～ 非常吃惊 fēicháng chījīng
ぬかずく【額ずく】叩头 kòutóu
ぬかよろこび【糠喜び】白欢喜 bái huānxǐ
ぬかり【抜かり】差错 chācuò; 疏忽 shūhu ♦～なく 周密 zhōumì
ぬかる【抜かる】出错 chūcuò
ぬかるみ【泥濘】泥泞 nínìng
ぬき【抜き】去掉 qùdiào ♦説明を～にする 省去说明 shěngqù shuōmíng
ぬきあし【抜き足-で】蹑着脚 nièzhe jiǎo ♦～で歩く 蹑着脚走 nièzhe jiǎo zǒu ♦～差し足 蹑手蹑脚 nièshǒu nièjiǎo
ぬきうち【抜き打ち-の】突然 tūrán; 冷不防 lěngbùfáng ♦～検査 临时检查 línshí jiǎnchá
ぬきがき【抜き書き-する】节录 jiélù; 摘录 zhāilù
ぬきさしならない【抜き差しならない】进退两难 jìntuì liǎng nán
ぬきすてる【脱き捨てる】脱掉 tuōdiào
ぬきだす【抜き出す】抽出 chōuchū; 取出 qǔchū
ぬきとり【抜き取り】♦～調査 抽查 chōuchá ♦～検査する 采样检查 cǎiyàng jiǎnchá
ぬきとる【抜き取る】❶《取出す》抽出

ぬきんでた【抜きん出た】 傑出 jiéchū；过人 guòrén：出众 chūzhòng ◆～人々物 尖 jiān；尖子 jiānzǐ

ぬきんでる【抜きん出る】 拔尖儿 bájiānr；出众 chūzhòng

ぬく【抜く】◆刺を～ 拔刺 bá cì ◆釘を～ 拔钉子 bá dīngzi ◆気を～ 松懈 sōngxiè ◆手を～ 偷工减料 tōu gōng jiǎn liào ◆タイヤの空気を～ 把轮胎的气放出去 bǎ lúntāi de qì fàngchūqu ◆前の車を～ 超过前面的汽车 chāoguò qiánmiàn de qìchē

ぬぐ【脱ぐ】 脱 tuō ◆服を～ 脱衣服 tuōxià yīfú

ぬぐう【拭う】 擦 cā；抹 mǒ ◆汗を～ 擦汗 cā hàn ◆口を～(知らぬ振り) 若无其事 ruò wú qí shì

ぬくぬく 自在 zìzài；舒适 shūshì；心满意足地 xīn mǎn yì zú de ◆～育つ 快乐地长大 kuàilè de zhǎngdà

ぬくもり【温もり】 温暖 wēnnuǎn

ぬけあな【抜け穴】 暗道 àndào；洞 dòng；(法などの)漏洞 lòudòng

ぬけおちる【抜け落ちる】 掉 diào；脱落 tuōluò；(羽根や毛が)秃噜 tūlu

ぬけがけ【抜け駆け】 抢先 qiǎngxiān

ぬけがら【抜殻】 蜕下来的皮 tuìxiàlai de pí

ぬけかわる【抜け替わる】◆歯が～ 换牙 huànyá ◆毛が～(動物の)换毛 huànmáo

ぬけげ【抜け毛】 脱发 tuōfà

ぬけだす【抜け出す】 脱出 tuōchū；挣脱 zhèngtuō；(こっそり)溜出 liūchū ◆苦境を～ 摆脱困境 bǎituō kùnjìng ◆(時間がなくて)抜け出せない 抽不出身 chōubuchū shēn

ぬけでる【抜け出る】(逃げる)溜 liū；跑 pǎo ◆教室から～ 溜出教室 liūchū jiàoshì；(トップに)领先 lǐngxiān

ぬけぬけ 厚颜无耻 hòuyán wúchǐ

ぬけみち【抜け道】 抄道 chāodào；(法規の)漏洞 lòudòng

ぬけめない【抜け目ない】 手疾眼快 shǒu jí yǎn kuài

ぬける【抜ける】 脱 tuō；掉 diào；脱掉 tuōdiào ◆歯が～ 掉牙 diào yá ◆力が～ 没力 méi lì ◆空気が～ 走气 zǒuqì；跑气 pǎoqì

ぬすっと【盗人】 盗贼 dàozéi；窃贼 qièzéi；小偷 xiǎotōu

ぬすみ【盗み】 偷盗 tōudào ◆～を働く 行窃 xíngqiè

ぬすみぎき【盗み聞き-する】 窃听 qiètīng；偷听 tōutīng

ぬすみぐい【盗み食い-する】 偷嘴 tōuzuǐ

ぬすみとる【盗み取る】 盗劫 dàojié；盗取 dàoqǔ；窃取 qièqǔ

ぬすみみる【盗み見る】 偷看 tōukàn

ぬすむ【盗む】 偷 tōu；偷盗 tōudào；盗窃 dàoqiè

ぬま【沼】 池沼 chízhǎo；沼泽 zhǎozé

ぬの【布】 布匹 bùpǐ

ぬまち【沼地】 泥坑儿 níkēngr；泥塘 nítáng；沼泽地 zhǎozédì

ぬめり【滑り】 滑溜 huáliū

ぬめる【滑る】 沾 zhān；沾湿 zhānshī；弄湿 nòngshī

ぬらぬら 粘乎乎 niánhūhū

ぬり【塗り】 ❶〈塗ること〉涂抹 túmǒ ❷〈塗装を〉涂漆 túqī ◆～の器具 漆器 qīqì

ぬりかえる【塗り替える】 重新抹刷 chóngxīn mǒshuā ◆記録を～ 刷新记录 shuāxīn jìlù

ぬりぐすり【塗り薬】 涂剂 tújì；外敷药 wàifūyào ◆～を塗る 抹上药 mǒshàng yào

ぬりたて【塗り立て-の】 刚抹过的 gāng mǒguo de ◆ペンキ～ 油漆未干 yóuqī wèi gān

ぬりつける【塗り付ける】 涂抹 túmǒ；抹 mǒ

ぬりもの【塗り物】 漆器 qīqì ◆～師 漆匠 qījiang

ぬる【塗る】 抹 mǒ；〈塗料を〉涂饰 túshì；〈薬を〉外敷 wàifū；(皮膚に塗り込む)搽 chá

ぬるい 微温 wēiwēn ◆風呂が～ 洗澡水不够热 xǐzǎoshuǐ bú gòu rè

ぬるぬる 滑溜 huáliū ◆～する 滑溜溜 huálūliū

ぬるまゆ【微温湯】 温开水 wēnkāishuǐ；温水 wēnshuǐ

ぬるむ 变暖 biànnuǎn

ぬれぎぬ【濡れ衣】 冤枉 yuānwang ◆～を着せる 冤枉 yuānwang ◆～を晴らす 洗清冤枉 xǐqīng yuānwang

ぬれてであわ【濡れ手で粟】 不劳而获 bù láo ér huò

ぬれねずみ【濡れ鼠】 落汤鸡 luòtāngjī ◆～になる 淋成落汤鸡 línchéng luòtāngjī

ぬれば【濡れ場】 色情场面 sèqíng chǎngmiàn

ぬれる【濡れる】 沾 zhān；淋湿 línshī；(濡れて滴るさま) 淋漓 línlí

ね

ね【根】 根 gēn; 根子 gēnzi ♦~を下ろす 人や物事の中に 扎根 zhāgēn; ~を絶つ 除根 chúgēn

ね【値】 价格 jiàgé ♦~が安い 便宜 piányi; 廉价 liánjià ♦~の張る 昂贵 ángguì

ね【音】 声音 shēngyīn ♦~を上げる 伏输 fúshū; 叫苦 jiàokǔ

ね【子】 【十二支】 子 zǐ

ねあがり【値上がり-する】 涨价 zhǎngjià ♦~を抑える 平价 píngjià

ねあげ【値上げ-する】 加价 jiājià; 抬价 táijià; 提高价格 tígāo jiàgé

ねあせ【寝汗】 盗汗 dàohàn; 虚汗 xūhàn ♦~をかく 出虚汗 chū xūhàn

ねいき【寝息】 睡眠中的呼吸 shuìmiánzhōng de hūxī ♦~を窺う 看看睡得怎样 kànkan shuìde zěnyàng ♦~を立てる 呼呼儿地睡 hūhūr de shuì

ねいす【寝椅子】 躺椅 tǎngyǐ

ねいりばな【寝入り端】 刚入睡 gāng rùshuì ♦~を起こされる 刚入睡就被叫醒 gāng rùshuì jiù bèi jiàoxǐng

ねいる【寝入る】 入睡 rùshuì; 睡着 shuìzháo

ねいろ【音色】 音色 yīnsè

ねうち【値打ち】 价值 jiàzhí ♦~がある 值钱 zhíqián

ねえさん【姉さん】 姐姐 jiějie

ねえさん【姐さん】 【料理屋などで】 服务员 fúwùyuán; 小姐 xiǎojiě

ネーブル 广柑 guǎnggān; 脐橙 qíchéng

ネーム 名字 míngzi ♦ファミリー~ 姓 xìng ♦ペン~ 笔名 bǐmíng

ねおき【寝起き】 ❶ 【起きたばかり】 睡醒 shuìxǐng ♦~が悪い 睡醒后情绪不好 shuìxǐng hòu qíngxù bùhǎo ❷ 【寝ることと起きること】 起卧 qǐwò ♦~を共にする 共同生活 gòngtóng shēnghuó

ネオナチ 新纳粹主义 xīn nàcuì zhǔyì

ネオン 霓 ní; 霓虹灯 níhóngdēng ♦~サイン 霓虹灯 nǐhóngdēng; 霓虹灯广告 níhóngdēng guǎnggào

ネガ 底片 dǐpiàn

ねがい【願い】 心愿 xīnyuàn; 愿望 yuànwàng ♦~が叶う 如愿以偿 rúyuàn yǐ cháng

ねがいでる【願い出る】 请求 qǐngqiú; 申请 shēnqǐng

ねがう【願う】 希望 xīwàng; 情愿 qíngyuàn; 期望 qīwàng ♦…を強く~ 务求 wùqiú

ねがえり【寝返り】 翻身 fānshēn ♦~を打つ 翻身 fānshēn

ねがえる【寝返る】 【裏切る】 叛变 pànbiàn; 背叛 bèipàn

ねがお【寝顔】 睡脸 shuìliǎn

ねかせる【寝かせる】 【眠らせる】 使睡觉 shǐ shuìjiào; 【横にする】 放倒 fàngdǎo; 【商品や資金を】 积压 jīyā

ねがったり【願ったり】 ♦~叶ったり 称心如意 chènxīn rúyì

ねがってもない【願ってもない】 求之不得 qiú zhī bù dé ♦~チャンス 求之不得的幸运 qiú zhī bù dé de xìngyùn

ネガティブ 消极的 xiāojí de; 否定的 fǒudìng de

ネギ【葱】 葱 cōng ♦~のみじん切り 葱花 cōnghuā ♦白髪~ 葱丝儿 cōngsīr

ねぎらう【労う】 犒劳 kàoláo; 慰劳 wèiláo

ねぎる【値切る】 还价 huánjià; 杀价 shājià ♦~のがうまい 很会讲价 hěn huì jiǎngjià

ねくずれ【値崩れ-する】 暴跌 bàodiē; 掉价 diàojià; 跌价 diējià

ネクタイ 领带 lǐngdài ♦~を結ぶ 系领带 jì lǐngdài

ねぐら【塒】 窠 kē; 窝 wō

ネグリジェ 西式女睡衣 xīshì nǚ shuìyī

ねぐるしい【寝苦しい】 睡不好觉 shuìbuhǎo jiào

ネコ【猫】 猫 māo ♦~の足 猫爪儿 māozhuǎr ♦小~がにゃあにゃあ鳴く 小猫咪咪叫 xiǎomāo miāomiāo jiào ♦~の額ほどの場所 巴掌大的地方 bāzhang dà de dìfang ♦~の目のように変わる 变化无常 biànhuà wúcháng

ねこぐるま【猫車】 手车 shǒuchē; 手推车 shǒutuīchē; 独轮车 dúlúnchē

ねごこち【寝心地】 ♦~の良い 躺着很舒服 tǎngzhe hěn shūfu ♦~の悪い 躺着不舒服 tǎngzhe bù shūfu

ネコジャラシ【猫じゃらし】 狗尾草 gǒuwěicǎo

ねこぜ【猫背-の】 驼背 tuóbèi; 罗锅 luóguō

ねこそぎ【根こそぎ】 ♦~にする 铲除 chánchú; 斩草除根 zhǎn cǎo chú gēn ♦~破壊する 平毁 pínghuǐ ♦~抜き取る 拔除 báchú

ねごと【寝言】 梦话 mènghuà; 梦呓 mèngyì ♦~を言う 说梦话 shuō mènghuà

ねこなでごえ【猫撫で声】~で; 谄媚声 chǎnmèishēng

ねこばば【猫ばばーする】 把捡的东西昧为己有 bǎ jiǎn de dōngxi mèi wéi jǐ yǒu; 装作自己的腰包 zhuāngjìn zìjǐ de yāobāo

ねこむ【寝込む】(病気などで)卧床不起 wòchuáng bù qǐ

ねこめいし【猫目石】 猫睛石 māojīngshí

ねころぶ【寝転ぶ】 躺卧 tǎngwò

ねさがり【値下がり−する】 掉价 diàojià; 跌价 diējià

ねさげ【値下げ−する】 减价 jiǎnjià; 降价 jiàngjià

ねざけ【寝酒】 睡前喝的酒 shuìqián hē de jiǔ

ねざす【根差す】 扎根 zhāgēn ♦ 対立の〜 とこそ 产生对立的根源 chǎnshēng duìlì de gēnyuán

ねざめ【寝覚め】 睡醒 shuìxǐng ♦ 〜が悪い(良心がとがめる)内心惭愧 nèixīn cánkuì

ねざや【値鞘】 差价 chājià

ねじ【螺子】 螺钉 luódīng ♦ 〜釘 螺丝钉 luósīdīng

ねじあける【捩じ開ける】♦ 瓶のふたを〜 扭开瓶盖 niǔkāi píngguài

ねじきる【捩じ切る】 扭断 niǔduàn

ねじくぎ【螺子釘】 螺钉 luódīng; 螺丝 luósī

ねじける【捩ける】(心が)别扭 bièniu; 乖僻 guāipì

ねじこむ【捩じ込む】(物を)扭进 niǔjìn; (抗議すると)抗议 kàngyì

ねじずまる【捩静まる】 夜深人静 yè shēn rén jìng

ねしな【寝しな−に】 临睡时 lín shuì shí

ねじふせる【捩じ伏せる】 拧住胳膊按倒 níngzhù gēbo àndǎo

ねじまがった【捩じ曲がった】 歪扭扭 wāiwāiniūniū

ねじまげる【捩じ曲げる】(物を)扭曲 niǔqū;(事実を)歪曲 wāiqū

ねじまわし【捩じ回し】 改锥 gǎizhuī; 螺丝刀 luósīdāo

ねしょうがつ【寝正月】 呆在家里过年 dāizài jiā lǐ guònián

ねしょうべん【寝小便−をする】 尿床 niàochuáng

ねじる【捩じる】 拧 níng; 扭 niǔ

ねじれ【捩じれ】 扭曲 niǔqū

ねじれる【捩じれる】 扭歪 niǔwāi

ねず【寝ずーに】 通宵 tōngxiāo ♦ 頑張る 开夜车 kāi yèchē ♦ 〜の番 通宵值班 tōngxiāo zhíbān

ねすごす【寝過ごす】 睡过了时间 shuìguòle shíjiān

ネズミ【鼠】 老鼠 lǎoshǔ; 耗子 hàozi ♦ 〜捕り 捕鼠器 bǔshǔqì

ねずみいろ【鼠色−の】 灰色 huīsè

ねぞう【寝相】 睡相 shuìxiàng ♦ 〜が悪い 睡相不好 shuìxiàng bùhǎo

ねそびれる【寝そびれる】 睡不着觉 shuìbuzháo jiào; 失眠 shīmián; 难以入睡 nányí rùshuì

ねそべる【寝そべる】 躺 tǎng

ねたきり【寝たきりーの】 卧病在床 wòbìngzài chuáng

ねたばこ【寝煙草】 躺在床上吸烟 tǎngzài chuángshang xīyān

ねたましい【妬ましい】 酸溜溜 suānliūliū; 感到嫉妒 gǎndào jídù

ねたみ【妬み】 酸味 suānwèi; 嫉妒心 jídùxīn

ねたむ【妬む】 嫉妒 jídù; 眼红 yǎnhóng; 忌妒 jìdu

ねだやし【根絶やしーにする】 斩草除根 zhǎn cǎo chú gēn; 根除 gēnchú

ねだる【強請る】 央求 yāngqiú; 赖着要 làizhe yào

ねだん【値段】 价格 jiàgé; 价钱 jiàqian ♦ 〜が下がる 落价 luòjià ♦ 〜を吹っ掛ける 要大价钱 yào dàjià

ねちがえる【寝違える】 落枕 lǎozhěn

ねつ【熱】 ❶(体温の)烧 shāo ♦ 〜が下がる 退烧 tuìshāo ♦ 〜が出る 发烧 fāshāo ♦ 〜を計る 量体温 liáng tǐwēn ❷(エネルギーとしての)热 rè; 热度 rèdù ♦ 〜を伝導する 导热 dǎorè ♦ 〜を保つ(断熱剤で)保温 bǎowēn ❸(情熱)〜がこもった 热切 rèqiè ♦ 〜を上げる 入迷 rùmí

ねつあい【熱愛−する】 爱恋 àiliàn; 热爱 rè'ài

ねつい【熱意】 热情 rèqíng; 热心 rèxīn ♦ 〜のある 热心 rèxīn ♦ 〜のない 浮皮潦草 fúpí liáocǎo; 冷漠 lěngmò

ねつエネルギー【熱エネルギー】 热能 rènéng

ねつえん【熱演−する】 热烈表演 rèliè biǎoyǎn

ねつかくはんのう【熱核反応】 热核反应 rèhé fǎnyìng

ねつかくゆうごう【熱核融合】 热核聚变 rèhé jùbiàn

ネッカチーフ 领巾 lǐngjīn

ねっから【根っからーの】 天生 tiānshēng;(否定文で)根本 gēnběn

ねっき【熱気】 热气 rèqì; 热劲儿 rèjìnr ♦ 〜がある 热火 rèhuǒ;(暑さ)暑气 shǔqi

ねつき【寝付き】 入睡 rùshuì ♦ 〜が良い 容易入睡 róngyì rùshuì

ねっきょう【熱狂】 狂热 kuángrè; 入迷 rùmí

ネック ❶《首》脖子 bózi ❷《障害》难关 nánguān

ねつく[寝付く] 入睡 rùshuì；睡着 shuìzháo

ねづく[根付く] 扎根 zhāgēn；生根 shēnggēn；《移植後に》返青 fǎnqīng

ネックレス 项链 xiàngliàn；项圈 xiàngquān

ねっけつ[熱血] 热血 rèxuè ♦～を注ぐ 倾注心血 qīngzhù xīnxuè ♦～漢 热血男儿 rèxuènán'ér

ねつげん[熱源] 热源 rèyuán

ねつさまし[熱冷まし] 解热药 jiěrèyào

ねどこ[寝床] 床 chuáng；床铺 chuángpù；被窝儿 bèiwōr

ねっしゃびょう[熱射病] 中暑 zhòngshǔ

ねつじょう[熱情] 热情 rèqíng；热忱 rèchén

ねっしん[熱心-な] 热心 rèxīn；积极 jījí；热情 rèqíng ♦～に勉強する 用功学习 yònggōng xuéxí

ねっする[熱する] 加热 jiārè ♦熱しやすい人 易于激动的人 yìyú jīdòng de rén

ねっせん[熱戦] 酣战 hānzhàn

ねつぞう[捏造-する] 捏造 niēzào；假造 jiǎzào

ねったい[熱帯] 热带 rèdài ♦～魚 热带鱼 rèdàiyú

ねっちゅう[熱中-する] 热中 rèzhōng；入迷 rùmí；专心 zhuānxīn

ねっちゅうしょう[熱中症] 中暑 zhòngshǔ

ねつっぽい[熱っぽい] ❶《身体が》有点儿发烧 yǒudiǎnr fāshāo ❷《議論·雰囲気が》热火 rèhuo；热情 rèqíng

ネット ❶《網》网 wǎng ♦セーフティー～ 安全网 ānquánwǎng ❷《球技の》球网 qiúwǎng ♦～イン 擦网球 cā wǎngqiú ❸《インターネット》因特网 yīntèwǎng；互联网 hùliánwǎng

ねっとう[熱湯] 开水 kāishuǐ；热水 rèshuǐ；滚水 gǔnshuǐ ♦～を注ぐ 沏 qī；倒开水 dào kāishuǐ

ネットオークション 网上拍卖 wǎngshàng pāimài

ネットショッピング 网上购物 wǎngshàng gòuwù；网购 wǎnggòu

ネットユーザー 网民 wǎngmín

ねっとり-した 粘糊糊 niánhūhū

ネットワーク 网络 wǎngluò；广播网 guǎngbōwǎng；电视网 diànshìwǎng ♦～番組 联播节目 liánbō jiémù

ねつびょう[熱病] 热病 rèbìng

ねっぷう[熱風] 热风 rèfēng

ねつべん[熱弁] 辩论热烈 biànlùn rèliè ♦～を振るう 热情地讲 rèqíng de jiǎng

ねつぼう[熱望-する] 热望 rèwàng；渴望 kěwàng

ねづよい[根強い] 根深蒂固 gēn shēn dì gù；牢固 láogù；顽强 wánqiáng

ねつりょう[熱量] 热量 rèliàng ♦～計 量热器 liángrèqì

ねつれつ[熱烈-な] 热烈 rèliè；火热 huǒrè ♦～に愛する 热恋 rèliàn

ねとまり[寝泊まり-する] 住宿 zhùsù；寄居 jìjū

ねばねば[粘々な] 黏 nián；黏糊糊 niánhūhū

ねばり[粘り] ❶《餅などの》粘性 niánxìng ❷《性格の》长性 chángxìng；韧性 rènxìng ♦～のない《性格が》稀松 xīsōng

ねばりけ[粘り気] 粘性 niánxìng ♦～がある 黏糊 niánhu

ねばりづよい[粘り強い] 坚强 jiānqiáng；坚韧 jiānrèn；顽强 wánqiáng

ねばりづよさ[粘り強さ] 韧性 rènxìng；顽强 wánqiáng

ねばる[粘る] ❶《餅などが》发粘 fānián ❷《頑張る》坚持 jiānchí ♦最後まで～ 坚持到底 jiānchí dàodǐ

ねはん[涅槃] 涅槃 nièpán；圆寂 yuánjì

ねびえ[寝冷え-する] 睡觉受凉 shuìjiào shòuliáng

ねびき[値引き] 折扣 zhékòu；贬价 biǎnjià；减价 jiǎnjià ♦～して売る 打折扣 dǎ zhékòu；减价出售 jiǎnjià chūshòu

ねぶかい[根深い] ❶《根が深い》根儿深 gēnr shēn ❷《原因などが奥深い》根深蒂固 gēn shēn dì gù ♦～悪習 痼习 gùxí ♦～不信 强烈的不信任感 qiángliè de búxìnrēnggǎn

ねぶくろ[寝袋] 睡袋 shuìdài

ねぶそく[寝不足] 睡眠不够 shuìmián bùgòu

ねふだ[値札] 价目标签 jiàmù biāoqiān ♦～をつける 标价 biāojià

ねぶみ[値踏み-する] 估价 gūjià；评价 píngjià

ネフローゼ 肾硬变 shènyìngbiàn

ねぼう[寝坊の] 睡懒觉 shuì lǎnjiào；贪睡 tānshuì

ねぼける[寝惚ける] 睡迷糊 shuì míhu

ねほりはほり[根掘り葉掘り] ♦～問う 追根究底 zhuī gēn jiū dǐ；刨根问底 páo gēn wèn dǐ

ねまき【寝巻き】睡衣 shuìyī
ねまわし【根回し-する】事先疏通 shìxiān shūtōng ♦～しておく 为办好事先准备工作 wèi bàn hǎo shì xiān zhǔnbèi gōngzuò
ねみみにみず【寝耳に水】青天霹雳 qīng tiān pī lì
ねむい【眠い】困 kùn; 困倦 kùnjuàn
ねむくなる【眠くなる】发困 fākùn
ねむけ【眠気】睡意 shuìyì; 困倦 kùnjuàn ♦～を誘う 发困 fākùn
ネムノキ【合歓木】绒花树 rónghuāshù; 合欢 héhuān
ねむり【眠り】睡眠 shuìmián; 睡觉 shuìjiào ♦～が深い 睡得很香 shuìde hěn xiāng; 睡得香甜 shuìde xiāngtián ♦～につく 入睡 rùshuì; 安息 ānxī
ねむる【眠る】睡 shuì; 睡觉 shuìjiào
ねむれない【眠れない】睡不着 shuìbuzháo; 失眠 shīmián
ねもと【根元】根儿 gēnr
ねものがたり【寝物語】私房话 sīfanghuà; 枕边私语 zhěnbiān sīyǔ
ねもはもない【根も葉も無い】毫无根据 háowú gēnjù ♦～话 无中生有的事 wú zhōng shēng yǒu de shì
ねらい【狙い】❶〈狙うこと〉瞄准 miáozhǔn ♦～をつける 瞄准 miáozhǔn ❷〈意図〉意图 yìtú; 用意 yòngyì; 目标 mùbiāo ♦～を合わせる 针对 zhēnduì
ねらいうち【狙い撃ち-する】瞄准射击 miáozhǔn shèjī; 狙击 jūjī
ねらう【狙う】❶〈目標に命中させよう と〉瞄 miáo ❷〈機会を伺う〉窥伺 kuīsì; 伺机 sìjī
ねりあるく【練り歩く】游行 yóuxíng
ねりはみがき【練り歯磨き】牙膏 yágāo
ねる【寝る】❶〈眠る〉睡 shuì; 睡觉 shuìjiào ❷〈横になる〉躺 tǎng; 卧 wò
ねる【練る】❶〈心や技を〉磨炼 móliàn; 锤炼 chuíliàn ❷〈かきまぜる〉和 huó; 搅拌 jiǎobàn ❸〈文や構想を〉推敲 tuīqiāo; 斟酌 zhēnzhuó
ネル〈布地〉法兰绒 fǎlánróng
ねん【年】年 nián; 年份 niánfèn
ねん【念】❶〈思い念头 niàntou ♦尊 敬の～ 尊敬的心情 zūnjìng de xīnqíng;〈注意〉～を押す 叮嘱 dīngzhǔ ♦～のため 为了更加慎重起见 wèile gèngjiā shènzhòng qǐjiàn
ねんいり【念入り-の】精心 jīngxīn; 细致 xìzhì ♦～に調べる 调查细致 diàochá xìzhì

ねんえき【粘液】黏液 niányè
ねんが【年賀】贺年 hènián ♦～を 述べる 拜年 bàinián ♦～状 贺年片 hèniánpiàn
ねんがく【年額】年额 nián'é
ねんがっぴ【年月日】年月日 niányuèrì
ねんがらねんじゅう【年がら年中】一年到头 yì nián dào tóu; 长年 chángnián; 终年 zhōngnián
ねんかん【年刊-の】年报 niánbào
ねんかん【年鑑】年鉴 niánjiàn
ねんかん【年間-の】年间 niánjiān; 一年 yìnián ♦～を通して 整年 zhěngnián; 成年 chéngnián
ねんがん【念願-の】心愿 xīnyuàn ♦愿望 yuànwàng
ねんき【年季】年限 niánxiàn ♦～が 明ける 期满 qīmǎn ♦～の入った 老练 lǎoliàn; 功夫 yǒu gōngfu
ねんきん【年金】退休金 tuìxiūjīn ♦～制度 养老金制度 yǎnglǎojīn zhìdù
ねんぐ【年貢】佃租 diànzū; 谷租 gǔzū;〈比喻的に〉♦～の納め時 恶贯满盈之日 è guàn mǎn yíng zhī rì
ねんげつ【年月】年月 niányuè; 岁月 suìyuè
ねんげん【年限】年限 niánxiàn ♦～が切れる 到期 dàoqī
ねんこう【年功】〈仕事や活動の〉资历 zīlì; 工龄 gōnglíng ♦～序列型贤金 niánzī gōngzī
ねんごう【年号】年号 niánhào
ねんごろ【懇ろ-な】殷勤 yīnqín; 殷殷 yīnyīn; 诚恳 chéngkěn ♦～に葬る 厚葬 hòuzàng
ねんざ【捻挫-する】扭伤 niǔshāng ♦足首を～する 扭伤脚脖子 niǔshāng jiǎobózi
ねんさん【年産】年产 niánchǎn
ねんし【年始-の】年初 niánchū
ねんじ【年次-の】年度 niándù
ねんしゅう【年収】一年的收入 yì nián de shōurù
ねんじゅう【年中】整年 zhěngnián; 常年 chángnián; 终年 zhōngnián
ねんしゅつ【捻出-する】筹集资金～する 筹措资金 chóucuò zījīn
ねんしょ【年初】年初 niánchū; 岁首 suìshǒu
ねんしょ【念書】字据 zìjù
ねんしょう【年少-の】年少 niánshào; 年轻 niánqīng
ねんしょう【燃焼-する】燃烧 ránshāo
ねんしょう【年商】年销售额 nián xiāoshòu'é
ねんじる【念じる】祷念 dǎoniàn; 祈祷 qídǎo; 想念 xiǎngniàn

ねんすう【年数】 年头儿 niántóur; 年数 niánshù
ねんだい【年代】 年代 niándài; 世代 shìdài ◆~物の陈年 chénnián
ねんちゃく【粘着-する】 黏附 niánfù; 黏着 niánzhuó ◆~剂 黏合剂 niánhéjì ◆~力 黏结力 niánjiélì; 黏着力 niánzhuólì
ねんちょう【年长-の】 年长 niánzhǎng; 年尊 niánzūn ◆~者 年长者 niánzhǎngzhě; 长者 zhǎngzhě; (幼稚園の)~组 大班 dàbān
ねんど【年度】 年度 niándù; 年份 niánfèn ◆~决算 年度决算 niándù juésuàn; 〈卒業の〉届 jiè
ねんど【粘土】 黏土 niántǔ
ねんとう【年头】 岁首 suìshǒu
ねんとう【念頭-に】 心上 xīnshàng; 心头 xīntóu ◆~に置く 放在心上 fàngzài xīnshàng ◆常に~に置く 念念不忘 niànniàn bú wàng
ねんない【年内-に】 年内 niánnèi
ねんねん【年々】 每年 měinián; 年年 niánnián
ねんぱい【年輩-の】 年长 niánzhǎng
ねんぴ【燃費】 油耗 yóuhào ◆~が良い 油耗小 yóuhào xiǎo; 省油 shěng yóuhào ◆~が悪い 油耗大 yóuhào dà
ねんぴょう【年表】 年表 niánbiǎo
ねんぷ【年賦】 分年支付 fēnnián zhīfù
ねんぶつ【念仏】 ◆~を唱える 念佛 niànfó ◆馬の耳に~ 马耳东风 mǎ ěr dōng fēng
ねんぼう【年報】 年报 niánbào
ねんぽう【年俸】 年薪 niánxīn
ねんまく【粘膜】 黏膜 niánmó
ねんまつ【年末】 年底 niándǐ; 年终 niánzhōng; 岁暮 suìmù
ねんらい【年来】 多年以来 duōnián yǐlái
ねんり【年利】 年息 niánxī; 年利 niánlì
ねんりょう【燃料】 燃料 ránliào ◆~タンク 燃料箱 ránliàoxiāng ◆~库 燃料库 ránliàokù ◆~电池 燃料电池 ránliào diànchí
ねんりん【年輪】 年轮 niánlún ◆~を重ねる 年龄增长 niánlíng zēngzhǎng
ねんれい【年齢】 年纪 niánjì; 岁数 suìshù ◆~が同じである 同岁 tóngsuì ◆~制限 年龄限制 niánlíng xiànzhì ◆~オーバー 超龄 chāolíng

の

の【野】 野地 yědì; 田野 tiányě ◆~に咲く花 野花 yěhuā
ノイズ 杂音 záyīn; 噪声 zàoshēng
ノイローゼ《神経症》 神经官能症 shénjīng guānnéngzhèng ❷《神経衰弱きみ》 神经过敏 shénjīng guòmǐn
のう【脳】 脑子 nǎozi; 脑筋 nǎojīn
のう【能】 ❶《古典芸能の》能 néngyuè ❷《能力》 能力 nénglì; 本领 běnlǐng
のういっけつ【脳溢血】 脑溢血 nǎoyìxuè
のうえん【脳炎】 大脑炎 dànǎoyán; 脑炎 nǎoyán
のうえん【農園】 农场 nóngchǎng; 农园 nóngyuán
のうえん【濃艶-な】 浓艳 nóngyàn
のうか【農家】 农户 nónghù; 庄户人家 zhuānghù rénjiā ◆~の嫁 农家的妻子 nóngjiā de qīzi
のうがき【能書き】 ❶《宣伝文句》 自我宣传 zìwǒ xuānchuán ❷《薬の》 药效说明书 yàoxiào shuōmíngshū
のうがく【農学】 农学 nóngxué
のうかん【納棺-する】 入殓 rùliàn; 收殓 shōuliàn
のうかんき【農閑期】 农闲期 nóngxiánqī
のうき【納期】 交纳期限 jiāonà qīxiàn; 交货期 jiāohuòqī
のうぎ【農機具】 农具 nóngjù
のうぎょう【農業】 农业 nóngyè ◆~に従事する 务农 wùnóng ◆~机械 农机 nóngjī; 农业机械 nóngyè jīxiè ◆~技术者 农艺师 nóngyìshī
のうきん【納金】 付款 fùkuǎn
のうぐ【農具】 农具 nóngjù
のうげか【脳外科】 脑外科 nǎowàikē ◆~医 脑外科医生 nǎowàikē yīshēng
のうけっせん【脳血栓】 脑血栓 nǎoxuèshuān
のうこう【濃厚-な】 ❶《味・香りなど》浓 nóng; 浓厚 nónghòu; 浓郁 nóngyù ◆香りの~な 醇厚 chúnhòu ❷《気配が》 明显 míngxiǎn; 败色・败势明显 bàishì míngxiǎn ◆议会解散が~だ 解散议会的可能性很大 jiěsàn yìhuì de kěnéngxìng hěn dà
のうこう【農耕】 农耕 nónggēng; 耕作 gēngzuò
のうこうそく【脳梗塞】 脑梗塞 nǎogěngsè

のうこつ【納骨-する】 安放骨灰 ānfàng gǔhuī ◆ 納骨堂 骨灰堂 gǔhuītáng
ノウサギ【野兎】 野兔 yětù
のうさぎょう【農作業】 农活 nónghuó; 庄稼活儿 zhuāngjiahuó
のうさくもつ【農作物】 农作物 nóngzuòwù; 庄稼 zhuāngjia
のうさつ【悩殺-する】 使人神魂颠倒 shǐ rén shénhún diāndǎo
のうさんぶつ【農産物】 农产品 nóngchǎnpǐn
のうし【脳死】 脑死 nǎosǐ ◆ ～と判定する 诊断为脑死 zhěnduàn wéi nǎosǐ
のうしゅ【膿腫】 脓肿 nóngzhǒng
のうしゅく【濃縮-する】 浓缩 nóngsuō ◆ ～ウラン 浓缩铀 nóngsuōyóu
のうしゅっけつ【脳出血】 脑出血 nǎochūxuè
のうしゅよう【脳腫瘍】 脑瘤 nǎoliú
のうじょう【農場】 农场 nóngchǎng
のうしんけい【脳神経】 脑神经 nǎoshénjīng
のうしんとう【脳震盪】 脑震荡 nǎozhèndàng
のうずい【脳髄】 脑髓 nǎosuǐ
のうぜい【納税-する】 纳税 nàshuì ◆ ～申告書 报税单 bàoshuìdān
のうせい(しょうに)まひ【脳性(小児)麻痺】 脑髓灰质夹灾 huīzhìxiá
のうそっちゅう【脳卒中】 中风 zhòngfēng; 卒中 cùzhòng
のうそん【農村】 农村 nóngcūn; 乡村 xiāngcūn
のうたん【濃淡】 浓淡 nóngdàn
のうち【農地】 农田 nóngtián; 庄稼地 zhuāngjiadì
のうてん【脳天】 头顶 tóudǐng
のうど【濃度】 浓度 nóngdù
のうどう【農道】 田间道路 tiánjiān dàolù
のうどうてき【能動的-な】 能动 néngdòng; 主动 zhǔdòng
のうなし【能無し】 脓包 nóngbāo; 饭桶 fàntǒng; 废物 fèiwu
のうなんかしょう【脳軟化症】 脑软化症 nǎoruǎnhuàzhèng
のうにゅう【納入-する】 缴交 jiǎojiāo; 缴纳 jiǎonà
のうは【脳波】 脑电波 nǎodiànbō
ノウハウ ❶《技術》 技术情报 jìshù qíngbào; 专门技术 zhuānmén jìshù ❷《ポイント》 诀窍 juéqiào
のうはんき【農繁期】 农忙季节 nóngmáng jìjié
のうひつ【能筆】 擅长书法 shàncháng shūfǎ
のうひん【納品-する】 交货 jiāohuò

のうひんけつ【脳貧血】 脑贫血 nǎopínxuè
のうふ【農夫】 农夫 nóngfū; 农民 nóngmín; 庄稼汉 zhuāngjiahàn
のうふ【農婦】 农妇 nóngfù
のうふ【納付-する】 缴纳 jiǎonà
のうべん【能弁-】 雄辩 xióngbiàn; 能说会道 néng shuō huì dào
のうまく【脳膜】 脑膜 nǎomó ◆ ～炎 脑膜炎 nǎomóyán
のうみそ【脳味噌】 脑汁 nǎozhī ◆ ～を絞る 绞脑汁 jiǎo nǎozhī
のうみつ【濃密-な】 浓密 nóngmì
のうみん【農民】 农民 nóngmín; 庄稼人 zhuāngjiarén
のうむ【濃霧】 浓雾 nóngwù
のうやく【農薬】 农药 nóngyào ◆ 撒农药 sā nóngyào
のうり【脳裏】 脑海里 nǎohǎili ◆ ～に刻みつける 切记 qièjì; 印在脑海里 yìnzài nǎohǎili
のうりつ【能率】 效率 xiàolǜ ◆ ～を上げる 提高效率 tígāo xiàolǜ ◆ ～給 计件工资 jìjiàn gōngzī
のうりょう【納涼】 乘凉 chéngliáng; 纳凉 nàliáng
のうりょく【能力】 本领 běnlǐng; 能力 nénglì ◆ ～を誇示する 逞能 chěngnéng ◆ ～を買う 器重 qìzhòng ◆ ～識見 才识 cáishí
ノークラッチ 无离合器汽车 wúlíhéqì qìchē
ノーコメント 无可奉告 wú kě fènggào
ノースモーキング 禁止抽烟 jìnzhǐ chōuyān
ノート ❶《ノートブック》 笔记本 bǐjìběn; 本子 běnzi ◆ ～パソコン 笔记本电脑 bǐjìběn diànnǎo ❷《筆記》 笔记记 bǐjì ◆ ～をとる 笔记 bǐjì
ノーブラ 不戴胸罩 bú dài xiōngzhào
ノーベル 诺贝尔 Nuòbèi'ěr ◆ ～賞 诺贝尔奖 Nuòbèi'ěr jiǎng
ノーマル 正规 zhèngguī; 正常 zhèngcháng
のがす【逃がす】 失掉 shīdiào ◆《チャンスを》 错过 cuòguò; 放过 fàngguò
のがれる【逃れる】 逃脱 táotuō; 逃跑 táopǎo ◆ 逃がれられない 逃不了 táobuliǎo ◆ 危機を～ 摆脱危机 bǎituō wēijī ◆ 責任を～ 逃避责任 táobì zérèn
のき【軒】 房檐 fángyán; 屋檐 wūyán ◆ ～並みに 挨家挨户 āi jiā āi hù

ノギク【野菊】野菊 yějú
のきした【軒下】屋檐下 wūyánxia; 房檐下 fángyánxia
ノギス 游标卡尺 yóubiāo kǎchǐ
のく【退く】躲开 duǒkāi; 后退 hòutuì
ノクターン 夜曲 yèqǔ
のけぞる【仰け反る】向后仰 xiànghòu yǎng; 仰身 yǎngshēn
のけもの【除け者】被排挤的人 bèi páijǐ de rén ◆～になる 被排挤 bèi páijǐ
のける【除ける】除掉 chúdiào; 挪开 nuókāi ◆テーブルを～ 把桌子挪动一下 bǎ zhuōzi nuódòng yíxià
のこぎり【鋸】锯 jù ◆～で木を切る 锯木头 jù mùtou ◆～の歯 锯齿 jùchǐ ◆電気～ 电锯 diànjù
のこす【残す】❶《去った後に置く》留下 liúxià ◆メモを～ 留下字条 liúxià zìtiáo ◆残しておく 保留 bǎoliú ❷《余す》剩下 shèngxià ◆食べ～ 吃剩下 chīshèngxià ❸《死後に》遗留 yíliú
のこのこ《現れる》满不在乎地 mǎn bú zàihu de; 不要脸地 bú yàoliǎn de
のこらず【残らず】一个不剩 yí ge bú shèng
のこり【残り】剩余 shèngyú; 残余 cányú; 底子 dǐzi ◆～の日々 剩下的日子 shèngxià de rìzi ◆～少ない 所剩无几 suǒ shèng wújǐ
のこりもの【残り物】渣滓 zhāzǐ: 渣子 zhāzi
のこりもの【残り物】剩余的东西 shèngyú de dōngxi ◆～には福がある 最后拿的有福气 zuìhòu ná de yǒu fúqì
のこる【残る】留下 liúxià; 剩下 shèngxià; 剩余 shèngyú
のさばる 横行 héngxíng; 肆无忌惮 sì wú jìdàn
のざらし【野晒し－の】丢在野地地 diūzài yědì ◆～になる 曝露 pùlù
のし【熨斗】礼签 lǐqiān
のじゅく【野宿－する】露宿野外 lùsù yěwài
ノスタルジア 乡愁 xiāngchóu; 思 xiāngsī; 留恋过去 liúliàn guòqù
ノズル 管嘴 guǎnzuǐ; 喷嘴 pēnzuǐ ◆シャワー～ 莲蓬头 liánpengtóu
のせる【載せる・乗せる】❶《物を何かの上に置くと》放 fàng; 搁 gē ❷《車などに積む》载 zǎi; 装载 zhuāngzǎi; 搭 dā ◆電波に～ 播送 bōsòng ❸《紙面に出す》刊登 kāndēng; 载 zǎi
のぞく【覗く】❶《隙間などから伺う》张

望 zhāngwàng; 窥视 kuīshì ❷《立ち寄る》顺便去看一眼 shùnbiàn qù kàn yíyàn ❸《一部が見える》露出 lùchū
のぞく【除く】去掉 qùdiào; 除去 chúqù; 除外 chúwài; 《劣るものを》淘汰 táotài
のぞけば【=のぞけば】除非 chúfēi; 除了…以外 chúle...yǐwài
のぞのぞ《動く》慢吞吞 màntūntūn
のぞましい【望ましい】最好 zuìhǎo; 理想的 lǐxiǎng de
のぞみ【望み】❶《願望》希望 xīwàng; 愿望 yuànwàng ◆～を捨てない 一直抱着愿望 yìzhí bàozhe yuànwàng ❷《見込み》可能性 kěnéngxìng; 希望 xīwàng; 盼头 pàntou ◆まず…はない 凶多吉少 xiōng duō jí shǎo
のぞむ【望む】❶《眺める》望 wàng; 遥望 yáowàng; 眺望 tiàowàng ❷《願》愿望 yuànwàng; 愿望 yuànwàng; 希求 xīqiú
のぞむ【臨む】❶《場所などに》临 lín; 面临 miànlín ◆海に～場所 临海的地方 lín hǎi de dìfang ❷《ものごとに》滅む【試合に～ 参加比赛 cānjiā bǐsài ◆危機に～ 濒临危机 bīnlín wēijī
のたうつ 痛苦得翻滚 tòngkǔde fāngǔn; 打滚 dǎgǔn
のたくる 蠕动 rúdòng
のたれじに【野垂れ死に－する】路倒 lùdǎo; 死在路旁 sǐzài lùpáng
のち【後】后 hòu; 以后 yǐhòu
のちぞい【後添い】继配 jìpèi; 后妻 hòuqī
のちのち【後々】将来 jiānglái
のちほど【後程】过后 guòhòu; 过一会儿 guò yíhuìr; 回头 huítóu ◆では～ 回头见 huítóu jiàn
ノッカー《ドアの》门环 ménhuán; 门钹 ménbó
ノックーする 敲门 qiāomén
ノックアウト 击倒 jīdǎo; 打倒 dǎdǎo
のっそり《動きが》慢吞吞地 màntūntūn de; 呆呆地 dāidāi de
ノット 节 jié; 小时海里 xiǎoshí hǎilǐ
のっとり【乗っ取り】《会社など》篡夺 cuànduó; 夺取 duóqǔ; 《飞机など》劫持 jiéchí
のっとる【乗っ取る】《地位や権力を》篡夺 cuànduó ◆会社を～ 夺取公司 duóqǔ gōngsī ◆飞机を～ 劫机 jiéjī
のっとる【則る】遵照 zūnzhào
のっぴきならない 进退两难 jìn tuì liǎng nán

のっぺり ◆～した 扁平 biǎnpíng; 平板 píngbǎn

のっぽ 高个儿 gāogèr; 大高个子 dàgāo gèzi

－ので 因为 yīnwèi ◆熱がある～ 因为发烧 yīnwèi fāshāo ◆雨が降る～ 因为下雨 yīnwèi xià yǔ

のてん【野天－で】 露天 lùtiān

のど【喉】 ❶〈器官〉喉咙 hóulong; 嗓子 sǎngzi ◆～がからからの 焦渴 jiāokě ◆～を潤す 解渴 jiěkě ◆～を詰まらせる〈食物で〉哽 gěng ◆食事が～を通らない 吃不下饭 chībuxià fàn ◆～から手が出る 渴望弄到手 kěwàng nòngdào shǒu ❷〈声〉嗓音 sǎngyīn; 嗓门儿 sǎngménr; 嗓子 sǎngzi

のどか【長閑－な】 悠闲 yōuxián; 安闲 ānxián; 和畅 héchàng ◆～な風景 悠闲的风光 yōuxián de fēngguāng

のどじまん【喉自慢】 显ege善歌 xiǎnbǎi shàn gē ◆～大会 歌唱比赛 gēchàng bǐsài

のどびこ【喉彦】 小舌 xiǎoshé; 悬雍垂 xuányōngchuí

のどぼとけ【喉仏】 喉结 hóujié; 结喉 jiéhóu

－のに 却 què; 还是 háishi ◆こんなに寒い～出かける 天这么冷, 还出去吗 tiān zhème lěng, hái chūqu ma ◆熱がある～薬を飲まない 发烧却不吃药 fāshāo què bù chī yào

ノネズミ【野鼠】 野鼠 yěshǔ

ののしる【罵る】 骂 mà; 咒骂 zhòumà

のばす【伸ばす】 伸 shēn; 伸直 shēnzhí ◆のし棒で～ 擀 gǎn ◆ゴムを～ 把橡皮筋儿抻开 bǎ xiàngpíjīnr chēnkāi ◆服のしわを～ 把衣服上的皱褶儿抻一抻 bǎ yīfushang de zhòuzhěr chēnyichēn ◆髪を～ 留长头发 liú cháng tóufa ◆腰を～ 伸腰膝 shēn lányāo ◆国力を～ 增强国力 zēngqiáng guólì ◆才能を～ 增长才能 zēngzhǎng cáinéng

のばす【延ばす】〈延長する〉延长 yáncháng; 拉长 lācháng ◆高速道路を～ 延长高速公路 yáncháng gāosù gōnglù ❷〈延期する〉拖延 tuōyán; 推迟 tuīchí ◆期日を～ 拖延日期 tuōyán rìqí

のはら【野原】 野地 yědì

のび【野火】 野火 yěhuǒ

のびあがる【伸び上がる】 跷脚站起 qiāo jiǎo zhànqǐ; 踮着脚伸长脖子 diǎnzhe jiǎo shēncháng bózi

のびちぢみ【伸び縮み－する】 伸缩 shēnsuō

のびなやむ【伸び悩む】 难以进展 nányǐ jìnzhǎn

のびのび【伸び伸び】〈心身が〉舒展 shūzhǎn; 舒畅 shūchàng; 畅快 chàngkuài ◆～明るい 开朗 kāilǎng

のびのび【延び延び－に】 拖拖拉拉 tuōtuōlālā ◆工事が～になる 工程拖延很久 gōngchéng tuōyán hěn jiǔ

のびやか【伸びやか－な】 开阔 kāikuò ◆気分が～な 舒展 shūzhǎn

のびる【延びる】〈長く〉延伸 yánshēn; 延长 yáncháng ◆鉄道が～ 铁路延长 tiělù yáncháng ◆〈期日などが〉推迟 tuīchí ◆会議が～〈長引く〉会议延长 huìyì yáncháng ◆遠足が～〈先に〉郊游的日程延期 jiāoyóu de rìchéng yánqī

のびる【伸びる】 ❶〈植物が〉长 zhǎng; 抽 chōu〈長さが〉伸长 shēncháng ◆背が～ 身量儿长高了 shēnliangr zhǎnggāo le ◆うどんが～ 面条儿坨了 miàntiáor tuó le ❷〈発展する〉增加 zēngjiā; 扩大 kuòdà; 长进 zhǎngjìn ◆学力が～ 学习能力长进了 xuéxí nénglì zhǎngjìn le

ノブ〈ドアの〉把手 bǎshou

のふとい【野太い】〈声に〉沉着 chénzhuó; 粗壮 cūzhuàng

のべ【延べ】 总共 zǒnggòng ◆～人数 人次 réncì

のべ【野辺】 ◆～の送りをする 送葬 sòngzàng; 送殡 sòngbìn

のべつ 不断地 búduàn de ◆～幕なし 没完没了 méi wán méi liǎo

のべばらい【延べ払い】 延期付款 yánqī fùkuǎn

のべぼう【延棒】 ◆金の～ 金条 jīntiáo

のべる【述べる】 叙述 xùshù; 陈述 chénshù; 说述 shuōshù

のほうず【野放ず】 放荡 fàngdàng; 散漫放纵 sǎnmàn fàngzòng

のぼせ【逆せ】 上火 shànghuǒ ◆～を冷ます〈漢方で〉去火 qù huǒ ◆～を取り除く〈漢方医学で〉解毒 jiědú

のぼせあがる【逆せ上がる】 得意洋洋 déyìyángyáng; 骄傲忘乎所以 jiāo'àoqìlái; 自以为了不起 zì yǐwéi liǎobuqǐ

のぼせる【逆せる】 ❶〈風呂で〉上火 shànghuǒ; 晕池 yùnchí ❷〈いる〉冲昏头脑 chōnghūn tóunǎo ❸〈夢中になる〉入迷 rùmí; 迷醉 mízuì; 热中 rèzhōng

のほほん ◆～とした 漫不经心 mànbù jīngxīn; 吊儿郎当 diào'érláng-

のぼり【上り】上 shàng ◆列車上行列车 shàngxíng lièchē
のぼり【幟】旗帜 qízhì
のぼりざか【登り坂】〈比喩的にも〉上坡路 shàngpōlù
のぼる【上る】◆屋根に～ 上房顶 shàng fángdǐng◆坂を～ 走上坡路 zǒushàng pōlù◆多数に～ 占多数 zhàn duōshù◆食卓に～ 摆到饭桌上 bǎidào fànzhuōshang
のぼる【昇る】升 shēng；上升 shàngshēng◆日が～ 太阳升起来 tàiyáng shēngqǐlai
のぼる【登る】登 dēng；爬 pá◆木に～ 爬树 pá shù◆山に～ 爬山 pá shān；登山 dēng shān
のませる【飲ませる】◆乳を～ 喂奶 wèi nǎi
のまれる【飲まれる】◆波に～ 被波浪吞没 bèi bōlàng tūnmò◆気迫に～ 被气势压倒了 bèi qìshì yādǎo le
—のみ〈古風な言い方で〉惟独 wéidú；只有 zhǐyǒu◆ただ…でなく不但 búdàn；非但 fēidàn◆採用は3名～ 只录用三名 zhǐ lùyòng sān míng
のみ【鑿】〈工具の〉凿子 záozi；鏨子 zànzi
ノミ【蚤】跳蚤 tiàozao；蛇蚤 gèzao
のみくい【飲み食いーする】饮食 yǐnshí；吃喝 chīhē
のみぐすり【飲み薬】内服药 nèifúyào
のみくだす【飲み下す】咽下去 yànxiàqu；喝下 hēxià
のみこみ【飲み込み】领会 lǐnghuì◆～が早い 理解得快 lǐjiěde kuài
のみこむ【飲み込む】❶〈飲食物を〉咽下 yànxià；吞入 tūnrù◆〈洪水などに〉吞没 tūnmò ❷〈納得する〉了解 liǎojiě；领会 lǐnghuì
のみしろ【飲み代】酒费 jiǔfèi；酒钱 jiǔqián
のみつぶれる【飲み潰れる】醉倒 zuìdǎo；烂醉如泥 lànzuì rú ní
のみならず不但 búdàn◆先生一級友たちも感激した 不但是老师，同学们也都感动了 búdàn shì lǎoshī, tóngxuémen yě dōu gǎndòng le
ノミネート～する 提名 tímíng
のみほす【飲み干す】喝干 hēgān
のみみず【飲み水】饮水 yǐnshuǐ
のみもの【飲み物】饮料 yǐnliào
のみや【飲み屋】小酒馆 xiǎojiǔguǎn；酒店 jiǔdiàn
のむ【飲む】喝 hē；饮 yǐn◆水［酒］を～ 喝水［酒］hē shuǐ[jiǔ]◆薬を～ 吃药 chī yào

のむ【呑む】◆要求を～ 答应要求 dāyìng yāoqiú◆相手を呑んでかかる 藐视对方 miǎoshì duìfāng
のめりこむ【のめり込む】陷入 xiànrù；沉迷 chénmí
のめる〈倒れる〉向前倾 xiàng qián dǎo；跌倒 diēdǎo
のやき【野焼きーする】烧荒 shāohuāng
のやま【野山】山野 shānyě◆～を越える 翻山越野 fān shān yuè yě◆一面に広がる 漫山遍野 mànshān biàn yě
のら【野良】田间 tiánjiān◆～に出る 下地 xiàdì◆～仕事 农活儿 nónghuór；庄稼活儿 zhuāngjiahuór◆～犬 野狗 yěgǒu◆～猫 野猫 yěmāo
のらくら 游手好闲 yóu shǒu hào xián◆～過ごす 游荡 yóudàng◆～者 二流子 èrliúzi
ノリ【海苔】紫菜 zǐcài；甘紫菜 gānzǐcài◆～巻き 紫菜饭团卷 zǐcài fàntuánjuǎn
のり【糊】❶〈衣服の〉浆 jiāng ❷〈接着剤〉胶水儿 jiāoshuǐr；糨糊 jiànghu
のりあい【乗り合い】同乘 tóngchéng
のりあげる【乗り上げる】坐礁 zuòjiāo◆浅瀬に～ 搁浅 gēqiǎn
のりいれる【乗り入れる】〈車が〉开进 kāijìn；〈鉄道・バスが〉接通 jiētōng
のりうつる【乗り移る】❶〈乗り物に〉换乘 huànchéng ❷〈霊などが〉附体 fùtǐ
のりおくれる【乗り遅れる】误车 wùchē；没赶上 méi gǎnshàng◆流行に～ 赶不上时髦 gǎnbushàng shímáo
のりおり【乗り降りーする】◆バスの～ 上下公交车 shàngxià gōngjiāochē
のりかえ【乗り換え】换车 huànchē；倒车 dǎochē◆～駅 中转站 zhōngzhuǎnzhàn
のりかえる【乗り換える】❶〈列車やバスを〉换乘 huànchéng；换车 huànchē；转车 zhuǎnchē ❷〈とりかえる〉换 huàn◆B 紙に～ 换订 B 报 huàn dìng B bào
のりかかる【乗り掛かる】着手 zhuóshǒu；开始 kāishǐ
のりき【乗り気ーになる】感兴趣 gǎn xìngqu；起劲儿 qǐjìnr
のりこえる【乗り越える】越过 yuèguò；渡过 dùguò◆難局を～ 克服困难 kèfú kùnnan
のりくみいん【乗組員】船员 chuányuán；乘务员 chéngwùyuán；〈飞

行機の】机组人员 jīzǔ rényuán
のりこえる【乗り越える】 超越 chāoyuè；翻过 fānguò，【困難を】突破 tūpò；克服 kèfú
のりごこち【乗り心地】 乘坐的感觉 chéngzuò de gǎnjué ♦～が良い[悪い] 坐着舒服[不舒服] zuòzhe shūfu[bù shūfu]
のりこす【乗り越す】 坐过站 zuòguò zhàn
のりこむ【乗り込む】 ❶【乗物に】坐上 zuòshàng；搭乘 dāchéng ❷【ある場所に】走进 zǒujìn；进入 jìnrù
のりしろ【糊代】 抹糨糊的部分 mǒ jiànghu de bùfen
のりそこなう【乗り損なう】 误车 wùchē
のりだす【乗り出す】【着手する】投身 tóushēn；着手 zhuóshǒu；〈身を～〉探身 tànshēn
のりつぐ【乗り継ぐ】 换乘前往 huànchéng qiánwǎng
のりづけ【糊付け-する】 粘 zhān；粘贴 zhāntiē，〈衣服に〉上浆 shàngjiāng
のりと【祝詞】 (神道上的) 献词 (shéndàoshang de) xiàncí；祝词 zhùcí ♦～をあげる 诵祷文 sòng dǎowén
のりにげ【乗り逃げ-する】 坐车不付钱 跑 掉 zuò chē bú fù qián pǎodiào；坐车逃票 zuò chē táo piào
のりば【乗り場】 车站 chēzhàn
のりもの【乗り物】 交通工具 jiāotōng gōngjù
のる【乗る】 ❶〈自転車・オートバイ・馬などに〉骑 qí〈自転車に〉骑自行车 qí zìxíngchē ❷〈自動車を運転する〉开 kāi〈車に〉开汽车 kāi qìchē ❸〈客として〉坐 zuò；乘坐 chéngzuò ♦〈電車[バス]に〉～ 坐电车[公共汽车] zuò diànchē[gōnggòng qìchē] ❹〈上に〉踏み台に～ 登上梯凳 dēngshàng tīdèng ❺〈応じる〉相談に～ 参与商量 cānyù shāngliang ❻〈その気になる〉～調子に起动儿 qǐjinr ♦おだてに～ 受人怂恿 shòu rén sǒngyǒng ♦口車に～ 受骗 shòupiàn；上当 shàngdàng

のる【載る】〈新聞などに〉登载 dēngzài
のるかそるか【伸るか反るか】 是胜是败 shì shèng shì bài；孤注一掷 gū zhù yí zhí ♦～やってみる 是胜是败试一试 shì shèng shì bài shìyíshì
ノルマ 定额 dìng'é ♦～を下回る 欠产 qiànchǎn ♦～を果たす 完成定额 wánchéng dìng'é
のれん【暖簾】 门帘 ménlián ♦古い～の店 老字号 lǎozìhao
のろい【鈍い】 缓慢 huǎnmàn；迟缓 chíhuǎn；迟钝 chídùn
のろい【呪い】 咒 zhòu；诅咒 zǔzhòu
のろう【呪う】 咒 zhòu；诅咒 zǔzhòu
のろし【狼煙】 烽烟 fēngyān；狼烟 lángyān ♦～を上げる 燃烽火 rán fēnghuǒ
のろのろ 慢腾腾 mànténgténg；慢吞吞 màntūntūn ♦～歩く 蹭蹭 cèngcèng；磨蹭 móceng
のろま【鈍間-な】 笨 bèn；笨蛋 bèndàn；慢性子 mànxìngzi
のんき【呑気-な】 乐天 lètiān；悠闲 yōuxián；不慌不忙 bù huāng bù máng
ノンストップ 中途不停 zhōngtú bù tíng；直达 zhídá
ノンセクト 无党派 wúdǎngpài
のんだくれ【飲んだくれ】 醉鬼 zuìguǐ；酒鬼 jiǔguǐ
ノンバンク 非银行金融机构 fēi yínháng jīnróng jīgòu；金融服务社 jīnróng fúwùshè
のんびり-とした 悠闲 yōuxián；安闲 ānxián；自在 zìzai ♦～屋 慢性子 mànxìngzi
ノンフィクション 纪实文学 jìshí wénxué；非虚构作品 fēi xūgòu zuòpǐn
ノンプロ 业余运动员 yèyú yùndòngyuán；非职业的运动员 fēi zhíyè de yùndòngyuán
のんべえ【呑兵衛】 酒鬼 jiǔguǐ
ノンポリ 不关心政治的 bù guānxīn zhèngzhì de

は

は【歯】 牙 yá; 牙齿 yáchǐ ◆～が痛い 牙疼 yá téng ◆～をくいしばる 咬牙 yǎoyá ◆～をむき出す 龇牙咧嘴 zī yá liě zuǐ ◆～には～を 以眼还眼，以牙还牙 yǐ yǎn huán yǎn, yǐ yá huán yá

は【刃】 刀刃 dāorèn ◆～がつぶれる 刀刃磨损 dāorèn mósǔn ◆～が鋭い 刀口锋利 dāokǒu fēnglì ◆～をとぐ 磨刀 mó dāo

は【葉】 叶子 yèzi ◆～が落ちる 落叶 luòyè ◆～が枯れる 叶子枯萎 yèzi kūwěi

ば【場】 场所 chǎngsuǒ; 地方 dìfang ◆その～で答える 当场回答 dāngchǎng huídá

バー 〈酒场〉酒吧 jiǔbā

ばあ 〈じゃんけん〉布 bù

ばあい【場合】 场合 chǎnghé; 时候 shíhou ◆雨の～は中止する 如果下雨就取消 rúguǒ xià yǔ jiù qǔxiāo ◆時と～を考える 考虑具体的情况 kǎolǜ jùtǐ de qíngkuàng ◆…の～に限って 只有在…的时候 zhǐyǒu zài…de shíhou

パーカッション 打击乐器 dǎjī yuèqì

パーキング 停车场 tíngchēchǎng ◆～メーター 停车计时器 tíngchē jìshíqì

パーキンソン ◆～病 帕金森病 Pàjīnsēnbìng

はあく【把握-する】 掌握 zhǎngwò; 理解 lǐjiě

バーゲンセール 大用卖 dàshuàimài; 大減价 dàjiǎnjià; 廉价卖出 liánjià màichū

バーコード 条形码 tiáoxíngmǎ

パーコレーター 过滤式咖啡壶 guòlǜshì kāfēihú

バージョンアップ 升级 shēngjí

バースデー 生日 shēngrì ◆～プレゼント 生日礼物 shēngrì lǐwù

パーセンテージ 百分比 bǎifēnbǐ; 百分率 bǎifēnlǜ

パーセント 百分比 bǎifēnbǐ ◆50～ 百分之五十 bǎifēn zhī wǔshí

バーター 易货 yìhuò ◆～取り引き 易货贸易 yìhuò màoyì

ばあたり 【場当たり】 权宜 quányí; 权便 quánbiàn ◆～的な対策 权宜之计 quányí zhī jì

バーチャルリアリティ 虚拟现实 xūnǐ xiànshí; 假想现实 jiǎxiǎng xiànshí

パーツ 零件 língjiàn; 配件 pèijiàn

パーティー ❶〈集い〉派对 pàiduì; 联欢会 liánhuānhuì ◆～を開く 开联欢会 kāi liánhuānhuì ◆ダンス～ 舞会 wǔhuì ❷〈登山などの〉队 duì; 团队 tuánduì

バーテン(ダー) 酒吧调酒师 jiǔbājiān tiáojiǔshī

ハート ❶〈トランプの〉红桃 hóngtáo; 红心牌 hóngxīnpái ❷〈こころ〉心 xīn ◆～型の 鸡心浓 jīxīn ◆～をつかむ 获得爱情 huòdé àiqíng

パート ◆～で働く 做计时工 zuò jìshígōng ◆～タイマー 计时工 jìshígōng; 钟点工 zhōngdiǎngōng

ハードウェア 硬件 yìngjiàn

ハードディスク 〈コンピュータの〉硬盘 yìngpán

パートナー 伙伴 huǒbàn; 合伙人 héhuǒrén; 同伴 tóngbàn

ハードボイルド ◆～小説 冷酷小说 lěngkù xiǎoshuō

ハードル ❶〈競技〉跨栏赛跑 kuàlán sàipǎo ❷〈用具〉栏杆 lángān ❸〈比喩〉◆～を越える 过关 guòguān ◆～が高い 要求很高 yāoqiú hěn gāo

はあはあ 呼呼 hūchī ◆～言う 气吁吁 qìxūxū

ハーフ ❶〈半分〉一半 yíbàn ◆～タイム 半场休息 bànchǎng xiūxi ◆〈ワインなどの〉～ボトル 小瓶子 xiǎo píngzi ❷〈混血〉混血 hùnxuè

ハープ 竖琴 shùqín

ハーフバック 前卫 qiánwèi

バーベキュー 烧烤野宴 shāokǎo yěyàn

バーベル 杠铃 gànglíng ◆～を持ち上げる 举起杠铃 jǔqǐ gànglíng

パーマ 烫发 tàngfà ◆～をかける 烫发 tàngfà ◆コールド～ 冷烫 lěngtàng

ハーモニカ 口琴 kǒuqín ◆～を吹く 吹口琴 chuī kǒuqín

バール 撬杠 qiàogàng

はい【肺】 肺 fèi ◆～癌 肺癌 fèi'ái

はい【灰】 灰 huī ◆～になる 化为灰烬 huàwéi huījìn

ばい【倍-の】 ◆5～に増える 增加到五倍 zēngjiādào wǔ bèi ◆2～の大きさ 大一倍 dà yí bèi ◆～にする 加倍 jiābèi

パイ 〈ケーキなどの〉馅儿饼 xiànr-bǐng; 派 pài ◆ミートパイ 肉馅饼 ròuxiànbǐng

はいあがる 【這い上がる】 爬上 páshang ◆どん底から～ 摆脱绝境 bǎituō juéjìng

バイアスロン 滑雪射击 huáxuě shèjī

はいあん【廃案-になる】 成为废案

chéngwéi fèi'àn
はいいろ [灰色-の] 灰色 huīsè; 黯淡 àndàn ♦~の人生 黯淡的人生 àndàn de rénshēng
はいいん [敗因] 败因 bàiyīn
ばいう [梅雨] 梅雨 méiyǔ ♦~前線 梅雨前锋 méiyǔ qiánfēng
ハイウェー 高速公路 gāosù gōnglù
はいえい [背泳] 仰泳 yǎngyǒng
はいえき [廃液] 废水 fèishuǐ ♦~を流す 排出废水 páichū fèishuǐ
はいえん [肺炎] 肺炎 fèiyán ♦~をおこす 患肺炎 huàn fèiyán
ばいえん [煤煙] 煤烟 méiyān; 烟子 yānzi
バイオテクノロジー 生物技术 shēngwù jìshù; 生物工程 shēngwù gōngchéng
バイオニア 先驱者 xiānqūzhě ♦~精神 开拓者精神 kāituòzhě jīngshén
バイオマス 生物质料 shēngwùzhìliào ♦~エネルギー 生物质能源 shēngwùzhì néngyuán
バイオリニスト 小提琴手 xiǎotíqínshǒu
バイオリン 小提琴 xiǎotíqín
はいか [配下] 部下 bùxià; 手下 shǒuxià ♦彼の~に入る 做他的部下 zuò tā de bùxià
はいが [胚芽] 胚芽 pēiyá; 胚胎 pēitāi
ばいか [倍加-する] 倍增 bèizēng; 加倍 jiābèi
ハイカー 步行的旅客 bùxíng de lǚkè
はいかい [徘徊-する] 徘徊 páihuái
ばいかい [媒介] 媒介 méijiè; 中介 zhōngjiè
はいか [排外] 排外 páiwài
ばいがく [倍額-の] 双倍金额 shuāngbèi jīn'é
はいかつりょう [肺活量] 肺活量 fèihuóliàng
ハイカラ-な 时髦 shímáo; 时尚 shíshàng ♦~な帽子 新潮的帽子 xīncháo de màozi
はいかん [拝観-する] 参观 cānguān ♦~料 参观费 cānguānfèi
はいかん [配管-する] 敷设管道 fūshè guǎndào; 配管 pèiguǎn ♦~工 管道工 guǎndàogōng ♦~工事 管道工程 guǎndào gōngchéng
はいかん [廃刊-する] 停刊 tíngkān
はいき [廃棄-する] 销毁 xiāohuǐ; 废弃 fèiqì ♦~文书 销毁文件 xiāohuǐ wénjiàn ♦~物 废料 fèiliào ♦产业~物 工业废料 gōngyè fèiliào ♦废~物 废物回收 fèiwù huíshōu
はいき [排気] 废气 fèiqì ♦~ガス 废

气 fèiqì ♦~口 出气口 chūqìkǒu ♦~孔 气门 qìmén ♦~窗 气窗 qìchuāng
はいしゅ [肺気腫] 肺气肿 fèiqìzhǒng
はいきゃく [売却-する] 卖掉 màidiào
はいきゅう [配給-する] 配给 pèijǐ; 分配 fēnpèi ♦映画を~ 发行影片 fāxíng yǐngpiàn
はいきょ [廃墟] 废墟 fèixū
はいぎょう [廃業-する] 关门 guānmén; 歇业 xiēyè; 停业 tíngyè
はいきん [微菌] 细菌 xìjūn
ハイキング 郊游 jiāoyóu; 徒步小旅行 túbù xiǎo lǚxíng
バイキング [料理] 自助餐 zìzhùcān
はいく [俳句] 俳句 páijù
バイク 摩托车 mótuōchē
はいぐうしゃ [配偶者] 配偶 pèi'ǒu
ハイクラス-の 高级 gāojí
はいけい [拝啓] 敬启者 jìngqǐzhě
はいけい [背景] 背景 bèijǐng; 后景 hòujǐng ♦自杀の~を探る 调查自杀的背景 diàochá zìshā de bèijǐng ♦舞台の~ 舞台上的布景 wǔtái shang de bùjǐng ♦時代~ 时代背景 shídài bèijǐng
はいけっかく [肺結核] 肺结核 fèijiéhé
はいけつしょう [敗血症] 败血症 bàixuèzhèng
はいご [背後-の] 背后 bèihòu; 背地 bèidì ♦~で糸を引く 幕后牵线 mùhòu qiānxiàn ♦~の支援者 幕后支援者 mùhòu zhīyuánzhě
はいこう [廃坑] 废矿 fèikuàng
はいこう [廃校] 关闭的学校 guānbì de xuéxiào; 停办学校 tíngbàn xuéxiào ♦~になる 停办学校 tíngbàn xuéxiào
はいごう [配合-する] 配合 pèihé; 调配 tiáopèi ♦~饲料 混合饲料 hùnhé sìliào
ばいこくど [売国奴] 卖国贼 màiguózéi
はいざい [廃材] 废料 fèiliào
はいざら [灰皿] 烟灰缸儿 yānhuīgāngr; 灰碟 huīdié
はいし [廃止-する] 取消 qǔxiāo; 废除 fèichú
はいしゃ [歯医者] 牙医 yáyī; 牙科医生 yákē yīshēng
はいしゃ [敗者] 败者 bàizhě ♦~复活戦 双淘汰赛 shuāngtáotàisài ♦~车 废车 fèichē
はいしゃく [拝借-する] 借 jiè ♦ちょっと~ 请借用一下 qǐng jièyòng yíxià

ばいしゃく【媒酌-する】 做媒 zuòméi ◆~人 媒人 méirén; 月下老人 yuèxià lǎorén

ハイジャック 劫机 jiéjī; 劫持飞机 jiéchí fēijī

はいじゅ【拝受-する】 領受 lǐngshòu; 接受 jiēshòu ◆お手紙を~ 你的信收到 nǐ de xìn shōudao

ばいしゅう【買収-する】 ❶〈買い取る〉 收购 shōugòu ❷〈利益を与えて〉 收买 shōumǎi

はいしゅつ【輩出-する】 辈出 bèichū; 涌现出 yǒngxiànchū

ばいしゅん【売春-する】 卖淫 màiyín; 卖春 màichūn ◆~婦 娼妓 chāngjì

はいじょ【排除-する】 排除 páichú; 消除 xiāochú

はいしょう【賠償-する】 赔偿 péicháng; 退赔 tuìpéi ◆~金 赔款 péikuǎn ◆損害~ 赔偿损失 péicháng sǔnshī

はいしょく【配色】 配色 pèisè ◆~に工夫をこらす 讲究配色 jiǎngjiu pèisè

はいしょく【敗色】 败势 bàishì ◆~が濃い 败相明显 bàixiàng míngxiǎn

はいしん【背信】 ◆~行為をする 背信弃义 bèi xìn qì yì

はいじん【俳人】 俳句诗人 páijù shīrén

はいじん【廃人】 废人 fèirén

はいしん【陪審】 陪审 péishěn ◆~制度 陪审制度 péishěn zhìdù ◆~員 陪审员 péishěnyuán

はいすい【廃水】 废水 fèishuǐ; 污水 wūshuǐ

はいすい【排水-する】 排水 páishuǐ; 排泄 páixiè ◆~ポンプ 排水泵 páishuǐbèng ◆~溝 渗沟 shèngōu; 排水沟 páishuǐgōu

はいすい【背水】 ◆~の陣 背水阵 bèishuǐzhèn ◆~の陣をしく 破釜沉舟 pò fǔ chén zhōu

ばいすう【倍数】 倍数 bèishù

ハイスピード 急速 jísù; 高速 gāosù

はいせき【排斥-する】 排斥 páichì; 抵制 dǐzhì

ばいせき【陪席-する】 陪坐 péizuò; 作陪 zuòpéi ◆…に~する 陪同参加… péitóng cānjiā…

はいせつ【排泄-する】 排泄 páixiè

はいぜつ【廃絶-する】 废弃 fèiqì ◆核~運動 销毁核武器运动 xiāohuǐ héwǔqì yùndòng

はいせん【配線-する】 接线 jiēxiàn; 布线 bùxiàn ◆~図 接线图 jiēxiàntú ◆~工事 布线工程 bùxiàn gōngchéng

はいせん【敗戦】 战败 zhànbài

はいぜん【配膳-する】 摆上饭菜 bǎishàng fàncài; 配膳 pèishàn

ハイセンス-な 高雅 gāoyǎ; 时尚 雅致 shíshàng yǎzhì

はいそ【敗訴-する】 败诉 bàisù; 打输官司 dǎ shūguānsi

はいそう【送付-する】 送货 sònghuò; 发送 fāsòng ◆~センター 送货中心 sònghuò zhōngxīn

ばいそう【倍増-する】 倍增 bèizēng; 加倍 jiābèi ◆~計画 翻一番 计划 fānyīfān jìhuà

はいぞく【配属-する】 分配 fēnpèi ◆広報課に~になる 被分配到宣传科 bèi fēnpèidào xuānchuánkē

ハイソサエティー 上流社会 shàngliú shèhuì

ハイソックス 长袜 chángwà

はいた【排他】 排他 páitā; 排外 páiwài ◆~的な 排他性 páitāxìng

はいたい【敗退-する】 败北 bàiběi; 被打败 bèi dǎbài; 战败 zhànbài

ばいたい【媒体】 媒体 méitǐ; 媒介 méijiè

はいたつ【配達-する】 送达 sòngdá; 投递 tóudì ◆郵便~ 邮递 yóudì

バイタリティー 活力 huólì; 生命力 shēngmìnglì ◆~のある 很有精神 hěn yǒu jīngshen

はいち【配置】 布局 bùjú ◆~する 〈家具などを〉 摆布 bǎibu; 铺陈 pūchén; 〈人員や役割を〉 部署 bùshǔ ◆~替え 改变部署 gǎibiàn bùshǔ ◆人手を~する 配置人手 pèizhì rénshǒu

はいちょう【拝聴-する】 聆听 língtīng

ハイティーン 十六岁至十九岁的男女 shíliù suì zhì shíjiǔ suì de nán nǚ

ハイテク〔ノロジー〕 高科技 gāokējì; 尖端技术 jiānduān jìshù

はいでる【這い出る】 爬出 páchū

はいでん【配電】 配电 pèidiàn ◆~盤 配电盘 pèidiàn pán

ばいてん【売店】 门市部 ménshìbù; 小卖部 xiǎomàibù

はいとう【配当-する】 分配 fēnpèi; 红利 hónglì ◆株の~ 股息 gǔxī

ばいどく【拝読-する】 拜读 bàidú

ばいどく【梅毒】 梅毒 méidú

パイナップル 菠萝 bōluó; 凤梨 fènglí

はいにち【排日-の】 排日 páiRì

はいにん【背任】 渎职 dúzhí ◆~罪 渎职罪 dúzhízuì

はいはい【這い這い】 (嬰儿) 爬 (yīngér) pá

ばいばい【売買-する】 买卖 mǎimài
バイパス 支路 zhīlù ♦～を通す 修旁路 xiū pánglù ♦～移植 旁路移植 pánglù yízhí
はいはん【背反-する】 ♦二律～ 二律背反 èr lǜ bèifǎn ♦指令に～する 违反指令 wéifǎn zhǐlìng
はいび【配備-する】 配备 pèibèi; 配置 pèizhì ♦ミサイルを～する 配置导弹 pèizhì dǎodàn
ハイヒール 高跟鞋 gāogēnxié
ハイビジョン 高清晰度电视 gāoqīngxīdù diànshì ♦～放送 高清晰度电视广播 gāoqīng xīdù diànshì guǎngbō
ハイビスカス 扶桑 fúsāng; 朱槿 zhūjǐn
はいひん【廃品】 废品 fèipǐn; 破烂 pòlàn ♦～回收所 废品收购站 fèipǐn shōugòuzhàn ♦～を回收する 回收废品 huíshōu fèipǐn
はいふ【配付[布]-する】 分发 fēnfā; 散发 sànfā
パイプ ❶《管》管道 guǎndào; 管子 guǎnzi ❷《マドロスパイプ》斗 yāndǒu ❸《比喻的に》中介人 zhōngjièrén ♦太い～がある 关系维持密切 guānxi hěn mìqiè
パイプオルガン 管风琴 guǎnfēngqín
はいぶつ【廃物】 废物 fèiwù; 废品 fèipǐn ♦～利用 废物利用 fèiwù lìyòng
ハイブリッドカー 混合动力车 hùnhé dònglìchē
バイブル 圣经 shèngjīng
バイブレーター 振动器 zhèndòngqì
ハイフン 《记号「-」》连接号 liánjiēhào
はいぶん【配分-する】 分配 fēnpèi ♦遺産を～する 分配遗产 fēnpèi yíchǎn ♦資金を～する 调拨资金 diàobō zījīn
はいべん【排便-する】 排便 páibiàn; 大便 dàbiàn
はいぼく【敗北-する】 失败 shībài; 失利 shīlì ♦～を認める 伏输 fúshū; 认输 rènshū
ハイボール 威士忌苏打 wēishìjì sūdá
ハイポリマー 高分子化合物 gāofēnzǐ huàhéwù
はいめい【拝命-する】 受命 shòumìng ♦局長を～する 被任命为局长 bèi rènmìng wéi júzhǎng
はいめい【売名】 ♦～行为 沽名钓誉的行为 gūmíng diàoyù de xíngwéi
はいめん【背面】 背后 bèihòu; 背面 bèimiàn

ハイヤー 包租汽车 bāozū qìchē
バイヤー 买方 mǎifāng; 买主 mǎizhǔ
はいやく【配役】 ♦～を决める 决定角色 juédìng juésè
ばいやく【売约】 约定出售 yuēdìng chūshòu ♦～済み 已售出 yǐ shòuchū
ばいやく【売薬】 成药 chéngyào
はいゆ【廃油】 废油 fèiyóu
はいゆう【俳优】 演员 yǎnyuán ♦テレビ～ 电视演员 diànshì yǎnyuán
ばいよう【培養-する】 培养 péiyǎng; 栽培 zāipéi ♦人工～ 人工培育 réngōng péiyù
はいらん【排卵-する】 排卵 páiluǎn ♦～期 排卵期 páiluǎnqī
はいりこむ【入り込む】 进入 jìnrù; 钻进 zuānjìn
ハイリスク 高风险 gāo fēngxiǎn; 风险大 fēngxiǎn dà ♦～ハイリターン 高风险高回报 gāo fēngxiǎn gāo huíbào
ばいりつ【倍率】 ♦双眼镜の～ 双筒镜的倍率 shuāngtǒngjìng de bèilǜ ♦競争～が高い 竞争率高 jìngzhēnglǜ gāo
はいりょ【配慮-する】 照顾 zhàogù; 考虑 kǎolǜ ♦～しない 不顾 búgù ♦～の行き届いた 照顾周到 zhàogù zhōudào
バイリンガル 两国语 liǎngguóyǔ ♦～教育 双语教育 shuāngyǔ jiàoyù
はいる【入る】 ❶《場所に》入 rù; 进入 jìnrù ♦部屋に～ 进入房间 jìnrù fángjiān ❷《ある状态に》♦5月に～ 进入五月 jìnrù wǔyuè ❸《組織などに》♦大学に～ 上大学 shàng dàxué ♦政党に～ 加入政党 jiārù zhèngdǎng ❹《手に入る》♦月に10万円～ 每月收入十万日元 měiyuè shōurù shí wàn Rìyuán ❺《目や耳に入る》♦うわさが耳に～ 听到风传 tīngdào fēngchuán ❻《範囲に》♦旅费も入って 旅费也包括在内 lǚfèi yě bāokuò zàinèi
はいれつ【配列-する】 排列 páiliè; 编排 biānpái
パイロット ❶《飛行士》飞行员 fēixíngyuán ❷《水先案内》领港员 lǐnggǎngyuán; 引水员 yǐnshuǐyuán
はう【這う】 爬行 páxíng; 匍匐 púfú
パウダー 粉末 fěnmò; 扑粉 pūfěn
ハウツー 诀窍 juéqiào; 实用 shíyòng ♦～もの 传授诀窍的书 chuánshòu juéqiào de shū
ハエ【蝇】 苍蝇 cāngying ♦～叩き 蝇拍 yíngpāi; 苍蝇拍 cāngying pāizi ♦～がたかる 爬满苍蝇 pámǎn

はえある【栄えある】光荣 guāngróng

はえぬき【生え抜き-の】◆その土地～ 土生土长 tǔ shēng tǔ zhǎng；本地的 běndì de ◆当社～の 在本公司成长起来的 zài běn gōngsī chéngzhǎngqǐlái de

はえる【映える】映衬 yìngchèn ◆夕日に～ 夕阳映照 xīyáng yìngzhào

はえる【生える】长 zhǎng ◆歯が～ 长牙 zhǎngyá ◆カビが～ 发霉 fāméi

はおと【羽音】振翅声 zhènchìshēng

はおる【羽織る】披上 pīshàng ◆コートを～ 披上外套 pīshàng wàitào

はか【墓】坟墓 fénmù；墓 fén

ばか【馬鹿】傻 shǎ；蠢 chǔn ◆～な人 呆子 dāizi；傻子 shǎzi ◆～を見る 倒霉 dǎoméi ◆～にする 看不起 kànbuqǐ；小看 xiǎokàn ◆～な! 胡说 húshuō ◆騒ぎをする 狂欢 kuánghuān；瞎闹 xiānào ◆～正直な 过于老实 guòyú lǎoshí ◆野郎 笨蛋 bèndàn ◆～笑いする 傻笑 shǎxiào

はかい【破壊-する】破坏 pòhuài；摧毁 cuīhuǐ

はかいし【墓石】墓碑 mùbēi；墓石 mùshí

はかいじめ【羽交締めにする】双肩下扣住双臂 shuāngjiānxià kòuzhù shuāngbì

はがき【葉書】明信片儿 míngxìnpiànr

はかく【破格-の】破格 pògé；破例 pòlì ◆～の値段 破格的价钱 pògé de jiàqián

はがす【剥がす】揭下 jiēxià；剥下 bāoxià ◆壁紙を～ 揭下壁纸 jiēxià bìzhǐ ◆爪を～ 剥离指甲 bōlí zhǐjiǎ

はがず【場数】经验的多寡 jīngyàn de duōguǎ ◆～を踏む 积累经验 jīlěi jīngyàn

はかせ【博士】博士 bóshì ◆～号 博士学位 bóshì xuéwèi

ばかぢから【馬鹿力】傻劲儿 shǎjìnr ◆～を出す 使傻劲儿 shǐ shǎjìnr

はかどる【捗る】进展 jìnzhǎn ◆仕事が～ 工作顺利进展 gōngzuò shùnlì jìnzhǎn

はかない【儚い】无常 wúcháng；虚幻 xūhuàn ◆～命 暂短的命 zàndúan de mìng ◆～夢 黄粱梦 huángliángmèng

ばかに【馬鹿に】非常 fēicháng；特别 tèbié ◆～寒い 冷得很厉害 lěngde hěn lìhai ◆～親切だ 异样的热情 yìyàng de rèqíng

はがね【鋼】钢 gāng

はかば【墓場】坟地 féndì

ばかばかしい【馬鹿馬鹿しい】太无聊 tài wúliáo

はかばかしく【捗々しく】◆～ない 不顺利 bú shùnlì；不理想 bù lǐxiǎng

はかま【袴】和服裙裤 héfú qúnkù

はかまいり【墓参り-する】扫墓 sǎomù；上坟 shàngfén

はがみ【歯噛み-する】咬牙切齿 yǎoyá qièchǐ

はがゆい【歯痒い】令人焦急 lìng rén jiāojí ◆～ったらない 真是使人急死 zhēn shǐ shǐ rén jísǐ

はからい【計らい】处置 chǔzhì；安排 ānpái ◆～粋(いき)な～ 处理得当 chǔlǐ dédàng

はからう【計らう】安排 ānpái；考虑 kǎolǜ；对付 duìfu

はからずも【図らずも】不料 búliào；不意 búyì；出乎意料 chū hū yì liào

はかり【秤】秤 chèng ◆台～ 台秤 táichèng ◆さお～ 杆秤 gǎnchèng ◆ぜんまい～ 弹簧秤 tánhuángchèng

-ばかり ❶《…のみ》光 guāng；只 zhǐ ◆小説～読む 只看小说 zhǐ kàn xiǎoshuō ◆泣いて～いる 净是哭着 jìng shì kūzhe ❷《だいたいの数量をあらわす》左右 zuǒyòu ◆十日～借りる 借十天左右 jiè shí tiān zuǒyòu ❸《…してしまわない》刚才 gāngcái；刚刚 gānggāng ◆買った～の服 刚买的衣服 gāng mǎi de yīfu

はかりごと【謀】计策 jìcè；计谋 jìmóu ◆～をめぐらす 筹划计策 chóuhuà jìcè

はかりしれない【計り知れない】无量 wúliàng；不可估计 bù kě gūjì

はかる【計る】量 liáng；丈量 zhàngliáng ◆重さを～ 称重量 chēng zhòngliàng ◆長さを～ 量长度 liáng chángdù

はかる【諮る】咨询 zīxún；商量 shāngliang ◆委員会に～ 向委员会咨询 xiàng wěiyuánhuì zīxún

はかる【図る】谋求 móuqiú；企图 qǐtú；图谋 túmóu ◆暗殺を～ 阴谋暗杀 yīnmóu ànshā ◆解决を～ 谋求解决办法 móuqiú jiějuébàn

はがれる【剥れる】剥离 bōlí；脱胶 tuōjiāo

はがんいっしょう【破顔一笑-する】破颜一笑 pòyán yíxiào

はき【破棄-する】撕毁 sīhuǐ；取消 qǔxiāo ◆書類を～する 撕毁文件 sīhuǐ wénjiàn ◆婚約～ 取消婚约 qǔxiāo hūnyuē

はき【覇気】 雄心 xióngxīn ◆〜がない 没有进取心 méiyǒu jìnqǔxīn ◆〜みなぎる 雄心勃勃 xióngxīn bóbó

ハギ【萩】 胡枝子 húzhīzi

はきけ【吐き気】 恶心 ěxin; 作呕 zuò'ǒu ◆〜がする 恶心作呕 zuò'ǒu

はきごこち【履き心地】 ◆〜の悪い 穿得不舒服 chuānde bù shūfu ◆〜のよい靴 穿起来觉得舒服的鞋 chuānqǐlái juéde shūfu de xié

はぎしり【歯軋り】 咬牙 yǎoyá; 〈睡眠中の〉磨牙 móyá ◆悔しくて〜する 悔恨得咬牙切齿 huǐhènde yǎo yá qiè chǐ

はきすてる【吐き捨てる】 吐弃 tǔqì ◆〜ように言う 唾弃似地说 tuòqì shì de shuō

はきだす【吐き出す】 吐出 tǔchū ◆ガムを〜 吐出口香糖 tǔchū kǒuxiāngtáng ◆胸の苦しみを〜 倾吐出心里的苦处 qīngyùchū xīnli de kǔchù

はきだめ【掃溜め】 垃圾堆 lājīduī ◆〜に鶴 鹤立鸡群 hè lì jī qún

はきちがえる【履き違える】 〈考え違いをする〉 误解 wùjiě

はぎとる【剥ぎ取る】 剥掉 bāodiào; 揭下 jiēxià ◆仮面を〜 揭穿真面目 jiēchuān zhēn miànmù

はきはき 干脆 gāncuì ◆〜と答える 爽快回答 shuǎngkuài huídá

はきもの【履物】 鞋子 xiézi; 鞋类 xiélèi

ばきゃく【馬脚】 ◆〜を表す 露马脚 lòu mǎjiǎo

はきゅう【波及-する】 波及 bōjí ◆〜効果 波及效果 bōjí xiàoguǒ 波及效果 bōwén xiàoguǒ

バキュームカー 真空清洁车 zhēnkōng qīngjiéchē; 吸粪车 xīfènchē

はきょく【破局】 悲惨的结局 bēicǎn de jiéjú ◆〜に終わる 落结悲惨的结局 luòde bēicǎn de jiéjú

はぎれ【歯切れ】 ◆〜のよい 口齿伶俐 kǒuchǐ línglì ◆〜の悪い 含糊不清 hánhu bù qīng

はぎれ【端布】 零头儿 língtóur bù; 布头儿 bùtóur

はく【履く】 〈靴やズボンを〉 穿 chuān ◆スカートを〜 穿裙子 chuān qúnzi

はく【掃く】 扫 sǎo

はく【吐く】 ◆つばを〜 吐唾沫 tǔ tuòmo ◆血を〜 吐血 tù xiě ◆本音を〜 吐出真情 tǔchū zhēnqíng ◆弱音を〜 叫苦 jiào kǔ

はく【箔】 箔 bó ◆金箔・锡箔 xībó ◆〜を付ける 镀金 dùjīn

-はく【-泊】 ◆1〜する 住一晚 zhù yì wǎn ◆3〜4日 四天三宿 sì tiān sān xiǔ

はく【剝く】 扒 bā; 剥 bāo ◆化けの皮を〜 剥下画皮 bāoxià huàpí ◆身ぐるみ剥がれる 被剥光 bèi bāoguāng

バグ 错误 cuòwù

はくあい【博愛】 博爱 bó'ài ◆〜主义 博爱主义 bó'ài zhǔyì

はくい【白衣】 白衣 báiyī ◆〜の天使 白衣天使 báiyī tiānshǐ

ばくおん【爆音】 爆炸声 bàozhàshēng ◆〜がとどろく 爆炸声巨响 bàozhàshēng jùxiǎng ◆飞行機の〜 飞机的轰鸣声 fēijī de hōngmíngshēng

ばくが【麦芽】 麦芽 màiyá ◆〜エキス 麦精 màijīng ◆〜糖 麦芽糖 màiyátáng

はくがい【迫害-する】 迫害 pòhài ◆〜を受ける 遭受迫害 zāoshòu pòhài

はくがく【博学-な】 博学 bóxué; 广博 guǎngbó ◆〜多才 博学多才 bóxué duōcái

はくがんし【白眼視-する】 白眼看人 báiyǎn kàn rén; 冷眼对待 lěngyǎn duìdài

はぐき【歯茎】 牙龈 yáyín; 牙床 yáchuáng

はぐくむ【育む】 养育 yǎngyù; 培育 péiyù

ばくげき【爆撃-する】 轰炸 hōngzhà ◆〜機 轰炸机 hōngzhàjī

ハクサイ【白菜】 白菜 báicài

はくし【白紙】 白纸 báizhǐ ◆〜委任状 全权委任书 quánquán wěirènshū ◆〜の答案を提出する 交白卷 jiāo báijuàn ◆〜にもどす 作废 zuòfèi

はくし【博士】 博士 bóshì ◆〜課程 博士课程 bóshì kèchéng ◆〜号 博士学位 bóshì xuéwèi ◆〜論文 博士论文 bóshì lùnwén

はくしき【博識】 广博的知识 guǎngbó de zhīshi; 赅博 gāibó ◆〜だ 多闻博识 duōwén bóshí

はくじつ【白日】 白日 báirì ◆〜の下（もと）にさらされる 暴露无遗 bàolù wúyí

はくしゃ【拍車】 马刺 mǎcì ◆〜がかかる 加速 jiāsù

はくしゃ【薄謝】 薄酬 bóchóu

はくじゃく【薄弱-な】 ◆論拠が〜だ 论据单薄 lùnjù dānbó ◆意志〜な 意志薄弱 yìzhì bóruò

はくしゅ【拍手】 鼓掌 gǔzhǎng; 拍手 pāishǒu ◆〜喝采をあびる 受到鼓掌喝彩 shòudào gǔzhǎng hècǎi

ばくしゅう【麦秋】 麦秋 màiqiū
はくしょ【白書】 白皮书 báipíshū ◆経済～ 经济白皮书 jīngjì báipíshū
はくじょう【白状-する】 坦白交代 tǎnbái jiāodài; 招认 zhāorèn
はくじょう【薄情-な】 寡情 guǎqíng; 薄情 bóqíng; 无情 wúqíng
ばくしょう【爆笑-する】 大笑 dàxiào
はくしょく【白色-の】 白色 báisè ◆～テロ 白色恐怖 báisè kǒngbù
はくしん【迫真-の】 逼真 bīzhēn; 有血有肉 yǒu xuè yǒu ròu ◆～の演技 逼真的表演 bīzhēn de biǎoyǎn
ばくじん【白人】 白人 báirén; 白种人 báizhǒngrén
ばくしんち【爆心地】 爆炸中心地 bàozhà zhōngxīndì
はくする【博する】 获得 huòdé
はくせい【剥製】 剥制 bōzhì
はくせん【白癬】 白癣 báixuǎn
はくせん【白線】 白线 báixiàn
ばくぜん【漠然】 模糊 móhu; 含糊 hánhu; 笼统 lǒngtǒng
ばくだい【莫大-な】 巨万 jùwàn ◆～な財産 巨富 jùfù
はくだつ【剥奪-する】 剥夺 bōduó; 褫夺 chǐduó
ばくだん【爆弾】 炸弹 zhàdàn ◆～発言 爆炸性的发言 bàozhàxìng de fāyán ◆～を投下する 投放炸弹 tóufàng zhàdàn
ばくち【博打】 赌博 dǔbó
ばくちく【爆竹】 鞭炮 biānpào ◆～を鳴らす 放鞭炮 fàng biānpào
はくちゅう【伯仲-する】 不相上下 bù xiāng shàng xià; 实力が～ 势均力敌 shì jūn lì dí
はくちゅう【白昼】 白日 báirì ◆～堂々と 光天化日之下公然… guāng tiān huà rì zhī xià gōngrán…
パクチョイ 小白菜 xiǎobáicài
はくちょう【白鳥】 天鹅 tiān'é ◆～の湖 天鹅湖 tiān'é hú
バクテリア 细菌 xìjūn
はくどう【白銅】 白铜 báitóng ◆～貨 镍币 nièbì
はくないしょう【白内障】 白内障 báinèizhàng
はくねつ【白熱-した】 火热 huǒrè; 激烈 jīliè ◆～の一戦 激烈的比赛 jīliè de bǐsài
ばくは【爆破-する】 爆破 bàopò; 炸毁 zhàhuǐ
はくはつ【白髪-の】 白发 báifà ◆～

の老人 白头老翁 báitóu lǎowēng
ばくはつ【爆発-する】 爆炸 bàozhà ◆火山が～ 火山爆发 huǒshān bàofā ◆火薬が～する 火药爆炸 huǒyào bàozhà ◆～させる 起爆 qǐbào ◆怒りが～する 怒气爆发 nùqì bàofā
ハクビシン【白鼻心】 果子狸 guǒzilí; 花面狸 huāmiànlí
はくひょう【薄氷】 薄冰 báobīng ◆～を踏むを思い 如履薄冰 rú lǚ báobīng
はくひょう【白票】 空白票 kòngbáipiào ◆～を投じる 投空白票 tóu kòngbáipiào
ばくふう【爆風】 爆炸冲击波 bàozhà chōngjībō
はくぶつ【博物】 博物 bówù ◆～学 博物学 bówùxué ◆～館 博物馆 bówùguǎn
はくへいせん【白兵戦】 白刃战 báirènzhàn
はくぼく【白墨】 粉笔 fěnbǐ
はくまい【白米】 白米 báimǐ
はくめい【薄命-の】 薄命 bómìng; 短命 duǎnmìng ◆佳人～ 红颜薄命 hóngyán bómìng
ハクモクレン【白木蓮】 玉兰 yùlán
ばくやく【爆薬】 火药 huǒyào; 炸药 zhàyào ◆～を仕掛ける 装外药 zhuāng zhàyào
はくらい【舶来-の】 进口 jìnkǒu ◆～品 进口货 jìnkǒuhuò; 洋货 yánghuò
はぐらかす 打岔 dǎchà; 岔开 chàkāi
はくらく【剥落-する】 剥落 bōluò
はくらんかい【博覧会】 博览会 bólǎnhuì ◆万国～ 世界博览会 shìjiè bólǎnhuì ◆(略称)世博 shìbó
はくり【剥離-する】 剥离 bōlí ◆網膜～ 视网膜剥离 shìwǎngmó bōlí
はくり【薄利】 薄利 bólì ◆～多売 薄利多销 bólì duōxiāo
はくりょく【迫力】 气魄 qìpò; 气势 qìshì ◆～がある 有气魄 yǒu qìpò ◆～に欠ける 缺乏气魄 quēfá qìpò
はぐるま【歯車】 ❶《機械の》齿轮 chǐlún ❷《比喩的に》◆～がかみ合う 配合得很好 pèihéde hěn hǎo ◆～がかみ合わない 有嫌隙 yǒu xiánxì
はぐれる 走散 zǒusàn; 失散 shīsàn ◆みんなと～ 和大家走散 hé dàjiā zǒusàn
ばくろ【暴露-する】 暴露 bàolù; 揭露 jiēlù ◆秘密を～する 揭露秘密 jiēlù mìmì ◆～小说 暴露文学 bàolù wénxué
はくわ【白話】 白话 báihuà
はけ【刷毛】 刷子 shuāzi

はけ【刷毛】 ❶《さばける》~のよい商品 畅销货 chàngxiāohuò ❷《水などの》水~ 排水 páishuǐ

はげ【禿げ─】 ◆~の人 秃子 tūzi ◆~上がった 光秃秃 guāngtūtū ◆~頭 光头 guāngtóu；秃顶 tūdǐng ◆山 无树山 wúshùshān；荒山 huāngshān

ハゲイトウ【葉鶏頭】 雁来红 yànláihóng

はけぐち【捌け口】 发泄的对象 fāxiè de duìxiàng ◆不满の~ 发泄不满的对象 fāxiè bùmǎn de duìxiàng

はげしい【激しい】 激烈 jīliè；厉害 lìhai ◆きわめて~ 强烈 qiángliè ◆污染が~ 染色厉害 wūrǎn lìhai ◆～嵐 狂风暴雨 kuángfēng bàoyǔ ◆勢い 猛动儿 měngjìnr ◆～雷霆 雷鸣 léimíng ◆風 大风 dàfēng；疾风 jífēng ◆～唇枪舌剑 chún qiāng shé jiàn

はげしい【激しい】 激烈 jīliè ◆ぶつかる 冲撞 chōngzhuàng ◆揺れる 簸荡 bǒdàng ◆燃える 水が大火 熊熊 dàhuǒ xióngxióng ◆言い争う 争辩激烈 zhēngbiàn jīliè ◆罵る 辱骂 rǔmà ◆非難する 痛斥 tòngchì ◆怒る 非常愤怒 fēicháng fènnù

バケツ 水桶 shuǐtǒng；铁桶 tiětǒng

ばけのかわ【化けの皮】 ◆~を剥ぐ 剥下画皮 bāoxià huàpí；揭开假面具 jiēkāi jiǎmiànjù

はげます【励ます】 鼓励 gǔlì；勉励 miǎnlì

はげむ【励む】 努力 nǔlì；奋勉 fènmiǎn ◆仕事に~ 努力工作 nǔlì gōngzuò

ばけもの【化け物】 妖怪 yāoguài；鬼怪 guǐguài

はける【捌ける】 排出 páichū ◆水が~ 水排出去 shuǐ páichūqu ◆商品がよく~ 货物销路好 huòwù xiāolù hǎo

はげる【禿げる】 秃 tū

はげる【剥げる】 剥落 bōluò

ばける【化ける】 化 huà；变 biàn ◆記者に~ 装成记者 zhuāngchéng jìzhě

はけん【覇権】 霸权 bàquán ◆～主义 霸权主义 bàquán zhǔyì ◆～を握る 掌握霸权 zhǎngwò bàquán

はけん【派遣】 派遣 pàiqiǎn ◆差遣 chāiqiǎn ◆特派员 tèpàiyuán ◆～する 派特派员 pài tèpàiyuán ◆～社员 派遣职员 pàiqiǎn zhíyuán ◆人材~会社 人材派遣公司 réncái pàiqiǎn gōngsī

ばけん【馬券】 马票 mǎpiào ◆売り場 马票出售场 mǎpiào chūshòuchǎng ◆～はずれ 没中的马票 méi zhòng de mǎpiào

はこ【箱】 ◆《大きな箱》箱子 xiāngzi ◆《小さな箱》盒子 hézi ◆ごみ~ 垃圾箱 lājīxiāng ◆筆~ 铅笔盒儿 qiānbǐhér

はごいた【羽子板】 键子板 jiànzi bǎn

はごたえ【歯応え】 ◆~のある肉 有咬劲儿的肉 yǒu yǎojìnr de ròu ◆~のある相手 有劲头儿的对手 yǒu jìntóur de duìshǒu

はこづめ【箱詰め】 装箱 zhuāngxiāng

はこにわ【箱庭】 庭院式盆景 tíngyuànshì pénjǐng

はこび【運び】 ◆完成の~となる 到完成的阶段 dào wánchéng de jiēduàn ◆話の~がうますぎる 事情进展得太顺利 shìqíng jìnzhǎnde tài shùnlì ◆足の~ 脚步 jiǎobù

はこぶ【運ぶ】 ❶《物を运》运 yùn；搬运 bānyùn ◆搬东西 bān dōngxi；载运货物 zàiyùn huòwù ◆なめらかに筆を~ 巧妙地运笔 qiǎomiào de yùnbǐ ◆足を~ 去 qù ❷《事が进行》进行 jìnxíng；推进 tuījìn ◆事がうまく~ 顺利地进行 shùnlì de jìnxíng ◆計画通りに~ 按着计划推进 ànzhe jìhuà tuījìn

はこもの【箱物】 公共建筑 gōnggòng jiànzhù

バザー 义卖 yìmài

はさい【破砕─する】 破碎 pòsuì

はざかいき【端境期】 青黄不接的时期 qīng huáng bù jiē de shíqí

はざくら【葉桜】 长出嫩叶的樱树 zhǎngchū nènyè de yīngshù

はさまる【挟まる】 夹入 jiārù ◆~塞在牙缝里 sāizài yáfèng lǐ ◆2册の本の間に~ 夹在两本书之间 jiāzài liǎng běn shū zhī jiān ◆二つの山に~ 处在两座山之间 chǔzài liǎng zuò shān zhī jiān

はさみ【鋏】 剪刀 jiǎndāo；剪子 jiǎnzi ◆~で切る 用剪子铰 yòng jiǎnzi jiǎo

はさみうち【挟み撃ち】 ◆~にする 夹攻 jiāgōng

はさみこむ【挟み込む】 夹入 jiārù；插 chā；穿插 chuānchā

はさむ【挟む】 夹 jiā；捏 niē ◆話に口を~ 插嘴 chāzuǐ ◆パンにハムを~ 把火腿夹在面包中间 bǎ huǒtuǐ jiāzài miànbāo zhōngjiān ◆小耳に~ 听到 tīngdào

はざわり【歯触り】 ◆~がいい 脆口 cuìkǒu ◆~がよくておいしい 酥脆可口 sū cuì kěkǒu

はさん【破産-する】破产 pòchǎn ♦ ～を宣告する 宣告破产 xuāngào pòchǎn ♦自己～を申し立てる 自我申请破产 zìwǒ shēnqǐng pòchǎn

はし【橋】桥 qiáo；桥梁 qiáoliáng；丸木～ 独木桥 dúmùqiáo ♦～を架ける 搭桥 dāqiáo

はし【端】端 duān；尖儿 jiānr ♦～に寄る 靠边 kàobiān

はし【箸】筷子 kuàizi ♦取りばし 公用筷 gōngyòngkuài ♦～にも棒にもかからない 软硬不吃 ruǎn yìng bù chī；无法对付 wúfǎ duìfu

はじ【恥】耻辱 chǐrǔ；羞耻 xiūchǐ ♦～の上塗り 丑上加丑 chǒu shàng jiā chǒu ♦～をかく 丢脸 diūliǎn ♦～をさらす 出丑 chūchǒu ♦～をしのんで 忍辱含垢 rěn rǔ hán gòu

はじいる【恥じ入る】羞愧 xiūkuì；惭愧 cánkuì

はしか【麻疹】麻疹 mázhěn；疹子 zhěnzi ♦～にかかる 患麻疹 huàn mázhěn

はしがき【端書き】序言 xùyán；前言 qiányán

はじく【弾く】弹 tán ♦爪で～ 用指甲弹 yòng zhǐjia tán ♦そろばんを～ 打算盘 dǎ suànpan ♦水を～ 不沾水 bù zhān shuǐ

はしけ【艀】驳船 bóchuán ♦～で運ぶ 驳运 bóyùn

はしげた【橋桁】桥桁 qiáohéng；桥架 qiáojià

はじける【弾ける】爆开 bàokāi；裂开 lièkāi ♦豆のさやが～ 豆荚裂开 dòujiá lièkāi

はしご【梯子】梯子 tīzi ♦～をかける 架上梯子 jiàshàng tīzi ♦～縄 绳梯 shéngtī

はしごしゃ【梯子車】云梯消防车 yúntī xiāofángchē

はしした【端た】零数 língshù ♦～金 零钱 língqián

はしたない【端たない】下流的 xiàliú de；不礼貌 bù lǐmào

はしっこ【端っこ】边上 biānshàng；边缘 biānyuán

ばじとうふう【馬耳東風】耳边风 ěrbiānfēng

はじない【恥じない】♦大哲学者の名に～ 不愧是伟大的哲学家 búkuì shì wěidà de zhéxuéjiā

はじまり【始まり】开端 kāiduān；开头 kāitóu ♦～を告げる 揭幕 jiēmù

はじまる【始まる】开始 kāishǐ；开头 kāitóu ♦～から 起源于… qǐyuányú… ♦会社は9時半に～ 公司九点半开始工作 gōngsī jiǔ diǎn bàn kāishǐ gōngzuò ♦コンサートが～ 音乐会开演 yīnyuèhuì kāiyǎn ♦ささいなことから喧嘩が始まった 因为小事，竟打起一起了 yīnwèi xiǎoshì, jìng niúdǎzài yìqǐ le

はじめ【始め】开始 kāishǐ；起初 qǐchū ♦～から読んでみろ 打头看一遍 dǎtóu kàn yí biàn ♦～から終わりまで 从头到尾 cóng tóu dào wěi ♦～のうち 开头 kāitou；起首 qǐshǒu

はじめて【初めて-の】初次 chūcì；第一次 dìyīcì ♦～会う 初次见面 chūcì jiànmiàn ♦～して… 见了…才… zhǐyǒu…cái…

はじめる【始める】动手 dòngshǒu ♦事業を～ 创办企业 chuàngbàn qǐyè ♦では、会を始めましょう 那就开会吧 nà jiù kāihuì ba ♦雨が降り始めた 下起雨来了 xiàqǐ yǔ lái le

ばしゃ【馬車】马车 mǎchē

はしゃぐ 欢闹 huānnào；嬉闹 xīnào ♦はしゃぎすぎ 过于高兴 guòyú gāoxìng

パジャマ 睡衣 shuìyī

ばじゅつ【馬術】马术 mǎshù

はしゅつじょ【派出所】警察值勤处 jǐngchá zhíqínchù

ばしょ【場所】地点 dìdiǎn；地方 dìfang ♦～を移す 搬到别处 bāndào biéchù ♦～を空ける 空腾地方 kòngténg dìfang ♦～をふさぐ 占地方 zhàn dìfang

バショウ【芭蕉】〔植物〕芭蕉 bājiāo

はしょうふう【破傷風】破伤风 pòshāngfēng

はしょる【端折る】简略 jiǎnlüè；缩短 suōduǎn ♦はしょって話す 简略地说 jiǎnlüè de shuō

はしら【柱】柱头 zhùtóu；柱子 zhùzi ♦一家の～ 一家的顶梁柱 yìjiā de dǐngliángzhù

はじらう【恥じらう】害羞 hàixiū；含羞 hánxiū

はしらどけい【柱時計】挂钟 guàzhōng

はしり【走り-の】刚上市的 gāng shàngshì de；新鲜的 xīnxiān de ♦～を味わう 尝新 chángxīn

はしりがき【走り書き-をする】潦草书写 liáocǎo shūxiě

はしりたかとび【走り高跳び】跳高 tiàogāo

はしりはばとび【走り幅跳び】跳远 tiàoyuǎn

はしる【走る】跑 pǎo；跑步 pǎobù ◆走り回る 奔走 bēnzǒu ◆高速道路が南北に～ 高速公路南北向贯通 gāosù gōnglù tōngxiàng nánběi ◆悪に～ 走上歪道 zǒushàng wāidào ◆感情に～ 感情用事 gǎnqíng yòngshì

はじる【恥じる】 羞愧 xiūkuì ◆失敗を～ 惭愧失败 cánkuì shībài ◆勝者の名に恥じない 不愧是胜利者 búkuì shì shènglìzhě

はしわたし【橋渡しをする】 牵线搭桥 qiānxiàn dāqiáo；中介 zhōngjiè

ハス【蓮】 荷花 héhuā ◆～の葉 荷叶 héyè ◆～の実 莲子 liánzǐ

はず【筈】 应该 yīnggāi；会 huì ◆知らない～がない 不会不知道 búhuì bù zhīdào ◆もう来ている～ 应该已经来了 yīnggāi yǐjīng lái le

バス 公共汽车 gōnggòng qìchē；巴士 bāshì ◆～停 汽车站 qìchēzhàn ◆～の車掌 售票员 shòupiàoyuán ◆～に乗り遅れる《比喩》落伍 luòwǔ；跟不上潮流 gēnbushàng cháoliú

パス-する ❶《試験など》过关 guòguān 《試験に～する》考上 kǎoshàng ❷《ボールを》传球 chuánqiú

はすう【端数】 零数 língshù ◆～がある 有零有余 yǒulíng yǒuyú ◆～が出る 出头 chūtóu

はずかしい【恥ずかしい】 害羞 hàixiū；可耻 kěchǐ；难为情 nánwéiqíng ◆あなたに会うのが～ 没脸见你 méi liǎn jiàn nǐ

はずかしがりや【恥ずかしがり屋の-】 害羞 hàixiū ◆～屋 腼腆的人 miǎntiǎn de rén

はずかしがる【恥ずかしがる】 害臊 hàisào；怕羞 pàxiū ◆～年かい 这么大了,还怕什么羞 zhème dà le, hái pà shénme xiū

はずかしげ【恥ずかしげ】 ～もなく 老着脸皮 lǎozhe liǎnpí；脸皮厚 liǎnpí hòu

はずかしめる【辱める】 侮辱 wǔrǔ；耻辱 chǐrǔ

ハスキーボイス 哑嗓子 yǎsǎngzi

バスケットボール 篮球 lánqiú

はずす【外す】 ◆ボタンを～ 解开扣子 jiěkāi kòuzi ◆席を～ 退席 tuìxí ◆的を～ 没射中 méi shèzhòng

パスタ 意大利面 Yìdàlìmiàn

バスタオル 浴巾 yùjīn

はすっぱ【蓮っ葉-な】 轻佻 qīngtiāo

パステル 蜡笔 làbǐ ◆～画 画 画 huà ◆カラー 柔和色彩 róuhé sècǎi

バスト 胸围 xiōngwéi

はずべき【恥ずべき】 可耻 kěchǐ ◆～行為 丑行 chǒuxíng

パスポート 护照 hùzhào

はずみ【弾み】 顺势 shùnshì ◆転んだ～に 刚一摔倒就～ gāng yī shuāidǎo jiù…

はずむ【弾む】 ◆ボールが～ 皮球蹦 píqiú bèng ◆心が～ 心里愉快 xīnlǐ yúkuài ◆話が～ 谈得起劲儿 tánde qǐjìnr

パズル 智力测验题 zhìlì cèyàntí ◆ジグソー～ 拼板玩具 pīnbǎn wánjù

はずれ【外れ】 未中 wèi zhòng ◆馬券の～ 没中的马票 méi zhòng de mǎpiào ◆村～ 村头 cūntóu

はずれる【外れる】 ◆めがねが～ 眼镜脱掉 yǎnjìng tuōdiào ◆道理に～ 不合道理 bù hé dàolǐ ◆予測が～ 预测不对 yùcè bú duì ◆当てが～ 期望落空 qīwàng luòkōng ◆くじが～ 没中 méi zhòng；没中奖 méi yǒu zhòng jiǎng

バスローブ 浴衣 yùyī

パスワード 密码 mìmǎ

はせい【派生-する】 派生 pàishēng ◆～語 孳乳 zīrǔ ◆～義 引申义 yǐnshēnyì ◆～語 派生词 pàishēngcí

ばせい【罵声】 骂声 màshēng ◆～を浴びせる 漫骂 mànmà；痛骂 tòngmà

バセドーびょう【バセドー病】 巴塞杜氏病 Bāsàidùshìbìng

パセリ 荷兰芹 hélánqín；欧芹 ōuqín

はせる【馳せる】 ◆ふる里に思いを～ 思念故乡 sīniàn gùxiāng ◆世界に名を～ 驰名世界 chímíng shìjiè

はせん【波線】 波状线 bōzhuàngxiàn

はせん【破線】 虚线 xūxiàn

パソコン 个人电脑 gèrén diànnǎo；微机 wēijī

はそん【破損-する】 毁损 huǐsǔn；破损 pòsǔn

はた【旗】 旗子 qízi；旗帜 qízhì ◆～竿 旗杆 qígān ◆～を揚げる 升旗 shēngqí ◆～を下ろす 降旗 jiàngqí

はた【機】 织布机 zhībùjī ◆～を織る 织布 zhībù

はた【傍】 旁边 pángbiān ◆～の者 旁人 pángrén ◆池の～ 池边 chíbiān

はだ【肌】 皮肤 pífū ◆～がある 皮肤粗糙 pífū cūcāo ◆～が合う 合得来 hédélái ◆～が合わない 性情が～ xìngqíng bù héhǎ

バター 黄油 huángyóu；奶油 nǎiyóu

はだあい【肌合い】 性情 xìngqíng；气质 qìzhì

はたあげ【旗上げ・-する】 开创 kāichuàng；创办 chuàngbàn

パターン 式样 shìyàng；模式 móshì ♦ー勝ち= 取胜的模式 qǔshèng de móshì

はたいろ【旗色】 ♦ーが悪い 形势不利 xíngshì búlì

はだか【裸-の】 裸体 luǒtǐ ♦ーになる 赤裸 chìluǒ ♦ー一貫から身を起こす 白手起家 bái shǒu qǐ jiā

はたがしら【旗頭】 首领 shǒulǐng

ハダカムギ【裸麦】 青稞 qīngkē；元麦 yuánmài

はたき【叩き】 掸子 dǎnzi ♦ーをかける 掸 dǎn

はだぎ【肌着】 内衣 nèiyī ♦ーのシャツ 汗衫 hànshān

はたく【叩く】 磕 kē；扑 pū ♦はたきで、中押子で押 yòng dǎnzi dǎn 或 用押子押♦体のほこりを～ 扑打身上的尘土 pūdǎ shēnshang de chéntǔ

はたけ【畑】 田地 tiándì；旱地 hàndì；旱田 hàntián ♦ーちがいの专业不同 zhuānyè bùtóng

はだける 敞开 chǎngkāi ♦ 胸元が～ 敞着领口 chǎngzhe lǐngkǒu

はださむい【肌寒い】 清冷 qīnglěng；微寒 wēihán

はださわり【肌触り】 触及皮肤的感觉 chùjí pífū de gǎnjué ♦ーがいい 穿起来很舒服 chuānqǐlai hěn shūfu

はだし【裸足】 赤脚 chìjiǎo

はたしあい【果し合い】 决斗 juédòu

はたして【果たして】 果然 guǒrán ♦ 果たせるかな 不其然 guǒ bù qí rán ♦ーそうかな 果真是这样吗 guǒzhēn shì zhèyàng ma

はたじるし【旗印】 旗号 qíhào ♦ーに掲げる 提倡 tíchàng

はたす【果たす】 ♦ 役目を～ 完成任务 wánchéng rènwù ♦ お金を使い果たした 钱都花光了 qián dōu huāguāng le

はたと【礑と】 恍然 huǎngrán ♦ー音が止む 戛然而止 jiárán ér zhǐ ♦ー悟る 恍然大悟 huǎngrán dà wù

ばたばた—と ♦ー倒れる 相继倒下 xiāngjì dǎoxià ♦ー忙しい 忙个不停 máng ge bùtíng ♦ーと走り回る 到处奔走 dàochù bēnzǒu

ぱたぱた—と 啪嗒啪嗒 pādāpādā ♦ーたたく 拍打 pāida

バタフライ 〈水泳〉蝶泳 diéyǒng

はだみ【肌身】 ♦ー離さず持つ 随身带着 suíshēn dàizhe

はためく 飘扬 piāoyáng；招展 zhāozhǎn ♦ 旗が～ 旗帜飘展 qízhì zhāozhǎn ♦ 風に～ 迎风飘扬 yíng

はたらかす【働かす】 ♦ 頭を～ 动脑筋 dòng nǎojīn

はたらき【働き】 功能 gōngnéng；作用 zuòyòng ♦ 肺の～ 肺的功能 fèi de gōngnéng ♦ 薬の～ 药力 yàolì ♦ 予想外の～ 出乎意料的功劳 chūhū yìliào de gōngláo

はたらきかける【働きかける】 推动 tuīdòng；发动 fādòng ♦ 議会に働きかけて 发动议会 fādòng yìhuì

はたらきぐち【働き口】 职业 zhíyè ♦ーを探す 求职 qiúzhí；找工作 zhǎo gōngzuò

はたらきざかり【働き盛り】 壮年 zhuàngnián ♦ーだ 年富力强 nián fù lì qiáng

はたらきて【働き手】 能手 néngshǒu；能干的人 nénggàn de rén；〈一家の支え〉主要劳动力 zhǔyào láodònglì ♦ 会社一の～ 公司里最能干的人 gōngsīli zuì nénggàn de rén ♦ 一家の～を失う 失去一家的顶梁柱 shīqù yìjiā de dǐngliángzhù

ハタラキバチ【働き蜂】 工蜂 gōngfēng

はたらきもの【働き者】 辛勤劳动的人 xīnqín láodòng de rén

はたらく【働く】 工作 gōngzuò；劳动 láodòng；〈機能する〉起作用 qǐ zuòyòng ♦ よく～ 勤劳 qínláo；努力劳动 nǔlì láodòng ♦ 頭が～ 脑筋机灵 nǎojīn jīling ♦ 勘が～ 预感很灵 yùgǎn hěn líng ♦ 警報装置が～ 警报装置起作用 jǐngbào zhuāngzhì qǐ zuòyòng ♦ 悪事を～ 干坏事 gàn huàishì

はたん【破綻-する】 ♦ 政策に～をきたした 政策破产了 zhèngcè pòchǎn le ♦ 生活が～ 生活不能维持 shēnghuó bùnéng wéichí ♦ 経営が～ 经营失败 jīngyíng shībài

はだん【破談】 ❶〈約束を〉取消约定 qǔxiāo yuēdìng ❷〈婚約を〉解除婚约 jiěchú hūnyuē

はち【鉢】 大碗 dàwǎn；盆子 pénzi ♦ 植木～ 花盆 huāpén

はち【八】 八 bā

ハチ【蜂】 蜂 fēng

ばち【撥】 鼓槌 gǔchuí

ばち【罰】 报应 bàoyìng ♦ーが当たる 遭受报应 zāoshòu bàoyìng ♦ー当たり者 有罪障 yèzhàng

はちあわせ【鉢合せ-する】 头碰头 tóu pèngtóu；碰到 pèngdào；碰见 pèngjiàn

はちうえ【鉢植え】 盆栽 pénzāi；盆花 pénhuā

ばちがい【場違い-な】 不适场合 bú

はちきれる [はち切れる] 撑破 chēngpò ◆おなかが～そうだ 肚子都要胀破了 dùzi dōu yào zhàngpò le
はちく [破竹] ◆～の勢い 势如破竹 shì rú pò zhú
ばちくり 《驚いて》目を～させる 吓得直眨巴眼 xiàde zhí zhǎba yǎn
ハチのす [蜂の巣] 蜂窝 fēngwō; 蜂巢 fēngcháo ◆～をつついたような 像捅了蜂窝一样 xiàng tǒngle fēngwō yíyàng
はちまき [鉢巻きをする] 缠头巾 chántóujīn
はちみつ [蜂蜜] 蜂蜜 fēngmì
はちめんたい [八面体] 八面体 bāmiàntǐ
はちゅうるい [爬虫類] 爬行动物 páxíng dòngwù
はちょう [波長] 波长 bōcháng; 《人と》～が合う 和谐 héxié; 合得来 hédelái ◆～が合わない 不对劲 bú duìjìn
パチンコ ❶《ゴム》绷子弓 bēnggōngzi; 弹弓 tángōng ❷《ゲーム》弹钢球 tán gāngqiú; 爬金库 pájīnkù
はつ [初-の] 首次 shǒucì; ◆～の孫 第一个孙子[女] dìyī ge sūnzi[nǚ] ◆～の試み 首次尝试 shǒucì chángshì
ばつ [罰] 罚 fá ◆～を受ける 受罚 shòufá ◆～を与える 处罚 chǔfá
ばつ [閥] 派系 pàixì
はつあん [発案-する] ❶《プランを提出》提出计划 tíchū jìhuà; 出主意 chū zhǔyi ❷《議案提出》提案 tí'àn
はついく [発育-する] 发育 fāyù ◆～がいい 发育好 fāyù hǎo ◆～不全 发育不全 fāyù bùquán
はつえんとう [発煙筒] 烟筒 fāyāntǒng ◆～をたく 点燃发烟筒 diǎnrán fāyāntǒng
はつおん [発音-する] 发音 fāyīn; 语音 yǔyīn
はっか [発火-する] 发火 fāhuǒ; 起火 qǐhuǒ ◆～点 燃点 rándiǎn
ハッカ [薄荷] 薄荷 bòhe ◆～油 清凉油 qīngliángyóu
はつが [発芽-する] 出芽 chūyá; 发芽 fāyá
はっかく [発覚-する] 暴露 bàolù; 败露 bàilù ◆不正が～する 私弊败露 sībì bàilù
はっかくけい [八角形-の] 八角形 bājiǎoxíng
ハツカネズミ [二十日鼠] 鼹鼠 xīshǔ
ばつがわるい [ばつが悪い] 不好意思 bùhǎoyìsi; 尴尬 gāngà
はっかん [発刊-する] 创刊 chuàngkān; 发行 fāxíng
はっかん [発汗-する] 《薬などで》发汗 fāhàn ◆～剂 发汗药 fāhànyào ◆～作用 发汗作用 fāhàn zuòyòng
はつがん [発癌] 致癌 zhì'ái ◆～物質 致癌物质 zhì'ái wùzhí
はっき [発揮-する] 发挥 fāhuī ◆ 実力を～する 施展能力 shīzhǎn nénglì; 大显本领 dà xiǎn běnlǐng
はつぎ [発議-する] 提议 tíyì
はっきゅう [発給-する] 发给 fāgěi; 发放 fāfàng ◆ビザの～を発証 发放签证 fāfàng qiānzhèng
はっきゅう [薄給-の] 低薪 dīxīn; 低工资 dīgōngzī
はっきょう [発狂-する] 发疯 fāfēng; 发狂 fākuáng
はっきり 明确 míngquè; 清楚 qīngchu ◆～現れている 显见 xiǎnjiàn ◆～言う 明确表白 míngquè biǎobái ◆～言えない 说不定 shuōbudìng ◆～区別する 明确区分 míngquè qūfēn ◆～見える 看得很清楚 kànde hěn qīngchu ◆態度が～しない 态度含糊 tàidu hánhu
はっきん [発禁] 禁止书行 jìnzhǐ kānxíng ◆～本 禁书 jìnshū
ばっきん [罰金] 罚款 fákuǎn ◆～を払う 缴罚款 jiǎo fákuǎn
パッキング 打包 dǎbāo; 《詰めもの》填料 tiánliào
バック ❶《背景》背景 bèijǐng ◆《絵を》～をグレーに塗る 把背景涂成灰色 bǎ bèijǐng túchéng huīsè ❷《後ろ側》靠山 kàoshān ◆彼には～がついている 他背后有靠山 tā bèihòu yǒu kàoshān ◆～グラウンド 背景 bèijǐng; 环境 huánjìng ◆～ボーン 骨气 gǔqi; 脊梁骨 jǐliánggǔ ❸《後ろに》往后退 wǎng hòu tuì ◆車を～させる 车向后倒退 chē xiàng hòu dàotuì ◆～ナンバー 过期杂志 guòqī zázhì ◆～ミラー 后视镜 hòushìjìng ❹《仰ぎ》仰泳 yǎngyǒng ❺《サッカー・ホッケーなど》后卫 hòuwèi ❻《テニス・卓球など》反手 fǎnshǒu
バック 《ハンド》手提包 shǒutíbāo ◆《ボストン》旅行包 lǚxíngbāo ◆《サンド》沙袋 shādài
パック ❶《化粧の》润肤膏 rùnfūgāo ❷《包み》包 bāo ❸《旅行》包价旅行 bāojià lǚxíng
バックアップ ❶《後援》◆～する 支援 zhīyuán ❷《コンピュータ》◆～を取っておく 后备 hòubèi
バックス 《スポーツで》后卫 hòuwèi
はっくつ [発掘-する] 发掘 fājué
バックル 带扣 dàikòu

ばつぐん【抜群-の】 卓然 zhuórán; 卓著 zhuózhù ◆～の成績 卓越的成绩 zhuóyuè de chéngjì
はっけ【八卦】 八卦 bāguà ◆～見 占卜家 zhānbǔjiā
はっけっきゅう【白血球】 白血球 báixuèqiú
はっけつびょう【白血病】 白血病 báixuèbìng
はっけん【発見-する】 发现 fāxiàn
はつげん【発言-する】 发言 fāyán
はつげんち【発源地】 发源地 fāyuándì
ばっこ【跋扈-する】 跳梁 tiàoliáng; 跋扈 báhù
はつこい【初恋】 初恋 chūliàn ◆～の相手 初恋对象 chūliàn duìxiàng
はっこう【発光-する】 发光 fāguāng ◆～体 发光体 fāguāngtǐ
はっこう【発行-する】 发行 fāxíng; 出版 chūbǎn ◆～を停止する〈新聞・雑誌を〉停刊 tíngkān
はっこう【発酵-する】 发酵 fājiào
はっこう【発効-する】 生效 shēngxiào
はっこう【薄幸-な】 薄命 bómìng; 不幸 búxìng
はっこつ【白骨】 白骨 báigǔ; 尸首 shīgǔ ◆～体 骷髅 kūlóu
ばっさい【伐採-する】 砍伐 kǎnfá; 采伐 cǎifá
はっさん【発散-する】 散发 sànfā; 发泄 fāxiè ◆余熱を～させる 散发余热 sànfā yúrè ◆ストレスを～する 消除紧张 xiāochú jǐnzhāng
ばっし【抜歯-する】 拆线 chāixiàn
ばっし【抜歯-する】 拔牙 báyá
バッジ 徽章 huīzhāng; 证章 zhèngzhāng
はっしゃ【発射-する】 发射 fāshè ◆ピストルを～する 开手枪 kāi shǒuqiāng
はっしゃ【発車-する】 开车 kāichē; 发车 fāchē ◆もうすぐ～する 快要开了 kuàiyào kāi le
はつじょう【発情】 发情 fāqíng
はつしょうち【発祥地】 发祥地 fāxiángdì
ばつじるし【罰印】〈記号「×」〉叉 chā ◆～をつける 打叉儿 dǎ chār
はっしん【発信-する】〈無線で〉发报 fābào; 〈郵便を〉发信 fāxìn; 寄信 jìxìn
はっしん【発進-する】 进发 jìnfā ◆飛行機が～する 飞机起飞 fēijī qǐfēi
はっしん【発疹】 皮疹 pízhěn
ばっすい【抜粋-する】 文摘 wénzhāi; 摘录 zhāilù ◆～引用する 摘引 zhāiyǐn
はっする【発する】 ❶〈始まる〉◆黄河流域に～〈文明〉发祥于黄河流域的文明 fāxiángyú Huánghé liúyù de wénmíng ◆…に端を発する 发端于…fāduānyú... ❷〈現れ出る〉◆怒りを～ 发怒 fānù; 生气 shēngqì ◆熱を～ 发烧 fāshāo
ばっする【罰する】 处罚 chǔfá
はっせい【発生-する】 发生 fāshēng ◆事故が～ 发生事故 fāshēng shìgù
はっせい【発声】 发声 fāshēng ◆～練習 发声练习 fāshēng liànxí
はっそう【発想】 想法 xiǎngfǎ; 设想 shèxiǎng ◆～の優れた 心思巧妙的 xīnsī qiǎomiào de
はっそう【発送-する】 寄出 jìchū; 发送 fāsòng ◆荷物を～する 发送货物 fāsòng huòwù
ばっそく【罰則】 处罚条款 chǔfá tiáokuǎn ◆～を設ける 规定惩罚条例 guīdìng chéngfá tiáolì
バッタ【飛蝗】 飞蝗 fēihuáng; 蚱蜢 zhàměng; 蚂蚱 màzha ◆～の害 蝗灾 huángzāi
はったつ【発達-する】 发达 fādá
はったり ◆～を言う 说大话 shuō dàhuà; 虚张声势 xū zhāng shēng shì
ばったり ◆～出会う 突然撞见 tūrán zhuàngjiàn ◆～倒れる 突然倒下 tūrán dǎoxià ◆～とだえる 突然断绝 tūrán duànjué
はっちゃく【発着-する】 出发和到达 chūfā hé dàodá ◆～場所 出发到达地点 chūfā dàodá dìdiǎn
はっちゅう【発注-する】 订货 dìnghuò; 订购 dìnggòu
ぱっちり-した〈目が〉〈眼睛〉大而水灵〈yǎnjing〉dà ér shuǐlíng
ばってき【抜擢-】 提拔 tíbá ◆異例の～ 破格提升 pògé tíshēng
バッテリー〈電池〉蓄电池 xùdiànchí
はってん【発展】 发展 fāzhǎn ◆～途上国 发展中国家 fāzhǎnzhōng guójiā
はつでん【発電-する】 发电 fādiàn ◆～機 发电机 fādiànjī ◆～所 发电站 fādiànzhàn ◆太陽光～ 太阳能发电 tàiyángnéng fādiàn
はっと 豁然 huòrán; 突然 tūrán ◆～気がつく 猛然发觉 měngrán fājué ◆～我に返る 清醒过来 qīngxǐng guòlái
バット 球棒 qiúbàng
ぱっと ◆～駆け出す 撒腿就跑 sātuǐ jiù pǎo ◆～する 闪现 shǎnxiàn ◆～しない 不显著 bù xiǎnzhù
はつどう【発動-する】 发动 fādòng;

はっとうしん【八頭身】 八头身材 bātóu shēncái

はつに【初荷】 年初的第一次送货 niánchū de dìyī cì sònghuò

はつねつ【発熱-する】 发烧 fāshāo

はつのりりょうきん【初乗り金】 起价 qǐjià

はっぱ【発破】 ❶〔火薬で〕◆~をかける 用炸药爆破 yòng zhàyào bàopò ❷〔激励〕◆~をかける 激励 jīlì

はつばい【発売-する】 发售 fāshòu; 出售 chūshòu

はつひ【初日】 ◆~を拝む 观瞻元旦的日出 guānzhān yuándàn de rìchū

ハッピーエンド 大团圆 dàtuányuán

はつびょう【発病-する】 发病 fābìng; 得病 débìng

はっぴょう【発表-する】 发表 fābiǎo ◆研究~をする 发表研究成果 fābiǎo yánjiū chéngguǒ ◆バイオリンの~ 小提琴的汇报演奏会 xiǎotíqín de huìbào yǎnzòuhuì ◆コミュニケを~する 发表公报 fābiǎo gōngbào

はっぷ【発布-する】 发布 fābù; 颁布 bānbù ◆憲法を~する 公布宪法 gōngbù xiànfǎ

はつぶたい【初舞台】 首次登台 shǒucì dēngtái ◆~を踏む 初登舞台 chūdēng wǔtái

はつふん【発奮-する】 奋发 fènfā; 发愤 fāfèn ◆~させる 激发 jīfā

はっぽう【発砲-する】 开枪 kāiqiāng; 开火 kāihuǒ ◆~事件 开枪事件 kāiqiāng shìjiàn

はっぽう【八方-に】 四面八方 sìmiàn bāfāng ◆~手を尽くす 想尽办法 xiǎngjìn bànfǎ ◆~満足のゆく 完满无缺 wánmǎn wúquē ◆~美人 四面讨好 sìmiàn tǎohǎo ◆~塞がり 找不到出路 zhǎobudào chūlù; 到处碰壁 dàochù pèngbì

はっぽうやぶれ【八方破れ-の】 漏洞百出 lòudòng bǎichū

ばっぽんてき【抜本的-に】 根本地 gēnběn de ◆~改革 彻底改革 chèdǐ gǎigé ◆~な対策 根本的対策 gēnběn de duìcè

はつみみ【初耳-だ】 初次听到 chūcì tīngdào

はつめい【発明-する】 发明 fāmíng ◆~家 发明家 fāmíngjiā

はつもうで【初詣】 新年后初次参拜神佛 xīnnián hòu chūcì cānbài

shénfó

はつもの【初物】 最早上市的 zuìzǎo shàngshì de ◆~を食べる 尝鲜 chángxiān

はつゆき【初雪】 初雪 chūxuě

はつらつ【溌剌-とした】 活泼 huópō ◆元気~ 朝气蓬勃 zhāoqì péngbó

はつれい【発令-する】 发布 fābù ◆警報を~する 发布警报 fābù jǐngbào

はつろ【発露-する】 流露 liúlù ◆愛情の~ 爱情的表现 àiqíng de biǎoxiàn

はて【果て】 边际 biānjì; 尽头 jìntóu ◆~のない争い 没完没了的争执 méi wán méi liǎo de zhēngzhí ◆あげくの~に 最后 zuìhòu ◆地の~ 大地的尽头 dàdì de jìntóu ◆この世の~ 人间绝境 rénjiān juéjìng ◆なれの~ 末路 mòlù; 下场 xiàchǎng

はで【派手-な】 浮华 fúhuá; 华丽 huálì; 花哨 huāshao ◆~に着装 披红戴绿 pīhóng dàilǜ ◆~な性格 爱浮华 ài fúhuá ◆~に散财する 铺张浪费 pūzhāng làngfèi

パテ《建築の》泥子 nìzi; 油灰 yóuhuī

ばていけい【馬蹄形-の】 马蹄形 mǎtíxíng

はてしない【果てしない】 无涯 wúyá; 无边 wúbiān; 无尽无休 wú jìn wú xiū ◆~荒野 一望无边的荒野 yí wàng wúbiān de huāngyě ◆話が~ 话没完没了 huà méi wán méi liǎo

はてしなく【果てしなく】 无边 wúbiān ◆~広い 漫无边际 màn wú biānjì; 茫茫 mángmáng ◆~長い〈時間・道路〉 漫长 màncháng

はてる【果てる】 完了 wánliǎo; 告终 gàozhōng ◆命が~ 结束生命 jiéshù shēngmìng ◆疲れ~ 累得要死 lèide yàosǐ; 精疲力竭 jīng pí lì jié

はてんこう【破天荒-な】 破天荒 pòtiānhuāng

パテント 专利 zhuānlì

はと【鳩】 鸽子 gēzi ◆~レース 信鸽比赛 xìngē bǐsài ◆~小屋 鸽子棚 gēzi péng ◆~笛《中国の》鸽哨 gēshào; 《日本の》鸽笛 gēdí

はとう【波濤】 浪涛 làngtāo

はどう【波動】 波动 bōdòng

ばとう【罵倒-する】 咒骂 zhòumà; 漫骂 mànmà

パトカー 警车 jǐngchē; 巡逻车 xúnluóchē

はとば【波止場】 码头 mǎtou

バドミントン 羽毛球 yǔmáoqiú

はどめ【歯止め】 抑制 yìzhì; 煞住

shāzhù ♦=が効かない 不能控制 bù néng kòngzhì ♦=をかける 抑制 yìzhì

パトロール-する 巡查 xúnchá; 巡逻 xúnluó; =隊 巡逻队 xúnluóduì

パトロン 靠山 kàoshān; 资助人 zīzhùrén

ハトロンし【ハトロン紙】牛皮纸 niúpízhǐ

バトン 接力棒 jiēlìbàng ♦=を渡す 交接 jiāojiē ♦=トワラー 游行乐队的指挥 yóuxíng yuèduì de zhǐhuī ♦=トワリング 挥舞指挥棒 huīwǔ zhǐhuībàng

はな【花[華]】花 huā ♦=が咲く 开花 kāi huā ♦=が散る 落花 luò huā ♦=を育てる 养花 yǎng huā ♦=を添える 添加光彩 tiānjiā guāngcǎi ♦=を持たせる 把荣誉让给别人 bǎ róngyù ràng gěi biérén ♦=より団子 舍华求实 shě huá qiú shí

はな【鼻】鼻子 bízi ♦=をかむ 擤鼻涕 xǐng bítì ♦=が高い〈得意〉感到得意 gǎndào déyì ♦=であしらう 冷淡地对待 lěngdàn de duìdài ♦=にかける 骄傲 jiāo'ào ♦=につく 厌腻 yànnì 〈匂いの〉 =をつく 扑鼻 pūbí

はないき【鼻息】鼻息 bíxī; 气焰 qìyàn ♦=が荒い 气焰嚣张 qìyàn xiāozhāng

はなうた【鼻歌】♦=を歌う 哼唱 hēngchàng

はなお【鼻緒】木屐带 mùjīdài

はなかぜ【鼻風邪】伤风 shāngfēng ♦=をひく 患伤风 huàn shāngfēng

はながた【花形】红人 hóngrén ♦=選手 有名的运动员 yǒumíng de yùndòngyuán; 体坛明星 tǐtán míngxīng

はなくそ【鼻糞】鼻屎 bíshǐ ♦=をほじくる 抠鼻子 kōu bízi

はなぐもり【花曇り】樱花盛开时期的阴天 yīnghuā shèngkāi shíqí de yīntiān

はなげ【鼻毛】鼻毛 bímáo ♦=を読まれる 被女人玩弄 bèi nǚrén wánnòng

はなごえ【鼻声】鼻音 bíyīn ♦=になる 发鼻音 fā bíyīn

はなことば【花言葉】花的象征语 huā de xiàngzhēngyǔ; 花的寓意 huā de yùyì

はなざかり【花盛り】花盛开 huā shèngkāi

はなし【話】〈兎と亀の〉=龟兔赛跑的故事 guī tù sàipǎo de gùshi ♦=がくどい 话很啰唆 huà hěn luōsuo ♦=こなわれる 告吹 gàochuī ♦=が脱線する 文不对题 wén bú duì tí ♦=にならない 不值一谈 bùzhí yì tán ♦=の筋が通らない 话的内容不合条理 huà de nèiróng bùhé tiáolǐ ♦=の種 话柄 huàbǐng ♦=の種に 住口 zhù kǒu ♦=がつく〈まとまる〉谈妥 tántuǒ ♦=に花が咲く 越谈越热闹 yuè tán yuè rènao ♦=がわかる 通情达理 tōng qíng dá lǐ ♦=がうまい 能说会道 néng shuō huì dào

はなしあい【話し合い-をする】协议 xiéyì; 谈判 tánpàn

はなしあいて【話し相手】聊天伙伴 liáotiān huǒbàn

はなしあう【話し合う】交谈 jiāotán; 商谈 shāngtán

はなしがい【放し飼い-する】牧放 mùfàng ♦=牛を~する 放牛 fàngniú

はなしごえ【話し声】人声 rénshēng; 话音 huàyīn ♦=がする 听到人声 tīngdào rénshēng

はなしことば【話し言葉】口语 kǒuyǔ

はなしこむ【話し込む】谈半天 tán bàntiān; 畅谈 chàngtán

はなしずき【話し好き-な】爱说话 ài shuōhuà

はなしちゅう【話し中】〈電話が〉占线 zhànxiàn

はなしはんぶん【話半分】♦=に聞く 打着折扣听 dǎzhe zhékòu tīng

はなしぶり【話し振り】口气 kǒuqì; 说话的调子 shuōhuà de diàozi

はなしやすい【話し易い】〈事がら〉好说 hǎoshuō; 〈人から〉平易近人 píngyì jìnrén ♦=な人 和蔼可亲的人 hé'ǎi kěqīn de rén

はなじる【鼻汁】鼻涕 bítì

はなす【放す】撒 sā; 放开 fàngkāi ♦=犬を~把狗放开 bǎ gǒu fàngkāi

はなす【離す】松开 sōngkāi ♦=手を~松手 sōng shǒu ♦=〈忙しくて〉手が離せない 离不开手 líbukāi shǒu ♦=目が離せない 得时刻注意 děi shíkè zhùyì

はなす【話す】讲 jiǎng; 说 shuō; 谈 tán ♦=人に~对人说 duì rén shuō ♦=彼女は日本語が話せる 她会说日语 tā huì shuō Rìyǔ ♦=話したいことがある 我有一件事要跟你谈 wǒ yǒu yí jiàn shì yào gēn nǐ tán

はなすじ【鼻筋】鼻梁 bíliáng ♦=のとおった 高鼻梁 gāo bíliáng

はなせる【話せる】懂道理 dǒng dàolǐ; 有见识 yǒu jiànshi ♦=な人 是个通情达理的人 shì ge tōngqíng dálǐ de rén

はなぞの【花園】花园 huāyuán

はなたかだか【鼻高々-の】得意扬

はなたば — はねる

はなたば【花束】花束 huāshù
はなぢ【鼻血】鼻血 bíxuè
はなっぱしら【鼻っ柱】♦〜が強い 固执己见 gùzhí jǐjiàn; 倔强 juéjiàng ♦〜をへし折る 挫人锐气 cuò rén ruìqì
はなつまみ【鼻摘み】人嫌 rén xián ♦〜者 讨厌鬼 tǎoyànguǐ; 狗屎堆 gǒushǐduī
はなづまり【鼻詰まり-の】鼻孔堵塞 bíkǒng dǔsè; 鼻子不通气 bízi bù tōngqì
はなどけい【花時計】花卉钟 huāhuìzhōng
バナナ 香蕉 xiāngjiāo
はなはだ【甚だ】非常 fēicháng; 很 hěn; 极其 jíqí ♦〜異なる 相差很远 xiāngchà hěn yuǎn ♦〜残念 实在可惜 shízài kěxī
はなばたけ【花畑】花圃 huāpǔ
はなはだしい【甚だしい】♦好き嫌いが〜 好恶太极端 hàowù tài jíduān ♦〜格差 太大的差别 tài dà de chābié
はなばなしい【華々しい】华丽 huálì; 出色 chūsè
はなび【花火】烟火 yānhuǒ; 焰火 yànhuǒ ♦〜を上げる 放烟火 fàng yānhuǒ
はなびら【花片】花瓣 huābàn
はなふだ【花札】花纸牌 huāzhǐpái
はなふぶき【花吹雪】飞雪似的樱花 fēixuě shìde yīnghuā
はなみ【花見-をする】观赏樱花 guānshǎng yīnghuā
はなみず【鼻水】鼻涕 bítì ♦〜が出る 流鼻涕 liú bítì ♦〜を垂らす 淌鼻涕 tǎng bítì
はなむけ【餞】饯别 jiànbié ♦〜の言葉 赠言 zèngyán
はなむこ【花婿】新郎 xīnláng ♦〜側 男方 nánfāng
はなもちならない【鼻持ちならない】臭 chòu ♦〜考え 馊主意 sōu zhǔyi ♦〜癞皮狗 làipígǒu
はなもよう【花模様-の】花卉图案 huāhuì tú'àn
はなや【花屋】花店 huādiàn ♦〜露店の 卖花摊 màihuātān
はなやか【華やか-な】绚烂 xuànlàn; 光彩夺目 guāngcǎi duó mù ♦〜な服装 华丽的衣着 huálì de yīzhuó
はなよめ【花嫁】新妇 xīnfù; 新娘 xīnniáng ♦〜側 女方 nǚfāng
ばがつく【南蛮びが】齿列 chǐliè ♦〜が良い 牙齿排列整齐 yáchǐ páiliè zhěngqí
ばなれ【場馴れ-する】不怯场 bú qièchǎng ♦〜した態度 挺自然的态度 tǐng zìrán de tàidu

はなれがたい【離れ難い】舍不得离开 shěbude líkāi; 难舍难分 nán shě nán fēn; 恋恋不舍 liànliàn bù shě
はなれじま【離れ島】孤岛 gūdǎo
はなればなれ【離れ離れ-になる】分 fēn; 离 lí ♦〜になる 失散 shīsàn
はなれる【離れる】离开 líkāi ♦親元を〜 离开父母 líkāi fùmǔ ♦ここから3キロ離れている 离这儿有三公里 lí zhèr yǒu sān gōnglǐ ♦ドアから離れろ! 离开门! líkāi mén ♦ふる里を遠く離れて 远离故乡 yuǎn lí gùxiāng
はなれわざ【離れ業】绝技 juéjì
はなわ【花輪】《首にかける》花环 huāhuán ♦《葬儀用など》花圈 huāquān
はにかむ 害羞 hàixiū; 腼腆 miǎntiǎn
パニック ❶《経済恐慌》经济危机 jīngjì wēijī; 经济恐慌 jīngjì kǒnghuāng ❷《群衆混乱》人群混乱 rénqún hùnluàn ❸《恐怖や不安》恐惧不安 kǒngjù bù'ān ♦〜に陥る 陷入惶恐 xiànrù huángkǒng
はにわ【埴輪】土俑 tǔyǒng
はね【羽】翅膀 chìbǎng; 翅子 chìzi ♦〜ぶとん 羽毛被 yǔmáobèi; 鸭被 yāróngbèi ♦〜を伸ばす 摆脱束缚 bǎituō shùfù; 无拘无束 wú jū wú shù
ばね【発条】弹簧 tánhuáng; 发条 fātiáo
はねあがる【跳ね上がる】《ぴょんと》跳起 tiàoqǐ ♦物価が〜 物价腾贵 wùjià téngguì ♦ズボンに泥水が〜 裤子溅上泥浆 kùzi jiànshàng níjiāng
はねおきる【跳ね起きる】一跃而起 yí yuè ér qǐ
はねかえす【跳ね返す】弹回 tánhuí; 顶回 dǐnghuí
はねかえる【跳ね返る】弹回 tánhuí ♦給料に〜 反过来影响工资 fǎnguòlái yǐngxiǎng gōngzī
はねつける【撥ね付ける】拒绝 jùjué; 顶回 dǐnghuí
はねのける【撥ね除ける】推开 tuīkāi; 排除 páichú
はねばかり【発条秤】弹簧秤 tánhuángchèng
はねまわる【跳ね回る】乱蹦乱跳 luàn bèng luàn tiào
ハネムーン 蜜月 mìyuè
はねる【跳ねる】❶《液体が》溅 jiàn ❷《跳びあがる》跳 tiào ♦カエルが〜 青蛙跳跃 qīngwā tiàoyuè ❸《芝居・映画の》散场 sànchǎng; 终场 zhōngchǎng

はねる【撥ねる】 車に～られた 被汽车撞上了 bèi qìchē zhuàngshàng le ◆不良品を撥ねlet's る 把次品除掉 bǎ cìpǐn chúdiào ◆面接で～れる 在面试被淘汰 zài miànshì bèi táotài

パネル 嵌板 qiànbǎn；图示板 túshìbǎn ◆ ―ディスカッション 专题讨论会 zhuāntí tǎolùnhuì

パノラマ 全景画 quánjǐnghuà

はは【母】 母亲 mǔqīn

はば【幅】 宽度 kuāndù ◆～が狭い 狭窄 xiázhǎi ◆～広い 知识广泛 zhīshi guǎngfàn ◆～を持たせる 有伸缩余地 yǒu shēnsuō yúdì ◆～を利かせる 显示势力 xiǎnshì shìlì

パパイヤ 木瓜 mùguā

ははおや【母親】 母亲 mǔqīn

ははかた【母方】 母系 mǔxì ◆～の亲戚 母系亲属 mǔxì qīnshǔ ◆～の祖父 老爷 lǎoye ◆～の祖母 姥姥 lǎolao

はばかる【憚る】 顾忌 gùjì；怕 pà ◆人目を～ 怕人看见 pà rén kànjiàn ◆外闻を～ 忌讳别人知道 jìhuì biérén zhīdào

はばたく【羽撃く】 拍打翅膀 pāida chìbǎng ◆发展 fāzhǎn ◆世界に～ 活跃在世界上 huóyuèzài shìjièshang

はばつ【派閥】 派系 pàixì ◆～争い 派别斗争 pàibié dòuzhēng

はばとび【幅跳び】 跳远 tiàoyuǎn

はばむ【阻む】 挡住 dǎngzhù；阻挡 zǔdǎng ◆行く手を～ 挡住去路 dǎngzhù qùlù ◆～ことができない 阻挡不了 zǔdǎngbuliǎo

はびこる【蔓延る】 蔓延 mànyán；滋蔓 zīmàn ◆伝染病が～ 传染病蔓延 chuánrǎnbìng mànyán

パフ（化粧用）粉扑 fěnpū

はぶく【省く】 省去 shěngqù；节省 jiéshěng ◆手间を～ 省事 shěngshì ◆无駄を～ 避免浪费 bìmiǎn làngfèi ◆前置きを省略する 省略引子 shěnglüè yǐnzi

ハブくうこう【ハブ空港】 枢纽机场 shūniǔ jīchǎng

ハプニング 意外事件 yìwài shìjiàn

ハブラシ【歯ブラシ】 牙刷 yáshuā ◆電動～ 电动牙刷 diàndòng yáshuā

はぶり【羽振り】 ◆～がよい 很有势力 hěn yǒu shìlì ◆～を利かせる 揽权势 lǎn quánshì

バブル（経済）泡沫经济 pàomò jīngjì ◆～がはじける 泡沫经济崩溃 pàomò jīngjì bēngkuì

はへん【破片】 碎片 suìpiàn；破片 pòpiàn

はま【浜】 海[湖]滨 hǎi[hú]bīn

はまき【葉巻】 雪茄 xuějiā；叶卷烟 yèjuǎnyān

ハマグリ【蛤】 蛤蜊 gélí

ハマナス【浜茄子】 玫瑰 méigui

はまべ【浜辺】 水边 shuǐbiān；海边 hǎibiān

はまる【嵌まる】 适合 shìhé；符合 fúhé；《落ちる》陷入 xiànrù ◆型に～ 因袭 yīnxí ◆役に～ 适于角色 shìyú juésè ◆川に～ 掉进河里 diàojìn héli ◆～中计 zhòngjì；落入圈套 luòrù quāntào

はみがき【歯磨き】 刷牙 shuāyá ◆練り～ 牙膏 yágāo ◆～粉 牙粉 yáfěn

はみだす【食み出す[出る]】 超出 chāochū；越出 yuèchū ◆常识の枠から～ 不合常情 bù hé chángqíng

ハミング-する 哼唱 hēngchàng

ハム 火腿 huǒtuǐ

はむかう【向かう】 反抗 fǎnkàng；抵抗 dǐkàng

ハムスター 腮鼠 sāishǔ

はめこむ【嵌め込む】 镶嵌 xiāng；镶嵌 xiāngqiàn

はめつ【破滅】-する 破灭 pòmiè；毁灭 huǐmiè；灭亡 mièwáng

はめる【嵌める】 戴 dài；戴上 dàishàng；《騙す》使人上当 shǐ rén shàngdàng ◆指輪を～ 戴戒指 dài jièzhi ◆ボタンを～ 扣上钮扣 kòushàng niǔkòu ◆罠に～ 使人上当 shǐ rén shàngdàng

ばめん【場面】 场面 chǎngmiàn；景象 jǐngxiàng ◆～に応ずる 临机 línjí ◆映画の～ 镜头 jìngtóu

はもの【刃物】 刃具 rènjù；刀类 dāolèi

はもん【波紋】 波纹 bōwén ◆～が広がる 起波纹 qǐ bōwén ◆～が広がる〈比喩〉影响扩大 yǐngxiǎng kuòdà

はもん【破門】-する 开除 kāichú；放逐 fàngzhú

はやあし【速足】 快步 kuàibù ◆～で歩く 快步走 kuàibù zǒu ◆～で走る 奔跑 bēnpǎo

はやい【早い】 快 kuài；早 zǎo ◆足が～ 跑得快 pǎode kuài ◆速度が～ 速度快 sùdù kuài ◆川の流れが～ 河流急 héliú jí ◆呼吸が～ 呼吸急促 hūxī jícù ◆耳が～ 消息灵通 xiāoxi língtōng

はやい【早い】 早 zǎo ◆～時期 早期 zǎoqī ◆～内に 趁早 chènzǎo；赶早 gǎnzǎo ◆まだ～よ 还早呢 hái zǎo ne

はやいものがち【早い者勝ち】 先下

はやおき【早起き-する】早起 zǎoqǐ
はやがてん【早合点-する】貿然断定 màorán duàndìng; 貿然弄错 màorán nòngcuò
はやがわり【早変わり-する】摇身一变 yáoshēn yíbiàn
はやく【早く】〔速度〕快 kuài;〔時刻〕早 zǎo ◆~入れ 快进来 kuài jìnlái ◆~からそうして来ている 很早就来了 hěn zǎo jiù lái le
はやく【端役】不重要的角色 bú zhòngyào de juésè;〈伝統劇で〉龙套 lóngtào
はやくち【早口-の】说得快 shuōde kuài ◆~言葉 绕口令 ràokǒulìng
はやくも【早くも】早就 zǎojiù; 早早地 zǎozǎo de
はやし【林】林木 línmù; 树林 shùlín
はやじに【早死に-する】早死 zǎosǐ; 夭折 yāozhé
はやす【生やす】◆根を~ 扎根 zhāgēn ◆髭(ひげ)を~ 留胡子 liú húzi
はやせ【早瀬】急流 jíliú; 急湍 jítān
はやてまわし【早手回し-に】事前准备 tíqián zhǔnbèi; 事先作好准备 shìxiān zuòhǎo zhǔnbèi
はやね【早寝-する】早睡 zǎoshuì
はやのみこみ【早呑み込み-をする】贸然断定 màorán duàndìng; 武断 wǔduàn
はやばや【早々】早早地 zǎozǎo de; 很早 hěn zǎo ji
はやばん【早番-の】早班 zǎobān
はやびけ【早引け-する】早退 zǎotuì
ハヤブサ【隼】隼 sǔn; 鹘鹰 húyīng
はやまる【早まる】❶〔予定的〕提早 tízǎo; 提前 tíqián ◆計画が~ 计划提早 jìhuà tízǎo ❷〔軽率に行動〕忙中出错 máng zhōng chū cuò ◆早まった考え 贸然的看法 màorán de kànfa ◆早まったことをする〈自殺する〉寻短见 xún duǎnjiàn
はやみち【早道】便道 biàndào; 近道 jìndào; 捷径 jiéjìng; 成功的~、成功的捷径 chénggōng de jiéjìng
はやみみ【早耳】顺风耳 shùnfēng'ěr
はやめ【早め-に】提早 tízǎo; 及早 jízǎo ◆~に出かける 早一点走 zǎo yìdiǎn zǒu; 提早动身 tízǎo dòngshēn
はやめる【早める】◆出勤を~ 提早上班 tízǎo shàngbān ◆進度を~ 加快进度 jiākuài jìndù
はやる【流行る】盛行 shèngxíng; 流行 liúxíng ◆はやらない 不兴 bù-
xíng; 不合时尚 bù hé shíshàng ◆はやりのバッグ 时髦的手提包 shímào de shǒutíbāo
はやわかり【早分かり】浅说 qiǎnshuō; 指南 zhǐnán
はやわざ【早業】麻利的手法 máli de shǒufǎ; 神速妙技 shénsù miàojì
はら【腹】肚子 dùzi;〈心〉内心 nèixīn; 心里 xīnli ◆~が减る 肚子饿 dùzi è ◆~を下す 拉肚子 lā dùzi; 拉稀 lāxī ◆~を抱えて笑う 大笑 捧腹 dàxiào pěngfù ◆が太い心胸开阔 xīnxiōng kāikuò ◆が立つ 生气 shēngqì ◆~に一物ある 皮笑肉不笑 pí xiào ròu bù xiào;〈心里打算盘 xīnli dǎ suànpan ◆~を括(くく)る 横心 héngxīn
バラ【薔薇】玫瑰 méigui; 蔷薇 qiángwēi; 月季 yuèjì ◆~の花 薔薇花 qiángwēihuā ◆~色 玫瑰色 méiguīsè ◆~色の人生 瑰丽人生 guīlì rénshēng
はらいおとす【払い落とす】掸 dǎn; 抖搂 dǒulou
はらいこむ【払い込む】缴纳 jiǎonà
はらいさげる【払い下げる】〈政府〉转让 (zhèngfǔ) zhuǎnràng; 出售 chūshòu ◆払い下げの土地 国家转让的土地 guójiā zhuǎnràng de tǔdì
はらいせ【腹癒せ-に】泄愤 xièfèn; 出气 chūqì
はらいっぱい【腹一杯】◆~食べる 吃饱 chībǎo; 吃够 chīgòu
はらいのける【払い除ける】◆手を推开 tuī kāi ◆不安をも~ 驱散不安 qūsàn bù'ān
はらいもどす【払い戻す】退还 tuìhuán ◆切符を~ 退票 tuìpiào
はらう【払う】◆塵を~ 拂拭尘土 fúshì chéntǔ ◆犠牲を~ 付出牺牲 fùchū xīshēng ◆金を~ 付钱 fù qián ◆注意を~ 注意 zhùyì
はらうり【散売り-する】零卖 língmài; 零售 língshòu ◆~コーナー 零售柜台 língshòu guìtái
バラエティー 多样化 duōyànghuà ◆~に富む 丰富多彩 fēngfù duōcǎi ◆~番組 综艺节目 zōngyì jiémù
はらがけ【腹掛け】〔子供用の〕兜肚 dōudu
はらから【同胞】同胞 tóngbāo
はらぐあい【腹具合】◆~が悪い 不舒服 dùzi bù shūfu
パラグライダー 滑翔伞 huáxiángsǎn
パラグラフ 段落 duànluò
はらぐろい【腹黒い】心黑 xīnhēi; 阴险 yīnxiǎn

はらごなし【腹ごなし-に】帮助消化 bāngzhù xiāohuà ◆～に散歩する 散散步，助消化 sànsàn bù, zhù xiāohuà

パラサイト 寄生虫 jìshēngchóng;（人について）寄生族 jìshēngzú

パラシュート 降落伞 jiàngluòsǎn

はらす【晴らす】◆汚名を～ 洗雪骂名 xǐxuě mà míng ◆憂さを～ 解闷 jiěmèn ◆疑いを～ 消除疑虑 xiāochú yílǜ

ばらす ◆機械を～ 拆卸机器 chāixiè jīqì ◆秘密を～ 揭露秘密 jiēlù mìmì

パラソル 旱伞 hànsǎn; 阳伞 yángsǎn

パラダイス 乐园 lèyuán; 天国 tiānguó

はらだたしい【腹立たしい】气人 qìrén; 可气 kěqì; 令人生气 lìng rén shēngqì

はらだち【腹立ち】火头儿 huǒtóur; 恼怒 nǎonù; 生气 shēngqì ◆～を抑える 压气 yàqì

はらちがい【腹違いー の】同父异母 tóngfù yìmǔ ◆～の兄弟 异母兄弟 yìmǔ xiōngdì

バラック 棚子 péngzi; 窝棚 wōpeng

はらづもり【腹積もり】◆～ができている 心里有谱儿 xīnlǐ yǒu pǔr; 胸中有数 xiōngzhōng yǒu shù

パラドックス 反论 fǎnlùn; 逆说 nìshuō

はらばい【腹這い】趴 pā; 俯卧 fǔwò ◆～で進む 匍匐 púfú

はらはら ◆涙を 捏一把汗 niē yī bǎ hàn; 忐忑不安 tǎntè bù'ān

ばらばら 零散 língsàn; 凌散; 七零八落 qī líng bā luò ◆～に壊す 拆 chāi ◆～に分散 fēnsàn

ぱらぱら【音】噼里啪啦 pīlipālā; 噼啪 pīpā ◆～降る 洒洒 sǎluò ◆雨が～降る 稀稀落落地下雨 xīxīluòluò de xiàyǔ

パラフィン 石蜡 shílà ◆～紙 蜡纸 làzhǐ ◆～油 石蜡油 shílàyóu ◆～療法 蜡疗 làliáo

はらぺこ【腹ぺこ】饿 得要死 è de yàosǐ

パラボラアンテナ 抛物面天线 pāowùmiàn tiānxiàn

ばらまく【散蒔く】散播 sànbō; 散布 sànbù ◆種子を～ 撒播种子 sǎbō zhǒngzi ◆金を～ 乱给钱 luàn gěi qián

はらむ【孕む】◆子を～ 怀孕 huáiyùn ◆風を～ 鼓满风 gǔmǎn fēng ◆危険を～ 充满危险 chōngmǎn wēixiǎn

パラリンピック 国际伤残人运动会 Guójì Shāngcánrén Yùndònghuì; 残奥会 Cán'àohuì

はらわた【腸】肠 cháng ◆～が煮えくり返る 非常气愤 fēicháng qìfèn

はらん【波乱】◆～を起こす 引起风波 yǐnqǐ fēngbō ◆～に富んだ人生 充满波澜的人生 chōngmǎn bōlán de rénshēng

バランス 均衡 jūnhéng ◆～のとれた 均衡的 jūnhéng de ◆～の平衡 pínghéng ◆～を失う 失去平衡 shīqù pínghéng

バランスシート 资产负债表 zīchǎn fùzhàibiǎo

はり【梁】屋架 wūjià; 大梁 dàliáng

はり【針】 针儿 zhēnr ◆～で刺す 用针刺 yòng zhēn cì ◆～に糸を通す 穿针 chuānzhēn ◆～の先 针尖儿 zhēnjiānr ◆～の表针 biǎozhēn ◆編み～ 毛线针 máoxiànzhēn ◆刺し針 针扎儿 zhēnzhār ◆仕事をする 做针线活儿 zuò zhēnxian huór ◆～の筵に座った気分 坐在针毡上一样的心情 zuòzài zhēnzhānshang yíyàng de xīnqíng

はり【鍼】针 zhēn ◆～を打つ（治療する）扎针 zhāzhēn ◆麻酔 针刺麻酔 zhēncì mázuì; 针麻 zhēnmá ◆～灸 针灸 zhēnjiǔ

はり【張り】紧张 jǐnzhāng ◆～のある紧张有力 jǐnzhāng yǒulì ◆～のある声 音响亮的 shēngyīn xiǎngliàng

はりあい【張り合い】◆～がある 有干头 yǒu gàntou; 起劲 qǐjìn ◆～のない 没劲 méijìn

はりあう【張り合う】竞争 jìngzhēng; 较量 jiàoliàng

はりあげる【張り上げる】声を～ 大声喊 dàshēng hǎn; 扯嗓子 chě sǎngzi

バリアフリー 无障碍 wúzhàng'ài

バリウム 钡 bèi

はりえ【貼り絵】剪贴 jiǎntiē

バリエーション 变化 biànhuà; 变种 biànzhǒng;【音楽】变奏曲 biànzòuqǔ

はりかえる【張り替える】《紙類》重新贴上 chóngxīn tiēshàng; 重糊 chónghú

はりがね【針金】钢丝 gāngsī; 铁丝 tiěsī

はりがみ【張り紙】贴纸 tiēzhǐ

バリカン 推子 tuīzi

ばりき【馬力】马力 mǎlì ◆～がある 精力充沛 jīnglì chōngpèi

はりきる【張り切る】上劲 shàngjìn ◆張りきって働く 干劲儿十足地工作 gànjìnr shízú de gōngzuò

バリケード 防栅障 fángzhà; 路障 lù-

ハリケーン ― はれわたる

ハリケーン 飓风 jùfēng
はりこむ【張り込む】 ⟨刑事が⟩ 埋伏 máifú; ⟨暗中監視⟩ 暗监视 ànzhēnshì
はりさける【張り裂ける】 破裂 pòliè ◆胸が張り裂けそうだ 肝肠欲断 gāncháng yù duàn
はりたおす【張り倒す】 打倒 dǎdǎo
はりだす【貼り出す】 张贴 zhāngtiē; ⟨出っぱる⟩ 伸出 shēnchū
はりつける【貼り付ける】 贴；粘 tiē; zhān
はりつめる【張り詰める】 紧张 jǐnzhāng ◆張り詰めた空気 气氛紧张 qìfēn jǐnzhāng
バリトン 男中音 nánzhōngyīn
ハリネズミ【針鼠】 刺猬 cìwei
はりばこ【針箱】 针线盒 zhēnxiànhé
ばりばり ◆～働く 拼命工作 pīnmìng gōngzuò; 干劲十足地工作 gànjìn shízú de gōngzuò
はる【春】 春天 chūntiān ◆～になればと来て春天到了 chūntiān le ◆～の遠足 春游 chūnyóu ◆～の息吹き 春意 chūnyì
はる【貼る】 贴；粘 tiē; zhān
はる【張る】 ◆胸を～ 挺胸 tǐngxiōng ◆根が～ 扎根 zhāgēn ◆気が～ 精神紧张 jīngshén jǐnzhāng ◆見栄を～ 装饰门面 zhuāngshì ménmiàn; 卖弄 màinong ◆氷が～ 结冰 jiébīng ◆縄を～ 拉绳 lā shéng ◆強情を～ 固执己见 gùzhí jǐjiàn
はるいちばん【春一番】 春天首次大南风 chūntiān shǒucì dà nánfēng
はるか【遥かに】 远远 yuǎnyuǎn; 遥遥 yáoyáo ◆～遠い 遥远 yáoyuǎn ◆～に偲ぶ 缅怀 miǎnhuái ◆～に眺める 遥望 yáowàng ◆～な昔 遥远的过去 yáoyuǎn de guòqù ◆～に強い 强得多 qiáng de duō
はるがすみ【春霞】 春霭 chūn'ǎi
はるかぜ【春風】 春风 chūnfēng; 东风 dōngfēng ◆～が吹く 春风吹来 chūnfēng chuīlái
はるぎ【春着】 春装 chūnzhuāng
はるげしき【春景色】 春光 chūnguāng; 春色 chūnsè
バルコニー 凉台 liángtái; 阳台 yángtái
はるさき【春先】 初春 chūchūn
はるさめ【春雨】 ❶⟨食品⟩ 粉丝 fěnsī ❷⟨雨⟩ 春雨 chūnyǔ
はるばる【遥々】 遥远 yáoyuǎn ◆～やって来る 远道而来 yuǎndào érlái
バルブ【弁】 阀 fá; 活门 huómén; ⟨水道管の水门⟩ 水门 shuǐmén
パルプ【製紙用】 纸浆 zhǐjiāng
はるまき【春巻】 春卷 chūnjuǎn
はるやすみ【春休み】 春假 chūnjià
はれ【晴】 ❶⟨天候⟩ 晴天 qíngtiān ―のち曇り 晴转阴 qíng zhuǎn yīn ❷⟨はなやかな⟩ ◆～の舞台 隆重的场面 lóngzhòng de chǎngmiàn ◆～の卒業にしたれど 虽然光彩毕业了 suīrán guāngcǎi bìyè le
はれ【腫れ】 肿胀 zhǒngzhàng ◆～がひく 消肿 xiāozhǒng
はれあがる【晴れ上がる】 放晴 fàngqíng; 晴朗 qíngláng
はれあがる【腫れ上がる】 肿胀 zhǒngzhàng
ばれいしょ【馬鈴薯】 马铃薯 mǎlíngshǔ; 土豆 tǔdòu
バレエ 芭蕾舞 bālěiwǔ
ハレーション 晕影 yùnyǐng
ハレーすいせい【ハレー彗星】 哈雷彗星 Hāléi huìxīng
パレード-する 游行 yóuxíng
バレーボール 排球 páiqiú
はればれしい【晴れ晴れしい】 光彩 guāngcǎi; 堂皇 tánghuáng
はれぎ【晴着】 盛装 shèngzhuāng
はれつ【破裂】-する 破裂 pòliè ◆水道管の～する 水管破裂 shuǐguǎn pòliè ◆風船が～する 气球破裂 qìqiú pòliè
パレット 调色板 tiáosèbǎn
はれて【晴れて】 公开地 gōngkāi de; 正式地 zhèngshì de ◆～夫婦となる正式成为夫妻 zhèngshì chéngwéi fūqī
はればれ【晴れ晴れ】-とした 清爽 qīngshuǎng; 畅快 chàngkuài
はれぼったい【腫れぼったい】 微肿 wēizhǒng ◆～顔 微肿的脸 wēizhǒng de liǎn ◆～目 微肿的眼 wēizhǒng de yǎn
はれま【晴間】-に ◆雲の～ 云隙的青天 yúnxì de qīngtiān ◆梅雨の～ 黄梅季的晴天 huángméijì de qíngtiān
はれもの【腫れ物】 脓肿 nóngzhǒng; 疖子 jiēzi ◆～ができる 生疖子 shēng jiēzi; 长疙瘩 zhǎng gēda ◆～に触るような 提心吊胆 tí xīn diào dǎn
はれやか【晴れやかな】 爽朗 shuǎnglǎng ◆～な顔 开朗的面容 kāilǎng de miànróng ◆～な心境 光风霁月 guāng fēng jì yuè
バレリーナ 芭蕾舞女演员 bālěiwǔ nǚyǎnyuán
はれる【腫れる】 肿 zhǒng
ばれる【晴れる】 放晴 fàngqíng
ばれる 败露 bàilù; 暴露 bàolù ◆うそが～ 谎言败露 huǎngyán bàilù
はれわたる【晴れ渡る】 清朗 qīng-

バレンタインデー — ハングル　453

lǎng：晴朗 qínglǎng ◆晴れ渡った空 晴空 qíngkōng
バレンタインデー 情人节 Qíngrénjié
はれんち【破廉恥-な】 无耻 wúchǐ
はろう【波浪】 波浪 bōlàng; 浪头 làngtou ◆～警報 波浪警报 bōlàng jǐngbào
ハロウイーン 万圣节前夕 Wànshèngjié qiánxī
バロック 巴洛克式 bāluòkè shì ◆～音楽 巴洛克音乐 bāluòkè yīnyuè
パロディー 滑稽性模仿 huájīxìng mófǎng
バロメーター 气压计 qìyājì; 晴雨计 qíngyǔjì ◆《比喻》景気の～ 景气的标志 jǐngqì de biāozhì
パワー 力量 lìliang; 势力 shìlì ◆～アップ 提高功率 tígāo gōnglǜ ◆～がある 有力量 yǒu lìliang
パワーショベル 掘土机 juétǔjī; 铲车 chǎnchē
はわたり【刃渡り】 刀刃长度 dāorèn chángdù ◆～20センチの包丁 刀刃长二十厘米的菜刀 dāorèn cháng èrshí límǐ de càidāo
はん【判】 图章 túzhāng; 戳子 chuōzi ◆～を押す 盖章 gàizhāng
はん【版】 版 bǎn ◆～を組む 排版 páibǎn ◆～を重ねる 再版 zàibǎn; 重版 chóngbǎn
はん【班】 班 bān; 小组 xiǎozǔ
はん【半】 半 bàn ◆2時～ 两点半 liǎng diǎn bàn
はん【犯】 犯 fàn ◆初～ 初犯 chūfàn ◆確信～ 明知故犯 míng zhī gù fàn
ばん【晩】 晚上 wǎnshang
ばん【番】 ❶《順番》轮 lún ◆～が回って来る 轮到 lúndào ◆きみの～だよ 轮到你了 lúndào nǐ le ◆〈見張り〉～をする 把守 bǎshǒu; 看守 kānshou
パン 面包 miànbāo ◆～の屑 面包屑 miànbāo xiè ◆～を焼く 烤面包 kǎo miànbāo
はんい【範囲】 范围 fànwéi ◆～を広げる 扩展范围 kuòzhǎn fànwéi ◆行動～ 行动范围 xíngdòng fànwéi
はんい<2> 反义词 fǎnyìcí
はんえい【反映】 反映 fǎnyìng ◆意見を～に 反映意见 fǎnyìng yìjiàn
はんえい【繁栄-する】 繁荣 fánróng ◆～の時代 盛世 shèngshì ◆～する 城镇繁华 chéngzhèn fánhuá
はんえいきゅうてき【半永久的】 半永久性 bànyǒngjiǔxìng
はんえんけい【半円形-の】 半圆形 bànyuánxíng
はんが【版画】 版画 bǎnhuà; 木刻 mùkè
ばんか【挽歌】 挽歌 wǎngē
ばんか【晩夏】 晚夏 wǎnxià
ハンガー 衣架 yījià
はんかい【半壊-する】 半坏 bànhuài; 毁掉一半 huǐdiào yíbàn
はんかい【挽回】 挽回 wǎnhuí; 收回 shōuhuí ◆劣势を～する 挽回劣势 wǎnhuí lièshì
はんかがい【繁華街】 闹市 nàoshì; 热闹的大街 rènao de dàjiē
はんかく【反核】 反对核武器 fǎnduì héwǔqì
はんがく【半額-の】 半价 bànjià ◆～チケット 半票 bànpiào
はんかくめい【反革命】 反革命 fǎngémìng
ハンカチ 手绢儿 shǒujuànr; 手帕 shǒupà
はんかつう【半可通】 一知半解 yì zhī bàn jiě
バンガロー 供宿营用的木房 gōngsùyíng yòng de mùfáng; 简易小房 jiǎnyì xiǎofáng
はんかん【反感】 反感 fǎngǎn ◆～を買う 激起反感 jīqǐ fǎngǎn ◆～を持つ 抱有反感 bàoyǒu fǎngǎn
ばんかん【万感】 万感 wàngǎn ◆～胸にせまる 万感交集 wàngǎn jiāojí
はんき【半旗】 ～を掲げる《弔意を示す》下半旗 xià bànqí
はんき【反旗】 ～を翻す 背叛 bèipàn; 举旗造反 jǔqí zàofǎn
はんき【半期】 半期 bànqī
はんぎゃく【反逆-する】 背叛 bèipàn; 造反 pànnì; 造反 zàofǎn ◆～者 叛徒 pàntú
はんきょう【反共-の】 反共 fǎngòng de
はんきょう【反響-する】 ❶《音》回声 huíshēng; 回响 huíxiǎng ❷《事柄にする》反响 fǎnxiǎng ◆～を呼ぶ 引起反响 yǐnqǐ fǎnxiǎng ◆～が大きい 反响很大 fǎnxiǎng hěn dà
はんきょうらん【半狂乱】 几乎疯狂 jīhū fēngkuáng
ばんきん【板金】 钣 bǎn; 金属板 jīnshǔbǎn ◆～工 钣金工 bǎnjīngōng
パンク ◆タイヤが～する 车胎爆裂 chētāi bàoliè
パンク〈ロック〉 朋克 péngkè; 庞克 pángkè
ハンググライダー 悬挂滑翔机 xuánguà huáxiángjī
ばんぐみ【番組】 节目 jiémù ◆テレビ～ 电视节目 diànshì jiémù
ハングル 朝鲜文字 Cháoxiān wén-

ばんくるわせ【番狂わせ】 出乎意料的现象 chūhū yìliào de xiànxiàng；意想不到的结果 yìxiǎngbudào de jiéguǒ

はんけい【半径】 半径 bànjìng

はんげき【反撃-する】 反击 fǎnjī；反攻 fǎngōng

はんけつ【判決】 判决 pànjué ◆~を言い渡す 宣判 xuānpàn ◆~文 判决书 pànjuéshū

はんげつ【半月】 半月 bànyuè

はんけん【版権】 ❶《著作権》版权 bǎnquán；著作权 zhùzuòquán ❷《出版権》(出版社的)出版权 (chūbǎnshè de) chūbǎnquán

はんけん【半券】 票根 piàogēn

はんげん【半減-する】 减半 jiǎnbàn；少一半 shǎo yíbàn／楽しみが~する 乐趣减半 lèqù jiǎnbàn ◆~期《放射性元素的》半衰期 bànshuāiqī

ばんけん【番犬】 看家狗 kānjiāgǒu

はんじ【判子】 戳儿 chuōr；图章 túzhāng ◆~を押す 盖章 gài zhāng

はんご【反語】 反话 fǎnhuà；反语 fǎnyǔ

パンこ【パン粉】 面包粉 miànbāofěn

はんこう【反抗-する】 反抗 fǎnkàng；违抗 wéikàng ◆~期 反抗期 fǎnkàngqī

はんこう【犯行】 罪行 zuìxíng ◆~を重ねる 罪行不断 zuìxíng bú duàn ◆~を認める 承认罪行 chéngrèn zuìxíng

ばんこう【蛮行】 兽行 shòuxíng；暴行 bàoxíng；野蛮行为 yěmán xíngwéi

ばんごう【番号】 号码 hàomǎ ◆~を合わせる 对号 duìhào ◆~を付ける 编号 biānhào ◆暗証~ 密码 mìmǎ ◆~札（ふだ） 号码牌 hàomǎpái

ばんこく【万国】 万国 wànguó ◆~共通の 世界通用的 shìjiè tōngyòng de

はんこつ【反骨】 の 反抗 fǎnkàng；叛逆 pànnì ◆~精神 反抗精神 fǎnkàng jīngshén

はんごろし【半殺し】 ◆~にする 打个半死 dǎ ge bànsǐ ◆~の目に遭う 被打得半死 bèi dǎde bànsǐ

ばんこん【晩婚-な】 晚婚 wǎnhūn

はんさ【煩瑣-な】 烦琐 fánsuǒ；麻烦 máfan

はんざい【犯罪】 犯罪 fànzuì ◆~の証拠 罪证 zuìzhèng／~行為 罪行 zuìxíng ◆~者 罪犯 zuìfàn

ばんざい【万歳】 万岁 wànsuì ◆三唱 三呼万岁 sānhū wànsuì ◆だめだ、~だ 完了、投降了 wán le,

tóuxiáng le

ばんさく【万策】 ◆~を講じて 千方百计可施 qiān fāng bǎi jì ◆~が尽きる 无计可施 wú jì kě shī

はんざつ【繁/煩雑-な】 纷繁 fēnfán；复杂 fùzá；烦琐 fánsuǒ ◆~な手続き 烦琐的手续 fánsuǒ de shǒuxù

ハンサム【-な】 俊俏 jùnqiào；英俊 yīngjùn

はんさよう【反作用】 反作用 fǎnzuòyòng

ばんさん【晩餐】 晚餐 wǎncān ◆~会 晚餐会 wǎncānhuì

はんじ【判事】 法官 fǎguān；审判员 shěnpànyuán

ばんじ【万事】 ◆~が順調に運ぶ 万事亨通 wànshì hēngtōng ◆~休す 万事休 wànshì xiū；完蛋了 wándàn le

バンジージャンプ 蹦极 bèngjí

はんしはんしょう【半死半生】 半死不活 bàn sǐ bù huó

はんしゃ【反射-する】 反射 fǎnshè ◆~鏡 反光镜 fǎnguāngjìng；回光镜 huíguāngjìng

はんしゃかいてき【反社会的-な】 反社会的 fǎnshèhuì de ◆~組織 黑社会 hēishèhuì

ばんしゃく【晩酌-の】 晚饭酒 wǎnfànjiǔ

ばんじゃく【磐石の】 磐石 pánshí ◆~の備え 坚如磐石 jiān rú pánshí

はんしゅう【半周-する】 半周 bànzhōu

ばんしゅう【晩秋】 晚秋 wǎnqiū

はんじゅく【半熟】 半熟 bànshú；煮成半熟 zhǔchéng bànshú ◆~卵 半熟鸡蛋 bànshú jīdàn

はんしゅつ【搬出-する】 搬出 bānchū

ばんしゅん【晩春】 暮春 mùchūn；晚春 wǎnchūn

ばんしょ【板書-する】 板书 bǎnshū；写在黑板上 xiězài hēibǎnshàng

はんしょう【反証-する】 反证 fǎnzhèng

はんしょう【半焼-する】 烧掉一半 shāodiào yíbàn

はんしょう【半鐘】 警钟 jǐngzhōng ◆~を鳴らす 敲警钟 qiāo jǐngzhōng

はんじょう【繁盛-する】 兴隆 xīnglóng；繁昌 fánróng ◆商売～生意兴隆 shēngyi xīnglóng

はんしょく【繁殖-する】 繁殖 fánzhí；滋生 zīshēng ◆ゴキブリが〜した 蟑螂滋生了 zhāngláng zīshēng le

はんしんはんぎ【半信半疑-だ】 将

はんしんふずい【半身不随-の】 偏癱 piāntān; 半身不遂 bàn shēn bù suí
はんしんろん【汎神論】 泛神论 fànshénlùn
はんすう【半数-の】 半数 bànshù; 一半 yíbàn ♦～も満たない 不到一半 bú dào yíbàn
ハンスト〘ハンガーストライキ〙 绝食斗争 juéshí dòuzhēng
パンスト〘パンティーストッキング〙 连裤袜 liánkùwà
はんズボン【半ズボン】 短裤 duǎnkù
はんする【反する】 违反 wéifǎn; 违背 wéibèi ♦期待に～ 与期望相反 yǔ qīwàng xiāngfǎn ♦法律に～ 违法 wéifǎ
はんせい【反省-する】 反省 fǎnxǐng; 省察 xǐngchá; 反思 fǎnsī ♦～が足りない 反省不够 fǎnxǐng búgòu ♦～を促す 促使反省 cùshǐ fǎnxǐng
はんせい【半生】 半生 bànshēng; 半辈子 bànbèizi ♦～を语る 谈前半生 tán qiánbànshēng
はんせいひん【半製品】 半成品 bànchéngpǐn; 半制品 bànzhìpǐn
はんせん【帆船】 帆船 fānchuán
はんせん【反戦-の】 反战 fǎnzhàn ♦～運動 反战运动 fǎnzhàn yùndòng
ばんぜん【万全-の】 ～を期する 以期万全 yǐ qī wànquán ♦～の措置をとる 措施完备 cuòshī wánbèi
はんそ【反訴-する】 反诉 fǎnsù; 反告 fǎngào
ばんそう【伴奏-する】 伴奏 bànzòu ♦無～ 无伴奏 wú bànzòu
ばんそうこう【絆創膏】 胶布 jiāobù; 橡皮膏 xiàngpígāo ♦～を贴る 贴胶布 tiē jiāobù
はんそく【反則-する】 犯规 fànguī ♦～をとる 判罚 pànfá
はんそで【半袖-の】 短袖 duǎnxiù ♦～シャツ 短袖衬衫 duǎnxiù chènshān
はんだ【半田】 焊錫 hànxī ♦～鏝(ごて) 烙铁 làotiě ♦～付けする 焊接 hànjiē
パンダ 熊猫 xióngmāo ♦ジャイアント～ 大熊猫 dàxióngmāo ♦レッサー～ 小熊猫 xiǎoxióngmāo
ハンター 猎手 lièshǒu; 猎人 lièrén
はんたい【反対-する】 反对 fǎnduì ♦～に 倒 dào; 反倒 fǎndào; 相反 xiāngfǎn ♦～论を押し切る 排除反对意见 páichú fǎnduì yìjiàn ♦～語

反义词 fǎnyìcí ♦～者 异己分子 yìjǐ fènzǐ
はんたいじ【繁体字】 繁体字 fántǐzì
はんたいせい【反体制】 反体制 fǎntǐzhì
パンタグラフ 集电弓 jídiàngōng; 导电弓架 dǎodiàn gōngjià
はんだん【判断-する】 判断 pànduàn ♦～を誤る 错误判断 cuòwù pànduàn ♦～を先送りする 搁置 gēzhì ♦～を下す 下判断 xià pànduàn; 决断 juéduàn
ばんたん【万端】 万端 wànduān ♦準備～整え 准备十分周密 zhǔnbèi shífēn zhōumì
ばんち【番地】 地址号码 dìzhǐ hàomǎ ♦～门牌 ménpái
パンチ 拳击 quánjī ♦～の效いた〈比喻〉簡洁有力 jiǎnjié yǒulì; 最精采的 zuì jīngcǎi de
ばんちゃ【番茶】 粗茶 cūchá
はんちゅう【範疇】 范畴 fànchóu ♦同じ～に入る 属于同一个范畴 shǔyú tóng yí ge fànchóu
ハンチング〘帽子〙 鸭舌帽 yāshémào
パンツ〘下着の〙 裤权 kùchà
はんつき【半月】 半个月 bàn ge yuè
ばんづけ【番付】 排行榜 páihángbǎng; 名次表 míngcìbiǎo ♦長者～ 富豪排行榜 fùháo páihángbǎng ♦～が3枚上った 名次升了三名 míngcì shēngle sān míng
はんてい【判定-する】 判定 pàndìng; 判断 pànduàn ♦勝败を～する 评判胜负 píngpàn shèngfù ♦～を下す 作出判决 zuòchū pànjué
パンティー 三角裤衩 sānjiǎo kùchǎ ♦～ストッキング 连裤袜 liánkùwà
ハンディキャップ 不利条件 búlì tiáojiàn
はんてん【反転-する】 掉头 diàotóu; 回转 huízhuǎn
はんてん【斑点】 斑点 bāndiǎn
バンド ❶〘ひも状の 带儿 dàir ♦ヘア～ 发带 fàdài ♦革～ 皮带 pídài ❷〘楽団〙 乐队 yuèduì; 乐团 yuètuán ♦～マン 乐队队员 yuèduì duìyuán
ハンドア【半ドア】〘車の〙 车门没关好 chēmén méi guānhǎo
はんとう【半島】 半岛 bàndǎo
はんどう【反動】 反动 fǎndòng; 反作用 fǎnzuòyòng ♦～的な 反动的 fǎndòng; 顽固 wángù
はんどうたい【半導体】 半导体 bàndǎotǐ
はんとうめい【半透明-の】 半透明 bàntòumíng
はんどく【判読-する】 猜着读 cāizhe

dú;辨认 biànrèn

はんとし[半年] 半年 bànnián

ハンドバッグ 手提包 shǒutíbāo

ハンドブック 手册 shǒucè;便览 biànlǎn

ハンドボール 手球 shǒuqiú

パントマイム 哑剧 yǎjù

ハンドル ❶〈自転車などの〉车把 chēbǎ ❷〈自動車などの〉方向盘 fāngxiàngpán

ばんなん[万難] ◆～を排する 排除万难 páichú wànnán

はんにち[半日] 半天 bàntiān

はんにゅう[搬入-する] 搬入 bānrù

はんにん[犯人] 罪犯 zuìfàn;犯人 fànrén

ばんにん[万人] 万人 wànrén;众人 zhòngrén ◆～が認める 众人公认 gōngrèn

ばんにん[番人] 〈畑の〉地里的看守人 dìli de kānshǒurén ◆法の～ 法律的守卫者 fǎlǜ de shǒuwèizhě

はんにんまえ[半人前の] 半人份儿 bànrénfèn

はんね[半値] 对折 duìzhé;半价 bànjià ◆～でも要らない 打对折也不要 dǎ duìzhé yě bú yào

ばんねん[晩年] 晚年 wǎnnián

はんのう[反応-する] 反应 fǎnyìng;回应 huíyìng ◆化学～ 化学反应 huàxué fǎnyìng ◆～がない 没有反应 méiyǒu fǎnyìng ◆～が素早い 回应迅速 huíyìng xùnsù

ばんのう[万能-の] 全能 quánnéng;万能 wànnéng ◆～薬 灵丹妙药 língdān miàoyào ◆スポーツ～ 体育活动的全才 tǐyù huódòng de quáncái

はんば[飯場] 工棚 gōngpéng

はんぱ[半端-な] ◆～な 零星时间 língxīng shíjiān ◆中途～ 不彻底 bú chèdǐ

バンパー 保险杠 bǎoxiǎngàng

ハンバーガー 汉堡包 hànbǎobāo

ハンバーグ 汉堡牛饼 hànbǎo niúbǐng;汉堡牛排 hànbǎo niúpái

はんばい[販売-する] 贩卖 fànmài;售货 shòuhuò ◆～員 售货员 shòuhuòyuán ◆～価格 销售价格 xiāoshòu jiàgé ◆～代理店 代理店 dàilǐdiàn ◆通信～ 邮购 yóugòu ◆ネット～ 网络营销 wǎngluò yíngxiāo

はんばく[反駁-する] 反驳 fǎnbó;回驳 huíbó

はんぱつ[反発-する] 抗拒 kàngjù;反对 fǎnduì ◆～を買う 受到抗拒 shòudào kàngjù

はんぶん[半分] 一半 yíbàn ◆～に切る 切成两半 qièchéng liǎngbànr ◆～で負担する 各人负担一半 gèrén fùdān yíbàn

はんびょうにん[半病人] 半个病人 bàngè bìngrén

はんびらき[半開きの] 半开 bànkāi

はんぴれい[反比例-する] 反比 fǎnbǐ;反比例 fǎnbìlì ◆～の関係 反比的关系 fǎnbǐ de guānxi

はんぷ[帆布] 帆布 fānbù

はんぷ[頒布-する] 分发 fēnfā

はんぷく[反復-する] 反复 fǎnfù ◆～練習 反复练习 fǎnfù liànxí

はんぶつ[万物] 万物 wànwù

パンフレット 小册子 xiǎocèzi

はんぶん[半分] 一半 yíbàn ◆～に切る 切成两半 qièchéng liǎngbànr ◆おもしろ～に 半开玩笑地 bàn kāi wánxiào de

はんべつ[判別-する] 辨别 biànbié;辨认 biànrèn ◆～がつく 可以辨别 kěyǐ biànbié

はんぼう[繁忙] 繁忙 fánmáng ◆～を極める 忙极了 máng jíle

ハンマー 锤子 chuízi;榔头 lángtou ◆～投げ 掷链球 zhì liànqiú

ばんみん[万民] 万众 wànzhòng

はんめい[判明-する] 判明 pànmíng ◆身元が～ 判明身份 pànmíng shēnfèn

はんめし[飯飯] 晚饭 wǎnfàn

はんめん[反面] 反面 fǎnmiàn;另一面 lìng yímiàn ◆～教師 反面教员 fǎnmiàn jiàoyuán

はんも[繁茂-する] 茂盛 màosheng;繁茂 fánmào

はんもく[反目-する] 反目 fǎnmù;不和 bùhé

はんもと[版元] 出版社 chūbǎnshè

はんもん[反問-する] 反问 fǎnwèn

はんもん[煩悶する] 烦闷 fánmèn;烦恼 fánnǎo;苦闷 kǔmèn

ばんゆういんりょく[万有引力] ◆～の法則 万有引力定律 wànyǒu yǐnlì dìnglǜ

はんよう[汎用] 通用 tōngyòng ◆～コンピュータ 通用计算机 tōngyòng jìsuànjī

はんらい[万雷] ◆～の拍手 雷鸣般的掌声 léimíng bān de zhǎngshēng

はんらく[反落-する] 回落 huíluò;回跌 huídiē

はんらん[反乱] 叛乱 pànluàn ◆～を企てる 谋反 móufǎn ◆～を起こす 起义 qǐyì;作乱 zuòluàn ◆～を鎮める 平定叛乱 píngdìng pànluàn

はんらん[氾濫-する] 泛滥 fànlàn ◆川が～ 河水泛滥 héshuǐ fànlàn ◆悪書が～している 坏书泛滥

huàishū fànlàn
ばんり【万里】 ◆~の波濤 万里波涛 wànlǐ bōtāo; ◆~の長城 万里长城 Wàn lǐ Chángchéng
はんりょ【伴侶】 伴侣 bànlǚ
はんれい【判例】 判例 pànlì; 案例 ànlì
はんれい【凡例】 凡例 fánlì; 例言 lìyán
はんろ【販路】 销路 xiāolù; ◆~を広げる 扩大销路 kuòdà xiāolù
はんろん【反論-する】 辩驳 biànbó; 反驳 fǎnbó

ひ

ひ【火】 火 huǒ ◆~がつく 着火 zháo huǒ ◆~が消える 熄火 xī huǒ ◆~に当たる 烤火 kǎo huǒ ◆~に強い 耐火 nàihuǒ ◆~を燃(おこ)す 生火 shēng huǒ ◆~を放つ 纵火 zònghuǒ ◆~のように激しい 火毒 huǒdú
ひ【日】 ❶《太陽》日 rì; 太阳 tàiyang ◆~に焼ける 晒黑 shàihēi ◆~が沈む 日落 rìluò ◆~に干す 晾 liàng; 晒 shài ◆~に当てる 晒 shài ◆~の当たる側《建物などの》阳面 yángmiàn ◆~の当らぬ場所 背阴 bèiyīn ◆~が昇る 太阳升起来 tàiyang shēngqǐlai ◆~が差す 阳光照射 yángguāng zhàoshè ◆~が暮れた 天黑了 tiān hēi le ❷《日にち》日子 rìzi ◆~を過ごす 度日 dùrì ◆~を選ぶ 择期 zéqī ◆~を追って 逐日 zhúrì ◆~を改めて 改天 gǎitiān
ひ【比】 比率 bǐlǜ; 比值 bízhí ◆…の~ではない 比不上… bǐbushàng…
ひ【碑】 碑 bēi
ひ【非】 非 fēi; 错误 cuòwù; 缺点 quēdiǎn ◆彼に~がある 他不对 tā búduì ◆~を悔いる 回头 huítóu ◆~を認める 承认错误 chéngrèn cuòwù ◆~の打ち所がない 完美无瑕 wánměi wúxiá
ひ【灯】 灯 dēng ◆~をともす 点灯 diǎndēng
び【美】 美 měi ◆~意識 美感 měigǎn ◆~を鑑賞する 审美 shěnměi
び【微】 ◆~に入り細を穿(うが)って 仔仔细细 zǐzǐxìxì
ひあい【悲哀】 悲哀 bēi'āi
ひあがる【干上がる】 干枯 gānkū; 干巴巴 gānbābā ◆干上がった川 干涸的河 gānhé de hé ◆口が~ 无法糊口 wúfǎ húkǒu
ひあし【日足】 白天 báitiān ◆~が短い 天短 tiān duǎn ◆~が伸びる 天变长 tiān biàn cháng
ピアス 穿孔耳环 chuānkǒng ěrhuán ◆~をする 戴穿孔耳环 dài chuānkǒng ěrhuán
ひあそび【火遊び-する】《比喩的にも》玩火 wánhuǒ
ひあたり【日当り】 ◆~のよい 朝阳 cháoyáng; 向阳 xiàngyáng ◆~の悪い 不向阳 bú xiàngyáng
ピアニスト 钢琴家 gāngqínjiā
ピアノ 钢琴 gāngqín
ヒアリング 听力 tīnglì ◆~の授业 听力课 tīnglìkè ◆~の能力 听力 tīnglì;《公听会》听证会 tīngzhèng-

ピーアール【PR-する】 宣伝 xuānchuán；公关 gōngguān
ビーエルほう【PL法】 产品责任法 chǎnpǐn zérèn fǎ
ひいおじいさん【曾お祖父さん】 曾祖 zēngzǔ；曾祖父 zēngzǔfù
ひいおばあさん【曾お祖母さん】 老奶奶 lǎonǎinai；曾祖母 zēngzǔmǔ
ビーカー 烧杯 shāobēi
ビーがたかんえん【B型肝炎】 乙肝 yǐgān；乙型肝炎 yǐxíng gānyán
ひいき【晶屓-する】 向着 xiàngzhe；照顾 zhàogù ◆～の引き倒し 偏爱谁,反倒害谁 piān'ài shéi, fǎndǎo hài shéi
ピーク 顶端 dǐngduān；高峰 gāofēng；高潮 gāocháo ◆渋滞の～ 交通滞迟的高峰 jiāotōng zhìsè de gāofēng
ビーシージー（BCG） 卡介苗 kǎjièmiáo
ビーズ 串珠 chuànzhū
ヒーター 加热器 jiārèqì；电炉 diànlú
ビーだま【ビー玉】 玻璃球儿 bōliqiúr
ピータン【皮蛋】 皮蛋 pídàn；松花蛋 sōnghuādàn
ひいにち【日一日-と】 ◆～と寒くなる 一天比一天冷起来 yì tiān bǐ yì tiān lěngqǐlai
ビーチパラソル 大遮阳伞 dà zhēyángsǎn
ビーチバレー 沙滩排球 shātān páiqiú
ピーティーエー（PTA） 家长会 jiāzhǎnghuì
ひいては【延いては】 乃至 nǎizhì；甚至 shènzhì
ひいでる【秀でる】 优秀 yōuxiù；擅长 shàncháng ◆一芸に～ 有一技之长 yǒu yí jì zhī cháng
ヒートアイランド 热岛效应 rèdǎo xiàoyìng
ヒートポンプ 热泵 rèbèng
ビーナス 维纳斯 Wéinàsī
ピーナッツ 花生米 huāshēngmǐ；落花生 luòhuāshēng
ビーフ 牛肉 niúròu ◆～ステーキ 牛排 jiān niúpái ◆～カレー 咖喱牛肉 gālí niúròu ◆～シチュー 焖牛肉 mèn niúròu
ビーフン【米粉】 米粉 mǐfěn
ピーマン 青椒 qīngjiāo；柿子椒 shìzijiāo
ビール【麦酒】 啤酒 píjiǔ ◆生～ 鲜啤酒 xiānpíjiǔ
ビールス 病毒 bìngdú
ヒーロー 名将 míngjiàng；英雄 yīngxióng
ひうん【非運-の】 苦命 kǔmìng；不幸 búxìng；背运 bèiyùn
ひえいせい【非衛生-の】 不卫生 bú wèishēng
ひえいり【非営利-的】 非营利 fēi yínglì；不谋利益 bù móu lìyì
ひえしょう【冷え性】 寒症 hánzhèng
ひえびえ【冷え冷え-する】 冷森森 lěngsēnsēn ◆～とした空気 冷飕飕的空气 lěngsōusōu de kōngqì
ひえる【冷える】 ❶〈物が〉 凉 liáng；变冷 biànlěng ❷〈気温が〉 凉 liáng；冷 lěng ❸〈関係が〉 冷淡 lěngdàn
ピエロ 丑角 chǒujué；小丑 xiǎochǒu
びえん【鼻炎】 鼻炎 bíyán
ビオラ 中提琴 zhōngtíqín
びおん【微温】 微温 wēiwēn；〈比喻〉 不痛不痒 bútòng bùyǎng
ひか【皮下-の】 皮下 píxià ◆～出血 皮下出血 píxià chūxuè ◆～注射 皮下注射 píxià zhùshè
びか【美化-する】 美化 měihuà
ひがい【被害】 受灾 shòuzāi；受害 shòuhài ◆～に遭う 受害 shòu hài ◆洪水の～状况 洪水的灾情 hóngshuǐ de zāiqíng ◆～者 受难者 shòunànzhě；被害人 bèihàirén ◆～妄想 受害妄想症 shòuhài wàngxiǎngzhèng
ひかいいん【非会員】 非会员 fēihuìyuán
びかいち【ぴか一】 出类拔萃 chū lèi bá cuì
ひかえ【控え】 底子 dǐzi ◆注文書の～ 订货单底子 dìnghuòdān dǐzi ◆～の選手 候补选手 hòubǔ xuǎnshǒu
ひかえしつ【控え室】 等候室 děnghòushì
ひかえめ【控え目-な】 ◆～にする 节制 jiézhì；客气 kèqi
ひがえり【日帰り】 当天回来 dàngtiān huílai ◆～の旅行 当天回来的旅行 dàngtiān huílai de lǚxíng；一日游 yírìyóu
ひかえる【控える】 ◆力を～ 少用力 shǎo yònglì ◆発言を～ 暂不发言 zàn bù fāyán ◆外出を～ 避免外出 bìmiǎn wàichū ◆酒を～ 节制饮酒 jiézhì yǐnjiǔ ◆ノートに～ 记在本子上 jìzài běnzishang
ひかがく【非科学的-の】 不科学 bù kēxué
ひかく【比較-する】 比较 bǐjiào；对比 duìbǐ；打比 dǎbǐ ◆～に対照する 比照 bǐzhào ◆～にならない 无法

ひかく【比較】 wúfǎ xiāngbǐ：比不上 bǐbushàng

ひかく【皮革】 pígé；皮子 pízi

ひかく【非核-の】 无核武器 wú héwǔqì

びがく【美学】 美学 měixué

ひかくてき【比較的】 比较 bǐjiào；相对 xiāngduì ◆～暖かい 比较暖和 bǐjiào nuǎnhuo

ひかげ【日陰】 背阴 bèiyīn ◆～で涼しい 荫凉 yīnliáng；阴凉 yīnliáng ◆～になる 背光 bèiguāng

ひかげん【火加減】 火候 huǒhou；火头 huǒtóu ◆～を見る 看火候 kàn huǒhou

ひがさ【日傘】 阳伞 yángsǎn；旱伞 hànsǎn

ひがし【東】 东边 dōngbian；东方 dōngfāng ◆～に向かって歩く 朝东走 cháo dōng zǒu ◆～の風 东风 dōngfēng ◆～側 东边 dōngbian

ひかず【日数】 日数 rìshù ◆～を数える 数日子 shǔ rìzi

ひかぜい【非課税-の】 免税 miǎnshuì；不课税 bú kèshuì ◆～所得 非征税收入 fēi zhēngshuì shōurù

ひがた【干潟】 退潮后的海滩 tuìcháo hòu de hǎitān

ぴかっ ◆～と光る 闪烁一下 shǎnshuò yíxià

ひがないちにち【日がな一日】 整天 zhěngtiān；成天 chéngtiān；整整一天 zhěngzhěng yì tiān

ぴかぴか-の 闪闪发光 shǎnshǎn fāguāng；油亮 yóuliàng ◆～になる 发亮 fāliàng ◆～に磨く 擦得滑滑溜溜 cā de huáhuáliūliū

ひがむ【僻む】 妒忌 dùjì；以为自己吃亏 yǐwéi zìjǐ chīkuī；怀偏见 huái piānjiàn

ひからびる【干涸びる】 干涸 gānhé；干枯 gānkū ◆ひからびた 干巴巴 gānbābā

ひかり【光】 光 guāng；光线 guāngxiàn ◆日の～ 阳光 yángguāng ◆～が差す 光线射进 guāngxiàn shèjìn ◆～を反射する 反光 fǎnguāng ◆～を放つ 发光 fā guāng ◆～を失う 失明する 失明 shī míng ◆一すじの～ 一道光明 yí dào guāngmíng ◆ファイバー光学 光纤 guāngxiān；光学纤维 guāngxué xiānwéi ◆～ディスク 光盘 guāngpán

ひかりかがやく【光り輝く】 焕发 huànfā ◆《珠玉などが》灿烂 cànlàn

ひかる【光る】 发光 fā guāng；发亮 fā liàng ◆星が～ 星斗闪烁 xīngdǒu shǎnshuò ◆才能が～ 才华出

众 cáigàn chūzhòng ◆監視の目が～ 严密监视 yánmì jiānshì

ひかれる【引かれる】 ◆心を～ 着迷 zháomí ◆興味を～ 感到兴趣 gǎndào xìngqù ◆後ろ髪を～ 难舍难分 nánshěnánfēn ◆手を～ 被人搀着 bèi rén chānzhe ◆源泉徴収税を～ 预扣从源课征所得税 yùkòu cóng yuán kèzhēng suǒdéshuì

ひかれる【轢かれる】 ◆車に～ 被汽车撞 bèi qìchē zhuàng

ひがわり【日替わり】 每天一换 měitiān yí huàn ◆～定食 每天换样的套餐 měitiān huànyàng de tàocān

ひかん【悲観する】 悲观 bēiguān；失望 shīwàng

ひがん【彼岸】 彼岸 bǐ'àn

ひがん【悲願-の】 心愿 xīnyuàn ◆～を達成する 实现心愿 shíxiàn xīnyuàn

びかん【美観】 美观 měiguān ◆～を損ねる 损伤美观 sǔnshāng měiguān

びがんじゅつ【美顔術】 美容术 měiróngshù

ひかんてき【悲観的-な】 ◆～な考え 悲观的想法 bēiguān de xiǎngfa ◆～になる 自感悲观 zìgǎn bēiguān

ヒガンバナ【彼岸花】 石蒜 shísuàn

ひきあい【引き合い】 ◆～に出す 引以为例 yǐn yǐ wéi lì；《売買の》询价 xúnjià

ひきあう【引き合う】 合算 hésuàn

ひきあげる【引き上げる】 ◆川から～ 从河里打捞 cóng héli dǎlāo ◆課長に～ 提升为科长 tíshēng wéi kēzhǎng ◆運賃を～ 提高运费 tígāo yùnfèi

ひきあげる【引き揚げる】 ◆資本を～ 收回资本 shōuhuí zīběn ◆日本に引き揚げる 撤回日本 chèhuí Rìběn

ひきあわせる【引き合わせる】 介绍 jièshào

ひきいる【率いる】 率领 shuàilǐng；带领 dàilǐng

ひきいれる【引き入れる】 《仲間に》拉拢 lālǒng；《中に》拉进 lājìn；引进 yǐnjìn

ひきうける【引き受ける】 承办 chéngbàn ◆すべて～ 包圆儿 bāoyuánr ◆責任を～ 负责 fùzé ◆身元を～ 保证身份 bǎozhèng shēnfen

ひきうつし【引き写し】 照抄 zhàochāo；翻版 fānbǎn；抄袭 chāoxí

ひきおこす【引き起こす】 引起 yǐnqǐ；惹起 rěqǐ

ひきおろす【引き降ろす】 《物·地位から》拉下来 lāxiàlái

ひきかえ【引き換え】 交换 jiāohuàn ◆～券 交换票 jiāohuànpiào ◆～に 作

票 凭单 píngdān；提单 tídān
ひきかえす【引き返す】返回 fǎnhuí
ひきかえる【引き換える】换 huàn；兑换 duìhuàn◆券と品物を～ 把票换成东西 bǎ piào huànchéng dōngxi
ヒキガエル【蟆蛙】癞蛤蟆 làiháma；蟾蜍 chánchú
ひきがね【引き金】（銃器の）扳机 bānjī◆～を引く 扣扳机 kòu bānjī；（きっかけ）导火线 dǎohuǒxiàn◆大戦の～ 大战直接的原因 dàzhàn zhíjiē de yuányīn
ひきぎわ【引き際】告退 gàotuì；引退时机 yǐntuì shíjī◆～が肝心だ 引退时机最重要 yǐntuì shíjī zuì zhòngyào
ひきくらべる【引き比べる】对比 duìbǐ；相比 xiāngbǐ
ひきげき【悲喜劇】悲喜剧 bēixǐjù
ひきこむ【引き込む】拉进 lājìn；拉拢 lālǒng◆悪事に～ 勾引来做坏事 gōuyǐn lái zuò huàishì◆ガス線を～ 安煤气管 ān méiqìguǎn
ひきこもる【引き籠もる】◆部屋に～ 闷在屋子里 mēnzài wūzili◆田舎に～ 隐居到家乡 yǐnjūdào jiāxiāng
ひきころす【轢き殺す】轧死 yàsǐ
ひきさがる【引き下がる】◆手を引い て退出 tuìchū；撒手 sā shǒu
ひきさく【引き裂く】❶ （手で）扯 chě；撕毁 sīhuǐ◆ずたずたに～ 撕得稀碎 sīde xīsuì ❷ （関係を）离间 líjiàn
ひきさげる【引き下げる】◆コストを～ 降低成本 jiàngdī chéngběn
ひきざん【引き算】减法 jiǎnfǎ◆～をする 作减法 zuò jiǎnfǎ
ひきしお【引き潮】低潮 dīcháo；退潮 tuìcháo
ひきしまる【引き締まる】引き締まっ た体 肌肉紧绷的身体 jīròu jǐnbēng de shēntǐ◆身が～ 令人紧张 lìng rén jǐnzhāng
ひきしめる【引き締める】◆ベルトを～ 勒紧裤腰带 lēijǐn kùyāodài◆支出を～ 紧缩开支 jǐnsuō kāizhī◆教室の空気を～ 使教室里的气氛紧张 shǐ jiàoshìlǐ de qìfēn jǐnzhāng
ひぎしゃ【被疑者】嫌疑犯 xiányífàn
ひきずる【引き摺る】◆足を引きずって歩く 拖着脚走 tuōzhe jiǎo zǒu◆離婚の傷を今日まで～ 离婚的创伤持续到今天 líhūn de chuāngshāng chíxùdào jīntiān
ひきたおす【引き倒す】拉倒 lādǎo
ひきだし【引き出し】抽屉 chōuti；屉子 tìzi◆～を開ける 拉开抽屉 lākāi chōuti

ひきだす【引き出す】拉出 lāchū；引出 yǐnchū◆預金を～ 提取存款 tíqǔ cúnkuǎn◆能力を～ 引出能力 dǎochū nénglì◆本音を～ 引出真心话 yǐnchū zhēnxīnhuà
ひきたたせる【引き立たせる】陪衬 péichèn
ひきたつ【引き立つ】映衬 yìngchèn
ひきたてやく【引き立て役】配搭儿 pèidar
ひきたてる【引き立てる】抬举 táiju；衬托 chèntuō
ひきちぎる【引き千切る】撕扯 sīchě
ひきつぎ【引き継ぎ】事務の～をする 交代事务 jiāodài shìwù
ひきつぐ【引き継ぐ】❶ 〈仕事を〉接班 jiēbān；交代工作 jiāodài gōngzuò ❷〈地位や職務を〉接任 jiērèn ❸〈事業を〉继承 jìchéng
ひきつけ【引き付け】◆～を起こす 抽风 chōufēng
ひきつける【引き付ける】◆人の心を～ 吸引人心 xīyǐn rénxīn
ひきつづいて【引き続いて】接着 jiēzhe；继续 jìxù
ひきつる【引き攣る】抽筋 chōujīn；痉挛 jìngluán◆足が～ 腿抽筋 tuǐ chōujīn
ひきつれる【引き連れる】带领 dàilǐng；帯着 qièdài
ひきて【引き手】❶（たんすなどの）把手 bǎshou：拉手 lāshou ❷（器物の）扳手 bānshou
ひきでもの【引出物】回赠礼品 huízèng lǐpǐn
ひきど【引き戸】拉门 lāmén
ひきとめる【引き止める】挽留 wǎnliú；拉扯 lāche
ひきとる【引き取る】領取 lǐngqǔ◆引き取って育てる 收养 shōuyǎng◆不良品を～ 领回次货 lǐnghuí cìhuò◆息を～ 死去 sǐqù
ビキニ（水着の）比基尼泳衣 bǐjīní yǒngyī；三点式泳衣 sāndiǎnshì yǒngyī
ひきにく【挽き肉】肉末 ròumò
ひきにげ【轢き逃げ-する】汽车轧人后逃跑 qìchē yà rén hòu táopǎo
ひきぬく【引き抜く】抽出 chōuchū◆大根を～ 拔萝卜 bá luóbo◆甲チームの乙選手を～ 把甲队的乙队员拉拢过来 bǎ Jiǎ duì de Yǐ duìyuán lālǒngguòlai
ひきのばす【引き延ばす】拖延 tuōyán；拖延 tuōyán◆支払いを～ 延期付款 yánqī fùkuǎn
ひきのばす【引き伸ばす】拉长 lācháng；伸长 shēncháng◆写真を～ 放大 fàngdà
ひきはなされる【引き離される】（後

ひきはなす【引き離す】 使…分离 shǐ…fēnlí; 拉开距离 lākāi jùlí
ひきはらう【引き払う】 搬出去 bānchūqù; 离开 líkāi ◆アパートを～ 从公寓搬走 cóng gōngyù bānzǒu
ひきふね【曳船】 拖船 tuōchuán
ひきまわす【引き回す】 ❶《導く》指导 zhǐdǎo; 照顾 zhàogù ◆よろしくお引き回しのほどを 请多多指教 qǐng duōduō zhǐjiào ❷《連れ歩く》领着到处走 lǐngzhe dàochù zǒu
ひきもきらず【引きも切らず】 络绎不绝 luòyì bù jué; 接连不断 jiēlián búduàn ◆～客が来る 客人络绎不绝地过来 kèrén luòyì bù jué de guòlái
ひきもどす【引き戻す】 拉回 lāhuí
ひきょう【秘境】 秘境 mìjìng
ひきょう【卑怯】 卑鄙 bēibǐ; 可怕 kěpà ◆～なやり方 无耻的做法 wúchǐ de zuòfǎ
ひきよせる【引き寄せる】 拉到身边 lādào shēnbiān; 吸引 xīyǐn ◆椅子を～ 把椅子拉过来 bǎ yǐzi lāguòlai ◆人の心を～ 吸引人心 xīyǐn rénxīn
ひきわけ【引き分け】 平手 píngshǒu; 平局 píngjú
ひきわける【引き分ける】 打成平局 dǎchéng píngjú; 打平手 dǎ píngshǒu
ひきわたす【引き渡す】 交付 jiāofù; 提交 tíjiāo ◆家を買主に～ 把房子交给买主 bǎ fángzi jiāogěi mǎizhǔ ◆犯人を～ 引渡犯人 yǐndù zuìrén
ひきわり【挽き割り】 磨碎 mòsuì ◆～の穀類 糁儿 shēnr
ひきん【卑近】 浅显 qiǎnxiǎn; 浅近 qiǎnjìn ◆～な例 浅显的例子 qiǎnxiǎn de lìzi
ひきんぞく【非金属】 非金属 fēijīnshǔ
ひく【挽く】 《粉を》推 tuī; 磨 mò; 碾 niǎn
ひく【引く】 ◆車を～ 拉车 lā chē ◆糸を～ 拉丝 lāsī ◆図面を～ 制图 zhìtú ◆線を～ 划线 huà xiàn ◆電気を～ 架设电线 jiàshè diànxiàn ◆客を～ 引诱客人 yǐnyòu kèrén ◆人目を～ 引人注目 yǐn rén zhùmù ◆値を～ 减价 jiǎnjià ◆辞書を～ 查词典 chá cídiǎn ◆くじを～ 抽签 chōuqiān ◆20から3を～ 二十减三 èrshí jiǎn sān ◆～に引けない 下不了台 xiàbùliǎo tái
ひく【弾く】 弹 tán ◆ピアノを～ 弹钢琴 tán gāngqín
ひく【退く】 后退 hòutuì ◆潮が～ 退潮 tuìcháo ◆手を～ 撒手不管 sāshǒu bùguǎn
ひく【轢く】 轧 yà
びく【魚籠】 鱼篓 yúlóu
ひくい【低い】 低 dī; 矮 ǎi ◆背が～ 个子矮 gèzi ǎi ◆气温が～ 气温低 qìwēn dī ◆レベルが～ 水平低 shuǐpíng dī ◆～声 低沉的声音 dīchén de shēngyīn ◆～声で话す 低声说 dīshēng shuō ◆地位が～ 地位低微 dìwèi dīwēi ◆腰が～ 谦虚 qiānxū ◆関心が～ 关心不大 guānxīn bú dà ◆～評価 低估 dīgū
ピクセル (pixel) 像素 xiàngsù
ひくつ【卑屈】 卑躬屈节 bēi gōng qū jié; 低三下四 dī sān xià sì
びくっ-とする 吓一跳 xià yítiào; 心跳一动 xīn tiào yí dòng
びくともしない 牢不可破 láo bù kě pò
ピクニック 郊游 jiāoyóu ◆～に行く 去郊游 qù jiāoyóu
ぴくぴく-する 害怕 hàipà; 悬心吊胆 xuán xīn diào dǎn; 战战兢兢 zhànzhàn jīngjīng
ピクルス 酸菜 suāncài; 泡菜 pàocài
ひぐれ【日暮れ】 傍晚 bàngwǎn; 黄昏 huánghūn ◆～が近づく 垂暮 chuímù
ひげ【髭】 胡子 húzi; 胡须 húxū ◆～を剃る 刮脸 guā liǎn; 剃胡子 tì húzi ◆～を蓄える 留须 liú xū; 留胡子 liú húzi ◆～が濃い 胡子浓 húzi nóng ◆猫の～ 猫须 māoxū
ひげ【卑下】 自卑 zìbēi ◆～しすぎる 妄自菲薄 wàngzì fěibó
ひげき【悲劇】 悲剧 bēijù; 惨剧 cǎnjù ◆～に見舞われる 遭到悲惨的事情 zāodào bēicǎn de shìqing
ひけつ【否決-する】 否决 fǒujué; 批驳 pībó
ひけつ【秘訣】 秘诀 mìjué; 窍门儿 qiàoménr
ひけね【引け値】 《株式》收盘价 shōupánjià
ひけめ【引け目】 自卑感 zìbēigǎn ◆～を感じる 自惭形秽 zì cán xíng huì
ひけらかす 夸示 kuāshì; 炫耀 xuànyào ◆知識を～ 卖弄学问 màinòng xuéwèn
ひける【引ける】 ◆会社が～ 下班 xiàbān ◆学校が～ 放学 fàng xué
ひけをとらない【引けを取らない】 不亚于 búyàyú; 没有逊色 méiyǒu xùnsè
ひけん【卑見】 拙见 zhuōjiàn; 管见 guǎnjiàn

ひげんじつてき【非現実的-な】不现实 bú xiànshí ◆～提案 不现实的建议 bú xiànshí de jiànyì

ひご【庇護-する】荫庇 yìnbì；庇护 bìhù

ひこう【飛行-する】飞行 fēixíng

ひこう【非行】不正行为 bùzhèng xíngwéi ◆～に走る 走歪道 zǒu wāidào

ひごう【非業】～の死を遂げる 死于非命 sǐ yú fēi mìng；枉死 wǎngsǐ

びこう【尾行-する】钉梢 dīngshāo；尾随 wěisuí ◆～者 尾巴 wěiba

びこう【鼻孔】鼻孔 bíkǒng

びこう【鼻腔】鼻腔 bíqiāng

びこう【備考】备考 bèikǎo

ひこうかい【非公開-の】不公开 bù gōngkāi

ひこうき【飛行機】飞机 fēijī ◆～雲 飞机云 fēijīyún ◆～事故 飞机失事 fēijī shīshì

ひこうし【飛行士】飞行员 fēixíngyuán

ひこうしき【非公式-の】非正式 fēi zhèngshì ◆～に 非正式地 fēi zhèngshì de；私下 sīxià

ひこうじょう【飛行場】机场 jīchǎng ◆国際～ 国际机场 guójì jīchǎng

ひこうせん【飛行船】飞艇 fēitǐng；飞船 fēichuán

ひごうほう【非合法-な】非法 fēifǎ；违法 wéifǎ ◆～な手段 非法手段 fēifǎ shǒuduàn

ひこく【被告】被告 bèigào

ひごと【日毎-に】日渐 rìjiàn；一天比一天 yī tiān bǐ yī tiān ◆～に進歩する 日新月异 rì xīn yuè yì

ひこぼし【彦星】牛郎星 niúlángxīng；牵牛 qiānniú

ひごろ【日頃】平素 píngsù；往常 wǎngcháng ◆～から 素来 sùlái ◆～の努力 平常的努力 píngcháng de nǔlì

ひざ【膝】膝盖 xīgài；~頭(がしら) 膝盖 xīgài ◆～小僧 膝头 xītóu ◆～を折る 屈服 qūfú ◆～をつき合わせる 促膝 cùxī

ビザ 签证 qiānzhèng

ビザ 比萨饼 bǐsàbǐng

ひさい【被災-する】受灾 shòuzāi；遭灾 zāozāi ◆～者 灾民 zāimín ◆～者を救済する 赈灾 zhènzāi ◆～情況 灾情 zāiqíng ◆～地区 灾区 zāiqū

びさい【微細-な】微细 wēixì；微小 wēixiǎo ◆～に記述する 写得很详细 xiě de hěn xiángxì

びざい【微罪】微罪 wēizuì

ひさし【庇】房檐 fángyán

ひざし【日差し】阳光 yángguāng ◆～が強い 阳光很强 yángguāng hěn qiáng ◆～がやわらかい 阳光和煦 yángguāng héxù ◆～を浴びる 晒太阳 shài tàiyang

ひさしい【久しい】许久 xǔjiǔ；好久 hǎojiǔ ◆久远 jiǔyuǎn

ひさしぶり【久し振り-の】隔了好久 géle hǎojiǔ ◆～ですね 好久没见了 hǎojiǔ méi jiàn le；久违 jiǔwéi：好久没见 shǎojiàn shǎojiàn

ひざづめ【膝詰め】～談判をする 促膝谈判 cùxī tánpàn

ひさびさ【久々-に】～に再会する 久别重逢 jiǔbié chóngféng

ひざまくら【膝枕-にする】枕在女人膝上 zhěnzài nǚrén xīshang

ひざまずく【跪く】跪 guì；跪下 guìxia

ひさめ【氷雨】冷雨 lěngyǔ；冰冷的雨 bīnglěng de yǔ

ひざもと【膝元-の】膝下 xīxià；身边 shēnbiān；跟前 gēnqián ◆親の～ 父母身旁 fùmǔ shēnpáng

ひさん【悲惨-な】悲惨 bēicǎn；惨 qīcǎn ◆～な境遇 惨境 cǎnjìng ◆～な事故 悲惨的事故 bēicǎn de shìgù

ヒシ【菱】～の実 菱角 língjiǎo

ひじ【肘】肘子 zhǒuzi ◆～鉄砲 胳膊肘 gēbo zhǒuwō ◆～の内側 肘窝 zhǒuwō ◆～をつく 支臂肘 zhī bìzhǒu

ひじかけ【肘掛け】(椅子の)扶手 fúshou ◆～椅子 扶手椅 fúshǒuyǐ

ひしがた【菱形-の】菱形 língxíng

ビジター(チーム) 客队 kèduì

ひじでつ【肘鉄】(ひじ鉄砲) ◆～を食う 碰一鼻子灰 pèng yī bízi huī；碰钉子 pèng dīngzi

ビジネス ❶ (業務) 工作 gōngzuò；事务 shìwù ❷ (実業) 商务 shāngwù ◆～クラス 公务舱 gōngwùcāng：商务舱 shāngwùcāng ◆～ホテル 商务用旅馆 shāngwùyòng lǚguǎn

ひしひし ◆～と感じる 深深感到 shēnshēn gǎndào

びしびし ◆～鍛える 严厉锻炼 yánlì duànliàn ◆～取り締る 严厉取缔 yánlì qǔdì

ひしめく【犇く】拥挤 yǒngjǐ；熙熙攘攘 xīxīrǎngrǎng

びじゃく【微弱】微弱 wēiruò

ひしゃこうてき【非社交的】内向 nèixiàng；不善交际的 búshàn jiāojì de

ひしゃたい【被写体】拍照的对象 pāizhào de duìxiàng

ぴしゃり ◆～と断る 严厉拒绝 yánlì jùjué ♦～と叫ぶ 啪地拍打 pā de pāidǎ ♦～と戸を閉める 砰地一下把门关上 pēng de yīxià bǎ mén guānshàng

びしゅ【美酒】美酒 měijiǔ；佳酿 jiāniàng ♦～に酔う 醉美酒 zuì měijiǔ

ひしゅう【悲愁】美丑 měichǒu

びじゅつ【美術】美术 měishù ♦～教育 美术教育 měishù jiàoyù

びじゅつかん【美術館】美术馆 měishùguǎn ♦～めぐり 寻访美术馆 xúnfǎng měishùguǎn

ひじゅん【批准-する】批准 pīzhǔn

ひしょ【秘書】秘书 mìshū

ひしょ【避暑】♦～に行く 避暑 bìshǔ

びじょ【美女】美女 měinǚ

ひじょう【非常-に】非常 fēicháng；极其 jíqí

ひじょう【非情-な】无情 wúqíng；冷酷 lěngkù；铁石心肠 tiě shí xīn cháng

びしょう【微小-な】微小 wēixiǎo ♦～なもの 秋毫 qiūháo

びしょう【微笑-する】微笑 wēixiào

びしょう【微少-な】微量 wēiliàng；微少 wēishǎo

ひじょうかいだん【非常階段】太平梯 tàipíngtī

ひじょうきん【非常勤-の】非专任 fēi zhuānrèn；兼任 jiānrèn ♦～講師 非专任教员 fēi zhuānrèn jiàoyuán

ひじょうぐち【非常口】太平门 tàipíngmén

ひじょうじ【非常時】非常时期 fēicháng shíqí；紧急时 jǐnjíshí

ひじょうしき【非常識-な】没有常识 méiyǒu chángshí；荒唐 huāngtáng ♦～な態度 不合常情的态度 bù hé chángqíng de tàidù

ひじょうじたい【非常事態】紧急状态 jǐnjí zhuàngtài

ひじょうせん【非常線】戒严线 jièyánxiàn ♦～を張る 戒严 jièyán

びしょうねん【美少年】美少年 měishàonián

ひじょうベル【非常ベル】警铃 jǐnglíng

びしょく【美食】美食 měishí；美餐 měicān ♦～家 美食家 měishíjiā

びしょぬれ【びしょ濡れ-の】湿淋淋 shīlínlín；湿透 shītòu ♦～になる 成落汤鸡 chéng luòtāngjī

びしょびしょ【－の】湿淋淋 shīlínlín ♦～のレインコート 湿淋淋的雨衣 shīlínlín de yǔyī

ビジョン【前景 qiánjǐng；蓝图 lántú；理想 lǐxiǎng ♦将来の～を描く 描绘未来图 miáohuì wèiláitú；梦想远景 mèngxiǎng yuǎnjǐng

びじれいく【美辞麗句】美辞丽句 měicí lìjù；华丽辞藻 huálì cízǎo

びしん【微震】微震 wēizhèn

びじん【美人】美人 měirén；美女 měinǚ

ひじんどうてき【非人道的-な】不讲人道 bù jiǎng réndào ♦そういうやり方は～だ 这样做很不人道 zhèyàng zuò hěn bù réndào

ひすい【翡翠】翡翠 fěicuì

**ビスケット】饼干 bǐnggān

**ヒステリー】歇斯底里 xiēsīdǐlǐ；癔病 yìbìng ♦～を起こす 发散斯底里 fā xiēsīdǐlǐ

**ヒステリック-な】歇斯底里 xiēsīdǐlǐ

**ピストル】手枪 shǒuqiāng ♦～を撃つ 开手枪 kāi shǒuqiāng

**ピストン】活塞 huósāi ♦～運動 活塞运动 huósāi yùndòng ♦～輸送(する) 往返连续运输 wǎngfǎn liánxù yùnshū

ひずみ【歪み】形变 xíngbiàn；畸形 jīxíng ♦～が生じる 发生形变 fāshēng xíngbiàn ♦～のない 不 平 píngzheng ♦福祉行政の～ 福利行政的不良现象 fúlì xíngzhèng de bùliáng xiànxiàng ♦社会の～ 社会弊端 shèhuì bìduān

ひせい【比較】比较 bǐjiào ♦～に比して 跟…相比 gēn…xiāngbǐ

びせい【美声】美妙的声音 měimiào de shēngyīn；金嗓子 jīnsǎngzi

ひせいさんてき【非生産的】非生产性的 fēi shēngchǎnxìng de

びせいぶつ【微生物】微生物 wēishēngwù

びせきぶん【微積分】微积分 wēijīfēn

ひせん【卑賤-な】卑贱 bēijiàn ♦～な出身 卑贱的出身 bēijiàn de chūshēn

ひせんきょけん【被選挙権】被选举权 bèixuǎnjǔquán

ひせんとういん【非戦闘員】非战斗员 fēizhàndòuyuán

ひせんりょうちいき【被占領地区】沦陷区 lúnxiànqū

ひそ【砒素】砷 shēn ♦～中毒 砒霜中毒 pīshuāng zhòngdú

ひそう【悲壮-な】悲壮 bēizhuàng ♦～な决意 悲壮的决心 bēizhuàng de juéxīn ♦～感が漂う 充满了悲壮的气氛 chōngmǎnle bēizhuàng de qìfēn

ひそう【皮相な】浅薄 qiǎnbó；肤泛 fūfàn；鄙陋 bǐlòu ♦～な見解 肤

浅い見解 fūqiǎn de jiànjiě
ひぞう【秘蔵-する】珍蔵 zhēncáng
ひぞう【脾臓】脾脏 pízàng; 脾巴
ひそうぞくにん【被相続人】被继承人 bèijìchéngrén
ひそか【密かに】偷偷 tōutōu; 暗中 ànzhōng ♦～に窺う 偷偷窥伺 tōutōu kuīsì ♦～に探る 暗探 àntàn ♦～に企む 密谋 mìmóu
ひぞく【卑俗-な】鄙俗 bǐsú; 卑鄙 bēibǐ; 俗气 súqì
ひそひそ【～ささやく】窃窃私语 qièqiè sīyǔ ♦～話 悄悄话 qiāoqiāohuà ♦～話をする 咬耳朵 yǎo ěrduo
ひそみにならう【颦に倣う】效颦 xiàopín
ひそむ【潜む】潜藏 qiáncáng; 潜伏 qiánfú
ひそめる【顰める】皱 zhòu ♦眉を～ 皱眉头 zhòu méitóu
ひそやか【密やかに】悄声 qiāoshēng; 寂静 jìjìng
ひだ【襞】褶 zhě; 褶子 zhězi
ひたい【額】额头 étóu; 脑门儿 nǎoménr ♦～が広い（福相として）天庭饱满 tiāntíng bǎomǎn ♦～を突き合わせる 头碰头地聚在一起 tóu pèng tóu de jùzài yìqǐ
ひだい【肥大-する】肥大 féidà ♦心臓～ 心脏肥大 xīnzàng féidà ♦～した（機構が）臃肿 yōngzhǒng
ひたす【浸す】泡 pào; 漫泡 jìnpào
ひたすら【只管】只顾 zhǐgù; 一心 yìxīn; 一个心眼儿 yí ge xīnyǎnr ♦～案じる 惟恐 wéikǒng; ～頼みこむ 一味恳求 yíwèi kěnqiú
ひだち【肥立ち】♦産後の～ 产后康复 chǎnhòu kāngfù ♦産後の～が悪い 产后康复不好 chǎnhòu kāngfù bùhǎo
ひだね【火種】火种 huǒzhǒng
ひたはしり【ひた走り】♦～に走る 一个劲儿地跑 yígejìnr de pǎo
ひだまり【陽溜まり】向阳处 xiàngyángchù; 太阳地 tàiyángdì
ビタミン 维生素 wéishēngsù; 维他命 wéitāmìng ♦～C 维生素C wéishēngsù C
ひたむき【直向き-な】一心 yìxīn; 一心一意 yì xīn yí yì ♦～に生きる 埋头生活 máitóu shēnghuó
ひだり【左】左边 zuǒbian; ～へ 左右 zuǒyòu; ～側 左边 zuǒbian; ～面 左面 zuǒmiàn; ～側 （多く座席の）手 左手 zuǒshǒu; ～きき 左撇子 zuǒpiězi
ぴたり ♦～と当たる（予言が）应验 yìngyàn ♦～と寄り添う 紧紧贴近 jǐnjǐn tiējìn ♦～と止む（音が）突然

安静下来 tūrán ānjìngxiàlai
ひだりうちわ【左団扇】♦～で暮らす 安闲度日 ānxián dùrì
ひだりまえ【左前-になる】衰落 shuāiluò
ひだりまわり【左回り】反转 fǎnzhuàn
ひたる【浸る】♦水に～ 泡在水里 pàozài shuǐli ♦感激に～ 沉浸在感激中 chénjìnzài gǎnjīzhōng
ひたん【悲嘆】悲叹 bēitàn ♦～に暮れる 日夜悲叹 rìyè bēitàn
びだん【美談】美谈 měitán; 佳话 jiāhuà
びだんし【美男子】美男子 měi nánzǐ
びちく【備蓄-する】储备 chǔbèi ♦～食糧 储备粮 chǔbèiliáng
びちょうせい【微調整-する】微调 wēitiáo
ひつう【悲痛-な】悲痛 bēitòng; 沉痛 chéntòng ♦～な叫び 沉痛的呼声 chéntòng de hūshēng
ひつか【筆禍】笔祸 bǐhuò ♦～事件 文字狱 wénzìyù ♦～をこうむる 遭受笔祸 zāoshòu bǐhuò
ひっかかり【引っ掛かり】牵连 qiānlián; 连累 liánlěi
ひっかかる【引っ掛かる】♦軒に～ 挂在房檐上 guàzài fángyánshang ♦彼の言葉がずっと～っている 他的话一直牵挂在心上 tā de huà yìzhí qiānguàzài xīnshang ♦検問に～ 在关卡卡住 zài guānqiǎ qiǎzhù ♦まんまと～ 被巧妙地上当 bèi qiǎomiào de shàngdàng
ひっかきまわす【引っ掻き回す】搅乱 jiǎoluàn; 扰乱 rǎoluàn
ひっかく【引っ掻く】挠 náo; 抓 zhuā ♦かゆいところを～ 挠痒痒 náo yǎngyang
ひっかける【引っ掛ける】❶〈掛ける〉挂 guà ❷〈はおる〉披上 pīshàng ❸〈水などを〉溅 jiàn ❹〈釘などで破られ〉刮破 guāpò ❺〈だます〉欺骗 qīpiàn
ひっかぶる【引っ被る】〈責任や罪を〉承担过来 chéngdāngguòlai
ひっき【筆記-する】笔记 bǐjì ♦～試験 笔试 bǐshì
ひつぎ【棺】棺 guān; 灵柩 língjiù
ひっきりなし【引っ切り無し-の】无休 wú xiū; 接连不断 jiēlián búduàn
ピックアップ-する 选拔 xuǎnbá
ビッグバン 大爆炸 dàbàozhà; 大变革 dàbiàngé
びっくり-する 吃惊 chī jīng; 吓一跳 xià yítiào
ひっくりかえす【引っ繰り返す】翻

ひっくりかえる — ひづめ 465

倒 fāndǎo；推翻 tuīfān ♦バケツを～〈ぶつかって〉碰倒水桶 pèngdǎo shuǐtǒng ♦判定を～ 推翻判定 tuīfān pàndìng ♦引っ返して調べる〈書類などを〉翻检 fānjiǎn

ひっくりかえる【引っ繰り返る】 翻 fān；翻倒 fāndǎo

ひっくるめる【引っ括める】 包括 bāokuò

ひづけ【日付】 日期 rìqī ♦～を入れる 写日期 xiě rìqī ♦～変更線 日期变更线 rìqī biàngēngxiàn

ひっけい【必携】 必备 bìbèi；必携 bìxié

ピッケル 冰镐 bīnggǎo

ひっけん【必見】 必看 bìkàn；必读 bìdú ♦アニメファンの傑作動画 迷必看的杰作 dònghuàmí bìkàn de jiézuò

ひっこし【引っ越し】 搬家 bānjiā

ひっこす【引っ越す】 迁居 qiānjū；搬家 bānjiā

ひっこぬく【引っこ抜く】 ❶〈草などを〉拔 bá ❷〈人を拉拢 lālǒng

ひっこみ【引っ込み】 ♦～がつかない 下不了台 xiàbùliǎo tái

ひっこみじあん【引っ込み思案】 怯懦 qiènuò；消极 xiāojí

ひっこむ【引っ込む】 ♦郷里に～ 退居故乡 tuìjū gùxiāng ♦家に～ 呆在家里 dāizài jiālǐ ♦後に～ 退缩 tuìsuō

ひっこめる【引っ込める】 ♦首を～ 缩回头 suōhuí tóu ♦提案を～ 撤回提案 chèhuí tí'àn

ピッコロ 短笛 duǎndí

ひっさん【筆算】 笔算 bǐsuàn

ひっし【必死-の】 ♦～の力 死劲儿 sǐjìnr ♦～に走る 拼命地跑 pīnmìng de pǎo ♦～にやる 拼命做 pīnmìng zuò

ひつじ【未】〈年〉 未 wèi

ヒツジ【羊】 羊 yáng；绵羊 miányáng ♦～を放牧する 牧羊 mùyáng ♦飼い 羊倌 yángguān ♦～肉 羊肉 yángròu

ひっしゃ【筆者】 笔者 bǐzhě

ひっしゅう【必修】 必修 bìxiū ♦～科目 必修课 bìxiūkè

ひつじゅひん【必需品】 必需品 bìxūpǐn

ひつじゅん【筆順】〈漢字の〉笔顺 bǐshùn

ひっしょう【必勝】 必胜 bìshèng ♦～を期する 坚信胜利 jiānxìn shènglì

びっしり 浓密 nóngmì ♦～生えた草 密生的草 mìshēng de cǎo ♦～詰まった袋 装满的袋子 zhuāngmǎn de dàizi

ひっす【必須-の】 必须 bìxū；必要 bìyào ♦～条件 必要的条件 bìyào de tiáojiàn

ひっせき【筆跡】 笔迹 bǐjì；手迹 shǒujì ♦～鑑定 笔迹鉴定 bǐjì jiàndìng

ひつぜつ【筆舌】 ♦～に尽くしがたい 不可言状 bùkě yánzhuàng

ひつぜん【必然-的】 必然 bìrán ♦～性 必然性 bìránxìng

ひっそり-と 沉静 chénjìng；悄然 qiǎorán ♦～暮らす 安静地生活 ānjìng de shēnghuó ♦～とした 静悄悄 jìngqiāoqiāo

ひったくり【引ったくり】 ♦～に遭う 被歹徒抢夺 bèi dǎitú qiǎngduó

ひったくる【引ったくる】 抢夺 qiǎngduó

ぴったり〈引っ手繰る〉 ♦～合う服 合身的衣服 héshēn de yīfú ♦～息が合う 情投意合 qíng tóu yì hé ♦～閉じる 关得严实 guāndé yánshí ♦～の言葉 正合适的话 zhèng héshì de huà ♦～時間に間に合う 准时赶到 zhǔnshí gǎndào

ひつだん【筆談】 笔谈 bǐtán

ひっち【筆致】〈書や文の〉笔致 bǐzhì；笔调 bǐdiào

ピッチ 速度 sùdù ♦～を上げる 加速 jiāsù

ヒッチハイク 沿途搭车旅行 yántú dāchē lǚxíng ♦～する 搭便车 dā biànchē

ピッチャー 投手 tóushǒu

ひっつく【引っ付く】 粘住 zhānzhù；〈男女が〉勾搭 gōuda

ひってき【匹敵-する】 不下于 búxiàyú；匹敌 pǐdí

ヒット ♦～商品 畅销货 chàngxiāohuò ♦～する 畅销 chàngxiāo；大受欢迎 dà shòu huānyíng

ビット〈コンピュータ〉位 wèi

ひっとう【筆頭】 首位 shǒuwèi；以…为首 yǐ…wéi shǒu ♦戸籍の～者 户主 hùzhǔ

ひつどく【必読】 必读 bìdú ♦～の书 必读的书 bìdú de shū

ひっぱく【逼迫-する】 窘迫 jiǒngpò

ひっぱたく【引っ叩く】 打 dǎ；揍 zòu

ひっぱりだこ【引っ張りだこ】 ♦各方面の邀请を受けて 受到各方面的邀请 shòudào gèfāngmiàn de yāoqǐng；大受欢迎 dàshòu huānyíng

ひっぱる【引っ張る】 拉 lā；扯 chě；牵引 qiānyǐn

ヒップ 屁股 pìgu；臀部 túnbù

ひっぽう【筆法】 笔法 bǐfǎ；写法 xiěfǎ

ひづめ【蹄】 蹄子 tízi

ひつよう【必要-な】 需要 xūyào; 必要 bìyào ◆…する…がある 必须 bìxū; 得 děi ◆…がない 不用 búyòng…; 不必… búbì… ◆…としない 用不着 yòngbuzháo ◆…とする 必需 bìxū; 需要 xūyào

ひつりょく【筆力】 笔力 bǐlì

ビデ 女用坐浴盆 nǚyòng zuòyùpén; 妇洗器 fùxǐqì

ひてい【否定-する】 否定 fǒudìng; 否认 fǒurèn ◆…文 否定句 fǒudìngjù

びていこつ【尾てい骨】 尾骨 wěigǔ

ひていてき【否定的】 否定 fǒudìng; 消极 xiāojí ◆…判断 否定的判断 fǒudìng de pànduàn

ビデオ 录像机 lùxiàngjī ◆…カメラ 摄像机 shèxiàngjī ◆…ディスク 光盘机 shìpánjī ◆…テープ 录像带 lùxiàngdài ◆…にとる 录像 lùxiàng

ひてつきんぞく【非鉄金属】 有色金属 yǒusè jīnshǔ

ひでり【日照り】 旱灾 hànzāi

ひでん【秘伝-の】 ◆…の薬 秘方妙药 mìfāng miàoyào

びてん【美点】 长处 chángchù

ひと【人】 【人間】 人 rén; 人类 rénlèi ❶【他人】别人 biéren; 人家 rénjia ◆…とつきあう 与人交往 yǔ rén jiāowǎng ❷【人物】◆…がよすぎる 为人太老实 wéirén tài lǎoshi ◆…がいない 没有人才 méiyǒu réncái

ひとあし【一足】 一步 yí bù ◆…に帰ります 我先走一步 wǒ xiān zǒu yí bù le ◆…違い 差一步 chà yí bù

ひとあじ【一味】 ◆…違う 别有风味 bié yǒu fēngwèi

ひとあめ【一雨】 ◆…降る 下一阵雨 xià yízhèn yǔ ◆…ごとに寒くなる 一场雨，一场冷 yì cháng yǔ, yì cháng lěng

ひとあわ【一泡】 ◆…吹かせる 使人大吃一惊 shǐ rén dà chī yì jīng

ひとあんしん【一安心-する】 姑且放心 gūqiě fàngxīn; 总算放心 zǒngsuàn fàngxīn

ひどい【酷い】 厉害 lìhai; 了不得 liǎobude; 严重 yánzhòng ◆…やつ 他太不讲理 tā tài bù jiǎnglǐ ◆…けがが… 伤得厉害 shāngde lìhai ◆…有様だ 一场糊涂样子 yì chǎng hútú yàngzǐ ◆…目に遭う 受罪 shòu zuì

ひといき【一息】 ◆…つく 歇一口气 xiē yì kǒu qì ◆…に書き上げる 一股劲儿地写完 yìgǔjìnr de xiěwán ◆…に飲み干す 一饮而尽 yì yǐn ér jìn ◆…あと…だ 再加一把劲儿 zài jiā yì bǎ jìnr

ひといきれ【人いきれ】 ◆…がする 挤得闷热 jǐde mēnrè

ひといちばい【人一倍】 比别人更…; bǐ biéren gèng…; 加倍 jiābèi ◆…働く（别人）加倍工作 (bǐ biéren) jiābèi gōngzuò

ひどう【非道-な】 不公正 bù gōngzhèng; 不人道 bù réndào; 残忍 cánrěn; 暴虐 bàonüè

びどう【微動】 ◆…だにしない 文风不动 wén fēng bú dòng; 丝纹不动 wén sī bú dòng

ひどうめい【非同盟】 不结盟 bù jiéméng ◆…国 不结盟国家 bù jiéméng guójiā

ひとえ【一重-の】 单层 dāncéng ◆…まぶた 单眼皮 dānyǎnpí ◆…紙一纸之差 yì zhǐ zhī chā

ひとえ【単衣】 单衣 dānyī

ひとおもいに【一思いに】 ◆…する 把心一横 bǎ xīn yì héng

ひとがき【人垣】 人墙 rénqiáng

ひとかげ【人影】 人影儿 rényǐngr

ひとかたならぬ【一方ならぬ】 分外 fènwài; 格外 géwài

ひとかたまり【一塊】 一块儿 yíkuàir

ひとかど【一廉-の】 出色 chūsè; 了不起 liǎobuqǐ

ひとがら【人柄】 人品 rénpǐn; 为人 wéirén; 品质 pǐnzhì ◆…がよい人品好 rénpǐn hǎo ◆…が悪い 人品差 rénpǐn chà

ひとかわ【一皮】 一张皮 yì zhāng pí ◆…むけば 剥去画皮 bōqù huàpí; 剥去伪装 bōqù wěizhuāng

ひとぎき【人聞き】 名声 míngshēng; 传闻 chuánwén ◆…が悪い 名声不好 míngshēng bùhǎo

ひときれ【一切れ-の】 一片 yí piàn

ひときわ【一際】 格外 géwài; 尤其 yóuqí ◆…優れた〈見解・技能〉 格外高明 géwài gāomíng ◆…美しい 格外美丽 géwài měilì

ひどく【酷く】 ◆…暑い 太热 tài rè; 酷热 kùrè ◆…恨む 痛恨 tònghèn ◆…悲しむ 悲痛 bēitòng ◆…寒い 冰冷 bīnglěng ◆…心配する 焦虑 jiāolǜ; 焦急 jiāonàn ◆…手間取る 太费时 tài fèishí

ひとく【美徳】 美德 měidé

ひとくせ【一癖】 ◆…ある 怪里怪气 guàiliguàiqì; 乖僻 guāipì; 各别 gèbié

ひとくち【一口】 ❶【飲食】一口 yī kǒu ◆水を…飲む 喝一口水 hē yì kǒu shuǐ ❷【寄付など-の】一份 yí fèn ❸【語】◆…では言えない 一言难尽 yì yán nán jìn

ひとけ【人気】 人影儿 rényǐngr ◆…がない 连个人影儿都不见 lián ge

ひとけい【日時計】日晷 rìguǐ; 日规 rìguǐ

ヒトゲノム 人类基因图谱 rénlèi jīyīn túpǔ

ひとこえ【一声】一声 yì shēng ◆～かける 招呼一声 zhāohu yì shēng

ひとこと【一言】一句话 yí jù huà ◆～では語れない 一言难尽 yìyán nán jìn ◆～で言えば 一句话说 yí jù huà shuō; 一言以蔽之 yì yán yǐ bì zhī ◆～多い 说多余的话 shuō duōyú de huà

ひとごと【人事】别人的事 biéren de shì ◆～のように 不像自己的事 bú xiàng zìjǐ de shì ◆～ではない 并不是跟自己无关 bìng bùshì gēn zìjǐ wúguān

ひとこま【一齣】片段 piànduàn ◆映画の一齣 电影的一个镜头 diànyǐng de yí ge jìngtóu

ひとごみ【人込み】人群 rénqún

ひところ【一頃】过去 guòqù; 曾经有一个时期 céngjīng yǒu yí ge shíqī

ひところし【人殺し】❶〈行为〉杀人 shārén ❷〈人〉杀手 shāshǒu; 杀人犯 shārénfàn

ひとさしゆび【人差し指】二拇指 èrmǔzhǐ; 食指 shízhǐ

ひとざと【人里】村庄 cūnzhuāng ◆～離れた 荒无人烟 huāng wú rén yān

ひとさま【人様】人家 rénjia; 别人 biéren

ひとさわがせ【人騒がせ-な】搅扰别人 jiǎorǎo biéren ◆～なことを言う 危言耸听 wēi yán sǒng tīng

ひとしい【等しい】同一 tóngyī; 相等 xiāngděng ◆…に～ 等于… děngyú…

ひとしお【一入】更加 gèngjiā ◆喜びも～だ 格外高兴 géwài gāoxìng

ひとしきり【一頻り】一会儿 yíhuìr; 一阵 yízhèn ◆～叱られた 挨了一顿教训 áile yí dùn jiàoxun

ひとじち【人質】人质 rénzhì ◆～になる 成为人质 chéngwéi rénzhì

ひとしれず【人知れず】暗中 ànzhōng; 背地里 bèidìli ◆人知れぬ苦劳 不为人所知的辛苦 bù wéi rén suǒ zhī de xīnkǔ

ひとすじ【一筋-の】◆～の道 一条路 yì tiáo lù ◆～の光 一道光明 yí dào guāngmíng ◆～の川 一条河 yì tiáo hé ◆研究に一心一意地研究 yì xīn yí yì de yánjiū

ひとぞろい【一揃い】一套 yí tào ◆まるまるの整套 zhěngtào

ひとだかり【人だかり】人群 rénqún ◆～がする 聚集很多人 jùjí hěn duō rén ◆黒山のような～ 人山人海 rén shān rén hǎi

ひとだすけ【人助け-をする】帮助人 bāngzhù rén; 行方便 xíng fāngbiàn

ひとだまりもない 马上垮台 mǎshàng kuǎtái

ひとちがい【人違い-をする】认错人 rèncuò rén

ひとつ【一つ】一个 yí ge; 个儿 gèr ◆…の一之一 …zhī yī ◆心を～にする 齐心 qíxīn ◆～にまとまる 打成一片 dǎ chéng yīpiàn

ひとつあなのむじな【一つ穴の狢】一丘之貉 yì qiū zhī hé

ひとつおき【一つ置き-の】每隔一个 měi gé yí ge

ひとつかい【人使い】◆～が荒い 用人粗暴 yòngrén cūbào

ひとつかみ【一掴み-の】一把 yì bǎ

ひとづきあい【人付き合い-をする】交往 jiāowǎng; 交际 jiāojì ◆～のよい 随和 suíhe; 善于交际 shànyú jiāowǎng

ひとっこひとり【人っ子一人】◆～いない 一个人影也没有 yí ge rényǐng yě méiyǒu; 寂寞一人 jìwú yì rén

ひとつずつ【一つずつ】◆1人が一食 每人吃一个 měi rén chī yí ge ◆一片一片地 逐个处理 zhúgè chǔlǐ

ひとづて【人伝】◆～に聞く 听人说 tīng rén shuō

ひとつひとつ【一つ一つ】一一 yīyī; 一个一个地 yí ge yí ge de ◆～順番に 逐个地 zhúgè de

ひとつぶ【一粒】一粒儿 yí lìr

ひとづま【人妻】他人之妻 tārén zhī qī

ひとつまみ【一摘み】一小撮 yì xiǎocuō

ひとで【人手】别人的帮助 biéren de bāngzhù; 人手 rénshǒu ◆～が足りない 人手不够 rénshǒu bùgòu ◆～に渡る 归别人所有 guī biéren suǒyǒu

ヒトデ【海星】海星 hǎixīng

ひとでなし【人で無し】不是人 búshì rén; 畜生 chùsheng

ひととおり【一通り】◆～目を通す 看一遍 kàn yí biàn ◆～説明する 说明概略 shuōmíng gàilüè

ひとどおり【人通り】人的来往 rén de láiwǎng ◆～の多い 行人很多 xíngrén hěn duō

ひととき【一時】片刻 piànkè; 暂时 zànshí ◆楽しい～をすごす 过个愉快的时刻 guò yúkuài de shíkè

ひととなり【人となり】人品 rénpǐn; 为人 wéirén

ひとなかせ【人泣かせの】 气人的 qìrén de; 讨厌的 tǎoyàn de; 叫人为难 jiào rén wéinán

ひとなつっこい【人懐っこい】 亲近人 qīnjìn rén; 和蔼可亲 hé'ǎi kěqīn

ひとなみ【人波】 人海 rénhǎi; 人潮 réncháo ◆～にもまれる 挤在人群里 jǐzài rénqúnli

ひとなみ【人並みー の】 一般的 yìbān de ◆～の生活 普通的生活 pǔtōng de shēnghuó

ひとにぎり【一握りー の】 一把 yì bǎ; 一小撮 yì xiǎocuō

ひとねむり【一眠りーする】 睡一会儿 shuì yíhuìr; 打盹儿 dǎdǔnr

ひとはた【一旗】 ◆～揚げる 兴办事业 xīngbàn shìyè

ひとはだ【一肌】 ◆～脱ぐ 尽力帮助 jìnlì bāngzhù

ひとはな【一花】 ◆～咲かす 干得光荣 gàn de guāngróng; 取得成功 qǔdé chénggōng

ひとばん【一晩】 一夜 yíyè ◆～中 通宵 tōngxiāo; 通夜 tōngyè

ひとびと【人々】 人们 rénmen

ひとべらし【人減らしーする】 裁员 cáiyuán

ひとまえ【人前】 众人面前 zhòngrén miànqián ◆～で恥をさらす 当众出丑 dāngzhòng chūchǒu ◆～に出られない 见不得人 jiànbudé rén ◆～に出る 出头露面 chūtóu lòumiàn

ひとまかせ【人任せーにする】 托付他人 tuōfù tārén; 依靠别人 yīkào biérén

ひとまく【一幕】〈芝居の〉 一幕 yí mù; 一个场面 yí ge chǎngmiàn ◆～劇 独幕剧 dúmùjù

ひとまず【一先ず】 姑且 gūqiě; 暂且 zànqiě

ひとまとめ【一纏めーの】 一揽子 yìlǎnzi ◆～にする 合拢 hélǒng; 凑在一起 còuzàì yìqǐ

ひとまね【人真似ーをする】 模仿别人 mófǎng biérén

ひとみ【瞳】 瞳孔 tóngkǒng; 瞳人 tóngrén

ひとみしり【人見知り】 认生 rènshēng; 怯生 qièshēng; 怕生 pàshēng

ひとむかし【一昔】 十年左右以前 shínián zuǒyòu yǐqián ◆～前 从前 cóngqián

ひとめ【人目】 世人眼目 shìrén yǎnmù ◆～に付く 被人看到 bèi rén kàndào ◆～につかない 不引人注目 bù yǐn rén zhù mù ◆～を憚らぬ 大明大摆 dà míng dà bǎi ◆～を憚る 避开人的眼目 bìkāi rén de yǎnmù ◆～を引く 显眼 xiǎnyǎn; 引人注目 yǐn rén zhù mù

ひとめ【一目】 ◆～でわかる 一看就知道 yí kàn jiù zhīdào ◆～見る 看一眼 kàn yì yǎn

ひとめぐり【一巡りーする】 走一圈 zǒu yì quān; 绕一圈 rào yì quān

ひとめぼれ【一目惚れーする】 一见钟情 yí jiàn zhōngqíng

ひともうけ【一儲けーする】 赚一笔钱 zhuàn yì bǐ qián

ひともなげ【人もなげーな】 旁若无人 páng ruò wú rén

ひとやく【一役】 ◆～買う 承担一项工作 chéngdān yí xiàng gōngzuò; 主动出一把力 zhǔdòng chū yì bǎ lì ◆～を担う 积极帮忙 jījí bāngmáng

ひとやすみ【一休みーする】 歇一会儿 xiē yíhuìr

ひとやま【一山】 ◆～当てる 碰运气发大财 pèng yùnqi fā dàcái ◆～五元のりんご 一盆五块的苹果 yì pén wǔ kuài de píngguǒ ◆～越える 过一个关 guò yí ge guān

ひとり【一人】 一个人 yí ge rén; 只身 zhīshēn ◆～で引き受ける 一手包办 yìshǒu bāobàn

ひどり【日取り】 日期 rìqī ◆～を決める 决定日期 juédìng rìqī

ひとりあるき【独り歩きーする】❶〈情况〉自动发展 zìdòng fāzhǎn ❷〈自己〉自立 zìlì; 独自行动 dúzì xíngdòng

ひとりがてん【独り合点ーする】 自以为是 zì yǐ wéi shì

ひとりぐらし【一人暮らし】 独居生活 dújū; 单身生活 dānshēn shēnghuó

ひとりごと【独り言】 ◆～を言う 自言自语 zì yán zì yǔ

ひとりしばい【一人芝居】 独角戏 dújiǎoxì

ひとりじめ【独り占めーする】 独占 dúzhàn

ひとりずもう【独り相撲】 ◆～をとる 唱独角戏 chàng dújiǎoxì

ひとりだち【独り立ちーする】 独立谋生 dúlì móushēng

ひとりたび【一人旅ーをする】 只身旅行 zhīshēn lǚxíng

ひとりっこ【一人っ子】 独生子女 dúshēng zǐnǚ

ひとりでに【独りでに】 自动 zìdòng; 自然而然 zì rán ér rán

ひとりぶたい【独り舞台】 独角戏 dújiǎoxì; 一个人表演 yí ge rén biǎoyǎn

ひとりぼっち【独りぼっち】 孤独 gūdú; 身旁句もなく 孤單 gūdān

ひとりむすこ【一人息子】 独生子 dúshēngzǐ

ひとりむすめ【一人娘】 独生女 dú-

ひとりよがり — びふう　469

shēngnǚ
ひとりよがり【独り善がり-の】　自是 zìshì; 自以为是 zì yǐ wéi shì
ひな【雛】〈鳥の〉雏鸟 chúniǎo;〈ニワトリの〉鸡雏 jīchú
ひながた【雛型】雏形 chúxíng
ヒナゲシ【雛罌粟】虞美人 yúměirén; 丽春花 lìchūnhuā
ひなた【日向】向阳处 xiàngyángchù; 太阳地儿 tàiyángdìr ◆～ぼっこをする 晒太阳 shài tàiyáng
ひなだん【雛壇】阶梯式偶人架 jiētīshì ǒurén jià
ひなびた【鄙びた】带乡土气息 dài xiāngtǔ qìxī
ひなまつり【雛祭】女儿节 nǚ'érjié
ひなん【避難-する】逃难 táonàn; 避难 bìnàn ◆～所 避难所 bìnànsuǒ ◆～港 避风港 bìfēnggǎng
ひなん【非難-する】非难 fēinàn; 谴责 qiǎnzé ◆～を浴びる 遭受非难 zāoshòu fēinàn ◆～の 众矢之的 zhòng shǐ zhī dì ◆～囂々(ごうごう)と 啧有烦言 zé yǒu fán yán
びなん【美男】美男子 měi nánzi ◆～美女 美男美女 měi nán měi nǚ
ビニール　乙烯树脂 yǐxī shùzhī ◆～シート 塑料薄膜 sùliào báomó ◆～ハウス 塑料棚 sùliàopéng ◆～袋 塑料袋 sùliàodài
ひにく【皮肉】讽刺 fěngcì; 反语 fǎnyǔ ◆～を言う 讽刺 fěngcì; 挖苦 wākǔ; 奚落 xīluò
ひにちに【日に日に】日渐 rìjiàn; 一天比一天 yītiān bǐ yītiān ◆～...となる 日见 rìjiàn
ひにょうき【泌尿器】泌尿器 mìniàoqì
ひにん【避妊-する】避孕 bìyùn
ひにん【否認-する】否认 fǒurèn
ひねくれた　乖戾 guāilì; 怪癖 guàipǐ; 别扭 bièniu
ひねくれる　乖戾 guāilì; 扭曲 niǔqū
びねつ【微熱】◆～がある 发低烧 fā dīshāo
ひねりだす【捻り出す】◆策を～ 想出办法 xiǎngchū bànfǎ ◆経費を～ 筹划经费 chóuhuà jīngfèi
ひねる【捻る】扭 niǔ ◆捻って怪我をする 扭伤 niǔshāng ◆頭を～〈考える〉动脑筋 dòng nǎojīn
ひのいり【日の入り】日没 rìmò; 日落 rìluò
ヒノキ【檜】柏 bǎi; 桧柏 guìbǎi
ひのきぶたい【檜舞台】大舞台 dà wǔtái
ひのくるま【火の車】经济拮据 jīngjì jiéjū
ひのけ【火の気】◆～がない〈火気〉没

有烟火 méiyǒu yānhuǒ;〈暖気〉没有一点热气 méiyǒu yīdiǎn rèqì
ひのこ【火の粉】星火 xīnghuǒ
ひのたま【火の玉】火球 huǒqiú; 鬼火 guǐhuǒ
ひので【火の手】◆～が上がる 火焰升腾 huǒyàn shēngténg ◆～がのびる 延烧 yánshāo
ひので【日の出】日出 rìchū
ひのべ【日延べ-する】缓期 huǎnqī; 延期 yánqī
ひのまる【日の丸】日本国旗 Rìběn guóqí; 太阳旗 tàiyángqí
ひのみやぐら【火の見櫓】火警瞭望台 huǒjǐng liàowàngtái
ひのめ【日の目】◆～を見る 闻名于世 wénmíng yú shì; 问世 wènshì
ひばいひん【非売品】非卖品 fēimàipǐn
ひばく【被曝-する】〈放射能〉受辐射 shòu fúshè ◆～者 受辐射的人 shòu fúshè de rén
ひばし【火箸】火筷子 huǒkuàizi; 火筷 huǒzhù
ひばしら【火柱】火柱 huǒzhù ◆～が立つ 燃起火柱 ránqǐ huǒzhù
ひばち【火鉢】火盆 huǒpén; 炭盆 tànpén
ひばな【火花】火星 huǒxīng; 星火 xīnghuǒ ◆～を散らす〈人と人が〉激烈争论 jīliè zhēnglùn
ヒバリ【雲雀】云雀 yúnquè
ひはん【批判-する】批评 pīpíng; 批判 pīpàn
ひはん【非番】歇班 xiēbān
ひび【罅】裂缝 lièfèng; 裂纹 lièwén ◆壁に～が入る 墙上裂缝儿 qiángshang liè fèngr ◆彼らの間に～が入る 他们的关系发生裂痕 tāmen de guānxì fāshēng lièhén ◆寒さで手に～が切れる 冻得手上有皲裂 dòngde shǒushang yǒu jūnliè
ひび【日々】朝夕 zhāoxī; 天天 tiāntiān
ひびき【響き】响声 xiǎngshēng
ひびく【響く】响 xiǎng ◆よく～ 响亮 xiǎngliàng ◆生活に～ 影响生活 yǐngxiǎng shēnghuó
びびたる【微々たる】微薄 wēibó; 微小 wēixiǎo
ひひょう【批評-する】批评 pīpíng; 评论 pínglùn
ひひん【備品】(公家的)常设用品 (gōngjiā de) chángshè yòngpǐn
ひふ【皮膚】皮肤 pífū ◆～炎 皮肤炎 pífūyán ◆～感觉 肤觉 fūjué
ひふ【日歩】日息 rìxī
びふう【微風】微风 wēifēng

びふう【美風】 好风气 hǎo fēngqì; 良好风尚 liánghǎo fēngshàng
ひふく【被服】 衣服 yīfu
ひぶくれ【火脹れ】 燎泡 liáopào
ひぶそう【非武装-の】 不武装 bùwǔzhuāng ◆~地带 非军事区 fēi jūnshìqū
ひぶた【火蓋】 ◆~を切る 开火 kāihuǒ ◆決戦の~を切る 开始决战 kāishǐ juézhàn
ビフテキ 牛排 niúpái
ひぶん【碑文】 碑记 bēijì; 碑文 bēiwén
びぶん【微分】 微分 wēifēn ◆~方程式 微分方程式 wēifēn fāngchéngshì
ひほう【秘宝】 秘宝 mìbǎo; 珍宝 zhēnbǎo
ひほう【悲報】 讣闻 fùwén; 噩耗 èhào
ひぼう【誹謗】 诽谤 fěibàng; 谗言 chányán ◆~する 诬蔑 wūmiè
びぼう【美貌】 美貌 měimào; 俊美 jùnměi
びぼうろく【備忘録】 备忘录 bèiwànglù
ひぼし【日干し-にする】 晒干 shàigān ◆~煉瓦 土坯 tǔpī
ひぼし【干乾し】 《食べるものがない》 饿瘪 èbiě
ひぼん【非凡-な】 非凡 fēifán; 卓绝 zhuójué ◆~な才能 三头六臂 sān tóu liù bì
ひま【暇】 闲暇 xiánxiá; 余暇 yúxiá ◆~な空闲 xiánkōng; 消闲 xiāoxián ◆~を作る 抓工夫 zhuā gōngfu ◆~を潰す 消闲 xiāoxián ◆~を見つける 偷闲 tōu xián ◆~が出来る 得空 dé kòng; 得闲 dé xián ◆…する~がない 无暇 wúxiá ◆~をもてあます 闲得发慌 xiánde fāhuāng
ヒマ 《植物》 蓖麻 bìmá
ひまご【曾孫】 曾孙 zēngsūn
ひましに【日増しに】 日益 rìyì ◆~暑くなる 一天比一天热起来 yì tiān bǐ yìtiān rèqǐlai
ひまつ【飛沫】 飞沫 fēimò
ヒマラヤスギ 《植物》 雪松 xuěsōng
ヒマワリ【向日葵】 向日葵 xiàngrìkuí ◆~の種 葵花子 kuíhuāzǐ ◆~の種 《食品》 瓜子А guāzǐr
ひまん【肥満-する】 肥胖 féipàng ◆~児 肥胖症的小孩 féipàngzhèng de xiǎoháir
びみ【美味】 美味 měiwèi
ひみつ【秘密】 隐秘 yǐnmì; 秘密 mìmì ◆~が漏れる 漏风 lòu fēng ◆失密 shī mì ◆~する 隐秘 yǐnmì ◆~を守る 保密 bǎo mì ◆~を漏らす 泄密 xiè mì; 走风 zǒu fēng

をあばく 揭露秘密 jiēlù mìmì
びみょう【微妙-な】 微妙 wēimiào ◆~なニュアンス 微妙语气 wēimiào yǔqì
ひむろ【氷室】 冰窖 bīngjiào
ひめ【姫】 公主 gōngzhǔ
ひめい【碑銘】 碑文 bēiwén
ひめい【悲鳴】 惨叫 cǎnjiào; 惊叫 jīngjiào ◆~を上げる 叫苦 jiào kǔ; 惊叫 jīngjiào
ひめくり【日捲り】 日历 rìlì
ヒメユリ 山丹花 shāndānhuā
ひめる【秘める】 包藏 bāocáng
ひめん【罷免-する】 罢免 bàmiǎn; 撤职 chèzhí; 免职 miǎnzhí
ひも【紐】 带子 dàizi; 绳子 shéngzi ◆~でしばる 用绳子绑上 yòng shéngzi bǎngshang
ひもく【費目】 经费项目 jīngfèi xiàngmù
ひもじい【饿じ】 饥饿 jī'è ◆~思いをする 感到饥饿 gǎndào jī'è
ひもち【日持ち･日保ち】 耐存 nàicún; 经放 jīngfàng
ひもと【火元】 火主 huǒzhǔ; 起火处 qǐhuǒ chù
ひもの【干物】 干鱼 gānyú; 干货 gānhuò
ひやあせ【冷汗】 冷汗 lěnghàn; 虚汗 xūhàn ◆~をかく 出冷汗 chū lěnghàn
ビヤガーデン 露天啤酒店 lùtiān píjiǔdiàn
ひやかす【冷やかす】 嘲弄 cháonòng; 打趣 dǎqù; 挖苦 wākǔ ◆夜店を~ 逛夜市 guàng yèshì
ひやく【飛躍-する】 飞跃 fēiyuè; 腾飞 téngfēi ◆~的に発展する 飞跃发展 fēiyuè fāzhǎn
ひゃく【百】 一百 yìbǎi ◆~パーセント 百分之百 bǎi fēn zhī bǎi
ひゃくしゅつ【百出-する】 《頻出》 百出 bǎichū ◆矛盾が~する 矛盾百出 máodùn bǎichū ◆議論~する 议论纷纷 yìlùn fēnfēn
ビャクダン 檀香 tánxiāng
ひゃくてん【百点】 一百分 yìbǎi fēn
ひゃくにんいっしゅ【百人一首】 和歌百首集 hégē bǎishǒují
ひゃくねん【百年】 一百年 yìbǎi nián ◆~の大計 百年大计 bǎinián dàjì
ひゃくはちじゅうど【百八十度】 一百八十度 yìbǎi bāshí dù ◆~転換する 掉换 diàohuàn
ひゃくぶん【百聞】 ◆~は一見に(し)かず 百闻不如一见 bǎiwén bùrú yíjiàn

ひゃくぶんりつ 【百分率】 百分率 bǎifēnlǜ
びゃくや 【白夜】 白夜 báiyè
ひゃくようばこ 【百葉箱】 百叶箱 bǎiyèxiāng
ひやけ 【日焼け-する】 晒黑 shàihēi
ひやざけ 【冷酒】 凉酒 liángjiǔ
ヒヤシンス 风信子 fēngxìnzǐ
ひやす 【冷やす】 ◆ビールを～ 冰镇啤酒 bīngzhèn píjiǔ ◆頭を～ 使头脑冷静 shǐ tóunǎo lěngjìng ◆肝を～ 吓坏 xiàhuài; 打寒战 dǎ hánzhàn ◆エンジンを～ 冷却引擎 lěngquè yǐnqíng
ひゃっかじてん 【百科事典】 百科全书 bǎikē quánshū
ひゃっかてん 【百貨店】 百货公司 bǎihuò gōngsī; 百货大楼 bǎihuò dàlóu
ひゃっかりょうらん 【百花繚乱】 万紫千红 wàn zǐ qiān hóng; 百花齐放 bǎi huā qí fàng
ひゃっきやこう 【百鬼夜行】 百恶横行 bǎi è héngxíng
ひゃっぱつ 【百発】 ◆～百中 百发百中 bǎi fā bǎi zhòng
ひやとい 【日雇い】 日工 rìgōng; 短工 duǎngōng ◆～仕事 零工 línggōng; 日工 rìgōng ◆～労働者 日工 rìgōng
ひやひや 【冷や冷や-する】 提心吊胆 tí xīn diào dǎn; 忐忑不安 tǎntè bù'ān
ビヤホール 啤酒店 píjiǔdiàn
ひやめし 【冷飯】 凉饭 liángfàn ◆～を食わされる 受冷遇 shòu lěngyù
ひややか 【冷ややか-な】 冷冰冰 lěngbīngbīng; 冷淡 lěngdàn ◆～に見る 冷眼相待 lěngyǎn xiāngdài
ひややっこ 【冷奴】 凉拌豆腐 liángbàndòufu
ひゆ 【比喩】 比拟 bǐnǐ; 比喻 bǐyù; 譬喻 pìyù
ヒューズ 保险丝 bǎoxiǎnsī ◆～がとぶ 保险丝烧断 bǎoxiǎnsī shāoduàn
ヒューマニスト 人道主义者 réndào zhǔyìzhě
ピューリタン 清教徒 qīngjiàotú
ビュッフェ 〈立食スタイル〉自助餐 zìzhùcān; 简易食堂 jiǎnyì shítáng; 餐室 cānshì
ひょいと 突然地 tūrán ◆～現れる 忽然出现 hūrán chūxiàn ◆～持ち上げる 轻轻举起 qīngqīng jǔqǐ ◆～振り返る 无意中回头看 wúyìzhōng huítóu kàn
ひよう 【費用】 费用 fèiyong; 经费 jīngfèi ◆～がかかる 费用很大 fèiyong hěn dà

ひょう 【表】 表格 biǎogé ◆～に記入する 填表格 tián biǎogé
ひょう 【雹】 雹子 báozi; 冰雹 bīngbáo
ひょう 【票】 票 piào ◆～を入れる 投票 tóupiào
ヒョウ 【豹】 豹 bào
びよう 【美容】 美容 měiróng ◆～と健康にいい 有利于美容和健康 yǒulìyú měiróng hé jiànkāng ◆～体操 健美体操 jiànměi tǐcāo ◆～師 美容师 měiróngshī; 美发师 měifàshī
びょう 【秒】 秒 miǎo
びょう 【鋲】 图钉 túdīng
ひょういもじ 【表意文字】 表意文字 biǎoyì wénzì
びよういん 【美容院】 美容院 měiróngyuàn
びょういん 【病院】 医院 yīyuàn ◆～に行く 上医院 shàng yīyuàn
ひょうおんもじ 【表音文字】 表音文字 biǎoyīn wénzì
ひょうか 【評価-する】 评价 píngjià
ひょうが 【氷河】 冰川 bīngchuān; 冰河 bīnghé ◆～期 冰川期 bīngchuānqī
ひょうかい 【氷解-する】 冰释 bīngshì; 消解 xiāojiě ◆疑惑が～する 疑惑冰释 yíhuò bīngshì
びょうがい 【病害】 〈農作物の〉病害 bìnghài
ひょうき 【表記-する】 〈表書き〉封面记载 fēngmiàn jìzǎi; 〈書き表す〉写出 xiěchū; 书写 shūxiě
ひょうぎ 【評議-する】 评议 píngyì ◆～員 评议员 píngyìyuán
びょうき 【病気】 病 bìng; 疾病 jíbìng ◆～がぶり返す 犯病 fàn bìng ◆～で寝込む 卧病 wòbìng ◆～になる 得病 dé bìng; 生病 shēng bìng ◆～が治る 平复 píngfù ◆～を治す 治病 zhì bìng
ひょうきん 【剽軽-な】 滑稽 huájī; 诙谐 huīxié; 风趣 fēngqù ◆～な人 活宝 huóbǎo; 小丑 xiǎochǒu
びょうく 【病苦】 病苦 bìngkǔ ◆～に耐える 忍耐病苦 rěnnài bìngkǔ
びょうく 【病躯】 病身 bìngshēn ◆～をおして 抱着病 bàozhe bìng
ひょうけい 【表敬】 ◆～訪問 礼节性拜访 lǐjiéxìng bàifǎng
ひょうけつ 【表決】 ◆～を採る 表决 biǎojué
びょうけつ 【病欠-する】 病假 bìngjià; 因病缺席 yīn bìng quēxí
ひょうげん 【表現-する】 表示 biǎoshì; 表现 biǎoxiàn ◆～力 笔力 bǐlì
びょうげん 【病源】 病源 bìngyuán ◆～菌 病菌 bìngjūn ◆～体 病原体

ひょうご 【標語】 標语 biāoyǔ
ひょうこう 【標高】 标高 biāogāo；海拔 hǎibá
ひょうさつ 【表札】 门牌 ménpái；牌 pái
ひょうざん 【氷山】 冰山 bīngshān ◆～の一角 冰山的一角 bīngshān de yì jiǎo；极小部分 jíxiǎo bùfen
ひょうし 【拍子】 节拍 jiépāi；拍子 pāizi ◆～をとる 打拍子 dǎ pāizi
ひょうし 【表紙】 封面 fēngmiàn
ひょうじ 【標示-する】 标明 biāomíng；标示 biāoshì
ひょうじ 【表示-する】 表示 biāoshì ◆価格 标价 biāojià ◆～板〈列车发着的〉预告牌 yùgàopái ◆意思～する 表明态度 biǎomíng tàidu
ひょうし 【病死-する】 病故 bìnggù；病死 bìngsǐ
ひょうしき 【標識】 标志 biāozhì；道路～ 路标 lùbiāo
びょうしつ 【病室】 病房 bìngfáng
びょうしゃ 【描写-する】 描写 miáoxiě
びょうじゃく 【病弱-な】 虚弱 xūruò；病弱 bìngruò
ひょうじゅん 【標準-の】 标准 biāozhǔn；基准 jīzhǔn ◆～語 普通话 pǔtōnghuà ◆～時 标准时间 biāozhǔn shíjiān ◆～値 标准值 biāozhǔnzhí
ひょうしょう 【表彰-する】 表扬 biāoyáng；表彰 biāozhāng ◆～状 奖状 jiǎngzhuàng ◆～台 奖台 jiǎngtái；领奖台 lǐngjiǎngtái
ひょうしょう 【表象】 表象 biāoxiàng；象征 xiàngzhēng
ひょうじょう 【氷上】 冰上 bīngshàng ◆～を滑る 滑冰 huá bīng
ひょうじょう 【表情】 神情 shénqíng；表情 biǎoqíng ◆～を引き締める 收敛笑容 shōuliǎn xiàoróng ◆～が豊か 表情丰富 biǎoqíng fēngfù ◆～がきびしい 表情严肃 biǎoqíng yánsù
びょうじょう 【病状】 病情 bìngqíng；病势 bìngshì ◆～が悪化する 病情恶化 bìngqíng èhuà
びょうしん 【秒針】 秒针 miǎozhēn
ひょうしん 【病身の】 病体 bìngtǐ
ひょうする 【評する】 评论 pínglùn
びようせいけい 【美容整形-する】 整容 zhěngróng
ひょうせつ 【剽窃-する】 抄袭 chāoxí；剽窃 piāoqiè
ひょうそう 【表層】 表层 biǎocéng；～雪崩〈なだれ〉 表层雪崩 biǎocéng xuěbēng
ひょうそう 【表装-する】 装裱 zhuāngbiǎo ◆書画を～する 裱画 biāo zìhuà
びょうそう 【病巣】 病灶 bìngzào
ひょうそく 【平仄】 píngzè ◆～が合わない 不合条理 bù hé tiáolǐ
びょうそく 【秒速】 秒速 miǎosù
ひょうだい 【標題】 题目 tímù ◆～音楽 标题音乐 biāotí yīnyuè
ヒョウタン 【瓢箪】 葫芦 húlu ◆～から駒が出る 事出意外 shì chū yìwài
ひょうちゃく 【漂着-する】 漂到 piāodào
びょうちゅうがい 【病虫害】 病虫害 bìngchónghài
ひょうてい 【評定-する】 评定 píngdìng；评比 píngbǐ
ひょうてき 【標的】 靶子 bǎzi；目标 mùbiāo
びょうてき 【病的-な】 病态 bìngtài
ひょうてん 【氷点】 冰点 bīngdiǎn ◆～下 零下 língxià
ひょうでん 【評伝】 评传 píngzhuàn
びょうとう 【病棟】 病房楼 bìngfánglóu
びょうどう 【平等-な】 平等 píngděng ◆～に分ける 均分 jūnfēn；平分 píngfēn ◆～に扱う 平等相待 píngděng xiāngdài
びょうにん 【病人】 病人 bìngrén；患者 huànzhě ◆～を看病する 看护病人 kānhù bìngrén ◆～を見舞う 探望 tànwàng；慰问病人 wèiwèn bìngrén
ひょうのう 【氷嚢】 冰袋 bīngdài
ひょうはく 【漂泊】 漂泊 piāobó
ひょうはく 【漂白-する】 漂白 piāobái ◆～剤 漂白粉 piāobáifěn
ひょうばん 【評判】 ◆～がよい 评价好 píngjià hǎo；名声很好 míngshēng hěn hǎo ◆～が悪い 臭名高 chòumíng gāo ◆～の人物 现在著名的人物 xiànzài zhùmíng de rénwù ◆～が落ちる 声誉降落 shēngyù jiàngluò
ひょうひょう 【飄々】 飘逸 piāoyì ◆～とした態度 神采飘逸 shéncǎi piāoyì
びょうぶ 【屏風】 屏风 píngfēng；画屏 huàpíng
ひょうへん 【豹変-する】 豹变 bàobiàn；突然改变 tūrán gǎibiàn
ひょうほん 【標本】 标本 biāoběn
びょうま 【病魔】 病魔 bìngmó ◆～におかされる 病魔缠身 bìngmó chánshēn
ひょうめい 【表明-する】 表明 biǎomíng
びょうめい 【病名】 病名 bìngmíng
ひょうめん 【表面】 表面 biǎomiàn；

ひょうめんせき【表面積】 表面积 biǎomiànjī
ひょうよみ【秒読み】 读秒 dúmiǎo；倒计时 dàojìshí ♦～段階 最后阶段 zuìhòu jiēduàn
ひょうり【表裏】 ♦～一体 表里一致 biǎolǐ yízhì
びょうりがく【病理学】 病理学 bìnglǐxué
ひょうりゅう【漂流-する】 漂流 piāoliú；漂移 piāoyí
びょうれき【病歴】 病历 bìnglì
ひょうろうぜめ【兵糧攻め】 断粮道 duàn liángdào
ひょうろん【評論-する】 评论 pínglùn；评介 píngjiè
ひょうろんか【評論家】 评论家 pínglùnjiā
ひよく【肥沃-な】 肥沃 féiwò；丰沃 fēngwò ♦～な田畑 肥田 féitián
びよく【尾翼】 尾翼 wěiyì
ひよけ【日除け】 蓬 péng；《帽子などの》遮阳 zhēyáng ♦～棚 凉棚 liángpéng
ひよこ【雛】 雏鸡 chújī；小鸡 xiǎojī；《青二才》毛孩子 máoháizi
ひょっこり 忽然 hūrán ♦～現れる 突然出现 tūrán chūxiàn
ひょっとすると 也许 yěxǔ；或许 huòxǔ；说不定 shuōbudìng
ひよりみ【日和見】 观望形势 guānwàng xíngshì ♦～主义 机会主义 jīhuì zhǔyì ♦～を決め込む 坐山观虎斗 zuò shān guān hǔ dòu
ひょろながい【ひょろ長い】 细长 xìcháng；瘦长 shòucháng
ひよわ【ひ弱-な】 虚弱 xūruò；单薄 dānbó
ぴょんと 〔跳ね回るようす〕 一蹦一跳地 yí bèng yí tiào de ♦～跳びはねる 蹦蹦跳跳 bèngbēngtiàotiào
ぴょんぴょん 〔跳ね回るようす〕 一蹦一跳地 yí bèng yí tiào de ♦～跳びはねる 蹦蹦跳跳 bèngbēngtiàotiào
ひら【平-の】 普通 pǔtōng
ビラ 〔ちらし〕 传单 chuándān
ひらあやまり【平謝り】 ♦～にあやまる 再三道歉 zàisān dàoqiàn；低头谢罪 dītóu xièzuì
ひらいしん【避雷針】 避雷针 bìléizhēn
ひらおよぎ【平泳ぎ】 蛙泳 wāyǒng
ひらがな【平仮名】 平假名 píngjiǎmíng

ひらき【開き】 ❶ 〔へだたり〕 差距 chājù ❷〔魚の〕 干鱼 gānyú
ひらきど【開き戸】 门扇 ménshàn
ひらきなおる【開き直る】 忽然变得严肃 hūrán biànde yánsù；将错就错 jiāng cuò jiù cuò
ひらく【開く】 ◆戸を～ 开门 kāi mén ♦包みを～ 打开包裹 dǎkāi bāoguǒ ♦会を～ 开会 kāi huì ♦魚を～ 剖鱼 pōu yú ♦心を～ 敞开心扉 chǎngkāi xīnfēi ♦差を～ 差距扩大 chājù kuòdà ♦店を～ 开店 kāi diàn
ひらけた【開けた】 ♦～地域 发展的地区 fāzhǎn de dìqū ♦考えが～ 头脑开通 tóunǎo kāitōng
ひらたい【平たい】 平坦 píngtǎn；扁 biǎn ♦～言葉 浅易的话 qiǎnyì de huà ♦～平たく言えば 平易地说 píngyì de shuō
ビラニア 比拉鱼 bǐlāyú；食人鱼 shírényú
ひらひら 飘然 piāorán ♦～落ちる 《花びらなどが》 飘零 piāolíng ♦～飞舞 fēiwǔ ♦～飛ぶ 《蝶などが》 翻飞 fānfēi
ピラフ 西式炒饭 xīshì chǎofàn；抓饭 zhuāfàn
ひらべったい【平べったい】 扁 biǎn
ピラミッド 金字塔 jīnzìtǎ
ひらめ【平目】 比目鱼 bǐmùyú；偏口鱼 piānkǒuyú
ひらめき【閃き】 闪现 shǎnxiàn；灵感 línggǎn ♦才能の～ 才气闪现 cáiqì shǎnxiàn
ひらめく【閃く】 ❶《光・物体が》 闪动 shǎndòng；闪烁 shǎnshuò ❷《考えが》 闪念 shǎnniàn；闪现 shǎnxiàn
ひらや【平屋】 平房 píngfáng
ひらりと 轻巧地 qīngqiǎo de ♦～飛び乗る 机敏地跳上 jīmǐn de tiàoshàng ♦～かわす 闪躲 shǎnduǒ；闪身躲开 shǎn shēn
びらん【糜爛】 糜烂 mílàn
びり 最末一名 zuìmò yì míng；殿军 diànjūn
ピリオド 句号 jùhào ♦～を打つ 结束 jiéshù ♦結婚生活に～を打つ 结束夫妻关系 jiéshù fūqī guānxi
ひりつ【比率】 比例 bǐlì；比率 bǐlǜ ♦～が高い 比率高 bǐlǜ gāo
ひりひり 火辣辣 huǒlàlà；杀 shā ♦日焼けで肌が～する 皮肤被太阳晒 得火辣辣的 pífu bèi tàiyáng shàide huǒlàlà de
びりびり 哧哧 chīchī ♦～と破く 哧

びりびり ～する 火辣辣 huǒlàlà；神経が～している 战战兢兢 zhànzhànjīngjīng

ビリヤード 台球 táiqiú ◆～台 台球台 táiqiútái

びりゅうし【微粒子】 微粒 wēilì

ひりょう【肥料】 肥料 féiliào ◆～を撒く 撒肥料 sǎ féiliào ◆～をやる 施肥 shī féi

びりょう【微量-の】 微量 wēiliàng

びりょく【微力】 ◆～を尽くす 尽微薄之力 jìn wēibó zhī lì

ひる【昼】 中午 zhōngwǔ；白天 báitiān ◆～の部 日场 rìchǎng

ヒル【蛭】 水蛭 shuǐzhì；蚂蟥 mǎhuáng

ピル 避孕药 bìyùnyào

ビル(ディング) 大厦 dàshà；大楼 dàlóu；高楼 gāolóu

ひるいない【比類ない】 无比 wúbǐ；无可比拟 wú kě bǐnǐ ◆～技 绝技 juéjì ◆比類なく大きい 硕大无朋 shuòdà wú péng

ひるがえす【翻す】 ◆身を～ 闪身 shǎn shēn ◆叛旗を～ 背叛旗 bèipàn ◆前言を～ 推翻前言 tuīfān qiányán；改变意见 gǎibiàn yìjiàn

ひるがえる【翻る】 飘扬 piāoyáng；旗が～ 旗帜飘扬 qízhì piāoyáng

ひるさがり【昼下がり】 过午 guòwǔ

ひるね【昼寝】 午觉 wǔjiào ◆～する 睡午觉 shuì wǔjiào；午睡 wǔshuì

ひるひなか【昼日中】 白天 báitiān；大天白日 dà tiān bái rì

ひるま【昼間】 白天 báitiān；日间 rìjiān ◆～の仕事 日工 rìgōng

ひるむ【怯む】 胆怯 dǎnqiè；畏缩 wèisuō；裹足不前 guǒ zú bù qián；发憷 fāchù ◆～ことなく 无畏 wúwèi

ひるめし【昼飯】 午饭 wǔfàn；中饭 zhōngfàn

ひるやすみ【昼休み】 午休 wǔxiū ◆～をする 歇晌 xiēshǎng

ヒレ（肉の）里脊 lǐjǐ

ひれい【比例-する】 比例 bǐlì ◆正～する 成正比 chéng zhèngbǐ ◆反～する 成反比 chéng fǎnbǐ

ひれい【非礼-な】 非礼 fēilǐ

ひれき【披瀝-する】 吐露 tǔlù；表白 biǎobái；披露 pīlù

ひれつ【卑劣-な】 卑鄙 bēibǐ；猥劣 wěiliè

ひれふす【平伏す】 拜倒 bàidǎo；跪倒 guìdǎo；五体投地 wǔ tǐ tóu dì

ひれん【悲恋】 悲剧性的恋爱 bēijùxìng de liàn'ài

ひろい【広い】 宽阔 kuānkuò；广大 guǎngdà ◆～原野 宽广的原野 kuānguǎng de yuányě ◆～道路 宽阔的道路 kuānkuò de dàolù ◆～範囲にわたる 广泛 guǎngfàn ◆～知識 博博的知识 yuānbó de zhīshi

ひろいあげる【拾い上げる】 拾起 shíqǐ；捡起 jiǎnqǐ

ひろいあつめる【拾い集める】 捡到一起 jiǎndào yìqǐ；收集 shōují

ひろいぬし【拾い主】 拾得者 shídézhě

ひろいもの【拾い物】 拾得物 shídéwù ◆あの役者は～だった 那个演员是意外的收获 nàge yǎnyuán shì yìwài de shōuhuò

ひろいよみ【拾い読み-する】 挑着读 tiāozhe dú；浏览 liúlǎn

ヒロイン 女主角 nǚzhǔjué ◆悲劇の～ 悲剧的女主角 bēijù de nǚzhǔjué

ひろう【拾う】 捡 jiǎn；拾 shí

ひろう【披露-する】 披露 pīlù；公布 gōngbù；宣布 xuānbù ◆～宴 喜筵 xǐyán

ひろう【疲労-する】 疲劳 píláo；疲倦 píjuàn ◆～困憊(こんぱい)の 疲惫不堪 píbèi bùkān ◆～を回復する 消除疲劳 xiāochú píláo

ビロード 天鹅绒 tiān'éróng

ひろがり【広がり】 宽度 kuāndù；扩大 kuòdà

ひろがる【広がる】 ❶《広くなる》扩大 kuòdà；扩展 kuòzhǎn ❷《広まる》蔓延 mànyán ◆うわさが～ 传开 风声 chuánkāi fēngshēng ◆伝染病が～ 传染病蔓延 chuánrǎnbìng mànyán

ひろげる【広げる】 ❶《開く》张开 zhāngkāi ◆弁当を～ 打开饭盒 dǎkāi fànhé ◆地図を～ 摊开地图 tānkāi dìtú ❷《規模を》扩 kuòzhāng；开阔 kāikuò ◆道幅を～ 扩张路面 kuòzhāng lùmiàn ◆手を～大事業に 扩大事业 kuòdà shìyè

ひろさ【広さ】 宽度 kuāndù；宽窄 kuānzhǎi

ひろば【広場】 广场 guǎngchǎng

ひろびろ【広々-とした】 宽广 kuānguǎng；广阔 guǎngkuò；辽阔 liáokuò

ひろま【広間】 大厅 dàtīng

ひろまる【広まる】 流传 liúchuán；普及 pǔjí；《話》传扬 chuányáng

ひろめる【広める】 普及 pǔjí ◆教育を～ 普及教育 pǔjí jiàoyù ◆根も葉もないうわさを～ 散布流言 sànbù liúyán；传播谣言 chuánbō yáoyán

ピロリきん【ピロリ菌】 幽门螺杆菌

ひろんりてき【非論理的】不符合逻辑 bù fúhé luójí
びわ【秘話】秘闻 mìwén
びわ【琵琶】琵琶 pípa
ビワ【枇杷】枇杷 pípa
ひわい【卑猥-な】猥亵 wěixiè ◆~な言菜 猥辞 wěicí
ひわり【日割り-の】按日 ànrì ◆~計算 按日計算 ànrì jìsuàn
ひん【品】风度 fēngdù ◆~のよい风度优雅 fēngdù yōuyǎ ◆~のない没有风度 méiyǒu fēngdù
びん【瓶】瓶 píng; 瓶子 píngzi ◆ガラス~ 玻璃瓶 bōlipíng
びん【便】❶〈航空〉航班 hángbān ◆〈エアメール〉航空邮件 hángkōng yóujiàn ◆船~ 船运 chuányùn
ピン ❶〈とめ針〉别针 biézhēn ◆安全~ 别针 biézhēn ◆虫~ 大头针 dàtóuzhēn ❷〈ボウリングの〉球柱 qiúzhù
ひんい【品位】品位 pǐnwèi; 品德 pǐndé ◆~を保つ 保持风度 bǎochí fēngdù
ひんかく【品格】风格 fēnggé; 品格 pǐngé ◆~に欠ける 品格差 pǐngé chà
びんかん【敏感-な】灵敏 língmǐn; 敏感 mǐngǎn ◆~に反応する 敏锐地反应 mǐnruì de fǎnyìng
ひんきゃく【賓客】宾客 bīnkè
ひんきゅう【貧窮】贫穷 pínqióng
ひんく【貧苦-の】穷困 qióngkùn; 穷苦 qióngkǔ
ピンク 粉红 fěnhóng
ひんけつ【貧血】贫血 pínxuè
ひんこう【品行】品行 pǐnxíng ◆~方正 品行端正 pǐnxíng duānzhèng
ひんこん【貧困-の】贫困 pínkùn; 贫穷 pínqióng
ひんし【品詞】词类 cílèi
ひんし【瀕死】濒死 bīnsǐ ◆~の重傷 致命伤 zhìmìngshāng
ひんしつ【品質】品质 pǐnzhì; 质量 zhìliàng ◆~が良い 质量好 zhìliàng hǎo
ひんじゃく【貧弱-な】贫乏 pínfá ◆語彙が~ 用词贫乏 yòng cí pínfá ◆~な体つき 体格瘦弱 tǐgé shòuruò
ひんしゅ【品種】品种 pǐnzhǒng ◆~改良 改良品种 gǎiliáng pǐnzhǒng
ひんしゅく【顰蹙】◆~を買う 惹人讨厌 rě rén tǎoyàn
ひんしゅつ【頻出-する】层出不穷 céng chū bù qióng
びんしょう【敏捷-な】利落 lìluo ◆~な動き 敏捷的动作 mǐnjié de dòngzuò

びんじょう【便乗-する】〈乗り物に〉搭乘 dāchéng; 〈機会を利用する〉乗机 chéngjī; 趁机 chènjī ◆~値上げ 乗机涨价 chéngjī zhǎngjià
ヒンズーきょう【ヒンズー教】印度教 Yìndùjiào
ひんする【瀕する】濒临 bīnlín; 面临 miànlín ◆絶滅に~〈動物などが〉濒于绝灭 bīnyú juémiè
ひんせい【品性】品质 pǐnzhì; 品德 pǐndé
ピンセット 镊子 nièzi
びんせん【便箋】信纸 xìnzhǐ; 信笺 xìnjiān
ひんそう【貧相-な】穷寒 pínhán; 寒酸 hánsuān ◆~な身なり 衣着寒酸 yīzhuó hánsuān
びんそく【敏速-な】敏捷 mǐnjié; 利落 lìluo ◆迅速 xùnsù ◆~に処理する 迅速处理 xùnsù chǔlǐ
びんた 拍打 pāidǎ ◆~を食らう 吃耳光 chī ěrguāng ◆~を食らわす 打耳光 dǎ ěrguāng
ピンチ 危机 wēijī ◆~に陥る 陷入困境 xiànrù kùnjìng ◆~を乗り切る 摆脱困境 bǎituō kùnjìng
びんづめ【瓶詰め-の】瓶装 píngzhuāng
ヒント 暗示 ànshì; 启示 qǐshì
ひんど【頻度】频次 pínci ◆频率 pínlǜ ◆~が高い 频率高 pínlǜ gāo
ぴんと ◆~立つ 直立 tínglì ◆~张る 拉紧 lājǐn ◆~くる（直感）一下明白 yíxià míngbai
ピント 焦点 jiāodiǎn ◆~を合わせる 对焦点 duì jiāodiǎn ◆~がずれた（比喩）走板儿 zǒu bǎnr; 走题 zǒutí
ひんのう【貧農】贫农 pínnóng
ひんば【牝馬】母马 mǔmǎ; 牝马 pìnmǎ
ひんぱつ【頻発-する】屡次发生 lǚcì fāshēng
ピンはね【ピン撥ね-する】克扣 kèkòu; 抽头 chōutóu; 揩油 kāiyóu
ひんぱん【頻繁-な】频繁 pínfán ◆~に 频频 pínpín
ひんぴょう【品評-する】品评 pǐnpíng; 评比 píngbǐ ◆~会 品评会 pǐnpínghuì
ぴんぴん ◆健康で~している 身体很结实 shēntǐ hěn jiēshi; 健壮 jiànzhuàng ◆~はねる 活蹦活跳 huó bèng huó tiào
ひんぷ【貧富】◆~の差 贫富差距 pínfù chājù
びんぼう【貧乏-な】穷 qióng; 贫穷 pínqióng ◆~な 寒酸 hánsuān ◆~のどん底 赤贫 chìpín ◆~暇無し 穷忙 qióngmáng

ピンぼけ 《写真が》拍得模糊 zhāode móhu; 焦点不对 jiāodiǎn bú duì
ピンポン 乒乓球 pīngpāngqiú
ひんみん【貧民】 贫民 pínmín; 穷人 qióngrén
ひんめい【品名】 品名 pǐnmíng
ひんもく【品目】 品种 pǐnzhǒng
ひんやり ◆ーとした 凉爽 liángshuǎng; 凉嗖嗖 liángsōusōu
びんらん【便覧】 便览 biànlǎn; 手册 shǒucè
ビンロウ【檳榔】 槟榔 bīnglang
びんわん【敏腕-の】 能干 nénggàn ◆ーを振るう 发挥才干 fāhuī cáigàn

ふ

ふ【賦】 ◆ーに落ちない 不能理解 bù néng lǐjiě ◆ーに落ちない話 令人纳闷儿的话 lìng rén nàmènr de huà
ファ 《音階の》发fā
ファースト 《最初》第一 dìyī ◆ークラス 《飛行機·船》头等舱 tóuděng cāng; 《野球の》一垒 yīlěi
ふあい【歩合】 比率 bǐlǜ ◆ー制的 按比率分配 àn bǐlǜ fēnpèi ◆公定ー 法定汇率 fǎdìng huìlǜ
ふあいそう【無愛想-な】 简慢 jiǎnmàn; 冷淡 lěngdàn; 不和气 bù héqi
ファイト 斗志 dòuzhì; 干劲 gànjìn
ファイル 《文房具》文件夹 wénjiānjiā; 档案 dàng'àn ◆ーする 归档 guīdàng; 《コンピュータ》文件 wénjiàn
ファインダー 取景器 qǔjǐngqì ◆ーをのぞく 对着取景器看 duìzhe qǔjǐngqì kàn
ファインプレー 妙技 miàojì
ファウル 《競技》犯规 fànguī; 《野球》线外球 xiànwàiqiú
ファクシミリ 传真 chuánzhēn
ファシスト 法西斯 fǎxīsī
ファシズム 法西斯主义 fǎxīsī zhǔyì
ファストフード 快餐 kuàicān
ファスナー 拉链 lāliàn; 拉锁 lāsuǒ ◆ーを上げる 拉上拉锁 lāshàng lāsuǒ ◆ーをおろす 拉下拉锁 lāxià lāsuǒ
ふあつい【分厚い】 厚 hòu ◆ー画集 厚厚的画册 hòuhòu de huàcè
ファックス 传真 chuánzhēn
ファッシュ 法西斯 fǎxīsī
ファッション 时装 shízhuāng; 流行 liúxíng ◆ーショー 时装表演 shízhuāng biǎoyǎn
ファン ❶《ひいきにする人》粉丝 fěnsī; 迷 mí; 狂慕者 kuángmùzhě ◆映画ー 影迷 yǐngmí ❷《機械などの》风扇 fēngshàn; 鼓风机 gǔfēngjī
ふあん【不安-な】 不安 bù'ān ◆ーに思う 担心 dānxīn ◆ーを解消する 解除不安 jiěchú bù'ān ◆ーな表情 不安的神情 bù'ān de shénqíng
ふあんてい【不安定-な】 不安定 bù āndìng; 不稳定 bù wěndìng ◆生活が～だ 生活不安定 shēnghuó bù āndìng ◆社会の～をもたらす 造成社会不稳定 zàochéng shèhuì bù wěndìng
ファンデーション 粉底 fěndǐ
ファンド 基金 jījīn; 资金 zījīn

ふあんない【不案内-な】陌生 mòshēng ◆~な土地 不熟悉的地方 bù shúxī de dìfang

ふい【不意-に】猛不防 měngbufáng；突然间 tūránjiān ◆~にやって来る 突如其来 tū rú qí lái ◆~をつく 出其不意 chū qí bú yì ◆~を襲う 奇袭 qíxí；突然袭击 tūrán xíjī

ぶい【部位】部位 bùwèi

ブイ 浮标 fúbiāo

ブイアイピー（VIP） 要人 yàorén；贵宾 guìbīn

フィアンセ 未婚夫［妻］wèihūnfū[qī]

フィート 英尺 yīngchǐ

フィードバック 反馈 fǎnkuì

フィールド 田赛运动场 tiánsài yùndòngchǎng ◆~競技 田赛 tiánsài

ふいうち【不意打ち】◆~をかける 突然袭击 tūrán xíjī ◆~を食らう 受袭击 shòu xíjī

フィギュアスケート 花样滑冰 huāyàng huábīng

フィクション 虚构 xūgòu；小说 xiǎoshuō ◆この小説は~だ 这篇小说的情节是虚构的 zhèpiān xiǎoshuō de qíngjié shì xūgòu de

ふいご【鞴】风箱 fēngxiāng

フィジビリティ 可行性 kěxíngxìng

ふいちょう【吹聴-する】吹嘘 chuīxū；宣扬 xuānyáng ◆自慢話をして回る 到处吹嘘 dàochù chuīxū

ふいっち【不一致】分歧 fēnqí；不一致 bù yīzhì ◆性格の~ 性格不合 xìnggé bù hé ◆言行の~ 言行不一 yánxíng bùyī

フィット 合适 héshì：合身 héshēn

フィットネスクラブ 健美俱乐部 jiànměi jùlèbù

ぷいと 忽然 hūrán ◆~横を向く 生气地把脸猛地扭向一边 shēngqì de bǎ liǎn měng de niǔxiàng yìbiān

フィナーレ 最后一幕 zuìhòu yí mù ◆~を迎える 迎来最后一幕 yínglái zuìhòu yí mù

ふいになる 吹 chuī；告吹 gàochuī；垮 kuǎ；落空 luòkōng

ブイネック【Vネック】鸡心领 jīxīnlǐng；尖领儿 jiānlǐngr ◆~のセーター 鸡心领的毛衣 jīxīnlǐng de máoyī

ブイヨン 清汤 qīngtāng

フィルター 过滤器 guòlǜqì；〈レンズの〉滤色镜 lǜsèjìng；〈タバコの〉过滤嘴 guòlǜzuǐ

フィルム 胶卷 jiāojuǎn；软片 ruǎnpiàn ◆~を交換する 换胶卷 huàn jiāojuǎn

ぶいん【部員】成员 chéngyuán

ふう【封】◆~をする 〈手紙の〉封口 fēngkǒu；〈封じ目〉封 fēng ◆ボトルの~を切る 开酒瓶盖 kāi jiǔpíngzi

ふうあつ【風圧】风压 fēngyā ◆~に耐える 抵挡风的压力 dǐdǎng fēng de yālì

プーアルちゃ【プーアル茶】普洱茶 pǔ'ěrchá

ふういん【封印-する】封印 fēngyìn ◆~を解く 启封 qǐfēng

ブーイング 嘘声 xūshēng

ふうう【風雨】风雨 fēngyǔ ◆~にさらされる 风吹雨打 fēngchuī yǔdǎ

ふううん【風雲】风云 fēngyún ◆~急を告げる 形势告急 xíngshì gàojí

ふうか【風化-する】记忆淡薄了 jìyì dànbó le

ふうが【風雅-な】雅致 yǎzhì；风雅 fēngyǎ ◆~の心得がある 有风雅的情趣 yǒu fēngyǎ de qíngqù

ふうがい【風害】风害 fēnghài；风灾 fēngzāi

ふうかく【風格】风格 fēnggé；作风 zuòfēng；风度 fēngdù ◆~のある人 有风度的人 yǒu fēngdù de rén

ふうがわり【風変わり-な】别致 biézhì；古怪 gǔguài；乖僻 guāipì ◆~な小説 离奇的小说 líqí de xiǎoshuō

ふうき【富貴-な】富贵 fùguì ◆~な生まれ 出身富贵 chūshēn fùguì

ふうき【風紀】风纪 fēngjì；纪律 jìlǜ ◆~が乱れる 风纪紊乱 fēngjì wěnluàn

ふうきり【封切り】开封 kāifēng ◆~になる 〈映画〉头轮放映 tóulún fàngyìng

ブーケ 花束 huāshù

ふうけい【風景】风景 fēngjǐng；风光 fēngguāng；景致 jǐngzhì ◆~を描写する 写景 xiějǐng

ふうこうけい【風向計】风向标 fēngxiàngbiāo

ふうさ【封鎖-する】封闭 fēngbì；封禁 fēngjìn；封锁 fēngsuǒ ◆国境を~する 封锁边境 fēngsuǒ biānjìng

ふうさい【風采】仪容 yíróng；仪表 yíbiǎo ◆~の上がらない 其貌不扬 qí mào bù yáng ◆~が立派だ 仪表端正 yíbiǎo duānzhèng

ふうし【風刺】◆~する 讽刺 fěngcì ◆~画 讽刺画 fěngcìhuà

ふうじこめる【封じ込める】封闭 fēngbì；封锁 fēngsuǒ ◆敵を~ 钳制敌人 qiánzhì dírén

ふうしゃ【風車】风车 fēngchē ◆~小屋 风车棚 fēngchē péng

ふうしゅ【風趣】风致 fēngzhì；风

趣 fēngqù ♦～に富む 饶有风致 ráo yōu fēngzhì
ふうしゅう【風習】风俗 fēngsú;习尚 xíshàng:习俗 xísú
ふうしょ【封書】封缄的书信 fēngjiān de shūxìn
ふうじる【封じる】封上 fēngshàng;封闭 fēngbì ♦口を～〈相手の〉不让对方说话 bú ràng duìfāng shuōhuà
ふうしん【風疹】风疹 fēngzhěn
ふうすい【風水】风水 fēngshuǐ
ふうすいがい【風水害】风灾和水灾 fēngzāi hé shuǐzāi
ふうせつ【風雪】〈気象〉风和雪 fēng hé xuě ♦〈試練〉～に耐える 经受考验 jīngshòu kǎoyàn
ふうせん【風船】气球 qìqiú ♦～をふくらます 把气球吹鼓 bǎ qìqiú chuīgǔ ♦～ガム 泡泡糖 pàopàotáng
ふうぜん【風前】♦～の灯 风中之烛 fēng zhōng zhī zhú
ふうそく【風速】风速 fēngsù ♦～計 风速表 fēngsùbiǎo
ふうぞく【風俗】风俗 fēngsú ♦～画 风俗画 fēngsúhuà ♦～習慣 风俗习惯 fēngsú xíguàn
ふうたい【風袋】皮重 pízhòng ♦～込みの重量 毛重 máozhòng
ふうちちく【風致地区】风景区 fēngjǐngqū
ふうちょう【風潮】风气 fēngqì;潮流 cháoliú ♦時尚 shíshàng
ブーツ 靴子 xuēzi
ふうてい【風体】风采 fēngcǎi;模样 múyàng ♦～の怪しい男 怪模怪样的汉子 guài mú guài yàng de hànzi
ふうど【風土】风土 fēngtǔ;水土 shuǐtǔ ♦～病 地方病 dìfāngbìng
フード ❶〈食べ物〉食物 shíwù ❷〈上着の〉风帽 fēngmào;头巾 tóujīn ❸〈覆い〉エンジン～ 发动机罩 fādòngjīzhào
ふうとう【封筒】信封 xìnfēng
ふうにゅう【封入-する】装入 zhuāngrù
ふうは【風波】风波 fēngbō ♦～の強い 风大浪大猛 fēng dà làng měng
ふうび【風靡】♦一世を～する 风靡一世 yìshì
ふうひょう【風評】传闻 chuánwén;流言 liúyán ♦～被害を受ける 受到流言之害 shòudào liúyán zhī hài
ふうふ【夫婦】夫妻 fūqī;夫妇 fūfù ♦～喧嘩 夫妻吵架 fūqī chǎojià
ふうぶつ【風物】风物 fēngwù ♦夏の～ 夏季风景 xiàjì fēngjǐng

ふうぶん【風聞】风闻 fēngwén
ふうぼう【風貌】风貌 fēngmào ♦みすぼらしい～ 寒酸样 hánsuān yàng
ふうみ【風味】风味 fēngwèi;口味 kǒuwèi ♦味道 wèidào ♦～がいい 味道好 wèidào hǎo
ブーム 热潮 rècháo;高潮 gāocháo ♦～を巻き起こす 掀起热潮 xiānqǐ rècháo
ブーメラン 飞镖 fēibiāo ♦～効果 飞镖效应 fēibiāo xiàoyìng
ふうらいぼう【風来坊】流浪汉 liúlànghàn
ふうりゅう【風流-な】风雅 fēngyǎ;雅致 yǎzhì ♦～な庭園 幽雅的庭园 yōuyǎ de tíngyuán
ふうりょく【風力】风力 fēnglì ♦～発電 风力发电 fēnglì fādiàn
ふうりん【風鈴】风铃 fēnglíng ♦～が鳴る 风铃响 fēnglíng xiǎng
プール ❶〈水泳場〉游泳池 yóuyǒngchí ♦温水～ 温水泳池 wēnshuǐ yǒngchí ♦室内～ 室内泳池 shìnèi yǒngchí ❷〈貯める〉～する 储蓄资金 chǔxù zījīn
ふうん【不運】背运 bèiyùn;厄运 èyùn ♦～な 倒霉 dǎoméi;晦气 huìqì;霉气 huìqì
ふえ【笛】笛子 dízi;横笛 héngdí;哨子 shàozi ♦～を吹く 吹笛子 chuī dízi
フェアプレー 公平的比赛 gōngpíng de bǐsài ♦～の精神 光明磊落的精神 guāngmíng lěiluò de jīngshén
ふえいせい【不衛生-な】不讲卫生 bù jiǎng wèishēng
フェイント 佯攻 yánggōng
フェーン 焚风 fénfēng ♦～現象 焚风现象 fénfēng xiànxiàng
ふえて【不得手-な】不拿手 bù náshǒu ♦～な分野 不擅长的领域 bú shànchǎng de lǐngyù
フェニックス〈植物〉海枣 hǎizǎo ♦〈不死鳥〉不死鸟 bùsǐniǎo;长生鸟 chángshēngniǎo
フェミニスト 男女平权主义者 nán-nǚ píngquán zhǔyìzhě;尊重女性的人 zūnzhòng nǚxìng de rén
フェリーボート 轮渡 lúndù;渡船 dùchuán;渡轮 dùlún
ふえる【増える】增多 zēngduō;增加 zēngjiā
フェルト 毡子 zhānzi ♦～帽 毡帽 zhānmào ♦～ペン 毡头笔 zhāntóubǐ
ふえん【敷衍-する】敷衍 fūyǎn;详述 xiángshù
フェンシング 击剑 jījiàn
ぶえんりょ【無遠慮-な】不客气 bù kèqi

kèqi: 放肆 fàngsì ◆～な態度 不客气的态度 bú kèqi de tàidu
フォアグラ 酱鹅肝 jiàng'égān
フォーク 叉 chā；（食事用）餐叉 cānchā：叉子 chāzi
フォークソング 民歌 míngē
フォークダンス 集体舞 jítǐwǔ；民间舞蹈 mínjiān wǔdǎo
フォークリフト 叉车 chāchē
フォービズム 野兽派 yěshòupài
フォーマット 格式 géshì
フォーム (形式) 形式 xíngshì ◆～を直す 改正形式 gǎizhèng xíngshì（姿勢）◆～が崩れる 走形 zǒuxíng
フォーラム 论坛 lùntán
フォルダー 夹子 jiāzi；文件夹 wénjiànjiā ◆～を開く 打开文件夹 dǎkāi wénjiànjiā
フォロー 跟从 gēncóng ◆～する 支持 zhīchí
フォワード 前锋 qiánfēng
ふおん【不穏】-な 不稳 bùwěn ◆～な空気 紧张的空气 jǐnzhāng de kōngqì
ふおんとう【不穏当】-な 不妥当 bù tuǒdàng ◆～な言葉 不妥的话 bù tuǒ de huà
ふか【負荷】 负荷 fùhè：载荷 zàihè ◆～がかかる 有负担 yǒu fùdān
ふか【孵化-する】 孵化 fūhuà
ふか【不可】-の 不可 bùkě ◆可もなく～もなく 模棱两可 móléng liǎngkě
ふか【付加-する】 补充 bǔchōng ◆～価値 补充价值 bǔchōng jiàzhí
フカ【鱶】 鲨鱼 shāyú ◆～鳍（ひれ）翅 chìzi：鱼翅 yúchì ◆～ヒレスープ 鲨鱼翅汤 shāyúchì tāng
ぶか【部下】 部下 bùxià；手下 shǒuxià
ふかい【深い】❶ (距離)～湖 湖水深 húshuǐ shēn ❷ (浓)～雾 五里雾 wǔlǐwù ❸ (親交が)～仲 深交 shēnjiāo ❹ (浅はかでない) 考えが～思想深刻 sīxiǎng shēnkè ◆～意味 深意 shēnyì ❺ (程度が甚だしい) 欲が～ 欲望强烈 yùwàng qiángliè
ふかい【不快】-な 不愉快 bù yúkuài ◆～な思い 不愉快的感受 bù yúkuài de gǎnshòu
ぶがいしゃ【部外者】 第三者 dìsānzhě；局外人 júwàirén ◆～立ち入り禁止 闲人免进 xiánrén miǎnjìn
ふかいない【不快ない】 窝囊 wōnang；不中用 bù zhòngyòng；没有志气 méiyǒu zhìqi
ふかいにゅう【不介入】 不干涉 bù gānshè ◆民事～ 不干涉民事 bù gānshè mínshì
ふかいり【深入り-する】 深入 shēnrù ◆人の心に～する 深入人心 shēnrù rénxīn
ふかおい【深追い-する】 穷追 qióngzhuī
ふかかい【不可解】-な 不可理解 bùkě lǐjiě：难以理解 nányǐ lǐjiě ◆～なこと 闷葫芦 mènhúlu ◆～とは 真是个谜 zhēn shì ge mí
ふかきん【賦課金】 捐税 juānshuì
ふかく【深く】 深 shēn ◆～悔いる 痛悔 tònghuǐ ◆～感銘する 刻骨铭心 kè gǔ míng xīn ◆～研究する 深入研究 shēnrù yánjiū ◆～潜る 深深地钻入 shēnshēn de zuānrù
ふかく【不覚】 ◆～にも不由得不~をとる 失败 shībài
ぶがく【舞楽】 舞乐 wǔyuè
ふかくじつ【不確実】-な 不可靠 bù kěkào：不确实 bú quèshí
ふかくてい【不確定-の】 ◆～の事柄 未知事项 wèizhīshìxiàng ◆～要素が多い 不确定因素很多 bú quèdìng yīnsù hěn duō
ふかけつ【不可欠-の】 ◆～に不可缺少 bùkě quēshǎo ◆～の条件 必不可少的条件 bì bùkě shǎo de tiáojiàn
ふかこうりょく【不可抗力】 不可抗力 bùkěkànglì
ふかさ【深さ】 深 shēn；深度 shēndù：深浅 shēnqiǎn
ふかざけ【深酒-をする】 饮酒过量 yǐnjiǔ guòliàng
ふかしぎ【不可思議】-な 不可思议 bùkě sīyì
ふかしん【不可侵】 ◆相互～条约 互不侵犯条约 hù bú qīnfàn tiáoyuē
ふかす【蒸かす】 蒸 zhēng ◆さつま芋を～ 蒸地瓜 zhēng dìguā
ぶかっこう【不恰好】-な 样式难看 yàngshì nánkàn：样子不好 yàngzi bù hǎo
ふかづめ【深爪-する】 指甲剪得太短 zhǐjia jiǎnde tài duǎn
ふかのう【不可能】-な 不可能 bù kěnéng：办不到 bànbudào ◆～な要求 无理要求 wúlǐ yāoqiú
ふかひ【不可避】-の 不可避免 bùkě bìmiǎn ◆～の危险 不可避免的危险 bùkě bìmiǎn de wēixiǎn
ふかふか ❶ (草や毛が) 茸茸 róngróng ❷ (土が) 疏松 shūsōng ◆～な衣服 肥大的衣服 féidà de yīfu
ふかぶん【不可分】-の 不可分 bùkě fēn：分不开 fēnbukāi ◆～な関係にある 密不可分的关系 mì bù kě fēn de guānxi
ふかまる【深まる】 ◆秋が～ 秋深了

ふかみ ― ふきやむ

qiū shēn le; 秋色加浓 qiūsè jiā nóng ◆关系が～ 关系密切 guānxi mìqiè

ふかみ【深み】 深度 shēndù ◆～にはまる 深陷不能自拔 shēnxiàn bù néng zìbá

ふかみどり【深緑-】 青绿 qīnglǜ; 深绿 shēnlǜ

ふかめる【深める】 加深 jiāshēn ◆理解を～ 加深理解 jiāshēn lǐjiě

ふかん【俯瞰-する】 俯瞰 fǔkàn; 俯视 fǔshì ◆～図 俯视图 fǔshìtú ◆～撮影 俯视摄影 fǔshì shèyǐng

ふかんしょう【不感症】 性感缺乏症 xìnggǎn quēfázhèng; 性冷淡 xìng lěngdàn

ふかんしょう【不干渉-】 不干涉 bù gānshè ◆内政～ 不干涉内政 bù gānshè nèizhèng

ふかんぜん【不完全-な】 不完整 bù wánzhěng; 不完善 bù wánshàn; 残缺 cánquē; 碎 suì

ふき【付記】 备注 bèizhù

フキ 蜂斗菜 fēngdǒucài

ぶき【武器】 武器 wǔqì; 器械 qìxiè; 兵器 bīngqì

ふきあげる【吹き上げる】 喷上 pēnshàng ◆潮を～ 喷潮水 pēn cháoshuǐ

ふきあれる【吹き荒れる】 风刮得很猛 fēng guāde hěn měng ◆～風雨 急风暴雨 jífēng bàoyǔ

ふきかえ【吹き替え】 音声を～ 配音 pèiyīn

ふきかえす【吹き返す】 ◆息を～ 苏醒 sūxǐng; 复苏 fùsū

ふきかける【吹き掛ける】 吹 chuī ◆液体を～ 喷 pēn ◆息を～ 哈气 hā qi; 呵气 chuī qì; 哈气 hā qi ◆高値を～ 要高价 yào gāojià

ふきけす【吹き消す】 吹灭 chuīmiè ◆ろうそくを～ 吹灭蜡烛 chuīmiè làzhú

ふきげん【不機嫌-な】 不高兴 bù gāoxìng; 不开心 bù kāixīn; 没好气 méi hǎoqì; 怏然 yàngrán ◆～な顔をする 拉下脸 lāxià liǎn

ふきこぼれる【噴きこぼれる】 开得冒了出来 kāide màole chūlái ◆锅が～ 锅开得溢出来 guō kāide yìchūlai

ふきこむ【吹き込む】 ❶〈風·雪などが〉 刮进来 guājìnlai ◆隙間風が～ 墙壁间透风 qiángbì jiān tòufēng ❷〈録音〉 テープに～ 灌制录音 guànzhì lùyīn ❸〈教える〉 悪知恵を～ 教坏主意 jiāo huài zhǔyì

ふきさらし【吹きさらし-の】 任凭风吹雨打 rènpíng fēng chuī yǔ dǎ

ふきすさぶ【吹き荒ぶ】 呼啸 hū-

xiào ◆～風の中 狂风中 kuángfēng zhōng

ふきそ【不起訴】 不起诉 bù qǐsù ◆～処分 不起诉处分 bù qǐsù chǔfèn

ふきそうじ【拭き掃除】 擦地板 cā dìbǎn

ふきそく【不規則-な】 不规则 bù guīzé ◆～な運動 不规则运动 bù guīzé yùndòng ◆～動詞 不规则动词 bù guīzé dòngcí ◆～な生活 没有规则的生活 méiyǒu guīzé de shēnghuó

ふきたおす【吹き倒す】 刮倒 guādǎo; 吹倒 chuīdǎo

ふきだす【吹き出す】 ❶〈風が〉刮起 guāqǐ ◆冷たい風が～ 冷风刮了起来 lěngfēng guāle qǐlai ❷〈液体などが〉 喷 pēn; 冒 cuàn; 汗が～ 冒汗 màohàn ◆温泉が～ 温泉喷涌 wēnquán pēnyǒng ❸〈こらえきれず〉 发笑 fāxiào; 失笑 shīxiào ◆思わずふきだしてしまった 不禁失笑 bùjīn shīxiào

ふきだまり【吹き溜まり】 风刮成的堆 fēng guāchéng de duī ◆都会の～ 城市流浪者的聚集处 chéngshì liúlàngzhě de jùjíchù

ふきつ【不吉-】 不祥 bùxiáng; 丧气 sàngqì ◆～な前兆 凶兆 xiōngzhào

ふきつける【吹きつける】 吹 chuī ◆風雨が～ 吹打 chuīdǎ ◆スプレーで塗料を～ 用喷雾器喷漆 yòng pēnwùqì pēnqī

ふきでもの【吹き出物】 疖子 jiēzi ◆～が出来る 长疖子 zhǎng jiēzi

ふきとばす【吹き飛ばす】 ◆風が～ 跑 chuīpǎo ◆爆風でドアが吹き飛ばされた 门被暴风吹跑了 mén bèi bàofēng chuīpǎo le ◆うわさを～ 清除流言 qīngchú liúyán

ふきとる【拭き取る】 擦掉 cādiào ◆汚れを～ 擦掉污垢 cādiào wūgòu

ふきながし【吹き流し】 ◆風向を知るための 风向标 fēngxiàngbiāo

ふきならす【吹き鳴らす】 吹响 chuīxiǎng ◆トランペットを～ 吹喇叭 chuī lǎba

ふきぬけ【吹き抜け】 〈建物の〉楼梯井 lóutījǐng ◆～の玄関 楼梯井入口 lóutījǐng rùkǒu

ふきぬける【吹き抜ける】 吹过 chuīguò ◆突風が～ 疾风吹过 jífēng chuīguò

ふきまわし【吹き回し】 ◆どういう風の～か 不知刮的什么风 bùzhī guā de shénme fēng

ふきみ【不気味-な】 森然 sēnrán; 阴森 yīnsēn; 可怕 kěpà

ふきやむ【吹き止む】 风停息 fēng

ふきゅう — ふくじん

tíngxī♦ぴたりと風が~ 風戛然而止 fēng jiárán ér zhǐ

ふきゅう[不朽-の] 不朽 bùxiǔ ♦~の名作 不朽之作 bùxiǔ zhī zuò

ふきゅう[普及-する] 普及 pǔjí; 传播 chuánbō ♦~率 普及率 pǔjílǜ

ふきょう[不況-の] 萧条 xiāotiáo; 不景气 bù jǐngqì ♦~を切り抜ける 摆脱经济危机 bǎituō jīngjì wēijī

ふきょう[布教-する] 传教 chuánjiào ♦~活动 传教活动 chuánjiào huódòng

ぶきよう[不器用-な] 笨 bèn; 粗笨 cūbèn; 拙笨 zhuōbèn

ふきょうわおん[不協和音] ❶〈音楽の〉不谐和音 bùxiéhéyīn ❷〈関係が〉~を生じる 出现不协调 chūxiàn bù xiétiáo

ふきよせる[吹き寄せる] 吹到某处 chuīdào mǒuchù

ぶきりょう[不器量-な] 丑陋 chǒulòu; 难看 nánkàn

ふきん[布巾] 抹布 mābù; 揩布 zhǎnbù

ふきん[付近] 附近 fùjìn; 邻近 línjìn; 四近 sìjìn ♦~一带 附近一带 fùjìn yídài

ふきんこう[不均衡] 不均衡 bù jūnhéng; 不平衡 bù pínghéng ♦~な贸易収支 差额贸易收支 chā'é màoyì shōuzhī

ふきんしん[不謹慎-な] 轻率 qīngshuài; 不严肃 bù yánsù ♦~な行动 轻率的举止 qīngshuài de jǔzhǐ

ふく[拭く] 擦拭 cāshì; 抹 mā; 揩 kāi; 揩 擦 cā ♦~涙をふく 擦眼泪 cā yǎnlèi ♦テーブルを~ 擦桌子 cā zhuōzi

ふく[吹く] ❶〈息を吐く〉吹 chuī ❷〈風が〉吹 chuī; 刮风 guā

ふく[服] 衣服 yīfú; 衣裳 yīshang ♦~を着る 穿衣服 chuān yīfú

ふく[福] 福 fú; 幸福 xìngfú; 福气 fúqì

フグ[河豚] 河豚 hétún

ふくあん[腹案] 腹稿 fùgǎo ♦~を作る 构思 gòusī

ふくいく[馥郁-たる] 馥郁 fùyù ♦~たる香りが漂う 香味四溢 xiāngwèi sìyì

ふくいん[福音] 福音 fúyīn ♦~書 福音书 fúyīn shū ♦~をもたらす 带来福音 dàilái fúyīn

ふぐう[不遇-の] 不走运 bù zǒuyùn; 不得志及 bù dézhì; 坎坷 kǎnkě ♦~を託（かこ）つ 屈才 qūcái

ふくえき[服役] 服役 fúyì ♦~囚 劳改犯 láogǎi fàn

ふくえん[復縁-する] 破镜重圆 pòjìng chóngyuán ♦~を迫る 要求复婚 yāoqiú fùhūn

ふくがく[復学-する] 复学 fùxué

ふくがん[複眼] 复眼 fùyǎn

ふくぎょう[副業] 副业 fùyè; 第二职业 dì'èr zhíyè

ふくくうきょうしゅじゅつ[腹腔鏡手術] 腹腔镜微创手术 fùqiāngjìng wēichuāng shǒushù

ふくげん[復元-する] 复原 fùyuán ♦古いフィルムを~する 把旧胶卷复原 bǎ jiù jiāojuǎn fùyuán

ふくごう[複合-する] 复合 fùhé ♦~語 合成词 héchéngcí

ふくざつ[複雑-な] 复杂 fùzá ♦~に入り組んだ 错综复杂 cuòzōng fùzá

ふくさよう[副作用] 副作用 fùzuòyòng

ふくさんぶつ[副産物] 副产品 fùchǎnpǐn ♦予期せぬ~ 预料之外的副产物 yùliào zhī wài de fùchǎnwù

ふくし[副詞] 副词 fùcí

ふくし[福祉] 福利 fúlì ♦~施設 福利设施 fúlì shèshī ♦~政策 福利政策 fúlì zhèngcè

ふくじ[服地] 衣料 yīliào

ふくしきこきゅう[腹式呼吸] 腹式呼吸 fùshì hūxī

ふくしきぼき[複式簿記] 复式簿记 fùshì bójì

ふくじてき[副次的-な] 次要 cìyào ♦~な物事 非主要事物 fēi zhǔyào shìwù

ふくしゃ[複写] 拷贝 kǎobèi ♦~する 复印 fùyìn ♦~機 复印机 fùyìnjī

ふくしゃ[輻射-する] 辐射 fúshè ♦~熱 辐射热 fúshèrè

ふくしゅう[復習-する] 复习 fùxí; 温习 wēnxí

ふくじゅう[服従-する] 服从 fúcóng; 顺从 shùncóng

ふくしゅうにゅう[副収入] 副业收入 fùyè shōurù; 外快 wàikuài

ふくしょう[副賞] 附加奖 fùjiājiǎng ♦~賞金 附加奖金 fùjiā jiǎngjīn

ふくしょう[復唱-する] 复述 fùshù ♦伝言を~ 复述口信 fùshù kǒuxìn

ふくしょく[副食] 副食 fùshí ♦~品 副食品 fùshípǐn

ふくしょく[復職-する] 复职 fùzhí; 重新上班 chóngxīn shàngbān

ふくしょく[服飾] 服饰 fúshì ♦~品 服饰物 fúshìwù

ふくしん[腹心-の] 亲信 qīnxìn; 心腹 xīnfù

ふくじん[副腎] 肾上腺 shènshàngxiàn ♦~皮質ホルモン 肾上腺皮质激素 shènshàngxiàn pízhì jīsù

ふくすい【覆水】 ◆~盆に返らず 覆水难收 fù shuǐ nán shōu

ふくすう【複数】 复数 fùshù

ふくせい【複製-する】 复印 fùyìn; 复制 fùzhì ◆~版 翻版 fānbǎn ◆~品 复制品 fùzhìpǐn

ふくせん【伏線】 ❶《文章中の》伏笔 fúbǐ; 伏线 fúxiàn ❷《話の》铺垫 pūdiàn

ふくせん【複線】 《鉄道の》复线 fùxiàn; 双轨 shuāngguǐ

ふくそう【服装】 服装 fúzhuāng; 穿着 chuānzhuó; 装束 zhuāngshù ◆~デザイナー 服装设计 fúzhuāng shèjì

ふくだい【副題】 副题 fùtí

ふぐたいてん【不倶戴天】 不共戴天 bú gòng dài tiān

ふくつ【不屈の】 不屈 bùqū; 刚毅 gāngyì ◆~の精神 顽强的精神 wánqiáng de jīngshén ◆~の人 硬汉 yìnghàn; 硬骨头 yìnggǔtou

ふくつう【腹痛】 腹痛 fùtòng ◆~を訴える 诉说腹痛 sùshuō fùtòng

ふくどく【服毒-する】 服毒 fúdú ◆~自殺 服毒自杀 fúdú zìshā

ふくどくほん【副読本】 课外读物 kèwài dúwù

ふくのかみ【福の神】 财神 cáishén; 福星 fúxīng

ふくびき【福引き】 抽彩签 chōu cǎiqiān

ふくぶ【腹部】 腹部 fùbù; 肚子 dùzi; 肚皮 dùpí

ふくぶくしい【福々しい】 富态 fùtai ◆福々しくなる 发福 fāfú ◆~顔 富态的脸型 fùtài de liǎnxíng

ふくへい【伏兵】 ◆~を置く 打埋伏 dǎ máifu

ふくまく【腹膜】 腹膜 fùmó ◆~炎 腹膜炎 fùmóyán

ふくみ【含み】 暗示 ànshì; 含有 hányǒu ◆~のある 含蓄 hánxù

ふくみわらい【含み笑い】 抿嘴笑 mǐn zuǐ xiào

ふくむ【含む】 ❶《口や目に含む》含 hán; 噙 qín ◆口に水を～ 嘴里含着水 zuǐlǐ hánzhe shuǐ ❷《意味内容》包含 bāohán; 蕴涵 yùnhán; 富于 fùyú ❸《要素として》◆サービス料を～ 服务费在内 fúwùfèi zàinèi ❹《考えに》~ことをよくよくおくように 请经常把这件事放在心上 qǐng jīngcháng bǎ zhèjiàn shì fàngzàizài xīnshang ❺《ようす》憂いを含んだ顔 忧郁的面容 yōuyù de

miànróng

ふくむ【服務】 服务 fúwù ◆~规定 服务规定 fúwù guīdìng

ふくめい【復命-する】 回报 huíbào; 交差 jiāochāi

ふくめる【含める】 包括 bāokuò; 列入 lièrù

ふくよう【服用-する】 《薬を》服用 fúyòng ◆~法 服用法 fúyòngfǎ

ふくよう【複葉】 双翼 shuāngyì ◆~机 双翼机 shuāngyìjī

ふくよかな 丰满 fēngmǎn ◆~女性 丰满的女人 fēngmǎn de nǚrén

ふくらしこ【膨らし粉】 发酵粉 fājiàofěn

ふくらはぎ【脹脛】 腿肚子 tuǐdùzi; 腓 féi

ふくらます【膨らます】 鼓 gǔ ◆風船を～ 把气球吹鼓 bǎ qìqiú chuīgǔ ◆ほっぺたを～ 鼓腮 gǔsāi

ふくらみ【脹らみ】 膨胀 péngzhàng ◆胸の膨らみ 胸部的隆起处 xiōngbù de lóngqǐchù

ふくらむ【膨らむ】 膨大 péngdà ◆蕾が～ 花蕾鼓起 huālěi gǔqǐ ◆夢が～ 梦想膨胀 mèngxiǎng péngzhàng

ふくり【福利】 福利 fúlì ◆~厚生 福利保健 fúlì bǎojiàn

ふくる【復利】 复利 fùlì

ふくりゅうえん【副流煙】 二手烟 èrshǒuyān

ふくれる【脹れる】 胀 zhàng ◆お腹が～ 肚子饱 dùzi bǎo ◆すねて～ 生气噘嘴 shēngqì juēzuǐ

ふくろ【袋】 口袋 kǒudai; 袋 dài; 袋子 dàizi ◆~の鼠（ねずみ）にする 围堵 wéidǔ

ふくろ【復路】 归途 guītú

フクロウ【梟】 猫头鹰 māotóuyīng; 夜猫子 yèmāozi

ふくろこうじ【袋小路】 死胡同 sǐhútòng ◆~に追い込まれる 逼入死胡同 bīrù sǐhútòng

ふくろだたき【袋叩き-にする】 群殴 qún'ōu; 围攻 wéigōng ◆~に遭う 遭遇群殴 zāoyù qún'ōu

ふくわじゅつ【腹話術】 口不动而说话的表演艺术 kǒu bú dòng ér shuōhuà de biǎoyǎn yìshù; 口技 kǒujì

ふけ【頭垢】 头皮 tóupí

ふけ【武家】 武士 wǔshì ◆~屋敷 武士住宅 wǔshì zhùzhái

ふけい【父兄】 父兄 fùxiōng; 家长 jiāzhǎng ◆~参观《学校の》家长参观 jiāzhǎng cānguān

ふけい【父系-の】 父系 fùxì

ぶげい【武芸】 武术 wǔshù ◆~の腕を竞う 比武 bǐwǔ

ふけいき【不景気-な】❶《経済が》不景気 bù jǐngqì；萧条 xiāotiáo ❷《元気のない》～な顔 无精打采的样子 wú jīng dǎ cǎi de yàngzi

ふけいざい【不経済-な】不经济 bù jīngjì ◆～な使い方 浪费的用法 làngfèi de yòngfǎ

ふけこむ【老け込む】老迈 lǎomài ◆めっきり～ 明显老化 míngxiǎn lǎohuà

ふけつ【不潔-な】不干净 bù gānjìng；污秽 wūhuì；龌龊 wòchuò ◆～な食堂 不卫生的食堂 bú wèishēng de shítáng ◆～な男 脏小子 zāng xiǎozi

ふける【耽る】陷入 xiànrù；沉迷 chénmí；沉湎 chénjìn ◆読書に～ 读书入迷 dúshū rùmí ◆物思いに～ 陷入沉思 xiànrù chénsī

ふける【更ける】◆夜が～ 夜深 yè shēn

ふける【老ける】◆老ける lǎo；衰老 shuāilǎo

ふけん【父権】父权 fùquán

ふけんこう【不健康-な】不健康 bú jiànkāng ◆～な生活 不健康的生活 bú jiànkāng de shēnghuó

ふけんしき【不見識-な】缺乏见识 quēfá jiànshi ◆～な政治家 短见的政治家 duǎnjiàn de zhèngzhìjiā

ふけんじっこう【不言実行】光干不说 guāng gàn bù shuō；少说多干 shǎo shuō duō gàn

ふけんぜん【不健全-な】不健康 bú jiànkāng ◆～な遊び 不健康的游戏 bú jiànkāng de yóuxì

ふこう【不幸-な】不幸 búxìng ◆～が出て来る事《特に人の死》山高水低 shān gāo shuǐ dī ◆～な人 苦命人 kǔmìng rén ◆～にも ～中の幸い 不幸中之万幸 búxìng zhī wànxìng

ふごう【富豪】财主 cáizhu；富豪 fùháo

ふごう【符号】符号 fúhào

ふごう【符合-する】符合 fúhé；偶合 ǒuhé；契合 qìhé ◆ぴたりと～する 完全符合 wánquán fúhé

ふごうかく【不合格】不合格 bù hégé ◆～品 残货 cánhuò；等外品 děngwàipǐn；废品 fèipǐn

ふこうへい【不公平-な】不平 bùpíng ◆～な裁判 不公的审判 bù gōng de shěnpàn

ふごうり【不合理-な】无理 wúlǐ ◆～なシステム 不合理的制度 bù hélǐ de zhìdù

ふこく【布告】布告 bùgào；文告 wéngào ◆宣戦～ 宣战布告 xuānzhàn bùgào

ふこく【誣告-する】诬告 wūgào ◆～罪 诬告罪 wūgàozuì

ふつこ【粗つ】粗鲁 cūlǔ ◆～な振る舞い 粗鲁的举动 cūlǔ de jǔdòng

ふさ【房】穂子 suìzi；穂 suì ◆飾り彩穂 cǎisuì ◆ひと～のブドウ 一嘟噜葡萄 yì dūlu pútao

ブザー 蜂鸣器 fēngmíngqì

ふさい【夫妻】夫妇 fūfù；夫妻 fūqī

ふさい【負債】债 zhài；账 zhàng ◆～を返済する 还债 huánzhài ◆～を抱える 背债 bēizhài

ふざい【不在-の】不在 búzài ◆～投票 事先投票 shìxiān tóupiào

ぶさいく【不細工-な】笨拙 bènzhuō；难看 nánkàn ◆～な代物 粗笨的东西 cūbèn de dōngxi

ふさぐ【塞ぐ】封口 fēngkǒu；阻塞 zǔsè；闭塞 bìsè ◆道が～ 道路堵塞 dàolù dǔsè

ふさぎこんだ【塞ぎ込んだ】闷闷不乐 mènmèn bú lè；郁闷 yùmèn

ふさく【不作】歉收 qiànshōu；收成不好 shōuchéng bùhǎo

ふさぐ【塞ぐ】堵塞 dǔsè；塞 sāi；填 tián ◆穴を～ 填上坑 tiánshàng kēng ◆気持ちが～ 心情不畅 xīnqíng bùchàng

ふざける❶《戯れる》玩笑 wánxiào；打哈哈 dǎ hāha；闹着玩儿 nàozhe wánr ❷《馬鹿にする》耍弄 shuǎnòng；逗弄 dòunong；戏谑 xìxuè

ふさふさ-の 簇生 cùshēng ◆～の髪 很密的头发 hěn mì de tóufa

ぶさほう【無作法-な】没礼貌 méi lǐmào；粗野 cūyě ◆～な若者 粗野的小伙子 cūyě de xiǎohuǒzi

ぶざま【無様-な】不体面 bù tǐmiàn ◆～な行為をする 出洋相 chū yángxiàng ◆～な姿 难看的样子 nánkàn de yàngzi

ふさわしい【相応しい】适当 shìdàng；适宜 shìyí；相配 xiāngpèi ◆娘に～相手 和女儿相配的对象 hé nǚ'ér xiāngpèi de duìxiàng ◆相応しくない 不合适 bù héshì

ふさんせい【不賛成】不赞成 bú zànchéng ◆君の意見には～だ 不赞成你的意见 bú zànchéng nǐ de yìjiàn

ふし【節】节 jié ◆竹の～ 竹节 zhújié ◆木材の～ 节眼 jiéyǎn；曲调 qǔdiào ◆～をつけて歌う 配上曲唱 pèishàng qǔ chàng

ふじ【不時-の】不时 bùshí ◆～の災難 差错 chācuò

ふじ【不治】不治之症 bú

zhī zhī zhèng
フジ【藤】藤萝 téngluó; 紫藤 zǐténg ◆〜棚 藤萝架 téngluójià
ぶし【武士】武士 wǔshì ◆〜道 武士道 wǔshìdào
ぶじ【無事な】安然 ānrán ◆〜を祈る 祈祷平安 qídǎo píng'ān
ふしあな【節穴】❶〈板などの〉节孔 jiékǒng ❷〈洞察力のない〉我的眼睛不可瞎 wǒ de yǎnjing kě bù xiā
ふしあわせ【不幸せな】不幸 búxìng ◆〜な境遇 不幸的境遇 búxìng de jìngyù
ふじいろ【藤色の】淡紫色 dànzǐsè
ふしぎ【不思議な】怪事 guàishì; 奇怪 qíguài; 奇妙 qímiào ◆〜なにも〜ではない 没有什么可奇怪的 méiyǒu shénme kě qíguài de ◆〜な出来事 怪异 guàiyì ◆〜な力 神力 shénlì ◆〜な話 奇闻 qíwén
ふしぜん【不自然な】〈態度・表情の〉做作 zuòzuo ◆〜ににっこりとした 不自然地笑了一笑 bú zìrán de xiào le yíxiào
ふしだらな放荡 fàngdàng; 荒唐 huāngtáng ◆〜な生活 放荡的生活 fàngdàng de shēnghuó
ふじちゃく【不時着-する】紧急降落 jǐnjí jiàngluò
ふしちょう【不死鳥】不死鳥 bùsǐniǎo ◆〜のように蘇る 像不死鳥那样复苏 xiàng bùsǐniǎo nàyàng fùsū
ふじつ【不実な】不诚实 bù chéngshí ◆〜な男 薄情郎 bóqíngláng
ぶしつけ【不躾な】冒昧 màomèi ◆〜ですが 恕我冒昧 shù wǒ màomèi ◆〜な質問 冒昧的提问 màomèi de tíwèn
ふしまつ【不始末】〈不注意な処理で〉不经心 bù jīngxīn ◆〈とんだこと〉を しでかす 闯祸 chuǎnghuò
ふじみ【不死身の】不屈不挠 bù qū bù náo ◆〜の身体 铁身板 tiě shēnbǎn
ふしめ【節目】节眼 jiéyǎn ◆〈板の〉板子の节眼 bǎnzi de jiéyǎn ◆〈人生の〉人生的分水岭 rénshēng de fēnshuǐlǐng
ふしめ【伏し目】◆〜がちの 低着头 dīzhe tóu
ふしゅ【浮腫】水肿 shuǐzhǒng
ぶしゅ【部首】部首 bùshǒu
ふじゆう【不自由な】不自由 bú zìyóu; 不如意 bù rúyì ◆〜のない暮らし 富庶小康 jiàdào xiǎokāng
ふじゅうぶん【不十分な】不够 búgòu ◆〜な資金 不足的资金 bùzú de zījīn ◆說明が〜だ 説明得不充分 shuōmíng de bù chōngfèn

ぶじゅつ【武術】武术 wǔshù ◆〜家 把势 bǎshi
ふしゅび【不首尾】◆〜に終わる 失败 shībài
ふじゅん【不純な】◆〜な考え 杂念 zánniàn ◆〜な動機 不纯的动机 bùchún de dòngjī
ふじゅん【不順な】◆〜な天候 天气反常 tiānqì fǎncháng ◆生理〜日 月经不调 yuèjīng bù tiáo
ふじゅんぶつ【不純物】杂质 zázhì ◆〜を取り除く 除去杂质 chúqù zázhì
ふじょ【扶助-する】扶持 fúchí; 扶助 fúzhù ◆相互〜 互相扶助 hùxiāng fúzhù
ぶしょ【部署】工作岗位 gōngzuò gǎngwèi; 职守 zhíshǒu ◆〜を替える 调动岗位
ふしょう【不肖-な】不肖 búxiào ◆〜の息子 不肖之子 búxiào zhī zǐ
ふしょう【不詳-の】不详 bùxiáng; 未详 wèixiáng ◆年齢〜 年龄不详的 niánlíng bùxiáng de
ふしょう【負傷-する】负伤 fùshāng ◆〜者 伤员 shāngyuán
ぶしょう【無精-な】懒 lǎn; 懒惰 lǎnduò; 疏懒 shūlǎn ◆ひげ 胡茬 húchá ◆〜者 懒汉 lǎnhàn
ふしょうじ【不祥事】丑闻 chǒuwén ◆〜を起こす 引起不体面的事件 yǐnqǐ bù tǐmiàn de shìjiàn
ふしょうじき【不正直な】不老实 bù lǎoshi; 不诚实 bù chéngshí
ふしょうぶしょう【不承不承】勉强 miǎnqiǎng ◆〜引き受ける 勉强接受 miǎnqiǎng jiēshòu
ふじょうり【不条理な】没有道理 méiyǒu dàolǐ ◆〜劇 荒诞剧 huāngdànjù
ふしょく【腐食-する】〈化学作用で〉腐蚀 fǔshí ◆金属が〜する 金属腐蚀 jīnshǔ fǔshí
ぶじょく【侮辱-する】凌虐 língnüè; 污辱 wūrǔ; 侮辱 wǔrǔ ◆〜を受ける 受辱 shòurǔ
ふしん【不振】不佳 bùjiā ◆食欲〜 食欲不佳 shíyù bùjiā ◆自动车業界の〜 汽车行业的不景气 qìchē hángyè de bù jǐngqì
ふしん【不審】可疑 kěyí ◆〜に思う 觉得可疑 juéde kěyí ◆〜人物 可疑人物 kěyí rénwù
ふしん【普請-する】修建 xiūjiàn ◆寺院の〜 修建庙宇 xiūjiàn miàoyǔ
ふじん【夫人】夫人 fūren; 夫人 fūren ◆〜同伴 偕夫人 xié fūrén
ふじん【婦人】妇女 fùnǚ ◆〜科 妇科 fùkē ◆〜服 女式服装 nǚshì fúzhuāng

ふしんじん[不信心-な] 不信神的 bú xìn shén de; 不信仰 bú xìnyǎng

ふしんせつ[不親切-な] 冷淡 lěngdàn

ふしんにん[不信任] 不信任 bú xìnrèn ◆~案 不信任案 búxìnrèn'àn

ふしんばん[不寝番] ◆~をする 值夜班 zhíyèbān

ぶす〔罵語〕丑女 chǒunǚ; 丑八怪 chǒubāguài

ふずい[付随-する] 伴同 bàntóng; 付带 fùdài ◆~する問題 附带的问题 fùdài de wèntí

ぶすい[無粋-な] 不懂风趣 bù dǒng fēngqù ◆~な若者 不懂风趣的年轻人 bù dǒng fēngqù de niánqīngrén

ふすう[負数] 负数 fùshù

ぶすう[部数] 部数 bùshù ◆発行~ 发行部数 fāxíng bùshù

ぶすっと ◆~する 愁眉不展 chóuméi bù zhǎn

ふすま[襖] 日式拉门 Rìshì lāmén ◆~を閉める 关上拉门 guānshàng lāmén

ふすま[麸]〈小麦の〉麸子 fūzi

ふせ[布施] 施舎 shīshě ◆~を包む 奉上施舎 fèngshàng shīshě

ふせい[不正-な] ◆~な儲け 横财 hèngcái ◆~なやり方 邪门歪道 xiémén wāi dào ◆~な人 偏门 piānmén ◆~に得る 捞 lāo ◆~を働く 作弊 zuòbì

ふぜい[風情] 风趣 fēngqù ◆~ある 有风情 yǒu fēngqíng

ふせいかく[不正確-な] 不正确 bú zhèngquè ◆記憶が~である 记忆不正确 jìyì bú zhèngquè

ふせいこう[不成功] 不成功 bù chénggōng ◆~に終わる 以失败告终 yǐ shībài gàozhōng

ふせいこうい[不正行為] 私弊 sībì ◆~をする 舞弊 wǔbì; 作弊 zuòbì

ふせいじつ[不誠実-な] 不诚实 bù chéngshí; 虚心假意 xū xīn jiǎ yì ◆~な人 不诚实的人 bù chéngshí de rén

ふせいみゃく[不整脉] 脉律不齐 màilǜ bùqí

ふせき[布石] ❶〈碁の〉布局 bùjú ❷〈先への用意〉◆~を打つ 准备 zhǔnbèi

ふせぐ[防ぐ] 防 fáng; 抵御 dǐyù; 防止 fángzhǐ ◆災害を~ 防灾 fángzāi ◆寒さを~ 防寒 fánghán ◆病気を~ 防病 fángbìng

ふせつ[付設-する] 附设 fùshè ◆託児所を~する 附设托儿所 fùshè

ふせつ[敷設-する] 敷设 fūshè; 铺铺 pū ◆鉄道を~する 铺铁路 pū tiělù

ふせつ[不摂生-な] 放纵 fàngzòng; 不注意健康 bú zhùyì jiànkāng ◆~が祟る 平日放纵造成恶果 píngrì fàngzòng zàochéng èguǒ

ふせる[伏せる·臥せる] 卧 wò; 伏 fú ◆床に~〈病気で〉卧床不起 wòchuáng bùqǐ

ふせん[付箋] 浮签 fúqiān ◆~を贴る 贴上浮签 tiēshàng fúqiān

ふぜん[憮然] ◆~たる表情 不高兴的样子 bù gāoxìng de yàngzi

ふせんしょう[不戦勝] 轮空而胜 lúnkōng ér shèng

ふせんめい[不鮮明-な] 不鲜明 bù xiānmíng ◆~な画像 不鲜明的画像 bù xiānmíng de huàxiàng

ぶそう[武装-する]〈比喩的にも〉武装 wǔzhuāng ◆~を解除する 缴械 jiǎoxiè ◆~蜂起する 暴动 bàodòng; 起义 qǐyì

ふそうおう[不相応-に] 不相称 bù xiāngchèn ◆身分~だ 与身份不相称 yǔ shēnfen bù xiāngchèn

ふそく[不測-の] ◆~の事故 一差二错 yí chā èr cuò ◆~の事態 不测 búcè

ふそく[不足-する] 欠缺 qiànquē; 缺少 quēshǎo ◆~を補う 补缺 bǔ quē ◆~額 不足的钱数 bùzú de qiánshù ◆睡眠~ 睡眠不足 shuìmián bùzú ◆人手~ 人手不够 rénshǒu bùgòu

ふそく[付則] 附则 fùzé

ふぞく[付属-の] 附属 fùshǔ ◆~小学校 附属小学 fùshǔ xiǎoxué; 附小 fùxiǎo ◆~中学·高校 附中 fùzhōng ◆~品 附件 fùjiàn

ふぞろい[不揃い-の] 不整齐 bù zhěngqí; 参差不齐 cēncī bùqí

ふそん[不遜-な] 不逊 búxùn ◆~な態度 傲慢的态度 àomàn de tàidu

ふた[蓋] 盖儿 gàir; 盖子 gàizi ◆~をする 盖上 gàishàng ◆臭いもの に~をする 掩盖遮丑 yǎngài zhēchǒu ◆~を開ける 开盖 kāi gài

ふだ[札] 牌子 páizi ◆番号~ 号码牌 hàomǎpái

ブタ[豚] 猪 zhū ◆~肉 猪肉 zhūròu

ふたい[付帯] ◆~条件 附加条件 fùjiā tiáojiàn

ぶたい[舞台] 舞台 wǔtái; 戏台 xìtái ◆~に出る 出台 chū tái; 上台 shàng tái ◆~裏 后台 hòutái; 幕后 mùhòu ◆~衣裳 行头 xíngtou

ぶたい — ふつう

〜稽古 排演 páiyǎn ◆〜照明 舞台灯光 wǔtái dēngguāng

ぶたい[部隊] ❶〈軍隊の〉部队 bùduì ◆落下伞 〜 伞兵部队 sānbīng bùduì ❷〈集団〉买卖これ 采购队伍 cǎigòu duìwu

ぶたいてん[不退転] ◆〜の决意 决不后退的决心 jué bú hòutuì de juéxīn

ふたえ[二重の] 双重 shuāngchóng ◆まぶた 双眼皮 shuāngyǎnpí；重眼皮 chóngyǎnpí

ふたおや[二親] 父母 fùmǔ ◆とも健在である 父母健在 fùmǔ dōu jiànzài

ふたく[付託-する] 委托 wěituō

ふたけた[二桁-の] 两位 liǎng wèi

ふたご[双子] 双胞胎 shuāngbāotāi；孪生 luánshēng ◆〜の姉妹 双生姉妹 shuāngshēng jiěmèi ◆〜座 双子座 shuāngzǐzuò

ふたごころ[二心] 外心 wàixīn ◆〜を抱く 怀有二心 huáiyǒu èrxīn

ふたことみこと[二言三言] 三言两语 sān yán liǎng yǔ ◆〜感想を言う 三言两语地谈感想 sān yán liǎng yǔ de tán gǎnxiǎng

ふたことめ[二言目] ◆〜には（…と）言う 一开口就说 yì kāi kǒu jiù shuō…

ぶたごや[豚小屋] 猪圈 zhūjuàn

ふたしか[不確か-な] 不可靠 bù kěkào；无数 wúshù ◆〜な口吻り 说得含糊 shuōde hánhu ◆〜な约束 靠不住的承诺 kàobuzhù de chéngnuò

ふたたび[再び] 再度 zàidù；又 yòu；重新 chóngxīn

ふたつ[二つ] 两个 liǎng ge；俩 liǎ ◆〜とない 绝无仅有 jué wú jǐn yǒu；独一无二 dú yī wú èr

ふだつき[札付きの] 声名狼藉 shēngmíng lángjí ◆〜の悪人 声名狼藉的坏人 shēngmíng lángjí de huàirén

ふたば[双葉] 子叶 zǐyè ◆栴檀（せんだん）は〜より芳（かんば）し 伟人出生不平常 wěirén chūshēng bù xúncháng

ふたまた[二股] ◆〜を掛ける 脚踏两只船 jiǎo tà liǎng zhī chuán；骑墙 qíqiáng ◆〜膏薬（こうやく）二面派 liǎngmiànpài；机会主义 jīhuì zhǔyì

ぶたまん[豚饅] 肉包子 ròubāozi

ふたん[負担] 负担 fùdān ◆〜する 承担 chéngdān ◆〜の大きい 负担重 fùdān zhòng ◆〜を軽減する 减轻负担 jiǎnqīng fùdān

ふだん[普段] 平常 píngcháng；平时 píngshí；往常 wǎngcháng ◆〜の暮らし 家常 jiācháng ◆〜の食事 便饭 biànfàn

ふだん[不断の] 经常 jīngcháng ◆〜に现れる 经常见到 jīngcháng jiàndào ◆〜の努力 经常的努力 jīngcháng de nǔlì

ふだんぎ[普段着] 便装 biànzhuāng；便衣 biànyī ◆〜に着替える 换上便衣 huànshang biànyī

ふち[縁] 边儿 biānr；框子 kuàngzi；贴边 tiēbiān；周缘 zhōuyuán ◆〜無しの 无边 wúbiān ◆〜無し 无边帽 wúbiānmào ◆〜無し眼鏡 无框眼镜 wúkuāng yǎnjìng ◆〜飾り 沿条儿 yántiáor

ぶち[斑の] 斑驳 bānbó ◆〜の野良猫 花野猫 huāyěmāo

ぶちこむ[打ち込む] 投入 tóurù ◆監獄に〜 关进监狱 guānjìn jiānyù ◆鍋に〜 扔进锅里 rēngjìn guōli

ぶちこわす[打ち壊す] 砸 zá；打破 dǎpò ◆計画を〜 打乱计划 dǎluàn jìhuà

プチトマト 小番茄 xiǎofānqié

ふちどり[縁取り-する] 镶 xiāng

プチブル 小资产阶级 xiǎo zīchǎn jiējí

ぶちまける[打ちまける] 发泄 fāxiè ◆思いを〜 倾吐心声 qīngtǔ xīnshēng

ふちゃく[付着-する] 附着 fùzhuó；依附 yīfù；沾 zhān ◆服に汚れが〜する 脏东西粘在衣服上 zāng dōngxi zhānzài yīfushang

ふちゅう[付注] 附注 fùzhù

ふちゅうい[不注意-な] 不经意 bù jīngyì；大意 dàyì；疏忽 shūhū ◆〜による過失 纰漏 pīlòu

ふちょう[婦長] 护士长 hùshìzhǎng

ふちょう[不調] 〈調子〉不顺利 bú shùnlì；失常 shīcháng；〈交渉など〉失败 shībài

ふちょう[符丁・符牒] 〈業界の隠語〉行话 hánghuà

ぶちょう[部長] 处长 chùzhǎng

ぶちょうほう[無調法-な] 不周到 bù zhōudào ◆〜ながら 虽不周到 suī bù zhōudào

ぶつ[打つ] ❶〈けんかで〉打 dǎ ❷〈語る〉一席 〜 讲演一番 jiǎngyǎn yì fān

ふつう[普通の] 寻常 xúncháng；普通 pǔtōng；一般 yìbān ◆〜の人 凡人 fánrén；普通人 pǔtōngrén ◆〜列車 慢车 mànchē ◆〜郵便 平信 píngxìn ◆〜預金 活期存款 huóqī cúnkuǎn

ぶっか【物価】 物価 wùjià ◆~が高い 物价昂贵 wùjià ánggui ◆~上昇の傾向 涨风 zhǎngfēng ◆~指数 物价指数 wùjià zhǐshù

ふっかつ【復活 -する】 复活 fùhuó;更生 gēngshēng ◆~祭 复活节 Fùhuó Jié ◆~折衷 恢复的交涉 huīfù de jiāoshè

ふつかよい【二日酔い】 宿醉 sùzuì

ぶつかる ◆车に~ 撞上汽车 zhuàngshàng qìchē ◆陶器がぶつかり合う 瓷器碰撞 cíqì pèngzhuàng ◆意見が~ 意见冲突 yìjiàn chōngtū ◆ふたつの会が~ 两个会撞车 liǎng ge huì zhuàngchē ◆難題に~ 遇上难题 yùshàng nántí;〔比喩〕壁に~ 碰壁 pèngbì

ふっかん【復刊 -する】 复刊 fùkān ◆雑誌が~した 杂志复刊了 zázhì fùkān le

ふっき【復帰 -する】 重返 chóngfǎn ◆~職場に~ 复职 fùzhí

ふつぎ【仏議】 ◆~をかもす 引起众议 yǐnqǐ zhòngyì

ふっきゅう【復旧 -する】 修复 xiūfù ◆~工事 修复工程 xiūfù gōngchéng

ぶっきょう【仏教】 佛教 Fójiào ◆~を信じる 信佛 xìnfó ◆~寺院 佛庙 fómiào;禅房 chánfáng ◆~徒 佛教徒 fójiàotú

ぶっきらぼう -な 生硬 shēngyìng ◆~物言い 粗鲁的措辞 cūlǔ de cuòcí

ぶつぎり【ぶつ切り -の】 切成大块 qiēchéng dàkuài ◆魚を~にする 把鱼切成大块 bǎ yú qiēchéng dàkuài

ふっきん【腹筋】 腹肌 fùjī ◆~を鍛える 锻炼腹肌 duànliàn fùjī

フック 钩子 gōuzi

ブックカバー 书套 shūtào

ふっくらした 软和 ruǎnhuo;丰满 fēngmǎn ◆~ほっぺ 胖乎乎的脸蛋 pànghūhū de liǎndàn

ブックレビュー 书评 shūpíng;新书介绍 xīnshū jièshào

ぶつける 碰 pèng ◆车を~ 撞车 zhuàng chē

ふっけん【復権 -する】 恢复权利 huīfù quánlì;复权 fùquán

ぶっけん【物件】 物件 wùjiàn ◆~を探す 寻找优良物件 xúnzhǎo yōuliáng wùjiàn

ふっこ【復古 -する】 复古 fùgǔ ◆王政~ 王政复古 wángzhèng fùgǔ ◆~調 复古调 fùgǔdiào

ふっこう【復興 -する】 复兴 fùxīng;重建 chóngjiàn ◆经济の~ 复兴经济 fùxīng jīngjì

ふつごう【不都合 -な】 不便 búbiàn;不相宜 bù xiāngyí

ふっこく【復刻 -する】 翻印 fānyìn;翻刻 fānkè ◆~版 翻印本 fānyìnběn

ぶっさん【物産】 物产 wùchǎn ◆~展 土特产展览会 tǔtèchǎn zhǎnlǎnhuì

ぶっし【物資】 物资 wùzī ◆~援助 援助物资 yuánzhù wùzī ◆~を補給する 补充物资 bǔchōng wùzī

ぶつじ【仏事】 法事 fǎshì ◆~を营む 做法事 zuò fǎshì

ぶっしき【仏式 -の】 佛教仪式 Fójiào yíshì

ぶっしつ【物質】 物质 wùzhì ◆~的 物质上 wùzhìshang

プッシュホン 按钮式电话机 ànniǔshì diànhuàjī

ぶっしょう【物証】 见证 jiànzhèng;物证 wùzhèng ◆~を手に入れる 得到物证 dédào wùzhèng

ぶっしょく【物色 -する】 寻找 xúnzhǎo;物色 wùsè ◆高価な品を~する 物色高档货 wùsè gāodànghuò

ぶつ【仏事】 氛围 fú

ぶつぎ【物騒 -な】 骚然不安 sāorán bù'ān ◆~な世の中 动荡不安的社会 dòngdàng bù'ān de shèhuì

ぶつぞう【仏像】 佛像 fóxiàng

ぶったい【物体】 物体 wùtǐ

ぶつだん【仏壇】 佛龛 fókān

ぶっちょうづら【仏頂面】 ◆~をする 拉下脸 lāxià liǎn;板脸 bǎn liǎn

ぶつつう【不束 -な】 不懂事 bù dǒngshì ◆~者 不才 bùcái

ぶっつけ【打っ付け -の】〔准备なしに〕径直 jìngzhí ◆~本番 没有准备就开始 méiyǒu zhǔnbèi jiù kāishǐ

ふってい【払底 -する】 缺乏 quēfá ◆人材が~している 人才缺乏 réncái quēfá

ぶってきしょうこ【物的证据】 物证 wùzhèng ◆~を提示する 出示物证 chūshì wùzhèng

ふってん【沸点】 沸点 fèidiǎn ◆~に達する 达到沸点 dádào fèidiǎn

ふっと ◆~吹く 呵 hē ◆~息をつく 吐一口气 tǔ yì kǒu qì

ふっとう【沸騰 -する】 ❶〔液体が〕沸腾 fèiténg ◆~点 沸点 fèidiǎn ❷〔盛り上がる〕〔世论が〕~する 舆论哗然 yúlùn huárán ◆人気が~ 大受欢迎 dà shòu huānyíng

ぶつどう【仏堂】 佛堂 fótáng

ふっとおし【ぶっ通しで】 连续不断 liánxù búduàn ◆三时间~する 连续练习三小时 liánxù liànxí sān xiǎoshí

フットサル 五人制足球 wǔrénzhì zúqiú

フットボール 足球 zúqiú
フットライト 脚灯 jiǎodēng
フットワーク 步法 bùfǎ ◆軽やかな～ 轻快的步法 qīngkuài de bùfǎ
ぶつのう【物納-する】 以实物缴纳 yǐ shíwù jiǎonà ◆～した物件 缴纳的物件 jiǎonà de wùjiàn
ぶっぴん【物品】 物品 wùpǐn ◆～税 物品税 wùpǐnshuì
ぶつぶつ ❶【话し声が】喃喃 nánnán ◆～言う 咕噜 gūlū；嚷嚷 nāngnang；嘟囔 dūnang ❷【疙瘩】～が出来る 出疙瘩 chū gēda ❸【切るさま】～に切る 把鱼切成几块 bǎ yú qiēchéng jǐ kuài
ぶつぶつこうかん【物々交换-する】 以物易物 yǐ wù yì wù
ぶつぽう【仏法】 ◆～を说く 讲佛教 jiǎng Fójiào
ぶつま【仏间】 佛室 fóshì
ぶつもん【仏门】 佛家 fójiā；释门 Shìmén ◆～に入る 入佛门 rù fómén
ぶつよく【物欲】 ◆～が强い 物欲强 wùyù qiáng
ぶつり【物理】 ◆～学 物理学 wùlǐxué ◆～的に 物理上 wùlǐshang ◆～疗法 理疗 lǐliáo；物理疗法 wùlǐ liáofǎ
ふつりあい【不釣合-な】 不相称 bù xiāngchèn ◆～なカップル 不相称的夫妻 bù xiāngchèn de fūqī
ぶつりょう【物量】 大量物资 dàliàng wùzī
ふで【笔】笔 bǐ；笔杆子 bǐgǎnzi ◆～を走らせる 飞快地写 fēikuài de xiě ◆～を折る 停止写作 tíngzhǐ xiězuò
ふてい【不贞-の】 ◆～心 外心 wàixīn ◆～を働く 有外遇 yǒu wàiyù
ふてい【不定-の】 ◆～住所 住址不定 zhùzhǐ búdìng ◆～冠词 不定冠词 búdìng guàncí
ふていさい【不体裁-な】 不体面 bù tǐmiàn；寒碜 hánchen ◆～な服装 寒碜的服装 hánchen de fúzhuāng
ブティック 时装商店 shízhuāng shāngdiàn
プディング 布丁 bùdīng
ふてき【不敌-な】 大胆 dàdǎn ◆～な面构え 胆大的相貌 dǎndà de xiàngmào ◆大胆～ 无所畏惧 wú suǒ wèi jù
ふでき【不出来-な】 做得不好 zuò de bùhǎo ◆～な息子 没出息的孩子 méi chūxi de háizi
ふてきかく【不适格-な】 不合格 bù hégé ◆任务に～である 不称职 bú chènzhí
ふてきせつ【不适切-な】 不妥当 bù

tuǒdang；失当 shīdàng ◆～な表现 失当的表现 shīdàng de biǎoxiàn
ふてきとう【不适当-な】 不合适 bù héshì；不当 búdàng ◆～とみなす 看作不当 kànzuò búdàng
ふてぎわ【不手际】 做得不精巧 zuò de bù jīngqiǎo ◆私の～です 是我做得不好 shì wǒ zuòde bùhǎo
ふてくされる【不贞腐れる】 怄气 òuqì；生闷气 shēng mènqì
ふでぶしょう【笔不精】 不好动笔 bú hào dòng bǐ；不爱写信 bú ài xiě xìn
ふてぶてしい 厚脸皮 hòu liǎnpí；目中无人 mù zhōng wú rén
ふでまめ【笔まめ】 好动笔 hào dòng bǐ；爱写信 ài xiě xìn
ふと 忽然 hūrán ◆～闻こえる 忽听 hūtīng ◆～目に入る 偶然看见 ǒurán kànjiàn ◆～した事で 由于一点小事 yóuyú yìdiǎn xiǎoshì
ふとい【太い】 粗 cū ◆(手足が)太くたくましい 粗重 cūzhòng
ふとう【不当-な】 不正当 bú zhèngdàng；不合理 bù hélǐ ◆～な扱い 冤屈 yuānqū ◆～な利益 油水 yóushuǐ ◆～に要求する 提出无理的要求 tíchū wúlǐ de yāoqiú
ふとう【埠头】 埠头 bùtóu；码头 mǎtou
ふどう【不动】 坚定 jiāndìng ◆～の姿势をとる 立正 lìzhèng
ふどう【浮动-する】 浮动 fúdòng ◆～票 浮动票 fúdòngpiào
ブドウ【葡萄】 葡萄 pútáo ◆～畑 葡萄地 pútaodì
ぶどう【武道】 武术 wǔshù ◆～家 武术家 wǔshùjiā
ふとういつ【不统一-な】 不统一 bù tǒngyī ◆意见が～である 意见不统一 yìjiàn bù tǒngyī
ふどうさん【不动产】 不动产 búdòngchǎn；房地产 fángdìchǎn；恒产 héngchǎn ◆～管理 物业管理 wùyè guǎnlǐ ◆～仲介人 纤手 qiànshǒu ◆～屋 房产商 fángchǎnshāng
ぶどうしゅ【葡萄酒】 葡萄酒 pútaojiǔ
ぶどうとう【葡萄糖】 葡萄糖 pútaotáng
ふどうとく【不道德-な】 不道德 bú dàodé ◆～な考え 缺德的想法 quēdé de xiǎngfa
ふとうふくつ【不挠不屈】 ～の精神 不屈不挠的精神 bù qū bù náo de jīngshén
ふとうめい【不透明-な】 不透明 bú tòumíng ◆～なガラス 磨砂玻璃

ふとくい【不得意-な】 不擅长 bú shànchéng ♦ ～な分野 不擅长的领域 bú shàncháng de lǐngyù

ふとくてい【不特定-の】 ♦ ～多数 非特定多数 fēi tèdìng duōshù

ふところ【懐】 怀抱 huáibào ♦ ～具合 手头 shǒutóu；手下 shǒuxià ♦ ～が豊かな 宽绰 kuānchuo

ふとさ【太さ】 粗细 cūxì

ふとった【太った】 ❶《人間が》胖 pàng ♦ ～人 胖子 pàngzi ❷《家畜が》膘肥 biāoféi

ふとっぱら【太っ腹-の】 度量大 dùliàng dà ♦ ～な所を見せる 显大方 xiǎn dàfang

ふとどき【不届き-な】 粗鲁 cūlǔ ♦ ～な話 没礼貌的话 méi lǐmào de huà ♦ ～千万 非常无礼 fēicháng wúlǐ ♦ ～者 粗鲁的人 cūlǔ de rén

ふともも【太腿】 大腿 dàtuǐ

ふとらせる【太らせる】《家畜を》蹲膘 dūnbiāo

ふとりすぎ【太りすぎ-の】 痴肥 chīféi；臃肿 yōngzhǒng ♦ ～に注意する 注意别过胖 zhùyì bié guòpàng

ふとる【太る】 ❶《人が》发胖 fāpàng ❷《家畜が》上膘 shàngbiāo；长膘 zhǎngbiāo

ふとん【布団】 被褥 bèirù ♦ ～を干す 晒被褥 shài bèirù

ブナ【橅】 山毛榉 shānmáojǔ

ふなあそび【舟遊び-をする】 乘船兜风 chéngchuán dōufēng

ふながいしゃ【船会社】 航运公司 hángyùn gōngsī

ふなたび【船旅】 乘船旅行 chéngchuán lǚxíng

ふなつきば【船着き場】 船埠 chuánbù

ふなで【船出-する】 起航 qǐháng ♦ 新たな人生の～ 人生的新起点 rénshēng de xīnqǐdiǎn

ふなぬし【船主】 船主 chuánzhǔ

ふなのり【船乗り】 船员 chuán yuán；海员 hǎiyuán

ふなびん【船便】 海运 hǎiyùn ♦ ～で送る 用船邮寄 yòng chuán yóujì

ふなよい【船酔い-する】 晕船 yùnchuán

ふなれ【不慣れ-な】 不习惯 bù xíguàn；不熟悉 bù shúxī

ぶなん【無難-な】 平淡无奇 píngdàn wúqí；稳妥 wěntuǒ；可以放心 kěyǐ fàngxīn

ふにん【赴任-する】 赴任 fùrèn；上任 shàngrèn ♦ ～手当 安家费 ānjiāfèi ♦ 単身～ 单身赴任 dānshēn fùrèn；只身在外 zhīshēn zài wài

ふにん【不妊-の】 不孕 búyùn ♦ ～治療 不孕治疗 búyùn zhìliáo

ふにんか【不認可-の】 不批准 bù pīzhǔn；不许可 bù xǔkě ♦ ～の薬 禁药 jìnyào

ふにんじょう【不人情-な】 刻薄 kèbó；不近人情 bú jìn rénqíng

ふね【船】 船 chuán ♦ ～に乗る 乘船 chéngchuán ♦ ～に酔う 晕船 yùn chuán ♦ ～を降りる 下船 xià chuán

ふねんせい【不燃性-の】 不燃 bùrán；耐火 nàihuǒ ♦ ～繊維 耐火纤维 nàihuǒ xiānwéi

ふのう【富農】 富农 fùnóng

ふのう【不能】 不能 bùnéng ♦ 性的～ 阴虚 yīnxū

ふはい【腐敗-する】 朽坏 xiǔhuài；腐败 fǔbài；颓败 tuíbài ♦ ～分子 败类 bàilèi

ふはい【不敗-の】 不败 búbài ♦ ～神話 不败的神话 búbài de shénhuà

ふばいうんどう【不買運動】 不买运动 bùmǎi yùndòng；《ボイコット》抵制 dǐzhì

ふはつ【不発-の】 哑 yǎ ♦ ～弾 哑弹 yǎdàn ♦ ～に終わる 告吹 gàochuī

ふばらい【不払い-の】 拒绝付款 jùjué fùkuǎn ♦ 給料～ 不发工资 bù fā gōngzī

ふび【不備】 不完备 bù wánbèi ♦ 書類の～ 文件不全 wénjiàn bùquán

ふひつよう【不必要-な】 不必要 bú bìyào

ふひょう【不評-の】 低评价 dī píngjià ♦ ～を買う 招致恶评 zhāozhì èpíng

ふびょうどう【不平等-な】 不平等 bù píngděng ♦ ～条約 不平等条约 bù píngděng tiáoyuē

ふびん【不憫-な】 可怜 kělián ♦ ～に思う 觉得可怜 juéde kělián

ぶひん【部品】 零件 língjiàn；配件 pèijiàn ♦ ～交換 零件交换 língjiàn jiāohuàn

ふぶき【吹雪】 暴风雪 bàofēngxuě

ふふく【不服】 不服从 bù fúcóng；不满意 bù mǎnyì

ぶぶん【部分】 部分 bùfen ♦ ～月食 月偏食 yuèpiānshí

ふぶんりつ【不文律】 不成文法 bùchéngwénfǎ

ふへい【不平】 怨气 yuànqì；怨言 yuànyán ♦ ～を言う 鸣不平 míng bùpíng；埋怨 mányuàn；发牢骚 fā láosāo

ふへん【不変-の】 固定 gùdìng；不变 búbiàn ♦ ～の真理 不易之真理 bú yì zhī zhēnlǐ

ふべん【不便-な】 不便 búbiàn；不

ふへんせい【普遍性】 共性 gòngxìng ◆～を持つ 有普遍性 yǒu pǔbiànxìng

ふへんてき【普遍的-な】 普遍 pǔbiàn ◆～な概念 普遍的概念 pǔbiàn de gàiniàn

ふぼ【父母】 父母 fùmǔ ◆爹娘 diēniáng；家长 jiāzhǎng ◆～会 家长会 jiāzhǎnghuì

ふほう【不法-】 不法 bùfǎ；非法 fēifǎ ◆～占拠 非法占据 fēifǎ zhànjù；盘踞 pánjù

ふほう【訃報】 讣告 fùgào；死讯 sǐxùn ◆親友の～に接する 接到至友的死讯 jiēdào zhìyǒu de sǐxùn

ふほんい【不本意】 违心 wéixīn ◆～ながら 虽非本意 suī fēi běnyì

ふまえる【踏まえる】 ◆事実を～根据事实 gēnjù shìshí

ふまじめ【不真面目-な】 吊儿郎当 diào'erlángdāng；发糊 hánhu ◆～な取り組み方 不认真的作风 bú rènzhēn de zuòfēng

ふまん【不満】 不满 bùmǎn；怨气 yuànqi ◆～げな 怏怏 yàngyàng ◆～を並べる 发牢骚 fā láosao ◆～を抱く 闹情绪 nào qíngxù

ふみいれる【踏み入れる】 跨进 kuàjìn ◆未知の世界に足を～ 踏入未知世界 tàrù wèizhī shìjiè

ふみかためる【踏み固める】 踏结实 tà jiēshi

ふみきり【踏切】 道口 dàokǒu ◆～を渡る 过道口 guò dàokǒu ◆～番 道口看守 dàokǒu kānshǒu

ふみきりばん【踏み切り板】〈跳躍〉起跳板 qǐtiàobǎn

ふみきる【踏み切る】 ❶〈跳躍で〉起跳 qǐtiào ❷〈実行する〉下决心 xià juéxīn

ふみこえる【踏み越える】 ❶ 超越 chāoyuè ◆〈敵を越える〉踏过 tàguò ❷〈困難を〉摆脱困难 bǎituō kùnnan

ふみこむ【踏み込む】 进入 jìnrù；闯进 chuǎngjìn ◆アクセルを～ 踩油门 cǎi yóumén

ふみだい【踏み台】 ◆〈足場〉脚蹬子 jiǎodēngzi ❷〈出世のための〉垫脚石 diànjiǎoshí ◆他人を～にする 以他人为垫脚石 yǐ tārén wéi diànjiǎoshí

ふみたおす【踏み倒す】 ◆〈金を〉赖账 làizhàng ◆借金を～ 欠账不还 qiànzhàng bù huán

ふみつけ【踏み付け】 ◆～にされる 受气 shòuqì ◆～にする 欺负人 qīfu rén；侮 qīwǔ；欺压 qīyā

ふみつぶす【踏み潰す】 践踏 jiàntà；踩碎 cǎisuì

ふみとどまる【踏み止まる】 留下 liúxià；〈足を〉站住脚 zhànzhù jiǎo ◆崖っぷちで～ 悬崖勒马 xuányá lèmǎ；〈実行を〉打消念头 dǎxiāo niàntou

ふみにじる【踏み躙る】 践踏 jiàntà；蹂躏 róulìn ◆好意を～ 辜负好意 gūfù hǎoyì

ふみはずす【踏み外す】 ❶〈階段などを〉失足 shīzú；踩空 cǎikōng ❷〈人の道を〉脱离正轨 tuōlí zhèngguǐ；走上邪道 zǒushàng xiédào

ふみん【不眠】 失眠 shīmián ◆～症 失眠症 shīmiánzhèng

ふみんふきゅう【不眠不休-で】 孜孜不倦 zīzī bú juàn ◆～で働く 日以继夜地工作 rì yǐ jì yè de gōngzuò

ふむ【踏む】 ❶〈足で〉登 dēng；踏 tà ❷〈従う〉手続きを～ 履行手续 lǚxíng shǒuxù ❸〈経験する〉場数を～ 有很多实际经验 yǒu hěn duō shíjì jīngyàn ❹〈見当をつける〉估计 gūjì ◆5千元はかかると～ 估计需要五千元 gūjì xūyào wǔ qiān yuán

ふむき【不向き-な】 不合适 bù héshì ◆～な性格 性格不适应 xìnggé bú shìyìng

ふめい【不明-】 不明 bùmíng ◆～な点 不明之处 bùmíng zhī chù

ふめいよ【不名誉】 耻辱 chǐrǔ；污点 wūdiǎn ◆～な出来事 丑闻 chǒuwén

ふめいりょう【不明瞭-な】 隐晦 yǐnhuì ◆～な説明 含糊的说明 hánhu de shuōmíng ◆発音が～だ 发音不清楚 fāyīn bù qīngchu

ふめいろう【不明朗-な】 暧昧 àimèi ◆～な会計 糊涂账 hútu zhàng

ふめつ【不滅-の】 不朽 bùxiǔ ◆～の業績 不朽的业绩 bùxiǔ de yèjì

ふめんだい【譜面台】 乐谱架 yuèpǔjià

ふもう【不毛-の】 ◆～の地 不毛之地 bù máo zhī dì

ふもと【麓】 山脚 shānjiǎo；山根 shāngēn

ふもん【不問】 ◆～に付す 置之不问 zhì zhī bù wèn

ぶもん【部門】 部门 bùmén ◆演劇～ 戏剧类 xìjùlèi ◆～別に分ける 按部门分类 àn bùmén fēnlèi

ふやかす 泡涨 pàozhàng ◆豆を水につけて～ 用水浸泡豆子 yòng shuǐ jìnpào dòuzi

ふやける 泡涨 pàozhǎng ◆手の皮が～ 手上皮肤泡涨 shǒushang pí-

ふやす【増やす】添 tiān; 増添 zēngtiān; 増益 zēngyì 雇用を〜 増加雇佣机会 zēngjiā gùyòng jīhuì

ふゆ【冬】冬天 dōngtiān ◆〜仕度をする 准备过冬 zhǔnbèi guòdōng

ふゆう【富裕-な】丰盈 fēngyíng; 富裕 fùyù ◆〜な家庭 富裕家庭 fùyù jiātíng

ふゆう【浮遊-する】浮游 fúyóu ❶《水の中》◆〜生物 浮游生物 fúyóu shēngwù ❷《空気の中》◆〜物 悬浮物 xuánfúwù

ふゆかい【不愉快-な】不愉快 bù yúkuài; 反感 fǎngǎn ◆〜になる 感到不愉快 gǎndào bù yúkuài

ふゆきとどき【不行き届き】不周到 bù zhōudào ◆〜で恐縮です 监督不周 jiāndū búzhōu; 监督失职 jiāndū shīzhí

ふゆげしき【冬景色】冬天的景色 dōngtiān de jǐngsè

ふゆしょうぐん【冬将軍】严冬 yándōng ◆〜の到来 严冬的到来 yándōng de dàolái

ふゆふく【冬服】冬装 dōngzhuāng; 寒衣 hányī

ふゆやすみ【冬休み】寒假 hánjià

ふゆやま【冬山】冬天的山 dōngtiān de shān ◆〜に登る 冬季登山 dōngjì dēngshān

ふよ【付与-する】给予 jǐyǔ; 授与 shòuyǔ

ブヨ【蚋】蚋 ruì

ふよう【扶養-する】扶养 fúyǎng; 养活 yǎnghuo ◆〜家族 扶养家属 fúyǎng jiāshǔ

ふよう【不用-の】不需要 bù xūyào; 无用 wúyòng

フヨウ【芙蓉】木芙蓉 mùfúróng

ぶよう【舞踊】舞蹈 wǔdǎo ◆〜劇 舞剧 wǔjù ◆〜団 舞蹈团 wǔdǎotuán ◆〜民族 民族舞蹈 mínzú wǔdǎo

ふようじょう【不養生-な】不注意健康 bú zhùyì jiànkāng

ぶようじん【無用心-な】缺少警惕心 quēshǎo jǐngtìxīn; 不注意 bú zhùyì ◆戸締りが〜な 不留意锁门 bú liúyì suǒmén

ふようど【腐葉土】腐叶土 fǔyètǔ

フライ【揚げ物】油炸食品 yóuzházhà shípǐn ◆エビ〜 炸虾 zháxiā

ぶらい【無頼-な】无赖 wúlài ◆〜漢 流氓 liúmáng; 恶棍 ègùn

フライト【飛行 fēixíng ◆〜クルー 机组 jīzǔ; 机组人员 jīzǔ rényuán ◆〜レコーダー 黑匣子 hēi xiázi ◆〜アテンダント 机组乘务员 jīzǔ chéngwùyuán

プライド 自豪感 zìháogǎn; 自尊心 zìzūnxīn ◆〜が高い 自尊心强 zìzūnxīn qiáng ◆〜を傷つけられる 伤害自尊心 shānghài zìzūnxīn

フライドチキン 炸鸡 zhájī

フライドポテト 炸薯条 zháshǔtiáo

プライバシー 隐私 yǐnsī ◆〜の侵害 侵犯私人生活 qīnfàn sīrén shēnghuó ◆〜を守る 保护隐私 bǎohù yǐnsī

フライパン 煎锅 jiānguō

プライベート-な 私人 sīrén ◆〜レッスン 个别教授 gèbié jiàoshòu

プライムレート 最优惠利率 zuì yōuhuì lìlǜ

フライング《陸上》抢跑 qiǎngpǎo; 《水泳》抢跳 qiǎngtiào

ブラインド《窓の》百叶窗 bǎiyèchuāng ◆〜を下ろす 落下百叶窗 luòxià bǎiyèchuāng

ブラインドタッチ《キーボードの》盲打 mángdǎ

ブラウス 衬衫 chènshān

ブラウンかん【ブラウン管】显像管 xiǎnxiàngguǎn ◆〜画面 屏幕 píngmù

プラカード 标语牌 biāoyǔpái ◆〜を掲げて 举着标语牌 jǔzhe biāoyǔpái

プラグ 插头 chātóu; 插销 chāxiāo

プラグマチック 实用主义的 shíyòng zhǔyì de

ぶらさがる【ぶら下がる】吊垂 diàochuí; 悬挂 xuánguà ◆両手で鉄棒に〜 两手悬在单杠上 liǎngshǒu xuánzài dāngāngshàng

ぶらさげる【ぶら下げる】悬挂 xuánguà

ブラシ 刷 shuā; 刷子 shuāzi ◆〜で洗う 洗刷 xǐshuā ◆髪を〜で梳(け)る 梳理头发 shūlǐ tóufa

ブラジャー 乳罩 rǔzhào

プラス 正数 zhèngshù; 正极 zhèngjí ◆〜記号 加号 jiāhào ◆〜の側面の 正面 zhèngmiàn ◆〜の有益 yǒuyì ◆〜アルファ 附加部分 fùjiā bùfen

フラスコ 烧瓶 shāopíng

プラスチック 塑料 sùliào ◆〜製品 塑料制品 sùliào zhìpǐn ◆〜爆弾 塑料炸弹 sùliào zhàdàn

フラストレーション 欲望不满 yùwàng bùmǎn; 挫折 cuòzhé ◆〜を感じる 感到挫折 gǎndào cuòzhé ◆〜が溜まる 欲望不满积得多 yùwàng bùmǎn jīde duō

ブラスバンド 铜管乐队 tóngguǎn yuèduì

プラズマ 等离子体 děnglízǐtǐ

プラタナス 法国梧桐 fǎguó wútóng; 悬铃木 xuánlíngmù

フラダンス ― ふりかえ

フラダンス 草裙舞 cǎoqúnwǔ; 呼拉呼拉舞 hūlāhūlāwǔ

ふらち [不埒] ◆ 耳有此理 qǐ yǒu cǐ lǐ ◆～な悪行 蛮横的恶行 mánhèng de èxíng

プラチナ ❶〈金属〉白金 báijīn; 铂 bó ◆～製の 白金制的 báijīnzhì de ❷〈高価なことの比喩〉◆～チケット 高价票 gāojiàpiào

ぶらつく 逛 guàng ◆大通りを～ 逛大街 guàng dàjiē

ブラックコーヒー 黑咖啡 hēikāfēi

ブラックホール 黑洞 hēidòng

ブラックボックス 〈航空機の〉黑匣子 hēixiázi

ブラックリスト 黑名单 hēi míngdān ◆～に載る 上黑名单 shàng hēimíngdān

フラッシュ 〈写真の〉闪光灯 shǎnguāngdēng; 镁光 měiguāng ◆～をたく 打镁光灯 dǎ měiguāngdēng

フラッシュメモリ 闪存 shǎncún

フラット ❶〈音楽記号「♭」〉降号 jiànghào ❷〈きっかり〉◆10秒～ 十秒整 shí miǎo zhěng

プラットホーム 站台 zhàntái; 月台 yuètái; 平台 píngtái

プラトニックラブ 精神恋爱 jīngshén liàn'ài

プラネタリウム 天象仪 tiānxiàngyí

ふらふら-する 悠悠荡荡 yōuyōudàngdàng ◆～よろめく 摇晃 yáohuàng ◆～した足取り 蹒跚的步子 pánshān de bùzi ◆～になる 东倒西歪 dōngdǎo xīwāi

ぶらぶら-する 逛荡 guàngdang; 盘旋 pánxuán ◆～遊ぶ 游荡 yóudàng ◆～歩く 溜达 liūda; 闲逛 xiánguàng; 转悠 zhuànyou ◆～見物する 游逛 yóuguàng ◆〈仕事をしないで〉～している 无所事事 wú suǒ shì shì; 鬼混 guǐhùn; 浪荡 làngdàng

フラメンコ 弗拉门戈 fúlāméngē

プラモデル 塑料模型 sùliào móxíng

ふらん [腐爛]-する 腐烂 fǔlàn ◆～死体 腐烂尸体 fǔlàn shītǐ

フラン 〈貨幣単位の〉法郎 Fǎláng

プラン 计划 jìhuà; 方案 fāng'àn ◆～を立てる 设计 shèjì; 订计划 dìng jìhuà

ふらんき [孵卵器] 孵卵器 fūluǎnqì

フランク 直率 zhíshuài; 不客气 bú kèqi

ブランク 空白 kòngbái

プランクトン 浮游生物 fúyóu shēngwù

ぶらんこ 秋千 qiūqiān ◆～を漕ぐ 荡秋千 dàng qiūqiān

フランス 法国 Fǎguó ◆～語 法语 Fǎyǔ ◆～料理 法国菜 Fǎguócài ◆～パン 法式面包 Fǎshì miànbāo

プランター 花盆 huāpén

フランチャイズ 独家营业权 dújiā yíngyèquán ◆～契约 独占营业合同 dúzhàn yíngyè hétong

ブランデー 白兰地 báilándì

ブランド 商标 shāngbiāo; 牌子 páizi ◆有名～ 老牌 lǎopái; 名牌 míngpái

プラント 成套设备 chéngtào shèbèi ◆石油～ 石油成套设备 shíyóu chéngtào shèbèi

ふり [振り]-する 伪装 wěizhuāng; 假装 jiǎzhuāng ◆見ない～をする 假装没看见 jiǎzhuāng méi kànjiàn

ふり [不利] 不利 búlì ◆～な位置 不利的地位 búlì de dìwèi ◆～な点 害处 hàichù; 不利的因素 búlì de yīnsù

ブリ [鰤] 鲕鱼 shīyú ◆～の照り焼き 红烧鲕鱼 hóngshāo shīyú

ふりあおぐ [振り仰ぐ] 仰面 yǎngmiàn; 仰望 yǎngwàng ◆天を～ 仰望天空 yǎngwàng tiānkōng

ふりあげる [振り上げる] 摇起 yáoqǐ ◆こぶしを～ 挥拳 huīquán

フリー ❶〈立場を〉不拘束 bù jūshù ❷〈料金を〉免费 miǎnfèi

フリージア 香雪兰 xiāngxuělán

フリーズ 〈コンピュータ〉死机 sǐjī

フリーズドライ 冷冻干燥 lěngdòng gānzào

フリーター 自由打工 zìyóu dǎgōng

フリーダイヤル 〈電話の〉接方付费方式 (diànhuà de) jiēfāng fùfèi fāngshì

フリートーキング 自由讨论 zìyóu tǎolùn

フリーパス 免费 miǎnfèi

ブリーフ ❶〈書類〉概要 gàiyào ◆～ケース 公事皮包 gōngshì píbāo ❷〈下着の〉男用短内裤 nányòng duǎnnèikù

ブリーフィング 背景说明 bèijǐng shuōmíng

フリーマーケット ❶〈のみの市〉跳蚤市场 tiàozao shìchǎng ❷〈自由市场〉自由市场 zìyóu shìchǎng

フリーランサー 无所属者 wúsuǒshǔzhě; 自由合同者 zìyóu hétongzhě

ふりえき [不利益] 不利 búlì; 亏损 kuīsǔn ◆～を被る 受到损失 shòudào sǔnshī

ふりかえ [振替] ❶〈帳簿上で〉转

ぶりかえす ― フル 493

账 zhuǎnzhàng ◆~口座 转账户头 zhuǎnzhàng hùtóu ❷《代用》调换 diàohuàn ◆~休日 串休日 chuànhuàn xiūrì

ぶりかえす【ぶり返す】❶《悪弊などが》回潮 huícháo ❷《病気が》复发 fùfā

ふりかえる【振り返る】❶ 后ろを～ 回首 huíshǒu ❷《過去を》回顾 huígù

ふりかかる【降り掛かる】降临 jiànglín ◆～困難 风吹雨打 fēng chuī yǔ dǎ

ふりかける【振り掛ける】喷 pēn; 撒上 sāshàng

ふりかざす【振り翳す】挥舞 huīwǔ ◆職権を～ 滥用职权 lànyòng zhíquán

ふりがな【振り仮名】注音假名 zhùyīn jiǎmíng ◆～を振る 标注注音假名 biāozhù zhùyīn jiǎmíng

ブリキ 镀锡铁皮 dùxī tiěpí: 白铁皮 báitiěpí

ふりこ【振り子】摆 bǎi ◆～時計 摆钟 bǎizhōng

ふりこう【不履行】不执行 bù zhíxíng; 不履行 bù lǚxíng ◆契約の～ 不履行合同 bù lǚxíng hétong

ふりこむ【振り込む】《銀行などに》存入 cúnrù

ブリザード 暴风雪 bàofēngxuě ◆～に見舞われる 遇上暴风雪 yùshàng bàofēngxuě

ふりしきる【降り頻る】下个不停 xià ge bùtíng; 不停地下 bùtíng de xià ◆～雨 霏霏细雨 fēifēi xìyǔ

ふりすてる【振り捨てる】丢弃 diūqì; 抛弃 pāoqì

プリズム 棱镜 léngjìng: 三棱镜 sānléngjìng

ふりそで【振り袖】长袖和服 chángxiù héfú

ふりだし【振り出し】❶《出発点》～に戻る 回到出发点 huídào chūfādiǎn ❷《手形などの》～人 发票人 fāpiàorén

ふりつけ【振り付け】舞蹈动作 wǔdǎo dòngzuò ◆～師 编舞 biānwǔ

ブリッジ 桥 qiáo;《トランプの》桥牌 qiáopái;《歯の》牙桥 yáqiáo;《船の》船桥 chuánqiáo

ふりつづく【降り続く】《雨や雪などが》下个不停 xià ge bùzhǐ

ふりはらう【振り払う】◆その手を～ 挣开那只手 zhèngkāi nàzhī shǒu ◆不快を～ 驱散心中不快 qūsàn xīnzhōng búkuài ◆悪運を～ 驱赶厄运 qūgǎn èyùn

ぷりぷり ◆～怒る 怒气冲冲 nùqì chōngchōng

プリペイドカード 预付款卡 yùfùkuǎnkǎ ◆～で会計する 用磁卡结账 yòng cíkǎ jiézhàng

ふりまく【振り撒く】◆農薬を～ 喷洒农药 pēnsǎ nóngyào ◆愛嬌を～ 撒娇卖好感 sā xiàolǎn hǎogǎn

プリマドンナ 红歌星 hónggēxīng

ふりまわす【振り回す】挥舞 huīwǔ; 舞弄 wǔnòng ◆刃物を～ 动起刀来 dòngqǐ dāo lái ◆棒を～ 抡起棍子 lūnqǐ gùnzi ◆デマに振り回される 被谣言盅惑 bèi yáoyán gǔhuò

ふりむく【振り向く】掉头 diàotóu; 回首 huíshǒu

ふりよ【不慮（の）】◆～の災難 飞祸 fēihuò ◆～の災難で死ぬ 死于非命 sǐ yú fēi mìng ◆～の死を遂げる 横死 hèngsǐ ◆～の事故 意外的事故 yìwài de shìgù; 三长两短 sān cháng liǎng duǎn

ふりょう【不良】恶棍 ègùn; 痞子 pǐzi ◆少年 阿飞 āfēi ◆～品 次品 cìpǐn; 废品 fèipǐn

ふりょうさいけん【不良債権】坏账 huàizhàng; 不良贷款 bùliáng dàikuǎn

ふりょく【浮力】浮力 fúlì ◆～を利用する 利用浮力 lìyòng fúlì

ぶりょく【武力】枪杆 qiānggǎn; 武力 wǔlì ◆～に訴える 诉诸武力 sùzhū wǔlì ◆～抗争 武斗 wǔdòu ◆～革命 武装革命 wǔzhuāng gémìng

ふりわける【振り分ける】调拨 diàobō ◆仕事を～ 分配工作 fēnpèi gōngzuò

ふりん【不倫】婚外恋 hūnwàiliàn ◆～する 奸淫 jiānyín; 通奸 tōngjiān ◆～の関係 外遇 wàiyù ◆～の相手 相好 xiānghǎo: 第三者 dìsānzhě

プリン 布丁 bùdīng

プリンタ 打印机 dǎyìnjī

プリンたい【プリン体】嘌呤 piàolìng

プリント ❶《印刷·印刷物》印刷品 yìnshuāpǐn ◆～する 印 yìn; 印刷 yìnshuā ◆～アウト 打印输出 dǎyìn shūchū ❷《染める》～の布地 印花土布 yìnhuātǔbù

ふる【振る】◆手を～ 挥手 huī shǒu ◆首を～ 摇头 yáo tóu ◆尻尾を～ 摇尾巴 yáo wěiba ◆バットを～ 挥球棒 huī qiúbàng ◆胡椒を～ 撒胡椒 sā hújiāo ◆恋人を～ 把情人甩掉 bǎ qíngrén shuǎidiào ◆番号を～ 标上号码 biāoshàng hàomǎ

ふる【降る】下 xià: 降 jiàng ◆雨が～ 下雨 xià yǔ

フルに 完全 wánquán; 整整 zhěngzhěng ◆～メンバー 全员 quányuán ◆～に利用する 充分利用 chōngfèn lìyòng ◆～コーラスを

歌う 唱全节 chàng quánjié
ふるい【篩】 筛子 shāizi ◆～に掛け 筛 shāi; 筛选 shāixuǎn
ふるい【古い】 陈旧 chénjiù ◆～考え 保守观念 bǎoshǒu guānniàn ◆～话 老话 lǎohuà
ふるい【部類】 种类 zhǒnglèi; 品类 pǐnlèi ◆まじめな一的人 安分守己一类的人 ānfēn shǒujǐ yīlèi de rén
ふるいおこす【奮い起こす】 抖 dǒu; 焕发 huànfā; 振起 zhènqǐ ◆勇气を～ 鼓起勇气 gǔqǐ yǒngqì
ふるいおとす【振るい落とす】 筛掉 shāidiào ◆一次试验で振るい落とされる 在初试中被淘汰掉 zài chūshì zhōng bèi táotàidiào
ふるいたたせる【奮い立たせる】 唤起 huànqǐ; 激动 jīdòng ◆自らを～ 振作自己 zhènzuò zìjǐ
ふるいたつ【奮い立つ】 抖擞 dǒusǒu; 奋起 fènqǐ; 振奋 zhènfèn
ふるう【揮う】 挥动 huīdòng ◆腕を～ 发挥能力 fāhuī nénglì
ブルーカラー 蓝领工人 lánlǐng gōngrén
ブルース 布鲁士 bùlǔshì
フルーツ 水果 shuǐguǒ ◆～パーラー 冷饮店 lěngyǐndiàn ◆～ジュース 果汁 guǒzhī
フルート 长笛 chángdí ◆～奏者 长笛演奏员 chángdí yǎnzòuyuán
ブルートゥース 蓝牙技术 lányá jìshù
ブルーレイ 蓝光光盘 lánguāng guāngpán
ふるえあがる【震え上がる】 魂不附体 hún bù fù tǐ; 魂不守舍 hún bù shǒu shè
ふるえる【震える】〈寒さや恐怖で〉发抖 fādǒu; 战栗 zhànlì; 抖 dǒu; 哆嗦 duōsuō; 发颤 fāchàn; 〈振动〉震荡 zhèndàng
ふるかぶ【古株】 老手 lǎoshǒu; 老资格 lǎozīgé ◆チームの～ 队里的老将 duìlǐ de lǎojiàng
ふるぎ【古着】 旧衣服 jiùyīfu
ふるきず【古傷】 老伤 lǎoshāng ◆～が痛む 老伤作痛 lǎoshāng zuòtòng
ふるくから【古くからの】 自古以来 zìgǔ yǐlái ◆～の谊 古谊 gǔyán ◆～の友人 老朋友 lǎo péngyou
ふるくさい【古臭い】 陈腐 chénfǔ; 老掉牙 lǎodiàoyá ◆言い方 陈腐的说法 chénfǔ de shuōfǎ
フルコース 全席 quánxí ◆フランス料理の～ 法国全套餐 Fǎguó quán tàocān
ふるさと【故郷】 家乡 jiāxiāng; 故乡 gùxiāng ◆～に帰る 回家乡 huí

jiāxiāng
ブルジョワジー 布尔乔亚 bù'ěrqiáoyà; 资产阶级 zīchǎn jiējí
ふるす【古巣】 旧窝 jiùwō ◆～に戻る 回老巢 huí lǎocháo ◆～を离れる 动窝 dòngwō
フルスピード-で 全速 quánsù ◆～で车を走らせる 全速行驶 quánsù xíngshǐ
ブルゾン 夹克 jiākè
フルタイム〈パートタイムに対して〉整班儿 zhěngbānr; 专职 zhuānzhí
ふるだぬき【古狸】 老狐狸 lǎohúli; 老滑头 lǎohuátóu
ふるどうぐ【古道具】 旧器具 jiùqìjù; 旧货店 jiùhuòdiàn
ブルドーザー 推土机 tuītǔjī
ブルドッグ 虎头狗 hútóugǒu
プルトップかん【プルトップ缶】 易拉罐 yìlāguàn
プルトニウム 钚 bù ◆～爆弹 钚弹 bùdàn
フルネーム 全名 quánmíng
ふるえる【震える】 哆嗦 duōsuō; 打冷战 dǎ lěngzhàn; 打颤 dǎzhàn
ふるぼけた【古ぼけた】 陈旧 chénjiù; 破旧 pòjiù
ふるほん【古本】 旧书 jiùshū ◆～屋 旧书店 jiùshūdiàn
ふるまい【振る舞い】 举措 jǔcuò; 态度 tàidù; 行迹 xíngjì ◆～请客酒 qīngkè jiǔ ◆立ち居～ 举止动作 jǔzhǐ dòngzuò
ふるまう【振る舞う】 ❶〈動き〉行动 xíngdòng; 动作 dòngzuò ❷〈もてなす〉款待 kuǎndài; 请客 qǐngkè
ふるめかしい【古めかしい】 古老 gǔlǎo ◆～服装 老式服装 lǎoshì fúzhuāng
ふるわせる【震わせる】 颤动 chàndòng ◆声を～ 颤着声音 chànzhe shēngyīn
ふるわない【振るわない】 不振 búzhèn ◆商いが～ 生意萧清 shēngyì qīngdàn ◆食欲が～ 食欲不振 shíyù búzhèn
ふれる【触れ合う】 接触 jiēchù ◆肌と肌との～ 肌肤接触 jīfū jiēchù
ぶれい【無礼】-な 非礼 fēilǐ; 不恭敬 bù gōngjìng ◆～を働く 冒犯 màofàn ◆～讲の不讲客套的宴席 bù jiǎng kètào de yànxí
プレイガイド 联合售票处 liánhé shòupiàochù
プレイボーイ 花花公子 huāhuā gōngzǐ
ブレイン 参谋 cānmóu; 智囊人物 zhìnáng rénwù ◆～トラスト 智囊团 zhìnángtuán; 顾问团 gùwèn-

プレー ― プロフィール

プレー ❶《遊び》游戏 yóuxì ❷《競技》比赛 bǐsài
プレーオフ 延长赛 yánchángsài
ブレーキ 闸 zhá; 制动器 zhìdòngqì; 车闸 chēzhá ◆～を掛ける 刹 shā; 刹车 shāchē ◆～が利かない 刹车失灵 shāchē shīlíng ◆行き過ぎに～をかける 制止过分行为 zhìzhǐ guòfèn xíngwéi
プレート 《板》平板 píngbǎn; 金属板 jīnshǔbǎn ◆《ネーム》名字牌 míngzipái ◆《ナンバー》汽车号码牌 qìchē hàomǎpái ◆《海底地盤》板块 bǎnkuài ◆太平洋～ 太平洋板块 Tàipíngyáng bǎnkuài
フレーム 骨子 gǔzi; 框子 kuàngzi ◆写真を～に収める 把照片镶入相框 bǎ zhàopiàn xiāngrù xiàngkuàng
ふれこみ【触れ込み】宣扬 xuānyáng ◆非常に斬新だという～ 宣扬说是新鲜无比的 xuānyáng shuō shì xīnxiān wúbǐ de
ブレザーコート 鲜艳的西装上衣 xiānyàn de xīzhuāng shàngyī
プレス ❶《押す》～する 压 yā ◆ハム 压硬的熏肉 yāyìng de xūnròu ◆～加工する 冲压 chòngyā ❷《新聞》新闻界 xīnwénjiè ◆～センター 新闻中心 xīnwén zhōngxīn
ブレスレット 手镯 shǒuzhuó
プレゼン(テーション) 演示 yǎnshì; 推介 tuījiè
プレゼント 礼物 lǐwù ◆～する 送礼 sònglǐ
フレックスタイム 弹性工作时间 tánxìng gōngzuò shíjiān
プレッシャー 《精神的な》压力 yālì ◆～がかかる 有压力 yǒu yālì ◆～を与える 施加压力 shījiā yālì
フレッシュ-な 清新 qīngxīn ◆～マン 新人 xīnrén; 新来者 xīnláizhě
プレハブ 预制式房屋 yùzhìshì fángwū
ふれまわる【触れ回る】四处散布 sìchù sànbù ◆近所に～ 向近邻宣扬 xiàng jìnlín xuānyáng
プレミア(ム) 加价 jiājià ◆～がつく 追加高价 zhuījià gāojià
プレリュード ❶《前奏曲》序曲 xùqǔ ❷《前触れ》悲剧的前奏 bēijù de qiánzòu
ふれる【触れる】触及 chùjí; 接触 jiēchù ◆急所に～ 触痛 chùtòng ◆手で～ 用手摸摸 yòng shǒu mōmo ◆話題に～ 触及到该话题 chùjídào gāi huàtí
ふろ【風呂】《入浴》洗澡 xǐzǎo; 《浴槽》澡盆 zǎopén ◆～に入る 洗澡

xǐzǎo ◆～场 洗澡间 xǐzǎojiān
プロ(フェッショナル) 职业 zhíyè; 专业 zhuānyè ◆～スポーツ 职业体育 zhíyè tǐyù ◆～意識を持つ 有专业意识 yǒu zhuānyè yìshí
フロア 地面 dìmiàn; 地板 dìbǎn
ブロイラー 笋鸡 sǔnjī; 食用嫩鸡 shíyòng nènjī
ふろうしゃ【浮浪者】流浪者 liúlàngzhě
ふろうしょとく【不労所得】不劳而获的收入 bù láo ér huò de shōurù
ふろうふし【不老不死-の】长生不死 cháng shēng bù sǐ ◆～秘薬 长生不死的秘药 cháng shēng bù sǐ de mìyào
ブローカー 经纪人 jīngjìrén; 掮客 qiánkè ◆金融～ 金融经纪人 jīnróng jīngjìrén
ブローチ 饰针 shìzhēn
ブロードバンド 宽带 kuāndài
ふろく【付録】杂志的附录 zázhì de fùlù
ブログ 博客 bókè
プログラマー 程序设计员 chéngxù shèjìyuán
プログラミング 程序设计 chéngxù shèjì
プログラム ❶《番組・演劇などの》节目 jiémù; 节目单 jiémùdān; 说明书 shuōmíngshū ❷《コンピュータの》程序 chéngxù
プロジェクト 工程 gōngchéng; 计划 jìhuà ◆巨大～ 巨大工程 jùdà gōngchéng ◆～チーム 项目工作组 xiàngmù gōngzuòzǔ
ふろしき【風呂敷】包袱 bāofu
プロセス 过程 guòchéng; 进程 jìnchéng ◆必要な～ 必要的过程 bìyào de guòchéng
プロダクション 生产 shēngchǎn; 《映画・芸能の》制作公司 zhìzuò gōngsī
ブロック ❶《市街などの》街区 jiēqū ❷《コンクリートなどの》预制板 yùzhìbǎn ❸《区画》单元 dānyuán
プロット 情节 qíngjié
フロッピーディスク 软盘 ruǎnpán
プロテクター 保护器 bǎohùqì; 护具 hùjù ◆～を着ける 戴上护具 dàishàng hùjù
プロテスタント 新教徒 Xīnjiàotú
プロデューサー 制片人 zhìpiànrén; 编辑人 biānzhírén
プロパガンダ 宣传 xuānchuán
プロパンガス 丙烷气 bǐngwánqì
プロフィール 侧面像 cèmiànxiàng; 传略 zhuànlüè ◆新人歌手の～ 新歌手的简介 xīn gēshǒu de jiǎnjiè

プロペラ 螺旋桨 luóxuánjiǎng ◆－機 螺旋桨式飞机 luóxuánjiǎngshì fēijī
プロポーズ－する 求婚 qiúhūn
プロムナード 散步路 sànbùlù
プロモーター 主办者 zhǔbànzhě ◆大会の～ 大会的包办人 dàhuì de bāobànrén
プロやきゅう【プロ野球】 职业棒球 zhíyè bàngqiú ◆－選手 职业棒球选手 zhíyè bàngqiú xuǎnshǒu
プロレス 职业摔交 zhíyè shuāijiāo
プロレタリア 无产者 wúchǎnzhě ◆－文学 无产阶级文学 wúchǎn jiējí wénxué
プロレタリアート 无产阶级 wúchǎn jiējí
プロローグ ❶〔序〕序言 xùyán ❷〔発端〕开端 kāiduān
フロン(ガス) 氟隆气 fúlóngqì
ブロンズ 青铜 qīngtóng ◆－像 青铜像 qīngtóng xiàng
フロント (ホテルなどの)服务台 fúwùtái
フロントガラス 挡风玻璃 dǎngfēng bōli
ふわ【不和】 不和 bùhé ◆～を招く 引起不和 yǐnqǐ bùhé
ふわたりこぎって【不渡り小切手】 空头支票 kōngtóu zhīpiào
ふわふわ 软绵绵 ruǎnmiánmián ❶(軽い)～した 暄腾腾的 xuānténgténg de ◆毛がーしている 羽毛很暄腾 yǔmáo hěn xuānténg ❷(漂うさま)～漂う 飘浮 piāofú ❸(気持ちが)～と浮いついている 浮躁 fúzào
ふわらいどう【付和雷同】－する 随声附和 suí shēng fùhè; 雷同 léitóng
ふん【糞】 屎 shǐ; 马粪 mǎfèn ◆～をする 拉屎 lāshǐ; 出粪 chūgōng
ふん【分】 分 fēn ◆5時3～前 差三分五点 chà sān fēn wǔ diǎn
ぶん【文】 句子 jùzi ◆～を作る 造句 zàojù
ふんいき【雰囲気】 氛围 fēnwéi; 空气 kōngqì; 气氛 qìfēn ◆～を柔らげる 缓和空气 huǎnhé kōngqì ◆家庭の～に浸る 沉浸在家庭气氛中 chénjìn zài jiātíng qìfēn zhōng
ふんか【噴火】－する 喷火 pēnhuǒ
ぶんか【分化】－する 分化 fēnhuà
ぶんか【文化】 文化 wénhuà ◆－遺産 文化遗产 wénhuà yíchǎn ◆－交流 文化交流 wénhuà jiāoliú ◆－的な生活 文化生活 wénhuà shēnghuó ◆－人 知识分子 zhīshi fènzǐ
ぶんか【文科】 文科 wénkē ◆～を専攻する 专修文科 zhuānxiū wénkē
ふんがい【憤慨】－する 愤慨 fènkǎi; 气愤 qìfèn
ぶんかい【分解】－する 分解 fēnjiě ◆電気～する 电解 diànjiě
ぶんがく【文学】 文学 wénxué ◆－的な才能 文学方面的才气 wénxué fāngmiàn de cáiqì ◆－采 文学采 wéncǎi ◆－作品 文学作品 wénxué zuòpǐn ◆－者 文学家 wénxuéjiā
ぶんかつ【分割】－する 分割 fēngē; 划分 huàfēn ◆～して支払う 分期付款 fēnqī fùkuǎn
ふんき【奮起】－する 发奋 fāfèn; 振作 zhènzuò ◆～させる 鼓劲 gǔjìn; 振奋 zhènfèn
ぶんき【分岐】－する 分岐 fēnqí; 岔开 chàkāi ◆－点 岔口 chàkǒu; 分岐点 fēnqídiǎn
ふんきゅう【紛糾】－する 纠纷 jiūfēn ◆事態が～する 情况混乱 qíngkuàng hùnluàn
ぶんぎょう【分業】－する 分工 fēngōng
ぶんけ【分家】－する 分家 fēnjiā
ぶんけい【文型】 句型 jùxíng
ぶんげい【文芸】 文艺 wényì ◆－誌 文艺杂志 wényì zázhì
ぶんけん【文献】 文献 wénxiàn ◆参考－ 参考文献 cānkǎo wénxiàn
ぶんご【文語】 文言 wényán ◆－調の 文言味儿的 wényán wèir de
ぶんこう【分校】 分校 fēnxiào
ぶんごう【文豪】 文豪 wénháo
ぶんこつ【分骨】－する 骨灰分葬 gǔhuī fēnzàng
ふんこつさいしん【粉骨砕身】 粉身碎骨 fěn shēn suì gǔ
ふんさい【粉砕】－する 粉碎 fěnsuì; 破碎 pòsuì ◆敵を～する 粉碎敌人 fěnsuì dírén
ぶんさい【文才】 文才 wéncái ◆－豊かな 富于文才 fùyú wéncái ◆～を認められる 被承认文才 bèi chéngrèn wéncái
ぶんさつ【分冊】 分册 fēncè
ぶんさん【分散】－する 疏散 shūsàn ◆～させる 分散 fēnsàn
ぶんし【分子】〔化学·数学〕分子 fēnzǐ ◆－式 分子式 fēnzǐshì ◆危険－ 危险分子 wēixiǎn fènzǐ
ふんしつ【紛失】－する 丢失 diūshī; 遗失 yíshī ◆－物 遗失物 yíshīwù
ふんしゃ【噴射】－する 喷射 pēnshè ◆ロケットを～する 喷射火箭 pēnshè huǒjiàn
ぶんしゅう【文集】 集子 jízi; 文集

ふんしゅつ — ふんまん　497

wénjí ◆卒業～ 毕业文集 bìyè wénjí
ぶんしゅつ【噴出-する】 喷出 pēnchū；喷涌 pēnyǒng
ぶんしょ【文書】 公文 gōngwén；文件 wénjiàn ◆～を取り交わす 换文 huànwén ◆～偽造 伪造文件 wěizào wénjiàn
ぶんしょう【文章】 文章 wénzhāng；文字 wénzì ◆～を書く 写文章 xiě wénzhāng；作文 zuòwén
ぶんじょう【分乗-する】 分乘 fēn chéng ◆3台に～する 分乘三辆车 fēn chéng sān liàng
ぶんじょう【分譲-する】 分开出售 fēnkāi chūshòu ◆～住宅 商品房 shāngpǐnfáng
ふんしょく【粉飾】 ◆～決算 假结账 jiǎjiézhàng
ふんじん【粉塵】 粉尘 fěnchén ◆～公害 粉尘公害 fěnchén gōnghài
ぶんしん【分身】 分身 fēnshēn ◆作者の～ 作者的化身 zuòzhě de huàshēn
ぶんじん【文人】 文人 wénrén ◆～画 南宗画 nánzōnghuà
ふんすい【噴水】 喷泉 pēnquán
ぶんすいれい【分水嶺】 分水岭 fēnshuǐlǐng
ぶんすう【分数】 分数 fēnshù
ふんする【扮する】 扮 bàn；扮演 bànyǎn ◆浦島太郎に～ 扮演浦岛太郎 bànyǎn Pǔdǎo Tàiláng
ぶんせき【分析-する】 分析 fēnxī；剖析 pōuxī ◆～化学 分析化学 fēnxī huàxué
ぶんせき【文責】 文责 wénzé
ふんせん【奮戦-する】 奋战 fènzhàn
ふんぜん【憤然-と】 愤然 fènrán；勃然 bórán
ふんそう【扮装】 打扮 dǎbàn；扮装 bànzhuāng；装扮 zhuāngbàn ◆～を解く 下装 xiàzhuāng
ふんそう【紛争】 纠纷 fēnzhēng；纠纷 jiūfēn ◆～を起こす 引起纠纷 yǐnqǐ jiūfēn
ふんぞりかえる【踏ん反り返る】 翘尾巴 qiào wěiba
ぶんたい【文体】 文体 wéntǐ；文风 wénfēng ◆独自の～ 独特的风格 dútè de fēnggé
ふんだくる《ひったくる》 抢夺 qiāngduó；《まきあげる》 敲 qiāo；敲竹杠 qiāo zhúgàng ◆大金を～ 敲诈大钱 qiāozhà dàqián
ふんだん-に 很多 hěn duō；大量 dàliàng ◆材料を～に使う 大量使用材料 dàliàng shǐyòng cáiliào
ぶんたん【分担-する】 ❶《費用を》分摊 fēntān ◆～金 分子 fènzi ❷《役

割を》分担 fēndān
ぶんだん【分断-する】 ◆補給路を～する 切断给养路线 qiēduàn jǐyǎng lùxiàn
ぶんだん【文壇】 文坛 wéntán；文苑 wényuàn ◆～に躍り出る 一跃登上文坛 yíyuè dēngshàng wéntán
ブンチョウ【文鳥】 文鸟 wénniǎo ◆手乗り～ 托在掌上的文鸟 tuōzài zhǎngshàng de wénniǎo
ぶんちん【文鎮】 镇纸 zhènzhǐ
ぶんつう【文通-する】 通信 tōngxìn
ふんど【憤怒-する】 愤怒 fènnù
ふんとう【奮闘-する】 奋斗 fèndòu ◆孤军～ 孤军奋战 gūjūn fènzhàn
ぶんどう【分銅】 秤锤 chèngchuí
ぶんどき【分度器】 量角器 liángjiǎoqì
ぶんどる【分捕る】 抢占 qiǎngzhàn ◆人の分け前を～ 抢占别人的份 qiāngzhàn biérén de fèn
ふんにょう【糞尿】 屎尿 shǐniào；粪尿 fènniào
ぶんのう【分納-する】 分期缴纳 fēnqī jiǎonà ◆～税金を～する 分期纳税 fēnqī nàshuì
ぶんぱ【分派】 帮派 bāngpài；分派 fēnpài ◆～性 派性 pàixìng
ぶんぱい【分配-する】 分配 fēnpèi ◆利益の～ 利益分配 lìyì fēnpèi
ふんぱつ【奮発-する】 ◆給料を～する 多发工资 duō fā gōngzī
ふんばる【踏ん張る】 坚持 jiānchí ◆土俵際で～ 在紧要关头坚持下去 zài jǐnyào guāntóu jiānchíxiàqù
ぶんぴつ【分泌-する】 分泌 fēnmì ◆～液 分泌液 fēnmìyè ◆ホルモンを～する 分泌激素 fēnmì jīsù
ぶんぴつか【文筆家】 作家 zuòjiā
ぶんぷ【分布-する】 分布 fēnbù ◆～図 分布图 fēnbùtú ◆人口～ 人口分布 rénkǒu fēnbù
ぶんぷそうおう【分不相応-な】 非分 fēifèn ◆～な家に住む 在非分的房子里住 zài fēifèn de fángzi lǐ zhù
ぶんぶりょうどう【文武両道-の】 文武双全 wénwǔ shuāngquán
ぶんべつ【分別】 判断力 pànduànlì ◆～のある 通情达理 tōng qíng dá lǐ ◆～を失う 发昏 fāhūn
ぶんべん【分娩-する】 分娩 fēnmiǎn ◆～室 产房 chǎnfáng
ぶんぼ【分母】 分母 fēnmǔ
ぶんぽう【文法】 文法 wénfǎ；语法 yǔfǎ ◆～学 语法学 yǔfǎxué
ぶんぼうぐ【文房具】 文具 wénjù ◆～店 文具店 wénjùdiàn
ふんまつ【粉末】 粉末 fěnmò
ふんまん【憤懣】 ◆～やる方ない 愤

懑难平 fènmèn nán píng

ぶんみゃく【文脈】文理 wénlǐ ◆上下文 shàngxiàwén ◆～に沿った 顺着文理 shùnzhe wénlǐ ◆～から判断する 根据上下文来判断 gēnjù shàngxiàwén lái pànduàn

ふんむき【噴霧器】喷雾器 pēnwùqì; 喷子 pēnzi

ぶんめい【文明】文明 wénmíng ◆～の利器 文明利器 wénmíng lìqì ◆～開化 文明开化 wénmíng kāihuà

ぶんや【分野】方面 fāngmiàn; 分野 fēnyě; 领域 lǐngyù ◆専門～ 专门领域 zhuānmén lǐngyù

ぶんり【分離-する】分割 fēngē; 分离 fēnlí; 脱节 tuōjié

ぶんりゅう【分流】分支 fēnzhī; 分流 fēnliú

ぶんりょう【分量】分量 fènliàng ◆～を計る 称分量 chēng fènliàng

ぶんるい【分類-する】分类 fēnlèi; 分门别类 fēn mén bié lèi ◆～学 分类学 fēnlèixué

ぶんれつ【分裂-する】分裂 fēnliè

ふんわり ～した 松软 sōngruǎn ◆～包む 装得很松 zhuāngde hěn sōng

へ

へ【屁】◆～をひる 放屁 fàngpì

ペア 一对 yíduì ◆～を組む 组成对 zǔchéng duì

ヘアスタイル 发型 fàxíng

ヘアトニック 生发香水 shēngfà xiāngshuǐ

ヘアピース 假发 jiǎfà

ヘアピン 发夹 fàjiā; 头发夹子 tóufa jiāzi

ヘアブラシ 发刷 fàshuā

ベアリング 轴承 zhóuchéng

ヘアローション 整发香水 zhěngfà xiāngshuǐ

へい【兵】兵 bīng ◆～を率いる 率兵 shuàibīng

へい【塀】墙 qiáng ◆～をよじ登る 爬墙 páqiáng

ペイ 工资 gōngzī; 报酬 bàochóu ◆～しない 不合算 bù hésuàn

へいあん【平安-な】《社会が》太平 tàipíng; 平稳 píngwěn

へいい【平易-な】浅显 qiǎnxiǎn; 易懂 yìdǒng ◆～文章が～である 文章易懂 wénzhāng yìdǒng

へいえい【兵営】军营 jūnyíng

へいえき【兵役】兵役 bīngyì ◆～に就く 服兵役 fú bīngyì

へいおん【平穏-な】安宁 ānníng; 平稳 píngwěn ◆～無事に 安然无事 ānrán wú shì

へいか【平価】比价 bǐjià ◆～切り上げ 货币升值 huòbì shēngzhí ◆～切り下げ 货币贬值 huòbì biǎnzhí

へいか【陛下】陛下 bìxià

へいかい【閉会-する】闭会 bìhuì; 闭幕 bìmù

へいがい【弊害】弊病 bìbìng; 弊端 bìduān ◆～を招く 带来弊端 dàilái bìduān

へいかいしき【閉会式】闭幕式 bìmùshì

へいかしき【閉架式】《図書館の》闭架式 bìjiàshì

へいかん【閉館-する】闭馆 bìguǎn

へいき【兵器】兵器 bīngqì; 武器 wǔqì ◆～工場 兵工厂 bīnggōngchǎng

へいき【平気-な】冷静 lěngjìng; 不在乎 búzàihu ◆～でいる 满不在乎 mǎnbúzàihu

へいきん【平均-する】平均 píngjūn; 拉平 lāpíng ◆～している 均匀 jūnyún ◆～年齢 平均年龄 píngjūn niánlíng

へいきんち【平均値】平均值 píngjūnzhí ◆～を出す 找出平均值

へいきんだい【平均台】平衡木 pínghéngmù

べいぐん【米軍】美军 Měijūn ◆~基地 美军基地 Měijūn jīdì

へいげん【平原】平原 píngyuán

へいこう【平行】平行 píngxíng ◆議論が~線をたどる 讨论未能达成一致 tǎolùn wèinéng dáchéng yízhì

へいこう【閉口-する】为难 wéinán; 受不了 shòubuliǎo

へいごう【併合-する】吞并 bìngtūn; 合并 hébìng

へいこうぼう【平行棒】双杠 shuānggàng ◆段違い~ 高低杠 gāodīgàng

へいこらする 点头哈腰 diǎntóu hāyāo

へいさ【閉鎖-する】封锁 fēngsuǒ; 关闭 guānbì ◆~を解く 开放 kāifàng

へいし【兵士】兵 bīng; 士兵 shìbīng

へいじ【平時】平常 píngcháng; 平时 píngshí

へいじつ【平日】平日 píngrì ◆~ダイヤ 平日时刻表 píngrì shíkèbiǎo

へいしゃ【兵舎】兵营 bīngyíng; 军营 jūnyíng

べいじゅ【米寿】◆~の祝い 八十八岁寿辰 bāshíbā suì shòuchén

へいじょう【平常-の】通常 tōngcháng ◆~通りの 照常 zhàocháng

へいしんていとう【平身低頭-する】俯首谢罪 fǔ shǒu xiè zuì

へいせい【平声】平声 píngshēng

へいせい【平静】平静 píngjìng; 坦然 tǎnrán ◆~を取り戻す 恢复镇静 huīfù zhènjìng

へいせつ【併設-する】同时设置 tóngshí shèzhì

へいぜん【平然-たる】自若 zìruò; 坦然 tǎnrán ◆~と 冷静 lěngjìng

へいそ【平素】平常 píngcháng; 素日 sùrì ◆~の努力 素日的努力 sùrì de nǔlì

へいそく【閉塞-する】闭塞 bìsè ◆~感 闭塞感 bìsègǎn ◆腸~ 肠梗阻 chánggěngzǔ

へいたい【兵隊】军人 jūnrén

へいたん【平坦-な】平坦 píngtǎn ◆~な道 坦途 tǎntú;（比喩）◆~な人生 平稳的人生 píngwěn de rénshēng

へいち【平地】平川 píngchuān; 平地 píngdì ◆~に波瀾を起こす 平地起波澜 píngdì qǐ bōlán

へいてい【平定-する】扫平 sǎopíng; 平定 píngdìng ◆天下を~する 平定天下 píngdìng tiānxià

へいてい【閉廷-する】退庭 tuìtíng

へいてん【閉店-する】关门 guānmén ◆~時刻 关门时刻 guānmén shíkè

ベイドル【米ドル】美元 Měiyuán

へいどん【併呑-する】并吞 bìngtūn; 吞并 tūnbìng

へいねつ【平熱】正常体温 zhèngcháng tǐwēn

へいねん【平年】常年 chángnián; 平年 píngnián ◆~に比べて 和平年相比 hé píngnián xiāngbǐ

へいはつ【併発-する】并发 bìngfā ◆肺炎を~する 并发肺炎 bìngfā fèiyán

へいばん【平板-な】单调 dāndiào; 呆板 dāibǎn ◆~な文章 呆板的文章 dāibǎn de wénzhāng

べいはん【米飯】米饭 mǐfàn

へいふく【平伏-する】叩拜 kòubài

へいふく【平服-で】便服 biànfú

へいほう【兵法】兵法 bīngfǎ ◆~を説く 讲解兵法 jiǎngjiě bīngfǎ

へいほう【平方】平方 píngfāng ◆~メートル 平方米 píngfāngmǐ

へいほうこん【平方根】平方根 píngfānggēn ◆~を開く 开平方 kāi píngfāng

へいぼん【平凡-な】平凡 píngfán; 平庸 píngyōng ◆~な男 平庸之辈 píngyōng zhī bèi ◆~な人生 平凡的人生 píngfán de rénshēng

へいまく【閉幕】闭幕 bìmù

へいめん【平面】平面 píngmiàn ◆~的な 平面的 píngmiàn de ◆~図 平面图 píngmiàntú

へいや【平野】平原 píngyuán; 平野 píngyě

へいよう【併用-する】并用 bìngyòng

へいりつ【並立-する】并立 bìnglì

へいりょく【兵力】兵力 bīnglì; 武力 wǔlì ◆~を増強 增强兵力 zēngqiáng bīnglì

へいれつ【並列-の】并列 bìngliè;《電池》~回路 并联电路 bìnglián diànlù ◆~接続 并联 bìnglián

へいわ【平和】和平 hépíng ◆~会議 和会 héhuì ◆~共存 和平共处 hépíng gòngchǔ ◆~条約 和约 héyuē

ベーコン 咸肉 xiánròu; 腌肉 yānròu ◆~エッグ 腌肉蛋 yānròudàn

ページ 页 yè ◆~ナンバー 页码 yèmǎ

ベージュ 浅驼色 qiǎntuósè; 米色 mǐsè

ベース《基盤》基础 jīchǔ; 基本 jīběn ◆~にする 作为基本 zuòwéi jī-

bén
ペース 速度 sùdù; 步调 bùdiào ♦
~が乱れる 步调不整齐 bùdiào bù zhěngqí ♦~を守る 保持速度 bǎochí sùdù
ペースアップ 提高(基本)工资 tígāo(jīběn) gōngzī
ペースト 面糊 miànhù
ペースメーカー ❶《心臓の》起搏器 qǐbóqì ❷《競技などで》带跑人 dàipǎorén
ペーソス 哀愁 āichóu
ベータ 贝塔 bèità ♦~線 乙种射线 yǐzhǒng shèxiàn ♦~粒子 乙种粒子 yǐzhǒng lìzǐ
ペーパー・カンパニー 有名无实的公司 yǒumíng wúshí de gōngsī
ペーパータオル 纸巾 zhǐjīn
ペーパー・ドライバー 挂牌司机 guàpái sījī; 本本族 běnběnzú
ペーパーバック 平装 píngzhuāng
ベール 面纱 miànshā ♦~を脱ぐ摘下面纱 zhāixià miànshā; 露出原形 lùchū yuánxíng

へきえき【辟易-する】❶《ひるむ》畏缩 wèisuō ❷《閉口する》感到为难 gǎndào wéinán
へきが【壁画】壁画 bìhuà
へきち【僻地】僻壤 pīrǎng
ペキニーズ 叭儿狗 bārgǒu; 狮子狗 shīzigǒu; 哈巴狗 hābagǒu
ペキン【北京】《地名》北京 Běijīng ♦~原人 北京猿人 Běijīng yuánrén ♦~ダック 北京烤鸭 Běijīng kǎoyā
ヘクタール 公顷 gōngqǐng
ヘクトパスカル 百帕 bǎipà
ベクトル 向量 xiàngliàng
ベクレル(Bq) 贝克勒尔 bèikèlè'ěr
ヘゲモニー 主导权 zhǔdǎoquán; 领导权 lǐngdǎoquán
へこたれる《力尽きる》精疲力尽 jīng pí lì jìn ❷《弱気になる》气馁 qìněi
ベゴニア 秋海棠 qiūhǎitáng
ペこペこ❶《ヘつらう》~する 低三下四 dī sān xià sì ❷《空腹》腹が~だ 肚子空了 dùzi kōng le; 饿得要死了 è de yào sǐ le
へこます【凹ます】❶《くぼませる》弄瘪 nòngbiě ❷《屈服させる》使屈服 shǐ qūfú
へこみ【凹み】洼陷 wāxiàn
へこむ【凹む】下凹 xiàāo; 瘪下 biěxià
へさき【舳先】船头 chuántóu
へしおる【圧し折る】摧折 cuīzhé; 折断 zhéduàn ♦天狗の鼻を~ 挫其骄慢的气焰 cuò qí jiāomàn de qìyàn

ベジタリアン 素食者 sùshízhě
ペシミスト 厌世者 yànshìzhě
ペシミズム 悲观主义 bēiguān zhǔyì; 厌世主义 yànshì zhǔyì
ベスト《最高の》最好 zuì hǎo ♦~を尽くす 尽力而为 jìnlì ér wéi
ベスト《衣類の》背心 bèixīn
ペスト《病気の》黑死病 hēisǐbìng; 鼠疫 shǔyì
ベストセラー 畅销书 chàngxiāoshū ♦~作家 畅销书作家 chàngxiāoshū zuòjiā
へそ【臍】肚脐 dùqí ♦~の緒 脐带 qídài ♦~を曲げる 闹别扭 nào biènìu ♦~で茶を沸かす 真笑死人 zhēn xiàosǐ rén
へそくり【臍繰り】私房钱 sīfángqián; 梯己钱 tījǐqián
へそをかく 哭鼻子 kū bízi
へた【下手-な】❶ 笨拙 bènzhuō; 不擅长 bú shàncháng ♦~の横好き 虽不擅长但很爱好 suī bú shàncháng dàn hěn àihào
へだたり【隔たり】❶《時間·空間的距離》距离 jùlí; 间隔 jiàngé ❷《感情などの》隔阂 géhé; 隔膜 gémó ♦~のない切近 qièjìn ♦~年齢的な~を感じる 感觉有年龄差 gǎnjué yǒu niánlíng chā
へだたる【隔たる】隔离 gélí; 相隔 xiānggé; 相距 xiāngjù
へだてる【隔てる】分隔 fēngé; 隔断 géduàn
べたべたする《手などが》粘糊糊 niánhūhū ❷《男女が》纠缠 jiūchán
べたぼめ【べた誉め-する】全面吹捧 quánmiàn chuīpěng
ペダル 踏板 tàbǎn; 脚蹬子 jiǎodēngzi
ペダンチック 卖弄学问 màinòng xuéwèn
ペチコート 衬裙 chènqún
ペチャ【糸瓜】丝瓜 sīguā
ぺちゃくちゃ 喋喋 diédié ♦小声で~しゃべる 喊喊喳喳 qīqīchāchā
ぺちゃんこ-の❶《つぶれる》压扁 yābiǎn ❷《負ける》~に言い負かされる 被驳倒 bèi bódǎo
べつ【別-の】另 bié; 另 lìng ♦~の魂胆がある 别有用心 bié yǒu yòngxīn ♦~の問題 另一个问题 lìng yí ge wèntí ♦~に帽子を買った 另外还买了一顶帽子 lìngwài hái mǎile yì dǐng màozi ♦~の日 他日 tārì
べっかん【別館】配楼 péilóu; 分馆 fēnguǎn
べつかんじょう【別勘定】另行结算 lìngxíng jiésuàn ♦~にしてもらう

べっきょ ― へま　501

べっきょ【別居-する】分居 fēnjū
べつくち【別口-の】另外 lìngwài ◆～の収入 另外一份收入 lìngwài yí fèn shōurù
べっけん【別件】另一件 lìng yí jiàn ◆～逮捕する 另案逮捕 lìng'àn dàibǔ
べっこ【別個-の】另一个 lìng yí ge ◆～の人格 另一个人格 lìng yí ge réngé
べっこう【鼈甲】玳瑁 dàimào ◆～細工 玳瑁工艺品 dàimào gōngyìpǐn
べっさつ【別冊】另册 lìngcè
べっしつ【別室】另一间屋子 lìng yì jiān wūzi
ヘッジファンド 对冲基金 duìchōng jījīn
べつじょう【別状】异状 yìzhuàng;意外 yìwài ◆命に～はない 没有生命危险 méiyǒu shēngmìng wēixiǎn ◆目に～はない 眼睛没有毛病 yǎnjing méiyǒu máobìng
べつじん【別人】别人 biérén ◆まるで～である 好像另一个人 hǎoxiàng lìng yí ge rén
べっずり【別刷り-する】抽印 chōuyìn
べっせかい【別世界】另一个世界 lìng yí ge shìjiè
べっそう【別荘】别墅 biéshù
べっそう【別送】另寄 lìngjì; 另送 lìngsòng
べったり 紧紧地 jǐnjǐn de ◆くっつく 紧紧贴上 jǐnjǐn tiēshàng
べつだん【別段】特为 tèwèi ◆～困らない 并没有什么困难 bìng méiyǒu shénme kùnnan
ヘッディング 头球 tóuqiú ◆～シュート 头球射门 tóuqiú shèmén
べってんち【別天地】另一个世界 lìng yí ge shìjiè ◆～を求める 追求另一个世界 zhuīqiú lìng yí ge shìjiè
べつと【別途-の】另外 lìngwài ◆～連絡する 另行联络 lìngxíng liánluò
ペット 宠物 chǒngwù ◆～ショップ 宠物店 chǒngwù diàn ◆～フード 宠物食品 chǒngwù shípǐn
ベッド 床 chuáng ◆～カバー 床罩 chuángzhào ◆～シーン 床上镜头 chuángshang jìngtóu ◆～タウン 市郊住宅区 shìjiāo zhùzháiqū
ヘッドセット 耳麦 ěrmài
ヘッドハンティング 猎头 liètóu
ペットボトル 塑料瓶 sùliàopíng
ヘッドホン 耳机 ěrjī
ヘッドホンステレオ 随身听 suí-shēntīng
ヘッドライト 车头灯 chētóudēng
べつに【別に】❶《分けて》◆～相談しよう 另行商量吧 lìngxíng shāngliang ba ❷《特には》◆～用はない 并没什么事 bìng méi shénme shì
べつばい【別売】別售 lìngshòu ◆～ 别卖国货 lìng mài guóhuò
べつびん【別便】另寄的邮件 lìngjì de yóujiàn ◆～で送る 另寄 lìngjì
べつべつ【別々-に】分别 fēnbié ◆～に包んでください 请分別包装 qǐng fēnbié bāozhuāng
べつめい【別名】別称 biéchēng; 別名 biémíng
べつもの【別物】不同的东西 bùtóng de dōngxi
べつもんだい【別問題】另一回事 lìng yì huí shì
へつらう【諂う】恭维 gōngwei; 拍马屁 pāi mǎpì; 抬轿子 tái jiàozi
べつり【別離】离别 líbié
へて【-を経て】经过 jīngguò
ベテラン 资深 zīshēn
ペテン 骗局 piànjú; 欺骗 qīpiàn; 诈 zhà ◆～にかかる 上当 shàngdàng ◆～にかける 骗人 piàn rén ◆～師 骗子 piànzi
へど【反吐】呕吐 ǒutù ◆顔を見ただけで～が出る 一看那张脸就恶心 yí kàn nàzhāng liǎn jiù ěxin
へとへと 非常疲乏 fēicháng pífá; 精疲力尽 jīng pí lì jìn
ヘドロ 淤泥 yūní
ペナルティー 处罚 chǔfá ◆～を科す 判罚 pànfá
ペナント 锦旗 jǐnqí ◆～レース 锦标赛 jǐnbiāosài
ペニシリン 青霉素 qīngméisù
ペニス 阴茎 yīnjīng
ベニヤいた【ベニヤ板】胶合板 jiāohébǎn; 三合板 sānhébǎn
ペパーミント 薄荷 bòhe
へばりつく 紧贴 jǐntiē
へばる 筋疲力尽 jīn pí lì jìn
ヘビ【蛇】蛇 shé
ベビー 婴儿 yīng'ér ◆～カー 婴儿车 yīng'érchē ◆～シッター 临时保姆 línshí bǎomǔ ◆～フード 婴儿食品 yīng'ér shípǐn ◆～ベッド 婴儿床 yīng'érchuáng
ヘビーきゅう【ヘビー級】重量级 zhòngliàngjí
へべれけ ◆～に酔う 酩酊大醉 mǐngdǐng dàzuì; 烂醉 lànzuì
ヘボンしき【ヘボン式】黑本式罗马字拼写法 Hēiběnshì luómǎzì pīnxiěfǎ
へま-をする 失误 shīwù; 做错 zuòcuò

へや【部屋】 房间 fángjiān；屋子 wūzi ◆～の中 里 wūli ◆相一 同屋 tóngwū ◆～代 房租 fángzū
へら【篦】 木铲 mùchǎn
へらす【減らす】 减少 jiǎnshǎo；省 shěng ◆体重を～ 减肥 jiǎnféi ◆人员を～ 裁员 cáiyuán
へらずぐち【減らず口】 ◆～をたたく 斗嘴 dòuzuǐ
ぺらぺら ❶《外国語を》◆～だ 流利 liúlì ◆《おしゃべり》◆～しゃべる 耍嘴皮子 shuǎ zuǐpízi
べらぼう ◆そんな～な 那太不像话 nà tài búxiànghuà ◆～に高い〈値段が〉贵得厉害 guìde lìhai
ベランダ 晒台 shàitái；阳台 yángtái

へり【緑】 边儿 biānr
ペリカン 海河【鹈】 tíhú
へりくだる【謙る】 谦虚 qiānxū；谦恭 qiāngōng；谦逊 qiānxùn；客气 kèqi ◆～った言葉遣い 谦恭的措辞 qiāngōng de cuòcí
へりくつ【屁理屈】 歪理 wāilǐ ◆～を捏ねる 强词夺理 qiángcí duólǐ
ヘリコプター 直升飞机 zhíshēng fēijī；直升机 zhíshēngjī
ヘリポート 直升机机场 zhíshēngjī jīchǎng
へる【経る】 经过 jīngguò
へる【減る】 减轻 jiǎnqīng；减少 jiǎnshǎo；贮金が～ 储蓄减少 chǔxù jiǎnshǎo ◆人通りが～ 行人减少 xíngrén jiǎnshǎo ◆負担が減った 担子减轻了 dànzi jiǎnqīng le ◆腹が減った 饿了 è le
ベル ◆電話の～が鳴る 电话铃响 diànhuàlíng xiǎng ◆自転车の～ 自行车铃 zìxíngchē líng ◆～ボーイ 宾馆侍应生 bīnguǎn shìyìngshēng
ペルシア ◆～猫 波斯猫 bōsīmāo
ヘルシー 健康 jiànkāng ◆～食品 健康食品 jiànkāng shípǐn
ヘルツ 赫兹 hèzī
ベルト 带子 dàizi；腰带 yāodài
ベルトコンベア 皮带运输机 pídài yùnshūjī；输送带 shūsòngdài
ヘルニア 疝 shàn；疝气 shànqì
ヘルパー 护工 hùgōng；家庭护理人 jiātíng hùlǐrén
ヘルペス 疱疹 pàozhěn
ベルベット 丝绒 sīróng
ヘルメット 头盔 tóukuī
ベレー《帽子》贝雷帽 bèiléimào
ヘロイン 海洛因 hǎiluòyīn；白面儿 báimiànr
べろべろ ◆～なめる 舌舔 shétiǎn
ぺろりと ◆～平らげる 一口气吃光 yìkǒuqì chīguāng ◆～してしまう

舐光 tiǎnguāng
へん【変-な】 怪 guài；奇怪 qíguài ◆～だと思う 诧异 chàyì；感到奇怪 gǎndào qíguài ◆～な格好的 怪模怪样 guài mú guài yàng
《数学の》边 biān
へん【辺】《あたり》一带 yídài
へん【偏】 偏旁 piānpáng ◆火～ 火字旁儿 huǒ zì pángr
べん【弁】《バルブ》阀门 fámén ◆《弁舌》◆～が立つ 能说会道 néng shuō huì dào ◆～を弄する 巧令言辞 qiǎo lìng yán cí
べん【便】 便利 fāngbiàn ◆交通の～がいい 交通方便 jiāotōng fāngbiàn ◆《大小便》便 biàn ◆大～ 大便 dàbiàn
ペン 笔杆子 bǐgānzi；钢笔 gāngbǐ ◆～のキャップ 笔帽 bǐmào
へんあい【偏爱-する】 偏爱 piān'ài
へんあつき【変圧器】 变压器 biànyāqì
へんい【変異】 ❶《地殻や生物の》变异 biànyì ◆突然～ 突变 tūbiàn ❷《物事の異変》◆一大～が起こる 出现一大变故 chūxiàn yí dà biàngù
へんか【変化】 转变 zhuǎnbiàn；变化 biànhuà；变动 biàndòng；蜕变 tuìbiàn ◆～の無い生活 无变化的生活 wú biànhuà de shēnghuó；枯燥的生活 kūzào de shēnghuó
べんかい【弁解-する】 饰词 shìcí；辩解 biànjiě ◆～の余地がない 不容分辩 bù róng fēn biàn
へんかく【変革-する】 变革 biàngé
べんがく【勉学-する】 读书 dúshū；学习 xuéxí ◆～に励む 勤勉学习 qínmiǎn xuéxí
へんかん【変換-する】 变换 biànhuàn；转换 zhuǎnhuàn
へんかん【返還-する】 返还 fǎnhuán；归还 guīhuán；交还 jiāohuán ◆香港は1997年中国に～された 1997年香港归还中国了 yījiǔjiǔqī nián Xiānggǎng guīhuán Zhōngguó le
へんき【便器】 便盆 biànpén；便器 biànqì；马桶 mǎtǒng
べんぎ【便宜】 方便 fāngbiàn ◆～をはかる 谋求方便 móuqiú fāngbiàn
ペンキ 油漆 yóuqī ◆～を涂る 涂油漆 túyóuqī ◆～塗り立 涂油漆未干 yóuqī wèi gān
へんきゃく【返却-する】 返还 fǎnhuán；交还 jiāohuán ◆图书を～す 还 huán shū ◆～期限 返还期限 fǎnhuán qīxiàn
へんきょう【偏狭-な】 狭隘 xiá'ài；狭窄 xiázhǎi ◆～で顽固な 偏执 piānzhí

へんきょう【辺境】 边疆 biānjiāng；边境 biānjìng ◆〜の地 边地 biāndì
べんきょう【勉強】 学校での〜 功课 gōngkè ◆〜する 学习 xuéxí；用功 yònggōng ◆〜家 努力用功的人 nǔlì yònggōng de rén
へんきょく【編曲-する】 编曲 biānqǔ
へんきん【返金-する】 还钱 huánqián；还账 huánzhàng
ペンギン 企鹅 qǐ'é
へんくつ【偏屈-な】 乖僻 guāipì；怪僻 guàipì；性僻 xìngpǐ
ペンクラブ【国際ペンクラブ】 国际笔会 guójì bǐhuì
へんけい【変形-する】 变形 biànxíng
べんけい【弁慶】 ◆〜の泣き所 迎面骨 yíngmiàngǔ
へんけん【偏見】 成见 chéngjiàn；偏见 piānjiàn ◆〜を持つ 怀有偏见 huáiyǒu piānjiàn
へんげんじざい【変幻自在-の】 变幻自如 biànhuàn zìrú
べんご【弁護-する】 辩护 biànhù ◆〜士 律师 lǜshī ◆〜人 辩护人 biànhùrén
へんこう【偏光】 偏振光 piānzhènguāng ◆〜顕微鏡 偏振光显微镜 piānzhènguāng xiǎnwēijìng
へんこう【偏向】 偏向 piānxiàng
へんこう【変更-する】 变更 biàngēng；改换 gǎihuàn；更动 gēngdòng ◆予定を〜する 改变预定 gǎibiàn yùdìng ◆〜の不可能な 不容更改的 bù róng gēnggǎi de
べんざ【便座】 马桶座 mǎtǒngzuò
へんさい【返済-する】 偿还 chánghuán ◆〜を遅らせる 拖欠偿还 tuōqiàn chánghuán ◆〜を迫る 催讨 cuītǎo ◆〜期日 偿还截止期日 chánghuán jiézhǐrì
へんさい【償済】 偿还 chánghuán；还清 huánqīng
へんさち【偏差値】 偏差值 piānchāzhí
へんさん【編纂-する】 编纂 biānzuǎn；编写 biānxiě ◆編纂 biānzuǎn；辞书を〜する 编写词典 biānxiě cídiǎn
へんじ【変事】 变故 biàngù ◆〜が起こる 发生变故 fāshēng biàngù
へんじ【返事】 ❶《相手に》回答 huídá；答应 dāyìng ❷《手紙の》◆〜を書く 写回信 xiě huíxìn
へんしつ【変質-する】 变质 biànzhì；蜕变 tuìbiàn
へんしつしゃ【変質者】 精神变态者 jīngshén biàntàizhě
へんじゃ【編者】 编者 biānzhě
へんしゅ【変種】 变种 biànzhǒng
へんしゅう【編集-する】 编集 biānjí；编纂 biānzuǎn ◆〜者 编辑 biānjí
へんしゅうきょう【偏執狂】 偏狂 piānkuáng
べんじょ【便所】 厕所 cèsuǒ ◆〜に行く 上厕所 shàng cèsuǒ
へんじょう【返上-する】 奉还 fènghuán ◆汚名を〜する 湔雪污名 jiānxuě wūmíng ◆休みを〜する 连假日都不休息 lián jiàrì dōu bù xiūxi
べんしょう【弁償】 赔偿 péicháng；抵偿 dǐcháng；赔付 péifù ◆〜金 赔款 péikuǎn
べんしょうほう【弁証法】 辩证法 biànzhèngfǎ ◆〜的な 辩证 biànzhèng
へんしょく【偏食】 偏食 piānshí；挑食 tiāoshí
へんしょく【変色-する】 变色 biànsè
へんしん【変身-する】 变形 biànxíng ◆ぱっと〜する 摇身一变 yáoshēn yí biàn ◆〜の願望 变身的愿望 biànshēn de yuànwàng
へんしん【返信】 复信 fùxìn；回信 huíxìn ◆〜用封筒 回信用信封 huíxìn yòng xìnfēng
へんじん【変人】 怪人 guàirén；怪物 guàiwù ◆〜扱いする 当成怪物对待 dàng chéng guàiwu duìdài
ペンシン 挥发油 huīfāyóu
へんずつう【偏頭痛】 偏头痛 piāntóutòng
へんせい【編成-する】 编 biān ◆10両からの列車 编成十节的列车 biānchéng shí jié de lièchē ◆予算〜 编造预算 biānzào yùsuàn
へんせいふう【偏西風】 偏西风 piānxīfēng
へんせつ【変節】 变节 biànjié；叛变 pànbiàn
べんぜつ【弁舌】 唇舌 chúnshé；口才 kǒucái ◆〜の才 辩才 biàncái
へんせん【変遷】 变迁 biànqiān
へんそう【変装】 伪装 wěizhuāng；化装 huàzhuāng；假扮 jiǎbàn
へんそう【返送-する】 寄回 jìhuí
へんそく【変則】 不正规 bú zhèngguī；不正常 bú zhèngcháng ◆〜的な方法 反常的方法 fǎncháng de fāngfǎ
へんそく【変速】 变速 biànsù ◆〜ギア 换档 huàndǎng
へんたい【変態】 变态 biàntài ◆〜心理 变态心理 biàntài xīnlǐ
へんたい【編隊】 编队 biānduì ◆〜を組む 组成编队 zǔchéng biānduì
べんたつ【鞭撻】 鞭策 biāncè ◆〜を請う 希望鼓励 xīwàng gǔlì

ペンダント 垂饰 chuíshì
ベンチ 条凳 tiáodèng；长椅 chángyǐ
ペンチ 老虎钳 lǎohǔqián；钳子 qiánzi
ベンチャー ♦～ビジネス 冒险事业 màoxiǎn shìyè
へんちょ【編著】-する 编著 biānzhù
へんちょう【偏重】-する 侧重 cèzhòng；偏重 piānzhòng ♦学歴～社会 偏重学历的社会 piānzhòng xuélì de shèhuì
へんちょう【変調】 ❶《音楽》变调 biàndiào ❷《調子が狂う》不正常 bú zhèngcháng ♦体に～をきたす 身体状況失常 shēntǐ zhuàngkuàng shīcháng
へんてつ【変哲】-のない ♦何の～もない 平淡无奇 píngdàn wúqí；没什么不寻常的 méi shénme bù xúncháng de
へんでんしょ【変電所】 变电站 biàndiànzhàn
へんとう【返答】-する 答复 dáfù；答话 dáhuà；回答 huídá ♦～に困る 不知如何回答 bùzhī rúhé huídá
へんどう【変動】-する 变动 biàndòng；浮动 fúdòng ♦～為替相場 浮动汇率 fúdòng huìlǜ
べんとう【弁当】 盒饭 héfàn；盒装菜饭 hézhuāng càifàn；便当 biàndāng ♦～箱 饭盒 fànhé
へんとうせん【扁桃腺】 扁桃体 biǎntáotǐ ♦～炎 扁桃体炎 biǎntáotǐyán
へんにゅう【編入】-する 编入 biānrù；插入 chārù ♦～生 插班生 chābānshēng
ペンネーム 笔名 bǐmíng
べんぱつ【弁髪】 辫子 biànzi
へんぴ【辺鄙】-な 偏僻 piānpì ♦～な所 僻壤 pìrǎng
べんぴ【便秘】 便秘 biànmì
へんぴん【返品】-する 退货 tuìhuò
ペンフレンド 笔友 bǐyǒu
へんぺい【扁平】-な 扁平 biǎnpíng ♦～足 扁平足 biǎnpíngzú
べんべつ【弁別】 识别 shíbié；辨别 biànbié
へんぼう【変貌】 变形 biànxíng ♦～を遂げる 改变面貌 gǎibiàn miànmào
べんむかん【弁務官】 高级专员 gāojí zhuānyuán
へんめい【変名】 化名 huàmíng
べんめい【弁明】-する 辩白 biànbái；解释 jiěshì；分辨 fēnbiàn
へんよう【変容】 变貌 biànmào；变样 biànyàng

べんり【便利】-な 便利 biànlì；方便 fāngbiàn ♦～な方法 捷径 jiéjìng ♦…するのに～だ 便于 biànyú ♦～な道具に 灵便的工具 língbiàn de gōngjù
べんりし【弁理士】 申请专利的代办人 shēnqǐng zhuānlì de dàibànrén
へんりん【片鱗】 一斑 yìbān ♦～が現れる 锋芒微露 fēngmáng wēilù；见其一斑 jiàn qí yìbān
へんれい【返礼】-する 回礼 huílǐ；还礼 huánlǐ
べんれい【勉励】-する 勤奋 qínfèn
へんれき【遍歴】-する 游历 yóulì；周游 zhōuyóu
べんろん【弁論】-する 辩论 biànlùn ♦～大会 辩论大会 biànlùn dàhuì

ほ

ほ【帆】 帆 fān；〈小船の〉船篷 chuánpéng ◆～を揚げる 扬帆 yáng fān

ほ【穂】 穂 suì；〈米・麦などの〉◆～が出る 抽穂 chōusuì

ほあん【保安】 保安 bǎo'ān ◆～課〈機関内の〉保安科 bǎo'ānkē ◆～林 保护林 bǎohùlín

ほいく【保育-する】 保育 bǎoyù ◆～園 托儿所 tuō'érsuǒ ◆～士 保育员 bǎoyùyuán

ボイコット-する 抵制 dǐzhì；排斥 páichì

ホイッスル 哨子 shàozi ◆～が鳴る 哨子响 shàozi xiǎng ◆～を鳴らす 吹哨儿 chuī shàor

ボイラー 锅炉 guōlú ◆～室 锅炉房 guōlúfáng ◆～技師 锅炉技师 guōlú jìshī

ぼいん【母音】 元音 yuányīn

ぼいん【拇印】 手印 shǒuyìn；指印 zhǐyìn ◆～を押す 按手印 àn shǒuyìn

ポインセチア 一品红 yìpǐnhóng；猩猩木 xīngxīngmù

ポインター〈犬〉向导猎狗 xiàngdǎo liègǒu；波音达犬 bōyīndáquǎn

ポイント ❶〈鉄道の〉道岔 dàochà ◆～を切りかえる 搬道岔 bān dàochà **❷**〈点数〉～を稼ぐ 得分 défēn；创造有利条件 chuàngzào yǒulì tiáojiàn ◆～カード 积分卡 jīfēnkǎ **❸**〈要点〉要点 yàodiǎn；着重点 zhuózhòngdiǎn

ほう【法】 法律 fǎlǜ ◆～に適った 合法 héfǎ ◆～に触れる 违法 wéifǎ ◆～を犯す 犯法 fànfǎ ◆～的権利 法权 fǎquán

ほう 某 mǒu ◆～所にて 在某处 zài mǒuchù

ぼう【棒】 棍子 gùnzi；棒子 bàngzi ◆～に振る 白白断送 báibái duànsòng

ほうあん【法案】 法案 fǎ'àn ◆～を審議する 审议法案 shěnyì fǎ'àn

ほうい【包囲-する】 包围 bāowéi；围困 wéikùn

ほうい【方位】 方位 fāngwèi

ぼうい【暴威】 淫威 yínwēi；凶威 xiōngwēi ◆～を振るう 逞淫威 chěng yínwēi

ほういがく【法医学】 法医学 fǎyīxué

ぼういん【暴飲】 ◆～する 暴食する 暴饮暴食 bàoyǐn bàoshí

ほうえい【放映-する】 播送 bōsòng；播放 bōfàng

ぼうえい【防衛-する】 保卫 bǎowèi；防卫 fángwèi；捍卫 hànwèi ◆～力 国防力量 guófáng lìliàng

ぼうえき【防疫】 防疫 fángyì

ぼうえき【貿易】 贸易 màoyì ◆～港 商港 shānggǎng ◆～黒字 顺差 shùnchā ◆～商社 贸易公司 màoyì gōngsī ◆～赤字 逆差 nìchā

ぼうえきふう【貿易風】 贸易风 màoyìfēng；信风 xìnfēng

ぼうえん【望遠】 ◆～レンズ 远摄物镜 yuǎnshè wùjìng ◆～鏡 千里眼 qiānlǐyǎn；望远镜 wàngyuǎnjìng

ほうおう【法王】 教皇 jiàohuáng

ほうおう【鳳凰】 凤凰 fènghuáng

ぼうおん【防音】 ◆～する 隔音 géyīn；防音 fángyīn ◆～構造 隔音结构 géyīn jiégòu

ほうか【放火-する】 放火 fànghuǒ ◆～犯 纵火犯 zònghuǒfàn

ほうか【砲火】 炮火 pàohuǒ ◆～を交える 交火 jiāohuǒ ◆集中～を浴びる 遭受集中炮火 zāoshòu jízhōng pàohuǒ

ほうか【法科】 法律科 fǎlǜkē ◆～を卒業する 法律科毕业 fǎlǜkē bìyè

ほうが【萌芽】 萌芽 méngyá；胚胎 pēitāi；〈比喩〉苗头 miáotóu

ほうが【邦画】 日本电影 Rìběn diànyǐng；日本片 Rìběnpiàn

ぼうか【防火】 防火 fánghuǒ ◆～訓練 防火训练 fánghuǒ xùnliàn ◆～壁 防火墙 fánghuǒqiáng；风火墙 fēnghuǒqiáng

ほうかい【崩壊-する】 垮台 kuǎtái；倾塌 qīngtā；瓦解 wǎjiě ◆建物が～する 建筑物倒塌 jiànzhùwù dǎotā ◆家庭の～ 家庭的瓦解 jiātíng de wǎjiě

ほうがい【法外-な】 过份 guòfèn ◆～な値段 不合理的价格 bù hélǐ de jiàgé

ぼうがい【妨害】 干扰 gānrǎo；妨碍 fáng'ài；阻挠 zǔnáo ◆交通～になる 妨碍交通 fáng'ài jiāotōng ◆电波 电波干扰 diànbō gānrǎo

ほうがい【望外-の】 ◆～の喜びを得る 大喜过望 dà xǐ guò wàng；喜出望外 xǐ chū wàng wài

ほうがく【方向】 方位 fāngwèi

ほうがく【法学】 法学 fǎxué

ほうがく【邦楽】 日本音乐 Rìběn yīnyuè

ほうか【放課後】 下课后 xiàkè hòu；放学后 fàngxué hòu

ほうかつ【包括-する】 包括 bāokuò；囊括 nángkuò ◆～的に 总括地 zǒngkuò de

ほうがん【砲丸】铅球 qiānqiú ◆~投げ 投铅球 tóuqiānqiú
ぼうかん【傍観-する】旁观 pángguān ◆~者 旁观者 pángguānzhě；～的 旁观的 pángguān de；～視 袖手旁观 xiùshǒupángguān
ぼうかん【防寒】防寒 fánghán ◆~着 冬装 dōngzhuāng；寒衣 hányī
ほうき【箒】笤帚 tiáozhou；扫帚 sàozhou
ほうき【放棄-する】放弃 fàngqì；废弃 fèiqì；抛弃 pāoqì ◆職場~ 旷工 kuànggōng
ほうき【法規】法规 fǎguī；规章 guīzhāng ◆交通~を守りなさい 请遵守交通规则 qǐng zūnshǒu jiāotōng guīzé
ほうき【蜂起-する】叛乱 pànluàn；起义 qǐyì ◆農民の~ 农民起义 nóngmín qǐyì
ぼうきゃく【忘却-する】忘记 wàngjì；遗忘 yíwàng
ぼうぎょ【防御-する】防御 fángyù；守备 shǒubèi；守卫 shǒuwèi
ぼうきょう【望郷】◆~の念 乡思 xiāngsī ◆~の念に駆られる 想念家乡 xiǎngniàn jiāxiāng
ぼうグラフ【棒グラフ】长条图 chángtiáotú；条形图 tiáoxíngtú
ぼうくん【暴君】霸王 bàwáng；暴君 bàojūn ◆~的な 强横 qiánghèng
ほうけい【包茎】包茎 bāojīng
ぼうけい【傍系】旁支 pángzhī；旁系 pángxì ◆~会社 旁系公司 pángxì gōngsī
ほうけん【封建】◆~的な 封建 fēngjiàn ◆~時代 封建时代 fēngjiàn shídài ◆~主義 封建主义 fēngjiàn zhǔyì
ぼうけん【冒険-する】冒险 màoxiǎn ◆~物語 冒险故事 màoxiǎn gùshi
ぼうげん【暴言】粗鲁的言辞 cūlǔ de yáncí ◆~を吐く 口吐粗话 kǒu tǔ cūhuà
ほうこ【宝庫】宝藏 bǎozàng
ぼうご【防護-する】防护 fánghù；维护 wéihù ◆~壁 防护墙 fánghù qiáng
ほうこう【方向】方向 fāngxiàng ◆~を転換する 转向 zhuǎnxiàng；〈比喩〉改变方针 gǎibiàn fāngzhēn
ほうこう【芳香】芳香 fāngxiàng；芬芳 fēnfāng；馨香 xīnxiāng ◆~剤 芳香剂 fāngxiāngjì ◆~を放つ 散发芳香 sànfā fāngxiāng
ほうごう【縫合-する】缝合 fénghé

ぼうこう【膀胱】膀胱 pángguāng ◆~炎 膀胱炎 pángguāngyán
ぼうこう【暴行】暴行 bàoxíng ◆~を加える 施加暴行 shījiā bàoxíng；行凶 xíngxiōng
ほうこく【報告-する】报告 bàogào；反映 fǎnyìng；汇报 huìbào ◆中間~ 中间报告 zhōngjiān bàogào
ぼうさい【防災】防灾 fángzāi
ほうさく【方策】计策 jìcè ◆~を立てる 制定方策 zhìdìng fāngcè
ほうさく【豊作】丰产 fēngchǎn；丰收 fēngshōu ◆~の年 大年 dànián；熟年 shúnián
ぼうさつ【忙殺-される】劳碌 láolù ◆仕事に~される 工作繁忙 gōngzuò fánmáng
ぼうさりん【防砂林】防沙林 fángshālín
ほうさん【硼酸】硼酸 péngsuān
ほうし【奉仕-する】服务 fúwù
ほうし【胞子】胞子 bāozǐ
ほうじ【法事】佛事 fóshì
ぼうし【帽子】帽子 màozi ◆~をかぶる 戴帽子 dài màozi ◆~を脱ぐ 摘下帽子 zhāixià màozi；脱帽 tuōmào
ぼうし【防止-する】防止 fángzhǐ ◆少年犯罪を~する 防止少年犯罪 fángzhǐ shàonián fànzuì
ほうしき【方式】方式 fāngshì ◆~を変える 改变方式 gǎibiàn fāngshì
ほうじちゃ【焙じ茶】焙制茶 bèizhìchá
ぼうしつ【防湿-の】防湿 fángshī ◆~剤 防湿剂 fángshījì
ほうしゃ【放射-する】放射 fàngshè；辐射 fúshè ◆~冷却 辐射冷却 fúshè lěngquè
ぼうじゃくぶじん【傍若無人-な】◆~な 若无人 páng ruò wú rén ◆~な振る舞い 旁若无人的行为 páng ruò wú rén de xíngwéi
ほうしゃせい【放射性】放射性 fàngshèxìng ◆~物質 放射性物质 fàngshèxìng wùzhí
ほうしゃせん【放射線】射线 shèxiàn ◆~治療 放疗 fàngliáo ◆~造影 造影 zàoyǐng ◆~状に 呈放射状地 chéng fàngshèzhuàng de
ほうしゃのう【放射能】放射能 fàngshènéng ◆~汚染 放射性污染 fàngshèxìng wūrǎn
ぼうじゅ【傍受-する】〈電波を〉旁听 pángtīng
ほうしゅう【報酬】报酬 bàochou；酬金 chóujīn；酬劳 chóuláo ◆~を払う 给报酬 gěi bàochou
ぼうしゅう【防臭】防臭 fángchòu ◆

~剤 防臭剤 fángchòujì

ほうしゅつ【放出-する】 发放 fāfàng; 投放 tóufàng ◆~物资 发放物资 fāfàng wùzī

ほうじゅん【芳醇-な】 芳醇 fāngchún ◆~な酒 醇酒 chúnjiǔ

ほうじょ【幇助-する】 帮助 bāngzhù

ほうしょう【報奨】 ◆~金 奖金 jiǎngjīn

ほうしょう【褒賞】 嘉奖 jiājiǎng

ほうじょう【豊饒-な】 丰饶 fēngráo ◆~な大地 丰饶的大地 fēngráo de dàdì

ほうしょう【傍証】 旁证 pángzhèng

ほうしょく【奉職-する】 供职 gòngzhí

ほうしょく【飽食-する】 饱食 bǎoshí ◆~の時代 饱食时代 bǎoshí shídài

ぼうしょく【紡織】 纺织 fǎngzhī ◆~工場 纺织厂 fǎngzhīchǎng

ほうじる【焙じる】 焙 bèi

ほうじる【報じる】 ❶《報いる》 报答 bàodá; 报 bào ❷《報道》报道 bàodào

ほうしん【方針】 方针 fāngzhēn ◆~を決定する 制定方针 zhìdìng fāngzhēn

ほうしん【放心-する】 精神恍惚 jīngshén huǎnghū ◆~状態に陥る 陷入恍惚状态 xiànrù huǎnghū zhuàngtài〔中国語の'放心'は"安心する"の意〕

ほうじん【邦人】 日本人 Rìběnrén ◆在留～ 海外日侨 hǎiwài Rìqiáo

ほうじん【法人】 法人 fǎrén ◆～税 法人税 fǎrén shuì

ぼうず【坊主】 和尚 héshàng ◆頭光头 guāngtóu

ほうすい【放水-する】 放水 fàngshuǐ ◆～路 灌渠 guànqú

ぼうすい【防水】 防水 fángshuǐ ◆～シート 蓬布 péngbù ◆～加工 防水加工 fángshuǐ jiāgōng ◆～時計 防水表 fángshuǐbiǎo

ほうせい【方正-な】 端正 duānzhèng; 正当 zhèngdāng ◆～な品行 品行端正 pǐnxíng duānzhèng

ほうせい【法制】 法制 fǎzhì

ほうせい【縫製】 缝制 féngzhì ◆～工場 服装厂 fúzhuāng chǎng

ぼうせい【暴政】 暴政 bàozhèng; 苛政 kēzhèng

ほうせき【宝石】 宝石 bǎoshí ◆店 珠宝店 zhūbǎodiàn ◆箱 宝石盒 bǎoshíhé

ぼうせき【紡績】 纺织 fǎngzhī ◆～工場 纱厂 shāchǎng

ぼうせん【傍線】 旁线 pángxiàn; 杠子 gàngzi ◆～を引く 画杠 huà gàng

ぼうぜん【呆然-とする】 ◆～となる 发呆 fādāi; 发愣 fālèng ◆～自失 茫然自失 mángrán zìshī

ホウセンカ【鳳仙花】 凤仙花 fèngxiānhuā

ほうそう【包装-する】 包装 bāozhuāng ◆～紙 包装纸 bāozhuāngzhǐ

ほうそう【放送-する】 广播 guǎngbō; 播送 bōsòng; 播放 bōfàng ◆～局 广播电台 guǎngbō diàntái ◆～大学 广播电视大学 guǎngbō diànshì dàxué

ぼうそう【暴走-する】 ❶《車などが》乱跑 luànpǎo; 狂驾 kuángjià ❷《行いが》随心所欲 suí xīn suǒ yù

ほうそうかい【法曹界】 司法界 sīfǎjiè ◆～に入る 进入司法界 jìnrù sīfǎjiè

ほうそく【法則】 法则 fǎzé; 规律 guīlǜ ◆自然の～ 自然规律 zìrán guīlǜ

ほうたい【包帯】 绷带 bēngdài ◆～を巻く 缠上绷带 chánshang bēngdài

ぼうだい【膨大-な】 庞大 pángdà ◆～な資料 浩如烟海的资料 hào rú yānhǎi de zīliào

ぼうたかとび【棒高跳び】 撑杆跳高 chēnggān tiàogāo

ほうだん【放談-する】 漫谈 màntán; 纵谈 zòngtán

ほうだん【砲弾】 炮弹 pàodàn

ぼうだん【防弾-の】 防弹 fángdàn ◆～チョッキ 防弹背心 fángdàn bèixīn ◆～ガラス 防弹玻璃 fángdàn bōli

ほうち【放置-する】 搁置 gēzhì; 置之不理 zhì zhī bù lǐ ◆～自転車 放置自行车 fàngzhì zìxíngchē

ほうち【法治】 法治 fǎzhì ◆～国家 法治国家 fǎzhì guójiā

ほうち【放говоる-する】 驱逐 qūzhú

ぼうちゅうざい【防虫剤】 防虫剂 fángchóngjì

ほうちょう【包丁】 菜刀 càidāo ◆～で切る 用菜刀切 yòng càidāo qiē

ぼうちょう【傍聴】 旁听 pángtīng ◆～席 旁听席 pángtīng xí

ぼうちょう【膨張-する】 膨胀 péngzhàng; 胀 zhàng; 膨大 péngdà ◆～率 膨胀率 péngzhànglǜ

ほうっておく【放っておく】 搁 gē; 置之不理 zhì zhī bù lǐ

ほうっと 朦胧 ménglóng ◆～かすんでいる 朦胧不清 ménglóng bù qīng ◆頭が～なる 头脑发昏 tóunǎo fāhūn ◆顔が～赤くなる 脸稍微发红 liǎn shāowēi fāhóng

ほうてい【法定-の】 法定 fǎdìng ◆

～相続人 法定继承人 fǎdìng jìchéngrén ◆～伝染病 法定传染病 fǎdìng chuánrǎnbìng
ほうてい【法廷】 法庭 fǎtíng ◆～で争う 在法庭论争 zài fǎtíng lùnzhēng
ほうていしき【方程式】 方程式 fāngchéngshì ◆～を解く 解方程式 jiě fāngchéngshì
ほうでん【放電-する】 放电 fàngdiàn
ぼうと【暴徒】 暴徒 bàotú ◆～と化す 蜕变为暴徒 tuìbiàn wéi bàotú
ほうとう【放蕩】 ～息子 败家子 bàijiāzǐ ◆～三昧の 荒淫 huāngyín
ほうどう【報道-する】 报道 bàodào ◆～の自由 新闻自由 xīnwén zìyóu ◆～管制 对新闻报道进行管制 duì xīnwén bàodào jìnxíng guǎnzhì ◆～記事 报道 bàodào
ぼうとう【暴騰-する】 暴涨 bàozhǎng ◆物価が～する 物价暴涨 wùjià bàozhǎng
ぼうとう【冒頭-に】 开头 kāitóu ◆～ 劈头 pītóu
ぼうどう【暴動】 暴动 bàodòng ◆～乱 bàoluàn ◆～を静める 平息暴乱 píngxī bàoluàn
ぼうとく【冒瀆-する】 亵渎 xièdú; 污辱 wūrǔ ◆神を～する 亵渎神圣 xièdú shénlíng
ぼうどくマスク【防毒マスク】 防毒面具 fángdú miànjù
ほうにち【訪日】 访日 fǎng Rì
ほうにん【放任-する】 放任 fàngrèn; 放纵 fàngzòng ◆～主義 放任主义 fàngrèn zhǔyì
ほうねつ【放熱-する】 散热 sànrè
ほうねん【豊年】 丰年 fēngnián; 丰收年 fēngshōunián ◆～万作 丰收的好年头 fēngshōu de hǎo niántóu
ぼうねんかい【忘年会】 年终联欢会 niánzhōng liánhuānhuì
ほうのう【奉納-する】 奉献 fèngxiàn ◆～品 供献品 gōngxiànpǐn
ぼうばく【茫漠-たる】 苍茫 cāngmáng ◆～としている 迷茫 mímáng
ぼうはつ【暴発-する】 走火 zǒuhuǒ ◆銃が～する 枪走火 qiāng zǒuhuǒ
ぼうはてい【防波堤】 防波堤 fángbōdī;《比喩的》～になる 成为防线 chéngwéi fángxiàn
ぼうはん【防犯】 防止犯罪 fángzhǐ fànzuì ◆～に努める 努力防止犯罪 nǔlì fángzhǐ fànzuì ◆～カメラ 防犯摄像头 fángfàn shèxiàngtóu
ほうび【褒美】 嘉奖 jiājiǎng; 赏赐 shǎngcì ◆～を与える 给

奖赏 gěi jiǎngshǎng
ぼうび【防備-する】 防备 fángbèi ◆～を固める 巩固防备 gǒnggù fángbèi
ほうふ【抱負】 抱负 bàofù ◆～を語る 述说抱负 shùshuō bàofù
ほうふ【豊富-な】 丰足 fēngzú; 丰富 fēngfù; 优裕 yōuyù ◆～な資源 丰足的资源 fēngzú de zīyuán ◆経験～な 经验丰富 jīngyàn fēngfù
ぼうふ【亡父】 先父 xiānfù; 先人 xiānrén
ぼうふう【暴風】 暴风 bàofēng; 暴风雨 bàofēngbào ◆～雨 暴风雨 bàofēngyǔ
ぼうふうりん【防風林】 防风林 fángfēnglín
ほうふく【報復-する】 报复 bàofù; bàofu; 复仇 fùchóu
ほうふくぜっとう【抱腹絶倒-する】 捧腹大笑 pěngfù dàxiào
ほうふざい【防腐剤】 防腐剂 fángfǔjì
ほうふつ【彷彿-する】 ～とする 彷佛 fǎngfú; 好像 hǎoxiàng ◆～させる 令人想起 lìng rén xiǎngqǐ
ほうぶつせん【放物線】 物线 pāowùxiàn ◆～を描く 画抛物线 huà pāowùxiàn
ボウフラ【ボウフラ】 子孑 jiéjué ◆～が湧く 生出子孑 shēngchū jiéjué
ほうべん【方便】 权宜之计 quányí zhī jì ◆嘘も～だ 说谎也是一种权宜之计 shuōhuǎng yě shì yì zhǒng quányí zhī jì
ぼうぼ【亡母】 先母 xiānmǔ
ほうほう【方法】 办法 bànfǎ; 法子 fǎzi; 方法 fāngfǎ ◆～を講じる 设法 shèfǎ; 想法 xiǎngfǎ ◆～論 方法论 fāngfǎlùn
ほうぼう【方々-に】 到处 dàochù; 各处 gèchù ◆～に散らばる 分散在各处 fēnsàn zài gèchù
ぼうぼう【-の】 草が～に生える 杂草横生 zácǎo héngshēng ◆火が～と燃え盛る 大火熊熊大燃 dàhuǒ xióngxióng
ほうほうのてい【這々の態】 ～で逃げる 狼狈逃窜 lángbèi táocuàn
ほうぼく【放牧-する】 放牧 fàngmù ◆～地 牧地 mùchǎng; 甸子 diànzi
ほうまつ【泡沫】 泡沫 pàomò ◆～候補 昙花一现的候选人 tán huā yí xiàn de hòuxuǎnrén
ほうまん【豊満-な】 丰满 fēngmǎn; 丰盈 fēngyíng ◆～な肉体 丰满的肉体 fēngmǎn de ròutǐ
ほうまん【放漫-な】 散漫 sǎnmàn ◆～経営 散漫的经营 sǎnmàn de jīngyíng

ほうむ 【法務】 ◆～省 法务省 fǎwùshěng；〈中国の〉司法部 sīfǎbù ◆～大臣 法务大臣 fǎwù dàchén；司法部长 sīfǎ bùzhǎng

ほうむりさる 【葬り去る】 葬送 zàngsòng

ほうむる 【葬る】 安葬 ānzàng；埋葬 máizàng ◆闇に～ 暗中隐蔽 ànzhōng yǐnbì

ほうめい 【亡命-する】 政治避难 zhèngzhì bìnàn；亡命 wángmìng

ほうめん 【方面】 ❶〈分野，方面〉方面 fāngmiàn；上面 shàngmiàn ❷〈地域〉アフリカ方面に出かける 前往非洲方面 qiánwǎng Fēizhōu fāngmiàn ❸〈分野〉経済～に疎い 经济方面不熟悉 jīngjì fāngmiàn bù shúxi

ほうめん 【放免】 释放 shìfàng ◆無罪～となる 无罪释放 wúzuì shìfàng

ほうもつ 【宝物】 宝贝 bǎobei；宝物 bǎowù；珍宝 zhēnbǎo

ほうもん 【訪問-する】 拜访 bàifǎng；访问 fǎngwèn；走访 zǒufǎng ◆～販売 直销 zhíxiāo

ぼうや 【坊や】 小朋友 xiǎopéngyǒu；小宝宝 xiǎobǎobao

ほうよう 【抱擁-する】 拥抱 yōngbào

ほうよう 【法要】 法事 fǎshì ◆～を営む 办法事 bàn fǎshì

ほうようりょく 【包容力】 度量 dùliàng ◆～のある 气量大 qìliàng dà

ぼうらく 【暴落-する】 狂跌 kuángdiē；一落千丈 yí luò qiān zhàng ◆株が～する 股价狂跌 gǔjià kuángdiē

ほうらつ 【放埒-な】 放荡 fàngdàng ◆～な暮らしぶり 放荡的生活方式 fàngdàng de shēnghuó fāngshì

ぼうり 【暴利】 暴利 bàolì ◆～を貪る 贪图暴利 tāntú bàolì

ほうりこむ 【放り込む】 扔进 rēngjìn；放进 fàngjìn

ほうりだす 【放り出す】 抛弃 pāoqì；扔出去 rēngchūqù ◆野良猫を外に放り出した 扔掉野猫 rēngdiào yěmāo ◆仕事を～ 撇弃工作 piēqì gōngzuò

ほうりつ 【法律】 法律 fǎlǜ ◆～に違反する 犯法 fànfǎ ◆～相談 法律咨询 fǎlǜ zīxún

ほうりなげる 【放り投げる】 抛出 pāochū

ぼうりゃく 【謀略】 计谋 jìmóu ◆～に引っかかる 中计 zhòngjì

ほうりゅう 【放流-する】 ◆稚魚を～する 放鱼苗 fàng yúmiáo

ぼうりょく 【暴力】 暴力 bàolì；武力 wǔlì ◆～を振るう 动凶 dòngxiōng；

行凶 xíngxiōng ◆～団 黑社会 hēishèhuì ◆～沙汰になる 动起武来 dòngqǐ wǔ lái

ボウリング 保龄球 bǎolíngqiú ◆～場 保龄球场 bǎolíngqiú chǎng

ほうる 【放る】 扔 rēng；掷 zhì

ボウル 〈器〉 盆 pén；盆子 pénzi

ほうれい 【法令】 法令 fǎlìng ◆～に違反する 违法 wéifǎ ◆～制度 典章 diǎnzhāng

ぼうれい 【亡霊】 幽魂 yōuhún；幽灵 yōulíng

ホウレンソウ 【菠薐草】 菠菜 bōcài

ほうろう 【放浪-する】 流浪 liúlàng；云游 yúnyóu

ほうろう 【琺瑯-の】 洋瓷 yángcí ◆～引きの搪瓷 tángcí ◆～質〈歯の〉珐琅质 fàlángzhì

ぼうろん 【暴論】 谬论 miùlùn ◆～を唱える 鼓吹谬论 gǔchuī miùlùn

ほうわ 【飽和】 饱和 bǎohé ◆～点 饱和点 bǎohédiǎn

ほえる 【吠える】 ❶〈犬などが〉咬 yǎo；叫吼 jiàohǒu ❷〈人がどなる〉叫唤 jiàohuan

ほお 【頬】 脸颊 liǎnjiá；嘴巴 zuǐba；腮 sāi ◆涙が～を伝う 泪流面颊 lèi liú miànjiá

ボーイ 男服务员 nán fúwùyuán

ボーイスカウト 童子军 tóngzǐjūn

ボーイフレンド 男朋友 nán péngyou

ポーカー 扑克 pūkè ◆賭け～をする 赌扑克牌 dǔ pūkèpái ◆～フェース 无表情的脸 wúbiǎoqíng de liǎn

ほおかぶり 【頬被り】 ❶〈手ぬぐいなどで〉包住头脸 bāozhù tóuliǎn ❷〈知らん振りする〉假装不知 jiǎzhuāng bùzhī

ボーカル 声乐 shēngyuè ◆～レッスン 声乐课程 shēngyuè kèchéng ◆～を担当する 担任唱歌 dānrèn chànggē

ボーキサイト 铝土矿 lǚtǔkuàng

ポーク 猪肉 zhūròu ◆～カツレツ 炸猪排 zhá zhūpái ◆～チョップ 猪排 zhūpái

ホース 软管 ruǎnguǎn；水龙管 shuǐlóngguǎn

ポーズ ❶〈間〉～をおく 停顿 tíngdùn ❷〈姿勢〉架势 jiàshì ◆～をとる 作势 zuòshì；摆姿势 bǎi zīshì

ホオズキ 【酸漿】 酸浆 suānjiāng

ほおずり 【頬ずり-する】 贴脸 tiēliǎn

ポーター 搬运工 bānyùngōng

ボーダーライン 界线 jièxiàn ◆合否の～ 合格的标准 hégé de biāozhǔn

ポータブル 手提式 shǒutíshì ◆～ラジオ 袖珍收音机 xiùzhēn shōu-

ポーチ 门廊 ménláng
ほおづえ【頬杖】 ◆～をつく 托腮 tuōsāi
ボート 小型船 xiǎoxíngchuán; 划子 huázi ◆～を漕ぐ 划船 huá chuán
ボードセーリング 帆板运动 fānbǎn yùndòng
ボードビル 轻松戏剧 qīngsōng xìjù
ポートワイン 甜红葡萄酒 tián hóng pútaojiǔ
ボーナス 红利 hónglì; 津贴 jīntiē
ほおばる【頬張る】 大口吃 dàkǒu chī ◆口一杯に～ 狼吞虎咽 láng tūn hǔ yàn
ほおひげ【頬髭】 连鬓胡子 liánbìn húzi; 络腮胡子 luòsāi húzi
ホープ 属望人物 zhǔwàng rénwù ◆日本サッカー界の～ 日本足球界所属望的人物 Rìběn zúqiújiè suǒ zhǔwàng de rénwù
ほおべに【頬紅】 胭脂 yānzhī
ほおぼね【頬骨】 颧骨 quángǔ ◆～の高い 高颧骨的 gāo quángǔ de
ホーム 家 jiā; 家庭 jiātíng ◆老人～ 老人之家 lǎorén zhī jiā ◆マイ～ 自家 zìjiā
ホームシック 怀乡病 huáixiāngbìng ◆～にかかる 陷入乡思 xiànrù xiāngsī
ホームステイ 留学生在外国人家庭寄住 liúxuéshēng zài wàiguórén jiātíng jìzhù
ホームチーム 本地球队 běndì qiúduì
ホームドラマ 家庭故事片 jiātíng gùshipiàn
ホームページ 主页 zhǔyè; 网页 wǎngyè
ホームラン 本垒打 běnlěidǎ
ホームルーム 班会活动 bānhuì huódòng
ホームレス 无家人 wújiārén; 流浪者 liúlàngzhě
ボーリング【掘る】 钻探 zuàntàn
ホール【広間】 大厅 dàtīng
ボール 球 qiú ◆～を打つ 击球 jīqiú ◆～をパスする 传球 chuánqiú
ボール 干 gānzi
ボールがみ【ボール紙】 马粪纸 mǎfènzhǐ; 纸板 zhǐbǎn
ボールペン 圆珠笔 yuánzhūbǐ
ほおん【保温-する】 保暖 bǎonuǎn; 保温 bǎowēn
ほか【外/他】 其他 qítā ◆～の別の 别的 bié de ◆～にまだ三人が… 另外还有三个人… lìngwài hái yǒu sān ge rén… ◆～の誰か 别人 biérén ◆～の思いの～ 意外 yìwài

ポカ 失误 shīwù; 疏忽 shūhū
ほかく【捕獲-する】 捕获 bǔhuò; 缴获 jiǎohuò
ほかげ【火影】 火光 huǒguāng
ほかけぶね【帆掛け舟】 帆船 fānchuán
ぼかし【暈し】 朦胧 ménglóng ◆～を入れる 加淡色 jiā dànsè
ぼかす【暈す】 弄淡 nòngdàn
ほかならない 无非 wúfēi; 不外 bùwài; 无异于 wúyìyú ◆これはかれからの警告に～ 这无非是他的警告 zhè wúfēi shì tā de jǐnggào
ぽかぽか-の ◆～の焼いも 热腾腾的烤薯 rèténgténg de kǎoshǔ ◆温かい 热烘烘 rèhōnghōng; 热乎乎 rèhūhū
ぽかぽか 和煦 héxù ◆～暖かい 暖烘烘 nuǎnhōnghōng ◆～陽洋洋的天气 nuǎnyángyáng de tiānqì
ほがらか【朗らか-な】 明朗 mínglǎng ◆～な人柄 爽朗的性格 shuǎnglǎng de xìnggé
ほかん【保管-する】 保管 bǎoguǎn ◆～係 保管 bǎoguǎn
ぽかん-と ◆① 啪地一声 pā de yīshēng ② 【ぼんやり】 ◆～とする 发愣 fālèng; 发呆 fādāi ◆～と口をあける 张开大口 zhāngkāi dàkǒu
ぼき【簿記】 簿记 bùjì
ボキャブラリー 词汇 cíhuì; 语汇 yǔhuì ◆～が乏しい 语汇贫乏 yǔhuì pínfá
ほきゅう【補給-する】 补给 bǔjǐ ◆栄養を～ 补充营养 bǔchōng yíngyǎng
ほきょう【補強-する】 加强 jiāqiáng; 增强 zēngqiáng
ぼきん【募金】 捐款 juānkuǎn; 募捐 mùjuān
ほきんしゃ【保菌者】 带菌者 dàijūnzhě
ぼく【僕】 我 wǒ
ほくい【北緯】 北纬 běiwěi
ほくおう【北欧】 北欧 Běi Ōu
ボクサー 拳击家 quánjījiā
ぼくさつ【撲殺-する】 打死 dǎsǐ
ぼくし【牧師】 牧师 mùshī
ぼくじゅう【墨汁】 墨水 mòshuǐ; 墨汁 mòzhī
ほくじょう【北上-する】 北上 běishàng
ぼくじょう【牧場】 牧场 mùchǎng ◆～経営 牧场经营 mùchǎng jīngyíng
ボクシング 拳击 quánjī ◆～界 拳击界 quánjījiè
ほぐす【解す】 疏松 shūsōng ◆筋肉を～ 揉开肌肉 róukāi jīròu

ほくせい【北西】西北 xīběi
ぼくそう【牧草】牧草 mùcǎo ◆~地 草场 cǎochǎng；草地 cǎodì
ぼくそえむ【北叟笑む】暗笑 ànxiào；窃笑 qièxiào
ぼくちく【牧畜】畜牧 xùmù ◆~業 畜牧业 xùmùyè
ほくとう【北東】东北 dōngběi
ぼくとう【木刀】木刀 mùdāo
ぼくどう【牧童】牧童 mùtóng
ほくとしちせい【北斗七星】北斗七星 běidǒuxīng
ぼくとつ【朴訥-な】朴质 pǔzhì
ほくぶ【北部】北部 běibù
ほくべい【北米】北美 Běi Měi ◆~大陸 北美大陆 Běi Měi dàlù
ほくよく【うれしい】①高兴 gāoxìng ②〈熱い〉热乎乎 rèhūhū
ほくほくせい【北北西】西北偏北 xīběi piānběi
ほくほくとう【北北東】东北偏北 dōngběi piānběi
ぼくめつ【撲滅-する】扑灭 pūmiè ◆麻薬を~する 扫除毒品 sǎochú dúpǐn
ほくよう【北洋】北洋 běiyáng ◆~漁業 北洋渔业 běiyáng yúyè
ほぐれる ①〈解く〉解开 jiěkāi ②〈気が〉舒畅 shūchàng
ほくろ【黒子】黑痣 hēizhì；黑痣 hēizhì
ぼけ【呆け】痴呆 chīdāi ◆〈万才の〉捧哏 pěnggén
ポケ【木瓜】木瓜 mùguā
ほげい【捕鯨】捕鲸 bǔjīng
ぼけい【母系】母系 mǔxì ◆~社会 母系社会 mǔxì shèhuì
ほけつ【補欠】后备 hòubèi ◆~選手 后备队员 hòubèi duìyuán
ぼけつ【墓穴】◆~を掘る 自掘坟墓 zì jué fénmù；自取灭亡 zì qǔ mièwáng
ポケット 衣兜 yīdōu；口袋 kǒudai ◆~サイズの 小型的 xiǎoxíng de；袖珍型 xiùzhēnxíng
ぼける【呆ける】发痴 fāchī；发呆 fādāi；昏聩 hūnkuì
ほけん【保健】保健 bǎojiàn ◆~所 保健站 bǎojiànzhàn
ほけん【保険】保险 bǎoxiǎn ◆~証書 保险单 bǎoxiǎndān
ほこ【矛】戈 gē ◆~を納める 停战 tíngzhàn
ほご【反故】废纸 fèizhǐ ◆約束を~にする 毀约 huǐyuē
ほご【保護-する】保护 bǎohù；卫护 wèihù ◆~を求める 请求保护 qǐngqiú bǎohù ◆~管理する 护理 hùlǐ ◆~関税 保护关税 bǎohù guānshuì ◆~者 保护人 bǎohùrén

ほご【補語】补语 bǔyǔ
ぼご【母語】母语 mǔyǔ
ほこう【歩行-する】步行 bùxíng；走路 zǒulù ◆~が困難である 走路困难 zǒulù kùnnan ◆~者 行人 xíngrén
ほこう【補講-をする】补课 bǔkè ◆~を受ける 接受补课 jiēshòu bǔkè
ぼこう【母校】母校 mǔxiào
ぼこう【母港】母港 mǔgǎng
ほこうしゃてんごく【步行者天国】步行街 bùxíngjiē
ぼこく【母国】祖国 zǔguó
ほこさき【矛先】〈非難・攻撃の〉矛头 máotóu；锋芒 fēngmáng ◆~を向ける 把矛头指向 bǎ máotóu zhǐxiàng ◆~を転じる 转移锋芒 zhuǎnyí fēngmáng
ほこら【祠】小神庙 xiǎo shénmiào
ほこらしい【誇らしい】骄傲 jiāo'ào；自豪 zìháo
ほこり【誇り】自豪感 zìháogǎn ◆~に思う 感到自豪 gǎndào zìháo ◆~高い 自尊心很强 zìzūnxīn hěn qiáng
ほこり【埃】尘埃 chén'āi；灰尘 huīchén；尘土 chéntǔ ◆~をはたく 掸去尘土 dǎnqù chéntǔ ◆全身~だらけの 满身是灰尘 mǎnshēn shì huīchén
ほこる【誇る】自豪 zìháo；夸耀 kuāyào ◆世界に~ 向世界夸耀 xiàng shìjiè kuāyào
ほころび【綻び】破绽 pòzhàn
ほころびる【綻びる】开绽 kāizhàn ◆袖口がほころびた 袖口开线了 xiùkǒu jiā xiàn le ◆桜の花が~ 樱花微开 yīnghuā wēikāi ◆口元が~ 微笑 wēixiào
ほさ【補佐】助理 zhùlǐ ◆~する 辅助 fǔzhù；辅佐 fǔzuǒ ◆~的な 辅助 zhùlǐ ◆~役 助理 zhùlǐ
ぼさつ【菩薩】菩萨 púsà
ぼさぼさ〈髪が〉头发蓬乱 tóufa pénglùan ◆~頭 蓬乱的脑袋 pénglùan de nǎodai
ぼさん【墓参-する】扫墓 sǎomù
ほし【星】星辰 xīngchén；星星 xīngxing；星斗 xīngdǒu ◆~印星标 xīngbiāo ◆~を上げる 逮捕犯人 dǎibǔ fànrén
ほじ【保持-する】保持 bǎochí ◆秘密を~する 保守秘密 bǎoshǒu mìmì ◆世界記録~者 世界记录保持者 shìjiè jìlù bǎochízhě
ぼし【墓誌】墓志 mùzhì
ぼし【母子】母子 mǔzǐ ◆~家庭 母子家庭 mǔzǐ jiātíng ◆~ともに健康 母子都健康 mǔzǐ dōu jiànkāng
ポジ〈写真の〉正片 zhèngpiàn

ほしあかり【星明かり】 星光 xīngguāng
ほしい【欲しい】 要 yào ♦何が~の 你要什么呀 nǐ yào shénme ya ♦新聞を買ってきて— 请去买报纸 qǐng qù mǎi bàozhǐ
ほしいまま【恣にする】 肆意 sìyì ♦権力を~にする 擅权 shànquán
ほしうらない【星占い】 占星术 zhānxīngshù
ポシェット 荷包 hébāo; hébao
ほしえび【干し海老】 虾干 xiāgān; 虾皮 xiāpí; 虾米 xiāmǐ
ほしがき【干し柿】 柿饼 shìbǐng
ほしがる【欲しがる】 想要 xiǎngyào; 贪图 tāntú
ほしくさ【干し草】 干草 gāncǎo
ほじくる【穿る】 抠 kōu; 抠搜 kōusou ♦鼻を~ 抠鼻孔 kōu bíkǒng
ほしぞら【星空】 星空 xīngkōng
ほしにく【干し肉】 肉干 ròugān
ほしぶどう【干し葡萄】 葡萄干儿 pútaogānr
ぼしめい【墓誌銘】 墓志铭 mùzhìmíng
ほしゃく【保釈-する】 保释 bǎoshì ♦~金を払う 付保释金 fù bǎoshìjīn
ほしゅ【保守】 ❶《保つ》線路を~する 保养轨道 bǎoyǎng guǐdào ❷《考えなどの》保守 bǎoshǒu ♦~政権 保守政权 bǎoshǒu zhèngquán ♦~的な 守旧 shǒujiù; 保守 bǎoshǒu
ほしゅう【補修-する】 维修 wéixiū; 补修 bǔxiū
ほしゅう【補習-する】 ♦~授業 补课 bǔkè
ほじゅう【補充-する】 补充 bǔchōng; 添补 tiānbu ♦欠員を~する 补充空额 bǔchōng kòng'é ♦~人員 补充人员 bǔchōng rényuán
ぼしゅう【募集-する】 募集 mùjí; 征募 zhēngmù; 招募 zhāomù ♦~広告 招聘广告 zhāopìn guǎnggào
ほじょ【補助-する】 贴补 tiēbǔ; 补助 bǔzhù ♦生活費を~する 补贴家用 bǔtiē jiāyòng ♦~金 补贴 bǔtiē ♦~役 下手 xiàshou; 助理 zhùlǐ
ほかん【保管-する】 保管 bǎoguǎn; 保险 bǎoxiǎn; 保证 bǎozhèng; 担保 dānbǎo ♦~し難い 难保 nánbǎo ♦~金 保证金 bǎozhèngjīn; 押金 yājīn ♦~書 保证书 bǎozhèngshū ♦~人 保人 bǎorén ♦~人になる 作保 zuòbǎo
ほしょう【保障-する】 保障 bǎozhàng
ほしょう【補償-する】 补偿 bǔcháng; 赔偿 péicháng ♦~金を払う 赔钱 péiqián
ほしょく【捕食-する】 捕食 bǔshí

ぼしょく【暮色】 暮色 mùsè ♦~蒼然 暮色苍然 mùsè cāngrán
ほじる【穿る】 抠 kōu
ほしん【保身】 保身 bǎoshēn ♦~に走る 只顾身分 zhǐ gù bǎoshēn ♦~術 保身之道 bǎoshēn zhī dào
ほす【干す】 晒干 shàigān ♦布団を~ 晒被褥 shài bèirù ♦杯を~ 干杯 gānbēi ♦仕事を干される 不给活儿干 bù gěi huór gàn
ボス 头头儿 tóutour; 头子 tóuzi
ポスター 海报 hǎibào; 宣传画 xuānchuánhuà; 招贴画 zhāotiēhuà
ホステス ❶《女主人》女主人 nǚ zhǔrén ❷《バーなどの》女招待 nǚ zhāodài
ホスト ❶《主人》东道 dōngdào; 东道主 dōngdàozhǔ ❷《ホストクラブの》男招待 nán zhāodài
ポスト ❶《郵便の》信箱 xìnxiāng ❷《地位》职位 zhíwèi; 地位 dìwèi ♦~が空く 缺位 quēwèi ♦~を去る 去职 qùzhí ❸《後》♦~モダニズム 后现代主义 hòu xiàndài zhǔyì ♦~シーズン 淡季 dànjì
ホストクラブ 接待女客的风俗店 jiēdài nǚkè de fēngsúdiàn
ホスト・コンピュータ 主机 zhǔjī
ポストバッグ 提包 tíbāo
ホスピス 临终关怀医院 línzhōng guānhuái yīyuàn
ほせい【補正-する】 补正 bǔzhèng ♦~予算 补正预算 bǔzhèng yùsuàn
ぼせい【母性】 母性 mǔxìng ♦~愛 母爱 mǔ'ài ♦~本能 母性本能 mǔxìng běnnéng
ぼせき【墓石】 墓碑 mùbēi
ほぜん【保全-する】 保全 bǎoquán ♦~に務める 《機械などの》保养 bǎoyǎng ♦~環境 环保 huánbǎo
ぼせん【母船】 母船 mǔchuán
ほぞ【臍】 肚脐 dùqí ♦~を固める 下决心 xià juéxīn ♦~をかむ 后悔莫及 hòuhuǐ mòjí
ほそい【細い】 细 xì ♦針金 细铁丝 xì tiěsī ♦体が~ 瘦削 shòuxuē ♦~声 微细的声音 wēixì de shēngyīn ♦食が~ 饭量小 fànliàng xiǎo
ほそう【舗装-する】 铺砌 pūqì ♦~道 柏油马路 bǎiyóu mǎlù
ほそおもて【細面】 长脸 chángliǎn
ほそく【補足-する】 补足 bǔzú; 补充 bǔchōng ♦~的 附带的 fùdài de
ほそながい【細長い】 细长 xìcháng; 修长 xiūcháng
ぼそぼそ【細々と】 勉強 miǎnqiáng ♦~と生活する 勉強度日 miǎnqiáng dùrì
♦~としゃべる 喊喊喳喳

qīqīchāchā: 叽咕 jīgu
ほそみち【細道】 窄道 zhǎidào; 小路 xiǎolù
ほそめ【細目】 ◆～をして見る 眯缝着眼看 mīfengzhe yǎn kàn
ほそる【細る】 消瘦 xiāoshòu ◆身の～思いだ 忧思得憔悴 yōusī dé qiáocuì
ほぞん【保存-する】 保存 bǎocún; 储藏 chǔcáng; 保藏 bǎocáng ◆～食 保藏食品 bǎocáng shípǐn
ポタージュ 西餐汤 xīcān tāng; 浓汤 nóngtāng
ぼたい【母体】 母体 mǔtǐ
ぼたい【母胎】 母胎 mǔtāi
ボダイジュ【菩提樹】 菩提树 pútíshù
ほだされる【絆される】 ◆情に～ 碍于情面 àiyú qíngmiàn
ホタテガイ【帆立貝】 海扇 hǎishàn; 扇贝 shànbèi
ぽたぽた ◆水滴が～落ちる 水滴滴答下来 shuǐdī dīdā xiàlai ◆涙が～落ちる 眼泪滂沱 yǎnlèi pāngtuó
ぼたもち【牡丹餅】 小豆馅黏糕团 xiǎodòuxiàn niángāo tuán ◆棚から～ 福自天降 fú zì tiān jiàng
ホタル【蛍】 萤火虫 yínghuǒchóng ◆～狩り 捕萤 bǔyíng
ボタン【牡丹】 牡丹 mǔdān
ボタン ❶【服などの】扣 kòu; 扣子 kòuzi ◆～をはめる 扣上扣子 kòushàng kòuzi ◆～をはずす 解开扣子 jiěkāi kòuzi ❷【機械などの】按钮 ànniǔ ◆～を押す 按按钮 àn ànniǔ
ぼち【墓地】 坟地 féndì; 墓地 mùdì ◆無縁～ 义冢 yìzhǒng
ホチキス 订书器 dìngshūqì
ほちょう【歩調】 步调 bùdiào ◆～を合わせる 统一步调 tǒngyī bùdiào ◆～を速める 加快步调 jiākuài bùdiào
ほちょうき【補聴器】 助听器 zhùtīngqì
ぼつ【没-にする】 不予采用 bùyǔ cǎiyòng
ほっき【発起-する】 倡议 chàngyì; 发起 fāqǐ ◆～人 发起人 fāqǐrén
ぼっき【勃起-する】 勃起 bóqǐ
ほっきょく【北極】 北极 běijí ◆～圈 北极圈 běijíquān ◆～星 北极星 běijíxīng ◆～熊 北极熊 běijíxióng
ホック 暗扣 ànkòu; 钩扣 gōukòu ◆～をはめる 按上暗扣 ànshàng ànkòu
ホッケー 曲棍球 qūgùnqiú
ぼっこう【勃興-する】 兴起 xīngqǐ
ぼっこうしょう【没交渉】 没有来往 méiyǒu láiwǎng
ほっさ【発作】 发作 fāzuò ◆心臓～ 心脏病发作 xīnzàngbìng fāzuò ◆喘息～ 哮喘发作 xiàochuǎn fāzuò ◆～的 发作性地 fāzuòxìng de
ぼっしゅう【没収-する】 充公 chōnggōng; 没收 mòshōu
ほっしん【発疹】 皮疹 pízhěn ◆～が出る 出疹子 chū zhěnzi
ほっする【欲する】 希望 xīwàng; 愿意 yuànyì
ぼっする【没する】 ❶【水没する】淹没 yānmò ❷【死ぬ】去世 qùshì
ほっそく【発足-する】 开始活动 kāishǐ huódòng ◆新政権が～する 新政权开始执政 xīn zhèngquán kāishǐ zhízhèng
ほっそり-した 清瘦 qīngshòu; 细い ◆手足がほっそりしている 手脚纤细 shǒujiǎo xiānxì
ほったてごや【掘っ立て小屋】 棚 péng; 小棚 xiǎopéng
ほったらかす【放ったらかす】 弃置不顾 qì zhì bú gù ◆仕事をほったらかしにする 丢下工作 diūxià gōngzuò
ほったん【発端】 发端 fāduān; 开端 kāiduān ◆事の～ 事情的开端 shìqing de kāiduān
ぽっちゃりした 《主に子供の》胖乎乎 pànghūhū
ぼっちゃん【坊ちゃん】 令郎 lìngláng; 少爷 shàoye ◆育ち 少爷出身 shàoye chūshēn
ほっと-する ◆ひと息つく 缓一口气 huǎn yìkǒu qì ◆～した 放下心了 fàngxià xīn le
ポット 暖壶 nuǎnhú; 暖水瓶 nuǎnshuǐpíng; 热水瓶 rèshuǐpíng
ぼっとう【没頭-する】 埋头 máitóu; 忙于 mángyú
ほっとで【ほっと出】 ◆～の人 乡下佬 xiāngxiàlǎo
ホットドッグ 热狗 règǒu
ホットニュース 最新消息 zuìxīn xiāoxi
ホットマネー 国际游资 guójì yóuzī
ホットライン 热线 rèxiàn ◆～を结ぶ 开通热线 kāitōng rèxiàn
ぼっぱつ【勃発-する】 暴发 bàofā ◆世界大戦が～する 世界大战爆发 shìjiè dàzhàn bàofā
ホップ 啤酒花 píjiǔhuā
ポップコーン 玉米花儿 yùmǐhuār
ほっぺ 《通常子供の》脸蛋儿 liǎndànr
ほっぽう【北方-の】 北方 běifāng ◆～領土 北方领土 běifāng lǐngtǔ
ぼつぼつ ❶《そろそろ》渐渐 jiànjiàn; 慢慢 mànmàn ❷《点々》物に～ができる 脸上起小疙瘩 liǎnshàng qǐ xiǎo gēda
ぼつらく【没落-する】 没落 mòluò;

ほつれる ― ポピュラー

败落 bàiluò；凋零 diāolíng
ほつれる[解れる] 绽开 zhànkāi；绽线 zhànxiàn；批 pī
ボディー ❶〈体〉身体 shēntǐ ♦~チェック 体检 tǐjiǎn ❷〈車の〉车身 chēshēn
ボディーガード 保镖 bǎobiāo；警卫 jǐngwèi
ボディービル 肌肉健美锻炼 jīròu jiànměi duànliàn
ボディーランゲージ 身体语言 shēntǐ yǔyán
ポテトチップス 炸土豆片 zhá tǔdòupiàn
ほてる[火照る] 发热 fārè；~が顔が~ 脸发烧 liǎn fāshāo
ホテル 饭店 fàndiàn；宾馆 bīnguǎn ♦~に泊まる 住饭店 zhù fàndiàn
ほてん[補塡-する] 填补 tiánbǔ ♦损失を~する 弥补损失 míbǔ sǔnshī
ほどう[歩道] 便道 biàndào；人行道 rénxíngdào ♦~橋 过街天桥 guòjiē tiānqiáo
ほどう[補導-する] 辅导 fǔdǎo ♦~员 辅导员 fǔdǎoyuán
ほどく[解く] 解开 jiěkāi ♦绳を~ 解开绳子 jiěkāi shéngzi
ほとけ[仏] 佛爷 fóye ♦~の顔も三度まで 事不过三 shì bú guò sān ♦~造って魂入れず 画龙而不点睛 huà lóng ér bù diǎn jīng
ほとけごころ[仏心] 慈悲心 cíbēixīn ♦~を出す 留情 liúqíng
ほどこし[施し] 施舍 shīshě
ほどこす[施す] ❶〈与える〉施舍 shīshě ❷〈行う〉施行 shīxíng ♦手当てを~ 医治 yīzhì
ほどちかい[程近い] 比较近 bǐjiào jìn ♦公园に~住宅地 离公园不太远的住宅区 lí gōngyuán bútài yuǎn de zhùzháiqū
ホトトギス[不如帰] 杜鹃 dùjuān；布谷 bùgǔ
ほどなく[程無く] 不久 bùjiǔ；不一会儿 bù yīhuìr ♦~帰国する 不久就回国 bùjiǔ jiù huíguó
ほどばしる[迸る] 迸发 bèngfā；喷出 pēnchū
ほとほと ♦~困り果てる 实在没办法 shízai méi bànfǎ
ほとぼり 余烬 yújìn ♦~が冷める 喧嚣冷静下来 xuānxiāo lěngjìng xiàlai；事情稳下来 shìqíng wěnxiàlai
ボトム・アップ 由下往上 yóu xià wǎng shàng
ほどよい[程よい] 恰当 qiàdàng；适宜 shìyí ♦~甘さの 甜得可以 tiánde kěyǐ

ほとり[辺] 边 biān ♦湖の~ 湖边 húbiān
ボトル 瓶 píng；瓶子 píngzi ♦~キープ 瓶装卖酒 píngzhuāng mài jiǔ ♦~ネック 瓶颈 píngjǐng；阻塞 zǔsāi
ほとんど[殆ど] 大部分 dàbùfen；差不多 chàbuduō；几乎 jīhū ♦~出来上った 差不多完成了 chàbuduō wánchéng le ♦~每日 三天两头儿 sān tiān liǎng tóur
ポニーテール 马尾式发型 mǎwěishì fàxíng
ほにゅう[哺乳] ♦~动物 哺乳动物 bǔrǔ dòngwù ♦~瓶 奶瓶 nǎipíng
ほにゅう[母乳] 母乳 mǔrǔ ♦~を与える 喂奶 wèinǎi
ほね[骨] 骨头 gǔtou ♦~が折れる 劳纷 láofēn；费力 fèilì ♦~と皮の包骨 pí bāo gǔ ♦~のある男 硬骨头 yìnggǔtou
ほねおしみ[骨惜しみ-する] 惜力 xīlì ♦怕累怕累 pà kǔ pà lèi
ほねおり[骨折り] 辛劳 xīnláo；血汗 xuèhàn；辛劳 xīnláo
ほねおりぞん[骨折り损-をする] 徒劳 túláo ♦~のくたびれもうけ 徒劳无益 túláo wúyì
ほねぐみ[骨組み]〈建造物の〉骨架 gǔjià；桁架 héngjià；〈人间の〉骨骼 gǔgé；体格 tǐgé ♦~のしっかりした 骨骼健壮的 gǔgé jiànzhuàng de
ほねつぎ[骨接ぎ] 正骨 zhènggǔ；接骨 jiēgǔ
ほねみ[骨身] ♦~にしみる 彻骨 chègǔ；入骨 rùgǔ ♦~を惜しまぬ 勤劳 qínkǔ
ほねやすめ[骨休め-する] 休息 xiūxi
ほのお[炎] 火苗 huǒmiáo；火焰 huǒyàn
ほのか[仄かな] 隐约 yǐnyuē；幽微 yōuwēi ♦~な甘さ 舌头 tiántou ♦~な香り 幽香 yōuxiāng
ほのぐらい[仄暗い] 幽暗 yōu'àn；昏黑 hūnhuáng
ほのぼの[仄々とした] 温暖 wēnnuǎn ♦~とする 感到温暖 gǎndào wēnnuǎn
ほのめかす[仄めかす] 暗示 ànshì ♦~出家を~ 暗示要出家 ànshì yào chūjiā
ホバークラフト 气垫船 qìdiànchuán
ほばしら[帆柱] 桅杆 wéigān
ほはば[歩幅] 步伐 jiǎobù ♦~の广い 步子大 bùzi dà
ぼひ[墓碑] 墓碑 mùbēi
ポピュラー 大众的 dàzhòng de ♦~ソング 流行曲 liúxíngqǔ

ぼひょう【墓標】墓碑 mùbēi
ほふく【匍匐-する】匍匐 púfú ♦～前進 匍匐前进 púfú qiánjìn
ボブスレー 雪橇滑降比赛 xuěqiāo huájiàng bǐsài
ポプラ 白杨 báiyáng；钻天杨 zuāntiānyáng ♦～並木 一排钻天杨 yì pái zuāntiānyáng
ほへい【歩兵】步兵 bùbīng
ほぼ【略】差不多 chàbuduō；将近 jiāngjìn；～倍の量 将近两倍的数量 jiāngjìn liǎngbèi de shùliàng ♦～同じ 差不多一样 chàbuduō yíyàng；大同小异 dà tóng xiǎo yì
ほぼ【保母】保母 bǎomǔ；阿姨 āyí；保育员 bǎoyùyuán
ほほえましい【微笑ましい】招人微笑 zhāo rén wēixiào ♦～光景 欢快情景 huānkuài qíngjǐng
ほほえみ【微笑】微笑 wēixiào ♦～を返す 报以微笑 bào yǐ wēixiào
ほほえむ【微笑む】含笑 hánxiào；微笑 wēixiào
ポマード 发蜡 fàlà；头油 tóuyóu ♦～を付ける 上发蜡 shàng fàlà
ほまれ【誉れ】荣耀 róngyào；荣誉 róngyù；光荣 guāngróng ♦～を高い显扬 xiǎnyáng；声誉着扬 shēngyù zhùchēng
ほめたたえる【褒め称える】表彰 biǎozhāng；称颂 chēngsòng ♦功绩を～ 表彰功绩 biǎozhāng gōngjì
ほめる【褒める】称赞 chēngzàn；夸奖 kuājiǎng ♦ほめすぎだ 夸张得过分 kuāzhāngde guòfèn；过奖 guòjiǎng
ホモ(セクシュアル) 男同性恋 nán tóngxìngliàn
ぼや【小火】小火灾 xiǎo huǒzāi ♦～を出す 失一场小火 shī yì cháng xiǎohuǒ
ぼやかす 模糊 móhu ♦話の焦点を～ 含糊其辞 hánhu qí cí
ぼやく 嘟囔 dūnang；发牢骚 fā láosao
ぼやける 模糊 móhu ♦論点が～ 论点不清 lùndiǎn bùqīng
ぼやっと ～している 傻呵呵 shǎhēhē；呆呆看着 dāidāi kànzhe
ほやほや-の 刚刚做好 gānggāng zuòhǎo ♦新婚～ 新婚燕尔 xīnhūn yàn'ér ♦出来たて～の肉まん 刚出锅的肉包子 gāng chūguō de ròubāozi
ほゆう【保有-する】保有 bǎoyǒu ♦核～国 核持有国 hé chíyǒuguó
ほよう【保養-する】保养 bǎoyǎng ♦目の～になる 饱眼福 bǎo yǎnfú ♦～地 疗养地 liáoyǎngdì
ほら (呼びかけ) 喂 wèi；看 kàn ♦

～, あれを見てごらん 喂, 你瞧 wèi, nǐ qiáo
ほら【法螺】牛皮 niúpí ♦～を吹く 吹牛 chuīniú；夸口 kuākǒu ♦～話 白话 báihuà ♦～吹き 大炮 dàpào
ホラー 恐怖 kǒngbù；战栗 zhànlì ♦～映画 恐怖片 kǒngbùpiàn
ほらあな【洞穴】洞穴 dòngxué
ボランティア 志愿者 zhìyuànzhě；义工 yìgōng ♦～活動 无偿社会活动 wúcháng shèhuì huódòng ♦～活動に参加する 参加社会福利活动 cānjiā shèhuì fúlì huódòng
ほり【堀】(城の) 护城河 hùchénghé
ほりあてる【掘り当てる】挖到 wādào ♦油田を～ 发现油田 fāxiàn yóutián
ポリープ 息肉 xīròu ♦～を取り除く 切除息肉 qiēchú xīròu
ポリウレタン 聚氨酯 jù'ānzhǐ
ポリエステル 聚酯 jùzhǐ
ポリエチレン 聚乙烯 jùyǐxī
ポリえんかビニール【ポリ塩化ビニール】氯纶 lǜlún
ポリオ 小儿麻痹 xiǎo'ér mábì ♦～ワクチン 小儿麻痹疫苗 xiǎo'ér mábì yìmiáo
ほりおこす【掘り起こす】挖掘 wājué；挖出 wāchū
ほりかえす【掘り返す】翻掘 fānjué ♦過去の事件を～ 翻出过去的事件 fānchū guòqù de shìjiàn
ほりさげる【掘り下げる】(内容を) 深入思考 shēnrù sīkǎo
ほりだしもの【掘り出し物】偶然弄到的珍品 ǒurán nòngdào de zhēnpǐn
ほりだす【掘り出す】采掘 cǎijué
ホリデー 假日 jiàrì；节日 jiérì
ポリバケツ 塑料水桶 sùliào shuǐtǒng
ポリぶくろ【ポリ袋】塑料袋 sùliàodài
ポリプロピレン 丙纶 bǐnglún
ぼりぼり ❶(固いものをかむ) ♦せんべいを～かじる 咯吱咯吱地吃饼干 gēzhīgēzhī de chī cuìbǐnggān ❷(掻く) 嚓嚓嚓地搔脑袋 cēngcēng de sāo nǎodai
ほりもの【彫物】❶(彫刻) 雕刻 diāokè ❷(いれずみ) 文身 wénshēn
ほりゅう【保留-する】保留 bǎoliú ♦～分 后备 hòubèi
ボリューム ❶(分量) ♦～のある食事 分量大的饭菜 fènliàng dà de fàncài ❷(音) 音量 yīnliàng ♦～を上げる 提高音量 tígāo yīnliàng ♦～を下げる 放低音量 fàngdī yīnliàng
ほりょ【捕虜】俘虏 fúlǔ；战俘

ほる ― ほんしん

ほる【掘る】 挖 wā；掘 jué；挖掘 wājué◆穴を～ 挖坑 wākēng◆古墳を～ 发掘古墓 fājué gǔmù

ほる【彫る】 ❶《模様などを》 雕花 diāohuā ❷《刺青を》 刺 文身 cì wénshēn

ぼる 牟取暴利 móuqǔ bàolì；敲竹杠 qiāo zhúgàng

ポルカ 波尔卡舞 bō'ěrkǎwǔ

ボルト ❶《金属ねじ》 螺栓 luóshuān；螺丝钉 luósīdīng ❷《電圧の》 伏特 fútè

ポルノ 一掃 扫黄 sǎohuáng◆～映画 黄色电影 huángsè diànyǐng◆～小説 色情小说 sèqíng xiǎoshuō

ホルマリン 福尔马林 fú'ěrmǎlín

ホルモン 荷尔蒙 hé'ěrméng；激素 jīsù

ホルン 圆号 yuánhào

ほれこむ【惚れ込む】 喜爱 xǐ'ài；钟情 zhōngqíng◆人柄に～ 看上人品 kànshàng rénpǐn

ほれぼれ【惚れ惚れ―とする】 令人陶醉 lìng rén táozuì◆～とする美しさ 迷人的美 mírén de měi

ほれる【惚れる】 看中 kànzhòng；爱上 àishang

ボレロ【服】 无袖妇女短上衣 wúxiù fùnǚ duǎnshàngyī ❷《音楽》包列罗舞曲 bāolièluó wǔqǔ

ほろ【幌】 车篷 chēpéng

ぼろ【襤褸の】 破旧 pòjiù◆～が出る 暴露破绽 bàolù pòzhàn◆～を出す 露马脚 lòu mǎjiǎo

ポロ 马球 mǎqiú

ポロシャツ 开领短袖衬衫 kāilǐng duǎnxiù chènshān

ほろにがい【ほろ苦い】 一味 味稍苦 wèi shāo kǔ◆～思い出 又苦又甜的回忆 yòu kǔ yòu tián de huíyì

ほろびる【滅びる】 灭亡 mièwáng；衰亡 shuāiwáng；消灭 xiāomiè

ほろぼす【滅ぼす】 覆灭 fùmiè；消灭 xiāomiè◆身を～ 毁灭自己 huǐmiè zìjǐ

ぼろぼろ―の 破烂不堪 pòlàn bùkān◆～の服 破破烂烂的衣服 pòpòlànlàn de yīfu

ぼろぼろ 噗噜噜 pūlūlū◆～こぼれ落ちる《汗や涙が》 滚滚 gǔngǔn

ぼろもうけ【ぼろ儲け―する】 赚大钱 zhuàn dàqián

ほろよい【ほろ酔い】◆～機嫌 醉醺醺 zuìxūnxūn

ホワイトカラー 白领阶层 báilǐng jiēcéng

ホワイトハウス 白宫 Báigōng

ほん【本】 书 shū；本本 běnběn◆～の虫 书痴 shūchī；书呆子 shūdāizi◆～を読む 读书 dúshū；看书 kànshū

ぼん【盆】 ❶《什器の》 盘子 pánzi ❷《うらぼん》 盂兰盆会 yúlánpénhuì

ほんあん【翻案】 改编 gǎibiān

ほんい【本位】 本位 běnwèi◆金本位制度 金本位制度 jīn běnwèi zhìdù

ほんい【本意】 本意 běnyì；真意 zhēnyì◆～ではない 并非所愿 fēi suǒ yuàn

ほんか【本科】 本科 běnkē◆～生 本科生 běnkēshēng

ほんかくてき【本格的な】 正式的 zhèngshì de；真正的 zhēnzhèng de

ほんかん【本館】 主楼 zhǔlóu

ほんき【本気で】◆～で相談する 认真商量 rènzhēn shāngliang◆～にする 当真 dàngzhēn；信真 xìnzhēn

ほんぎ【本義】《転義に対して》 本义 běnyì

ほんぎまり【本決まりの】 正式决定 zhèngshì juédìng

ほんぎょう【本業】 本行 běnháng◆～に戻る 复业 fùyè

ほんきょち【本拠地】 根据地 gēnjùdì

ほんけ【本家】 正宗 zhèngzōng；本家 běnjiā◆～本元 正宗 zhèngzōng

ほんこう【本校】 本校 běnxiào

ほんごく【本国】 本国 běnguó

ほんごし【本腰】◆～を入れる 认真努力 rènzhēn nǔlì

ホンコン【香港】《地名》 香港 Xiānggǎng

ほんさい【本妻】 正房 zhèngfáng

ぼんさい【凡才】 庸才 yōngcái

ぼんさい【盆栽】 盆景 pénjǐng；盆栽 pénzāi

ほんし【本旨】 本旨 zhǔzhǐ◆～とする 作为宗旨 zuòwéi zōngzhǐ

ほんしつ【本質】 本质 běnzhì；实质 shízhì◆～の差异 本质上的差别 běnzhìshang de chābié

ほんじつ【本日】 今儿 jīnr；今日 jīnrì◆～今天 jīntiān

ほんしゃ【本社】《支社に対して》 总社 zǒngshè；总公司 zǒnggōngsī；《4社》 敝社 bìshè◆弊社 bì gōngsī

ほんしょう【本性】 本性 běnxìng；根性 gēnxìng◆～を現す 露出本性 lòuchū běnxìng 来 lái

ほんじょう【本業】 本行 běnháng

ほんしん【本心】 实意 shíyì；真心

ほんじん — ほんりゅう 517

zhēnxīn ♦ ～から 打心眼里 dǎ xīnyǎnli ♦ ～と違う言葉 违心之言 wéixīn zhī yán
ほんじん【凡人】 庸才 yōngcái; 庸人 yōngrén: 凡人 fánrén
ほんすじ【本筋】 正题 zhèngtí ♦ ～を外れる 离开正题 líkāi zhèngtí
ほんせき【本籍】 籍贯 jíguàn ♦ ～地 原籍所在地 yuánjí suǒzàidì
ほんせん【本線】 干线 gànxiàn
ほんそう【奔走-する】 奔走 bēnzǒu; 奔跑 bēnpǎo ♦ 資金集めに～する 为筹资奔走 wèi chóuzī bēnzǒu
ほんたい【本体】 本体 běntǐ ♦ ～価格 本体价格 běntǐ jiàgé
ほんだい【本題】 本题 běntí; 正题 zhèngtí ♦ ～からそれる 离题 lízhé ♦ ～に入る 进入本题 jìnrù běntí
ほんだて【本棚】 书架 shūjià
ぼんち【盆地】 盆地 péndì
ほんちょうし【本調子-の】 常态 chángtài
ほんてん【本店】 总店 zǒngdiàn
ほんでん【本殿】 正殿 zhèngdiàn
ポンド〈接着剤〉 黏合剂 niánhéjì
ポンド ❶〈貨幣単位の〉英镑 Yīngbàng ❷〈重さの単位の〉磅 bàng
ほんとう【本当-に】 的确 díquè; 真的 zhēn de; 真是 zhēnshì ♦ ～は说真的 shuō zhēnde ♦ ～に恐ろしい 实在可怕 shízài kěpà ♦ ～のこと 实话 shíhuà ♦ ～の気持ち 实意 shíyì
ほんとう【本島】 本岛 běndǎo
ほんどう【本堂】 正殿 zhèngdiàn
ほんにん【本人】 本人 běnrén ♦ ～自れ～ 他自己 tā zìjǐ ♦ ～の筆跡 亲笔 qīnbǐ
ほんね【本音】 心里话 xīnlihuà ♦ ～を言う 口吐真言 kǒu tǔ zhēnyán
ボンネット〈車の〉发动机罩 fādòngjīzhào
ほんねん【本年】 今年 jīnnián
ほんの 仅仅 jǐnjǐn ♦ ～一瞬 弹指之间 tánzhǐ zhī jiān ♦ ～気持ち 小意思 xiǎoyìsi ♦ ～少し 一丁点儿 yìdīngdiǎnr ♦ ～二、三日 仅仅三天 jǐnjǐn liǎngsān tiān ♦ ～出来心 一点偶发的邪念 yìdiǎn ǒufā de xiéniàn
ほんのう【本能】 本能 běnnéng ♦ ～的に 本能地 běnnéngde
ぼんのう【煩悩】 烦恼 fánnǎo
ほんのり 微微 wēiwēi ♦ ～赤くなる ♦ 脸上微微泛出红晕 liǎnshàng wēiwēi fànchū hóngyùn
ほんば【本場-の】 地道 dìdao ♦ ～の中華料理 地道的中国菜 dìdao de zhōngguócài

ほんばこ【本箱】 书柜 shūguì
ほんばん【本番】 正式表演 zhèngshì biǎoyǎn ♦ ぶっつけ～で 第一次就是正式演出 shǒucì jiùshì zhèngshì yǎnchū
ほんぶ【本部】 本部 běnbù; 中央 zhōngyāng; 总部 zǒngbù ♦ 捜査～ 搜查本部 sōuchá běnbù
ポンプ 泵 bèng; 水泵 shuǐbèng
ほんぶり【本降り】(雨)大下 (yǔ) dàxià ♦ ～になった 雨下得大了 yǔ xiàde dà le
ほんぶん【本分】 本分 běnfèn ♦ ～を尽くす 尽责任 jìn zérèn
ほんぶん【本文】 正文 zhèngwén
ボンベ 气瓶 qìpíng ♦ 酸素～ 氧气瓶 yǎngqìpíng
ほんぺん【本編】 正编 zhèngbiān
ほんぽう【奔放-な】 奔放 bēnfàng ♦ 自由～ 自由奔放 zìyóu bēnfàng
ボンボン〈菓子〉酒心巧克力 jiǔxīn qiǎokèlì ♦ ウィスキー～ 威士忌酒心巧克力 wēishìjì jiǔxīn qiǎokèlì
ほんまつてんとう【本末転倒】 舍本逐末 shě běn zhú mò; 本末颠倒 běnmò diāndǎo
ほんみょう【本名】 本名 běnmíng
ほんめい【本命】〈競馬〉最有希望的 zuì yǒu xīwàng de mǎ
ほんもう【本望】 宿愿 sùyuàn ♦ 舞台で死ねれば～だ 如能死在舞台上就满意了 rú néng sǐzài wǔtáishang jiù mǎnyì le
ほんもの【本物】 真货 zhēnhuò ♦ そっくりの〈模倣や描写が〉惟妙惟肖 wéi miào wéi xiào ♦ ～になる 成真货 chéng zhēnhuò
ほんもん【本文】 本文 běnwén; 正文 zhèngwén
ほんや【本屋】 书店 shūdiàn
ほんやく【翻訳-する】 翻译 fānyì ♦ ～者 译者 yìzhě ♦ ～書 译本 yìběn
ぼんやり〈かすんで〉模糊 móhu; 朦胧 ménglóng; 影影绰绰 yǐngyǐngchuòchuò ❷〈表情などが〉呆呆 dāi ♦ ～している 迷离 mílí ♦ ～の出神 chūshén; 发呆 fādāi; 走神儿 zǒushénr ❸〈意識が〉迷糊 míhu; 恍惚 huǎnghū
ぼんよう【凡庸-な】 凡庸 fányōng; 平庸 píngyōng ♦ ～な人 小人物 xiǎorénwù
ほんらい【本来-の】 本来 běnlái ♦ ～の意図 本来的意思 běnlái de yìsi ♦ ～の意味 原意 yuányì ♦ ～の姿 本色 běnsè; 原貌 yuánmào ♦ ～なら 按理 ànlǐ; 按说 ànshuō
ほんりゅう【本流】 干流 gànliú; 主

ほんりょう ― **ほんろん**

流 zhǔliú ◆~を行く 随主流而行 suí zhǔliú ér xíng
ほんりょう【本領】 特长 tècháng ◆~を発揮する 发挥专长 fāhuī zhuāncháng
ほんろう【翻弄-する】 愚弄 yúnòng ◆敵を~する 玩弄敌人 wánnòng dírén
ほんろん【本論】 正题 zhèngtí; 本论 běnlùn

ま

ま【間】 ❶〈隔たり〉 ♦5メートルの～をおいて 隔五米 gé wǔ mǐ ♦〈時間〉つかの～ 转眼之间 zhuǎnyǎn zhī jiān ♦あっという～ 刹那间 chànàjiān ♦～をおく 待一会儿 dāi yīhuìr ❸〈その他〉 ♦～をとる 停顿 tíngdùn ♦～が抜ける 愚蠢 yúchǔn ♦～が悪い〈きまりが悪い〉不好意思 bùhǎoyìsi

ま【魔】 恶魔 èmó ♦～が差す 中魔 zhòngmó

まあ ♦～いいだろう 还可以 hái kěyǐ；总算不错了 zǒngsuàn búcuò le

まあ 《驚きを表す》哎呀 āiyā；呦 yōu

マーガリン 人造黄油 rénzào huángyóu

マーク ❶〈しるし〉记号 jìhao ❷〈組織代表などの〉徽记 huījì ❸〈監視・警戒〉 ♦怪しい人物を～する 监视可疑分子 jiānshì kěyí fènzǐ ♦中村選手をしっかり～する 紧紧地盯住中村选手 jǐnjǐnde dīngzhù Zhōngcūn xuǎnshǒu

マーケット 商场 shāngchǎng；市场 shìchǎng ♦～情况 情情 shāngqíng ♦～を開拓する 开拓市场 kāituò shìchǎng

マーケティング 营销 yíngxiāo

マーケティングリサーチ 市场调查 shìchǎng diàochá

マージャン【麻雀】麻将 májiàng ♦～をする 打麻将 dǎ májiàng

マージン 赚头 zhuàntou ♦～をとる 转手获利 zhuǎnshǒu huòlì

まあたらしい【真新しい】崭新 zhǎnxīn；新颖 xīnyǐng ♦～靴 新颖的鞋子 xīnyǐng de xiézi

マーチ 进行曲 jìnxíngqǔ

まあまあ 总算 zǒngsuàn ♦～だ 还可以 hái kěyǐ ♦～の成绩 成绩差不多 chéngjì chàbuduō ♦～、そう怒るなよ 得了，别生气啦 déle, bié shēngqì la

まいあがる【舞い上がる】 ❶〈埃・風などが〉飞扬 fēiyáng；飞腾 fēiténg ❷〈気持ちが〉兴高采烈 xìng gāo cǎi liè

まいあさ【毎朝】 每天早上 měitiān zǎoshang

まいおりる【舞い下りる】降落 jiàngluò ♦ツルが～ 一只仙鹤飞落下来 yì zhī xiānhè fēiluòxialai

マイカー 私家车 sījiāchē

まいきょ【枚挙】 ♦～にいとまがない

不胜枚举 bú shèng méijǔ

マイク 话筒 huàtǒng；麦克风 màikèfēng ♦隐蔽～ 窃听器 qiètīngqì

マイクロ 微型 wēixíng ♦～バス 小型客车 xiǎoxíng kèchē；面包车 miànbāochē ♦～フィルム 微型胶卷 wēixíng jiāojuǎn

まいご【迷子】走失的孩子 zǒushī de háizi ♦～になる 走失 zǒushī；迷路 mílù

まいこむ【舞い込む】 飞入 fēirù；飘进 piāojìn ♦花びらが～ 花瓣飘进来 huābàn piāojìnlai ♦朗報が～ 好消息传来 hǎo xiāoxi chuánlái

マイコン 微型计算机 wēixíng jìsuànjī；微机 wēijī

まいじ【毎時】 每个小时 měixiǎoshí

まいしゅう【毎週】 每个星期 měige xīngqī；每周 měizhōu

まいしん【邁進-する】 迈进 màijìn ♦仕事に～する 专心工作 zhuānxīn gōngzuò

まいすう【枚数】 《紙などの》 张数 zhāngshù ♦～を確認する 点张数 diǎn zhāngshù

まいせつ【埋設-する】 埋设 máishè

まいそう【埋葬-する】 埋葬 máizàng；下葬 xiàzàng

まいぞう【埋蔵-する】 埋藏 máicáng；蕴藏 yùncáng ♦～石油矿 石油矿 yóukuàng ♦～量 储量 chǔliàng

まいつき【毎月】 每个月 měige yuè；每月 měiyuè

まいど【毎度】每次 měicì；时常 shícháng ♦～ありがとうございます 屡蒙关照，多谢 lǚ méng guānzhào, duōxiè

マイナー 规模小的 guīmó xiǎo de ♦～な分野 不受重视的领域 bú shòu zhòngshì de lǐngyù；《音楽》小调 xiǎodiào

マイナス ♦～记号 减号 jiǎnhào；负号 fùhào ♦5マイナス2は3 五减二等于三 wǔ jiǎn èr děngyú sān ♦～40度 零下四十度 língxià sìshí dù ♦電极のプラスと～ 阳极和阴极 yángjí hé yīnjí ♦收支が～だ 入不敷出了 rù bù fū chū le ♦～要因 消极因素 xiāojí yīnsù ♦～成长 负增长 fùzēngzhǎng ♦～の効果しかない 只起负作用 zhǐ qǐ fùzuòyòng

マイナスイオン 负离子 fùlízǐ

まいにち【毎日】 每天 měitiān；天天 tiāntiān

まいねん【毎年】 每年 měinián；年年 niánnián

マイノリティー 少数派 shǎoshùpài；《民族》少数民族 shǎoshù mínzú

まいばん【毎晩】 每天晚上 měitiān

wǎnshang

マイペース 自己的节奏 zìjǐ de jiézòu ◆～でゆく 我行我素 wǒ xíng wǒ sù

マイホーム 自己的家 zìjǐ de jiā

まいぼつ[埋没-する] 埋没 máimò ◆人材が～している 优秀的人材被埋没了 yōuxiù de réncái bèi máimò le

まいもどる[舞い戻る] 重返 chóngfǎn; 返回 fǎnhuí

まいる[参る] ❶お寺に～ 拜佛 bàifó; 参拜佛庙 cānbài fómiào ◆明日また参ります 明天再来 míngtiān zài lái ❷いやあ、参った 我服了 wǒ fú le ◆こう暑くては～よ 真受不了这样的酷暑 zhēn shòubuliǎo zhèyàng de kùshǔ

マイル 英里 yīnglǐ ◆～ストーン 里程碑 lǐchéngbēi

まう[舞う] 舞蹈 wǔdǎo ◆舞を～ 舞蹈 wǔdǎo ◆雪が空一面に～ 雪花满天飞舞 xuěhuā mǎntiān fēiwǔ

まうえ[真上] 头顶上 tóudǐngshàng; 正上方 zhèng shàngfāng

まうしろ[真後ろ] 正后面 zhèng hòumian

マウス 〈コンピュータ〉鼠标 shǔbiāo

まえ[前] ❶(空間的)前面 qiánmiàn; 前边 qiánbian ◆…の～で 当着…的面儿 dāngzhe…de miànr ◆駅の～に 在火车站前 zài huǒchēzhàn qián; (時間的)以前 yǐqián; 从前 cóngqián ◆～に来たことがある 以前来过 yǐqián láiguo; 刚才 gāngcái ❷二人～食べる 吃两份饭 chī liǎng fèn fàn

まえうり[前売り-する] 预售 yùshòu ◆～券 预售票 yùshòupiào

まえおき[前置き] 〈文章や話の〉引子 yǐnzi; 开场白 kāichǎngbái ◆～はさておき 开场白说到这儿 kāichǎngbái shuōdào zhèr

まえかがみ[前屈み] ◆～になる 弯腰 wānyāo; 弯身 wānshēn

まえがき[前書き] 序言 xùyán; 前言 qiányán

まえかけ[前掛け] 围裙 wéiqun

まえがし[前貸し-する] 预付 yùfù

まえがみ[前髪] 额发 éfà ◆～を垂らす 留刘海儿 liú liúhǎir

まえばらい[前払い-する] 预付 yùfù ◆～金 押款 yākuǎn; 预付款 yùfù-

kuǎn

まえぶれ[前触れ] ❶(予告)预告 yùgào; 预先通知 yùxiān tōngzhī ❷(前兆)前兆 qiánzhào; 先兆 xiānzhào ◆嵐の～ 暴风雨的预兆 bàofēngyǔ de yùzhào

まえむき[前向き] 向前看的态度 xiàng qián kàn de tàidu ◆～に立つ 面向前站 miànxiàng qián zhàn ◆～に対処する 积极对待 jījí duìdài

まえもって[前もって] 事先 shìxiān; 提前 tíqián ◆～通告する 预先通知 yùxiān tōngzhī

まがいもの[紛い物] 假的 jiǎ de ◆冒牌货 màopáihuò ◆～の宝石 假宝石 jiǎbǎoshí

まがお[真顔] 严肃的表情 yánsù de biǎoqíng ◆～で聞き返す 认真地反问 rènzhēn de fǎnwèn

マガジン 杂志 zázhì; 刊物 kānwù

まかす[負かす] 打败 dǎbài ◆兄を～ 赢了哥哥 yíngle gēge

まかせっきり[任せっきり] ◆～にする 完全托付 wánquán tuōfù

まかせる[任せる] 听任 tīngrèn; 委托 wěituō ◆君の選択に～ 任凭你的挑选 rènpíng nǐ de tiāoxuǎn ◆運を天に～ 听天由命 tīng tiān yóu mìng

まがった[曲がった] ◆～事 不正当的行为 bú zhèngdàng de xíngwéi

まかない[賄い] 伙食 huǒshí ◆～付き 带包饭 dài bāofàn

まかなう[賄う] ❶(食事を作って出す)供给饭食 gōngjǐ fànshí ❷(間に合わせる)(在一定的范围内)供应 (zài yídìng de fànwéi nèi) gōngyìng; 维持 wéichí

まがぬけている[間が抜けている] 傻气 shǎqì; (言動が)丢三落四 diū sān là sì; 着三不着两 zháo sān bù zháo liǎng

まがり[間借り-する] 租房间 zū fángjiān ◆～人 房客 fángkè

まがりかど[曲がり角] 拐角儿 guǎijiǎor; 弯儿 wānr ◆人生の～ 人生的转折点 rénshēng de zhuǎnzhédiǎn

まがりくねる[曲がりくねる] 曲折 qūzhé; 〈道や川などが〉委曲 wěiqū; 弯弯曲曲 wānwānqūqū

まがりなりに[曲がりなりに] 勉强 miǎnqiǎng ◆～にも卒業できた 勉强毕业了 miǎnqiǎng bìyè le

まがる[曲がる] ❶〈角を〉拐弯 guǎiwān ◆右に～ 往右转 wǎng yòu wān ❷〈道が〉蜿曲 wānqū; 〈全般〉弯曲 wānqū ❸〈性格が〉根性が曲がっている 脾气怪僻 píqì guàipì

マカロニ 通心粉 tōngxīnfěn

まき[薪] 木柴 mùchái; 劈柴 pǐ-

まきあげる 〔巻き上げる〕 ◆ワイヤロープを~ 卷起钢绳 juǎnqǐ gāngshéng ◆金を~ 敲竹杠 qiāo zhúgàng

まきえ 〔蒔絵〕 (金, 银的) 泥金画 níjīnhuà

まきおこす 〔巻き起こす〕 掀起 xiānqǐ ◆ブームを~ 掀起热潮 xiānqǐ rècháo

まきがみ 〔巻紙〕 卷纸 juǎnzhǐ

まきぐち 〔巻き口〕 chái ◆~を割る 劈木柴 pī mùchái

まきこむ 〔巻き込む〕 卷入 juǎnrù; 连累 liánlei ◆他人を~ 牵连别人 qiānlián biérén ◆災難に巻き込まれる 遭受灾难 zāoshòu zāinàn

まきじゃく 〔巻き尺〕 皮尺 píchǐ; 卷尺 juǎnchǐ

まきぞえ 〔巻き添え〕 牵连 qiānlián; 连累 liánlei ◆~をうける 受累 shòulèi ◆他人を~にする 牵连别人 qiānlián biérén

まきたばこ 〔巻煙草〕 香烟 xiāngyān

まきちらす 〔撒き散らす〕 散 sàn; 散布 sànbù ◆細菌を~ 散布细菌 sànbù xìjūn ◆デマを~ 散布谣言 sànbù yáoyán

まきつく 〔巻き付く〕 盘绕 pánrào

まきつける 〔巻き付ける〕 绕 rào; 绑 bǎng; 缠 chán

まきば 〔牧場〕 牧场 mùchǎng

まきもどす 〔巻き戻す〕 卷回来 juǎnhuílai ◆テープを~ 倒带 dàodài

まきもの 〔巻物〕 卷轴 juǎnzhóu

まぎらす 〔紛らす〕 ~を解闷 jiěmèn ◆笑いに~ 用笑来掩饰 yòng xiào lái yǎnshì ◆悲しみを~ 排遣忧伤 páiqiǎn yōushāng

まぎらわしい 〔紛らわしい〕 不易分辨 bú yì fēnbiàn; 难以辨别 nányǐ biànbié ◆~表示 容易混淆的表示 róngyì hùnxiáo de biǎoshì

まぎれこむ 〔紛れ込む〕 混入 hùnjìn ◆書類がどこかに~ 文件混入到哪儿去了 wénjiàn hùnrùdào nǎr qù le ◆人込みに~ 混进人群里 hùnjìn rénqúnli

まぎれもない 〔紛れもない〕 真切 zhēnqiè ◆~事実 真正的事实 zhēnzhèng de shìshí

まぎれる 〔紛れる〕 (まじる) ◆人込みに~ 混进人群 hùnjìn rénqún ◆本物と偽物が~ 真假混合 zhēnjiǎ hùnhé ◆ (忘れる) 痛みが~ 忘掉疼痛 wàngdiào téngtòng ◆気が~ 解闷 jiěmèn

まぎわ 〔間際-に〕 ◆発車~に 快要开车的时候 kuàiyào kāichē de shíhou ◆出かける~に 正要临走时 zhèng yào línzǒu shí

まく 〔巻く〕 juǎn; 裹 guǒ; 绕 rào ◆渦を~ 卷成旋涡 juǎnchéng xuánwō ◆ねじを~ 上弦 shàng xián ◆舌を~ 咂嘴 zā zuǐ ◆包帯を~ 缠绷带 chán bēngdài

まく 〔蒔く〕 播 bō ◆種を~ 播种 bōzhǒng ◆薄かぬ種は生えぬ 种瓜得瓜, 种豆得豆 zhòng guā dé guā, zhòng dòu dé dòu

まく 〔撒く〕 散布 sànbù ◆水を~ 浇水 jiāo shuǐ; 洒水 sǎ shuǐ ◆ビラを~ 撒传单 sā chuándān

まく 〔幕〕 ❶ (仕切りの) 幔帐 mànzhàng; 帷幕 wéimù ◆~を张る 张挂帷幕 zhāngguà wéimù ❷ (芝居の) 幕 mù ◆~が開く 开幕 kāimù ❸ (比喩的に) ◆~を引く 结束 jiéshù ◆五輪の~開け 奥运会揭幕 Àoyùnhuì jiēmù ◆私の出ない~ 不是我出面的时候 bùshì wǒ chūmiàn de shíhou

まぐさ 〔秣〕 草料 cǎoliào

まくしたてる 〔捲し立てる〕 放炮 fàngpào ◆喋喋不休 diédié bù xiū

まぐち 〔間口〕 房屋正面的宽窄 fángwū zhèngmiàn de kuānzhǎi ◆~が狭い [広い] 正面窄 [宽] zhèngmiàn zhǎi [kuān]

マグニチュード 震級 zhènjí ◆~ 6 の地震 六级地震 liù jí dìzhèn

マグネシウム 镁 měi ◆~の光 镁光 měiguāng

マグネット 磁石 císhí

マグマ 岩浆 yánjiāng

まくら 〔枕〕 枕头 zhěntou ◆~カバー 枕巾 zhěnjīn; 枕套 zhěntào ◆~を高くして眠る 高枕无忧 gāo zhěn wú yōu ◆話の~ 引子 yǐnzi ◆辞書を~に眠る 枕着词典睡觉 zhěnzhe cídiǎn shuìjiào

まくらぎ 〔枕木〕 轨枕 guǐzhěn; 枕木 zhěnmù

まくりあげる 〔捲くり上げる〕 挽起 wǎnqǐ; 卷起 juǎnqǐ ◆袖を~ 挽起袖子 wǎnqǐ xiùzi

まくる 〔捲る〕 挽 wǎn ◆腕を捲る 挽起袖子 wǎnqǐ xiùzi ◆尻を捲る 突然耍泼 tūrán shuǎpō

まぐれ 偶然 ǒurán ◆~で合格する 偶然考上了 ǒurán kǎoshàng le ◆~当り 偶然打中 ǒurán dǎzhòng

マクロ 宏观 hóngguān ◆~経済学 宏观经济学 hóngguān jīngjìxué ◆コスモス 宏观世界 hóngguān shìjiè

マグロ 〔鮪〕 金枪鱼 jīnqiāngyú

マクワウリ 〔真桑瓜〕 甜瓜 tiánguā; 香瓜 xiāngguā

まけ 〔負け〕 输 shū ◆~を認める 认输 rènshū

まけいくさ【負け戦】败仗 bàizhàng
まけいぬ【負け犬】败者 bàizhě
まけおしみ【負け惜しみ】◆～が強い 硬不服输 yìng bù fúshū ◆～を言う 不服输 bù fúshū
まけずおとらず【負けず劣らず】不相上下 bù xiāng shàng xià ◆二人は～の頭がよい 他们俩不相上下 很聪明 tāmen liǎ bù xiāng shàng xià dōu hěn cōngmíng
まけずぎらい【負けず嫌いー な】要强 yàoqiáng; 好胜 hàoshèng ◆～な 性格 性格好胜 xìnggé hàoshèng
まける【負ける】❶《勝負に》试合に～ 输 shū ◆～が勝ち 吃小亏占大便宜 chī xiǎokuī zhàn dàpiányí ❷《欲望・誘惑に》睡魔に～ 经不住睡意 jīngbuzhù shuìyì ◆誘惑に～ 被诱惑住 bèi yòuhuòzhù ❸《かぶれる》剃刀に～ 刮脸过敏 guāliǎn guòmǐn ❹《安くする》もっと負けてよ 再让点儿价吧 zài ràngdiǎn jià ba

まげる【曲げる】❶《形》蜷曲 quánqū; 弯弯 wān ◆針金を～ 弯铁丝 wān tiěsī ◆背を～ 弯身 wānshēn ❷《信念などを》改变 gǎibiàn ◆主張を曲げない 坚持主意 jiānchí zhǔyì ❸《事実などを》歪曲 wāiqū ◆事実を～ 歪曲事实 wāiqū shìshí

まけんき【負けん気】好胜 hàoshèng; 要强 yàoqiáng ◆～を出す 争气 zhēngqì

まご【孫】❶《息子の男児》孙子 sūnzi ❷《息子の女児》孙女 sūnnǚ ❸《娘の男児》外孙子 wàisūnzi ❹《娘の女児》外孙女 wàisūnnǚ ◆弟子の子 徒孙 túsūn

マゴイ【真鯉】鲤鱼 lǐyú
まごころ【真心】诚心 chéngxīn; 诚意 chéngyì; 真情 zhēnqíng ◆～のこもった 真诚的 zhēnchéng de

まごつく 慌张 huāngzhāng; 慌儿 huāngrménr

まこと【誠・真】真实 zhēnshí ◆嘘から出た～ 弄假成真 nòng jiǎ chéng zhēn ◆～に 真 zhēnde; 的是 díshì

まことしやか【実しやか】煞有介事 shà yǒu jiè shì ◆～に嘘をつく 煞有介事地撒谎 shà yǒu jiè shì de sāhuǎng

まごのて【孫の手】老头儿乐 lǎotóurlè
まごまご-する 着慌 zháohuāng
マザーテープ 原声带 yuánshēngdài; 母带 mǔdài
まさか 怎么能 zěnme néng; 难道 nándào ◆～ではないか… 难道是你吗 nándào shì nǐ ma ◆～癌ではあるまいな 莫非是癌症了吗 mòfēi shì

áizhèng le ◆～の時 万一的时候 wànyī de shíhou
まさかり【鉞】板斧 bǎnfǔ
マザコン 恋母情结 liànmǔ qíngjié
まさしく【正しく】正是 zhèng shì; 就是 jiùshì ◆～の筆跡だ 就是他的笔迹 jiùshì tā de bǐjì
まさつ【摩擦ーする】❶《物理的・心理的》摩擦 mócā ◆～で熱を持つ 摩擦生热 mócā shēng rè ◆夫妻の間に～が起こる 夫妻之间发生摩擦 fūqī zhī jiān fāshēng mócā
まさに【正に】正是 zhèng shì ◆危機一髪 正是千钧一发的时候 zhèng shì shì qiān jūn yī fà de shíhou
まざまざ 清清楚楚 qīngqīng ◆～と目に浮かぶ 清清楚楚地浮现在眼前 qīngqīngchǔchu de fúxiàn zài yǎnqián
まさゆめ【正夢】应验的梦 yìngyàn de mèng
まざりあう【混ざり合う】混杂 hùnzá; 搀杂 chānzá ◆水と油は混ざり合わない 水和油不会掺到一起 shuǐ hé yóu bùhuì chāndào yìqǐ
まざりもの【混ざり物】夹杂物 jiāzáwù
まさる【勝る】强似 qiángsì; 胜过 shèngguò ◆～努力は天才に 努力胜过天才 nǔlì shèngguò tiāncái ◆～とも劣らない 有过之而无不及 yǒu guò zhī ér wú bù jí; 不相上下 bù xiāng shàng xià
まざる【混ざる】混杂 hùnzá; 搀杂 chānzá
-まし【増し】◆一割～ 增加一成 zēngjiā yì chéng
まし 胜过 shèngguò; 《逆説的に》不如 bùrú ◆ないよりは～だ 有胜于无 yǒu shèngyú wú ◆酒を断つくらいなら死んだほうが～だ 戒酒不如死 jièjiǔ bùrú sǐ
まじえる【交える】搀杂 chānzá; 交 jiāo; ひざを交えて話す 促膝谈心 cù xī tán xīn ◆かれも交えて相談する 他也在内一起商量 tā yě zài nèi yìqǐ shāngliang
ましかく【真四角】正方形 zhèngfāngxíng
ました【真下】正下面 zhèng xiàmiàn; 正下方 zhèng xiàfāng
マジック 戏法 xìfǎ ◆～ハンド 机械手 jīxièshǒu ◆～ミラー 哈哈镜 hāhājìng ◆～を変 变成戏法 biàn bǎxì; 变戏法 biàn xìfǎ
まして【増して】更 gèng ◆文法にも～発音が難しい 语法很难, 发音更难 yǔfǎ hěn nán, fāyīn gèng nán ◆君ですら～できないのに, ～僕にできるはずがない 连你都不会, 何况我呢 lián nǐ

まじない【呪い】 咒 zhòu; 咒语 zhòuyǔ ♦～を唱える 念咒 niàn zhòu

まじまじ ♦～と見つめる 盯视 dīngshì; 盯着看 dīngzhe kàn

まじめ【真面目-な】 认真 rènzhēn; 正经 zhèngjīng ♦～な一本 正经な人 一本正经的人 yī běn zhèng jīng de rén ♦～な人 正经人 zhèngjingrén ♦～に働く 认真工作 rènzhēn gōngzuò

ましゅ【魔手】 魔掌 mózhǎng; 魔爪 mózhǎo ♦～にかかる 陷入魔掌 xiànrù mózhǎng

ましゅつ【魔術】 魔术 móshù ♦～師 魔术家 móshùjiā

ましょうめん【真正面】 正面 zhèngmiàn ♦～から対決する 正面交锋 zhèngmiàn jiāofēng

まじり【交(じ)り】 混合 hùnhé ♦雨～の雪 雪中夹雨 xuě zhōng jiā yǔ ♦ため息～に成績表を見る 叹着气看成績单 tànzhe qì kàn chéngjīdān

まじりけ【混じり気】 ～のある 搀杂 chānzá ♦～のない 纯粹 chúncuì; 纯正 chúnzhèng

まじわり【交わり】 交往 jiāowǎng; 交际 jiāojì ♦～を結ぶ 结交 jiéjiāo ♦～がある 有来往 yǒu láiwǎng

まじわる【交わる】 交际 jiāojì; 交往 jiāowǎng ♦朱に交われば赤くなる 近朱者赤, 近墨者黑 jìn zhū zhě chì, jìn mò zhě hēi ♦流れが合流 héliú

マシンガン 机枪 jīqiāng; 冲锋枪 chōngfēngqiāng

ます【増】 增加 zēngjiā; 增大 zēngdà ♦河川の水かさが～ 河水上涨 héshuǐ shàngzhǎng ♦甘みが～ 增加甜味儿 zēngjiā tiánwèir

マス【鱒】 鳟鱼 zūnyú

まず【先ず】 先 xiān; 首先 shǒuxiān ♦～始めに 首先 shǒuxiān ♦～は乾杯だ 咱们先干杯吧 zánmen xiān gānbēi ba

ますい【麻酔】 麻醉 mázuì ♦～剂 麻醉剂 mázuìjì; 麻药 máyào ♦～をかける 麻醉 mázuì

まずい【拙[不味]い】 不好 bùhǎo; 拙劣 zhuōliè ♦～ことに 偏偏 piānpiān; 恰巧 qiàqiǎo ♦そりゃ～ 糟了 zāo le ♦味が～ 不好吃 bù hǎochī ♦～之芝居 真是场拙劣的戏 zhēn shì chǎng zhuōliè de xì a

マスク 口罩 kǒuzhào ♦～をかける 戴口罩 dài kǒuzhào

マスクメロン 香瓜 xiāngguā

マスゲーム 团体操 tuántǐcāo

マスコット 吉祥物 jíxiángwù; 福神 fúshén

マスコミ 媒体 méitǐ; 大众传播 dàzhòng chuánbō

マスプロ【貧しい】 贫穷 pínqióng; 贫困 pínkùn ♦生活が～ 家境贫苦 jiājìng pínkǔ ♦発想が～ 构思平淡 gòusī píngdàn

マスター【修士】 硕士 shuòshì ♦店の～ 老板 lǎobǎn ♦～する 学会 xuéhuì ♦～キー 万能钥匙 wànnéng yàoshi

マスプロ(ダクション) 大量生产 dàliàng shēngchǎn

ますます【益々】 越发 yuèfā; 越加 yuèjiā ♦～励む 再接再厉 zài jiē zài lì ♦～栄える 越来越隆盛 yuè lái yuè lóngshèng

まずもって ～も良いか 总算 zǒngsuàn ♦～いける 过得去 guòdeqù ♦～の出来 结果差不多 jiéguǒ chàbuduō ♦～でき上った 总算完成了 zǒngsuàn wánchéng le

ますめ【枡目】 网眼 wǎngyǎn ♦(原稿用紙の)～を埋める 写稿子 xiě gǎozi; 爬格子 pá gézi

マスメディア 大众媒介 dàzhòng méijiè; 传媒 chuánméi

まぜあわせる【混ぜ合わせる】 搀chān; 混合 hùnhé ♦卵とバターを～ 把鸡蛋和黄油搅匀 bǎ jīdàn hé huángyóu jiǎoyún

まぜこぜ【混ぜこぜ】 ～にする 弄混 nònghún; 搀合 chānhé ♦～になっている 杂乱 záluàn

ませた 早熟 zǎoshú ♦～子供 早熟儿童 zǎoshú értóng

まぜもの【混ぜ物】 夹杂物 jiāzáwù ♦～のない 纯正 chúnzhèng ♦～をする 搀假 chānjiǎ

まぜる【混ぜる】 搀 chān; 混 hùn ♦米に大麦を～ 大米里搀杂大麦 dàmǐ lǐ chānzá dàmài

マゾヒズム 受虐狂 shòunüèkuáng

また 再 zài; 又 yòu ♦～あした 明天见 míngtiān jiàn ♦～の機会にしよう 以后再说 yǐhòu zàishuō ♦～とない機会 再不会有的机会 zài bú huì yǒu de jīhuì ♦あいつ～来たよ 他又来了 tā yòu lái le ♦～の名 别名 biémíng

また【股】 胯 kuà ♦～で歩く 迈大步走 mài dàbù zǒu ♦世界を～にかける 走遍世界 zǒubiàn shìjiè

まだ【未だ】 还 hái ♦～来ない 还没来 hái méi lái ♦退院は～ 还不能出院 hái bùnéng chūyuàn ♦～間に合う 还来得及 hái láidejí

またがし【又貸し-する】 转借 zhuǎnjiè

またがり【又借り-する】 转租 zhuǎnzū

またがる【跨る】 跨 kuà；骑 qí／馬に～ 骑马 qí mǎ
またぎき【又聞き】 间接听到 jiànjiē tīngdào
またぐ【跨ぐ】 跨 kuà／敷居を～ 进门 jìnmén
またぐら【股座】 跨下 kuàxià；腿裆 tuǐdāng
またせる【待たせる】 使…等待 shǐ…děngdài／友人を30分も～ 让朋友等三十分钟也 ràng péngyou děng sānshí fēnzhōng／お待たせしました 让您久等了 ràng nín jiǔděng le
またたく【瞬く】 眨眼 zhǎyǎn／星が～ 星星闪烁 xīngxīng shǎnshuò
またたくま【瞬く間に】 一眨眼 yìzhǎyǎn；一刹那 yíchànà；转眼 zhuǎnyǎn／～にでき上がる 转眼就做好 zhuǎnyǎn jiù zuòhǎo
マタニティー ◆～ウエア 孕妇装 yùnfùzhuāng
マダム ❶〈奥様〉太太 tàitai／～キラー 师奶杀手 shīnǎi shāshǒu ❷〈バーの〉老板娘 lǎobǎnniáng
まだら【斑ら】 斑 bānwén；斑驳 bānbó／～模様的斑纹 bānbó
まだるっこい 慢吞吞 màntūntūn／～しゃべり方 说话慢腾腾的 huà shuōde mànténgténg
まち【街】 街 jiē；港 gǎng：港口城市 gǎngkǒu chéngshì／～のうわさ 街谈巷议 jiē tán xiàng yì／～の様子 市容 shìróng／～の灯り 街市灯光 jiēshì dēngguāng
まちあいしつ【待合室】〈駅の〉候车室 hòuchēshì；〈空港の〉候机室 hòujīshì；〈船の〉候船室 hòuchuánshì；〈病院の〉候诊室 hòuzhěnshì
まちあぐむ【待ちあぐむ】 等得不耐烦 děngde bú nàifán
まちあわせる【待ち合わせる】 约会 yuēhuì／～駅で～ 约定在火车站见面 yuēdìng zài huǒchēzhàn jiànmiàn／恋人と～ 跟对象约会 gēn duìxiàng yuēhuì
まちうける【待ち受ける】 等待 děngdài；等候 děnghòu／ニュースを～ 等待消息 děngdài xiāoxi
まぢか【間近】 跟前 gēnqián；在即 zàijí／～に迫る 逼近 bījìn／～で見る 在眼前看 zài yǎnqián kàn
まちがい【間違い】 差错 chācuò；错误 cuòwù；过错 guòcuò／～がない 没有错 méiyǒu cuò／～を犯す 犯错误 fàn cuòwù／～なく来る 一定会来 yídìng huì lái
まちがう【間違う】 错 cuò；弄错 nòngcuò／間違えてキノコを食べる 误吃了毒蘑菇 wùchīle dúmógu／きみは間違っている 你错了 nǐ cuò le／計算を～ 计算错了 jìsuàncuò le
まちがえる【間違える】 弄错 nòngcuò／番号を～ 弄错号码 nòngcuò hàomǎ／間違えやすい 容易错 róngyì cuò／～聞きを～ 听错 tīngcuò
まちかど【街〔町〕角】 街头 jiētóu；街口 jiēkǒu
まちかねる【待ち兼ねる】 盼望 pànwàng；等得不耐烦 děngde bú nàifán／待ち兼ねた夏休み 盼望已久的暑假 pànwàng yǐ jiǔ de shǔjià
まちかまえる【待ち構える】 守候 shǒuhòu；等候 děnghòu／今か今かと待ち構えている 等得焦急 děngde jiāojí
まちこがれる【待ち焦がれる】 企盼 qǐwàng；渴望 kěwàng／～ている 眼巴巴地盼着 yǎnbābā de pànzhe；等得要死人 děngde jísǐ rén
まちじゅう【町中】 满街 mǎnjiē／～のうわさになる 满城风雨 mǎnchéng fēng yǔ
まちどおしい【待ち遠しい】 一日三秋 yí rì sān qiū／春が～ 盼望春天到来 pànwàngzhe chūntiān dàolái
マチネー 日场 rìchǎng；早场 zǎochǎng
まちのぞむ【待ち望む】 巴不得 bābude；盼望 pànwàng
まちはずれ【町外れ—の】 市郊 shìjiāo
まちぶせ【待ち伏せ—する】 打埋伏 dǎ máifu
まちぼうけ【待ち惚け】 白等 bái děng／～を食う 空等一场 kōng děng yì chǎng
まちまち【区々の】 参差 cēncī；各式各样 gè shì gè yàng／形も色も～だ 形状和颜色都不均匀 xíngzhuàng hé yánsè dōu bù jūnyún
まちわびる【待ち侘びる】 等得不耐烦 děngde bú nàifán／返事を～ 等回音等得焦急 děng huíyīn děngde jiāojí
まつ【待つ】 等 děng；等待 děngdài
まつ【松】 松树 sōngshù／～の葉 松针 sōngzhēn／～ぼっくり 松球 sōngqiú／～並木 松树林林荫道 sōngshù línyīndào
まつえい【末裔】 后代 hòudài
まっか【真っ赤—な】 通红 tōnghóng；鲜红 xiānhóng／～な血 鲜血 xiānxiě／～な嘘 弥天大谎 mí tiān dà huǎng
まっき【末期】 末期 mòqí；晚期

まっくら【真っ暗】漆黒 qīhēi; 黑咕隆咚 hēigulōngdōng ◆お先~に前途一片黑暗 qiántú yípiàn hēi'àn

まっくらやみ【真っ暗闇】漆黑一团 qīhēi yī tuán; 昏天黑地 hūn tiān hēi dì

まっくろ【真っ黒-な】漆黑 qīhēi ◆~な猫 黑猫 hēimāo ◆~に日焼けする 晒得黝黑 shàide yǒuhēi

まつげ【睫】睫毛 jiémáo

まつご【末期】临终 línzhōng ◆~の水 临终水 línzhōng shuǐ

まっこう【真っ向-から】劈脸 pīliǎn; 劈头盖脸 pī tóu gài liǎn ◆~から対立する 尖锐地对立 jiānruì de duìlì

まっこう【抹香】沉香 chénxiāng ◆~臭い〔仏教を連想させる〕十足佛教气氛 shízú fójiào qìfēn

マッサージ-する 按摩 ànmó; 推拿 tuīná

まっさいちゅう【真っ最中】正当中 zhèng dāngzhōng ◆けんかの~だ 正在打架 zhèngzài dǎjià

まっさお【真っ青-な】❶〔色彩〕深蓝 shēnlán ◆~な空 蔚蓝的天空 wèilán de tiānkōng ❷〔顔色〕惨白 cǎnbái ◆~になる 脸色变得煞白 liǎnsè biànde shàbái

まっさかさま【真っ逆様-に】头朝下 tóu cháo xià

まっさかり【真っ盛り-の】正盛 zhèng shèng; 如日中天 rú rì zhōng tiān ◆青春~青春最好的时光 qīngchūn zuì hǎo de shíguāng

まっさき【真っ先-に】首先 shǒuxiān; 最先 zuìxiān

まっさつ【抹殺-する】抹杀 mǒshā; 抹去 mǒqù

まつじつ【末日】最后一天 zuìhòu yī tiān; 末日 mòrì ◆5月~ 五月最后一天 wǔyuè mòrì

マッシュポテト 土豆泥 tǔdòuní

マッシュルーム 洋蘑菇 yángmógu

まっしょう【抹消-する】抹掉 mǒdiào; 注销 zhùxiāo

まっしょうじき【真っ正直-な】老实实 lǎoláoshíshí; 诚实 chéngshí ◆~な人 老实人 lǎoshirén ◆~に生きる 老老实实地生活 lǎoláoshíshí de huó

まっしょうしんけい【末梢神経】周围神经 zhōuwéi shénjīng

まっしょうてき【末梢的-な】枝节 zhījié ◆~な問題 琐细的问题 suǒxì de wèntí; 枝节问题 zhījié wèntí

まっしろ【真っ白-な】洁白 jiébái; 雪白 xuěbái ◆~な雪景色 洁白的雪景 jiébái de xuějǐng ◆頭の中が~になる 茫然自失 mángrán zìshī

まっすぐ【真っ直ぐ-な】一直 yìzhí; 径直 jìngzhí;〔道徳的に〕刚正 gāngzhèng ◆~家に帰る 径直回家 jìngzhí huíjiā ◆~進む 一直往前走 yìzhí wǎng qián zǒu ◆~な心 正直的心 zhèngzhí de xīn

まっせき【末席】末座 mòzuò ◆~を汚す 忝列末席 tiǎnliè mòxí

まった【待った】暂停 zàntíng ◆~をかける 要求暂停 yāoqiú zàntíng

まつだい【末代】后世 hòushì ◆~まで名を留める 万古流芳 wàngǔ liúfāng ◆~までの恥 遗臭万年 yíchòu wànnián

まったく【全く】完全 wánquán; 简直 jiǎnzhí ◆~見込みはない 毫无把握 háowú bǎwò ◆~気にしない 满不在乎 mǎn bú zàihu ◆~耐えがたい 简直受不了 jiǎnzhí shòubuliǎo ◆~大したもんだ 实在了不起 shízài liǎobuqǐ

マツタケ【松茸】松蕈 sōngxùn

まったん【末端-の】顶端 dǐngduān;◆~組織の~基层 jīcéng

マッチ【発火具】火柴 huǒchái ◆~箱 火柴盒 huǒcháihé ◆~を擦る 划火柴 huá huǒchái;〔試合〕比赛 bǐsài ◆タイトル~ 锦标赛 jǐnbiāosài

マッチ-する 相配 xiāngpèi; 配合 pèihé ◆服に~したデザイン 跟衣料适合的设计 gēn cáiliào shìhé de shèjì

マット 垫子 diànzi

まっとう【真っ当-な】正当 zhèngdàng; 正经 zhèngjīng ◆~な生活 正经的生活 zhèngjīng de shēnghuó

まっとうする【全うする】完成 wánchéng ◆天寿を~ 尽其天年 jìn qí tiānnián ◆全うさせる 成全 chéngquán

マットレス 床垫 chuángdiàn

マッハ 马赫 mǎhè ◆~3で飛ぶ 以三马赫飞行 yǐ sān mǎhè fēixíng

まつばづえ【松葉杖】拄丁字拐 zhǔ dīngzìguǎi

まつび【末尾-に】末尾 mòwěi ◆~3桁 末尾三位 mòwěi sān wèi

まつびら【真っ平】绝不 juébù ◆酒なんてもう~だ 酒我再不喝 jiǔ wǒ zài bù hē

まっぴるま【真っ昼間】大白天 dàbáitiān

まっぷたつ【真っ二つ-に】◆~に切る 切成两半儿 qiēchéng liǎng bànr

マツムシ【松虫】金琵琶 jīnpípa

マツやに【松脂】松香 sōngxiāng; 松脂 sōngzhī

まつり【祭り】祭祀 jìsì；庙会 miàohuì ◆あとの～ 贼走了关门 zéi zǒule guānmén

まつりあげる【祭り上げる】捧上台 pěngshàngtái ◆彼を会長に～ 捧他做会长 pěng tā zuò huìzhǎng

まつる【祭る】祭奠 jìdiàn ◆先祖を～ 祭奠祖先 jìdiàn zǔxiān

まつろ【末路】末路 mòlù ◆哀れな～ 悲惨的末路 bēicǎn de mòlù

まつわりつく【纏わり付く】缠 chán；纠缠 jiūchán ◆静電気で服が～ 因发生静电，衣服缠绕身体 yīn fāshēng jìngdiàn, yīfu chánrào shēntǐ

まつわる【纏わる】围绕 wéirào；有关 yǒuguān ◆郷土に～伝説 关于故乡的传说 guānyú gùxiāng de chuánshuō

ーまで ◆5日～待て 等到五号 děngdào wǔ hào ◆月末～とする 期限到月底为止 qīxiàn dào yuèdǐ wéi zhǐ ◆今日の話はここ～ 今天讲到这儿 jīntiān jiǎngdào zhèr ◆東京から上海～ 从东京到上海 cóng Dōngjīng dào Shànghǎi ◆そこ～言うか 竟敢这么说 jìng gǎn zhème shuō

まてんろう【摩天楼】摩天大楼 mótiān dàlóu

まと【的】靶子 bǎzi；目标 mùbiāo ◆～を射た 中肯 zhòngkěn；击中要害 jīzhòng yàohài ◆～はずれ 不中肯 bú zhòngkěn ◆注目の～となる 引人注目 yǐn rén zhùmù

まど【窓】窗户 chuānghu ◆～際 窗边 chuāngbiān

まどい【惑い】困惑 kùnhuò

まとう【纏う】身に～ 穿 chuān

まどぐち【窓口】窗口 chuāngkǒu

まどごうし【窓格子】窗格子 chuānggézi

まとまり【纏まり】统一 tǒngyī；团结 tuánjié ◆～がない 拉杂 lāzá ◆～のある統一の 有系统的 yǒu xìtǒng de

まとまる【纏まる】◆話が～ 达成协议 dáchéng xiéyì ◆意見が～ 意见一致 yìjiàn yízhì ◆まとまったお金が一筆大钱 yì bǐ dàqián

まとめ【纏め】结语 jiéyǔ；概括 gàikuò

まとめる【纏める】集中 jízhōng；综括 zōngkuò ◆意見を～ 集中意见 jízhōng yìjiàn ◆双方を～ 说合 shuōhe ◆要点を～ 总结要点 zǒngjié yàodiǎn ◆荷物を～ 收拾行李 shōushi xíngli

まとも【真面ー】正当 zhèngdāng；正经 zhèngjīng

まどり【間取り】房间配置 fángjiān pèizhì

まどろむ【微睡む】打瞌睡 dǎ kēshuì；打盹儿 dǎdǔnr

まどわく【窓枠】窗框 chuāngkuàng

まどわす【惑わす】迷惑 míhuò；荧惑 yínghuò ◆人心を～ 荧惑人心 yínghuò rénxīn

マトン 羊肉 yángròu

マドンナ ❶〈聖母マリア像〉圣母 shèngmǔ；圣母画像 shèngmǔ huàxiàng ❷〈美しい婦人〉美女 měinǚ

マナー 礼节 lǐjié；礼貌 lǐmào ◆～がよい 有礼貌 yǒu lǐmào ◆～が悪い 没有礼貌 méiyǒu lǐmào ◆～モード 振动提示 zhèndòng tíshì

まないた【俎板】砧板 zhēnbǎn；菜板 càibǎn ◆～の上の鯉 俎上内 zǔshàng ròu

まなざし【目差し】目光 mùguāng；眼光 yǎnguāng ◆暖かい～ 温和的目光 wēnhé de mùguāng

まなじり【眦】眼角 yǎnjiǎo ◆～を決する 怒目而视 nù mù ér shì

まなつ【真夏】盛夏 shèngxià

まなでし【愛弟子】得意门生 déyì ménshēng

まなぶ【学ぶ】学 xué；学习 xuéxí ◆英語を～ 学英语 xué Yīngyǔ

マニア 爱好者 àihàozhě；迷 mí ◆～切手～ 集邮迷 jíyóumí

まにあう【間に合う】❶〈時間に〉赶得上 gǎndeshàng；来得及 láidejí ◆間に合わない 赶不上 gǎnbushàng；来不及 láibují ❷〈足りる·役に立つ〉够 gòu ◆小銭で～ 零钱就够 língqián jiù gòu ◆彼では間に合わない 他不够用 tā búgòu yòng

まにあわせ【間に合わせ】权宜 quányí ◆～に使う 凑合着用 còuhe zhe yòng；充数 chōngshù

まにあわせる【間に合わせる】❶〈一時しのぎ〉将就 jiāngjiu；凑合 còuhe ❷〈定刻までに行う〉期限に～ 遵守期限 zūnshǒu qīxiàn

まにうける【真に受ける】当真 dàngzhēn；认真 rènzhēn ◆冗談を～ 把笑话当真事儿 bǎ xiàohua dàng zhēn shìr

マニキュア 指甲油 zhǐjiayóu ◆～をつける 染指甲 rǎn zhǐjia

マニフェスト 宣言 xuānyán；竞选纲领 jìngxuǎn gānglǐng

マニュアル 说明书 shuōmíngshū

まぬがれる【免れる】免祸 miǎnhuò；避免 bìmiǎn ◆罪を～ 免罪 miǎnzuì ◆免れない 免不了 miǎnbuliǎo；难免 nánmiǎn

まぬけ【間抜けー】傻瓜 shǎguā

笨蛋 bèndàn; 笨 bèn
まね【真似】 模仿 mófǎng; 仿效 fǎngxiào ◆鴉の～をする鴉 东施效颦 Dōngshī xiào pín
マネー 钱 qián ◆～ロンダリング 洗钱 xǐqián
マネージメント 管理 guǎnlǐ; 经营 jīngyíng
マネージャー 经理 jīnglǐ; 干事 gànshi
まねき【招き】 招待 zhāodài; 邀请 yāoqǐng
マネキン 橱窗人体模型 chúchuāng réntǐ móxíng
まねく【招く】 约请 yuēqǐng; 招聘 zhāopìn ◆食事に～ 宴请吃饭 yànqǐng chīfàn ◆…の結果を～ 导致 dǎozhì ◆招かれざる客 不速之客 bú sù zhī kè ◆災難を～ 造成灾难 zàochéng zāinàn
まねる【真似る】 效仿 xiàofǎng; 模仿 mófǎng ◆動作を～ 模仿动作 mófǎng dòngzuò
まのあたり【目の当たりに】 眼前 yǎnqián ◆～にする 亲眼看到 qīnyǎn kàndào
まのて【魔の手】 魔爪 mózhǎo; 魔掌 mózhǎng ◆～が伸びてくる 魔爪伸出来 mózhǎo shēnguòlai ◆～にかかる 陷入魔掌 xiànrù mózhǎng
まのぬけた【間の抜けた】 糊涂 hútu ◆～話 傻话 shǎhuà
まのび【間延びした】 慢腾腾 màntēngténg; 冗长 rǒngcháng
まのわるい【間の悪い】 不凑巧 bú còuqiǎo ◆～ことに 真不巧 zhēn bùqiǎo; 偏巧 piānqiǎo
まばたき【瞬きする】 眨 zhǎ; 眨眼 zhǎyǎn ◆～もしない 目不转睛 mù bù zhuǎn jīng
まばゆい【眩い】 耀眼 yàoyǎn; 晃眼 huǎngyǎn ◆～光 光耀 guāngyào
まばら【疎らな】 稀疏 xīshū; 稀少 xīshǎo ◆人影も～だ 人影儿稀稀拉拉 rényǐngr xīxīlālā
まひ【麻痺】 麻痹 mábì ◆～させる 麻痹 mábì ◆交通～ 交通堵塞 jiāotōng dǔsè
まびき【間引き】 间苗 jiànmiáo
まびく【間引く】 间苗 jiàn miáo ◆大根を～ 间萝卜苗 jiàn luóbo miáo
まひる【真昼】 大白天 dàbáitiān
マフィア 黑手党 hēishǒudǎng
まぶか【目深に】 ◆帽子を～にかぶる 把帽檐压下来 bǎ màoyán yāxiàlai; 深戴帽子 shēn dài màozi
まぶしい【眩しい】 耀眼 yàoyǎn; 刺眼 cìyǎn ◆～白々の 白花花 báihuāhuā ◆まぶしく光る 晃 huǎng ◆若さが～ 青春闪耀 qīngchūn

shǎnyào
まぶた【瞼】 眼皮 yǎnpí; 眼睑 yǎnjiǎn ◆二重～ 双眼皮 shuāngyǎnpí
まふゆ【真冬】 隆冬 lóngdōng; 严冬 yándōng
マフラー 围巾 wéijīn ◆～を巻く 围上围巾 wéishàng wéijīn
まほう【魔法】 魔术 móshù; 妖术 yāoshù ◆～使い 魔术师 móshùshī
まほうびん【魔法瓶】 暖水瓶 nuǎnshuǐpíng
マホガニー 红木 hóngmù
まぼろし【幻】 幻影 huànyǐng; 幻想 huànxiǎng ◆～を見る 看幻影 kàn huànyǐng ◆～の光景 幻景 huànjǐng ◆～の名画 失传的名画 shīchuán de mínghuà
まま【間々】 偶尔 ǒu'ěr; 间或 jiànhuò ◆～ある 偶尔有 ǒu'ěr yǒu
まま【儘】 ◆人の言うが～になる 任人摆布 rèn rén bǎibù ◆くつの～ベッドに横たわる 穿着鞋躺在床上 chuānzhe xié tǎngzài chuángshang ◆立った～食べる 站着吃 zhànzhe chī ◆昔の～ 依然如故 yīrán rú gù
ママ ❶《母》 妈妈 māma ❷《バーなどの》 老板娘 lǎobǎnniáng
ままごと【飯事】 过家家儿 guòjiājiar
ままならぬ【儘ならぬ】 不如意 bù rúyì; 不随心 bù suíxīn
みずず【真水】 淡水 dànshuǐ
まみれる【塗れる】 全身沾满 quánshēn zhānmǎn ◆汗に～ 浑身是汗 húnshēn shì hàn
まむかい【真向い】 正对面 zhèng duìmiàn ◆駅の～にあるビル 在火车站正对面的大楼 zài huǒchēzhàn zhèng duìmiàn de dàlóu
ムシ【蝮】 蝮蛇 fùshé
まめ【肉刺】 水泡 shuǐpào; 泡 pào ◆～ができる 打泡 dǎpào; 磨起水泡 móqǐ shuǐpào
まめ【豆】 豆 dòu; 豆子 dòuzi ◆～の莢 (さや) 豆荚 dòujiá
まめ-な ◆～に働く 勤恳地工作 qínkěn de gōngzuò ◆～に暮らす 健康地过活 jiànkāng de guòhuó
まめつ【磨滅 -する】 磨灭 mómiè ◆タイヤが～する 轮胎磨损 lúntāi mósǔn
まめでんきゅう【豆電球】 电珠 diànzhū
まめまき【豆撒き】 撒豆驱邪 sǎ dòu qū xié
まもなく【間もなく】 ◆～始まる 一会儿就开始 yíhuìr jiù kāishǐ; 将要开始 jiāngyào kāishǐ ◆～夏休みだ 快要放暑假了 kuàiyào fàng shǔjià le

まもの【魔物】魔鬼 móguǐ
まもり【守り】❶【警備】保卫 bǎowèi; 守卫 shǒuwèi ♦～を固める 加强保卫 jiāqiáng bǎowèi ♦～につく 站在岗位 zhànzài gǎngwèi ❷【スポーツの】防守 fángshǒu ♦～につく 担任防守 dānrèn fángshǒu
まもりぬく【守り抜く】固守 gùshǒu; 坚决守卫 jiānjué shǒuwèi
まもる【守る】❶【防護】维护 wéihù; 守卫 shǒuwèi ♦家产を～ 保全财产 bǎoquán cáichǎn ♦身を～ 保护身体 bǎohù shēntǐ ❷【遵守】♦法律を～ 遵守法律 zūnshǒu fǎlǜ; 守法 shǒufǎ ♦秘密を～ 保守秘密 bǎoshǒu mìmì ♦亲の教えを～ 听父母的话 tīng fùmǔ de huà
まやく【麻薬】毒品 dúpǐn; 麻药 máyào ♦～を吸う 吸毒 xī dú ♦～を吸う中毒 毒物瘾 dúwùyǐn
まゆ【眉】眉毛 méimao ♦～をひそめる 颦蹙 píncù ♦～唾もの 值得怀疑 zhíde huáiyí
まゆ【繭】蚕茧 cánjiǎn; 茧 jiǎn
まゆげ【眉毛】眉毛 méimao
まゆずみ【眉墨】眉黛 méidài
まゆね【眉根】眉峰 méifēng; 眉头 méitóu ♦～を寄せる 颦蹙 píncù
まよう【迷う】❶【方角の選に】迷失 míshī ♦道に～ 迷路 mí lù ♦色香に～ 迷恋女色 míliàn nǚsè ❷【選択】犹豫不定 yóuyù búdìng; 动摇不定 dòngyáo búdìng ♦どれにするか～ 犹豫不定选哪一个 yóuyù búdìng xuǎn nǎ yí ge
まよなか【真夜中】半夜 bànyè; 半夜三更 bànyè sāngēng; 子夜 zǐyè
マヨネーズ 蛋黄酱 dànhuángjiàng
マラソン 马拉松 mǎlāsōng
マラリア 疟子 yàozi; 疟疾 nüèjí
まり【毬】球儿 qiúr ♦～つき 拍球 pāiqiú
マリア 玛利亚 Mǎlìyà ♦圣母～ 圣母玛利亚 shèngmǔ Mǎlìyà
マリオネット 提线木偶 tíxiàn mù'ǒu
マリファナ 大麻 dàmá
まりょく【魔力】魔力 mólì
まる【丸】圈 quān ♦～で囲む 圈 quān ♦～を屋根 圆屋顶 yuán wūdǐng
まる-【丸-】♦～一日 整天 zhěngtiān ♦～一年 整整一年 zhěngzhěng yì nián
まるあらい【丸洗い-する】整个洗 zhěnggè xǐ ♦布团を～する 洗整条被子 xǐ zhěngtiáo bèizi
まるあんき【丸暗記-する】死记 sǐjì ♦诗をひとつ～する 背下一首诗 bèixià yì shǒu shī

まるい【丸い】❶【形が】♦～テーブル 圆桌 yuánzhuō ♦地球は～ 地球是球形的 dìqiú shì qiúxíng de ♦目を丸くする 睁圆眼睛 zhēngyuán yǎnjīng ❷【穏やか】彼もすっかり丸くなった 他最近脾气好多了 tā zuìjìn píqi hǎoduō le ♦丸く治まる 言归于好 yán guī yú hǎo ♦丸く治める 圆场 yuánchǎng; 打圆场 dǎ yuánchǎng
まるうつし【丸写し-する】照抄 zhàochāo
まるがお【丸顔】团脸 tuánliǎn
まるかかえ【丸抱え-する】全包 quánbāo
まるがり【丸刈り】♦～にする 推个光头 tuī ge guāngtóu
まるき【丸木】原木 yuánmù ♦～橋 独木桥 dúmùqiáo
マルクスしゅぎ【マルクス主義】马克思主义 Mǎkèsī zhǔyì
まるくび【丸首-の】圆领口 yuánlǐngkǒu ♦～セーター 圆领口的毛衣 yuánlǐngkǒu de máoyī
まるごと【丸ごと-の】整个 zhěnggè; 囫囵 húlún ♦～呑みこむ 整个儿吞下厅 zhěngge tūnxia
まるじるし【丸じるし】圈儿 quānr ♦～を付ける 画圆儿 huà quānr
まるぞん【丸損-をする】全赔 quánpéi; 满赔 mǎnpéi
まるた【丸太】圆木料 yuán mùliào ♦～小屋 圆木屋 yuánmùwū
まるだし【丸出し-の】完全裸露 wánquán luǒlù ♦お国訛りを～で操着满口乡音 cāozhe mǎnkǒu xiāngyīn
マルチしょうほう【マルチ商法】传销 chuánxiāo
マルチタレント 多面手 duōmiànshǒu; 多才多艺的人 duōcái duōyì de rén
マルチメディア 复合媒体 fùhé méitǐ
まるっきり 压根儿 yàgēnr; 根本 gēnběn ♦～だめだ 完全不行 wánquán bùxíng
まるつぶれ【丸潰れ-に】完全倒塌 wánquán dǎotā ♦面目を～になる 丢掉面子 diūdiào miànzi
まるで ❶【全然】完全 wánquán; 全然 quánrán ♦～知らない 全不知道 quán bù zhīdào ❷【さながら】宛如 wǎnrú; 恰似 qiàsì ♦～天国だ 宛然天堂 wǎnrán tiāntáng
まるなげ【丸投げ】全盘委托 quánpán wěituō
まるのみ【丸飲み-する】❶ 吞 tūn; 吞食 tūnshí; 《比喻》囫囵吞枣 húlún

tūn zǎo

まるはだか【丸裸-の】赤条条 chìtiáotiáo；赤裸裸 chìluǒluǒ ♦ 事業に失敗して~になる 因事业失败变得一无所有 yīn shìyè shībài biànde yī wú suǒ yǒu

まるばつしき【○×式】划圆儿叉儿方式 huà quānr chār fāngshì

マルひ【マル秘】绝密 juémì ♦ ~情報 绝密情报 juémì qíngbào

まるぼうず【丸坊主】光头 guāngtóu ♦ ~になる 剃光头 tì guāngtóu

まるまる【丸々】❶〈全部〉整个 zhěnggè；整整 zhěngzhěng ♦ ~1 ヶ月 整整一个月 zhěngzhěng yí ge yuè ♦ ~と肥る 满脸 满嘴 mǎn zhuàn ❷〈太った〉太った胖乎乎 pànghūhū

まるめこむ【丸め込む】笼络 lǒngluò；拉拢 lālǒng

まるめる【丸める】揉成团 róuchéng tuán ♦ 紙屑を~ 把废纸揉成团 bǎ fèizhǐ róuchéng tuán ♦ 頭を~ 剃头 tìtóu

まるもうけ【丸儲け-する】全賺 quán zhuàn

まるやき【丸焼き】整烤 zhěng kǎo ♦ 鴨の~ 烤野鸭 kǎo yěyā

まるやけ【丸焼け】烧光 shāoguāng ♦ 家が~になる 房子烧光 fángzi shāoguāng

まれ【稀-な】稀罕 xīhǎn；罕见 hǎnjiàn ♦ ~に見る逸材 少见的才子 shǎojiàn de cáizǐ

まろやか-な圆润 yuánrùn ♦ 味が~だ 醇厚 chúnhòu

まわしもの【回し者】坐探 zuòtàn；奸细 jiānxì；间谍 jiàndié

まわす【回す】扭转 niǔzhuǎn；转动 zhuàndòng ♦ コマを~ 转陀螺 zhuàn tuóluó ♦ 目を~ 昏过去 hūnguòqù ♦ 気を~ 多心 duōxīn ♦ 手を~ 采取措施 cǎiqǔ cuòshī

まわた【真綿】丝绵 sīmián ♦ ~で首をしめる 软刀子杀人 ruǎn dāozi shā rén

まわり【周り】周围 zhōuwéi ♦ 家の~に 房子周围 fángzi zhōuwéi ♦ 身の~ 身边 shēnbiān ♦ ~じゅう 四下里 sìxiàlǐ

まわりくどい【回りくどい】拐弯抹角 guǎi wān mò jiǎo；绕圈子 rào quānzi

まわりどうろう【回り灯篭】走马灯 zǒumǎdēng

まわりぶたい【回り舞台】活动舞台 huódòng wǔtái；转台 zhuàntái

まわりまわって【回り回って】辗转 zhǎnzhuǎn ♦ あちこち~ 经多方辗转 jīng duōfāng zhǎnzhuǎn

まわりみち【回り道】~する 绕道 ràodào；绕圈子 rào quānzi；走弯路 zǒu wānlù

まわりもち【回り持ち-で】轮流承担 lúnliú chéngdān

まわる【回る】❶〈回転〉转 zhuàn；旋转 xuánzhuǎn；马达转动 mǎdá zhuàndòng ♦ モーターが~ 马达转 mǎdá zhuàn ♦ 目が~ 头晕目眩 tóu yūn mù xuàn ❷〈周回する〉绕 rào ♦ ついでに病院に回って 順便绕道医院 shùnbiàn ràodào yīyuàn ❸〈時間が〉6時を~ 六点多了 liù diǎn duō le ❹〈働く〉♦ 舌が回らない 口齿不伶俐 kǒuchǐ bù língli ♦ 知恵が~ 脑筋灵活 nǎojīn línghuó ❺〈その他〉♦ 酒が~ 酒醉 jiǔzuì ♦ 手が回らない 忙得顾不上 mángde gùbushàng ♦ 火が~ 火势蔓延 huǒshì mànyán

まわれみぎ【回れ右-する】反身 fǎnshēn；往后转 wǎng hòu zhuǎn

まん【満】整 zhěng ♦ ~5年 整五年 zhěng wǔ nián ♦ ~1歳 一周岁 yì zhōusuì ♦ ~を持す 引而不发 yǐn ér bù fā；做好充分准备 zuòhǎo chōngfèn zhǔnbèi

まん【万】万 wàn ♦ ~に一つもない 绝对没有 juéduì méiyǒu ♦ ~を数える 成千上万 chéng qiān shàng wàn

まんいち【万一-の】万一 wànyī ♦ ~に備える 防备万一 fángbèi wànyī ♦ ~の時には 如有不测 rú yǒu búcè ♦ ~来られなかったら 如果不能来 rúguǒ bù néng lái

まんいん【満員-の】客满 kèmǎn ♦ ~電車 拥挤的电车 yōngjǐ de diànchē ♦ ~になる 满员 mǎnyuán

まんえん【蔓延-する】蔓延 mànyán；滋蔓 zīmàn ♦ 病気が~する 疾病蔓延 jíbìng mànyán

まんが【漫画】❶〈新聞などの〉漫画 mànhuà ❷〈劇画〉连环画 liánhuánhuà ❸〈アニメーション〉动画片 dònghuàpiàn

まんかい【満開】盛开 shèngkāi ♦ 桜が~だ 樱花盛开 yīnghuā shèngkāi

マンガン锰 měng ♦ ~電池 锰电池 měngdiànchí

まんき【満期】到期 dàoqī；期满 qīmǎn

まんきつ【満喫-する】❶〈飲食〉饱尝 bǎocháng ❷〈享受〉♦ 山の空気を~する 充分享受山地的空气 chōngfèn xiǎngshòu shāndì de kōngqì ♦ 自由を~する 充分享受自由 chōngfèn xiǎngshòu zìyóu

まんげきょう【万華鏡】万花筒 wànhuātǒng

マングローブ 红树 hóngshù
まんげつ【満月】 满月 mǎnyuè；望月 wàngyuè
マンゴー 芒果 mángguǒ
まんじ【満座-の】◆～の中で 在大家面前 zài dàjiā miànqián
まんさい【満載-する】 满载 mǎnzài◆積み荷をして出港する 装满货出港 zhuāngmǎn huò chūgǎng◆情報～の 登满信息的 dēngmǎn xìnxī de
まんざい【漫才】 相声 xiàngsheng◆～師 相声演员 xiàngsheng yǎnyuán
まんざら【満更】 未必 wèibì；并不一定 bìng bù yídìng◆～でもない いやではない 并不讨厌 bìng bù tǎoyàn◆～でもない表情 喜形于色 xǐ xíng yú sè
まんじゅう【饅頭】 包子 bāozi◆肉～ 肉包子 ròubāozi◆あん～ 豆沙包 dòushābāo
マンジュシャゲ【曼珠沙華】 石蒜 shísuàn
まんじょう【満場-の】 全场 quánchǎng◆～一致で 全场一致 quánchǎng yízhì
マンション 公寓 gōngyù；公寓大楼 gōngyù dàlóu
まんしん【満身】 全身 quánshēn；满身 mǎnshēn◆～の力を込めて 用尽全身力气 yòng jìn quánshēn lìqi◆～創痍の 体无完肤 tǐ wú wán fū
まんしん【慢心-する】 自满 zìmǎn；傲慢 àomàn；骄气 jiāoqi
まんせい【慢性-の】 慢性 mànxìng◆～病 慢性病 mànxìngbìng；顽症 wánzhèng
まんせき【満席-の】 满座 mǎnzuò；客满 kèmǎn
まんぜん【漫然-と】 漫然 mànrán◆～と日を過ごす 稀里糊涂地过日子 xīlihútú de guò rìzi
まんぞく【満足-する】◆～する 满意 mǎnyì；满足 mǎnzú◆～のゆく 称心 chènxīn；理想 lǐxiǎng
まんタン【満タン】 灌满 guànmǎn◆ガソリンを～にする 灌满汽油 guànmǎn qìyóu
まんだん【漫談】 单口相声 dānkǒu xiàngsheng
まんちょう【満潮】 涨潮 zhǎngcháo；满潮 mǎncháo
マンツーマン 一对一 yī duì yī◆～で指導する 个别辅导 gèbié fǔdǎo
まんてん【満点】 满分 mǎnfēn◆～を取る 得满分 dé mǎnfēn
まんてん【満天の】 满天 mǎntiān◆～の星 满天的星 fánxīng mǎntiān
マントルピース 壁炉台 bìlútái
まんなか【真ん中】 中间 zhōngjiān；当中 dāngzhōng◆三人兄弟の～ 弟兄三个里居中 dìxiōng sān ge li jūzhōng◆部屋の～ 屋子的正中 wūzi de zhèngzhōng◆道の～で 在路当中 zài lù dāngzhōng
マンネリ 千篇一律 qiān piān yī lǜ；维持现状的倾向 wéichí xiànzhuàng de qīngxiàng◆～に陥る 陷入陈规旧套 xiànrù chénguī jiùtào
まんねんひつ【万年筆】 钢笔 gāngbǐ；自来水笔 zìláishuǐbǐ
まんねんゆき【万年雪】 万年雪 wànniánxuě
まんねんれい【満年齢】 周岁 zhōusuì◆～で 50 歳になる 五十周岁了 wǔshí zhōusuì le
まんびき【万引き-する】 窃偷商品 qiètōu shāngpǐn
まんびょう【万病】 百病 bǎibìng◆～の薬 万能药 wànnéngyào◆風邪は～のもと 感冒是百病之源 gǎnmào shì bǎibìng zhī yuán
まんぷく【満腹-の】 吃饱 chībǎo
まんべんなく【万遍なく】 普遍 pǔbiàn◆～塗る 涂得均匀 túde jūnyún
マンボ 曼保舞 mànbǎowǔ
マンホール 下水道口 xiàshuǐdàokǒu；检修孔 jiǎnxiūkǒng◆～のふた 检修孔盖儿 jiǎnxiūkǒng gàir
まんぽけい【万歩計】 计步器 jìbùqì
まんまえ【真ん前】 眼前 yǎnqián；跟前 gēnqián
まんまと 巧妙地 qiǎomiào de◆～騙される 完全受骗 wánquán shòupiàn◆～逃げおおせる 狡猾地逃掉 jiǎohuá de táodiào
まんまる【真ん丸-い】 滴溜儿 dīliūr；浑圆 húnyuán◆～な月 溜圆的月亮 liūyuán de yuèliang
まんまん【満々】 自信～の 满怀信心 mǎnhuái xìnxīn◆やる気～だ 干劲儿十足 gànjìnr shízú
まんめん【満面】◆～の笑みをたたえる 满面春风 mǎn miàn chūn fēng◆得意～の顔で 得意洋洋地 déyì yángyáng de
マンモス ❶《古代象》猛犸 měngmǎ；长毛象 chángmáoxiàng ❷《比喻》巨大的 jùdà de◆～タンカー 巨型油轮 jùxíng yóulún
まんりき【万力】 老虎钳 lǎohǔqián◆～で締めつける 用老虎钳夹住 yòng lǎohǔqián jiāzhù
まんりょう【満了】 期满 qīmǎn◆任期～ 届满 jièmǎn

み

み【実】❶《果实》果实 guǒshí ◆～がなる 结果 jiēguǒ ◆研究が～を结ぶ 研究有成果 yánjiū yǒu chéngguǒ ❷《内容》内容 nèiróng ◆～のある話をしろ 讲有内容的话吧 jiǎng yǒu nèiróng de huà ba

み【身】身子 shēnzi；身上 shēnshang ◆～から出たさび 自作自受 zì zuò zì shòu ◆～にしみる辛さ 切肤之痛 qiè fū zhī tòng ◆《習慣》～につける 养成 yǎngchéng ◆《衣服》～につける 穿戴 chuāndài ◆～のこなし 体态 tǐtài ◆さっと～をかわす 躲闪 duǒshǎn ◆～を乗り出す 探身 tànshēn ◆～をもって 亲身 qīnshēn ◆～を寄せる 寄居 jìjū ◆～を固める 结婚 jiéhūn；成家 chéngjiā

み【巳】〈年〉巳 sì ◆～年生まれ 属蛇 shǔ shé

みあい【見合い】◆～結婚 通过相亲结的婚 tōngguò xiāngqīn jié de hūn；介绍结婚 jièshào jiéhūn

みあう【見合う】相抵 xiāngdǐ ◆予算に見合った買い物 与预算相当的购物 yǔ yùsuàn xiāngdāng de gòuwù ◆努力に～成果 与努力相应的成果 yǔ nǔlì xiāngyìng de chéngguǒ

みあきる【見飽きる】看腻 kànnì；看够 kàngòu ◆もう見飽きた 已经看腻了 yǐjīng kànnì le

みあげた【見上げた】令人佩服 lìng rén pèifú ◆～人物 令人佩服的人 lìng rén pèifú de rén ◆～心がけ 值得赞扬的作风 zhídé zànyáng de zuòfēng

みあげる【見上げる】仰望 yǎngwàng ◆天の川を～ 仰望银河 yǎngwàng yínhé

みあたる【見当たる】找到 zhǎodào ◆どこにも見当たらない 哪里都找不到 nǎli dōu zhǎobudào

みあやまる【見誤る】看错 kàncuò

みあわせる【見合わせる】❶《顔を》互看 hùkàn；相视 xiāngshì ❷《中止》展缓 zhǎnhuǎn；中止 zhōngzhǐ ◆出発を～ 暂缓出发 zànhuǎn chūfā

みいだす【見出す】看出来 kànchūlai ◆才能を～ 发现才能 fāxiàn cáinéng ◆方法を～ 找到办法 zhǎodào bànfǎ

ミーティング 碰头会 pèngtóuhuì

ミイラ 木乃伊 mùnǎiyī ◆～取りが～になる 劝人者反被人劝服 quàn rénzhě fǎn bèi rén quànfú

みいり【実入り】收入 shōurù；进款 jìnkuǎn ◆～がいい 收入多 shōurù duō

みいる【見入る】看得出神 kànde chūshén ◆写真に～ 看照片看得入迷 kàn zhàopiàn kànde rùmí

みうける【見受ける】❶《見る》见 jiàn ◆よく見受けられる光景 经常看到的景象 jīngcháng kàndào de jǐngxiàng ◆～とお見受けする 看样子… kàn yàngzi…；看来… kànlái…

みうごき【身動き・する】活动 huódòng；动弹 dòngtan ◆～がとれない《借金などで》一筹莫展 yì chóu mò zhǎn；《混んで》挤得动不了 jǐde dòngbuliǎo

**みうしなう【見失う】◆方向を～ 迷失方向 míshī fāngxiàng ◆姿を見失う 看丢 kàndiū ◆自分を～ 遗失自己 yíshī zìjǐ

みうち【身内】自家人 zìjiārén；自己人 zìjǐrén

みえ【見得［見栄］】排场 páichǎng；虚荣 xūróng；《舞台》～を切る 亮相 liàngxiàng ◆～を張る 撑场面 chēng chǎngmiàn；要排儿 yào yàngr ◆～でピアノを習う 为了虚荣学钢琴 wèile xūróng xué gāngqín

みえかくれ【見え隠れ・する】忽隐忽现 hū yǐn hū xiàn

みえすいた【見え透いた】明显的 míngxiǎn de；露骨的 lùgǔ de ◆～嘘 明显的谎言 míngxiǎn de huǎngyán

みえる【見える】看得见 kàndejiàn ◆《…のように見える》显得 xiǎnde ◆喜んでいるかに～ 好像很高兴 hǎoxiàng hěn gāoxìng ◆…とは見えない 不见得 bújiànde：bújiànde

みおくり【見送り】送别 sòngbié ◆～に行く 送行 sòngxíng：sòngxíng ◆今回は～にする 这次搁置一下 zhè cì gēzhì yíxià

みおくる【見送る】送别 sòngbié；送行 sòngxíng ◆後ろ姿を～ 望着背影 wàngzhe bèiyǐng ◆送客 sòng kè ◆その件は見送りにした 那件事还是搁置了 nà jiàn shì háishi gēzhì le

みおさめ【見納め】看最后一次 kàn zuìhòu yí cì

みおとし【見落し】看漏 kànlòu；遗漏 yílòu ◆～のないように 不要看漏 bú yào kànlòu

みおとす【見落とす】看漏 kànlòu；忽略 hūlüè；疏漏 shūlòu ◆うっかり～ 不留心地忽略 bù liúxīn de hūlüè

みおとり【見劣りーする】 遜色 xùnsè ♦安物は～がする 便宜货有逊色 piányihuò yǒu xùnsè

みおぼえ【見覚えーがある】 眼熟 yǎnshú ♦～のない 陌生 mòshēng

みおも【身重】 身孕 shēnyùn；怀孕 huáiyùn ♦～な体 双身子 shuāngshēnzi

みおろす【見下ろす】 俯視 fǔshì；俯瞰 fǔkàn ♦麓(ふもと)を～ 俯視山脚 fǔshì shānjiǎo

みかい【未開ーの】 未开化 wèi kāihuà ♦～の地 未开化的土地 wèi kāihuà de tǔdì

みかいけつ【未解決ーの】 还没解决 hái méi jiějué ♦～の問題 悬案 xuán'àn

みかいたく【未開拓ーの】 未开拓 wèi kāituò ♦～の分野 还没开拓的领域 hái méi kāituò de lǐngyù

みかいはつ【未開発ーの】 未开发 wèi kāifā ♦～の山奥 未开发的深山 wèi kāifā de shēnshān

みかえす【見返す】 ❶〔見直す〕答案を～ 重看一遍考卷 chóng kàn yí biàn kǎojuàn ❷〔屈辱に〕きっと見返してやる 一定要争气 yídìng yào zhēng qì ❸〔相手の目を〕こっちも見返してやった 我也回瞪了他一眼 wǒ yě huí dèngle tā yì yǎn

みがき【磨きーをかける】 修练 xiūliàn ♦技術に～をかける 对技术精益求精 duì jìshù jīng yì qiú jīng

みがきあげる【磨き上げる】 磨砺 mólì ♦家具を～ 擦亮家具 cāliàng jiājù ♦磨き上げた芸 精湛的技艺 jīngzhàn de jìyì

みかぎる【見限る】 放弃 fàngqì

みかく【味覚】 味覚 wèijué ♦～が発達する 味覚发达 wèijué fādá ♦秋の～ 秋天的时鲜 qiūtiān de shíxiān

みがく【磨く】 ❶〔研磨する〕研磨 yánmó；擦干 cā gān ❷〔ブラシなどで〕刷う shuā ♦歯を～ 刷牙 shuāyá ❸〔芸や技を〕锻炼 chuíliàn ♦腕を～ 锻炼 技艺 duànliàn jìyì

みかくにん【未確認ーの】 没有确认 méiyǒu quèrèn ♦～情報 还没确证 的消息 hái méi quèzhèng de xiāoxi

みかけ【見掛け】 外表 wàibiāo ♦人は～によらない 人不能光看外表 rén bùnéng guāng kàn wàibiāo ♦～倒し 虚有其表 xū yǒu qí biǎo

みかげいし【御影石】 花岗岩 huāgāngyán

みかける【見掛ける】 看见 kànjiàn；看到 kàndào ♦よく～ 习见 xíjiàn；经常见到 jīngcháng jiàndào

みかた【見方】 看法 kànfǎ；看法 kànfa ♦～を変えれば 从另一面看 cóng lìng yímiàn kàn

みかた【味方】 我方 wǒfāng；自己人 zìjǐrén ♦～につく 〈敵方から〉反正 fǎnzhèng ♦～を擁護する 拥护 yōnghù

みかづき【三日月】 月牙儿 yuèyár

みがって【身勝手ーな】 自私 zìsī ♦～な振る舞い 自私的行为 zìsī de xíngwéi

みかねる【見兼ねる】 看不过去 kànbuguòqu ♦見るに見兼ねて 实在看不下去 shízài kànbuxiàqù

みがまえる【身構える】 摆姿势 bǎi zīshì；紧张 jǐnzhāng

みがら【身柄】 ♦～を拘束する 拘留 jūliú ♦息子を～を引取る 领回儿子本人 lǐnghuí érzi běnrén

みがる【身軽ーな】 ❶〔からだが〕轻快 qīngkuài ♦～な動作 轻快的动作 qīngkuài de dòngzuò ❷〔所持品が〕轻 qīng ♦～でない 不轻 bù qīng ♦轻装 qīngzhuāng ❸〔責任や義務が〕轻松 qīngsōng ♦～になる 轻松下来 qīngsōngxiàlai

みがわり【身代わりーになる】 替身 tìshēn；替死鬼 tìsǐguǐ ♦～を受験者が枪手 qiāngshǒu ♦受験する 枪替 qiāngtì ♦～で自首する 顶替自首 dǐngtì zìshǒu

みかん【未完ーの】 未完 wèiwán ♦～の作品 未完的作品 wèiwán de zuòpǐn

ミカン【蜜柑】 橘子 júzi ♦～色の橘黄 júhuáng ♦～の木 橘树 júshù

みかんせい【未完成ーの】 未完成 wèi wánchéng ♦～品 半成品 bànchéngpǐn

みき【幹】 树干 shùgàn；主干 zhǔgàn

みぎ【右】 右边 yòubian ♦右面 yòumiàn ♦～寄りの 《思想的に》右倾 yòuqīng ♦金(かね)が～から左に消える 钱到手眼光 qián dào shǒu jiù guāng ♦～といえば左 故意反对 gùyì fǎnduì ♦彼の～に出る者がない 没有超过他的 méiyǒu chāoguò tā de

みぎうで【右腕】 ❶〔右の腕〕右胳膊 yòu gēbo ❷〔最も信頼できる部下〕好帮手 hǎo bāngshǒu ♦社長の～ 总经理的亲信部下 zǒngjīnglǐ de qīnxìn bùxià

みぎがわ【右側】 右边 yòubian；右面 yòumiàn ♦～通行 右侧通行 yòucè tōngxíng

みきき【見聞きーする】 耳闻目睹 ěr wén mù dǔ ♦テレビで～する 在电视上看到 zài diànshìshang kàndào

みぎきき【右利き-の】 右手灵 yòu shǒu líng; 惯用右手 guànyòng yòushǒu

ミキサー ❶《ジュースなどの》掺和器 chānhéqì ◆~にかける 用掺和器搅拌 yòng chānhéqì jiǎobàn《コンクリートの》搅拌机 jiǎobànjī ◆~車 混凝土搅拌车 hùnníngtǔ jiǎobànchē ❷《音楽の》调音员 tiáoyīnyuán

みぎて【右手】 ❶《右の手》右手 yòushǒu ◆~で投げる 用右手扔 yòng yòushǒu rēng ❷《右の方》右边 yòubiān ◆~に见える 右边可以看到 yòubiān kěyǐ kàndào

みきり【見切り】 ◆~を付ける 断念 duànniàn; 放弃 fàngqì ◆品·廉价的商品 liánjià de shāngpǐn ◆一発车する 没有看好就开始 méi zhǔnbèihǎo jiù kāishǐ

みきわめる【見極める】 ◆生きる意味を~ 看透人生的意义 kàntòu rénshēng de yìyì ◆事の真相を~ 查明真相 chámíng zhēnxiàng ◆正否を~ 弄清对不对 nòngqīng duì bù duì

みくだす【見下す】 看不起 kànbuqǐ; 小看 xiǎokàn ◆人を~ような態度 看不起人的态度 kànbuqǐ rén de tàidu

みくびる【見縊る】 轻视 qīngshì; 小看 xiǎokàn ◆見くびってはいけない 别看不起 bié kànbuqǐ ◆見くびられたものだ 太小看我 tài xiǎokàn wǒ

みくらべる【見比べる】 比较 bǐjiào ◆よく見比べて 仔细比一比 zǐxì bǐyībǐ

みぐるしい【見苦しい】 难看 nánkàn ◆~な真似をするな 别做丢人的事 bié zuò diūrén de shì

ミクロ 微观 wēiguān ◆~経済学 微观经济学 wēiguān jīngjìxué ◆~コスモス 微观世界 wēiguān shìjiè

ミクロン 微米 wēimǐ

みけつ【未決-の】 未决 wèijué ◆~囚 未判决的囚犯 wèi pànjué de qiúfàn

みけねこ【三毛猫】 花猫 huāmāo

みけん【眉間】 眉间 méijiān ◆~にしわを寄せる 皱眉头 zhòu méitou

みこうかい【未公開-の】 未公开 wèi gōngkāi ◆~株 未公开发行的股票 wèi gōngkāi fāxíng de gǔpiào

みこにん【未公認-の】 未被公认 wèi bèi gōngrèn

みこし【神輿】 神轿 shénjiào ◆~を担ぐ 抬神轿 tái shénjiào ◆~を担ぎ《おだて上げる》捧场 pěngchǎng ◆~を上げる 开始做事 kāishǐ zuò shì ◆~を据える 久坐不动 jiǔzuò bú dòng

みごしらえ【身拵え-する】 妆饰 zhuāngshì; 装束 zhuāngshù ◆~をして出かける 穿好衣服出门 chuānhǎo yīfu chūmén ◆~を整える 打扮得整整齐齐 dǎbande zhěngzhěngqíqí

みこす【見越す】 预料 yùliào ◆~先を見越して 预料前途 yùliào qiántú

みごと【見事-な】 ❶《立派》精彩 jīngcǎi; 美妙 měimiào ◆~な作品 完美的作品 wánměi de zuòpǐn ◆~にこなす 出色地掌握 chūsè de zhǎngwò ❷《すっかり》彻底 chèdǐ; 完全 wánquán ◆~にやられた 彻底失败了 chèdǐ shībài le

みこみ【見込み】 ❶《可能性》盼头 pàntou; 希望 xīwàng ◆~がある 有门儿 yǒu ménr ◆~がない 没有把握 méiyǒu bǎwò ❷《予測》估计 gūjì; 预计 yùjì ◆~違いをする 失计 shījì; 估计错 gūjì cuò

みこむ【見込む】 ❶ 预计 yùjì; 估计在内 gūjì zài nèi ◆儲けを見込んで 预料利润 yùliào lìrùn ❷《信頼する》◆あなたを見込んで 瞩望你 zhǔwàng nǐ

みごもる【身ごもる】 怀孕 huáiyùn ◆二人目を~ 怀第二个孩子 huái dì èr ge háizi

みごろ【見頃】 正好看的时候 zhèng hǎokàn de shíhou ◆桜は今が~です 樱花正在盛开 yīnghuā zhèngzài shèngkāi

みごろし【見殺し】 ◆~にする 见死不救 jiàn sǐ bú jiù; 坐视不救 zuòshì bújiù

みこん【未婚-の】 未婚 wèihūn ◆~の母 未婚母亲 wèihūn mǔqin

ミサイル 导弹 dǎodàn

みさお【操】 贞操 zhēncāo ◆~を立てる 坚守贞操 jiānshǒu zhēncāo ◆~を守る 守贞 shǒuzhēn

みさかい【見境】 辨别 biànbié; 区别 qūbié ◆~なく握手する 见谁就跟谁握手 jiàn shéi jiù gēn shéi wò shǒu

みさき【岬】 岬角 jiǎjiǎo

みさげはてた【見下げ果てた】 卑鄙 bēibǐ ◆~奴 卑鄙无耻的东西 bēibǐ wúchǐ de dōngxi ◆~性根 卑劣的心地 bēiliè de xīndì

みさげる【見下げる】 瞧不起 qiáobuqǐ; 看不起 kànbuqǐ

みさだめる【見定める】 看准 kànzhǔn ◆目標を~ 认清目标 rènqīng mùbiāo

みじかい【短い】 ◆日が~ 天短 tiānduǎn ◆脚が~ 腿短 tuǐ duǎn ◆気が~ 性子急 xìngzi jí ◆~一言 短短的一句话 duǎnduǎn de yí jù huà ◆

短くする 缩短 suōduǎn
みじたく【身支度-する】梳妆 shūzhuāng；打扮 dǎban♦旅の一行装 xíngzhuāng
みしっている【見知っている】 认得 rènde；认识 rènshi
みじめ【惨め-な】 惨淡 cǎndàn♦～な様子 悲惨的情形 bēicǎn de qíngxing♦～な気持ち 悲伤的心情 bēishāng de xīnqíng
みじゅく【未熟-な】不成熟 bù chéngshú；不熟练 bù shúliàn♦～児 早产儿 zǎochǎn'ér♦～者 生手 shēngshǒu
みしょう【未詳-の】不详 bùxiáng；没有～ 没有不详 mòniàn bùxiáng
みしらぬ【見知らぬ】陌生 mòshēng♦～客 生客 shēngkè♦～人 陌生人 mòshēngrén
みじろぎ【身動ぎ】♦～もしない 一动也不动 yídòng yě búdòng
ミシン 缝纫机 féngrènjī♦～で切る 切碎 qiēsuì♦～もない 一点儿也没有 yìdiǎnr yě méiyǒu
ミス〈失敗〉错误 cuòwù；差误 chāwù♦～を取り返す 挽回失败 wǎnhuí shībài♦～をする 失误 shīwù♦～を取り繕う 文过饰非 wén guò shì fēi♦～に付け込む 趁隙 chénqù
ミス〈結婚していない女性〉小姐 xiǎojiě♦ワールド 世界小姐 Shìjiè xiǎojiě
みず【水】水 shuǐ♦～が合わない（他郷で）不服水土 bùfú shuǐtǔ♦～垢 水碱 shuǐjiǎn；水锈 shuǐxiù♦～をさす 泼冷水 pō lěngshuǐ♦～をあげる 差距悬殊 chājù xuánshū♦～と油 水火不相容 shuǐ huǒ bù xiāngróng♦～に流す 付之东流 fù zhī dōng liú♦～も漏らさぬ 水泄不通 shuǐ xiè bù tōng
ミズ 女士 nǚshì
みずあげ【水揚げ】〈漁業〉渔获 yúhuò；捕捞量 bǔlāoliàng；〈生花〉吸收水分 xīshōu shuǐfēn
みずあそび【水遊び-する】玩儿水 wánr shuǐ；在水里玩儿 zài shuǐli wánr
みずあび【水浴び-する】洗澡 xǐzǎo；淋浴 línyù
みずあらい【水洗い-する】水洗 shuǐxǐ
みずいらず【水入らずで】只有自家人 zhǐyǒu zìjiārén♦夫婦～で 只有夫妻两个人 zhǐyǒu fūqī liǎng ge rén
みずいろ【水色】淡蓝色 dànlánsè
みずうみ【湖】湖 hú；湖泊 húpō
みすえる【見据える】目不转睛 mù

bù zhuǎn jīng；定睛细看 dìngjīng xìkàn♦未来を～ 看准未来 kànzhǔn wèilái
みずおけ【水桶】〈竹や木製の〉水桶 shuǐtǒng
みずおと【水音】水声 shuǐshēng
みずかけろん【水掛け論】抬死杠 tái sǐgàng；争论不休 zhēnglùn bù xiū
みずかさ【水嵩】水量 shuǐliàng；川の～が増す 河水上涨 héshuǐ shàngzhǎng
みずかす【見透かす】看透 kàntòu；看穿 kànchuān♦腹を見透かされる 被看破心计 bèi kànpò xīnjì
みずがめ【水瓶】水缸 shuǐgāng♦一座 宝瓶座 bǎopíngzuò
みずから【自ら】亲自 qīnzì♦～禍を招く 引火烧身 yǐn huǒ shāo shēn♦～関係を断つ 自绝关系 zìjué guānxi♦～決める 自决 zìjué
みずぎ【水着】游泳衣 yóuyǒngyī
みずききん【水飢饉】缺水 quēshuǐ；水荒 shuǐhuāng
みずぎわ【水際】水边 shuǐbiān
みずぎわだつ【水際立つ】高超 gāochāo；精彩 jīngcǎi
みずくさ【水草】水草 shuǐcǎo；水藻 shuǐzǎo
みずくさい【水臭い】见外 jiànwài；客套 kètào
みずぐすり【水薬】药水 yàoshuǐ
みずくみ【水汲み】♦～をする 打水 dǎshuǐ；汲水 jíshuǐ
みずけ【水気】水分 shuǐfēn♦～が多い 水分多 shuǐfēn duō
みずけむり【水煙】飞沫 fēimò♦～を立てる 溅起水沫 jiànqǐ shuǐmò
みすごす【見過ごす】❶〈見落とす〉忽视 hūshì；看漏 kànlòu♦うっかり～ 轻忽 qīnghū ❷〈許す〉～わけにはいかない 不能宽恕 bù néng kuānshù

みずさかずき【水杯】♦～を交わす 交杯饮水作别 jiāo bēi yǐn shuǐ zuòbié
みずさきあんない【水先案内】领航 lǐnghǎng♦～をする 领港 lǐnggǎng♦～人 领港员 lǐnggǎngyuán♦～船 领港船 lǐnggǎngchuán

みずさし【水差し】水瓶 shuǐpíng
みずしげん【水資源】水利资源 shuǐlì zīyuán
みずしごと【水仕事】〈厨房的〉洗刷工作〈chúfáng de〉xǐshuā gōngzuò；用水的家务 yòngshuǐ de jiāwù
みずしぶき【水飛沫】水花 shuǐhuā
みずしょうばい【水商売】接客的行业 jiēkè de hángyè

みずしらず【見ず知らず-の】 陌生 mòshēng ♦～の人 陌生人 mòshēngrén

みずたま【水玉】 水珠儿 shuǐzhūr ♦～模様 水珠儿图案 shuǐzhūr túʼàn

みずたまり【水溜まり】 水坑 shuǐkēng; 水洼 shuǐwā

みずっぽい【水っぽい】 水分多 shuǐfèn duō

みずでっぽう【水鉄砲】 水枪 shuǐqiāng

ミステリー 不可思议 bù kě sī yì ♦～小説 推理小说 tuīlǐ xiǎoshuō

みすてる【見捨てる】 抛弃 pāoqì; 离弃 líqì ♦病人を～ 不顾病人 búgù bìngrén

みずとり【水鳥】 水鸟 shuǐniǎo

みずのあわ【水の泡】 泡沫 pàomò; 泡影 pàoyǐng ♦三年の苦労が～だ 三年的辛苦落空了 sān nián de xīnkǔ luòkōng le ♦～と消える 归于泡影 guīyú pàoyǐng

みずはけ【水捌け】 排水 páishuǐ ♦～の悪い 排水不好 páishuǐ bùhǎo

みずびたし【水浸し】 ♦～になる 淹 yān; 浸水 jìnshuǐ

みずぶくれ【水膨れ】 水疱 shuǐpào ♦～ができる 打泡 dǎpào

みずぶそく【水不足】 缺水 quēshuǐ ♦～で困っている 因缺水很为难 yīn quēshuǐ hěn wéinán

ミスプリント 错字 cuòzì; 印错 yìncuò

みずべ【水辺】 水边 shuǐbiān ♦～の植物 水边植物 shuǐbiān zhíwù

みすぼらしい 寒酸 hánsuān ♦～身なり 衣衫褴褛 yīshān lánlǚ

みずまくら【水枕】 冷水枕 lěngshuǐzhěn

みずまし【水増し】 虚报 xūbào ♦～勘定 花账 huāzhàng

みすみす【見す見す】 眼看着 yǎnkànzhe ♦～好机会を逃す 眼看着放过难得的好机会 yǎnkànzhe fàngguò nándé de hǎo jīhuì

みずみずしい【瑞々しい】 水汪汪 shuǐwāngwāng; 鲜嫩 xiānnèn ♦～緑の 娇绿 jiāolǜ ♦肌が～ 皮肤细腻 pífū xìnì

みずむし【水虫】 脚癣 jiǎoxuǎn; 脚气 jiǎoqì

みずもの【水物】 不可靠 bù kěkào; 无常的事 wúcháng de shì ♦勝負は～だ 胜败无常 shèngbài wúcháng

みずもれ【水漏れ-する】 漏水 lòushuǐ; 走水 zǒushuǐ

みずわり【水割り-の】 掺水的 chān shuǐ de ♦ウイスキーの～ 兑水的威士忌 duì shuǐ de wēishìjì

みせ【店】 商店 shāngdiàn ♦～を開ける［閉める］ 开［关］门 kāi[guān]mén ♦～を売りに出す 出倒 chūdào ♦～を閉じる 歇业 xiēyè

みせいねん【未成年】 未成年 wèi chéngnián

みせかけ【見せ掛け-の】 虚浮 xūfú; 假装 jiǎzhuāng ♦～の平和 表面的和平 biǎomiàn de hépíng

みせかける【見せ掛ける】 假装 jiǎzhuāng; 装作 zhuāngzuò ♦本物に～ 以假充真 yǐ jiǎ chōng zhēn

みせさき【店先】 店头 diàntou ♦花屋の～ 花店的店头 huādiàn de diàntou

みせしめ【見せしめ】 儆戒 jǐngjiè; 惩一戒百 chéng yī jiè bǎi

みせつける【見せつける】 显示 xiǎnshì; 夸示 kuāshì

みぜに【身銭】 ♦～を切る 自己掏腰包 zìjǐ tāo yāobāo

みせば【見せ場】 最精彩的场面 zuì jīngcǎi de chǎngmiàn

みせばん【店番-をする】 看柜台 kàn guìtái

みせびらかす【見せびらかす】 夸耀 kuāyào; 炫示 xuànshì

みせびらき【店開き-をする】 开业 kāiyè

みせもの【見せ物】 玩意儿 wányìr; 杂耍 záshuǎ ♦～になる 出洋相 chū yángxiàng

みせられる【魅せられる】 入魔 rùmó; 着迷 zháomí ♦彼の人柄に～ 钦佩他的为人 qīnpèi tā de wéirén ♦その絵に～ 被那幅画儿所吸引 bèi nà fú huàr suǒ xīyǐn

みせる【見せる】 显示 xiǎnshì; (取り出して) 出示 chūshì ♦写真を～ 把照片拿出来给人看 bǎ zhàopiàn náchūlái gěi rén kàn ♦パスポートを見せる 出示护照 chūshì hùzhào

みぜん【未然-に】 未然 wèirán ♦事故を～に防ぐ 防事故于未然 fáng shìgù yú wèirán

みそ【味噌】 酱 jiàng ♦～漬け 酱菜 jiàngcài

みぞ【溝】 ❶〈水路〉沟 gōu ♦～の両側 沟沿儿 gōuyánr ♦～に落ちる 掉进沟里 diàojìn gōulǐ ❷〈人間関係の〉隔阂 géhé ♦～ができる 产生隔阂 chǎnshēng géhé ♦～を埋める 沟通 gōutōng

みぞう【未曽有-の】 空前 kōngqián; 史无前例 shǐ wú qián lì

みぞおち【鳩尾】 心口 xīnkǒu

みそこなう【見損なう】 ❶番号を～看错号码 kàncuò hàomǎ ❷試合を見損なった 没看成这次比赛 méi kànchéng zhè cì bǐsài ♦きみを見損なった 把你估计错了 bǎ nǐ gūjì cuò le

みそめる【見初める】 看中 kànzhòng: 一见钟情 yí jiàn zhōng qíng

みぞれ【霙】 ♦~が降る 雨雪交加 yǔxuě jiāojiā

-みたい 《…のようだ》似的 shìde。ばか~ 真糊涂 zhēn hútu。まるで本物~ 简直像真的 jiǎnzhí xiàng zhēn de

みだし【見出し】 标题 biāotí

みだしなみ【身嗜み】 修饰服装 xiūshì fúzhuāng。~が良い 仪容整洁 yíróng zhěngjié。~に気をつける 注意修饰 zhùyì xiūshì

みたす【満たす】 ❶《いっぱいにする》填满 tiánmǎn。コップに水を~ 往杯子里倒满水 wǎng bēizili dàomǎn shuǐ ❷《満足させる》满足 mǎnzú。心を~ 满意 mǎnyì。要求を~ 满足要求 mǎnzú yāoqiú

みだす【乱す】 扰乱 rǎoluàn。髪を~ 蓬发头 péngzhe tóu。秩序を~ 扰乱秩序 rǎoluàn zhìxù

みたてちがい【見立て違い】 ~をする《医師の》误诊 wùzhěn;《判定の》判定错误 pàndìng cuòwù

みたてる【見立てる】 ❶《なぞらえる》当做 dàngzuò。ほうきを馬に見立てて 把扫帚当做马 bǎ sàozhou dàngzuò mǎ ❷《診断する》诊断 zhěnduàn; 鉴定 jiàndìng。胃炎と~、确诊为胃炎 quèzhěn wéi wèiyán ❸《選ぶ》选定 xuǎndìng

みたない【満たない】 不足 bùzú; 未满 wèimǎn。定员に~ 不足定员 bùzú dìngyuán

みだら【淫ら】 猥亵 wěixiè; 淫荡 yíndàng。~な行为 淫荡的行为 yíndàng de xíngwéi

みだり【妄り…】 胡乱 húluàn; 随便 suíbiàn。~に石を投げてはいけない 不要随意扔石头 bú yào suíyì rēng shítou

みだれる【乱れる】 凌乱 língluàn; 乱 luàn。脉が~ 脉搏不规律 màibó bù guīlǜ。足なみが~ 步调凌乱 bùdiào língluàn

みち【道】 道路 dàolù; 道理 dàolǐ。~の真ん中 当道 dāngdào。~の両侧 道路两旁 dàolù liǎngpáng。~が绝える 绝路 juélù。~は远い 路远 lù yuǎn。~に迷う 迷路 mílù。~をつける 沟通 gōutōng; 开路 kāilù。~に生きる 人生道路 rénshēng dàolù。~を説く 讲道理 jiǎng dàolǐ。この~のプロ 这行的专家 zhè háng de zhuānjiā

みち【未知-の】 ♦~の世界 未知的世

界 wèizhī de shìjiè

みちあふれる【満ちあふれる】 洋溢 yángyì。爱情に満ちあふれた 充满爱情 chōngmǎn àiqíng

みちあんない【道案内】 ♦~する 带路 dàilù ♦~人 先导 xiāndǎo; 导游 dǎoyóu。~を頼む 雇向导 gù xiàngdǎo

みぢか【身近-な】 ♦~な問題 切身的问题 qièshēn de wèntí ♦~で起こる 在近旁发生 zài jìnpáng fāshēng

みちがえる【見違える】 认不得 rènbude; 看錯 kàncuò。彼女は~ほどきれいになった 她变好看, 简直认不得了 tā biàn hǎokàn, jiǎnzhí rènbudé le

みちかけ【満ち欠け】 ♦月の~ 月亮的盈亏 yuèliàng de yíngkuī

みちくさ【道草】 ~をくう 中途耽搁 zhōngtú dāngē

みちしお【満潮】 涨潮 zhǎngcháo。满潮 mǎncháo

みちじゅん【道順】 路线 lùxiàn。~を教える 告诉路线 gàosù lùxiàn

みちしるべ【道標】 路标 lùbiāo

みちすう【未知数】 ~だ 不知道可能性有多少 bù zhīdào kěnéngxìng yǒu duōshǎo

みちすがら【道すがら】 沿路 yánlù。一路上 yílùshang。学校への上学的路上 zài shàngxué de lùshang

みちすじ【道筋】 路径 lùjìng; 路途 lùtú。《条理》道理 dàolǐ。~を外れる 离辙 lízhé

みちぞい【道沿い-に】 沿路 yánlù

みちたりる【満ち足りた】 满足 mǎnzú; 丰足 fēngzú。~を表情 满意的表情 mǎnyì de biǎoqíng

みちづれ【道連れ】 伴侣 bànlǚ; 同行人 tóngxíngrén。~になる 搭伴 dābàn

みちのり【道程】 路程 lùchéng; 行程 xíngchéng。ここから10キロの~ 从这里有十公里 cóng zhèlǐ yǒu shí gōnglǐ

みちばた【道端】 路旁 lùpáng。~で卖る 在路上卖 zài lùshang mài

みちる【満ちる】 潮水涨落 cháoshuǐ zhǎngluò

みちびく【導く】 引导 yǐndǎo; 指导 zhǐdǎo。後进を~ 教导后进 jiàodǎo hòujìn。生徒を~ 引导学生 yǐndǎo xuésheng。~に~ 导致 dǎozhì。成功に~ 导向成功 dǎoxiàng chénggōng

みちみち【道々】 沿路 yánlù; 一路上 yílùshang

みちる【満ちる】充满 chōngmǎn ♦潮が～ 涨潮 zhǎngcháo

みつ【密-な】稠密 chóumì；連絡を～にする 密切地联系 mìqiè de liánxì

みつ【蜜】蜜 mì

みっか【三日】三天 sān tiān ♦～に上げず 三天两头儿 sān tiān liǎng tóur ♦～坊主 三天打鱼，两天晒网 sān tiān dǎ yú, liǎng tiān shài wǎng

みっかい【密会-する】偷情 tōuqíng；幽会 yōuhuì

みつかる【見付かる】❶〈探していたのが〉找到 zhǎodào ♦财布が～ 找到钱包儿 zhǎodào qiánbāor ❷〈ばれる〉被看到 bèi kàndào ♦人に～ 被人发现 bèi rén fāxiàn

ミッキーマウス 米老鼠 Mǐlǎoshǔ

みつぐ【貢ぐ】献纳 xiànnà；纳贡 nàgòng；为…花钱 wèi...huāqián

みつぐち【見繕う】斟酌 zhēnzhuó ♦みつくろって肴を作る 斟酌做酒菜 zhēnzhuó zuò jiǔcài

みつげつ【蜜月】蜜月 mìyuè

みつける【見付ける】发现 fāxiàn；找到 zhǎodào

みつご【三つ子】❶〈きょうだい〉一胎三子 yì tāi sān zǐ ❷〈三歳児〉三岁儿童 sān suì értóng ♦～の魂百まで 秉性难移 bǐngxìng nányí

みっこう【密航-する】偷渡 tōudù

みっこく【密告-する】告密 gàomì；密报 mìbào

みっし【密使】密使 mìshǐ

みっしつ【密室】密室 mìshì

みっしゅう【密集-する】密集 mìjí ♦～している 密集层 mìmícéngcéng

ミッションスクール 教会学校 jiàohuì xuéxiào

みっせい【密生-する】密生 mìshēng ♦下草が～している 密生杂草 mìshēng zácǎo

みっせつ【密接-する】紧密团结 jǐnmì；密切 mìqiè ♦～な関係がある 有密切的关系 yǒu mìqiè de guānxi；十指连心 shí zhǐ lián xīn

みっそう【密葬】只由亲属举办的葬礼 zhǐ yóu qīnshǔ jǔbàn de zànglǐ

みつぞう【密造-する】密造 mìzào ♦～酒 私自酿酒 sīzì niàngjiǔ

みつぞろい【三つ揃い】(男式)成套西服 (nánshì) chéngtào xīfú

みつだん【密談-する】密谈 mìtán

みっちゃく【密着-する】贴紧 tiējǐn ♦～取材 跟踪采访 gēnzōng cǎifǎng

みっちり 充分地 chōngfèn de ♦～仕込む 严格地教导 yángé de jiàodǎo

みっつ【三つ】仨 sā；三个 sān ge

みつつう【密通-する】私通 sītōng；偷情 tōuqíng

みつど【密度】密度 mìdù ♦～が高い 稠 chóu ♦人口～ 人口密度 rénkǒu mìdù ♦～の高い授業 很有内容的讲学 hěn yǒu nèiróng de jiǎngxué

みつどもえ【三つ巴-の】♦～の戦い 三方混战 sānfāng hùnzhàn

みっともない 难看 nánkàn ♦～格好 丑态 chǒutài ♦～まねをする 出洋相 chū yángxiàng

みつにゅうこく【密入国-する】潜入国境 qiánrù guójìng；偷渡 tōudù ♦～者 偷渡客 tōudùkè ♦～を取り締まる 取缔偷渡入国 qǔdì tōudù rùguó

みつばい【密売-する】私卖 sīmài；私售 sīshòu ♦麻薬の～ 贩毒 fàndú ♦～人 私贩子 sīfànzi

ミツバチ【蜜蜂】蜜蜂 mìfēng

みっぺい【密閉-する】封闭 fēngbì；密封 mìfēng ♦書類を～する 把文件密封起来 bǎ wénjiàn mìfēngqǐlai

みっぺい【密閉-の】密闭 mìbì ♦～された瓶 封闭的玻璃瓶 fēngbì de bōlíping

みつぼうえき【密貿易】走私贸易 zǒusī màoyì ♦～を摘发する 揭发走私 jiēfā zǒusī

みつまた【三叉】分为三股 fēnwéi sāngǔ ♦～の分かれ道 三岔路口 sānchà lùkǒu

みつめる【見つめる】盯 dīng；注视 zhùshì ♦じっと～ 凝视 níngshì

みつもり【見積り】估计 gūjì ♦～生产高 预计产量 yùjì chǎnliàng

みつもる【見積もる】估计 gūjì ♦低く見積もる 低估 dīgū ♦引越し費用を～ 估计搬家费用 gūjì bānjiā fèiyong

みつやく【密約】密约 mìyuē ♦～ができている 事先订好密约 shìxiān dìnghǎo mìyuē

みつゆ【密輸-する】走私 zǒusī ♦～を搜查する 查私 chásī

みつゆにゅう【密輸入-する】密输入 zǒusī jìnkǒu

みつりょう【密漁-する】非法捕鱼 fēifǎ bǔyú

みつりょう【密猟-する】非法狩猎 fēifǎ shòuliè

みつりん【密林】密林 mìlín

みつろう【蜜蠟】白蜡 báilà；蜂蜡 fēnglà

みてい【未定-の】未决定 wèi juédìng ♦日期还没决定 rìqī hái méi juédìng

みてくれ【見てくれ】外貌 wàimào

みてとる【見て取る】覚察 juéchá；看出 kànchū ◆状況を～ 看透情况 kàntòu qíngkuàng ◆相手の気持ちを～ 看出对方的心情 kànchū duìfāng de xīnqíng

みとおし【見通し】❶〈遠方まで〉远见 yuǎnjiàn ◆霧で～がきかない 因雾看不远 yīn wù kànbuyuǎn ❷〈予測〉预料 yùliào ◆先の～が立つ 预料到前景 yùliàodào qiánjǐng

みとおす【見通す】瞭望 liàowàng；预测 yùcè ◆将来を～ 推测未来的前景 tuīcè wèilái de qiánjǐng

みとがめる【見咎める】盘问 pánwèn；盘查 pánchá

みどころ【見所】看点 kàndiǎn ◆芝居の～ 戏里精彩的地方 xìli jīngcǎi de dìfang ◆～のある人 很有前途的人 hěn yǒu qiántú de rén ◆～のもない 没什么长处 méi shénme chángchu

みとどける【見届ける】看到 kàndào ◆結果を～ 看到结果 kàndào jiéguǒ ◆最期を～ 看到临终 kàndào línzhōng

みとめいん【認め印】手戳 shǒuchuō；戳儿 chuōr ◆～を押す 盖戳儿 gài chuōr

みとめる【認める】❶〈確認する〉发现 fāxiàn ◆人影を～ 看到人影 kàndào rényǐng ◆潰瘍が認められる 看得出溃疡 kàndechū kuìyáng ❷〈承認する〉犯行を～ 承认罪行 chéngrèn zuìxíng ◆外出を～ 允许出门 yǔnxǔ chūmén ◆要求を～ 准许要求 zhǔnxǔ yāoqiú ◆才能を看вить才能 kànzhíyǒu cáinéng ❸〈判断する〉认为 rènwéi ◆きみも承知したものと～ 认定你也同意 rèndìng nǐ yě tóngyì

みどり【緑】绿色 lǜsè ◆～鮮やかな 娇绿 jiāolǜ

みとりず【見取り図】示意图 shìyìtú

ミドル ◆～級 中量级 zhōngliàngjí ◆ナイス～ 潇洒的中年男子 xiāosǎ de zhōngnián nánzǐ

みとれる【見惚れる】看得入神 kànde rùmí ◆絵に～ 看画看得入迷 kàn huà kànde rùmí

みな【皆】～さん 诸位 zhūwèi；大家 dàjiā ◆～来た 都来了 dōu lái le

みなおす【見直す】❶〈再評価する〉重新估价 chóngxīn gūjià ◆彼を見直した 对他有了新的认识 duì tā yǒule xīn de rènshi ❷〈再検討する〉重新研究 chóngxīn yánjiū ◆～必要がある 需要重新研究 xūyào

chóngxīn yánjiū

みなぎる【漲る】充满 chōngmǎn；洋溢 yángyì ◆力～ 洋溢着活力 yángyìzhe huólì

みなげ【身投げ-する】跳水自尽 tiàoshuǐ zìjìn

みなごろし【皆殺し】杀光 shāguāng ◆一族～にされる 全家被杀光了 quánjiā bèi shāguāng le

みなす【見なす】当做 dàngzuò；作为 zuòwéi ◆欠席と～ 认为缺席 rènwéi quēxí

みなと【港】港口 gǎngkǒu ◆〈海沿いの海港 hǎigǎng ◆～に入る 进港 jìngǎng ◆～を出る 出港 chūgǎng

みなみ【南】～～回線 南回归线 nánhuíguīxiàn ◆～側 南边 nánbiān ◆～向きの朝阳 cháoyáng ◆坐北朝南 分北朝南 cháo nán

みなみはんきゅう【南半球】南半球 nánbànqiú

みなもと【源】❶〈起源·根源〉来源 láiyuán；渊源 yuānyuán ◆～を尋ねる 寻根 xúngēn ◆～を発する 发源 fāyuán ❷〈水源〉水源 shuǐyuán ◆川の～ 河流的水源 héliú de shuǐyuán

みならい【見習い-の】见习 jiànxí ◆～期間 见习期间 jiànxí qījiān ◆～工 学徒工 xuétúgōng

みならう【見習う】学习 xuéxí；见习 jiànxí ◆大人を～ 模仿大人 mófǎng dàrén ◆かれを～ 向他学习 xiàng tā xuéxí

みなり【身なり】穿着 chuānzhuó；打扮 dǎban ◆いい～の紳士 打扮端庄的男人 dǎban duānzhuāng de nánrén ◆～を整える 打扮得整齐 dǎbande zhěngqí

みなれる【見慣れる】眼熟 yǎnshú；看惯 kànguàn ◆見慣れた風景 熟悉的景色 shúxī de jǐngsè ◆見慣れない人 陌生人 mòshēngrén

ミニ 迷你型 mínǐ；微型 wēixíng ◆～カー 汽车模型 qìchē móxíng ◆～版 特定少数代表型 tèdìng shǎoshù chuánbǎo ◆～スカート 迷你裙 mínǐqún

みにくい【醜い】难看 nánkàn；丑陋 chǒulòu ◆～姿 形象丑陋 xíngxiàng chǒulòu ◆～争い 丑恶的争执 chǒu'è de zhēngzhí ◆アヒルの子 丑陋的鸭雏儿 chǒulòu de yāchúr

みにくい【見難い】看不清楚 kànbuqīngchu ◆字が～ 字看不清楚 zì kànbuqīngchu

ミニチュア 模型 móxíng

ミニマム 极小 jíxiǎo；最小值 zuìxiǎozhí

みぬく【見抜く】看透 kàntòu; 识破 shípò ◆本質を～ 洞察实质 dòngchá shízhí ◆策略を～ 看破策略 kànpò cèlüè ◆そいつの正体を見抜いた 看穿他的真相 kànchuān tā de zhēnxiàng

みぬふり【見ぬ振り-をする】◆見てーをする 看见了也假装没看见 kànjiàn le yě jiǎzhuāng méi kànjiàn

みね【峰】山峰 shānfēng; 山岭 shānlǐng

ミネラル・ウォーター 矿泉水 kuàngquánshuǐ

みのう【未納-の】未纳 wèi nà; 未缴 wèi jiǎo ◆～金 尾欠 wěiqiàn

みのうえ【身の上】身世 shēnshì ◆～話 身世谈 shēnshìtán ◆～相谈 人生咨询 rénshēng zīxún

みのおきどころ【身の置き所】◆～がない 无地自容 wú dì zì róng

みのがす【見逃す】◆絶好のチャンスを～ 错过极好的机会 cuòguò jí hǎo de jīhuì ◆番組を～ 没看到节目 méi kàndào jiémù ◆～してやる 饶恕 ráoshù

みのけがよだつ【身の毛がよだつ】毛骨悚然 máo gǔ sǒngrán

みのしろきん【身の代金】赎金 shújīn ◆～を要求する 要求赎身钱 yāoqiú shúshēnqián

みのほど【身の程】◆～を知らない 不自量 bú zìliàng; 不知天高地厚 bù zhī tiān gāo dì hòu ◆～を知る 有自知之明 yǒu zìzhī zhī míng

みのまわり【身の回り】身边 shēnbiān ◆～の世话をする 照顾日常生活 zhàogu rìcháng shēnghuó

みのり【実り】成果 chéngguǒ ◆～の秋 收获的秋天 shōuhuò de qiūtiān ◆～豊かな 丰硕 fēngshuò

みのる【実る】❶《植物が》结实 jiēshí; 结果 jiēguǒ ◆稲が～ 稻子成熟 dàozi chéngshú ❷《成果が》有成果 yǒu chéngguǒ ◆努力が～ 努力见到成功 nǔlì jiàn chénggōng

みば【見場】外貌 wàimào ◆～いい 外表好看 wàibiǎo hǎokàn

みばえ【見栄え】好看 hǎokàn ◆～がいい 体面 tǐmiàn; tímiàn ◆～する 外表很美 wàibiǎo hěn měi

みはからう【見計らう】斟酌 zhēnzhuó ◆好みに合いそうなものを～ 选一选合乎爱好的东西 xuǎnyìxuǎn héhū àihào de dōngxi ❷《時間》を◆頃あいを見計らって 看准机会 kànzhǔn jīhuì

みはったつ【未発達-の】◆大脳が～だ 大脑未发达 dànǎo wèi fādá

みはっぴょう【未発表-の】◆～の作品 未发表的作品 wèi fābiǎo de zuòpǐn

みはなす【見放す】抛弃 pāoqì; 放弃 fàngqì ◆親に见放される 被父母抛弃 bèi fùmǔ pāoqì

みはらい【未払い】未付 wèi fù ◆未払い金 积欠 jīqiàn; 欠款 qiànkuǎn

みはらし【見晴らし】眺望 tiàowàng ◆～がいい 远景很好 yuǎnjǐng hěn hǎo ◆～台 瞭望台 liàowàngtái

みはり【見張り】看守 kānshǒu ◆～をつける 派人看守 pài rén kānshǒu

みはる【見張る】监视 jiānshì; 看守 kānshǒu ◆畑の作物を～ 看庄稼 kān zhuāngjia

みびいき【身晶屓-をする】袒护亲朋 tǎnhù qīnpéng

みひつ【未必】◆～の故意 故意的过失 gùyì de guòshī; 有意的疏忽 yǒuyì de shūhu

みひらく【見開く】◆目を見开いて 睁开眼睛 zhēngkāi yǎnjing

みぶり【身振り】姿态 zītài; 手势 shǒushì ◆～手振りをする 比手画脚 bǐ shǒu huà jiǎo ◆～言語 体态语言 tǐtài yǔyán

みぶるい【身震い-する】发抖 fādǒu; 打颤 dǎzhàn

みぶん【身分】身份 shēnfen; 资格 zīgé; zīgé ◆～を明かす 说出身份 shuōchū shēnfen ◆～がつりあっている 门当户对 mén dāng hù duì ◆～证明书 工作证 gōngzuòzhèng; 身份证 shēnfenzhèng

みぼうじん【未亡人】寡妇 guǎfu; 未亡人 wèiwángrén

みほん【見本】标样 biāoyàng; 样品 yàngpǐn ◆～の通りに 照样 zhàoyàng ◆～市 交易会 jiāoyìhuì ◆～帐 样本 yàngběn

みまい【見舞い】慰问 wèiwèn ◆～に行く 探望 tànwàng; 看望 kànwàng ◆～金 抚恤金 fǔxùjīn

みまう【見舞う】探望 tànwàng ◆病人を～ 探望病人 tànwàng bìngrén ◆災难に见舞われる 遭受灾难 zāoshòu zāinàn

みまちがえる【見間違える】误认 wùrèn; 看错 kàncuò ◆他人と～ 看错人 kàncuò rén

みまもる【見守る】《動きや変化を》关注 guānzhù; 注视 zhùshì ◆成长を～ 关照成长 guānzhào chéngzhǎng

みまわす【見回す】张望 zhāngwàng; 环视 huánshì ◆辺りを～ 张望四周 zhāngwàng sìzhōu

みまわる【見回る】巡查 xúnchá; 巡视 xúnshì ◆畑を～ 巡视农田 xúnshì nóngtián

みまん【未満】 未满 wèi mǎn ♦10歳～ 未满十岁 wèi mǎn shí suì
みみ【耳】 ❶耳朵 ěrduo ♦～の穴 耳朵眼儿 ěrduoyǎnr；耳孔 ěrkǒng ♦～が遠い 耳背 ěrbèi ♦～が早い 消息灵通 xiāoxi língtōng ♦～が痛い 扎耳朵 zhā ěrduo ♦～に入る 听见 tīngjiàn；听入耳 ♦～に入れな い 听而不闻 tīng ér bù wén ♦～にたこができる 听腻了 tīngnì le ♦～を貸す 倾听 qīngtīng ♦～が汚れる 听着讨厌 tīngzhe tǎoyàn ♦パンの～ 面包边 miànbāobiān
みみあか【耳垢】 耳垢 ěrgòu；耳屎 ěrshǐ ♦～を取る 掏耳屎 tāo ěrshǐ
みみあて【耳当て】《防寒用の》护耳 hù'ěr；耳套 ěrtào
みみうち【耳打ち-する】 咬耳朵 yǎo ěrduo；耳语 ěryǔ
みみかき【耳掻き】 耳挖子 ěrwāzi；耳勺儿 ěrsháor
みみがくもん【耳学問】 道听途说之学 dào tīng tú shuō zhī xué
みみかざり【耳飾り】 耳坠 ěrzhuì；耳环 ěrhuán；耳饰 ěrshì
みみざわり【耳障り】 刺耳 cì'ěr ♦～だ 太难听了 tài nántīng le
ミミズ【蚯蚓】 蚯蚓 qiūyǐn；曲蟮 qūshàn ♦～がのたうったような字 七扭八歪的字 qī niǔ bā wāi de zì
ミミズク【木菟】 猫头鹰 māotóuyīng
みみせん【耳栓】 耳塞 ěrsāi
みみたぶ【耳たぶ】 耳垂 ěrchuí ♦～にえる《ピアスに用》穿耳 chuān'ěr
みみっちい 小气 xiǎoqi
みみなり【耳鳴り】 耳鸣 ěrmíng
みみなれた【耳慣れた】 耳熟 ěrshú ♦耳慣れない 耳生 ěrshēng
みみより【耳寄り-な】 ♦～な話 值得一听的消息 zhídé yì tīng de xiāoxi
みめ【見目】 容貌 róngmào ♦～麗し 俊美 jùnměi；美貌 měimào
みめい【未明-に】 黎明 límíng；凌晨 língchén
もち【身持】 品行 pǐnxíng ♦～がよい 品行端正 pǐnxíng duānzhèng
みもと【身元】 出身 chūshēn；身分 shēnfen ♦～が確かだ 来历可靠 láilì kěkào ♦～引き受け人 担保人 dānbǎorén
みもの【見物】 值得看的 zhídé kàn de ♦それは～だ 那真值得看看 nà zhēn zhídé kànkan
みゃく【脈】 脉搏 màibó ♦～をとる 诊脉 zhěnmài ♦～をみる 切脉 qièmài ♦～がある《可能性》有希望 yǒu xīwàng

みゃくはく【脈搏】 脉搏 màibó
みゃくらく【脈絡】 脉络 màiluò ♦～のない 连贯 liánguàn ♦～のない 没有条理 méiyǒu tiáolǐ
みやげ【土産】 土产 tǔchǎn；礼物 lǐwù ♦～話 旅行见闻 lǚxíng jiànwén ♦～物店 土特产店 tǔtèchǎndiàn
みやこ【都】 京都 jīngdū；首都 shǒudū
みやこおち【都落ち-する】 搬到乡下 bāndào xiāngxia；离开首都 líkāi shǒudū
みやすい【易い】 易懂 yìdǒng；易看 yìkàn ♦～紙面 易懂的版面 yìdǒng de bǎnmiàn
みやぶる【見破る】 看破 kànpò；识破 shípò；看透 kàntou ♦トリックを～ 看破诡计 kànpò guǐjì
みやまいり【宮参り】《小孩满月时》参拜神庙 (xiǎohái mǎnyuè shí) cānbài shénmiào
みやる【見やる】 ♦遠くを～ 远望 yuǎnwàng ♦ちらりと～ 略微一看 lüèwēi yí kàn
ミュージカル 音乐剧 yīnyuèjù；歌舞剧 gēwǔjù
みょう【妙】 ❶《へんだ》♦～だな 奇怪 qíguài ❷《すばらしい》言い得て～ 说得巧妙 shuōde qiǎomiào
みょうあん【妙案】 好主意 hǎo zhǔyi；绝妙的办法 juémiào de bànfǎ
みょうぎ【妙技】 妙技 miàojì
みょうごにち【明後日】 后天 hòutiān；后日 hòurì
みょうじ【苗字】 姓 xìng；姓氏 xìngshì
みょうしゅ【妙手】 高手 gāoshǒu《勝負ごとの》高招儿 gāozhāor ♦踊りの～ 舞蹈名手 wǔdǎo míngshǒu
みょうじょう【明星】 金星 jīnxīng；明けの～ 晨星 chénxīng；宵の～ 昏星 hūnxīng
みょうだい【名代】 代理人 dàilǐrén ♦父の～で出席する 代父亲来参加 dài fùqīn lái cānjiā
みょうちょう【明朝】 明天早晨 míngtiān zǎochen
みょうにち【明日】 明天 míngtiān
みょうばん【明礬】 明矾 míngfán；白矾 báifán
みょうばん【明晩】 明天晚上 míngtiān wǎnshang ♦～集会がある 明天晚上开会 míngtiān wǎnshang kāihuì
みょうみ【妙味】 妙趣 miàoqù ♦音色に～がある 音色有妙趣 yīnsè yǒu miàoqù
みょうやく【妙薬】 灵药 língyào
みょうり【名利】 名利 mínglì ♦～に

みより【身寄り】 家属 jiāshǔ；亲属 qīnshǔ ◆～のない 孤寡 gūguǎ

みらい【未来】 未来 wèilái ◆～の構想 未来的蓝图 wèilái de lántú ◆～への見通し 远景 yuǎnjǐng ◆～学 未来学 wèiláixué

ミリ 毫 háo ◆～グラム 毫克 háokè ◆～ミクロン 毫微米 háowēimǐ ◆～メートル 毫米 háomǐ ◆～リットル 毫升 háoshēng

みりょく【魅力-する】 吸引 xīyǐn ◆観衆を～する 使观众入迷 shǐ guānzhòng rùmí

みりょう【未了】 未完 wèi wán ◆審議～ 审议未完 shěnyì wèiwán

みりょく【魅力】 魔力 mólì；魅力 mèilì ◆～のある 有魅力 yǒu mèilì

ミンク 水貂 shuǐdiāo

みる【見る】 ❶【目で】テレビを～ 看电视 kàn diànshì ◆映画を～ 看电影 kàn diànyǐng ◆窓の外を～ 看看窗外 kànkàn chuāngwài ◆一目見れば分かる 看一眼就明白 kàn yī yǎn jiù míngbai ❷【具合を】味を～ 尝一尝 chángyīcháng ◆やって～ 试试看 shìshi kàn ❸【世話する】親の面倒を～ 照料父母 zhàoliào fùmǔ ❹【評価する】日本をどう～か 怎样看日本 zěnyàng kàn Rìběn ◆人を～目がある 看人很有眼力 kàn rén hěn yǒu yǎnlì

みるかげもない【見る影もない】 面目全非 miànmù quánfēi ◆やつれて～ 憔悴得面目全非 qiáocuì de miànmù quánfēi

みるからに【見るからに】 一目了然 yímù liǎorán ◆彼は～健康そうだ 一看就知道他很健康 yíkàn jiù zhīdào tā hěn jiànkāng

ミルク 牛奶 niúnǎi

みるまに【見る間に】 眼看着 yǎnkànzhe ◆～人で埋まった 眼看着挤满了人 yǎnkànzhe jǐmǎnle rén

みれん【未練】 依恋 yīliàn ◆～のある 恋恋不舍 liànliàn bù shě ◆～がない 舍得 shěde ◆～を残す 留恋 liúliàn ◆～がましい 不干脆 bù gāncuì

みわく【魅惑-する】 迷惑 míhuò；迷人 mírén

みわくてき【魅惑的-な】 妖艳 yāoyàn ◆～な容貌 妖艳容貌 yāoyàn yóngmào

みわけ【見分け】 识别 shíbié ◆～がつく 认得出来 rèndechūlái ◆～がつかない 认不出来 rènbuchūlái

みわける【見分ける】 识别 shíbié；辨別 biànbié ◆種類を～ 鉴别种类 jiànbié zhǒnglèi ◆善し悪しを～ 识别好坏 shíbié hǎohuài

みわたす【見渡す】 张望 zhāngwàng ◆ぐっと～ 扫视一下 sǎoshì yíxià ◆遠くを～ 展望 zhǎnwàng ◆～限りの麦畑 一望无际的麦田 yíwàng wú jì de màitián

みんい【民意】 民意 mínyì ◆～を反映させる 反映民意 fǎnyìng mínyì

みんえい【民営】 私营 sīyíng；民办 mínbàn ◆～企業 民办企业 mínbàn qǐyè ◆～化 民营化 mínyínghuà

みんか【民家】 民房 mínfáng

みんかん【民間-の】 民间 mínjiān；民用 mínyòng ◆～航空 民用航空 mínyòng hángkōng ◆～人 老百姓 lǎobǎixìng；非政府人员 fēi zhèngfǔ rényuán ◆～で運営する 民办 mínbàn ◆～療法 土方 tǔfāng

みんげい【民芸】 民间艺术 mínjiān yìshù ◆～品 民间工艺品 mínjiān gōngyìpǐn

みんけん【民権】 民权 mínquán ◆自由～運動 自由民权运动 zìyóu mínquán yùndòng

みんじ【民事】 民事 mínshì ◆～事件 民事案件 mínshì ànjiàn ◆～訴訟 民事诉讼 mínshì sùsòng

みんしゅ【民主】 民主 mínzhǔ ◆～主義 民主主义 mínzhǔ zhǔyì

みんじゅ【民需】 民用 mínyòng；民需 mínxū ◆～を拡大 扩大民需 kuòdà mínxū

みんしゅう【民衆】 群众 qúnzhòng；老百姓 lǎobǎixìng ◆～の声 群众的意见 qúnzhòng de yìjiàn ◆～の総意 公意 gōngyì

みんしゅく【民宿】 家庭旅店 jiātíng lǚdiàn ◆～を営む 经营家庭旅店 jīngyíng jiātíng lǚdiàn

みんしん【民心】 民心 mínxīn ◆～を失う 失去民心 shīqù mínxīn

みんせい【民政】 民政 mínzhèng

みんぞく【民俗】 民俗 mínsú ◆～学 民俗学 mínsúxué

みんぞく【民族】 民族 mínzú ◆～主義 民族主义 mínzú zhǔyì ◆～色 民族色彩 mínzú sècǎi ◆～文化 民族文化 mínzú wénhuà ◆少数～ 少数民族 shǎoshù mínzú

みんな【皆】 大家 dàjiā ◆～のために 为大家 wèi dàjiā ◆～で 大家在一起 dàjiā zài yìqǐ ◆～が～悪いのだ 都是我的错 dōu shì wǒ de cuò

みんぽう【民法】 民法 mínfǎ

みんぽう【民放】 民营广播 mínyíng guǎngbō ◆～のドラマ 民营台的电

視剧 mínyíngtái de diànshìjù
みんゆう[民有-の] 私有 sīyǒu ♦～地 私有地 sīyǒudì
みんよう[民謡] 民歌 míngē；民谣 mínyáo
みんわ[民話] 民间故事 mínjiān gùshi

む

む[無] 无 wú ♦～に帰する 落空 luòkōng；一场空 yì cháng kōng ♦好意を～にする 辜负好意 gūfù hǎoyì
むい[無為-に] 无为 wúwéi ♦～に過ごす 消闲 xiāoxián；游手好闲 yóu shǒu hào xián ♦～にして化す 无为而化 wú wéi ér huà
むいしき[無意識] 下意识 xiàyìshí；无意识 wúyìshí；无意识 wúyìshi ♦～の一言 无意中的一句话 wúyì zhōng de yí jù huà
むいそん[無医村] 没有医生的村庄 méiyǒu yīshēng de cūnzhuāng
むいちぶつ[無一物-の] 精光 jīngguāng；一无所有 yì wú suǒ yǒu
むいちもん[無一文] ♦～になる 落得一文不名 luòde yì wén bù míng
むいみ[無意味-な] 没意思 méi yìsi；无意义 wú yìyì
ムード 风气 fēngqì；气氛 qìfēn ♦～音楽 情调音乐 qíngdiào yīnyuè
むえき[無益-な] 无益 wúyì；无济于事 wú jì yú shì
むえん[無縁-の] 无缘 wúyuán ♦～墓地 乱葬岗子 luànzàng gǎngzi；义冢 yìzhǒng
むえん[無煙-の] 无烟 wúyān ♦～炭 无烟煤 wúyānméi
むえん[無援-の] 无援 wúyuán
むが[無我] 忘我 wàngwǒ ♦～の境地 忘我的境地 wàngwǒ de jìngdì
むかい[向かい] ♦～の家 对门 duìmén ♦～側 对面 duìmiàn
むがい[無蓋] ♦～貨車 敞篷货车 chǎngpéng huòchē；敞车 chǎngchē
むがい[無害-の] 无害 wúhài
むかいあう[向かい合う] 相对 xiāngduì ♦向かい合わせ 面对面 miàn duì miàn
むかいかぜ[向かい風] 顶风 dǐngfēng；逆风 nìfēng
むかう[向かう] ♦鏡に～ 对着镜子 duì zhe jìngzi ♦向かって左側のドア 对面左侧的门 duìmiàn zuǒcè de mén ♦太陽に向かって進む 向太阳走 xiàng tàiyang zǒu ♦快方に～ 病情好转 bìngqíng hǎozhuǎn
むかえ[迎え] 迎接 yíngjiē ♦駅へ～に行く 到车站去接 dào chēzhàn qù jiē
むかえうつ[迎え撃つ] 抗击 kàngjī；迎战 yíngzhàn
むかえび[迎え火] 迎魂火 yínghunhuǒ ♦～をたく 点燃迎魂火 diǎn-

むかえる ― ーむけ　543

rán yínghúnhuǒ
むかえる【迎える】聘请 pìnqǐng；迎接 yíngjiē ◆重役に迎える 聘任为董事 pìnrèn wéi dǒngshì ◆空港で父を～ 在机场接父亲 zài jīchǎng jiē fùqin
むがく【無学】没有文化 méiyǒu wénhuà；胸无点墨 xiōng wú diǎn mò ◆～無能 才疏学浅 cái shū xué qiǎn
むかし【昔】往昔 wǎngxī；过去 guòqù ◆～ながらのやり方 老一套 lǎoyītào ◆～のままの 依然如故 yīrán rúgù ◆～の出来事 往事 wǎngshì ◆～の人 前人 qiánrén ◆～からの仲間 旧伙伴 jiùhuǒbàn
むかしかたぎ【昔気質】老脑筋 lǎo nǎojīn ◆～の職人 保持着传统作风的工匠 bǎochízhe chuántǒng zuòfēng de gōngjiàng
むかしなじみ【昔馴染】旧相识 jiùxiāngshí
むかしばなし【昔話】◆～をする 友人同士が 叙旧 xùjiù ◆こどもに村の～を聞かせる 给孩子讲村里的故事 gěi háizi jiǎng cūnli de gùshi
むかしふう【昔風の】旧式 jiùshì
むかつく ❶〈病気などで〉恶心 ěxin；反胃 fǎnwèi ❷〈感情的に〉厌恶 yànwù；生气 shēngqì
むかっぱら【向かっ腹】赌气 dǔqì；负气 fùqì ◆～を立てる 生气 shēngqì
ムカデ【百足】蜈蚣 wúgōng；wúgong
むかむかする ◆～話 使人恼火的话 shǐ rén nǎohuǒ de huà ◆酔って～ 醉得恶心了 zuìde ěxin le
むかんかく【無感覚-な】麻木不仁 mámù bù rén ◆～になる 麻痹 mábì
むかんけい【無関係-な】无干 wúgān；没有关系 méiyǒu guānxi
むかんしん【無関心-な】冷淡 lěngdàn；漠然 mòrán ◆～である 漠不关心 mò bù guānxīn
むかんどう【無感動-な】无动于衷 wú dòng yú zhōng；冷漠 lěngmò
むき【向き】❶〈方向〉◆机の～を変える 改变桌子的方向 gǎibiàn zhuōzi de fāngxiàng ◆南～の窓 朝南的窗户 cháo nán de chuānghu ❷〈適合〉◆春～の服 适合春季的衣服 shìhé chūnjì de yīfu
むき【無期】无期 wúqī ◆～延期 无限延期 wúxiàn yánqī ◆～懲役 无期徒刑 wúqī túxíng
むき【無機-の】无机 wújī ◆～肥料 无机肥料 wújī féiliào
むぎ【麦】麦子 màizi ◆～の穂 麦穗

儿 màisuǐr ◆～を刈る 割麦子 gē màizi ◆～畑 麦田 màitián
むきあう【向き合う】面对 miànduì ◆向き合って坐る 对着面儿坐 duìzhe miànr zuò ◆癌と～ 面对癌症 miànduì áizhèng
むきげん【無機嫌-の】无期限 wúqīxiàn
むきしつ【無機質-の】无机 wújī
むきず【無傷-の】完好 wánhǎo；无瑕疵 wú xiácī
むきだし【剥き出し-の】露出 lùchū ◆感情を～にする 毫不掩饰感情 háo bù yǎnshì gǎnqíng ◆齒を～に 露出牙齿 lùchū yáchǐ
むきどう【無軌道-な】放荡不羁 fàngdàng bùjī；不轨 bùguǐ
むきなおる【向き直る】转过身来 zhuǎnguò shēn lái
むきめい【無記名-の】无记名 wújìmíng
むきゅう【無休】不休息 bù xiūxi ◆年中～ 全年不休业 quánnián bù xiūyè
むきゅう【無給-の】没有工资 méiyǒu gōngzī；义务 yìwù
むきょういく【無教育-な】没文化 méi wénhuà
むきりょく【無気力-な】没有精神 méiyǒu jīngshen；没有朝气 méiyǒu zhāoqì
むぎわら【麦藁】麦秆儿 màigǎnr；麦秸 màijiē ◆～帽子 草帽 cǎomào
むきん【無菌-の】无菌 wú jūn
むく【剥く】剥 bāo ◆皮を～ 剥皮 bāopí
むく【向く】〈方向〉◆南に～ 朝南 cháo nán；〈適する〉◆自分に～ 仕事 适合自己的工作 shìhé zìjǐ de gōngzuò
むく【無垢-な】纯真 chúnzhēn ◆～な心 童心 tóngxīn
むくい【報い】报应 bàoyìng；bàoying ◆～を受ける 遭报应 zāo bàoying
むくいる【報いる】报答 bàodá；回报 huíbào ◆恩義に～ 报答恩情 bàodá ēnqíng
ムクゲ【槿】木槿 mùjǐn
むくち【無口-な】沉默寡言 chénmò guǎyán；不爱说话 bú ài shuōhuà ◆～な人 闷葫芦 mènhúlu
ムクドリ【椋鳥】灰椋鸟 huīliángniǎo
むくみ【浮腫み】浮肿 fúzhǒng；水肿 shuǐzhǒng
むくむ【浮腫む】膀 pāng；肿 zhǒng ◆足が～ 腿浮肿 tuǐ fúzhǒng
ーむけ【-向け】面向 miànxiàng ◆子供～の辞書 儿童用词典 értóng yòng cídiǎn ◆子ども～の出版 面

むけい【無形-の】 无形 wúxíng ♦～文化財 无形文化财产 wúxíng wénhuà cáichǎn

むげい【無芸-な】 无一技之长 wú yī jì zhī cháng

むけいかく【無計画-な】 无计划 wú jìhuà；没谱儿 méipǔr

むけっきん【無欠勤】 全勤 quánqín

むげに【無下に】 ♦～断わる 断然拒绝 duànrán jùjué

むける【向ける】 ♦ 背を～ 转身 zhuǎnshēn ♦ 注意を～ 留意 liúyì；注意 zhùyì ♦ 目を～ 看 kàn ♦ 水を～ 用话引诱 yòng huà yǐnyòu ♦ マイクを～ 把话筒伸向… bǎ huàtǒng shēnxiàng...

むげん【無限-の】 无限 wúxiàn ♦～大 无穷大 wúqióngdà；无限大 wúxiàndà

むげん【夢幻】 梦幻 mènghuàn

むこ【婿】 女婿 nǚxu ♦～を养子 赘婿 zhuìxù ♦～を取る 招女婿 zhāo nǚxu；招亲 zhāoqīn

むごい【惨い】 狠 hěn；刻薄 kèbó ♦～やり方 残忍的手段 cánrěn de shǒuduàn

むこいり【婿入り-する】 入赘 rùzhuì；招亲 zhāoqīn

むこう【無効】 无效 wúxiào ♦～にする 取消 qǔxiāo ♦～になる 作废 zuòfèi

むこう【向こう】 对方 duìfāng；那边 nàbiān ♦～の家 那儿的房子 nàr de fángzi ♦～の意向 对方的意向 duìfāng de yìxiàng ♦ あいつと～に回す 以他为对手 yǐ tā wéi duìshǒu

むこういき【向こう意気】 ♦～の强い 不甘示弱 bùgān shìruò；好胜 hàoshèng

むこうがわ【向こう侧】 那边 nàbiān；里面 nèibiān ♦ 墙の～ 墙的那边 qiáng de nàbiān ♦ 山の～ 山那边 shān nàbiān

むこうぎし【向こう岸】 对岸 duì'àn

むこうずね【向こう胫】 迎面骨 yíngmiàngǔ

むこうみず【向こう见ず-な】 愣头愣脑 lèng tóu lèng nǎo ♦～な行动 鲁莽的举动 lǔmǎng de jǔdòng

むこうもち【向こう持ち】 对方负担 duìfāng fùdān ♦ 交通費は～で 交通费由对方负担 jiāotōngfèi yóu duìfāng fùdān

むごたらしい【惨たらしい】 残忍 cánrěn；凄惨 qīcǎn ♦ 写真 惨不忍看的照片 cǎn bù rěn kàn de zhàopiàn

むこん【無根-の】 没根据 méi gēnjù ♦ 事实～ 无凭无据 wú píng wú jù

むごん【無言-の】 默然 mòrán；劇 哑剧 yājù

むざい【無罪】 无罪 wúzuì

むさく【無策】 没办法 méi bànfǎ ♦ 無为～ 束手无策 shù shǒu wú cè

むさくい【無作为-に】 ♦～抽出 任意抽出 rènyì chōuchū

むさくるしい【むさ苦しい】 不整洁 bù zhěngjié；肮脏 āngzāng

むさべつ【無差别-の】 无差别 wú chābié；不加区别 bù jiā qūbié

むさぼる【贪る】 贪图 tāntú ♦ ～よう に 如饥似渴 rú jī sì kě ♦ 暴利を～ 牟取暴利 móuqǔ bàolì

むざむざ 白白 báibái；轻易 qīngyì ♦～一日を无駄にした 白白浪费了一天 báibái làngfèile yì tiān

むざん【無残-な】 凄惨 qīcǎn ♦～な最期 死得很惨 sǐde hěn cǎn

むし【虫】 虫 chóng；虫子 chóngzi ♦～の息 奄奄一息 yǎnyǎn yì xī ♦～かご 虫笼 chónglóng ♦～が食った衣類 被虫子蛀过的衣服 bèi chóngzi zhùguo de yīfú ♦～に刺される 被虫子蜇 bèi chóngzi zhē ♦～がかからない 合不来 hébuláí ♦～がいい要求 自私的要求 zìsī de yāoqiú ♦～の知らせ 不祥的预感 bùxiáng de yùgǎn ♦ 腹の～が納まらない 怒气难消 nùqì nán xiāo

むし【無私-の】 无私 wúsī

むし【無视-する】 无视 wúshì；漠视 mòshì；不顾 búgù

むじ【無地】 白地 báidì；无花纹 wúhuāwén；素色 sùsè

むしあつい【蒸し暑い】 闷热 mēnrè

むしかえす【蒸し返す】 ♦ 古い话を～ 旧事重提 jiùshì chóngtí

むしかく【無资格-の】 无资格 wú zīgé

むじかく【無自覚-な】 不自觉 bú zìjué；无意识 wúyìshí

むしき【蒸し器】 蒸笼 zhēnglóng

むしくだし【虫下し】 驱虫剂 qūchóngjì

むしけら【虫螻】 小虫 xiǎochóng ♦～も同然 如同蝼蚁 rútóng lóuyǐ

むしけん【無试験】 免试 miǎnshì ♦～採用 免试录取 miǎnshì lùqǔ

むしず【虫唾】 恶心人 ěxīn ♦～が走る 讨厌得胃里冒酸水 tǎoyànde wèilǐ mào suānshuǐ

むしタオル【蒸しタオル】 热毛巾 rè máojīn

むじつ【無実-の】 冤 yuān ♦～の罪 冤屈 yuānqū；冤罪 yuānzuì

ムジナ【貉】貉 hé ◆同じ穴の～ 一丘之貉 yī qiū zhī hé
むに【蒸煮】焖 mèn ◆魚を～にする 焖鱼 mèn yú
むしば【虫歯】虫牙 chóngyá; 龋齿 qǔchǐ
むしばむ【蝕む】侵蚀 qīnshí;《人の心を》蛊惑 gǔhuò; 腐蚀 fǔshí ◆社会を～侵蚀社会 qīnshí shèhuì
むじひ【無慈悲一】不仁 bùrén; 无情 wúqíng; 狠毒 hěndú
むしぶろ【蒸風呂】蒸汽浴 zhēngqìyù
むしむしする 闷热 mēnrè
むしめがね【虫眼鏡】放大镜 fàngdàjìng
むじゃき【無邪気一】稚气 zhìqì; 天真 tiānzhēn
むしゃくしゃする 心烦意乱 xīn fán yì luàn; 憋气 biēqì
むしゃしゅぎょう【武者修行】走访各地锻炼 zǒufǎng gèdì duànliàn; 调到别处积累经验 diàodào biéchù jīlěi jīngyàn
むしゃぶりつく【武者振り付く】猛扑上去 měng pūshàngqu
むしゃぶるい【武者震い－をする】斗志全身发抖 yīn dòuzhì quánshēn fādǒu
むしゃむしゃ ◆～食う 大口大口地吃 dà kǒu dà kǒu de chī
むしゅう【無臭】无臭 wúxiù
むしゅうきょう【無宗教一】无宗教 wú zōngjiào
むしゅうにゅう【無収入】没有收入 méiyǒu shōurù
むじゅうりょく【無重力】无重力 wú zhònglì
むしゅみ【無趣味－】没什么爱好 méi shénme àihào
むじゅん【矛盾】矛盾 máodùn ◆～した意見 矛盾的看法 máodùn de kànfǎ ◆～を生む 闹矛盾 nào máodùn ◆君の話は～している 你说的前后矛盾 nǐ shuō de qiánhòu máodùn
むしょう【無償一】无偿 wúcháng ◆～の愛 无偿的爱 wúcháng de ài
むじょう【無上】无上 wúshǎng ◆～の幸福 无比的幸福 wúbǐ de xìngfú
むじょう【無情一】无情 wúqíng; 冷酷 lěngkù
むじょうけん【無条件一】无条件 wútiáojiàn ◆～降伏 无条件投降 wú tiáojiàn tóuxiáng
むしょうに【無性に】特别 tèbié; 非常 fēicháng ◆～腹が立つ 非常生气 fēicháng shēngqì
むしょく【無色－の】无色 wúsè ◆～

無臭 无色无臭 wúsè wúxiù
むしょく【無職】无职业 wú zhíyè; 没有工作 méiyǒu gōngzuò
むしょく【虫除け】防治虫害 fángzhì chónghài; 防虫药 fángchóngyào
むしょぞく【無所属－の】无党派 wúdǎngpài
むしりとる【毟り取る】拔掉 bádiào; 薅掉 hāodiào
むしろ【筵】席子 xízi; 草席 cǎoxí
むしろ【寧ろ】与其⋯不如 yǔqí...bùrú; 宁肯 nìngkěn; 情愿 qíngyuàn ◆别れるくらいなら～死にたい 与其离别还不如死 yǔqí líbié hái bùrú sǐ
むしん【無心】❶【無邪気】~に遊ぶ 天真地玩儿 tiānzhēn de wánr ❷《乞う》~かねを～する 要钱 yào qián
むじん【無人－の】无人 wúrén ◆～スタンド 自助销售点 zìzhù xiāoshòudiǎn
むしんけい【無神経－】粗心 cūxīn ◆服装に～な 对装束不细心 duì zhuāngshù bú xìxīn
むじんぞう【無尽蔵－の】取之不尽,用之不竭 qǔ zhī bú jìn, yòng zhī bù jié
むしんろん【無神論】无神论 wúshénlùn
むす【蒸す】蒸 zhēng;《天気》闷热 mēnrè
むすう【無数－の】无数 wúshù
むずかしい【難しい】难 nán; 困难 kùnnan ◆発音が～ 发音难 fāyīn nán ◆～顔をする 面有难色 miàn yǒu nánsè
むすこ【息子】儿子 érzi; 小儿 xiǎo'ér
むすばれる【結ばれる】结婚 jiéhūn; 结为夫妻 jié wéi fūqī
むすびつく【結びつく】结合 jiéhé ◆结びつける 联系 liánxì; 联结 liánjié
むすびめ【結び目】结 jié; 扣子 kòuzi ◆~を作る 绾 wǎn; 打结 dǎjié
むすぶ【結ぶ】系 jì ◆靴ひもを～ 系鞋带 jì xiédài ◆契約を～ 签约 qiānyuē; 订合同 dìng hétong ◆実を～ 结果儿 jiē guǒr
むずむず 痒痒 yǎngyang
むすめ【娘】女孩儿 nǚháir;《親属名称の女儿 nǚ'ér ◆～さん 姑娘 gūniang; 闺女 guīnǚ ◆～婿 女婿 nǚxu ◆母と～ 母女俩 mǔnǚ liǎ
ムスリム【夢精】穆斯林 mùsīlín
むせい【夢精】梦遗 mèngyí; 遗精 yíjīng
むせい【無声－の】无声 wúshēng ◆～映画 无声片 wúshēngpiàn
むぜい【無税－の】无税 wúshuì

むせいげん【無制限-な】 无限制 wú xiànzhì
むせいふ【無政府】 无政府 wúzhèngfǔ ◆ ～主義 无政府主义 wúzhèngfǔ zhǔyì ◆ ～状態 无政府状态 wú zhèngfǔ zhuàngtài
むせかえる【むせ返る】 呛 qiàng ◆ 煙に～ 被烟呛得直咳嗽 bèi yān qiàngde zhí késou
むせきにん【無責任-な】 不负责任 bú fù zérèn; 没有责任心 méiyǒu zérènxīn
むせっそう【無節操-な】 无节操 wú jiécāo
むせびなく【噎び泣く】 呜咽 wūyè; 抽搭 chōuda; 抽泣 chōuqì
むせぶ【噎ぶ】 ◆涙に～ 一流泪哽咽 liúlèi gěngyè
むせん【無線】 无线 wúxiàn
むせんいんしょく【無銭飲食-する】 吃饭不付钱 chīfàn bú fù qián
むそう【夢想-する】 梦想 mèngxiǎng; 做梦 zuòmèng
むぞうさ【無造作-な】 漫不经心 màn bù jīng xīn ◆～に书き上げる 轻而易举地写完 qīng ér yì jǔ de xiěwán ◆～に承知する 轻易答应 qīngyì dāyìng
むだ【無駄-な】 ◆～な努力 徒劳 túláo ◆～がない文章 精练的文章 jīngliàn de wénzhāng ◆時間を～にする 浪费时间 làngfèi shíjiān ◆～を省く 俭省 jiǎnshěng
むだあし【無駄足】 ◆～を踏む 白走 bái zǒu; 扑空 pūkōng
むだぐち【無駄口】 闲话 xiánhuà ◆～をたたく 说废话 shuō fèihuà
むだづかい【無駄遣い-する】 浪费 làngfèi; 乱花钱 luàn huā qián
むだばなし【無駄話】 淡话 dànhuà; 废话 fèihuà ◆～をする 扯谈 chětán; 闲扯 xiánchě; 闲聊 xiánliáo
むだぼね【無駄骨】 徒劳 túláo ◆～を折る 白受累 bái shòulèi
むだめし【無駄飯】 吃闲饭 chī xiánfàn ◆～食い 吃闲饭的人 chī xiánfàn de rén; 饭桶 fàntǒng
むだん【無断】 径自 jìngzì; 私自 sīzì ◆～欠勤する 旷职 kuàngzhí ◆～带出する 擅自借出 shànzì jièchū
むち【鞭】 鞭子 biānzi ◆～打つ 鞭打 biāndǎ; 鞭挞 biāntà ◆老骥に～つ 鞭策老骥 biāncè lǎojì
むち【無知-な】 无知 wúzhī; 愚昧 yúmèi ◆～な輩 愚昧之徒 yúmèi zhī tú
むち【無恥-な】 无耻 wúchǐ; 不要脸 bú yàoliǎn
むちつじょ【無秩序-な】 凌乱 língluàn; 紊乱 wěnluàn; 没有秩序 méiyǒu zhìxù
むちゃ【無茶-な】 无道理 wú dàolǐ ◆～を言う 胡搅 hújiǎo; 胡说八道 húshuō bā dào ◆～苦茶な 荒唐 huāngtáng; huāngtang; 岂有此理 qǐ yǒu cǐ lǐ
むちゅう【夢中】 ◆～になる 入迷 rùmí; 着迷 zháomí ◆テレビに～になる 迷上电视 míshàng diànshì ◆～で駆けつける 忘我地跑过去 wàngwǒ de pǎoguòqu
むちん【無賃】 不交费 bù jiāofèi ◆～乗車 无票乘车 wúpiào chéngchē
むつう【無痛-の】 无痛 wútòng ◆～分娩 无痛分娩 wútòng fēnmiǎn
むつごと【睦言】 闺房私话 guīfáng sīhuà
むっつり 沉默寡言 chén mò guǎ yán
むてき【無敵-の】 无敌 wúdí ◆～艦隊 无敌舰队 wúdídui
むてっぽう【無鉄砲-な】 愣头愣脑 lèng tóu lèng nǎo; 鲁莽 lǔmǎng
むてんか【無添加-の】 无添加物的 wú tiānjiāwù de
むとうは【無党派】 无党派 wúdǎngpài ◆～層 无党派阶层 wúdǎngpài jiēcéng
むどく【無毒-な】 无毒 wúdú
むとくてん【無得点-の】 零分 língfēn
むとどけ【無届け】 没请示 méi qǐngshì; 未上报 wèi shàngbào
むとんちゃく【無頓着-な】 漫不经心 màn bù jīng xīn; 不在意 bú zàiyì
むないた【胸板】 胸膛 xiōngpú ◆～が厚い 胸部厚 xiōngbù hòu
むなくそ【胸糞】 ◆～が悪い 真使人恶心 zhēn shǐ rén ěxīn; 太不痛快 tài bú tòngkuài
むなぐら【胸ぐら】 前襟 qiánjīn ◆～をつかむ 抓住前襟要打 zhuāzhù qiánjīn yào dǎ
むなぐるしい【胸苦しい】 喘不上气来 chuǎnbushàng qì lái
むなさわぎ【胸騒ぎ】 ◆～がする 忐忑不安 tǎn tè bù ān
むなざんよう【胸算用】 心里盘算 xīnlǐ pánsuan

むなしい【空しい】 空虚 kōngxū ♦～希望 妄想 wàngxiǎng ♦空しく過ごす 虚度 xūdù

むなもと【胸元】 胸部 xiōngbù

むに【無二-の】 无双 wúshuāng: 独一无二 dú yī wú èr ♦～の親友 最好的朋友 zuì hǎo de péngyǒu

むにんか【無認可】 无照 wúzhào ♦～保育園 无照托儿所 wúzhào tuō'érsuǒ

むね【胸】 胸膛 xiōngpú; 胸腔 xiōngtáng ♦～が心 xīn ♦～がどきどきする 心跳 xīn tiào ♦～がむかつく 作呕 zuò'ǒu ♦～に抱く 怀抱 huáibào; 胸怀 xiōng huái ♦～の内を話す 谈心 tánxīn ♦～を打たれる 感动 gǎndòng ♦～を病む 患肺病 huàn fèibìng ♦～が痛む 感到痛心 gǎndào tòngxīn ♦～がすく 痛快 tòngkuài ♦～が張り裂ける 肝肠欲断 gāncháng yù duàn

むね【旨】 ♦節约を～とする 以节约为宗旨 yǐ jiéyuē wéi zōngzhǐ ♦その～を伝える 传达这个意思 chuándá zhège yìsi

むねあげ【棟上げ】 上梁 shàngliáng

むねやけ【胸焼け-する】 作酸 zuòsuān; 烧心 shāoxīn

むねん【無念-な】 悔恨 huǐhèn; 遗憾 yíhàn ♦～がる 悔恨不该 huǐhèn bùgāi

むのう【無能-な】 无能 wúnéng ♦～な人間 酒囊饭袋 jiǔ náng fàn dài

むばんそう【無伴奏-の】 无伴奏 wú bànzòu ♦～の歌 清唱 qīngchàng

むひ【無比】 无双 wúshuāng; 无比 wúbǐ

むひょう【霧氷】 树挂 shùguà; 雾凇 wùsōng

むひょうじょう【無表情-な】 无表情 wú biǎoqíng ♦～に笑う 痴笑 chīxiào

むびょうそくさい【無病息災】 没病没灾 méi bìng méi zāi

むふう【無風】 无风 wú fēng

むふんべつ【無分別-な】 莽撞 mǎngzhuàng; 贸然 màorán

むほう【無法-な】 无赖 wúlài; 无法无天 wú fǎ wú tiān ♦～者 不轨之徒 bùguǐ zhī tú ♦～地帯 野蛮地带 yěmán dìdài

むぼう【無謀-な】 鲁莽 lǔmǎng

むほうしゅう【無報酬-の】 无偿 wúcháng; 义务 yìwù ♦～で通りを掃除する 义务扫街 yìwù sǎo jiē

むぼうび【無防備-の】 无防备 wú fángbèi

むほん【謀反】 谋反 móufǎn; 叛逆 pànnì; 造反 zàofǎn

むみかんそう【無味乾燥-な】 索然寡味 suǒrán guāwèi ♦～な議論 枯燥的议论 kūzào de yìlùn ♦～な文章 枯燥无味的文章 kūzào wúwèi de wénzhāng

むめい【無名-の】 无名 wúmíng: 不著名 bú zhùmíng ♦～の作家 默默无闻的作家 mò mò wú wén de zuòjiā

むめい【無銘-の】 没落款 méi luòkuǎn; 没留名 méi liúmíng

むめんきょ【無免許】 没有执照 méiyǒu zhízhào ♦～運転 无照驾驶 wúzhào jiàshǐ

むやみ【無闇-に】 瞎 xiā; 胡乱 húluàn ♦～に怒る 动不动就发火 dòngbudòng jiù fāhuǒ

むゆうびょう【夢遊病】 梦行症 mèngxíngzhèng

むよう【無用-の】 没有用处 méiyǒu yòngchù; 无用 wúyòng ♦～の长物 赘疣 zhuìyóu; 多余的东西 duōyú de dōngxi

むよく【無欲-な】 无私欲 wú sīyù; 淡泊 dànbó; 恬淡 tiándàn

むら 【斑】 ♦～がない 匀净 yúnjìng; 匀实 yúnshí ♦色に～がある 颜色不匀 yánsè bù yún ♦気性に～がある 性情易变 xìngqíng yìbiàn

むら【村】 村 cūn; 村落 cūnluò; 村庄 cūnzhuāng ♦～人 村里人 cūnlirén; 乡亲们 xiāngqīnmen ♦山间の～ 山村 shāncūn

むらがる【群がる】 簇聚 cùjù; 聚集 jùjí

むらさき【紫】 紫色 zǐsè

むらさきずいしょう【紫水晶】 紫石英 zǐshíyīng

むらす【蒸らす】 焖 mēn

むり【無理-な】 ♦～をするなよ 不要勉强 búyào miǎnqiǎng le ♦そりゃ～だ 那不可能 nà bù kěnéng ♦～な要求 不合理的要求 bù hélǐ de yāoqiú ♦～を言うなよ 请不要难为我 qǐng búyào nánwéi wǒ ♦彼は～でしょう 他不能承担吧 tā bùnéng chéngdān ba

むりじい【無理強い-する】 勉强 miǎnqiǎng; 硬拽 shēng lā yìng zhuài

むりそく【無利息】 无利息 wúlìxī

むりやり【無理矢理-に】 硬 yìng; 勉强 miǎnqiǎng ♦～言わせる 强逼着说 qiǎngbīzhe shuō

むりょう【無料-の】 免费 miǎnfèi ♦～券 免票 miǎnpiào ♦入場～ 免费入场 miǎnfèi rùchǎng

むりょく【無力-な】 没能力 méi nénglì; 无力 wúlì ♦～な父 无力的父亲 wúlì de fùqīn

むるい【無類】 绝伦 juélún; 无比

wúbǐ ♦~の酒好き 大酒鬼 dà jiǔguǐ
むれ【群】群 qún ♦~をなす 成群结队 chéng qún jié duì
むれる【群れる】群集 qúnjí
むれる【蒸れる】蒸透 zhēngtòu
むろ【室】窖 jiào
むろん【無論】不用说 búyòng shuō; 当然 dāngrán

め

め【芽】芽 yá ♦~が出る 发芽 fāyá; 露苗 lòumiáo ♦~を摘む 打尖 dǎjiān;《比喩》消灭在萌芽之中 xiāomiè zài méngyá zhī zhōng
め【目】眼睛 yǎnjing;〈注目〉注意 zhùyì;〈眼識〉眼力 yǎnlì ♦~を開ける 睁眼 zhēngyǎn ♦~が霞む 眼花 yǎnhuā ♦~が利く 识货 shíhuò ♦欲に~がくらむ 眩惑 xuànhuò ♦〈船酔いなどで〉~が回る 眼睛打眩 yǎnjing dǎxuàn ♦忙しくて~が回る 忙得团团转 mángde tuántuánzhuàn ♦~を掛ける 关照 guānzhào ♦~をこらす 凝视 níngshì ♦~を引く 引人注目 yǐn rén zhù mù ♦~を見張る 瞪眼 dèngyǎn ♦~を細める 眯 mī; 眯缝 mīfeng ♦~を奪うような 华丽 huálì;夺目 duómù ♦~を盗む 避人耳目 bì rén ěrmù ♦書類に~を通す 对文件过目 duì wénjiàn guòmù
-め【-目】小さ~ 小一点儿 xiǎo yìdiǎnr ♦2度~ 第二次 dì'èr cì ♦3杯~の飯 第三碗饭 dìsān wǎn fàn
めあたらしい【目新しい】新奇 xīnqí; 新异 xīnyì
めあて【目当て】❶〈目的〉目的 mùdì ♦財産を~に 为了财产 wèile cáichǎn ❷〈目印〉目标 mùbiāo ♦灯台を~に 以灯塔为目标 yǐ dēngtǎ wéi mùbiāo
めい【姪】侄女 zhínǚ; 外甥女 wàishengnǚ
めい【銘】♦座右の~ 座右铭 zuòyòu míng ♦…と~を打って 以…为名 yǐ...wéimíng
めいあん【名案】好主意 hǎo zhǔyi; 妙计 miàojì
めいあん【明暗】明暗 míng'àn
めいい【名医】神医 shényī; 名医 míngyī
めいうん【命運】命运 mìngyùn
めいおうせい【冥王星】冥王星 Míngwángxīng
めいか【名家】名门 míngmén; 名家 míngjiā
めいか【銘菓】高级点心 gāojí diǎnxīn; 有名糕点 yǒumíng gāodiǎn
めいが【名画】❶〈絵画の〉名画 mínghuà ❷〈映画の〉著名影片 zhùmíng yǐngpiàn
めいかい【明快-な】明快 míngkuài; 易解 yìjiě
めいかく【明確-な】明确 míngquè ♦~な見解 明确的见解 míngquè de jiànjiě ♦~に区分する 明确划分

めいがら【銘柄】品牌 pǐnpái
めいかん【名鑑】名录 mínglù
めいき【明記-する】清楚写出 qīngchu xiěchū ◆法律に～ 在法律上载明 zài fǎlǜshang zǎimíng
めいき【銘記-する】牢记 láojì; 铭记 míngjì
めいぎ【名義】名义 míngyì ◆父の～を使う 借用父亲的名义 jièyòng fùqīn de míngyì
めいきょく【名曲】名曲 míngqǔ
めいく【名句】名句 míngjù
めいげつ【明月】明月 míngyuè; 满月 mǎnyuè
めいげつ【名月】明月 míngyuè ◆中秋の～ 中秋明月 zhōngqiū míngyuè
めいげん【名言】名言 míngyán
めいげん【明言-する】明确说出 míngquè shuōchū
めいこう【名工】名工 mínggōng; 能工巧匠 néng gōng qiǎo jiàng
めいさい【明細-な】详细 xiángxì ◆～書 清账 qīngzhàng; 详单 xiángdān
めいさい【迷彩】迷彩 mícǎi; 保护色 bǎohùsè ◆～を施す 涂保护色 tú bǎohùsè
めいさく【名作】名作 míngzuò
めいさつ【明察】明察 míngchá; 洞察 dòngchá
めいさん【名産】名产 míngchǎn
めいし【名刺】名片 míngpiàn
めいし【名士】名人 míngrén; 名士 míngshì
めいし【名詞】名词 míngcí
めいじ【明示-する】明示 míngshì
めいじつ【名実】名实 míngshí ◆～相伴う 名副其实 míng fù qí shí; ～相伴わない 名不副实 míng bú fù shí
めいしゃ【目医者】眼科医生 yǎnkē yīshēng
めいしゅ【名手】名手 míngshǒu ◆バイオリンの～ 小提琴的名手 xiǎotíqín de míngshǒu
めいしゅ【盟主】霸主 bàzhǔ; 盟主 méngzhǔ ◆～となる 执牛耳 zhí niú'ěr
めいしゅ【銘酒】名酒 míngjiǔ; 名牌酒 míngpáijiǔ
めいしょ【名所】名胜 míngshèng ◆～旧跡 名胜古迹 míngshèng gǔjì
めいしょう【名勝】名胜 míngshèng
めいしょう【名匠】大师 dàshī; 名匠 míngjiàng
めいしょう【名将】名将 míngjiàng
めいしょう【名称】名称 míngchēng; 名字 míngzi

めいじょう【名状-する】◆～し難い 不可名状 bù kě míngzhuàng; 难以表达 nányǐ biǎodá
めいじる【命じる】吩咐 fēnfu; 命令 mìnglìng
めいじる【銘じる】铭刻 míngkè ◆肝に～ 铭记在心 míngjì zài xīn
めいしん【迷信】迷信 míxìn
めいじん【名人】妙手 miàoshǒu; 名匠 míngjiàng ◆～芸 高妙的技艺 gāomiào de jìyì
めいせい【名声】大名 dàmíng; 名声 míngshēng ◆～が高い 大名鼎鼎 dàmíng dǐngdǐng
めいせき【明晰-な】明晰 míngxī ◆～な頭脳 明晰的头脑 míngxī de tóunǎo
めいそう【瞑想-する】冥想 míngxiǎng
めいそう【名僧】高僧 gāosēng
めいだい【命題】论断 lùnduàn; 命题 mìngtí
めいちゅう【命中-する】命中 mìngzhòng; 打中 dǎzhòng ◆～率 命中率 mìngzhònglǜ
めいちょ【名著】名著 míngzhù
めいてんがい【名店街】名商店街 zhùmíng shāngdiàn jiē
めいど【冥土】冥土 míngtǔ; 黄泉 huángquán ◆～へ持ってゆく 带到阴间去 dàidào yīnjiān qù
メイド【ホテルなどの】女服务员 nǚfúwùyuán
めいとう【名刀】宝刀 bǎodāo
めいとう【名答】出色的回答 chūsè de huídá
めいにち【命日】忌辰 jìchén; 忌日 jìrì
めいはく【明白-な】明白 míngbai; 明显 míngxiǎn ◆～な事实 明摆着的事实 míngbǎizhe de shìshí
めいびん【明敏-な】精明 jīngmíng; 灵敏 língmǐn
めいふく【冥福】◆～を祈る 祈祷冥福 qídǎo míngfú
めいぶつ【名物】名产 míngchǎn; 有名的东西 yǒumíng de dōngxi
めいぶん【明文】◆～化する 明文化 míngwénhuà
めいぶん【銘文】铭文 míngwén
めいぶん【名分】名分 míngfèn; 名义 míngyì ◆～を並べ立てる 巧立名目 qiǎo lì míngmù
めいぼ【名簿】名册 míngcè; 名单 míngdān ◆～を作る 编名册 biān míngcè
めいぼう【名望】名望 míngwàng; 声誉 shēngyù ◆～家 有名望者 yǒu míngwàng zhě
めいみゃく【命脈】命脉 mìngmài ◆

めいめい　～を保つ 維持命脉 wéichí mìngmài
めいめい【命名-する】 命名 mìngmíng; 起名 qǐmíng
めいめい【銘々の】 各个 gègè; 各自 gèzì
めいめつ【明滅】 闪烁 shǎnshuò; 明灭 míngmiè
めいもく【名目】 幌子 huǎngzi; 名目 míngmù ◆名义 míngyì ◆学習を～にする 以学习为名目 yǐ xuéxí wéi míngmù
めいもん【名門】 世家 shìjiā; 名门 míngmén ◆の一族 望族 wàngzú
めいもんく【名文句】 名句 míngjù; 名言 míngyán
めいやく【盟約】 盟约 méngyuē
めいやく【名訳】 出色的翻译 chūsè de fānyì
めいゆう【名優】 名角 míngjué; 名演员 míngyǎnyuán
めいゆう【盟友】 盟友 méngyǒu
めいよ【名誉】 名誉 míngyù ◆会長 名誉会长 míngyù huìzhǎng ◆勲章 荣誉勋章 róngyù xūnzhāng ◆～を挽回する 挽回名誉 wǎnhuí míngyù
めいりょう【明瞭-な】 明了 míngliǎo; 清晰 qīngxī ◆～に理解する 理解得很清楚 lǐjiěde hěn qīngchu
めいる【滅入る】 气馁 qìněi; 忧闷 yōumèn; 销沉 xiāochén
めいれい【命令-する】 命令 mìnglìng; 指令 zhǐlìng ◆～される 被指使 bèi zhǐshǐ ◆使わせる 祈使句 qíshǐjù
めいろ【迷路】 迷路 mílù; 迷宫 mígōng
めいろ【迷路】 迷宮 mígōng; 迷途 mítú; 迷宫 mígōng
めいろう【明朗-な】 明朗 mínglǎng; 豁达 huòdá ◆～取引 公平交易 gōngpíng jiāoyì
めいわく【迷惑-な】 麻烦 máfan; 为难 wéinán ◆～を掛ける 添麻烦 tiān máfan; 找麻烦 zhǎo máfan ◆はた～ 烦扰旁人 fánrǎo pángrén ◆～メール 垃圾邮件 lājī yóujiàn
めうえ【目上】 长辈 zhǎngbèi; 尊长 zūnzhǎng; 上司 shàngsī
めうし【雌牛】 牝牛 pìnniú; 母牛 mǔniú
めうつり-する ◆あれこれ～する 挑花了眼 tiāohuā le yǎn
メーカー 厂商 chǎngshāng; 制造公司 zhìzào gōngsī
メーキャップ-する 化妆 huàzhuāng; 扮装 bànzhuāng
メーター 仪表 yíbiǎo;（電気）电表 diànbiǎo
メーデー 国际劳动节 Guójì Láodòng Jié; 五一 Wǔ Yī
メートル 公尺 gōngchǐ ◆～法 国际公制 guójì gōngzhì

メール 邮递 yóudì ◆電子～ 电子邮件 diànzǐ yóujiàn ◆～ボックス 信箱 xìnxiāng ◆～アドレス 邮件地址 yóujiàn dìzhǐ
メーンスタンド 正面看台 zhèngmiàn kàntái
メーンストリート 主要大街 zhǔyào dàjiē
メーンディッシュ 主菜 zhǔcài
メーンバンク 主力银行 zhǔlì yínháng
めおと【夫婦】 夫妻 fūqī; 夫妇 fūfù
めおと【目顔】 眼神 yǎnshén ◆～で知らせる 以目示意 yǐ mù shìyì
めかくし【目隠し-する】 蒙眼儿 méngyǎnr
めかけ【妾】 小老婆 xiǎolǎopo; 姨太太 yítàitai
めがける【目掛ける】 瞄准 miáozhǔn ◆窓を目掛けて投げる 朝窗户扔过去 cháo chuānghu rēngguòqu
めがしら【目頭】 大眼角 dàyǎnjiǎo ◆～が熱くなる 眼睛发酸 yǎnjing fāsuān; 鼻子酸起来 bízi suānqǐlai
めかた【目方】 重量 zhòngliàng; 斤两 jīnliǎng; 轻重 qīngzhòng ◆～を計る 称重量 chēng zhòngliàng
メガトン 百万吨 bǎiwàn dūn
めがね【眼鏡】 眼镜 yǎnjìng ◆～のフレーム 镜框 jìngkuàng ◆～にかなう 看中 kànzhòng
メガバイト 兆字节 zhàozìjié
メガヘルツ 兆周 zhàozhōu; 兆赫 zhàohè
メガホン 传声筒 chuánshēngtǒng; 话筒 huàtǒng
めがみ【女神】 女神 nǚshén; 神女 shénnǚ
メガロポリス 巨大城市 jùdà chéngshì
めきき【目利き】 鉴定 jiàndìng ◆かれの～なら確かだ 他鉴别就可靠 tā jiànbié jiù kěkào
めきめき 迅速 xùnsù ◆～上達する 迅telle进步 xùnsù jìnbù
めくじら【目くじら】 ◆～を立てる 吹毛求疵 chuī máo qiú cī; 怒目找茬儿 nùmù zhǎochár
めぐすり【目薬】 眼药 yǎnyào ◆～をさす 点眼药 diǎn yǎnyào
めくばせ【目配せ-する】 递眼色 dì yǎnsè; 挤眼 jǐyǎn; 使眼色 shǐ yǎnsè
めぐまれる【恵まれる】 ◆资源に恵まれた土地 资源丰富的土地 zīyuán fēngfù de tǔdì ◆恵まれた環境 条件特好的环境 tiáojiàn tèhǎo de huánjìng ◆天候に～ 遇上好天气

yùshàng hǎo tiānqì ♦ 恵まれない子供たち 不幸的孩子们 búxìng de háizimen
めぐみ[恵み] 恩惠 ēnhuì ♦ ～の雨 及时雨 jíshíyǔ; 慈雨 cíyǔ
めぐむ[萌む][芽ぐむ] 发芽 fāyá
めぐらす[巡らす] ❶《策を》策划 cèhuà ♦ 知恵を～ 动脑筋 dòng nǎojīn ❷《囲いを》围上 wéishàng ♦ 塀を～ 修院墙 xiū yuànqiáng
めぐり[巡り] 观光地 ♦ ～游览名胜 yóulǎn míngshèng
めぐりあう[巡り会う] 相逢 xiāngféng; 邂逅 xièhòu
めぐりあわせ[巡り合わせ] 机缘 jīyuán; 命运 mìngyùn ♦ 結ばれる～ 注定要结合 zhùdìng yào jiéhé
めくる[捲る] 掀开 xiānkāi; 翻 fān
めぐる[巡る] ♦ 公園を～ 環绕公园的水渠 huánrào gōngyuán de shuǐqú ♦ 宗教問題を～論議 围绕宗教问题的讨论 wéirào zōngjiào wèntí de tǎolùn
めげる 气馁 qìněi; 沮丧 jǔsàng
めこぼし[目こぼし・する] 宽恕 kuānshù
めさき[目先] ❶《目の前》眼底下 yǎndǐxia; 眼前 yǎnqián ♦ ～の利益 眼前利益 yǎnqián lìyì ♦ ～を変える 换换样儿 huànhuan yàngr ❷《先見》远见 yuǎnjiàn ♦ ～がきく 能预见 néng yùjiàn
めざす[目指す] 朝向 cháoxiàng; 志向 zhìxiàng; 以…为目标 yǐ…wéi mùbiāo
めざとい[目敏い]《目覚めやすい》容易醒 róngyì xǐng;《目が早い》眼尖 yǎnjiān
めざましい[目覚ましい] 惊人 jīngrén ♦ ～発展を遂げる 取得惊人的进步 qǔdé jīngrén de jìnbù
めざましどけい[目覚まし時計] 闹钟 nàozhōng
めざめ[目覚め]《精神的に》觉醒 juéxǐng; 觉悟 juéwù
めざめる[目覚める] ❶《眠りから》睡醒 shuìxǐng; 醒 xǐng ❷《精神的に》觉悟 juéwù; 醒悟 xǐngwù ♦ 自我に～ 发现自我 fāxiàn zìwǒ
めざわり[目障り・な] 刺眼 cìyǎn; 碍眼 àiyǎn; 看不惯 kànbuguàn
めし[飯] 饭食 fànshí ♦ ～を食う 吃饭 chīfàn ♦ ～の種 生活来源 shēnghuó láiyuán; 饭碗 fànwǎn ♦ ～を炊く 烧饭 shāofàn
めしあがる[召し上がる] ♦ 食事を～ 用饭 yòngfàn
めした[目下] 晩辈 wǎnbèi; 部下 bùxià
めしつかい[召し使い] 佣人 yōngrén; 仆人 púrén
めしべ[雌蕊] 雌蕊 círuǐ
メジャー《巻尺》皮尺 píchǐ
めじり[目尻] 眼角儿 yǎnjiǎor ♦ ～を下げる 眉开眼笑 méi kāi yǎn xiào
めじるし[目印] 记号 jìhào; 标志 biāozhì
めじろおし[目白押し] 拥挤 yōngjǐ ♦ 客が～だ 顾客拥挤 gùkè yōngjǐ ♦ 大事な仕事が～だ 要事成堆 yàoshì chéngduī
めす[雌] 雌 cí; 牡 pìn ♦ ～の家畜 母畜 mǔchù
メス《手術用の》手术刀 shǒushùdāo
めずらしい[珍しい] 希罕 xīhan ♦ ～光景 奇观 qíguān ♦ ～動物 珍奇动物 zhēnqí dòngwù
メゾソプラノ 女中音 nǚzhōngyīn
メタセコイア 水杉 shuǐshān
めだつ[目立つ] 显眼 xiǎnyǎn; 醒目 xǐngmù ♦ ～配色 显眼的配色 xiǎnyǎn de pèisè ♦ 彼の活躍が～ 他的活动引人注目 tā de huódòng yǐn rén zhù mù ♦ 目立って元気になる 明显地恢复健康 míngxiǎn de huīfù jiànkāng ♦ 目立ちたがる 爱出风头 ài chū fēngtou
めてい[目手] ♦ 鋸の～をする 锉锯齿 cuò jùchǐ
メタノール 甲醇 jiǎchún
めだま[目玉] 眼球 yǎnqiú; 眼珠子 yǎnzhūzi ♦ ～商品 招徕顾客的商品 zhāolái gùkè de shāngpǐn
メダル 奖章 jiǎngzhāng ♦ 金～ 金奖 jīnjiǎng; 金牌 jīnpái
メタン ♦ ～ガス 甲烷气 jiǎwánqì; 沼气 zhǎoqì
メタンハイドレート 可燃冰 kěránbīng; 甲烷水合物 jiǎwán shuǐhéwù
めちゃくちゃ[滅茶苦茶・な] 一塌糊涂 yì tā hú tú
めちゃめちゃ[目茶目茶・な] 支离破碎 zhī lí pò suì
めつき[目付き] 眼神 yǎnshén ♦ ～が鋭い 眼神锐利 yǎnshén ruìlì ♦ ～が悪い 眼神恶毒 yǎnshén èdú
めっき[鍍金・する] 镀 dù ♦ 金～ 镀金 dùjīn
めっきり 显著 xiǎnzhù ♦ 春めく 春意盎然 chūnyì àngrán ♦ ～年をとった 明显地老了 míngxiǎn de lǎo le
メッセージ 口信 kǒuxìn; 留言 liúyán; 赠言 zèngyán
メッセンジャー 使者 shǐzhě
めっそう[滅相] ♦ ～もない 没有的事 méiyǒu de shì; 岂有此理 qǐ

yǒu cì lì

めった【滅多】♦～にない 十年九不遇 shí nián jiǔ bú yù; 很少遇到 hěn shǎo yùdào ♦～なことは言えない 不能瞎说 bù néng xiāshuō ♦～打ち 乱打 luàndǎ

めつぼう【滅亡-する】 沦亡 lúnwáng; 灭亡 mièwáng ♦人類～の危機 人类死灭的危机 rénlèi sǐmiè de wēijī

めっぽう【滅法】 非常 fēicháng; 强い 非常厉害 fēicháng lìhai

メディア 媒体 méitǐ ♦マス～ 传媒 chuánméi

めでたい【目出度い】 吉利 jílì; 吉祥 jíxiáng ♦～こと 喜事 xǐshì; お～ 喜庆的事 xǐqìng de shì ♦～と思う 庆幸 qìngxìng

めでる【愛でる】 玩赏 wánshǎng; 欣赏 xīnshǎng

めど【目処】 目标 mùbiāo; 眉目 méimù ♦完成の～がつく 有完成的把握 yǒu wánchéng de bǎwò ♦月末を～に 以月底为目标 yǐ yuèdǐ wéi mùbiāo

めとる【娶る】 ♦妻を～ 娶妻 qǔqī

メドレー 混合接力 hùnhé jiēlì

メトロ 地铁 dìtiě; 地下铁道 dìxià tiědào

メトロノーム 节拍器 jiépāiqì

めにはめを【目には目を】 以眼还眼, 以牙还牙 yǐ yǎn huán yǎn, yǐ yá huán yá

メニュー 食谱 shípǔ; 菜单 càidān

めぬき【目抜き】♦～通り 繁华大街 fánhuá dàjiē

めのう【瑪瑙】 玛瑙 mǎnǎo

めのかたき【目の敵-にする】 肉中刺 ròuzhōngcì; 眼中钉 yǎnzhōngdīng

めのたま【目の玉】 眼珠 yǎnzhū ♦～の飛び出るような値段 令人目瞪口呆的价钱 lìng rén mùdèng kǒudāi de jiàqian

めのまえ【目の前-に】 眼前 yǎnqián ♦～が暗くなる 眼前发黑 yǎnqián fāhēi ♦こどもの～で 当着孩子的面 dāngzhe háizi de miàn

めばえ【芽生え】 发芽 fāyá

めはな【目鼻】♦～がつく 有眉目 yǒu méimu ♦～をつける 搞出头绪来 gǎochū tóuxù lai

めはなだち【目鼻立ち】 眉眼 méiyǎn; 五官 wǔguān ♦～のととのった 眉目清秀的 méimù qīngxiù de

めぶんりょう【目分量】 目测量 mùcèliàng; 估量 gūliàng

めべり【目減り】 损耗 sǔnhào; 《货币価値が》贬值 biǎnzhí

めぼし【目星】♦～をつける 估计 gūjì; 心中大致有个数 xīnzhōng dà-

zhì yǒu ge shùr

めぼしい【目ぼしい】 显著 xiǎnzhù; 值钱 zhíqián

めまい【眩暈】 发昏 fāhūn; 眼晕 yǎnyùn ♦～を起こす 眩晕 xuànyùn

めまぐるしい【目まぐるしい】 目不接的 mù bù xiá jiē de ♦目まぐるしく変わる 变幻无常 biànhuàn wúcháng

めめしい【女々しい】 懦弱 nuòruò

メモ 笔记 bǐjì; 便条 biàntiáo; 字条 zìtiáo ♦～帳 备忘录 bèiwànglù ♦電話番号を～する 记下电话号码 jìxià diànhuà hàomǎ

めもと【目元】♦～がかわいい 眼睛可爱 yǎnjing kě'ài

めもり【目盛り】 度数 dùshu; 刻度 kèdù

メモリ《コンピュータの》 存储 cúnchǔ ♦メイン～ 主存储器 zhǔ cúnchǔqì

めやす【目安】 大致的标准 dàzhì de biāozhǔn

めやに【目脂】 眼屎 yǎnshǐ

メリーゴーラウンド 旋转木马 xuánzhuǎn mùmǎ

めりこむ【めり込む】 陷入 xiànrù; 陷进 xiànjìn

めりはり【減り張り】 有张有弛 yǒu zhāng yǒu chí ♦～のきいた 一板一眼的 yì bǎn yì yǎn de

メリヤス 针织品 zhēnzhīpǐn ♦～製品 针织品 zhēnzhīpǐn ♦～のズボン下 棉毛裤 miánmáokù

メルトダウン《堆芯》熔毁 (duīxīn) rónghuǐ

メルヘン 童话 tónghuà

メロディー 曲调 qǔdiào; 旋律 xuánlǜ

メロドラマ 爱情剧 àiqíngjù

メロン 香瓜 xiāngguā ♦マスク～ 网纹甜瓜 wǎngwén tiánguā

めん【綿】 棉 mián ♦～織物 棉织品 miánzhīpǐn ♦～製品 棉制品 miánzhìpǐn ♦～100パーセント 纯棉 chúnmián

めん【面】《顔につける》假面 jiǎmiàn ♦～をかぶる 戴假面 dài jiǎmiàn

めん【麵】 面条 miàntiáo

めんえき【免疫】 免疫 miǎnyì ♦～ができる 产生免疫力 chǎnshēng miǎnyìlì

めんか【綿花】 草棉 cǎomián; 棉花 miánhuā

めんかい【面会-する】 会见 huìjiàn; 见面 jiànmiàn ♦～時間 会客时间 huìkè shíjiān ♦～を謝絶する 谢客 xièkè

めんきょ【免許】 执照 zhízhào ♦～証 驾驶执照 jiàshǐ zhízhào

めんきょしょう【免許証】 凭照 píngzhào: 执照 zhízhào

めんくらう【面喰う】 不知所措 bù zhī suǒ cuò; 惊慌失措 jīnghuāng shīcuò

めんざい【免罪】 免罪 miǎnzuì ◆~符 免罪券 miǎnzuìquàn

めんし【綿糸】 棉纱 miánshā ◆~纺績 棉纺 miánfǎng

めんしき【面識】 ◆~のある 相识 xiāngshí; 面熟 miànshú ◆~のない 面生 miànshēng

めんじょ【免除-する】 豁免 huòmiǎn; 免除 miǎnchú ◆学費を~する 免除学费 miǎnchú xuéfèi

めんしょく【免職-する】 解职 jiězhí; 免职 miǎnzhí

メンス 月经 yuèjīng

めんする【面する】 面临 miànlín; 面对 miànduì ◆海に面した窓 临海的窗户 línhǎi de chuānghu ◆危機に~ 面向危机 miànxiàng wēijī

めんぜい【免税-の】 免税 miǎnshuì ◆~品 免税货物 miǎnshuì huòwù ◆~店 免税店 miǎnshuìdiàn

めんせき【面積】 面积 miànjī

めんせき【免責】 免除责任 miǎnchú zérèn ◆~条項 免除责任的项目 miǎnchú zérèn de xiàngmù

めんせつ【面接-する】 ◆~試験 口试 kǒushì; 面试 miànshì

めんぜん【面前】 眼前 yǎnqián; 面前 miànqián

めんそう【面相】 容貌 róngmào

めんだん【面談-する】 会晤 huìwù; 面洽 miànqià

めんつ【面子】 脸面 liǎnmiàn; 面子 miànzi ◆~が立つ 保住面子 bǎozhù miànzi ◆~をつぶされる 丢面子 diū miànzi ◆~にこだわる 要面子 yào miànzi ◆~を立てる 给面子 gěi miànzi

メンデル 孟德尔 Mèngdé'ěr ◆~の法則 孟德尔主义 Mèngdé'ěr zhǔyì

めんどう【面倒-な】 麻烦 máfan; 费事 fèishì ◆~くさがる 厌烦 yànfán ◆~を掛ける 添麻烦 tiān máfan; 烦劳 fánláo ◆~を引き起こす 找麻烦 zhǎo máfan; 惹事 rěshì ◆~を見る 照顾 zhàogù; 照料 zhàoliào

めんとむかう【面と向かう】 面对面 miàn duì miàn; 当面 dāngmiàn

めんどり【雌鶏】 母鸡 mǔjī

メンバー 成员 chéngyuán; 组员 zǔyuán ◆チームの~ 队员 duìyuán

めんぷ【綿布】 棉布 miánbù

めんぼう【麺棒】 擀面杖 gǎnmiànzhàng

めんぼく【面目】 脸面 liǎnmiàn ◆~ない 没脸见人 méi liǎn jiàn rén

めんみつ【綿密-な】 绵密 miánmì; 周密 zhōumì ◆~に計画する 仔细地计划 zǐxì de jìhuà

めんめん【綿々】 绵绵 miánmián ◆~と受継いできた 连绵不断地继承下来 liánmián búduàn de jìchéngxiàlai ◆~と綴る 绵绵叙述 miánmián xùshù

めんもく【面目】 ❶〈名誉〉脸面 liǎnmiàn ◆~が立つ 保住脸面 bǎozhù liǎnmiàn ◆~を失う 丢脸 diūliǎn ❷〈様相〉面目 miànmù ◆~を一新する 面目一新 miànmù yìxīn

メンヨウ【綿羊】 绵羊 miányáng

めんるい【麺類】 面 miàn; 面条 miàntiáo

も

も【喪】◆~に服す 带孝 dàixiào; 服丧 fúsāng
も【藻】水草 shuǐcǎo
もう 已经 yǐjīng ◆~出かけた 已经走了 yǐjīng zǒu le ◆~すぐ来る 快要来了 kuàiyào lái le ◆少し待とう 再等一会儿吧 zài děng yíhuìr ba ◆一杯 再来一杯 zài lái yì bēi
もうい【猛威】◆~を振るう 来势凶猛 láishì xiōngměng ◆地震の~ 地震猛烈 dìzhèn měngliè
もういちど【もう一度】再次 zàicì; 重新 chóngxīn ◆言ってごらん 再说一遍 zài shuō yí biàn
もうか【猛火】烈火 lièhuǒ
もうがっこう【盲学校】盲人学校 mángrén xuéxiào
もうかる【儲かる】能赚钱 néng zhuànqián; 利益大 lìyì dà
もうけ【儲け】赚头 zhuàntou ◆~が多い[少ない] 赚头多[少] zhuàntou duō[shǎo]
もうける【儲ける】赚 zhuàn
もうける【設ける】设置 shèzhì
もうげん【妄言】妄语 wàngyǔ ◆~を吐く 妄语 wàngyǔ
もうこうげき【猛攻撃】猛烈攻击 měngliè gōngjī
もうこん【毛根】毛根 máogēn
もうさいかん【毛細管】毛管 máoguǎn; 毛细管 máoxìguǎn ◆~現象 毛细管现象 máoxìguǎn xiànxiàng; 毛细管现象 máoxì xiànxiàng
もうさいけっかん【毛細血管】毛细血管 máoxì xuèguǎn
もうし【孟子】孟子 Mèngzǐ
もうしあわせ【申し合わせ】公约 gōngyuē; 协定 xiédìng
もうしあわせる【申し合わせる】约定 yuēdìng; 商定 shāngdìng
もういれ【申し入れ】提议 tíyì ◆申し入れる 提出要求 tíchū yāoqiú
もうしうける【申し受ける】接受 jiēshòu; 收取 shōuqǔ
もうしおくる【申し送る】传达 chuándá; 转告 zhuǎngào
もうしかねる【申し兼ねる】不敢说 bùgǎn shuō; 不能说 bùnéng shuō ◆申し兼ねますが 真不好意思 zhēn bù hǎoyìsi
もうしこみ【申し込み】报名 bàomíng; 申请 shēnqǐng ◆~用紙 报名表 bàomíng biǎo
もうしこむ【申し込む】◆参加を~ 报名参加 bàomíng cānjiā ◆購読を~ 申请订阅 shēnqǐng dìngyuè
もうしたてる【申し立てる】陈述 chénshù; 申诉 shēnsù ◆苦情を~ 提出意见 tíchū yìjiàn; 鸣不平 míng bùpíng
もうしでる【申し出る】提出 tíchū; 报告 bàogào
もうしひらき【申し開き-する】申辩 shēnbiàn; 解释 jiěshì ◆~できない 说不出话 shuōbuguōbuqu (shuōbuguòqù)
もうしぶん【申し分】◆~がない 没有说的 méiyǒu shuō de; 理想 lǐxiǎng ◆~のない結果 无可挑剔的结果 wúkě tiāoti de jiéguǒ
もうじゃ【亡者】鬼 guǐ; 阴魂 yīnhún ◆金の~ 财迷 cáimí
もうじゅう【猛獣】猛兽 měngshòu
もうじゅう【盲従-する】盲从 mángcóng
もうしょ【猛暑】の酷暑 kùshǔ ◆~の夏 炎夏 yánxià
もうしわけ【申し訳】◆~が立たない 对不起 duìbuqǐ ◆~が立って起きない 抱歉 bàoqiàn ◆ほんの~程度の 微薄的 wēibó de
もうしわたす【申し渡す】宣告 xuāngào; 宣布 xuānbù
もうしん【盲信-する】迷信 míxìn; 盲信 mángxìn
もうじん【盲人】盲人 mángrén
もうすぐ 将要 jiāngyào; 快要 kuàiyào ◆~夏休みだ 快要放暑假了 kuàiyào fàng shǔjià le ◆~発車だよ 就要开了 jiùyào kāi le
もうすこし【もう少し】◆~で死ぬところだった 差点儿没有死 chàdiǎnr méiyǒu sǐ ◆~飲もう 再喝一点儿吧 zài hē yìdiǎnr ba
もうスピード【猛スピード-で】迅疾 xùnjí; 高速 gāosù
もうせん【毯子】毯子 zhānzi
もうぜん【猛然】猛地 měng de ◆~と襲いかかる 猛扑上 měng pūshàng
もうそう【妄想-する】梦想 mèngxiǎng; 妄想 wàngxiǎng
モウソウチク【孟宗竹】毛竹 máozhú
もうちょう【盲腸】阑尾 lánwěi ◆~炎 阑尾炎 lánwěiyán; 盲肠炎 mángchángyán
もうでる【詣でる】参拜 cānbài
もうてん【盲点】盲点 mángdiǎn ◆~を突く 钻空子 zuān kòngzi
もうとう【毛頭】《否定を伴って》一点也 yìdiǎn yě ◆そんなつもりは~ない 一点也没那种的意思 yìdiǎn yě méi nàyàng de yìsi
もうどうけん【盲導犬】导盲犬 dǎomángquǎn
もうどく【猛毒】剧毒 jùdú

もはつ [毛髪] 毛发 máofà
もひつ [毛筆] 毛笔 máobǐ
もうひとつ [もう一つの] ♦ ～を企み 另一个企图 lìng yíge qǐtú
もふ [毛布] 毛毯 máotǎn；毯子 tǎnzi
もうまく [網膜] 视网膜 shìwǎngmó；网膜 wǎngmó ♦～剥離 视网膜剥离 shìwǎngmó bōlí
もうもう [濛々] ♦～たる埃 尘埃弥漫 chén'āi mímàn；蒸気が～ 蒸气蒙蒙 zhēngqì méngméng
もうもく [盲目-の] 失明 shīmíng；盲目 mángmù ♦～的な行動 盲目的行动 mángmù de xíngdòng ♦～的に行動する 瞎干 xiāgàn
もうら [網羅-する] 网罗 wǎngluó；收罗 shōuluó
もうれつ [猛烈-な] 剧烈 jùliè；猛烈 měngliè
もうれんしゅう [猛練習-する] 练得很厉害 liànde hěn lìhai；猛烈地练习 měngliè de liànxí
もうろう [朦朧] 朦胧 ménglóng ♦意识が～とする 意识模糊 yìshí móhu ♦酔眼～ 醉眼朦胧 zuìyǎn ménglóng
もうろく [耄碌-する] 衰老 shuāilǎo；老迈 lǎomài
もえあがる [燃え上がる] 燃起 ránqǐ
もえうつる [燃え移る] 延烧 yánshāo；烧到 shāodào
もえかす [燃え滓] 灰烬 huījìn
もえぎいろ [萌黄色の] 葱绿 cōnglǜ
もえさかる [燃え盛る] 炽盛 chìshèng；熊熊燃烧 xióngxióng ránshāo
もえさし [燃えさし] 余烬 yújìn
もえつきる [燃え尽きる] 烧尽 shāojìn
もえにくい [燃え難い] 不好烧 bù hǎoshāo；不易燃 bú yìrán
もえのこり [燃え残り] 余烬 yújìn
もえやすい [燃え易い] 容易着火 róngyì zháohuǒ
もえる [燃える] 燃烧 ránshāo ♦薪が～ 柴火燃烧 cháihuǒ ránshāo ♦希望に～ 满怀希望 mǎnhuái xīwàng
モーター 发动机 fādòngjī；马达 mǎdá；马力 mǎlì
モーターボート 摩托艇 mótuōtǐng；汽艇 qìtǐng
モーテル 汽车旅店 qìchē lǚdiàn
モード ♦ニュー～ 最新式样 zuì xīn shìyàng
モーニングコール 早起电话 zǎoqǐ diànhuà
モールスしんごう【モールス信号】 莫尔斯电码 Mò'ěrsī diànmǎ

もがく 挣扎 zhēngzhá
もぎ [模擬] 模拟 mónǐ ♦～テスト 模拟考试 mónǐ kǎoshì
もぐ 采摘 cǎizhāi；摘取 zhāiqǔ
もくぎょ [木魚] 木鱼 mùyú
もくげき [目撃] 目睹 mùdǔ；目击 mùjī ♦～者 目睹者 mùdǔzhě ♦～证人 见证人 jiànzhèngrén
もくご [艾] 艾绒 àiróng
もくざい [木材] (丸太) 木材 mùcái；(加工後) 木料 mùliào
もくさつ [黙殺-する] 置之不理 zhì zhī bù lǐ；不理睬 bù lǐcǎi
もくさん [目算] 估计 gūjì
もくし [黙視-する] 默视 mòshì；坐视不管 zuòshì bùguǎn
もくじ [目次] 目录 mùlù；目次 mùcì；篇目 piānmù
もくず [藻屑] 海草的屑末 hǎicǎo de xièmò ♦海の～と消える 葬身海底 zàngshēn hǎidǐ
もくする [黙する] 沉默 chénmò ♦黙して語らず 默而不语 mò ér bù yǔ
もくせい [木星] 木星 mùxīng；太岁 tàisuì
もくせい [木製-の] 木制的 mùzhì de ♦～家具 木器 mùqì
モクセイ [木犀] 木犀 mùxī；桂花 guìhuā
もくぜん [目前] 眉睫 méijié；眼前 yǎnqián ♦～に迫る 逼到眼前 bīdào yǎnqián；迫在眉睫 pòzài méijié ♦～の重大事 当前的重大事情 dāngqián de zhòngdà shìqíng
もくそう [黙想] 默想 mòxiǎng
もくぞう [木造-の] 木造 mùzào ♦～住宅 木造房子 mùzào fángzi
もくぞう [木像] 木雕像 mùdiāoxiàng
もくそく [目測-する] 目测 mùcè
もくたん [木炭] 木炭 mùtàn；炭；(デッサン用) 炭笔 tànbǐ
もくちょう [木彫] 木雕 mùdiāo
もくてき [目的] 目的 mùdì；意图 yìtú ♦観光の～で 以旅游为目的的 yǐ lǚyóu wéi mùdì ♦～语 宾语 bīnyǔ ♦～の目的地 của を达成する 实现目标 shíxiàn mùbiāo；达到目的 dádào mùdì
もくとう [黙祷-する] 静默 jìngmò；默哀 mò'āi；默祷 mòdǎo
もくどく [黙読-する] 默读 mòdú
もくにん [黙認-する] 默认 mòrèn；默许 mòxǔ
もくねじ [木螺子] 木螺钉 mùluódīng
もくば [木馬] 木马 mùmǎ
もくはん [木版] 木版 mùbǎn ♦～画 木版画 mùbǎnhuà；木刻 mùkè

もくひけん【黙秘権】 缄默权 jiānmòquán；沉默权 chénmòquán
もくひょう【目標】 指标 zhǐbiāo；目标 mùbiāo ◆～に向かって邁進（まいしん）する 向目标勇往直前 xiàng mùbiāo yǒngwǎng zhíqián ◆～を突破する 突破指标 tūpò zhǐbiāo
もくめ【木目】 木理 mùlǐ；木纹 mùwén
もくもく【黙々】 默默 mòmò ◆～と歩く 默默而行 mòmò ér xíng
もぐもぐ ◆～食べる 闭着嘴嚼 bìzhe zuǐ jiáo
もくやく【黙約】 默契 mòqì
もくようび【木曜日】 星期四 xīngqīsì
もくよく【沐浴-する】 沐浴 mùyù
モグラ【土竜】 鼹鼠 yǎnshǔ；鼹眼 yǎnyǎn
もぐり【潜り】 ❶〈水中に〉素～ 赤身潜水 chìshēn qiánshuǐ ❷〈正式でない〉～の両替屋 非法兑币者 fēifǎ chǎobì zhě ◆～の医生 无执照的医生 wú zhízhào de yīshēng
もぐりこむ【潜り込む】 ❶〈布団などに〉布団に～ 钻进被窝 zuānjìn bèiwō ❷〈団体・地域などに〉混进 hùnjìn
もぐる【潜る】 ◆水に～ 潜入水中 qiánrù shuǐzhōng ◆地下に～ 潜入地下 qiánrù dìxià
もくれい【目礼-する】 以目致意 yǐ mù zhìyì
もくれい【黙礼-する】 默默一礼 mòmò yì lǐ
モクレン【木蓮】 木兰 mùlán；玉兰 yùlán
もくろく【目録】 目录 mùlù ◆～を作る〈図書の〉编目 biānmù
もくろみ【目論見】 计划 jìhuà；企图 qǐtú；拟议 nǐyì ◆～がはずれる 打算落空 dǎsuàn luòkōng
もくろむ【目論む】 企图 qǐtú；图谋 túmóu；算计 suànjì
もけい【模型】 模型 móxíng
もさ【猛者】 健将 jiànjiàng
モザイク 镶嵌画 xiāngqiànhuà；马赛克 mǎsàikè
もさく【模索-する】 摸索 mōsuǒ；寻找 xúnzhǎo
もし【若し】 如果 rúguǒ；假若 jiǎruò；要是 yàoshi ◆～彼お our言者でなければ 若非他亲口说过 ruòfēi tā qīnkǒu shuōguo ◆～本当なら 如果是真的话 rúguǒ shì zhēn de huà
もじ【文字】 字 zì；文字 wénzì ◆～に記す 成文 chéngwén ◆～を間違える 写错字 xiěcuò zì ◆～を覚える 识字 shízì
もしかすると【若しかすると】 或许 huòxǔ；作兴 zuòxìng
もしくは【若しくは】 或者 huòzhě
もじばけ【文字化け】 乱码 luànmǎ
もじばん【文字盤】 〈時計・計器の〉表盘 biǎopán
もしもし 〈電話で〉喂 wèi
もじもじする 扭捏 niūnie；忸忸怩怩 niǔniǔníníní
もしもの【若しもの】 ◆～こと 三长两短 sān cháng liǎng duǎn ◆～とき 万一的时候 wànyī de shíhou
もしゃ【模写-する】 临摹 línmó；描摹 miáomó；摹写 móxiě ◆～品〈書画の〉临本 línběn
もじゃもじゃの 乱蓬蓬 luànpéngpéng
もしゅ【喪主】 丧主 sāngzhǔ
もしょう【喪章】 丧章 sāngzhāng
もじり【捩り】 谐模诗文 xiémó shīwén
もじる【捩る】 诙谐模仿 huīxié mófǎng；应用 yìngyòng
モズ【百舌】 伯劳 bóláo
モスク 清真寺 qīngzhēnsì
もぞう【模造-する】 仿造 fǎngzào；仿制 fǎngzhì ◆～品 仿制品 fǎngzhìpǐn
もだえる【悶える】 苦闷 kǔmèn；挣扎 zhēngzhá
もたげる【擡げる】 抬起 táiqǐ ◆頭を～ 冒头 màotóu；抬头 táitóu
もたせかける【凭せ掛ける】 靠 kào；倚靠 yǐkào
モダニズム 现代主义 xiàndài zhǔyì
もたもたする 磨蹭 móceng；迟钝 chídùn；缓慢 huǎnmàn
もたらす【齎す】 诱致 yòuzhì；造成 zàochéng ◆まずい結果を～ 造成不良后果 zàochéng bùliáng hòuguǒ ◆幸運を～ 带来幸运 dàilái xìngyùn
もたれかかる【凭れ掛かる】 倚靠 yǐkào；依靠 yīkào
もたれる【凭れる】 靠 kào；〈胃が〉存食 cúnshí；〈塀に〉靠围墙 kào wéiqiáng；〈胃が〉消化不良 xiāohuà bùliáng
モダン 摩登 módēng；文明 wénmíng ◆ポスト～ 后现代 hòu xiàndài
もち【餅】 年糕 niángāo ◆～つき 打年糕 dǎ niángāo
もち【持ち】 耐久性 nàijiǔxìng ◆～が良い 耐久 nàijiǔ ◆～が悪い 不耐用 bú nàiyòng
もちあい【持ち合い】 〈相場〉平盘儿 píngpánr；平稳 píngwěn
もちあう【持ち合う】 ❶〈分担〉分担 fēndān；凑份子 còu fènzi ❷〈相場〉

もちあがる【持ち上がる】 ❶〈発生する〉発生事件 fāshēng shìjiàn ❷〈下から上に〉地震使地板隆起 dìzhèn shǐ dìbǎn lóngqǐ

もちあげる【持ち上げる】 ❶〈おだてる〉捧场 pěngchǎng ◆お世辞を言って~ 说奉承话捧人 shuō fèngchenghuà pěng rén ❷〈物を〉抬起 táiqǐ; 举起 jǔqǐ

もちあじ【持ち味】 特色 tèsè; 风格 fēnggé

もちあみ【餅網】 烤年糕的铁丝网 kǎo niángāo de tiěsīwǎng

もちあるく【持ち歩く】 带着走 dàizhe zǒu; 携带 xiédài

もちあわせ【持ち合わせ】〈現金の〉◆~がない 手头不便 shǒutóu bùbiàn

もちいえ【持ち家】 房产 fángchǎn

モチーフ 中心思想 zhōngxīn sīxiǎng; 主题 zhǔtí

もちいる【用いる】 使用 shǐyòng ◆武器として~ 做武器用 zuò wǔqì yòng ◆副詞を用いて 拿副词 ná fùcí ◆重く用いられる 受到重用 shòudào zhòngyòng

もちかえる【持ち換える】 换手 huànshǒu ◆右手に~ 换右手拿 huàn yòushǒu ná

もちかえる【持ち帰る】 带回 dàihuí ◆食べ残しを~ 把吃剩的带回 bǎ chī shèng de dàihuí

もちかける【持ち掛ける】 提出 tíchū; 商量 shāngliang

もちかぶ【持ち株】 保有的股子 bǎoyǒu de gǔzi

もちきり【持ち切り】 一直谈论 yìzhí tánlùn ◆町で彼の話で~だ 他的事满城风雨 tā de shì mǎn chéng fēng yǔ; 到处谈论他的事 dàochù tánlùn tā de shì

もちくされ【持ち腐れ】 白白糟蹋 báibái zāotà ◆宝の~ 空藏美玉 kōngcáng měiyù

もちくずす【持ち崩す】 ◆身を~ 败坏品行 bàihuài pǐnxíng

もちこす【持ち越す】 待定 dàidìng ◆明日に~ 拖到明天 tuōdào míngtiān ◆結論は~ 暂且不作结论 zànqiě bú zuò jiélùn

もちこたえる【持ち堪える】 抵挡 dǐdǎng; 顶住 dǐng zhù; 经受 jīngshòu ◆持ちこたえられる 撑得住 chēngdezhù ◆持ちこたえられない 撑不住 chēngbuzhù

もちごま【持ち駒】 备用人才 bèiyòng réncái ◆~が豊富だ 人材众多 réncái zhòngduō

もちこむ【持ち込む】 拿进 nájìn; 带入 dàirù ◆荷物を機内に~ 将行李拿进机内 jiāng xínglǐ nájìn jīnèi ◆引き分けに~ 比成平局 bǐ chéng píngjú

もちごめ【餅米】 江米 jiāngmǐ; 糯米 nuòmǐ

もちさる【持ち去る】 抄 chāo; 拿走 názǒu

もちだし【持ち出し】 ◆~禁止 禁止带出 jìnzhǐ dàichū ◆費用が~になる 费用要由自己补贴 fèiyong yào yóu zìjǐ bǔtiē

もちつもたれつ【持ちつ持たれつ】 相辅相成 xiāng fǔ xiāng chéng

もちなおす【持ち直す】〈状態・容態〉好转 hǎozhuǎn

もちにげ【持ち逃げ-する】 拐 guǎi ◆~犯 拐子 guǎizi

もちぬし【持ち主】 主人 zhǔrén; 物主 wùzhǔ

もちば【持ち場】 岗哨 gǎngshào; 岗位 gǎngwèi ◆勝手に~を離れる 擅离岗位 shànlí gǎngwèi

もちはこび【持ち運び】 搬运 bānyùn ◆~できるコンピュータ 便携式计算机 biànxiéshì jìsuànjī

もちぶん【持ち分】 份额 fèn'é

もちまえ【持ち前の】 秉性 bǐngxìng; 天生 tiānshēng ◆~の明るさで 以明朗的天性 yǐ mínglǎng de tiānxìng

もちまわり【持回りにする】 轮流 lúnliú ◆~で炊事する 轮流做饭 lúnliú zuòfàn

もちまわる【持ち回る】 带到各处去 dàidào gèchù qù

もちもの【持ち物】 携带物品 xiédài wùpǐn

もちゅう【喪中】 服丧期间 fúsāng qījiān ◆正在服丧 zhèngzài fúsāng

もちよる【持ち寄る】 各自带来 gèzì dàilái ◆食事は持ち寄りで 各自带来饭菜来 gèzì zìdài fàncàilái

もちろん【勿論】 当然 dāngrán; 自然 zìrán; 不用说 búyòng shuō

もつ ❶〈手に〉◆包みを~ 带着行包 dàizhe xíngbāo ❷〈所有〉◆車を2台持っている 有两辆车 yǒu liǎng liàng chē ❸〈携帯する〉◆きょうは傘を持っていない 今天没带伞 jīntiān méi dài sǎn ❹〈持ち堪える〉◆ひと月と~ない 维持不了一个月 wéichíbuliǎo yí ge yuè ◆長く~ 耐久 nàijiǔ ❺〈負担する〉◆コーヒー代は私が持ちます 咖啡钱我承担 kāfēi qián wǒ chéngdān ❻〈支持する〉◆友人の肩を~ 支持朋友 zhīchí péngyou

もっか【目下】 当前 dāngqián; 目前 mùqián

もっかん【木管】◆~楽器 木管乐器 mùguǎn yuèqì
もっきん【木琴】 木琴 mùqín
もっけ【勿怪】◆~の幸い 意外的幸运 yìwài de xìngyùn
もっこう【木工】 木工 mùgōng
もっこう【黙考-する】 沉思 chénsī
もったいない【物体ない】 可惜 kěxī; 浪费 làngfèi
もったいぶる【物体ぶる】 摆架子 bǎi jiàzi; 装模作样 zhuāng mú zuò yàng
もって【以て】 以 yǐ; 用 yòng ◆明日を~締切る 以明天为止 yǐ míngtiān wéi zhǐ ◆~瞑すべし 可以瞑目了 kěyǐ míngmù le
もってくる【持って来る】 带来 dàilái; 拿来 nálái
もってこい【持って来い-の】 正合适 zhèng héshì ◆きみにはこの仕事 你最合适的工作 duì nǐ zuì héshì de gōngzuò
もってのほか【以ての外】 毫无道理 háowú dàolǐ; 岂有此理 qǐ yǒu cǐ lǐ
もってゆく【持って行く】 带着去 dàizhe qù; 拿去 náqù
もっと 更 gèng; 更加 gèngjiā
モットー 座右铭 zuòyòumíng
もっとも【最も】 最 zuì; 顶 dǐng 顶
もっとも【尤も-な】 难怪 nánguài; 有理 yǒulǐ; 怨不得 yuànbude ◆~な名言 至理名言 zhì lǐ míng yán ◆~らしい 煞有介事 shà yǒu jiè shì
もっぱら【専ら】 专门 zhuānmén
モップ 拖把 tuōbǎ; 拖布 tuōbù
もつれ【縺れ】 葛藤 géténg; 纠结 jiūjié
もつれる【縺れる】 ◆糸が~ 线扭结 xiàn niǔjié ◆舌が~ 舌头打结 shétou dǎjié ◆試合が~ 比赛难分胜负 bǐsài nán fēn shèngfù ◆感情が~ 感情纠缠不断 gǎnqíng jiūchán bú duàn ◆話が~ 事情发生纠纷 shìqing fāshēng jiūfēn
もてあそぶ【弄ぶ】 耍弄 shuǎnòng; 摆弄 bǎinòng
もてあます【持て余す】 难于处理 nányú chǔlǐ; 对付不了 duìfu bu liǎo ◆暇を~ 闲空多得很 xiánkòng duō de hěn
もてなし【持てなし】 招待 zhāodài; 对待 duìdài ◆厚い~ 热情的招待 rèqíng de zhāodài
もてなす【持てなす】 接待 jiēdài; 招待 zhāodài
もてはやす【持て囃す】 赞扬 zànyáng; 高度评价 gāodù píngjià ◆人や物が~ 行时 xíngshí; 受欢迎 shòu huānyíng
モデム 调制解调器 tiáozhì jiětiáoqì
もてる 吃得开 chīdekāi; 吃香 chīxiāng ◆彼女は男性に~ 她受男士欢迎 tā shòu nánshì huānyíng
モデル 模式 móshì; 型号 xínghào;（服飾の）模特儿 mótèr ◆ファッション~ 时装模特儿 shízhuāng mótèr ◆三四郎の原型 Sānsìláng de yuánxíng ◆~チェンジする 改型儿 gǎi xíngr ◆~ガン 模型手枪 móxíng shǒuqiāng ◆~ケース 范例 fànlì
もと【元-の】 ◆~がとれる 够本 goùběn ◆~の利益を收割 破镜重圆 pò jìng chóng yuán ◆~の状态に戻る 还原 huányuán ◆~のままの 原地 yuándì ◆~のままの 依旧 yījiù; 外甥打灯笼 wàisheng dǎ dēnglong ◆けんかの~ 吵架的原因 chǎojià de yuányīn ◆~の課長 从前的科长 cóngqián de kēzhǎng
もと【下】底下 dǐxià; 下面 xiàmiàn ◆あの方の指导の~ 在那位的指导 下 zài nèi wèi de zhǐdǎoxia
もどかしい 令人着急 lìng rén zháojí
もときん【元金】（利息に対して）本金 běnjīn; 本钱 běnqián ◆~を返济する 还本 huánběn
もどす【戻す】 ❶（返す）退回 tuìhuí ◆~の場所に~ 放回原处 fànghuí yuánchù ❷（吐く）吐 tù; 反胃 fǎnwèi
もとせん【元栓】 总开关 zǒng kāiguān
もとちょう【元帳】 总账 zǒngzhàng
もとづく【基づく】 根据 gēnjù; 按照 ànzhào; 依据 yījù
もとで【元手】 本钱 běnqián; 老本 lǎoběn ◆~を割る 亏本 kuīběn; 亏蚀 kuīshí
もとどおり【元通り】 如初 rúchū; 原样 yuányàng ◆~に再建する 照着原样重修 zhàozhe yuányàng chóngxiū ◆~に直す 修复如初 xiūfù rúchū
もとね【元値】 成本价 chéngběnjià
もとめ【求め】 要求 yāoqiú; 需要 xūyào ◆~に応じる 应从要求 yìngcóng yāoqiú
もとめる【求める】 要求 yāoqiú ◆意见を~ 征求意见 zhēngqiú yìjiàn ◆助けを~ 寻求帮助 xúnqiú bāngzhù ◆仕事を~ 求职 qiúzhí
もともと【元々】 本来 běnlái; 原来 yuánlái ◆~の意味 本义 běnyì ◆~わたしのものだ 本来是我的 běnlái shì wǒ de ◆だめで~ 不行也没什么 bùxíng yě méishénme
もとより【元より】 当然 dāngrán; 固

もとる【悖る】 违反 wéifǎn

もどる【戻る】 回家 huíjiā ◆家に～ 回家 huíjiā ◆後に～ 倒退 dàotuì ◆燕が～ 燕子回来 yànzi huílái ◆意識が～ 苏醒过来 sūxǐngguòlái ◆走って～ 跑回来 pǎohuílái

モニター 监视器 jiānshìqì ◆新製品の～をする 监察新制品 jiānchá xīn zhìpǐn ◆パソコンに～をつなぐ 把监视器和电脑连上 bǎ jiānshìqì hé diànnǎo liánshàng

もの【物】 ❶〈物品〉 这样的东西 zhèyàng de dōngxi ❷〈ことば〉～を言わない 不做声 bú zuòshēng ◆～を言う 张嘴 zhāngzuǐ; 说话 shuōhuà ❸〈道理〉 道理 dàolǐ ◆～を知らない 不懂事 bù dǒngshì ◆まあそんな～さ 就那么回事儿 jiù nàme huí shìr ❹〈その他〉〈経験が〉～を言う 经验发挥作用 jīngyàn fāhuī zuòyòng

もの【者】 人 rén; 者 zhě ◆外部の～ 外人 wàirén

ものいり【物入り】 开销 kāixiāo ◆～だ 花费多 huāfèi duō

ものうい【物憂い】 懒 lǎn; 厌倦 yànjuàn

ものうり【物売り】 小贩 xiǎofàn

ものおき【物置】 堆房 duīfáng

ものおじ【物怖じ-する】 胆怯 dǎnqiè ◆～しない性格 不胆怯的性格 bù dǎnqiè de xìnggé

ものおしみ【物惜しみ】 小气 xiǎoqi; 吝惜 lìnxī

ものおと【物音】 动静 dòngjing; 声音 shēngyīn; 响声 xiǎngshēng ◆～一つしない 没有一点儿声息 méiyǒu yìdiǎnr shēngxī

ものおぼえ【物覚え】 记性 jìxing; 记忆 jìyì ◆～がいい 记性好 jìxing hǎo

ものおもい【物思い】 ◆～にふける 陷入沉思 xiànrù chénsī

ものかき【物書き】 写家 xiějiā ◆～をする 耍笔杆 shuǎ bǐgǎn

ものかげ【物陰】 背阴处 bèiyīnchù; 暗地 àndì

ものがたり【物語】 故事 gùshi; 物语 wùyǔ

ものがたる【物語る】 讲 jiǎng; 叙事 xùshì; 〈表す〉说明 shuōmíng; 证明 zhèngmíng

ものがなしい【物悲しい】 悲凉 bēiliáng; 悲哀 bēi'āi

ものぐさ【物臭-な】 懒 lǎn ◆～な人 懒汉 lǎnhàn

モノクロ 黑白 hēibái ◆～映画 黑白片 hēibái piàn

ものごい【物乞い】 化子 huāzi; 叫花子 jiàohuāzi ◆～する 讨饭 tǎofàn; 行乞 xíngqǐ

ものごころ【物心】 ◆～がつく 懂事 dǒngshì; 开始记事 kāishǐ jìshì

ものごし【物腰】 风采 fēngcǎi; 态度 tàidù ◆～が柔かい 举止温柔 jǔzhǐ wēnróu

ものごと【物事】 事物 shìwù; 事情 shìqing

ものさし【物差し】 尺子 chǐzi; 标准 biāozhǔn ◆～で計る 用尺子量 yòng chǐzi liáng ◆自分を～にする 把自己作标准 bǎ zìjǐ zuò biāozhǔn

ものさびしい【物寂しい】 荒凉 huāngliáng; 凄凉 qīliáng; 萧条 xiāotiáo

ものしずか【物静か-な】 温静 wēnjìng; 文静 wénjìng ◆～で知性的な 温文尔雅 wēn wén ěr yǎ

ものしり【物知り】 渊博 yuānbó; 博文强识 bó wén qiáng zhì; 万事通 wànshìtōng

ものずき【物好き-な】 好事 hàoshì; 好奇 hàoqí

ものすごい【物凄い】 可怕 kěpà; 厉害 lìhai

ものたりない【物足りない】 不能满意 bùnéng mǎnyì; 不过瘾 bú guòyǐn

ものなれた【物慣れた】 熟练 shúliàn

ものになる【物になる】〈人が〉成器 chéngqì; 成为优秀人材 chéngwéi yōuxiù réncái

ものノけ【物の怪】 妖怪 yāoguài; 妖精 yāojīng

ものぶそく【物不足-の】 物资紧张 wùzī jǐnzhāng; 东西短缺 dōngxi duǎnquē

ものほし【物干し】 ◆～竿 晒衣竿 shàiyīgān; 筹子 gāozi ◆～台 晒台 shàitái

ものまね【物真似-する】 模仿 mófǎng; 〈声帯模写〉口技 kǒujì

ものみ【物見】 ◆～遊山 游览 yóulǎn ◆～高い 好奇 hàoqí

ものみやぐら【物見櫓】 碉楼 diāolóu; 望楼 wànglóu

ものめずらしい【物珍しい】 新奇 xīnqí; 新异 xīnyì

ものもち【物持ち】〈人〉财主 cáizhǔ;〈心がまえ〉爱惜东西 àixī dōngxi ◆～が良い 使用东西很细心 shǐyòng dōngxi hěn xìxīn

ものもらい 睑腺炎 jiǎnxiànyán; 麦粒肿 màilìzhǒng; 针眼 zhēnyan

ものやわらか【物柔らか-な】 柔和

róuhé：随和 suíhe
モノレール 単軌電車 dānguǐdiànchē
モノローグ 独白 dúbái
ものわかり[物分かり] 理解力 lǐjiělì♦～が早い 領会得很快 lǐnghuìde kuài♦～がいい 識趣 shíqù；懂事 dǒngshì♦～のいい人 明白人 míngbáirén
ものわかれ[物分かれ] 決裂 juéliè；破裂 pòliè♦～に終わる 终于决裂 zhōngyú juéliè
ものわすれ[物忘れ] ♦～がひどい 健忘 jiànwàng；丢三落四 diū sān là sì
ものわらい[物笑い] ♦～ 笑柄 xiàobǐng♦～になる 出丑 chūchǒu♦～の種になる 成为笑柄 chéngwéi xiàobǐng
モバイル《コンピュータ》便携式电脑处理 biànxiéshì diànnǎo chǔlǐ♦～通信 移动通讯 yídòng tōngxùn
もはや[最早] 已经 yǐjīng
もはん[模範] 模范 模范 mófàn♦～開い kāiméi♦～演技 模范表演 mófàn biǎoyǎn♦～事例 范例 fànlì♦～となる人 标兵 biāobīng♦～を示す 示范 shìfàn
もふく[喪服] 丧服 sāngfú；孝衣 xiàoyī♦～を着る 挂孝 guàxiào
もほう[模倣-する] 仿效 fǎngxiào；模仿 mófǎng
もまれる[揉まれる] 锤炼 chuíliàn；锻炼 duànliàn♦浮世の荒波に～ 经受社会浪潮的磨炼 jīngshòu shèhuì bōlàng de móliàn
もみ[籾] 稻谷 dàogǔ♦～殻 稻皮 dàopí
モミ[樅] 枞树 cōngshù；冷杉 lěngshān
もみあう[揉み合う] 互相推挤 hùxiāng tuījǐ；乱作一团 luànzuò yì tuán
もみあげ[揉み上げ] 鬓角 bìnjiǎo
もみあらい[揉み洗い-する] 搓洗 cuōxǐ
もみけす[揉み消す] ♦タバコを～ 揉灭香烟 róumiè xiāngyān♦スキャンダルを～ 遮掩丑闻 zhēyǎn chǒuwén
もみじ[紅葉] 红叶 hóngyè
もみで[揉み手] ♦～をする 搓手 cuōshǒu
モミノキ 冷杉 lěngshān；枞树 cōngshù
もむ[揉む] 揉 róu；搓 cuō♦気を～ 担心 着急 dānxīn zháojí；肩を～ 按摩肩膀 ànmó jiānbǎng
もめごと[揉め事] 纠纷 jiūfēn；争执 zhēngzhí

もめる[揉める] 纷争 fēnzhēng；争执 zhēngzhí
もめん[木綿] 《布》棉布 miánbù；《糸》棉线 miánxiàn♦～のハンカチ 棉手帕 mián shǒupà♦～の衣服 棉衣衣 miányī♦～の靴下 线袜 xiànwà
もも[股] 大腿 dàtuǐ
モモ[桃] 桃子 táozi♦～色 粉红色 fěnhóngsè♦～の花 桃花 táohuā♦～のタネ 桃核 táohé♦～の節句 桃花节 táohuājié
ももひき[股引き] 衬裤 chènkù
もや[靄] 烟霞 yānxiá；朝～ 朝霭 zhāo'ǎi
もやし[萌やし] 豆芽儿 dòuyár
もやす[燃やす] 燃烧 ránshāo；点燃 diǎnrán；焚烧 fénshāo♦闘志を～ 焕发斗志 huànfā dòuzhì♦～ない気分 没知发的气氛 méi fāhuǒ de qìfēn
もやもや ふたりの間の～ 两个人之间的隔阂 liǎng ge rén zhī jiān de géhé♦～した気分 心中的烦乱 xīnzhōng de fánluàn
もよう[模様] 花纹 huāwén；图案 tú'àn；《様子》空～ 天气情况 tiānqì qíngkuàng
もよおし[催し] 活动 huódòng
もよおす[催す] ❶《行事を》开 kāi♦歓迎会を～ 举办欢迎会 jǔbàn huānyínghuì❷《気分·状態を》欲 yù；要 yào♦眠気を～ 引起睡意 yǐnqǐ shuìyì
もより[最寄り-の] 附近 fùjìn；最近 zuìjìn；就近 jiùjìn
もらいて[貰い手] 要的人 yào de rén；要主 yàozhǔ
もらいなき[貰い泣き-する] 酒同情泪 sǎ tóngqíng lèi
もらいもの[貰い物] 礼物 lǐwù♦～を貰う 领取 lǐngqǔ；获得 huòdé♦賞を～ 得奖 dé jiǎng♦兄に貸して～ 让哥哥借给我 ràng gēge jiè gěi wǒ
もらす[漏らす] ♦水を～ 漏水 lòushuǐ♦不平を～ 流露不满 liúlù bùmǎn♦秘密を～ 走漏秘密 zǒulòu mìmì♦聞きを～ 听漏 tīnglòu
モラトリアム 延期偿付 yánqí chángfù
モラル 道德 dàodé；伦理 lúnlǐ
もり[森] 树林 shùlín；森林 sēnlín
もり[守り] 看守 kānshǒu♦子供のお～をする 看孩子 kān háizi
もり[銛] 鱼叉 yúchā
もりあがる[盛り上がる] ♦筋肉が盛り上がる 筋肉隆起 jīnròu lóngqǐ♦祭りが～ 庆祝活动气氛热烈 qìngzhù huódòng qìfēn rèliè
もりあげる[盛り上げる] 《空気を》場の雰囲気を～ 使场内气氛高涨

もりかえす ― もんよう 561

shǐ chǎngnèi qìfēn gāozhǎng ◆学習熱を~ 掀起学习热潮 xiānqǐ xuéxí rècháo

もりかえす【盛り返す】《勢いを》挽回 wǎnhuí；东山再起 Dōngshān zài qǐ

もりこむ【盛り込む】加进 jiājìn

もりだくさん【盛り沢山の】丰富多彩 fēng fù duō cǎi

もりもり 旺盛 wàngshèng ◆食べて吃得很香 chīde hěn xiāng ◆~元気を取りもどす 极快地恢复体力 jíkuài de huīfù tǐlì

もる【盛る】盛 chéng ◆飯を~ 盛饭 shèng fàn ◆土を~ 堆土 duī tǔ ◆毒を~ 下毒 xiàdú

もる【漏る】◆雨が~ 漏雨 lòuyǔ

モルタル 灰浆 huījiāng

モルヒネ 吗啡 mǎfēi

モルモット 天竺鼠 tiānzhúshǔ；《比喻》试验材料 shìyàn cáiliào

もれ【漏れ】遗漏 yílòu ◆ガス~ 煤气泄漏 méiqì xièlòu

もれきく【漏れ聞く】据闻 jùwén

もれなく【漏れなく】通通 tōngtōng；无遗漏地 wú yílòu de

もれる【漏れる】❶《水などが》◆水が~ 漏水 lòushuǐ ◆窓から灯りが~ 灯光从窗户透出来 dēngguāng cóng chuānghu tòuchūlai ◆イヤホンから音が~ 声音从耳机传出来 shēngyīn cóng ěrjī chuánchūlai ❷《機密が》《秘密が》~ 秘密泄露 mìmì xièlòu ❸《脱落する》◆選に~落选 luòxuǎn ◆名簿から~ 名单上漏掉 míngdānshang lòudiào

もろい【脆い】脆弱 cuìruò；娇嫩 jiāonèn

もろさ【脆さ】脆性 cuìxìng

もろて【諸手】两手 liǎngshǒu ◆~を挙げる 举起双手 jǔqǐ shuāngshǒu

もろとも【諸共】一起 yìqǐ；一同 yìtóng ◆人馬~ 连人带马 lián rén dài mǎ

もろは【諸刃】双刃 shuāngrèn ◆~の剣 双刃刀 shuāngrèndāo

もろはだ【諸肌】◆~を脱ぐになる 脱光膀子 tuō guāng bǎngzi

もろもろ【諸々の】种种 zhǒngzhǒng

もん【門】大门 dàmén ◆~を閉ざす 关门 guānmén ◆~外不出 珍藏 zhēncáng

もん【紋】家徽 jiāhuī

もんがいかん【門外漢】门外汉 ménwàihàn；外行 wàiháng

もんかせい【門下生】弟子 dìzǐ；门生 ménshēng

もんきりがた【紋切り型】老一套 lǎoyítào

もん【文句】《ことば》◆決まり~ 套话 tàohuà；《苦情》◆~をつける 发牢骚 fā láosāo ◆~あるか 有什么不满吗 yǒu shénme bùmǎn ma

もんげん【門限】关门时间 guānmén shíjiān

もんこ【門戸】门户 ménhù ◆~を開く 开门 kāimén；开放门户 kāifàng ménhù

モンゴル 蒙古 Měnggǔ ◆~語 蒙语 Měngyǔ ◆~族 蒙古族 Měnggǔzú

もんし【悶死-する】苦闷而死 kǔmèn ér sǐ

もんしょう【紋章】徽章 huīzhāng

もんしん【問診】问诊 wènzhěn ◆~する 进行问诊 jìnxíng wènzhěn ◆~を受ける 接受问诊 jiēshòu wènzhěn

もんじん【門人】门生 ménshēng；弟子 dìzǐ

もんせき【問責】责问 zéwèn

もんぜつ【悶絶】苦闷而昏过去 kǔmèn ér hūnguoqu

もんぜん【門前】◆~市をなす 门庭若市 mén tíng ruò shì ◆~払いを食う 吃闭门羹 chī bìméngēng

モンタージュ 剪辑 jiǎnjí；蒙太奇 méngtàiqí ◆~写真 剪辑照片 jiǎnjí zhàopiàn

もんだい【問題】问题 wèntí ◆~となる 成为问题 chéng wèntí ◆まるで~にならない 根本谈不上 gēnběn tánbushàng ◆~を提起する 提起问题 tíqǐ wèntí ◆~を解く 解决问题 jiějué wèntí

もんちゃく【悶着】纠纷 jiūfēn；争执 zhēngzhí ◆~を起こす 引起纠纷 yǐnqǐ jiūfēn

もんちゅう【門柱】门柱 ménzhù

もんてい【門弟】门生 ménshēng；弟子 dìzǐ

もんとう【門灯】门灯 méndēng

もんどう【問答-する】问答 wèndá；议论 yìlùn

もんどりうつ 栽跟头 zāi gēntou；翻筋斗 fān jīndǒu

もんなし【文無し】穷光蛋 qióngguāngdàn；一文不名 yì wén bù míng；一贫如洗 yì pín rú xǐ

もんばつ【門閥】名门世家 míngmén shìjiā；门阀 ménfá

もんばん【門番】门卫 ménwèi；门房 ménfáng ◆~をする 看家 kānjiā；看门 kānmén

もんもう【文盲】文盲 wénmáng ◆~一掃運動 扫盲运动 sǎománg yùndòng

もんよう【紋様】花纹 huāwén

や

や【野】◆～に下る 下野 xiàyě
や【矢】箭 jiàn ◆～を射る 射箭 shèjiàn
やあ（呼びかけ）喂 wèi；哎 āi；（感嘆・驚き）哎呀 āiyā
ヤード 码 mǎ
やいば【刃】刀刃 dāorèn
やいん【夜陰】◆～に乗じて 趁着黑夜 chènzhe hēiyè
やえ【八重-の】八層 bā céng；（花びら）重瓣 chóngbàn
やえい【野営】野営 yěyíng ◆～する（軍隊）扎営 zhāyíng
やえば【八重歯】虎牙 hǔyá ◆～が生える 长虎牙 zhǎng hǔyá
やおちょう【八百長】操纵比赛 cāokòng bǐsài；作弊 zuòbì；吹黑哨 chuī hēishào
やおや【八百屋】蔬菜店 shūcàidiàn；菜铺 càipù
やかい【夜会】晚会 wǎnhuì
やがい【野外-の】露天 lùtiān；野外 yěwài ◆～劇場 露天剧场 lùtiān jùchǎng
やがく【夜学】夜校 yèxiào ◆～に通う 上夜校 shàng yèxiào
やかた【館】公馆 gōngguǎn
やかたぶね【屋形船】屋顶形画舫 wūdǐngxíng huàfǎng
やがて 不久 bùjiǔ；不一会儿 bù yīhuìr
やかましい【喧しい】喧闹 xuānnào；嘈杂 cáozá；吵闹 chǎonào
やかん【薬缶】水壶 shuǐhú
やかん【夜間】夜间 yèjiān；夜里 yèli ◆～外出禁止 宵禁 xiāojìn ◆～興業 夜场 yèchǎng ◆～作業 夜工 yègōng ◆～飛行 夜航 yèháng ◆～試合 夜场比赛 yèchǎng bǐsài
やき【焼き】◆～を入れる（金属に）淬火 cuìhuǒ；淬 zhànhuǒ
ヤギ【山羊】山羊 shānyáng ◆～座 摩羯座 mójiézuò
やきいも【焼き芋】烤红薯 kǎo hóngshǔ
やきいれ【焼き入れ】◆～をする 淬火 cuìhuǒ
やきいん【焼き印】火印 huǒyìn ◆～を押す 烙 lào
やきうどん【焼きうどん】炒乌冬面 chǎo wūdōngmiàn
やきギョーザ【焼き餃子】锅贴儿 guōtiēr
やきぎる【焼き切る】❶（切断で）烧断 shāoduàn ❷（焼き尽くす）烧光 shāoguāng
やきぐり【焼き栗】炒栗子 chǎo lìzi
やきこがす【焼き焦がす】烧灼 shāozhuó；烤焦 kǎojiāo
やきごて【焼き鏝】烙铁 làotie
やきざかな【焼き魚】烤鱼 kǎoyú
やきすてる【焼き捨てる】烧掉 shāodiào
やきそば【焼きそば】炒面 chǎomiàn ◆五目～ 什锦炒面 shíjǐn chǎomiàn
やきつくす【焼き尽くす】焚毁 fénhuǐ；烧光 shāoguāng
やきつける【焼き付ける】（焼きごてで）烙上 làoshàng；（記憶に）铭刻 míngkè
やきとり【焼き鳥】烤鸡肉串 kǎo jīròuchuàn
やきなおし【焼き直し】翻版 fānbǎn；改编 gǎibiān
やきにく【焼き肉】烤肉 kǎoròu
やきはた【焼き畑】◆～農法 刀耕火种 dāo gēng huǒ zhòng
やきはらう【焼き払う】焚毁 fénhuǐ；烧尽 shāojìn
やきぶた【焼き豚】叉烧肉 chāshāoròu
やきまし【焼き増し-する】（写真）加洗 jiāxǐ；加印 jiāyìn
やきめし【焼き飯】炒饭 chǎofàn
やきもき-する 焦虑不安 jiāolǜ bù'ān；焦急 jiāojí
やきもち【焼き餅】◆～を焼く 吃醋 chīcù；嫉妒 jídù ◆～焼き 醋罐子 cùguànzi
やきもの【焼き物】陶瓷器 táocíqì
やきゅう【野球】棒球 bàngqiú ◆～の試合 棒球比赛 bàngqiú bǐsài
やきん【冶金】冶金 yějīn
やきん【夜勤】夜班 yèbān；夜工 yègōng
やく【焼く】烧 shāo；烤 kǎo ◆魚を～ 烤鱼 kǎo yú ◆パンを～ 烤面包 kǎo miànbāo ◆日に～ 晒太阳 shài tàiyáng ◆焼き物を～ 烧制陶瓷 shāozhì táocí ◆世話を～ 照顾 zhàogù
やく【妬く】吃醋 chīcù；忌妒 jìdu
やく【厄】灾祸 zāihuò；厄运 èyùn
やく【役】❶（芝居の）角色 juésè ❷（役目）任务 rènwu ◆～に立つ 有用 yǒuyòng ◆～に立たない 不济事 bú jìshì；不中用 bù zhōngyòng
やく【約】大约 dàyuē；约 yuē
やく【訳】翻译 fānyì
ヤク（動物）牦牛 máoniú
やぐ【夜具】铺盖 pūgai；床上用品 chuángshàng yòngpǐn
やくいん【役員】干事 gànshi；董事 dǒngshi ◆～会 董事会 dǒngshìhuì
やくおとし【厄落し】◆～ 祓除厄运 fú-

chú èyùn
やくがい【薬害】 药害 yàohài ◆～訴訟 药害诉讼 yàohài sùsòng
やくがく【薬学】 药学 yàoxué
やくがら【役柄】 角色 juésè; 身分 shēnfen
やくご【訳語】 翻译词 fānyìcí
やくざ【～者 无赖 wúlài; 赌棍 dǔgùn; 流氓 liúmáng
やくざい【薬剤】 药剂 yàojì ◆～師 药剂师 yàojìshī
やくさつ【薬殺-する】 毒死 dúsǐ
やくさつ【扼殺-する】 扼杀 èshā
やくしゃ【役者】 演员 yǎnyuán; 戏子 xìzi
やくしゃ【訳者】 译者 yìzhě
やくしゅ【薬酒】 药酒 yàojiǔ
やくしょ【役所】 官署 guānshǔ; 机关 jīguān; 衙门 yámen
やくじょう【約定】 诺言 nuòyán; 约定 yuēdìng
やくしょく【役職】 职官 guānzhí; 职务 zhíwù
やくしん【躍進-する】 跃进 yuèjìn ◆大～ 大跃进 dàyuèjìn
やくす【訳す】 翻译 fānyì; 译 yì; 翻 fān
やくせき【薬石】 药石 yàoshí ◆～効なく 药石罔效 yàoshí wǎng xiào
やくぜん【薬膳】 药膳 yàoshàn ◆～レストラン 药膳餐厅 yàoshàn cāntīng
やくそう【薬草】 药草 yàocǎo; 草药 cǎoyào ◆～園 药草园 yàocǎoyuán
やくそく【約束】 诺言 nuòyán ◆～する 言定 yándìng; 约定 yuēdìng ◆～に背く 失约 shī yuē; 爽约 shuǎngyuē ◆～の言葉 约言 yuēyán ◆～にたがえる 背约 bèi yuē ◆～を破る 破约 pò yuē; 违约 wéiyuē ◆～手形 期票 qīpiào ◆～したよ 一言为定 yì yán wéi dìng
やくだたず【役立たず】 阿斗 Ā dǒu; 废料 fèiliào; 废物 fèiwù; 脓包 nóngbāo; 窝囊 wōnang
やくだつ【役立つ】 有用 yǒuyòng; 有益 yǒuyì
やくちゅう【訳注】 译注 yìzhù
やくどう【躍動-する】 跳动 tiàodòng
やくとく【役得】 额外收入 éwài shōurù; 外快 wàikuài
やくどし【厄年】 厄运之年 èyùn zhī nián
やくにん【役人】 官吏 guānlì; 官员 guānyuán ◆～口调 官腔 guānqiāng
やくば【役場】 公所 gōngsuǒ
やくばらい【厄払いーする】 被除厄运 fúchú èyùn
やくび【厄日】 灾难之日 zāinàn zhī rì
やくびょうがみ【疫病神】 瘟神 wénshén; 丧门神 sāngménshén
やくひん【薬品】 药品 yàopǐn; 药物 yàowù
やくぶそく【役不足】 大材小用 dà cái xiǎo yòng
やくぶつ【薬物】 药品 yàopǐn; 药物 yàowù ◆～アレルギー 药物过敏 yàowù guòmǐn
やくぶん【約分】 约分 yuēfēn
やくほん【訳本】 译本 yìběn
やくみ【薬味】 作料 zuòliao; 调料 tiáoliào; 调味品 tiáowèipǐn
やくめ【役目】 任务 rènwu ◆～を果たす 完成任务 wánchéng rènwu
やくよう【薬用-の】 药用 yàoyòng ◆～補酒 补酒 bǔjiǔ ◆～石けん 药皂 yàozào
やくよけ【厄除け-する】 驱邪 qūxié
ヤグルマギク【矢車菊】 矢车菊 shǐchējú
ヤグルマソウ【矢車草】 鬼灯檠 guǐdēngqíng
やくわり【役割】 职务 zhíwù; 角色 juésè ◆～を演じる 扮演 bànyǎn
やけ【自棄】 ◆～を起こす 自暴自弃 zì bào zì qì ◆～酒 闷酒 mènjiǔ
やけい【夜景】 夜景 yèjǐng
やけい【夜警ーする】 守夜 shǒuyè
やけいしにみず【焼け石に水】 杯水车薪 bēi shuǐ chē xīn; 无济于事 wú jì yú shì
やけおちる【焼け落ちる】 烧塌 shāotā
やけこげ【焼け焦げ】 烧焦 shāojiāo
やけつく【焼けつく】 ◆～ほど熱い 热辣辣 rèlàlà ◆～ような 滚热 gǔnrè; 火毒 huǒdú ◆～太阳 烈日 lièrì
やけど【火傷】 烧伤 shāoshāng; 烫伤 tàngshāng; 火伤 huǒshāng ◆～する 烧伤 shāoshāng; 烫伤 tàngshāng
やけぼっくい【焼け棒杭】 ◆～に火がつく 死灰复燃 sǐ huī fù rán
やける【焼ける】 燃烧 ránshāo; 炽热 chìrè;《肌が》晒黑 shàihēi;《色が》晒退色 shài tuìshǎi ◆胸が～ 烧心 shāoxīn
やけるよう【焼けるよう】《太阳や気温が》◆～に暑い 火辣辣 huǒlàlà; 炎热 yánrè
やけん【野犬】 野狗 yěgǒu
やげん【薬研】 药碾子 yàoniǎnzi
ヤゴ 《トンボの幼虫》水虿 shuǐchài
やこう【夜行】 ◆～列车 晚车 wǎnchē; 夜车 yèchē
やごう【屋号】 字号 zìhao
やごう【野合-する】 苟合 gǒuhé
やさい【野菜】 菜 cài; 青菜 qīng-

やさおとこ【優男】 温柔的男子 wēnróu de nánzǐ

やさがし【家捜し-する】 抄家 chāojiā; 遍查家中 biànchá jiāzhōng

やさき【矢先-に】 正要…的时候 zhèngyào...de shíhou

やさしい【易しい】 容易 róngyì; 简单 jiǎndān

やさしい【優しい】 和蔼 héǎi; 温和 wēnhé; 温柔 wēnróu ◆~心 心情 róuqíng ◆優しくいたわる 温存 wēncún

やし【香具師】 摊贩 tānfàn; 江湖 jiānghú

ヤシ【椰子】 ◆~の実 椰子 yēzi ◆~油 椰油 yēyóu

やじ【野次】 倒彩 dàocǎi; 奚落声 xīluòshēng ◆~を飛ばす 喝倒彩 hè dàocǎi ◆~馬 看热闹的人 kàn rènao de rén

やしき【屋敷】 公館 gōngguǎn; 府第 fǔdì ◆お~ 深宅大院 shēnzhái dàyuàn

やしなう【養う】 扶养 fúyǎng; 养活 yǎnghuo ◆子供を~ 养活孩子 yǎnghuó háizi

やしゃご【玄孫】 ❶《男子の》玄孙 xuánsūn ❷《女子の》玄孙女 xuánsūnnǚ

やしゅ【野趣】 ◆~に富んだ 乡土风味 xiāngtǔ fēngwèi

やじゅう【野獣】 野兽 yěshòu

やしょく【夜食】 夜餐 yècān; 夜宵 yèxiāo

やじり【鏃】 箭头 jiàntóu

やじるし【矢印】 箭头 jiàntóu

やしろ【社】 庙堂 miàotáng

やしん【野心】 野心 yěxīn ◆~家 野心家 yěxīnjiā

やす 叉 chā ◆~で突く 叉 chā

やすい【安い】《価格が》便宜 piányi; 低廉 dīlián ◆安く見積もる 低估 dīgū

やすうけあい【安請け合い】 ◆~をする 轻诺寡信 qīng nuò guǎ xìn; 轻易应承 qīngyì yīngchéng

やすうり【安売り-する】 处理 chǔlǐ; 贱卖 qīngxiāo; 倾销 qīngxiāo; 廉价出售 liánjià chūshòu

やすっぽい【安っぽい】 粗劣 cūliè; 庸俗 yōngsú

やすね【安値】 廉价 liánjià

やすぶしん【安普請】 廉价修建的建筑 liánjià xiūjiàn de jiànzhú

やすまる【休まる】 心が~ 心神安宁 xīnshén ānníng

やすみ【休み】 休息 xiūxi ◆~に入る 放假 fàng jià ◆~をとる 休假 xiūjià; 告假 gào jià; 请假 qǐng jià ◆~なく 一个劲儿 yígejìnr

やすむ【休む】 歇 xiē; 休息 xiūxi; 休憩 xiūqì; 《寝る》睡 shuì

やすもの【安物】 便宜货 piányihuò; 次货 cìhuò; 贱货 jiànhuò

やすもう【易々と】 轻易 qīngyì

やすやど【安宿】 小客栈 xiǎokèzhàn

やすらか【安らかな】 ❶《心が》安静 ānjìng; 平安 píng'ān; 恬静 tiánjìng ◆~に暮らす 过安乐 guò ānlè ❷《眠りなどが》沉稳 chénwěn ◆~に眠る 安眠 ānmián ◆《死者が》~に眠る 安息 ānxī; 死得安祥 sǐde ānxiáng

やすらぎ【安らぎ】 安乐 ānlè; 平静 píngjìng; 安慰 ānwèi

やすらぐ【安らぐ】 安乐 ānlè; 安稳 ānwěn

やすり【鑢】 锉 cuò; 锉刀 cuòdāo ◆~で削る 锉 cuò

やせ【痩せ-ていること】 瘦 shòu; 《痩せた人》瘦子 shòuzi ◆~薬 减肥药 jiǎnféiyào ◆~の大食 长得瘦但吃得多 zhǎngde shòu dào chīde duō

やせい【野性】 野性 yěxìng

やせい【野生-の】 野生 yěshēng ◆~生物 野生生物 yěshēng shēngwù

やせおとろえる【痩せ衰える】 消瘦 xiāoshòu

やせがた【痩せ形-の】 清瘦 qīngshòu; 细长 xìcháng

やせがまん【痩せ我慢-する】 硬支撑 yìng zhīchēng; 硬挺 yìngtǐng; 硬着头皮 yìngzhe tóupí

やせぎす【痩せぎす-の】 瘦骨伶仃 shòu gǔ líng dīng

やせこけた【痩せこけた】 瘦骨嶙峋 shòu gǔ lín lín

やせこける【痩せこける】 憔悴 qiáocuì; 瘦得皮包骨头 shòude pí bāo gǔtóu

やせた【痩せた】 ◆~人 瘦子 shòuzi ◆~田 瘦田 shòutián; 薄地 báodì

やせっぽち【痩せせっぽち】 瘦干儿 shòugānr

やせほそる【痩せ細る】 消瘦 xiāoshòu; 瘦弱 shòuruò

やせる【痩せる】《からだが》瘦 shòu; 消瘦 xiāoshòu; 《土地が》贫瘠 pínjí; 薄 báo

やせん【野戦】 野战 yězhàn ◆~軍 野战军 yězhànjūn ◆~病院 野战医院 yězhàn yīyuàn

やそう【野草】 野草 yěcǎo

やそうきょく【夜想曲】〈ノクターン〉夜想曲 yèxiǎngqǔ

やたい【屋台】摊 tān; 摊子 tānzi; 货摊 huòtān

やたいぼね【屋台骨】《身》根基 gēnjī ♦～が傾く 根基动摇 gēnjī dòngyáo

やたら 一味 yíwèi; 胡乱 húluàn ♦～忙しい 忙得要命 mángde yàomìng ♦～ほめ上げる 吹捧 chuīpěng 一味赞扬 yíwèi zànyáng

やちょう【野鳥】野禽 yěqín; 野鸟 yěniǎo

やちん【家賃】房钱 fángqián; 房租 fángzū; 租钱 zūqián

やつ【奴】东西 dōngxi; 家伙 jiāhuo

やつあたり【八つ当たり】～する 迁怒 qiānnù; 撒气 sāqì; 乱发脾气 luànfā píqi

やっかい【厄介-な】麻烦 máfan; 费事 fèishì; 棘手 làshǒu; 烫手 tàngshǒu ♦～な事をしでかす 闯祸 chuǎnghuò ♦～者 难对付的人 nán duìfu de rén

やっかむ 嫉妒 jídù; 眼红 yǎnhóng

やっかん【約款】条款 tiáokuǎn

やっき【躍起】♦～になる 发急 fājí; 拼命 pīnmìng; 竭力 jiélì

やつぎばや【矢継ぎ早-に】接连不断 jiē lián bú duàn

やっきょう【薬莢】弹壳 dànké; 药筒 yàotǒng

やっきょく【薬局】药房 yàofáng; ～方(ほう)典药 diǎn yàodiǎn

ヤッケ 防风衣 fángfēngyī; 风雪短大衣 fēngxuě duǎndàyī

やっこう【薬効】药力 yàolì; 药效 yàoxiào

やつざき【八つ裂き】♦処刑で～にする 剐 guǎ

やっつけ ♦～仕事 急就章 jíjiùzhāng; 草率从事的工作 cǎoshuài cóngshì de gōngzuò

やっつける 整 zhěng; 整治 zhěngzhì; 收拾 shōushi

やってみる 尝试 chángshì; 试试看 shìshi kàn

やっと 才 cái ♦～のことで 好不容易 hǎobùróngyì; 好容易 hǎoróngyì; 总算 zǒngsuàn

やつれた【窶れた】枯槁 kūgǎo; 憔悴 qiáocuì

やつれる【窶れる】憔悴 qiáocuì; 消瘦 xiāoshòu

やど【宿】宿舍 sùshè ♦～をとる 落脚 luòjiǎo ♦～を借りる 寄宿 jìsù; 借宿 jièsù

やといにん【雇い人】雇工 gùgōng

やといぬし【雇い主】雇主 gùzhǔ

やとう【雇う】雇 gù; 雇佣 gùyōng

やとう【野党】在野党 zàiyědǎng

ヤドカリ 寄居蟹 jìjūxiè

やどす【宿す】《妊娠する》怀孕 huáiyùn; 《内部に留める》留下 liúxià

やどちょう【宿帳】旅馆登记簿 lǚguǎn dēngjìbù

やどちん【宿賃】旅馆费 lǚguǎnfèi

やどなし【宿無し】流浪者 liúlàngzhě; 无家可归的 wújiā kě guī de

やどぬし【宿主】房东 fángdōng; 《寄生物の》寄主 jìzhǔ

やどや【宿屋】旅馆 lǚguǎn; 旅社 lǚshè; 客栈 kèzhàn

やとわれしごと【雇われ仕事】♦～をする 帮工 bānggōng

ヤナギ【柳】柳树 liǔshù ♦～の枝 柳条 liǔtiáo

やなぎごし【柳腰】柳腰 liǔyāo

やなみ【家並み】一排房屋 yìpái fángwū

やに【脂】树脂 shùzhī; 油子 yóuzi ♦タバコの～ 烟油子 yānyóuzi ♦松～ 松脂 sōngzhī

やにさがる【脂下がる】洋洋自得 yángyáng zìdé

やにわに【矢庭に】突然 tūrán; 冷不防 lěngbufáng

やね【屋根】房顶 fángdǐng; 屋顶 wūdǐng

やねうら【屋根裏】阁楼 gélóu; 顶楼 dǐnglóu

やばい 危险 wēixiǎn; 糟糕 zāogāo ♦～仕事はごめんだよ 危险活儿我不干 wēixiǎn huór wǒ bú gàn ♦雪だ。～よ 糟了。下雪了 zāo le, xià xuě le ♦おれもう～っすよ 我可耐不了啊 wǒ kě nàibuliǎo a

やはり 还是 háishi; 仍然 réngrán

やはん【夜半】半夜 bànyè; 夜半 yèbàn

やばん【野蛮-な】野蛮 yěmán ♦～な行為 粗野的行为 cūyě de xíngwéi

やひ【野卑】粗俗 cūsú; 俚俗 lǐsú; 下流 xiàliú

やぶ【藪】草丛 cǎocóng; 灌木丛 guànmùcóng ♦竹～ 竹丛 zhúcóng

やぶいしゃ【藪医者】庸医 yōngyī

ヤフー 雅虎 Yǎhǔ

やぶさか【吝か-でない】不吝惜 bú lìnxī; 乐意 lèyì; 甘心 gānxīn

やぶる【破る】撕破 sīpò ♦紙を～ 把纸撕碎 bǎ zhǐ sīsuì ♦規則を～ 违背 wéibèi; 约束を～ 失约 shīyuē

やぶれかぶれ【破れかぶれ-の】自暴自弃 zì bào zì qì

やぶれる【破れる】破 pò ♦ シャツが～ 汗衫破了 hànshān pò le ♦ 夢が～ 理想破灭 lǐxiǎng pòmiè

やぶれる【敗れる】打输 dǎshū

やぶん【夜分】夜里 yèli

やぼ【野暮-な】庸俗 yōngsú；～ったい 粗笨 cūbèn；土气 tǔqì；俗气 súqì

やぼう【野望】野心 yěxīn ♦～を抱く 怀有野心 huáiyǒu yěxīn

やま【山】山 shān ♦～の幸 山货 shānhuò；～に登る 爬山 páshān；登山 dēngshān ♦～越えをする 越过山岭 yuèguò shānlǐng

やまあい【山間】山沟 shāngōu；山谷 shāngǔ

やまい【病】病 bìng；疾病 jíbìng；～をかかえる 抱病 bàobìng

ヤマイヌ【山犬】豺狗 chágǒu

ヤマイモ【山芋】薯蓣 shǔyù；山药 shānyao

やまおく【山奥-の】深山里 shēnshānli；山窝 shānwō

やまおとこ【山男】登山迷 dēngshānmí

やまじ【山火事】山火 shānhuǒ

やまがた【山形-の】人字形 rénzìxíng

ヤマガラ【山雀】杂色山雀 zásè shānquè

やまかん【山勘】瞎猜 xiācāi ♦～のある 有投机心的 yǒu tóujīxīn de；好冒险的 hào màoxiǎn de

やまごや【山小屋】山中小房 shānzhōng xiǎofáng

ヤマザクラ【山桜】野樱花 yěyīnghuā

やまざと【山里】山村 shāncūn

やまし【山師】投机家 tóujījiā

やましい【疚しい】内疚 nèijiù；愧疚 kuìjiù ♦やましく思う 亏心 kuīxīn

やまづみ【山積み-の】成堆 chéngduī；堆积如山 duījī rú shān

やまでら【山寺】山寺 shānsì

やまと【大和】大和 Dàhé

やまどり【山鳥】❶《山中の》山里的鸟 shānli de niǎo ❷《鳥名》日本山雉 Rìběn shānzhì

やまなみ【山並み】群山 qúnshān；山峦 shānluán

ヤマネコ【山猫】山猫 shānmāo；豹猫 bàomāo

やまのぼり【山登り】爬山 páshān；登山 dēngshān

やまば【山場】高潮 gāocháo ♦～を迎える 进入高潮 jìnrù gāocháo；达到顶点 dádào dǐngdiǎn

やまはだ【山肌】山的地表 shān de dìbiǎo

ヤマバト【山鳩】山斑鸠 shānbānjiū

やまびこ【山彦】回声 huíshēng；反响 fǎnxiǎng

やまびらき【山開き】封山开禁 fēngshān kāijìn

やまぶき【山吹】《植物》棣棠 dìtáng ♦～色 黄澄澄 huángdēngdēng

やまみち【山道】山路 shānlù

やまもり【山盛り-の】盛得满满 chéngde mǎnmǎn；一大堆 yí dàduī ♦～になる 冒尖 màojiān

やまやま【山々-である】非常希望 fēicháng xīwàng；渴望 kěwàng

ヤマユリ【山百合】天香百合 tiānxiāng bǎihé

やまわけ【山分け】～にする 均沾 jūnzhān；均分 jūnfēn

やみ【闇】黑暗 hēi'àn；～市 黑市 hēishì

やみあがり【病み上がりの】病后 bìnghòu

やみうち【闇打ち】冷箭 lěngjiàn；～をかける 放冷箭 fàng lěngjiàn

やみくも【闇雲-に】胡乱 húluàn；随便 suíbiàn；～に進む 冒进 màojìn；～にやる 蛮干 mángàn；盲干 mánggàn

やみそうば【闇相場】黑市价格 hēishì jiàgé

やみつき【病みつき-になる】入迷 rùmí；上瘾 shàngyǐn；入魔 rùmó

やみとりひき【闇取引き-する】黑市交易 hēishì jiāoyì；走私活动 zǒusī huódòng

やみや【闇屋】倒爷 dǎoyé

やみよ【闇夜】黑夜 hēiyè

やむ【止む】❶《休む》止息 zhǐxī ❷《終わる》停歇 tíngxiē ♦雨が～ 雨停 yǔ tíng；雨住 yǔ zhù

やむ【病む】害病 hàibìng；生病 shēngbìng

やむちゃ【飲茶】饮茶 yǐnchá；早茶 zǎochá

やむをえず【止むを得ず】不得已 bùdéyǐ；只好 zhǐhǎo

やめる【止める】作罢 zuòbà；停止 tíngzhǐ；缩手 suōshǒu；《悪いくせを》戒除 jièchú；《中途で》罢休 bàxiū

やめる【辞める】辞 cí；停 tíng ♦会社を～ 辞去公司职务 cíqù gōngsī zhíwù

やもめ❶《男性》鳏夫 guānfū ❷《女性》孤孀 gūshuāng；寡妇 guǎfù ♦～暮し 嫠居 shuāngjū

ヤモリ【守宮】壁虎 bìhǔ；蝎虎 xiēhǔ

やや稍 shāo；稍稍 shāoshāo；稍微 shāowēi ♦～劣る 差点儿 chàdiǎnr ♦～勝る 稍胜一等 shāo

shèng yì děng
ややこしい【複雑】fùzá; 难办 nánbàn
ややもすれば 动不动 dòngbudòng; 动辄 dòngzhé; 往往 wǎngwǎng
やゆ【揶揄-する】揶揄 yéyú
やられる【遣られる】受害 shòuhài; 被打败 bèi dǎbài
やり【槍】枪 qiāng ◆～を投げ 标枪 biāoqiāng
やりあう【遣り合う】〈言い争う〉争执 zhēngzhí; 争吵 zhēngchǎo
ヤリイカ【槍烏賊】枪乌贼 qiāngwūzéi
やりがい【遣り甲斐】干头儿 gàntour; 搞头 gǎotou ◆～のある 值得一干 zhíde yí gàn
やりかえす【遣り返す】还手 huánshǒu; 回击 huíjí
やりかけ【遣り掛け-の】做到中途 zuòdào zhōngtú; 刚刚着手 gānggāng zhuóshǒu
やりかた【遣り方】办法 bànfǎ; 法子 fǎzi; 做法 fāngfǎ; 做法 zuòfǎ ◆優れた～ 高明的做法 gāomíng de zuòfǎ
やりきれない【遣り切れない】❶〈最後までできない〉做不完 zuòbuwán ❷〈閉口する〉受不了 shòubuliǎo
やりくち【遣り口】干法 gànfǎ; 手段 shǒuduàn
やりくり【やり繰り-する】筹措 chóucuò; 周转 zhōuzhuǎn
やりこなす【遣りこなす】做完 zuòwán; 处理好 chǔlǐhǎo
やりこめる【遣り込める】噎 yē; 驳斥 bóchì
やりすぎる【遣り過ぎる】做过头 zuò guòtóu
やりすごす【遣り過ごす】让过去 ràngguòqu
やりそこなう【遣り損なう】做错 zuòcuò; 弄错 nòngcuò
やりだま【槍玉】◆～にあげる 当做攻击目标 dàngzuò gōngjī mùbiāo
やりて【遣り手】干才 gàncái; 能手 néngshǒu; 硬手 yìngshǒu
やりとげる【遣り遂げる】完成 wánchéng; 干到底 gàndàodǐ
やりとり【遣り取り-する】交换 jiāohuàn
やりなおす【遣り直す】重做 chóngzuò; 再做 zàizuò
やりなげ【槍投げ】掷标枪 zhì biāoqiāng; 投标枪 tóu biāoqiāng
やりにくい【遣りにくい】扎手 zhāshǒu; 难办 nánbàn
やりぬく【遣り抜く】贯彻 guànchè; 做完 zuòwán

やりば【遣り場】◆～のない怒り[悲しみ] 无处发泄的生气[悲痛] wúchù fāxiè de shēngqì[bēitòng]
やりやすい【遣り易い】好办 hǎobàn
やる【遣る】〈仕事などを〉做 zuò; 干 gàn; 搞 gǎo; 闹 nào; 弄 nòng
やるき【遣る気】干劲 gànjìn; 劲头 jìntóu ◆～を出す 发奋 fāfèn; 奋起
やるせない【遣る瀬ない】不能开心 bù néng kāixīn
やれやれ 哎呀 āiyā
やわらかい【柔[軟]らかい】绵软 miánruǎn; 柔嫩 róunèn; 柔软 róuruǎn; 软和 ruǎnhuo; 松软 sōngruǎn; 〈皮膚や筋肉が〉细嫩 xìnèn ◆～食べ物 软食 ruǎnshí ◆体が～ 身体柔软 shēntǐ róuruǎn ◆頭が～〈考え方が〉头脑灵活 tóunǎo línghuó ◆～言い方 温和的说法 wēnhé de shuōfǎ
やわらぐ【和らぐ】变温和 biàn wēnhé; 和缓 huǎnhé; 缓和 huǎnhé
ヤンキー ❶ 美国佬 Měiguólǎo ❷ 小流氓 xiǎoliúmáng
やんちゃ-な 淘气 táoqì; 顽皮 wánpí
やんわり 温和 wēnhé ◆～と断る 婉转地谢绝 wǎnzhuǎn de xièjué

ゆ

ゆ【湯】《お湯》开水 kāishuǐ；热水 rèshuǐ；《ふろの湯》洗澡水 xǐzǎoshuǐ
ゆあか【湯垢】水碱 shuǐjiǎn；水垢 shuǐgòu
ゆあがり【湯上がり-の】刚洗完澡 gāng xǐwán zǎo
ゆあたり【湯中り-する】晕池 yùnchí
ゆあつ【油圧】油压 yóuyā；液压 yèyā ◆～式ポンプ 液压泵 yèyābèng
ゆいいつ【唯一】◆～無二 独一无二 dú yī wú èr ◆～無二の方法 不二法门 bú èr fǎ mén
ゆいごん【遺言】遗言 yíyán；遗嘱 yízhǔ ◆～書 遗嘱 yízhǔ
ゆいしょ【由緒】来历 láilì；来头 láitou ◆～ある家柄 名门 míngmén
ゆいしん【唯心】◆～史観 唯心史观 wéixīn shǐguān ◆～論 唯心论 wéixīnlùn；唯心主义 wéixīn zhǔyì
ゆいのう【結納】彩礼 cǎilǐ；财礼 cáilǐ ◆～を送る 送彩礼 sòng cǎilǐ
ゆいぶつ【唯物】◆～史観 历史唯物主义 lìshǐ wéiwù zhǔyì；唯物史观 wéiwù shǐguān ◆～論 唯物论 wéiwùlùn；唯物主义 wéiwù zhǔyì
ゆう【結う】结 jié；系 jì；扎 zā ◆髪を～ 束发 shùfà
ゆうあい【友愛】友爱 yǒu'ài
ゆうい【優位】优势 yōushì ◆～に立つ 占先 zhànxiān；占上风 zhàn shàngfēng
ゆういぎ【有意義-な】有意义 yǒu yìyì
ゆういん【誘因】起因 qǐyīn；诱因 yòuyīn
ゆういん【誘引-する】引诱 yǐnyòu
ゆううつ【憂鬱-な】忧郁 yōuyù；沉闷 chénmèn；沉郁 chényù
ゆうえい【遊泳-する】游泳 yóuyǒng ◆～禁止 禁止游泳 jìnzhǐ yóuyǒng；游泳 jìnyóng ◆～禁止区域 禁泳区 jìnyǒngqū
ゆうえき【有益-な】有益 yǒuyì ◆…にーだ 有利于 yǒulìyú
ユーエスビーメモリ【USBメモリ】优盘 yōupán
ゆうえつかん【優越感】优越感 yōuyuègǎn
ゆうえんち【遊園地】游乐园 yóulèyuán
ゆうおう【勇往】◆～邁進 勇往直前 yǒng wǎng zhí qián
ゆうか【有価】◆～証券 有价证券 yǒujià zhèngquàn
ゆうが【優雅-な】文雅 wényǎ；秀气 xiùqì；优雅 yōuyǎ
ゆうかい【誘拐-する】拐带 guǎidài；拐骗 guǎipiàn；诱拐 yòuguǎi ◆～事件 绑架案 bǎngjià'àn
ゆうかい【融解-する】熔化 rónghuà ◆～点 熔点 róngdiǎn
ゆうがい【有害-な】有害 yǒuhài
ユウガオ【夕顔】瓠子 hùzi；葫芦花 húluhuā
ゆうがく【遊学-する】游学 yóuxué；留学 liúxué
ゆうがた【夕方】傍晚 bàngwǎn；黄昏 huánghūn
ゆうがとう【誘蛾灯】诱虫灯 yòuchóngdēng
ユーカリ【有加利 yǒujiālì；桉树 ānshù ◆～油 桉油 ānyóu
ゆうかん【勇敢-な】勇敢 yǒnggǎn ◆～に戦う 英勇地战斗 yīngyǒng de zhàndòu；奋战 fènzhàn
ゆうかん【夕刊】晚报 wǎnbào
ゆうき【勇気】勇气 yǒngqì ◆～がある 有勇气 yǒu yǒngqì ◆～あふれる 奋勇 fènyǒng
ゆうき【有機】有机 yǒujī ◆～化学 有机化学 yǒujī huàxué ◆～化合物 有机物 yǒujīwù ◆～肥料 有机肥料 yǒujī féiliào ◆～EL 有机EL yǒujī EL
ゆうぎ【友誼】友谊 yǒuyì
ゆうぎ【遊戯】玩耍 wánshuǎ；游戏 yóuxì ◆～場 游戏场 yóuxìchǎng
ゆうきゅう【悠久-の】悠久 yōujiǔ
ゆうきゅう【有給-の】◆～休暇 带薪休假 dài xīn xiūjià
ゆうきゅう【遊休-の】闲置 xiánzhì ◆～資金 闲置资金 xiánzhì zījīn ◆～地 闲散土地 xiánsǎn tǔdì
ゆうきょう【遊興-する】游玩 yóuwán ◆～費 游乐费 yóulèfèi
ゆうぐう【優遇-する】优遇 yōuyù；优待 yōudài
ゆうぐれ【夕暮れ】黄昏 huánghūn；傍晚 bàngwǎn
ゆうぐん【友軍】友军 yǒujūn
ゆうぐん【遊軍】机动部队 jīdòng bùduì；后备人员 hòubèi rényuán
ゆうけい【有形-の】有形 yǒuxíng
ゆうげきしゅ【遊撃手】游击手 yóujīshǒu
ゆうげきせん【遊撃戦】游击战 yóujīzhàn
ゆうげん【有限-の】有限 yǒuxiàn ◆～責任会社 有限公司 yǒuxiàn gōngsī
ゆうけんしゃ【有権者】有选举权的公民 yǒu xuǎnjǔquán de gōngmín；选民 xuǎnmín

ゆうこう【友好】 友好 yǒuhǎo；～国 友邦 yǒubāng
ゆうこう【有効】 有效 yǒuxiào；～期間 时效 shíxiào◆～期限 有效期限 yǒuxiào qīxiàn
ゆうごう【融合-する】 融合 rónghé；聚变 jùbiàn
ゆうこく【幽谷】 幽谷 yōugǔ；深谷 shēngǔ
ゆうこく【憂国】 忧国 yōuguó；～の士 忧国之士 yōuguó zhī shì
ゆうこく【夕刻】 傍晚 bàngwǎn；黄昏 huánghūn
ユーザー 用户 yònghù
ゆうざい【有罪】 有罪 yǒuzuì；～判决を下す 判决有罪 pànjué yǒuzuì；判罪 pànzuì
ゆうさん【有産】 ◆「工場などの生産手段を持つ」 阶级 zīchǎn jiējí ◆「不動産などを持つ」 阶级 有产阶级 yǒuchǎn jiējí
ゆうし【勇士】 猛士 měngshì；勇士 yǒngshì；壮士 zhuàngshì
ゆうし【有史】 ◆～以前 史前 shǐqián
ゆうし【有志】 有志 yǒuzhì；志愿者 zhìyuànzhě
ゆうし【雄姿】 雄姿 xióngzī；英姿 yīngzī
ゆうし【融資-する】 贷款 dàikuǎn；通融 tōngróng ◆～を受ける 借款 jièkuǎn
ゆうじ【有事】 有事 yǒushì；～の際に 出现非常事态时 chūxiàn fēicháng shìtài shí；一朝有事 yīzhāo yǒushì
ゆうしかい【有視界】 ◆～飛行 目视飞行 mùshì fēixíng
ゆうしきしゃ【有識者】 有学识的人 yǒu xuéshí de rén
ゆうしてっせん【有刺鉄線】 带刺铁丝 dàicì tiěsī；蒺藜丝 jílísī
ゆうしゃ【勇者】 勇士 yǒngshì
ゆうしゅう【優秀-な】 优秀 yōuxiù；～な人物 精英 jīngyīng
ゆうしゅう【憂愁】 忧愁 yōuchóu
ゆうしゅう【有終】 ◆～の美を飾る 善始善终 shàn shǐ shàn zhōng
ゆうじゅうふだん【優柔不断】 优柔寡断 yōuróu guǎ duàn；三心二意 sān xīn èr yì
ゆうしょう【優勝】 冠军 guànjūn；第一名 dìyīmíng ◆～カップ 优胜杯 yōushèngbēi ◆～者 冠军 guànjūn
ゆうしょう【勇将】 闯将 chuǎngjiāng；虎将 hǔjiàng；枭将 xiāojiàng
ゆうしょう【有償-の】 有代价的 yǒu dàijià de
ゆうじょう【友情】 友情 yǒuqíng；友谊 yǒuyì
ゆうしょく【夕食】 晚饭 wǎnfàn；晚餐 wǎncān
ゆうじん【友人】 朋友 péngyou；友人 yǒurén
ゆうすう【有数-の】 有数 yǒushù；屈指可数 qūzhǐ kě shǔ
ゆうずう【融通-する】 通融 tōngróng；(人)が勺兌 yúndui ◆～がきかない 僵硬 jiāngyìng；死板 sǐbǎn；死硬 sǐyìng ◆～がきく 圆通 yuántōng；灵活 línghuó
ゆうすずみ【夕涼み-する】 纳晚凉 nà wǎnliáng；晚上乘凉 wǎnshang chéngliáng
ゆうする【有する】 具备 jùbèi；具有 jùyǒu
ゆうせい【優性-な】 优性 yōuxìng
ゆうせい【優勢-な】 上风 shàngfēng；优势 yōushì
ゆうせい【郵政】 邮政 yóuzhèng；～省 邮政部 yóuzhèngbù
ゆうぜい【遊説-する】 游说 yóushuì
ゆうせん【優先-する】 优先 yōuxiān ◆～权 优先权 yōuxiānquán ◆～的に 尽先 jìnxiān
ゆうせん【有線-の】 有线 yǒuxiàn ◆～電話 有线电话 yǒuxiàn diànhuà ◆～放送 有线广播 yǒuxiàn guǎngbō ◆～テレビ 有线电视 yǒuxiàn diànshì
ゆうぜん【悠然-の】 扬长 yángcháng ◆～とした 慢悠悠 mànyōuyōu
ゆうそう【勇壮】 豪壮 háozhuàng；英武 yīngwǔ
ゆうそう【郵送-する】 邮寄 yóujì
ゆうそう【雄壮-な】 粗豪 cūháo；雄壮 xióngzhuàng；壮阔 zhuàngkuò
ユーターン【U ターン-する】 U 字形转弯 U zìxíng zhuǎnwān；掉头 diàotóu
ゆうたい【優待-する】 优待 yōudài ◆～券 优待券 yōudàiquàn
ゆうたい【優退-する】 主动辞职 zhǔdòng cízhí
ゆうだい【雄大-な】 宏伟 hóngwěi；雄伟 xióngwěi ◆～な计画 宏图 hóngtú ◆～な志 雄心壮志 xióngxīn zhuàng zhì
ゆうだち【夕立】 夏季骤雨 xiàjì zhòuyǔ；雷阵雨 léizhènyǔ
ゆうち【誘致-する】 招徕 zhāolái；招揽 zhāolǎn
ゆうちょう【悠長-な】 悠然 yōurán；不慌不忙 bù huāng bù máng
ゆうてん【融点】 融点 róngdiǎn
ゆうどう【誘導-する】 引诱 yǐnyòu；诱导 yòudǎo；感应 gǎnyìng
ゆうとうせい【優等生】 高才生 gāo-

ゆうどく【有毒-な】 有毒 yǒudú ◆~ガス 毒气 dúqì
ユートピア 乌托邦 wūtuōbāng
ゆうなぎ【夕凪】 傍晚海上平静无风 bàngwǎn hǎishàng píngjìng wúfēng
ゆうのう【有能-な】 得力 délì; 精干 jīnggàn; 精悍 jīnghàn ◆~な人 干才 gàncái; 有才干的 yǒu cáigàn de
ゆうばえ【夕映え】 晚霞 wǎnxiá
ゆうはつ【誘発-する】 引起 yǐnqǐ; 诱发 yòufā
ゆうはん【夕飯】 晚饭 wǎnfàn
ゆうひ【夕日】 夕阳 xīyáng; 斜阳 xiéyáng
ゆうび【優美-な】 优美 yōuměi; 雅致 yǎzhì
ゆうびん【郵便】 邮政 yóuzhèng; ~物 邮件 yóujiàn ◆~はがき 明信片 míngxìnpiàn ◆~を配達する 邮递 yóudì ◆~為替 邮政汇票 yóuzhèng huìpiào ◆~局 邮局 yóujú; 邮政局 yóuzhèngjú ◆~受け 信箱 xìnxiāng ◆~小包 包裹 bāoguǒ; 邮包 yóubāo ◆~番号 邮政编码 yóuzhèng biānmǎ ◆~配達員 邮递员 yóudìyuán
ゆうふく【裕福-な】 富裕 fùyù; 丰盈 fēngyíng; 优裕 yōuyù
ゆうべ【夕べ】 傍晚 bànghēi; 傍晚 bàngwǎn;〈昨晚〉昨晚 zuówǎn
ゆうべん【雄弁-な】 雄辩 xióngbiàn
ゆうぼう【有望-な】 有为 yǒuwéi ◆~だ 有希望 yǒu xīwàng ◆~な新人 新秀 xīnxiù
ゆうぼく【遊牧】 游牧 yóumù ◆~民族 游牧民族 yóumù mínzú
ゆうめい【勇名】 威名 wēimíng ◆~がとどろく 威名远扬 wēimíng yuǎnyáng
ゆうめい【有名-な】 有名 yǒumíng; 知名 zhīmíng; 著名 zhùmíng ◆~になる 成名 chéngmíng; 出名 chūmíng; 扬名 yángmíng ◆ブランド 老牌子 lǎopáizi; 名牌 míngpái ◆~人 名人 míngrén ◆~無実 的 挂名 guàmíng; 有名无实 yǒu míng wú shí
ユーモア 幽默 yōumò ◆~あふれる 风趣 fēngqù ◆~のある 幽默 yōumò
ゆうもう【勇猛-な】 勇猛 yǒngměng; 勇武 yǒngwǔ; 骁勇 xiāoyǒng ◆~な悍勇 hànyǒng
ゆうもや【夕靄】 暮霭 mù'ǎi; 夕烟 xīyān
ユーモラス-な 幽默 yōumò; 诙谐 huīxié

ゆうやけ【夕焼け】 晚霞 wǎnxiá; 火烧云 huǒshāoyún
ゆうやみ【夕闇】 薄暮 bómù; 昏暗 hūn'àn
ゆうゆう【悠々-と】 悠悠 yōuyōu; 从容不迫 cóngróng búpò ◆~自適 逍遥自在 xiāoyáozìzài; 悠闲自得 yōuxiánzìdé
ゆうよ【猶予-する】 犹豫 yóuyù; 延期 yánqī
ゆうよう【有用-な】 有用 yǒuyòng
ユーラシア 欧亚 Ōu-Yà
ゆうらん【遊覧-する】 游览 yóulǎn; 游玩 yóuwán ◆~バス 游览车 yóulǎnchē ◆~案内 游览指南 yóulǎn zhǐnán ◆~客 游人 yóurén ◆~船 游船 yóuchuán; 游览船 yóulǎnchuán; 游艇 yóutǐng
ゆうり【有利】 有利 yǒulì ◆~に働く 利于 lìyú
ゆうり【遊離-する】 脱离 tuōlí; 超脱 chāotuō; 游离 yóulí
ゆうりょ【憂慮-する】 忧虑 chóulǜ; 忧虑 yōulǜ ◆~の色 愁容 chóuróng
ゆうりょう【優良-な】 优良 yōuliáng ◆~品種 良种 liángzhǒng ◆优良品种 pǐnzhǒng
ゆうりょう【有料-の】 收费 shōufèi ◆~駐車場 收费停车场 shōufèi tíngchēchǎng
ゆうりょく【有力-な】 有力 yǒulì ◆~有勢力者 yǒushìlìzhě
ゆうれい【幽霊】 鬼 guǐ; 鬼魂 guǐhún; 阴魂 yīnhún ◆~が出る 闹鬼 nàoguǐ ◆~会社 皮包公司 píbāogōngsī
ゆうれつ【優劣】 优劣 yōuliè; 高低 gāodī ◆~をつける 分高低 fēn gāodī
ユーロ〈通貨単位〉 欧元 Ōuyuán
ゆうわ【宥和】 ◆~政策 绥靖政策 suíjìng zhèngcè
ゆうわ【融和-する】 融洽 róngqià ◆~した 和睦 hémù
ゆうわく【誘惑-する】 诱惑 yòuhuò; 勾引 gōuyǐn; 引诱 yǐnyòu
ゆえに【故に】 因而 yīn'ér; 因此 yīncǐ
ゆえん【所以】 原因 yuányīn; 理由 lǐyóu
ゆか【床】 地板 dìbǎn ◆~を拭く 扫地 sǎodì ◆~板 地板 dìbǎn
ゆかい【愉快-な】 高兴 gāoxìng; 开心 kāixīn; 痛快 tòngkuài; 愉快 yúkuài
ゆがく【湯掻く】 焯 chāo ◆ホウレンソウを~ 焯菠菜 chāo bōcài
ゆかしい【床しい】 温文尔雅 wēnwén'ěryǎ; 高尚 gāoshàng

ゆかだんぼう【床暖房】 地板采暖 dìbǎn cǎinuǎn

ゆがみ【歪み】 形变 xíngbiàn；歪 wāi

ゆがむ【歪む】 歪 wāi；歪斜 wāixié ◆窓枠が~ 窗框变形 chuāngkuàng biànxíng ◆性格が~ 性格乖僻 xìnggé guāipì

ゆがめる【歪める】 歪曲 wāiqū ◆事実を~ 歪曲事实 wāiqū shìshí ◆顔を~ 歪脸 wāiliǎn

ゆかり【縁】 因缘 yīnyuán ◆縁(えん)も~ない 毫无关系 háowú guānxi

ゆき【行き／往き】去く；（当着地へ）青森~の列車 开往青森的列车 kāiwǎng Qīngsēn de lièchē

ゆき【雪】雪 xuě

ゆきあかり【雪明かり】雪光 xuěguāng

ゆきあたりばったり【行き当たりばったり】漫无计划 màn wú jìhuà；听其自然 tīng qí zìrán

ゆきかう【行き交う】往来 wǎnglái

ゆきかえり【行き帰り】往返 wǎngfǎn

ゆきかき【雪掻き】◆~をする 耙雪 pá xuě；除雪 chúxuě

ゆきがけ【行き掛けに】 顺道 shùndào；顺路 shùnlù

ゆきがっせん【雪合戦-をする】打雪仗 dǎ xuězhàng

ゆきき【行き来-する】 打交道 dǎ jiāodào；往复 wǎngfù；往来 wǎnglái

ゆきぐに【雪国】雪国 xuěguó

ゆきげしき【雪景色】雪景 xuějǐng

ゆきさき【行き先】去处 qùchù；去的地方 qù de dìfāng

ゆきすぎ【行き過ぎ】过分 guòfèn；过度 guòdù；过火 guòhuǒ

ゆきだおれ【行き倒れ】路倒 lùdǎo ◆~になる 倒毙 dǎobì

ゆきだるま【雪達磨】雪人 xuěrén

ゆきちがい【行き違い】 走岔开 zǒuchàkāi；错过 cuòguò ◆気持ちの~ 失和 shīhé；不对劲儿 bú duìjìnr

ゆきつく【行き着く】走到 zǒudào

ゆきつけ【行きつけ】 去惯 qùguàn ◆~の店 常去的商店 cháng qù de shāngdiàn

ゆきづまり【行き詰まり】◆~の状态 绝境 juéjìng

ゆきづまる【行き詰まる】走不动 zǒubudòng；磨不开 mòbukāi；走投无路 zǒu tóu wú lù；行不通 xíngbutōng

ゆきどけ【雪解け】雪融 xuěróng ◆~の頃 解冻季节 jiědòng jìjié

ゆきとどく【行き届く】周到 zhōudào；周详 zhōuxiáng ◆行き届いて

いる 无微不至 wú wēi bú zhì

ゆきどまり【行き止まり】 死胡同 sǐhútòng；止境 zhǐjìng ◆~の道 死路 sǐlù

ゆきやけ【雪焼け-する】 因雪反射使皮肤变黑 yīn xuě fǎnshè shǐ pífū biàn hēi

ユキヤナギ【雪柳】珍珠绣线菊 zhēnzhū xiùxiànjú

ゆきわたる【行き渡る】普及 pǔjí

ユキワリソウ【雪割草】獐耳细辛 zhāng'ěr xìxīn

ゆく【行く】去 qù；走 zǒu；前往 qiánwǎng

ゆく【逝く】死去 sǐqù；逝世 shìshì；去世 qùshì

ゆくえ【行方】去向 qùxiàng；行迹 xíngjì；行踪 xíngzōng ◆~をくらます 潜逃 qiántáo ◆~不明 失踪 shīzōng；下落不明 xiàluò bùmíng；去向不明 qùxiàng bùmíng

ゆくさき【行く先】 去处 qùchù；前途 qiántú；行踪 xíngzōng

ゆくすえ【行く末】 未来 wèilái；将来 jiānglái；前途 qiántú

ゆくて【行く手】去路 qùlù；前程 qiánchéng

ゆくゆく【行く行く-は】将来 jiānglái

ゆげ【湯気】热气 rèqì；蒸气 zhēngqì ◆~を立てて怒る 火冒三丈 huǒ mào sān zhàng；怒气冲冲 nùqì chōngchōng

ゆけつ【輸血-する】输血 shūxuè

ゆさぶる【揺さぶる】❶【揺らす】摇 yáo；摇撼 yáohàn ◆木を~ 摇树 yáo shù ❷【動揺させる】动摇 dòngyáo ◆人の心を~ 震撼人心 zhènhàn rénxīn

ゆざまし【湯冷まし】凉 开水 liángkāishuǐ

ゆざめ【湯冷め-する】 洗澡后着凉 xǐzǎo hòu zháoliáng

ゆし【油脂】油脂 yóuzhī

ゆしゅつ【輸出-する】 出口 chūkǒu；输出 shūchū ◆~品 出口货 chūkǒuhuò ◆~超過 出超 chūchāo；顺差 shùnchā ◆~入 进出口 jìnchūkǒu ◆~入を禁止する 禁运 jìnyùn

ゆず【柚】香橙 xiāngchéng

ゆすぐ【濯ぐ】漂洗 piǎoxǐ；涮 shuàn

ゆすり【強請】敲诈 qiāozhà

ゆずりあい【譲り合い】互相妥协 hùxiāng tuǒxié

ゆずりあう【譲り合う】互让 hùràng

ゆずりうける【譲り受ける】继承 jìchéng

ゆすりとる【強請り取る】 勒索 lè-

ゆずりわたす―ゆめうらない

suǒ; 敲诈 qiāozhà
ゆずりわたす【譲り渡す】让渡 rànggěi; 转让 zhuǎnràng ◆主権を～ 让渡主权 rànggù zhǔquán
ゆする【揺する】摇动 yáodòng
ゆする【強請る】敲诈 qiāozhà; 讹诈 ézhà; 讹诈 ézhà; 要挟 yāoxié
ゆずる【譲る】让 ràng; 让给 rànggěi ◆道を～ 让路 ràng lù
ゆせい【油井】油井 yóujǐng
ゆせい【油性-の】油性 yóuxìng
ゆそう【輸送】货运 huòyùn ◆～する 搬运 bānyùn; 输送 shūsòng; 运输 yùnshū ◆～機 运输机 yùnshūjī ◆～船 运输船 yùnshūchuán
ゆたか【豊か-な】丰富 fēngfù; 丰满 fēngmǎn; 丰盈 fēngyíng ◆～な生活 富裕的生活 fùyù de shēnghuó ◆心が～だ 心怀宽大 xīnhuái kuāndà ◆財政が～だ 财政充裕 cáizhèng chōngyù ◆～な実り 丰收 fēngshōu
ゆたかさ【豊かさ】◆～への道 致富之道 zhìfù zhī dào
ゆだねる【委ねる】付托 fùtuō; 交付 jiāofù; 委任 wěirèn ◆彼に～しかない 只好委托他 zhǐhǎo wěituō tā
ゆだん【油断-する】麻痹大意 mábì dàyì; 失神 shīshén; 疏忽 shūhu
ゆたんぽ【湯湯婆】汤婆 tāngpó; 汤婆子 tāngpózi
ゆちゃく【癒着-する】粘连 zhānlián; 《結託》勾结 gōujié
ゆっくり【慢慢 mànmàn ◆～歩く 慢走 mànmàn zǒu; 踱 duó ◆～動く 蠕动 rúdòng; 蹭 cèng ◆～した 缓慢 huǎnmàn; 慢条斯理 màntiáo sīlǐ ◆～話す 慢慢地说话 mànmàn de shuōhuà
ゆったり ❶《動きが》◆～した 慢悠悠 mànyōuyōu; 悠然 yōurán ❷《空間が》◆～した 宽大 kuāndà ❸《感じが》◆～とした 大方 dàfang ◆～と shūhuǎn ❹《衣服などが》◆～した上衣 宽松的上衣 kuānsōng de shàngyī
ゆでたまご【茹で卵】煮鸡蛋 zhǔ jīdàn
ゆでる【茹でる】焯 chāo; 煮 zhǔ; 熬 áo ◆卵を～ 煮鸡蛋 zhǔ jīdàn ◆ホウレンソウを～ 焯菠菜 chāo bōcài
ゆでん【油田】油田 yóutián
ゆどうふ【湯豆腐】砂锅豆腐 shāguō dòufu
ゆとり 宽裕 kuānyù; 充裕 chōngyù ◆生活に～が出来た 生活有了宽裕 shēnghuó fāshēngle kuānyù
ユニーク【-な】别致 biézhì; 独特 dútè

ユニセフ【UNICEF】联合国儿童基金 Liánhéguó értóng jījīn
ユニット 单元 dānyuán; 机组 jīzǔ ◆～式家具 组合家具 zǔhé jiājù
ユニバーサルサービス 通用服务 tōngyòng fúwù; 普遍服务 pǔbiàn fúwù
ユニホーム 制服 zhìfú
ゆにゅう【輸入-する】进口 jìnkǒu; 输入 shūrù ◆～超過 逆差 nìchā; 入超 rùchāo ◆～品 进口货 jìnkǒuhuò; 外货 wàihuò
ユネスコ【UNESCO】联合国教科文组织 Liánhéguó jiàokēwén zǔzhī
ゆのみ【湯飲み】茶杯 chábēi; 茶碗 cháwǎn
ゆば【湯葉】豆腐皮 dòufupí
ゆび【指】指头 zhǐtou ◆～でひねる 捻 niǎn ◆～を鳴らす打响指 dǎ fēizi
ゆびおり【指折り】◆～の数一数二 shǔ yī shǔ èr ◆～えて数 拍算 qiāsuàn; 屈指 qūzhǐ; 扳着指头算 bānzhe zhǐtou suàn
ゆびきり【指切り-する】拉勾 lāgōu; 勾小指头 gōu xiǎozhǐtóu
ゆびさき【指先】指头尖儿 zhǐtóujiānr ◆～でつまむ 捏 niē ◆～が器用だ 手巧 shǒuqiǎo
ゆびさす【指差す】指画 zhǐhuà; 指点 zhǐdiǎn
ゆびにんぎょう【指人形】手托木偶 shǒutuō mùǒu
ゆびぬき【指抜き】顶针 dǐngzhēn
ゆびぶえ【指笛】呼哨 hūshào; 口哨儿 kǒushàor
ゆびわ【指輪】戒指 jièzhǐ; 指环 zhǐhuán
ゆぶね【湯船】浴池 yùchí; 澡塘 zǎotáng; 澡盆 zǎopén; 浴缸 yùgāng
ゆみ【弓】弓 gōng ◆～と矢 弓箭 gōngjiàn ◆～を引く 拉弓 lāgōng ◆～形のもの 弓子 gōngzi ◆弦楽器の～ 弓子 gōngzi; 弦楽器の～
ゆみず【湯水】◆～のように使う 挥金如土 huījīn rú tǔ; 任意挥霍 rènyì huīhuò
ゆみなり【弓なり-の】弓形 gōngxíng
ゆみや【弓矢】弓箭 gōngjiàn
ゆめ【夢】◆《睡眠中の》梦 mèng; 梦境 mèngjìng ◆～の国 梦乡 mèngxiāng ◆～をみる 做梦 zuòmèng ❷《将来の》理想 lǐxiǎng
ゆめうつつ【夢現-の】在梦境中 zài mèngjìng zhōng
ゆめうらない【夢占い】◆～をする 占梦 zhānmèng; 圆梦 yuán mèng

ゆめごこち【夢心地-で】梦境 mèngjìng
ゆめじ【夢路】梦乡 mèngxiāng
ゆめみ【夢見】◆~がよい 做梦吉利 zuòmèng jílì ◆~が悪い 做梦不吉利 zuòmèng bùjílì
ゆめごこち【夢見心地】如在梦中 rú zài mèngzhōng
ゆめみる【夢見る】做梦 zuòmèng; 梦想 mèngxiǎng
ゆめものがたり【夢物語】梦想 mèngxiǎng; 幻想 huànxiǎng
ゆゆしい【由々しい】严重 yánzhòng; 严峻 yánjùn
ゆらい【由来】根由 gēnyóu; 由来 yóulái; 所以然 suǒyǐrán
ゆらぐ【揺らぐ】摇动 yáodòng ◆気持ちが~ 心境摇动 xīnjìng yáodòng
ゆらす【揺らす】摆动 bǎidòng; 抖动 dǒudòng
ゆらめく【揺らめく】招展 zhāozhǎn; 招晃 zhāohuàng ◆色とりどりの旗が~ 彩旗招展 cǎiqí zhāozhǎn
ゆらゆら 悠悠荡荡 yōuyōudàngdàng ◆~揺れる 晃动 huàngdòng; 晃悠 huàngyou
ユリ【百合】百合 bǎihé ◆~の花 百合花 bǎihéhuā
ゆりいす【揺り椅子】摇椅 yáoyǐ
ゆりおこす【揺り起こす】推醒 tuīxǐng; 晃醒 huàngxǐng
ゆりかご【揺り籠】摇篮 yáolán
ゆるい【緩い】❶《厳しくない》规则が~ 规则不严 guīzé bù yán ❷《締め付けない》◆ベルトが~ 腰带松弛 yāodài sōngchí ❸《鈍角》◆~カーブ 慢弯 mànwān
ゆるがす【揺るがす】震荡 zhèndàng; 震撼 zhènhàn ◆大地を~ 震动大地 zhèndòng dàdì
ゆるがせ【忽せ】◆~にする 忽视 hūshì; 疏忽 shūhū ◆~にしない 严格 yángé ◆職務を~にする 疏忽职务 shūhū zhíwù
ゆるがぬ【揺るがぬ】◆~見解 定见 dìngjiàn ◆~証拠 真凭实据 zhēnpíng shí jù ◆~地位 稳固的地位 wěngù de dìwèi
ゆるぎない【揺るぎない】巩固 gǒnggù; 牢固 láogù; 稳 wěn ◆~意志 铁心 tiěxīn
ゆるぐ【揺るぐ】动摇 dòngyáo
ゆるし【許し】许可 xǔkě; 准许 zhǔnxǔ ◆~を求める 求饶 qiúráo; 求情 qiúqíng; 告饶 gàoráo; 讨饶 tǎoráo
ゆるす【許す】允许 yǔnxǔ; 准允 zhǔnyǔn; 容忍 róngrěn; 应许 yīngxǔ ◆許さない《…するのを》不容 bùróng; 不许 bùxǔ ◆気を~ 放松警惕 fàngsōng jǐngtì
ゆるむ【緩む】松弛 sōngchí
ゆるむ【緩む】松动 sōngdòng ◆気が~ 疏忽 shūhū
ゆるめる【緩める】放松 fàngsōng; 宽 kuān; 松弛 sōngchí; 松懈 sōngxiè ◆力を~ 松劲 sōngjìn
ゆるやか【緩やかな】◆《動きが》~な平缓 pínghuǎn; 缓慢 huǎnmàn ◆~な坂 慢坡 mànpō
ゆれうごく【揺れ動く】摇荡 yáodàng; 动摇 dòngyáo; 摇晃 yáohuàng; 掀动 xiāndòng ◆《情勢などが》动荡 dòngdàng ◆地面が~ 地面振动 dìmiàn zhèndòng ◆心が~ 心里动摇 xīnlǐ dòngyáo
ゆれる【揺れる】摆动 bǎidòng; 摇晃 yáohuàng; 摇摆 yáobǎi
ゆわかし【湯沸かし】水壶 shuǐhú; 铫子 diàozi

よ

よ【世】世 shì；世上 shìshàng；人间 rénjiān ◆~に問う 问世 wènshì ◆~をはかなむ 厌世 yànshì ◆~を渡る 处世 chǔshì

よ【夜】夜 yè；夜里 yèli ◆~が明ける 破晓 pòxiǎo；天亮 tiān liàng；天明 tiān míng ◆~を日に継いで 夜以继日 yè yǐ jì rì

よあかし【夜明かし-する】彻夜 chèyè

よあけ【夜明け】黎明 límíng；天亮 tiānliàng；破晓 pòxiǎo ◆~前 凌晨 língchén；侵晨 qīnchén

よあそび【夜遊び-する】晚上游玩 wǎnshàng yóuwán；夜里游荡 yèli yóudàng ◆~する人 夜游神 yèyóushén

よい【良い】好 hǎo；良好 liánghǎo；使得 shǐde；要得 yàodé ◆~事をする 行善 xíngshàn ◆よくなる 见好 jiànhǎo

よい【宵】傍晚 bàngwǎn ◆~を越す 过夜 guòyè ◆~っぱり 夜猫子 yèmāozi

よい【酔い】醉意 zuìyì ◆~を覚ます 醒酒 xǐngjiǔ ◆~心地 醉乡 zuìxiāng

よいつぶれる【酔い潰れる】醉倒 zuìdǎo

ヨイマチグサ【宵待草】待宵草 dàixiāocǎo；夜来香 yèláixiāng

よいん【余韻】余味 yúwèi；余韵 yúyùn

よう【酔う】◆酒に~ 喝醉 hēzuì；醉酒 zuìjiǔ ◆車に~ 晕车 yùnchē ◆船に~ 晕船 yùnchuán ◆雰囲気に~ 陶醉在气氛中 táozuì zài qìfen zhōng

よう《呼びかけ》嘿 hēi

よう【用】事情 shìqing ◆~をたす《用便》出恭 chūgōng；方便 fāngbiàn；解手 jiě shǒu ◆~をなさい 不济事 bújìshì ◆~がある 有事情 yǒu shìqing ◆~がない 没事 méi shì

よう【要】要点 yàodiǎn；关键 guānjiàn ◆~を得ている 扼要 èyào

よう【陽-の】阳 yáng；明里 mínglǐ

よう【様】(…のような)像 xiàng；犹如 yóurú；有如 yǒurú；似的 shìde；似乎 shìhū

よう【容易】◆~な 容易 róngyì；简单 jiǎndān ◆~に 轻易 qīngyì；易于 yìyú ◆~に信じる 轻易地相信 qīngyì de xiāngxìn

ようい【用意-する】准备 zhǔnbèi；预备 yùbèi ◆~周到な 审慎 shěnshèn

よういく【養育-する】扶养 fúyǎng；抚养 fúyǎng；养育 yǎngyù

よういん【要員】人员 rényuán

よういん【要因】因素 yīnsù

ようえき【溶液】溶液 róngyè

ようえん【妖艶-な】妖媚 yāomèi；妖艳 yāoyàn

ようか【養家】养家 yǎngjiā

ようが【洋画】《絵画》西洋画 xīyánghuà；《映画》西方影片 xīfāng yǐngpiàn

ようかい【妖怪】鬼怪 guǐguài；魔鬼 móguǐ；妖怪 yāoguài；妖魔 yāomó ◆~変化 牛鬼蛇神 niú guǐ shé shén；妖魔鬼怪 yāomó guǐguài

ようかい【溶解-する】熔融 róngróng；溶化 rónghuà；溶解 róngjiě ◆~した鉄鉄（せんてつ）铁水 tiěshuǐ

ようがい【要害】险隘 xiǎn'ài ◆~に位置する 险要 xiǎnyào ◆~の地 险地 xiǎndì

ようがく【洋楽】西方音乐 xīfāng yīnyuè；西乐 xīyuè

ようがし【洋菓子】西点 xīdiǎn；西式糕点 xīshì gāodiǎn

ようかん【羊羹】羊羹 yánggēng

ようがん【溶岩】熔岩 róngyán

ようき【容器】容器 róngqì；盛器 chéngqì

ようき【陽気-な】欢乐 huānlè；开朗 kāilǎng；爽朗 shuǎnglǎng

ようぎ【容疑】嫌疑 xiányí ◆~が掛かる 被嫌疑 bèi xiányí ◆~者 嫌疑犯 xiányífàn

ようきゅう【要求】要求 yāoqiú ◆~する 要求 yāoqiú ◆~を満たす 满足 mǎnzú yāoqiú

ようぎょ【養魚】人工养鱼 réngōng yǎngyú ◆~場 养鱼场 yǎngyúchǎng ◆~池 鱼塘 yútáng

ようぎょう【窯業】窑业 yáoyè

ようきょく【陽極】阳极 yángjí；正极 zhèngjí

ようぐ【用具】用具 yòngjù

ようけい【養鶏】养鸡 yǎngjī ◆~場 养鸡场 yǎngjīchǎng

ようけん【用件】事情 shìqing；事儿 shìr

ようご【擁護-する】拥护 yōnghù；保护 bǎohù

ようご【用語】用语 yòngyǔ

ようご【養護】护理 hùlǐ ◆~学級 护养班 hùyǎngbān

ようこう【要綱】提纲 tígāng

ようこう【要項】要项 yàoxiàng

ようこう【陽光】阳光 yángguāng

ようこうろ【溶鉱炉】炼铁炉 liàntiě-

ルfi: 熔炉 rónglú; 冶炼炉 yěliànlú
ようこそ 欢迎 huānyíng
ようさい【洋裁】西式裁剪 xīshì cáijiān
ようさい【要塞】要塞 yàosài
ようざい【溶剤】溶剂 róngjì
ようざい【用材】木材 mùcái; 木料 mùliào
ようさん【養蚕】养蚕 yǎngcán
ようし【姿容】姿容 zīróng ◆端麗姿容端正 zīróng duānzhèng
ようし【洋紙】纸张 yángzhǐ
ようし【用紙】纸张 zhǐzhāng; 表格 biǎogé
ようし【要旨】要点 yàodiǎn; 大纲 dàgāng; 要旨 yàozhǐ; 摘要 zhāiyào
ようし【陽子】质子 zhìzǐ
ようし【養子】养子 yǎngzǐ; 继子 jìzǐ
ようじ【幼児】幼儿 yòu'ér ◆～教育 幼儿教育 yòu'ér jiàoyù
ようじ【幼時-の】小时候 xiǎoshíhou; 幼年 yòunián
ようじ【楊枝】牙签儿 yáqiānr
ようじ【用事】事情 shìqíng ◆～がある 有事情 yǒu shìqíng
ようしき【様式】式样 shìyàng; 格式 géshì
ようしき【洋式-の】西式 xīshì ◆～建築 洋房 yángfáng
ようしつ【洋室】西式房间 xīshì fángjiān
ようしゃ【容赦-する】容情 róngqíng; 宽容 kuānróng; 原谅 yuánliàng ◆～のない 严厉 yánlì; 不容情 bù róngqíng
ようしゅ【洋酒】西洋酒 xīyángjiǔ
ようしゅん【陽春】阳春 yángchūn
ようしょ【洋書】西文图书 xīwén túshū
ようしょ【要所】要点 yàodiǎn; 关节 guānjié ◆～を抜き出す 节录 jiélù
ようじょ【幼女】幼女 yòunǚ
ようじょ【養女】养女 yǎngnǚ; 继女 jìnǚ
ようしょう【幼少-の】◆～の頃 幼小时期 yòuxiǎo shíqí; 小时候 xiǎoshíhou
ようしょう【要衝】要地 yàodì; 要害 yàohài; 冲要 chōngyào ◆～の地 咽喉要地 yānhóu yàodì ◆～を守备する 镇守 zhènshǒu
ようじょう【洋上】海上 hǎishàng
ようじょう【養生-する】养生 yǎngshēng; 调养 tiáoyǎng; 调治 tiáozhì; 养病 yǎngbìng; 保养 bǎoyǎng
ようしょく【容色】容貌 róngmào ◆

～が衰える 姿色衰减 zīsè shuāijiǎn
ようしょく【洋食】西餐 xīcān
ようしょく【要職】要职 yàozhí
ようしょく【養殖-する】养殖 yǎngzhí
ようじん【用心-する】当心 dāngxīn; 留神 liúshén; 留意 liúyì; 小心 xiǎoxīn; 注意 zhùyì ◆～深い 战战兢兢 zhànzhànjīngjīng
ようじん【要人】要人 yàorén ◆政界の～ 政界要人 zhèngjiè yàorén
ようじんぼう【用心棒】保镖 bǎobiāo
ようす【様子】模样 múyàng; 状况 zhuàngkuàng; 样子 yàngzi ◆～をさぐる 探听情况 tàntīng qíngkuàng ◆～がつかめない 不摸头 bù mōtóu; 情况不明 qíngkuàng bùmíng
ようすい【用水】用水 yòngshuǐ ◆～路 水渠 shuǐqú
ようすい【羊水】羊水 yángshuǐ
ようする【擁する】拥有 yōngyǒu
ようする【要する】需要 xūyào ◆解決を～ 需要解决 xūyào jiějué
ようするに【要するに】总而言之 zǒng ér yán zhī; 总之 zǒngzhī
ようせい【妖精】仙女 xiānnǚ; 精灵 jīnglíng
ようせい【要請】请求 qǐngqiú; 恳求 kěnqiú
ようせい【陽性-の】开朗 kāilǎng; 快活 kuàihuo; (反应が) 阳性 yángxìng
ようせい【養成-する】培养 péiyǎng; 扶植 fúzhí; 教养 jiàoyǎng; 造就 zàojiù ◆人材を～する 培养人才 péiyǎng réncái
ようせき【容積】容积 róngjī
ようせつ【溶接-する】焊 hàn; 焊接 hànjiē ◆～工 焊工 hàngōng
ようせつ【夭折-する】夭折 yāozhé; 夭亡 yāowáng
ようせん【洗素】碟 diàn
ようそ【要素】要素 yàosù; 因素 yīnsù
ようそう【様相】风貌 fēngmào; 样子 yàngzi; 情形 qíngxing; 情状 qíngzhuàng ◆…の～を呈する 呈现 chéngxiàn
ようそう【洋装】西装 xīzhuāng; 洋服 yángfú; (本は) 洋装版式 yángzhuāng ◆～本 洋装书 yángzhuāngshū
ようたい【容態】病势 bìngshì
ようだてる【用立てる】借钱 jièqián
ようち【幼稚-な】年幼 niányòu; 幼稚 yòuzhì ◆～園 幼儿园 yòu'éryuán
ようち【用地】用地 yòngdì

ようちゅう【幼虫】 幼虫 yòuchóng
ようつい【腰椎】 腰椎 yāozhuī
ようつう【腰痛】 腰痛 yāotòng
ようてん【要点】 要点 yàodiǎn; 要点 yàodiǎn; 提要 tíyào; 摘要 zhāiyào
ようと【用途】 用处 yòngchù; 用途 yòngtú; 用场 yòngchǎng ◆～の広い 万能 wànnéng
ようどう【陽動】 ◆～作戦をとる 佯攻 yánggōng
ようとうくにく【羊頭狗肉】 挂羊头卖狗肉 guà yángtóu mài gǒuròu
ようとして【杳として】 杳然 yǎorán
ようとん【養豚】 养猪 yǎngzhū
ようにん【容認-する】 容许 róngxǔ; 允许 yǔnxǔ
ようねん【幼年】 童年 tóngnián; 幼年 yòunián ◆～時代 幼年时代 yòunián shídài
ようび【曜日】 星期 xīngqī
ようひん【用品】 用品 yòngpǐn
ようふ【養父】 养父 yǎngfù
ようふう【洋風の】 洋气 yángqì; 西式 xīshì ◆～の菓子 西点 xīdiǎn
ようふく【洋服】 西服 xīfú; 西装 xīzhuāng ◆～だんす 衣橱 yīchú; 衣柜 yīguì ◆～掛け 衣架 yījià
ようぶん【養分】 养分 yǎngfèn; 营养 yíngyǎng
ようぼ【養母】 养母 yǎngmǔ
ようほう【用法】 用法 yòngfǎ
ようほう【養蜂】 养蜂 yǎngfēng ◆～場 养蜂场 yǎngfēngchǎng
ようぼう【容貌】 眉目 méimù; 面貌 miànmào; 面容 miànróng ◆～すぐれた 容貌秀丽 róngmào xiùlì
ようぼう【要望-する】 要求 yāoqiú; 期望 qīwàng
ようま【洋間】 西式房间 xīshì fángjiān
ようみゃく【葉脈】 叶脉 yèmài
ようむいん【用務員】 工友 gōngyǒu; 勤务员 qínwùyuán
ようむき【用向き】 来意 láiyì; 事情 shìqíng
ようめい【幼名】 奶名 nǎimíng; 乳名 rǔmíng; 小名 xiǎomíng
ようもう【羊毛】 羊毛 yángmáo
ようもうざい【養毛剤】 生发水 shēngfàshuǐ
ようやく【漸く】 好不容易 hǎobùróngyì; 好容易 hǎoróngyì; 总算 zǒngsuàn ◆～好転する 总算好转 zǒngsuàn hǎozhuǎn
ようやく【要約】 概要 gàiyào; 文摘 wénzhāi ◆～する 概括 gàikuò
ようよう【洋々】 辽阔 liáokuò; 广大 guǎngdà ◆前途～ 前途无限 qiántú wúxiàn; 前途远大 qiántú yuǎndà

ようりつ【擁立-する】 拥立 yōnglì; 拥戴 yōngdài
ようりょう【容量】 容量 róngliàng
ようりょう【用量】 用量 yòngliàng
ようりょう【要領】 要领 yàolǐng ◆～を得た 扼要 èyào ◆～を得ない 不得要领 bùdé yàolǐng; 着三不着两 zháo sān bù zháo liǎng ◆～がいい 精明 jīngmíng; 机巧 jīqiǎo
ようりょく【揚力】 升力 shēnglì
ようりょくそ【葉緑素】 叶绿素 yèlǜsù
ようれい【用例】 例句 lìjù
ようれき【陽暦】 阳历 yánglì
ようろ【溶炉】 熔炉 rónglú
ようろう【養老】 ◆～院 养老院 yǎnglǎoyuàn; 敬老院 jìnglǎoyuàn
ヨーグルト 酸牛奶 suānniúnǎi
ヨード 碘 diǎn
ヨードチンキ 碘酊 diǎndīng
ヨーヨー 抖悠悠 dǒuyōuyōu
ヨーロッパ 欧洲 Ōuzhōu
よか【余暇】 余暇 yúxiá ◆～の 业余 yèyú
ヨガ 瑜伽 yújiā
よかぜ【夜風】 夜风 yèfēng
よからぬ【良からぬ】 ◆～考え 坏念头 huài niàntou; 歪道 wāidào ◆～風潮 歪风 wāifēng
よかん【予感】 ◆～がする 预感 yùgǎn
よき【予期】 ◆～する 预期 yùqī; 预料 yùliào ◆～しない 出乎预料 chūhū yùliào
よぎ【余技】 业余爱好 yèyú àihào; 副业 fùyè
よぎしゃ【夜汽車】 夜车 yèchē
よぎなく【余儀なく】 不得已 bùdéyǐ; 无奈 wúnài
よきょう【余興】 游艺 yóuyì; 余兴 yúxīng
よぎり【夜霧】 夜雾 yèwù
よきん【預金-する】 存款 cúnkuǎn; 储蓄 chǔxù; 存放 cúnfàng ◆～口座 户头 hùtóu ◆～通帐 存折 cúnzhé
よく ❶《いつも》 时常 shícháng ❷《上手に》 好好儿 hǎohāor ❸《細かに》 仔细 zǐxì
よく【欲】 欲望 yùwàng; 贪心 tānxīn ◆～が深い 贪婪 tānlán ◆～に目がくらむ 利令智昏 lì lìng zhì hūn; 利欲熏心 lì yù xūn xīn
よくあさ【翌朝】 第二天早晨 dì'èr tiān zǎochén
よくあつ【抑圧】 压迫 yāpò; 压制

yāzhì
よくし【抑止-する】制止 zhìzhǐ；抑制 yìzhǐ
よくしつ【浴室】浴室 yùshì；洗澡间 xǐzǎojiān
よくじつ【翌日】第二天 dì'èr tiān
よくじょう【欲情】欲望 yùwàng；欲念 yùniàn
よくじょう【浴場】浴池 yùchí；澡堂(子) zǎotáng(zi)
よくする【浴する】沐浴 mùyù
よくせい【抑制-する】抑制 yìzhì；遏制 èzhì；压抑 yāyì；摁捺 nèn nà ◆感情を～する 克制感情 kèzhì gǎnqíng
よくそう【浴槽】浴池 yùchí；浴盆 yùpén；澡堂 zǎotáng
よくとく【欲得】◆～ずくで 利欲熏心 lì yù xūn xīn ◆～を離れて 没有私心 méiyǒu sīxīn
よくねん【翌年】第二年 dì'èr nián；翌年 yìnián；转年 zhuǎnnián
よくばり【欲張り】贪心 tānxīn
よくばる【欲張る】贪馋 tānchán；贪得无厌 tāndé wúyàn
よくぼう【欲望】欲念 yùniàn；欲望 yùwàng
よくめ【欲目-で】偏心 piānxīn；偏爱 piān'ài；偏袒 piāntǎn
よくもまあ 亏得 kuīde；竟敢 jìnggǎn
よくよう【抑揚】◆～をつける 抑扬 yìyáng
よくよく【翌々】◆～日 第三天 dìsān tiān ◆～年 第三年 dìsān nián
よくよく 好好儿 hǎohāor；认真地 rènzhēn de；大大地 dàdà de ◆～考える 仔细考虑 zǐxì kǎolǜ
よくりゅう【抑留-する】扣留 kòuliú
よけい【余計-な】多余 duōyú ◆～な口を出す 多嘴 duōzuǐ ◆～をする 多此一举 duō cǐ yì jǔ；多事 duōshì；没事找事 méi shì zhǎo shì ◆～な心配をする 过虑 guòlǜ
よける【避ける】回避 huíbì；躲 duǒ；避开 bìkāi
よけん【予見-する】预见 yùjiàn
よげん【予言-する】预言 yùyán ◆～者 预言家 yùyánjiā
よこ【横】横 héng ◆～になる 躺 tǎng ◆～を向く 扭头 niǔ tóu ◆～に並ぶ 横着排 héngzhe pái
よこう【予行】◆～演習をする 预演 yùyǎn；彩排 cǎipái
よこおよぎ【横泳ぎ】侧泳 cèyǒng
よこがお【横顔】侧影 cèyǐng；〈プロフィール〉 侧面像 cèmiànxiàng；人物简介 rénwù jiǎnjiè
よこがき【横書き】横写 héngxiě
よこがみやぶり【横紙破り-の】蛮不讲理 mán bù jiǎnglǐ；专横 zhuān-

héng
よこがわ【横側】侧面 cèmiàn
よこぎる【横切る】穿过 chuānguò；越过 yuèguò
よこく【予告-する】预告 yùgào ◆～編 〈映画の〉 预告片 yùgàopiàn
よこぐるま【横車】◆～を押す 蛮不讲理 mán bù jiǎnglǐ
よこけい【横罫】横线 héngxiàn；横格 hénggé
よこしま【邪-な】邪恶 xié'è ◆～な考え 邪念 xiéniàn
よこじま【横縞】横纹 héngwén
よこす【寄越す】〈郵便で〉送って～ 寄来 jìlái ◆人を～ 派人来 pài rén lái
よこす【汚す】弄脏 nòngzāng
よこすべり【横滑り-する】〈役職を〉调职 diàozhí；〈車を〉横向滑动 héngxiàng huádòng
よこせん【横線】横线 héngxiàn
よこたえる【横たえる】〈体を〉横卧 héngwò ◆物を～ 放倒 fàngdǎo
よこだおし【横倒し】◆～になる 横倒 héngdǎo
よこたわる【横たわる】〈横になる〉躺 tǎng；〈橋や山脈が〉横亘 hénggèn
よこちょう【横町】胡同 hútòng；里巷 lǐxiàng；弄堂 lòngtáng；巷子 xiàngzi
よこづけ【横付け】◆車を～にする 把汽车停在… 的 qì chē tíng zài...
よっつら【横面】耳光 ěrguāng ◆～を張る 打嘴巴 dá zuǐbā ◆～を張られる 吃耳光 chī ěrguāng
よごと【夜毎-に】每天晚上 měitiān wǎnshang
よこどり【横取り】抢夺 qiǎngduó；窃取 qièqǔ
よこなが【横長-の】横宽 héngkuān
よこながし【横流し-する】倒卖 dǎomài
よこなぐり【横殴の-の】◆～の雨 斜淌的雨 xiéshào de yǔ
よこなみ【横波】侧面来的波浪 cèmiàn lái de bōlàng
よこならび【横並び】◆～する 并排 bìngpái ◆～主義 并排主义 bìngpái zhǔyì
よこばい【横這い-する】❶〈蟹など〉横行 héngxíng ❷〈相場が〉停滞 tíngzhì
よこはば【横幅】宽 kuān；宽度 kuāndù
よこぶえ【横笛】笛子 dízi；横笛 héngdí
よこぼう【横棒】横杆 hénggān
よこみち【横道】岔道 chàdào ◆話が～にそれる 话说开正题 huà chàkāi zhèngtí

よこむき【横向き】♦～になる 朝向側面 cháoxiàng cèmiàn
よこめ【横目】♦～で見る 侧视 cèshì；斜视 xiéshì；睃 suō；瞟 piāo
よこやり【横槍】♦～を入れる 挡横儿 dǎnghèngr；横加干涉 héngjiā gānshè
よこゆれ【横揺れ】 横摇 héngbǎi
よごれ【汚れ】 污垢 wūgòu ♦～を落とす 洗掉污垢 xǐdiào wūgòu
よごれる【汚れる】 弄脏 nòngzāng
よこれんぼ【横恋慕-する】 恋慕别人的爱人 liànmù biéren de àiren
よざい【余罪】 余罪 yúzuì ♦～がある 有余罪 yǒu yúzuì
よざい【余財】 剩余的财产 shèngyú de cáichǎn
よざくら【夜桜】 夜里的樱花 yèli de yīnghuā
よさん【予算】 预算 yùsuàn ♦～年度 预算年度 yùsuàn niándù
ヨシ【葦】〈植物〉苇子 wěizi
よしあし【善し悪し】 善恶 shàn'è；长短 chángduǎn；是非 shìfēi
よじげん【四次元】 四维 sìwéi
よしず【葦簾】 苇帘子 wěiliánzi
よじのぼる【攀じ登る】 爬 pá；攀 pān；攀登 pāndēng
よしみ【誼】 情分 qíngfèn；情谊 qíngyì
よしゅう【予習-する】 预习 yùxí
よじょう【余剰-な】 盈余 yíngyú ♦～食糧 剩余粮食 shèngyú liángshi；余粮 yúliáng
よじる【捩る】 扭 niǔ；捻 niǎn ♦身をよじって笑う 扭动着身体笑 niǔdòngzhe shēntǐ xiào
よしん【余震】 余震 yúzhèn
よじん【余燼】 余烬 yújìn ♦～が燻〈くすぶ〉る 冒烟余烬 màoyān yújìn
よす【止す】 停止 tíngzhǐ；作罢 zuòbà
よすてびと【世捨て人】 出家人 chūjiārén；隐士 yǐnshì
よすみ【四隅】 四角 sìjiǎo；四个角落 sì ge jiǎoluò
よせ【寄席】 曲艺处 qǔyìchù
よせあつめ【寄せ集め-の】 大杂烩 dàzáhuì；杂拌儿 zábànr；杂烩 záhuì
よせあつめる【寄せ集める】 凑合 còuhe；捏合 niēhé；拼凑 pīncòu；收集 shōují；东拼西凑 dōng pīn xī còu
よせい【余生】 余生 yúshēng ♦～を送る 度晚年 dù wǎnnián
よせがき【寄書き】 几个人在一张纸上合写纪念词和各自名字 jǐ ge rén zài yì zhāng zhǐshang héxiě jiniàncí hé gèzì míngzi

よせつける【寄せ付ける】 让…接近 ràng...jiējìn ♦寄せ付けない 不让人接近 bú ràng rén jiējìn
よせなべ【寄せ鍋】 什锦火锅 shíjǐn huǒguō；什锦沙锅 shíjǐn shāguō
よせる【寄せる】 靠近 kàojìn ♦心を～寄予 jìyǔ
よせん【予選】 预赛 yùsài；及格赛 jígésài ♦～试合 淘汰赛 táotàisài
よぢ【余地】 空地 bǐdichù ♦～から来た 外来 wàilái ♦～の家を访ね 做客 zuò kè
よそう【予想-する】 预想 yùxiǎng；意料 yìliào；意想 yìxiǎng ♦～を裏切る 出乎意料 chūhū yìliào ♦～外 出人意表 chū rén yìbiǎo
よそう ♦ご饭を盛 chéng ♦軽く～盛得不多 chéngde bù duō
よそおい【装い】 打扮 dǎban；装饰 zhuāngshì
よそおう【装う】 打扮 dǎban
よそく【予測-する】 预测 yùcè；预料 yùliào
よそごと【余所事】 别人的事 biérén de shì ♦～とは思えない 不能认为与己无关 bùnéng rènwéi yǔ jǐ wúguān
よそみ【余所見-する】 往旁处看 wǎng páng chù kàn；转移注意力 zhuǎnyí zhùyìlì
よそもの【余所者】 外地人 wàidìrén；外来户 wàiláihù
よそゆき【余所行き-の】～の服装 正装 zhèngzhuāng ♦～の言葉 客气气的话 kèkèqìqì de huà
よそよそしい【余所余所しい】 冷淡 lěngdàn ♦よそよそしくする 见外 jiànwài
よぞら【夜空】 夜空 yèkōng
よたよた ♦～歩く 东倒西歪 dōng dǎo xī wāi；摇摇晃晃地走 yáoyáohuànghuàng de zǒu
よだれ【涎】 口水 kǒushuǐ；涎水 xiánshuǐ ♦～を垂らす 流涎 liúxián；流口水 liú kǒushuǐ ♦～掛け 围嘴儿 wéizuǐr
よだん【予断】 预断 yùduàn ♦～を下す 预先判断 yùxiān pànduàn
よだん【余談】 闲话 xiánhuà
よち【予知-する】 预知 yùzhī
よち【余地】 余地 yúdì ♦～がない 没有余地 méiyǒu yúdì
よちょきん【預貯金】 积蓄 jīxù
よちよち ♦～歩く 摇摇晃晃 yáoyáohuànghuàng；蹒跚 pánshān
よつかど【四つ角】 十字街头 shízìjiētóu
よつぎ【世継ぎ】 继承人 jìchéngrén

よっきゅう【欲求】 欲望 yùwàng ♦ ～を満たす 満足欲望 mǎnzú yùwàng ♦ ～不満 欲望没有得到满足 yùwàng méiyǒu dédào mǎnzú; 感到烦躁 gǎndào fánzào

よってたかって【寄ってたかって】 结伙 jiéhuǒ; 口口声声 kǒukǒushēngshēng

ヨット 帆船 fānchuán

よっぱらい【酔っ払い】 醉鬼 zuìguǐ; 醉汉 zuìhàn

よっぱらう【酔っぱらう】 酒醉 jiǔzuì

よつゆ【夜露】 夜露 yèlù

よづり【夜釣り】 夜里钓鱼 yèli diàoyú

よつんばい【四つん這い】 ♦～になる 爬 pá

よてい【予定-する】 预定 yùdìng ♦…する～である 准备 zhǔnbèi

よとう【与党】 执政党 zhízhèngdǎng

よどおし【夜通し】 整夜 zhěngyè; 彻夜 chèyè; 成夜 chéngyè; 通宵 tōngxiāo; 通夜 tōngyè ♦～働く 打通宵 dǎ tōngxiāo

よとく【余得】 外快 wàikuài

よどみない【淀みない】 流畅 liúchàng; 通畅 tōngchàng;《弁舌が》滔滔 tāotāo

よどむ【淀む】 淤 yū

よどんだ【淀んだ】 ♦～水 死水 sǐshuǐ; 淤水 yūshuǐ

よなか【夜中】 半夜 bànyè; 深夜 shēnyè ♦～過ぎ 下半夜 xiàbànyè

よなき【夜泣き-する】 夜里哭 yèli kū

よなべ【夜なべ】 ♦～をする 打夜作 dǎ yèzuò ♦～仕事 夜活 yèhuó

よなよな【夜な夜な】 每天夜里 měitiān yèlǐ

よなれた【世慣れた】 世故 shìgù

よにげ【夜逃げ-する】 连夜逃脱 liányè táotuō

よねつ【余熱】 余热 yúrè

よねんがない【余念がない】 专心致志 zhuān xīn zhì zhì

よのなか【世の中】 人间 rénjiān; 世间 shìjiān; 世界 shìjiè; 世上 shìshàng ♦～の状况 世面 shìmiàn

よは【余波】 余波 yúbō

よはく【余白】 空白 kòngbái

よび【予備】 ♦《人や物》后备 hòubèi; 备用 bèiyòng; 机动 jīdòng ♦～実験費 试点 shìdiǎn ♦～費 机动费 jīdòngfèi

よびあつめる【呼び集める】 召集 zhàojí

よびおこす【呼び起こす】《眠りから》叫醒 jiàoxǐng;《注意や記憶を》唤起 huànqǐ

よびかけ【呼び掛け】 号召书 hào-zhàoshū

よびかける【呼び掛ける】 呼唤 hūhuàn; 提唱 tíchàng; 招呼 zhāohu; 召唤 zhàohuàn;《広く訴える》号召 hàozhào; 呼吁 hūyù

よびかた【呼び方】 称呼 chēnghu; 称谓 chēngwèi

よびごえ【呼び声】《物売りなどの》货声 huòshēng; 叫卖声 jiàomàishēng

よびこみ【呼込み】 招揽顾客的宣传 zhāolǎn gùkè de xuānchuán

よびこむ【呼び込む】 唤进 huànjìn

よびさます【呼び醒ます】 唤醒 huànxǐng; 叫醒 jiàoxǐng

よびすてで【呼捨てにする】 不用敬称 bú yòng jìngchēng

よびだし【呼出し】 传唤 chuánhuàn

よびだす【呼び出す】 唤出来 huànchūlái

よびな【呼び名】 通称 tōngchēng

よびみず【呼び水】 起因 qǐyīn; 开端 kāiduān

よびょう【余病】 合并症 hébìngzhèng ♦～を併发する 引起并发症 yǐnqǐ bìngfāzhèng

よびりん【呼び鈴】 电铃 diànlíng ♦～を鸣らす 按铃 àn líng

よぶ【呼ぶ】《声をかける》叫 jiào; 招呼 zhāohu; 喊 hǎn;《…を…》称呼 chēnghu; 称为 chēngwéi

よふかし【夜更かし-する】 熬夜 áoyè ♦～の人 夜猫子 yèmāozi

よふけ【夜更けに-する】 夜半 yèbàn

よぶん【余分】 多余 duōyú; 剩余 shèngyú ♦～な金はない 没有多余的钱 méiyǒu duōyú de qián

よほう【予報-する】 预报 yùbào

よぼう【予防-する】 预防 yùfáng ♦～措置 预防措施 yùfáng cuòshī ♦～注射 防疫针 fángyìzhēn

よほど【余程】 很 hěn; 颇 pō; 相当 xiāngdāng

よぼよぼの 老朽 lǎoxiǔ; 龙钟 lóngzhōng

よまわり【夜回り-する】 巡夜 xúnyè

よみ【黄泉】 ♦～の国 黄泉 huángquán; 泉下 quánxià

よみ【読み】 解读 jiědú ♦～が浅い 理解得肤浅 lǐjiěde fūqiǎn

よみおわる【読み終わる】 读完 dúwán; 看完 kànwán

よみかえす【読み返す】 重读 chóngdú

よみがえる【蘇る】 复苏 fùsū; 更生 gēngshēng

よみかき【読み書き】 读写 dúxiě ♦～の能力 文化 wénhuà; 文化水平 wénhuà shuǐpíng

よみきる【読み切る】 读完 dúwán

よみせ ― よわび

よみせ【夜店】夜市 yèshì
よみち【夜道】夜道儿 yèdàor
よみて【読み手】《書き手に対して》读者 dúzhě；《朗読》诵读者 sòngdúzhě
よみとる【読み取る】领会 lǐnghuì
よみもの【読み物】读物 dúwù
よむ【読む】读 dú；看 kàn；阅读 yuèdú
よめ【嫁】媳妇 xífù ◆～に行く 出嫁 chūjià ◆～をもらう 迎娶 yíngqǔ；娶亲 qǔqīn
よめい【余命】余生 yúshēng ◆～いくらもない 风烛残年 fēng zhú cán nián
よめいり【嫁入り】◆～する 过门 guòmén；嫁人 jiàrén ◆～道具 嫁妆 jiàzhuang；陪嫁 péijià
ヨモギ【蓬】蒿子 hāozi；艾蒿 àihāo
よやく【予約-する】预订 yùdìng；预约 yùyuē ◆～金 定钱 dìngqián ◆～注文する 订购 dìnggòu；订货 dìnghuò
よゆう【余裕】富余 fùyu；充裕 chōngyù ◆～がある 余裕 yúyù
より ❶《…より，起点》打 dǎ；自 zì；从 cóng；由 yóu ❷《比较》比 bǐ
よりかかる【寄りかかる】靠 kào；依靠 yīkào；偎 wēi
よりごのみ【選り好み-する】挑剔 tiāoti
よりそう【寄り添う】挨近 āijìn；紧靠 jǐnkào；偎依 wēiyī
よりつき【寄りつき】《株式》开盘价 kāipánjià ◆～レート 开盘汇率 kāipán huìlǜ
よりつく【寄り付く】《株式》开盘 kāipán
よりどころ【拠りどころ】依据 yījù；依靠 yīkào；根据 gēnjù ◆～のない 没有依据 méiyǒu yījù
よりどりみどり【選り取り見取り】随意挑选 suíyì tiāoxuǎn
よりぬき【選り抜き】精选 jīngxuǎn
よりみち【寄り道-する】绕道 ràodào；绕远儿 ràoyuǎnr
よりめ【寄り目】斗眼 dòuyǎn；对眼 duìyǎn
よりょく【余力】余力 yúlì
よりわける【選り分ける】挑出来 tiāochūlai；挑选 tiāoxuǎn
よる【に依る】由于 yóuyú；起因于 qǐyīnyú
よる【選る】选择 xuǎnzé；《悪いものを》剔 tī
よる【寄る】靠近 kàojìn ◆立ち～ 顺便去 shùnbiàn qù
よる【夜】晚间 wǎnjiān；晚上 wǎnshang；夜间 yèjiān；夜里 yèli ◆～の中 黑更半夜 hēigēng bànyè

よれよれ-の 皱皱巴巴 zhòuzhoubābā
よろい【鎧】铠甲 kǎijiǎ；铁甲 tiějiǎ ◆～かぶと 甲胄 jiǎzhòu；盔甲 kuījiǎ
よろいど【鎧戸】百叶门 bǎiyèmén
よろける【蹣跚】踉跄 liàngqiàng；趔趄 lièqie
よろこばしい【喜ばしい】可喜 kěxǐ；喜庆 xǐqìng；喜人 xǐrén；愉悦 yúyuè ◆～気分 喜气 xǐqi
よろこばす【喜ばす】使高兴 shǐ gāoxìng
よろこび【喜び】喜悦 xǐyuè；愉快 yúkuài；乐趣 lèqù ◆～が颜に出る 喜形于色 xǐ xíng yú sè ◆～に沸く 欢腾 huānténg ◆～に輝いている 喜洋洋 xǐyángyáng ◆勇んで 兴采烈 xìng gāo cǎi liè
よろこぶ【喜ぶ】欢喜 huānxǐ；高兴 gāoxìng；喜悦 xǐyuè
よろこんで【喜んで】欣然 xīnrán；喜んで…する 甘心 gānxīn；乐意 lèyì；情愿 qíngyuàn ◆～やるとも 何乐而不为 hé lè ér bù wéi
よろしい【宜しい】好 hǎo；成 chéng；行 xíng；可以 kěyǐ
よろしく【宜しく】《あいさつ》请多关照 qǐng duō guānzhào
よろづ【足元が】跌跌撞撞 diēdiēzhuàngzhuàng
よろめく ❶《体が》踉跄 liàngqiàng ❷《気持ちが》迷惑 míhuò；迷恋 míliàn
よろよろ-した 踉跄 liàngqiàng ◆～歩きの 磕磕撞撞 kēkechuàngzhuàng
よろん【世論】舆论 yúlùn ◆～をあやつる 操纵舆论 cāozòng yúlùn
よわい【弱い】《力が》弱 ruò；软弱 ruǎnruò；薄弱 bóruò；《不得手》不擅长 bú shàncháng；不大会 bú dà huì
よわき【弱気-な】胆怯 dǎnqiè ◆～になる 气馁 qīněi
よわく【弱く】衰弱 shuāiruò
よわごし【弱腰-の】懦弱 nuòruò
よわす【酔わす】醉 zuì；使喝醉 shǐ hēzuì
よわたり【世渡り】处世 chǔshì ◆～の知恵 人情世故 rénqíng shìgù ◆～が上手だ 善于处世的人 shànyú chǔshì de rén ◆～が下手だ 不会处世 bú huì chǔshì
よわね【弱音】◆～を吐く 叫苦 jiàokǔ；泄气 xièqì
よわび【弱火】文火 wénhuǒ；微火 wēihuǒ

よわまる【弱まる】减弱 jiǎnruò
よわみ【弱み】弱点 ruòdiǎn; 痛处 tòngchù ♦〜につけこむ 钻空子 zuān kòngzi ♦〜を見せる 示弱 shìruò
よわむし【弱虫】怕死鬼 pàsǐguǐ; 胆小鬼 dǎnxiǎoguǐ; 软骨头 ruǎngǔtou
よわめる【弱める】冲淡 chōngdàn; 削弱 xuēruò; 使变弱 shǐ biànruò
よわよわしい【弱々しい】绵软 miánruǎn; 微弱 wēiruò; 无力 wúlì; 纤弱 xiānruò ♦〜体 身体软弱 shēntǐ ruǎnruò ♦〜声 没有力气的声音 méiyǒu lìqi de shēngyīn
よわりはてる【弱り果てる】〈困る〉非常 为 难 fēicháng wéinán;〈衰弱〉极其衰弱 jíqí shuāiruò
よわる【弱る】〈衰える〉软弱 ruǎnruò; 衰弱 shuāiruò;〈困る〉为难 wéinán
よんりん【四輪–の】四轮 sìlún ♦〜駆動 四轮驱动 sìlún qūdòng

ら

ラ 〈音階の〉拉 lā
-ら [-等] 们 men; 等 děng ♦ぼく~ 我们 wǒmen ♦君~ 你们 nǐmen ♦あいつ~ 那些家伙 nàxiē jiāhuo
ラード 猪油 zhūyóu; 大油 dàyóu
ラーメン 面条 miàntiáo; 拉面 lāmiàn ♦即席~ 方便面 fāngbiànmiàn
-らい [-来] 以来 yǐlái ♦夜(や)の雨がやんだ昨晩以来の雨停了 zuówǎn yǐlái de yǔ tíng le
らいい [来意] 来意 láiyì ♦~を告げる 告诉来意 gàosu láiyì
らいう [雷雨] 雷雨 léiyǔ
らいうん [雷雲] 雷云 léiyún
ライオン 狮子 shīzi
らいきゃく [来客] 来客 láikè; 来宾 láibīn ♦彼は~中です 他在接待客人呢 tā zài jiēdài kèrén ne
らいげつ [来月] 下月 xiàyuè
らいこう [来航-する] 来航 láiháng
らいさん [礼賛-する] 歌颂 gēsòng; 赞扬 zànyáng; 称赞 chēngzàn ♦故人の業績を~する 称赞前人的成就 chēngzàn qiánrén de chéngjiù
らいしゅう [来週] 下周 xiàzhōu; 下星期 xiàxīngqī
らいしゅう [来襲] 来袭 láixí ♦敵機~ 敌机来袭 díjī láixí
らいじょう [来場-する] 到场 dàochǎng; 出席 chūxí
ライスカレー 咖喱饭 gālífàn
らいせ [来世] 来生 láishēng; 来世 láishì
ライセンス 许可证 xǔkězhèng; 执照 zhízhào ♦~を取得する 取得许可证 qǔdé xǔkězhèng
ライター 〈火をつける〉打火机 dǎhuǒjī
ライター 〈物書き〉作家 zuòjiā; 作者 zuòzhě; 写家 xiějiā
ライチ 荔枝 lìzhī
ライチョウ [雷鳥] 雷鸟 léiniǎo ♦えぞ~ 榛鸡 zhēnjī
らいでん [雷電] 雷电 léidiàn
ライト 〈明かり〉照明灯 zhàomíngdēng; 电灯 diàndēng ♦ヘッド~ 前灯 qiándēng ♦〈軽い〉轻的 qīng de ♦~級 轻量级 qīngliàngjí
ライトバン 客货两用汽车 kèhuò liǎngyòng qìchē
ライトブルー 水绿 shuǐlǜ
らいにち [来日-する] 来日 lái Rì
らいねん [来年] 明年 míngnián; 来年 láinián; 翌年 zhuānnián

ライバル 对手 duìshǒu
らいひん [来賓] 来宾 láibīn; 嘉宾 jiābīn
ライブ ❶〈実況の〉实况 shíkuàng ❷〈テレビやラジオで生放送する〉直播 zhíbō ❸〈生演奏〉现场演唱会 xiànchǎng yǎnchànghuì
ライフサイエンス 生命科学 shēngmìng kēxué
ライフサイクル 生命周期 shēngmìng zhōuqī
ライフジャケット 救生衣 jiùshēngyī
ライフスタイル 生活方式 shēnghuó fāngshì ♦~を変える 改变生活方式 gǎibiàn shēnghuó fāngshì
ライフライン 生命线 shēngmìngxiàn; 命脉 mìngmài
ライブラリー 图书馆 túshūguǎn ♦フィルム~ 电影资料馆 diànyǐng zīliàoguǎn
ライフル銃 [ライフル銃] 步枪 bùqiāng; 来复枪 láifùqiāng
ライフワーク 毕生的事业 bìshēng de shìyè; 毕生巨著 bìshēng jùzhù
らいほう [来訪] 来访 láifǎng ♦~ください 光临 guānglín; 赏光 shǎngguāng ♦~者 客人 kèrén ♦~を受ける 接受访问 jiēshòu fǎngwèn
ライム 酸橙 suānchéng
ライムライト ❶〈舞台の〉灰光灯 huīguāngdēng ❷〈名声〉声誉 shēngyù
らいめい [雷鳴] 雷鸣 léimíng; 雷声 léishēng ♦~がとどろく 响雷 xiǎngléi
らいらく [磊落-な] 磊落 lěiluò; 豪放 (ごうほう)~ 豪放磊落 háofàng lěiluò
ライラック 紫丁香 zǐdīngxiāng
らいれき [来歴] 来历 láilì; 来路 láilù; 经历 jīnglì ♦~を調べる 查来历 chá láilì
ライン 线 xiàn ♦~の外に出る 出界 chūjiè
ラインナップ ❶〈野球〉阵容 zhènróng ♦~表があった 发表阵容 fābiǎo zhènróng ❷〈製品〉系列产品 xìliè chǎnpǐn ♦製品の~を発表 发布系列产品 fābù xìliè chǎnpǐn
ラウンジ 社交室 shèjiāoshì; 休息室 xiūxishì ♦ホテルの~ 饭店社交室 fàndiàn shèjiāoshì
ラウンド 〈試合などの〉回合 huíhé; 轮 lún
らかん [羅漢] 罗汉 luóhàn
らがん [裸眼] 裸眼 luǒyǎn ♦~視力 裸眼视力 luǒyǎn shìlì

らく【楽-な】 轻便 qīngbiàn；容易 róngyì；舒适 shūshì ◆～な体势 舒服的姿势 shūfu de zīshì ◆～をしようとする 避重就轻 bì zhòng jiù qīng ◆～あれば苦あり 有乐就有苦 yǒu lè jiù yǒu kǔ

らくいん【烙印】 烙印 làoyìn ◆…の～を押される 被打上烙印 bèi dǎshàng làoyìn

らくえん【楽園】 乐园 lèyuán；天堂 tiāntáng ◆地上の～ 世外桃源 shìwài táoyuán

らくがき【落書き-する】 胡写 húxiě；乱写乱画 luàn xiě luàn huà

らくご【落伍-する】 掉队 diàoduì；跟不上 gēnbushàng；落伍 luòwǔ ◆～者 落伍者 luòwǔzhě

らくご【落語】 单口相声 dānkǒu xiàngsheng ◆～家 单口相声演员 dānkǒu xiàngsheng yǎnyuán

らくさ【落差】 落差 luòchā ◆～がある 有差距 yǒu chājù

らくさつ【落札-する】 得标 débiāo；中标 zhòngbiāo ◆～価格 中标价格 zhòngbiāo jiàgé

らくじつ【落日】 落日 luòrì ◆～の輝き 落照 luòzhào

らくしゅ【落手-する】 收到 shōudào；接到 jiēdào

らくしょう【楽勝-する】 轻取 qīngqǔ；轻易取得 qīngyì qǔdé

らくじょう【落城-する】 城池陷落 chéngchí xiànluò

らくせい【落成-する】 落成 luòchéng ◆～式 落成典礼 luòchéng diǎnlǐ

らくせき【落石】 落石 luòshí ◆～が起きる 山坡上几块石头滚落下来 shānpōshang jǐ kuài shítou gǔnluòxiàlai ◆～注意 注意落石 zhùyì luòshí

らくせん【落選-する】 落选 luòxuǎn

ラクダ【駱駝】 骆驼 luòtuo ◆～色 驼色 tuósè

らくだい【落第-する】 不及格 bù jígé；留级 liújí；落孙山 luò Sūn Shān ◆～生 留级生 liújíshēng

らくたん【落胆-する】 灰心 huīxīn；气馁 qìněi；失望 shīwàng

らくちゃく【落着-する】 解决 jiějué；了结 liǎojié ◆一件～ 破案 pò àn；了结了一桩事 liǎojiéle yì zhuāng shì

らくちょう【落丁】 缺页 quēyè ◆～がある 有缺页 yǒu quēyè

らくてんか【楽天家】 乐天派 lètiānpài

らくてんてき【楽天的-な】 乐天 lètiān；乐观 lèguān

らくのう【酪農】 酪农 làonóng ◆～家 酪农户 làonónghù

らくば【落馬-する】 坠马 zhuìmǎ

らくばん【落盤】 塌方 tāfāng ◆～事故 塌方事故 tāfāng shìgù

ラグビー《競技・ボールとも》橄榄球 gǎnlǎnqiú

らくめい【落命-する】 丧命 sàngmìng；死亡 sǐwáng

らくやき【楽焼き】 粗陶器 cūtáoqì

らくよう【落葉】 落叶 luòyè ◆～树 落叶树 luòyèshù

らくらい【落雷】 落雷 luòléi ◆～する 雷击 léijī

らくらく【楽々-と】 舒舒服服地 shūshūfúfú de；轻松地 qīngsōng de ◆～とやってのける 轻易地完成 qīngyì de wánchéng

らくるい【落涙-する】 落泪 luòlèi

ラケット 拍子 pāizi；球拍 qiúpāi

ラジアルタイヤ 子午线轮胎 zǐwǔxiàn lúntāi；子午胎 zǐwǔtāi

-らしい《推量》似乎 sìhū；好像 hǎoxiàng；似的 shìde ◆どうやら台風は去った～ 台风好像已经过去了 táifēng hǎoxiàng yǐjīng guòqu le ◆ふさわしい 像 xiàng；像样 xiàngyàng ◆食事らしい食事をしていない 昨天到现在没吃上一顿像样的饭 zuótiān dào xiànzài méi chīshang yí dùn xiàngyàng de fàn

ラジウム 镭 léi ◆～療法 镭疗 léiliáo

ラジエーター 散热器 sànrèqì

ラジオ 无线电 wúxiàndiàn；收音机 shōuyīnjī ◆～体操 广播体操 guǎngbō tǐcāo ◆～ドラマ 广播剧 guǎngbōjù

ラジカセ 收录两用机 shōulù liǎngyòngjī

ラシャ【羅紗】《布地》呢料 níliào

らしんばん【羅針盤】 罗盘 luópán；指南针 zhǐnánzhēn

ラスト 最后 zuìhòu ◆～スパート 最后冲刺 zuìhòu chōngcì

ラズベリー 螺莓 shùméi

らせん【螺旋】 螺旋 luóxuán ◆～階段 螺旋梯 luóxuántī；盘梯 pántī ◆～状に 螺旋式 luóxuánshì

らたい【裸体】 裸体 luǒtǐ

らち【埒】 界限 jièxiàn；范围 fànwéi ◆～があかない 没有什么进展 méiyǒu shénme jìnzhǎn ◆～もないことを言う 说糊涂话 shuō hútuhuà

らち【拉致-する】 绑架 bǎngjià

らっか【落下-する】 下降 xiàjiàng；跌落 diēluò

ラッカー 喷漆 pēnqī

らっかさん【落下傘】 降落伞 jiàng-

らっかせい【落花生】 花生 huāshēng；落花生 luòhuāshēng ◆~油 花生油 huāshēngyóu

らっかん【楽観】 ◆~的な 乐观 lèguān ◆~视する 乐观看待 lèguān kàndài ◆~できない 不容乐观 bùróng lèguān

らっかん【落款】 落款 luòkuǎn ◆~する 落款 luòkuǎn

ラッキー 走运 zǒuyùn；侥幸 jiǎoxìng

ラッキョウ【辣韮】 薤 xiè；藠头 jiàotou

ラック 架子 jiàzi ◆マガジン~ 杂志架 zázhìjià

ラッコ【猟虎】 海獭 hǎitǎ

ラッシュアワー 交通高峰时间 jiāotōng gāofēng shíjiān

ラッセルしゃ【ラッセル車】 除雪车 chúxuěchē；扫雪机 sǎoxuějī

ラッパ【喇叭】 喇叭 lǎba ◆~を吹く 吹喇叭 chuī lǎba ◆~手 号兵 hàobīng

ラッパズイセン【喇叭水仙】 黄水仙 huángshuǐxiān

ラップ 保鲜膜 bǎoxiānmó

ラップタイム 分段速度 fēnduàn sùdù

らつわん【辣腕-の】 精明强干 jīngmíng qiánggàn ◆~を振るう 大显身手 dà xiǎn shēnshǒu ◆~弁護士 能干的律师 nénggàn de lǜshī

ラディッシュ 小萝卜 xiǎoluóbo

ラテン 拉丁 Lādīng ◆~語 拉丁语 Lādīngyǔ ◆~民族 拉丁民族 Lādīng mínzú ◆~的な 拉丁式 Lādīngshì ◆~アメリカ 拉丁美洲 Lādīng Měizhōu

らでん【螺鈿】 螺钿 luódiàn ◆~の皿 螺钿漆盘 luódiàn qīpán

ラバ【騾馬】 骡子 luózi；马骡 mǎluó

らふ【裸婦】 裸妇 luǒfù ◆~像 裸女像 luǒnǚxiàng

ラフ-な 粗糙 cūcāo ◆~な服装 随便的服装 suíbiàn de fúzhuāng ◆~スケッチ 草图 cǎotú

ラブ 爱情 àiqíng ◆~シーン 恋爱镜头 liàn'ài jìngtóu ◆~ソング 爱情歌曲 àiqíng gēqǔ ◆情歌 qínggē ◆~レター 情书 qíngshū

ラプソディー 狂想曲 kuángxiǎngqǔ

ラベル 标牌 biāopái；标签 biāoqiān ◆~を贴る 贴上标签 tiēshàng biāoqiān

ラボ 研究室 yánjiūshì；实验室 shíyànshì

ラマきょう【ラマ教】 喇嘛教 Lǎmajiào；藏传佛教 Zàngchuán fójiào ◆~の僧侣 喇嘛 lǎma

ラム (酒) 朗姆酒 lǎngmǔjiǔ

ラム (羊肉) 羊羔肉 yánggāoròu

ラムネ 汽水 qìshuǐ

ラリー 拉力赛 lālìsài

らりつ【羅列-する】 罗列 luóliè ◆数字の~ 罗列数字 luóliè shùzì

らん【欄】 栏 lán ◆~外 栏外 lánwài ◆書評~ 书评栏 shūpínglán

ラン【蘭】 兰 lán；兰花 lánhuā

ラン (LAN) 局域网 júyùwǎng

らんおう【卵黄】 蛋黄 dànhuáng

らんかく【乱獲・濫獲-する】 滥捕乱杀 lànbǔ luànshā

らんかん【欄干】 栏杆 lángān

らんぎょう【乱行-する】 放荡 fàngdàng

らんきりゅう【乱気流】 湍流 tuānliú

ランキング 排行榜 páiháng bǎng；名次 míngcì；等级次序 děngjí cìxù

ランク 等级 děngjí ◆~が上がる 晋级 jìnjí ◆~の高い 高级 gāojí ◆~イン 上榜 shàngbǎng

らんこう【乱交】 乱交 luànjiāo

らんさく【乱作・濫作-する】 粗制滥造 cūzhì lànzào

らんざつ【乱雑-な】 杂乱 záluàn；杂沓 zátà ◆机の上が~になっている 桌子上乱七八糟 zhuōzishang luànqībāzāo ◆字が~で 字迹潦草 zìjì liáocǎo

らんし【卵子】 卵子 luǎnzǐ

らんし【乱視】 散光 sǎnguāng

らんしゃ【乱射】 ◆銃を~する 乱放枪 luànfàngqiāng

らんじゅく【爛熟-した】 熟透 shútòu ◆~した文化 极盛期的文化 jíshèngqī de wénhuà；《果物が》熟过劲儿 shúguòjìnr

らんしん【乱心】 发狂 fākuáng

らんせい【乱世】 乱世 luànshì；浊世 zhuóshì ◆~を生き延びる 乱世中幸存 luànshìzhōng xìngcún

らんせん【乱戦】 混战 hùnzhàn ◆~を制する 控制混战 kòngzhì hùnzhàn

らんそう【卵巣】 卵巢 luǎncháo

らんぞう【乱造・濫造-する】 滥造 lànzào

らんだ【乱打-する】 乱打 luàndǎ

ランダムアクセス 《コンピュータ》随机存取 suíjī cúnqǔ

ランタン 灯笼 dēnglong

ランチ ❶ 午餐 wǔcān ❷ 《軽食》便餐 biàncān ◆日替わり~ 一天~换的午餐 yìtiān yíhuàn de wǔcān ◆~タイム 午餐时间 wǔcān shíjiān

らんちきさわぎ【乱痴気騒ぎ-をする】大声喧嘩 dàshēng xuānnào; 狂欢作乐 kuánghuān zuòlè
らんちょう【乱丁】错页 cuòyè
らんとう【乱闘-する】乱斗 luàndòu; 打群架 dǎ qúnjià
らんどく【乱読-する】滥读 làndú
ランドセル 小学生背的书包 xiǎoxuéshēng bēi de shūbāo
ランドリー 洗衣房 xǐyīfáng ♦コイン～ 投币式自动洗衣店 tóubìshì zìdòng xǐyīdiàn
ランナー〈陸上競技の〉赛跑运动员 sàipǎo yùndòngyuán
らんにゅう【乱入-する】闯进 chuǎngjìn; 闯入 chuǎngrù
ランニング 跑步 pǎobù ♦～シューズ 跑鞋 pǎoxié ♦～シャツ 汗背心 hànbèixīn ♦～コスト 设备运转费 shèbèi yùnzhuǎnfèi
らんばい【乱売-する】甩卖 shuǎimài; 抛售 pāoshòu
らんぱく【卵白】蛋白 dànbái
らんばつ【乱[濫]伐-する】滥伐 lànfá
らんぱつ【乱[濫]発-する】乱发 luànfā; 滥发行 lànfāxíng ♦国債を～する 滥发国债 lànfā guózhài
らんはんしゃ【乱反射】乱反射 luànfǎnshè ♦～する 散射 sǎnshè
らんぴ【乱[濫]費】滥用 lànyòng; 挥霍 huīhuò
らんぶ【乱舞-する】乱舞 luànwǔ ♦狂喜～ 狂欢乱舞 kuánghuān luànwǔ
ランプ ❶〈ともしび〉油灯 yóudēng ♦～の灯心 灯草 dēngcǎo ♦～の炎 灯苗 dēngmiáo ❷〈高速道路の〉高速入口 gāosù rùkǒu; 匝道 zādào
らんぼう【乱暴-な】粗暴 cūbào; 野蛮 yěmán ♦～に振る舞う 撒野 sāyě ♦言葉遣いが～だ 措词粗鲁 cuòcí cūlǔ
らんまん【爛漫】烂漫 lànmàn ♦春色～ 春色烂漫 chūnsè lànmàn
らんみゃく【乱脈-の】混乱 hùnluàn; 杂乱无章 záluàn wú zhāng ♦～融資 贷款混乱 dàikuǎn hùnluàn
らんよう【乱[濫]用-する】滥用 lànyòng ♦職権を～する 滥用职权 lànyòng zhíquán
らんりつ【乱立-する】乱立 luànlì ♦候補者の～ 乱提多个候选人 luàntí duō ge hòuxuǎnrén

り

り【理】♦～にかなった 合理 hélǐ; 顺理成章 shùn lǐ chéng zhāng; 在理 zàilǐ ♦自明の～ 理所当然 lǐ suǒ dāng rán
り【利】利 lì; 利益 lìyì; 有益 yǒuyì
りあげ【利上げ-する】提高利率 tígāo lìlǜ
リアリズム 现实主义 xiànshí zhǔyì;〈哲学〉实在论 shízàilùn
リアル 活生生 huóshēngshēng; 实在的 shízài de
リアルタイム 实时 shíshí
リーク-する 泄露 xièlòu
リーグ 联盟 liánméng ♦～戦 联赛 liánsài;循环赛 xúnhuánsài
リース〈貸し出し〉租赁 zūlìn; 出租 chūzū ♦～業 租赁行业 zūlìn hángyè
リーズナブル 公道 gōngdao
リーダー〈指導者〉领导人 lǐngdǎorén; 导师 dǎoshī; 首领 shǒulǐng
リーダー ❶〈読本〉读本 dúběn ❷〈読者〉读者 dúzhě
リード〈管楽器などの〉簧 huáng ❷〈記事の〉内容提要 nèiróng tíyào
リード-する 领先 lǐngxiān
リール〈釣り〉卷盘 juǎnpán ❷〈映画〉一盘 yīpán
りえき【利益】好处 hǎochù; 利益 lìyì; 甜头 tiántou; 盈利 yínglì; 便宜 piányí ♦～と損失 盈亏 yíngkuī ♦～をあげる 牟利 móulì ♦～を受ける 受益 shòuyì ♦～を配分する 分红 fēnhóng
りえん【離縁-する】离婚 líhūn ♦〈妻を〉休妻 xiūqī
りか【理科】理科 lǐkē
りかい【理解-する】❶〈内容を〉理解 lǐjiě; 了解 liǎojiě ♦～が早い 理解得快 lǐjiěde kuài ♦～に苦しむ 难以理解 nányǐ lǐjiě ❷〈相手を＝人〉に～がある 能体谅 néng tǐliàng ♦～して許す 谅解 liàngjiě
りがい【利害】利害 lìhài; 利弊 lìbì ♦～の衝突 利害冲突 lìhài chōngtū ♦～関係 利害关系 lìhài guānxi ♦～得失 利害得失 lìhài déshī
りがく【理学】理学 lǐxué ♦～博士 理学博士 lǐxué bóshì
りきえい【力泳-する】全力游泳 quánlì yóuyǒng
りきがく【力学】力学 lìxué ♦～的エネルギー 力学的能 lìxué de néng
りきさく【力作】精心的作品 jīngxīn de zuòpǐn
りきし【力士】力士 lìshì

りきせつ【力説-する】強調 qiángdiào

りきそう【力走-する】尽力奔跑 jìn quánlì pǎo；全速奔跑 quánsù bēnpǎo

りきてん【力点】重点 zhòngdiǎn；力点 lìdiǎn

りきとう【力投-する】用尽全力投球 yòngjìn quánlì tóu qiú

りきむ【力む】使劲 shǐjìn；用力 yònglì

りきゅう【離宮】离宫 lígōng

リキュール 利口酒 lìkǒujiǔ；甜香酒 tiánxiāngjiǔ

りきりょう【力量】力量 lìliàng；能力 nénglì；本领 běnlǐng ◆～を試す 试本领 shì běnlǐng

りく【陸】陆地 lùdì ◆～に上がる 登陆 dēnglù

りくあげ【陸揚げ-する】起岸 qǐ'àn；卸货 xièhuò ◆～港 卸货港 xièhuògǎng

リクエスト-する 要求 yāoqiú ◆～に応える 应希望 yìng xīwàng ◆[番組に]～する 点播 diǎnbō ◆～曲 点播曲 diǎnbōqǔ

りくぐん【陸軍】陆军 lùjūn

りくじょう【陸上】陆上 lùshàng ◆～運送する 陆运 lùyùn ◆～交通 陆上交通 lùshàng jiāotōng ◆～競技 田径赛 tiánjìngsài ◆～競技場 田赛场 tiánsàichǎng

りくせい【陸棲-の】陆栖 lùqī ◆～動物 陆栖动物 lùqī dòngwù

りくち【陸地】陆地 lùdì

りくつ【理屈】道理 dàolǐ；事理 shìlǐ ◆～では 按理说 ànlǐ shuō ◆～をこねる 强词夺理 qiáng cí duó lǐ

りくとう【陸稲】旱稲 hàndào；陆稲 lùdào

りくろ【陸路】旱路 hànlù；陆路 lùlù ◆～を行く 走旱路 zǒu hànlù

りけん【利権】利权 lìquán；专利权 zhuānlìquán ◆～が絡む 利权相连 lìquán xiānglián

りこう【利口-な】聪明 cōngmíng；机灵 jīlíng；乖 guāi ◆～ぶる 卖乖 màiguāi

りこう【履行-する】履行 lǚxíng ◆契約を～する 履行合同 lǚxíng hétong

りこうがくぶ【理工学部】理工学院 lǐgōng xuéyuàn

リコーダー 八孔竖笛 bākǒng shùdí

リコール-する〔首長など〕罢免 bàmiǎn；〔自動車など〕收回 shōuhuí

りこしゅぎ【利己主義】利己主义 lìjǐ zhǔyì

りこてき【利己的-な】自私 zìsī；自私自利 zìsī zìlì

りこん【離婚-する】离婚 líhūn

リサーチ 调查 diàochá；研究 yánjiū

りさい【罹災-する】受灾 shòuzāi ◆～民 灾民 zāimín ◆～者 [地]を救济する 救灾 jiùzāi ◆～地区 灾区 zāiqū

リサイクル 再利用 zàilìyòng ◆～ショップ 再生用品店 zàishēng yòngpǐndiàn；信托商店 xìntuō shāngdiàn

リサイタル 独奏会 dúzòuhuì ◆～を開く 举办独奏会 jǔbàn dúzòuhuì

りさげ【利下げ-する】降低利率 jiàngdī lìlǜ；降息 jiàngxī

りざや【利鞘】差额利润 chā'é lìrùn ◆～を稼ぐ 转手获利 zhuǎnshǒu huòlì

りさん【離散-する】失散 shīsàn ◆一家～する 全家离散 quánjiā lísàn ◆～し家を失う 流离失所 liúlí shīsuǒ

りし【利子】利息 lìxī ◆高い～を払う 支付高利 zhīfù gāolì

りじ【理事】董事 dǒngshì；理事 lǐshì ◆～会 董事会 dǒngshìhuì ◆～長 董事长 dǒngshìzhǎng ◆常任～ 常任理事 chángrèn lǐshì

りしゅう【履修-する】学 xué；选修 xuǎnxiū ◆～科目 登记科目 dēngjì kēmù

りじゅん【利潤】利润 lìrùn；盈利 yínglì；红利 hónglì ◆～を得る 赢利 yínglì ◆～を追求する 追求利润 zhuīqiú lìrùn

りしょく【離職-する】去职 qùzhí；离职 lízhí ◆～率 离职率 lízhílǜ

りしょく【利殖】谋利 móulì；生财 shēngcái

リス【栗鼠】松鼠 sōngshǔ

りすい【利水】疏通水路 shūtōng shuǐlù ◆～工事 疏水工程 shūshuǐ gōngchéng

リスク 风险 fēngxiǎn ◆～を負う 承担风险 chéngdān fēngxiǎn

リスト 名单 míngdān；一览表 yīlǎnbiǎo

リストラ 解雇 jiěgù；裁员 cáiyuán

リスナー 听众 tīngzhòng

リズミカル-な 有节奏的 yǒu jiézòu de ◆～な動き 有节奏的动作 yǒu jiézòu de dòngzuò

リズム 节奏 jiézòu ◆～に合わせて 合着拍子 hézhe pāizi

りせい【理性】理性 lǐxìng；理智 lǐzhì ◆～的な 理性的 lǐxìng de ◆～を失う 失去理性 shīqù lǐxìng

りそう【理想】理想 lǐxiǎng ◆[人が]～的な 理想的 lǐxiǎng de ◆～の父

親像 理想的父亲像 lǐxiǎng de fùqīnxiàng
リゾート 休养胜地 xiūyǎng shèngdì ◆サマー～ 避暑地 bìshǔdì
りそく【利息】 利息 lìxī ◆～を生む 生息 shēngxī
リターンキー 回车键 huíchējiàn
リタイア 退休 tuìxiū; 退职 tuìzhí
りだつ【離脱-】 脱离 tuōlí; 脱出 tuōchū ◆戦線～ 离开战斗行列 líkāi zhàndòu hángliè
りち【理知】 理智 lǐzhì ◆人が～的な 理智的 lǐzhì de
リチウム 锂 lǐ ◆～電池 锂电池 lǐdiànchí ◆～イオンバッテリー 锂离子电池 lǐlízǐ diànchí
りちぎ【律義な】 忠实 zhōngshí ◆～者 诚实人 chéngshírén
リチャージカード 充值卡 chōngzhíkǎ
りちゃくりく【離着陸-】 起落 qǐluò; 起降 qǐjiàng
りつ【率】 比率 bǐlǜ ◆～が高い 比率高 bǐlǜ gāo
りつあん【立案-】 拟订 nǐdìng; 制定计划 zhìdìng jìhuà
りっか【立夏】 立夏 lìxià
りっきゃく【立脚-】 立足 lìzú ◆～点 立脚点 lìjiǎodiǎn
りっきょう【陸橋】 高架桥 gāojiàqiáo; 旱桥 hànqiáo; 天桥 tiānqiáo
りっけん【立憲】 立宪 lìxiàn ◆～君主制 君主立宪制 jūnzhǔ lìxiànzhì ◆～政体 立宪政体 lìxiàn zhèngtǐ
りっけん【立件】 立案 lì'àn
りっこうほ【立候補-する】 参加竞选 cānjiā jìngxuǎn ◆～者 竞选人 jìngxuǎnrén
りっし【律詩】 律诗 lǜshī
りっしゅう【立秋】 立秋 lìqiū
りっしゅん【立春】 立春 lìchūn
りっしょう【立証】 证实 zhèngshí ◆無罪を～する 证明无罪 zhèngmíng wúzuì
りっしょく【立食】 ◆～パーティー 立餐会 lìcānhuì
りっしんしゅっせ【立身出世-する】 出人头地 chū rén tóu dì;〈官界で〉飞黄腾达 fēihuáng téngdá
りっすい【立錐】 ◆～の余地もない 没有立锥之地 méiyǒu lìzhuī zhī dì
りっする【律する】 律己 lǜjǐ ◆おのれを～ 律己 lǜjǐ
りつぜん【慄然】 ◆～とする 栗然 lìrán; 悚然 sǒngrán
りつぞう【立像】 立像 lìxiàng
りったい【立体】 立体 lìtǐ ◆～音響 立体声 lìtǐshēng ◆～交差 立体交叉 lìtǐ jiāochā ◆～図 立体图 lìtǐtú

りっちじょうけん【立地条件】 ◆～がよい 布局条件好 bùjú tiáojiàn hǎo
りっとう【立冬】 立冬 lìdōng
りつどう【律動-】 律动 lǜdòng; 节奏 jiézòu ◆～的な 律动的 lǜdòng de
リットル 立升 lìshēng; 公升 gōngshēng
りっぱ【立派-な】 出色 chūsè; 优秀 yōuxiù; 堂皇 tánghuáng; 威风 wēifēng ◆～な人 了不起的人 liǎobuqǐ de rén
りっぷく【立腹-する】 气恼 qìnǎo; 发怒 fānù; 生气 shēngqì
リップサービス 门面话 ménmiànhuà ◆～がうまい 嘴巧 zuǐqiǎo; 说得好听 shuōde hǎotīng
りっぽう【立方】 立方 lìfāng ◆～根 立方根 lìfānggēn ◆～体 立方体 lìfāngtǐ; 正方体 zhèngfāngtǐ ◆～メートル 立方米 lìfāngmǐ
りっぽう【立法】 立法 lìfǎ ◆～機関 立法机关 lìfǎ jīguān
りづめ【理詰めの】 说理 shuōlǐ
りつめんず【立面図】 立面图 lìmiàntú
りつろん【立論-する】 立论 lìlùn; 论证 lùnzhèng
りてい【里程】 里程 lǐchéng ◆～標 里程碑 lǐchéngbēi
りてん【利点】 好处 hǎochù; 益处 yìchù ◆～がある 有优点 yǒu yōudiǎn ◆～を生かす 活用好处 huóyòng hǎochù
りとう【離島】 孤岛 gūdǎo; 离岛 lídǎo
りとう【離党-する】 脱党 tuōdǎng; 退党 tuìdǎng
りとく【利得】 收益 shōuyì; 利益 lìyì ◆不当な～を上げる 获取不正当的利益 huòqǔ bú zhèngdàng de lìyì
リトマスしけんし【リトマス試験紙】 石蕊试纸 shíruǐ shìzhǐ
リニア ◆～モーターカー 磁悬浮列车 cíxuánfú lièchē
リニアック 直线加速器 zhíxiàn jiāsùqì ◆～ナイフ X刀 X dāo
リニューアル 更新 gēngxīn; 恢复再生 huīfù zàishēng
りにん【離任-する】 离任 lírèn; 离职 lízhí
りねん【理念】 理念 lǐniàn ◆～に基づく 按照理念 ànzhào lǐniàn
りのう【離農-する】 弃农 qìnóng
リハーサル 排演 páiyǎn; 排练 páiliàn; 预演 yùyǎn
リバーシブル 可逆式 kěnìshì;〈衣

リバイバル 復活 fùhuó；重新上演 chóngxīn shàngyǎn

リバウンド 反弹 fǎntán

りはつ【理髪】 理发 lǐfà ◆~店 理发店 lǐfàdiàn ◆~師 理发员 lǐfàyuán

りはつ【利発-な】 聪明 cōngmíng ◆~な子供 伶俐的孩子 línglì de háizi

リハビリ 康复锻炼 kāngfù duànliàn ◆~をする 做康复锻炼 zuò kāngfù duànliàn

りばらい【利払い】 支付利息 zhīfù lìxī

りはん【離反-する】 叛离 pànlí；背离 bèilí ◆人心が~する 民心叛离 mínxīn pànlí

りひ【理非】 是非 shìfēi ◆~をわきまえる 分清是非 fēnqīng shìfēi

リピーター 回头客 huítóukè

りびょう【罹病-する】 患病 huànbìng ◆~率 患病率 huànbìnglǜ

リビングルーム 生活间 shēnghuójiān；起居室 qǐjūshì

リフォーム 改造 gǎizào；翻新 fānxīn

りふじん【理不尽-な】 蛮横 mánhèng ◆~だ 蛮不讲理 mán bù jiǎnglǐ ◆~なやり方 不讲理的手段 bù jiǎnglǐ de shǒuduàn

リフト 《エレベーター》电梯 diàntī；升降机 shēngjiàngjī；《スキー場の》滑雪缆车 huáxuě lǎnchē

リプリント 再版 zàibǎn；翻版 fānbǎn ◆写真を~する 重印照片 chóngyìn zhàopiàn

リベート 回扣 huíkòu；佣钱 yòngqian ◆~を受け取る 索取回扣 suǒqǔ huíkòu

りべつ【離別】 离别 líbié；分手 fēnshǒu ◆両親と~する 与父母离别 yǔ fùmǔ líbié

リベット 铆钉 mǎodīng ◆~でつなぐ 铆接 mǎojiē ◆~を打つ 铆 mǎo

リベラル 自由主义的 zìyóu zhǔyì de

リベンジ 报复 bàofù

リボルバー 转轮手枪 zhuànlún shǒuqiāng

リボン ❶《ひも》带子 dàizi ❷《印字用テープ》《インク》色带 sèdài

りまわり【利回り】 利率 lìlǜ ◆~が良い 利率高 lìlǜ gāo

リムジン 《空港送迎バス》交通车 jiāotōngchē；《大型乗用車》豪华轿车 háohuá jiàochē

りめん【裏面】 内幕 nèimù ◆政界の~ 政界的内幕 zhèngjiè de nèimù ◆~工作 幕后活动 mùhòu huódòng

リモコン 遥控 yáokòng ◆~装置 遥控装置 yáokòng zhuāngzhì

りゃく【略】 省略 shěnglüè

りゃくご【略語】 略语 lüèyǔ ◆~で书く 缩写 suōxiě

りゃくごう【略号】 代号 dàihào

りゃくじ【略字】 简化字 jiǎnhuàzì

りゃくしき【略式-の】 简便方式 jiǎnbiàn fāngshì ◆~の礼服 简便礼服 jiǎnbiàn lǐfú

りゃくじゅつ【略述-する】 略述 lüèshù ◆経緯を~する 略述经过 lüèshù jīngguò

りゃくしょう【略称】 简称 jiǎnchēng

りゃくす【略す】 简略 jiǎnlüè

りゃくず【略図】 略图 lüètú ◆~で示す 用草图显示 yòng cǎotú xiǎnshì

りゃくだつ【略奪-する】 掠夺 lüèduó；抢劫 qiǎngjié；抢掠 qiǎnglüè ◆金品を~する 抢劫财物 qiǎngjié cáiwù ◆~結婚する 抢亲 qiǎngqīn

りゃくでん【略伝】 传略 zhuànlüè ◆毛沢東の~ 毛泽东传略 Máo Zédōng zhuànlüè

りゃくふ【略譜】 简谱 jiǎnpǔ

りゃくれき【略歴】 简历 jiǎnlì ◆~を添える 附上简历 fùshàng jiǎnlì

りゆう【理由】 理由 lǐyóu；缘故 yuángù ◆~にして断る 推托 tuītuō ◆~を述べる 陈述理由 chénshù lǐyóu

りゅう【竜】 龙 lóng ◆~虎相搏つ 龙争虎斗 lóng zhēng hǔ dòu

-りゅう【流】 流派 liúpài；方式 fāngshì ◆日本~のあいさつ 日本式的寒暄 Rìběnshì de hánxuān ◆お～でやる 我行我素 wǒ xíng wǒ sù

りゅうい【留意-する】 留心 liúxīn；理会 lǐhuì ◆~点 注意点 zhùyìdiǎn ◆健康に~する 注意健康 zhùyì jiànkāng

りゅういき【流域】 流域 liúyù ◆揚子江~ 长江流域 Chángjiāng liúyù ◆~面積 流域面积 liúyù miànjī

りゅういん【溜飲】 ◆~が下がる 大为畅快 dà wéi chàngkuài

りゅうかい【流会】 ◆~になる 流会 liúhuì

りゅうがく【留学-する】 留学 liúxué ◆~生 留学生 liúxuéshēng

りゅうかん【流感】 流感 liúgǎn ◆にかかる 患流感 huàn liúgǎn

リュウガン【竜眼】 龙眼 lóngyǎn；桂圆 guìyuán ◆~肉 龙眼肉 lóngyǎnròu

りゅうき【隆起-する】 隆起 lóngqǐ ♦ この辺は地震で~した 这一带是因地震隆起的 zhè yídài shì yīn dìzhèn lóngqǐ de

りゅうぎ【流儀】 作风 zuòfēng ♦ 我が家の~ 我家的做法 wǒjiā de zuòfǎ

りゅうけつ【流血-する】 流血 liúxuè ♦ ~騒ぎ 流血事件 liúxuè shìjiàn

りゅうげん【流言】 流言 liúyán; 谣言 yáoyán ♦ ~所述惑 为流言所迷惑 wéi liúyán suǒ míhuò ♦ ~飛語 流言飞语 liúyánfēiyǔ

りゅうこう【流行-する】 时尚 shíshàng; 风行 fēngxíng; 流行 liúxíng; 时髦 shímáo ♦ ~後れの 不时兴 bù shíxīng ♦ ~を追う 赶时髦 gǎn shímáo

りゅうこうご【流行語】 流行语 liúxíngyǔ

りゅうさん【硫酸】 硫酸 liúsuān

りゅうざん【流産-する】 流产 liúchǎn ♦ 企画が~に終わる 计划流产 jìhuà liúchǎn

りゅうし【粒子】 粒子 lìzǐ ♦ ~が粗い 颗粒粗 kēlì cū

りゅうしつ【流失-する】 流失 liúshī ♦ ~家屋 冲毁房屋 chōnghuǐ fángwū

りゅうず【竜頭】 表把儿 biǎobàr

りゅうすい【流水】 流水 liúshuǐ ♦ ~量 流水量 liúshuǐliàng

りゅうせい【流星】 流星 liúxīng ♦ ~雨 流星雨 liúxīngyǔ ♦ ~群 流星群 liúxīngqún

りゅうせい【隆盛-する】 隆盛 lóngshèng; 兴盛 xīngshèng ♦ ~を極める 极尽隆盛 jíjìn lóngshèng

りゅうせんけい【流線型-の】 流线型 liúxiànxíng ♦ ~の機関車 流线型的机车 liúxiànxíng de jīchē

りゅうたい【流体】 流体 liútǐ ♦ ~力学 流体力学 liútǐ lìxué

りゅうち【留置-する】 拘留 jūliú; 看押 kānyā; 扣押 kòuyā ♦ ~場 看守所 kānshǒusuǒ

りゅうちょう【流暢-な】 流畅 liúchàng; 流利 liúlì ♦ ~に話す 流利地说 liúlì de shuō

りゅうつう【流通】 流通 liútōng ♦ ~機構 流通机构 liútōng jīgòu ♦ ~ルート 流通渠道 liútōng qúdào

りゅうどう【流動】 流动 liúdòng ♦ ~資金 流动资金 liúdòng zījīn ♦ ~食 流食 liúshí ♦ ~人口 流动人口 liúdòng rénkǒu

りゅうとうだび【竜頭蛇尾】 有头无尾 yǒu tóu wú wěi; 虎头蛇尾 hǔ tóu shé wěi

りゅうにゅう【流入-する】 流进 liú-jìn ♦ 人口が~する 人口流入 rénkǒu liúrù ♦ 外国資本の~ 外资流入 wàizī liúrù

りゅうにん【留任-する】 留任 liúrèn; 留职 liúzhí

りゅうねん【留年-する】 蹲班 dūnbān; 留级 liújí

りゅうは【流派】 流派 liúpài; 派别 pàibié

りゅうび【柳眉】 柳眉 liǔméi ♦ ~を逆立てる 柳眉倒竖 liǔméi dàoshù

りゅうひょう【流氷】 流冰 liúbīng

りゅうほ【留保-する】 保留 bǎoliú ♦ 決定を~する 保留决定 bǎoliú juédìng

リューマチ 风湿病 fēngshībìng

りゅうよう【流用-する】 挪用 nuóyòng ♦ 図表を~する 借用图表 jièyòng túbiǎo

りゅうりゅうしんく【粒々辛苦】 辛辛苦苦 xīnxīnkǔkǔ

りゅうりょう【流量】 流量 liúliàng ♦ ~計 流量计 liúliàngjì

りゅうれい【流麗-な】 流丽 liúlì ♦ 文体が~である 文笔流丽 wénbǐ liúlì

リュックサック 背包 bèibāo; 背囊 bèináng

りよう【利用-する】 利用 lìyòng ♦ ~時間 开放时间 kāifàng shíjiān ♦ 価値 利用价值 lìyòng jiàzhí ♦ 地位を~する 利用职位 lìyòng zhíwèi

りよう【理容】 理发美容 lǐfà měiróng ♦ ~師 理发员 lǐfàyuán

りょう【漁】 捕鱼 bǔyú ♦ ~に出る 下海 xiàhǎi

りょう【寮】 宿舎 sùshè ♦ 独身~ 单身宿舎 dānshēn sùshè

りょう【涼】 凉爽 liángshuǎng ♦ ~をとる 乗涼 chéngliáng; 纳涼 nàliáng

りょう【猟-をする】 打猎 dǎliè; 狩猎 shòuliè

りょう【良】 〈成績〉良 liáng; 良好 liánghǎo

りょう【量】 分量 fènliàng; 数量 shùliàng ♦ ~をはかる 称量 chēngliáng ♦ ~が少ない 分量不够 fènliàng bùgòu

りょういき【領域】 领域 lǐngyù; 分野 fēnyě

りょうえん【良縁】 良缘 liángyuán; 好婚姻 hǎo hūnyīn

りょうが【凌駕-する】 凌駕 língjià; 胜过 shèngguò

りょうかい【了解-する】 谅解 liàngjiě; 原谅 yuánliàng ♦ ~を得る 取得谅解 qǔdé liàngjiě

りょうかい【領海】 领海 lǐnghǎi ♦ ~侵犯 侵犯领海 qīnfàn lǐnghǎi

りょうがえ【両替え-する】 兑换 duì-

りょうがわ【両側】両边 liǎngbiān；两侧 liǎngcè；两面 liǎngmiàn ◆道の～に 道路两旁 dàolù liǎngpáng

りょうかん【量感】◆～豊かな 充满量感 chōngmǎn liànggǎn

りょうがん【両岸】两岸 liǎng'àn

りょうがん【両眼】两眼 liǎngyǎn

りょうき【漁期】漁期 yúqī；鱼汛 yúxùn

りょうきてき【猟奇的-な】猎奇的 lièqí ◆～殺人 奇异杀人 qíyì shārén

りょうきょくたん【両極端】两极 liǎngjí ◆～に分かれる 分为两个极端 fēn wéi liǎng ge jíduān

りょうきん【料金】费用 fèiyong ◆～を取る 收费 shōufèi ◆水道～ 水费 shuǐfèi ◆未納費用未缴 fèiyong wèijiǎo ◆～表 价格表 jiàgébiǎo

りょうくう【領空】领空 lǐngkōng ◆～権 领空权 lǐngkōngquán

りょうけ【良家】良家 liángjiā ◆～の子女 良家子女 liángjiā zǐnǚ

りょうけい【量刑】量刑 liàngxíng ◆不当に重い 不合理的大量刑 bù héflǐ de dàliàngxíng

りょうけん【了見】心路 xīnlù；心思 xīnsi ◆～が狭い 心眼儿小 xīnyǎnr xiǎo ◆～違い 想错 xiǎngcuò ◆～を起す 起坏念头 qǐ huài niàntou

りょうけん【猟犬】猎狗 liègǒu

りょうこう【良好-な】良好 liánghǎo ◆健康状態が～ 健康状态良好 jiànkāng zhuàngtài liánghǎo ◆視界が～な 视野良好 shìyě liánghǎo

りょうこく【両国】两国 liǎngguó ◆～の会談 双边会谈 shuāngbiān huìtán ◆～の首脳 两国首脑 liǎngguó shǒunǎo

りょうさん【量産-する】批量生产 pīliàng shēngchǎn ◆～品 大量生产品 dàliàng shēngchǎnpǐn

りょうし【漁師】渔夫 yúfū

りょうし【猟師】猎人 lièrén

りょうし【量子】量子 liàngzǐ ◆～力学 量子力学 liàngzǐ lìxué

りょうじ【領事】领事 lǐngshì ◆～館 领事馆 lǐngshìguǎn

りょうしき【良識-のある】理智 lǐzhì；明智 míngzhì ◆～のある言動 明智的举动 míngzhì de jǔdòng

りょうしつ【良質-の】优质 yōuzhì；上等 shàngděng

りょうしゃ【両者】双方 shuāngfāng；双方 shuāngfāng ◆～の言い分 双方的申述 shuāngfāng de shēnshù

りょうしゅう【領収-する】收到 shōudào ◆～証 发票 fāpiào；收据 shōujù；收条 shōutiáo ◆～証を出す 开发票 kāi fāpiào

りょうじゅう【猟銃】猎枪 lièqiāng

りょうしょ【良書】良书 liángshū ◆～を選ぶ 挑选好书 tiāoxuǎn hǎoshū

りょうしょう【了承-する】理解 lǐjiě；同意 tóngyì ◆～を得る 得到谅解 dédào liàngjiě

りょうしん【両親】父母 fùmǔ；爹娘 diēniáng；双亲 shuāngqīn

りょうしん【良心】良心 liángxīn ◆～がうずく 歉疚 qiànjiù ◆～に背く 昧良心 mèi liángxīn；昧心 mèixīn ◆～を失う 丧尽天良 sàngjìn tiānliáng ◆～的な人 公道的人 gōngdào de rén ◆～の呵責 良心的谴责 liángxīn de qiǎnzé

りょうせい【寮生】寄宿生 jìsùshēng

りょうせい【良性-の】良性 liángxìng ◆～腫瘍 良性肿瘤 liángxìng zhǒngliú

りょうせいどうぶつ【両生[棲]動物】两栖动物 liǎngqī dòngwù

りょうせん【稜線】山脊线 shānjǐxiàn

りょうたん【両端】两边 liǎngbiān；两头儿 liǎngtóur ◆ロープの～ 绳的两边 shéng de liǎngbiān

りょうち【領地】领地 lǐngdì

りょうて【両手】两手 liǎngshǒu；双手 shuāngshǒu ◆～で持つ 捧 pěng ◆～両足 四肢 sìzhī

りょうてんびん【両天秤】◆～にかける 脚踩两只船 jiǎo cǎi liǎngzhī chuán

りょうど【領土】领土 lǐngtǔ；版图 bǎntú；国土 guótǔ；疆土 jiāngtǔ ◆～を割譲する 割地 gēdì ◆～を失う 失地 shīdì ◆～面積 幅员 fúyuán

りょうとうづかい【両刀遣い】❶〈剣法〉双剑法的剑士 双剑法的剑客 shuāngjiànfǎ de jiànkè ❷〈2つの事を同時に〉两艺兼优 liǎng yì jiān yōu ❸〈酒と甘いもの〉彼は辛いのも 他爱喝酒又爱吃甜 tā ài hē jiǔ yòu ài chī tián

りょうにん【両人】两人 liǎngrén

りょうば【両刃-の】双刃 shuāngrèn ◆～の剣 双刃剑 shuāngrènjiàn

りょうば【猟[漁]場】❶〈猟〉猎场 lièchǎng ❷〈漁〉渔场 yúchǎng ◆～を荒らされる 被扰乱渔场 bèi rǎoluàn yúchǎng ◆絶好の～ 绝好渔

りょうはし【両端】两头 liǎngtóu

りょうひ【良否】好坏 hǎohuài ◆～の評価をする 褒贬 bāobiǎn ◆～事情的善恶 shìqing de shàn'è

りょうびらき【両開き-の】向左右两面开 xiàng zuǒyòu liǎngmiàn kāi ◆～の扉 两扇儿的门 liǎng shànr de mén

りょうふう【涼風】清风 qīngfēng；凉风 liángfēng

りょうぶん【領分】❶《所有地》领域 lǐngyù；境域 jìngyù《活動範囲》范围 fànwéi：领域 lǐngyù

りょうほう【両方】两者 liǎngzhě；双方 shuāngfāng ◆～とも黙れ 你们两个都住嘴 nǐmen liǎng gè dōu zhùzuǐ

りょうほう【療法】疗法 liáofǎ ◆民間～ 民间疗法 mínjiān liáofǎ ◆ショック～ 电休克疗法 diànxiūkè liáofǎ

りょうめ【目目】分量 fènliàng ◆～をごまかす 蒙混重量 ménghùn zhòngliàng ◆～が足りない 分量不够 fènliàng bú gòu

りょうめん【両面】两面 liǎngmiàn ◆～印刷 两面印刷 liǎngmiàn yìnshuā ◆物事の～を見る 看事情的两个方面 kàn shìqing de liǎnggè fāngmiàn

りょうやく【良薬】◆～口に苦し 良药苦口，忠言逆耳 liángyào kǔkǒu, zhōngyán nì'ěr

りょうゆう【両雄】◆～並び立たず 两雄不并立 liǎng xióng bú bìng lì

りょうゆう【良友】益友 yìyǒu；良友 liángyǒu

りょうゆう【領有-する】领有 lǐngyǒu ◆日本の～する島 日本领有的岛屿 Rìběn lǐngyǒu de dǎoyǔ

りょうよう【両用-の】两用 liǎngyòng ◆水陸～車 水陆两用车 shuǐlù liǎngyòngchē ◆晴雨～の 晴雨两用的 qíngyǔ liǎngyòng

りょうよう【療養-する】疗养 liáoyǎng：养病 yǎngbìng ◆～所 疗养院 liáoyǎngyuàn ◆自宅～ 家里疗养 jiālǐ liáoyǎng

りょうよく【両翼】两翼 liǎngyì

りょうり【料理】❶《調理》菜 cài ◆～する 做菜 zuò cài；烹调 pēngtiáo；烹饪 pēngrèn ◆～の本 菜谱 càipǔ；食谱 shípǔ ◆～を作る 烹饪 pēngrèn ◆～学校 烹饪学校 pēngrèn xuéxiào ◆～店 菜馆 càiguǎn ◆～人 厨师 chúshī；大师傅 dàshīfu ◆家庭～ 家常便饭 jiācháng biànfàn ❷《処理》◆～する 处理 chǔlǐ：料理 liàolǐ

りょうりつ【両立-する】并存 bìngcún；两立 liǎnglì ◆～しない 不相容 bù xiāngróng ◆仕事と家庭を～させる 使工作和家庭相调和 shǐ gōngzuò hé jiātíng xiāng tiáohé

りょうりょう【寥々-たる】寂寥 jìliáo ◆～たる荒野 寂寥的荒野 jìliáo de huāngyě

りょうわき【両脇】《わきの下》两胁 liǎngxié；两肋 liǎnglèi；《左右の位置》两边 liǎngbiān ◆～に立つ 站在两侧 zhànzài liǎngcè

りょかく【旅客】旅客 lǚkè ◆～運輸 客运 kèyùn ◆～運賃 旅客运费 lǚkè yùnfèi

りょかくれっしゃ【旅客列車】客运列车 kèyùn lièchē ◆～乗務員 列车员 lièchēyuán

りょかっき【旅客機】客机 kèjī

りょかん【旅館】旅店 lǚdiàn；旅馆 lǚguǎn；旅社 lǚshè

りょく【利欲】利欲 lìyù ◆～に溺れる 利欲熏心 lìyù xūnxīn

りょくいん【緑陰】绿阴 lǜyīn ◆～で休む 在树阴下休息 zài shùyīnxià xiūxi

りょくちたい【緑地帯】绿地 lǜdì

りょくちゃ【緑茶】绿茶 lǜchá

りょくとう【緑豆】绿豆 lǜdòu

りょくないしょう【緑内障】绿内障 lǜnèizhàng；青光眼 qīngguāngyǎn

りょけん【旅券】护照 hùzhào ◆～を申請する 申请护照 shēnqǐng hùzhào ◆～を更新する 更新护照 gēngxīn hùzhào

りょこう【旅行-する】旅行 lǚxíng；旅游 lǚyóu ◆ガイド 导游 dǎoyóu ◆～コース 旅程 lǚchéng ◆案内 旅游向导 lǚyóu xiàngdǎo ◆～記 纪行 jìxíng；游记 yóujì ◆～客 旅客 lǚkè ◆～会社 旅行社 lǚxíngshè ◆かばん 旅行提包 lǚxíng tíbāo

りょしゅう【旅愁】旅愁 lǚchóu

りょじょう【旅情】旅情 lǚqíng ◆～をそそる 引起旅情 yǐnqǐ lǚqíng

りょそう【旅装】行装 xíngzhuāng ◆～を整える 整理行装 zhěnglǐ xíngzhuāng ◆～を解く 脱下行装 tuōxià xíngzhuāng

りょだん【旅団】旅 lǚ ◆～長 旅长 lǚzhǎng

りょっか【緑化-する】绿化 lǜhuà ◆～運動 绿化运动 lǜhuà yùndòng

りょてい【旅程】旅程 lǚchéng ◆厳しい～ 严酷的旅程 yánkù de lǚchéng

りょひ【旅費】旅费 lǚfèi；路费 lùfèi；盘缠 pánchán；盘费 pánfei

リラ《ライラック》丁香 dīngxiāng；

紫丁香 zǐdīngxiāng
リライト-する 改写 gǎixiě; 整稿 zhěnggǎo
リラックス-する 轻松 qīngsōng; 放松 fàngsōng
りりく【離陸】-する 起飞 qǐfēi
りりしい【凛々しい】 凛凛 lǐnlǐn; 严肃 yánsù ♦~顔立ち 英武的相貌 yīngwǔ de xiàngmào
リリシズム 抒情味 shūqíngwèi
りりつ【利率】 利率 lìlǜ ♦~がよい 利率高 lìlǜ gāo ♦~を下げる 降低利率 jiàngdī lìlǜ
リレー 接力 jiēlì ♦~競争 接力赛跑 jiēlì sàipǎo ♦バケツ~ 传递水桶 chuándì shuǐtǒng ♦~中継する 转播 zhuǎnbō
りれき【履歴】 履历 lǚlì ♦~書 履历书 lǚlìshū
りろ【理路】 理路 lǐlù ♦~整然とした 有条不紊 yǒu tiáo bù wěn
りろん【理論】 理论 lǐlùn ♦~派 理论派 lǐlùnpài
りん【燐】 磷 lín
りんか【隣家】 隔壁 gébì; 间壁 jiànbì; 邻居 línjū
りんかい【臨海】-の 临海 línhǎi ♦~学校 海滨夏令营 hǎibīn xiàlìngyíng ♦~工業地帯 临海工业地带 línhǎi gōngyè dìdài
りんかい【臨界】-の ♦~状態 临界状态 línjiè zhuàngtài ♦~温度 临界温度 línjiè wēndù ♦~点 临界点 línjièdiǎn
りんかく【輪郭】 ❶《縁どり》轮廓 lúnkuò ♦顔の~ 脸形 liǎnxíng ❷《概略》概略 gàilüè
りんかんがっこう【林間学校】 林间夏令营 línjiān xiàlìngyíng
りんき【臨機】-の ♦~応変な[に] 临机应变 lín jī yìng biàn; 随机应变 suí jī yìng biàn
りんぎょう【林業】 林业 línyè ♦~生产物 林产 línchǎn
リンク《スケートの》滑冰场 huábīngchǎng; 溜冰场 liūbīngchǎng
リンク-する 挂钩 guàgōu; 连环 liánhuán; 《インターネットの》链接 liànjiē
リング ❶《ボクシングの》拳击场 quánjīchǎng ♦~サイド 拳击台前排座 quánjītái qiánpáizuò ♦~に上がる 登拳击台 dēng quánjītái ❷《環》环 huán; 圈 quān ❸《指輪》戒指 jièzhi ♦エンゲージ~ 订婚戒指 dìnghūn jièzhi
りんげつ【臨月】 临月 línyuè ♦~が迫る 临近产期 línjìn chǎnqī
リンゲルえき【リンゲル液】 生理盐水 shēnglǐ yánshuǐ; 林格氏液 Língé-

shìyè
りんけん【臨検】-する 搜查 sōuchá ♦工場を~する 检查工厂 jiǎnchá gōngchǎng
リンゴ【林檎】 苹果 píngguǒ ♦~ジャム 苹果酱 píngguǒjiàng ♦~の木 苹果树 píngguǒshù
りんごく【隣国】 邻邦 línbāng; 邻国 línguó
りんさく【輪作】 轮作 lúnzuò
りんさん【磷酸】 磷酸 línsuān ♦~肥料 磷肥 línféi
りんじ【臨時-の】 临时 línshí; 暂行 zànxíng ♦~雇い 短工 duǎngōng ♦~収入 外快 wàikuài ♦~ニュース 紧急新闻 jǐnjí xīnwén ♦~列車 临时列车 línshí lièchē ♦~休業 临时休业 línshí xiūyè
りんじつ【隣室】 隔壁 gébì
りんじゅう【臨終】 临终 línzhōng ♦~を迎える 迎来临终 yínglái línzhōng ♦~に立ち会う 守候临终 shǒuhòu línzhōng
りんしょ【臨書】 临帖 líntiè
りんしょう【臨床】 临床 línchuáng ♦~検査 临床检查 línchuáng jiǎnchá ♦~医 临床医生 línchuáng yīshēng
りんしょう【輪唱】-する 轮唱 lúnchàng
りんじょうかん【臨場感】 身临其境之感 shēn lín qí jìng zhī gǎn ♦~あふれる 充满临场之感 chōngmǎn línchǎng zhī gǎn
りんじょく【吝嗇-な】 吝啬 lìnsè ♦~家 吝啬鬼 lìnsèguǐ
りんじん【隣人】 街坊 jiēfang; 邻家 línjiā; 邻居 línjū ♦~愛 爱护邻居的心 àihù línjū de xīn
リンス 护发液 hùfàyè; 润丝 rùnsī
りんず【綸子】 绫子 língzi
りんせき【臨席】-する 莅临 lìlín; 出席 chūxí
りんせつ【隣接】-する 邻接 línjiē; 毗连 pílián ♦~地域 邻接地 línjiēdì
リンチ 私刑 sīxíng ♦~を加える 施加私刑 shījiā sīxíng
りんてんき【輪転機】 轮转印刷机 lúnzhuàn yìnshuājī
リンドウ【竜胆】 龙胆 lóngdǎn
りんどう【林道】 林间道路 línjiān dàolù
りんね【輪廻】 轮回 lúnhuí
リンネル 亚麻布 yàmábù
リンパ【淋巴】 ♦~液 淋巴液 línbāyè ♦~腺 淋巴腺 línbāxiàn
りんばん【輪番】 轮番 lúnfān; 轮流 lúnliú; 轮班 lúnbān ♦~でやる 倒换 dǎohuàn; 倒替 dàotì ♦~制 轮

番制 lúnfānzhì
りんびょう【淋病】淋病 lìnbìng
りんぼく【林木】山里的树 shānli de shù
りんや【林野】林野 línyě
りんり【倫理】伦理 lúnlǐ ◆～に背く 违背伦理 wéibèi lúnlǐ ◆政治～ 政治伦理 zhèngzhì lúnlǐ ◆～学 伦理学 lúnlǐxué ◆～観 伦理感 lúnlǐgǎn
りんりつ【林立-する】林立 línlì ◆ビルが～している 大厦林立 dàshà línlì

る

ルアー 诱饵 yòu'ěr ◆フィッシング 诱饵钓鱼 yòu'ěr diàoyú
るい【類】种类 zhǒnglèi ◆…の～ 之类 zhī lèi ◆ビタミン～ 维生素之类 wéishēngsù zhī lèi ◆～は友を呼ぶ 臭味相投 chòuwèi xiāng tóu；物以类聚 wù yǐ lèi jù
るい【累】◆～を及ぼす 累及 lěijí；连累 liánlei
るいか【累加-する】累加 lěijiā ◆利益が～する 利润递增 lìrùn dìzēng
るいけい【累計-する】累计 lěijì ◆経費を～する 累计经费 lěijì jīngfèi
るいけい【類型】类型 lèixíng ◆～に堕する〈文章などが〉雷同 léitóng ◆～的な 类型的 lèixíng de
るいご【類語】类义词 lèiyìcí ◆～辞典 同义词词典 tóngyìcí cídiǎn
るいじ【類似-の】类似 lèisì；相近 xiāngjìn；相似 xiāngsì ◆～する 类似 lèisì ◆～点 类似点 lèisìdiǎn
るいしょ【類書】同类的书 tónglèi de shū
るいしょう【類焼-する】延烧 yánshāo ◆～を免れる 免遭延烧 miǎnzāo yánshāo ◆～を防ぐ 防延烧 fáng yánshāo
るいしん【累進-する】累进 lěijìn；递增 dìzēng ◆～課税 累进税 lěijìnshuì
るいじんえん【類人猿】类人猿 lèirényuán
るいすい【類推-する】类比 lèibǐ；类推 lèituī ◆～を働かせる 触类旁通 chù lèi páng tōng
るいする【類する】类似 lèisì；相似 xiāngsì
るいせき【累積-する】累积 lěijī ◆～赤字 累积赤字 lěijī chìzì ◆～債務 累积债务 lěijī zhàiwù
るいせん【涙腺】泪腺 lèixiàn ◆～が弱い 爱流泪 ài liúlèi
るいだい【累代-の】累世 lěishì
るいべつ【類別-する】类别 lèibié；分门别类 fēn mén bié lèi ◆資料を～する 类别资料 lèibié zīliào
るいらん【累卵】◆～の危うきにある 危如累卵 wēi rú lěi luǎn
るいるい【累々-たる】累累 lěilěi
るいれい【類例】类似的例子 lèisì de lìzi ◆過去に～を見ない 史无前例 shǐ wú qiánlì
ルーキー 新来者 xīnláizhě；新生 xīnshēng
ルージュ《口紅》唇膏 chúngāo；口红 kǒuhóng

ルーズ-な 散漫 sǎnmàn; 松懈 sōngxiè ♦時間に～ 不遵守时间 bù zūnshǒu shíjiān

ルーズリーフ 活页 huóyè ♦～ノート 活页笔记本 huóyè bǐjìběn

ルーター 路由器 lùyóuqì

ルーツ 根 gēn; 起源 qǐyuán ♦～を尋ねる 寻根 xúngēn ♦日本人の～ 日本人的祖先 Rìběnrén de zǔxiān

ルート ❶〈平方根〉根 gēn; 根号 gēnhào ❷〈道筋〉路线 lùxiàn; 途径 tújìng ♦密輸～ 走私渠道 zǒusī qúdào

ループ 圈 quān; 环 huán ♦～タイ 绳状领带 shéngzhuàng lǐngdài

ルーフガーデン 屋顶花园 wūdǐng huāyuán

ルーブル〈ロシアの通貨〉卢布 Lúbù

ルーブル ～博物館 卢浮宫博物馆 Lúfúgōng bówùguǎn

ルーペ 放大镜 fàngdàjìng; 凸透镜 tūtòujìng

ルーム 房间 fángjiān ♦～サービス 客房服务 kèfáng fúwù ♦～メート 同屋 tóngwū

ルーメン (Lumen)〈LED単位〉流明 liúmíng

ルール 规则 guīzé; 章程 zhāngchéng ♦〈スポーツの試合で〉～に違例する 违例 wéilì; 犯规 fànguī ♦～を外れる 离格儿 lígér ♦～を守る 遵守规则 zūnshǒu guīzé

ルーレット 轮盘赌 lúnpándǔ

るけい【流刑】流刑 liúxíng ♦～にする 流放 liúfàng ♦～地 流刑地 liúxíngdì

るざい【流罪】发配 fāpèi; 流放罪 liúfàngzuì ♦～を言い渡す 命令发配 mìnglìng fāpèi

るす【留守】♦～にする 不在家 bú zàijiā ♦～を預かる 负责看家 fùzé kānjiā

るすばん【留守番-する】看家 kānjiā ♦～を頼む 委托看家 wěituō kānjiā ♦～電話 留言电话 liúyán diànhuà

ルックス 容貌 róngmào; 外观 wàiguān

るつぼ【坩堝】❶〈容器〉坩埚 gānguō ❷〈比喩的に〉熔炉 rónglú; 旋涡 xuánwō ♦人種の～ 人种的熔炉 rénzhǒng de rónglú

るてん【流転-する】流转 liúzhuǎn; 变迁 biànqiān ♦万物は～する 万物变化 wànwù biànhuà

ルネッサンス 文艺复兴 wényì fùxīng ♦～時代 文艺复兴时期 wényì fùxīng shíqí

ルビ 注音假名 zhùyīn jiǎmíng ♦～をふる 标注假名 biāozhù jiǎmíng

ルビー 红宝石 hóngbǎoshí

ルビー〈インドなどの通貨単位〉卢比 Lúbǐ

るふ【流布-する】流布 liúbù ♦広く～している 广泛流传 guǎngfàn liúchuán ♦～本 通行本 tōngxíngběn

ルポライター 采访记者 cǎifǎng jìzhě

ルポルタージュ 报告文学 bàogào wénxué; 特写 tèxiě; 实地报道 shídì bàodào

るり【瑠璃】琉璃 liúli ♦～色の琉璃色 liúlìsè ♦～瓦(がわら) 琉璃瓦 liúliwǎ

るる【縷々】缕缕 lǚlǚ; 详详细细地 xiángxiángxìxì de ♦事の次第を～説明する 缕述事件的原委 lǚshù shìjiàn de yuánwěi

ろう【流浪-する】流浪 liúlàng; 漂泊 piāobó ♦～の民 漂泊之民 piāobó zhī mín ♦各地を～する 四处漂泊 sìchù piāobó

ルンバ 伦巴 lúnbā ♦～を踊る 跳伦巴舞 tiào lúnbāwǔ

ルンペン 流浪者 liúlàngzhě; 无业游民 wúyè yóumín

れ

レ《音階の》 来 lái
レアアース 稀土 xītǔ
レアメタル 稀有金属 xīyǒu jīnshǔ
れい【例】 例子 lìzi; 事例 shìlì ◆～の 那个 nàge ◆～にとる 比方 bǐfang ◆～に倣う 援例 yuánlì ◆～によって 照例 zhàolì ◆～を引く 引例 yǐnlì ◆～を挙げる 举例 jǔlì
れい【礼】 ❶《規範·作法》礼 lǐ; 礼貌 lǐmào ◆～に背く 违反礼节 wéifǎn lǐjié ◆～をわきまえない 不懂礼貌 bù dǒng lǐmào ◆～を欠く 失礼 shīlǐ ◆～を尽くす 尽到礼节 jìndào lǐjié ❷《感謝》～を言う 道谢 dàoxiè; 致谢 zhìxiè ◆～をする 施礼 shīlǐ ❸《お辞儀》～をする 行礼 xínglǐ
れい【零】 零 líng ◆～時 零点 língdiǎn
れい【霊】 灵魂 línghún ◆祖先の～を祭る 祭祀祖先之灵 jìsì zǔxiān zhī líng
レイアウト-する 编排 biānpái; 版面设计 bǎnmiàn shèjì
れいあんしつ【霊安室】 太平间 tàipíngjiān
れいえん【霊園】 陵园 língyuán
レイオフ 临时解雇 línshí jiěgù; 下岗 xiàgǎng
れいか【零下】 零下 língxià ◆～20度 零下二十度 língxià èrshí dù
れいか【冷夏】 冷夏 lěngxià
れいかい【例会】 常会 chánghuì; 例会 lìhuì ◆～に出席する 出席例会 chūxí lìhuì
れいかい【霊界】 阴间 yīnjiān
れいがい【例外】-の 例外 lìwài ◆なにに一律 yílǜ; 无一例外 wúyī lìwài ◆～を作る 破例 pòlì ◆～を認める 准许例外 zhǔnxǔ lìwài
れいがい【冷害】 冻害 dònghài ◆～を受ける 遭受冻灾 zāoshòu dòngzāi
れいかん【霊感】 灵感 línggǎn ◆～が働く 产生灵感 chǎnshēng línggǎn
れいき【冷気】 冷气 lěngqì; 寒气 hánqì ◆朝の～ 早上的凉气 zǎoshang de liángqì
れいぎ【礼儀】 礼节 lǐjié; 礼貌 lǐmào ◆～正しい 端正 duānzhèng; 恭敬 gōngjìng ◆～にかなった 合乎礼节 héhū lǐjié ◆～をわきまえない 不讲礼貌 bù jiǎng lǐmào ◆～知らず 不懂礼节 bù dǒng lǐjié ◆～作法 礼法 lǐfǎ

れいきゃく【冷却】-する 冷却 lěngquè ◆～水 冷却水 lěngquèshuǐ ◆～期間をおく 间隔一段冷却期间 jiàngé yíduàn lěngquè qījiān ◆放射 ～ 辐射冷却 fúshè lěngquè
れいきゅうしゃ【霊柩車】 灵车 língchē; 枢车 jiùchē
れいきん【礼金】 酬谢金 chóuxièjīn
れいぐう【冷遇】-する 冷遇 lěngyù; 冷待 lěngdài ◆～される 坐冷板凳 zuò lěngbǎndèng
れいけつかん【冷血漢】 冷酷无情的人 lěngkù wúqíng de rén
れいけつどうぶつ【冷血動物】 冷血动物 lěngxuè dòngwù
れいげん【霊験】-の ～あらたかな 显灵 xiǎnlíng; 灵验 língyàn
れいげん【例言】 例言 lìyán
れいげん【冷厳】-な 严厉 yánlì; 无情 wúqíng ◆～な事実 严酷的事实 yánkù de shìshí ◆～な態度 冷静严肃的态度 lěngjìng yánsù de tàidu
れいこう【励行】-する 厉行 lìxíng; 坚持 jiānchí ◆うがいを～する 厉行 漱口 lìxíng shùkǒu
れいこく【冷酷】-な 冷酷 lěngkù; 心硬 xīnyìng; 严酷 yánkù ◆～な仕打ち 冷酷的对待 lěngkù de duìdài ◆～無情な 心狠手辣 xīn hěn shǒu là
れいこん【霊魂】 灵魂 línghún ◆～不滅 灵魂不灭 línghún bùmiè
れいさい【零細】 ～企業 小本经营 xiǎoběn jīngyíng; 小规模企业 xiǎoguīmó qǐyè
レイシ【茘枝】 荔枝 lìzhī
レイシ【霊芝】 灵芝 língzhī
れいじ【例示】-する 例示 lìshì ◆～して説明する 举例说明 jǔlì shuōmíng
れいしゅ【冷酒】 凉酒 liángjiǔ
れいしょ【隷書】 隶书 lìshū
れいしょう【例証】-する 例证 lìzhèng ◆～を挙げる 举例证明 jǔlì zhèngmíng
れいしょう【冷笑】-する 冷笑 lěngxiào; 嘲笑 cháoxiào
れいじょう【令嬢】 千金 qiānjīn; 令爱 lìng'ài; 小姐 xiǎojiě
れいじょう【令状】 拘票 jūpiào ◆逮捕～ 逮捕拘票 dàibǔ jūpiào
れいじょう【礼状】 谢信 gǎnxièxìn ◆～を出す 寄出谢函 jìchū xièhán
れいじん【麗人】 佳丽 jiālì; 丽人 lìrén ◆男装の～ 男装丽人 nánzhuāng lìrén
れいすい【冷水】 冷水 lěngshuǐ ◆～を浴びせる 浇冷水 jiāo lěngshuǐ ◆～摩擦 冷水擦身 lěngshuǐ cāshēn
れいせい【冷静】-な 沉着 chén-

zhuó：冷静 lěngjìng；平心静气 píng xīn jìng qì；清醒 qīngxǐng ♦ ～に論ずる 平心而论 píng xīn ér lùn ♦ ～沈着な 不动声色 bú dòng shēngsè ♦ ～に判断する 冷静地判断 lěngjìng de pànduàn

れいせつ【礼節】 礼仪 lǐyí；礼节 lǐjié ♦ ～を重んじる 重视礼节 zhòngshì lǐjié ♦ ～をわきまえる 懂得礼节 dǒngde lǐjié

れいせん【冷戦】 冷战 lěngzhàn ♦ ～の終結 冷战终结 lěngzhàn zhōngjié

れいぜん【霊前】 灵前 língqián ♦ ～に供える 供在灵前 gòngzài língqián

れいぜん【冷然-たる】 冷淡 lěngdàn；冷冰冰 lěngbīngbīng

れいそう【礼装】 礼服 lǐfú ♦ ～で出席 礼装出席 lǐzhuāng chūxí ♦ ～帽子 礼帽 lǐmào

れいぞう【冷蔵-する】 冷藏 lěngcáng ♦ ～庫 冰箱 bīngxiāng；冷藏库 lěngcángkù；冷库 lěngkù ♦ ～要 要冷藏 yào lěngcáng

れいそく【令息】 公子 gōngzǐ；令郎 lìngláng

れいぞく【隷属-する】 从属 cóngshǔ；统属 tǒngshǔ ♦ ～関係 隶属关系 lìshǔ guānxi

れいだい【例題】 例题 lìtí ♦ ～を出す 出例题 chū lìtí

れいたん【冷淡-な】 淡漠 dànmò；冷淡 lěngdàn；冷漠 lěngmò ♦ ～にあしらう 冷淡对待 lěngdàn duìdài

れいだんぼう【冷暖房】 冷气和暖气 lěngqì hé nuǎnqì ♦ ～完備 冷暖气设备齐全 lěngnuǎnqì shèbèi qíquán

れいちょうるい【霊長類】 灵长目 língzhǎngmù

れいてん【零点】 零分 língfēn；鸭蛋 yādàn ♦ ～をとる (試験で) 吃鸭蛋 chī yādàn

れいど【零度】 零度 língdù ♦ 絶対～ 绝对零度 juéduì língdù

れいとう【冷凍-する】 冷冻 lěngdòng ♦ ～工場 冷冻厂 lěngdòngchǎng ♦ ～食品 冷冻食品 lěngdòng shípǐn ♦ ～保存する 冻藏 dòngcáng

れいねん【例年】 往年 wǎngnián；每年 měinián ♦ ～通り 和往年一样 hé wǎngnián yíyàng

れいはい【礼拝-する】 礼拜 lǐbài；朝拜 cháobài

れいばい【霊媒】 巫师 wūshī

れいびょう【霊廟】 灵庙 língmiào

レイプ 奸污 jiānwū；强奸 qiáng-jiān ♦ ～事件 奸污事件 jiānwū shìjiàn

れいふく【礼服】 礼服 lǐfú

れいふじん【令夫人】 夫人 fūrén

れいぶん【例文】 例句 lìjù ♦ ～を挙げる 举例句 jǔ lìjù

れいほう【礼砲】 礼炮 lǐpào ♦ ～を撃つ 放礼炮 fàng lǐpào

れいぼう【冷房】 冷气 lěngqì ♦ ～する 放冷气 fàng lěngqì ♦ ～設備 冷气设备 lěngqì shèbèi

れいみょう【霊妙-な】 神妙 shénmiào ♦ ～な音楽 神秘的音乐 shénmì de yīnyuè

れいめい【黎明】 黎明 límíng；侵晨 qīnchén ♦ ～期 黎明期 límíngqī

れいらく【零落-する】 沦落 lúnluò；破落 pòluò

れいり【怜悧-な】 伶俐 línglì

れいれいしく【麗々しく】 花哨 huāshao；炫耀 xuànyào ♦ ～着飾る 炫耀地打扮 xuànyào de dǎbàn

レインコート 雨衣 yǔyī

レインシューズ 雨靴 yǔxuē

レーサー 赛车手 sàichēshǒu

レーザー 激光 jīguāng；莱塞 láisài ♦ ～ビーム 激光束 jīguāngshù ♦ ～ディスク 激光视盘 jīguāng shìpán；光盘 guāngpán ♦ ～プリンター 激光打印机 jīguāng dǎyìnjī ♦ ～メス 激光手术刀 jīguāng shǒushùdāo

レーシングカー 赛车 sàichē

レース ❶〔編み物や刺繍〕花边 huābiān ♦ ～編み 抽纱 chōushā ❷〔競走〕比赛 bǐsài；赛跑 sàipǎo ♦ ～用自転車 跑车 pǎochē ♦ ～用ボート 赛艇 sàitǐng

レーズン 葡萄干 pútaogān

レーダー 雷达 léidá

レート 比率 bǐlǜ ♦ 為替～ 外汇比率 wàihuì bǐlǜ

レーヨン 人造丝 rénzàosī

レール 铁轨 tiěguǐ ♦ ～を敷く 铺轨 pūguǐ ♦ ガード～ 护栏 hùlán

レーン ❶〔水泳の 泳道 yǒngdào ❷〔ボウリングの〕球道 qiúdào

レーンジャー 突袭队 tūjíduì；〔森林·公園など〕守卫员 shǒuwèiyuán；护林员 hùlínyuán

レオタード 紧身衣 jǐnshēnyī

レガッタ 赛艇 sàitǐng；划船竞赛 huáchuán jìngsài

れきし【歴史】 历史 lìshǐ ♦〈人間社会〉历史 lìshǐ ♦ ～が浅い 历史短浅 lìshǐ duǎnqiǎn ♦ ～に逆行する 倒行逆施 dào xíng nì shǐ；开倒车 kāi dàochē ♦ ～に学ぶ 向历史学习 xiàng lìshǐ xuéxí；以史为鉴 yǐ shǐ wéi jiàn ♦ ～は繰り返す 历史重复 lìshǐ

chóngfù〜をひも解く 翻阅历史 fānyuè lìshǐ ♦上の事実 史实 shǐshí ❷《ある事物の》〜の長い寺院 历史悠久的寺院 lìshǐ yōujiǔ de sìyuàn ♦〜のある 由来已久 yóulái yǐ jiǔ ❸《学問》 历史学 lìshǐxué ♦〜書 史籍 shǐjí ♦〜書 史籍 shǐjí ♦〜学 史学 shǐxué ♦〜書 史籍 shǐjí;史书 shǐshū

れきし【轢死–する】 轧死 yàsǐ

れきぜん【歴然–とした】 明显 míngxiǎn;分明 fēnmíng ♦〜とした証拠 明显的证据 míngxiǎn de zhèngjù

れきだい【歴代–の】 历代 lìdài;历届 lìjiè ♦〜の支配者 历代统治者 lìdài tǒngzhìzhě

れきにん【歴任–する】 历任 lìrèn ♦〜要職を〜する 历任要职 lìrèn yàozhí

れきねん【歴年】 历年 lìnián

れきほう【歴訪–する】 历访 lìfǎng ♦東南アジア諸国を〜する 历访东南亚各国 lìfǎng Dōngnán Yà gèguó

レギュラー ❶《正規の・標準的な》 正规 zhèngguī;正式 zhèngshì ♦〜サイズの 普通尺寸 pǔtōng chǐcùn ♦ガソリン 标准汽油 biāozhǔn qìyóu ❷《メンバー》 正选 zhèngxuǎn;正式选手 zhèngshì xuǎnshǒu ♦〜になる 成了正式选手 chéngle zhèngshì xuǎnshǒu

レクチャー 讲义 jiǎngyì;讲课 jiǎngkè

レクリエーション 文娱 wényú;娱乐活动 yúlè huódòng

レコーディング 录音 lùyīn ♦新曲を〜する 录新歌曲 lù xīn gēqǔ

レコード ❶《音楽などの》 唱片儿 chàngpiānr;唱片 chàngpiàn ♦〜をかける 放唱片 fàng chàngpiàn ♦〜針 唱针 chàngzhēn ❷《記録》 记录 jìlù ♦〜を更新する 刷新纪录 shuāxīn jìlù ♦世界〜 世界纪录 shìjiè jìlù

レザー《革》 皮革 pígé ♦〜クロス 人造革 rénzàogé;漆布 qībù

レジ《レジスター》 收款处 shōukuǎnchù;出纳处 chūnàchù

レシート 发票 fāpiào;收据 shōujù

レジスター 收款机 shōukuǎnjī;自动式器 zìdòng jìlùqì ♦〜を打つ 打收款机 dǎ shōukuǎnjī

レジスタンス 抵抗 dǐkàng;反抗 fǎnkàng ♦《第二次大戦中の》 抵抗运动 dǐkàng yùndòng

レシピ 食谱 shípǔ

レジャー 闲暇 xiánxiá ♦〜産業 娱乐业 yúlèyè

レジュメ 提纲 tígāng;摘要 zhāiyào

レズ《レスビアン》 女同性恋 nǚ tóngxìngliàn

レスキュー 救生 jiùshēng ♦〜隊 救护队 jiùhùduì

レストラン 菜馆 càiguǎn;西餐馆 xīcānguǎn;餐厅 cāntīng;饭馆 fànguǎn ♦イタリア〜 意大利菜馆 Yìdàlì càiguǎn

レスリング 摔跤 shuāijiāo

レセプション 招待会 zhāodàihuì ♦〜に出席する 参加招待会 cānjiā zhāodàihuì

レター 信 xìn;书信 shūxìn ♦〜ペーパー 信纸 xìnzhǐ ♦ファン〜 慕名信 mùmíngxìn

レタス 莴苣 wōjù;生菜 shēngcài

れつ【列】 行列 hángliè;队伍 duìwǔ ♦〜に割り込む 插队 chāduì ♦〜に並ぶ 站队 zhànduì ♦〜を作る 排队 páiduì ♦〜を離れる 离开队伍 líkāi duìwǔ ♦〜を乱す 打乱队列 dǎluàn duìliè

れつあく【劣悪–な】 恶劣 èliè;粗劣 cūliè ♦〜な労働環境 恶劣的劳动环境 èliè de láodòng huánjìng

れっか【劣化–する】 变坏 biànhuài;老化 lǎohuà

れっか【烈火】 烈火 lièhuǒ ♦〜のごとく怒る 暴跳如雷 bàotiào rú léi;勃然大怒 bórán dà nù;火冒三丈 huǒ mào sān zhàng

レッカー〜車 牵引车 qiānyǐnchē;救险车 jiùxiǎnchē

れっきとした【歴とした】 明显的 míngxiǎn de;像样的 xiàngyàng de

れっきょ【列挙–する】 列举 lièjǔ;罗列 luóliè

れっきょう【列強】 列强 lièqiáng

レッサーパンダ 小熊猫 xiǎoxióng;小熊猫 xiǎoxióngmāo

れっし【烈士】 烈士 lièshì

れっしゃ【列車】 火车 huǒchē;列车 lièchē ♦〜に乗る 乘火车 chéng huǒchē ♦〜を降りる 下火车 xià huǒchē ♦〜を乗り換える 换火车 huàn huǒchē ♦〜を乗り継ぐ 接着乘坐火车 jiēzhe chéngzuò huǒchē ♦〜の到着ホーム 到达站台 dàodá zhàntái ♦〜乗務警官 乘警 chéngjǐng ♦〜番号 车次 chēcì ♦ダイヤ 列车时刻表 lièchē shíkèbiǎo ♦長距離〜 长途列车 chángtú lièchē

れつじょう【劣情】 色情 sèqíng ♦〜を催す 引起情欲 yǐnqǐ qíngyù ♦〜を刺激する 挑动色情 tiǎodòng sèqíng

れっしん【烈震】 烈震 lièzhèn;强震 qiángzhèn

レッスン 课 kè;课业 kèyè ♦〜を受ける 上课 shàngkè ♦ピアノの〜 钢琴课程 gāngqín kèchéng

れっせい【劣勢–の】 劣势 lièshì ♦

に立たされる 处于劣势 chǔyú lièshì
れっせい【劣性】◆~遺伝 隐性遗传 yǐnxìng yíchuán
れっせき【列席-する】列席 lièxí ◆~者 出席者 chūzhě ◆結婚式に~する 出席结婚仪式 chūxí jiéhūnshì
レッテル ❶〈表示札〉标牌 biāopái;标签 biāoqiān ❷〈人の評価〉帽子 màozi ◆ぺてん師という~を貼られる 被戴上骗子的帽子 bèi dàishàng piànzi de màozi
れつでん【列伝】列传 lièzhuàn ◆史記~ 史记列传 Shǐjì lièzhuàn
れっとう【列島】列岛 lièdǎo ◆日本~ 日本列岛 Rìběn lièdǎo
れっとう【劣等-の】劣等 lièděng ◆~生 差生 chàshēng;劣等生 lièděngshēng
れっとうかん【劣等感】自卑感 zìbēigǎn ◆~を持つ 怀有自卑感 huáiyǒu zìbēigǎn
れっぷう【烈風】狂风 kuángfēng;暴风 bàofēng
レディー 贵妇人 guìfùrén;女士 nǚshì ◆ファースト~ 女士优先 nǚshì yōuxiān ◆ファースト~ 总统夫人 zǒngtǒng fūrén
レディーメード〈服〉成衣 chéngyī;现成的衣服 xiànchéng de yīfu
レトリック 修辞学 xiūcíxué ◆~にすぎない 不过是修辞技巧 búguò shì xiūcí jìqiǎo
レトルト 曲颈甑 qūjǐngzèng ◆~食品 蒸煮袋食品 zhēngzhǔdài shípǐn
レトロ-な ◆~趣味 怀古情绪 huáigǔ qíngxù
レバー ❶〈機械などの〉扳手 bānshou ◆~を引く 拉扳手 lā bānshou ❷〈肝臓〉肝儿 gānr;肝脏 gānzàng
レパートリー 上演节目 shàngyǎn jiémù;保留剧目 bǎoliú jùmù
レファレンス・サービス 咨询服务 zīxún fúwù
レフェリー 裁判员 cáipànyuán ◆~ストップ 裁判员叫停 cáipànyuán jiàotíng
レベル 程度 chéngdù;水平 shuǐpíng ◆~の高い 水平高 shuǐpíng gāo ◆~の低い 次等 cìděng ◆~が下がる 水平下降 shuǐpíng jiàngdī ◆~アップを図る 设法提高水平 shèfǎ tígāo shuǐpíng ◆事務~での協議 事务级磋商 shìwùjí cuōshāng
レポート 报告 bàogào ❶〈報告書〉◆~を書く 写报告 xiě bàogào ◆~を提出する 提交报告 tíjiāo bàogào ❷〈新聞·テレビで〉~する 报

道 bàodào
レモン【檸檬】柠檬 níngméng ◆~水 柠檬水 níngméngshuǐ ◆~ティー 柠檬红茶 níngméng hóngchá
レリーフ 浮雕 fúdiāo
れんあい【恋愛-する】恋爱 liàn'ài ◆~を語る 谈恋爱 tán liàn'ài ◆~結婚 恋爱结婚 liàn'ài jiéhūn
れんか【廉価-な】廉价 liánjià ◆~な商品 廉价品 liánjiàpǐn
れんが【煉瓦】砖 zhuān ◆~を積み上げる 砌砖 qìzhuān
れんきゅう【連休】连休 liánxiū ◆飛び石~ 不连续的假日 bù liánxù de liánxiū
レンギョウ【連翹】〈植物〉连翘 liánqiáo
れんきんじゅつ【錬金術】炼金术 liànjīnshù;〈比喩〉集资能力 jízī nénglì
レンゲ【蓮華】❶〈ハスの花〉荷花 héhuā ❷〈レンゲソウ〉紫云英 zǐyúnyīng ❸〈中華料理の匙〉调羹 tiáogēng
れんけい【連係-する】联系 liánxì ◆~プレー 密切协作的工作 mìqiè xiézuò de gōngzuò
れんけつ【連結-する】联结 liánjié;交接 jiāojiē;连接 liánzhuī ◆列車を~する 挂钩 guàgōu ◆~器 车钩 chēgōu
れんこ【連呼-する】连呼 liánhū;连续呼喊 liánxù hūhǎn ◆スローガンを~する 呼喊标语 hūhǎn biāoyǔ
れんご【連語】词组 cízǔ
れんこう【連行-する】带走 dàizǒu ◆犯人を~する 带走犯人 dàizǒu fànrén
れんごう【連合】联合 liánhé ◆~軍 联军 liánjūn ◆~政府 联合政府 liánhé zhèngfǔ
れんこん【蓮根】藕 ǒu
れんさ【連鎖】◆~反応 连锁反应 liánsuǒ fǎnyìng;链式反应 liànshì fǎnyìng
れんざ【連座-する】连坐 liánzuò;株连 zhūlián ◆~を制 连坐制 liánzuòzhì
れんさい【連載-する】连载 liánzài ◆~記事 连载消息 liánzài xiāoxi
れんさく【連作-する】連作 liánzuò ◆サトイモの~ 重茬芋头 chóngchá yùtou ◆三人で一篇の小説を~する 三个人合写一篇小说 sān ge rén hézuò xiǎoshuō
れんざん【連山】山峦 shānluán;连绵的群山 liánmián de qúnshān
レンジ 炉灶 lúzào ◆ガス~ 煤气灶 méiqìzào ◆電子~ 微波炉 wēibōlú

れんじつ【連日】连日 liánrì；连天 liántiān ♦～连夜 连日连夜 liánrì liányè；日日夜夜 rìrìyèyè

れんしゃ【連射-する】连射 liánshè ♦～砲 连珠炮 liánzhūpào

れんしゅう【練習-する】练功 liàngōng；练习 liànxí ♦～を重ねる 反复练习 fǎnfù liànxí ♦～問題 习题 xítí

れんしょ【連署-する】共同签署 gòngtóng qiānshǔ

れんしょう【連勝-する】连胜 liánshèng ♦3 ～する 连胜三次 liánshèng sān cì

レンズ 镜片 jìngpiàn；透镜 tòujìng ♦～雲 荚状云 jiázhuàngyún ♦望遠～ 望远镜片 wàngyuǎn jìngpiàn ♦コンタクト～ 隐形眼镜 yǐnxíng yǎnjìng

れんせん【連戦-する】连续作战 liánxù zuòzhàn ♦～連勝する 连战连胜 liánzhànliánshèng

れんそう【連想-する】联想 liánxiǎng

れんぞく【連続-する】连续 liánxù ♦～して 接连 jiēlián ♦～的に 一连 yīlián ♦4 日～で 连续四天 liánxù sì tiān ♦～ドラマ 连续剧 liánxùjù

レンタカー 租用汽车 zūyòng qìchē ♦～を借りる 租出赁汽车 zū chūlìn qìchē

れんたつ【練達-する】干练 gànliàn ♦～の士 干练之士 gànliàn zhī shì

レンタル 出租 chūzū；租赁 zūlìn ♦～ビデオ 出租影像 chūzū yǐngxiàng ♦～料金 出租费 chūzūfèi

れんたん【煉炭】蜂窝煤 fēngwōméi

レンチ 扳手 bānshou

れんちゅう【連中】一伙 yīhuǒ

れんどう【連動-する】联动 liándòng ♦家賃は物価指数に～する 房租与物价指数联动 fángzū yǔ wùjià zhǐshù liándòng

レントゲン X 光 Xguāng ♦～を撮る 拍摄 X 光线照片 pāishè X guāngxiàn zhàopiàn

れんにゅう【練乳】炼乳 liànrǔ

れんねん【連年-の】连年 liánnián ♦～の不作 连年的歉收 liánnián de qiànshōu

れんぱ【連覇-する】连续取得冠军 liánxù qǔdé guànjūn ♦3 ～を果たす 连续三次优胜 liánxù sān cì yōushèng；实现三连冠 shíxiàn sānliánguàn

れんばい【廉売-する】贱卖 jiànmài ♦特価で～する 特价贱卖 tèjià jiànmài

れんぱい【連敗-する】连败 liánbài

れんぱつ【連発-する】连续 发出 liánxù fāchū ♦質問を～する 连续提问 liánxù tíwèn

れんぱん【連判-する】联合签署 liánhé qiānshǔ ♦～の公約 联合签署的公约 liánhé qiānshǔ de gōngyuē

れんびん【憐憫】怜悯 liánmǐn ♦～の情 怜悯心 liánmǐnxīn

れんぽう【連峰】丛山 cóngshān；山岭 shānlǐng

れんぽう【連邦】联邦 liánbāng ♦～政府 联邦政府 liánbāng zhèngfǔ

れんま【錬磨-する】磨炼 móliàn；磨砺 mólì ♦百戦～ 百战磨炼 bǎizhàn móliàn

れんめい【連盟】联盟 liánméng ♦～に加入する 参加联盟 cānjiā liánméng

れんめい【連名-する】联名 liánmíng

れんめん【連綿-と】连绵不断 liánmián búduàn ♦～と続く山脉 绵亘的山脉 miángèn de shānmài

れんや【連夜】连夜 liányè；每夜 měiyè

れんらく【連絡-する】❶〈通知〉联系 liánxì ♦～をつける 串通 chuāntōng ♦～をとる 联络 liánluò ♦～網 联络网 liánluòwǎng ❷〈接続〉连接 liánjiē ♦電車の～が悪い 电车连接不顺利 diànchē liánjiē bú shùnlì ♦～船 渡轮 dùlún；轮渡 lúndù ♦～橋 连运桥 liányùnqiáo

れんりつ【連立-する】联立 liánlì ♦～内閣 联合政府 liánhé zhèngfǔ ♦～政権 联合政权 liánhé zhèngquán ♦～方程式 联立方程 liánlì fāngchéng

ろ

ろ【櫓】櫓 lǔ ◆~を漕ぐ 摇橹 yáo lǔ
ろ【炉】火炉 huǒlú；炉子 lúzi ◆原子~ 核反应堆 héfǎnyìngduī
ロイヤリティー 专利使用费 zhuānlì shǐyòngfèi；版权费 bǎnquánfèi
ロイヤルゼリー 王浆 wángjiāng；蜂乳 fēngrǔ
ろう【労】劳苦 láokǔ ◆~をねぎらう 慰劳 wèiláo ◆~を惜しまない 不辞劳苦 bùcí láokǔ；卖力气 mài lìqi
ろう【蠟】蜡 là ◆~が垂れる 淌下蜡油 tǎngxià làyóu ◆人形 蜡像 làxiàng
ろう【牢】监狱 jiānyù
ろうあ【聾啞】聋哑 lóngyǎ
ろうえい【漏洩】泄露 xièlòu ◆機密を~する 泄露机密 xièlòu jīmì
ろうえき【労役】劳役 láoyì ◆~に服する 服劳役 fú láoyì
ろうか【廊下】走廊 zǒuláng；过道 guòdào ◆渡り~ 游廊 yóuláng
ろうか【老化-する】老化 lǎohuà ◆~現象 老化现象 lǎohuà xiànxiàng
ろうかい【老獪-な】老奸巨猾 lǎojiān jùhuá ◆~な手法 狡狯的手法 jiǎohuá de shǒufǎ
ろうかく【楼閣】楼阁 lóugé ◆砂上の~ 沙上楼阁 shāshàng lóugé
ろうがっこう【聾学校】聋人学校 lóngrén xuéxiào
ろうがん【老眼】花眼 huāyǎn；老花眼 lǎohuāyǎn；老视眼 lǎoshìyǎn ◆~鏡 花镜 huājìng
ろうきゅう【老朽】老朽 lǎoxiǔ ◆~家屋 破旧的房屋 pòjiù de fángwū ◆~化する 老朽化 lǎoxiǔhuà
ろうきょう【老境】老境 lǎojìng ◆桑榆暮景 sāng yú mù jǐng ◆~に近づく 垂暮 chuímù ◆~に至る 进入老境 jìnrù lǎojìng
ろうく【労苦】劳苦 láokǔ ◆~に耐える 耐劳 nàiláo ◆~に報いる 报偿劳苦 bàocháng láokǔ ◆~をいとわない 不厌劳苦 búyàn láokǔ
ろうけつぞめ【﨟纈染め】蜡染 làrǎn
ろうご【老後】晩年 wǎnnián ◆~を過ごす 养老 yǎnglǎo；度过晚年 dùguò wǎnnián ◆~の楽しみ 晚年的乐趣 wǎnnián de lèqù ◆~の設計を立てる 规划晚年 guīhuà wǎnnián
ろうこう【老巧-な】老练 lǎoliàn ◆~なやり口 老练的做法 lǎoliàn de zuòfǎ
ろうごく【牢獄】监牢 jiānláo；牢狱 láoyù ◆~に入る 坐牢 zuòláo
ろうさい【労災】~保険 工人灾害赔偿保险 gōngrén zāihài péicháng bǎoxiǎn
ろうさく【労作】劳作 láozuò；精心的创作 jīngxīn de chuàngzuò ◆多年の~ 经过多年的劳作 jīngguò duōnián de láozuò
ろうし【労使】劳资 láozī ◆~関係 劳资关系 láozī guānxi ◆~協調 劳资协调 láozī xiétiáo ◆~紛争 劳资纠纷 láozī jiūfēn
ろうしゅう【老醜】老丑 lǎochǒu ◆~をさらす 丢老丑 diū lǎochǒu
ろうじゅく【老熟-する】圆熟 yuánshú；老练 lǎoliàn ◆~した作品 熟练的作品 shúliàn de zuòpǐn
ろうじょ【老女】老年妇女 lǎonián fùnǚ
ろうじょう【朗詠-する】朗诵 lǎngsòng
ろうじょう【籠城-する】困守孤城 kùnshǒu gūchéng
ろうじん【老人】老年人 lǎoniánrén；老人 lǎorén ◆~ホーム 养老院 yǎnglǎoyuàn；敬老院 jìnglǎoyuàn
ろうすい【老衰-する】衰老 shuāilǎo ◆~死 老死 lǎosǐ
ろうすい【漏水-する】漏水 lòushuǐ
ろうする【弄する】耍 shuǎ；玩 wán ◆策を~ 玩弄手段 wánnòng shǒuduàn；耍花招 shuǎ huāzhāo
ろうせい【老成-する】老气 lǎoqì
ろうぜき【狼藉】狼藉 lángjí；野蛮 yěmán ◆~を働く 行为粗暴 xíngwéi cūbào ◆~者 粗暴的家伙 cūbào de jiāhuo
ろうせずして【労せずして】~に手に入れる『他人の成果で』不劳而获 bù láo ér huò
ろうそく【蠟燭】蜡烛 làzhú ◆~立て 蜡扦 làqiān ◆~の炎 烛光 zhúhuāng ◆~をつける 点蜡烛 diǎn làzhú
ろうたい【老体】老人 lǎorén；老躯 lǎoqū ◆ご~ 『老人への敬称』老人家 lǎorenjia；老太爷 lǎotàiyé
ろうちん【労賃】工钱 gōngqian
ろうでん【漏電】漏电 lòudiàn；跑电 pǎodiàn ◆~事故 漏电事故 lòudiàn shìgù
ろうどう【労働-する】工作 gōngzuò；劳动 láodòng；做活儿 zuòhuór ◆肉体~ 体力劳动 tǐlì láodòng

ろうどうくみあい ― ろくでなし 601

dòng ◆~災害 工伤 gōngshāng ◆
~時間 劳动时间 láodòng shíjiān
◆~条件 劳动条件 láodòng tiáo-
jiàn ◆~生産性 生产率 shēng-
chǎnlǜ ◆~日数 工作日 gōngzuòrì
◆~力 劳力 láolì；人工 réngōng

ろうどうくみあい【労働組合】 工
会 gōnghuì ◆~委員長 工会主席
gōnghuì zhǔxí

ろうどうしゃ【労働者】 职工 zhí-
gōng ◆~階級 工人阶级 gōngrén
jiējí

ろうどく【朗読-する】 朗读 lǎngdú

ろうにゃくなんにょ【老若男女】 男
女老少 nánnǚ lǎoshào

ろうにん【浪人】《入社・入学の》
◆~生 失学的学生 shīxué de xué-
sheng；就職～ 待业青年 dàiyè
qīngnián；《無職》 无业人 wúyèrén

ろうねん【老年】 老年 lǎonián；垂
暮之年 chuímù zhī nián ◆~期 老
境 lǎojìng

ろうば【老婆】 老太婆 lǎotàipó

ろうばい【狼狽-する】 心慌 xīn
huāng；惊慌失措 jīnghuāng shī-
cuò

ロウバイ【臘梅】 腊梅 làméi

ろうはいぶつ【老廃物】 体内的废物
tǐnèi de fèiwù

ろうひ【浪費-する】 浪费 làngfèi ◆
時間の～ 时间的浪费 shíjiān de
làngfèi

ろうほう【朗報】 好消息 hǎo xiāoxi；
喜报 xǐbào ◆~が届く 传来好消息
chuánlái hǎo xiāoxi

ろうまん【浪漫】 浪漫 làngmàn ◆~
主義 浪漫主义 làngmàn zhǔyì ◆~
派 浪漫派 làngmànpài

ろうむ【労務】 劳务 láowù ◆~者 劳
动者 láodòngzhě

ろうらく【籠絡-する】 拉拢 lālǒng；
笼络 lǒngluò

ろうりょく【労力】 劳力 láolì；人手
rénshǒu ◆~を惜しむ 吝惜出力 lìn-
xī chūlì ◆~を提供する 供给劳力
gōngjǐ láolì

ろうれい【老齢-の】 高齢 gāolíng；
年迈 niánmài ◆~化社会 高齢化社
会 gāolínghuà shèhuì

ろうれん【老練-な】 老练 lǎoliàn；
熟练 shúliàn

ろうろう【朗々-たる】 洪亮 hóng-
liàng；豁亮 huòliàng

ろえい【露営-する】 露营 lùyíng ◆~
地 野营地 yěyíngdì

ローカル-な 地方 dìfang ◆~線 支
线 zhīxiàn ◆~ニュース 地方新闻
dìfang xīnwén ◆~カラー 乡土气
息 xiāngtǔ qìxī；地方色彩 dìfang

sècǎi

ローション 化妆水 huàzhuāngshuǐ
◆~を塗る 擦药水 cā yàoshuǐ ◆ヘ
アー～ 整发香水 zhěngfà xiāng-
shuǐ

ロース 里脊肉 lǐjǐròu ◆~ハム 里脊
肉火腿 lǐjǐròu huǒtuǐ

ロースト 烤肉 kǎoròu ◆~チキン 烤
鸡 kǎojī ◆~ビーフ 烤牛肉 kǎoniú-
ròu

ロータリー 《円形交差点》 转 盘
zhuànpán；环形岛 huánxíngdǎo；
交通岛 jiāotōngdǎo

ロータリーエンジン 转缸式发动机
zhuǎngāngshì fādòngjī

ローテーション 轮班 lúnbān；轮
流 lúnliú ◆~を組む 组成轮班 zǔ-
chéng lúnbān

ロードショー 专场放映 zhuān-
chǎng fàngyìng

ローヒール 低跟鞋 dīgēnxié

ロープ 绳索 shéngsuǒ；缆绳 lǎn-
shéng

ロープウエイ 钢丝索道 gāngsī
suǒdào；缆车 lǎnchē

ローマ 罗马 Luómǎ ◆~は一日にし
て成らず 罗马非朝夕建成 Luómǎ
fēi zhāoxī jiànchéng ◆~字 拉丁
字母 Lādīng zìmǔ ◆~数字 罗马数
字 Luómǎ shùzì ◆~帝国 罗马帝国
Luómǎ Dìguó ◆~法王 罗马教皇
Luómǎ jiàohuáng

ローラー 滚杠 gǔngàng；辊子
gǔnzi ◆~スケート 旱冰 hànbīng

ローリング 左右摇晃 zuǒyòu yáo-
huàng

ローン 贷款 dàikuǎn；借款 jiè-
kuǎn ◆住宅～ 住宅贷款 zhùzhái
dàikuǎn

ろか【濾過-する】 过滤 guòlǜ ◆~器
过滤器 guòlǜqì

ろかた【路肩】 路边 lùbiān

ろく【碌-な】 像样 xiàngyàng ◆~な
おかずがない 没有像样的菜 méiyǒu
xiàngyàng de cài ◆~なものではな
い 不是好东西 búshì hǎo dōngxi；
没什么了不起的 méi shénme liǎo-
buqǐ de

ろく【六】 六 liù；《大字》陆 lù

ろくおん【録音-する】 录音 lùyīn
◆~テープ 录音带 lùyīndài；磁
带 cídài ◆~放送 录音广播 lùyīn
guǎngbō

ろくが【録画-する】 录像 lùxiàng

ろくがつ【六月】 六月 liùyuè

ろくしょう【緑青】 铜锈 tóngxiù

ろくでなし【碌で無し】 废物 fèiwù；
二流子 èrliúzi；草包 cǎobāo ◆この
～め！ 你这个窝囊废 nǐ zhège wō-

602 ろくでもない — ろれつ

ろくでもない【碌でもない】无聊 wúliáo; 不正经 bú zhèngjīng ◆~屁话 pìhuà ◆~男 无用的家伙 wúyòng de jiāhuo

ろくまく【肋膜】胸膜 xiōngmó ◆~炎 肋膜炎 lèimóyán; 胸膜炎 xiōngmóyán

ろくろ【轆轤】辘轳 lùlú ◆~を回す 转辘轳 zhuàn lùlú

ロケーション【映画】外景拍摄 wàijǐng pāishè ◆絶好の~ 绝好的地点 juéhǎo de dìdiǎn

ロケット ❶《推進装置などの》火箭 huǒjiàn ◆砲 火箭炮 huǒjiànpào ◆エンジン 火箭发动机 huǒjiàn fādòngjī ❷《装身具》项链盒 xiàngliànhé

ロケハン 采外景 cǎi wàijǐng

ろけん【露見·する】败露 bàilù ◆悪事が~する 罪恶暴露 zuìwù bàolù

ロココちょう【ロココ調の】洛可可式 luòkěkěshì

ろこつ【露骨な】毫无掩饰 háowú yǎnshì ◆~に言う 说 露骨的话 lùgǔ de huà

ろじ【路地】胡同 hútòng; 巷 xiàng ◆~裏 胡同里头 hútòng lǐtou

ろじ【露地】《屋根などのない》露天的地面 lùtiān de dìmiàn ◆~栽培のきゅうり 露地栽培的黄瓜 lùdì zāipéi de huángguā

ロシア【国名】俄罗斯 Éluósī ◆~語 俄语 Éyǔ ◆~連邦 俄罗斯联邦 Éluósī Liánbāng

ロジック 逻辑 luóji ◆~を振り回す 搞诡辩 gǎo guǐbiàn

ろしゅつ【露出·する】❶《現す》露出 lùchū; 裸露 luǒlù ❷《写真の》~が不足する 曝光不够 bàoguāng bùgòu ◆~計 曝光表 bàoguāngbiǎo

ろじょう【路上】路上 lùshang; 街上 jiēshang ◆~駐車 路上停车 lùshang tíngchē

ロス【無駄】损耗 sǔnhào; 消费 xiāofèi ◆~が出る 发生损耗 fāshēng sǔnhào ◆時間の~ 时间的损失 shíjiān de sǔnshī

ろせん【路線】❶《交通》线路 xiànlù; 辙 zhé ◆バス~ 公共汽车路线 gōnggòng qìchē lùxiàn ◆~図 线路表 xiànlùbiǎo ❷《方針》路线 lùxiàn; 道路 dàolù ◆~を変更する 变更路线 biàngēng lùxiàn ◆平和~ 和平路线 hépíng lùxiàn

ロッカー【棚】橱柜 chúguì; 衣柜 yīguì ◆~ルーム 更衣室 gēngyīshì ◆コイン~ 投币式自动橱柜 tóubì-

shì zìdòng chúguì

ろっかく(けい)【六角(形)】六角 liùjiǎo

ろっかん【肋間】◆~神経痛 肋间神经痛 lèijiān shénjīngtòng

ロック·する 锁定 suǒdìng

ロックアウト 关闭工厂 guānbì gōngchǎng

ロッククライミング 爬岩石 pá yánshí

ロックンロール 摇摆舞 yáobǎiwǔ; 摇滚乐 yáogǔnyuè

ろっこつ【肋骨】肋骨 lèigǔ ◆~を折る 折断肋骨 shéduàn lèigǔ

ロッジ 山中小房 shānzhōng xiǎofáng

ろっぽうぜんしょ【六法全書】六法全书 liùfǎ quánshū

ろてい【路程】路程 lùchéng ◆~表 路程表 lùchéngbiǎo

ろてい【露呈·する】暴露 bàolù ◆矛盾が~する 矛盾暴露出来 máodùn bàolùchūlái

ろてん【露天·の】露天 lùtiān ◆~野外 yěwài ◆~風呂 露天浴池 lùtiān yùchí ◆~掘り鉱山 露天矿 lùtiānkuàng

ろてん【露店】摊 tān; 摊子 tānzi ◆~を出す 摆摊子 bǎi tānzi ◆~商 摊贩 tānfàn

ろとう【路頭】路边 lùbiān ◆~に迷う 流落街头 liúluò jiētóu; 穷困潦倒 qióngkùn liáodǎo

ロバ 驴子 lǘzi; 驴子 lǘzi

ロハス【LOHAS】乐活 lèhuó

ろばん【路盤】路基 lùjī ◆~がゆるむ 路基松弛 lùjī sōngchí

ロビー 门厅 méntīng; 休息厅 xiūxītīng ◆~活動 院外活動 yuànwài huódòng

ロブスター 龙虾 lóngxiā

ろぼう【路傍】路旁 lùpáng ◆~の人 路人 lùrén

ロボット ❶《機械》机器人 jīqìrén; 机械人 jīxièrén ❷《人につっての比喩》軍部的 军部的傀儡 jūnbù de kuǐlěi

ロマネスク 罗马式风格 Luómǎshì fēnggé

ロマンス 罗曼司 Luómànsī ◆~語派 罗曼语族 Luómànyǔzú

ロマンチシズム 浪漫主义 làngmàn zhǔyì

ロマンチック·な 浪漫 làngmàn; 传奇似的 chuánqí shìde ◆~な物語 浪漫的故事 làngmàn de gùshi

ろめん【路面】路面 lùmiàn ◆~が凍結する 路面冻冰 lùmiàn dòngbīng ◆~電車 有轨电车 yǒuguǐ diànchē

ろれつ【呂律】◆~が回らない 口齿

不清 kǒu chī bù qīng
ろん【論】议论 yìlùn ♦~が分かれる 意见有分歧 yìjiàn yǒu fēnqí ♦~より証拠 事实胜于雄辩 shìshí shèngyú xióngbiàn
ろんがい【論外-の】不值一提 bù zhí yī tí
ろんぎ【論議-する】讨论 tǎolùn; 辩论 biànlùn: 商榷 shāngquè ♦~を尽くす 充分进行讨论 chōngfèn jìnxíng tǎolùn ♦~を呼ぶ 引起辩论 yǐnqǐ biànlùn
ろんきょ【論拠】论据 lùnjù: 论证 lùnzhèng ♦~を示す 出示论据 chūshì lùnjù
ロングスカート 长裙 chángqún
ロングセラー 长期畅销书［商品］chángqī chàngxiāo shū［shāngpǐn］
ろんご【論語】论语 Lúnyǔ
ろんこく【論告-する】♦~求刑 论罪求刑 lùnzuì qiúxíng
ろんし【論旨】论点 lùndiǎn ♦~をまとめる 整理论点 zhěnglǐ lùndiǎn
ろんじゅつ【論述-する】阐述 chǎnshù; 论述 lùnshù
ろんしょう【論証-する】论证 lùnzhèng
ろんじる【論じる】谈论 tánlùn; 议论 yìlùn
ろんせつ【論説】论说 lùnshuō: 〈新聞の〉社论 shèlùn ♦~文 论说文 lùnshuōwén ♦~委员 评论员 pínglùnyuán
ろんせん【論戦】论战 lùnzhàn ♦激しい~ 激烈的论战 jīliè de lùnzhàn
ろんそう【論争-する】论战 lùnzhàn: 论争 lùnzhēng ♦~して譲らない 争执 zhēngzhí: 争论不休 zhēnglùn bù xiū
ろんだい【論題】论题 lùntí
ろんだん【論壇】论坛 lùntán
ろんだん【論断】论断 lùnduàn
ろんちょう【論調】论调 lùndiào ♦厳しい~ 严厉论调 yánlì lùndiào
ろんてき【論敵】论敌 lùndí
ろんてん【論点】论点 lùndiǎn
ロンド 回旋曲 huíxuánqǔ
ろんなん【論難-する】论难 lùnnàn; 责难 zénàn ♦互いに~する 互相论难 hùxiāng lùnnàn
ろんぱ【論破-する】驳倒 bódǎo ♦~できない強固な理論 颠扑不破的理论 diānpū bú pò de lǐlùn
ろんばく【論駁-する】批驳 pībó: 辩驳 biànbó; 反驳 fǎnbó
ろんぴょう【論評-する】议论 yìlùn; 评论 pínglùn; 述评 shùpíng ♦~を加える 加以评论 jiāyǐ pínglùn
ろんぶん【論文】论文 lùnwén ♦~集 论文集 lùnwénjí ♦卒業~ 毕业论文 bìyè lùnwén ♦博士~ 博士论文 bóshì lùnwén
ろんぽう【論法】论法 lùnfǎ ♦三段～ 三段论法 sānduàn lùnfǎ
ろんり【論理】论理 lùnlǐ; 逻辑 luóji ♦~的 合乎逻辑的 héhū luóji de ♦~学 逻辑学 luójixué ♦~的思考 逻辑思维 luóji sīwéi

わ

わ【輪】❶〈円形〉圈儿 quānr；环儿 huánr ◆~を描いて飛ぶ 飞旋 fēixuán ❷〈土星などの〉光环 guānghuán ❸〈つながり〉友情的~ 友谊的连环 yǒuyì de liánhuán ❹〈比喩〉…に~を掛けて 夸大其词 kuādà qící

わ【和】❶〈仲良くする〉和睦 hémù；和好 héhǎo ◆グループの~ 集体内的和谐 jítǐnèi de héxié ◆~を以って尊しと為す 以和为贵 yǐ hé wéi guì ❷〈計算の〉和数 héshù；总和 zǒnghé

-わ【-羽】只 zhī ◆1~のニワトリ 一只鸡 yì zhī jī

-わ【-把】把 bǎ；捆 kǔn ◆1~のニラ 一把韭菜 yì bǎ jiǔcài

ワーカホリック 工作中毒 gōngzuò zhòngdú

ワーキンググループ 工作小组 gōngzuò xiǎozǔ

ワークショップ 研讨会 yántǎohuì；讲习会 jiǎngxíhuì

ワークブック 习题集 xítíjí

ワースト 最坏 zuìhuài

ワープロ 文字处理机 wénzì chǔlǐjī

ワールドカップ 世界杯赛 shìjièbēisài

ワールドワイドウェブ（WWW） 万维网 Wànwéiwǎng

わいきょく【歪曲-する】歪曲 wāiqū ◆事実を~する 歪曲事実 wāiqū shìshí

ワイシャツ 衬衫 chènshān

わいしょう【矮小な】矮小 ǎixiǎo ◆~化する 矮小化 ǎixiǎohuà

わいせつ【猥褻な】淫秽 yínhuì；猥亵 wěixiè ◆~物 猥亵物 wěixièwù ◆~テープ 黄色带子 huángsè dàizi

わいだん【猥談】下流话 xiàliúhuà；荤话 hūnhuà；荤段子 hūnduànzi

ワイドショー 电视上的娱乐性报道节目 diànshìshang de yúlèxìng bàodào jiémù

ワイドスクリーン 宽银幕 kuān yínmù

ワイドばん【ワイド版】大型版本 dàxíng bǎnběn

ワイパー〈車の〉揩抹器 kāimǒqì；刮雨器 guāyǔqì

ワイヤ 钢丝 gāngsī ◆~グラス 夹丝玻璃 jiāsī bōli

ワイヤレス 无线电 wúxiàndiàn ◆~マイク 无线麦克风 wúxiàn màikèfēng

わいろ【賄賂】贿赂 huìlù ◆~を贈る 行贿 xínghuì；贿赂 huìlù ◆~を受ける 受贿 shòuhuì；贪污 tānwū ◆~を要求する 要求贿赂 yāoqiú huìlù

わいわい 哇啦 wālā ◆~うるさい 乱哄哄 luànhōnghōng ◆~騒ぐ 闹哄 nàohong

ワイン 葡萄酒 pútaojiǔ ◆赤[白]~ 红[白]葡萄酒 hóng[bái] pútaojiǔ ◆~グラス 葡萄酒杯 pútaojiǔbēi ◆~カラー 暗红色 ànhóngsè

わえいじてん【和英辞典】日英词典 Rì Yīng cídiǎn

わおん【和音】和音 héyīn ◆不協~ 不协和音 bù xié héyīn

わか【和歌】和歌 hēgē ◆~を詠む 做和歌 zuò hēgē

わかい【若い】年轻 niánqīng ◆~早年 zǎonián ◆~衆 小伙子 xiǎohuǒzi ◆~人 年轻人 niánqīngrén ◆~盛り 正当年 zhèng dāngnián 若く見える 少相 shàoxiàng ◆気が~ 朝气蓬勃 zhāoqì péngbó ◆まだ~な〈未熟〉到底还是幼稚啊 dàodǐ háishi yòuzhì a

わかい【和解-する】和解 héjiě；讲和 jiǎnghé

わがい【我が意】◆~を得る 正合我意 zhèng hé wǒ yì

わかおくさま【若奥様】少奶奶 shàonǎinai

わかがえり【若返り】返老还童 fǎnlǎo huántóng ◆~の秘訣 返老还童的秘诀 fǎnlǎo huántóng de mìjué ◆チームの~を図る 要使队年轻化 yào shǐ duì niánqīnghuà

わかがえる【若返る】变年轻 biàn niánqīng ◆気分が~ 心情年轻起来 xīnqíng niánqīngqǐlai

わかくさ【若草】嫩草 nèncǎo

わかげ【若気】◆~の至りで 因年轻气盛 yīn niánqíng qìshèng；因为过于幼稚 yīnwèi guòyú yòuzhì

わかさ【若さ】年轻 niánqīng ◆~を保つ 保持青春 bǎochí qīngchūn ◆~を取り戻す 拿回青春 náhuí qīngchūn

わかじに【若死に-する】夭折 yāozhé；早死 zǎosǐ

わかしらが【若白髪】少白头 shàobáitóu

わかす【沸かす】◆湯を~ 烧开水 shāokāi shuǐ ◆観衆を~ 使观众沸腾 shǐ guānzhòng fèiténg

わかだんな【若旦那】大少爷 dàshàoye；少爷 shàoye

わかちあう【分かち合う】分担 fēndān；分享 fēnxiǎng ◆喜びを~ 共同喜悦 gòngtóng xǐyuè

わかて【若手】 年轻人 niánqīngrén ◆～を起用する 起用青年 qǐyòng qīngnián

わかば【若葉】 嫩叶 nènyè ◆～が萌える 发出嫩叶 fāchū nènyè

わがまま【我儘-な】 放肆 fàngsì;任性 rènxìng;恣意 zìyì ◆～に育てる 惯纵 guànzòng ◆～に振る舞う 逞性 chěngxìng ◆～放題の 恣意妄为 zìyì wàngwéi ◆～を通す 固执任性 gùzhí rènxìng

わがみ【我が身】 自己 zìjǐ ◆～を捨てる 舍身 shěshēn ◆～を振り返る 反躬自问 fǎn gōng zì wèn ◆明日は～明天或许自身难保 míngtiān huòxǔ zìshēn nánbǎo

わかめ【若布】 嫩芽 nènyá

ワカメ【若[和]布】 裙带菜 qúndàicài

わかもの【若者】 年青人 niánqīngrén;青年人 qīngniánrén

わがものがお【我が物顔】 ◆～に振る舞う 旁若无人 páng ruò wú rén;唯我独尊 wéi wǒ dú zūn

わがよのはる【我が世の春】 春风得意 chūnfēng déyì

わからずや【分からず屋】 不懂情理的人 bùdǒng qínglǐ de rén

わかり【分かり】 ◆～がいい［早い］一听就懂 yì tīng jiù dǒng ◆～が悪い［遅い］很难领会 hěn nán lǐnghuì

わかりきった【分かり切った】 明明白白的 míngmíngbáibái de;谁都明白的 shéi dōu míngbai de

わかりにくい【分かり難い】 费解 fèijiě;难懂 nándǒng

わかりやすい【分かり易い】 平易 píngyì;浅易 qiǎnyì ◆分かりやすく説明する 深入浅出地说明 shēn rù qiǎn chū de shuōmíng

わかる【分かる】 理会 lǐhuì;理解 lǐjiě;明白 míngbai;懂 dǒng ◆よくわかっている 清清楚楚 qīngqīngchǔchǔ

わかれ【別れ】 分别 fēnbié;离别 líbié ◆～を告げる 告别 gàobié;道别 dàobié ◆～を惜しむ 惜别 xībié

わかればなし【別れ話】 ◆～を持ち出す 提出分手 tíchū fēnshǒu

わかれみち【分かれ道】 岔口 chàkǒu;岐路 qílù

わかれる【分かれる】 ❶〈分岐〉岔开 chàkāi;分开 fēnkāi ❷〈区分〉划分 huàfēn;分别 fēnbié

わかれる【別れる】 告别 gàobié;离别 líbié

わかれわかれ【別れ別れ-に】 分别 fēnbié ◆～に暮らす 分头居住 fēntóu jūzhù

わかわかしい【若々しい】 朝气蓬勃 zhāoqì péngbó ◆～服装 显得年轻的服装 xiǎnde niánqīng de fúzhuāng

わき【脇】 腋下 yèxià ◆～にかかえる 夹在腋下 jiāzài yèxià ◆話が～にそれる 话说得离题 huà shuōde lítí ◆～が甘い 不善于保护自己 bú shànyú bǎohù zìjǐ

わぎ【和議】 和谈 hétán ◆～を結ぶ 言和 yánhé;媾和 gòuhé

わきあいあい【和気藹々】 一团和气 yì tuán hé qì

わきあがる【沸き上がる】 ◆湯が～ 水滚起来 shuǐ gǔnqǐlai ◆歓声が～ 欢声沸腾起来 huānshēng fèiténgqǐlai

わきが【腋臭】 狐臭 húchòu;腋臭 yèchòu

わきかえる【沸き返る】 ◆場内が～ 场内沸腾 chǎngnèi fèiténg

わきげ【腋毛】 腋毛 yèmáo

わきたつ【沸き立つ】 沸腾 fèiténg ◆～気持ち 心潮滚滚 xīncháo gǔngǔn ◆勝利に～ 因得胜利而欢腾 yīn dé shènglì ér huānténg

わきでる【湧き出る】 涌出 yǒngchū ◆温泉が～ 涌出温泉 yǒngchū wēnquán ◆勇気が～ 涌出勇气 yǒngchū yǒngqì

わきのした【脇の下】 夹肢窝 gāzhiwō

わきばら【脇腹】 侧腹 cèfù

わきまえる【弁える】 ◆礼儀を～ 懂得礼貌 dǒngde lǐmào ◆身のほどを～ 知道自量 zhīdào zìliàng

わきみ【脇見-をする】 往旁边看 wǎng pángbiān kàn ◆～運転 漫不经心地开车 màn bù jīng xīn de kāichē

わきみち【脇道】 ◆車が～にそれる 汽车走进岔道 qìchē zǒujìn chàdào ◆話が～にそれる 跑题 pǎotí;离题 lítí

わきめもふらず【脇目もふらず】 专心一意 zhuānxīn yíyì;全神贯注 quán shén guàn zhù

わきやく【脇役】 配角 pèijué;配演 pèiyǎn ◆～を演じる 配戏 pèixì;配演 pèiyǎn ◆～名～ 名配角 míng pèijué ◆～を務める 充当配角 chōngdāng pèijué ◆～に徹する 坚持演配角 jiānchí yǎn pèijué

わぎり【輪切り】 圆片 yuánpiàn ◆～にする 切成圆片 qiēchéng yuánpiàn

わく【枠】 边框 biānkuàng ◆～で囲む 框 kuàng ◆～にはまらない 不落窠臼 bú luò kējiù ◆～にはめる 以框束缚 yǐ kuàng shùfù

わく【沸く】 ❶〈お湯などが〉开 kāi;沸

腾 fèiténg ♦風呂が～ 洗澡水烧开 xǐzǎoshuǐ shāokāi ❷《反撃・熱狂》兴奋 xīngfèn ♦観客が～ 观众激动 guānzhòng jīdòng

わく【湧く】 ❶《湧き出る》♦泉が～ 泉水涌出 quánshuǐ yǒngchū ♦涙が～ 眼泪喷出 yǎnlèi pēnchū ❷《盛んに起こる》♦興味が～ 产生兴趣 chǎnshēng xìngqù ♦自信が～ 产生信心 chǎnshēng xìnxīn ♦希望が～ 发生希望 fāshēng xīwàng ❸《繁殖する》♦ボウフラが～ 生孑孓 shēng jiéjué

わくぐみ【枠組み】《物の縁》框框 kuàngkuang ♦～を作る 做框架 zuò kuàngjià ❷《物事の仕組み》♦予算の～を作る 设计预算的大纲 shèjì yùsuàn de dàgāng

わくせい【惑星】 行星 xíngxīng ♦～の軌道 行星轨道 xíngxīng guǐdào

ワクチン 疫苗 yìmiáo ♦インフルエンザの～ 流行性感冒的疫苗 liúxíngxìng gǎnmào de yìmiáo ♦～を注射する 接种疫苗 jiēzhòng yìmiáo

ワクチンソフト《コンピュータ》杀毒软件 shādú ruǎnjiàn

わけ【訳】 ❶《意味・内容》意思 yìsi ♦～がわからない 莫名其妙 mò míng qí miào; 摸不着头脑 mōbuzháo tóunǎo ❷《理由》理由 lǐyóu; 缘故 yuángù ♦～もなく 无缘无故 wúyuánwúgù ♦～を話せば 说说为什么 shuōshuo wèi shénme

わけあう【分け合う】 分享 fēnxiǎng; 分担 fēndān

わけあたえる【分け与える】 分发 fēnfā; 分给 fēngěi

わけいる【分け入る】 钻进 zuānjìn; 拨开 bōkāi ♦人垣に～ 拨开人群 bōkāi rénqún ♦森深く～ 深入森林里 shēnrù sēnlínlǐ

わげき【話劇】 话剧 huàjù

わけない【訳ない】 容易 róngyì; 简单 jiǎndān ♦～事である 那很简单 nà hěn jiǎndān ♦訳なくやってのける 轻而易举地做 qīng ér yì jǔ de zuò

わけへだて【分け隔て】 ～しない 不歧视 bù qíshì; 一视同仁地对待 yí shì tóng rén de duìdài

わけまえ【分け前】 份儿 fènr; 应得额 fēnpèi'é ♦～をもらう 拿自己的份儿 ná zìjǐ de fènr ♦～を要求する 要份儿 yào fènr

わけめ【分け目】 界线 jièxiàn; 关头 guāntóu ♦髪に～をつける 把头发分成界线 bǎ tóufa fēnchéng jièxiàn

わける【分ける】 ♦等分に～ 均分 jūnfēn ♦遺産を～ 分遗产 fēn yíchǎn ♦本を分野別に～ 把书按领域分类 bǎ shū àn lǐngyù fēnlèi ♦けんかを～ 仲裁口角 zhòngcái kǒujué ♦人波を～ 分开人潮 fēnkāi réncháo ♦草の根分けても 就是走遍天南地北 jiùshì zǒubiàn tiān nán dì běi

わごむ【輪ゴム】 橡皮筋 xiàngpíjīn; 橡皮圈儿 xiàngpíquānr

ワゴン ❶《ワゴン車》运货车 yùnhuòchē ❷《手押し車》手推车 shǒutuīchē ♦～サービス 推车销售 tuīchē xiāoshòu

わざ【業[技]】 技艺 jìyì; 技能 jìnéng ♦本領 běnlǐng ♦～をこらした精致 jīngzhì ♦～を練る 练功 liàngōng ♦人間～とは思えない 远远超过人为 yuǎnyuǎn chāoguò rénwéi

わさい【和裁】 日式剪裁 Rìshì jiǎncái

わざと【態と】 故意 gùyì; 存心 cúnxīn

わざとらしい【態とらしい】 不自然 bú zìrán; 做作 zuòzuo ♦～態度をとる 装腔作势 zhuāngqiāng zuòshì ♦～微笑 做作的微笑 zuòzuò de wēixiào

わさび【山葵】 山萮菜 shānyúcài ♦～おろし 辣根末 làgēnmò ♦～のきいた 辛辣 xīnlà; 尖锐 jiānruì

わざわい【災い[禍]】 灾祸 zāihuò; 灾难 zāinàn ♦～する 作祟 zuòsuì ♦～をもたらす 引起祸害 yǐnqǐ huòhài ♦～の元 病根 bìnggēn; 祸根 huògēn ♦福禍 fúhuò ♦～幸かして～ 富裕造成为灾祸 fùyù zàochéng wéi zāihuò ♦転じて福と為す 转祸为福 zhuǎn huò wéi fú

わざわざ【態々】 特地 tèdì; 特意 tèyì ♦～見送りにくい 特意去送别 tèyì qù sòngbié

わし【和紙】 日本纸 Rìběnzhǐ

ワシ【鷲】 雕 diāo; 鹫 jiù

わしづかみ【鷲掴み─にする】 猛抓 měngzhuā ♦札束を～にする 猛抓票子 piàozi

わじゅつ【話術】 说话技巧 shuōhuà jìqiǎo ♦～が巧みだ 善于辞令 shànyú cílíng; 口才很好 kǒucái hěn hǎo

わしょく【和食】 日餐 rìcān

わずか【僅かな】 ❶《少ない》♦～な金（かね） 一点儿钱 yìdiǎnr qián ♦～な事 小小的事 xiǎoxiǎo de shì ♦夏休みもあと残り～となった 暑假剩下不几天了 shǔjià shèngxià bù jǐ tiān le ♦～な時間 片刻 piànkè ♦～の差 微少的差 wēishǎo de chā ♦

〜1か月で 仅仅一个月就… jǐnjǐn yí ge yuè jiù…　❷《かすか》细微 xìwēi◆〜な光 微微的光明 wēiwēi de guāngmíng

わずらう【患う】患病 huànbìng◆胸を〜 患肺病 huàn fèibìng◆思い〜 苦恼 kǔnǎo

わずらわしい【煩わしい】麻烦 máfan；累赘 léizhuì◆烦わしく思う 厌烦 yànfán◆〜手続き 繁琐的手续 fánsuǒ de shǒuxù

わずらわす【煩わす】麻烦 máfan；烦扰 fánrǎo◆お手数を〜せますが 麻烦你… máfan nín…

わすれがたみ【忘れ形見】❶《記念の品》遗物 yíwù：纪念品 jìniànpǐn　❷《遺児》遗孤 yígū：孤儿 gū'ér

わすれさる【忘れ去る】忘掉 wàngdiào：忘记 wàngjì

わすれっぽい【忘れっぽい】健忘 jiànwàng：丢三落四 diū sān là sì◆〜人 好忘的人 hào wàng de rén

わすれもの【忘れ物】遗忘的东西 yíwàng de dōngxi◆〜はありませんか 有没有忘记的东西 yǒu méiyǒu wàngjì de dōngxi◆会社に〜をしてきた 把东西忘在了公司 bǎ dōngxi wàngzài le gōngsī

わすれる【忘れる】忘 wàng；忘记 wàngjì；忘怀 wànghuái；忘却 wàngquè◆人の名前を〜 忘掉人名 wàngdiào rénmíng◆寝食を〜 废寝忘食 fèi qǐn wàng shí◆悩みを〜 忘却忧虑 wàngquè yōulǜ◆财布を〜遗忘钱包 yíwàng qiánbāo

わせ【早稲-の】❶《稲》早稻 zǎodào　❷《早生種》早熟 zǎoshú◆〜のミカン 早熟橘子 zǎoshú júzi

わせい【和製-の】日本造 Rìběnzào◆〜英語 日式英语 Rìshì Yīngyǔ

ワセリン 凡士林 fánshìlín

わそう【和装-の】日式服装 Rìshì fúzhuāng

わた【綿】棉 mián；棉花 miánhuā◆〜の実 棉桃 miántáo◆〜畑 棉田 miántián

わだい【話題】话题 huàtí◆よく〜にする 经常提起 jīngcháng tíqǐ◆〜の豊富な 话题丰富的 huàtí fēngfù de◆〜が尽きる 没有话题了 méiyǒu huàtí le◆〜の人 话题的中心人物 huàtí de zhōngxīn rénwù◆〜を変える 变话题 biàn huàtí

わたいれ【綿入れ】棉衣 miányī

わだかまり【蟠り】疙瘩 gēda◆〜がある 有隔阂 yǒu géhé◆〜のない 豁然 huòrán◆〜を捨てる 解开疙瘩 jiěkāi gēda◆〜なく 没有隔膜 méiyǒu gémó

わだかまる【蟠る】有隔阂 yǒu géhé

hé◆不安が胸に〜 心里的不安总不消去 xīnlǐ de bù'ān zǒng bù xiāoqù

わたくし【私】我 wǒ◆〜事 私事 sīshì

わたげ【綿毛】绒毛 róngmáo

わたし【私】我 wǒ◆〜たち 我们 wǒmen：《相手を含んで》咱们 zánmen

わたしば【渡し場】渡口 dùkǒu

わたしぶね【渡し舟】摆渡 bǎidù；渡船 dùchuán

わたす【渡す】❶《岸から岸へ》摆渡 bǎidù◆船で人を〜 用船渡人 yòng chuán dù rén　❷《架ける》架 jià◆川に橋を〜 在河上架桥 zài héshang jiā qiáo　❸《手渡す》交 jiāo；递 dì◆商品を〜 交货 jiāohuò◆バトンを〜 传递接力棒 chuándì jiēlìbàng

わだち【轍】辙 zhé；车辙 chēzhé◆〜がつこる 留下车辙 liúxià chēzhé

わたり【渡り】〜をつける 串通 chuàntōng；挂钩 guàgōu；搭上关系 dāshàng guānxi◆〜に船 顺水推舟 shùn shuǐ tuī zhōu

わたりどり【渡り鳥】候鸟 hòuniǎo

わたりろうか【渡り廊下】游廊 yóuláng：走廊 zǒuláng

わたる【渡る】《川を〜》渡河 dù hé◆橋を〜 过桥 guò qiáo◆フランスに〜 去法国 qù Fǎguó◆絹は中国から〜って来た 丝绸是从中国传来的 sīchóu shì cóng Zhōngguó chuánlái de◆人手に〜 归别人 guī biérén

わたる【亘る】经过 jīngguò◆8時间に〜大手術 经过八小时的大手术 jīngguò bā xiǎoshí de dà shǒushù

ワックス 蜡 là◆〜をかける 擦蜡 cā là

わっしょい 《かけ声》嘿哟 hēiyō

わっと 哇地 wā de；忽地 hū de◆〜泣きだす 哇地一声哭起来 wā de yì shēng kūqǐlai

ワット 瓦特 wǎtè◆百〜 一百瓦 yìbǎi wǎ

ワッペン 徽章 huīzhāng

わとじ【和綴じ-の】线装 xiànzhuāng◆〜の本 线装书 xiànzhuāng shū

わな【罠】❶《動物などを捕らえる》牢笼 láolóng；陷阱 xiànjǐng；网罗 wǎngluó◆〜にかかったウサギ 上钩的兔子 shànggōu de tùzi　❷《人を陥れる》圈套 quāntào；陷阱 xiànjǐng◆〜に陥る 陷入圈套 xiànrù quāntào◆〜をかける 设下圈套 shèxià quāntào

わななく【戦慄く】哆嗦 duōsuo；发

ワニ【鰐】 鳄鱼 èyú
ワニス 清漆 qīngqī
わび【侘】 静寂 jìngjì;闲寂 xiánjì ◆～の境地 爱闲寂的心境 ài xiánjì de xīnjìng
わび【詫び】 道歉 dàoqiàn ◆～を入れる 致歉 zhìqiàn
わびしい【侘しい】 寂寞 jìmò;孤寂 gūjì ◆～ひとり暮らし 寂寞的孤身生活 jìmò de zhīshēn shēnghuó
わびずまい【侘住い】 幽居 yōujū 一人暮しの～ 只身过着清贫的生活 zhīshēn guòzhe qīngpín de shēnghuó
わびる【詫びる】 道歉 dàoqiàn;谢罪 xièzuì ◆一気持ち 歉意 qiànyì ◆非礼を～ 谢罪非礼 xièzuì fēilǐ
わふう【和風の】 ◆～建築 日式建筑 Rìshì jiànzhù
わふく【和服】 和服 héfú;日装 Rìzhuāng
わぶん【和文】 日文 Rìwén ◆～英訳 日文译成英文 Rìwén yìchéng Yīngwén
わへい【和平】 和平 hépíng ◆～への道を探る 探索达成和平的路 tànsuǒ dáchéng hépíng de lù ◆～交渉 和平谈判 hépíng tánpàn
わほう【話法】 说法 shuōfǎ ◆直接・直接说法 zhíjiē shuōfǎ ◆間接・间接说法 jiànjiē shuōfǎ
わめい【和名】 日本名 Rìběnmíng
わめきごえ【喚き声】 叫喚 jiàohuan ◆～をあげる 大声叫喚 dàshēng jiàohuan
わめきたてる【喚き立てる】 叫嚣 jiàoxiāo
わめく【喚く】 喊叫 hǎnjiào;叫喊 jiàohǎn;叫喚 jiàohuan;叫嚣 jiàoxiāo ◆泣こうが喚こうが不管怎样大哭大叫 bùguǎn zěnyàng dà kū dà jiào
わやく【和訳】 日译 Rìyì ◆中国語を～する 把中文译成日文 bǎ Zhōngwén yìchéng Rìwén
ようせっちゅう【和洋折衷】 日西折衷 Rìxī zhézhòng
わら【藁】 稻草 dàocǎo ◆～にもすがる思いで 抓紧要抓草求生 jǐnde yào zhuā cǎo qiú shēng ◆麦～ 麦秸 màijiē
わらい【笑い】 ◆～が溢れる 充满笑声 chōngmǎn xiàoshēng ◆～を噛み殺す 强忍住笑 qiǎngrěnzhù xiào
わらいぐさ【笑い草】 笑柄 xiàobǐng;笑料 xiàoliào ◆～になる 做笑料 zuò xiàoliào ◆とんだお～だ 真是天大的笑话 zhēn shì tiāndà de

xiàohua
わらいごえ【笑い声】 笑声 xiàoshēng
わらいごと【笑い事】 ◆～ではない 不是玩儿的 búshì wánr de
わらいじょうご【笑い上戸】 好笑 hào xiào
わらいじわ【笑いじわ】 笑纹 xiàowén
わらいとばす【笑い飛ばす】 一笑了之 yí xiào liǎo zhī
わらいばなし【笑い話】 笑话 xiàohua;笑谈 xiàotán
わらいもの【笑い物】 ◆～にする 取笑 qǔxiào;笑话 xiàohua ◆～になる 做笑料 zuò xiàoliào
わらう【笑う】 ●(声をあげて) 笑 xiào ❷(嘲る) 嘲笑 cháoxiào ◆膝が～ 腿发抖 tuǐ fādǒu
わらぐつ【藁靴】 草鞋 cǎoxié ◆長い～を履く 去长期旅行 qù chángqī lǚxíng ◆逃走 táozǒu ◆二足の～を履く 从事两种工作 cóngshì liǎng zhǒng gōngzuò
わらし【藁紙】 草纸 cǎozhǐ
わらぶき【藁葺きの】 ◆～の家 草房 cǎofáng
わらべうた【童歌】 童谣 tóngyáo;儿歌 érgē
わらわせる【笑わせる】 ◆～ぜ 笑话 xiàohua;真笑死人啊 zhēn xiàosǐ rén a
わらわれる【笑われる】 见笑 jiànxiào;做笑料 zuò xiàoliào
わり【割り】 (損得) ◆～に合う 合算 hésuàn;划算 huásuàn ◆～に合わない 不上算 bú shàngsuàn ◆～を食う 吃亏 chīkuī
わりあい【割合】 ❶(比率) 比例 bǐlì ❷思いのほか 比较 bǐjiào ◆～出来る 比较能干不错 bǐjiào nénggàn a a
わりあてる【割り当てる】 ●(人や仕事を) 分派 fēnpài;分配 fēnpèi ❷(費用や労力を) 摊派 tānpài;分派 fēnpài
わりかん【割り勘-にする】 分摊 fēntān;均摊 jūntān;AA 制 AA zhì ◆今日は～でゆこう 今天来个 AA 制吧 lái ge AA zhì ba
わりきれる【割り切れる】 ◆(計算で)除得开 chúdekāi ◆15 は 3 で～ 十五用三除得开 shíwǔ yòng sān chúdekāi
わりこむ【割り込む】 ●(列などに) 挤进 jǐjìn;加塞儿 jiāsāir ❷(人の話に)插嘴 chāzuǐ
わりざん【割り算】 除法 chúfǎ ◆～する 用除法计算 yòng chúfǎ jìsuàn
わりだす【割り出す】 ◆(計算)算出 suànchū ◆一個当たりの原価を算出论个儿的原价 suànchū lùn

わりちゅう [割注] 夹注 jiāzhù
わりと [割りと] 比较 bǐjiào
わりばし [割り箸] 简易筷子 jiǎnyì kuàizi
わりびき [割引] 折扣 zhékòu; zhékou; 减价 jiǎnjià ♦ ～する 折价 zhéjià; 打折扣 dǎ zhékòu ♦ 団体～ 对团体打折 duì tuántǐ dǎzhé
わりびく [割り引く] ♦ 値段を～ 打折扣 dǎ zhékòu ♦ 手形を～ 贴现票据 tiēxiàn piàojù ♦ 20％～ 打八折 dǎ bā zhé ♦ 割り引いて聞く 打着折扣听 dǎzhe zhékòu tīng
わりふる [割り振る] 安排 ānpái; 调配 diàopèi ♦ 仕事を～ 分配工作 fēnpèi gōngzuò
わりまえ [割前] 〈負担金〉应摊的份儿 yīng tān de fènr; 份子 fènzi ♦ ～を集める 凑份子 còu fènzi ♦ ～を払う 付份子 fù fènzi ♦〈配当金〉份子 fènzi ♦ ～をもらう 取得分配额 qǔdé fēnpèi'é
わりまし [割り増し-の] 水分 shuǐfèn; 额外 éwài ♦ ～料金 额外收费 éwài shōufèi
わるい [悪人] 坏人 huàirén; 坏蛋 huàidàn ♦ ～の一味 狐群狗党 hú qún gǒu dǎng
わる [割る] ❶《割り算》 6÷2は3 用二除六等于三 yòng èr chú liù děngyú sān ♦ 頭数で～ 按着人数分 ànzhe rénshù fēn ❷《壊す》破 pò ♦ コップを割ってしまった 打破了杯子 pòle bēizi ❸《足りない》参加者は 50 人を割った 参加者没到五十名 cānjiāzhě méi dào wǔshí míng ❹《薄める》♦ ブランデーを水で割って飲む 往白兰地里对水 wǎng báilándì lǐ duì shuǐ ❺《うちあける》♦ 腹を割って話し合う 打开鼻子说亮话 dǎkāi bízi shuō liànghuà ♦ 口を～ 自供 zìgòng ❻《間を》♦ 二人の間に割って入る 挤进分开两个人 jǐjìn fēnkāi liǎng ge rén
わるい [悪い] 坏 huài ♦ ～くせ 毛病 huàimáobìng ♦ 悪习 èxí ♦ ～やつ 坏人 huàirén; 劣种 lièzhǒng ♦ ～影响を与える 熏染 xūnrǎn ♦ 成績が～ 成绩坏 chéngjì huài ♦ 記憶力が～ 记性不好 jìxing bùhǎo ♦ 体に～ 损坏身体 sǔnhuài shēntǐ ♦ 魚は悪くなりやすい 鱼肉容易坏 yúròu róngyì huài ♦ 日が～ 日子不吉祥 rìzi bù jíxiáng ♦ 縁起が～ 不吉利 bù jílì ♦ 機械の調子が～ 机器运转不正常 jīqì yùnzhuǎn bú zhèngcháng ♦ 気分が～ 觉得不舒服 juéde bù shūfu ♦ 顔色が～ 气色不好 qìsè bùhǎo ♦ 私が悪かった 是我不对 shì wǒ búduì ♦ 景気が不好 jǐngqì bùhǎo ♦ 仲が～ 关系不好 guānxi bùhǎo ♦ 人を悪く言う 说坏话 shuō huàihuà ♦ 心がけが～ 用心不好 yòngxīn bùhǎo
わるがしこい [悪賢い] 狡猾 jiǎohuá; 狡诈 jiǎozhà ♦ ～な奴 老油子 lǎoyóuzi
わるぎ [悪気] 恶意 èyì; 歹心 dǎixīn ♦ ～のない 无恶意 wú'èyì
わるくち [悪口] 坏话 huàihuà ♦ ～を言う 说坏话 shuō huàihuà
わるだくみ [悪巧み-をする] 奸计 jiānjì; 诡计 guǐjì ♦ ～が露见する 暴露奸计 bàolù jiānjì
わるぢえ [悪知恵] 坏招儿 huàizhāor; 坏主意 huài zhǔyi ♦ ～の働く 谲诈 juézhà ♦ ～を働かす 使坏 shǐhuài
ワルツ ❶《音楽》圆舞曲 yuánwǔqǔ ❷《踊り》华尔兹 huá'ěrzī
わるびれる [悪びれる] 打怵 dǎchù; 胆怯 dǎnqiè ♦ 悪びれた様子もなく 毫不胆怯 háobù dǎnqiè
わるふざけ [悪ふざけ-をする] 恶作剧 èzuòjù; 戏弄 xìnòng ♦ ～が過ぎる 过分淘气 guòdù táoqì
わるもの [悪者] 恶棍 ègùn; 坏蛋 huàidàn
われ [我] ♦ ～を失う 发愣 fālèng ♦ ～を忘れる 〈驚きなどで〉 忘情 wàngqíng; 消魂 xiāohún; 〈うれしさで〉 忘形 wàngxíng ♦ ～関せず 与我无关 yǔ wǒ wúguān ♦ ～に返る 醒悟过来 xǐngwù guòlái
われがちに [我勝ちに] 争先 zhēngxiān ♦ ～に買う 抢购 qiǎnggòu
われしらず [我知らず] 不禁 bùjīn; 不由得 bùyóude ♦ ～叫ぶ 不由得叫 bùyóude jiào
われめ [割れ目] 裂缝 lièfèng; 裂口 lièkǒu ♦ 壁の～ 墙上的缝儿 qiángshang de fèngr ♦ ～ができる 裂缝 lièfèng
われもの [割れ物] 易碎物 yìsuìwù ♦ ～注意 易碎物小心轻放 yìsuìwù xiǎoxīn qīngfàng
われる [割れる] ♦ 窓が～ 窗户破碎 chuānghu pòsuì ♦ 意见が～ 意见分歧 yìjiàn fēnqí ♦ 党が～ 政党分裂 zhèngdǎng fēnliè ♦ 身元が～ 来历弄清了 láilì nòngqīng le
われわれ [我々] 我们 wǒmen; 〈我们手方を含む〉咱们 zánmen
わん [湾] 海湾 hǎiwān
わん [椀·碗] 碗 wǎn ♦ ～に盛る 盛入碗 chéngrù wǎn

わんきょく【湾曲-する】弯曲 wānqū ♦~させる 弯 wān
ワンサイドゲーム 一边倒的比赛 yìbiāndǎo de bǐsài
わんしょう【腕章】臂章 bìzhāng；袖章 xiùzhāng ♦~をつける 带臂章 dài bìzhāng
ワンタン【雲呑】馄饨 húntún；hún-tun
わんぱく【腕白-な】调皮 tiáopí；淘气 táoqì ♦~坊主 淘气鬼 táoqìguǐ；顽童 wántóng ♦~盛り 正在淘气的时候 zhèngzài táoqì de shíhou
ワンパターン 老一套 lǎoyítào；只有一种的模式 zhǐyǒu yì zhǒng de móshì
ワンピース〈服〉连衣裙 liányīqún
ワンマン ♦~社長 独自裁断的总经理 dúzì cáiduàn de zǒngjīnglǐ ♦~カー［バス］单人管理的公共汽车 dānrén guǎnlǐ de gōnggòng qìchē ♦~ショー 独演会 dúyǎnhuì；一人表演 yì rén biǎoyǎn
わんりょく【腕力】力气 lìqi；腕力 wànlì ♦~が強い 力气大 lìqi dà ♦~に訴える 诉诸武力 sùzhū wǔlì
ワンルーム 单间 dānjiān ♦~マンション 单间公寓 dānjiān gōngyù；一室公寓 yíshì gōngyù
わんわん〈犬の鳴き声〉汪汪 wāngwāng；〈泣き声〉哇哇 wāwā

付　録

世界の国や地域とその首都 ······ **612**

世界の地名 ······ **624**

世界の人名 ······ **631**

中国の省名・省都 ······ **634**

●世界の国や地域とその首都

国・地域(日本語)	国・地域(中国語)	ピンイン
◆アジア 亚洲 Yàzhōu		
アゼルバイジャン	阿塞拜疆	Āsàibàijiāng
アフガニスタン	阿富汗	Āfùhàn
アラブ首長国連邦	阿联酋	Āliánqiú
アルメニア	亚美尼亚	Yàměiníyà
イエメン	也门	Yěmén
イスラエル	以色列	Yǐsèliè
イラク	伊拉克	Yīlākè
イラン	伊朗	Yīlǎng
インド	印度	Yìndù
インドネシア	印度尼西亚	Yìndùníxīyà
ウズベキスタン	乌兹别克斯坦	Wūzībiékèsītǎn
オマーン	阿曼	Āmàn
カザフスタン	哈萨克斯坦	Hāsàkèsītǎn
カタール	卡塔尔	Kǎtǎ'ěr
韓国	韩国	Hánguó
カンボジア	柬埔寨	Jiǎnpǔzhài
北朝鮮	朝鲜	Cháoxiǎn
キルギス	吉尔吉斯斯坦	Jí'ěrjísīsītǎn
クウェート	科威特	Kēwēitè
グルジア	格鲁吉亚	Gélǔjíyà
サウジアラビア	沙特阿拉伯	Shātè Ālābó
シリア	叙利亚	Xùlìyà
シンガポール	新加坡	Xīnjiāpō
スリランカ	斯里兰卡	Sīlǐlánkǎ
タイ	泰国	Tàiguó
タジキスタン	塔吉克斯坦	Tǎjíkèsītǎn
中国	中国	Zhōngguó
トルクメニスタン	土库曼斯坦	Tǔkùmànsītǎn
トルコ	土耳其	Tǔ'ěrqí
日本	日本	Rìběn
ネパール	尼泊尔	Níbó'ěr
バーレーン	巴林	Bālín
パキスタン	巴基斯坦	Bājīsītǎn
バングラデシュ	孟加拉国	Mèngjiālāguó

世界の国や地域とその首都

首都(日本語)	首都(中国語)	ピンイン
バクー	巴库	Bākù
カブール	喀布尔	Kābù'ěr
アブダビ	阿布扎比	Ābùzhābǐ
エレバン	埃里温	Āilǐwēn
サヌア	萨那	Sànà
エルサレム	耶路撒冷	Yēlùsālěng
バグダッド	巴格达	Bāgédá
テヘラン	德黑兰	Déhēilán
ニューデリー	新德里	Xīndélǐ
ジャカルタ	雅加达	Yǎjiādá
タシケント	塔什干	Tǎshígān
マスカット	马斯喀特	Mǎsīkātè
アスタナ	阿斯塔纳	Āsītǎnà
ドーハ	多哈	Duōhā
ソウル	首尔	Shǒu'ěr
プノンペン	金边	Jīnbiān
ピョンヤン[平壌]	平壤	Píngrǎng
ビシュケク	比什凯克	Bǐshíkǎikè
クウェート	科威特城	Kēwēitèchéng
トビリシ	第比利斯	Dìbǐlìsī
リヤド	利雅得	Lìyǎdé
ダマスカス	大马士革	Dàmǎshìgé
シンガポール	新加坡	Xīnjiāpō
スリジャヤワルダナプラコッテ	斯里贾亚瓦德纳普拉科特	Sīlǐjiǎyàwǎdénà-pǔlākētè
バンコク	曼谷	Màngǔ
ドゥシャンベ	杜尚别	Dùshàngbié
ペキン[北京]	北京	Běijīng
アシガバット	阿什哈巴德	Āshíhābādé
アンカラ	安卡拉	Ānkǎlā
東京	东京	Dōngjīng
カトマンズ	加德满都	Jiādémǎndū
マナーマ	麦纳麦	Màinàmài
イスラマバード	伊斯兰堡	Yīsīlánbǎo
ダッカ	达卡	Dákǎ

世界の国や地域とその首都

国・地域(日本語)	国・地域(中国語)	ピンイン	
東ティモール	东帝汶	Dōngdìwèn	
フィリピン	菲律宾	Fēilǜbīn	
ブータン	不丹	Bùdān	
ブルネイ	文莱	Wénlái	
ベトナム	越南	Yuènán	
マレーシア	马来西亚	Mǎláixīyà	
ミャンマー	缅甸	Miǎndiàn	
モルディブ	马尔代夫	Mǎ'ěrdàifū	
モンゴル	蒙古	Ménggǔ	
ヨルダン	约旦	Yuēdàn	
ラオス	老挝	Lǎowō	
レバノン	黎巴嫩	Líbānèn	
◆大洋州　大洋洲　Dàyángzhōu			
オーストラリア	澳大利亚	Àodàlìyà	
キリバス	基里巴斯	Jīlǐbāsī	
クック諸島	库克群岛	Kùkèqúndǎo	
サモア	萨摩亚	Sàmóyà	
ソロモン諸島	所罗门群岛	Suǒluóménqúndǎo	
ツバル	图瓦卢	Túwǎlú	
トンガ	汤加	Tāngjiā	
ナウル	瑙鲁	Nǎolǔ	
ニウエ	纽埃	Niǔ'āi	
ニュージーランド	新西兰	Xīnxīlán	
バヌアツ	瓦努阿图	Wǎnǔ'ātú	
パプアニューギニア	巴布亚新几内亚	Bābùyàxīnjǐnèiyà	
パラオ	帕劳	Pàláo	
フィジー	斐济	Fěijì	
マーシャル諸島	马绍尔群岛	Mǎshào'ěrqúndǎo	
ミクロネシア	密克罗尼西亚	Mìkèluóníxīyà	
◆北・中央アメリカ　北・中美洲　Běi・Zhōngměizhōu			
アメリカ合衆国	美国	Měiguó	
アンティグア・バーブーダ	安提瓜和巴布达	Āntíguā hé Bābùdá	
エルサルバドル	萨尔瓦多	Sà'ěrwǎduō	
カナダ	加拿大	Jiānádà	
キューバ	古巴	Gǔbā	
グアテマラ	危地马拉	Wēidìmǎlā	
グレナダ	格林纳达	Gélínnàdá	

世界の国や地域とその首都

首都(日本語)	首都(中国語)	ピンイン
ディリ	帝力	Dìlì
マニラ	马尼拉	Mǎnílā
ティンプー	廷布	Tíngbù
バンダルスリブガワン	斯里巴加湾市	Sīlǐbājiāwānshì
ハノイ	河内	Hénèi
クアラルンプール	吉隆坡	Jílóngpō
ネーピードー	内比都	Nèibǐdū
マレ	马累	Mǎlěi
ウランバートル	乌兰巴托	Wūlánbātuō
アンマン	安曼	Ānmàn
ビエンチャン	万象	Wànxiàng
ベイルート	贝鲁特	Bèilǔtè

首都(日本語)	首都(中国語)	ピンイン
キャンベラ	堪培拉	Kānpéilā
タラワ	塔拉瓦	Tǎlāwǎ
アバルア	阿瓦鲁阿	Āwǎlǔ'ā
アピア	阿皮亚	Āpíyà
ホニアラ	霍尼亚拉	Huòníyàlā
フナフティ	富纳富提	Fùnàfùtí
ヌクアロファ	努库阿洛法	Nǔkù'āluòfǎ
ヤレン	亚伦	Yàlún
アロフィ	阿洛菲	Āluòfēi
ウェリントン	惠灵顿	Huìlíngdùn
ポートビラ	维拉港	Wéilāgǎng
ポートモレスビー	莫尔斯比港	Mò'ěrsībǐgǎng
マルキョク	梅莱凯奥克	Méiláikǎi'àokè
スバ	苏瓦	Sūwǎ
マジュロ	马朱罗	Mǎzhūluó
パリキール	帕利基尔	Pàlìjī'ěr

首都(日本語)	首都(中国語)	ピンイン
ワシントンD.C.	华盛顿	Huáshèngdùn
セントジョンズ	圣约翰	Shèngyuēhàn
サンサルバドル	圣萨尔瓦多市	Shèngsà'ěrwǎduōshì
オタワ	渥太华	Wòtàihuá
ハバナ	哈瓦那	Hāwǎnà
グアテマラシティ	危地马拉城	Wēidìmǎlāchéng
セントジョージズ	圣乔治	Shèngqiáozhì

国・地域(日本語)	国・地域(中国語)	ピンイン
コスタリカ	哥斯达黎加	Gēsīdálíjiā
ジャマイカ	牙买加	Yámǎijiā
セントクリストファー・ネービス	圣基茨和尼维斯	Shèngjīcí hé Níwéisī
セントビンセント及びグレナディーン諸島	圣文森特和格林纳丁斯	Shèngwénsēntè hé Gélínnàdīngsī
セントルシア	圣卢西亚	Shènglúxīyà
ドミニカ共和国	多米尼加	Duōmǐníjiā
ドミニカ国	多米尼克	Duōmǐníkè
トリニダード・トバゴ	特立尼达和多巴哥	Tèlìnídá hé Duōbāgē
ニカラグア	尼加拉瓜	Níjiālāguā
ハイチ	海地	Hǎidì
パナマ	巴拿马	Bānámǎ
バハマ	巴哈马	Bāhāmǎ
バルバドス	巴巴多斯	Bābāduōsī
ベリーズ	伯利兹	Bólìzī
ホンジュラス	洪都拉斯	Hóngdūlāsī
メキシコ	墨西哥	Mòxīgē

◆南アメリカ 南美洲 Nán Měizhōu

アルゼンチン	阿根廷	Āgēntíng
ウルグアイ	乌拉圭	Wūlāguī
エクアドル	厄瓜多尔	Èguāduō'ěr
ガイアナ	圭亚那	Guīyànà
コロンビア	哥伦比亚	Gēlúnbǐyà
スリナム	苏里南	Sūlǐnán
チリ	智利	Zhìlì
パラグアイ	巴拉圭	Bālāguī
ブラジル	巴西	Bāxī
ベネズエラ	委内瑞拉	Wěinèiruìlā
ペルー	秘鲁	Bìlǔ
ボリビア	玻利维亚	Bōlìwéiyà

◆ヨーロッパ 欧洲 Ōuzhōu

アイスランド	冰岛	Bīngdǎo
アイルランド	爱尔兰	Ài'ěrlán
アルバニア	阿尔巴尼亚	Ā'ěrbāníyà
アンドラ	安道尔	Āndào'ěr
イギリス	英国	Yīngguó
イタリア	意大利	Yìdàlì
ウクライナ	乌克兰	Wūkèlán

世界の国や地域とその首都　　**617**

首都(日本語)	首都(中国語)	ピンイン
サンホセ	圣何塞	Shènghésài
キングストン	金斯敦	Jīnsīdūn
バセテール	巴斯特尔	Bāsītè'ěr
キングスタウン	金斯敦	Jīnsīdūn
カストリーズ	卡斯特里	Kǎsītèlǐ
サントドミンゴ	圣多明各	Shèngduōmínggè
ロゾー	罗索	Luósuǒ
ポートオブスペイン	西班牙港	Xībānyágǎng
マナグア	马那瓜	Mǎnàguā
ポルトープランス	太子港	Tàizǐgǎng
パナマシティー	巴拿马城	Bānámǎchéng
ナッソー	拿骚	Násāo
ブリッジタウン	布里奇顿	Bùlǐqídùn
ベルモパン	贝尔莫潘	Bèi'ěrmòpān
テグシガルパ	特古西加尔巴	tègǔxījiā'ěrbā
メキシコシティ	墨西哥城	Mòxīgēchéng
ブエノスアイレス	布宜诺斯艾利斯	Bùyínuòsī'àilìsī
モンテビデオ	蒙得维的亚	Mèngdéwéidìyà
キト	基多	Jīduō
ジョージタウン	乔治敦	Qiáozhìdūn
ボゴタ	波哥大	Bōgēdà
パラマリボ	帕拉马里博	Pàlāmǎlǐbó
サンティアゴ	圣地亚哥	Shèngdìyàgē
アスンシオン	亚松森	Yàsōngsēn
ブラジリア	巴西利亚	Bāxīlìyà
カラカス	加拉加斯	Jiālājiāsī
リマ	利马	Lìmǎ
ラパス	拉巴斯	Lābāsī
レイキャビク	雷克雅未克	Léikèyǎwèikè
ダブリン	都柏林	Dūbólín
ティラナ	地拉那	Dìlānà
アンドララベリャ	安道尔城	Āndào'ěrchéng
ロンドン	伦敦	Lúndūn
ローマ	罗马	Luómǎ
キエフ	基辅	Jīfǔ

世界の国や地域とその首都

国・地域(日本語)	国・地域(中国語)	ピンイン
エストニア	爱沙尼亚	Àishāníyà
オーストリア	奥地利	Àodìlì
オランダ	荷兰	Hélán
キプロス	塞浦路斯	Sàipǔlùsī
ギリシャ	希腊	Xīlà
クロアチア	克罗地亚	Kèluódìyà
コソボ	科索沃	Kēsuǒwò
サンマリノ	圣马力诺	Shèngmǎlìnuò
スイス	瑞士	Ruìshì
スウェーデン	瑞典	Ruìdiǎn
スペイン	西班牙	Xībānyá
スロバキア	斯洛伐克	Sīluòfákè
スロベニア	斯洛文尼亚	Sīluòwénníyà
セルビア	塞尔维亚	Sài'ěrwéiyà
チェコ	捷克	Jiékè
デンマーク	丹麦	Dānmài
ドイツ	德国	Déguó
ノルウェー	挪威	Nuówēi
バチカン	梵蒂冈	Fàndìgāng
ハンガリー	匈牙利	Xiōngyálì
フィンランド	芬兰	Fēnlán
フランス	法国	Fǎguó
ブルガリア	保加利亚	Bǎojiālìyà
ベラルーシ	白俄罗斯	Bái'éluósī
ベルギー	比利时	Bǐlìshí
ポーランド	波兰	Bōlán
ボスニア・ヘルツェゴビナ	波黑	BōHēi
ポルトガル	葡萄牙	Pútáoyá
マケドニア	马其顿	Mǎqídùn
マルタ	马耳他	Mǎ'ěrtā
モナコ	摩纳哥	Mónàgē
モルドバ	摩尔多瓦	Mó'ěrduōwǎ
モンテネグロ	黑山	Hēishān
ラトビア	拉脱维亚	Lātuōwéiyà
リトアニア	立陶宛	Lìtáowǎn
リヒテンシュタイン	列支敦士登	Lièzhīdūnshìdēng
ルーマニア	罗马尼亚	Luómǎníyà

世界の国や地域とその首都　619

首都(日本語)	首都(中国語)	ピンイン
タリン	塔林	Tǎlín
ウィーン	维也纳	Wéiyěnà
アムステルダム	阿姆斯特丹	Āmǔsītèdān
ニコシア	尼科西亚	Níkēxīyà
アテネ	雅典	Yǎdiǎn
ザグレブ	萨格勒布	Sàgélèbù
プリシュティナ	普里什蒂纳	Pǔlǐshídìnà
サンマリノ	圣马力诺	Shèngmǎlìnuò
ベルン	伯尔尼	Bó'ěrní
ストックホルム	斯德哥尔摩	Sīdégē'ěrmó
マドリード	马德里	Mǎdélǐ
ブラチスラバ	布拉迪斯拉发	Bùlādísīlāfā
リュブリャナ	卢布尔雅那	Lúbù'ěryǎnà
ベオグラード	贝尔格莱德	Bèi'ěrgéláidé
プラハ	布拉格	Bùlāgé
コペンハーゲン	哥本哈根	Gēběnhāgēn
ベルリン	柏林	Bólín
オスロ	奥斯陆	Àosīlù
バチカン	梵蒂冈城	Fàndìgāngchéng
ブダペスト	布达佩斯	Bùdápèisī
ヘルシンキ	赫尔辛基	Hè'ěrxīnjī
パリ	巴黎	Bālí
ソフィア	索非亚	Suǒfēiyà
ミンスク	明斯克	Míngsīkè
ブリュッセル	布鲁塞尔	Bùlǔsài'ěr
ワルシャワ	华沙	Huáshā
サラエボ	萨拉热窝	Sàlārèwō
リスボン	里斯本	Lǐsīběn
スコピエ	斯科普里	Sīkēpǔlǐ
バレッタ	瓦莱塔	Wǎláitǎ
モナコ	摩纳哥	Mónàgē
キシニョフ	基希讷乌	Jīxīnèwū
ポドゴリツァ	波德戈里察	Bōdégēlǐchá
リガ	里加	Lǐjiā
ビリニュス	维尔纽斯	Wéi'ěrniǔsī
ファドゥーツ	瓦杜兹	Wǎdùzī
ブカレスト	布加勒斯特	Bùjiālèsītè

世界の国や地域とその首都

国・地域(日本語)	国・地域(中国語)	ピンイン
ルクセンブルク	卢森堡	Lúsēnbǎo
ロシア	俄罗斯	Éluósī
◆アフリカ　非洲　Fēizhōu		
アルジェリア	阿尔及利亚	Ā'ěrjílìyà
アンゴラ	安哥拉	Āngēlā
ウガンダ	乌干达	Wūgāndá
エジプト	埃及	Āijí
エチオピア	埃塞俄比亚	Āisài'ébǐyà
エリトリア	厄立特里亚	Èlìtèlǐyà
ガーナ	加纳	Jiānà
カーボヴェルデ	佛得角	Fódéjiǎo
ガボン	加蓬	Jiāpéng
カメルーン	喀麦隆	Kāmàilóng
ガンビア	冈比亚	Gāngbǐyà
ギニア	几内亚	Jǐnèiyà
ギニアビサウ	几内亚比绍	Jǐnèiyàbǐshào
ケニア	肯尼亚	Kěnníyà
コートジボワール	科特迪瓦	Kētèdíwǎ
コモロ	科摩罗	Kēmóluó
コンゴ共和国	刚果(布)	Gāngguǒ(Bù)
コンゴ民主共和国	刚果(金)	Gāngguǒ(Jīn)
サントメ・プリンシペ	圣多美和普林西比	Shèngduōměi hé Pǔlínxībǐ
ザンビア	赞比亚	Zànbǐyà
シエラレオネ	塞拉利昂	Sàilālì'áng
ジブチ	吉布提	Jíbùtí
ジンバブエ	津巴布韦	Jīnbābùwéi
スーダン	苏丹	Sūdān
スワジランド	斯威士兰	Sīwēishìlán
セーシェル	塞舌尔	Sàishé'ěr
赤道ギニア	赤道几内亚	Chìdàojǐnèiyà
セネガル	塞内加尔	Sàinèijiā'ěr
ソマリア	索马里	Suǒmǎlǐ
タンザニア	坦桑尼亚	Tǎnsāngníyà
チャド	乍得	Zhàdé
中央アフリカ	中非	Zhōngfēi
チュニジア	突尼斯	Tūnísī
トーゴ	多哥	Duōgē

世界の国や地域とその首都

(語)	首都(中国語)	ピンイン
...ブルク	卢森堡	Lúsēnbǎo
モスクワ	莫斯科	Mòsīkē
アルジェ	阿尔及尔	Ā'ěrjí'ěr
ルアンダ	罗安达	Luó'āndá
カンパラ	坎帕拉	Kǎnpàlā
カイロ	开罗	Kāiluó
アディスアベバ	亚的斯亚贝巴	Yàdìsīyàbèibā
アスマラ	阿斯马拉	Āsīmǎlā
アクラ	阿克拉	Ākèlā
プライア	普拉亚	Pǔlāyà
リーブルビル	利伯维尔	Lìbówéi'ěr
ヤウンデ	雅温得	Yǎwēndé
バンジュール	班珠尔	Bānzhū'ěr
コナクリ	科纳克里	Kēnàkèlǐ
ビサウ	比绍	Bǐshào
ナイロビ	内罗毕	Nèiluóbì
ヤムスクロ	亚穆苏克罗	Yàmùsūkèluó
モロニ	莫罗尼	Mòluóní
ブラザビル	布拉柴维尔	Bùlācháiwéi'ěr
キンシャサ	金沙萨	Jīnshāsà
サントメ	圣多美	Shèngduōměi
ルサカ	卢萨卡	Lúsàkǎ
フリータウン	弗里敦	Fúlǐdūn
ジブチ	吉布提市	Jíbùtíshì
ハラレ	哈拉雷	Hālāléi
ハルツーム	喀土穆	Kātǔmù
ムババーネ	姆巴巴内	Mǔbābānèi
ビクトリア	维多利亚	Wéiduōlìyà
マラボ	马拉博	Mǎlābó
ダカール	达喀尔	Dákā'ěr
モガディシュ	摩加迪沙	Mójiādíshā
ドドマ	多多玛	Duōduōmǎ
ウンジャメナ	恩贾梅纳	Ēnjiǎméinà
バンギ	班吉	Bānjí
チュニス	突尼斯	Tūnísī
ロメ	洛美	Luòměi

国・地域(日本語)	国・地域(中国語)	ピンイン
ナイジェリア	尼日利亚	Nírìlìyà
ナミビア	纳米比亚	Nàmǐbǐyà
ニジェール	尼日尔	Nírì'ěr
ブルキナファソ	布基纳法索	Bùjīnàfǎsuǒ
ブルンジ	布隆迪	Bùlóngdí
ベナン	贝宁	Bèiníng
ボツワナ	博茨瓦纳	Bócíwǎnà
マダガスカル	马达加斯加	Mǎdájiāsījiā
マラウイ	马拉维	Mǎlāwéi
マリ	马里	Mǎlǐ
南アフリカ	南非	Nánfēi
南スーダン	南苏丹	Nánsūdān
モーリシャス	毛里求斯	Máolǐqiúsī
モーリタニア	毛里塔尼亚	Máolǐtǎníyà
モザンビーク	莫桑比克	Mòsāngbǐkè
モロッコ	摩洛哥	Móluògē
リビア	利比亚	Lìbǐyà
リベリア	利比里亚	Lìbǐlǐyà
ルワンダ	卢旺达	Lúwàngdá
レソト	莱索托	Láisuǒtuō

世界の国や地域とその首都

首都(日本語)	首都(中国語)	ピンイン
アブジャ	阿布贾	Ābùjiǎ
ウィントフック	温得和克	Wēndéhékè
ニアメ	尼亚美	Níyàměi
ワガドゥグー	瓦加杜古	Wǎjiādùgǔ
ブジュンブラ	布琼布拉	Bùqióngbùlā
ポルトノボ	波多诺伏	Bōduōnuòfú
ハボローネ	哈博罗内	Hābóluónèi
アンタナナリボ	塔那那利佛	Tǎnànàlìfó
リロングウェ	利隆圭	Lìlóngguī
バマコ	巴马科	Bāmǎkē
プレトリア	比勒陀利亚	Bǐlètuólìyà
ジュバ	朱巴	Zhūbā
ポートルイス	路易港	Lùyìgǎng
ヌアクショット	努瓦克肖特	Nǔwǎkèxiàotè
マプト	马普托	Mǎpǔtuō
ラバト	拉巴特	Lābātè
トリポリ	的黎波里	Dìlíbōlǐ
モンロビア	蒙罗维亚	Méngluówéiyà
キガリ	基加利	Jījiālì
マセル	马塞卢	Mǎsàilú

●世界の地名

地名(日本語)	属する地域	地名(中国語)	ピンイン
●ア~オ			
アッサム	インド	阿萨姆	Āsàmǔ
アドリア海	地中海	亚得里亚海	Yàdélǐyàhǎi
アパラチア山脈	アメリカ	阿巴拉契亚山脉	Ābālāqìyà shānmài
アマゾン川	ブラジル	亚马孙河	Yàmǎsūnhé
アムール川 (黒竜江)	中国・ロシア	阿穆尔河/ 黑龙江	Āmù'ěrhé/ Hēilóngjiāng
アモイ	中国	厦门	Xiàmén
アユタヤ	タイ	阿育他亚	Āyùtàyà
アラスカ	アメリカ	阿拉斯加	Ālāsījiā
アラビア海	インド洋	阿拉伯海	Ālābóhǎi
アリゾナ	アメリカ	亚利桑那	Yàlìsāngnà
アリューシャン列島	北太平洋	阿留申群岛	Āliúshēn qúndǎo
アルタイ山脈	中央アジア	阿尔泰山脉	Ā'ěrtài shānmài
アルプス山脈	ヨーロッパ	阿尔卑斯山脉	Ā'ěrbēisī shānmài
アンダルシア	スペイン	安达卢西亚	Āndálúxīyà
アンデス山脈	南米	安第斯山脉	Āndìsī shānmài
アントワープ	ベルギー	安特卫普	Āntèwèipǔ
イースター島	チリ	复活节岛	Fùhuójiédǎo
イスタンブール	トルコ	伊斯坦布尔	Yīsītǎnbù'ěr
イベリア半島	ヨーロッパ	伊比利亚半岛	Yībǐlìyà bàndǎo
イルクーツク	ロシア	伊尔库茨克	Yī'ěrkùcíkè
イングランド	イギリス	英格兰	Yīnggélán
インダス川	インド	印度河	Yìndùhé
インチョン(仁川)	韓国	仁川	Rénchuān
インディアナポリス	アメリカ	印第安纳波利斯	Yìndì'ānnàbōlìsī
インドシナ半島	東南アジア	中南半岛	Zhōngnán bàndǎo
インド洋		印度洋	Yìndùyáng
ウェールズ	イギリス	威尔士	Wēi'ěrshì
ウォール街	アメリカ	华尔街	Huá'ěrjiē
ウラジオストック	ロシア	符拉迪沃斯托克	Fúlādíwòsītuōkè
ウラル山脈	ロシア	乌拉尔山脉	Wūlā'ěr shānmài
エーゲ海	地中海	爱琴海	Àiqínhǎi
エビアン	フランス	埃维昂	Āiwéi'áng
エベレスト (チョモランマ)	中国・ネパール	珠穆朗玛峰	Zhūmùlǎngmǎfēng
エリー湖	カナダ	伊利湖	Yīlìhú
オアフ島	アメリカ	瓦胡岛	Wǎhúdǎo
オクラホマ	アメリカ	俄克拉何马	Ékèlāhémǎ

世界の地名

オタワ	カナダ	渥太华	Wòtàihuá
オックスフォード	イギリス	牛津	Niújīn
オハイオ	アメリカ	俄亥俄	Éhài'é
オホーツク海	東アジア	鄂霍次克海	Èhuòcìkèhǎi
オリンポス山	ギリシャ	奥林匹斯山	Àolínpǐsīshān
オンタリオ湖	カナダ	安大略湖	Āndàlüèhú
●カ～コ			
ガザ	イスラエル	加沙	Jiāshā
カサブランカ	モロッコ	卡萨布兰卡	Kǎsàbùlánkǎ
カシミール	アジア	克什米尔	Kèshímǐ'ěr
カスピ海	中央アジア	里海	Lǐhǎi
カタルーニャ	スペイン	加泰罗尼亚	Jiātàiluóníyà
カナリア諸島	大西洋	加那利群岛	Jiānàlì qúndǎo
カフカス山脈	ヨーロッパ・ロシア	哈卡斯山脉	Hākǎsī shānmài
カムチャッカ半島	ロシア	堪察加半岛	Kānchájiā bàndǎo
カラコルム山脈	中央アジア	喀喇昆仑山脉	Kālǎkūnlún shānmài
カラチ	パキスタン	卡拉奇	Kǎlāqí
ガラパゴス諸島	東太平洋	加拉帕戈斯群岛	Jiālāpàgēsī qúndǎo
カラハリ砂漠	アフリカ	卡拉哈里沙漠	Kǎlāhālǐ shāmò
カリフォルニア	アメリカ	加利福尼亚	Jiālìfúníyà
カリブ海	中米	加勒比海	Jiālèbǐhǎi
カリマンタン島	東南アジア	加里曼丹岛	Jiālǐmàndāndǎo
カルカッタ（コルカタ）	インド	加尔各答	Jiā'ěrgèdá
ガンジス川	インド	恒河	Hénghé
カンヌ	フランス	戛纳	Jiānà
喜望峰	南アフリカ	好望角	Hǎowàngjiǎo
キョンジュ(慶州)	韓国	庆州	Qìngzhōu
キリマンジャロ山	アフリカ・タンザニア	乞力马扎罗山	Qǐlìmǎzhāluóshān
グアム島	西太平洋	关岛	Guāndǎo
グランドキャニオン	アメリカ	大峡谷	Dàxiágǔ
グリーンランド	北欧	格陵兰岛	Gélínglándǎo
グリニッジ	イギリス	格林威治	Gélínwēizhì
グレートバリアリーフ	オーストラリア	大堡礁	Dàbǎojiāo
グレートブリテン島	イギリス	大不利颠岛	Dàbùlìdiāndǎo
クレタ島	ギリシャ	克里特岛	Kèlǐtèdǎo
ケアンズ	オーストラリア	凯恩斯	Kǎi'ēnsī
ケープタウン	南アフリカ	开普敦	Kāipǔdūn
ケベック	カナダ	魁北克	Kuíběikè
ケルン	ドイツ	科隆	Kēlóng
ケンタッキー	アメリカ	肯塔基	Kěntǎjī

ケンブリッジ	イギリス	剑桥	Jiànqiáo
紅海	アフリカ・アジア	红海	Hónghǎi
コートダジュール	フランス	蓝色海岸	Lánsèhǎi'àn
黒海	ヨーロッパ・アジア	黑海	Hēihǎi
ゴビ砂漠	モンゴル	戈壁沙漠	Gēbì shāmò
ゴラン高原	シリア	戈兰高地	Gēlán gāodì
コルシカ島	フランス	科西嘉岛	Kēxījiādǎo
コロラド	アメリカ	科罗拉多	Kēluólāduō
コロンボ	スリランカ	科伦坡	Kēlúnpō
●サ〜ソ			
サイパン島	西太平洋	塞班岛	Sàibāndǎo
サハラ砂漠	アフリカ	撒哈拉沙漠	Sāhālā shāmò
サハリン(樺太)	ロシア	萨哈林岛	Sàhālíndǎo
サンクトペテルブルグ	ロシア	圣彼得堡	Shèngbǐdébǎo
サンパウロ	ブラジル	圣保罗	Shèngbǎoluó
サンフランシスコ	アメリカ	旧金山	Jiùjīnshān
サンモリッツ	スイス	圣莫里茨	Shèngmòlǐcí
シアトル	アメリカ	西雅图	Xīyǎtú
死海	イスラエル・ヨルダン	死海	Sǐhǎi
シカゴ	アメリカ	芝加哥	Zhījiāgē
シチリア島	イタリア	西西里岛	Xīxīlǐdǎo
シドニー	オーストラリア	悉尼	Xīní
シナイ半島	エジプト	西奈半岛	Xīnài bàndǎo
ジブラルタル海峡	地中海	直布罗陀海峡	Zhíbùluótuó hǎixiá
シベリア	ロシア	西伯利亚	Xībólìyà
シャモニー	フランス	沙莫尼	Shāmòní
ジャワ島	インドネシア	爪哇岛	Zhǎowādǎo
シャンパーニュ	フランス	香槟	Xiāngbīn
ジュネーブ	スイス	日内瓦	Rìnèiwǎ
シリコンバレー	アメリカ	硅谷	Guīgǔ
スエズ運河	エジプト	苏伊士运河	Sūyīshì yùnhé
スカンジナビア半島	ヨーロッパ	斯堪的纳维亚半岛	Sīkāndínàwéiyà bàndǎo
スコットランド	イギリス	苏格兰	Sūgélán
スペリオル湖	カナダ	苏必利尔湖	Sūbìlì'ěrhú
スマトラ島	インドネシア	苏门答腊岛	Sūméndálàdǎo
スワトウ	中国	汕头	Shàntóu
セーヌ川	フランス	塞纳河	Sàinàhé
セブ島	フィリピン	宿务岛	Sùwùdǎo
セントヘレナ島	南大西洋	圣赫勒拿岛	Shènghèlènádǎo

世界の地名

セントルイス	アメリカ	圣路易斯	Shènglùyìsī
ソチ	ロシア	索契	Suǒqì
●タ~ト			
ダージリン	インド	大吉岭	Dàjílǐng
タクラマカン砂漠	中国	塔克拉玛干沙漠	Tǎkèlāmǎgān shāmò
タタール海峡(間宮海峡)	ロシア	鞑靼海峡	Dádá hǎixiá
タヒチ島	南太平洋	塔希提岛	Tǎxītídǎo
ダラス	アメリカ	达拉斯	Dálāsī
タリム盆地	中国	塔里木盆地	Tǎlǐmù péndì
チェジュ(済州)島	韓国	济州岛	Jìzhōudǎo
チェチェン	ロシア	车臣	Chēchén
チェルノブイリ	ウクライナ	切尔诺贝利	Qiè'ěrnuòbèilì
チェンマイ	タイ	清迈	Qīngmài
チグリス川	イラク	底格里斯河	Dǐgélǐsīhé
チチカカ湖	ペルー・ボリビア	的的喀喀湖	Dídíkākāhú
地中海	ヨーロッパ	地中海	Dìzhōnghǎi
チベット高原	中国	青藏高原	Qīng-Zàng gāoyuán
デカン高原	インド	德干高原	Dégān gāoyuán
テキサス	アメリカ	得克萨斯	Dékèsàsī
テジョン(大田)	韓国	大田	Dàtián
デトロイト	アメリカ	底特律	Dǐtèlǜ
テネシー	アメリカ	田纳西	Tiánnàxī
テムズ川	イギリス	泰晤士河	Tàiwùshìhé
デュッセルドルフ	ドイツ	杜塞尔多夫	Dùsài'ěrduōfū
テルアビブ	イスラエル	特拉维夫-雅法	Tèlāwéifū-Yǎfǎ
デンバー	アメリカ	丹佛	Dānfó
ドーバー海峡	ヨーロッパ	多佛尔海峡	Duōfó'ěr hǎixiá
ドナウ(ダニューブ)川	ヨーロッパ	多瑙河	Duōnǎohé
ドバイ	アラブ首長国連邦	迪拜	Díbài
トリノ	イタリア	都灵	Dūlíng
ドレスデン	ドイツ	德累斯顿	Déléisīdùn
トロント	カナダ	多伦多	Duōlúnduō
●ナ~ノ			
ナイアガラ滝	アメリカ・カナダ	尼亚加拉瀑布	Níyàjiālā pùbù
ナイル川	エジプト	尼罗河	Níluóhé
ナホトカ	ロシア	纳霍德卡	Nàhuòdékǎ
ナポリ	イタリア	那不勒斯	Nàbùlèsī
ナミブ砂漠	アフリカ	纳米布沙漠	Nàmǐbù shāmò

南極海		南大洋	Nándàyáng
ニース	フランス	尼斯	Nísī
ニューオリンズ	アメリカ	新奥尔良	Xīn'ào'ěrliáng
ニューカレドニア島	太平洋	新喀里多尼亚岛	Xīnkālǐduōníyàdǎo
ニューギニア島	太平洋	新几内亚岛	Xīnjǐnèiyàdǎo
ニューヨーク	アメリカ	纽约	Niǔyuē
ネス湖	イギリス	内斯湖	Nèisīhú
ノルマンディー	フランス	诺曼底	Nuòmàndǐ
●ハ～ホ			
バーミンガム	イギリス	伯明翰	Bómínghàn
バーモント	アメリカ	佛蒙特	Fóméngtè
バイエルン	ドイツ	拜恩	Bài'ēn
ハイデルベルグ	ドイツ	海德堡	Hǎidébǎo
ハドソン川	アメリカ	哈得孙河	Hādésūnhé
ハバロフスク	ロシア	哈巴罗夫斯克	Hābāluófūsīkè
パミール高原	中央アジア	帕米尔高原	Pàmǐ'ěr gāoyuán
バミューダ島	北大西洋	百慕大群岛	Bǎimùdà qúndǎo
ハリウッド	アメリカ	好莱坞	Hǎoláiwù
バリ島	インドネシア	巴厘岛	Bālídǎo
バルカン半島	ヨーロッパ	巴尔干半岛	Bā'ěrgān bàndǎo
バルセロナ	スペイン	巴塞罗纳	Bāsàiluónà
バルト海	ヨーロッパ	波罗的海	Bōluódìhǎi
パレスチナ	西アジア	巴勒斯坦	Bālèsītǎn
バレンシア	スペイン・ベネズエラ	巴伦西亚	Bālúnxīyà
ハワイ	アメリカ	夏威夷	Xiàwēiyí
バンクーバー	カナダ	温哥华	Wēngēhuá
パンジャブ	インド	旁遮普	Pángzhēpǔ
ハンブルク	ドイツ	汉堡	Hànbǎo
パンムンジョム (板門店)	韓国・北朝鮮	板门店	Bǎnméndiàn
東シナ海	アジア	东海	Dōnghǎi
ビキニ島	西太平洋	比基尼岛	Bǐjīnídǎo
ビクトリア湖	アフリカ	维多利亚湖	Wéiduōlìyàhú
ヒマラヤ山脈	南アジア	喜马拉雅山脉	Xǐmǎlāyǎ shānmài
ヒューストン	アメリカ	休斯敦	Xiūsīdūn
ピレネー山脈	ヨーロッパ	比利牛斯山脉	Bǐlìniúsī shānmài
フィラデルフィア	アメリカ	费城	Fèichéng
フィレンツェ	イタリア	佛罗伦萨	Fóluólúnsà
プーケット	タイ	普吉	Pǔjí
プエルトリコ	中米	波多黎各	Bōduōlígè
プサン(釜山)	韓国	釜山	Fǔshān
フランクフルト	ドイツ	法兰克福	Fǎlánkèfú

世界の地名

ブルゴーニュ	フランス	布尔戈涅	Bù'ěrgēniè
ブルターニュ	フランス	布列塔尼	Bùliètǎní
ブロードウエイ	アメリカ	百老汇	Bǎilǎohuì
フロリダ	アメリカ	佛罗里达	Fóluólǐdá
ベーリング海	北太平洋	白令海	Báilìnghǎi
ペシャワール	パキスタン	白沙瓦	Báishāwǎ
ベツレヘム	パレスチナ	伯利恒	Bólìhéng
ペナン	マレーシア	槟城	Bīnchéng
ベネチア(ベニス)	イタリア	威尼斯	Wēinísī
ベルサイユ	フランス	凡尔赛	Fán'ěrsài
ペルシア湾	西アジア	波斯湾	Bōsīwān
ベンガル湾	インド	孟加拉湾	Mèngjiālāwān
ホーチミン	ベトナム	胡志明	Húzhìmíng
ボストン	アメリカ	波士顿	Bōshìdùn
ボスポラス海峡	トルコ	博斯普鲁斯海峡	Bósīpǔlǔsī hǎixiá
北海	ヨーロッパ	北海	Běihǎi
北極海		北冰洋	Běibīngyáng
ポツダム	ドイツ	波茨坦	Bōcítǎn
ホノルル	ハワイ	火奴鲁鲁	Huǒnúlǔlǔ
ボヘミア	チェコ	波希米亚	Bōxīmǐyà
ポリネシア	太平洋	波利尼西亚	Bōlìníxīyà
ボルガ川	ロシア	伏尔加河	Fú'ěrjiāhé
ボルドー	フランス	波尔多	Bō'ěrduō
ボルネオ島	東南アジア	婆罗洲岛	Póluózhōudǎo
ホルムズ海峡	西アジア	霍尔木兹海峡	Huò'ěrmùzī hǎixiá
ボローニャ	イタリア	博洛尼亚	Bóluòníyà
ボン	ドイツ	波恩	Bō'ēn
ボンベイ(ムンバイ)	インド	孟买	Mèngmǎi
●マ～モ			
マイアミ	アメリカ	迈阿密	Mài'āmì
マイセン	ドイツ	迈森	Màisēn
マウイ島	ハワイ	毛伊岛	Máoyīdǎo
マサチューセッツ	アメリカ	马萨诸塞	Mǎsàzhūsài
マゼラン海峡	南米	麦哲伦海峡	Màizhélún hǎixiá
マチュピチュ	ペルー	马丘比丘	Mǎqiūbǐqiū
マッターホルン	スイス	马特峰	Mǎtèfēng
マラッカ海峡	東南アジア	马六甲海峡	Mǎliùjiǎ hǎixiá
マリアナ諸島	アメリカ領・太平洋	马里亚纳群岛	Mǎlǐyànà qúndǎo
マルセイユ	フランス	马赛	Mǎsài
マレー半島	東南アジア	马来半岛	Mǎlái bàndǎo
マンチェスター	イギリス	曼彻斯特	Mànchèsītè
マンハッタン	アメリカ	曼哈顿	Mànhādùn

付録

ミシガン湖	カナダ	密歇根湖	Mìxiēgēnhú
ミシシッピ	アメリカ	密西西比	Mìxīxībǐ
南シナ海	アジア	南海	Nánhǎi
ミネソタ	アメリカ	明尼苏达	Míngnísūdá
ミュンヘン	ドイツ	慕尼黑	Mùníhēi
ミラノ	イタリア	米兰	Mǐlán
ミンダナオ島	フィリピン	棉兰老岛	Miánlánlǎodǎo
メコン川	東南アジア	湄公河	Méigōnghé
メッカ	サウジアラビア	麦加	Màijiā
メナム川	タイ	湄南河	Méinánhé
メルボルン	オーストラリア	墨尔本	Mò'ěrběn
モンテカルロ	モナコ	蒙特卡洛	Méngtèkǎluò
モントリオール	カナダ	蒙特利尔	Méngtèlì'ěr
モンブラン山	スイス	勃朗峰	Bólǎngfēng
●ヤ~ヨ			
ヤルタ	ウクライナ	雅尔塔	Yǎ'ěrtǎ
ユーフラテス川	西アジア	幼发拉底河	Yòufālādǐhé
ユカタン半島	メキシコ	尤卡坦半岛	Yóukǎtǎn bàndǎo
ユングフラウ山	スイス	少女峰	Shàonǚfēng
ヨークシャー	イギリス	约克夏	Yuēkèxià
ヨハネスブーグ	南アフリカ	约翰内斯堡	Yuēhànnèisībǎo
●ラ~ロ			
ライン川	ヨーロッパ	莱茵河	Láiyīnhé
ラスベガス	アメリカ	拉斯维加斯	Lāsīwéijiāsī
リヴィエラ	イタリア	里维埃拉	Lǐwéi'āilā
リオグランデ	ブラジル・メキシコ	里奥格兰德	Lǐ'àogélándé
リオデジャネイロ	ブラジル	里约热内卢	Lǐyuērènèilú
リバプール	イギリス	利物浦	Lìwùpǔ
リヨン	フランス	里昂	Lǐ'áng
ルイジアナ	アメリカ	路易斯安那	Lùyìsī'ānnà
ルソン島	フィリピン	吕宋岛	Lǚsòngdǎo
レイキャビック	アイスランド	雷克雅未克	Léikèyǎwèikè
レマン湖	ヨーロッパ	莱芒湖	Láimánghú
ローザンヌ	スイス	洛桑	Luòsāng
ローヌ川	フランス	罗讷河	Luónèhé
ロサンゼルス	アメリカ	洛杉矶	Luòshānjī
ロッキー山脈	アメリカ・カナダ	落基山脉	Luòjī shānmài
ロッテルダム	オランダ	鹿特丹	Lùtèdān
ロレーヌ	フランス	洛林	Luòlín

●世界の人名

人名(日本語)	国:ジャンル	人名(中国語)　ピンイン
アインシュタイン	米:物理学者	爱因斯坦　Àiyīnsītǎn
アッラー	イスラム教の唯一神	安拉(阿拉とも)　Ānlā(Ālā)
アラファト	パレスチナ:政治家	阿拉法特　Ālāfǎtè
アリストテレス	古代ギリシャ:哲学者	亚里士多德　Yàlǐshìduōdé
アルキメデス	古代ギリシャ:数学者	阿基米得　Ājīmǐdé
アンデルセン	デンマーク:作家	安徒生　Āntúshēng
イエス・キリスト	キリスト教の祖	耶稣・基督　Yēsū・Jīdū
イソップ	古代ギリシャ:作家	伊索　Yīsuǒ
ウォルト・ディズニー	米:映画製作者	华特・迪士尼　Huátè・Díshìní
エジソン	米:発明家	爱迪生　Àidíshēng
エドガ・スノー	米:記者・著述家	埃德加・斯诺　Āidéjiā・Sīnuò
エリザベス女王	英:女王	伊丽莎白女王　Yīlìshābái nǚwáng
エンゲルス	独:思想家	恩格斯　Ēngésī
オバマ	米:政治家	奥巴马　Àobāmǎ
カーネギー	米:実業家	卡内基　Kǎnèijī
ガウディ	西:建築家	高迪　Gāodí
カエサル(シーザー)	古代ローマ:政治家	恺撒　Kǎisā
カストロ	キューバ:政治家	卡斯特罗　Kǎsītèluó
カフカ	チェコ:作家	卡夫卡　Kǎfūkǎ
カラヤン	オーストリア:指揮者	卡拉扬　Kǎlāyáng
ガリレオ・ガリレイ	伊:天文学・物理学者	伽里略・伽利略　Jiālǐlüè・Jiālìlüè
ガンジー	インド:政治家	甘地　Gāndì
キュリー夫人	仏:物理学者	居里夫人　Jūlǐ fūrén
グリム	独:文学者	格林　Gélín
クレオパトラ	古代エジプト:女王	克娄巴特拉七世　Kèlóubātèlā Qīshì
ケインズ	英:経済学者	凯因斯　Kǎiyīnsī
ゲーテ	独:詩人・作家	歌德　Gēdé
ケネディ	米:政治家	肯尼迪　Kěnnídí

ゴーギャン	仏:画家	高更 Gāogēng
ゴッホ	オランダ:画家	梵・高 Fán・Gāo
コナン・ドイル	英:作家	柯南・道尔 Kēnán・Dào'ěr
コペルニクス	ポーランド:天文学者	哥白尼 Gēbáiní
ゴルバチョフ	旧ソ連:政治家	戈尔巴乔夫 Gē'ěrbāqiáofū
コロンブス	伊:探検家	哥伦布 Gēlúnbù
サルトル	仏:哲学者・文学者	萨特 Sàtè
シェークスピア	英:作家	莎士比亚 Shāshìbǐyà
ジャッキー・チェン	香港:俳優	成龙 Chéng Lóng
シューベルト	オーストリア:作曲家	舒伯特 Shūbótè
シュバイツァー	独:医師・神学者	史怀哲 Shǐhuáizhé
ショパン	ポーランド:作曲家	肖邦 Xiāobāng
スターリン	旧ソ連:政治家	斯大林 Sīdàlín
スピルバーグ	米:映画監督	斯皮尔伯格 Sīpí'ěrbógé
ソクラテス	古代ギリシア:哲学者	苏格拉底 Sūgélādǐ
ダーウィン	英:生物学者	达尔文 Dá'ěrwén
ダライ・ラマ	チベット仏教の法王	达赖喇嘛 Dálài Lǎmā
チェ・ゲバラ	アルゼンチン:革命家	格瓦拉 Géwǎlā
チャーチル	英:政治家	丘吉尔 Qiūjí'ěr
チャップリン	英:映画俳優・監督	卓别林 Zhuóbiélín
チンギス・ハーン	モンゴル帝国の創始者	成吉思汗 Chéngjísī hán
テレサ・テン	台湾:歌手	邓丽君 Dèng Lìjūn
ドストエフスキー	露:作家	陀思妥耶夫斯基 Tuósītuǒyēfūsījī
トルストイ	露:劇作家	托尔斯泰 Tuǒ'ěrsītài
ナイチンゲール	英:看護婦	南丁格尔 Nándīnggé'ěr
ナポレオン	仏:皇帝	拿破仑 Nápólún
ニクソン	米:政治家	尼克松 Níkèsōng
ニュートン	英:物理学者	牛顿 Niúdùn
ノーベル	スウェーデン:化学者	诺贝尔 Nuòbèi'ěr
パール・バック	米:作家	赛珍珠 Sàizhēnzhū
ハイネ	独:詩人	海涅 Hǎiniè
パスカル	仏:哲学者	帕斯卡 Pàsīkǎ

世界の人名

バッハ	独:作曲家	巴赫 Bāhè
ビートルズ	英:音楽グループ	披头士 Pītóushì
ピカソ	西:画家	毕加索 Bìjiāsuǒ
ヒッチコック	英:映画監督	希区柯克 Xīqūkēkè
ビル・ゲイツ	米:企業家	比尔・盖茨 Bǐ'ěr・Gàicí
ファーブル	仏:昆虫学者	法布尔 Fǎbù'ěr
プラトン	古代ギリシア:哲学者	柏拉图 Bólātú
フロイト	オーストリア:精神医学者	弗洛伊德 Fúluòyīdé
ベートーベン	独:作曲家	贝多芬 Bèiduōfēn
ベーブ・ルース	米:野球選手	乔治・赫尔曼・鲁斯 Qiáozhì・Hè'ěrmàn・Lǔsī
ヘミングウェイ	米:小説家	海明威 Hǎimíngwēi
ヘレン・ケラー	米:社会活動家	海伦・凯勒 Hǎilún・Kǎilè
マーチン・ルーサー・キング	米:黒人解放運動家	马丁・路德・金 Mǎdīng・Lùdé・Jīn
マイケル・ジャクソン	米:歌手	迈克尔・杰克逊 Màikè'ěr・Jiékèxùn
マゼラン	ポルトガル:航海者	麦哲伦 Màizhélún
マッカーサー	米:軍人	麦克阿瑟 Màikè'āsè
マリリン・モンロー	米:女優	玛丽莲・梦露 Mǎlìlián・Mènglù
マルクス	独:経済学者・哲学者	马克思 Mǎkèsī
マルコ・ポーロ	伊:旅行家	马可・波罗 Mǎkě・Bōluó
マルサス	英:経済学者	马尔萨斯 Mǎ'ěrsàsī
ミケランジェロ	伊:芸術家	米开朗琪罗 Mǐkāilǎngqíluó
ムハンマド	イスラム教の開祖	穆罕默德 Mùhǎnmòdé
メンデル	オーストリア:植物学者	孟德尔 Mèngdé'ěr
モーツァルト	オーストリア:作曲家	莫扎特 Mòzhātè
ユークリッド	古代ギリシア:数学者・哲学者	欧几里得 Ōujǐlǐdé
ユング	スイス:心理学者	荣格 Rónggé
リンカーン	米:政治家	林肯 Línkěn
レーニン	露:政治家	列宁 Lièníng
レオナルド・ダ・ビンチ	伊:画家・建築家	达・芬奇 Dá・Fēnqí
レントゲン	独:物理学者	伦琴 Lúnqín
ロックフェラー	米:実業家	洛克菲勒 Luòkèfēilè

●中国の省名・省都

省名(日本語)	省名(中国語)	ピンイン
●直轄市		
北京	北京	Běijīng
上海	上海	Shànghǎi
天津	天津	Tiānjīn
重慶	重庆	Chóngqìng
●省		
安徽	安徽	Ānhuī
雲南	云南	Yúnnán
海南	海南	Hǎinán
河南	河南	Hénán
河北	河北	Héběi
甘粛	甘肃	Gānsù
広東	广东	Guǎngdōng
貴州	贵州	Guìzhōu
吉林	吉林	Jílín
江西	江西	Jiāngxī
江蘇	江苏	Jiāngsū
黒竜江	黑龙江	Hēilóngjiāng
湖南	湖南	Húnán
湖北	湖北	Húběi
山西	山西	Shānxī
山東	山东	Shāndōng
四川	四川	Sìchuān
青海	青海	Qīnghǎi
浙江	浙江	Zhèjiāng
陝西	陕西	Shǎnxī
台湾	台湾	Táiwān
福建	福建	Fújiàn
遼寧	辽宁	Liáoníng
●自治区		
内モンゴル自治区	内蒙古自治区	Nèi Měnggǔ zìzhìqū
広西チワン族自治区	广西壮族自治区	Guǎngxī Zhuàngzú zìzhìqū
新疆ウイグル自治区	新疆维吾尔自治区	Xīnjiāng Wéiwú'ěr zìzhìqū
チベット自治区	西藏自治区	Xīzàng zìzhìqū
寧夏回族自治区	宁夏回族自治区	Níngxià Huízú zìzhìqū
●特別行政区		
香港特別行政区	香港特别行政区	Xiānggǎng tèbié xíngzhèngqū
マカオ特別行政区	澳门特别行政区	Àomén tèbié xíngzhèngqū

中国の省名・省都

略称	ピンイン	省都(日本語)	省都(中国語)	ピンイン
京	Jīng			
沪	Hù			
津	Jīn			
渝	Yú			
皖	Wǎn	合肥	合肥	Héféi
云	Yún	昆明	昆明	Kūnmíng
琼	Qióng	海口	海口	Hǎikǒu
豫	Yù	鄭州	郑州	Zhèngzhōu
冀	Jì	石家荘	石家庄	Shíjiāzhuāng
甘	Gān	蘭州	兰州	Lánzhōu
粤	Yuè	広州	广州	Guǎngzhōu
贵	Guì	貴陽	贵阳	Guìyáng
吉	Jí	長春	长春	Chángchūn
赣	Gàn	南昌	南昌	Nánchāng
苏	Sū	南京	南京	Nánjīng
黑	Hēi	ハルピン	哈尔滨	Hā'ěrbīn
湘	Xiāng	長沙	长沙	Chángshā
鄂	È	武漢	武汉	Wǔhàn
晋	Jìn	太原	太原	Tàiyuán
鲁	Lǔ	済南	济南	Jǐnán
川	Chuān	成都	成都	Chéngdū
青	Qīng	西寧	西宁	Xīníng
浙	Zhè	杭州	杭州	Hángzhōu
陕	Shǎn	西安	西安	Xī'ān
台	Tái	台北	台北	Táiběi
闽	Mǐn	福州	福州	Fúzhōu
辽	Liáo	瀋陽	沈阳	Shěnyáng
蒙	Měng	フフホト	呼和浩特	Hūhéhàotè
桂	Guì	南寧	南宁	Nánníng
新	Xīn	ウルムチ	乌鲁木齐	Wūlǔmùqí
藏	Zàng	ラサ	拉萨	Lāsà
宁	Níng	銀川	银川	Yínchuān
港	Gǎng			
澳	Ào			

2005年1月10日　初版発行
2013年4月1日　第2版発行

デイリーコンサイス日中辞典 第2版

2013年4月1日　第1刷発行

編 者	杉本 達夫
	牧田 英二
	古屋 昭弘
発行者	株式会社 三省堂 代表者 北口克彦
印刷者	三省堂印刷株式会社
発行所	株式会社 三省堂

〒101-8371
東京都千代田区三崎町二丁目22番14号
電話 編集 (03) 3230-9411
　　 営業 (03) 3230-9412
振替口座 00160-5-54300
http://www.sanseido.co.jp/
商標登録番号　521139・521140

〈2版デイリー日中・640pp.〉

落丁本・乱丁本はお取り替えいたします
ISBN978-4-385-12190-1

> R 本書を無断で複写複製することは、著作権
> 法上の例外を除き、禁じられています。本
> 書をコピーされる場合は、事前に日本複製
> 権センター (03-3401-2382) の許諾を受け
> てください。また、本書を請負業者等の第
> 三者に依頼してスキャン等によってデジタ
> ル化することは、たとえ個人や家庭内での
> 利用であっても一切認められておりません。

世界地図

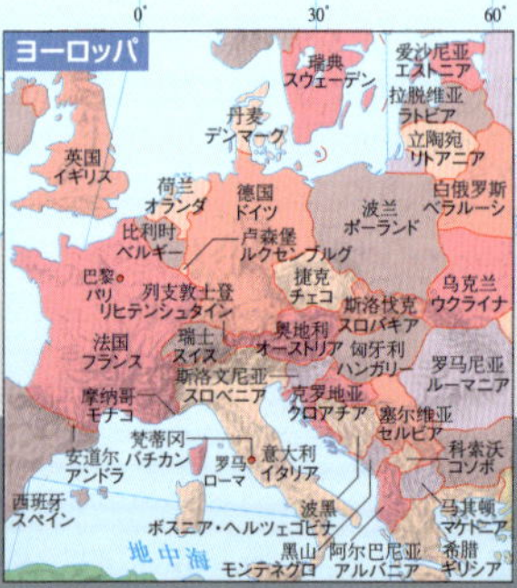